ENGLISCH
Wörterbuch

Englisch-Deutsch
Deutsch-Englisch

Compact Verlag

Bisher sind in dieser Reihe erschienen:

- ◆ Englisch Wörterbuch
- ◆ Englisch Grammatik
- ◆ Business English Wörterbuch
- ◆ Französisch Wörterbuch
- ◆ Französisch Grammatik
- ◆ Spanisch Wörterbuch
- ◆ Spanisch Grammatik
- ◆ Italienisch Wörterbuch
- ◆ Deutsch Rechtschreibung
- ◆ Deutsch Fremdwörter
- ◆ Deutsch Grammatik
- ◆ Mathematik
- ◆ Physik
- ◆ Chemie

Weitere Titel sind in Vorbereitung.

Chefredaktion: Dr. Angela Sendlinger
Redaktion: Helga Aichele
Produktion: Wolfram Friedrich
Umschlaggestaltung: Inga Koch

ISBN 978-3-8174-7694-7
7276942

Besuchen Sie uns im Internet: www.compactverlag.de

Benutzerhinweise

Diese neue Ausgabe bietet mit ihren 150.000 zuverlässigen Angaben und treffenden Übersetzungen zu rund 55.000 Stichwörtern einen schnellen Zugriff auf einen umfassenden Grund- und Fachwortschatz der modernen Hoch- und Umgangssprache, mit Anwendungsbeispielen und idiomatischen Redewendungen.

Alphabetisierung

Die Stichwörter sind streng alphabetisch geordnet: Getrennt geschriebene und durch Bindestrich getrennte Stichwörter werden dabei behandelt, als würden sie zusammengeschrieben. Nur die „phrasal verbs" (häufig benutzte Zusammensetzungen von Verben mit Präpositionen oder Adverbien im Englischen, z. B. *give up)* stehen der Übersichtlichkeit halber direkt nach dem entsprechenden Verb und sind mit einem Punkt (•) gekennzeichet.

Die Buchstaben ä, ö, ü werden wie a, o, u alphabetisiert; ß wird wie ss eingeordnet.

Einige Stichwörter werden durch zusätzliche Informationen in Klammern genauer bestimmt (z. B. Angabe der Endung der Femininform). Diese Ergänzungen in Klammern werden bei der Alphabetisierung jedoch nicht berücksichtigt.

Gliederung der Stichwörter

Abkürzungen, die einer Erläuterung oder mehrerer Übersetzungen bedürfen (z. B. CD-ROM), werden als Stichwörter aufgeführt – andere gängige Abkürzungen befinden sich im Anhang auf den Seiten 596–599.

Homonyme, d. h. Wörter, die gleich lauten, aber eine unterschiedliche Herkunft und Bedeutung haben, z. B. *Mark* (Währung/Grenzgebiet/Gewebe) werden mit hochgestellten Zahlen gekennzeichnet.

Um einen raschen Zugriff auf das gesuchte Wort zu ermöglichen, steht jedes Stichwort als eigener Eintrag. So stehen zum Beispiel *afternoon* und *afterwards* nicht zusammen mit *after* in einem Abschnitt, sondern sind selbstständige Stichwörter mit Lautschriftangabe.

Sowohl die maskuline als auch die feminine Form eines Substantives wird stets angegeben. Bei Bildung der Femininform mit Wortstammveränderung (z. B. *Bauer/Bäuerin*) und bei Bildung der Femininform durch Ersetzen der Maskulinendung (z. B. *Zeuge/Zeugin*) erhält das feminine Substantiv einen eigenen Eintrag.

Inhalt

Bei substantivierten Adjektiven (z. B. *Jugendliche(r)*) und erstarrten Partizipien (z. B. *Geliebte(r)*) wird im Deutschen ebenfalls sowohl die Maskulin- als auch die Femininform angegeben. Sie werden wie Adjektive dekliniert: *ein Jugendlicher, eine Jugendliche; mit einem Geliebten, mit einer Geliebten usw.*
Adjektive werden – mit Ausnahme von solchen wie *erste(r,s), jüngste(r,s)* – nur in der männlichen Form angegeben.
Adverbien im Englischen, die von einem Adjektiv abgeleitet werden, werden nicht als einzelne Einträge aufgeführt, es sei denn die adverbiale Bedeutung unterscheidet sich von der adjektivischen. Die Bildung der englischen Adverbien kann im Anhang nachgelesen werden.

Aufbau eines Eintrags

Innerhalb eines Stichworteintrages wird das fett gedruckte Stichwort nicht wiederholt, sondern durch eine Tilde (~) ersetzt, es sei denn, es steht in einer Form, die eine andere Schreibweise nach sich zieht. Im Eintrag *book* z. B. steht statt *books* einfach *~s*, bei *Buch* ist die Pluralform *Bücher* ausgeschrieben. Diese Ausnahme bezieht sich auch auf die Großschreibung eines sonst kleingeschriebenen Wortes (z. B. am Satzanfang einer Wendung). Die Tilde bezieht sich nie auf eventuelle Klammerergänzungen im Stichwort.

Innerhalb eines Stichworteintrags sind die einzelnen Übersetzungen nach Wortart und Häufigkeit geordnet. Bedeutungsgleiche (synonyme) Übersetzungen werden durch Komma voneinander getrennt. Nicht bedeutungsgleiche Übersetzungen werden entsprechend der Häufigkeit ihrer Verwendung durchnummeriert und mit Strichpunkt abgetrennt.

Englische Verben werden in diesem Buch im Infinitiv ohne *to* aufgeführt. Eine Ausnahme bilden Wendungen mit *to be*, z. B. *to be in hiding.*

Sind Auslassungszeichen (...) direkt an ein Wort angehängt (z. B. bei Präfixen), bedeutet dies, dass das Wort als Teil einer Zusammensetzung wiedergegeben wird. Beispiel:
south [saʊθ] *adj* südlich, Süd...
Neben der Übersetzung *südlich* sind auch Wortzusammensetzungen mit *Süd...* möglich: z. B. *Süddeutschland, Südafrika* usw.

Lautschrift

Der Stichwortangabe folgt jeweils in eckigen Klammern die dazugehörige Aussprache. Die Lautschrift richtet sich nach der international gebräuchlichen Phonetik. Eine Übersicht über die Lautschriftzeichen befindet sich auf Seite VIII. Das Betonungszeichen (') steht jeweils vor der Silbe, die betont werden muss. Die Lautschrift eines englischen Stichwortes orientiert sich an der britischen Hochsprache (“Received Pronunciation”).

Steht in einem Eintrag eine zusätzliche Lautschriftangabe, bedeutet dies, dass alle folgenden Bedeutungen entsprechend dieser Phonetikangabe ausgesprochen werden.

Wortart

Nach Stichwort und Lautschrift wird die Wortart des fett gedruckten Stichwortes in abgekürzter Form angegeben. Sie ist kursiv gedruckt. Die Abkürzungen werden auf Seite VII erläutert. Gibt es für ein Stichwort mehrere Bedeutungen mit unterschiedlichen Wortarten, so werden diese durch Strichpunkt voneinander getrennt aufgeführt.

Hat ein Stichwort sowohl eine maskuline als auch eine feminine Form oder werden für ein Wort zwei unterschiedliche Genera gleich häufig verwendet, so stehen die entsprechenden Angaben kursiv hinter dem betreffenden Wort.

Alle unregelmäßigen Verben sind mit der Abkürzung *v irr* gekennzeichnet. Die unregelmäßigen Formen der Verben beider Sprachen werden im Anhang (Seiten 580–583 sowie 592–595) aufgeführt. Aufgelistet werden ausschließlich die Formen des Stammverbs (die Formen zur *repay* sieht man bei *pay* nach, die Formen zu *ausschließen* stehen bei *schließen*).

Redewendungen

Die zahlreichen Wendungen und sprichwörtlichen Redensarten sind dem bedeutungstragenden Wort der Wendung – in der Regel dem Substantiv – zugeordnet.

Britisches und amerikanisches Englisch

Wichtige Unterschiede und Unregelmäßigkeiten in der Rechtschreibung werden aufgeführt (*kerb/curb*). Ob Wörter oder Wortformen nur im britischen *(UK)* oder nur im amerikanischen *(US)* Englisch gebräuchlich sind, wird hinter dem Wort gekennzeichnet.

Können Verben sowohl mit *-ise* als auch mit *-ize* geschrieben werden (*realise/realize, criticise/criticize*), ist in diesem Buch lediglich die Schreibweise mit *-ize* angegeben.

Anhang

Die Kurzgrammatiken im Anhang ermöglichen es auch Anfängern, den vorhandenen Wortschatz stilsicher anzuwenden. So findet der Benutzer schnell eine Antwort auf jedes grundlegende grammatische Problem.

Im Text verwendete Abkürzungen

adj	Adjektiv
adv	Adverb
AGR	Landwirtschaft
ANAT	Anatomie
ARCH	Architektur
art	Artikel
ART	Kunst
ASTR	Astronomie
BIO	Biologie
BOT	Botanik
CHEM	Chemie
CINE	Film
ECO	Wirtschaft
etw	etwas
f	weiblich
fam	umgangssprachlich
fig	bildlich
FIN	Finanzwelt
FOTO	Fotografie
GAST	Gastronomie
GEO	Geografie
GEOL	Geologie
GRAMM	Grammatik
HIST	Geschichte
INFORM	Informatik
interj	Interjektion
irr	unregelmäßig
jdm	jemandem
jdn	jemanden
jds	jemandes
jmd	jemand
JUR	Recht
konj	Konjunktion
LING	Linguistik
LIT	Literatur
m	männlich
MATH	Mathematik
MED	Medizin
MET	Metallurgie
METEO	Meteorologie
MIL	Militär
MIN	Bergbau/Mineralogie
MUS	Musik
n	Neutrum
NAUT	Schifffahrt
num	Zahlwort
PHIL	Philosophie
o.s.	oneself
PHYS	Physik
pl	Plural
POL	Politik
pref	Präfix
prep	Präposition
pron	Pronomen
PSYCH	Psychologie
REL	Religion
sb	Substantiv
s.o.	someone
sth	something
SPORT	Sport
sup	Superlativ
TECH	Technik
TEL	Kommunikationswesen
THEAT	Theater
v	Verb
ZOOL	Zoologie

Lautschrift

Konsonanten

Baum	b	big	Post, ab	p	pass
mich	ç		Rand	r	road
denn	d	day	nass, besser	s	sun, cellar
fünf, vier	f	fish, photo	Schule, Sturm	ʃ	shot
gut	g	get	Tisch, Sand	t	tap
Hemd	h	hat		θ	think
ja, Million	j	yes		ð	that
Kind	k	keep, cat	Weg	v	vote
Lob	l	life		w	wish
mir	m	me	lachen	x	
nein	n	no, knit	sein	z	zoo, is
links, lang	ŋ	hang	Genie	ʒ	pleasure

Vokale

blass	a	
Bahn, Saal	aː	
	ɑː	jar, heart
	æ	back
egal	e	yes
weh, See	eː	
hätte, fett	ɛ	
Säge	ɛː	
gefallen	ə	above
	ɜː	turn, whirl
ist	ɪ	if
Diamant	i	
Liebe	iː	be, meet
Moral	o	
Boot, Tod	oː	
von	ɔ	
	ɔː	short, warm
	ɒ	dog
ökonomisch	ø	
Öl	øː	
völlig	œ	
Zunge	u	
Zug	uː	blue, mood
	ʊ	put, hood, would
	ʌ	run, shove
Stück	y	
Typ	yː	

Diphthonge

heiß	aɪ	by, buy, lie
Maus	au	
	aʊ	round, now
	eɪ	late, day
	ɛə	chair, stare
	əʊ	mow, go
	ɪə	near, here
neu, Häuser	ɔy	
	ɔɪ	joy, boil
	ʊə	sure, pure

Nasale (nur bei Fremdwörtern)

Orange	ɑ̃	fiancée
Cousin	ɛ̃	
Saison	ɔ̃	bouillon

Englisch – Deutsch

A

a [eɪ, ə] *art 1.* ein/eine; *prep 2. (per)* pro
abandon [ə'bændən] *v 1. (leave, leave behind)* verlassen; *2. (a plan)* aufgeben; *3. (relinquish)* preisgeben; *4. (an animal)* aussetzen; *sb 5. with ~* mit Leib und Seele
abase [ə'beɪs] *v* demütigen, erniedrigen
abash [ə'bæʃ] *v* beschämen
abate [ə'beɪt] *v* nachlassen, abflauen
abattoir ['æbətwɑː] *sb* Schlachthaus *n*
abbey ['æbɪ] *sb REL* Abtei *f*
abbot ['æbət] *sb REL* Abt *m*
abbreviate [ə'briːvɪeɪt] *v* abkürzen
abbreviation [əbriːvɪ'eɪʃən] *sb* Abkürzung *f*
abdicate ['æbdɪkeɪt] *v (monarch) POL* abdanken
abdication [æbdɪ'keɪʃən] *sb (of a monarch) POL* Abdankung *f*
abduct [əb'dʌkt] *v* entführen
abduction [əb'dʌkʃən] *sb* Entführung *f*
aberration [æbə'reɪʃən] *sb 1.* Abweichung *f; 2. (mental)* Verirrung *f*
abhor [əb'hɔː] *v* verabscheuen
abhorrence [əb'hɔrəns] *sb* Abscheu *m*
abhorrent [əb'hɔrənt] *adj* abscheulich
abide [ə'baɪd] *v irr ~ by* sich halten an
ability [ə'bɪlɪtɪ] *sb* Fähigkeit *f,* Befähigung *f*
abject ['æbdʒekt] *adj 1. (sunk to a low condition)* elend, niedrig; *2. (grovelling)* kriecherisch
able ['eɪbl] *adj 1.* fähig; *2. to be ~ to do sth* etw können; in der Lage sein, etw zu tun; *3. (gifted)* begabt; *4. (efficient)* tüchtig
abnegate ['æbnɪgeɪt] *v* sich versagen
abnormal [æb'nɔːməl] *adj 1.* anormal; *2. (deviant)* abnorm
abolish [ə'bɔlɪʃ] *v* abschaffen, aufheben
abolition [æbə'lɪʃən] *sb* Abschaffung *f*
A-bomb ['eɪbɔm] *sb (atomic bomb)* Atombombe *f*
abominable [ə'bɔmɪnəbl] *adj* abscheulich
aboriginal [æbə'rɪdʒɪnl] *adj* primitiv, ursprünglich, indigen, eingeboren
Aborigine [æbə'rɪdʒɪniː] *sb* australischer Ureinwohner *m*
abort [ə'bɔːt] *v MED* abtreiben
abortion [ə'bɔːʃən] *sb 1. (operation) MED* Abtreibung *f; 2. MED* Fehlgeburt *f*
about [ə'baʊt] *adv 1. (approximately)* ungefähr, etwa; *2. (round, around)* herum, umher; *leave things lying ~* Sachen herumliegen lassen; *to be up and ~* wieder auf den Beinen sein; *3. to be ~ to do sth* im Begriff sein, etw zu tun; *prep 4. (all round)* um, um ... herum; *5. (concerning)* über, von; *What is it ~?* Worum handelt es sich? *6. (around a certain time)* gegen, um
above [ə'bʌv] *prep 1.* über, oberhalb; *2. (fig)* über; *~ all* vor allem; *~ average* überdurchschnittlich; *get ~ o.s.* eingebildet sein; *adv 3. (overhead)* oben; *4. (in a higher position)* darüber; *adj 5. (~mentioned)* oben genannt, oben erwähnt
abreast [ə'brest] *adv 1.* nebeneinander; *2. (fig) keep ~ of sth* auf dem Laufenden bleiben
abridge [ə'brɪdʒ] *v* kürzen, abkürzen
abroad [ə'brɔːd] *adv 1. (in another country)* im Ausland; *2. (to another country)* ins Ausland
abrupt [ə'brʌpt] *adj 1.* abrupt, plötzlich, jäh; *2. (descent)* unvermittelt; *3. (brusque)* schroff
abruption [ə'brʌpʃən] *sb* Abbruch *m*
absence ['æbsəns] *sb 1.* Abwesenheit *f,* Fehlzeiten *f/pl; 2. (lack)* Fehlen *n,* Mangel *m*
absent ['æbsənt] *adj* abwesend
absentee [æbsən'tiː] *sb* Abwesende(r) *m/f*
absent-minded ['æbsənt'maɪndɪd] *adj 1. (habitually forgetful)* zerstreut; *2. (lost in thought)* geistesabwesend, gedankenverloren
absolute ['æbsəluːt] *adj 1.* absolut, unbedingt; *2. (utter)* völlig, vollkommen
absolution [æbsə'luːʃən] *sb REL* Absolution *f*
absolutism ['æbsəluːtɪzəm] *sb POL* Absolutismus *m*
absolve [əb'zɔlv] *v REL* lossprechen
absorb [əb'zɔːb] *v 1.* absorbieren, aufsaugen; *2. (knowledge)* aufnehmen
absorbing [əb'sɔːbɪŋ] *adj (fig)* fesselnd
absorption [əb'zɔːpʃən] *sb 1.* Absorption *f,* Aufsaugung *f; 2.* intensive Beschäftigung *f*
abstain [əb'steɪn] *v ~ from sth* sich etw enthalten, etw lassen, sich etw versagen
abstemious [əb'stiːmɪəs] *adj* abstinent
abstention [əb'stenʃən] *sb 1.* Enthaltung *f; 2. (from voting)* Stimmenthaltung *f*
abstinence ['æbstɪnəns] *sb* Abstinenz *f*
abstract ['æbstrækt] *adj 1.* abstrakt; *2.* gegenstandslos; *sb 3. (summary)* Abriss *m*
abstraction [æb'strækʃən] *sb* Abstraktion *f*
absurd [əb'sɜːd] *adj* absurd, lächerlich
absurdity [əb'sɜːdɪtɪ] *sb* Unsinn *m*
abundance [ə'bʌndəns] *sb* Fülle *f*

abundant [ə'bʌndənt] *adj* reichlich, üppig
abuse [ə'bju:z] *v 1.* missbrauchen, misshandeln, falsch anwenden; *2. (insult)* beschimpfen; [ə'bju:s] *sb 3.* Missbrauch *m*
abut [ə'bʌt] *v* angrenzen
abyss [ə'bɪs] *sb* Abgrund *m*
academic [ækə'demɪk] *adj 1.* akademisch; *2. (intellectual)* wissenschaftlich; *sb 3.* Dozent(in) *m/f,* Akademiker(in) *m/f*
academy [ə'kædemɪ] *sb* Akademie *f*
accede [æk'si:d] *v 1. (agree)* zustimmen; *(reluctantly)* einwilligen; *2. ~ to the throne* den Thron besteigen
accelerate [æk'selәreɪt] *v* beschleunigen
acceleration [ækselə'reɪʃən] *sb* Beschleunigung *f*
accent ['æksent] *sb 1.* Akzent *m; 2. (~ed syllable)* Betonung *f*
accentuate [æk'sentjʊeɪt] *v* hervorheben, betonen, akzentuieren
accept [ək'sept] *v 1.* annehmen, akzeptieren; *sb ECO 2. (a fact)* hinnehmen; *3. (receive, take receipt of)* entgegennehmen
acceptable [ək'septəbl] *adj* annehmbar
acceptance [ək'septəns] *sb 1. (receipt)* Annahme *f; 2. (of a person, of an idea)* Anerkennung *f; 3. (agreement)* Annahme *f,* Akzeptanz *f; 4. (of a bill of exchange)* Akzept *n*
access ['ækses] *sb 1.* Zugang *m,* Zutritt *m; 2. INFORM* Zugriff *m*
accessible [æk'sesəbl] *adj* zugänglich, erreichbar
accessory [æk'sesərɪ] *sb 1. JUR* Mitschuldige(r) *m/f,* Mitwisser(in) *m/f*
accident ['æksɪdənt] *sb 1.* Unfall *m,* Unglück *n; by ~* aus Versehen; *2. (chance)* Zufall *m; by ~* durch Zufall
accidental [æksɪ'dentl] *adj* zufällig
acclaim [ə'kleɪm] *sb 1.* Beifall *m; v 2.* feiern
acclimate ['æklɪmeɪt] *v 1. (US)* gewöhnen; *2. (US) ~ o.s.* sich eingewöhnen
accommodate [ə'kɔmədeɪt] *v 1.* sich anpassen; 2. unterbringen
accommodation [əkɔmə'deɪʃən] *sb 1.* Anpassung *f; 2. (lodging)* Unterkunft *f*
accompaniment [ə'kʌmpənɪmənt] *sb 1.* Beiwerk *n; 2. MUS* Begleitung *f*
accompany [ə'kʌmpənɪ] *v* begleiten
accomplice [ə'kɔmplɪs] *sb* Komplize/Komplizin *m/f,* Mittäter(in) *m/f*
accomplish [ə'kɔmplɪʃ] *v 1. (achieve)* schaffen; *2. (a task)* bewältigen, vollbringen
accomplishment [ə'kɔmplɪʃmənt] *sb 1. (an achievement)* Leistung *f; 2.* Erfüllung *f*
accord [ə'kɔ:d] *sb (fig)* Einstimmigkeit *f; of one's own ~* von selbst
accordance [ə'kɔ:dəns] *sb in ~ with* entsprechend, gemäß; *to be in ~ with* entsprechen
according [ə'kɔ:dɪŋ] *prep 1. ~ to (as stated by)* laut; *2. ~ to (in accordance with)* nach, gemäß; *~ to plan* planmäßig; *3. ~ to (depending on)* je nach
accordion [ə'kɔ:dɪən] *sb MUS* Akkordeon *n,* Ziehharmonika *f*
account [ə'kaʊnt] *v 1. ~ for (substantiate) FIN* belegen; *2. ~ for (explain)* erklären; *sb 3. (at a bank, at a firm) ECO* Konto *n; ~ for reimbursements of expenses* Aufwandsausgleichskonto; *~ in foreign currency* Fremdwährungskonto; *4. (report)* Erzählung *f,* Bericht *m; 5. (explanation)* Rechenschaft *f; 6. on ~ of* wegen, aufgrund, in Anbetracht; *on no ~* keinesfalls; *7. take sth into ~* etw berücksichtigen
accountable [ə'kaʊntəbl] *adj* verantwortlich, *hold s.o. ~ for sth* jdn für etw verantwortlich machen
accountancy [ə'kaʊntənsɪ] *sb* Buchhaltung *f,* Buchführung *f*
accountant [ə'kaʊntənt] *sb* Buchhalter(in) *m/f*
account balance [ə'kaʊntbæləns] *sb* Kontostand *m*
account number [ə'kaʊnt 'nʌmbə] *sb ECO* Kontonummer *f*
accredit [ə'kredɪt] *v 1. (a representative)* akkreditieren; *2. (US: a school)* anerkennen
accretion [ə'kri:ʃən] *sb 1. (growth)* Zunahme *f,* Wachstum *n; 2. (growing together)* Verschmelzung *f*
accumulate [ə'kju:mjʊleɪt] *v 1. (amass)* ansammeln, anhäufen, häufen; *2. (pile up)* sich ansammeln
accumulation [əkju:mjʊ'leɪʃən] *sb* Ansammlung *f,* Anhäufung *f,* Häufung *f*
accumulator [ə'kju:mjʊleɪtə] *sb TECH* Akku *m*
accuracy ['ækjʊrəsɪ] *sb* Genauigkeit *f,* Exaktheit *f,* Richtigkeit *f*
accurate ['ækjʊrɪt] *adj* genau, exakt, akkurat
accusal [ə'kju:zl] *sb* Anklage *f*
accusation [ækju:'zeɪʃən] *sb 1. JUR* Anklage *f,* Anschuldigung *f,* Beschuldigung *f; 2. (reproach)* Vorwurf *m*
accusative [ə'kju:zətɪv] *sb (~ case) LING* Akkusativ *m*
accuse [ə'kju:z] *v 1. JUR* anklagen; *2. ~ of* beschuldigen

accused [ə'kjuːzd] *sb the ~ JUR* der/die Angeklagte *m/f*
accuser [ə'kjuːzə] *sb JUR* Ankläger(in) *m/f*
accustom [ə'kʌstəm] *v 1. ~ o.s. to sth* sich an etw gewöhnen; *2. ~ s.o. to sth* jdm etw angewöhnen
ace [eɪs] *sb 1. (card)* Ass *n; hold all the ~s (fam)* alle Trümpfe in der Hand halten; *2. (unreturned serve) SPORT* Ass *n; 3. (expert)* Ass *n; adj 4.* Spitzen...
acerbic [ə'sɜːbɪk] *adj* sauer, bitter
ache [eɪk] *v 1.* schmerzen, wehtun; *sb 2.* Schmerz *m*
achieve [ə'tʃiːv] *v 1.* vollbringen, leisten; *2. (reach)* erreichen, erlangen, erzielen
achievement [ə'tʃiːvmənt] *sb (feat)* Errungenschaft *f,* Kunststück *n,* Leistung *f*
acid ['æsɪd] *sb 1.* Säure *f; 2. (fam: narcotic)* Acid *n; adj 3.* beißend
acidic [ə'sɪdɪk] *adj* sauer
acidity [ə'sɪdɪtɪ] *sb* Säure *f,* Säuregehalt *m*
acid rain ['æsɪd reɪn] *sb* saurer Regen *m*
acid test [æsɪd'test] *sb 1. CHEM* Säuretest *m; 2. (fig)* Feuerprobe *f*
acknowledge [ək'nɔlɪdʒ] *v 1.* anerkennen; *2.* eingestehen; *3.* bestätigen
acknowledgement [ək'nɔlɪdʒmənt] *sb 1.* Anerkennung *f; 2. (confirmation)* Bestätigung *f*
acne ['æknɪ] *sb MED* Akne *f*
acorn ['eɪkɔːn] *sb BOT* Eichel *f*
acoustic [ə'kuːstɪk] *adj* akustisch
acoustics [ə'kuːstɪks] *sb* Akustik *f*
acquaint [ə'kweɪnt] *v 1. (with a plan)* informieren; *2. ~ s.o. with sth* jdn mit etw bekannt machen
acquaintance [ə'kweɪntəns] *sb 1. (person)* Bekannte(r) *m/f; 2. (with s.o.)* Bekanntschaft *f*
acquainted [ə'kweɪntɪd] *adj 1. to be ~ with* kennen, vertraut sein mit; *2. get ~ with* sich bekannt machen mit, kennen lernen
acquiesce [ækwiː'es] *v 1.* einwilligen; *2.* hinnehmen, dulden
acquire [ə'kwaɪə] *v 1.* erwerben, erlangen; *2. (skills, knowledge)* sich aneignen
acquisition [ækwɪ'zɪʃən] *sb* Erwerb *m*
acquisitive [ə'kwɪzɪtɪv] *adj* besitzgierig, habgierig
acquit [ə'kwɪt] *v JUR* freisprechen
acquittal [ə'kwɪtl] *sb JUR* Freispruch *m*
acreage ['eɪkərɪdʒ] *sb* Land *n*
acrimony ['ækrɪmənɪ] *sb 1. (of a remark)* Schärfe *f; 2. (of a person)* Verbitterung *f*
acrobat ['ækrəbæt] *sb* Akrobat(in) *m/f*
acrobatic [ækrəʊ'bætɪk] *adj* akrobatisch
acrobatics [ækrə'bætɪks] *pl* Akrobatik *f*
across [ə'krɔs] *prep 1. (the street)* quer über; *adv 2.* hinüber, herüber
act [ækt] *v 1. (function)* handeln, tätig sein; *~ upon sth, ~ on sth* aufgrund von etw handeln; *2. (behave)* sich verhalten; *3. ~ for (~ on behalf of)* vertreten; *4. THEAT* spielen; *He's only ~ing. (fig)* Er tut nur so. *sb 5.* Tat *f,* Akt *m,* Handlung *f; to be in the ~ of doing something* gerade dabei sein, etw zu tun; *6. THEAT* Akt *m; 7. get one's ~ together (fam)* sich am Riemen reißen; *8. Acts pl REL* die Apostelgeschichte *f*
action ['ækʃən] *sb 1.* Tat *f,* Handlung *f,* Aktion *f; 2. (measure)* Maßnahme *f; 3. MIL* Einsatz *m,* Gefecht *n; out of ~* außer Gefecht; *4.* Action *f* (fam)
activate ['æktɪveɪt] *v* aktivieren
active ['æktɪv] *adj 1.* aktiv, emsig; *2.* lebendig, lebhaft; *3.* betriebsam, geschäftig
activist ['æktɪvɪst] *sb* Aktivist *m*
activity [æk'tɪvɪtɪ] *sb 1.* Tätigkeit *f; 2.* Aktivität *f; 4. (goings-on, hustle and bustle)* Treiben *n,* Betrieb *m; 3. (mental ~)* Betätigung *f*
actor ['æktə] *sb* Schauspieler *m,* Darsteller *m*
actress ['æktrɪs] *sb* Schauspielerin *f*
actual ['æktjʊəl] *adj 1.* eigentlich; *2. (real)* tatsächlich, wirklich, effektiv
actually ['æktjʊəlɪ] *adv 1.* eigentlich; *2.* tatsächlich, wirklich
actuate ['æktʃʊeɪt] *v* bedienen, antreiben
acute [ə'kjuːt] *adj 1. (shortage, pain, appendicitis)* akut; *2. (of mind)* scharfsinnig, messerscharf; *3. MATH* spitz
adapt [ə'dæpt] *v 1. ~ o.s.* sich anpassen; *2. ~ sth* angleichen, anpassen
adaptable [ə'dæptəbl] *adj* anpassungsfähig
adaptation [ædæp'teɪʃən] *sb* Anpassung *f*
add [æd] *v 1.* hinzufügen; *2. (contribute)* beitragen; *3. (numbers)* addieren; *4. ~ up to* betragen, sich belaufen auf; *5. ~ up,* zusammenzählen; *6. ~ on (to a building)* ausbauen
addendum [ə'dendəm] *sb* Zusatz *m,* Nachtrag *m*
addict ['ædɪkt] *sb* Süchtige(r) *m/f*
addicted [ə'dɪktɪd] *adj* süchtig
addiction [ə'dɪkʃən] *sb* Sucht *f*
addition [ə'dɪʃən] *sb 1.* Zusatz *m,* Beigabe *f; 2. in ~* außerdem; *3. MATH* Addition
additional [ə'dɪʃənl] *adj* zusätzlich, weiter
address [ə'dres] *v 1. (a letter)* adressieren; *2. (speak to)* ansprechen; *3. ~ o.s. to* sich wenden an; *sb 4. (where one lives)* Adresse *f; 5. (speech)* Ansprache *f; 6. (to a jury) JUR* Plädoyer *n*
addressee [ædre'siː] *sb* Empfänger *m*

adept [ə'dept] *adj* geschickt
adequacy ['ædɪkwəsɪ] *sb* Angemessenheit *f*
adequate ['ædɪkwɪt] *adj* ausreichend
adhere [əd'hɪə] *v 1. ~ to* kleben, haften; *2. ~ to (a rule)* einhalten; *3. ~ to (a course of action)* beibehalten
adherent [əd'hɪərənt] *sb* Anhänger *m*
adhesive [əd'hiːsɪv] *adj* klebend
adjective ['ædʒektɪv] *sb GRAMM* Adjektiv *n*
adjoin [ə'dʒɔɪn] *v* angrenzen
adjoining [ə'dʒɔɪnɪŋ] *adj* angrenzend; *~ room* Nebenraum *m*
adjourn [ə'dʒɜːn] *v* vertagen
adjure [ə'dʒʊə] *v* beschwören
adjust [ə'dʒʌst] *v 1. (a device)* einstellen, regulieren; *2. (rearrange)* umstellen; *3. ~ to* sich einstellen auf; *4. (settle differences)* schlichten
adjustment [ə'dʒʌstmənt] *sb 1. (to sth)* Anpassung *f; 2. (of a device)* Einstellung *f,* Regulierung *f; 3. (coordination)* Abstimmung *f*
adjutant ['ædʒʊtənt] *sb MIL* Adjutant *m*
administer [əd'mɪnɪstə] *v 1. (run a business)* verwalten; *2. (give)* erteilen; *3. (medicine) MED* eingeben; *4. ~ an oath* vereidigen
administration [ədmɪnɪs'treɪʃən] *sb 1.* Verwaltung *f; 2. (government) POL* Regierung *f*
administrative [əd'mɪnɪstrətɪv] *adj* Verwaltungs...
administrator [əd'mɪnɪstreɪtə] *sb* Verwalter(in) *m/f,* Verwaltungsbeamte(r) *m/f*
admirable ['ædmərəbl] *adj (praiseworthy)* bewundernswert, *(excellent)* vortrefflich
admiral ['ædmərel] *sb MIL* Admiral *m*
admiration [ædmə'reɪʃən] *sb* Bewunderung *f*
admire [əd'maɪə] *v* bewundern
admirer [əd'maɪərə] *sb* Verehrer(in) *m/f*
admissible [əd'mɪsəbl] *adj* zulässig
admission [əd'mɪʃən] *sb 1. (entry)* Zutritt *m; 2. (as a member)* Aufnahme *f; 3. (price of ~)* Eintritt *m; 4. (confession),* Eingeständnis *n*
admit [əd'mɪt] *v 1. (acknowledge)* zugeben; *2. (as a member)* aufnehmen; *3. (let in)* einlassen; *4. (recognize as valid)* anerkennen; *5. (to hospital)* einweisen
admittance [əd'mɪtəns] *sb 1. (to a group)* Aufnahme *f; 2. (to premises)* Einlass *m*
admonish [əd'mɒnɪʃ] *v 1. (reprove)* ermahnen, tadeln; *2. (warn)* mahnen
admonition [ædməʊ'nɪʃən] *sb 1. (reproach)* Ermahnung *f; 2. (warning)* Mahnung *f*
adolescent [ædəʊ'lesnt] *adj 1.* jugendlich; *sb 2.* Jugendliche(r) *m/f*
Adonis [ə'dɒnɪs] *sb (fig: handsome man)* Adonis *m*
adopt [ə'dɒpt] *v 1. (a child)* adoptieren; *2. (fig)* übernehmen; *3. (a law) POL* annehmen
adoption [ə'dɒpʃən] *sb 1.* Annahme *f,* Übernahme *f; 2. (of a child)* Adoption *f*
adoration [ædə'reɪʃən] *sb* Anbetung *f*
adore [ə'dɔː] *v 1. (worship)* anbeten; *2. (to be fond of)* lieb haben
adornment [ə'dɔːnmənt] *sb* Verzierung *f*
adulatory ['ædjʊleɪtərɪ] *adj* schmeichlerisch
adult [ə'dʌlt] *sb 1.* Erwachsene(r) *m/f;* ['ædʌlt] *adj 2.* erwachsen
adulterate [ə'dʌltəreɪt] *v 1. (corrupt)* verderben; *2. (food)* panschen
adulteration [ədʌltə'reɪʃən] *sb* Verfälschung *f*
adultery [ə'dʌltərɪ] *sb* Ehebruch *m*
adulthood [ə'dʌlthʊd] *sb* Erwachsensein *n*
advance [əd'vɑːns] *v 1.* fortschreiten, vorankommen; *2. ~ upon* herankommen an; *3. (to be promoted)* aufsteigen; *4. (further sth)* fördern; *5. (promote s.o.)* befördern; *sb 6. (moving forward)* Vorstoß *m; 7. (of money)* Vorschuss *m; 8. (amorous)* Annäherungsversuch *m; make ~s to s.o.* sich an jdn heranmachen; *9. in ~* im Voraus
advanced [əd'vɑːnst] *adj 1.* fortgeschritten; *2. ~ in years* bejahrt
advancement [əd'vɑːnsmənt] *sb 1. (progress)* Fortschritt; *m; 2. (promotion)* Beförderung *f; 3. (career ~)* Aufstieg *m; 4. (support)* Förderung *f*
advantage [əd'vɑːntɪdʒ] *sb 1.* Vorteil *m; take ~ of sth* etw ausnutzen; *2. (use)* Nutzen *m; 3. (point in one's favour)* Pluspunkt *m; 4. (a lead over s.o.)* Vorsprung *m*
advent ['ædvənt] *sb* Kommen *n*
Advent ['ædvənt] *sb* Advent *m*
adventure [əd'ventʃə] *sb* Abenteuer *n*
adventurer [əd'ventʃərə] *sb* Abenteurer *m*
adventurous [əd'ventʃərəs] *adj 1.* abenteuerlich; *2. (person)* abenteuerlustig
adverb ['ædvɜːb] *sb GRAMM* Adverb *n*
adverbial [æd'vɜːbɪəl] *adj* adverbial
adversary ['ædvəsərɪ] *sb* Gegner(in) *m/f*
adverse ['ædvɜːs] *adj* ungünstig, widrig
adversity [əd'vɜːsɪtɪ] *sb* Widrigkeit *f,* Missgeschick *n,* Unglück *n*
advertise ['ædvətaɪz] *v 1.* Werbung machen für, anzeigen, ankündigen; *2. (place an advertisement)* annoncieren, inserieren; *~ a vacancy* eine Stelle ausschreiben

advertisement [əd'vɜːtɪzmənt] *sb 1.* Werbung *f,* Reklame *f; 2. (in the newspaper)* Anzeige *f,* Annonce *f,* Inserat *n; 3. (announcement)* Bekanntmachung *f; 4. an ~ for sth (fig: a fine representative)* ein Aushängeschild *n*
advertiser ['ædvətaɪzə] *sb 1. (in a paper)* Anzeigenkunde/Anzeigenkundin *m/f; 2. (on television)* Werbekunde/Werbekundin *m/f*
advertising ['ædvətaɪzɪŋ] *sb* Werbung *f,* Reklame *f*
advice [əd'vaɪs] *sb 1.* Rat *m; give s.o. some ~* jdm einen Rat geben; *piece of ~* Ratschlag *m; 2. (counsel)* Beratung *f*
advise [əd'vaɪz] *v 1. (give advice)* raten, beraten, empfehlen; *2. ~ against* abraten; *3. (inform)* verständigen, benachrichtigen
advised [əd'vaɪzd] *adj* beraten, informiert
adviser [əd'vaɪzə] *sb* Berater(in) *m/f*
advisory [əd'vaɪzərɪ] *adj* beratend
advocate ['ædvəkeɪt] *v 1.* verfechten, befürworten; ['ædvəkɪt] *sb 2.* Verfechter(in) *m/f*
aegis ['iːdʒɪs] *sb* Ägide *f,* Schutz *m,* Obhut *f*
aeon ['iːən] *sb* Ewigkeit *f*
aerate ['ɛəreɪt] *v* belüften, lüften
aerial ['ɛərɪəl] *adj 1.* Luft..., in der Luft befindlich; *sb 2. (antenna) TECH* Antenne *f*
aerodynamic [ɛərəʊdaɪ'næmɪk] *adj* aerodynamisch
aeronautics [ɛərə'nɔːtɪks] *sb* Luftfahrt *f*
aeroplane ['ɛərəʊpleɪn] *sb* Flugzeug *n*
aerosol can ['ɛərəsɔl kæn] *sb* Spraydose *f*
aesthetic [iːs'θetɪk] *adj* ästhetisch
aesthetics [iːs'θetɪks] *sb* Ästhetik *f*
affair [ə'fɛə] *sb 1. (matter)* Angelegenheit *f,* Sache *f; 2. (love ~)* Affäre *f*
affect [ə'fekt] *v 1. (concern)* betreffen, angehen; *2. (influence)* sich auswirken; *3. (emotionally)* bewegen; *4. (feign)* vortäuschen
affectation [æfek'teɪʃən] *sb* Verstellung *f*
affected [ə'fektɪd] *adj (put-on: person, accent, behaviour)* affektiert, gekünstelt, geziert
affection [ə'fekʃən] *sb* Liebe *f,* Zuneigung *f*
affectionate [ə'fekʃənɪt] *adj* zärtlich, liebevoll, anhänglich
affiliate [ə'fɪlɪət] *sb 1. ECO* Tochtergesellschaft *f;* [ə'fɪlɪeɪt] *v 2.* angliedern
affiliation [əfɪlɪ'eɪʃən] *sb 1.* Zugehörigkeit *f; 2. POL* Anschluss *m*
affinity [ə'fɪnɪtɪ] *sb (liking)* Neigung *f; an ~ for* eine Neigung zu
affirm [ə'fɜːm] *v 1.* versichern, beteuern; *2. (answer in the affirmative)* bejahen
affirmation [æfə'meɪʃən] *sb* Versicherung *f,* Beteuerung *f*
affirmative [ə'fɜːmətɪv] *adj* positiv
affix [ə'fɪks] *v* befestigen, anheften, anfügen
afflict [ə'flɪkt] *v* plagen, heimsuchen
affliction [ə'flɪkʃən] *sb 1.* Bedrängnis *f,* Heimsuchung *f; 2. MED* Gebrechen *n*
affluence ['æflʊəns] *sb* Wohlstand *m,* Reichtum *m*
affluent ['æflʊənt] *adj* wohlhabend, reich
affluent society ['æflʊənt sə'saɪətɪ] *sb* Wohlstandgesellschaft *f*
afford [ə'fɔːd] *v 1.* sich leisten; *2. (provide)* bieten
affordable [ə'fɔːdəbl] *adj* erschwinglich
affront [ə'frʌnt] *v* beleidigen
afloat [ə'fləʊt] *adj 1.* schwimmend; *2. (rumour)* in Umlauf
afraid [ə'freɪd] *adj to be ~* Angst haben; *to be ~ to do sth* sich scheuen, etw zu tun
Africa ['æfrɪkə] *sb GEO* Afrika *n*
African ['æfrɪkən] *sb 1.* Afrikaner(in) *m/f; adj 2.* afrikanisch
after ['ɑːftə] *prep 1.* nach; *~ all* schließlich, immerhin; *adv to be ~ s.o. (fig)* jdm hinterherlaufen; *konj 2.* nachdem; *adv 3. (afterwards)* dann, nachher, danach; *4. (behind)* hinterher
afterglow ['æːftəgləʊ] *sb* Abendrot *n,* Nachglühen *n*
afternoon [ɑːftə'nuːn] *sb* Nachmittag *m; Good ~!* Guten Tag!
afters ['ɑːftəz] *sb (fam) (UK)* Dessert *n*
aftertaste ['ɑːftəteɪst] *sb* Nachgeschmack *m,* Beigeschmack *m*
afterwards ['ɑːftəwədz] *adv* nachher, später, danach
again [ə'gen] *adv 1.* wieder, nochmals, erneut; *~ and ~* immer wieder; *now and ~* hin und wieder, ab und zu; *then ~ (on the other hand)* andererseits; *half ~ as much* eineinhalbmal so viel; *konj 2. (moreover)* ferner
against [ə'genst] *prep 1. (right next to, making contact with)* gegen, direkt an; *2. (contrary to, versus)* gegen, wider, entgegen; *~ one another* gegeneinander; *3. (compared with)* gegenüber; *as ~* im Vergleich zu
age [eɪdʒ] *v 1.* altern; *sb 2.* Alter *n; come of ~* mündig werden, volljährig werden; *3. (era)* Zeitalter *n,* Zeit *f; in this day and ~* heutzutage
ageless ['eɪdʒlɪs] *v* zeitlos, nicht alternd
agency ['eɪdʒənsɪ] *sb 1.* Agentur *f; 2. (government ~)* Amt *n,* Behörde *f*
agenda [ə'dʒendə] *sb* Tagesordnung *f; hidden ~* geheime Pläne *pl*
agent ['eɪdʒənt] *sb* Agent(in) *m/f,* Makler(in) *m/f,* Vermittler(in) *m/f*

aggrandize [ə'grændaɪz] *v* vergrößern
aggravate ['ægrəveɪt] *v 1. (make angry)* ärgern, reizen; *2. (make worse)* verschlimmern
aggravation [ægrə'veɪʃən] *sb 1. (irritation)* Ärger *m; 2. (worsening)* Verschlimmerung *f*
aggression [ə'greʃən] *sb* Aggression *f*
aggressive [ə'gresɪv] *adj* aggressiv
aggressiveness [ə'gresɪvnɪs] *sb* Aggressivität *f*
aggressor [ə'gresə] *sb MIL* Angreifer *m*
aggrieve [ə'griːv] *v* verletzen, kränken
agile ['ædʒaɪl] *adj* flink, behende, gelenkig
agitate ['ædʒɪteɪt] *v 1. (excite)* erregen, aufregen, hetzen; *2. (liquid)* aufwühlen
agitation [ædʒɪ'teɪʃən] *sb* Aufregung *f*
aglow [ə'gləʊ] *adj* glühend
ago [ə'gəʊ] *adv* her, vor; *two years ~* vor zwei Jahren; *long ~* vor langer Zeit
agonize ['ægənaɪz] *v ~ over* sich quälen mit
agony ['ægənɪ] *sb* Qual *f,* Pein *f,* Leid *n*
agoraphobia [ægərə'fəʊbjə] *sb* Platzangst *f*
agree [ə'griː] *v 1.* übereinstimmen, zustimmen; *2. (come to an ~ment)* sich einigen, vereinbaren; *3.* zusammen passen, sich vertragen; *It didn't ~ with me.* Es ist mir nicht bekommen.
agreeable [ə'griːəbl] *adj 1.* angenehm; *to be ~ to sth* mit etw einverstanden sein; *2.* nett
agreed [ə'griːd] *adj* vereinbart; *Agreed!* Abgemacht!
agreement [ə'griːmənt] *sb 1.* Vereinbarung *f,* Übereinkunft *f; come to an ~* sich einigen; *2. POL* Abkommen *n*
agricultural [ægrɪ'kʌltʃərəl] *adj AGR* landwirtschaftlich
agriculture ['ægrɪkʌltʃə] *sb AGR* Landwirtschaft *f,* Ackerbau *m*
ahead [ə'hed] *adv* voraus, vorn; *get ~* Karriere machen; *look ~* in die Zukunft blicken; *keep one step ~ of s.o.* jdm einen Schritt voraus sein
ahem [ə'hm] *interj* Hm!
ahold [ə'həʊld] *adj grab ~ of sth* etw packen
ahoy [ə'hɔɪ] *interj* Ahoi!
aid [eɪd] *v 1.* helfen; *2. ~ and abet JUR* Beihilfe leisten; *sb 3.* Hilfe *f,* Mithilfe *f; come to s.o.'s ~* jdm zu Hilfe kommen; *4. (item)* Hilfsmittel *n*
AIDS [eɪdz] *sb MED* Aids *n*
ail [eɪl] *v* kränkeln; *What ~s you?* Was hast du denn?
aim [eɪm] *v 1. ~ at* zielen auf; *2. ~ at sth (fig)* etw bezwecken, nach etw trachten; *sb 3.* Ziel *n,* Richtung *f; 4. (goal)* Ziel *n,* Zweck *m,* Absicht *f*
air [ɛə] *v 1. (~ out)* lüften; *2. (broadcast)* senden; *sb 3.* Luft *f; clear the ~ (fig)* die Luft bereinigen; *to be up in the ~* in den Sternen stehen, ungewiss sein; *walk on ~* auf Wolken schweben; *4. (affected manner)* Allüre *f; put on ~s, give o.s. ~s* sich zieren, vornehm tun; *~s and graces* Allüren *f; 5. (demeanour)* Auftreten *n,* Miene *f*
air bag ['ɛəbæg] *sb TECH* Airbag *m*
air bed ['ɛəbed] *sb* Luftmatratze *f*
airbrush ['ɛəbrʌʃ] *sb* Spritzpistole *f*
air-conditioning ['ɛəkəndɪʃənɪŋ] *sb 1.* Klimatisierung *f; 2. (~ unit)* Klimaanlage *f*
aircraft ['ɛəkrɑːft] *sb* Flugzeug *n*
airfield ['ɛəfiːld] *sb* Flugplatz *m*
air force ['ɛəfɔːs] *sb MIL* Luftwaffe *f*
airline ['ɛəlaɪn] *sb* Fluggesellschaft *f*
airliner ['ɛəlaɪnə] *sb* Verkehrsflugzeug *n*
air mail ['ɛəmeɪl] *sb* Luftpost *f*
airplane ['ɛəpleɪn] *sb* Flugzeug *n*
air pocket ['ɛəpɔkɪt] *sb* Luftloch *n*
air pollution ['ɛəpəluːʃən] *sb* Luftverschmutzung *f*
airport ['ɛəpɔːt] *sb* Flughafen *m*
airstrip ['ɛəstrɪp] *sb* Startbahn *f,* Landebahn *f*
airtight ['ɛətaɪt] *adj 2. (fig)* hieb- und stichfest; *1.* luftdicht
airy ['ɛərɪ] *adj 1. (room, garment)* luftig; *2. (person)* eingebildet, arrogant
aisle [aɪl] *sb* Gang *m*
alacrity [ə'lækrɪtɪ] *sb* Bereitwilligkeit *f,* Eifer *m*
alarm [ə'lɑːm] *v 1. (warn)* alarmieren; *2. (frighten)* erschrecken, ängstigen; *sb 3.* Alarm *m,* Warnsignal *n; 4. (device)* Alarmanlage *f; 5. (surprise)* Schreck *m*
alarm clock [ə'lɑːm klɔk] *sb* Wecker *m*
alarming [ə'lɑːmɪŋ] *adj* Besorgnis erregend
albatross ['ælbətrɔs] *sb ZOOL* Albatros *m*
album ['ælbəm] *sb* Album *n*
albumen ['ælbjumɪn] *sb BIO* Eiweiß *n*
alcohol ['ælkəhɔl] *sb* Alkohol *m*
alcoholic [ælkə'hɔlɪk] *adj 1.* alkoholisch; *sb 2.* Alkoholiker(in) *m/f*
alcoholism ['ælkəhɔlɪzəm] *sb MED* Alkoholismus *m*
alder ['ɔːldə] *sb BOT* Erle *f*
alderman ['ɔldəmən] *sb* Ratsherr *m*
ale [eɪl] *sb GAST* Ale *n*
alert [ə'lɜːt] *v 1.* warnen; *~ s.o. to sth* jdn auf etw aufmerksam machen; *adj 2.* munter, wach-

sam, rege; *sb 3. (state of readiness)* Alarmbereitschaft *f; on the ~* in Alarmbereitschaft; *4. (signal)* Alarm *m*
A-Levels ['eɪlevlz] *pl (UK)* Abitur *n*
algae ['ældʒɜːɪ] *pl BOT* Alge(n) *f/pl*
algebra ['ældʒɪbrə] *sb MATH* Algebra *f*
alias ['eɪlɪəs] *adv 1.* alias; *sb 2.* Deckname *m*
alibi ['ælɪbaɪ] *sb* Alibi *n*
alien ['eɪlɪən] *adj 1. (from another country)* ausländisch; *2. (fig)* andersartig; *3. (from outer space)* außerirdisch; *sb 4. (foreigner)* Ausländer(in) *m/f; 5.* außerirdisches Wesen *n*
alienate ['eɪlɪəneɪt] *v* entfremden
alight [ə'laɪt] *v* absteigen, aussteigen
alignment [ə'laɪnmənt] *sb* Ausrichtung *f,* Aufstellung *f*
alike [ə'laɪk] *adv* gleich, sehr ähnlich
aliment ['ælɪmənt] *sb* Lebensmittel *n*
alimony ['ælɪməʊnɪ] *sb* Unterhalt *m*
aliterate [eɪ'lɪtərɪt] *sb* Analphabet(in) *m/f*
alive [ə'laɪv] *adj 1.* lebend, am Leben; *2. (lively)* lebendig; *~ and kicking (fam)* gesund und munter; *adv 3. to be ~ with* wimmeln von
alkaline ['ælkəlaɪn] *adj CHEM* alkalisch
all [ɔːl] *adj 1.* all, sämtlich, ganz; *~ of a sudden* ganz plötzlich; *~ over (everywhere)* überall; *~ over (finished)* alles aus; *~ day* den ganzen Tag; *~ right* in Ordnung; *~ alone* ganz allein; *~ along* die ganze Zeit; *today of ~ days* ausgerechnet heute; *2. ~ kinds of, ~ sorts of* allerlei, allerhand; *adv 3. ~ round, ~ the way round* überall, ringsumher, ringsherum; *4. ~ the same* trotzdem, immerhin; *5. ~ right* in Ordnung; *pron 6.* alles; *It's ~ the same to me.* Das ist mir ganz gleich. *~ in ~* alles in allem, insgesamt; *first of ~* zuerst; *7. (everybody)* alle
allegation [ælɪ'geɪʃən] *sb* Behauptung *f*
allege [ə'ledʒ] *v* behaupten
allegiance [ə'liːdʒəns] *sb* Treue *f*
allegory ['ælɪgərɪ] *sb LIT* Allegorie *f*
allergic [ə'lɜːdʒɪk] *adj MED* allergisch
allergy ['ælədʒɪ] *sb MED* Allergie *f*
alleviate [ə'liːvɪeɪt] *v* erleichtern, mildern
alley ['ælɪ] *sb* Gasse *f*
alliance [ə'laɪəns] *sb 1.* Verbindung *f; 2. (in historical contexts)* Allianz *f; 3. POL* Bund *m*
allied ['ælaɪd] *adj* verbündet; *the Allied Forces (in World War II)* die Verbündeten (im Zweiten Weltkrieg)
alligator ['ælɪgeɪtə] *sb ZOOL* Alligator *m*
all-inclusive [ɔːl ɪn'kluːsɪv] *adj* allumfassend; *an ~ holiday* eine Pauschalreise
alliteration [əlɪtə'reɪʃən] *sb LIT* Stabreim *m,* Alliteration *f*
allocate ['æləkeɪt] *v* verteilen, zuweisen
allocation [æləʊ'keɪʃən] *sb* Verteilung *f,* Zuteilung *f, (of tasks)* Vergabe *f*
allot [ə'lɔt] *v* verteilen, zuweisen
allotment [ə'lɔtmənt] *sb* Verteilung *f,* Zuteilung *f,* Zuweisung *f*
allow [ə'laʊ] *v 1.* erlauben, gestatten; *2. (grant)* gewähren; *3. ~ for* berücksichtigen
allowance [ə'laʊəns] *sb 1.* Taschengeld *n,* Zuschuss *m; 2.* Gehaltszulage *f; 3. (ration)* Ration *f; 4. (paid by the state)* Beihilfe *f; 5. (permission)* Bewilligung *f; 6. make ~s pl* Nachsicht üben
all-round [ɔːl'raʊnd] *adj* Allround...
All Saints' Day [ɔːl'seɪntsdeɪ] *sb REL* Allerheiligen *n*
allude [ə'luːd] *v ~ to* anspielen auf etw
allure [ə'ljʊə] *sb* Anziehungskraft *f*
allusion [ə'luːʒən] *sb* Anspielung *f*
ally [ə'laɪ] *v 1. ~ o.s. with* sich verbünden mit; ['ælaɪ] *sb 2.* Verbündete(r) m/f.
almanac ['ɔːlmənæk] *sb LIT* Almanach *m*
almighty [ɔːl'maɪtɪ] *adj 1.* allmächtig; *sb 2. the ~ REL* der Allmächtige *m*
almond ['ɑːmənd] *sb BOT* Mandel *f*
almost ['ɔːlməʊst] *adv* fast, beinahe
alms [ɑːmz] *sb* Almosen *pl*
alone [ə'ləʊn] *adj 1.* allein, einsam; *Leave me ~!* Lass mich in Ruhe! *2. let ~ (much less)* geschweige denn
along [ə'lɔŋ] *prep 1.* entlang, längs; *adv 2. all ~* die ganze Zeit; *3.* entlang, längs; *4. (onwards)* vorwärts, weiter; *5. I'll be ~ in a minute.* Ich komme gleich. *6. go ~ with sth* etw zustimmen, bei etw mitmachen; *7. bring s.o. ~* jdn mitbringen; *~ with* zusammen mit
alongside [əlɔŋ'saɪd] *prep 1.* neben, längsseits; *adv 2.* daneben
aloof [ə'luːf] *adj* distanziert, zurückhaltend
aloud [ə'laʊd] *adv* laut
alphabet ['ælfəbet] *sb* Alphabet *n*
alpine ['ælpaɪn] *adj* alpin
Alps [ælps] *pl GEO* Alpen *pl*
already [ɔːl'redɪ] *adv* schon, bereits
Alsatian [æl'seɪʃən] *sb (UK) ZOOL* deutscher Schäferhund *m*
also ['ɔːlsəʊ] *adv* auch, ebenfalls, außerdem
altar ['ɔːltə] *sb REL* Altar *m*
alter ['ɔːltə] *v* ändern, verändern, umändern
alteration [ɔːltə'reɪʃən] *sb 1.* Änderung *f,* Veränderung *f,* Abänderung *f; 2. ~s pl (to a building)* Umbau *m*
altercation [ɔːltə'keɪʃən] *sb* Auseinandersetzung *f*

alternate ['ɔːltəneɪt] *v 1. ~ with s.o.* sich abwechseln, ablösen; *2. ~ sth* abwechseln lassen, wechseln; [ɔl'tɜːnɪt] *adj 3.* miteinander abwechselnd; *on ~ days* jeden zweiten Tag; *4. (alternative)* alternativ
alternation [ɔːltə'neɪʃən] *sb* Abwechslung *f,* Wechsel *m*
alternative [ɔːl'tɜːnətɪv] *adj 1.* alternativ; *sb 2. (choice)* Alternative *f,* Wahl *f; I have no other ~.* Ich habe keine andere Wahl.
although [ɔːl'ðəʊ] *konj* obwohl, obgleich
altitude ['æltɪtjuːd] *sb* Höhe *f*
alto ['æltəʊ] *sb (voice) MUS* Alt *m,* Altstimme *f*
altogether [ɔːltə'geðə] *adv 1. (all in all)* insgesamt, zusammen; *2. (completely)* völlig
altruism ['æltrʊɪzəm] *sb* Altruismus *m,* Nächstenliebe *f*
altruistic [æltrʊ'ɪstɪk] *adj* altruistisch
aluminium [æljʊ'mɪnɪəm] *sb (UK) CHEM* Aluminium *n*
aluminum [ə'luːmɪnəm] *sb (US) CHEM* Aluminium *n*
always ['ɔːlweɪz] *adv 1.* immer, stets; *2. (every time)* jedesmal; *3. (constantly)* ständig; *4. (at any time)* jederzeit
amalgam [ə'mælgəm] *sb 1.* Amalgam *n; 2.* Mischung *f*
amass [ə'mæs] *v* anhäufen
amateur ['æmətə] *sb* Amateur(in) *m/f*
amaze [ə'meɪz] *v* erstaunen, in Erstaunen versetzen; *to be ~d* staunen, sich wundern
amazement [ə'meɪzmənt] *sb* Erstaunen *n*
amazing [ə'meɪzɪŋ] *adj* erstaunlich
ambassador [æm'bæsədə] *sb 1. POL* Botschafter *m; 2. (envoy) POL* Abgesandte(r) *m/f*
ambience ['æmbɪəns] *sb* Atmosphäre *f*
ambiguity [æmbɪ'gjʊɪtɪ] *sb* Zweideutigkeit *f*
ambiguous [æm'bɪgjʊəs] *adj* zweideutig
ambition [æm'bɪʃən] *sb 1. (ambitious nature)* Ehrgeiz *m; 2. (a specific desire)* Ambition *f*
ambitious [æm'bɪʃəs] *adj* ehrgeizig, ambitioniert, ambitiös
ambivalence [æm'bɪvələns] *sb* Ambivalenz *f,* Zwiespältigkeit *f*
ambivalent [æm'bɪvələnt] *adj* ambivalent
amble ['æmbl] *v* umherschlendern
ambulance ['æmbjʊləns] *sb* Krankenwagen *m,* Rettungswagen *m,* Ambulanz *f*
ambulate ['æmbjʊleɪt] *v* herumwandern
ambush ['æmbʊʃ] *v 1. ~ s.o.* jdn aus dem Hinterhalt überfallen; *sb 2.* Hinterhalt *m*
amen ['ɑː'men] *interj* Amen
amend [ə'mend] *v 1. (text, a law)* ändern, abändern; *2. (add)* ergänzen
amendment [ə'mendmənt] *sb (to a bill) JUR* Abänderung *f,* Änderung *f*
America [ə'merɪkə] *sb GEO* Amerika *n*
American [ə'merɪkən] *adj 1.* amerikanisch; *sb 2.* Amerikaner(in) *m/f*
amid [ə'mɪd] *prep* inmitten, mitten in
ammunition [æmjʊ'nɪʃən] *sb* Munition *f*
amnesia [æm'niːzɪə] *sb MED* Amnesie *f*
amnesty ['æmnɪstɪ] *sb JUR* Amnestie *f*
among [ə'mʌŋ] *prep* unter, zwischen; *~ themselves* unter sich
amongst [ə'mʌŋst] *prep (see „among")*
amorous ['æmərəs] *adj 1.* zärtlich; *2. (in love)* verliebt
amortization [əmɔːtɪ'zeɪʃən] *sb ECO* Amortisierung *f,* Tilgung *f*
amount [ə'maʊnt] *v 1. ~ to* sich belaufen auf; *sb 2. (of money)* Betrag *m,* Summe *f,* Geldbetrag *m; 3. (quantity)* Menge *f,* Quantität *f*
amphitheatre ['æmfɪθɪətə] *sb THEAT* Amphitheater *n*
ample ['æmpl] *adj* reichlich
amplifier ['æmplɪfaɪə] *sb TECH* Verstärker *m*
amplify ['æmplɪfaɪ] *v 1. TECH* verstärken; *2. (be more specific)* näher erläutern
amplitude ['æmplɪtjuːd] *sb* Weite *f,* Fülle *f*
amputate ['æmpjʊteɪt] *v MED* amputieren
amulet ['æmjʊlɪt] *sb* Amulett *n*
amuse [ə'mjʊːz] *v 1.* belustigen, unterhalten; *2. ~ o.s.* sich unterhalten, sich vergnügen
amusement [ə'mjʊːzmənt] *sb* Unterhaltung *f,* Vergnügen *n,* Spaß *m*
amusing [ə'mjʊːzɪŋ] *adj* amüsant, witzig, unterhaltsam
an [æn, ən] *art 1.* ein, eine(r,s); *prep 2. (per)* pro
anaesthesia [ænɪs'θiːzɪə] *sb MED* Anästhesie *f,* Betäubung *f,* Narkose *f*
anaesthetist [ə'niːsθətɪst] *sb MED* Anästhesist(in) *m/f*
anal ['eɪnəl] *adj* anal, Anal...
analog ['ænəlɔg] *adj INFORM* analog
analogous [ə'næləgəs] *adj* analog
analyse ['ænəlaɪz] *v* analysieren
analysis [ə'nælɪsɪs] *sb* Analyse *f*
analytical [ænə'lɪtɪkl] *adj* analytisch
anarchist ['ænəkɪst] *sb POL* Anarchist(in) *m/f*
anarchy ['ænəkɪ] *sb POL* Anarchie *f*
anatomy [ə'nætəmɪ] *sb MED* Anatomie *f*
ancestor ['ænsestə] *sb* Vorfahr *m,* Ahne *m*
ancestry ['ænsɪstrɪ] *sb* Abstammung *f*

anchor ['æŋkə] *v 1.* ankern; *sb 2.* Anker *m*
anchorage ['æŋkərɪdʒ] *sb (place for anchoring)* Ankerplatz *m,* Liegeplatz *m*
anchorman ['æŋkəmæn] *sb (TV)* Moderator *m*
anchorwoman ['æŋkəwʊmən] *sb (TV)* Moderatorin
anchovy ['æntʃəvɪ] *sb ZOOL* Sardelle *f*
ancient ['eɪnʃənt] *adj* alt, altertümlich, antik
ancillary [æn'sɪlərɪ] *adj* zweitrangig; *~ services* Hilfsdienste *pl*
and [ænd] *konj* und; *~ so forth* und so weiter
androgynous [æn'drɔdʒɪnəs] *adj* zweigeschlechtig
anecdote ['ænɪkdəʊt] *sb* Anekdote *f*
angel ['eɪndʒəl] *sb* Engel *m*
anger ['æŋgə] *sb* Ärger *m,* Zorn *m,* Wut *f*
angina [æn'dʒaɪnə] *sb MED* Angina *f*
angle ['æŋgl] *sb 1. MATH* Winkel *m; 2. at an ~* schräg, schief; *3. (perspective)* Standpunkt *m*
angler ['æŋglə] *sb* Angler *m*
Anglican ['æŋglɪkən] *adj REL* anglikanisch
Anglicism ['æŋglɪsɪzm] *sb LING* Anglizismus *m*
angry ['æŋgrɪ] *adj* böse, zornig, ärgerlich
anguish ['æŋgwɪʃ] *sb* Qual *f,* Angst *f*
angular ['æŋgjʊlə] *adj* winklig, eckig
animal ['ænɪməl] *sb* Tier *n*
animate ['ænɪmeɪt] *v (enliven)* beleben
animated ['ænɪmeɪtɪd] *adj (lively)* lebhaft
animated cartoon ['ænɪmeɪtɪd kɑː'tuːn] *sb CINE* Zeichentrickfilm *m*
animation [ænɪ'meɪʃən] *sb (lively quality)* Lebhaftigkeit *f,* Belebung *f*
animosity [ænɪ'mɔsɪtɪ] *sb* Feindseligkeit *f*
anise ['ænɪs] *sb* Anis *m*
ankle ['æŋkl] *sb ANAT* Knöchel *m,* Fußgelenk *n*
annals ['ænəlz] *pl* Annalen *pl*
annex [ə'neks] *v 1. POL* annektieren; ['æneks] *sb 2. (building extension)* Anbau *m; 3. (to a document)* Anhang *m*
annexation [ænek'seɪʃən] *sb POL* Annexion *f*
anniversary [ænɪ'vɜːsərɪ] *sb 1.* Jubiläum *n; 2. (day)* Jahrestag *m*
annotation [ænəʊ'teɪʃən] *sb* Anmerkung *f*
announce [ə'naʊns] *v 1.* ankündigen, bekannt geben; *2. (on the radio)* ansagen
announcement [ə'naʊnsmənt] *sb 1.* Ankündigung *f,* Meldung *f; 2. (on the radio, on TV)* Ansage *f; 3. (loudspeaker)* Durchsage *f*
announcer [ə'naʊnsə] *sb* Ansager(in) *m/f*
annoy [ə'nɔɪ] *v* ärgern, belästigen, reizen
annoyance [ə'nɔɪəns] *sb 1. (an ~)* Störung *f,* Belästigung *f; 2. (annoyed state)* Ärger *m*
annual ['ænjʊəl] *adj* jährlich, alljährlich
annuity [ə'njuːɪtɪ] *sb* Rente *f*
annul [ə'nʌl] *v 1.* annullieren; *2. (a law)* aufheben; *3. (a will)* umstoßen
Annunciation [ənʌnsɪ'eɪʃən] *sb REL* Mariä Verkündigung *f*
annunciator [ə'nʌnsɪeɪtə] *sb* Sprecher *m,* Ansager *m*
anode ['ænəʊd] *sb TECH* Anode *f*
anomalous [ə'nɔmələs] *adj* anomal
anomaly [ə'nɔməlɪ] *sb* Anomalie *f*
anonymity [ænə'nɪmɪtɪ] *sb* Anonymität *f*
anonymous [ə'nɔnɪməs] *adj* anonym
another [ə'nʌðə] *adj 1.* ein anderer/eine andere/ein anderes, ein weiterer/eine weitere/ein weiteres; *2. (yet ~)* noch ein, noch eine(r)
answer ['ɑːnsə] *v 1.* antworten, beantworten; *2. ~ for sth* etw verantworten; *sb 3.* Antwort *f; 4. (solution)* Lösung *f*
• answer back *v* frech antworten
answerable ['ɑːnsərəbl] *adj* verantwortlich; *to be ~ to s.o. for sth* jdm für etw bürgen
answering machine ['ɑːnsərɪŋməʃiːn] *sb* Anrufbeantworter *m*
ant [ænt] *sb ZOOL* Ameise *f; have ~s in one's pants (fam)* Hummeln im Hintern haben
antagonism [æn'tægənɪzm] *sb* Feindschaft *f*
antagonist [æn'tægənɪst] *sb* Widersacher(in) *m/f,* Gegner(in) *m/f*
antagonistic [æntægə'nɪstɪk] *adj* feindlich
antagonize [æn'tægənaɪz] *v ~ s.o.* jdn gegen sich aufbringen
Antarctic [ænt'ɑːktɪkə] *sb the ~ GEO* die Antarktis *f*
Antarctic Circle [ænt'ɑːktɪk 'sɜːkl] *sb GEO* südlicher Polarkreis *m*
anteater ['æntiːtə] *sb ZOOL* Ameisenbär *m*
antecedent [æntɪ'siːdənt] *sb 1. GRAMM* Beziehungswort *n; 2.* Vorläufer *m* (fig)
antelope ['æntɪləʊp] *sb ZOOL* Antilope *f*
ante meridiem [æntɪ'mərɪdɪəm] *adj* vormittags
antenna [æn'tenə] *sb 1. TECH* Antenne *f; 2. ZOOL* Fühler *m*
anterior [æn'tɪərɪə] *adj* vorhergehend, vorherig
anthem ['ænθəm] *sb MUS* Hymne *f*
anthology [æn'θɔlədʒɪ] *sb LIT* Anthologie *f*
antibiotic [æntɪbaɪ'ɔtɪk] *sb MED* Antibiotikum *n*
anticipant [æn'tɪsɪpənt] *adj* in Erwartung

anticipate [æn'tɪsɪpeɪt] *v 1.* voraussehen; *2. (expect)* erwarten; *3. (act sooner)* vorwegnehmen, zuvorkommen
anticipation [æntɪsɪ'peɪʃən] *sb* Vorfreude *f,* Erwartung *f*
anticlimax [æntɪ'klaɪmæks] *sb* Frustration *f,* Enttäuschung *f*
antics ['æntɪks] *pl* Marotten *pl*
antidote ['æntɪdəʊt] *sb* Gegenmittel *n*
antimatter ['æntɪmætə] *sb PHYS* Antimaterie *f*
antipathy [æn'tɪpəθɪ] *sb* Antipathie *f*
antiquarian [æntɪ'kwɛərɪən] *adj (books)* antiquarisch
antiquated ['æntɪkweɪtɪd] *adj* veraltet
antique [æn'tiːk] *adj 1.* antik; *sb 2. ~s pl* Antiquitäten *pl*
antiquity [æn'tɪkwɪtɪ] *sb HIST* Altertum *n*
anti-Semitism [æntɪ'semɪtɪzm] *sb* Antisemitismus *m*
antithesis [æn'tɪθɪsɪs] *sb 1.* genaues Gegenteil *n; 2. PHIL* Antithese *f*
antonym ['æntənɪm] *sb LING* Antonym *n*
anus ['eɪnəs] *sb ANAT* After *m,* Anus *m*
anvil ['ænvɪl] *m TECH* Amboss *m*
anxiety [æŋ'zaɪətɪ] *sb (fear)* Angst *f; (concern)* Besorgnis *f,* Unruhe *f*
anxious ['æŋkʃəs] *adj 1.* ängstlich, bange, unruhig; *2. (for sth)* begierig, sehnsuchtsvoll
any ['enɪ] *adj 1.* irgendein(e), irgendwelche, etwas; *not ~* kein/keine; *2. (no matter which)* jede(r,s); *pron 3. Do you have ~?* Haben Sie welche? *if ~ of you can speak English* wenn einer von euch Englisch sprechen kann; *There are few if ~.* Es gibt nur wenige, wenn überhaupt welche. *adv 4. Can't this car go ~ faster?* Kann dieses Auto nicht schneller fahren? *I don't do that ~ more.* Das mache ich nicht mehr.
anybody ['enɪbɔdɪ] *pron* irgendjemand, jemand
anyhow ['enɪhaʊ] *adv* sowieso, ohnehin
anyone ['enɪwʌn] *adj* irgendjemand, jemand
anything ['enɪθɪŋ] *adj* irgendetwas, etwas
anyway ['enɪweɪ] *adv* sowieso, ohnehin
anywhere ['enɪwɛə] *adv* irgendwo, irgendwohin
apart [ə'pɑːt] *adv 1.* auseinander; *2. (separate)* einzeln; *3. tell sth ~* etw auseinanderhalten, etw unterscheiden; *4. (to one side)* abseits, beiseite; *5. ~ from* abgesehen von, bis auf
apartheid [ə'pɑːtaɪd] *sb POL* Apartheid *f*
apartment [ə'pɑːtmənt] *sb 1. (US)* Wohnung *f; 2. (UK: suite of rooms)* Appartement *n; 3. (UK: single room)* Einzelzimmer *n*
apathetic [æpə'θetɪk] *adj* apathisch
apathy ['æpəθɪ] *sb* Apathie *f*
ape [eɪp] *sb 1. ZOOL* Affe *m; v 2.* nachäffen
apex ['eɪpeks] *sb 1.* Gipfel *m,* Spitze *f; 2. (fig)* Höhepunkt *m*
apiary ['eɪpɪərɪ] *sb ZOOL* Bienenhaus *n*
apocalypse [ə'pɔkəlɪps] *sb* Apokalypse *f*
apologize [ə'pɔlədʒaɪz] *v* sich entschuldigen
apology [ə'pɔlədʒɪ] *sb* Entschuldigung *f*
apostle [ə'pɔsl] *sb REL* Apostel *m*
apostrophe [ə'pɔstrəfɪ] *sb GRAMM* Apostroph *m*
apothecary [ə'pɔθɪkərɪ] *sb* Apotheker(in) *m/f*
appalling [ə'pɔːlɪŋ] *adj* entsetzlich
apparatus [æpə'reɪtəs] *sb* Apparat *m*
apparent [ə'pærənt] *adj 1.* scheinbar, anscheinend; *2. (obvious)* offenbar
apparition [æpə'rɪʃən] *sb* Gespenst *n,* Geist *m,* Erscheinung *f*
appeal [ə'piːl] *v 1. (apply for support)* appellieren, sich wenden an, auffordern; *~ to s.o. for sth* jdn dringend um etw bitten; *2. ~ to* gefallen, zusagen, ansprechen; *3. (contest)* Berufung einlegen, anfechten; *sb 4.* Aufruf *m; 5. (power of attraction)* Anziehungskraft *f,* Reiz *m; 6. JUR* Berufung *f, (actual trial)* Revision *f*
appear [ə'pɪə] *v 1.* erscheinen, auftauchen; *2. (seem)* scheinen; *3. (on stage)* auftreten; *4. (be published)* erscheinen, herauskommen; *5. (come to light)* zum Vorschein kommen
appearance [ə'pɪərəns] *sb 1.* Erscheinen *n,* Auftritt *m; 2. (way sth seems)* Anschein *m,* Schein *m; 3. (look)* Aussehen *n,* Ansehen *n*
appease [ə'piːz] *v* Zugeständnisse machen, besänftigen
appellation [æpə'leɪʃən] *sb* Bezeichnung *f*
append [ə'pend] *v* hinzufügen
appendix [ə'pendɪks] *sb 1. ANAT* Blinddarm *m; 2. (to a book)* Anhang *m*
appetite ['æpɪtaɪt] *sb 1.* Appetit *m; 2. (fig: desire)* Lust *f,* Verlangen *n*
applaud [ə'plɔːd] *v* applaudieren
applause [ə'plɔːz] *sb* Applaus *m,* Beifall *m*
apple ['æpl] *sb BOT* Apfel *m; to be the ~ of s.o.'s eye (fig)* jds ein und alles sein
apple-pie [æpl'paɪ] *sb GAST* gedeckter Apfelkuchen *m*
appliance [ə'plaɪəns] *sb* Gerät *n,* Vorrichtung *f*
applicant ['æplɪkənt] *sb* Bewerber(in) *m/f,* Antragsteller(in) *m/f*
application [æplɪ'keɪʃən] *sb 1.* Antrag *m,* Bewerbung *f,* Gesuch *n; letter of ~* Bewer-

bungsschreiben *n; 2. (use)* Verwendung *f,* Anwendung *f; 3. (software ~) INFORM* Anwendungsprogramm *n*
application form [æplɪ'keɪʃən fɔːm] *sb* Anmeldeformular *n*
apply [ə'plaɪ] *v 1. (be in effect)* zutreffen, gelten; *2. (make an application)* sich bewerben, beantragen, anmelden; *3. (spread on)* auftragen; *(lotion)* eincremen; *4. (put to use)* anwenden
appoint [ə'pɔɪnt] *v 1.* ernennen, bestellen, einsetzen; *2. (arrange, fix)* bestimmen
appointment [ə'pɔɪntmənt] *sb 1. (arranged meeting)* Termin *m,* Verabredung *f; 2. (to office)* Ernennung *f,* Berufung *f,* Bestellung *f*
apportion [ə'pɔːʃən] *v* aufteilen, verteilen
apposition [æpɔ'zɪʃən] *sb* Apposition *f*
appraisal [ə'preɪzəl] *sb 1.* Bewertung *f,* Schätzung *f; 2. (fig)* Beurteilung *f*
appraise [ə'preɪz] *v* abschätzen, einschätzen
appreciable [ə'priːʃɪəbl] *adj* beträchtlich
appreciate [ə'priːʃɪeɪt] *v 1.* schätzen, würdigen; *2. (be aware of)* erkennen
appreciation [ə'priːʃɪ'eɪʃən] *sb 1. (esteem)* Wertschätzung *f,* Würdigung *f; 2. (understanding)* Verständnis *n*
apprehend [æprɪ'hend] *v* ergreifen, festnehmen
apprehensible [æprɪ'hensɪbl] *adj* verständlich, begreiflich
apprehension [æprɪ'henʃən] *sb 1. (fear)* Befürchtung *f; 2. (arrest)* Festnahme *f*
apprentice [ə'prentɪs] *sb* Lehrling *m,* Auszubildende(r) *m/f*
apprenticeship [ə'prentɪsʃɪp] *sb 1.* Lehre *f,* Lehrstelle *f; 2. (period)* Lehrzeit *f*
approach [ə'prəʊtʃ] *v 1.* sich nähern; *2. (~ a person)* angehen; *3. (fig: in quality)* herankommen; *4. (fig: the end)* entgegengehen; *sb 5.* Herannahen *n; 6. (road)* Zufahrt *f; 7. (by an airplane)* Anflug *m; 8. (method)* Ansatz *m; 9. (to a person)* Annäherungsversuch *m; 10. (approximation)* Annäherung *f*
approbation [æprə'beɪʃən] *sb* Billigung *f*
appropriate [ə'prəʊprɪeɪt] *v 1.* zuweisen; 2. *~ sth (for o.s.)* sich etw aneignen; [ə'prəʊprɪɪt] *adj 3. (suitable)* passend; *4. (relevant)* entsprechend
appropriation [ə'prəʊprɪ'eɪʃən] *sb* Aneignung *f*
approval [ə'pruːvəl] *sb 1.* Beifall *m,* Anklang *m; 2. (consent)* Billigung *f,* Genehmigung *f,* Zustimmung *f*
approve [ə'pruːv] *v 1.* billigen, genehmigen, zustimmen; 2. *~ of* gutheißen, billigen
approximate [ə'prɔksɪmɪt] *adj* ungefähr, annähernd
approximation [ə'prɔksɪ'meɪʃən] *sb* Annäherung *f*
apricot ['eɪprɪkɔt] *sb BOT* Aprikose *f*
April ['eɪprɪl] *sb* April *m; ~ Fool's Day* der 1. April
apt [æpt] *adj 1.* passend, treffend; *2. (mentally quick)* gelehrig, begabt; *3. (liable)* geneigt
aptitude ['æptɪtjuːd] *sb* Befähigung *f,* Begabung *f,* Eignung *f*
aquarium [ə'kwɛərɪəm] *sb* Aquarium *n*
Aquarius [ə'kwɛərɪəs] *sb ASTR* Wassermann *m*
aqueduct ['ækwɪdʌkt] *sb* Aquädukt *m*
Arab ['ærəb] *sb* Araber(in) *m/f*
Arabia [ə'reɪbɪə] *sb GEO* Arabien *n*
arbiter ['ɑːbɪtə] *sb* Richter *m,* Gebieter *m*
arbitrary ['ɑːbɪtrərɪ] *adj* eigenmächtig, willkürlich
arbitrate ['ɑːbɪtreɪt] *v* schlichten
arbitration [ɑːbɪ'treɪʃən] *sb* Schlichtung *f*
arbitrator ['ɑːbɪtreɪtə] *sb* Vermittler(in) *m/f,* Schlichter(in) *m/f*
arbor ['ɑːbə] *sb (US) see "arbour"*
arbour ['ɑːbə] *sb BOT* Laube *f*
arc [ɑːk] *sb* Bogen *m*
arcade [ɑː'keɪd] *sb 1. ARCH* Bogengang *m; 2. (video ~)* Spielhalle *f*
arch [ɑːtʃ] *v 1. (one's back)* krümmen; *adj* Erz...; *sb 3.* Bogen *m*
archaeologist [ɑːkɪ'ɔlədʒɪst] *sb* Archäologe/Archäologin *m/f*
archaeology [ɑːkɪ'ɔlədʒɪ] *sb* Archäologie *f*
archaic [ɑː'keɪɪk] *adj* archaisch, altertümlich
archangel ['ɑːkeɪndʒəl] *sb REL* Erzengel *m*
archbishop ['ɑːtʃ'bɪʃəp] *sb REL* Erzbischof *m*
archery ['ɑːtʃərɪ] *sb SPORT* Bogenschießen *n*
architect ['ɑːkɪtekt] *sb* Architekt(in) *m/f*
architecture ['ɑːkɪtektʃə] *sb* Architektur *f*
archive ['ɑːkaɪv] *sb* Archiv *n*
arctic ['ɑːktɪk] *adj* arktisch
Arctic Circle ['ɑːktɪk 'sɜːkl] *sb GEO* Nördlicher Polarkreis *m*
ardent ['ɑːdənt] *adj* leidenschaftlich
ardour ['ɑːdə] *sb* Inbrunst *f,* Glut *f*
arduous ['ɑːdjʊəs] *adj* anstrengend, mühsam, beschwerlich
area ['ɛərɪə] *sb 1.* Gebiet *n,* Raum *m; 2. (vicinity)* Gegend *f; 3. (grounds)* Gelände *n; 4. (measure)* Fläche *f; 5. (of town)* Gegend *f,* Viertel *n,* Bezirk *m; 6. (fig)* Bereich *m,* Gebiet *n*

area code ['εərɪəkəʊd] *sb (US) TEL* Vorwahl *f*
arena [ə'riːnə] *sb* Arena *f*, Stadion *n*
Argentina [ɑːdʒən'tiːnə] *sb GEO* Argentinien *n*
argue ['ɑːgjuː] *v 1.* streiten; *(with one another)* sich streiten; *Don't ~ (with me)!* Keine Widerrede! *2. (a case)* diskutieren, erörtern
argument ['ɑːgjʊmənt] *sb 1.* Wortstreit *m*, Streit *m*, Auseinandersetzung *f; 2. (reason)* Argument *n, (line of reasoning)* Beweisführung *f; 3. (discussion)* Diskussion *f*
aria ['ɑːrɪə] *sb MUS* Arie *f*
arid ['ærɪd] *adj* dürr, trocken
Aries ['εəriːz] *sb ASTR* Widder *m*
arise [ə'raɪz] *v irr 1.* entstehen, aufkommen; *2. (get up)* sich erheben, aufstehen; *3. (clouds of dust)* sich bilden; *4. ~ from* stammen von
aristocracy [ærɪs'tɔkrəsɪ] *sb 1. (system)* Aristokratie *f; 2. (class)* Adel *m*
aristocrat ['ærɪstəkræt] *sb* Aristokrat *m*
aristocratic [ærɪstə'krætɪk] *adj* adlig
arithmetic [ə'rɪθmətɪk] *sb* Arithmetik *f*
ark [ɑːk] *sb* Arche *f*
arm [ɑːm] *v 1.* bewaffnen, ausrüsten; *2. ~ o.s. (fig: prepare o.s.)* sich wappnen; *3. MIL* aufrüsten; *sb 4. ANAT* Arm *m; keep s.o. at ~'s length* jdn auf Distanz halten; *within ~'s reach* in Reichweite; *5. ~s pl (weapons)* Waffen *pl*
armature ['ɑːmətjʊə] *sb TECH* Anker *m*
armchair ['ɑːmtʃεə] *sb* Sessel *m*
armed forces [ɑːmd 'fɔːsɪz] *pl the ~ MIL* das Militär *n*
armistice ['ɑːmɪstɪs] *sb MIL* Waffenstillstand *m*
armour ['ɑːmə] *sb 1.* Rüstung *f; 2. (tank divisions) MIL* Panzertruppen *pl; 3. ZOOL* Panzer *m*
arms race ['ɑːmzreɪs] *sb POL* Wettrüsten *n*
army ['ɑːmɪ] *sb* Armee *f*, Militär *n*, Heer *n*
aroma [ə'rəʊmə] *sb* Aroma *n*, Duft *m*
aromatic [ærə'mætɪk] *adj* aromatisch
around [ə'raʊnd] *adv 1.* herum; *all ~* auf allen Seiten; *prep 2.* um, um ... herum; *3. (approximately)* ungefähr, etwa; *4. (~ a certain time)* gegen
arouse [ə'raʊz] *v 1. (wake s.o. up)* wecken; *2. (fig: excite)* erregen
arrange [ə'reɪndʒ] *v 1. (see to)* arrangieren, dafür sorgen; *2. (set in order)* ordnen; *3.* vereinbaren, ausmachen, absprechen
arrangement [ə'reɪndʒmənt] *sb 1. (agreement)* Vereinbarung *f*, Abmachung *f; 2. (order)* Ordnung *f*, Anordnung *f*, Gliederung *f*
arrears [ə'rɪəz] *pl* Rückstände *pl; in ~* im Rückstand
arrest [ə'rest] *v 1.* festnehmen, verhaften; *sb 2.* Festnahme *f*, Verhaftung *f*
arrival [ə'raɪvəl] *sb* Ankunft *f*, Anreise *f*
arrive [ə'raɪv] *v 1.* ankommen, eintreffen, anreisen; *2. ~ at (a decision)* gelangen zu; *3. (letter)* eingehen
arrogance ['ærəgəns] *sb* Arroganz *f*
arrogant ['ærəgənt] *adj* arrogant
arrow ['ærəʊ] *sb 1.* Pfeil *m*
arsenal ['ɑːsənəl] *sb MIL* Arsenal *n*
art [ɑːt] *sb* Kunst *f; the ~s* die schönen Künste *pl; ~s and crafts* Kunstgewerbe *n*
arterial [ɑː'tɪərɪəl] *adj* arteriell
artery ['ɑːtərɪ] *sb 1. ANAT* Arterie *f*, Pulsader *f*, Schlagader *f; 2. (road)* Verkehrsader *f*
artichoke ['ɑːtɪtʃəʊk] *sb BOT* Artischocke *f*
article ['ɑːtɪkl] *sb 1. (item)* Gegenstand *m; 2. (in a newspaper)* Artikel *m*, Beitrag *m; 3. (in a contract)* Paragraph *m; 5. ~s of incorporation* Satzung *f; 6. ECO* Ware *f*, Artikel *m*
articulate [ɑː'tɪkjʊleɪt] *v 1. (put into words)* ausdrücken, artikulieren; [ɑː'tɪkjʊlɪt] *adj 2. (person)* sich klar ausdrückend; *3. (sentence)* klar
articulation [ɑːtɪkjʊ'leɪʃən] *sb 1.* Aussprache *f*, Artikulation *f; 2. TECH* Gelenk *n*
artifice ['ɑːtɪfɪs] *sb* List *f*, Ränke *pl*
artificial [ɑːtɪ'fɪʃəl] *adj 1.* künstlich, Kunst..., unecht; *2. (faked)* gekünstelt, unecht
artificial intelligence [ɑːtɪ'fɪʃəl ɪn'telɪdʒəns] *sb INFORM* künstliche Intelligenz *f*
artillery [ɑː'tɪlərɪ] *sb MIL* Artillerie *f*
artist ['ɑːtɪst] *sb* Künstler(in) *m/f*
artistic [ɑː'tɪstɪk] *adj* künstlerisch
as [æz] *konj 1. (at the same time ~)* als, während, indem; *2. (since)* da; *adv 3. (manner)* wie; *Do ~ you please.* Machen Sie, was Sie wollen. *4. ~ yet* bislang, bisher; *5. ~ it is (anyway)* ohnehin; *6. ~ it were* sozusagen; *7. ~ well* auch, ebenfalls; *8. ~ well ~ (in addition to)* sowie; *9. (comparison)* wie; *~ usual* wie üblich; *three times ~ big* dreimal so groß; *10. ~ ... ~* so ... wie; *11. ~ far ~* soweit; *~ far ~ I am concerned (for my part)* meinerseits; *(for all I care)* meinetwegen; *12. ~ follows* folgendermaßen; *13. ~ for you* was dich betrifft; *prep 14. (in the role of)* als
ascend [ə'send] *v* hinaufsteigen, steigen
ascendancy [ə'sendənsɪ] *sb* Vormacht *f*
ascension [ə'senʃən] *sb* Aufstieg *m*
Ascension Day [ə'senʃən deɪ] *sb REL* Christi Himmelfahrt *f*
ascent [ə'sent] *sb* Aufstieg *m*

ascertain [æsə'teɪn] *v* ermitteln
ascetic [ə'setɪk] *sb* Asket(in) *m/f*
asceticism [ə'setɪsɪzəm] *sb* Askese *f*
ascribe [ə'skraɪb] *v ~ sth to sth* etw etw zuschreiben
ash [æʃ] *sb* Asche *f*
ashamed [ə'ʃeɪmd] *adj* beschämt
ashtray ['æʃtreɪ] *sb* Aschenbecher *m*
Ash Wednesday [æʃ 'wenzdeɪ] *sb REL* Aschermittwoch *m*
Asia ['eɪʃə] *sb GEO* Asien *n*
Asian ['eɪʃən] *adj 1.* asiatisch; *sb 2.* Asiate/Asiatin *m/f*
Asiatic [eɪʃɪ'ætɪk] *adj* asiatisch
aside [ə'saɪd] *adv 1.* beiseite, zur Seite; *2. ~ from (US)* außer; *sb 3.* Nebenbemerkung *f*
ask [ɑːsk] *v 1.* fragen; *~ a question* eine Frage stellen; *~ after s.o.* nach jdm fragen; *2. ~ for* bitten um; *~ for trouble* Streit suchen; *to be ~ing for it (fam)* es nicht anders wollen; *3. (require, demand)* verlangen, fordern
• **ask around** *v* herumfragen, sich umhören
• **ask in** *v* herein bitten
asleep [ə'sliːp] *adj to be ~* schlafen; *fall ~* einschlafen
asocial [eɪ'səʊʃəl] *adj* unsozial, ungesellig
asparagus [əs'pærəgəs] *sb BOT* Spargel *m*
aspect ['æspekt] *sb (of a matter)* Aspekt *m*, Gesichtspunkt *m*, Seite *f*
asperity [ə'sperɪtɪ] *sb* Rauhheit *f*
asphalt ['æsfælt] *sb* Asphalt *m*
aspirant ['æspɪrənt] *sb* Anwärter(in) *m/f*, Aspirant(in) *m/f*
aspiration [æspɪ'reɪʃən] *sb* Streben *n*, Ehrgeiz *m*
aspire [ə'spaɪə] *v ~ to sth* nach etw streben
ass [æs] *sb 1.* Esel *m; 2. (fig)* Dummkopf *m*
assail [ə'seɪl] *v* überfallen, angreifen
assassinate [ə'sæsɪneɪt] *v* ermorden
assassination [əsæsɪ'neɪʃən] *sb* Ermordung *f; ~ attempt* Mordanschlag *m*, Attentat *n*
assault [ə'sɔːlt] *v 1.* angreifen, überfallen; *2. (sexually)* sich vergehen an; *sb 3.* Überfall *m*
assemble [ə'sembl] *v 1. (come together)* sich versammeln; *2. (bring people together)* zusammenrufen; *(~ a team)* zusammenstellen; *3. (an object)* zusammenbauen, montieren
assembly [ə'semblɪ] *sb 1.* Versammlung *f; 2. (of an object)* Montage *f*
assembly line [ə'semblɪ laɪn] *sb* Fließband *n*, Montageband *n*
assent [ə'sent] *sb* Zustimmung *f*, Zusage *f*
assert [ə'sɜːt] *v 1.* behaupten, beteuern; *2. ~ o.s.* sich behaupten, sich durchsetzen
assertion [ə'sɜːʃən] *sb* Behauptung *f*
assess [ə'ses] *v* bewerten, einschätzen
assessment [ə'sesmənt] *sb* Beurteilung *f*
assessor [ə'sesə] *sb* Beisitzer(in) *m/f*
asset ['æset] *sb 1.* Vermögenswert *m; 2. (fig)* Vorzug *m*, Plus *n*, Vorteil *m*
assets ['æsets] *pl 1.* Vermögen *n*, Guthaben *n; 2. (on a balance sheet) FIN* Aktiva *pl*
assign [ə'saɪn] *v 1. (a task)* anweisen, beauftragen; *2. (sth to a purpose)* bestimmen; *3. (classify)* zuordnen; *4. JUR* übereignen
assignment [ə'saɪnmənt] *sb 1. (instruction)* Anweisung *f; 2. (assigned task)*, Auftrag *m; 3. (allotment)* Zuordnung *f; 4. JUR* Übertragung *f*
assimilate [ə'sɪmɪleɪt] *v* aufnehmen, integrieren
assimilation [əsɪmɪ'leɪʃən] *sb* Aufnahme *f*, Assimilation *f*
assist [ə'sɪst] *v* helfen, unterstützen
assistance [ə'sɪstəns] *sb* Hilfe *f*, Unterstützung *f*, Beistand *m*
assistant [ə'sɪstənt] *sb* Assistent(in) *m/f*
assize [ə'saɪz] *sb JUR* Geschworene(r) *m/f*
associate [ə'səʊsɪɪt] *sb 1.* Kollege/Kollegin *m/f*, Mitarbeiter(in) *m/f; 2. (partner in a firm)* Gesellschafter(in) *m/f;* [ə'səʊʃɪeɪt] *v 3. ~ with s.o.* mit jdm Umgang haben, mit jdm verkehren; *4. ~ sth with sth* etw mit etw assoziieren
association [əsəʊsɪ'eɪʃən] *sb 1.* Vereinigung *f; 2. articles of ~* Gesellschaftsvertrag *m; 3. (club)* Verein *m; 4. (cooperation)* Zusammenarbeit *f; 5. (associating with s.o.)* Umgang *m*
associative [ə'səʊʃɪətɪv] *adj* assoziativ
assort [ə'sɔːt] *v* sortieren
assortment [ə'sɔːtmənt] *sb* Sortiment *n*
assume [ə'sjuːm] *v 1.* annehmen; *2. (presuppose)* voraussetzen; *3. (take over)* übernehmen
assumed name [ə'sjuːmd neɪm] *sb* Pseudonym *n*
assumption [ə'sʌmpʃən] *sb 1.* Annahme *f; 2. (presupposition)* Voraussetzung *f; 3. (of office)* Übernahme *f*
Assumption [ə'sʌmpʃən] *sb REL* Mariä Himmelfahrt *f*
assurance [ə'ʃʊərəns] *sb 1. (act of assuring)* Zusicherung *f; 2. (confidence)* Zuversicht *f; 3. (UK: insurance)* Lebensversicherung *f*
assure [ə'ʃʊə] *v 1. ~ s.o. of sth* jdn einer Sache versichern, jdm etw zusichern; *~ s.o. that ...* jdm versichern, dass ... *2. (ensure)* sichern
asterisk ['æstərɪsk] *sb* Sternchen *n*
asteroid ['æstərɔɪd] *sb ASTR* Asteroid *m*

asthma ['æsmə] *sb MED* Asthma *n*
astonish [əs'tɔnɪʃ] *v* in Erstaunen versetzen
astonishment [ə'stɔnɪʃmənt] *sb* Erstaunen *n,* Staunen *n,* Verwunderung *f*
astound [ə'staʊnd] *v* jdn erstaunen
astray [ə'streɪ] *adv go ~* vom Weg abkommen; *lead s.o. ~ (fig)* jdn irreführen
astrology [əs'trɔlədʒɪ] *sb* Astrologie *f*
astronaut ['æstrənɔːt] *sb* Astronaut(in) *m/f*
astronautics [æstrə'nɔːtɪks] *sb* Raumfahrt *f*
astronomer [ə'strɔnəmə] *sb* Astronom(in) *m/f*
astronomical [æstrə'nɔmɪkəl] *adj (fig)* astronomisch
astronomy [ə'strɔnəmɪ] *sb* Astronomie *f*
astute [ə'stjuːt] *adj* schlau, scharfsinnig
asylum [ə'saɪləm] *sb* Asyl *n*
at [æt] *prep 1. (position)* an, bei, zu; *~ home* zu Hause; *~ university* an der Universität; *2. (toward)* auf, nach, gegen; *3. ~ all* überhaupt, gar; *not ~ all* gar nicht, überhaupt nicht; *4. (a certain time)* um; *5. ~-sign INFORM* Klammeraffe, at-Symbol
atheism ['eɪθɪɪzəm] *sb* Atheismus *m*
atheist ['eɪθɪɪst] *sb* Atheist(in) *m/f*
athlete ['æθliːt] *sb* Athlet(in) *m/f*
athletic [æθ'letɪk] *adj* sportlich
athletics [æθ'letɪks] *sb 1. SPORT* Sport *m; 2. (UK: track and field)* Leichtathletik *f*
Atlantic [ət'læntɪk] *sb GEO* Atlantik *m*
atlas ['ætləs] *sb* Atlas *m*
atmosphere ['ætməsfɪə] *sb 1. (Earth's)* Atmosphäre *f; 2. (fig: mood)* Atmosphäre *f*
atom ['ætəm] *sb PHYS* Atom *n*
atomic [ə'tɔmɪk] *adj* atomar, atomisch
atomic energy [ə'tɔmɪk 'enədʒɪ] *sb* Atomenergie *f*
atomizer ['ætəmaɪzə] *sb* Zerstäuber *m*
atone [ə'təʊn] *v ~ for* büßen für
atonement [ə'təʊnmənt] *sb* Buße *f*
atrocious [ə'trəʊʃəs] *adj* scheußlich
atrocity [ə'trɔsɪtɪ] *sb 1.* Scheußlichkeit *f; 2. (atrocious act)* Gräueltat *f,* Untat *f*
attach [ə'tætʃ] *v 1.* befestigen, anheften; *2. to be ~ed to s.o. (fig)* an jdm hängen; *3. (connect up)* anschließen; *4. JUR* beschlagnahmen
attaché case [ə'tæʃeɪ keɪs] *sb* Aktenkoffer *m*
attached [ə'tætʃt] *adj* verbunden; *grow ~ to s.o.* jdn liebgewinnen
attachment [ə'tætʃmənt] *sb 1.* Befestigung *f,* Anschluss *m; 2. (fondness)* Anhänglichkeit *f; 3. (to a tradition, to a country)* Verbundenheit *f; 4. (accessory)* Zubehörteil *n; 5. JUR* Beschlagnahme *f, 6. INFORM* Attachment *n,* Anlage *f*
attack [ə'tæk] *v 1.* angreifen; *2. (ambush, mug)* überfallen; *3. (a task)* in Angriff nehmen; *sb 4.* Angriff *m; 5. MED* Anfall *m*
attain [ə'teɪn] *v* erreichen, erzielen
attempt [ə'tempt] *v 1.* versuchen; *2. (undertake)* unternehmen; *sb 3.* Versuch *m*
attend [ə'tend] *v 1. (be present)* anwesend sein; *2. (school, church)* besuchen
• **attend to** *v 1. (see to)* sich kümmern um, erledigen, sorgen für; *2. (serve)* bedienen, betreuen, abfertigen; *3. (heed)* beachten
attendance [ə'tendəns] *sb 1.* Anwesenheit *f,* Beteiligung *f,* Besuch *m; 2. (number present)* Teilnehmerzahl *f, (spectators)* Besucherzahl *f*
attendant [ə'tendənt] *sb* Diener(in) *m/f, (in a museum)* Wärter(in) *m/f*
attention [ə'tenʃən] *sb 1.* Aufmerksamkeit *f,* Beachtung *f; pay ~ to sth* etw beachten; *Pay ~!* Pass auf! *2. stand at ~ MIL* stillstehen
attentive [ə'tentɪv] *adj* achtsam
attenuate [ə'tɛnjʊeɪt] *v (reduce)* mildern
attest [ə'test] *v 1.* beglaubigen; *2. ~ to* bezeugen
attestation [ætes'teɪʃən] *sb* Beglaubigung *f,* Bescheinigung *f*
attic ['ætɪk] *sb* Dachboden *m,* Speicher *m*
attitude ['ætɪtjuːd] *sb 1.* Einstellung *f; 2. (manner)* Verhalten *n; 3. (pose)* Pose *f*
attorney [ə'tɜːnɪ] *sb 1.* Rechtsanwalt/Rechtsanwältin *m/f; 2. power of ~* Vollmacht *f; 3. (authorized representative) JUR* Bevollmächtigte(r) *m/f*
attract [ə'trækt] *v* anziehen
attraction [ə'trækʃən] *sb 1.* Anziehungskraft *f; 2. (appeal)* Anziehungskraft *f,* Reiz *m*
attractive [ə'træktɪv] *adj* attraktiv
attribute [ə'trɪbjuːt] *v 1.* zuschreiben; ['ætrɪbjuːt] *sb 2.* Eigenschaft *f,* Attribut *n*
attribution [ætrɪ'bjuːʃən] *sb* Zuweisung *f*
attrition [ə'trɪʃən] *sb* Reibung *f*
auction ['ɔːkʃən] *v 1.* versteigern; *sb 2.* Auktion *f,* Versteigerung *f*
audacious [ɔː'deɪʃəs] *adj 1. (bold)* kühn, verwegen; *2. (impudent)* dreist, keck
audacity [ɔː'dæsɪtɪ] *sb 1. (impudence)* Dreistigkeit *f; 2. (daring)* Kühnheit *f*
audience ['ɔːdɪəns] *sb* Publikum *n*
audit ['ɔːdɪt] *v 1. FIN* prüfen; *sb 2. ECO* Buchprüfung *f, (final ~)* Abschlussprüfung *f*
audition [ɔː'dɪʃən] *sb 1.* Vorsprechprobe *f,* Vorsprechen *n;* Vorsingen *n;* Vorspielen *n; v 2.*

vorsprechen; vorsingen; vorspielen; *3. (~ s.o.)* vorsprechen/vorsingen/vorspielen lassen
auditor ['ɔːdɪtə] *sb* Wirtschaftsprüfer *m*
auditorium [ɔːdɪ'tɔːrɪəm] *sb* Hörsaal *m*
augment [ɔːg'ment] *v 1. (strengthen)* verstärken; *2. (increase)* vergrößern
augmentation [ɔːgmen'teɪʃən] *sb* Zunahme *f,* Erhöhung *f*
august [ə'gʌst] *adj* verehrenswert, erhaben
August ['ɔːgəst] *sb* August *m*
aunt [ɑːnt] *sb* Tante *f*
aura ['ɔːrə] *sb* Aura *f*
aurora [ɔː'rɔːrə] *sb ASTR* Polarlicht *n*
auspice ['ɔːspɪs] *sb* Schirmherrschaft *f*
auspicious [ɔːs'pɪʃəs] *adj* viel versprechend
Australia [ɔs'treɪlɪə] *sb GEO* Australien *n*
Australian [ɔs'treɪlɪən] *adj 1.* australisch; *sb 2.* Australier(in) *m/f*
Austria ['ɔstrɪə] *sb GEO* Österreich *n*
Austrian ['ɔstrɪən] *sb 1.* Österreicher(in) *m/f; adj 2.* österreichisch
authentic [ɔː'θentɪk] *adj* authentisch, echt
authenticate [ɔː'θentɪkeɪt] *v* beglaubigen
authentication [ɔːθentɪ'keɪʃən] *sb* Beglaubigung *f*
authenticity [ɔːθen'tɪsɪtɪ] *sb* Echtheit *f*
author ['ɔːθə] *sb 1.* Autor(in) *m/f,* Schriftsteller(in) *m/f, (of a study, of a report)* Verfasser(in) *m/f; 2. (fig)* Urheber(in) *m/f*
authoritarian [ɔːθɔrɪ'tɛərɪən] *adj* autoritär
authoritative [ɔː'θɔrɪteɪtɪv] *adj 1. (having authority)* maßgeblich; *2. (inspiring respect)* Respekt einflößend
authority [ɔː'θɔrɪtɪ] *sb 1. (power)* Autorität *f, (of a ruler)* Staatsgewalt *f; 2. (entitlement)* Befugnis *f, (specifically dedicated)* Vollmacht *f; 3. (government)* Amt *n; 4. (an expert)* Sachverständige(r) *m/f; 5. (respected expertise)* Glaubwürdigkeit *f*
authorization [ɔːθəraɪ'zeɪʃən] *sb* Ermächtigung *f,* Bevollmächtigung *f*
authorize ['ɔːθəraɪz] *v* ermächtigen, genehmigen, bevollmächtigen
authorized ['ɔːθəraɪzd] *adj* berechtigt, befugt
authorship ['ɔːθəʃɪp] *sb* Urheberschaft *f*
auto ['ɔːtəʊ] *sb* Auto *n*
autobiography [ɔːtəbaɪ'ɔgrəfɪ] *sb LIT* Autobiographie *f*
autocracy [ɔː'tɔkrəsɪ] *sb POL* Alleinherrschaft *f*
autocratic [ɔːtə'krætɪk] *adj* selbstherrlich, willkürlich
autograph ['ɔːtəgrɑːf] *sb* Autogramm *n*
automate ['ɔːtəmeɪt] *v* automatisieren
automatic [ɔːtə'mætɪk] *adj* automatisch
automatic teller machine [ɔːtə'mætɪk 'teləməʃiːn] *sb (ATM) (US)* Geldautomat *m*
automaton [ɔː'tɔmətən] *sb* Roboter *m*
automobile ['ɔːtəməbiːl] *sb* Auto(mobil) *n*
autonomous [ɔː'tɔnəməs] *adj* autonom
autonomy [ɔː'tɔnəmɪ] *sb* Autonomie *f*
autopsy ['ɔːtɔpsɪ] *sb MED* Autopsie *f*
autumn ['ɔːtəm] *sb* Herbst *m*
available [ə'veɪləbl] *adj 1.* verfügbar; *2.* erhältlich, lieferbar
avalanche ['ævəlɑːnʃ] *sb* Lawine *f*
avarice ['ævərɪs] *sb* Habgier *f,* Geiz *m*
avaricious [ævə'rɪʃəs] *adj* habgierig
avenge [ə'vendʒ] *v* rächen
avenue ['ævənjuː] *sb 1.* Allee *f,* Straße *f; 2. (of approach)* Zugang *m*
average ['ævərɪdʒ] *adj 1.* durchschnittlich; *sb 2.* Durchschnitt *m; on the ~* durchschnittlich
averse [ə'vɜːs] *adj* abgeneigt
aversion [ə'vɜːʃən] *sb* Abneigung *f*
avert [ə'vɜːt] *v 1. (fig)* verhüten, abwehren, abwenden; *2. (turn away)* abwenden
aviation [eɪvɪ'eɪʃən] *sb* Flugwesen *n*
avid ['ævɪd] *adj 1.* begeistert; *2.* gierig
avoid [ə'vɔɪd] *v* vermeiden, meiden
avoidance [ə'vɔɪdəns] *sb 1.* Vermeidung *f; 2. tax ~* Steuerhinterziehung *f*
avowal [ə'vaʊəl] *sb* Bekenntnis *n*
await [ə'weɪt] *v 1.* erwarten; *2. (impend)* bevorstehen; *3. (wait for)* abwarten, harren
awake [ə'weɪk] *v irr 1.* aufwachen; *2. (wake s.o. up)* aufwecken; *adj 3.* wach; *4. (fig)* munter
award [ə'wɔːd] *v 1.* zuerkennen; *2. (present an ~)* verleihen; *sb 3.* Auszeichnung *f,* Preis *m*
aware [ə'wɛə] *adj* bewusst
awareness [ə'wɛənɪs] *sb* Bewusstsein *n*
away [ə'weɪ] *adv 1.* weg, fort; *2. right ~* sofort, auf der Stelle
awe [ɔː] *sb 1.* Ehrfurcht *f; v 2.* Ehrfurcht einflößen
awesome ['ɔːsəm] *adj* Ehrfurcht gebietend
awful ['ɔːfəl] *adj* furchtbar, schrecklich
awkward ['ɔːkwəd] *adj 1. (clumsy)* ungeschickt; *2. (situation)* peinlich, unangenehm
awkwardness ['ɔːkwədnɪs] *sb 1.* Unbeholfenheit *f; 2.* Peinlichkeit *f*
awning ['ɔːnɪŋ] *sb* Markise *f*
awry [ə'raɪ] *adj* schief
axe [æks] *v 1. (fig)* streichen, abbauen, *(s.o.)* entlassen; *sb 2.* Axt *f*
axiom ['æksɪəm] *sb* Axiom *n*
axis ['æksɪs] *sb* Achse *f*

B

babble ['bæbl] *v 1.* plappern; *2. (stream)* plätschern
baboon [bə'bu:n] *sb* Pavian *m*
baby ['beɪbɪ] *sb* Baby *n*
baby-minder ['beɪbɪmaɪndə] *sb* Tagesmutter *f,* Kinderfrau *f*
babysit ['beɪbɪsɪt] *v irr* babysitten
babysitter ['beɪbɪsɪtə] *sb* Babysitter *m*
baby-tooth ['beɪbɪ tu:θ] *sb* Milchzahn *m*
bachelor ['bætʃələ] *sb* Junggeselle *m*
back [bæk] *sb 1. (person's)* Rücken *m; turn one's ~ on s.o. (fig)* jdm den Rücken kehren, sich von jdm abwenden; *get off s.o.'s ~ (fig)* jdn in Ruhe lassen; *go behind s.o.'s ~* jdn hintergehen; *2. (of sth)* Rückseite *f,* Kehrseite *f; 3. ~ of the hand* Handrücken *m; like the ~ of my hand* wie meine Westentasche; *4. (~rest)* Lehne *f,* Rückenlehne *f; adv 5.* zurück, rückwärts, wieder zurück; *~ and forth* hin und her; *adj 6.* hintere(r,s); *v 7. (support)* unterstützen; *8. (bet on)* setzen auf; *9. (a car: drive backwards)* zurückfahren; *10. (~ out, ~ down)* kneifen, sich drücken
•back up *v 1. (drive backwards)* rückwärts fahren; *2. (support s.o.)* unterstützen
backbencher ['bæk'bentʃə] *sb POL* Abgeordnete(r) im britischen Parlament *m/f*
backbiting ['bækbaɪtɪŋ] *sb* Verleumdung *f*
backbone ['bækbəʊn] *sb* Rückgrat *n*
backbreaker ['bækbreɪkə] *sb* Schinder *m*
backchat ['bæktʃæt] *sb (fam: backtalk)* Widerrede *f*
backdate [bæk'deɪt] *v* zurückdatieren
back door [bæk dɔ:] *sb 1.* Hintertür *f; 2. (fig)* Hintertürchen *n*
backfire ['bækfaɪə] *v 1.* fehlzünden; *2. (fig)* ins Auge gehen
background ['bækgraʊnd] *sb 1.* Hintergrund *m; 2. (of a person)* Herkunft *f*
backhander [bæk'hændə] *sb (fam: bribe)* Schmiergeld *n*
backing ['bækɪŋ] *sb (support)* Unterstützung *f,* Rückhalt *m,* Rückendeckung *f*
backlash ['bæklæʃ] *sb* Gegenreaktion *f*
backlog ['bæklɒg] *sb* Rückstand *m*
backpack ['bækpæk] *sb* Rucksack *m*
back pay [bæk peɪ] *sb* Nachzahlung *f*
back room [bæk'rʊm] *sb* Hinterzimmer *n*
back seat [bæk si:t] *sb* Rücksitz *m; take a ~ (fig)* in den Hintergrund treten
back-seat driver ['bæksi:t 'draɪvə] *sb (fam)* Besserwisser *m*
backside ['bæksaɪd] *sb (fam)* Hintern *m*
backspace ['bækspeɪs] *sb* Rücktaste *f*
backstage [bæk'steɪdʒ] *adv* hinter der Bühne; *go ~* hinter die Kulissen gehen
backstairs ['bækstɛəz] *adj* Hintertreppe *f*
backstroke ['bækstrəʊk] *sb* Rückenschwimmen *n*
backtalk ['bæktɔ:k] *sb (fam)* Widerrede *f*
backup ['bækʌp] *sb 1. INFORM* Backup *n,* Sicherungskopie *f; 2. SPORT* Reservespieler *m*
backward ['bækwəd] *adj 1.* rückwärts gerichtet; *2. (fam)* rückständig; *3. (fam: retarded)* zurückgeblieben
backwards ['bækwədz] *adv 1.* rückwärts, zurück; *2. bend over ~ (fig)* sich übergroße Mühe geben, sich einen abbrechen
back yard [bæk jɑ:d] *sb* Hinterhof *m; in your own ~ (fig)* vor deiner eigenen Tür
bacon ['beɪkən] *sb GAST* Speck *m*
bacteria [bæk'tɪərɪə] *sb* Bakterie *f*
bad [bæd] *adj 1.* schlecht; *to be ~ at sth* etw schlecht können; *go from ~ to worse* immer schlechter werden; *make the best of a ~ job* das Beste aus einer Situation machen; *Not ~!* Nicht übel! *2. (deplorable)* schlimm; *3. (serious)* schwer, schlimm; *4. (spoiled food)* schlecht, verdorben; *5. (wicked)* böse; *6. (misbehaved)* ungezogen; *7. (cheque)* ungedeckt; *8. (smell)* schlecht, übel; *9. (news)* schlecht, schlimm; *10. (sick)* unwohl, krank; *11. want sth ~ly* etw dringend brauchen
badge [bædʒ] *sb 1.* Abzeichen *n*
badger [bædʒə] *sb ZOOL* Dachs *m*
badminton ['bædmɪntən] *sb* Federball *n;* Badminton *n*
bad-tempered [bæd'tempəd] *adj* übellaunig; schlecht gelaunt
baffle ['bæfl] *v* verblüffen
baffling ['bæflɪŋ] *adj* verwirrend
bag [bæg] *sb* Tüte *f,* Sack *m,* Tasche *f, (with drawstrings)* Beutel *m; in the ~ (fig)* so gut wie sicher; *That's not my ~.* Das ist nicht mein Bier. *old ~ (fam: woman)* alte Schachtel *f; ~ and baggage (fig)* Kind und Kegel
baggage ['bægɪdʒ] *sb* Gepäck *n*
baggage claim ['bægɪdʒ kleɪm] *sb* Gepäckausgabe *f*
bagpipes ['bægpaɪps] *pl* Dudelsack *m*

bah [bɑː] *interj* pah
Bahamas [bə'hɑːməz] *pl the ~ GEO* die Bahamas *pl*
bail [beɪl] *sb JUR* Kaution *f; out on ~* gegen Kaution auf freiem Fuß
bailiff ['beɪlɪf] *sb JUR* Gerichtsvollzieher *m*
bait [beɪt] *sb 1.* Köder *m; v 2. (torment)* quälen
bake [beɪk] *v* backen
baker ['beɪkə] *sb* Bäcker *m*
bakery ['beɪkərɪ] *sb* Bäckerei *f*
baking powder ['beɪkɪŋpaʊdə] *sb* Backpulver *n*
baking sheet ['beɪkɪŋʃiːt] *sb* Backblech *n*
balance ['bæləns] *sb 1.* Gleichgewicht *n, 2.* Ausgeglichenheit *f; 3. (remainder)* Rest *m; 4. (account ~) ECO* Saldo *m; 5. ~ of payments FIN* Zahlungsbilanz *f; 6. ~ of trade FIN* Handelsbilanz *f; 7. (scales)* Waage *f; v 8. (person)* balancieren; *9. (bring into ~)* ausbalancieren, ins Gleichgewicht bringen
balanced ['bælənst] *adj* ausgewogen, ausgeglichen
balance-sheet ['bæləns ʃiːt] *sb FIN* Bilanz *f,* Handelsbilanz *f*
balcony ['bælkənɪ] *sb* Balkon *m*
bald [bɔːld] *adj* kahl, glatzköpfig
bald eagle [bɔːld 'iːgl] *sb* weißköpfiger Seeadler *m*
bale¹ [beɪl] *sb ~ of hay* Heubündel *n*
bale² [beɪl] *v 1. ~ out (water)* ausschöpfen; *2. ~ out (of an aircraft)* abspringen
balk [bɔːk] *v 1. (horse)* scheuen; *2. (fig) ~ at sth* vor etw zurückschrecken
ball¹ [bɔːl] *sb 1.* Ball *m,* Kugel *f; on the ~ (fam)* auf Draht; *set the ~ rolling* den Stein ins Rollen bringen; *keep the ~ rolling* etw in Gang halten; *have a ~* einen Mordsspaß haben; *play ~ (fig)* mitspielen; *2. (of wool)* Knäuel *n; 3. ~ of the foot ANAT* Ballen *m; 4. ~s pl (fam: testicles)* Eier *pl*
ball² [bɔːl] *sb (dance)* Ball *m*
ballast ['bæləst] *sb* Ballast *m*
ballet ['bæleɪ] *sb THEAT* Ballett *n*
ball-game ['bɔːlgeɪm] *sb* Ballspiel *n; That's a whole new ~.* Das ist eine ganz andere Sache.
ballistic [bə'lɪstɪk] *adj* ballistisch
balloon [bə'luːn] *sb 1.* Ballon *m; 2. (toy)* Luftballon *m; 3. (hot air ~)* Heißluftballon *m*
ballot ['bælət] *sb* Stimmzettel *m*
ballot-box ['bælətbɒks] *sb POL* Wahlurne *f*
ballroom ['bɔːlruːm] *sb* Ballsaal *m*
balsam ['bɔːlsəm] *sb* Balsam *m*
Baltic Sea ['bɔːltɪk] *sb GEO* Ostsee *f*
balustrade [bælə'streɪd] *sb ARCH* Balustrade *f,* Brüstung *f*
bamboo [bæm'buː] *sb BOT* Bambus *m*
bamboozle [bæm'buːzl] *v 1. (fam: trick)* reinlegen; *2. (confuse)* durcheinander bringen, verwirren, verblüffen
ban [bæn] *v 1.* verbieten; *sb 2.* Verbot *n*
banal [bə'nɑːl] *adj* banal
banality [bə'nælɪtɪ] *sb* Banalität *f*
banana [bə'nɑːnə] *sb 1.* Banane *f; 2. go ~s (fam)* verrückt werden
band¹ [bænd] *sb 1. (group)* Schar *f, (of robbers)* Bande *f; 2. (musicians)* Kapelle *f,* Band *f*
band² [bænd] *sb (strip)* Band *n,* Schnur *f*
bandage ['bændɪdʒ] *sb 1. MED* Verband *m; v 2. (apply a ~ to) MED* verbinden
bandit ['bændɪt] *sb* Bandit *m,* Räuber *m*
bandstand ['bændstænd] *sb* Podium *f*
bandwagon ['bændwægən] *sb (US)* Festwagen *m; to jump on the ~* sich an etw dranhängen
bandy¹ ['bændɪ] *v ~ sth about (fig: a rumour)* etw weitererzählen
bandy² ['bændɪ] *adj* krumm, schief
bane [beɪn] *sb* Fluch *m,* Bann *m*
bang [bæŋ] *v 1. (thump)* knallen; *~ one's head against* sich den Kopf anschlagen an; *2. (engine)* krachen; *3. (fam: have sex)* bumsen; *sb 4. (noise)* Knall *m; 5. ~s pl (hair)* Pony *m; adj 6. ~ on (fam) (UK)* goldrichtig, haargenau
banger ['bæŋə] *sb 1. (UK: firework)* Knallkörper *m; 2. (UK: sausage)* Wurst *f*
bangle ['bæŋgl] *sb 1. (worn on the arm)* Armreif *m; 2. (worn on the leg)* Fußreif *m*
banish ['bænɪʃ] *v* verbannen, ausweisen
banishment ['bænɪʃmənt] *sb* Verbannung *f*
banisters ['bænɪstəz] *pl* Geländer *n*
banjo ['bændʒəʊ] *sb* Banjo *n*
bank¹ [bæŋk] *sb 1. FIN* Bank *f; v 2. ~ on* seine Hoffnung setzen auf
bank² [bæŋk] *sb 1. (of a river)* Ufer *n; 2. (slope)* Böschung *f*
bank account ['bæŋk ə'kaʊnt] *sb FIN* Bankkonto *n*
bankbook ['bæŋkbʊk] *sb* Kontobuch *n*
banker ['bæŋkə] *sb* Bankier *m*
banker's order ['bæŋkəzɔːdə] *sb FIN* Dauerauftrag *m*
bank holiday ['bæŋkhɒlɪdeɪ] *sb* gesetzlicher Feiertag *m*
banknote ['bæŋknəʊt] *sb FIN* Banknote *f*
bank robbery ['bæŋkrɒbərɪ] *sb* Banküberfall *m*
bankrupt ['bæŋkrʌpt] *adj* bankrott
bankruptcy ['bæŋkrəptsɪ] *sb FIN* Bankrott *m,* Konkurs *m*

bank statement ['bæŋksteɪtmənt] *sb* Kontoauszug *m*
banner ['bænə] *sb* Banner *n,* Fahne *f*
banns [bænz] *pl* Aufgebot *n*
banquet ['bæŋkwɪt] *sb* Bankett *n*
banter ['bæntə] *v* scherzen
baptism ['bæptɪzm] *sb REL* Taufe *f*
Baptist ['bæptɪst] *sb* Baptist *m*
baptize [bæp'taɪz] *v REL* taufen
bar [bɑː] *v 1. (a door)* verriegeln; *2. (~ up) (a window)* vergittern; *3. (prohibit)* verbieten; *sb 4. (rod)* Stange *f; 5. (on a door)* Riegel *m; 6. ~s pl (of a prison)* Gitter *n; behind ~s* hinter Gittern, hinter schwedischen Gardinen; *7. (of soap)* Stück *n; 8. candy ~ (US)* Schokoladenriegel *m; 9. (place that serves drinks)* Kneipe *f; 10. (counter)* Theke *f,* Ausschank *m*
barb [bɑːb] *sb 1.* Stachel *m,* Spitze *f; 2. (fig: remark)* spitze Bemerkung *f*
Barbados [bɑː'beɪdɒs] *sb GEO* Barbados *n*
barbarian [bɑː'bɛərɪən] *sb* Barbar *m*
barbaric [bɑː'bærɪk] *adj* barbarisch
barbecue ['bɑːbɪkjuː] *v 1. GAST* grillen; *sb 2. (occasion)* Barbecue *n,* Grillparty *f*
barber ['bɑːbə] *sb* Herrenfriseur *m*
barber shop ['bɑːbəʃɒp] *sb (US)* Herrenfriseur *m,* Frisörsalon *m*
bar code [bɑː kəʊd] *sb INFORM* Strichkode *m*
bare [bɛə] *adj 1.* nackt, bloß; *2. (tree, countryside)* kahl; *3. (wire)* blank; *v 4. ~ one's heart* sein Herz ausschütten; *~ one's teeth* die Zähne zeigen
barefaced ['bɛəfeɪst] *adj (lie)* dreist
barefoot ['bɛəfʊt] *adv* barfuß
barely ['bɛəlɪ] *adv* kaum, knapp, gerade noch
bargain ['bɑːgɪn] *v 1.* feilschen, handeln; *2. ~ for (expect)* rechnen mit; *sb 3. (transaction)* Handel *m,* Geschäft *n,* Abkommen *n; drive a hard ~* hart feilschen; *strike a ~* sich einigen; *4.* preiswertes Angebot
barge [bɑːdʒ] *sb 1.* Lastkahn *m; v 2. ~ in* hineinplatzen
baritone ['bærɪtəʊn] *sb MUS* Bariton *m*
bark[1] [bɑːk] *v 1.* bellen, kläffen; *~ up the wrong tree* auf dem falschen Dampfer sein; *sb 2.* Bellen *n,* Gebell *n; His ~ is worse than his bite.* Bellende Hunde beißen nicht.
bark[2] [bɑːk] *sb BOT* Baumrinde *f*
barkeeper ['bɑːkiːpə] *sb (US)* Barmann *m*
barley ['bɑːlɪ] *sb BOT* Gerste *f*
barn [bɑːn] *sb* Scheune *f*
barnyard [bɑː njɑːd] *sb* Bauernhof *m*
barometer [bə'rɒmɪtə] *sb* Barometer *n*
baron ['bærən] *sb* Baron *m*
baroness ['bærənɪs] *sb* Baroness *f*
baronet ['bærənet] *sb* Baronet *m*
baroque [bə'rɒk] *adj ART* barock
barracks ['bærəks] *pl MIL* Kaserne *f*
barrage ['bærɑːʒ] *sb 1. (fig)* Hagel *m; 2. MIL* Sperrfeuer *n*
barrel ['bærəl] *sb 1.* Fass *n,* Tonne *f; 2. (of a gun)* Gewehrlauf *m*
barrel organ ['bærəlɔːgən] *sb* Drehorgel *f*
barren ['bærən] *adj 1.* unfruchtbar; *2. (bare, empty)* kahl, dürr
barrenness ['bærənnɪs] *sb 1.* Unfruchtbarkeit *f; 2. (fig)* Dürre *f*
barricade ['bærɪkeɪd] *v 1.* versperren, sperren; *2. ~ off* absperren; *sb 3.* Barrikade *f*
barrier ['bærɪə] *sb* Schranke *f,* Barriere *f,* Sperre *f*
barring ['bɑːrɪŋ] *prep* falls ... nicht, außer
barrister ['bærɪstə] *sb* Rechtsanwalt *m*
barrow ['bærəʊ] *sb* Karren *m*
bartender ['bɑːtendə] *sb* Barkeeper *m*
barter ['bɑːtə] *v 1.* tauschen; *sb 2.* Tausch *m*
base[1] [beɪs] *v 1. (locate)* stationieren; *The firm is ~d in Leeds.* Die Firma hat ihren Sitz in Leeds. *2. ~ on* stützen auf; *(hopes)* setzen auf; *to be ~d on sth (fig)* sich auf etw stützen; *sb 3.* Unterteil *m,* Fuß *m,* Basis *f; 4. (of operations)* Stützpunkt *m; 5. CHEM* Base *f*
base[2] [beɪs] *adj* gemein, niedrig
baseball ['beɪsbɔːl] *sb* Baseball *m*
baseless ['beɪslɪs] *adj* grundlos
basement ['beɪsmənt] *sb* Keller *m*
baseness ['beɪsnɪs] *sb* Gemeinheit *f*
base rate [beɪs reɪt] *sb FIN* Leitzins *m*
bash [bæʃ] *v 1.* heftig schlagen; *I ~ed my head on the door frame.* Ich habe mir den Kopf an dem Türrahmen angeschlagen. *sb 2. (party)* Party *f*
bashful ['bæʃfʊl] *adj* schüchtern, scheu
bashfulness ['bæʃfʊlnɪs] *sb* Schüchternheit *f,* Scheu *f*
basic ['beɪsɪk] *adj 1.* grundlegend, grundsätzlich, fundamental; *2. (essential)* wesentlich
basically ['beɪsɪklɪ] *adv* im Grunde
basilica [bə'zɪlɪkə] *sb* Basilika *f*
basin ['beɪsɪn] *sb* Becken *n*
basis ['beɪsɪs] *sb* Basis *f,* Grundlage *f*
bask [bɑːsk] *v* sich sonnen
basket ['bɑːskɪt] *sb* Korb *m*
basketball ['bɑːskɪtbɔːl] *sb SPORT* Basketball *m*
Basque [bæsk] *sb 1.* Baske/Baskin *m/f; 2. (language)* Baskisch *n*

bass¹ [beɪs] *sb MUS* Bass *m*
bass² [bæs] *(fish)* Barsch *m*
bassoon [bə'suːn] *sb MUS* Fagott *n*
bastard ['bɑːstəd] *sb 1. (fam: illegitimate child)* Bastard *m*, uneheliches Kind *n; 2. (fam: as an insult to any person)* Mistkerl *m*
bastion ['bæstɪən] *sb* Bastion *f*
bat¹ [bæt] *sb ZOOL* Fledermaus *f; as blind as a ~* blind wie ein Maulwurf; *like a ~ out of hell (fam)* wie ein geölter Blitz
bat² [bæt] *sb SPORT* Schlagholz *n*
batch [bætʃ] *sb* Stoß *m*, Ladung *f*
bath [bɑːθ] *sb* Bad *n; take a ~* ein Bad nehmen
bathe [beɪð] *v* baden
bathing cap ['beɪðɪŋ] *sb* Badekappe *f*
bathing costume ['beɪðɪŋkɒstjuːm] *sb* Badeanzug *m*
bathing trunks ['beɪðɪŋ trʌŋks] *pl* Badehose *f*
bathrobe ['bɑːθrəʊb] *sb* Bademantel *m*
bathroom ['bɑːθrʊm] *sb* Badezimmer *n*
bathtub ['bɑːθtʌb] *sb* Badewanne *f*
baton ['bætən] *sb 1.* Kommandostab *m; 2. SPORT* Staffelstab *m*
battalion [bə'tælɪən] *sb* Bataillon *n*
battery ['bætərɪ] *sb* Batterie *f*
battle ['bætl] *v 1.* kämpfen, fechten, streiten; *sb 2. MIL* Schlacht *f; 3. (fig)* Kampf *m*
bawdy ['bɔːdɪ] *adj* derb
bawl [bɔːl] *v 1. (cry)* heulen; *2. (an order)* brüllen; *3. ~ out (scold)* ausschimpfen
bay¹ [beɪ] *sb* Bucht *f*
bay² [beɪ] *sb keep s.o. at ~* sich jdn vom Leibe halten; *keep sth at ~* etw unter Kontrolle halten
bay³ [beɪ] *v* bellen
bay leaf [beɪ liːf] *sb BOT* Lorbeerblatt *n*
bazaar [bə'zɑː] *sb* Basar *m*
be [biː] *v irr 1.* sein; *She wants to ~ an engineer.* Sie möchte Ingenieurin werden. *2. (passive voice)* werden; *I was told* mir wurde gesagt, man sagte mir; *3. (~ situated)* sein, sich befinden, liegen; *4. (exist)* sein, existieren, bestehen; *5. (~ prevalent)* herrschen; *6. to ~ to* sollen
beach [biːtʃ] *sb* Strand *m*
beacon ['biːkən] *sb* Leuchtfeuer *n*
bead [biːd] *sb 1.* Perle *f; 2. draw a ~ on sth* auf etw zielen
beak [biːk] *sb ZOOL* Schnabel *m*
beaker ['biːkə] *sb* Becher *m*
beam [biːm] *v 1.* strahlen; *~ at s.o.* jdn anstrahlen; *2. (a TV programme)* ausstrahlen; *sb 3.* Balken *m; 4. (of light)* Strahl *m*
bean [biːn] *sb* Bohne *f; spill the ~s about sth (fam)* etw ausplaudern
bear¹ [bɛə] *v irr 1. (carry)* tragen; *2. ~ in mind* berücksichtigen; *3. (a child)* gebären; *4. (endure)* leiden, ertragen; *5. This ~s watching.* Das muss man im Auge behalten. *6. (head in a direction)* sich halten; *~ left* sich links halten
• bear with *v irr* tolerieren; *Please ~ me!* Bitte habt Geduld mit mir!
bear² [bɛə] *sb 1. ZOOL* Bär *m; 2. FIN* Baissespekulant *m*
bearable ['bɛərəbl] *adj* erträglich
beard [bɪəd] *sb* Bart *m*
beardless ['bɪədlɪs] *adj 1.* bartlos; *2. (fig: young)* unerfahren, noch grün hinter den Ohren
bearer ['bɛərə] *sb 1. (of a message, of a cheque)* Überbringer *m; 2.* Träger *m*
bearing ['bɛərɪŋ] *sb 1. (posture)* Haltung *f; 2. (behaviour)* Verhalten; *3. (direction)* Richtung *f; (fig)* Orientierung *f; lose one's ~s* die Orientierung verlieren; *4. (connection)* Bezug *m; 5. (influence)* Auswirkung *f; 6. TECH* Lager *n*
beast [biːst] *sb* Tier *n*, Bestie *f*
beastly ['biːstlɪ] *adj* gemein, brutal
beat [biːt] *sb 1.* Schlag *m; (repeated ~ing)* Schlagen *n; 2. (patrol)* Runde *f; adj 3. (exhausted)* kaputt; *v irr 4. (heart)* klopfen; *5. (sth)* schlagen; *Beats me!* Keine Ahnung! *6. (a carpet)* klopfen; *7. (hammer metal)* hämmern; *8. (a drum) MUS* trommeln; *9. (~ up eggs)* schlagen; *10. (defeat)* schlagen, besiegen; *11. (s.o. to sth)* zuvorkommen; *12. (surpass)* überbieten; *13. ~ it (fam)* abhauen; *Beat it!* Hau ab!
• beat down *v irr 1. (rain)* herunterprasseln, *(sun)* herunterbrennen; *2. (one's opposition)* kleinkriegen; *3. (prices)* herunterdrücken
• beat up *v beat s.o. up* jdn verprügeln
beaten ['biːtn] *adj* gebahnt, befestigt; *off the ~ path* abgelegen
beatify [biː'ætɪfaɪ] *v REL* selig sprechen
beating ['biːtɪŋ] *sb 1. (defeat)* Schlappe *f; 2. (series of blows)* Prügel *pl*
beautiful ['bjuːtɪfʊl] *adj* schön
beautify ['bjuːtɪfaɪ] *v* verschönern
beauty ['bjuːtɪ] *sb* Schönheit *f*
beaver ['biːvə] *sb ZOOL* Biber *m*
because [biː'kɒz] *konj 1.* weil, da, denn; *prep 2. ~ of* wegen, infolge von
beck [bek] *sb* Wink *m; to be at someone's ~ and call* zu jds voller Verfügung stehen
beckon ['bekən] *v* heranwinken
become [bɪ'kʌm] *v irr 1.* werden; *2. (befit)* sich schicken für
becoming [bɪ'kʌmɪŋ] *adj* kleidsam

bed [bed] *sb 1.* Bett *n; get up on the wrong side of the ~ (fig)* mit dem linken Fuß zuerst aufstehen; *2. (flower ~)* Beet *n; 3. (of a river)* Bett *n; 4. (of ore)* Lager *n; 5. (of a lorry)* Pritsche *f*
bed and breakfast [bedənd'brekfəst] *sb* Frühstückspension *f*
bedaub [bɪ'dɔːb] *v* beschmieren, anmalen
bedclothes ['bedkləʊz] *pl* Bettwäsche *f*
bedding ['bedɪŋ] *sb 1. (bedclothes)* Bettzeug *n; 2. (litter)* Streu *f*
bedevil [bɪ'devɪl] *v* komplizieren
bed-linen ['bedlɪnɪn] *sb* Bettwäsche *f*
bedraggle [bɪ'drægl] *v* beschmutzen
bedridden ['bedrɪdən] *adj* bettlägerig
bedroom ['bedruːm] *sb* Schlafzimmer *n*
bed-sheet ['bedʃiːt] *sb* Betttuch *n*
bedside table ['bedsaɪd 'teɪbl] *sb* Nachttisch *m*
bedspread ['bedspred] *sb* Bettdecke *f*
bedstead ['bedsted] *sb* Bettgestell *n*
bee [biː] *sb ZOOL* Biene *f; as busy as a ~* fleißig wie eine Ameise
beech [biːtʃ] *sb BOT* Buche *f*
beef [biːf] *sb GAST* Rindfleisch *n*
beehive ['biːhaɪv] *sb* Bienenstock *m,* Bienenkorb *m*
beekeeper ['biːkiːpə] *sb* Bienenzüchter *m*
beeline ['biːlaɪn] *sb make a ~ for sth* auf etw schnurstracks zugehen
beeper ['biːpə] *sb* Piepser *m*
beer [bɪə] *sb* Bier *n, (glass of ~)* Glas Bier *n*
beeswax ['biːzwæks] *sb* Bienenwachs *n; None of your ~! (fam)* Das geht dich nichts an!
beetle ['biːtl] *sb ZOOL* Käfer *m*
beetroot ['biːtruːt] *sb* rote Bete *f*
befall [bɪ'fɔːl] *v irr ~ s.o.* jdm widerfahren
befit [bɪ'fɪt] *v* sich ziemen für
before [bɪ'fɔː] *konj 1.* ehe, bevor; *prep 2. (in front of)* vor; *3.* vor, früher als; *4. (in the presence of)* vor, in Gegenwart von; *adv 5.* schon, zuvor, vorher
beforehand [bɪ'fɔːhænd] *adv* im Voraus
befriend [bɪ'frend] *v ~ s.o.* sich mit jdm anfreunden
beg [beg] *v* betteln; *~ s.o. for sth* jdn um etw anflehen
beget [bɪ'get] *v irr* zeugen
beggar ['begə] *sb* Bettler *m*
begin [bɪ'gɪn] *v irr* anfangen, beginnen
beginner [bɪ'gɪnə] *sb* Anfänger *m*
beginning [bɪ'gɪnɪŋ] *sb* Anfang *m,* Beginn
begonia [bɪ'gəʊŋɪə] *sb BOT* Begonie *f*
begrudge [bɪ'grʌdʒ] *v* missgönnen
beguile [bɪ'gaɪl] *v* betören
behalf [bɪ'hɑːf] *sb on ~ of* im Namen von; *(as an authorized representative of)* im Auftrag von
behave [bɪ'heɪv] *v* sich verhalten, sich (anständig) benehmen
behaviour [bɪ'heɪvjə] *sb* Benehmen *n,* Betragen *n,* Verhalten *n*
behest [bɪ'hest] *v at s.o.'s ~* auf jds Geheiß
behind [bɪ'haɪnd] *prep 1.* hinter; *adv 2. (at the rear)* hinten; *3. (~ this, ~ it)* dahinter; *from ~* von hinten; *stay ~* zurückbleiben; *4. (in school, ~ the times)* zurück; *sb 5. (fam: rear end)* Hintern *m*
behold [bɪ'həʊld] *v irr* erblicken; *Behold!* Siehe da!
being ['biːɪŋ] *sb 1. (creature)* Wesen *n; 2. (existence)* Dasein *n*
belated [bɪ'leɪtɪd] *adj* verspätet
belch [beltʃ] *v* aufstoßen, rülpsen
beleaguer [bɪ'liːgə] *v* belagern
belfry ['belfrɪ] *sb* Glockenturm *m; have bats in the ~ (fam)* einen Sprung in der Schüssel haben
Belgian ['beldʒən] *sb 1.* Belgier *m; adj 2.* belgisch
Belgium ['beldʒəm] *sb GEO* Belgien *n*
belie [bɪ'laɪ] *v* Lügen strafen, entkräften
belief [bɪ'liːf] *sb 1. (firm opinion)* Überzeugung *f,* Glaube *m; 2. REL* Glaube *m*
believable [bɪ'liːvəbl] *adj* glaubhaft
believe [bɪ'liːv] *v* glauben; *~ in* glauben an
believer [bɪ'liːvə] *sb REL* Gläubige(r) *m/f*
belittle [bɪ'lɪtl] *v* herabsetzen, verkleinern
bell [bel] *sb* Glocke *f; 2.* Klingel *f*
belligerent [bɪ'lɪdʒərənt] *adj 1. (person)* streitsüchtig; *2. (nation)* kriegerisch
bellow ['beləʊ] *v* brüllen
bellows ['beləʊz] *sb* Blasebalg *m*
belly ['belɪ] *sb* Bauch *m*
belly button ['belɪbʌtən] *sb (fam)* Bauchnabel *m*
belong [bɪ'lɒŋ] *v 1.* gehören; *~ together* zusammengehören *2. ~ to (a club)* angehören
belongings [bɪ'lɒŋɪŋz] *pl* Habe *f,* Besitz *m*
beloved [bɪ'lʌvɪd] *adj 1.* geliebt; *sb 2.* Geliebte(r) *m/f*
below [bɪ'ləʊ] *prep 1.* unterhalb, unter; *adv 2.* unten; *3. (underneath)* darunter
belt [belt] *sb 1.* Gürtel *m; hit s.o. below the ~* jdm einen Tiefschlag versetzen; *tighten one's ~* den Gürtel enger schnallen; *get sth under one's ~ (fam)* sich etw reinziehen; *2. (strap)* Gurt *m; 3. TECH* Riemen *m; v 4. ~ s.o. (fam)* jdm einen Schlag versetzen
• **belt up** *v (fam)* die Klappe halten
bemoan [bɪ'məʊn] *v* beklagen, beweinen

bemuse [bɪ'mjuːz] *v* verwirren
bench [bentʃ] *sb* Bank *f*
bend [bend] *v irr 1. (river)* eine Kurve machen; *2. ~ over, ~ down* sich bücken; *3. (fig: submit)* sich beugen; *4. (sth)* biegen, krümmen; *~ the knee* das Knie beugen; *~ out of shape* verbiegen; *sb 5.* Biegung *f,* Krümmung *f; 6. (in a road)* Kurve *f; 7. go round the ~ (fig)* verrückt werden
beneath [bɪ'niːθ] *prep 1.* unter, unterhalb; *adv 2.* darunter
benediction [benɪ'dɪkʃən] *sb* Segen *m*
benefactor ['benɪfæktə] *sb* Wohltäter *m*
beneficial [benɪ'fɪʃəl] *adj* nützlich
beneficiary [benɪ'fɪʃərɪ] *sb* Nutznießer *m,* Begünstigte(r) *m/f*
benefit ['benɪfɪt] *v 1. (from sth)* Nutzen ziehen, profitieren; *2. (~ s.o., ~ sth)* gut tun; *sb 3.* Vorteil *m,* Nutzen *m; give s.o. the ~ of the doubt* im Zweifelsfalle zu jds Gunsten entscheiden; *4. (charity event)* Benefizveranstaltung *f; 5. (insurance ~),* Unterstützung *f*
benevolence [bɪ'nevələns] *sb* Güte *f*
benevolent [bɪ'nevələnt] *adj* wohlwollend
benign [bɪ'naɪn] *adj* gütig
bent [bent] *adj 1.* krumm; *2. ~ on* versessen auf
bequeath [bɪ'kwiːð] *v* vermachen
bequest [bɪ'kwest] *sb 1.* Vermächtnis *n; 2. (to a museum)* Stiftung *f*
berate [bɪ'reɪt] *v* schelten
bereave [bɪ'riːv] *v* berauben, entreißen
bereavement [bɪ'riːvmənt] *sb* schmerzlicher Verlust *m*
beret [ber'eɪ] *sb* Baskenmütze *f*
berry ['berɪ] *sb BOT* Beere *f*
berserk [bə'zɜːk] *adj* wild
beseech [bɪ'siːtʃ] *v* anflehen, flehen
beset [bɪ'set] *v irr* bedrängen, überkommen
beside [bɪ'saɪd] *prep* neben; *to be ~ o.s.* außer sich sein; *~ the point* nicht zur Sache gehörig
besides [bɪ'saɪdz] *adv 1.* außerdem, sonst, obendrein; *prep 2.* außer
besiege [bɪ'siːdʒ] *v* bestürmen, bedrängen
best [best] *adj 1.* beste(r,s); *at ~* höchstens, bestenfalls; *adv 2.* am Besten; *I'd ~ be going.* Es wäre das Beste, ich ginge. *sb 3. the ~* der/die/das Beste; *have the ~ of both worlds* die Vorteile beider Möglichkeiten gleichzeitig genießen; *to be all for the ~* zu jds Besten sein; *get the ~ of s.o.* jdn besiegen; *All the ~!* Alles Gute! *do one's ~* sein Bestes geben; *v 4. (surpass)* übertreffen; *5. (defeat)* schlagen
bestial ['bestɪəl] *adj* bestialisch, tierisch
bestow [bɪ'stəʊ] *v* schenken, erweisen
bestseller [best'selə] *sb* Bestseller *m*
bet [bet] *v irr 1.* wetten; *sb 2.* Wette *f; the best ~* das Sicherste
betray [bɪ'treɪ] *v* verraten
betrayal [bɪ'treɪəl] *sb* Verrat *m*
better ['betə] *adj 1.* besser; *sb 2. get the ~ of s.o.* jdn unterkriegen
between [bɪ'twiːn] *prep 1.* zwischen; *~ us, ~ you and me* unter uns; *adv 2. in ~* dazwischen
beverage ['bevərɪdʒ] *sb* Getränk *n*
bewail [bɪ'weɪl] *v* beklagen, betrauern
beware [bɪ'wɛə] *v Beware!* Geben Sie acht! *~ of ...* Passen Sie auf ... auf. *~ of dog* Warnung vor dem Hunde
bewilder [bɪ'wɪldə] *v* verwirren, verblüffen
bewilderment [bɪ'wɪldəmənt] *sb* Verwirrung *f,* Fassungslosigkeit *f,* Verblüffung *f*
bewitch [bɪ'wɪtʃ] *v* verzaubern
beyond [bɪ'jɒnd] *prep* jenseits, über ... hinaus; *~ repair* nicht mehr zu reparieren; *~ belief* unglaublich; *live ~ one's means* über seine Verhältnisse leben; *That's ~ me!* Das ist mir zu hoch!
biannual [baɪ'ænjʊəl] *adj* halbjährlich
bias ['baɪəs] *sb* Voreingenommenheit *f*
bias(s)ed ['baɪəst] *adj* voreingenommen, befangen, parteiisch
Bible ['baɪbl] *sb* Bibel *f*
biblical ['bɪblɪkəl] *adj REL* biblisch
bibliographer [bɪblɪ'ɒgrəfə] *sb* Bibliograph/Bibliographin *m/f*
bibliography [bɪblɪ'ɒgrəfɪ] *sb* Bibliografie *f*
bicker ['bɪkə] *v* sich zanken
bicycle ['baɪsɪkl] *sb* Fahrrad *n,* Zweirad *n*
bicyclist ['baɪsɪklɪst] *sb* Radfahrer *m*
bid [bɪd] *v irr 1.* bieten; *~ s.o. farewell* jdm Lebewohl sagen; *sb 2.* Angebot *n*
bidder ['bɪdə] *sb* Bieter *m*
bidding ['bɪdɪŋ] *sb* Bieten *n,* Gebot *n; do s.o.'s ~* wie geheißen tun
bide [baɪd] *v irr* verweilen; *to ~ one's time* den richtigen Augenblick abwarten
biennial [baɪ'enɪəl] *adj* zweijährlich
bier [bɪə] *sb* Bahre *f*
big [bɪg] *adj 1.* groß; *That's really ~ of you.* Das ist sehr anständig von dir. *adv 2. talk ~ (fam)* angeben
bigamist ['bɪgəmɪst] *sb* Bigamist/Bigamistin *m/f*
bigamy ['bɪgəmɪ] *sb* Bigamie *f*
big bang theory [bɪg 'bæŋθɪərɪ] *sb ASTR* Urknalltheorie *f*

bigot ['bɪgət] *sb* engstirniger Mensch *m*
bigotry ['bɪgətrɪ] *sb* Engstirnigkeit *f*
big top ['bɪgtɒp] *sb* Hauptzelt *n*
bike [baɪk] *sb (fam)* Rad *n*
bikini [bɪ'ki:nɪ] *sb* Bikini *m*
bilateral [baɪ'lætərəl] *adj* zweiseitig, bilateral, beiderseitig
bilberry ['bɪlbərɪ] *sb* Heidelbeere *f*
bilingual [baɪ'lɪŋgwəl] *adj* zweisprachig
bilious ['bɪlɪəs] *adj (fig)* reizbar
bill[1] [bɪl] *v 1. (charge)* in Rechnung stellen; *sb 2.* Rechnung *f; 3. (US: banknote)* Banknote *f; 4. POL* Gesetzentwurf *m,* Gesetzesvorlage *f; 5. ~ of sale* Verkaufsurkunde; *6. give s.o. a clean ~ of health* jdm gute Gesundheit bescheinigen
bill[2] [bɪl] *sb ZOOL* Schnabel *m*
billboard ['bɪlbɔ:d] *sb* Reklametafel *f*
billfold ['bɪlfəʊld] *sb (US)* Brieftasche *f*
billiards ['bɪlɪədz] *sb* Billard *n*
billion ['bɪlɪən] *sb 1. (UK: a million millions)* Billion *f; 2. (US: a thousand millions)* Milliarde *f*
billow ['bɪləʊ] *v* sich blähen, sich bauschen
billy goat ['bɪlɪ gəʊt] *sb* Ziegenbock *m*
bimonthly ['baɪ'mʌnθlɪ] *adj* zweimonatlich
bin [bɪn] *sb* Kasten *m,* Tonne *f*
bind [baɪnd] *v irr 1.* binden; *2. (oblige)* verpflichten; *3. (a book)* einbinden
binder ['baɪndə] *sb (for papers)* Hefter *m*
binding ['baɪndɪŋ] *adj 1.* verbindlich; *sb 2. (of a book)* Bucheinband *m; 3. (for skis)* Skibindung *f*
binoculars [bɪ'nɒkjʊləz] *pl* Fernglas *n*
biochemistry [baɪəʊ'kemɪstrɪ] *sb* Biochemie *f*
biodegradable [baɪəʊdɪ'greɪdəbl] *adj* biologisch abbaubar
biographical [baɪə'græfɪkl] *adj* biografisch
biography [baɪ'ɒgrəfɪ] *sb* Biografie *f*
biological [baɪə'lɒdʒɪkəl] *adj* biologisch
biologist [baɪ'ɒlədʒɪst] *sb* Biologe *m*
biology [baɪ'ɒlədʒɪ] *sb* Biologie *f*
biophysics [baɪəʊ'fɪzɪks] *sb* Biophysik *f*
biosphere ['baɪəsfɪə] *sb* Biosphäre *f*
biotechnology [baɪəʊtek'nɒlədʒɪ] *sb* Biotechnologie *f*
bipartisan [baɪ'pɑ:tɪzn] *adj POL* Zweiparteien...
bipolar [baɪ'pəʊlə] *adj* zweipolig
birch [bɜ:tʃ] *sb BOT* Birke *f*
bird [bɜ:d] *sb* Vogel *m; A little ~ told me.* Mein kleiner Finger hat es mir gesagt. *That's for the ~s.* Das ist für die Katz.
birdseed ['bɜ:dsi:d] *sb* Vogelfutter *n*
birth [bɜ:θ] *sb 1.* Geburt *f; give ~ to* zur Welt bringen; *He's German by ~.* Er ist gebürtiger Deutscher. *2. (parentage)* Abstammung *f,* Herkunft *f*
birth control ['bɜ:θkəntrəʊl] *sb* Geburtenkontrolle *f,* Geburtenregelung *f*
birthday ['bɜ:θdeɪ] *sb* Geburtstag *m; Happy Birthday!* Herzlichen Glückwunsch zum Geburtstag! *in one's ~ suit* im Adamskostüm
birthmark ['bɜ:θmɑ:k] *sb* Muttermal *n*
birthplace ['bɜ:θpleɪs] *sb* Geburtsort *m*
birth rate [bɜ:θ reɪt] *sb* Geburtenrate *f*
biscuit ['bɪskɪt] *sb 1. (UK) GAST* Keks *m,* Plätzchen *n; 2. (US) GAST* weiches Brötchen *n*
bisect [baɪ'sekt] *v MATH* halbieren
bisexual [baɪ'seksjʊəl] *adj* bisexuell
bishop ['bɪʃəp] *sb 1.* Bischof *m; 2. (in chess)* Läufer *m*
bishopric ['bɪʃəprɪk] *sb REL* Bistum *n*
bison ['baɪsn] *sb ZOOL* Bison *m*
bit [bɪt] *sb 1.* Stückchen *n; ~ by ~* Stück für Stück; *every ~ as good as ...* genauso gut wie ... *2. (section)* Teil; *3. a ~* ein bisschen; *quite a ~* ziemlich viel
bitch [bɪtʃ] *sb 1. (fam: woman)* Hexe *f; 2. ZOOL* Hündin *f; v 3. (fam)* meckern
bite [baɪt] *v irr 1.* beißen; *Once bitten, twice shy.* Ein gebranntes Kind scheut das Feuer. *2. ~ back a remark* sich eine Bemerkung verkneifen; *3. (insect)* stechen; *sb 4.* Biss *m; 5. (mouthful)* Bissen *m; 6. (insect ~)* Stich *m*
• **bite off** *v irr* abbeißen; *~ more than one can chew* den Mund zu voll nehmen (fig)
biting ['baɪtɪŋ] *adj 1.* beißend; *2. (remark)* bissig, spitz
bitter ['bɪtə] *adj 1.* bitter; *to the ~ end* bis zum bitteren Ende *2. (cold)* bitterkalt, eisig; *3. (person)* verbittert; *4. (taste)* bitter, herb
bitterness ['bɪtənɪs] *sb* Bitterkeit *f*
bizarre [bɪ'zɑ:] *adj* bizarr
blab [blæb] *v 1. (give away)* ausplaudern; *2. (chatter)* plappern
black [blæk] *adj 1.* schwarz; *in ~ and white* schwarz auf weiß; *~ mark* Tadel *m; sb 2. (person)* Schwarze(r) *m/f; v 3. ~ out* ohnmächtig werden
blackberry ['blækberɪ] *sb* Brombeere *f*
blackbird ['blækbɜ:d] *sb ZOOL* Amsel *f*
blackboard ['blækbɔ:d] *sb* Tafel *f,* Wandtafel *f, (in a classroom)* Schultafel *f*
black book [blæk bʊk] *sb* schwarze Liste *f; to be in s.o.'s ~s* bei jdm schlecht angeschrieben sein

blackcurrant ['blækkʌrənt] *sb BOT* schwarze Johannisbeere *f*
blacken ['blækən] *v 1.* schwarz machen; *2. (fig)* anschwärzen
black eye [blæk aɪ] *sb (fig)* blaues Auge *n*
blackguard ['blækgɑːd] *sb* Halunke *m*
blackleg ['blækleg] *sb* Streikbrecher *m*
blacklist ['blæklɪst] *sb* schwarze Liste *f*
blackmail ['blækmeɪl] *v 1. ~ s.o.* jdn erpressen; *sb 2.* Erpressung *f*
black market [blæk 'mɑːkɪt] *sb* Schwarzmarkt *m*
blackout ['blækaʊt] *sb* Stromausfall *m*
blacksmith ['blæksmɪθ] *sb* Schmied *m*
blade [bleɪd] *sb 1. (of a weapon)* Klinge *f; 2. ~ of grass* Halm *m; v 3.* inlineskaten
blame [bleɪm] *v 1.* tadeln; *She has only herself to ~.* Das hat sie sich selbst zuzuschreiben. *to be to ~* schuld sein; *sb 2.* Schuld *f; (censure)* Tadel *m; lay the ~ on s.o.* jdm die Schuld in die Schuhe schieben
blameless ['bleɪmlɪs] *adj* tadellos
blameworthy ['bleɪmwɜːðɪ] *adj* schuldig
blanch [blɑːntʃ] *v 1. (person)* erbleichen, blass werden; *2. (vegetables)* blanchieren
bland [blænd] *adj 1.* glatt; *2. (taste)* fade; *3. (lacking distinction)* nichts sagend
blank [blæŋk] *sb 1. (~ cartridge)* Platzpatrone *f; 2. (document)* Formular *n, (in a document)* leerer Raum *m; 3. draw a ~* eine Niete ziehen, nicht weiterkommen; *adj 4.* leer; *My mind went ~.* Ich hatte einen Blackout. *(fam) 5. (expressionless)* ausdruckslos; *6. FIN* Blanko...
blanket ['blæŋkɪt] *sb 1.* Bettdecke *f; 2. a wet ~ (fig)* ein Spielverderber; *adj 3.* alles einschließend, umfassend, pauschal
blare [blɛə] *v (radio)* plärren, *(trumpet)* schmettern, *(horn)* laut hupen
blaspheme [blæs'fiːm] *v REL* Gott lästern
blasphemous ['blæsfɪməs] *adj* blasphemisch, gotteslästerlich
blasphemy ['blæsfəmɪ] *sb REL* Gotteslästerung *f*
blast [blɑːst] *v 1. (with explosive)* sprengen; *2. (fig: sharply criticize)* vernichtend kritisieren; *3. ~ off* in den Weltraum schießen; *sb 4.* Explosion *f; 5. (of wind)* Windstoß *m; 6. (of noise)* Schmettern *n*
blast-off ['blɑːstɒf] *sb* Abschuss *m*
blatant ['bleɪtənt] *adj* offenkundig
blaze [bleɪz] *v 1.* lodern; *sb 2.* Feuer *n,* Glut *f*
blazer ['bleɪzə] *sb* Blazer *m,* Klubjacke *f*
bleach [bliːtʃ] *v 1.* bleichen, entfärben; *sb 2.* Bleichmittel *n*
bleak [bliːk] *adj 1.* kahl, öde; *2. (fig)* trostlos, freudlos; *3. (weather)* rau
bleary ['blɪərɪ] *adj* trübe, verschwommen
bleat [bliːt] *v* meckern; blöken
bleed [bliːd] *v irr* bluten
bleeding ['bliːdɪŋ] *sb MED* Blutung *f*
blemish ['blemɪʃ] *sb* Makel *m*
blench [blɛntʃ] *v* bleich werden, erbleichen
blend [blend] *sb 1.* Mischung *f; v 2.* vermengen, vermischen, verschmelzen
blender ['blɛndə] *sb* Mixer *m*
bless [bles] *v* segnen; *Bless you! (after s.o. sneezes)* Gesundheit!
blessed ['blesɪd] *adj REL* selig
blessing ['blesɪŋ] *sb* Segen *m*
blight [blaɪt] *sb* Schatten *m,* Fluch *m*
blighter ['blaɪtə] *sb (fam) (UK)* mieser Kerl *m*
blind [blaɪnd] *v 1.* blenden; *adj 2.* blind; *turn a ~ eye to s.o.* bei jdm ein Auge zudrücken; *3. (curve)* unübersichtlich; *sb 4. (sun~)* Markise *f*
blind alley [blaɪnd 'ælɪ] *sb* Sackgasse *f*
blindfold ['blaɪndfəʊld] *sb 1.* Augenbinde *f; v 2.* jdm die Augen verbinden; *I could do that ~ed.* Das mache ich mit links.
blindness ['blaɪndnɪs] *sb* Blindheit *f*
blind spot ['blaɪndspɒt] *sb 1. (of the retina)* blinder Fleck *m; 2. (area where one is unable to see)* toter Winkel *m*
blink [blɪŋk] *v* zwinkern, blinzeln
blinker ['blɪŋkə] *sb (light) TECH* Blinklicht *n,* Blinker *m*
bliss [blɪs] *sb* Glückseligkeit *f*
blissful ['blɪsfʊl] *adj* glückselig, selig
blister ['blɪstə] *sb (on skin, on paint)* Blase *f*
blithering ['blɪðərɪŋ] *adj* blödsinnig
blizzard ['blɪzəd] *sb* Schneesturm *m*
bloat [bləʊt] *v* aufblasen, anschwellen lassen
blob [blɒb] *sb* Tropfen *m,* Klecks *m*
bloc [blɒk] *sb* Block *m*
block [blɒk] *v 1.* blockieren, sperren; *2. SPORT* abblocken; *3. ~ off* absperren; *sb 4.* Block *m,* Klotz *m; 5. (US: of houses)* Häuserblock *m*
blockade [blɒ'keɪd] *sb* Blockade *f*
blockage ['blɒkɪdʒ] *sb* Blockierung *f*
block party ['blɒkpɑːtɪ] *sb* Straßenparty *f*
blond(e) [blɒnd] *adj* blond
blood [blʌd] *sb* Blut *n; bad ~* böses Blut; *related by ~* blutsverwandt; *give ~* Blut spenden; *in cold ~* kaltblütig
bloodcurdling ['blʌdkɜːdlɪŋ] *adj* Grauen erregend
blood donor ['blʌddəʊnə] *sb* Blutspender *m*
blood group [blʌd gruːp] *sb* Blutgruppe *f*

bloodhound ['blʌdhaʊnd] *sb 1.* Bluthund *m; 2. (fig: detective)* Schnüffler *m*
bloodless ['blʌdlɪs] *adj* blutlos, unblutig
blood pressure ['blʌdpreʃə] *sb MED* Blutdruck *m*
bloodshed ['blʌdʃed] *sb* Blutvergießen *n*
bloodshot ['blʌdʃɒt] *adj* blutunterlaufen
bloodstain ['blʌdsteɪn] *sb* Blutfleck *m*
bloodstream ['blʌdstriːm] *sb* Blutkreislauf *m,* Blut *n*
blood sugar ['blʌdʃʊgə] *sb* Blutzucker *m*
blood test ['blʌdtest] *sb* Blutuntersuchung *f,* Blutprobe *f*
bloody ['blʌdɪ] *adj 1.* blutig; *2. (fig)(UK)* verdammt
bloom [bluːm] *v 1.* blühen; *sb 2.* Blüte *f*
bloomer ['bluːmə] *sb* grober Schnitzer *m*
blooming ['bluːmɪŋ] *adj 1.* blühend; *2. (fig) (UK)* verflixt
blossom ['blɒsəm] *v 1.* blühen, aufblühen; *sb 2.* Blüte *f*
blot [blɒt] *sb* Fleck *m; to be a ~ on s.o.'s record* ein Fleck auf der weißen Weste sein
blotch [blɒtʃ] *sb* Klecks *m,* Fleck *m*
blouse [blaʊz] *sb* Bluse *f*
blow[1] [bləʊ] *v irr 1.* blasen, wehen; *2. (money)* verpulvern; *3. ~ a fuse* eine Sicherung durchbrennen; *4. ~ one's nose* sich schnäuzen; *5. (fam: mess up)* verkorksen; *6. ~ hot and cold* sein Fähnchen nach dem Wind drehen
• **blow away** *v irr 1.* wegfliegen; *2. (fam: kill)* wegpusten
• **blow in** *v irr (fam: person)* hereinschneien
• **blow out** *v irr* auspusten
• **blow over** *v irr* vorbeigehen
• **blow up** *v irr 1.* sprengen; *2.* aufblasen; *3. (photo)* vergrößern; *4. (fig)* in die Luft gehen
blow[2] [bləʊ] *sb* Schlag *m,* Hieb *m,* Stoß *m; come to ~s* sich prügeln
blow-dry ['bləʊdraɪ] *v* föhnen
blubber ['blʌbə] *v 1.* heulen, flennen; *sb 2.* Walfischspeck *m*
bludgeon ['blʌdʒən] *v* verprügeln
blue [bluː] *adj 1.* blau; *until you're ~ in the face* bis Sie schwarz werden *feel ~* trübsinnig sein; *sb 2. like a bolt from the ~* wie ein Blitz aus heiterem Himmel; *3. the ~s pl* Melancholie *f*
blueberry ['bluːberɪ] *sb BOT* Heidelbeere *f*
blue moon [bluː muːn] *sb once in a ~* alle heiligen Zeiten einmal
bluff[1] [blʌf] *v 1.* bluffen; *sb 2.* Bluff *m*
bluff[2] [blʌf] *sb GEOL* Felsvorsprung *m*
bluish ['bluːɪʃ] *adj* bläulich
blunder ['blʌndə] *sb* Schnitzer *m*
blunt [blʌnt] *v 1.* abstumpfen; *adj 2.* stumpf; *3. (brutally frank)* schonungslos
blur [blɜː] *v* verschleiern; trüben
blurb [blɜːb] *sb* Klappentext *m*
blurred [blɜːd] *adj* verschwommen
blurt [blɜːt] *v ~ out* herausplatzen mit
blush [blʌʃ] *v* rot werden, erröten
blusher ['blʌʃə] *sb (make-up)* Rouge *n*
bluster ['blʌstə] *v* toben
boa [bəʊə] *sb ZOOL* Boa *f*
boar [bɔː] *sb ZOOL* Eber *m*
board [bɔːd] *v 1. (train, bus)* einsteigen in; *sb 2.* Brett *n; 3. (meals)* Verpflegung *f; room and ~, bed and ~* Unterkunft mit Verpflegung *f; 4. (~ of directors) ECO* Vorstand *m,* Direktorium *n; He is on the ~.* Er gehört dem Vorstand an. *5. on ~* an Bord; *6. across the ~* generell; *7. above ~* ehrlich
boarding ['bɔːdɪŋ] *sb (the provision of board)* Kost *f,* Verpflegung *f*
boarding card ['bɔːdɪŋkɑːd] *sb* Bordkarte *f*
boarding-house ['bɔːdɪŋ haʊs] *sb* Pension *f*
boarding-school ['bɔːdɪŋskuːl] *sb* Internat *n,* Pensionat *n*
boardroom ['bɔːdruːm] *sb* Sitzungssaal *m*
boardwalk ['bɔːdwɔːk] *sb (US)* Holzsteg *m*
boast [bəʊst] *v 1. ~ about* prahlen mit, sich brüsten mit, tönen von; *sb 2.* Prahlerei *f*
boastful ['bəʊstfʊl] *adj* prahlerisch
boat [bəʊt] *sb* Boot *n;* Kahn *m;* Schiff *n*
bobbin ['bɒbɪn] *sb* Spule *f,* Rolle *f*
bobby pin ['bɒbɪpɪn] *sb* Haarklemme *f*
bodice ['bɒdɪs] *sb* Mieder *n*
bodiless ['bɒdɪlɪs] *adj* körperlos
bodily harm ['bɒdɪlɪ hɑːm] *sb JUR* Körperverletzung *f*
body ['bɒdɪ] *sb 1.* Körper *m,* Leib *m; the ~ of Christ* der Leib des Herrn; *2. (dead ~)* Leiche *f; 3. (main ~)* Hauptteil *m; 4. (group of people)* Gruppe *f,* Gesellschaft *f; (administrative)* Körperschaft *f; 5. (~work) (of a car) TECH* Karosserie *f; 6. (of an airplane)* Rumpf *m; 7. CHEM, PHYS, MATH* Körper *m*
body-building ['bɒdɪ bɪldɪŋ] *sb* Bodybuilding *n*
bodyguard ['bɒdɪgɑːd] *sb* Leibwächter *m*
body language ['bɒdɪlæŋgwɪdʒ] *sb* Körpersprache *f*
bodywork ['bɒdɪwɜːk] *sb* Karosserie *f*
bog [bɒg] *sb 1.* Sumpf *m; 2. (UK: toilet)* Klo *n* (fam); *v 3. get ~ged down (fig)* sich festfahren
bogus ['bəʊgəs] *adj* unecht, falsch

boil¹ [bɔɪl] *v* kochen, sieden
• **boil down** *v ~ to sth (fig)* auf etw hinauslaufen
boil² [bɔɪl] *sb MED* Furunkel *m*
boiled ['bɔɪld] *adj* gekocht
boiler ['bɔɪlə] *sb 1. (of a steam engine)* Dampfkessel *m; (of central heating)* Heizkessel *m; 2. (in a household)* Boiler *m*
boiling ['bɔɪlɪŋ] *adj* kochend, siedend
boisterous ['bɔɪstərəs] *adj* ausgelassen
bold [bəʊld] *adj 1.* kühn; *2.* dreist; *3.* wagemutig
boldness ['bəʊldnɪs] *sb 1.* Kühnheit *f; 2. (impudence)* Dreistigkeit *f*
bolster ['bəʊlstə] *v* stärken, verstärken
bolt [bəʊlt] *v 1. (run away)* durchbrennen, ausreißen, davonlaufen; *2. (a door)* verriegeln; *sb 3. TECH* Bolzen *m,* Schraube *f; 4. (on a door)* Riegel *m; 5. (of lightning)* Blitzstrahl *m; like a ~ out of the blue (fam)* wie ein Blitz aus heiterem Himmel; *~ upright* kerzengerade
• **bolt down** *v bolt sth down* etw hinunterschlingen
bomb [bɒm] *v 1. MIL* bombardieren; *2. (US: fail)* ein Flop sein (fam), danebengehen; *3.* Bombe *f; sb 4. (US: failure)* Durchfall *m* (fam); *5. (UK: success)* Bombenerfolg *m*
bombard [bɒm'bɑːd] *v* bombardieren
bombastic [bɒm'bæstɪk] *adj* schwülstig, bombastisch
bomber ['bɒmə] *sb MIL* Bomber *m*
bombshell ['bɒmʃel] *sb (fig)* Bombe *f,* plötzliche Überraschung *f*
bonanza [bə'nænzə] *sb (fam)* Goldgrube *f*
bond [bɒnd] *sb 1. ~s pl (chains)* Fesseln *pl; 2. FIN* Obligation *f,* festverzinsliches Wertpapier *n; 3. CHEM* Bindung *f; 4. (fig)* Band *n*
bondage ['bɒndɪdʒ] *sb* Sklaverei *f*
bonded warehouse ['bɒndɪd 'wɛəhaʊs] *sb ECO* Zollagerhaus *n*
bondholder ['bɒndhəʊldə] *sb* Pfandbriefinhaber *m*
bone [bəʊn] *sb 1.* Knochen *m,* Bein *n; have a ~ to pick with s.o.* mit jdm ein Hühnchen zu rupfen haben; *I feel it in my ~s.* Ich spüre es in den Knochen. *make no ~s about sth* kein Hehl aus etw machen; *2. ~ of contention* Zankapfel *m,* Streitobjekt *n,* Stein des Anstoßes *m*
bonfire ['bɒnfaɪə] *sb 1.* Feuer *n; 2. (for a celebration)* Freudenfeuer *n*
bonnet ['bɒnɪt] *sb 1. (woman's)* Haube *f; (baby's)* Häubchen *n; (in Scotland: man's ~)* Mütze *f; 2. have a bee in one's ~* eine fixe Idee haben; *3. (UK: of a car)* Motorhaube *f*
bonny ['bɒnɪ] *adj* hübsch, schön
bonus ['bəʊnəs] *sb 1. (something extra)* Zugabe *f; 2. (monetary)* Prämie *f,* Gratifikation *f*
bony ['bəʊnɪ] *adj (person)* klapperdürr, knochig
boo [buː] *v 1. (s.o.)* ausbuhen, auspfeifen; *sb 2.* Buhruf *m*
boob [buːb] *sb 1. (UK: mistake)* Schnitzer *m; 2. (fam: woman's breast)* Brust *f; 3. (fam: person)* Trottel *m*
book [bʊk] *v 1. (reserve)* buchen, reservieren, vorbestellen; *to be ~ed up* ausgebucht sein; *2. (a traffic offender)* aufschreiben; *sb 3.* Buch *n; in my ~* wie ich es sehe; *throw the ~ at s.o.* jdn verdonnern (fam); *by the ~* ganz korrekt; *a closed ~ (fig)* ein Buch mit sieben Siegeln; *an open ~ (fig)* ein offenes Buch; *4. ~s pl FIN* Bücher *pl; keep the ~s* die Bücher führen
bookcase ['bʊkkeɪs] *sb* Bücherregal *n*
booking ['bʊkɪŋ] *f* Buchung *f,* Bestellung *f*
bookkeeper ['bʊkkiːpə] *sb ECO* Buchhalter *m*
bookkeeping ['bʊkkiːpɪŋ] *sb* Buchhaltung *f,* Buchführung *f*
booklet ['bʊklɪt] *sb* Broschüre *f,* Büchlein *n*
bookmaker ['bʊkmeɪkə] *sb (person taking bets)* Buchmacher *m*
bookmark ['bʊkmɑːk] *sb 1.* Lesezeichen *n; 2. INFORM* Bookmark *n*
book review ['bʊkrɪvjuː] *sb* Buchbesprechung *f*
bookseller ['bʊkselə] *sb* Buchhändler *m*
bookshelf ['bʊkʃelf] *sb* Bücherbrett *n*
bookshop ['bʊkʃɒp] *sb* Buchhandlung *f*
bookworm ['bʊkwɜːm] *sb* Bücherwurm *m*
boom [buːm] *v 1.* dröhnen, donnern, brausen; *2. (prosper)* einen Aufschwung nehmen; *Business is ~ing.* Das Geschäft blüht. *sb 3. (upswing)* Aufschwung *m,* Boom *m; 4. (sound)* Dröhnen *n,* Donnern *n,* Brausen *n*
boomerang ['buːməræŋ] *sb* Bumerang *m*
boon [buːn] *sb* Wohltat *f,* Segen *m*
boor [bʊə] *sb* ungehobelter Kerl *m*
boorish ['bʊərɪʃ] *adj* flegelhaft
boost [buːst] *v 1.* fördern; *2. (production)* ankurbeln; *sb 3.* Auftrieb *m; give s.o. a ~* jdm Auftrieb geben
boot [buːt] *sb 1.* Stiefel *m; get the ~ (fam)* rausgeschmissen werden; *too big for one's ~s (fig)* größenwahnsinnig; *The ~ is on the other foot.* Das Blatt hat sich gewendet. *2. (UK: of a car)* Kofferraum *m; v 3. ~ s.o. out* jdn hinauswerfen
booth [buːθ] *sb* Stand *m,* Bude *f*

bootlace ['bu:tleɪs] *sb* Schnürsenkel *m*
bootlegger ['bu:tlegə] *sb* Schmuggler *m*
bootless ['bu:tlɪs] *adj* sinnlos, vergebens
bootstrap ['bu:tstræp] *sb* Schuhband *n; pull o.s. up by one's ~s* sich an den eigenen Haaren aus dem Sumpf ziehen
booty ['bu:tɪ] *sb* Beute *f*
booze [bu:z] *v 1. (fam)* saufen, bechern; *sb 2.* Schnaps *m,* Alkohol *m*
boozer ['bu:zə] *sb (fam)* Säufer *m,* Trinker *m*
border ['bɔ:də] *sb 1. (between countries, boundary)* Grenze *f; 2. (edge)* Rand *m; 3. (edging)* Einfassung *f,* Umrandung *f,* Leiste *f; v 4.* grenzen, begrenzen, einfassen
borderland ['bɔ:dəlænd] *sb* Grenzgebiet *n*
borderline ['bɔ:dəlaɪn] *adj* an der Grenze
bore [bɔ:] *v 1.* langweilen; *~ to death* zu Tode langweilen; *2. TECH* bohren; *sb 3. to be a ~* langweilig sein *(person)* ein Langweiler sein
boredom ['bɔ:dəm] *sb* Langeweile *f*
borer ['bɔ:rə] *sb* Bohrer *m*
boring ['bɔ:rɪŋ] *adj* langweilig
born [bɔ:n] *adj* geboren; *to be ~* geboren werden
borrow ['bɒrəʊ] *v* borgen, sich leihen; *He's living on ~ed time.* Seine Zeit ist abgelaufen.
borrower ['bɒrəʊə] *sb 1.* Ausleiher *m; 2. (with a bank)* Kreditnehmer *m*
bosom ['bʊzəm] *sb* Busen *m,* Brust *f*
boss [bɒs] *sb* Chef *m,* Boss *m*
botany ['bɒtənɪ] *sb* Botanik *f*
both [bəʊθ] *pron 1.* beide; *adj 2.* beide; *adv 3. ~ ... and ...* sowohl ... als (auch) ...
bother ['bɒðə] *v 1. ~ about* sich kümmern um; *2. (s.o.)* stören, belästigen, ärgern; *He can't be ~ed with it.* Er kann sich nicht damit abgeben. *sb 3.* Ärger *m,* Plage *f,* Schererei *f*
bothersome ['bɒðəsəm] *adj* lästig, nervig
bottle ['bɒtl] *v 1.* in Flaschen abfüllen; *sb 2.* Flasche *f*
bottle bank ['bɒtl bæŋk] *sb* Altglascontainer *m*
bottleneck ['bɒtlnek] *sb (fig)* Engpass *m*
bottom ['bɒtəm] *sb 1. (of a glass, of a box)* Boden *m; The ~ has fallen out of the market.* Der Markt ist zusammengebrochen. *Bottoms up! (fam)* Auf Ex! *2. (the lowest part)* der unterste Teil *m; from the ~ of my heart* aus tiefstem Herzen; *3.* Unterseite *f; 4. (of a canyon, of the sea)* Grund *m; 5. (fam: buttocks)* Hintern *m,* Po *m; 6. to be at the ~ of sth* einer Sache zu Grunde liegen; *get to the ~ of sth* einer Sache auf den Grund gehen; *v 7. ~ out* auf dem Tiefpunkt sein

bough [baʊ] *sb* Ast *m*
boulder ['bəʊldə] *sb* Geröllblock *m*
bounce [baʊns] *v 1.* aufprallen; *2. (bound)* springen; *3. (cheque)* platzen; *4. ~ off* abprallen; *5. (sth)* prellen; *sb 6. (one ~)* Aufprall *m*
• bounce back *v (fig)* sich sofort wieder erholen
bouncer ['baʊnsə] *sb (US)* Türsteher *m*
bouncing ['baʊnsɪŋ] *adj* kräftig, vital
bound[1] [baʊnd] *v 1. (leap)* springen, hüpfen; *sb 2. (leap)* Sprung *m*
bound[2] [baʊnd] *adj 1.* gebunden; *2. It was ~ to happen.* Es musste so kommen.
bound[3] [baʊnd] *adj ~ for* unterwegs nach
boundary ['baʊndərɪ] *sb* Grenze *f*
boundless ['baʊndlɪs] *adj* grenzenlos
bounteous ['baʊntɪəs] *adj* großzügig
bountiful ['baʊntɪfʊl] *adj* großzügig
bouquet ['bʊkeɪ] *sb 1. BOT* Strauß *m,* Bukett *n; 2. (of wine)* Blume *f*
bout [baʊt] *sb 1.* Kampf *m; 2. (of illness) MED* Anfall *m*
bow[1] [bəʊ] *sb 1. (that shoots arrows)* Bogen *m; 2. (knot)* Schleife *f*
bow[2] [baʊ] *sb (of a ship) NAUT* Bug *m*
bow[3] [baʊ] *v 1.* sich verneigen; *2. (fig: ~ to pressure)* beugen; *3. (one's head)* senken; *sb 4.* Verbeugung *f,* Verneigung *f*
• bow out *v (leave)* sich verabschieden
bowdlerize ['baʊdləraɪz] *v* zensieren
bower ['baʊə] *sb* Laube *f*
bowl [bəʊl] *v 1.* rollen, werfen; *~ over* umwerfen; *2. (US: go bowling)* Bowling spielen; *sb 3.* Schüssel *f; 4. (for punch)* Bowle *f*
bow-legged ['bəʊlegɪd] *adj* O-beinig
bowler ['bəʊlə] *sb 1. (hat)* Melone *f; 2. SPORT* Werfer *m*
bowling ['bəʊlɪŋ] *sb* Bowling *n*
bowling alley ['bəʊlɪŋ 'ælɪ] *sb SPORT* Bowlingbahn *f*
bow tie [bəʊ taɪ] *sb* Fliege *f*
box[1] [bɒks] *v SPORT* boxen
box[2] [bɒks] *v 1. (put in boxes)* verpacken; *sb 2.* Kasten *m,* Kiste *f; 3. (made of thin cardboard)* Schachtel *f; 4. (housing) TECH* Gehäuse *n; 5. THEAT* Loge *f*
boxer ['bɒksə] *sb* Boxer *m*
boxing ['bɒksɪŋ] *sb SPORT* Boxen *n*
Boxing Day ['bɒksɪŋ deɪ] *sb* der zweite Weihnachtsfeiertag *m*
box number ['bɒksnʌmbə] *sb* Postfach *n*
box office ['bɒksɒfɪs] *sb* Theaterkasse *f,* Kinokasse *f; a ~ success* ein Kassenschlager *m*
boxroom ['bɒksru:m] *sb* Abstellraum *m*

boy [bɔɪ] *sb* Knabe *m*, Junge *m*, Bursche *m*
boycott ['bɔɪkɒt] *sb* *1.* Boykott *m*; *v* *2.* boykottieren
boyfriend ['bɔɪfrend] *sb* Freund *m*
boyhood ['bɔɪhʊd] *sb* Kindheit (eines Jungen) *f*
boyish ['bɔɪɪʃ] *adj* *1.* jungenhaft; *2.* *(woman)* knabenhaft, burschikos
boy scout [bɔɪ skaʊt] *sb* Pfadfinder *m*
bra [brɑː] *sb* *(fam)* BH *m*, Büstenhalter *m*
brace [breɪs] *v* *~ o.s. for sth (fig)* sich auf etw gefasst machen
bracelet ['breɪslɪt] *sb* Armband *n*
braces ['breɪsɪz] *pl* *1.* *(UK)* Hosenträger *m*; *2.* *(for teeth)* Zahnspange *f*
bracket ['brækɪt] *sb* *1.* *(symbol)* Klammer *f*; *2.* *(hardware)* Winkelträger *m*; *3.* *(group)* Klasse *f*, Stufe *f*
brag [bræg] *v* prahlen, angeben
braggart ['brægət] *sb* Prahler *m*
braid [breɪd] *v* *1.* flechten; *sb* *2.* *(of hair)* Zopf *m*; *3.* *(trimming)* Borte *f*
Braille [breɪl] *sb* Blindenschrift *f*
brain [breɪn] *sb* *ANAT* Gehirn *n*, Hirn *n*; *have ~s (fam: to be smart)* etw im Kopf haben
brainchild ['breɪntʃaɪld] *sb* Geistesprodukt *n*
brainless ['breɪnlɪs] *adj* hirnlos, schwachsinnig
brainstorm ['breɪnstɔːm] *sb* Geistesblitz *m*
brainstorming ['breɪnstɔːmɪŋ] *sb* Brainstorming *n*
brains trust [breɪnz trʌst] *sb* Expertenausschuss *m*
brainwashing ['breɪnwɒʃɪŋ] *sb* Gehirnwäsche *f*
brake [breɪk] *v* *1.* bremsen; *sb* *2.* Bremse *f*
bramble ['bræmbl] *sb* *BOT* Brombeere *f*
bran [bræn] *sb* Kleie *f*
branch [brɑːntʃ] *sb* *1.* Zweig *m*; *2.* *(point where sth ~es)* Abzweigung *f*; *3.* *(growing straight from the trunk)* Ast *m*; *4.* *(area)* Zweig *m*, Sparte *f*, Branche *f*; *5.* *(~ office)* Filiale *f*, Zweigstelle *f*; *v* *6.* *~ off (road)* abzweigen; *7.* *~ out* sich ausdehnen
brand [brænd] *v* *1.* *(fig: stigmatize)* brandmarken; *sb* *2.* *(name)* Marke *f*, Schutzmarke *f*; *3.* *(kind)* Sorte *f*; *4.* *(on cattle)* Brandzeichen *n*
brandish ['brændɪʃ] *v* schwingen
brand-new [brænd'njuː] *adj* nagelneu
brandy ['brændɪ] *sb* Weinbrand *m*
brash [bræʃ] *adj* nassforsch, forsch
brass [brɑːs] *sb* *1.* *MET* Messing *n*; *2.* *(fam) MIL* hohe Offiziere *pl*
brass band [brɑːs bænd] *sb* *MUS* Blaskapelle *f*
brassière ['bræzɪə] *sb* Büstenhalter *m*
brassy ['bræsɪ] *adj* dreist
brat [bræt] *sb* Balg *n*, Gör *n*
bravado [brə'vɑːdəʊ] *sb* gespielte Tapferkeit
brave [breɪv] *adj* tapfer, mutig
bravery ['breɪvərɪ] *sb* Tapferkeit *f*, Mut *m*
bravo ['brɑːvəʊ] *interj* bravo
brawl [brɔːl] *sb* *1.* Schlägerei *f*, Keilerei *f*; *v* *2.* sich schlagen
brawn [brɔːn] *sb* Muskelkraft *f*
brawny ['brɔːnɪ] *adj* kräftig, muskulös
bray [breɪ] *v* schreien, wiehern
brazen ['breɪzn] *adj* unverschämt, schamlos
Brazil [brə'zɪl] *sb* *GEO* Brasilien *n*
Brazilian [brə'zɪlɪən] *sb* *1.* Brasilianer *m*; *adj* *2.* brasilianisch
breach [briːtʃ] *v* *1.* *(a contract)* brechen, verletzen; *2.* *(defences)* durchbrechen; *sb* *3.* Übertretung *f*, Verstoß *m*, Verletzung *f*; *~ of trust* Vertrauensbruch *m*; *~ of contract* Vertragsbruch *m*; *4.* *(of defences)* Bresche *f*, Lücke *f*
bread [bred] *sb* Brot *n*
bread crumbs [bred krʌmz] *sb* *GAST* Paniermehl *n*
breadth [bredθ] *sb* Breite *f*, Weite *f*
breadwinner ['bredwɪnə] *sb* Brötchenverdiener *m*
break [breɪk] *v irr* *1.* brechen; *~ s.o.'s heart* jdm das Herz brechen; *~ the news to s.o.* jdm etw eröffnen; *~ with* brechen mit; *~ even* seine Kosten decken; *2.* *(glass)* zerbrechen; *3.* *(a window)* einschlagen; *4.* *(in two)* entzweigehen; *5.* *(stop functioning)* kaputtgehen; *(put out of working order)* kaputtmachen; *7.* *~ a habit* sich etw abgewöhnen; *8.* *~ new ground* Neuland betreten; *sb* *9.* Bruch *m*; *~ of day* Tagesanbruch *m*; *10.* *(pause)* Pause *f*; *take a ~* Pause machen; *11.* *(US: opportunity)* Chance *f*, Gelegenheit *f*
• **break apart** *v irr* auseinander brechen
• **break down** *v irr* *1.* *(machine)* versagen, stehen bleiben; *2.* *(cry, have a breakdown)* zusammenbrechen
• **break in** *v irr* *1.* *(enter illegally)* einbrechen; *2.* *(a horse)* zureiten; *3.* *(shoes)* einlaufen
• **break off** *v irr* abbrechen
• **break open** *v irr (sth)* aufbrechen
• **break out** *v irr* ausbrechen; *I broke out in a cold sweat.* Mir brach der Angstschweiß aus.
• **break through** *v irr* durchbrechen
• **break up** *v irr* *1.* *(fig: couple)* Schluss machen; *2.* *(sth)* zerbrechen, zerkleinern, zerschlagen; *3.* *Break it up! (fig)* Auseinander!

breakable ['breɪkəbl] *adj* zerbrechlich
breakage ['breɪkɪdʒ] *sb* Bruch *m*
breakaway ['breɪkəweɪ] *sb* Lossagung *f*
breakdown ['breɪkdaʊn] *sb 1. (analysis)* Aufgliederung *f; 2. (of a machine)* Versagen *n,* Betriebsstörung *f; 3. (of a car)* Panne *f; 4. MED* Zusammenbruch *m*
breakfast ['brekfəst] *sb 1.* Frühstück *n; v 2.* frühstücken
break-in ['breɪkɪn] *sb* Einbruch *m*
breakneck ['breɪknek] *adj* halsbrecherisch
breakthrough ['breɪkθruː] *sb* Durchbruch *m*
breakwater ['breɪkwɔːtə] *sb* Wellenbrecher *m*
breast [brest] *sb* Brust *f;* Busen *m*
breast-feed ['brestfiːd] *v irr* stillen
breast-stroke ['breststrəʊk] *sb SPORT* Brustschwimmen *n*
breath [breθ] *sb 1.* Atem *m; catch one's ~* Luft holen; *out of ~* außer Atem; *bad ~* Mundgeruch *m; say sth under one's ~* etw flüstern; *He's wasting his ~.* Er redet umsonst. *It took my ~ away.* Es verschlug mir den Atem. *2.* Atemzug *m; take a deep ~* einmal tief atmen
breathe [briːð] *v* atmen
breather ['briːðə] *sb (fam)* Atempause *f; take a ~* sich verschnaufen
breathing ['briːðɪŋ] *sb* Atmung *f*
breathing space ['briːðɪŋ speɪs] *sb* Atempause *f*
breathless ['breθlɪs] *adj* atemlos
breathtaking ['breθteɪkɪŋ] *adj* atemberaubend
breed [briːd] *v irr 1. (multiply)* sich vermehren; *2. (sth)* züchten; *3. (cause)* verursachen; *sb 4.* Art *f*
breeding ['briːdɪŋ] *sb 1.* Zucht *f,* Züchtung *f; 2. (fig: manners)* Benehmen *n*
breeze [briːz] *sb 1.* Brise *f,* Luftzug *m,* Hauch *m; 2. (fam: easy task),* Kinderspiel *n*
breezy ['briːzɪ] *adj 1.* windig; *2. (jovial)* frohen Mutes
brevity ['brevɪtɪ] *sb* Kürze *f*
brew [bruː] *v 1. (beer)* brauen; *2. (tea)* kochen; *3. (trouble)* sich zusammenbrauen
• **brew up** *v (fam: make tea)* Tee machen
brewery ['bruːərɪ] *sb* Brauerei *f*
bribe [braɪb] *v 1.* bestechen, schmieren; *sb 2.* Bestechungsgeld *n,* Schmiergeld *n*
bribery ['braɪbərɪ] *sb* Bestechung *f*
bric-à-brac ['brɪkəbræk] *sb* Nippes *pl*
brick [brɪk] *sb* Ziegel *m,* Backstein *m; drop a ~ (fam)* einen Schnitzer machen
bricklayer ['brɪkleɪə] *sb* Maurer *m*
brickyard ['brɪkjɑːd] *sb* Ziegelei *f*
bride [braɪd] *sb* Braut *f*
bridegroom ['braɪdgruːm] *sb* Bräutigam *m*
bridesmaid ['braɪdzmeɪd] *sb* Brautjungfer *f*
bridge [brɪdʒ] *v 1. (fig)* überbrücken; *sb 2.* Brücke *f; burn one's ~s behind one* alle Brücken hinter sich abbrechen; *3. (dental) MED* Brücke *f*
bridle ['braɪdl] *sb* Zügel *m*
brief [briːf] *v 1. ~ s.o.* jdn einweisen; *adj 2.* kurz; *sb 3. JUR* Instruktionen *pl*
briefcase ['briːfkeɪs] *sb* Aktentasche *f*
brigade [brɪ'geɪd] *sb MIL* Brigade *f*
bright [braɪt] *adj 1.* hell; *2. (intelligent)* klug, schlau; *3. (colours)* leuchtend; *4. (cheerful)* fröhlich; *5. (weather)* klar, heiter
brighten ['braɪtən] *v* aufhellen, aufheitern
brightness ['braɪtnɪs] *sb* Helligkeit *f,* Heiterkeit *f*
brilliance ['brɪljəns] *sb 1.* Glanz *m,* Helligkeit *f; 2. (mental)* Brillanz *f,* Scharfsinn *m*
brilliant ['brɪljənt] *adj (fig)* glänzend, brillant, genial
brim [brɪm] *sb* Rand *m*
bring [brɪŋ] *v irr 1.* bringen; *2. ~ o.s. to do sth* sich dazu durchringen, etw zu tun; *3. ~ a charge against s.o.* gegen jdn Anklage erheben
• **bring about** *v irr* verursachen, anstiften
• **bring along** *v irr* mitbringen
• **bring back** *v irr* zurückbringen
• **bring down** *v irr 1.* herunterbringen; *2. (lower, reduce)* herabsetzen; *3. bring s.o. down* jdn zur Strecke bringen
• **bring forward** *v irr FIN* übertragen
• **bring in** *v irr (call in)* einschalten
• **bring off** *v irr* zustande bringen, vollenden
• **bring on** *v irr (cause)* verursachen
• **bring out** *v irr* herausbringen
• **bring over** *v irr* überzeugen
• **bring round** *v irr bring s.o. round (to an opinion)* jdn umstimmen, jdn bekehren
• **bring to** *v irr bring s.o. to* jdn zu Bewusstsein bringen
• **bring up** *v irr 1. (children)* aufziehen; *(educate)* erziehen; *2. (a subject)* anschneiden
brink [brɪŋk] *sb* Rand *m*
briny ['braɪnɪ] *adj* salzhaltig, salzig
briquette [brɪ'ket] *sb* Brikett *n*
brisk [brɪsk] *adj 1. (pace)* flott, zügig, rasch; *2. (business)* lebhaft, rege
briskness ['brɪsknɪs] *sb* Lebhaftigkeit *f*
bristle ['brɪsl] *v 1. (with anger)* zornig werden; *sb 2. (of a brush)* Borste *f*

Britain ['brɪtn] *sb GEO* Großbritannien *n*
British ['brɪtɪʃ] *adj* britisch
Briton ['brɪtən] *sb* Brite/Britin *m/f*
Brittany ['brɪtənɪ] *sb GEO* Bretagne *f*
brittle ['brɪtl] *adj* spröde, zerbrechlich
broach [brəʊtʃ] *v (a subject)* anschneiden
broad [brɔːd] *adj 1. (spatially)* breit; *2. (fig)* weit; *in ~ daylight* am helllichten Tage
broadcast ['brɔːdkɑːst] *v irr 1.* senden, übertragen; *sb 2.* Übertragung *f,* Sendung *f*
broaden ['brɔːdn] *v* verbreitern; *~ one's mind* seinen Horizont erweitern
broad-minded ['brɔːd'maɪndɪd] *adj* tolerant, großzügig, aufgeschlossen
broadside ['brɔːdsaɪd] *sb 1. NAUT* Breitseite *f; 2. (fig: verbal attack)* Angriff *m,* Attacke *f*
brochure ['brəʊʃʊə] *sb* Broschüre *f*
broil [brɔɪl] *v (~ sth) GAST* grillen, auf dem Rost braten
broke [brəʊk] *adj (fam)* pleite, blank
broken ['brəʊkən] *adj* kaputt, zerbrochen
broker ['brəʊkə] *v* Makler *m*
brokerage ['brəʊkərɪdʒ] *sb* Maklergeschäft *n,* Maklergebühr *f,* Provision *f*
bromide ['brəʊmaɪd] *sb (fig: platitude)* Plattitüde *f,* Allgemeinplatz *m*
bronze [brɒnz] *sb MET* Bronze *f*
brooch [brəʊtʃ] *sb* Brosche *f*
brood [bruːd] *v* brüten, grübeln, sinnieren
brook [brʊk] *sb* Bach *m*
broom [bruːm] *sb* Besen *m,* Kehrbesen *m*
broth [brɒθ] *sb* Fleischbrühe *f,* Brühe *f*
brothel ['brɒθl] *sb* Bordell *n*
brother ['brʌðə] *sb* Bruder *m*
brotherhood ['brʌðəhʊd] *sb 1.* Brüderlichkeit *f; 2. (association)* Bruderschaft *f*
brother-in-law ['brʌðərɪnlɔː] *sb* Schwager *m*
brotherly ['brʌðəlɪ] *adj* brüderlich
brow [braʊ] *sb 1. (forehead)* Stirn *f; by the sweat of one's ~* im Schweiße seines Angesichts; *2. (eye~)* Augenbraue *f*
browbeat ['braʊbiːt] *v* einschüchtern, tyrannisieren
brown [braʊn] *v 1.* bräunen; *2. GAST* anbraten, bräunen; *adj 3.* braun
brownie point ['braʊnɪ pɔɪnt] *sb (fam)* Pluspunkt *m*
browse [braʊz] *v (in a store)* sich umsehen
browser ['braʊzə] *sb INFORM* Browser *m*
bruise [bruːz] *v 1. (receive a bruise)* einen blauen Fleck bekommen; *2. (s.o.)* einen blauen Fleck geben; *sb 3.* blauer Fleck *m,* Quetschung *f,* Bluterguss *m*
bruiser ['bruːzə] *sb* Schläger *m,* Rowdy *m*
brunt [brʌnt] *sb* volle Wucht *f,* Hauptlast *f*
brush [brʌʃ] *v 1.* bürsten; *~ one's teeth* sich die Zähne putzen; *2. (sweep)* kehren; *sb 3.* Bürste *f; 4. (paint ~, shaving ~)* Pinsel *m; 5. (undergrowth)* Unterholz *n; 6. have a ~ with s.o.* mit jdm kurz in Berührung kommen
• **brush against** *v* streifen
• **brush aside** *v* beiseite schieben
• **brush off** *v brush s.o. off* jdn abwimmeln
• **brush up** *v (on sth)* aufpolieren (fam), auffrischen (fam)
brusque [bruːsk] *adj* brüsk, schroff
brutal ['bruːtl] *adj* brutal, unmenschlich
brutality [bruː'tælɪtɪ] *sb* Brutalität *f*
brutalize ['bruːtəlaɪz] *v* brutalisieren
brute [bruːt] *sb* brutaler Kerl *m,* Biest *n*
brutish ['bruːtɪʃ] *adj* tierisch, brutal
bubble ['bʌbl] *sb 1.* Blase *f; 2. ~ and squeak (UK) GAST* Resteeintopf; *v 3.* sprudeln
buccaneer [bʌkə'nɪə] *sb* Seeräuber *m*
buck [bʌk] *v 1. (horse)* bocken; *sb 2. pass the ~* den Schwarzen Peter zuschieben, abwälzen; *3. (US: dollar)* Dollar *m; 4. (male deer) ZOOL* Bock *m*
• **buck up** *v 1. (come to life)* aufleben; *2. (hurry up)* sich beeilen; *3. (fam) Buck up!* Kopf hoch!
bucket ['bʌkɪt] *sb 1.* Eimer *m,* Kübel *m; kick the ~ (fam)* abkratzen; *v 2. ~ down* gießen
buckle ['bʌkl] *v 1. (fasten a ~)* zuschnallen, anschnallen; *sb 2.* Spange *f,* Schnalle *f*
• **buckle down** *v (fam)* sich ranhalten
bud[1] [bʌd] *v 1.* knospen; *sb 2. BOT* Knospe *f*
bud[2] [bʌd] *sb (fam: buddy) (US)* Kumpel *m*
budding ['bʌdɪŋ] *adj (fam: artist)* angehend
buddy ['bʌdɪ] *sb (US)* Kumpel *m*
budge [bʌdʒ] *v 1. (o.s.)* sich im Geringsten bewegen; *2. (sth, s.o.)* vom Fleck bewegen
budgerigar ['bʌdʒərɪgɑː] *sb ZOOL* Wellensittich *m*
budget ['bʌdʒɪt] *v 1. ~ for sth* einplanen, einkalkulieren; *sb 2.* Etat *m,* Budget *n*
buff [bʌf] *sb 1. (enthusiast)* Fan *m,* Fex *m; 2. in the ~* splitternackt; *v 3. TECH* schwabbeln
buffalo ['bʌfələʊ] *sb ZOOL* Büffel *m*
buffer ['bʌfə] *sb* Puffer *m*
buffet[1] ['bʊfeɪ] *sb GAST* Büfett *n*
buffet[2] ['bʌfɪt] *v (knock about)* stoßen
buffet car ['bʊfeɪ kɑː] *sb* Speisewagen *m*
buffoon [bə'fuːn] *sb* Hanswurst *m*
bug [bʌg] *v 1. TEL* verwanzen, abhören; *2. (US: bother)* nerven; *sb 3. ZOOL* Wanze *f,* Käfer *m,* Insekt *n; 4. (listening device)* Wanze *f; 5. INFORM* Bug *m,* Fehler *m*

bugbear ['bʌgbɛə] *sb* Schreckgespenst *n*
bugger ['bʌgə] *sb (person)* Kerl *m; (contemptibly: person)* Scheißkerl *m; (fam: thing)* Scheißding *n*
bugging affair ['bʌgɪŋ ə'fɛər] *sb POL* Lauschangriff *m*
buggy ['bʌgɪ] *sb 1.* leichter Pferdewagen *m; 2. (US: baby ~)* Kinderwagen *m*
bugle ['bju:gl] *sb MUS* Horn *n*
build [bɪld] *v irr 1.* bauen, erbauen, errichten; *2. (fig: business, career, relationship)* aufbauen; *sb 3.* Körperbau *m,* Statur *f,* Wuchs *m*
• **build in** *v irr* einbauen
• **build into** *v irr 1. (build in)* in etwas hineinbauen; *2. build sth into sth* etw zu etw machen
• **build on** *v irr* anbauen
• **build up** *v irr (fig: publicize)* aufbauen, groß herausstellen
builder ['bɪldə] *sb 1. (worker)* Bauarbeiter *m; 2. (contractor)* Bauunternehmer *m,* Erbauer *m*
building ['bɪldɪŋ] *sb 1.* Gebäude *n,* Bau *m,* Haus *n; 2. (act of constructing),* Bauen *n*
building site ['bɪldɪŋ saɪt] *sb* Baustelle *f*
building society ['bɪldɪŋ sə'saɪətɪ] *sb (UK)* Bausparkasse *f*
built-in ['bɪlt'ɪn] *adj* Einbau..., eingebaut
built-up [bɪlt'ʌp] *adj* inszeniert
bulb [bʌlb] *sb 1. BOT* Knolle *f; 2. (light ~)* Glühbirne *f*
bulge [bʌldʒ] *v 1. (~ out)* anschwellen, voll sein; *sb 2.* Bauchung *f,* Beule *f*
bulimia [bju:'lɪmɪə] *sb MED* Bulimie *f*
bulk [bʌlk] *sb 1. (size)* Größe *f,* Masse *f; 2. (large shape)* massige Gestalt *f; 3. (majority)* Großteil *m*
bulky ['bʌlkɪ] *adj 1.* sperrig; *2. (person)* massig
bull [bʊl] *sb 1. ZOOL* Stier *m; like a ~ in a china shop* wie ein Elefant im Porzellanladen; *take the ~ by the horns (fig)* den Stier bei den Hörnern packen; *2. FIN* Haussespekulant *m*
bulldoze ['bʊldəʊz] *v 1.* planieren; *2. (fig)* erzwingen
bulldozer ['bʊldəʊzə] *sb* Bulldozer *m*
bullet ['bʊlɪt] *sb* Kugel *f*
bulletin ['bʊlɪtɪn] *sb* Bulletin *n,* Bericht *m*
bulletin board ['bʊlɪtɪn bɔ:d] *sb (US)* Anschlagbrett *n*
bull-headed ['bʊlhedɪd] *adj* stur
bullion ['bʊljən] *sb 1. (gold)* Goldbarren *m; 2. (silver)* Silberbarren *m*
bullock ['bʊlək] *sb ZOOL* Ochse *m*
bully ['bʊlɪ] *v 1.* schikanieren, tyrannisieren; *sb 2.* Rabauke *m,* Tyrann *m*
bumble bee ['bʌmblbi:] *sb* Hummel *f*
bump [bʌmp] *v 1. (sth)* stoßen, anstoßen, anprallen; *sb 2.* Unebenheit *f; 3. (swelling)* Beule *f; 4. (collision)* heftiger Stoß *m,* Bums *m*
• **bump into** *v ~ s.o.* jdm zufällig begegnen
• **bump off** *v (fam: kill)* abmurksen
bumper ['bʌmpə] *sb (of a car)* Stoßstange *f*
bumptious ['bʌmpʃəs] *adj* angeberisch
bumpy ['bʌmpɪ] *adj* holperig, uneben
bunch [bʌntʃ] *sb 1.* Bündel *n; (of flowers)* Strauß *m; 2. (fam)* Haufen *m*
bundle ['bʌndl] *sb 1.* Bündel *n; (fig) ~ of nerves* Nervenbündel *n; v 2.* bündeln
• **bundle up** ['bʌndl'ʌp] *v 1.* bündeln; *2. (wrap up warmly)* warm einpacken
bungalow ['bʌŋgələʊ] *sb* Bungalow *m*
bungle ['bʌŋgl] *v* verpfuschen, stümpern
bungler ['bʌŋglə] *sb* Pfuscher *m,* Stümper *m*
bungling ['bʌŋglɪŋ] *adj (attempt)* stümperhaft; *(person)* unfähig
bunk [bʌŋk] *sb* Koje *f,* Bett *n*
bunk bed [bʌŋk bed] *sb* Etagenbett *n*
bunker ['bʌŋkə] *sb MIL* Bunker *m*
bunkum ['bʌŋkəm] *sb* Quatsch *m,* Unsinn *m*
bunny ['bʌnɪ] *sb* Hase *m,* Häschen *n*
bunting ['bʌntɪŋ] *sb NAUT* Fahnentuch *n*
buoy [bɔɪ] *sb 1.* Boje *f; v 2.* Auftrieb geben, beleben
buoyancy ['bɔɪənsɪ] *sb 1. (power to float)* Schwimmfähigkeit *f; 2. (cheerfulness)* Lebhaftigkeit *f,* Schwung *m*
buoyant ['bɔɪənt] *adj (fig)* heiter, schwungvoll
burble ['bɜ:bl] *v 1. (stream)* plätschern, gurgeln; *2. (person)* quasseln, brabbeln
burden ['bɜ:dn] *v 1.* belasten; *~ s.o. with sth* jdm etw aufbürden; *sb 2.* Last *f; 3.* Belastung *f; 4. ~ of proof JUR* Beweislast *f*
burdensome ['bɜ:dnsəm] *adj* schwer, mühsam
bureau ['bju:rəʊ] *sb 1. (of the government)* Amt *n,* Behörde *f; 2. (UK: desk)* Sekretär *m; (US: chest of drawers)* Kommode *f*
bureaucracy [bju:'rɒkrəsɪ] *sb* Bürokratie *f*
burette [bjʊ'ret] *sb* Bürette *f*
burgeon ['bɜ:dʒən] *v (fig)* aufleben, aufblühen
burglar ['bɜ:glə] *sb* Einbrecher *m*
burglary ['bɜ:glərɪ] *sb* Einbruch *m*
burgle ['bɜ:gl] *v* einbrechen in
burial ['berɪəl] *sb* Beerdigung *f,* Begräbnis *n*
burlesque [bɜ:'lɛsk] *sb* Burleske *f*
burly ['bɜ:lɪ] *adj* stämmig

burn [bɜːn] *v irr 1.* brennen, verbrennen; *2. GAST* anbrennen; *3. (sun)* glühen; *sb 4. MED* Brandwunde *f,* Verbrennung *f*
• burn down *v irr* abbrennen
• burn off *v irr* abbrennen
• burn out *v irr* ausbrennen; *burn o.s. out (fig)* sich kaputtmachen
• burn up *v irr (rocket)* verglühen
burner ['bɜːnə] *sb* Brenner *m*
burning ['bɜːnɪŋ] *adj* brennend, glühend
burnish ['bɜːnɪʃ] *v* polieren
burnout ['bɜːnaʊt] *sb He's suffering from ~.* Er ist ausgebrannt. (fam)
burnt [bɜːnt] *adj* verbrannt, angebrannt
burp [bɜːp] *v 1.* rülpsen, aufstoßen; *sb 2.* Rülpser *m* (fam), Aufstoßen *n*
burrow ['bʌrəʊ] *v 1.* graben, wühlen; *sb 2. (lair)* Bau *m,* Höhle *f*
bursar ['bɜːsə] *sb* Schatzmeister *m*
burst ['bɜːst] *v irr 1.* bersten, platzen, zerspringen; *~ into tears* in Tränen ausbrechen; *~ out laughing* in Gelächter ausbrechen; *~ with pride* vor Stolz platzen; *2. ~ into flames* in Flammen aufgehen, auflodern; *3. ~ open* sprengen, aufbrechen; *4. ~ in* hineinplatzen; *sb 5. (sudden surge)* Ausbruch *m,* Anfall *m; ~ of laughter* Lachsalve *f; ~ of speed* Spurt *m*
bury ['berɪ] *v* begraben, beerdigen
bus [bʌs] *sb* Bus *m,* Omnibus *m*
bus driver ['bʌsdraɪvə] *sb* Busfahrer *m*
bush [bʊʃ] *sb 1.* Busch *m,* Strauch *m; ~es pl* Gebüsch *n; beat about the ~ (fam)* wie die Katze um den heißen Brei herumschleichen; *2. the ~ (in Australia, in Africa)* Busch *m*
bushel ['bʊʃl] *sb* Scheffel *m*
business ['bɪznɪs] *sb 1.* Geschäft *n; He means ~.* Er meint es ernst. *combine ~ with pleasure* das Angenehme mit dem Nützlichen verbinden; *2. (trade) ECO* Geschäft *n,* Gewerbe *n; 3. (matter)* Sache *f,* Angelegenheit *f; That's none of your ~.* Das geht dich nichts an. *get down to ~* zur Sache kommen; *mind one's own ~* sich um die eigenen Angelegenheiten kümmern
business card ['bɪznɪs kɑːd] *sb* Geschäftskarte *f*
businesslike ['bɪznɪslaɪk] *adj* geschäftsmäßig, sachlich, nüchtern
businessman ['bɪznɪsmæn] *sb ECO* Geschäftsmann *m*
business park ['bɪznɪs pɑːk] *sb* Gewerbegebiet *n*
businesswoman ['bɪznɪswʊmən] *sb* Geschäftsfrau *f*
bus stop ['bʌsstɒp] *sb* Bushaltestelle *f*
bust[1] [bʌst] *v 1.* kaputtgehen; *sb 2. (fam: failure, dud)* Flasche *f*
bust[2] [bʌst] *sb 1. ART* Büste *f; 2. ANAT* Busen *m*
bustle ['bʌsl] *sb* geschäftiges Treiben *n*
bust-up ['bʌstʌp] *sb (fam)* Streit *m*
busy ['bɪzɪ] *adj 1.* beschäftigt, tätig, emsig; *2. (telephone line) (US) TEL* besetzt; *v 3. ~ o.s.* sich betätigen
busybody ['bɪzɪbɒdɪ] *sb* Gschaftlhuber *m*
but [bʌt] *konj 1.* aber, dagegen, doch; *2. (~ rather)* sondern; *not only ... ~ also ...* nicht nur ... sondern auch ...; *3. ~ then* immerhin, anderseits; *prep 4. (except for)* außer
butcher ['bʊtʃə] *v 1. (~ an animal)* schlachten; *2. (~ a person)* abschlachten; *sb 3.* Metzger *m*
butler ['bʌtlə] *sb* Butler *m*
butt [bʌt] *v 1.* mit dem Kopf stoßen; *2. (fam) ~ in* sich einmischen; *sb 3. (of a rifle)* Kolben *m; 4. (of a cigarette)* Stummel *m; 5. (fam: buttocks)* Hintern *m; 6. (of a joke)* Zielscheibe *f*
butter ['bʌtə] *sb 1.* Butter *f; v 2. (fam) ~ s.o. up* jdm Honig ums Maul schmieren
buttercup ['bʌtəkʌp] *sb* Butterblume *f*
butterfly ['bʌtəflaɪ] *sb 1. ZOOL* Schmetterling *m*
buttocks ['bʌtəks] *pl* Hinterbacken *pl*
button ['bʌtn] *v 1.* knöpfen, zuknöpfen; *~ one's lip (fam)* die Klappe halten; *sb 2. (on clothing)* Knopf *m; 3. (push-~)* Taste *f*
buy [baɪ] *v irr 1.* kaufen; *2. (fam: believe)* abkaufen; *sb 3. (fam)* Kauf *m*
• buy off *v irr buy s.o. off* jdn abfinden
• buy out *v irr 1. (s.o.)* auszahlen; *2. (s.o.'s stock)* aufkaufen
buyer ['baɪə] *sb* Käufer *m,* Abnehmer *m*
buzz [bʌz] *v 1. (insect)* summen; *Buzz off!* Hau ab! *sb 2. give s.o. a ~ (fam)* jdn anrufen
buzzer ['bʌzə] *sb* Summer *m*
by [baɪ] *prep 1. (near, next to)* bei, an, neben; *2. (past)* vorbei, vorüber; *3. (because of)* durch, von; *4. (a certain method)* per; *~ car* mit dem Auto; *~ air* auf dem Luftwege; *What do you mean ~ that?* Was wollen Sie damit sagen? *5. (done ~ this person)* von; *6. ~ a certain time* bis; *7. ~ the way* übrigens; *adv 8. ~ and ~* allmählich; *9. ~ and large* im Großen und Ganzen
bye [baɪ] *interj* tschüss, auf Wiedersehen
bylaws ['baɪlɔːz] *pl* Satzung *f*
bypass ['baɪpɑːs] *v 1. (city)* umfahren; *sb 2.* Umgehungsstraße *f,* Umleitung *f*
bystander ['baɪstændə] *sb* Zuschauer *m*
byte [baɪt] *sb INFORM* Byte *n*

C

cab [kæb] *sb* Taxi *n*
cabaret ['kæbəreɪ] *sb THEAT* Kabarett *n*
cabbage ['kæbɪdʒ] *sb* Kohl *m*, Kraut *n*
cabin ['kæbɪn] *sb 1.* Hütte *f*, Häuschen *n*; *2. NAUT* Kabine *f*, Kajüte *f*
cabinet ['kæbɪnet] *sb 1.* Schrank *m*; *2. POL* Kabinett *n*
cable ['keɪbl] *sb 1.* Kabel *n*, Tau *n*, Seil *n*; *v* 2. telegraphieren
cable car ['keɪbl kɑː] *sb* Seilbahn *f*
cable television ['keɪbl 'telɪvɪʒən] *sb* Kabelfernsehen *n*
cacao [kə'kɑːəʊ] *sb BOT* Kakao *m*
cache [kæʃ] *sb* Versteck *n*
cache memory ['kæʃmemərɪ] *sb INFORM* Cache-Speicher *m*
cackle ['kækl] *v* gackern
cactus ['kæktəs] *sb BOT* Kaktus *m*
café ['kæfeɪ] *sb* Café *n*
cafeteria [kæfɪ'tɪərɪə] *sb* Cafeteria *f*
cage [keɪdʒ] *sb* Käfig *m*
cajole [kə'dʒəʊl] *v ~ s.o. into doing sth* jdn dazu verleiten, etw zu tun
cake [keɪk] *sb GAST* Kuchen *m*, Torte *f*; *That takes the ~! (negatively)* Das ist die Höhe! *a piece of ~ (fig)* ein Kinderspiel *n*
calamity [kə'læmɪtɪ] *sb* Katastrophe *f*
calculate ['kælkjʊleɪt] *v 1.* rechnen; *2. (sth)* berechnen, kalkulieren
calculation [kælkjʊ'leɪʃən] *sb* Berechnung *f*, Kalkulation *f*, Rechnung *f*
calculator ['kælkjʊleɪtə] *sb (pocket ~)* Taschenrechner *m*
calendar ['kælendə] *sb* Kalender *m*
calf [kɑːf] *sb 1. ZOOL* Kalb *n*; *2. ANAT* Wade *f*
California [kælɪ'fɔːnɪə] *sb* Kalifornien *n*
call [kɔːl] *sb 1. (telephone ~)* Anruf *m*; *make a ~* telefonieren; *2. (summons)* Aufruf *m*; *to be on ~* Bereitschaftsdienst haben; *3. (by a referee) SPORT* Entscheidung *f*; *4. close ~* knappes Entkommen *n*; *v 5.* rufen; *(on the telephone)* anrufen; *6. (give sth or s.o. a name)* nennen, bezeichnen; *to be ~ed* heißen, sich nennen; *Let's ~ it a day!* Schluss für heute! *7. (a meeting)* einberufen
• **call back** *v* zurückrufen
• **call for** *v 1. (demand)* anfordern; *2. ~ s.o. (shout)* nach jdm rufen; *3. (collect s.o.)* jdn abholen
• **call in** *v 1. (troops, the police)* einschalten, hinzuziehen, aufbieten; *2. FIN* einziehen, aus dem Verkehr ziehen
• **call off** *v (cancel)* absagen
• **call on** *v 1. (visit)* besuchen, aufsuchen; *2. to be called on (in school)* abgefragt werden, drankommen
• **call out** *v* ausrufen, herausrufen; *call sth out to s.o.* jdm etw zurufen
• **call up** *v 1. MIL* einberufen, einziehen; *2. INFORM* aufrufen
• **call upon** *v* auffordern, aufrufen
call-box ['kɔːlbɒks] *sb (UK)* Telefonzelle *f*
caller ['kɔːlə] *sb 1. (on the telephone)* Anrufer *m*; *2. (visitor)* Besucher *m*
calm [kɑːm] *v 1. ~ s.o.* jdn beruhigen, jdn besänftigen; *adj 2.* ruhig, still, geruhsam; *sb 3.* Stille *f*, Ruhe *f*; *4. (in the weather)* Windstille *f*, Flaute *f*
• **calm down** *v (o.s.)* sich beruhigen
calmness ['kɑːmnɪs] *sb* Ruhe *f*
calorie ['kælərɪ] *sb* Kalorie *f*
camel ['kæml] *sb* Kamel *n*
camera ['kæmərə] *sb* Kamera *f*, Fotoapparat *m*
camomile ['kæməʊmaɪl] *sb BOT* Kamille *f*
camouflage ['kæməflɑːʒ] *v 1.* tarnen; *sb 2.* Tarnung *f*
camp [kæmp] *v 1.* zelten, campen, kampieren; *sb 2.* Lager *n*, Lagerplatz *m*, Camp *n*
campaign [kæm'peɪn] *v 1. (candidate) POL* im Wahlkampf stehen; *2. (supporters)* Wahlwerbung betreiben; *sb 3. MIL* Feldzug *m*, Kampagne *f*; *4.* Kampagne *f*, Aktion *f*
camper ['kæmpə] *sb 1. (person)* Camper *m*; *2. (US: motor home)* Wohnmobil *n*; *3. (US: travel trailer)* Wohnwagen *m*
camping ['kæmpɪŋ] *sb* Camping *n*
camping ground ['kæmpɪŋgraʊnd] *sb* Campingplatz *m*, Zeltplatz *m*
campus ['kæmpəs] *sb 1. (of a university)* Campus *m*, Universitätsgelände *n*; *2. (of a school)* Schulgelände *n*
can[1] [kæn] *v irr 1. (be able to)* können; *2. (be allowed to)* dürfen, können
can[2] [kæn] *v 1. (preserve in cans)* in Büchsen konservieren, eindosen; *2. (fam: fire) (US)* rausschmeißen; *sb 3.* Kanister *m*; *4. (US: tin)* Büchse *f*, Dose *f*, Konservendose *f*
Canada ['kænədə] *sb* Kanada *n*

Canadian [kə'neɪdɪən] *sb 1.* Kanadier *m*; *adj 2.* kanadisch
canal [kə'næl] *sb* Kanal *m*
canary [kə'nɛərɪ] *sb* Kanarienvogel *m*
cancel ['kænsəl] *v 1.* streichen, durchstreichen; *~ each other out (fig)* sich gegenseitig aufheben; *2. (a command)* widerrufen, aufheben; *3. (call off)* absagen; *4. (an order for goods)* abbestellen, stornieren; *5. (a contract)* annullieren, kündigen; *6. (ticket, stamp)* entwerten; *7. (an invitation)* zurücknehmen, jdn ausladen; *8. to be ~led* nicht stattfinden
cancer ['kænsə] *sb MED* Krebs *m*
Cancer ['kænsə] *sb (Zodiac sign)* Krebs *m*
candid ['kændɪd] *adj* offen, ehrlich
candidacy ['kændɪdəsɪ] *sb* Kandidatur *f*
candidate ['kændɪdeɪt] *sb 1.* Kandidat *m*, Anwärter *m*; *2. (exam ~)* Prüfling *m*
candle ['kændl] *sb* Kerze *f*; *She can't hold a ~ to him. (fig)* Sie kann ihm nicht das Wasser reichen. *burn the ~ at both ends (fig)* sich Tag und Nacht keine Ruhe gönnen
candy ['kændɪ] *sb (US)* Süßigkeiten *pl*
cane [keɪn] *sb 1. (stick)* Stock *m*, *(walking stick)* Spazierstock *m*; *2. BOT* Rohr *n*
cannibal ['kænɪbəl] *sb* Kannibale *m*, Menschenfresser *m*
cannon ['kænən] *sb* Kanone *f*
canoe [kə'nuː] *sb* Kanu *n*
canon ['kænən] *sb REL, MUS* Kanon *m*
can opener ['kænəʊpənə] *sb (US)* Büchsenöffner *m*, Dosenöffner *m*
canteen [kæn'tiːn] *sb 1. (restaurant)* Kantine *f*; *2. (flask)* Feldflasche *f*
canvas ['kænvəs] *sb 1.* Segeltuch *n*; *2. (artist's ~)* Leinwand *f*
canyon ['kænjən] *sb GEO* Felsschlucht *f*
cap [kæp] *sb 1.* Mütze *f*, Kappe *f*, *(nurse's ~)* Haube *f*; *~ and gown* Barett und Talar; *2. (bottle ~, lid)* Deckel *m*, Verschluss *m*
capability [keɪpə'bɪlɪtɪ] *sb* Fähigkeit *f*
capable ['keɪpəbl] *adj* fähig, tüchtig; *to be ~ of sth* zu etw fähig sein
capacitate [kə'pæsɪteɪt] *v* befähigen
capacity [kə'pæsɪtɪ] *sb 1. (ability)* Fähigkeit *f*; *2. (role)* Eigenschaft *f*; *in an advisory ~* in beratender Funktion; *3. (content)* Rauminhalt *m*, Inhalt *m*, Umfang *m*; *4. TECH* Kapazität *f*
cape [keɪp] *sb 1.* Cape *n*, Umhang *m*; *2. GEO* Kap *n*
caper ['keɪpə] *sb 1. (escapade)* Eskapade *f*, Streich *m*; *2. GAST* Kaper *f*
capital ['kæpɪtl] *sb 1. (city)* Hauptstadt *f*; *2. FIN* Kapital *n*; *adj 3. ~ letter* Großbuchstabe *m*
capital crime ['kæpɪtl kraɪm] *sb JUR* Kapitalverbrechen *n*
capitalism ['kæpɪtəlɪzm] *sb POL* Kapitalismus *m*
capitalist ['kæpɪtəlɪst] *sb* Kapitalist *m*
capital punishment ['kæpɪtl 'pʌnɪʃmənt] *sb JUR* Todesstrafe *f*
capitol ['kæpɪtəl] *sb* Kapitol *n*
capitulate [kə'pɪtjʊleɪt] *v* kapitulieren
capitulation [kəpɪtjʊ'leɪʃən] *sb* Kapitulation *f*
Capricorn ['kæprɪkɔːn] *sb* Steinbock *m*
capsize ['kæpsaɪz] *v NAUT* kentern
captain ['kæptɪn] *sb* Kapitän *m*
captivate ['kæptɪveɪt] *v* bezaubern, faszinieren, gefangen nehmen (fig)
captive ['kæptɪv] *sb 1.*Gefangene(r) *m/f*; *adj 2.* gefangen; *to be held ~* gefangen gehalten
capture ['kæptʃə] *v 1. (prisoner)* gefangen nehmen; *2. (treasure)* erobern; *3. (a ship)* kapern; *4. (fig) (s.o.'s likeness)* einfangen, *(s.o.'s interest)* erregen; *sb 5.* Eroberung *f*
car [kɑː] *sb* Auto *n*, Wagen *m*
caravan ['kærəvæn] *sb 1. (desert ~)* Karawane *f*; *2. (UK: motor vehicle)* Wohnwagen *m*
carbonation [kɑːbə'neɪʃən] *sb (in a drink)* Kohlensäure *f*
carbon dioxide ['kɑːbən daɪ'ɒksaɪd] *sb CHEM* Kohlendioxyd *n*
carcass ['kɑːkəs] *sb 1. (of an animal)* Kadaver *m*; *2. (of a person)* Leiche *f*
card [kɑːd] *sb* Karte *f*; *put one's ~s on the table (fig)* seine Karten auf den Tisch legen; *hold all the ~s (fig)* alle Trümpfe in der Hand haben; *play one's ~s right* geschickt taktieren
cardigan ['kɑːdɪgən] *sb* Strickjacke *f*
cardinal ['kɑːdɪnl] *sb REL* Kardinal *m*
card index ['kɑːdɪndeks] *sb* Kartei *f*
cardphone ['kɑːdfəʊn] *sb* Kartentelefon *n*
care [kɛə] *v 1.* sich sorgen; *2. (mind)* sich etwas daraus machen; *for all I ~* meinetwegen, von mir aus; *I don't ~.* Das ist mir egal. *sb 3.* Sorge *f*, Kummer *m*; *take ~ to do sth* sich bemühen, etw zu tun; *4. (for the elderly, for children)* Fürsorge *f*, Versorgung *f*, Betreuung *f*; *take ~ of s.o.* sich um jdn kümmern; *5. (custody)* Obhut *f*, Gewahrsam *m*; *6. (attention to cleanliness)* Pflege *f*; *7. (carefulness)* Vorsicht *f*, Sorgfalt *f*; *Take ~! (fam)* Mach's gut! *8. take ~ of o.s.* auf sich aufpassen; *9. take ~ of sth* sich um etw kümmern
• **care for** *v 1. (look after)* sich kümmern um, versorgen, sorgen für; *2. (keep in good condition)* pflegen

career [kə'rɪə] *sb* Karriere *f*, Laufbahn *f*
carefree ['kɛəfriː] *adj* sorglos
careful ['kɛəfʊl] *adj 1.* sorgfältig, sorgsam, genau; *2. (cautious)* vorsichtig, achtsam
careless ['kɛəlɪs] *adj* nachlässig, unvorsichtig, leichtsinnig
caress [kə'res] *v 1.* liebkosen, streicheln, hätscheln; *sb 2.* Liebkosung *f*
caretaker ['kɛəteɪkə] *sb* Hausmeister *m*
cargo ['kɑːgəʊ] *sb* Ladung *f*, Fracht *f*
Caribbean [kærɪ'biːən] *sb GEO* Karibik *f*
caricature ['kærɪkətjʊə] *v 1.* karikieren; *sb 2.* Karikatur *f*
carnival ['kɑːnɪvəl] *sb* Karneval *m*, Volksfest *n*
carol ['kærəl] *sb* Lied *n*; *Christmas ~* Weihnachtslied
carousel [kærə'sel] *sb* Karussell *n*
carp [kɑːp] *v 1.* nörgeln, meckern; *sb 2. ZOOL* Karpfen *m*
carpenter ['kɑːpɪntə] *sb* Zimmermann *m*; *(for furniture)* Tischler *m*
carpet ['kɑːpɪt] *sb* Teppich *m*
car phone [kɑː fəʊn] *sb* Autotelefon *n*
carping ['kɑːpɪŋ] *adj* nörglerisch
carriage ['kærɪdʒ] *sb 1. (vehicle)* Kutsche *f*, Wagen *m*; *2. (person's bearing)* Haltung *f*; *3. ~ paid ECO* frachtfrei, franko
carrier ['kærɪə] *sb 1.* Träger *m*; *2. (shipping firm)* Spediteur *m*
carrot ['kærət] *sb* Karotte *f*, Möhre *f*
carry ['kærɪ] *v 1.* tragen; *2. (the cost of sth) FIN* bestreiten; *3. (to be approved) to be carried* durchgehen, genehmigt werden; *4. (have on one's person)* bei sich haben; *5. (ship goods) ECO* befördern; *6. ~ too far* übertreiben; *7. get carried away* sich hinreißen lassen; *8. ~ weight (fig)* wichtig sein
• **carry off** *v* wegtragen
• **carry on** *v 1.* weitermachen, weiterarbeiten; *Carry on!* Weitermachen! Nur weiter! *2. ~ with s.o. (have an affair)* es mit jdm treiben; *3. (fam: make a scene)* eine Szene machen; *4. (continue a certain thing)* fortsetzen
• **carry out** *v* ausführen, durchführen
• **carry through** *v* zu Ende bringen
cart [kɑːt] *sb* Karren *m*; *put the ~ before the horse (fig)* das Pferd am Schwanz aufzäumen
cartel [kɑː'tel] *sb ECO* Kartell *n*
carton ['kɑːtən] *sb* Karton *m*
cartoon [kɑː'tuːn] *sb 1.* Karikatur *f*; *2. (film, TV)* Zeichentrickfilm *m*
cartoonist [kɑː'tuːnɪst] *sb 1.* Karikaturist *m*; *2. (film, TV)* Trickzeichner *m*
cartridge ['kɑːtrɪdʒ] *sb* Patrone *f*
carve [kɑːv] *v 1.* schnitzen; *2. (meat)* tranchieren, aufschneiden
carvery ['kɑːvərɪ] *sb* Schnitzerei *f*, Skulptur *f*
car wash ['kɑːwɒʃ] *sb* Autowaschanlage *f*
case[1] [keɪs] *sb 1. (matter)* Fall *m*, Sache *f*; *as the ~ may be* je nachdem; *a ~ in point* ein treffendes Beispiel; *in that ~* in dem Falle; *in any ~* jedenfalls; *in each ~* jeweils; *2. in ~* im Falle, falls; *just in ~* für alle Fälle
case[2] [keɪs] *sb 1. (for glasses, for cigarettes)* Etui *n*; *2. (for a weapon)* Hülse *f*; *3. (for a musical instrument)* Kasten *m*; *4. (briefcase)* Mappe *f*; *5. (casing)* Gehäuse *n*; *6. (packing ~)* Kiste *f*; *7. (display ~)* Vitrine *f*, Schaukasten *m*
cash [kæʃ] *v 1.* einlösen, einkassieren; *sb 2.* Bargeld *n*; *~ on delivery* per Nachnahme; *to be out of ~* pleite sein, blank sein (fam)
• **cash in** *v 1. (chips)* einlösen; *2. ~ on sth* aus etw Kapital schlagen
cash-box ['kæʃbɒks] *sb* Geldkassette *f*
cash card [kæʃ kɑːd] *sb* Bankautomatenkarte *f*
cash desk ['kæʃdesk] *sb* Kasse *f*
cashier [kæ'ʃɪə] *sb* Kassierer *m*; *~'s check (US)* Bankscheck *m*
cash payment [kæʃ 'peɪmənt] *sb FIN* Barzahlung *f*
cash point ['kæʃpɔɪnt] *sb* Kasse *f*
casino [kə'siːnəʊ] *sb* Spielkasino *n*
cassette [kə'set] *sb* Kassette *f*
cassette recorder [kə'setrɪkɔːdə] *sb* Kassettenrecorder *m*
cast [kɑːst] *v irr 1.* werfen; *(a fishing line)* auswerfen; *~ one's vote* seine Stimme abgeben; *2. THEAT* besetzen; *sb 3. (mould)* Gussform *f*; *4. (plaster ~)* Gipsverband *m*
casting ['kɑːstɪŋ] *sb* Besetzung *f*
castle ['kɑːsl] *sb 1.* Burg *f*, Schloss *n*; *2. (chess piece)* Turm *m*
castrate [kæs'treɪt] *v* kastrieren
castration [kæs'treɪʃn] *sb* Kastration *f*
casual ['kæʒʊəl] *adj 1. (attitude)* gleichgültig; *2. (remark)* beiläufig; *3. (acquaintance, glance)* flüchtig; *4. (informal)* salopp
casualty ['kæʒjʊltɪ] *sb 1.* Verunglückte(r) *m/f*; *2. MIL* Gefallene(r) *m*
cat [kæt] *sb ZOOL* Katze *f*; *let the ~ out of the bag (fig)* die Katze aus dem Sack lassen; *He thinks he's the ~'s pyjamas.* Er hält sich für was besonderes.
catalogue ['kætəlɒg] *v 1.* katalogisieren; *sb 2.* Katalog *m*, Verzeichnis *n*

catalyst ['kætəlɪst] *sb* Katalysator *m*
catapult ['kætəpʌlt] *sb 1.* Katapult *m/n*, Wurfmaschine *f*; *v 2.* katapultieren
catastrophe [kə'tæstrəfɪ] *sb* Katastrophe *f*
catastrophic [kætəs'trɒfɪk] *adj* katastrophal
catch [kætʃ] *v irr 1.* fangen, auffangen; *~ s.o.'s eye,~ s.o.'s attention* jds Aufmerksamkeit auf sich lenken; *2. (~ hold of)* erfassen, greifen; *3. (take by surprise)* erwischen; *~ s.o. in the act* jdn auf frischer Tat ertappen; *(a criminal)* schnappen, erwischen; *4. (a plane, a train, a bus)* erreichen; *5. (fam: understand something said)* mitkriegen; *6. (a disease)* davontragen, zuziehen; *sb 7.* Fang *m*; *8. (latch)* Verriegelung *f*, Riegel *m*; *9. (fastening device)* Verschluss *m*
• **catch on** *v irr 1. (fam)* schalten, kapieren; *2. (fam: become popular)* Mode werden
• **catch up** *v irr 1. ~ to s.o.* jdn einholen; *2. to be caught up in sth* in etw verwickelt sein; *3. ~ on* nachholen, aufarbeiten
catcher ['kætʃə] *sb* Fänger *m*
catchword ['kætʃwɜːd] *sb* Schlagwort *n*
catechism ['kætɪkɪzəm] *sb REL* Katechismus *m*
categorical [kætɪ'gɒrɪkl] *adj* kategorisch
category ['kætɪgərɪ] *sb* Kategorie *f*
catering ['keɪtərɪŋ] *sb* Bewirtung *f*
caterpillar ['kætəpɪlə] *sb ZOOL* Raupe *f*
cathedral [kə'θiːdrəl] *sb* Kathedrale *f*
cathode ['kæθəʊd] *sb* Kathode *f*
Catholic ['kæθəlɪk] *sb 1. REL* Katholik *m*; *adj 2. REL* katholisch
Catholicism [kə'θɒlɪsɪzəm] *sb REL* Katholizismus *m*
catnap ['kætnæp] *sb* Nickerchen *n*
cattle ['kætl] *sb* Vieh *n*, Rindvieh *n*
cauliflower ['kɒlɪflaʊə] *sb* Blumenkohl *m*
causal ['kɔːzl] *adj* ursächlich, kausal
cause [kɔːz] *v 1.* verursachen, anstiften, bewirken; *~ s.o. to do sth* jdn veranlassen, etw zu tun; *sb 2.* Ursache *f*; *~ and effect* Ursache und Wirkung; *3. (reason)* Grund *m*, Anlass *m*, Veranlassung *f*; *There's no ~ for alarm.* Es besteht kein Anlass zur Aufregung. *4. (ideal)* Sache *f*; *make common ~ with* gemeinsame Sache machen mit; *lost ~* aussichtslose Sache
causeway ['kɔːzweɪ] *sb* Damm *m*
caution ['kɔːʃən] *v 1.* warnen; *2. (officially)* verwarnen; *sb 3.* Vorsicht *f*, Behutsamkeit *f*; *4. (warning)* Warnung *f*; *(official ~)* Verwarnung *f*; *interj 5.* Achtung!
cautious ['kɔːʃəs] *adj* vorsichtig
cavalier [kævə'lɪə] *sb 1.* Kavalier *m*; *adj 2.* unbekümmert
cave [keɪv] *sb 1.* Höhle *f*; *v 2. ~ in* einstürzen; *3. ~ in (fig: yield)* nachgeben
cavern ['kævən] *sb* Höhle *f*
cavernous ['kævənəs] *adj* tief, hohl
caviar(e) ['kævɪɑː] *sb GAST* Kaviar *m*
cavity ['kævɪtɪ] *sb 1.* Hohlraum *m*, Höhlung *f*; *2. (in tooth)* Loch *n*
CD player [siː'diːpleɪə] *sb* CD-Spieler *m*
CD-ROM [siːdiː'rɒm] *sb INFORM* CD-ROM *f*
cease [siːs] *v 1.* aufhören, enden; *2. (fire, payments)* einstellen
cease-fire ['siːsfaɪə] *sb* Waffenstillstand *m*, Waffenruhe *f*
cedar ['siːdə] *sb BOT* Zeder *f*
ceiling ['siːlɪŋ] *sb* Decke *f*; *hit the ~ (fam)* an die Decke gehen
celebrate ['selɪbreɪt] *v* feiern, begehen; *(Catholic mass)* zelebrieren
celebration [selɪ'breɪʃən] *sb* Fest *n* Feier *f*,
celebrity [sɪ'lebrɪtɪ] *sb* Berühmtheit *f*, berühmte Persönlichkeit *f*
celerity [sɪ'lerɪtɪ] *sb* Geschwindigkeit *f*
celestial [sɪ'lestɪəl] *adj* himmlisch, Himmels…
celibacy ['selɪbəsɪ] *sb REL* Zölibat *n/m*
cell [sel] *sb* Zelle *f*
cellar ['selə] *sb* Keller *m*
cellist ['tʃelɪst] *sb MUS* Cellist *m*
cello ['tʃeləʊ] *sb MUS* Cello *n*
cellular phone [seljʊlə'fəʊn] *sb* Funktelefon *n*
cellulose ['seljʊləʊs] *sb* Zellstoff *m*, Zellulose *f*
Celsius ['selsɪəs] *adj* Celsius
cement [sɪ'ment] *v 1.* zementieren; *2. (fig)* festigen; *sb 3.* Zement *m*; *4. (concrete)* Beton *m*
cemetery ['semɪtrɪ] *sb* Friedhof *m*
censor ['sensə] *v 1. POL* zensieren; *sb 2.* Zensor *m*
censorship ['sensəʃɪp] *sb POL* Zensur *f*
census ['sensəs] *sb* Zensus *m*, Volkszählung *f*
cent [sent] *sb US* Cent *m*
centenary [sen'tiːnərɪ] *sb 1. (centennial)* hundertster Jahrestag *m*, hundertster Geburtstag *m*; *2. (century)* Jahrhundert *n*
center *(US: see „centre")*
centigrade ['sentɪgreɪd] *adj degrees ~* Grad Celsius

centimetre ['sentɪmiːtə] *sb* Zentimeter *m*
central ['sentrəl] *adj* zentral, Zentral…, Haupt…
Central America ['sentrəl ə'merɪkə] *sb* *GEO* Mittelamerika *n*
central bank ['sentrəl bæŋk] *sb* *FIN* Zentralbank *f*
Central Europe ['sentrəl 'jʊərəp] *sb* *GEO* Mitteleuropa *n*
central heating ['sentrəl 'hiːtɪŋ] *sb* Zentralheizung *f*
centralism ['sentrəlɪzəm] *sb* Zentralismus *m*
centre ['sentə] *sb* *1.* Zentrum *n*, Mittelpunkt *m*; *v* *2. ~ on (fig)* sich drehen um
centric ['sentrɪk] *adj* zentral
centrifuge ['sentrɪfjuːʒ] *sb* Zentrifuge *f*
century ['sentjʊrɪ] *sb* Jahrhundert *n*
ceramic [sɪ'ræmɪk] *sb* Keramik *f*
cereal ['sɪərɪəl] *sb* *1. (breakfast ~)* Frühstücksflocken *pl*; *2. ~s pl AGR* Getreide *n*
ceremonial [serɪ'məʊnɪəl] *adj* zeremoniell
ceremony ['serɪmənɪ] *sb* Zeremonie *f*
certain ['sɜːtən] *adj* *1. (thing)* sicher, bestimmt, gewiss; *2. (person)* sicher, überzeugt, gewiss; *make ~* sich vergewissern; *I know for ~.* Ich bin mir ganz sicher. *That's for ~.* Das ist sicher. *3. (not named)* gewiss; *a ~ Mr. Presley* ein gewisser Herr Presley
certainly ['sɜːtənlɪ] *adv* bestimmt
certainty ['sɜːtəntɪ] *sb* *1. (sure fact)* Sicherheit *f*, Bestimmtheit *f*, Gewissheit *f*; *2. (in one's mind)* Überzeugung *f*
certificate [sɜ'tɪfɪkɪt] *sb* Bescheinigung *f*, Urkunde *f*, Attest *n*
certification [sɜːtɪfɪ'keɪʃən] *sb* Bescheinigung *f*, Beurkundung *f*, Beglaubigung *f*
certified ['sɜːtɪfaɪd] *adj* bescheinigt, bestätigt, beglaubigt
certify ['sɜːtɪfaɪ] *v* *1.* bescheinigen, bestätigen; *this is to ~* hiermit wird bescheinigt; *2.* beglaubigen
certitude ['sɜːtɪtjuːd] *sb* Gewissheit *f*, Sicherheit *f*
chain [tʃeɪn] *v* *1. (sth)* mit einer Kette befestigen; *(door)* durch eine Kette sichern; *2. (s.o., an animal)* anketten; *sb* *3.* Kette *f*
chair [tʃɛə] *sb* *1.* Stuhl *m*, Sessel *m*; *2. (professorship)* Lehrstuhl *m*; *3. (chairmanship)* Vorsitz *m*
chairman ['tʃɛəmən] *sb* *1.* Vorsitzende(r) *m/f*; *2. (~ of the board) ECO* Vorstandsvorsitzende(r) *m/f*
chalk [tʃɔːk] *sb* *1.* Kreide *f*; *as different as ~ and cheese* grundverschieden; *2. ~ up (fam)* ankreiden
challenge ['tʃælɪndʒ] *v* *1. (s.o.)* herausfordern; *2. (authority)* anfechten; *3. (dispute, take issue with)* anfechten, bestreiten; *4. JUR* anfechten; *5. (make demands on)* fordern, reizen; *sb* *6.* Herausforderung *f*; *7. (to reach a goal)* Aufruf *m*, Aufforderung *f*; *8. (to a duel)* Forderung *f*; *9. JUR* Anfechtung *f*
challenger ['tʃælɪndʒə] *sb* Herausforderer *m*
chamber ['tʃeɪmbə] *sb* *1. (room)* Raum *m*, Zimmer *n*, Kammer *f*; *2. (of a revolver, of Parliament)* Kammer *f*; *3. (of the heart) ANAT* Herzkammer *f*, Kammer *f*; *4. ~s pl (of a solicitor)* Kanzlei *f*
chamber music ['tʃeɪmbəmjuːzɪk] *sb* Kammermusik *f*
chamber orchestra ['tʃeɪmbə 'ɔːkɪstrə] *sb* *MUS* Kammerorchester *n*
chamois ['ʃæmwɑː] *sb* *1. (for cleaning windows)* Fensterleder *n*; *2. ZOOL* Gämse *f*
champagne [ʃæm'peɪn] *sb* Sekt *m*; *(French ~)* Champagner *m*
champion ['tʃæmpɪən] *sb* *1. SPORT* Meister *m*, Champion *m*; *2. (of a cause)* Vorkämpfer *m*, Verfechter *m*
championship ['tʃæmpɪənʃɪp] *sb* *SPORT* Meisterschaft *f*
chance [tʃɑːns] *sb* *1. (possibility)* Chance *f*, Aussicht *f*, Möglichkeit *f*; *by any ~* zufällig; *She doesn't stand a ~.* Sie hat keine Chance. *2. (coincidence)* Zufall *m*; *by ~* zufällig; *game of ~* Glücksspiel *n*; *leave sth to ~* etw dem Zufall überlassen; *3. (risk)* Risiko *n*; *take no ~s* nichts riskieren; *4. game of ~* Glücksspiel *n*; *v* *5.* riskieren; *6. ~ upon sth* etw zufällig finden; *adj* *7.* zufällig
chancel ['tʃɑːnsəl] *sb* *ARCH* Chor *m*
chancellor ['tʃɑːnsələ] *sb* *POL* Kanzler *m*
chancellorship ['tʃɑːnsələʃɪp] *sb* *POL* Kanzleramt *n*
change [tʃeɪndʒ] *v* *1. (undergo a ~)* sich ändern, sich verändern; *2. (to another bus, train, plane)* umsteigen; *3. (put on different clothes)* sich umziehen, sich umkleiden; *4. (sth)* ändern, verändern, wandeln; *5. (transform)* verwandeln, umwandeln; *6. (by substitution)* wechseln; *~ hands* den Besitzer wechseln; *~ the sheets* die Bettwäsche wechseln; *~ the subject* das Thema wechseln; *~ places with s.o.* den Platz mit jdm tauschen; *7. (a tyre)* auswechseln; *8. (money: into smaller de-*

nominations) wechseln; *9. (money: into another currency)* umtauschen; *10. (a baby)* wickeln, trockenlegen; *sb 11.* Veränderung *f*, Änderung *f*; *~ for the better* Besserung *f*, Verbesserung *f*; *12. (transformation)* Verwandlung *f*; *13. (replacement)* Wechsel *m*; *14. (variety)* Abwechslung *f*; *15. (money)* Wechselgeld *n*; *16. (small ~)* Kleingeld *n*

• change over *v 1. (to a new system)* sich umstellen; *2. (television)* umschalten

changeover ['tʃeɪndʒəʊvə] *sb* Wechsel *m*, Umstellung *f*

changing-room ['tʃeɪndʒɪŋruːm] *sb* Umkleideraum *m*, Umkleidekabine *f*

channel ['tʃænl] *sb 1. (TV)* Kanal *m*, Programm *n*; *2. (strait)* Rinne *f*; *the English Channel* der Ärmelkanal *m*

Channel Islands ['tʃænl 'aɪlənds] *sb GEO* Kanalinseln *pl*

channel surfing ['tʃænlsɜːfɪŋ] *sb* Zapping *n*, ständiges Umschalten *n*

chant [tʃɑːnt] *v 1. (sth)* rhythmisch rufen; *sb 2.* Gesang *m*; *3. (by sports fans)* Sprechchor *m*

chaos ['keɪɒs] *sb* Chaos *n*

chaotic [keɪ'ɒtɪk] adj chaotisch

chap [tʃæp] *sb (fam) (UK)* Kerl *m*, Typ *m*

chapel ['tʃæpəl] *sb REL* Kapelle *f*

chapter ['tʃæptə] *sb* Kapitel *n*

character ['kærɪktə] *sb 1. (nature of sth)* Charakter *m*; *2. (nature of a person)* Wesen *n*; *It is out of ~.* Es paßt nicht. Es ist untypisch. *3. (strength of ~)* Charakter *m*; *4. (fam: fellow)* Typ *m*; *5. (fictional ~)* Figur *f*, Gestalt *f*; *6. INFORM* Zeichen *n*

characteristic [kærɪktə'rɪstɪk] *adj 1.* charakteristisch, bezeichnend, typisch; *sb 2.* charakteristisches Merkmal *n*, Eigenschaft *f*

characterization [kærɪktəraɪ'zeɪʃən] *sb* Beschreibung *f*, Charakterisierung *f*

characterize ['kærɪktəraɪz] *v 1. (describe)* beschreiben; *2. (to be characteristic of)* charakterisieren, kennzeichnen, prägen

charade [ʃə'rɑːd] *sb 1.* Scharade *f*; *2. (fig)* Farce *f*

charge [tʃɑːdʒ] *v 1. (attack)* stürmen, angreifen; *2. (accuse)* anschuldigen, beschuldigen, bezichtigen; *3. ~ s.o. with a task* jdn mit einer Arbeit beauftragen; *4. (ask in payment)* berechnen, anrechnen; *(set as the price)* fordern; *~ s.o. for sth* jdn mit etw belasten, jdm etw in Rechnung stellen; *5. (arrange to be billed for)* in Rechnung stellen lassen, anschreiben lassen; *~ sth to s.o.* etw auf Rechnung eines anderen kaufen; *6. (a battery)* laden, aufladen; *sb 7. (attack)* Angriff *m*; *sound the ~* zum Angriff blasen; *8. (accusation)* Anschuldigung *f*, Beschuldigung *f*, Belastung *f*; *9. (official accusation) JUR* Anklage *f*; *(in a civil case)* Klage *f*; *press ~s against s.o.* gegen jdn Anzeige erstatten; *10. (fee)* Gebühr *f*; *free of ~* kostenlos; *11. (electric ~)* Ladung *f*; *get a ~ out of sth (fig)* an etw mächtig Spaß haben; *12. (explosive ~)* Sprengladung *f*, Ladung *f*; *13. in ~* verantwortlich; *put s.o. in ~ of sth* jdm die Leitung übertragen; *Who's in ~ here?* Wer ist hier der Verantwortliche?

charisma [kə'rɪzmə] *sb (fig)* Ausstrahlung *f*, Charisma *n*

charismatic [kæriz'mætɪk] *adj* charismatisch

charitable ['tʃærɪtəbl] *adj 1. (organization)* Wohltätigkeits ..., gemeinnützig, wohltätig; *2. (lenient, not harsh)* freundlich, nachsichtig

charity ['tʃærɪtɪ] *sb 1. (benevolence)* Nächstenliebe *f*; *2. (organization)* karitative Organisation *f*; *3. (philanthropy)* Almosen *pl*

charm [tʃɑːm] *v 1. (delight)* bezaubern, entzücken, reizen; *sb 2.* Charme *m*, Reiz *m*, Anziehungskraft *f*; *3. (object)* Amulett *n*

charming ['tʃɑːmɪŋ] *adj* charmant, entzückend, bezaubernd

chart [tʃɑːt] *sb 1.* Tabelle *f*; *2. (map)* Karte *f*; *3. (diagram)* Schaubild *n*

charter ['tʃɑːtə] *v (plane, bus, ship)* chartern, mieten

charter flight ['tʃɑːtəflaɪt] *sb* Charterflug *m*

charter member ['tʃɑtə'membə] *sb* Gründungsmitglied *n*

charwoman ['tʃɑːwʊmən] *sb* Putzfrau *f*

chase [tʃeɪs] *v 1.* jagen, verfolgen, *(~ women)* nachlaufen; *2. ~ away* fortjagen, wegjagen, verjagen; *sb 3.* Verfolgungsjagd *f*, *(hunt)* Jagd *f*

chasm ['kæzəm] *sb* Kluft *f*, Abgrund *m*

chastity ['tʃæstɪtɪ] *sb* Keuschheit *f*

chat [tʃæt] *v 1.* plaudern, schwatzen; *2. INFORM* chatten

• chat up *v (fam)* anmachen, anquatschen

chat show [tʃæt ʃəʊ] *sb* Talkshow *f*

chatter ['tʃætə] *v 1. (teeth)* klappern; *2. (talk)* plappern

chatterbox ['tʃætəbɒks] *sb (fam)* Quasselstrippe *f*

chauffeur ['ʃəʊfə] *sb* Chauffeur *m*, Fahrer *m*

chauvinist ['ʃəʊvɪnɪst] *sb male ~* männlicher Chauvinist *m*

cheap [tʃiːp] *adj* billig
cheat [tʃiːt] *v 1.* betrügen, *(in a game)* mogeln; *2. (be unfaithful)* fremdgehen; *3. (in school)* abschreiben; *4. (s.o.)* betrügen; *sb 5.* Betrüger *m*, Schwindler m
check [tʃek] *v 1. (make sure)* nachprüfen; *(figures)* nachrechnen; *2. (examine)* prüfen, kontrollieren, nachsehen; *3. (US: coat)* abgeben; *4. (hinder)* hemmen; *sb 5. hold in ~* in Schach halten, dämmen; *6. keep sth in ~* etw in Schranken halten, etw zügeln; *7. (examination)* Kontrolle *f*, Überprüfung *f*; *8. (US: cheque)* Scheck *m*; *9. (US: bill)* Rechnung *f*
• **check in** *v* sich anmelden, *(at an airport)* einchecken
• **check out** *v* 1. *(US: of a hotel)* abreisen; *2. (investigate)* nachprüfen
checker ['tʃekə] *sb (cashier)* Kassierer *m*
checkers ['tʃekəz] *sb (US)* Damespiel *n*
checkmate ['tʃekmeɪt] *sb* Schachmatt *n*
checkpoint ['tʃekpɔɪnt] *sb* Kontrollpunkt *m*
check-up ['tʃekʌp] *sb MED* Untersuchung *f*, Check-up *m*; Nachuntersuchung *f*
cheek [tʃiːk] *sb* Backe *f*, Wange *f*
cheeky ['tʃiːkɪ] *adj* frech, dreist, keck
cheer [tʃɪə] *v 1.* jubeln, Beifall spenden, jauchzen; *2. ~ for s.o.* jdm zujubeln, jdm Beifall spenden, jdm anfeuernd zurufen; *3. (sth)* bejubeln; *sb 4.* Beifallsruf *m*; *Three ~s for him!* Ein dreifaches Hoch auf ihn! *interj 5. Cheers! (your health)* Prost!
• **cheer up** *v 1. (grow cheerful)* wieder fröhlich werden; *Cheer up!* Kopf hoch! *2. cheer s.o. up* jdn aufheitern
cheerful ['tʃɪəfʊl] *adj* fröhlich, heiter
cheerio ['tʃɪərɪ'əʊ] *interj (UK)* tschüss
cheerless ['tʃɪəlɪs] *adj* trostlos, trübsinnig
cheers [tʃɪəz] *interj* Prost!
cheese [tʃiːz] *sb GAST* Käse *m*
cheetah ['tʃiːtə] *sb ZOOL* Gepard *m*
chef [ʃef] *sb* Küchenchef *m*
chemical ['kemɪkəl] *sb 1.* Chemikalie *f*; *adj 2.* chemisch
chemise [ʃə'miːz] *sb* Unterhemd *n*
chemist ['kemɪst] *sb 1. (scientist)* Chemiker *m*; *2. (UK: dispensing ~)* Apotheker *m*
chemistry ['kemɪstrɪ] *sb* Chemie *f*
chemist's shop ['kemɪsts ʃɒp] *sb* Apotheke *f*
cheque [tʃek] *sb (UK)* Scheck *m*; *pay by ~* mit einem Scheck bezahlen
cheque card ['tʃekkɑːd] *sb* Scheckkarte *f*
chequered ['tʃekəd] *adj 1.* kariert; *2. (fig: past, career)* bewegt
cherish ['tʃerɪʃ] *v 1. (hold dear)* schätzen; *2. (take care of)* sorgen für
cherry ['tʃerɪ] *sb BOT* Kirsche *f*
chess [tʃes] *sb* Schach *n*
chest [tʃest] *sb 1. (box, case)* Truhe *f*, Kiste *f*; *2. ~ of drawers* Kommode *f*; *3. ANAT* Brust *f*, Brustkasten *m*
chestnut ['tʃesnʌt] *sb* Kastanie *f*
chesty ['tʃestɪ] *adj (hoarse)* rau, heiser
chew [tʃuː] *v* kauen; *~ the fat (fig)* plaudern; *~ over sth (fam)* etw bequatschen; *~ over sth (in one's mind)* sich etw durch den Kopf gehen lassen
chewing gum ['tʃuːɪŋ gʌm] *sb* Kaugummi *m*
chic [ʃiːk] *adj* schick
chicken ['tʃɪkən] *sb 1.* Huhn *n*; *count one's ~s before they're hatched* den Tag vor dem Abend loben; *adj 2. (fam: cowardly)* feig; *v 3. ~ out* kneifen, den Schwanz einziehen (fam)
chicken-pox ['tʃɪkənpɒks] *sb MED* Windpocken *pl*
chide [tʃaɪd] *v irr* schelten, tadeln
chief [tʃiːf] *adj 1.* Haupt… *sb 2.* Leiter *m*, Chef *m*, Anführer *m*; *3.* Häuptling *m*
child [tʃaɪld] *sb* Kind *n*; *with ~* schwanger; *~'s play (fig)* ein Kinderspiel *n*
childcare ['tʃaɪldkɛə] *sb* Kinderbetreuung *f*
childhood ['tʃaɪldhʊd] *sb* Kindheit *f*
childish ['tʃaɪldɪʃ] *adj* kindisch
childlike ['tʃaɪldlaɪk] *adj* kindlich
child minder ['tʃaɪldmaɪndə] *sb* Tagesmutter *f*, Kinderfrau *f*
chill [tʃɪl] *sb 1. (feeling)* Kaltgefühl *n*; *cast a ~ upon* abkühlen; *2. (in the air)* Frische *f*
chilly ['tʃɪlɪ] *adj* kalt, frostig, kühl
chimney ['tʃɪmnɪ] *sb* Schornstein *m*, Schlot *m*, Kamin *m*; *smoke like a ~* rauchen wie ein Schlot
chimney-sweep ['tʃɪmnɪ swiːp] *sb* Schornsteinfeger *m*, Kaminkehrer *m*
chimpanzee [tʃɪmpæn'ziː] *sb ZOOL* Schimpanse *m*
chin [tʃɪn] *sb* Kinn *n*; *keep one's ~ up* sich nicht unterkriegen lassen; *take it on the ~ (fig)* eine böse Pleite erleben
china ['tʃaɪnə] *sb* Porzellan *n*
China ['tʃaɪnə] *sb GEO* China *n*
chinaware ['tʃaɪnəwɛə] *sb (porcelain)* Porzellan *n*
Chinese [tʃaɪ'niːz] *sb 1. (language)* Chinesisch *n*; *2. (person)* Chinese/Chinesin *m/f; adj 3.* chinesisch

chink [tʃɪŋk] *sb* Riss *m*, Spalte *f*; *the ~ in his armour* sein schwacher Punkt
chip [tʃɪp] *v 1. (become ~ped)* angeschlagen werden; *sb 2.* Splitter *m*; *(of wood)* Span *m*; *a ~ off the old block* ganz der Vater; *3. INFORM* Chip *n*; *4. (poker ~)* Chip *m*, Spielmarke *f*; *when the ~s are down* wenn es drauf ankommt; *5. (fig) (US) cash in one's ~s* abkratzen; *6. ~s pl (UK) GAST* Pommes frites *pl*; *7. (US) GAST* Chip *m*
• **chip in** *v* beitragen
chirp [tʃɜːp] *v 1. (birds)* zwitschern; *2. (crickets)* zirpen
chisel ['tʃɪzl] *sb* Meißel *m*, Beitel *m*
chit [tʃɪt] *sb* Gutschein *m*
chit-chat ['tʃɪttʃæt] *sb* Geschwätz *n*
chives [tʃaɪvz] *pl GAST* Schnittlauch *m*
chlorine ['klɔːriːn] *sb CHEM* Chlor *n*
chocolate ['tʃɒklɪt] *sb* Schokolade *f*
choice [tʃɔɪs] *sb 1. (variety to choose from)* Auswahl *f*; *2. (chance to choose, act of choosing)* Wahl *f*; *make a ~, take one's ~* wählen, eine Wahl treffen; *have Hobson's ~* überhaupt keine Wahl haben; *You have no ~.* Sie haben keine andere Wahl. *adj 3.* vorzüglich; *(words)* gewählt
choir ['kwaɪə] *sb* Chor *m*
choirmaster ['kwaɪəmɑːstə] *sb MUS* Chorleiter *m*
choke [tʃəʊk] *v 1.* ersticken, sich verschlucken; *~ on* ersticken an; *2. (~ s.o.)* würgen, erwürgen, erdrosseln; *3. ~ back (tears, laughter)* unterdrücken; *4. TECH* drosseln
choleric ['kɒlerɪk] *adj* cholerisch
choose [tʃuːz] *v irr 1. (make a choice)* wählen; *2. (select sth)* aussuchen, auswählen
chop [tʃɒp] *sb 1. (karate)* Karateschlag *m*; *2. GAST* Kotelett *n*; *v 3. (wood)* hacken; *(food)* klein schneiden
• **chop down** *v (a tree)* fällen
• **chop off** *v* abhacken, abschlagen
• **chop up** *v* zerhacken, zerkleinern
chopper ['tʃɒpə] *sb (US: helicopter)* Hubschrauber *m*
chord [kɔːd] *sb MUS* Akkord *m*
chore [tʃɔː] *sb 1. ~s pl* Hausarbeit *f*; *2. (fig)* lästige Pflicht *f*
chorea [kɒ'rɪə] *sb MED* Veitstanz *m*
choreograph ['kɒrɪəgrɑːf] *v* choreografieren
choreographer [kɒrɪ'ɒgrəfə] *sb* Choreograf *m*
choreography [kɒrɪ'ɒgrəfɪ] *sb* Choreografie *f*
chorus ['kɔːrəs] *sb 1. MUS (refrain)* Refrain *m*; *2. (group)* Chor *m*
Christ [kraɪst] *sb REL* Christus *m*; *before ~ (B.C.)* vor Christi Geburt (v.Chr.)
christen ['krɪsn] *v REL* taufen
Christendom ['krɪsndəm] *sb REL* Christenheit *f*
christening ['krɪsnɪŋ] *sb REL* Taufe *f*
Christian ['krɪstʃən] *sb 1. REL* Christ *m*; *adj 2. REL* christlich
Christianity [krɪstɪ'ænɪtɪ] *sb REL* Christentum *n*
Christian name ['krɪstʃən neɪm] *sb* Vorname *m*
Christmas ['krɪsməs] *sb* Weihnachten *n*
Christmas carol ['krɪsməs 'kærəl] *sb* Weihnachtslied *n*
Christmas Eve ['krɪsməs iːv] *sb* Heiligabend *m*
Christmas pudding ['krɪsməs 'pʊdɪŋ] *sb GAST* Plumpudding *m*
Christmas tree ['krɪsməs triː] *sb* Weihnachtsbaum *m*, Christbaum *m*
chrome [krəʊm] *sb CHEM* Chrom *n*
chromosome ['krəʊməsəʊm] *sb BIO* Chromosom *n*
chronic ['krɒnɪk] *adj* chronisch
chronicle ['krɒnɪkl] *sb 1.* Chronik *f*; *v 2.* aufzeichnen
chronological [krɒnə'lɒdʒɪkəl] *adj* chronologisch; *sb ~ order* zeitliche Reihenfolge
chuck [tʃʌk] *v (toss)* schmeißen, werfen
• **chuck in** *v (fam)* an den Nagel hängen, das Handtuch werfen
• **chuck out** *v (fam)* rauswerfen, wegwerfen
chuckle ['tʃʌkl] *v* glucksen, lachen
chum [tʃʌm] *sb (fam)* Kumpel *m*, Kamerad *m*
chummy ['tʃʌmɪ] *adj 1. (with one another)* dick befreundet; *2. (person: overly ~)* plump vertraulich
chunk [tʃʌŋk] *sb* Klotz *m*, Brocken *m*
chunter ['tʃʌntə] *v* murren, grummeln
church [tʃɜːtʃ] *sb* Kirche *f*
church service ['tʃɜːtʃsɜːvɪs] *sb REL* Gottesdienst *m*
churlish ['tʃɜːlɪʃ] *adj* mürrisch, ungehobelt
churn [tʃɜːn] *v 1. (butter)* buttern; *2. (fam: stomach)* den Magen umdrehen
chute [ʃuːt] *sb* Rutsche *f*, Rutschbahn *f*
cigar [sɪ'gɑː] *sb* Zigarre *f*
cigarette [sɪgə'ret] *sb* Zigarette *f*
cinders ['sɪndəz] *pl* Asche *f*
cinema ['sɪnəmə] *sb 1. CINE* Kino *n*; *2. (films in general) CINE* Film *m*

cinnamon ['sɪnəmən] *sb* Zimt *m*
cipher ['saɪfə] *sb (code)* Chiffre *f*, Code *m*
circle ['sɜːkl] *sb 1.* Kreis *m*; *come full ~* zum Ausgangspunkt zurückkehren; *the inner ~* der innere Kreis; *v 2.* kreisen
circuit ['sɜːkɪt] *sb 1. (journey around)* Rundgang *m*, Rundreise *f*; *2. (electrical)* Stromkreis *m*; *(device)* Schaltung *f*
circular ['sɜːkjʊlə] *adj 1.* rund, kreisförmig; *sb 2. (advertisement)* Wurfsendung *f*
circulate ['sɜːkjʊleɪt] *v 1. (blood, money)* fließen; *2. (news: get around)* in Umlauf sein, kursieren, sich verbreiten; *3. (at a party)* die Runde machen; *4. (spread sth) (a rumour)* in Umlauf setzen; *(a memo)* zirkulieren lassen
circulation [sɜːkjʊ'leɪʃən] *sb 1.* Kreislauf *m*, Zirkulation *f*; *out of ~* außer Kurs; *She's back in ~. (fam)* Sie mischt wieder mit. *2. (of a rumour)* Verbreitung *f*, Kursieren *n*; *3. (number of copies sold)* Auflagenziffer *f*
circulatory system ['sɜːkjʊlətərɪ 'sɪstəm] *sb ANAT* Kreislauf *m*, Blutkreislauf *m*
circumference [sɜː'kʌmfərəns] *sb* Umkreis *m*
circumfuse [sɜːkəm'fjuːz] *v* verbreiten, erfüllen
circumspect [sɜːkəm'spekt] *adj* umsichtig
circumstance ['sɜːkəmstəns] *sb* Umstand *m*; *under no ~s* auf keinen Fall; *under the ~s* unter diesen Umständen; *~ s pl (financial state)* Vermögensverhältnisse *pl*
circus ['sɜːkəs] *sb 1.* Zirkus *m*; *2. (UK: square)* Platz *m*
citation [saɪ'teɪʃən] *sb 1. JUR* Vorladung *f*; *2. (honor)* ehrenvolle Erwähnung *f*
cite [saɪt] *v* zitieren, anführen
citizen ['sɪtɪzn] *sb 1.* Bürger *m*; *2. (of a country)* Staatsangehörige(r) *m/f*
citizenship ['sɪtɪznʃɪp] *sb* Staatsangehörigkeit *f*
city ['sɪtɪ] *sb* Stadt *f*
city council ['sɪtɪ 'kaʊnsl] *sb* Stadtrat *m*
city hall ['sɪtɪhɔːl] *sb* Rathaus *n*
civic ['sɪvɪk] *adj 1.* städtisch; *2. JUR* bürgerlich
civic centre ['sɪvɪksentə] *sb* Stadtverwaltung *f*
civil ['sɪvl] *adj 1. (polite)* höflich, manierlich; *2. JUR* zivil, bürgerlich
civil code ['sɪvl kəʊd] *sb JUR* bürgerliches Gesetzbuch *n*
civil engineer ['sɪvl endʒə'nɪə] *sb* Bauingenieur *m*
civilian [sɪ'vɪlɪən] *sb* Zivilist *m*
civility [sɪ'vɪlɪtɪ] *sb* Höflichkeit *f*
civilization [sɪvɪlaɪ'zeɪʃən] *sb* Zivilisation *f*, Kultur *f*
civilized ['sɪvɪlaɪzd] *adj* zivilisiert; *(cultured)* kultiviert
civil law ['sɪvl lɔː] *sb* Zivilrecht *n*
civil rights [sɪvl'raɪts] *pl POL* bürgerliche Ehrenrechte *pl*
civil servant ['sɪvl 'sɜːvənt] *sb* Beamte/Beamtin *m/f*, Staatsbeamte(r) *m/f*
civil service ['sɪvl 'sɜːvɪs] *sb MIL* Staatsdienst *m*
civil war [sɪvl'wɔː] *sb* Bürgerkrieg *m*
clack [klæk] *v* klappern
claim [kleɪm] *v 1. (assert)* behaupten; *2. (demand)* fordern, Anspruch erheben auf, beanspruchen; *sb 3. (assertion)* Behauptung *f*; *4. (demand)* Anspruch *m*, Forderung *f*; *lay ~ to sth* auf etw Anspruch erheben
clamber ['klæmbə] *v* klettern
clammy ['klæmɪ] *adj* klamm, feuchtkalt
clamp [klæmp] *sb 1.* Klemme *f*; *v 2. ~ down* einschreiten, durchgreifen
clan [klæn] *sb* Clan *m*, Sippe *f*
clang [klæŋ] *sb* Klirren *n*
clangour ['klæŋgə] *sb* Klirren *n*
clank [klæŋk] *v* klirren
clap [klæp] *v (applaud)* Beifall klatschen
clapperboard ['klæpəbɔːd] *sb CINE* Klappe *f*
claptrap ['klæptræp] *sb* Gewäsch *n*
clarification [klærɪfɪ'keɪʃən] *sb* Klärung *f*, Klarstellung *f*
clarify ['klærɪfaɪ] *v* klären
clarinet [klærɪ'net] *sb MUS* Klarinette *f*
clarity ['klærɪtɪ] *sb* Klarheit *f*
clash [klæʃ] *v 1. (collide)* zusammenstoßen, zusammenprallen; *2. (swords)* klirren; *3. (clothes)* nicht zusammenpassen, sich beißen (fam); *4. (argue)* aneinander geraten; *sb 5.* Zusammenstoß *m*, Kollision *f*
clasp [klɑːsp] *v 1. ~ one's hands* die Hände falten; *~ s.o.'s hand* jds Hand ergreifen; *sb 2. (device)* Spange *f*, Klammer *f*
class [klɑːs] *sb 1. (group)* Klasse *f*, Gruppe *f*; *2. (in school)* Klasse *f*; *3. (e.g. ~ of 1997)* Jahrgang *m*; *4. (social ~)* Klasse *f*, Stand *m*, Rang *m*; *the ruling ~* die herrschende Klasse; *5. (kind)* Klasse *f*, Sorte *f*, Qualität *f*; *in a ~ by itself* weitaus das Beste; *6. He's got ~.* Er hat Format.
classic ['klæsɪk] *sb* Klassiker *m*; *~s pl (study of the ~s)* Altphilologie *f*

classical ['klæsɪkəl] *adj 1.* klassisch, griechisch-römisch; *2. (education)* humanistisch
classicism ['klæsɪsɪzəm] *sb* Klassik *f,* humanistische Bildung *f*
classification [klæsɪfɪ'keɪʃən] *sb* Klassifizierung *f,* Klassifikation *f,* Einteilung *f*
classify ['klæsɪfaɪ] *v* klassifizieren, einteilen, einstufen
classmate ['klɑːsmeɪt] *sb* Mitschüler *m,* Klassenkamerad *m*
classroom ['klɑːsruːm] *sb* Klassenzimmer *n*
clatter ['klætə] *v* klappern
clause [klɔːz] *sb 1. LING* Satz *m,* Satzteil *m,* Satzglied *n; 2. JUR* Klausel *f*
claw [klɔː] *sb 1. ZOOL* Kralle *f,* Klaue *f; 2. (of a crab)* Schere *f; v 3. ~ sth back* etw zurückerobern, etw zurückerkämpfen
clay [kleɪ] *sb* Ton *m,* Lehm *m*
clean [kliːn] *v 1.* sauber machen, reinigen, putzen; *2. (gut)* ausnehmen; *adj 3.* sauber, rein; *4. (not used)* sauber, frisch; *(paper)* unbeschrieben; *5. (fair) SPORT* sauber, fair; *6. (fam) come ~* alles beichten
• clean off *v* abwaschen, abputzen
• clean out *v (empty)* ausräumen, ausplündern; *(leave penniless)* ausnehmen
• clean up *v 1. (tidy)* aufräumen; *2. (clean)* sauber machen
clear [klɪə] *adj 1. (visually distinct, in focus)* klar, deutlich; *(photograph)* scharf; *2. (transparent)* klar, durchsichtig; *3. (obvious, evident, understandable)* klar, eindeutig, deutlich; *make o.s. ~* sich klar ausdrücken; *to be ~ to s.o.* jdm klar sein; *as ~ as day (fig)* sonnenklar; *4. (day)* klar, wolkenlos; *5. (open, free)* frei; *keep the roads ~* die Straßen offen halten; *~ of all suspicion* frei von jedem Verdacht; *6. (unblemished)* rein; *with a ~ conscience* mit gutem Gewissen; *7. (sound)* klar, hell, vernehmbar; *8. (completely over, ~ through)* völlig, glatt; *v 9. (remove obstacles from)* reinigen, befreien, räumen; *10. (letter box, dustbin)* leeren; *11. (the table)* abräumen, abdecken; *12. (a slum)* sanieren; *13. ~ one's throat* sich räuspern; *14. (approve)* abfertigen; *15. ~ sth through customs* etw zollamtlich abfertigen; *16. (exonerate)* freisprechen; *~ one's name* seinen Namen reinwaschen
• clear away *v* wegräumen; *(dishes)* abräumen
• clear off *v 1. (debt)* zurückzahlen; *2. (mortgage)* abzahlen; *3. (a backlog of work)* aufarbeiten; *4. (fam: leave)* abhauen (fam)
• clear out *v 1. (leave)* sich absetzen; *2. (empty sth)* ausräumen
• clear up *v 1. (weather)* sich aufklären; *2. (~ a mystery)* aufklären, lösen; *3. (tidy)* aufräumen; *4. (a point, a situation)* klären
clearance ['klɪərəns] *sb 1. (go-ahead)* Freigabe *f; 2. (by customs)* Abfertigung *f; 3. (of a debt)* volle Bezahlung *f; 4. (of a slum)* Sanierung *f*
clearance sale ['klɪərəns seɪl] *sb* Ausverkauf *m,* Räumungsverkauf *m*
cleave [kliːv] *v irr* spalten
cleft [kleft] *sb* Spalte *f,* Kluft *f*
clemency ['klemənsɪ] *sb* Nachsicht *f*
clement ['klemənt] *adj* mild, gütig
clementine ['kleməntiːn] *sb BOT* Clementine *f*
clergy ['klɜːdʒɪ] *sb REL* Geistlichkeit *f,* Klerus *m*
clergyman ['klɜːdʒɪmən] *sb REL* Geistliche *m/f,* Pfarrer *m*
cleric ['klerɪk] *sb* Geistlicher *m*
clerical ['klerɪkl] *adj 1.* Büro..., Schreib... *2. REL* geistlich
clerical work ['klerɪkəl wɜːk] *sb* Büroarbeit *f*
clerk [klɑːk] *sb 1. (office ~)* Büroangestellte(r) *m/f; ~ of the court* Urkundsbeamte(r) *m; 2. (US: shop assistant)* Verkäufer(in) *m/f*
clever ['klevə] *adj 1. (bright)* schlau, gescheit, gelehrig; *2. (ingenious)* geschickt, klug, raffiniert; *3. (witty)* geistreich
cleverness ['klevənɪs] *sb* Geschicklichkeit *f,* Klugheit *f,* Schläue *f*
click [klɪk] *v 1.* knicken, knacken; *2. (fam: fall into place)* funken
client ['klaɪənt] *sb 1.* Kunde/Kundin *m/f,* Auftraggeber *m; 2. JUR (of a solicitor)* Klient *m; (of a barrister)* Mandant *m*
clientele [kliːɑ̃ːn'tel] *sb* Kundschaft *f,* Kundenkreis *m*
cliff [klɪf] *sb* Klippe *f,* Felsen *m*
climate ['klaɪmɪt] *sb* Klima *n*
climb [klaɪm] *v 1.* klettern; *2. (prices)* steigen; *3. (in altitude)* aufsteigen, steigen; *4. (mountain)* klettern, besteigen, erklimmen; *5. ~ up* hinaufsteigen, heraufsteigen; *6. ~ down* herunterklettern, heruntersteigen; *sb 7.* Besteigung *f,* Aufstieg *m*
climber ['klaɪmə] *sb 1. (mountaineer)* Bergsteiger *m; 2. BOT* Kletterpflanze *f*
cling [klɪŋ] *v irr 1. ~ to (hold on tightly to)* sich klammern an, sich festklammern an; *2. ~ to (stick to)* anhaften, haften an, kleben

clinic ['klɪnɪk] *sb* Klinik *f*
clinical ['klɪnɪkəl] *adj* klinisch
clink [klɪŋk] *v 1.* klirren; *sb 2. (fam: prison)* Knast *m,* Kittchen *n*
clip [klɪp] *v 1. (cut out)* ausschneiden; *2. (UK: ~ a ticket)* knipsen; *3. (cut)* scheren; *(fingernails)* schneiden; *sb 4. (fastener)* Klammer *f; 5. (of ammunition)* Ladestreifen *m; 6. (speed)* Tempo *n*
cloak [kləʊk] *sb* Mantel *m,* Umhang *m*
cloakroom ['kləʊkruːm] *sb 1. (for coats)* Garderobe *f; 2. (UK: lavatory)* Waschraum *m*
clobber ['klɒbə] *v* verprügeln
clock [klɒk] *sb 1.* Uhr *f; ten o'clock* zehn Uhr; *round the ~* rund um die Uhr; *work against the ~* gegen die Zeit arbeiten; *v 2. SPORT* stoppen
clockwise ['klɒkwaɪz] *adv* im Uhrzeigersinn
clockwork ['klɒkwɜːk] *sb* Uhrwerk *n; like ~* wie am Schnürchen
clog [klɒg] *v* verstopfen
cloister ['klɔɪstə] *sb REL* Kloster *n*
clone [kləʊn] *sb* Klon *m*
clonk [klɒŋk] *v* hauen, schlagen
close [kləʊs] *adj 1.* nah(e); *~ to the highway* in der Nähe der Landstraße; *~ at hand* nahe bevorstehend; *2. (friends)* eng, fest, vertraut; *They're very ~.* Sie sind eng befreundet. *3. (painstaking)* genau, gründlich; *4. (almost unsuccessful or almost even)* knapp; *That was ~!* Das war knapp! *5. (shave)* glatt; *adv 6.* nah(e), dicht, eng; *~ by* in der Nähe; *v 7. (come nearer)* näher kommen, sich nähern; *8. (sth)* zumachen, schließen, verschließen; *9. (a deal)* abschließen; *10. (bring to an end)* schließen, beendigen; *sb 11.* Ende *n,* Schluss *m; bring to a ~* abschließen/beendigen
• **close down** schließen, einstellen, beenden
• **close in** *1.* sich heranarbeiten; *2. (night)* hereinbrechen
closet ['klɒzɪt] *sb (US)* Schrank *m,* Wandschrank *m*
close-up ['kləʊsʌp] *sb 1. (photograph)* Nahaufnahme *f; 2. (in a film)* Großaufnahme *f*
closing time ['kləʊzɪŋ taɪm] *sb 1.* Geschäftsschluss *m,* Büroschluss *m,* Ladenschluss *m; 2. (for a pub)* Sperrstunde *f*
closure ['kləʊʒə] *sb* Schließung *f,* Schließen *n,* Stilllegung *f*
clot [klɒt] *v 1.* gerinnen, Klumpen bilden; *sb 2. (of blood) MED* Blutgerinnsel *n*
cloth [klɒθ] *sb 1. (material)* Stoff *m; a man of the ~ REL* ein geistlicher Herr; *2. (a ~)* Tuch *n,* Lappen *m*
clothe [kləʊð] *v* bekleiden, anziehen
clothes [kləʊz] *pl* Kleider *pl,* Kleidung *f*
clothesline ['kləʊzlaɪn] *sb* Wäscheleine *f*
clothes-peg ['kləʊzpeg] *sb (UK)* Wäscheklammer *f*
clothing ['kləʊðɪŋ] *sb* Kleidung *f,* Bekleidung *f*
cloud [klaʊd] *v 1.* trüben; *~ the issue* die Sache vernebeln; *sb 2.* Wolke *f; ~ of dust* Staubwolke *f; under a ~* mit angeschlagenem Ruf; *to be on ~ nine (fam)* im siebten Himmel sein; *have one's head in the ~s (permanently)* in höheren Regionen schweben; *(momentarily)* geistesabwesend sein
cloudburst ['klaʊdbɜːst] *sb* Wolkenbruch *m,* Platzregen *m*
cloudy ['klaʊdɪ] *adj 1.* wolkig, bewölkt; *2. (a liquid)* trüb
clover ['kləʊvə] *sb BOT* Klee *m; (~leaf)* Kleeblatt *n*
clown [klaʊn] *sb 1.* Clown *m,* Kasper *m,* Hanswurst *m; 2. (in a circus)* Clown *m; v 3. ~ around* herumkaspern, herumblödeln, herumalbern
club [klʌb] *sb 1. (society)* Verein *m,* Klub *m; 2. (weapon)* Keule *f,* Knüppel *m*
clubby ['klʌbɪ] *adj* freundschaftlich, vertraulich
club member [klʌb 'membə] *sb* Klubmitglied *n*
cluck [klʌk] *v* glucken, gackern
clue [kluː] *sb* Hinweis *m,* Anhaltspunkt *m,* Spur *f; I don't have a ~.* Ich habe nicht die geringste Ahnung.
clueless ['kluːlɪs] *adj* ahnungslos, unbedarft, ratlos
clump [klʌmp] *sb (clod)* Klumpen *m*
clumsy ['klʌmzɪ] *adj 1. (ungainly, uncoordinated)* ungeschickt, plump, unbeholfen; *2. (tactless)* ungeschickt, plump, unbeholfen; *3. (not skillfully done)* schwerfällig, unbeholfen, stümperhaft; *4. (unwieldy)* plump, klobig
cluster ['klʌstə] *v 1.* sich sammeln, sich drängen; *sb 2.* Gruppe *f,* Haufen *m,* Traube *f*
clutch [klʌtʃ] *v 1. ~ at* greifen nach; *2. (hold tightly)* umklammert halten, festhalten; *3. (grab)* packen, umklammern; *sb 4. (of a car)* Kupplung *f; 5. (grip)* Griff *m*
clutter ['klʌtə] *sb* Unordnung *f,* Durcheinander *n*

coach [kəʊtʃ] *v 1. (a team)* trainieren; *~ s.o. in sth* jdm etw einpauken; *sb 2. SPORT* Trainer *m; 3. (carriage)* Kutsche *f*
coal [kəʊl] *sb* Kohle *f; haul s.o. over the ~s, rake s.o. over the ~s* jdm eine Standpauke halten; *carry ~s to Newcastle (UK)* Eulen nach Athen tragen
coalition [kəʊə'lɪʃən] *sb 1.* Vereinigung *f; 2. POL* Koalition *f*
coal-mine ['kəʊlmaɪn] *sb* Kohlenbergwerk *n*
coast [kəʊst] *v 1. (bicycle)* im Freilauf fahren; *(car)* im Leerlauf fahren; *2. (fig)* mühelos vorankommen; *sb 3.* Küste *f; the ~ is clear (fam)* die Luft ist rein
coat [kəʊt] *v 1. (apply a thin layer)* anstreichen; *2. TECH* beschichten; *sb 3. (for outdoors)* Mantel *m; 4. (part of a suit)* Jacke *f,* Jackett *n; 5. (animal's)* Fell *n,* Pelz *m; 6. (layer)* Schicht *f,* Belag *m,* Lage *f*
coat-hanger ['kəʊthæŋə] *sb* Kleiderbügel *m*
cob [kɒb] *sb (of corn)* Kolben *m,* Maiskolben *m; corn on the ~* Mais am Kolben *m*
cobble ['kɒbl] *v (mend)* flicken
cobbler ['kɒblə] *sb* Schuster *m*
cobblestone ['kɒblstəʊn] *sb* Kopfstein *m*
cobweb ['kɒbweb] *sb 1.* Spinnwebe *f; 2. (network)* Spinnennetz *n*
cock [kɒk] *v 1. (a gun)* spannen; *2. (ears)* spitzen; *3. (a cap)* keck aufs Ohr setzen; *sb 4. (rooster)* Hahn *m; ~ of the walk* der Größte
• cock up *v (fam) (UK)* verhauen, versauen
cockroach ['kɒkrəʊtʃ] *sb* Küchenschabe *f,* Kakerlake *f*
cocktail ['kɒkteɪl] *sb* Cocktail *m*
cocoa ['kəʊkəʊ] *sb* Kakao *m*
coconut ['kəʊkənʌt] *sb* Kokosnuss *f*
coconut palm ['kəʊkənʌt pɑːm] *sb BOT* Kokospalme *f*
cocoon [kə'kuːn] *sb* Kokon *m*
cod [kɒd] *sb (~fish) ZOOL* Kabeljau *m,* Dorsch *m*
coddle ['kɒdl] *v* verwöhnen, verhätscheln, umsorgen
code [kəʊd] *v 1.* chiffrieren, verschlüsseln; *2. INFORM* kodieren; *sb 3. (secret ~)* Chiffre *f,* Kode *m; 4. JUR* Gesetzbuch *n,* Kodex *m; 5. (principles)* Kodex *m; ~ of honour* Ehrenkodex *m; 6. INFORM* Code *m*
code name ['kəʊdneɪm] *sb* Deckname *m*
codeword ['kəʊdwɜːd] *sb* Kodewort *n*
coerce [kəʊ'ɜːs] *v* nötigen, zwingen
coercion [kəʊ'ɜːʃən] *sb* Zwang *m*
coffee ['kɒfɪ] *sb* Kaffee *m*
coffee bar ['kɒfɪ bɑː] *sb* Café *n*
coffee pot ['kɒfɪ pɒt] *sb* Kaffeekanne *f*
coffee set ['kɒfɪ set] *sb* Kaffeeservice *n*
coffee shop ['kɒfɪ ʃɒp] *sb (US)* Café *n*
coffer ['kɒfə] *sb* Kasten *m,* Truhe *f*
coffin ['kɒfɪn] *sb* Sarg *m*
cognac ['kɒnɪæk] *sb* Kognak *m*
cohabit [kəʊ'hæbɪt] *v* unverheiratet zusammenleben
cohabitation [kəʊhæbɪ'teɪʃən] *sb* eheähnliche Gemeinschaft *f*
cohesion [kəʊ'hiːʒən] *sb* Zusammenhalt *m,* Geschlossenheit *f*
coil [kɔɪl] *v 1.* aufwickeln, aufrollen; *~ sth round sth* etw um etw wickeln; *sb 2.* Rolle *f; 3. TECH* Spule *f*
coin [kɔɪn] *sb 1.* Münze *f,* Geldstück *n; the other side of the ~ (fam)* die Kehrseite der Medaille; *pay s.o. back in his own ~ (fig)* es jdm mit gleicher Münze heimzahlen; *v 2.* prägen
coincide [kəʊɪn'saɪd] *v 1.* zusammentreffen, zusammenfallen; *2. (agree)* übereinstimmen
coincidence [kəʊ'ɪnsɪdəns] *sb 1.* Zufall *m; 2. (occurrence at the same time)* Zusammentreffen *n*
coincidental [kəʊɪnsɪ'dentəl] *adj* zufällig
coin-op ['kɔɪnɒp] *sb (fam: coin-operated machine)* Münzautomat *m*
coke [kəʊk] *sb MIN* Koks *m*
col [kɒl] *sb GEO* Gebirgssattel *m,* Pass *m*
colander ['kɒləndə] *sb* Sieb *n*
cold [kəʊld] *adj 1.* kalt; *~ comfort* ein schwacher Trost; *as ~ as ice* eiskalt; *2. (unfriendly)* kalt, kühl, frostig; *give s.o. the ~ shoulder* jdm die kalte Schulter zeigen; *3. out ~* bewusstlos; *sb 4.* Kälte *f; to be left out in the ~ (fam)* links liegen gelassen werden; *5. MED* Erkältung *f; catch a ~* sich erkälten
cold-hearted [kəʊld'hɑːtɪd] *adj* kaltherzig
cold start [kəʊld stɑːt] *sb INFORM* Kaltstart *m*
Cold War [kəʊld wɔː] *sb the ~ POL* der Kalte Krieg *m*
cole [kəʊl] *sb 1. (cabbage) BOT* Kohl *m; 2. (rape) BOT* Raps *m*
coleslaw ['kəʊlslɔː] *sb* Krautsalat *m*
coliseum [kɒlɪ'siːəm] *sb* Sporthalle *f,* Stadion *n*
collaborate [kə'læbəreɪt] *v* zusammenarbeiten, mitarbeiten

collaboration [kəlæbə'reɪʃən] *sb* Zusammenarbeit *f,* Mitarbeit *f*
collaborator [kə'læbəreɪtə] *sb 1. (associate)* Mitarbeiter *m; 2. POL* Kollaborateur/Kollaborateurin *m/f*
collapse [kə'læps] *v 1.* zusammenbrechen; *2. (building)* einstürzen; *3. (lung) MED* zusammenfallen; *4. (fail)* zusammenbrechen, scheitern, versagen; *sb 5. MED* Zusammenbruch *m,* Kollaps *m; 6. (failure)* Zusammenbruch *m,* Scheitern *n,* Untergang *m; 7. (cave-in)* Zusammenbruch *m,* Einsturz *m,* Einbruch *m*
collar ['kɒlə] *sb 1.* Kragen *m; hot under the ~* wütend; *2. (dog ~)* Halsband *n; 3. TECH* Manschette *f,* Ring *m*
collate ['kəʊleɪt] *v* zusammenstellen
collation [kɒ'leɪʃən] *sb 1. (comparison of manuscripts)* Vergleich *m,* Überprüfung *f; 2. (light meal)* Imbiss *m*
colleague ['kɒli:g] *sb* Kollege/Kollegin *m/f,* Mitarbeiter(in) *m/f*
collect [kə'lekt] *v 1. (accumulate)* sich ansammeln, sich sammeln; *(dust)* sich absetzen; *2. (get payment)* kassieren, einkassieren; *3. ~ o.s.* sich aufraffen, sich sammeln, sich fassen; *4. (sth)* sammeln; *5. (taxes)* einnehmen, einziehen; *6. (debts)* einziehen; *7. ~ one's thoughts* seine Gedanken zusammennehmen; *8. (fetch)* abholen
collect call [kə'lekt kɔ:l] *sb (US)* R-Gespräch *n*
collection [kə'lekʃən] *sb 1. (stamp ~, coin ~)* Sammlung *f; 2. (line of fashions)* Kollektion *f; 3. (assortment)* Sortiment *n,* Ansammlung *f; 4. (in church) REL* Kollekte *f; 5. (of taxes)* Einziehen *n, (of debts)* Eintreiben *n*
collective [kə'lektɪv] *adj* kollektiv, gesamt
collectivity [kɒlek'tɪvɪtɪ] *sb* Kollektiv *n*
collectivize [kə'lektɪvaɪz] *v* kollektivieren
collector [kə'lektə] *sb 1. (of stamps, of coins)* Sammler *m; 2. TECH* Kollektor *m*
college ['kɒlɪdʒ] *sb 1. (part of a university)* College *n; go to ~* studieren; *2. (fam: university)* Universität *f; 3. (of music, technology, agriculture)* Fachhochschule *f*
collide [kə'laɪd] *v* zusammenstoßen, kollidieren, zusammenprallen
colliery ['kɒljərɪ] *sb* Bergwerk *n,* Zeche *f*
colligate ['kɒlɪgeɪt] *v* verbinden
collision [kə'lɪʒən] *sb 1.* Zusammenstoß *m,* Kollision *f; on a ~ course* auf Kollisionskurs; *2. (multi-car pileup)* Massenkarambolage *f*
colloquial [kə'ləʊkwɪəl] *adj* umgangssprachlich
colloquium [kə'ləʊkwɪəm] *sb* Kolloquium *n*
Cologne [kə'ləʊn] *sb GEO* Köln *n*
colon ['kəʊlən] *sb 1. GRAMM* Doppelpunkt *m; 2. ANAT* Dickdarm *m*
colonel ['kɜ:nl] *sb* Oberst *m*
colonialism [kə'ləʊnɪəlɪzm] *sb POL* Kolonialismus *m*
colonist ['kɒlənɪst] *sb* Siedler *m,* Kolonist *m*
colonization [kɒlənaɪ'zeɪʃən] *sb* Kolonisation *f*
colonize ['kɒlənaɪz] *v* kolonisieren
colony ['kɒlənɪ] *sb* Kolonie *f*
colosseum [kɒlə'sɪəm] *sb* Kolosseum *n*
colour ['kʌlə] *v 1.* färben; *sb 2.* Farbe *f; change ~* die Farbe wechseln; *show one's true ~s* sein wahres Gesicht zeigen; *see s.o.'s true ~s* jds wahres Gesicht erkennen; *come through with flying ~s* etw mit Bravour meistern; *3. (skin)* Hautfarbe *f*
coloured ['kʌləd] *adj* farbig, bunt
colourful ['kʌləfʊl] *adj 1.* farbenfreudig, bunt; *2. (fig)* farbig; *(personality)* schillernd
colouring ['kʌlərɪŋ] *sb 1. (complexion)* Gesichtsfarbe *f; 2. (substance)* Farbstoff *m*
colourless ['kʌləlɪs] *adj* farblos
coloury ['kʌlərɪ] *adj* farbenfroh
colt [kəʊlt] *sb* Fohlen *n*
column ['kɒləm] *sb 1. ARCH* Säule *f,* Pfeiler *m; 2. (of a newspaper page)* Spalte *f; 3. MIL* Kolonne *f*
columnist ['kɒləmnɪst] *sb* Kolumnist/Kolumnistin *m/f*
comb [kəʊm] *v 1.* kämmen; *2. (fig: search)* durchkämmen; *sb 3.* Kamm *m*
• **comb out** *v* aussortieren, entfernen
combat ['kɒmbæt] *v 1. (sth)* bekämpfen, kämpfen gegen; *sb 2.* Kampf *m*
combination [kɒmbɪ'neɪʃən] *sb* Kombination *f,* Verknüpfung *f*
combine [kəm'baɪn] *v 1.* kombinieren, verbinden, vereinigen; ['kɒmbaɪn] *2. sb ECO* Konzern *m*
combustible [kəm'bʌstɪbl] *adj 1.* brennbar; *sb 2.* Brennstoff *m*
come [kʌm] *v irr* kommen; *~ what may* komme, was wolle; *Come again?* Wie bitte? *How ~?* Wieso denn? *First ~ first served.* Wer zuerst kommt, mahlt zuerst.
• **come about** *v irr* passieren, zustande kommen
• **come across** *v irr 1. (make an impression)* wirken; *2. (meet)* zufällig treffen, begegnen; *(~ an object)* zufällig finden

• **come after** *v irr 1. (follow in sequence)* nachkommen; *2. (pursue)* hinterherkommen
• **come along** *v irr 1. (accompany)* mitkommen; *Come along!* Komm schon! *2. (appear on the scene)* dazukommen, auftauchen, ankommen; *3. (develop)* Fortschritte machen, vorankommen
• **come apart** *v irr* auseinander fallen
• **come at** *v irr* anpacken, angehen
• **come away** *v irr* weggehen
• **come back** *v irr 1.* zurückkommen, wiederkommen; *2. (fig: make a comeback)* ein Comeback machen; *3. (into memory)* wieder einfallen
• **come between** *v irr* dazwischenkommen
• **come by** *v irr 1.* vorbeikommen; *2. ~ sth* etw auftreiben, *(coincidentally)* zu etw kommen
• **come down** *v irr 1. (rain, snow)* fallen; *2. (prices)* sinken; *3. (stairs)* herunterkommen; *4. (fig)* herunterkommen (fam); *~ in the world* sozial absteigen; *5. ~ with sth* an etw erkranken; *6. ~ to (be a question of)* ankommen auf
• **come forward** *v irr 1.* hervortreten; *2. (present o.s.)* sich melden
• **come from** *v irr* kommen aus, stammen aus
• **come in** *v irr 1. (enter)* hereinkommen; *Come in!* Herein! *2. (arrive)* eingehen, eintreffen, ankommen; *3. (tide)* kommen; *4. (come into play) That's where you ~.* Da bist du dran. *That will ~ handy.* Das kann man noch gut gebrauchen. *Where does he ~?* Welche Rolle spielt er dabei? *5. Come in! (please answer)* Bitte melden!
• **come into** *v irr (inherit)* erben; *to ~ money* ein Vermögen erben
• **come of** *v irr* werden aus; *What has ~ him?* Was ist aus ihm geworden?
• **come off** *v irr 1. (take place)* stattfinden; *2. (~ successfully)* erfolgreich verlaufen; *3. (come loose)* abgehen, abspringen; *4. Come off it!* Hör schon auf damit! *5. (~ well, ~ badly)* abschneiden
• **come on** *interj v irr 1.* Komm schon! *(You're lying!)* Na, na! *2. ~ to s.o. (fam: make advances)* jdn anmachen
• **come out** *v irr 1.* herauskommen, heraustreten; *2. (on the market)* erscheinen, herauskommen; *3. MATH* aufgehen
• **come over** *v irr 1. (come by)* vorbeikommen; *Come on over!* Schau doch mal vorbei! *2. What's ~ him?* Was ist denn über den gekommen?
• **come round** *v irr 1. (visitor)* vorbeikommen, vorbeischauen; *2. (change one's opinion)* es sich anders überlegen
• **come to** *v irr 1. (regain consciousness)* wieder zu sich kommen; *2. (total)* betragen, sich belaufen auf, ausmachen; *3. (~ power, ~ s.o.'s ears)* gelangen
• **come up** *v irr 1.* hochkommen, heraufkommen; *2. (fig)* aufsteigen; *~ in the world* es zu etw bringen; *3. (~ for discussion)* angeschnitten werden; *4. ~ with sth* sich etw ausdenken
comeback ['kʌmbæk] *sb 1.* Comeback *n; 2. SPORT* Aufholjagd *f; 3. (witty reply)* schlagfertige Antwort *f*
comedian [kə'miːdɪən] *sb* Komiker *m*
comedy ['kɒmɪdɪ] *sb (a ~)* Komödie *f*
comet ['kɒmɪt] *sb ASTR* Komet *m*
comfort ['kʌmfət] *v 1.* trösten, aufrichten; *sb 2.* Komfort *m,* Bequemlichkeit *f,* Behaglichkeit *f; 3. (consolation)* Trost *m; take ~ from the fact that ...* sich damit trösten, dass ...
comfortable ['kʌmfətəbl] *adj 1.* bequem, komfortabel, behaglich; *2. (well-off)* wohlhabend; *3. feel ~ with sth* sich bei etw wohl fühlen
comforter ['kʌmfətə] *sb 1. (UK: for baby to suck)* Schnuller *m; 2. (US: quilt)* Deckbett *n; 3. (one who consoles)* Tröster *m*
comic ['kɒmɪk] *adj 1.* komisch; *sb 2. (comedian)* Komiker *m*
comics ['kɒmɪks] *pl (in the newspaper)* Comics *pl*
comma ['kɒmə] *sb* Komma *n*
command [kə'mɑːnd] *v 1. (order)* befehlen, anordnen; *2. (have at one's disposal)* verfügen über, beherrschen; *3. (have control over)* kommandieren; *4. ~ respect* Achtung gebieten; *sb 5. (order)* Befehl *m,* Kommando *n; 6. (authority) MIL* Kommando *n,* Befehlsgewalt *f; take ~* das Kommando übernehmen; *second in ~* zweiter Befehlshaber; *7. (mastery)* Beherrschung *f; have a good ~ of sth* etw gut können
commander [kə'mɑːndə] *sb MIL* Kommandant *m,* Befehlshaber *m*
commandment [kə'mɑːndmənt] *sb REL* Gebot *n; break a ~* gegen ein Gebot verstoßen
commando [kə'mɑːndəʊ] *sb 1. (unit)* Kommandoeinheit *f; 2. (soldier)* Angehöriger einer Kommandoeinheit *m*
commemorate [kə'meməreɪt] *v* gedenken

commemoration [kəmemə'reɪʃən] *sb* Gedenken *n,* Gedächtnisfeier *f*
commence [kə'mens] *v* beginnen
commend [kə'mend] *v (praise)* loben
commendable [kə'mendəbl] *adj* lobenswert, anerkennenswert, dankenswert
commendation [kɒmen'deɪʃən] *sb* Lob *n*
comment ['kɒment] *v 1. ~ on* sich äußern über, Anmerkungen machen zu, kommentieren; *sb 2.* Bemerkung *f,* Anmerkung *f,* Kommentar *m; No ~!* Kein Kommentar!
commentary ['kɒməntərɪ] *sb* Kommentar *m*
commentate ['kɒmənteɪt] *v* kommentieren
commentator ['kɒmənteɪtə] *sb* Kommentator *m*
commerce ['kɒmɜːs] *sb ECO* Handel *m*
commercial [kə'mɜːʃəl] *adj 1.* kommerziell, kaufmännisch, geschäftlich; *sb 2. (advertisement)* Werbespot *m*
commercial break [kə'mɜːʃəl breɪk] *sb* Werbepause *f*
commercialism [kə'mɜːʃəlɪzəm] *sb* Kommerz *m,* Kommerzialisierung *f*
commiserate [kə'mɪzəreɪt] *v ~ with* mitfühlen mit
commiseration [kəmɪzə'reɪʃn] *sb* Anteilnahme *f,* Mitgefühl *n*
commissar ['kɒmɪsɑː] *sb* Kommissar *m*
commission [kə'mɪʃən] *v 1. (a person)* beauftragen; *(a thing)* in Auftrag geben; *~ s.o. to do sth* jdn damit beauftragen, etw zu tun; *sb 2. (to do sth)* Auftrag *m; 3. (form of pay)* Provision *f; 4. out of ~* außer Betrieb; *5. (committee)* Kommission *f,* Ausschuss *m*
commissioner [kə'mɪʃənə] *sb* (Regierungs-) Kommissar *m*
commit [kə'mɪt] *v 1. ~ o.s. to* sich festlegen auf; *2. ~ s.o. (to an institution)* jdn in eine Pflegeanstalt einweisen; *~ to memory* auswendig lernen; *3. (sth)(perpetrate)* begehen, verüben
commitment [kə'mɪtmənt] *sb 1. (dedication)* Engagement *n,* Einsatz *m; 2. (obligation)* Verpflichtung *f,* Bindung *f*
committee [kə'mɪtɪ] *sb* Komitee *n,* Ausschuss *m,* Kommission *f*
commode [kə'məʊd] *sb 1. (chest of drawers)* Kommode *f; 2. (washstand)* Waschtisch *m,* Waschtoilette *f*
commodities [kə'mɒdɪtɪz] *pl 1. (manufactured ~)* Bedarfsartikel *m; 2. (on the stock exchange)* Rohstoffe *pl*
commodity [kə'mɒdɪtɪ] *sb* Ware *f,* Artikel *m*
common ['kɒmən] *adj 1. (shared by many)* gemeinsam, allgemein; *it's ~ knowledge* es ist allgemein bekannt; *in ~* gemeinsam; *2. (ordinary)* gewöhnlich; *3. (frequently seen)* üblich, gängig, gebräuchlich; *4. (low-class)* gewöhnlich, grob, gemein
commonly ['kɒmənlɪ] *adv* normalerweise, üblicherweise
Common Market ['kɒmən 'mɑːkɪt] *sb FIN* gemeinsamer Markt *m*
common sense [kɒmən'sens] *sb* gesunder Menschenverstand *m*
commonwealth ['kɒmənwelθ] *sb* Staat *m,* Gemeinwesen *n; Commonwealth of Independent States (CIS) POL* Gemeinschaft Unabhängiger Staaten (GUS) *f*
communal ['kɒmjʊnl] *adj* Gemeinde...
commune ['kɒmjuːn] *sb* Kommune *f*
communicate [kə'mjuːnɪkeɪt] *v 1. (with one another)* kommunizieren, sich verständigen; *2. (news, ideas)* vermitteln, mitteilen
communication [kəmjuːnɪ'keɪʃən] *sb 1. (message, letter)* Mitteilung *f; 2. (communicating)* Verständigung *f,* Kommunikation *f*
communicative [kə'mjuːnɪkətɪv] *adj* mitteilsam, gesprächig
communion [kə'mjuːnɪən] *sb 1. REL (Catholic)* Kommunion *f; 2. (Protestant)* Abendmahl *n; take ~* die Kommunion empfangen/das Abendmahl empfangen
communism ['kɒmjʊnɪzm] *sb POL* Kommunismus *m*
communist ['kɒmjʊnɪst] *sb 1. POL* Kommunist *m; adj 2. POL* kommunistisch
community [kə'mjuːnɪtɪ] *sb 1.* Gemeinde *f,* Gemeinschaft *f,* Gemeinwesen *n; 2. the ~* die Allgemeinheit *f*
commute [kə'mjuːt] *v 1. (travel back and forth)* pendeln; *2. JUR* umwandeln
commuter [kə'mjuːtə] *sb* Pendler *m*
compact [kəm'pækt] *adj 1.* kompakt, dicht; ['kɒmpækt] *sb 2. (agreement)* Vereinbarung *f*
compact disc ['kɒmpækt dɪsk] *sb* CD *f*
companion [kəm'pænjən] *sb 1. (person with one)* Begleiter *f; 2. (friend)* Kamerad *m,* Genosse *m,* Gefährte/Gefährtin *m/f*
companionship [kəm'pænjənʃɪp] *sb* Gesellschaft *f*
company ['kʌmpənɪ] *sb 1.* Gesellschaft *f; keep s.o. ~* jdm Gesellschaft leisten; *to be in good ~ (fam)* in guter Gesellschaft sein; *part ~*

with sich trennen von; *2. (firm)* Firma *f,* Unternehmen *n,* Gesellschaft *f; 3. MIL* Kompanie *f; 4. THEAT* Truppe *f*

compare [kəm'pɛə] *v* vergleichen; *~d with* im Vergleich zu; *it ~s badly* es schneidet vergleichsweise schlecht ab

comparison [kəm'pærɪsən] *sb* Vergleich *m; in ~ with* im Vergleich zu; *by way of ~* vergleichsweise

compartment [kəm'pɑːtmənt] *sb 1.* Abteilung *f,* Fach *n; 2. (of a train)* Abteil *n*

compass ['kʌmpəs] *sb 1.* Kompass *m; 2. ~ es pl (for drawing circles)* Zirkel *m*

compassion [kəm'pæʃən] *sb* Mitleid *n,* Erbarmen *n,* Mitgefühl *n*

compatibility [kəmpætə'bɪlɪtɪ] *sb 1.* Vereinbarkeit *f; 2. INFORM* Kompatibilität *f; 3. MED* Verträglichkeit *f*

compel [kəm'pel] *v* zwingen

compendium [kəm'pendɪəm] *sb* Kompendium *n,* Zusammenstellung *f*

compensate ['kɒmpenseɪt] *v 1. (recompense) FIN* entschädigen; *2. TECH* ausgleichen; *3. PSYCH* kompensieren; *4. (US: pay in wages)* bezahlen; *5. ~ for (in money, in goods)* ersetzen, vergüten, wettmachen; *~ a loss* jdm einen Verlust ersetzen; *6. ~ for (counterbalance, offset)* ausgleichen

compensation [kɒmpen'seɪʃən] *sb 1. (damages)* Entschädigung *f,* Ersatz *m,* Schadenersatz *m; in ~* als Entschädigung; *2. (settlement) JUR* Abfindung *f; 3. (US: pay)* Vergütung *f,* Entgelt *n; 5. (counterbalance)* Ausgleich *m; 4. PSYCH* Kompensation *f*

compete [kəm'piːt] *v 1.* konkurrieren; *2. ~ with s.o. for sth* mit jdm um etw wetteifern; *3. (contend) SPORT* kämpfen; *~ for the championship* um die Meisterschaft kämpfen; *4. (participate in the competition)* teilnehmen

competence ['kɒmpɪtəns] *sb* Fähigkeit *f; (authority, responsibility)* Kompetenz *f,* Zuständigkeit *f*

competent ['kɒmpɪtənt] *adj 1.* fähig, tüchtig; *JUR 2. (responsible)* zuständig; *3. (witness)* zulässig

competition [kɒmpɪ'tɪʃən] *sb 1.* Konkurrenz *f; to be in ~ with s.o.* mit jdm konkurrieren, mit jdm wetteifern; *2. (a ~)* Wettbewerb *m,* Wettkampf *m; 3. (write-in contest)* Preisausschreiben *n*

competitive [kəm'petɪtɪv] *adj 1. (able to hold its own)* konkurrenzfähig, wettbewerbsfähig; *2. (nature, person)* vom Konkurrenzdenken geprägt; *(market)* mit starker Konkurrenz

competitor [kəm'petɪtə] *sb 1.* Konkurrent *m,* Gegner *m; 2. SPORT (participant)* Teilnehmer *m,* Wettkämpfer *m*

compilation [kɒmpɪ'leɪʃən] *sb* Zusammenstellung *f,* Sammlung *f*

compile [kəm'paɪl] *v* zusammenstellen

compiler [kəm'paɪlə] *sb* Verfasser *m*

complacent [kəm'pleɪsnt] *adj* selbstgefällig, selbstzufrieden

complain [kəm'pleɪn] *v* sich beklagen, sich beschweren; *~ about* klagen über

complainant [kəm'pleɪnənt] *sb JUR* Kläger *m*

complaint [kəm'pleɪnt] *sb 1.* Beschwerde *f,* Klage *f; 2. MED* Beschwerden *pl,* Leiden *n; 3. ECO* Reklamation *f,* Beanstandung *f; 4. JUR* Strafanzeige *f*

complement ['kɒmplɪment] *v* ergänzen

complete [kəm'pliːt] *v 1. (finish)* beenden, abschließen, absolvieren; *2. (a form)* ausfüllen; *3. (make whole)* vervollständigen, ergänzen, vollenden; *adj 4. (finished)* fertig; *5. (entire)* ganz, vollständig, komplett; *~ with* komplett mit; *6. (utter, absolute)* völlig, total, vollkommen; *7. (with nothing missing, comprehensive)* vollzählig, lückenlos, umfassend

completion [kəm'pliːʃən] *sb 1. (making whole)* Vervollständigung *f; 2. (finishing)* Vollendung *f,* Beendigung *f,* Abschluss *m*

complex ['kɒmpleks] *adj 1.* kompliziert, verwickelt; *sb 2.* Komplex *m*

complicate ['kɒmplɪkeɪt] *v* komplizieren

complicated ['kɒmplɪkeɪtɪd] *adj* kompliziert

complication [kɒmplɪ'keɪʃən] *sb* Komplikation *f,* Erschwernis *f*

compliment ['kɒmplɪmənt] *sb 1.* Kompliment *n; 2. ~s pl* Grüße *pl; with the ~s of Mr. Jones* mit den besten Empfehlungen von Herrn Jones

complimentary [kɒmplɪ'mentərɪ] *adj 1. (free)* kostenlos; *2. (using compliments)* schmeichelhaft

comply [kəm'plaɪ] *v 1. ~ with (a rule)* befolgen; *2. ~ with (a request)* nachkommen, entsprechen

component [kəm'pəʊnənt] *sb 1.* Bestandteil *m; 2. TECH* Komponente *f,* Bauelement *n,* Bestandteil *m*

compose [kəm'pəʊz] *v 1. MUS* komponieren; *2. (a letter)* aufsetzen; *3. (a poem)* verfassen; *4. (~ type)* setzen; *5. to be ~d of* bestehen aus, sich zusammensetzen aus; *6. ~ o.s.* sich sammeln, sich fassen

composer [kəm'pəʊzə] *sb 1. MUS* Komponist *m; 2. (of a letter)* Verfasser *m*
composition [kɒmpə'zɪʃən] *sb 1. (of a letter)* Abfassen *n; (of music)* Komponieren *n; (of a poem)* Verfassen *n; 2. (makeup)* Zusammensetzung *f; 3. CHEM* Zusammensetzung *f,* Verbindung *f; 4. (essay)* Aufsatz *m; 5. MUS* Komposition *f*
composure [kəm'pəʊʒə] *sb* Fassung *f,* Gelassenheit *f,* Beherrschung *f*
compound [kɒm'paʊnd] *v 1. (make worse)* verschlimmern; ['kɒmpaʊnd] *adj 2.* zusammengesetzt, Verbund... *sb 3. CHEM* Verbindung *f; 4. GRAMM* Kompositum *n*
comprehend [kɒmprɪ'hend] *v (understand)* begreifen, verstehen
comprehension [kɒmprɪ'henʃən] *sb 1. (understanding)* Verständnis *n; 2. (capacity to understand)* Fassungsvermögen *n; That's beyond my ~.* Das geht über mein Fassungsvermögen.
comprehensive school [kɒmprɪ'hensɪv skuːl] *sb (UK)* Gesamtschule *f*
compress ['kɔmpres] *sb 1. MED* Kompresse *f,* feuchter Umschlag *m;* [kəm'pres] *v 2. PHYS* verdichten
compression [kəm'preʃən] *sb* Kompression *f,* Druck *m*
compressor [kəm'presə] *sb TECH* Kompressor *m,* Verdichter *m*
comprisal [kəm'praɪzl] *sb* Zusammenfassung *f*
comprise [kəm'praɪz] *v* umfassen
compromise ['kɒmprəmaɪz] *sb 1.* Kompromiss *m; v 2. (agree on a compromise)* einen Kompromiss schließen; *3. (put at risk)* kompromittieren, gefährden; *~ o.s.* sich kompromittieren
compulsion [kəm'pʌlʃən] *sb* Zwang *m,* Nötigung *f*
compulsory [kəm'pʌlsərɪ] *adj* obligatorisch, Pflicht...
compunction [kəm'pʌŋkʃən] *sb* Bedenken *pl,* Gewissensbisse *pl*
computation [kɒmpjʊ'teɪʃən] *sb* Berechnung *f,* Kalkulation *f*
compute [kəm'pjuːt] *v 1. (make calculations)* rechnen; *2. (sth)* berechnen, errechnen
computer [kəm'pjuːtə] *sb* Computer *m,* Rechner *m*
computer graphics [kəm'pjuːtə 'græfɪks] *sb* Computergraphik *f*
comrade ['kɒmrɪd] *sb 1.* Kamerad *m,* Genosse *m; 2. POL* Genosse *m*
con [kɒn] *v (swindle)* reinlegen; *~ s.o. into doing sth* jdn durch Schwindel dazu bringen, etw zu tun; *~ s.o. out of* jdn betrügen um
conceal [kən'siːl] *v 1.* verbergen, verheimlichen, verhehlen; *2. (physically)* verstecken
concede [kən'siːd] *v 1. (capitulate)* kapitulieren, nachgeben; *2. (admit)* zugeben, einräumen, zugestehen
conceit [kən'siːt] *sb* Einbildung *f,* Eingebildetheit *f*
conceited [kən'siːtəd] *adj* eingebildet
conceive [kən'siːv] *v 1. (imagine)* sich vorstellen; *2. (a child)* empfangen; *3. (a plan)* sich ausdenken
concentrate ['kɒnsəntreɪt] *v 1.* konzentrieren; *sb 2.* Konzentrat *n*
concentration [kɒnsən'treɪʃən] *sb 1.* Konzentration *f; 2. CHEM* Konzentration *f,* Dichte *f*
concentration camp [kɒnsən'treɪʃən kæmp] *sb POL* Konzentrationslager *n*
concept ['kɒnsept] *sb* Begriff *m*
conception [kən'sepʃən] *sb 1. (idea)* Auffassung *f,* Vorstellung *f; 2. BIO* Empfängnis *f*
concern [kən'sɜːn] *v 1. ~ o.s. with sth* sich mit etw beschäftigen, sich für etw interessieren; *2. (worry)* beunruhigen; *3. to be ~ed about* sich kümmern um; *4. (to be about)* sich handeln um, gehen um; *5. (affect)* betreffen, angehen, anbelangen; *as far as I'm ~ed* was mich betrifft, meinetwegen; *It doesn't ~ me.* Es geht mich nichts an. *sb 6. (anxiety)* Besorgnis *f; There's no cause for ~.* Es besteht kein Grund zur Sorge. *7. (matter)* Angelegenheit *f; 8. (firm) ECO* Konzern *m*
concerned [kən'sɜːnd] *adj 1. (involved)* betroffen; *2. (troubled, anxious)* besorgt, beängstigt
concerning [kən'sɜːnɪŋ] *prep* bezüglich, über
concert ['kɒnsət] *sb MUS* Konzert *n*
concession [kən'seʃən] *sb 1.* Zugeständnis *n,* Konzession *f; 2. ECO* Konzession *f*
conciliate [kən'sɪlɪeɪt] *v 1. (reconcile)* aussöhnen; *2. (placate)* besänftigen
conciliation [kənsɪlɪ'eɪʃən] *sb* Versöhnung *f*
concise [kən'saɪs] *adj* knapp, bündig
conclude [kən'kluːd] *v 1. (come to an end)* enden, schließen, aufhören; *2. (sth)(bring to an end)* beenden, zu Ende führen, abschließen; *3. (a deal)* abschließen, schließen; *4. (decide)* beschließen, entscheiden; *5. (infer)* schließen, folgern, entnehmen

conclusion [kən'klu:ʒən] *sb 1. (end)* Abschluss *m; bring to a ~* zum Abschluss bringen; *2. (inference)* Schlussfolgerung *f,* Schluss *m; draw a ~* einen Schluss ziehen; *jump to ~s* voreilige Schlüsse ziehen
conclusive [kən'klu:sɪv] *adj* entscheidend, überzeugend, schlüssig
concoct [kən'kɒkt] *v 1.* zusammenbrauen; *2. (fig)* aushecken, sich ausdenken
concord ['kɒnkɔ:d] *sb* Übereinstimmung *f,* Einklang *m,* Harmonie *f*
concourse ['kɒŋkɔ:s] *sb 1.* Auflauf *m,* Menge *f; 2. (at an airport)* Halle *f*
concrete ['kɒŋkri:t] *sb 1.* Beton *m; adj 2.* betoniert, Beton... *3. (fig)* konkret; *v 4. TECH* betonieren
concur [kən'kɜ:] *v (agree)* übereinstimmen; *(with a statement)* beipflichten
concurrence [kən'kʌrəns] *sb 1. (accordance)* Übereinstimmung *f; 2. (of events)* Zusammentreffen
concuss [kən'kʌs] *v* erschüttern
concussion [kən'kʌʃən] *sb MED* Gehirnerschütterung *f*
condemn [kən'dem] *v 1.* verurteilen; *2. (fig)* verdammen, verurteilen
condemnation [kɒndem'neɪʃən] *sb 1.* Verurteilung *f; 2. (of a building)* Kondemnation *f*
condensation [kɒnden'seɪʃən] *sb 1. CHEM* Kondensation *f; 2. (liquid formed)* Kondenswasser *n*
condense [kən'dens] *v 1. (book, article)* kürzen; *2. CHEM* verdichten, kondensieren
condition [kən'dɪʃən] *sb 1. (state)* Zustand *m,* Verfassung *f,* Beschaffenheit *f; out of ~* in schlechter Verfassung; *2. SPORT* Kondition *f,* Form *f; 3. (a ~) MED* Leiden *n,* Beschwerden *pl; 4. ~s pl (circumstances)* Umstände *pl,* Verhältnisse *pl,* Lage *f; 5. (stipulation)* Bedingung *f,* Voraussetzung *f,* Kondition *f; on ~ that...* unter der Bedingung, dass... *v 6. (bring into good ~)* in Form bringen; *7. PSYCH* konditionieren
condole [kən'dəʊl] *v ~ with s.o.* jdm kondolieren
condolence [kən'dəʊlens] *sb* Beileid *n; offer s.o. one's ~s* jdm sein Beileid aussprechen
condom ['kɒndəm] *sb* Kondom *n*
condonation [kɒndəʊ'neɪʃən] *sb* Vergebung *f,* Schulderlass *m*
condone [kən'dəʊn] *v* dulden
conduce [kən'dju:s] *v* fördern
conduct [kən'dʌkt] *v 1. ~ o.s.* sich benehmen, sich verhalten; *2. (direct)* führen, leiten, verwalten; *3. (guide)* führen; *4. PHYS* leiten; ['kɒndʌkt] *sb 5. (behaviour)* Verhalten *n,* Benehmen *n,* Betragen *n; 6. (management)* Führung *f,* Leitung *f; 7. safe ~* sicheres Geleit *n, (document)* Geleitbrief *m*
conduction [kən'dʌkʃən] *sb* Leitung *f*
conductor [kən'dʌktə] *sb 1. MUS* Dirigent *m; 2. (US: of a train)* Zugführer *m; 3. TECH* Leiter *m*
cone [kəʊn] *sb 1. (for ice cream)* Waffeltüte *f; 2. MATH* Kegel *m*
confect [kən'fekt] *v* herstellen
confection [kən'fekʃən] *sb* Konfekt *n,* Naschwerk *n*
confectionery [kɔn'fekʃənərɪ] *sb 1. (shop)* Konditorei *f; 2. GAST* Konditorwaren *pl*
confederacy [kən'fedərəsɪ] *sb* Staatenbund *m,* Konföderation *f*
confederate [kən'fedərɪt] *sb* Bündnispartner *m,* Verbündete(r) *m/f*
confederation [kənfedə'reɪʃən] *sb POL 1. (alliance)* Bund *m; 2. (system of government)* Konföderation *f*
confer [kən'fɜ:] *v 1. (consult together)* sich beraten, sich besprechen; *2. (bestow)* verleihen, übertragen
conference ['kɒnfərəns] *sb 1.* Konferenz *f,* Besprechung *f,* Sitzung *f; in ~* bei einer Besprechung; *2. (convention)* Konferenz *f,* Tagung *f*
confess [kən'fes] *v 1.* eingestehen, zugeben, gestehen; *2. REL* beichten
confession [kən'feʃən] *sb 1.* Geständnis *n,* Bekenntnis *n; 2. REL* Beichte *f*
confessional [kən'feʃənəl] *sb REL* Beichtstuhl *m*
confessor [kən'fesə] *sb* Beichtvater *m*
confide [kən'faɪd] *v ~ in s.o.* sich jdm anvertrauen
confidence ['kɒnfɪdəns] *sb 1.* Vertrauen *n,* Zutrauen *n; take s.o. into one's ~* jdn ins Vertrauen ziehen; *2. (self-~)* Zuversicht *f,* Selbstvertrauen *n*
confident ['kɒnfɪdənt] *adj* zuversichtlich, sicher, überzeugt
confidential [kɒnfɪ'denʃəl] *adj* vertraulich, geheim
confidentiality [kɒnfɪdenʃɪ'ælɪtɪ] *sb* Vertraulichkeit *f,* Schweigepflicht *f*
configuration [kənfɪgjʊ'reɪʃən] *sb 1.* Struktur *f,* Gestalt *f,* Bau *m; 2. INFORM* Konfiguration *f*

confine [kən'faɪn] *v* *1. ~ o.s. to* sich beschränken auf; *2. (limit)* beschränken, begrenzen; *3. (to a place)* einsperren
confinement [kən'faɪnmənt] *sb* *1. JUR (imprisonment)* Haft *f,* Arrest *m,* Gefangenschaft *f; solitary ~* Einzelhaft *f; 2. MED* Entbindung *f*
confirm [kən'fɜːm] *v* *1.* bestätigen; *2. (one's resolve)* bestärken, bekräftigen; *3. REL* konfirmieren; *(Catholic)* firmen
confirmation [kɒnfə'meɪʃən] *sb* *1.* Bestätigung *f; 2. REL* Konfirmation *f; (Catholic) REL* Firmung *f*
confiscate ['kɒnfɪskeɪt] *v* beschlagnahmen, einziehen, sicherstellen
confiscation [kɒnfɪs'keɪʃən] *sb* Beschlagnahme *f,* Einziehung *f*
conflict ['kɒnflɪkt] *sb* *1.* Konflikt *m; ~ of interest* Interessenkonflikt *m;* [kən'flɪkt] *v* *2. ~ with sth* zu etw im Widerspruch stehen
conform [kən'fɔːm] *v* *~ to (socially)* sich anpassen an; *(a rule)* sich richten nach
conformity [kən'fɔːmɪtɪ] *sb* *1.* Übereinstimmung *f; 2. (social)* Anpassung *f*
confound [kən'faʊnd] *v (baffle)* verblüffen; *~ it!* Verdammt! Verflixt noch mal!
confront [kən'frʌnt] *v* *1. ~ s.o. with sth* jdn mit etw konfrontieren; *2. (danger, the enemy)* gegenübertreten; *3. (an issue)* begegnen; *4. (find o.s. facing)* gegenüberstehen
confrontation [kɒnfrən'teɪʃən] *sb* *1.* Gegenüberstellung *f,* Konfrontation *f; 2. (argument, clash)* Auseinandersetzung *f*
confuse [kən'fjuːz] *v* *1. (bewilder, perplex)* verwirren, durcheinander bringen; *2. (mix up)* verwechseln, durcheinander bringen
confused [kən'fjuːzd] *adj* *1. (person)* verwirrt, durcheinander, konfus; *2. (idea, situation)* verworren, wirr, undeutlich
confusing [kən'fjuːzɪŋ] *adj* verwirrend
confusion [kən'fjuːʒən] *sb* *1. (perplexity)* Verwirrung *f; 2. (mixing up)* Verwechslung *f; 3. (disorder)* Durcheinander *n,* Gewirr *n*
congeal [kən'dʒiːl] *v* *1.* erstarren, fest werden, *(get frozen)* gefrieren, *(blood)* gerinnen; *2. (~ sth)* erstarren lassen, *(freeze)* einfrieren
congenial [kən'dʒiːnɪəl] *adj (person)* sympathisch, gemütlich, verträglich
congest [kən'dʒest] *v* überfüllen, anfüllen, verstopfen
congestion [kən'dʒestʃən] *sb* Verstopfung *f*
conglomeration [kənglɒmə'reɪʃən] *sb* Konglomerat *n,* Ansammlung *f,* Gemisch *n*
congratulate [kən'grætjʊleɪt] *v* gratulieren, beglückwünschen
congratulations [kəngrætjʊ'leɪʃənz] *pl* Glückwunsch *m; Congratulations!* Ich gratuliere!
congregate ['kɒŋgrɪgeɪt] *v* sich versammeln
congregation [kɒŋgrɪ'geɪʃən] *sb REL* Gemeinde *f*
congress ['kɒŋgres] *sb* Kongress *m,* Tagung *f*
Congress ['kɒŋgres] *sb (US)* Kongress *m*
Congressman ['kɒŋgresmən] *sb* Kongressabgeordneter *m*
congruent ['kɒŋgrʊənt] *adj* *1. MATH* deckungsgleich, kongruent; *2. (in agreement, corresponding)* übereinstimmend
conjugate ['kɒndʒʊgeɪt] *v GRAMM* konjugieren, beugen
conjugation [kɒndʒʊ'geɪʃən] *sb GRAMM* Konjugation *f*
conjunction [kən'dʒʌŋkʃən] *sb GRAMM* Konjunktion *f*
conjuncture [kən'dʒʌŋktʃə] *sb* Zusammentreffen *n*
connect [kə'nekt] *v* *1.* verbinden, verknüpfen; *2. (~ up) TECH* anschließen; *3. TEL* verbinden; *4. to be ~ed (to be related)* zusammenhängen; *5. (with a blow)* treffen; *6. (to another train)* Anschluss haben
connection [kə'nekʃən] *sb* *1.* Verbindung *f; 2. (link, relationship)* Zusammenhang *m,* Beziehung *f; 3. (through acquaintance)* Beziehung *f,* Verbindung *f; have ~s* Beziehungen haben; *4. TECH* Verbindung *f,* Anschluss *m; 5. TEL* Verbindung *f*
connotation [kɒnə'teɪʃən] *sb* Konnotation *f,* Bedeutung *f*
conquer ['kɒŋkə] *v* *1.* erobern, besiegen; *2. (fig: doubts, a disease)* bezwingen, überwinden
conqueror ['kɒŋkərə] *sb* Eroberer *m*
conquest ['kɒŋkwest] *sb* Eroberung *f*
conscience ['kɒnʃəns] *sb* Gewissen *n*
conscientious [kɒnʃɪ'enʃəs] *adj* gewissenhaft, pflichtbewusst
consciousness ['kɒnʃəsnɪs] *sb* Bewusstsein *n,* Besinnung *f; lose ~* das Bewusstsein verlieren; *regain ~* wieder zu sich kommen
conscript ['kɒnskrɪpt] *sb MIL* Rekrut *m*
conscription [kən'skrɪpʃən] *sb MIL 1. (universal ~)* Wehrpflicht *f; 2. (conscripting)* Einberufung *f*
consecrate ['kɒnsɪkreɪt] *v REL* weihen

consecration [kɒnsɪ'kreɪʃən] *sb 1. REL* Weihe *f; 2. (in mass) REL* Wandlung *f*
consecutive [kən'sekjʊtɪv] *adj* aufeinander folgend, fortlaufend
consensus [kən'sensəs] *sb* Übereinstimmung *f,* Einigkeit *f*
consent [kən'sent] *v 1.* zustimmen, einwilligen; *sb 2.* Zustimmung *f,* Einwilligung *f,* Genehmigung *f; age of ~* Mündigkeit *f*
consequence ['kɒnsɪkwəns] *sb 1. (importance)* Bedeutung *f,* Wichtigkeit *f; It's of no ~.* Das spielt keine Rolle. *2. (effect)* Konsequenz *f,* Folge *f,* Wirkung *f; take the ~s* die Folgen tragen
consequent ['kɒnsɪkwənt] *adj* sich daraus ergebend, daraus folgend
conservation [kɒnsə'veɪʃən] *sb 1.* Erhaltung *f; 2. (of nature)* Naturschutz *m; 3. (of the environment)* Umweltschutz *m*
conservationist [kɒnsə'veɪʃənɪst] *sb* Umweltschützer *m*
conservation technology [kɒnsə'veɪʃən tek'nɒlədʒɪ] *sb* Umwelttechnik *f*
conservatism [kən'sɜːvətɪzəm] *sb* Konservatismus *m*
conservative [kən'sɜːvətɪv] *adj 1.* konservativ; *2. (cautious)* vorsichtig; *sb 3.* Konservativer *m*
conservatory [kən'sɜːvətrɪ] *sb 1. MUS* Musikhochschule *f; 2. (for plants)* Wintergarten *m*
conserve [kən'sɜːv] *v* konservieren
consider [kən'sɪdə] *v 1. (reflect upon)* überlegen, nachdenken über, erwägen; *2. (take into account)* denken an, berücksichtigen, bedenken; *all things ~ed* alles in allem; *3. (have in mind)* in Betracht ziehen, erwägen; *4. (deem)* betrachten als, halten für, schätzen
considerable [kən'sɪdərəbl] *adj* beträchtlich, erheblich, beachtlich
considerate [kən'sɪdərɪt] *adj* rücksichtsvoll, aufmerksam, fürsorglich
consideration [kənsɪdə'reɪʃən] *sb 1. (deliberation)* Überlegung *f,* Erwägung *f; 2. take sth into ~* etw berücksichtigen; *3. (sth taken into ~)* Erwägung *f,* Faktor *m; 4. (thoughtfulness)* Rücksicht *f*
considering [kən'sɪdərɪŋ] *prep* wenn man bedenkt, im Hinblick auf, angesichts
consign [kən'saɪn] *v 1. ECO* versenden, verschicken; *2. ~ to (commit to)* bestimmen für
consignee [kənsaɪ'niː] *sb* Adressat *m,* Empfänger *m*
consist [kən'sɪst] *v ~ of* bestehen aus
consistency [kən'sɪstənsɪ] *sb 1.* Konsequenz *f,* Folgerichtigkeit *f,* Übereinstimmung *f; 2. (of a substance)* Konsistenz *f*
consistent [kən'sɪstənt] *adj* konsequent, gleich bleibend, einheitlich
consolation [kɒnsə'leɪʃən] *sb 1.* Trost *m,* Trostpflaster *n; 2. (act of consoling)* Trösten *n*
console[1] [kən'səʊl] *v* trösten
console[2] ['kɒnsəʊl] *sb (control panel)* Kontrollpult *n*
consolidate [kən'sɒlɪdeɪt] *v (combine)* vereinigen, zusammenschließen
consolidation [kənsɒlɪ'deɪʃən] *sb (bringing together)* Zusammenlegung *f,* Vereinigung *f,* Zusammenschluss *m*
consonant ['kɒnsənənt] *sb LING* Konsonant *m*
consort [kən'sɔːt] *sb* Gatte/Gattin *m/f*
conspicuous [kən'spɪkjʊəs] *adj* auffällig, auffallend, deutlich sichtbar
conspiracy [kən'spɪrəsɪ] *sb* Verschwörung *f,* Komplott *n*
conspirator [kən'spɪrətə] *sb* Verschwörer *m*
conspire [kən'spaɪə] *v* sich verschwören
constable ['kʌnstəbl] *sb (UK)* Polizist *m*
constancy ['kɒnstənsɪ] *sb* Beharrlichkeit *f,* Beständigkeit *f,* Konstanz *f*
constant ['kɒnstənt] *adj 1. (unchanging)* gleich bleibend, konstant, fest; *2. (continuous)* andauernd, ständig, unaufhörlich
constellate ['kɒnstɪleɪt] *v* sich konstellieren, sich formieren
constellation [kɒnstə'leɪʃən] *sb* Sternbild *n,* Konstellation *f*
consternate ['kɒnstəneɪt] *v* beunruhigen, entsetzen
consternation [kɒnstɜː'neɪʃən] *sb* Sorge *f,* Bestürzung *f*
constituency [kən'stɪtjʊənsɪ] *sb POL* Wahlkreis *m*
constituent [kən'stɪtjʊent] *sb (component)* Bestandteil *m*
constitute ['kɒnstɪtjuːt] *v 1. (make up)* bilden; *2. (amount to)* darstellen
constitution [kɒnstɪ'tjuːʃən] *sb 1. POL* Verfassung *f,* Grundgesetz *n,* Satzung *f; 2. (of a person)* Konstitution *f,* Körperbau *m*
constitutional [kɒnstɪ'tjuːʃənl] *adj 1. (consistent with the constitution)* verfassungsmäßig; *sb 2. (walk)* Spaziergang *m*
constraint [kən'streɪnt] *sb 1. (compulsion)* Zwang *m,* Nötigung *f; 2. (restriction)* Beschränkung *f*

constrict [kən'strɪkt] *v* einengen, einschränken
construct [kən'strʌkt] *v 1.* bauen, errichten, konstruieren; *2. (a work of fiction)* aufbauen
construction [kən'strʌkʃən] *sb 1. (constructing)* Bau *m,* Konstruktion *f,* Errichtung *f; under ~* im Bau; *2. (of a work of fiction)* Aufbau *m*
construction site [kən'strʌkʃən saɪt] *sb* Baustelle *f*
construe [kən'stru:] *v (interpret)* auslegen, auffassen
consul ['kɒnsl] *sb POL* Konsul *m*
consulate ['kɒnsjʊlɪt] *sb POL* Konsulat *n*
consult [kən'sʌlt] *v 1.* konsultieren, befragen, um Rat fragen; *~ one's watch* auf die Uhr sehen; *2. (files)* einsehen; *~ the dictionary* im Wörterbuch nachschlagen
consultant [kən'sʌltənt] *sb* Berater *m*
consultation [kɒnsəl'teɪʃən] *sb* Beratung *f,* Rücksprache *f*
consume [kən'sju:m] *v 1. (use up)* verbrauchen, verzehren; *to be ~d with jealousy* von Eifersucht verzehrt werden; *2. (food)* verzehren, konsumieren
consumer [kən'sju:mə] *sb* Verbraucher *m,* Konsument *m*
consumer goods [kən'sju:mə gʊdz] *pl ECO* Verbrauchsgüter *pl,* Konsumgüter *pl*
consummate ['kɒnsʌmeɪt] *v 1. (a marriage)* vollziehen; [kən'sʌmɪt] *2. adj* vollendet
consumption [kən'sʌmpʃən] *sb* Verbrauch *m,* Konsum *m,* Verzehr *m*
contact ['kɒntækt] *v 1.* sich in Verbindung setzen mit, Kontakt aufnehmen zu; *sb 2. (communication)* Verbindung *f; to be in ~ with s.o.* mit jdm in Verbindung stehen; *lose ~ with s.o.* die Verbindung zu jdm verlieren; *3. (person to ~)* Kontaktperson *f,* Verbindungsmann *m,* Ansprechpartner *m; 4. (useful acquaintance)* Verbindung *f; make ~s* Verbindungen anknüpfen; *5. (touching)* Berührung *f*
contagion [kən'teɪdʒən] *sb MED* Ansteckung *f*
contagious [kən'teɪdʒəs] *adj 1. MED* ansteckend, direkt übertragbar; *2. (fig)* ansteckend
contain [kən'teɪn] *v 1. (have inside)* enthalten, beinhalten; *2. (control) (o.s.)* sich beherrschen; *(opponent)* in Schach halten; *(inflation)* in Grenzen halten; *3. (have room for)* fassen, umfassen
container [kən'teɪnə] *sb 1.* Behälter *m,* Gefäß *n; 2. ECO* Container *m*
contaminate [kən'tæmɪneɪt] *v* verunreinigen, vergiften, verseuchen
contamination [kəntæmɪ'neɪʃən] *sb* Verunreinigung *f,* Verseuchung *f,* Vergiftung *f,* Kontaminierung *f*
contemplate ['kɒntəmpleɪt] *v* nachdenken über, erwägen, denken an
contemporary [kən'tempərərɪ] *adj 1. (present-day)* zeitgenössisch, heutig; *2. (of the same time)* zeitgenössisch, der damaligen Zeit; *sb 3. (of s.o. in the past)* Zeitgenosse *m; 4. (age-wise)* Altersgenosse *m*
contempt [kən'tempt] *sb 1.* Verachtung *f,* Geringschätzung *f; hold in ~* verachten; *beneath ~* unter aller Kritik; *2. ~ of court JUR* Missachtung des Gerichts *f*
contend [kən'tend] *v 1. (assert)* behaupten; *2. (compete)* kämpfen; *~ with s.o. for sth* mit jdm um etw kämpfen
content[1] [kən'tent] *adj 1.* zufrieden; *v 2. ~ o.s. with* sich zufrieden geben mit, sich begnügen mit, sich abfinden mit; *3. (s.o.)* zufrieden stellen; *sb 4. one's heart's ~* nach Herzenslust
content[2] ['kɒntent] *1.* Inhalt *m; ~s pl* Inhalt *m; 2. CHEM* Gehalt *n*
contention [kən'tenʃən] *sb 1. (dispute)* Streit *m; 2. (argument)* Behauptung *f*
contentment [kən'tentmənt] *sb* Zufriedenheit *f*
contest[1] [kən'test] *v 1. (dispute)* bestreiten, angreifen; *2. ~ a seat POL* um einen Wahlkreis kämpfen; *3. MIL* kämpfen um; *4. JUR* anfechten;
contest[2] ['kɒntest] *sb 1.* Kampf *m; 2. (a competition)* Wettbewerb *m; 3. SPORT* Wettkampf *m*
context ['kɒntekst] *sb* Zusammenhang *m,* Kontext *m; out of ~* aus dem Zusammenhang gerissen
continent ['kɒntɪnənt] *sb 1.* Kontinent *m,* Erdteil *m; 2. (mainland)* Festland *n; the Continent (UK)* Kontinentaleuropa *n*
continental [kɒntɪ'nentl] *adj* kontinental
contingent [kən'tɪndʒənt] *adj 1. ~ upon* abhängig von; *sb 2. (group)* Gruppe *f; 3. MIL* Kontingent *n*
continual [kən'tɪnjʊəl] *adj 1. (frequently recurring)* immer wiederkehrend, häufig, oft wiederholt; *2. (unceasing)* ununterbrochen
continuation [kəntɪnjʊ'eɪʃən] *sb 1.* Fortsetzung *f; 2. (prolonging)* Fortdauer *f*

continue [kən'tɪnju:] *v* *1. ~ to be ...* weiterhin ... bleiben, nach wie vor ... sein; *2. (~ to exist)* andauern, fortbestehen; *3. (weather)* anhalten; *4. (carry on with sth)* weitermachen, fortfahren, fortsetzen; *~ in office* im Amt bleiben; *5. (resume)* fortsetzen; *"to be ~d"* Fortsetzung folgt
continuity [kɒntɪ'nju:ɪtɪ] *sb 1.* Stetigkeit *f; 2. (of a story)* der rote Faden *m* (fam)
continuous [kən'tɪnjʊəs] *adj 1.* andauernd, ständig, fortwährend; *2. (line)* ununterbrochen, durchgezogen; *3. TECH* kontinuierlich
contorted [kən'tɔ:tɪd] *adj* verzerrt
contortion [kən'tɔ:ʃən] *sb 1.* Verrenkung *f; 2. (of a face)* Verzerrung *f*
contour ['kɒntʊə] *sb* Kontur *f,* Umriss *m*
contract [kən'trækt] *v 1. (physically)* sich zusammenziehen, sich verengen; *2. ~ an illness* sich eine Krankheit zuziehen; *3. ~ to do sth* sich vertraglich verpflichten, etw zu tun; *4. ~ sth out ECO* etw außer Haus machen lassen; ['kɒntrækt] *sb 5.* Vertrag *m; to be under ~* unter Vertrag stehen; *6. (order)* Auftrag *m*
contraction [kən'trækʃən] *sb 1.* Zusammenziehung *f; 2. (of one's pupils)* Verengung *f; 3. GRAMM* Kurzform *f*
contractor [kən'træktə] *sb* Auftragnehmer *m*
contradict [kɒntrə'dɪkt] *v* widersprechen
contradiction [kɒntrə'dɪkʃən] *sb* Widerspruch *m,* Widerrede *f; ~ in terms* Widerspruch in sich
contrary ['kɒntrərɪ] *prep 1. ~ to* wider, gegen, entgegen; *adj 2. (conflicting)* gegensätzlich; *3. (opposite)* entgegengesetzt; *sb 4.* Gegenteil *n; on the ~* im Gegenteil
contrast [kən'trɑ:st] *v 1. (differ)* im Gegensatz stehen; *(colours)* sich abheben; *2. ~ sth with sth* einen Vergleich anstellen zwischen etw und etw; ['kɒntrɑ:st] *sb 3.* Gegensatz *m,* Kontrast *m; 4. FOTO* Kontrast *m*
contribute [kən'trɪbju:t] *v 1.* beitragen; *2. (to charity)* spenden; *3. (food, supplies)* beisteuern; *4. (to be a contributing factor)* mitwirken
contribution [kɒntrɪ'bju:ʃən] *sb 1.* Beitrag *m; make a ~ to sth* einen Betrag zu etw leisten; *2. (donation)* Spende *f*
contributor [kən'trɪbjʊtə] *sb 1.* Beitragender *m; 2. (to charity)* Spender *m; 3. (to a magazine)* Mitarbeiter *m*
contrition [kən'trɪʃən] *sb* Reue *f*
contrive [kən'traɪv] *v (devise)* ersinnen, sich ausdenken, entwerfen
control [kən'trəʊl] *v 1. ~ o.s.* sich beherrschen, sich bezähmen, sich mäßigen; *2. (sth)* Kontrolle haben über, kontrollieren; *3. (regulate)* kontrollieren; *4. (traffic)* regeln; *5. (steer)* steuern, lenken; *6. (keep within limits)* in Schranken halten, in Rahmen halten, beschränken; *sb 7.* Kontrolle *f; get under ~* unter Kontrolle bringen; *get out of ~* außer Kontrolle geraten; *8. (authority)* Gewalt *f,* Macht *f,* Herrschaft *f; have no ~ over sth* keinen Einfluss auf etw haben; *9. (check)* Kontrolle *f; 10. (of a situation)* Beherrschung *f; lose ~ of o.s.* die Beherrschung verlieren; *have the situation under ~* Herr der Lage sein; *11. TECH* Steuerung *f; 12. (knob, switch)* Regler *m,* Schalter *m; to be at the ~s* die Steuerung haben
controller [kən'trəʊlə] *sb 1.* Kontrolleur *m; 2. TECH* Regler *m*
controlling [kən'trəʊlɪŋ] *adj 1.* beherrschend, dominant; *2. have a ~ interest in sth ECO* eine Mehrheitsbeteiligung an etw besitzen
controversial [kɒntrə'vɜ:ʃəl] *adj* umstritten, strittig, kontrovers
controversy ['kɒntrəvɜ:sɪ] *sb* Kontroverse *f,* Streit *m*
controvert ['kɒntrəvɜ:t] *v* bestreiten, anfechten
convalesce [kɒnvə'les] *v* genesen
convalescence [kɒnvə'lesəns] *sb* Genesung *f*
convene [kən'vi:n] *v 1. (come together)* zusammenkommen, sich versammeln; *2. (call together)* einberufen, versammeln
convenience [kən'vi:nɪəns] *sb 1.* Annehmlichkeit *f; at your ~* wann es Ihnen paßt; *for your ~* zum gefälligen Gebrauch; *2. public ~* öffentliche Toilette *f*
convenient [kən'vi:nɪənt] *adj 1.* günstig, passend, geeignet; *~ly located (shop)* verkehrsgünstig; *2. (functional)* brauchbar, praktisch, zweckmäßig
convent ['kɒnvənt] *sb REL* Frauenkloster *n*
convention [kən'venʃən] *sb 1. (conference)* Fachkongress *m,* Tagung *f; 2. POL* Konvent *m; (US)* Parteiversammlung *f; 3. (agreement)* Abkommen *n; 4. (social rule)* Konvention *f*
converge [kən'vɜ:dʒ] *v 1.* zusammenlaufen, sich einander nähern; *2. MATH* konvergieren
convergence [kən'vɜ:dʒəns] *sb* Konvergenz *f,* Annäherung *f*

conversation [kɒnvə'seɪʃən] *sb* Gespräch *n,* Unterhaltung *f,* Konversation *f; make ~ (small talk)* Konversation machen
converse ['kənvɜːs] *v* sich unterhalten, sprechen
conversely [kɒn'vɜːslɪ] *adv* umgekehrt
conversion [kən'vɜːʃən] *sb 1.* Umwandlung *f,* Verwandlung *f; 2. (of a buiding)* Umbau *m; 3. TECH (of a device)* Umstellung *f; 4. (of measures)* Umrechnung *f; 5. REL* Bekehrung *f*
convert [kən'vɜːt] *v 1.* umwandeln, verwandeln; *2. (measures)* umrechnen; *3. TECH* umrüsten, umstellen; *(building)* umbauen; *4. REL* bekehren; *5. FIN* konvertieren, umwandeln; ['kɒnvɜːt] *sb 6. REL* Bekehrter *m*
convertible [kən'vɜːtɪbl] *v 1.* verwandelbar; *sb 2.* Kabriolett *n*
convey [kən'veɪ] *v 1. (transport)* befördern; *2. (an opinion)* vermitteln; *3. (a message)* übermitteln; *4. JUR* übertragen
conveyance [kən'veɪəns] *sb 1. (of a message)* Übermittlung *f; 2. JUR* Übertragung *f*
convict [kən'vɪkt] *v 1.* für schuldig erklären, überführen; ['kɒnvɪkt] *sb 2.* Sträfling *m*
conviction [kən'vɪkʃən] *sb 1. (belief)* Überzeugung *f; courage of one's ~s* Zivilcourage *f; 2. JUR* Verurteilung *f,* Schuldspruch *m,* Überführung *f*
convince [kən'vɪns] *v* überzeugen
convolve [kən'vɒlv] *v* zusammenrollen
convoy ['kɒnvɔɪ] *sb 1. MIL* Geleit *n; 2. (of lorries)* Lastwagenkolonne *f*
convulse [kən'vʌls] *v* erschüttern, schütteln
cook [kʊk] *v 1.* kochen, zubereiten; *2. ~ the books (fam)* die Bücher fälschen; *sb 3.* Koch/Köchin *m/f*
cooker ['kʊkə] *sb 1.* Kocher *m; 2. (UK: stove)* Herd *m*
cookery ['kʊkərɪ] *sb GAST* Kochen *n,* Kochkunst *f*
cookery-book ['kʊkərɪbʊk] *sb* Kochbuch *n*
cookie ['kʊkɪ] *sb (US) GAST* Keks *m,* Plätzchen *n*
cool [kuːl] *v 1.* abkühlen; *2. (sth)* kühlen; *~ it! (fam)* Reg dich ab! *adj 3. (temperature)* kühl; *4. (fig: unfriendly)* kühl; *5. (calm)* besonnen, gelassen; *6. (fam)* cool; *sb 7. Keep your ~!* Bleib ganz ruhig! *lose one's ~ (US)* aus der Fassung geraten
• **cool down** *v (fig)* sich beruhigen
• **cool off** *v* abkühlen
cooperate [kəʊ'ɒpəreɪt] *v* zusammenarbeiten; *(comply)* mitmachen
cooperation [kəʊɒpə'reɪʃən] *sb* Zusammenarbeit *f,* Kooperation *f*
cooperative [kəʊ'ɒpərətɪv] *adj (prepared to comply)* kooperativ, kollegial
coordinate [kəʊ'ɔːdɪneɪt] *v 1.* koordinieren, gleichschalten, aufeinander abstimmen; [kəʊ'ɔːdnɪt] *sb 2.* Koordinate *f*
coordination [kəʊɔːdɪ'neɪʃən] *sb* Koordination *f*
coordinator [kəʊ'ɔːdɪneɪtə] *sb* Koordinator *m*
cop [kɒp] *sb (fam)* Bulle *m,* Polyp *m*
co-partner [kəʊ'pɑːtnə] *sb* Partner *m,* Teilhaber *m*
cope [kəʊp] *v ~ with* bewältigen, fertig werden mit, zurechtkommen mit
copier ['kɒpɪə] *sb (machine)* Kopierer *m*
copilot ['kəʊpaɪlət] *sb* Kopilot *m*
copper ['kɒpə] *sb 1. CHEM* Kupfer *n; 2. (fam: policeman)* Polizist *m,* Bulle *m* (fam)
copy ['kɒpɪ] *v 1. (write out again)* abschreiben; *2. (reproduce)* kopieren, nachbilden; *3. (imitate)* nachmachen; *4. (a classmate's work)* abschreiben, spicken; *sb 5.* Kopie *f; 6. (written out separately)* Abschrift *f; 7. (of a photo)* Abzug *m,* Abdruck *m; 8. (of a book, newspaper, or magazine)* Exemplar *n; 9. (text of an advertisement or article)* Text *m*
copyright ['kɒpɪraɪt] *sb* Copyright *n,* Urheberrecht *n*
coral ['kɒrəl] *sb ZOOL* Koralle *f*
cord [kɔːd] *sb 1.* Schnur *f,* Strick *m,* Kordel *f; 2. (electrical)* Schnur *f; 3. ~s pl* Kordstoff *m*
corded ['kɔːdɪd] *adj* gerippt
cordial ['kɔːdjəl] *adj* höflich, herzlich
core [kɔː] *sb 1.* Kern *m,* Kernhaus *n; to the ~ (fig)* durch und durch; *v 2.* entkernen
cork [kɔːk] *sb 1. (stopper)* Korken *m,* Stöpsel *m; 2. BOT* Kork *m*
corkscrew ['kɔːkskruː] *sb* Korkenzieher *m*
corn [kɔːn] *sb 1. BOT* Getreide *n,* Korn *n; 2. (US) BOT* Mais *m; 3. MED* Hühnerauge *n*
corned beef [kɔːnd'biːf] *sb GAST* Corned Beef *n*
corner ['kɔːnə] *v 1. (trap)* in die Enge treiben; *~ the market* monopolisieren; *sb 2.* Ecke *f; out of the ~ of one's eye* aus dem Augenwinkel; *round the ~* um die Ecke; *drive s.o. into a ~* jdn in die Ecke treiben; *3. (in a road)* Kurve *f; 4. (out-of-the-way place)* Winkel *m*
cornfield ['kɔːnfiːld] *sb* Kornfeld *n, (US)* Maisfeld *n*

cornflakes [kɔːnfleɪks] *pl* *GAST* Cornflakes *pl*
coronation [kɒrə'neɪʃən] *sb* Krönung *f*
corporal[1] ['kɔːpərəl] *sb* *MIL* Unteroffizier *m*
corporal[2] ['kɔːpərəl] *adj* körperlich
corporation [kɔːpə'reɪʃən] *sb* *ECO* *(UK)* Handelsgesellschaft *f*, *(US)* Aktiengesellschaft *f*
corpse [kɔːps] *sb* Leiche *f*, Leichnam *m*
corpulent ['kɔːpjʊlənt] *adj* beleibt, korpulent
corpus ['kɔːpəs] *sb* *1. (important part of sth)* Großteil *m*; *2. (dead body)* Leiche *f*
Corpus Christi ['kɔːpəs 'krɪstɪ] *sb* *REL* Fronleichnam *m*
corrade [kɒ'reɪd] *v* *GEO* abtragen
correct [kə'rekt] *v* *1.* korrigieren, verbessern, berichtigen; *Correct me if I'm wrong.* Sie können mich gern berichtigen. *adj 2. (right)* richtig; *3. (suitable)* korrekt
correction [kə'rekʃən] *sb* Verbesserung *f*, Korrektur *f*
correctness [kə'rektnɪs] *sb* Richtigkeit *f*, Korrektheit *f*
correlation [kɒrɪ'leɪʃən] *sb* *(relationship)* direkter Zusammenhang *m*, Wechselbeziehung *f*, Korrelation *f*
correlative [kɒ'relətɪv] *adj* entsprechend
correspond [kɒrɪs'pɒnd] *v* *1. (exchange letters)* korrespondieren, in Briefwechsel stehen; *2. ~ to* entsprechen
correspondence [kɒrɪs'pɒndəns] *sb* *1. (letter writing)* Korrespondenz *f*; *2. (a ~)* Briefwechsel *m*
correspondent [kɒrɪs'pɒndənt] *sb* *1. (reporter)* Korrespondent *m*, Berichterstatter *m*; *2. (letter-writer)* Briefschreiber *m*
corridor ['kɒrɪdə] *sb* Korridor *m*, Gang *m*, Flur *m*
corrosion [kə'rəʊʒən] *sb* Korrosion *f*
corrupt [kə'rʌpt] *v* *1.* verderben; *adj 2.* verdorben, schlecht, verworfen; *3. (bribable)* korrupt
corruption [kə'rʌpʃən] *sb* *1.* Korruption *f*; *2. (corrupt nature)* Verdorbenheit *f*
cosmetic [kɒz'metɪk] *adj* kosmetisch
cosmetics [kɒz'metɪks] *pl* Kosmetik *f*
cosmic ['kɒzmɪk] *adj* kosmisch
cosmonaut ['kɒzmənɔːt] *sb* Kosmonaut(in) *m*
cosmopolitan [kɒzmə'pɒlɪtən] *adj* *1.* kosmopolitisch; *sb 2.* Kosmopolit *m*
cosmos ['kɒzmɒs] *sb* Kosmos *m*, Weltall *n*
cosset ['kɒsɪt] *v* verhätscheln
cost [kɒst] *v irr 1.* kosten; *How much does it ~?* Wie viel kostet es? *It'll ~ you. (fam)* Das kostet dich was. *sb 2.* Kosten *pl*; *at no ~* kostenlos; *3. (fig)* Preis *m*; *at all ~s, at any ~* um jeden Preis
costly ['kɒstlɪ] *adj* teuer, kostspielig
costume ['kɒstjuːm] *sb* Kostüm *n*
cosy ['kəʊzɪ] *adj* behaglich, gemütlich
cot [kɒt] *sb* *1. (for a baby: UK)* Kinderbett *n*, Gitterbett *n*; *2. (US)* Feldbett *n*
cottage ['kɒtɪdʒ] *sb* Cottage *n*, Häuschen *n*
cottage cheese [kɒtɪdʒ'tʃiːz] *sb* Hüttenkäse *m*
cotton ['kɒtn] *sb* Baumwolle *f*
cotton wool ['kɒtn wʊl] *sb* Baumwolle *f*
couch [kaʊtʃ] *sb* Couch *f*, Liege *f*
couchette [kuː'ʃet] *sb* Liegewagen *m*
cougar ['kuːgə] *sb* Puma *m*
cough [kɒf] *v* *1.* husten; *sb 2.* Husten *m*
• **cough up** *v* *1.* aushusten; *2. (fam: money)* rausrücken
could [kʊd] *v (see "can")*
council ['kaʊnsl] *sb* *REL* Konzil *n*
councilman ['kaʊnslmən] *sb* *1.* Ratsmitglied *n*; *2. (town ~)* Stadtrat *m*
council tax ['kaʊnsl tæks] *sb* *(UK)* Gemeindesteuer *f*
counsel ['kaʊnsl] *sb* *1.* Rat *m*; *v 1.* beraten; *2. (a course of action)* raten; *sb 3. JUR* Anwalt *m*; *~ for the defence* Verteidiger *m*; *~ for the prosecution* Anklagevertreter *m*; *4.* Ratschlag *m*, Rat *m*, Beratung *f*
counsellor ['kaʊnsələ] *sb* Berater *m*
count [kaʊnt] *sb* *1.* Zählung *f*; *lose ~* sich verzählen; *2. (in boxing) SPORT* Auszählen *n*; *3. lose ~ of sth* den Überblick über etw verlieren; *4. (nobleman)* Graf *m*; *v 5.* zählen; *6. (to be important)* wichtig sein; *that doesn't ~* das zählt nicht; *7. (to be included)* mitgezählt werden, mitgerechnet werden; *8. (consider)* betrachten; *not ~ing* abgesehen von
• **count against** *v ~ sth* gegen etw sprechen
• **count in** *v* mitzählen, mitrechnen; *Count me in!* Ich bin dabei!
• **count out** *v* *1. (money)* abzählen; *2. SPORT* auszählen; *3. (fam) I think we can count him out.* Ich glaube nicht, dass wir mit ihm rechnen können.
countdown ['kaʊntdaʊn] *sb* Countdown *m*
counter ['kaʊntə] *v* *1.* kontern, *(reply)* entgegnen; *sb 2.* Ladentisch *m*, Tresen *m*, Theke *f*; *under the ~* illegal, unter dem Ladentisch; *3. TECH* Zähler *m*
counteract [kaʊntər'ækt] *v* *1.* entgegenwirken; *2. (neutralisieren)* neutralisieren

counterbalance [kaʊntə'bæləns] *v* ausgleichen
counterfeit ['kaʊntəfɪt] *v 1.* fälschen; *sb 2.* Fälschung *f; adj 3.* gefalscht; *~ money* Falschgeld *n*
counterfeiter ['kaʊntəfɪtə] *sb* Fälscher *m*
countermeasure ['kaʊntəmeʒə] *sb* Gegenmaßnahme *f*
counterpart ['kaʊntəpɑːt] *sb 1. (complement)* Gegenstück *n; 2. (equivalent)* Gegenüber (fam)
counter-revolution [kaʊntərevə'luːʃən] *sb* Konterrevolution *f,* Gegenrevolution *f*
countersign [kaʊntə'saɪn] *v* gegenzeichnen
countess ['kaʊntɪs] *sb* Gräfin *f*
country ['kʌntrɪ] *sb* Land *n*
country dance [kʌntrɪ'dɑːns] *sb* Volkstanz *m*
countryside ['kʌntrɪsaɪd] *sb* Land *n,* Landschaft *f*
county ['kaʊntɪ] *sb 1. (UK)* Grafschaft *f; 2. (US)* Landkreis *m,* Kreis *m,* Verwaltungsbezirk *m*
county town ['kaʊntɪ taʊn] *sb* Hauptstadt einer Grafschaft *f*
couple ['kʌpl] *v 1.* paaren; *~d with* verbunden mit; *2. TECH* kuppeln; *sb 3.* Paar *n; 4. a ~ (fam: some)* ein paar, einige; *(two)* zwei; *5. (lovers)* Liebespaar *n; 6. (married ~)* Ehepaar *n*
coupon ['kuːpɒn] *sb 1. (voucher)* Gutschein *m; 2. FIN* Kupon *m*
courage ['kʌrɪdʒ] *sb* Mut *m*
courageous [kə'reɪdʒəs] *adj* mutig, tapfer
courgette [kʊə'ʒet] *sb BOT* Zucchini *m*
courier ['kʊrɪə] *sb 1.* Eilbote *m; 2. (diplomatic ~)* Kurier *m*
course [kɔːs] *sb 1. (development)* Lauf *m,* Ablauf *m,* Verlauf *m; take its ~* seinen Lauf nehmen; *in due ~* zur gegebenen Zeit; *a matter of ~* eine Selbstverständlichkeit; *2. of ~* natürlich, selbstverständlich; *sb 3. (path)* Kurs *m; 4. (race ~)* Kurs *m,* Piste *f; 5. stay the ~* durchhalten; *6. (direction of travel)* Kurs *m,* Richtung *f; to be off ~* vom Kurs abgekommen sein; *7. ~ of a river* Flusslauf *m; 8. (programme)* Kurs *m,* Lehrgang *m; 9. (of a meal)* Gang *m; main ~* Hauptgericht *n*
court [kɔːt] *v 1. (a woman)* umwerben; *sb 2. (~ of law)* Gericht *n; take s.o. to ~* jdn verklagen; *3. (royal)* Hof *m; 4. SPORT* Platz *m,* Spielfeld *n*
courteous ['kɜːtɪəs] *adj* höflich
courtesy ['kɜːtəsɪ] *sb* Höflichkeit *f*
courtly ['kɔːtlɪ] *adj* höflich, galant
court order [kɔːt 'ɔːdə] *sb JUR* Gerichtsbeschluss *m*
courtroom ['kɔːtruːm] *sb* Gerichtssaal *m*
courtship ['kɔːtʃɪp] *sb* Werbung *f*
courtyard ['kɔːtjɑːd] *sb* Hof *m*
cousin ['kʌzn] *sb 1. (male)* Cousin *m,* Vetter *m; 2. (female)* Kusine *f,* Base *f*
covenant ['kʌvənənt] *sb 1.* Vertrag *m; 2. (in the Bible) REL* Bund *m*
cover ['kʌvə] *v 1.* bedecken, zudecken; *2. (re-cover furniture)* beziehen, überziehen; *3. ~ over* überdecken; *4. FIN (a loan, a check)* decken; *(costs)* bestreiten; *(insure)* versichern; *5. SPORT* decken; *6. MIL* decken; *7. (hide)* verbergen; *(a mistake)* verdecken; *~ one's tracks* seine Spuren verwischen; *8. ~ up (a mistake, a scandal)* vertuschen; *9. (include)* einschließen, umfassen, enthalten; *10. (a story)* berichten über; *11. (distance)* zurücklegen; *12. ~ for s.o. (protect s.o.)* jdn decken, *(help out)* für jdn einspringen; *13. ~ a lot of ground (travel)* weit herumkommen, *(to be comprehensive)* umfassend sein; *sb 14. (sheet, blanket)* Decke *f; 15. (tarpaulin)* Plane *f; 16. (of a magazine)* Umschlag *m,* Titelseite *f; 17. (of a book)* Einband *m; read sth from ~ to ~* etw von der ersten bis zur letzten Seite lesen; *18. (false identity)* Tarnung *f; blow one's ~* auffliegen (fam); *19. (lid)* Deckel *m; 20. MIL* Deckung *f; take ~* in Deckung gehen; *21. under separate ~* mit getrennter Post
coverage ['kʌvrɪdʒ] *sb 1. (in the media)* Berichterstattung *f; 2. (insurance ~) ECO* Versicherung *f*
covering ['kʌvərɪŋ] *sb 1.* Abdeckung *f,* Verkleidung *f,* Hülle *f; 2. (shelter)* Schutz *m*
cow [kaʊ] *sb* Kuh *f*
coward ['kaʊəd] *sb* Feigling *m*
cowardice ['kaʊədɪs] *sb* Feigheit *f*
cowboy ['kaʊbɔɪ] *sb* Cowboy *m*
cower ['kaʊə] *v 1.* sich ducken; *2. (squatting)* kauern
cowl [kaʊl] *sb* Kapuze *f*
coyote [kaɪ'əʊtɪ] *sb* Kojote *m*
cozy *(US)(see "cosy")*
crab [kræb] *sb ZOOL* Krabbe *f,* Krebs *m*
crabbed ['kræbɪd] *adj 1. (ill-humoured)* übellaunig, mürrisch; *2. (illegible)* unverständlich, unleserlich
crack [kræk] *sb 1.* Sprung *m,* Riss *m,* Ritze *f; 2. (sound)* Knacks *m,* Knall *m; 3. (gibe)* Stichelei *f; 4. (fam: ~ cocaine)* Crack *n; 5. at the ~ of dawn* bei Tagesanbruch, *(fig: very ear-*

ly) sehr früh; *v 6. (become ~ed)* zerspringen, springen, Risse bekommen; *8. get ~ing (fam)* Dampf machen, loslegen; *9. (make a ~ in)* einen Sprung machen in; *10. (fig: a safe, a code)* knacken; *11. (make a ~ing sound)* knacken, krachen; *12. (a whip)* knallen mit; *13. (nuts)* knacken; *14. ~ a bottle* eine Flasche köpfen; *15. ~ a joke* einen Witz reißen

• **crack down** *v ~ on* scharf vorgehen gegen

• **crack up** *v 1. (fam: lose one's sanity)* durchdrehen, überschnappen; *2. (fam: with laughter) (US)* sich kaputtlachen

cracker ['krækə] *sb (biscuit)* Kräcker *m*

cracking ['krækɪŋ] *adj (fam) (UK)* super, toll; *We had a ~ day out.* Wir hatten einen phantastischen Ausflug.

crackle ['krækl] *v* knattern, knistern

cradle ['kreɪdl] *sb* Wiege *f*

craft [krɑːft] *sb 1. (trade)* Handwerk *n,* Gewerbe *n; 2. (handicraft)* Kunst *f; arts and ~s* Kunstgewerbe *n*

craftsman ['krɑːftsmən] *sb* Handwerker *m*

crafty ['krɑːftɪ] *adj* schlau, raffiniert, listig, clever

cram [kræm] *v 1.* voll stopfen; *2. (fam: study)* pauken, büffeln

cramp [kræmp] *sb 1. MED* Krampf *m; v 2.* behindern

cranberry ['krænbərɪ] *sb* Preiselbeere *f*

crane [kreɪn] *sb 1. TECH* Kran *m; 2. ZOOL* Kranich *m*

crash [kræʃ] *v 1. (have an accident)* verunglücken, einen Unfall haben; *(plane)* abstürzen; *2. (into one another)* zusammenkrachen; *3. (wreck)* einen Unfall haben mit; *~ a party* uneingeladen zu einer Party kommen; *sb 4.* Unglück *n,* Unfall *m,* Zusammenstoß *m; 5. (airplane ~)* Absturz *m; v 6. (noise)* Krach *m*

crash course ['kræʃkɔːs] *sb* Intensivkurs *m,* Schnellkurs *m*

crash helmet ['kræʃhelmɪt] *sb* Sturzhelm *m*

crate [kreɪt] *sb* Kiste *f,* Kasten *m*

crater ['kreɪtə] *sb* Krater *m*

cravat [krə'væt] *sb* Halstuch *n*

craven ['kreɪvn] *adj* feige

crawfish ['krɔːfɪʃ] *sb* Languste *f*

crawl [krɔːl] *v 1.* kriechen, krabbeln; *2. to be ~ing with* wimmeln von

crawler ['krɔːlə] *sb (fam: servile person)* Schleimer *m,* Kriecher *m*

crayfish ['kreɪfɪʃ] *sb ZOOL 1. (freshwater)* Flusskrebs *m; 2. (salt-water)* Languste *f*

crazy ['kreɪzɪ] *adj 1.* verrückt, wahnsinnig; *go ~* verrückt werden; *2. ~ about* versessen auf, begeistert von

creak [kriːk] *v* knarren, quietschen

cream [kriːm] *sb 1. GAST* Sahne *f,* Rahm *m; 2. (lotion)* Creme *f; 3. (fig: best)* Auslese *f,* Elite *f; v 4. ~ off* abschöpfen; *5. (fig)* absahnen

creamy ['kriːmɪ] *adj* sahnig

crease [kriːs] *v 1. (become ~d)* knittern; *2. (make a ~ in) (clothes)* eine Falte machen in, *(paper)* einen Kniff machen in; *3. (unintentionally)* zerknittern, verknittern; *sb 4.* Falte *f,* Kniff *m; 5. (ironed)* Bügelfalte *f*

create [kriː'eɪt] *v* schaffen, verursachen

creation [kriː'eɪʃən] *sb 1. (making)* Schaffung *f,* Verursachung *f,* Erschaffung *f; the Creation* die Schöpfung; *2. (thing created)* Schöpfung *f,* Kreation *f,* Werk *n*

creative [kriː'eɪtɪv] *adj* kreativ

creativity [kriːeɪ'tɪvɪtɪ] *sb* Kreativität *f,* schöpferische Kraft *f*

creator [kriː'eɪtə] *sb* Schöpfer *m*

creature ['kriːtʃə] *sb* Wesen *n,* Lebewesen *n,* Geschöpf *n*

credence ['kriːdns] *sb* Glaube *m*

credibility [kredɪ'bɪlɪtɪ] *sb* Glaubwürdigkeit *f,* Glaubhaftigkeit *f*

credible ['kredɪbl] *adj* glaubwürdig

credit ['kredɪt] *sb 1. FIN* Kredit *m; 2. (balance) FIN* Guthaben *n,* Haben *n; 3. (recognition)* Anerkennung *f; get ~ for* Anerkennung finden für; *take the ~ for sth* das Verdienst für etw in Anspruch nehmen; *4. (honour)* Ehre *f; to be a ~ to s.o.* jdm Ehre machen; *5. ~s pl (opening ~) CINE* Vorspann *m; (closing ~)* Nachspann *m; v 6. FIN* gutschreiben; *7. (attribute)* zuschreiben; *~ s.o. with sth* jdm etw zuschreiben

credit card ['kredɪt kɑːd] *sb* Kreditkarte *f*

credo ['kriːdəʊ] *sb* Kredo *n,* Glaubensbekenntnis *n*

creed [kriːd] *sb 1. (set of principles)* Kredo *n; 2. REL* Glaubensbekenntnis *n,* Glaube *m,* Konfession *f*

creek [kriːk] *sb 1. (UK: inlet)* kleine Bucht *f; 2. (US: brook)* Bach *m; to be up the ~ (fam)* in der Klemme sitzen

creel [kriːl] *sb* Korb *m*

creep [kriːp] *v irr 1.* schleichen, kriechen; *~ up on* sich heranschleichen an; *2. (vertically)* sich ranken, klettern; *3. make s.o.'s flesh ~* jdm eine Gänsehaut einjagen; *sb 4. (fam)* Widerling *m,* fieser Typ *m; 5. give s.o. the ~s* jdm Angst und Bange machen

cremate [krɪ'meɪt] *v* verbrennen, einäschern
cremation [krɪ'meɪʃən] *sb* Feuerbestattung *f,* Einäscherung *f*
crematorium [kremə'tɔːrɪəm] *sb* Krematorium *n*
crest [krest] *sb 1. (of a wave, of a hill)* Kamm *m; 2. (coat of arms)* Wappen *n*
crestfallen ['krestfɔːlən] *adj* niedergeschlagen, geknickt
crevasse [krɪ'væs] *sb* Spalte *f,* Gletscherspalte *f*
crevice ['krevɪs] *sb* Felsspalte *f*
crew [kruː] *sb* Mannschaft *f,* Crew *f,* Besatzung *f*
crib [krɪb] *sb 1. (cradle)* Krippe *f; 2. (US)* Kinderbett *n,* Gitterbett *n; v 3. (in school) (fam)* spicken
cricket ['krɪkɪt] *sb 1. ZOOL* Grille *f; 2. SPORT* Kricket *n*
crime [kraɪm] *sb 1. (in general)* Verbrechen *pl; 2. (a ~)* Straftat *f,* Verbrechen *n*
criminal ['krɪmɪnl] *sb 1.* Kriminelle(r) *m/f,* Verbrecher *m,* Straftäter *m; adj 2.* kriminell, verbrecherisch, strafbar
criminal code ['krɪmɪnl kəʊd] *sb JUR* Strafgesetzbuch *n*
criminality [krɪmɪnælɪtɪ] *sb* Kriminalität *f*
criminalize ['krɪmɪnəlaɪz] *v* kriminalisieren
criminal law ['krɪmɪnl lɔː] *sb JUR* Strafrecht *n*
crimp [krɪmp] *sb put a ~ in sth* etw hemmen, etw behindern
crimple ['krɪmpl] *v* zerknittern, zerknautschen
crimson ['krɪmzn] *adj* purpurrot
cringe [krɪndʒ] *v 1.* zurückschrecken; *2. (fig)* schaudern; *I ~ at the thought.* Mich schaudert bei dem Gedanken.
crinkle ['krɪŋkl] *v* knittern
crisis ['kraɪsɪs] *sb* Krise *f*
crisp [krɪsp] *adj 1. (bread, bacon)* knusprig; *2. (air)* frisch; *3. (remark, manner)* knapp; *sb 4. ~s pl (UK)* Kartoffelchips *pl*
crispbread ['krɪspbred] *sb* Knäckebrot *n*
crispness ['krɪspnɪs] *sb 1. (food)* Knusprigkeit *f,* Knackigkeit *f,* Frische *f; 2. (vivacity)* Frische *f,* Lebendigkeit *f*
crisps ['krɪsps] *pl (UK) GAST* Kartoffelchips *pl*
crispy ['krɪspɪ] *adj* knusprig
criterion [kraɪ'tɪərɪən] *sb* Kriterium *n*
critic ['krɪtɪk] *sb* Kritiker *m*
critical ['krɪtɪkəl] *adj 1. (fault-finding)* kritisch; *2. (crucial)* kritisch, entscheidend; *3. (dangerous)* kritisch, bedenklich
criticism ['krɪtɪsɪzəm] *sb* Kritik *f*
criticize ['krɪtɪsaɪz] *v* kritisieren
critique [krɪ'tiːk] *sb* Kritik *f*
croak [krəʊk] *v 1. (frog)* quaken, *(raven)* krächzen; *2. (fam: die)* abkratzen
crocodile ['krɒkədaɪl] *sb* Krokodil *n*
crook [krʊk] *sb 1. (shepherd's)* Hirtenstab *m; 2. (thief, swindler)* Gauner *m,* Ganove *m*
crop [krɒp] *sb 1. AGR* Ernte *f,* Ertrag *m; v 2. ~ up (fam)* auftauchen, aufkommen
cross [krɒs] *sb 1.* Kreuz *n; make the sign of the ~* das Kreuzzeichen machen; *v 2. (to be ~ed)* sich kreuzen, sich schneiden, sich überschneiden; *3. (put one across the other)* kreuzen, verschränken; *~ a t* den T-Strich setzen; *4. BIO* kreuzen; *5. (go across)* überqueren, überschreiten, durchqueren; *it ~ed my mind* es kam mir in den Sinn; *6. ~ out* ausstreichen, durchstreichen; *7. (a cheque: UK) FIN* zur Verrechnung ausstellen; *adj 8.* böse, sauer
crossing ['krɒsɪŋ] *sb 1. (trip across)* Überquerung *f; (on a ship)* Überfahrt *f; 2. (place where one can cross)* Übergang *m; 3. (crossroads)* Kreuzung *f*
crossroads ['krɒsrəʊdz] *sb 1.* Straßenkreuzung *f; 2. (fig)* Scheideweg *m*
cross section ['krɒssekʃən] *sb* Querschnitt *m*
cross-street ['krɒsstriːt] *sb* Querstraße *f*
crosswalk ['krɒswɔːk] *sb (US)* Fußgängerüberweg *m*
crosswise ['krɒswaɪz] *adv* quer
crossword puzzle ['krɒswɜːdpʌzl] *sb* Kreuzworträtsel *n*
crouch [kraʊtʃ] *v 1.* hocken; *2. (in fear)* kauern
crow [krəʊ] *sb 1. ZOOL* Krähe *f; eat ~ (fam)* demütig einen Fehler zugeben; *v 2.* krähen; *3. (fam: boast)* triumphieren
crowd [kraʊd] *sb 1.* Menschenmenge *f; 2. (spectators)* Zuschauermenge *f,* Publikum *n; 3. (crush)* Gedränge *n,* Andrang *m; 4. (clique)* Haufen *m; v 5.* drängen
crown [kraʊn] *sb 1.* Krone *f; v 2.* krönen
crown court [kraʊn kɔːt] *sb (UK) JUR* Schwurgericht *n*
crown prince [kraʊn prɪnts] *sb (heir to the crown)* Kronprinz *m*
crucifix ['kruːsɪfɪks] *sb REL* Kruzifix *n*
crucifixion [kruːsɪ'fɪkʃən] *sb REL* Kreuzigung *f*

crucify ['kru:sıfaı] *v* kreuzigen
crude [kru:d] *adj 1. (vulgar)* grob, derb, ordinär; *2. (unsophisticated)* primitiv, grob; *3. (unprocessed)* roh
cruel ['krʊəl] *adj* grausam, gemein, unbarmherzig
cruelty ['krʊəltı] *sb 1.* Grausamkeit *f; 2. ~ to animals* Tierquälerei *f*
cruise [kru:z] *v 1. (in a ship)* kreuzen; *(in a plane)* fliegen; *(in a car)* fahren; *2. INFORM ~ the internet* surfen; *sb 3.* Kreuzfahrt *f,* Vergnügungsfahrt *f*
cruiser ['kru:zə] *sb NAUT* Kreuzer *m*
crumb [krʌm] *sb* Krümel *m,* Brösel *m*
crumble ['krʌmbl] *v 1.* zerbröckeln, zerfallen, abbröckeln; *2. (fig)* sich auflösen, schmelzen, schwinden; *sb 3. (cause to ~)* zerkrümeln, zerbröckeln, bröckeln
crummy ['krʌmı] *adj (fam)* mies
crumple ['krʌmpl] *v (~ up)* zerknittern
crunch [krʌntʃ] *v 1. (make a ~ing sound)* knirschen, krachen; *sb 2. (sound)* Krachen *n,* Knirschen *n*
crunchy ['krʌntʃı] *adj* knusprig
crusade [kru:'seıd] *sb* Kreuzzug *m*
crush [krʌʃ] *v 1.* zerdrücken, zerquetschen, zermalmen; *2. (to death)* erdrücken; *3. (stones)* zerkleinern; *4. (garlic, ice)* stoßen; *5. (fig)* niederschlagen, vernichten, unterdrücken; *sb 6.* Gedränge *n; 7. (fam: infatuation)* Schwärmerei *f; have a ~ on s.o.* in jdn verknallt sein
crust [krʌst] *sb* Kruste *f*
crusty ['krʌstı] *adj 1. (having a crust)* knusprig; *2. (remark)* hart, scharf, grob
crutch [krʌtʃ] *sb* Krücke *f*
cry [kraı] *v 1. (weep)* weinen; *~ o.s. to sleep* sich in den Schlaf weinen; *2. (call)* rufen; *3. (scream)* schreien; *4. ~ out* aufschreien; *~ sth out to s.o.* jdm etw zuschreien; *sb 5. (call)* Ruf *m; a far ~ from (fig)* weit entfernt von; *6. (scream)* Schrei *m*
crypt [krıpt] *sb* Gruft *f*
cryptic ['krıptık] *adj* rätselhaft, hintergründig
crystal ['krıstl] *sb* Kristall *n*
cub [kʌb] *sb ZOOL* Junge(s) *n*
cube [kju:b] *sb 1.* Würfel *m; 2. (power of three)* dritte Potenz *f*
cubic meter ['kju:bık 'mi:tə] *sb* Kubikmeter *m*
cuckoo ['kʊku:] *sb ZOOL* Kuckuck *m*
cuckoo clock ['kʊku:klɒk] *sb* Kuckucksuhr *f*
cucumber ['kju:kʌmbə] *sb* Gurke *f; as cool as a ~* beherrscht, ruhig
cuddle ['kʌdl] *v 1. (~ up)* schmusen, sich kuscheln; *2. (s.o.)* hätscheln, schmusen mit
cue [kju:] *sb 1. CINE* Zeichen zum Aufnahmebeginn *n; 2. THEAT* Stichwort *n; 3. MUS* Einsatz *m*
cuff [kʌf] *sb (on clothing)* Manschette *f,* Aufschlag *m; off the ~* aus dem Stegreif
cull [kʌl] *v* pflücken, sammeln, einsammeln
culminate ['kʌlmıneıt] *v ~ in* gipfeln in
culmination [kʌlmı'neıʃən] *sb* Gipfel *m*
culpable ['kʌlpəbl] *adj* schuldig
culprit ['kʌlprıt] *sb 1.* Schuldiger *m, (fig)* Übeltäter *m; 2. JUR* Täter *m*
cult [kʌlt] *sb* Kult *m*
cultivate ['kʌltıveıt] *v 1.* kultivieren, bebauen, anbauen; *2. (fig)* pflegen, kultivieren
cultivated ['kʌltıveıtıd] *adj* kultiviert
cultivation [kʌltı'veıʃən] *sb 1. AGR* Kultivierung *f,* Anbau *m; 2. (fig)* Pflege *f*
cultural ['kʌltʃərəl] *adj* kulturell, Kultur...
culture ['kʌltʃə] *sb* Kultur *f*
cultured ['kʌltʃəd] *adj 1. (person)* kultiviert; *2. (produced artificially)* gezüchtet
culture shock ['kʌltʃə ʃɒk] *sb* Kulturschock *m*
cumber ['kʌmbə] *v* belasten, erschweren, behindern
cumulate ['kju:mjʊleıt] *v* anhäufen
cumulative ['kju:mjʊlətıv] *adj* gesamt
cunning ['kʌnıŋ] *adj 1. (person)* listig, gerissen, schlau; *2. (idea)* schlau; *sb 3.* Listigkeit *f,* Schlauheit *f*
cup [kʌp] *sb 1.* Tasse *f; 2. (mug, tumbler)* Becher *m; 3. (trophy, goblet)* Pokal *m*
cupboard ['kʌbəd] *sb* Schrank *m, (containing food)* Speiseschrank *m, (containing dishes)* Geschirrschrank *m*
curable ['kjʊrəbəl] *adj* heilbar
curate ['kjʊrıt] *sb REL* Vikar *m,* Kurat *m*
curb [kɜ:b] *v 1. (fig)* zügeln, einschränken, bändigen; *sb 2. (US: kerb)* Bordstein *m*
curdle ['kɜ:dl] *v 1. (become ~d)* gerinnen; *2. (~ sth)* gerinnen lassen
curds [kɜ:dz] *pl GAST* Quark *m*
cure [kjʊə] *v 1.* heilen; *sb 2. (fig)* Mittel *n; 3. (remedy) MED* Heilmittel *n; 4. (recovery)* Heilung *f; 5. (at a spa)* Kur *f*
curiosity [kjʊərı'ɒsıtı] *sb 1.* Neugier *f; 2. (item)* Kuriosität *f,* Rarität *f*
curious ['kjʊərıəs] *adj 1. (inquisitive)* neugierig, wissbegierig; *2. (odd)* merkwürdig, kurios, seltsam; *~ly enough* merkwürdigerweise

curl [kɜːl] *sb 1.* Locke *f; v 2.* locken, kräuseln
• curl up *v 1.* sich zusammenkuscheln; *2. (animal)* sich zusammenkugeln
curler ['kɜːlə] *sb* Lockenwickler *m*
curly ['kɜːlɪ] *adj* lockig, kraus, gelockt, gewellt
currency ['kʌrənsɪ] *sb FIN* Währung *f*
currency union ['kʌrənsɪ 'juːnɪən] *sb POL* Währungsunion *f*
current ['kʌrənt] *adj 1.* gegenwärtig, jetzig, laufend; *sb 2. (of electricity)* Strom *m; 3. (of water)* Strömung *f,* Strom *m; 4. (of air)* Luftstrom *m*
currently ['kʌrəntlɪ] *adv* momentan, zurzeit
curriculum [kə'rɪkjʊləm] *sb* Lehrplan *m*
curriculum vitae [kə'rɪkjʊləm 'vaɪtiː] *sb (UK)* Lebenslauf *m*
curry ['kʌrɪ] *v 1. ~ favour with s.o.* sich bei jdm einschmeicheln; *sb 2. GAST* Curry *m/n*
curse [kɜːs] *v 1. (swear)* fluchen; *2. (put a ~ on)* verfluchen; *sb 3.* Fluch *m*
cursive ['kɜːsɪv] *sb* Kursivschrift *f*
cursor ['kɜːsə] *sb INFORM* Cursor *m*
curt [kɜːt] *adj* kurz, knapp
curtail [kɜː'teɪl] *v* kürzen, verkürzen
curtain ['kɜːtn] *sb* Vorhang *m,* Gardine *f*
curvaceous [kɜː'veɪʃəs] *adj* kurvenreich
curvature ['kɜːvətʃə] *sb* Krümmung *f*
curve [kɜːv] *sb 1.* Kurve *f; her ~s (fam)* ihre Kurven; *2. (of a river)* Biegung *f; 3. (of an archway)* Bogen *m; 4. (curvature)* Krümmung *f; v 5. (road)* einen Bogen machen
cushion ['kʊʃən] *sb 1.* Kissen *n,* Polster *n; v 2. (a fall, an impact)* dämpfen
cuss word [kʌs wɜːd] *sb* Schimpfwort *n*
custard ['kʌstəd] *sb GAST* Pudding *m*
custodian [kʌs'təʊdɪən] *sb 1.* Aufseher *m,* Wächter *m; 2. (fig: of an ideal)* Hüter *m*
custody ['kʌstədɪ] *sb 1. (keeping)* Obhut *f; 2. JUR* Sorgerecht *n; 3. (police detention)* Gewahrsam *m; take into ~* in Gewahrsam nehmen; *protective ~* Schutzhaft *f*
custom ['kʌstəm] *adj 1.* maßgefertigt, spezialgefertigt; *sb 2. (convention)* Sitte *f,* Brauch *m; 3. (habit)* Gewohnheit *f,* Gepflogenheit *f; as was his ~* wie er es zu tun pflegte
customary ['kʌstəmərɪ] *adj* üblich, gebräuchlich, herkömmlich
customer ['kʌstəmə] *sb* Kunde/Kundin *m/f*
customer service ['kʌstəmə 'sɜːvɪs] *sb* Kundendienst *m*
customs ['kʌstəmz] *pl* Zoll *m*
customs inspection ['kʌstəmz ɪn'spekʃən] *sb* Zollkontrolle *f*
customs official ['kʌstəmz ə'fɪʃəl] *sb* Zollbeamte(r) *m*
cut [kʌt] *v irr 1.* schneiden; *~ one's nails* sich die Nägel schneiden; *~ to pieces* zerstückeln; *It ~s both ways.* Das ist ein zweischneidiges Schwert. Das trifft auch umgekehrt zu. *2. (glass, gems) TECH* schleifen; *3. (the grass)* mähen; *4. (~ into)* anschneiden; *5. (carve)* schnitzen; *6. (reduce)* herabsetzen, vermindern, verkürzen; *7. ~ s.o. short* jdn unterbrechen, jdm über den Mund fahren; *8. ~ class (fig)* schwänzen; *sb 9.* Schnitt *m; 10. (of meat)* Stück *n; 11. MED* Schnittwunde *f; 12. (reduction)* Kürzung *f,* Verringerung *f,* Einschränkung *f; 13. (share)* Anteil *m,* Teil *m; adj 14. to be ~ and dried (to be boring)* nicht besonders aufregend sein, trocken sein, *(to be obvious)* eine klare Sache sein
• cut across *v irr ~ sth* quer durch etw gehen
• cut back *v irr (reduce)* kürzen
• cut down *v irr 1. (reduce expenditures, ~ on cigarettes)* sich einschränken; *2. (a tree)* fällen
• cut in *v irr 1. (interrupt)* sich einschalten; *2. (at a dance)* abklatschen (fam)
• cut off *v irr* abschneiden, abschlagen
• cut open *v irr* aufschneiden
• cut out *v irr 1. (remove by cutting)* ausschneiden; *to be ~ for sth* für etw wie geschaffen sein, das Zeug zu etw haben; *2. (stop doing)* aufhören mit; *Cut it out!* Hör auf damit!
cutback ['kʌtbæk] *sb* Verringerung *f*
cute [kjuːt] *adj (sweet)* süß, niedlich
cutlery ['kʌtlərɪ] *sb (flatware)* Essbesteck *n*
cutlet ['kʌtlɪt] *sb GAST* Schnitzel *n*
cutter ['kʌtə] *sb 1. NAUT* Kutter *m, (US: coastguard ~)* Küstenwachboot *n; 2. TECH* Schneidewerkzeug *n*
cuttlefish ['kʌtlfɪʃ] *sb ZOOL* Tintenfisch *m*
cybercafé ['saɪbə kæfeɪ] *sb* Internet-Café *n*
cyberspace ['saɪbə speɪs] *sb INFORM* Cyberspace *m*
cycle ['saɪkl] *sb 1.* Zyklus *m,* Kreislauf *m; 2. (bicycle)* Rad *n; 3. (fam: motorbike)* Maschine *f* (fam)*; v 4. (ride a bicycle)* Rad fahren
cyclist ['saɪklɪst] *sb* Radfahrer *m*
cylinder ['sɪlɪndə] *sb* Zylinder *m*
cynical ['sɪnɪkl] *adj* zynisch
cyst [sɪst] *sb MED* Zyste *f*
czar [zɑː] *sb HIST* Zar *m*

D

dab [dæb] *v 1.* tupfen, betupfen; *sb 2. (small amount)* Klecks *m*; *adj 3. to be a ~ hand at sth* in etw besonders tüchtig sein
dabble [dæbl] *v ~ in sth (fig)* sich oberflächlich mit etw befassen
dad [dæd] *sb* Vati *m*, Papa *m*; *his ~* sein Vater
daft [dɑːft] *adj* bekloppt, verrückt
dagger ['dægə] *sb* Dolch *m*; *look ~s at s.o. (fam)* jdn mit Blicken töten
daily ['deɪlɪ] *adj 1.* täglich; *sb 2. (newspaper)* Tageszeitung *f*
dainty ['deɪntɪ] *adj* zierlich
dairy ['dɛərɪ] *sb* Molkerei *f*
daisy ['deɪzɪ] *sb BOT* Gänseblümchen *n*; *to be pushing up the daisies (fam)* sich die Radieschen von unten betrachten
dam [dæm] *sb 1.* Damm *m*; *2. ~ up v* eindämmen, dämmen
damage ['dæmɪdʒ] *v 1.* schaden, beschädigen, schädigen; *sb 2.* Schaden *m*, Beschädigung *f; 3. ~s pl (compensation for ~s)* Schadenersatz *m*
damaged ['dæmɪdʒd] *adj* beschädigt, schadhaft
damaging ['dæmədʒɪŋ] *adj* schädlich
dame [deɪm] *sb (US) (fam)* Weib *n*
damn [dæm] *v 1. REL* verdammen; *2. (condemn)* verurteilen; *interj 3.* verdammt
damnable ['dæmnəbl] *adj* verdammungswürdig
damned [dæmd] *adj* verdammt
damp [dæmp] *adj* feucht
dampen ['dæmpən] *v 1.* anfeuchten, befeuchten; *2. TECH* dämpfen
damp-proof ['dæmppruːf] *adj* feuchtigkeitsresistent
dance [dɑːns] *v 1.* tanzen; *sb 2.* Tanz *m*
dance floor [dɑːns flɔː] *sb* Tanzfläche *f*
dancer ['dɑːnsə] *sb* Tänzer *m*
dandruff ['dændrəf] *sb* Haarschuppen *pl*, Schuppen *pl*
danger ['deɪndʒə] *sb* Gefahr *f*
danger money ['deɪndʒəmʌnɪ] *sb* Gefahrenzulage *f*
dangerous ['deɪndʒərəs] *adj* gefährlich
danger zone ['deɪndʒə zəʊn] *sb* Gefahrenzone *f*
Danish ['deɪnɪʃ] *adj 1.* dänisch; *sb 2. (pastry) GAST* Plundergebäck *n*
dare [dɛə] *v 1.* es wagen, sich trauen, sich getrauen; *I ~ say* ich glaube wohl; *How ~ you!* Was fällt dir ein! *2. ~ s.o. to do sth* jdn herausfordern, etw zu tun
daredevil ['dɛədevl] *sb* Draufgänger *m*
daring ['dɛərɪŋ] *adj 1.* wagemutig, kühn, verwegen; *2. (deed)* gewagt
dark [dɑːk] *adj 1.* dunkel, finster; *2. (gloomy)* düster; *sb 3. to be in the ~ (fig)* im Dunkeln tappen
darken ['dɑːkən] *v 1.* verdunkeln; *2. (face)* sich verfinstern
darkness ['dɑːknɪs] *sb* Dunkelheit *f*, Finsternis *f*
darling ['dɑːlɪŋ] *sb 1. (form of address)* Liebling *m*, Schatz *m*, Schätzchen *n*; *adj 2. (cute)* goldig
dart [dɑːt] *v 1.* flitzen, sausen; *sb 2.* Pfeil *m*, Wurfpfeil *m*
dash [dæʃ] *v 1. (rush)* sausen, stürzen; *~ off a letter* schnell einen Brief schreiben; *2. (throw violently)* schleudern; *~ to pieces* zerschmettern; *~ s.o.'s hopes* jdn enttäuschen, jds Hoffnungen zerschlagen; *Dash it all! (fam)* Verflucht! Verflixt! *sb 3. (punctuation)* Gedankenstrich *m*; *(in Morse code)* Strich *m*
dashboard ['dæʃbɔːd] *sb (US)* Armaturenbrett *n*
data ['deɪtə] *pl* Daten *pl*, Angaben *pl*
data bank ['deɪtəbæŋk] *sb INFORM* Datenbank *f*
database ['deɪtəbeɪs] *sb* Datenbank *f*
datable ['deɪtəbl] *adj* datierbar
data entry ['deɪtə 'entrɪ] *sb INFORM* Datenerfassung *f*
data processing ['deɪtə 'prəʊsesɪŋ] *sb INFORM* Datenverarbeitung *f*
data protection ['deɪtə prə'tekʃən] *sb* Datenschutz *m*
data transmission ['deɪtə trænz'mɪʃən] *sb* Datenfernübertragung *f*
date [deɪt] *sb 1.* Datum *n*; *to ~* bis heute; *to be up to ~* auf dem neuesten Stand sein; *to be out of ~* veraltet sein; *~ of birth* Geburtsdatum *n*; *international ~ line* Datumsgrenze *f*; *2. (appointment)* Termin *m*; *3. (with girlfriend/boyfriend)* Verabredung *f*, Rendezvous *n*; *(person)* Verabredungspartner/Verabredungspartnerin *m/f*; *v 4.* datieren; *5. (take out on a ~)* ausgehen mit; *(regularly)* gehen mit

dated ['deɪtɪd] *adj* überholt, altmodisch
dateless ['deɪtlɪs] *adj 1. (undated)* undatiert; *2. (of permanent interest)* zeitlos
dateline ['deɪtlaɪn] *sb* Datumszeile *f*
date rape ['deɪtreɪp] *sb* Vergewaltigung durch jdn, mit dem man verabredet war *f*
dating ['deɪtɪŋ] *sb* Rendezvous *pl*
dative ['deɪtɪv] *adj GRAMM* Dativ...
daughter ['dɔːtə] *sb* Tochter *f*
daughter-in-law ['dɔːtərɪnlɔː] *sb* Schwiegertochter *f*
daunt [dɔːnt] *v* einschüchtern, entmutigen
dawdle ['dɔːdl] *v* trödeln, bummeln
dawn [dɔːn] *sb 1.* Morgendämmerung *f*, Tagesanbruch *m*, Morgengrauen *n*; *v 2.* dämmern, tagen, anbrechen; *~ on s.o.* jdm dämmern, jdm klar werden
dawn raid [dɔːn reɪd] *sb* Überraschungsangriff *m*
day [deɪ] *sb* Tag *m*; *these ~s* heutzutage; *one of these ~s* irgendwann; *call it a ~* für heute Schluss machen, Feierabend machen; *save the ~* die Lage retten; *the other ~* neulich; *in those ~s* damals; *all ~ (long)* den ganzen Tag; *~ of the week* Wochentag *m*; *clear as ~* sonnenklar; *This is not my ~.* Das ist heute eben nicht mein Tag! *~ after ~* Tag für Tag; *~ in and ~ out* den lieben langen Tag; *forever and a ~* für immer und ewig; *Good ~!* Guten Tag!
daybreak ['deɪbreɪk] *sb* Tagesanbruch *m*
day care center ['deɪkɛəsentə] *sb (US)* Kindertagesstätte *f*
daycentre ['deɪsentə] *sb* Tagesstätte *f*
daze [deɪz] *v* betäuben, verwirren, lähmen
dazzle ['dæzl] *v 1.* blenden; *2. (fig)* blenden, verwirren
dazzling ['dæzlɪŋ] *adj* blendend, glänzend
dead [ded] *adj 1.* tot; *~ and buried (fig)* aus und vorbei, tot und begraben; *to be ~ on one's feet* sich kaum noch auf den Beinen halten können, todmüde sein; *to be ~ to the world* tief und fest schlafen; *over my ~ body* nur über meine Leiche; *2. (plant, limbs)* abgestorben; *adv 3. (absolutely) ~ tired* todmüde; *~ centre* genau in der Mitte; *~ drunk* total betrunken; *~ certain, ~ sure* todsicher; *~ serious* todernst; *4. stop ~* plötzlich stehen bleiben; *to be ~ set on sth* total wild auf etw sein; *5. cut s.o. ~* jdn links liegen lassen; *sb 6. the ~ of winter* der tiefste Winter; *in the ~ of night* mitten in der Nacht
deadbeat ['dedbiːt] *sb (fam: loafer)* Gammler *m*
dead end [ded'end] *sb* Sackgasse *f*
deadhead ['dedhed] *sb 1. (owner of a free ticket)* Freikarteninhaber *m*; *2. (person travelling without a ticket)* Schwarzfahrer *m*, blinder Passagier *m*
deadline ['dedlaɪn] *sb* letzter Termin *m*, Frist *f*; *set a ~* eine Frist setzen; *meet the ~* die Frist einhalten
deadly ['dedlɪ] *adj* tödlich, mörderisch
deadpan ['dedpæn] *adj 1.* mit ausdruckslosem Gesicht; *2. (humour)* trocken
Dead Sea [ded siː] *sb the ~ GEO* das Tote Meer *n*
dead weight [ded weɪt] *sb* Totgewicht *n*, Eigengewicht *n*
deaf [def] *adj* taub; *fall on ~ ears* kein Gehör finden; *~ and dumb* taubstumm; *turn a ~ ear to sth* sich etw gegenüber taub stellen
deafening ['defnɪŋ] *adj* ohrenbetäubend
deaf-mute ['defmjuːt] *sb MED* Taubstumme(r) *m/f*
deafness ['defnɪs] *sb MED* Taubheit *f*
deal [diːl] *sb 1.* Geschäft *n*, Handel *m*, Abkommen *n*; *make a ~ with s.o.* mit jdm ein Geschäft machen; *It's a ~!* Abgemacht! *Big ~! (US)* Na und? *no big ~ (US)* keine große Sache; *2. a good ~ (a lot)* eine Menge, ziemlich viel; *v irr 3. (cards)* geben; *4. ~ in sth* mit etw handeln
dealership ['diːləʃɪp] *sb* Händlerbetrieb *m*
dear [dɪə] *adj 1. (loved)* lieb, teuer; *2. (lovable)* lieb, süß; *3. ~ me, oh ~* du liebe Zeit, meine Güte, ach je; *4. (in a letter) Dear ...* liebe(r) ..., *(formal)* sehr geehrte(r) ... *sb 5.* Schatz *m*, Liebling *m*; *There's a ~!* Sei so lieb!
death [deθ] *sb* Tod *m*; *He will be the ~ of me. (he annoys me)* Er bringt mich noch ins Grab. *(he's funny)* Er ist einfach zum Totlachen. *put s.o. to ~* jdn hinrichten; *bore s.o. to ~* jdn zu Tode langweilen; *scare s.o. to ~* jdn zu Tode erschrecken
deathly ['deθlɪ] *adj* tödlich; *a ~ silence* Totenstille *f*; *~ ill* todkrank
death penalty ['deθpenəltɪ] *sb JUR* Todesstrafe *f*
death rate [deθ reɪt] *sb* Sterblichkeitsziffer *f*
debase [dɪ'beɪs] *v 1. (a person)* demütigen, erniedrigen; *2. (reduce in value)* mindern, herabsetzen, verschlechtern
debatable [dɪ'beɪtəbl] *adj* fraglich
debate [dɪ'beɪt] *sb 1.* Debatte *f*, Diskussion *f*, Erörterung *f*; *v 2.* debattieren, diskutieren
debit ['debɪt] *v 1. FIN* debitieren, belasten; *sb 2. FIN* Soll *n*, Belastung *f*

debit card ['debɪt kɑːd] *sb* Kundenkreditkarte *f*
debit entry ['debɪt 'entrɪ] *sb ECO* Lastschrift *f*
debt [det] *sb* Schuld *f*; *to be in ~* verschuldet sein; *to be in s.o.'s ~ (fig)* in jds Schuld stehen; *repay a ~* eine Schuld begleichen
debtor ['detə] *sb* Schuldner *m*
debut ['deɪbjuː] *sb* Debüt *n*
decade ['dekeɪd] *sb (ten years)* Jahrzehnt *n*, Dekade *f*
decaffeinated [dɪ'kæfɪneɪtɪd] *adj* koffeinfrei, entkoffeiniert
decant [dɪ'kænt] *v* dekantieren, abgießen, umfüllen
decapitate [dɪ'kæpɪteɪt] *v* enthaupten
decay [dɪ'keɪ] *v 1.* verfallen, zerfallen; *(flesh)* verwesen; *2. (tooth)* schlecht werden, faulen, kariös werden
decease [dɪ'siːs] *v JUR* sterben
deceased [dɪ'siːsd] *adj 1.* verstorben; *2. the ~ (one person)* der/die Verstorbene *m/f*, *(more than one person)* die Verstorbenen *pl*
deceit [dɪ'siːt] *sb* Betrug *m*, Täuschung *f*
deceitful [dɪ'siːtfʊl] *adj* betrügerisch, falsch, hinterlistig
deceive [dɪ'siːv] *v* täuschen, trügen
December [dɪ'sembə] *sb* Dezember *m*
decency ['diːsənsɪ] *sb* Anstand *m*, Schicklichkeit *f*
decent ['diːsənt] *adj* anständig
decentralization [diːsentrəlaɪ'zeɪʃn] *sb* Dezentralisierung *f*
deception [dɪ'sepʃən] *sb* Täuschung *f*
decibel ['desɪbel] *sb* Dezibel *n*
decide [dɪ'saɪd] *v* entscheiden, beschließen
decided [dɪ'saɪdɪd] *adj (clear)* entschieden, deutlich
decidedly [dɪ'saɪdɪdlɪ] *adv* entschieden
decimal ['desɪməl] *sb* Dezimalzahl *f*
decimal place ['desɪməl pleɪs] *sb* Dezimalstelle *f*
decimal point ['desɪməl pɔɪnt] *sb* Komma (bei Dezimalzahlen) *n*
decipher [dɪ'saɪfə] *v 1.* entziffern; *2. (fig)* enträtseln, entziffern
decision [dɪ'sɪʒən] *sb* Entscheidung *f*, Entschluss *m*, Beschluss *m*; *make a ~* eine Entscheidung treffen
decision-making [dɪ'sɪʒənmeɪkɪŋ] *sb* Entscheidungsfindung *f*
decisive [dɪ'saɪsɪv] *adj 1. (factor, moment)* entscheidend, ausschlaggebend; *2. (person)* entschlossen, entschieden
deck [dek] *sb 1.* Deck *n*; *v 2. ~ out* ausschmücken, schmücken
deck hand [dek hænd] *sb NAUT* Matrose *m*
declaration [deklə'reɪʃən] *sb* Erklärung *f*
declare [dɪ'klɛə] *v 1.* erklären; *~ war on s.o.* jdm den Krieg erklären; *2. (to customs)* verzollen
decline [dɪ'klaɪn] *v 1.* abnehmen; *2. (health)* sich verschlechtern; *3. (significance)* geringer werden; *4. (business, prices)* zurückgehen; *5. (not accept)* ablehnen; *6. GRAMM* deklinieren; *sb 7.* Niedergang *m*, Untergang *m*, Rückgang *m*
decode [dɪ'kəʊd] *v* dekodieren, entschlüsseln, dechiffrieren
decoder [dɪ'kəʊdə] *sb* Dekoder *m*
decompose [diːkəm'pəʊz] *v (to be ~d) CHEM* zerlegt werden
decongestant [diːkən'dʒestənt] *sb* abschwellendes Mittel *n*
deconstruct [diːkən'strʌkt] *v* sprachlich von Grund auf analysieren
decontamination [diːkəntæmɪ'neɪʃən] *sb* Entgiftung *f*, Entseuchung *f*
decorate ['dekəreɪt] *v 1.* schmücken, ausschmücken; *2. (a cake)* verzieren; *3. (an apartment)* einrichten, ausstatten; *4. MIL* dekorieren, auszeichnen
decoration [dekə'reɪʃən] *sb 1.* Schmuck *m*, Dekoration *f*, Verzierung *f*; *2. (act of decorating)* Ausschmückung *f*, Verzierung *f*; *3. MIL* Orden *m*, Dekoration *f*, Auszeichnung *f*
decrease [diː'kriːs] *v 1.* abnehmen, sich vermindern, nachlassen; *2. (sth)* verringern, vermindern, reduzieren; ['diːkriːs] *sb 3.* Abnahme *f*, Verminderung *f*, Verringerung *f*, Rückgang *m*
decriminalize [diː'krɪmɪnəlaɪz] *v* entkriminalisieren
dedicate ['dedɪkeɪt] *v* weihen, widmen; *~ o.s. to sth* sich einer Sache widmen
deduce [dɪ'djuːs] *v* folgern, schließen; *~ from* schließen aus
deduct [dɪ'dʌkt] *v* abziehen, absetzen
deduction [dɪ'dʌkʃən] *sb 1. (conclusion)* Schlussfolgerung *f*, *2. (act of deducing)* Folgern *n*; *3. (from a price)* Nachlass *m*; *4. (from one's wage) ECO* Abzug *m*; *5. (act of deducting)* Abzug *m*, Abziehen *n*
deductive [dɪ'dʌktɪv] *adj* deduktiv, schließend, folgernd
deed [diːd] *sb 1. (action)* Tat *f*, Handlung *f*; *in word and ~* in Wort und Tat; *2. (document)* Urkunde *f*

deep [di:p] *adj 1.* tief; *~ in debt* tief verschuldet; *go off the ~ end (fam)* auf die Palme gehen; *~ in thought* in Gedanken vertieft; *~ sleep* tiefer Schlaf, fester Schlaf; *~ space* der äußere Weltraum *m*; *2. (profound)* tiefsinnig
deepen ['di:pən] *v 1.* sich vertiefen, tiefer werden; *2. (sth)* vertiefen
deep-freeze ['di:p'fri:z] *sb (appliance)* Tiefkühltruhe *f*
deep-fry ['di:pfraɪ] *v GAST* frittieren, in schwimmendem Fett braten
deeply ['di:plɪ] *adv* tief; *drink ~* unmäßig trinken; *~ interested* höchst interessiert
deep-rooted [di:p'ru:td] *adj* tiefverwurzelt
deep-sea fishing [di:p si: 'fɪʃɪŋ] *sb* Hochseefischerei *f*
deer [dɪə] *sb ZOOL* Hirsch *m*; *(roe ~)* Reh *n*
deface [dɪ'feɪs] *v* verunstalten
defeat [dɪ'fi:t] *v 1.* besiegen, schlagen; *(a proposal)* ablehnen; *sb 2. (loss)* Niederlage *f*; *(~ of a bill)* Ablehnung *f*; *3. (of hopes, of plans)* Vereitelung *f*
defect ['di:fekt] *sb* Fehler *m*, Defekt *m*, Mangel *m*; *character ~* Charakterfehler *m*
defective [dɪ'fektɪv] *adj 1.* fehlerhaft, mangelhaft; *2. (machine)* fehlerhaft, schadhaft, defekt
defence [dɪ'fens] *sb* Verteidigung *f*, Schutz *m*, Abwehr *f*
defenceless [dɪ'fenslɪs] *adj* wehrlos, hilflos, schutzlos
defend [dɪ'fend] *v* verteidigen, schützen; *~ against* verteidigen gegen, schützen vor
defendant [dɪ'fendənt] *sb JUR in a criminal case)* Angeklagte(r) *m/f*, *(in a civil case)* Beklagte(r) *m/f*
defender [dɪ'fendə] *sb* Verteidiger *m*
defending champion [dɪ'fendɪŋ 'tʃæmpɪən] *sb SPORT* Titelverteidiger *m*
defense [dɪ'fens] *sb (see „defence")*
defensive [dɪ'fensɪv] *adj 1.* defensiv; *sb 2.* Defensive *f*, Abwehraktion *f*; *on the ~* in der Defensive
deferential [defə'renʃəl] *adj* ehrerbietig, respektvoll
deferred payment [dɪ'fɜ:d 'peɪmənt] *sb ECO* Ratenzahlung *f*
defiance [dɪ'faɪəns] *sb* Trotz *m*; *in ~ of s.o.* jdm zum Trotz
defiant [dɪ'faɪənt] *adj 1. (rebellious)* trotzig; *2. (provoking)* herausfordernd
deficiency [dɪ'fɪʃənsɪ] *sb 1. (shortage)* Mangel *m*, Fehlen *n*; *2. FIN* Defizit *n*, Fehlbetrag *m*, Ausfall *m*; *3. (defect)* Mangelhaftigkeit *f*, Schwäche *f*
deficient [dɪ'fɪʃənt] *adj* unzulänglich, mangelhaft
deficit ['defɪsɪt] *sb* Defizit *n*, Fehlbetrag *m*
defile [dɪ'faɪl] *v 1. (desecrate)* schänden, entweihen; *2. (sully)* beschmutzen, verunreinigen
define [dɪ'faɪn] *v 1. (a word)* definieren; *2. (explain)* erklären; *3. (show in outline)* betonen; *4. (set)* definieren, bestimmen, festlegen
definite ['defɪnɪt] *adj 1.* bestimmt, klar, deutlich; *2. (concrete)* definitiv, endgültig
definitely ['defɪnɪtlɪ] *adv* bestimmt, unbedingt
definition [defɪ'nɪʃən] *sb 1. (of a word)* Definition *f*; *2. (of a picture)* Bildschärfe *f*; *3. (setting, fixing)* Bestimmung *f*
deflate [di:'fleɪt] *v (sth)* Luft herauslassen aus
deflation [dɪ:'fleɪʃən] *sb* Luftablassen *n*
deformed [dɪ'fɔ:md] *adj* deformiert, missgestaltet, verunstaltet
deformity [dɪ'fɔ:mɪtɪ] *sb* Deformität *f*, Verunstaltung *f*, Missgestalt *f*
defraud [dɪ'frɔ:d] *v* betrügen; *~ the revenue (UK)* Steuern hinterziehen
defray [dɪ'freɪ] *v (costs)* tragen, bestreiten
defrost [di:'frɒst] *v 1. (food)* auftauen; *2. (refrigerator)* abtauen
defroster [di:'frɒstə] *sb* Defroster *m*
deft [deft] *adj* gewandt, geschickt, flink
defuse [dɪ'fju:z] *v* entschärfen
defy [dɪ'faɪ] *v 1.* trotzen; *~ s.o.* jdm trotzen; *2. (make impossible)* widerstehen, Schwierigkeiten machen; *~ description* jeder Beschreibung spotten; *3. (challenge)* herausfordern
degenerate [dɪ'dʒenəreɪt] *v 1.* degenerieren, entarten, ausarten; [dɪ'dʒenərɪt] *sb 2.* degenerierter Mensch *m*
degeneration [dɪdʒenə'reɪʃən] *sb* Degeneration *f*, Entartung *f*
degradable [dɪ'greɪdəbl] *adj* abbaubar
degradation [degrə'deɪʃən] *sb* Erniedrigung *f*, Degradierung *f*
degrade [dɪ'greɪd] *v* erniedrigen, degradieren
degree [dɪ'gri:] *sb 1. (unit of measurement)* Grad *m*; *2. (step)* Grad *m*; *by ~s* allmählich; *3. (extent)* Maß *n*; *to some ~* einigermaßen; *4. (academic)* akademischer Grad *m*; *get one's ~* seinen akademischen Grad erhalten
dehydrate [di:'haɪdreɪt] *v* Wasser entziehen, trocknen

de-ice [diː'aɪs] *v* enteisen
deject [dɪ'dʒekt] *v* deprimieren
delay [dɪ'leɪ] *v 1. (linger, move slowly)* zögern, sich aufhalten; *2. (sth, s.o.) (hold up)* aufhalten, hinhalten; *3. (postpone)* verschieben, aufschieben, hinausschieben; *4. to be ~ed* aufgehalten werden; *sb 5.* Verspätung *f*, Verzögerung *f*, Aufschub *m*
delectable [dɪ'lektəbl] *adj* köstlich
delegate ['delɪgeɪt] *v 1. (a task)* delegieren, übertragen; *2. (a person)* abordnen, delegieren, bevollmächtigen; *3.* ['delɪgɪt] *sb POL* Delegierte(r) *m/f*, Bevollmächtigte(r) Vertreter *m*
delegation [delɪ'geɪʃən] *sb 1. (group)* Delegation *f*, Abordnung *f*; *2. (of a task)* Delegation *f*
deliberate [dɪ'lɪbəreɪt] *v 1. (ponder)* überlegen, erwägen; [dɪ'lɪbərɪt] *adj 2. (intentional)* absichtlich, bewusst; *3. (cautious)* bedächtig, besonnen; *4. (slow)* bedächtig, gemächlich, langsam
deliberately [dɪ'lɪbərɪtlɪ] *adv* absichtlich, bewusst, mit Vorbedacht
delicate ['delɪkɪt] *adj 1.* zart, zerbrechlich, fein; *~ adjustment* Feineinstellung *f*; *2. (requiring skilful handling)* heikel, delikat; *3. (food)* delikat
delicious [dɪ'lɪʃəs] *adj* köstlich, lecker; *(delightful)* herrlich
delight [dɪ'laɪt] *v 1. ~ in* sich erfreuen an, große Freude haben an; *2. (s.o.)* erfreuen, entzücken; *sb 3.* Vergnügen *n*, Freude *f*
delinquent [dɪ'lɪŋkwənt] *adj 1.* straffällig; *(in one's duties)* pflichtvergessen; *sb 2.* Delinquent *m*
delirious [dɪ'lɪrɪəs] *adj 1.* rasend, wahnsinnig; *2. MED* im Delirium
deliver [dɪ'lɪvə] *v 1.* liefern, zustellen, überbringen; *2. (by car)* ausfahren; *3. (on foot)* austragen; *4. (a message)* überbringen; *5. (~ the post each day)* zustellen; *6. (~ up: hand over)* aushändigen, übergeben, überliefern; *7. MED (child)* zur Welt bringen; *(mother)* entbinden; *8. (rescue)* befreien, erlösen, retten; *9. (utter) (a speech)* halten; *10. (a verdict)* aussprechen; *11. (an ultimatum)* stellen; *12. (a blow)* versetzen
deliverance [dɪ'lɪvərəns] *sb* Befreiung *f*, Erlösung *f*, Rettung *f*
delivery [dɪ'lɪvərɪ] *sb 1.* Lieferung *f*, Auslieferung *f*, *(of the post)* Zustellung *f*; *2. (of a speech)* Vortragsweise *f*; *3. MED* Entbindung *f*; *4. (of a blow)* Landung *f*
delivery note [dɪ'lɪvərɪ nəʊt] *sb ECO* Lieferschein *m*
delivery room [dɪ'lɪvərɪ ruːm] *sb MED* Kreißsaal *m*, Entbindungssaal *m*
delta ['deltə] *sb (island in a river)* Delta *n*
delusion [dɪ'luːʒən] *sb 1.* Illusion *f*, Täuschung *f*, Selbsttäuschung *f*; *labour under a ~* sich täuschen; *2. ~s of grandeur pl* Größenwahn *m*
delusive [dɪ'luːsɪv] *adj* trügerisch, irreführend
deluxe [dɪ'lʌks] *adj* Luxus ...
delve [delv] *v ~ into* sich vertiefen in, erforschen, sich eingehend befassen mit
demand [dɪ'mɑːnd] *v 1.* verlangen, fordern; *2. (task)* erfordern, verlangen; *sb 3.* Verlangen *n*, Forderung *f*, Anspruch *m*; *4. ECO* Nachfrage *f*, Bedarf *m*; *5. in ~* gefragt, begehrt
demanding [dɪ'mɑːndɪŋ] *adj* anspruchsvoll, anstrengend
dematerialize [diːmə'tɪərɪəlaɪz] *v 1.* sich entmaterialisieren; *2. (~ sth)* entmaterialisieren
demean [dɪ'miːn] *v ~ o.s.* sich erniedrigen
demeanour [dɪ'miːnə] *sb* Benehmen *n*, Haltung *f*
dementia [dɪ'menʃə] *sb MED* Demenz *f*, Schwachsinn *m*; *senile ~* senile Demenz
demilitarize [dɪ'mɪlɪtəraɪz] *v POL* entmilitarisieren
demilitarized zone [dɪ'mɪlɪtəraɪzd zəʊn] *sb POL* entmilitarisierte Zone *f*
democracy [dɪ'mɒkrəsɪ] *sb POL* Demokratie *f*
democrat ['deməkræt] *sb* Demokrat *m*
democratic [demə'krætɪk] *adj POL* demokratisch
demographic [demə'græfɪk] *adj* demographisch
demolish [dɪ'mɒlɪʃ] *v 1.* abreißen, abbrechen; *2. (fig)* zunichte machen, vernichten
demolition [demə'lɪʃən] *sb* Abbruch *m*
demon ['diːmən] *sb 1.* Dämon *m*; *2. (fig)* Teufelskerl *m*
demonstrate ['demənstreɪt] *v 1. (show)* zeigen, beweisen, demonstrieren; *2. (~ the operation of sth)* vorführen, demonstrieren; *3. POL* demonstrieren
demonstration [demən'streɪʃən] *sb 1.* Zeigen *n*, Beweis *m*, Demonstration *f*; *2. POL* Demonstration *f*
demonstrative [dɪ'mɒnstrətɪv] *adj GRAMM* Demonstrativ ..., hinweisend

demoralize [dɪ'mɒrəlaɪz] *v* demoralisieren, entmutigen
demote [dɪ'məʊt] *v* degradieren
demotion [dɪ'məʊʃən] *sb* Degradierung *f*
demure [dɪ'mjʊə] *adj 1. (coy)* spröde; *2. (sober)* nüchtern; *3. (sedate)* gesetzt
den [den] *sb 1. (animal's ~)* Höhle *f*, Bau *m*; *2. (room in a house)* Bude *f*, *(study)* Arbeitszimmer *n*; *3. (fig)* Höhle *f*; *~ of iniquity* Lasterhöhle *f*; *~ of thieves* Räuberhöhle *f*
denial [dɪ'naɪəl] *sb 1. (of an accusation)* Verneinung *f*, Leugnen *n*; *(official ~)* Dementi *n*; *2. (refusal)* Ablehnung *f*, Verweigerung *f*, Absage *f*; *3. (disowning)* Verleugnung *f*
denim ['denɪm] *sb* Jeansstoff *m*
dense [dens] *adj 1.* dicht; *(fog)* dick; *2. (fam: stupid)* beschränkt, schwer von Begriff
density ['densɪtɪ] *sb* Dichte *f*
dent [dent] *sb 1.* Beule *f*, Delle *f*; *make a ~ in (fig)* ein Loch reißen in; *v 2. (sth)* einbeulen; *(fig: ~ s.o.'s pride)* anknacksen
dentist ['dentɪst] *sb* Zahnarzt *m*
dentures ['dentʃəz] *pl* Gebiss *n*; *(partial ~)* Zahnprothese *f*
denuclearize [dɪ'nju:klɪəraɪz] *v* entnuklearisieren
deny [dɪ'naɪ] *v 1. (an accusation)* bestreiten, abstreiten, leugnen; *2. (refuse)* verweigern, verneinen; *~ o.s. sth* sich etw versagen; *3. (disown)* verleugnen
deodorant [di:'əʊdərənt] *sb* Deodorant *n*
depart [dɪ'pɑ:t] *v 1.* weggehen; *2. (train, bus)* abfahren; *3. (airplane)* abfliegen; *4. (on a trip)* abreisen; *(by car)* wegfahren; *5. ~ from (deviate from)* abweichen von
department [dɪ'pɑ:tmənt] *sb 1.* Abteilung *f*; *2. POL* Ministerium *n*
department store [dɪ'pɑ:tmənt stɔ:] *sb* Kaufhaus *n*, Warenhaus *n*
departure [dɪ'pɑ:tʃə] *sb 1. (person's)* Weggang *m*, *(on a trip)* Abreise *f*; *2. (of a train, of a bus)* Abfahrt *f*; *3. (of an airplane)* Abflug *m*; *4. (fig: from custom)* Abweichen *n*
depend [dɪ'pend] *v 1. ~ on* abhängen von, ankommen auf; *it all ~s* je nachdem, das kommt ganz darauf an; *2. ~ on (rely on)* sich verlassen auf
dependable [dɪ'pendəbl] *adj* zuverlässig
dependent [dɪ'pendənt] *adj 1.* abhängig; *sb 2.* Abhängiger *m*
depict [dɪ'pɪkt] *v* darstellen, beschreiben, schildern
depilatory [dɪ'pɪlətərɪ] *sb* Enthaarungsmittel *n*
deplete [dɪ'pli:t] *v 1. (reduce)* vermindern, verringern; *2. (exhaust)* erschöpfen; *3. MED* entleeren
deplorable [dɪ'plɔ:rəbl] *adj* bedauernswert, beklagenswert
deploy [dɪ'plɔɪ] *v 1. MIL* aufmarschieren lassen, aufstellen; *2. (activate)* einsetzen
deport [dɪ'pɔ:t] *v (a foreigner) POL* abschieben
deposit [dɪ'pɒzɪt] *v 1.* absetzen, ablegen; *2. (money)* deponieren, einzahlen; *sb 3. (to a bank account)* Einzahlung *f*; *have thirty marks on ~* ein Guthaben von dreißig Mark haben; *4. (returnable security)* Kaution *f*; *5. (bottle ~)* Pfand *n*
deposit account [dɪ'pɒzɪtəkaʊnt] *sb FIN* Sparkonto *n*
depot ['depəʊ] *sb* Depot *n*
deprave [dɪ'preɪv] *v* verderben
depraved [dɪ'preɪvd] *adj* verderbt
depravity [dɪ'prævɪtɪ] *sb* Verderbtheit *f*
depress [dɪ'pres] *v 1. (a person)* deprimieren; *2. (press down)* niederdrücken, drücken
depressed [dɪ'prest] *adj 1.* deprimiert, niedergeschlagen; *2. (industry) ECO* Not leidend; *(market)* schleppend
depression [dɪ'preʃən] *sb 1. (person's)* Depression *f*; *2. ECO* Wirtschaftskrise *f*; *3. (in the ground)* Vertiefung *f*, Senkung *f*
deprivation [deprɪ'veɪʃən] *sb 1. (depriving)* Beraubung *f*, Entzug *m*; *2. (lack)* Mangel *m*
deprive [dɪ'praɪv] *v 1. to be ~d of sth* etw entbehren müssen; *~d persons* unterprivilegierte Personen; *2. ~ s.o. of sth* jdm etw entziehen, jdm etw vorenthalten
depth [depθ] *sb 1.* Tiefe *f*; *get out of one's ~ (fig)* ins Schwimmen geraten; *in the ~s of despair* in tiefster Verzweiflung; *2. ~ of field FOTO* Tiefenschärfe *f*
deputy ['depjʊtɪ] *adj 1.* stellvertretend, Vize... *sb 2.* Stellvertreter *m*; *(US: ~ sheriff)* Hilfssheriff *m*
derail [dɪ'reɪl] *v* entgleisen lassen; *to be ~ed* entgleisen
derange [dɪ'reɪndʒ] *v* stören, verwirren
derelict ['derɪlɪkt] *adj 1. (in one's duties)* pflichtvergessen; *2. (abandoned)* verlassen; *sb 3. (homeless person)* Obdachlose *m/f*
derive [dɪ'raɪv] *v 1. (satisfaction)* gewinnen; *2. (a word)* ableiten; *3. ~ from* sich ableiten von; *(power)* herkommen von, herrühren von
dermatitis [dɜ:mə'taɪtɪs] *sb MED* Hautentzündung *f*, Dermatitis *f*

dermatologist [dɜːmə'tɒlədʒɪst] *sb MED* Dermatologe *m*, Hautarzt *m*
derogatory [dɪ'rɒgətərɪ] *adj* abfällig, abschätzig
descend [dɪ'send] *v 1. (move down, get down)* heruntergehen, hinuntergehen; *(from a horse)* absteigen; *2. (lead downward)* heruntergehen, hinuntergehen, herunterführen; *3. (sth)* hinuntergehen, heruntergehen; *~ upon* hereinbrechen über; *(visit)* überfallen; *4. to be ~ed from* abstammen von
descendant [dɪ'sendənt] *sb* Nachkomme *m*
descendent [dɪ'sendənt] *adj 1. (descending from an ancestor)* abstammend; *2. (going down)* absteigend
descent [dɪ'sent] *sb 1. (slope)* Abfall *m*; *2. (going down)* Hinuntergehen *n*, Heruntergehen *n*; *3. (from a mountain)* Abstieg *m*; *4. (of an airplane)* Landung *f*; *5. (moral ~)* Absinken *n*; *6. (ancestry)* Abstammung *f*, Herkunft *f*; *of noble ~* von adliger Abstammung
describe [dɪs'kraɪb] *v 1. (tell about)* beschreiben, schildern; *2. ~ as (call)* bezeichnen als; *3. MATH* beschreiben
description [dɪs'krɪpʃən] *sb 1.* Beschreibung *f*, Schilderung *f*; *2. (characterization)* Bezeichnung *f*
desegregate [diː'segrəgeɪt] *v* die Rassenschranken aufheben in
desert ['dezət] *sb 1.* Wüste *f*; *adj 2. (uninhabited)* verlassen, menschenleer; [dɪ'zɜːt] *v 3.* verlassen, im Stich lassen; *4. MIL* desertieren; *(to the enemy)* überlaufen; *5. (spouse) JUR* böswillig verlassen
deserter [dɪ'zɜːtə] *sb MIL* Deserteur *m*; *(to the enemy)* Überläufer *m*
deserve [dɪ'zɜːv] *v* verdienen
deserving [dɪ'zɜːvɪŋ] *adj* verdienstvoll
design [dɪ'zaɪn] *v 1.* entwerfen, zeichnen; *2. (machine, bridge)* konstruieren; *3. to be ~ed for sth* für etw vorgesehen sein; *sb 4. (planning)* Entwurf *m*; *(of a machine, of a bridge)* Konstruktion *f*; *5. (as a subject)* Design *n*; *6. (pattern)* Muster *n*; *7. (intention)* Absicht *f*; *have ~s on sth* es auf etw abgesehen haben; *by ~* absichtlich
designate ['dezɪgneɪt] *v 1.* bestimmen; *2. (name)* kennzeichnen, bezeichnen
designer [dɪ'zaɪnə] *sb 1.* Entwerfer *m*; *2. (fashion ~)* Modeschöpfer *m*, Designer *m*; *3.* Bühnenbildner *m*
designing [dɪ'zaɪnɪŋ] *adj (crafty, scheming)* intrigant, hinterhältig
desire [dɪ'zaɪə] *v 1.* wünschen, begehren, wollen; *leave much to be ~d* viel zu wünschen übrig lassen; *sb 2.* Wunsch *m*; *3. (longing)* Sehnsucht *f*; *4. (sexual)* Verlangen *n*, Begehren *n*, Begierde *f*
desk [desk] *sb 1.* Schreibtisch *m*, Pult *n*; *2. (in a store)* Kasse *f*
desk-bound ['deskbaʊnd] *adj* an den Schreibtisch gefesselt
desk clerk ['deskklɑːk] *sb (at a hotel)* Empfangschef *m*
desktop ['desktɒp] *sb* Arbeitsfläche *f*
desktop publishing ['desktɒp 'pʌblɪʃɪŋ] *sb INFORM* Desktop-Publishing *n*
desolate ['desəlɪt] *adj 1.* verlassen, einsam, öde; *2. (feeling)* trostlos
despair [dɪs'pɛə] *v 1.* verzweifeln, alle Hoffnung aufgeben; *sb 2.* Verzweiflung *f*, Hoffnungslosigkeit *f*; *in ~* verzweifelt
desperate ['despərɪt] *adj 1. (person)* verzweifelt; *2. (criminal)* zum Äußersten entschlossen; *3. (situation)* verzweifelt, ausweglos, hoffnungslos; *4. (urgent)* dringend
desperation [despə'reɪʃən] *sb* Verzweiflung *f*
despite [dɪs'paɪt] *prep* trotz
dessert [dɪ'zɜːt] *sb* Nachtisch *m*, Dessert *n*
dessertspoon [dɪ'zɜːtspuːn] *sb* Dessertlöffel *m*
destined ['destɪnd] *adj to be ~ for sth* für etw bestimmt sein
destiny ['destɪnɪ] *sb* Schicksal *n*
destitute ['destɪtjuːt] *adj 1.* mittellos; *2. (of sth)* ermangelnd, ohne, bar
destroy [dɪs'trɔɪ] *v 1.* zerstören, vernichten; *2. (an animal)* töten; *3. (vermin)* vertilgen; *4. (break, make unusable)* ruinieren, kaputtmachen, unbrauchbar machen; *5. (fig: s.o.'s hopes)* zunichte machen; *6. (fig: s.o.'s reputation)* ruinieren
destroyer [dɪ'strɔɪə] *sb MIL* Zerstörer *m*
destruct [dɪ'strʌkt] *v* zerstören
destruction [dɪs'trʌkʃən] *sb* Zerstörung *f*, Vernichtung *f*, Verwüstung *f*
detach [dɪ'tætʃ] *v 1. (take off)* abnehmen, ablösen; *2. (part of a document)* abtrennen; *3. (unfasten)* loslösen
detached [dɪ'tætʃt] *adj 1. (house)* Einfamilienhaus *n*; *2. (fig: aloof)* abgehoben, arrogant
detail ['diːteɪl] *v 1.* ausführlich berichten über; *(list)* einzeln aufzählen; *sb 2.* Detail *n*; *attention to ~* Aufmerksamkeit für das Detail *f*; *in ~* ausführlich, im Einzelnen; *3. (particular)* Einzelheit *f*, *go into ~s* auf Einzelheiten

eingehen; 4. *(insignificant ~)* unwichtige Einzelheit *f*, Kleinigkeit *f*
detain [dɪ'teɪn] *v* 1. aufhalten, zurückbehalten; 2. *JUR* in Haft nehmen
detect [dɪ'tekt] *v* 1. entdecken, herausfinden; 2. *(see, notice)* wahrnehmen, feststellen; *(a crime)* aufdecken
detective [dɪ'tektɪv] *sb* Detektiv *m*, *(police ~)* Kriminalbeamte(r) *m/f*
detective agency [dɪ'tektɪv 'eɪdʒənsɪ] *sb* Detektei *f*, Detektivbüro *n*
detector [dɪ'tektə] *sb TECH* Detektor *m*
detention [dɪ'tenʃən] *sb* 1. Haft *f*; *(in school)* Nachsitzen *n*; 2. *MIL* Arrest *m*; 3. *(act)* Festnahme *f*
detention centre [dɪ'tenʃənsentə] *sb* Justizvollzugsanstalt *f*
detergent [dɪ'tɜːdʒənt] *sb* Reinigungsmittel *n*, Waschmittel *n*
deteriorate [dɪ'tɪərɪəreɪt] *v* sich verschlechtern, sich verschlimmern, verderben
determinable [dɪ'tɜːmɪnəbl] *adj* bestimmbar, entscheidbar
determination [dɪtɜːmɪ'neɪʃən] *sb* 1. *(resolve)* Entschlossenheit *f*, Bestimmtheit *f*; 2. *(determining)* Determinierung *f*; 3. *(specifying)* Bestimmung *f*, Festsetzung *f*; 4. *(decision)* Entschluss *m*, Beschluss *m*
determine [dɪ'tɜːmɪn] *v* 1. *(resolve)* sich entschließen, beschließen; 2. *(fix, set)* festsetzen, festlegen; 3. *(be a decisive factor in)* bestimmen, determinieren
determined [dɪ'tɜːmɪnd] *adj* entschlossen, fest, entschieden
detestable [dɪ'testəbl] *adj* abscheulich, hassenswert
detonate ['detəneɪt] *v* 1. zünden, explodieren; 2. *(sth)* explodieren lassen, zur Explosion bringen
detonation [detə'neɪʃən] *sb* Detonation *f*
detour ['diːtʊə] *v* 1. *(take a detour)* einen Umweg machen; 2. *(sth)* umleiten; *sb* 3. Umweg *m*; *(fig: from a subject)* Abschweifung *f*; 4. *(road)* Umgehungsstraße *f*; 5. *(detouring of traffic)* Umleitung *f*
detoxicate [diː'tɒksɪkeɪt] *v* entgiften
detoxification centre [diːtɒksɪfɪ'keɪʃən sentə] *sb* Entzugsklinik *f*
detrimental [detrɪ'mentəl] *adj ~ to* schädlich, nachteilig für, abträglich
deuce [djuːs] *sb (tennis) SPORT* Einstand
devaluation [dɪvæljʊ'eɪʃən] *sb FIN* Abwertung *f*
devastate ['devəsteɪt] *v* verwüsten
devastating ['devəsteɪtɪŋ] *adj* verheerend, vernichtend
develop [dɪ'veləp] *v* 1. sich entwickeln; 2. *(sth)* entwickeln; *(~ something already begun)* weiterentwickeln; 3. *(a plot of land, a neighbourhood)* erschließen; 4. *(an illness)* sich zuziehen, bekommen
developing [dɪ'veləpɪŋ] *adj* 1. sich entwickelnd; 2. *~ country POL* Entwicklungsland *n*
development ['dɪveləpmənt] *sb* 1. Entwicklung *f*, Ausführung *f*, Entfaltung *f*; 2. Wachstum *n*, Aufbau *m*
development area ['dɪveləpmənt 'ɛərɪə] *sb* Entwicklungsgebiet *n*
deviation [diːvɪ'eɪʃən] *sb* Abweichen *n*, Abweichung *f*
device [dɪ'vaɪs] *sb* 1. Gerät *n*, Vorrichtung *f*, Apparat *m*; 2. *(scheme)* List *f*; *leave s.o. to his own ~s* jdn sich selbst überlassen
devil ['devl] *sb* Teufel *m*; *Speak of the ~!* Wenn man vom Teufel spricht! *a ~ of a job* eine Heidenarbeit; *What the ~?* Was zum Teufel? *poor ~ (fam)* armer Teufel; *There'll be the ~ to pay. (fam)* Es wird einen fürchterlichen Aufruhr geben.
devil-may-care [devlmeɪ'kɛə] *adj* leichtsinnig
devious ['diːvɪəs] *adj* 1. *(person)* verschlagen; 2. *(path)* gewunden
devoid [dɪ'vɔɪd] *adj ~ of* bar, ohne
devote [dɪ'vəʊt] *v* 1. widmen; 2. *(resources)* bestimmen
devotion [dɪ'vəʊʃən] *sb* 1. Hingabe *f*; *(to one's friend, to one's spouse)* Ergebenheit *f*; 2. *REL* Andacht *f*; 3. *(setting aside)* Bestimmung *f*
devour [dɪ'vaʊə] *v* 1. verschlingen, fressen; 2. *(fig: a book)* verschlingen
devout [dɪ'vaʊt] *adj REL* fromm, andächtig
dew [djuː] *sb* Tau *m*
dewy-eyed ['djuːɪaɪd] *adj* mit umflorten Augen
dexterity [deks'terɪtɪ] *sb* Geschicklichkeit *f*, Gewandtheit *f*
diabetes [daɪə'biːtiːz] *sb MED* Diabetes *m*, Zuckerkrankheit *f*
diabetic [daɪə'betɪk] *sb MED* Diabetiker *m*
diabolical [daɪə'bɒlɪkəl] *adj* diabolisch, teuflisch
diagnose ['daɪəgnəʊz] *v* diagnostizieren
diagnosis [daɪəg'nəʊsɪs] *sb* Diagnose *f*
diagonal [daɪ'ægənl] *adj* 1. diagonal, schräg, schräg laufend; *sb* 2. Diagonale *f*

diagram ['daɪəgræm] *v 1.* zeichnen, graphisch darstellen; *sb 2.* Diagramm *n*, Schaubild *n*, Schema *n*
dial [daɪl] *v 1.* wählen; *sb 2. (of a clock)* Zifferblatt *n*; *3. (of a gauge)* Skala *f*; *4. (radio ~)* Skalenscheibe *f*
dialect ['daɪəlekt] *sb* Dialekt *m*, Mundart *f*
dialling code ['daɪlɪŋ kəʊd] *sb (UK)* Vorwahl *f*
dialogue ['daɪəlɒg] *sb* Dialog *m*
dial tone ['daɪltəʊn] *(US)* Amtszeichen *n*
diamond ['daɪmənd] *sb 1.* Diamant *m*; *2. (shape)* Raute *f*; *3. (suit of cards)* Karo *n*
diaper ['daɪpə] *sb (US)* Windel *f*
diarrhoea [daɪə'riːə] *sb MED* Durchfall *m*, Diarrhöe *f*
diary ['daɪərɪ] *sb 1. (appointment book)* Terminkalender *m*; *2.* Tagebuch *n*
dicey ['daɪsɪ] *adj (fam)* riskant
dictate [dɪk'teɪt] *v 1.* diktieren; *sb 2.* Diktat *n*, Gebot *n*; *the ~s of reason* das Gebot der Vernunft
dictator [dɪk'teɪtə] *sb POL* Diktator *m*
dictionary ['dɪkʃənrɪ] *sb* Wörterbuch *n*, Lexikon *n*
die [daɪ] *v 1.* sterben; *2. (plant)* eingehen; *3. (motor)* absterben; *4. to be dying to do sth* brennend gern etw tun wollen, sich danach sehnen, etw zu tun; *5. (disappear)* vergehen; *(memory)* verschwinden; *(custom)* aussterben; *6. ~ away* schwächer werden; *7. ~ down* schwächer werden, nachlassen; *8. ~ out* aussterben; *sb 9.* Würfel *m*; *10. TECH* Gesenk *n*, Gussform *f*
• **die away** *v* sich legen, sich beruhigen
• **die out** *v* aussterben
die-cast [daɪ'kɑːst] *v* im Spritzgussverfahren herstellen
diehard ['daɪhɑːd] *sb 1.* unnachgiebiger Mensch *m*; *adj 2. This record would only interest ~ Elton John fans.* Diese Platte würde nur die allergrößten Elton John Fans interessieren.
diesel ['diːzəl] *sb (car)* Diesel *m*, *(fuel)* Dieselöl *n*
diet ['daɪət] *sb 1.* Nahrung *f*, Ernährung *f*; *2. (special ~)* Diät *f*; *3. (to lose weight)* Schlankheitskur *f*, Diät *f*; *go on a ~* eine Schlankheitskur machen
differ ['dɪfə] *v 1.* sich unterscheiden; *2. (hold a different opinion)* anderer Meinung sein
difference ['dɪfrəns] *sb 1.* Unterschied *m*; *that makes a ~* das macht was aus; *2. (of opinion)* Meinungsverschiedenheit *f*, Differenz *f*
different ['dɪfrənt] *adj* andere(r,s), anders, verschieden; *~ to/~ from* anders als
differentiate [dɪfə'renʃɪeɪt] *v* unterscheiden
difficult ['dɪfɪkəlt] *adj* schwierig, schwer, kompliziert; *make things ~ for s.o.* es jdm schwer machen
difficulty ['dɪfɪkəltɪ] *sb* Schwierigkeit *f*
dig [dɪg] *v irr 1.* graben; *2. (a trench, a tunnel)* ausheben; *3. (poke)* bohren; *4. (fam: like)* stehen auf; *5. (fam: understand)* kapieren; *6. (fam: look at)* sich angucken; *sb 7. (archeological)* Ausgrabung *f*, *(site)* Ausgrabungsstätte *f*
• **dig in** *v irr 1. (entrench o.s.)* sich eingraben; *2. (fam: have some food)* das Essen reinhauen (fam)
• **dig out** *v irr (fam)* ausgraben
• **dig up** *v irr 1. (earth)* aufwühlen; *2. (a lawn)* umgraben; *3. (find or remove from underground)* ausgraben; *4. (fam: information)* auftun
digest [dɪ'dʒest] *v 1.* verdauen; ['daɪdʒest] *sb 2.* Auslese *f*, Auswahl *f*
digestion [dɪ'dʒestʃən] *sb* Verdauung *f*
digit ['dɪdʒɪt] *sb 1. MATH* Ziffer *f*, Stelle *f*; *2. ANAT (finger)* Finger *m*; *(toe)* Zehe *f*
digital ['dɪdgɪtəl] *adj* digital
dignified ['dɪgnɪfaɪd] *adj* würdig, würdevoll
dignity ['dɪgnɪtɪ] *sb* Würde *f*
digs [dɪgz] *pl* Bude *f (fam)*, Zimmer *n*
dilapidated [dɪ'læpɪdeɪtɪd] *adj* verfallen, baufällig
dilate ['daɪleɪt] *v (pupils)* sich erweitern
dilemma [dɪ'lemə] *sb* Dilemma *n*, Klemme *f*
diligent ['dɪlɪdʒənt] *adj* fleißig, eifrig
dilute [daɪ'luːt] *v* verdünnen, *(fig)* schwächen
dim [dɪm] *v 1. (a light)* verdunkeln, abblenden; *adj 2. (light)* trüb, schwach; *3. (memory)* verschwommen, schwach; *4. (outline)* undeutlich, verschwommen, unscharf; *5. (fig: future, outlook)* trüb; *6. (fam: stupid)* schwer von Begriff
dimension [daɪ'menʃən] *sb 1.* Dimension *f*; *2. (measurement)* Abmessung *f*, Maß *n*, Dimension *f*; *3. ~s pl* Ausmaß *n*, Umfang *m*, Größe *f*
diminish [dɪ'mɪnɪʃ] *v 1. (to be ~ed)* sich vermindern, abnehmen; *2. (sth)* verringern, vermindern, verkleinern
dimple ['dɪmpl] *sb 1.* Vertiefung *f*; *2. (on one's cheek or chin)* Grübchen *n*

dine [daɪn] *v* speisen; ~ *out* außer Haus essen
diner ['daɪnə] *sb 1. (person dining)* Tischgast *m*; *2. (establishment)* Esslokal *n*
dinghy ['dɪŋgɪ] *sb 1. (small boat)* Dingi *n*; *2. (rubber raft)* Schlauchboot *n*
dingy ['dɪndʒɪ] *adj* schmuddelig
dinky ['dɪŋkɪ] *adj 1. (UK)* schnuckelig; *2. (US: little)* klein
dinner ['dɪnə] *sb 1.* Abendessen *n*; *2. (lunch)* Mittagessen *n*
dinner jacket ['dɪnədʒækɪt] *sb (UK)* Smoking *m*
dinner party ['dɪnəpɑːtɪ] *sb* Abendgesellschaft *f*, Tischgesellschaft *f*
dinner service ['dɪnəsɜːvɪs] *sb* Tafelgeschirr *n*
dinosaur ['daɪnəsɔː] *sb* Dinosaurier *m*
dioxide [daɪ'ɒksaɪd] *sb CHEM* Dioxyd *n*
dip [dɪp] *v 1. (pointer on a scale)* sich senken, sich neigen; *2. (bread)* tunken; *3. (sth into liquid)* tauchen, eintauchen; ~ *one's hand into one's pocket* in die Tasche greifen; *sb 4. GAST* Dip *m*; *5. (swim)* kurzes Baden *n*
• **dip into** *v 1.* kurz eintauchen in; *2. (funds)* Reserven angreifen
diploma [dɪp'ləʊmə] *sb* Diplom *n*
diplomacy [dɪp'ləʊməsɪ] *sb POL* Diplomatie *f*
diplomat ['dɪpləmæt] *sb POL* Diplomat *m*
diplomatic immunity [dɪplə'mætɪk ɪm'juːnɪtɪ] *sb POL* Immunität *f*
dipstick ['dɪpstɪk] *sb* Messstab *m*
direct [dɪ'rekt] *v 1. (aim, address)* richten; ~ *s.o.'s attention to sth* jds Aufmerksamkeit auf etw lenken; *2. (order)* anweisen, befehlen; *3. (supervise)* leiten, lenken, führen; *4. (traffic)* regeln; *5. CINE* Regie führen bei; *6. THEAT* inszenieren; *adj 7.* direkt, unmittelbar
direct access [dɪ'rekt 'ækses] *sb INFORM* Direktzugriff *m*
direct current [dɪ'rekt 'kʌrənt] *sb TECH* Gleichstrom *m*
direct debit [dɪ'rekt 'debɪt] *sb (UK) FIN* Einzugsermächtigung *f*
direct hit [daɪ'rekt hɪt] *sb* Volltreffer *m*
direction [dɪ'rekʃən] *sb 1.* Richtung *f*; *sense of* ~ Orientierungssinn *m*; *2. (management)* Leitung *f*, Führung *f*; *3. ~s pl* Anweisungen *pl*; *(to get somewhere)* Auskunft *f*; *(for use)* Gebrauchsanweisung *f*; *ask s.o. for ~s (ask the way)* jdn nach dem Weg fragen, *(request instructions)* jdn um Anweisungen bitten
directly [dɪ'rektlɪ] *adv 1.* direkt, unmittelbar; ~ *opposed* genau entgegengesetzt; *2. (frankly)* direkt; *3. (in just a moment)* sofort
director [dɪ'rektə] *sb 1.* Direktor *m*, Leiter *m*; *2. CINE* Regisseur *m*
directory [dɪ'rektərɪ] *sb (telephone ~)* Telefonbuch *n*; *(trade ~)* Branchenverzeichnis *n*
directory enquiries [dɪ'rektərɪ ɪn'kwaɪəriːz] *sb (UK)* Telefonauskunft *f*
dirt [dɜːt] *sb 1.* Schmutz *m*, Dreck *m*; *treat s.o. like* ~ jdn wie den letzten Dreck behandeln; *throw ~ at s.o. (fig)* jdn mit Schmutz bewerfen; *2. (soil)* Erde *f*; *hit the ~ (fam)* sich zum Boden werfen; *3. (scandal)* Schmutz *m*, schmutzige Wäsche *pl*
dirt-cheap [dɜːt'tʃiːp] *adj* spottbillig
dirty ['dɜːtɪ] *adj 1.* schmutzig, dreckig; ~ *work* Drecksarbeit *f*; *give s.o. a ~ look* jdm einen bösen Blick zuwerfen; *2. (obscene)* unanständig, schmutzig; ~ *old man* fieser alter Kerl; *3. (despicable)* gemein, niederträchtig; *do the ~ on s.o. (UK)* jdn gemein behandeln; ~ *trick* fauler Trick; *4. SPORT* unfair; *v 5.* beschmutzen, verschmutzen
disability [dɪsə'bɪlɪtɪ] *sb (physical ~) MED* Behinderung *f*
disable [dɪs'eɪbl] *v* unbrauchbar machen
disabled [dɪs'eɪbld] *adj 1.* behindert, arbeitsunfähig, erwerbsunfähig; *2. (machine)* unbrauchbar; *3. the* ~ die Behinderten *pl*
disadvantage [dɪsəd'vɑːntɪdʒ] *sb 1.* Nachteil *m*; *v 2. put at a* ~ benachteiligen
disagree [dɪsə'griː] *v 1.* nicht übereinstimmen; *2. (with a suggestion)* nicht einverstanden sein; *3. ~ with s.o. (food)* jdm nicht bekommen
disagreeable [dɪsə'griːəbl] *adj 1.* unangenehm; *2. (person)* unsympathisch
disagreement [dɪsə'griːmənt] *sb 1.* Uneinigkeit *f*; *2. (discrepancy)* Diskrepanz *f*; *3. (quarrel)* Meinungsverschiedenheit *f*, Streit *m*
disappear [dɪsə'pɪə] *v* verschwinden
disappearance [dɪsə'pɪərəns] *sb* Verschwinden *n*
disappoint [dɪsə'pɔɪnt] *v* enttäuschen
disappointment [dɪsə'pɔɪntmənt] *sb* Enttäuschung *f*
disapprove [dɪsə'pruːv] *v 1.* dagegen sein; *2. ~ of sth* etw missbilligen
disarmament [dɪs'ɑːməmənt] *sb POL* Abrüstung *f*
disarmament conference [dɪs'ɑːməmənt 'kɒnfərəns] *sb POL* Abrüstungskonferenz *f*

disassemble [dɪsə'sembl] *v* auseinander nehmen, zerlegen
disaster [dɪ'zɑːstə] *sb* Unglück *n*, Katastrophe *f*
disaster area [dɪ'zɑːstərɛərɪə] *sb* Katastrophengebiet *n*
disastrous [dɪ'zɑːstrəs] *adj* katastrophal, verheerend, unheilvoll
disbelief [dɪsbə'liːf] *sb* Unglaube *m*, Zweifel *m*
disbelieve [dɪsbɪ'liːv] *v* nicht glauben, bezweifeln
disc [dɪsk] *sb 1.* runde Scheibe *f*; *2. ANAT* Bandscheibe *f*; *3. (record)* Schallplatte *f*
discard [dɪ'skɑːd] *v* ablegen, aufgeben, ausrangieren
disc brake [dɪsk breɪk] *sb TECH* Scheibenbremse *f*
disciple [dɪ'saɪpl] *sb* Jünger *m*, Schüler *m*
disciplinary ['dɪsɪplɪnərɪ] *adj* Disziplinar...
discipline ['dɪsɪplɪn] *v 1.* disziplinieren; *sb 2.* Disziplin *f*
disc jockey ['dɪskdʒɒkɪ] *sb* Diskjockey *m*
disclaim [dɪs'kleɪm] *v* ausschlagen, ablehnen
disclose [dɪs'kləʊz] *v 1.* bekannt geben, bekannt machen, offenbaren; *2. (a secret)* aufdecken, enthüllen
disco ['dɪskəʊ] *sb* Disko *f*
discography [dɪs'kɒgrəfɪ] *sb* Schallplattenverzeichnis *n*
discomfort [dɪs'kʌmfət] *sb* Unbehagen *n*
disconcert [dɪskən'sɜːt] *v* beunruhigen, aus der Fassung bringen
disconnect [dɪskə'nekt] *v 1.* trennen; *2. (utilities)* abstellen; *3. (telephone call)* unterbrechen
disconsolate [dɪs'kɒnsəlɪt] *adj* untröstlich, niedergeschlagen
discontent [dɪskən'tent] *sb* Unzufriedenheit *f*
discontinue [dɪskən'tɪnjuː] *v 1.* aufgeben, abbrechen, aussetzen; *2. (a line of products)* auslaufen lassen; *3. (a subscription)* abbestellen
discotheque ['dɪskəʊtek] *sb* Diskothek *f*
discount [dɪs'kaʊnt] *v 1. (dismiss, disregard)* unberücksichtigt lassen; *2.* ['dɪskaʊnt] *sb ECO* Preisnachlass *m*, Rabatt *m*, Abschlag *m*; *sell sth at a ~* etw mit Rabatt verkaufen; *3. FIN* Diskont *m*; *v 4. (a bill, a note) FIN* diskontieren
discount house ['dɪskaʊnt haʊs] *sb* Discountgeschäft *n*
discount rate ['dɪskaʊnt reɪt] *sb FIN* Diskontsatz *m*
discourage [dɪs'kʌrɪdʒ] *v 1.* entmutigen; *2. (deter)* abhalten, *(advances)* zu verhindern suchen; *3. (dissuade) ~ s.o. from doing sth* jdm abraten, etw zu tun; *(successfully)* jdn davon abbringen, etw zu tun
discouraged [dɪs'kʌrɪdʒd] *adj* entmutigt; *(generally)* mutlos
discourteous [dɪs'kɜːtɪəs] *adj* unhöflich
discover [dɪs'kʌvə] *v 1.* entdecken; *2. (~ a mistake, ~ that sth is missing)* feststellen; *3. (a secret)* herausfinden
discoverer [dɪs'kʌvərə] *sb* Entdecker *m*
discovery [dɪs'kʌvərɪ] *sb* Entdeckung *f*
discreet [dɪs'kriːt] *adj* diskret, taktvoll, verschwiegen
discrepancy [dɪs'krepənsɪ] *sb* Diskrepanz *f*, Unstimmigkeit *f*
discrete [dɪs'kriːt] *adj* diskret
discretion [dɪs'kreʃən] *sb 1. (tact)* Diskretion *f*; *2. (prudence)* Besonnenheit *f*; *3. (freedom to decide)* Gutdünken *n*, Ermessen *n*; *use your own ~* handle nach eigenem Ermessen; *at one's ~* nach Belieben
discriminate [dɪ'skrɪmɪneɪt] *v 1.* unterscheiden; *2. (unfairly)* Unterschiede machen; *~ against s.o.* jdn diskriminieren
discrimination [dɪskrɪmɪ'neɪʃən] *sb (differential treatment)* Diskriminierung *f*
discuss [dɪs'kʌs] *v* besprechen, diskutieren, reden über
discussion [dis'kʌʃən] *sb* Diskussion *f*, Erörterung *f*, *(meeting)* Besprechung *f*
disdain [dɪs'deɪn] *v 1. (s.o.)* verachten; *2. (sth)* verachten, verschmähen; *sb 3.* Verachtung *f*, Geringschätzung *f*
disdainful [dɪs'deɪnfʊl] *adj* verachtungsvoll, geringschätzig
disease [dɪ'ziːz] *sb* Krankheit *f*
diseased [dɪ'ziːzd] *adj MED* krank, *(tissue, cell)* krankhaft
disembodied [dɪsɪm'bɒdɪd] *adj* körperlos
disengage [dɪsɪn'geɪdʒ] *v 1.* loskommen; *2. (from fighting)* sich absetzen; *3. (sth)* loskuppeln, ausschalten; *~ the clutch* auskuppeln
disfavour [dɪs'feɪvə] *sb* Ungnade *f*, Missfallen *n*; *fall into ~* in Ungnade fallen; *regard with ~* mit Missfallen betrachten
disfigure [dɪs'fɪgə] *v* verunstalten, *(a face)* entstellen
disgrace [dɪs'greɪs] *v 1.* Schande bringen über, Schande machen; *2. ~ o.s.* sich blamie-

ren; *sb* 3. Schande *f*; *fall into ~* in Ungnade fallen; 4. *(cause of ~)* Schande *f*, Blamage *f*, Schandfleck *m*
disgraceful [dɪs'greɪsfʊl] *adj* schändlich
disguise [dɪs'gaɪz] *v* 1. unkenntlich machen, tarnen, verkleiden; 2. *(handwriting, a voice)* verstellen; 3. *(feelings, the truth)* verhüllen, verbergen, verhehlen; 4. *~ o.s.* sich verkleiden; sb 5. Verkleidung *f*; *in ~* verkleidet
disgust [dɪs'gʌst] *v* 1. anekeln, anwidern; 2. *(anger)* empören; *sb* 3. Ekel *m*; 4. *(loathing)* Empörung *f*
disgusting [dis'gʌstɪŋ] *adj* widerlich, abscheulich; *(nauseating)* ekelhaft
dish [dɪʃ] *sb* 1. Schüssel *f*, Platte *f*, Teller *m*; 2. *~es pl (crockery)* Geschirr *n*; *do the ~es (US)* Geschirr spülen; 3. *(meal)* Gericht *n*, Speise *f*
• **dish out** *v* austeilen
• **dish up** *v* 1. anrichten, auftragen; 2. *(fam: ~ lies, ~ information)* auftischen
dishonest [dɪs'ɒnɪst] *adj* 1. unehrlich; 2. *(scheme)* unlauter
dishonesty [dɪs'ɒnɪstɪ] *sb* Unehrlichkeit *f*, Unredlichkeit *f*
dishonourable [dɪs'ɒnərəbl] *adj* unehrenhaft; *~ discharge* unehrenhafte Entlassung *f*
dishwasher ['dɪʃwɒʃə] *sb* 1. *(machine)* Geschirrspülmaschine *f*; 2. *(person)* Tellerwäscher *m*
dishy ['dɪʃɪ] *adj (fam)* schick, toll
disillusionment [dɪsɪ'luːʒənmənt] *sb* Ernüchterung *f*, Enttäuschung *f*
disinclined [dɪsɪn'klaɪnd] *adj ~ to do sth* abgeneigt, etw zu tun
disinfect [dɪsɪn'fekt] *v* desinfizieren
disinfectant [dɪsɪn'fektənt] *sb* Desinfektionsmittel *n*
disinfection [dɪsɪn'fekʃən] *sb* Desinfektion *f*
disinherit [dɪsɪn'herɪt] *v* enterben
disintegrate [dɪs'ɪntɪgreɪt] *v* 1. *(fall apart, be broken apart)* zerfallen, sich auflösen, auseinander fallen; 2. *(sth)* zerfallen lassen, auflösen, zersetzen
disintegration [dɪsɪntɪ'greɪʃən] *sb* Zerfall *m*, Auflösung *f*
disinterest [dɪs'ɪntrɪst] *sb* Desinteresse *n*, Gleichgültigkeit *f*
disjointed [dɪs'dʒɔɪntɪd] *adj* zusammenhangslos
disk [dɪsk] *sb* 1. *(see "disc")*; 2. *INFORM* Platte *f*
disk crash [dɪsk kræʃ] *sb INFORM* Diskcrash *m*, Störung eines Laufwerkes *f*
disk drive ['dɪskdraɪv] *sb INFORM* Laufwerk *n*
diskette [dɪs'ket] *sb INFORM* Diskette *f*
dislike [dɪs'laɪk] *v* 1. nicht mögen; *~ doing sth* etw ungern tun; *sb* 2. Abneigung *f*
dislocate ['dɪsləʊkeɪt] *v MED* verrenken
disloyal [dɪs'lɔɪəl] *adj* untreu, treulos, verräterisch
dismal ['dɪzməl] *adj* 1. düster; 2. *(failure)* kläglich; 3. *(person)* trübselig, trübsinnig
dismantle [dɪs'mæntl] *v* 1. *(take apart)* auseinander nehmen, zerlegen; 2. *(permanently)* demontieren
dismay [dɪs'meɪ] *v* 1. bestürzen; *sb* 2. Bestürzung *f*, Entsetzen *n*
dismiss [dɪs'mɪs] *v* 1. entlassen, gehen lassen; 2. *(brush aside)* abtun; *(a suggestion)* zurückweisen; *(form one's mind)* verbannen
dismissive [dɪs'mɪsɪv] *adj* abweisend
disobedience [dɪsə'biːdɪəns] *sb* 1. Ungehorsam *m*; 2. *civil ~* ziviler Ungehorsam *m*
disobedient [dɪsə'biːdɪənt] *adj* ungehorsam
disobey [dɪsə'beɪ] *v* 1. *(s.o.)* nicht gehorchen; 2. *(a law)* nicht befolgen
disorder [dɪs'ɔːdə] *sb* 1. Durcheinander *n*; 2. *MED* Störung *f*, Erkrankung *f*
disorderly [dɪs'ɔːdəlɪ] *adj* 1. *(untidy)* unordentlich; 2. *(unruly)* aufrührerisch; 3. *~ conduct JUR* ungebührliches Benehmen *n*
disorient [dɪs'ɔːrɪənt] *v* desorientieren, verwirren
disorientate [dɪs'ɔːrɪenteɪt] *v* desorientieren
disown [dɪs'əʊn] *v* 1. verleugnen; 2. *(one's child)* verstoßen
disparaging [dɪ'spærɪdʒɪŋ] *adj* abschätzig, geringschätzig
disparity [dɪ'spærɪtɪ] *sb* Ungleichheit *f*, Verschiedenheit *f*
dispatch [dɪ'spætʃ] *v* 1. senden, schicken, absenden; 2. *(deal with)* erledigen; 3. *(kill)* töten, ins Jenseits befördern; *sb* 4. *(promptness)* Eile *f*; 5. *(report)* Bericht *m*; 6. *(sending)* Versand *m*, Absendung *f*
dispensable [dɪs'pensəbl] *adj* entbehrlich, verzichtbar
dispense [dɪs'pens] *v* 1. verteilen, austeilen; *(medication)* abgeben; 2. *~ justice* Recht sprechen; 3. *~ with* verzichten auf
dispenser [dɪs'pensə] *sb (machine)* Automat *m*

displace [dɪs'pleɪs] *v 1.* verlagern, verdrängen; *~d person* Verschleppte(r) *m/f; 2. (replace)* ersetzen
displacement [dɪs'pleɪsmənt] *sb 1.* Verlagerung *f*; *2. NAUT* Verdrängung *f*
display [dɪs'pleɪ] *v 1. (show)* zeigen, beweisen; *2. (goods)* ausstellen, auslegen; *sb 3.* Zeigen *n*, Zurschaustellung *f*, Vorführung *f*; *to be on ~* ausgestellt sein; *4. (of goods)* Ausstellung *f*, Auslage *f*; *5. (ostentatious ~)* Aufwand *m*; *6. INFORM* Display *n*
displeased [dɪs'pliːzd] *adj* unzufrieden
disposable [dɪs'pəʊzəbl] *adj 1. (to be thrown away)* wegwerfbar; *2. (available)* verfügbar; *~ income* verfügbares Einkommen *n*
disposal [dɪs'pəʊzəl] *sb 1. (throwing away)* Wegwerfen *n*; *2. (waste ~ unit)* Müllschlucker *m*; *3. (removal)* Beseitigung *f*; *4. (control)* Verfügungsrecht *n*; *place sth at s.o.'s ~* jdm etw zur Verfügung stellen; *have sth at one's ~* über etw verfügen; *to be at s.o.'s ~* jdm zur Verfügung stehen; *5. (positioning)* Aufstellung *f*
dispose [dɪs'pəʊz] *v 1. ~ of (get rid of)* loswerden; *(an opponent)* aus dem Weg schaffen; *2. (difficulties)* erledigen; *3. ~ of (have at one's disposal)* verfügen über
disposition [dɪspə'zɪʃən] *sb 1. (temperament)* Veranlagung *f*; *2. (arrangement)* Anordnung *f*
dispute [dɪ'spjuːt] *v 1. (debate)* disputieren über; *2. (argue against)* bestreiten, anfechten; *3. (a claim)* anfechten; *sb 4.* Disput *m*, Kontroverse *f*; *beyond ~* unzweifelhaft; *5. (quarrel)* Streit *m*
disqualification [dɪskwɒlɪfɪ'keɪʃən] *sb SPORT* Disqualifikation *f*
disqualify [dɪs'kwɒlɪfaɪ] *v 1.* für untauglich erklären; *2. SPORT* disqualifizieren
disregard [dɪsrɪ'gɑːd] *v 1.* nicht beachten, ignorieren; *(authority)* missachten; *sb 2.* Nichtbeachtung *f*, Ignoranz *f*; *3. (for danger)* Geringschätzung *f*
disrepair [dɪsrɪ'pɛə] *sb* Verfall *m*, Baufälligkeit *f*; *fall into ~* verfallen
disrespect [dɪsrɪs'pekt] *sb* Respektlosigkeit *f*, *(rudeness)* Unhöflichkeit *f*
disrespectable [dɪsrɪ'spektəbl] *adj* nicht respektabel
disrespectful [dɪsrɪs'pektfʊl] *adj* respektlos, *(rude)* unhöflich
disrupt [dɪs'rʌpt] *v* stören, unterbrechen
disruption [dɪs'rʌpʃən] *sb* Störung *f*, Unterbrechung *f*
dissatisfied [dɪs'sætɪsfaɪd] *adj* unzufrieden
dissatisfy [dɪs'sætɪsfaɪ] *v* nicht zufrieden stellen, missfallen
dissect [dɪ'sekt] *v 1.* sezieren; *2. (a plant)* präparieren
dissemble [dɪ'sembl] *v 1.* sich verstellen, heucheln; *2. (~ sth)* verbergen
disservice [dɪs'sɜːvɪs] *sb do s.o. a ~* jdm einen schlechten Dienst erweisen
dissident ['dɪsɪdənt] *adj 1.* anders denkend; *sb 2. POL* Dissident *m*
dissimilar [dɪ'sɪmɪlə] *adj* verschieden, unähnlich
dissipate ['dɪsɪpeɪt] *v* sich zerstreuen, sich auflösen
dissociate [dɪ'səʊʃɪeɪt] *v ~ o.s. from* sich distanzieren von
dissolution [dɪsə'luːʃən] *sb* Auflösung *f*
dissolve [dɪ'zɒlv] *v 1.* sich lösen, sich auflösen; *2. (sth)* auflösen
dissuade [dɪ'sweɪd] *v ~ s.o. from doing sth* jdn davon abbringen, etw zu tun
distance ['dɪstəns] *v 1. ~ o.s. from sth* sich von etw distanzieren; *sb 2.* Entfernung *f*, Ferne *f*; *at a ~ of ten metres* in zehn Meter Entfernung; *in the ~* in der Ferne; *3. (~ covered, ~ to cover)* Strecke *f*, Weg *m*; *within walking ~* zu Fuß erreichbar; *go the ~ (fig)* durchhalten; *4. (of a race) SPORT* Distanz *f*; *5. (gap)* Abstand *m*, Distanz *f*, Zwischenraum *m*; *keep one's ~* Abstand halten; *6. (fig: avoidance of familiarity)* Distanz *f*; *keep one's ~ (fig)* auf Distanz bleiben; *keep s.o. at a ~* jdn auf Distanz halten
distant ['dɪstənt] *adj 1.* fern, entfernt, weit; *2. (in time)* fern; *3. (relationship)* entfernt; *4. (aloof)* distanziert, kühl, reserviert
distaste [dɪs'teɪst] *sb* Widerwille; *~ for* Widerwille gegen
distasteful [dɪs'teɪstfʊl] *adj* unangenehm
distinct [dɪs'tɪŋkt] *adj 1.* deutlich, klar; *2. (noticeable)* spürbar; *3. (characteristic)* ausgeprägt; *4. (different)* verschieden; *5. (separate)* getrennt
distinction [dɪs'tɪŋkʃən] *sb 1. (difference)* Unterschied *m*; *draw a ~ between, make a ~ between* einen Unterschied machen zwischen; *2. (act of distinguishing)* Unterscheidung *f*; *3. (refinement)* Vornehmheit *f*; *4. (eminence in one's field)* hoher Rang *m*; *5. (award)* Auszeichnung *f*
distinctive [dɪs'tɪŋktɪv] *adj* unverwechselbar, unverkennbar, kennzeichnend

distinguish [dɪ'stɪŋgwɪʃ] *v 1. (tell apart)* auseinander halten, unterscheiden; *2. (make out)* erkennen; *3. (make different)* unterscheiden; *to be ~ed by sth* sich durch etw unterscheiden; *4. ~ o.s.* sich auszeichnen

distinguishable [dɪ'stɪŋgwɪʃəbl] *adj 1. (discernible)* erkennbar; *2. (noticeable)* deutlich; *3. (able to be told apart)* unterscheidbar

distinguished [dɪ'stɪŋgwɪʃt] *adj 1.* bedeutend, von Rang, berühmt; *2. (refined)* distinguiert, vornehm

distort [dɪs'tɔːt] *v 1.* verzerren; *2. (words, facts)* verdrehen; *3. (judgement)* trüben

distract [dɪ'strækt] *v* ablenken

distracted [dɪ'stræktɪd] *adj 1.* unaufmerksam, zerstreut; *2. (in despair)* verzweifelt

distress [dɪ'stres] *v 1.* peinigen, quälen, beunruhigen; *sb 2.* Verzweiflung *f*; *3. (grief)* Kummer *m*, Leid *n*, Sorge *f*; *4. (poverty)* Elend *n*, Not *f*; *5. (danger)* Not *f*

distress call [dɪ'stres kɔːl] *sb* Notruf *m*

distressed [dɪ'strest] *adj* beunruhigt, bekümmert, betrübt

distressing [dɪs'tresɪŋ] *adj* Besorgnis erregend, bedrückend

distribute [dɪ'strɪbjuːt] *v 1.* verteilen, austeilen; *2. (goods) ECO* vertreiben; *3. (dividends) FIN* ausschütten; *4. (films)* verleihen

distribution [dɪstrɪ'bjuːʃən] *sb 1.* Verteilung *f*, Austeilung *f*; *2. (way sth is distributed)* Einteilung *f*; *3. (of dividends) FIN* Ausschüttung *f*; *4. (of goods) ECO* Vertrieb *m*; *5. CINE* Verleih *m*

district ['dɪstrɪkt] *sb 1.* Gebiet *n*, Gegend *f*; *2. (of a town)* Stadtteil *m*, Viertel *n*, Bezirk *m*; *3. (administrative ~)* Bezirk *m*, Verwaltungsbezirk *m*

district attorney ['dɪstrɪkt ə'tɜːnɪ] *sb (US)* Staatsanwalt *m*

district court ['dɪstrɪkt kɔːt] *sb (US) JUR* Bezirksgericht *n*

distrust [dɪs'trʌst] *v 1.* misstrauen; *sb 2.* Misstrauen *n*

disturb [dɪ'stɜːb] *v 1. (interrupt, interfere with)* stören; *"Please do not ~."* „Bitte nicht stören."; *2. (make uneasy)* beunruhigen

disturbance [dɪ'stɜːbəns] *sb 1.* Störung *f*; *2. (commotion)* Ruhestörung *f*; *(political, social)* Unruhe *f*; *3. (uneasiness)* Unruhe *f*

disturbed [dɪ'stɜːbd] *adj 1.* (worried) beunruhigt; *2. (waters)* unruhig; *3. (mentally imbalanced)* geistig gestört

disturbing [dɪ'stɜːbɪŋ] *adj* beunruhigend

disuse [dɪs'juːs] *sb* Nichtgebrauch *m*

disused [dɪs'juːzd] *adj* nicht mehr benutzt, nicht mehr gebraucht, *(railway line)* stillgelgt, *(building)* leerstehend

dive [daɪv] *v 1. (into a pool, into a lake)* springen, *(under water)* tauchen, *(submarine)* untertauchen; *2. (like a goalkeeper)* einen Hechtsprung machen; *3. (airplane)* einen Sturzflug machen; *sb 4. (by a swimmer)* Sprung *m*; *5. (by a plane)* Sturzflug *m*; *6. (sideways leap)* Hechtsprung *m*; *7. take a ~ (boxer)* ein K.O. vortäuschen; *8. (fam: seedy pub)* Spelunke *f*

dive-bomb ['daɪvbɒm] *v MIL* im Sturzflug angreifen

diver ['daɪvə] *sb* Taucher *m*; *(from a springboard)* Kunstspringer *m*; *(from a high platform)* Turmspringer *m*

diverse [dɪ'vɜːs] *adj* unterschiedlich, verschieden

diversion [daɪ'vɜːʒən] *sb 1. (trick to distract attention)* Ablenkung *f*, Ablenkungsmanöver *n*; *2. (pastime)* Zeitvertreib *m*; *3. (detouring)* Umleitung *f*

diversity [daɪ'vɜːsɪtɪ] *sb* Vielfalt *f*

divert [daɪ'vɜːt] *v 1. (attention)* ablenken; *2. (traffic)* umleiten; *3. (a conversation)* in eine andere Richtung lenken

divide [dɪ'vaɪd] *v 1. (separate)* trennen; *2. MATH* dividieren, teilen; *~ eleven by five* elf durch fünf teilen/dividieren; *3. (~ among)* verteilen; *4. (~ up)* teilen; *(distribute)* aufteilen; *5. (cause disagreement among)* entzweien

divine [dɪ'vaɪn] *adj* göttlich

diving board ['daɪvɪŋ bɔːd] *sb SPORT* Sprungbrett *n*

diving suit ['daɪvɪŋ suːt] *sb* Taucheranzug *m*

divinity [dɪ'vɪnɪtɪ] *sb* Gottheit *f*, göttliches Wesen *n*

divisible [dɪ'vɪzɪbl] *adj* teilbar; *~ by* teilbar durch

division [dɪ'vɪʒən] *sb 1.* Teilung *f*, Aufteilung *f*, Einteilung *f*; *2. MATH* Teilen *n*, Division *f*; *3. (part)* Teil *m*; *4. (of a firm)* Abteilung *f*; *5. SPORT* Liga *f*; *6. MIL* Division *f*; *7. (that which divides)* Trennung *f*; *8. (discord)* Uneinigkeit *f*

divorce [dɪ'vɔːs] *v 1. (s.o.)* sich scheiden lassen von; *get ~d* sich scheiden lassen; *2. (fig)* trennen; *sb 3.* Scheidung *f*

divulge [daɪ'vʌldʒ] *v 1.* preisgeben; *2. (a secret)* ausplaudern

dizzy ['dɪzɪ] *adj* schwindlig

DNA [diːen'eɪ] *sb (deoxyribonucleic acid) BIO* DNS *f*

do [duː] *v irr 1.* tun, machen; *What can I ~ for you?* Was kann ich für Sie tun? *How ~ you ~? (pleased to meet you)* Es freut mich, Sie kennen zu lernen. *Nothing ~ing. (fam)* Nichts zu machen. *2. ~ the dishes (US)* Geschirr spülen; *3. (be suitable)* passen; *4. (be sufficient)* reichen, genügen; *That will ~.* Das genügt. *sb 5. make ~ with sth* sich mit etw behelfen

• **do away** *v irr ~ with sth* etw beseitigen

• **do in** *v irr 1. (fam: kill)* umbringen; *2. (fam: ruin)* fertig machen, ruinieren

• **do up** *v irr 1. (fasten)* zumachen; *2. (a room)* herrichten; *3. (a package)* zusammenpacken; *4. ~ one's face* sich schminken

• **do with** *v irr 1. (potentially use)* gebrauchen können; *2. have to ~* mit ... zu tun haben; *What has that got to ~ it?* Was hat das damit zu tun?

• **do without** *v irr* auskommen ohne, entbehren, verzichten auf

doctor ['dɒktə] *sb 1. (physician) MED* Arzt *m*/Ärztin *f; 2. (person with a doctorate)* Doktor *m; v 3. (fam: tamper with)* frisieren; *(document)* verfälschen

doctorate ['dɒktərɪt] *sb* Doktorwürde *f*

document ['dɒkjʊmənt] *v 1.* beurkunden, dokumentieren; *sb 2.* Dokument *n,* Urkunde *f,* Unterlage *f*

documentary [dɒkjʊ'mentərɪ] *adj 1.* dokumentarisch, urkundlich; *~ evidence* Urkundenbeweis *m; sb 2. CINE* Dokumentarfilm *m,* Tatsachenfilm *m*

dodge [dɒdʒ] *v 1.* ausweichen, *(tax)* umgehen; *2. (military service)* sich drücken vor

dodger ['dɒdʒə] *sb (person)* Schlawiner *m*

dodgy ['dɒdʒɪ] *adj (fam)* vertrackt, verzwickt

dog [dɒg] *sb* Hund *m; go to the ~s (fam)* vor die Hunde gehen; *lucky ~ (fam)* Glückspilz *m; as sick as a ~* speiübel; *lead a ~s life* ein Hundeleben führen; *a hair of the ~ that bit you (fam)* einen Schluck Alkohol gegen den Kater; *set a ~ on s.o.* einen Hund auf jdn hetzen; *the top ~ (fam)* der große Boss

dog-catcher ['dɒgkætʃə] *sb* Hundefänger *m*

dog collar ['dɒgkɒlə] *sb* Hundehalsband *n*

dog-eared ['dɒgɪəd] *adj (page)* mit Eselsohren

dogfight ['dɒgfaɪt] *sb (aerial battle)* Luftkampf *m*

dogged ['dɒgɪd] *adj* verbissen

doggy bag ['dɒgɪ bæg] *sb* Tüte für Essensreste *f*

doghouse ['dɒghaʊs] *sb* Hundehütte *f; in the ~ (fam) (US)* in Ungnade

do-gooder ['duːgʊdə] *sb* Weltverbesserer *m*

dogsbody ['dɒgzbɒdɪ] *sb (UK)* Mädchen für alles *n (fig)*

dog-tired ['dɒg'taɪəd] *adj (fam)* hundemüde

do-it-yourself ['duːɪt jɒ'self] *sb* Heimwerken *n,* Hobbybasteln *n*

dole [dəʊl] *sb (fam)* Stempelgeld *n; to be on the ~* stempeln gehen

doll [dɒl] *sb* Puppe *f*

dolled [dɒld] *adj ~ up (fam)* aufgedonnert

dolphin ['dɒlfɪn] *sb ZOOL* Delphin *m*

domain [dəʊ'meɪn] *sb 1.* Domäne *f; 2. INFORM* Domain *f*

domestic [də'mestɪk] *adj 1.* häuslich; *~ animal* Haustier *n; 2. POL* Innen..., Inland...

domestic policy [dɒ'mestɪk 'pɒlɪsɪ] *sb POL* Innenpolitik *f*

domestic servant [dɒ'mestɪk 'sɜːvənt] *sb* Hausangestellte *m/f,* Dienstbote *m*

dominance ['dɒmɪnæns] *sb POL* Vorherrschaft *f,* Dominanz *f*

dominant ['dɒmɪnənt] *adj 1.* dominierend; *2. (gene) BIO* dominant

dominate ['dɒmɪneɪt] *v* dominieren

domination [dɒmɪ'neɪʃən] *sb* Herrschaft *f*

domineer [dɒmɪ'nɪə] *v* tyrannisieren

domineering [dɒmɪ'nɪərɪŋ] *adj* herrisch

donate [dɒʊ'neɪt] *v* schenken, stiften, spenden

donation [dɒʊ'neɪʃən] *sb 1. (thing donated)* Spende *f,* Stiftung *f,* Gabe *f; 2. (the act of donating)* Spenden *n,* Stiften *n*

done [dʌn] *adj* getan, erledigt, fertig

donkey ['dɒŋkɪ] *sb* Esel *m*

donor ['dɒʊnə] *sb* Spender *m,* Stifter *m*

doom [duːm] *v 1.* verurteilen, verdammen; *sb 2.* Schicksal *n; 3. (ruin)* Verhängnis *n,* böses Geschick *n*

doomed [duːmd] *adj* verurteilt

door [dɔː] *sb* Tür *f; he lives two ~s down* er wohnt zwei Häuser weiter; *show s.o. the ~ (fam)* jdm die Tür weisen; *from ~ to ~* von Haus zu Haus; *out of ~s* draußen; *behind closed ~s* hinter verschlossenen Türen; *at death's ~* den Tod vor den Augen

doorbell ['dɔːbel] *sb* Türglocke *f,* Türklingel *f*

door handle ['dɔːhændl] *sb* Türgriff *m,* Türklinke *f*

doorman ['dɔːmæn] *sb* Portier *m*

doormat ['dɔːmæt] *sb 1.* Fußmatte *f; 2. (fig)* Fußabtreter *m*
doorstep ['dɔːstep] *sb* Eingangsstufe *f; on s.o.'s ~* vor jds Tür
dope [dəʊp] *v 1.* dopen; *sb 2. (drugs)* Stoff *m,* Rauschgift *n; 3. (idiot)* Trottel *m,* Idiot *m; 4. (fam: information)* Information *f*
dopey ['dəʊpɪ] *adj (fam)* benebelt, weggetreten
dork [dɔːk] *sb (fam)* komische Type *f*
dosage ['dəʊsɪdʒ] *sb* Dosierung *f*
dose [dəʊs] *v 1. MED* dosieren; *sb 2. MED* Dosis *f; (fig)* Ration *f*
dot [dɒt] *sb 1.* Punkt *m,* Tupfen *m; on the ~* pünktlich; *v 2. (an "i")* mit dem i-Punkt versehen
dotty ['dɒtɪ] *adj (batty)* bekloppt *(fam)*
double ['dʌbl] *v 1.* verdoppeln; *adj 2.* doppelt, *(in pairs)* Doppel... *sb 3. (lookalike)* Doppelgänger *m,* Ebenbild *n; 4. (stand-in)* Double *n*
• **double back** *v (person)* kehrtmachen, zurückgehen
• **double up** *v 1. (bend over)* sich krümmen; *2. (with laughter)* sich biegen; *3. (share sth)* etw gemeinsam benutzen
double agent ['dʌbl 'eɪdʒənt] *sb* Doppelagent *m*
double-barrelled [dʌbl 'bærəld] *adj* doppelläufig
double bed ['dʌbl bed] *sb* Doppelbett *n*
double-check [dʌbl'tʃek] *v* noch einmal prüfen
double chin [dʌbl'tʃɪn] *sb* Doppelkinn *n*
double-cross [dʌbl 'krɒs] *v* hintergehen
double date [dʌbl'deɪt] *sb* Rendezvous zweier Paare *n*
double-dealing [dʌbl'diːlɪŋ] *adj* betrügerisch
double feature [dʌbl'fiːtʃə] *sb* Programm mit zwei Hauptfilmen *n*
doubleheader [dʌbl'hedə] *sb SPORT* zwei Spiele, die nacheinander am selben Tag stattfinden
double-jointed [dʌbl'dʒɔɪntɪd] *adj* sehr gelenkig
double-park ['dʌbl pɑːk] *v* in zweiter Reihe parken
double room ['dʌblruːm] *sb* Zweibettzimmer *n,* Doppelzimmer *n*
double-take [dʌbl'teɪk] *sb do a ~* zweimal hingucken müssen
doubt [daʊt] *v 1. (have doubts)* zweifeln; *2. (sth)* bezweifeln; *sb 3.* Zweifel *m; without a ~* zweifellos; *no ~* ohne Zweifel; *to be in ~ (person)* unschlüssig sein
doubtful ['daʊtfʊl] *adj 1. (person)* nicht sicher, zweifelnd; *2. (thing)* zweifelhaft, ungewiss; *3. (of questionable character)* zweifelhaft, fragwürdig
doubtless ['daʊtlɪs] *adv* ohne Zweifel, sicherlich
dough [dəʊ] *sb 1.* Teig *m; 2. (fam: money)* Kohle *f*
doughnut ['dəʊnʌt] *sb* Krapfen *m,* Berliner (Pfannkuchen) *m*
dour [daʊə] *adj 1.* mürrisch, grämlich; *2. (stern)* streng
dove [dʌv] *sb* Taube *f*
dowdy ['daʊdɪ] *adj* schlampig, unelegant
down [daʊn] *adv 1. (movement)* nach unten, abwärts; *(towards the speaker)* herunter, runter (fam); *(away from the speaker)* hinunter, runter (fam); *2. (position)* unten; *(on the ground)* am Boden; *~ under (fam)* in/nach Australien oder Neuseeland; *3. (as a ~ payment)* als Anzahlung; *prep 4. (along)* entlang; *sb 5. (feathers)* Daunen *pl*
downcast ['daʊnkɑːst] *adj* niedergeschlagen
downgrade ['daʊngreɪd] *v 1. (s.o.)* degradieren; *2. (sth)* herabsetzen
downhill ['daʊn'hɪl] *adv* abwärts, bergab; *go ~ (fig)* rapide abwärts gehen
download ['daʊnləʊd] *v INFORM* herunterladen, downloaden
down payment [daʊn 'peɪmənt] *sb* Anzahlung *f*
downpour ['daʊnpɔː] *sb* Regenguss *m,* Platzregen *m*
downstairs [daʊn'stɛəz] *adv 1. (be ~)* unten; *2. (go ~, come ~)* nach unten; *(from here)* die Treppe hinunter; *(from up there)* die Treppe herunter
down-to-earth [daʊntuː'ɜːθ] *adj* mit beiden Beinen auf dem Boden stehend, realistisch
downtown ['daʊn'taʊn] *sb 1.* Innenstadt *f,* Zentrum *n,* Geschäftsviertel *n; adv 2. (US: go ~/be ~)* in die/in der Innenstadt, ins/im Geschäftsviertel; *adj 3. (US) ~ Chicago* die Innenstadt von Chicago
doze [dəʊz] *v* dösen; *~ off* einnicken
dozen ['dʌzn] *sb* Dutzend *n; by the ~* im Dutzend
drab [dræb] *adj 1.* graubraun; *2. (fig)* trüb
draft [drɑːft] *v 1. (draw)* entwerfen, skizzieren; *2. (write)* aufsetzen, abfassen; *3. (US: into*

the military) einziehen, einberufen; *4. (fig) (US)* berufen; *sb 5.* Entwurf *m; 6. (group of men) MIL* Sonderkommando *n; 7. (US: conscription) MIL* Einberufung zum Wehrdienst *f; 8. (US: air) (see "draught")*
drag [dræg] *v 1. (lag behind)* hinterherhinken; *2. (one's feet)* schlurfen, *(fig)* die Sache schleifen lassen; *3. (sth)* schleppen, schleifen, ziehen; *sb 4. (fam: on a cigarette)* Zug *m; 5. in ~ (dressed like a woman)* in Frauenkleidung; *6. a ~ (fam: sth boring)* eine stinklangweilige Sache *f,* eine fade Sache *f*
•drag down *v* herunterziehen
•drag in *v* hineinziehen
•drag on *v* sich in die Länge ziehen
•drag out *v* in die Länge ziehen
dragon ['drægən] *sb* Drache *m*
dragonfly ['drægənflaɪ] *sb* Libelle *f*
drain [dreɪn] *v 1. (flow out)* ablaufen; *2. (liquid)* ableiten; *3. (a glass)* austrinken, leeren; *4. (land, swamps)* entwässern, dränieren; *5. (a reservoir)* trockenlegen; *6. (fig)* aufzehren; *sb 7. (under a sink)* Abfluss *m; (in a gutter)* Gully *m; down the ~ (fig)* im Eimer; *go down the ~ (fig)* vor die Hunde gehen; *8. (~pipe)* Rohr *n; 9. (fig: strain)* Belastung *f,* Beanspruchung *f*
draining board ['dreɪnɪŋ bɔːd] *sb (beside a sink)* Ablauf *m*
drama ['drɑːmə] *sb 1.* Drama *n; 2. (dramatic quality)* Dramatik *f*
dramatic [drə'mætɪk] *adj* dramatisch
dramatization [dræmətaɪ'zeɪʃən] *sb 1.* Dramatisierung *f; 2. (for the stage)* Bühnenbearbeitung *f*
dramatize ['dræmətaɪz] *v* dramatisieren, übertreiben
drape [dreɪp] *v* drapieren; *(a person)* hüllen; *(a window)* mit Vorhängen versehen
drastic ['dræstɪk] *adj* drastisch
draught beer [drɑːft bɪə] *sb* Fassbier *n*
draughty ['drɑːftɪ] *adj* zugig
draw [drɔː] *v irr 1. (pictures)* zeichnen, malen; *~ a line* eine Linie ziehen; *2. (pull, pull out)* ziehen; *3. (a card)* ziehen, abheben; *4. (money from a bank) ECO* abheben; *5. (a salary)* beziehen; *6. (conclusions)* ziehen; *7. (attract)* anlocken, anziehen; *~ attention to* die Aufmerksamkeit lenken auf; *8. (move by pulling)* ziehen; *(a bolt)* zurückschieben; *(a bow)* spannen; *9. (curtains)* zuziehen; *(open)* aufziehen; *10. ~ s.o. into sth* jdn in eine Sache hineinziehen; *11. ~ one's last breath* seinen letzten Atemzug tun; *sb 12. SPORT* Unentschieden *n; 13. (lottery, raffle)* Ziehung *f*
•draw in *v irr 1. (entice)* hineinziehen; *2. (shorten)* kürzer werden; *The nights are starting to ~.* Die Nächte werden kürzer.
•draw near *v irr* sich nähern, heranrücken
•draw out *v irr 1. (take out)* herausziehen; *2. (prolong)* in die Länge ziehen, hinausziehen
•draw up *v irr 1. (stop)* halten, anhalten; *2. (write up, design)* entwerfen, aufsetzen
drawback ['drɔːbæk] *sb* Nachteil *m*
drawer [drɔː] *sb (in a desk)* Schublade *f; chest of ~s* Kommode *f; drop one's ~s (fam)* die Hosen herunterlassen
drawing ['drɔːɪŋ] *sb 1. (picture)* Zeichnung *f; 2. (lottery)* Ziehung *f,* Verlosung *f*
drawl [drɔːl] *v* schleppend sprechen
dread [dred] *v 1.* große Angst haben vor, sehr fürchten; *sb 2.* Furcht *f,* große Angst *f,* Grauen *n*
dreadful ['dredfʊl] *adj* schrecklich, furchtbar
dreadlocks ['dredlɒks] *pl* Dreadlocks *pl*
dream [driːm] *1.* Traum *m; v irr 2.* träumen
•dream up *v irr* sich ausdenken
dreamboat ['driːmbəʊt] *sb (fam: man)* Traummann *m*
dreamy ['driːmɪ] *adj 1.* verträumt; *2. (fig: lovely)* traumhaft
dreary ['drɪərɪ] *adj* langweilig, fade; *(weather)* trostlos
dregs [dregz] *pl 1.* Bodensatz *m; 2. (fig: of society)* Abschaum *m*
drench [drentʃ] *v* durchnässen
dress [dres] *v 1. (o.s.)* sich anziehen, sich kleiden; *2. (s.o.)* anziehen, ankleiden, bekleiden; *3. GAST (a salad)* anmachen; *(a meal)* anrichten; *(poultry)* bratfertig machen; *4. MED* verbinden; *5. (decorate)* schmücken; *(a shop window)* dekorieren; *6. MIL (~ ranks)* sich ausrichten; *sb 7. (woman's)* Kleid *n; 8. (clothing, way of dressing)* Kleidung *f*
•dress up *v 1. (put on nice clothes)* sich fein machen, sich schön anziehen; *2. (disguise o.s.)* sich verkleiden; *~ as sth* sich als etw verkleiden
dressing ['dresɪŋ] *sb 1. (salad ~)* Dressing *n,* Salatsoße *f; 2. (bandage) MED* Verband *m*
dressing-down [dresɪŋ'daʊn] *sb* Standpauke *f; give s.o. a ~* jdm eine Standpauke halten
dressy ['dresɪ] *adj* elegant
dried [draɪd] *adj* getrocknet; *(fruit)* Dörr...
drift [drɪft] *v 1.* treiben; *(sand)* wehen; *2. (fig: in life)* sich treiben lassen; *sb 3.* Strömung *f; 4. (off course)* Abtrift *f; 5. (mass of ~ed snow or*

sand) Verwehung *f; 6. (fig: meaning)* Richtung *f,* Tendenz *f*

drink [drɪŋk] *v irr 1.* trinken; *sb 2.* Getränk *n; food and ~* Essen und Getränke; *3. (single alcoholic beverage)* Drink *m,* Glas *n; have a ~ with s.o.* mit jdm ein Glas trinken

• drink up *v irr* austrinken; *Drink up!* Trink aus!

drink-driving ['drɪŋkdraɪvɪŋ] *sb (UK)* Alkohol am Steuer *m*

drinker ['drɪŋkə] *sb* Trinker *m,* Säufer *m*

drinking water ['drɪŋkɪŋwɔːtə] *sb* Trinkwasser *n*

drip [drɪp] *v 1.* tropfen; *to 2. to be ~ping with (fig)* triefen vor; *sb 3. (drop)* Tropfen *m; (sound)* Tropfen *n; 4. MED* Infusionsapparat *m,* Tropf *m*

drive [draɪv] *v irr 1. (a vehicle, in a vehicle)* fahren; *2. (impel, propel)* treiben; *3. (a nail)* einschlagen; *4. (power sth)* antreiben, betreiben; *5. (force to work hard)* hetzen, hart herannehmen; *6. (cause to become)* treiben; *~ s.o. crazy (fam)* jdn verrückt machen; *~ s.o. to despair* jdn zur Verzweiflung bringen; *7. What are you driving at?* Worauf willst du hinaus? *sb 8. (journey)* Fahrt *f; 9. (~way)* Einfahrt *f,* Zufahrt *f,* Auffahrt *f; 10. (campaign)* Aktion *f*

• drive away *v irr 1. (car, in a car)* wegfahren; *2. (chase away)* vertreiben, verjagen; *3. (fig: suspicions)* zerstreuen

• drive back *v irr 1. (cause to retreat)* zurückdrängen; *2. (car)* zurückfahren

• drive in *v irr 1. (a nail)* einschlagen; *2. (car, with a car)* hineinfahren

drive-by shooting [draɪvbaɪ'ʃuːtɪŋ] *sb* Attentat aus einem vorbeifahrenden Auto *n*

driver ['draɪvə] *sb 1.* Fahrer *m; 2. (UK: of a locomotive)* Führer *m*

driver's seat ['draɪvəzsiːt] *sb 1.* Fahrersitz *m; 2. in the ~ (fig)* am Ruder

driveway ['draɪvweɪ] *sb* Auffahrt *f*

driving lesson ['draɪvɪŋlesən] *sb* Fahrstunde *f*

driving licence ['draɪvɪŋlaɪsəns] *sb (UK)* Führerschein *m*

driving school ['draɪvɪŋ skuːl] *sb* Fahrschule *f*

drizzle ['drɪzl] *sb 1.* Nieselregen *m,* Sprühregen *m; v 2.* nieseln

drop [drɒp] *v 1. (fall)* fallen, herunterfallen; *2. (fall in ~s)* tropfen; *3. (decrease)* sinken; *4. (let fall)* fallen lassen; *5. ~ s.o. (fig)* jdn fallen lassen; *6. (a bomb)* abwerfen; *7. (send sprawling)* zu Fall bringen; *8. (casually mention)* fallen lassen; *(a hint)* machen; *~ s.o. a line* jdm ein paar Zeilen schreiben; *9. (omit)* auslassen; *10. (give up)* aufgeben; *(a subject)* fallen lassen; *11. Drop it!* Lass das! *12. ~ dead* tot umfallen; *Drop dead! (fam)* Scher dich zum Teufel! *sb 13. (fall)* Sturz *m,* Fall *m; 14. (decrease)* Rückgang *m,* Abfall *m; 15. (difference in level)* Höhenunterschied *m*

• drop away *v* nachlassen, weniger werden

• drop by *v* vorbeikommen

• drop in *v* unerwartet vorbeikommen

• drop off *v 1. (diminish)* zurückgehen, nachlassen; *~ to sleep* einschlafen, *(for a nap)* einnicken; *2. (deliver sth or s.o.)* absetzen

• drop out *v 1. ~ of school* die Schule abbrechen; *2. (fig)* aussteigen

drop-dead ['drɒpdɛd] *adj (fam)* umwerfend

dropout ['drɒpaʊt] *sb 1. (from school)* Schulabbrecher *m; 2. (from society)* Dropout *m,* Aussteiger *m*

drought [draʊt] *sb* Dürre *f*

drown [draʊn] *v* ertrinken, *(~ s.o.)* ertränken; *~ one's sorrows* seine Sorgen ertränken

drowsy ['draʊzɪ] *adj* schläfrig; *(after sleep)* verschlafen

drug [drʌg] *v 1.* betäuben; *(food or drink)* ein Betäubungsmittel beimischen; *MED* Medikamente geben; *sb 2. MED* Medikament *n,* Arzneimittel *n; 3. (illegal narcotic)* Rauschgift *n,* Droge *f; to be on ~s* drogensüchtig sein; *take ~s* Drogen nehmen

drug-addicted ['drʌgədɪktɪd] *adj* drogensüchtig, rauschgiftsüchtig

drug dealer ['drʌgdiːlə] *sb* Rauschgifthändler *m,* Dealer *m*

drugstore ['drʌgstɔː] *sb 1.* Apotheke *f; 2. (selling more than just pharmaceuticals)* Drugstore *m*

drug traffic ['drʌgtræfɪk] *sb* Rauschgifthandel *m*

drum [drʌm] *v 1.* trommeln; *~ sth into s.o.* jdm etw einhämmern; *sb 2. MUS* Trommel *f; 3. the ~s pl MUS* Schlagzeug *n; 4. (container)* Tonne *f*

• drum up *v* zusammentrommeln, auftreiben; *~ support* Unterstützung auftreiben; *~ business* Geschäft anbahnen

drumstick ['drʌmstɪk] *sb 1. MUS* Trommelschlägel *m; 2. GAST* Keule *f*

drunk [drʌŋk] *adj* betrunken; *get ~* sich betrinken

drunken ['drʌŋkən] *adj* betrunken

drunkenness ['drʌŋkənnɪs] *sb* Betrunkenheit *f*

dry [draɪ] *v 1.* trocknen; *2. (~ dishes, ~ one's hands)* abtrocknen; *adj 3.* trocken; *run ~* austrocknen; *leave s.o. high and ~* jdn sitzen lassen

• **dry out** *v* austrocknen

• **dry up** *v 1.* austrocknen; *2. (moisture)* trocknen; *3. (fig)* versiegen

dry-clean ['draɪkli:n] *v* chemisch reinigen

dry-cleaner's ['draɪkli:nəz] *sb* chemische Reinigung *f*

dryer ['draɪə] *sb 1. (for clothes)* Wäschetrockner *m; 2. (hair ~)* Föhn *m; 3. (overhead hair ~ in a salon)* Trockenhaube *f*

dryness ['draɪnɪs] *sb* Trockenheit *f*

dubbing ['dʌbɪŋ] *sb CINE* Synchronisation *f*

dubious ['dju:bɪəs] *adj 1. (uncertain)* zweifelhaft, ungewiss; *(doubting)* zweifelnd; *2. (questionable)* zweifelhaft, fragwürdig

duck [dʌk] *sb 1.* Ente *f; like water off a ~'s back* ohne sichtbaren Erfolg; *v 2.* sich ducken; *3. (fig: avoid)* ausweichen; *4. (push under water)* untertauchen

dude [dju:d] *sb (fam: guy)* Kerl *m*

due [dju:] *adj 1. (owed)* fällig; *2. (expected)* fällig, erwartet; *in ~ time* zur rechten Zeit; *3. (suitable)* gebührend, angemessen, geziemend; *4. ~ to (fam: because of)* aufgrund, infolge von; *sb 5. Give him his ~.* Das muss man ihm lassen.

due date ['dju:deɪt] *sb* Fälligkeitstag *m*

duet [dju:'et] *sb MUS* Duett *n, (instrumental)* Duo *n*

dugout ['dʌgaʊt] *sb 1. (boat)* Einbaum *m; 2. SPORT* überdachte Sitze für gerade nicht spielende Baseballspieler *pl*

dull [dʌl] *adj 1. (boring)* langweilig, lahm; *2. (blunted)* stumpf; *3. (pain, sound)* dumpf; *4. (~-witted)* langsam, schwerfällig, schwer von Begriff; *5. (colour)* trüb; *6. (eyes)* glanzlos, trübe; *v 7. (blunt)* stumpf machen; *8. (the senses)* trüben, schwächen; *(the mind)* abstumpfen; *9. (pain)* betäuben

dullness ['dʌlnɪs] *sb 1. (of a blade)* Stumpfheit *f; 2. (of a colour)* Trübheit *f; 3. (boring quality)* Langweiligkeit *f*

dumb [dʌm] *adj 1.* stumm; *2. (fam: stupid)* doof, dumm, blöd

dumbfounded ['dʌmfaʊndɪd] *adj* sprachlos, verblüfft

dumbwaiter ['dʌmweɪtə] *sb* Speisenaufzug *m*

dummy ['dʌmɪ] *sb 1. (fool)* Dummkopf *m; 2. (sham object)* Attrappe *f; 3. (mannequin for clothes)* Kleiderpuppe *f,* Schaufensterpuppe *f; 4. (UK: for a baby)* Schnuller *m*

dump [dʌmp] *v 1.* abladen; *2. (fam: ~ a boyfriend/girlfriend)* abschieben; *sb 3. (place for trash)* Müllabladeplatz *m; to be down in the ~s* am Boden sein; *4. (fam: hovel)* Bruchbude *f,* Dreckloch *n*

dumpy ['dʌmpɪ] *adj* pummelig, untersetzt

dune [dju:n] *sb* Düne *f*

dung [dʌŋ] *sb* Mist *m,* Dung *m,* Dünger *m*

dunk [dʌŋk] *v 1.* eintunken; *2. SPORT* ein Dunking machen; *sb 3. SPORT* Dunking *n*

duo ['dju:əʊ] *sb* Duo *n*

dupe [dju:p] *v* reinlegen, betrügen, überlisten

duplicate ['dju:plɪkeɪt] *v 1. (one copy)* kopieren; *(multiple copies)* vervielfältigen; *2. (an action)* wiederholen; ['dju:plɪkɪt] *sb 3.* Duplikat *n,* Kopie *f,* Doppel *n*

duplication [dju:plɪ'keɪʃən] *sb 1. (one copy)* Kopieren *n, (multiple copies)* Vervielfältigung *f; 2. (of an action)* Wiederholung *f*

durable ['djʊərəbl] *adj 1. (metal)* widerstandsfähig; *2. (material, goods)* haltbar; *3. (friendship)* dauerhaft

duration [djʊ'reɪʃən] *sb* Länge *f,* Dauer *f*

during ['djʊrɪŋ] *prep* während

dusk [dʌsk] *sb* Abenddämmerung *f,* Dämmerung *f*

dust [dʌst] *v 1.* abstauben; *sb 2.* Staub *m; bite the ~ (fam)* ins Gras beißen

dustbin ['dʌstbɪn] *sb (UK)* Mülltonne *f,* Mülleimer *m*

dustman ['dʌstmən] *sb (UK)* Müllmann *m*

dustpan ['dʌstpæn] *sb* Kehrschaufel *f*

dust storm [dʌst stɔ:m] *sb* Staubsturm *m*

dusty ['dʌstɪ] *adj* staubig

dutiful ['dju:tɪfʊl] *adj* pflichtbewusst

duty ['dju:tɪ] *sb 1.* Pflicht *f; 2. (task)* Aufgabe *f,* Pflicht *f; 3. (working hours)* Dienst *m; on ~* Dienst habend; *to be off ~* dienstfrei haben; *4. (tax)* Zoll *m*

duty-free [dju:tɪ'fri:] *adj* zollfrei

duty-free shop [dju:tɪ'fri:ʃɒp] *sb* Duty-free-Shop *m*

dwarf [dwɔ:f] *v 1.* klein erscheinen lassen, in den Schatten stellen; *sb 2.* Zwerg *m*

dwell [dwel] *v irr (live)* wohnen, leben

• **dwell on** *v irr* verweilen bei

dwelling ['dwelɪŋ] *sb* Wohnung *f*

dye [daɪ] *v 1.* färben; *sb 2.* Farbstoff *m; (for hair)* Haarfärbemittel *n*

dynamic [daɪ'næmɪk] *adj* dynamisch

dynamite ['daɪnəmaɪt] *sb* Dynamit *n*

dynasty ['dɪnəstɪ] *sb* Dynastie *f*

E

each [iːtʃ] *adj 1.* jede(r,s); *~ and every one* jeder Einzelne; *pron 2. ~ other* sich, einander; *adv 3.* je; *The postcards are $1 ~.* Die Postkarten kosten je $1.
eagle ['iːgl] *sb ZOOL* Adler *m*
ear [ɪə] *sb 1.* Ohr *n; to be all ~s* ganz Ohr sein; *have s.o.'s ~* jds Vertrauen genießen; *up to one's ~s (fam)* bis über die Ohren; *not believe one's ~s* seinen Ohren nicht trauen; *give ~ to s.o.* jdm Gehör schenken; *turn a deaf ~ to s.o.* nicht auf jdn hören; *keep an ~ to the ground* Augen und Ohren offen halten
earache ['ɪəeɪk] *sb* Ohrenschmerzen *pl*
early ['ɜːlɪ] *adj 1.* früh, frühzeitig; *2. (too ~)* zu früh, vorzeitig
early bird ['ɜːlɪ bɜːd] *sb (fam)* Frühaufsteher *m*
earn [ɜːn] *v 1.* verdienen; *2. (interest) FIN* bringen
earning power ['ɜːnɪŋpaʊə] *sb* Verdienstchancen *pl*
earnings ['ɜːnɪŋz] *sb 1.* Verdienst *m; 2. (of a business)* Einnahmen *pl*
earphones ['ɪəfəʊnz] *pl* Kopfhörer *pl*
earplug ['ɪəplʌg] *sb* Ohrenstöpsel *m*
earring ['ɪərɪŋ] *sb* Ohrring *m*
ear-splitting ['ɪəsplɪtɪŋ] *adj* ohrenzerreißend
earth [ɜːθ] *sb (ground, soil)* Erde *f; bring s.o. down to ~* jdn auf den Boden der Tatsachen zurückholen
Earth [ɜːθ] *sb ASTR* Erde *f*
earthly ['ɜːθlɪ] *adj* irdisch, weltlich; *I have no ~ idea. (fam)* Ich habe keinen blassen Schimmer.
earthquake ['ɜːθkweɪk] *sb* Erdbeben *n*
earthquake insurance ['ɜːθkweɪk ɪn'ʃʊərəns] *sb* Erdbebenversicherung *f*
earthworm ['ɜːθwɜːm] *sb* Regenwurm *m*
ease [iːz] *sb 1.* Behagen *n; ill at ~* unbehaglich; *2. (easiness)* Leichtigkeit *f; 3. at ~* ruhig, entspannt, behaglich; *v 4. (loosen)* lockern, nachlassen; *(pressure)* verringern
easily ['iːzɪlɪ] *adv 1. (without difficulty)* leicht, mühelos, glatt; *2. (without a doubt)* gut und gerne, bei weitem
east [iːst] *sb 1.* Osten *m; adj 2.* östlich, Ost... *adv 3.* nach Osten, ostwärts
Easter ['iːstə] *sb* Ostern *n*
Easter egg ['iːstə eg] *sb* Osterei *n*
eastern ['iːstən] *adj* östlich, Ost...
eastward ['iːstwəd] *adj* nach Osten, Richtung Osten
easy ['iːzɪ] *adj 1.* leicht, einfach; *Take it ~!* Immer mit der Ruhe! *2. (comfortable)* bequem, behaglich; *3. (manner)* ungezwungen, zwanglos; *Easy does it!* Vorsicht! *adv 4. go ~ on s.o.* mit jdm nicht allzu hart sein
easy-going [iːzɪ'gəʊɪŋ] *adj* unbekümmert, gelassen
easy street ['iːzɪ striːt] *sb (fam) to be on ~* sein Schäfchen im Trockenen haben
eat [iːt] *v irr 1. (person)* essen; *2. (animal)* fressen; *3. ~ one's words* seine Worte zurücknehmen
• eat out *v irr (at a restaurant)* Essen gehen
• eat up *v irr* aufessen, *(animal)* auffressen
eavesdropper ['iːvzdrɒpə] *sb* Lauscher *m*
echo ['ekəʊ] *v 1. (sounds)* widerhallen; *2. (room)* hallen; *3. (repeat s.o.'s words)* jdm etw nachbeten; *sb 4.* Echo *n*
eclipse [ɪ'klɪps] *v 1.* verfinstern; *(fig)* in den Schatten stellen; *sb 2. ~ of the moon* Mondfinsternis *f; 3. ~ of the sun* Sonnenfinsternis *f*
ecological [iːkəʊ'lɒdʒɪkəl] *adj* ökologisch
ecologist [ɪ'kɒlədʒɪst] *sb* Ökologe/Ökologin *m/f,* Umweltschützer *m*
ecology [ɪ'kɒlədʒɪ] *sb* Ökologie *f*
e-commerce [ɪ'kɒmɜːs] *sb* E-Commerce *m,* Handel über das Internet *m*
economic [iːkə'nɒmɪk] *adj* wirtschaftlich, ökonomisch, Wirtschafts...
economical [iːkə'nɒmɪkəl] *adj* wirtschaftlich, sparsam
Economic and Monetary Union [iːkə'nomɪk ənd 'mʌnɪtrɪ 'juːnɪən] *sb* Wirtschafts- und Währungsunion *f*
economics [iːkə'nɒmɪks] *sb (subject)* Volkswirtschaft *f,* Wirtschaftswissenschaften *pl*
economist [iː'kɒnəmɪst] *sb* Volkswirtschaftler *m*
economize [iː'kɒnəmaɪz] *v* sparen
economy [iː'kɒnəmɪ] *sb 1. (system)* Wirtschaft *f; 2. (thrift)* Sparsamkeit *f; 3. (measure to save money)* Einsparung *f,* Sparmaßnahme *f*
ecosphere ['iːkəʊsfɪə] *sb* Ökosphäre *f*
ecstasy ['ekstəsɪ] *sb* Ekstase *f,* Verzückung *f,* Rausch *m*

ecu [eku:] *sb HIST* Ecu *m*
ecumenical [i:kjʊ'menɪkl] *adj* ökumenisch
eddy ['edɪ] *sb* Wirbel *m,* Strudel *m*
edge [edʒ] *sb 1. (border, margin)* Rand *m,* Kante *f; the ~ of a lake* das Ufer des Sees; *2. (cutting ~)* Schneide *f; 3. (advantage)* Vorteil *m; 4. to be on ~* nervös sein; *set one's teeth on ~* durch Mark und Bein gehen; *v 5. (sharpen)* schärfen, schleifen
edgeways ['edʒweɪz] *adv* mit der Seite voran; *I couldn't get a word in ~.* Ich bin überhaupt nicht zu Wort gekommen.
edging ['edʒɪŋ] *sb* Einfassung *f*
edict ['i:dɪkt] *sb* Erlass *m*
edify ['edɪfaɪ] *v (fig)* erbauen, aufrichten
edit ['edɪt] *v 1. (text)* redigieren; *2. (film, tape)* schneiden, cutten, montieren; *3. (serve as editor of)* herausgeben
editor ['edɪtə] *sb 1.* Redakteur/Redakteurin *m/f; 2. (film)* Cutter *m*
editor-in-chief ['edɪtərɪn'tʃi:f] *sb* Chefredakteur/Chefredakteurin *m/f*
educate ['edjʊkeɪt] *v* erziehen, unterrichten, ausbilden
educated ['edjʊkeɪtɪd] *adj 1.* gebildet; *2. make an ~ guess* eine fundierte Vermutung anstellen
education [edjʊ'keɪʃən] *sb 1.* Erziehung *f,* Ausbildung *f,* Bildung *f; 2. (the science of ~)* Pädagogik *f,* Erziehungswissenschaft *f*
educator ['edjʊkeɪtə] *sb* Pädagoge/Pädagogin *m/f,* Erzieher *m*
eerie ['ɪərɪ] *adj* unheimlich, schaurig; *(atmosphere)* gespenstisch
effect [ɪ'fekt] *v 1.* bewirken, zustande bringen; *sb 2. (result)* Wirkung *f,* Effekt *m,* Folge *f; have an ~ on* wirken auf; *3. (repercussion)* Auswirkung *f; 4. (force, validity)* Kraft *f,* Gültigkeit *f; come into ~* in Kraft treten; *in ~* in Kraft, gültig; *5. personal ~s* persönliche Habe *f*
effective [ɪ'fektɪv] *adj 1. (getting results)* wirksam, erfolgreich, wirkungsvoll; *2. (impressive)* wirkungsvoll, effektvoll; *3. (in effect)* gültig, in Kraft, rechtskräftig
effectivity [efek'tɪvɪtɪ] *sb* Effektivität *f,* Wirksamkeit *f*
efficiency [ɪ'fɪʃənsɪ] *sb 1. (of a person)* Tüchtigkeit *f,* Fähigkeit *f; 2. (of a method)* Effizienz *f*
efficient [ɪ'fɪʃənt] *adj 1. (person)* tüchtig, fähig, effizient; *2. (method)* effizient; *3. (machine, firm)* leistungsfähig
effluence ['eflʊəns] *sb* Abwasser *n*
effort ['efət] *sb 1. (attempt)* Bemühung *f,* Versuch *m; a pretty poor ~* eine ziemlich schwache Leistung; *2. (work, strain)* Anstrengung *f,* Mühe *f,* Einsatz *m*
e.g. [i: dʒi:] *adv (exempli gratia)* z. B. (zum Beispiel)
egad [i:'gæd] *interj* hoppla
egg [eg] *sb 1.* Ei *n; put all one's ~s in one basket* alles auf eine Karte setzen; *a bad ~ (fam)* ein übler Kerl; *as sure as ~s is ~s (fam)* so sicher wie das Amen in der Kirche; *v 2. ~ on* anstacheln
egghead ['eghed] *sb* Eierkopf *m* (fam), Intellektueller *m*
eggshell ['egʃel] *sb* Eierschale *f*
egg-white ['egwaɪt] *sb* Eiweiß *n*
egg yolk ['egjəʊk] *sb* Eidotter *m,* Eigelb *n*
ego ['i:gəʊ] *sb 1. (fam)* Selbstbewusstsein *n,* Selbstgefühl *n; 2. PSYCH* Ich *n,* Selbst *n,* Ego *n*
egoism ['i:gəʊɪzəm] *sb* Egoismus *m,* Selbstsucht *f*
egoist ['i:gəʊɪst] *sb* Egoist/Egoistin *m/f,* selbstsüchtiger Mensch *m*
egotism ['i:gəʊtɪzm] *sb* Egoismus *m,* Ichbezogenheit *f*
egotistical [i:gəʊ'tɪstɪkəl] *adj* egotistisch, ichbezogen
ego trip ['i:gəʊtrɪp] *sb (fam)* Egotrip *m*
Egypt ['i:dʒɪpt] *sb GEO* Ägypten *n*
eh [eɪ] *interj 1. (Isn't that right?)* Nicht wahr? *2. (What did you say?)* Was? Wie bitte?
eight [eɪ't] *num* acht
eighteen ['eɪti:n] *num* achtzehn
eightfold ['eɪtfəʊld] *adj* achtfach
either ['aɪðə] *konj 1. ~ ... or ...* entweder ... oder ... *adj 2. (one or the other)* eine(r,s); *3. (both)* jede(r,s), beide; *on ~ side* auf beiden Seiten
eject [ɪ'dʒekt] *v 1.* ausstoßen, auswerfen; *2. (throw s.o. out)* hinauswerfen; *~ from* hinauswerfen aus
ejection [ɪ'dʒekʃən] *sb 1.* Ausstoßung *f,* Hinauswurf *m; 2. (from a match) SPORT* Platzverweis *m*
elaborate [ɪ'læbəreɪt] *v 1. (describe in detail)* ausführen; *2. (work out)* ausarbeiten; [ɪ'læbərɪt] *adj 3. (plan)* ausgeklügelt; *(meal)* üppig; *4. (design)* kunstvoll, kompliziert
elaboration [ɪlæbə'reɪʃən] *sb (more specific description)* nähere Ausführung *f*
elapse [ɪ'læps] *v* vergehen, verstreichen; *(deadline)* ablaufen

elastic [ɪ'læstɪk] *adj 1.* elastisch, Gummi...; *sb 2.* Gummi *m*
elasticity [iːlæs'tɪsɪtɪ] *sb* Elastizität *f*
elbow ['elbəʊ] *v 1. (s.o.)* mit dem Ellbogen stoßen; *~ one's way through* sich durchdrängen; *sb 2.* Ellbogen *m,* Ellenbogen *m; 3. (in a road, in a pipe)* Knie *n*
elder ['eldə] *adj 1.* ältere(r,s); *sb 2. (of a tribe)* Älteste(r) *m/f; 3. (person to be respected)* Respektsperson *f*
eldest ['eldɪst] *adj* älteste(r,s)
elect [ɪ'lekt] *v 1. POL* wählen; *2. ~ to do sth* sich dazu entschließen, etw zu tun
electable [ɪ'lektəbl] *adj (fam) He's considered the most ~ candidate.* Er gilt als der Kandidat mit den besten Aussichten, gewählt zu werden.
election [ɪ'lekʃən] *sb POL* Wahl *f*
elective [ɪ'lektɪv] *adj 1. hold ~ office* ein gewähltes Amt bekleiden; *sb 2. (US: subject)* Wahlfach *n*
electoral [ɪ'lektərəl] *adj POL* Wahl...
electorate [ɪ'lektərət] *sb POL* Wählerschaft *f,* Wähler *pl*
electric [ɪ'lektrɪk] *adj 1.* elektrisch; *2. (fig)* spannungsgeladen
electric chair [ɪ'lektrɪktʃɛə] *sb the ~* der elektrische Stuhl *m*
electrician [ɪlek'trɪʃən] *sb* Elektriker *m,* Elektrotechniker *m*
electricity [ɪlek'trɪsɪtɪ] *sb* Elektrizität *f*
electrocute [ɪ'lektrəkjuːt] *v* durch einen Stromschlag töten
electrode [ɪ'lektrəʊd] *sb* Elektrode *f*
electrolyse [ɪ'lektrəʊlaɪz] *v* durch Elektrolyse zerlegen
electromechanical [ɪlektrəʊmɪ'kænɪkl] *adj* elektromechanisch
electronic [ɪlek'trɒnɪk] *adj* elektronisch
electronic mail [ɪlek'trɒnɪk meɪl] *sb* E-mail *n,* elektronische Post *f*
electronics [ɪlek'trɒnɪks] *sb* Elektronik *f*
elegant ['elɪgənt] *adj* elegant
element ['elɪmənt] *sb 1.* Element *n; ~ of uncertainty* Unsicherheitsfaktor *m; ~ of surprise* Überraschungsmoment *n*
elementary [elɪ'mentərɪ] *adj* elementar
elementary school [elɪ'mentərɪ skuːl] *sb* Grundschule *f*
elephant ['elɪfənt] *sb* Elefant *m*
elevate ['elɪveɪt] *v* heben
elevation [elɪ'veɪʃən] *sb 1. (above sea level)* Höhe *f; 2. (elevating)* Hochheben *n; 3. (to a higher rank)* Erhebung *f,* Beförderung *f*
elevator ['elɪveɪtə] *sb 1. (US)* Fahrstuhl *m,* Lift *m,* Aufzug *m*
eleven [ɪ'levn] *num* elf
eleventh-hour [ɪ'levnθ 'aʊə] *adj (fam) an ~ bid to save the company* ein Versuch um fünf Minuten vor zwölf, die Firma zu retten
eligible ['elɪdʒəbl] *adj* in Frage kommend, berechtigt; *(for membership)* aufnahmeberechtigt
eliminate [ɪ'lɪmɪneɪt] *v* ausschließen, ausschalten, eliminieren
elimination [ɪlɪmɪ'neɪʃən] *sb* Ausschluss *m,* Ausschaltung *f,* Eliminierung *f; by a process of ~* durch negative Auslese
elite [eɪ'liːt] *sb* Elite *f*
Elizabethan [ɪlɪzɪ'biːθən] *adj* elisabethanisch
ellipse [ɪ'lɪps] *sb* Ellipse *f*
elongated ['iːlɒŋgeɪtɪd] *adj 1. (shape)* länglich; *2. (made longer)* verlängert
eloquence ['eləkwəns] *sb* Redegewandtheit *f*
else [els] *adv 1.* andere(r,s); *everybody ~* alle anderen; *put sth above all ~* etw vor alles andere stellen; *2. (further)* sonst, außerdem; *Anything ~?* Sonst noch etwas? *3. or ~* sonst, oder, wenn nicht; *... or ~! (threateningly) ...* sonst passiert was!
elsewhere ['elswɛə] *adv* woanders, anderswo; *(to somewhere else)* anderswohin
elucidation [ɪluːsɪ'deɪʃən] *sb* Erklärung *f,* Aufhellung *f,* Aufklärung *f*
elude [ɪ'luːd] *v* entkommen, entwischen, sich entziehen
emaciated [ɪ'meɪsɪeɪtɪd] *adj* abgemagert, ausgezehrt
e-mail ['iːmeɪl] *sb INFORM* E-Mail *n,* elektronische Post *f*
emanate ['eməneɪt] *v 1. ~ from* ausgehen von; *2. ~ from (gas, smell)* ausströmen von; *3. ~ from (light)* ausstrahlen von
emancipate [ɪ'mænsɪpeɪt] *v ~ o.s.* sich emanzipieren
embank [ɪm'bæŋk] *v* eindämmen, eindeichen
embargo [ɪm'bɑːgəʊ] *sb 1. POL* Embargo *n; 2. (fig)* Sperre *f*
embark [ɪm'bɑːk] *v 1.* einschiffen; *(goods)* verladen; *2. ~ on sth* etw unternehmen, etw anfangen, etw beginnen
embarrass [ɪm'bærəs] *v* in Verlegenheit bringen, in eine peinliche Lage versetzen
embarrassed [ɪm'bærəst] *adj* verlegen
embarrassing [ɪm'bærəsɪŋ] *adj* peinlich

embassy ['embəsɪ] *sb POL* Botschaft *f*
embellishment [ɪm'belɪʃmənt] *sb 1.* Verschönerung *f,* Schmuck *m; 2. (fig)* Ausschmückung *f,* Beschönigung *f*
embezzle [ɪm'bezl] *v* veruntreuen, unterschlagen
emblem ['embləm] *sb* Emblem *n,* Symbol *n,* Abzeichen *n*
embody [ɪm'bɒdɪ] *v 1.* verkörpern; *2. (one's thoughts)* ausdrücken
embrace [ɪm'breɪs] *v 1.* umarmen, in die Arme schließen; *2. (fig: a philosophy)* annehmen; *3. (include)* umfassen, erfassen; *sb 4.* Umarmung *f*
emerge [ɪ'mɜːdʒ] *v 1.* auftauchen; *2. (truth)* herauskommen, sich herausstellen; *3. ~ from* hervorkommen aus, herauskommen aus
emergency [ɪ'mɜːdʒənsɪ] *sb* Notfall *m,* Not *f,* Notlage *f*
emergency exit [ɪ'mɜːdʒənsɪ 'egzɪt] *sb* Notausgang *m*
emergency number [ɪ'mɜːdʒənsɪ 'nʌmbə] *sb* Notrufnummer *f*
emigrant ['emɪgrənt] *sb* Auswanderer *m,* Emigrant/Emigrantin *m/f*
emigrate ['emɪgreɪt] *v* emigrieren, auswandern
emigration [emɪ'greɪʃən] *sb* Auswanderung *f,* Emigration *f*
eminence ['emɪnəns] *sb (distinction)* hohes Ansehen *n*
eminent ['emɪnənt] *adj (person)* berühmt
emirate [eɪ'mɪərət] *sb* Emirat *n*
emissary ['emɪsərɪ] *sb* Abgesandte(r) *m/f*
emission [ɪ'mɪʃən] *sb 1.* Ausstrahlung *f; 2. (of rays, of fumes)* Emission *f; 3. MED* Ausfluss *m*
emissive [ɪ'mɪsɪv] *adj* ausstrahlend
emit [ɪ'mɪt] *v* ausstrahlen, emittieren, ausstoßen
emote [iː'məʊt] *v* Gefühle ausdrücken
emotion [ɪ'məʊʃən] *sb 1. (feeling)* Gefühl *n,* Emotion *f,* Gefühlsregung *f; 2. (state of intense ~)* Gemütsbewegung *f*
emotional [ɪ'məʊʃənl] *adj 1.* emotional, emotionell; *(character)* leicht erregbar; *2. (experience)* erregend
emotionally [ɪ'məʊʃnəlɪ] *adv ~ disturbed* seelisch gestört
empathize ['empəθaɪz] *v* sich einfühlen; *~ with* sich einfühlen in
emphasis ['emfəsɪs] *sb 1.* Betonung *f,* Gewicht *n,* Nachdruck *m; 2. (on a syllable)* Betonung *f*
emphasize ['emfəsaɪz] *v* betonen, hervorheben, unterstreichen
emphatic [ɪm'fætɪk] *adj* nachdrücklich, entschieden
empire ['empaɪə] *sb* Reich *n,* Imperium *m; the British Empire* das Britische Weltreich *n*
empire-building ['empaɪəbɪldɪŋ] *sb* Aufbau eines Imperiums *m*
employ [ɪm'plɔɪ] *v 1.* beschäftigen; *(take on)* anstellen; *2. (use)* anwenden, einsetzen, verwenden
employed [ɪm'plɔɪd] *adj* berufstätig, beschäftigt
employee [emplɔɪ'iː] *sb* Arbeitnehmer *m,* Angestellte(r) *m/f*
employer [ɪm'plɔɪə] *sb* Arbeitgeber *m*
employment [ɪm'plɔɪmənt] *sb 1.* Arbeit *f,* Stellung *f,* Beschäftigung *f; 2. (employing)* Beschäftigung *f; (taking on)* Anstellung *f; 3. (use)* Anwendung *f,* Verwendung *f,* Einsatz *m*
employment agency [ɪm'plɔɪmənt 'eɪdʒənsɪ] *sb* Stellenvermittlung *f*
employment exchange [ɪm'plɔɪmənt ɪks'tʃeɪndʒ] *sb (UK)* Arbeitsamt *n*
emptiness ['emptɪnɪs] *sb 1.* Leere *f; 2. (state of ~)* Leerheit *f*
empty ['emptɪ] *adj 1.* leer; *v 2. (water: flow out)* auslaufen, *(street)* sich leeren; *~ into (river)* sich ergießen in; *3. (sth)* leeren; *4. (a box)* ausräumen
empty-handed ['emptɪ 'hændɪd] *adv* mit leeren Händen
emulate ['emjʊleɪt] *v* nacheifern
enable [ɪ'neɪbl] *v 1. (sth)* ermöglichen, möglich machen; *2. ~ s.o. to do sth* jdn befähigen, etw zu tun, es jdm ermöglichen, etw zu tun, es jdm möglich machen, etw zu tun
enact [ɪ'nækt] *v 1. (a law)* erlassen; *2. (a play)* aufführen
enamel [ɪ'næməl] *sb 1.* Email *n; 2. (of the tooth)* Zahnschmelz *m; 3. (paint)* Emaillack *m*
enchant [ɪn'tʃɑːnt] *v 1.* verzaubern; *2. (fig)* bezaubern, entzücken
enchanting [ɪn'tʃɑːntɪŋ] *adj* bezaubernd, entzückend
encircle [ɪn'sɜːkl] *v 1.* umgeben, umfassen; *2. MIL* einkreisen
enclose [ɪn'kləʊz] *v 1. (shut in)* einschließen; *2. (surround)* umgeben; *3. (in a package)* beilegen, beifügen
enclosed [ɪn'kləʊzd] *adv (in a package)* anbei, beiliegend, in der Anlage; *please find ~ ...* in der Anlage erhalten Sie ...

enclosure [ɪn'kləʊʒə] *sb 1. (in a package)* Anlage *f; 2. (enclosed area)* eingezäuntes Grundstück *n; 3. (fence)* Zaun *m; 4. (wall)* Mauer *f; 5. (enclosing)* Einfriedigung *f,* Umzäunung *f*
encode [ɪn'kəʊd] *v* verschlüsseln, chiffrieren, kodieren
encore ['ɒŋkɔː] *sb 1.* Zugabe *f; interj 2.* Noch einmal! Da capo!
encounter [ɪn'kaʊntə] *v 1.* treffen; *2. (a person)* begegnen; *3. (problems, the enemy)* stoßen auf; *sb 4.* Begegnung *f,* Treffen *n; 5. MIL* Zusammenstoß *m*
encourage [ɪn'kʌrɪdʒ] *v 1.* ermutigen, ermuntern; *2. (bad habits)* unterstützen; *3. (a project)* fördern
encyclopaedia [ɪnsaɪkləʊ'piːdɪə] *sb* Enzyklopädie *f,* Lexikon *n*
end [end] *v 1.* enden; *2. (sth)* beenden; *sb 3.* Ende *n; put an ~ to sth* einer Sache ein Ende bereiten; *come to a bad ~* ein böses Ende nehmen; *meet one's ~* den Tod finden; *make ~s meet (fam)* durchkommen; *in the ~* schließlich, am Ende; *4. on ~ (consecutive)* ununterbrochen; *5. (purpose)* Zweck *m,* Ziel *n; the ~ justifies the means* der Zweck heiligt die Mittel
• **end up** *v ~ in* enden mit, enden in
endanger [ɪn'deɪnʒə] *v* gefährden
endeavour [ɪn'devə] *v 1.* sich bemühen; *(try)* versuchen; *sb 2.* Bemühung *f,* Bestreben *n,* Anstrengung *f*
endless ['endlɪs] *adj 1.* endlos, unendlich; *2. (countless)* zahllos
endorsement [ɪn'dɔːsmənt] *sb 1. (approval)* Billigung *f; 2. (on a cheque)* Indossament *n; 3. (UK: on a driving licence)* Strafvermerk auf dem Führerschein *m*
endurable [ɪn'djʊərəbl] *adj* erträglich
endurance [ɪn'djʊərəns] *sb* Durchhaltevermögen *n,* Ausdauer *f*
endurance run [ɪn'djʊərəns rʌn] *sb SPORT* Dauerlauf *m*
endure [ɪn'djʊə] *v 1. (continue to exist)* andauern, fortdauern, fortbestehen; *2. ~ sth (put up with)* ertragen, aushalten; *3. (suffer)* leiden, erleiden
end user ['endjuːzə] *sb ECO* Endverbraucher *m*
enemy ['enɪmɪ] *sb 1.* Feind *m,* Gegner *m; adj 2.* feindlich
energetic [enə'dʒetɪk] *adj* energisch, tatkräftig; *(active)* aktiv
energy ['enədʒɪ] *sb* Energie *f*
enervate ['enəveɪt] *v* entkräften, schwächen; *(mentally)* entnerven
enface [ɪn'feɪs] *v* stempeln, schreiben, drucken (auf die Vorderseite von etw)
enfold [ɪn'fəʊld] *v* einhüllen, umhüllen
enforce [ɪn'fɔːs] *v* durchführen, Geltung verschaffen
enforcement [ɪn'fɔːsmənt] *sb* Durchführung *f*
engage [ɪn'geɪdʒ] *v 1. ~ in sth* sich an etw beteiligen, sich mit etw beschäftigen; *2. (an enemy)* angreifen; *3. ~ s.o. in conversation* jdn in ein Gespräch verwickeln; *4. (employ)* anstellen, einstellen
engaged [ɪn'geɪdʒd] *adj 1. get ~* sich verloben; *2. (UK: in use, not available)* besetzt
engagement [ɪn'geɪdʒmənt] *sb 1. (betrothal)* Verlobung *f; 2. (job)* Anstellung *f,* Stellung *f*
engaging [ɪn'geɪdʒɪŋ] *adj* einnehmend, gewinnend
engine ['endʒɪn] *sb 1.* Maschine *f; 2. (of a car, of a plane)* Motor *m; 3. (locomotive)* Lokomotive *f*
engineer [endʒɪ'nɪə] *sb 1.* Ingenieur *m,* Techniker *m; v 2.* konstruieren; *3. (fig)* einfädeln, organisieren, in die Wege leiten
engineering [endʒɪ'nɪərɪŋ] *sb* Technik *f,* Ingenieurwesen *n*
English ['ɪŋglɪʃ] *adj 1.* englisch; *sb 2.* Englisch *n*
English breakfast ['ɪŋlɪʃ 'brekfəst] *sb GAST* Englisches Frühstück *n* (im Gegensatz zum kontinentalen Frühstück)
engrave [ɪn'greɪv] *v* eingravieren, einmeißeln; *(in wood)* einschnitzen
enhance [ɪn'hɑːns] *v* erhöhen, steigern
enhancement [ɪn'hɑːnsmənt] *sb* Erhöhung *f,* Steigerung *f*
enigma [ɪ'nɪgmə] *sb* Rätsel *n*
enigmatic [enɪg'mætɪk] *adj* rätselhaft
enjoin [ɪn'dʒɔɪn] *v JUR* durch gerichtliche Verfügung untersagen
enjoy [ɪn'dʒɔɪ] *v 1.* genießen, Freude haben an; *He ~s playing basketball.* Er spielt gern Basketball. *2. ~ o.s.* sich amüsieren; *3. (have)* sich erfreuen, genießen, haben
enjoyable [ɪn'dʒɔɪəbl] *adj* unterhaltsam, amüsant, angenehm
enkindle [ɪn'kɪndl] *v* entzünden, entflammen, entfachen
enlarge [ɪn'lɑːdʒ] *v 1. (grow)* sich vergrößern, sich ausdehnen, sich erweitern; *2. ~ upon sth* sich über etw genauer äußern

enlightenment [ɪn'laɪtnmənt] *sb* Aufklärung *f*, Erleuchtung *f*
Enlightenment [ɪn'laɪtnmənt] *sb (Age of ~) HIST* Aufklärung *f*
enlist [ɪn'lɪst] *v 1.* sich melden, sich anwerben lassen; *2. (s.o.)* einziehen, einstellen; *(fig)* gewinnen
enlistment [ɪn'lɪstmənt] *sb* Anwerbung *f*, Einstellung *f*
enmity ['enmɪtɪ] *sb* Feindschaft *f*, Feindseligkeit *f*
enormous [ɪ'nɔːməs] *adj* enorm, ungeheuer, riesig
enough [ɪ'nʌf] *adj 1.* genug, genügend, ausreichend; *adv 2.* genug, genügend; *(quite)* recht; *oddly ~* sonderbarerweise; *sure ~* tatsächlich; *that's not good ~* das reicht nicht; *Enough is ~!* Schluss damit! Jetzt reicht's!
enrich [ɪn'rɪtʃ] *v* bereichern; *(with nutrients)* anreichern
enrol [ɪn'rəʊl] *v 1.* sich einschreiben, sich anmelden; *(at university)* sich immatrikulieren; *2. (s.o.)* einschreiben, aufnehmen
enrolment [ɪn'rəʊlmənt] *sb 1.* Einschreibung *f*, Anmeldung *f*, Immatrikulation *f*; *2. (number of students)* Studentenzahl *f*, Schülerzahl *f*
enshroud [ɪn'ʃraʊd] *v* einhüllen, verhüllen
enslave [ɪn'sleɪv] *v* zum Sklaven machen
enslavement [ɪn'sleɪvmənt] *sb* Versklavung *f*
ensue [ɪn'sjuː] *v* folgen
en suite [ɑ̃ swiːt] *adv 1.* hintereinander, aufeinander folgend; *adj 2. an ~ room* eine Suite *f*, miteinander verbundene Zimmer *pl*
ensure [ɪn'ʃʊə] *v 1.* sicherstellen, sichern; *2. ~ that (make sure that)* dafür sorgen, dass
entail [ɪn'teɪl] *v* mit sich bringen, nach sich ziehen; *(necessitate)* erforderlich machen
entangle [ɪn'tæŋgl] *v 1. (snare)* verfangen; *(get tangled)* verwirren; *2. (fig)* verwickeln, verstricken
enter ['entə] *v 1. (seen from outside)* hineingehen; *(seen from inside)* hereinkommen; eintreten; *2. (sth) (seen from outside)* hineingehen in, *(seen from inside)* hereinkommen in, *(walk into)* eintreten in; *3. (a contest, a race) (sign up)* melden; *(participate in)* sich beteiligen an; *4. (penetrate sth)* eindringen in; *5. (a country)* einreisen; *6. (join)* eintreten in; *7. THEAT* auftreten; *8. INFORM* eingeben
enterprise ['entəpraɪz] *sb 1. (an undertaking, a firm)* Unternehmen *n*; *2. (in general)* Unternehmertum *n*
enterprising ['entəpraɪzɪŋ] *adj* unternehmungslustig
entertain [entə'teɪn] *v 1.* unterhalten, amüsieren; *2. (as a host)* Gäste haben; *3. (host s.o.)* einladen; *(to a meal)* bewirten
entertainment [entə'teɪnmənt] *sb* Unterhaltung *f*; *(of guests)* Bewirtung *f*
enthusiasm [ɪn'θjuːzɪæzəm] *sb* Begeisterung *f*, Enthusiasmus *m*
enthusiast [ɪn'θjuːzɪæst] *sb* Enthusiast(in) *m/f*, Liebhaber(in) *m/f*
enthusiastic [ɪnθjuːzɪ'æstɪk] *adj* enthusiastisch, begeistert
entire [ɪn'taɪə] *adj 1.* ganz, gesamt, voll; *2. (undamaged)* ganz, unbeschädigt
entirety [ɪn'taɪətɪ] *sb* Gesamtheit *f*, Ganze *n*; *in its ~* in seiner Gesamtheit
entitle [ɪn'taɪtl] *v 1.* betiteln; *2. ~ to (authorize)* berechtigen zu, ein Anrecht geben auf
entitlement [ɪn'taɪtlmənt] *sb* Berechtigung *f*, Anspruch *m*
entity ['entɪtɪ] *sb* Wesen *n*
entomb [ɪn'tuːm] *v* begraben, beerdigen
entourage [ɒntʊ'rɑːʒ] *sb* Gefolge *n*
entrain [ɪn'treɪn] *v* einsteigen
entrance[1] ['entrəns] *sb 1.* Eingang *m*; *2. (for vehicles)* Einfahrt *f*; *3. (entering)* Eintritt *m*; *4. (admission)* Eintritt *m*; *5. THEAT* Auftritt *m*
entrance[2] [ɪn'trɑːns] *v* in Verzückung versetzen
entrance examination ['entrəns ɪgzæmɪ'neɪʃən] *sb* Aufnahmeprüfung *f*
entrap [ɪn'træp] *v* verführen, verleiten
entrapment [ɪn'træpmənt] *sb* Verleitung *f*
entreat [ɪn'triːt] *v* dringend bitten, anflehen
entreaty [ɪn'triːtɪ] *sb* flehentliche Bitte *f*
entrench [ɪn'trentʃ] *v 1.* sich verschanzen; 2. sich festsetzen
entrust [ɪn'trʌst] *v 1.* anvertrauen; *2. ~ s.o. with a task* jdn mit einer Aufgabe betreuen
entry ['entrɪ] *sb 1.* Eintritt *m*, *(by car)* Einfahrt *f*; *2. (into a country)* Einreise *f*; *3. (way in)* Eingang *m*; *(for vehicles)* Einfahrt *f*; *4. (notation)* Eintrag *m*; *(act of entering)* Eintragung *f*; *5. (in a dictionary)* Stichwort *n*; *6. ECO* Buchung *f*
entry form ['entrɪ fɔːm] *sb* Anmeldeformular *n*
enumerate [ɪ'njuːməreɪt] *v* aufzählen
enumerator [ɪ'njuːməreɪtə] *sb* Zähler *m*
envelop [ɪn'veləp] *v* einwickeln, einhüllen
envelope ['envələʊp] *sb* Umschlag *m*

enviable ['envɪəbl] *adj* beneidenswert, zu beneiden
environment [ɪn'vaɪərənmənt] *sb 1.* Umgebung *f,* Milieu *n; 2. (nature)* Umwelt *f*
environmentalist [ɪnvaɪrən'mentəlɪst] *sb* Umweltschützer *m*
envisage [ɪn'vɪzɪdʒ] *v* ins Auge fassen
envision [ɪn'vɪʒən] *v ~ sth* sich etw vorstellen
envy ['envɪ] *v 1.* beneiden; *sb 2.* Neid *m*
ephemeral [ɪ'femərəl] *adj* ephemer, flüchtig, kurzlebig
epic ['epɪk] *adj 1.* episch; *(book, film)* monumental; *(fig)* heldenhaft; *sb 2.* Epos *n*
epidemic [epɪ'demɪk] *sb 1.* Epidemie *f,* Seuche *f; adj 2.* epidemisch, seuchenartig
epilator ['epɪleɪtə] *sb* Haarentfernungsmittel *n*
epilogue ['epɪlɒg] *sb* Epilog *m,* Nachwort *n,* Schlusswort *n*
Epiphany [ɪ'pɪfənɪ] *sb REL* Dreikönigsfest *n,* Epiphanias *n*
episode ['epɪsəud] *sb 1. (incident)* Episode *f,* Vorfall *m; 2. (of a fictional story)* Folge *f,* Fortsetzung *f*
episodic [epɪ'sɒdɪk] *adj* episodisch, episodenhaft
epistemology [ɪpɪstə'mɒlədʒɪ] *sb* Erkenntnistheorie *f*
epitome [ɪ'pɪtəmɪ] *sb* Inbegriff *m*
epitomize [ɪ'pɪtəmaɪz] *v* verkörpern; *Her outfit ~s bad taste.* Ihre Kleidung ist der Inbegriff schlechten Geschmacks.
equable ['ekwəbl] *adj* gleichmäßig, ausgeglichen
equal ['iːkwəl] *v 1.* gleichen, *(match)* gleichkommen; *adj 2.* gleich; *all other things being ~* unter sonst gleichen Umständen; *sb 3.* Gleichgestellte(r) *m/f; He is without ~.* Er sucht seinesgleichen.
equality [iː'kwɒlɪtɪ] *sb* Gleichheit *f*
equalize ['iːkwəlaɪz] *v* ausgleichen
equalizer ['iːkwəlaɪzə] *sb SPORT* Ausgleichspunkt *m; (goal)* Ausgleichstreffer *m*
equally ['iːkwəlɪ] *adv* ebenso, genauso, gleich
equal opportunity ['iːkwəl ɒpə'tjuːnɪtɪ] *sb* Chancengleichheit *f*
equation [ɪ'kweɪʒən] *sb* Gleichung *f*
equator [ɪ'kweɪtə] *sb GEO* Äquator *m*
equidistant [iːkwɪ'dɪstənt] *adj* in gleichem Abstand, gleich weit entfernt
equilibrate [iːkwɪ'laɪbreɪt] *v* ausgleichen, ins Gleichgewicht bringen
equilibrium [iːkwɪ'lɪbrɪəm] *sb* Gleichgewicht *n*
equine ['ekwaɪn] *adj* Pferde...
equip [ɪ'kwɪp] *v 1.* ausrüsten, austatten, einrichten; *2. to be ~ped with* verfügen über, ausgestattet sein mit
equipment [ɪ'kwɪpmənt] *sb 1.* Ausrüstung *f; 2. (appliances)* Geräte *pl,* Anlagen *pl,* Apparatur *f; 3. (equipping)* Ausrüstung *f,* Ausstattung *f*
equivalent [ɪ'kwɪvələnt] *adj 1.* gleichwertig, äquivalent; *(corresponding)* entsprechend; *sb 2.* Äquivalent *n,* Entsprechung *f; (counterpart)* Gegenstück *n; 3. (monetary ~)* Gegenwert *m*
equivocate [ɪ'kwɪvəkeɪt] *v* ausweichen
era ['ɪərə] *sb* Ära *f,* Epoche *f,* Zeitalter *n*
eradication [ɪrædɪ'keɪʃən] *sb* Ausrottung *f,* Vernichtung *f*
erase [ɪ'reɪz] *v 1.* ausradieren; *2. (fig: from memory)* auslöschen, streichen; *3. INFORM* löschen
eraser [ɪ'reɪzə] *sb* Radiergummi *m; (for a blackboard)* Schwamm *m*
erect [ɪ'rekt] *v 1.* bauen, erbauen, errichten; *adj 2.* aufrecht, gerade; *3. (penis)* erigiert
erection [ɪ'rekʃən] *sb 1. (erecting)* Errichtung *f,* Aufrichtung *f,* Bau *m; 2. (physiological)* Erektion *f*
erosion [ɪ'rəuʒən] *sb 1. (by acid)* Ätzung *f; 2. GEOL* Erosion *f; 3. (fig)* Aushöhlung *f*
errand ['erənd] *sb 1.* Besorgung *f; 2. (to deliver a message)* Botengang *m; 3. (task)* Auftrag *m*
erratic [ɪ'rætɪk] *adj 1.* unberechenbar, unregelmäßig, ungleichmäßig; *2. (person)* sprunghaft, unberechenbar; *(moods)* schwankend
error ['erə] *sb* Irrtum *m,* Fehler *m,* Versehen *n; ~ of omission* Unterlassungssünde *f*
erudition [erə'dɪʃən] *sb* Gelehrsamkeit *f*
erupt [ɪ'rʌpt] *v 1.* ausbrechen; *2. (person)* einen Wutausbruch haben; *3. (rash)* zum Vorschein kommmen
eruption [ɪ'rʌpʃən] *sb* Ausbruch *m; (of rage)* Wutausbruch *m; (of a rash)* Hautausschlag *m*
escalate ['eskəleɪt] *v (fighting)* eskalieren
escalation [eskə'leɪʃən] *sb (of fighting)* Eskalation *f*
escalator ['eskəleɪtə] *sb* Rolltreppe *f*
escape [ɪs'keɪp] *v 1.* flüchten, entfliehen; *2. (break out)* ausbrechen; *3. (from pursuers)* entkommen; *4. (get off)* davonkommen; *5.*

(gas, liquid) ausströmen; *6. (sth) (a fate)* entgehen; *7. Her name ~s me.* Ihr Name ist mir entfallen. *sb 8.* Flucht *f; 9. (breakout)* Ausbruch *m; 10. (gas, liquid)* Ausströmen *n*

escape route [ɪs'keɪp ruːt] *sb* Fluchtweg *m*

escort [ɪ'skɔːt] *v 1.* begleiten, *MIL* eskortieren; ['eskɔːt] *sb 2. (one person)* Begleiter *m; 3. (several people)* Geleit *n; 4. MIL* Eskorte *f*

escort service ['eskɔːtsɜːvɪs] *sb* Begleitservice *m*

Eskimo ['eskɪməʊ] *sb* Eskimo/Eskimofrau *m/f*

especially [ɪs'peʃəlɪ] *adv* besonders

espionage ['espɪənɑːʒ] *sb* Spionage *f*

espouse [ɪ'spaʊz] *v* eintreten für

espresso [es'presəʊ] *sb* Espresso *m*

essay ['eseɪ] *sb* Essay *n,* Abhandlung *f,* Aufsatz *m*

essence ['esəns] *sb 1.* Wesen *n,* das Wesentliche *n,* Kern *m*

essential [ɪ'senʃəl] *adj 1. (necessary, important)* notwendig, absolut erforderlich, unentbehrlich; *2. (basic)* wesentlich; *sb 3. the ~s* das Wesentliche *n,* das Wichtigste *n*

establish [ɪ'stæblɪʃ] *v 1. (found)* gründen; *2. (a government)* bilden; *3. (a religion)* stiften; *4. (order)* schaffen, wiederherstellen; *5. (relations)* herstellen, aufnehmen; *6. (power, a reputation)* sich verschaffen; *7. (determine)* ermitteln, feststellen; *8. ~ o.s.* sich etablieren

establishment [ɪ'stæblɪʃmənt] *sb 1. (institution)* Institution *f,* Anstalt *f; 2. the Establishment (fam)* das Establishment *n; 3. (founding)* Gründung *f; 4. (of relations)* Herstellung *f; 5. (of power, of a religion)* Stiftung *f; 6. (determining)* Ermittlung *f*

estate [ɪ'steɪt] *sb 1. (possessions)* Besitz *m,* Eigentum *n; 2. (land)* Gut *n; 3. (dead person's)* Nachlass *m,* Erbmasse *f; 4. (rank)* Stand *m; the fourth ~ (fam)* die Presse *f*

estate agent [ɪ'steɪt 'eɪdʒənt] *sb (UK)* Immobilienmakler *m*

esteem [ɪs'tiːm] *sb 1.* Wertschätzung *f,* Achtung *f; hold s.o. in high ~* jdn hoch schätzen; *v 2. (think highly of)* hoch schätzen, schätzen; *my ~ed colleague* mein verehrter Herr Kollege

esteemed [ɪs'tiːmd] *adj* angesehen, hoch geschätzt

estimate ['estɪmeɪt] *v 1.* schätzen; ['estɪmət] *sb 2.* Schätzung *f; rough ~* grober Überschlag; *3. (of cost)* Kostenvoranschlag *m*

estimated ['estɪmeɪtɪd] *adj* geschätzt

etc. [ɪt'setərə] *adv (et cetera)* usw. (und so weiter)

etch [etʃ] *v* ätzen; *(in metal)* radieren; *(in copper)* kupferstechen; *It was ~ed in his memory.* Es hatte sich in sein Gedächtnis eingeprägt.

eternal [ɪ'tɜːnl] *adj* ewig

eternity [ɪ'tɜːnɪtɪ] *sb* Ewigkeit *f*

ether ['iːθə] *sb* Äther *m*

ethical ['eθɪkəl] *adj (values)* ethisch; *(conduct)* sittlich

ethics ['eθɪks] *pl 1. (morality)* Moral *f; 2. PHIL* Ethik *f*

ethnic ['eθnɪk] *adj* ethnisch

ethnic cleansing ['eθnɪk 'klenzɪŋ] *sb* ethnische Säuberung *f*

ethnic group ['eθnɪk gruːp] *sb* Volksgruppe *f*

ethnicity [eθ'nɪsɪtɪ] *sb* Ethnizität *f*

ethnology [eθ'nɒlədʒɪ] *sb* Ethnologie *f,* vergleichende Völkerkunde *f*

ethos ['iːθɒs] *sb* Ethos *n,* Gesinnung *f*

etiquette ['etɪket] *sb* Etikette *f*

euphemism ['juːfəmɪzm] *sb* Euphemismus *m,* beschönigender Ausdruck *m*

euphoric [juː'fɒrɪk] *adj* euphorisch

euro ['jʊərəʊ] *sb FIN* Euro *m*

eurocurrency ['jʊərəʊkʌrənsɪ] *sb FIN* Eurowährung *f*

euromarket ['jʊərəʊmɑːkɪt] *sb* Euromarkt *m*

Europe ['jʊərəp] *sb GEO* Europa *n*

European [jʊərə'pɪən] *sb 1.* Europäer *m; adj 2.* europäisch

European Community [jʊərə'pɪən kə'mjuːnɪtɪ] *sb POL* Europäische Gemeinschaft *f*

European Parliament [jʊərə'pɪən 'pɑːləmənt] *sb POL* Europaparlament *n*

European Union ['jʊrəpɪən 'juːnɪən] *sb POL* Europäische Union *f*

Eurotunnel ['jʊərəʊtʌnl] *sb* Eurotunnel *m*

evacuate [ɪ'vækjʊeɪt] *v 1. (leave)* räumen; *2. (people)* evakuieren; *(place)* räumen; *3. MED* entleeren

evacuation [ɪvækjʊ'eɪʃən] *sb 1. (clearing) (of people)* Evakuierung *f; (of a place)* Räumung *f; 2. (leaving)* Räumung *f; 3. MED* Entleerung *f*

evade [ɪ'veɪd] *v 1. (a blow, a question, a glance)* ausweichen; *2. (pursuers)* entkommen

evaluate [ɪ'væljʊeɪt] *v 1.* bewerten, beurteilen, einschätzen; *2. (monetary value)* schätzen

evaluation [ɪvæljʊ'eɪʃn] *sb 1.* Bewertung *f,* Beurteilung *f,* Einschätzung *f; 2. (of monetary value)* Schätzung *f*
evaporate [ɪ'væpəreɪt] *v 1.* verdampfen, verdunsten; *2. (fig)* verfliegen, sich in nichts auflösen; *3. (hopes)* schwinden
evaporation [ɪvæpə'reɪʃən] *sb* Verdampfung *f*
eve [iːv] *sb* Vorabend *m*
even ['iːvən] *adv 1.* sogar, selbst, auch; *2. ~ now* selbst jetzt, noch jetzt; *(at this moment)* gerade jetzt; *3. ~ if, ~ though* selbst wenn, wenn auch; *4. not ~* nicht einmal; *5. (at that moment)* gerade, eben; *6. ~ so* dennoch, trotzdem, immerhin; *adj 7. (surface)* eben, flach; *8. (regular)* gleichmäßig; *(temper)* ausgeglichen; *(pulse)* regelmäßig; *9. (number)* gerade; *10. (quantities)* gleich; *11. ~ with (at the same height as)* in gleicher Höhe mit; *12. (all debts paid)* ausgeglichen; *to be ~ with s.o. (owe s.o. nothing)* mit jdm quitt sein; *v 13. (the score of a game) SPORT* ausgleichen; *14. (a surface)* glatt machen
• **even out** *v* ausgleichen, ebnen
evening ['iːvnɪŋ] *sb* Abend *m; Good ~!* Guten Abend!
evening class ['iːvnɪŋ klɑːs] *sb* Abendschule *f*
event [ɪ'vent] *sb 1.* Ereignis *n,* Vorfall *m,* Begebenheit *f; 2. (case)* Fall *m; in any ~* auf jeden Fall; *3. (planned function)* Veranstaltung *f; 4. SPORT* Wettkampf *m*
eventuality [ɪventʃʊ'ælɪtɪ] *sb* Möglichkeit *f,* Eventualität *f*
eventually [ɪ'ventʃʊəlɪ] *adv* schließlich
ever ['evə] *adv 1.* je, jemals; *2. (of all time)* aller Zeiten; *3. (more each time)* immer; *~ larger* immer größer; *4. ~ since* seitdem; *5. ~ so* sehr
everlasting [evə'lɑːstɪŋ] *adj 1.* immer während; *2. REL* ewig
evermore [evə'mɔː] *adv* immer, stets
every ['evrɪ] *adj 1.* jede(r,s), alle; *~ third day* jeden dritten Tag; *~ three days* alle drei Tage; *~ time* jedes Mal; *2. ~ now and then, ~ so often* gelegentlich, hin und wieder; *3. ~ other (~ second one)* jeder Zweite, *(all other)* jeder andere
everybody ['evrɪbɒdɪ] *pron* jeder, alle
everyday ['evrɪdeɪ] *adj* alltäglich
everyone ['evrɪwʌn] *pron* jeder, alle
everything ['evrɪθɪŋ] *pron* alles
everywhere ['evrɪwɛə] *adv 1.* überall; *2. (toward every direction)* überallhin
evidence ['evɪdəns] *sb 1.* Beweis *m,* Beweise *pl; 2. in ~* sichtbar, offensichtlich; *3. JUR* Beweismaterial *n; (physical piece of ~)* Beweisstück *n; 4. (testimony)* Aussage *f; give ~ for JUR* aussagen für
evil ['iːvl] *adj 1.* böse, übel; *2. (reputation, influence)* schlecht; *sb 3.* Böse *n,* Übel *n; the lesser of two ~s* das geringere Übel
evilness ['iːvlnɪs] *sb* Bosheit *f*
evolution [evə'luːʃən] *sb 1.* Entwicklung *f; 2. BIO* Evolution *f*
evolutionist [evə'luːʃənɪst] *sb* Anhänger der Evolutionstheorie *m*
evolve [ɪ'vɒlv] *v* sich entwickeln
ex [eks] *adj 1. (as a prefix)* ehemalig, Ex-...; *sb 2. (fam: ~-husband or ~-wife)* Verflossene(r) *m/f*
exact [ɪg'zækt] *adj 1.* genau, exakt; *to be ~* um genau zu sein; *v 2.* fordern, verlangen; *3. (payment)* eintreiben
exactly [ɪg'zæktlɪ] *adv 1.* genau, exakt; *interj 2.* genau, ganz recht
exactness [ɪg'zæktnis] *sb* Genauigkeit *f*
exaggerate [ɪg'zædʒəreɪt] *v* übertreiben
exam [ɪg'zæm] *sb* Prüfung *f*
examination [ɪgzæmɪ'neɪʃən] *sb 1. (close consideration)* Untersuchung *f; 2. (inspection)* Prüfung *f,* Untersuchung *f,* Kontrolle *f; 3. MED* Untersuchung *f; 4. (in school)* Prüfung *f,* Examen *n; 5. JUR* Verhör *n, (in a civil case)* Vernehmung *f*
examine [ɪg'zæmɪn] *v 1.* untersuchen, prüfen; *2. (inspect)* kontrollieren; *3. MED* untersuchen; *4. JUR* verhören, vernehmen
example [ɪg'zɑːmpl] *sb* Beispiel *n; for ~* zum Beispiel; *set a good ~* ein gutes Beispiel geben; *make an ~ of s.o.* an jdm ein Exempel statuieren
excavate ['ekskəveɪt] *v 1.* ausschachten, *(with a machine)* ausbaggern; *2. (an archaeological site)* ausgraben
exceed [ɪk'siːd] *v 1.* überschreiten, übersteigen; *2. (expectations)* übertreffen
excellence ['eksələns] *sb (high quality)* Vortrefflichkeit *f*
excellent ['eksələnt] *adj* ausgezeichnet, vorzüglich, hervorragend
except [ɪk'sept] *v 1.* ausnehmen; *prep 2.* außer, ausgenommen; *~ for* abgesehen von, bis auf
exception [ɪk'sepʃən] *sb 1.* Ausnahme *f; make an ~ for s.o.* eine Ausnahme für jdn machen; *without ~* ohne Ausnahme; *2. take ~ to* Anstoß nehmen an

excess [ɪk'ses] *sb 1.* Übermaß *n; 2. ~es pl* Exzesse *pl,* Ausschweifungen *pl,* Ausschreitungen *pl; 3. (remainder)* Überschuss *m; in ~ of* mehr als

exchange [ɪks'tʃeɪndʒ] *v 1.* tauschen; *2. (letters, glances, words)* wechseln; *3. (currency)* wechseln, umtauschen; *4. (ideas, stories)* austauschen; *~ for* austauschen gegen, umtauschen gegen, vertauschen mit; *sb 5.* Tausch *m,* Austausch *m; in ~ for* gegen; *6. (trade-in)* Umtausch *m; 7. (act of exchanging) FIN* Wechseln *n; bill of ~* Wechsel *m; 8. (place)* Wechselstube *f; 9. (Stock Exchange)* Börse *f*

exchange rate [ɪks'tʃeɪndʒ reɪt] *sb FIN* Umrechnungskurs *m,* Wechselkurs *m*

exchange student [ɪks'tʃeɪndʒ 'stjuːdənt] *sb* Austauschschüler *m*

excise tax ['eksaɪz tæks] *sb* Verbrauchssteuer *f*

excite [ɪk'saɪt] *v 1.* aufregen; *2. (passion, appetite, imagination)* erregen; *3. (interest, curiosity)* wecken; *4. (make enthusiastic)* begeistern

excited [ɪk'saɪtɪd] *adj* aufgeregt

exciting [ɪk'saɪtɪŋ] *adj 1.* aufregend; *2. (story)* spannend; *3. (sexually)* erregend

exclaim [ɪks'kleɪm] *v* ausrufen

exclamation [ekskləˈmeɪʃən] *sb* Ausruf *m,* Schrei *m*

exclamation mark [ekskləˈmeɪʃən mɑːk] *sb* Ausrufezeichen *n*

exclusion [ɪks'kluːʒən] *sb* Ausschluss *m; to the ~ of* unter Ausschluss von

exclusive [ɪk'skluːsɪv] *adj 1. (sole)* ausschließlich, einzig, alleinig; *2. (fashionable)* vornehm; *3. (group)* exklusiv

exculpate ['ekskʌlpeɪt] *v* rechtfertigen, freisprechen

excursion [ɪks'kɜːʒən] *sb 1.* Ausflug *m; 2. (detour)* Abstecher *m*

excusable [ɪks'kjuːzəbl] *adj* entschuldbar, verzeihlich

excuse [ɪk'skjuːz] *v 1.* entschuldigen; *2. (pardon)* verzeihen; *3. ~ o.s.* sich entschuldigen; *4. Excuse me ... (to get attention)* Entschuldigen Sie ..., *(sorry)* Verzeihung! *(I must go)* Entschuldigen Sie mich bitte. [ɪk'skjuːs] *sb 5. (pretext)* Ausrede *f,* Entschuldigung *f,* Vorwand *m; 6. make (up) ~s (for o.s.)* sich herausreden; *(for s.o.)* jdn herausreden

execute ['eksɪkjuːt] *v 1. (a criminal)* hinrichten; *2. (a task)* durchführen, ausführen, erfüllen

execution [eksɪ'kjuːʃən] *sb 1. (of a criminal)* Hinrichtung *f; 2. (of a task)* Durchführung *f,* Ausführung *f,* Erfüllung *f*

executive [ɪg'zekjʊtɪv] *adj 1.* exekutiv, geschäftsführend; *sb 2. (of a firm)* leitende(r) Angestellte(r) *m/f; 3. POL* Exekutive *f*

exemplary [ɪg'zemplərɪ] *adj* vorbildlich, beispielhaft

exempt [ɪg'zempt] *v* befreien

exercise ['eksəsaɪz] *v 1. (use)* ausüben, geltend machen, anwenden; *2. (one's body, one's mind)* üben, trainieren; *sb 3. (use)* Ausübung *f,* Gebrauch *m,* Anwendung *f; 4. (physical ~)* Übung *f; get some ~* sich etw Bewegung verschaffen; *5. (drill)* Übung *f*

exertion [ɪg'zɜːʃən] *sb 1.* Anwendung *f,* Einsatz *m,* Aufgebot *n; 2. (effort)* Anstrengung *f*

exhale [eks'heɪl] *v (breathe out)* ausatmen

exhaust [ɪg'zɔːst] *v 1.* erschöpfen; *2. (supplies)* aufbrauchen; *3. (a subject)* erschöpfend behandeln; *sb 4. TECH* Auspuff *m; 5. (gases)* Auspuffgase *pl*

exhaust pipe [ɪg'zɔːst paɪp] *sb* Auspuffrohr *n*

exhibit [ɪg'zɪbɪt] *v 1. (merchandise)* ausstellen, auslegen; *2. (a quality)* zeigen, beweisen; *sb 3. JUR* Beweisstück *n*

exhibition [eksɪ'bɪʃən] *sb 1.* Ausstellung *f,* Schau *f; 2. (fig)* Zurschaustellung *f; 3. (act of showing)* Vorführung *f*

exhibitor [ɪg'zɪbɪtə] *sb 1.* Aussteller *m; 2. (of a film)* Kinobesitzer *m*

exhilarate [ɪg'zɪləreɪt] *v* erheitern

exile ['eksaɪl] *v 1.* verbannen; *sb 2. (state of ~)* Exil *n,* Verbannung *f; 3. (person)* Verbannte(r) *m/f*

exist [ɪg'zɪst] *v 1.* existieren, bestehen, vorhanden sein; *2. (live)* existieren, leben

existence [ɪg'zɪstəns] *sb 1.* Existenz *f,* Bestehen *n,* Vorhandensein *n; call into ~* ins Leben rufen; *2. (life)* Existenz *f,* Leben *n,* Dasein *n; a miserable ~* ein trostloses Dasein

existing [ɪg'zɪstɪŋ] *adj 1.* bestehend; *2. (present)* gegenwärtig

exit ['egzɪt] *v 1. THEAT* abgehen, abtreten; *2. (US: sth)* verlassen; *sb 3. (leaving)* Abgang *m; make one's ~* abgehen, abtreten; *4. (from a country)* Ausreise *f; 5. (way out)* Ausgang *m; 6. (for vehicles)* Ausfahrt *f*

exit permit ['egzɪtpɜːmɪt] *sb* Ausreisegenehmigung *f*

exorbitant [ɪg'zɔːbɪtənt] *adj* maßlos, übertrieben, unverschämt

exotic [ɪg'zɒtɪk] *adj* exotisch

expand [ɪk'spænd] *v 1. PHYS* sich ausdehnen, expandieren; *2. ECO* expandieren, sich ausweiten; *(production)* zunehmen; *3. (cause to ~)* ausdehnen, expandieren, ausweiten

expanded [ɪk'spændɪd] *adj* ausgedehnt, weit

expansion [ɪks'pænʃən] *sb* Ausdehnung *f,* Expansion *f,* Ausweitung *f*

expect [ɪk'spekt] *v 1.* erwarten; *2. ~ sth of s.o.* etw von jdm erwarten; *3. (suppose)* denken, glauben

expectancy [ɪk'spektənsɪ] *sb* Erwartung *f,* Aussicht *f; life ~* Lebenserwartung *f*

expectant [ɪk'spektənt] *adj 1.* erwartungsvoll; *2. (mother)* werdend

expectation [ekspek'teɪʃən] *sb* Erwartung *f*

expecting [ɪks'pektɪŋ] *adj (~ a baby)* in anderen Umständen (fam)

expedite ['ekspɪdaɪt] *v* beschleunigen

expedition [ekspɪ'dɪʃən] *sb* Expedition *f*

expend [ɪk'spend] *v 1.* verwenden; *2. (energy, time)* aufwenden; *3. (money)* ausgeben

expense [ɪk'spens] *sb 1.* Kosten *pl; at my ~* auf meine Kosten; *spare no ~* keine Kosten scheuen; *at great ~* mit großen Kosten; *2. ~s pl (business ~, travel ~)* Spesen *pl; incur ~* Unkosten haben

expensive [ɪk'spensɪv] *adj* teuer, kostspielig

experience [ɪk'spɪərɪəns] *v 1.* erleben, erfahren; *2. (feel)* empfinden; *sb 3.* Erfahrung *f; from ~* aus eigener Erfahrung; *4. (event experienced)* Erlebnis *n*

experienced [ɪk'spɪərɪənst] *adj* erfahren, routiniert

experiment [ɪk'sperɪmənt] *v 1.* experimentieren; *sb 2.* Versuch *m,* Experiment *n*

expert ['ekspɜːt] *adj 1.* erfahren, geschickt, fachmännisch; *sb 2.* Sachverständige(r) *m/f,* Experte/Expertin *m/f,* Fachmann/Fachfrau *m/f*

expert witness ['ekspɜːt 'wɪtnɪs] *sb JUR* Sachverständige(r) *m/f*

expiration [ekspɪ'reɪʃən] *sb* Ablauf *m*

expiration date [ekspɪ'reɪʃən deɪt] *sb (US)* Verfallsdatum *n*

expire [ɪk'spaɪə] *v 1.* ablaufen, ungültig werden; *2. (die)* sein Leben aushauchen, verscheiden

explain [ɪk'spleɪn] *v 1.* erklären; *2. (a mystery)* aufklären; *3. ~ o.s.* sich rechtfertigen

explanation [eksplə'neɪʃən] *sb 1.* Erklärung *f,* Erläuterung *f,* Aufklärung *f; 2. (justification)* Erklärung *f,* Rechtfertigung *f*

explode [ɪks'pləʊd] *v 1.* explodieren; *2. (sth)* sprengen, zur Explosion bringen, explodieren lassen; *3. (fig: a theory)* widerlegen; *~ a myth* eine Illusion zerstören

exploit [eks'plɔɪt] *v 1.* ausbeuten, ausnutzen; *2. (commercially)* verwerten

exploration [eksplɔː'reɪʃən] *sb 1.* Erforschung *f,* Erkundung *f; 2. (of a topic)* Erforschung *f,* Untersuchung *f*

explore [ɪk'splɔː] *v 1.* erforschen, erkunden; *2. (a question)* erforschen, untersuchen

explosion [ɪk'spləʊʒən] *sb* Explosion *f*

explosive [ɪk'spləʊsɪv] *adj 1.* explosiv; *sb 2.* Sprengstoff *m*

export [ɪk'spɔːt] *v 1.* exportieren, ausführen; ['ekspɔːt] *sb 2.* Export *m,* Ausfuhr *f*

export licence ['ekspɔːt 'laɪsəns] *sb ECO* Ausfuhrgenehmigung *f*

expose [ɪk'spəʊz] *v 1. (leave vulnerable)* aussetzen; *2. (uncover)* freilegen, bloßlegen; *3. (wrongdoing)* aufdecken, enthüllen; *4. (a criminal, an impostor)* entlarven; *5. FOTO* belichten

exposition [ekspə'zɪʃən] *sb 1. (explanation)* Darlegung *f,* Erklärung *f; 2. (of text)* Erläuterung *f; 3. (exhibition)* Ausstellung *f,* Schau *f*

express [ɪk'spres] *v 1.* ausdrücken; *adj 2.* ausdrücklich, bestimmt; *for the ~ purpose* eigens zu dem Zweck; *sb 3.* Schnellzug *m*

express delivery [ɪk'spres dɪ'lɪvərɪ] *sb* Eilzustellung *f*

expression [ɪk'spreʃən] *sb 1. (of an opinion, of a feeling)* Äußerung *f,* Ausdruck *m; 2. (phrase)* Ausdruck *m; 3. (facial ~)* Gesichtsausdruck *m; 4. (expressive quality) ART* Ausdruck *m*

expressionless [ɪks'preʃənlɪs] *adj* ausdruckslos

expressway [ɪk'spresweɪ] *sb* Schnellstraße *f*

expulsion [ɪks'pʌlʃən] *sb 1.* Vertreibung *f; 2. (from a school)* Verweisung *f; 3. (from a country)* Ausweisung *f*

exquisite [ɪk'skwɪzɪt] *adj* köstlich, vorzüglich, exquisit

extend [ɪks'tend] *v 1. (reach, stretch)* sich ausdehnen, sich erstrecken, reichen; *2. (one's arms, one's hand)* ausstrecken; *3. (verbally)* erweisen, aussprechen; *4. (prolong)* verlängern; *5. (enlarge, expand)* ausdehnen, erweitern, vergrößern; *6. (a house)* ausbauen; *7. (a wire)* spannen, ziehen

extension [ɪks'tenʃən] *sb 1. (broadening)* Vergrößerung *f,* Erweiterung *f,* Ausdehnung *f; 2. (lengthening)* Verlängerung *f; 3. (to a house)* Anbau *m; 4. TEL* Nebenanschluss *m,* Apparat *m*

extension cord [ɪks'tenʃən kɔːd] *sb* Verlängerungskabel *n*

extensive [ɪks'tensɪv] *adj 1. (damage)* beträchtlich; *2. (operations, alterations, research)* umfangreich; *3. (knowledge)* umfassend, umfangreich

extent [ɪk'stent] *sb 1. (degree)* Grad *m,* Maß *n; to some ~* einigermaßen; *to a certain ~* in gewissem Maße; *to what ~* inwieweit; *2. (scope)* Umfang *m,* Ausmaß *n; 3. (size)* Ausdehnung *f*

exterminate [eks'tɜːmɪneɪt] *v 1.* ausrotten; *2. (pests)* vertilgen

extermination [ekstɜːmɪ'neɪʃən] *sb* Ausrottung *f,* Vertilgung *f*

external [ek'stɜːnl] *adj* äußere(r,s), äußerlich, Außen... *for ~ use only* nur äußerlich anzuwenden

extinct [ɪks'tɪŋkt] *adj 1. (volcano)* erloschen; *become ~* erlöschen; *2. (species) BIO* ausgestorben; *become ~* aussterben; *3. (race, empire)* untergegangen

extinguish [ɪk'stɪŋgwɪʃ] *v 1.* löschen, auslöschen; *2. (hopes)* zerstören

extinguisher [ɪk'stɪŋgwɪʃə] *sb* Feuerlöscher *m*

extort [ɪk'stɔːt] *v* erpressen

extortion [ɪks'tɔːʃən] *sb* Erpressung *f*

extra ['ekstrə] *adj 1.* zusätzlich, Extra..., Sonder...; *make an ~ effort* sich besonders anstrengen; *adv 2. (especially)* extra, besonders; *3. (costing ~)* gesondert berechnet, extra berechnet; *sb 4. CINE* Statist *m; 5. (perquisite)* Zusatzleistung *f; 6. (feature of a car)* Extra *n*

extract [ɪk'strækt] *v 1.* herausziehen, herausholen; *2. (from the body)* entfernen; *3. (a tooth)* ziehen; *4. (permission, a promise)* abringen, abnehmen, entlocken; *5. MIN* gewinnen; ['ekstrækt] *sb 6.* Extrakt *m; 7. (from a book)* Auszug *m*

extracurricular [ekstrəkə'rɪkjʊlə] *adj* außerhalb des Stundenplans

extraordinary [ɪk'strɔːdnrɪ] *adj 1.* außerordentlich; *2. (odd)* ungewöhnlich, merkwürdig, seltsam

extraterrestrial [ekstrətɪ'restrɪəl] *adj* außerirdisch

extra time [ekstrə'taɪm] *sb (UK) SPORT* Verlängerung *f*

extravagant [ɪk'strævəgənt] *adj 1. (wasteful)* verschwenderisch; *2. (tastes)* teuer, kostspielig; *3. (wedding)* aufwendig; *4. (demand)* übertrieben; *5. (behaviour, claims)* extravagant

extreme [ɪk'striːm] *adj 1.* äußerste(r,s); *with ~ pleasure* mit größtem Vergnügen; *2. (demands, rudeness)* maßlos; *3. (drastic)* extrem; *sb 4.* Extrem *n; (far end)* äußerstes Ende *n; carry sth to an ~* etw zu weit treiben; *5. (too far)* Übertriebenheit *f*

extremely [ɪk'striːmlɪ] *adv* äußerst, höchst, extrem

extroversion [ekstrə'vɜːʃən] *sb* Extrovertiertheit *f*

extrovert ['ekstrəʊvɜːt] *sb* Extrovertierte(r) *m/f*

exult [ɪg'zʌlt] *v* frohlocken, jubeln, triumphieren

exultation [egzʌl'teɪʃən] *sb* Jubel *m,* Frohlocken *n*

eye [aɪ] *sb 1.* Auge *n; an ~ for an ~* Auge um Auge; *see ~ to ~ with s.o.* mit jdm einer Meinung sein; *give s.o. the ~* jdm einen einladenden Blick werfen; *have an ~ for* einen Sinn haben für; *keep an ~ on* ein Auge haben auf; *keep one's ~s peeled* die Augen offen halten; *keep an ~ out for sth* nach etw Ausschau halten; *set ~s on sth* etw sehen; *catch s.o's ~* jds Aufmerksamkeit auf sich lenken; *close one's ~s to sth* die Augen vor etw verschließen; *with an ~ to* mit Rücksicht auf; *cry one's ~s out* sich die Augen ausweinen; *easy on the ~s* gefällig, schön anzusehen; *never take one's ~s off sth* die Augen von etw nicht abwenden; *in the twinkling of an ~* im Handumdrehen; *look s.o. in the ~* jdm ins Gesicht sehen; *make ~s at s.o.* jdm schöne Augen machen; *2. ~ of a needle* Nadelöhr *n; v 3.* ansehen, betrachten

eyebrow ['aɪbraʊ] *sb* Augenbraue *f; raise one's ~s* die Stirn runzeln

eye-catching ['aɪkætʃɪŋ] *adj* auffallend, ins Auge springend

eyelash ['aɪlæʃ] *sb* Augenwimper *f*

eye-opener ['aɪəʊpənə] *sb It was a real ~.* Das hat mir die Augen geöffnet.

eyesight ['aɪsaɪt] *sb* Sehkraft *f; bad ~* schlechte Augen

eyesore ['aɪsɔː] *sb* Schandfleck *m*

eyewitness ['aɪwɪtnɪs] *sb* Augenzeuge/Augenzeugin *m/f*

F

fable ['feɪbl] *sb* Fabel *f*
fabric ['fæbrɪk] *sb 1. (textile)* Stoff *m*, Gewebe *n; 2. (structure)* Struktur *f*
fabulous ['fæbjʊləs] *adj* sagenhaft, fabelhaft, toll
face [feɪs] *v 1. (to be opposite)* gegenüber sein, gegenüberstehen, gegenüberliegen; *2. (window: to be situated)* gehen nach; *3. (have to deal with)* rechnen müssen mit; *let's ~ it* seien wir ehrlich; *to be ~d with sth* mit etw konfrontiert werden; *4. (bravely confront)* gegenübertreten, *(a situation)* sich stellen; *sb 5.* Gesicht *n; lose ~* das Gesicht verlieren; *save ~* das Gesicht wahren; *show one's ~* sich blicken lassen; *~ to ~* von Angesicht zu Angesicht, Auge in Auge; *say sth to s.o.'s ~* jdm etw ins Gesicht sagen; *in the ~ of death* im Angesicht des Todes; *fall flat on one's ~ (fam)* auf die Nase fallen; *6. on the ~ of it* allem Anschein nach, so, wie es aussieht; *7. (expression)* Gesichtsausdruck *m*, Gesicht *n*, Miene *f; make a ~* das Gesicht verziehen; *pull a ~* Grimassen schneiden; *keep a straight ~* ernst bleiben
• **face off** *v (fig)(US) The two faced off.* Die zwei traten zu einer Machtprobe an.
face-lift ['feɪslɪft] *sb 1.* Gesichtsstraffung *f*, Facelifting *n; 2. (fig)* Verschönerung
face-off ['feɪsɒf] *sb SPORT* Bully *n*
face-saving ['feɪsseɪvɪŋ] *adj a ~ tactic* eine Taktik, um das Gesicht zu wahren
facilitate [fæ'sɪlɪteɪt] *v* erleichtern, fördern
facility [fæ'sɪlɪtɪ] *sb 1. (building)* Anlage *f; 2. (ease)* Leichtigkeit *f*
facsimile [fæk'sɪmɪlɪ] *sb* Faksimile *n*
fact [fækt] *sb 1.* Tatsache *f; as a matter of ~* eigentlich, sogar; *know for a ~ that ...* ganz genau wissen, dass ...; *the ~ of the matter is* Tatsache ist; *in ~* tatsächlich, in der Tat; *in point of ~* eigentlich, *(in reality)* in Wirklichkeit; *2. (reality)* Wirklichkeit *f*, Wahrheit *f*, Realität *f; ~ and fiction* Dichtung und Wahrheit; *3. the ~s of life* sexuelle Aufklärung *f; (tough reality)* harte Wirklichkeit *f; 4. (historical)* Faktum *n*
fact-finding ['fæktfaɪndɪŋ] *adj* Untersuchungs...
factor ['fæktə] *sb 1.* Faktor *m; v 2. ~ in* mit berücksichtigen
factory ['fæktərɪ] *sb* Fabrik *f*, Werk *n*
faculty ['fækəltɪ] *sb 1. (ability)* Fähigkeit *f*, Vermögen *n*, Kraft *f; mental faculties* Geisteskräfte *pl; 2. (of a university)* Fakultät *f*
fade [feɪd] *v 1.* verblassen, *(completely)* verbleichen; *2. (fig) (beauty)* verwelken; *(hope, strength)* schwinden; *(memory)* verblassen
fag [fæg] *sb 1. (UK: cigarette) (fam)* Kippe *f; 2. (UK: drudgery) (fam)* Plackerei *f; 3. (US: homosexual) (fam)* Schwuler *m*
fail [feɪl] *v 1.* versagen, scheitern, misslingen; *if all else ~s* wenn alle Stricke reißen; *I ~ to see why* ich sehe nicht ein, warum; *2. (hearing, eyesight)* nachlassen; *3. (be cut off)* ausfallen; *4. ~ to do sth* etw nicht tun; *(neglect)* es versäumen, etw zu tun; *5. (an exam)* durchfallen; *6. (s.o.)(let down)* im Stich lassen; *(disappoint)* enttäuschen; *7. (give a ~ing grade)* durchfallen lassen; *sb 8. without ~* garantiert, ganz bestimmt
failing ['feɪlɪŋ] *sb* Schwäche *f*
failure ['feɪljə] *sb 1.* Misserfolg *m*, Fehlschlag *m*, Scheitern *n; 2. (breakdown)* Ausfall *m*, Versagen *n*, Störung *f; 3. (unsuccessful thing)* Misserfolg *m*, Reinfall *m*, Pleite *f; 4. (person)* Versager *m; 5. (to do sth)* Versäumnis *n*, Unterlassung *f*
fair [fɛə] *adj 1. (just)* gerecht, fair; *~ and square* anständig; *2. (reasonable amount, reasonable degree)* ziemlich; *3. (OK, so-so)* mittelmäßig; *4. (hair)* blond; *the ~ sex* das schöne Geschlecht; *5. (skin)* hell; *6. (sky)* heiter; *7. (day)* schön; *8. Fair enough! (fam)* Einverstanden! *sb 9.* Volksfest *n; (market)* Jahrmarkt *m; 10. (trade show)* Messe *f*
fairy ['fɛərɪ] *sb 1.* Fee *f*, Elfe *f; 2. (fam: homosexual)* Schwuler *m*
faith [feɪθ] *sb 1.* Vertrauen *n*, Glaube *m; have ~ in s.o.* jdm vertrauen; *have ~ in sth* Vertrauen in etw haben; *2. REL* Glaube *m; 3. (sincerity)* Treue *f*
fake [feɪk] *v 1.* vortäuschen, fingieren; *2. (forge)* fälschen; *3. (a move) SPORT* antäuschen; *sb 4.* Fälschung *f; 5. (jewel)* Imitation *f; adj 6.* falsch, vorgetäuscht, gefälscht
fall [fɔːl] *v irr 1.* fallen, stürzen; *2. (decrease)* fallen, sinken, abnehmen; *3. (hang down)* fallen; *4. ~ under (a category)* gehören in, fallen in; *5. (become) ~ asleep* einschlafen; *~ ill* krank werden; *sb 6.* Fall *m*, Sturz *m; 7. (decline)* Untergang *m*, Niedergang *m; 8.*

(decrease) Fallen *n,* Sinken *n,* Abnahme *f; 9. (US: autumn)* Herbst *m*

• **fall apart** *v irr* auseinander fallen

• **fall down** *v irr 1. (person)* hinfallen; *(from a height)* hinunterfallen; *2. (thing)* herunterfallen, hinunterfallen; *3. (collapse)* einstürzen; *4. ~ on the job* etw nicht richtig machen, mit etw nicht zurechtkommen

• **fall in** *v irr 1.* hineinfallen; *2. MIL* antreten; *3. (one soldier) MIL* ins Glied zurücktreten

• **fall out** *v irr 1. (hair)* ausfallen; *2. MIL* wegtreten; *3. (of a window)* herausfallen; *4. ~ with s.o.* sich mit jdm zerstreiten

fallout ['fɔːlaʊt] *sb 1.* radioaktiver Niederschlag *m; 2. (fig)* Auswirkung *f*

false [fɔːls] *adj 1.* falsch; *2. (artificial)* falsch, künstlich

false alarm [fɔːls ə'lɑːm] *sb (needless warning)* blinder Alarm *m*

false teeth [fɔːls tiːθ] *pl (set)* künstliches Gebiss *n*

falsify ['fɔːlsɪfaɪ] *v* fälschen, verfälschen

fame [feɪm] *sb* Ruhm *m,* Berühmtheit *f*

familiar [fə'mɪlɪə] *adj 1.* bekannt, gewohnt, vertraut; *to be ~ with sth* etw gut kennen; *2. (friendly)* familiär

family ['fæmɪlɪ] *sb* Familie *f; in the ~ way (fam)* in anderen Umständen

family doctor ['fæmɪlɪ 'dɒktə] *sb* Hausarzt *m*

family tree [fæmɪlɪ'triː] *sb* Stammbaum *m*

famished ['fæmɪʃt] *adj (fig: very hungry)* ausgehungert

famous ['feɪməs] *adj* berühmt

fan [fæn] *v 1. (s.o.)* Luft zufächeln; *2. (fig: sth)* anfachen; *sb 3. (hand-held)* Fächer *m; 4. (mechanical)* Ventilator *m,* Lüfter *m; 5. (enthusiast, supporter)* Fan *m*

fanatic [fə'nætɪk] *sb* Fanatiker *m*

fancy ['fænsɪ] *v 1. (imagine)* meinen, sich einbilden, glauben; *Fancy that!* So was! Denk mal an! *2. ~ o.s. sth* sich für etw halten; *3. (like)* gern haben, mögen; *adj 4.* verziert, fein, kunstvoll; *sb 5. (liking)* Vorliebe *f,* Gefallen *n; take a ~ to sth* an etw Gefallen finden; *6. (imagination)* Phantasie *f*

fang [fæŋ] *sb 1. (of a beast of prey)* Fang *m; 2. (of a snake)* Giftzahn *m*

fantastic [fæn'tæstɪk] *adj 1. (wonderful)* toll, phantastisch; *2. (improbable)* phantastisch, unwahrscheinlich, absurd

fantasy ['fæntəsɪ] *sb* Phantasie *f*

far [fɑː] *adj 1.* fern, weit entfernt, weit; *2. (farther away of two)* weiter entfernt; *the ~ side* die andere Seite; *at the ~ end* am anderen Ende; *adv 3.* weit; *~ be it from me to …* es liegt mir fern, zu …; *by ~* weitaus, bei weitem; *Far from it!* Weit gefehlt! *4. as ~ as* so weit, insofern als; *(spatially)* bis; *I'll come with you as ~ as the door.* Ich komme bis zur Tür mit. *as ~ as I'm concerned* was mich betrifft; *5. ~ away, ~ off* weit entfernt, weit weg; *6. ~ and away* bei weitem, mit Abstand, weitaus

fare [fɛə] *v 1.* ergehen; *How did he ~?* Wie ist es ihm ergangen? *sb 2. bus ~, train ~ (charge)* Fahrpreis *m; (money)* Fahrgeld *n; 3. air ~* Flugpreis *m; 4. (food)* Kost *f*

far-flung [fɑː'flʌŋ] *adj* weit ausgedehnt

farm [fɑːm] *sb 1.* Bauernhof *m,* Gutshof *m,* Gut *n; v 2. (land)* bebauen

farmer [fɑːmə] *sb* Bauer *m,* Landwirt *m*

farmhouse ['fɑːmhaʊs] *sb* Bauernhaus *n*

farmyard ['fɑːmjɑːd] *sb* Hof eines bäuerlichen Betriebes *m*

far-reaching [fɑː'riːtʃɪŋ] *adj* weitreichend

far-sighted [fɑː'saɪtɪd] *adj 1. MED* weitsichtig; *2. (fig)* weit blickend

farther ['fɑːðə] *adv* weiter, ferner, entfernter

fascinate ['fæsɪneɪt] *v* faszinieren, begeistern, bezaubern

fascination [fæsɪ'neɪʃən] *sb* Faszination *f,* Bezauberung *f*

fascism ['fæʃɪzəm] *sb* Faschismus *m*

fascist ['fæʃɪst] *adj* faschistisch

fashion ['fæʃən] *v 1.* bilden, formen, gestalten; *sb 2. (manner)* Art *f,* Weise *f; 3. (custom)* Sitte *f,* Brauch *m; 4. (in clothing, style)* Mode *f; 5. after a ~* gewissermaßen

fashion victim ['fæʃənvɪktɪm] *sb (fam)* Modeverrückte(r) *m/f*

fast [fɑːst] *v 1.* fasten; *adj 2. (quick, speedy)* schnell; *pull a ~ one on s.o. (fam)* jdn reinlegen; *3. to be ~ (clock)* vorgehen; *4. (woman)* flott, leichtlebig; *5. (secure)* fest, befestigt; *to be ~ friends* gute Freunde sein; *to be ~ asleep* fest schlafen

fasten ['fɑːsn] *v 1. (to be closed, close)* sich schließen lassen; *2. (sth)* festmachen, befestigen; *3. (buttons)* zumachen; *4. (seat belt)* anschnallen; *5. (fig) ~ on (eyes)* heften auf; *(attention)* richten auf; *6. ~ together* miteinander verbinden

fastener ['fɑːsnə] *sb* Verschluss *m*

fast-food restaurant [fɑːst fuːd 'restərənt] *sb* Schnellimbiss *m*

fast-forward [fɑːst'fɔːwəd] *v* vorspulen

fast lane ['fɑːstleɪn] *sb* Überholspur *f*

fast track ['fɑːsttræk] *sb (fig) to be on the ~* auf der Überholspur sein
fat [fæt] *adj 1.* dick, fett; *a ~ chance (fam)* herzlich wenig Aussicht; *2. GAST* fett; *sb 3.* Fett *n*
fatal ['feɪtl] *adj* tödlich
fate [feɪt] *sb* Schicksal *n; seal s.o.'s ~* jds Schicksal besiegeln
fateful ['feɪtfʊl] *adj 1.* schicksalhaft, schicksalsschwer; *2. (disastrous)* verhängnisvoll
father ['fɑːðə] *v 1. (a child)* zeugen; *sb 2.* Vater *m; 3. (priest) REL* Pater *m*
Father Christmas ['fɑːðə 'krɪsməs] *sb* der Weihnachtsmann *m*
father-in-law ['fɑːðərɪnlɔː] *sb* Schwiegervater *m*
fatty ['fætɪ] *adj* fett
fault [fɔːlt] *v 1.* bemängeln; *sb 2.* Schuld *f; to be at ~* schuldig sein, die Schuld tragen; *Whose ~ is it?* Wer ist schuld? *3. (mistake, defect)* Fehler *m,* Defekt *m,* Mangel *m; 4. find ~ with* etw auszusetzen haben an; *5. generous to a ~* übermäßig großzügig
favour ['feɪvə] *v 1. (show partiality to s.o.)* begünstigen; *2. (prefer)* bevorzugen; *~ sth over sth* etw einer Sache vorziehen; *3. (to be in ~ of)* für gut halten; *4. (to be ~able for)* begünstigen; *sb 5. (act of kindness)* Gefallen *m,* Gefälligkeit *f; do s.o. a ~* jdm einen Gefallen tun; *ask a ~ of s.o.* jdn um einen Gefallen bitten; *6. (goodwill)* Gunst *f; stand high in s.o.'s ~s* bei jdm hoch im Kurs stehen; *7. in ~ of* zugunsten von; *to be in ~ of sth* für etw sein; *decide in ~ of sth* sich für jdn entscheiden; *8. out of ~* in Ungnade, *(no longer widely popular)* nicht mehr beliebt; *9. (partiality)* Begünstigung *f,* Bevorzugung *f*
favourite ['feɪvərɪt] *adj 1.* Lieblings... *sb 2.* Liebling *m; 3. (pejorative)* Günstling *m*
fax [fæks] *sb 1. (facsimile transmission)* Fax *n,* Telefax *n; v 2.* faxen
fear [fɪə] *v 1.* fürchten, befürchten; *Never ~!* Keine Angst! *sb 2.* Angst *f,* Furcht *f; 3. (of God)* Scheu *f,* Ehrfurcht *f*
fearsome ['fɪəsəm] *adj* Furcht erregend
feast [fiːst] *v 1.* ein Festgelage halten; *2. ~ on sth* sich an etw gütlich tun, in etw schwelgen; *(fig)* sich an etw weiden; *~ one's eyes on sth* seine Augen an etw weiden; *sb 3. REL* Fest *n; 4.* Festmahl *n,* Festessen *n*
feather ['feðə] *sb 1.* Feder *f; as light as a ~* federleicht; *v 2. ~ one's nest* seine Schäfchen ins Trockene bringen
featherweight ['feðəweɪt] *sb SPORT* Federgewicht *n,* Federgewichtler *m*
feature ['fiːtʃə] *v 1.* bringen, zeigen; *sb 2. (characteristic)* Merkmal *n,* Kennzeichen *n,* Eigenschaft *f; 3. (facial)* Gesichtszug *m; 4. (story)* Feature *n, (radio, TV)* Dokumentarbericht *m; 5. CINE* Spielfilm *m; 6. (main attraction)* Hauptattraktion *f*
feature-length ['fiːtʃəleŋθ] *adj CINE* mit Spielfilmlänge
fed [fed] *sb the ~s (fam) (US)* das FBI *n*
federation [fedə'reɪʃən] *sb* Föderation *f,* Bund *m*
fee [fiː] *sb 1.* Gebühr *f; 2. (lawyer's ~, consultant's ~)* Honorar *n; 3. (membership ~)* Beitrag *m*
feed [fiːd] *v irr 1.* füttern; *2. (provide food for)* verpflegen; *3. (a family)* ernähren; *4. (a machine)* speisen, versorgen; *5. (insert)* eingeben; *6. to be fed up* die Nase voll haben; *7. (eat) (animal)* fressen; *(fam: person)* futtern; *sb 8. (food for animals)* Futter *n*
feel [fiːl] *v irr 1. (perceive o.s. to be)* sich fühlen; *2. ~ like doing sth* Lust haben, etw zu tun; *3. (think)* meinen; *4. (by touching)* fühlen; *5. (to the touch)* sich anfühlen; *6. (physically sense)* fühlen, spüren; *7. (to be affected by)* leiden unter, empfinden; *sb 8. (the way sth ~s when touched)* Gefühl *n; 9. (intuitive ~)* Gefühl *n,* feiner Instinkt *m*
•feel for *v irr 1. ~ sth (grope for sth)* nach etw tasten; *2. (sympathize with)* mitfühlen mit, Mitgefühl haben mit
feeling ['fiːlɪŋ] *sb 1.* Gefühl *n; 2. (opinion)* Meinung *f,* Ansicht *f; 3. (impression)* Gefühl *n,* Eindruck *m*
feline ['fiːlaɪn] *adj 1.* Katzen...; *sb 2. ZOOL* Katze *f*
fell [fel] *v 1. (a tree)* fällen; *2. (an opponent)* niederstrecken; *adj 3. at one ~ swoop* plötzlich, auf einmal
fellow ['feləʊ] *sb 1.* Kerl *m,* Bursche *m,* Typ *m; 2. (comrade)* Kamerad *m; 3. (at university)* Fellow *m; adj 4.* Mit...; *~ man* Mitmensch *m*
felt [felt] *sb* Filz *m*
female ['fiːmeɪl] *adj 1.* weiblich; *sb 2. (fam: woman)* Weib *n,* Weibsbild *n; 3. (animal)* Weibchen *n*
feminine ['femɪnɪn] *adj* feminin, weiblich
feminist ['femɪnɪst] *sb* Feministin *f*
fence [fens] *sb 1.* Zaun *m; sit on the ~ (fig)* zwischen zwei Stühlen sitzen; *2. (reseller of stolen goods)* Hehler *m; v 3. (stolen goods)* hehlen; *4. SPORT* fechten

•**fence in** *v* umzäunen, einzäunen; *fence s.o. in (fig)* jds Freiheit einengen
fender-bender ['fendəbendə] *sb (US) (fam)* Autounfall *m*
ferocious [fə'rəʊʃəs] *adj 1.* wild, grimmig; *2. (vehement)* heftig
ferry ['ferɪ] *sb 1.* Fähre *f; v 2. (across water)* übersetzen; *3. (fig)* befördern
fertilizer ['fɜːtɪlaɪzə] *sb AGR* Dünger *m; (artificial ~)* Kunstdünger *m*
fervour ['fɜːvə] *sb (intensity of feeling)* Inbrunst *f,* Leidenschaft *f*
festival ['festɪvəl] *sb 1.* Festspiele *pl,* Festival *n; 2. REL* Fest *n*
fetch [fetʃ] *v 1. (pick up, collect)* abholen; *2. (go get)* holen, herbeiholen, herbringen
fetus ['fiːtəs] *sb* Fötus *m*
feud [fjuːd] *v 1.* sich befehden; *sb 2.* Fehde *f*
fever ['fiːvə] *sb* Fieber *n; reach ~ pitch* den Siedepunkt erreichen
few [fjuː] *pron 1. a ~* einige, ein paar; *2. quite a ~* ziemlich viele; *adj 3.* wenige; *to be ~* selten sein; *every ~ days* alle paar Tage; *~ and far between* dünn gesät
fiancé/fiancée [fɪ'ɑ̃ːnseɪ] *sb* Verlobter/Verlobte *m/f*
fib [fɪb] *v 1.* schwindeln, flunkern; *sb 2.* kleine Lüge *f,* Schwindelei *f,* Flunkerei *f*
fiction ['fɪkʃən] *sb 1.* Erzählliteratur *f,* Prosaliteratur *f,* Belletristik *f; 2. (make-believe, invention)* Erfindung *f,* Dichtung *f*
fictional ['fɪkʃənl] *adj* erdichtet, erfunden
fiddle ['fɪdl] *sb 1. MUS* Fiedel *f,* Geige *f; play second ~ (fig)* die zweite Geige spielen; *as fit as a ~ (fam)* kerngesund; *2. (UK: swindle)* Schiebung *f,* Betrug *m,* Schwindel *m; v 3. ~ with sth (try to improve sth)* an etw herumbasteln; *(in an annoying manner, with no purpose)* an etw herumfummeln
fidget ['fɪdʒɪt] *v* zappeln
field [fiːld] *sb 1.* Feld *n; play the ~ (fam)* sich keine Chance entgehen lassen; *2. (of grass)* Wiese *f; 3. SPORT* Platz *m,* Spielfeld *n; 4. (profession, ~ of study)* Gebiet *n,* Fach *n,* Bereich *m; 5. the ~ (for a salesman)* Außendienst *m; 6. ~ of vision* Blickfeld *n,* Gesichtsfeld *n; v 7. (a ball)* auffangen und zurückwerfen; *8. (a team)* aufs Feld schicken; *9. (fig: questions)* für Fragen zur Verfügung stehen
field day ['fiːlddeɪ] *sb have a ~* seinen großen Tag haben
fiend [fiːnd] *sb 1.* Teufel *m; 2. (enthusiast)* Fanatiker *m; 3. (dope ~)* Süchtiger *m*
fierce [fɪəs] *adj 1.* wild, grimmig; *2. (competition)* scharf
fight [faɪt] *v irr 1.* kämpfen; *~ it out* es untereinander ausfechten; *go down ~ing* bis zum bitteren Ende kämpfen; *2. (exchange blows)* sich prügeln, sich schlagen, raufen; *3. (verbally)* sich streiten, sich zanken; *4. (s.o.)* kämpfen gegen, kämpfen mit; *5. (exchange blows with s.o.)* sich schlagen mit, sich prügeln mit; *6. (box against) SPORT* boxen gegen; *7. (oppose)* bekämpfen, ankämpfen gegen; *sb 8.* Kampf *m; 9. (fist ~)* Schlägerei *f,* Prügelei *f,* Rauferei *f; 10. (boxing match) SPORT* Boxkampf *m; 11. (argument)* Streit *m; 12. (~ing spirit)* Kampfgeist *m*
fighting ['faɪtɪŋ] *adj a ~ chance* eine faire Chance *f*
figure ['fɪgə] *v 1. (fam: make sense)* passen; *That ~s.* Das hätte ich mir denken können. *2. (have its place)* eine Rolle spielen; *3. (US: reckon)* glauben, schätzen; *4. ~ on sth (US)* mit etw rechnen; *sb 5. (human form)* Gestalt *f, (shapeliness)* Figur *f; cut a fine ~* gut aussehen, elegant aussehen; *6. (character)* Persönlichkeit *f; a public ~* eine Persönlichkeit des öffentlichen Lebens; *7. ~ of speech* Redewendung *f; 8. (number)* Zahl *f; (digit)* Ziffer *f; (sum)* Summe *f; 9. (geometric)* Figur *f*
file [faɪl] *v 1. (put in files)* ablegen, abheften, einordnen; *2. (a petition, a claim)* einreichen, erheben; *sb 3. (row)* Reihe *f*; *in single ~* im Gänsemarsch; *4.* Akte *f; on ~* bei den Akten; *5. (holder)* Aktenordner *m,* Aktenhefter *m,* Sammelmappe *f; 6. INFORM* Datei *f,* Datenblock mit Adresse *m*
•**file in** *v* hereinmarschieren, nacheinander hereinkommen
filet ['fɪlɪt] *sb GAST* Filet *n*
filing cabinet ['faɪlɪŋkæbɪnet] *sb* Aktenschrank *m*
fill [fɪl] *v 1.* füllen; *2. (a job opening)* besetzen, *(take a job opening)* einnehmen; *3. (a tooth)* füllen, plombieren; *4. (a pipe)* stopfen; *5. (permeate)* erfüllen; *sb 6. eat one's ~* sich satt essen; *have had one's ~ of sth (fig)* von etw die Nase voll haben
•**fill in** *v 1. ~ for s.o.* für jdn einspringen; *2. (a form)* ausfüllen, *(information)* eintragen; *3. fill s.o. in on sth* jdn ins Bild setzen; *4. (a hole)* auffüllen
•**fill out** *v 1. (in shape)* fülliger werden; *(face)* voller werden; *2. (a form)* ausfüllen
filling ['fɪlɪŋ] *sb 1. (for a tooth)* Plombe *f,* Füllung *f; 2. GAST* Füllung *f; adj 3.* sättigend

film [fɪlm] *v 1.* filmen, drehen; *(adapt for the screen)* verfilmen; *sb 2.* Film *m; 3. (thin layer)* Film *m,* Schicht *f; (on the eye)* Schleier *m; 4. (membrane)* Membrane *f,* Häutchen *n*
film star [fɪlm stɑː] *sb* Filmstar *m*
filth [fɪlθ] *sb 1.* Schmutz *m,* Dreck *m; 2. (fig)* Schweinerei *f; 3. (disreputable people)* Dreckspack *n,* Abschaum *m*
filthy ['fɪlθɪ] *adj 1.* schmutzig, dreckig; *~ rich (fam)* stinkreich; *2. (obscene)* unanständig, schweinisch
final ['faɪnl] *adj 1. (last)* letzte(r,s); *2. (definite)* endgültig; *sb 3. SPORT* Finale *n,* Endspiel *n*
finally ['faɪnəlɪ] *adv 1. (at long last)* endlich; *2. (lastly)* schließlich, zum Schluss; *3. (eventually)* schließlich; *4. (definitely)* endgültig
finance ['faɪnæns] *v 1.* finanzieren; *sb 2.* Finanz *f,* Finanzwesen *n; 3. ~s pl* Finanzen *pl,* Vermögenslage *f,* Finanzlage *f*
find [faɪnd] *v irr 1.* finden; *2. (locate and provide)* besorgen; *3. to be found* vorkommen, zu finden sein; *4. ~ o.s. (in a certain situation)* sich befinden; *5. (ascertain, notice)* feststellen, herausfinden; *6. (consider to be)* finden, empfinden; *7. JUR* befinden für, erklären für; *sb 8.* Fund *m,* Entdeckung *f*
finder's fee ['faɪndəz fiː] *sb* Finderlohn *m*
fine[1] [faɪn] *adj 1.* fein; *2. (very good)* fein, prächtig, großartig; *3. (elegant)* fein, vornehm, elegant; *4. (OK)* in Ordnung, gut
fine[2] [faɪn] *v 1.* mit einer Geldstrafe belegen; *sb 2.* Geldstrafe *f,* Bußgeld *n*
finger ['fɪŋgə] *sb 1.* Finger *m; cross one's ~s (fig)* die Daumen halten; *put one's ~ on sth* den Kern der Sache treffen; *have green ~s (fig)(UK)* einen grünen Daumen haben; *He won't lift a ~.* Er macht keinen Finger krumm. *v 2.* herumfingern an; *3. (US: accuse)* verpfeifen
fingered ['fɪŋgəd] *adj ... ~* mit ... Fingern
fingerprints ['fɪŋgəprɪnts] *pl* Fingerabdrücke *pl*
finish ['fɪnɪʃ] *v 1. (come to an end)* enden, zu Ende gehen; *2. SPORT* das Ziel erreichen; *~ fourth* Vierter werden, den vierten Platz belegen; *3. (sth)* beenden, abschließen; *4. (complete)* vollenden, beendigen, fertig stellen; *~ (reading) a book* ein Buch zu Ende lesen; *5. (give ~ to)* den letzten Schliff geben; *(furniture)* polieren; *sb 6. (end)* Ende *n,* Schluss *m; 7. SPORT* Finish *n; (line)* Ziel *n; 8. (of an object)* Ausführung *f; (polish)* Politur *f; (paintwork)* Lack *m*
finished ['fɪnɪʃt] *adj 1. (done)* fertig; *2. (exhausted, ruined)* erledigt; *3. (woodwork, metal)* fertig bearbeitet; *(polished)* poliert; *(varnished)* lackiert
fire [faɪə] *v 1. (fam: dismiss)* feuern (fam); *2. (a gun)* abschießen; *(a shot)* abfeuern; *(a rocket)* zünden; *3. Fire away!* Schieß los! *4. (pottery)* brennen; *sb 5.* Feuer *n; build a ~* Feuer machen; *play with ~ (fig)* mit dem Feuer spielen; *6. (house ~, forest ~)* Brand *m; catch ~* in Brand geraten; *set on ~* anzünden; *7. line of ~* Schusslinie *f*
fire alarm ['faɪərəlɑːm] *sb 1.* Feueralarm *m; 2. (device)* Feuermelder *m*
firearm ['faɪərɑːm] *sb* Schusswaffe *f,* Feuerwaffe *f*
fire brigade ['faɪəbrɪgeɪd] *sb* Feuerwehr *f*
fire-fighter ['faɪəfaɪtə] *sb (fireman)* Feuerwehrmann *m*
fireman ['faɪəmən] *sb* Feuerwehrmann *m*
fireproof ['faɪəpruːf] *adj* feuerfest, feuersicher
fireworks ['faɪəwɜːks] *pl* Feuerwerk *n*
firm [fɜːm] *adj 1.* fest; *sb 2.* Firma *f,* Unternehmen *n,* Betrieb *m*
first [fɜːst] *adj 1.* erste(r,s); *adv 2.* zuerst, *(before anyone else)* als Erster; *head ~* Kopf voraus; *3. (~ of all)* als Erstes, zunächst; *4. (in reciting a list)* erstens; *5. at ~* zuerst, anfangs, zunächst; *6. (rather)* lieber, eher
first aid [fɜːst'eɪd] *sb* erste Hilfe *f*
first-class ['fɜːstklɑːs] *adj* erstklassig, ausgezeichnet, prima
first floor [fɜːst flɔː] *sb 1. (UK)* erster Stock *m; 2. (US)* Erdgeschoss *n*
firsthand [fɜːst'hænd] *adj* aus erster Hand, direkt
firstly ['fɜːstlɪ] *adv* erstens, zuerst einmal
first-rate ['fɜːstreɪt] *adj* erstklassig, prima
fiscal ['fɪskəl] *adj* fiskalisch, Finanz...
fish [fɪʃ] *sb 1.* Fisch *m; feel like a ~ out of water* sich fehl am Platze fühlen; *have other ~ to fry* Wichtigeres zu tun haben; *a queer ~* ein komischer Kauz *m; v 2.* fischen; *(with a rod)* angeln; *(~ a river)* abfischen; *~ for sth* nach etw angeln; *3. ~ out* hervorholen, hervorkramen; *4. ~ for* angeln auf; *(fig: ~ for compliments)* fischen nach; *(fig: ~ for information)* aus sein auf
fisherman ['fɪʃəmən] *sb 1.* Fischer *m; 2. (amateur)* Angler *m*
fish-finger ['fɪʃfɪŋgə] *sb GAST* Fischstäbchen *n*
fishing ['fɪʃɪŋ] *sb* Fischen *n,* Angeln *n*

fishy ['fɪʃɪ] *adj (suspicious)* verdächtig, faul
fist [fɪst] *sb* Faust *f*
fit [fɪt] *v irr 1.* passen; *2. (match)* entsprechen; *3. (sth)* passen auf; *(key)* passen in; *(clothes)* passen; *v 4. (attach)* anbringen, montieren; *5. ~ with (provide with)* ausstatten mit; *adj 6. (healthy)* gesund, fit; *keep ~* sich fit halten; *7. (for sth; capable of sth)* fähig, tauglich; *8. (suited for)* geeignet; *sb 9. (of clothes)* Passform *f; 10. MED* Anfall *m; have a ~ (fam)* einen Wutanfall bekommen; *~ of laughter* Lachkrampf *m*
fitness ['fɪtnɪs] *sb 1. (for a job)* Eignung *f; 2. (physical ~)* Fitness *f*
fitting ['fɪtɪŋ] *adj 1.* passend, geeignet, angemessen; *sb 2. (trying on)* Anprobe *f; 3. ~s pl* Beschläge *pl,* Zubehör *n*
fitting room ['fɪtɪŋ ruːm] *sb (in a shop)* Anproberaum *m,* Umkleideraum *m*
fix [fɪks] *v 1. (make firm)* befestigen, festmachen, anheften; *2. (set, decide)* festsetzen, festlegen, bestimmen; *3. (attention, gaze)* richten, heften; *4. (arrange)* arrangieren; *5. (a sporting event)* manipulieren; *6. (repair)* reparieren, in Ordnung bringen; *7. (prepare) (a drink)* mixen; *(a meal)* zubereiten; *8. FOTO* fixieren; *sb 9. (difficult situation)* Klemme *f,* Patsche *f; to be in a ~* in der Klemme sitzen, in der Patsche sitzen; *10. (~ed fight, ~ed race)* Schiebung *f,* Bestechung *f*
fixation [fɪk'seɪʃən] *sb PSYCH* Fixierung *f*
fixed [fɪkst] *adj 1.* fest; *2. (smile, gaze)* starr
fixed assets [fɪkst 'æsets] *pl FIN* feste Anlagen *pl*
fixed costs [fɪkst kɒsts] *pl ECO* Festkosten *pl*
fizz [fɪz] *v* sprudeln
flabbergasted ['flæbəgɑːstɪd] *adj (fam)* platt, verblüfft
flabby ['flæbɪ] *adj (stomach)* schwammig, wabbelig
flag [flæg] *sb 1.* Fahne *f; 2. (of a country)* Flagge *f; v 3. (slacken)* erlahmen, nachlassen
flagpole ['flægpəʊl] *sb* Fahnenstange *f*
flair [flɛə] *sb 1. (stylishness)* Flair *n; 2. (talent)* Talent *n; 3. (sense for sth)* Gespür *n*
flake [fleɪk] *sb 1.* Flocke *f; 2. (of paint)* Splitter *m; 3. (of skin)* Schuppe *f*
flamboyant [flæm'bɔɪənt] *adj (person)* extravagant
flame [fleɪm] *sb* Flamme *f; to be in ~s* in Flammen stehen
flammable ['flæməbl] *adj* feuergefährlich, leicht entzündlich
flank [flæŋk] *v 1.* flankieren; *sb 2.* Flanke *f; (of a building)* Seite *f*
flap [flæp] *v 1. (wings)* schlagen, *(sails)* flattern; *sb 2.* Klappe *f; 3. (fam: commotion)* Aufregung *f*
flare [flɛə] *sb 1. (signal)* Leuchtsignal *n; 2. (shot from a gun)* Leuchtrakete *f; v 3. (nostrils)* sich blähen; *4. (match)* aufleuchten
flash [flæʃ] *v 1.* blinken, blitzen; *2. (move quickly)* sich blitzartig bewegen, sausen, flitzen; *3. (a light)* aufleuchten lassen; *(a message)* blinken; *~ s.o. a glance* jdm einen Blick zuwerfen; *4. (quickly show)* kurz zeigen; *5. (show off)* zur Schau tragen, protzen mit; *sb 6.* Aufblitzen *n,* Aufleuchten *n; (of lightning)* Blitz *m; 7. in a ~ (fig)* blitzschnell, im Nu; *8. ~ in the pan* Eintagsfliege *f,* Strohfeuer *m; 9. (of headlights)* Lichthupe *f; 10. FOTO* Blitzlicht *n; 11. news ~* Kurzmeldung *f*
• **flash back** *v 1. ~ to CINE* zurückblenden auf; *2. (fig)* sich zurückversetzen in
flashback ['flæʃbæk] *sb* Rückblende *f*
flashlight ['flæʃlaɪt] *sb (US)* Taschenlampe *f*
flashy ['flæʃɪ] *adj* protzig
flat [flæt] *adj 1.* flach, eben, platt; *2. (drink)* schal, abgestanden; *3. (~ on the ground)* hingestreckt, flach am Boden liegend; *knock s.o. ~* jdn umhauen; *4. (refusal)* glatt, deutlich; *5. (market) ECO* lau, lahm, lustlos; *6. (rate)* Pauschal...; *~ fee* Pauschalgebühr *f; adv 7.* platt; *~ broke* total pleite; *in five seconds ~* in genau fünf Sekunden; *in nothing ~* blitzschnell; *8. fall ~* der Länge nach hinfallen; *(fig: fail)* danebengehen; *sb 9. (of a hand)* Fläche *f; 10. (of a blade)* flache Seite *f; 11. (dwelling)(UK)* Wohnung *f; 12. GEOL* Ebene *f; 13. (~ tyre)* Panne *f*
flatmate ['flætmeɪt] *sb* Mitbewohner *m*
flatter ['flætə] *v* schmeicheln; *to be ~ed* sich geschmeichelt fühlen
flattering ['flætərɪŋ] *adj* schmeichelhaft
flattery ['flætərɪ] *sb* Schmeichelei *f*
flavour ['fleɪvə] *sb 1.* Geschmack *m; (fig)* Beigeschmack *m; v 2.* Geschmack geben
flaw [flɔː] *sb 1.* Fehler *m; 2. (fig)* Mangel *m*
flawless ['flɔːlɪs] *adj 1.* fehlerlos, einwandfrei, tadellos; *2. (complexion)* makellos; *3. (gem)* lupenrein
flay [fleɪ] *v 1. (skin an animal)* abhäuten; *2. (whip)* auspeitschen; *3. (fig: with criticism)* kein gutes Haar lassen an
flea [fliː] *sb* Floh *m*
flea-bitten ['fliːbɪtn] *adj (fig)* vergammelt

fleece [fliːs] *sb 1.* Vlies *n,* Schaffell *n; v 2. (fig) ~ s.o.* jdn schröpfen
fleeting ['fliːtɪŋ] *adj 1.* flüchtig; *2. (beauty)* vergänglich
flesh [fleʃ] *sb* Fleisch *n; in the ~* höchstpersönlich, leibhaftig, in Person
flex [fleks] *v 1. (knees)* beugen; *2. ~ one's muscles* die Muskeln anspannen, seine Muskeln spielen lassen
flexible ['fleksəbl] *adj 1.* biegsam, elastisch; *2. (fig)* flexibel
flicker ['flɪkə] *v 1.* flackern, flimmern; *(eyelid)* zucken; 2. Flackern *n,* Flimmern *n, (of an eyelid)* Zucken *n; 3. a ~ of hope* ein Hoffnungsschimmer *m*
flight [flaɪt] *sb 1.* Flug *m; 2. (of birds, of insects) ZOOL* Schwarm *m; 3. (act of fleeing)* Flucht *f; take ~* die Flucht ergreifen; *4. (of stairs)* Treppe *f*
flight attendant ['flaɪtətendənt] *sb (female)* Stewardess *f; (male)* Steward *m*
flimsy ['flɪmzɪ] *adj 1.* dünn, leicht, schwach; *2. (fig: excuse)* fadenscheinig, schwach
fling [flɪŋ] *v irr 1.* schleudern, werfen; *~ open a door* eine Tür aufreißen; *~ o.s. at s.o. (fig)* sich jdm an den Hals werfen; *sb 2.* Wurf *m; have one's ~* sich austoben; *3.* Anlauf *m*
flint ['flɪnt] *sb* Feuerstein *m,* Flint *m*
flip [flɪp] *v 1. (~ over)* wenden, umdrehen; *2. (fam: lose one's mind) (~ out)* ausflippen, durchdrehen; *sb 3. (somersault)* Salto *m*
flip-flop ['flɪpflɒp] *sb do a ~ on sth (US)* seine Meinung um 180 Grad ändern
flipper ['flɪpə] *sb 1. ZOOL* Flosse *f; 2. (diver's)* Schwimmflosse *f*
flirt [flɜːt] *v 1.* flirten; *~ with an idea* mit einem Gedanken liebäugeln; *~ with disaster* mit dem Feuer spielen; *sb 2.* Flirt *m*
float [fləʊt] *v 1.* schwimmen, im Wasser treiben; *2. (in the air)* schweben; *sb 3. (in a parade)* Festwagen *m; 4. (anchored raft)* Floß *n; 5. (on a fishing line)* Schwimmer *m*
flock [flɒk] *v 1.* in Scharen kommen; *~ around s.o.* sich um jdn scharen, sich um jdn drängen; *sb 2. (of sheep, of geese)* Herde *f; 3. (of birds)* Schar *f*
flood [flʌd] *v 1.* überschwemmen, überfluten; *~ the market (fig)* den Markt überschwemmen; *sb 2.* Flut *f; 3. (disaster)* Überschwemmung *f*
floor [flɔː] *sb 1.* Boden *m,* Fußboden *m; 2. dance ~* Tanzfläche *f; 3. (storey)* Stock *m,* Stockwerk *n,* Geschoss *n; on the second ~ (UK)* im zweiten Stock, *(US)* im ersten Stock; *4. (minimum)* Minimum *n*
floored [flɔːd] *adj (speechless)* sprachlos
floor space ['flɔːspeɪs] *sb* Bodenfläche *f*
flop [flɒp] *v 1. (into a chair)* sich plumpsen lassen; *2. (fish)* zappeln; *3. (fam: fail)* danebengehen; *sb 4. (failure)* Flop *m (fam); 5. (person)* Niete *f*
floppy disk ['flɒpɪ'dɪsk] *sb INFORM* Diskette *f*
florist ['flɒrɪst] *sb* Blumenhändler *m,* Florist(in) *m/f*
flotsam ['flɒtsəm] *sb ~ and jetsam* Strandgut *n; (floating)* Treibgut *n*
flounce [flaʊns] *v* herumstolzieren
flounder ['flaʊndə] *sb 1. ZOOL* Flunder *f; v 2. (fig)* ins Schwimmen kommen
flour ['flaʊə] *sb* Mehl *n*
flout [flaʊt] *v* missachten
flow [fləʊ] *v 1.* fließen; *2. (tears)* strömen; *3. ~ into* münden; *4. ~ out of* herausströmen aus; *5. (prose)* flüssig sein; *sb 6.* Fluss *m*
flower ['flaʊə] *sb 1.* Blume *f; 2. (blossom)* Blüte *f; v 3.* blühen
flower-bed ['flaʊəbed] *sb* Blumenbeet *n*
flowing ['fləʊɪŋ] *adj 1.* fließend; *2. (hair)* wallend; *3. (style)* flüssig
flu [fluː] *sb (fam)* Grippe *f*
fluctuate ['flʌktjʊeɪt] *v* schwanken
fluency ['fluːənsɪ] *sb (of style)* Flüssigkeit *f; No one knew about her ~ in French.* Keiner wusste, dass Sie fließend Französisch sprach.
fluent ['fluːənt] *adj* fließend
fluffy ['flʌfɪ] *adj 1.* flaumig; *2. (toy)* kuschelig
fluid ['fluːɪd] *adj 1.* flüssig; *2. (drawing)* fließend; *sb 3.* Flüssigkeit *f*
flunk [flʌŋk] *v (fam: receive a failing grade)* durchrasseln
fluorescent [flʊə'resnt] *adj* fluoreszierend, schillernd
fluorine ['flʊəriːn] *sb CHEM* Fluor *n*
flurry ['flʌrɪ] *sb 1. (of snow)* Gestöber *n; 2. (of activity)* Hektik *f*
flush [flʌʃ] *v 1. (face)* rot werden, rot anlaufen; *2. (toilet)* spülen; *~ down* hinunterspülen; *sb 3. (of a toilet)* Spülung *f; 4. (of excitement)* Welle *f; 5. (poker)* Flush *m; adj 6.* bündig; *~ against* direkt an
flustered ['flʌstəd] *adj* durcheinander
fly [flaɪ] *v irr 1.* fliegen; *2. (flag)* wehen; *3. (move quickly)* sausen, fliegen; *4. (fig: time)* verfliegen, fliegen; *5. ~ into a rage* in Wut geraten; *6. (a flag)* wehen lassen, *(hoist)* hissen;

sb 7. ZOOL Fliege *f; I would like to be a ~ on the wall.* Da würde ich gern Mäuschen spielen. *8. (on trousers)* Schlitz *m,* Hosenschlitz *m*

• **fly away** *v irr* wegfliegen, fortfliegen

• **fly in** *v irr* einfliegen

flying saucer ['flaɪɪŋ 'sɔːsə] *sb* fliegende Untertasse *f*

flying squad ['flaɪɪŋ skwɒd] *sb (UK)* Überfallkommando *n*

flyweight ['flaɪweɪt] *sb SPORT* Fliegengewicht *n,* Fliegengewichtler *m*

foam [fəʊm] *v 1.* schäumen; *~ at the mouth (fig)* schäumen vor Wut; *sb 2.* Schaum *m*

focus ['fəʊkəs] *v 1. ~ on* sich konzentrieren auf, sich richten auf; *2. (sth) (camera)* einstellen; *(light rays)* bündeln; *sb 3. FOTO* Brennpunkt *m; 4. (fig)* Brennpunkt *m,* Mittelpunkt *m; 5. in ~ FOTO (camera)* eingestellt, *(photo)* scharf

fog [fɒg] *sb 1.* Nebel *m; v 2. ~ up, ~ over* beschlagen

foggy ['fɒgɪ] *adj 1.* neblig; *2. (fig)* unklar

fog light [fɔg laɪt] *sb* Nebelscheinwerfer *m*

foil [fɔɪl] *v 1.* vereiteln, durchkreuzen; *~ s.o.* jdm einen Strich durch die Rechnung machen; *sb 2.* Folie *f*

fold[1] [fəʊld] *v 1.* falten, zusammenfalten; *2. (close down)* eingehen; *3. (one's arms)* verschränken; *sb 4.* Falte *f*

folder ['fəʊldə] *sb 1.* Aktendeckel *m,* Mappe *f,* Schnellhefter *m; 2. (brochure)* Faltblatt *n,* Broschüre *f*

folk [fəʊk] *pl* Leute *pl; ~s* Leute *pl; my ~s* meine Eltern

follow ['fɒləʊ] *v 1.* folgen; *as ~s* folgendermaßen, wie folgt; *2. (logically)* folgen, sich ergeben; *It ~s from this ...* Hieraus folgt ... *It doesn't ~!* Das ist nicht unbedingt so! *3. (advice)* befolgen, folgen; *4. (pursue)* folgen, verfolgen; *5. (take an interest in) (news, a TV show, the progress of sth)* verfolgen; *(sports)* sich interessieren für; *6. (understand)* folgen

follow-through ['fɒləʊθruː] *sb (in tennis) SPORT* Durchschwung *m*

follow-up ['fɒləʊʌp] *sb 1.* Weiterfolgen *n,* Weiterführen *n; 2. a ~ letter* ein Nachfassschreiben *n*

fond [fɒnd] *adj 1. (loving)* zärtlich, liebevoll; *2. (wish)* sehnlich; *3. to be ~ of* mögen, gern haben

food [fuːd] *sb* Essen *n,* Nahrung *f, (for animals)* Futter *n*

food court ['fuːdkɔːt] *sb* Atrium mit Restaurants in einem Einkaufszentrum *n*

fool [fuːl] *sb 1.* Narr *m*/Närrin *f,* Dummkopf *m,* Idiot *m*/Idiotin *f; make a ~ of s.o.* jdn blamieren, jdn zum Narren machen; *make a ~ of o.s.* sich blamieren, sich lächerlich machen; *She's nobody's ~.* Sie lässt sich nichts vormachen; *v 2. (trick)* hereinlegen, täuschen; *3. ~ around, ~ about* herumalbern; *(waste time)* herumtrödeln

foolish ['fuːlɪʃ] *adj* dumm, töricht

foolscap ['fuːlskæp] *sb* Papierformat 13 1/2 x 17 Zoll

foot [fʊt] *sb 1.* Fuß *m; on ~* zu Fuß; *My ~!* Quatsch! *set ~ in* eintreten in; *jump to one's feet* aufspringen; *have one's feet on the ground (fig)* mit beiden Beinen auf dem Boden stehen; *land on one's feet (fig)* auf die Beine fallen; *to be back on one's feet (fig)* wieder auf den Beinen sein; *get cold feet* kalte Füße bekommen; *put one's ~ down (fig)* ein Machtwort sprechen, *(forbid)* es strikt verbieten; *put one's ~ in it (fig)* ins Fettnäpfchen treten; *v 2. (~ the bill)* bezahlen, begleichen

football ['fʊtbɔːl] *sb 1. (game)* Fußball *m; 2. (US)* American Football *m; 3. (ball)* Fußball *m; 4. (US: ball)* Football *m*

footing ['fʊtɪŋ] *sb 1.* Stand *m,* Halt *m; lose one's ~* den Halt verlieren; *2. (fig)* Basis *f; on equal ~* auf gleicher Basis

footnote ['fʊtnəʊt] *sb 1.* Fußnote *f; 2. (fig)* Anmerkung *f*

footpath ['fʊtpɑːθ] *sb 1.* Fußweg *m; 2. (UK: pavement)* Bürgersteig *m*

for [fɔː] *prep 1.* für; *What ~?* Wozu? *What did you do that ~?* Warum hast du das getan? *~ and against* für und wider; *go ~ a walk* spazieren gehen; *2. (in a trade ~)* gegen, für; *3. (a purpose)* für, zu, um; *4. (a period of time)* seit, *(during)* während, *(future)* für; *~ a week* eine Woche; *~ weeks* wochenlang; *5. ~ ever* für immer, für alle Zeit; *6. (toward)* nach; *7. (because of)* aus, wegen; *to be famous ~ ...* wegen ... berühmt sein; *~ this reason* aus diesem Grund; *8. (in spite of)* trotz; *~ all that* trotz alledem; *konj 9.* denn

forbid [fə'bɪd] *v irr 1.* verbieten, untersagen; *2. (make impossible)* unmöglich machen, ausschließen; *God ~!* Gott behüte!

force [fɔːs] *v 1.* zwingen; *~ s.o.'s hand* jdn zwingen; *~ a smile* gezwungen lächeln; *2. (obtain by ~)* erzwingen; *3. (~ open)* aufbrechen; *4. ~ sth on s.o.* jdm etw aufdrängen; *(conditions)* jdm etw auferlegen; *sb 5.* Kraft *f,* Macht *f; ~ of habit* Macht der Gewohnheit *f; 6. armed ~s pl MIL* Streitkräfte *pl; join ~s* sich zusammentun; 7. *(of impact)* Wucht *f;* 8. *in ~ (applicable)* in Kraft, geltend; 9. *in ~ (in numbers)* in großer Menge, in großer Zahl; 10. *(of character)* Stärke *f;* 11. *(coercion)* Gewalt *f; by ~* gewaltsam, durch Gewalt

force-fed ['fɔːsfed] *adj* zwangsernährt

forceful ['fɔːsfʊl] *adj* 1. *(person)* energisch, kraftvoll; 2. *(argument)* wirkungsvoll

fore [fɔː] *sb* 1. *come to the ~* ins Blickfeld geraten, in den Vordergrund treten; *adj* 2. vordere(r,s)

forearm ['fɔːrɑːm] *sb* Unterarm *m*

foreboding [fɔː'bəʊdɪŋ] *sb* 1. *(omen)* Omen *n;* 2. *(feeling)* böse Ahnung *f*

forecast ['fɔːkɑːst] *v* 1. vorhersagen, voraussagen; *sb* 2. Voraussage *f,* Vorhersage *f,* Prognose *f*

forehead ['fɔːhed] *sb ANAT* Stirn *f*

foreign ['fɒrən] *adj* 1. ausländisch; 2. *(strange)* fremd

foreign affairs ['fɒrən ə'fɛəz] *pl POL* Außenpolitik *f*

foreign country ['fɒrən 'kʌntrɪ] *sb* Ausland *n*

foreign currency ['fɒrən 'kʌrənsɪ] *sb FIN* Devisen *pl*

foreigner ['fɒrənə] *sb* Ausländer *m*

foremost ['fɔːməʊst] *adj* erste(r,s), vorderste(r,s); *(person)* führend; *first and ~* zuallererst

forerunner ['fɔːrʌnə] *sb* Vorläufer *m*

foresight ['fɔːsaɪt] *sb* Weitblick *m*

forest ['fɔrɪst] *sb* Wald *m,* Forst *m*

forestry ['fɔːrɪstrɪ] *sb* Forstwesen *n,* Forstwirtschaft *f*

forethought ['fɔːθɔːt] *sb* Voraussicht *f,* Vorbedacht *m*

forever [fər'evə] *adv* 1. *(constantly)* immer, ständig; 2. *(US: for ever)* für immer, für alle Zeit

forewarn [fɔː'wɔːn] *v* vorher warnen

foreword ['fɔːwəd] *sb* Vorwort *n*

forfeit ['fɔːfɪt] *v JUR* verwirken

forge [fɔːdʒ] *v* 1. *(metal, a bond, a friendship)* schmieden; 2. *~ ahead* vorwärts kommen; 3. *(counterfeit)* fälschen; *sb* 4. *(workshop)* Schmiede *f;* 5. *(furnace)* Esse *f*

forget [fə'get] *v irr* 1. vergessen; *~ about* vergessen; 2. *~ o.s. (behave improperly)* sich vergessen, aus der Rolle fallen; 3. *Forget it!* Vergiss es! Schon gut! *(there's no chance of that)* Das kannst du vergessen.

forgetful [fə'getfʊl] *adj* 1. vergesslich; 2. *(negligent)* achtlos

forgive [fə'gɪv] *v irr* 1. verzeihen, vergeben; 2. *(a debt)* erlassen

forgotten [fɔː'gɒtn] *adj* vergessen

fork [fɔːk] *sb* 1. Gabel *f;* 2. *(in a road)* Gabelung *f; v* 3. sich gabeln

• fork over *v (fam: money)* blechen

fork-lift ['fɔːklɪft] *sb* Gabelstapler *m*

form [fɔːm] *v* 1. *(come into being)* sich bilden; *(idea)* Gestalt annehmen; 2. *(take the shape of)* bilden; 3. *(shape)* formen, gestalten; 4. *(a plan)* ausdenken, entwerfen, fassen; 5. *(develop)* entwickeln; *(an opinion)* sich bilden; *(an impression)* gewinnen; 6. *(found, set up)* gründen; *(a government)* bilden; 7. *(a friendship)* knüpfen, schließen; 8. *(constitute)* bilden; *sb* 9. Form *f; a ~ of punishment* eine Art der Bestrafung; *it's bad ~* es schickt sich nicht; *take ~* Form nehmen; 10. *(document)* Formular *n,* Vordruck *m;* 11. *(class) (UK)* Klasse *f*

formal ['fɔːməl] *adj* formell, förmlich

format ['fɔːmæt] *v* 1. *INFORM* formatieren; *sb* 2. *(of a programme)* Struktur *f*

former ['fɔːmə] *adj* 1. *(onetime, previous)* früher, ehemalig, vorig; 2. *(first-mentioned)* erstere(r,s), erstgenannte(r,s)

formerly ['fɔːməlɪ] *adv* früher; *~ known as ...* früher als ... bekannt

formidable ['fɔːmɪdəbl] *adj* 1. *(considerable)* beachtlich, ernst zu nehmend; 2. *(obstacle, task)* gewaltig, ungeheuer, enorm; 3. *(fearsome)* Furcht erregend, schrecklich

formula ['fɔːmjʊlə] *sb* Formel *f*

forsake [fə'seɪk] *v irr* 1. *(give up)* aufgeben; 2. *(abandon)* im Stich lassen

fort [fɔːt] *sb* Fort *n*

forth [fɔːθ] *adv* 1. *(out into view)* hervor, vor, her; *back and ~* hin und her; 2. *(toward outside)* hinaus; 3. *(forward)* voran, vorwärts; 4. *(further)* weiter; *from this day ~* von diesem Tag an; *and so ~* und so weiter; 5. *hold ~* lang reden

forthwith ['fɔːθwɪθ] *adv* sofort, unverzüglich

fortify ['fɔːtɪfaɪ] *v* 1. *MIL* befestigen; 2. *(a person)* bestärken; 3. *(food)* anreichern

fortnight ['fɔːtnaɪt] *sb* vierzehn Tage *pl*

fortress ['fɔːtrɪs] *sb* Festung *f*

fortunate ['fɔːtʃənɪt] *adj* glücklich

fortune ['fɔːtʃən] *sb* 1. *(luck)* Glück *n,* glücklicher Zufall *m; by sheer good ~* rein zufällig; 2. *(fate)* Schicksal *n,* Geschick *n; tell ~s* wahrsagen; 3. *(money)* Vermögen *n; make a ~* ein Vermögen verdienen

fortune-teller ['fɔːtʃəntelə] *sb* Wahrsagerin *f; (man)* Wahrsager *m*

forward ['fɔːwəd] *adv 1.* vorwärts, *(to the front, to a particular point)* nach vorn; *come ~* sich melden; *from this day ~* von jetzt an; *look ~ to sth* sich auf etw freuen; *adj 2. (in front)* vordere(r,s); *3. (behaviour)* dreist; *v 4. (send on)* nachsenden; *5. (dispatch)* befördern; *sb 6. SPORT* Stürmer *m, (in basketball)* Flügelspieler *m*

forwarding ['fɔːwədɪŋ] *sb* Versand *m*

forwarding address ['fɔːwədɪŋ ə'dres] *sb* Nachsendeadresse *f*

foster ['fɒstə] *v 1.* fördern; *2. (a hope)* hegen

fosterage ['fɒstərɪdʒ] *sb 1. (child)* Pflegekindschaft *f; 2. (parents)* Pflegeelternschaft *f*

foster child ['fɒstətʃɪld] *sb* Pflegekind *n*

foster parents ['fɒstəpærɪnts] *pl* Pflegeeltern *pl*

foul [faʊl] *adj 1. (smell)* übel, schlecht; *2. (air)* schlecht, stinkig; *3. (weather, mood)* ekelhaft, mies; *4. (language)* unflätig, schmutzig; *5. (breath)* übel riechend; *sb 6. SPORT* Foul *n,* Regelverstoß *m; v 7. (make dirty)* verschmutzen; *8. SPORT* foulen

foul play [faʊl pleɪ] *sb (in a murder)* unnatürlicher Tod *m*

found [faʊnd] *v 1.* gründen; *2. to be ~ed on* beruhen auf, sich stützen auf; *3. (an object) TECH* gießen

foundation [faʊn'deɪʃən] *sb 1. (founding)* Gründung *f,* Errichtung *f; 2. (institution)* Stiftung *f; 3. (of a building) ARCH* Fundament *n,* Grundmauer *f; 4. (fig: basis)* Grundlage *f,* Basis *f*

fountain ['faʊntɪn] *sb 1.* Brunnen *m; 2. (fig: source)* Quelle *f; 3. (jet, spurt)* Fontäne *f*

four-eyes ['fɔːraɪz] *sb (fam)* Brillenschlange *f (fam)*

four-letter word ['fɔːletə'wɜːd] *sb* Vulgärausdruck *m*

fowl [faʊl] *sb ZOOL* Geflügel *n; neither fish nor ~ (fig)* weder Fisch noch Fleisch

fox [fɒks] *sb ZOOL* Fuchs *m; smart as a ~* schlau wie ein Fuchs

foxhole ['fɒkshəʊl] *sb 1.* Fuchsbau *m; 2. MIL* Schützenloch *n*

foxy ['fɒksɪ] *adj 1. (sly)* gerissen; *2. (lady)(US)* scharf

fraction ['frækʃən] *sb 1. MATH* Bruch *m; 2. (fig)* Bruchteil *m*

fracture ['fræktʃə] *v 1. MED* brechen; *sb 2. MED* Bruch *m,* Fraktur *f*

fragile ['frædʒaɪl] *adj 1.* zerbrechlich; *"~, handle with care"* „Vorsicht, zerbrechlich"; *2. TECH* brüchig; *3. (fig)* schwach; *(health)* anfällig; *(person)* gebrechlich

fragment ['frægmənt] *sb 1.* Bruchstück *n; 2. (shard)* Scherbe *f; 3. (an unfinished work)* Fragment *n*

fragrance ['freɪgrəns] *sb* Duft *m*

fragrant ['freɪgrənt] *adj* duftend

frail [freɪl] *adj 1.* zart; *2. (old person)* gebrechlich; *3. (health)* anfällig

frame [freɪm] *v 1. ~ s.o. for sth (fam)* jdm etw anhängen (fam); *2. (a picture)* rahmen; *3. (draw up)* entwerfen; *sb 4.* Rahmen *m; 5. ~ of mind* Stimmung *f,* Verfassung *f; 6. CINE* Einzelbild *n; 7. (person's)* Körperbau *m; 8. (of a comic strip)* Bild *n; 9. ~s (of glasses) pl* Rahmen *m,* Gestell *n*

franchise ['fræntʃaɪz] *sb 1. ECO* Konzession *f; 2. POL* Wahlrecht *n*

frank [fræŋk] *adj 1.* offen, ehrlich; *to be perfectly ~ ...* ehrlich gesagt ...; *sb 2. (fam: sausage) GAST* Würstchen *n*

frankly ['fræŋklɪ] *adv (to be honest)* ehrlich gesagt, offen gestanden

frantic ['fræntɪk] *adj 1. (effort, scream)* verzweifelt; *2. (activity)* rasend; *3. (desire)* übersteigert

fraud [frɔːd] *sb 1.* Betrug *m; 2. (person)* Schwindler *m*

fraught [frɔːt] *adj* geladen; *~ with meaning* bedeutungsschwer; *~ with tension* spannungsgeladen

fray [freɪ] *v 1. (sth)* ausfransen, durchscheuern, abnutzen; *Tempers began to ~.* Die Gemüter begannen sich zu erhitzen. *sb 2.* Schlägerei *f; 3. MIL* Kampf *m*

freak [friːk] *adj 1.* verrückt, irr, anormal; *sb 2. (abnormal person or animal)* Missgeburt *f,* Monstrosität *f; 3. (weird person)* irrer Typ *m,* Spinner *m; 4. (fam: enthusiast of sth)* Narr *m; v 5. ~ out (fam)* ausflippen

freckle ['frekl] *sb* Sommersprosse *f*

free [friː] *v 1.* befreien; *2. (release)* freilassen; *3. (a knot, a tangle, a snag)* lösen; *adj 4.* frei; *you're ~ to ...* Sie können ruhig ...; *adv 5. (~ of charge)* kostenlos, frei, gratis; *get sth ~* etw umsonst bekommen

freebie ['friːbiː] *sb* etwas Kostenloses

freedom ['friːdəm] *sb* Freiheit *f*

free enterprise [friː 'entəpraɪz] *sb ECO* freies Unternehmertum *n*

free-for-all ['friːfərɔːl] *sb 1.* Gerangel *n; 2. (fight)* Massenschlägerei *f*

freelance ['fri:lɑ:ns] *v 1.* freiberuflich tätig sein; *2. (fam: improvise)* improvisieren; *adj 3.* freiberuflich, freischaffend
freeloader ['fri:ləʊdə] *sb* Schnorrer *m*
freeway ['fri:weɪ] *sb (US)* Autobahn *f*
freeze [fri:z] *v irr 1. (become frozen)* frieren; *(liquid)* gefrieren; *(lake)* zufrieren; *2. ~ to death* erfrieren; *3. (keep still)* in der Bewegung erstarren; *Freeze!* Keine Bewegung! *4. (assets) FIN* festlegen; *5. (wages)* stoppen; *6. GAST* einfrieren; *sb 7.* Frost *m,* Kälte *f; 8. (stoppage, halt)* Stopp *m*
freezer ['fri:zə] *sb 1. (compartment of a refrigerator)* Gefrierfach *n,* Eisfach *n,* Tiefkühlfach *n; 2. (~ chest)* Gefriertruhe *f*
freezing ['fri:zɪŋ] *adj 1. (weather)* eiskalt; *I'm ~!* Mir ist eiskalt! *sb 2. below ~* unter Null
freight [freɪt] *sb 1. (goods transported)* Fracht *f,* Frachtgut *n,* Ladung *f; 2. (charge) ECO* Fracht *f,* Frachtgebühr *f*
french fries ['frentʃfraɪz] *pl (US) GAST* Pommes frites *pl*
French horn [frentʃ hɔ:n] *sb MUS* Horn *n,* Waldhorn *n*
French kiss [frentʃ'kɪs] *sb* Zungenkuss *m*
frenzy ['frenzɪ] *sb* Wahnsinn *m,* Raserei *f*
frequency ['fri:kwənsɪ] *sb 1.* Häufigkeit *f; 2. (broadcasting ~) PHYS* Frequenz *f*
frequent ['fri:kwənt] *adj* häufig
frequent flyer ['fri:kwənt 'flaɪə] *sb* häufiger Flugreisende *m/f*
frequently ['fri:kwəntlɪ] *adv* oft, häufig
fresh [freʃ] *adj 1.* frisch; *~ water* Süßwasser *n; 2. (arrival, ideas, supplies, paper)* neu; *make a ~ start* neu anfangen; *3. ~ from* direkt aus, direkt von, frisch aus; *4. (cheeky)* frech
freshen ['freʃən] *v 1. ~ up (o.s.)* sich frisch machen; *2. ~ a drink* nachschenken
fresher ['freʃə] *sb (UK)* Erstsemester *n* (Studienanfänger)
freshman ['freʃmən] *sb* Student im ersten Semester *m*
fret [fret] *v (worry)* sich Sorgen machen
friction ['frɪkʃən] *sb 1. PHYS* Reibung *f,* Friktion *f; 2. (fam)* Reibungen *pl,* Reiberei *f,* Spannung *f*
fridge [frɪdʒ] *sb (fam: refrigerator)* Kühlschrank *m*
fried [fraɪd] *adj* gebraten, Brat...
friend [frend] *sb 1.* Freund/Freundin *m/f; We're just good ~s.* Wir sind nur gute Freunde. *2. (acquaintance)* Bekannte(r) *m/f; 3. make ~s with s.o.* mit jdm Freundschaft schließen
friendly ['frendlɪ] *adj* freundlich, freundschaftlich
friendship ['frendʃɪp] *sb* Freundschaft *f*
fright [fraɪt] *sb* Schreck *m*
frighten ['fraɪtn] *v 1.* Angst machen, Angst einjagen; *2. (startle)* erschrecken; *3. (thought)* ängstigen
• frighten away *v 1.* abschrecken; *2. (deliberately)* verscheuchen
frills [frɪlz] *pl* überflüssige Extras *pl,* Kinkerlitzchen *pl (fam)*
frisbee ['frɪzbi:] *sb* Frisbee *n*
frisk [frɪsk] *v (search)* durchsuchen, filzen
frizzy ['frɪzɪ] *adj (hair)* kraus
frock [frɒk] *sb 1.* Kleid *n; 2. (monk's ~)* Kutte *f*
frog [frɒg] *sb* Frosch *m; have a ~ in one's throat* einen Frosch im Hals haben
from [frɒm] *prep 1.* von; *~ ... until ...* von ... bis ...; *different ~* anders als; *ten miles ~ Leeds* zehn Meilen von Leeds entfernt; *~ now on* ab jetzt; *Where did you get that ~?* Wo haben Sie das her? *2. (place of origin)* aus; *the man ~ Manchester* der Mann aus Manchester; *3. (out of)* aus
front [frʌnt] *sb 1.* Vorderseite *f; 2. (forward part)* Vorderteil *n; 3. ARCH* Fassade *f,* Vorderfront *f; 4. (outward appearance)* Fassade *f* (fig); *5. (for criminal activity)* Tarnung *f,* Fassade *f; 6. (military, weather)* Front *f; 7. in ~* vorne, an der Spitze; *8. in ~ of* vor; *9. up ~* vorne; *(toward the front)* nach vorne; *adj 10.* vorderste(r,s), vordere(r,s); *(page, row)* erste(r,s)
frontage ['frʌntɪdʒ] *sb* Front *f,* Vorderseite *f*
front door [frʌnt dɔ:] *sb* Haustür *f,* Vordertür *f*
front page [frʌntpeɪdʒ] *sb* Titelseite *f*
front-runner ['frʌntrʌnə] *sb (favourite)* Favorit *m* / Favoritin *f*
frost [frɒst] *sb 1.* Frost *m; 2. (on the ground)* Reif *m; 3. Jack Frost* Väterchen Frost *n*
frosting ['frɒstɪŋ] *sb GAST* Zuckerguss *m*
frosty ['frɒstɪ] *adj* frostig
frown [fraʊn] *sb 1.* Stirnrunzeln *n; v 2.* die Stirn runzeln
frozen ['frəʊzn] *adj 1.* gefroren; *(food)* tiefgekühlt; *2. (wages) ECO* eingefroren
frugal ['fru:gəl] *adj 1.* sparsam, genügsam; *2. (meal)* einfach
fruit [fru:t] *sb 1. (in general)* Obst *n; 2. (one ~)* Frucht *f; 3. (fig)* Frucht *f; bear ~* Früchte tragen

fruit cocktail [fruːt'kɒkteɪl] *sb* Früchtecocktail *m*
fruitless ['fruːtlɪs] *adj* *(fig)* erfolglos, fruchtlos, vergeblich
fruit salad [fruːt'sæləd] *sb* *GAST* Obstsalat *m*
fruity ['fruːtɪ] *adj* fruchtig; *have a ~ taste* nach Obst schmecken
frustrate [frʌ'streɪt] *v* *1. ~ s.o.* jdn frustrieren; *2. (plans)* vereiteln
frustrated [frʌ'streɪtɪd] *adj* *(feeling)* frustriert
frustration [frʌ'streɪʃən] *sb* *1. (feeling)* Frustration *f;* *2. (thwarting)* Vereitelung *f,* Zerschlagung *f*
fry [fraɪ] *v* *1. GAST* braten; *sb* *2. small ~* kleine Fische *pl;* *(children)* kleines Gemüse *n*
fryer ['fraɪə] *sb* *1. (pan)* Bratpfanne *f;* *2. (suitable for frying)* Bratgut *n*
frying-pan ['fraɪɪŋ pæn] *sb* Bratpfanne *f;* *out of the ~, into the fire (fig)* vom Regen in die Traufe
f-stop ['efstɒp] *sb* *FOTO* Blende *f*
fudge [fʌdʒ] *sb* *1. GAST* eine Art Fondant *m;* *v* *2. (cheat slightly)* schummeln
fuel [fjʊəl] *sb* *1.* Brennstoff *m;* *(for a plane, for a spacecraft)* Treibstoff *m;* *2. (petrol)* Benzin *n;* *v* *3. (sth) (propel)* antreiben; *4. (a furnace)* mit Brennstoff versorgen; *5. (a ship)* auftanken
fulfil [fʊl'fɪl] *v* *1.* erfüllen; *2. (a task)* ausführen
fulfilment [fʊl'fɪlmənt] *sb* Erfüllung *f*
full [fʊl] *adj* *1.* voll; *~ of o.s.* von sich eingenommen; *2. in ~* ganz, vollständig; *3. (detailed)* ausführlich, genau, vollständig; *4. (skirt)* weitgeschnitten; *5. (had enough to eat)* satt; *adv* *6. hit s.o. ~ in the face* jdm mitten ins Gesicht schlagen
full-length ['fʊlleŋθ] *adj* *1.* in voller Größe; *2. (portrait)* lebensgroß; *3. (dress)* bodenlang
full stop [fʊl stɒp] *sb* *GRAMM* Punkt *m*
full-time ['fʊltaɪm] *adj* *1.* ganztägig, Ganztags...; [fʊl'taɪm] *adv* *2.* ganztags
fully ['fʊlɪ] *adv* völlig, voll und ganz
fume [fjuːm] *v* *1. (fig)* wütend sein, kochen (fam); *sb* *2. ~s pl* Dämpfe *pl,* *(of a car)* Abgase *pl*
fun [fʌn] *sb* *1.* Spaß *m;* *for the ~ of it* spaßeshalber, zum Spaß; *Have ~!* Viel Spaß! *That sounds like ~.* Das klingt gut. *make ~ of s.o.* sich über jdn lustig machen; *adj* *2.* lustig, spaßig
function ['fʌŋkʃən] *v* *1.* funktionieren; *sb* *2.* Funktion *f;* *3. (duties)* Aufgaben *pl,* Pflichten *pl;* *4. (official ceremony)* Feier *f*
fund [fʌnd] *v* *1. (put up money for)* das Kapital aufbringen für; *sb* *2. FIN* Fonds *m;* *3. ~s pl* Mittel *pl,* Gelder *pl;* *to be short of ~s* knapp bei Kasse sein
fundamental [fʌndə'mentl] *adj* *1.* fundamental, grundlegend, wesentlich; *sb* *2.* Grundlage *f*
funeral ['fjuːnərəl] *sb* Begräbnis *n,* Beerdigung *f,* Bestattung *f*
funfair ['fʌnfɛə] *sb* Volksfest *n*
funky ['fʌŋkɪ] *adj* *(fam)* irre, verrückt; *(bizarre)* bizarr
funny ['fʌnɪ] *adj* *1.* lustig, komisch; *2. (strange)* komisch, seltsam
funny bone ['fʌnɪ bəʊn] *sb* *(fam)* *ANAT* Musikantenknochen *m*
fur [fɜː] *sb* *1.* Pelz *m,* Fell *n;* *2. (coat)* Pelzmantel *m;* *3. (on the tongue) MED* Belag *m*
furious ['fjʊərɪəs] *adj* *1. (angry)* wütend; *2. (vehement)* heftig; *3. (struggle)* wild
furnace ['fɜːnɪs] *sb* Hochofen *m,* Schmelzofen *m*
furnish ['fɜːnɪʃ] *v* *1. (equip)* ausstatten, ausrüsten; *2. (a room)* einrichten, ausstatten, möblieren; *3. (provide)* liefern, beschaffen, geben
furniture ['fɜːnɪtʃə] *sb* Möbel *pl;* *piece of ~* Möbelstück *n*
further ['fɜːðə] *adj* *1.* weiter; *v* *2.* fördern
furthermore ['fɜːðəmɔː] *adv* außerdem, überdies, ferner
furthest ['fɜːðɪst] *adv* am weitesten, so weit wie möglich
fury ['fjʊərɪ] *sb* *1.* Wut *f;* *2. (of a struggle, of a wind)* Heftigkeit *f*
fuse [fjuːz] *v* *1. MET* verschmelzen; *2. (fig)* verschmelzen, vereinigen; *sb* *3. TECH* Sicherung *f;* *blow a ~* die Sicherung durchbrennen lassen; *4. (of an explosive)* Zündschnur *f*
fuss [fʌs] *v* *1.* sich unnötig aufregen; *sb* *2.* Theater *n;* *make a ~ about sth* viel Aufhebens um etw machen
fussy [fʌsɪ] *adj* *(particular)* heikel, wählerisch
future ['fjuːtʃə] *sb* *1.* Zukunft *f;* *2. in ~* in Zukunft, künftig; *adj* *3.* zukünftig, künftig
futures ['fjuːtʃəz] *pl* *FIN* Termingeschäfte *pl*
fuzz [fʌz] *sb* *1. (on a boy's chin, on a peach)* Flaum *m;* *2. (sound)* Unschärfen *pl;* *3. the ~ (fam: the cops)* die Bullen *pl*

G

gab [gæb] *v 1.* quasseln; *sb 2. have the gift of ~ (fam)* ein gutes Mundwerk haben
gadget ['gædʒɪt] *sb* Vorrichtung *f,* Gerät *n,* Dingsda *n*
Gaelic ['geɪlɪk] *sb* Gälisch *n*
gaffer ['gæfə] *sb 1. (foreman)* Vorarbeiter *m,* Boss *m; 2. (old man)* Alter *m,* Opa *m*
gag [gæg] *sb 1.* Knebel *m; 2. (joke)* Gag *m*
gaiety ['geɪɪtɪ] *sb* Fröhlichkeit *f,* Heiterkeit *f*
gain [geɪn] *v 1.* gewinnen, erwerben, sich verschaffen; *2. (profit)* profitieren; *3. ~ weight* an Gewicht zunehmen; *4. ~ (ground) on s.o. (close the gap)* jdm gegenüber aufholen, *(get further ahead)* den Vorsprung zu jdm vergrößern; *sb 5. (increase)* Zunahme *f,* Zuwachs *m; 6. (advantage)* Vorteil *m; 7. ECO* Gewinn *m,* Profit *m; 8. ill-gotten ~s* unrechtmäßiger Gewinn *m,* Sündengeld *n* (fam)
gal [gæl] *sb (fam)* Mädel *n*
gala ['gɑːlə] *sb* Galaveranstaltung *f*
galaxy ['gæləksɪ] *sb* Galaxie *f*
gale [geɪl] *sb* Sturm *m*
gallant ['gælənt] *adj (noble, chivalrous)* galant, höflich, ritterlich
gallery ['gælərɪ] *sb* Galerie *f*
gallon ['gælən] *sb (UK: 4.5459 litres/US: 3.7853 liters)* Gallone *f*
gallop ['gæləp] *v 1.* galoppieren; *sb 2.* Galopp *m*
galore [gə'lɔː] *adv ... ~* jede Menge ...
gamble ['gæmbl] *v 1.* um Geld spielen; *~ with sth* etw aufs Spiel setzen; *~ away* verspielen; *~ sth on sth* etw auf etw setzen; *2. (on the outcome of sth)* wetten; *sb 3. (fig)* Risiko *n*
gambler ['gæmblə] *sb* Spieler *m*
game [geɪm] *sb 1.* Spiel *n; play ~s with s.o. (fig)* mit jdm sein Spiel treiben; *beat s.o. at his own ~* jdn mit seinen eigenen Waffen schlagen; *give the ~ away (fam)* alles verraten; *play the ~ (fig)* sich an die Spielregeln halten; *The ~ is up.* Das Spiel ist aus. *2. (sport)* Sport *m; 3. (for hunting)* Wild *n; adj 4. (willing)* bereit
game plan ['geɪmplæn] *sb 1.* Strategie für das Spiel *f; 2. (fig)* Strategie *f*
gammon ['gæmən] *sb GAST* geräucherter Schinken *m*
gander ['gændə] *sb 1. ZOOL* Gänserich *m; 2. take a ~ at sth* auf etw einen Blick werfen
gang [gæŋ] *sb 1. (of criminals)* Gang *f,* Bande *f; 2. (of workers, chain ~)* Kolonne *f; 3. (clique)* Clique *f; v 4. ~ up on s.o.* sich gegen jdn zusammenrotten
gangland ['gæŋlænd] *sb* die kriminelle Unterwelt *f*
gangster ['gæŋstə] *sb* Gangster *m,* Verbrecher *m*
gap [gæp] *sb 1.* Lücke *f; 2. (chink)* Spalt *m; 3. (fig: gulf)* Kluft *f; 4. (time)* Zwischenraum *m; 5. (lead)* Vorsprung *m; close the ~* den Vorsprung aufholen
garage ['gærɑːʒ] *sb 1.* Garage *f; 2. (for repairs)* Reparaturwerkstatt *f*
garage band ['gærɑːʒ bænd] *sb MUS* Amateurrockgruppe *f*
garbage ['gɑːbɪdʒ] *sb 1.* Abfall *m,* Müll *m; 2.* Unsinn *f*
garble ['gɑːbl] *v* durcheinander bringen
garden ['gɑːdn] *sb 1.* Garten *m; 2. ~s pl* Gartenanlagen *pl*
gardening ['gɑːdnɪŋ] *sb* Gartenbau *m,* Gartenarbeit *f*
garden path ['gɑːdən pɑːθ] *sb lead s.o. up the ~ (fig)* jdn an der Nase herumführen
gargle ['gɑːgl] *v* gurgeln
garlic ['gɑːlɪk] *sb* Knoblauch *m*
garment ['gɑːmənt] *sb* Kleidungsstück *n*
garnish ['gɑːnɪʃ] *v 1.* verzieren; *2. GAST* garnieren; *sb 3.* Garnierung *f*
gas [gæs] *sb 1.* Gas *n; 2. (US: petrol)* Benzin *n; get ~* tanken; *step on the ~* Gas geben; *v 3. ~ up (fam) (US)* tanken, auftanken
gas-guzzler ['gæsgʌzlə] *sb (US) (fam)* Spritschlucker *m*
gasket ['gæskɪt] *sb TECH* Dichtung *f*
gasoline ['gæsəliːn] *sb (US)* Benzin *n*
gasp [gɑːsp] *v 1. (in surprise)* nach Luft schnappen; *2. (continually)* keuchen; *sb 3.* tiefer Atemzug *m,* Laut des Erstaunens *m*
gas station ['gæssteɪʃən] *sb (US)* Tankstelle *f*
gastronomy [gæs'trɒnəmɪ] *sb* Gastronomie *f*
gate [geɪt] *sb 1.* Tor *n; 2. (garden ~)* Pforte *f; 3. (in an airport)* Flugsteig *m*
gate-crasher ['geɪtkræʃə] *sb* uneingeladener Gast *m*
gatehouse ['geɪthaʊs] *sb* Pförtnerhäuschen *n*

gateway ['geɪtweɪ] *sb* Tor *n*
gather ['gæðə] *v 1. (come together)* sich versammeln, sich ansammeln; *2. (bring together)* sammeln; *(people)* versammeln; *3. (flowers)* pflücken; *4. (fruit) AGR* ernten; *5. (a harvest)* einbringen; *6. (infer)* schließen, folgern
gathering ['gæðərɪŋ] *sb* Versammlung *f,* Treffen *n; (spontaneous)* Ansammlung *f*
gauche [gəʊʃ] *adj* unbeholfen, ungeschickt
gaudy ['gɔːdɪ] *adj 1.* prächtig, auffällig; *2. (colours)* grell
gauge [geɪdʒ] *sb 1. TECH* Messgerät *n,* Messer *m,* Anzeiger *m; 2. (fig)* Maßstab *m; v 3. TECH* eichen; *4. (fig)* schätzen, abschätzen, beurteilen
gaunt [gɔːnt] *adj (person)* hager
gauze [gɔːz] *sb* Gaze *f,* Mull *m*
gawk [gɔːk] *v* glotzen
gawky ['gɔːkɪ] *adj* schlaksig, staksig
gay [geɪ] *adj 1. (happy)* fröhlich, lustig; *2. (colours)* bunt; *3. (homosexual)* homosexuell, schwul (fam); *sb 4. (homosexual)* Homosexuelle(r) *m/f,* Schwuler *m* (fam)
gaze [geɪz] *v* starren
gazette [ge'zet] *sb 1. (paper)* Zeitung *f; 2. (UK: government publication)* Amtsblatt *n*
gear [gɪə] *sb 1. (of a car)* Gang *m; put into ~* einen Gang einlegen; *change ~* schalten; *~s pl TECH* Getriebe *n; 2. (fam: garb)* Kluft *f; 3. (equipment)* Ausrüstung *f; 4. (fam: belongings)* Sachen *pl; v 5. (~ in) TECH* eingreifen
gear box [gɪə bɒks] *sb TECH* Getriebe *n*
gee [dʒiː] *interj (US)* Mann! Na so was!
geek [giːk] *sb* Sonderling *m*
geezer ['giːzə] *sb old ~* alter Kauz *m*
gem [dʒem] *sb 1.* Edelstein *m; 2. (fig)* Juwel *n,* Glanzstück *n*
gemination [dʒemɪ'neɪʃən] *sb* Verdoppelung *f*
Gemini ['dʒemɪnaɪ] *sb* Zwillinge *pl; I'm a ~.* Ich bin Zwilling.
gemstone ['dʒemstəʊn] *sb* Edelstein *m*
gender ['dʒendə] *sb* Geschlecht *n,* Genus *n*
gender-bender ['dʒendəbendə] *sb 1. (fam: man)* weibischer Typ *m; 2. (fam: woman)* Mannweib *n*
gender gap ['dʒendə gæp] *sb (fam)* Kluft zwischen den Geschlechtern *f* (fig)
gender-specific ['dʒendə spə'sɪfɪk] *adj* geschlechtsspezifisch
gene [dʒiːn] *sb BIO* Gen *n,* Erbfaktor *m*
genealogical [dʒiːnɪə'lɒdʒɪkəl] *adj* genealogisch
geaneral ['dʒenərəl] *adj 1.* allgemein; *in ~* im Allgemeinen; *the ~ public* die Öffentlichkeit *f; sb 2. MIL* General *m*
general election ['dʒenərəl ɪ'lekʃən] *sb POL* allgemeine Wahlen *pl*
generally ['dʒenərəlɪ] *adv 1. (usually)* gewöhnlich, meistens; *2. (for the most part)* im Allgemeinen, im Großen und Ganzen
general practitioner ['dʒenərəl præk'tɪʃənə] *sb* praktischer Arzt/praktische Ärztin *m/f,* Arzt/Ärztin für Allgemeinmedizin *m/f*
generate ['dʒenəreɪt] *v* erzeugen
generation [dʒenə'reɪʃən] *sb 1.* Generation *f; 2. (act of generating)* Erzeugung *f*
generation gap [dʒenə'reɪʃən gæp] *sb* Kluft zwischen den Generationen *f*
generous ['dʒenərəs] *adj 1.* großzügig; *2. (plentiful)* reichlich, üppig
genetic [dʒɪ'netɪk] *adj* genetisch
genetic engineering [dʒɪ'netɪk endʒɪ'nɪərɪŋ] *sb* Genmanipulation *f*
genius ['dʒiːnɪəs] *sb 1. (person)* Genie *n; 2. (quality)* Genialität *f*
genocide ['dʒenəʊsaɪd] *sb* Genozid *m,* Völkermord *m*
genteel [dʒen'tiːl] *adj* fein, vornehm
gentle ['dʒentl] *adj 1.* sanft, leicht, zart; *2. (sound)* leise; *3. (disposition)* sanftmütig, liebenswürdig, freundlich; *4. (hint, reminder)* zart
gentry ['dʒentrɪ] *sb* Landadel *m,* niederer Adel *m*
genuine ['dʒenjʊɪn] *adj 1.* echt; *2. (artifact)* authentisch, echt; *3. (offer)* ernsthaft, ernst gemeint; *4. (sympathy, belief)* aufrichtig; *5. (person, laugh)* ungekünstelt
geographer [dʒɪ'ɒgrəfə] *sb* Geograf *m*
geography [dʒɪ'ɒgrəfɪ] *sb* Geografie *f,* Erdkunde *f*
geologist [dʒɪ'ɒlədʒɪst] *sb* Geologe/Geologin *m/f*
geology [dʒɪ'ɒlədʒɪ] *sb* Geologie *f*
geometric [dʒɪə'metrɪk] *adj* geometrisch
geometry [dʒɪ'ɒmɪtrɪ] *sb* Geometrie *f*
germ [dʒɜːm] *sb* Keim *m*
German measles ['dʒɜːmən 'miːzlz] *pl MED* Röteln *pl*
German shepherd ['dʒɜːmən 'ʃepəd] *sb (US)* Deutscher Schäferhund *m*
germinate ['dʒɜːmɪneɪt] *v* keimen
gerontology [dʒerɒn'tɒlədʒɪ] *sb MED* Gerontologie *f,* Altersforschung *f*
gesture ['dʒestʃə] *v 1.* gestikulieren; *sb 2.* Geste *f*

get [get] *v irr 1. (become)* werden; *2. ~ to know* kennen lernen; *3. (arrive)* kommen; *~ home* nach Hause kommen; *4. ~ going (to be on one's way)* gehen, sich auf den Weg machen; *5. ~ going TECH* in Gang kommen; *(fig)* in Schwung kommen; *6. ~ to do sth* die Möglichkeit haben, etw zu tun; *7. (receive)* bekommen, kriegen, erhalten; *~ an idea* auf eine Idee kommen; *8. (fetch)* holen; *9. (obtain)* sich besorgen, sich beschaffen, finden; *10. (take, transport)* bringen; *~ sth to s.o.* jdm etw zukommen lassen; *11. (understand)* kapieren, mitbekommen, mitkriegen; *Got it?* Alles klar? *Don't ~ me wrong.* Versteh mich nicht falsch.

• **get around** *v irr 1. (get about) (news)* sich herumsprechen; *(rumour)* sich verbreiten; *2. (circumvent)* herumkommen um, umgehen; *3. ~ to doing sth* dazu kommen etw zu tun

• **get at** *v irr 1. (gain access to)* herankommen an; *2. (fam: mean)* hinauswollen auf; *What are you getting at?* Worauf wollen Sie hinaus?

• **get away** *v irr 1.* wegkommen; *2. (criminal)* entkommen; *3. (from sth)* um etw herumkommen; *4. ~ with* davonkommen mit; *5. (abscond with)* entkommen mit

• **get by** *v irr 1. (manage)* auskommen, klarkommen; *2. (get past)* vorbeikommen, durchkommen

• **get even** *v irr ~ with s.o.* mit jdm abrechnen, mit jdm quitt werden, es jdm heimzahlen

• **get on** *v irr 1. (have a good relationship)* sich verstehen, auskommen; *2. ~ with (continue with)* weitermachen mit; *Get on with it!* Nun mach schon!

• **get over** *v irr (recover from)* hinwegkommen über, sich erholen von

• **get through** *v irr* durchkommen

• **get together** *v irr 1.* zusammenkommen; *2. get it together (fam)* sich zusammenreißen

getaway ['getəweɪ] *sb* Flucht *f*, Entkommen *n*

get-together ['gettəgeðə] *sb* Treffen *n*, Zusammenkunft *f*

get-up ['getʌp] *sb* Aufmachung *f*

ghastly ['gɑːstlɪ] *adj* entsetzlich, grässlich

ghetto ['getəʊ] *sb* Getto *n*

ghost [gəʊst] *sb* Geist *m*, Gespenst *n*; *not the ~ of a chance* nicht die geringste Chance

ghost story ['gəʊststɒrɪ] *sb* Gespenstergeschichte *f*, Schauermärchen *n*

ghost town [gəʊst taʊn] *sb* Geisterstadt *f*

ghost train [gəʊst treɪn] *sb* Geisterbahn *f*

ghostwrite ['gəʊstraɪt] *v* für jmd anderen schreiben, als Ghostwriter tätig sein

giant ['dʒaɪənt] *adj 1.* riesig, riesenhaft; *sb 2.* Riese *m*; *3. (fig)* Riese *m*, Gigant *m*, Koloss *m*

gibberish ['dʒɪbərɪʃ] *sb 1.* Quatsch *m*; *2. (language)* Kauderwelsch *n*

giddy ['gɪdɪ] *adj 1. (dizzy)* schwindlig; *2. (fig)* leichtfertig

giddy-up [gɪdɪ'ʌp] *interj* vorwärts

gift [gɪft] *sb 1.* Geschenk *n*, Gabe *f*; *2. (talent)* Begabung *f*, Gabe *f*, Talent *n*

gig [gɪg] *sb (fam: concert) MUS* Mucke *f*, Auftritt *m*, Konzert *n*

gigantic [dʒaɪ'gæntɪk] *adj* gigantisch

giggle ['gɪgl] *v* kichern

gild [gɪld] *v irr* vergolden

gimmick ['gɪmɪk] *sb* Spielerei *f*, Knüller *m* (fam), Trick *m*

gimpy ['gɪmpɪ] *adj (fam) He has a ~ knee.* Er muss wegen seines Knies etwas humpeln.

gin [dʒɪn] *sb* Gin *m*

ginger ['dʒɪndʒə] *sb 1. BOT* Ingwer *m*; *v 2. ~ up* in Schwung bringen, auf Trab bringen

gingerly ['dʒɪnʒəlɪ] *adv* sachte, vorsichtig

gipsy ['dʒɪpsɪ] *sb* Zigeuner *m*

girl [gɜːl] *sb* Mädchen *n*

girlfriend ['gɜːlfrend] *sb* Freundin *f*

girl guide ['gɜːlgaɪd] *sb (UK)* Pfadfinderin *f*

girlhood ['gɜːlhʊd] *sb* Kindheit *f*

girl scout ['gɜːlskaʊt] *sb (US)* Pfadfinderin *f*

giro account ['dʒaɪrəʊ ə'kaʊnt] *sb (UK) ECO* Girokonto *n*

give [gɪv] *v irr 1.* geben; *2. (as a present)* schenken; *3. (yield, bend)* nachgeben; *4. What ~s?* Was ist los?

• **give out** *v irr 1. (send out)* aussenden, verteilen; *2. (make public)* bekannt machen, herausgeben; *3. (break down)* versagen

• **give up** *v irr 1. (surrender)* aufgeben, abtreten; *2. give o.s. up* sich stellen; *3. (stop doing)* aufhören mit, aufgeben, sein lassen

give-and-take [gɪvənd'teɪk] *sb* Geben und Nehmen *n*

giveaway ['gɪvəweɪ] *sb 1.* Verraten *n*; *2. (gift)* Geschenk *n*; *3. (of prizes)* Preisraten *n*

given ['gɪvən] *adj 1.* bestimmt; *2. ~ to* neigend zu; *konj 3. (in view of)* angesichts; *4. (presupposing)* vorausgesetzt

glacier ['glæsɪə] *sb* Gletscher *m*

glad [glæd] *adj 1.* froh, erfreut; *to be ~* sich freuen; *2. (news)* froh

gladiator ['glædɪeɪtə] *sb HIST* Gladiator *m*
gladly ['glædlɪ] *adv* gern, gerne
glamorous ['glæmərəs] *adj* glanzvoll, glamourös
glamour ['glæmə] *sb* Glamour *m,* Glanz *m*
glance [glɑːns] *sb 1.* Blick *m; v 2.* blicken, einen Blick werfen; ~ *at* blicken auf
glancing ['glɑːnsɪŋ] *adj a ~ blow* ein Streifschlag
gland [glænd] *sb ANAT* Drüse *f*
glare [glɛə] *v 1. (light)* grell leuchten, grell sein; *2. ~ at s.o.* jdn böse anstarren; *sb 3. (light)* greller Schein *m,* blendendes Licht *n; 4. (stare)* wütender Blick
glass [glɑːs] *sb 1.* Glas *n; adj 2.* gläsern, Glas...
glasses ['glɑːsɪz] *pl (eye~)* Brille *f*
Glaswegian [glæs'wiːdʒən] *sb 1.* Glasgower *m; adj 2.* aus Glasgow
glaze [gleɪz] *v 1. (~ over: eyes)* glasig werden; *2. (door, window)* verglasen; *3. TECH* glasieren; *4. GAST* glasieren; *sb 5.* Glasur *f; 6. ART* Lasur *f*
gleam [gliːm] *v 1.* schimmern, glänzen, leuchten; *sb 2.* schwacher Schein *m,* Schimmer *m; the ~ in her eye* das Funkeln ihrer Augen; *3. ~ of hope* Hoffnungsschimmer *m*
glee [gliː] *sb 1.* Freude *f, 2. (malicious)* Schadenfreude *f*
glib [glɪb] *adj 1.* zungenfertig, glatt; *2. (superficial)* oberflächlich
glide [glaɪd] *v* gleiten
glimpse [glɪmps] *v 1.* flüchtig zu sehen bekommen, einen Blick erhaschen von; *sb 2.* flüchtiger Blick *m; 3. (small insight into sth)* flüchtiger Eindruck *m,* kurzer Einblick *m*
glisten ['glɪsn] *v* glitzern, glänzen
glitter ['glɪtə] *v 1.* glitzern, funkeln; *2. (fig)* strahlen, glänzen; *sb 3.* Glitzern *n; 4. (decoration)* Glitzerstaub *m*
gloat [gləʊt] *v ~ over* sich großtun mit, *(over s.o.'s misfortune)* sich hämisch freuen über
global ['gləʊbl] *adj* global, Welt...
globalization [gləubəlaɪ'zeɪʃən] *sb* Globalisierung *f*
global village ['gləʊbəl 'vɪlɪdʒ] *sb* die Welt als Dorf *f*
global warming ['gləʊbl 'wɔːmɪŋ] *sb* globale Erwärmung *f*
globe [gləʊb] *sb 1. (map)* Globus *m; 2. (sphere)* Kugel *f; 3. the ~ (Earth)* die Erde *f,* der Erdball *m,* die Erdkugel *f*
globetrotter ['gləʊbtrɒtə] *sb* Weltenbummler *m,* Globetrotter *m*
globulin ['glɒbjʊlɪn] *sb BIO* Globuline *pl*
gloom [gluːm] *sb 1.* Dunkel *n,* Düsterkeit *f; 2. (sadness)* Trübsinn *m,* düstere Stimmung *f*
glorious ['glɔːrɪəs] *adj 1. (marvellous)* herrlich, prächtig, wunderbar; *2. (saint, victory)* glorreich
glory ['glɔːrɪ] *sb 1.* Ruhm *m; 2. (praise)* Ehre *f; 3. (magnificence)* Herrlichkeit *f*
glossary ['glɒsərɪ] *sb* Glossar *n*
glove [glʌv] *sb* Handschuh *m; fit like a ~* wie angegossen passen; *to be hand in ~ with s.o.* mit jdm unter einer Decke stecken
glove compartment ['glʌvkəmpɑːtmənt] *sb* Handschuhfach *n*
glow [gləʊ] *v 1.* glühen, leuchten, scheinen; *sb 2.* Glühen *n,* Leuchten *n,* Schein *m*
glue [gluː] *v 1.* kleben, leimen; *~d to the spot* angewurzelt; *2. keep one's eyes ~d to sth* etw nicht aus den Augen lassen; *sb 3.* Klebstoff *m,* Leim *m*
gluttony ['glʌtənɪ] *sb* Gefräßigkeit *f,* Völlerei *f,* Schlemmerei *f*
G-man ['dʒiːmæn] *sb (US)* FBI-Mann *m*
gnash [næʃ] *v ~ one's teeth* mit den Zähnen knirschen
go [gəʊ] *v irr 1.* gehen; *~ for a walk* spazieren gehen; *it ~es without saying* das versteht sich von selbst; *~ against* widerstreben; *Let ~!* Lass los! *Let me ~!* Lass mich los! *Let it ~ at that!* Lass es dabei bewenden! *There you ~ again!* Du fängst ja schon wieder an! *Here we ~ again.* Jetzt geht das schon wieder los. *Go for it!* Versuch's mal! *2. (car)* fahren; *3. (road)* führen; *4. (happen, turn out)* gehen, ausgehen; *How's it ~ing?* Wie geht's? *How did it ~?* Wie war's? *5. (become)* werden; *~ mad* wahnsinnig werden; *6. (belong)* hingehören, hingekommen; *7. (travel)* reisen, fahren; *8. (wear out)* kaputtgehen; *(eyesight, health)* nachlassen; *(brakes)* versagen; *9. (disappear)* verschwinden; *10. to be ~ing to do sth* etw tun werden; *I was going to do it.* Ich wollte es tun. *11. (fam: say)* sagen; *12. to ~ (US: food)* zum Mitnehmen; *sb 13. on the ~* auf Achse; *14. have a ~ at sth (fam)* etw versuchen; *interj 15. Go!* Los!
• **go ahead** *v irr 1. ~ with sth* etw fortsetzen, etw fortführen; *interj 2.* Los! Nur zu!
• **go away** *v irr* weggehen
• **go by** *v irr 1. (time)* vergehen; *2. (a chance)* vorbeigehen; *3. (~ sth) (to be guided by)* sich richten nach; *(base a decision on)* gehen nach; *4. He goes by the name Dave.* Er hört auf den Namen Dave.

•go on *v irr 1. (continue)* weitermachen, weitergehen; *Go on!* Weiter! *(keep talking)* Fahren Sie fort! *2. (happen)* passieren; *What's going on here?* Was geht hier vor? *3. ~ for (last)* dauern; *4. ~ and on (talk nonstop)* unaufhörlich reden; *5. (lights)* angehen; *6. (to be guided by)* sich richten nach, sich stützen auf
•go out *v irr 1.* hinausgehen; *2. (on the town)* fortgehen; *(on a date)* ausgehen; *3. (pamphlet)* hinausgehen; *4. (to be extinguished)* ausgehen
•go through *v irr 1. (to be approved)* durchgehen; *2. (sth)(search)* durchsuchen; *3. (endure)* durchmachen; *4. (use up)* aufbrauchen; *5. ~ with (actually do)* durchziehen, ausführen
•go with *v irr 1. (accompany)* begleiten; *2. ~ s.o. (date regularly)* mit jdm ausgehen, mit jdm gehen; *3. ~ sth (fam: opt for sth)* sich für etw entscheiden
goal [gəʊl] *sb 1. SPORT* Tor *n; 2. (objective)* Ziel *n*
goalie ['gəʊlɪ] *sb (fam) SPORT* Keeper *m,* Schlussmann *m*
goalkeeper ['gəʊlki:pə] *sb SPORT* Torwart *m,* Torhüter *m*
goat [gəʊt] *sb ZOOL* Ziege *f; get s.o.'s ~ (fam)* jdn auf die Palme bringen
goatee [gəʊ'ti:] *sb* Spitzbart *m*
gob [gɒb] *sb* Klumpen; *~s and ~s of ...* eine ganze Menge ...
go-between ['gəʊbɪtwi:n] *sb* Mittelsmann *m,* Vermittler *m*
goblin ['gɒblɪn] *sb* Kobold *m*
gobsmacked ['gɒbsmækt] *adj (fam)(UK)* platt
god [gɒd] *sb* Gott *m*
God [gɒd] *sb REL* Gott *m; ~ forbid!* Gott behüte! *so help me ~* so wahr mir Gott helfe; *Thank ~.* Gott sei Dank. *man of ~* Diener Gottes *m*
godchild ['gɒdtʃaɪld] *sb* Patenkind *n*
goddaughter ['gɒddɔ:tə] *sb* Patentochter *f*
godfather ['gɒdfɑ:ðə] *sb* Pate *m*
god-fearing ['gɒdfɪərɪŋ] *adj REL* gottesfürchtig
godmother ['gɒdmʌðə] *sb* Patin *f*
godparent ['gɒdpɛərənt] *sb* Pate/Patin *m/f*
godson ['gɒdsʌn] *sb* Patensohn *m*
go-getter ['gəʊgetə] *sb* Draufgänger *m,* Ellbogentyp *m*
goggle-eyed ['gɒgəlaɪd] *adj* glotzäugig
goggles ['gɒglz] *pl* Schutzbrille *f*
goings-on [gəʊɪŋz'ɒn] *pl* Vorgänge *pl,* Dinge *pl*
gold [gəʊld] *adj 1.* golden; *sb 2.* Gold *n; 3. (wealth)* Geld *n*
golden ['gəʊldn] *adj 1.* golden; *2. (fig: opportunity)* einmalig
golden rule ['gəʊldən ru:l] *adj the ~* die Goldene Regel *f*
gold medal [gəʊld 'medl] *sb* Goldmedaille *f*
golf [gɒlf] *sb* Golf *n*
golf bag ['gɒlfbæg] *sb* Golftasche *f*
golf ball ['gɒlfbɔ:l] *sb* Golfball *m*
golf cart [gɒlf kɑ:t] *sb (vehicle)* Golfkarren *m*
golf club ['gɒlfklʌb] *sb 1. (instrument)* Golfschläger *m; 2. (association)* Golfklub *m*
golf course ['gɒlfkɔ:s] *sb* Golfplatz *m*
golfer ['gɒlfə] *sb SPORT* Golfer *m*
gollop ['gɒləp] *v* herunterschlingen, herunterwürgen
gone [gɒn] *adj 1.* weg, weggegangen, fort; *2. (missing)* verloren, verschwunden; *3. (used up)* weg, verbraucht
good [gʊd] *adj 1.* gut; *feel ~* sich wohl fühlen; *it's a ~ thing that* es ist gut, dass; *the ~ life* das süße Leben; *as ~ as* so gut wie; *Good morning!* Guten Morgen! *2. (kind)* gut, lieb; *to be ~ to s.o.* lieb zu jdm sein; *3. (well-behaved)* brav *(fam),* artig; *4. (favourable)* gut, günstig; *5. to be ~ for (to be capable of)* fähig sein zu; *~ for nothing* zu nichts nütze; *6. make ~* wieder gutmachen; *7. (considerable)* schön, beträchtlich, gut; *~ money (high wages)* hoher Lohn; *8. in ~ time* alles zu seiner Zeit; *9. (thorough)* gut, gründlich, tüchtig; *have a ~ look at sth* sich etw genau ansehen; *sb 10.* Gute *n; to be up to no ~* etw im Schilde führen; *11. (benefit)* Wohl *n; 12. (use)* Nutzen *m,* Vorteil *m; That won't do any ~.* Das hilft auch nichts. *13. for ~* für immer, endgültig, ein für alle Mal; *14. ~s pl* Güter *pl,* Waren *pl*
goodbye [gʊd'baɪ] *interj 1.* auf Wiedersehen; *(said over the telephone)* auf Wiederhören; *say ~ to s.o.* jdm auf Wiedersehen sagen, sich von jdm verabschieden; *sb 2.* Abschied *m*
goodness ['gʊdnɪs] *sb* Güte *f; Goodness!* Meine Güte! *Thank ~!* Gott sei Dank!
goody two-shoes ['gʊdɪ 'tu:ʃu:z] *sb* Tugendlamm *n*
gooey [gu:ɪ] *adj* klebrig
goof-off ['gu:fɒf] *sb (US: person)* Drückeberger *m*
goose [gu:s] *sb* Gans *f; cook s.o.'s ~ (fig)* jdm die Suppe versalzen

goose bumps ['gu:sbʌmps] *pl get ~ (US)* eine Gänsehaut bekommen

goose pimples ['gu:spɪmplz] *pl get ~ (UK)* eine Gänsehaut bekommen

goose-step ['gu:sstep] *v* in Stechschritt marschieren

gore [gɔ:] *sb 1.* geronnenes Blut *n; v 2.* durchbohren, aufspießen

gorge [gɔ:dʒ] *v 1. ~ o.s. on sth* sich mit etw voll fressen, etw in sich hineinschlingen; *sb 2.* Schlucht *f*

gorgeous ['gɔ:dʒəs] *adj 1.* herrlich, großartig, wunderbar; *2. (woman)* hinreißend

gory ['gɔ:rɪ] *adj* blutrünstig

gosh [gɒʃ] *interj* Mensch! Mann!

gossip ['gɒsɪp] *v 1.* plaudern, schwatzen; *2. (maliciously)* klatschen, tratschen; *sb 3.* Klatsch *m,* Tratsch *m; (chat)* Schwatz *m; 4. (person)* Klatschbase *f*

gossip column ['gɒsɪpkɒləm] *sb* Klatschspalte *f*

gossipmonger ['gɒsɪpmʌŋgə] *sb* Klatschbase *f*

gothic ['gɒθɪk] *adj* gotisch

gourmet ['gʊəmeɪ] *sb* Feinschmecker *m,* Gourmet *m*

government ['gʌvənmənt] *sb POL* Regierung *f*

governor ['gʌvənə] *sb 1. (of a state)* Gouverneur *m; 2. (UK: of a bank or prison)* Direktor *m; 3. (UK: sir) (fam)* Chef *m*

grab [græb] *v 1.* packen; *2. ~ at sth* nach etw greifen; *3. (nab)* schnappen; *How does that ~ you? (fig)* Wie findest du das? *sb 4.* Griff *m*

grace [greɪs] *sb 1. (of movement)* Anmut *f,* Grazie *f; 2. social ~s pl* gute Umgangsformen *pl; 3. (mercy)* Gnade *f; by the ~ of God* durch die Gnade Gottes; *4. to be in s.o.'s good ~s* bei jdm gut angeschrieben sein; *5. (until payment is due)* Aufschub *m,* Zahlungsfrist *f; 6. (prayer)* Tischgebet *n; say ~* das Tischgebet sprechen

gracious ['greɪʃəs] *adj 1. (merciful)* gnädig; *2. (kind)* liebenswürdig; *sb 3. (God) Good ~!* Du meine Güte!

grade [greɪd] *v 1. (mark schoolwork)* benoten; *2. (level)* ebnen; *3. (classify)* klassifizieren, sortieren; *sb 4.* Stufe *f; 5. (quality)* Qualität *f; 6. (mark in school)* Note *f; make the ~* es schaffen; *7. (US: school class)* Klasse *f; 8. (US: gradient)* Gefälle *n*

grade school ['greɪdsku:l] *sb* Grundschule *f*

gradient ['greɪdɪənt] *sb* Neigung *f,* Steigung *f,* Gefälle *n*

gradually ['grædjʊəlɪ] *adv* nach und nach, allmählich, schrittweise

graduate ['grædjʊeɪt] *v 1. (from a university)* graduieren; *(from a school)* die Abschlussprüfung bestehen; *2. (colours)* abstufen; *3. (mark)* einteilen; ['grædjʊɪt] *sb 4.* Absolvent *m; (US: from a secondary school)* Schulabgänger *m*

graduation [grædjʊ'eɪʃən] *sb 1. (mark)* Einteilung *f; 2. (ceremony)* Abschlussfeier *f; 3. (from a university)* Graduierung *f*

graffiti [grə'fi:tɪ] *sb* Graffiti *pl*

grain [greɪn] *sb 1. AGR* Getreide *n,* Korn *n; 2. (of salt, of sand)* Korn *n; 3. (fig)* Spur *f; (of truth)* Körnchen *n; 4. (of wood, of marble)* Maserung *f; 5. (of meat) GAST* Faser *f; 6. against the ~* gegen den Strich

grammar ['græmə] *sb* Grammatik *f*

gramme [græm] *sb* Gramm *n*

Grammy ['græmɪ] *sb MUS* Grammy *m* (amerikanischer Musikpreis)

grand [grænd] *adj 1. (large)* groß; *2. (total, design)* Gesamt... *3. (magnificent)* grandios, großartig; *4. (splendid)* fabelhaft, fantastisch; *sb 5. (fam: thousand)* Riese *f*

grandchild ['grændtʃaɪld] *sb* Enkel *m*

granddad ['grænddæd] *sb* Opa *m*

granddaughter ['grænddɔ:tə] *sb* Enkelin *f*

grandfather ['grændfɑ:ðə] *sb* Großvater *m*

grandfather clock ['grændfɑ:ðə klɒk] *sb* Standuhr *f*

grandma ['grændmɑ:] *sb* Oma *f*

grandmother ['grændmʌðə] *sb* Großmutter *f*

Grand National [grænd 'næʃənl] *sb (UK) SPORT* Grand National *n* (Pferderennen)

grandnephew ['grændnefju:] *sb* Großneffe *m*

grandniece ['grændni:s] *sb* Großnichte *f*

grandpa ['grændpɑ:] *sb* Opa *m*

grandparents ['grændpeərənts] *pl* Großeltern *pl*

Grand Prix [grã pri:] *sb* Grand Prix *m*

grand prize [grænd praɪz] *sb* Hauptgewinn *m*

grand slam [grænd slæm] *sb SPORT* Grandslam *m*

grandson ['grændsʌn] *sb* Enkel *m*

granny flat ['grænɪ flæt] *sb (UK)* Einliegerwohnung *f*

grant [grɑːnt] *v 1.* gewähren; *2. (permission)* erteilen; *3. (a request)* stattgeben; *4. (land, pension)* zusprechen, bewilligen; *5. take sth for ~ed* etw als selbstverständlich betrachten; *6. (admit, agree)* zugeben, zugestehen; *sb 7.* Subvention *f; 8. (for studying)* Studienbeihilfe *f*
granulated ['grænjʊleɪtɪd] *adj ~ sugar* Zuckerraffinade *f*
graph [grɑːf] *sb* Diagramm *n,* grafische Darstellung *f*
graphic ['græfɪk] *adj 1.* grafisch; *2. (vivid)* anschaulich, plastisch, lebendig
graphic artist ['græfɪk 'ɑːtɪst] *sb* Grafiker *m*
graphic equalizer ['græfɪk 'iːkwəlaɪzə] *sb* Equalizer *m*
graphics ['græfɪks] *pl* Grafik *f*
grasp [grɑːsp] *v 1. (grab hold of)* ergreifen, packen, fassen; *2. (hold tightly)* festhalten; *3. (understand)* begreifen, erfassen; *4. ~ at sth* nach etw greifen; *sb 5. (hold, clutch)* Griff *m; 6. (understanding)* Verständnis *n*
grass [grɑːs] *sb 1.* Gras *n; let ~ grow under one's feet* still stehen, nichts tun; *2. (lawn)* Rasen *m; "keep off the ~"* "Betreten des Rasens verboten"; *3. (fam: marijuana)* Gras *n*
grateful ['greɪtfʊl] *adj* dankbar
gratification [grætɪfɪ'keɪʃən] *sb 1.* Befriedigung *f; 2. (pleasure)* Freude *f,* Vergnügen *n*
gratify ['grætɪfaɪ] *v 1. (satisfy)* befriedigen; *2. (give pleasure)* erfreuen
gratitude ['grætɪtjuːd] *sb* Dankbarkeit *f*
grave¹ [greɪv] *adj 1.* ernst; *(danger)* groß; *(news)* schlimm; *2. (error)* ernst, gravierend; *3. (serious, important)* schwer
grave² [greɪv] *sb* Grab *n; have one foot in the ~* mit einem Bein im Grabe stehen
grave-digger ['greɪvdɪgə] *sb* Totengräber *m*
gravestone ['greɪvstəʊn] *sb* Grabstein *m*
graveyard ['greɪvjɑːd] *sb* Friedhof *m*
gravity ['grævɪtɪ] *sb 1. PHYS* Schwerkraft *f; 2. centre of ~* Schwerpunkt *m; 3. (seriousness)* Ernst *m,* Größe *f,* Schwere *f*
gravy ['greɪvɪ] *sb 1. (sauce)* Soße *f; 2. (juice)* Fleischsaft *m,* Bratensaft *m*
grease [griːs] *sb 1.* Fett *n; 2. (lubricant)* Schmierfett *n; v 3.* fetten, einfetten; *4. TECH* schmieren
grease monkey ['griːsmʌŋkɪ] *sb (fam)* Mechaniker *m*
greasepaint ['griːspeɪnt] *sb* Theaterschminke *f*
greasy ['griːsɪ] *adj 1.* fettig, schmierig, ölig; *2. (food)* fett
greasy spoon ['griːsɪ spuːn] *sb (fam)* schmuddeliges Restaurant *n*
great [greɪt] *adj 1.* groß; *a ~ many* sehr viele; *in ~ detail* ganz ausführlich; *2. (wonderful, excellent)* prima, wunderbar, großartig; *~ friends* dicke Freunde; *3. to be ~ at sth* etw sehr gut machen; *sb 4. (person)* Größe *f*
great-aunt ['greɪt ɑːnt] *sb* Großtante *f*
great-granddaughter [greɪt 'grænddɔːtə] *sb* Urenkelin *f*
great-grandfather [greɪt 'grændfɑːðə] *sb* Urgroßvater *m*
great-grandmother [greɪt'grændmʌðə] *sb* Urgroßmutter *f*
great-grandparents [greɪt'grændpɛərənts] *pl* Urgroßeltern *pl*
great-grandson [greɪt'grændsʌn] *sb* Urenkel *m*
great-hearted [greɪt 'hɑːtɪd] *adj* großherzig
great-uncle ['greɪtʌŋkl] *sb* Großonkel *m*
greedy ['griːdɪ] *adj* gierig
green [griːn] *adj 1.* grün; *~ with envy* blass vor Neid; *give s.o. the ~ light* jdm grünes Licht geben; *sb 2.* Grün *n; 3. (village ~)* Wiese *f; 4. (field for sports)* Rasen *m,* Platz *m; 5. ~s pl GAST* grünes Gemüse *n*
green card ['griːnkɑːd] *sb 1. (for motorists)* grüne Versicherungskarte *f; 2. (US: for foreigners)* Arbeits- und Aufenthaltsgenehmigung *f*
greenhouse ['griːnhaʊs] *sb* Treibhaus *n,* Gewächshaus *n*
greenhouse effect ['griːnhaʊsɪfekt] *sb* Treibhauseffekt *m*
greenness ['griːnnɪs] *sb 1.* Grün *n,* Grünes *n; 2. (fig: inexperience)* Unreife *f,* Unerfahrenheit *f*
greeting ['griːtɪŋ] *sb 1.* Gruß *m,* Begrüßung *f; 2. ~s pl* Grüße *pl; (congratulations)* Glückwünsche *pl*
greeting card ['griːtɪŋ kɑːd] *sb* Glückwunschkarte *f*
grenade [grɪ'neɪd] *sb* Granate *f*
grey [greɪ] *adj 1.* grau; *2. (outlook)* grau, trüb; *sb 3.* Grau *n; 4. (horse) ZOOL* Grauschimmel *m*
grey matter ['greɪmætə] *sb (fig)* graue Zellen *pl*
gridlock ['grɪdlɒk] *sb* Verkehrsstillstand *m*
grief [griːf] *sb* Gram *m,* Kummer *m,* Leid *n; come to ~* Pech haben; *Good ~!* Meine Güte!

grief-stricken ['gri:fstrɪkən] *adj* kummervoll
grieve [gri:v] *v 1.* bekümmert sein, sich grämen; *2. (s.o.)* betrüben, bekümmern, wehtun
grievous ['gri:vəs] *adj* schwer, schmerzlich; *~ bodily harm JUR* schwerer körperlicher Schaden *m*
grill [grɪl] *v 1.* grillen; *2. (interrogate)* in die Zange nehmen; *sb 3.* Grill *m,* Bratrost *m*
grilled [grɪld] *adj* gegrillt
grim [grɪm] *adj 1.* grimmig; *2. (prospects)* trostlos; *(task)* grauenhaft; *(times, truth)* hart
grimace ['grɪməs] *v 1.* Grimassen machen, Grimassen schneiden; *(with disgust, with pain)* das Gesicht verziehen; *sb 2.* Grimasse *f*
grin [grɪn] *v 1.* lächeln, strahlen; *~ and bear it (fam)* in den sauren Apfel beißen; *2. (stupidly, sarcastically)* grinsen; *sb 3.* Lächeln *n,* Strahlen *n; 4. (stupid ~, sarcastic ~)* Grinsen *n*
grip [grɪp] *v 1.* packen, ergreifen; *sb 2.* Griff *m,* Halt *m; 3. come to ~s with* sich auseinander setzen mit; *4. get a ~ on o.s.* sich zusammenreißen; *5. (piece of luggage)* Reisetasche *f; 6. (hair ~)* Haarspange *f*
grisly ['grɪzlɪ] *adj* grässlich
gristle ['grɪsl] *sb* Knorpel *m*
grit [grɪt] *v 1. ~ one's teeth* die Zähne zusammenbeißen; *sb 2.* grober Sand *m; 3. (fig)* Mut *m,* Mumm *m*
gritty ['grɪtɪ] *adj 1.* körnig; *2. (fig)* mutig
groan [grəʊn] *v 1. (person)* stöhnen, ächzen; *2. (hinges, planks)* ächzen, knarren; *sb 3.* Stöhnen *n,* Ächzen *n*
grocer ['grəʊsə] *sb* Lebensmittelhändler *m*
grog [grɒg] *sb* Grog *m*
groggy ['grɒgɪ] *adj* groggy
groovy ['gru:vɪ] *adj (fam)* toll, klasse, stark
gross [grəʊs] *adj 1. (total)* brutto, Brutto... *2. (coarse, vulgar)* grob, derb; *3. (flagrant)* krass, grob; *4. (fam: disgusting)* eklig
gross domestic product [grəʊs dɒ'mestɪk 'prɒdʌkt] *sb* Bruttoinlandsprodukt *n*
gross national product [grəʊs 'næʃənl 'prɒdʌkt] *sb ECO* Bruttosozialprodukt *n*
grotesque [grəʊ'tesk] adj grotesk
ground [graʊnd] *sb 1.* Boden *m; gain ~/lose ~* Boden gewinnen/verlieren; *break new ~ (fig)* Neuland erschließen; *common ~ (fig)* ein gemeinsamer Nenner *m; get off the ~* in Gang kommen, *(get sth off the ~)* in Gang bringen; *hold one's ~, stand one's ~* standhalten, nicht weichen; *2. (field)* Feld *n,* Platz *m; 3. ~s pl (premises)* Gelände *n; 4. ~s pl (coffee ~)* Kaffeesatz *m; 5. (reason)* Grund *m; v 6. (electricity) TECH* erden; *7. to be ~ed in, to be ~ed on* sich gründen auf, sich basieren auf; *to be well ~ed in* bewandert sein in; *8. (a plane)* Startverbot erteilen
groundbreaking ['grəʊndbreɪkɪŋ] *adj (fig) (US)* bahnbrechend
ground floor [graʊnd flɔ:] *sb* Erdgeschoss *n; get in on the ~ (fig)* von Anfang an mit dabei sein
grounding ['graʊndɪŋ] *sb* Fundament *n,* Unterbau *m*
groundwork ['graʊndwɜ:k] *sb (fig)* Grundlage *f*
group [gru:p] *sb 1.* Gruppe *f; v 2.* gruppieren, anordnen, einordnen; *~ together (in one ~)* zusammentun
group dynamics [gru:p daɪ'næmɪks] *pl* Gruppendynamik *f*
groupie ['gru:pɪ] *sb* Groupie *n*
group therapy [gru:p 'θerəpɪ] *sb PSYCH* Gruppentherapie *f*
grouse [graʊs] *sb 1. ZOOL* Waldhuhn *n; v 2.* meckern, nörgeln
grovel ['grɒvl] *v* kriechen
grow [grəʊ] *v irr 1.* wachsen, größer werden; *2. (number)* zunehmen; *3. (become)* werden; *4. ~ on s.o.* jdm liebwerden; *5. (sth)* ziehen, anbauen, anpflanzen; *6. ~ one's hair* sich die Haare wachsen lassen
• grow out *v irr ~ of sth* aus etw herauswachsen, *(fig)* für etw zu alt werden
growing ['grəʊɪŋ] *1. adj* wachsend; *2. (increasing)* zunehmend
grown [grəʊn] *adj* erwachsen, ausgewachsen
grown-up ['grəʊnʌp] *sb* Erwachsene(r) *m/f*
growth [grəʊθ] *sb 1.* Wachstum *n,* Wachsen *n; 2. (of a plant)* Wuchs *m; 3. (increase)* Zunahme *f; 4. (fig: development)* Entwicklung *f; 5. ECO* Zuwachs *m; 6. MED* Gewächs *n,* Tumor *m*
growth industry [grəʊθ 'ɪndəstrɪ] *ECO sb* Wachstumsindustrie *f*
growth rate ['grəʊθreɪt] *sb ECO* Wachstumsrate *f*
grubby ['grʌbɪ] *adj* schmuddelig
grudge [grʌdʒ] *sb* Groll *m; bear s.o. a ~, have a ~ against s.o.* einen Groll gegen jdn hegen
gruesome ['gru:səm] *adj* grausig, grauenhaft, schauerlich
gruff [grʌf] *adj* schroff, barsch, ruppig
grumble ['grʌmbl] *v* murren, schimpfen

grump [grʌmp] *v* brummen, murren

grumpy ['grʌmpɪ] *adj* mürrisch

grungy ['grʌndʒɪ] *adj (fam)* schmuddelig

grunt [grʌnt] *v 1.* grunzen; *2. (with exertion, with pain)* ächzen; *3. (a reply)* brummen

guarantee [gærən'tiː] *v 1.* garantieren, Gewähr leisten; *2. (a loan, a debt)* bürgen für; *sb 3.* Garantie *f; 4. (pledge of obligation)* Bürgschaft *f; 5. (deposit, money as a ~)* Kaution *f*

guard [gɑːd] *v 1.* bewachen, hüten; *~ against* sich hüten vor; *2. (protect)* schützen; *3. (fig)* behüten, beschützen; *4. SPORT* decken; *sb 5.* Wache *f; to be on ~* auf Wache sein; *stand ~* Wache stehen; *throw s.o. off ~* jdn überrumpeln; *under ~* unter Bewachung; *6. (one person)* Wächter *m, (soldier)* Wachtposten *m; 7. (prison ~)* Gefängniswärter *m; 8. (safety device)* Schutz *m; 9. (UK: rail ~)* Schaffner *m; 10. (in basketball) SPORT* Aufbauspieler *m*

guarded ['gɑːdɪd] *adj 1. (under guard)* bewacht; *2. (cautious)* vorsichtig

guardian ['gɑːdɪən] *sb 1.* Hüter *m,* Wächter *m; 2. JUR* Vormund *m*

guardian angel ['gɑːdɪən 'eɪndʒəl] *sb* Schutzengel *m*

guess [ges] *v 1.* raten, schätzen; *2. (successfully)* erraten; *3. (suppose)* schätzen, vermuten; *sb 4.* Schätzung *f; That's anybody's ~.* Das weiß niemand. *take a ~* raten, schätzen

guest [gest] *sb* Gast *m; Be my ~!* Aber bitte!

guide [gaɪd] *v 1.* führen, leiten, lenken; *sb 2. (person)* Führer *m; 3. (indication)* Anhaltspunkt *m; 4. (model)* Vorbild *n; 5. (manual)* Leitfaden *m,* Handbuch *n; (travel ~)* Führer *m*

guide dog ['gaɪddɒg] *sb* Blindenhund *m*

guile [gaɪl] *sb* Arglist *f,* Tücke *f*

guillotine ['giːjətiːn] *sb 1.* Guillotine *f,* Fallbeil *n; v 2.* guillotinieren, auf der Guillotine hinrichten, auf dem Fallbeil hinrichten

guilt [gɪlt] *sb* Schuld *f*

guilt complex ['gɪltkɒmpleks] *sb PSYCH* Schuldkomplex *m*

guilt trip ['gɪlttrɪp] *sb (fam) (US) lay a ~ on s.o.* jdm einen Schuldkomplex einreden

guilty ['gɪltɪ] *adj 1.* schuldig; *find ~ JUR* für schuldig befinden, für schuldig erklären; *2. (look)* schuldbewusst; *3. a ~ conscience* ein schlechtes Gewissen

guinea pig ['gɪnɪ pɪg] *sb 1. ZOOL* Meerschweinchen *n; 2. (fig)* Versuchskaninchen *n*

guitar [gɪ'tɑː] *sb MUS* Gitarre *f*

guitarist [gɪ'tɑːrɪst] *sb MUS* Gitarrist *m*

gulf [gʌlf] *sb 1. GEO* Golf *m,* Meerbusen *m; 2. (fig: chasm)* Kluft *f*

gum [gʌm] *sb 1.* Gummi *n; 2. (glue)* Klebstoff *m; 3. (chewing ~)* Kaugummi *m; 4. ANAT* Zahnfleisch *n; v 5. (apply ~ to)* gummieren

gumption ['gʌmpʃən] *sb (sense)* Grips *m*

gun [gʌn] *sb 1.* Kanone *f,* Pistole *f,* Revolver *m; jump the ~ (fig)* voreilig handeln; *stick to one's ~s* nicht weihen, nicht nachgeben; *under the ~ (fig)* unter Druck; *2. (rifle)* Gewehr *n; 3. (artillery) MIL* Geschütz *n; 4. to be a big ~ (fam)* ein großes Tier sein; *v 5. ~ down* erschießen, niederschießen; *6. (an engine)* aufheulen lassen

gunfire ['gʌnfaɪə] *sb* Gewehrfeuer *n,* Schüsse *pl*

gung-ho [gʌŋ'həʊ] *adj (fam)* übereifrig

gun licence ['gʌnlaɪsəns] *sb* Waffenschein *m*

gunman ['gʌnmən] *sb 1.* Bewaffneter *m; 2. (by profession)* Revolverheld *m*

gunpoint ['gʌnpɔɪnt] *sb at ~* mit vorgehaltener Schusswaffe

gunpowder ['gʌnpaʊdə] *sb* Schießpulver *n*

gunrunning ['gʌnrʌnɪŋ] *sb* Waffenschmuggel *m*

gunshot ['gʌnʃɒt] *sb* Kanonenschuss *m,* Gewehrschuss *m*

gurgle ['gɜːgl] *v (person)* glucksen; *(liquid)* gluckern

guru ['guːruː] *sb* Guru *m*

gussy ['gʌsɪ] *v ~ up (fam)* herausputzen, aufmöbeln

gust [gʌst] *sb (of wind)* Windstoß *m,* Bö *f*

gusty ['gʌstɪ] *adj* böig, stürmisch

gut [gʌt] *v 1. (an animal)* ausnehmen; *2. (fire)* ausbrennen; *sb 3. (paunch)* Bauch *m; 4. ~s pl ANAT* Eingeweide *n; I hate his ~s. (fam)* Ich hasse ihn wie die Pest. *5. ~s pl (fig: courage)* Mumm *m,* Schneid *m; adj 6. (instinctive: reaction, feeling)* instinktiv, leidenschaftlich

gutless ['gʌtlɪs] *adj (fam)* feige

guy [gaɪ] *sb* Typ *m,* Kerl *m*

gymnasium [dʒɪm'neɪzɪəm] *sb* Turnhalle *f*

gymnast ['dʒɪmnæst] *sb SPORT* Turner *m*

gymnastics [dʒɪm'næstɪks] *sb SPORT* Turnen *n,* Gymnastik *f*

gynaecologist [gaɪnɪ'kɒlədʒɪst] *sb MED* Gynäkologe/Gynäkologin *m/f,* Frauenarzt/Frauenärztin *m/f*

gynaecology [gaɪnɪ'kɒlədʒɪ] *sb MED* Gynäkologie *f,* Frauenheilkunde *f*

H

habit ['hæbɪt] *sb 1.* Gewohnheit *f,* Angewohnheit *f; out of ~* aus Gewohnheit; *make a ~ of sth* etw zur Gewohnheit werden lassen; *break o.s. of a ~* sich etw abgewöhnen; *get into the ~ of doing sth* sich daran gewöhnen, etw zu tun, sich angewöhnen, etw zu tun; *creature of ~* Gewohnheitsmensch *m; 2. (addiction)* Sucht *f; 3. REL* Habit *n*
habitable ['hæbɪtəbl] *adj* bewohnbar
habitat ['hæbɪtæt] *sb ZOOL* Habitat *n,* Lebensraum *m*
habit-forming ['hæbɪtfɔːmɪŋ] *adj (drug)* suchterzeugend
hacker [hækə] *sb (computer ~)* Hacker *m*
hacking cough ['hækɪŋ kɔːf] *sb* trockener Husten *m*
hackle ['hækl] *sb 1. BIO* Nackengefieder *n; 2. get s.o.'s ~s up* jdn auf die Palme bringen
hackney ['hæknɪ] *sb (horse for driving)* Kutschpferd *n*
hacksaw ['hæksɔː] *sb* Metallsäge *f*
haddock ['hædək] *sb ZOOL* Schellfisch *m*
haemorrhage ['hemərɪdʒ] *sb MED* Blutung *f*
haggle ['hægl] *v* feilschen
hail[1] [heɪl] *v 1. ~ from* kommen aus, stammen aus; *2. (greet, cheer)* zujubeln, freudig begrüßen; *3. to be ~ed as* gefeiert werden als; *4. (a taxi) (vocally)* rufen; *(by gesturing)* herbeiwinken
hail[2] [heɪl] *v 1.* hageln; *sb 2.* Hagel *m*
hailstone ['heɪlstəʊn] *sb* Hagelkorn *n*
hair [hɛə] *sb* Haar *n; do one's ~* sich die Haare machen; *by a ~ (fig)* ganz knapp; *keep one's ~ on (fig)* ruhig Blut bewahren; *split ~s (fig)* Haarspalterei betreiben
hairbrush ['hɛəbrʌʃ] *sb* Haarbürste *f*
haircut ['hɛəkʌt] *sb* Haarschnitt *m; get a ~* sich die Haare schneiden lassen
hairdo ['hɛəduː] *sb* Frisur *f*
hairdresser ['hɛədresə] *sb* Frisör*(in) m/f*
hair dryer ['hɛədraɪə] *sb* Haartrockner *m*
hairpiece ['hɛəpiːs] *sb 1. (for men)* Toupet *n; 2. (for women)* Haarteil *n*
hair-raising ['hɛərreɪzɪŋ] *adj* haarsträubend
hairstyle ['hɛəstaɪl] *sb* Frisur *f*
hairstylist ['hɛəstaɪlɪst] *sb* Hairstylist(in) *m/f*
hale [heɪl] *adj* gesund, kräftig, rüstig; *~ and hearty* kerngesund, frisch und munter

half [hɑːf] *adj 1.* halb; *adv 2.* halb; *not ~ bad* gar nicht übel; *~ past two* halb drei; *~ a(n) ...* ein halber/eine halbe/ein halbes ...; *3. (almost)* fast; *I ~ thought ...* Ich hätte fast gedacht ...; *sb 4.* Hälfte *f; an hour and a ~* anderthalb Stunden; *too clever by ~* überschlau; *in ~* entzwei; *do things by halves* halbe Sachen machen; *5. SPORT* Halbzeit *f,* Spielhälfte *f*
half-and-half ['hɑːfændhɑːf] *sb* Mischung zu gleichen Teilen *f* (Ale und Porter)
half-baked ['hɑːfbeɪkt] *adj 1. (plan)* nicht durchdacht, blödsinnig; *2. (person)* noch nicht trocken hinter den Ohren
half-hearted [hɑːf'hɑːtɪd] *adj* halbherzig
halfmoon ['hɑːfmuːn] *sb* Halbmond *m*
halfpenny ['hɑːfpenɪ] *sb* halber Penny *m*
half-price ['hɑːfpraɪs] *adj* um die Hälfte reduziert
half-time ['hɑːftaɪm] *sb SPORT* Halbzeit *f*
halfway ['hɑːf'weɪ] *adv 1.* auf halbem Weg, in der Mitte; *meet s.o. ~* jdm auf halbem Weg entgegenkommen; *2. (fairly, somewhat)* halbwegs, einigermaßen, teilweise
hall [hɔːl] *sb 1. (~way)* Gang *m,* Flur *m,* Korridor *m; 2. (for concerts)* Saal *m; 3. (building)* Halle *f; ~ of fame* Ruhmeshalle *f*
Halloween [hæləʊ'wiːn] *sb* Abend vor Allerheiligen *m*
hall stand [hɔːl stænd] *sb* Garderobe *f*
hallucination [həluːsɪ'neɪʃən] *sb* Halluzination *f*
hallucinogen [hə'luːsɪnədʒen] *sb* Halluzinogen *n*
hallway ['hɔːlweɪ] *sb* Gang *m,* Flur *m,* Korridor *m*
halt [hɔːlt] *v 1. (come to a ~)* zum Stillstand kommen, anhalten, stehen bleiben; *2. (s.o.)* anhalten; *sb 3.* Stillstand *m*
halter ['hɔːltə] *sb* Halfter *n*
halting ['hɔːltɪŋ] *adj 1. (verse)* holperig; *2. (speech)* stockend; *3. (walk)* unsicher
halve [hɑːv] *v* halbieren
ham [hæm] *sb 1.* Schinken *m; v 2. ~ it up (fam)* zu dick auftragen
hammer ['hæmə] *v 1.* hämmern; *~ sth into s.o.* jdm etw einbläuen; *2. (fam: defeat badly)* eine Schlappe beibringen; *sb 3.* Hammer *m*
• **hammer out** *v 1.* hämmern, schlagen; *2. (dents)* ausbeulen; *3. (fig)* ausarbeiten, aushandeln

hammer throw ['hæmə θrəʊ] *sb SPORT* Hammerwerfen *n*
hamper ['hæmpə] *v* behindern, hemmen
hamster ['hæmstə] *sb ZOOL* Hamster *m*
hand [hænd] *sb 1.* Hand *f; on ~s and knees* auf allen vieren; *have too much time on one's ~s* zu viel Zeit zur Verfügung haben; *get sth off one's ~s (fig)* etw loswerden; *take sth off s.o.'s ~s* jdm etw abnehmen; *to be close at ~* vor der Tür stehen; *force s.o.'s ~* auf jdn Druck ausüben; *have a ~ in sth* an etw beteiligt sein; *change ~s* den Besitzer wechseln; *try one's ~ at sth* etw versuchen; *well in ~* gut im Griff; *get out of ~* außer Kontrolle geraten *gain the upper ~* die Oberhand gewinnen; *eat out of s.o.'s ~* jdm aus der Hand fressen; *keep one's ~s off sth* die Finger von etw lassen; *lay one's ~s on sth* etw in die Hände bekommen; *shake ~s* sich die Hand geben; *wash one's ~s of sth* nichts mit einer Sache zu tun haben wollen; *It's in your ~s. (fig)* Es liegt in deiner Hand. *2. give s.o. a ~ (help s.o.)* jdm helfen; *(applaud s.o.)* jdm Beifall klatschen; *3. cash in ~* Kassenbestand *m; 4. on the one ~* einerseits; *on the other ~* andererseits, dagegen, dafür; *5. (cards in one's ~)* Karten *pl,* Blatt *n; 6. (of a clock)* Uhrzeiger *m; 7. (worker)* Arbeitskraft *f,* Arbeiter *m; an old ~* ein alter Hase; *v 8.* reichen, geben; *you've got to ~ it to him* das muss man ihm lassen
• **hand in** *v* abgeben, einreichen
• **hand on** *v* weitergeben
• **hand out** *v* austeilen, verteilen
handbag ['hændbæg] *sb* Handtasche *f*
handbrake ['hændbreɪk] *sb* Handbremse *f*
handcuffs ['hændkʌfs] *pl* Handschellen *pl*
handgrip ['hændgrɪp] *sb 1.* Griff *m; 2. (grasping)* Händedruck *m*
handgun ['hændgʌn] *sb* Handfeuerwaffe *f*
handicap ['hændɪkæp] *sb 1.* Handikap *n; v 2.* benachteiligen
handicapped ['hændɪkæpt] *adj* behindert
handily ['hændɪlɪ] *adv (easily)* leicht
handle ['hændl] *v 1. (use hands on)* anfassen, berühren; *2. (work with, deal with)* sich befassen mit, handhaben; *3. (succeed in dealing with)* fertigwerden mit, erledigen; *sb 4.* Griff *m; (of a door)* Klinke *f; (of a cup)* Henkel *m; fly off the ~* aus der Haut fahren, die Beherrschung verlieren
hand-made [hænd meɪd] *adj* handgearbeitet, von Hand gemacht
hand-me-down ['hændmi:daʊn] *sb* weitergereichtes Kleidungsstück *n*
handsaw ['hændsɔ:] *sb* Handsäge *f,* Fuchsschwanz *m*
handshake ['hændʃeɪk] *sb* Händedruck *m*
handsome ['hændsəm] *adj 1.* gut aussehend; *2. (considerable)* beträchtlich, ansehnlich, stattlich
handwriting ['hændraɪtɪŋ] *sb* Handschrift *f,* Schrift *f*
handwritten ['hændrɪtən] *adj* handgeschrieben
handy ['hændɪ] *adj 1. (useful)* praktisch; *come in ~* gelegen kommen; *2. (skilled)* geschickt, gewandt; *adv 3. (close at hand)* in der Nähe
hang [hæŋ] *v irr 1. (be hanging)* hängen; *(drapes, hair)* fallen; *2. (sth)* hängen; *(a picture)* aufhängen; *3. ~ one's head* den Kopf hängen lassen; *4. ~ o.s.* sich erhängen, sich aufhängen; *sb 5. get the ~ of sth* den Dreh rauskriegen
• **hang on** *v irr 1.* festhalten; *2. (wait) Hang on!* Halt! Moment!
• **hang out** *v irr 1.* bummeln; *(in a certain place)* sich herumtreiben; *~ with s.o. (fam)* mit jdm verkehren; *2. (a sign)* aushängen
• **hang up** *v irr 1. (a telephone)* auflegen, aufhängen; *2. (a picture, a coat)* aufhängen; *3. to be hung up on (fig: to be obsessed by)* einen Komplex haben wegen, besessen sein von
hanging ['hæŋɪŋ] *sb* Erhängen *n,* Hängen *n*
hangover ['hæŋəʊvə] *sb* Kater *m,* Katzenjammer *m*
hanky-panky [hæŋkɪ'pæŋkɪ] *sb 1. (tricks)* Mauscheleien *pl,* Tricks *pl; 2. (sexy behaviour)* Knutscherei *f,* Techtelmechtel *n; (groping)* Gefummel *n*
happen ['hæpən] *v 1.* geschehen, passieren, sich ereignen; *~ to (become of)* geschehen mit, passieren, werden aus; *2. (coincidentally)* zufällig geschehen, sich zufällig ergeben; *as it ~s* zufälligerweise; *3. ~ upon, ~ on* zufällig stoßen auf; *(s.o.)* zufällig treffen
happening ['hæpənɪŋ] *sb* Ereignis *n*
happiness ['hæpɪnɪs] *sb* Glück *n*
happy ['hæpɪ] *adj 1.* glücklich, froh; *2. (coincidence)* geglückt; *3. (satisfied)* zufrieden
happy hour ['hæpɪ aʊə] *sb* Happy Hour *f*
harass ['hærəs] *v* belästigen
harassment ['hærəsmənt] *sb 1.* Belästigung *f,* Bedrängung *f,* Schikane *f,* Bedrängnis *f; 2. MIL* Störaktion *f*
harbour ['hɑ:bə] *sb 1.* Hafen *m; v 2. (s.o.)* beherbergen; *3. (suspicions, a grudge)* hegen

hard [hɑːd] *adj 1.* hart; *2. ~ cash (fam)* Bares *n; 3. No ~ feelings?* Du bist nicht sauer? *4. (difficult)* schwer, schwierig; *learn sth the ~ way* aus bitterer Erfahrung lernen; *~ of hearing* schwerhörig; *5. to be ~ on s.o.* jdm arg zusetzen; *6. give s.o. a ~ time* jdm arg zusetzen, jdm das Leben schwer machen

hard-and-fast ['hɑːdænd'fɑːst] *adj* fest, bindend

hardback ['hɑːdbæk] *sb (~ book)* gebundene Ausgabe *f*

hard core ['hɑːdkɔː] *sb the ~* der harte Kern *m*

harden ['hɑːdn] *v 1.* hart werden; *2. (sth)* härten; *3. (s.o.: physically)* abhärten; *4. (s.o.: emotionally)* verhärten, abstumpfen

hardened ['hɑːdnd] *adj* zäh, abgehärtet, abgebrüht

hard-headed [hɑːd 'hedɪd] *adj 1. (stubborn)* starrköpfig; *2. (practical)* nüchtern, realistisch

hardhearted [hɑːd 'hɑːtɪd] *adj* hartherzig

hard-hitting [hɑːd 'hɪtɪŋ] *adj* hart, kompromisslos

hardship ['hɑːdʃɪp] *sb 1.* Not *f,* Elend *n; 2. (one ~) JUR* Härte *f*

hard shoulder [hɑːd 'ʃəʊldə] *sb (UK)* Standspur *f*

hardware ['hɑːdwɛə] *sb 1.* Eisenwaren *pl; 2. INFORM* Hardware *f*

hard-working [hɑːd'wɜːkɪŋ] *adj* fleißig

hardy ['hɑːdɪ] *adj 1.* zäh, robust; *2. (brave)* kühn; *3. (plant)* winterfest

harelip ['hɛəlɪp] *sb* Hasenscharte *f*

harm [hɑːm] *v 1. (s.o.)* verletzen; *2. (sth)* schaden; *sb 3.* Schaden *m; 4. (bodily)* Verletzung *f; No ~ done!* Es ist nichts passiert! *out of ~'s way* in Sicherheit; *do ~ to s.o.* jdm schaden, jdm etw antun

harmful ['hɑːmfʊl] *adj* schädlich

harmless ['hɑːmlɪs] *adj 1.* harmlos, unschädlich, ungefährlich; *2. (person)* harmlos, unschuldig, arglos; *3. (question)* harmlos, unverfänglich

harmony ['hɑːmənɪ] *sb* Harmonie *f*

harrowing ['hærəʊɪŋ] *adj* erschreckend, quälend

harsh [hɑːʃ] *adj 1.* hart, rau; *2. (words)* hart, barsch, schroff; *3. (taste)* herb, scharf, sauer; *4. (punishment)* streng

harvest ['hɑːvɪst] *v 1.* ernten; *sb 2.* Ernte *f; 3. (fig)* Ertrag *m,* Früchte *pl*

has-been ['hæzbɪn] *sb* jmd, der seine Glanzzeit hinter sich hat

hassle ['hæsl] *sb (bother)* Mühe *f,* Theater *n* (fam)

haste [heɪst] *sb 1.* Eile *f; Make ~!* Beeil dich! *2. (nervous ~)* Hast *f*

hasten ['heɪsn] *v 1.* sich beeilen; *2. (sth)* beschleunigen

hasty ['heɪstɪ] *adj 1.* eilig, hastig; *2. (rash)* vorschnell, voreilig, übereilt

hat [hæt] *sb* Hut *m; at the drop of a ~* auf der Stelle; *take one's ~ off to s.o.* vor jdm den Hut ziehen; *If that happens, I'll eat my ~.* Wenn das passiert, fresse ich einen Besen.

hatch[1] [hætʃ] *v 1. (come out of the egg)* ausschlüpfen; *2. (fig: a plan)* ausbrüten, aushecken, ausdenken

hatch[2] [hætʃ] *sb 1. (hatchway)* Luke *f; 2. Down the ~! (fig)* Hoch die Tassen! *3. (half-door)* Halbtür *f*

hate [heɪt] *v 1.* hassen; *2. ~ to do sth* etw sehr ungern tun; *sb 3.* Hass *m*

hateful ['heɪtfʊl] *adj* abscheulich; *(person)* unausstehlich

hate mail ['heɪtmeɪl] *sb* beleidigende Briefe *pl*

hatred ['heɪtrɪd] *sb* Hass *m,* Abscheu *m*

haughty ['hɔːtɪ] *adj* hochmütig, überheblich

haunt [hɔːnt] *v 1. (ghost)* spuken in; *2. (frequent)* verkehren in; *3. (memory)* nicht mehr aus dem Kopf gehen; *sb 4. (person's)* Lieblingsaufenthalt *m; (pub)* Stammlokal *n; 5. (hideout)* Schlupfwinkel *m*

haunted ['hɔːntɪd] *adj This house is ~.* In diesem Haus spukt es.

have [hæv] *v irr 1.* haben; *~ a child* ein Kind bekommen; *I've been had! (fig)* Man hat mich reingelegt! *He's had it. (fam)* Er ist erledigt. *2. I'll ~ ... (when ordering sth)* Ich hätte gern ...; *3. ... haven't you?* ... nicht wahr? ... oder? ... oder nicht? *4. ~ sth done* etw tun lassen; *5. ~ to do sth* etw tun müssen; *6. (permit)* dulden, zulassen

• **have on** *v irr 1. (clothing)* tragen, anhaben; *2. (plan)* vorhaben; *3. have s.o. on (UK)* jdn auf den Arm nehmen

• **have out** *v irr have it out with s.o.* sich mit jdm auseinander setzen

havoc ['hævək] *sb* Verwüstung *f,* Zerstörung *f; (chaos)* Chaos *n; wreak ~ on* verwüsten, zerstören; *(fig)* verheerend wirken auf

hay [heɪ] *sb* Heu *n; hit the ~ (fam)* sich in die Falle hauen

hay fever ['heɪfiːvə] *sb MED* Heuschnupfen *m*

hazard ['hæzəd] *v 1.* riskieren, wagen, aufs Spiel setzen; *sb 2. (danger)* Gefahr *f; (risk)* Risiko *n; 3. (golf) SPORT* Hindernis *n*
hazardous ['hæzədəs] *adj* gefährlich, riskant, gewagt
he [hiː] *pron 1.* er; *2. ~ who ...* wer ...; derjenige, der ...; derjenige, welcher ...
head [hed] *sb 1.* Kopf *m; to be ~ and shoulders above s.o.* jdm haushoch überlegen sein; *keep one's ~ above water* sich über Wasser halten; *turn s.o.'s ~* jdm den Kopf verdrehen; *talk one's ~ off* sich dumm und dusslig reden; *I could do that standing on my ~.* Das mache ich mit links. *go ~ over heels (fam: fall in love)* sich bis über beiden Ohren verlieben; *go ~ over heels (do a somersault)* einen Purzelbaum schlagen; *Heads! (when tossing a coin)* Kopf! *2. (mind)* Kopf *m,* Verstand *m; keep one's ~* einen kühlen Kopf bewahren; *put ideas into s.o.'s ~* jdm Flausen in den Kopf setzen; *over s.o.'s ~* zu hoch für jdn; *use one's ~* seinen Kopf anstrengen; *3. (leader, boss)* Chef *m,* Leiter *m,* Führer *m; (of a family)* Familienoberhaupt *n; ~ of state* Staatsoberhaupt *n; 4. come to a ~ (fig)* sich zuspitzen; *5. (of foam)* Schaumkrone *f*
headache ['hedeɪk] *sb 1. MED* Kopfschmerzen *pl; 2. (fig)* Problem *n;* etwas, das Kopfzerbrechen macht
head-butt ['hedbʌt] *sb* Kopfstoß *m*
head case ['hedkeɪs] *sb (fam)* Verrückte(r) *m/f*
headfirst ['hed'fɜːst] *adj* kopfüber
headhunter ['hedhʌntə] *sb 1.* Kopfjäger *m; 2. (executive searcher) ECO* Headhunter *m*
headmaster ['hedmɑːstə] *sb* Schulleiter *m,* Direktor *m*
head-on collision ['hedɒn kə'lɪʒən] *sb* Frontalzusammenstoß *m*
headphones ['hedfəʊnz] *pl* Kopfhörer *m*
headquarters ['hedkwɔːtəz] *sb 1.* Zentrale *f; 2. MIL* Hauptquartier *n*
headset ['hedset] *sb* Kopfhörer *m*
head start [hed stɑːt] *sb* Vorsprung *m*
headstrong ['hedstrɒŋ] *adj* eigensinnig, halsstarrig
•head up führen, leiten
heady ['hedɪ] *adj (impetuous)* impulsiv
heal [hiːl] *v* heilen
health [helθ] *sb* Gesundheit *f*
health care ['helθkɛə] *sb* Gesundheitsfürsorge *f; ~ reform* Gesundheitsreform *f*
health club ['helθklʌb] *sb* Fitnessklub *m*
health food ['helθfuːd] *sb* Reformkost *f*
health insurance ['helθɪnʃʊərəns] *sb* Krankenversicherung *f*
healthy ['helθɪ] *adj* gesund
hear [hɪə] *v irr* hören; *make o.s. heard* sich Gehör verschaffen; *He wouldn't ~ of it.* Er wollte davon gar nichts hören.
•hear out *v irr hear s.o. out* jdn ausreden lassen
hearing ['hɪərɪŋ] *sb 1.* Gehör *n; hard of ~* schwerhörig; *2. JUR* Verhandlung *f,* Vernehmung *f; 3. POL* Hearing *n,* Anhörung *f*
hearing aid ['hɪərɪŋ eɪd] *sb* Hörgerät *n*
hearse [hɜːs] *sb* Leichenwagen *m*
heart [hɑːt] *sb 1.* Herz *n; have a change of ~* seine Meinung ändern; *to one's ~'s content* nach Herzenslust; *one's ~'s desire* jds Herzenswunsch *m; Cross my ~!* Hand aufs Herz! *break s.o.'s ~* jdm das Herz brechen; *know sth by ~* etw auswendig wissen; *set one's ~ on* sein Herz hängen an; *take sth to ~* sich etw zu Herzen nehmen; *eat one's ~ out* sich vor Kummer verzehren; *2. (of a matter)* Kern *m,* das Wesentliche *n; 3. after my own ~* nach meinem eigenen Geschmack; *4. lose ~* den Mut verlieren; *5. in the ~ of* inmitten, mitten in, im Herzen
heartache ['hɑːteɪk] *sb* Kummer *m*
heart attack ['hɑːtətæk] *sb 1.* Herzanfall *m; 2. (thrombosis)* Herzinfarkt *m*
heartbeat ['hɑːtbiːt] *sb* Herzschlag *m*
heartbreaking ['hɑːtbreɪkɪŋ] *adj to be ~* einem das Herz brechen
heartbroken ['hɑːtbrəʊkən] *adj* mit gebrochenem Herzen, unglücklich
heart failure ['hɑːtfeɪljə] *sb MED* Herzversagen *n*
heartily ['hɑːtɪlɪ] *adv* herzlich, kräftig
heart-throb ['hɑːtθrɒb] *sb 1. (fam)* Schwarm *m; 2. (throb of a heart)* Herzklopfen *n*
heart-to-heart ['hɑːttuhɑːt] *sb* offenes Gespräch *n*
heat [hiːt] *sb 1.* Hitze *f,* Wärme *f; 2. (fam: pressure)* Druck *m; 3. ZOOL* Brunst *f; on ~, in ~* brünstig; *4. SPORT* Vorlauf *m; v 5. (sth)* erhitzen, heiß machen; *(food)* aufwärmen
heater ['hiːtə] *sb* Heizgerät *n,* Heizung *f*
heating ['hiːtɪŋ] *sb* Heizung *f*
heat-seeking ['hiːtsiːkɪŋ] *adj* wärmesuchend
heatstroke ['hiːtstrəʊk] *sb* Hitzschlag *m*
heat wave [hiːt weɪv] *sb* Hitzewelle *f*
heave [hiːv] *v 1. (chest)* sich heben und senken; *2. (sth)(lift)* hochheben, hochwuchten,

hochhieven; 3. *(throw)* schmeißen, werfen; 4. *(a sigh)* ausstoßen; 5. *(fam: vomit)* kotzen, erbrechen; *v irr* 6. *(an anchor) NAUT* lichten; *sb* 7. *(throw)* Wurf *m*

heaven ['hevn] *sb REL* Himmel *m; Good ~s!* Du lieber Himmel! *For ~'s sake!* Um Himmels willen! *Thank ~!* Gott sei Dank!

heavy ['hevɪ] *adj* 1. schwer; 2. *(rain, drinker, traffic, beard)* stark; 3. *(tread)* schwerfällig

heavy-handed ['hevɪ 'hændɪd] *adj (rough, boorish)* taktlos, grob

heavy-hearted ['hevɪ 'hɑːtɪd] *adj* mit schwerem Herzen

heavyweight ['hevɪweɪt] *sb* 1. *SPORT* Schwergewichtler *m;* 2. *(fig)* großes Tier *n* (fam)

heckle ['hekl] *v (a speaker)* durch Zwischenrufe stören

hedge [hedʒ] *sb* 1. Hecke *f; v* 2. *(fig: when answering a question)* ausweichen; 3. *~ one's bets* sich absichern

hedgehog ['hedʒhɒg] *sb* Igel *m*

heed [hiːd] *v* 1. beachten, Acht geben auf, Beachtung schenken; *sb* 2. Beachtung *f; pay ~ to, take ~ of* beachten

heel [hiːl] *sb* 1. *ANAT* Ferse *f; on the ~s of sth (fig)* unmittelbar auf etw folgend; *down at the ~s* schäbig, heruntergekommen; *to be head over ~s in love* bis über beide Ohren verliebt sein; *take to one's ~s* die Beine in die Hand nehmen; 2. *(of a shoe)* Absatz *m*

hefty ['heftɪ] *adj* 1. schwer; 2. *(person)* kräftig; 3. *(blow)* saftig (fam)

height [haɪt] *sb* 1. Höhe *f;* 2. *(of a person)* Größe *f;* 3. *(fig)* Höhe *f,* Gipfel *m*

heir [ɛə] *sb* Erbe *m; ~ to the throne* Thronfolger *m*

heiress ['ɛərɪs] *sb* Erbin *f*

heirloom ['ɛəluːm] *sb* Erbstück *n*

helicopter ['helɪkɒptə] *sb* Hubschrauber *m,* Helikopter *m*

hell [hel] *sb* Hölle *f; catch ~* eins aufs Dach kriegen (fam); *give s.o. ~* jdm die Hölle heiß machen (fam); *a ~ of a ...* ein verdammt guter ... *What the ~?* Was zum Teufel? *What the ~!* Was soll's! *Go to ~!* Fahr zur Hölle!

hellish ['helɪʃ] *adj* höllisch

hello [he'ləʊ] *interj* 1. hallo; 2. *(in surprise)* Nanu!

helmet ['helmɪt] *sb* Helm *m*

help [help] *v* 1. helfen; *He can't ~ it.* Er kann nichts dafür. 2. *~ o.s. (to sth)* sich bedienen, zugreifen; 3. *~ out* aushelfen; *sb* 4. Hilfe *f; Help!* Hilfe!

helper ['helpə] *sb* Helfer *m; (assistant)* Gehilfe/Gehilfin *m/f*

helpful ['helpfʊl] *adj* 1. *(person)* behilflich, hilfsbereit; 2. *(thing)* nützlich

helping hand [helpɪŋ'hænd] *sb* Unterstützung *f*

helpless ['helplɪs] *adj* hilflos

helpline [help laɪn] *sb* Notrufstelle *f* (bei Problemen)

helter-skelter [heltə'skeltə] *adj* 1. wirr, wild; *sb* 2. Durcheinander *n*

hem [hem] *sb* 1. Saum *m; v* 2. *~ in (fig)* einengen; 3. *~ in MIL* einschließen

he-man ['hiːmæn] *sb* He-Man *m,* sehr männlicher Typ *m*

hemp [hemp] *sb BOT* Hanf *m*

hen [hen] *sb ZOOL* Henne *f,* Huhn *n*

hence [hens] *adv* 1. *(thus)* also, daher, deshalb; 2. *(from now)* von jetzt an, binnen; *five years ~* in fünf Jahren

hen-party ['henpɑːtɪ] *sb (UK)* Kaffeeklatsch *m*

henpecked ['henpekt] *adj ~ husband (fam)* Pantoffelheld *m*

her [hɜː] *pron* 1. *(accusative)* sie, *(dative case)* ihr; *adj* 2. ihr(e)

herb [hɜːb] *sb* Kraut *n*

herbal ['hɜːbl] *adj* Kräuter..., Pflanzen...

herbivore ['hɜːbɪvɔː] *sb ZOOL* Pflanzenfresser *m*

herd [hɜːd] *sb* 1. Herde *f;* 2. *(of deer)* Rudel *n; v* 3. *(drive)* treiben; *~ together* zusammentreiben

here [hɪə] *adv* 1. hier; *~ and there* hier und da; *That's neither ~ nor there.* Das gehört nicht zur Sache. *Same ~! (fam)* Ich auch! 2. *(over to me)* her, hierher, hierhin; *Come ~!* Komm her! 3. *Look ~! (fig: Listen to me!)* Na hören Sie mal!

hereabouts ['hɪərəbaʊts] *adv* in dieser Gegend

hereafter [hiːr'ɑːftə] *adv* 1. in Zukunft; *sb* 2. *the ~* das Jenseits *n*

hereby [hɪə'baɪ] *adv* hierdurch, hiermit

hereditary [hɪ'redɪtərɪ] *adj* erblich, Erb...

heretic ['herətɪk] *sb* Ketzer *m*

herewith [hɪə'wɪð] *adv* hierdurch, hiermit

heritage ['herɪtɪdʒ] *sb* Erbe *n,* Erbschaft *f*

hermit ['hɜːmɪt] *sb* Einsiedler *m,* Eremit *m*

hernia ['hɜːnɪə] *sb MED* Bruch *m,* Hernie *f*

hero ['hɪərəʊ] *sb* Held *m*

heroic [hɪ'rəʊɪk] *adj* 1. heldenhaft, heroisch; 2. *(size)* mächtig

heroin ['herəʊɪn] *sb* Heroin *n*

heroine ['herəʊɪn] *sb* Heldin *f*
hers [hɜːz] *pron* ihrer/ihre/ihres/ihre
herself [hɜː'self] *pron* sich; *she ~* sie selbst
hesitate ['hezɪteɪt] *v 1.* zögern, zaudern; *2. (in speaking)* stocken
hesitation [hezɪ'teɪʃən] *sb* Zögern *n,* Zaudern *n; without ~* ohne zu zögern
heterosexual [hetərəʊ'seksjʊəl] *adj* heterosexuell
hex [heks] *sb put a ~ on s.o.* jdn verhexen
hexagon ['heksəgɒn] *sb MATH* Sechseck *n,* Hexagon *n*
hey [heɪ] *interj* He!
heyday ['heɪdeɪ] *sb* Glanzzeit *f,* Blütezeit *f*
hi [haɪ] *interj* Guten Tag! Hallo!
hibernate ['haɪbəneɪt] *v* überwintern
hibernation [haɪbə'neɪʃən] *sb ZOOL* Winterschlaf *m,* Überwinterung *f*
hiccup ['hɪkʌp] *sb* Schluckauf *m; have the ~s* den Schluckauf haben
hidden ['hɪdn] *adj* verborgen, geheim
hide[1] [haɪd] *v irr 1.* sich verstecken, sich verbergen; *2. (sth, s.o.)* verstecken, verbergen
hide[2] [haɪd] *sb* Haut *f,* Fell *n*
hideaway ['haɪdəweɪ] *sb* Versteck *n*
hideout ['haɪdaʊt] *sb* Versteck *n*
hiding ['haɪdɪŋ] *sb* Versteck *n; to be in ~* sich versteckt halten; *come out of ~* wieder auftauchen; *go into ~* untertauchen
higgledy-piggledy ['hɪgldɪ'pɪgldɪ] *adj (fam)* durcheinander
high [haɪ] *adj 1.* hoch, hohe(r,s); *search ~ and low* überall suchen; *the ~ season* die Hochsaison *f; It's ~ time that ...* Es wird höchste Zeit, dass ...; *aim ~ (fig)* sich hohe Ziele setzen; *leave s.o. ~ and dry* jdn im Stich lassen; *2. (altitude)* groß; *3. (fam: on drugs)* high; *4. (wind)* stark
high chair ['haɪtʃɛə] *sb* Hochstuhl *m*
high-handed [haɪ'hændɪd] *adj* anmaßend, selbstherrlich, eigenmächtig
high heels [haɪ hiːlz] *pl* hohe Absätze *pl*
high life ['haɪlaɪf] *sb the ~* glanzvolles Leben *n*
highlight ['haɪlaɪt] *sb 1. (fig)* Höhepunkt *m,* Glanzpunkt *m; 2. (in hair)* Strähne *f; 3. ART* Glanzlicht *n; v 4. (fig: point to)* ein Schlaglicht werfen auf, hervorheben; *5. (fig: to be the ~ of)* den Höhepunkt bilden
highly ['haɪlɪ] *adv 1.* höchst, äußerst, sehr; *2. think ~ of s.o.* jdn bewundern
high point ['haɪpɔɪnt] *sb* Höhepunkt *m*
high-pressure [haɪ'preʃə] *adj* Hochdruck...
high-rise ['haɪraɪz] *sb* Hochhaus *n*
high-risk ['haɪrɪsk] *adj* Hochrisiko...
high school ['haɪskuːl] *sb (US)* Highschool *f,* Oberschule *f*
high society [haɪ sə'saɪətɪ] *sb* High Society *f,* obere Zehntausend *pl*
high tide [haɪ taɪd] *sb* Hochwasser *n*
highway ['haɪweɪ] *sb* Landstraße *f; ~s and byways* Straßen und Wege
hijack ['haɪdʒæk] *v* entführen
hijacking ['haɪdʒækɪŋ] *sb (of an aircraft)* Flugzeugentführung *f*
hike [haɪk] *v 1.* wandern; *2. ~ up (trousers)* hochziehen; *sb 3.* Wanderung *f*
hiker ['haɪkə] *sb* Wanderer *m*
hilarious [hɪ'lɛərɪəs] *adj* zum Schreien, urkomisch, sehr lustig
hill [hɪl] *sb* Hügel *m,* Anhöhe *f,* kleiner Berg *m; as old as the ~s* uralt, steinalt; *to be over the ~ (fig)* seine besten Jahre hinter sich haben
him [hɪm] *pron 1. (accusative case)* ihn; *(dative case)* ihm; *2. That's ~!* Das ist er!
himself [hɪm'self] *pron 1.* sich; *2. he ~* er selbst
Hindi ['hɪndɪ] *sb LING* Hindi *n*
Hindu ['hɪnduː] *sb REL* Hindu *m*
hint [hɪnt] *v 1.* andeuten; *~ at* anspielen auf; *sb 2.* Andeutung *f; drop a ~* eine Andeutung machen; *take a ~* den Wink verstehen; *3. (piece of advice)* Tipp *m,* Hinweis *m; 4. (trace)* Spur *f*
hip[1] [hɪp] *sb ANAT* Hüfte *f*
hip[2] [hɪp] *adj (fam) to be ~* voll dabei sein (fam); *to be ~ to ...* auf dem Laufenden sein über ...
hip-hop ['hɪphɒp] *sb MUS* Hiphop *m*
hippie ['hɪpiː] *sb* Hippie *m*
hire [haɪə] *v 1.* mieten; *2. (give a job to)* anstellen, engagieren; *NAUT* anheuern; *3. ~ out* vermieten, verleihen; *sb 4. for ~* zu vermieten; *(taxi)* frei
his [hɪz] *adj 1.* sein(e); *pron 2.* seiner/seine/seines/seine
Hispanic [hɪs'pænɪk] *adj 1.* spanisch; *2. (Latin American)* lateinamerikanisch
hiss [hɪs] *v 1.* zischen; *2. (~ s.o.)* auszischen
history ['hɪstərɪ] *sb 1.* Geschichte *f; 2. (background)* Vorgeschichte *f*
hit [hɪt] *v irr 1. (strike)* schlagen; *~ the deck* sich zu Boden werfen; *~ the road* sich auf den Weg machen; *2. (target)* treffen; *3. (collide against)* stoßen, rammen; *4. ~ s.o. (occur to s.o.)* jdm aufgehen; *5. (reach)* erreichen; *6. ~ the bottle (fig)* zur Flasche greifen; *7. ~ it off*

with s.o. sich gut mit jdm verstehen, mit jdm bestens auskommen; *sb 8. (blow)* Schlag *m; 9. (on target)* Treffer *m; 10. (success)* Erfolg *m*
• **hit back** *v irr* zurückschlagen
• **hit on** *v irr 1.* stoßen auf; *2. ~ s.o. (fam) (US)* jdn anmachen
hit-and-run [hɪtənd'rʌn] *sb* Unfall mit Fahrerflucht *m*
hitch-hike ['hɪtʃhaɪk] *v* trampen, per Anhalter fahren
hitch-hiker ['hɪtʃhaɪkə] *sb* Tramper *m,* Anhalter *m*
hives [haɪvz] *pl MED* Nesselausschlag *m,* Nesselsucht *f*
hoarse [hɔːs] *adj* heiser
hoax [həʊks] *v 1.* hereinlegen; *sb 2.* Streich *m,* Trick *m; (false report)* Ente *f*
hobble ['hɒbl] *v 1.* humpeln, hinken; *2. (~ s.o.) (fig)* hindern
hobby ['hɒbɪ] *sb* Hobby *n;* Steckenpferd *n,* Liebhaberei *f*
hobo ['həʊbəʊ] *sb (US: tramp)* Landstreicher *m*
hocus-pocus [həʊkəs'pəʊkəs] *sb* Hokuspokus *m*
hoist [hɔɪst] *v* hochziehen, hochwinden, hieven
hold [həʊld] *v irr 1.* halten; *Hold your fire!* Nicht schießen! *Hold everything!* Sofort aufhören! *2. (one's nose, one's ears)* zuhalten; *3. ~ one's breath* den Atem anhalten; *4. (a passport)* haben; *5. (shares) FIN* besitzen; *6. (contain)* fassen; *(bus, plane)* Platz haben für; *7. (a meeting, a church service)* abhalten; *8. (a party, a concert)* veranstalten; *9. (an office, a post)* innehaben, bekleiden; *10. ~ one's own* sich behaupten; *11. (consider)* halten für; *~ s.o. responsible* jdn verantwortlich machen; *sb 12.* Griff *m; get ~ of s.o. (fig)* jdn erwischen; *get a ~ on s.o.* jdn unter seinen Einfluss bekommen; *grab ~ of sth* etw fassen; *have a good ~ over s.o.* jdn in der Hand haben; *take ~ of sth* etw ergreifen; *13. (in mountaineering)* Halt *m; 14. NAUT* Laderaum *m*
• **hold back** *v irr 1.* sich zurückhalten; *2. (sth)* zurückhalten; *3. (a mob)* aufhalten; *4. (tears)* unterdrücken; *5. to be held back (have to repeat a school year)* sitzen bleiben
• **hold on** *v irr 1.* sich festhalten; *~ to* festhalten; *2. (endure)* durchhalten; *3. (wait, stop) Hold on!* Moment!
• **hold out** *v irr 1. (refuse to yield)* nicht nachgeben, aushalten; *2. ~ for* bestehen auf; *3. (sth)* ausstrecken
• **hold up** *v irr 1. (lift up)* hochheben; *2. (delay)* verzögern; *3. (fam: rob)* überfallen; *4. ~ to sth* sich zu etw bekennen; *5. (weather)* sich halten
holding company ['həʊldɪŋkʌmpənɪ] *sb ECO* Dachgesellschaft *f*
hold-up ['həʊldʌp] *sb 1. (robbery)* bewaffneter Überfall *m; 2. (delay)* Verzögerung *f*
hole [həʊl] *sb 1.* Loch *n; pick ~s in sth (fig)* etw kritisieren; *2. (rabbit's or fox's)* Bau *m; 3. (fig: awkward situation)* Klemme *f; v 4. ~ up* sich verkriechen
holiday ['hɒlɪdeɪ] *sb 1.* Feiertag *m; (day off)* freier Tag *m; 2. ~s pl (UK)* Urlaub *m,* Ferien *pl; on ~* im Urlaub
holiday resort ['hɒlədeɪ rɪ'zɔːt] *sb* Ferienort *m*
holler ['hɒlə] *v* brüllen
hollow ['hɒləʊ] *adj 1.* hohl; *2. (promise)* leer; *3. (victory)* wertlos; *4. (sound)* hohl, dumpf; *sb 5. (in the ground)* Mulde *f; 6. (valley)* Senke *f; 7. (of a tree)* hohler Teil *m*
holly ['hɒlɪ] *sb BOT* Stechpalme *f*
holocaust ['hɒləkɔːst] *sb 1.* Inferno *n; 2. The Holocaust* der Holocaust *m*
holster ['həʊlstə] *sb* Pistolenhalfter *f/n*
holy ['həʊlɪ] *adj REL* heilig; *(bread, water, ground)* geweiht
Holy Week ['həʊlɪ wiːk] *sb* Karwoche *f*
home [həʊm] *sb 1.* Heim *n; feel at ~* sich wie zu Hause fühlen; *a letter from ~* ein Brief von Zuhause; *at ~* zu Hause, daheim; *make o.s. at ~* sich wie zu Hause fühlen; *2. (country)* Heimat *f; 3. ZOOL* Heimat *f; 4. (institution)* Heim *n,* Anstalt *f; 5. hit ~* ins Schwarze treffen; *adv 6.* zu Hause, daheim; *7. (toward ~)* nach Hause, heim; *bring sth ~ to s.o. (fig)* jdm etw klarmachen; *nothing to write ~ about (fam)* nichts Weltbewegendes
homebanking [həʊm 'bæŋkɪŋ] *sb FIN* Home Banking *n* (Bankgeschäfte über Computer von zu Hause aus)
home-brew ['həʊmbruː] *sb* selbst gebrautes Bier *n*
homeless ['həʊmlɪs] *adj* obdachlos
homely ['həʊmlɪ] *adj 1. (UK: homey)* anheimelnd, gemütlich; *2. (US: unattractive)* unansehnlich, unattraktiv
homepage ['həʊmpeɪdʒ] *sb INFORM* Homepage *f*
homesick ['həʊmsɪk] *adj to be ~* Heimweh haben
home truth [həʊm truːθ] *sb* bittere Wahrheit *f*

homework ['həʊmwɜːk] *sb 1.* Hausaufgaben *pl,* Schulaufgaben *pl; 2. do one's ~ (fig)* sich gründlich vorbereiten
homicide ['hɒmɪsaɪd] *sb 1.* Tötung *f; 2. (murder)* Mord *m*
homophobia [həʊməʊ'fəʊbɪə] *sb* Schwulenhass *m*
homosexual [heʊməʊ'seksjʊəl] *sb 1.* Homosexuelle(r) *m/f; adj 2.* homosexuell
homosexuality [heʊməʊseksjʊ'ælɪtɪ] *sb* Homosexualität *f*
honest ['ɒnɪst] *adj 1. (sincere)* ehrlich, offen, aufrichtig; *2. (respectable)* redlich, anständig; *3. (money, profit)* ehrlich verdient
honesty ['ɒnɪstɪ] *sb* Ehrlichkeit *f,* Aufrichtigkeit *f,* Redlichkeit *f*
honey ['hʌnɪ] *sb 1.* Honig *m; 2. (fam: darling)* Schatz *m*
honeymoon ['hʌnɪmuːn] *sb 1.* Flitterwochen *pl; 2. (trip)* Hochzeitsreise *f*
honorary degree ['ɒnərərɪ də'griː] *sb* ehrenhalber verliehener akademischer Grad *m*
honorific [ɒnə'rɪfɪk] *adj* ehrend, Ehren...
honour ['ɒnə] *sb 1.* Ehre *f; word of ~* Ehrenwort *n; guest of ~* Ehrengast *m; a point of ~* Ehrensache *f; 2. Your Honour (judge)* Euer Ehren, *(mayor)* Herr Bürgermeister; *3. (award)* Auszeichnung *f; 4. ~s pl (academic)* besondere Auszeichnung *f; v 5. (a cheque)* annehmen, einlösen; *6. (a credit card)* anerkennen; *7. (a debt)* begleichen; *8. (a commitment)* stehen zu, *(a contract)* erfüllen; *9. (s.o.)* ehren
honourable ['ɒnərəbl] *adj 1.* ehrenhaft, *(discharge)* ehrenvoll; *2. the Honourable ...* der/die Ehrenwerte ...
honours list ['ɒnəz lɪst] *sb (UK)* Liste der Titel- und Rangverleihungen *f*
hook [hʊk] *sb 1.* Haken *m; by ~ or by crook* so oder so; *to be off the ~* aus dem Schneider sein *(fam); let s.o. off the ~* jdn verschonen; *v 2. (a fish)* an die Angel bekommen; *3. (fam: a husband)* sich angeln; *4. ~ one's feet around sth* seine Füße um etw schlingen; *5. ~ sth to sth* etw an etw festhaken; *6. ~ sth up (device)* etw anschließen; *(dress)* zuhaken; *(trailer)* ankoppeln; *7. get ~ed on sth (really like sth)* auf etw stehen (fam); *(drugs)* von etw abhängig werden
hooker ['hʊkə] *sb (fam: prostitute) (US)* Nutte *f*
hooligan ['huːlɪgən] *sb* Rowdy *m*
hooray [hə'reɪ] *interj* hurra
hoot [huːt] *v 1. (derisively)* johlen; *2. (owl)* schreien; *3. (UK: horn)* hupen
hoover ['huːvə] *v (fam)* Staub saugen
hop [hɒp] *v 1.* hüpfen, hopsen; *~ in (fam)* einsteigen; *~ into bed with s.o.* mit jdm ins Bett steigen; *Hop to it! (fam)* Beweg dich! Mach schnell! *sb 2.* kleiner Sprung *m,* Hüpfer *m; 3. (fam: short aeroplane flight)* Katzensprung *m*
hope [həʊp] *v 1.* hoffen; *~ for* hoffen auf; *~ for the best* das Beste hoffen; *~ against ~ that ...* trotz allem die Hoffnung nicht aufgeben, dass ...; *sb 2.* Hoffnung *f*
hopeful ['həʊpfʊl] *adj* hoffnungsvoll
hopeless ['həʊplɪs] *adj 1.* hoffnungslos; *2. (situation)* aussichtslos, hoffnungslos; *3. (incurable: liar, romantic)* unverbesserlich
horizon [hə'raɪzn] *sb* Horizont *m*
horn [hɔːn] *sb 1. ZOOL* Horn *n; ~s pl (deer's)* Geweih *n; 2. MUS* Horn *n; blow one's own ~* sich selbst auf die Schulter klopfen; *3. (of a car)* Hupe *f*
horned [hɔːnd] *adj* gehörnt, Horn...
horny ['hɔːnɪ] *adj (fam)* geil, scharf
horoscope ['hɒrəskəʊp] *sb* Horoskop *n*
horrible ['hɒrɪbl] *adj* fürchterlich, schrecklich
horrid ['hɒrɪd] *adj* scheußlich, fürchterlich, schrecklich
horrific [hɒ'rɪfɪk] *adj* entsetzlich, schrecklich
horror ['hɒrə] *sb 1.* Grauen *n,* Entsetzen *n; 2. (horrifying thing)* Gräuel *m,* Schrecken *m; adj 3. CINE* Horror...
horse [hɔːs] *sb 1.* Pferd *n; eat like a ~ (fam)* fressen wie ein Scheunendrescher; *straight from the ~'s mouth* aus berufenem Mund; *Now that's a ~ of a different colour.* Aber das ist wieder was anderes. *v 2. ~ around (fam)* herumblödeln
horseback ['hɔːsbæk] *sb on ~* zu Pferd
horsebox ['hɔːsbɒks] *sb* Pferdebox *f*
horseplay ['hɔːspleɪ] *sb* Unfug *m,* Balgerei *f,* Herumalbern *n*
horsepower ['hɔːspaʊə] *sb* Pferdestärke *f*
horseshoe ['hɔːsʃuː] *sb* Hufeisen *n*
horticulture ['hɔːtɪkʌltʃə] *sb* Gartenbau *m*
hospital ['hɒspɪtl] *sb* Krankenhaus *n,* Klinik *f,* Hospital *n*
hospitality [hɒspɪ'tælɪtɪ] *sb* Gastfreundschaft *f*
host [həʊst] *sb 1.* Gastgeber *m; 2. (at a pub, at a hotel)* Wirt *m; 3. (of a game show)* Moderator *m*
hostage ['hɒstɪdʒ] *sb* Geisel *f; take s.o. ~* jdn als Geisel nehmen

hostel ['hɒstəl] *sb* Heim *n; youth ~* Jugendherberge *f*
hostess ['həʊstɪs] *sb 1.* Gastgeberin *f; 2. (in a pub, in a hotel)* Wirtin *f; 3. (at a night club, at an exhibition)* Hostess *f*
hostility [hɒs'tɪlɪtɪ] *sb 1.* Feindschaft *f,* Feindseligkeit *f; 2. hostilities pl MIL* Feindseligkeiten *pl*
hot [hɒt] *adj 1.* heiß; *~ off the presses, ~ from the press* gerade erschienen; *~ under the collar (fig)* wütend; *2. (meal, drink)* warm; *3. (spicy)* scharf; *4. (temper)* hitzig; *5. (fam: great)* stark, toll; *He's not so ~.* Er ist nicht so toll.
hot-blooded [hɒt'blʌdɪd] *adj* heißblütig
hot dog ['hɒtdɒg] *sb GAST* Hotdog *m/n*
hotel [həʊ'tel] *sb* Hotel *n*
hothead ['hɒthed] *sb* Hitzkopf *m*
hotline ['hɒtlaɪn] *sb 1.* Hotline *f; 2. (between heads of government) POL* heißer Draht *m*
hot seat ['hɒtsi:t] *sb (fig)* Schleudersitz *m*
hot-water bottle [hɒt'wɔ:təbɒtl] *sb* Wärmflasche *f*
hour [aʊə] *sb 1.* Stunde *f; for ~s* stundenlang; *five minutes past the ~* fünf Minuten nach voll; *the wee ~s* die frühen Morgenstunden; *every ~ on the ~* jede volle Stunde; *2. ~s pl (business ~)* Öffnungszeiten *pl,* Geschäftszeiten *pl; after ~s* nach Büroschluss, nach Ladenschluss
hourly ['aʊəlɪ] *adj* stündlich; *~ wage* Stundenlohn *m*
house [haʊs] *sb 1.* Haus *n; get on like a ~ on fire* sich auf Anhieb verstehen; *bring the ~ down (fig)* den Saal zum Kochen bringen; *eat s.o. out of ~ and home* jdm die Haare vom Kopf fressen; *2. on the ~* auf Kosten des Hauses; *3. House of Commons (UK) POL* Unterhaus *n; House of Lords (UK)* Oberhaus *n; House of Representatives (US) POL* Abgeordnetenhaus *n;* [haʊz] *v 4.* unterbringen, einbauen
house arrest ['haʊsə'rest] *sb* Hausarrest *m*
housebreak ['haʊsbreɪk] *v (US: a dog)* stubenrein machen
household name [haʊshəʊld'neɪm] *sb* gängiger Begriff *m*
house-train ['haʊstreɪn] *v* stubenrein machen
housewife ['haʊswaɪf] *sb* Hausfrau *f*
how [haʊ] *adv 1.* wie; *How come?* Wieso? *And ~!* Und wie! *How about it?* Wie wär's? *How do you do?* Guten Tag! *2. ~ much* wie viel; *(to what degree)* wie sehr; *How much is it?* Was kostet es?
however [haʊ'evə] *konj 1.* jedoch, doch, dennoch; *adv 2.* egal wie, wie; *However did you manage it?* Wie hast du das bloß geschafft?
howl [haʊl] *v 1.* heulen, jaulen; *2. (person)* brüllen, schreien; *sb 3.* Schrei *m,* Heulen *n*
hub [hʌb] *sb 1.* Radnabe *f; 2. (fig)* Mittelpunkt *m,* Zentrum *n*
hubby ['hʌbɪ] *sb (fam: husband)* Männe *m,* Mann *m*
hubcap ['hʌbkæp] *sb* Radkappe *f*
huddle ['hʌdl] *v (confer)* die Köpfe zusammenstecken
hue[1] [hju:] *sb ~ and cry* Zeter und Mordio
hue[2] [hju:] *sb (colour)* Farbe *f,* Farbton *m*
huff [hʌf] *sb in a ~* verstimmt, eingeschnappt
hug [hʌg] *v 1.* umarmen; *2. (keep close to)* sich dicht halten an; *sb 3.* Umarmung *f*
huge [hju:dʒ] *adj* riesig, gewaltig, enorm
hula-hoop ['hu:ləhu:p] *sb* Hula-Hoop-Reifen *m*
hull [hʌl] *sb 1. NAUT* Rumpf *m; 2. BOT* Hülse *f*
hullaballoo [hʌləbə'lu:] *sb* Lärm *m,* Tumult *m*
hullo [hʌ'ləʊ] *interj 1.* hallo; *2. (in surprise)* Nanu!
human ['hju:mən] *sb 1.* Mensch *m; adj 2.* menschlich; *I'm only ~.* Ich bin auch nur ein Mensch.
human being ['hju:mən 'bi:ɪŋ] *sb* Mensch *m*
humane [hju:'meɪn] *adj* human, menschlich
human interest ['hju:mən 'ɪntrɪst] *sb* die menschliche Seite *f*
humankind [hju:mən'kaɪnd] *sb* die Menschheit *f*
human nature ['hju:mən 'neɪtʃə] *sb* menschliche Natur *f*
human race ['hju:mən reɪs] *sb the ~* das Menschengeschlecht *n*
human rights ['hju:mən raɪts] *pl* Menschenrechte *pl*
humble ['hʌmbl] *v 1.* demütigen, erniedrigen; *adj 2. (unassuming)* bescheiden; *3. (meek)* demütig; *4. (lowly)* einfach
humid ['hju:mɪd] *adj* feucht
humidity [hju:'mɪdɪtɪ] *sb* Feuchtigkeit *f,* Luftfeuchtigkeit *f*

humiliate [hjuːˈmɪlɪeɪt] *v* demütigen, erniedrigen
humiliation [hjuːmɪlɪˈeɪʃən] *sb* Demütigung *f,* Erniedrigung *f*
humorist [ˈhjuːmərɪst] *sb* Humorist/Humoristin *m/f*
humorous [ˈhjuːmərəs] *adj* humorvoll, lustig
humour [ˈhjuːmə] *sb 1.* Humor *m; 2. (mood)* Stimmung *f,* Laune *f*
hump [hʌmp] *sb 1. ANAT* Buckel *m; 2. (camel's) ZOOL* Höcker *m; 3. (hillock)* kleiner Hügel *m*
hunch [hʌntʃ] *sb 1. (fig: feeling, idea)* Gefühl *n,* Ahnung *f; play a ~* einer Intuition folgen; *2. (hump) ANAT* Buckel *m*
hung [hʌŋ] *adj 1.* gehängt, aufgehängt; *2. a ~ jury JUR* eine Jury, innerhalb derer sich keine Mehrheit findet
hunger [ˈhʌŋgə] *v 1.* hungern; *~ for, ~ after* hungern nach; *sb 2.* Hunger *m*
hunger strike [ˈhʌŋgəstraɪk] *sb* Hungerstreik *m*
hungry [ˈhʌŋgrɪ] *adj* hungrig; *go ~* hungern; *I'm ~.* Ich habe Hunger.
hunk [hʌŋk] *sb 1. (big piece)* großes Stück *n; 2. (fam: man)* gut gebauter, attraktiver Mann *m*
hunky-dory [hʌŋkɪˈdɔːrɪ] *adj (fam)* in Ordnung
hunt [hʌnt] *v 1.* jagen; *(search)* suchen; *~ s.o. down* jdn zur Strecke bringen; *sb 2.* Jagd *f; (by police)* Fahndung *f*
hurdle [ˈhɜːdl] *v 1.* überspringen; *sb 2.* Hürde *f*
hurricane [ˈhʌrɪkeɪn] *sb* Orkan *m; (tropical)* Wirbelsturm *m*
hurried [ˈhʌrɪd] *adj* eilig, hastig, übereilt
hurry [ˈhʌrɪ] *v 1.* sich beeilen; *~ somewhere* irgendwohin eilen; *Hurry up!* Beeil dich! *2. (s.o.)* antreiben; *3. (sth)* beschleunigen, schneller machen; *(do too quickly)* überstürzen; *~ over sth* etw hastig erledigen; *sb 4.* Hast *f,* Eile *f; in a ~* eilig, hastig; *to be in a ~* es eilig haben
hurt [hɜːt] *v irr 1. (to be painful)* schmerzen, wehtun; *2. (s.o.)* wehtun; *(injure)* verletzen; *3. (sth)* schaden; *adj 4.* verletzt; *5. (look)* gekränkt
hurtful [ˈhɜːtfʊl] *adj* verletzend
husband [ˈhʌzbənd] *sb* Mann *m,* Ehemann *m,* Gatte *m*
hush [hʌʃ] *v 1.* zum Schweigen bringen; *Hush!* Pst! *2. ~ sth up* etw vertuschen
hush money [ˈhʌʃmʌnɪ] *sb (fam)* Schweigegeld *n*
husky [ˈhʌskɪ] *adj 1. (voice)* heiser; *2. (person)* stämmig
hustle [ˈhʌsl] *v 1. (move quickly)* hasten, sich beeilen; *2. (US: work quickly)* rangehen; *3. (push roughly)* drängeln; *4. ~ sth somewhere* etw rasch wohin schaffen; *5. ~ up (US)* herzaubern (fam); *sb 6.* Hetze *f,* Eile *f, (jostling)* Gedränge *n*
hut [hʌt] *sb 1.* Hütte *f; 2. MIL* Baracke *f*
hydrogen [ˈhaɪdrɪdʒən] *sb* Wasserstoff *m*
hydrogen peroxide [ˈhaɪdrɪdʒən pəˈrɒksaɪd] *sb* Wasserstoffsuperoxid *n,* Wasserstoffperoxid *n*
hyena [haɪˈiːnə] *sb ZOOL* Hyäne *f*
hyetal [ˈhaɪɪtl] *adj* Niederschlags...
hygiene [ˈhaɪdʒiːn] *sb* Hygiene *f; personal ~* Körperpflege *f*
hygienic [haɪˈdʒiːnɪk] *adj* hygienisch
hymn [hɪm] *sb* Hymne *f*
hymnal [ˈhɪmnəl] *sb REL* Gesangbuch *n*
hymn-book [ˈhɪmbʊk] *sb REL* Gesangbuch *n*
hype [haɪp] *v 1. (promote, publicize)* aggressiv propagieren; *sb 2. (publicity)* Publizität *f,* aggressive Propaganda *f*
hyper [ˈhaɪpə] *adj (fam)* übernervös
hyperactive [haɪpərˈæktɪv] *adj* äußerst aktiv
hypercritical [haɪpəˈkrɪtɪkl] *adj* überkritisch
hypermarket [ˈhaɪpəmɑːkɪt] *sb (UK)* Großmarkt *m,* Verbrauchermarkt *m*
hypersensitive [haɪpəˈsensɪtɪv] *adj* überempfindlich
hypnosis [hɪpˈnəʊsɪs] *sb* Hypnose *f*
hypnotist [ˈhɪpnətɪst] *sb* Hypnotiseur *m*
hypnotize [ˈhɪpnətaɪz] *v* hypnotisieren
hypocrisy [hɪˈpɒkrɪsɪ] *sb* Heuchelei *f*
hypocrite [ˈhɪpəkrɪt] *sb* Heuchler *m*
hypocritical [hɪpəˈkrɪtɪkəl] *adj* heuchlerisch
hypothermia [haɪpəʊˈθɜːmɪə] *sb* Unterkühlung *f,* Kältetod *m*
hypothetical [haɪpəʊˈθetɪkəl] *adj* hypothetisch
hysterectomy [hɪstəˈrektəmɪ] *sb MED* Hysterektomie *f,* Totaloperation *f*
hysteria [hɪsˈtɪərɪə] *sb* Hysterie *f*
hysteric [hɪˈsterɪk] *sb 1. (person)* Hysteriker *m; 2. ~s pl PSYCH* Hysterie *f*
hysterical [hɪsˈterɪkəl] *adj 1.* hysterisch; *2. (fam: very funny)* wahnsinnig komisch

I

I [aɪ] *pron* ich
ice [aɪs] *sb 1.* Eis *n; keep sth on ~* eine Sache auf Eis legen; *v 2. ~ over,~ up* zufrieren; *(windscreen)* vereisen
Ice Age ['aɪseɪdʒ] *sb GEOL* Eiszeit *f*
iceberg ['aɪsbɜːg] *sb* Eisberg *m*
icebox ['aɪsbɒks] *sb 1. (part of a refrigerator)* Eisfach *n; 2. (US: refrigerator)* Eisschrank *m,* Kühlschrank *m*
icebreaker ['aɪsbreɪkə] *sb 1. NAUT* Eisbrecher *m; 2. (fig) His joke was a real ~.* Sein Witz brach das Eis.
ice cream ['aɪskriːm] *sb GAST* Eis *n,* Speiseeis *n*
iced [aɪst] *adj 1. (covered with ice)* vereist; *2. (cooled by means of ice)* geeist, eisgekühlt; *3. (covered with icing) GAST* glasiert
ice skate ['aɪsskeɪt] *sb* Schlittschuh *m*
ice-skating ['aɪsskeɪtɪŋ] *sb 1.* Schlittschuhlaufen *n; 2. SPORT* Eiskunstlauf *m*
icicle ['aɪsɪkl] *sb* Eiszapfen *m*
icing ['aɪsɪŋ] *sb GAST* Zuckerguss *m*
icy ['aɪsɪ] *adj* eisig
ID [aɪ'diː]*(see "identification", "identify")*
idea [aɪ'dɪə] *sb 1.* Idee *f,* Einfall *m; What's the big ~?* Was soll denn das? *2. (concept)* Vorstellung *f,* Ahnung *f,* Ansicht *f; The very ~!* Na so was! *give s.o. an ~ of ...* jdm eine ungefähre Vorstellung von ... geben; *I haven't the slightest ~.* Ich habe nicht die geringste Ahnung.
ideal [aɪ'dɪəl] *adj 1.* ideal; *sb 2.* Ideal *n,* Idealvorstellung *f,* Wunschbild *n*
idealistic [aɪdɪə'lɪstɪk] *adj* idealistisch
identical [aɪ'dentɪkəl] *adj* identisch, gleich; *~ twins* eineiige Zwillinge
identification [aɪdentɪfɪ'keɪʃən] *sb 1.* Identifizierung *f; 2. (proof of identity)* Ausweis *m,* Legitimation *f; 3. (association)* Identifikation *f*
identity [aɪ'dentɪtɪ] *sb 1.* Identität *f; 2. mistaken ~* Personenverwechslung *f*
identity card [aɪ'dentɪtɪ kɑːd] *sb* Personalausweis *m,* Ausweis *m*
ideology [aɪdɪ'ɒlədʒɪ] *sb* Ideologie *f*
idiom ['ɪdɪəm] *sb (word, phrase)* idiomatische Wendung *f,* Redewendung *f*
idiot ['ɪdɪət] *sb* Idiot *m,* Dummkopf *m*
idle ['aɪdl] *adj 1. (not working)* müßig, untätig; *2. (machine)* stillstehend, außer Betrieb; *3. (lazy)* faul, träge; *4. (speculation)* müßig; *5. (threat, words)* leer; *v 6. (engine)* leer laufen
idolatry [aɪ'dɒlətrɪ] *sb* Abgötterei *f,* Götzendienst *m*
idolize ['aɪdəlaɪz] *v* abgöttisch verehren, vergöttern, anbeten
idyllic [ɪ'dɪlɪk] *adj* idyllisch
if [ɪf] *konj 1.* wenn, falls; *~ only* wenn nur; *~ so* wenn ja, wenn dem so ist; *~ need be* nötigenfalls; *2. (whether)* ob; *I don't know ~ she wants to talk to him.* Ich weiß nicht, ob sie mit ihm sprechen will.
iffy ['ɪfɪ] *adj (fam)* fraglich, zweifelhaft
igloo ['ɪgluː] *sb* Iglu *m*
ignite [ɪg'naɪt] *v 1.* sich entzünden, Feuer fangen, *(car)* zünden; *2. (sth)* entzünden, anzünden; *(car)* zünden
ignition [ɪg'nɪʃən] *sb 1.* Anzünden *n,* Entzünden *n; 2. (of a car, of a rocket)* Zündung *f; 3. (fam) leave the key in the ~* den Zündschlüssel stecken lassen; *The key is in the ~.* Der Zündschlüssel steckt.
ignition key [ɪg'nɪʃən kiː] *sb* Zündschlüssel *m*
ignorance ['ɪgnərəns] *sb 1.* Unwissenheit *f; 2. (of sth in particular)* Unkenntnis *f*
ignorant ['ɪgnərənt] *adj 1.* unwissend, ungebildet, ignorant; *2. (of sth in particular)* nicht wissend, nicht kennend
ignore [ɪg'nɔː] *v* ignorieren, nicht beachten
ill [ɪl] *adj 1. (sick)* krank; *to be taken ~* erkranken, krank werden; *2. (bad)* schlecht, schlimm, übel; *speak ~ of s.o.* schlecht von jdm sprechen; *~ humour* schlechte Laune; *~ at ease* unbehaglich; *~ feeling (resentment)* Groll *m,* Verbitterung *f*
illegal [ɪ'liːgəl] *adj* illegal, ungesetzlich
illegible [ɪ'ledʒəbl] *adj* unleserlich
illegitimate [ɪlɪ'dʒɪtɪmɪt] *adj* unrechtmäßig; *(child)* unehelich
illiteracy [ɪ'lɪtərəsɪ] *sb* Analphabetentum *n*
illiterate [ɪ'lɪtərət] *adj 1.* des Lesens und Schreibens unkundig; *sb 2.* Analphabet/Analphabetin *m/f*
illness ['ɪlnɪs] *sb* Krankheit *f*
illogical [ɪ'lɒdʒɪkəl] *adj* unlogisch
illuminating [ɪ'luːmɪneɪtɪŋ] *adj* erhellend, aufschlussreich
illumination [ɪluːmɪ'neɪʃən] *sb 1.* Beleuchtung *f; 2. (fig)* Erläuterung *f*

illusion [ɪ'luːʒən] *sb* *1.* Illusion *f;* *2. (misperception)* Täuschung *f*
illustration [ɪləs'treɪʃən] *sb* *1.* Abbildung *f,* Bild *m,* Illustration *f;* *2. (fig)* erklärendes Beispiel *n*
image ['ɪmɪdʒ] *sb* *1.* Bild *n;* *2. (mental ~)* Vorstellung *f,* Bild *n;* *3. (sculpted) ART* Standbild *n,* Figur *f;* *4. (likeness)* Ebenbild *n,* Abbild *n;* *5. (public perception)* Image *n*
imagery ['ɪmɪdʒrɪ] *sb* Metaphorik *f,* Vorstellung *f*
imagination [ɪmædʒɪ'neɪʃən] *sb* *1.* Fantasie *f,* Vorstellungskraft *f,* Einbildungskraft *f;* *Use your ~!* Lass dir was einfallen! *2. (self-deceptive)* Einbildung *f*
imagine [ɪ'mædʒɪn] *v* *1.* sich vorstellen, sich denken; *2. (be under the illusion that)* sich einbilden; *3. (suppose)* annehmen, vermuten
imbalance [ɪm'bæləns] *sb* Unausgeglichenheit *f*
imbecile ['ɪmbəsiːl] *sb* *1. MED* Schwachsinniger *m;* *2. (fam)* Idiot *m,* Blödmann *m,* Dummkopf *m*
imitate ['ɪmɪteɪt] *v* nachahmen, imitieren, nachmachen
imitation [ɪmɪ'teɪʃən] *sb* *1.* Imitation *f,* Nachahmung *f;* *adj* *2.* unecht, künstlich, Kunst...
imitative ['ɪmɪtətɪv] *adj* nachahmend, imitierend
immaculate [ɪ'mækjʊlɪt] *adj* *1.* untadelig, tadellos, makellos; *2. REL the Immaculate Conception* die unbefleckte Empfängnis *f*
immaterial [ɪmə'tɪərɪəl] *adj* nebensächlich, unwesentlich, bedeutungslos
immature [ɪmə'tjʊə] *adj* unreif
immediately [ɪ'miːdɪətlɪ] *adv* *1. (right away)* sofort, umgehend, unverzüglich; *2. (directly)* direkt, unmittelbar; *konj* *3. (UK)* sobald
immense [ɪ'mens] *adj* riesig, enorm, ungeheuer
immensity [ɪ'mensɪtɪ] *sb* ungeheure Größe *f*
immigrant ['ɪmɪgrənt] *sb* Einwanderer *m,* Immigrant/Immigrantin *m/f*
immigrate ['ɪmɪgreɪt] *v* einwandern, immigrieren; *~ to* einwandern in
immigration [ɪmɪ'greɪʃən] *sb* Einwanderung *f,* Immigration *f*
imminent ['ɪmɪnənt] *adj* nahe bevorstehend
immobile [ɪ'məʊbaɪl] *adj* unbeweglich
immodesty [ɪ'mɒdɪstɪ] *sb* Unbescheidenheit *f,* Unanständigkeit *f*
immoral [ɪ'mɒrəl] *adj* unmoralisch, unsittlich; *(person)* sittenlos
immorality [ɪmə'rælɪtɪ] *sb* Unmoral *f,* Unsittlichkeit *f*
immortal [ɪ'mɔːtl] *adj* unsterblich
immortality [ɪmɔː'tælɪtɪ] *sb* Unsterblichkeit *f*
immortalize [ɪ'mɔːtəlaɪz] *v* unsterblich machen, verewigen
immovable [ɪ'muːvəbl] *adj* unbeweglich; *(person: steadfast)* fest
immune [ɪ'mjuːn] *adj* *1. MED* immun; *2. (fig)* gefeit
immunity [ɪ'mjuːnɪtɪ] *sb* Immunität *f*
immunize ['ɪmjʊnaɪz] *v* immunisieren
impact ['ɪmpækt] *sb* *1.* Aufprall *m;* *2. (of two moving objects)* Zusammenprall *m;* *3. (force)* Wucht *f;* *4. (fig)* Auswirkung *f;* *have an ~ on* sich auswirken auf
impart [ɪm'pɑːt] *v* *(bestow)* verleihen
impartial [ɪm'pɑːʃəl] *adj* unparteiisch, unvoreingenommen, unbefangen
impatience [ɪm'peɪʃəns] *sb* Ungeduld *f*
impatient [ɪm'peɪʃənt] *adj* ungeduldig
impeach [ɪm'piːtʃ] *v* *1.* anklagen; *(US: a president)* ein Impeachment einleiten gegen; *2. (challenge)* anzweifeln, infrage stellen
impeccable [ɪm'pekəbl] *adj* untadelig, tadellos
impediment [ɪm'pedɪmənt] *sb* *1.* Hindernis *n;* *2. MED* Behinderung *f;* *speech ~* Sprachfehler *m*
impending [ɪm'pendɪŋ] *adj* nahe bevorstehend, drohend
impenetrable [ɪm'penɪtrəbl] *adj* *1.* undurchdringlich; *2. (fig: mystery)* unergründlich
imperfect [ɪm'pɜːfɪkt] *adj* *1.* unvollkommen, mangelhaft; *(goods)* fehlerhaft; *2. (incomplete)* unvollständig, unvollkommen; *sb* *3. GRAMM* Imperfekt *n,* unvollendete Vergangenheit *f*
imperfection [ɪmpə'fekʃən] *sb* *(fault)* Mangel *m,* Fehler *m*
impermeable [ɪm'pɜːmɪəbl] *adj* undurchlässig
impersonal [ɪm'pɜːsnl] *adj* unpersönlich
impersonate [ɪm'pɜːsəneɪt] *v* *1. (pass o.s. off as)* sich ausgeben als; *2. (for comic purposes)* imitieren, nachahmen
impersonator [ɪm'pɜːsəneɪtə] *sb* Imitator *m*
impertinence [ɪm'pɜːtɪnəns] *sb* Unverschämtheit *f,* Frechheit *f*

impertinent [ɪm'pɜːtɪnənt] *adj* unverschämt, frech

impetuous [ɪm'petjʊəs] *adj* ungestüm, stürmisch, hitzig

implant [ɪm'plɑːnt] *v 1. MED* implantieren; ['ɪmplɑːnt] *sb 2.* Implantat *n*

implantation [ɪmplɑːn'teɪʃən] *sb* Einpflanzung *f,* Implantation *f*

implausible [ɪm'plɔːzəbl] *adj* nicht plausibel, unglaubhaft, unglaubwürdig

implement ['ɪmplɪmənt] *v 1.* durchführen, ausführen; *2. (a law)* anwenden; *sb 3.* Werkzeug *n,* Gerät *n*

implicate ['ɪmplɪkeɪt] *v ~ s.o. in sth* jdn in etw verwickeln

implied [ɪm'plaɪd] *adj* mit inbegriffen, impliziert

impolite [ɪmpə'laɪt] *adj* unhöflich

import [ɪm'pɔːt] *v 1.* einführen, importieren; ['ɪmpɔːt] *sb 2. ECO* Einfuhr *f,* Import *m; 3. ~s pl (goods)* Einfuhrartikel *m,* Einfuhrwaren *pl*

importance [ɪm'pɔːtəns] *sb* Wichtigkeit *f,* Bedeutung *f*

important [ɪm'pɔːtənt] *adj* wichtig, bedeutend

import duty ['ɪmpɔːtdjuːtɪ] *sb ECO* Einfuhrzoll *m*

impose [ɪm'pəʊz] *v 1. ~ on s.o.* sich jdm aufdrängen, jdm zur Last fallen; *2. (sth)(task, conditions)* auferlegen; *3. (a fine)* verhängen; *4. (a tax)* erheben

imposing [ɪm'pəʊzɪŋ] *adj* eindrucksvoll, imponierend, imposant

impossible [ɪm'pɒsəbl] *adj* unmöglich

impostor [ɪm'pɒstə] *sb* Betrüger *m,* Schwindler *m,* Hochstapler *m*

impotent ['ɪmpətənt] *adj* schwach; *(sexually)* impotent

impound [ɪm'paʊnd] *v 1.* beschlagnahmen; *2. (a car)* abschleppen lassen

impractical [ɪm'præktɪkəl] *adj* unpraktisch

imprecise [ɪmprɪ'saɪs] *adj* ungenau

impregnable [ɪm'pregnəbl] *adj (fortress)* uneinnehmbar

impress [ɪm'pres] *v 1.* beeindrucken, Eindruck machen auf, imponieren; *2. ~ sth on s.o.* jdm etw deutlich klarmachen

impression [ɪm'preʃən] *sb 1.* Eindruck *m; to be under the ~ that ...* den Eindruck haben, dass ...; *2. (humorous impersonation)* Nachahmung *f,* Imitation *f; 3. (wax ~, plaster ~)* Abdruck *m,* Eindruck *m*

impressionable [ɪm'preʃənəbl] *adj* leicht zu beeindrucken, beeinflussbar

impressive [ɪm'presɪv] *adj* eindrucksvoll, beeindruckend, imposant

imprint [ɪm'prɪnt] *v 1.* prägen; *2. (fig)* einprägen; ['ɪmprɪnt] *sb 3.* Abdruck *m; 4. (publisher's)* Impressum *n*

imprison [ɪm'prɪzn] *v* inhaftieren, einsperren

imprisonment [ɪm'prɪznmənt] *sb 1. (imprisoning)* Einsperren *n,* Inhaftierung *f; 2. (state)* Gefangenschaft *f; 3. (sentence) JUR* Freiheitsstrafe *f*

improper [ɪm'prɒpə] *adj 1. (wrong)* falsch; *2. (unseemly)* unschicklich; *3. (not fitting)* unpassend

improve [ɪm'pruːv] *v 1. (get better)* sich verbessern, sich bessern; *2. ~ upon* übertreffen, besser machen; *3. (sth)* verbessern; *(refine)* verfeinern; *(sth's appearance)* verschönern

improvement [ɪm'pruːvmənt] *sb* Verbesserung *f,* Besserung *f,* Verschönerung *f,* Veredelung *f*

improvisation [ɪmprəvaɪ'zeɪʃən] *sb* Improvisation *f*

improvise ['ɪmprəvaɪz] *v* improvisieren

improvised ['ɪmprəvaɪzd] *adj* improvisiert

impulse ['ɪmpʌls] *sb 1.* Antrieb *m,* Triebkraft *f; 2. (fig: thought, urge)* Impuls *m,* plötzliche Regung *f*

impulse buying ['ɪmpʌlsbaɪɪŋ] *sb* Spontankauf *m*

impulsive [ɪm'pʌlsɪv] *adj (fig)* impulsiv

in [ɪn] *prep 1.* in; *~ the street* auf der Straße; *~ the sky* am Himmel; *~ here* hier drin; *~ French* auf Französisch; *written ~ pencil* mit Bleistift geschrieben; *three metres ~ length* drei Meter lang; *adj 2. (fam: ~ fashion)* in; *adv 3. (present)* da; *Is Mr. Morgan ~?* Ist Herr Morgan da? *4. to be ~ on sth* an einer Sache beteiligt sein; *(on a secret)* über etw Bescheid wissen; *5. to be ~ for it (fam)* dran sein, vor Schwierigkeiten stehen

inability [ɪnə'bɪlɪtɪ] *sb* Unfähigkeit *f*

inaccurate [ɪn'ækjʊrɪt] *adj 1.* ungenau; *2. (wrong)* falsch

inactive [ɪn'æktɪv] *adj* untätig

inadequate [ɪn'ædɪkwət] *adj* unzulänglich, ungenügend

inadmissible [ɪnəd'mɪsəbl] *adj* unzulässig

inadvertent [ɪnəd'vɜːtənt] *adj* unbeabsichtigt, unabsichtlich, versehentlich

inadvisable [ɪnəd'vaɪzəbl] *adj* nicht ratsam, nicht zu empfehlen
inalienable [ɪn'eɪlɪənəbl] *adj* unveräußerlich
inane [ɪ'neɪn] *adj* albern, idiotisch
inapplicable [ɪn'æplɪkəbl] *adj* nicht zutreffend, ungeeignet, nicht anwendbar
inappropriate [ɪnə'prəʊprɪət] *adj* unpassend; *(action)* unangemessen
inasmuch [ɪnəz'mʌtʃ] *konj* ~ *as* da, weil; *(to the extent that)* insofern als
inattentiveness [ɪnə'tentɪvnɪs] *sb* Unaufmerksamkeit *f*
inaudible [ɪn'ɔːdəbl] *adj* unhörbar
in-between [ɪnbɪ'twiːn] *adj* Mittel..., Zwischen...
inbound ['ɪnbaʊnd] *adj 1. NAUT* einlaufend; *2. (traffic)* stadteinwärts
inbred [ɪn'bred] *adj 1. (innate)* angeboren, vererbt; *2. (from inbreeding)* durch Inzucht erworben
inbreeding ['ɪnbriːdɪŋ] *sb* Inzucht *f*
incalculable [ɪn'kælkjʊləbl] *adj 1.* unermesslich; *2. (mood)* unberechenbar
incapable [ɪn'keɪpəbl] *adj* unfähig, nicht fähig
incapacitated [ɪnkə'pæsɪteɪtɪd] *adj 1. physically* ~ körperlich behindert; *2. (unable to work)* erwerbsunfähig
incarcerate [ɪn'kɑːsəreɪt] *v 1.* einsperren; *2. MED (Nerv)* einklemmen
incendiary [ɪn'sendɪərɪ] *adj 1.* Brand..., Feuer...; *2. (fig: seditious)* aufhetzend
incense ['ɪnsens] *sb* Weihrauch *m*
incensed [ɪn'senst] *adj* aufgebracht, wütend
incentive [ɪn'sentɪv] *sb* Ansporn *m*
incessant [ɪn'sesnt] *adj* unaufhörlich, unablässig, ständig
incest ['ɪnsest] *sb* Inzest *m,* Blutschande *f*
inch [ɪntʃ] *sb 1.* Zoll *m; ~ by ~* Zentimeter um Zentimeter; *v 2. ~ forward* sich zentimeterweise vorwärts schieben
incident ['ɪnsɪdənt] *sb 1.* Ereignis *n,* Begebenheit *f,* Vorfall *m; 2. (international ~)* Zwischenfall *m*
incidental [ɪnsɪ'dentl] *adj 1.* beiläufig; *to be ~ to* gehören zu; *2. (unplanned)* zufällig; *3. ~ expenses* Nebenkosten *pl*
incidentally [ɪnsɪ'dentəlɪ] *adv (by the way)* übrigens
incise [ɪn'saɪz] *v* einschneiden
incite [ɪn'saɪt] *v* aufhetzen, aufwiegeln
incivility [ɪnsɪ'vɪlɪtɪ] *sb* Unhöflichkeit *f*
incline [ɪn'klaɪn] *v 1.* neigen; *2. to be ~d to do sth* etw tun wollen; *(have a tendency to do sth)* dazu neigen, etw zu tun; *to be ~d to think that ...* zu der Ansicht neigen, dass ...; *if you feel so ~d.* falls Sie Lust haben; ['ɪnklaɪn] *sb 3.* Neigung *f,* Abhang *m,* Gefälle *n*
inclined [ɪn'klaɪnd] *adj 1. (disposed)* geneigt, bereit; *2. (sloping)* schräg, geneigt
include [ɪn'kluːd] *v 1.* einschließen, enthalten, umfassen; *2. (apply to as well)* einschließen, betreffen, gelten für; *3. tax ~d* einschließlich Steuer, inklusive Steuer; *4. (add)* aufnehmen
inclusion [ɪn'kluːʒən] *sb* Einbeziehung *f,* Einschluss *m,* Aufnahme *f*
incoherent [ɪnkəʊ'hɪərənt] *adj 1.* zusammenhangslos, wirr; *2. (person)* schwer verständlich
income ['ɪnkʌm] *sb* Einkommen *n,* Einkünfte *pl*
income tax ['ɪnkʌm tæks] *sb* Einkommensteuer *f; ~ return* Einkommensteuererklärung *f*
incoming ['ɪnkʌmɪŋ] *adj 1.* ankommend, hereinkommend; *2. (post)* eingehend
incomparable [ɪn'kɒmpərəbl] *adj* unvergleichlich
incompatible [ɪnkəm'pætəbl] *adj* unvereinbar; *(drugs, blood groups)* nicht miteinander verträglich
incompetence [ɪn'kɒmpɪtəns] *sb 1.* Unfähigkeit *f,* Untauglichkeit *f; 2. JUR* Unzuständigkeit *f,* Inkompetenz *f*
incomplete [ɪnkəm'pliːt] *adj* unvollständig, unvollendet, unvollkommen
incomprehensible [ɪnkɒmprɪ'hensəbl] *adj* unbegreiflich
inconceivable [ɪnkən'siːvəbl] *adj 1.* unvorstellbar, undenkbar; *2. (hard to believe)* unbegreiflich, unfassbar
inconclusive [ɪnkən'kluːsɪv] *adj 1.* nicht überzeugend, nicht schlüssig; *2. (action)* ergebnislos
inconsiderable [ɪnkən'sɪdərəbl] *adj* unbedeutend, unerheblich
inconsiderate [ɪnkən'sɪdərət] *adj* rücksichtslos, unbedacht
inconsistent [ɪnkən'sɪstənt] *adj 1. (uneven)* unbeständig; *2. (contradictory)* widersprüchlich
inconsolable [ɪnkən'səʊləbl] *adj* untröstlich
incontinent [ɪn'kɒntɪnənt] *adj 1. (sexually)* unkeusch; *2. MED* inkontinent

inconvenience [ɪnkən'viːnɪəns] *v 1. ~ s.o.* jdm lästig sein, jdm Umstände machen; *sb 2.* Unannehmlichkeit *f,* Lästigkeit *f,* Unbequemlichkeit *f*
inconvenient [ɪnkən'viːnɪənt] *adj* ungünstig
incorrect [ɪnkə'rekt] *adj 1.* falsch, unrichtig, irrig; *2. (improper)* inkorrekt, ungehörig
increase [ɪn'kriːs] *v 1.* zunehmen; *2. (amount, number)* anwachsen; *3. (sales, demand)* steigen; *4. (rage)* sich vergrößern; *5. (difficulties)* sich vermehren; *6. (sth)* vergrößern; *(taxes, price, speed)* erhöhen; *(performance)* steigern; ['ɪnkriːs] *sb 7.* Zunahme *f,* Erhöhung *f,* Steigerung *f*
increasingly [ɪn'kriːsɪŋlɪ] *adv* immer mehr; *it's becoming ~ difficult* es wird immer schwieriger
incredible [ɪn'kredəbl] *adj* unglaublich
incriminate [ɪn'krɪmɪneɪt] *v JUR* belasten
incubator ['ɪnkjʊbeɪtə] *sb (for babies)* Brutkasten *m, (for bacteria)* Brutschrank *m*
indebted [ɪn'detɪd] *adj to be ~ to s.o. for sth* jdm etw zu verdanken haben, für etw in jds Schuld stehen
indecent [ɪn'diːsnt] *adj* unanständig, anstößig
indecision [ɪndɪ'sɪʒən] *sb* Unentschlossenheit *f*
indecisive [ɪndɪ'saɪsɪv] *adj 1.* unentschlossen, unschlüssig, schwankend; *2. (battle, argument)* nicht entscheidend
indeed [ɪn'diːd] *adv 1. (really, in fact)* tatsächlich, wirklich, in der Tat; *2. (yes, that's true)* allerdings, aber sicher; *3. (admittedly)* zwar
indefensible [ɪndɪ'fensəbl] *adj 1. (fig)* nicht zu rechtfertigen, unentschuldbar; *2. MIL* nicht zu verteidigen
indefinite [ɪn'defɪnɪt] *adj 1.* unbestimmt; *2. (vague)* unklar, undeutlich
indentation [ɪnden'teɪʃən] *sb* Einkerbung *f,* Vertiefung *f*
independent [ɪndɪ'pendənt] *adj* unabhängig, selbstständig
in-depth ['ɪndepθ] *adj* eingehend, gründlich
indescribable [ɪndɪs'kraɪbəbl] *adj* unbeschreiblich
indestructible [ɪndɪ'strʌktəbl] *adj* unzerstörbar, unverwüstlich
index ['ɪndeks] *sb 1. (number showing ratio)* Index *m; 2. (card ~)* Kartei *f; 3. (in a book)* Register *n*
indicate ['ɪndɪkeɪt] *v 1. (mark)* zeigen, bezeichnen, deuten auf; *2. (gesture, express)* andeuten, zeigen, zu verstehen geben; *3. (to be a sign of)* erkennen lassen, hinweisen auf, hindeuten auf
indication [ɪndɪ'keɪʃən] *sb 1. (sign)* Anzeichen *n,* Hinweis *m; 2. (suggestion)* Andeutung *f; 3. (on a gauge)* Anzeige *f*
indicative [ɪn'dɪkətɪv] *adj to be ~ of sth* auf etw hinweisen, auf etw hindeuten, auf etw schließen lassen
indifference [ɪn'dɪfrəns] *sb 1.* Gleichgültigkeit *f; 2. (mediocrity)* Mittelmäßigkeit *f*
indifferent [ɪn'dɪfrənt] *adj 1.* gleichgültig; *2. (mediocre)* mittelmäßig
indigenous [ɪn'dɪdʒɪnəs] *adj* einheimisch
indigestion [ɪndɪ'dʒestʃən] *sb* Magenverstimmung *f*
indignant [ɪn'dɪgnənt] *adj* empört, ungehalten, entrüstet
indirect [ɪndɪ'rekt] *adj 1.* indirekt; *2. (result)* mittelbar
indiscretion [ɪndɪs'kreʃən] *sb* Indiskretion *f*
indispensable [ɪndɪs'pensəbl] *adj* unentbehrlich, unerlässlich; *(obligation)* unbedingt erforderlich
indisputable [ɪndɪ'spjuːtəbl] *adj* unbestreitbar
indistinct [ɪndɪ'stɪŋkt] *adj* unklar, undeutlich
indistinguishable [ɪndɪ'stɪŋgwɪʃəbl] *adj ~ from* nicht zu unterscheiden von
individual [ɪndɪ'vɪdjʊəl] *adj 1.* einzeln; *2. (distinctive)* eigen, individuell; *sb 3.* Einzelne(r) *m/f,* Individuum *n,* Einzelperson *f; 4. (pejorative)* Person *f,* Individuum *n; a scruffy ~* ein ungepflegter Typ
individualism [ɪndɪ'vɪdjʊəlɪzəm] *sb* Individualismus *m*
individuality [ɪndɪvɪdjʊ'ælɪtɪ] *sb* Individualität *f,* Eigenart *f*
indoors [ɪn'dɔːz] *adv* im Hause, zu Hause, drinnen
induce [ɪn'djuːs] *v 1. (a reaction)* herbeiführen; *2. (labour, birth)* einleiten; *3. (electrical current)* induzieren; *4. ~ s.o. to do sth (persuade)* jdn veranlassen, etw zu tun/ jdn dazu bewegen, etw zu tun/ jdn dazu bringen, etw zu tun
induct [ɪn'dʌkt] *v 1.* einweihen; *2. (US) MIL* einberufen
indulge [ɪn'dʌldʒ] *v 1. ~ in sth* sich etw gönnen, sich etw genehmigen; *(a vice)* sich

einer Sache hingeben; 2. *(s.o.)* nachgeben; *(spoil a child)* verwöhnen
indulgent [ɪn'dʌldʒənt] *adj* nachsichtig
industrial [ɪn'dʌstrɪəl] *adj* industriell, Industrie..., Betriebs...
industrial action [ɪn'dʌstrɪəl 'ækʃən] *sb* *(UK)* Arbeitskampfmaßnahmen *pl*
industrial estate [ɪn'dʌstrɪəl ɪs'teɪt] *sb* *(UK)* Industriegebiet *n*
industrialist [ɪn'dʌstrɪəlɪst] *sb* Industrielle(r) *m/f*
industrious [ɪn'dʌstrɪəs] *adj* fleißig, arbeitsam, emsig
industry ['ɪndəstrɪ] *sb* 1. Industrie *f;* 2. *(industriousness)* Fleiß *m*
inedible [ɪn'edɪbl] *adj* ungenießbar, nicht essbar
ineffectiveness [ɪnɪ'fektɪvnɪs] *sb* Wirkungslosigkeit *f;* *(of a person)* Unfähigkeit *f*
inefficiency [ɪnɪ'fɪʃənsɪ] *sb* 1. *(of a method)* Unproduktivität *f;* 2. *(of a person)* Untüchtigkeit *f;* 3. *(of a machine, of a company)* Leistungsunfähigkeit *f*
inefficient [ɪnɪ'fɪʃənt] *adj* 1. *(method)* unproduktiv; 2. *(person)* untüchtig; 3. *(machine, company)* leistungsunfähig
ineligible [ɪn'elɪdʒəbl] *adj* nicht berechtigt, ohne die nötigen Voraussetzungen
inequable [ɪn'ekwəbl] *adj* ungleichmäßig, unausgeglichen
inert [ɪ'nɜːt] *adj* 1. *(person)* reglos; 2. *PHYS* träge
inexcusable [ɪnɪk'skjuːzəbl] *adj* unverzeihlich
inexpensive [ɪnɪk'spensɪv] *adj* nicht teuer, billig
inexperienced [ɪnɪks'pɪərɪənst] *adj* unerfahren
inexplicable [ɪnɪks'plɪkəbl] *adj* unerklärlich, unverständlich
infant ['ɪnfənt] *sb* Säugling *m,* Baby *n,* kleines Kind *n*
infatuated [ɪn'fætjʊeɪtɪd] *adj* vernarrt
infect [ɪn'fekt] *v* 1. anstecken; 2. *(a wound)* infizieren
infection [ɪn'fekʃən] *sb* *MED* Ansteckung *f,* Infektion *f*
infectious [ɪn'fekʃəs] *adj* ansteckend
infer [ɪn'fɜː] *v* schließen, folgern
inferior [ɪn'fɪərɪə] *adj* 1. niedriger, geringer, geringwertiger; *to be ~ to s.o.* jdm unterlegen sein; 2. *(low-quality)* minderwertig
inferiority complex [ɪnfɪərɪ'ɒrɪtɪ 'kɒmpleks] *sb* Minderwertigkeitskomplex *m*
infernal [ɪn'fɜːnl] *adj* 1. Höllen..., höllisch; 2. *(fam: blasted)* verdammt, verteufelt
inferno [ɪn'fɜːnəʊ] *sb* Inferno *n*
infertile [ɪn'fɜːtaɪl] *adj* unfruchtbar
infest [ɪn'fest] *v* befallen, heimsuchen
infidelity [ɪnfɪ'delɪtɪ] *sb* Untreue *f,* Treulosigkeit *f*
infiltrate ['ɪnfɪltreɪt] *v* 1. *(troops)* infiltrieren; 2. *(spies)* einschleusen; 3. *(an organization)* unterwandern
infinity [ɪn'fɪnɪtɪ] *sb* Unendlichkeit *f*
infirmary [ɪn'fɜːmərɪ] *sb* 1. Krankenzimmer *n;* 2. *(hospital)* Krankenhaus *n;* 3. *MIL* Krankenrevier *n*
inflate [ɪn'fleɪt] *v* 1. sich mit Luft füllen; 2. *(with air)* aufpumpen; *(by blowing)* aufblasen; 3. *(prices) ECO* hochtreiben
inflation [ɪn'fleɪʃən] *sb* 1. *ECO* Inflation *f;* *rate of ~ ECO* Inflationsrate *f;* 2. *(act of inflating)* Aufpumpen *n,* Aufblasen *n*
in-flight ['ɪnflaɪt] *adj* während des Fluges
influence ['ɪnflʊəns] *v* 1. beeinflussen; *sb* 2. Einfluss *m*
influential [ɪnflʊ'enʃəl] *adj* einflussreich
infomercial [ɪnfəʊ'mɜːʃəl] *sb* Werbesendung *f*
inform [ɪn'fɔːm] *v* benachrichtigen, informieren, mitteilen
informal [ɪn'fɔːməl] *adj* 1. zwanglos, ungezwungen; 2. *(meeting, talks)* nicht förmlich, nicht formell, inoffiziell
informant [ɪn'fɔːmənt] *sb* Informant/Informatin *m/f*
information [ɪnfə'meɪʃən] *sb* 1. Information *f;* 2. *(provided)* Auskunft *f,* Informationen *pl*
information desk [ɪnfə'meɪʃən desk] *sb* Auskunft *f*
information highway [ɪnfə'meɪʃən 'haɪweɪ] *sb INFORM* Datenautobahn *f*
information science [ɪnfə'meɪʃən 'saɪəns] *sb* Informatik *f*
informative [ɪn'fɔːmətɪv] *adj* 1. aufschlussreich, informativ; 2. *(person)* mitteilsam
informed [ɪn'fɔːmd] *adj* *(expert)* sachkundig
informer [ɪn'fɔːmə] *sb* Informant *m,* Denunziant *m,* Spitzel *m*
infotainment [ɪnfəʊ'teɪnmənt] *sb* Infotainment *n* (Mischung aus Unterhaltung und Information)
infrared [ɪnfrə'red] *adj* infrarot
infrasound ['ɪnfrəsaʊnd] *adj* Infraschall...

infrastructure ['ɪnfrəstrʌktʃə] *sb ECO* Infrastruktur *f*
infrequent [ɪn'fri:kwənt] *adj* selten
infuriate [ɪn'fjʊərɪeɪt] *v* wütend machen, aufbringen
infuse [ɪn'fju:z] *v (fig)* erfüllen
infusion [ɪn'fju:ʒən] *sb 1. MED* Infusion *f; 2. (fig)* Einflößung *f*
ingenious [ɪn'dʒi:nɪəs] *adj* genial
ingenuity [ɪndʒɪ'nju:ɪtɪ] *sb* Genialität *f; (of a device)* Raffiniertheit *f*
ingest [ɪn'dʒest] *v* aufnehmen
ingestion [ɪn'dʒestʃən] *sb* Nahrungsaufnahme *f*
ingoing ['ɪngəʊɪŋ] *adj* eingehend, hereinkommend
ingrain [ɪn'greɪn] *v* fest verankern, fest verwurzeln
ingrained [ɪn'greɪnd] *adj 1. (habit)* eingefleischt; *2. (prejudice)* tief verwurzelt
ingratitude [ɪn'grætɪtju:d] *sb* Undankbarkeit *f*
ingredient [ɪn'gri:dɪənt] *sb 1.* Bestandteil *m; 2. GAST* Zutat *f*
ingrowing ['ɪngrəʊɪŋ] *adj* eingewachsen
ingrown ['ɪngrəʊn] *adj* eingewachsen
inhabit [ɪn'hæbɪt] *v* bewohnen, wohnen in, leben in
inhabitant [ɪn'hæbɪtənt] *sb 1.* Bewohner *m; 2. (of a city, of a country)* Einwohner *m*
inhalation [ɪnhə'leɪʃən] *sb* Inhalation *f*
inhalator ['ɪnhəleɪtə] *sb* Inhalator *m*
inhale [ɪn'heɪl] *v 1.* einatmen, inhalieren; *2. (in smoking)* Lungenzüge machen
inherent [ɪn'hɪərənt] *adj* eigen, innewohnend
inherit [ɪn'herɪt] *v* erben
inheritance [ɪn'herɪtəns] *sb 1.* Erbe *n,* Erbschaft *f,* Erbteil *n; 2. BIO* Vererbung *f*
inheritance tax [ɪn'herɪtəns tæks] *sb* Erbschaftssteuer *f*
inhibition [ɪnhɪ'bɪʃən] *sb* Hemmung *f*
inhumane [ɪnhju:'meɪn] *adj* inhuman; *(to people)* menschenunwürdig
inhumanity [ɪnhju:'mænɪtɪ] *sb* Unmenschlichkeit *f*
inimitable [ɪ'nɪmɪtəbl] *adj* unnachahmlich, einzigartig
initially [ɪ'nɪʃəlɪ] *adv* am Anfang, zu Anfang, anfänglich
initiate [ɪ'nɪʃɪeɪt] *v 1. (sth)* einleiten, beginnen; *2. (into a club)* feierlich aufnehmen; *3. (into a tribe)* initiieren
initiative [ɪ'nɪʃətɪv] *sb* Initiative *f*
inject [ɪn'dʒekt] *v MED* einspritzen, spritzen; *~ new life into sth (fig)* etw neu beleben
injection [ɪn'dʒekʃən] *sb MED* Injektion *f,* Spritze *f*
injure ['ɪndʒə] *v 1.* verletzen, beschädigen, verwunden; *2. (feelings, pride)* kränken, verletzen; *3. (damage)* schaden
injury ['ɪndʒərɪ] *sb 1.* Verletzung *f; 2. (fig)* Kränkung *f; 3. (damage)* Schaden *m*
injury time ['ɪndʒərɪ taɪm] *sb SPORT* Nachspielzeit *f*
injustice [ɪn'dʒʌstɪs] *sb* Unrecht *n,* Ungerechtigkeit *f*
ink [ɪŋk] *sb 1.* Tinte *f; 2. ART* Tusche *f; 3. (for publishing)* Druckfarbe *f*
inkle ['ɪŋkl] *sb* Leinenborte *f*
inkling ['ɪŋklɪŋ] *sb* dunkle Ahnung *f*
inky ['ɪŋkɪ] *adj* tintig, Tinten...
Inland Revenue ['ɪnlənd 'revənju:] *sb (UK)* Finanzamt *n*
in-laws ['ɪnlɔ:z] *pl* angeheiratete Verwandte *pl; (spouse's parents)* Schwiegereltern *pl*
inner ['ɪnə] *adj* innere(r,s), Innen...
inner-city ['ɪnəsɪtɪ] *adj* Innenstadt...
innocent ['ɪnəsənt] *adj 1.* unschuldig; *2. (mistake)* unabsichtlich
innovation [ɪnəʊ'veɪʃən] *sb* Neuerung *f,* Innovation *f*
innovative ['ɪnəveɪtɪv] *adj* auf Neuerungen aus
innuendo [ɪnjʊ'endəʊ] *sb* versteckte Andeutung *f,* Anspielung *f*
inoculate [ɪ'nɒkjʊleɪt] *v* impfen
inoculation [ɪnɒkjʊ'leɪʃən] *sb* Impfung *f*
inoffensive [ɪnə'fensɪv] *adj* harmlos
inoperative [ɪn'ɒpərətɪv] *adj (not working)* außer Betrieb, nicht einsatzfähig
inpatient ['ɪnpeɪʃənt] *sb* stationärer Patient/stationäre Patientin *m/f*
input ['ɪnpʊt] *v INFORM 1.* eingeben; *sb 2.* Eingabe *f*
inquire [ɪn'kwaɪə] *v 1. ~ about* sich erkundigen nach, fragen nach; *2. ~ into* untersuchen
inquiry [ɪn'kwaɪərɪ] *sb 1.* Anfrage *f,* Erkundigung *f,* Nachfrage *f; 2. (investigation)* Untersuchung *f*
inquisitive [ɪn'kwɪzɪtɪv] *adj* neugierig, wissbegierig
insane [ɪn'seɪn] *adj 1.* geisteskrank, wahnsinnig; *2. (fig)* wahnsinnig, irrsinnig
insanity [ɪn'sænɪtɪ] *sb 1.* Geisteskrankheit *f,* Wahnsinn *m; 2. (fig)* Wahnsinn *m,* Irrsinn *m*

inscription [ɪn'skrɪpʃən] *sb* *1.* Inschrift *f;* *2. (in a book)* Widmung *f*
insect ['ɪnsekt] *sb* Insekt *n,* Kerbtier *n*
insect bite ['ɪnsekt baɪt] *sb* *MED* Insektenstich *m*
insecurity [ɪnsɪ'kjʊərɪtɪ] *sb* Unsicherheit *f*
insensitive [ɪn'sensɪtɪv] *adj* *1.* gefühllos; *2. (to pain)* unempfindlich
insert [ɪn'sɜːt] *v* *1.* einfügen, einsetzen, einschieben; *2. (stick into)* hineinstecken, stecken; *~ sth into sth* etw in etw stecken; *3. (an advertisement)* setzen; *4. (a coin)* einwerfen; ['ɪnsɜːt] *sb* *5. (in a magazine or newspaper)* Beilage *f*
inside ['ɪn'saɪd] *adj* *1.* Innen..., innere(r,s); *prep* *2.* in ... (hinein), innerhalb; *adv* *3.* innen; *4. (indoors)* drin, drinnen; *5. (toward the inside)* nach innen, hinein, herein; *sb* *6.* Innenseite *f,* Innenfläche *f,* innere Seite *f;* *7. ~s pl (fam: stomach)* Eingeweide *pl*
inside information ['ɪnsaɪd ɪnfə'meɪʃən] *sb* interne Informationen *pl*
inside job ['ɪnsaɪd'dʒɒb] *sb* Tat eines Eingeweihten *f*
inside out ['ɪnsaɪdaʊt] *adv* *1.* das Innere nach außen, umgestülpt; *turn ~* umdrehen; *(search thoroughly)* auf den Kopf stellen; *know sth ~* etw in- und auswendig kennen; *2. (article of clothing)* verkehrt herum, links
insider [ɪn'saɪdə] *sb* Insider *m,* Eingeweihte(r) *m/f*
insight ['ɪnsaɪt] *sb* *1.* Verständnis *n;* *2. (an ~)* Einblick *m*
insignificant [ɪnsɪg'nɪfɪkənt] *adj* bedeutungslos, belanglos, unwichtig
insincere [ɪnsɪn'sɪə] *adj* unaufrichtig
insinuate [ɪn'sɪnjʊeɪt] *v* *1. (suggest)* versteckt andeuten, anspielen auf; *2. ~ o.s. into s.o.'s favour* sich bei jdm einschmeicheln
insist [ɪn'sɪst] *v* bestehen
• insist on bestehen auf
insistent [ɪn'sɪstənt] *adj* *1.* beharrlich; *2. (demand, tone)* nachdrücklich
insobriety [ɪnsəʊ'braɪɪtɪ] *sb* *(intemperance)* Unmäßigkeit *f*
insofar [ɪnsəʊ'fɑː] *konj ~ as* so weit
insolent ['ɪnsələnt] *adj* unverschämt, frech
insolvency [ɪn'sɒlvənsɪ] *sb* *ECO* Zahlungsunfähigkeit *f*
insomnia [ɪn'sɒmnɪə] *sb* Schlaflosigkeit *f*
insomuch [ɪnsəʊ'mʌtʃ] *adv ~ as* insofern als
inspect [ɪn'spekt] *v* *1.* kontrollieren, prüfen; *2. MIL* inspizieren
inspection [ɪn'spekʃən] *sb* *1.* Kontrolle *f,* Prüfung *f;* *2. MIL* Inspektion *f*
inspector [ɪn'spektə] *sb* Inspektor *m,* Kontrolleur *m,* Aufseher *m*
inspiration [ɪnspə'reɪʃən] *sb* Inspiration *f,* Begeisterung *f*
inspiring [ɪn'spaɪərɪŋ] *adj* anregend, begeisternd, inspirierend
instability [ɪnstə'bɪlɪtɪ] *sb* *1.* Instabilität *f;* *2. (of character)* Labilität *f*
install [ɪn'stɔːl] *v* *1.* einbauen, installieren; *2. (s.o. in office)* einsetzen
instalment [ɪn'stɔːlmənt] *sb* *1. (payment)* Rate *f;* *2. (of a series)* Fortsetzung *f;* *(radio, TV)* Folge *f*
instant ['ɪnstənt] *sb* *1.* Augenblick *m,* Moment *m;* *adj* *2.* unmittelbar, sofortig; *3. GAST* Instant...
instantaneously [ɪnstən'teɪnɪəslɪ] *adv* sofort, unverzüglich
instant coffee ['ɪnstənt 'kɒfɪ] *sb* Pulverkaffee *m*
instantly ['ɪnstəntlɪ] *adv* sofort
instant replay ['ɪnstənt 'riːpleɪ] *sb* Wiederholung *f*
instead [ɪn'sted] *prep* *1. ~ of* statt, anstatt; *adv* *2.* stattdessen
instep ['ɪnstep] *sb* *ANAT* Rist *m,* Spann *m*
instinct ['ɪnstɪŋkt] *sb* Instinkt *m*
instinctive [ɪn'stɪŋktɪv] *adj* instinktiv
institute ['ɪnstɪtjuːt] *v* *1.* einführen, einleiten; *(found)* einrichten; *sb* *2.* Institut *n;* *3. (home)* Anstalt *f*
institution [ɪnstɪ'tjuːʃən] *sb* *1.* Institution *f;* *2. (home)* Anstalt *f*
instruct [ɪn'strʌkt] *v* *1.* unterrichten; *2. (tell, direct)* anweisen; *3. (a jury) JUR* instruieren
instructor [ɪn'strʌktə] *sb* Lehrer *m,* Ausbilder *m*
instrument ['ɪnstrʊmənt] *sb* *1.* Instrument *n;* *2. (fig)* Werkzeug *n*
insufficient [ɪnsə'fɪʃənt] *adj* unzulänglich, nicht genügend, ungenügend
insular ['ɪnsjʊlə] *adj* insular, Insel...
insulin ['ɪnsjʊlɪn] *sb* Insulin *n*
insult [ɪn'sʌlt] *v* *1.* beleidigen; *2. (verbally)* beschimpfen, beleidigen; ['ɪnsʌlt] *sb* *3.* Beleidigung *f,* Beschimpfung *f*
insurance [ɪn'ʃʊərəns] *sb* Versicherung *f*
insurance agent [ɪn'ʃʊərəns 'eɪdʒənt] *sb* Versicherungsvertreter *m*
insurance coverage [ɪn'ʃʊərəns 'kʌvərɪdʒ] *sb* Versicherungsschutz *m*

insurance policy [ɪn'ʃʊərəns 'pɒlɪsɪ] *sb* *1.* Versicherungspolice *f*; *2. (fig)* Sicherheitsvorkehrung *f*
insure [ɪn'ʃʊə] *v* versichern
insured [ɪn'ʃʊəd] *adj* versichert
intact [ɪn'tækt] *adj* intakt, unversehrt
integrate ['ɪntɪgreɪt] *v* integrieren
integration [ɪntɪ'greɪʃən] *sb* *1.* Integration *f*; *2. (racial ~)* Rassenintegration *f*
integrity [ɪn'tegrɪtɪ] *sb* *1.* Integrität *f*; *2. (wholeness)* Einheit *f*
intellectual [ɪntɪ'lektjʊəl] *adj* *1.* intellektuell; *sb* *2.* Intellektuelle(r) *m/f*
intelligence [ɪn'telɪdʒəns] *sb* *1.* Intelligenz *f*; *2. (information)* Informationen *pl*; *3. (~ service) POL* Geheimdienst *f*
intelligence agent [ɪn'telɪdʒəns 'eɪdʒənt] *sb POL* Geheimagent *m*
intelligence quotient [ɪn'telɪdʒəns 'kwəʊʃənt] *sb (I.Q.)* Intelligenzquotient *m*
intelligent [ɪn'telɪdʒənt] *adj* intelligent, klug
intelligible [ɪn'telɪdʒəbl] *adj* verständlich, klar
intend [ɪn'tend] *v* *1. (to do sth)* beabsichtigen, fest vorhaben, im Sinne haben; *2. to be ~ed for sth* für etw bestimmt sein
intended [ɪn'tendɪd] *adj* beabsichtigt, gewünscht, geplant
intense [ɪn'tens] *adj* *1.* intensiv; *2. (person)* konzentriert, ernst
intensify [ɪn'tensɪfaɪ] *v* verstärken
intensity [ɪn'tensɪtɪ] *sb* Intensität *f*
intensive [ɪn'tensɪv] *adj* intensiv
intensive care unit [ɪn'tensɪv 'kɛə ju:nɪt] *sb* Intensivstation *f*
intention [ɪn'tenʃən] *sb* Absicht *f*, Intention *f*, Vorsatz *m*; *with good ~s* mit guten Vorsätzen
intentional [ɪn'tenʃənəl] *adj* absichtlich, vorsätzlich
inter [ɪn'tɜ:] *v* beisetzen
interactive [ɪntər'æktɪv] *adj* interaktiv
interchangeable [ɪntə'tʃeɪndʒəbl] *adj* austauschbar, auswechselbar
intercity [ɪntə'sɪtɪ] *adj (UK)* zwischen Städten, Intercity ...; *an ~ train* ein Intercityzug
intercom ['ɪntəkɒm] *sb* Gegensprechanlage *f*; *(in a school)* Lautsprecheranlage *f*; *(on a plane)* Bordverständigungsanlage *f*
interconnect [ɪntəkə'nekt] *v* *to be ~ed* miteinander verbunden sein; *(fig)* in Zusammenhang miteinander stehen
intercourse ['ɪntəkɔ:s] *sb* Verkehr *m*
interest ['ɪntrɪst] *v* *1.* interessieren; *sb* *2.* Interesse *n*; *3. FIN* Zinsen *pl*; *taxation of ~* Zinsbesteuerung *f*; *4. (share, stake)* Anteil *m*, Beteiligung *f*
interest-free ['ɪntrɪst'fri:] *adj ECO* zinslos
interesting ['ɪntrɪstɪŋ] *adj* interessant
interest rate ['ɪntrɪst reɪt] *sb ECO* Zinssatz *m*
interference [ɪntə'fɪərəns] *sb* *1.* Störung *f*; *2. (meddling)* Einmischung *f*; *3. run ~ (US) SPORT* den balltragenden Stürmer abschirmen; *4. run ~ (fig)* Schützenhilfe leisten
interior [ɪn'tɪərɪə] *adj* *1.* Innen...; *2. (domestic)* Binnen...; *sb* *3. the ~* das Innere *n*
interior decorator [ɪn'tɪərɪə 'dekəreɪtə] *sb* Innenausstatter *m*
intermediate [ɪntə'mi:dɪət] *adj* Zwischen...; *(class in school)* für fortgeschrittene Anfänger
interment [ɪn'tɜ:mənt] *sb* Bestattung *f*, Beerdigung *f*
interminable [ɪn'tɜ:mɪnəbl] *adj* endlos
intern ['ɪntɜ:n] *sb* *1.* Praktikant *m*; *2. MED* Assistenzarzt *m*
internal [ɪn'tɜ:nl] *adj* *1.* innere(r,s); *2. (within an organization)* intern; *3. (within a country)* Innen..., Binnen..., inländisch
international [ɪntə'næʃnəl] *adj* international
international date line ['ɪntənæʃnəl deɪt laɪn] *sb GEO* Datumsgrenze *f*
international law ['ɪntənæʃnəl lɔ:] *sb* Völkerrecht *n*
Internet ['ɪntənet] *sb INFORM* Internet *n*
internist ['ɪntɜ:nɪst] *sb MED* Internist(in) *m/f*, Arzt/Ärztin für innere Medizin *m/f*
internship ['ɪntɜ:nʃɪp] *sb* *1.* Praktikum *n*, Volontariat *n*; *2. MED* Medizinpraktikum *n*
Interpol ['ɪntəpɒl] *sb* Interpol *f*
interpret [ɪn'tɜ:prɪt] *v* *1. (explain)* auslegen, interpretieren; *2. (a dream)* deuten; *3. (a role, a piece of music)* interpretieren, wiedergeben; *4. (translate orally)* dolmetschen
interpretation [ɪntɜ:prɪ'teɪʃən] *sb* Auslegung *f*, Interpretation *f*, Deutung *f*
interpreter [ɪn'tɜ:prɪtə] *sb (of languages)* Dolmetscher *m*
interracial [ɪntər'reɪʃəl] *adj* zwischen den Rassen
interrogate [ɪn'terəgeɪt] *v* verhören, ausfragen
interrupt [ɪntə'rʌpt] *v* *1.* unterbrechen; *2. (disturb)* stören

interruption [ɪntə'rʌpʃən] *sb* Unterbrechung *f,* Störung *f; without ~* ununterbrochen
intersection [ɪntə'sekʃən] *sb 1.* Kreuzung *f; 2. MATH* Schnittpunkt *m*
interstate ['ɪntəsteɪt] *sb (US)* Autobahn *f*
intervene [ɪntə'viːn] *v 1.* sich einmischen, einschreiten; *(helping)* eingreifen; *2. (event)* dazwischenkommen; *3. (time)* dazwischenliegen; *4. JUR* intervenieren
interview ['ɪntəvjuː] *v 1.* ein Gespräch führen mit; *2. (journalist)* interviewen; *sb 3. (by a journalist)* Interview *n; 4. (formal talk)* Gespräch *n; 5. (job ~)* Vorstellungsgespräch *n*
interviewer ['ɪntəvjuːə] *sb 1. (journalist)* Interviewer *m; 2. (for a job)* Leiter eines Vorstellungsgesprächs *m*
intimacy ['ɪntɪməsɪ] *sb 1.* Intimität *f; 2. (with a subject)* Vertrautheit *f*
intimate ['ɪntɪmeɪt] *v 1.* andeuten; ['ɪntɪmət] *adj 2. (friend)* eng, vertraut; *3. (sexually)* intim; *4. (knowledge)* gründlich
intimidating [ɪn'tɪmɪdeɪtɪŋ] *adj* einschüchternd
into ['ɪntʊ] *prep 1.* in, in ... hinein; *translate ~ English* ins Englische übersetzen; *divide six ~ nineteen* neunzehn durch sechs teilen; *2. (against)* gegen; *3. (transformation)* zu
intolerance [ɪn'tɒlərəns] *sb 1.* Intoleranz *f,* Unduldsamkeit *f; 2. MED* Überempfindlichkeit *f*
intolerant [ɪn'tɒlərənt] *adj* unduldsam, intolerant
intoxication [ɪntɒksɪ'keɪʃən] *sb* Rausch *m*
intransitive [ɪn'trænzɪtɪv] *adj GRAMM* intransitiv
intrigue [ɪn'triːg] *sb* Intrige *f; ~s pl* Machenschaften *pl,* Ränke *pl*
introduce [ɪntrə'djuːs] *v 1. (s.o.)* vorstellen; *(to a subject)* einführen; *~ o.s.* sich vorstellen; *2. (reforms, a method, a fashion)* einführen; *3. (a bill) POL* einbringen; *4. (an era)* einleiten; *5. (insert)* einführen
introduction [ɪntrə'dʌkʃən] *sb 1. (to a person)* Vorstellung *f; 2. letter of ~* Empfehlungsschreiben *n,* Empfehlungsbrief *m; 3. (of a method)* Einführung *f; 4. (of a bill)* Einbringen *n; 5. (introductory part)* Einleitung *f; 6. (elementary course)* Einführung *f; 7. (insertion)* Einführung *f*
introductory [ɪntrə'dʌktərɪ] *adj* einleitend, Vor...
intrude [ɪn'truːd] *v 1.* sich dazwischendrängen; *Am I intruding?* Störe ich? *2. (a remark)* einwerfen
intruder [ɪn'truːdə] *sb* Eindringling *m*
intrusion [ɪn'truːʒən] *sb* Dazwischendrängen *n,* Eindringen *n*
intuition [ɪntjʊ'ɪʃən] *sb* Intuition *f*
intuitive [ɪn'tjʊɪtɪv] *adj* intuitiv
invade [ɪn'veɪd] *v 1. MIL* einfallen, einmarschieren in; *2. (fig)* überlaufen, überschwemmen; *3. (fig: privacy)* eindringen in
invalid [ɪn'vælɪd] *adj 1.* ungültig; *(argument)* nicht stichhaltig; ['ɪnvəlɪd] *2. (sick)* krank; *(disabled)* invalide; *sb 3. (disabled person)* Invalide *m/f; (sick person)* Kranke(r) *m/f*
invalidate [ɪn'vælɪdeɪt] *v* ungültig machen; *(argument, theory)* entkräften
invaluable [ɪn'væljʊəbl] *adj* unschätzbar, unbezahlbar
invariably [ɪn'vɛərɪəblɪ] *adv* stets, ständig
invasion [ɪn'veɪʒən] *sb 1. MIL* Invasion *f,* Einfall *m; 2. (fig)* Eingriff *m*
invent [ɪn'vent] *v* erfinden
invention [ɪn'venʃən] *sb 1.* Erfindung *f; 2. (inventiveness)* Erfindungsgabe *f*
inventor [ɪn'ventə] *sb* Erfinder *m*
inventory ['ɪnvəntrɪ] *sb* Inventar *n,* Bestandsaufnahme *f; take an ~ of sth* Inventar von etw aufnehmen
invest [ɪn'vest] *v* investieren; *~ in* sein Geld investieren in
investigate [ɪn'vestɪgeɪt] *v 1.* nachforschen; *(police)* Ermittlungen anstellen; *2. (sth)* untersuchen, erforschen, überprüfen
investigation [ɪnvestɪ'geɪʃən] *sb 1.* Untersuchung *f,* Ermittlung *f,* Ermittlungen *pl; 2. (scientific)* Forschung *f,* Erforschung *f*
investigator [ɪn'vestɪgeɪtə] *sb 1.* Ermittler *m; 2. (from the government)* Untersuchungsbeamter *m; 3. private ~* Privatdetektiv *m*
investment [ɪn'vestmənt] *sb* Investition *f,* Anlage *f; ~ banking* Effektenbankgeschäft *n*
investor [ɪn'vestə] *sb FIN* Kapitalanleger *m,* Investor *m*
invincible [ɪn'vɪnsɪbl] *adj* unbesiegbar, unschlagbar, unüberwindlich
invisible [ɪn'vɪzəbl] *adj* unsichtbar
invitation [ɪnvɪ'teɪʃən] *sb* Einladung *f*
invite [ɪn'vaɪt] *v 1.* einladen; *2. (ask for)* bitten um; *3. (attract, lead to)* führen zu
inviting [ɪn'vaɪtɪŋ] *adj* einladend
involuntary [ɪn'vɒləntərɪ] *adj 1.* unabsichtlich; *2. (reaction)* unwillkürlich; *3. (against one's will)* unfreiwillig
involve [ɪn'vɒlv] *v 1. (concern)* betreffen; *2. (include)* beteiligen; *3. (entail)* mit sich brin-

gen, zur Folge haben, bedeuten; *4. (entangle)* verwickeln; *~ s.o. in sth* jdn in etw hineinziehen; *5. to be ~d in sth* etw mit etw zu tun haben, an etw beteiligt sein; *to be ~d with s.o. (sexually)* mit jdm ein Verhältnis haben; *6. get ~d in* sich verstricken in

involved [ɪn'vɒlvd] *adj (intricate, complicated)* kompliziert, verworren

involvement [ɪn'vɒlvmənt] *sb 1.* Beteiligung *f; 2. (commitment)* Engagement *n*

inward ['ɪnwəd] *adv 1.* nach innen; *adj 2.* innere(r,s); *(thoughts)* innerste(r,s)

IOU [aɪəʊ'juː] *sb* Schuldschein *m*

irate [aɪ'reɪt] *adj* zornig

iridescent [ɪrɪ'desnt] *adj* schillernd

irk [ɜːk] *v* ärgern, verdrießen

iron ['aɪən] *v 1.* bügeln; *2. ~ out (fig)* ausbügeln; *adj 3.* eisern; *sb 4.* Eisen *n; strike while the ~ is hot (fig)* das Eisen schmieden, solange es heiß ist; *pump ~ (fam)* Krafttraining betreiben; *5. (for clothes)* Bügeleisen *n*

ironic [aɪ'rɒnɪk] *adj 1. (person)* ironisch; *2. (situation)* paradox

ironing ['aɪənɪŋ] *sb* Bügeln *n*

ironing board ['aɪənɪŋbɔːd] *sb* Bügelbrett *n*

iron ore ['aɪən ɔː] *sb MIN* Eisenerz *n*

ironware ['aɪənwɛə] *sb* Eisenwaren *pl*

ironwork ['aɪənwɜːk] *sb* Eisenbeschläge *pl*

irony ['aɪərənɪ] *sb* Ironie *f*

irrational [ɪ'ræʃənl] *adj* unvernünftig

irrationality [ɪræʃə'nælɪtɪ] *sb* Irrationalität *f*

irregular [ɪ'regjʊlə] *adj 1.* unregelmäßig; *(shape)* ungleichmäßig; *(surface)* uneben; *2. (conduct)* ungehörig; *3. (contrary to rules)* unvorschriftsmäßig

irregularity [ɪregjʊ'lærɪtɪ] *sb* Unregelmäßigkeit *f,* Ungleichmäßigkeit *f,* Unebenheit *f*

irrelevant [ɪ'reləvənt] *adj* irrelevant, unwesentlich

irreparable [ɪ'repərəbl] *adj* irreparabel, nicht wieder gutzumachen

irreplaceable [ɪrɪ'pleɪsəbl] *adj* unersetzbar, unersetzlich

irresistible [ɪrɪ'zɪstəbl] *adj* unwiderstehlich

irresponsible [ɪrɪs'pɒnsəbl] *adj 1. (person)* verantwortungslos; *2. (behaviour)* unverantwortlich

irreversible [ɪrɪ'vɜːsəbl] *adj 1. (decision)* unumstößlich; *2. (damage)* bleibend; *3. MED, PHYS, CHEM* irreversibel

irritability [ɪrɪtə'bɪlɪtɪ] *sb* Reizbarkeit *f*

irritable ['ɪrɪtəbl] *adj 1.* gereizt; *2. (by nature)* reizbar

irritate ['ɪrɪteɪt] *v* ärgern, irritieren; *(deliberately)* reizen

island ['aɪlənd] *sb 1.* Insel *f; 2. (traffic ~)* Verkehrsinsel *f*

islander ['aɪləndə] *sb* Inselbewohner *m*

isle [aɪl] *sb* Insel *f*

isolate ['aɪsəʊleɪt] *v 1. (separate)* absondern, isolieren; *2. (cut off)* isolieren; *3. (pinpoint)* herausfinden

isolated ['aɪsəʊleɪtɪd] *adj 1. (single)* einzeln; *2. (remote)* abgelegen; *3. (existence)* zurückgezogen

isolation [aɪsəʊ'leɪʃən] *sb 1. (state)* Isolation *f,* Abgeschiedenheit *f; 2. (act)* Absonderung *f,* Isolierung *f,* Herausfinden *n*

issue ['ɪʃjuː] *v 1. (liquid, gas)* austreten; *(smoke)* herausquellen; *(sound)* herausdringen; *2. (a command)* ausgeben, erteilen; *3. (currency, military equipment)* ausgeben; *4. (documents)* ausstellen; *5. (stamps, a newspaper, a book)* herausgeben; *sb 6. (handing-out)* Ausgabe *f; (thing supplied)* Lieferung *f; 7. (magazine, currency, stamps)* Ausgabe *f; 8. (of documents)* Ausstellung *f; 9. date of ~* Ausstellungsdatum *n, (of stamps)* Ausgabetag *m; 10. (matter)* Frage *f,* Angelegenheit *f; take ~ with s.o. over sth* jdm in etw widersprechen; *make an ~ of sth* etw aufbauschen; *evade the ~* ausweichen; *11. (result)* Ergebnis *n; force the ~* eine Entscheidung erzwingen

it [ɪt] *pron 1.* er/sie/es; *(direct object)* ihn/sie/es; *(indirect object)* ihm/ihr/ihm; *2. (indefinite subject)* es; *Who is ~?* Wer ist da? *What time is ~?* Wie viel Uhr ist es? *I take ~ that ...* ich nehme an, dass ...; *3. that's ~ (exactly)* Ja, genau! *(I'm fed up)* Jetzt reicht's mir! *(~'s all done)* Das wär's!

itchy ['ɪtʃɪ] *adj 1.* juckend; *I've got an ~ trigger finger! (fam)* Es juckt mich abzudrücken! *2. (sweater)* kratzig

item ['aɪtəm] *sb 1. (object, thing)* Stück *n,* Ding *n,* Gegenstand *m; 2. (on an agenda)* Punkt *m; 3. (news ~)* einzelne Nachricht *f; 4. (in an account book) ECO* Posten *m*

itinerary [aɪ'tɪnərərɪ] *sb (travelroute)* Reiseroute *f*

its [ɪts] *pron 1. (masculine or neutral antecedent)* sein(e); *2. (feminine antecedent)* ihr(e)

Ivory Coast ['aɪvərɪ kəʊst] *sb the ~ GEO* die Elfenbeinküste *f*

J

jab [dʒæb] *v 1. (with a knife)* stechen; *(with an elbow)* stoßen; *(in boxing)* eine kurze Gerade schlagen; *sb 2. (with a knife, with a needle)* Stich *m; 3. (with an elbow)* Stoß *m; 4. (in boxing)* Jab *m,* kurze Gerade *f*
jackass ['dʒækæs] *sb 1. ZOOL* Eselhengst *m; 2. (fam: person)* Esel *m*
jackboot ['dʒækbuːt] *sb* Schafstiefel *m*
jacket ['dʒækɪt] *sb 1.* Jacke *f; 2. (blazer)* Jackett *n,* Jacke *f; 3. (of a book)* Buchhülle *f,* Schutzumschlag *m*
jackhammer ['dʒækhæmə] *sb* Presslufthammer *m*
jack-in-the-box ['dʒækɪnðəbɒks] *sb* Kastenteufel *m*
jackknife ['dʒæknaɪf] *v (lorry)* sich quer stellen
jackpot ['dʒækpɒt] *sb 1.* Jackpot *m; 2. hit the ~* einen Treffer haben; *(in a lottery)* den Hauptgewinn bekommen; *(fig)* das große Los ziehen
jacuzzi [dʒə'kuːziː] *sb* Whirlpool *m*
jade [dʒeɪd] *sb 1.* Jade *m; 2. (colour)* Jadegrün *n*
jaded ['dʒeɪdɪd] *adj* abgestumpft, stumpfsinnig
jaguar ['dʒægjʊə] *sb ZOOL* Jaguar *m*
jail [dʒeɪl] *sb 1.* Gefängnis *n; v 2.* einsperren
jailbird ['dʒeɪlbɜːd] *sb (fam)* Knastbruder *m*
jailbreak ['dʒeɪlbreɪk] *sb* Ausbruch aus dem Gefängnis *m*
jailer ['dʒeɪlə] *sb* Gefängniswärter *m*
jalopy [dʒə'lɒpɪ] *sb* Klapperkiste *f* (Auto)
jam [dʒæm] *v 1. (become stuck) (window)* klemmen; *(gun)* Ladehemmung haben; *2. (cram)* stopfen, hineinzwängen, quetschen; *~med together* zusammengezwängt; *(people)* zusammengedrängt; *3. ~ on the brakes* auf die Bremse treten, eine Vollbremsung machen; *4. (a radio broadcast)* stören; *sb 5. (blockage)* Stauung *f,* Stockung *f; 6. traffic ~* Stau *m; 7. (fig: tight spot)* Klemme *f,* Patsche *f; 8. GAST* Marmelade *f,* Konfitüre *f*
jamboree [dʒæmbə'riː] *sb* Fest *n,* Rummel *m* (fam)
jammy ['dʒæmɪ] *adj (fam) (UK)* Glücks...
jam-packed ['dʒæmpækt] *adj (fam)* voll gestopft
janitor ['dʒænɪtə] *sb* Hausmeister *m*
January ['dʒænjʊərɪ] *sb* Januar *m*
Japan [dʒə'pæn] *sb* Japan *n*
Japanese [dʒæpə'niːz] *sb 1. (person)* Japaner *m; 2. (language)* Japanisch *n; adj 3.* japanisch
jape [dʒeɪp] *sb* Scherz *m,* Streich *m*
jar [dʒɑː] *v 1.* erschüttern, einen Stoß versetzen; *sb 2. (container)* Glas *n,* Topf *m*
jargon ['dʒɑːgən] *sb* Jargon *m,* Fachsprache *f*
jaundice ['dʒɔːndɪs] *sb MED* Gelbsucht *f*
jaundiced ['dʒɔːndɪst] *adj (fig)* voreingenommen
jaunt [dʒɔːnt] *sb* Spritztour *f,* Ausflug *m*
jaunty ['dʒɔːntɪ] *adj* unbeschwert, fesch, flott; *with one's hat at a ~ angle* den Hut keck über dem Ohr
javelin ['dʒævəlɪn] *sb SPORT* Speer *m*
jaw [dʒɔː] *sb 1. ANAT* Kiefer *m,* Kinnlade *f; 2. the ~s of death pl (fig)* die Klauen des Todes *pl; v 3. (fam)* quatschen
jawbone ['dʒɔːbəʊn] *sb* Kieferknochen *m*
jaywalk ['dʒeɪwɔːk] *v* verkehrswidrig über die Straße gehen
jazz [dʒæz] *sb 1.* Jazz *m; v 2. ~ sth up (fam)* etw aufpeppen
jealous ['dʒeləs] *adj 1.* eifersüchtig; *to be ~ of s.o.* auf jdn eifersüchtig sein; *2. (of s.o.'s success)* missgünstig
jealousy ['dʒeləsɪ] *sb* Eifersucht *f; (of s.o.'s success)* Missgunst *f*
jeans [dʒiːnz] *pl* Jeans *f*
jeep [dʒiːp] *sb* Jeep *m*
jeepers ['dʒiːpəz] *interj* Mensch! Na so was!
jejune [dʒɪ'dʒuːn] *adj* fade
jelly ['dʒelɪ] *sb 1.* Gelee *n; 2. (dessert) (UK) GAST* Grütze *f; 3. (jam) (US) GAST* Marmelade *f*
jelly baby ['dʒelɪbeɪbɪ] *sb (UK)* Gummibärchen *n*
jellyfish ['dʒelɪfɪʃ] *sb ZOOL* Qualle *f*
jeopardy ['dʒepədɪ] *sb* Gefahr *f*
jerk [dʒɜːk] *v 1.* einen Ruck geben, *(muscle)* zucken; *~ to a stop* ruckartig anhalten; *2. (sth)* ruckweise ziehen, plötzlich reißen; *~ o.s. free* sich losreißen; *sb 3.* Ruck *m; 4. (twitch)* Zuckung *f; 5. (fam: person)* Trottel *m*
jersey ['dʒɜːzɪ] *sb 1.* Pullover *m; (cloth)* Jersey *m; 2. SPORT* Trikot *n*

jet [dʒet] *sb 1. (~ plane)* Düsenflugzeug *n; 2. (of water, of vapour)* Strahl *m; 3. (nozzle) TECH* Düse *f*
jet black [dʒet blæk] *adj* kohlrabenschwarz
jet lag ['dʒetlæg] *sb* Probleme durch die Zeitumstellung *pl*
jetliner ['dʒetlaɪnə] *sb* Düsenlinienflugzeug *n*
jet plane ['dʒetpleɪn] *sb* Düsenflugzeug *n*
jetski ['dʒetski:] *sb* Jetski *m*
jetty ['dʒetɪ] *sb (pier) NAUT* Landungsbrücke *f*
jewel ['dʒu:əl] *sb 1.* Juwel *n,* Edelstein *m; 2. (piece of jewellery)* Schmuckstück *n*
jeweller ['dʒu:ələ] *sb* Juwelier *m*
jewellery ['dʒu:ələrɪ] *sb* Schmuck *m,* Juwelen *pl*
jiffy ['dʒɪfɪ] *sb* Augenblick *m; in a ~* im Nu
jig [dʒɪg] *sb* lebhafter Tanz *m; The ~ is up. (fam)* Das Spiel ist aus.
jiggle ['dʒɪgl] *v 1.* wackeln; *2. (sth)* leicht rütteln
jigsaw ['dʒɪgsɔ:] *sb* Laubsäge *f*
jigsaw puzzle ['dʒɪgsɔ:pʌzl] *sb* Puzzle *n*
jilt [dʒɪlt] *v ~ s.o.* jdm den Laufpass geben
jingle ['dʒɪŋgl] *v* klingeln
jinx [dʒɪŋks] *v 1.* verhexen; *sb 2.* Pech *n*
jitters ['dʒɪtəz] *pl the ~* das große Zittern *n*
jive [dʒaɪv] *sb (US: talk)* Gequassel *n*
job [dʒɒb] *sb 1. (employment)* Stelle *f,* Job *m,* Stellung *f; 2. (piece of work)* Arbeit *f; It was quite a ~.* Das war ganz schön schwierig. *to be paid by the ~* pro Auftrag bezahlt werden; *odd ~s pl* Gelegenheitsarbeiten *pl; 3. (responsibility, duty)* Aufgabe *f; That's not my ~.* Dafür bin ich nicht zuständig.
job centre ['dʒobsentə] *sb (UK)* Arbeitsamt *n*
job description ['dʒɒbdɪskrɪpʃən] *sb* Tätigkeitsbeschreibung *f*
job rotation ['dʒɒbrəʊteɪʃən] *sb ECO* Job Rotation *f,* systematischer Arbeitsplatzwechsel *m*
job sharing ['dʒɒbʃεərɪŋ] *sb* Job Sharing *n,* Teilen einer Arbeitsstelle *n*
jock [dʒɒk] *sb (fam)* Sportler *m*
jockey ['dʒɒkɪ] *sb 1.* Jockey *m; v 2. ~ for position* sich in eine gute Position zu drängeln versuchen, *(fig)* rangeln
jog [dʒɒg] *v 1. SPORT* joggen; *2. ~ s.o.'s memory* jds Gedächtnis nachhelfen
jogger ['dʒɒgə] *sb* Jogger *m*
jogging ['dʒɒgɪŋ] *sb* Jogging *n*
john [dʒɒn] *sb 1. (fam)(US: toilet)* Klo *n; 2. (fam) (US: prostitute's customer)* Freier *m*
join [dʒɒɪn] *v 1. (to be attached)* verbunden sein; *2. (become a member of)* Mitglied werden von, eintreten in; *(army)* gehen zu; *3. ~ s.o. in doing sth* etw zusammen mit jdm tun; *4. ~ in* mitmachen; *5. ~ up with s.o.* sich jdm anschließen; *6. (connect)* verbinden; *~ hands* sich die Hand reichen
joiner ['dʒɔɪnə] *sb (craftsman)* Tischler *m,* Schreiner *m*
joint [dʒɔɪnt] *adj 1.* gemeinsam, gemeinschaftlich, Gemeinschafts...; *~ and several* solidarisch; *sb 2. ANAT* Gelenk *n; 3. TECH* Gelenk *n; 4. GAST* Braten *m; 5. (piece of pipe)* Verbindung *f; 6. (fam: place)* Laden *m; 7. (fam: marijuana)* Joint *m*
jointly ['dʒɔɪntlɪ] *adv* gemeinsam, zusammen, miteinander
joke [dʒəʊk] *v 1.* Witze machen, scherzen; *sb 2.* Witz *m; 3. (statement not meant seriously)* Scherz *m; to be able to take a ~* einen Spaß verstehen können; *4. (practical ~)* Streich *m,* Schabernack *m; play a ~ on s.o.* jdm einen Streich spielen
joker ['dʒəʊkə] *sb 1. (card)* Joker *m; 2.* Spaßvogel *m,* Witzbold *m*
jolly ['dʒɒlɪ] *adj 1.* fröhlich, vergnügt; *adv 2. ~ ... (UK)* ganz schön ...
Jolly Roger ['dʒɒlɪ 'rɒdʒə] *sb HIST* Totenkopfflagge *f*
jolt [dʒəʊlt] *v 1. (sth)* einen Ruck geben; *(fig)* aufrütteln; *sb 2.* Ruck *m; 3. (fig)* Schock *m*
jot [dʒɒt] *v ~ down* schnell notieren, schnell hinschreiben
journal ['dʒɜ:nl] *sb 1.* Journal *n; 2. (diary)* Tagebuch *n; 3. (magazine)* Zeitschrift *f; 4. (newspaper)* Zeitung *f*
journalism ['dʒɜ:nəlɪzm] *sb* Journalismus *m*
journalist ['dʒɜ:nəlɪst] *sb* Journalist(in) *m/f*
journey ['dʒɜ:nɪ] *v 1.* reisen; *sb 2.* Reise *f*
journeyman ['dʒɜ:nɪmən] *sb* Geselle *m*
joy [dʒɔɪ] *sb* Freude *f*
joyful ['dʒɔɪfʊl] *adj* freudig, froh
joyride ['dʒɔɪraɪd] *sb* Spritztour *f*
joystick ['dʒɔɪstɪk] *sb 1.* Joystick *m; 2. (fam: control in a helicopter)* Steuerknüppel *m*
jubilation [dʒu:bɪ'leɪʃən] *sb* Jubel *m*
jubilee ['dʒu:bɪli:] *sb* Jubiläum *n*
Judaism ['dʒu:deɪɪzəm] *sb* Judaismus *m*
judge [dʒʌdʒ] *v 1.* urteilen; *2. (sth)* beurteilen; *3. (consider, deem)* halten für, erachten

für; *4. (estimate)* einschätzen; *5. (a case) JUR* verhandeln; *sb 6. JUR* Richter *m; 7. The Book of Judges REL* das Buch der Richter; *8. SPORT* Kampfrichter *m; 9. (fig)* Kenner *m; ~ of character* Menschenkenner *m; I'll be the ~ of that.* Das müssen Sie mich schon selbst beurteilen lassen.

judgement ['dʒʌdʒmənt] *sb 1.* Urteil *n,* Beurteilung *f; 2. JUR* Urteil *n,* Gerichtsurteil *n; pass ~ on* ein Urteil fällen über; *3. (estimation)* Einschätzung *f; 4. (ability to judge)* Urteilsvermögen *n; Use your best ~.* Handeln Sie nach Ihrem besten Ermessen. *5. (opinion)* Meinung *f,* Ansicht *f*

judgment *sb (US: see "judgement")*

judo ['dʒu:dəʊ] *sb* Judo *n*

jug [dʒʌg] *sb* Krug *m,* Kanne *f*

juggle ['dʒʌgl] *v* jonglieren

juice [dʒu:s] *sb* Saft *m*

juicy ['dʒu:sɪ] *adj 1.* saftig; *2. (fig: story)* pikant

jukebox ['dʒu:kbɒks] *sb* Jukebox *f,* Musikautomat *m*

jumble ['dʒʌmbl] *v 1.* durcheinander werfen; *2. (fig: facts)* durcheinander bringen; *sb 3.* Durcheinander *n*

jumble sale ['dʒʌmbl seɪl] *sb* Flohmarkt *m,* Basar *m*

jump [dʒʌmp] *v 1.* springen; *~ for joy* Freudensprünge machen; *2. (move suddenly)* zusammenfahren, zusammenzucken; *3. (sth)* überspringen; *4. (fig: skip)* überspringen, auslassen; *~ the queue* sich vordrängeln; *5. ~ all over s.o. (fam) (US)* jdn zur Schnecke machen; *6. ~ at sth* sich auf etw stürzen; *7. (fam: assault)* überfallen; *sb 8.* Sprung *m,* Satz *m; 9. (with a parachute)* Absprung *m; 10. (fig: increase)* Anstieg *m; 11. (hurdle)* Hindernis *n*

•**jump in** *v* hineinspringen, hereinspringen; *Jump in! (into a car)* Steig ein!

•**jump off** *v* herunterspringen, *(of a moving vehicle)* abspringen

•**jump up** *v* hochspringen; *(into a standing position)* aufspringen

jumper ['dʒʌmpə] *sb 1. (UK: pullover)* Pullover *m; 2. (US: dress)* Trägerkleid *n*

jump leads [dʒʌmp li:dz] *pl* Starthilfekabel *n*

jump-start ['dʒʌmpstɑ:t] *v* mittels Starthilfekabel anlassen

jumpy ['dʒʌmpɪ] *adj* nervös, schreckhaft

junction ['dʒʌnkʃən] *sb 1. (of roads)* Kreuzung *f; 2. (railway ~)* Knotenpunkt *m; 3. (electric)* Anschlussstelle *f*

jungle ['dʒʌŋgl] *sb* Dschungel *m,* Urwald *m; the law of the ~ (fig)* das Gesetz des Dschungels *n*

junior ['dʒu:nɪə] *adj 1.* jünger; *(officer)* rangniedriger; *sb 2.* Jüngere(r) *m/f; He is seven years my ~.* Er ist sieben Jahre jünger als ich. *3. (son with father's first name)* Junior *m; 4. (UK: in primary school)* Grundschüler *m; 5. (UK: in secondary school)* Unterstufenschüler *m; 6. (US: in high school)* Schüler in der elften Klasse; *7. (US: in college)* Student im dritten Studienjahr *m*

junior partner ['dʒu:nɪə 'pɑ:tnə] *sb* jüngerer Teilhaber *m*

junk [dʒʌŋk] *sb 1. (discarded objects)* Trödel *m,* alter Kram *m; 2. (fam: trash)* Schund *m,* Schrott *m,* Ramsch *m*

junkie ['dʒʌnkɪ] *sb (fam)* Fixer *m*

junk mail [dʒʌŋk meɪl] *sb* Postwurfsendungen *pl,* Reklame *f*

junkyard ['dʒʌŋkjɑ:d] *sb* Schrottplatz *m*

juror ['dʒʊərə] *sb JUR* Geschworene(r) *m/f*

jury ['dʒʊərɪ] *sb 1. (for a trial) JUR* die Geschworenen *pl,* die Schöffen *pl; 2. (for a competition)* Jury *f*

just [dʒʌst] *adv 1. (only)* nur, bloß; *~ in case* nur für den Fall; *~ like that* einfach so; *2. (at that moment, at this moment)* gerade; *3. (a moment ago)* gerade, eben, soeben; *~ before* kurz bevor, knapp bevor; *~ after* kurz nach, gleich nach; *4. ~ now (a moment ago)* soeben; *(at this moment)* gerade jetzt; *5. (barely)* gerade noch; *6. ~ about* so ziemlich; *7. (absolutely)* einfach, wirklich; *8. (exactly)* gerade, genau; *It's ~ my size.* Genau meine Größe. *9. ~ as* genauso, ebenso; *It's ~ as well.* Es ist vielleicht besser so. *adj 10.* gerecht, berechtigt

justice ['dʒʌstɪs] *sb 1.* Gerechtigkeit *f; 2. (system)* Gerichtsbarkeit *f,* Justiz *f; 3. (judge)* Richter *m*

justifiable [dʒʌstɪ'faɪəbl] *adj* zu rechtfertigen, berechtigt, vertretbar

justification [dʒʌstɪfɪ'keɪʃən] *sb 1.* Rechtfertigung *f; 2. (of type)* Justierung *f*

justify ['dʒʌstɪfaɪ] *v 1.* rechtfertigen; *2. (type)* justieren

just-in-time ['dʒʌstɪntaɪm] *adj* produziert zur sofortigen Auslieferung

juvenile ['dʒu:vənaɪl] *adj 1.* jugendlich; *2. (childish)* kindisch; *sb 3.* Jugendliche(r) *m/f*

juvenile delinquency ['dʒu:vənaɪl dɪ'lɪŋkwənsɪ] *sb* Jugendkriminalität *f*

juvenile delinquent ['dʒu:vənaɪl dɪ'lɪŋkwənt] *sb* jugendlicher Straftäter *m*

K

kaleidoscope [kə'laɪdəskəʊp] *sb* Kaleidoskop *n*
kangaroo [kæŋgə'ruː] *sb* Känguru *n*
kangaroo court [kæŋgə'ruː kɔːt] *sb 1.* korruptes Gericht *n; 2. (unofficial court)* inoffizielles Gericht *n*
karaoke [kærɪ'əʊkɪ] *sb* Karaoke *n*
karate [kə'rɑːtɪ] *sb* Karate *n*
karma ['kɑːmə] *sb REL* Karma *n*
kart [kɑːt] *sb* Gokart *n*
kayak ['kaɪæk] *sb* Kajak *m/n*
kebab [kə'bæb] *sb GAST* Kebab *m*
keen [kiːn] *adj 1. (edge, eye, ear, wind)* scharf; *2. (interest, feeling)* stark; *3. (hardworking)* eifrig, *(enthusiastic)* begeistert; *4. to be ~ to do sth* sehr scharf darauf sein, etw zu tun; *5. I'm not ~ on it.* Ich lege keinen Wert darauf. Ich mache mir nichts daraus. Ich habe wenig Lust dazu. *6. to be ~ on s.o.* scharf auf jdn sein
keenness ['kiːnnɪs] *sb* Begeisterung *f,* starkes Interesse *n,* Eifer *m*
keep [kiːp] *v irr 1. (remain in a certain state) ~ silent* schweigen; *~ calm* ruhig bleiben; *2. ~ doing sth (continue)* etw weiter tun; *(repeatedly)* etw immer wieder tun; *(constantly)* etw dauernd tun; *3. (continue in a certain direction) ~ to the right* sich rechts halten; *4. (retain)* behalten; *~ sth to o.s.* etw für sich behalten; *5. (maintain in a certain state)* halten; *~ s.o. informed* jdn auf dem Laufenden halten; *~ o.s. busy* sich selbst beschäftigen; *~ s.o. waiting* jdn warten lassen; *~ an eye on s.o.* jdn im Auge behalten; *~ one's distance* Abstand halten; *6. (accounts, a diary)* führen; *7. (in a certain place)* aufbewahren; *8. (detain)* aufhalten, zurückhalten; *~ s.o. from doing sth* jdn davon abhalten, etw zu tun; *a kept woman* eine Frau, die ausgehalten wird; *9. (an appointment)* einhalten; *10. (a promise)* halten, einhalten, einlösen; *11. (run a shop, a hotel)* führen; *12. (tend animals)* halten; *13. (save, put aside)* aufheben; *~ a secret* ein Geheimnis bewahren; *sb 14. earn one's ~* seinen Unterhalt verdienen *m*; *15. for ~s pl* für immer
• **keep at** *v irr ~ sth* an etw festhalten, etw weitermachen
• **keep away** *v irr (from s.o., from sth)* wegbleiben
• **keep back** *v irr 1. (from an edge)* zurück bleiben, nicht näherkommen; *2. (a student)* dabehalten
• **keep down** *v irr 1. (remain low)* untenbleiben; *2. (remain quiet) Keep it down!* Beherrsche dich! *3. keep one's food down* sein Essen im Magen behalten (sich nicht übergeben müssen); *4. You can't keep a good man down.* Der Tüchtige setzt sich immer durch.
• **keep from** *v irr ~ doing sth* von etw abhalten, von etw zurückhalten
• **keep in** *v irr* dabehalten, nicht weglassen; *to be kept in after school* nachsitzen müssen
• **keep on** *v irr (continue)* weitermachen, nicht aufhören
• **keep out** *v irr „Keep Out"* „Zutritt verboten"
• **keep to** *v irr ~ o.s.* nicht sehr gesellig sein, ein Einzelgänger sein
• **keep under** *v irr* unterdrücken, unterjochen
• **keep up** *v irr 1. (continue) (rain)* andauern; *(determination)* nicht nachlassen; *2. ~ with s.o.* mit jdm Schritt halten; *~ with the Joneses* sich mit den Nachbarn messen können; *3. (sth)(not stop)* nicht aufhören mit
keeper ['kiːpə] *sb 1. (guard)* Wächter *m,* Aufseher *m; 2. (game~)* Jagdhüter *m; 3. (goalie) SPORT* Torhüter *m,* Torwart *m; 4. (fish)* Fisch, der die gesetzliche Fanggröße erreicht hat *m*
keepnet ['kiːpnet] *sb* Netz zur Aufbewahrung lebender Fische *n*
keepsake ['kiːpseɪk] *sb* Andenken *n,* Erinnerung *f*
keg [keg] *sb* kleines Fass *n,* Fässchen *n*
kelp [kelp] *sb* Seetang *m*
kempt [kempt] *adj* gekämmt, gepflegt
ken [ken] *sb* Horizont *m,* Gesichtskreis *m; in one's ~* in seinem eigenen Umfeld
kendo ['kendəʊ] *sb SPORT* Kendo *n*
kennel ['kenl] *sb 1.* Hundezwinger *m; 2. (boarding ~)* Hundeheim *n,* Tierheim *n*
kerb ['kɜːb] *sb* Bordstein *m,* Randstein *m*
kerb crawling ['kɜːbkrɔːlɪŋ] *sb* Straßenstrich *m*
kerbstone ['kɜːbstəʊn] *sb* Bordstein *m,* Randstein *m*
kernel ['kɜːnl] *sb* Kern *m*
kerosene ['kerəsiːn] *sb* Kerosin *n*

kestrel ['kestrəl] *sb ZOOL* Turmfalke *m*
ketchup ['ketʃəp] *sb* Ketschup *n/m*
kettle ['ketl] *m* Kessel *m; That's a different ~ of fish.* Das ist ganz was anderes.
key [kiː] *sb 1.* Schlüssel *m; 2. (of a typewriter, of a piano)* Taste *f; 3. (explanation of symbols)* Zeichenerklärung *f; 4. MUS* Tonart *f; sing off ~* falsch singen; *v 5. to be ~ed up* angespannt sein, aufgedreht sein
• **key in** *v* eingeben
• **key up** *v* aufdrehen
keyboard ['kiːbɔːd] *sb 1.* Tastatur *f; 2. (of an organ) MUS* Manual *n; 3. (instrument) MUS* Keyboard *n*
key grip ['kiːgrɪp] *sb (US) CINE* Erster Studioassistent *m*
keyhole ['kiːhəʊl] *sb* Schlüsselloch *n*
keypad ['kiːpæd] *sb* Tastenfeld *n*
keypunch ['kiːpʌntʃ] *sb* Locher *m*
keystone ['kiːstəʊn] *sb 1. ARCH* Schlussstein *m; 2. (fig)* Grundpfeiler *m*
key word [kiː wɜːd] *sb* Schlüsselwort *n*
khaki ['kɑːkɪ] *sb (colour)* Kaki *n*
kibbutz [kɪ'bʊts] *sb* Kibbuz *m*
kibitzer ['kɪbɪtsə] *sb* Besserwisser *m*
kick [kɪk] *sb 1.* Tritt *m,* Stoß *m,* Kick *m; get a ~ out of sth (fam)* an etw mächtig Spaß haben; *just for ~s* nur zum Spaß; *v 2.* treten; *I felt like ~ing myself.* Ich hätte mich ohrfeigen können. *3. (baby)* strampeln; *4. (animal)* ausschlagen; *5. (dancer)* das Bein hochwerfen; *6. (s.o.)* treten; *7. (sth)* einen Tritt versetzen, mit dem Fuß stoßen; *8. (a ball)* kicken; *9. (a goal)* schießen; *10. ~ a habit (fam)* sich etw abgewöhnen
• **kick around** *v ~ an idea (fam)* eine Idee diskutieren
• **kick out** *v (fam)* hinauswerfen
• **kick up** *v ~ a row (UK)* Krach machen
kick boxing ['kɪkbɒksɪŋ] *sb SPORT* Kickboxen *n*
kickdown ['kɪkdaʊn] *sb* Kick-Down *m*
kicker ['kɪkə] *sb SPORT 1. (in football)* Spieler, der besonders Strafstöße ausführt *m; 2. (in American football)* Spieler, der Feldtore schießt *m*
kick-off ['kɪkɒf] *sb SPORT* Anstoß *m*
kick-start ['kɪkstɑːt] *v* anlassen (Motorrad)
kid [kɪd] *v 1. ~ s.o. (tease)* jdn aufziehen; *(deceive)* jdm etw vormachen; *I was only ~ding!* Ich habe nur Spaß gemacht! *sb 2. (fam: child)* Kind *m,* Kleiner *m* / Kleine *f; ~s' stuff* Kinderkram *m; 3. (fam: man) None of the ~s who work for me is over thirty.* Keiner der Burschen, die für mich arbeiten, ist über dreißig Jahre alt. *4. ZOOL* Kitz *n,* Zicklein *n*
kiddish ['kɪdɪʃ] *adj* kindisch
kid gloves ['kɪdglʌvz] *pl* Glaceehandschuhe *pl; handle s.o. with ~ (fam)* jdn mit Glaceehandschuhen anfassen, jdn mit Samthandschuhen anfassen
kidnap ['kɪdnæp] *v* entführen, kidnappen
kidnapper ['kɪdnæpə] *sb* Entführer *m,* Kidnapper *m*
kidnapping ['kɪdnæpɪŋ] *sb* Entführung *f,* Kidnapping *n,* Menschenraub *m*
kidney ['kɪdnɪ] *sb ANAT* Niere *f*
kidney bean ['kɪdnɪ biːn] *sb GAST* Kidneybohne *f*
kidney-shaped ['kɪdnɪʃeɪpd] *adj* nierenförmig
kidney stone ['kɪdnɪ stəʊn] *sb MED* Nierenstein *m*
kill [kɪl] *v 1.* töten, umbringen; *dressed to ~ (fam)* aufgetakelt wie eine Fregatte; *~ time* die Zeit totschlagen; *My feet are ~ing me. (fig)* Meine Füße tun mir entsetzlich weh. *2. (hunting)* erlegen; *3. (slaughter)* schlachten; *4. (weeds)* vernichten; *5. (a proposal)* zu Fall bringen; *6. (an engine)* abschalten; *7. (pain)* stillen; *sb 8. (act of ~ing)* Tötung *f; 9. (animal ~ed)* Beute *f*
• **kill off** *v 1.* vernichten, töten; *2. (a whole race)* ausrotten
killer ['kɪlə] *sb* Mörder *m,* Killer *m*
killing ['kɪlɪŋ] *sb* Töten *n,* Morden *n*
kill-time ['kɪltaɪm] *sb* Zeitvertreib
kilocalorie ['kɪləʊkælərɪ] *sb PHYS* Kilokalorie *f*
kilogramme ['kɪləʊgræm] *sb (UK)* Kilogramm *n*
kilohertz ['kɪləʊhɜːts] *sb* Kilohertz *n*
kilometre ['kɪləʊmiːtə] *sb* Kilometer *m; ~s per hour* Stundenkilometer
kilowatt ['kɪləʊwɒt] *sb PHYS* Kilowatt *n*
kilt [kɪlt] *sb* Kilt *m,* Schottenrock *m*
kin [kɪn] *sb* Familie *f,* Verwandte *pl,* Verwandtschaft *f; next of ~* nächster Verwandter *m*
kind [kaɪnd] *sb 1.* Art *f,* Sorte *f; two of a ~* zwei vom selben Schlag; *what ~ of ...* was für ein ... *I know your ~.* Ihre Sorte kenne ich. *sth of the ~* so etwas; *nothing of the ~* nichts dergleichen; *all ~s of* alle möglichen, alle Arten von, *(fam: a whole lot of)* jede Menge; *~ of (somewhat)* irgendwie, ein bisschen; *adj 2.* liebenswürdig, nett, freundlich

kindergarten ['kɪndəgɑːtn] *sb* Kindergarten *m*
kindle ['kɪndl] *v 1.* brennen; *(fig)* aufflammen; *2. (sth)* anzünden, entzünden; *(fig)* entfachen
kindling ['kɪndlɪŋ] *sb* Anmachholz *n*, Brennholz *n*
kindly ['kaɪndlɪ] *adj 1.* lieb, nett, freundlich; *2. He didn't take ~ to that.* Das hat ihm gar nicht gefallen.
kindness ['kaɪndnɪs] *sb 1.* Freundlichkeit *f*, Liebenswürdigkeit *f; kill s.o. with ~* jdn mit Freundlichkeiten überhäufen; *2. (act of ~)* Gefälligkeit *f*
kindred ['kɪndrɪd] *adj ~ spirit* Gleichgesinnte(r) *m/f*
kindredness ['kɪndrɪdnɪs] *sb* Verwandtschaft *f*
kinetic [kɪ'netɪk] *adj PHYS* kinetisch
kinetic energy [kɪ'netɪk 'enədʒɪ] *sb PHYS* kinetische Energie *f*
king [kɪŋ] *sb* König *m; The Book of Kings REL* das Buch der Könige
kingbird ['kɪŋbɜːd] *sb* Königsvogel *m*
kingdom ['kɪŋdəm] *sb 1.* Königreich *n; ~ of heaven* Himmelreich *n; 2. ZOOL* Reich *n*
kingfisher ['kɪŋfɪʃə] *sb ZOOL* Eisvogel *m*
kingmaker ['kɪŋmeɪkə] *sb HIST* Königsmacher *m*
king-of-arms [kɪŋɒv'ɑːmz] *sb* erster Wappenherold Englands *m*
kingpin ['kɪŋpɪn] *sb (person)* Boss *m*
king-sized ['kɪŋsaɪzd] *adj 1.* Riesen... *2. (bed)* extra groß
kinky ['kɪŋkɪ] *adj 1. (hair)* wellig; *2. (sexually)* abartig
kiosk ['kiːɒsk] *sb 1.* Kiosk *m; 2. (telephone ~)* Telefonzelle *f*
kiss [kɪs] *v 1.* küssen; *sb 2.* Kuss *m; the ~ of death* der Todesstoß *m; 3. the ~ of life* Mund-zu-Mund-Beatmung *f*
kiss-and-tell ['kɪsændtel] *adj* in den Zeitungen breit getreten; *a ~ interview* ein Interview über eine Liebesaffäre mit einem Prominenten
kisser ['kɪsə] *sb 1. (fam: mouth)* Fresse *f*, Schnauze *f; 2. She's a good ~.* Sie kann gut küssen.
kit [kɪt] *sb 1. (equipment)* Ausrüstung *f; 2. (box of tools)* Werkzeugkasten *m; 3. (set)* Satz *m, (parts to be assembled)* Bausatz *m; 4. (UK: outfit)* Kluft *f; v 5. ~ out* ausrüsten, ausstatten, einkleiden
kitbag ['kɪtbæg] *sb* Seesack *m*
kitchen ['kɪtʃɪn] *sb* Küche *f*
kitchen cabinet ['kɪtʃɪn 'kæbɪnet] *sb POL* Küchenkabinett *n*
kitchenette [kɪtʃɪ'net] *sb* Kochnische *f*
kitchen garden ['kɪtʃɪn 'gɑːden] *sb* Küchengarten *m*, Kräutergarten *m*, Gemüsegarten *m*
kitchen sink ['kɪtʃɪn sɪŋk] *sb* Spüle *f*, Spülstein *m*, Ausguss *m; everything but the ~* der ganze Krempel
kitchenware ['kɪtʃɪnwɛə] *sb* Küchengeräte *pl*
kite [kaɪt] *sb* Drachen *m; Go fly a ~! (fam) (US)* Hau ab und lass mich in Ruhe!
kitten ['kɪtn] *sb ZOOL* Kätzchen *n*, junge Katze *f*
kitty ['kɪtɪ] *sb 1. (cat)* Kätzchen *n*, Pussi *f; 2. (in a card game)* Spielkasse *f*
kiwi ['kiːwiː] *sb 1. BOT* Kiwi *f; 2. ZOOL* Kiwi *m*
kleptomania [kleptəʊ'meɪnɪə] *sb PSYCH* Kleptomanie *f*
kleptomaniac [kleptəʊ'meɪnɪæk] *sb PSYCH* Kleptomane *m*/Kleptomanin *f*
klutz [klʌts] *sb (fam)* Tölpel *m*, schwerfälliger Mensch *m*
knack [næk] *sb 1.* Trick *m*, Kniff *m; 2. (talent)* Talent *n*, Geschick *n*
knacker ['nækə] *sb (of horses)* Abdecker *m*, Schinder *m*
knacker's yard ['nækəz jɑːd] *sb (fam)(UK)* Schrottplatz *m; ready for the ~* schrottreif
knapsack ['næpsæk] *sb* Rucksack *m*, Ranzen *m*
knave [neɪv] *sb* Schurke *m*, Spitzbube *m*
knead [niːd] *v 1.* kneten; *2. (muscles)* massieren
knee [niː] *sb 1. ANAT* Knie *n; v 2.* mit dem Knie stoßen
knee-deep ['niːdiːp] *adj* knietief
knee-high ['niːhaɪ] *adj* kniehoch, in Kniehöhe
knee jerk ['niːdʒɜːk] *sb (reflex)* Kniesehnenreflex *m*
knee-jerk ['niːdʒɜːk] *adj* reflexartig, automatisch
knee-length ['niːleŋθ] *adj* knielang, bis zum Knie reichend
kneepad ['niːpæd] *sb* Knieschützer *m*
knickerbocker glory ['nɪkəbɒkə 'glɔːrɪ] *sb GAST* Dessert mit Eiskrem *n*
knickers ['nɪkəz] *pl* Schlüpfer *m*
knick-knack ['nɪknæk] *sb (fam)* Kinkerlitzchen *n*

knife [naɪf] *sb* Messer *n; go under the ~ (fam)* unters Messer kommen
knife edge [naɪf edʒ] *sb* Messerschneide *f*
knife grinder ['naɪfgraɪndə] *sb* Messerschleifer *m*
knife-point ['naɪfpɔɪnt] *sb* Messerspitze *f; at ~* mit vorgehaltenem Messer
knit [nɪt] *v 1.* stricken; *2. ~ one's eyebrows* die Stirn runzeln
knitwear ['nɪtwɛə] *sb* Strickwaren *pl,* Wollsachen *pl*
knob [nɒb] *sb 1. (door~)* runder Griff *m; 2. (on a radio)* Knopf *m; 3. (on a walking stick)* Knauf *m*
knock [nɒk] *sb 1. (blow)* Stoß *m,* Schlag *m; 2. (sound)* Klopfen *n; v 3. (at a door)* klopfen; *4. (engine)* klopfen; *5. (one's head)* anschlagen, anstoßen; *6. (strike)* stoßen, *(with sth)* schlagen; *7. ~ sth (fam: criticize)* etw heruntermachen
• **knock about** *v 1. (mistreat)* herumstoßen, misshandeln; *2. (loiter)* herumlungern, sich herumtreiben
• **knock back** *v (fam)* hinter die Binde kippen
• **knock down** *v 1. (an object)* umwerfen; *2. (s.o. by hitting)* niederschlagen; *3. (the price of one's wares)* heruntergehen (mit dem Preis)
• **knock off** *v 1. (quit)* aufhören; *Knock it off!* Hör auf damit! *2. (copy)* imitieren, nachmachen
• **knock out** *v 1. (by hitting)* bewusstlos schlagen, k.o. schlagen; *2. to be knocked out (of a competition)* ausscheiden
• **knock over** *v* umwerfen, umstoßen
knockoff ['nɒkɒf] *sb* Imitation *f*
knockout ['nɒkaʊt] *sb 1.* Knock-out *m,* K.o. *m; 2. (fam: impressive thing)* tolle Sache *f; 3. (fam: woman)* toll aussehende Frau *f*
knot [nɒt] *v 1.* einen Knoten machen in; *2. (~ together)* verknoten, verknüpfen; *sb 3.* Knoten *m; tie the ~ (fam)* den Bund fürs Leben schließen
knotty ['nɒtɪ] *adj 1. (wood)* knorrig; *2. (fig)* verzwickt, verwickelt
know [nəʊ] *v irr 1.* wissen, *(facts, details)* kennen; *as far as I ~* so viel ich weiß; *for all I ~* so viel ich weiß; *you ~* weißt du/wissen Sie; *get to ~ s.o.* jdn kennen lernen; *What do you ~!* Na, so was! *let s.o. ~* jdm Bescheid sagen; *before you ~ it* ehe man sich's versieht; *(a language)* können; *2. (recognize)* erkennen; *3. (to be able to distinguish)* entscheiden können; *4. (experience)* erleben; *I have ~n it to happen.* Ich habe das schon erlebt. *sb 5. to be in the ~* Bescheid wissen, im Bilde sein
know-all ['nəʊɔːl] *sb (fam)* Besserwisser *m,* Schlauberger *m*
know-how ['nəʊhaʊ] *sb* Know-how *n,* Sachkenntnis *f*
know-it-all ['nəʊɪtɔːl] *sb* Besserwisser *m*
knowledge ['nɒlɪdʒ] *sb* Kenntnis *f,* Wissen *n; to the best of my ~* meines Wissens; *not to my ~* nicht dass ich wüsste
knowledgeable ['nɒlɪdʒəbl] *adj* kenntnisreich, gebildet
known [nəʊn] *adj* bekannt; *make ~* bekannt geben
knuckle ['nʌkl] *sb 1. ANAT* Fingerknöchel *m,* Fingergelenk *n; 2. GAST* Haxe *f,* Hachse *f; v 3. ~ down (fam)* sich dahinterklemmen, sich reinhängen; *4. ~ under* nachgeben
knuckle-duster ['nʌkldʌstə] *sb (brass knuckles)* Schlagring *m*
knucklehead ['nʌklhed] *sb (fam)* Idiot *m*
knuckle joint ['nʌkl dʒɔɪnt] *sb* Knöchelgelenk *n*
knuckle sandwich ['nʌkl 'sændwɪtʃ] *sb (fam)* Fausthieb *m*
knuckly ['nʌklɪ] *adj* zum Knöchel gehörend
kohlrabi [kəʊl'rɑːbɪ] *sb GAST* Kohlrabi *m*
kook [kuːk] *sb* Spinner *m*
kooky ['kuːkɪ] *adj (fam)* komisch, verrückt
Koran [kɔː'rɑːn] *sb the ~ REL* der Koran *m*
Korea [kə'rɪə] *sb GEO* Korea *n*
Korean [kə'rɪən] *adj 1.* koreanisch; *the ~ War* der Koreakrieg; *sb 2.* Koreaner *m; 3. LING* Koreanisch *n*
kosher ['kəʊʃə] *adj REL* koscher
kowtow ['kaʊtaʊ] *v ~ to s.o.* vor jdm kriechen
krypton ['krɪptɒn] *sb CHEM* Krypton *n*
kudos ['kjuːdɒs] *sb 1. (accolades)* Lob *n; 2. (prestige)* Ansehen *n,* Ehre *f*
kudu ['kuːduː] *sb ZOOL* Kudu *m*
kulak ['kuːlæk] *sb HIST* Kulak *m*
kumquat ['kʌmkwɒt] *sb BOT* Kumquat *f*
kung fu [kʌŋ'fuː] *sb* Kungfu *n*
kvass [kvɑːs] *sb GAST* Kwass *m*
kvetch [kvetʃ] *v (fam: gripe)* nörgeln, quengeln
kylix ['kaɪlɪks] *sb* Kylix *f* (griechische Trinkschale)
kymograph ['kaɪməgrɑːf] *sb MED* Kymograph *m*
kyphosis [kaɪ'fəʊsɪs] *sb MED* Kyphose *f*

L

lab [læb] *sb (fam)* Labor *n*
label ['leɪbl] *v 1.* etikettieren, mit einem Zettel versehen, mit einem Schildchen versehen; *2. (by writing on)* beschriften, mit einer Aufschrift versehen; *3. (fig)* bezeichnen, abstempeln; *sb 4.* Etikett *n; (sticker)* Aufkleber *m; (on a specimen)* Schild *n; 5. (fam: record company)* Schallplattenfirma *f*
laboratory [lə'bɒrətərɪ] *sb* Laboratorium *n,* Labor *n*
labour ['leɪbə] *sb 1.* Arbeit *f,* Anstrengung *f,* Mühe *f; 2. (workers)* Arbeiter *pl,* Arbeitskräfte *pl; 3. MED* Wehen *pl; go into ~* die Wehen bekommen; *v 4. (do physical work)* arbeiten; *(work hard)* sich abmühen; *~ over sth* sich mit etw abmühen; *5. (move with difficulty)* sich mühsam fortbewegen, sich quälen
labour camp ['leɪbə kæmp] *sb* Arbeitslager *n*
Labrador retriever ['læbrədɔː rɪ'triːvə] *sb* Labradorhund *m*
lack [læk] *v 1.* Mangel haben an, nicht haben, nicht besitzen; *we ~ ...* uns fehlt ...; *he ~s ...* es fehlt ihm ...; *2. to be ~ing* fehlen, nicht vorhanden sein; *sb 3.* Mangel *m*
lacklustre ['læklʌstə] *adj 1.* glanzlos; *2. (fig)* farblos
ladder ['lædə] *sb 1.* Leiter *f; 2. (UK: in a stocking)* Laufmasche *f*
ladies' man ['leɪdiːz mæn] *sb* Frauenheld *m,* Scharmeur *m*
ladies' room ['leɪdiːz ruːm] *sb* Damentoilette *f*
lady ['leɪdɪ] *sb 1.* Dame *f; ladies and gentlemen* meine Damen und Herren; *2. (as a title)* Lady *f*
ladybird ['leɪdɪbɜːd] *sb (UK)* Marienkäfer *m*
ladybug ['leɪdɪbʌg] *sb (US)* Marienkäfer *m*
ladykiller ['leɪdɪkɪlə] *sb* Frauenheld *m*
laid-back [leɪd'bæk] *adj* entspannt
lake [leɪk] *sb* See *m,* Binnensee *m*
lamb [læm] *sb 1. ZOOL* Lamm *n; like ~s to the slaughter* wie ein Lamm zur Schlachtbank; *2. the Lamb of God REL* das Lamm Gottes
lame [leɪm] *adj 1.* lahm, hinkend; *2. (fig)* lahm, müde, schwach
lamp [læmp] *sb 1.* Lampe *f; 2. (in the street)* Laterne *f*
lamppost ['læmppəʊst] *sb* Laternenpfahl *m*
lampshade ['læmpʃeɪd] *sb (cover for a lamp)* Lampenschirm *m*
land [lænd] *sb 1.* Land *n; 2. (property)* Grund und Boden *m,* Land *n,* Grundbesitz *m; 3. (soil)* Boden *m; 4. live off the ~ (by farming)* von den Früchten des Bodens leben; *(by foraging)* sich aus der Natur ernähren; *v 5.* landen; *6. (a fish)* an Land ziehen; *7. (fam: obtain)* kriegen, schnappen, holen; *8. (a blow)* landen
landing ['lændɪŋ] *sb 1.* Landung *f; 2. (on stairs)* Treppenabsatz *m*
landlady ['lændleɪdɪ] *sb* Vermieterin *f*
landlord ['lændlɔːd] *sb* Vermieter *m*
landmark ['lændmɑːk] *sb 1.* Orientierungspunkt *m; 2. (famous building)* Wahrzeichen *n; 3. (fig)* Markstein *m*
landscape ['lændskeɪp] *sb* Landschaft *f*
landslide ['lændslaɪd] *sb (US: landslip)* Erdrutsch *m*
lane [leɪn] *sb 1. (in town)* Gasse *f; 2. (path in the country)* Weg *m; 3. (of a road)* Fahrbahn *f,* Spur *f; 4. (swimming, track and field)* Bahn *f; 5. (shipping route)* Schifffahrtsweg *m*
language ['læŋgwɪdʒ] *sb* Sprache *f; bad ~* unanständige Ausdrücke *pl; strong ~* starke Worte *pl; (bad ~)* derbe Ausdrücke *pl*
lanky ['læŋkɪ] *adj* schlaksig
lantern ['læntən] *sb* Laterne *f*
lap [læp] *sb 1. (to sit on)* Schoß *m; live in the ~ of luxury* ein Luxusleben führen; *2. SPORT* Runde *f; v 3. ~ against (waves)* plätschern an; *4. (s.o.) SPORT* überrunden
• **lap up** *v 1.* auflecken; *2. (fam: compliments)* liebend gern hören
lap dog ['læpdɒg] *sb* Schoßhund *m*
lapse [læps] *v 1. (expire)* ablaufen; *2. (friendship)* einschlafen; *3. (decline)* verfallen; *~ into silence* ins Schweigen verfallen; *4. (morally)* fehlen; *sb 5. (of time)* Zeitspanne *f,* Zeitraum *m; 6. (expiration)* Ablauf *m; 7. (of a claim)* Verfall *m; 8. (mistake)* Fehler *m,* Versehen *n; 9. (decline)* Absinken *n,* Abgleiten *n; 10. (moral ~)* Fehltritt *m*
laptop ['læptɒp] *sb INFORM* Laptop *m*
larceny ['lɑːsənɪ] *sb JUR* Diebstahl *m*
large [lɑːdʒ] *adj 1.* groß; *~r than life* über-lebensgroß; *sb 2. at ~ (roaming free)* auf freiem Fuß; *3. at ~ (in general)* im Allgemeinen

largely ['lɑːdʒlɪ] *adv* größtenteils
large-scale ['lɑːdʒskeɪl] *adj* Groß..., groß, umfangreich
laser ['leɪzə] *sb TECH* Laser *m*
laser printer ['leɪzə 'prɪntə] *sb INFORM* Laserdrucker *m*
lash [læʃ] *v 1. (waves) ~ against* peitschen gegen; *2. (whip)* peitschen, auspeitschen; *3. (tie)* festbinden; *~ to* festbinden an; *~ together* zusammenbinden; *sb 4. (stroke of a whip)* Peitschenhieb *m; 5. (eye~)* Wimper *f*
lass [læs] *sb* Mädel *n*
last [lɑːst] *adj 1.* letzte(r,s); *~ but not least* nicht zuletzt; *~ but one* vorletzte(r,s); *~ night* gestern Nacht/*(in the evening)* gestern Abend; *adv 2. (after all others)* als Letzte(r,s); *3. (the most recent time)* das letzte Mal; *sb 4.* der/die/das Letzte; *breathe one's ~* seinen letzten Atemzug tun; *That was the ~ we saw of her.* Danach haben wir sie nicht mehr gesehen; *5. at ~* endlich; *at long ~* schließlich und endlich
latch [lætʃ] *sb 1.* Riegel *m; v 2.* verriegeln
late [leɪt] *adj 1.* spät; *in the ~ seventies* gegen Ende der siebzigerjahre; *a man in his ~ forties* ein Endvierziger; *on Friday at the ~st* spätestens am Freitag; *~ in life* im fortgeschrittenen Alter; *It's getting ~.* Es ist schon spät. *2. (deceased)* verstorben; *her ~ husband* ihr verstorbener Ehegatte; *adv 3.* spät; *of ~* in letzer Zeit; *better ~ than never* besser spät als gar nicht
lately ['leɪtlɪ] *adv* in letzter Zeit, neuerdings
later ['leɪtə] *adj 1.* später; *adv 2.* später; *~ on* nachher
latest ['leɪtɪst] *adj 1.* späteste(r,s); *(most recent)* neuste(r,s); *(person)* letzte(r,s); *sb 2. the ~* der/die/das Neueste; *3. at the ~* spätestens
latitude ['lætɪtjuːd] *sb 1. GEO* Breitengrad *m; 2. (fig)* Spielraum *m,* Freiheit *f*
laudable ['lɔːdəbl] *adj* lobenswert, löblich
laugh [lɑːf] *v 1.* lachen; *~ at s.o.* jdn auslachen; *~ sth off* etw lachend abtun; *This is no ~ing matter.* Das ist nicht zum Lachen. *2. ~ o.s. silly, ~ one's head off* sich kaputtlachen, sich totlachen; *sb 3.* Lachen *n; just for ~s pl* nur zum Spaß; *have the last ~* am Ende Recht behalten; *What a ~!* Ist ja zum Brüllen!
• **laugh away** *v* lachend übergehen
• **laugh down** *v* auslachen
• **laugh off** *v* mit einem Lachen abtun
laughable ['lɑːfəbl] *adj* lächerlich, lachhaft
laughing gas ['lɑːfɪŋ gæs] *sb MED* Lachgas *n*
laughing-stock ['lɑːfɪŋstɒk] *sb* Witzfigur *f,* Zielscheibe des Spottes *f*
laughter ['lɑːftə] *sb* Lachen *n,* Gelächter *n*
launch [lɒntʃ] *v 1. (a rocket)* abschießen; *2. NAUT (a lifeboat)* aussetzen; *(a new ship)* vom Stapel lassen; *3. (a product)* auf den Markt bringen, *(with publicity)* lancieren; *4. (a company)* gründen; *sb 5. (of a rocket)* Abschuss *m; 6. (of a new ship)* Stapellauf *m*
launder ['lɔːndə] *v 1.* waschen und bügeln; *2. (fig: money)* waschen
laundrette [lɔːn'dret] *sb* Waschsalon *m*
laundry ['lɔːndrɪ] *sb 1. (clothes to be washed)* schmutzige Wäsche *f;* Wäsche *f; 2. (place)* Wäscherei *f*
law [lɔː] *sb 1.* Gesetz *n; by ~* nach dem Gesetz; *2. (system) JUR* Recht *n; under German ~* nach deutschem Recht; *~ and order* Recht und Ordnung; *lay down the ~* das Sagen haben; *3. (as a study)* Jura *pl*
law-abiding ['lɔːəbaɪdɪŋ] *adj* gesetzestreu
law-and-order [lɔː ænd 'ɔːdə] *adj* Recht-und-Gesetz...
lawn [lɔːn] *sb* Rasen *m*
lawsuit ['lɔːsuːt] *sb JUR* Prozess *m,* Klage *f*
lawyer ['lɔːjə] *sb* Anwalt/Anwältin *m/f,* Rechtsanwalt/Rechtsanwältin *m/f*
lay [leɪ] *v irr 1.* legen; *~ the table* den Tisch decken; *2. (cable, pipes)* verlegen; *3. (a trap)* aufstellen; *~ a trap for s.o.* jdm eine Falle stellen; *4. (plans)* schmieden; *5. (a bet)* abschließen, *(money)* setzen; *adj 6. laid back (fam) (US)* gelassen; *7. to be laid up* das Bett hüten
layman ['leɪmən] *sb* Laie *m*
lazy ['leɪzɪ] *adj* faul, träge
lead[1] [led] *sb 1. (metal)* Blei *n; 2. (in a pencil)* Grafit *m*
lead[2] [liːd] *v irr 1.* führen; *~ the way* vorangehen; *2. (street, passage)* führen; *3. (in a race)* in Führung liegen; *4. ~ s.o. to believe that ...* jdm den Eindruck vermitteln, dass ..., jdn glauben machen, dass ...; *sb 5. (position in front)* Führung *f,* Spitze *f; take the ~* in Führung gehen, die Führung übernehmen; *(go first)* vorangehen; *6. (distance ahead, time ahead)* Vorsprung *m; 7. (detective's clue)* Spur *f; 8. TECH* Leitungskabel *n; 9. CINE (role)* Hauptrolle *f; (person)* Hauptdarsteller *m; 10. (leash)* Leine *f*
leader ['liːdə] *sb 1.* Führer *m; 2. (of a project)* Leiter *m; 3. (of a gang)* Anführer *m*
leading question ['liːdɪŋ 'kwestʃən] *sb* Suggestivfrage *f*

lead poisoning ['ledpɔɪznɪŋ] *sb* Bleivergiftung *f*
leaf [liːf] *sb 1.* Blatt *n; turn over a new ~* einen neuen Anfang machen; *2. (of a table)* Ausziehplatte *f; 3. (of metal)* Folie *f; v 4. ~ through* durchblättern
league [liːg] *sb 1. SPORT* Liga *f; 2. POL* Bund *m,* Bündnis *n; 3. to be in ~ with* im Bunde sein mit, unter einer Decke stecken mit
leak [liːk] *v 1. (roof, container)* lecken, undicht sein; *2. (liquid)* auslaufen; *(in drops)* tropfen; *3. (gas)* ausströmen, entweichen; *4. (sth)* durchlassen; *(information)* zuspielen; *sb 5. (hole)* undichte Stelle *f; (in a container)* Loch *n; 6. (escape of liquid)* Leck *n; spring a ~* ein Leck bekommen; *7. (fig: of information)* Durchsickern von Informationen *n*
lean [liːn] *adj 1.* mager; *2. (person)* schlank, schmal; *(unnaturally)* hager; *v irr 3.* lehnen; *4. (rest)* sich lehnen; *5. (to be tilted, to be angling)* sich neigen; *6. ~ toward sth (opinion)* zu etw tendieren, zu etw neigen; *7. (rest sth)* aufstützen
learn [lɜːn] *v irr 1.* lernen; *2. (find out)* hören, erfahren
lease [liːs] *v 1. (take)* pachten, in Pacht nehmen, mieten; *2. (give)* verpachten, in Pacht geben, vermieten; *sb 3.* Pacht *f,* Miete *f; a new ~ on life (fig)* ein neues Leben; *4. (contract)* Pachtvertrag *m,* Mietvertrag *m*
leash [liːʃ] *sb* Leine *f*
least [liːst] *adj 1.* geringste(r,s), wenigste(r,s); *sb 2. at ~* mindestens, wenigstens; *not in the ~* nicht im Geringsten; *to say the ~* gelinde gesagt, um es milde zu sagen; *That's the ~ of his worries.* Das ist seine geringste Sorge.
leather ['leðə] *sb* Leder *n*
leave [liːv] *v irr 1.* weggehen, *(car, bus, train)* abfahren, *(plane)* abfliegen; *~ for* fahren nach; *2. (depart from)* verlassen; *3. (allow to remain, cause to remain)* lassen; *~ alone* in Ruhe lassen; *~ s.o. cold (fam)* jdn kalt lassen; *~ it at that* es dabei belassen; *4. (a message, a scar)* hinterlassen; *5. (entrust)* überlassen; *6. (after death)* hinterlassen; *(in a will)* vererben; *7. to be left (~ over)* übrig bleiben; *sb 8. (permission)* Erlaubnis *f; 9. (time off)* Urlaub *m; 10. (departure) take one's ~* sich verabschieden; *take ~ of one's senses* den Verstand verlieren
lecture ['lektʃə] *v 1.* einen Vortrag halten; *(in class)* eine Vorlesung halten; *2. (scold s.o.)* eine Standpauke halten, eine Strafpredigt halten; *sb 3.* Vortrag *m; 4. (in class)* Vorlesung *f; 5. (fig: scolding)* Predigt *f,* Strafpredigt *f*
ledge [ledʒ] *sb 1.* Leiste *f,* Kante *f; 2. (of a window: outside)* Fenstersims *n; (inside)* Fensterbrett *n; 3. (mountain ~)* Vorsprung *m,* Felsvorsprung *m*
ledger ['ledʒə] *sb ECO* Hauptbuch *n*
leer [lɪə] *v ~ at* anzüglich angrinsen, schielen nach
left [left] *adv 1.* links; *adj 2.* linke(r,s); *sb 3. (in boxing)* Linke *f; 4. on the ~* links, auf der linken Seite, linker Hand
left-hander [left'hændə] *sb* Linkshänder *m*
leftover ['leftəʊvə] *sb 1.* Überbleibsel *n; 2. (from a meal)* Rest *m*
leg [leg] *sb 1.* Bein *n; to be on one's last ~s* es nicht mehr lange machen; *have not a ~ to stand on* keinerlei Beweise haben; *pull s.o.'s ~ (fam)* jdn auf den Arm nehmen; *2. GAST* Keule *f; 3. (of a race) SPORT* Etappe *f*
legal ['liːgl] *adj 1. (lawful)* legal; *2. (tender, limit)* gesetzlich; *3. (legally valid document, purchase) JUR* rechtsgültig; *4. (relating to the law)* juristisch, rechtlich, Rechts...
legal action ['liːgl 'ækʃən] *sb* Klage *f; take ~ against s.o.* gegen jdn gerichtlich vorgehen
legal aid ['liːgl eɪd] *sb* Rechtshilfe *f*
legend ['ledʒənd] *sb 1.* Legende *f; 2. (fictitious)* Sage *f*
legendary ['ledʒəndərɪ] *adj* legendär, sagenumwoben, berühmt
legible ['ledʒəbl] *adj* leserlich
legion ['liːdʒən] *sb MIL* Legion *f*
legislation [ledʒɪs'leɪʃən] *sb* Gesetzgebung *f; (laws)* Gesetze *pl*
legitimate [lɪ'dʒɪtɪmət] *adj 1. (lawful)* rechtmäßig, legitim; *2. (child)* ehelich; *3. (reasonable)* berechtigt; *4. (excuse)* begründet
legroom ['legruːm] *sb* Beinfreiheit *f*
legwork ['legwɜːk] *sb* Lauferei *f*
leisure ['leʒə] *sb* Freizeit *f,* Muße *f; at your ~* wenn es Ihnen passt; *have the ~ to do sth* die Muße haben, etw zu tun
leisure centre ['leʒəsentə] *sb* Freizeitpark *m*
leisurely ['leʒəlɪ] *adj* gemächlich, gemütlich
lend [lend] *v irr 1.* leihen, verleihen; *2. (fig: give)* verleihen; *~ itself to* sich eignen für
lending library ['lendɪŋlaɪbrərɪ] *sb* Leihbücherei *f*

length [leŋθ] *sb 1.* Länge *f; 2. (~ of time)* Dauer *f; at ~* ausführlich; *3. (section)* Stück *n; 4. go to any ~s (fig)* über Leichen gehen
lengthways ['leŋθweɪz] *adv* der Länge nach, längs
lengthy ['leŋθɪ] *adj 1.* lang; *2. (overly long)* langwierig, ermüdend lang, übermäßig lang
lens [lenz] *sb 1.* Linse *f; 2. (in spectacles)* Glas *n; 3. FOTO (~ itself)* Linse *f; (part of a camera containing the ~)* Objektiv *n*
lentil ['lentl] *sb BOT* Linse *f*
lesbian ['lezbɪən] *adj 1.* lesbisch; *sb 2.* Lesbierin *f*
less [les] *adj 1.* weniger; *adv 2.* weniger; *prep 3.* weniger; *4. ECO* abzüglich
lessen ['lesn] *v 1.* sich verringern, abnehmen, sich vermindern; *2. (sth)* vermindern, verringern, verkleinern; *3. (belittle)* herabsetzen, schmälern
lesson ['lesn] *sb 1. (in school)* Stunde *f; 2. (unit of study)* Lektion *f; 3. ~s pl* Unterricht *m; sb 4. (fig)* Lehre *f; teach s.o. a ~* jdm eine Lektion erteilen; *He has learned his ~.* Er hat seine Lektion gelernt.
let [let] *v irr 1.* lassen; *~ s.o. through* jdn durchlassen; *~ s.o. know* jdm Bescheid sagen; *Let's go!* Gehen wir! *2. (UK: hire out)* vermieten; *"to ~"* „zu vermieten"
• **let off** *v irr 1. (a passenger)* aussteigen lassen; *2. let s.o. off (not punish s.o.)* jdm etw durchgehen lassen; *let s.o. off with a fine* jdn mit einer Geldstrafe davonkommen lassen; *3. (a shot)* abfeuern; *4. (a bomb, a firework)* hochgehen lassen; *5. (vapour)* von sich geben; *6. (gases)* absondern; *7. ~ steam* Dampf ablassen, *(fig)* sich abreagieren
• **let on** *v irr let sth on (allow sth to be apparent)* sich etw anmerken lassen
lethal ['li:θəl] *adj* tödlich, todbringend
letter ['letə] *sb 1. (written message)* Brief *m; (official, business)* Schreiben *n; 2. (of the alphabet)* Buchstabe *m; to the ~* buchstabengetreu; *in ~ and in spirit* dem Buchstaben und dem Sinne nach; *3. ~s pl* Literatur *f; man of ~s* Literat *m*
leukemia [lu:'ki:mɪə] *sb MED* Leukämie *f*
level ['levl] *adj 1.* eben; gleichauf; *(at the same height)* auf gleicher Höhe; *2. (voice)* ruhig; *3. (fig)* kühl; *keep a ~ head* einen kühlen Kopf bewahren; *4. do one's ~ best* sein Möglichstes tun; *sb 5. (altitude)* Höhe *f; 6. (standard)* Niveau *n,* Ebene *f; 7. (storey)* Geschoss *n; 8. (fig)* Ebene *f; 9. on the ~ (fig)* in Ordnung; *10. (device)* Wasserwaage *f; v 11. (ground)* einebnen, ebnen, planieren; *12. (a building)* abreißen; *13. (a weapon)* richten; *~ at* richten auf; *14. (an accusation)* erheben; *~ at* erheben gegen; *15. ~ with s.o. (fam)* zu jdm ehrlich sein
lever ['li:və] *sb 1.* Hebel *m; 2. (crowbar)* Brechstange *f; 3. (fig)* Druckmittel *n*
lewd [lu:d] *adj 1.* unanständig, schmutzig; *2. (lustful)* lüstern
liability [laɪə'bɪlɪtɪ] *sb 1. (burden)* Belastung *f; 2. liabilities pl FIN* Verpflichtungen *pl,* Verbindlichkeiten *pl,* Schulden *pl; assets and liabilities* Aktiva und Passiva *pl; 3. (responsibility)* Haftung *f; 4. (being subject to)* Pflicht *f,* Unterworfensein *n*
liable ['laɪəbl] *adj 1. (likely to be) ~ to ... (person: to do sth)* leicht ... (tun) können, *(to have sth happen to one)* in Gefahr sein, ... zu werden; *2. (subject to)* unterworfen, ausgesetzt; *3. (responsible)* haftbar
liar ['laɪə] *sb* Lügner *m*
libel ['laɪbəl] *sb* Verleumdung *f*
liberal ['lɪbərəl] *adj 1. POL* liberal; *2. (supply)* großzügig; *3. (helping of food)* reichlich; *sb 4. POL* Liberale(r) *m/f*
liberated ['lɪbəreɪtɪd] *adj* befreit
liberation [lɪbə'reɪʃən] *sb* Befreiung *f*
liberty ['lɪbətɪ] *sb* Freiheit *f; take the ~ of doing sth* sich die Freiheit nehmen, etw zu tun; *I am not at ~ to discuss it.* Es ist mir nicht gestattet, darüber zu sprechen.
librarian [laɪ'brɛərɪən] *sb* Bibliothekar(in) *m/f*
library ['laɪbrərɪ] *sb 1. (public)* Bibliothek *f,* Bücherei *f; 2. (private)* Bibliothek *f; 3. (collection of books, of records)* Sammlung *f*
licence ['laɪsəns] *sb 1.* Genehmigung *f,* Erlaubnis *f; 2. ECO* Lizenz *f; 3. (freedom)* Freiheit *f*
licence number ['laɪsənsnʌmbə] *sb* Kraftfahrzeugnummer *f*
license ['laɪsəns] *v 1.* eine Lizenz vergeben an; *2. (a product)* lizensieren, konzessionieren; *(a book)* zur Veröffentlichung freigeben; *sb 3. (US: see "licence")*
license plate ['laɪsəns pleɪt] *sb (US)* Nummernschild *n*
lid [lɪd] *sb 1.* Deckel *m; 2. blow the ~ off sth (fig)* etw verraten; *(disclose sth)* etw aufdecken; *3. flip one's ~ (fam) (US)* plötzlich ausrasten, aus der Haut fahren; *4. (eye~)* Lid *n*
lie[1] [laɪ] *v irr 1. (tell a ~)* lügen; *~ to s.o.* jdn anlügen; *sb 2.* Lüge *f; give the ~ to sth* das Gegenteil von etw beweisen

lie² [laɪ] *v irr* liegen
life [laɪf] *sb* Leben *n; bring s.o. back to ~* jdn wieder beleben; *lose one's ~* ums Leben kommen; *take s.o.'s ~* jdn umbringen; *~ and limb* Leib und Leben; *not for the ~ of me* nicht um alles in der Welt, niemals; *all his ~* sein ganzes Leben lang; *in real ~* in der Realität *f, the good ~* das süße Leben; *come to ~ (fig)* lebendig werden; *have the time of one's ~* einen Mordsspaß haben; *as large as ~* in voller Größe; *for ~* fürs Leben, fürs ganze Leben; *(prison sentence)* lebenslänglich; *It's a matter of ~ and death.* Es geht um Leben oder Tod
life assurance [laɪfə'ʃʊərəns] *sb (UK)* Lebensversicherung *f*
lifeboat ['laɪfbəʊt] *sb* Rettungsboot *n*
life expectancy [laɪfɪk'spektənsɪ] *sb* Lebenserwartung *f*
lifeguard ['laɪfgɑːd] *sb 1. (at the beach)* Rettungsschwimmer *m; 2. (at a swimming pool)* Bademeister *m*
life insurance ['laɪfɪnʃuərəns] *sb* Lebensversicherung *f*
life jacket ['laɪfdʒækɪt] *sb* Schwimmweste *f*
lifelong ['laɪflɒŋ] *adj* lebenslänglich
lifestyle ['laɪfstaɪl] *sb* Lebensstil *m*
lift [lɪft] *v 1.* hochheben; *(feet, head)* heben; *2. (eyes)* aufschlagen; *3. (fig)* heben; *4. (a restriction)* aufheben; *5. (fam: steal)* mitgehen lassen (fam); *(plagiarize)* klauen; *sb 6. (lifting)* Heben *n; 7. (UK: elevator)* Fahrstuhl *m,* Aufzug *m,* Lift *m; 8. give s.o. a ~ (pep s.o. up)* jdn aufmuntern; *9. give s.o. a ~ (give s.o. a ride)* jdn mitnehmen; *10. TECH* Hub *m*
ligature ['lɪgətʃə] *sb* Binde *f,* Band *n*
light¹ [laɪt] *sb 1.* Licht *n; shed ~ on sth (fig)* Licht auf etw werfen; *see the ~ (fig)* erleuchtet werden; *in ~ of ...* in Anbetracht ...; *in a good ~* in günstigem Licht; *throw a new ~ on sth* ein anderes Licht auf etw werfen; *show sth in a different ~* etw in einem anderen Licht erscheinen lassen; *come to ~* ans Tageslicht kommen; *2. (electric ~)* Licht *n,* Lampe *f,* Beleuchtung *f; 3. Have you got a ~?* Haben Sie Feuer? *v irr 4. (sth)* beleuchten, erleuchten; *5. (with flame)* anzünden; *adj 6. (not dark)* hell; *~ blue* hellblau;
light² [laɪt] *adj 1. (not heavy)* leicht; *make ~ work of sth* etw mit links machen; *2. (punishment)* milde; *3. make ~ of* bagatellisieren, auf die leichte Schulter nehmen
lighter ['laɪtə] *sb (cigarette ~)* Feuerzeug *n*
lighthouse ['laɪthaʊs] *sb* Leuchtturm *m*
lighting ['laɪtɪŋ] *sb* Beleuchtung *f*
lightning ['laɪtnɪŋ] *sb* Blitz *m; struck by ~* vom Blitz getroffen
lightweight ['laɪtweɪt] *sb 1. SPORT* Leichtgewichtler *m; 2. (person of no consequence)* unbedeutender Mensch *m*
like¹ [laɪk] *v 1.* mögen; *if you ~* wenn Sie wollen; *I ~ it.* Es gefällt mir. *How do you ~ it?* Wie gefällt es dir? Wie findest du es? *sb 2. (thing ~d, preference)* Geschmack *m*
like² [laɪk] *prep 1.* wie; *to be ~ s.o.* jdm ähnlich sein; *~ mad* wie verrückt; *feel ~ doing sth* Lust haben, etw zu tun; *That's just ~ him.* Das sieht ihm ähnlich. *What does it look ~?* Wie sieht es aus? *It looks ~ rain.* Es sieht nach Regen aus. *What's she ~?* Wie ist sie? *adj 2. (similar)* ähnlich; *3. (the same)* gleich; *sb 4. and the ~* und dergleichen; *his ~* seinesgleichen; *the ~s of you pl* deinesgleichen, euresgleichen
likely ['laɪklɪ] *adj* wahrscheinlich; *A ~ story!* Wer's glaubt, wird selig!
liken ['laɪkən] *v ~ to* vergleichen mit
likewise ['laɪkwaɪz] *adv* ebenfalls, gleichfalls, ebenso
limb [lɪm] *sb 1. ANAT* Glied *n; 2. (of a tree)* Ast *m*
limber ['lɪmbə] *adj 1.* biegsam, geschmeidig; *2. ~ up* Lockerungsübungen machen
limelight ['laɪmlaɪt] *sb* Rampenlicht *n*
limit ['lɪmɪt] *v 1.* begrenzen, beschränken, einschränken; *sb 2.* Grenze *f,* Beschränkung *f,* Begrenzung *f; know no ~s pl* keine Grenzen kennen; *"off ~s" pl* Zutritt verboten; *the city ~s* die Stadtgrenzen *pl; That's about the ~. (fam)* Das ist der absolute Hammer.
limited ['lɪmɪtɪd] *adj* begrenzt, beschränkt; *~ liability company* Gesellschaft mit beschränkter Haftung *f*
limited company ['lɪmɪtɪd 'kʌmpənɪ] *sb ECO* Aktiengesellschaft *f*
limited liability ['lɪmɪtɪd laɪə'bɪlɪtɪ] *sb ECO* beschränkte Haftung *f*
limousine ['lɪməziːn] *sb* Limousine *f*
line [laɪn] *sb 1.* Linie *f; ~ of vision* Gesichtslinie *f; come into ~ with sth* mit etw übereinstimmen; *behind enemy ~s* hinter den feindlichen Linien; *along these ~s (fig)* in dieser Richtung; *take a hard ~* eine harte Linie verfolgen; *to be along the ~s of ...* so etw wie ... sein; *draw the ~ at (fig)* die Grenze ziehen bei; *to be on the ~ (fig: be at stake)* auf dem Spiel stehen; *2. (of a train, of travel)* Linie *f,* Strecke *f; 3. (straight ~) MATH* Gerade *f; 4. TEL* Lei-

tung *f; Hold the ~!* Bleiben Sie am Apparat! *5. (row)* Reihe *f; step out of ~ (fig)* aus der Reihe tanzen

• **line up** *v 1. (stand in line)* sich in einer Reihe aufstellen; *2. (queue)* sich anstellen; *3. (objects)* in einer Reihe aufstellen; *4. (people)* antreten lassen; *5. (prepare)* auf die Beine stellen, organisieren, arrangieren

linen ['lɪnɪn] *sb 1.* Wäsche *f; (table ~)* Tischwäsche *f; 2. (material)* Leinen *n*

lineup ['laɪnʌp] *sb SPORT* Aufstellung *f*

lingerie ['lænʒəri:] *sb* Damenunterwäsche *f*

lingo ['lɪŋgəʊ] *sb* Fachjargon *m*

lining ['laɪnɪŋ] *sb (of clothes)* Futter *n*

link [lɪŋk] *v 1.* verbinden; *~ arms* sich unterhaken; *to be ~ed with (fig)* in Zusammenhang stehen mit, zusammenhängen mit; *~ up with s.o.* sich jdm anschließen; *sb 2.* Glied *n; 3. (fig: connection)* Verbindung *f; 4. (cuff ~)* Manschettenknopf *m*

lip [lɪp] *sb 1.* Lippe *f; pay ~ service to* ein Lippenbekenntnis ablegen zu; *2. (fig: insolence)* Unverschämtheit *f; 3. (of a cup, of a crater)* Rand *m*

lip-read ['lɪpri:d] *v irr* von den Lippen ablesen

lipstick ['lɪpstɪk] *sb* Lippenstift *m*

liqueur [lɪ'kjʊə] *sb* Likör *m*

liquid ['lɪkwɪd] *adj 1.* flüssig, Flüssigkeits... *sb 2.* Flüssigkeit *f*

liquidation [lɪkwɪ'deɪʃən] *sb* Liquidation *f,* Realisierung *f,* Tilgung *f*

liquidity [lɪ'kwɪdɪtɪ] *sb 1.* flüssiger Zustand *m; 2. (of assets) FIN* Liquidität *f*

liquorice ['lɪkərɪs] *sb GAST* Lakritze *f*

lisp [lɪsp] *v 1.* lispeln; *sb 2.* Lispeln *n*

list¹ [lɪst] *v 1.* in eine Liste eintragen, aufschreiben, notieren; *2. (verbally)* aufzählen; *sb 3.* Liste *f,* Verzeichnis *n; shopping ~* Einkaufszettel *m*

list² [lɪst] *sb NAUT* Schlagseite *f*

listen ['lɪsn] *v* hören, zuhören; *~ for sth* auf etw horchen

• **listen in** *v (secretly)* mithören

listener ['lɪsnə] *sb 1.* Zuhörer *m; 2. (to the radio)* Hörer *m*

liter *sb (US: see "litre")*

literacy ['lɪtərəsɪ] *sb* Fähigkeit, zu lesen und zu schreiben *f*

literary ['lɪtərərɪ] *adj* literarisch, Literatur...

literature ['lɪtrətʃə] *sb 1.* Literatur *f; 2. (company ~)* Prospekte *pl*

litigation [lɪtɪ'geɪʃən] *sb* Rechtsstreit *m*

litter ['lɪtə] *v 1. to be ~ed with* übersät sein mit; *sb 2.* Abfälle *pl; 3. cat ~, kitty ~* Kies *m*

little ['lɪtl] *adj 1.* klein; *adv 2.* wenig; *~ by ~* nach und nach; *3. a ~* ein wenig, ein bisschen, etwas; *a ~ bit* ein bisschen; *with a ~ effort* mit etwas Anstrengung

live [laɪv] *adj 1.* lebend; *2. (broadcast)* live; *3. (ammunition)* scharf; [lɪv] *v 4.* leben; *~ and let ~* leben und leben lassen; *You have to ~ with it.* Du musst dich damit abfinden. *5. (reside)* wohnen, leben

• **live down** *v* hinwegkommen über; *It will take a long time for him to live that down.* Das wird ihm noch lange nachhängen.

• **live off** *v* leben von, sich ernähren von; *~ s.o.* auf jds Kosten leben

• **live on** *v* weiterleben

livelihood ['laɪvlɪhʊd] *sb* Lebensunterhalt *m,* Auskommen *n; earn one's ~* sein Brot verdienen

lively ['laɪvlɪ] *adj 1.* lebhaft, lebendig; *2. (pace)* flott

liver ['lɪvə] *sb* Leber *f*

living ['lɪvɪŋ] *adj 1.* lebend, lebendig, Lebens... *sb 2. the ~ pl* die Lebenden *pl; 3. (livelihood)* Lebensunterhalt *m; cost of ~* Lebenshaltungskosten *pl*

load [ləʊd] *v 1.* laden, beladen; *~ up* aufladen; *2. (a camera)* einen Film einlegen; *3. (fig)* überhäufen; *4. (fam: dice)* präparieren; *sb 5.* Last *f; 6. (cargo)* Ladung *f,* Fracht *f; 7. ~s of pl (fam)* jede Menge, eine Unmasse *f; 8. get a ~ of this (look)* guck dir das mal an; *(listen)* hör dir das mal an

loaded ['ləʊdɪd] *adj 1. (gun)* geladen; *2. (fam: dice)* gezinkt; *3. (fam: rich)* gespickt; *4. (fam: drunk)* sternhagelvoll; *5. a ~ question* eine Fangfrage *f*

loading ['ləʊdɪŋ] *sb* Ladung *f,* Fracht *f*

loaf [ləʊf] *v 1. (~ about, ~ around)* bummeln, herumlungern, faulenzen; *sb 2.* Laib *m*

loan [ləʊn] *v 1.* leihen; *sb 2. FIN* Darlehen *n,* Anleihe *f*

lobby ['lɒbɪ] *sb 1.* Vorzimmer *n; 2. (of a hotel)* Rezeption *f,* Empfang *m; v 3.* Einfluss nehmen

lobster ['lɒbstə] *sb ZOOL* Hummer *m*

local ['ləʊkəl] *adj 1.* örtlich, Orts... *pl 2. ~s (people who live in the area)* Ortsansässige *pl*

local anaesthetic ['ləʊkəl ænɪs'θetɪk] *sb* Lokalanästhesie *f,* örtliche Betäubung *f*

local authority ['ləʊkl ɔ:'θɒrɪtɪ] *sb (UK)* örtliche Behörde *f*

local call ['ləʊkəl kɔ:l] *sb* Ortsgespräch *n*

locality [ləʊ'kælɪtɪ] *sb* Gegend *f*
location [ləʊ'keɪʃən] *sb 1. (position, site)* Lage *f; 2. CINE* Drehort *m*
lock [lɒk] *v 1.* schließen; *2. (wheels)* blockieren; *3. (gears)* ineinander greifen; *4. (sth)* abschließen, zuschließen, zusperren; *sb 5.* Schloss *n; under ~ and key* hinter Schloss und Riegel; *6. (fam: sure thing) It's a ~.* Todsicher. *7. (hold)* Fesselgriff *m; 8. (of hair)* Locke *f; 9. (canal ~)* Schleuse *f*
• **lock on** *v (radar)* erfassen
• **lock out** *v* aussperren
locker ['lɒkə] *sb* Schließfach *n*
locker room ['lɒkərru:m] *sb 1.* Umkleideraum *m; 2. SPORT* Kabine *f*
locomotion [ləʊkə'məʊʃən] *sb* Fortbewegung *f*
locus ['ləʊkəs] *sb* Ort *m*
lodge [lɒdʒ] *v 1. (stay, live)* wohnen; *2. (bullet)* stecken bleiben; *3. (a protest)* einlegen; *4. (house s.o.)* unterbringen; *sb 5. (ski ~, hunting ~)* Hütte *f; 6. (club)* Loge *f*
lodger ['lɒdʒə] *sb* Mieter *m,* Untermieter *m*
lodgment ['lɒdʒmənt] *sb* Einreichung *f,* Erhebung *f*
logbook ['lɒgbʊk] *sb 1.* Buch *n; sb 2. (ship's)* Logbuch *n; sb 3. (plane's)* Bordbuch *n*
loggerheads ['lɒgəhedz] *pl 1. to be at ~ with (people)* Streit haben mit; *2. to be at ~ (points of view)* in Widerspruch stehen
logic ['lɒdʒɪk] *sb* Logik *f*
logical ['lɒdʒɪkəl] *adj 1.* logisch; *2. (conclusion)* folgerichtig
logo ['ləʊgəʊ] *sb* Logo *n,* Emblem *n*
loiter ['lɔɪtə] *v 1.* trödeln, bummeln; *2. (in a suspicious manner)* herumlungern, herumstehen, sich herumtreiben
loneliness ['ləʊnlɪnɪs] *sb* Einsamkeit *f*
lonely ['ləʊnlɪ] *adj* einsam
long [lɒŋ] *adj 1.* lang; *so ~ as* solange; *take a ~ view* über längere Zeit planen; *a ~ memory* ein gutes Gedächtnis; *at ~ last* endlich; *I won't be ~ (in returning).* Ich bin gleich wieder da. *~ odds* geringe Aussichten; *So ~!* Bis später! Tschüss! *2. (journey)* weit; *adv 3.* lang, lange; *~ ago* vor langer Zeit; *~ dead* schon lange tot; *all day ~* den ganzen Tag; *sb 4. before ~* bald; *v 5. ~ for* sich sehnen nach, herbeisehnen
long-distance call [lɒŋ 'dɪstəns kɔ:l] *sb* Ferngespräch *n*
longing ['lɒŋɪŋ] *sb 1.* Sehnsucht *f,* Verlangen *n; adj 2.* sehnsüchtig, verlangend
longitude ['lɒndʒɪtju:d] *sb* Länge *f*
long-term ['lɒŋtɜ:m] *adj* langfristig, Langzeit...
long-winded ['lɒŋwɪndɪd] *adj* langatmig
look [lʊk] *v 1.* gucken, schauen, blicken; *2. (seem)* aussehen; *~ like* aussehen wie; *sb 3. (glance)* Blick *m; Have a ~ at this!* Sieh dir das mal an! *4. (appearance)* Aussehen *n; I don't like the ~ of it.* Die Sache gefällt mir überhaupt nicht. *5. good ~s pl* gutes Aussehen *n*
• **look after** *v (take care of)* sich kümmern um, sehen nach
• **look at** *v 1.* ansehen, anschauen, angucken; *2. (view, think of)* betrachten, sehen; *3. (take into consideration)* sich überlegen
• **look down** *v ~ on* herabsehen auf
• **look forward** *v ~ to* sich freuen auf
• **look into** *v* untersuchen, prüfen
• **look out** *v 1. (be alert)* aufpassen, auf der Hut sein; *Look out!* Pass auf! Vorsicht! *2. ~ for s.o. (see to s.o.'s well-being)* auf jdn aufpassen; *3. ~ for s.o. (look for s.o.)* nach jdm Ausschau halten
• **look up** *v 1.* aufsehen, aufblicken; *~ to s.o. (fig)* zu jdm aufblicken; *2. (improve) Things are looking up.* Es geht bergauf. *3. (a word)* nachschlagen; *4. look s.o. up (pay s.o. a visit)* jdn besuchen
looker ['lʊkə] *sb 1. (fam: woman)* heiße Frau *f; 2. (fam: man)* heißer Typ *m*
loophole ['lu:phəʊl] *sb* Hintertürchen *n*
loose [lu:s] *adj 1.* locker, *(button)* lose; *(clothing)* weit; *have a ~ tongue (fig)* eine lose Zunge haben; *come ~ (button)* abgehen; *(handle)* sich lockern; *break ~* sich losreißen; *turn ~, let ~* frei herumlaufen lassen; *(prisoner)* freilassen; *2. (immoral)* locker, lose
loose change [lu:s tʃeɪndʒ] *sb* Kleingeld *n*
lord [lɔ:d] *sb 1.* Herr *m; 2. (nobleman)* Lord *m; the House of Lords* das Oberhaus *n; live like a ~ (fam)* auf großem Fuße leben; *as drunk as a ~ (fam)* sternhagelvoll, stockbesoffen
lose [lu:z] *v irr* verlieren; *~ weight* abnehmen
loser ['lu:zə] *sb* Verlierer *m*
loss [lɒs] *sb 1.* Verlust *m; to be at a ~ for words* keine Worte finden; *2. SPORT* Niederlage *f*
lost [lɒst] *adj 1.* verloren; *(child)* verschwunden; *~ in thought* gedankenverloren; *get ~* sich verlaufen, sich verirren; *Get ~! (fam)* Verschwinde! *2. (cause)* aussichtslos
lost-and-found [lɒstænd'faʊnd] *sb (US)* Fundbüro *n*

lot [lɒt] *sb 1. a ~* viel, sehr; *2. a ~, ~s* viel(e), eine Menge; *3. (to be drawn)* Los *n; draw ~s pl* losen, Lose ziehen; *4. (destiny)* Los *n; 5. (quantity) ECO* Posten *m; 6. (property, plot)* Parzelle *f,* Gelände *n; 7. (bunch, group) They're a bad ~.* Das ist ein übles Pack. *That's the ~.* Das ist alles. Das wär's. *the ~* alles, das Ganze

lotion ['ləʊʃən] *sb* Lotion *f*

lottery ['lɒtərɪ] *sb* Lotterie *f; life is a ~* das Leben ist ein Glücksspiel

lottery ticket ['lɒtərɪtɪkɪt] *sb* Lotterielos *n*

lotto ['lɒtəʊ] *sb* Lotto *n*

lotus ['ləʊtʌs] *sb BOT* Lotos *m*

lotus position ['ləʊtʌs pə'zɪʃən] *sb* Lotossitz *m*

loud [laʊd] *adj 1.* laut; *~ and clear* laut und deutlich; *2. (fig: colour, piece of clothing)* schreiend, auffallend, grell

loudspeaker [laʊd'spiːkə] *sb* Lautsprecher *m*

lout [laʊt] *sb* Flegel *m,* Rüpel *m*

love [lʌv] *v 1.* lieben; *sb 2.* Liebe *f; in ~* verliebt; *fall in ~* sich verlieben; *make ~ to s.o. (sexually)* mit jdm schlafen; *not for ~ or money* nicht um viel Geld, keineswegs; *There is no ~ lost between them.* Sie haben nichts füreinander übrig; *3. (thing or person ~d)* Liebe *f; 4. (darling)* Liebling *m,* Schatz *m*

love letter ['lʌvletə] *sb* Liebesbrief *m*

love life ['lʌvlaɪf] *sb* Liebesleben *n*

lover ['lʌvə] *sb 1.* Liebhaber *m,* Geliebte(r) *m/f; 2. ~s pl* Liebespaar *n,* Liebende *pl; 3. (fan of sth)* Liebhaber *m,* Freund *m*

low [ləʊ] *adj 1.* niedrig; *2. (quality)* gering; *3. (birth, rank, form of life)* nieder; *4. (note)* tief; *5. (not loud)* leise; *6. (reserves)* knapp; *7. (mean)* niederträchtig; *8. (trick)* gemein; *adv 9. (fly)* tief; *(aim)* nach unten; *sb 10. (fig)* Tiefpunkt *m,* Tiefstand *m*

low-calorie ['ləʊkælərɪ] *adj* kalorienarm

lower ['ləʊə] *v 1.* niedriger machen; *2. (eyes, weapon, voice, price)* senken; *3. (let down)* herunterlassen, hinunterlassen; *4. (standard)* herabsetzen; *adj 5.* untere(r,s), Unter...

lowermost ['ləʊəməʊst] *adj* unterste(r,s,)

low-fat ['ləʊfæt] *adj* fettarm

low-pitched ['ləʊpɪtʃt] *adj* tief

low-profile [ləʊ'prəʊfaɪl] *adj* wenig markant

loyal ['lɔɪəl] *adj* treu, loyal

loyalty ['lɔɪəltɪ] *sb* Treue *f,* Loyalität *f*

lozenge ['lɒzɪndʒ] *sb MED* Pastille *f*

lubricant ['luːbrɪkənt] *sb 1.* Schmiermittel *n; 2. MED* Gleitmittel *n*

luck [lʌk] *sb* Glück *n; push one's ~* sich auf sein Glück verlassen; *bad ~* Pech *n,* Unglück *n; No such ~!* Schön wär's! *Good ~!* Viel Glück!

luckily ['lʌkɪlɪ] *adv* glücklicherweise

luckless ['lʌklɪs] *adj* glücklos

lucky ['lʌkɪ] *adj* glücklich, Glücks...

ludicrous ['luːdɪkrəs] *adj* lächerlich, haarsträubend

luggage ['lʌgɪdʒ] *sb* Gepäck *n*

lukewarm ['luːkwɔːm] *adj 1.* lauwarm; *2. (fig)* lau

lullaby ['lʌləbaɪ] *sb* Gutenachtlied *n,* Wiegenlied *n*

lumberjack ['lʌmbədʒæk] *sb* Holzfäller *m*

luminous ['luːmɪnəs] *adj* Leucht..., leuchtend

lump [lʌmp] *sb 1.* Klumpen *m; (of sugar)* Stück *n; have a ~ in one's throat* einen Kloß im Hals haben; *2. (swelling)* Beule *f; (in one's breast)* Knoten *m; v 3. ~ together (judge together)* in einen Topf werfen, über einen Kamm scheren

lump sum [lʌmp sʌm] *sb ECO* Pauschalsumme *f,* Pauschalbetrag *m*

lunatic ['luːnətɪk] *sb 1.* Wahnsinnige(r) *m/f,* Irre(r) *m/f; adj 2.* wahnsinnig, irrsinnig, geisteskrank

lunch [lʌntʃ] *sb* Mittagessen *n,* Lunch *m*

lunchtime ['lʌntʃtaɪm] *sb (time of day)* Mittagszeit *f*

lung [lʌŋ] *sb ANAT* Lunge *f*

lupus ['luːpʌs] *sb MED* Lupus *m*

lure [ljʊə] *v 1.* anlocken, ködern; *~ away* fortlocken; *sb 2. (bait)* Köder *m; 3. (fig: appeal)* Verlockung *f*

lurk [lɜːk] *v* lauern

luscious ['lʌʃəs] *adj 1.* köstlich, lecker; *2. (juicy)* saftig; *(girl)* knackig

lush [lʌʃ] *adj* üppig, saftig

lust [lʌst] *v 1. ~ after, ~ for* gieren nach; *sb 2.* geschlechtliche Begierde *f,* Sinneslust *f; 3. (fig)* Verlangen *n*

lusty ['lʌstɪ] *adj* lebhaft, schwungvoll

luxurious [lʌg'zjʊərɪəs] *adj* luxuriös, Luxus...

luxury ['lʌkʃərɪ] *sb* Luxus *m*

lymph [lɪmf] *sb* Lymphe *f*

lynch [lɪntʃ] *v* lynchen

lynching ['lɪntʃɪŋ] *sb* Lynchen *n*

lyric ['lɪrɪk] *sb 1. ~ s pl (of a song)* Text *m; adj 2. LIT* lyrisch

M

macaroni [mækə'rəʊnɪ] *sb* Makkaroni *pl*
macaroon [mækə'ruːn] *sb GAST* Makrone *f*
mace [meɪs] *sb 1. (medieval weapon)* Streitkolben *m; 2. (chemical)* chemische Keule *f*
machinate ['mækɪneɪt] *v* intrigieren
machine [mə'ʃiːn] *sb 1.* Maschine *f,* Apparat *m; 2. (vending ~)* Automat *m*
machine gun [mə'ʃiːn gʌn] *sb* Maschinengewehr *n*
machinery [mə'ʃiːnərɪ] *sb* Maschinen *pl,* Maschinenpark *m*
machine tool [mə'ʃiːn tuːl] *sb* Werkzeugmaschine *f*
macho ['mɑːtʃəʊ] *adj* machohaft
macroeconomics ['mækrəʊiːkə'nɒmɪks] *sb ECO* Makroökonomie *f*
mad [mæd] *adj 1.* wahnsinnig, verrückt; *drive s.o. ~* jdn wahnsinnig machen; *like ~* wie verrückt; *go ~* verrückt werden; *~ about* versessen auf, verrückt nach; *2. (fam: angry)* böse, wütend, sauer
mad cow disease [mæd'kaʊdɪziːz] *sb* Rinderwahnsinn *m*
madden ['mædn] *v 1. (drive crazy)* verrückt machen; *2. (make angry)* ärgern
maddening ['mædənɪŋ] *adj* zum Verrücktwerden, ärgerlich
madwoman ['mædwʊmən] *sb* Irre *f,* Verrückte *f*
magazine ['mægəziːn] *sb 1.* Zeitschrift *f,* Magazin *n; 2. (for a gun)* Magazin *n*
magic ['mædʒɪk] *adj 1.* magisch, Wunder..., Zauber...; *sb 2.* Magie *f,* Zauberei *f*
magical ['mædʒɪkəl] *adj* magisch
magician [mə'dʒɪʃən] *sb* Magier *m,* Zauberer *m*
magnetic [mæg'netɪk] *adj* magnetisch, Magnet...
magnetism ['mægnɪtɪzəm] *sb 1.* Magnetismus *m; 2. (fig)* Anziehungskraft *f*
magnetize ['mægnɪtaɪz] *v* magnetisieren
magnificent [mæg'nɪfɪsənt] *adj* großartig, prächtig, herrlich
magnify ['mægnɪfaɪ] *v 1.* vergrößern; *2. (fig: exaggerate)* aufbauschen
magnifying glass ['mægnɪfaɪɪŋglɑːs] *sb* Vergrößerungsglas *n,* Lupe *f*
magnitude ['mægnɪtjuːd] *sb 1.* Größe *f; 2. (fig: importance)* Bedeutung *f*
magnolia [mæg'nəʊlɪə] *sb* Magnolie *f*
magpie ['mægpaɪ] *sb ZOOL* Elster *f*
maid [meɪd] *sb 1. (servant)* Dienstmädchen *n; 2. (cleaning woman)* Putzfrau *f; 3. (at a hotel)* Zimmermädchen *n*
maiden name ['meɪdn neɪm] *sb* Mädchenname *m*
mail [meɪl] *sb 1.* Post *f; by ~* mit der Post; *v 2. (US)* schicken, abschicken
mailman ['meɪlmæn] *sb (US)* Briefträger *m*
mailorder ['meɪlɔːdə] *sb* Postversand, Bestellung durch die Post *f*
main [meɪn] *adj 1.* Haupt... *the ~ thing* die Hauptsache *f; sb 2. (water ~) TECH* Hauptleitung *f*
mainly ['meɪnlɪ] *adv* hauptsächlich, vorwiegend, in erster Linie
maintain [meɪn'teɪn] *v 1. (order, a relationship)* aufrechterhalten; *(a speed, quality)* beibehalten; *2. (a family)* unterhalten, versorgen; *3. (keep in good condition)* in Stand halten; *(a machine)* warten; *4. (claim, contend)* behaupten
maintenance ['meɪntənəns] *sb 1.* Aufrechterhaltung *f,* Beibehaltung *f; 2. (keeping in good condition)* Instandhaltung *f,* Wartung *f; 3. (of a family)* Unterhalt *m*
majesty ['mædʒɪstɪ] *sb* Majestät *f; Your Majesty* Eure Majestät
majority [mə'dʒɒrɪtɪ] *sb 1.* Mehrheit *f; 2. (UK) JUR* Volljährigkeit *f*
make [meɪk] *v irr 1.* machen; *four plus four ~s eight* vier und vier ist acht; *~ like (fam)* so tun, als ob; *~ o.s. useful* sich nützlich machen; *~ o.s. comfortable* es sich bequem machen; *2. (manufacture)* herstellen; *3. (coffee, tea)* kochen; *4. (a speech)* halten; *5. (peace)* schließen; *6. (arrangements, a choice)* treffen; *7. (cause to do or happen)* lassen; *8. ~ s.o. sth (appoint)* jdn zu etw machen; *9. ~ s.o. do sth (cause)* jdn dazu bringen, etw zu tun, *(force)* jdn zwingen, etw zu tun; *10. (reach, achieve)* schaffen, erreichen; *I don't think I can ~ it tomorrow.* Ich glaube, ich kann morgen nicht. kommen. *11. ~ a team (be chosen)* in die Mannschaft aufgenommen werden; *12. (a decision)* treffen, fällen; *13. (earn)* verdienen, *(a profit, a fortune)* machen; *14. What do you ~ of it?* Was hältst du davon? *sb 15.* Marke *f,* Fabrikat *n*

• **make do** *v irr* ~ *with sth* mit etw auskommen

• **make off** *v irr* ~ *with sth* sich mit etw davonmachen

• **make up** *v irr 1. (after an argument)* sich versöhnen; *2.* ~ *for sth* etw ausgleichen; ~ *for lost time* verlorene Zeit wieder wettmachen; *3. make it up to s.o.* bei jdm etw wieder gutmachen; *(compensate)* jdn für etw entschädigen; *4. (put together)* zurechtmachen; *(a list)* zusammenstellen; *5. (invent)* erfinden, sich ausdenken; *made up* erfunden; *6. (constitute)* bilden; *to be made up of* bestehen aus; *7.* ~ *one's mind* sich entschließen; *8. (apply make-up to)* schminken; *made up* geschminkt

make-up ['meɪkʌp] *sb 1. (cosmetics)* Make-up *n,* Schminke *f; put on* ~ sich schminken; *(on s.o. else)* schminken; *2. (composition)* Zusammenstellung *f; 3. (character)* Veranlagung *f*

male [meɪl] *adj 1.* männlich; *sb 2. (animal) ZOOL* Männchen *n; 3. (fam: man)* Mann *m*

male chauvinist pig [meɪl 'ʃəʊvɪnɪst pɪg] *sb (fam)* Chauvinistenschwein *n*

maleness ['meɪlnɪs] *sb* Männlichkeit *f*

malevolence [mə'levələns] *sb* Bosheit *f,* Böswilligkeit *f*

malevolent [mə'levələnt] *adj* böswillig, feindselig

malfunction [mæl'fʌŋkʃən] *v 1.* versagen, schlecht funktionieren; *sb 2.* Versagen *n,* schlechtes Funktionieren *n; 3. MED* Funktionsstörung *f*

malice ['mælɪs] *sb 1.* Bosheit *f,* Böswilligkeit *f; 2. with* ~ *aforethought JUR* vorsätzlich

malicious [mə'lɪʃəs] *adj* boshaft, böswillig

mall [mɔːl] *sb* Promenade *f; shopping* ~ Einkaufszentrum *n*

mallet ['mælɪt] *sb* Holzhammer *m*

malnourished [mæl'nʌrɪʃt] *adj* unterernährt

malnutrition [mælnjʊ'trɪʃən] *sb* Unterernährung *f*

malpractice [mæl'præktɪs] *sb (by a doctor) JUR* Fahrlässigkeit des Arztes *f*

mama [mə'mɑː] *sb (fam)* Mama *f*

mammal ['mæməl] *sb ZOOL* Säugetier *n*

mammary ['mæmərɪ] *adj* Brust..., Milch...

mammogram ['mæməgræm] *sb MED* Mammogramm *n*

mammoth ['mæməθ] *adj 1.* Mammut..., riesig, Riesen...; *sb 2. ZOOL* Mammut *n*

man [mæn] *sb 1.* Mann *m,* Mensch *m; to a* ~ bis auf den letzten Mann; *2. (the human race)* der Mensch *m; interj 3. (fam)* Mann! Mensch! *v 4.* besetzen; *(a ship)* bemannen; *(a gun, a pump)* bedienen

manage ['mænɪdʒ] *v 1. (cope)* zurechtkommen, es schaffen; *2.* ~ *to do sth* es schaffen, etw zu tun; *3. (a task)* bewältigen, zurechtkommen mit; *4. (supervise)* führen, verwalten, leiten; *(a team, a band)* managen; *(a child, an animal)* zurechtkommen mit

management ['mænɪdʒmənt] *sb 1.* Führung *f,* Verwaltung *f,* Leitung *f; 2. (people) ECO* die Geschäftsleitung *f,* die Direktion *f,* die Betriebsleitung *f*

management consultant ['mænɪdʒmənt kən'sʌltənt] *sb ECO* Unternehmensberater *m*

manager ['mænɪdʒə] *sb 1. ECO* Geschäftsführer *m,* Leiter *m,* Direktor *m; 2. (of a band)* Manager *m; 3. SPORT* Manager *m, (coach)* Trainer *m*

managing director ['mænɪdʒɪŋ dɪ'rektə] *sb ECO* Generaldirektor *m,* Hauptgeschäftsführer *m*

mandarin orange ['mændərɪn 'ɒrɪndʒ] *sb BOT* Mandarine *f*

mandate ['mændeɪt] *sb 1. POL* Mandat *n; 2. (from the Pope)* päpstlicher Entscheid *m*

mandatory ['mændətərɪ] *adj* obligatorisch; *to be* ~ Pflicht sein

man-eater ['mæniːtə] *sb* Menschenfresser *m*

manger ['meɪndʒə] *sb* Krippe *f*

mangy ['meɪndʒɪ] *adj 1.* räudig; *2. (fig: hotel)* schäbig

manhandle ['mænhændl] *v* unsanft behandeln

manhole ['mænhəʊl] *sb* Straßenschacht *m*

manhood ['mænhʊd] *sb 1. (state)* Mannesalter *n; 2. (masculinity)* Männlichkeit *f*

manhunt ['mænhʌnt] *sb* Großfahndung *f*

maniac ['meɪnɪæk] *sb* Wahnsinnige(r) *m/f,* Verrückte(r) *m/f*

manic ['mænɪk] *adj* manisch

manic-depressive ['mænɪkdɪ'presɪv] *sb PSYCH* Manisch-depressive(r) *m/f*

manicure ['mænɪkjʊə] *sb* Maniküre *f*

manifold ['mænɪfəʊld] *adj* vielfältig, vielfach

manikin ['mænɪkɪn] *sb 1. (little man)* Knirps *m,* Männchen *n; 2. (model)* Schneiderpuppe *f,* Modell *n*

manipulate [mə'nɪpjʊleɪt] *v 1.* manipulieren; *2. (handle, operate)* handhaben; *(a machine)* bedienen

manipulation [mənɪpjʊ'leɪʃən] *sb* Manipulation *f*
manipulative [mə'nɪpjʊlətɪv] *adj* manipulierend
manky ['mæŋkɪ] *adj (fam)* schlecht, schmutzig
man-made ['mæn'meɪd] *adj* Kunst..., künstlich
manner ['mænə] *sb 1.* Art *f,* Weise *f,* Art und Weise *f; all ~ of things* alles Mögliche; *2. (behaviour)* Art *f,* Verhalten *n; 3. ~s pl* Benehmen *n,* Umgangsformen *pl,* Manieren *pl*
mannerism ['mænərɪzm] *sb* Angewohnheit *f,* Eigenheit *f,* Manierismus *m*
manœuvre [mə'nuːvə] *v 1.* manövrieren; *sb 2.* Manöver *n*
manslaughter ['mænslɔːtə] *sb JUR* Totschlag *m*
manual ['mænjʊəl] *adj 1.* mit der Hand, Hand..., manuell; *sb 2.* Handbuch *n*
manufacture [mænjʊ'fæktʃə] *v 1.* herstellen; *2. (fig: a story)* erfinden; *sb 3.* Herstellung *f; 4. (products)* Waren *pl,* Erzeugnisse *pl*
manufacturer [mænjʊ'fæktʃərə] *sb* Hersteller *m*
manure [mə'njʊə] *sb 1.* Dung *m,* Mist *m; 2. (artificial)* Dünger *m*
manuscript ['mænjʊskrɪpt] *sb* Manuskript *n*
many ['menɪ] *adj* viel(e); *~ a time* des Öfteren; *as ~* ebenso viel(e); *one too ~* einer zu viel
map [mæp] *sb 1.* Karte *f,* Landkarte *f; (of a town)* Stadtplan *m; put on the ~* Geltung verschaffen; *v 2. ~ out (fig)* entwerfen
marathon ['mærəθən] *sb 1. SPORT* Marathonlauf *m; 2. (fig)* Marathon *m*
marble ['mɑːbl] *sb 1.* Marmor *m; 2. (glass ball)* Murmel *f; He's lost his ~s. pl (fam)* Er hat sie nicht mehr alle.
march [mɑːtʃ] *v 1.* marschieren; *sb 2.* Marsch *m; 3. (demonstration)* Demonstration *f*
mare [mɛə] *sb ZOOL* Stute *f*
margarine [mɑːdʒə'riːn] *sb GAST* Margarine *f*
margin ['mɑːdʒɪn] *sb 1. (on a page)* Rand *m; 2. (latitude)* Spielraum *m; ~ of error* Fehlerspielraum *m; 3. TECH* Spielraum *m*
marginal ['mɑːdʒɪnəl] *adj 1. (slight)* geringfügig; *2. (constituency) POL* mit knapper Mehrheit
marijuana [mærɪ'hwɑːnə] *sb* Marihuana *n*
marina [mə'riːnə] *sb* Jachthafen *m*
marine [mə'riːn] *adj* Meeres..., See...
marital status ['mærɪtl 'steɪtəs] *sb* Familienstand *m*
mark [mɑːk] *v 1. (for identity)* markieren, bezeichnen; *(playing cards)* zinken; *2. (characterize)* kennzeichnen; *3. (schoolwork)* korrigieren; *4. (a football opponent) SPORT* decken; *5. (damage)* beschädigen; *(dirty)* schmutzig machen; *(scratch)* zerkratzen; *sb 6. (indication)* Zeichen *n; On your ~s!* Auf die Plätze! *7. (spot, stain)* Fleck *m; (scratch)* Kratzer *m; 8. (target)* Ziel *n; 9. (in school)* Note *f*
• mark down *v 1. (note)* notieren; *2. (prices)* herabsetzen
• mark off *v (an area)* abgrenzen
markdown ['mɑːkdaʊn] *sb (amount lowered) ECO* Preissenkung *f,* Preisabschlag *m*
marked ['mɑːkt] *adj 1. (noticeable)* merklich, deutlich; *2. a ~ man* ein Gezeichneter
marker ['mɑːkə] *sb 1. (pen)* Markierstift *m; 2. (indicator)* Markierungszeichen *n*
market ['mɑːkɪt] *sb 1.* Markt *m; 2. (demand) ECO* Absatzmarkt *m,* Markt *m; to be in the ~ for* Bedarf haben an; *3. (stock ~) FIN* Börse *f; v 4. ECO* vertreiben
market research ['mɑːkɪt 'riːsɜːtʃ] *sb ECO* Marktforschung *f*
market share ['mɑːkɪt ʃɛə] *sb ECO* Marktanteil *m*
maroon [mə'ruːn] *v 1.* aussetzen; *sb 2. (colour)* Kastanienbraun *n; 3. (UK: firework)* Leuchtkugel *f*
marriage ['mærɪdʒ] *sb 1. (wedding)* Heirat *f,* Hochzeit *f,* Vermählung *f; related by ~* verschwägert; *2. (state of being married)* Ehe *f*
marriage ceremony ['mærɪdʒ 'serɪmənɪ] *sb* Trauung *f*
marriage certificate ['mærɪdʒ sə'tɪfɪkɪt] *sb* Trauschein *m*
marriage counselling ['mærɪdʒkaʊnsəlɪŋ] *sb* Eheberatung *f*
marriage licence ['mærɪdʒlaɪsəns] *sb* Eheerlaubnis *f*
marriage proposal ['mærɪdʒprəpəʊzəl] *sb* Heiratsantrag *m*
married ['mærɪd] *adj* verheiratet; *~ couple* Ehepaar *n*
marry ['mærɪ] *v 1.* heiraten; *2. (join couple in marriage)* trauen
marsh [mɑːʃ] *sb* Sumpf *m*
marshmallow ['mɑːʃmæləʊ] *sb* Marshmallow *n*
martial arts [mɑːʃəl'ɑːts] *pl* asiatische Kampfsportarten *pl*

Martian ['mɑːʃən] *adj 1.* den Mars betreffend, vom Mars kommend; *sb 2.* Marsmensch *m*
martyr ['mɑːtə] *sb* Märtyrer *m*
martyrdom ['mɑːtədəm] *sb* Märtyrertum *n*
marvel ['mɑːvəl] *v 1. ~ at* staunen über; *sb 2.* Wunder *n*
marvellous ['mɑːvələs] *adj* wunderbar, fantastisch, fabelhaft
marzipan ['mɑːzɪpæn] *sb* Marzipan *n*
mascara [mæ'skɑːrə] *sb* Wimperntusche *f*
masculine ['mæskjʊlɪn] *adj* männlich; *(woman)* maskulin
mashed potatoes [mæʃt pə'teɪtəʊz] *pl* Kartoffelbrei *m*
mask [mɑːsk] *v 1.* maskieren; *2. (one's feelings)* verbergen; *sb 3.* Maske *f*
mass [mæs] *sb 1.* Masse *f; 2. (of people)* Menge *f; the ~es pl* die breite Masse; *3. REL* Messe *f; v 4.* sich sammeln, sich massieren; *5. (s.o.)* massieren; *adj 6.* Massen... *~ destruction* Massenvernichtung *f*
massacre ['mæsəkə] *sb 1.* Gemetzel *n,* Massaker *n; v 2.* niedermetzeln
massage ['mæsɑːdʒ] *v 1.* massieren; *sb 2.* Massage *f*
massive ['mæsɪv] *adj* riesig, enorm, massiv
mass-market ['mæsmɑːkɪt] *adj* Massenwaren...
mass media [mæs 'miːdɪə] *pl* Massenmedien *pl*
mass number ['mæsnʌmbə] *sb CHEM* Massenzahl *f*
mass-produce [mæsprə'djuːs] *v* serienmäßig herstellen
mast [mɑːst] *sb* Mast *m*
master ['mɑːstə] *v 1.* meistern; *2. (a subject, a technique)* beherrschen; *3. (one's emotions)* bändigen, unter Kontrolle bringen; *sb 4.* Herr *m; 5. (teacher)* Lehrer *m; 6. (employer of an apprentice)* Meister *m; 7. ART* Meister *m; 8. (~ copy)* Original *n; 9. (university degree)* Magister *m*
master key ['mɑːstə kiː] *sb* Hauptschlüssel *m,* Generalschlüssel *m*
masterpiece ['mɑːstəpiːs] *sb* Meisterstück *n,* Meisterwerk *n*
masthead ['mɑːsthed] *sb (of a newspaper)* Impressum *n*
masticate ['mæstɪkeɪt] *v* kauen, zerkauen, zermahlen
mat [mæt] *sb 1.* Matte *f, (of cloth)* Deckchen *n; v 2. (hair)* verfilzen
match [mætʃ] *v 1.* zusammenpassen; *2. ~ o.s. against s.o.* sich mit jdm messen; *3. ~ s.o. against s.o.* jdn gegen jdn aufstellen; *4. (equal)* gleichkommen; *5. (correspond to)* entsprechen, übereinstimmen mit; *sb 6. (corresponding or suitable thing)* Gegenstück *n; to be a good ~* gut zusammenpassen; *7. (equal) meet one's ~* seinen Meister finden; *to be a ~ for s.o.* jdn gewachsen sein; *8. (that produces flame)* Streichholz *n,* Zündholz *m; set a ~ to sth* ein Streichholz an etw halten; *9. SPORT* Wettkampf *m; (team game)* Spiel *n; (tennis)* Match *n*
matchbox ['mætʃbɒks] *sb* Streichholzschachtel *f*
matchstick ['mætʃstɪk] *sb* Streichholz *n*
mate [meɪt] *sb 1. ZOOL (male)* Männchen *n; (female)* Weibchen *n; 2. (fam: spouse)* Mann/Frau *m/f; 3. (fam: friend)* Freund *m,* Kamerad *m,* Kumpel *m; 4. (fellow worker)* Arbeitskollege *m,* Kumpel *m; 5. NAUT* Maat *m; 6. (half of a matched pair)* Gegenstück *n*
material [mə'tɪərɪəl] *sb 1.* Material *n; 2. (cloth)* Stoff *m; 3. (facts)* Stoff *m; 4. ~s pl (files, notes)* Unterlagen *pl; adj 5.* materiell; *6. JUR* wesentlich, erheblich
materialistic [mətɪərɪə'lɪstɪk] *adj* materialistisch
materialize [mə'tɪərɪəlaɪz] *v 1. (appear)* erscheinen; *2. (become reality)* sich verwirklichen, zu Stande kommen
maternal [mə'tɜːnl] *adj* mütterlich; *~ grandmother* Großmutter mütterlicherseits
maternity [mə'tɜːnɪtɪ] *sb* Mutterschaft *f*
maternity leave [mə'tɜːnɪtɪ liːv] *sb* Mutterschaftsurlaub *m*
maternity ward [mə'tɜːnɪtɪ wɔːd] *sb* Entbindungsstation *f*
math [mæθ] *sb (US)* Mathe *f* (fam)
mathematician [mæθəmə'tɪʃən] *sb* Mathematiker *m*
mathematics [mæθə'mætɪks] *sb* Mathematik *f*
maths [mæθs] *sb (UK)* Mathe *f* (fam)
matriarch ['meɪtrɪɑːk] *sb* Matriarchin *f*
matrimony ['mætrɪmənɪ] *sb* Ehe *f*
matron ['meɪtrən] *sb 1. (married woman)* Matrone *f; 2. (head nurse)* Oberschwester *f; 3. (of a boarding school)* Hausmutter *f; 4. ~ of honour* verheiratete Brautjungfer *f*
matter ['mætə] *v 1.* von Bedeutung sein; *Why should it ~ to you?* Warum sollte dir das etwas ausmachen? *It doesn't ~.* Es macht nichts. *sb 2. (substance)* Materie *f,* Material *n,*

Stoff *m; 3. (affair)* Sache *f,* Angelegenheit *f; for that ~* eigentlich; *no laughing ~* nichts zum Lachen; *to make ~s worse pl* was die Sache noch schlimmer macht; *4. (topic)* Thema *n; 5. to be a ~ of* sich handeln um, gehen um; *a ~ of time* eine Frage der Zeit; *6. the ~ (the problem) What's the ~?* Was ist los? *7. No ~!* Macht nichts; *no ~ how ...* egal, wie ...; *no ~ what ...* egal, was ...

matter-of-course ['mætə ɒv kɔːs] *adj* selbstverständlich

matter-of-fact ['mætərəffækt] *adj* nüchtern, sachlich, prosaisch

matter of opinion ['mætə ɒv ə'pɪnjən] *sb* Ansichtssache *f*

mattress ['mætrɪs] *sb* Matratze *f*

mature [mə'tjʊə] *adj 1.* reif; *(child)* vernünftig; *v 2.* reif werden; *(animal)* auswachsen

maturity [mə'tjʊərɪtɪ] *sb 1.* Reife *f; 2. FIN* Fälligkeit *f; date of ~ FIN* Fälligkeitsdatum *n*

maul [mɔːl] *v* übel zurichten

mauve [məʊv] *sb* Mauve *n,* Malvenfarbe *f*

maximal ['mæksɪməl] *adj* maximal

maximum ['mæksɪməm] *sb 1.* Maximum *n; adj 2.* Höchst..., maximal

may [meɪ] *v irr 1.* können; *it might happen* es könnte geschehen; *it ~ be that ...* vielleicht, es könnte sein, dass ...; *2. (permission)* dürfen; *Yes, you ~.* Ja, Sie dürfen; *3. (wish) May you be happy!* Sei glücklich!

maybe ['meɪbɪ] *adv* vielleicht

mayonnaise [meɪə'neɪz] *sb* Mayonäse *f*

me [miː] *pron 1. (direct object)* mich; *2. (indirect object)* mir; *3. (fam: I)* ich; *It's ~.* Ich bin's. *Who, ~?* Wer, ich?

meadow ['medəʊ] *sb* Wiese *f*

meagre ['miːgə] *adj* dürftig, kärglich, spärlich

meal [miːl] *sb 1.* Mahlzeit *f; 2. (the food itself)* Essen *n; 3. (powder)* Mehl *n*

mean[1] [miːn] *v irr 1. (signify)* bedeuten, heißen; *2. (have in mind, to be referring to)* meinen; *3. (intend)* beabsichtigen, vorhaben, im Sinn haben; *~ well* es gut meinen; *4. ~ to do sth* etw tun wollen; *(do on purpose)* etw absichtlich tun; *5. (to be serious about)* ernst meinen; *I ~ it!* Das ist mein Ernst! *6. (destine) sth is ~t to be sth* etw soll etw sein; *to be ~t for sth* für etw bestimmt sein

mean[2] [miːn] *adj 1. (vicious)* bösartig; *(look)* gehässig; *2. (small)* gering; *no ~ achievement* keine geringe Leistung; *3. (miserly)* geizig, knauserig; *4. (unkind, spiteful)* gemein; *5. (shabby)* schäbig

meaning ['miːnɪŋ] *sb* Bedeutung *f,* Sinn *m*

meaningful ['miːnɪŋfʊl] *adj* sinnvoll, bedeutungsvoll

meanness ['miːnnɪs] *sb 1. (viciousness)* Bösartigkeit *f; 2. (spitefulness)* Gemeinheit *f; 3. (stinginess)* Geiz *m; 4. (shabbiness)* Schäbigkeit *f*

means [miːnz] *sb 1.* Mittel *n; a ~ to an end* ein Mittel zum Zweck; *by ~ of* durch; *by all ~* auf alle Fälle; *live beyond one's ~* über seine Verhältnisse leben; *2. by no ~* keineswegs, durchaus nicht; *(under no circumstances)* auf keinen Fall; *pl 3. (wherewithal)* Mittel *pl; a man of ~* ein vermögender Mann; *live beyond one's ~* über seine Verhältnisse leben

meanwhile ['miːnwaɪl] *adv* inzwischen

measles ['miːzlz] *pl MED* Masern *pl*

measure ['meʒə] *v 1.* messen; *It ~s six metres by three.* Es misst sechs mal drei Meter. *2. (sth)* messen, abmessen, *(a room)* ausmessen; *3. ~ s.o. for a suit* bei jdm Maß nehmen für einen Anzug; *sb 4.* Maß *n; 5. (amount measured)* Menge *f; for good ~* obendrein; *6. (fig)* Maßstab *m; 7. (action, step)* Maßnahme *f; take ~s to do sth pl* Maßnahmen ergreifen, etw zu tun; *8. MUS* Takt *m*

measurement ['meʒəmənt] *sb 1. (measure)* Maß *n; 2. (act)* Messung *f*

meat [miːt] *sb 1.* Fleisch *n; 2. (fig: essence)* Substanz *f*

mechanical engineering [mɪ'kænɪkəl endʒɪ'nɪərɪŋ] *sb* Maschinenbau *m*

mechanics [mɪ'kænɪks] *sb* Mechanik *f*

meddle ['medl] *v* sich einmischen; *~ with sth* mit etw herumspielen

meddlesome ['medlsəm] *adj* aufdringlich, neugierig

media ['miːdɪə] *pl* Medien *pl*

media event ['miːdɪə ɪ'vent] *sb* Medienereignis *n*

mediate ['miːdɪeɪt] *v* vermitteln

medical history ['medɪkəl 'hɪstərɪ] *sb (person's)* Krankengeschichte *f*

medication [medɪ'keɪʃən] *sb* Medikamente *pl*

medicine ['medɪsɪn] *sb 1.* Arznei *f,* Medizin *f; give s.o. a taste of his own ~ (fig)* es jdm mit gleicher Münze zurückzahlen; *2. (field of ~)* Medizin *f*

medieval [medɪ'iːvəl] *adj* mittelalterlich

meditate ['medɪteɪt] *v 1.* nachdenken; *2. REL* meditieren

meditation [medɪ'teɪʃən] *sb 1.* Nachdenken *n; 2.* Meditation *f*

medium ['mi:dɪəm] *adj 1.* mittlere(r,s); *sb 2. (means)* Mittel *n; 3. (mass ~)(TV, radio, press)* Medium *n; 4. ART* Ausdrucksmittel *n; 5. (spiritualist)* Medium *n; 6. a happy ~* der richtige Mittelweg *m*

meek [mi:k] *adj* sanftmütig

meet [mi:t] *v irr 1.* sich begegnen; *(by arrangement)* sich treffen; *(committee)* zusammenkommen; *2. (join)* sich treffen, aufeinander stoßen; *(intersect)* sich schneiden; *3. (become acquainted)* sich kennen lernen; *4. (s.o.)* treffen, begegnen; *~ s.o. at the station* jdn von der Bahn abholen; *5. (get to know)* kennen lernen; *pleased to ~ you* sehr erfreut, Sie kennen zu lernen; *6. (expectations, deadline)* erfüllen; *7. (demand)* entsprechen; *8. (expenses)* decken; *9. (an obligation)* nachkommen

meeting ['mi:tɪŋ] *sb 1.* Begegnung *f,* Zusammentreffen *n; 2. (arranged ~)* Treffen *n; 3. (business ~)* Besprechung *f; (of a committee)* Sitzung *f; 4. (gathering)* Versammlung *f; 5. SPORT* Meeting *n,* Veranstaltung *f*

megabyte ['megəbaɪt] *sb INFORM* Megabyte *n*

megahertz ['megəhɜ:ts] *sb TECH* Megahertz *n*

megaphone ['megəfəʊn] *sb* Megafon *n*

melancholy ['melənkɒlɪ] *adj 1.* melancholisch, schwermütig; *sb 2.* Melancholie *f,* Schwermut *f*

melanoma [melə'nəʊmə] *sb MED* Melanom *n*

mellow ['meləʊ] *adj 1. (person)* milde, abgeklärt; *2. (fruit, wine)* ausgereift

melodramatic [meləʊdrə'mætɪk] *adj* melodramatisch

melody ['melədɪ] *sb* Melodie *f*

melt [melt] *v 1.* schmelzen, sich auflösen, zergehen; *2. (fig: person)* dahinschmelzen; *3. (sth)* schmelzen, lösen; *(butter)* zerlassen; *4. (fig: s.o.'s heart)* erweichen

meltdown ['meltdaʊn] *sb* Kernschmelze *f*

melting pot ['meltɪŋ pɒt] *sb* Schmelztiegel *m*

member ['membə] *sb 1.* Mitglied *n,* Angehörige(r) *m/f; 2. ANAT* Glied *n*

membership ['membəʃɪp] *sb 1. (status)* Mitgliedschaft *f,* Zugehörigkeit *f; 2. (number of members)* Mitgliederzahl *f; 3. (fam: members)* Mitglieder *pl*

memoirs ['memwɑ:z] *pl* Memoiren *pl,* Lebenserinnerungen *pl*

memorial [mɪ'mɔ:rɪəl] *adj 1.* Gedächtnis..., Gedenk...; *sb 2.* Denkmal *n*

memorial service [mɪ'mɔ:rɪəl 'sɜ:vɪs] *sb* Gedenkgottesdienst *m*

memory ['memərɪ] *sb 1.* Gedächtnis *n,* Erinnerung *f,* Erinnerungsvermögen *n; 2. (thing remembered)* Erinnerung *f; 3. (of a deceased person)* Andenken *n,* Erinnerung *f; in ~ of* zum Andenken an; *4. INFORM* Speicher *m; (capacity)* Speicherkapazität *f*

menace ['menɪs] *sb 1. (threat)* Bedrohung *f; 2. (danger)* drohende Gefahr *f; v 3.* bedrohen

mend [mend] *v 1. MED* heilen; *2. (sth)* reparieren; *(clothes)* ausbessern; *~ one's ways* sich bessern; *sb 3. (in fabric)* ausgebesserte Stelle *f; (in metal)* Reparatur *f; 4. to be on the ~* auf dem Weg der Besserung sein

mending ['mendɪŋ] *sb* Ausbessern *n,* Flicken *n*

men's room ['menzru:m] *sb* Herrentoilette *f*

menstruation [menstrʊ'eɪʃən] *sb* Menstruation *f*

mental ['mentl] *adj* geistig, seelisch

mental illness [mentl'ɪlnɪs] *sb* Geisteskrankheit *f*

mental patient ['mentlpeɪʃənt] *sb MED* Geisteskranke(r) *m/f*

mention ['menʃən] *v 1.* erwähnen; *Don't ~ it!* Gern geschehen! *not to ~ ...* geschweige denn ... ; *sb 2.* Erwähnung *f*

menu ['menju:] *sb 1.* Speisekarte *f; 2. INFORM* Menü *n*

meow [mɪaʊ] *v* miauen

mercenary ['mɜ:sɪnərɪ] *sb* Söldner *m*

merchandise ['mɜ:tʃəndaɪz] *sb* Ware *f*

merciful ['mɜ:sɪfʊl] *adj 1.* barmherzig, gnädig; *2. REL* gnädig

merciless ['mɜ:sɪlɪs] *adj* unbarmherzig, erbarmungslos

mercy ['mɜ:sɪ] *sb 1.* Barmherzigkeit *f,* Erbarmen *n,* Gnade *f; Have ~!* Gnade! Erbarmen! *2. to be at s.o.'s ~* jdm auf Gedeih und Verderb ausgeliefert sein

mere [mɪə] *adj* bloß

merge ['mɜ:dʒ] *v 1.* zusammenkommen; *(companies)* fusionieren; *2. (sth)* miteinander vereinen, miteinander verschmelzen; *~ sth with sth* etw mit etw vereinen

merit ['merɪt] *v 1.* verdienen; *sb 2.* Leistung *f,* Verdienst *n; 3. (advantage, positive aspect)* Vorzug *m*

merry ['merɪ] *adj* fröhlich, vergnügt, lustig

mess [mes] *sb 1.* Durcheinander *n,* Unordnung *f; make a ~* Unordnung machen; *2.*

(dirty) Schweinerei *f* (fam); *3. (predicament)* Schlamassel *m,* Schwierigkeiten *pl; to be in a ~ (fam)* in der Tinte sitzen; *4. make a ~ of sth (botch sth)* etw verpfuschen; *5. MIL* Kasino *n; (on a ship)* Messe *f; v 6. ~ about, ~ around* herumgammeln; *7. ~ with sth* an etw herumspielen; *8. ~ up* durcheinander bringen, in Unordnung bringen; *9. ~ up (bungle)* verpfuschen

message ['mesɪdʒ] *sb* Mitteilung *f,* Nachricht *f,* Botschaft *f; get the ~ (fig)* kapieren; *May I take a ~?* Kann ich etw ausrichten?

messenger ['mesɪndʒə] *sb* Bote *m*

messy ['mesɪ] *adj 1. (untidy)* unordentlich; *2. (dirty)* dreckig, schmutzig; *3. (fam: unpleasant)* unschön

metal ['metl] *sb* Metall *n*

metalline ['metəlaɪn] *adj* metallisch, metallhaltig

metamorphosis [metə'mɔːfəsɪs] *sb* Metamorphose *f,* Verwandlung *f*

metaphor ['metəfɔː] *sb* Metapher *m,* bildlicher Ausdruck *m*

meteor ['miːtɪə] *sb ASTR* Meteor *m,* Sternschnuppe *f*

meter[1] ['miːtə] *sb 1. (measuring device)* Zähler *m,* Messer *m,* Messgerät *n; 2. (in a taxi)* Taxameter *n*

meter[2] ['miːtə] *(US: unit of measurement) (see "metre")*

methane ['meθeɪn] *sb CHEM* Methan *n*

method ['meθəd] *sb* Methode *f,* Verfahren *n*

metric ['metrɪk] *sb* metrisch; *the ~ system* das metrische System *n*

metro ['metrəʊ] *sb (underground)* Metro *f,* Untergrundbahn *f*

metropolis [mɪ'trɒpəlɪs] *sb* Metropole *f,* Weltstadt *f*

metropolitan [metrə'pɒlɪtən] *adj* weltstädtisch, hauptstädtisch

microchip ['maɪkrəʊtʃɪp] *sb* Mikrochip *m*

microeconomics [maɪkrəʊiːkə'nɒmɪks] *sb* Mikroökonomie *f*

microelectronics [maɪkrəʊelek'trɒnɪks] *pl* Mikroelektronik *f*

microfilm ['maɪkrəʊfɪlm] *sb* Mikrofilm *m*

microphone ['maɪkrəfəʊn] *sb* Mikrofon *n*

microscope ['maɪkrəʊskəʊp] *sb* Mikroskop *n*

microsecond ['maɪkrəʊsekənd] *sb* Mikrosekunde *f*

microwave oven ['maɪkrəʊweɪv 'ʌvn] *sb* Mikrowellenherd *m*

midday ['mɪd'deɪ] *sb* Mittag *m*

middle ['mɪdl] *sb 1.* Mitte *f; adj 2.* mittlere(r,s)

middle-aged ['mɪdl'eɪdʒd] *adj* mittleren Alters

middle name ['mɪdl neɪm] *sb* zweiter Vorname *m*

middle school ['mɪdl skuːl] *sb (UK)* Schule für Kinder zwischen neun und dreizehn Jahren *f*

middleweight ['mɪdlweɪt] *sb SPORT* Mittelgewicht *n,* Mittelgewichtler *m*

middling ['mɪdlɪŋ] *adj* mittelmäßig; *fair to ~* mittelprächtig

midget ['mɪdʒɪt] *sb* kleiner Mensch *m,* Zwerg *m*

midlife crisis ['mɪdlaɪf 'kraɪsɪs] *sb* Midlifekrise *f*

midnight ['mɪdnaɪt] *sb* Mitternacht *f*

midterm ['mɪdtɜːm] *sb* Mitte des Semesters *f*

midweek [mɪd wiːk] *sb* Wochenmitte *f*

midwife ['mɪdwaɪf] *sb* Hebamme *f,* Geburtshelferin *f*

midwifery [mɪd'wɪfərɪ] *sb* Geburtshilfe *f*

might [maɪt] *sb 1.* Macht *f,* Gewalt *f; 2. (physical strength)* Kraft *f,* Stärke *f*

mighty ['maɪtɪ] *adj 1.* mächtig, gewaltig; *high and ~* arrogant; *adv 2. (fam: quite)* mächtig

migraine ['maɪgreɪn] *sb MED* Migräne *f*

migrant ['maɪgrənt] *sb 1. (person)* Wander... *2. (bird)* Zug...

migrant worker ['maɪgrənt 'wɜːkə] *sb* Wanderarbeiter *m,* Gastarbeiter *m*

migrate [maɪ'greɪt] *v* abwandern, wandern; *(birds)* ziehen

migration [maɪ'greɪʃən] *sb* Wanderung *f; (of birds)* Zug *m*

mild [maɪld] *adj* mild, sanft, leicht

mile [maɪl] *sb* Meile *f*

mileage ['maɪlɪdʒ] *sb 1.* Meilenzahl *f; 2. He got a lot of ~ out of that joke.* Mit dem Witz hatte er immer wieder Erfolg.

milepost ['maɪlpəʊst] *sb* Meilenpfosten *m*

milestone ['maɪlstəʊn] *sb* Meilenstein *m*

militant ['mɪlɪtənt] *adj* militant

military ['mɪlɪtərɪ] *adj 1.* militärisch, Militär...; *sb 2. the ~* das Militär *n*

military service ['mɪlɪtərɪ 'sɜːvɪs] *sb* Wehrdienst *m,* Militärdienst *m*

milk [mɪlk] *v 1.* melken; *sb 2.* Milch *f*

milk-float ['mɪlkfləʊt] *sb (UK)* Milchauto *n*

milkman ['mɪlkmæn] *sb* Milchmann *m*

milkshake ['mɪlkʃeɪk] *sb* GAST Milchshake *m*
milk tooth [mɪlk tu:θ] *sb* Milchzahn *m*
Milky Way [mɪlkɪ'weɪ] *sb* ASTR Milchstraße *f*
mill [mɪl] *v* 1. mahlen; *(metal, paper)* walzen; 2. *~ about, ~ around* umherlaufen; *sb* 3. Mühle *f;* 4. *(factory)* Fabrik *f;* 5. *run of the ~ (fam)* stinknormal
millenium [mɪ'lenɪəm] *sb* Jahrtausend *n,* Millenium *n*
millibar ['mɪlɪbɑ:] *sb* Millibar *n*
milligramme ['mɪlɪgræm] *sb (UK)* Milligramm *n*
millilitre ['mɪlɪli:tə] *sb* Milliliter *m/n*
millimetre ['mɪlɪmi:tə] *sb* Millimeter *m*
million ['mɪljən] *sb* Million *f*
millionaire ['mɪljənɛə] *sb* Millionär(in) *m/f*
millisecond ['mɪlɪsekənd] *sb* Millisekunde *f*
mime [maɪm] *sb (person)* Pantomime *m*
mimic ['mɪmɪk] *v* 1. nachahmen; *(derisively)* nachäffen; *sb* 2. Nachahmer *m,* Imitator *m*
mince [mɪns] *v* 1. zerhacken, in kleine Stücke zerschneiden; 2. *She doesn't ~ words. (fig)* Sie nimmt kein Blatt vor den Mund.
mind [maɪnd] *v* 1. *(object)* etwas dagegen haben; *Do you ~ if ...?* Haben Sie etwas dagegen, wenn ...? *I don't ~.* Ich habe nichts dagegen. *Never ~!* Schon gut! 2. *~ you* allerdings; 3. *(~ sth)(look after)* aufpassen auf; *~ your own business* kümmere dich um deine eigenen Dinge; 4. *(to be careful of)* aufpassen auf; *Mind the step!* Achtung, Stufe! *sb* 5. Geist *m,* Verstand *m; lose one's ~* den Verstand verlieren, verrückt werden; *He was out of his ~.* Er war wie von Sinnen. *to be in one's right ~* bei vollem Verstand sein; *have an open ~* unvoreingenommen sein; *in one's ~'s eye* vor dem inneren Auge; 6. *(thoughts)* Gedanken *pl,* Sinn *m; have sth in ~* etw im Sinne haben, etw vorhaben; *have sth on one's ~* etw auf dem Herzen haben; *have half a ~ to do sth* beinahe Lust haben, etw zu tun; *take s.o.'s ~ off sth* jdn etw vergessen lassen.
mind-boggling ['maɪndbɒgəlɪŋ] *adj* irre, kaum zu glauben
mind-numbing ['maɪndnʌmɪŋ] *adj* benebelnd
mine¹ [maɪn] *v* 1. MIN Bergbau betreiben; 2. *(sth)* fördern, abbauen; 3. *(put explosive ~s in)* verminen; *sb* 4. MIN Bergwerk *n,* Mine *f,* Grube *f;* 5. *(explosive)* MIL Mine *f;*
mine² [maɪn] *pron* meine(r,s); *a friend of ~* ein Freund von mir
mine detector ['maɪndɪtektə] *sb* Minensuchgerät *n*
miner ['maɪnə] *sb* Bergarbeiter *m,* Bergmann *m,* Kumpel *m*
mineral ['mɪnərəl] *sb* 1. Mineral *n; adj* 2. mineralisch, Mineral...
mineral oil ['mɪnərəl ɔɪl] *sb* CHEM Mineralöl *n*
mineral water ['mɪnərəlwɔ:tə] *sb* Mineralwasser *n*
mingle ['mɪŋgl] *v* 1. sich vermischen; 2. *(sth)* mischen
mini ['mɪnɪ] *adj* Mini...
miniature ['mɪnɪtʃə] *adj* Miniatur..., Klein...
minibus ['mɪnɪbʌs] *sb* Kleinbus *m*
minicab ['mɪnɪkæb] *sb (UK)* Kleintaxi *n,* Minicar *n*
minidress ['mɪnɪdres] *sb* Minikleid *n*
minimal ['mɪnɪml] *adj* minimal, Mindest...
minimum ['mɪnɪməm] *sb* 1. Minimum *n; adj* 2. minimal, mindest, Mindest...
minimum lending rate ['mɪnɪməm 'lendɪŋ reɪt] *sb (UK)* FIN Diskontsatz *m*
minimum wage ['mɪnɪməm'weɪdʒ] *sb* Mindestlohn *m*
miniskirt ['mɪni:skɜ:t] *sb* Minirock *m*
minister ['mɪnɪstə] *sb* 1. REL Pfarrer *m,* Pastor *m;* 2. POL Minister *m; v* 3. *~ to s.o.* sich um jdn kümmern
mink ['mɪŋk] *sb* ZOOL Nerz *m*
minor ['maɪnə] *adj* 1. kleiner, geringer; 2. *(of lesser importance)* unbedeutend, unwichtig; 3. *(offence, injuries)* leicht; *sb* 4. *(US: course of study)* Nebenfach *n;* 5. MUS Moll *n; D-~* d-Moll *n;* 6. JUR Jugendliche(r) *m/f*
minority [maɪ'nɒrɪtɪ] *sb* Minderheit *f,* Minorität *f*
minster ['mɪnstə] *sb (UK)* Münster *n*
mint¹ [mɪnt] *v* 1. prägen; *sb* 2. Münze *f,* Münzanstalt *f,* Münzstätte *f*
mint² [mɪnt] *sb* 1. BOT Minze *f;* 2. *(sweet)* Pfefferminz *n*
mint condition ['mɪntkən'dɪʃən] *sb* tadelloser Zustand *m*
minus ['maɪnəs] *prep* 1. minus, weniger; *(taxes)* abzüglich; *sb* 2. Minus *n*
minus sign ['maɪnəs saɪn] *sb* MATH Minuszeichen *n*
minute¹ ['mɪnɪt] *sb* 1. Minute *f; in a ~ (very soon)* gleich; 2. *~s pl (of a meeting)* Protokoll *n*

minute² [maɪ'nju:t] *adj 1. (minuscule)* winzig; *2. (meticulous)* genau
miracle ['mɪrəkəl] *sb* Wunder *n*
miraculous [mɪ'rækjʊləs] *adj* übernatürlich, wunderbar
mirage [mɪ'rɑ:ʒ] *sb 1.* Luftspiegelung *f*, Fata Morgana *f; 2. (fig)* Trugbild *n*
mirror ['mɪrə] *sb 1.* Spiegel *m; v 2.* widerspiegeln, spiegeln
mirth [mɜ:θ] *sb* Freude *f*, Fröhlichkeit *f*
misadventure [mɪsəd'ventʃə] *sb* Missgeschick *n*
misappropriation [mɪsəprəʊprɪ'eɪʃən] *sb* Entwendung *f; (money)* Veruntreuung *f*
misbehave [mɪsbɪ'heɪv] *v 1.* sich schlecht benehmen, sich danebenbenehmen; *2. (child)* ungezogen sein
miscarriage ['mɪskærɪdʒ] *sb 1. MED* Fehlgeburt *f; 2. ~ of justice* Justizirrtum *m*
miscarry ['mɪskærɪ] *v MED* eine Fehlgeburt haben
miscellaneous [mɪsɪ'leɪnɪəs] *adj* verschieden, gemischt, divers
mischance [mɪs'tʃɑ:ns] *sb* unglücklicher Zufall *m*
mischief ['mɪstʃɪf] *sb (tricks)* Unfug *m*
mischievous ['mɪstʃɪvəs] *adj (playfully)* spitzbübisch, verschmitzt
misconception [mɪskən'sepʃən] *sb* fälschliche Annahme *f*
misdemeanour [mɪsdɪ'mi:nə] *sb JUR* Vergehen *n*, minderes Delikt *n*
miser ['maɪzə] *sb (skinflint)* Geizhals *m*, Geizkragen *m*
miserable ['mɪzərəbl] *adj 1. (extremely sad)* unglücklich, traurig; *2. (wretched)* elend, jämmerlich, erbärmlich; *3. feel ~* sich elend fühlen; *4. (contemptible)* miserabel, erbärmlich, jämmerlich; *5. (failure)* kläglich, jämmerlich
misery ['mɪzərɪ] *sb 1. (suffering)* Qualen *pl; 2. (wretchedness)* Elend *n; 3. (sadness)* Kummer *m*, Trauer *f*
misfile [mɪs'faɪl] *v* falsch ablegen
misfortune [mɪs'fɔ:tʃən] *sb (ill-fortune)* Missgeschick *n*
misgiving [mɪs'gɪvɪŋ] *sb* Bedenken *n*, Befürchtung *f*
misguided [mɪs'gaɪdɪd] *adj* irrig, unangebracht
mishap ['mɪshæp] *sb* Unglück *n*, Missgeschick *n*
mishear [mɪs'hɪə] *v irr* falsch hören, sich verhören
misinform [mɪsɪn'fɔ:m] *v* falsch informieren; *You were ~ed.* Man hat Sie falsch informiert.
misjudge [mɪs'dʒʌdʒ] *v* falsch einschätzen; *(a person)* falsch beurteilen
mislead [mɪs'li:d] *v irr 1.* irreführen; *2. to be misled* sich verleiten lassen
misleading [mɪs'li:dɪŋ] *adj* irreführend
misogynist [mɪ'sɒdʒɪnɪst] *sb (woman-hater)* Frauenfeind *m*
mispronounce [mɪsprə'naʊns] *v* falsch aussprechen
miss [mɪs] *v 1.* nicht treffen, fehlen; *2. (sth)* verpassen, versäumen; *~ the train (fig)* den Zug verpassen; *3. (not hit sth, not find sth)* verfehlen; *4. (overlook)* übersehen; *5. (fail to hear)* nicht mitbekommen; *6. ~ the point* das Wesentliche nicht begreifen; *7. (regret the absence of)* vermissen; *sb 8.* Fehlschuss *m*, Fehltreffer *m; 9. (failure)* Misserfolg *m*
• **miss out** *v (fam)* zu kurz kommen; *~ on sth* etw verpassen
Miss [mɪs] *sb* Fräulein *n, (in modern German usage usually)* Frau *f*; *~ USA 1997* die Miss USA von 1997
misshapen [mɪs'ʃeɪpən] *adj* missgebildet, missgestaltet
missile ['mɪsaɪl] *sb 1. (projectile)* Geschoss *n*, Wurfgeschoss *n; 2. (rocket) MIL* Rakete *f*, Flugkörper *m*
missing ['mɪsɪŋ] *adj 1.* fehlend, weg, nicht da; *to be ~* fehlen; *2. (lost in the wilderness, ~ in action)* vermisst werden
mission ['mɪʃən] *sb 1.* Auftrag *m; Mission accomplished!* Auftrag ausgeführt! 2. *~ in life* Lebensaufgabe *f; 3. (people on a ~)* Gesandtschaft *f*, Delegation *f; POL* Mission *f; 4. MIL* Einsatz *m; (assignment)* Befehl *m; 5. REL* Mission *f*
misspell [mɪs'spel] *v irr* falsch buchstabieren, falsch schreiben
missus ['mɪsɪz] *sb (fam) the ~* die bessere Hälfte *f*, die Alte *f* (fam)
mistakable [mɪ'steɪkəbl] *adj* missverständlich, leicht zu verwechseln
mistake [mɪs'teɪk] *sb 1.* Fehler *m*, Irrtum *m; by ~* aus Versehen, versehentlich; *make a ~* einen Fehler machen; *(to be ~n)* sich irren; *v irr 2. (misunderstand)* falsch verstehen, missverstehen; *(s.o.'s motives)* verkennen; *3. ~ sth for sth* etw mit etw verwechseln, etw für etw halten
mistaken [mɪs'teɪkən] *adj* irrtümlich, falsch, verfehlt; *to be ~* sich irren

Mister ['mɪstə] *sb* Herr *m*; *(on an envelope)* Herrn
mistletoe ['mɪsltəʊ] *sb 1.* Mistel *f; 2. (one sprig)* Mistelzweig *m*
mistreat [mɪs'triːt] *v* schlecht behandeln; *(violently)* misshandeln
mistress ['mɪstrɪs] *sb 1. (lover)* Geliebte *f,* Mätresse *f; 2. (feminine word for master)* Herrin *f*
mistrust [mɪs'trʌst] *sb* Misstrauen *n*
mistrustful [mɪs'trʌstfʊl] *adj* misstrauisch
misty ['mɪstɪ] *adj 1.* neblig; *2. (hazy)* dunstig; *3. (opaque)* milchig
misunderstand [mɪsʌndə'stænd] *v irr* missverstehen
misunderstanding [mɪsʌndə'stændɪŋ] *sb* Missverständnis *n*
mitten ['mɪtn] *sb* Fausthandschuh *m,* Fäustling *m*
mix [mɪks] *v 1. (become ~ed)* sich mischen lassen, sich vermischen; *2. (go together)* zusammenpassen; *3. (sth)* mischen, vermischen; *~ sth into sth* etw unter etw mischen; *4. (dough)* anrühren, mischen; *5. (a drink)* mixen, mischen; *6. (fig)* verbinden; *~ business with pleasure* das Angenehme mit dem Nützlichen verbinden; *sb 7.* Mischung *f*
• mix in *v GAST* unterrühren
• mix up *v 1.* vermischen; *2. (get in a muddle)* durcheinander bringen; *3. (confuse with sth else)* verwechseln; *4. to be mixed up in sth* in etw verwickelt sein
mixed bag [mɪkst bæg] *sb (fam) a ~* Allerlei *n*
mixed doubles ['mɪkst'dʌblz] *pl SPORT* gemischtes Doppel *n*
mixed grill [mɪkst grɪl] *sb GAST* gemischter Grillteller *m*
mixed-up ['mɪkst'ʌp] *adj* durcheinander
mixer ['mɪksə] *sb 1. (fam: sociable person) He's a good ~.* Er ist sehr gesellig. *2. (soft drink good for mixing) GAST* alkoholfreies Getränk zum Mixen von Cocktails *n; 3. (US: party)* Kennenlernparty *f; 4. TECH* Mischmaschine *f*
mixture ['mɪkstʃə] *sb 1.* Mischung *f; 2. MED* Mixtur *f; 3. GAST* Gemisch *n*
mix-up ['mɪksʌp] *sb* Verwechslung *f*
moan [məʊn] *v 1.* stöhnen, ächzen; *2. (grumble)* klagen, jammern; *sb 3.* Stöhnen *n,* Ächzen *n*
mob [mɒb] *sb 1.* Horde *f; (violent)* Mob *m; (group of criminals)* Bande *f; v 2.* herfallen über; *(a rock star)* belagern

mobile ['məʊbaɪl] *adj 1.* beweglich; *(object)* fahrbar; *sb 2. TEL* Handy *n*
mobile home ['məʊbɪl həʊm] *sb* Wohnmobil *n*
mock [mɒk] *v 1.* verspotten; *2. (ridicule by mimicking)* nachäffen; *3. (defy)* trotzen; *adj 4.* Schein..., Pseudo...
mockery ['mɒkərɪ] *sb 1. (mocking)* Spott *m,* Hohn *m; 2. (object of ridicule)* Gespött *n; make a ~ of* zum Gespött machen; *3. (travesty)* Farce *f*
mod cons ['mɒdkɒnz] *pl (fam)* moderner Komfort *m*
model ['mɒdl] *sb 1.* Modell *n; 2. (perfect example)* Muster *n; (role ~)* Vorbild *n; 3. (woman)* Mannequin *n,* Model *n; (man)* Model *n; adj 4.* vorbildlich, musterhaft, Muster...; *5. (airplane, railway)* Modell...; *v 6. (make ~s)* modellieren; *7. (pose for an artist)* als Modell arbeiten; *8. (to be a fashion ~)* Model sein; *9. ~ sth on sth* etw nach etw gestalten
modem ['məʊdəm] *sb* Modem *n/m*
moderation [mɒdə'reɪʃən] *sb* Mäßigung *f; in ~* mit Maß
modern ['mɒdən] *adj* modern; *(times)* heutig
modest ['mɒdɪst] *adj* bescheiden; *(behaviour)* sittsam; *(chaste, proper)* schamhaft
modesty ['mɒdɪstɪ] *sb* Bescheidenheit *f,* Sittsamkeit *f,* Schamgefühl *n*
modification [mɒdɪfɪ'keɪʃən] *sb* Änderung *f,* Abänderung *f,* Modifizierung *f*
modifier ['mɒdɪfaɪə] *sb GRAMM* Bestimmungswort *n,* nähere Bestimmung *f; a misplaced ~* ein falsch verwendetes Bestimmungswort *n*
modify ['mɒdɪfaɪ] *v* ändern, abändern, modifizieren
modulation [mɒdjʊ'leɪʃən] *sb MUS, TECH* Modulation *f*
moggy ['mɒgɪ] *sb (fam)* Mieze *f*
mohair ['məʊhɛə] *sb* Mohär *m*
Mohican [məʊ'hiːkən] *sb 1.* Mohikaner *m; 2. the last of the ~s pl (fam)* der letzte Mohikaner; *3. (haircut)* Irokesenschnitt *m*
moisture ['mɔɪstʃə] *sb* Feuchtigkeit *f*
moisturizer ['mɔɪstʃəraɪzə] *sb* Feuchtigkeitskrem *f*
mole[1] [məʊl] *sb 1. ZOOL* Maulwurf *m; 2. (fam: spy)* Maulwurf *m*
mole[2] [məʊl] *(on one's skin)* Muttermal *n,* Leberfleck *m*
mole[3] [məʊl] *(pier) NAUT* Mole *f*

mole⁴ [məʊl] *CHEM* Mol *n*
molecule ['mɒlɪkju:l] *sb CHEM* Molekül *n*
molehill ['məʊlhɪl] *sb* Maulwurfshügel *m*, Maulwurfshaufen *m; make a mountain out of a ~* aus einer Mücke einen Elefanten machen
molest [məʊ'lest] *v* belästigen
mollify ['mɒlɪfaɪ] *v* beruhigen, besänftigen
mollycoddle ['mɒlɪkɒdl] *v* verhätscheln, verzärteln
moment ['məʊmənt] *sb 1.* Augenblick *m*, Moment *m; Just a ~!* Einen Augenblick! *~ of truth* Stunde der Wahrheit *f; the ~ (sth happens) ...* sobald (etw passiert) ...; *at the ~* im Augenblick, momentan, gerade; *for the ~* im Augenblick, vorläufig; *2. PHYS* Moment *n*
momentarily [məʊmən'tærɪlɪ] *adv 1.* einen Augenblick lang, für einen Augenblick; *2. (US: very soon)* jeden Augenblick
momentary ['məʊməntærɪ] *adj* kurz, augenblicklich, vorübergehend
momentous [məʊ'mentəs] *adj* bedeutsam, bedeutungsvoll
momentum [məʊ'mentəm] *sb 1.* Schwung *m; 2. PHYS* Impuls *m*
monarch ['mɒnək] *sb* Monarch *m*, Herrscher *m*
monarchy ['mɒnəkɪ] *sb* Monarchie *f*
monastery ['mɒnəstrɪ] *sb REL* Kloster *n*, Mönchskloster *n*
monastic [mə'næstɪk] *adj* mönchisch
monetary ['mʌnɪtərɪ] *adj* geldlich, Geld...; *POL* Währungs...
monetary unit ['mɒnɪtərɪ 'ju:nɪt] *sb* Währungseinheit *f*
money ['mʌnɪ] *sb* Geld *n; get one's ~'s worth* etw für sein Geld bekommen; *make ~ (person)* Geld verdienen; *(business)* sich rentieren
money-grubbing ['mʌnɪgrʌbɪŋ] *adj* geldgierig, raffgierig
money-laundering ['mʌnɪlɔ:ndərɪŋ] *sb* Geldwäsche *f*
moneylender ['mʌnɪlendə] *sb* Geldverleiher *m*
money-maker ['mʌnɪmeɪkə] *sb (product)* Renner *m* (fam), Verkaufserfolg *m*
money order ['mʌnɪɔ:də] *sb* Postanweisung *f*, Zahlungsanweisung *f*
money-spinner ['mʌnɪspɪnə] *sb* Verkaufsschlager *m*
mongrel ['mʌŋgrəl] *sb (dog) ZOOL* Promenadenmischung *f*
monitor ['mɒnɪtə] *v 1.* überwachen; *(a phone conversation)* abhören; *sb 2. (screen)* Monitor *m; 3. (observer)* Überwacher *m; 4. (in school)* Aufsicht *f*
monk [mʌŋk] *sb REL* Mönch *m*
monkey ['mʌŋkɪ] *sb 1. ZOOL* Affe *m; v 2. ~ about, ~ around* herumalbern; *~ about with sth* mit etw herumfummeln
monkey business ['mʌŋkɪbɪznɪs] *sb 1. (questionable activities)* krumme Tour *f*, fauler Zauber *m; 2. (fooling around)* Blödsinn *m*, Unfug *m*
monkey-nut ['mʌŋkɪ nʌt] *sb* Erdnuss *f* (fam)
monkey tricks ['mʌŋkɪ trɪks] *pl (fam)* Unfug *m*, dumme Streiche *pl*
monochrome ['mɒnəkrəʊm] *sb* Einfarbigkeit *f*
monocle ['mɒnəkl] *sb* Monokel *n*
monocular [mɒ'nɒkjʊlə] *adj* einäugig
monoculture ['mɒnəʊkʌltʃə] *sb AGR* Monokultur *f*
monolingual [mɒnəʊ'lɪŋgwəl] *adj* einsprachig
monologue ['mɒnəlɒg] *sb* Monolog *m*, Selbstgespräch *n*
monopoly [mə'nɒpəlɪ] *sb* Monopol *n*
monotonous [mə'nɒtənəs] *adj* monoton, eintönig
monster ['mɒnstə] *sb 1.* Ungeheuer *n*, Monster *n*, Monstrum *n; 2. (cruel person)* Unmensch *m*, Ungeheuer *n; 3. (very large thing)* Ungeheuer *n*, Koloss *m*
monstrosity [mɒns'trɒsɪtɪ] *sb (thing)* Monstrosität *f; (quality)* Ungeheuerlichkeit *f*
month [mʌnθ] *sb* Monat *m*
monthly ['mʌnθlɪ] *adj* monatlich, Monats...
monument ['mɒnjʊmənt] *sb 1.* Denkmal *n*, Monument *n; 2. (fig)* Zeugnis *n*
monumental [mɒnjʊ'mentəl] *adj (very significant)* gewaltig; *(error)* kolossal
mood [mu:d] *sb 1.* Stimmung *f; 2. (of one person)* Laune *f*, Stimmung *f; in a bad ~* schlecht gelaunt; *in a good ~* gut gelaunt
moody ['mu:dɪ] *adj 1.* launisch; *2. (sullen)* schlecht gelaunt, übellaunig
moon [mu:n] *sb* Mond *m; ask for the ~ (fig)* zu viel verlangen; *once in a blue ~* alle Jubeljahre einmal
moonbeam ['mu:nbi:m] *sb* Mondstrahl *m*
moon-faced ['mu:nfeɪsd] *adj* mondgesichtig
moonlight ['mu:nlaɪt] *sb 1.* Mondlicht *n*, Mondschein *m; v 2. (fam)* nebenher arbeiten
moonlighting ['mu:nlaɪtɪŋ] *sb* Nebenjob (neben hauptberuflicher Tätigkeit) *m*

moonshine ['muːnʃaɪn] *sb 1.* Mondschein *m; 2. (fig: liquor)* schwarz gebrannter Alkohol *m*
moony ['muːnɪ] *adj (dreamy)* verträumt
moor [mʊə] *v 1.* festmachen, vertäuen; *sb 2.* Moor *n,* Hochmoor *n,* Heidemoor *n*
Moor [mʊə] *sb* Maure/Maurin *m/f*
moorage ['mʊərɪdʒ] *sb* Ankergebühren *pl*
moot [muːt] *adj* fraglich und doch unwichtig
mop [mɒp] *v 1.* wischen; *sb 2.* Mopp *m; (fig: of hair)* Wust *m*
• **mop up** *v 1.* aufwischen; *2. MIL* säubern
mope [məʊp] *v* Trübsal blasen, den Kopf hängen lassen
moral ['mɒrəl] *adj 1.* moralisch, sittlich; *2. (showing good ~s)* sittlich gut, moralisch einwandfrei; *sb 3. (lesson)* Moral *f; 4. ~s pl* Moral *f,* Sitten *pl*
morale [mɒ'rɑːl] *sb* Moral *f,* Stimmung *f*
morality [mə'rælɪtɪ] *sb 1.* Sittlichkeit *f; 2. (system of morals)* Moral *f*
moralize ['mɒrəlaɪz] *v* moralisieren
morass [mə'ræs] *sb* Morast *m,* Sumpf *m*
moratorium [mɒrə'tɔːrɪəm] *sb* Moratorium *n*
mordant ['mɔːdnt] *adj* beißend, ätzend
more [mɔː] *adj 1.* mehr, noch mehr; *one ~ day* noch ein Tag/noch einen Tag; *adv 2.* mehr; *~ and ~* immer mehr; *~ and ~ difficult* immer schwieriger; *~ than* mehr als; *once ~* noch einmal; *not any ~* nicht mehr; *~ or less* mehr oder weniger; *pron 3.* mehr, noch mehr; *the ~ ..., the ~ ...* je mehr ..., desto mehr ...
moreover [mɔː'rəʊvə] *adv* außerdem, überdies, ferner
morgue [mɔːg] *sb 1.* Leichenschauhaus *n; 2. (of newspaper cuttings)* Archiv *n*
moribund ['mɒrɪbʌnd] *adj* sterbend
Mormon ['mɔːmən] *sb REL* Mormone /Mormonin *m/f*
morning ['mɔːnɪŋ] *sb* Morgen *m,* Vormittag *m; Good ~!* Guten Morgen!
Morse code [mɔːs'kəʊd] *sb* Morsealphabet *n*
morsel ['mɔːsl] *sb* Bissen *m,* Happen *m*
mortal ['mɔːtl] *adj 1.* sterblich; *2. (combat, fear)* tödlich
mortality [mɔː'tælɪtɪ] *sb* Sterblichkeit *f*
mortality rate [mɔː'tælɪtɪ reɪt] *sb* Sterblichkeit *f,* Sterblichkeitsziffer *f*
mortgage ['mɔːgɪdʒ] *sb 1.* Hypothek *f; v 2.* hypothekarisch belasten, eine Hypothek aufnehmen auf
mortify ['mɔːtɪfaɪ] *v* demütigen, kränken, verletzen
mosquito [məs'kiːtəʊ] *sb 1.* Stechmücke *f; 2. (in the tropics)* Moskito *m*
most [məʊst] *adj 1.* meiste(r,s), größte(r,s), höchste(r,s); *for the ~ part* im Großen und Ganzen; *2. (the majority of)* die meisten; *adv 3.* am meisten; *the ~ beautiful ...* der/die/das schönste ...; *~ of all* am allermeisten; *4. (very)* äußerst, überaus; *pron 5.* die meisten, das meiste; *sb 6. make the ~ of sth* etw voll ausnützen; *(enjoy)* etw gründlich genießen; *7. at ~, at the ~* höchstens
mostly ['məʊstlɪ] *adv 1. (for the most part)* zum größten Teil; *2. (in most cases)* meistens
motel [məʊ'tel] *sb* Motel *n*
mother ['mʌðə] *sb* Mutter *f*
mother country ['mʌðə'kʌntrɪ] *sb* Vaterland *n,* Heimat *f*
mother-in-law ['mʌðərɪnlɔː] *sb* Schwiegermutter *f*
Mother's Day ['mʌðəzdeɪ] *sb* Muttertag *m*
mother tongue ['mʌðə tʌŋ] *sb* Muttersprache *f*
motif [məʊ'tiːf] *sb* Motiv *n,* Muster *n*
motion ['məʊʃən] *v 1. ~ s.o. to do sth* jdm ein Zeichen geben, dass er etw tun solle; *sb 2.* Bewegung *f; go through the ~s of doing sth* etw mechanisch tun; *set in ~* in Gang bringen, in Bewegung setzen; *3. TECH* Gang *m; 4. (proposal)* Antrag *m*
motionless ['məʊʃənlɪs] *adj* bewegungslos, regungslos, unbeweglich
motion sickness ['məʊʃənsɪknɪs] *sb* Reisekrankheit *f*
motivate ['məʊtɪveɪt] *v* motivieren
motivation [məʊtɪ'veɪʃən] *sb* Motivation *f*
motive ['məʊtɪv] *sb* Beweggrund *m,* Motiv *n*
motor ['məʊtə] *sb 1.* Motor *m; v 2.* autofahren
motorbike ['məʊtəbaɪk] *sb* Motorrad *n*
motorcycle ['məʊtəsaɪkl] *sb* Motorrad *n*
motorist ['məʊtərɪst] *sb* Autofahrer *m,* Kraftfahrer *m*
motorized ['məʊtəraɪzd] *adj* motorisiert
motorway ['məʊtəweɪ] *sb (UK)* Autobahn *f*
motto ['mɒtəʊ] *sb* Motto *n,* Wahlspruch *m; (personal)* Devise *f*
mould [məʊld] *v 1.* formen; *2. TECH* gießen, formen, modellieren; *sb 3.* Form *f; (for casting)* Gussform *f; 4. BOT* Schimmel *m*
moulder ['məʊldə] *v* formen, gießen
moulding ['məʊldɪŋ] *sb (act of ~)* Formen *n*

mouldy ['məʊldɪ] *adj* schimm(e)lig, verschimmelt
mount [maʊnt] *v 1. (fig: increase)* wachsen, steigen; *2. (sth)(climb onto)* besteigen, steigen auf; *(a ladder)* hinaufsteigen; *(stairs)* hinaufgehen; *3. (put in, put on, stick on)* montieren; *(a picture)* mit einem Passepartout versehen; *4. (an attack, an expedition)* organisieren
mountain ['maʊntɪn] *sb* Berg *m; ~s pl* Gebirge *n*
mounting ['maʊntɪŋ] *sb 1. (base, support)* Befestigung *f; 2. (of a picture)* Passepartout *n; 3. (of a machine)* Sockel *m; 4. (of a jewel)* Fassung *f*
mourn [mɔːn] *v 1.* trauern; *2. (s.o.)* trauern um, betrauern; *(s.o.'s death)* beklagen
mourning ['mɔːnɪŋ] *sb* Trauer *f*
mouse [maʊs] *sb 1. ZOOL* Maus *f; 2. INFORM* Maus *f,* Mouse *f*
moustache [məs'tɑːʃ] *sb* Schnurrbart *m*
mouth [maʊθ] *sb 1.* Mund *m; keep one's ~ shut* den Mund halten; *by word of ~* mündlich, durch Mundpropaganda; *have one's heart in one's ~ (fig)* sein Herz auf der Zunge tragen; *put one's foot in one's ~ (fig)* ins Fettnäpfchen treten; *put words into s.o.'s ~* jdm etw in den Mund legen; *2. (of an animal)* Maul *n; 3. (of a river)* Mündung *f; 4. (of a cave)* Öffnung *f; v 5. (articulate soundlessly)* mit den Lippen formen
mouthful ['maʊθfʊl] *sb 1.* Bissen *m,* Brocken *m; 2. (fam: long word)* ellenlanges Wort *n*
movable ['muːvəbl] *adj* beweglich
move [muːv] *v 1.* sich bewegen; *(vehicle)* fahren; *Don't ~!* Keine Bewegung! *2. (change residences)* umziehen; *3. (go somewhere)* gehen; *4. (fam: act)* handeln, vorgehen; *5. (sth)* bewegen; *6. (put somewhere else)* woanders hinstellen; *7. (transport)* befördern; *8. (a chess piece)* ziehen mit, einen Zug machen mit; *9. (take away)* wegnehmen; *(one's foot)* wegziehen; *10. (transfer)* verlegen; *11. (propose)* beantragen; *sb 12. (movement)* Bewegung *f; Get a ~ on!* Nun mach schon! *13. (to a different job)* Wechsel *m; 14. (in a game)* Zug *m; It's my ~.* Ich bin dran. *15. (to a new residence)* Umzug *m; 16. (action)* Schritt *m; (measure taken)* Maßnahme *f*
• move in *v 1. (into a house)* einziehen; *2. (come closer)* sich nähern; *(police)* anrücken; *(arrive on the scene)* auf den Plan treten
• move on *v* weitergehen
• move out *v 1. (of a house)* ausziehen; *2. (troops)* abziehen; *3. (drive off)* abfahren
• move over *v (move to the side)* zur Seite rücken, zur Seite rutschen
• move up *v (fig)* aufsteigen
movement ['muːvmənt] *sb 1.* Bewegung *f; 2. MUS* Satz *m*
movie ['muːvɪ] *sb (US)* Film *m; go to the ~s* ins Kino gehen
moving ['muːvɪŋ] *adj 1. (emotionally)* ergreifend, bewegend, rührend; *2. (able to move)* beweglich
mow [məʊ] *v irr 1.* mähen; *2. ~ down (fig)* niedermähen
mower ['məʊə] *sb* Rasenmäher *m*
Mr. ['mɪstə] *sb* Herr *m*
Mrs. ['mɪsɪz] *sb* Frau *f*
Ms. [mɪz] *sb* Frau *f*
much [mʌtʃ] *adj 1.* viel; *how ~* wie viel; *he's not ~ of a ...* er ist kein guter ...; *too ~* zu viel; *nothing ~* nichts besonderes; *as ~ as* soviel wie; *I thought as ~.* Das habe ich mir gedacht. *adv 2.* viel, sehr; *pretty ~* fast; *3. so ~* so viel; *(to such a great degree)* so sehr; *(nothing more than)* nichts als
muck [mʌk] *sb 1.* Dreck *m; v 2. ~ about (fam) (UK)* herumhängen, herumlungern; *3. ~ in (fam) (UK)* mit anpacken; *4. ~ up (botch)* verpfuschen
muckraking ['mʌkreɪkɪŋ] *sb* Sensationsmacherei *f* (fam)
mud [mʌd] *sb* Schlamm *m,* Matsch *m; Here's ~ in your eye!* Zum Wohl! *as clear as ~ (fam)* völlig unklar
muddlement ['mʌdlmənt] *sb* Verwirrung *f,* Durcheinander *n*
muddling ['mʌdlɪŋ] *adj* verwirrend
muff [mʌf] *v (botch)* verpatzen
mug [mʌg] *sb 1.* Becher *m; (for beer)* Krug *m; 2. (fam: face)* Fratze *f; 3. (UK: dupe)* Trottel *m; v 4. (attack)* überfallen, niederschlagen und ausrauben; *5. (make faces)* Grimassen schneiden
mulish ['mjuːlɪʃ] *adj* stur, störrisch
mull¹ [mʌl] *v* erwärmen und wie Glühwein würzen
mull² [mʌl] *v ~ over* nachdenken über
multi [mʌltɪ] *adj ~...* viel..., mehr..., Multi...
multi-coloured ['mʌltɪ'kʌləd] *adj* mehrfarbig
multicultural [mʌltɪ'kʌltʃərəl] *adj* multikulturell
multiethnic [mʌltɪ'eθnɪk] *adj* Vielvölker...
multifarious [mʌltɪ'fɛərɪəs] *adj* mannigfaltig
multifold ['mʌltɪfəʊld] *adj* vielfältig

multiform ['mʌltɪfɔːm] *adj* vielgestaltig
multilateral [mʌltɪ'lætərəl] *adj 1. POL* multilateral; *2. MATH* mehrseitig
multilingual [mʌltɪ'lɪŋgwəl] *adj* mehrsprachig
multimedia [mʌltɪ'miːdɪə] *pl* Multimediatechnik *f*
multinational [mʌltɪ'næʃənl] *adj* multinational
multiple ['mʌltɪpl] *adj* mehrfach; *(many)* mehrere
multiplication [mʌltɪplɪ'keɪʃən] *sb MATH* Multiplikation *f; (fig)* Vermehrung *f*
multiply ['mʌltɪplaɪ] *v 1.* sich vermehren, sich vervielfachen; *2. MATH* multiplizieren; *3. (sth)* vermehren, vervielfachen
multipurpose [mʌltɪ'pɜːpəs] *adj* Mehrzweck...
multitude ['mʌltɪtjuːd] *sb* Menge *f; (a ~, a crowd)* Menschenmenge *f*
multivitamin [mʌltɪ'vaɪtəmɪn] *sb* Multivitaminpräparat *n*
mum [mʌm] *adj 1. keep ~* den Mund halten; *Mum's the word!* Nichts verraten! *sb 2. (fam: mother) (UK)* Mami *f*
mumble ['mʌmbl] *v* murmeln
mummy ['mʌmɪ] *sb 1. (corpse)* Mumie *f; 2. (mother) (UK)* Mami *f,* Mama *f*
municipal [mjuː'nɪsɪpəl] *adj* städtisch, Stadt..., kommunal
munificent [mjuː'nɪfɪsənt] *adj* großzügig
murder ['mɜːdə] *v 1.* ermorden, umbringen; *sb 2.* Mord *m; shout blue ~, scream bloody ~* Zeter und Mordio schreien
murderer ['mɜːdərə] *sb* Mörder *m*
murmur ['mɜːmə] *v 1.* murmeln; *2. (unhappily)* murren; *sb 3.* Murmeln *n; 4. (unhappy)* Murren *n*
muscle ['mʌsl] *sb* Muskel *m*
muscular ['mʌskjʊlə] *adj* Muskel... *(well-muscled)* muskulös
musculature ['mʌskjʊlətʃə] *sb* Muskulatur *f*
museum [mjuː'zɪəm] *sb* Museum *n*
mush [mʌʃ] *sb* Brei *m; (fig: sentimentality)* Schmalz *n*
mushroom ['mʌʃruːm] *sb BOT 1.* Pilz *m; 2. (button ~)* Champignon *m*
music ['mjuːzɪk] *sb* Musik *f; face the ~ (fam)* die Suppe auslöffeln; *set sth to ~* etw vertonen
musical ['mjuːzɪkəl] *adj 1.* musikalisch, Musik...; *(tuneful)* melodisch; *sb 2. THEAT* Musical *n*
musical instrument ['mjuːzɪkəl 'ɪnstrəment] *sb* Musikinstrument *n*
musician [mjuː'zɪʃən] *sb* Musiker *m*
muss [mʌs] *v 1.* durcheinander bringen; *2. (hair)* verwuscheln
must [mʌst] *v 1.* müssen; *sb 2. (fam: necessary thing)* Muss *n; It's a ~.* Es ist ein Muss.
mustard ['mʌstəd] *sb* Senf *m*
muster ['mʌstə] *v 1.* aufbieten; *2. (all one's strength)* zusammennehmen; *(courage)* fassen; *sb 3. pass ~* gebilligt werden
musty ['mʌstɪ] *adj* muffig
mutant ['mjuːtənt] *sb* Mutant *m*
mutate ['mjuːteɪt] *v BIO* mutieren
mutation [mjuː'teɪʃən] *sb 1. (process)* Veränderung *f; 2. BIO (process)* Mutation *f; 3. (result)* Mutationsprodukt *n*
mute [mjuːt] *adj 1.* stumm; *sb 2. (person)* Stumme(r) *m/f; v 3.* dämpfen
mutilation [mjuːtɪ'leɪʃən] *sb* Verstümmelung *f*
mutinous ['mjuːtɪnəs] *adj* meuterisch; *(fig)* rebellisch
mutt [mʌt] *sb (dog)* Köter *m*
mutter ['mʌtə] *v 1.* murmeln; *(grumble)* murren; *sb 2.* Gemurmel *n; (grumbling)* Murren *n*
muttering ['mʌtərɪŋ] *sb* Murren *n,* Murmeln *n*
mutual ['mjuːtʊəl] *adj 1. (shared)* gemeinsam; *2. (bilateral)* beiderseitig; *3. (reciprocal)* gegenseitig
mutual fund ['mjuːtʊəl fʌnd] *sb (US) FIN* Investmentfonds *m*
muzzy ['mʌzɪ] *adj* benommen, benebelt
my [maɪ] *pron 1.* mein(e); *interj 2. Oh ~!* Meine Güte!
myriad ['mɪrɪəd] *adj* Unzählige
myself [maɪ'self] *pron 1. (accusative)* mich; *(dative)* mir; *2. (as emphasis)* ich selbst
mysterious [mɪs'tɪərɪəs] *adj* mysteriös, rätselhaft
mystery ['mɪstərɪ] *sb 1.* Geheimnis *n,* Rätsel *n; 2. (~ novel)* Kriminalroman *m; 3. REL* Mysterium *n*
mystic ['mɪstɪk] *adj 1.* mystisch; *sb 2.* Mystiker *m*
mystical ['mɪstɪkəl] *adj* mystisch
mystify ['mɪstɪfaɪ] *v (baffle)* verblüffen, verwirren
myth [mɪθ] *sb 1. (legend)* Sage *f,* Mythos *m; 2. (fig)* Märchen *n*
mythology ['mɪθə'lɒdʒɪ] *sb* Mythologie *f*
mythos ['maɪθɒs] *sb* Mythos *m*

N

nag [næg] *v 1.* nörgeln; *2. ~ s.o.* jdm zusetzen; *sb 3. (fam: no-good horse)* Gaul *m*
nagger ['nægə] *sb* Nörgler *m*
nail [neɪl] *sb 1. ANAT* Nagel *m; 2. TECH* Nagel *m; as hard as ~s* knallhart, eisern; *hit the ~ on the head* den Nagel auf den Kopf treffen; *v 3.* nageln
naive [naɪ'i:v] *adj* naiv
naked ['neɪkɪd] *adj 1. (person)* nackt, unbekleidet; *2. (blade)* bloß; *3. (countryside)* kahl; *4. (truth)* nackt
nakedness ['neɪkɪdnɪs] *sb* Nacktheit *f*
name [neɪm] *v 1. (specify)* nennen; *2. (give a ~)* nennen, *(a scientific discovery)* benennen, *(a ship)* taufen; *to be ~d ... ...* heißen; *3. (appoint)* ernennen; *sb 4.* Name *m; What is your ~?* Wie heißen Sie? *My ~ is ...* Ich heiße ... *in the ~ of the law* im Namen des Gesetzes; *call s.o. ~s* jdn beschimpfen; *by the ~ of* namens; *5. (reputation)* Name *m,* Ruf *m; give s.o. a bad ~* jdn in Verruf bringen; *make a ~ for o.s. as* sich einen Namen machen als
nameable ['neɪməbl] *adj* zu benennen
nameless ['neɪmlɪs] *adj 1. (anonymous)* ungenannt; *2. (unknown)* unbekannt; *3. (indescribable)* unbeschreiblich
namely ['neɪmlɪ] *adv* nämlich
nanny ['nænɪ] *sb* Kindermädchen *n*
nape [neɪp] *sb ~ of the neck* Genick *n,* Nacken *m*
napkin ['næpkɪn] *sb (table ~)* Serviette *f*
napped [næpd] *adj* genoppt, geraut
nappy ['næpɪ] *sb (UK: fam)* Windel *f*
nark [nɑ:k] *v (fam: annoy) (UK)* ärgern
narky ['nɑ:kɪ] *adj (fam) (UK)* gereizt
narrate [nə'reɪt] *v* erzählen
narration [nə'reɪʃən] *sb* Erzählung *f*
narrative ['nærətɪv] *adj 1.* erzählend, Erzählungs... *sb 2. (account)* Schilderung *f*
narrator [nə'reɪtə] *sb* Erzähler *m*
narrow ['nærəʊ] *v 1. (become ~er)* enger werden, sich verengen; *2. (sth)* enger machen, verengen; *adj 3.* eng; *(path, hips)* schmal; *4. (victory, escape)* knapp; *5. (interpretation)* eng; *6. (scrutiny)* peinlich genau; *sb 7. ~s pl* Enge *f*
•narrow down *v* beschränken; *~ to* beschränken auf
narrow-boat ['nærəʊ bəʊt] *sb* Kahn *m*
narrowcast ['nærəʊkɑ:st] *v* Programm für eine bestimmte Zielgruppe senden
narrow-minded [nærəʊ'maɪndɪd] *adj* engstirnig, borniert, kleinlich
narrowness ['nærəʊnɪs] *sb* Enge *f*
nastiness ['nɑ:stɪnɪs] *sb* Scheußlichkeit *f,* Abscheulichkeit *f,* Schmutzigkeit *f*
nasty ['nɑ:stɪ] *adj 1. (unpleasant)* scheußlich, ekelhaft; *2. (serious)* schwer, böse, schlimm; *He had a ~ fall.* Er ist böse gefallen. *3. (malicious)* boshaft; *4. (person)* gemein
nation ['neɪʃən] *sb* Nation *f,* Volk *n*
national ['næʃənl] *adj 1.* national, öffentlich, Landes... *sb 2.* Staatsangehörige(r) *m/f*
nationality [næʃə'nælɪtɪ] *sb* Staatsangehörigkeit *f,* Nationalität *f*
national park ['næʃənl pɑ:k] *sb* Nationalpark *m*
National Socialism ['næʃənl 'səʊʃəlɪzm] *sb POL* Nationalsozialismus *m*
nationwide [neɪʃən'waɪd] *adj* landesweit
native ['neɪtɪv] *adj 1.* einheimisch, Heimat... *~ speaker* Muttersprachler; *2. (inborn)* angeboren; *sb 3.* Einheimische(r) *m/f; a ~ of Germany* ein gebürtiger Deutscher/ eine gebürtige Deutsche; *4. (in a colonial context)* Eingeborene(r) *m/f; 5. (original inhabitant)* Ureinwohner *m*
native language ['neɪtɪv 'læŋgwɪdʒ] *sb* Muttersprache *f*
native speaker ['neɪtɪv 'spi:kə] *sb* Muttersprachler *m*
NATO ['neɪtəʊ] *sb POL* NATO *f*
natural ['nætʃrəl] *adj 1.* natürlich, Natur... *die a ~ death* eines natürlichen Todes sterben; *2. (inborn)* angeboren; *sb 3. a ~ (fam) (a perfect match, an ideal situation)* eine klare Sache *f; (a talent)* ein Naturtalent *n*
natural history ['nætʃrəl 'hɪstərɪ] *sb* Naturgeschichte *f*
naturally ['nætʃrəlɪ] *adv 1.* natürlich; *2. (by nature)* von Natur aus; *interj 3.* natürlich, selbstverständlich
nature ['neɪtʃə] *sb 1.* Natur *f; 2. (sort)* Art *f; 3. (inherent qualities of an object)* Beschaffenheit *f; 4. (personality)* Wesen *n; to be second ~ to s.o.* leicht und selbstverständlich für jdn sein
nature reserve ['neɪtʃə rɪ'zɜ:v] *sb* Naturschutzgebiet *n*
naughty ['nɔ:tɪ] *adj 1.* unanständig, gewagt; *2. (dog)* unartig; *3. (child)* ungezogen

nausea ['nɔːsɪə] *sb 1.* Übelkeit *f,* Brechreiz *m; 2. (fig)* Ekel *m*
nauseate ['nɔːsɪeɪt] *v 1. (s.o.)* anekeln; *2. MED* Übelkeit erregen
nauseating ['nɔːsɪeɪtɪŋ] *adj* Ekel erregend, widerlich
navel ['neɪvəl] *sb ANAT* Nabel *m*
navigable ['nævɪgəbl] *adj* schiffbar
navigate ['nævɪgeɪt] *v 1.* navigieren; *2. (a river)* befahren
navigator ['nævɪgeɪtə] *sb 1. NAUT* Navigationsoffizier *m; 2. (of a plane)* Navigator *m*
navy ['neɪvɪ] *sb* Kriegsmarine *f*
navy blue ['neɪvɪ bluː] *adj* marineblau
Nazism ['nɑːtsɪzəm] *sb HIST* Nazismus *m*
near [nɪə] *v 1.* sich nähern; *~ completion* kurz vor dem Abschluss stehen; *adj 2.* nahe; *in the ~ future* in nächster Zeit, in naher Zukunft; *3. to be ~ at hand* zur Hand sein, in der Nähe sein; *(event)* unmittelbar bevorstehen; *4. (escape)* knapp; *have a ~ miss* knapp davonkommen; *adv 5.* nahe, in der Nähe; *(event)* nahe (bevorstehend); *draw ~* heranrücken; *6. (almost)* fast, beinahe; *prep 7.* nahe an, in der Nähe von; *8. (~ a certain time)* gegen
nearby ['nɪəbaɪ] *adj 1.* nahe gelegen; *adv 2.* in der Nähe, nahe
nearly ['nɪəlɪ] *adv* beinahe, fast
nearsighted ['nɪə'saɪtəd] *adj* kurzsichtig
neat [niːt] *adj 1. (tidy)* ordentlich, sauber; *2. (trick)* schlau; *3. (pleasing)* hübsch, nett; *4. (fam: excellent) (US)* klasse, prima
necessarily [nesɪ'serɪlɪ] *adv* notwendigerweise; *not ~* nicht unbedingt
necessary ['nesɪsərɪ] *adj 1.* notwendig, nötig, erforderlich; *a ~ evil* ein notwendiges Übel; *if ~* nötigenfalls, wenn nötig; *2. (inevitable)* zwangsläufig; *sb 3. necessaries pl* Notwendigkeiten *pl*
necessity [nɪ'sesɪtɪ] *sb 1.* Notwendigkeit *f; of ~* notwendigerweise; *2. (poverty)* Not *f*
neck [nek] *sb 1. (person's, of a bottle)* Hals *m; to be a ~ in the ~ (fam)* einem auf die Nerven gehen; *stick one's ~ out (fam)* viel riskieren; *~ and ~* Kopf an Kopf; *breathe down s.o.'s ~ (fig)* jdm auf die Finger schauen; *risk one's ~* Kopf und Kragen riskieren; *2. (of a dress)* Ausschnitt *m; v 3. (fam: make out)* knutschen
necklace ['neklɪs] *sb* Halskette *f*
neckline ['neklaɪn] *sb* Ausschnitt *m*
need [niːd] *v 1.* brauchen, benötigen; *It ~s to be done.* Es muss gemacht werden. *~ to do sth (have to do sth)* etw tun müssen; *Need I say more?* Mehr brauche ich ja wohl nicht zu sagen. *You ~n't have bothered.* Das war nicht nötig. *sb 2. (necessity)* Notwendigkeit *f; there's no ~ to ... ...* braucht nicht getan werden; *3. (requirement)* Bedürfnis *n,* Bedarf *m; to be in ~ of sth* etw dringend brauchen; *4. (misfortune)* Not *f*
needle ['niːdl] *sb 1.* Nadel *f; v 2. (fig)* sticheln, durch Sticheleien reizen
needless ['niːdlɪs] *adj* unnötig, überflüssig; *~ to say* selbstverständlich/selbstredend
negative ['negətɪv] *adj 1.* negativ; *(answer)* verneinend; *sb 2.* Verneinung *f; 3. GRAMM* Negation *f; 4. FOTO* Negativ *n*
neglect [nɪ'glekt] *v 1.* vernachlässigen; *2. (an opportunity)* versäumen; *3. (advice)* nicht befolgen; *sb 4.* Vernachlässigung *f; 5. (of a garden)* Verwahrlosung *f; 6. (of a danger, a person, a rule)* Nichtbeachtung *f*
negligence ['neglɪdʒəns] *sb 1.* Nachlässigkeit *f,* Unachtsamkeit *f; 2. JUR* Fahrlässigkeit *f*
negligent ['neglɪdʒənt] *adj 1.* nachlässig, unachtsam; *2. JUR* fahrlässig
negotiate [nɪ'gəʊʃɪeɪt] *v 1.* verhandeln; *2. (sth)* handeln über; *(bring about)* aushandeln; *3. (an obstacle)* überwinden, *(a curve)* nehmen, *(a river)* passieren
negotiation [nɪgəʊʃɪ'eɪʃən] *sb 1.* Verhandlung *f; enter into ~s* in Verhandlungen eintreten; *2. (of an obstacle)* Überwindung *f; (of a curve)* Nehmen *n; (of a river)* Passieren *n*
neighbour ['neɪbə] *sb 1.* Nachbar *m/* Nachbarin *f; 2. (fellow human being)* Nächste(r) *m/f,* Mitmensch *m; v 3. (sth)* angrenzen an
neighbourhood ['neɪbəhʊd] *sb 1.* Nachbarschaft *f; 2. (district)* Gegend *f,* Viertel *n*
neighbouring ['neɪbərɪŋ] *adj* benachbart, angrenzend
neighbourly ['neɪbəlɪ] *adj* nachbarlich, gutnachbarlich
neither ['naɪðə] *adv 1. ~... nor ...* weder ... noch ... *konj 2.* auch nicht; *He wasn't there and ~ was his sister.* Er war nicht da und seine Schwester auch nicht. *adj/ pron 3.* keine(r,s); *~ of them* keiner von beiden
Neolithic [niːəʊ'lɪθɪk] *sb HIST* jungsteinzeitlicher Mensch *m*
neon ['niːɒn] *sb CHEM* Neon *n*
neon sign ['niːɒn saɪn] *sb* Leuchtreklame *f,* Neonschild *n*
nephew ['nefjuː] *sb* Neffe *m*

nerd [nɜːd] *sb (fam) (US)* langweiliger Streber (in der Schule) *m*

nerve [nɜːv] *sb 1. ANAT* Nerv *m; 2. get on s.o.'s ~s* jdm auf die Nerven gehen; *3. (fam: impudence)* Frechheit *f,* Unverschämtheit *f; 4. (courage)* Mut *m; lose one's ~* die Nerven verlieren; *v 5. ~ o.s.* sich aufraffen

nerve centre ['nɜːvsentə] *sb* Nervenzentrum *n*

nervous ['nɜːvəs] *adj 1.* nervös; *2. ANAT* Nerven..., nervös

nervous breakdown ['nɜːvəs 'breɪkdaʊn] *sb MED* Nervenzusammenbruch *m*

nest [nest] *v 1.* nisten; *sb 2.* Nest *n*

nestle ['nesl] *v* es sich bequem machen; *a town ~d in the hills* ein Dorf, das zwischen den Bergen eingebettet liegt

net¹ [net] *v 1. (catch in a ~)* mit dem Netz fangen; *(fig: a criminal)* fangen; *sb 2.* Netz *n; 3. (for curtains, for clothing)* Tüll *m*

net² [net] *adj 1. ECO* netto, Netto..., Rein... *v 2. ECO* netto einbringen, *(in wages)* netto verdienen

net income [net 'ɪnkʌm] *sb* Nettoeinkommen *n*

net profit [net 'prɒfɪt] *sb ECO* Reingewinn *m,* Nettogewinn *m*

nettle ['netl] *sb 1. BOT* Brennnessel *f; v 2. (fig)* ärgern, reizen

net weight [net weɪt] *sb* Nettogewicht *n,* Reingewicht *n,* Eigengewicht *n*

network ['netwɜːk] *sb 1.* Netz *n; TECH* Netzwerk *n; 2. (radio, TV)* Sendernetz *n,* Sendergruppe *f*

networker ['netwɜːkə] *sb INFORM* mit dem Computer an ein Netzwerk angeschlossener Heimarbeiter *m*

networking ['netwɜːkɪŋ] *sb 1. INFORM* Rechnerverbund *m; 2. (fam: making contacts)* das Anknüpfen von Beziehungen *n*

neural ['njʊərəl] *adj* Nerven...

neurologist [njʊə'rɒlədʒɪst] *sb* Neurologe *m,* Nervenarzt *m*

neurotic [njʊə'rɒtɪk] *adj* neurotisch

neutral ['njuːtrəl] *adj 1.* neutral; *sb 2. (gear)* Leerlauf *m; put the car in ~* den Gang herausnehmen

neutrality [njuː'trælɪtɪ] *sb* Neutralität *f*

never ['nevə] *adv 1.* nie, niemals; *~ before* noch nie; *2. (not in the least)* durchaus nicht, gar nicht, nicht im Geringsten; *Never fear!* Keine Angst!

never-ending [nevər'endɪŋ] *adj* endlos, nicht enden wollend

nevermore [nevə'mɔː] *adv* nimmermehr, niemals wieder

never-never land ['nevə'nevə lænd] *sb* Traumwelt *f*

nevertheless [nevəðə'les] *konj* dennoch, trotzdem, nichtsdestoweniger

new [njuː] *adj* neu

newborn ['njuːbɔːn] *adj* neugeboren

newly ['njuːlɪ] *adv* frisch

newlywed ['njuːlɪwed] *sb* Frischvermählte(r) *m/f*

news [njuːz] *sb 1.* Neuigkeiten *pl; Is there any ~?* Gibt es etwas Neues? *It's ~ to me.* Das ist mir ganz neu. *2. (report)* Nachricht *f; 3. (in the press, TV, radio)* Nachrichten *pl; make ~* Schlagzeilen machen

news agency ['njuːzeɪdʒənsɪ] *sb* Nachrichtenagentur *f,* Nachrichtenbüro *n*

news agent ['njuːzeɪdʒənt] *sb* Zeitungshändler *m*

newscaster ['njuːzkɑːstə] *sb* Nachrichtensprecher *m*

news flash ['njuːzflæʃ] *sb* Kurzmeldung *f*

newspaper ['njuːzpeɪpə] *sb* Zeitung *f*

newsprint ['njuːzprɪnt] *sb* Zeitungsdruckpapier *n*

newsreader ['njuːzriːdə] *sb* Nachrichtensprecher *m*

newsstand ['njuːzstænd] *sb* Zeitungskiosk *m,* Zeitungsstand *m*

New Year's Day [njuːjɪəz'deɪ] *sb* Neujahrstag *m*

New Year's Eve [njuːjɪəz'iːv] *sb* Silvester *n*

next [nekst] *adj 1.* nächste(r,s); *this time ~ week* nächste Woche um diese Zeit; *week after ~* übernächste Woche; *~ door* nebenan; *Next, please!* Der Nächste bitte! *the ~ best* der/die/das Nächstbeste; *adv 2.* als Nächstes; *3. ~ to* neben, (all but) fast; *~ to last* zweitletzte(r,s); *4. (the ~ time)* das nächste Mal

next-door [nekst dɔː] *adj* nebenan

nice [naɪs] *adj 1. (personality)* nett, sympathisch; *2. (pretty)* hübsch, schön; *3. (good)* gut; *4. (weather)* schön, gut; *5. (very) ~ and warm* schön warm; *~ and easy* ganz leicht; *6. (subtle) ~ distinction* feiner Unterschied

nice-looking [naɪs 'lʊkɪŋ] *adj (fam)* schön, gut aussehend

nicely ['naɪslɪ] *adv* nett, gut; *That will do ~.* Das passt ausgezeichnet.

nick [nɪk] *v 1. (give a small cut)* einkerben; *(bullet)* streifen; *sb 2. (small cut)* Kerbe *f; 3. in the ~ of time* gerade noch rechtzeitig; *v 4.*

(UK: catch) schnappen; *(arrest)* einsperren; *5. (UK: steal)* klauen, mitgehen lassen
nickel ['nɪkl] *sb 1. CHEM* Nickel *n; 2. (US: coin)* Nickel *m,* Fünfcentstück *n*
nickname ['nɪkneɪm] *sb 1.* Spitzname *m; v 2.* einen Spitznamen geben, mit einem Spitznamen bezeichnen
nicotine ['nɪkəti:n] *sb* Nikotin *n*
niece [ni:s] *sb* Nichte *f*
nifty ['nɪftɪ] *adj (fam) 1. (skilful)* geschickt; *2. (excellent)* prima
night [naɪt] *sb 1.* Nacht *f; (evening)* Abend *m; Good ~!* Gute Nacht! *spend the ~* übernachten; *at ~, by ~* bei Nacht, nachts; *eleven o'clock at ~* elf Uhr nachts; *seven o'clock at ~* sieben Uhr abends; *~ after ~* jede Nacht, Nacht um Nacht
nightcap ['naɪtkæp] *sb 1.* Nachtmütze *f; 2. (drink)* Schlaftrunk *m*
night-dress ['naɪtdres] *sb* Nachthemd *n*
nightfall ['naɪtfɔ:l] *sb* Einbruch der Dunkelheit *m*
nightlife ['naɪtlaɪf] *sb* Nachtleben *n*
nightmare ['naɪtmɛə] *sb* Albtraum *m*
night owl ['naɪtaʊl] *sb (fig)* Nachteule *f,* Nachtmensch *m*
night school ['naɪtsku:l] *sb* Abendschule *f*
nightstand ['naɪtstænd] *sb (US)* Nachttisch *m*
night-time ['naɪttaɪm] *sb* Nacht *f*
night watchman [naɪt'wɒtʃmən] *sb* Nachtwächter *m*
nil [nɪl] *sb* Nichts *n,* Null *f*
nimble ['nɪmbl] *adj 1. (agile)* gelenkig, wendig, beweglich; *2. (quick)* flink; *3. (skilful)* geschickt
nincompoop ['nɪŋkəmpu:p] *sb* Trottel *m*
ninny ['nɪnɪ] *sb (fam)* Tropf *m,* Dussel *m*
nip [nɪp] *v 1. (bite)* zwicken; *2. (cold)* angreifen; *3. (UK: dash)(fam)* sausen, flitzen; *sb 4. (pinch)* Kneifen *n,* Kniff *m*
nippy ['nɪpɪ] *adj 1. (weather)* frisch, kühl; *2. (cold)* beißend
nit [nɪt] *sb (egg of a louse)* Nisse *f*
nit-picking ['nɪtpɪkɪŋ] *adj* kleinlich, pingelig
nitty-gritty [nɪtɪ'grɪtɪ] *sb get down to the ~* zur Sache kommen, bis zum Kern der Sache dringen
nitwit ['nɪtwɪt] *sb* Dummkopf *m*
no [nəʊ] *adv 1.* nein; *Oh, ~!* Oh, nein! *~ later than ...* spätestens ...; *adj 2.* kein; *"No Smoking"* „Rauchen verboten"; *in ~ time* im Nu; *sb 3.* Nein *n*
nobility [nəʊ'bɪlɪtɪ] *sb 1. (quality)* Adel *m; 2. (people)* die Adligen *pl*
noble ['nəʊbl] *adj 1. (aristocratic)* adlig; *2. (fig)* edel; *3. CHEM* edel, Edel...
nobody ['nəʊbədɪ] *pron* niemand, keiner; *~ else* sonst niemand, niemand anders
nod [nɒd] *v 1.* nicken; *~ off* einnicken *(fam); sb 2.* Nicken *n*
node [nəʊd] *sb* Knoten *m*
no-frills [nəʊ'frɪlz] *adj* schlicht, einfach gehalten
noise [nɔɪz] *sb 1.* Geräusch *n; 2. (loud)* Lärm *m,* Krach *m; make ~* Krach machen
noiseless ['nɔɪzlɪs] *adj* lautlos, geräuschlos, still
noisy ['nɔɪzɪ] *adj* geräuschvoll, laut, lärmend
no man's land ['nəʊmænzlænd] *sb* Niemandsland *n*
nominal ['nɒmɪnl] *adj* nominell
nominate ['nɒmɪneɪt] *v 1.* nominieren, als Kandidat aufstellen; *2. (appoint)* ernennen
nomination [nɒmɪ'neɪʃən] *sb 1.* Nominierung *f,* Kandidatenvorschlag *m; 2. (appointment)* Ernennung *f*
non-aggression pact [nɒnə'greʃənpækt] *sb* Nichtangriffspakt *m*
non-alcoholic [nɒnælkə'hɒlɪk] *adj* alkoholfrei
non-committal [nɒnkə'mɪtl] *adj 1. (person)* zurückhaltend, sich nicht festlegen wollend; *2. (answer)* unverbindlich, nichts sagend
non-compliance [nɒnkəm'plaɪəns] *sb 1. (with rules)* Nichterfüllung *f,* Nichteinhaltung *f; 2. (with orders)* Zuwiderhandeln *n*
nondescript ['nɒndɪskrɪpt] *adj 1.* unauffällig, unscheinbar; *2. (hard to classify)* unbestimmbar
none [nʌn] *pron 1.* keine(r,s), keine; *~ other than* kein anderer als; *adv 2.* in keiner Weise, keineswegs; *~ too soon* kein bisschen zu früh
nonetheless [nʌnðə'les] *konj* trotzdem, nichtsdestoweniger, dennoch
nonexistent [nɒnɪg'zɪstənt] *adj* nicht existierend, nicht vorhanden
non-fiction ['nɒn'fɪkʃən] *sb ~ book* Sachbuch *n*
non-negotiable [nɒnnɪ'gəʊʃɪəbl] *adj (ticket)* unübertragbar
no-no ['nəʊnəʊ] *sb (fam) That's a ~.* Das ist Tabu.
no-nonsense [nəʊ'nɒnsəns] *adj* nüchtern, sachlich
nonplussed [nɒn'plʌst] *adj* verdutzt

non-profit-making [nɒn'prɒfɪtmeɪkɪŋ] *adj (UK)* gemeinnützig

non-returnable [nɒnrɪ'tɜːnəbl] *adj ECO* Einweg...

nonsense ['nɒnsəns] *sb* Unsinn *m,* Quatsch *m,* Blödsinn *m; talk ~* Quatsch reden

non-smoker ['nɒn'sməʊkə] *sb* Nichtraucher *m*

non-smoking [nɒn'sməʊkɪŋ] *adj* Nichtraucher...

nonstop ['nɒn'stɒp] *adj* ohne Halt, pausenlos; *(train)* durchgehend

non-violent [nɒn'vaɪələnt] *adj* gewaltlos

nook [nʊk] *sb* Winkel *m,* Ecke *f*

noon [nuːn] *sb* Mittag *m; at ~* um zwölf Uhr mittags

no one ['nəʊwʌn] *pron* niemand, keiner

normal ['nɔːməl] *adj* normal, üblich

normality [nɔː'mælɪtɪ] *sb* Normalität *f*

normally ['nɔːməlɪ] *adv 1. (usually)* normalerweise, gewöhnlich; *2. (in a normal way)* normal

north [nɔːθ] *adj 1.* Nord... *adv 2.* nach Norden; *~ of* nördlich von; *sb 3.* Norden *m*

North America [nɔːθ ə'merɪkə] *sb* Nordamerika *n*

northeast [nɔːθ'iːst] *adj 1.* nordöstlich; *sb 2.* Nordosten *m,* Nordost *m*

nose [nəʊz] *sb 1.* Nase *f; hold one's ~* sich die Nase zuhalten; *look down one's ~ at s.o.* jdn verachten; *under s.o.'s ~ (fig)* direkt vor jds Nase; *pay through the ~ for sth* einen Haufen Geld für etw hinblättern; *have a good ~ for sth (fig)* einen Riecher für etw haben; *keep one's ~ clean* sich nichts zu Schulden kommen lassen; *thumb one's ~ at s.o.* jdm eine lange Nase machen; *turned-up ~* Stupsnase *f; stick one's ~ into sth (fig)* seine Nase in etw stecken; *as plain as the ~ on your face (fam)* klar wie Kloßbrühe, sonnenklar; *cut off one's ~ to spite one's face* sich ins eigene Fleisch schneiden; *have one's ~ in the air* die Nase hoch tragen; *keep one's ~ out of sth* sich aus einer Sache heraushalten; *follow one's ~ (fam)* immer der Nase nach gehen; *turn one's ~ up at sth* die Nase über etw rümpfen; *v 2. ~ around, ~ about* herumschnüffeln, Nachforschungen anstellen

nosebleed ['nəʊzbliːd] *sb MED* Nasenbluten *n*

nostalgia [nɒs'tældʒɪə] *sb* Nostalgie *f*

nostalgic [nɒs'tældʒɪk] *adj* nostalgisch

nosy parker ['nəʊziːpɑːkə] *sb (fam)* neugierige Person *f*

not [nɒt] *adv 1.* nicht; *2. ~ at all* gar nicht; *Not at all! (you're welcome)* Bitte! *adv 3. ~ a* kein(e)

notable ['nəʊtəbl] *adj 1.* bemerkenswert, beachtenswert; *2. (conspicuous)* auffallend; *(difference)* beträchtlich; *sb 3. (person)* bedeutende Persönlichkeit *f*

notably ['nəʊtəblɪ] *adv 1.* auffallend; *2. (in particular)* vor allem

note [nəʊt] *v 1. (pay attention to)* zur Kenntnis nehmen, beachten; *2. (remark)* bemerken; *3. ~ down* notieren, aufschreiben; *sb 4. (commentary)* Anmerkung *f; 5. make a ~ of sth (on paper)* sich etw notieren, etw schriftlich festhalten; *6. pl ~s* Notizen *pl,* Aufzeichnungen *pl; 7. (informal message)* Briefchen *n; 8. (notice) take ~ of sth* etw zur Kenntnis nehmen; *9. (official notation)* Vermerk *m; 10. of ~* bedeutend, erwähnenswert; *11. MUS* Note *f, (sound)* Ton *m; 12. FIN* Note *f,* Schein *m; 13. (tone)* Ton *m,* Klang *m; Her voice had a ~ of desperation.* Aus ihrer Stimme klang Verzweiflung.

notebook ['nəʊtbʊk] *sb* Notizbuch *n*

notepaper ['nəʊtpeɪpə] *sb* Briefpapier *n*

noteworthy ['nəʊtwɜːðɪ] *adj* bemerkenswert, beachtenswert

nothing ['nʌθɪŋ] *pron 1.* nichts; *~ doing* kommt gar nicht infrage; *~ doing (~ happening)* nichts zu machen; *there is ~ like ...* es geht nichts über ...; *There's ~ to it.* Da ist nichts dabei. *to say ~ of* geschweige denn; *for ~* vergebens, umsonst; *come to ~* sich zerschlagen, zunichte werden; *~ but* nichts als, nur; *~ else* nichts anderes, sonst nichts; *sb 2.* Nichts *n; whisper sweet ~s* Süßholz raspeln

notice ['nəʊtɪs] *v 1.* bemerken, wahrnehmen, feststellen; *sb 2. (attention)* Wahrnehmung *f; take ~ of sth* von etw Notiz nehmen; *escape ~* unbemerkt bleiben; *bring sth to s.o.'s ~* jdm etw zur Kenntnis bringen; *3. (notification)* Bescheid *m,* Benachrichtigung *f, (in writing)* Mitteilung *f; until further ~* bis auf weiteres; *at short ~* kurzfristig; *4. (of quitting a job, of moving out)* Kündigung *f; 5. give s.o. ~ (to an employee, to a tenant)* jdm kündigen, *(to an employer, to a landlord)* bei jdm kündigen; *6. (public announcement)* Bekanntmachung *f*

noticeable ['nəʊtɪsəbl] *adj 1.* erkennbar, wahrnehmbar, auffällig; *2. (emotion)* sichtlich, merklich

notice board ['nəʊtɪs bɔːd] *sb* Anschlagtafel *n*

notify ['nəʊtɪfaɪ] *v* benachrichtigen, melden, mitteilen
notion ['nəʊʃən] *sb 1.* Idee *f,* Vorstellung *f,* Begriff *m; 2. (instinctive feeling, vague idea)* Ahnung *f; 3. (intention)* Neigung *f,* Lust *f,* Absicht *f*
nought [nɔːt] *sb 1.* Nichts *n; 2. (number)* Null *f*
noun [naʊn] *sb* Hauptwort *n,* Substantiv *n*
nourish ['nʌrɪʃ] *v 1. (s.o.)* nähren, ernähren; *2. (fig)* nähren
novel ['nɒvəl] *adj 1.* neu, neuartig; *sb 2.* Roman *m*
novelist ['nɒvəlɪst] *sb LIT* Romanschriftsteller *m*
novelty ['nɒvəltɪ] *sb 1. (newness)* Neuheit *f; 2. (something new)* etwas Neues
novice ['nɒvɪs] *sb 1.* Neuling *m,* Anfänger *m; 2. REL* Novize *m*/Novizin *f; (in the Bible)* Neubekehrte(r) *m/f*
now [naʊ] *adv 1.* jetzt, nun; *up to ~* bis jetzt; *from ~ on* von nun an; *2. (right away)* jetzt, sofort, gleich; *3. (at this very moment)* gerade; *4. (these days)* heute, heutzutage; *5. ~ and then, ~ and again* gelegentlich, ab und zu, von Zeit zu Zeit; *konj 6. ~ that* nun aber, nun da, da nun; *adv 7. just ~* gerade; *8. by ~* mittlerweile, jetzt; *interj 9. ~ then* nun, also
nowadays ['naʊədeɪz] *adv* heutzutage
nowhere ['nəʊwɛə] *adv* nirgends, nirgendwo; *(with verbs of motion)* nirgendwohin; *get ~ (fig)* nichts erreichen; *from out of ~* aus dem Nichts; *~ near ...* nicht annähernd ... *in the middle of ~* dort, wo sich Fuchs und Hase Gute Nacht sagen
nuclear ['njuːklɪə] *adj* Kern..., Atom..., nuklear
nuclear bomb ['njuːklɪə bɒm] *sb* Atombombe *f*
nuclear energy ['njuːklɪər 'enədʒɪ] *sb* Atomenergie *f,* Kernenergie *f*
nude [njuːd] *adj 1.* nackt; *sb 2. ART* Akt *m*
nuisance ['njuːsns] *sb 1.* Ärgernis *n,* Plage *f,* etwas Lästiges; *What a ~!* Wie ärgerlich! *public ~* öffentliches Ärgernis; *2. (person)* Quälgeist *m,* Nervensäge *f; make a ~ of o.s.* lästig werden
null [nʌl] *adj JUR* nichtig, ungültig; *~ and void* null und nichtig, ungültig
numb [nʌm] *v 1.* betäuben; *(cold)* taub machen; *adj 2.* taub, empfindungslos, gefühllos
number ['nʌmbə] *sb 1.* Zahl *f, (numeral)* Ziffer *f; one of their ~* einer aus ihrer Mitte; *2. (phone ~, house ~)* Nummer *f; It was a wrong ~.* Er war falsch verbunden. *3. (quantity)* Anzahl *f; on a ~ of occasions* des Öfteren; *4. (song)* Nummer *f; 5. Numbers REL* Numeri *pl; v 6.* nummerieren; *7. (amount to)* zählen; *His days are ~ed.* Seine Tage sind gezählt.
number plate ['nʌmbəpleɪt] *sb* Nummernschild *n*
numeral ['njuːmərəl] *sb* Ziffer *f*
numerous ['njuːmərəs] *adj* zahlreich
nun [nʌn] *sb REL* Nonne *f*
nurse [nɜːs] *sb 1.* Krankenschwester *f, (male ~)* Krankenpfleger *m; 2. wet ~* Amme *f; 3. dry ~* Kinderfrau *f,* Kindermädchen *n; v 4. (be breast-fed)* die Brust nehmen; *5. (breast-feed)* stillen; *6. (sth)* pflegen, *(fig: a plan, hopes)* hegen
nursery ['nɜːsərɪ] *sb 1. (room in a house)* Kinderzimmer *n, (in a hospital)* Säuglingssaal *m, (day ~)* Kindertagesstätte *f; 2. AGR* Gärtnerei *f*
nursery school ['nɜːsərɪ skuːl] *sb* Kindergarten *m*
nursing ['nɜːsɪŋ] *sb MED (care)* Pflege *f; (profession)* Krankenpflege *f*
nut [nʌt] *sb 1. BOT* Nuss *f; a hard ~ to crack (fig)* eine harte Nuss; *2. (fam: crazy person)* Spinner *m; 3. ~s pl (fam: testicles) (US)* Eier *pl (fam); 4. TECH* Mutter *f,* Schraubenmutter *f; ~s and bolts (fig)* Grundbestandteile
nutcracker ['nʌtkrækə] *sb* Nussknacker *m*
nutmeg ['nʌtmeg] *sb* Muskat *m,* Muskatnuss *f*
nutrient ['njuːtrɪənt] *sb* Nährstoff *m*
nutriment ['njuːtrɪmənt] *sb* Nahrung *f*
nutrition [njuː'trɪʃən] *sb* Ernährung *f*
nutritionist [njuː'trɪʃənɪst] *sb* Ernährungswissenschaftler *m*
nutritious [njuː'trɪʃəs] *adj* nahrhaft, nährend
nuts [nʌts] *adj (fam: crazy) to be ~* spinnen; *go ~* durchdrehen; *drive s.o. ~* jdn verrückt machen
nutshell ['nʌtʃel] *sb in a ~ (fam)* kurz gesagt
nuzzle ['nʌzl] *v 1. (dog)* mit der Schnauze reiben an; *2. (person)* mit der Nase reiben an; *~ against s.o.* sich an jdn schmiegen
nylon ['naɪlɒn] *sb 1.* Nylon *n; 2.~s pl (fam)* Nylonstrümpfe *pl*
nymph [nɪmf] *sb* Nymphe *f*
nymphet [nɪm'fet] *sb* Nymphchen *n*
nymphomania [nɪmfəʊ'meɪnɪə] *sb* Nymphomanie *f*
nymphomaniac [nɪmfəʊ'meɪnɪæk] *sb* Nymphomanin *f*

O

oaf [əʊf] *sb* Lümmel *m*, Flegel *m*
oak [əʊk] *sb BOT* Eiche *f*
oar [ɔː] *sb* Ruder *n; SPORT* Riemen *m*
oasis [əʊ'eɪsɪs] *sb* Oase *f*
oat [əʊt] *sb ~s pl BOT* Hafer *m; sow one's wild ~s (fig)* sich die Hörner abstoßen
obedient [ə'biːdɪənt] *adj 1.* gehorsam; *2. (child, dog)* folgsam
obese [əʊ'biːs] *adj 1. MED* fettleibig; *2. (fig)* fett
obey [ə'beɪ] *v 1.* gehorchen, folgen; *2. (an order)* Folge leisten, befolgen
obituary [ə'bɪtjʊərɪ] *sb 1. (article)* Nachruf *m; 2. (advertisement)* Todesanzeige *f*
object¹ ['ɒbdʒɪkt] *sb 1. (thing)* Gegenstand *m*, Ding *n; money is no ~* Geld spielt keine Rolle; *2. (purpose)* Ziel *n*, Zweck *m; 3. GRAMM* Objekt *n; indirect ~* Dativobjekt *n*, indirektes Objekt *n; direct ~* Akkusativobjekt *n;* direktes Objekt *n*; 4. *PHIL* Objekt *n*
object² [əb'dʒekt] *v 1.* dagegen sein; *2. (vocally)* protestieren; *3. (raise an objection)* Einwände erheben; *4. ~ to (disapprove of)* missbilligen, beanstanden
objection [əb'dʒekʃən] *sb 1.* Einwand *m; 2. JUR* Einspruch *m*
objective [əb'dʒektɪv] *adj 1.* objektiv, sachlich; *sb 2.* Ziel *n; MIL* Angriffsziel *n; 3. FOTO* Objektiv *n*
objectively [əb'dʒektɪvlɪ] *adv* objektiv, sachlich
obligation [ɒblɪ'geɪʃən] *sb* Verpflichtung *f*, Pflicht *f; without ~* unverbindlich
oblige [ə'blaɪdʒ] *v 1. (do a favour to)* gefällig sein, einen Gefallen tun; *to be ~d to s.o.* jdm sehr verbunden sein; *2. Much ~d!* Herzlichen Dank! *3. (compel)* zwingen; *feel ~d to do sth* sich verpflichtet fühlen, etw zu tun
obliging [ə'blaɪdʒɪŋ] *adj* verbindlich, gefällig, zuvorkommend
obliterate [ə'blɪtəreɪt] *v 1.* vernichten; *2. (efface)* auslöschen; *3. (a memory)* tilgen
oblivion [ə'blɪvɪən] *sb* Vergessenheit *f; sink into ~* in Vergessenheit geraten, in der Versenkung verschwinden
oblivious [ə'blɪvɪəs] *adj to be ~ to sth* sich einer Sache nicht bewusst sein
obnoxious [ɒb'nɒkʃəs] *adj* widerwärtig
obscene [əb'siːn] *adj* obszön, unzüchtig, unanständig
obscenity [ɒb'senɪtɪ] *sb 1.* Unanständigkeit *f*, Schmutz *m*, Zote *f; 2. (word)* Obszönität *f*
obscure [əb'skjʊə] *adj 1. (little-known)* unbekannt, obskur; *2. (hard to understand)* dunkel, unklar; *v 3.* verdecken
obscurity [əb'skjʊərɪtɪ] *sb 1. (state of not being known)* Unbekanntheit *f; sink into ~* in Vergessenheit geraten; *2. (quality of being hard to understand)* Unklarheit *f*
observant [əb'zɜːvənt] *adj (attentive, alert)* aufmerksam, achtsam, wachsam
observation [ɒbzə'veɪʃən] *sb 1.* Beobachtung *f; powers of ~* Beobachtungsgabe *f; 2. (of rules)* Einhalten *n; 3. (statement)* Bemerkung *f*
observatory [əb'zɜːvətrɪ] *sb 1. (for outer space)* Observatorium *n*, Sternwarte *f; 2. (for weather)* Observatorium *n*, Wetterwarte *f*
observe [əb'zɜːv] *v 1. (notice)* bemerken; *2. (watch carefully)* beobachten; *3. (watch a suspect)* überwachen; *4. (remark)* bemerken, feststellen, äußern; *5. (a law, a holiday)* einhalten
observer [əb'zɜːvə] *sb* Beobachter *m/f*, Zuschauer(in) *m/f*
obsess [əb'ses] *v to be ~ed by* besessen sein von
obsession [əb'seʃən] *sb 1. (state)* Besessenheit *f; 2. (idea)* fixe Idee *f; 3. PSYCH* Zwangsvorstellung *f*
obsessive [əb'sesɪv] *adj* zwanghaft
obstacle ['ɒbstəkl] *sb* Hindernis *n*
obstetric [ɒb'stetrɪk] *adj* Geburtshilfe..., Entbindungs...
obstetrician [ɒbstə'trɪʃən] *sb MED* Geburtshelfer *m*
obstinate ['ɒbstɪnət] *adj* hartnäckig, eigensinnig
obstruct [əb'strʌkt] *v 1. (progress, justice, traffic)* behindern; *(movements)* hemmen; *2. (block intentionally)* versperren; *(unintentionally)* blockieren; *~ s.o.'s view* jdm die Sicht versperren
obstruction [əb'strʌkʃən] *sb 1.* Behinderung *f*, Hemmung *f*, Versperrung *f; 2. (obstacle)* Hindernis *n*
obstructive [əb'strʌktɪv] *adj* obstruktiv, behindernd
obtain [əb'teɪn] *v* erlangen, erhalten, erwerben

obtuse [əb'tjuːs] *adj 1. MATH* stumpf; *2. (fig: person)* begriffsstutzig, beschränkt
obvious ['ɒbvɪəs] *adj* offensichtlich, klar, deutlich
occasion [ə'keɪʒən] *sb 1. (point in time)* Gelegenheit *f,* Anlass *m; rise to the ~* sich der Lage gewachsen zeigen; *on ~* gelegentlich; *on several ~s* mehrmals; *for the ~* für diese besondere Gelegenheit; *2. sb (opportunity)* Gelegenheit *f; on the ~ of* anlässlich; *3. (reason)* Grund *m,* Anlass *m,* Veranlassung *f; have ~ to* die Veranlassung haben, zu; *v 4.* verursachen
occasionally [ə'keɪʒənəlɪ] *adv* gelegentlich, hin und wieder
occupant ['ɒkjʊpənt] *sb 1. (of a house)* Bewohner *m; 2. (of a car)* Insasse *m; 3. (of a job)* Inhaber *m*
occupation [ɒkjʊ'peɪʃən] *sb 1. (employment)* Beruf *m,* Tätigkeit *f; 2. (pastime)* Beschäftigung *f,* Betätigung *f,* Tätigkeit *f; 3. MIL* Besetzung *f,* Besatzung *f,* Okkupation *f*
occupational [ɒkjʊ'peɪʃənəl] *adj* beruflich, Berufs..., Arbeits...
occupational hazard [ɒkjʊ'peɪʃənəl 'hæzəd] *sb* Berufsrisiko *n*
occupied ['ɒkjʊpaɪd] *adj (WC)* besetzt
occupy ['ɒkjʊpaɪ] *v 1. (a house)* bewohnen; *2. (a seat)* besetzen; *3. (a room)* belegen; *4. (a post)* innehaben; *5. (time)* in Anspruch nehmen; *6. (busy)* beschäftigen; *7. (move into)* beziehen; *8. MIL* besetzen
occur [ə'kɜː] *v 1. (take place)* sich ereignen, vorkommen, geschehen; *2. (be found)* vorkommen; *3. ~ to s.o.* jdm einfallen
occurrence [ə'kʌrəns] *sb 1. (event)* Ereignis *n,* Vorfall *m,* Vorkommnis *n; 2. (presence)* Vorkommen *n,* Auftreten *n*
ocean ['əʊʃən] *sb 1.* Ozean *m,* Meer *n; 2. (fig)* Meer *n; ~s of* jede Menge
oceanography [əʊʃə'nɒgrəfɪ] *sb* Meereskunde *f*
o'clock [ə'klɒk] *adv* Uhr; *seven ~* sieben Uhr
octagon ['ɒktəgɒn] *sb* Achteck *n*
octave ['ɒktɪv] *sb MUS* Oktave *f*
octopus ['ɒktəpəs] *sb ZOOL* Krake *f*
odd [ɒd] *adj 1. (number)* ungerade; *2. (peculiar)* sonderbar, seltsam, merkwürdig; *3. (irregular)* gelegentlich; *4. (single)* einzeln; *5. (approximately)* etwa; *fifty-~ pounds* etwa fünfzig Pfund, um die fünfzig Pfund; *6. the ~ man out* der Überzählige *m; 7. (left over)* übrig, überzählig, restlich
oddball ['ɒdbɔːl] *sb* seltsamer Mensch *m*
odd jobs [ɒd'dʒɒbz] *pl* Gelegenheitsarbeiten *pl*
odds [ɒdz] *pl 1. (chances for or against)* Chancen *pl; The ~ are in our favour.* Wir haben die besseren Chancen. *The ~ are against you.* Deine Chancen stehen schlecht. *2. (betting ~)* Gewinnquote *f,* Odds *pl; long ~* geringe Gewinnchancen; *take the ~* eine ungleiche Wette eingehen; *The ~ are ten to one.* Die Chancen stehen zehn zu eins. *3. to be at ~ with s.o. over sth* mit jdm in etw nicht einig gehen; *(fam) ~s and ends* Kram *m*
ode [əʊd] *sb* Ode *f*
odious ['əʊdɪəs] *adj 1. (person)* verhasst; *2. (task)* widerlich
odour ['əʊdə] *sb* Geruch *m*
oestrogen ['iːstrədʒən] *sb BIO* Östrogen *n*
of [ɒv, əv] *prep 1.* von, *(or genitive case); He died ~ cancer.* Er starb an Krebs. *to be afraid ~* Angst haben vor; *I am proud ~ him.* Ich bin stolz auf ihn. *today ~ all days* ausgerechnet heute; *free ~ charge* kostenlos; *a lad ~ eleven* ein elfjähriger Knabe; *that fool ~ a man* dieser blöde Mensch; *the city ~ Munich* die Stadt München; *~ assistance* behilflich; *there were four ~ us* wir waren zur viert; *one ~ the best* einer der Besten; *What ~ it?* Ja und? *2. (~ a certain material)* aus
off [ɒf] *prep 1.* von; *~ the map* nicht auf der Karte; *fall ~ a horse* vom Pferd fallen; *The house is ~ the road.* Das Haus liegt abseits der Straße. *adv 2. (distant)* entfernt, weg; *Christmas is a week ~.* Bis Weihnachten ist es eine Woche. *a long way ~* weit weg; *3. (on one's way) dash ~* losrennen; *Off we go!* Los! *Off with you!* Fort mit dir! *Where are you ~ to?* Wo gehst du hin? *4. (removal) have one's pants ~* die Hosen ausgezogen haben; *5. (discount) take ten percent ~ the price* zehn Prozent vom Preis abziehen; *6. (not at work)* frei; *take a day ~* sich einen Tag freinehmen; *7. on and ~* mit Unterbrechungen; *adj 8. (substandard)* schlecht; *9. (spoiled, no longer edible) GAST* verdorben, schlecht; *10. (cancelled)* abgesagt, *(deal)* abgeblasen *(fam), (engagement)* gelöst; *11. (not activated: switch, machine)* aus, *(tap)* zu; *12. (deactivated)* ausgeschaltet, *(gas, water)* abgestellt; *13. to be well ~* gut gestellt sein
off-duty [ɒf'djuːtɪ] *adj* dienstfrei
offence [ə'fens] *sb 1. JUR* Straftat *f,* Delikt *n; first ~* erste Straftat; *2. (affront, insult)* Anstoß *m,* Ärgernis *n,* Beleidigung *f; No ~*

(meant)! Nichts für Ungut! *take ~ at sth* wegen etw beleidigt sein; *an ~ against good taste* eine Beleidigung des guten Geschmacks; *3. MIL, SPORT* Angriff *m*

offend [ə'fend] *v (s.o.)* beleidigen, kränken, verletzen; *to be ~ed by sth* sich durch etw beleidigt fühlen

offense *sb (US: see "offence")*

offensive [ə'fensɪv] *adj 1. (smell)* übel, widerlich, ekelhaft; *2. (film, book, gesture, language)* anstößig, beleidigend; *3. (attacking)* angreifend, offensiv, Angriffs...; *sb 4.* Offensive *f,* Angriff *m; take the ~* in die Offensive gehen

offer ['ɒfə] *v 1.* anbieten; *~ to do sth* anbieten, etw zu tun/ sich bereit erklären, etw zu tun; *~ one's hand* jdm die Hand reichen; *2. (an apology, an opinion)* äußern; *3. (a view, a price)* bieten; *~ resistance* Widerstand leisten; *4. (prayers, sacrifice)* darbringen; *sb 5.* Angebot *n*

offering ['ɒfərɪŋ] *sb 1.* Spende *f; 2. (to God)* Opfer *n; 3. (fam: play, book)* Vorstellung *f*

office ['ɒfɪs] *sb 1.* Büro *n; (lawyer's)* Kanzlei *f; 2. (public position)* Amt *n; take ~* sein Amt antreten; *in ~* im Amt; *hold ~* im Amt sein; *3. (department)* Abteilung *f; 4. (department of the government)* Behörde *f,* Amt *n; 5. (one location of a business)* Geschäftsstelle *f; 6. good ~s* gute Dienste

officer ['ɒfɪsə] *sb 1. (official)* Beamter/ Beamtin *m/f,* Funktionär *m; 2. (of a club)* Vorstandsmitglied *n; 3. (police ~)* Polizist *m,* Polizeibeamte(r) *m; yes, ~* jawohl, Herr Wachtmeister; *4. MIL* Offizier *m*

official [ə'fɪʃəl] *adj 1.* offiziell, amtlich; *sb 2.* Beamter/Beamtin *m/f,* Funktionär/Funktionärin *m/f; 3. SPORT* Schiedsrichter *m*

off-licence ['ɒflaɪsəns] *sb (UK)* Wein- und Spirituosenhandlung *f*

off-limits [ɒf 'lɪmɪts] *adj* mit Zugangsbeschränkung

off-load ['ɒfləʊd] *v* ausladen, abladen

off-peak hours ['ɒfpiːk 'aʊəz] *pl* verkehrsschwache Stunden *pl*

off-putting ['ɒfpʊtɪŋ] *adj* abstoßend, abweisend, wenig einladend

off season ['ɒfsiːzn] *sb (in tourism)* Nebensaison *f*

offset ['ɒfset] *v irr 1.* ausgleichen; *(make up for)* aufwiegen; *sb 2. (printing)* Offsetdruck *m; 3. ECO* Ausgleich *m*

offshoot ['ɒfʃuːt] *sb 1. (of a plant)* Ausläufer *m,* Ableger *m; (of a tree)* Schössling *m; 2. (fig) (of a discussion)* Randergebnis *n; (of a family tree)* Nebenlinie *f*

offside [ɒf'saɪd] *adv SPORT* abseits; *to be ~* abseits stehen

offspring ['ɒfsprɪŋ] *pl* Nachkommen *pl*

often ['ɒfən] *adv* oft, häufig, oftmals; *more ~ than not* meistens; *every so ~* von Zeit zu Zeit

ogle ['əʊgl] *v* liebäugeln mit

oil [ɒɪl] *v 1.* ölen, schmieren; *sb 2.* Öl *n; pour ~ on the flames (fig)* Öl ins Feuer gießen; *burn the midnight ~ (fam)* (beim Lernen) lange aufbleiben; *strike ~* Erdöl finden, auf Öl stoßen; *(fig)* einen guten Fund machen

oil painting ['ɔɪlpeɪntɪŋ] *sb ART 1. (picture)* Ölgemälde *n; 2. (activity)* Ölmalerei *f*

oily ['ɔɪlɪ] *adj* fettig, ölig

ointment ['ɔɪntmənt] *sb* Salbe *f; a fly in the ~* ein Haar in der Suppe

OK ['əʊ'keɪ] *interj 1.* okay *(fam); adj 2.* in Ordnung, *(fam)* okay; *That's ~.* Das geht in Ordnung. *v 3. (approve)* genehmigen, gutheißen; *sb 4. (approval)* Zustimmung *f,* Genehmigung *f*

okay ['əʊ'keɪ] *(see "OK")*

old [əʊld] *adj* alt; *three-year-~ (child)* Dreijährige(r) *m; any ~ thing* irgendwas; *grow ~* alt werden

old age pensioner [əʊld eɪdʒ 'penʃənə] *sb* Rentner *m*

old-established [əʊld ɪs'tæblɪʃd] *adj* alteingesessen, alt

old-fashioned [əʊld'fæʃənd] *adj* altmodisch

old hand [əʊld hænd] *sb (fam)* erfahrener Mensch *m,* Veteran *m*

old hat [əʊld hæt] *adj to be ~* ein alter Hut sein

old-timer ['əʊldtaɪmə] *sb (fam)* Oldtimer *m*

old wives' tale [əʊld'waɪvzteɪl] *sb* Ammenmärchen *n*

olive ['ɒlɪv] *sb 1.* Olive *f; 2. (colour)* Olive *n*

olive oil ['ɒlɪv ɒɪl] *sb GAST* Olivenöl *n*

omelette ['ɒmlɪt] *sb GAST* Omelett *n; You can't make an ~ without breaking eggs. (fig)* Wo gehobelt wird, da fallen Späne.

omen ['əʊmən] *sb* Omen *n,* Zeichen *n*

omission [əʊ'mɪʃən] *sb 1. (omitting)* Auslassen *n; 2. (thing left out)* Auslassung *f; 3. (failure to do sth)* Unterlassung *f; sin of ~* Unterlassungssünde *f*

omit [əʊ'mɪt] *v 1.* auslassen; *2. (not do sth)* es unterlassen, es versäumen

omnipotent [ɒm'nɪpətənt] *adj* allmächtig

omnivore ['ɒmnɪvɔː] *sb BIO* Allesfresser *m*
omnivorous [ɒm'nɪvərəs] *adj* alles fressend
on [ɒn] *prep 1.* auf, an; *a ring ~ her finger* ein Ring am Finger; *~ earth* auf Erden; *~ my left* links von mir; *~ TV* im Fernsehen; *I have no money ~ me.* Ich habe kein Geld bei mir. *~ foot* zu Fuß; *live ~ sth* von etw leben; *to be ~ a pill* eine Pille ständig nehmen; *to be ~ drugs* Drogen nehmen; *What's ~ TV tonight?* Was kommt heute Abend im Fernsehen? *throw sth ~ the floor* etw zu Boden werfen; *This is ~ me. (fam: I'll pay for this.)* Das geht auf meine Rechnung. *He had a scar ~ his face.* Er hatte eine Narbe im Gesicht. *2. (a certain day)* an; *~ Wednesday* Mittwoch, am Mittwoch; *~ Wednesdays* mittwochs; *3. (about, ~ the subject of)* über; *a book ~ Romy Schneider* ein Buch über Romy Schneider
once [wʌns] *adv 1. (one time)* einmal; *~ and for all* ein für alle Mal; *not ~* kein einziges Mal; *for ~* dieses eine Mal, ausnahmsweise; *~ again, ~ more* noch einmal, erneut; *~ in a while* hin und wieder, ab und zu mal; *2. (in the past)* einmal; *~ upon a time there was ...* es war einmal ... *3. at ~ (right away)* sofort, auf der Stelle, gleich; *4. at ~ (at the same time)* auf einmal, gleichzeitig; *konj 5.* sobald, wenn
once-over [wʌns'əʊvə] *sb 1. give sth the ~ (appraise sth)* etw kurz mustern; *2. give sth the ~ (clean sth) Just give it the ~.* Wisch es bloß mal schnell ab.
one [wʌn] *num 1.* eins; *~ and a half* eineinhalb, anderthalb; *; adj 2.* ein/eine; *~ hundred* einhundert; *~ or two* ein paar, einige; *for ~ thing* zunächst einmal; *3. (indefinite) ~ day* eines Tages; *~ of these days* irgendwann mal; *~ Robert Best* ein gewisser Robert Best; *4. (sole) the ~ way of doing it* die einzige Möglichkeit, es zu tun; *No ~ man could do it.* Niemand konnte es allein tun. *the ~ and only James Brown* der unvergleichliche James Brown; *~ man in ten* jeder Zehnte; *his ~ thought* sein einziger Gedanke; *go s.o. ~ better* es besser machen als jmd; *to be ~ up on s.o.* jdm um eine Nasenlänge voraus sein; *5. not ~ ...* kein Einziger/keine Einzige/kein Einziges ...; *pron 6.* eine(r,s); *the little ~* der/die/das kleine; *He is ~ of us.* Er ist einer von uns. *the last but ~* der Vorletzte; *7. ~ after the other, ~ by ~* einer nach dem Anderen, einzeln; *8. ~ another* einander, sich; *9. the ~ who ...* der, der.../die, die.../das, das..., derjenige, der.../diejenige, die.../dasjenige, das...
one-night stand [wʌnnaɪt'stænd] *sb 1. THEAT* einmaliges Gastspiel *n; 2. (fam: sexual)* erotische Beziehung, die nur eine Nacht dauert
oneself [wʌn'self] *pron 1.* sich; *(personally)* sich selbst; *2. by ~* aus eigener Kraft, von selbst; *(alone)* allein
one-to-one [wʌn tuː wʌn] *adj* eins-zu-eins, sich genau entsprechend
one-track ['wʌntræk] *adj* eingleisig; *He has a ~ mind.* Er hat immer nur dasselbe im Kopf.
one-way street ['wʌnweɪ'striːt] *sb* Einbahnstraße *f*
one-way ticket [wʌnweɪ'tɪkɪt] *sb (US)* Hinfahrkarte *f,* einfache Fahrkarte *f*
onion ['ʌnjən] *sb* Zwiebel *f*
only ['əʊnlɪ] *adv 1.* nur, bloß; *It's ~ three o'clock.* Es ist erst drei Uhr. *not ~ ... but also ...* nicht nur ..., sondern auch ... *if ~* wenn nur; *~ just* gerade, kaum; *~ yesterday* erst gestern; *adj 2.* einzige(r,s); *an ~ child* ein Einzelkind *n*
onshore ['ɒnʃɔː] *adj* Land...
onto ['ɒntʊ] *prep* auf; *to be ~ sth* hinter etw gekommen sein
onward ['ɒnwəd] *adv 1.* vorwärts, weiter; *adj 2.* vorwärts schreitend, fortschreitend
oops [uːps] *interj* hoppla
ooze [uːz] *v 1.* sickern; *~ charm (fig)* vor Liebenswürdigkeit triefen; *~ out* heraussickern, herausquellen; *sb 2. (mud)* Schlamm *m*
open ['əʊpən] *v 1.* sich öffnen, aufgehen; *2. ~ on to* gehen auf, führen auf; *3. (shop)* aufmachen, öffnen; *4. (sth)* öffnen, aufmachen; *5. (a book, a newspaper)* aufschlagen; *6. (start)* beginnen; *(a card game)* eröffnen; *7. (trial, exhibition, new business)* eröffnen; *adj 8.* offen, auf, geöffnet; *~ to the public* für die Öffentlichkeit zugänglich; *The job is still ~.* Die Stelle ist noch frei. *in the ~* im Freien; *to be ~ to suggestions* Vorschlägen gegenüber offen sein; *~ to question* anfechtbar; *9. (frank)* offen, aufrichtig; *10. (unguarded) SPORT* frei; *His teammate was wide ~.* Sein Mitspieler war völlig frei. *sb 11. bring sth into the ~* etw ans Licht bringen; *come into the ~* Farbe bekennen
• **open up** *v 1.* sich öffnen; *Open up!* Aufmachen! *2. (fig: opportunities)* sich eröffnen; *3. (sth)* erschließen; *4. (unlock)* aufschließen; *5. (begin firing)* das Feuer eröffnen, schießen; *6. (become familiar)* auftauen; *7. (disclose information)* gesprächiger werden; *8. (increase speed)* beschleunigen, schneller werden

open-air ['əʊpənɛə] *adj* Freilicht..., Freiluft..., Frei...
open day ['əʊpən deɪ] *sb* Tag der offenen Tür *m*
open-hearted ['əʊpənhɑːtɪd] *adj* offen
open-minded [əʊpən'maɪndɪd] *adj* aufgeschlossen, vorurteilslos
opera ['ɒpərə] *sb* Oper *f*
opera house ['ɒpərə haʊs] *sb MUS* Opernhaus *n*
operate ['ɒpəreɪt] *v 1. (carry on one's business)* operieren; *2. (machine)* funktionieren, in Betrieb sein; *3. (system, organization)* arbeiten; *4. MED* operieren; *5. (manage)* betreiben, führen; *6. (a machine) TECH* bedienen; *(a brake, a lever)* betätigen
operating ['ɒpəreɪtɪŋ] *adj ECO* Betriebs..., *MED* Operations...
operating room ['ɒpəreɪtɪŋ ruːm] *sb* Operationssaal *m*
operation [ɒpə'reɪʃən] *sb 1. (control) TECH* Bedienung *f,* Betätigung *f; 2. (running)* Betrieb *m; put out of ~* außer Betrieb setzen; *3. (enterprise)* Unternehmen *n,* Unternehmung *f,* Operation *f; 4. MIL* Operation *f; 5. MED* Operation *f*
operational [ɒpə'reɪʃənəl] *adj 1. (in use)* in Betrieb, im Gebrauch, *MIL* im Einsatz; *2. (ready for use)* betriebsbereit, einsatzfähig; *3. (pertaining to operations) ECO* Betriebs..., *MIL* Einsatz...
operator ['ɒpəreɪtə] *sb 1. TEL* Vermittlung *f,* Dame/Herr von der Vermittlung *f/m*; *2. (company)* Unternehmer *m; 3. (of a machine)* Bedienungsperson *f,* Arbeiter *m, (of a lift, of a vehicle)* Führer *m; 4. (fam)* Kerl *m; a slick ~* ein gerissener Bursche
operetta [ɒpə'retə] *sb* Operette *f*
opinion [ə'pɪnjən] *sb 1.* Meinung *f,* Ansicht *f; matter of ~* Ansichtssache *f; public ~* die öffentliche Meinung; *have a high ~ of* viel halten von; *in my ~* meiner Meinung nach, meines Erachtens, meiner Ansicht nach; *2. (professional advice)* Gutachten *n; get a second ~ MED* einen zweiten Befund einholen
opinion poll [ə'pɪnjən pəʊl] *sb* Meinungsumfrage *f*
opponent [ə'pəʊnənt] *sb 1.* Gegner *m,* Opponent *m; 2. (one player) SPORT* Gegenspieler *m*
opportunistic [ɒpətjuː'nɪstɪk] *adj* opportunistisch
opportunity [ɒpə'tjuːnɪtɪ] *sb* Gelegenheit *f,* Möglichkeit *f,* Chance *f*
oppose [ə'pəʊz] *v 1. (sth)* sich widersetzen, bekämpfen; *2. (contrast)* gegenüberstellen
opposite ['ɒpəzɪt] *adj 1. (contrary)* entgegengesetzt; *the ~ sex* das andere Geschlecht *n; 2. (facing)* gegenüberstehend, gegenüberliegend; *adv 3.* gegenüber, auf der anderen Seite; *prep 4.* gegenüber; *5. play ~ s.o. THEAT* als Partner von jdm spielen; *sb 6.* Gegenteil *n*
opposition [ɒpə'zɪʃən] *sb 1.* Widerstand *m,* Opposition *f; 2. (those resisting)* Opposition *f; 3. (contrast)* Gegensatz *m*
oppress [ə'pres] *v 1.* unterdrücken, tyrannisieren; *2. (weigh down)* bedrücken
oppression [ə'preʃən] *sb 1.* Unterdrückung *f,* Tyrannisierung *f; 2. (depression)* Bedrängnis *f,* Bedrücktheit *f*
oppressive [ə'presɪv] *adj 1.* tyrannisch, hart; *2. (fig)* drückend, bedrückend; *(heat)* schwül
opt [ɒpt] *v ~ for* sich entscheiden für
opthalmology [ɒfθæl'mɒlədʒɪ] *sb* Ophtalmologie *f,* Augenheilkunde *f*
optical illusion ['ɒptɪkl ɪ'luːʒən] *sb* optische Täuschung *f*
optician [ɒp'tɪʃən] *sb* Optiker *m*
optimal ['ɒptɪməl] *adj* optimal
optimist ['ɒptɪmɪst] *sb* Optimist *m*
optimistic [ɒptɪ'mɪstɪk] *adj* optimistisch
option ['ɒpʃən] *sb 1.* Wahl *f; 2. (one possible course of action)* Möglichkeit *f*
optional ['ɒpʃənəl] *adj 1.* freiwillig; *2. (accessory)* auf Wunsch erhältlich
optometrist [ɒp'tɒmətrɪst] *sb (US)* Optiker *m*
opt-out ['ɒptaʊt] *sb (in television)* Regionalfenster *n*
or [ɔː] *konj* oder; *He can't read ~ write.* Er kann weder lesen noch schreiben. *in four ~ five days* in vier bis fünf Tagen
oral ['ɔːrəl] *adj 1. (verbal)* mündlich; *2. MED* oral, Mund...
orange ['ɒrɪndʒ] *sb 1.* Orange *f,* Apfelsine *f; 2. (colour)* Orange *n; adj 3.* orange
orator ['ɒrətə] *sb* Redner *m*
oratory ['ɒrətərɪ] *sb* Redekunst *f*
orbit ['ɔːbɪt] *v 1.* kreisen; *2. (sth)* umkreisen; *sb 3. (path) ASTR* Umlaufbahn *f,* Kreisbahn *f; 4. (one circuit) ASTR* Umkreisung *f; 5. (fig: sphere of influence)* Einflusssphäre *f*
ordeal [ɔː'diːl] *sb* Tortur *f,* Martyrium *n; (emotional ~)* Qual *f,* Feuerprobe *f*
order ['ɔːdə] *v 1. (place an ~)* bestellen; *2. (place an ~ for)* bestellen, *(~ to be manufactured)* in Auftrag geben; *3. (command)* befeh-

len, anordnen; ~ *in* hereinkommen lassen; *4. (arrange)* ordnen; *sb 5. (sequence)* Reihenfolge *f*, Folge *f*, Ordnung *f*; *in ~ of priority* je nach Dringlichkeit; *6. (proper state)* Ordnung *f*; *put sth in ~* etw in Ordnung bringen; *law and ~* Ruhe und Ordnung; *7. (working condition)* Zustand *m*; *to be out of ~* nicht funktionieren, außer Betrieb sein; *8. (command)* Befehl *m*, Anordnung *f*; *to be under ~s to do sth* Befehl haben, etw zu tun; *by ~ of* auf Befehl von, im Auftrag von; *9. in ~ to* um ... zu; *10. (procedure at a meeting) a point of ~* eine Verfahrensfrage; *call the meeting to ~* die Versammlung zur Ordnung rufen; *to be the ~ of the day (fig)* an der Tagesordnung sein; *11. (for goods, in a restaurant)* Bestellung *f*, *(to have sth made)* Auftrag *m*; *make to ~* auf Bestellung anfertigen; *12. (honour)* Orden *m*

order form ['ɔːdəfɔːm] *sb* Bestellschein *m*

ordinal number ['ɔːdɪnəl 'nʌmbə] *sb* Ordnungszahl *f*

ordinarily ['ɔːdnrɪlɪ] *adv* normalerweise, gewöhnlich

ordinary ['ɔːdɪnərɪ] *adj 1.* gewöhnlich, normal, üblich; *sb 2. out of the ~* außergewöhnlich

organ ['ɔːgən] *sb 1. ANAT* Organ *n*; *2. MUS* Orgel *f*

organ donor ['ɔːgəndəʊnə] *sb* Organspender *m*

organic [ɔː'gænɪk] *adj* organisch

organization [ɔːgənaɪ'zeɪʃən] *sb* Organisation *f*

organizer ['ɔːgənaɪzə] *sb* Organisator *m*; *(of an event)* Veranstalter *m*

orientate ['ɔːrɪənteɪt] *v ~ o.s.* sich orientieren

orientation [ɔːrɪən'teɪʃən] *sb 1.* Orientierung *f*; *2. (for newcomers)* Einführung *f*

origin ['ɒrɪdʒɪn] *sb 1.* Ursprung *m*, Herkunft *f*; *2. (of a person)* Herkunft *f*; *3. (source)* Quelle *f*

original [ə'rɪdʒɪnl] *adj 1.* ursprünglich; *2. (version)* original; *3. (creative)* originell; *sb 4.* Original *n*

originality [ərɪdʒɪ'nælɪtɪ] *sb* Originalität *f*

originate [ə'rɪdʒɪneɪt] *v 1. ~ from* entstehen aus, seinen Ursprung haben in; *2. (sth)* hervorbringen, erzeugen, verursachen

ornament ['ɔːnəmənt] *sb 1.* Ornament *n*; *2. (fig: person)* Zierde *f*

ornamental [ɔːnə'mentl] *adj* schmückend, Zier...

orphan ['ɔːfən] *sb* Waise *f*, Waisenkind *n*

orphanage ['ɔːfənɪdʒ] *sb* Waisenhaus *n*

orthodontist [ɔːθə'dɒntɪst] *sb MED* Kieferorthopäde *m*

orthodox ['ɔːθədɒks] *adj* orthodox

orthopaedic [ɔːθəʊ'piːdɪk] *adj* orthopädisch

Oscar-winning ['ɒskəwɪnɪŋ] *sb CINE* mit einem Oscar ausgezeichnet

ostensible [ɒs'tensəbl] *adj* vorgeblich; *(alleged)* angeblich

ostentation [ɒsten'teɪsən] *sb* Protzigkeit *f*

ostentatious [ɒsten'teɪʃəs] *adj* protzig

other ['ʌðə] *adj 1.* andere(r,s); *~ than* außer; *none ~ than* kein anderer als; *some ... or ~* irgendein ...; *one ~ person* eine weitere Person; *the ~ day* neulich; *2. every ~ (alternate)* jede(r,s) zweite; *pron 3.* andere(r,s)

otherwise ['ʌðəwaɪz] *konj 1.* sonst, andernfalls; *adv 2. (differently)* anders; *(in other respects)* sonst

otter ['ɒtə] *sb ZOOL* Otter *m*

our [aʊə] *adj* unser

ourselves [aʊə'selvz] *pron 1.* uns; *2. (for emphasis)* selbst

out [aʊt] *adv 1.* außen; *(~ of doors)* draußen; *have it ~ with s.o. (fig)* die Sache mit jdm ausfechten; *hear s.o. ~* jdn bis zum Ende anhören; *~ to do sth* darauf aus, etw zu tun; *two ~ of three* zwei von drei; *2. (indicating motion seen from outside)* heraus, raus (fam); *3. (indicating motion seen from inside)* hinaus, *(fam)* raus; *on the way ~* beim Hinausgehen; *4. to be ~ (not present)* weg sein, nicht da sein; *She's ~ shopping.* Sie ist zum Einkaufen gegangen. *~ and about* unterwegs; *5. (fire, school, ~ of bounds)* aus; *6. (~ of fashion) (fam)* out, passee; *7. (not permissible)* ausgeschlossen; *8. (fam: unconscious)* weg, bewusstlos; *pass ~* ohnmächtig werden; *prep 9.* aus; *v 10. (fam: reveal s.o. is gay)* outen (fam)

outback ['aʊtbæk] *sb (Australian ~) GEO* das Hinterland *n*

outbreak ['aʊtbreɪk] *sb* Ausbruch *m*

outburst ['aʊtbɜːst] *sb* Ausbruch *m*

outcast ['aʊtkɑːst] *sb (person)* Ausgestoßene(r) *m/f*

outcry ['aʊtkraɪ] *sb* Aufschrei *m*, *(public ~)* Protestwelle *f*

outdated [aʊt'deɪtɪd] *adj* überholt

outdo [aʊt'duː] *v irr* übertreffen

outdoor ['aʊtdɔː] *adj* Außen..., draußen, Freiluft...

outdoors [aʊt'dɔːz] *adv* draußen, im Freien

outer space [aʊtə'speɪs] *sb ASTR* der Weltraum *m*
outfit ['aʊtfɪt] *v 1.* ausrüsten, ausstatten; *sb 2. (equipment)* Ausrüstung *f,* Ausstattung *f; 3. (uniform)* Uniform *f; 4. (clothing ensemble)* Ensemble *n; 5. (fam: organization)* Verein *m,* Laden *m*
outgoing [aʊt'gəʊɪŋ] *adj 1.* abgehend; *(tenant)* ausziehend; *(government)* abtretend; *2. (personality)* kontaktfreudig
outgrow [aʊt'grəʊ] *v irr 1.* herauswachsen aus; *2. (a habit)* ablegen
outhouse ['aʊthaʊs] *sb 1.* Seitengebäude *n; 2. (US: toilet)* Außenabort *m*
outlaw ['aʊtlɒː] *v 1.* für ungesetzlich erklären, verbieten; *sb 2.* Verbrecher *m*
outlet ['aʊtlet] *sb 1. (electrical ~)* Steckdose *f; 2. (for water)* Abfluss *m; 3. (for gas)* Abzug *m; 4. (for goods) ECO* Absatzmöglichkeit *f; 5. (shop)* Verkaufsstelle *f; 6. (fig: for emotions)* Ventil *n*
outlive [aʊt'lɪv] *v* überleben
outlook ['aʊtlʊk] *sb 1. (view)* Aussicht *f,* Ausblick *m,* Blick *m; 2. (attitude)* Einstellung *f,* Anschauung *f; 3. (prospects)* Aussichten *pl*
outlying ['aʊtlaɪɪŋ] *adj (outside of town)* umliegend
out-of-doors [aʊtəv'dɔːz] *adv* im Freien, draußen
out-of-pocket [aʊtəv'pɒkɪt] *adj* Bar...
out-of-the-way ['aʊtəvðəweɪ] *adj* abgelegen, versteckt
output ['aʊtpʊt] *sb 1.* Produktion *f; 2. INFORM* Output *m*
outrage [aʊt'reɪdʒ] *v 1. (s.o.)* empören, entrüsten, schockieren; *2. (sense of decency)* verletzen, beleidigen; ['aʊtreɪdʒ] *sb 3. (feeling of ~)* Empörung *f,* Entrüstung *f; 4. (scandalous thing, indecent thing)* Skandal *m; 5. (atrocity)* Gräueltat *f*
outrageous [aʊt'reɪdʒəs] *adj 1.* unerhört, empörend; *(demand)* unverschämt; *2. (attire)* ausgefallen; *3. (cruel)* gräulich
outright ['aʊtraɪt] *adj 1.* völlig, gänzlich, total; *adv 2.* glatt; *(at once)* sofort
outside ['aʊt'saɪd] *adv 1.* außen; *(of a house, of a vehicle)* draußen; *prep 2.* außerhalb; *3. (apart from)* außer; *adj 4.* Außen..., äußere(r,s); *an ~ chance* eine kleine Chance; *sb 5.* das Äußere *n,* Außenseite *f; at the ~* äußerstenfalls
outsider [aʊt'saɪdə] *sb* Außenseiter *m*
outsource [aʊt'sɔːs] *v ECO* an Fremdfirmen vergeben
outsourcing ['aʊtsɔːsɪŋ] *sb ECO* Fremdvergabe *f*
outspoken [aʊt'spəʊkən] *adj* freimütig
outstanding [aʊt'stændɪŋ] *adj 1.* hervorragend, außerordentlich, überragend; *2. (not yet paid) ECO* ausstehend; *3. (not yet done)* unerledigt
outward ['aʊtwəd] *adv 1.* nach außen, auswärts; *adj 2. (outer)* äußere(r,s); *(beauty)* äußerlich; *3. (traffic)* nach außen gerichtet, nach außen führend, Aus...
outwit [aʊt'wɪt] *v* überlisten
oval ['əʊvəl] *adj* oval
oven ['ʌvn] *sb 1. GAST* Backofen *m; 2. TECH* Ofen *m*
over ['əʊvə] *prep 1.* über; *hit s.o. ~ the head* jdm auf den Kopf schlagen; *~ the phone* am Telefon; *~ and above* zusätzlich; *2. (during)* während; *~ the weekend* übers Wochenende; *adv 3. (on the other side)* drüben; *~ there* da drüben; *4. (across: away from the speaker)* hinüber; *(toward the speaker)* herüber; *5. come ~* vorbeikommen; *6. (again)* wieder, nochmals; *~ and ~* immer wieder; *7. (ended)* zu Ende, vorbei; *~ and done with* aus und vorbei; *8. (left ~)* übrig; *9. all ~ (everywhere)* überall; *from all ~ Europe* aus ganz Europa; *10. turn sth ~* etw herumdrehen; *fall ~* umfallen; *bend ~* sich nach vorn beugen
overage ['əʊvərɪdʒ] *sb 1.* Überschuss *m;* [əʊvər'eɪdʒ] *adj 2.* zu alt
overall [əʊvər'ɔːl] *adj 1. (general)* allgemein; *2.* gesamt, Gesamt...; *adv 3.* insgesamt; *(on the whole)* im Großen und Ganzen; ['əʊvərɔːl] *sb 4. (UK)* Kittel *m*
overalls ['əʊvərɒːlz] *pl* Overall *m*
overbalance [əʊvə'bæləns] *v 1.* aus dem Gleichgewicht kommen, das Gleichgewicht verlieren; *2. (~ sth)* aus dem Gleichgewicht bringen, umwerfen, umstoßen
overbearing [əʊvə'bɛərɪŋ] *adj* anmaßend, herrisch
overboard ['əʊvəbɔːd] *adv NAUT* über Bord
overcharge [əʊvə'tʃɑːdʒ] *v (s.o.)* zu viel berechnen
overcompensate [əʊvə'kɒmpənseɪt] *v ~ for sth* etw überkompensieren
overcrowded [əʊvə'kraʊdɪd] *adj 1.* überfüllt; *2. (overpopulated)* überbevölkert
overdo [əʊvə'duː] *v irr* übertreiben
overdose ['əʊvədəʊs] *sb* Überdosis *f*
overdress [əʊvə'dres] *v* sich zu elegant kleiden

overeat [əʊvər'iːt] *v irr* zu viel essen, sich überessen
overestimate [əʊvər'estɪmeɪt] *v* überschätzen, überbewerten
overexposed [əʊvərɪk'spəʊzd] *adj FOTO* überbelichtet
overflow [əʊvə'fləʊ] *v 1.* überlaufen, überfließen; *(fig)* überquellen; *2. (sth)* überschwemmen; ['əʊvəfləʊ] *sb 3. (outlet)* Überlauf *m; 4. (fig: excess)* Überschuss *m; 5. (overflowing)* Überfließen *n*
overgrown [əʊvə'grəʊn] *adj* überwachsen; *(too big)* übermäßig gewachsen
overhead [əʊvə'hed] *adv 1.* oben; ['əʊvəhed] *sb 2. ECO* Gemeinkosten *pl,* allgemeine Unkosten *pl*
overhead projector ['əʊvəhed prə'dʒektə] *sb* Tageslichtschreiber *m*
overhear [əʊvə'hɪə] *v irr* belauschen, zufällig mit anhören
overjoyed [əʊvə'dʒɔɪd] *adj* überglücklich, äußerst erfreut
overkill ['əʊvəkɪl] *sb (fig)* Zuviel *n*
overland [əʊvə'lænd] *adv* auf dem Landweg, über Land
overlap [əʊvə'læp] *v 1.* sich überschneiden, sich teilweise decken; ['əʊvəlæp] *sb 2.* Überschneidung *f*
overload [əʊvə'ləʊd] *v 1.* überladen; *(with electricity)* überlasten; ['əʊvələʊd] *sb 2.* Überbelastung *f, (electricity)* Überlastung *f*
overlook [əʊvə'lʊk] *v 1. (not notice)* übersehen, nicht bemerken; *2. (ignore)* hinwegsehen über; *3. (have a view of)* überblicken
overlord ['əʊvəlɔːd] *sb* Oberherr *m*
overnight [əʊvə'naɪt] *adv 1.* über Nacht; *adj 2.* Nacht..., Übernachtungs...
overpay [əʊvə'peɪ] *v irr* überbezahlen
overplay [əʊvə'pleɪ] *v 1.* überzogen darstellen; *2. ~ one's hand* sich überschätzen, sich zu viel zumuten
overpowering [əʊvə'paʊərɪŋ] *adj 1.* überwältigend; *2. (smell)* penetrant
overrate [əʊvə'reɪt] *v* überschätzen, überbewerten
overreact [əʊvərɪ'ækt] *v* überreagieren
overriding [əʊvə'raɪdɪŋ] *adj* vorrangig, überwiegend
overrule [əʊvə'ruːl] *v 1.* ablehnen; *2. (a verdict)* aufheben
overrun [əʊvə'rʌn] *v irr (invade)* einfallen in; *(an enemy position)* überrennen
overseas [əʊvə'siːz] *adv 1.* nach Übersee, in Übersee; *adj 2.* überseeisch, Übersee...
oversee [əʊvə'siː] *v irr* beaufsichtigen, überwachen
overside ['əʊvəsaɪd] *adj* umseitig
oversight ['əʊvəsaɪt] *sb* Versehen *n*
oversleep [əʊvə'sliːp] *v irr 1.* sich verschlafen; *2. (sth)* verschlafen
overspend [əʊvə'spend] *v irr* zu viel ausgeben, *overspill* Bevölkerungsüberschuss *m*
overtake [əʊvə'teɪk] *v irr 1. (pass)* überholen; *2. (catch up to)* einholen
overtaking lane [əʊvə'teɪkɪŋ leɪn] *sb (UK)* Überholspur *f*
over-the-counter ['əʊvəðəkaʊntə] *adj* nicht rezeptpflichtig
overtime ['əʊvətaɪm] *sb 1.* Überstunden *pl; 2. (US) SPORT* Verlängerung *f; 3. adv work ~* Überstunden machen
overweight [əʊvə'weɪt] *adj* übergewichtig
overwhelm [əʊvə'welm] *v 1.* überwältigen; *2. (fig: with work, with praise)* überhäufen, überschütten
overwork [əʊvə'wɜːk] *v 1. (s.o.)* überanstrengen; *2. (an idea)* überstrapazieren; *an ~ed word* ein abgedroschenes Wort; *3. ~ o.s.* sich überarbeiten
owe [əʊ] *v* schulden, schuldig sein; *~ sth to s.o. (have s.o. to thank for sth)* jdm etw verdanken; *owing to* wegen, infolge, dank
owl [aʊl] *sb ZOOL* Eule *f*
own¹ [əʊn] *v 1.* besitzen, haben; *2. (admit)* zugeben, zugestehen, *(recognize)* anerkennen
• **own up** *v (admit)* zugeben, sich bekennen, gestehen
own² [əʊn] *adj 1.* eigen; *He's his ~ man.* Er geht seinen eigenen Weg; *pron 2. for reasons of his ~* aus persönlichen Gründen; *Those are my ~.* Die gehören mir. *I have money of my ~.* Ich habe eigenes Geld. *3. on one's ~ (without help)* selbst, *(alone)* allein; *sb 4. get one's ~ back* sich rächen
owner ['əʊnə] *sb* Besitzer *m; (of a house, of a firm)* Eigentümer *m*
ownership ['əʊnəʃɪp] *sb* Besitz *m; under new ~* unter neuer Leitung
oxidize ['ɒksɪdaɪz] *v CHEM* oxidieren
oxygen ['ɒksɪdʒən] *sb* Sauerstoff *m*
oxymoron [ɒksɪ'mɔːrɒn] *sb* Oxymoron *n*
oyster ['ɔɪstə] *sb ZOOL* Auster *f*
ozone ['əʊzəʊn] *sb CHEM* Ozon *n*
ozone-friendly ['əʊzəʊnfrendlɪ] *adj* die Ozonschicht nicht schädigend
ozone hole ['əʊzəʊn həʊl] *sb* Ozonloch *n*
ozone layer ['əʊzəʊnleɪə] *sb (over the Earth)* Ozonschicht *f*

P

pace [peɪs] *v 1. (stride)* schreiten; *2. (measure)* mit Schritten ausmessen; *sb 3. (step)* Schritt *m; (of a horse)* Gangart *f; 4. (speed)* Tempo *n; set the ~* das Tempo vorgeben; *keep ~ with* Schritt halten mit

pacemaker ['peɪsmeɪkə] *sb MED* Herzschrittmacher *m*

pacer ['peɪsə] *sb* Schrittmacher *m*

pacific [pə'sɪfɪk] *adj* friedlich, friedliebend

pacifier ['pæsɪfaɪə] *sb (US: for babies)* Schnuller *m*

pacifist ['pæsɪfɪst] *sb 1.* Pazifist *m; adj 2.* pazifistisch

pack [pæk] *v 1.* packen; *send s.o. ~ing* jdn fortjagen; *2. (a container)* voll packen; *3. (a case)* packen; *(things into a case)* einpacken; *4. (cram)* packen; *(a container)* voll stopfen; *5. (soil)* festdrücken; *6. (wrap)* einpacken; *7. (fam: carry)(US)* tragen, dabei haben; *~ one's lunch* sich sein Mittagessen mitnehmen; *8. ~ s.o. off* jdn fortschicken; *sb 9.* Packen *m,* Ballen *m,* Bündel *n; a ~ of lies* ein Haufen Lügen; *10. (packet)* Paket *n; (US: of cigarettes)* Schachtel *f; 11. (group) (of wolves)* Rudel *n; (of submarines)* Gruppe *f; 12. MED* Packung *f*

package ['pækɪdʒ] *v 1.* verpacken; *2. (display to best advantage)* präsentieren; *sb 3.* Paket *n; 4. ECO* Packung *f*

packaging ['pækɪdʒɪŋ] *sb* Verpackung *f*

packet ['pækɪt] *sb* Paket *n,* Päckchen *n,* Schachtel *f*

pad [pæd] *v 1.* polstern; *(fig: a speech)* aufblähen; *sb 2. (for comfort)* Polster *n; 3. (for protection)* Schützer *m; 4. (with ink)* Stempelkissen *n; 5. (on an animal's foot)* Ballen *m; 6. (of paper)* Block *m; 7. (fam: residence)* Bude *f*

padded ['pædɪd] *adj 1.* gepolstert; *sb 2. a ~ cell* eine Gummizelle *f*

paddle ['pædl] *sb 1.* Paddel *n; v 2.* paddeln

paddleboat ['pædlbəʊt] *sb* Paddelboot *n*

paddling pool ['pædlɪŋ puːl] *sb (UK)* Plantschbecken *n*

paddock ['pædək] *sb* Koppel *f*

paediatrician [piːdɪə'trɪʃən] *sb* Kinderarzt/Kinderärztin *m/f,* Pädiater *m*

paediatrics [piːdɪ'ætrɪks] *sb* Kinderheilkunde *f,* Pädiatrie *f*

pagan ['peɪgən] *sb* Heide/Heidin *m/f*

page [peɪdʒ] *sb 1. (of a book)* Seite *f; take a ~ out of s.o.'s book* es jdm gleichtun, jdn nachahmen; *2. (messenger)* Page *m; v 3. ~ s.o.* jdn ausrufen lassen

pain [peɪn] *sb 1.* Schmerz *m; (mental torment)* Qual *f; 2. on ~ of death* bei Todesstrafe *f; 3. ~s pl* Mühe *f; take ~s to do sth* sich Mühe geben, etw zu tun; *v 4.* schmerzen

painful ['peɪnfʊl] *adj 1.* schmerzhaft; *2. (memory)* schmerzlich; *3. (fig: embarrassingly bad)* peinlich

painkiller ['peɪnkɪlə] *sb* schmerzstillendes Mittel *n*

paint [peɪnt] *v 1. ART* malen; *2. (sth)* streichen; *sb 3.* Farbe *f; (on a car)* Lack *m; (make-up)* Schminke *f*

paintbox ['peɪntbɒks] *sb* Farbkasten *m,* Malkasten *m*

paintbrush ['peɪntbrʌʃ] *sb* Pinsel *m*

painter ['peɪntə] *sb 1. ART* Maler *m; 2. (of a house)* Anstreicher *m*

painting ['peɪntɪŋ] *sb 1. (picture)* Bild *n,* Gemälde *n; 2. (activity)* Malerei *f*

paintwork ['peɪntwɜːk] *sb* Lack *m,* Anstrich *m*

pair [pɛə] *sb 1.* Paar *n; v 2.* paarweise anordnen

paisley ['peɪzlɪ] *adj* türkisch gemustert

pajamas [pə'dʒɑːməz] *pl (US)* Pyjama *m,* Schlafanzug *m*

pal [pæl] *sb* Kumpel *m* (fam), Freund *m*

palace ['pælɪs] *sb* Palast *m*

palate ['pælɪt] *sb ANAT* Gaumen *m*

palatial [pə'leɪʃəl] *adj* palastartig, Palast...

pale [peɪl] *adj* blass, bleich, fahl

paleface ['peɪlfeɪs] *sb* Bleichgesicht *n*

paleness ['peɪlnɪs] *sb* Blässe *f,* Farblosigkeit *f*

palette ['pælɪt] *sb ART* Palette *f*

palindrome ['pælɪndrəʊm] *sb LING* Palindrom *n*

pall [pɔːl] *sb 1.* Leichentuch *n; 2. (fig)* trostlose Stimmung *f,* Trauerstimmung *f*

pallet ['pælɪt] *sb (for shipping, for storage) TECH* Palette *f*

pallor ['pælə] *sb* Blässe *f*

palm[1] [pɑːm] *sb 1. ANAT* Handfläche *f,* Handteller *m; cross s.o.'s ~ with silver* jdm Geld geben (für eine Gefälligkeit); *v 2. ~ off (sth)* andrehen; *3. (s.o., with an explanation)* abspeisen

palm[2] [pɑːm] *sb BOT* Palme *f*

palpable ['pælpəbl] *adj* greifbar
palpitation [pælpɪ'teɪʃən] *sb* MED Herzklopfen *n*
pamper ['pæmpə] *v* verwöhnen
pan [pæn] *sb* 1. Pfanne *f; v* 2. *(US: criticize)* verreißen; 3. *(camera)* CINE schwenken
pancake ['pænkeɪk] *sb* GAST Pfannkuchen *m*
pandemonium [pændɪ'məʊnɪəm] *sb* Chaos *n*
pane [peɪn] *sb* Glasscheibe *f; window ~* Fensterscheibe *f*
panel ['pænl] *sb* 1. *(wood)* Holztafel *f; (glass)* Glasscheibe *f; (in a door)* Türfüllung *f;* 2. *(of switches)* TECH Schalttafel *f,* Kontrolltafel *f; (of a car)* Armaturenbrett *n;* 3. *(of experts, of interviewers)* Gremium *n; v* 4. täfeln
panel discussion ['pænldɪskʌʃən] *sb* Podiumsdiskussion *f*
panelling ['pænəlɪŋ] *sb* Täfelung *f*
panellist ['pænəlɪst] *sb* Diskussionsteilnehmer *m*
pang [pæŋ] *sb* Stich *m*
panic ['pænɪk] *v* 1. in Panik geraten; *sb* 2. Panik *f*
panicky ['pænɪkɪ] *adj* überängstlich, nervös
panic-stricken ['pænɪkstrɪkən] *adj* von panischem Schrecken ergriffen
panorama [pænə'rɑːmə] *sb* Panorama *n*
pan-pipes ['pænpaɪps] *pl* MUS Panflöte *f*
pansy ['pænzɪ] *sb* 1. BOT Stiefmütterchen *n;* 2. *(fam: homosexual)* Schwuler *m*
pant [pænt] *v* 1. keuchen; 2. *(dog)* hecheln
panties ['pæntɪz] *pl (for women)* Damenslip *m*
pantomime ['pæntəmaɪm] *sb* 1. Pantomime *f;* 2. *(UK)* Weihnachtsmärchen *n*
pantry ['pæntrɪ] *sb* Speisekammer *f,* Vorratskammer *f*
pants [pænts] *pl* 1. *(US: trousers)* Hose *f;* 2. *(UK: underpants)* Unterhose *f*
pantyhose ['pæntɪhəʊz] *sb* Strumpfhose *f*
papal ['peɪpəl] *adj* REL päpstlich
paparazzi [pɑːpə'rɑːtsɪ] *pl* Paparazzi *pl*
paper ['peɪpə] *sb* 1. Papier *n;* 2. *~s pl (writings, documents)* Papiere *pl;* 3. *(scholarly)* Referat *n;* 4. *(newspaper)* Zeitung *f*
paperback ['peɪpəbæk] *sb (~ book)* Taschenbuch *n*
paper clip ['peɪpəklɪp] *sb* Büroklammer *f,* Heftklammer *f*
paper money ['peɪpə 'mʌnɪ] *sb* FIN Papiergeld *n*
paper plate ['peɪpə'pleɪt] *sb* Pappteller *m*
paper-thin [peɪpə'θɪn] *adj* hauchdünn
paperwork ['peɪpəwɜːk] *sb* 1. Schreibarbeit *f;* 2. *(in a negative sense)* Papierkram *m*
parable ['pærəbl] *sb* LIT Parabel *f,* Gleichnis *n*
parachute ['pærəʃuːt] *sb* 1. Fallschirm *m; v* 2. mit dem Fallschirm abspringen
parade [pə'reɪd] *sb* 1. *(festive procession)* Umzug *m;* 2. MIL Parade *f; v* 3. *(through a town)* durch die Straßen ziehen; 4. *(show off)* zur Schau stellen
paradise ['pærədaɪs] *sb* Paradies *n*
paraffin ['pærəfɪn] *sb* CHEM Paraffin *n*
paragliding ['pærəglaɪdɪŋ] *sb* Gleitschirmfliegen *n,* Paragliding *n*
paragon ['pærəgən] *sb* Muster *n; ~ of virtue* Ausbund der Tugend *m*
paragraph ['pærəgrɑːf] *sb* Absatz *m,* Abschnitt *m*
parallel ['pærəlel] *adj* 1. parallel; 2. *(situations)* vergleichbar; *sb* 3. Parallele *f;* 4. GEO Breitenkreis *m*
paralyse ['pærəlaɪz] *v* paralysieren, lähmen; *(fig: industry)* lahm legen; *to be ~d with fear* vor Schreck wie gelähmt sein
paralysis [pə'ræləsɪs] *sb* MED Paralyse *f,* Lähmung *f*
paramedic [pærə'medɪk] *sb* Sanitäter *m,* ärztliche(r) Assistent/Assistentin *m/f*
parameter [pə'ræmɪtə] *sb* 1. MATH Parameter *m;* 2. *~s pl (framework)* Rahmen *m*
paramount ['pærəmaʊnt] *adj* höchste(r,s), oberste(r,s)
paranoia [pærə'nɒɪə] *sb* Paranoia *f*
paraphernalia [pærəfə'neɪlɪə] *sb* Zubehör *n,* Drum und Dran *n*
paraphrase ['pærəfreɪz] *v* umschreiben, paraphrasieren
parasite ['pærəsaɪt] *sb* Parasit *m,* Schmarotzer *m*
parcel ['pɑːsl] *sb* 1. Paket *n;* 2. Parzelle *f; a ~ of land* ein Stück Land *n; v* 3. *~ out* aufteilen
parched [pɑːtʃt] *adj (lips, throat)* ausgetrocknet; *(land)* verdorrt
pardon ['pɑːdn] *v* 1. JUR begnadigen; 2. *(forgive)* verzeihen, vergeben; *Pardon me!* Verzeihung! *Pardon me?* Wie bitte? *sb* 3. JUR Begnadigung *f; general ~* Amnestie *f;* 4. *(forgiveness)* Verzeihung *f;* 5. *I beg your ~ (excuse me, but...)* Verzeihen Sie bitte ..., *(What did you say?)* Wie bitte? *I beg your ~! (outraged)* Erlauben Sie mal!

pardonable ['pɑːdnəbl] *adj* verzeihlich, entschuldbar
pare [pɛə] *v 1. GAST* schälen; *2. ~ down (fig)* einschränken
parent ['pɛərənt] *sb* Elternteil *m; ~s pl* Eltern *pl*
parentage ['pɛərəntɪdʒ] *sb* Herkunft *f*
parent company ['pɛərənt 'kʌmpənɪ] *sb ECO* Muttergesellschaft *f*
parenthood ['pɛərənthʊd] *sb (state of being a parent)* Elternschaft *f*
parings ['pɛərɪŋz] *pl* Schalen *pl*
parish ['pærɪʃ] *sb* Gemeinde *f*
parishioner [pə'rɪʃənə] *sb REL* Gemeindeglied *n*
park [pɑːk] *sb 1.* Park *m; 2. SPORT* Platz *m; v 3.* parken; *4. (~ a bicycle, put sth down)* abstellen
parking ['pɑːkɪŋ] *sb* Parken *n; no ~* Parken verboten
parking brake ['pɑːkɪŋ breɪk] *sb (US)* Feststellbremse *f*
parking light ['pɑːkɪŋ laɪt] *sb (US)* Standlicht *n,* Parklicht *n*
parking lot ['pɑːkɪŋlɒt] *sb* Parkplatz *m*
parking meter ['pɑːkɪŋmiːtə] *sb* Parkuhr *f*
parking space ['pɑːkɪŋspeɪs] *sb* Parklücke *f*
parking ticket ['pɑːkɪŋtɪkɪt] *sb* Strafzettel *m*
parkway ['pɑːkweɪ] *sb* Allee *f,* Chaussee *f*
parliament ['pɑːləmənt] *sb POL* Parlament *n*
parlous ['pɑːləs] *adj* prekär
parody ['pærədɪ] *sb 1.* Parodie *f; v 2.* parodieren
parole [pə'rəʊl] *v 1.* auf Bewährung entlassen; *sb 2.* Bewährung *f*
parrot ['pærət] *sb 1. ZOOL* Papagei *m; v 2.* nachplappern
parry ['pærɪ] *v* parieren, abwehren
parsley ['pɑːslɪ] *sb BOT* Petersilie *f*
part [pɑːt] *v 1.* sich teilen; *(road)* sich gabeln; *2. (people)* sich trennen; *(temporarily)* auseinander gehen; *~ with sth* sich von etw trennen; *3. (divide)* teilen; *(hair)* scheiteln; *4. (separate)* trennen; *sb 5. (fragment, portion)* Teil *m; for the most ~* hauptsächlich, weitgehend, meistens; *~ of town* Stadtteil *m,* Viertel *n; in ~* teilweise, zum Teil; *6. ~s (area)* Gegend *f; 7. body ~* Körperteil *m; 8. (side, interest, concern)* Seite *f; for his ~* seinerseits, was ihn betrifft; *on the ~* of seitens, vonseiten; *9. (role)* Rolle *f; take ~ in sth* an etw teilnehmen, bei etw mitmachen; *10. (US: in hair)* Haarscheitel *m; adv 11.* teils, teilweise
partake [pɑː'teɪk] *v irr ~ of (food)* zu sich nehmen
partial ['pɑːʃəl] *adj 1.* Teil..., teilweise, partiell; *2. (biased) (person)* voreingenommen; *(judgement)* parteiisch; *3. to be ~ to sth* eine besondere Vorliebe haben für etw
participant [pɑː'tɪsɪpənt] *sb* Teilnehmer *m*
participate [pɑː'tɪsɪpeɪt] *v* sich beteiligen, teilnehmen
participation [pɑːtɪsɪ'peɪʃən] *sb* Beteiligung *f,* Teilnahme *f*
particle ['pɑːtɪkl] *sb* Teilchen *n*
particular [pə'tɪkjʊlə] *adj 1. (special)* besondere(r,s), bestimmte(r,s); *this ~ case* dieser spezielle Fall; *2. in ~* besonders, vor allem; *nothing in ~* nichts Bestimmtes, nichts Besonderes; *3. (fussy)* eigen; *(choosy)* wählerisch; *sb 4. ~s pl* Einzelheiten *pl*
particularity [pətɪkjʊ'lærɪtɪ] *sb* Besonderheit *f,* besonderer Umstand *m,* Einzelheit *f*
particularly [pə'tɪkjʊləlɪ] *adv* besonders, insbesondere
parting ['pɑːtɪŋ] *sb 1.* Abschied *m; 2. (UK: in hair)* Scheitel *m; adj 3.* Abschieds..., abschließend
partition [pɑː'tɪʃən] *v 1. (a room)* aufteilen; *2. (a country)* teilen; *sb 3. (act)* Teilung *f; 4. (wall)* Trennwand *f*
partly ['pɑːtlɪ] *adv* zum Teil, teilweise, teils
partner ['pɑːtnə] *sb 1.* Partner *m; 2. (in crime)* Komplize/Komplizin *m/f; 3. (in a limited company) ECO* Gesellschafter *m*
part payment [pɑːt 'peɪmənt] *sb* Abschlagszahlung *f,* Teilzahlung *f*
part-time [pɑːttaɪm] *adj 1.* Teilzeit...; *adv 2.* auf Teilzeit, stundenweise
party ['pɑːtɪ] *sb 1. (celebration)* Fest *n,* Party *f* (fam), Gesellschaft *f; 2. JUR* Partei *f; 3. (participant)* Teilnehmer *m,* Teilhaber *m,* Beteiligte(r) *m/f; a third ~* ein Dritter *m/* eine Dritte *f; 4. (group)* Gruppe *f,* Gesellschaft *f; MIL* Kommando *n; 5. POL* Partei *f*
party pooper ['pɑːtɪpuːpə] *sb (fam)* Spielverderber *m*
pass [pɑːs] *v 1. (move past)* vorbeigehen, vorbeifahren; *let s.o. ~* jdn vorbeilassen; *let a remark ~* eine Bemerkung durchgehen lassen; *2. (overtake)* überholen; *"no ~ing"* Überholverbot *n; 3. (come to an end, disappear)* vorübergehen, vorbeigehen; *(storm)* vorüberziehen; *4. (move)* gehen; *~ into oblivion* in Ver-

gessenheit geraten; 5. *(time)* vergehen; ~ *the time* sich die Zeit vertreiben; 6. *come to* ~ sich begeben; 7. *(in a card game)* passen; 8. *(move past)* vorbeigehen an, vorbeifahren an; 9. *(cross)* überschreiten, überqueren, passieren; 10. *(approve) (a law)* verabschieden; *(a motion)* annehmen; 11. *JUR (a sentence)* verhängen; *(judgement)* fällen; 12. *(exam)* bestehen; *(give a passing note)* bestehen lassen; 13. *(the time)* verbringen; 14. *(hand to s.o.)* reichen; 15. *MED* absondern, ausscheiden

• **pass away** *v (die)* entschlafen, hinscheiden

• **pass off** *v pass sth off as sth* etw als etw ausgeben

• **pass out** *v 1. (become unconscious)* in Ohnmacht fallen, umkippen (fam); 2. *(distribute)* austeilen, verteilen

• **pass over** *v (not choose, ignore)* übergehen

passage ['pæsɪdʒ] *sb 1. (going through)* Durchgang *m,* Durchfahrt *f;* 2. *(voyage)* Überfahrt *f,* Reise *f;* 3. *(fare)* Überfahrt *f;* 4. *(of time)* Vergehen *n;* 5. *(corridor)* Gang *m;* 6. *(in a book, of a piece of music)* Passage *f;* 7. *(of a bill) POL* Verabschiedung *f*

passageway ['pæsɪdʒweɪ] *sb* Durchgang *m,* Korridor *m,* Passage *f*

passenger ['pæsɪndʒə] *sb 1. (on a bus, in a taxi)* Fahrgast *m;* 2. *(on a plane, on a ship)* Passagier *m;* 3. *(on a train)* Reisende(r) *m/f;* 4. *(in a car)* Mitfahrer *m*

passenger seat ['pæsɪndʒəsiːt] *sb* Beifahrersitz *m*

passer-by [pɑːsə'baɪ] *sb* Passant(in) *m/f*

passing ['pɑːsɪŋ] *sb 1. in* ~ beiläufig; 2. *(death)* Hinscheiden *n;* 3. *(of a law)* Durchgehen *n; adj* 4. vorübergehend, flüchtig; *(remark)* beiläufig

passion ['pæʃən] *sb 1.* Leidenschaft *f;* 2. *REL, ART, MUS* Passion *f*

passionate ['pæʃənɪt] *adj* leidenschaftlich

passive ['pæsɪv] *adj* 1. passiv; *sb* 2. *GRAMM* Passiv *n*

passive smoking ['pæsɪv 'sməʊkɪŋ] *sb* Passivrauchen *n*

passivism ['pæsɪvɪzəm] *sb* Passivität *f*

passport ['pɑːspɔːt] *sb 1.* Pass *m,* Reisepass *m;* 2. *(fig)* Schlüssel *m*

password ['pɑːswɜːd] *sb* Kennwort *n,* Losungswort *n,* Parole *f*

past [pɑːst] *adj 1.* vergangene(r,s); 2. *(previous)* frühere(r,s); *adv* 3. vorbei, vorüber; *prep* 4. *(motion)* an ... vorbei; 5. *(time)* nach, über; *half* ~ *nine* halb zehn; 6. *(beyond)* über ... hinaus; *I wouldn't put it* ~ *him. (fam)* Ich würde es ihm schon zutrauen. *sb* 7. Vergangenheit *f; in the* ~ früher, in der Vergangenheit

pasta ['pæstə] *sb* Pasta *f,* Teigwaren *pl*

paste [peɪst] *sb 1.* Kleister *m;* 2. *GAST* Paste *f;* 3. *(jewellery)* Strass *m; v* 4. *(affix)* kleben; 5. ~ *s.o. (fam: punch)* jdm eins vor den Latz knallen; 6. ~ *s.o. (fam: defeat)* jdn in die Pfanne hauen

pastel ['pæstel] *sb 1. (chalk)* Pastellkreide *f;* 2. *(colour)* Pastellton *m;* 3. *(drawing)* Pastellzeichnung *f*

pasteurization [pæstəraɪ'zeɪʃən] *sb* Pasteurisierung *f,* Pasteurisation *f*

pasteurize ['pæstəraɪz] *v* pasteurisieren

pastime ['pɑːstaɪm] *sb* Zeitvertreib *m*

pastor ['pɑːstə] *sb REL* Pfarrer *m,* Pastor *m,* Seelsorger *m*

past participle [pɑːst 'pɑːtɪsɪpl] *sb GRAMM* Partizip Perfekt *n*

pastry ['peɪstrɪ] *sb 1.* Teig *m;* 2. *(one ~)* Stückchen *n,* Kuchen *m,* Torte *f; pastries pl* Gebäck *n*

past tense [pɑːst tens] *sb* Vergangenheit *f*

pasture ['pɑːstʃə] *sb* Weide *f; put out to* ~ auf die Weide treiben; *seek greener ~s (fig)* sich nach besseren Möglichkeiten umsehen

pat [pæt] *v* tätscheln; ~ *s.o. on the back* jdm auf die Schulter klopfen

pâté ['pæteɪ] *sb GAST* Pastete *f*

patella [pə'telə] *sb ANAT* Patella *f,* Kniescheibe *f*

patent ['peɪtənt] *v 1.* patentieren lassen; *sb* 2. Patent *n*

patently ['peɪtntlɪ] *adv* offenkundig, offensichtlich

paternal [pə'tɜːnəl] *adj* väterlich; *my* ~ *grandmother* meine Großmutter väterlicherseits

paternity [pə'tɜːnɪtɪ] *sb* Vaterschaft *f*

paternity suit [pə'tɜːnɪtɪ suːt] *sb JUR* Vaterschaftsklage *f*

pathetic [pə'θetɪk] *adj 1. (piteous)* Mitleid erregend; 2. *(fam)* erbärmlich, jämmerlich, kläglich

pathological [pæθə'lɒdʒɪkəl] *adj* pathologisch, krankhaft

pathologist [pə'θɒlədʒɪst] *sb MED* Pathologe/Pathologin *m/f*

pathology [pə'θɒlədʒɪ] *sb (science) MED* Pathologie *f*

patience ['peɪʃəns] *sb* Geduld *f*

patient ['peɪʃənt] *adj 1.* geduldig; *sb* 2. Patient(in) *m/f*

patriciate [pə'trɪʃɪɪt] *sb* Patriziat *n,* Patrizierklasse *f*
patriot ['peɪtrɪət] *sb* Patriot(in) *m/f*
patriotic [pætrɪ'ɒtɪk] *adj* patriotisch
patrol [pə'trəʊl] *v 1.* auf Patrouille gehen; *2. (policeman)* eine Streife machen; *3. (watchman)* seine Runden machen; *4. (an area)* patrouillieren; *sb 5.* Streife *f; 6. (by a watchman)* Runde *f; 7. (by a ship)* Patrouille *f; 8. (people patrolling)* Patrouille *f; (of police)* Streife *f*
patrol car [pə'trəʊl kɑː] *sb* Streifenwagen *m*
patron ['peɪtrən] *sb 1.* Patron *m,* Schutzherr *m,* Schirmherr *m; 2. (of an artist)* Förderer *m,* Gönner *m; 3. (customer)* Kunde/Kundin *m/f,* Gast *m*
patronize ['pætrənaɪz] *v 1. (a business)* besuchen; *2. (the arts)* unterstützen, fördern; *3. (treat condescendingly)* gönnerhaft behandeln, herablassend behandeln
patron saint ['peɪtrən seɪnt] *sb REL* Schutzpatron/Schutzpatronin *m/f*
pattern ['pætən] *sb 1.* Muster *n; 2. (for sewing)* Schnittmuster *n; 3. (fig)* Vorbild; *v 4. ~ sth after sth* etw nach etw bilden, etw nach etw gestalten
paunch [pɔːntʃ] *sb 1.* Bauch *m,* Wanst *m; 2. ZOOL* Pansen *m*
paunchy ['pɔːntʃɪ] *adj* dick
pause [pɔːz] *v 1.* eine Pause machen; *2. (in conversation)* innehalten; *3. (hesitate)* zögern; *sb 4.* Pause *f; give s.o. ~* jdm zu denken geben
pavement ['peɪvmənt] *sb 1. (UK)* Bürgersteig *m,* Trottoir *n; 2. (US: paved road)* Straße *f; 3. (material)* Pflaster *n*
pawn[1] [pɔːn] *sb 1. (chess piece)* Bauer *m; 2. (fig)* Schachfigur *f*
pawn[2] [pɔːn] *v 1.* verpfänden, versetzen; *sb 2. (thing pawned)* Pfand *n*
pay [peɪ] *v irr 1.* bezahlen; *(a bill, interest)* zahlen; *~ for* bezahlen für; *2. (to be profitable)* sich lohnen; *3. ~ for (fig: suffer)* bezahlen für, büßen für; *4. ~ attention* Aufmerksamkeit schenken; *5. ~ s.o. a visit* jdn besuchen, jdm einen Besuch abstatten; *sb 6.* Lohn *m; (salary)* Gehalt *n; MIL* Sold *m*
• **pay back** *v irr 1.* zurückzahlen; *2. (a compliment)* erwidern; *3. (an insult)* sich revanchieren, heimzahlen
• **pay off** *v irr 1. (to be profitable) (fam)* sich lohnen; *2. (sth) (a debt)* abbezahlen; *(a mortgage)* ablösen; *3. (s.o.) (creditors)* befriedigen; *(workmen)* auszahlen

paycheck ['peɪtʃek] *sb (US)* Lohnscheck *m,* Gehaltsscheck *m*
payment ['peɪmənt] *sb 1.* Zahlung *f; 2. (to a person)* Bezahlung *f*
payoff ['peɪɒf] *sb 1. (bribe)* Bestechungsgeld *n; 2. (revenge)* Abrechnung *f; 3. (outcome, climax)* Quittung *f*
pay-per-view [peɪpɜː'vjuː] *sb* Pay per view *n*
pay phone ['peɪfəʊn] *sb* Münzfernsprecher *m; Is there a ~ near here?* Gibt es hier in der Nähe eine Telefonzelle?
pay rise ['peɪraɪz] *sb* Lohnerhöhung *f,* Gehaltserhöhung *f*
pay-TV [peɪ'tiːviː] *sb* Pay-TV *n*
pea [piː] *sb* Erbse *f*
peace [piːs] *sb 1.* Frieden *m,* Friede *m; make ~* Frieden schließen; *make one's ~ with s.o.* sich mit jdm versöhnen; *2. (tranquillity)* Ruhe *f; ~ of mind* Seelenruhe *f; 3. JUR* öffentliche Ruhe und Ordnung *f; disturb the ~* die öffentliche Ruhe stören
peace conference ['piːskɒnfərəns] *sb POL* Friedenskonferenz *f*
peaceful ['piːsfʊl] *adj 1.* friedlich; *2. (undisturbed)* ruhig
peacekeeping ['piːskiːpɪŋ] *sb* Friedenserhaltung *f,* Friedenssicherung *f*
peace mission ['piːsmɪʃən] *sb* Friedensmission *f*
peacetime ['piːstaɪm] *sb* Friedenszeiten *pl*
peak [piːk] *sb 1. (of a mountain)* Gipfel *m; 2. (maximum)* Höhepunkt *m; 3. (sharp point)* Spitze *f; v 4.* den Höchststand erreichen; *adj 5.* Höchst..., Spitzen...
peaked [piːkt] *adj* spitz
peak hours [piːk aʊəz] *pl* Hauptverkehrszeit *f*
peakish ['piːkɪʃ] *adj* ziemlich spitz
peanut ['piːnʌt] *sb* Erdnuss *f; work for ~s (fig)* für einen Apfel und ein Ei arbeiten (fam)
peanut butter ['piːnʌtbʌtə] *sb GAST* Erdnussbutter *f*
pear [pɛə] *sb* Birne *f*
pearl [pɜːl] *sb* Perle *f*
pearly ['pɜːlɪ] *adj ~ white* perlweiß; *the ~ gates* die Himmelstür
pear tree [pɛə triː] *sb BOT* Birnbaum *m*
peasant ['pezənt] *sb* (armer) Bauer *m*
peasantry ['pezntrɪ] *sb* Bauern *pl,* Bauernschaft *f*
peat [piːt] *sb* Torf *m*
pebble ['pebl] *sb* Kieselstein *m,* Kiesel *m*
pecan [pɪ'kæn] *sb BOT* Pekannuss *f*

peck [pek] *v 1. (bird)* picken; *sb 2. (kiss)* flüchtiger Kuss *m,* Küsschen *n; 3. (measure)* Viertelscheffel *m*
peckish ['pekɪʃ] *adj (fam)* hungrig
peculiar [pɪ'kjuːlɪə] *adj 1. (strange)* seltsam, eigenartig; *2. (own, special)* eigentümlich, eigen
pedal ['pedl] *v 1.* in die Pedale treten; *sb 2.* Pedal *n,* Fußhebel *m; put the ~ to the metal (fam) (US)* Vollgas geben
peddle ['pedl] *v 1.* hausieren gehen; *2. (sth)* hausieren gehen mit
peddler ['pedlə] *sb (US)* Hausierer *m*
pedestal ['pedɪstl] *sb* Sockel *m; put s.o. on a ~* jdn in den Himmel heben
pedestrian [pɪ'destrɪən] *sb 1.* Fußgänger *m; adj 2. (fam: mundane)* prosaisch
pedestrian crossing [pɪ'destrɪənkrɒsɪŋ] *sb (UK)* Fußgängerüberweg *m*
pediatrician [piːdɪə'trɪʃən] *sb* Kinderarzt/Kinderärztin *m/f*
pedigree ['pedɪgriː] *sb* Stammbaum *m,* Ahnentafel *f*
peek [piːk] *v 1.* gucken; *sb 2.* flüchtiger Blick *m*
peel [piːl] *v 1. (to be ~ing)* sich schälen; *(paint)* abblättern; *(wallpaper)* sich lösen; *2. (sth)* schälen; *sb 3.* Schale *f*
peeler ['piːlə] *sb* Schäler *m*
peep [piːp] *v 1. (make a small noise)* piepsen, piepen; *2. (look)* gucken
Peeping Tom ['piːpɪŋ tɒm] *sb* Spanner *m* (fam), Voyeur *m*
peer [pɪə] *v 1.* starren; *~ over the wall* über die Mauer spähen; *sb 2.* Gleiche(r) *m/f; He is without ~.* Er sucht seinesgleichen. *3. (nobleman)* Angehörige(r) des Hochadels *m/f*
peer group [pɪə gruːp] *sb PSYCH* Peergruppe *f*
peerless ['pɪəlɪs] *adj* einzigartig, unvergleichlich
peevish ['piːvɪʃ] *adj* reizbar, übel gelaunt
peg [peg] *v 1.* anpflocken; *2. (fam: prices)* stützen; *sb 3.* Pflock *m; (for a pegboard)* Stift *m; (to hang a hat on)* Haken *m; 4. take s.o. down a ~ or two (fam)* jdm einen Dämpfer aufsetzen
• **peg down** *v* festpflocken
pegboard ['pegbɔːd] *sb* Lochbrett *n*
peg leg ['pegleg] *sb (fam)* Holzbein *n*
Pekinese [piːkɪ'niːz] *sb (dog)* Pekinese *m*
pelican ['pelɪkən] *sb* Pelikan *m*
pelican crossing ['pelɪkənkrɒsɪŋ] *sb* Ampelübergang *m*
pell-mell ['pel'mel] *adv 1. (in a haste)* Hals über Kopf; *2. (in disorder)* durcheinander, wie Kraut und Rüben
pelt[1] [pelt] *v 1. (beat hard)* verhauen, prügeln; *It's ~ing rain.* Es regnet in Strömen. *2. (with rocks)* bewerfen
pelt[2] [pelt] *sb* Pelz *m,* Fell *n*
pelvic ['pelvɪk] *adj* Becken...
pelvis ['pelvɪs] *sb ANAT* Becken *n*
pen[1] [pen] *sb (writing instrument)* Feder *f; (ball-point ~)* Kugelschreiber *m*
pen[2] [pen] *sb (enclosure)* Pferch *m*
penal institution ['piːnəl ɪnstɪ'tjuːʃən] *sb JUR* Strafanstalt *f*
penalty ['penəltɪ] *sb 1.* Strafe *f; 2. (fig: disadvantage)* Nachteil *m*
penalty area ['penəltɪ 'ɛərɪə] *sb SPORT* Strafraum *m*
penalty kick ['penəltɪ kɪk] *sb SPORT* Strafstoß *m*
pencil ['pensl] *sb 1.* Bleistift *m; v 2. ~ in* mit Bleistift schreiben
pencil sharpener ['penslʃɑːpənə] *sb* Bleistiftspitzer *m*
pend [pend] *v 1. (remain unsettled)* offen sein, ungeregelt sein; *2. (hang)* hängen
pendant ['pendənt] *sb* Anhänger *m*
pendent ['pendənt] *adj* hängend, Hänge...
pending ['pendɪŋ] *adj 1. JUR* anhängig; *prep 2.* bis zu
penetrant ['penɪtrənt] *adj* eindringend, penetrant
penetrate ['penɪtreɪt] *v 1. (sth)* eindringen in; *2. (go right through)* durchdringen
penetrating ['penɪtreɪtɪŋ] *adj 1.* durchdringend; *2. (mind)* scharfsinnig
pen-friend ['penfrend] *sb* Brieffreund(in) *m/f*
penguin ['peŋgwɪn] *sb ZOOL* Pinguin *m*
penicillin [penɪ'sɪlɪn] *sb MED* Penicillin *n*
peninsula [pɪ'nɪnsjʊlə] *sb* Halbinsel *f*
penitence ['penɪtəns] *sb* Reue *f*
penitentiary [penɪ'tenʃərɪ] *sb* Strafanstalt *f,* Gefängnis *n*
penknife ['pennaɪf] *sb* Taschenmesser *n*
penmanship ['penmənʃɪp] *sb* Schreibkunst *f*
pen name [pen neɪm] *sb* Schriftstellername *m,* Pseudonym *n*
penniless ['penɪlɪs] *adj* ohne einen Pfennig Geld, mittellos
penny ['penɪ] *sb* Penny *m;* Centstück *n; A ~ for your thoughts!* Woran denkst du gerade?
penny-pincher ['penɪpɪntʃə] *sb (fam)* Pfennigfuchser *m*

pen pal ['penpæl] *sb* Brieffreund(in) *m/f*
pension ['penʃən] *sb* Rente *f; (from an employer)* Pension *f*
pensioner ['penʃənə] *sb* Rentner *m*
pensive ['pensɪv] *adj* nachdenklich, sinnend, gedankenvoll
pentagon ['pentəgɒn] *sb 1. MATH* Fünfeck *n; 2. the Pentagon MIL* das Pentagon *n*
penthouse ['penthaʊs] *sb (apartment)* Penthouse *n,* Dachterrassenwohnung *f*
penultimate [pɪ'nʌltɪmɪt] *adj* vorletzte(r,s)
people ['pi:pl] *pl 1.* Leute *pl,* Menschen *pl; a thousand ~* tausend Menschen; *she of all ~* ausgerechnet sie; *~ say* man sagt; *sb 2. (race, nation)* Volk *n*
pep [pep] *sb 1.* Schwung *m; v 2. ~ up* Schwung bringen in; *(person)* munter machen
pepper ['pepə] *sb 1.* Pfeffer *m; v 2.* pfeffern; *3. (fig)* sprenkeln
peppery ['pepərɪ] *adj* gepfeffert
per [pɜ:] *prep* pro; *as ~* gemäß
per annum [per'ænəm] *adv* pro Jahr
per cent [pə'sent] *sb* Prozent *n*
percentage [pə'sentɪdʒ] *sb* Prozentsatz *m; (proportion)* Teil *m; on a ~ basis* prozentual, auf Prozentbasis
perceptible [pə'septɪbl] *adj* wahrnehmbar, spürbar
perception [pə'sepʃən] *sb 1.* Wahrnehmung *f; 2. (mental image)* Auffassung *f; 3. (perceptiveness)* Einsicht *f*
perceptive [pə'septɪv] *adj (astute)* scharfsinnig
perch [pɜ:tʃ] *v 1.* sitzen; *sb 2. (for a bird)* Stange *f; 3. (fig: for a person)* Sitz *m; 4. (fish) ZOOL* Flussbarsch *m*
percussion [pə'kʌʃən] *sb MUS* Schlagzeug *n; ~ instrument* Schlaginstrument *n*
perfect [pə'fekt] *v 1.* vervollkommnen; *(technology, a process)* perfektionieren; ['pɜ:fɪkt] *adj 2.* perfekt, vollendet; *(ideal)* ideal; *3. (complete)* völlig
perfectible [pə'fektəbl] *adj* vervollkommnungsfähig, perfektionierbar
perfection [pə'fekʃən] *sb* Vollkommenheit *f,* Perfektion *f; to ~* meisterlich
perfectionist [pə'fekʃənɪst] *sb* Perfektionist(in) *m/f*
perfectly ['pɜ:fɪktlɪ] *adv 1. (flawlessly)* perfekt, vollendet; *2. (utterly)* absolut, vollkommen
perfect tense ['pɜ:fɪkt tens] *sb GRAM* Perfekt *n*
perform [pə'fɔ:m] *v 1.* leisten; *~ well* eine gute Leistung bringen; *2. THEAT* auftreten; *3. (a task, a duty)* erfüllen; *4. (an operation)* durchführen; *5. (a play) THEAT* aufführen; *6. (a song)* vortragen; *7. (a ritual)* vollziehen
performance [pə'fɔ:məns] *sb 1. (carrying out)* Erfüllung *f,* Durchführung *f; 2. (effectiveness)* Leistung *f; 3. (of a film) CINE* Vorstellung *f; 4. (of a play) THEAT* Aufführung *f; 5. (in a role)* Darstellung *f*
performer [pə'fɔ:mə] *sb (actor)* Schauspieler *m; (musician)* Musiker *m*
performing [pə'fɔ:mɪŋ] *adj* vorstellend, darstellend, ausführend
perfume ['pɜ:fju:m] *sb* Parfüm *n,* Duft *m*
perfunctory [pə'fʌŋktərɪ] *adj* mechanisch, lustlos, der Form halber
perhaps [pə'hæps] *adv* vielleicht
peril ['perɪl] *sb* Gefahr *f*
perilous ['perɪləs] *adj* gefährlich
perimeter [pə'rɪmɪtə] *sb* Peripherie *f*
period ['pɪərɪəd] *sb 1.* Periode *f,* Zeit *f; for a ~ of* auf die Dauer von; *2. SPORT* Spielabschnitt *m; (in ice hockey)* Drittel *n; 3. HIST* Zeitalter *n; 4. (menstruation)* Periode *f; 5. GRAMM* Punkt *m*
periodic [pɪərɪ'ɒdɪk] *adj* periodisch
periodical [pɪərɪ'ɒdɪkəl] *sb (magazine)* Zeitschrift *f*
peripheral [pə'rɪfərəl] *adj 1.* peripher, Rand...; *2. (fig)* nebensächlich
periphery [pə'rɪfərɪ] *sb 1.* Peripherie *f; 2. (fig)* Rand *m*
periscope ['perɪskəʊp] *sb (submarine's) MIL* Sehrohr *n*
perish ['perɪʃ] *v 1. (die)* umkommen; *Perish the thought!* Gott behüte! *2. (goods)* verderben; *3. (rubber)* altern
perishable ['perɪʃəbl] *adj (goods)* verderblich
perished ['perɪʃt] *adj (fam)* durchgefroren
perk[1] [pɜ:k] *sb (fam: perquisite)* Vergünstigung *f*
perk[2] [pɜ:k] *v 1. ~ up* munter werden, aufleben; *2. ~ up (s.o.)* munter machen; *3. ~ up one's ears* die Ohren spitzen
perky ['pɜ:kɪ] *adj* kess, keck
perm [pɜ:m] *sb (fam)* Dauerwelle *f*
permanence ['pɜ:mənəns] *sb* Dauerhaftigkeit *f,* Beständigkeit *f*
permanency ['pɜ:mənənsɪ] *sb* Dauerhaftigkeit *f,* Beständigkeit *f*
permanent ['pɜ:mənənt] *adj 1.* bleibend, permanent; *2. (constant)* ständig

permanently ['pɜːmənəntlɪ] *adv* auf immer, fest
permanent wave ['pɜːmənənt weɪv] *sb* Dauerwelle *f*
permeate ['pɜːmɪeɪt] *v 1.* dringen; *2. (sth)* durchdringen
permissible [pə'mɪsɪbl] *adj* zulässig
permission [pə'mɪʃən] *sb* Erlaubnis *f*
permit [pə'mɪt] *v 1.* erlauben, gestatten; *~ o.s. sth* sich etw erlauben; ['pɜːmɪt] *sb 2.* Genehmigung *f,* Erlaubnis *f*
pernickety [pə'nɪkɪtɪ] *adj (fam)* pingelig, pedantisch
perpendicular [pɜːpən'dɪkjʊlə] *adj 1.* senkrecht; *sb 2. MATH* Lot *n,* Senkrechte *f*
perpetrate ['pɜːpɪtreɪt] *v* begehen
perpetual [pə'petjʊəl] *adj* ewig, fortwährend, immer während
perpetuate [pə'petjʊeɪt] *v* verewigen, fortbestehen lassen
perplex [pə'pleks] *v* verwirren, verblüffen
perplexed [pə'plekst] *adj* verblüfft, verdutzt
persecute ['pɜːsɪkjuːt] *v* verfolgen
persecution [pɜːsɪ'kjuːʃən] *sb* Verfolgung *f*
persevere [pɜːsɪ'vɪə] *v* nicht aufgeben
persevering [pɜːsɪ'vɪərɪŋ] *adj* beharrlich, standhaft
persist [pə'sɪst] *v 1. (to be tenacious)* beharren; *2. (last, continue)* anhalten, fortdauern
persistent [pə'sɪstənt] *adj 1. (person)* beharrlich; *(obstinate)* hartnäckig; *(importunate)* aufdringlich; *2. (thing)* anhaltend
person ['pɜːsn] *sb* Person *f,* Mensch *m; in ~* persönlich
personage ['pɜːsənɪdʒ] *sb* Persönlichkeit *f*
personal ['pɜːsənl] *adj* persönlich
personal computer ['pɜːsənl kəm'pjuːtə] *sb* Personal-Computer *m,* PC *m*
personal hygiene ['pɜːsənl 'haɪdʒiːn] *sb* Körperpflege *f*
personal injury ['pɜːsənl 'ɪndʒərɪ] *sb JUR* Körperverletzung *f*
personality [pɜːsə'nælɪtɪ] *sb* Persönlichkeit *f*
personal organizer ['pɜːsənl 'ɔːgənaɪzə] *sb* Terminplaner *m,* Zeitplaner *m*
personal stereo ['pɜːsənl 'sterɪəʊ] *sb* tragbarer Kassetten- oder CD-Spieler mit Kopfhörern *m,* Walkman *m*
personification [pɜːsɒnɪfɪ'keɪʃən] *sb* Verkörperung *f*
personify [pɜː'sɒnɪfaɪ] *v* verkörpern
personnel [pɜːsə'nel] *sb 1.* Personal *n; 2. (crew)* Besatzung *f*
personnel department [pɜːsə'nel dɪ'pɑːtmənt] *sb* Personalabteilung *f*
perspective [pə'spektɪv] *sb* Perspektive *f*
perspiration [pɜːspə'reɪʃən] *sb 1. (sweating)* Schwitzen *n; 2. (sweat)* Schweiß *m*
perspire [pə'spaɪə] *v* schwitzen
persuade [pə'sweɪd] *v* überreden
persuasion [pə'sweɪʒən] *sb 1.* Überredung *f; 2. (belief)* Überzeugung *f*
persuasive [pə'sweɪsɪv] *adj* überzeugend
persuasiveness [pə'sweɪsɪvnɪs] *sb 1. (of an argument)* Überzeugungskraft *f; 2. (of a person)* Überredungskunst *f*
pert [pɜːt] *adj* keck, schnippisch
pertain [pɜː'teɪn] *v ~ to sth* etw betreffen
pertinent ['pɜːtɪnənt] *adj* zur Sache gehörig, sachdienlich
perturb [pə'tɜːb] *v* beunruhigen, verwirren, stören
peruse [pə'ruːz] *v* durchlesen
pervade [pɜː'veɪd] *v* durchdringen, erfüllen
perverse [pə'vɜːs] *adj 1.* pervers, *2. (stubborn)* querköpfig
perversion [pə'vɜːʃən] *sb 1.* Perversion *f; 2. (of sth)* Verdrehung *f,* Entstellung *f*
pervert ['pɜːvɜːt] *sb 1.* perverser Mensch *m;* [pə'vɜːt] *v 2. (distort)* verzerren; *3. (deprave)* verderben, pervertieren
perverted [pə'vɜːtɪd] *adj* pervers
pesky ['peskɪ] *adj (fam)(US)* lästig, nervig
pessimism ['pesɪmɪzəm] *sb* Pessimismus *m*
pessimist ['pesɪmɪst] *sb* Pessimist(in) *m/f*
pessimistic [pesɪ'mɪstɪk] *adj* pessimistisch
pest [pest] *sb 1. AGR* Schädling *m; 2. (nuisance)* Plage *f; 3. (person)* Quälgeist *m,* Nervensäge *f*
pest control ['pestkəntrəʊl] *sb* Schädlingsbekämpfung *f*
pesticide ['pestɪsaɪd] *sb* Schädlingsbekämpfungsmittel *n*
pet [pet] *sb 1. (animal)* Haustier *n; v 2.* streicheln; *3. (sexually)* Petting machen mit; *adj 4. (favourite)* Lieblings...
petite [pə'tiːt] *adj (woman)* zierlich
petition [pə'tɪʃən] *v 1.* bitten, ersuchen, eine Bittschrift einreichen; *~ for divorce* die Scheidungsklage einreichen; *sb 2. JUR* Gesuch *n,* Petition *f,* Bittschrift *f; 3. (list of signatures)* Unterschriftenliste *f*

petitioner [pɪ'tɪʃənə] *sb* Bittsteller *m*, Antragssteller *m*
petrify ['petrɪfaɪ] *v 1.* versteinern; *2. petrified with fear* starr vor Schrecken
petrol ['petrəl] *sb (UK)* Benzin *n*
petrol can ['petrəl kæn] *sb (UK)* Benzinkanister *m*
petroleum [pɪ'trəʊlɪəm] *sb* Erdöl *n*, Petroleum *n*
petrol pump ['petrəl pʌmp] *sb (UK)* Zapfsäule *f*
petrol station ['petrəlsteɪʃən] *sb (UK)* Tankstelle *f*
petrol tank ['petrəl tæŋk] *sb (UK)* Benzintank *m*
petticoat ['petɪkəʊt] *sb* Unterrock *m*
petty ['petɪ] *adj 1.* geringfügig; *2. (person)* kleinlich, engherzig
petty cash ['petɪ kæʃ] *sb* Portokasse *f*
petulant ['petjʊlənt] *adj* gereizt
pew [pju:] *sb* Kirchenbank *f*
phantom ['fæntəm] *sb 1.* Phantom *n; adj 2.* Phantom...
pharmaceutical [fɑːmə'sjuːtɪkl] *adj* pharmazeutisch
pharmacist ['fɑːməsɪst] *sb* Apotheker *m*
pharmacy ['fɑːməsɪ] *sb 1. (shop)* Apotheke *f; 2. (science)* Pharmazie *f*
phase [feɪz] *sb 1.* Phase *f; v 2. ~ in* allmählich einführen; *3. ~ out* stufenweise auflösen; *(a product)* auslaufen lassen
phenomenon [fɪ'nɒmɪnən] *sb 1. (everyday)* Erscheinung *f; 2. (remarkable)* Phänomen *n*
philanderer [fɪ'lændərə] *sb* Schürzenjäger *m*, Schäker *m*
philanthropic [fɪlən'θrɒpɪk] *adj* menschenfreundlich, philanthropisch
philanthropy [fɪ'lænθrəpɪ] *sb* Philanthropie *f*, Menschenliebe *f*
philatelist [fɪ'lætəlɪst] *sb* Briefmarkensammler *m*
philharmonic [fɪlhɑː'mɒnɪk] *adj MUS* philharmonisch; *~ orchestra* Philharmonieorchester *n*
philology [fɪ'lɒlədʒɪ] *sb* Philologie *f*
philosopher [fɪ'lɒsəfə] *sb* Philosoph *m*
philosophical [fɪlə'sɒfɪkəl] *adj 1.* philosophisch; *2. (fig)* gelassen
philosophy [fɪ'lɒsəfɪ] *sb* Philosophie *f*
phobia ['fəʊbɪə] *sb* Phobie *f*, krankhafte Furcht *f*
phoenix ['fiːnɪks] *sb* Phönix *m*
phonecard ['fəʊnkɑːd] *sb* Telefonkarte *f*
phone-in ['fəʊnɪn] *adj* mit telefonischer Beteiligung der Hörer
phonetics [fəʊ'netɪks] *sb* Phonetik *f*
phoney ['fəʊnɪ] *adj 1.* unecht, falsch; *2. (story)* erfunden; *3. (forged)* gefälscht; *sb 4. (pretentious person)* Angeber *m*
photo ['fəʊtəʊ] *sb* Foto *n*
photocopier ['fəʊtəʊkɒpɪə] *sb* Fotokopiergerät *n*
photocopy ['fəʊtəʊkɒpɪ] *sb 1.* Fotokopie *f; v 2.* fotokopieren
photo finish ['fəʊtəʊ 'fɪnɪʃ] *sb SPORT* Fotofinish *n*
photograph ['fəʊtəgrɑːf] *sb 1.* Fotografie *f*, Aufnahme *f*, Lichtbild *n; v 2.* fotografieren, aufnehmen
photographer [fə'tɒgrəfə] *sb* Fotograf(in) *m/f*
photography [fə'tɒgrəfɪ] *sb* Fotografie *f*
photo opportunity ['fəʊtəʊ ɒpə'tjuːnɪtɪ] *sb POL* spontan wirkender, jedoch gestellter Fototermin *m*
phrase [freɪz] *sb 1. GRAMM* Phrase *f*, Satzglied *n*, Satzteil *m; 2. (commonly used expression)* Redewendung *f; v 3.* formulieren, ausdrücken
phrase book ['freɪzbʊk] *sb* Sprachführer *m*
phrasing ['freɪzɪŋ] *sb* Formulierung *f*, Ausdrucksweise *f*
physical ['fɪzɪkəl] *adj 1. (of the body)* körperlich; *2. (of physics)* physikalisch; *3. (material)* physisch; *sb 4. (check-up)* ärztliche Untersuchung *f*
physical condition ['fɪzɪkəl kən'dɪʃən] *sb* Gesundheitszustand *m*
physical education ['fɪzɪkəl edjʊ'keɪʃən] *sb* Leibeserziehung *f*
physical examination ['fɪzɪkəl ɪgzæmɪ'neɪʃən] *sb* ärztliche Untersuchung *f*
physical handicap ['fɪzɪkəl 'hændɪkæp] *sb* körperliche Behinderung *f*
physician [fɪ'zɪʃən] *sb* Arzt/Ärztin *m/f*
physicist ['fɪzɪsɪst] *sb* Physiker *m*
physics ['fɪzɪks] *sb* Physik *f*
physiological [fɪzɪə'lɒdʒɪkl] *adj* physiologisch
physiology [fɪzɪ'ɒlədʒɪ] *sb* Physiologie *f*
physiotherapy [fɪzɪə'θerəpɪ] *sb* Physiotherapie *f*, Heilgymnastik *f*
physique [fɪ'ziːk] *sb* Körperbau *m*
pianist ['pɪənɪst] *sb* Pianist/Pianistin *m/f*
piano ['pjɑːnəʊ] *sb MUS* Klavier *n; (grand ~)* Flügel *m*

pick [pɪk] *v 1. (choose)* wählen, aussuchen; *~ and choose* wählerisch sein; *2. (sth)(select)* wählen, auswählen; *3. (a lock) (fam)* knacken, mit einem Dietrich öffnen; *4. (pull bits off)* zupfen an; *(a scab)* kratzen an; *5. (flowers, fruit)* pflücken; *6. (guitar strings)* zupfen; *7. ~ one's nose* in der Nase bohren; *8. ~ one's teeth* zwischen den Zähnen herumstochern; *9. ~ s.o.'s pocket* jdm die Brieftasche stehlen; *10. ~ a fight* einen Streit vom Zaun brechen; *11. ~ one's way* seinen Weg suchen; *sb 12. (selection)* Auswahl *f; Take your ~!* Suchen Sie sich etwas aus! *have first ~* die erste Wahl haben; *13. (best)* Beste(s) *n*

•pick up *v 1. (improve)* besser werden; *2. (resume)* weitermachen; *~ where one left off* da weitermachen, wo man aufgehört hat; *The wind is picking up.* Der Wind frischt auf. *3. (lift sth)* hochheben; *(lift and hold)* aufheben; *pick o.s. up* aufstehen; *~ the check (fig)* die Rechnung bezahlen; *4. (collect, fetch)* abholen; *5. (fig: a girl)* aufreißen (fam); *6. ~ speed* beschleunigen

pickaxe ['pɪkæks] *sb* Spitzhacke *f,* Pickel *m,* Picke *f*

picket ['pɪkɪt] *v 1. (sth) (by striking workers)* Streikposten aufstellen vor; *(by demonstrators)* demonstrieren vor; *sb 2.* Streikposten *m*

pickle ['pɪkl] *sb 1. GAST* Essiggurke *f,* Gewürzgurke *f; 2. (vinegar solution)* Essigsoße *f; 3. to be in a ~ (fam)* in der Patsche sitzen *f; v 4. GAST* einlegen; *5. (meat)* pökeln

pick-me-up ['pɪkmiːʌp] *sb (drink)* kleine Stärkung *f*

pickpocket ['pɪkpɒkɪt] *sb* Taschendieb *m*

picnic ['pɪknɪk] *sb* Picknick *n; It's no ~. (fig)* Es ist kein Honigschlecken.

pictograph ['pɪktəgrɑːf] *sb* Piktogramm *n*

picture ['pɪktʃə] *sb 1.* Bild *n; take a ~ of sth* ein Bild von etw machen; *He's out of the ~. (fig)* Er spielt keine Rolle mehr. *2. (painting)* Gemälde *n,* Bild *n; pretty as a ~* bildhübsch; *3. (mental ~)* Vorstellung *f,* Bild *n; I get the ~. (fam)* Ich hab's kapiert. *4. (film)* Film *m; v 5. (imagine)* sich vorstellen; *6. (by drawing)* darstellen; *(in a book)* abbilden

picture book ['pɪktʃə bʊk] *sb LIT* Bilderbuch *n*

picturesque [pɪktʃə'resk] *adj* malerisch, pittoresk

pie [paɪ] *sb GAST* Pastete *f; as easy as ~ (fam)* kinderleicht; *have one's finger in the ~ (fig)* bei einer Sache mitmischen, die Hand im Spiel haben

piece [piːs] *sb 1.* Stück *n; all in one ~* unversehrt, heil; *2. go to ~s* in Stücke gehen; *(fig)* zusammenbrechen; *3. (part)* Teil *m; 4. (chess ~)* Figur *f; 5. ~ of paper* Blatt *n; 6. (article)* Artikel *m; 7. (coin)* Münze *f; a fifty-cent ~* ein Fünfzig-Cent-Stück *n; 8. (fam: gun)* Waffe *f; v 9. ~ together* zusammenstückeln

pier [pɪə] *sb 1.* Pier *m/f; 2. (of a bridge)* Pfeiler *m*

pierce [pɪəs] *v 1.* durchbohren, durchstechen; *2. (fig)* durchdringen

piercing ['pɪəsɪŋ] *adj* durchdringend

pig [pɪg] *sb 1. ZOOL* Schwein *n; 2. (fam: greedy person)* Vielfraß *m*

pigeon ['pɪdʒən] *sb ZOOL* Taube *f*

pigeon-toed ['pɪdʒən təʊd] *adj to be ~* einwärts gerichtete Fußspitzen haben

piggish ['pɪgɪʃ] *adj* schweinisch, saumäßig

piggyback ['pɪgɪbæk] *adv* huckepack

piggy bank ['pɪgɪ bæŋk] *sb* Sparschwein *n*

piglet ['pɪglɪt] *sb ZOOL* Ferkel *n*

pigskin ['pɪgskɪn] *sb 1.* Schweinsleder *n; 2. the ~ (football)(US)* das Leder *n,* das Ei *n* (fig)

pigsty ['pɪgstaɪ] *sb* Schweinestall *m*

pigtail ['pɪgteɪl] *sb* Zopf *m*

pile [paɪl] *sb 1.* Stapel *m,* Stoß *m; 2. (fam: large amount)* Haufen *m,* Menge *f; make one's ~ (fam) (UK)* das nötige Geld machen; *v 3.* stapeln

•pile in *v ~ to* hineindrängen in

•pile up *v 1.* sich häufen; *2. (sth)* stapeln

pile-up ['paɪlʌp] *sb (fam)* Massenkarambolage *f*

pilfer ['pɪlfə] *v* stehlen, klauen

pilgrim ['pɪlgrɪm] *sb* Pilger *m*

pilgrimage ['pɪlgrɪmɪdʒ] *sb* Pilgerfahrt *f*

pill [pɪl] *sb* Pille *f,* Tablette *f*

pillar ['pɪlə] *sb* Pfeiler *m; (round)* Säule *f; a ~ of society (fig)* eine Stütze der Gesellschaft

pillarbox ['pɪləbɒks] *sb (UK)* Briefkasten *m*

pillbox ['pɪlbɒks] *sb 1. (box)* Pillendöschen *n; 2. (fam) MIL* Bunker *m; 3. (hat)* Pillbox *m* (Damenhut ohne Krempe)

pillow ['pɪləʊ] *sb* Kissen *n,* Kopfkissen *n*

pillow fight ['pɪləʊ faɪt] *sb (fam)* Kissenschlacht *f*

pillow talk ['pɪləʊ tɔːk] *sb* Bettgeflüster *n*

pilot ['paɪlət] *v 1. (a plane)* führen; *NAUT* lotsen; *sb 2. (of a plane)* Pilot *m; 3. NAUT* Lotse *m; 4. (~ programme)* Pilotsendung *f*

pilot lamp ['paɪlət læmp] *sb TECH* Kontrolllampe *f*

pimp [pɪmp] *sb* Zuhälter *m*

pimple ['pɪmpl] *sb* Pickel *m*
pin [pɪn] *sb 1. (for sewing)* Stecknadel *f; to be on ~s and needles (fam)* ein Kribbeln im Bauch haben; *2. (tie ~, hair ~)* Nadel *f; 3. (small nail)* Stift *m; 4. (badge)* Anstecknadel *f; 5. (brooch)* Brosche *f; 6. TECH* Bolzen *m,* Stift *m; 7. (bowling ~)* Kegel *m; v 8. (s.o.)* festhalten; *9. ~ sth to sth* etw an etw heften; *~ one's hopes on* seine ganze Hoffnung setzen auf
pinch [pɪntʃ] *v 1.* kneifen, zwicken; *(shoe) (to be too tight)* drücken; *2. (fam: steal)* klauen; *3. (fam: arrest)* schnappen; *sb 4.* Kneifen *n,* Zwicken *n; 5. (small amount)* Prise *f; 6. (fam: emergency)* Druck *m,* Not *f*
pine[1] [paɪn] *sb BOT* Kiefer *f,* Pinie *f*
pine[2] [paɪn] *v ~ for* sich sehnen nach
pine cone [paɪn kəʊn] *sb BOT* Kiefernzapfen *m*
ping-pong ['pɪŋpɒŋ] *sb (fam)* Tischtennis *n*
pink [pɪŋk] *adj 1. (colour)* rosa; *sb 2. BOT* Nelke *f*
pin money ['pɪnmʌnɪ] *sb* Taschengeld *n,* Nadelgeld *n*
pinpoint ['pɪnpɔɪnt] *v (identify)* genau festlegen
pin-striped ['pɪnstraɪpt] *adj* mit Nadelstreifen
pint [paɪnt] *sb 1.* Pinte *f; 2. (of beer)* Halbe *f*
pint-sized ['paɪntsaɪzd] *adj* winzig
pioneer [paɪə'nɪə] *sb 1.* Pionier *m; 2. (fig)* Pionier *m,* Bahnbrecher *m,* Vorkämpfer *m*
pip [pɪp] *sb 1. (spot)* Punkt *m; (on dice)* Auge *n; 2. (disease affecting birds)* Pips *m; 3. (seed)* Kern *m*
pipe [paɪp] *sb 1.* Rohr *n,* Röhre *f,* Leitung *f; 2. (to smoke)* Pfeife *f; Put that in your ~ and smoke it. (fam)* Schreib dir das hinter die Ohren. *3. MUS* Pfeife *f; v 4. (water, oil)* in Rohren leiten; *5. ~d music* Musik aus dem Lautsprecher *f*
pipe dream ['paɪpdri:m] *sb (fam)* Hirngespinst *n*
pipeline ['paɪplaɪn] *sb* Rohrleitung *f,* Pipeline *f*
piping ['paɪpɪŋ] *sb 1. (pipework)* Leitungssystem *n; 2. (band of material)* Paspel *f; 3. MUS (flute)* Flötenspiel *n; (bagpipes)* Dudelsackpfeifen *n*
piquant ['pi:kənt] *adj* pikant
piracy ['paɪrəsɪ] *sb 1.* Piraterie *f,* Seeräuberei *f; 2. (plagiarism)* Plagiat *n*
pirate ['paɪərɪt] *sb 1. NAUT* Pirat *m,* Seeräuber *m; v 2. (an idea)* stehlen
pirate copy ['paɪrɪt 'kɒpɪ] *sb INFORM* Raubkopie *f*
piss [pɪs] *v 1. (fam)* pissen; *2. Piss off!* Verpiss dich! (fam)
pissed [pɪst] *adj 1. (fam: drunk) (UK)* besoffen; *2. ~ off (US)* sauer, böse
pistol ['pɪstl] *sb* Pistole *f*
pit[1] [pɪt] *sb 1.* Grube *f; 2. (of one's stomach)* Magengrube *f; 3. (orchestra ~) THEAT* Orchestergraben *m; 4. (UK: for the audience) THEAT* Parkett *n; 5. (for mechanics at an auto race) SPORT* Box *f; v 6. ~ s.o. against s.o.* jdn jdm gegenüberstellen
pit[2] [pɪt] *sb (US: of a cherry)* Stein *m*
pitch [pɪtʃ] *v 1. (fall)* fallen, stürzen; *2. (ship)* stampfen; *3. (toss)* werfen; *(hay)* gabeln; *4. (a tent)* aufschlagen; *sb 5. MUS* Tonhöhe *f; (of an instrument)* Tonlage *f; 6. (throw)* Wurf *m; 7. sales ~* Verkaufsmasche *f; 8. (UK: field) SPORT* Spielfeld *n; 9. (UK: for doing business)* Stand *m*
pitch-black [pɪtʃblæk] *adj* pechschwarz
pitcher ['pɪtʃə] *sb* Krug *m*
pitchfork ['pɪtʃfɔ:k] *sb* Heugabel *f*
piteous ['pɪtɪəs] *adj* Mitleid erregend, kläglich
pitfall ['pɪtfɔ:l] *sb* Falle *f,* Fallstrick *m*
pithead ['pɪthed] *sb* Übertageanlagen *pl*
pitiable ['pɪtɪəbl] *adj* bemitleidenswert, bedauernswert
pitiful ['pɪtɪfʊl] *adj 1. (person: full of pity)* mitleidig, mitleidsvoll; *2. (pathetic)* jämmerlich, erbärmlich, kläglich
pit stop ['pɪtstɒp] *sb SPORT* Boxenstopp *m*
pittance ['pɪtəns] *sb (a ~)* Hungerlohn *m*
pity ['pɪtɪ] *v 1.* bemitleiden, bedauern; *sb 2.* Mitleid *n,* Mitgefühl *n,* Erbarmen *n; take ~ on s.o.* mit jdm Mitleid haben, sich jds erbarmen; *3. (regrettable circumstance)* Jammer *m; What a ~!* Wie schade!
pitying ['pɪtɪɪŋ] *adj* mitleidig
pizza ['pi:tsə] *sb* Pizza *f*
pizzeria [pi:tsə'rɪə] *sb* Pizzeria *f*
placard ['plækɑ:d] *sb* Plakat *n*
placate [plə'keɪt] *v* beschwichtigen, besänftigen
place [pleɪs] *v 1. (put)* setzen, stellen, legen; *~ trust in s.o.* Vertrauen in jdn setzen; *2. (suspicion)* anhängen; *3. ~ an order* bestellen; *4. (a ball) SPORT* platzieren; *5. (an advertisement)* platzieren; *6. (remember, identify)* einordnen, unterbringen; *sb 7.* Platz *m,* Stelle *f; at our ~* bei uns zu Hause; *Your ~ or mine?* Gehen wir zu dir oder zu mir? *change ~s with s.o.* mit

jdm den Platz tauschen; *in the first ~* erstens; *put s.o. in his ~* jdn zurechtweisen; *all over the ~* überall; *lose one's ~ (in a book)* die Seite verblättern; *take the ~ of sth* etw ersetzen; *in ~ of* statt, an Stelle; *Put yourself in my ~.* Versetzen Sie sich in meine Lage. *fall into ~* in Ordnung kommen, klar werden; *take ~* stattfinden; *to be going ~s (fam)* eine Zukunft haben; *8. ~ of business* Arbeitsstelle *f; 9. (first ~, second ~) SPORT* Platz *m; 10. to be out of ~* nicht an der richtigen Stelle sein; *feel out of ~* sich fehl am Platz fühlen, sich nicht wohl fühlen; *to be out of ~ (uncalled-for) (remark)* unangebracht sein; *(person)* fehl am Platze sein; *11. (in a street name)* Platz *m; 12. (town)* Ort *m; from ~ to ~* von Ort zu Ort; *~ of birth* Geburtsort *m*

placebo [plə'siːbəʊ] *sb MED* Placebo *n*

place card ['pleɪskɑːd] *sb* Platzkarte *f,* Tischkarte *f*

placemat ['pleɪsmæt] *sb* Set *n,* Platzdeckchen *n*

placement ['pleɪsmənt] *sb* Platzierung *f*

place name ['pleɪsneɪm] *sb* Ortsname *m*

place setting ['pleɪssetɪŋ] *sb* Gedeck *n*

placid ['plæsɪd] *adj* ruhig

plague [pleɪg] *v 1.* plagen; *sb 2. MED* Seuche *f,* Pest *f; avoid s.o. like the ~* jdn meiden wie die Pest; *3. (fig)* Plage *f*

plain [pleɪn] *adj 1. (clear)* klar, deutlich; *2. (straightforward)* klar; *3. (simple)* einfach, schlicht; *4. (person)* unansehnlich; *5. (sheer)* rein; *sb 6.* Ebene *f,* Flachland *n*

plain clothes [pleɪn kləʊz] *pl* Zivilkleidung *f*

plainly ['pleɪnlɪ] *adv 1. (clearly)* klar, eindeutig; *2. (obviously)* offensichtlich; *3. (frankly)* offen

plain-spoken ['pleɪnspəʊkən] *adj* offen, freimütig

plait [pleɪt] *v 1.* flechten; *sb 2.* Zopf *m*

plan [plæn] *sb 1.* Plan *m; 2. (of a building)* Grundriss *m; v 3.* planen; *~ to do sth* vorhaben, etw zu tun

planation [pleɪ'neɪʃən] *sb* Einebnung *f*

plane [pleɪn] *sb 1. (aeroplane)* Flugzeug *n; 2. MATH* Ebene *f; 3. (tool) TECH* Hobel *m; v 4. TECH* hobeln

planet ['plænɪt] *sb* Planet *m*

planetarium [plænɪ'tɛərɪəm] *sb* Planetarium *n*

planform ['plænfɔːm] *sb* Flugzeugumriss *m*

plank [plæŋk] *sb 1.* Brett *n; as thick as two short ~s (fam) (UK)* dumm wie Bohnenstroh *n; 2. NAUT* Planke *f; walk the ~* mit verbundenen Augen über eine Schiffsplanke ins Wasser getrieben werden

planning ['plænɪŋ] *sb* Planung *f*

planning permission ['plænɪŋ pə'mɪʃən] *sb* Baugenehmigung *f*

plant [plɑːnt] *sb 1.* Pflanze *f; 2. (factory)* Werk *n; 3. (equipment)* Anlagen *pl; v 4.* pflanzen, einpflanzen, anpflanzen; *5. (place in position)* setzen; *(a bomb)* legen; *(a kiss)* drücken; *6. (fig: sth incriminating)* deponieren; *7. (fig: an informer)* einschleusen

plantation [plæn'teɪʃən] *sb* Plantage *f*

plaque [plæk] *sb 1. (tablet)* Gedenktafel *f; 2. (on teeth)* Zahnbelag *m*

plaster ['plɑːstə] *sb 1. (for art, for a cast)* Gips *m; 2. (for building)* Verputz *m,* Putz *m; 3. (sticking ~)* Pflaster *n; v 4.* verputzen; *~ over a hole* ein Loch zugipsen

plaster cast ['plɑːstə kɑːst] *sb 1.* Gipsabdruck *m; 2. MED* Gipsverband *m*

plastered ['plɑːstəd] *adj (fam: drunk)* besoffen

plastic ['plæstɪk] *sb 1.* Kunststoff *m,* Plastik *n; adj 2. (made of plastic)* Plastik...; *3. (flexible)* formbar, plastisch

plastic money ['plæstɪk 'mʌnɪ] *sb (fam)* Plastikgeld *n* (Kreditkarten)

plastic surgeon ['plæstɪk 'sɜːdʒən] *sb* Facharzt/Fachärztin für plastische Chirurgie *m/f*

plate [pleɪt] *sb 1.* Teller *m; 2. (warming ~)* Platte *f; 3. TECH* Platte *f; 4. (illustration)* Tafel *f; v 5. (with gold)* vergolden; *(with nickel)* vernickeln

plate glass ['pleɪtglɑːs] *sb* Scheibenglas *n,* Spiegelglas *n*

platform ['plætfɔːm] *sb 1.* Plattform *f; 2. (railway ~)* Bahnsteig *m; 3. POL* Parteiprogramm *n,* Plattform *f*

platform diving ['plætfɔːm 'daɪvɪŋ] *sb SPORT* Turmspringen *n*

platinum blonde ['plætɪnəm blɒnd] *sb* Platinblondine *f*

platonic [plə'tɒnɪk] *adj* platonisch

platoon [plə'tuːn] *sb MIL* Zug *m*

plausible ['plɔːzəbl] *adj* plausibel; *(excuse)* glaubwürdig

plausive ['plɔːzɪv] *adj (plausible)* plausibel

play [pleɪ] *v 1.* spielen; *~ into s.o.'s hands (fig)* jdm in die Hände spielen; *2. ~ around, ~ about* spielen; *adj 3. ~ed out* erschöpft, ausgebrannt; *sb 4.* Spiel *n; to be at ~* beim Spielen sein; *come into ~* ins Spiel kommen; *a ~*

on words ein Wortspiel *n; 5. THEAT* Theaterstück *n*

play-acting ['pleɪæktɪŋ] *sb (fam)* Schauspielerei *f*

playback ['pleɪbæk] *sb MUS* Wiedergabe *f*

playbill ['pleɪbɪl] *sb* Theaterprogramm *n*

player ['pleɪə] *sb* Spieler *m*

playground ['pleɪgraʊnd] *sb* Spielplatz *m; (schoolyard)* Schulhof *m*

playgroup ['pleɪgruːp] *sb* Spielgruppe *f*

playing card ['pleɪɪŋ kɑːd] *sb* Spielkarte *f*

playoffs ['pleɪɒfs] *pl SPORT* Play-off-Runde *f*

playpen ['pleɪpen] *sb* Laufstall *m*, Laufgitter *n*

playroom ['pleɪruːm] *sb* Spielzimmer *n*

playschool ['pleɪskuːl] *sb* Kindergarten *m*

playtime ['pleɪtaɪm] *sb* Zeit zum Spielen *f*, Schulpause *f*

plaza ['plɑːzə] *sb* Platz *m*

plea [pliː] *sb 1.* Bitte *f; 2. (excuse)* Begründung *f; 3. JUR* Plädoyer *n*

plead [pliːd] *v 1. (beg)* bitten; *2. JUR ~ not guilty* sich nicht schuldig bekennen; *3. (sth)* vertreten; *~ s.o.'s case* jdn vertreten; *4. (as an excuse)* sich berufen auf

pleasant ['pleznt] *adj 1.* angenehm; *2. (person)* freundlich

pleasantry ['plezntrɪ] *sb 1. (polite remark)* Höflichkeit *f; 2. (joke)* Scherz *m*

please [pliːz] *interj 1.* bitte; *v 2.* gefallen; *if you ~* wenn ich darum bitten darf; *3. (satisfy)* zufrieden stellen

pleased [pliːzd] *adj* erfreut; *(satisfied)* zufrieden

pleasurable ['pleʒərəbl] *adj* angenehm

pleasure ['pleʒə] *sb* Vergnügen *n*, Freude *f*; *take ~ in* Vergnügen finden an; *with ~* sehr gerne

pleat [pliːt] *sb* Falte *f*

pledge [pledʒ] *v 1. (promise)* versprechen, zusichern; *2. (pawn, give as collateral)* verpfänden; *sb 3. (promise)* Versprechen *n; 4. (in a pawnshop)* Pfand *n*

plenteous ['plentɪəs] *adj* reichlich, üppig, im Überfluss

plentiful ['plentɪfʊl] *adj* reichlich, im Überfluss

plenty ['plentɪ] *sb* eine Menge *f; ~ of* viel, eine Menge

plexiglass ['pleksɪglɑːs] *sb* Plexiglas *n*

pliers ['plaɪəz] *pl* Zange *f*

plight [plaɪt] *sb* Notlage *f*

plod [plɒd] *v* schwerfällig gehen, trotten

plonk [plɒŋk] *v* hinwerfen, hinschmeißen

plonker ['plɒŋkə] *sb (fam: person)* Niete *f*

plot [plɒt] *v 1. (conspire)* sich verschwören; *2. (plan)* planen; *3. (a story)* ersinnen; *4. (a course)* festlegen; *(draw on a map)* einzeichnen; *5. (a curve)* aufzeichnen; *sb 6. (conspiracy)* Verschwörung *f*, Komplott *n; 7. (of land)* Stück Land *n; (in a garden)* Beet *n; (in a graveyard)* Grabstelle *f; 8. (of a story)* Handlung *f*

plough [plaʊ] *v 1.* pflügen; *sb 2.* Pflug *m*

•**plough back** *v 1. AGR* unterpflügen; *2. FIN* reinvestieren

•**plough through** *v The lorry skidded from the road and ploughed through a fence.* Der Lastwagen schleuderte von der Straße und durchbrach einen Zaun.

pluck [plʌk] *v 1. (fruit)* pflücken; *(a guitar, eyebrows)* zupfen; *(a chicken)* rupfen; *sb 2. (courage)* Mut *m*, Schneid *m*

plucky ['plʌkɪ] *adj* tapfer, mutig

plug [plʌg] *v 1. (a hole)* verstopfen, zustopfen; *2. (fam: publicize)* Reklame machen für, Schleichwerbung machen für; *3. ~ s.o. (fam: strike)* jdm einen Schlag verpassen; *(shoot)* jdm einen Kugel verpassen; *sb 4. (stopper)* Stöpsel *m; 5. (of chewing tobacco)* Priem *m; 6. (electric)* Stecker *m; 7. (fam: bit of publicity)* Schleichwerbung *f*

•**plug in** *v* hineinstecken, einstöpseln, anschließen

plumb [plʌm] *v 1. NAUT* loten; *2. (fig)* ergründen

plumber ['plʌmə] *sb* Installateur *m* (für Wasserleitungen), Klempner *m*

plumbing ['plʌmɪŋ] *sb 1. (work)* Klempnerarbeit *f*, Installateurarbeit *f; 2. (fittings)* Rohrleitung *f*, Wasserleitung *f; (in a bathroom)* sanitäre Einrichtung *f*

plume [pluːm] *sb* Feder *f*

plump [plʌmp] *adj (person)* mollig, rundlich, pummelig

plunder ['plʌndə] *v 1.* plündern; *2. (completely)* ausplündern; *sb 3. (act)* Plünderung *f; 4. (booty)* Beute *f*

plunge [plʌndʒ] *v 1. (dive)* tauchen; *2. ~ o.s. into (studies, preparations)* sich stürzen in; *3. (fall: person, prices)* stürzen; *4. (into water)* tauchen; *5. ~d into darkness* in Dunkelheit getaucht

plunger ['plʌndʒə] *sb* Sauger *m*

plunk [plʌŋk] *v (pluck)* zupfen

plural ['plʊərəl] *sb 1.* Plural *m; adj 2.* Plural...

plus [plʌs] *prep 1.* plus, und; *ECO* zuzüglich; *sb 2. (sign)* Pluszeichen *n; 3. (positive factor)* Pluspunkt *m; 4. (fig: an extra)* Plus *n; adj 5. (fam: more than)* mehr als, über

plush [plʌʃ] *adj* luxuriös

ply [plaɪ] *v (a trade)* ausüben

p.m. [piː em] *adv (post meridiem)* nachmittags; *11* ~ 23 Uhr

pneumatic [njʊ'mætɪk] *adj TECH* pneumatisch

pneumatic tyre [njʊmætɪk taɪə] *sb* Luftreifen *m*

pneumonia [njʊ'məʊnɪə] *sb MED* Lungenentzündung *f,* Pneumonie *f*

poach [pəʊtʃ] *v (game)* wildern

PO box [piː'əʊbɒks] *sb* Postfach *n*

pocket ['pɒkɪt] *sb 1.* Tasche *f; 2. (fig: finances)* Geldbeutel *m; to be out of* ~ draufzahlen; *3. (in a suitcase)* Fach *n; 4. (small area)* Gebiet *n;* ~ *of resistance* Widerstandsnest *n; v 5.* einstecken; *(gain)* kassieren

pocketful ['pɒkɪtfʊl] *sb* eine Tasche voll

pocket-knife ['pɒkɪtnaɪf] *sb* Taschenmesser *n*

pocket money ['pɒkɪtmʌnɪ] *sb* Taschengeld *n*

podium ['pəʊdɪəm] *sb* Podest *n*

poem ['pəʊəm] *sb* Gedicht *n*

poet ['pəʊɪt] *sb* Dichter *m,* Poet *m*

poetic [pəʊ'etɪk] *adj* poetisch

poetic justice [pəʊ'etɪk 'dʒʌstɪs] *sb* poetische Gerechtigkeit *f*

poetry ['pəʊɪtrɪ] *sb 1. LIT* Dichtung *f; 2. (fig)* Poesie *f*

poignant ['pɔɪnjənt] *adj* ergreifend

point [pɔɪnt] *v 1. (to be aimed)* gerichtet sein; *2. (indicate)* hinweisen; *3. (by making a motion)* zeigen, deuten; *4. (aim)* richten; *sb 5.* Punkt *m;* ~ *six percent* null Komma sechs Prozent; *make a* ~ *of doing sth* darauf bedacht sein, etw zu tun; *up to a* ~ bis zu einem gewissen Grad; *in* ~ *of fact* tatsächlich; *s.o.'s good ~s* jds gute Seiten; *s.o.'s strong* ~ jds Stärke; *to be on the* ~ *of doing sth* kurz davor sein, etw zu tun; *You have a* ~ *there.* Da haben Sie nicht Unrecht. *The* ~ *is that ...* Die Sache ist die ...; *a sore* ~ ein wunder Punkt; *6.* ~ *of view* Standpunkt *m,* Gesichtspunkt *m,* Perspektive *f; 7.* ~ *in time* Zeitpunkt *m; at this* ~ *(in time)* in diesem Augenblick; *(now)* jetzt; *8. a case in* ~ ein einschlägiger Fall *m,* ein Beispiel *n; the case in* ~ der vorliegende Fall; *9. (of a chin, of a knife)* Spitze *f; 10. (of a star)* Zacke *f; 11. (purpose)* Zweck *m,* Sinn *m; miss the* ~ nicht wissen, worum es geht; *What's the ~?* Was soll's? *There is no* ~ *in doing that.* Es hat keinen Zweck, das zu tun. *That's not the ~.* Darum geht es nicht. *stick to the* ~ bei der Sache bleiben; *beside the* ~ unerheblich, nicht zur Sache gehörig; *come to the* ~ zum Wesentlichen kommen

• point out *v 1.* zeigen auf; *2. point sth out to s.o. (verbally)* jdn auf etw aufmerksam machen, jdn auf etw hinweisen

point-blank [pɔɪnt blæŋk] *adj 1.* direkt; *(refusal)* glatt; *at* ~ *range* aus kürzester Entfernung; *adv 2.* aus kürzester Entfernung; *(question)* rundheraus

pointed ['pɔɪntɪd] *adj 1.* spitz; *2. (arch)* spitzbogig; *3. (fig: wit, comment)* scharf

point-to-point ['pɔɪnttuː'pɔɪnt] *sb (race) SPORT* Geländejagdrennen *n*

poise [pɔɪz] *v 1.* balancieren, im Gleichgewicht halten; *~d for* bereit zu; *sb 2. (posture)* Haltung *f; (grace)* Grazie *f; 3. (composure)* sicheres Auftreten *n,* Selbstsicherheit *f*

poison ['pɔɪzn] *v 1.* vergiften; *sb 2.* Gift *n*

poison gas [pɔɪzn'gæs] *sb* Giftgas *n*

poisoning ['pɔɪznɪŋ] *sb* Vergiftung *f*

poisonous ['pɔɪzənəs] *adj* giftig, Gift...

poison pen letter ['pɔɪzn pen 'letə] *sb* verleumderischer anonymer Brief *m*

poke[1] [pəʊk] *v 1. (with a stick)* stoßen; *(with a finger)* stupsen; ~ *fun at s.o. (fig)* sich über jdn lustig machen; *2. (one's nose or one's finger somewhere)* stecken; *(one's head somewhere)* vorstrecken; *3.* ~ *about,* ~ *around (to be nosy)* stöbern; *(wander aimlessly)* herumbummeln; *4. (make a hole)* bohren; *sb 5. (jab)* Stoß *m,* Schubs *m*

poke[2] [pəʊk] *sb (bag)* Sack *m,* Beutel *m; buy a pig in a* ~ *(fam)* die Katze im Sack kaufen

poker ['pəʊkə] *sb* Poker *n*

poker face ['pəʊkəfeɪs] *sb* Pokergesicht *n*

poky ['pəʊkɪ] *adj 1. (fam: shabby)* schäbig, heruntergekommen; *2. (dull)* öde

pole[1] [pəʊl] *sb 1.* Stange *f; (for a flag)* Mast *m; 2. (post)* Pfahl *m*

pole[2] [pəʊl] *sb GEO, PHYS, ASTR* Pol *m*

pole position ['pəʊlpəzɪʃən] *sb SPORT* Innenbahn *f*

pole star ['pəʊlstɑː] *sb* Polarstern *m*

pole vault ['pəʊlvɔːlt] *sb SPORT* Stabhochsprung *m*

police [pə'liːs] *sb 1.* Polizei *f; v 2.* kontrollieren, überwachen; *adj 3.* polizeilich, Polizei...

police dog [pə'liːs dɒg] *sb* Polizeihund *m*
police force [pə'liːs fɔːs] *sb* Polizei *f,* Polizeitruppe *f*
police officer [pə'liːs 'ɒfɪsə] *sb* Polizist *m,* Polizeibeamte(r)/Polizeibeamtin *m/f*
police station [pə'liːssteɪʃən] *sb* Polizeirevier *n,* Polizeiwache *f*
policy ['pɒlɪsɪ] *sb 1.* Politik *f; foreign ~* Außenpolitik *f; 2. (principles of conduct)* Verfahrensweise *f,* Politik *f,* Taktik *f; 3. (insurance ~)* Police *f*
policyholder ['pɒlɪsɪhəʊldə] *sb* Versicherungsnehmer *m*
polio ['pəʊlɪəʊ] *sb MED* Polio *f,* Kinderlähmung *f*
polish ['pɒlɪʃ] *v 1.* polieren; *2. (fig)* verfeinern, den letzten Schliff geben; *sb 3. (material) (for furniture)* Politur *f; 4. (for shoes)* Schuhkrem *f; 5. (for fingernails)* Lack *m; 6. (for a floor)* Wachs *n; 7. (shine)* Glanz *m; (of furniture)* Politur *f; 8. (fig: of a person)* Schliff *m* (fam)
• **polish off** *v 1. (fam: food)* verputzen; *(drink)* wegputzen; *2. (fam: work)* wegschaffen
polished ['pɒlɪʃt] *adj (fig: manner)* geschliffen
polite [pə'laɪt] *adj* höflich
politeness [pə'laɪtnɪs] *sb* Höflichkeit *f*
politic ['pɒlɪtɪk] *adj 1. (expedient)* zweckmäßig, taktisch klug; *2. (political)* politisch
political [pə'lɪtɪkl] *adj* politisch
political prisoner [pə'lɪtɪkl 'prɪzənə] *sb* politische(r) Gefangene(r) *m/f*
politician [pɒlɪ'tɪʃən] *sb* Politiker *m*
politicking ['pɒlɪtɪkɪŋ] *sb* politische Aktivitäten *pl*
politics ['pɒlətɪks] *sb* Politik *f*
polka ['pəʊlkə] *sb* Polka *f*
poll [pəʊl] *sb 1. (opinion ~)* Umfrage *f; 2. (voting)* Abstimmung *f; 3. ~s pl (voting place)* Wahllokale *pl; go to the ~s* wählen gehen; *v 4. (in an opinion ~)* befragen
pollen count ['pɒlən kaʊnt] *sb BOT* Pollenzahl *f*
polling ['pəʊlɪŋ] *sb* Wahl *f*
polling station ['pəʊlɪŋsteɪʃən] *sb POL* Wahllokal *n*
pollute [pə'luːt] *v 1.* verschmutzen, verunreinigen; *2. (fig: morals)* verderben
polluted [pə'luːtɪd] *adj* verschmutzt, verunreinigt, verseucht
pollution [pə'luːʃən] *sb* Verschmutzung *f; (of the environment)* Umweltverschmutzung *f*
polo ['pəʊləʊ] *sb SPORT* Polo *n*
poltergeist ['pɒltəgaɪst] *sb* Poltergeist *m*
polyester [pɒlɪ'estə] *sb* Polyester *n*
polygamy [pɒ'lɪgəmɪ] *sb* Polygamie *f,* Vielehe *f,* Vielweiberei *f*
polygraph ['pɒlɪgrɑːf] *sb* Lügendetektor *m*
polysyllabic [pɒlɪsɪ'læbɪk] *adj LING* mehrsilbig
polytechnic [pɒlɪ'teknɪk] *sb (UK)* Polytechnikum *n*
pomade [pə'mɑːd] *sb* Pomade *f*
pomander [pəʊ'mændə] *sb* Duftkugel *f*
pomegranate ['pɒməgrænɪt] *sb BOT* Granatapfel *m*
pommy ['pɒmɪ] *sb (fam)* Engländer *m*
pomp [pɒmp] *sb* Pomp *m,* Prunk *m*
pompon ['pɒmpɒn] *sb* Quaste *f*
pomposity [pɒm'pɒsɪtɪ] *sb* Aufgeblasenheit *f,* Wichtigtuerei *f*
pompous ['pɒmpəs] *adj 1. (person)* wichtigtuerisch, aufgeblasen; *2. (style)* schwülstig
ponce [pɒns] *sb (fam)* Zuhälter *m*
pond [pɒnd] *sb* Teich *m*
ponder ['pɒndə] *v 1.* nachdenken; *2. (sth)* überlegen, nachdenken über, erwägen
pony ['pəʊnɪ] *sb* Pony *n*
pony tail ['pəʊnɪ teɪl] *sb (hairstyle)* Pferdeschwanz *m*
pooch [puːtʃ] *sb* Hund *m*
poodle ['puːdl] *sb* Pudel *m*
pooh-pooh ['puːpuː] *v* verächtlich abtun
pool [puːl] *sb 1. (of liquid)* Tümpel *m; 2. (of rain)* Pfütze *f; 3. (of spilt liquid)* Lache *f; 4. (man-made)* Becken *n; 5. (fund)* Kasse *f; 6. the ~s pl (UK)* Toto *m/n 7. (US: game similar to billiards)* Poolbilliard *n; v 8. (combine: resources)* zusammenlegen; *(combine: efforts, knowledge)* vereinigen
poor [pʊə] *adj 1.* arm; *2. (pitiable)* arm; *You ~ thing!* Du Ärmste(r)! *3. (not good)* schlecht; *4. (excuse, performance, health, effort)* schwach
poorly ['pʊəlɪ] *adv* schlecht
poor mouth ['pʊəmaʊθ] *v ~ s.o.* jdn schlecht machen
pop[1] [pɒp] *v 1.* knallen; *(balloon)* platzen; *(popcorn)* aufplatzen; *2. (ears)* mit einem Knacken aufgehen; *3. ~ the question (fam)* jdn einen Heiratsantrag machen; *4. ~ pills* Tabletten nehmen; *sb 5. (sound)* Knall *m; 6. (carbonated drink)* Brause *f,* Limo *f* (fam); *7. (fam) three dollars a ~* je drei Dollar
• **pop in** *v (make a short visit)* vorbeischauen, auf einen Sprung vorbeikommen, hereinplatzen

•**pop up** *v (appear suddenly)* auftauchen
pop² [pɒp] *sb MUS* Pop *m*
pop³ [pɒp] *sb (fam: father)* Papa *m*
popcorn ['pɒpkɔːn] *sb* Popkorn *n*
poppy ['pɒpɪ] *sb BOT* Mohn *m*
poppycock ['pɒpɪkɒk] *sb* Larifari *n*, Quatsch *m*
pop singer ['pɒpsɪŋə] *sb MUS* Schlagersänger *m*
popular ['pɒpjʊlə] *adj 1. (well-liked)* beliebt; *2. (with the public)* populär, beliebt; *3. (prevalent)* weit verbreitet; *4. (of the people)* Volks...; *5. (suitable for the general public)* populär; *(book)* populärwissenschaftlich
popularity [pɒpjʊ'lærɪtɪ] *sb* Beliebtheit *f*, Popularität *f*
population [pɒpjʊ'leɪʃən] *sb 1.* Bevölkerung *f*, Einwohnerschaft *f; 2. (number of people)* Bevölkerungszahl *f*
porcelain ['pɔːslɪn] *sb* Porzellan *n*
porch [pɔːtʃ] *sb 1. (of a house)* Vorbau *m*, Vordach *n; 2. (US)* Veranda *f*
pore¹ [pɔː] *sb ANAT* Pore *f*
pore² [pɔː] *v ~ over* genau studieren; *~ a book* über einem Buch hocken
pork [pɔːk] *sb* Schweinefleisch *n*
pork chop ['pɔːktʃɒp] *sb GAST* Schweinekotelett *n*
porky ['pɔːkɪ] *adj* fett
pornographic [pɔːnə'græfɪk] *sb* pornografisch, Porno...
pornography [pɔː'nɒgrəfɪ] *sb* Pornografie *f*
porpoise ['pɔːpəs] *sb ZOOL* Tümmler *m*
porridge ['pɒrɪdʒ] *sb* Haferbrei *m*
port¹ [pɔːt] *sb 1.* Hafen *m; 2. (city with a ~)* Hafenstadt *f*, Hafen *m; 3. (left) NAUT* Backbord *n*
port² [pɔːt] *sb (~ wine)* Portwein *m*
porter ['pɔːtə] *sb 1.* Pförtner *m; 2. (at a hotel)* Portier *m*, Hoteldiener *m; 3. (at an airport)* Gepäckträger *m; 4. (accompanying an expedition)* Träger *m*
portfolio [pɔːt'fəʊlɪəʊ] *sb 1. (folder)* Mappe *f; 2. (fig) FIN* Portefeuille *n*
portion ['pɔːʃən] *sb 1.* Teil *m; (share)* Anteil *m; 2. (of food)* Portion *f*
portrait ['pɔːtrɪt] *sb* Porträt *n*
portray [pɔː'treɪ] *v 1.* darstellen; *2. (describe)* schildern
portrayal [pɔː'treɪəl] *sb 1.* Darstellung *f; 2. (description)* Schilderung *f*
pose [pəʊz] *v 1. (for a picture)* posieren; *2. ~ as* sich ausgeben als; *3. (position)* aufstellen; *4. (a question)* stellen; *5. (a problem)* aufwerfen; *(a threat)* darstellen; *sb 6.* Pose *f*
poser ['pəʊzə] *sb (fam)* Angeber *m*
posh [pɒʃ] *adj (fam)* piekfein
position [pə'zɪʃən] *v 1.* aufstellen, platzieren; *(soldiers)* postieren; *sb 2.* Position *f; to be out of ~* an der falschen Stelle sein; *What ~ do you play?* Auf welcher Position spielst du? *3. (posture)* Haltung *f*, Stellung *f; 4. (situation)* Lage *f; 5. (job)* Stelle *f; 6. (point of view)* Standpunkt *m*, Haltung *f*, Einstellung *f*
positive ['pɒzɪtɪv] *adj 1.* positiv; *2. (certain)* sicher; *3. (fam: definite)* ausgesprochen; *sb 4. FOTO* Positiv *n*
positively ['pɒzɪtɪvlɪ] *adv 1. (definitely)* sicher; *2. (absolutely)* wirklich, echt
possess [pə'zes] *v 1.* besitzen, haben; *2. to be ~ed by* besessen sein von; *like a man ~ed* wie ein Besessener
possessed [pə'zest] *adj* besessen
possession [pə'zeʃən] *sb 1. (thing owned)* Besitz *m; all my ~s* mein ganzes Hab und Gut *n; 2. (owning)* Besitz *m; take ~ of sth n;* etw in Besitz nehmen; *3. (by demons)* Besessenheit *f*
possessive [pə'zesɪv] *adj 1. GRAMM* possessiv; *2. (fig) (toward belongings)* eigen; *(toward a person)* besitzergreifend
possessor [pə'zesə] *sb* Besitzer *m*
possibility [pɒsə'bɪlɪtɪ] *sb* Möglichkeit *f*
possible ['pɒsəbl] *adj* möglich; *if ~* falls möglich; *make ~* ermöglichen
possibly ['pɒsəblɪ] *adv 1. (perhaps)* vielleicht, möglicherweise; *2. (emphatic) I cannot ~ do this.* Ich kann das unmöglich tun. *She did all she ~ could.* Sie tat, was sie nur konnte. *How can I ~ ...* Wie kann ich nur ...
post [pəʊst] *v 1. (on a wall, on a notice board)* anschlagen; *(fig: announce)* bekannt machen; *2. keep s.o ~ed* jdn auf dem Laufenden halten; *3. (assign)* versetzen; *4. (a guard)* aufstellen; *sb 5. (pole)* Pfosten *m; (lamp ~)* Pfahl *m; (tall)* Mast *m; as deaf as a ~* stocktaub; *6. MIL* Posten *m; 7. (job)* Stelle *f*, Posten *m; 8. (mail)* Post *f; by return of ~* postwendend; *put in the ~ (UK)* aufgeben, mit der Post schicken; *(put in a letter box)* einwerfen
postage ['pəʊstɪdʒ] *sb* Porto *n*
postal code ['pəʊstəl kəʊd] *sb (UK)* Postleitzahl *f*
postal order ['pəʊstəlɔːdə] *sb (UK)* Postanweisung *f*
postal service ['pəʊstəlsɜːvɪs] *sb* Postdienst *m*, Post *f*

postbox ['pəʊstbɒks] *sb* Briefkasten *m*
postcard ['pəʊstkɑːd] *sb* Postkarte *f; (picture ~)* Ansichtskarte *f*
postdate [pəʊst'deɪt] *v (a document)* vordatieren
poster ['pəʊstə] *sb* Plakat *n,* Poster *n*
posterity [pɒs'terɪtɪ] *sb* die Nachwelt *f*
postgraduate [pəʊst'grædjʊɪt] *sb* jmd, der seine Studien nach dem ersten Studienabschluss weiterführt
posthumous ['pɒstjʊməs] *adj* posthum
postman ['pəʊstmən] *sb* Briefträger *m,* Postbote *m*
postmark ['pəʊstmɑːk] *sb* Poststempel *m*
post-mortem [pəʊst 'mɔːtəm] *sb 1. MED* Obduktion *f; 2. (fig)* nachträgliche Analyse *f*
post office ['pəʊstɒfɪs] *sb* Post *f,* Postamt *n*
post office box ['pəʊstɒfɪsbɒks] *sb* Postfach *n*
postpone [pəʊst'pəʊn] *v* aufschieben; *(for a specified period)* verschieben
postponement [pəʊst'pəʊnmənt] *sb 1.* Aufschub *m; 2. (act of postponing)* Verschiebung *f*
postproduction [pəʊstprə'dʌkʃən] *sb CINE* Nachbearbeitung *f*
postscript ['pəʊstskrɪpt] *sb 1. (to a letter)* Postskriptum *n; 2. (to a book)* Nachwort *n; 3. (fig: to an affair)* Nachspiel *n*
posture ['pɒstʃə] *sb* Haltung *f*
post-war ['pəʊstwɒː] *adj* Nachkriegs...
pot [pɒt] *v 1. (a plant)* eintopfen; *sb 2.* Topf *m; 3. (coffee ~)* Kanne *f; 4. (in a card game)* Topf *m; 5. go to ~ (fig)* kaputtgehen, ins Wasser fallen; *(person)* auf den Hund kommen; *6. (fam: marijuana)* Gras *n*
potato [pə'teɪtəʊ] *sb* Kartoffel *f*
potato chip [pə'teɪtəʊtʃɪp] *sb (US)* Kartoffelchip *m*
potato salad [pə'teɪtəʊ 'sæləd] *sb* Kartoffelsalat *m*
potency ['pəʊtənsɪ] *sb 1. (of a drink)* Stärke *f; (of medication)* Wirksamkeit *f; 2. (of an argument)* Stichhaltigkeit *f; 3. (of a man)* Potenz *f*
potent ['pəʊtənt] *adj 1.* stark; *(drug)* wirksam; *2. (argument)* stichhaltig
potential [pəʊ'tenʃəl] *adj 1.* potenziell; *sb 2.* Potenzial *n*
potful ['pɒtfʊl] *sb* Topf *m,* Kanne *f*
potluck ['pɒtlʌk] *sb (fam)* geselliges Beisammensein, zu dem alle Beteiligten selbst etw zu essen mitbringen *n*
pot plant ['pɒtplɑːnt] *sb* Topfpflanze *f*
pot shot ['pɒtʃɒt] *sb* Schuss aufs Geratewohl *m*
pottery ['pɒtərɪ] *sb 1.* Töpferei *f; 2. (pots)* Töpferwaren *pl*
pouch [paʊtʃ] *sb* Beutel *m*
poultry ['pəʊltrɪ] *sb* Geflügel *n*
pounce [paʊns] *v ~ on* sich stürzen auf
pound[1] [paʊnd] *v 1. (to be ~ing)* hämmern; *(heart)* pochen; *(waves)* schlagen; *2. (run with heavy footfalls)* stampfen; *3. (sth)* hämmern; *(meat)* klopfen; *4. (with bombs) MIL* ununterbrochen beschießen
pound[2] [paʊnd] *sb (unit of weight, money)* Pfund *n*
pound[3] [paʊnd] *sb 1. (for stray dogs)* städtischer Hundezwinger *m; 2. (for cars)* Abstellplatz für abgeschleppte Autos *m*
pour [pɒː] *v 1.* strömen; *2. (sth)(liquid)* gießen; *~ money into a project* Geld in ein Projekt pumpen; *3. (powder, a large amount of liquid)* schütten; *4. (a drink)* einschenken
• **pour in** *v 1.* hereinströmen/hineinströmen; *2. (letters, requests)* in Strömen eintreffen
• **pour out** *v 1.* herausströmen/hinausströmen; *2. (sth)* ausgießen; *(large quantities, powder)* ausschütten; *3. (fig) pour one's heart out to s.o.* jdm sein Herz ausschütten
poverty ['pɒvətɪ] *sb* Armut *f*
poverty-stricken ['pɒvətɪstrɪkən] *adj* verarmt
powder ['paʊdə] *sb 1.* Pulver *n; 2. (cosmetic ~, talcum ~)* Puder *m; v 3. ~ one's nose* sich die Nase pudern; *(fam: go to the bathroom)* mal kurz verschwinden
powdered milk [paʊdəd'mɪlk] *sb GAST* Trockenmilch *f*
power [paʊə] *sb 1.* Macht *f; I will do everything in my ~.* Ich werde tun, was in meiner Macht steht. *to be in s.o.'s ~* in jds Gewalt sein; *2. (ability)* Fähigkeit *f; (of speech, of imagination)* Vermögen *n; 3. (of an engine, of loudspeakers) TECH* Leistung *f; 4. (of a lens, of a drug)* Stärke *f; 5. (physical strength)* Kraft *f; 6. (of a blow, of an explosion)* Stärke *f,* Gewalt *f; 7. (electric ~) TECH* Starkstrom *m; 8. (fig: of an argument)* Überzeugungskraft *f; 9. MATH* Potenz *f; v 10. (sth)* antreiben
power cut ['paʊə kʌt] *sb 1.* Stromausfall *m; 2. (in wartime)* Stromsperre *f*
power failure ['paʊəfeɪljə] *sb* Stromausfall *m,* Netzausfall *m*
powerful ['paʊəfʊl] *adj 1. (influential)* mächtig, einflussreich; *2. (strong: person,*

drug, emotions) stark; *3. (car)* leistungsfähig; *4. (blow)* heftig; *5. (argument)* durchschlagend
powerless ['paʊəlɪs] *adj 1. (without strength)* kraftlos; *2. (without influence, ~ to act)* machtlos
power plant ['paʊəplɑːnt] *sb* Kraftwerk *n*, Elektrizitätswerk *n*
power steering [paʊə'stiːrɪŋ] *sb* Servolenkung *f*
practical ['præktɪkəl] *adj* praktisch
practical joke ['præktɪkəl dʒəʊk] *sb* Streich *m*
practically ['præktɪkəlɪ] *adv 1.* praktisch; *2. (fam: virtually)* fast
practice ['præktɪs] *v 1. (verb)(US) (see "practise"); sb 2. (rehearsal, trial run)* Probe *f; 3. (repeated exercise)* Übung *f; ~ makes perfect* Übung macht den Meister; *out of ~* aus der Übung; *4. SPORT* Training *n; 5. (action, not theory)* Praxis *f; 6. (habit)* Gewohnheit *f, (custom)* Brauch *m; 7. (business ~)* Verfahrensweise *f; 8. (law ~, medical ~)* Praxis *f*
practise ['præktɪs] *v 1.* üben; *2. (a profession, a religion)* ausüben; *3. (law, medicine)* praktizieren
practitioner [præk'tɪʃənə] *sb general ~* Arzt für Allgemeinmedizin *m*, praktischer Arzt *m*
pragmatic [præg'mætɪk] *adj* pragmatisch
pragmatist ['prægmətɪst] *sb* Pragmatiker *m*
prairie ['prɛərɪ] *sb* Prärie *f*
praise [preɪz] *v 1.* loben; *sb 2.* Lob *n*
praiseworthy ['preɪzwɜːðɪ] *adj* lobenswert
pram [præm] *sb (UK)* Kinderwagen *m*
prance [prɑːns] *v 1.* herumhüpfen; *2. (strut)* stolzieren; *3. (horse)* tänzeln
prank [præŋk] *sb* Streich *m*, Schabernack *m; play a ~ on s.o.* jdm einen Streich spielen
prat [præt] *sb (fam: fool)* Trottel *m*
prate [preɪt] *v* schwafeln, brabbeln
prattle ['prætl] *v* plappern, schwatzen
pray [preɪ] *v* beten
prayer [prɛə] *sb* Gebet *n*
prayer book ['prɛəbʊk] *sb* Gebetbuch *n*
prayerful ['prɛəfʊl] *adj* von Gebeten erfüllt
pre-accession country [priːæk'seʃn 'kʌntrɪ] *sb POL* Beitrittskandidat *m*
preach [priːtʃ] *v 1.* predigen; *2. (fig: the advantages of sth)* propagieren
preacher ['priːtʃə] *sb* Prediger *m*
preachy ['priːtʃɪ] *adj* moralisierend
prearrange [priːə'reɪndʒ] *v* vorher abmachen, vorher bestimmen
precarious [prɪ'kɛərɪəs] *adj* unsicher; *(dangerous)* gefährlich
precaution [prɪ'kɔːʃən] *sb* Vorsichtsmaßnahme *f; take ~s* Vorsichtsmaßnahmen treffen; *as a ~* vorsichtshalber
precedence ['presɪdəns] *sb* Vorrang *m; take ~ over* den Vorrang haben vor
precedent ['presɪdənt] *sb* Präzedenzfall *m; without ~* noch nie da gewesen
preceding [prɪ'siːdɪŋ] *adj* vorhergehend
precinct ['priːsɪŋkt] *sb 1.* Bezirk *m; 2. police ~ (US)* Polizeirevier *n*
precious ['preʃəs] *adj* wertvoll, kostbar, *(stones, metals)* edel
precipitation [prɪsɪpɪ'teɪʃən] *sb METEO* Niederschlag *m*
precise [prɪ'saɪs] *adj* genau
precisely [prɪ'saɪslɪ] *adv* genau; *Precisely!* Genau!
precision [prɪ'sɪʒən] *sb* Genauigkeit *f*, Präzision *f*
preclude [prɪ'kluːd] *v* ausschließen; *~ s.o. from doing sth* jdn daran hindern, etw zu tun
precocious [prɪ'kəʊʃəs] *adj* frühreif; *(in a negative sense)* altklug
preconception [priːkən'sepʃən] *sb* vorgefasste Meinung *f*
predate [priː'deɪt] *v 1. (come before)* vorausgehen; *2. (a document)* zurückdatieren
predator ['predətə] *sb* Raubtier *n; (person)* Plünderer *m*
predecessor ['priːdɪsesə] *sb* Vorgänger *m*
predestined [priː'destɪnd] *adj* prädestiniert
predicament [prɪ'dɪkəmənt] *sb* Zwangslage *f*, missliche Lage *f*
predict [prɪ'dɪkt] *v* vorhersagen, voraussagen
prediction [prɪ'dɪkʃən] *sb* Vorhersage *f*, Voraussage *f*
predisposition [priːdɪspə'zɪʃən] *sb* Neigung *f*
predominant [prɪ'dɒmɪnənt] *adj* vorherrschend, überwiegend
pre-empt [priː'empt] *v* zuvorkommen
pre-emptive [priː'emptɪv] *adj* präventiv, Präventiv...
prefabricated [priː'fæbrɪkeɪtɪd] *adj* vorgefertigt, Fertig...
preface ['prefɪs] *v 1. (remarks)* einleiten; *sb 2. (to a book)* Vorwort *n*
prefect ['priːfekt] *sb* Präfekt *m*
prefer [prɪ'fɜː] *v* vorziehen, lieber mögen als, bevorzugen

preference ['prefərəns] *sb* 1. Vorliebe *f; I have no ~.* Mir ist alles recht. 2. *(greater favour)* Vorzug *m; show ~ to s.o.* jdn bevorzugen

pregnancy ['pregnənsɪ] *sb* Schwangerschaft *f; (of an animal)* Trächtigkeit *f*

pregnant ['pregnənt] *adj* 1. schwanger; *(animal)* trächtig; 2. *(fig: remark, pause)* bedeutungsvoll

preheat [priː'hiːt] *v* vorwärmen

prehistoric [priːhɪs'tɒrɪk] *adj* prähistorisch, vorgeschichtlich

prejudge [priː'dʒʌdʒ] *v* vorverurteilen

prejudice ['predʒʊdɪs] *v* 1. einnehmen, beeinflussen; 2. *(to be detrimental to)* gefährden; *sb* 3. Vorurteil *n;* 4. *(detriment) JUR* Schaden *m*

prejudiced ['predʒʊdɪst] *adj* voreingenommen

preliminary [prɪ'lɪmɪnərɪ] *adj* Vor..., *(remarks)* einleitend, *(measures)* vorbereitend

premarital [priː'mærɪtl] *adj* vorehelich

premature ['premətʃʊə] *adj* 1. frühzeitig; 2. *(decision)* verfrüht; 3. *~ birth* Frühgeburt *f*

premeditated [priː'medɪteɪtɪd] *adj* vorsätzlich

premier ['premɪə] *adj* 1. führend; *sb* 2. *POL* Premierminister *m*

premiere [premɪ'ɛə] *sb* Premiere *f,* Uraufführung *f,* Erstaufführung *f*

premise ['premɪs] *sb* 1. *(logical)* Voraussetzung *f;* 2. *~s pl* Grundstück *n; (of a school, of a factory)* Gelände *n; (of a shop)* Räumlichkeiten *pl*

premium ['priːmɪəm] *sb* 1. *(bonus)* Bonus *m,* Prämie *f;* 2. *(insurance ~)* Prämie *f;* 3. *(surcharge)* Zuschlag *m;* 4. *to be at a ~* sehr gesucht sein

prenuptial agreement [priː'nʌpʃəl ə'griːmənt] *sb* Ehevertrag

preoccupation [priːɒkjʊ'peɪʃən] *sb* 1. *(thing preoccupied with)* Hauptbeschäftigung *f;* 2. *~ with* Beschäftigtsein mit, Vertieftsein in, Inanspruchnahme durch

preoccupied [priː'ɒkjʊpaɪd] *adj* in Gedanken vertieft

preoccupy [priː'ɒkjʊpaɪ] *v* beschäftigen

pre-package [priː'pækɪdʒ] *v* abpacken

preparation [prepə'reɪʃən] *sb* Vorbereitung *f; (of a meal, of medicine)* Zubereitung *f*

preparatory [prɪ'pærətərɪ] *adj* vorbereitend

prepare [prɪ'pɛə] *v* 1. vorbereiten; 2. *(a meal, medicine)* zubereiten

prepared [prɪ'pɛəd] *adj* vorbereitet, *(ready)* bereit

preposition [prepə'zɪʃən] *sb* Präposition *f*

prepositive [priː'pɒzɪtɪv] *adj* Präpositional...

prepossess [priːpə'zes] *v* einnehmen

prepossession [priːpə'zeʃən] *sb* Voreingenommenheit *f,* Vorurteil *n*

preposterous [prɪ'pɒstərəs] *adj* absurd

preppy ['prepɪ] *sb* Popper *m*

prequel ['priːkwəl] *sb* Fortsetzung, bei der die Geschichte zeitlich vor der Originalgeschichte spielt *f*

prerequisite [priː'rekwɪzɪt] *adj* 1. erforderlich, notwendig; *sb* 2. Voraussetzung *f,* Vorbedingung *f*

presage ['presɪdʒ] *v* vorher andeuten

presale ['priːseɪl] *sb* Vorverkauf *m*

preschool ['priːskuːl] *sb* Vorschule *f*

prescribe [prɪs'kraɪb] *v* 1. vorschreiben; 2. *MED* verschreiben

prescript ['priːskrɪpt] *sb* Vorschrift *f*

prescription [prɪs'krɪpʃən] *sb MED* Rezept *n*

prescriptive [prɪ'skrɪptɪv] *adj* normativ

presence ['prezns] *sb* 1. Gegenwart *f,* Anwesenheit *f; in the ~ of* vor; 2. *(bearing)* Auftreten *n,* Haltung *f;* 3. *~ of mind* Geistesgegenwart *f;* 4. *(stage ~)* Ausstrahlung *f*

present [prɪ'zent] *v* 1. *(put forward)* vorlegen; 2. *(introduce)* vorstellen; 3. *(offer, provide)* bieten; 4. *(hand over)* übergeben, überreichen, *(as a gift)* schenken; 5. *~ itself (an opportunity, a problem)* sich ergeben; ['preznt] *sb* 6. *(gift)* Geschenk *n; make s.o. a ~ of sth* jdm etw schenken; 7. *(~ time, ~ tense)* Gegenwart *f; at ~* zurzeit, im Moment, im Augenblick; *adj* 8. *(at the ~ time)* gegenwärtig, derzeitig, jetzig; 9. *(existing)* vorhanden; 10. *(in attendance)* anwesend

presentation [prezn'teɪʃən] *sb* 1. *(act of presenting)* Vorlage *f,* Präsentation *f;* 2. *(handing over)* Überreichung *f; (of an award)* Verleihung *f;* 3. *(manner of presenting)* Darbietung *f,* Präsentation *f;* 4. *(of a play, of a programme)* Darbietung *f,* Vorführung *f;* 5. *(introduction)* Vorstellung *f*

present-day ['prezntdeɪ] *adj* heutig, von heute

presenter [prɪ'zentə] *sb* Moderator *m; the ~ of an award* derjenige, der einen Preis überreicht

presently ['prezntlɪ] *adv* 1. *(soon)* bald, gleich; 2. *(at present)* zurzeit

preservation [prezə'veɪʃən] *sb* Erhaltung *f; (keeping)* Aufbewahrung *f*
preserve [prɪ'zɜːv] *v 1. (maintain)* erhalten; *2. (a memory, a reputation)* aufrechterhalten; *3. (silence)* bewahren; *4. (keep from harm)* bewahren; *5. (plants, animals)* schützen; *sb 6. (for animals)* Gehege *n; 7. ~s pl (jam)* Konfitüre *f*
preset [priː'set] *v* vorher einstellen
presidency ['prezɪdənsɪ] *sb 1.* Präsidentschaft *f; 2. (of a company)* Vorsitz *m*
president ['prezɪdənt] *sb 1.* Präsident/Präsidentin *m/f; 2. (of a company)* Vorsitzende(r) *m/f*
press [pres] *v 1.* drücken; *~ juice out of a lemon* Saft aus einer Zitrone pressen; *2. (a button)* drücken auf; *3. (grapes, flowers)* pressen; *4. ~ down* hinunterdrücken; *5. (iron)* bügeln; *6. (urge)* drängen; *~ a point* auf seinem Punkt bestehen; *7. (importune, harass)* bedrängen; *to be ~ed for time* unter Zeitdruck stehen; *8. ~ ahead with sth, ~ forward with sth* mit etw weitermachen; *sb 9. (squeeze, push)* Druck *m; (in weightlifting)* Drücken *n; 10. (machine)* Presse *f; go to ~* in Druck gehen; *11. (media)* Presse *f; 12. (publishing company)* Verlag *m*
press agency ['preseɪdʒənsɪ] *sb* Presseagentur *f*
press conference ['preskɒnfərəns] *sb* Pressekonferenz *f*
press release ['presrɪliːs] *sb* Presseverlautbarung *f*
press stud ['presstʌd] *sb* Druckknopf *m*
press-up ['presʌp] *sb* Liegestütz *m*
pressure ['preʃə] *sb* Druck *m; put ~ on s.o.* Druck auf jdn ausüben
pressure cooker ['preʃəkʊkə] *sb GAST* Schnellkochtopf *m*
pressure group ['preʃə gruːp] *sb POL* Pressuregroup *f*
pressure point ['preʃə pɔɪnt] *sb* Druckpunkt *m*
prestige [pres'tiːʒ] *sb* Prestige *n*
prestigious [pres'tɪdʒəs] *adj* berühmt, renommiert
presume [prɪ'zjuːm] *v 1.* vermuten, annehmen; *2. ~ to do sth* sich erlauben, etw zu tun; *(to be presumptuous)* sich anmaßen
presumption [prɪ'zʌmpʃən] *sb 1.* Vermutung *f; 2. (arrogance)* Unverschämtheit *f,* Anmaßung *f*
presumptuousness [prɪ'zʌmptjʊəsnɪs] *sb* Anmaßung *f*
pretence [prɪ'tens] *sb 1. (feigning)* Heuchelei *f; 2. (claim)* Anspruch *m; make no ~ to sth* keinen Anspruch auf etw erheben; *3. (pretext)* Vorwand *m; under false ~s* unter Vorspiegelung falscher Tatsachen
pretend [prɪ'tend] *v 1. (make believe)* so tun, als ob ...; *2. (feign)* vortäuschen
pretension [prɪ'tenʃən] *sb* Anmaßung *f*
pretentious [prɪ'tenʃəs] *adj 1.* angeberisch; *2. (style)* hochtrabend
preterm [priː'tɜːm] *adj* Frühgeburts..., vor dem errechneten Geburtstermin geboren
pretty ['prɪtɪ] *adj 1.* hübsch; *a ~ penny* eine hübsche Summe; *to be sitting ~* es gut haben; *adv 2. (fam: rather)* ziemlich; *(fam: very)* ganz; *~ good* recht gut, nicht schlecht
prevail [prɪ'veɪl] *v 1. (win out)* die Oberhand gewinnen, siegen, sich durchsetzen; *2. (conditions)* herrschen; *3. ~ upon s.o. to do sth* jdn dazu bewegen, etw zu tun
prevalence ['prevələns] *sb* Vorherrschaft *f,* weite Verbreitung *f,* Häufigkeit *f*
prevalent ['prevələnt] *adj* vorherrschend, weit verbreitet
prevenient [prɪ'viːnɪənt] *adj* vorbeugend
prevent [prɪ'vent] *v* verhindern; *~ s.o. from doing sth* jdn daran hindern, etw zu tun
prevention [prɪ'venʃən] *sb* Verhinderung *f*
preview ['priːvjuː] *sb 1.* Vorschau *f; 2. (of a film: trailer)* Vorschau *f; (entire film seen in advance)* Probeaufführung *f*
previous ['priːvɪəs] *adj 1. (immediately preceding)* vorherig, vorhergehend; *the ~ year* das Jahr davor; *2. (earlier)* früher; *have a ~ engagement* bereits anderweitig verabredet sein; *adv 3. ~ to* vor
previously ['priːvɪəslɪ] *adv* vorher; *(formerly)* früher
prey [preɪ] *v 1. ~ upon (by animals)* Beute machen auf; *(by criminals)* als Opfer aussuchen; *sb 2.* Beute *f; beast of ~ ZOOL* Raubtier *n; bird of ~* Raubvogel *m*
price [praɪs] *v 1. (fix the ~ of sth)* den Preis von etw festsetzen von; *sb 2.* Preis *m*
price-fixing ['praɪsfɪksɪŋ] *sb* Preisfestlegung *f*
priceless ['praɪslɪs] *adj 1.* unschätzbar; *2. (fig: person, story)* unbezahlbar
price tag [praɪs tæg] *sb* Preisschild *n*
price war ['praɪswɔː] *sb* Preiskrieg *m*
pricey ['praɪsɪ] *adj (fam)* kostspielig
prick [prɪk] *v 1.* stechen, *(a balloon)* anstechen; *2. ~ up one's ears (fig)* die Ohren spitzen; *sb 3.* Stich *m; 4. (fam: penis)* Schwanz *m*

prickle ['prɪkl] *v 1.* stechen; *2. (tingle)* prickeln
pride [praɪd] *v 1. ~ o.s. on sth* auf etw stolz sein; *sb 2.* Stolz *m; 3. (of lions)* Rudel *n*
prier ['praɪə] *sb* Schnüffler *m*
priest [pri:st] *sb REL* Priester *m,* Geistliche(r) *m/f*
prim [prɪm] *adj ~ and proper* spröde
primacy ['praɪməsɪ] *sb* Vorrang *m,* Vorrangstellung *f*
prima donna [pri:mə'dɒnə] *sb* Primadonna *f*
primarily ['praɪmərəlɪ] *adv* in erster Linie
primary ['praɪmərɪ] *adj* Haupt...
primary colour ['praɪmərɪ 'kʌlə] *sb* Grundfarbe *f*
primary election ['praɪmərɪ ɪ'lekʃən] *sb (US) POL* Vorwahl *f*
primary school ['praɪmərɪsku:l] *sb* Grundschule *f*
primate ['praɪmeɪt] *sb ZOOL* Primat *m*
prime [praɪm] *adj 1.* Haupt... *2. (excellent)* erstklassig; *sb 3.* Blütezeit *f; in the ~ of life* im besten Alter; *to be past one's ~* die besten Jahre hinter sich haben
prime cost [praɪm kɒst] *sb* Selbstkosten *pl,* Gestehungskosten *pl*
prime minister [praɪm 'mɪnɪstə] *sb POL* Premierminister *m*
prime rate [praɪm reɪt] *sb FIN* Sollzinssatz der Geschäftsbanken in den USA für Großkunden *m*
prime time [praɪm taɪm] *sb (US)* Haupteinschaltzeit *f*
primeval [praɪ'mi:vl] *adj* urzeitlich
priming ['praɪmɪŋ] *sb 1. (ignition)* Zündmasse *f,* Zündung *f; 2. (paint)* Grundierung *f*
primitive ['prɪmɪtɪv] *adj* primitiv
primrose ['prɪmrəʊz] *sb 1. BOT* Primel *f; 2. (colour)* Blassgelb *n*
prince [prɪns] *sb 1. (king's son)* Prinz *m; 2. (ruler)* Fürst *m*
princedom ['prɪnsdəm] *sb* Fürstentum *n*
princely ['prɪnslɪ] *adj* fürstlich
princess ['prɪnses] *sb* Prinzessin *f*
principal ['prɪnsɪpəl] *adj 1.* Haupt..., hauptsächlich; *sb 2. (~ character)* Hauptperson *f; 3. (of a school)* Direktor *m; 4. (of an investment)* Kapital *n, (of debt)* Kreditsumme *f*
principle ['prɪnsɪpl] *sb* Prinzip *n; It's a matter of ~.* Es geht dabei ums Prinzip.
print [prɪnt] *v 1. (a photo)* abziehen; *2. (not write in cursive)* in Druckschrift schreiben; *3. (a book, a design)* drucken; *4. (publish)* veröffentlichen; *sb 5. (picture, publication)* Druck *m; out of ~* vergriffen; *6. (typeface)* Schrift *f; 7. (photo)* Abzug *m; 8. (cotton ~)* bedruckter Kattun *m; 9. (impression)* Abdruck *m*
printed matter ['prɪntɪd 'mætə] *sb* Drucksache *f*
printer ['prɪntə] *sb* Drucker *m*
printer's error ['prɪntəz 'erə] *sb* Druckfehler *m*
printing ['prɪntɪŋ] *sb* Drucken *n,* Druck *m*
print-out ['prɪntaʊt] *sb* Ausdruck *m*
print shop ['prɪntʃɒp] *sb* Druckerei *f*
prior ['praɪə] *adj* früher; *~ to* vor
priority [praɪ'ɒrɪtɪ] *sb* Priorität *f; give ~ to* vordringlich behandeln
prison ['prɪzn] *sb* Gefängnis *n*
prison cell ['prɪzn sel] *sb* Gefängniszelle *f*
prisoner ['prɪzənə] *sb* Gefangene(r) *m/f; take s.o. ~* jdn gefangen nehmen
prisoner of war ['prɪzənər əv wɔ:] *sb* Kriegsgefangene(r) *m/f*
prison sentence ['prɪznsentəns] *sb* Gefängnisstrafe *f*
privacy ['praɪvəsɪ] *sb 1.* Zurückgezogenheit *f,* Ruhe *f; in the ~ of one's home* bei sich zu Hause; *invade s.o.'s ~* in jds Privatsphäre eingreifen; *2. (of information)* Heimlichkeit *f,* Geheimhaltung *f*
private ['praɪvɪt] *adj 1.* privat, Privat...; *2. (confidential)* vertraulich; *sb 3. MIL* gemeiner Soldat *m,* einfacher Soldat *m*
private bill ['praɪvɪt bɪl] *sb (UK)* Gesetzesinitiative eines Parlamentsmitglieds *f*
private company ['praɪvɪt 'kʌmpənɪ] *sb* Gesellschaft mit beschränkter Haftung *f*
private life ['praɪvɪt laɪf] *sb* Privatleben *n*
private property ['praɪvɪt 'prɒpətɪ] *sb* Privateigentum *n,* Privatbesitz *m*
private sector ['praɪvɪt 'sektə] *sb* privater Sektor *m*
privatization [praɪvətaɪ'zeɪʃən] *sb* Privatisierung *f*
privilege ['prɪvɪlɪdʒ] *sb 1.* Privileg *n; 2. (honour)* Ehre *f*
prize [praɪz] *sb 1.* Preis *m; v 2.* schätzen
prize fight [praɪz faɪt] *sb SPORT* Profiboxkampf *m*
prize money ['praɪzmʌnɪ] *sb* Preisgeld *n*
prize-winner ['praɪzwɪnə] *sb* Preisträger *m*
pro [prəʊ] *sb 1. (fam: professional)* Profi *m; 2. the ~s and cons pl* das Für und Wider *n,* das Pro und Kontra *n*

probability [prɒbə'bɪlɪtɪ] *sb* Wahrscheinlichkeit *f; in all ~* höchstwahrscheinlich, aller Wahrscheinlichkeit nach
probably ['probəblɪ] *adv* wahrscheinlich
probation [prə'beɪʃən] *sb 1. (~ period)* Probezeit *f; 2. JUR* Bewährung *f*
probe [prəʊb] *v 1.* suchen, forschen; *2. (sth)* untersuchen, sondieren, erforschen; *sb 3. TECH* Sonde *f; 4. (investigation)* Untersuchung *f*
problem ['prɒbləm] *sb* Problem *n, What's the problem?* Was ist los?
problematic [prɒblɪ'mætɪk] *adj* problematisch
proceed [prə'si:d] *v 1. (go)* sich begeben; *"~ with caution"* vorsichtig fahren; *~ on the assumption that ...* davon ausgehen, dass ...; *2. (set about sth)* vorgehen; *~ against s.o. JUR* gegen jdn gerichtlich vorgehen; *3. (continue)* fortfahren; *things are ~ing as usual* alles geht seinen üblichen Gang; *4. (continue to go)* weitergehen; *(by car)* weiterfahren; ['prəʊsi:d] *sb 5. ~s pl* Erlös *m,* Ertrag *m*
proceeding [prə'sɪ:dɪŋ] *sb* Vorgehen *n,* Verfahren *n; ~s pl JUR* Verfahren *n*
process ['prəʊses] *v 1.* verarbeiten; *2. (film)* entwickeln; *3. (an application)* bearbeiten; *sb 4.* Verfahren *n,* Prozess *m; 5. due ~ of law JUR* rechtliches Gehör *n*
procession [prə'seʃən] *sb 1.* Umzug *m; 2. (solemn)* Prozession *f*
pro-choice [prəʊ'tʃɔɪs] *adj* das Abtreibungsrecht befürwortend
proclaim [prə'kleɪm] *v* proklamieren, erklären
procrastinate [prəʊ'kræstɪneɪt] *v* zaudern
procrastination [prəʊkræstɪ'neɪʃən] *sb* Zaudern *n,* Aufschieben *n*
procreate [prəʊkrɪ'eɪt] *v* zeugen
procreation [prəʊkrɪ'eɪʃən] *sb* Zeugung *f*
proctor ['prɒktə] *sb 1. (of an examination)* Aufsichtsführende(r) bei Prüfungen *m/f; 2. (UK: of an university)* Disziplinarbeamte(r) *m/f; 3. JUR* Anwalt/Anwältin an Spezialgerichten *m/f*
procure [prə'kjʊə] *v 1.* beschaffen; *2. (a prostitute)* verkuppeln; *3. (bring about)* herbeiführen
procuring [prə'kjʊərɪŋ] *sb JUR* Kuppelei *f*
prod [prɒd] *v 1.* stoßen; *2. (fig: into action)* anstacheln
prodigal ['prɒdɪgəl] *adj the ~ son* der verlorene Sohn
prodigious [prə'dɪdʒəs] *adj* großartig, wunderbar
prodigy ['prɒdɪdʒɪ] *sb* Wunder; *~child* Wunderkind *n*
produce [prə'dju:s] *v 1.* produzieren, herstellen; *(energy)* erzeugen; *2. (fig: cause)* hervorrufen; *3. (an effect)* erzielen; *4. (a film)* produzieren; *5. THEAT* inszenieren; *6. (bring out)* hervorholen; *(identification)* vorzeigen; *(a witness)* beibringen; ['prɒdju:s] *sb 7. AGR* Produkte *pl,* Erzeugnis *n*
producer [prə'dju:sə] *sb 1.* Hersteller *m,* Erzeuger *m; 2. CINE* Produzent(in) *m/f*
product ['prɒdʌkt] *sb* Produkt *n*
production [prə'dʌkʃən] *sb ECO* Herstellung *f,* Produktion *f*
productivity [prɒdʌk'tɪvɪtɪ] *sb* Produktivität *f*
product life cycle ['prɒdʌkt 'laɪfsaɪkl] *sb ECO* Lebenszyklus eines Produktes *m*
product placement ['prɒdʌkt 'pleɪsmənt] *sb ECO* Produktplatzierung *f*
profane [prəʊ'feɪn] *adj 1. (blasphemous)* lästerlich; *2. (secular)* profan
profanity [prə'fænɪtɪ] *sb 1.* Profanität *f; 2. (curse)* Fluch *m*
profession [prə'feʃən] *sb 1. (occupation)* Beruf *m; 2. (declaration)* Erklärung *f,* Beteuerung *f*
professional [prə'feʃənl] *adj 1.* beruflich, Berufs...; *2. (competent, expert)* fachmännisch; *3. (using good business practices)* professionell; *sb 4.* Profi *m*
professor [prə'fesə] *sb* Professor *m*
proficiency [prə'fɪʃənsɪ] *sb* Fertigkeit *f,* Können *n,* Tüchtigkeit *f*
proficient [prə'fɪʃənt] *adj* tüchtig, fähig; *to be ~ in sth* in etw bewandert sein
profile ['prəʊfaɪl] *sb 1.* Profil *n; 2. (story about s.o.)* Porträt *n; 3. keep a low ~* sich im Hintergrund halten; *v 4. (draw in ~) ART* im Profil darstellen; *5. (in writing)* porträtieren
profit ['prɒfɪt] *v 1.* profitieren, Nutzen ziehen, Gewinn ziehen; *sb 2. ECO* Gewinn *m,* Profit *m; make a ~ on sth* mit etw einen Gewinn machen; *3. (fig)* Nutzen *m,* Vorteil *m*
profitable ['prɒfɪtəbl] *adj 1.* rentabel; *2. (advantageous)* vorteilhaft
profit centre ['prɒfɪtsentə] *sb ECO* Profitcenter *n*
profit-sharing ['prɒfɪtʃɛərɪŋ] *sb ECO* Gewinnbeteiligung *f*
profit-taking ['prɒfɪtteɪkɪŋ] *sb ECO* Gewinnmitnahme *f*

profound [prə'faʊnd] *adj 1. (deep)* tief; *2. (thought)* tiefsinnig, tief schürfend, tiefgründig; *3. (regret)* tief gehend; *4. (knowledge)* gründlich

profusely [prə'fjuːslɪ] *adv 1. (thank)* überschwänglich; *2. (sweat)* übermäßig

profusion [prə'fjuːʒən] *sb* Fülle *f*

prognosis [prɒg'nəʊsɪs] *sb* Prognose *f*

programmable [prəʊ'græməbl] *adj INFORM* programmierbar

programme ['prəʊgræm] *v 1.* programmieren; *(fig: person)* vorprogrammieren; *sb 2.* Programm *n*

programmer ['prəʊgræmə] *sb INFORM* Programmierer *m*

programming language ['prəʊgræmɪŋ 'læŋgwɪdʒ] *sb INFORM* Programmiersprache *f*

progress [prə'gres] *v 1. (make ~)* vorwärts kommen; *2. (develop)* sich entwickeln; *3. (proceed)* weitergehen; ['prəʊgres] *sb 4.* Fortschritt *m; in ~* im Gange; *make ~* Fortschritte machen; *5. (movement forwards)* Fortschreiten *n,* Vorwärtskommen *n*

progressive [prə'gresɪv] *adj 1. (increasing)* zunehmend; *2. (favouring progress)* progressiv

progress report ['prəʊgres rɪ'pɔːt] *sb* Zwischenbericht *m*

prohibit [prə'hɪbɪt] *v* verbieten

prohibition [prəʊɪ'bɪʃən] *sb 1.* Verbot *n; 2. (US) HIST* Prohibition *f*

project ['prɒdʒekt] *sb 1.* Projekt *n;* [prə'dʒekt] *v 2. (jut out)* hervorragen, hervorspringen; *3. (costs)* überschlagen; *4. (a film, figures)* projizieren; *5. (propel)* abschießen; *~ one's voice* seine Stimme weit tragen lassen

projection [prə'dʒekʃən] *sb 1.* Projektion *f; 2. (sticking out)* Vorsprung *m; 3. (prediction)* Vorausplanung *f*

projector [prə'dʒektə] *sb* Projektor *m*

pro-life [prəʊ'laɪf] *adj* gegen die Abtreibung

prologue ['prəʊlɒg] *sb 1. (of a book)* Vorwort *n; 2. (of a play) THEAT* Prolog *m; 3. (fig)* Vorspiel *n*

prolong [prə'lɒŋ] *v* verlängern

prom [prɒm] *sb 1. (UK: promenade)* Strandpromenade *f; 2. (US: dance)* High-School-Ball *m*

prominence ['prɒmɪnəns] *sb 1. (conspicuousness)* Beliebtheit *f,* Berühmtheit *f; 2. (protuberance)* Vorspringen *n,* Vorragen *n*

prominent ['prɒmɪnənt] *adj 1. (noticeable)* auffallend; *2. (person)* prominent; *3. (projecting)* vorstehend

promiscuous [prə'mɪskjʊəs] *adj to be ~ (sexually)* häufig den Partner wechseln

promise ['prɒmɪs] *v 1.* versprechen; *sb 2.* Versprechen *n; 3. (hope, prospect)* Hoffnung *f,* Aussicht *f*

promising ['prɒmɪsɪŋ] *adj* viel versprechend

promote [prə'məʊt] *v 1. (in rank)* befördern; *2. (foster)* fördern; *3. (advertise)* werben für; *4. (organize)* veranstalten

promotion [prə'məʊʃən] *sb 1. (to a better job)* Beförderung *f; 2. (fostering)* Förderung *f; 3. (advertising, marketing)* Werbung *f,* Promotion *f; 4. (of an event)* Veranstaltung *f*

prompt [prɒmpt] *adj 1.* prompt, sofortig; *2. (punctual)* pünktlich; *v 3. (help with a speech)* vorsagen; *THEAT* soufflieren; *4. (evoke)* wecken; *5. (motivate)* veranlassen

promptly ['prɒmptlɪ] *adv* prompt; *(punctually)* pünktlich

prone [prəʊn] *adj 1. (position)* hingestreckt; *lie ~* auf dem Bauch liegen; *2. to be ~ to do sth* dazu neigen, etw zu tun

pronoun ['prəʊnaʊn] *sb GRAMM* Pronomen *n*

pronounce [prə'naʊns] *v 1. LING* aussprechen; *2. (declare)* erklären für

pronouncement [prə'naʊnsmənt] *sb 1.* Erklärung *f; 2. (of innocence or guilt)* Verkündung *f*

pronunciation [prənʌnsɪ'eɪʃən] *sb LING* Aussprache *f*

proof [pruːf] *sb 1.* Beweis *m; 2. (alcohol content)* Alkoholgehalt *m; 3. (of a photo)* Probeabzug *m; adj 4. (resistant)* fest, sicher

prop¹ [prɒp] *sb 1.* Stütze *f; 2. ~ up;* stützen; *~ sth up against sth* etw gegen etw lehnen; *3. ~ up (fig: support)* unterstützen, stützen

prop² [prɒp] *sb THEAT* Requisit *n*

propaganda [prɒpə'gændə] *sb* Propaganda *f*

propagator ['prɒpəgeɪtə] *sb 1. (reproducer)* Fortpflanzer *m; 2. (propagandist)* Verbreiter *m,* Propagandist *m*

propensity [prə'pensɪtɪ] *sb* Hang *m; ~ for* Hang zu

proper ['prɒpə] *adj 1. (seemly)* anständig; *2. (fitting)* richtig; *3. (actual)* eigentlich

property ['prɒpətɪ] *sb 1.* Eigentum *n; 2. (characteristic)* Eigenschaft *f; 3. properties pl THEAT* Requisiten *pl*

property tax ['prɒpətɪ tæks] *sb* Grundsteuer *f*
prophesy ['prɒfɪsaɪ] *v* prophezeien
prophet ['prɒfɪt] *sb* Prophet *m*
proportion [prə'pɒ:ʃən] *sb 1.* Verhältnis *n,* Proportion *f; out of all ~* maßlos übertrieben; *2. (part)* Teil *m; 3. (amount in a mixture)* Anteil *m; 4. ~s pl (size)* Ausmaß *n; v 5. (share out)* verteilen; *6. (size)* proportionieren
proportional [prə'pɔ:ʃənəl] *adj* proportional; *inversely ~* umgekehrt proportional
proportionate [prə'pɔ:ʃnɪt] *adj* im richtigen Verhältnis; *to be ~ to sth* etw entsprechen
proposal [prə'pəʊzl] *sb 1.* Vorschlag *m; 2. (of marriage)* Antrag *m*
propose [prə'pəʊz] *v 1. (make a marriage proposal)* einen Heiratsantrag machen; *2. (suggest)* vorschlagen; *3. (intend)* vorhaben
proposition [prɒpə'zɪʃən] *sb 1. (suggestion)* Vorschlag *m; 2. (business)* Sache *f,* Unternehmen *n*
proprietary [prə'praɪɪtərɪ] *adj* besitzend, Besitz...
propriety [prə'praɪətɪ] *sb 1.* Anstand *m; 2. (suitability, correctness)* Angemessenheit *f*
propulsion [prə'pʌlʃən] *sb* Antrieb *m*
prose [prəʊz] *sb* Prosa *f*
prosecute ['prɒsɪkju:t] *v 1. (s.o.) JUR* strafrechtlich verfolgen, strafrechtlich belangen; *2. (carry on)* durchführen
prosecution [prɒsɪ'kju:ʃən] *sb 1. JUR* strafrechtliche Verfolgung *f; 2. (side)* Anklage *f; 3. (carrying out)* Durchführung *f*
prosecutor ['prɒsɪkju:tə] *sb JUR* Ankläger *m*
prospect ['prɒspekt] *sb* Aussicht *f*
prospective [prə'spektɪv] *adj 1. (possible)* eventuell; *2. (future)* künftig
prosper ['prɒspə] *v* blühen
prosperity [prɒs'perɪtɪ] *sb* Wohlstand *m*
prosperous ['prɒspərəs] *adj* florierend, gut gehend, blühend
prosthesis [prɒs'θi:sɪs] *sb MED* Prothese *f*
prostitute ['prɒstɪtju:t] *sb* Prostituierte *f; male ~* Strichjunge *m*
prostitution [prɒstɪ'tju:ʃən] *sb* Prostitution *f*
prostrate ['prɒstreɪt] *adj* hingestreckt
protect [prə'tekt] *v* schützen
protection [prə'tekʃən] *sb* Schutz *m*
protective [prə'tektɪv] *adj* beschützend, Schutz...
protector [prə'tektə] *sb 1.* Beschützer *m; 2. (protective wear)* Schutz *m*
protégé ['prɒteʒeɪ] *sb* Schützling *m,* Protégé *m*
protein ['prəʊti:n] *sb BIO* Eiweiß *n,* Protein *n*
protein deficiency ['prəʊti:n dɪ'fɪʃənsɪ] *sb MED* Eiweißmangel *m*
protest [prəʊ'test] *v 1.* protestieren; *2. (sth) (dispute)* protestieren gegen; *(affirm, declare)* beteuern; ['prəʊtest] *sb 3.* Protest *m; (demonstration)* Protestkundgebung *f*
protester [prə'testə] *sb (demonstrator)* Demonstrant(in) *m/f*
protocol ['prəʊtəkɒl] *sb* Protokoll *n*
prototype ['prəʊtəʊtaɪp] *sb* Prototyp *m*
protract [prə'trækt] *v* hinausziehen, in die Länge ziehen
protracted [prə'træktɪd] *adj* langwierig
protrude [prə'tru:d] *v 1.* vorstehen; *2. (sth)* herausstrecken
protrusion [prə'tru:ʒən] *sb 1. (that which protrudes)* Vorsprung *m; 2. (act)* Vorstehen *n,* Vorspringen *n*
proud [praʊd] *adj* stolz; *to be ~ of s.o.* stolz auf jdn sein
provable ['pru:vəbl] *adj 1.* beweisbar; *2. (guilt)* nachweisbar
prove [pru:v] *v 1.* beweisen; *~ o.s.* sich bewähren; *2. ~ to be ...* sich als ... erweisen
proven ['pru:vn] *adj* bewährt
proverb ['prɒvɜ:b] *sb 1.* Sprichwort *n; 2. Proverbs REL* die Sprüche *pl*
provide [prə'vaɪd] *v 1.* besorgen, beschaffen, liefern; *2. (an opportunity)* bieten; *3. ~d that ...* vorausgesetzt, dass ...; *4. (make available)* zur Verfügung stellen; *~ s.o. with sth* jdn mit etw versorgen; *5. (see to)* sorgen für
• provide for *v 1. (one's family)* versorgen; *2. (foresee, stipulate)* vorsehen, vorsorgen
providential [prɒvɪ'denʃəl] *adj 1. (resulting from divine providence)* durch die göttliche Vorsehung; *2. (fortunate)* glücklich
providing [prə'vaɪdɪŋ] *konj ~ that ...* vorausgesetzt, dass ..., gesetzt den Fall, dass ...
province ['prɒvɪns] *sb 1.* Provinz *f; 2. (fig)* Gebiet *n,* Bereich *m*
provincial [prə'vɪnʃəl] *adj* provinziell; *(in a negative sense)* provinzlerisch
provision [prə'vɪʒən] *sb 1. (supplying)* Bereitstellung *f, (for oneself)* Beschaffung *f; 2. ~s pl (supplies)* Vorräte *pl; 3. ~s pl (food)* Nahrungsmittel *pl; 4. (of a contract)* Bestimmung *f; 5. (arrangement)* Vorkehrung *f; make ~s for sth* Vorkehrungen für etw treffen; *6. (allowance)* Berücksichtigung *f*

provisional [prə'vɪʒənəl] *adj 1.* provisorisch; *2. (measures, legislation)* vorläufig
provisory [prə'vaɪzərɪ] *adj 1. (provisional)* provisorisch, vorläufig; *2. (conditional)* vorbehaltlich
provocation [prɒvə'keɪʃən] *sb* Provokation *f*, Herausforderung *f*; *at the slightest ~* beim geringsten Anlass
provoke [prə'vəʊk] *v 1.* provozieren, reizen, herausfordern; *2. (a feeling)* erregen; *3. (discussion)* herbeiführen; *4. (criticism)* hervorrufen
provoking [prə'vəʊkɪŋ] *adj 1. (inciting)* provozierend; *2. (vexing)* ärgerlich
prowl [praʊl] *v 1.* herumstreichen; *2. (sth)* durchstreifen
prowler ['praʊlə] *sb* Herumtreiber(in) *m/f*
proximity [prɒk'sɪmɪtɪ] *sb* Nähe *f*
proxy ['prɒksɪ] *sb 1. (power)* Vollmacht *f*; *by ~* in Vertretung; *2. (person)* Vertreter *m*
prude [pru:d] *sb to be a ~* prüde sein
prudence ['pru:dəns] *sb* Umsicht *f*
prudery ['pru:dərɪ] *sb* Prüderie *f*
prudish ['pru:dɪʃ] *adj* prüde
prune[1] [pru:n] *v 1. (a tree)* beschneiden; *(a hedge)* schneiden; *2. (an essay, expenditures)* kürzen
prune[2] [pru:n] *sb* Backpflaume *f*
pry[1] [praɪ] *v* neugierig sein, seine Nase stecken in
pry[2] [praɪ] *v ~ open (US)* aufbrechen
prying ['praɪɪŋ] *adj* neugierig
psalm [sɑ:m] *sb REL* Psalm *m*
pseudo ['sju:dəʊ] *adj* Pseudo..., Möchtegern..., affektiert, gewollt
pseudonym ['sju:dənɪm] *sb* Pseudonym *n*
psych [saɪk] *v (fam)~ up* ermuntern, aufmuntern, aufbauen
psyche ['saɪkɪ] *sb* Psyche *f*
psychedelic [saɪkə'delɪk] *adj* psychedelisch
psychiatric [saɪkɪ'ætrɪk] *adj MED* psychiatrisch; *(illness)* psychisch
psychiatrist [saɪ'kaɪətrɪst] *sb MED* Psychiater *m*
psychiatry [saɪ'kaɪətrɪ] *sb* Psychiatrie *f*
psychic ['saɪkɪk] *sb 1.* Mensch mit übernatürlichen Kräften *m*; *adj 2.* übersinnlich
psycho ['saɪkəʊ] *sb (fam)* Psychopath *m*
psychological [saɪkə'lɒdʒɪkəl] *adj* psychologisch; *It's all ~ (it's all in your mind).* Das ist alles nur Einbildung.
psychologist [saɪ'kɒlədʒɪst] *sb* Psychologe/Psychologin *m/f*
psychology [saɪ'kɒlədʒɪ] *sb 1.* Psychologie *f*; *2. (psychological make-up)* Psyche *f*
psychopath ['saɪkəʊpæθ] *sb* Psychopath(in) *m/f*
psychotherapist [saɪkəʊ'θerəpɪst] *sb* Psychotherapeut(in) *m/f*
psychotherapy [saɪkəʊ'θerəpɪ] *sb* Psychotherapie *f*
psychotic [saɪ'kɒtɪk] *adj* psychotisch
pub [pʌb] *sb 1.* Pub *n*, Lokal *n*; *2. (in the country)* Wirtshaus *n*
pub-crawl ['pʌbkrɔ:l] *sb (fam)* Kneipenbummel *m*
puberty ['pju:bətɪ] *sb* Pubertät *f*
public ['pʌblɪk] *adj 1.* öffentlich; *in the ~ eye* im Lichte der Öffentlichkeit; *make ~* bekannt machen; *sb 2.* Öffentlichkeit *f*; *his ~* sein Publikum
public address system ['pʌblɪk ə'dres sɪstəm] *sb* öffentliche Lautsprecheranlage *f*
publican ['pʌblɪkən] *sb (UK)* Gastwirt(in) *m/f*
publication [pʌblɪ'keɪʃən] *sb 1.* Veröffentlichung *f*; *2. (thing published)* Publikation *f*
public company ['pʌblɪk 'kʌmpənɪ] *sb ECO* Aktiengesellschaft *f*
public enemy ['pʌblɪk 'enemɪ] *sb* Staatsfeind *m*
public holiday ['pʌblɪk 'hɒlɪdeɪ] *sb* gesetzlicher Feiertag *m*
public house ['pʌblɪk haʊs] *sb (UK)* Gaststätte *f*
publicity [pʌb'lɪsɪtɪ] *sb* Werbung *f*, Publicity *f*
public limited company ['pʌblɪk 'lɪmɪtɪd 'kʌmpənɪ] *sb (UK) ECO* Aktiengesellschaft *f*
public relations ['pʌblɪk rɪ'leɪʃənz] *sb* Publicrelations *pl*
public school ['pʌblɪk sku:l] *sb 1. (UK)* höhere Privatschule mit Internat *f*; *2. (US)* staatliche Schule *f*
public sector ['pʌblɪk 'sektə] *sb POL* öffentlicher Sektor *m*
public transport ['pʌblɪk 'trænspɔ:t] *sb* öffentliche Verkehrsmittel *pl*
publish ['pʌblɪʃ] *v 1.* veröffentlichen; *2. (a thesis)* publizieren; *3. (serve as publisher of)* herausgeben
publisher ['pʌblɪʃə] *sb 1. (person)* Verleger *m*, Herausgeber *m*; *2. (firm)* Verlag *m*
publishing house ['pʌblɪʃɪŋ haʊs] *sb* Verlag *m*
pudding ['pʊdɪŋ] *sb* Pudding *m*

puddle ['pʌdl] *sb* Pfütze *f*
pudgy ['pʌdʒɪ] *adj* dicklich
puff [pʌf] *v 1. (pant)* schnaufen; *2. (smoke)* ausstoßen; *(a cigar)* paffen (fam); *sb 3.* Schnaufen *n; (on a cigarette)* Zug *m*
• **puff up** *v (swell)* anschwellen
puffy ['pʌfɪ] *adj* aufgequollen, verschwollen
pug [pʌg] *sb ZOOL* Mopps *m*
puke [pju:k] *v (fam)* kotzen
pull [pʊl] *v 1.* ziehen; *2. (move)* fahren; *3. (sth)* ziehen; *(tug)* ziehen an; *4. ~ one's punches* verhalten schlagen; *(fig)* sich zurückhalten; *5. (strain a muscle)* zerren; *sb 6. (~ed muscle)* Zerrung *f*
• **pull away** *v ~ from (increase one's lead on)* sich absetzen von
• **pull down** *v 1.* herunterziehen; *2. (a building)* abreißen
• **pull in** *v 1. (drive in) (to a station)* einfahren; *(to a driveway)* hineinfahren; *2. (fam: earn)* kassieren
• **pull out** *v 1. (withdraw)* aussteigen (fam); *(troops)* abziehen; *2. (leave: train)* herausfahren; *3. (sth)* herausziehen
• **pull over** *v (to the side of the road)* zur Seite fahren
• **pull together** *v pull o.s. together* sich zusammenreißen
• **pull up** *v (stop)* anhalten
pull-up ['pʊlʌp] *sb (exercise)* Klimmzug *m*
pulp [pʌlp] *sb 1.* Brei *m; beat s.o. to a ~ (fam)* jdn zu Brei schlagen; *2. (of fruit) GAST* Fruchtfleisch *n*
pulpit ['pʊlpɪt] *sb* Kanzel *f*
pulpy ['pʌlpɪ] *adj* breiig
pulsate [pʌl'seɪt] *v* pulsieren
pulse [pʌls] *sb 1. ANAT* Puls *m; 2. PHYS* Impuls *m*
pulverize ['pʌlvəraɪz] *v 1.* pulverisieren; *2. (fam: defeat)* fertig machen
pump [pʌmp] *v 1.* pumpen; *~ bullets into s.o.* jdn mit Blei voll pumpen (fam); *2. (a stomach)* auspumpen; *~ s.o. for information* jdn aushorchen; *sb 3.* Pumpe *f*
• **pump up** *v (inflate)* aufpumpen
pun [pʌn] *sb* Wortspiel *n*
punch [pʌntʃ] *v 1. (strike)* mit der Faust schlagen, boxen; *2. (holes)* stechen, stanzen; *3. (a ticket)* lochen, knipsen; *sb 4. (blow)* Faustschlag *m,* Schlag *m; 5. (tool for making holes)* Locher *m; (for tickets)* Lochzange *f; 6. (drink)* Bowle *f; (hot)* Punsch *m*
punchball ['pʌntʃbɔ:l] *sb* Punchingball
punch bowl ['pʌntʃbəʊl] *sb* Bowle *f*
punch-line ['pʌntʃlaɪn] *sb* Pointe *f*
punctual ['pʌŋktjʊəl] *adj* pünktlich
punctuality [pʌŋktjʊ'ælɪtɪ] *sb* Pünktlichkeit *f*
punctuation [pʌŋktjʊ'eɪʃən] *sb* Interpunktion *f*
punctuation mark [pʌŋktjʊ'eɪʃən mɑ:k] *sb* Satzzeichen *n*
puncture ['pʌŋktʃə] *v 1. (tyre)* einen Platten haben; *2. (sth)* stechen in; *(a tyre)* ein Loch machen in; *3. MED* punktieren; *sb 4.* Loch *n; (in skin)* Stich *m; 5. (flat tyre)* Reifenpanne *f*
punish ['pʌnɪʃ] *v 1.* bestrafen; *2. (fam: treat roughly)* strapazieren; *3. (fam: a boxer)* übel zurichten, vorführen
punishable ['pʌnɪʃəbl] *adj* strafbar
punishment ['pʌnɪʃmənt] *sb 1. (penalty)* Strafe *f; 2. (punishing)* Bestrafung *f; 3. (fam) take ~* stark strapaziert werden; *(boxer)* vorgeführt werden
punk [pʌŋk] *sb 1.* Punk *m; 2. (US: thug, hood)* Ganove *m*
pupil ['pju:pl] *sb 1.* Schüler *m; 2. ANAT* Pupille *f*
puppet ['pʌpɪt] *sb* Marionette *f*
puppy ['pʌpɪ] *sb* junger Hund *m*
purchase ['pɜ:tʃɪs] *v 1.* kaufen, erwerben; *sb 2.* Kauf *m,* Anschaffung *f*
purchase price ['pɜ:tʃɪs praɪs] *sb* Kaufpreis *m*
pure [pjʊə] *adj* rein
purebred ['pjʊəbred] *adj ZOOL* reinrassig
purge [pɜ:dʒ] *v 1.* reinigen; *(a body)* entschlacken; *(an organization)* säubern; *sb 2. POL* Säuberung *f,* Säuberungsaktion *f*
purify ['pjʊərɪfaɪ] *v* reinigen
purity ['pjʊərɪtɪ] *sb* Reinheit *f*
purple ['pɜ:pl] *adj 1.* purpurrot, purpurn; *sb 2.* Purpur *m*
purport [pɜ:'pɔ:t] *v 1. (claim)* vorgeben, behaupten; *2. (mean)* hindeuten auf
purpose ['pɜ:pəs] *sb 1. (aim, goal)* Zweck *m; That defeats the ~.* Das verfehlt den Zweck. *for all practical ~s* praktisch; *2. (intention)* Absicht *f; on ~* absichtlich, mit Absicht
purposeful ['pɜ:pəsfʊl] *adj* zielbewusst, entschlossen
purposely ['pɜ:pəslɪ] *adv* absichtlich
purr [pɜ:] *v* schnurren; *(engine)* summen
purse [pɜ:s] *sb 1.* Portemonee *n,* Geldbeutel *m; 2. (US: handbag)* Handtasche *f; 3. (winnings)* Börse *f; v 4. ~ one's lips* die Lippen schürzen

pursue [pə'sjuː] *v 1.* verfolgen; *(a girl)* nachlaufen; *2. (carry on)* verfolgen; *(an inquiry)* durchführen; *(studies)* nachgehen

pursuit [pə'sjuːt] *sb 1.* Verfolgung *f; 2. (of pleasure)* Jagd *f; 3. (hobby)* Freizeitbeschäftigung *f,* Zeitvertreib *m; 4. (occupation)* Beschäftigung *f*

push [pʊʃ] *v 1. (in a crowd)* drängen, drängeln; *2. (sth)* schieben; *(violently)* stoßen, schubsen (fam); *3. (a button)* drücken; *4. (s.o.) (put pressure on)* drängen, antreiben; *5. (promote)* propagieren; *sb 6.* Schubs *m, (short)* Stoß *m; 7. MIL* Offensive *f*

•**push away** *v* wegschieben, wegstoßen

•**push back** *v 1.* zurückdrängen, *(with one push)* zurückstoßen; *2. (curtains)* zurückschieben

•**push off** *v 1. (in a boat)* abstoßen; *2. (fam: depart)* abhauen

pushchair ['pʊʃtʃɛə] *sb* Sportwagen *m*

pusher ['pʊʃə] *sb (drug dealer)* Puscher *m,* Dealer *m*

pushover ['pʊʃəʊvə] *sb* leichtes Opfer *n*

put [pʊt] *v irr 1.* stellen, setzen; *2. (place)* tun; *~ sth on one's credit card* etw mit der Kreditkarte bezahlen; *3. stay ~ (person)* bleiben, wo man ist, *(object)* festbleiben; *4. (thrust)* stecken; *5. (devote, give over)* setzen; *~ one's mind to it* die Sache in Angriff nehmen; *~ s.o. to work* jdn an die Arbeit setzen; *~ sth to a good use* etw gut verwenden; *~ sth right* etw richtig stellen; *~ an end to sth, ~ a stop to sth* etw ein Ende setzen; *6. (express)* ausdrücken; *(write)* schreiben; *7. (estimate)* schätzen

•**put away** *v irr 1.* einräumen; *(dirty dishes)* wegräumen; *2. (in prison)* einsperren; *3. (fam: an opponent)* ausschalten; *4. (fam: consume) (food)* verdrücken; *(drinks)* wegkippen; *5. (save)* zurücklegen

•**put back** *v irr 1. (replace)* zurücktun; *2. (postpone)* verschieben

•**put by** *v irr* zur Seite legen, auf die hohe Kante legen

•**put down** *v irr 1.* hinlegen, niederlegen, hinstellen; *2. (a deposit)* machen; *3. (write down)* aufschreiben, notieren; *4. (a rebellion)* niederschlagen; *5. ~ to (attribute to)* zuschreiben; *6. (belittle)* herabsetzen; *7. (a plane)* landen

•**put forward** *v irr (propose)* vorbringen, *(s.o.)* vorschlagen

•**put in** *v irr 1. ~ for sth* sich um etw bewerben; *2. (sth)* hineintun, hineinsetzen, hineinstellen; *~ a good word for s.o.* ein gutes Wort für jdn einlegen; *3. (install)* einbauen; *4. (insert) (words)* einsetzen, einfügen; *5. (a claim, an application)* einreichen; *6. (time)* zubringen; *~ an hour's work* eine Stunde arbeiten; *7. ~ an appearance* erscheinen

•**put off** *v irr 1. (postpone)* verschieben; *(a decision)* aufschieben; *2. put s.o. off (by making excuses)* jdn hinhalten; *(repel s.o.)* jdn abstoßen

•**put on** *v irr 1. (clothes)* anziehen; *(a hat, glasses)* aufsetzen; *2. ~ make-up* sich schminken; *3. ~ weight* zunehmen; *4. (a facade)* aufsetzen; *5. ~ airs* vornehm tun; *6. (a play) THEAT* aufführen; *7. ~ a record* eine Platte auflegen; *8. put s.o. on to sth (inform about)* jdm etw vermitteln; *9. put s.o. on (deceive s.o.)* jdn auf den Arm nehmen

•**put out** *v irr 1. (~ to sea) NAUT* auslaufen; *2. (a fire, a candle)* löschen, ausmachen; *3. (a cat, a drunk)* vor die Tür setzen; *4. (a publication)* herausgeben; *5. (stretch out)(foot, hand)* ausstrecken; *6. put s.o. out (inconvenience s.o.)* jdm Umstände bereiten

•**put together** *v irr 1.* zusammentun; *put two and two together (fig)* seine Schlüsse ziehen; *2. (assemble)* zusammensetzen, zusammenbauen; *3. (a book)* zusammenstellen

•**put up** *v irr 1. (stay)* wohnen; *(for one night)* übernachten; *2. ~ with sth* etw dulden, sich etw gefallen lassen; *3. (decorations)* aufhängen; *(a poster)* anmachen; *4. (erect)* errichten; *5. (an umbrella)* aufspannen; *6. ~ resistance* Widerstand leisten; *7. put sth up for sale* etw zum Verkauf anbieten; *8. (give s.o. a place to stay)* unterbringen; *9. put s.o. up to sth* jdn zu etw anstiften

putrid ['pjuːtrɪd] *adj (smell)* faulig

putty ['pʌtɪ] *sb* Kitt *m; He was ~ in her hands.* Er war Wachs in ihren Händen.

puzzle ['pʌzl] *sb 1.* Rätsel *n; 2. (jigsaw ~)* Puzzlespiel *n; v 3. ~ over sth* sich über etw den Kopf zerbrechen; *4. (s.o.)* verblüffen

puzzler ['pʌzlə] *sb (puzzling thing)* schwieriger Fall *m*

puzzling ['pʌzlɪŋ] *adj* rätselhaft

pyjamas [pɪ'dʒɑːməz] *pl (UK)* Pyjama *m,* Schlafanzug *m*

pyramid ['pɪrəmɪd] *sb* Pyramide *f*

pyromania [paɪrəʊ'meɪnɪə] *sb* Pyromanie *f*

pyromaniac [paɪrəʊ'meɪnɪək] *sb* Pyromane/Pyromanin *m/f*

python ['paɪθən] *sb* Pythonschlange *f*

Q

quack [kwæk] *v 1.* quaken; *sb 2. (fam: ~ doctor)* Quacksalber *m*
quad [kwɒd] *sb 1. (quadrangle)* Hof *m; 2. (quadruplet)* Vierling *m*
quadrant ['kwɒdrənt] *sb* Quadrant *m*
quadratic [kwɒd'rætɪk] *adj MATH* quadratisch
quadriga [kwɒ'dri:gə] *sb* Quadriga *f*
quadrille [kwɒ'drɪl] *sb MUS* Quadrille *f*
quadruped ['kwɒdrʊped] *sb BIO* Vierfüßer *m*
quadruple [kwɒd'ru:pl] *v 1. (sth)* vervierfachen; *adj 2.* vierfach
quagmire ['kwægmaɪə] *sb* Morast *m,* Sumpf *m*
quail [kweɪl] *sb* Wachtel *f*
quaint [kweɪnt] *adj 1. (picturesque)* malerisch, idyllisch; *2. (pleasantly odd)* drollig, kurios
quake [kweɪk] *v 1. (person)* zittern, beben; *2. (earth)* beben
quaking ['kweɪkɪŋ] *adj* zitternd, bebend
quaky ['kweɪkɪ] *adj* zitterig
qualification [kwɒlɪfɪ'keɪʃən] *sb 1. (suitable skill, suitable quality)* Qualifikation *f,* Voraussetzung *f; 2. (limitation)* Einschränkung *f; 3. (UK: document)* Zeugnis *n*
qualified ['kwɒlɪfaɪd] *adj 1. (person)* qualifiziert, geeignet; *2. (entitled)* berechtigt; *3. (restricted)* bedingt
qualifier ['kwɒlɪfaɪə] *sb 1. SPORT* Qualifizierte(r) *m/f; 2. (qualifying word)* Bestimmungswort *n, (qualifying phrase)* Bestimmungssatz *m*
qualify ['kwɒlɪfaɪ] *v 1. (fulfil requirements)* infrage kommen; *~ for* sich eignen zu; *2. (get a degree)* sich qualifizieren, seine Ausbildung abschließen; *3. SPORT* sich qualifizieren; *4. (a statement: limit)* einschränken, *(modify)* modifizieren; *5. (entitle s.o.)* berechtigen
qualitative ['kwɒlɪteɪtɪv] *adj* qualitativ
quality ['kwɒlɪtɪ] *sb 1. (excellence)* Qualität *f; 2. (characteristic)* Eigenschaft *f; 3. (nature)* Art *f; 4. (degree)* Qualität *f; adj 5. (fam: excellent)* erstklassig
quality control ['kwɒlɪtɪ kən'trəʊl] *sb* Qualitätskontrolle *f*
quality time ['kwɒlɪtɪtaɪm] *sb* intensiv genutzte Zeit *f*
quandary ['kwɒndərɪ] *sb* Zwangslage *f,* Bedrängnis *n; to be in a ~* nicht wissen, was man tun soll
quant [kwɒnt] *sb* Kahnstange *f*
quantitative ['kwɒntɪtətɪv] *adj* quantitativ
quantity ['kwɒntɪtɪ] *sb 1.* Quantität *f; 2. (amount)* Menge *f; 3. MATH* Größe *f; 4. He's an unknown ~ (fig).* Er ist ein unbeschriebenes Blatt.
quantity discount ['kwɒntɪtɪ 'dɪskaʊnt] *sb ECO* Mengenrabatt *m*
quantum leap [kwɒntəm'li:p] *sb PHYS* Quantensprung *m*
quarrel ['kwɒrəl] *v 1.* sich streiten; *(have a minor quarrel)* sich zanken; *2. ~ with* etw auszusetzen haben an; *sb 3.* Streit *m,* Zank *m*
quarreller ['kwɒrələ] *sb* Streitsüchtige(r) *m/f*
quarrelling ['kwɒrəlɪŋ] *sb* Streiterei *f*
quarry ['kwɒrɪ] *sb 1. (for stones)* Steinbruch *m; 2. (prey)* Beute *f; 3. (fig: thing)* Ziel *n; 4. (fig: person)* Opfer *n*
quart [kwɔ:t] *sb (UK: 1.14 litres; US: 0.95 litres)* Quart *n*
quartan ['kwɔ:tn] *adj* viertägig, Viertage...
quarter ['kwɔ:tə] *sb 1.* Viertel *n; 2. a ~ of an hour* eine Viertelstunde *f; a ~ to three* Viertel vor drei; *a ~ past three* Viertel nach drei; *3. (of a year)* Quartal *n,* Vierteljahr *n; 4. (US: 25 cents)* 25-Centstück *n; 5. (part of town)* Viertel *n; 6. ~s (lodgings)* Quartier *n,* Unterkunft *f,* Wohnung *f; to be confined to ~s* Stubenarrest haben; *7. at close ~s* nahe aufeinander; *to be at close ~s* in der Nähe sein; *8. (mercy)* Schonung *f,* Pardon *m; give no ~* kein Pardon gewähren; *v 9. (lodge)* unterbringen, einquartieren
quarterback ['kwɔ:təbæk] *sb SPORT* Quarterback *m*
quarterfinal ['kwɔ:təfaɪnl] *sb SPORT* Viertelfinale *n*
quarter-hour ['kwɔ:təraʊə] *sb* Viertelstunde *f*
quarterly ['kwɔ:təlɪ] *adj* vierteljährlich
quarterstaff ['kwɔ:təstɑ:f] *sb* Schlagstock *m*
quarto ['kwɔ:təʊ] *sb MIL* Quartformat *n*
quartz [kwɔ:ts] *sb MIN* Quarz *m*
quash [kwɒʃ] *v* unterdrücken, niederschlagen

quaver ['kweɪvə] *v* *1.* beben, zittern; *2. MUS* Achtelnote *f*
quayside ['ki:saɪd] *sb* Kai *m*
queasy ['kwi:zɪ] *adj (sick)* übel; *I feel ~.* Mir ist übel.
queen [kwi:n] *sb* *1.* Königin *f;* *2. (chess, cards)* Dame *f*
queen bee [kwi:n bi:] *sb ZOOL* Bienenkönigin *f*
queenly ['kwi:nlɪ] *adj* königlich
queer [kwɪə] *adj* *1.* eigenartig, seltsam, komisch; *2. (fam: unwell)* unwohl; *3. (fam: homosexual)* schwul; *sb* *4. (fam)* Schwuler *m*
quell [kwel] *v* unterdrücken, ersticken, niederschlagen
quench [kwentʃ] *v* löschen
quenchable ['kwentʃəbl] *adj* löschbar, zu löschen
query ['kwɪərɪ] *sb* Frage *f*
quest [kwest] *sb* Suche *f*
question ['kwestʃən] *sb* *1.* Frage *f;* *to be a ~ of* sich handeln um; *there is no ~ of ...* es ist nicht die Rede davon, dass ...; *that is out of the ~* das kommt nicht infrage; *the matter in ~* die fragliche Angelegenheit; *v* *2. (s.o.)* befragen, *(by police)* vernehmen; *(in court)* verhören; *3. (sth)* bezweifeln, *(dispute)* infrage stellen
questionable ['kwestʃənəbl] *adj* fragwürdig
questioning ['kwestʃənɪŋ] *sb* *1. (interrogation)* Verhör *n,* Vernehmung *f;* *2. (interview)* Befragung *f;* *adj* *3.* fragend
questionless ['kwestʃənlɪs] *adj* fraglos
question mark ['kwestʃən mɑ:k] *sb* Fragezeichen *n*
questionnaire [kwestʃə'nɛə] *sb* Fragebogen *m*
question time ['kwestʃən taɪm] *sb* Fragestunde *f*
queue [kju:] *v* *1. (~ up)* Schlange stehen, sich anstellen; *sb* *2.* Schlange *f*
quick [kwɪk] *adj* *1. (rapid)* schnell; *2. (~ly done)* kurz, flüchtig; *to be ~ about sth* sich mit etw beeilen; *3. (on one's feet)* flink; *4. (mentally)* schnell von Begriff; *5. (temper)* hitzig, heftig
quicken ['kwɪkən] *v* beschleunigen, beleben
quickness ['kwɪknɪs] *sb* Schnelligkeit *f,* Geschwindigkeit *f*
quicksand ['kwɪksænd] *sb* Treibsand *m*
quicksilver ['kwɪksɪlvə] *sb CHEM* Quecksilber *n*
quick-tempered [kwɪk'tempəd] *adj* jähzornig
quick-witted [kwɪk'wɪtɪd] *adj* aufgeweckt, *(reply)* schlagfertig
quid [kwɪd] *sb (fam)(UK)* Pfund *n*
quiet ['kwaɪət] *v* *1.* zur Ruhe bringen; *2. (silence)* zum Schweigen bringen; *3. (make calm)* beruhigen; *adj* *4.* ruhig; *5. (voice, music)* leise; *6. (silent)* still
• **quiet down** *v* sich beruhigen
quieten ['kwaɪətn] *v* beruhigen, zur Ruhe bringen
quiff [kwɪf] *sb (UK: tuft of hair)* Tolle *f,* Stirnlocke *f*
quill [kwɪl] *sb* *1. ZOOL* Feder *f;* *2. (porcupine's)* Stachel *m*
quilt [kwɪlt] *sb* Steppdecke *f*
quintal ['kwɪntl] *sb* Doppelzentner *m*
quintuplets [kwɪn'tju:plɪts] *pl* Fünflinge *pl*
quip [kwɪp] *v* *1.* witzeln; *sb* *2.* witziger Einfall *m,* geistreiche Bemerkung *f,* Bonmot *n*
quipster ['kwɪpstə] *sb* schlagfertiger Mensch *m*
quirk [kwɜ:k] *sb* *1.* Eigenart *f;* *2. (in a negative sense)* Schrulle *f;* *3. (of fate)* Laune *f*
quirky ['kwɜ:kɪ] *adj* eigenartig
quit [kwɪt] *v irr* *1. (leave one's job)* kündigen; *2. (accept defeat)* aufgeben; *3. (sth) (leave)* verlassen; *4. (a job)* kündigen; *5. (fam: stop)* aufhören mit
quite [kwaɪt] *adv* *1. (to some degree)* ziemlich; *~ good* recht gut; *2. (entirely)* ganz, völlig; *3. (truly)* wirklich
quits [kwɪts] *adj* *1.* quitt; *2. call it ~* Schluss machen
quiver ['kwɪvə] *v* *1.* zittern; *sb* *2. (for arrows) SPORT* Köcher *m*
quiz [kwɪz] *sb* *1. (~ show)* Quiz *n;* *2. (US: small test)* Prüfung *f*
quizmaster ['kwɪzmɑ:stə] *sb (game-show host)* Quizmaster *m*
quizzical ['kwɪzɪkl] *adj* fragend, zweifelnd
quota ['kwəʊtə] *sb* *1.* Quote *f;* *2. (of goods)* Kontingent *n*
quotation [kwəʊ'teɪʃən] *sb* *1. (passage cited)* Zitat *n;* *2. (price ~)* Kostenvoranschlag *m,* Preisangabe *f;* *3. (stock ~)* Börsennotierung *f*
quotation marks [kwəʊ'teɪʃən mɑ:ks] *pl* Anführungszeichen *pl*
quote [kwəʊt] *v* *1.* zitieren; *2. (cite as an example)* anführen; *3. (a price) ECO* nennen; *4. FIN* notieren

R

rabbit ['ræbɪt] *sb* *ZOOL* *1.* Kaninchen *n;* *2.* *(US)* Hase *m*
rabies ['reɪbiːz] *sb* *MED* Tollwut *f*
race[1] [reɪs] *v* *1.* *(compete in a ~)* laufen, fahren; *2.* *(rush)* rasen, jagen, rennen; *3.* *(engine)* hochdrehen; *4.* *(pulse)* jagen; *5.* *(s.o.)* um die Wette laufen mit, um die Wette fahren mit, *SPORT* laufen gegen, fahren gegen; *sb* *6.* Rennen *n;* *SPORT* *(on foot)* Lauf *m*
race[2] [reɪs] *sb* *(ethnic group)* Rasse f; *the human ~* das Menschengeschlecht *n,* die Menschen *pl*
racehorse [reɪshɔːs] *sb* Rennpferd *n*
racetrack ['reɪstræk] *sb* Rennstrecke *f,* *(for horses)* Pferderennbahn *f*
racial discrimination ['reɪʃəl dɪskrɪmɪ'neɪʃən] *sb* Rassendiskriminierung *f*
racing ['reɪsɪŋ] *sb* *1.* *(activity)* Rennen *n;* *2.* *SPORT* Rennsport *m;* *adj* *3.* Renn...
racism ['reɪsɪzəm] *sb* Rassismus *m*
racist ['reɪsɪst] *sb* Rassist *m*
racket ['rækɪt] *sb* *1.* *(noise)* Krach *m,* Lärm *m;* *2.* *(shady business)* Schwindelgeschäft *n,* *(making excessive profit)* Wucher *m;* *3.* *SPORT* Schläger *m*
racquet ['rækɪt] *sb* Schläger *m*
radar ['reɪdɑː] *sb* Radar *m/n*
radiant ['reɪdɪənt] *adj* strahlend
radiation [reɪdɪ'eɪʃən] *sb* Strahlung *f,* Ausstrahlung *f*
radiator ['reɪdɪeɪtə] *sb* *1.* *(heater)* Heizkörper *m;* *2.* *(of a car)* Kühler *m*
radio ['reɪdɪəʊ] *sb* *1.* *(broadcasting)* Funk *m,* Rundfunk *m;* *2.* *(~ set)* Radio *n*
radioactivity [reɪdɪəʊæk'tɪvɪtɪ] *sb* Radioaktivität *f*
radius ['reɪdɪəs] *sb* Radius *m,* Halbmesser *m*
raffle ['ræfl] *v* *1.* *~ off* in einer Tombola verlosen; *sb* *2.* Tombola *f,* Verlosung *f*
rag [ræg] *sb* *1.* Lumpen *m,* Fetzen *m;* *from ~s to riches* von Armut zu Reichtum; *2.* *(for cleaning)* Lappen *m;* *3.* *~s pl* *(fam: clothes)* Klamotten *pl*
rage [reɪdʒ] *v* *1.* toben, rasen; *2.* *(sea)* toben; *sb* *3.* Wut *f,* Zorn *m;* *4.* *to be all the ~* *(fam)* der letzte Schrei sein
raid [reɪd] *v* *1.* überfallen; *2.* *(fig)* plündern; *sb* *3.* *MIL* Angriff *m;* *4.* *(police ~)* Razzia *f;* *5.* *(by bandits)* Raubzug *m*
rail [reɪl] *sb* *1.* *(for a train)* Schiene *f,* Gleis *n;* *travel by ~* mit der Bahn fahren; *2.* *(for safety)* Geländer *n;* *v* *3.* *~ against s.o.* über jdn schimpfen
railway ['reɪlweɪ] *sb* Eisenbahn *f,* Bahn *f*
railway station ['reɪlweɪ 'steɪʃən] *sb* Bahnhof *m*
rain [reɪn] *v* *1.* regnen; *sb* *2.* Regen *m;* *as right as ~* *(fig)* in guter Verfassung; *3.* *(fig: of bullets, of punches)* Hagel *m*
rainbow ['reɪnbəʊ] *sb* Regenbogen *m*
raincoat ['reɪnkəʊt] *sb* Regenmantel *m*
rainfall ['reɪnfɔːl] *sb* Niederschlag *m*
rain forest ['reɪnfɒrɪst] *sb* Regenwald *m*
rainy ['reɪnɪ] *adj* regnerisch, verregnet
raise [reɪz] *v* *1.* heben, *(blinds, an eyebrow)* hochziehen; *2.* *(in height)* erhöhen, *(level)* anheben; *3.* *~ s.o. from the dead* jdn von den Toten auferwecken; *4.* *(salary, price)* erhöhen, anheben; *5.* *(in a card game)* erhöhen; *6.* *(get together: an army)* *MIL* auf die Beine stellen; *7.* *(money)* aufbringen, auftreiben; *8.* *(a question)* aufwerfen, vorbringen; *9.* *(an objection)* erheben; *~ one's voice against sth* seine Stimme gegen etw erheben; *10.* *(build)* errichten; *11.* *(children)* aufziehen, großziehen; *12.* *AGR* anbauen; *13.* *(contact over radio)* Funkverbindung aufnehmen mit; *sb* *14.* *ECO* *(in salary)* Gehaltserhöhung *f,* *(in wages)* Lohnerhöhung *f*
raisin ['reɪzən] *sb* Rosine *f*
rally ['rælɪ] *v* *1.* sich sammeln; *2.* *(regain vigour)* neue Kräfte sammeln; *3.* *(s.o.)(gather)* versammeln; *4.* *(motivate)* aufmuntern; *sb* *5.* *(gathering)* Massenversammlung *f;* *6.* *(on the stock market)* Erholung *f;* *7.* *(road race)* Rallye *f*
ram [ræm] *v* *1.* stoßen, *(with great force)* rammen; *sb* *2.* *ZOOL* Widder *m,* Schafbock *m;* *3.* *battering ~* *HIST* Sturmbock *m*
ramble ['ræmbl] *v* *1.* *(wander about)* wandern; *2.* *(fam: in speaking)* drauflosreden
ramp [ræmp] *sb* Rampe *f,* *(for loading)* Laderampe *f*
rampage [ræm'peɪdʒ] *v* *1.* herumwüten (fam); *sb* *2.* *to be on the ~* randalieren
ranch [rɑːntʃ] *sb* Ranch *f*
rancid ['rænsɪd] *adj* ranzig
random ['rændəm] *sb* *1.* *at ~* aufs Geratewohl; *adj* *2.* ziellos; *3.* *(chance)* zufällig

range [reɪndʒ] *v 1. ~ from ... to ...* von ... bis ... gehen, *(temperature)* zwischen ... und ... liegen; *sb 2. (distance)* Entfernung *f; at close ~* auf kurze Entfernung; *3. (of a telescope, of a gun)* Reichweite *f; out of ~* außer Schussweite; *4. (of a plane)* Flugbereich *m; 5. ~ of vision* Sichtweite *f; 6. (selection)* Reihe *f,* Auswahl *f; 7. mountain ~* Gebirgskette *f; 8. (fig)* Bereich *m; 9. (cooking stove)* Kochherd *m; 10. (US: grazing land)* Freiland *n; 11. shooting ~* Schießplatz *m*

rank [ræŋk] *v 1. ~ among* gehören zu, zählen zu; *2. (sth)* einordnen, *(fig)* zählen; *She is ~ed fourth in the world.* Sie steht an vierter Stelle in der Weltrangliste. *sb 3. MIL* Rang *m; 4. (status)* Stand *m; 5. (row)* Reihe *f; 6. (formation) MIL* Glied

ransom ['rænsəm] *sb 1. (paying of a ~)* Loskauf *m; 2. (sum)* Lösegeld *n; v 3. (pay a ~)* Lösegeld bezahlen für, freikaufen

rap [ræp] *v 1.* klopfen; *2. MUS* rappen (fam); *sb 3. (noise, blow)* Klopfen *n; 4.* (fam: *guilt)* Schuld *f, (penalty)* Strafe *f; take the ~* die Schuld zugeschoben kriegen (fam); *5. beat the ~* sich rauswinden; *6. MUS* Rap *m*

rape [reɪp] *v 1.* vergewaltigen; *sb 2.* Vergewaltigung *f*

rapid ['ræpɪd] *adj 1.* schnell; *pl 2. ~s* Stromschnellen *pl*

rapist ['reɪpɪst] *sb* Vergewaltiger *m*

rapper ['ræpə] *sb MUS* Rapper *m* (fam)

rare[1] [rɛə] *adj 1.* selten; *2. (valuable)* rar

rare[2] [rɛə] *adj (meat)* nicht gar; *(steak)* nicht durchgebraten

rarely ['reəlɪ] *adv* selten

raspy ['rɑːspɪ] *adj (voice)* kratzend

rat [ræt] *sb 1.* Ratte *f; smell a ~ (fig)* den Braten riechen; *v 2. ~ on s.o. (fam: tell on s.o.)* jdn verpfeifen

rate [reɪt] *v 1. (deserve)* verdienen; *2. ~ among ...* gelten als ..., zählen zu ... *3. (estimate the worth of)* schätzen, einschätzen; *sb 4.* Rate *f,* Ziffer *f; at the ~ of* im Verhältnis von; *at any ~* jedenfalls; *5. (speed)* Tempo *n; 6. (UK: local tax)* Gemeindesteuer *f; 7. FIN* Satz *m; 8. (fixed charge)* Tarif *m; 9. ~ of exchange* Umrechnungskurs *m*

rather ['rɑːðə] *adv 1. (more accurately)* vielmehr, eher; *2. (preference)* lieber; *3. (quite)* ziemlich; *4. or ~* beziehungsweise, genauer gesagt

rating ['reɪtɪŋ] *sb 1. (assessment)* Schätzung *f; 2. (category)* Klasse *f; 3. ~s pl (radio, TV)* Einschaltquote *f*

ratio ['reɪʃɪəʊ] *sb* Verhältnis *n*

ration ['ræʃən] *v 1.* rationieren; *sb 2.* Ration *f; 3. ~s pl* Verpflegung *f,* Lebensmittel *pl*

rational ['ræʃənl] *adj 1. (sensible)* vernünftig; *2. (having reason)* rational

rat race ['rætreɪs] *sb* Überlebenskampf *m,* Konkurrenzkampf *m*

rattle ['rætl] *v 1.* klappern; *2. (gunfire)* knattern; *3. (chains)* rasseln; *4. (sth)* schütteln; *5. (fig: make uneasy)* aus der Fassung bringen, verunsichern; *sb 6. (child's toy)* Rassel *f,* Klapper *f; 7. (sound)* Klappern *n,* Rasseln *n,* Knattern *n*

rave [reɪv] *v 1.* delirieren, spinnen; *2. ~ about sth* von etw schwärmen

raven ['reɪvən] *sb ZOOL* Rabe *m*

ravenous ['rævənəs] *adj 1. (appetite)* gewaltig; *2. (person)* heißhungrig

raving ['reɪvɪŋ] *adj* wahnsinnig, verrückt

raw [rɔː] *adj 1.* roh, Roh...; *2. get a ~ deal (fam)* schlecht wegkommen; *3. (without skin)* aufgeschunden; *4. (inexperienced)* neu, unerfahren

raw material [rɔː mə'tɪrɪəl] *sb* Rohstoff *m*

razor ['reɪzə] *sb 1.* Rasiermesser *n; 2. (safety ~)* Rasierapparat *m*

re [riː] *prefix 1. ~...* wieder...; *prep 2. (on a letter)* betrifft

reach [riːtʃ] *v 1. ~ for sth* nach etw greifen, nach etw langen; *2. ~ as far as, ~ to* sich erstrecken bis, gehen bis, reichen bis; *3. (sth)(a place)* erreichen, ankommen an, *(a town)* ankommen in; *~ s.o.'s ears* jdm zu Ohren kommen; *4. (a goal, a total)* erreichen; *5. (come up to)* reichen bis zu, gehen bis zu; *6. to be able to ~ sth* an etw heranreichen können, zu etw hingreifen können; *7. (a conclusion, an agreement)* kommen zu, gelangen zu; *sb 8.* Reichweite *f,* Tragweite *f; within easy ~* leicht erreichbar

react [riː'ækt] *v* reagieren; *~ to* reagieren auf

reaction [riː'ækʃən] *sb* Reaktion *f*

read [riːd] *v irr 1.* lesen; *2. (aloud)* vorlesen; *3. (a meter, a thermometer)* ablesen, sehen auf; *4. (have as its wording)* lauten; *5. (indicate: meter)* anzeigen; *6. (understand: radio transmission)* verstehen; *Do you ~ me?* Können Sie mich verstehen? *7. (UK: for an examination)* vorbereiten

reader ['riːdə] *sb 1.* Leser *m; 2. (UK: at university)* Dozent/Dozentin *m/f; 3. publisher's ~* Verlagslektor *m; 4. (schoolbook)* Lesebuch *n*

readily ['redɪlɪ] *adv* 1. bereitwillig; 2. *(easily)* leicht

reading ['riːdɪŋ] *sb* 1. *(act of ~)* Lesen *n;* 2. *(~ matter)* Lektüre *f;* 3. *(recital)* Lesung *f;* 4. *(interpretation)* Interpretation *f;* 5. *(on a meter)* Anzeige *f*

ready ['redɪ] *adj* 1. bereit, fertig; 2. *(finished)* fertig; 3. *get sth ~* etw fertig machen, etw bereitmachen, *(food, a room)* etw vorbereiten; 4. *get o.s. ~* sich fertig machen, sich bereitmachen; 5. *(prompt)* unverzüglich, prompt; *have a ~ wit* schlagfertig sein; 6. *~ money* jederzeit verfügbares Geld

ready-made ['redɪ'meɪd] *adj* gebrauchsfertig, fertig

real [rɪəl] *adj* 1. wirklich, wahr; 2. *(genuine)* echt; *adv* 3. *(fam: very)(US)* sehr, äußerst, richtig (fam)

real estate ['rɪəlɪsteɪt] *sb* Immobilien *pl*

realistic [rɪə'lɪstɪk] *adj* 1. realistisch; 2. *(true-to-life)* wirklichkeitsgetreu

reality [riː'ælɪtɪ] *sb* Wirklichkeit *f*

realization [riːəlaɪ'zeɪʃən] *sb* 1. Erkenntnis *f;* 2. *(of a goal, of a plan)* Realisierung *f,* Verwirklichung *f;* 3. *(of assets)* Realisation *f,* Flüssigmachen *n*

realize ['rɪəlaɪz] *v* 1. *(recognize)* einsehen, erkennen; 2. *(achieve)* verwirklichen; 3. *(assets) FIN* realisieren, verflüssigen

really ['rɪəlɪ] *adv* 1. wirklich, tatsächlich; 2. *(quite)* wirklich, echt

rear[1] [rɪə] *adj* 1. hintere(r,s), Hinter... *sb* 2. hinterer Teil *m; bring up the ~* die Nachhut bilden; 3. *(fam: buttocks)* Hintern *m*

rear[2] [rɪə] *v* 1. *(a child)* aufziehen; 2. *(an animal)* züchten; 3. *~ up (horse)* sich aufbäumen

rearrange [riːə'reɪndʒ] *v* umstellen

rear-view mirror [rɪəvjuː'mɪrə] *sb* Rückspiegel *m*

reason ['riːzn] *v* 1. *~ with s.o.* vernünftig mit jdm reden; 2. *~ that ...* folgern, dass ...; *sb* 3. *(cause)* Grund *m,* Ursache *f; there is every ~ to believe that ...* alles spricht dafür, dass ...; 4. *(common sense)* Vernunft *f; listen to ~* Vernunft annehmen; *it stands to ~ that ...* es leuchtet ein, dass ...; 5. *(mental powers)* Verstand *m*

reasonable ['riːznəbl] *adj* 1. *(sensible)* vernünftig; 2. *(understanding)* verständig; 3. *(excuse, offer)* akzeptabel; 4. *(price)* angemessen; 5. *(in price)* preiswert

reasonably ['riːznəblɪ] *adv* 1. *(fairly, quite)* ziemlich, leidlich; 2. *(in a reasonable manner)* vernünftig

reassure [riːə'ʃʊə] *v* 1. versichern; 2. *(relieve s.o.'s mind)* beruhigen

reassuring [riːə'ʃʊərɪŋ] *adj* beruhigend

rebel [rɪ'bel] *v* 1. rebellieren; ['rebl] *sb* 2. Rebell/Rebellin *m/f*

rebellion [rɪ'belɪən] *sb* Rebellion *f,* Aufstand *m*

rebound [rɪ'baʊnd] *v* 1. zurückprallen, abprallen; ['riːbaʊnd] *sb* 2. *SPORT* Rebound *m*

rebuild [riː'bɪld] *v irr* 1. wieder aufbauen; 2. *(convert)* umbauen

rebut [rɪ'bʌt] *v* widerlegen, entkräften

recall [rɪ'kɔːl] *v* 1. *(summon back)* zurückrufen; 2. *(an ambassador)* abberufen; 3. *(remember)* sich erinnern an, sich entsinnen; *sb* 4. *(memory)* Gedächtnis *n; total ~* absolutes Gedächtnis *n*

recap ['riːkæp] *v* kurz zusammenfassen

recapture [riː'kæptʃə] *v* 1. zurückerobern; 2. *(fig: atmosphere)* wieder wach werden lassen

receipt [rɪ'siːt] *sb* 1. Empfang *m;* 2. *ECO* Eingang *m,* Erhalt *m;* 3. *(piece of paper)* Quittung *f,* *(for goods)* Empfangsbestätigung *f; v* 4. quittieren

receive [rɪ'siːv] *v* 1. bekommen, erhalten; 2. *(take delivery of)* empfangen; 3. *(welcome)* empfangen; 4. *(a broadcast)* empfangen

receiver [rɪ'siːvə] *sb* 1. Empfänger *m;* 2. *TEL* Hörer *m;* 3. *(in bankruptcy) FIN* Konkursverwalter *m;* 4. *(of stolen goods)* Hehler *m*

recent ['riːsənt] *adj* kürzlich, neuerlich, neueste(r,s), jüngste(r,s)

recently ['riːsəntlɪ] *adv* kürzlich, neulich, vor kurzem

recess ['riːses] *sb* 1. *(in a wall)* Nische *f;* 2. *(of Parliament, of Congress) POL* Ferien *pl;* 3. *(US: in the school day)* Pause *f*

recession [riː'seʃən] *sb* *ECO* Rezession *f,* Konjunkturrückgang *m*

recessive [rɪ'sesɪv] *adj* rezessiv

recharge [riː'tʃɑːdʒ] *v* wiederaufladen

recipe ['resɪpɪ] *sb* Rezept *n,* Kochrezept *n*

reckless ['reklɪs] *adj* 1. leichtsinnig; 2. *(driving, driver)* rücksichtslos

reckon ['rekən] *v* 1. *(calculate)* rechnen; *He's a man to be ~ed with.* Er ist nicht zu unterschätzen. 2. *(calculate sth)* berechnen, errechnen; 3. *(suppose)* glauben; 4. *(estimate)* schätzen; 5. *(consider)* einschätzen

reclaim [rɪ'kleɪm] *v* 1. *(demand back)* zurückfordern; 2. *(a lost item)* abholen

recline [rɪ'klaɪn] *v* 1. *(person)* zurückliegen; 2. *(seat)* sich verstellen lassen

recognition [rekəg'nɪʃən] *sb 1. (acknowledgement)* Anerkennung *f; 2. (identification)* Erkennen *n*
recognizable [rekəg'naɪzəbl] *adj* erkennbar
recognize ['rekəgnaɪz] *v 1. (know again)* wieder erkennen; *2. (acknowledge)* anerkennen; *3. (US: allow to speak)* das Wort erteilen; *4. (identify)* erkennen; *5. (realize)* erkennen
recognized ['rekəgnaɪzd] *adj* anerkannt
recoil [rɪ'kɔɪl] *v 1. (person)* zurückspringen, *(in horror)* zurückschrecken, *(in disgust)* zurückschaudern; *2. (gun)* zurückstoßen; ['riːkɔɪl] *sb 3. (of a gun)* Rückstoß *m*
recollect [rekə'lekt] *v ~ sth* sich an etw erinnern
recommend [rekə'mend] *v* empfehlen; *She has much to ~ her.* Es spricht sehr viel für sie.
recommendable [rekə'mendəbl] *adj* empfehlenswert
recommendation [rekəmen'deɪʃən] *sb 1.* Empfehlung *f; 2. (letter of ~)* Empfehlungsschreiben *n*
reconcile ['rekənsaɪl] *v 1. (facts, wishes)* miteinander in Einklang bringen; *2. (people)* versöhnen; *3. become ~d to sth* sich mit etw abfinden
reconciliation [rekənsɪlɪ'eɪʃən] *sb 1. (of facts, of opposites)* Vereinbarung *f; 2. (of people)* Versöhnung *f*
reconsider [riːkən'sɪdə] *v 1.* nochmals überlegen; *He has ~ed his decision.* Er hat es sich anders überlegt. *2. (a case) JUR* wieder aufnehmen
reconstruct [riːkən'strʌkt] *v 1. (a crime)* rekonstruieren; *2. (a building)* wieder aufbauen
reconstruction [riːkən'strʌkʃən] *sb 1. (of a crime)* Rekonstruktion *f; 2. (of a building)* Wiederaufbau *m*
record [rɪ'kɔːd] *v 1. (on tape)* aufnehmen; *2. (write down)* aufzeichnen; *(thoughts)* niederschreiben; *3. (register)* eintragen; *by ~ed delivery (UK)* per Einschreiben; *4. (keep minutes of)* protokollieren; *5. (with a camera)* festhalten; *6. (meter: register)* registrieren; ['rekɔːd] *sb 7. MUS* Schallplatte *f,* Platte *f; 8. (account)* Aufzeichnung *f; To set the ~ straight ...* Um das mal klarzustellen ...; *9. (of a meeting)* Protokoll *n; on the ~* offiziell; *off the ~* nicht für die Öffentlichkeit bestimmt; *10. (official document)* Unterlage *f,* Akte *f; 11. (history)* Vorgeschichte *f; police ~* Vorstrafen *pl; 12. SPORT* Rekord *m, (personal ~)* Bestleistung *f*
record-player ['rekɔːdpleɪə] *sb* Plattenspieler *m*
recover [rɪ'kʌvə] *v 1.* sich erholen; *2. (regain consciousness)* wieder zu sich kommen; *3. (goods, a lent item)* zurückbekommen; *4. (a lost item)* wieder finden; *5. (a wreck)* bergen
recovery [rɪ'kʌvərɪ] *sb 1. (of sth)* Wiedererlangung *f; 2. (return to good health)* Genesung *f,* Besserung *f; 3. economic ~ ECO* Konjunkturaufschwung *m*
recreation [rekrɪ'eɪʃən] *sb 1.* Erholung *f,* Entspannung *f; 2. (pastime)* Zeitvertreib *m*
recreation ground [rekrɪ'eɪʃən graʊnd] *sb* Freizeitgelände *n*
recriminate [rɪ'krɪmɪneɪt] *v* eine Gegenbeschuldigung vorbringen
recrimination [rɪkrɪmɪ'neɪʃən] *sb* Gegenbeschuldigung *f*
recruit [rɪ'kruːt] *v 1. (members)* werben; *2. (soldiers)* rekrutieren; *sb 3. (to a club)* neues Mitglied *n; 4. MIL* Rekrut *m*
recruitment [rɪ'kruːtmənt] *sb 1.* Anwerbung *f,* Werbung *f; 2. (of soldiers)* Rekrutierung *f*
rectangle ['rektæŋgl] *sb* Rechteck *n*
rectify ['rektɪfaɪ] *v* berichtigen, korrigieren
rector ['rektə] *sb REL* Pfarrer *m*
recuperate [rɪ'kuːpəreɪt] *v* sich erholen
recur [rɪ'kɜː] *v 1. (event, problem)* wiederkehren; *2. (theme, character, sickness)* wieder auftreten; *3. (to be repeated)* sich wiederholen
recurrent [rɪ'kʌrənt] *adj* immer wiederkehrend, immer wieder auftretend
recyclable [rɪ'saɪkləbl] *adj* wiederverwertbar, recycelbar
recycle [riː'saɪkl] *v* wieder verwerten, recyceln
recycling [riː'saɪklɪŋ] *sb* Recycling *n,* Wiederverwertung *f*
red [red] *adj 1.* rot; *see ~ (fig)* rot sehen; *~ in the face (fig)* verlegen; *sb 2.* Rot *n; 3. to be in the ~ (fig)* in Schulden stecken
Red Cross [red krɒs] *sb* Rotes Kreuz *n*
redden ['redn] *v 1.* rot werden, sich röten; *2. (~ sth)* rot machen, rot färben
redecorate [riː'dekəreɪt] *v 1.* renovieren; *2. (repaint)* neu streichen; *3. (repaper)* neu tapezieren
redefine [riːdɪ'faɪn] *v* neu definieren
redevelop [riːdɪ'veləp] *v (a neighbourhood)* sanieren

red-hot ['red'hɒt] *adj 1.* rot glühend; *2. (fig: very hot)* glühend heiß; *3. (fig: momentarily very popular)* sehr gefragt

redirect [riːdaɪ'rekt] *v 1. (forward)* nachsenden; *2. (fig: efforts)* eine neue Richtung geben

red-light district [red'laɪtdɪstrɪkt] *sb* Rotlichtbezirk *m*

redraft ['riːdrɑːft] *sb* neu erstellen, neu entwerfen

reduce [rɪ'djuːs] *v 1.* reduzieren; *~ to a common denominator* auf einen gemeinsamen Nenner bringen; *2. (swelling)* verringern; *3. (in rank) MIL* degradieren; *4. (a price, standards)* herabsetzen; *He is ~d to sweeping the streets.* Er ist zum Straßenkehrer herabgesunken. *5. (expenses)* kürzen; *6. (scale down)* verkleinern; *7. (in length)* verkürzen

reduction [rɪ'dʌkʃən] *sb 1.* Verminderung *f,* Reduzierung *f, (of prices)* Herabsetzung *f; 2. (copy)* Verkleinerung *f*

redundant [rɪ'dʌndənt] *adj 1.* überflüssig; *2. (UK: worker) ECO* arbeitslos

reek [riːk] *v 1.* stinken; *sb 2.* Gestank *m*

reel [riːl] *v 1.* taumeln, *(drunk)* torkeln; *sb 2. (of film)* Spule *f; 3. (of thread, of fishing line)* Rolle *f*

• **reel in** *v 1.* einrollen; *2. (a fish)* einholen

• **reel off** *v (a list, a poem)* herunterrasseln (fam)

re-election [riːɪ'lekʃən] *sb POL* Wiederwahl *f*

re-establish [riːəs'tæblɪʃ] *v* wiederherstellen

refer [rɪ'fɜː] *v 1. (pass)* weiterleiten; *2. ~ s.o. to s.o.* jdn an jdn verweisen, *(to another doctor)* jdn zu jdm überweisen

• **refer to** *v 1. (allude to)* sprechen von; *2. (regard)* sich beziehen auf, *(rule)* gelten für; *3. (consult a book)* nachschauen in

reference ['refrəns] *sb 1. (mention)* Erwähnung *f,* Hinweis *m; 2. (indirect allusion)* Anspielung *f; 3. (testimonial)* Referenz *f,* Zeugnis *n; 4. (US: person giving a ~)* Referenz *f; 5. (note to the reader)* Verweis *m; 6. with ~ to ...* was ... betrifft, *(in a business letter)* bezüglich

reference book ['refrəns bʊk] *sb* Nachschlagewerk *n*

refill [riː'fɪl] *v 1.* nachfüllen; ['riːfɪl] *sb 2. (for a fountain pen, for a lighter)* Nachfüllpatrone *f; (for a ballpoint pen)* Ersatzmine *f; 3. (fam: of a drink) Would you like a ~?* Darf ich nachschenken? *"free ~s"* Es wird umsonst nachgeschenkt.

refine [rɪ'faɪn] *v 1. (sugar, oil)* raffinieren; *2. (manners)* verfeinern, kultivieren; *3. (techniques)* verfeinern, verbessern

refined [rɪ'faɪnd] *adj (person)* kultiviert

reflect [rɪ'flekt] *v 1. (contemplate)* nachdenken; *~ on* nachdenken über; *2. (cast back)* reflektieren, zurückwerfen; *3. (mirror)* spiegeln; *4. (fig)* widerspiegeln; *5. ~ on (show sth about)* etw aussagen über, sich auswirken auf, *(unfavourably)* ein schlechtes Licht werfen auf

reflection [rɪ'flekʃən] *sb 1. (reflecting)* Reflexion *f; 2. (image)* Spiegelbild *n; 3. (contemplation)* Betrachtung *f, (consideration)* Überlegung *f; 4. ~s pl (comments, thoughts)* Gedanken *pl,* Betrachtungen *pl*

reflex ['riːfleks] *sb* Reflex *m*

reform [rɪ'fɔːm] *v 1. (sth)* reformieren; *2. (o.s.)* sich bessern; *sb 3.* Reform *f*

refrain [rɪ'freɪn] *sb 1. MUS* Refrain *m; v 2. ~ from* Abstand nehmen von, absehen von, sich ... enthalten

refresh [rɪ'freʃ] *v* erfrischen

refreshing [rɪ'freʃɪŋ] *adj 1.* erfrischend; *2. (sleep)* erquickend

refreshment [rɪ'freʃmənt] *sb 1.* Erfrischung *f, (through food)* Stärkung *f; 2. ~s pl* Erfrischungen *pl*

refrigerator [rɪ'frɪdʒəreɪtə] *sb 1.* Kühlschrank *m,* Eisschrank *m; 2. (room)* Kühlraum *m*

refuel [rɪː'fjʊəl] *v* auftanken

refugee [refjʊ'dʒiː] *sb POL* Flüchtling *m*

refugee camp [refjʊ'dʒiːkæmp] *sb* Flüchtlingslager *n*

refusal [rɪ'fjuːzəl] *sb 1.* Ablehnung *f; 2. have first ~ of sth* etw als Erster angeboten bekommen; *3. (of an order)* Verweigerung *f*

refuse [rɪ'fjuːz] *v 1.* ablehnen, zurückweisen; *I ~ to believe it.* Ich glaube das einfach nicht. *He ~d to be bullied.* Er ließ sich nicht tyrannisieren. *2. (an order)* verweigern; *~ to do sth* sich weigern, etw zu tun; *it ~d to work* es wollte nicht funktionieren; ['refjuːs] *sb 3.* Müll *m*

regard [rɪ'gɑːd] *v 1. (consider)* betrachten; *2. (concern)* betreffen; *as ~s ...* was ... betrifft; *with ~ to ...* was ... betrifft, in Bezug auf; *3. (s.o.'s wishes)* berücksichtigen; *sb 4. (respect)* Achtung *f; hold in high ~* in Ehren halten, hoch achten; *5.* Rücksicht *f; have no ~ for s.o.'s feelings* auf jds Gefühle keine Rücksicht nehmen; *6. ~s pl* Gruß *m; Give her my ~s.* Grüße sie von mir.

regarding [rɪ'gɑːdɪŋ] *prep* bezüglich, hinsichtlich, in Bezug auf
regime [reɪ'ʒiːm] *sb POL* Regime *n*
regimen ['redʒɪmen] *sb 1. (exercise)* Trainingsverfahren *n; 2. (diet)* Diät *f*
regiment ['redʒɪmənt] *sb MIL* Regiment *n*
Regina [rɪ'dʒaɪnə] *sb* offizieller Titel der Königin
region ['riːdʒən] *sb 1. (of a country)* Gebiet *n,* Region *f; 2. (administrative ~)* Bezirk *m; 3. (fig)* Bereich *m*
regional ['riːdʒənəl] *adj* regional
register ['redʒɪstə] *v 1. (at a hotel)* sich anmelden; *2. (for classes)* sich einschreiben; *3. (to vote)* sich eintragen; *4. (sth)* registrieren; *5. (a birth, a marriage, a trademark)* anmelden, eintragen lassen; *6. (a letter)* als Einschreiben aufgeben; *7. (emotion on one's face)* zeigen, ausdrücken; *8. (fig: a success)* buchen, verzeichnen; *9. (in files)* eintragen, *(a statistic)* erfassen; *10. (meter)* anzeigen; *sb 11. (book)* Register *n; 12. (in a hotel)* Gästebuch *n; 13. MUS* Register *n*
registered ['redʒɪstəd] *adj ECO* eingetragen
registered nurse ['redʒɪstəd nɜːs] *sb* staatlich geprüfte Krankenschwester *f*
registered post ['redʒɪstəd pəʊst] *sb* eingeschriebene Sendung *f; by ~* per Einschreiben
registration [redʒɪs'treɪʃən] *sb 1.* Anmeldung *f; 2. (by authorities)* Registrierung *f; 3. (of a trademark)* Einschreibung *f; 4. vehicle ~* Kraftfahrzeugbrief *m*
regret [rɪ'gret] *v 1.* bedauern; *I ~ to say* ich muss leider sagen; *sb 2.* Bedauern *n*
regular ['regjʊlə] *adj 1. (usual, habitual)* normal; *2. (symmetrical)* regelmäßig, *(polygon)* gleichseitig; *3. (taking place at even intervals)* regelmäßig; *4. (accepted)* richtig; *5. (US: gasoline)* bleihaltig; *6. (fam: true)* echt; *You're a ~ comedian.* Du bist aber witzig. *7. MIL* regulär, Berufs...; *sb 8. (~ customer)* Stammkunde/Stammkundin *m/f, (in a pub)* Stammgast *m*
regularly ['regjʊləlɪ] *adv* regelmäßig
regulation [regjʊ'leɪʃən] *sb 1. (rule)* Vorschrift *f; 2. (regulating a machine)* Regulierung *f; adj 3. ~...* vorschriftsmäßig, vorgeschrieben
rehabilitate [riːə'bɪlɪteɪt] *v* rehabilitieren
rehearsal [rɪ'hɜːsəl] *sb* Probe *f*
reheat [riː'hiːt] *v* aufwärmen, wieder aufwärmen
rein [reɪn] *sb 1.* Zügel *m; take the ~s* die Zügel in die Hand nehmen; *give s.o. free ~* jdm freie Hand lassen; *keep a tight ~ on s.o.* jdn an die Kandare nehmen; *v 2. ~ in* zügeln
reinforced [riːɪn'fɔːst] *adj* verstärkt
reject [rɪ'dʒekt] *v 1.* ablehnen; *2. (a suitor)* abweisen; *3. (a possibility, a judgment)* verwerfen
rejection [rɪ'dʒekʃən] *sb* Ablehnung *f,* Verwerfung *f,* Zurückweisung *f*
rejoice [rɪ'dʒɔɪs] *v 1.* sich freuen, jubeln; *2. REL* jauchzen
rejuvenate [rɪ'dʒuːvɪneɪt] *v 1.* verjüngen; *2. (fig)* erfrischen
relate [rɪ'leɪt] *v 1.* zusammenhängen; *2. I can ~ to that. (fam)* Davon kann ich ein Lied singen. *3. (recount)* erzählen; *4. (associate)* in Zusammenhang bringen, in Beziehung bringen, verbinden
related [rɪ'leɪtɪd] *adj 1. (people)* verwandt; *~ by marriage* verschwägert; *2. (things)* verbunden
relation [rɪ'leɪʃən] *sb 1. (relationship)* Beziehung *f,* Verhältnis *n; in ~ to* im Verhältnis zu; *2. (relative)* Verwandte(r) *m/f*
relationship [rɪ'leɪʃənʃɪp] *sb 1.* Verhältnis *n; 2. (to a relative)* Verwandtschaft *f*
relative ['relətɪv] *adj 1.* verhältnismäßig, relativ; *~ to* im Verhältnis zu; *2. (respective)* respektiv; *3. ~ to (relevant to)* bezüglich; *sb 4.* Verwandte(r) *m/f*
relax [rɪ'læks] *v 1.* sich lockern, sich entspannen, *(rest)* sich ausruhen; *2. (calm down)* sich beruhigen; *3. (a rule, one's grip)* lockern; *4. (muscles)* entspannen; *5. (one's effort)* nachlassen in
relaxation [rɪlæk'seɪʃən] *sb* Entspannung *f,* Erholung *f*
relaxed [rɪ'lækst] *adj 1. (person)* entspannt; *2. (atmosphere)* zwanglos; *3. (muscles)* locker
relaxing [rɪ'læksɪŋ] *adj* entspannend
release [rɪ'liːs] *v 1. (s.o.)* befreien; *2. (from an obligation)* entbinden; *3. (a prisoner)* freilassen, entlassen; *4. (a new product)* herausbringen; *5. (news)* veröffentlichen; *6. (let go of)* loslassen, *(one's grip)* lösen; *7. (a handbrake)* losmachen; *8. (pressure, steam)* ablassen; *sb 9.* Freilassung *f,* Entbindung *f,* Entlassung *f; 10. (mechanism)* Auslöser *m; 11. (of a new product)* Neuerscheinung *f; 12. (press ~)* Verlautbarung *f*
relentless [rɪ'lentlɪs] *adj 1. (pitiless)* erbarmungslos; *2. (unremitting)* unermüdlich, *(efforts)* unaufhörlich

relevant ['reləvənt] *adj* einschlägig, sachdienlich, zur Sache gehörig
relief [rɪ'li:f] *sb 1.* Erleichterung *f; provide comic ~* eine lustige Abwechslung schaffen; *2. (substitute)* Ablösung *f; 3. (aid)* Hilfe *f; 4. ART* Relief *n*
relieve [rɪ'li:v] *v 1. (s.o.)* erleichtern; *2. (pain)* lindern, *(completely)* stillen; *3. (tension)* abbauen; *4. (take over from)* ablösen; *5. ~ s.o. of sth (coat)* jdm etw abnehmen, *(burden)* jdn von etw befreien, *(command)* jdn einer Sache entheben, *(fig: steal sth from s.o.)* jdn um etw erleichtern; *6. (monotony)* unterbrechen; *7. ~ boredom* Langeweile vertreiben; *8. ~ o.s. (fam: urinate)* sich erleichtern, seine Notdurft verrichten
relish ['relɪʃ] *v 1.* genießen; *sb 2. with great ~* mit großem Vergnügen; *3. GAST* Relish *n*
relive [ri:'lɪv] *v* noch einmal erleben
reluctant [rɪ'lʌktənt] *adj 1. (person)* abgeneigt; *2. (consent)* widerwillig; *3. (hesitant)* zögernd
rely [rɪ'laɪ] *v ~ on* sich verlassen auf
remain [rɪ'meɪn] *v 1.* bleiben; *That ~s to be seen.* Das wird sich zeigen. *2. (to be left over)* übrig bleiben
remaining [rɪ'meɪnɪŋ] *adj* übrig, restlich
remains [rɪ'meɪnz] *pl 1. (of a building)* Überreste *pl; 2. (archaeological ~)* Ruinen *pl; the ~ of an ancient civilization* Spuren einer alten Zivilisation; *3. (of a meal)* Reste *pl,* Überbleibsel *n*
remake ['ri:meɪk] *sb 1. CINE* Neuverfilmung *f;* [ri:'meɪk] *v irr 2. (a film)* neu verfilmen
remark [rɪ'mɑ:k] *v 1.* bemerken; *2. ~ upon sth* über etw eine Bemerkung machen; *sb 3.* Bemerkung *f*
remarkable [rɪ'mɑ:kəbl] *adj 1.* bemerkenswert; *2.(strange)* merkwürdig; *3. (extraordinary)* außergewöhnlich
remedial [rɪ'mi:dɪəl] *adj* Hilfs...; *~ English* Förderkurs in Englisch *m*
remedy ['remədɪ] *v 1. MED* heilen; *2. (fig: a fault)* beheben, *(a situation)* bessern; *sb 3.* Mittel *n,* Heilmittel *n*
remember [rɪ'membə] *v 1.* sich erinnern an; *2. (commemorate)* bedenken; *3. (bear in mind)* denken an
remind [rɪ'maɪnd] *v ~ s.o. of sth* jdn an etw erinnern; *That ~s me ...* Dabei fällt mir ein ...
reminder [rɪ'maɪndə] *sb 1.* Gedächtnisstütze *f; 2. (letter of ~) ECO* Mahnung *f*
remiss [rɪ'mɪs] *adj* nachlässig
remission [rɪ'mɪʃən] *sb 1. (of a sin) REL* Vergebung *f; 2. MED* Remission *f; 3. (of a sentence) JUR* Straferlass *m*
remit [rɪ'mɪt] *v 1. (send)* überweisen; *2. (pardon)* erlassen, *(a sin)* vergeben
remote [rɪ'məʊt] *adj 1. (isolated)* abgelegen; *2. (distant)* fern, entfernt; *3. (connection, resemblance)* entfernt; *4. (past)* fern; *5. (chance)* winzig, gering; *a ~ possibility* eine vage Möglichkeit; *6. (aloof)* unnahbar
remote control [rɪ'məʊt kən'trəʊl] *sb 1.* Fernsteuerung *f; 2. (of a television)* Fernbedienung *f*
removal [rɪ'mu:vəl] *sb 1.* Entfernung *f,* Abnahme *f, (of an obstacle)* Ausräumung *f; 2. (UK: move from a house)* Umzug *m*
remove [rɪ'mu:v] *v 1.* entfernen; *2. (a lid, a hat, a bandage)* abnehmen; *3. ~ one's make-up* sich abschminken; *4. (a piece of clothing)* ablegen; *5. to be far ~d from* weit entfernt sein von; *He's my cousin twice ~d.* Er ist mein Cousin zweiten Grades. *6. (a name from a list)* streichen; *7. (from a container)* herausbringen; *8. (an obstacle)* beseitigen, aus dem Weg räumen
removed [rɪ'mu:vd] *adj* entfernt
render ['rendə] *v 1. (make)* machen; *~ sth useless* etw unbrauchbar machen; *2. (interpret: a song, a role)* interpretieren, vortragen; *3. (give: assistance)* leisten, *(homage)* erweisen; *for services ~ed* für geleistete Dienste
rendering ['rendərɪŋ] *sb 1.* Darstellung *f; 2. (in a performance)* Darbietung *f; 3. (translation, written version)* Wiedergabe *f,* Version *f*
renew [rɪ'nju:] *v 1.* erneuern; *2. (an acquaintance, discussions, an attack)* wieder aufnehmen; *3. (a library book, a passport)* verlängern
renounce [rɪ'naʊns] *v 1.* verzichten auf; *2. (religion, the devil)* abschwören; *3. (a friend)* verleugnen
renovate ['renəveɪt] *v* renovieren, restaurieren
rent [rent] *v 1.* mieten, *(a farm)* pachten, *(a TV, a car)* leihen; *2. (~ out)* vermieten, *(a farm)* verpachten, *(a TV, a car)* verleihen; *sb 3.* Miete *f, (for a farm)* Pacht *f; for ~ (US)* zu vermieten
rental ['rentəl] *sb 1.* Miete *f; 2. (for a TV, for a car)* Leihgebühr *f; 3. (for land)* Pacht *f; 4. (rented item)* Leihgerät *n; 5. (rented car)* Mietwagen *m*
rental car ['rentəlkɑ:] *sb* Mietwagen *m*
rent-free ['rentfri:] *adj* mietfrei

reorganize [riː'ɔːgənaɪz] *v* neu organisieren, umorganisieren, *(furniture)* umordnen
repair [rɪ'pɛə] *v 1.* reparieren; *2. (clothes, a road)* ausbessern; *3. (a tyre)* flicken; *4. (fig: a wrong)* wieder gutmachen; *sb 5.* Reparatur *f,* Ausbesserung *f; damaged beyond ~* nicht mehr zu reparieren; *6. to be in good ~* in gutem Zustand sein
repairman ['rɪpɛəmæn] *sb* Handwerker *m*
repay [riː'peɪ] *v irr 1. (a debt)* abzahlen; *2.* zurückzahlen; *3. (expenses)* erstatten; *4. (fig: kindness)* vergelten; *5. (fig: a visit)* erwidern
repayment [riː'peɪmənt] *sb 1.* Rückzahlung *f; 2. (fig)* Erwiderung *f*
repeat [rɪ'piːt] *v 1.* wiederholen; *2. (tell to s.o. else)* weitersagen
repeated [rɪ'piːtɪd] *adj* wiederholt, mehrmalig
repel [rɪ'pel] *v 1. (s.o.'s advance, insects)* abwehren; *2. MIL (an attacker)* zurückschlagen, *(an attack)* abschlagen; *3. (disgust)* abstoßen
repellent [rɪ'pelənt] *adj 1.* abstoßend; *sb 2. insect ~* Mittel zur Abwehr von Insekten *n, (for the body)* Mückensalbe *f*
repent [rɪ'pent] *v 1.* Reue empfinden; *2. (sth) REL* bereuen
repercussions [riːpə'kʌʃənz] *pl* Rückwirkungen *pl,* Auswirkungen *pl*
repetition [repə'tɪʃən] *sb* Wiederholung *f*
repetitive [rɪ'petɪtɪv] *adj* sich ständig wiederholend, monoton
replace [rɪ'pleɪs] *v 1. (substitute for, be substituted for)* ersetzen; *2. (put back)* zurücksetzen, zurückstellen, *(on its side)* zurücklegen; *~ the receiver* den Hörer auflegen; *3. (parts)* austauschen, ersetzen
replant [riː'plɑːnt] *v* umpflanzen, neu pflanzen
replay ['riːpleɪ] *sb* Wiederholung *f*
replica ['replɪkə] *sb* Kopie *f*
replicate ['replɪkeɪt] *v 1. (reproduce)* nachahmen, nachbilden; *2. (fold back)* falten, zusammenlegen
reply [rɪ'plaɪ] *v 1.* antworten; *~ to a question* eine Frage beantworten; *sb 2.* Antwort *f*
report [rɪ'pɔːt] *v 1. (announce o.s.)* sich melden; *~ for duty* sich zum Dienst melden; *2. (give a ~)* berichten; *3. (sth)* berichten über; *4. (inform authorities about)* melden; *sb 5.* Bericht *m; 6. (in the media)* Bericht *m,* Reportage *f; 7. (sound of a gun)* Knall *m; 8. (UK: from school)* Schulzeugnis *n*
reportedly [rɪ'pɔːtɪdlɪ] *adv* wie verlautet
reporter [rɪ'pɔːtə] *sb 1.* Berichterstatter *m; 2. (journalist)* Reporter *m,* Berichterstatter *m*
repossess [riːpə'zes] *v* wieder in Besitz nehmen
represent [reprɪ'zent] *v 1. (portray)* darstellen; *2. (act for, speak for)* vertreten
representation [reprɪzen'teɪʃən] *sb 1. (portrayal)* Darstellung *f; 2. (representatives)* Vertretung *f*
representative [reprɪ'zentətɪv] *adj 1. (acting for)* vertretend; *2. (typical)* repräsentativ; *3. (symbolic)* symbolisch; *sb 4.* Vertreter *m; 5. (deputy)* Stellvertreter *m; 6. POL* Abgeordnete(r) *m/f; 7. JUR* Bevollmächtigte(r) *m/f*
repress [rɪ'pres] *v 1.* unterdrücken; *2. (a laugh, a sneeze)* zurückhalten; *3. PSYCH* verdrängen
repression [rɪ'preʃən] *sb 1.* Unterdrückung *f; 2. PSYCH* Verdrängung *f*
reprieve [rɪ'priːv] *sb 1. JUR* Begnadigung *f; 2. (temporary)* Aufschub *m; 3. (fig)* Gnadenfrist *f*
reprimand ['reprɪmɑːnd] *v 1.* tadeln, einen Verweis erteilen, maßregeln; *sb 2.* Tadel *m; 3. (official)* Verweis *m*
reproach [rɪ'prəʊtʃ] *v 1.* Vorwürfe machen; *sb 2.* Vorwurf *m; beyond ~* ohne Tadel; *above ~* über jeden Vorwurf erhaben
reproduce [riːprə'djuːs] *v 1. BIO* sich fortpflanzen, sich vermehren; *2.* wiedergeben; *3. (mechanically)* reproduzieren, *(documents)* vervielfältigen
reproduction [riːprə'dʌkʃən] *sb 1. BIO* Fortpflanzung *f; 2. (copy)* Reproduktion *f, (photo)* Kopie *f; 3. (of sounds)* Wiedergabe *f*
reptile ['reptaɪl] *sb ZOOL* Reptil *n,* Kriechtier *n*
republic [rɪ'pʌblɪk] *sb* Republik *f*
repugnant [rɪ'pʌgnənt] *adj* widerlich
repulse [rɪ'pʌls] *v (an attacker)* zurückschlagen, *(an attack)* abwehren
repulsion [rɪ'pʌlʃən] *sb* Abscheu *f*
repulsive [rɪ'pʌlsɪv] *adj* abscheulich, widerlich, abstoßend
reputable ['repjʊtəbl] *adj* angesehen, ehrbar, anständig
reputation [repjʊ'teɪʃən] *sb* Ruf *m*
request [rɪ'kwest] *v 1.* bitten um, ersuchen um; *~ s.o. to do sth* jdn bitten, etwas zu tun; *2. (a song)* sich wünschen; *sb 3.* Bitte *f,* Wunsch *m; 4. (official ~)* Ersuchen *n*
require [rɪ'kwaɪə] *v 1. (need)* brauchen, benötigen; *I'll do whatever is ~d.* Ich werde alles Nötige tun. *2. (order)* verlangen, fordern

requirement [rɪ'kwaɪəmənt] *sb 1. (condition)* Erfordernis *n,* Anforderung *f,* Voraussetzung *f; 2. (need)* Bedürfnis *n,* Bedarf *m; 3. (desire)* Wunsch *m,* Anspruch *m*
reschedule [riː'ʃedjuːl] *v 1.* verlegen; *2. (to an earlier time)* vorverlegen
rescue ['reskjuː] *v 1.* retten, *(free)* befreien; *sb 2.* Rettung *f, (freeing)* Befreiung *f; To the ~!* Zu Hilfe!
rescuer ['reskjuːə] *sb* Retter *m,* Befreier *m*
research [rɪ'sɜːtʃ] *v 1.* forschen, Forschung betreiben; *2. (sth)* erforschen, untersuchen; *sb 3.* Forschung *f*
resemblance [rɪ'zembləns] *sb* Ähnlichkeit *f; bear a faint ~ to s.o.* leichte Ähnlichkeit mit jdm haben
resent [rɪ'zent] *v 1. (sth)* übel nehmen, sich ärgern über; *2. (s.o.)* ein Ressentiment haben gegen
resentful [rɪ'zentfʊl] *adj 1. (by nature)* übelnehmerisch, reizbar; *2. ~ of* ärgerlich auf, voller Groll auf; *to be ~ of s.o.'s success* jdm seinen Erfolg nicht gönnen
resentment [rɪ'zentmənt] *sb* Ressentiment *n,* Groll *m*
reserve [rɪ'zɜːv] *v 1. (book)* reservieren lassen; *2. (keep)* aufsparen, aufheben; *~ the right to do sth* sich das Recht vorbehalten, etw zu tun; *all rights ~d* alle Rechte vorbehalten; *sb 3. (store)* Reserve *f,* Vorrat *m; in ~* in Reserve; *4. SPORT* Ersatzspieler *m; 5. the ~s MIL* die Reserveeinheiten *pl; 6. (coolness)* Zurückhaltung *f,* Reserve *f*
reserved [rɪ'zɜːvd] *adj 1. (seat, room)* reserviert, belegt; *2. (reticent)* zurückhaltend, reserviert
reservoir ['rezəvwɑː] *sb 1.* Reservoir *n; 2. (fig)* Fundgrube *f*
residence ['rezɪdəns] *sb 1.* Wohnung *f; 2. (stay)* Aufenthalt *m; 3. (place of ~)* Wohnsitz *m,* Wohnort *m; take up ~ in* sich niederlassen in
resident ['rezɪdənt] *sb 1.* Bewohner *m, (of a town)* Einwohner *m; 2. (in a hotel)* Gast *m; 3. MED* im Krankenhaus wohnender Arzt *m; adj 4.* ansässig, wohnhaft
resign [rɪ'zaɪn] *v 1.* kündigen; *2. (from public office, from a committee)* zurücktreten, *(civil servant)* sein Amt niederlegen; *3. (sth)(a post)* zurücktreten von, aufgeben; *4. ~ o.s. to sth* sich mit etw abfinden
resignation [rezɪg'neɪʃən] *sb 1.* Rücktritt *m,* Kündigung *f; 2. (state of mind)* Resignation *f*
resist [rɪ'zɪst] *v 1.* Widerstand leisten gegen, sich widersetzen; *2. (a change)* sich sträuben gegen; *3. (temptation)* widerstehen
resistance [rɪ'zɪstəns] *sb* Widerstand *m*
resit [riː'sɪt] *v* (eine Prüfung) wiederholen
resolution [rezə'luːʃən] *sb 1. (decision)* Beschluss *m,* Entschluss *m; 2. (resoluteness)* Entschlossenheit *f,* Bestimmtheit *f; 3. (of an image) TECH* Rasterung *f; 4. CHEM, MATH* Auflösung *f*
resolve [rɪ'zɒlv] *v 1. ~ to do sth (officially)* beschließen, etw zu tun, *(person)* sich entschließen, etw zu tun; *2. (divide up)* auflösen; *3. (a problem)* lösen; *sb 4. (resoluteness)* Entschlossenheit *f; 5. (decision)* Entschluss *m*
resort [rɪ'zɔːt] *v 1. ~ to* zurückgreifen auf, greifen zu; *~ to violence* Gewalt anwenden; *~ to stealing* sich aufs Stehlen verlegen; *sb 2.* Zuflucht *f; as a last ~* als letzter Ausweg; *3. (place)* Ferienort *m,* Urlaubsort *m*
resource [rɪ'sɔːs] *sb ~ s pl* Mittel *pl; natural ~s pl* Naturschätze *pl,* Reserven *pl*
respect [rɪs'pekt] *v 1.* respektieren, achten; *sb 2.* Respekt *m,* Achtung *f; 3. (consideration)* Rücksicht *f; 4. pay one's ~s to s.o.* jdm seine Aufwartung machen; *pay one's last ~s to s.o.* jdm die letzte Ehre erweisen; *5. (aspect)* Hinsicht *f; 6. with ~ to* in Bezug auf
respectable [rɪs'pektəbl] *adj 1. (club, neighbourhood, firm)* anständig; *2. (person)* ehrbar; *3. (considerable)* beachtlich; *4. (fairly good)* beträchtlich
respective [rɪs'pektɪv] *adj* jeweilig
respectively [rɪs'pektɪvlɪ] *adv* beziehungsweise; *A and B, ~* A beziehungsweise B
respire [rɪ'spaɪə] *v* atmen
respite ['respaɪt] *sb (rest)* Ruhepause *f*
respond [rɪs'pɒnd] *v 1. (answer)* antworten; *2. (react)* reagieren; *3. (machine)* ansprechen
response [rɪs'pɒns] *sb 1. (answer)* Antwort *f; 2. (reaction)* Reaktion *f*
responsibility [rɪspɒnsə'bɪlɪtɪ] *sb 1.* Verantwortung *f; take ~ for* die Verantwortung übernehmen für; *2. (duty)* Verpflichtung *f; 3. (sense of ~)* Verantwortungsgefühl *n*
rest[1] [rest] *v 1.* ruhen, sich ausruhen; *~ up* sich ausruhen; *2. ~ against sth* sich gegen etw stützen, sich gegen etw lehnen; *3. (pause, take a break)* Pause machen; *4. (remain: blame, decision)* liegen; *~ with* liegen bei; *let the matter ~* die Sache auf sich beruhen lassen; *5. ~ on sth* auf etw ruhen, *(argument)* sich stützen auf; *6. (sth)(one's eyes, one's voice)* schonen; *7. ~ sth against sth* etw gegen

etw lehnen; *8. ~ sth on sth* etw auf etw stützen; *sb 9.* Ruhe *f; set s.o.'s fears at ~* jdn beschwichtigen; *10. (on holiday)* Erholung *f; 11. (pause)* Pause *f; 12. (support)* Stütze *f,* Auflage *f;*

rest² [rest] *(remainder)* Rest *m; the ~ of the money* das übrige Geld; *the ~ of us* wir anderen

restaurant ['restərənt] *sb* Restaurant *n,* Gaststätte *f*

resting place ['restɪŋ pleɪs] *sb (final ~)* (letzte) Ruhestätte *f*

restless ['restlɪs] *adj* unruhig

restrain [rɪs'treɪn] *v 1.* zurückhalten; *~ s.o. from doing sth* jdn davon abhalten, etw zu tun; *2. (an animal)* bändigen; *3. (emotions)* unterdrücken; *4. (a prisoner)* mit Gewalt festhalten; *5. ~ o.s.* sich beherrschen

restrict [rɪs'trɪkt] *v 1.* beschränken; *2. ~ o.s. to* sich beschränken auf

restroom ['restruːm] *sb (US)* Toilette *f*

result [rɪ'zʌlt] *v 1.* sich ergeben, resultieren; *~ from* sich ergeben aus; *~ in* führen zu; *sb 2. (consequence)* Folge *f; as a ~* folglich; *3. (outcome)* Ergebnis *n,* Resultat *n*

resume [rɪ'zjuːm] *v 1.* wieder anfangen; *2. (sth)* wieder aufnehmen, fortsetzen; *(command)* wieder übernehmen

resurface [riː'sɜːfəs] *v 1. (reappear)* wieder auftauchen; *2. (put a new surface on)* neu belegen

resurrect [rezə'rekt] *v* wieder beleben

resuscitate [rɪ'sʌsɪteɪt] *v MED* wieder beleben

retail ['riːteɪl] *v 1.* im Einzelhandel verkaufen; *It ~s at $3.99.* Es wird im Einzelhandel für $3.99 verkauft. *sb 2. (~ trade)* Einzelhandel *m*

retailer ['riːteɪlə] *sb ECO* Einzelhändler *m*

retail price ['riːteɪl praɪs] *sb* Einzelhandelspreis *m*

retaliate [rɪ'tælɪeɪt] *v* sich rächen, Vergeltung üben, *(in battle)* zurückschlagen

retch [retʃ] *v* würgen

rethink [riː'θɪŋk] *v irr* überdenken

retire [rɪ'taɪə] *v 1.* sich zurückziehen, in Pension gehen, aufhören zu arbeiten; *2. (go to bed)* sich zurückziehen; *3. (s.o.)* pensionieren; *4. (sth)* aus dem Verkehr ziehen

retort [rɪ'tɔːt] *v 1.* scharf erwidern, entgegnen; *sb 2.* scharfe Erwiderung *f,* Entgegnung *f; 3. CHEM* Retorte *f*

retrace [rɪ'treɪs] *v* zurückverfolgen; *~ one's steps* denselben Weg zurückgehen

retract [rɪ'trækt] *v* zurückziehen, einziehen

retreat [rɪ'triːt] *v 1. MIL* sich zurückziehen; *sb 2. MIL* Rückzug *m; beat a hasty ~ (fig)* eiligst das Feld räumen

retrial ['riːtraɪəl] *sb* Wiederaufnahmeverfahren *n*

retribution [retrɪ'bjuːʃən] *sb* Vergeltung *f*

retrieve [rɪ'triːv] *v 1. (get back)* wiederbekommen; *2. (from wreckage)* bergen; *3. (take out)* herausholen

retrospect ['retrəʊspekt] *sb in ~* im Rückblick

return [rɪ'tɜːn] *v 1. (come back)* zurückkommen, zurückkehren, wiederkommen; *2. (go back)* zurückgehen; *3. (feelings)* wiederkommen, wieder auftreten; *4. (give back)* zurückgeben; *5. (a compliment)* erwidern; *6. ~ a verdict of guilty JUR* schuldig sprechen; *7. (refuse)* zurückweisen; *8. (a letter)* zurücksenden, zurückschicken; *9. (put back)* zurückstellen, zurücksetzen; *10. (bring back)* zurückbringen; *11. (profit, interest) FIN* abwerfen; *sb 12. (coming back)* Rückkehr *f,* Wiederkehr *f; by ~ of post (UK)* postwendend; *13. the point of no ~* der Punkt, an dem es kein Zurück mehr gibt; *14. (UK: ~ ticket)* Rückfahrkarte *f*

return ticket [rɪ'tɜːntɪkɪt] *sb (UK)* Rückfahrkarte *f*

reunification [riːjuːnɪfɪ'keɪʃən] *sb POL* Wiedervereinigung *f*

reunion [riː'juːnjən] *sb 1.* Wiedervereinigung *f; 2. (class ~, family ~)* Treffen *n*

re-use [riː'juːz] *v* wieder verwenden, wieder benutzen

reveal [rɪ'viːl] *v 1. (make known)* enthüllen; *2. (betray)* verraten; *3. (make visible)* zum Vorschein bringen, zeigen

revealing [rɪ'viːlɪŋ] *adj 1. (informative)* aufschlussreich; *2. (neckline)* offenherzig (fam); *3. (skirt)* viel zeigend

revelation [revə'leɪʃən] *sb 1.* Enthüllung *f; That was a ~ to me.* Das hat mir die Augen geöffnet. *2. REL* Offenbarung *f*

revenge [rɪ'vendʒ] *sb 1.* Rache *f; take ~ on s.o. for sth* sich an jdm für etw rächen; *2. (in games)* Revanche *f*

revere [rɪ'vɪə] *v* verehren

reverent ['revərənt] *adj* ehrfürchtig

reverse [rɪ'vɜːs] *v 1. (change to the opposite)* umkehren; *~ the charges (UK)* ein R-Gespräch führen; *2. (a decision)* umstoßen; *3. (turn sth around)* umdrehen; *adj 4.* umgekehrt, *(direction)* entgegengesetzt; *sb 5. (back)* Rückseite *f; 6. (opposite)* Gegenteil *n; 7. (of a coin)* Kehrseite *f; 8. (defeat)* Niederlage *f*

reverse gear [rɪ'vɜːs gɪə] *sb* Rückwärtsgang *m*

revert [rɪ'vɜːt] *v 1. ~ to (a state)* zurückkehren zu, *(a bad state)* zurückfallen in; *2. ~ to (a topic)* zurückkommen auf

review [rɪ'vjuː] *v 1. (a situation)* überprüfen; *2. (re-examine)* erneut prüfen, nochmals prüfen; *3. (look back on)* zurückblicken auf; *4. (a book, a film)* besprechen, rezensieren; *5. (troops)* inspizieren, mustern; *sb 6. (look back)* Rückblick *m; 7. (re-examination)* Prüfung *f,* Nachprüfung *f; 8. (summary)* Überblick *m; 9. (of troops)* Inspektion *f; 10. (magazine)* Zeitschrift *f; 11. (of a book or a film)* Kritik *f,* Rezension *f,* Besprechung *f*

reviewer [rɪ'vjuːə] *sb* Kritiker *m,* Rezensent(in) *m/f*

revise [rɪ'vaɪz] *v 1. (alter)* ändern; *2. (correct)* revidieren, überarbeiten, verbessern

revival [rɪ'vaɪvəl] *sb 1. (coming back)* Wiederaufleben *n,* Wiederaufblühen *n; 2. (bringing back)* Wiederbelebung *f, (of a play)* Wiederaufnahme *f; 3. REL* Erweckung *f*

revive [rɪ'vaɪv] *v 1. (regain consciousness)* wieder zu sich kommen; *2. (recover)* sich erholen; *3. (a business)* wieder aufleben; *4. (s.o.)* wieder beleben; *5. (feelings, hopes)* wieder erwecken; *6. (a custom)* wieder einführen

revoke [rɪ'vəʊk] *v 1. (licence)* entziehen; *2. (a decision)* widerrufen; *3. (a law)* aufheben

revolt [rɪ'vəʊlt] *v 1. (rebel)* revoltieren, rebellieren; *~ against* rebellieren gegen; *2. (be disgusted)* sich empören; *3. (s.o.)* abstoßen, anwidern; *4. (make indignant)* empören; *sb 5.* Empörung *f,* Aufstand *m,* Aufruhr *m*

revolting [rɪ'vəʊltɪŋ] *adj* widerlich, abstoßend

revolution [revə'luːʃən] *sb 1.* Revolution *f; 2. (rotation)* Umdrehung *f; ~s per minute* Drehzahl pro Minute *f; 3. (orbit)* Umlauf *m*

revolve [rɪ'vɒlv] *v 1.* sich drehen; *2. (sth)* drehen

revolving [rɪ'vɒlvɪŋ] *adj* sich drehend, drehbar, Dreh...

reward [rɪ'wɔːd] *v 1.* belohnen; *sb 2.* Belohnung *f*

rewind [riː'waɪnd] *v irr 1. (tape)* zurückspulen; *2. (watch)* wieder aufziehen

rewrite [riː'raɪt] *v 1.* umschreiben, *(without changes)* neu schreiben; ['riːraɪt] *sb 2.* Neufassung *f*

rhetoric ['retərɪk] *sb 1.* Rhetorik *f; 2. (in a negative sense)* Schwulst *m,* leere Phrasen *pl,* Phrasendrescherei *f*

rheumatic [ruː'mætɪk] *adj MED* rheumatisch

rhyme [raɪm] *v 1. LIT* sich reimen; *2. (sth)* reimen; *sb 3.* Reim *m; without ~ or reason* ohne Sinn und Verstand

rhythm ['rɪðəm] *sb* Rhythmus *m*

ribbon ['rɪbən] *sb 1.* Band *n; 2. (for a typewriter)* Farbband *n; 3. tear to ~s* in Fetzen reißen

rich [rɪtʃ] *adj 1.* reich; *~ in ...* ...reich, reich an ...; *2. (food)* schwer; *3. (sound)* voll; *4. (soil)* fett; *5. (colour)* satt

rid [rɪd] *v irr 1. to be ~ of sth* etw los sein; *2. ~ o.s. of sth, get ~ of sth* etw loswerden

riddle ['rɪdl] *sb* Rätsel *n; speak in ~s* in Rätseln sprechen

ride [raɪd] *v irr 1. (in a vehicle, on a bicycle)* fahren; *2. (on a horse)* reiten; *3. (sth) (a horse)* reiten, *(a bicycle)* fahren; *sb 4. (in a vehicle, on a bicycle)* Fahrt *f; take s.o. for a ~* mit jdm eine Fahrt machen, *(fam: cheat s.o.)* jdn reinlegen; *(fam: kill s.o.)* jdn umbringen; *5. (on a horse)* Ritt *m*

rider ['raɪdə] *sb 1. (of a horse)* Reiter *m; 2. (of a bicycle)* Fahrer *m; 3. (to a contract)* Zusatzklausel *f*

ridicule ['rɪdɪkjuːl] *v 1.* lächerlich machen, verspotten; *sb 2.* Spott *m; hold s.o. up to ~* jdn lächerlich machen

ridiculous [rɪ'dɪkjʊləs] *adj* lächerlich

riffle ['rɪfl] *v ~ through* durchblättern

right [raɪt] *v 1. (put upright)* aufrichten; *2. (a wrong)* wieder gutmachen; *adj 3. (correct, proper)* richtig; *in one's ~ mind* bei klarem Verstand; *You're quite ~.* Sie haben ganz recht. *4. (opposite of left)* rechte(r,s); *adv 5. (correctly)* richtig; *if I remember ~* wenn ich mich recht erinnere; *6. (opposite of left)* rechts; *7. (directly)* direkt, *(exactly)* genau; *~ in front of you* direkt vor Ihnen; *I'll be ~ with you.* Ich bin gleich da. *8. ~ away* sofort; *9. ~ now (at this very moment)* in diesem Augenblick, *(immediately)* sofort; *10. (all the way)* ganz; *~ in the middle* genau in der Mitte; *sb 11.* Recht *n; ~ and wrong* Recht und Unrecht; *12. set sth to ~s* etw in Ordnung bringen; *13. (to sth)* Anrecht *n,* Anspruch *m,* Recht *n; have a ~ to sth* einen Anspruch auf etw haben; *14. equal ~s pl* Gleichberechtigung *f; 15. in one's own ~* von selber; *16. (not left side)* rechte Seite *f*

right angle [raɪt 'æŋgl] *sb MATH* rechter Winkel *m; at ~s* rechtwinklig
right-wing ['raɪt'wɪŋ] *adj POL* rechtsorientiert, Rechts..., rechts
rigid ['rɪdʒɪd] *adj* starr, steif, *(principles)* streng
rigor *sb (US) (see "rigour")*
ring [rɪŋ] *v irr 1. (small bell)* klingeln; *2. (bells)* läuten; *3. (voice)* klingen; *~ true* wahr klingen; *4. ~ s.o. (call on the telephone) (UK)* jdn anrufen; *sb 5. (sound)* Klang *m; 6. (sound of a bell)* Läuten *n,* Klingeln *n; 7. (fam: telephone call)* Anruf *m; give s.o. a ~* jdn anrufen; *8. (for one's finger)* Ring *m; 9. (circle)* Ring *m; 10. (at a circus)* Manege *f; 11. (for a boxing match)* Ring *m; 12. (of thieves)* Ring *m*
• ring up *v irr ring s.o. up* jdn anrufen
rink [rɪŋk] *sb* Eisbahn *f,* Eislaufbahn *f*
rinse [rɪns] *v* spülen; *~ down* abspülen
riot ['raɪət] *v 1.* randalieren; *sb 2.* Aufruhr *m*
riot squad ['raɪət skwɒd] *sb* Überfallkommando *n*
rip [rɪp] *v 1.* reißen; *2. (sth)* einen Riss machen in, reißen; *sb 3.* Riss *m*
• rip off *v 1. (tear off)* abreißen, *(clothes)* herunterreißen; *2. (fam: steal)* klauen, *(a shop)* ausrauben; *rip s.o. off* jdn ausnehmen
ripe [raɪp] *adj* reif
rip-off ['rɪpɔf] *sb (fam: outrageous price)* Nepp *m*
rise [raɪz] *v irr 1. (go up)* steigen; *2. (stand up)* aufstehen, sich erheben; *3. (sun, curtain, dough)* aufgehen; *4. (landscape: ascend)* sich erheben; *sb 5. (to power)* Aufstieg *m; 6. (of the sun)* Aufgehen *n; 7. (in ground)* Erhebung *f; 8. (increase)* Anstieg *m,* Steigen *n; 9. (in prices, in pay)* Erhöhung *f; 10. give ~ to* verursachen, Anlass geben zu, hervorrufen; *11. get a ~ out of s.o.* jdn auf die Palme bringen *(fam)*
• rise above *v irr (insults)* erhaben sein über
risk [rɪsk] *v irr 1.* riskieren; *sb 2.* Risiko *n; calculated ~* kalkuliertes Risiko; *at one's own ~* auf eigene Gefahr; *put at ~* gefährden; *run a ~* ein Risiko eingehen
rival ['raɪvəl] *v 1. (fig: to be a match for)* es aufnehmen mit, gleichkommen; *sb 2.* Rivale/Rivalin *m/f; 3. (competitor) ECO* Konkurrent(in) *m/f*
river ['rɪvə] *sb* Fluss *m; sell s.o. down the ~ (fam)* jdn verraten
riverfront ['rɪvəfrʌnt] *sb* Lage am Fluss *n*
road [rəʊd] *sb 1.* Straße *f; 2. (fig)* Weg *m*
roadhouse ['rəʊdhaʊs] *sb* Rasthaus *n*
road works ['rəʊdwɜːkz] *pl* Straßenbauarbeiten *pl*
roam [rəʊm] *v* wandern; *~ about* herumwandern
roar [rɔː] *v 1. (person, animal)* brüllen; *2. (engine)* donnern; *~ past* vorbeibrausen; *the car ~ed up the street* der Wagen donnerte die Straße hinauf; *3. (sea, storm)* toben, *(thunder)* krachen; *sb 4. (person's, animal's)* Brüllen *n,* Gebrüll *n; 5. (of the sea, of a storm)* Toben *n; 6. (of a gun, of an engine)* Donnern *n*
roast [rəʊst] *v 1.* braten; *2. (sth)* braten, *(coffee beans, chestnuts)* rösten; *3. (fam) ~ s.o.* jdn durch den Kakao ziehen (fam); *adj 4.* gebraten; *sb 5.* Braten *m*
rob [rɒb] *v 1. (s.o.)* bestehlen; *2. (a bank, a shop)* ausrauben
robber ['rɒbə] *sb* Räuber *m*
robbery ['rɒbərɪ] *sb 1.* Raub *m; 2. (burglary)* Einbruch *m*
rock[1] [rɒk] *v 1. (violently)* schwanken; *2. (gently)* schaukeln, *(a baby)* wiegen; *3. (shake)* erschüttern; *sb 4. MUS* Rock *m*
rock[2] [rɒk] *sb 1. (material)* Stein *m,* Gestein *n; 2. (one ~)* Fels *m,* Felsen *m, (US: stone)* Stein *m; 3. on the ~s (fam: drink)* mit Eis; *(marriage)* kaputt; *(broke)* pleite
rock-bottom ['rɒkbɒtəm] *adj (price)* allerniedrigst
rocket ['rɔkɪt] *sb* Rakete *f*
rocky ['rɒkɪ] *adj* felsig
rod [rɒd] *sb 1.* Stab *m,* Stange *f; 2. (for punishment, for fishing)* Rute *f*
rodent ['rəʊdənt] *sb ZOOL* Nagetier *n*
rogue [rəʊg] *sb 1. (scoundrel)* Gauner *m,* Schurke *m; 2. (meant humorously)* Schelm *m,* Schlingel *m,* Spitzbube *m; 3. ZOOL* Einzelgänger *m*
role [rəʊl] *sb* Rolle *f*
roll [rəʊl] *v 1.* rollen, *(from side to side)* schlingern; *2. (sth)* rollen, *(a cigarette)* drehen; *3. (drum)* wirbeln; *sb 4.* Rolle *f; 5. (bread)* Brötchen *n; 6. (list)* Liste *f,* Register *n; 7. (of thunder)* Rollen *n*
roller-coaster ['rəʊləkəʊstə] *sb* Achterbahn *f*
roller skate ['rəʊləskeɪt] *sb* Rollschuh *m*
rolling ['rəʊlɪŋ] *adj 1. (hills)* hügelig; *2. (waves)* wogend
romance [rəʊ'mæns] *sb 1.* Liebe *f,* Romanze *f; 2. (love story)* Liebesgeschichte *f*
romantic [rəʊ'mæntɪk] *adj* romantisch
romp [rɒmp] *v 1.* herumtollen, herumtoben; *sb 2.* Tollen *n; 3. SPORT* leichter Sieg *m*

roof [ru:f] *sb 1.* Dach *n; go through the ~ (fig)* an die Decke gehen; *2. (of a car)* Verdeck *n; 3. ~ of the mouth* Gaumen *m*

roofing ['ru:fɪŋ] *sb 1. (covering of roof)* Dachdecken *n; 2. (roof)* Dach *n*

roof rack [ru:f ræk] *sb* Dachgepäckträger *m*

rook[1] [rʊk] *sb (in chess)* Turm *m*

rook[2] [rʊk] *v (fam)* betrügen

rookie ['rʊkɪ] *sb (fam)* Neuling *m,* Anfänger *m*

room [ru:m] *sb 1.* Zimmer *n,* Raum *m; 2. (ball~)* Saal *m; 3. (space)* Platz *m; make ~ for s.o.* jdm Platz machen; *4. (fig)* Spielraum *m; There is ~ for improvement.* Es ließe sich noch manches besser machen. *v 5. ~ with s.o.* mit jdm eine Wohnung teilen

room-service ['ru:msɜ:vɪs] *sb* Zimmerservice *m,* Etagendienst *m*

root [ru:t] *sb 1. BOT* Wurzel *f; take ~* Wurzel fassen; *2. (hair)* Wurzel *f; 3. MATH* Wurzel *f; 4. LING* Stamm *m*

rootless ['ru:tlɪs] *adj* wurzellos, ohne Wurzeln

rope [rəʊp] *sb 1.* Seil *n; know the ~s* sich auskennen, die Spielregeln kennen; *2. (hangman's)* Strick *m; 3. NAUT* Tau *n*

rose [rəʊz] *sb 1.* Rose *f; 2. (colour)* Rosarot *n*

rose-coloured ['rəʊzkʌləd] *adj* rosa-rot; *through ~ spectacles (fig)* durch die rosa-rote Brille

rosy ['rəʊzɪ] *adj 1.* rosa-rot, *(cheeks)* rosig; *2. (fig)* rosig

rot [rɒt] *v 1.* faulen; *2. (corpse)* verwesen; *3. (teeth)* verfaulen; *sb 4. (fam: nonsense)* Quatsch *m,* Blödsinn *m*

rotate ['rəʊteɪt] *v 1.* sich drehen; *2. (sth)* drehen

rotten ['rɒtn] *adj 1.* faul; *2. (wood)* morsch; *3. I feel ~.* Mir ist mies. *4. (fig: corrupt)* verdorben

rouge [ru:ʒ] *sb* Rouge *n*

rough [rʌf] *adj 1. (skin, cloth, voice)* rau; *2. (ground)* uneben, *(road)* holprig; *3. (treatment)* grob, hart; *I had a ~ time.* Es ist mir ziemlich mies gegangen. *4. (sport, match)* hart; *v 5. ~ it (fam)* auf Bequemlichkeit verzichten, primitiv leben, spartanisch hausen

•**rough up** *v (fam: a person)* zusammenschlagen

roughhouse ['rʌfhaʊz] *v* Radau machen, toben

roughly ['rʌflɪ] *adv (about)* ungefähr, etwa

round [raʊnd] *adj 1.* rund; *2. (rotund)* pummelig; *adv 3. look ~* um sich blicken; *turn ~* umdrehen; *order one's car ~* den Wagen vorfahren lassen; *~ and ~* immer rundherum; *all ~* überall; *4. go ~ (spin)* sich drehen; *(make a detour)* außen herumgehen; *(to be sufficient)* reichen; *enough to go ~* genug für alle; *prep 5.* um, um ... herum; *6. ~ about* rundum, ringsum; *sb 7. (of a competition, of talks)* Runde *f; 8. ~s (of a watchman, of a doctor, of a delivery man)* Runde *f; 9. a ~ of applause* Applaus *m,* Beifallssalve *f; 10. (of ammunition)* Ladung *f; 11. (UK: slice)* Scheibe *f; 12. theatre in the ~* Arenatheater *n; 13. MUS* Kanon *m; v 14. (a corner)* gehen um

roundabout ['raʊndəbaʊt] *adj in a ~ way* auf Umwegen; *(speaking)* umständlich

round-trip ticket [raʊnd trɪp 'tɪkɪt] *sb (US)* Rückfahrkarte *f, (plane ticket)* Rückflugticket *n*

rouse [raʊz] *v 1. (from sleep)* wecken; *2. (stimulate)* bewegen; *3. (hatred, suspicions)* erregen

route [ru:t] *sb 1.* Route *f,* Strecke *f; 2. (itinerary)* Reiseroute *f; 3. (bus service)* Linie *f*

routine [ru:'ti:n] *adj 1. (everyday)* alltäglich, immer gleich bleibend, üblich; *2. (happening on a regular basis)* laufend, regelmäßig, routinemäßig; *sb 3.* Routine *f*

row[1] [rəʊ] *sb (line, rank)* Reihe *f*

row[2] [rəʊ] *v (a boat)* rudern

row[3] [raʊ] *sb 1. (UK: quarrel)* Streit *m; 2. (UK: noise)* Lärm *m,* Krach *m; kick up a ~* Krach schlagen; *v 3. (quarrel)* sich streiten

rowdy ['raʊdɪ] *sb 1.* Rowdy *m,* Raufbold *m; adj 2.* rauflustig, *(noisy)* laut

royal ['rɔɪəl] *adj* königlich

royalty ['rɔɪəltɪ] *sb 1. (people)* königliche Personen *pl; 2. (status)* Königtum *n; 3. royalties pl* Tantiemen *pl; 4. royalties pl (from a patent)* Patentgebühren *pl*

rub [rʌb] *v 1. ~ against* reiben an; *2. (sth)* reiben; *~ shoulders with (fig)* verkehren mit; *~ s.o. the wrong way* jdn irritieren

rubber ['rʌbə] *sb 1.* Gummi *m/n; 2. (UK: eraser)* Radiergummi *m; 3. (in a card game)* Robber *m; 4. (fam: condom)* Pariser *m*

rubbish ['rʌbɪʃ] *sb 1.* Abfall *m,* Abfälle *pl; 2. (household ~)* Müll *m; 3. (fig: item of poor quality)* Mist *m; 4. (fam: nonsense)(UK)* Quatsch *m,* Blödsinn *m*

rubbish bin ['rʌbɪʃbɪn] *sb (UK)* Abfalleimer *m,* Mülleimer *m*

ruby ['ru:bɪ] *sb* Rubin *m*

ruddy ['rʌdɪ] *sb (complexion)* gesund, rot
rude [ruːd] *adj 1. (impolite)* unhöflich, grob; *2. (indecent)* unanständig; *3. (abrupt)* unsanft, roh
rudeness ['ruːdnɪs] *sb (impoliteness)* Unhöflichkeit *f*
rue [ruː] *v* bereuen
rueful ['ruːfʊl] *adj* reuevoll
ruffle ['rʌfl] *v 1. (feathers, hair)* zerzausen; *2. (fig: disconcert)* aus der Fassung bringen; *3. (fig: annoy)* irritieren
rug [rʌg] *sb 1.* kleiner Teppich *m; 2. (by one's bed)* Bettvorleger *m; 3. (valuable ~)* Brücke *f*
rugby ['rʌgbɪ] *sb SPORT* Rugby *n*
rugged ['rʌgɪd] *adj 1.* rau; *2. (terrain)* wild; *3. (features)* markig
ruin ['ruːɪn] *v 1.* zerstören; *2. (s.o.'s plans)* zunichte machen; *3. (s.o.'s reputation)* ruinieren; *4. (a party)* verderben; *sb 5. (of a person)* Ruin *m; 6. (destroyed building)* Ruine *f; 7. ~s pl* Ruinen *pl,* Trümmer *pl*
rule [ruːl] *v 1.* herrschen; *2. JUR* entscheiden; *3. (s.o., sth)* beherrschen, *(a land)* regieren; *4. (draw lines on paper)* linieren; *sb 5.* Regel *f; as a ~* in der Regel; *unwritten ~ (fig)* ungeschriebenes Gesetz *n; 6. (authority, reign)* Herrschaft *f; 7. (for measuring)* Metermaß *n,* Maßstab *m*
•rule out *v (fig: exclude)* ausschließen
ruler ['ruːlə] *sb 1. (measuring stick)* Lineal *n; 2. (one who rules)* Herrscher *m*
rum [rʌm] *sb* Rum *m*
rumble ['rʌmbl] *v 1. (thunder)* grollen; *2. (train)* rumpeln; *3. (stomach)* knurren
rumour ['ruːmə] *sb* Gerücht *n; Rumour has it that ...* Es geht das Gerücht um, dass ...; *start a ~* ein Gerücht im Umlauf setzen
run [rʌn] *v irr 1.* laufen, rennen; *2. (flee)* davonlaufen, weglaufen, wegrennen; *3. (extend: road)* gehen, führen, *(mountains, wall)* sich ziehen; *the road ~s north and south* die Straße geht nach Norden und Süden; *4. (flow)* laufen; *(river, electricity)* fließen; *5. (colours in the wash)* färben; *6. (roll, slide)* laufen, gleiten; *7. (machine)* laufen; *8. (last for a period of time)* laufen; *9. ~ low, ~ short* knapp werden; *10. ~ dry* versiegen, *(pen)* leer werden; *(fig: resources)* ausgehen; *11. ~ a risk* ein Risiko eingehen; *12. (US: for office)* kandidieren; *~ against s.o.* jds Gegenkandidat sein; *13. (a distance)* laufen, rennen; *14. (make ~)* jagen
•run away *v irr 1.* weglaufen, wegrennen; *2. ~ with (win easily)* spielend gewinnen
•run down *v irr 1. (battery)* leer werden; *2. (catch up with)* einholen
•run into *v irr 1. (meet)* zufällig treffen; *2. (collide with)* rennen gegen, fahren gegen; *~ difficulties* Schwierigkeiten bekommen; *3. (river)* in ... münden
•run off *v irr (run away)* weglaufen, wegrennen
•run out *v irr 1. (period of time)* ablaufen; *We're running out of time.* Wir haben nicht mehr viel Zeit. *2. (supplies, money)* ausgehen; *He ran out of money.* Ihm ging das Geld aus. *3. (liquid)* herauslaufen
•run over *v irr 1. (overflow)* überlaufen; *2. (s.o., sth)* überfahren
•run through *v irr (rehearse)* durchgehen, *(a play)* durchspielen, *(look over notes)* durchsehen
runaway ['rʌnəweɪ] *sb (child)* Ausreißer *m*
runner ['rʌnə] *sb 1. SPORT* Läufer *m; 2. (for a drawer)* Laufschiene *f*
running ['rʌnɪŋ] *adj 1.* laufend; *2. ~ jump* Sprung mit Anlauf *m; sb 3. to be out of the ~* aus dem Rennen sein
rupture ['rʌptʃə] *v 1.* reißen, zerspringen; *2. (sth)* brechen, zerreißen; *sb 3.* Bruch *m*
rural ['rʊərəl] *adj* ländlich
ruse [ruːz] *sb* List *f*
rush [rʌʃ] *v 1. (hurry)* eilen; *2. (run)* stürzen; *3. (water)* schießen, stürzen; *blood ~ed to her face* das Blut schoss ihr ins Gesicht; *4. (force s.o. to hurry)* hetzen; *5. (charge at)* stürmen; *6. (do hurriedly)* hastig machen, schnell machen; *7. (move sth rapidly)* schnell wohin bringen, schnell wohin schaffen; *They were ~ed to hospital.* Sie wurden schnellstens ins Krankenhaus gebracht. *sb 8. (hurry)* Eile *f; to be in a ~* es sehr eilig haben; *There's no ~.* Es eilt nicht. *9. (of a crowd)* Andrang *m; 10. (of air)* Stoß *m*
rush hour ['rʌʃaʊə] *sb* Hauptverkehrszeit *f,* Stoßzeit *f*
rush-hour traffic ['rʌʃaʊə 'træfɪk] *sb* Stoßverkehr *m*
rust [rʌst] *v 1. (get rusty)* rosten, verrosten; *sb 2.* Rost *m*
rustle ['rʌsl] *v 1.* rascheln, *(skirts)* rauschen; *2. (sth)* rascheln mit
rustproof ['rʌstpruːf] *adj* nicht rostend
rusty ['rʌstɪ] *adj 1.* rostig; *2. (fig)* eingerostet; *My German is a bit ~.* Meine Deutschkenntnisse sind etwas eingerostet.
ruthless ['ruːθlɪs] *adj 1.* mitleidlos; *2. (sarcasm, analysis)* schonungslos

S

sabotage ['sæbətɑːʒ] *v 1.* sabotieren; *sb 2.* Sabotage *f*
saboteur [sæbə'tɜː] *sb* Saboteur *m*
sack [sæk] *sb 1.* Sack *m; hit the ~ (fam)* sich in die Falle hauen; *2. get the ~* gefeuert werden; *v 3. (put in ~s)* einsacken; *4. (fam: dismiss)* entlassen; *5. (pillage)* plündern
sacrament ['sækrəmənt] *sb REL* Sakrament *n*
sacred ['seɪkrɪd] *adj* heilig; *Nothing was ~ to him.* Nichts war ihm heilig .
sacrifice ['sækrɪfaɪs] *sb 1.* Opfer *n; v 2.* opfern
sad [sæd] *adj 1.* traurig; *2. (fam: pathetically bad)* miserabel
saddle ['sædl] *v 1. (a horse)* satteln; *2. to be ~d with sth (fig)* etw am Hals haben; *sb 3.* Sattel *m; 4. GAST* Rücken *m*
sadist ['seɪdɪst] *sb* Sadist *m*
sadly ['sædlɪ] *adv (before a statement)* traurigerweise
sadness ['sædnɪs] *sb* Traurigkeit *f*
safari [sə'fɑːrɪ] *sb* Safari *f*
safe [seɪf] *adj 1.* sicher; *to be on the ~ side* um ganz sicher zu sein; *it is ~ to say* man kann ruhig sagen; *play it ~* auf Nummer Sicher gehen; *2. (not dangerous)* ungefährlich; *3. (unhurt)* unverletzt; *~ and sound* heil und ganz; *4. (protected)* geschützt; *sb 5.* Safe *m,* Tresor *m*
safe deposit box [seɪf dɪ'pɒzɪt bɒks] *sb* Bankschließfach *n*
safe house ['seɪfhaʊs] *sb* Zufluchtsort *m*
safekeeping [seɪf'kiːpɪŋ] *sb* sichere Verwahrung *f,* Gewahrsam *m; for ~* zur sicheren Aufbewahrung
safe sex [seɪf 'seks] *sb* Safersex *m*
safety ['seɪftɪ] *sb* Sicherheit *f*
safety belt ['seɪftɪ belt] *sb* Sicherheitsgurt *m*
safety catch ['seɪftɪ kætʃ] *sb 1.* Sicherung *f; 2. (of a gun)* Sicherheitsflügel *m*
saga ['sɑːgə] *sb* Saga *f,* Heldenepos *n*
said [sed] *adj (aforementioned)* genannt, erwähnt
sail [seɪl] *v 1.* fahren, *(in a yacht)* segeln; *2. (fig: through the air)* fliegen, *(glide)* gleiten; *3. (a ship)* steuern, *(sailboat)* segeln; *~ the seas* die Meere befahren; *sb 4.* Segel *n; set ~* auslaufen
sailboat ['seɪlbəʊt] *sb NAUT (US)* Segelboot *n*
sailor ['seɪlə] *sb 1.* Seemann *m; 2. (in the navy)* Matrose *m; 3. (person who sails for recreation)* Segler *m*
saint [seɪnt] *sb* Heilige(r) *m/f; ~ Peter* der Heilige Petrus, Sankt Petrus
sake [seɪk] *sb 1. for your ~* deinetwegen/Ihretwegen, *(to please you)* dir zuliebe/Ihnen zuliebe; *2. For Heaven's ~!* Um Gottes willen! *3. for old times' ~* in Erinnerung an alte Zeiten
salad ['sæləd] *sb* Salat *m*
salary ['sælərɪ] *sb* Gehalt *n*
salary increase ['sælərɪ 'ɪnkriːs] *sb* Gehaltserhöhung *f*
sale [seɪl] *sb 1.* Verkauf *m; for ~* zu verkaufen; *not for ~* unverkäuflich; *2. (at reduced prices)* Ausverkauf *m; on ~* reduziert; *3. (a transaction)* Geschäft *n,* Abschluss *m; 4. ~s pl (turnover) ECO* Absatz *m; 5. ~s (department)* Verkaufsabteilung *f; I'm in ~s. (fam)* Ich bin im Verkauf.
salesclerk ['seɪlzklɜːk] *sb (US)* Verkäufer *m*
sales tax ['seɪlztæks] *sb (US)* Verkaufssteuer *f*
saliva [sə'laɪvə] *sb* Speichel *m*
salmon ['sæmən] *sb ZOOL* Lachs *m,* Salm *m*
salmonella [sælmə'nelə] *sb MED* Salmonelle *f*
saloon [sə'luːn] *sb 1. (UK: car)* Limousine *f; 2. (US: bar)* Saloon *m; 3. NAUT* Gesellschaftsraum *m*
salsa ['sɑːlsə] *sb 1. (sauce) GAST* scharfe Soße *f; 2. MUS* Salsa *m* (karibischer Tanz)
salt [sɔːlt] *sb* Salz *n; take sth with a grain of ~ (fig)* etw nicht wörtlich nehmen
salt shaker ['sɔːltʃeɪkə] *sb* Salzstreuer *m*
saltwater ['sɔːltwɔːtə] *adj* Salzwasser...
salty ['sɔːltɪ] *adj* salzig
samba ['sɑːmbə] *sb MUS* Samba *m*
same [seɪm] *adj 1. the ~* der/die/das Gleiche; *exactly the ~ thing* genau dasselbe; *the ~ as* der/die/das Gleiche wie; *pron 2. the ~* der/die/das Gleiche; *treat everyone the ~* alle gleich behandeln; *Same to you!* Gleichfalls! *3. it's all the ~ to me* es ist mir gleich, es ist mir egal; *if it's all the ~ to you* wenn es Ihnen nichts ausmacht
sample ['sɑːmpl] *v 1.* probieren, *(food, drink)* kosten; *sb 2. (of blood, of a mineral)* Probe *f; 3. (for tasting)* Kostprobe *f; 4. (example)* Beispiel *n; 5. ECO* Muster *n; 6. (statistical)* Sample *n,* Stichprobe *f*

sampler ['sɑːmplə] *sb (box of sweets)* Sortiment *n*
sanatorium [sænə'tɔːrɪəm] *sb MED* Sanatorium *n*
sanctify ['sæŋktɪfaɪ] *v* heiligen
sanction ['sæŋkʃən] *v 1.* sanktionieren; *sb 2. (punishment)* Sanktion *f; 3. (permission)* Zustimmung *f*
sanctuary ['sæŋktjuərɪ] *sb 1. (refuge)* Zuflucht *f; 2. (holy place)* Heiligtum *n*
sanctum ['sæŋktəm] *sb REL* Heiligtum *n*
sand [sænd] *sb* Sand *m*
sandal ['sændl] *sb* Sandale *f*
sandalwood ['sændlwʊd] *sb* Sandelholz *n*
sandbank ['sændbæŋk] *sb* Sandbank *f*
sandbar ['sændbɑː] *sb* Sandbank *f*
sand-dune ['sænddjuːn] *sb* Sanddüne *f*
sandglass ['sændglɑːs] *sb* Sanduhr *f*
sandpaper ['sændpeɪpə] *sb* Sandpapier *n*
sandpit ['sændpɪt] *sb* Sandkiste *f,* Sandkasten *m*
sandwich ['sændwɪtʃ] *sb GAST* Sandwich *n*
sandy ['sændɪ] *adj 1.* sandig; *2. (hair)* rotblond
sanitarium [sænɪ'tɛərɪəm] *sb* Sanatorium *n*
sanitary ['sænɪtərɪ] *adj* sanitär
sanitary towel ['sænɪtərɪ 'taʊəl] *sb* Damenbinde *f*
sanitation [sænɪ'teɪʃən] *sb 1. (sanitary measures)* Hygiene *f,* Sanitärwesen *n; 2. (sewage disposal)* Abfallbeseitigung *f*
sanity ['sænɪtɪ] *sb 1.* geistige Gesundheit *f; 2. (sensibleness)* Vernunft *f*
Santa Claus ['sæntə klɔːz] *sb* Weihnachtsmann *m*
sap [sæp] *sb 1. (from a plant)* Saft *m; v 2. (fig)* untergraben; *3. (strength)* schwächen
sapling ['sæplɪŋ] *sb* junger Baum *m*
sapphire ['sæfaɪə] *sb MIN* Saphir *m*
sarcasm ['sɑːkæzəm] *sb* Sarkasmus *m*
sarcastic [sɑː'kæstɪk] *adj* sarkastisch
sardine [sɑː'diːn] *sb* Sardine *f; packed together like ~s* wie die Sardinen zusammengepfercht
sardonic [sɑː'dɒnɪk] *adj* sardonisch
sari ['sɑːrɪ] *sb* Sari *m*
sarky ['sɑːkɪ] *adj (fam) (UK)* sarkastisch
sash [sæʃ] *sb 1.* Schärpe *f; 2. (window ~)* schiebbarer Teil eines Schiebefensters *m*
sassy ['sæsɪ] *adj (US)* frech
satanic [sə'tænɪk] *adj* satanisch
satchel ['sætʃəl] *sb* Schultasche *f,* Schulranzen *m*
satellite ['sætəlaɪt] *sb* Satellit *m,* Trabant *m*
satiable ['seɪʃɪəbl] *adj* zu sättigen, zu befriedigen
satin ['sætɪn] *sb* Satin *m*
satire ['sætaɪə] *sb* Satire *f*
satisfaction [sætɪs'fækʃən] *sb 1. (act)* Befriedigung *f; 2. (of conditions)* Erfüllung *f; 3. (state)* Zufriedenheit *f*
satisfactory [sætɪs'fæktərɪ] *adj* ausreichend, akzeptabel, zufrieden stellend
satisfied ['sætɪsfaɪd] *adj* zufrieden, *(convince)* überzeugt
satisfy ['sætɪsfaɪ] *v 1.* befriedigen, *(customers)* zufrieden stellen; *2. (convince)* überzeugen; *3. (conditions, a contract)* erfüllen; *4. (s.o.'s. hunger)* sättigen
Saturday ['sætədeɪ] *sb* Samstag *m,* Sonnabend *m*
sauce [sɔːs] *sb GAST* Soße *f*
saucepan ['sɔːspæn] *sb* Kochtopf *m*
saucy ['sɔːsɪ] *adj 1. (pert)* kess; *2. (impudent)* frech
sauna ['sɔːnə] *sb* Sauna *f*
sausage ['sɒsɪdʒ] *sb* Wurst *f*
sausage dog ['sɒsɪdʒ dɒg] *sb (fam)* Dackel *m*
savage ['sævɪdʒ] *adj 1.* wild; *2. (person, attack)* brutal; *3. (animal)* gefährlich; *sb 4.* Wilde(r) *m/f*
save [seɪv] *v 1. (rescue)* retten; *God ~ the Queen* Gott schütze die Königin; *2. (prevent)* ersparen; *3. (avoid using up)* sparen, *(ration)* schonen; *4. (keep)* aufheben, aufbewahren, *(money)* sparen; *5. INFORM* speichern; *sb 6. SPORT (by a goalkeeper)* Ballabwehr *f; prep 7.* außer
saving ['seɪvɪŋ] *adj 1. (preserving)* rettend; *2. (economical)* sparend, einsparend
savings ['seɪvɪŋz] *pl* Ersparnisse *pl*
savings account ['seɪvɪŋzəkaʊnt] *sb* Sparkonto *n*
savings deposit ['seɪvɪŋz dɪ'pɒsɪt] *sb* Spareinlage *f*
saviour ['seɪvjə] *sb 1.* Retter *m; 2. REL Our Saviour* Heiland *m,* Erlöser *m*
savour ['seɪvə] *v 1. (sth)* kosten; *2. (enjoy)* genießen
savoury ['seɪvərɪ] *adj 1.* schmackhaft, lecker; *2. (fam: pleasant)* angenehm
saw [sɔː] *v 1.* sägen; *sb 2. (tool)* Säge *f*
sawdust ['sɔːdʌst] *sb* Sägemehl *n*
sawmill ['sɔːmɪl] *sb* Sägewerk *n*
sax [sæks] *sb MUS (fam: saxophone)* Saxofon *n*
Saxony ['sæksənɪ] *sb GEO* Sachsen *n*
saxophone ['sæksəfəʊn] *sb* Saxofon *n*

say [seɪ] *v irr 1.* sagen; *No sooner said than done.* Gesagt, getan. *when all is said and done* letzten Endes; *You don't ~!* Was du nicht sagst! *It's easier said than done.* Das ist leichter gesagt als getan. *He's said to be wealthy.* Er soll reich sein. *It goes without ~ing.* Es ist selbstverständlich. *2. (fig: dictionary, clock, horoscope)* sagen; *it ~s in the papers that ...* in den Zeitungen steht, dass ...; *3. ~ a prayer* ein Gebet sprechen; *the rules ~ that* in den Regeln heißt es, dass ...; *4. (suppose)* angenommen ...; *sb 5.* Mitspracherecht *n; have a ~ in sth* etw bei einer Sache zu sagen haben
saying ['seɪɪŋ] *sb* Sprichwort *n*
scaffold ['skæfəld] *sb 1.* Gerüst *n; 2. the ~ (execution)* Schafott *n*
scaffolding ['skæfəldɪŋ] *sb* Baugerüst *n*
scald [skɔːld] *v 1. ~ o.s.* sich verbrühen; *2. (skin)* verbrühen; *3. (vegetables)* abbrühen; *4. (milk)* abkochen
scale¹ [skeɪl] *sb 1. (indicating a reading)* Skala *f; 2. (measuring instrument)* Messgerät *n; 3. (table, list)* Tabelle *f; He rates films on a ~ of one to ten.* Zur Beurteilung der Filme benutzt er eine Skala von eins bis zehn. *4. MUS* Tonleiter *f; 5. (of a map)* Maßstab *m; 6. (fig)* Umfang *m,* Ausmaß *n; adj 7. (drawing, model)* maßstabsgerecht; *v 8. (climb up)* erklettern
scale² [skeɪl] *(for weighing)* Waage *f*
scale³ [skeɪl] *sb ZOOL* Schuppe *f*
scandal ['skændl] *sb* Skandal *m*
scandalmonger ['skændlmʌŋgə] *sb* Lästermaul *n*
scandalous ['skændələs] *adj* skandalös
scanner ['skænə] *sb INFORM* Scanner *m,* Abtaster *m*
scant [skænt] *adj 1.* wenig; *pay ~ attention to sth* etw kaum beachten; *2. (supply)* spärlich
scanty ['skæntɪ] *adj 1.* dürftig; *2. (piece of clothing, majority)* knapp; *3. (vegetation)* kärglich
scar [skɑː] *sb 1.* Narbe *f; v 2. MED* eine Narbe hinterlassen auf; *3. (fig)* zeichnen
scarce ['skɛəs] *adj 1. (not plentiful)* knapp; *2. (rare)* selten
scare ['skɛə] *v 1.* erschrecken; *2. (worry)* Angst machen; *sb 3. (fright)* Schrecken *m,* Schreck *m; 4. (about a bomb, about an epidemic)* Alarm *m; 5. (hoax)* blinder Alarm *m*
• **scare away** *v 1.* verscheuchen; *2. (people)* verjagen
scared ['skɛəd] *adj to be ~ of sth* Angst vor etw haben
scarf [skɑːf] *sb 1.* Schal *m; 2. (neck ~)* Halstuch *n; 3. (head ~)* Kopftuch *n*
scarlet ['skɑːlɪt] *adj* scharlachrot
scarlet fever ['skɑːlɪt 'fiːvə] *sb MED* Scharlach *m*
scarred ['skɑːd] *adj* narbig
scary ['skɛərɪ] *adj* gruselig, gruslig, schaurig, unheimlich
scatter ['skætə] *v 1.* sich zerstreuen; *2. (distribute)* verstreuen, *(seeds)* streuen; *3. (disperse)* auseinander treiben, zerstreuen
scattered ['skætəd] *adj 1.* verstreut, zerstreut; *2. (showers)* vereinzelt
scatty ['skætɪ] *adj (fam)* schusselig, konfus, wirr
scenario [sɪ'nɑːrɪəʊ] *sb 1. THEAT* Szenar *n; 2. (fig)* Szenario *n*
scene [siːn] *sb 1. (place)* Schauplatz *m, (of a fictional story)* Ort der Handlung *m; set the ~* den Ort des Geschehens beschreiben; *~ of the crime* Tatort *m; 2. (incident)* Szene *f; 3. THEAT* Szene *f; 4. (scenery) THEAT* Bühnenbild *n,* Kulisse *f; behind the ~s* hinter den Kulissen; *5. (fig: emotional outburst)* Szene *f; make a ~* eine Szene machen
scenery ['siːnərɪ] *sb 1. (landscape)* Landschaft *f,* Gegend *f; 2. THEAT* Bühnendekoration *f,* Kulissen *pl; 3. change of ~ (fig)* Tapetenwechsel *m*
scenic ['siːnɪk] *adj* landschaftlich schön
schedule ['ʃedjuːl] *v 1.* planen, *(add to a timetable)* ansetzen; *sb 2. (list)* Verzeichnis *n; 3. (timetable)* Plan *m; ahead of ~* vor dem planmäßigen Zeitpunkt; *to be behind ~* Verspätung haben; *on ~* planmäßig, pünktlich
scheme [skiːm] *sb 1. (plan)* Plan *m,* Programm *n; (dishonest plan)* Intrige *f; 2. (system)* System *n; 3. (combination)* Schema *n; v 4.* Pläne schmieden, intrigieren
scheming ['skiːmɪŋ] *sb 1.* Machenschaften *pl,* Intrigen *pl; adj 2.* intrigant
schizophrenia [skɪtsəʊ'friːnɪə] *sb MED* Schizophrenie *f*
schizophrenic [skɪtsəʊ'frenɪk] *adj* schizophren
schnapps [ʃnæps] *sb* Schnaps *m*
scholar ['skɒlə] *sb 1.* Gelehrte(r) *m/f; 2. (student)* Student *m; 3. (pupil)* Schüler *m*
scholarship ['skɒləʃɪp] *sb 1. (grant)* Stipendium *n; 2. (learning)* Gelehrsamkeit *f*
school¹ [skuːl] *v 1.* lehren; *sb 2.* Schule *f, (US: university)* Universität *f; 3. ~ of thought* geistige Richtung *f*
school² [skuːl] *sb ZOOL* Schwarm *m*

schoolboy ['skuːlbɔɪ] *sb* Schüler *m*, Schuljunge *m*
schoolgirl ['skuːlgɜːl] *sb* Schülerin *f*, Schulmädchen *n*
school-leaver ['skuːllɪvə] *sb* Schulabgänger *m*
schoolmaster ['skuːlmɑːstə] *sb* Lehrer *m*, Schulmeister *m*
schoolmistress ['skuːlmɪstrɪs] *sb* Lehrerin *f*, Schulmeisterin *f*
school-report ['skuːlrɪpɔːt] *sb (UK)* Schulzeugnis *n*
schoolteacher ['skuːltiːtʃə] *sb* Lehrer *m*
school year [skuːl jɪə] *sb* Schuljahr *n*
science ['saɪəns] *sb* Wissenschaft *f*
science fiction ['saɪəns 'fɪkʃən] *sb* Sciencefiction *f*
science park ['saɪəns pɑːk] *sb* Forschungspark *m*
scientific [saɪən'tɪfɪk] *adj* wissenschaftlich
scientist ['saɪəntɪst] *sb* Wissenschaftler *m*
scission ['sɪʃən] *sb* Schnitt *m*, Einschnitt *m*
scissors ['sɪzəz] *pl* Schere *f*
scissors kick ['sɪsəz kɪk] *sb (in swimming)* Scherenschlag *m*
scoff [skɒf] *v* spotten
scoffing ['skɒfɪŋ] *sb* Spott *m*, Verächtlichmachung *f*
scold [skəʊld] *v* schelten, ausschimpfen
scolding ['skəʊldɪŋ] *adj* schimpfend
scone [skɒn] *sb (UK) GAST* weiches Teegebäck *n*
scoop [skuːp] *sb 1. (instrument)* Schaufel *f*, *(for ice-cream)* Portionierer *m; 2. (portion of ice-cream)* Kugel *f; 3. (in the press)* Exklusivbericht *m; v 4.* schaufeln
• **scoop out** *v 1. (take out)* herausschaufeln; *2. (hollow out)* aushöhlen
scope [skəʊp] *sb 1. (range)* Bereich *m; 2. (extent)* Umfang *m*
scorch [skɔːtʃ] *v (sth)* versengen
scorcher ['skɔːtʃə] *sb 1. (thing)* heiße Zeit *f*, heiße Sache *f; 2. (day)* heißer Tag *m*
score [skɔː] *v 1.* punkten, *(make a goal)* einen Treffer erzielen, *(make one point)* einen Punkt erzielen; *2. (keep ~)* zählen; *3. (sth)* erzielen; *4. (groove)* einkerben, eine Rille machen in; *5. MUS* schreiben; *sb 6. (point total)* Stand *m*,
scoreboard ['skɔːbɔːd] *sb SPORT* Anzeigetafel *f*
scoring ['skɔːrɪŋ] *sb* Erzielen eines Punktes *n*
scorn ['skɔːn] *v 1.* verachten, *(turn down)* verschmähen; *sb 2.* Verachtung *f*, Hohn *m*
Scotch [skɒtʃ] *sb (drink)* Scotch *m*
Scotch tape [skɒtʃ teɪp] *sb* durchsichtiger Klebestreifen, Tesafilm *m*
scoundrel ['skaʊndrəl] *sb* Schurke *m*, Schuft *m*, *(jokingly)* Schlawiner *m*
scour ['skaʊə] *v 1. (a pot)* scheuern; *2. (search)* absuchen, abkämmen (fam); *~ for* absuchen nach
scout [skaʊt] *v 1.* erkunden, auskundschaften; *sb 2. MIL (person)* Kundschafter *m*, *(plane, ship)* Aufklärer *m; 3. (boy ~)* Pfadfinder *m; 4. (of opposing teams) SPORT* Kundschafter *m*, Spion *m; 5. (talent ~)* Talentsucher *m*
scowl [skaʊl] *v 1.* ein finsteres Gesicht machen, ein böses Gesicht machen; *sb 2.* ein finsteres Gesicht *n*, ein böses Gesicht *n*
scrabble ['skræbl] *v* herumtasten, herumwühlen
scram [skræm] *v (fam)* verschwinden, abhauen
scramble ['skræmbl] *v 1. (climb)* klettern; *~ up a ladder* eine Leiter rasch hinaufklettern; *~ to one's feet* sich aufrappeln; *2. ~ for sth* sich um etw raufen; *3. (sth)* vermischen; *4. (eggs)* verrühren; *5. (encode: a message, a TV broadcast)* verschlüsseln
scrap [skræp] *v 1. (a vehicle)* verschrotten; *2. (plans)* fallen lassen; *sb 3. (small piece)* Stückchen *n; 4. (of news, of cloth)* Fetzen *m; 5. (of paper)* Schnitzel *m; 6. ~s pl (of a meal)* Reste *pl; 7. (fam: fight)* Balgerei *f*, *(verbal)* Streiterei *f*
scrape [skreɪp] *v 1. (grate)* kratzen; *2. (rub)* streifen; *~ against sth* etw streifen; *3. bow and ~* katzbuckeln; *sb 4.* Schramme *f; 5. (sound)* Kratzen *n; 6. (fig) get s.o. out of a ~* jdm aus der Patsche helfen; *get into a ~* in Schwierigkeiten kommen
• **scrape off** *v (sth)* abkratzen
scratch [skrætʃ] *v 1.* kratzen; *2. (leave a ~ on)* zerkratzen; *sb 3. (mark)* Kratzer *m*, Schramme *f; 4. start from ~* ganz von vorne anfangen
scream [skriːm] *v 1.* schreien; *sb 2.* Schrei *m; 3. (of tyres)* Kreischen *n*
screamer ['skriːmə] *sb 1. (person who screams)* Heuler *m; 2. (thrilling thing)* tolle Sache *f*
screen [skriːn] *v 1. (protect, hide)* abschirmen; *2. (sift)* sieben; *3. (applicants)* überprüfen; *4. (a film)* vorführen; *sb 5. (shield)* Schirm *m; 6. (on a window)* Fliegengitter *n; 7. (sieve)* Sieb *n; 8. (of a television)* Bildschirm *m; 9. CINE* Leinwand *f; stars of the ~* Filmstars *pl; 10. (in printing)* Raster *m*

screen test [skriːn test] *sb CINE* Probeaufnahme *f*
screenwriter ['skriːnraɪtə] *sb* Drehbuchautor *m*
scribble ['skrɪbl] *v 1.* kritzeln; *sb 2.* Gekritzel *n*
script [skrɪpt] *sb 1. (handwriting)* Handschrift *f; 2. THEAT* Text *m; 3. CINE* Drehbuch *n*
scriptwriter ['skrɪptraɪtə] *sb* Drehbuchautor(in) *m/f*
scrounge [skraʊndʒ] *v ~ around for sth* nach etw herumsuchen
scrub [skrʌb] *v 1.* schrubben; *sb 2. (scrubbing)* Schrubben *n; 3. (underwood)* Gestrüpp *n; 4. ~ s pl (backups) SPORT* Ersatzspieler *pl*
scruffy ['skrʌfɪ] *adj (fam)* vergammelt
scrumptious ['skrʌmpʃəs] *adj (food)* lecker
scrutinize ['skruːtɪnaɪz] *v* prüfend ansehen
scrutiny ['skruːtɪnɪ] *sb* Untersuchung *f*
scuba diving ['skuːbədaɪvɪŋ] *sb* Sporttauchen *n*
scud [skʌd] *v* flitzen, jagen
scud missile [skʌd 'mɪsaɪl] *sb MIL* Skudrakete *f*
scull [skʌl] *sb 1. (oar)* Skull *n; 2. (boat)* Skullboot *n*
scullery ['skʌlərɪ] *sb (UK)* Spülküche *f*
sculpt [skʌlpt] *v* Bildhauerei betreiben
sculptor ['skʌlptə] *sb* Bildhauer *m*
sculpture ['skʌlptʃə] *sb 1. (art)* Bildhauerkunst *f,* Skulptur *f; 2. (object) ART* Skulptur *f,* Plastik *f*
scum [skʌm] *sb 1.* Schaum *m; 2. (fam: people)* Abschaum *m; 3. (fam: one person)* Dreckskerl *m*
scurry ['skʌrɪ] *v* huschen
scurvy ['skɜːvɪ] *sb MED* Skorbut *f*
sea [siː] *sb* Meer *n,* See *f; the high ~s* die hohe See; *at ~ (fig)* durcheinander, konfus
seaboard ['siːbɔːd] *sb (US)* Küste *f*
sea breeze ['siːbriːz] *sb* Seewind *m*
seagull ['siːgʌl] *sb ZOOL* Möwe *f*
seal[1] [siːl] *v 1.* versiegeln; *2. (gum down)* zukleben; *3. (make airtight)* abdichten; *4. (fig: finalize)* besiegeln; *sb 5.* Siegel *n; 6. (packing, gasket) TECH* Dichtung *f; 7. (on a tank, on a crate)* Plombe *f; 8. (closure)* Verschluss *m*
seal[2] [siːl] *sb ZOOL* Seehund *m,* Robbe *f*
• seal off *v* absperren, abriegeln
• seal up *v 1.* versiegeln; *2. (tape shut, gum down)* zukleben
seam [siːm] *sb* Naht *f; bursting at the ~s* zum Bersten voll; *(fig) come apart at the ~s* ausrasten (fam)
seaman ['siːmən] *sb* Seemann *m*
seamstress ['siːmstrɪs] *sb* Näherin *f*
sea otter ['siːɒtə] *sb ZOOL* Seeotter *f*
sear [sɪə] *v 1. (burn)* verbrennen, verschmoren; *2. (burn out)* ausbrennen
search [sɜːtʃ] *v 1.* suchen; *2. (sth)* durchsuchen; *(files, one's memory)* durchforschen; *3. Search me! (fam)* Keine Ahnung! Was weiß ich! Frag mich was Leichteres! *sb 4.* Suche *f; in ~ of* auf der Suche nach; *5. (by authorities)* Durchsuchung *f; 6. (manhunt)* Fahndung *f*
search party ['sɜːtʃpɑːtɪ] *sb* Suchtrupp *m*
seashell ['siːʃel] *sb* Muschel *f,* Muschelschale *f*
seaside ['siːsaɪd] *sb* Küste *f*
seasoning ['siːznɪŋ] *sb GAST* Würze *f,* Gewürz *n*
seat [siːt] *sb 1.* Sitzplatz *m,* Sitz *m; take a ~* Platz nehmen; *Have a ~!* Nehmen Sie Platz! *2. (part of a chair)* Sitz *m,* Sitzfläche *f; 3. (of pants)* Hosenboden *m; 4. ~ of government POL* Regierungssitz *m; v 5. (s.o.)* setzen; *the table ~s six* am Tisch ist Platz für sechs Personen; *to be ~ed* sich setzen
seat belt ['siːtbelt] *sb* Sicherheitsgurt *m; fasten one's ~* sich anschnallen
seaweed ['siːwiːd] *sb BOT* Seetang *m,* Tang *m,* Alge *f*
seaworthy ['siːwɜːðɪ] *adj* seetüchtig
seclude [sɪ'kluːd] *v* absondern
second ['sekənd] *sb 1.* Sekunde *f; 2. (fam: moment)* Augenblick *m; 3. ~s (second serving)* Nachschlag *m; adj 4.* zweite(r,s); *on ~ thought* nach reiflicher Überlegung; *adv 5.* zweit..., an zweiter Stelle; *v 6. (a motion)* unterstützen
secondary ['sekəndərɪ] *adj 1.* sekundär, Neben..., *of ~ importance* nebensächlich; *2. (education)* höher
secondary school ['sekəndərɪ skuːl] *sb* höhere Schule *f*
second-class ['sekənd'klɑːs] *adj 1.* zweitklassig, zweitrangig; *2. (compartment, mail)* zweiter Klasse
second-degree ['sekənddɪ'griː] *adj* zweiten Grades *f*
second floor ['sekənd flɔː] *sb 1. (UK)* zweiter Stock *m; 2. (US)* erster Stock *m*
second-hand ['sekənd'hænd] *adj 1.* gebraucht; *2. (fig: information)* aus zweiter Hand
second name ['sekənd neɪm] *sb* Familienname *m*
secrecy ['siːkrəsɪ] *sb* Heimlichkeit *f; sworn to ~* zur Verschwiegenheit verpflichtet

secret ['si:krət] *adj 1.* geheim, Geheim...; *sb 2.* Geheimnis *n*
secretary ['sekrətrɪ] *sb 1.* Sekretär(in) *m/f; 2. (of a club)* Schriftführer *m; 3. (US: minister) POL* Minister *m*
secrete [sɪ'kri:t] *v 1. (hide)* verbergen; *2. BIO* absondern
secretly ['si:krətlɪ] *adv 1.* heimlich; *2. (in one's thoughts)* insgeheim
secret police ['si:krɪt pə'li:s] *sb* Geheimpolizei *f*
secret service ['si:krət 'sɜ:vɪs] *sb 1. (intelligence service)* Geheimdienst *m; 2. Secret Service (of the US)* Abteilung des Finanzministeriums, auch für den Schutz des Präsidenten zuständig
section ['sekʃən] *sb 1.* Teil *m; 2. (of a book)* Abschnitt *m; 3. (of a law) JUR* Paragraf *m; 4. (of an orange)* Stück *n; 5. (operation) MED* Sektion *f; 6. (diagram)* Schnitt *m*
sector ['sektə] *sb* Sektor *m*
secure [sɪ'kjʊə] *v 1. (make safe)* sichern; *~ sth from sth* etw gegen etw schützen; *2. (fix)* festmachen; *(a window)* schließen; *3. (obtain)* sich beschaffen; *adj 4.* sicher; *5. (emotionally)* geborgen; *6. (grip, knot)* fest
security [sɪ'kjʊrɪtɪ] *sb 1.* Sicherheit *f; 2. (guarantee)* Bürgschaft *f; 3. (deposit)* Kaution *f; 4. securities pl FIN* Effekten *pl,* Wertpapiere *pl*
sedative ['sedətɪv] *sb* Beruhigungsmittel *n*
sedimentary [sedɪ'mentərɪ] *adj* sedimentär
see [si:] *v irr 1.* sehen; *We'll ~.* Wir werden mal sehen. *Let me ~ ... (let me think)* Augenblick mal ...; *2. (understand)* verstehen; *3. (check)* nachsehen; *~ that sth is done* dafür sorgen, dass etw geschieht; *4. (sth)* sehen; *See you!* Tschüss! *See you tomorrow!* Bis morgen! *5. if you ~ fit* wenn Sie es für richtig halten; *6. (accompany)* begleiten, bringen; *~ s.o. across the street* jdn über die Straße bringen; *~ s.o. home* jdn nach Hause bringen; *7. (go and look at)* sich ansehen; *8. (receive a visitor)* empfangen; *Mr. Andrews will ~ you now.* Herr Andrews ist jetzt zu sprechen. *9. (imagine)* vorstellen; *10. (experience)* erleben; *~ action* im Einsatz sein; *11. (visit)* besuchen, *(in business)* aufsuchen; *go ~ the doctor* zum Arzt gehen; *12. Long time no ~! (fam)* Lange nicht gesehen!
• **see off** *v irr* verabschieden, wegbringen
• **see through** *v irr 1.* durchsehen; *2. (fam: see the true nature of)* durchschauen; *3. see sth through* etw zu Ende führen; *4. see s.o. through sth* jdm über etw hinweghelfen, jdm in einer schwierigen Situation beistehen
seed [si:d] *sb 1.* Samen *m; (poppy ~, sesame ~)* Korn *n; (in fruit)* Kern *m; 2. go to ~ (plant)* in Samen schießen; *go to ~ (fam: person)* herunterkommen
seek [si:k] *v irr* suchen
seem [si:m] *v* scheinen
seep [si:p] *v* sickern; *~ through* durchsickern
seer ['sɪə] *sb* Seher *m*
seesaw ['si:sɔ:] *sb* Wippe *f*
segment ['segmənt] *sb 1.* Teil *m; 2. (of a circle)* Segment *n; 3. (of an orange)* Stück *n*
segregation [segrɪ'geɪʃən] *sb 1.* Segregation *f; 2. (racial ~)* Rassentrennung *f*
seize [si:z] *v 1.* packen, ergreifen; *2. (capture)* einnehmen, *(a building)* besetzen; *(a criminal)* fassen; *(a hostage)* nehmen; *3. (an opportunity)* ergreifen; *4. (power)* an sich reißen; *5. (confiscate)* beschlagnahmen; *6. (fig: by an emotion)* packen, ergreifen; *to be ~d with sth* von etw ergriffen sein
seldom ['seldəm] *adv* selten
select [sɪ'lekt] *v 1.* auswählen; *adj 2.* auserwählt, auserlesen, *(exclusive)* exklusiv
selection [sɪ'lekʃən] *sb 1.* Auswahl *f; 2. (thing selected)* Wahl *f*
self [self] *sb 1.* Selbst *n,* Ich *n; 2. (side of one's personality)* Seite *f*
self-appointed [selfə'pɔɪntɪd] *adj* selbst ernannt
self-assured [selfə'ʃʊəd] *adj* selbstsicher
self-catering [self'keɪtərɪŋ] *adj* selbstversorgend
self-centred [self'sentəd] *adj* egozentrisch, ichbezogen
self-confidence [self'kɒnfɪdəns] *sb* Selbstbewusstsein *n*
self-confident [self'kɒnfɪdənt] *adj* selbstbewusst
self-conscious [self'kɒnʃəs] *adj* befangen, gehemmt
self-consciousness [self'kɒnʃəsnɪs] *sb* Befangenheit *f*
self-control [selfkən'trəʊl] *sb* Selbstbeherrschung *f*
self-defence [selfdɪ'fens] *sb 1.* Selbstverteidigung *f; 2. JUR* Notwehr *f*
self-destruct [selfdɪ'strʌkt] *v* sich selbst zerstören
self-discipline [self'dɪsɪplɪn] *sb* Selbstdisziplin *f*
self-employed [selfɪm'plɔɪd] *adj* selbstständig erwerbstätig, freiberuflich
self-esteem [selfɪ'sti:m] *sb* Selbstachtung *f*

self-importance [selfɪm'pɔːtəns] *sb* Aufgeblasenheit *f*
self-important [selfɪm'pɔːtənt] *adj* überheblich
self-indulgent [selfɪn'dʌlgənt] *adj* maßlos, hemmungslos
selfish ['selfɪʃ] *adj* selbstsüchtig, egoistisch
selfless ['selflɪs] *adj* selbstlos
self-made ['self'meɪd] *adj ~ man* Selfmademan *m*
self-pity [self'pɪtɪ] *sb* Selbstmitleid *n*
self-respect [selfrɪ'spekt] *sb* Selbstachtung *f*
self-righteous [self'raɪtʃəs] *adj* selbstgerecht
self-satisfied [self'sætɪsfaɪd] *adj* selbstzufrieden
self-service [self'sɜːvɪs] *sb* Selbstbedienung *f*
self-serving [self'sɜːvɪŋ] *adj* selbstsüchtig
self-styled ['self'staɪld] *adj* selbst ernannt
self-sufficient [selfsə'fɪʃənt] *adj* unabhängig, *(country)* autark
self-worth [self'wɜːθ] *sb* Selbstwert *m*
sell [sel] *v irr 1. (have sales appeal)* sich verkaufen lassen; *2. (sth)* verkaufen; *3. ~ s.o. on sth (an idea)* jdn von etw überzeugen
• sell off *v irr 1.* verkaufen; *2. (quickly, cheaply)* abstoßen
• sell out *v irr 1.* alles verkaufen; *2. (fam: artist)* sich verkaufen; *3. (sth)* ausverkaufen, *(one's share)* verkaufen; *sold out* ausverkauft; *4. (fam: betray)* verraten
• sell up *v irr* zu Geld machen, ausverkaufen
sell-by date ['selbaɪ deɪt] *sb* Haltbarkeitsdatum *n; pass one's ~ (fig)* seine besten Tage hinter sich haben
semblance ['sembləns] *sb* Anschein *m*
semester [sɪ'mestə] *sb* Semester *n*
semiautomatic [semɪɔːtə'mætɪk] *adj* halbautomatisch
semicircle ['semɪsɜːkl] *sb* Halbkreis *m*
semiconscious [semɪ'kɒnʃəs] *adj* halb bewusstlos
semifinal ['semɪfaɪnəl] *sb SPORT* Halbfinale *n,* Semifinale *n*
seminar ['semɪnɑː] *sb* Seminar *n*
semi-nude ['semɪnjuːd] *adj* halb nackt
senate ['senɪt] *sb POL* Senat *m*
senator ['senətə] *sb POL* Senator *m*
send [send] *v irr 1.* schicken; *~ s.o. to Coventry* jdn sozial ächten; *2. (propel) ~ sth crashing to the ground* etw zusammenstürzen lassen; *~ s.o. into a rage* jdn wütend machen
• send back *v irr* zurückschicken, *(food in a restaurant)* zurückgehen lassen
• send for *v irr* kommen lassen, sich bestellen
• send in *v irr 1.* einschicken, einsenden; *2. (s.o.)* hineinsenden/hereinsenden, *(troops)* einsetzen
• send off *v irr (a letter)* abschicken
• send up *v irr 1. (a flare)* in die Luft schießen; *2. (a rocket)* hochschießen; *3. (a balloon)* steigen lassen; *4. (fam: parody)* parodieren
send-off ['sendɒf] *sb* Abschied *m,* Verabschiedung *f*
senile ['siːnaɪl] *adj* senil
senior ['siːnɪə] *adj 1.* älterer; *2. (in time of service)* dienstälter; *3. (in rank)* vorgesetzt; *sb 4. (in school)* Oberstufenschüler *m; (US: in college)* Student im vierten Studienjahr *m; (US: in high school)* Schüler im letzten Schuljahr *m; 5. He is two years my ~.* Er ist zwei Jahre älter als ich.
senior citizen ['siːnɪə 'sɪtɪzn] *sb* Senior *m, (pensioner)* Rentner *m*
sensation [sen'seɪʃən] *sb 1. (feeling)* Gefühl *n; 2. (excitement, cause of excitement)* Sensation *f*
sensational [sen'seɪʃənəl] *adj* sensationell
sensationalism [sen'seɪʃənlɪzəm] *sb* Sensationalismus *m*
sense [sens] *v 1.* spüren, fühlen; *sb 2.* Sinn *m; ~ of smell/taste/touch* Geruchssinn/Geschmacksinn/Tastsinn; *~ of humour* Sinn für Humor *m; 3. good ~* Vernunft *f; 4. ~s pl (right mind)* Verstand *m; come to one's ~s* zur Besinnung kommen; *bring s.o. to his ~s* jdn zur Besinnung bringen; *5. (feeling)* Gefühl *n; 6. (meaning)* Sinn *m,* Bedeutung *f; It doesn't make ~.* Es ergibt keinen Sinn. *talk ~* vernünftig reden; *in a ~* gewissermaßen; *make ~ of sth* etw begreifen, etw verstehen
sensible ['sensɪbl] *adj* vernünftig
sensitive ['sensɪtɪv] *adj 1.* empfindlich, *(topic)* heikel; *2. (understanding)* einfühlsam, *(remark, film)* einfühlend
sensor ['sensə] *sb TECH* Sensor *m*
sensual ['sensjʊəl] *adj* sinnlich
sensuous ['sensjʊəs] *adj* sinnlich
sentence ['sentəns] *sb 1. GRAMM* Satz *m; 2. (statement) JUR* Urteil *n; pass ~* das Urteil sprechen; *3. (punishment) JUR* Strafe *f; serve a prison ~* eine Freiheitsstrafe verbüßen; *v 4. JUR* verurteilen
sentimental [sentɪ'mentl] *adj* sentimental
sentimentalism [sentɪ'mentlɪzəm] *sb* Sentimentalität *f*

sentimentality [sentɪmen'tælɪtɪ] *sb* Sentimentalität *f*
sentimental value [sentɪ'mentl 'vælju:] *sb* Erinnerungswert *m*
separate ['sepəreɪt] *v 1.* sich trennen, auseinander gehen; *2. (sth)* trennen, *(divide up)* aufteilen; ['seprət] *adj 3. (not connected)* getrennt; *4. (different)* verschieden; *5. (individual)* einzeln
separation [sepə'reɪʃən] *sb 1.* Trennung *f; 2. (distance)* Abstand *m,* Entfernung *f; 3. legal ~ (divorce) JUR* Aufhebung der ehelichen Gemeinschaft *f*
septic ['septɪk] *adj* vereitert, septisch
septic tank ['septɪk tæŋk] *sb* Faulbehälter *m*
sequel ['si:kwəl] *sb* Folge *f*
sequence ['si:kwəns] *sb 1.* Folge *f; 2. (order)* Reihenfolge *f; 3. CINE* Sequenz *f*
sequencer ['si:kwənsə] *sb MUS* Sequencer *m*
sequin ['si:kwɪn] *sb* Paillette *f*
sequoia [sɪ'kwɔɪə] *sb BOT* Mammutbaum *m,* Sequoie *f*
serenade [serə'neɪd] *sb 1.* Serenade *f; v 2.* ein Ständchen bringen
serene [sə'ri:n] *adj 1. (person)* gelassen; *2. (sky)* heiter; *3. (sea)* ruhig
serenity [sɪ'renɪtɪ] *sb* Gelassenheit *f*
sergeant ['sɑ:dʒənt] *sb 1. MIL* Feldwebel *m; 2. (police)* Polizeimeister *m*
sergeant-major ['sɑ:dʒənt 'meɪdʒə] *sb MIL* Oberfeldwebel *m*
serial ['sɪərɪəl] *adj 1.* Serien...; *2. (radio programme)* Sendereihe *f*
serial killer ['sɪərɪəl 'kɪlə] *sb* Serienmörder *m*
serial number ['sɪərɪəlnʌmbə] *sb 1.* laufende Nummer *f; 2. (on goods)* Fabrikationsnummer *f*
series ['sɪərɪz] *sb 1.* Serie *f,* Reihe *f; 2. (on TV)* Sendereihe *f*
serious ['sɪərɪəs] *adj 1.* ernst; *2. (person)* ernsthaft, *(subdued)* ernst; *3. (injury, accident, deficiencies)* schwer; *4. (offer)* ernst gemeint; *Are you ~?* Meinst du das im Ernst?
seriousness ['sɪərɪəsnɪs] *sb 1.* Ernst *m,* Ernsthaftigkeit *f; 2. (of an injury)* Schwere *f*
sermonic [sɜ:'mɒnɪk] *adj* predigtartig
serpent ['sɜ:pənt] *sb* Schlange *f*
serrated [se'reɪtɪd] *adj* gezackt
serration [se'reɪʃən] *sb* gezackter Rand *m,* Sägerand *m*
servant ['sɜ:vənt] *sb* Diener *m*
serve [sɜ:v] *v 1.* dienen; *~ as* dienen als; *2. (tennis) SPORT* aufschlagen; *3. (sth, s.o.)* dienen; *Dinner is ~d.* Das Essen ist aufgetragen. *It ~s no purpose.* Es hat keinen Zweck. *4. (in a restaurant, in a shop)* bedienen, *(food, drinks)* servieren; *5. (a drink)* einschenken; *6. (communion) REL* ministrieren bei; *7. (a summons) JUR* zustellen; *8. ~ s.o. right* jdm recht geschehen; *It ~s you right!* Das geschieht dir recht! *9. (a prison sentence)* verbüßen; *sb 10. (tennis) SPORT* Aufschlag *m*
• **serve up** *v* servieren
server ['sɜ:və] *sb 1. INFORM* Server *m; 2. (tray)* Servierbrett *n; 3. (fork)* Serviergabel *f; 4. (spoon)* Servierlöffel *m; 5. (for cake)* Tortenheber *m; 6. (in tennis)* Aufschläger *m*
service ['sɜ:vɪs] *sb 1.* Dienst *m; I'm at your ~.* Ich stehe Ihnen zur Verfügung. *to be of ~* nützlich sein; *Can I be of ~?* Kann ich Ihnen behilflich sein? *2. (to customers)* Service *m; 3. (in a restaurant, in a shop)* Bedienung *f; 4. REL* Gottesdienst *m; 5. (regular transport, air ~)* Verkehr *m; 6. (operation)* Betrieb *m; 7. (upkeep of machines)* Wartung *f; 8. JUR* Zustellung *f; 9. (tea set)* Service *n; 10. (in tennis) SPORT* Aufschlag *m*
service area ['sɜ:vɪs 'ɛərɪə] *sb (rest area)* Raststätte mit Tankstelle *f*
service industry ['sɜ:vɪs 'ɪndʌstrɪ] *sb* Dienstleistungsgewerbe *n*
service station ['sɜ:vɪssteɪʃən] *sb* Tankstelle mit Reparaturwerkstatt *f*
servile ['sɜ:vaɪl] *adj* unterwürfig, kriecherisch
session ['seʃən] *sb 1.* Sitzung *f; 2. (discussion)* Besprechung *f; 3. POL* Legislaturperiode *f; to be in ~* tagen
set [set] *v irr 1. (sun)* untergehen; *2. (solidify: cement)* hart werden, fest werden; *(broken bone)* zusammenwachsen; *3. (dye)* farbbeständig werden; *4. (place)* stellen, setzen; *~ the table (US)* den Tisch decken; *5. (a trap)* aufstellen; *6. (a bone)* einrichten; *7. (a gem)* fassen; *8. (type)* setzen; *9. (adjust)* einstellen, *(a clock)* stellen; *10. to be ~ in ... (story)* spielen in ...; *11. (dictate, impose)* festsetzen, festlegen; *12. (arrange a date)* festsetzen, ausmachen; *13. (establish)(a record)* aufstellen; *14. ~ sth in motion* etw in Gang bringen; *~ fire to sth* etw anzünden; *~ to work* sich an die Arbeit machen; *sb 15.* Satz *m; (of cutlery, of underwear)* Garnitur *f; 16. ~ of teeth* Gebiss *n; 17. MATH* Reihe *f, (in ~ theory)* Menge *f; 18. (group of people)* Kreis *m, (in a negative sense)* Klüngel *m; 19. (series)* Reihe *f*

• **set about** *v irr* ~ *sth* sich an etw machen, etw in Angriff nehmen
• **set up** *v irr 1. (sth)* aufstellen; *2. (assemble)* aufbauen; *3. (arrange)* arrangieren, vereinbaren; *4. (establish)* gründen, *(fit out)* einrichten; *5. set s.o. up (fam: trap s.o.)* jdm eine Falle stellen, *(frame s.o.)* jdm etw anhängen
setback ['setbæk] *sb* Rückschlag *m*
setting ['setɪŋ] *sb 1. (on a dial)* Einstellung *f; 2. (of a gem)* Fassung *f; 3. (background)* Rahmen *m; 4. (of a story)* Schauplatz *m; 5. (surroundings)* Umgebung *f; 6. (at a table)* Gedeck *n; 7. (of the sun)* Untergang *m*
settle ['setl] *v 1. (in a town)* sich niederlassen, *(as a settler)* sich ansiedeln; *2. (come to rest)* sich niederlassen; *(snow)* liegen bleiben; *(sediment)* sich absetzen, sich setzen; *(dust)* sich legen; *3. ~ out of court* sich vergleichen; *4. (sth) (decide)* entscheiden; ~ *for sth* sich mit etw zufrieden geben; *5. (sort out)* erledigen, regeln, klären; *6. (arrange)* vereinbaren, ausmachen (fam); *7. (land)* besiedeln; *8. (nerves)* beruhigen; *9. (an account)* ausgleichen; *10. (a bill)* begleichen, bezahlen; *11. (a dispute)* beilegen, schlichten
several ['sevrəl] *pron 1.* einige; *adj 2.* einige
severe [sɪ'vɪə] *adj 1. (punishment, criticism)* hart; *2. (strict)* streng; *3. (intense)(weather)* rau; *4. (pain)* heftig, stark; *5. (drought, illness, injury)* schwer
sew [səʊ] *v irr* nähen; ~ *on* annähen
sewage ['sjuːɪdʒ] *sb* Abwasser *n*
sewing ['səʊɪŋ] *sb* Nähen *n*
sex [seks] *sb 1. (gender)* Geschlecht *n; 2. (intercourse)* Sex *m,* Geschlechtsverkehr *m; have ~* Verkehr haben
sex appeal ['seksəpiːl] *sb* Sexappeal *m*
sex drive ['seksdraɪv] *sb* Sexualtrieb *m*
sexism ['seksɪzəm] *sb* Sexismus *m*
sexist ['seksɪst] *adj* sexistisch
sexpot ['sekspɒt] *sb (fam)* Sexbombe *f*
sexton ['sekstən] *sb* Küster *m*
sexual ['seksjʊəl] *adj* sexuell, geschlechtlich, Geschlechts...
sexual harassment ['seksjʊəl 'hærəsmənt] *sb* sexuelle Belästigung *f*
sexuality [seksjʊ'ælɪtɪ] *sb* Sexualität *f*
sexy ['seksɪ] *adj (fam)* sexy
shack [ʃæk] *sb 1.* Hütte *f; v 2. ~ up with s.o. (fam)* mit jdm zusammenziehen
shackle ['ʃækl] *v* fesseln
shade [ʃeɪd] *sb 1.* Schatten *m; 2. (US: blind)* Jalousie *f; 3. (of colour)* Ton *m,* Farbton *m; 4. (fig: of meaning)* Nuance *f; 5. Shades of 1977!* Das erinnert doch sehr an 1977!
shadow ['ʃædəʊ] *sb 1.* Schatten *m; beyond a ~ of a doubt* ohne den geringsten Zweifel; *v 2. (fam: follow)* beschatten
shadowy ['ʃædəʊɪ] *adj* schattig, schattenhaft
shady ['ʃeɪdɪ] *adj 1.* schattig; *2. (fam: dubious)* zwielichtig, zweifelhaft
shaft [ʃɑːft] *sb 1.* Schaft *m, (of a tool)* Stiel *m; 2. (of a carriage)* Deichsel *f; 3. (of light)* Strahl *m; 4. (of a mine)* Schacht *m*
shaggy ['ʃægɪ] *adj 1. (long-haired)* zottig; *2. (unkempt)* zottelig
shake [ʃeɪk] *v irr 1.* beben; *2. (building)* wackeln; *3. (person, voice)* zittern; *4. (sth)* schütteln; *~ hands with s.o.* jdm die Hand schütteln; *5. (fig: s.o., s.o.'s faith)* erschüttern
• **shake up** *v irr 1.* schütteln; *2. (upset s.o.)* erschüttern; *3. (a business: make changes)* umkrempeln
shaker ['ʃeɪkə] *sb (for drinks)* Mixbecher *m,* Shaker *m*
shake-up ['ʃeɪkʌp] *sb* drastische Umbesetzung *f,* drastische Umgruppierung *f*
shall [ʃæl] *v 1. (future) I ~ ...* Ich werde ... *We ~ ...* Wir werden ...; *2. (command)* sollen; *Thou shalt not kill.* Du sollst nicht töten. *3. (proposal) What ~ we do?* Was sollen wir machen?
shallow ['ʃæləʊ] *adj 1.* seicht, *(dish)* flach; *2. (fig)* oberflächlich
sham [ʃæm] *sb 1.* Heuchelei *f; 2. (person)* Scharlatan *m*
shamble ['ʃæmbl] *v* trotten, latschen
shame [ʃeɪm] *v 1.* beschämen; *~ s.o. into doing sth* jdn so beschämen, dass er etw tut; *sb 2. (feeling of ~)* Scham *f; 3. (disgrace)* Schande *f; Shame on you!* Du solltest dich schämen! *4. (pity) What a ~!* Wie schade!
shamefaced ['ʃeɪmfeɪst] *adj* beschämt
shampoo [ʃæm'puː] *sb* Shampoo *n*
shank [ʃæŋk] *sb* Unterschenkel *m*
shanty ['ʃæntɪ] *sb 1. (hut)* Hütte *f; 2. (song)* Seemannslied *n,* Shanty *n*
shape [ʃeɪp] *v 1. (sth)* formen; *sb 2.* Form *f; take ~* Gestalt annehmen; *3. (figure)* Gestalt *f; 4. (state)* Zustand *m; 5. (physical condition)* Kondition *f*
• **shape up** *v (develop)* sich entwickeln
shapeless ['ʃeɪplɪs] *adj* formlos
shapely ['ʃeɪplɪ] *adj 1. (legs)* wohlgeformt; *2. (woman)* wohlproportioniert
share [ʃɛə] *v 1.* teilen; *~ in sth* an etw teilnehmen; *2. (sth)* teilen; *3. (have in common)* gemeinsam haben; *sb 4.* Anteil *m; have a ~ in sth* an etw teilhaben; *5. FIN* Anteil *m, (in a public limited company)* Aktie *f*

shareholder ['ʃɛəhəʊldə] *sb FIN* Aktionär(in) *m/f*
shark [ʃɑːk] *sb ZOOL* Hai *m,* Haifisch *m*
sharp [ʃɑːp] *adj 1.* scharf; *2. (point)* spitz; *3. (drop)* steil; *4. (mentally)* scharfsinnig, *(in a negative sense)* gerissen; *5. (sound)* durchdringend, schrill; *6. (fam: ~ly dressed)* schick; *7. Look ~!* Zack, zack! *8. MUS (raised a semitone)* um einen Halbton erhöht, *(too high)* zu hoch; *adv 9. (punctually)* pünktlich, genau; *sb 10. MUS* Kreuz *n; C ~* Cis *n; F ~* Fis *n*
sharp-sighted [ʃɑːp'saɪtɪd] *adj* scharfsichtig
sharp-tongued ['ʃɑːptʌŋd] *adj* scharfzüngig
sharp-witted ['ʃɑːpwɪtɪd] *adj* scharfsinnig, aufgeweckt
shatter ['ʃætə] *v 1.* zersplittern; *2. (sth)* zerschmettern; *3. (fig: hopes)* zertrümmern; *4. (s.o.) (fam: flabbergast)* erschüttern
shattering ['ʃætərɪŋ] *adj 1. (defeat)* vernichtend; *2. (blow)* wuchtig; *3. (psychologically)* niederschmetternd
shave [ʃeɪv] *v irr 1.* sich rasieren; *2. (one's face)* rasieren; *3. ~ sth off* etw abrasieren; *sb 4.* Rasur *f; a close ~* eine glatte Rasur; *5. That was a close ~. (fig)* Das war knapp.
shaving cream ['ʃeɪvɪŋkriːm] *sb* Rasierkrem *f, (shaving foam)* Rasierschaum *m*
she [ʃiː] *pron* sie; *~ who ...* diejenige, die ...
shed [ʃed] *v irr 1.* sich haaren; *2. (sth)(hair)* verlieren; *3. (tears, blood)* vergießen; *4. (clothes)* ausziehen; *5. ~ light on sth (fig)* Licht auf etw werfen; *sb 6.* Schuppen *m*
sheep [ʃiːp] *sb* Schaf *n; count ~* Schäfchen zählen; *a wolf in ~'s clothing* ein Wolf im Schafspelz
sheer [ʃɪə] *adj 1. (rock)* senkrecht, steil; *2. (absolute)* rein; *3. (cloth)* hauchdünn
sheerness ['ʃɪənɪs] *sb (of a cliff)* Steilheit *f*
sheet [ʃiːt] *sb 1. (of paper)* Blatt *n, (large)* Bogen *m; 2. (for a bed)* Betttuch *n,* Bettlaken *n; white as a ~ (fig)* kreidebleich; *3. (of ice)* Fläche *f; 4. (of metal)* Blech *n; 5. (of glass)* Scheibe *f*
sheet lightning ['ʃiːtlaɪtŋɪŋ] *sb* Wetterleuchten *n*
sheet metal ['ʃiːtmetəl] *sb* Walzblech *n*
shelf [ʃelf] *sb 1.* Brett *n,* Bord *n, (in a cupboard)* Fach *n; put sth on the ~ (fig)* etw an den Nagel hängen; *off the ~* von der Stange; *2. (ledge of rock)* Felsvorsprung *f*
shell [ʃel] *v 1. (remove the ~ from)* schälen, *(peas)* enthülsen; *2. MIL* beschießen; *sb 3.* Schale *f, (of a pea)* Hülse *f; 4. (turtle's, insect's)* Panzer *m; 5. MIL* Granate *f, (US: cartridge)* Patrone *f; 6. (snail's) ZOOL* Haus *n; 7. (of a house)* Rohbau *m; 8. (pastry ~) GAST* Form *f*
shellfish ['ʃelfɪʃ] *sb* Muscheln *pl,* Meeresfrüchte *pl*
shelly ['ʃelɪ] *adj* schalenähnlich
shelter ['ʃeltə] *v 1. (s.o.)* schützen; *sb 2. (protection)* Schutz *m; 3. (air raid ~)* Bunker *m; 4. (for the homeless)* Obdachlosenasyl *n; 5. (for overnight)* Obdach *n; 6. (place)* Unterstand *m*
sheltered ['ʃeltəd] *adj* geschützt
shelve [ʃelv] *v 1. (put on a shelf)* in ein Regal stellen; *2. (fig: a plan)* beiseite legen, zu den Akten legen
shepherd ['ʃepəd] *sb* Schäfer *m,* Hirt *m*
sheriff ['ʃerɪf] *sb* Sheriff *m*
sherry ['ʃerɪ] *sb* Sherry *m*
shield [ʃiːld] *v 1.* abschirmen; *2. (protect)* schützen; *sb 3. TECH* Schutz *m; 4. (knight's) HIST* Schild *n*
shielded ['ʃiːldɪd] *adj* geschützt, abgeschirmt
shielder ['ʃiːldə] *sb* Beschützende(r) *m/f*
shift [ʃɪft] *v 1.* sich bewegen; *2. (wind)* umspringen; *3. ~ into third gear* den dritten Gang einlegen; *4. (to another position)* bewegen; *5. (to another place)* verschieben, verlagern; *6. ~ gears* schalten; *sb 7. (work period)* Schicht *f; 8. gear ~* Gangschaltung *f; 9. (typewriter key)* Umschalttaste *f; ~ lock* Umschaltfeststeller *m; 10. (movement) (change of position)* Bewegung *f, (change of place)* Verschiebung *f,* Verlegung *f*
shift work ['ʃɪftwɜːk] *sb* Schichtarbeit *f*
shifty ['ʃɪftɪ] *adj* zwielichtig, fragwürdig
shill [ʃɪl] *sb (US) (fam)* Lockvogel *m*
shilling ['ʃɪlɪŋ] *sb FIN* Shilling *m*
shimmer ['ʃɪmə] *v* schimmern
shin [ʃɪn] *sb (or ~bone)* Schienbein *n; kick s.o. on the ~* jdn vors Schienbein treten
shindy ['ʃɪndɪ] *sb (fam)* Krach *m,* Radau *m*
shine [ʃaɪn] *v irr 1.* leuchten; *2. (sun, moon)* scheinen; *3. (eyes)* strahlen; *4. (polished surface)* glänzen; *5. (fig: person)* glänzen; *6. (shoes)* polieren; *7. ~ a light on sth* etw beleuchten; *sb 8.* Glanz *m; 9. take a ~ to s.o. (fig)* jdn ins Herz schließen
shining ['ʃaɪnɪŋ] *adj* leuchtend, glänzend
ship [ʃɪp] *v 1. (send)* versenden, befördern, *(grain, coal)* verfrachten; *sb 2.* Schiff *n; His ~ has come in. (fig)* Er hat das große Los gezogen.
shipboard ['ʃɪpbɔːd] *sb* Bord eines Schiffes *n*
shipload ['ʃɪpləʊd] *sb* Schiffsladung *f*
shipmate ['ʃɪpmeɪt] *sb* Schiffskamerad *m*

shipping ['ʃɪpɪŋ] *sb 1.* Schifffahrt *f; 2. (transportation)* Versand *m, (by sea)* Verschiffung *f*
shipping lane ['ʃɪpɪŋ leɪn] *sb NAUT* Schifffahrtsstraße *f*
shipping line ['ʃɪpɪŋ laɪn] *sb* Reederei *f*
shipwrecked ['ʃɪprekt] *adj* schiffbrüchig
shipyard ['ʃɪpjɑːd] *sb* Schiffswerft *f*
shirt [ʃɜːt] *sb* Hemd *n; lose one's ~ (fam)* alles bis aufs letzte Hemd verlieren; *Keep your ~ on! (fam)* Hab Geduld! Warte einen Moment!
shirting ['ʃɜːtɪŋ] *sb* Hemdenstoff *m*
shirtsleeves ['ʃɜːtsliːvz] *pl* Hemdsärmel *pl*
shirt-tail ['ʃɜːtteɪl] *sb* Hemdenzipfel *m*
shit [ʃɪt] *sb (fam)* Scheiße *f*
shiver ['ʃɪvə] *v 1.* zittern; *sb 2.* Schauer *m; It gives me the ~s.* Es läuft mir kalt den Rücken hinunter.
shoal [ʃəʊl] *sb 1. (shallow place)* Untiefe *f, (sandbank)* Sandbank *f; 2. (of fish) ZOOL* Schwarm *m*
shock [ʃɒk] *v 1. (outrage)* schockieren; *sb 2. (electric ~)* Schlag *m; 3. (of impact)* Wucht *f; 4. MED* Schock *m; 5. (emotional blow)* Schlag *m*
shocking ['ʃɒkɪŋ] *adj 1. (news)* erschütternd; *2. (disgraceful)* schändlich; *3. (fam: very bad)* scheußlich, schrecklich, miserabel
shockproof ['ʃɒkpruːf] *adj* stoßfest
shock wave ['ʃɒkweɪv] *sb* Stoßwelle *f*
shoddy ['ʃɒdɪ] *adj 1.* mangelhaft; *2. (work)* schludrig
shoe [ʃuː] *sb* Schuh *m; to be in s.o.'s ~s (fig)* in jds Haut stecken
shoelace ['ʃuːleɪs] *sb* Schnürsenkel *m,* Schnürriemen *m*
shoe polish ['ʃuːpɒlɪʃ] *sb* Schuhkrem *f*
shoot [ʃuːt] *v irr 1.* schießen; *2. (move) ~ ahead of s.o.* jdm voranstürmen; *pain shot through him* der Schmerz durchzuckte ihn; *3. (sth)* schießen; *~ a gun* eine Kanone abfeuern; *~ a bullet* eine Kugel abfeuern; *4. ~ s.o. dead* jdn erschießen; *5. (questions)* abfeuern; *6. ~ a glance at sth* einen raschen Blick auf etw werfen; *7. CINE* drehen; *8. ~ the rapids* über die Stromschnellen jagen; *sb 9. (hunting)* Jagd *f; 10. BOT* Schössling *m, (of a vine)* Trieb *m*
• **shoot up** *v irr 1. (hand, temperature)* in die Höhe schnellen; *2. (grow rapidly)* schnell wachsen
shooting ['ʃuːtɪŋ] *sb (murder)* Erschießung *f*
shooting star ['ʃuːtɪŋ stɑː] *sb* Sternschnuppe *f*
shop [ʃɒp] *sb 1.* Laden *m,* Geschäft *n; 2. set up ~* einen Laden eröffnen, ein Geschäft eröffnen; *talk ~* fachsimpeln; *3. closed ~ ECO* Unternehmen mit Gewerkschaftszwang *n; v 4.* einkaufen; *go ~ping* einkaufen gehen
shop assistant [ʃɒpə'sɪstənt] *sb* Verkäufer *m*
shop floor [ʃɒp flɔː] *sb* Arbeiter in der Produktion *pl*
shoplifter ['ʃɒplɪftə] *sb* Ladendieb/Ladendiebin *m/f*
shopping mall ['ʃɒpɪŋ mɔːl] *sb* Einkaufsgalerie *f*
shop steward ['ʃɒpstjʊəd] *sb* Vertrauensmann *m*
shore [ʃɔː] *sb 1.* Ufer *n,* Strand *m,* Küste *f; v 2.* stützen
short [ʃɔːt] *adj 1.* kurz; *have a ~ temper* leicht aufbrausen; *nothing ~ of* nichts weniger als; *in ~ supply* rar; *to be ~ (not have enough)* zu wenig haben; *~ of cash* knapp bei Kasse; *fall ~ of* nicht erreichen, *(expectations)* nicht entsprechen; *~ of (except)* außer, abgesehen von; *2. (person)* klein; *adv 3. (abruptly)* plötzlich, abrupt
shortage ['ʃɔːtɪdʒ] *sb* Knappheit *f, (of people, of money)* Mangel *m*
short-change [ʃɔːt'tʃeɪndʒ] *v 1. (give too little change)* zu wenig Wechselgeld geben; *2. (fig: swindle)* übers Ohr hauen
shortcoming ['ʃɔːtkʌmɪŋ] *sb* Unzulänglichkeit *f,* Mangel *m*
short-cut ['ʃɔːtkʌt] *sb 1.* Abkürzung *f; 2. (fig: process)* Schnellverfahren *n*
shorten ['ʃɔːtn] *v 1. (days)* kürzer werden; *2. (sth)* verkürzen; *3. (a dress)* kürzer machen; *4. (text)* kürzen
shorthand ['ʃɔːthænd] *sb* Kurzschrift *f,* Stenografie *f*
short-handed [ʃɔːt'hændɪd] *adj to be ~* zu wenig Personal haben
shortly ['ʃɔːtlɪ] *adv* bald, in Kürze; *~ afterward* kurz danach
shorts [ʃɔːts] *pl 1.* Shorts *pl,* kurze Hosen *pl; 2. (US)* Unterhose *f*
short-sighted [ʃɔːt'saɪtɪd] *adj* kurzsichtig
shot [ʃɒt] *sb 1.* Schuss *m; call the ~s (fig)* am Drücker sein *(fam); take a ~ at* schießen auf; *2. (projectile)* Geschoss *n; 3. (pellets)* Schrot *m,* Schrotkugeln *pl; 4. (fam: attempt)* Versuch *m; Give it a ~!* Versuch's mal! *5. (injection)* Spritze *f; (immunization)* Impfung *f; 6. (shotput) SPORT* Kugel *f; 7. (photograph)* Aufnahme *f; 8. CINE* Aufnahme *f*
shotgun ['ʃɒtgʌn] *sb* Schrotflinte *f*
shotgun wedding ['ʃɒtgʌn 'wedɪŋ] *sb (fam)* Mussheirat *f*

should [ʃʊd] *v 1. (ought to)* sollte/solltest/sollte/solltet/sollten; *2. (conditional)* würde/würdest/würde/würdet/würden; *3.* ~ ... *(at the start of a phrase of condition)* sollte ... *~ the occasion arise* sollte sich die Gelegenheit ergeben; *4. (rhetorical) and whom ~ I happen to meet but Chad* ausgerechnet Chad ist mir über den Weg gelaufen

shoulder ['ʃəʊldə] *sb 1.* Schulter *f; give s.o. the cold ~* jdm die kalte Schulter zeigen; *have a good head on one's ~s* ein kluger Kopf sein; *2. (of a road)* Seitenstreifen *m; v 3.* schultern; *4. (fig)* auf sich nehmen

shout [ʃaʊt] *v 1.* rufen; *(very loudly)* schreien; *~ at s.o.* jdn anschreien; *2. (sth)* rufen, schreien, *(an order)* brüllen; *sb 3.* Ruf *m; (loud cry)* Schrei *m*

shove [ʃʌv] *v 1.* schubsen *(fam); ~ sth into sth* etw in etw stecken; *sb 2.* Schubs *m,* Stoß *m*

show [ʃəʊ] *v irr 1. (to be visible)* sichtbar sein, *(underwear)* vorsehen; *2. (place third)* platzieren; *3. (sth)* zeigen; *4. (a film)* vorführen; *5. (a pass)* vorzeigen; *6. (prove)* beweisen; *7. (set out on display)* ausstellen; *8.* (indicate) anzeigen; *9. ~ o.s. to be sth* sich als etw erweisen; *sb 10. (appearance)* Schau *f; 11. (display of goods)* Ausstellung *f; 12. (of emotion)* Kundgebung *f; 13. (on television)* Fernsehsendung *f; 14. (performance)* Aufführung *f; run the ~ (fig)* den Laden schmeißen (fam); *15. Good ~! (UK)* Ausgezeichnet! Bravo! *16. ~ of hands* Handzeichen *n*

• show off *v irr 1.* angeben; *2. (flaunt)* angeben mit; *3. (highlight the strengths of)* vorteilhaft wirken lassen

• show up *v irr 1. (make an appearance)* auftauchen; *2. show s.o. up (embarrass s.o.)* jdn blamieren

show business ['ʃəʊbɪznɪs] *sb* Showbusiness *n,* Showgeschäft *n*

shower ['ʃaʊə] *sb 1. (~ bath)* Dusche *f; take a ~* duschen; *2. (of rain)* Schauer *m; 3. (fig: of bullets, of blows)* Hagel *m; v 4. (take a ~)* duschen; *5. (rain down)* prasseln; *6. ~ s.o. with sth* jdn mit etw überschütten, *(blows)* etw auf jdn niederhageln lassen

showjumping ['ʃəʊdʒʌmpɪŋ] *sb* Springen *n,* Springreiten *n*

show-stopper ['ʃəʊstɒpə] *sb* Szene, die mit Applaus aufgenommen wird *f*

shrapnel ['ʃræpnəl] *sb* Schrapnell *n*

shred [ʃred] *v 1. (sth)* zerkleinern, hobeln, *(paper)* schnitzeln; *2. (tear)* zerreißen; *sb 3.* Fetzen *m,* Stückchen *m,* Schnitzel *m; not a ~ of proof* kein einziger Beweis

shrew [ʃruː] *sb 1. ZOOL* Spitzmaus *f; 2. (fig)* Xanthippe *f*

shriek [ʃriːk] *v 1.* aufschreien; *2. (sth)* schreien; *sb 3.* Schrei *m*

shrift [ʃrɪft] *sb give s.o. short ~* jdn kurz abfertigen

shrill [ʃrɪl] *adj* schrill

shrimp [ʃrɪmp] *sb 1.* Garnele *f; 2. (fam: short person)* Knirps *m* (fam)

shrink [ʃrɪŋk] *v irr 1.* schrumpfen; *2. (clothes)* eingehen; *3. (metal)* sich zusammenziehen; *4. ~ from doing sth* davor zurückschrecken, etw zu tun; *5. (sth)* schrumpfen lassen, eingehen lassen; *sb 6. (fam: psychiatrist)* Seelenklempner *m* (fam)

shrivel ['ʃrɪvl] *v ~ up 1.* kleiner werden, schrumpfen; *2. (skin)* runzlig werden

shrub [ʃrʌb] *sb* Busch *m,* Strauch *m*

shrug [ʃrʌg] *v 1. ~ one's shoulders* mit den Achseln zucken; *sb 2.* Achselzucken *n*

shudder ['ʃʌdə] *v 1.* zittern, *(in fear, in horror)* schaudern; *sb 2.* Zittern *n, (from fear, from horror)* Schauder *m*

shuffle ['ʃʌfl] *v 1. (playing cards)* mischen; *2. ~ one's feet* mit den Füßen scharren

shun [ʃʌn] *v* meiden, *(publicity)* scheuen

shush [ʃʌʃ] *v 1.* zum Schweigen bringen; *interj 2. Shush!* Sch!

shut [ʃʌt] *v irr 1.* schließen; *2. (sth)* zumachen, schließen; *~ s.o. in sth* jdn in etw einschließen; *adj 3.* geschlossen

• shut down *v irr* zumachen, schließen

• shut in *v irr 1.* einschließen; *2. (lock in)* einsperren

• shut off *v irr 1.* abschalten; *2. (sth)* abstellen, ausschalten, abschalten

• shut out *v irr 1.* aussperren; *2. (fig: a memory)* unterdrücken; *3. (US: defeat without allowing a score) SPORT* nicht zum Zuge kommen lassen

• shut up *v irr 1. (fam)* den Mund halten, die Klappe halten; *Shut up!* Halt den Mund! *2. (silence s.o.)* zum Schweigen bringen, den Mund stopfen

shutter ['ʃʌtə] *sb 1.* Fensterladen *m; 2. FOTO* Verschluss *m*

shuttle service ['ʃʌtlsɜːvɪs] *sb* Pendelverkehr *m*

shy [ʃaɪ] *adj 1.* schüchtern, *(animal)* scheu; *Don't be ~* Nur keine Hemmungen! *v 2. ~ away from sth* vor etw zurückschrecken

Siamese twins [saɪə'miːz twɪnz] *pl* Siamesische Zwillinge *pl*

siblings ['sɪblɪŋz] *pl* Geschwister *pl*

sick [sɪk] *adj 1. to be ~* sich übergeben; *2. (US: ill)* krank; *3. (joke)* geschmacklos; *4. to be ~ of sth (fam)* von etw die Nase voll haben
sickening ['sɪkənɪŋ] *adj* widerlich, ekelhaft
sick-leave ['sɪkliːv] *sb to be on ~* krankgeschrieben sein
sickly ['sɪklɪ] *adj* kränklich
sick pay ['sɪkpeɪ] *sb* Krankengeld *n*
side [saɪd] *sb 1.* Seite *f; ~ by ~* nebeneinander; *on the ~ (fig)* nebenher; *the bright ~* die positiven Aspekte; *be on the safe ~* sichergehen; *I'll check it again to be on the safe ~.* Ich werde es nochmals prüfen, um ganz sicher zu sein. *a bit on the ... ~* etwas zu ...; *His speech was a bit on the boring ~.* Seine Rede war schon ein bisschen langweilig. *2. change ~s POL* überlaufen; *3. (of a road)* Straßenrand *m; v 4. ~ with s.o.* jds Partei ergreifen; *adj 5.* Neben..., Seiten...
sideburns ['saɪdbɜːnz] *pl* Koteletten *pl*
sidecar ['saɪdkɑː] *sb* Beiwagen *m*
side door [saɪd dɔː] *sb* Seiteneingang *m*
sideroad ['saɪdrəʊd] *sb* Nebenstraße *f*
sidesaddle ['saɪdsædl] *adv* im Damensitz
sideshow ['saɪdʃəʊ] *sb* Nebenvorstellung *f*
side-splitting ['saɪdsplɪtɪŋ] *adj* zwerchfellerschütternd, urkomisch
side street ['saɪdstriːt] *sb* Seitenstraße *f*
sidetrack ['saɪdtræk] *v (fig)(s.o.)* ablenken
sidewalk ['saɪdwɔːk] *sb (US: pavement)* Bürgersteig *m*
sideways ['saɪdweɪz] *adv* seitwärts
siege [siːdʒ] *sb MIL* Belagerung *f*
sift [sɪft] *v 1.* durchsieben; *2. (fig: evidence, job applications)* sichten
sigh [saɪ] *v 1.* seufzen; *sb 2.* Seufzer *m*
sight [saɪt] *sb 1. (seeing, glimpse)* Blick *m,* Sicht *f; at first ~* auf den ersten Blick; *~ unseen* unbesehen; *2. (thing seen)* Anblick *m; a ~ for sore eyes* ein erfreulicher Anblick; *3. (the power to see)* Sehvermögen *n; lose one's ~* das Augenlicht verlieren; *4. (range of vision)* Sicht *f; out of ~* außer Sicht; *out of ~, out of mind* aus den Augen, aus dem Sinn; *lose ~ of sth* etw aus den Augen verlieren; *5. (thing worth seeing)* Sehenswürdigkeit *f; 6. look a ~ (fam)* grässlich aussehen; *7. (on a gun)* Visier *n; have sth in one's ~s* etw im Visier haben; *v 8. (sth)* erblicken, *(land)* sichten
sightsee ['saɪtsiː] *v* auf Besichtigungstour gehen
sightseeing ['saɪtsiːɪŋ] *sb* Besichtigungen *pl,* Sightseeing *n*
sign [saɪn] *sb 1. (gesture)* Zeichen *n; make a ~ to s.o.* jdm ein Zeichen geben; *2. ~ of the cross REL* Kreuzzeichen *n; 3. (road ~, shop ~)* Schild *n; 4. (indication)* Anzeichen *n; 5. ~ of life MED* Lebenszeichen *n; 6. (trace)* Spur *f; 7. (proof)* Beweis *m; v 8.* unterschreiben; *9. (a painting)* signieren; *10. ~ an autograph* ein Autogramm geben
• **sign in** *v* sich eintragen
• **sign off** *v 1. (letter)* Schluss machen; *2. (broadcast)* sich verabschieden
• **sign out** *v* sich austragen
• **sign up** *v 1. (for an event)* sich melden; *(for a class)* sich einschreiben; *(by signing a contract)* sich verpflichten; *2. (s.o.)* verpflichten
signal ['sɪgnl] *v 1.* ein Zeichen geben, ein Signal geben; *(with lights)* blinken; *2. (sth)(a message)* signalisieren; *3. (indicate)* anzeigen; *(fig: a future event)* ankündigen; *sb 4.* Signal *n; 5. (gesture)* Zeichen *n*
signature ['sɪgnətʃə] *sb* Unterschrift *f*
significance [sɪg'nɪfɪkəns] *sb* Bedeutung *f*
significant [sɪg'nɪfɪkənt] *adj 1. (important)* wichtig; *2. (considerable)* bedeutend; *3. (meaningful)* bedeutungsvoll
signification [sɪgnɪfɪ'keɪʃən] *sb* Sinn *m,* Bedeutung *f*
signify ['sɪgnɪfaɪ] *v 1. (mean)* bedeuten; *2. (indicate)* zu verstehen geben
sign language ['saɪnlæŋgwɪdʒ] *sb* Zeichensprache *f*
signpost ['saɪnpəʊst] *sb* Wegweiser *m,* Straßenschild *n*
silence ['saɪləns] *sb 1.* Stille *f,* Ruhe *f; 2. (absence of talk)* Schweigen *n; v 3.* zum Schweigen bringen
silent ['saɪlənt] *adj 1.* still; *2. (person)* schweigsam; *3. to be ~ (person)* schweigen; *4. (mechanism, steps)* geräuschlos, lautlos
silent film ['saɪlənt fɪlm] *sb CINE* Stummfilm *m*
silhouette [sɪluː'et] *sb* Silhouette *f*
silicon ['sɪlɪkən] *sb CHEM* Silizium *n*
silk [sɪlk] *sb* Seide *f*
silk-screen ['sɪlkskriːn] *v* das Siebdruckverfahren anwenden auf
silky ['sɪlkɪ] *adj* seidig, glatt
sill [sɪl] *sb* Fensterbrett *n,* Fenstersims *m*
silly ['sɪlɪ] *adj* albern, dumm, doof (fam); *knock s.o. ~* jdm einen harten Schlag versetzen
silver ['sɪlvə] *adj 1.* silbern, Silber... *sb 2.* Silber *n*
silver medal ['sɪlvə 'medəl] *sb* Silbermedaille *f*
silver screen [sɪlvə'skriːn] *sb the ~ CINE* die Leinwand *f*

silverware ['sɪlvəwɛə] *sb* *1.* Silber *n; 2. (US: cutlery)* Besteck *n*
similar ['sɪmɪlə] *adj* ähnlich
similarity [sɪmɪ'lærɪtɪ] *sb* Ähnlichkeit *f*
simmer ['sɪmə] *v 1.* simmern, sieden; *2. (fig: with rage)* kochen; *3. (sth)* simmern lassen, sieden lassen
• simmer down *v* sich beruhigen
simper ['sɪmpə] *v 1. (smile in a weak manner)* zurückhaltend lächeln; *2. (in an affected manner)* sich zieren
simple ['sɪmpl] *adj 1.* einfach; *2. (plain)* schlicht; *3. (~-minded)* einfältig
simplicity [sɪm'plɪsɪtɪ] *sb* Einfachheit *f; It's ~ itself.* Das ist die einfachste Sache der Welt.
simplify ['sɪmplɪfaɪ] *v* vereinfachen
simply ['sɪmplɪ] *adv 1.* einfach; *2. (merely)* nur, bloß
simultaneous [sɪməl'teɪnɪəs] *adj* gleichzeitig
simultaneous interpreter [sɪməl'teɪnɪəs ɪn'tɜːprɪtə] *sb* Simultandolmetscher *m*
sin [sɪn] *v 1.* sündigen; *~ against* sündigen gegen; *sb 2.* Sünde *f; live in ~* in wilder Ehe leben
since [sɪns] *prep 1.* seit; *konj 2. (time)* seit, seitdem; *3. (because)* da; *adv 4. (in the meantime)* inzwischen; *5. (~ that time)* seitdem
sincere [sɪn'sɪə] *adj* aufrichtig, *(frank)* offen
sinful ['sɪnfʊl] *adj* sündig, sündhaft
sing [sɪŋ] *v irr* singen; *~ along* mitsingen
singing ['sɪŋɪŋ] *sb* Singen *n*
single ['sɪŋgl] *adj 1. (only one)* einzige(r,s); *not a ~ one* kein Einziger/keine Einzige/kein Einziges; *2. (not double or triple)* einzeln, Einzel...; *3. (unmarried)* ledig, unverheiratet; *sb 4. (record)* Single *f; 5. (unmarried person)* Single *m; 6. (UK: ticket) (train ticket)* einfache Fahrkarte *f, (plane ticket)* einfaches Flugticket *n; v 7. ~ out* auslesen, *(for a purpose)* bestimmen
single file ['sɪŋgl faɪl] *sb* Gänsemarsch *m*
single-handed ['sɪŋgl'hændɪd] *adj* allein, ohne fremde Hilfe
single parent ['sɪŋgl 'pɛərənt] *sb* Alleinerzieher *m*
singles ['sɪŋglz] *sb SPORT* Einzel *n*
singles bar ['sɪŋglz bɑː] *sb* Bar für Singles *f*
single ticket ['sɪŋgl 'tɪkɪt] *sb (UK)* Hinfahrkarte *f,* einfache Fahrkarte *f*
singular ['sɪŋgjʊlə] *adj 1. (odd)* sonderbar, eigenartig; *2. GRAMM* im Singular; *sb 3. GRAMM* Singular *m*
singularity [sɪŋgjʊ'lærɪtɪ] *sb* Sonderbarkeit *f,* Eigenartigkeit *f*
sinister ['sɪnɪstə] *adj* finster, unheimlich
sink [sɪŋk] *v irr 1.* sinken; *2. (ship, sun)* untergehen; *3. (ground)* sich senken, *(slope)* abfallen; *4. (sth)(a ship)* versenken; *5. (fam: ruin)* zunichte machen; *We're sunk.* Wir sind erledigt. (fam); *6. (a post)* einsenken; *7. (a well)* bohren; *8. (one's head, one's voice)* senken; *9. ~ one's teeth into sth* in etw reinbeißen; *10. ~ into sleep* in tiefen Schlaf fallen; *sb 11.* Ausguss *m; (kitchen ~)* Spülbecken *n*
• sink in *v irr (words)* ihre Wirkung haben
sinkhole ['sɪnkhəʊl] *sb 1. (hole formed in soluble rock)* Sickerloch *n; 2. (area in which drainage collects)* Abflussloch *n*
sip [sɪp] *v (sth)* nippen an, schlürfen
sir [sɜː] *sb 1.* mein Herr *m; No, ~.* Nein, mein Herr. *Dear Sir or Madam ...* Sehr geehrte Damen und Herren! *2. (knight)* Sir *m*
sire [saɪə] *sb 1. (form of address)* Sire *m,* Majestät *f; 2. ZOOL* Vater *m; v 3.* zeugen
siren ['saɪərən] *sb* Sirene *f*
sister ['sɪstə] *sb 1.* Schwester *f; 2. (nun)* Ordensschwester *f; Sister Mary* Schwester Mary
sister-in-law ['sɪstərɪnlɔː] *sb* Schwägerin *f*
sit [sɪt] *v irr 1.* sitzen; *2. (assembly)* tagen; *3. (take a seat)* sich setzen; *4. (to be placed, rest)* stehen
• sit down *v irr* sich setzen, sich hinsetzen
• sit out *v irr sit sth out* etw aussitzen
sitcom ['sɪtkɒm] *sb* Situationskomödie *f*
site [saɪt] *sb 1. (of a building)* Lage *f; 2. (of an event)* Schauplatz *m*
sitting room ['sɪtɪŋ ruːm] *sb* Wohnzimmer *n*
situation [sɪtjʊ'eɪʃən] *sb 1.* Lage *f; 2. (job)* Stelle *f*
sit-up ['sɪtʌp] *sb* Sit-up *m*
six [sɪks] *num* sechs; *~ of one and half a dozen of the other* Jacke wie Hose, gehüpft wie gesprungen; *at ~es and sevens* durcheinander, konfus
six-pack ['sɪkspæk] *sb* Sechserpack *m*
sixth sense [sɪksθ sens] *sb* sechster Sinn *m*
size [saɪz] *sb 1.* Größe *f; That's about the ~ of it. (fam)* So ist es. *v 2. ~ up* abschätzen
sizeable ['saɪzəbl] *adj 1.* ziemlich groß; *2. (sum, difference)* beträchtlich
sized [saɪzd] *adj* ...groß
sizzle ['sɪzl] *v* zischen
sizzler ['sɪzlə] *sb (day)* Hitzetag *f*
skate [skeɪt] *v 1. (ice-~)* Schlittschuh laufen; *sb 2. (ice-~)* Schlittschuh *m*
skateboard ['skeɪtbɔːd] *sb SPORT* Skateboard *n*

skater ['skeɪtə] *sb 1. (ice-~)* Eisläufer *m,* Schlittschuhläufer *m; 2. (roller-~)* Rollschuhläufer *m*
skeleton ['skelɪtn] *sb* Skelett *n*
skeleton key ['skelɪtnkiː] *sb* Dietrich *m,* Nachschlüssel *m*
skeptical *adj (see "sceptical")*
sketch [sketʃ] *v 1. (sth)* skizzieren; *sb 2.* Skizze *f; 3. THEAT* Sketsch *m*
sketchbook ['sketʃbʊk] *sb* Skizzenbuch *n*
ski [skiː] *v 1.* Ski laufen, Ski fahren; *sb 2.* Ski *m,* Schi *m*
skid [skɪd] *v 1.* rutschen; *2. (car)* schleudern
ski jump ['skiːdʒʌmp] *sb 1. (place) SPORT* Sprungschanze *f; 2. (act) SPORT* Skisprung *m*
ski lift ['skiːlɪft] *sb* Skilift *m*
skill [skɪl] *sb 1.* Geschick *n; 2. (acquired technique)* Fertigkeit *f; 3. (ability)* Fähigkeit *f*
skilled [skɪld] *adj 1.* geschickt; *2. (trained)* ausgebildet; *3. (requiring skill)* Fach...
skim [skɪm] *v 1. (fam: scan)* überfliegen; *2. (remove floating matter)* abschöpfen, *(milk)* entrahmen; *3. (fig: profits)* abschöpfen
skimmed milk [skɪmd mɪlk] *sb* Magermilch *f,* entrahmte Milch *f*
skin [skɪn] *sb 1.* Haut *f; have a thick ~ (fig)* dickfellig sein; *by the ~ of one's teeth* mit knapper Not; *That's no ~ off my nose.* Das juckt mich nicht. *save one's ~* seine Haut retten; *2. (of fruit)* Schale *f; v 3.* häuten
skin cancer ['skɪnkænsə] *sb MED* Hautkrebs *m*
skinhead ['skɪnhed] *sb* Skinhead *m*
skinny ['skɪnɪ] *adj* dünn, mager
skip [skɪp] *v 1.* hüpfen; *2. (with a rope)* seilspringen; *3. (sth) (omit)* überspringen, auslassen; *4. ~ school* die Schule schwänzen
skipping ['skɪpɪŋ] *sb* Seilhüpfen *n,* Seilspringen *n*
skirt [skɜːt] *sb 1.* Rock *m; v 2. (avoid)* umgehen
ski slope [skiː sləʊp] *sb* Skihang *m*
skittish ['skɪtɪʃ] *adj 1. (nervous)* ängstlich; *2. (lively)* lebhaft
skive [skaɪv] *v (UK)* schwänzen, blaumachen
skiver ['skaɪvə] *sb (fam)* fauler Strick *m*
skivvy ['skɪvɪ] *sb (UK: servant)* Dienstmagd *f*
skulk [skʌlk] *v 1. (lurk)* lauern, sich versteckt halten; *2. (move)* schleichen
skulker ['skʌlkə] *sb* Drückeberger *m*
skull [skʌl] *sb* Schädel *m; ~ and crossbones* Totenkopf *m*
sky [skaɪ] *sb* Himmel *m; the ~'s the limit* nach oben sind keine Grenzen gesetzt; *go ~ high* sehr hoch hinaufgehen; *reach for the ~* nach den Sternen greifen
skydiver ['skaɪdaɪvə] *sb SPORT* Fallschirmspringer *m*
skydiving ['skaɪdaɪvɪŋ] *sb* Fallschirmspringen *n*
skylight ['skaɪlaɪt] *sb* Dachfenster *n*
skyline ['skaɪlaɪn] *sb 1. (of a city)* Skyline *f,* Silhouette *f; 2. (horizon)* Horizont *m, (of a city)* Silhouette *f*
skyscraper ['skaɪskreɪpə] *sb* Wolkenkratzer *m*
slack [slæk] *adj 1. (not tight)* locker; *sb 2. (in rope)* Lose *f; take up the ~* die Lose durchholen; *v 3. ~ off (fam: person)* nachlassen, nachlässig werden
slag [slæg] *sb 1.* Schlacke *f; 2. (fig: person)* Schlampe *f*
slammer ['slæmə] *sb the ~ (fam)* der Knast *m,* das Kittchen *n*
slander ['slɑːndə] *v 1.* verleumden; *sb 2.* Verleumdung *f*
slang [slæŋ] *sb 1.* Slang *m; 2. (used by a certain group)* Jargon *m,* Sondersprache *f*
slant [slɑːnt] *v 1.* schräg sein, sich neigen; *2. (a report)* färben; *sb 3.* Neigung *f,* Schräge *f; 4. (bias)* Tendenz *f,* Färbung *f* (fam)
slap [slæp] *v 1.* schlagen; *~ s.o.'s face* jdn ohrfeigen; *~ s.o. on the back* jdm auf den Rücken klopfen; *sb 2.* Schlag *m,* Klaps *m; a ~ in the face* eine Ohrfeige *f, (fig)* ein Schlag ins Gesicht *m*
slapstick ['slæpstɪk] *sb* Slapstick *m*
slap-up ['slæpʌp] *adj (fam) (UK)* super, toll; *a ~ meal* eine erstklassige Mahlzeit
slating ['sleɪtɪŋ] *sb (by reviewers)* Verriss *m*
slaughter ['slɔːtə] *v 1.* schlachten; *2. (people)* abschlachten; *sb 3.* Schlachten *n; 4. (of people)* Gemetzel *n*
slave [sleɪv] *sb 1.* Sklave/Sklavin *m/f; v 2. ~ away at sth* sich mit etw abschinden
slave-driver ['sleɪvdraɪvə] *sb* Sklaventreiber *m*
slay [sleɪ] *v irr* töten, erschlagen
sleazebag ['sliːzbæg] *sb (fam: person)* mieser Sack *m*
sleazeball ['sliːzbɔːl] *sb (fam)* Widerling *m*
sleazy ['sliːzɪ] *adj* anrüchig
sled [sled] *sb (US)* Schlitten *m*
sleep [sliːp] *v irr 1.* schlafen; *~ sth off* etw ausschlafen; *sb 2.* Schlaf *m; go to ~* einschlafen; *I'm not losing any ~ over it. (fig)* Darüber mache ich mir keine großen Sorgen. *3. put an animal to ~* ein Tier einschläfern

• sleep around *v irr (fam)* mit vielen Frauen/Männern ins Bett gehen
• sleep in *v irr* ausschlafen
sleeper ['sli:pə] *sb 1. (coach)* Schlafwagen *m; 2. to be a heavy ~* einen festen Schlaf haben; *to be a light ~* einen leichten Schlaf haben; *3. (fam: dark horse)* Geheimfavorit *m*
sleeping bag ['sli:pɪŋbæg] *sb* Schlafsack *m*
sleeping pill ['sli:pɪŋpɪl] *sb* Schlaftablette *f*
sleepless ['sli:plɪs] *adj* schlaflos
sleepwalk ['sli:pwɔ:k] *v* schlafwandeln
sleepy ['sli:pɪ] *adj 1.* müde, schläfrig; *2. (town)* verschlafen
sleeve [sli:v] *sb 1.* Ärmel *m; have sth up one's ~ (fig)* noch einen Pfeil im Köcher haben; *laugh up one's ~ (fam)* sich ins Fäustchen lachen; *roll up one's ~s* die Ärmel hochkrempeln; *2. (of a record)* Plattenhülle *f*
slender ['slendə] *adj 1. (person)* schlank; *2. (waist)* schmal
slice [slaɪs] *sb 1.* Scheibe *f; v 2. (cut)* durchschneiden; *3. (cut into slices)* in Scheiben schneiden
slide [slaɪd] *v irr 1.* rutschen; *2. (by accident)* ausrutschen; *3. (to be designed to ~)* sich schieben lassen; *4. (sth)* schieben; *5. let sth ~ (fam)* etw vernachlässigen; *sb 6.* Rutschbahn *f; 7. (land~, rock ~)* Rutsch *m; 8. (fig: fall)* Abfall *m; 9. FOTO* Diapositiv *n,* Dia *n; 10. (for a microscope)* Objektträger *m; 11. (UK: for hair)* Haarspange *f*
slide show ['slaɪdʃəʊ] *sb* Diavortrag *m*
slight [slaɪt] *adj 1. (small)* gering, geringfügig, leicht; *2. (person)* zierlich; *v 3. (s.o.)* kränken; *sb 4.* Kränkung *f*
slighting ['slaɪtɪŋ] *adj* abfällig, beleidigend
slightly ['slaɪtlɪ] *adv 1.* etwas, ein kleines bisschen; *2. ~ built* zierlich
slim [slɪm] *adj 1. (person)* schlank; *2. (fig: chance)* gering
sling [slɪŋ] *v irr 1.* schleudern; *sb 2. (for one's arm)* Schlinge *f*
slip [slɪp] *v 1.* rutschen; *2. (slide)* gleiten; *~ through one's fingers* durch die Finger schlüpfen; *3. let sth ~* etw fallen lassen; *4. (move quickly)* schlüpfen; *5. ~ into a dress* in ein Kleid schlüpfen; *6. (sth)* schieben; *~ sth into one's pocket* etw in die Tasche gleiten lassen; *7. ~ one's mind* jdm entfallen; *sb 8. (on ice)* Rutsch *m; 9. (mistake)* Versehen *n; make a ~ of the tongue* sich versprechen; *10. (in one's conduct)* Fehltritt *m; 11. give s.o. the ~* jdm entwischen; *12. ~ of paper* Zettel *m; 13. (woman's undergarment)* Unterrock *m*
• slip away *v* sich wegschleichen, sich wegstehlen, entwischen; *let an opportunity ~* sich eine Gelegenheit entgehen lassen
• slip up *v* sich vertun, einen Fehler machen
slipper ['slɪpə] *sb 1. (bedroom ~)* Hausschuh *m,* Pantoffel *m; 2. (for dancing)* Slipper *m*
slippy ['slɪpɪ] *adj (fam)* flott, zackig
slip-up ['slɪpʌp] *sb* Fehler *m*
slit [slɪt] *v irr 1.* aufschlitzen; *sb 2.* Schlitz *m*
slob [slɒb] *sb (fam)* Schmutzfink *m*
slobber ['slɒbə] *v* geifern
slog [slɒg] *v (walk with an effort)* stapfen
slogan ['sləʊgən] *sb* Slogan *m,* Schlagwort *n*
slop [slɒp] *v 1.* überschwappen; *2. (~ sth)* verschütten
slope [sləʊp] *v 1.* sich neigen, geneigt sein; *sb 2. (sloping ground)* Hang *m; 3. (angle)* Neigung *f*
sloppy ['slɒpɪ] *adj (untidy)* schlampig
slot [slɒt] *sb 1. (opening)* Schlitz *m; (for money)* Einwurf *m; 3. (groove)* Rille *f*
slot machine ['slɒtməʃi:n] *sb* Münzautomat *m*
slouch [slaʊtʃ] *v 1. (sitting)* mit hängenden Schultern sitzen; *2. (standing)* mit hängenden Schultern stehen; *Don't ~!* Steh nicht so krumm! *sb 3. (fam) He's an excellent player, but you're no ~ either.* Er ist ein hervorragender Spieler, aber du kannst auch ganz schön mithalten.
sloven ['slʌvn] *sb* Schlampe *f*
slow [sləʊ] *adj 1.* langsam; *~ly but surely* langsam aber sicher; *2. to be ~ (clock)* nachgehen; *3. (mentally)* schwerfällig, begriffsstutzig; *4.* sich verlangsamen; *(in an activity)* etw langsamer machen; *(driver)* langsamer fahren; *5. (sth)* verlangsamen
slowcoach ['sləʊkəʊtʃ] *sb (fam)* trübe Tasse *f*
slow-witted ['sləʊwɪtɪd] *adj* begriffsstutzig, schwer von Begriff
sluggish ['slʌgɪʃ] *adj 1. (market, business)* flau; *2. (person)* träge
slump [slʌmp] *v 1. ~ into a chair* sich in einen Sessel plumpsen lassen (fam); *2. (prices)* stürzen, fallen; *3. (fig: morale)* sinken; *sb 4. (fall)* plötzlicher Rückgang *m, (in markets)* Sturz *m; 5. (state)* Tiefstand *m*
slur [slɜ:] *v 1. ~ one's words* mit schwerer Zunge reden; *sb 2.* Makel *m; 3. (insult)* Beleidigung *f*
sly [slaɪ] *adj 1.* schlau, listig; *2. (wink)* verschmitzt; *sb 3. on the ~* heimlich
slyness ['slaɪnɪs] *sb* Schlauheit *f,* Listigkeit *f,* Verschmitztheit *f*

smack [smæk] *v 1.* *~ s.o.* jdm einen Klaps geben; *sb 2.* *(slap)* Klaps *m;* *3.* *(sound)* Klatsch *m;* *adv 4.* *(fam)* direkt; *v 5.* *~ of (fig)* riechen nach
small [smɔːl] *adj 1.* klein; *make s.o. feel ~* jdn beschämen; *sb 2.* *the ~ of the back ANAT* das Kreuz *n*
small change [smɔːlˈtʃeɪndʒ] *sb* Kleingeld *n*
smallholding [ˈsmɔːlhəʊldɪŋ] *sb* Kleinlandbesitz *m*
small-scale [ˈsmɔːlskeɪl] *adj* in kleinem Maßstab
small talk [ˈsmɔːltɔːk] *sb* Geplauder *n,* Smalltalk *m*
smart [smɑːt] *adj 1.* *(intelligent)* klug, intelligent; *2.* *(~-looking)* schick, flott; *3.* *(pace)* flott, rasch; *v 4.* brennen
smarty [ˈsmɑːtɪ] *sb (fam)* Schlaumeier *m,* Schlauberger *m*
smash [smæʃ] *v 1.* zerschlagen, zerbrechen; *2.* *(crash)* prallen; *3.* *(sth)* zerschlagen, *(a window)* einschlagen; *4.* *(an enemy)* vernichtend schlagen; *sb 5.* *(loud noise)* Krach *m;* *6.* *(blow)* Schlag *m,* *(tennis)* Schmetterball *m;* *7.* *(crash)* Zusammenstoß *m;* *8.* *(fam: huge success)* Riesenerfolg *m*
smash hit [smæʃ hɪt] *sb* Bombenerfolg *m*
smear [smɪə] *v 1.* *(ink, writing)* verwischen; *2.* *(sth)* beschmieren; *3.* *~ s.o.'s reputation* jds Ruf besudeln; *sb 4.* Klecks *m;* *5.* *(fig)* Verleumdung *f,* Beschmutzung *f*
smell [smel] *v irr 1.* riechen; *2.* *(fam) That ~s!* Das stinkt! *3.* *(fig) ~ trouble* Ärger kommen sehen; *~ a rat* Lunte riechen, den Braten riechen; *sb 4.* Geruch *m;* *(stink)* Gestank *m*
smelling-salts [ˈsmelɪŋsɔːlts] *sb* Riechsalz *n*
smile [smaɪl] *v 1.* lächeln; *~ at s.o.* jdm zulächeln; *~ about sth* über etw lächeln; *sb 2.* Lächeln *n*
smite [smaɪt] *v irr* schlagen
smock [smɒk] *sb* Kittel *m*
smog [smɒg] *sb* Smog *m*
smoke [sməʊk] *v 1.* rauchen; *2.* *(sth)(a cigarette)* rauchen; *3.* *~ s.o. out* jdn ausräuchern; *4.* *(meat, fish) GAST* räuchern; *sb 5.* Rauch *m;* *6.* *(sth to smoke, act of smoking) have a ~* eine rauchen; *Do you have a ~?* Hast du was zu rauchen? (fam)
smoke alarm [ˈsməʊkəlɑːm] *sb* Rauchalarm *m*
smoker [ˈsməʊkə] *sb* Raucher *m*
smoker's cough [ˈsməʊkəz kɒf] *sb* Raucherhusten *m*
smoking [ˈsməʊkɪŋ] *sb 1.* Rauchen *n;* *"No ~."* „Rauchen verboten." *2.* *"Smoking or non-smoking?"* „Raucher oder Nichtraucher?"
smoking room [ˈsməʊkɪŋ ruːm] *sb* Raucherzimmer *n*
smooch [smuːtʃ] *v (fam)* knutschen
smooth [smuːð] *adj 1.* glatt; *(flight)* ruhig; *2.* *(drink)* mild; *v 3.* glätten
• **smooth out** *v 1.* glätten; *2.* *(fig: a difficulty)* ausbügeln (fam)
smother [ˈsmʌðə] *v 1.* ersticken; *2.* *~ with, ~ in (cover)* völlig bedecken mit; *~ s.o. in kisses* jdn abküssen
smudge [smʌdʒ] *v 1.* verwischen, verschmieren; *2.* *(a reputation)* besudeln
smug [smʌg] *adj* selbstgefällig
smuggle [ˈsmʌgl] *v* schmuggeln; *~ sb* jdn einschleusen
smuggling [ˈsmʌglɪŋ] *sb* Schmuggel *m*
snack [snæk] *sb* Imbiss *m;* *have a ~* eine Kleinigkeit essen
snack bar [ˈsnækbɑː] *sb* Imbissstube *f*
snake [sneɪk] *sb* Schlange *f*
snap [snæp] *v 1.* *(break)* entzweibrechen, *(rope)* reißen; *2.* *~ at s.o. (person)* jdn anfahren; *3.* *~ to attention* Haltung annehmen; *4.* *~ shut* zuschnappen; *5.* *(sth)(break)* zerbrechen, entzweibrechen; *6.* *~ one's fingers* mit den Fingern schnipsen, mit den Fingern schnalzen; *7.* *(a whip)* knallen mit; *8.* *(take a photo of)* knipsen; *9.* *~ sth into place* etw einschnappen lassen; *sb 10.* *(fastener)* Druckknopf *m;* *11.* *(sound of sth closing)* Schnappen *n;* *12.* *(sound of sth breaking)* Knacken *n;* *13.* *(sound of ~ping fingers)* Schnippen *n,* Schnalzen *n;* *adj 14.* *(spur-of-the-moment)* spontan; *~ decision* rasche Entscheidung; *~ judgement* vorschnelles Urteil; *sb 15.* *GAST* Plätzchen *n*
snapshot [ˈsnæpʃɒt] *sb FOTO* Schnappschuss *m*
snatch [snætʃ] *v 1.* greifen; *2.* *~ an opportunity* eine Gelegenheit ergreifen; *3.* *(fam: steal) (UK)* klauen (fam); *sb 4.* Griff *m;* *5.* *(in weightlifting) SPORT* Reißen *n;* *6.* *~es pl (bits)* Bruchstücke *pl,* Brocken *pl*
• **snatch away** *v* wegreißen
• **snatch up** *v* schnappen
sneak [sniːk] *v 1.* schleichen; *~ in* sich einschleichen; *~ off, ~ away* wegschleichen; *~ a peek at sth* etw heimlich ansehen; *2.* *(UK: tell tales)* petzen
sneakers [ˈsniːkəz] *pl (US)* leichte Turnschuhe *pl*
sneaky [ˈsniːkɪ] *adj* hinterlistig

sneer ['snɪə] *v 1. (have a ~ on one's face)* spöttisch lächeln; *2. (make a remark)* spotten; *sb 3. (smirk)* spöttisches Lächeln *n; 4. (remark)* spöttische Bemerkung *f*
sneeze [sni:z] *v 1.* niesen; *not to be ~d at (fig)* nicht zu verachten; *sb 2.* Niesen *n*
sniff [snɪf] *v 1.* schniefen; *~ at sth (smell sth)* an etw schnuppern; *2. ~ at sth (disdainfully)* die Nase über etw rümpfen; *3. (dog)* schnüffeln; *4. (sth)* riechen, *(smelling salts)* einziehen; *sb 5.* Schniefen *n; 6. (disdainful)* Naserümpfen *n; 7. (by a dog)* Schnüffeln *n*
snigger ['snɪgə] *v* kichern
snip [snɪp] *v* schnippeln
snipe [snaɪp] *v (shoot from cover)* aus dem Hinterhalt schießen
snitch [snɪtʃ] *v ~ on s.o.* jdn verpfeifen (fam)
snivelling ['snɪvəlɪŋ] *adj* winselnd
snob [snɒb] *sb* Snob *m*
snobbery ['snɒbərɪ] *sb* Snobismus *m*
snobbish ['snɒbɪʃ] *adj (fam)* versnobt, snobistisch
snobby ['snɒbɪ] *adj* herablassend
snooker ['snu:kə] *sb* Billiardspiel *n*
snooty ['snu:tɪ] *adj (fam)* hochnäsig
snooze [snu:z] *v 1.* ein Nickerchen machen; *sb 2. (fam) a ~* ein Nickerchen *n*
snoozer ['snu:zə] *sb* Schläfchen *n,* Nickerchen *n*
snort [snɔ:t] *v* schnauben
snot [snɒt] *sb (fam)* Rotz *m*
snotty ['snɒtɪ] *adj (fig: insolent)* patzig
snow [snəʊ] *sb 1.* Schnee *m; as pure as the driven ~ (fig)* unschuldig wie ein Lamm; *v 2.* schneien; *~ed in* eingeschneit
snowball ['snəʊbɔ:l] *sb* Schneeball *m*
snowboard ['snəʊbɔ:d] *sb* Snowboard *n*
snowbound ['snəʊbaʊnd] *adj* eingeschneit
snowdrift ['snəʊdrɪft] *sb* Schneewehe *f*
snowfall ['snəʊfɔ:l] *sb* Schneefall *m*
snowflake ['snəʊfleɪk] *sb* Schneeflocke *f*
snowman ['snəʊmæn] *sb* Schneemann *m*
snowstorm ['snəʊstɔ:m] *sb* Schneesturm *m*
snow tyre ['snəʊtaɪə] *sb* Winterreifen *m*
snow-white ['snəʊwaɪt] *adj* schneeweiß
snub [snʌb] *v 1.* brüskieren, schroff abweisen; *2. (not greet)* schneiden; *sb 3.* Brüskierung *f,* schroffe Abweisung *f*
snug [snʌg] *adj 1. (cosy)* gemütlich; *2. (tight)* eng
snuggle ['snʌgl] *v* sich kuscheln
so [səʊ] *konj 1. (therefore)* also; *So what?* Na und? *It was necessary, ~ we did it.* Es war nötig, und so taten wir es. *2. (~ that)* damit; *~ as to* damit; *3. (to begin a question or exclamation)* also; *So you're Filipino?* Sie sind also Filipino? *adv 4. (in this way)* so; *~ to speak* sozusagen; *and ~ on* und so weiter; *5. (to this degree)* so, derart, dermaßen; *I'm not ~ sure.* Ich bin gar nicht so sicher. *She was ~ excited that she could hardly speak.* Sie konnte kaum sprechen, so aufgeregt war sie. *6. ~ far (until now)* bis jetzt; *7. So long! (fam)* Tschüß! Mach's gut! *8. (emphatic)* so; *She loves him ~.* Sie liebt ihn sehr.
soak [səʊk] *v 1.* eingeweicht werden; *2. ~ through* durchkommen; *3. (sth)* einweichen; *4. (wet)* durchnässen
• **soak up** *v* aufsaugen
soaking ['səʊkɪŋ] *adv ~ wet* patschnass
so-and-so ['səʊəndsəʊ] *sb 1. (unnamed person)* Soundso; *2. You old ~!* Du bist vielleicht eine(r)!
soap [səʊp] *sb* Seife *f*
soap opera ['səʊpɒpərə] *sb* rührseliges Drama in Fortsetzungen *n*
soar [sɔ:] *v 1.* in die Höhe steigen; *(prices)* in die Höhe schnellen; *2. (spire)* hochragen; *3. (glide)* schweben
sob [sɒb] *v 1.* schluchzen; *sb 2.* Schluchzer *m*
sober ['səʊbə] *adj 1.* nüchtern; *2. (matter-of-fact)* sachlich; *v 3.* nüchtern werden; *4. (s.o.)* nüchtern machen
sobriety [səʊ'braɪətɪ] *sb* Nüchternheit *f,* Schlichtheit *f*
sob story ['sɒbstɔ:rɪ] *sb (fam)* rührselige Geschichte *f*
so-called ['səʊkɔ:ld] *adj* so genannt
soccer ['sɒkə] *sb (US)* Fußball *m*
sociable ['səʊʃəbl] *adj* gesellig, umgänglich
social ['səʊʃəl] *adj* gesellschaftlich, Gesellschafts..., sozial
social climber ['səʊʃəl 'klaɪmə] *sb* Arrivierte(r) *m/f*
socialism ['səʊʃəlɪzm] *sb POL* Sozialismus *m*
socialist ['səʊʃəlɪst] *sb POL* Sozialist *m*
socialize ['səʊʃəlaɪz] *v 1. (converse)* sich unterhalten; *2. (sth) POL* sozialisieren
social security ['səʊʃəl sɪ'kjʊərɪtɪ] *sb POL* Sozialversicherung *f,* Sozialhilfe *f*
social worker ['səʊʃəlwɜ:kə] *sb* Sozialarbeiter *m*
society [sə'saɪətɪ] *sb 1.* Gesellschaft *f; 2. (club)* Verein *m*
sociology [səʊsɪ'ɒlədʒɪ] *sb* Soziologie *f*
sock [sɒk] *sb 1.* Socke *f,* Socken *m; v 2. (fam: hit)* hauen

socket ['sɒkɪt] *sb 1. (electrical ~)* Steckdose *f; 2. eye ~ ANAT* Augenhöhle *f*
sod [sɒd] *sb 1.* Grassode *f; 2. (fam)(UK)* Dreckskerl *m; 3. the poor ~* der arme Kerl; *v 4.* mit Rosen bedecken; *5. Sod off! (UK)* Zieh Leine!
soda ['səʊdə] *sb CHEM* Soda *n*
soda water ['səʊdəwɔːtə] *sb GAST* Sodawasser *n*
sofa ['səʊfə] *sb* Sofa *n*
soft [sɒft] *adj 1.* weich; *have a ~ spot for sth* eine Schwäche für etw haben; *2. (quiet)* leise; *3. (breeze, light, voice)* sanft; *4. (skin)* zart; *5. (person)* verweichlicht; *~ in the head* schwachsinnig
soften ['sɒfn] *v 1.* weich werden; *2. (sth)* weich machen; *3. (light, sound)* dämpfen; *4. (an effect, a reaction)* mildern; *~ the blow (fig)* den Schock mildern
• **soften up** *v 1. (become soft)* weich werden; *2. (sth)* weich machen; *3. (fig)* nachgiebig stimmen
soft drink ['sɒftdrɪŋk] *sb* alkoholfreies Getränk *n,* Limonade *f*
soft option ['sɒftɒpʃən] *sb* Weg des geringsten Wiederstandes *m*
soft rock [sɒft rɒk] *sb MUS* Softrock *m*
soft-spoken ['sɒftspəʊkən] *adj* leise sprechend
software ['sɒftwɛə] *sb INFORM* Software *f*
soggy ['sɒgɪ] *adj 1.* durchnässt; *2. (bread)* klitschig; *3. (land)* sumpfig
soil [sɔɪl] *sb 1.* Boden *m,* Erde *f; v 2. (sth)* beschmutzen
solace ['sɒlɪs] *sb* Trost *m*
solar ['səʊlə] *adj* Sonnen..., Solar...
solar energy ['səʊlər'enədʒɪ] *sb* Sonnenenergie *f*
solar power ['səʊlə 'paʊə] *sb* Sonnenenergie *f,* Solarenergie *f*
solar system ['səʊləsɪstəm] *sb ASTR* Sonnensystem *n*
soldier ['səʊldʒə] *sb 1.* Soldat *m; v 2. ~ on* unbeirrt weitermachen
sole[1] [səʊl] *adj 1.* einzig; *2. (exclusive)* alleinig
sole[2] [səʊl] *sb (of the foot, of a shoe)* Sohle *f*
sole[3] [səʊl] *sb ZOOL* Seezunge *f*
solemn ['sɒləm] *adj* feierlich, ernst
solicit [sə'lɪsɪt] *v 1. (prostitute)* Kunden anwerben; *2. (sth)* erbitten, bitten um; *3. (a prostitute)* ansprechen
solicitor [sə'lɪsɪtə] *sb (UK)* Rechtsanwalt/Rechtsanwältin *m/f*
solicitude [sə'lɪsɪtjuːd] *sb* Besorgtheit *f,* Beflissenheit *f*
solid ['sɒlɪd] *adj 1. (not liquid)* fest; *2. (not hollow)* massiv; *3. (firm, reliable)* solide; *4. (uninterrupted)* ununterbrochen; *a ~ hour* eine volle Stunde; *5. (support)* voll
solitaire ['sɒlɪtɛə] *sb (card game)* Patience *f*
solitary ['sɒlɪtərɪ] *adj 1.* einzig; *2. (lonely)* einsam
solitary confinement ['sɒlɪtərɪ kən'faɪnmənt] *sb JUR* Einzelhaft *f*
solitude ['sɒlɪtjuːd] *sb* Einsamkeit *f*
solo ['səʊləʊ] *adj* Solo...
solution [sə'luːʃən] *sb* Lösung *f*
solve [sɒlv] *v 1. (a problem)* lösen; *2. (a crime)* aufklären; *3. (a mystery)* enträtseln
some [sʌm] *adj 1. (with singular nouns)* etwas, ein bisschen; *~ money* etwas Geld; *2. (with plural nouns)* einige, ein paar; *3. (certain)* manche(r,s); *in ~ cases* in manchen Fällen; *4. (indeterminate)* irgendein; *Some girl came by today.* Irgendein Mädchen kam heute vorbei. *~ day* eines Tages, *(~ or other)* irgendwann mal; *5. (quite a bit of)* ziemlich; *quite ~ time* ziemlich lange; *6. (quite a)* vielleicht ein(e); *pron 7. (people)* einige, *(certain people)* manche; *Some say I'm making a mistake.* Einige sagen, ich mache einen Fehler. *8. (referring to plural nouns)* einige, *(certain ones)* manche, *(in questions)* welche; *Would you like ~?* Möchten Sie welche? *9. (referring to singular nouns)* etwas, *(certain amount)* manches, *(in questions)* welche(r,s); *adv 10. (approximately)* ungefähr, etwa, zirka
somebody ['sʌmbədɪ] *pron (see "someone")*
something ['sʌmθɪŋ] *pron* etwas; *~ special* etwas Besonderes; *or ~ (fam)* oder so was; *~ or other* irgendetwas
sometime ['sʌmtaɪm] *adv 1.* irgendwann; *adj 2.* ehemalig, einstig
sometimes ['sʌmtaɪmz] *adv* manchmal
someway ['sʌmweɪ] *adv* irgendwie
somewhat ['sʌmwɒt] *adv* etwas, ein wenig, ein bisschen
somewhere ['sʌmwɛə] *adv 1. (location)* irgendwo, *(motion)* irgendwohin; *2. ~ else (location)* irgendwo anders, anderswo; *3. ~ else (motion)* irgendwo anders hin, anderswohin
son [sʌn] *sb 1.* Sohn *m; 2. (as a form of address)* mein Junge
song [sɒŋ] *sb 1.* Lied *n; for a ~* für einen Apfel und ein Ei; *2. (singing)* Gesang *m; break into ~* zu singen anfangen; *3. Song of Songs REL* das Hohelied *n*
son-in-law ['sʌnɪnlɔː] *sb* Schwiegersohn *m*

soon [suːn] *adv 1.* bald; *2. (early)* früh; *too ~* zu früh; *3. just as ~ ...* ebenso gern ... tun würden; *I would just as ~ not do it.* Ich würde es lieber nicht tun.
sooty ['sʊtɪ] *adj* rußig, Ruß...
sop [sɒp] *sb 1. (piece of bread, etc.)* Brotstück zum Eintunken *n; 2. (bribe)* Bestechung *f; v 3. ~ up* aufnehmen
sophisticated [sə'fɪstɪkeɪtɪd] *adj 1. (person)* weltklug, kultiviert, weltmännisch; *2. (tastes)* verfeinert, anspruchsvoll; *3. (machine)* hoch entwickelt; *4. (plan)* ausgeklügelt, raffiniert
soprano [sə'prɑːnəʊ] *sb MUS* Sopran *m*
sorbet ['sɔːbeɪ] *sb* Fruchteis *n*
sordid ['sɔːdɪd] *adj 1.* elend; *2. (crime)* gemein; *3. (story)* trist
sore [sɔː] *adj 1.* weh; *~ muscles* Muskelkater *m; 2. (inflamed)* wund; *a sight for ~ eyes* ein willkommener Anblick; *a ~ point (fig)* ein wunder Punkt; *3. (fig: upset)* sauer, verärgert; *sb 4.* wunde Stelle *f; an open ~* eine offene Wunde
sorely ['sɔːlɪ] *adv* sehr, stark, heftig
sore throat [sɔː'θrəʊt] *sb MED* Halsschmerzen *pl*
sorrow ['sɒrəʊ] *sb 1. (suffering)* Leid *n,* Kummer *m; 2. (regret)* Bedauern *n*
sorry ['sɒrɪ] *interj 1.* Entschuldigung!, Verzeihung! *2. to be ~ about sth* etw bedauern; *I'm ~.* Es tut mir Leid. *feel ~ for o.s.* sich selbst bedauern; *I feel ~ for him.* Er tut mir Leid. *I am ~ to say* ich muss leider sagen; *adj 3. (pathetic)* jämmerlich, erbärmlich, *(excuse)* faul
sort [sɔːt] *v 1.* sortieren; *sb 2.* Art *f,* Sorte *f; all ~s of things* alles Mögliche; *that ~ of thing* diese Sachen; *nothing of the ~* nichts dergleichen; *3. a ~ of ...* eine Art ..., so ein .../so eine ...; *4. (person) He is a good ~.* Er ist ein anständiger Kerl. *5. out of ~s* nicht ganz auf der Höhe, *(in a bad temper)* schlecht gelaunt; *adv 6. ~ of (fam)* irgendwie
• **sort out** *v (straighten out)* in Ordnung bringen, klären
sought-after ['sɔːtɑːftə] *adj* begehrt
soul [səʊl] *sb 1.* Seele *f; 2. There wasn't a ~ to be seen.* Es war keine Menschenseele zu sehen. *3. He's the ~ of generosity.* Er ist die Großzügigkeit selbst. *4. MUS* Soul *m*
soul mate ['səʊlmeɪt] *sb* Seelenverwandte(r) *m/f*
soul-searching ['səʊlsɜːtʃɪŋ] *sb* Gewissensprüfung *f*
sound [saʊnd] *v 1. (have a certain kind of ~)* klingen, sich anhören; *2. (seem)* sich anhören; *3. (make ~s)* erklingen, ertönen; *4. (sth) (a trumpet)* schallen lassen; *5. (an alarm)* läuten; *6. ~ the horn* hupen; *7. (depths) NAUT* loten; *sb 8. (noise)* Geräusch *n; 9. (of a voice, of instruments)* Klang *m; 10. (uttered by a person or animal)* Laut *m; 11. (of a broadcast, of a film)* Ton *m; 12. PHYS* Schall *m; the speed of ~* Schallgeschwindigkeit *f; 13. (impression) I don't like the ~ of it.* Das klingt gar nicht gut. *adj 14. (healthy)* gesund; *15. (company, investment)* solide; *16. (thorough)* tüchtig; *17. (sensible)* vernünftig, *(judgement)* folgerichtig; *18. (logically ~)* stichhaltig
• **sound out** *v 1. (person)* aushorchen; *2. (intentions)* herausbekommen
soundless ['saʊndlɪs] *adj* lautlos
soundly ['saʊndlɪ] *adv 1. (sleep)* tief; *2. (defeat)* klar
soundproof ['saʊndpruːf] *adj* schalldicht
soundtrack ['saʊndtræk] *sb 1. CINE* Tonspur *f; 2. (~ album)* Filmmusik *f*
soup [suːp] *sb 1.* Suppe *f; to be in the ~ (fam)* in der Patsche sitzen; *v 2. ~ up (fam: a car) (US)* frisieren (fam)
sour [saʊə] *adj* sauer
source [sɔːs] *sb 1. (of a river, of information)* Quelle *f; 2. (origin)* Ursprung *m*
south [saʊθ] *sb 1.* Süden *m; adj 2.* südlich, Süd... *adv 3.* im Süden; *4. (toward the ~)* nach Süden, *NAUT* südwärts
southbound ['saʊθbaʊnd] *adj* südwärts, Richtung Süden
southerly ['sʌðəlɪ] *adj* südlich
southernmost ['sʌðənməʊst] *adj* südlichste(r,s)
southpaw ['saʊθpɔː] *sb (fam)* Linkshänder *m*
southward ['saʊθwəd] *adj* südwärts gerichtet, Richtung Süden
souvenir [suːvə'nɪə] *sb* Souvenir *n,* Andenken *n*
sovereign ['sɒvrɪn] *adj 1. POL* souverän; *sb 2.* Herrscher *m*
sovereignty ['sɒvrəntɪ] *sb 1.* Oberherrschaft *f; 2. (independence)* Souveränität *f*
sow[1] [saʊ] *sb ZOOL* Sau *f*
sow[2] [səʊ] *v irr* säen; *as you ~ so shall you reap (fig)* was der Mensch säet, das wird er ernten
soy bean ['sɔɪbiːn] *sb* Sojabohne *f*
spa [spɑː] *sb 1. (spring)* Quelle *f; 2. (town)* Kurort *m*
space [speɪs] *sb 1.* Raum *m; time and ~* Zeit und Raum; *2. (room)* Platz *m,* Raum *m; take up a lot of ~* viel Platz einnehmen; *3. (outer ~)*

der Weltraum *m,* das Weltall *n; 4. (of time)* Zeitraum *m; 5. (distance between two things)* Abstand *m; 6. (empty area)* Platz *m; 7. (between lines)* Zwischenraum *m; 8. (on a form)* Spalte *f*

space age [speɪs eɪdʒ] *sb the ~* das Weltraumzeitalter *n*

space bar ['speɪsbɑː] *sb* Leertaste *f*

spaceman ['speɪsmæn] *sb* Raumfahrer *m*

spaceship ['speɪsʃɪp] *sb* Raumschiff *n*

spacesuit ['speɪssuːt] *sb* Raumanzug *m*

space travel ['speɪstrævl] *sb* Raumfahrt *f*

spacewalk ['speɪswɔːk] *sb* Weltraumspaziergang *m*

spade [speɪd] *sb 1.* Spaten *m; call a ~ a ~ (fam)* die Dinge beim Namen nennen; *2. (on playing cards)* Pik *n*

spaghetti [spə'getɪ] *sb* Spagetti *pl*

span [spæn] *v 1.* sich spannen über; *2. (encircle)* umfassen; *3. (in time)* umspannen; *sb 4.* Spannweite *f; 5. (of time)* Zeitspanne *f*

spank [spæŋk] *v 1. ~ s.o.* jdm den Hintern versohlen; *2. ~ s.o. (playfully)* jdm auf den Po ein Klaps geben

spanner ['spænə] *sb (UK)* Schraubenschlüssel *m; throw a ~ in the works (fig)* quer schießen

spare [spɛə] *v 1. (do without)* entbehren, verzichten auf; *2. ~ s.o. sth* jdm etw ersparen; *Spare me your flimsy excuses.* Ihre fadenscheinigen Ausreden können Sie sich sparen. *3. (use sparingly)* sparen mit; *4. (show mercy to)* verschonen, *(s.o.'s feelings)* schonen; *adj 5.* übrig, überschüssig; *6. (meagre)* dürftig

spare part [spɛə pɑːt] *sb* Ersatzteil *n*

spare room [spɛə ruːm] *sb* Gästezimmer *n*

spare tyre [spɛə'taɪə] *sb 1.* Ersatzreifen *m; 2. (fam: fat)* Rettungsring *m* (fam)

spark [spɑːk] *v 1.* Funken sprühen; *2. (sth)* entzünden; *3. (fig: an argument)* auslösen; *(fig: interest)* wecken; *sb 4.* Funke *m*

sparkle ['spɑːkl] *v 1.* funkeln; *2. (wine)* perlen; *sb 3.* Funkeln *n*

sparkler ['spɑːklə] *sb* Wunderkerze *f*

spat [spæt] *sb 1. (quarrel)* Krach *m,* Zank *m; 2. BIO* Muschellaich *m*

spatter ['spætə] *v* spritzen

spawn [spɔːn] *v (fig)* hervorbringen

speak [spiːk] *v irr 1.* sprechen; *2. (converse)* reden; *~ to s.o.* mit jdm reden, mit jdm sprechen; *nothing to ~ of* nichts Erwähnenswertes; *I'm not on ~ing terms with him.* Ich spreche nicht mit ihm. *3. (make a speech)* eine Rede halten; *4. generally ~ing* im Allgemeinen; *strictly ~ing* genau genommen; *legally ~ing* rechtlich gesehen; *~ing of ...* da wir gerade von ... sprechen; *5. ~ for itself* für sich sprechen, alles sagen; *6. so to ~* sozusagen; *7. (sth)* sagen; *8. ~ a language* eine Sprache sprechen

• **speak up** *v irr (speak louder)* lauter sprechen

speaker ['spiːkə] *sb 1. (person making a speech)* Redner *m; 2. (of a language)* Sprecher *m; 3. (commentator)* Sprecher *m; 4. (loud~)* Lautsprecher *m*

spear [spɪə] *sb* Speer *m*

special ['speʃəl] *adj 1.* besondere(r,s), Sonder...; *nothing ~* nichts Besonderes; *2. (specific)* bestimmt; *Were you looking for anything ~?* Suchten Sie etwas Bestimmtes? *sb 3. (reduced price)* Sonderangebot *n; 4. (edition)* Sonderausgabe *f; 5. (TV programme)* Sonderprogramm *n; 6. ~ of the day (at a restaurant)* Tagesgericht *n,* Menü *n; 7. (train)* Sonderzug *m*

special effects ['speʃəl ɪ'fekts] *pl CINE* Spezialeffekte *pl*

specialist ['speʃəlɪst] *sb 1.* Spezialist *m; 2. MED* Facharzt *m; 3. TECH* Fachmann *m*

specialize ['speʃəlaɪz] *v ~ in sth* sich auf etw spezialisieren

specialty ['speʃəltɪ] *(US) (see "speciality")*

species ['spiːʃiːz] *sb BIO* Art *f*

specific [spə'sɪfɪk] *adj 1. (certain)* bestimmt; *2. (precise)* genau; *3. MED, PHYS, CHEM, BIO* spezifisch

specify ['spesɪfaɪ] *v 1.* genau angeben; *(reasons)* nennen; *2. (prescribe)* vorschreiben

specimen ['spesɪmɪn] *sb 1.* Exemplar *n; 2. (sample)* Muster *n; 3. (of a bodily fluid)* Probe *f*

speck [spek] *sb 1.* Fleck *m; 2. (of dust)* Staubkörnchen *n*

speckle ['spekl] *sb* Tupfen *m,* Flecken *m,* Sprenkel *m*

spectacle ['spektəkl] *sb 1.* Schauspiel *n; make a ~ of o.s.* unangenehm auffallen; *2. ~s pl* Brille *f*

spectacular [spek'tækjʊlə] *adj* spektakulär

spectator ['spekteɪtə] *sb* Zuschauer *m*

spectator sport ['spekteɪtə spɔːt] *sb* für Zuschauer attraktiver Sport *m*

spectrum ['spektrəm] *sb* Spektrum *n*

speculate ['spekjʊleɪt] *v 1. (conjecture)* Vermutungen anstellen; *I ~ that ...* Ich vermute, dass ...; *2. FIN* spekulieren

speculum ['spekjʊləm] *sb* Spekulum *n*

speech [spiːtʃ] *sb 1. (ability to speak)* Sprache *f; 2. (act of speaking)* Sprechen *n; 3. (way of speaking)* Sprechweise *f; 4. (oration)* Rede *f; 5. freedom of ~* Redefreiheit *f; 6. part of ~ GRAMM* Wortart *f*

speed [spi:d] *sb* 1. Geschwindigkeit *f*, *(going fast)* Schnelligkeit *f*; *at full ~* mit Höchstgeschwindigkeit; 2. *(of film)* Lichtempfindlichkeit *f*; 3. *(of an engine) TECH* Drehzahl *f*; 4. *(gear)* Gang *m*; *three-~ bicycle* Fahrrad mit Dreigangschaltung; *v irr* 5. *~ off* davonjagen; *(car)* davonbrausen; 6. *~ up* beschleunigen
speedboat ['spi:dbəʊt] *sb* Schnellboot *n*, Rennboot *n*
speeding ['spi:dɪŋ] *sb* Geschwindigkeitsüberschreitung *f*
speeding ticket ['spi:dɪŋtɪkɪt] *sb (US)* Strafzettel *m*
speed skating ['spi:dskeɪtɪŋ] *sb SPORT* Eisschnelllauf *m*
speed trap ['spi:dtræp] *sb* Radarfalle *f*
speedy ['spi:dɪ] *adj* 1. schnell; 2. *(answer)* prompt
spell[1] [spel] *v irr* 1. schreiben; *How do you ~ it?* Wie wird es geschrieben? 2. *(aloud)* buchstabieren
• **spell out** *v irr* 1. buchstabieren; 2. *(explain)* verdeutlichen, klarmachen
spell[2] [spel] *sb* 1. *(period)* Weile *f*, Weilchen *n*; 2. *~ s.o. (relieve s.o.)* jdn ablösen
spell[3] [spel] *sb (magical ~)* Zauber *m*
spelling ['spelɪŋ] *sb* 1. Rechtschreibung *f*, Orthografie *f*; 2. *(of a word)* Schreibweise *f*
spend [spend] *v irr* 1. *(money)* ausgeben; 2. *(energy)* verbrauchen; 3. *(time: pass)* verbringen, *(time: use)* brauchen
spending money ['spendɪŋmʌnɪ] *sb* Taschengeld *n*
spent [spent] *adj* 1. verbraucht; 2. *(person)* erschöpft
spheral ['sfɪərəl] *adj* sphärisch
sphere [sfɪə] *sb* 1. Kugel *f*; 2. *(fig)* Bereich *m*
spherical ['sferɪkl] *adj* sphärisch
sphincter ['sfɪŋktə] *sb ANAT* Schließmuskel *m*
sphinx [sfɪŋks] *sb* Sphinx *f*
spice [spaɪs] *v* 1. würzen; *sb* 2. Gewürz *n*; 3. *(fig)* Würze *f*
spicery ['spaɪsərɪ] *sb* Würze *f*
spick-and-span [spɪkənd'spæn] *adj* blitzsauber, geschniegelt und gebügelt
spicy ['spaɪsɪ] *adj* 1. würzig, stark gewürzt; 2. *(story)* pikant
spider ['spaɪdə] *sb* Spinne *f*
spike [spaɪk] *sb* 1. Spitze *f*; 2. *(on barbed wire)* Stachel *m*; 3. Spike *m*
spiky ['spaɪkɪ] *adj* spitz, stachlig
spill [spɪl] *v irr* 1. verschüttet werden; 2. *(sth)* verschütten; *sb* 3. *(fall)* Sturz *m*
• **spill over** *v* überlaufen, überfließen
spin [spɪn] *v irr* 1. sich drehen; 2. *(person)* sich plötzlich umdrehen; 3. *(yarn, a web)* spinnen; 4. *(turn)* drehen; 5. *(a top)* drehen lassen; *sb* 6. *take a car for a ~* mit einem Auto eine Spazierfahrt machen
spinach ['spɪnɪtʃ] *sb* Spinat *m*
spindle ['spɪndl] *sb* Spindel *f*
spindling ['spɪndlɪŋ] *adj* spindeldürr
spin doctor ['spɪndɒktə] *sb (fam) POL* Assistent eines Politikers, der für dessen öffentliches Ansehen arbeitet
spine [spaɪn] *sb* 1. *ANAT* Rückgrat *n*; 2. *(of a book)* Rücken *m*
spine-chilling ['spaɪntʃɪlɪŋ] *adj* gruselig
spine-tingling ['spaɪntɪŋglɪŋ] *adj* aufregend
spin-off ['spɪnɒf] *sb* 1. Nebenprodukt *n*; 2. *(TV)* Serie, die auf einer bereits etablierten Serie basiert
förmig
spiral staircase ['spaɪrəl 'stɛəkeɪs] *sb* Wendeltreppe *f*
spirit ['spɪrɪt] *sb* 1. Geist *m*; *That's the ~!* Richtig! 2. *(enthusiasm)* Schwung *m*, Elan *m*; 3. *~s pl (state of mind)* Stimmung *f*, Laune *f*; 4. *~s pl (alcohol)* alkoholische Getränke *pl*, Spirituosen *pl*; 5. *CHEM* Spiritus *m*
spiritual ['spɪrɪtjʊəl] *adj* 1. geistig; 2. *REL* geistlich
spit[1] [spɪt] *v irr* 1. spucken; 2. *to be the ~ting image of s.o.* jdm wie aus dem Gesicht geschnitten sein; *sb* 3. *(saliva)* Spucke *f*; 4. *(act of ~ting)* Spucken *n*
• **spit out** *v irr* 1. ausspucken; 2. *(fig: words)* ausstoßen
spit[2] [spɪt] *sb* 1. *GEO* Landzunge *f*; 2. *(for cooking)* Bratspieß *m*
spite [spaɪt] *sb* 1. Boshaftigkeit *f*, Gehässigkeit *f*; *out of ~* aus reiner Boshaftigkeit; 2. *in ~ of* trotz; 3. *in ~ of o.s.* obwohl man es gar nicht tun wollte
spiteful ['spaɪtfʊl] *adj* gehässig
spitting image ['spɪtɪŋ] *sb (fam)* Ebenbild *n*
spittle ['spɪtl] *sb* Spucke *f*, Speichel *m*
splash [splæʃ] *v* 1. *(liquid)* spritzen; 2. *(rain)* klatschen; 3. *(when playing)* plantschen; 4. *(s.o.)* bespritzen; 5. *(sth)(water)* spritzen; *sb* 6. Spritzen *n*; 7. *(noise)* Platschen *n*; 8. *(sensation)* Aufsehen *n*
• **splash out** *v ~ on sth (fam)* viel Geld für etw ausgeben
splatter ['splætə] *v* 1. spritzen, klecksen; 2. *(sth)* spritzen; 3. *(with sth)* bespritzen

splay [spleɪ] *adj* nach außen gestellt
splint [splɪnt] *sb MED* Schiene *f*
splinter ['splɪntə] *v 1.* splittern; *sb 2.* Splitter *m*
splinter party ['splɪntəpɑːtɪ] *sb POL* Splitterpartei *f*
split [splɪt] *v irr 1.* entzweibrechen; *2. (trousers)* platzen; *3. (group)* sich spalten; *4. (fam: leave)* abhauen; *5. (physically)* teilen, spalten; *6. (divide)* spalten; *7. (share)* sich teilen; *sb 8.* Riss *m,* Spalt *m; 9. (fig)* Bruch *m; 10. (in a party)* Spaltung *f; 11. banana ~* Bananensplit *m; 12. do the ~s* Spagat machen; *adj 13.* gespalten
• split up *v 1. (lovers)* auseinander gehen; *2. (group)* sich spalten; *3. (sth)* aufteilen, teilen; *4. (an organization)* spalten
split personality ['splɪt pɜːsə'nælɪtɪ] *sb PSYCH* gespaltene Persönlichkeit *f*
split screen [splɪt skriːn] *sb TECH* geteilter Bildschirm *m*
split second [splɪt 'sekənd] *sb* Bruchteil einer Sekunde *m*
spoil [spɔɪl] *v irr 1.* verderben; *2. (sth)* verderben; *3. (s.o.)* verwöhnen
spoiler ['spɔɪlə] *sb (aerodynamic attachment)* Spoiler *m*
spoil-sport ['spɔɪlspɔːt] *sb* Spielverderber *m*
sponge [spʌndʒ] *sb 1.* Schwamm *m; v 2. ~ down* abwaschen, abreiben
sponge cake ['spʌndʒkeɪk] *sb* Biskuitkuchen *m*
sponsor ['spɒnsə] *v 1.* fördern; *2. (a future member)* bürgen für; *3. (a bill) POL* befürworten; *sb 4.* Förderer *m; 5. (of a future member)* Bürge/Bürgin *m/f; 6. (of a team)* Sponsor *m*
sponsored ['spɒnsəd] *adj* gesponsert
spoof [spuːf] *sb* Parodie *f*
spook [spuːk] *sb 1.* Gespenst *n; 2. (fam: spy)* Spion *m*
sporadic [spə'rædɪk] *adj* sporadisch
spore [spɔː] *sb* Spore *f,* Keim *m*
sport [spɔːt] *sb 1.* Sport *m; 2. (one kind of ~)* Sportart *f; 3. (fun)* Spaß *m; 4. (fam: person)* anständiger Kerl *m; a good ~* einer, der alles mitmacht, einer, der es nicht übel nimmt, wenn er verliert; *v 5.* stolz tragen, protzen mit; *(a black eye)* herumlaufen mit
sportful ['spɔːtfʊl] *adj (done for mere play)* aus Spaß gemacht
sporting ['spɔːtɪŋ] *adj 1.* sportlich, Sports...; *2. (decent)* anständig
sporting goods ['spɔːtɪŋgʊdz] *pl* Sportartikel *m*
sports [spɔːts] *pl* Sport *m*
sportswear ['spɔːtswɛə] *sb* Sportkleidung *f*
sporty ['spɔːtɪ] *adj (car)* sportlich
spot [spɒt] *v 1. (notice)* erkennen, sehen; *sb 2. (on an animal, on s.o.'s skin)* Fleck *m; 3. (pimple)* Pickel *m; 4. (dot)* Tupfen *m,* Punkt *m; 5. (fig: on one's reputation)* Makel *m; 6. (place)* Stelle *f; on the ~* zur Stelle, *(immediately)* auf der Stelle, *(there and then)* an Ort und Stelle; *7. put s.o. on the ~* jdn in Verlegenheit bringen; *8. a ~ of ... (UK)* ein bisschen ...; *We're in a ~ of bother.* Wir haben Schwierigkeiten. *9. to be in a tight ~* in der Klemme sitzen; *10. a soft ~ (fig)* eine Schwäche *f; 11. (commercial)* Werbespot *m*
spotless ['spɒtlɪs] *adj* makellos
spotlight ['spɒtlaɪt] *sb 1.* Scheinwerfer *m; 2. (fig) to be in the ~* im Mittelpunkt stehen
spouse [spaʊs] *sb 1.* Gatte/Gattin *m/f,* Gemahl/Gemahlin *m/f; 2. JUR* Ehepartner *m*
spout [spaʊt] *sb 1. (for rainwater)* Ausguss *m; 2. (of a kettle)* Schnauze *f; 3. (of a watering can)* Rohr *n; 4. (jet of water)* Wasserstrahl *m; 5. (coming from a whale)* Fontäne *f; v 6. (fam: say)* deklamieren
sprawl [sprɔːl] *v 1. (lie)* behaglich ausgestreckt liegen; *send s.o. ~ing* jdn zu Boden strecken; *2. (sit)* behaglich ausgestreckt sitzen; *3. (town)* sich weit ausdehnen
spray [spreɪ] *v 1.* sprühen; *2. (water, mud)* spritzen; *3. (plants)* spritzen; *4. (hair)* sprayen; *5. (water, paint)* sprühen; *sb 6. (for plants, medical ~, hair ~)* Spray *n; 7. (atomizer)* Sprühdose *f; 8. (of the sea)* Gischt *f*
spray paint ['spreɪpeɪnt] *sb* Sprühfarbe *f*
spread [spred] *v irr 1. (fire)* sich ausbreiten; *2. ~ across (extend over)* sich erstrecken über, sich ausdehnen über; *3. (news, disease)* sich verbreiten; *4. (sth)* etw ausbreiten; *5. (legs)* spreizen; *6. (bread with butter)* bestreichen; *7. (butter)* streichen, aufstreichen; *8. (sand, fertilizer)* streuen; *9. (news, a disease, a rumour)* verbreiten; *sb 10. (spreading)* Verbreitung *f; 11. (for bread) GAST* Aufstrich *m; 12. (fam: huge buffet, lots of food)* fürstliches Mahl *n; 13. (fig: range)* Umfang *m; 14. (cover)* Decke *f*
• spread out *v irr (people)* sich verteilen
spring [sprɪŋ] *v irr 1. (leap)* springen; *~ to one's feet* aufspringen; *2. (~ forth)* quellen, hervorquellen, *(fire)* sprühen; *3. ~ from (arise)* entstammen; *4. ~ sth on s.o.* jdn mit etw überraschen; *5. ~ a leak* ein Leck bekommen; *sb 6. (season)* Frühling *m; 7. (of water)* Quelle *f; 8.*

(device) Feder *f*, *(in a mattress, in a seat)* Sprungfeder *f*; 9. *(bounciness)* Elastizität *f*; *He walked with a ~ in his step.* Er ging mit federnden Schritten. 10. *(leap)* Sprung *m*

• **spring up** *v* 1. *(person)* aufspringen; 2. *(fig)* aus dem Boden schießen

spring-clean ['sprɪŋkliːn] *v* Frühjahrsputz machen

sprinkle ['sprɪŋkl] *v* 1. *(water)* sprengen; 2. *(sth with water)* besprengen; 3. *(sugar, salt)* streuen

sprint [sprɪnt] *v* 1. rennen; 2. *(in a race)* sprinten

sprout [spraʊt] *v* 1. *(seed)* treiben; 2. *(plant)* sprießen; 3. *(from a plant)* hochschießen; 4. *(sth)* treiben; 5. *(horns)* entwickeln; 6. *(fig: a moustache)* sich wachsen lassen; *sb* 7. Spross *m*

spruce[1] [spruːs] *sb BOT* Fichte *f*

spruce[2] [spruːs] *v ~ up* 1. *(a house)* auf Vordermann bringen (fam); 2. *~ o.s. up* sein Äußeres pflegen, *(get dressed up)* sich in Schale werfen

spud [spʌd] *sb (fam: potato)* Kartoffel *f*

spur [spɜː] *sb* 1. Sporn *m*; 2. *(fig)* Ansporn *m*; 3. *on the ~ of the moment* ganz spontan; *v* 4. *~ on* vorantreiben; 5. *(fig)* anspornen

spurt [spɜːt] *v* 1. *(liquid)* herausspritzen; *sb* 2. *(of liquid)* Strahl *m*; 3. *(sudden burst of sth) a ~ of ...* plötzliche(r,s) ...; 4. *(acceleration)* Spurt *m*

spy [spaɪ] *sb* 1. Spion *m*; *v* 2. spionieren; *~ on s.o.* jdm nachspionieren, jdn bespitzeln; 3. *(sth)* sehen

• **spy out** *v* auskundschaften

spyhole ['spaɪhəʊl] *sb* Guckloch *n*, Spion *m*

squad [skwɒd] *sb* 1. *MIL* Truppe *f*; 2. *(police) (special)* Kommando *n*, *(police department)* Dezernat *n*; 3. *(team)* Mannschaft *f*; 4. *(of workers)* Trupp *m*

squad car ['skwɒdkɑː] *sb* Polizeiwagen *m*

squander ['skwɒndə] *v* 1. *(money)* vergeuden; 2. *(opportunities)* vertun

square [skweə] *adj* 1. quadratisch, viereckig; *~ metre* Quadratmeter *m*; 2. *(chin, shoulders)* eckig; 3. *(deal)* gerecht; 4. *(meal)* ordentlich; 5. *(fam: person)* spießig; 6. *to be ~ (debts)* in Ordnung sein; *to be all ~ (not to owe)* quitt sein; *to be all ~ SPORT* gleich stehen; *sb* 7. Quadrat *n*; 8. *(in a town)* Platz *m*; 9. *(on a chessboard)* Feld *n*; *we were back to ~ one* wir müssten wieder von vorne anfangen; *v* 10. *(a number) MATH* quadrieren; 11. *(debts)* begleichen

squarely ['skweəlɪ] *adv* 1. *~ built* stämmig; 2. *It hit him ~ on the nose.* Es traf ihn direkt an der Nase.

squarish ['skweərɪʃ] *adj* ziemlich quadratisch

squash [skwɒʃ] *v* 1. *(sth)* zerdrücken, zerquetschen; *to be ~ed together* eng zusammengepresst sein; *sb* 2. *(US) BOT* Kürbis *m*; 3. *SPORT* Squash *n*

squat [skwɒt] *v* 1. hocken, kauern; 2. *(live somewhere illegally)* sich illegal ansiedeln, ein Haus besetzen; *adj* 3. gedrungen

squatter ['skwɒtə] *sb* 1. Squatter *m*; 2. *(in a house)* Hausbesetzer *m*

squawk [skwɔːk] *v* 1. kreischen; *sb* 2. Kreischen *n*

squeak [skwiːk] *v* 1. *(hinge, shoes)* quietschen; 2. *(mouse)* piepsen; 3. *(person)* quieksen; *sb* 4. Quiekser *m*, Piepser *m*, Quietschen *n*

squeaky-clean ['skwiːkɪ kliːn] *adj* blitzsauber

squeal [skwiːl] *v* 1. *(person)* schreien; 2. *(brakes)* kreischen; 3. *(pig)* quieksen; 4. *(fam: criminal)* singen, *(schoolboy)* petzen; *sb* 5. Schrei *m*, Kreischen *n*, Quieken *n*

squeeze [skwiːz] *v* 1. *~ into sth* sich in etw hineinzwängen; 2. *~ through* sich durchzwängen; 3. *(sth)* drücken; 4. *(a tube, a sponge)* ausdrücken; 5. *(an orange)* auspressen; *sb* 6. Drücken *n*; 7. *(hug)* Umarmung *f*; 8. *It was a tight ~.* Es war sehr eng.

squelch [skweltʃ] *v (sth)* abwürgen, vernichten, unterdrücken

squint [skwɪnt] *v* 1. schielen; 2. *(in bright light)* blinzeln; *sb* 3. *MED* Schielen *n*, Silberblick *m*

squirm [skwɜːm] *v* sich winden

stab [stæb] *v* 1. *(s.o.)* einen Stich versetzen; *~ s.o to death* jdn erstechen; 2. *(food)* durchstechen; *sb* 3. Stich *m*; *take a ~ at sth (fig)* etw probieren

stabile ['steɪbaɪl] *sb ART* unbewegliches abstraktes Kunstwerk aus Metall, Draht oder Holz *n*

stable ['steɪbl] *adj* 1. stabil; 2. *(job)* dauerhaft; 3. *(person)* ausgeglichen; *sb* 4. Stall *m*; 5. *(group of racehorses)* Rennstall *m*

stack [stæk] *v* 1. *(sth)* stapeln; *sb* 2. Stapel *m*

staddle ['stædl] *sb (bottom of a stack)* Unterbau eines Heuschobers *m*

staddle stone ['stædlstəʊn] *sb* Abstandsstein unter dem Boden eines Heuschobers oder Kornspeichers *m*

stadium ['steɪdɪəm] *sb* Stadion *n*

staff [stɑːf] *sb* 1. *(stick)* Stab *m*; 2. *(personnel)* Personal *n*; *to be on the ~ of* Mitarbeiter sein bei; 3. *(teaching ~)* Lehrkörper *m*; 4. *Chief of*

Staff POL Stabschef *m; 5. (general ~) MIL* Stab *m; v 6.* mit Personal besetzen

stag [stæg] *sb ZOOL* Hirsch *m*

stage [steɪdʒ] *v 1.* inszenieren; *sb 2.* Bühne *f; 3. (of a trip, of a race)* Etappe *f; 4. (phase)* Stadium *n,* Phase *f; 5. (of a rocket)* Stufe *f*

stage door [steɪdʒ dɔː] *sb THEAT* Bühneneingang *m*

stage fright ['steɪdʒfraɪt] *sb* Lampenfieber *n*

stage name ['steɪdʒneɪm] *sb* Künstlername *m*

stagger ['stægə] *v 1.* schwanken, *(nearly fall)* taumeln, *(drunkenly)* torkeln; *~ to one's feet* schwankend aufstehen; *2. (s.o.)(fig)* erschüttern; *3. (sth)* versetzt anordnen; *4. (holidays)* staffeln

staging ['steɪdʒɪn] *sb* Inszenierung *f*

stag night [stæg naɪt] *sb* Junggesellenabschied *m,* Männerabend des Bräutigams vor der Hochzeit *m*

stain [steɪn] *v 1. (make dirty)* beflecken; *2. (colour: glass)* färben; *3. (wood)* beizen; *sb 4.* Fleck *m; 5. (fig)* Makel *m; 6. (colouring)* Färbemittel *n; 7. (for wood)* Beize *f*

stained-glass window ['steɪndglɑːs'wɪndəʊ] *sb* Buntglasfenster *n*

stainless ['steɪnlɪs] *adj* rostfrei

stain remover ['steɪnrɪmuːvə] *sb* Fleckentferner *m*

stairway ['stɛəweɪ] *sb* Treppe *f*

stake[1] [steɪk] *v 1. ~ a claim to sth* sich ein Anrecht auf etw sichern; *sb 2. (post)* Pfahl *m*

stake[2] [steɪk] *sb 1. (financial interest)* Anteil *m; 2. (in gambling)* Einsatz *m; play for high ~s* um einen hohen Einsatz spielen; *to be at ~ (fig)* auf dem Spiel stehen; *v 3. (risk)* setzen

• **stake out** *v (land)* abstecken

stale [steɪl] *adj 1.* alt; *2. (fam: person)* eingerostet; *3. (beer)* abgestanden; *4. (joke)* abgedroschen; *5. (bread)* altbacken; *6. (air)* verbraucht

stalemate ['steɪlmeɪt] *sb* Patt *n*

stalk [stɔːk] *v 1. (walk stiffly)* stolzieren; *2. (sth) (game)* sich anpirschen an, *(a person)* verfolgen; *sb 3. BOT* Stiel *m*

stall[1] [stɔːl] *v 1. (delay)* Ausflüchte machen; *~ for time* Zeit schinden; *2. (engine)* absterben; *3. ~ s.o.* jdn hinhalten

stall[2] [stɔːl] *sb 1.* Stand *m,* Bude *f; 2. REL* Kirchenstuhl *m; 3. ~s pl (UK: in a theatre)* Parkett *n*

stammer ['stæmə] *v 1.* stottern; *2. (with embarrassment)* stammeln

stamp [stæmp] *v 1. (walk)* stampfen, *(horse)* aufstampfen; *2. (sth)* stempeln, *(with a machine)* prägen; *3. (one's name)* aufstempeln, aufprägen; *4. (put postage on)* frankieren; *5. ~ s.o. as* stempeln als, kennzeichnen als; *6. ~ one's foot* mit dem Fuß stampfen; *sb 7. (postage ~)* Briefmarke *f; 8. (mark, instrument)* Stempel *m; 9. a man of that ~* ein Mann dieses Schlages

• **stamp out** *v 1. (a fire)* austreten; *2. (fig: an epidemic)* ausrotten

stampede [stæm'piːd] *sb 1. (by animals)* panische Flucht *f; 2. (by people)* Massenansturm *m*

stance [stæns] *sb 1.* Haltung *f,* Einstellung *f; 2. (fig)* Einstellung *f*

stand [stænd] *v irr 1.* stehen; *as it ~s* so wie die Sache aussieht; *2. (get up)* aufstehen; *3. (to be a certain height)* hoch sein, *(person)* groß sein; *4. (still be valid)* gelten, *(record, decision)* stehen; *5. ~ as a candidate (UK)* kandidieren; *6. ~ to gain a lot* viel gewinnen können; *7. ~ for sth* für etw stehen, etw repräsentieren; *8. ~ together* zusammenhalten; *9. (withstand)* standhalten, *(person)* gewachsen sein; *~ one's ground* sich behaupten; *10. (place sth)* stellen; *11. ~ a chance* eine gute Chance haben; *12. (put up with)* aushalten; *sb 13. (booth, taxi ~)* Stand *m; 14. (piece of furniture, rack)* Ständer *m; 15. (witness ~)(US)* Zeugenstand *m; 16. (~s) SPORT* Zuschauertribüne *f; 17. (fig: on an issue)* Standpunkt *m,* Einstellung *f; take a ~ on sth* zu etw eine Stellung nehmen; *18. (resistance in battle)* Widerstand *m; make a ~* sich widersetzen

• **stand back** *v irr* zurücktreten

• **stand down** *v irr 1.* zurücktreten; *2. JUR* den Zeugenstand verlassen

• **stand in** *v irr ~ for s.o.* für jdn einspringen

• **stand up** *v irr 1. (arise)* aufstehen; *2. (to be standing)* stehen; *3. ~ for sth* für etw eintreten; *4. ~ to s.o.* sich jdm gegenüber behaupten; *5. stand s.o. up (fam: fail to meet s.o)* jdn versetzen, jdn sitzen lassen

standard ['stændəd] *adj 1.* üblich; *2. ECO* handelsüblich, Standard..., Norm... *sb 3.* Norm *f; 4. (monetary) FIN* Standard *m; 5. (criterion)* Maßstab *m; double ~* doppelte Moral *f; 6. (level)* Niveau *n; 7. (one's expectation)* Anforderung *f; 8. (flag)* Fahne *f*

standing ['stændɪŋ] *sb 1. (position)* Rang *m; 2. (duration)* Dauer *f; 3. of long ~* langjährig, alt; *sb 4. (repute)* Ruf *m; adj 5. (established)* ständig, bestehend; *become a ~ joke* sprichwörtlich werden

standing ovation ['stændɪŋ əʊ'veɪʃən] *sb give s.o. a ~* jdm im Stehen Beifall klatschen
standstill ['stændstɪl] *sb* Stillstand *m; come to a ~* zum Stillstand kommen, *(person)* anhalten, *(vehicle)* zum Stehen kommen
stand-up comedy ['stændʌp 'kɒmədɪ] *sb* witzige Einmannvorstellung *f*
staple ['steɪpl] *sb 1. (food)* Hauptnahrungsmittel *n; 2. (fastener) (for paper)* Heftklammer *f, (for cables)* Krampe *f*
star [stɑː] *sb 1.* Stern *m; the ~s and stripes* das Sternenbanner *n; 2. (person)* Star *m; v 3.* die Hauptrolle spielen; *4. (s.o.) CINE* jdn in der Hauptrolle zeigen; *a film ~ring William Hurt* ein Film mit William Hurt
stare [stɛə] *v 1.* starren; *~ at s.o.* jdn anstarren; *sb 2.* starrer Blick *m*
stargazing ['stɑːgeɪzɪŋ] *sb 1.* Betrachten der Sterne *n; 2. (astrology)* Sterndeutung *f*
stark [stɑːk] *adj 1.* krass; *2. (landscape)* nackt; *adv 3. ~ naked* splitternackt
start [stɑːt] *v 1.* anfangen, beginnen; *to ~ with* zunächst einmal; *2. (engine)* anspringen; *3. (found)* gründen; *4. (career, argument)* anfangen, beginnen; *5. (a fire)* anzünden; *6. (sth)* anfangen mit; *7. (a car)* starten; *sb 8.* Beginn *m,* Anfang *m; from ~ to finish* von Anfang bis Ende; *9. SPORT* Start *m; 10. (fright)* Auffahren *n,* Zusammenfahren *n,* Zusammenschrecken *n; give s.o. a ~* jdn erschrecken
• **start off** *v 1.* anfangen; *2. (moving)* losgehen; *3. (on a journey)* aufbrechen; *4. (sth)* anfangen
• **start up** *v 1. (move)* aufspringen, hochspringen; *2. (begin)* anfangen
starter ['stɑːtə] *sb 1. (of a car) TECH* Anlasser *m; 2. (fam: first course) GAST* Vorspeise *f; 3. (of a race) SPORT* Starter *m; 4. (player in the starting lineup) SPORT* Stammspieler *m*
starting point ['stɑːtɪŋ pɔɪnt] *sb* Ausgangspunkt *m*
starting salary ['stɑːtɪŋ 'sælərɪ] *sb* Anfangsgehalt *n*
starve [stɑːv] *v 1.* hungern; *2. (to death)* verhungern; *3. I'm starving. (fig: I'm hungry)* Ich sterbe vor Hunger. *4. (s.o.)* hungern lassen
state [steɪt] *v 1.* angeben, feststellen, darlegen; *sb 2. POL* Staat *m; 3. (pomp)* Pomp *m; 4. (condition)* Zustand *m; 5. ~ of emergency* Notstand *m; 6. ~ of affairs* Stand *m,* Lage *f*
statement ['steɪtmənt] *sb 1.* Erklärung *f,* Feststellung *f, (claim)* Behauptung *f; 2. (representation)* Darstellung *f; 3. (bank ~)* Auszug *m*
state-of-the-art ['steɪtəvðiː'ɑːt] *adj* hochmodern
state secret [steɪt'siːkrɪt] *sb* Staatsgeheimnis *n*
stateside ['steɪtsaɪd] *adj* in den Staaten; aus den Staaten
state trooper [steɪt 'truːpə] *sb (US)* Soldat der amerikanischen Nationalgarde *m*
statewide [steɪt waɪd] *adj* im gesamten Bundesgebiet
station ['steɪʃən] *sb 1.* Station *f; the Stations of the Cross* die Stationen des Kreuzweges; *2. (bus ~, train ~)* Bahnhof *m; 3. (radio/TV)* Sender *m; 4. (police ~)* Wache *f; 5. (position)* Platz *m; 6. (in society)* Rang *m,* Stand *m; 7. MIL* Posten *m; v 8. (o.s., s.o.)* aufstellen; *9. MIL* stationieren
stationary ['steɪʃənərɪ] *adj 1. to be ~* stillstehen, *(car)* stehen; *2. (not movable)* fest, feststehend
stationery ['steɪʃənərɪ] *sb 1. (paper)* Briefpapier *n; 2. (writing materials)* Schreibwaren *pl*
station wagon ['steɪʃənwægən] *sb (US)* Kombiwagen *m*
statistic [stə'tɪstɪk] *sb* Statistik *f; ~s pl* Statistik *f*
stative ['steɪtɪv] *adj GRAMM* zustandsbeschreibend
statue ['stætjuː] *sb* Statue *f,* Standbild *n*
statuesque [stætju'esk] *adj (woman)* mit klassischen Maßen
stature ['stætʃə] *sb 1.* Wuchs *m,* Statur *f,* Gestalt *f; 2. (fig)* Format *n,* Kaliber *n*
status ['steɪtəs] *sb 1.* Status *m; 2. marital ~* Familienstand *m*
status symbol ['steɪtəssɪmbəl] *sb* Statussymbol *n*
staunch [stɔːntʃ] *adj* treu
stave [steɪv] *sb 1. (stick)* Knüppel *m; 2. (of a cask)* Daube *f; 3. (of a ladder)* Sprosse *f; v irr 4. ~ off* abwehren; *5. ~ off (delay)* aufschieben
stay [steɪ] *v 1.* bleiben; *2. (reside)* wohnen; *sb 3.* Aufenthalt *m; 4. (~ of execution)* Aussetzung *f*
• **stay away** *v 1.* wegbleiben; *2. ~ from s.o.* jdm fernbleiben
staying power ['steɪɪŋ] *sb* Stehvermögen *n,* Ausdauer *f*
steadiness ['stedɪnɪs] *sb 1.* Festigkeit *f,* Ruhe *f; 2. (reliability)* Zuverlässigkeit *f*
steady ['stedɪ] *adj 1.* fest; *2. (constant)* ständig; *3. (hand, eye, voice)* ruhig; *4. (ladder)* standfest; *5. (reliable)* zuverlässig; *v 6. (sth)(a boat)* wieder ins Gleichgewicht bringen; *7. (s.o., s.o.'s nerves)* beruhigen
steak [steɪk] *sb* Steak *n*

steal [sti:l] *v irr 1.* stehlen; *2. ~ a glance at s.o.* jdm einen verstohlenen Blick zuwerfen
steam [sti:m] *sb 1.* Dampf *m; let off ~* Dampf ablassen; *at full ~* mit Volldampf; *2. (from a swamp)* Dunst *m; v 3.* dampfen; *4. (sth)* dämpfen
• steam up *v (glass)* beschlagen
steamboat ['sti:mbəʊt] *sb* Dampfer *m,* Dampfschiff *n*
steam engine ['sti:mendʒɪn] *sb* Dampfmaschine *f,* Dampflokomotive *f*
steamer ['sti:mə] *sb 1. NAUT* Dampfer *m; 2. GAST* Dampfkochtopf *m*
steamy ['sti:mɪ] *adj* dampfig, dunstig
steel [sti:l] *sb 1.* Stahl *m; v 2. ~ o.s. (mentally)* sich stählen
steep [sti:p] *adj 1.* steil; *2. (fam: price)* gepfeffert; *v 3.* eintauchen, einweichen; *4. (fig) ~ed in tradition* traditionsreich
steeple ['sti:pl] *sb* Kirchturm *m*
steer [stɪə] *v 1.* lenken; *~ clear of sth (fig)* etw vermeiden; *2. NAUT* steuern; *sb 3. ZOOL* junger Ochse *m*
steering ['stɪərɪŋ] *sb 1.* Lenkung *f; 2. NAUT* Steuerung *f*
steering wheel ['stɪərɪŋ wi:l] *sb* Lenkrad *n,* Steuer *n*
stem¹ [stem] *sb 1. BOT* Stiel *m, (of a woody plant)* Stamm *m; 2. (of a word) LING* Stamm *m; 3. (of a pipe)* Hals *m; 4. (of a glass)* Stiel *m; 5. NAUT* Steven *m; v 6. ~ from* herrühren von
stem² [stem] *v (stop)* aufhalten, *(tide)* eindämmen, *(bleeding)* stillen
stench [stentʃ] *sb* Gestank *m*
stenography [stə'nɒgrəfɪ] *sb* Kurzschrift *f,* Stenografie *f*
stentor ['stentɔ:] *sb* Stentor *m*
step [step] *v 1.* treten, gehen; *2. Step on it! (fam)* Gib Gas! *(fig: hurry up)* Tempo! Beeil dich! *sb 3.* Schritt *m; ~ by ~* schrittweise; *out of ~ with (fig)* nicht in Einklang mit; *watch one's ~* vorsichtig gehen; *4. (sound of a ~)* Tritt *m; 5. (measure)* Schritt *m,* Maßnahme *f; take ~s* Schritte unternehmen; *6. (in a process)* Stufe *f; 7. (stair)* Stufe *f; ~s* Treppe *f*
• step back *v* zurücktreten
• step in *v 1.* eintreten; *2. (fig)* eingreifen, einschreiten
• step up *v (production)* steigern
step dance ['stepdɑ:ns] *sb* Solotanz mit komplizierter Schrittfolge *m*
stepladder ['steplædə] *sb* Trittleiter *f*
step-parent ['steppɛərənt] *sb 1. (woman)* Stiefmutter *f; 2. (man)* Stiefvater *m*
stereo ['sterɪəʊ] *sb 1. (unit)* Stereoanlage *f; 2. in ~* in Stereo
stereotype ['sterɪəʊtaɪp] *sb 1. (fig)* Stereotyp *n,* Klischee *n; v 2. (fig)* klischeehaft darstellen
sterile ['steraɪl] *adj 1. (germ-free)* keimfrei; *2. (fig)* steril; *3. (person)* steril; *4. (animal)* unfruchtbar
sterilization [sterɪlaɪ'zeɪʃən] *sb* Sterilisation *f,* Sterilisierung *f*
sterling ['stɜ:lɪŋ] *sb pound ~ (UK)* Pfund Sterling *n*
stern [stɜ:n] *adj* streng
steward ['stju:əd] *sb (attendant)* Steward *m*
stewardess ['stju:ədes] *sb* Stewardess *f*
stick¹ [stɪk] *sb 1.* Stock *m; 2. (twig)* Zweig *m; 3. (hockey ~)* Schläger *m; 4. (drum ~)* Schlegel *m; 5. (of celery, of dynamite)* Stange *f; 6. get hold of the wrong end of the ~* etw völlig falsch verstehen
stick² [stɪk] *v irr 1. (adhere)* kleben; *2. (not come open easily)* festsitzen, *(door)* klemmen; *3. (become caught)* stecken bleiben; *4. (stay)* bleiben; *~ to* bleiben bei; *5. (pointed object)* stecken; *6. (sth)(with glue)* kleben; *7. (pin)* stecken; *8. (jab)* stoßen; *9. (fam: put)* tun; *I stuck it in my pocket.* Ich habe es eingesteckt. *10. (UK: tolerate)* aushalten; *11. to be stuck (fam: perplexed)* nicht klarkommen; *12. to be stuck with sth* etw am Hals haben
• stick around *v irr (fam)* dableiben, *(near the speaker)* hier bleiben
• stick at *v irr (persist at)* dranbleiben
• stick down *v irr* festkleben, zukleben
• stick out *v irr 1. (protrude)* vorstehen; *2. (fig: to be noticeable)* auffallen; *3. (one's tongue, one's arm)* herausstrecken; *4. stick sth out (persevere)* etw aushalten, etw durchstehen
sticker ['stɪkə] *sb* Aufkleber *m*
sticky ['stɪkɪ] *adj 1.* klebrig; *2. (weather)* schwül; *3. (fig: situation)* heikel; *4. (unpleasant) a ~ end (fam)* ein schreckliches Ende
stiff [stɪf] *adj 1.* steif; *2. (difficult)* schwierig; *3. (competition, punishment)* hart; *4. (manner)* steif, formell, gezwungen; *keep a ~ upper lip* kühl bleiben; *5. (drink, resistance)* stark
stiffen ['stɪfn] *v 1.* sich versteifen; *2. (person)* starr werden
stiff-necked ['stɪfnekd] *adj* halsstarrig
stiletto [stɪ'letəʊ] *sb* Stilett *n*
stiletto heels [stɪ'letəʊ hi:lz] *pl* Pfennigabsätze *pl*
still¹ [stɪl] *adv 1.* noch, *(for emphasis)* immer noch, *(now as in the past)* nach wie vor; *2. (ne-*

vertheless) trotzdem; *3. (even)* noch; *~ better* noch besser; *konj 4.* dennoch, und doch; *adj 5. (motionless)* bewegungslos, ruhig; *6. stand ~* still stehen; *sb 7. (photo)* Standfoto *n; 8. (~ness)* Stille *f*

still² [stɪl] *sb (distilling apparatus)* Destillierapparat *m*

still birth [stɪl bɜːθ] *sb* Totgeburt *f*

stillborn ['stɪlbɔːn] *adj* tot geboren

stimulant ['stɪmjʊlənt] *sb* Anregungsmittel *n*

stimulate ['stɪmjʊleɪt] *v 1.* stimulieren; *2. (the circulation)* anregen

stimulus ['stɪmjʊləs] *sb 1.* Stimulus *m; 2. (incentive)* Anreiz *m; 3. (physical)* Reiz *m*

sting [stɪŋ] *v irr 1.* brennen; *2. (insect)* stechen; *3. (fig: remarks)* schmerzen; *4. (s.o.)* stechen, *(by a jellyfish)* verbrennen; *sb 5. (act of stinging)* Stich *m, (by a jellyfish)* Brennen *n; 6. (stinging organ)* Stachel *m, (of a jellyfish)* Brennfaden *m*

stingy ['stɪndʒɪ] *adj* geizig, knauserig (fam)

stink [stɪŋk] *v irr 1.* stinken; *sb 2.* Gestank *m; 3. (fam: fuss)* Stunk *m; raise a ~* Stunk machen

stinks [stɪŋks] *sb (UK)(fam)* Chemie *f*

stint [stɪnt] *sb* Schicht *f; Last year he had a ~ as chairman.* Im letzten Jahr war er eine Weile Vorsitzender. *I did my daily ~ on the weights.* Ich machte mein tägliches Gewichttraining.

stipend ['staɪpənd] *sb* Lohn *m*

stipulate ['stɪpjʊleɪt] *v 1. (specify)* festsetzen; *2. (make a condition)* voraussetzen

stir [stɜː] *v 1. (person)* sich regen; *(animal, object)* sich bewegen; *(feeling)* wach werden; *2. (liquid)* umrühren; *(mixture)* rühren; *3. (s.o.)* aufreizen; *4. (curiosity)* erregen; *5. (move)* bewegen; *sb 6. (excitement)* Aufregung *f; cause a ~* für Aufregung sorgen

• stir up *v 1. (liquid)* umrühren; *2. ~ trouble* Unruhe stiften

stitch [stɪtʃ] *v 1. (sth)* nähen; *2. (mend)* zusammenflicken; *3. MED* vernähen; *sb 4.* Stich *m, (in knitting)* Masche *f; a ~ in time saves nine* gleich getan ist viel gespart; *5. (pain)* Seitenstechen *n; to be in ~es (fig)* sich totlachen

stitcher ['stɪtʃə] *sb* Näher *m*

stock [stɒk] *v 1. (a product)* führen; *2. (a cupboard)* füllen; *3. (a pond)* mit Fischen besetzen; *sb 4. (supply)* Vorrat *m; in ~* vorrätig; *take ~ of the situation* die Lage abschätzen; *5. ECO* Bestand *m; 6. FIN* Aktien *pl; 7. GAST* Brühe *f; 8. (ethnic)* Stamm *m; 9. (of a rifle)* Schaft *m; 10.* Standard...

stockbroker ['stɒkbrəʊkə] *sb* Börsenmakler *m*

stock company ['stɒkkʌmpənɪ] *sb (US)* Repertoiretheater *n*

stockholder ['stɒkhəʊldə] *sb (US) FIN* Aktionär *m*

stocking ['stɒkɪŋ] *sb 1.* Strumpf *m; 2. (knee-length)* Kniestrumpf *m*

stock market ['stɒkmɑːkɪt] *sb FIN* Börse *f*

stock-still [stɒk'stɪl] *adj stand ~* regungslos stehen

stock-taking ['stɒkteɪkɪŋ] *sb 1.* Inventur *f; 2. (fig)* Bestandsaufnahme *f*

stocky ['stɒkɪ] *adj* stämmig

stoke [stəʊk] *v* heizen, schüren

• stoke up *v 1. (heat)* beheizen; *2. (eat)* sich satt essen

stole [stəʊl] *sb* Stola *f*

stolen ['stəʊlən] *adj* gestohlen

stomach ['stʌmək] *sb 1.* Magen *m; 2. (belly)* Bauch *m; v 3. (fam)* vertragen

stomach-ache ['stʌməkeɪk] *sb* Magenschmerzen *pl*

stone [stəʊn] *sb 1.* Stein *m; 2. (UK: unit of weight)* 6,35 kg; *v 3. (pelt with ~s)* mit Steinen bewerfen; *4. (fruit)* entkernen

stone-blind ['stəʊnblaɪnd] *adj* stockblind

stone-cold ['stəʊnkəʊld] *adj* eiskalt

stone-dead ['stəʊnded] *adj* mausetot

stone-deaf ['stəʊndef] *adj* stocktaub

stoneware ['stəʊnwɛə] *sb* Steingut *n*

stonewashed ['stəʊnwɒʃt] *adj* stonewashed

stonework ['stəʊnwɜːk] *sb* Mauerwerk *n*

stony ['stəʊnɪ] *adj 1.* steinig; *2. (fig: gaze)* starr

stoop [stuːp] *v 1.* sich bücken, sich beugen; *sb 2. (US)* Treppe *f*

stop [stɒp] *v 1. (come to a halt)* anhalten; *Stopp!* Halt! *2. (cease)* aufhören; *~ at nothing* vor nichts zurückschrecken; *3. (fighting)* abbrechen; *4. (machine)* nicht mehr laufen, *(clock)* stehen bleiben; *5. (an action)* aufhören mit; *Stop it!* Hör auf damit! *6. (from continuing)* ein Ende machen; *7. (prevent from happening)* verhindern; *8. (prevent from doing)* abhalten; *9. (interrupt temporarily)* unterbrechen; *10. (halt)* anhalten, *(briefly)* aufhalten; *11. (a machine)* abstellen; *12. (payments, production)* einstellen; *13. (a cheque)* sperren; *14. (a ball) SPORT* stoppen; *15. ~ up (block up)* verstopfen, zustopfen; *sb 16.* Stillstand *m; come to a ~* zum Stillstand kommen; *put a ~ to sth* etw ein Ende machen; *17. FOTO* Blende *f; 18. (break)* Pause *f; 19. (bus ~)* Haltestelle *f; 20. (for a train)* Station *f; 21. (stay)* Aufenthalt *m; 22. (UK: punctuation mark)* Punkt *m*

stoplight ['stɒplaɪt] *sb 1. (UK)* Bremslicht *n; 2. (US: traffic light)* rotes Licht *n*
stopover ['stɒpəʊvə] *sb* Zwischenstation *f, (for a plane)* Zwischenlandung *f*
stopwatch ['stɒpwɒtʃ] *sb* Stoppuhr *f*
store [stɔː] *v 1.* lagern; *(documents)* aufbewahren; *(furniture)* lagern; *sb 2. (large shop)* Geschäft *n; 3. (US: shop)* Laden *m; 4. (storage place)* Lager *n; 5. (supply)* Vorrat *m; 6. to be in ~ for s.o.* jdm bevorstehen; *7. set great ~ by* großen Wert legen auf, viel halten von
storeroom ['stɔːruːm] *sb 1.* Lagerraum *m; 2. (for food)* Vorratskammer *f*
storey ['stɔːrɪ] *sb* Stockwerk *n,* Etage *f; on the third ~* im dritten Stock, *(US)* im zweiten Stock; *a three-~ building* ein dreistöckiges Gebäude
stork [stɔːk] *sb ZOOL* Storch *m*
storm [stɔːm] *sb 1.* Sturm *m,* Unwetter *n; 2. take sth by ~* etw im Sturm erobern; *v 3. (move violently)* stürmen; *4. MIL* stürmen
storm window ['stɔːmwɪndəʊ] *sb* äußeres Doppelfenster *n*
story ['stɔːrɪ] *sb 1.* Geschichte *f; That's another ~. (fig)* Das ist etw ganz anderes. *It's the same old ~. (fig)* Es ist immer das alte Lied. *2. (article)* Artikel *m; 3. (plot)* Handlung *f; 4. (lie)* Märchen *n; 5. (US: of a building) (see "storey")*
storybook ['stɔːrɪbʊk] *adj* Bilderbuch..., märchenhaft
storyteller ['stɔːrɪtelə] *sb* Geschichtenerzähler *m*
stove [stəʊv] *sb* Herd *m*
stow [stəʊ] *v* verladen, verstauen
• **stow away** *v 1.* als blinder Passagier fahren; *2. (sth)* verstauen
straight [streɪt] *adj 1.* gerade; *Your tie isn't ~.* Deine Krawatte sitzt schief. *keep a ~ face* das Gesicht nicht verziehen; *2. (hair)* glatt; *3. (whisky)* pur; *4. (frank)* offen, direkt, *(honest)* ehrlich; *5. (continuous)* in Folge; *The team won three ~ matches.* Die Mannschaft gewann drei Spiele in Folge. *6. ~ A's* glatte Einsen; *7. (fam: boringly proper) (person)* spießig; *8. (fam: heterosexual)* heterosexuell; *9. get sth ~ (fig: make sth clear)* etw klarstellen; *adv 10.* gerade; *I can't think ~.* Ich kann nicht richtig denken. *11. go ~* geradeaus gehen; *12. go ~ (fig)* ein ehrliches Leben beginnen; *13. (directly)* direkt; *~ through sth* glatt durch etw; *~ ahead* geradeaus; *give it to s.o. ~* jdm etw klipp und klar sagen; *~ away* sofort
straightforward [streɪt'fɔːwəd] *adj 1. (not complicated)* einfach; *2. (frank)* offen
strain [streɪn] *v 1. (exert effort)* sich anstrengen; *2. (sth) (put strain on)* belasten; *3. (s.o.'s patience)* überfordern; *4. MED (a muscle)* zerren, *(eyes, heart, back)* überanstrengen, *(an ankle)* verrenken; *5. (stretch)* spannen; *6. (filter)* sieben, *(vegetables)* abgießen; *sb 7.* Belastung *f,* Beanspruchung *f; 8. (muscle ~) MED* Zerrung *f; 9. (on one's heart, eyes, back) MED* Überanstrengung *f; 10. ~s pl (of music)* Klänge *pl; 11. (breed) (of a virus)* Art *f, (of animals)* Rasse *f, (of plants)* Sorte *f; 12. (streak)* Hang *m,* Zug *m*
strained [streɪnd] *adj (not comfortable, not natural)* angespannt, *(conversation, laugh)* gezwungen
strait [streɪnt] *sb* Meerenge *f,* Straße *f; in dire ~s (fig)* in einer Notlage
strait-laced ['streɪtleɪst] *adj* prüde, sittenstreng
strand[1] [strænd] *v to be ~ed* gestrandet sein
strand[2] [strænd] *sb 1.* Strang *m; 2. (of hair)* Strähne *f; 3. (fig: of a story)* Faden *m*
strange [streɪndʒ] *adj 1. (unfamiliar)* fremd, *(activity)* ungewohnt; *2. (peculiar)* seltsam, sonderbar
stranger ['streɪndʒə] *sb* Fremde(r) *m/f; to be no ~ to sth (fig)* mit etw vertraut sein
strap [stræp] *v 1. ~ sth onto sth* etw auf etw schnallen; *~ o.s. in* sich anschnallen; *~ sth down* etw festschnallen; *sb 2.* Riemen *m; 3. (shoulder ~)* Träger *m; 4. (of a watch)* Armband *n*
strapping ['stræpɪŋ] *adj* stramm
strategic [strə'tiːdʒɪk] *adj* strategisch, taktisch
strategy ['strætədʒɪ] *sb 1.* Strategie *f; 2. SPORT* Taktik *f*
straw [strɔː] *sb 1.* Stroh *n; 2. (one stalk)* Strohhalm *m; draw ~s* Strohhalme ziehen; *draw the ~* den kürzeren ziehen; *short ~* kürzeres Ende; *That's the last ~! (fig)* Das hat gerade noch gefehlt! *grasp at ~s (fig)* sich an einen Strohhalm klammern; *3. (drinking ~)* Strohhalm *m,* Trinkhalm *m*
strawberry ['strɔːbərɪ] *sb BOT* Erdbeere *f*
stray [streɪ] *v 1.* streunen, sich verirren; *2. (thoughts)* abschweifen; *adj 3. (dog)* streunend; *4. (child, bullet)* verirrt; *sb 5.* streunendes Tier *n*
streak [striːk] *v 1.* flitzen; *2. (sth)* streifen; *sb 3. (strip)* Streifen *m; 4. (in hair)* Strähne *f; 5. (of light)* Strahl *m; 6. (fig: trace)* Spur *f; 7. (humorous)* Ader *f; 8. (of meanness)* Zug *m*
stream [striːm] *v 1.* strömen, fließen; *sb 2. (small river)* Bach *m; 3. (flow)* Strom *m*

street [striːt] *sb* Straße *f; in the ~* auf der Straße; *He lives on Lincoln Street.* Er wohnt in der Lincoln Street. *at ~ level* zu ebener Erde; *the man in the ~ (fig)* der Mann auf der Straße *That's right up your ~. (fig)* Das ist wie geschaffen für dich.

streetcar ['striːtkɑː] *sb* Straßenbahn *f*

street smart ['striːtsmɑːt] *adj* gewieft, mit allen Wassern gewaschen

street value ['striːtvæljuː] *sb* Schwarzmarktpreis *m*

streetwalker ['striːtwɔːlkə] *sb* Straßenmädchen *n*

strength [streŋθ] *sb 1.* Stärke *f; 2. (physical ~)* Kraft *f; 3. (of a colour)* Intensität *f*

stress [stres] *v 1. (emphasize)* betonen; *2. (a syllable)* betonen; *sb 3. (strain)* Belastung *f,* Stress *m; 4. TECH* Belastung *f,* Beanspruchung *f; 5. (pressure)* Druck *m; 6. (emphasis)* Nachdruck *m; 7. (accent)* Betonung *f*

stretch [stretʃ] *v 1. (elastic)* sich dehnen; *2. (landscape)* sich erstrecken; *3. (person)* sich strecken, sich recken; *~ for sth* nach etw langen; *4. (sth) (pull tight)* spannen; *5. (expand)* dehnen; *6. (a part of one's body)* dehnen; *7. (make go further) (money)* strecken; *(abilities)* bis zum Äußersten fordern; *8. ~ sth (truth, rule)* es mit etw nicht allzu genau nehmen; *sb 9. (of road)* Strecke *f, (of countryside)* Stück *n; 10. (of a journey)* Abschnitt *m; 11. (of time)* Zeitspanne *f,* Zeitraum *m; 12. (stretching)* Strecken *n*

stretcher ['stretʃə] *sb* Tragbahre *f*

strict [strɪkt] *adj 1.* streng; *2. (precise)* genau

stride [straɪd] *sb 1.* langer Schritt *m; 2. take sth in (one's) ~* etw gut verkraften; *v 3.* schreiten *f*

strife [straɪf] *sb* Streit *m*

strike [straɪk] *v irr 1. (clock)* schlagen; *2. (blow, bullet, disaster)* treffen; *3. (disease)* zuschlagen; *4. (employees)* streiken; *5. (sth)* schlagen; *6. (oil, gold)* finden, stoßen auf; *7. (impress)* beeindrucken; *8. ~ fear into s.o.'s heart* jdn mit Angst erfüllen; *9. (occur to)* in den Sinn kommen, auffallen; *10. (camp)* abbrechen; *11. ~ a balance between sth and sth* das richtige Verhältnis von etw zu etw finden; *sb 12. (by workers)* Streik *m,* Ausstand *m; 13. MIL* Angriff *m*

striking ['straɪkɪŋ] *adj (fig)* auffallend, bemerkenswert; *(beauty)* eindrucksvoll

string [strɪŋ] *sb 1.* Schnur *f; 2. pull ~s* Beziehungen spielen lassen; *3. (of a puppet)* Draht *m; 4. the ~s MUS* die Streichinstrumente *pl; 5. (fam: condition)* Bedingung *f; with no ~s attached* ohne Bedingungen; *6. (series)* Reihe *f,* Kette *f; v irr 7. (pearls)* auf eine Schnur aufziehen; *8. (a musical instrument)* mit Saiten bespannen

• **string along** *v irr string s.o. along (fam)* jdn hinhalten

string instrument ['strɪŋ 'ɪnstrəment] *sb* Streichinstrument *n*

string quartet [strɪŋ kwɔː'tet] *sb* Streichquartett *n*

strip [strɪp] *v 1.* sich ausziehen; *(for a medical examination)* sich frei machen; *~ to the waist* den Oberkörper frei machen; *2. (do a striptease)* strippen; *3. (a bed)* abziehen; *4. (paint)* abziehen; *(with liquid)* abbeizen; *5. ~ s.o. of a title* jdm seinen Titel aberkennen; *sb 6.* Streifen *m*

strip club [strɪp klʌb] *sb* Striptease-Klub *m,* Striplokal *n*

stripper ['strɪpə] *sb 1. (person)* Stripper *m,* Stripteasetänzer *m; 2. (peeling device)* Tapetenlöser *m*

striptease ['strɪptiːz] *sb* Striptease *m*

strive [straɪv] *v irr 1. ~ to do sth* sich bemühen, etw zu tun; *2. ~ for sth* etw anstreben, nach etw streben

stroke [strəʊk] *v 1.* streicheln; *sb 2. (caress)* Streicheln *n; 3. (blow, of a clock, in tennis)* Schlag *m; 4. (of a pen)* Strich *m; 5. ~ of luck* Glücksfall *m; 6. ~ of bad luck* Pechsträhne *f; 7. ~ of genius* Geniestreich *m; 8. TECH* Hub *m; 9. MED* Schlaganfall *m*

stroll [strəʊl] *v 1.* schlendern, bummeln; *sb 2.* Spaziergang *m; take a ~* spazieren gehen

strong [strɒŋ] *adj 1.* stark; *2. (physically, expression, voice)* kräftig; *3. (argument)* überzeugend; *4. (measures)* drastisch; *5. (features)* ausgeprägt

structure ['strʌktʃə] *v 1.* strukturieren; *2. (an argument)* aufbauen, gliedern; *sb 3.* Struktur *f; 4. (of society)* Aufbau *m; 5. (thing built)* Konstruktion *f; 6. (building)* Gebäude *n*

struggle ['strʌgl] *v 1.* kämpfen; *2. (financially)* in Schwierigkeiten sein; *3. (with schoolwork)* sich abmühen mit; *sb 4.* Kampf *m; 5. (effort)* Anstrengung *f,* Streben *n*

struggler ['strʌglə] *sb* Kämpfer *m*

stub [stʌb] *v 1. ~ one's toe* sich den Zeh stoßen; *2. ~ out (a cigarette)* ausdrücken; *sb 3. (of a candle)* Stummel *m*; *(of a cigarette)* Kippe *f*

stubborn ['stʌbən] *adj 1.* hartnäckig, eigensinnig, stur; *2. (thing)* widerspenstig

stuck-up ['stʌk'ʌp] *adj* hochnäsig

student ['stju:dənt] *sb 1. (at university)* Student/Studentin *m/f; 2. (US: pupil)* Schüler/Schülerin *m/f*
studio ['stju:dɪəʊ] *sb 1.* Studio *n; 2. (artist's)* Atelier *n*
study ['stʌdɪ] *v 1.* lernen, *(attend university)* studieren; *2. (sth)* studieren, lernen; *3. (scrutinize)* mustern; *sb 4. (piece of work)* Studie *f; The firm was a ~ in mismanagement. (fig)* Die Firma war ein perfektes Beispiel schlechter Verwaltung. *5. (of a situation)* Untersuchung *f; 6. (of nature)* Beobachtung *f; 7. studies pl* Studium *n; 8. (room)* Arbeitszimmer *n*
stuff [stʌf] *v 1. ~ sth into sth* etw in etw stopfen; *~ sth into an envelope* etw in einen Umschlag stecken; *2.* voll stopfen; *GAST* füllen; *sb 3.* Zeug *n, (belongings)* Sachen *pl; made of the same ~* aus dem gleichen Holz geschnitzt; *4. know one's ~ (fam)* sich in seinen Fach gut auskennen; *5. Stuff and nonsense!* Unsinn!
stumble ['stʌmbl] *v 1.* stolpern; *2. (in speaking)* stocken; *3. ~ on sth, ~ upon sth (fig)* auf etw stoßen
stump [stʌmp] *sb 1. (of a tree, of a tooth, of a limb)* Stumpf *m; 2. (of a pencil, of a candle, of a cigar)* Stummel *m*
stun [stʌn] *v 1.* betäuben; *2. (fig: surprise)* verblüffen; *3. (fig: shock)* fassungslos machen
stunning ['stʌnɪŋ] *adj 1.* niederschmetternd; *2. (fig)* umwerfend, phänomenal
stunt [stʌnt] *v 1. ~ s.o.'s growth* jdn im Wachstum hemmen; *sb 2.* Kunststück *n; 3. (publicity ~)* Gag *m; 4. CINE* Stunt *m,* gefährliche Szene *f*
stupid ['stju:pɪd] *adj 1.* dumm; *2. (fam: foolish, boring)* blöd
stupor ['stju:pə] *sb* Betäubung *f*
sturdy ['stɜ:dɪ] *adj 1. (structure)* stabil, kräftig; *2. (person)* robust, kräftig, stämmig
stutter ['stʌtə] *v* stottern
style [staɪl] *v 1. (hair)* schneiden und frisieren; *2. (designate)* nennen; *sb 3.* Stil *m; 4. (type)* Art *f*
stylish ['staɪlɪʃ] *adj 1.* schick; *2. (fashionable)* modisch
styrofoam ['staɪrəfəʊm] *sb* Styropor *n*
suave [swɑ:v] *adj 1.* kultiviert, höflich; *2. (smooth)* sanft, mild
subconscious [sʌb'kɒnʃəs] *adj 1.* unterbewusst; *sb 2.* Unterbewusstsein *n*
subcontinent ['sʌbkɒntɪnənt] *sb GEO* Subkontinent *m*
subcontractor ['sʌbkɒntræktə] *sb ECO* Subunternehmer *m*
subdivision ['sʌbdɪvɪʒən] *sb 1. (subdividing)* Unterteilung *f; 2. (group)* Unterabteilung *f*
subeditor ['sʌbedɪtə] *sb (UK)* Redakteur/Redakteurin *m/f*
subject ['sʌbdʒɪkt] *sb 1. (topic, ~ of a painting)* Thema *n,* Gegenstand *m; 2. (of study, of expertise)* Fach *n; 3. GRAMM* Subjekt *n; 4. (of an experiment)* Versuchsobjekt *n, (person)* Versuchsperson *f; 5. (patient)* Patient/Patientin *m/f; 6. POL* Staatsbürger *m, (of a monarch)* Untertan/Untertanin *m/f; adj 7. to be ~ to sth* von etw abhängig sein, *(to law, to s.o.'s will)* einer Sache unterworfen sein; *~ to change without notice* Änderungen vorbehalten; *~ to a fee* gebührenpflichtig; [səb'dʒekt] *v 8. ~ s.o. to sth* jdn einer Sache unterziehen, *(to sth unpleasant)* jdn einer Sache aussetzen
subjective [səb'dʒektɪv] *adj* subjektiv
subject matter ['sʌbdʒɪktmætə] *sb (content)* Inhalt *m*
sublet [sʌb'let] *v* untervermieten
sublime [sə'blaɪm] *adj* erhaben; *~ indifference* totale Gleichgültigkeit *f*
submarine [sʌbmə'ri:n] *sb* U-Boot *n,* Unterseeboot *n*
submerge [səb'mɜ:dʒ] *v 1.* tauchen; *2. (sth)* untertauchen; *(flood)* überschwemmen; *It was completely ~d.* Es stand völlig unter Wasser.
submission [səb'mɪʃən] *sb 1. (yielding)* Unterwerfung *f; 2. (obedience)* Ergebung *f; 3. (of documents)* Vorlage *f*
submit [səb'mɪt] *v 1.* sich fügen, sich beugen; *2. ~ to sth (s.o.'s orders)* sich einer Sache unterwerfen, *(demands, threats)* einer Sache nachgeben; *3. ~ sth to s.o.* jdm etw vorlegen, bei jdm etw einreichen; *4. ~ sth to sth* etw einer Sache unterziehen; *5. I ~ that ...* ich gebe zu bedenken, dass ...
subscribe [səb'skraɪb] *v ~ to 1. (a publication)* abonnieren; *2. ~ to an opinion* einer Ansicht beistimmen
subscript ['sʌbskrɪpt] *sb (number)* tiefgestellte Zahl *f*
subscription [səb'skrɪpʃən] *sb (to a publication)* Abonnement *n*
subsequent ['sʌbsɪkwənt] *adj 1.* folgend; *2. (later)* später
subside [səb'saɪd] *v 1. (storm, wind)* nachlassen; *2. (river, flood)* sinken; *3. (anger, noise, fever)* abklingen
subsidiary [səb'sɪdɪərɪ] *adj 1.* Neben...; *2. ECO* Tochter...; *sb 3. ECO* Tochtergesellschaft *f*
subsidy ['sʌbsɪdɪ] *sb* Subvention *f*

substance ['sʌbstəns] *sb 1.* Substanz *f,* Stoff *m,* Materie *f; 2. (fig: essence)* Kern *m; 3. (fig: meaningful ideas)* Gehalt *m,* Substanz *f; 4. in ~* im Wesentlichen, im Großen und Ganzen
substandard [sʌb'stændəd] *adj* minderwertig, unter der Norm
substantial [səb'stænʃəl] *adj 1. (large)* beträchtlich; *2. (contribution, improvement)* wesentlich; *3. (argument)* überzeugend; *4. (real)* wirklich; *5. (meal)* sättigend, reichlich; *6. (solid)* solide; *7. (important)* bedeutend
substitute ['sʌbstɪtjuːt] *v 1. ~ for s.o.* jdn vertreten, als Ersatz für jdn dienen; *2. ~ A for B* B durch A ersetzen; *The manager substituted Smith for Jones.* Der Trainer wechselte Jones gegen Smith aus. *sb 3.* Ersatz *m; 4. (person)* Vertretung *f; 5. SPORT* Ersatzspieler *m; adj 6.* Ersatz...
substitution [sʌbstɪ'tjuːʃən] *sb* Ersetzen *n,* Einsetzen *n*
subtitle ['sʌbtaɪtl] *sb 1.* Untertitel *m; v 2. The book is ~d "The Later Years."* Das Buch hat den Untertitel "The Later Years."
subtle ['sʌtl] *adj 1.* fein; *2. (distinction)* subtil
suburb ['sʌbɜːb] *sb* Vorort *m*
suburban [sə'bɜːbən] *adj* Vororts..., Vorstadt...
subway ['sʌbweɪ] *sb 1. (US)* U-Bahn *f,* Untergrundbahn *f; 2. (UK)* Unterführung *f, (for cars)* Tunnel *m*
succeed [sək'siːd] *v 1.* gelingen, Erfolg haben; *2. ~ s.o.* jdm nachfolgen, jdm folgen, jds Nachfolger werden
success [sək'ses] *sb* Erfolg *m*
succession [sək'seʃən] *sb 1.* Folge *f,* Serie *f; in ~* hintereinander, nacheinander; *in rapid ~* in rascher Folge; *sb 2. (within a family)* Erbfolge *f; 3. (to a post)* Nachfolge *f; 4. (to a throne)* Thronfolge *f*
success story [sək'sesstɔːrɪ] *sb* Erfolgsgeschichte *f*
succumb [sə'kʌm] *v ~ to sth* einer Sache unterliegen
such [sʌtʃ] *adj 1.* solche(r,s); *there's no ~ thing as ...* so etwas wie ... gibt es nicht; *~ a man* ein solcher Mann; *in ~ a way that* auf solche Weise, dass; *2. ~ as* wie, so wie, wie zum Beispiel; *adv 3.* so, solch; *Such a clever lad!* So ein kluger Junge! *He's ~ a liar.* Er ist solch ein Lügner. *4. Such is life!* So ist das Leben! *pron 5.* dergleichen; *as ~* an sich; *Such as?* Zum Beispiel? *and ~* und dergleichen; *~ and ~* das und das
suck [sʌk] *v 1.* saugen; *2. (through a straw)* ziehen; *3. (on a lollipop, on a bonbon)* lutschen; *4. (fam) (US) That ~s.* Das ist Scheiße. *5. (sth)* saugen; *6. (a straw, a breast)* saugen an; *7. (one's thumb, a bonbon)* lutschen
sucker ['sʌkə] *sb 1. (fam: person)* Dussel *m; 2. (US: lollipop)* Lutscher *m; 3. ZOOL* Saugnapf *m*
suction ['sʌkʃən] *sb 1. (action)* Saugen *n; 2. (effect)* Saugwirkung *f; 3. PHYS* Sog *m*
suction cup ['sʌkʃənkʌp] *sb* Saugnapf *m*
sudden ['sʌdn] *adj 1.* plötzlich; *2. (drop)* jäh; *3. (unexpected)* unvermutet; *sb 4. all of a ~* plötzlich, ganz plötzlich
suddenly ['sʌdnlɪ] *adv* plötzlich
sue [suː] *v 1. JUR* klagen, Klage erheben; *~ for divorce* die Scheidung einreichen; *2. ~ s.o. JUR* gegen jdn gerichtlich vorgehen, jdn belangen; *~ s.o. for damages* jdn auf Schadenersatz verklagen
suede [sweɪd] *sb* Wildleder *n*
suffer ['sʌfə] *v 1.* leiden, *(as punishment)* büßen; *~ from sth* unter etw leiden; *~ from an illness* an einer Krankheit leiden; *2. (sth)* erleiden; *~ a defeat* eine Niederlage einstecken müssen; *3. (tolerate)* dulden
suffering ['sʌfərɪŋ] *sb 1.* Leiden *n; adj 2.* leidend
suffice [sə'faɪs] *v* genügen, reichen
sufficient [sə'fɪʃənt] *adj* genügend, genug, ausreichend
suffix ['sʌfɪks] *sb GRAMM* Suffix *n,* Nachsilbe *f*
suffocation [sʌfə'keɪʃən] *sb* Ersticken *n*
sugar ['ʃʊgə] *sb* Zucker *m*
sugar beet ['ʃʊgə biːt] *sb* Zuckerrübe *f*
sugar cane ['ʃʊgə keɪn] *sb* Zuckerrohr *n*
suggest [sə'dʒest] *v 1.* vorschlagen; *2. (an explanation)* nahe legen; *3. (indicate)* hindeuten auf, andeuten; *4. (insinuate)* andeuten; *5. (evoke)* denken lassen an; *6. ~ itself* sich anbieten
suggestion [sə'dʒestʃən] *sb 1.* Vorschlag *m; 2. (insinuation)* Andeutung *f; 3. (theory)* Vermutung *f; 4. (trace)* Spur *f*
suicidal [sʊɪ'saɪdl] *adj* Selbstmord..., selbstmörderisch
suicide ['sʊɪsaɪd] *sb 1.* Selbstmord *m; commit ~* Selbstmord begehen; *2. (person)* Selbstmörder *m*
suit [suːt] *v 1. (adapt)* anpassen; *2. (to be pleasing to)* passen, gefallen; *3. (to be right for)* geeignet sein für; *4. ~ s.o. (clothes)* jdm gut stehen; *5. Suit yourself!* Wie du willst! *sb 6.* Anzug

m; 7. (woman's) Kostüm *n; 8. JUR* Prozess *m,* Verfahren *n; 9. (of playing cards)* Farbe *f; 10. follow ~ (fig)* jds Beispiel folgen, dasselbe tun
suitable ['suːtəbl] *adj 1.* geeignet, passend; *2. (socially appropriate)* angemessen
suitcase ['suːtkeɪs] *sb* Koffer *m*
suite [swiːt] *sb 1. (of rooms)* Suite *f; 2. MUS* Suite *f*
sulk [sʌlk] *v* schmollen
sullen ['sʌlən] *adj* mürrisch, grämlich, verdrossen
sultana [sʌl'tɑːnə] *sb (raisin)* Sultanine *f*
sum [sʌm] *sb 1.* Summe *f; 2. (of money)* Betrag *m,* Summe *f,* Geldsumme *f; 3. MATH* Rechnung *f; 4. (UK: maths problem) (fam)* Rechenaufgabe *f; v 5. (summarize)* zusammenfassen; *6. (evaluate quickly)* abschätzen; *7. MATH* summieren, zusammenzählen
summary ['sʌmərɪ] *sb 1.* Zusammenfassung *f,* Abriss *m; 2. (of a plot)* kurze Inhaltsangabe *f; adj 3. (immediate)* summarisch; *~ dismissal* fristlose Entlassung
summer ['sʌmə] *sb* Sommer *m*
summerhouse ['sʌməhaʊs] *sb* Gartenhaus *n,* Laube *f*
summertime ['sʌmətaɪm] *sb* Sommerzeit *f*
summing-up ['sʌmɪŋ ʌp] *sb* Zusammenfassung *f,* Resümee *n*
summit ['sʌmɪt] *sb* Gipfel *m*
summon ['sʌmən] *v 1.* rufen, kommen lassen, *(a meeting)* einberufen; *2. (strength, courage)* aufbieten, zusammenraffen, zusammennehmen
summons ['sʌmənz] *sb JUR* Vorladung *f,* Ladung *f*
sum total [sʌm təʊtəl] *sb* Gesamtbetrag *m*
sumptuous ['sʌmptjʊəs] *adj* prächtig
sun [sʌn] *sb 1.* Sonne *f; have the ~ in one's eyes* die Sonne genau im Gesicht haben; *v 2. ~ o.s.* sich sonnen
sunbathe ['sʌnbeɪð] *v* ein Sonnenbad nehmen
sunburn ['sʌnbɜːn] *sb* Sonnenbrand *m*
sun deck [sʌn dek] *sb* Sonnendeck *n*
sundown ['sʌndaʊn] *sb* Sonnenuntergang *m*
sun-drenched ['sʌndrentʃt] *adj* sonnenüberflutet
sundry ['sʌndrɪ] *adj 1.* verschiedene, diverse; *2. all and ~* alle, Hinz und Kunz
sunglasses ['sʌŋglɑːsɪz] *pl* Sonnenbrille *f*
sunhat ['sʌnhæt] *sb* Sonnenhut *m*
sunken ['sʌŋkən] *adj* versunken, eingesunken
sunlamp ['sʌnlæmp] *sb* Höhensonne *f*
sunlight ['sʌnlaɪt] *sb* Sonnenlicht *n*
sunlit ['sʌnlɪt] *adj* sonnig, sonnenbeschienen
sunny ['sʌnɪ] *adj* sonnig
sunny side ['sʌnɪsaɪd] *sb 1.* Sonnenseite *f; 2. (fig) on the ~ of sixty* noch nicht sechzig
sunrise ['sʌnraɪz] *sb* Sonnenaufgang *m*
sunroof ['sʌnrʊf] *sb (of a car)* Schiebedach *n*
sunscreen ['sʌnskriːn] *sb* Sonnenschutz *m*
sunset ['sʌnset] *sb* Sonnenuntergang *m*
sunshade ['sʌnʃeɪd] *sb* Sonnenschirm *m*
sunshine ['sʌnʃaɪn] *sb* Sonnenschein *m; in the ~* in der Sonne
sunstroke ['sʌnstrəʊk] *sb MED* Sonnenstich *m*
sun-worshipper ['sʌnwɜːʃɪpə] *sb* Sonnenanbeter *m*
super ['suːpə] *adj (fam)* super
superb [suː'pɜːb] *adj* vorzüglich
supercomputer ['suːpəkəmpjuːtə] *sb INFORM* Superrechner *m*
supercool ['suːpəkuːl] *adj (fam: person) (US)* ultracool
superfluous [sʊ'pɜːflʊəs] *adj* überflüssig
superglue ['suːpəgluː] *sb* Sekundenkleber *m*
supergroup ['suːpəgruːp] *sb MUS* erfolgreiche Popgruppe *f*
superhero ['suːpəhɪərəʊ] *sb* Superheld *m*
superhuman [suːpə'hjuːmən] *adj* übermenschlich
superintendent [suːpərɪn'tendənt] *sb 1.* Leiter *m,* Vorsteher *m,* Direktor *m; 2. (police ~) (UK)* Hauptkommissar *m, (US)* Polizeichef *m*
superior [sʊ'pɪərɪə] *adj 1. (better)* besser, *(abilities)* überlegen; *2. (excellent)* großartig, hervorragend; *3. (arrogant)* überheblich; *4. (in rank)* höher; *sb 5. (in rank)* Vorgesetze(r) *m/f; 6. to be s.o.'s ~ (in ability)* jdm überlegen sein
supermarket ['suːpəmɑːkɪt] *sb* Supermarkt *m*
supermodel ['suːpəmɒdl] *sb* Top-Model *n*
supernatural [suːpə'nætʃərəl] *adj* übernatürlich
superstar ['suːpəstɑː] *sb* Superstar *m*
superstition [suːpə'stɪʃən] *sb* Aberglaube *m*
superstitious [suːpə'stɪʃəs] *adj* abergläubisch
supervise ['suːpəvaɪz] *v* beaufsichtigen
supervision [suːpə'vɪʒən] *sb* Aufsicht *f,* Beaufsichtigung *f*
supper ['sʌpə] *sb* Abendessen *n; have ~* zu Abend essen; *the Last Supper* das letzte Abendmahl

supple ['sʌpl] *adj* geschmeidig
supplement ['sʌplɪmənt] *v 1.* ergänzen; *sb 2.* Ergänzung *f; 3. (in a newspaper)* Beilage *f; 4. (at the end of a book)* Nachtrag *m*
supplementary [sʌplɪ'mentərɪ] *adj* zusätzlich, Zusatz...
supply [sə'plaɪ] *v 1.* sorgen für; *2. (goods, public utilities)* liefern; *3. (put at s.o.'s disposal)* stellen; *4. (fuel to a motor) TECH* speisen; *5. ~ s.o. with sth* jdn mit etw versorgen; *6. (s.o.)(with goods) ECO* beliefern; *sb 7. (act of supplying)* Versorgung *f; 8. ~ and demand* Angebot *(n)* und Nachfrage *(f); 9. (thing supplied)* Lieferung *f; 10. (delivery)* Lieferung *f; 11. (stock)* Vorrat *m; 12. supplies pl (for a journey)* Proviant *m; 13. MIL* Nachschub *m; 14. TECH* Zufuhr *f*
support [sə'pɔːt] *v 1. (a plan)* befürworten; *2. (give moral support to)* beistehen; *3. (physically)* stützen; *4. (one's family)* erhalten; *5. (fig)* unterstützen; *sb 6. (physical)* Stütze *f; 7. (fig)* Unterstützung *f*
supporter [sə'pɔːtə] *sb 1.* Anhänger *m; 2. (proponent)* Befürworter *m*
support group [sə'pɔːt gruːp] *sb* Selbsthilfegruppe *f*
supporting actor [sə'pɔːtɪŋ 'æktə] *sb* Nebendarsteller *m*
suppose [sə'pəʊz] *v 1. (think)* vermuten, glauben, meinen; *2. (assume)* annehmen; *3. I ~ so* stimmt wohl, ja, schon; *4. (imagine)* sich vorstellen; *5. (to begin a suggestion)* wie wäre es, wenn...; *6. to be ~d to do sth* etw tun sollen; *7. to be ~d to be sth* etw angeblich sein sollen; *8. What's that ~d to mean?* Was soll das heißen?
supposed [sə'pəʊzd] *adj* angeblich
suppress [sə'pres] *v 1.* unterdrücken; *2. (publication)* verbieten; *3. (the truth, a scandal)* vertuschen
supremacist [sʊ'preməsɪst] *sb* jmd, der an die Überlegenheit einer bestimmten Gruppe glaubt
supreme [sʊ'priːm] *adj 1.* höchste(r,s); *2. (in rank)* oberste(r,s); *3. (very great)* äußerste(r,s); *4. the Supreme Court JUR* das oberste Gericht; *adv 5. reign ~* unangefochten herrschen
sure [ʃʊə] *adj 1.* sicher; *make ~ of sth* sich einer Sache vergewissern; *2. to be ~, ...* allerdings ...; *adv 3. for ~* sicher, gewiss; *interj 4.* Klar! *adv 5. She said it would be easy and ~ enough, it was.* Sie sagte, es würde einfach sein, und das war es auch. *6. (US: certainly) Did you do it? I ~ did!* Hast du es gemacht? Na klar! *That ~ was difficult.* Das war ganz schön schwierig.
sure-footed ['ʃʊəfʊtɪd] *adj* trittsicher
surely ['ʃʊəlɪ] *adv 1.* bestimmt, sicher; *slowly but ~* langsam aber sicher; *2. (emphasis)* doch; *Surely you don't believe that!* Das glauben Sie doch nicht im Ernst!
surface ['sɜːfɪs] *v 1.* auftauchen; *2. (a road)* mit einem Belag versehen; *sb 3.* Fläche *f; 4. (exterior)* Oberfläche *f; 5. on the ~* äußerlich, oberflächlich betrachtet
surfboard ['sɜːfbɔːd] *sb* Surfbrett *n*
surfboat ['sɜːfbəʊt] *sb* Brandungsboot *n*
surfing ['sɜːfɪŋ] *sb* Wellenreiten *n;* Surfen *n*
surgeon ['sɜːdʒən] *sb MED* Chirurg/Chirurgin *m/f*
surgery ['sɜːdʒərɪ] *sb 1.* Chirurgie *f; have ~* operiert werden; *2. (room) MED* Operationssaal *m; 3. (UK: consultation room) MED* Sprechzimmer *n*
surly ['sɜːlɪ] *adj* verdrießlich, bärbeißig (fam)
surname ['sɜːneɪm] *sb* Nachname *m,* Familienname *m*
surplus ['sɜːpləs] *sb 1.* Überschuss *m; adj 2.* überschüssig
surprise [sə'praɪz] *v 1.* überraschen; *2. (in an attack)* überrumpeln; *sb 2.* Überraschung *f; take s.o. by ~* jdn überraschen
surprising [sə'praɪzɪŋ] *adj* überraschend, erstaunlich
surreal [sə'rɪəl] *adj* unwirklich
surrender [sə'rendə] *v 1.* sich ergeben, *(to the police)* sich stellen; *2. (sth)* übergeben; *3. (a claim, a post, a hope)* aufgeben; *sb 4.* Kapitulation *f; 5. (handing over)* Übergabe *f*
surreptitious [sʌrəp'tɪʃəs] *adj* heimlich
surround [sə'raʊnd] *v 1.* umgeben; *2. MIL* umzingeln
surroundings [sə'raʊndɪŋz] *pl* Umgebung *f*
surveillance [sɜː'veɪləns] *sb* Überwachung *f*
survey [sɜː'veɪ] *v 1. (from a high place)* überblicken; *2. (fam: poll)* befragen; *3. (measure)* vermessen; *4. (appraise)* abschätzen, begutachten; *5. (study)* untersuchen; ['sɜːveɪ] *sb 6. (overview)* Überblick *m; 7. (poll)* Umfrage *f; 8. (measuring)* Vermessung *f*
survive [sə'vaɪv] *v 1.* überleben; *2. (objects)* erhalten bleiben; *3. (custom)* fortbestehen; *4. (sth)* überleben, überstehen
survivor [sə'vaɪvə] *sb 1.* Überlebende(r) *m/f; 2. (of a deceased person)* Hinterbliebene(r) *m/f*
suspect [səs'pekt] *v 1.* verdächtigen; *2. (think likely)* vermuten; *3. (have doubts about)*

anzweifeln; ['sʌspekt] *sb* *4.* Verdächtige(r) *m/f; adj 5. (person)* verdächtig; *6. (thing)* suspekt
suspend [sə'spend] *v 1. (hang)* aufhängen; *2. to be ~ed from sth (hang)* von etw hängen; *3. (stop)* einstellen; *4. (delay)* aufschieben; *5. (s.o.)* suspendieren; *6. (a member)* zeitweilig ausschließen; *7. (an athlete) SPORT* sperren
suspender [sə'spendə] *sb 1. (UK) (for socks)* Sockenhalter *m, (for stockings)* Strumpfhalter *m; 2. ~s pl (US)* Hosenträger *m*
suspicion [sə'spɪʃən] *sb 1.* Verdacht *m,* Argwohn *m; above ~* über jeden Verdacht erhaben; *2. (fig: trace)* Spur *f*
suspicious [sə'spɪʃəs] *adj 1. (feeling suspicion)* argwöhnisch, misstrauisch; *to be ~ of s.o.* jdn verdächtigen; *2. (causing suspicion)* verdächtig
sustain [sə'steɪn] *v 1. (maintain)* erhalten; *2. (an effort)* nicht nachlassen in; *3. (life)* erhalten; *4. (one's family)* unterhalten; *5. (suffer)* erleiden; *6. (an objection) JUR* stattgeben; *objection ~ed* Einspruch stattgegeben
sustained [sə'steɪnd] *adj* ausdauernd, anhaltend
svelte [svelt] *adj* grazil
swab [swɒb] *sb 1. MED* Tupfer *m; 2. (specimen)* Abstrich *m*
swaddle ['swɒdl] *v* wickeln
swag [swæg] *sb (fam: booty)* Beute *f*
swallow[1] ['swɒləʊ] *v 1.* schlucken; *2. (sth)* schlucken, hinunterschlucken; *~ one's pride* seinen Stolz schlucken; *~ sth whole* etw ganz schlucken; *sb 3.* Schluck *m*
swallow[2] ['swɒləʊ] *sb ZOOL* Schwalbe *f*
swamp [swɒmp] *sb 1.* Sumpf *m; v 2. to be ~ed with sth (fig)* mit etw überhäuft werden
swank [swæŋk] *v (fam)* angeben, protzen
swanky ['swæŋkɪ] *adj (fam)* protzig
swan song ['swɒnsɒŋ] *sb* Schwanengesang *m*
swap [swɒp] *v 1.* tauschen, *(stories)* austauschen; *~ sth for sth* etw gegen etw austauschen; *sb 2.* Tausch *m*
swarm [swɔːm] *v 1.* schwärmen; *sb 2.* Schwarm *m; 3. (of people)* Schar *f*
swastika ['swɒstɪkə] *sb* Hakenkreuz *n*
swatch book ['swɒtʃbʊk] *sb* Musterbuch *n*
sway [sweɪ] *v 1.* schwanken; *2. (trees)* sich wiegen; *3. (boat)* schaukeln; *4. (sth)* schwenken; *5. (s.o.)* beeinflussen; *sb 6. hold ~ over* herrschen über
swear [swɛə] *v 1.* schwören; *2. (curse)* fluchen; *3. (sth)* schwören; *~ s.o. to secrecy* jdn eidlich zur Verschwiegenheit verpflichten
• swear in *v* vereidigen
swear-word ['swɛəwɜːd] *sb* Fluch *m,* Kraftausdruck *m*
sweat [swet] *v 1.* schwitzen; *~ blood (fam)* Blut schwitzen; *sb 2.* Schweiß *m; to be in a cold ~ (fam)* Blut und Wasser schwitzen; *No ~! (fam)* Kein Problem!
sweatpants ['swetpænts] *sb (US)* weite Trainingshose *f*
sweaty ['swetɪ] *adj 1.* verschwitzt; *2. (work)* anstrengend
sweep [swiːp] *v irr 1.* kehren, fegen; *2. (wind, rain)* fegen; *3. (army, war)* stürmen; *4. (water)* fluten; *5. (sth)* kehren, fegen; *~ s.o. off his feet* jds Herz im Sturm erobern; *~ sth aside* beiseite schieben; *6. (scan)* absuchen; *7. (lights)* streichen über; *8. (a minefield)* durchkämmen; *9. (fig: fashion, mood)* überrollen; *10. (fig: a competition)* alles gewinnen bei; *sb 11. (movement)* Schwung *m; 12. make a clean ~* reinen Tisch machen; *13. (curve)* geschwungene Kurve *f; 14. (fig)* Reichweite *f,* Bereich *m*
• sweep along *v irr sweep sth along* etw mitreißen
sweeper ['swiːpə] *sb* Straßenkehrer *m*
sweepstakes ['swiːpsteɪks] *sb (lottery)* Lotterie, deren Gewinne aus den Einsätzen gebildet werden
sweet [swiːt] *adj 1.* süß; *2. (sound)* wohlklingend; *sb 3. (UK: candy)* Süßigkeit *f; 4. (UK: dessert)* Nachtisch *m*
sweeten ['swiːtn] *v 1.* süßen; *2. (fig: a task)* versüßen
sweetheart ['swiːthɑːt] *sb* Schatz *m; his college ~* seine Liebe aus der Studienzeit
sweet shop ['swiːtʃɒp] *sb (UK)* Süßwarengeschäft *n*
sweet-talk ['swiːttɔːk] *v* schmeicheln
swell [swel] *v irr 1.* anschwellen; *2. have a ~ed head (fam)(US)* hochnäsig sein, eingebildet sein; *3. (in number)* anwachsen; *4. (sth)* anschwellen lassen; *adj 5. (fam)* prima
swelling ['swelɪŋ] *sb 1.* Anschwellen *n,* Blähen *n; 2. MED* Verdickung *f,* Schwellung *f*
swift [swɪft] *adj 1.* schnell, rasch; *2. (reply)* prompt
swim [swɪm] *v irr 1.* schwimmen; *~ the river* den Fluss durchschwimmen; *my head is ~ming (fig)* mir ist schwindelig; *go ~ming* Schwimmen gehen; *sb 2. go for a ~* schwimmen gehen
swimming ['swɪmɪŋ] *sb* Schwimmen *n*
swimming pool ['swɪmɪŋpuːl] *sb 1. (outdoor)* Schwimmbad *n,* Freibad *n; 2. (indoor)* Schwimmbad *n,* Hallenbad *n*

swimsuit ['swɪmsuːt] *sb* Badeanzug *m*
swimwear ['swɪmwɛə] *sb* Badekleidung *f*
swing [swɪŋ] *v irr 1.* schwingen; *~ open* aufgehen; *~ round* sich umdrehen; *~ at s.o.* nach jdm schlagen; *~ from tree to tree* sich von Baum zu Baum schwingen; *2. (hanging object)* baumeln; *3. (person on a ~)* schaukeln; *4. (sth)* schwingen; *~ one's hips* sich in den Hüften wiegen; *5. (above one's head)* schwenken; *6. (turn)* herumschwenken; *7. (fig: influence)* beeinflussen; *sb 8.* Schwung *m; to be in full ~* in vollem im Gange sein; *9. (back and forth)* Schwingen *n; 10. (on a playground, on a veranda)* Schaukel *f; 11. (golf) SPORT* Schwung *m; 12. (boxing) SPORT* Schwinger *m; 13. (kind of music) MUS* Swing *m*
swipe [swaɪp] *v 1. (strike)* schlagen; *2. (fam: steal)* klauen (fam); *sb 3.* Schlag *m; take a ~ at s.o.* nach jdm schlagen
switch [swɪtʃ] *v 1.* wechseln; *2. (exchange)* tauschen; *3. (sth) (alter)* wechseln, *(plans)* ändern; *4. (exchange)* tauschen, *(transpose)* vertauschen; *5. (a machine)* schalten, umschalten, *(US: train tracks)* rangieren; *sb 6. (on a control panel)* Schalter *m; 7. (change)* Wechsel *m, (of plan)* Änderung *f, (exchange)* Tausch *m; 8. (stick)* Gerte *f*
swivel ['swɪvl] *v 1.* sich drehen; *2. (sth)* drehen
swollen ['swəʊlən] *adj* geschwollen
swoon [swuːn] *v ~ over s.o. (fig)* wegen jdm beinahe ohnmächtig werden
swoop [swuːp] *v 1. (~ down) (bird)* herabstoßen, *(plane)* im Tiefflug fliegen; *2. ~ down on (attack)* herfallen über; *sb 3. at one fell ~* mit einem Schlag
sword [sɔːd] *sb* Schwert *n*
swordfish ['sɔːdfɪʃ] *sb* Schwertfisch *m*
swordsman ['sɔːdzmən] *sb* Schwertkämpfer *m*
sworn [swɔːn] *adj* geschworen
swung dash [swʌŋ dæʃ] *sb* Tilde *f*
sycamore ['sɪkəmɔː] *sb 1. (kind of maple) BOT* Bergahorn *m; 2. (plane tree) BOT* Platane *f*
syllable ['sɪləbl] *sb LING* Silbe *f*
symbol ['sɪmbəl] *sb* Symbol *n,* Zeichen *n,* Sinnbild *n*
symbolic [sɪm'bɒlɪk] *adj* symbolisch
symmetric [sɪ'metrɪk] *adj* symmetrisch
symmetry ['sɪmɪtrɪ] *sb* Symmetrie *f*
sympathetic [sɪmpə'θetɪk] *adj 1.* mitfühlend; *2. (understanding)* verständnisvoll; *3. (fam: to a cause)* wohlwollend
sympathize ['sɪmpəθaɪz] *v 1. ~ with (understand, appreciate)* Verständnis haben für; *2. ~ with (feel too)* mitfühlen mit; *3. ~ with (a cause)* sympathisieren mit
sympathizer ['sɪmpəθaɪzə] *sb* Anhänger *m,* Sympathisant/Sympathisantin *m/f*
sympathy ['sɪmpəθɪ] *sb 1. (understanding)* Verständnis *n; 2. (compassion)* Mitgefühl *n,* Mitleid *n; 3. (agreement)* Sympathie *f*
symphonist ['sɪmfənɪst] *sb* Komponist/Komponistin von Symphonien *m/f*
symphony ['sɪmfənɪ] *sb MUS* Symphonie *f*
symptom ['sɪmptəm] *sb* Symptom *n,* Anzeichen *n*
symptomatic [sɪmptə'mætɪk] *adj* symptomatisch
synagogue ['sɪnəgɒg] *sb* Synagoge *f*
synchronic [sɪŋ'krɒnɪk] *adj* synchronisch
synchronicity [sɪŋkrə'nɪsɪtɪ] *sb* Synchronizität *f*
synchronization [sɪŋkrənaɪ'zeɪʃən] *sb* Abstimmung *f*
synchronize ['sɪŋkrənaɪz] *v 1.* abstimmen; *2. (two or more things)* aufeinander abstimmen; *3. (clocks)* gleichstellen; *~ your watches* stimmen Sie Ihre Uhren aufeinander ab
synchronized swimming ['sɪŋkrənaɪzd 'swɪmɪŋ] *sb SPORT* Synchronschwimmen *n*
syndicate ['sɪndɪkɪt] *sb 1. (newspaper ~)* Pressezentrale *f; 2. (crime ~)* Ring *m;* ['sɪndɪkeɪt] *v 3. (a column, a cartoon)* an mehrere Zeitungen verkaufen
syndication [sɪndɪ'keɪʃən] *sb 1. (forming of a syndicate)* Syndikatsbildung *f; 2. (in journalism)* bundesweite Veröffentlichung in den Medien *f*
synopsis [sɪ'nɒpsɪs] *sb* Zusammenfassung *f,* Abriss *m*
syntax ['sɪntaks] *sb LING* Syntax *f,* Satzbau *m*
synthesizer ['sɪnθɪsaɪzə] *sb* Synthesizer *m*
synthetic [sɪn'θetɪk] *adj* synthetisch, Kunst...
syphilis ['sɪfɪlɪs] *sb* Syphilis *f*
Syria ['sɪrɪə] *sb GEO* Syrien *n*
Syrian ['sɪrɪən] *adj 1.* syrisch; *sb 2.* Syrier *m*
syringe [sɪ'rɪndʒ] *sb MED* Spritze *f*
syrup ['sɪrəp] *sb* Sirup *m*
syrupy ['sɪrʌpɪ] *adj 1.* sirupartig; *2. (voice)* zuckersüß; *3. (sentimental)* schmalzig
system ['sɪstəm] *sb* System *n*
systematic [sɪstə'mætɪk] *adj* systematisch

T

table ['teɪbl] *sb 1.* Tisch *m; turn the ~s* den Spieß umdrehen; *the ~s are turned* das Blatt hat sich gewendet; *lay one's cards on the ~* seine Karten auf den Tisch legen; *2. (of figures)* Tabelle *f*

table tennis ['teɪbltenɪs] *sb SPORT* Tischtennis *n*

tabloid ['tæblɔɪd] *sb 1.* kleinformatige Zeitung *f; 2. (sensationalized)* Boulevardzeitung *f*

tacit ['tæsɪt] *adj* stillschweigend

tack [tæk] *sb 1. (UK: stitch)* Heftstich *m; 2. (US: pin)* Heftzwecke *f; get down to brass ~s* zur Sache kommen; *3. (course) NAUT* Schlag *m; 4. (fig)* Weg *m; try a different ~* es anders versuchen; *v 5. (with a nail)* annageln; *6. (with a pin)* feststecken; *7. (UK: sew)* heften; *8. NAUT* kreuzen

tackle ['tækl] *v 1. SPORT* stoppen; *2. (a problem)* anpacken; *3. (a task)* in Angriff nehmen; *sb 4. (fishing gear)* Angelausrüstung *f; 5. (shaving gear)* Rasierzeug *n; 6. SPORT* Tackling *n*

tactful ['tæktfʊl] *adj* taktvoll

tag [tæg] *sb 1. (label)* Schild *n; 2. (name ~)* Namensschild *n; 3. (with manufacturer's name)* Etikett *n; 4. (game)* Haschen *n,* Fangen *n*

tail [teɪl] *sb 1.* Schwanz *m; turn ~* Reißaus nehmen; *I can't make head or ~ of it.* Daraus werde ich nicht klug. *2. (of a shirt)* Zipfel *m; 3. (of a coat)* Schoß *m; 4. ~s pl (jacket)* Frack *m; v 5. (fam: follow)* beschatten

tailgate ['teɪlgeɪt] *v 1. (fam)* zu dicht auffahren; *sb 2. (of a car)* Hecktür *f*

tailor ['teɪlə] *sb* Schneider *m*

tails [teɪlz] *sb (side of a coin)* Zahl *f* (fam)

take [teɪk] *v irr 1.* nehmen; *~ sth the wrong way* etw falsch auffassen; *~ a chance* ein Risiko eingehen; *Take it from me!* Glaube es mir! *2. (~ along)* mitnehmen; *3. (~ away)* wegnehmen; *4. (~ over)* übernehmen; *5. (measure)* messen; *6. (subscribe to)* beziehen; *7. (transport)* bringen; *8. (seize)* nehmen; *9. (endure) (person)* vertragen, *(object)* aushalten; *to be able to ~ sth* etw vertragen können; *10. (capture)* fangen, *(a town)* einnehmen; *11. (a test, a course)* machen; *12. (a poll)* durchführen; *13. (dictation)* aufnehmen; *14. (assume)* annehmen; *I took him for a German.* Ich hielt ihn für einen Deutschen. *What do you ~ me for?* Wofür halten Sie mich denn? *15. (require)* brauchen, erfordern; *have what it ~s* das gewisse Etwas haben; *16. to be ~n with an idea* von einer Idee angetan sein

• **take after** *v irr* nachschlagen

• **take back** *v irr 1. (retract)* zurücknehmen; *2. (agree to ~)* zurücknehmen; *3. (get back)* sich zurückgeben lassen; *4. (return)* zurückbringen

• **take over** *v irr 1.* die Leitung übernehmen; *2. POL* an die Macht kommen; *3. (sth)* übernehmen

• **take up** *v irr 1. (start doing as a hobby)* zu seinem Hobby machen; *2. (a cause)* sich einsetzen für; *3. take s.o. up on an offer* von jds Angebot Gebrauch machen; *4. (a challenge, a new job)* annehmen; *5. take sth up with s.o.* etw mit jdm besprechen; *6. (arms, a pen)* greifen zu; *7. (a carpet)* hochnehmen; *8. (space)* einnehmen; *9. (time)* in Anspruch nehmen

takeover ['teɪkəʊvə] *sb* Übernahme *f,* Machtergreifung *f*

tale [teɪl] *sb 1.* Geschichte *f,* Erzählung *f; 2. tell ~s (snitch on s.o.)* petzen *(fam); 3. tell ~s (lie)* flunkern

talk [tɔːk] *v 1.* reden, sprechen; *~ to s.o.* mit jdm sprechen; *~ to o.s.* Selbstgespräche führen; *Look who's ~ing!* Das sagst ausgerechnet du! *Now you're ~ing!* Das hört sich schon besser an! *2. (discuss)* reden über; *~ politics* über Politik reden; *3. ~ s.o. into doing sth* jdn zu etw überreden; *sb 4.* Gespräch *n; have a ~ with s.o.* mit jdm reden; *5. (~ ing)* Reden *n, (rumour)* Gerede *n; there is ~ of ...* man sagt ..., es heißt ...; *6. (lecture)* Vortrag *m,* Rede *f*

• **talk back** *v* widersprechen, freche Antworten geben

talker ['tɔːkə] *sb* Sprechende(r) *f/m*

talk show ['tɔːkʃəʊ] *sb* Talkshow *f*

tame [teɪm] *v 1.* zähmen, *(a lion)* bändigen; *2. (one's passions)* bezähmen; *adj 3.* zahm

tameness ['teɪmnɪs] *sb* Zahmheit *f*

tamer ['teɪmə] *sb* Bändiger *m*

tammy ['tæmɪ] *sb (Tam o' Shanter)* schottische Kappe *f*

tampon ['tæmpən] *sb* Tampon *m*

tan [tæn] *adj 1.* hellbraun; *2. (suntanned)* braun; *sb 3. (suntan)* Bräune *f; v 4.* sich bräunen; *5. ~ s.o.'s hide (fig)* jdn versohlen

tandem ['tændəm] *sb in ~ (fig)* zusammen

tandem bicycle ['tændəm 'baɪsɪkl] *sb* Tandem *n*

tang [tæŋ] *sb 1. (smell)* scharfer Geruch *m; 2. (taste)* starker Geschmack *m*

tanga ['tæŋgə] *sb* Tanga *m*

tangent ['tændʒənt] *sb 1. MATH* Tangente *f; 2. go off on a ~ (fig)* vom Thema abschweifen

tangle ['tæŋgl] *v 1. get ~d up* sich verwirren; *2. get ~d up in (become involved in)* verwickelt werden in; *sb 3. (of string)* Gewirr *n*

tank [tæŋk] *sb 1. (container)* Tank *m; 2. MIL* Panzer *m,* Tank *m; v 3. ~ up (fam: get drunk) (UK)* tanken, sich voll laufen lassen

tank top ['tæŋktɒp] *sb* ärmelloses Top *n*

tantrum ['tæntrəm] *sb* Wutanfall *f,* Koller *m*

tap [tæp] *v 1. (touch lightly)* leicht klopfen; *2. (sth)* klopfen; *3. (a keg)* anzapfen, anstechen; *4. (a telephone line)* anzapfen; *5. (fig: markets, resources)* erschließen; *sb 6.* Klaps *m, (at a door)* Klopfen *n; 7. (faucet)* Hahn *m; 8. (for a keg)* Zapfen *n; 9. on ~ (beer)* vom Fass; *10. on ~ (fig: at one's disposal)* leicht verfügbar

tape [teɪp] *v 1. (with adhesive tape)* verkleben, zukleben; *2. (record)* aufnehmen; *sb 3.* Band *n; 4. (adhesive ~)* Klebestreifen *n,* Klebstreifen *n; 5. (at a finish line) SPORT* Zielband *n; 6. (audio ~)* Tonband *n; 7. (fam: cassette)* Kassette *f*

tape-recorder ['teɪprɪkɔːdə] *sb* Kassettenrekorder *m,* Tonbandgerät *n*

tap water ['tæpwɑːtə] *sb* Leitungswasser *n*

tar [tɑː] *sb 1.* Teer *m; v 2.* teeren; *~ and feather* teeren und federn

tardy ['tɑːdɪ] *adj 1.* spät; *2. (person)* säumig

target ['tɑːgɪt] *sb 1.* Ziel *n; 2. (of jokes)* Zielscheibe *f; 3. SPORT* Zielscheibe *f; v 4.* zum Ziel setzen, im Visier haben

tarot card ['tærəʊ kɑːd] *sb* Tarockkarte *f*

tart [tɑːt] *adj 1.* sauer, herb, scharf; *sb 2. GAST* Torte *f, (small pastry)* Törtchen *n; 3. (fam: prostitute)(UK)* Nutte *f; 4. (fam: loose woman)(UK)* Flittchen *n*

task [tɑːsk] *sb 1.* Aufgabe *f; 2. take s.o. to ~* jdn zur Rede stellen

taste [teɪst] *v 1.* schmecken; *~ of sth* nach etw schmecken; *2. (sth)* schmecken; *3. (fig: experience)* erleben; *4. (sample)* versuchen, probieren, kosten; *sb 5.* Geschmack *m; matter of ~* Geschmackssache *f; in bad ~* geschmacklos; *in good ~* geschmackvoll; *6. (sample)* Kostprobe *f; 7. (fig: of sth to come)* Vorgeschmack *m*

tasty ['teɪstɪ] *adj* schmackhaft

tattoo [tə'tuː] *v 1. (s.o.'s body)* tätowieren; *sb 2.* Tätowierung *f*

taunt [tɔːnt] *v 1.* verspotten; *sb 2.* spöttische Bemerkung *f*

taut [tɔːt] *adj 1.* straff, gespannt; *2. (nerves)* angespannt

tavern ['tævɜːn] *sb 1. (pub, in modern times)* Gaststätte *f; 2. HIST* Taverne *f,* Schänke *f*

tax [tæks] *sb 1.* Steuer *f; v 2. (s.o., sth)* besteuern; *3. (fig)* strapazieren, *(one's patience, one's strength)* auf eine harte Probe stellen

tax evasion ['tæksɪveɪʒən] *sb* Steuerhinterziehung *f*

tax exile [tæks 'egzaɪl] *sb* im Steuerexil lebender Mensch *m*

tax-free ['tæks'friː] *adj FIN* steuerfrei

taxi ['tæksɪ] *sb* Taxi *n*

taxicab ['tæksɪkæb] *sb* Taxi *n*

taxi driver ['tæksɪdraɪvə] *sb* Taxifahrer *m*

taxing ['tæksɪŋ] *adj* strapazierend, anstrengend

taxi rank ['tæksɪræŋk] *sb* Taxistand *m*

taxpayer ['tækspeɪə] *sb* Steuerzahler *m*

tea [tiː] *sb* Tee *m*

tea bag ['tiːbæg] *sb* Teebeutel *m*

tea break ['tiːbreɪk] *sb (UK)* Pause *f*

tea cosy ['tiːkəʊzɪ] *sb* Kannenwärmer *m*

teacup ['tiːkʌp] *sb* Teetasse *f; a storm in a ~* ein Sturm im Wasserglas

teahouse ['tiːhaʊs] *sb* Teehaus *n*

tea leaf ['tiːliːf] *sb* Teeblatt *n*

team [tiːm] *sb 1.* Team *n; 2. SPORT* Mannschaft *f,* Team *n; 3. (of horses)* Gespann *n; v 4. ~ up* sich zusammenschließen

team spirit ['tiːm'spɪrɪt] *sb* Teamgeist *m*

teamwork ['tiːmwɜːk] *sb* Teamarbeit *f,* Teamwork *n,* Gemeinschaftsarbeit *f*

teapot ['tiːpɒt] *sb* Teekanne *f*

tear[1] [tɛə] *v irr 1.* reißen, zerreißen; *2. (sth)* zerreißen; *~ a hole in sth* ein Loch in etw reißen; *~ one's hair* sich die Haare raufen; *~ sth into pieces* etw in Stücke reißen; *3. (pull away)* reißen; *4. ~ into sth* etw aufs Schärfste kritisieren; *5. (fam: rush, dash)* rasen, sausen; *sb 6.* Riss *m; 7. wear and ~* Abnützung *f*

• **tear down** *v irr 1. (a building)* abreißen; *2. (a poster)* herunterreißen

tear[2] [tɪə] *sb* Träne *f; in ~s* in Tränen aufgelöst; *shed ~s over sth* Tränen über etw vergießen

tease [ti:z] *v 1. (playfully)* necken; *2. (ridicule)* aufziehen; *sb 3. (fam: person who teases)* Necker *m, (woman)* Frau, die nur so tut, als ob sie etwas Sexuelles vorhätte *f*
teaspoon ['ti:spu:n] *sb* Teelöffel *m*
teat [ti:t] *sb (nipple)* Brustwarze *f*
technical ['teknɪkəl] *adj* technisch, Fach...
technicolour ['teknɪkʌlə] *adj* Technicolor...
technological [teknə'lɒdʒɪkəl] *adj* technologisch
technology [tek'nɒlədʒɪ] *sb* Technologie *f*
teddy bear ['tedɪbɛə] *sb* Teddybär *m*
tee [ti:] *sb SPORT 1.* Tee *n; v 2. ~ off* abschlagen
teen [ti:n] *sb* Teenager *m; to be in one's ~s* Teenager sein
teenage ['ti:neɪdʒ] *adj 1. (child)* halbwüchsig; *2. (activity)* Teenager...
teenager ['ti:neɪdʒə] *sb* Teenager *m*
teenybopper ['ti:nɪbɒpə] *sb* Backfisch *m (fam)*
telegram ['telɪgræm] *sb* Telegramm *n; send a ~* telegrafieren
telegraph ['telɪgrɑ:f] *sb 1. (device)* Telegraf *m; 2. (message)* Telegramm *n*
telemarketing [telə'mɑ:kətɪŋ] *sb* Telefonmarketing *n*
telephone ['telɪfəʊn] *sb 1.* Telefon *n,* Fernsprecher *m; to be on the ~* am Telefon sein; *v 2. (s.o.)* anrufen; *3.* telefonieren
telephone book ['telɪfəʊn bʊk] *sb* Telefonbuch *n*
telephone box ['telɪfəʊn bɒks] *sb* Telefonzelle *f*
telephone call ['telɪfəʊnkɔ:l] *sb* Telefonanruf *m*
telephone number ['telɪfəʊnnʌmbə] *sb* Telefonnummer *f,* Rufnummer *f*
telescope ['telɪskəʊp] *sb* Teleskop *n,* Fernrohr *n*
television ['telɪvɪʒən] *sb 1.* Fernsehen *n; 2. (~ set)* Fernseher *m,* Fernsehgerät *n*
tell [tel] *v irr 1. (discern)* wissen; *2. (be sure)* wissen; *you never can ~* man kann nie wissen; *3. (have an effect)* seine Wirkung haben; *4. (sth)(say)* sagen; *~ the truth* die Wahrheit sagen; *~ s.o. about sth* jdm von etw erzählen; *You're ~ing me!* Wem sagst du das! Wem sagen Sie das! *5. (a story)* erzählen; *6. (a secret)* verraten; *~ on s.o.* jdn verpetzen *(fam); 7. (recognize)* erkennen, *(distinguish)* unterscheiden; *8. ~ s.o. to do sth* jdm sagen, er solle was tun
telling ['telɪŋ] *adj (revealing)* aufschlussreich
telly ['telɪ] *sb (fam: television)* Fernseher *m*
temp [temp] *sb (fam)* Aushilfe *f*
temper ['tempə] *sb 1.* Temperament *n,* Naturell *n,* Gemütsart *f; have a quick ~* ein hitziges Temperament haben; *lose one's ~* in Wut geraten, die Beherrschung verlieren; *keep one's ~* sich beherrschen; *2. (mood)* Laune *f,* Stimmung *f; 3. (bad mood)* Wut *f; v 4. (fig)* mildern, mäßigen
temperament ['tempərəmənt] *sb 1. (character)* Veranlagung *f; 2. (excitability)* Temperament *n*
temperature ['temprɪtʃə] *sb* Temperatur *f; take s.o.'s ~* jds Temperatur messen; *He has a ~.* Er hat Fieber.
temple ['templ] *sb 1. REL* Tempel *m; 2. ANAT* Schläfe *f*
temporarily [tempə'rerɪlɪ] *adv* vorübergehend
temporary ['tempərərɪ] *adj 1. (provisional)* vorläufig, provisorisch; *2. (passing)* vorübergehend; *sb 3. (~ employee)* Aushilfe *f,* Aushilfskraft *f*
tempt [tempt] *v 1.* versuchen, in Versuchung führen; *~ fate* das Schicksal herausfordern; *to be ~ed to do sth* versucht sein, etw zu tun; *~ s.o. to do sth* jdn verlocken, etw zu tun; *2. (successfully)* verführen
tenacity [tɪ'næsɪtɪ] *sb* Zähigkeit *f*
tenant ['tenənt] *sb 1.* Mieter *m; 2. (of a farm)* Pächter *m*
tend [tend] *v 1. ~ to do sth (person)* dazu neigen, etw zu tun, dazu tendieren, etw zu tun; *2. ~ to do sth (thing)* die Tendenz haben, etw zu tun; *3. ~ toward (person, views)* tendieren zu, *(line)* führen nach; *4. (a garden)* pflegen; *5. (a machine)* bedienen
tender ['tendə] *adj 1.* zart; *at a ~ age* im zarten Kindesalter; *2. (sore)* empfindlich; *3. (person)* zärtlich; *sb 4. ECO* Angebot *n,* Offerte *f; invite ~s for a job (UK)* Angebote für eine Arbeit einholen; *5. legal ~ FIN* gesetzliches Zahlungsmittel *n; v 6.* anbieten; *7. (a resignation)* einreichen
tendon ['tendən] *sb ANAT* Sehne *f*
tenet ['tenɪt] *sb* Grundsatz *m*
tennis ['tenɪs] *sb* Tennis *n*
tense [tens] *adj 1.* gespannt; *2. (scene in a film)* spannungsgeladen; *v 3. (~ up)* sich anspannen, sich spannen; *sb 4. GRAMM* Zeit *f; past ~* Vergangenheit *f*
tension ['tenʃən] *sb 1.* Spannung *f; 2. PHYS* Druck *m*

tent [tent] *sb* Zelt *n*
tentation [ten'teɪʃən] *sb (way of adjusting)* Einstellung durch versuchsweises Herantasten *f*
tenterhook ['tentəhʊk] *sb 1. to be on ~s* wie auf glühenden Kohlen sitzen; *2. keep s.o. on ~s* jdn auf die Folter spannen, jdn zappeln lassen
term [tɜːm] *sb 1. (period)* Zeit *f,* Dauer *f; 2. ~ of imprisonment* Gefängnisstrafe *f,* Freiheitsstrafe *f; 3. school ~ (semester)* Semester *n, (trimester)* Trimester *n, (quarter)* Vierteljahr *n; 4. (limit)* Frist *f; 5. (expression)* Ausdruck *m; a contradiction in ~s* ein Widerspruch in sich; *~ of endearment* Kosewort *m; 6. in ~s of* ... in Hinsicht auf ..., was ... betrifft; *7. ~s pl (conditions)* Bedingungen *pl; come to ~s* sich einigen; *come to ~s with sth (fig)* sich mit etw abfinden; *8. ~s pl (relations)* Beziehungen *pl; to be on bad ~s with s.o.* sich mit jdm schlecht verstehen; *They aren't on speaking ~s.* Sie sprechen nicht miteinander. *9. MATH* Glied *n; v 10.* nennen, bezeichnen
terminal ['tɜːmɪnəl] *sb 1.* Terminal *m; 2. (railway ~)* Endstation *f; 3. TECH* Anschlussklemme *f; 4. (of a battery)* Pol *m; adj 5. MED* unheilbar
terrace ['terəs] *sb 1.* Terrasse *f; 2. (UK: row of houses)* Häuserreihe *f; 3. ~s pl (UK) SPORT* Ränge *pl*
terrain [te'reɪn] *sb* Gelände *n*
terrible ['terɪbl] *adj* schrecklich, furchtbar
terrific [tə'rɪfɪk] *adj 1. (enormous)* ungeheuer; *2. (fam: excellent)* großartig, fantastisch, toll (fam)
terror ['terə] *sb 1.* Schrecken *m,* Entsetzen *n; 2. (person or thing causing ~)* Schrecken *n; 3. (fam: brat)* Ungeheuer *n*
terrorism ['terərɪzəm] *sb* Terrorismus *m*
test [test] *v 1.* testen, prüfen; *2. (examine)* untersuchen; *sb 3.* Test *m,* Prüfung *f,* Probe *f; put sth to the ~* etw auf die Probe stellen; *stand the ~ of time* die Zeit überdauern; *4. (check)* Kontrolle *f; 5. (UK) SPORT* Testmatch *n,* internationaler Vergleichskampf *m*
test case ['testkeɪs] *sb* Musterfall *m*
testify ['testɪfaɪ] *v 1. JUR* Zeugnis ablegen; *2. (sth) JUR* aussagen; *3. (fig)* bezeugen
test match ['testmætʃ] *sb (UK) SPORT* Testmatch *n,* internationaler Vergleichskampf *m*
test tube ['testtjuːb] *sb* Reagenzglas *n*
tether ['teðə] *v 1.* anbinden; *sb 2. to be at the end of one's ~* fix und fertig sein
textbook ['tekstbʊk] *sb* Lehrbuch *n*
than [ðæn] *konj* als
thank [θæŋk] *v 1.* danken, sich bedanken bei; *have s.o. to ~ for sth* jdm etw zu verdanken haben; *interj 2. ~ you* danke; *~ you very much* vielen Dank; *~ God, ~ goodness, ~ heavens* Gott sei Dank
thanks [θæŋks] *interj 1. (fam)* danke; *pl 2.* Dank *m; give ~ to God* Gott Dank sagen; *3. ~ to* dank; *It was a failure ~ to her.* Ihretwegen war es ein Misserfolg. *Yes, it worked, no ~ to you.* Ja, es hat geklappt, und das habe ich nicht dir zu verdanken.
that [ðæt] *pron 1. (demonstrative pronoun)* das; *like ~* so; *after ~* danach; *How much are those?* Wie viel kosten die da? *~ which* das, was; *~ is to say* das heißt; *and ... at ~* und dabei ..., *(in addition)* und außerdem ...; *~'s it* das ist es; *~'s it (you're doing it correctly)* gut so; *~'s it (~'s all)* das wär's; *2. (relative pronoun)* der/die/das; *some articles ~ I wrote* einige Berichte, die ich schrieb; *adj 3.* der/die/das, jene(r,s); *~ morning* an jenem Morgen; *What's the name of ~ new Bruce Willis film?* Wie heißt denn dieser neue Film mit Bruce Willis? *adv 4. (fam)* so; *It's not ~ difficult.* So schwierig ist es auch wieder nicht. *He's big, but not ~ strong.* Er ist zwar groß, aber nicht sehr kräftig.
the [ðə, ðiː] *art* der/die/das; *~ ... ~ ...* je ..., desto ...; *~ poor* die Armen; *so much ~ better* umso besser
theatre ['θɪətə] *sb 1.* Theater *n; 2. operating ~ MED* Operationssaal *m; 3. ~ of operations MIL* Schauplatz der Handlungen *m*
theft [ðeft] *sb* Diebstahl *m*
them [ðem] *pron 1. (direct object)* sie; *2. (indirect object)* ihnen
then [ðen] *adv 1. (at that time)* da; *from ~ on* von da an; *~ and there* auf der Stelle; *by ~* inzwischen, bis dahin; *2. (in those days)* damals; *3. (after that)* dann; *4. (in that case)* dann; *Then you didn't do it?* Sie haben es also nicht getan? *5. (furthermore)* dann, außerdem; *6. now ~* nun; *adj 7.* damalig; *the ~ chairman* der damalige Vorsitzende
theory ['θɪərɪ] *sb* Theorie *f; in ~* theoretisch
therapy ['θerəpɪ] *sb* Therapie *f*
there [ðɛə] *adv 1.* dort, da; *over ~* dort; *He's not all ~. (fam)* Er hat nicht alle Tassen im Schrank. *2. (toward that direction)* dorthin, dahin; *~ and back* hin und zurück; *3. (on this matter)* da; *4. ~ is* es gibt, es ist; *There is no speed limit on German motorways, is ~?* Auf

deutschen Autobahnen gibt es keine Geschwindigkeitsbegrenzung, oder? *interj 5. There, ~!* Schon gut!

thermometer [θəˈmɒmɪtə] *sb* Thermometer *n*

thesaurus [θɪˈsɔːrəs] *sb* Thesaurus *m*

thesis [ˈθiːsɪs] *sb 1.* These *f; 2. (student's)* Diplomarbeit *f; 3. (doctoral ~)* Dissertation *f,* Doktorarbeit *f* (fam)

they [ðeɪ] *pron 1.* sie; *2. (people in general)* man*; They're coming out with a film about Joan of Arc.* Es wird demnächst einen Film über Jeanne d'Arc geben.

thick [θɪk] *adj 1.* dick; *a board three centimetres ~* ein drei Zentimeter dickes Brett; *2. (hair, fog, hedges)* dicht; *3. (syrup)* dickflüssig; *4. (crowd)* dicht gedrängt; *5. (accent)* stark; *adv 6. lay it on ~ (fam)* dick auftragen; *sb 7. in the ~ of things* voll dabei, mittendrin;

thief [θiːf] *sb* Dieb *m; as thick as thieves (fam) (UK)* unzertrennlich, sehr vertraut, dicke Freunde sein

thigh [θaɪ] *sb ANAT* Oberschenkel *m*

thin [θɪn] *adj 1.* dünn; *vanish into ~ air* sich in Luft auflösen *2. (hair)* schütter; *3. (plot)* schwach; *v 4. (hair)* schütter werden; *5. (paint)* verdünnen

thing [θɪŋ] *sb 1.* Ding *n; to be seeing ~s (fam)* sich etw einbilden; *2. ~s pl (belongings)* Sachen *pl; 3. (affair, matter)* Sache *f; know a ~ or two about sth* sich mit etw auskennen; *the best ~ to do* das Beste, was man tun kann; *first ~ in the morning* als Erstes morgen früh; *for one ~* einerseits; *It's just one of those ~s.* Da kann man halt nichts machen. *It's a good ~ you came.* Es ist gut, dass Sie gekommen sind. *the very ~* genau das Richtige; *4. have a ~ about sth (fam)* von etw besessen sein; *5. I say, old ~... (fam)(UK)* Na, du altes Haus!

think [θɪŋk] *v irr 1.* denken; *2. (sth)* denken, meinen, glauben

thin-skinned [ˈθɪnskɪnd] *adj 1.* dünnhäutig; *2. (fig)* sensibel

thirst [θɜːst] *sb 1.* Durst *m; die of ~* verdursten; *2. ~ for knowledge* Wissensdurst *m; v 3. ~ for* dürsten nach

thirsty [ˈθɜːstɪ] *adj* durstig; *I'm ~.* Ich habe Durst.

this [ðɪs] *pron 1.* dies, das; *like ~* so; *adj 2. ~ one* dies(e,er,es); *3.* diese(r,s); *these days* heutzutage; *~ evening* heute Abend; *~ time* diesmal; *adv 4.* so; *~ big* so groß; *~ far* bis hierher

thorn [θɔːn] *sb BOT* Dorn *m; He's a ~ in my side.* Er ist mir ein Dorn im Auge.

thorough [ˈθʌrə] *adj 1.* gründlich; *2. (knowledge)* umfassend

thoroughly [ˈθʌrəlɪ] *adv 1.* gründlich; *2. (through and through)* durch und durch

though [ðəʊ] *konj 1.* obwohl, obgleich; *as ~* als ob; *adv 2.* aber, allerdings, immerhin; *He never did it, ~.* Er hat es aber nie getan. *She'll keep on trying, ~.* Sie wird es aber weiterhin versuchen.

thought [θɔːt] *sb 1. (act of thinking)* Denken *n; 2. (idea, opinion)* Gedanke *m; 3. (sudden inspiration)* Einfall *m; 4. (consideration)* Nachdenken *n; have second ~s* Zweifel bekommen; *Give it some ~.* Denk mal darüber nach. *on second ~* bei näherer Überlegung

thought-out [θɔːt aʊt] *adj* wohl überlegt, durchdacht

thrash [θræʃ] *v 1.* verprügeln; *2. (fig: defeat)* vernichtend schlagen

thread [θred] *v 1. (a needle)* einfädeln; *2. (a necklace)* aufziehen; *3. ~ one's way through sth (fig)* sich durch etw hindurchschlängeln; *sb 4.* Faden *m; hang by a ~* am seidenen Faden hängen; *5. pick up the ~(s)* den Faden wieder aufnehmen; *6. (for sewing)* Garn *n; 7. (of a screw) TECH* Gewinde *n*

threat [θret] *sb 1.* Drohung *f; 2. (danger)* Bedrohung *f,* Gefahr *f*

thresh [θreʃ] *v* dreschen

thresher [ˈθreʃə] *sb 1. (person)* Drescher *m; 2. (machine)* Dreschmaschine *f*

thrifty [ˈθrɪftɪ] *adj* sparsam

thrill [θrɪl] *v 1.* begeistern, entzücken; *to be ~ed* begeistert sein; *2. (an audience)* packen; *sb 3.* Erregung *f*

thriving [ˈθraɪvɪŋ] *adj* prächtig, gedeihend, blühend

throat [θrəʊt] *sb 1. (outside)* Hals *m; 2. (inside)* Kehle *f; jump down s.o.'s ~* jdm über den Mund fahren; *3. (animal's)* Rachen *m*

throne [θrəʊn] *sb* Thron *m*

throttle [ˈθrɒtl] *v 1. (s.o.)* erdrosseln, erwürgen; *2. (fig: opposition)* ersticken; *sb 3. (lever)* Gashebel *m; at full ~* mit Vollgas; *4. (valve)* Drosselklappe *f*

through [θruː] *prep 1.* durch; *2. (time)* während, hindurch; *3. (US: up to and including)* bis einschließlich; *adv 4. durch; adj 5. to be ~ with sth* mit etw fertig sein; *6. Darling, you and I are ~.* Schätzchen, es ist aus zwischen uns. *7. (not stopping)* durchgehend, Durchgangs...

throw [θrəʊ] *v irr 1.* werfen; *2. (a rider)* abwerfen; *3. (judo-style)* zum Boden werfen; *4. (a fit)* bekommen; *5. (pottery)* töpfern; *6. (a party)* geben; *7. (a switch)* betätigen; *8. ~ o.s. at s.o.* sich jdm an den Hals werfen; *sb 9.* Wurf *m*

• **throw away** *v irr 1.* wegwerfen; *2. throw sth away (fig)* etw durch Nachlässigkeit verlieren; *3. (fam: money)* verschwenden

• **throw off** *v irr (a pursuer)* abschütteln

• **throw out** *v irr 1. (trash)* wegwerfen; *2. (a person)* rauswerfen (fam)

• **throw up** *v irr 1. (vomit)* sich übergeben, brechen; *2. (one's hands)* hochwerfen

thrust [θrʌst] *v irr 1.* stoßen, *(with a knife)* stechen; *~ one's hands into one's pockets* die Hände in die Tasche stecken; *~ out one's hand* die Hand ausstrecken; *~ sth on s.o.* jdm etw aufdrängen; *~ s.o. aside* jdn beiseite schieben; *sb 2.* Stoß *m, (in fencing)* Stich *m; 3. MIL* Vorstoß *m; 4. (of a turbine) TECH* Schub *m*

thud [θʌd] *sb* dumpfes Geräusch *n*

thumb [θʌm] *sb 1.* Daumen *m; rule of ~* Faustregel *f; to be all ~s* zwei linke Hände haben; *v 2. ~ through (a book)* durchblättern; *3. ~ a ride* per Anhalter fahren

thumbnail ['θʌmneɪl] *sb* Daumennagel *m*

thumbprint ['θʌmprɪnt] *sb* Daumenabdruck *m*

thunder ['θʌndə] *sb 1.* Donner *m; v 2.* donnern

thunderstorm ['θʌndəstɔːm] *sb* Gewitter *n,* Unwetter *n*

tic [tɪk] *sb* Tick *m,* nervöses Zucken *n*

tick [tɪk] *sb 1. (of a clock)* Ticken *n, (fam: moment)* Moment *m; 2. (mark)* Häkchen *n,* Vermerkzeichen *n; sb 3. ZOOL* Zecke *f; v 4.* ticken

• **tick off** *v (an item on a list)* abhaken

• **tick over** *v* laufen, in Gang sein

ticker ['tɪkə] *sb 1.* Börsentelegraf *m; 2. (fam: heart)* Pumpe *f; 3. (fam: watch)* Uhr *f*

ticker tape ['tɪkəteɪp] *sb 1.* Lochstreifen *m; 2. ~ parade* Konfettiparade *f*

ticket ['tɪkɪt] *sb 1.* Karte *f; 2. (train ~)* Fahrkarte *f; 3. (bus ~)* Fahrschein *m; 4. (for reclaiming an item)* Schein *m, (cloakroom ~)* Garderobenmarke *f; 5. JUR* Strafzettel *m; 6. lottery ~* Lotterielos *n; 7. POL* Wahlliste *f*

ticket day ['tɪkɪtdeɪ] *sb FIN* Tag vor dem Abrechnungstag *m*

ticket office ['tɪkɪtɒfɪs] *sb 1.* Fahrkartenschalter *m; 2. (at a theatre)* Kasse *f*

tickle ['tɪkl] *v 1.* kitzeln; *2. (amuse)* amüsieren; *3. (fig: flatter)* schmeicheln; *4. ~ s.o.'s fancy* jdn neugierig machen, jdn interessieren

tickler ['tɪklə] *sb (problem)* kitzlige Sache *f*

tickly ['tɪklɪ] *adj* kitzlig, heikel

tidal ['taɪdl] *adj* Tiden..., Gezeiten...

tidal power ['taɪdlpaʊə] *sb* Gezeitenkraft *f*

tiddler ['tɪdlə] *sb (fam: person) (UK)* Knirps *m,* Dreikäsehoch *m*

tiddlywinks ['tɪdlɪwɪŋks] *sb* Flohhüpfen *n*

tide [taɪd] *sb 1.* Gezeiten *pl; high ~* Hochwasser *n; low ~* Niedrigwasser *n; v 2. ~ s.o. over (fig)* jdm hinweghelfen über

tidy ['taɪdɪ] *v 1.* in Ordnung bringen; *adj 2.* ordentlich, sauber

• **tidy up** *v (a room)* aufräumen

tie [taɪ] *v 1. (in a competition)* gleich stehen, punktgleich sein, *SPORT* unentschieden spielen; *2. (sth)* binden; *sb 3. (neck~)* Krawatte *f,* Schlips *m; 4. (result of a match)* Unentschieden *n; 5. (UK: football match) SPORT* Ausscheidungsspiel *n; 6. (fig: bond)* Bindung *f*

• **tie up** *v 1.* binden; *2. (a prisoner)* fesseln; *3. to be tied up (to be busy)* beschäftigt sein

tie-dyeing ['taɪdaɪɪŋ] *sb* Bindebatik *f*

tight [taɪt] *adj 1. (clothes, space)* eng; *in a ~ spot (fig)* in der Klemme; *2. (screw, lid, knot)* fest; *3. (taut)* gespannt; *4. (fig: money)* knapp; *5. (schedule)* knapp bemessen; *6. (control)* streng; *7. ...~ (air~, water~)* dicht; *adv 8.* fest, *(taut)* straff; *hold ~* festhalten; *sit ~* sich nicht rühren

tight-fisted [taɪt'fɪstɪd] *adj (fam)* geizig, knickerig, knauserig

tights ['taɪts] *pl* Strumpfhose *f*

tile [taɪl] *sb 1. (on a wall)* Kachel *f; 2. (cork, linoleum)* Platte *f; 3. (on a roof)* Dachziegel *m; 4. (ceramic ~)* Fliese *f; v 5. (a bathroom)* Fliesen anbringen in; *6. (a wall)* kacheln; *7. (a roof)* decken

till [tɪl] *sb 1.* Ladenkasse *f; konj 2. (see "until"); v 3. AGR* bestellen

tilt [tɪlt] *v 1.* sich neigen; *2. (fall)* umkippen; *3. (sth)* kippen, schräg stellen; *~ one's chair* mit dem Stuhl wippen; *4. (one's head)* neigen; *sb 5. (slant)* Neigung *f*

timber ['tɪmbə] *sb 1.* Holz *n,* Nutzholz *n, (for construction)* Bauholz *n; 2. Timber!* Achtung!

time [taɪm] *sb 1.* Zeit *f; for all ~* für alle Zeiten; *he had a hard ~ (doing sth)* es fiel ihm schwer (etw zu tun); *have a good ~* sich amüsieren; *the first ~* das erste Mal; *every ~* jedes

Mal; *at ~s* manchmal; *of all ~* aller Zeiten; *take one's ~* sich Zeit lassen; *bide one's ~* abwarten; *from ~ to ~* ab und zu; *by that ~* bis dahin; *at any ~* jederzeit; *a few ~s* ein paar Mal; *on ~* pünktlich; *in good ~* rechtzeitig; *in six weeks' ~* in sechs Wochen; *behind the ~s* altmodisch; *a race against ~* ein Wettlauf mit der Zeit; *ahead of ~* der Zeit voraus; *for the ~ being* zunächst, im Moment; *in no ~ (at all)* im Nu; *keep up with the ~s* mit der Zeit gehen, sich auf dem Laufenden halten; *play for ~* Zeit herausschinden; *at that ~* dann, *(in the past)* damals; *at the same ~* gleichzeitig, zur selben Zeit, *(on the other hand)* andererseits; *in no ~* im Handumdrehen, im Nu; *once upon a ~* es war einmal; *at all ~s* stets, jederzeit; *~ and again, ~ after ~* immer wieder; *for the ~ being* vorläufig, *(as it stands now)* unter den gegenwärtigen Umständen; *two at a ~* zu zweit, jeweils zwei; *Time's up!* Die Zeit ist um! *What ~ is it?* Wie viel Uhr ist es? *take ~* dauern; *Take your ~!* Lass dir Zeit! *2. do ~ (fam: inprison)* sitzen; *3. ~s (in multiplication)* mal; *4. MUS* Takt *m;*

time-consuming ['taɪmkənsjuːmɪŋ] *adj* zeitraubend

timely ['taɪmlɪ] *adj* rechtzeitig, zur rechten Zeit

timetable ['taɪmteɪbl] *sb 1.* Zeittabelle *f,* Fahrplan *m* (fam); *2. (of arrivals or departures)* Fahrplan *m, (of a plane)* Flugplan *m; 3. (UK: student's)* Stundenplan *m*

time zone ['taɪmzəʊn] *sb* Zeitzone *f*

tin [tɪn] *sb 1.* Zinn *n; 2. (can)* Dose *f,* Büchse *f; 3. (~plate)* Blech *n; v 4. (can)* in Dosen konservieren

tinker ['tɪŋkə] *v ~ with* herumbasteln an, *(mess with)* herumpfuschen an

tinkle ['tɪŋkl] *v* klingeln, klirren

tinner ['tɪnə] *sb* Blechschmied *m*

tin-opener ['tɪnəʊpənə] *sb* Dosenöffner *m,* Büchsenöffner *m*

tint [tɪnt] *v 1. (colour)* tönen; *sb 2.* Ton *m,* Tönung *f*

tiny ['taɪnɪ] *adj* winzig

tip¹ [tɪp] *sb 1. (end)* Spitze *f; 2. (of a cigarette)* Filter *m*

tip² [tɪp] *sb 1. (piece of advice, piece of information)* Tipp *m,* Hinweis *m; 2. (gratuity)* Trinkgeld *n; v 3. (give a gratuity to)* Trinkgeld geben; *4. ~ s.o. off* jdm einen Tipp geben

tip³ [tɪp] *v 1. (tilt)* kippen; *sb 2. (for rubbish)* Abladeplatz *m; 3. (for coal)* Halde *f*

tipple ['tɪpl] *v* saufen, trinken

tipsy ['tɪpsɪ] *adj* beschwipst

tiptoe ['tɪptəʊ] *v* auf den Zehenspitzen gehen, schleichen

tire¹ [taɪə] *v 1.* ermüden, müde werden; *~ of s.o.* jds überdrüssig sein; *2. (s.o.)* ermüden, müde machen

tire² [taɪə] *sb (US)* Reifen *m*

tired ['taɪəd] *adj 1.* müde; *2. (hackneyed)* abgegriffen; *3. to be ~ of sth* etw satt haben

title ['taɪtl] *sb 1.* Titel *m; 2. (of a chapter)* Überschrift *f; 3. (person's)* Anrede *f, (of nobility)* Adelstitel *m; 4. JUR* Rechtsanspruch *m; (to property) JUR* Eigentumsrecht *n; 5. (document) JUR* Eigentumsurkunde *f*

titter ['tɪtə] *v* kichern

tittle ['tɪtl] *sb* Pünktchen *n,* Tüpfelchen *n*

tizzy ['tɪzɪ] *sb (fam)* Aufregung *f,* Konfusion *f; in a ~* aufgeregt, konfus

to [tuː] *prep 1.* zu; *a quarter ~ three* Viertel vor drei; *live ~ be ninety* neunzig Jahre alt werden; *I've never been ~ Manila.* Ich war noch nie in Manila. *I don't want ~.* Ich will nicht. *2. (until, as far as)* bis; *~ this day* bis zum heutigen Tag; *3. (attach ~)* an; *4. next ~* neben; *5. (when proposing a toast)* auf; *6. (infinitive) ~ jump* springen; *easy ~ understand* leicht zu verstehen

toad [təʊd] *sb ZOOL* Kröte *f*

toast [təʊst] *sb 1.* Toast *m; 2. (drink)* Toast *m,* Trinkspruch *m; propose a ~* einen Toast ausbringen; *v 3. (sth)* toasten; *4. ~ s.o. (drink in honour of s.o.)* auf jds Wohl trinken

tobacco [tə'bækəʊ] *sb* Tabak *m*

toe [təʊ] *v 1.* mit den Zehen berühren; *~ the line (fig)* spuren; *sb 2.* Zehe *f; on one's ~s (fig)* auf Draht

together [tə'geðə] *adv* zusammen; *go ~ (fit)* zusammenpassen; *go ~ (events)* zusammen auftreten; *go ~ (two people)* miteinander gehen

toil [tɔɪl] *v 1.* sich abplagen; *~ up a hill* sich einen Berg hinaufquälen; *sb 2.* mühselige Arbeit *f,* Mühe *f*

toilet ['tɔɪlɪt] *sb* Toilette *f*

token ['təʊkən] *sb 1. (coin, counter)* Marke *f; 2. (voucher)* Gutschein *m; 3. (sign)* Zeichen *n; 4. by the same ~* ebenso, aber auch; *adj 5.* Schein..., nominell, symbolisch

token payment ['təʊkən'peɪmənt] *sb* symbolische Bezahlung *f*

tolerant ['tɒlərənt] *adj* tolerant

tolerate ['tɒləreɪt] *v 1.* dulden, tolerieren; *2. (bear)* ertragen

toll¹ [təʊl] *v* läuten

toll² [təʊl] *sb 1.* Zoll *m,* Gebühr *f, (for a road)* Straßengebühr *f; 2. (fig) take its ~* arg mitnehmen; *take a ~ of twenty lives* zwanzig Todesopfer fordern
toll-gate ['təʊlgeɪt] *sb* Schlagbaum *m,* Mautschranke *f*
tomato [tə'mɑːtəʊ] *sb* Tomate *f*
tomboy ['tɒmbɔɪ] *sb* Wildfang *m*
tombstone ['tuːmstəʊn] *sb* Grabstein *m*
tomorrow [tə'mɒrəʊ] *adv/sb* morgen; *the day after ~* übermorgen; *~ morning* morgen früh
ton [tʌn] *sb* Tonne *f*
tongs [tɒŋz] *pl* Zange *f; a pair of ~* eine Zange
tongue [tʌŋ] *sb* Zunge *f; ~ in cheek* augenzwinkernd, ironisch; *make a slip of the ~* sich versprechen; *hold one's ~* den Mund halten; *get one's ~ around sth* etw aussprechen; *It's on the tip of my ~. (fig)* Es liegt mir auf der Zunge.
tongue-tied ['tʌŋtaɪd] *to be ~* kein Wort herausbringen können
tongue twister ['tʌŋtwɪstə] *sb* Zungenbrecher *m*
tonic ['tɒnɪk] *sb* Tonikum *n*
tonic water ['tɒnɪkwɔːtə] *sb* Tonic *n*
tonight [tə'naɪt] *adv 1. (this evening)* heute Abend; *2. (late at night)* heute Nacht
tonsil ['tɒnsl] *sb ANAT* Mandel *f*
too [tuː] *adv 1. (excessively)* zu; *all ~ well* nur zu gut; *2. (very)* zu; *3. (moreover)* auch noch; *4. (also)* auch
tooth [tuːθ] *sb 1.* Zahn *m; by the skin of one's teeth (fam)* gerade so, haarscharf; *armed to the teeth* bis an die Zähne bewaffnet; *to be long in the ~* nicht mehr der/die Jüngste sein; *fight ~ and nail* erbittert kämpfen; *get one's teeth into sth* sich in etw verbeißen; *have a sweet ~* eine Naschkatze sein; *2. (of a comb)* Zacke *f*
toothache ['tuːθeɪk] *sb* Zahnschmerzen *pl*
toothbrush ['tuːθbrʌʃ] *sb* Zahnbürste *f*
top [tɒp] *v 1. ~ a list* ganz oben auf einer Liste stehen; *2. (surpass)* übertreffen, *(a sum)* übersteigen; *3. (cut off the ~ of)* kappen; *4. (cover)* bedecken; *5. (crown)* krönen; *sb 6. (highest part)* oberer Teil *m,* Spitze *f; 7. (of a mountain)* Gipfel *m; 8. (fig)* Spitze *f; at the ~ of one's voice* aus vollem Halse; *blow one's ~ (fam)* in die Luft gehen; *on ~ of that* darüber hinaus; *to be on ~ of the situation* die Situation unter Kontrolle haben; *9. (lid)* Deckel *m;*
topic ['tɒpɪk] *sb* Thema *n*
topmost ['tɒpməʊst] *adj* oberste(r,s), höchste(r,s)
topple ['tɒpl] *v 1.* wackeln, stürzen; *2. (sth)* umwerfen; *3. (fig: a government)* stürzen
torch [tɔːtʃ] *sb 1.* Fackel *f; (fig) carry a ~ for s.o.* jdn lieben, ohne geliebt zu werden; *2. (UK: electric ~)* Taschenlampe *f*
torment ['tɔːment] *v 1.* quälen; *sb 2.* Qual *f,* Marter *f*
tornado [tɔː'neɪdəʊ] *sb* Tornado *m*
torrent ['tɒrənt] *sb 1. (violent stream)* reißender Strom *m; 2. (fig)* Schwall *m*
torso ['tɔːsəʊ] *sb* Rumpf *m*
torture ['tɔːtʃə] *v 1.* foltern; *2. (fig)* quälen; *sb 3.* Folter *f; 4. (fig)* Qual *f*
toss [tɒs] *v 1. ~ and turn* sich schlaflos im Bett wälzen; *2. (sth)* werfen; *to be ~ed by a horse* vom Pferd abgeworfen werden; *3. ~ a coin* eine Münze hochwerfen; *4. (storm)* schütteln; *5. (a salad)* anmachen
total ['təʊtl] *v 1. (add)* zusammenzählen, zusammenrechnen; *2. (amount to)* sich belaufen auf; *adj 3. (whole)* gesamt; *4.* völlig, total, absolut; *sb 5.* Gesamtsumme *f,* Gesamtbetrag *m,* Gesamtmenge *f*
totally ['təʊtəlɪ] *adv* völlig, total
touch [tʌtʃ] *v 1. (one another)* sich berühren; *2. (sth)* berühren, *(in a negative sense)* anrühren; *This is really ~ and go.* Das ist wirklich eine heikle Situation. *3. (grasp)* anfassen; *4. (emotionally)* rühren, bewegen; *sb 5. (sense of ~)* Gefühl *n; 6. (act of ~ing)* Berührung *f,* Berühren *n; 7. (feature)* Zug *m; a nice ~* eine hübsche Note; *8. (trace)* Spur *f; 9. (skill)* Hand *f; 10. (communication)* Kontakt *m,* Verbindung *f; keep in ~ with* in Verbindung bleiben mit; *get in ~ with s.o.* sich mit jdm in Verbindung setzen
• **touch down** *v (plane)* aufsetzen
• **touch up** *v 1. (paint)* ausbessern; *2. (a photo)* retuschieren
tough [tʌf] *adj 1. (person, meat)* zäh; *2. (opponent, negotiator, part of town)* hart; *3. (resistant)* widerstandsfähig; *4. (difficult)* schwierig; *~ luck* Pech; *sb 5.* Schlägertyp *m*
tough-minded ['tʌfmaɪndɪd] *adj* nüchtern, unsensibel
tour [tʊə] *v 1.* eine Reise machen; *2. (band, theatre company)* eine Tournee machen; *3. (sth)* besichtigen; *~ the country* das Land bereisen; *sb 4.* Tour *f,* Reise *f; 5. (guided ~)* Führung *f; 6. (of a building, of a town)* Rundgang *m; 7. (by a band, by a theatre company)* Tournee *f; 8. (inspection)* Inspektion *f*

tourism ['tʊərɪzm] *sb* Fremdenverkehr *m*, Tourismus *m*
tourist ['tʊərɪst] *sb* Tourist/Touristin *m/f*
tourist class ['tʊərɪst klɑːs] *sb* Touristenklasse *f*
tow [təʊ] *v 1. (a car)* abschleppen; *2. (a boat)* schleppen; *3. (a trailer)* ziehen
towel ['taʊəl] *sb* Handtuch *n*
towel rack ['taʊəlræk] *sb* Handtuchhalter *m*
tower ['taʊə] *sb 1.* Turm *m; v 2.* ragen; *~ over* weit überragen; *3. ~ over (fig)* übertreffen
town [taʊn] *sb* Stadt *f; to be the talk of the ~* Stadtgespräch sein
townspeople ['taʊnzpiːpl] *pl 1.* Bürger *pl; 2. (as opposed to country folk)* Städter *pl*
toxic ['tɒksɪk] *adj* giftig
toxic waste ['tɒksɪk weɪst] *sb* Giftmüll *m*
toy [tɔɪ] *sb 1.* Spielzeug *n; ~s pl* Spielzeug *n,* Spielsachen *pl; v 2. ~ with an idea* mit einem Gedanken spielen
trace [treɪs] *v 1. ~ back to* zurückverfolgen bis zu; *2. (copy)* nachziehen; *(with tracing paper)* durchpausen; *3. (follow the trail of)* verfolgen; *4. (find)* aufspüren, ausfindig machen; *sb 5.* Spur *f*
track [træk] *v 1. (follow)* verfolgen; *sb 2. (path)* Weg *m,* Pfad *m; 3. (trail)* Spur *f,* Fährte *f; throw s.o. off the ~* jdn von der Spur ablenken; *cover one's ~s* seine Spuren verwischen; *keep ~ of* verfolgen; *on the right ~* auf dem richtigen Wege; *on the wrong ~, off the ~* auf falscher Fährte; *4. make ~s (fam)* sich auf den Weg machen; *5. (train ~)* Gleis *n; 6. (racing ~)* Bahn *f, (for auto racing)* Rennstrecke *f; 7. (~ and field) SPORT* Leichtathletik *f*
tracker dog ['trækədɒg] *sb* Spürhund *m*
tracksuit ['træksuːt] *sb* Trainingsanzug *m*
tractor ['træktə] *sb* Traktor *m*
trade [treɪd] *v 1. ECO* handeln, Handel treiben; *~ in sth* mit etw handeln; *2. ~ sth for sth* etw gegen etw tauschen; *~ in one's car* sein Auto in Zahlung geben; *sb 3. (exchange)* Tausch *m; 4. (line of work)* Branche *f; know all the tricks of the ~* alle Kniffe kennen; *by ~* von Beruf; *5. (commerce) ECO* Handel *m,* Gewerbe *n; 6. (craft)* Handwerk *n*
trade-in ['treɪdɪn] *sb* In-Zahlung-Gegebenes *n*
trademark ['treɪdmɑːk] *v 1.* gesetzlich schützen lassen; *sb 2.* Warenzeichen *n; 3. (fig)* Kennzeichen *n*
trade secret ['treɪd'siːkrɪt] *sb* Betriebsgeheimnis *n*
trade union ['treɪdjuːnɪən] *sb* Gewerkschaft *f*
tradition [trə'dɪʃən] *sb* Tradition *f*
traffic ['træfɪk] *sb 1.* Verkehr *m; 2. (trade)* Handel *m*
traffic jam ['træfɪkdʒæm] *sb* Stau *m,* Verkehrsstauung *f*
tragedy ['trædʒədɪ] *sb* Tragödie *f*
tragic ['trædʒɪk] *adj* tragisch
trail [treɪl] *v 1. (drag on the floor)* schleifen; *2. (to be behind)* weit zurückliegen; *3. (drag)* schleppen; *4. (s.o.)* verfolgen, *(secretly)* beschatten; *sb 5.* Spur *f,* Fährte *f; 6. (path)* Weg *m,* Pfad *m*
train [treɪn] *v 1. SPORT* trainieren; *2. (s.o.)* ausbilden; *3. (a child)* erziehen; *4. ~ s.o. (a new employee)* jdm etw beibringen; *5. (an animal)* abrichten, dressieren; *6. (aim)* richten; *sb 7.* Zug *m; take a ~ to* mit dem Zug fahren nach; *8. (procession)* Kolonne *f; 9. ~ of thought* Gedankengang *m; lose one's ~ of thought* den Faden verlieren; *10. (series)* Folge *f*
trainer ['treɪnə] *sb 1. (of a race horse)* Trainer *m; 2. (animal ~)* Dresseur *m; 3. (instructor)* Ausbilder *m*
trait [treɪt] *sb* Eigenschaft *f*
tram [træm] *sb (UK)* Straßenbahn *f*
trample ['træmpl] *v (sth)* trampeln
trance [trɑːns] *sb* Trance *f*
tranquil ['træŋkwɪl] *adj* ruhig
transact [træn'zækt] *v ECO* führen, abschließen
transaction [træn'zækʃən] *sb* Geschäft *n*
transatlantic [trænzət'læntɪk] *adj* transatlantisch
transcript ['trænskrɪpt] *sb 1.* Kopie *f; 2. (of a tape)* Niederschrift *f; 3. (US: academic record)* Zeugnis *n*
transcription [træn'skrɪpʃən] *sb* Transkription *f,* Niederschrift *f*
transfer [træns'fɜː] *v 1. (to another bus or train)* umsteigen; *2. ~ to* übergehen zu, überwechseln zu, umstellen auf; *3. (move)* verlegen; *4. (hand over)* übertragen; *5. (money be-tween accounts)* überweisen; *6. (an employee)* versetzen; ['trænsfɜː] *sb 7. (handing over)* Übertragung *f; 8. (of funds)* Überweisung *f; 9. (of an employee)* Versetzung *f; 10. (to another bus or train)* Umsteigen *n, (ticket)* Umsteigekarte *f; 11. (physical moving)* Verlegung *f*
transform [træns'fɔːm] *v 1.* umgestalten, umwandeln; *2. (person)* verwandeln

transfusion [træns'fju:ʒən] *sb MED* Transfusion *f*

transit ['trænzɪt] *sb* Durchreise *f; ECO* Transit *m; in ~* unterwegs

translate [trænz'leɪt] *v* übersetzen; *~ ideas into action* Gedanken in die Tat umsetzen

transmit [trænz'mɪt] *v 1.* übertragen; *2. (news)* übermitteln; *3. (broadcast)* senden, übertragen; *4. (through heredity) BIO* vererben

transparency [træns'pærənsɪ] *sb 1. (transparent quality)* Durchsichtigkeit *f; 2. (for an overhead projector)* Folie *f*

transplant [træns'plɑ:nt] *v 1.* umpflanzen; *2. MED* transplantieren, verpflanzen; ['trɑ:nsplɑ:nt] *sb MED* Transplantation *f,* Verpflanzung *f, (organ ~ed)* Transplantat *n*

transport [træn'spɔ:t] *v 1.* transportieren, befördern; ['trænspɔ:t] *sb 2.* Transport *m,* Beförderung *f; 3. (vehicle) MIL* Truppentransporter *m, (plane)* Transportflugzeug *n*

transvestite [trænz'vestaɪt] *sb* Transvestit *m*

trap [træp] *v 1.* in die Falle locken; *2. (physically: leave no way out)* einschließen; *3. (gases)* stauen; *4. (stop a rolling object)* stoppen; *sb 5.* Falle *f; 6. (fam: mouth)* Klappe *f; Shut your ~!* Halt die Klappe!

trappings ['træpɪŋz] *pl 1.* Drum und Dran; *2. (of wealth, of power)* Insignien *pl*

trash [træʃ] *sb 1. (US: rubbish)* Abfall *m; 2. (thing of low quality)* Schund *m*

trashy ['træʃɪ] *adj* minderwertig

trauma ['trɔ:mə] *sb MED* Trauma *n*

travel ['trævl] *v 1.* reisen; *2. (move)* sich bewegen; *3. (light, sound)* sich fortpflanzen; *4. (sth)(a distance)* zurücklegen; *5. (a route)* fahren; *6. (the world)* bereisen; *sb 7.* Reisen *n; 8. ~s pl* Reisen *pl*

traveller's cheque ['trævləz tʃek] *sb* Reisescheck *m*

tray [treɪ] *sb 1.* Tablett *n; 2. (for papers)* Ablagekorb *m*

treason ['tri:zn] *sb 1.* Verrat *m; 2. JUR* Landesverrat *m*

treasure ['treʒə] *sb 1.* Schatz *m; v 2.* schätzen, hoch schätzen, würdigen

treasurer ['treʒərə] *sb* Kassierer *m*

treat [tri:t] *v 1. (behave toward)* behandeln; *2. (regard)* betrachten; *3. MED, CHEM, TECH* behandeln; *4. ~ o.s. to sth* sich etw gönnen; *5. ~ s.o. to sth* jdm etw spendieren; *sb 6.* besonderes Vergnügen *n; 7. It's my ~.* Das geht auf meine Rechnung.

treatment ['tri:tmənt] *sb* Behandlung *f*

treaty ['tri:tɪ] *sb POL* Vertrag *m*

tremble ['trembl] *v 1.* zittern; *2. (ground, building)* beben

tremendous [trə'mendəs] *adj 1.* enorm, riesig, gewaltig; *2. (fam: very good)* toll

tremor ['tremə] *sb 1. (of the earth)* Beben *n; 2. (of the body)* Zittern *n*

trend [trend] *sb 1.* Trend *m,* Richtung *f; 2. (fashion)* Mode *f,* Trend *m*

trendy ['trendɪ] *adj (fam)* modisch, schick, im Trend liegend

trespass ['trespəs] *v* unbefugt betreten; *"no ~ing"* „Betreten verboten"

triable ['traɪəbl] *adj JUR* verhandelbar, verhandlungsfähig

trial ['traɪəl] *sb 1. JUR* Prozess *m,* Verfahren *n; 2. (test)* Probe *f; on a ~ basis* probeweise; *3. (hardship)* Last *f,* Plage *f*

triangle ['traɪæŋgl] *sb* Dreieck *n*

triathlon [traɪ'æθlɒn] *sb* Triathlon *n*

tribe [traɪb] *sb* Stamm *m*

tribesman ['traɪbzmən] *sb* Stammesangehöriger *m*

tribune ['trɪbju:n] *sb HIST* Tribun *m*

tribute ['trɪbju:t] *sb* Tribut *m,* Huldigung *f; pay ~ to* huldigen

trick [trɪk] *v 1.* täuschen, hereinlegen; *sb 2.* Trick *m; 3. (skilful act)* Kunststück *n; That did the ~.* Damit war es geschafft. *4. (prank)* Streich *m*

trickle ['trɪkl] *v 1.* tröpfeln, rieseln; *sb 2.* Rinnsal *n; 3. (drip)* Tröpfeln *n*

tricky ['trɪkɪ] *adj 1. (difficult)* schwierig; *2. (situation)* heikel; *v 3. (person)* durchtrieben, raffiniert

trifle ['traɪfl] *sb 1.* Kleinigkeit *f; v 2. ~ with s.o.* jdn zu leicht nehmen

trigger ['trɪgə] *v 1.* auslösen; *sb 2. (of a gun)* Abzug *m; pull the ~* abdrücken

trim [trɪm] *v 1. (hair)* nachschneiden; *2. (a dog's hair)* trimmen; *3. (a beard, a hedge)* stutzen; *4. (fig: a budget)* kürzen; *5. (a Christmas tree)* ausschmücken; *6. (sails) NAUT* richtig stellen; *sb 7. give sth a ~* etw nachschneiden; *adj 8. (person)* schlank

trimming ['trɪmɪŋ] *sb 1.* Verzierung *f; 2. ~s pl (accessories)* Zubehör *n; with all the ~s* mit allem Drum und Dran; *3. ~s pl GAST* Garnierung *f*

trip [trɪp] *v 1. (stumble)* stolpern; *2. ~ s.o.* jdm ein Bein stellen; *sb 3. (excursion)* Ausflug *m; 4. (journey)* Reise *f*

trip switch ['trɪpswɪtʃ] *sb* Auslöseschalter *m*

tripwire ['trɪpwaɪə] *sb* Stolperdraht *m*
triumph ['traɪʌmf] *v 1.* triumphieren, siegen; *sb 2.* Triumph *m*
trivia ['trɪvɪə] *pl* Trivialitäten *pl*
trivial ['trɪvɪəl] *adj* geringfügig, unbedeutend
trivialize ['trɪvɪəlaɪz] *v* trivialisieren
troll [trəʊl] *sb* Troll *m*
trolley ['trɒlɪ] *sb 1. (cart)* Handwagen *m, (shopping cart)* Einkaufswagen *m; 2. (for luggage)* Gepäckwagen *m; 3. (US: streetcar)* Straßenbahn *f*
trolleybus ['trɒlɪbʌs] *sb* Trolleybus *m*
troop [tru:p] *sb 1. ~s MIL* Truppen *pl; 2. (of scouts)* Gruppe *f; v 3. ~ in* hereinströmen
trooper ['tru:pə] *sb 1. (in the cavalry)* Kavallerist *m; 2. (US)* Polizist *m*
trophy ['trəʊfɪ] *sb* Trophäe *f*
trot [trɒt] *v 1.* traben; *sb 2.* Trab *m*
trouble ['trʌbl] *sb 1. (difficulties)* Schwierigkeiten *pl,* Ärger *f; to be in ~* in Schwierigkeiten sein; *give s.o. ~* jdm Schwierigkeiten machen; *look for ~ (fam)* Streit suchen; *He's ~. (fam)* Mit ihm wird es Ärger geben. *2. (pains, discomfort)* Leiden *n; 3. (unrest)* Unruhe *f; make ~* Unruhe stiften; *4. (effort)* Mühe *f; take the ~* sich die Mühe machen; *v 5. ~ to do sth* sich bemühen, etw zu tun; *6. (bother)* bemühen, belästigen; *7. (worry)* beunruhigen; *What's troubling you?* Worüber machst du dir Sorgen?
troublemaker ['trʌblmeɪkə] *sb* Unruhestifter *m*
troublesome ['trʌblsʌm] *adj 1.* lästig; *2. (task)* unangenehm
trousers ['traʊzəz] *pl* Hose *f*
trowel ['traʊəl] *sb* Kelle *f*
truant ['trʊənt] *sb* Schulschwänzer *m*
truce [tru:s] *sb* Waffenstillstand *m*
truck [trʌk] *sb (US)* Lastwagen *m,* Laster *m* (fam)
true [tru:] *adj 1.* wahr; *to be ~ of sth* auf etw zutreffen; *come ~ (wishes)* wahr werden, *(a prediction)* sich verwirklichen, *(fears)* sich bewahren; *hold ~* sich bewahrheiten; *That's ~.* Das stimmt. Das ist wahr. *2. (accurate)* wahrheitsgetreu; *3. (genuine)* echt, wahr, wirklich; *4. (aim)* genau; *5. (faithful)* treu; *He's still ~ to his favourite team.* Er ist seinem Lieblingsteam noch treu.
true-love [tru: lʌv] *sb* Geliebte(r) *m/f*
truly ['tru:lɪ] *adv 1. (genuinely)* wirklich; *2. Yours ~ ...* Hochachtungsvoll ..., Mit freundlichen Grüßen ...
trunk [trʌŋk] *sb 1. (case)* Koffer *m; 2. (tree ~)* Stamm *m; 3. (US: of a car)* Kofferraum *m; 4. (elephant's)* Rüssel *m; 5. (of one's body) ANAT* Rumpf *m; 6. ~s pl (swimming ~s)* Badehose *f*
trunk road ['trʌŋkrəʊd] *sb* Fernstraße *f*
trust [trʌst] *v 1.* vertrauen; *2. (s.o.)* vertrauen, trauen; *3. (sth)* trauen; *4. (hope)* hoffen; *sb 5.* Vertrauen *n; 6. (charitable ~)* Stiftung *f; 7. JUR* Treuhand *f; 8. ECO* Trust *m*
trustworthy ['trʌstwɜ:ðɪ] *adj 1. (person)* vertrauenswürdig; *2. (thing)* zuverlässig
truth [tru:θ] *sb* Wahrheit *f*
truthful ['tru:θfʊl] *adj 1. (person)* ehrlich; *2. (story)* wahr
try [traɪ] *v 1.* versuchen; *2. (~ out)* ausprobieren; *3. (sth)* versuchen; *4. (sample)* probieren; *5. (s.o.'s patience)* richten; *6. (a case) JUR* verhandeln; *7. (a person) JUR* vor Gericht stellen; *sb 8.* Versuch *m; Give it a ~!* Versuch es doch mal!
T-shirt ['ti:ʃɜ:t] *sb* T-Shirt *n*
tube [tju:b] *sb 1.* Rohr *n; 2. (in a TV)* Röhre *f; 3. (flexible)* Schlauch *m; 4. (of toothpaste, of paint)* Tube *f; 5. (London underground)* U-Bahn *f; 6. ANAT* Röhre *f*
tubing ['tju:bɪŋ] *sb 1. (tubes)* Schläuche *pl; 2. (floating in inner tubes)* Befahren von Flüssen auf Reifenschläuchen *n*
tuck [tʌk] *v* stecken
• **tuck in** *v 1. tuck s.o. in* jdn zudecken; *2. ~ one's shirt* das Hemd in die Hose stecken
tug [tʌg] *v 1.* ziehen, zerren; *sb 2.* Zerren *n*
tug-of-war [tʌgəv'wɔ:] *sb SPORT* Tauziehen *n*
tuition [tjʊ'ɪʃən] *sb 1.* Unterricht *m; 2. (~ fees)* Unterrichtsgeld *n*
tumble ['tʌmbl] *v 1.* stürzen; *2. (do gymnastics)* Bodenakrobatik machen; *3. (sth)* umwerfen, umstürzen; *sb 4. (fall)* Sturz *m*
tumble-dry ['tʌmbldraɪ] *v* im Wäschetrockner trocknen
tummy ['tʌmɪ] *sb 1. (fam)* Magen *m; 2. (fam: belly)* Bauch *m*
tuna ['tju:nə] *sb* Tunfisch *m*
tune [tju:n] *v 1. (an instrument)* stimmen; *2. (a radio, an engine)* einstellen; *sb 3.* Melodie *f; change one's ~ (fig)* andere Töne anschlagen; *4. out of ~ (singing)* falsch, *(instrument)* verstimmt
tunic ['tju:nɪk] *sb 1.* Kasack *m; 2. (soldier's)* Waffenrock *m*
tunnel ['tʌnl] *sb* Tunnel *m*
turban ['tɜ:bən] *sb* Turban *m*

turbulence ['tɜːbjʊləns] *sb* Aufgewühltheit *f*, Turbulenz *f*
turf [tɜːf] *sb 1.* Rasen *m; 2. (fig: of a gang)* Revier *n; 3. (sod)* Sode *f; 4. (peat)* Torf *m; v 5. ~ out (UK)(fam)* wegschmeißen, rauswefen, rausschmeißen
turn [tɜːn] *v 1. (revolve)* sich drehen; *2. (person)* wenden, sich umdrehen; *3. (change direction)* abbiegen; *4. (vehicle)* wenden; *(~ off: car)* abbiegen, *(plane, boat)* abdrehen; *5. (become)* werden; *~ into sth* sich in etw verwandeln; *6. ~ to s.o.* sich an jdn wenden; *7. ~ to sth* sich einer Sache zuwenden; *He ~ed to a life of crime.* Er wurde kriminell. *8. (sth)* drehen; *~ the corner* um die Ecke biegen; *9. ~ sth into sth* etw in etw verwandeln; *10. ~ one's attention to sth* seine Aufmerksamkeit einer Sache zuwenden; *11. ~ s.o. loose* jdn loslassen; *12. (~ over)* wenden, *(a record)* umdrehen; *~ the page* umblättern; *sb 13. (movement)* Drehung *f; 14. (in a road)* Kurve *f; take a ~ for the worse (fig)* sich verschlimmern; *at every ~* auf Schritt und Tritt; .
•turn around *v (person)* sich umdrehen
•turn back *v 1.* zurückgehen, umkehren; *2. (a clock)* zurückstellen, *(fig)* zurückdrehen
turning point ['tɜːnɪŋpɔɪnt] *sb (fig)* Wendepunkt *m*
turnout ['tɜːnaʊt] *sb* Beteiligung *f*, Teilnahme *f*
turnpike ['tɜːnpaɪk] *sb 1. (device)* Schlagbaum *m; 2. (toll road)* gebührenpflichtige Autobahn *f*
turn-up ['tɜːnʌp] *sb (UK: cuff on trousers)* Aufschlag *m*
turquoise ['tɜːkwɔɪz] *sb 1. (colour)* Türkis *n; 2. MIN* Türkis *m*
turret ['tʌrɪt] *sb 1. MIL* Turm *m; 2. ARCH* Türmchen *n*
turtle ['tɜːtl] *sb ZOOL* Schildkröte *f*
turtledove ['tɜːtldʌv] *sb* Turteltaube *f*
turtleneck ['tɜːtlnek] *sb* Rollkragenpullover *m*
tusk [tʌsk] *sb 1.* Stoßzahn *f; 2. (boar's)* Hauer *m*
tutor ['tjuːtə] *sb* Privatlehrer *m*
tutorial [tjuː'tɔːrɪəl] *sb 1.* Kolloquium *n; 2. INFORM* Benutzerhandbuch *n*
tuxedo [tʌk'siːdəʊ] *sb (US)* Smoking *m*
TV [tiː'viː] *sb 1. (fam: television)* Fernsehen *n; 2. (fam: television set)* Fernseher *m*
twee [twiː] *adj (UK)* niedlich, schnuckelig, putzig
tweezers ['twiːzəz] *pl* Pinzette *f*
twice [twaɪs] *adv* zweimal; *~ a week* zweimal pro Woche; *~ as much* doppelt so viel; *think ~ about sth* sich etw zweimal überlegen; *He doesn't think ~ about stating his opinion.* Er hat keine Bedenken, seine Meinung zu äußern.
twiddle ['twɪdl] *v* herumdrehen; *~ one's thumbs* Däumchen drehen
twilight ['twaɪlaɪt] *sb* Abenddämmerung *f*, Zwielicht *n*
twin [twɪn] *sb* Zwilling *m*
twine [twaɪn] *sb* Schnur *f*, Bindfaden *m*
twinkle ['twɪŋkl] *v 1.* funkeln; *sb 2.* Funkeln *n; She had a ~ in her eye. (fig)* Ihr schaute der Schalk aus den Augen.
twinkling ['twɪŋklɪŋ] *sb (of the eye)* Zwinkern *n*
twin town ['twɪntaʊn] *sb* Partnerstadt *f*
twist [twɪst] *v 1. (road)* sich winden; *2. (sth)* drehen, winden; *~ sth round sth* etw um etw wickeln; *3. (bend out of shape)* verdrehen, verzerren; *4. ~ off (a lid)* abschrauben; *5. ~ s.o.'s arm* jdm den Arm verdrehen, *(fig)* jdn unter Druck setzen; *sb 6.* Drehung *f; 7. (in a road)* Kurve *f; 8. (fig: unusual aspect)* Wendung *f*
tycoon [taɪ'kuːn] *sb* Magnat *m*
type [taɪp] *v 1. (use a typewriter)* Maschine schreiben, tippen *(fam); 2. (sth)* tippen, mit der Maschine schreiben; *sb 3. (kind)* Art *f; 4. (of person, of character)* Typ *m; 5. (print)* Type *f*
typecast ['taɪpkɑːst] *v* auf ein bestimmtes Rollenfach festlegen
typescript ['taɪpskrɪpt] *sb* Typoskript *n*
typesetter ['taɪpsetə] *sb (person)* Schriftsetzer *m*, Setzer *m*
typewriter ['taɪpraɪtə] *sb* Schreibmaschine *f*
typhoid fever ['taɪfɔɪd 'fiːvə] *sb MED* Typhus *m*
typical ['tɪpɪkəl] *adj* typisch; *to be ~ of* charakterisieren
typography [taɪ'pɒgrəfɪ] *sb* Typografie *f*
tyrannical [tɪ'rænɪkəl] *adj* tyrannisch
tyrannize ['tɪrənaɪz] *v (s.o.)* tyrannisieren
tyranny ['tɪrənɪ] *sb* Tyrannei *f*
tyrant ['taɪrənt] *sb* Tyrann *m*
tyre [taɪə] *sb* Reifen *m*
tyro [taɪrəʊ] *sb* Anfänger *m*

U

ugly ['ʌglɪ] *adj* hässlich
ulcer ['ʌlsə] *sb MED* Geschwür *n*
ulterior [ʌl'tɪərɪə] *adj ~ motive* Hintergedanke *m*
ultimate ['ʌltɪmɪt] *adj 1. (last)* letzte(r,s), endgültig; *2. (greatest possible)* vollendet, äußerste(r,s)
ultra ['ʌltrə] *adj ~...* extrem, Erz..., Ultra...
ultrasound ['ʌltrəsaʊnd] *sb* Ultraschall *m*
umbilical cord [ʌm'bɪlɪkl kɔːd] *sb ANAT* Nabelschnur *f*
umbrage ['ʌmbrɪdʒ] *sb take ~ at* Anstoß nehmen an
umbrella [ʌm'brelə] *sb 1.* Schirm *m,* Regenschirm *m; 2. (sun ~)* Sonnenschirm *m*
umpteenth ['ʌmptiːnθ] *adj (fam)* x-te
unable [ʌn'eɪbl] *adj to be ~ to do sth* etw nicht tun können
unacceptable [ʌnək'septəbl] *adj* nicht akzeptabel, unannehmbar
unaccountable [ʌnə'kaʊntəbl] *adj* unerklärlich, unerklärbar
unaccustomed [ʌnə'kʌstəmd] *adj to be ~ to sth* etw nicht gewohnt sein
unambiguous [ʌnæm'bɪgjʊəs] *adj* unzweideutig
unanimous [juː'nænɪməs] *adj* einstimmig
unapproachable [ʌnə'prəʊtʃəbl] *adj* unnahbar
unarmed [ʌn'ɑːmd] *adj* unbewaffnet
unassisted [ʌnə'sɪstɪd] *adj* ohne Unterstützung, ohne Hilfe
unattainable [ʌnə'teɪnəbl] *adj* unerreichbar
unattractive [ʌnə'træktɪv] *adj (person)* reizlos
unavoidable [ʌnə'vɔɪdəbl] *adj* unvermeidlich
unbearable [ʌn'bɛərəbl] *adj* unerträglich
unbecoming [ʌnbɪ'kʌmɪŋ] *adj 1. (clothing)* unvorteilhaft; *2. (conduct)* unschicklich
unbelievable [ʌnbɪ'liːvəbl] *adj* unglaublich
unbreakable [ʌn'breɪkəbl] *adj* unzerbrechlich
uncalled-for [ʌn'kɔːldfɔː] *adj* unangebracht, fehl am Platze
unceremoniously [ʌnserɪ'məʊnɪəslɪ] *adv* kurzerhand, unsanft, ohne viel Federlesens
uncertain [ʌn'sɜːtn] *adj 1. (unknown)* ungewiss, unbestimmt; *2. (unclear)* vage; *3. to be ~ of sth* sich einer Sache nicht sicher sein
uncertainty [ʌn'sɜːtəntɪ] *sb 1.* Ungewissheit *f,* Unbestimmtheit *f; 2. (doubt)* Zweifel *m*
uncle ['ʌŋkl] *sb* Onkel *m*
uncomfortable [ʌn'kʌmfətəbl] *adj 1.* unbequem, ungemütlich; *2. (unpleasant)* unangenehm
uncommon [ʌn'kɒmən] *adj 1.* ungewöhnlich; *2. (outstanding)* außergewöhnlich
unconcerned [ʌnkən'sɜːnd] *adj* gleichgültig, unbeteiligt
unconnected [ʌnkə'nektɪd] *adj* nicht zusammenhängend, nicht in Verbindung stehend
unconscious [ʌn'kɒnʃəs] *adj 1.* bewusstlos; *2. (unintentional)* unbewusst, unbeabsichtigt; *to be ~ of sth* sich einer Sache nicht bewusst sein
uncontrollable [ʌnkən'trəʊləbl] *adj 1.* unkontrollierbar; *2. (child)* unbändig; *3. (urge)* unwiderstehlich
uncooperative [ʌnkəʊ'ɒpərətɪv] *adj* wenig hilfreich, stur
uncouth [ʌn'kuːθ] *adj 1. (person)* ungehobelt; *2. (remark)* grob
uncover [ʌn'kʌvə] *v* aufdecken
undaunted [ʌn'dɔːntɪd] *adj* unerschrocken, unverzagt
undecided [ʌndɪ'saɪdɪd] *adj 1. (person)* unentschlossen; *2. (issue, matter)* unentschieden
under ['ʌndə] *prep 1.* unter; *~ construction* im Bau; *2. (fam: less than)* weniger als, unter; *3. (according to)* nach, gemäß; *adv 4.* unten; *go ~* untergehen
underachiever [ʌndərə'tʃiːvə] *sb* einer, der weniger leistet, als man von ihm erwartet
underarm ['ʌndərɑːm] *sb* Achselhöhle *f*
underclothes ['ʌndəkləʊðz] *pl* Unterwäsche *f*
underdeveloped [ʌndədɪ'veləpt] *adj* unterentwickelt
underdone [ʌndə'dʌn] *adj GAST* nicht gar
underestimate [ʌndər'estɪmeɪt] *v* unterschätzen
underfloor ['ʌndəflɔː] *adj* Fußboden...
undergarment ['ʌndəgɑːmənt] *sb* Unterwäsche *f*

underground ['ʌndəgraʊnd] *adj 1.* unterirdisch; *2. (fig)* Untergrund... *adv 3. ten metres ~* zehn Meter unter der Erde; *go ~ (fig)* untertauchen; *sb 4. POL* Untergrundbewegung *f*, Untergrund *m; 5. (UK)* U-Bahn *f*, Untergrundbahn *f*
underneath ['ʌndə'niːθ] *prep 1.* unter, unterhalb; *adv 2.* unten, darunter
underpaid [ʌndə'peɪd] *adj* unterbezahlt
underpants ['ʌndəpænts] *pl* Unterhose *f*
underprice [ʌndə'praɪs] *v* unter Preis anbieten
under-secretary ['ʌndərsekrətrɪ] *sb 1. (UK)* Staatssekretär *m; 2. (US) Undersecretary of Defense* stellvertretender Verteidigungsminister *m*
undershirt ['ʌndəʃɜːt] *sb* Unterhemd *n*
understand [ʌndə'stænd] *v irr 1.* verstehen; *2. (interpret, take to mean) am I to ~ that* ... soll das etwa heißen, dass ...; *I ~ you're planning to buy a car.* Ich höre, du hast vor, ein Auto zu kaufen. *3. ~ one another* sich verstehen
understanding [ʌndə'stændɪŋ] *adj 1.* verständnisvoll; *sb 2. (sympathy)* Verständnis *n; 3. (knowledge)* Kenntnisse *pl; my ~ of the matter is that* ... wie ich es verstehe, ... *4. (agreement)* Vereinbarung *f*, Abmachung *f; come to an ~ with s.o.* zu einer Einigung mit jdm kommen; *on the ~ that* ... unter der Voraussetzung, dass ...
undertaking ['ʌndəteɪkɪŋ] *sb 1. (task)* Aufgabe *f; 2. (risky ~, bold ~)* Unterfangen *n*
underwater [ʌndə'wɔːtə] *adv* unter Wasser
underwrite [ʌndə'raɪt] *v irr (guarantee) FIN* garantieren
underwriter ['ʌndəraɪtə] *sb* Versicherer *m*
undesigning [ʌndɪ'zaɪnɪŋ] *adj* ohne Hintergedanken, aufrichtig
undesirable [ʌndɪ'zaɪərəbl] *adj 1.* unerwünscht; *sb 2.* unerfreuliches Element *n*
undisciplined [ʌn'dɪsɪplɪnd] *adj* undiszipliniert
undo [ʌn'duː] *v irr 1.* aufmachen, öffnen; *2. (a knot)* lösen; *3. (fig: reverse)* aufheben, rückgängig machen
undone [ʌn'dʌn] *adj 1. (unfastened)* gelöst, offen; *come ~* aufgehen; *2. (not done)* ungetan, unerledigt
undress [ʌn'dres] *v 1.* sich ausziehen; *2. (s.o.)* ausziehen
undressed [ʌn'drest] *adj* unbekleidet, ausgezogen
uneasy [ʌn'iːzɪ] *adj 1. (awkward)* unbehaglich; *2. (worried)* besorgt; *3. (truce)* unsicher; *4. (sleep)* unruhig
uneducated [ʌn'edjʊkeɪtɪd] *adj* ungebildet
unemployed [ʌnɪm'plɔɪd] *adj* arbeitslos
unemployment [ʌnɪm'plɔɪmənt] *sb* Arbeitslosigkeit *f*
unequal [ʌn'iːkwəl] *adj* ungleich; *to be ~ to a task* einer Aufgabe nicht gewachsen sein
unethical [ʌn'eθɪkəl] *adj* unmoralisch
uneven [ʌn'iːvən] *adj 1. (surface)* uneben; *2. (breathing)* unregelmäßig; *3. (quality)* ungleichmäßig
unexpected [ʌnɪk'spektɪd] *adj* unerwartet, unvermutet
unfair [ʌn'fɛə] *adj* ungerecht, unfair
unfaithful [ʌn'feɪθfʊl] *adj (wife, husband)* untreu
unfamiliar [ʌnfə'mɪljə] *adj* unbekannt, fremd, ungewohnt; *to be ~ with sth* etw nicht kennen
unfasten [ʌn'fɑːsn] *v 1.* aufmachen; *2. (detach)* losbinden
unfavourable [ʌn'feɪvərəbl] *adj 1. (conditions, result)* ungünstig; *2. (reply, reaction)* negativ
unfinished [ʌn'fɪnɪʃt] *adj 1.* nicht fertig; *2. (business)* unerledigt; *3. (symphony)* unvollendet
unflattering [ʌn'flætərɪŋ] *adj (clothing, haircut)* unvorteilhaft
unfold [ʌn'fəʊld] *v 1.* sich entfalten; *2. (plot)* sich entwickeln; *3. (sth)* entfalten; *4. (a newspaper)* ausbreiten; *5. (a plan)* darlegen
unforgettable [ʌnfə'getəbl] *adj* unvergesslich
unfortunate [ʌn'fɔːtʃənɪt] *adj 1.* bedauerlich; *2. (person)* unglücklich
unfounded [ʌn'faʊndɪd] *adj* unbegründet, grundlos
unfriendly [ʌn'frendlɪ] *adj* unfreundlich
unfurnished [ʌn'fɜːnɪʃt] *adj* unmöbliert
ungainly [ʌn'geɪnlɪ] *adj* unbeholfen, plump
ungrateful [ʌn'greɪtfʊl] *adj* undankbar
unhappy [ʌn'hæpɪ] *adj 1.* unglücklich; *2. (not satisfied)* unzufrieden
unholy [ʌn'həʊlɪ] *adj 1.* gottlos; *2. (fam: mess)* heillos
unhoped-for [ʌn'həʊptfɔː] *adj* unverhofft
unhurried [ʌn'hʌrɪd] *adj* geruhsam, gemächlich
unhurt [ʌn'hɜːt] *adj* unverletzt

unidentified [ʌnaɪ'dentɪfaɪd] *adj* unbekannt
uniform ['juːnɪfɔːm] *sb 1.* Uniform *f; adj 2.* einheitlich, gleich
unify ['juːnɪfaɪ] *v 1.* vereinigen; *2. (a theory)* vereinheitlichen
unimaginable ['ʌnɪ'mædʒɪnəbl] *adj* unvorstellbar
unimportant [ʌnɪm'pɔːtənt] *adj* unwichtig, unbedeutend
unimproved [ʌnɪm'pruːvd] *adj 1.* nicht verbessert; *2. AGR* unbebaut, nicht kultiviert
uninhabited [ʌnɪn'hæbɪtɪd] *adj* unbewohnt
uninspiring [ʌnɪn'spaɪrɪŋ] *adj* nicht gerade begeisternd
unintelligent [ʌnɪn'telɪdʒənt] *adj* unklug
unintentional [ʌnɪn'tenʃənl] *adj* unabsichtlich, unbeabsichtigt
union ['juːnjən] *sb 1. (joining)* Vereinigung *f; POL* Zusammenschluss *m; 2. (group)* Vereinigung *f,* Verband *m,* Verein *m; 3. (labor ~, trade ~)* Gewerkschaft *f*
unique [juː'niːk] *adj* einzig, einmalig, einzigartig
unisex ['juːnɪseks] *adj* unisex
unison ['juːnɪzn] *sb* Einklang *m; in ~* einstimmig
unit ['juːnɪt] *sb* Einheit *f*
unite [juː'naɪt] *v 1.* sich vereinigen, sich zusammenschließen; *2. (sth)* vereinigen, verbinden, zusammenschließen
united [juː'naɪtɪd] *adj* vereint, gemeinsam, vereinigt
universal [juːnɪ'vɜːsəl] *adj 1.* universal, Universal..., Welt... *2. (general)* allgemein; *3. (rule)* allgemein gültig
universe ['juːnɪvɜːs] *sb* Weltall *n,* Universum *n*
unkempt [ʌn'kemt] *adj 1. (appearance)* ungepflegt; *2. (hair)* ungekämmt
unkind [ʌn'kaɪnd] *adj 1.* unfreundlich; *2. (cruel)* lieblos
unknown [ʌn'nəʊn] *adj 1.* unbekannt; *sb 2.* Unbekannte(r) *m/f*
unlawful [ʌn'lɔːfʊl] *adj* rechtswidrig, gesetzwidrig, ungesetzlich
unless [ʌn'les] *konj* es sei denn, außer wenn
unlimited [ʌn'lɪmɪtɪd] *adj 1.* unbegrenzt; *2. ECO* unbeschränkt
unlock [ʌn'lɒk] *v* aufschließen
unlucky [ʌn'lʌkɪ] *adj* unglücklich; *to be ~* Pech haben
unmarked [ʌn'mɑːkt] *adj* nicht gekennzeichnet, nicht markiert
unmarried [ʌn'mærɪd] *adj* unverheiratet, ledig
unmask [ʌn'mɑːsk] *v (fig)* entlarven
unmeasured [ʌn'meʒəd] *adj* unermesslich, grenzenlos, unbegrenzt
unmistakable [ʌnmɪs'teɪkəbl] *adj* unverkennbar
unnatural [ʌn'nætʃərəl] *adj 1.* unnatürlich; *2. (act)* widernatürlich; *3. (affected)* gekünstelt
unnecessary [ʌn'nesəsərɪ] *adj 1.* unnötig, nicht notwendig; *2. (superfluous)* überflüssig
unoccupied [ʌn'ɒkjʊpaɪd] *adj 1. (seat)* frei; *2. (house)* unbewohnt, leer stehend; *3. (person)* unbeschäftigt
unorthodox [ʌn'ɔːθədɒks] *adj (fig)* unorthodox, unkonventionell
unpaid [ʌn'peɪd] *adj* unbezahlt
unparalleled [ʌn'pærəleld] *adj* einmalig, beispiellos
unpleasant [ʌn'pleznt] *adj 1.* unangenehm; *2. (person)* unfreundlich
unpleasantness [ʌn'plezntnɪs] *sb 1.* Unangenehmheit *f; 2. (of a person)* Unfreundlichkeit *f; 3. (bit of ~)* Unannehmlichkeit *f*
unpopular [ʌn'pɒpjʊlə] *adj* unbeliebt
unprecedented [ʌn'presɪdentɪd] *adj* beispiellos, unerhört
unprepared [ʌnprɪ'pɛəd] *adj 1.* unvorbereitet; *2. to be ~ for sth (caught by surprise)* auf etw nicht vorbereitet sein
unproductive [ʌnprə'dʌktɪv] *adj* unproduktiv, unergiebig
unprotected [ʌnprə'tektɪd] *adj* schutzlos, ungeschützt
unquestionably [ʌn'kwestʃənəblɪ] *adv* fraglos, zweifellos
unravel [ʌn'rævl] *v 1.* sich aufziehen; *2. (fig)* sich entwirren; *3. (sth)* aufziehen; *4. (fig)* entwirren
unread [ʌn'red] *adj 1. (book)* ungelesen; *2. (person)* nicht belesen
unreadable ['ʌnriːdəbl] *adj* unleserlich, unlesbar
unrealistic [ʌnrɪə'lɪstɪk] *adj* unrealistisch, wirklichkeitsfremd
unreasonable [ʌn'riːznəbl] *adj 1. (demand)* unzumutbar; *2. (person)* unvernünftig
unrecognizable [ʌnrekəg'naɪzəbl] *adj* nicht wieder zu erkennen
unrehearsed [ʌnrɪ'hɜːst] *adj 1.* spontan; *2. THEAT* ungeprobt
unrelated [ʌnrɪ'leɪtɪd] *adj* nicht verbunden

unreliable [ʌnrɪ'laɪəbl] *adj* unzuverlässig
unreported [ʌnrɪ'pɔːtɪd] *adj 1. (crime)* nicht gemeldet; *2. (story)* nicht berichtet
unreserved [ʌnrɪ'zɜːvd] *adj (complete)* uneingeschränkt
unresponsive [ʌnrɪ'spɒnsɪv] *adj* teilnahmslos
unrestricted [ʌnrɪ'strɪktɪd] *adj* unbeschränkt, uneingeschränkt
unripe [ʌn'raɪp] *adj* unreif
unruly [ʌn'ruːlɪ] *adj 1. (child)* unbändig; *2. (hair)* widerspenstig
unsaid [ʌn'sed] *adj* unerwähnt, unausgesprochen; *to be left ~* unerwähnt bleiben
unsatisfactory [ʌnsætɪs'fæktərɪ] *adj 1.* unbefriedigend; *2. (schoolwork)* mangelhaft; *3. (profits)* nicht ausreichend; *4. (service)* schlecht
unscheduled [ʌn'ʃedjʊld] *adj* außerplanmäßig
unscientific [ʌnsaɪən'tɪfɪk] *adj* unwissenschaftlich
unscrew [ʌn'skruː] *v (sth)* abschrauben
unseal [ʌn'siːl] *v* öffnen
unseasonably [ʌn'siːznəblɪ] *adv* für die Jahreszeit ungewöhnlich
unseat [ʌn'siːt] *v 1. (remove from office)* des Postens entheben; *2. (fig) Smith ~ed Jones at the top of the rankings.* Smith hat Jones aus der Spitze der Rangliste verdrängt.
unseen [ʌn'siːn] *adj 1.* ungesehen; *sight ~* unbesehen; *2. (unobserved)* unbemerkt; *3. (UK: passage for translation)* unvorbereitet
unselfish [ʌn'selfɪʃ] *adj* selbstlos
unsettle [ʌn'setl] *v* beunruhigen
unsightly [ʌn'saɪtlɪ] *adj* unansehnlich
unsized [ʌn'saɪzd] *adj* nicht nach Größe geordnet, unsortiert
unskilled [ʌn'skɪld] *adj* ungelernt
unsolved [ʌn'sɒlvd] *adj* ungelöst; *(crime)* unaufgeklärt
unsophisticated [ʌnsə'fɪstɪkeɪtɪd] *adj (person)* schlicht, naiv
unspeakable [ʌn'spiːkəbl] *adj 1.* unbeschreiblich; *2. (fam: horrible)* entsetzlich
unspoken [ʌn'spəʊkən] *adj* unausgesprochen, stillschweigend
unstable [ʌn'steɪbl] *adj 1.* nicht stabil; *2. (mentally)* labil; *3. (rocking)* schwankend; *4. CHEM* instabil
unstoppable [ʌn'stɒpəbl] *adj* nicht aufzuhalten, unaufhaltsam
unstructured [ʌn'strʌktʃəd] *adj* unstrukturiert, nicht strukturiert
unsuccessful [ʌnsək'sesfʊl] *adj 1.* erfolglos; *2. (person)* nicht erfolgreich; *3. (applicant)* abgewiesen
unsuitable [ʌn'suːtəbl] *adj* unpassend, ungeeignet, unangebracht
unsure [ʌn'ʃʊə] *adj* unsicher; *He's ~ of himself.* Er ist unsicher.
unthinkable [ʌn'θɪŋkəbl] *adj* undenkbar, unvorstellbar
untidy [ʌn'taɪdɪ] *adj* unordentlich
until [ən'tɪl] *prep 1.* bis; *not ~ Friday* erst am Freitag; *~ now* bis jetzt; *konj 2.* bis; *not ~* erst wenn
untold [ʌn'təʊld] *adj 1. (not told)* unerzählt, ungesagt; *2. (uncounted)* ungezählt, unzählig, zahllos
untrue [ʌn'truː] *adj 1. (false)* unwahr, falsch; *2. (unfaithful)* untreu
untruth [ʌn'truːθ] *sb* Unwahrheit *f*
unusual [ʌn'juːʒʊəl] *adj* außergewöhnlich, ungewöhnlich
unwanted [ʌn'wɒːntɪd] *adj* unerwünscht
unwashed [ʌn'wɒʃt] *adj* ungewaschen; *the great ~* der Pöbel *m*
unwelcome [ʌn'welkəm] *adj 1.* unwillkommen; *2. (news)* unangenehm
unwell [ʌn'wel] *adj* krank
unwilling [ʌn'wɪlɪŋ] *adj ~ to do sth* nicht bereit, etw zu tun
unwind [ʌn'waɪnd] *v 1. (relax)* sich entspannen; *2. (become unwound)* sich abwickeln; *3. (undo)* abwickeln
unworldly [ʌn'wɜːldlɪ] *adj 1. (unearthly)* übernatürlich; *2. (naive)* weltfremd
unworthy [ʌn'wɜːðɪ] *adj* unwürdig; *to be ~ of sth* etw nicht wert sein; *That's ~ of you.* Das ist unter deiner Würde.
up [ʌp] *adv 1. (upward)* nach oben, aufwärts, hinauf/herauf; *~ and down* auf und ab; *ages eight and ~* ab acht Jahre; *2. (northward, to a mountain)* oben; *3. (toward the speaker)* heran; *4. (in a high place)* oben; *5. (not in bed)* auf; *to be ~ and about* wieder gesund auf den Beinen sein; *6. ~ to (as far as)* bis; *~ to now* bisher; *7. What's ~? (how are you)* Wie geht's? *(what's wrong)* Was ist los? *8. to be ~ to sth (to be doing sth)* etw machen, *(mischief)* etw im Schilde führen; *9. to be ~ to s.o. (to be s.o.'s decision)* jds Sache sein, *(depend on s.o.)* von jdm abhängen; *10. to be ~ (to be installed: posters)* angeschlagen sein, *(shelves, framed pictures)* hängen; *11. to be ~ on sth (know all about sth)* sich mit etw auskennen, sich in etw auskennen; *12. feel ~ to sth* sich

einer Sache gewachsen fühlen; *13. to be ~ against sth* etw gegenüberstehen; *14. to be hard ~ (fam)* blank sein, ohne Kohle sein; *15. (having been increased)* gestiegen

up-and-coming [ʌp ænd 'kʌmɪŋ] *adj* kommend

upbringing ['ʌpbrɪŋɪŋ] *sb* Erziehung *f*

up front [ʌp'frʌnt] *adj 1. (person)* offen; *2. (money)* Vorschuss...

uphill ['ʌp'hɪl] *adv 1.* bergauf; *adj 2. to be an ~ climb (fig)* mühsam sein

uphold [ʌp'həʊld] *v 1. (the law)* hüten; *2. (a verdict)* bestätigen

upkeep ['ʌpkiːp] *sb 1.* Instandhaltung *f; 2. (costs)* Instandhaltungskosten *pl*

uplift [ʌp'lɪft] *v* erheben

up-market ['ʌpmɑːkɪt] *adj* anspruchsvoll, Oberklasse...

upright ['ʌpraɪt] *adj 1. (erect)* aufrecht; *2. (vertical)* senkrecht; *3. (fig: honest)* aufrecht

uprate [ʌp'reɪt] *v* aufwerten

uprising ['ʌpraɪzɪŋ] *sb* Aufstand *m*

uproar ['ʌprɔə] *sb* Tumult *m,* Aufruhr *m*

upset [ʌp'set] *v irr 1. (knock over)* umwerfen, umkippen, umstoßen; *2. (fig: offend)* verletzen; *3. (fig: excite, distress)* aufregen; *4. (fig: unsettle)* bestürzen, erschüttern, mitnehmen *(fam); 5. (fig: a plan)* umstoßen; *adj 6.* bestürzt, aus der Fassung; ['ʌpset] *sb 7. (fam) SPORT* unerwarteter Sieg gegen eine hochfavorisierte Mannschaft *f*

upside down ['ʌpsaɪd'daʊn] *adj* verkehrt herum; *turn sth ~* etw herumdrehen, das Unterste zuoberst kehren

upstairs [ʌp'stɛəz] *adv 1.* oben, im oberen Stockwerk; *2. (toward the top of the stairs)* nach oben, die Treppe hinauf; *adj 3.* im oberen Stockwerk

upstream [ʌp'striːm] *adv* flussaufwärts

upsy-daisy ['ʌpsɪ'deɪzɪ] *interj* Hoppla!

up-to-date ['ʌptuː'deɪt] *adj 1. (modern)* modern; *2. (current)* aktuell; *3. (informed)* auf dem Laufenden

upward ['ʌpwəd] *adv 1.* aufwärts, nach oben; *adj 2.* Aufwärts..., nach oben

urge [ɜːdʒ] *v 1. ~ s.o. on* jdn vorwärts treiben; *2. ~ s.o. to do sth (recommend)* darauf dringen, dass jemand etw tut, *(plead)* jdn dringend bitten, etw zu tun; *3. (advocate)* drängen auf; *sb 4.* Drang *m,* Antrieb *m*

urgency ['ɜːdʒənsɪ] *sb* Dringlichkeit *f*

urgent ['ɜːdʒənt] *adj* dringend

urinal ['jʊərɪnəl] *sb* Pissoir *n, (for a patient)* Urinflasche *n*

urn [ɜːn] *sb 1.* Urne *f; 2. (tea ~)* Teemaschine *f*

us [ʌs] *pron* uns; *both of ~* wir beide; *~ kids* wir Kinder; *It's ~.* Wir sind's.

usage ['juːsɪdʒ] *sb LING* Gebrauch *m,* Anwendung *f*

use [juːz] *v 1.* benutzen, verwenden, gebrauchen; *~ up* aufbrauchen, verbrauchen; *2. (take advantage of)* ausnutzen, nutzen; [juːs] *sb 3.* Verwendung *f,* Benutzung *f,* Gebrauch *m; to be in ~* gebraucht werden; *have the ~ of sth* etw benutzen dürfen; *4. (taking advantage of)* Nutzung *f; make ~ of sth* etw nutzen; *5. (usefulness)* Nutzen *m; it's no ~ (doing ...)* es ist zwecklos, (... zu tun); *to be of ~* von Nutzen sein, nützlich sein; *6. (particular application)* Verwendung *f; put to ~* verwenden, anwenden

used [juːzt] *v 1. ~ to do sth* etw immer früher gemacht haben; *2. (~ to be sth) He ~ to be the best tennis player in the whole city.* Er war früher der beste Tennisspieler der ganzen Stadt. *adj 3. get ~ to sth* sich an etw gewöhnen; *4. to be ~ to sth* an etw gewohnt sein; [juːzd] *5.* gebraucht

used car [juːzd kɑː] *sb* Gebrauchtwagen *m*

useful ['juːsfʊl] *adj* nützlich, brauchbar; *make o.s. ~* sich nützlich machen

useless ['juːslɪs] *adj 1.* nutzlos; *2. (pointless)* zwecklos, sinnlos; *3. (object)* unbrauchbar; *4. (in vain)* vergeblich

uselessness ['juːslɪsnɪs] *sb* Nutzlosigkeit *f,* Unbrauchbarkeit *f*

user [juːzə] *sb* Benutzer(in) *m/f*

username ['juːzə 'neɪm] *sb INFORM* Benutzername *m*

usual ['juːʒʊəl] *adj* üblich, gewöhnlich; *as ~* wie gewöhnlich

usually ['juːʒʊəlɪ] *adv* normalerweise, gewöhnlich, meistens

uterus ['juːtərəs] *sb ANAT* Gebärmutter *f*

utility [juː'tɪlɪtɪ] *adj 1.* Gebrauchs..., Allzweck...; *sb 2. public ~* öffentlicher Versorgungsbetrieb *m; 3. public utilities (services)* Leistungen der öffentlichen Versorgungsbetriebe *pl, (gas)* Gasversorgung *f, (power)* Stromversorgung *f*

utilize ['juːtɪlaɪz] *v 1.* verwenden; *2. (raw materials, waste materials)* verwerten; *3. (take advantage of)* nutzen

utter ['ʌtə] *v 1. (a sound, a curse)* von sich geben; *2. (express)* äußern, aussprechen

U-turn ['juːtɜːn] *sb* Kehrtwende *f*

uxorious [ʌk'sɔːrɪəs] *adj* treu liebend

V

vacancy ['veɪkənsɪ] *sb 1.* leerer Platz *m,* Lücke *f; 2. (job)* freie Stelle *f; 3. (emptiness)* Leere *f*
vacant ['veɪkənt] *adj 1.* frei, leer, unbesetzt; *2. (land)* unbebaut; *(building)* unbewohnt, unvermietet; *3. (fig: look)* leer
vacate [və'keɪt] *v 1.* räumen; *2. (a seat)* frei machen; *3. (a job)* aufgeben
vacation [və'keɪʃən] *sb 1. (from university)* Semesterferien *pl; 2. (US)* Ferien *pl,* Urlaub *m; 3. (vacating)* Räumung *f*
vaccinate ['væksɪneɪt] *v* impfen
vacuous ['vækjʊəs] *adj 1.* leer; *2. (statement)* nichts sagend
vacuum ['vækjʊm] *v 1.* saugen; *sb 2.* Vakuum *n*
vacuum cleaner ['vækjʊmkliːnə] *sb* Staubsauger *m*
vagarious [və'gɛərɪəs] *adj* sprunghaft
vagina [və'dʒaɪnə] *sb ANAT* Scheide *f,* Vagina *f*
vague [veɪg] *adj 1.* vage; *2. (answer)* unklar
vagueness ['veɪgnɪs] *sb* Unbestimmtheit *f,* Vagheit *f*
vain [veɪn] *adj 1. (person)* eitel, eingebildet; *2. (effort)* vergeblich; *in ~* vergeblich; *take God's name in ~* den Namen Gottes missbrauchen
vale [veɪl] *sb* Tal *n*
valedictory [vælɪ'dɪktərɪ] *adj* Abschieds...
valet ['væleɪ] *sb* Diener *m*
valiant ['væljənt] *adj* tapfer, mutig, heldenhaft
valid ['vælɪd] *adj 1.* gültig; *2. (argument)* stichhaltig
validate ['vælɪdeɪt] *v 1.* gültig machen; *2. (claim)* bestätigen
validity [və'lɪdɪtɪ] *sb 1.* Gültigkeit *f; 2. (of an argument)* Stichhaltigkeit *f*
vallation [və'leɪʃən] *sb (rampart)* Schutzwall *m*
valley ['vælɪ] *sb* Tal *n*
valour ['vælə] *sb* Tapferkeit *f*
valuable ['væljʊəbl] *adj 1.* wertvoll; *sb 2.* Wertgegenstand *m*
valuation [væljʊ'eɪʃən] *sb 1. (process)* Schätzung *f,* Bewertung *f; 2. (estimated value)* Schätzwert *m*
value ['væljuː] *v 1. (estimate the value of)* schätzen, abschätzen; *2. (prize, appreciate)* schätzen; *if you ~ your life* wenn Ihnen Ihr Leben lieb ist; *sb 3.* Wert *m*
value-added tax [væljuː'ædɪd tæks] *sb* Mehrwertsteuer *f*
valueless ['væljʊlɪs] *adj* wertlos
valve [vælv] *sb 1. TECH* Ventil *n; 2. (in a pipe system)* Hahn *m; 3. ANAT* Klappe *f*
vampire ['væmpaɪə] *sb* Vampir *m*
van [væn] *sb* Lieferwagen *m*
vandalism ['vændəlɪzəm] *sb 1.* Vandalismus *m; 2. JUR* mutwillige Beschädigung *f*
vandalize ['vændəlaɪz] *v* mutwillig beschädigen
vane [veɪn] *sb weather ~* Wetterfahne *f,* Wetterhahn *m*
vanguard ['vængɑːd] *sb 1.* Vorhut *f; 2. NAUT* Vorgeschwader *n; 3. (fig)* Spitze *f*
vanish ['vænɪʃ] *v* verschwinden
vanity ['vænɪtɪ] *sb* Eitelkeit *f*
vanity case ['vænɪtɪkeɪs] *sb* Kosmetikkoffer *m*
vanquish ['væŋkwɪʃ] *v* bezwingen, besiegen
vantage ['vɑːntɪdʒ] *sb* Vorteil *m*
vantage point ['vɑːntɪdʒ pɔɪnt] *sb* Aussichtspunkt *m*
vapid ['væpɪd] *adj* geistlos, fade
vaporize ['veɪpəraɪz] *v* verdampfen
vaporous ['veɪpərəs] *adj* dampfförmig, gasförmig
vapour ['veɪpə] *sb* Dunst *m,* Dampf *m*
variability [veərɪə'bɪlɪtɪ] *sb* Veränderlichkeit *f,* Variabilität *f,* Unbeständigkeit *f*
variable ['veərɪəbl] *adj 1.* veränderlich, wechselnd; *2. (adjustable)* regelbar, verstellbar; *sb 3.* Variable *f,* veränderliche Größe *f*
variance ['veərɪəns] *sb to be at ~ with* im Widerspruch stehen; *(people)* uneinig sein mit
variant ['veərɪənt] *sb* Variante *f*
variation [veərɪ'eɪʃən] *sb 1. (varying)* Veränderung *f,* Schwankung *f; 2. BIO, MATH* Variation *f; 3. (new twist, different form)* Variation *f,* Variante *f; 4. MUS* Variation *f; ~s on a theme* Variationen über ein Thema
varied ['vɛərɪd] *adj* unterschiedlich
variety [və'raɪətɪ] *sb 1.* Abwechslung *f; 2. (assortment)* Vielfalt *f; 3. (selection)* Auswahl *f; 4. (type)* Art *f; 5. THEAT* Varietee *n*
various ['vɛərɪəs] *adj* verschieden

vary ['vεərɪ] *v* 1. *(diverge)* sich unterscheiden, abweichen; 2. *(to be different)* unterschiedlich sein; 3. *(fluctuate)* schwanken; 4. *(change sth)* verändern; 5. *(give variety to)* variieren
vase [vɑːz] *sb* Vase *f*
vast [vɑːst] *adj* 1. riesig; 2. *(in area)* ausgedehnt
vastitude ['vɑːstɪtjuːd] *sb* Größe *f*, Weite *f*
vastness ['vɑːstnɪs] *sb* Größe *f*, Weite *f*
vault[1] [vɔːlt] *v* 1. *~ over sth* über etw springen; *sb* 2. *(leap)* Sprung *m*
vault[2] [vɔːlt] *sb* 1. *(cellar)* Gewölbe *n;* 2. *(tomb)* Gruft *f;* 3. *(of a bank)* Tresorraum *m*
vectorial [vek'tɔːrɪəl] *adj* vektoriell
V-E Day [viː'iːdeɪ] *sb HIST* Tag des Sieges in Europa im zweiten Weltkrieg *m* (8. Mai 1945)
veejay ['viːdʒeɪ] *sb (fam)* Video Jockey *m*
veer [vɪə] *v* 1. *(car)* ausscheren; 2. *(ship)* abdrehen; 3. *(wind)* sich drehen
vegetable ['vedʒtəbl] *sb* Gemüse *n*
vegetarian [vedʒɪ'tεərɪən] *sb* 1. Vegetarier *m; adj* 2. vegetarisch
vegetate ['vedʒɪteɪt] *v* vegetieren
vegetation [vedʒɪ'teɪʃən] *sb* Vegetation *f*
vehicle ['viːɪkl] *sb* 1. Fahrzeug *n;* 2. *(means)* Medium *n*
veil [veɪl] *sb* 1. Schleier *m; v* 2. verschleiern; 3. *(fig)* verhüllen
vein [veɪn] *sb* 1. *ANAT* Vene *f*, Ader *f;* 2. *BOT* Rippe *f;* 3. *(in wood, in marble)* Maser *f;* 4. *MIN* Ader *f;* 5. *(fig: style)* Art *f*
velocity [vɪ'lɒsɪtɪ] *sb* Geschwindigkeit *f*
velvet ['velvɪt] *sb* Samt *m*
velvety ['velvɪtɪ] *adj* samtig
venal ['viːnl] *adj* käuflich, korrupt
vend [vend] *v* verkaufen
vendible ['vendəbl] *adj* verkäuflich, gängig
vendition [ven'dɪʃən] *sb* Verkauf *m*
vendor ['vendə] *sb* 1. Verkäufer *m;* 2. *(machine)* Automat *m*
venerate ['venəreɪt] *v* verehren, hoch achten
vengeance ['vendʒəns] *sb* Rache *f*
vengeful ['vendʒfʊl] *adj* rachsüchtig
Venice ['venɪs] *sb GEO* Venedig *n*
venison ['venɪsən] *sb* 1. Wildbret *n;* 2. *(deer meat)* Rehfleisch *n*
venom ['venəm] *sb* Gift *n*
vent[1] [vent] *sb* 1. Öffnung *f; v* 2. *give ~ to (feelings)* Luft machen, *(anger)* auslassen
vent[2] [vent] *sb (in a jacket)* Schlitz *m*
ventilate ['ventɪleɪt] *v* lüften, belüften
ventilation [ventɪ'leɪʃən] *sb* Belüftung *f*, Ventilation *f*
ventilator ['ventɪleɪtə] *sb* Ventilator *m*
venture ['ventʃə] *v* 1. sich wagen; 2. *(sth)* aufs Spiel setzen, riskieren; 3. *(an opinion, a guess)* wagen; *sb* 4. Unternehmen *n*
venue ['venjuː] *sb (for a match, for a concert)* Schauplatz *m*
veracity [və'ræsɪtɪ] *sb* 1. *(truthfulness)* Ehrlichkeit *f*, Aufrichtigkeit *f;* 2. *(correctness)* Richtigkeit *f*
verb [vɜːb] *sb LING* Zeitwort *n*, Verb *n*, Verbum *n*
verbal ['vɜːbəl] *adj* 1. *(oral)* mündlich; 2. *GRAMM* verbal
verbalism ['vɜːbəlɪzəm] *sb (expression)* Ausdruck *m*
verbose [vɜː'bəʊs] *adj* wortreich
verdant ['vɜːdnt] *adj* grün
verification [verɪfɪ'keɪʃən] *sb* 1. *(check)* Überprüfung *f*, Kontrolle *f;* 2. *(confirmation)* Bestätigung *f*, Nachweis *m*
verify ['verɪfaɪ] *v* 1. *(check)* prüfen, nachprüfen; 2. *(confirm)* bestätigen
veritable ['verɪtəbl] *adj* wahrhaft, wahr, echt
verity ['verɪtɪ] *sb* Wahrheit *f*
vermouth [və'muːθ] *sb* Wermut *m*
vernacular [və'nækjʊlə] *sb* 1. *the ~* die Alltagssprache *f;* 2. *the ~ (of a certain place)* die Mundart *f;* 3. *the ~ (of a certain profession)* die Fachsprache *f*
vernal ['vɜːnl] *adj* Frühlings...
versatile ['vɜːsətaɪl] *adj* vielseitig
versatility [vɜːsə'tɪlɪtɪ] *sb* Vielseitigkeit *f*
verse [vɜːs] *sb* 1. *(stanza)* Strophe *f;* 2. *(of the Bible)* Vers *m;* 3. *(poetry)* Dichtung *f*
version ['vɜːʃən] *sb* 1. Fassung *f;* 2. *(account)* Version *f;* 3. *(of a game)* Variante *f;* 4. *ECO* Modell *n*
versus ['vɜːsəs] *prep* 1. gegen; 2. *JUR* kontra
vertical ['vɜːtɪkəl] *adj* senkrecht, vertikal
very ['verɪ] *adv* 1. sehr; *at the ~ latest* allerspätestens; *do one's ~ best* sein Äußerstes tun; *Very well then!* Nun gut! 2. *~ much (to a great degree)* sehr, *(a large amount)* sehr viel; *adj* 3. *(extreme) at the ~ beginning* ganz am Anfang; *at the ~ edge* am äußersten Rand; 4. *(exact) at that ~ moment* genau in dem Augenblick; 5. *(mere) The ~ idea!* Nein, so etwas!

vessel ['vesl] *sb 1. (ship)* Schiff *n; 2. (container)* Gefäß *n*
vested ['vestɪd] *adj ~ interest* persönliches Interesse *n*
veteran ['vetərən] *sb 1.* Veteran *m; 2. SPORT* Routinier *m*
veterinarian [vetərɪ'nɛərɪən] *sb* Tierarzt/ Tierärztin *m/f*
veto ['vi:təʊ] *sb 1.* Veto *n; v 2. ~ sth* ein Veto gegen etw einlegen
vex [veks] *v 1. (annoy)* ärgern, irritieren; *2. (puzzle)* verwirren
vexation [vek'seɪʃən] *sb* Ärger *m*
vexed [vekst] *adj* verärgert
via ['vaɪə] *prep* über, via
viable ['vaɪəbl] *adj (fig)* durchführbar
vibrant ['vaɪbrənt] *adj* vibrierend
vibrate [vaɪ'breɪt] *v 1.* vibrieren, *(tone)* schwingen; *his voice ~d with ...* seine Stimme bebte vor ...; *2. (sth)* zum Vibrieren bringen
vibration [vaɪ'breɪʃən] *sb 1.* Vibrieren *n; 2. (of sound)* Schwingung *f; 3. (of a voice)* Beben *n*
vicar [vɪkə] *sb REL* Pfarrer *m*
vice[1] [vaɪs] *sb* Laster *n; ~ squad* Sittenpolizei *f*
vice[2] [vaɪs] *sb (UK) TECH* Schraubstock *m*
vice[3] [vaɪs] *adj* Vize...
vice-president [vaɪs 'prezɪdənt] *sb POL* Vizepräsident *m*
victim ['vɪktɪm] *sb* Opfer *n*
victimize ['vɪktɪmaɪz] *v 1.* schaden; *2. (s.o. in particular)* schikanieren
victor ['vɪktə] *sb* Sieger *m*
victorious [vɪk'tɔ:rɪəs] *adj* siegreich
victory ['vɪktərɪ] *sb* Sieg *m*
victualler ['vɪtələ] *sb (UK)* Schankwirt(in) *m/f*
victuals ['vɪtəlz] *pl* Lebensmittel *pl*
video ['vɪdɪəʊ] *sb 1.* Video *m; adj 2.* Video...
video conference ['vɪdɪəʊ 'kɒnfərəns] *sb* Videokonferenz *f*
video game ['vɪdɪəʊgeɪm] *sb* Videospiel *n*
videophone ['vɪdɪəʊfəʊn] *sb TECH* Bildschirmtelefon *n*
videotape ['vɪdɪəʊteɪp] *sb* Videoband *n*
view [vju:] *v 1. (examine)* besichtigen; *2. (see)* ansehen; *3. (consider)* betrachten; *sb 4. (watching, range of vision)* Ansicht *f; come into ~* in Sicht kommen; *keep sth in ~* etw im Auge behalten; *5. (sight)* Aussicht *f; 6. (intention)* Absicht *f; have in ~* beabsichtigen; *7. (perspective of sth)* Ansicht *f; 8. in ~ of* angesichts, im Hinblick auf; *9. (examination)* Besichtigung *f; 10. (fig: opinion)* Ansicht *f; in my ~* aus meiner Sicht; *point of ~* Standpunkt *m; 11. (fig: prospect)* Aussicht *f*
viewer ['vju:ə] *sb 1. (person)* Zuschauer *m; 2. (for slides)* Bildbetrachter *m*
viewfinder ['vju:faɪndə] *sb FOTO* Sucher *m*
viewing ['vju:ɪŋ] *sb* Besichtigung *f*
viewless ['vju:lɪs] *adj (not expressing one's opinion)* meinungslos, urteilslos
viewpoint ['vju:pɔɪnt] *sb* Gesichtspunkt *m,* Standpunkt *m*
vignette [vɪ'njet] *sb* Vignette *f*
vigorous ['vɪgərəs] *adj* kräftig, energisch
vigour ['vɪgə] *sb* Kraft *f,* Energie *f*
vile [vaɪl] *adj 1. (smell)* übel; *2. (temper, weather)* scheußlich; *3. (person)* gemein
vilify ['vɪlɪfaɪ] *v* diffamieren, verleumden
villa ['vɪlə] *sb 1.* Villa *f; 2. (UK)* Einfamilienhaus *n,* Doppelhaushälfte *f*
village ['vɪlɪdʒ] *sb* Dorf *n*
villain ['vɪlən] *sb 1. (scoundrel)* Schurke *m; 2. (of a story)* Bösewicht *m; 3. (fam: criminal)* Verbrecher *m*
villainy ['vɪlənɪ] *sb* Gemeinheit *f,* Niederträchtigkeit *f*
vindicate ['vɪndɪkeɪt] *v 1.* rechtfertigen; *2. (a claim)* geltend machen
vindictive [vɪn'dɪktɪv] *adj* nachtragend, rachsüchtig
vine [vaɪn] *sb BOT* Weinstock *m,* Wein *m,* Rebe *f*
vinegar ['vɪnɪgə] *sb* Essig *m*
violate ['vaɪəleɪt] *v 1. (a contract, a treaty, an oath)* verletzen; *2. (a law)* übertreten; *3. ~ s.o.'s privacy* in jds Privatsphäre eindringen; *4. (rape)* vergewaltigen
violation [vaɪə'leɪʃən] *sb 1. (of a contract)* Verletzung *f; 2. (of a law)* Gesetzübertretung *f; 3. (rape)* Vergewaltigung *f*
violator ['vaɪəleɪtə] *sb* Verletzer *m*
violence ['vaɪələns] *sb 1.* Gewalt *f; 2. (forcefulness)* Heftigkeit *f*
violent ['vaɪələnt] *adj 1.* gewalttätig; *2. (forceful)* heftig, stark, gewaltig
violin [vaɪə'lɪn] *sb MUS* Geige *f,* Violine *f*
VIP [vi:aɪ'pi:] *sb (fam: very important person)* VIP *m*
viral ['vaɪrəl] *adj* Virus...
virgin ['vɜ:dʒɪn] *adj 1.* unberührt; *sb 2.* Jungfrau *f*
virginal ['vɜ:dʒɪnl] *adj* jungfräulich
virginity [vɜ:'dʒɪnɪtɪ] *sb* Unschuld *f; lose one's ~* die Unschuld verlieren

virile ['vɪraɪl] *adj* männlich
virtual ['vɜːtʃʊəl] *adj to be a ~ ...* praktisch ein/eine ... sein, so gut wie ein/eine ... sein
virtually ['vɜːtʃʊəlɪ] *adv* fast, beinahe, praktisch
virtual reality ['vɜːtʃʊəl rɪ'ælɪtɪ] *sb INFORM* virtuelle Realität *f*
virtue ['vɜːtʃuː] *sb 1.* Tugend *f; make a ~ of necessity* aus der Not eine Tugend machen; *2. (chastity)* Tugendhaftigkeit *f; 3. by ~ of* auf Grund, kraft
virtuosity [vɜːtʃʊ'ɒsɪtɪ] *sb* Virtuosität *f*
virtuous ['vɜːtʃʊəs] *adj* tugendhaft
virulent ['vɪrʊlənt] *adj* virulent
virus ['vaɪrəs] *sb 1. MED* Virus *n; 2. INFORM* Virus *m*
visa ['viːzə] *sb* Visum *n*
viscous ['vɪskəs] *adj* zähflüssig
vise [vaɪs] *sb* Schraubstock *m*
visibility [vɪzɪ'bɪlɪtɪ] *sb 1.* Sichtbarkeit *f; 2. (distance one can see)* Sichtweite *f; 3. (conditions)* Sichtverhältnisse *pl*
visible ['vɪzəbl] *adj 1.* sichtbar; *2. (obvious)* sichtlich
vision ['vɪʒən] *sb 1. (ability to see)* Sehvermögen *n; line of ~* Gesichtslinie *f,* Gesichtsachse *f; 2. (foresight)* visionäre Kraft *f,* Weltblick *m; 3. (in a dream, supernatural)* Vision *f; 4. (conception)* Vorstellung *f*
visionary ['vɪʒənərɪ] *adj 1. (visional)* visionär; *2. (impractical)* unrealistisch, fantastisch
visit ['vɪzɪt] *v 1.* einen Besuch machen; *2. (s.o., sth)* besuchen; *sb 3.* Besuch *m; pay s.o. a ~* jdn besuchen
visitor ['vɪzɪtə] *sb* Besucher *m,* Gast *m*
visitorial [vɪzɪ'tɔːrɪəl] *adj* Visitations...
visor ['vaɪzə] *sb 1. (cap)* Schildkappe *f; 2. (in a car)* Sonnenblende *f*
vista ['vɪstə] *sb* Aussicht *f,* Blick *m*
visualize ['vɪzjʊəlaɪz] *v* sich vorstellen
vital ['vaɪtl] *adj 1. (essential for life)* lebenswichtig; *2. (very important)* unerlässlich; *3. (pertaining to life)* vital, Lebens...
vitalize ['vaɪtəlaɪz] *v* beleben
vitiate ['vɪʃɪeɪt] *v* beeinträchtigen, verderben
vivacity [vɪ'væsɪtɪ] *sb* Lebhaftigkeit *f*
vivid ['vɪvɪd] *adj 1. (clear)* deutlich; *2. (description, imagination)* lebhaft; *3. (bright)* hell
vividness ['vɪvɪdnɪs] *sb* Lebhaftigkeit *f,* Lebendigkeit *f*
vivify ['vɪvɪfaɪ] *v* beleben
vivisection [vɪvɪ'sekʃən] *sb* Vivisektion *f*
vocabulary [vəʊ'kæbjʊlərɪ] *sb* Wortschatz *m,* Vokabular *n*
vocal ['vəʊkəl] *adj 1.* Stimm...; *2. (verbal)* mündlich; *3. (vociferous)* lautstark
vocalist ['vəʊkəlɪst] *sb* Sänger *m*
voice [vɔɪs] *v 1.* äußern; *sb 2.* Stimme *f; raise one's ~* seine Stimme erheben, *(speak up)* lauter sprechen; *with one ~* einstimmig; *give ~ to sth* etw öffentlich zum Ausdruck bringen; *3. (fig: say)* Stimmrecht *n; 4. GRAMM* Genus *n; passive ~* Passiv *n*
volcanic [vɒl'kænɪk] *adj* Vulkan..., vulkanisch
volcano [vɒl'keɪnəʊ] *sb* Vulkan *m*
volition [və'lɪʃən] *sb* Wille *m; of its own ~* von selbst
volley ['vɒlɪ] *sb 1.* Salve *f,* Hagel *m; 2. (fig)* Hagel *m,* Flut *f; 3. (in tennis) SPORT* Volley *m*
voltage ['vəʊltɪdʒ] *sb PHYS* Spannung *f*
volume ['vɒljuːm] *sb 1. (measure)* Volumen *n; 2. (fig: of business, of traffic)* Umfang *m; 3. (loudness)* Lautstärke *f; 4. (book)* Band *m*
voluntary ['vɒləntərɪ] *adj* freiwillig
volunteer [vɒlən'tɪə] *sb 1.* Freiwillige(r) *m/f; v 2.* sich freiwillig melden; *3. (sth)* anbieten
vomit ['vɒmɪt] *v* sich erbrechen
voracious [və'reɪʃəs] *adj 1.* gefräßig; *2. (fig)* unersättlich
vote [vəʊt] *v 1.* wählen; *~ on* abstimmen über; *~ down* niederstimmen; *2. (a party)* wählen; *3. (fam: name, judge)* wählen zu; *sb 4. (election, act of voting)* Abstimmung *f,* Wahl *f; take a ~ on sth* über eine Sache abstimmen lassen; *5. (one ~)* Stimme *f; 6. (result of voting)* Abstimmungsergebnis *n,* Wahlergebnis *n; 7. (right to ~)* Wahlrecht *n*
voter ['vəʊtə] *sb* Wähler *m*
vouch [vaʊtʃ] *v ~ for* bürgen für
voucher ['vaʊtʃə] *sb 1. (coupon)* Gutschein *m; 2. (receipt)* Beleg *m*
vow [vaʊ] *v 1.* geloben, schwören; *sb 2.* Versprechen *n,* Gelöbnis *n; 3. REL* Gelübde *n*
vowel ['vaʊəl] *sb LING* Vokal *m,* Selbstlaut *m*
voyage ['vɔɪɪdʒ] *sb* Reise *f*
voyeur [vwɑː'jɜː] *sb* Voyeur *m*
vulnerability [vʌlnərə'bɪlɪtɪ] *sb 1.* Verletzbarkeit *f,* Verwundbarkeit *f; 2. (fig)* Anfälligkeit *f*
vulnerable ['vʌlnərəbl] *adj 1.* verletzbar, verwundbar; *2. (fig: to criticism, to temptation)* anfällig
vulture ['vʌltʃə] *sb* Geier *m*

W

wacky ['wækɪ] *adj (fam)* ausgefallen, schräg

wafer ['weɪfə] *sb 1.* Waffel *f; 2. REL* Hostie *f*

wagon ['wægən] *sb* Wagen *m*

waif [weɪf] *sb* verlassenes Kind *n*

wail [weɪl] *v 1.* heulen; *2. (mourner)* klagen; *3. (complain)* jammern

waist [weɪst] *sb* Taille *f*

waist-deep [weɪst diːp] *adj* bis zur Taille

wait [weɪt] *v 1.* warten; *~ for* warten auf; *Wait and see!* Abwarten und Tee trinken. (fam); *keep s.o. ~ing* jdn warten lassen; *That can ~.* Das hat Zeit. *I can't ~ (to do sth)* ich kann es kaum noch erwarten (bis ich etw tue); *2. ~ one's turn* warten, bis man an der Reihe kommt; *sb 3.* Wartezeit *f; It was worth the ~. (fam)* Es hat sich gelohnt, darauf zu warten. *4. lie in ~ for s.o.* jdm auflauern

waiter ['weɪtə] *sb* Kellner *m; Waiter!* Herr Ober!

waiting room ['weɪtɪŋruːm] *sb 1. (at a railway station)* Wartesaal *m; 2. (at a doctor's office)* Wartezimmer *n*

waitress ['weɪtrɪs] *sb* Kellnerin *f*

wake¹ [weɪk] *sb NAUT* Kielwasser *n; in the ~ of (fig)* im Gefolge

wake² [weɪk] *v irr 1.* aufwachen; *2. (s.o.)* erwecken; *sb 3. (for a dead person)* Totenwache *f*

walk [wɔːk] *v 1.* gehen, laufen, *(as opposed to riding)* zu Fuß gehen; *~ all over s.o. (fig)* jdn wie den letzten Dreck behandeln, *2. (a distance)* laufen, gehen, zurücklegen; *3. (a dog)* ausführen; *4. (lead along)* führen; *~ s.o. home* jdn nach Hause bringen; *5. (gait)* Gang *m; 6. (stroll)* Spaziergang *m; go for a ~, take a ~* spazieren gehen; *7. (path)* Weg *m; 8. (distance to be ~ed)* Strecke *f; 9. ~ of life (fig)* Schicht *f*

• walk away *v* davongehen

walkie-talkie ['wɔːkɪ'tɔːkɪ] *sb* Walkie-Talkie *n,* tragbares Funkgerät *n*

walk-on ['wɔːkɒn] *sb (part) THEAT* Statistenrolle *f*

wall [wɔːl] *sb 1. (outside)* Mauer *f; 2. (part of a building)* Wand *f; drive s.o. up the ~ (fam)* jdn auf die Palme bringen

wallet ['wɒlɪt] *sb* Brieftasche *f*

wallop ['wɒləp] *v 1.* eine knallen (fam), schlagen; *2. (fig: defeat decisively) SPORT* eine Schlappe beibringen; *sb 3.* wuchtiger Schlag *m*

wallow ['wɒləʊ] *v 1.* sich suhlen, sich wälzen; *2. (fig) ~ in* schwelgen in

wall-to-wall ['wɔːltuː'wɔːl] *adj ~ carpeting* Teppichboden *m*

waltz [wɔːlts] *sb MUS* Walzer *m*

waltzer ['wɔːltsə] *sb* Walzertänzer *m*

wan [wɒn] *adj 1. (pallid)* bleich, fahl; *2. (smile)* schwach

wand [wɒnd] *sb 1.* Stab *m; 2. (magic ~)* Zauberstab *m*

wander ['wɒndə] *v 1.* wandern; *~ about* umherwandern; *2. (stray)* irren; *3. (fig: thoughts, eye)* schweifen

wandering ['wɒndərɪŋ] *adj* wandernd, umherziehend

want [wɒnt] *v 1.* wollen, wünschen, mögen; *~ to do sth* etw tun wollen; *2. ~ for (lack) he ~s for ...* es fehlt ihm ...; *3. (sth)* wollen, wünschen, mögen; *(need)* brauchen; *4. (to be searching for)* suchen; *sb 5. (need)* Bedürfnis *n; 6. (wish)* Wunsch *m; 7. (lack)* Mangel *m; for ~ of* mangels; *8. (poverty)* Not *f*

wanting ['wɒntɪŋ] *adj* fehlend, mangelnd; *to be found ~* sich als mangelhaft erweisen

war [wɔː] *sb* Krieg *m; make ~* Krieg führen

war correspondent [wɔː kɒrəs'pɒndənt] *sb* Kriegsberichterstatter *m*

war crime ['wɔːkraɪm] *sb* Kriegsverbrechen *n*

war criminal ['wɔːkrɪmɪnəl] *sb* Kriegsverbrecher *m*

wardrobe ['wɔːdrəʊb] *sb 1.* Garderobe *f; 2. (place for clothes)* Kleiderschrank *m*

ware ['wɛə] *sb* Ware *f,* Erzeugnis *n*

warehouse ['wɛəhaʊs] *sb* Lagerhaus *n,* Lager *n*

warehousing ['wɛəhaʊzɪŋ] *sb FIN* Lagerung *f*

warlike ['wɔːlaɪk] *adj* kriegerisch, militant

warm [wɔːm] *adj 1.* warm; *you're getting ~er (fig)* du kommst der Sache näher; *2. (~-hearted)* herzlich; *v 3.* sich erwärmen; *~ to s.o.* sich für jdn erwärmen; *4. (sth)* wärmen

warm-blooded [wɔːm'blʌdɪd] *adj* warmblütig

warmth [wɔːmθ] *sb* Wärme *f*

warm-up ['wɔːmʌp] *sb SPORT* Aufwärmen *n*

warn [wɔːn] *v 1.* warnen; *~ against* warnen vor; *2. (give an official warning to)* verwarnen
warning ['wɔːnɪŋ] *sb 1.* Warnung *f; 2. (notice)* Ankündigung *f,* Benachrichtigung *f*
war paint [wɔː peɪnt] *sb* Kriegsbemalung *f*
warrior ['wɒrɪə] *sb* Krieger *m*
warship ['wɔːʃɪp] *sb* Kriegsschiff *n*
wartime ['wɔːtaɪm] *sb* Kriegszeit *f*
wash [wɒʃ] *v 1.* waschen; *~ one's hands* sich die Hände waschen; *2. (dishes)* spülen; *3. (tide: carry)* spülen; *4. That excuse won't ~. (fam)* Diese Ausrede zieht nicht. *sb 5. need a ~* gewaschen werden müssen; *6. (laundry)* Wäsche *f; 7. MED* Waschung *f*
• **wash down** *v 1. (wash off)* abwaschen; *2. (food, by drinking)* hinunterspülen
washable ['wɒʃəbl] *adj* waschbar
washbasin ['wɒʃbeɪsɪn] *sb (washstand)* Waschbecken *n*
washcloth ['wɒʃklɒθ] *sb (US)* Waschlappen *m*
washing machine ['wɒʃɪŋməʃiːn] *sb* Waschmaschine *f*
waste [weɪst] *v 1. ~ away* dahinschwinden; *2. (sth)* verschwenden, vergeuden, *(a chance)* vertun; *sb 3.* Verschwendung *f; 4. (rubbish)* Abfall *m; 5. (~ material)* Abfallstoffe *pl; 6. ~s pl (wasteland)* Einöde *f*
wasted ['weɪstɪd] *adj 1.* verschwendet; *2. (fam: drunk) (US)* volltrunken
wasting ['weɪstɪŋ] *adj* zehrend, schwächend
watch [wɒtʃ] *sb 1. (wrist~)* Armbanduhr *f; 2. (pocket~)* Taschenuhr *f; 3. (duty)* Wache *f; keep a close ~ on s.o.* jdn scharf beobachten; *v 4.* zusehen, zuschauen; *5. (a TV show)* sich ansehen; *6. (guard)* aufpassen auf; *7. (sth)* beobachten, zusehen bei; *8. (to be careful of)* achten auf, aufpassen auf
• **watch out** Ausschau halten
• **watch over** *v* wachen über, aufpassen auf
watchtower ['wɒtʃtaʊə] *sb* Wachtturm *m*
water ['wɔːtə] *sb 1.* Wasser *n; hold ~ (fig)* stichhaltig sein; *to be in hot ~ (fig)* in Schwulitäten sein; *throw cold ~ on sth (fam)* die Begeisterung für etw dämpfen; *keep one's head above ~* den Kopf über Wasser halten; *like a fish out of ~* fehl am Platze; *2. ~s pl* Gewässer *n; v 3. (mouth)* wässern; *make s.o.'s mouth ~* jdm den Mund wässrig machen; *4. (eyes)* tränen; *5. (sth)(a plant)* begießen; *6. (livestock)* tränken
watercolourist ['wɔːtəkʌlərɪst] *sb ART* Aquarellmaler *m*
watered-down [wɔːtəd'daʊn] *adj (fig)* verwässert
waterfall ['wɔːtəfɔːl] *sb* Wasserfall *m*
waterfront ['wɔːtəfrʌnt] *sb 1.* Ufer *n; 2. (part of town)* Hafenviertel *n*
water level ['wɔːtəlevl] *sb* Wasserstand *m*
water line ['wɔːtəlaɪn] *sb* Wasserlinie *f*
waterproof ['wɔːtəpruːf] *adj 1.* wasserundurchlässig, wasserdicht; 2. wasserundurchlässig machen, wasserdicht machen
water-resistant ['wɔːtərɪzɪstənt] *adj* wasserbeständig
water sports ['wɔːtəspɔːts] *pl SPORT* Wassersport *m*
watery ['wɔːtərɪ] *adj* wässrig, wässerig tralische Akazie *f*
wave [weɪv] *v 1. (flag)* wehen; *2. (person)* winken; *3. (sth)* schwenken; *~ one's arms* mit den Armen fuchteln; *~ goodbye to s.o.* jdm zum Abschied zuwinken; *4. ~ s.o. off/aside/to a chair/away* jdn mit einer Handbewegung auffordern, etw zu tun; *She ~d me over.* Die winkte mich zu sich herüber. *sb 5.* Welle *f; 6. (gesture)* Winken *n*
waver ['weɪvə] *v 1. (courage)* wanken; *2. (in making a decision)* schwanken; *3. (quiver) (light)* flackern, *(voice)* zittern
wax [wæks] *v 1. (apply wax to)* wachsen; *sb 2.* Wachs *n; 3. (ear~)* Ohrenschmalz *n*
wax museum [wæksmjuː'zɪəm] *sb* Wachsfigurenkabinett *n*
waxy ['wæksɪ] *adj* wächsern
way [weɪ] *sb 1. (manner)* Art *f,* Weise *f; to my ~ of thinking* meiner Meinung nach; *have a ~ with sth* mit etw umgehen können; *do sth the hard ~* etw auf die schwierigste Art machen; *one ~ or another* so oder so; *show s.o. the ~ to do sth* jdm zeigen, wie etw gemacht wird; *have one's ~* seinen Willen bekommen; *have it both ~s* beides haben; *2. to be in a bad ~* in einer schlimmen Lage sein, in schlechter Verfassung sein; *3. (respect)* Hinsicht *f; in no ~* in keiner Weise; *in a ~* in gewisser Hinsicht; *in some ~s* in mancher Hinsicht; *4. (custom)* Art *f; the ~ of the world* der Lauf der Welt
we [wiː] *pron* wir
weak [wiːk] *adj* schwach
weakly ['wiːklɪ] *adj* schwächlich, angeschlagen, labil
weakness ['wiːknɪs] *sb* Schwäche *f*
wealth [welθ] *sb 1.* Reichtum *m; 2. (fig: abundance)* Fülle *f*
wealthy ['welθɪ] *adj* reich, wohlhabend
weapon ['wepən] *sb* Waffe *f*

wear [wɛə] *v irr 1. (become worn)* sich abnutzen, *(clothes)* durchgewetzt werden; *My patience is ~ing thin.* Mir geht langsam die Geduld aus. *His jokes are ~ing thin.* Nun fangen seine Witze an zu nerven. *2. ~ well* strapazierfähig sein, *(article of clothing)* sich gut tragen, *(fam: person)* sich gut halten; *3. (sth)(clothes, a moustache)* anhaben; *4. (make worn)* abnutzen, *(clothes)* durchwetzen; *sb 5. (clothing)* Kleidung *f; 6. (~ and tear)* Abnutzung *f,* Verschleiß *m*

• **wear off** *v irr (effect)* nachlassen

• **wear out** *v irr 1. wear o.s. out* sich erschöpfen; *2. wear s.o. out* jdn erschöpfen, jdn aufarbeiten; *3. to be worn out* erschöpft sein

wearing ['wɛərɪŋ] *adj* anstrengend, ermüdend

weary ['wɪərɪ] *adj 1.* müde; *2. grow ~ of sth* einer Sache überdrüssig sein; *v 3. ~ of sth* einer Sache überdrüssig sein; *4. (s.o.)* ermüden

weather ['weðə] *sb 1.* Wetter *n; v 2. (endure)* überstehen

weather forecast ['weðə 'fɔːkɑːst] *sb* Wettervorhersage *f*

weather station ['weðəsteɪʃən] *sb METEO* Wetterwarte *f*

weave [wiːv] *v irr 1. ~ through traffic* sich durch den Verkehr schlängeln; *2. (sth)(thread, cloth)* weben; *3. (baskets)* flechten

web [web] *sb 1.* Netz *n; 2. ~ of lies* Lügengewirr *n; 3. INFORM the Web (WWW)* das Netz *f*

wedding ['wedɪŋ] *sb* Hochzeit *f*

wedding cake ['wedɪŋkeɪk] *sb* Hochzeitstorte *f*

wedding day ['wedɪŋdeɪ] *sb* Hochzeitstag *m*

wedding dress ['wedɪŋdres] *sb* Brautkleid *n*

wedding ring ['wedɪŋrɪŋ] *sb* Trauring *m*

wedge [wedʒ] *sb 1.* Keil *m; drive a ~ between* einen Keil treiben zwischen; *2. (~-shaped piece)* keilförmiges Stück *n; (of cake)* Stück *n, (of cheese)* Ecke *f; 3. MIL* Keil *m,* Keilformation *f; v 4.* verkeilen; *5. (fig) to be ~d between two things* zwischen zwei Dingen eingezwängt sein; *~ sth into sth* etw in etw einzwängen

wee [wiː] *adj 1.* winzig; *2. (small)* klein; *a ~ bit* ein kleines bisschen

week [wiːk] *sb* Woche *f*

weekend ['wiːkend] *sb* Wochenende *n*

weekly ['wiːklɪ] *adj* wöchentlich, Wochen...

weep [wiːp] *v irr* weinen

weepy ['wiːpɪ] *adj 1.* weinerlich; *2. (story)* rührselig

weigh [weɪ] *v 1.* wiegen; *2. ~ on (fig)* lasten auf; *3. (sth)* wiegen; *4. (fig: pros and cons)* abwägen; *~ one's words* seine Worte abwägen; *5. ~ anchor NAUT* den Anker lichten

weight [weɪt] *sb 1.* Gewicht *n; lose ~/gain ~ (person)* abnehmen/zunehmen; *2. (fig: burden)* Last *f*

weird [wɪəd] *adj 1. (uncanny)* unheimlich; *2. (strange)* seltsam

weirdo ['wɪədəʊ] *sb (fam)* irrer Typ *m*

welcome ['welkəm] *v 1. (s.o.)* begrüßen, willkommen heißen; *2. (fig: sth)* begrüßen; *adj 3.* willkommen; *You're ~ to try.* Sie können es gerne versuchen. *4. You're ~!* Bitte! Bitte sehr! Nichts zu danken! *sb 5.* Willkommen *n; a warm ~* ein herzlicher Empfang; *6. wear out one's ~* länger bleiben als man erwünscht ist

well¹ [wel] *sb 1.* Brunnen *m; 2. (oil ~)* Ölquelle *f; 3. (fig: source)* Quelle *f; v 4. ~ up* hervorquellen

well² [wel] *adv 1.* gut; *Well done!* Gut gemacht! *She's ~ over seventy.* Sie ist weit über siebzig. *2. as ~* auch, ebenfalls; *as ~ as* sowie; *3. (probably)* wohl; *That may ~ be true.* Das könnte auch stimmen. *adj 4.* gut; *all's ~ that ends ~* Ende gut, alles gut; *5. (healthy)* gesund; *Get ~ soon!* Gute Besserung! *interj 6.* nun, also; *7. (when pondering sth)* tja; *8. Well, ~, ~! (surprised to see s.o.)* Sieh mal einer an!

well-behaved [welbɪ'heɪvd] *adj* wohlerzogen, artig

well-born [wel bɔːn] *adj* aus guter Familie

well-built [wel bɪlt] *adj (person)* gut gebaut

well-connected [wel kə'nektɪd] *adj* mit guten Beziehungen; *to be ~* gute Beziehungen haben

well-developed [weldɪ'veləpt] *adj* gut entwickelt

well-done ['wel'dʌn] *adj 1.* gutgemacht; *2. GAST* durchgebraten

well-educated [wel'edjʊkeɪtɪd] *adj* wohlerzogen

well-fed ['welfed] *adj* wohlgenährt

well-informed [welɪn'fɔːmd] *adj (person)* gutinformiert

wellington ['welɪŋtən] *sb (UK)* Gummistiefel *m*

well-intentioned ['welɪn'tenʃənd] *adj 1.* wohl gemeint; *2. (person)* wohlmeinend

well-kept ['welkept] *adj (secret)* streng gehütet
well-known ['welnəʊn] *adj* bekannt
well-meaning ['welmiːnɪŋ] *adj* wohlmeinend
well-off ['wel'ɒf] *adj (financially)* wohlhabend
well-read ['wel'red] *adj* belesen
well-spoken ['welspəʊkən] *adj* sprachgewandt
well-thought-of ['welθɔːtɒv] *adj* angesehen
well-timed ['weltaɪmd] *adj* zeitlich günstig
well-to-do ['weltə'duː] *adj* wohlhabend
well-wisher ['welwɪʃə] *sb* jmd, der jdm alles Gute wünscht
well-worn ['welwɔːn] *adj* abgetragen, abgenützt
west [west] *adj 1.* West..., westlich; *adv 2.* nach Westen, westwärts; *sb 3.* Westen *m*
western ['westən] *adj 1.* westlich; *sb 2. CINE* Western *m*
westward ['westwəd] *adj* westwärts
wet [wet] *v 1.* nass machen, befeuchten; *adj 2.* nass; *You're all ~! (fig)* Du irrst dich gewaltig! *3. (climate)* feucht
wet blanket [wet 'blæŋkɪt] *sb* Miesmacher *m,* Spielverderber *m*
wetness ['wetnɪs] *sb* Nässe *f*
whack [wæk] *v (strike)* schlagen, hauen
whacking ['wækɪŋ] *adj (fam)* Mords...
wharf [wɔːf] *sb* Kai *m*
what [wɒt] *pron 1.* was; *What's for dinner?* Was gibt's zum Abendessen? *He knows ~'s ~.* Er weiß Bescheid. *What do you take me for?* Wofür hältst du mich eigentlich? *adj 2. (which)* welche(r,s), was für; *3. (all that)* alle, die, alles, was; *~ little I had* das Wenige, das ich hatte; *interj 4. (isn't that right) Nice weather today, ~?* Schönes Wetter heute, nicht wahr?
whatever [wɒt'evə] *pron 1.* was, was auch immer; *2. (no matter what)* egal was; *3. (in a question)* was ... wohl; *adj 4.* egal welche(r,s); *nothing ~* überhaupt nichts
whatsoever [wɒtsəʊ'evə] *adj 1.* überhaupt; *pron 2.* was auch immer
wheel [wiːl] *sb 1.* Rad *n; meals on ~s* Essen auf Rädern *n 2. (steering ~)* Lenkrad *n; at the ~* am Steuer; *take the ~* das Steuer übernehmen; *3. (roulette ~)* Drehscheibe *f; 4. (potter's ~)* Töpferscheibe *f*
wheelchair ['wiːltʃɛə] *sb* Rollstuhl *m*
when [wen] *adv 1.* wann; *Say ~!* Sag, wenn du genug hast! *2. (relative) on the day ~* an dem Tag, als; *konj 3.* wenn, *(in the past)* als; *4. (as soon as)* sobald; *5. (~ doing sth)* beim; *6. (although)* wo ... doch
whenever [wen'evə] *adv 1. (any time that)* wann immer; *~ you're ready* sobald du fertig bist; *2. (every time that)* immer wenn
where [wɛə] *adv 1.* wo; *2. (to ~)* wohin; *3. (from ~)* woher
whereby [wɛə'baɪ] *adv 1.* wodurch, womit; *2. (relative)* durch welchen
wherever [wɛər'evə] *adv 1.* wo auch immer, egal wo; *2. (every place where)* überall, wo; *3. Wherever did you find it?* Wo hast du das bloß gefunden?
whether ['weðə] *konj 1.* ob; *2. (no matter ~)* egal, ob
which [wɪtʃ] *adj 1.* welche(r,s); *pron 2. (relative) (referring to a noun)* der/die/das, welche(r,s); *3. (referring to a clause)* was; *4. (interrogative)* welche(r,s); *Which is ~?* Welche(r,s) ist welche(r,s)?
whichever [wɪtʃ'evə] *adv* welche(r,s) auch immer, ganz gleich welche(r,s)
while [waɪl] *konj 1.* während; *2. (although)* obwohl; *sb 3.* Weile *f; for quite a ~* ziemlich lange; *to be worth one's ~ to ...* sich für jdn lohnen, zu ... *4. once in a ~* gelegentlich, ab und zu; *v 5. ~ away the time* sich die Zeit vertreiben
whilst [waɪlst] *konj* während
whimper ['wɪmpə] *v 1.* wimmern; *2. (dog)* winseln; *sb 3.* Wimmern *n; 4. (dog's)* Winseln *n*
whine [waɪn] *v 1. (complain)* jammern; *2. (child)* quengeln; *3. (dog)* jaulen; *4. (siren)* heulen
whip [wɪp] *v 1. (a horse)* peitschen, *(a person)* auspeitschen; *2. GAST* schlagen; *3. (defeat)* vernichtend schlagen; *4. (make a quick movement) ~ out one's wallet* seine Brieftasche rasch aus der Tasche ziehen; *sb 5.* Peitsche *f*
• **whip up** *v 1. (incite)* antreiben, anheizen, aufpeitschen; *2. (prepare hurriedly)* schnell machen, *(meal)* schnell zubereiten
whipped cream ['wɪpt'kriːm] *sb GAST* Schlagsahne *f*
whisk [wɪsk] *v 1. ~ sth away* etw schnell entfernen; *He was ~ed away in a limousine.* Eine Limousine sauste schnell mit ihm davon. *sb 2. GAST* Schneebesen *m*
whisky ['wɪskɪ] *sb* Whisky *m*

whisper ['wɪspə] *v 1.* flüstern; *2. (wind)* wispern; *sb 3.* Geflüster *n,* Flüstern *n*

whistle ['wɪsl] *v 1.* pfeifen; *2. (fig) An arrow ~d through the air.* Ein Pfeil schwirrte durch die Luft. *sb 3. (instrument)* Pfeife *f; wet one's ~ (fig)* einen heben; *4. (sound)* Pfiff *m*

white [waɪt] *adj 1.* weiß; *2. a ~ lie* eine Höflichkeitslüge *f; sb 3. (colour)* Weiß *n; 4. (of an eye)* das Weiße im Auge *n; 5. (egg)* Eiweiß *n; 6. (person)* Weiße(r) *m/f; 7. ~s pl (~ clothes)* weiße Kleidung *f*

White House ['waɪthaʊs] *sb the ~* das Weiße Haus *n*

white wine ['waɪt'waɪn] *sb GAST* Weißwein *m*

who [hu:] *pron 1.* wer; *(direct object)* wen; *(indirect object)* wem; *2. (relative pronoun)* der/die/das, welche(r,s)

whoever [hu:'evə] *pron 1.* wer auch immer; *2. (all who)* jeder der; *3. (no matter who)* egal wer

whole [həʊl] *adj 1.* ganz; *a ~ lot of ...* eine ganze Menge ...; *sb 2.* Ganze *n; 3. on the ~* alles in allem, im Großen und Ganzen

wholesale ['həʊlseɪl] *sb 1. ECO* Großhandel *m; adv 2. ECO* im Großhandel; *adj 3. (fig)* Massen..., unterschiedslos

whom [hu:m] *pron 1. (interrogative: accusative case)* wen, *(dative case)* wem; *2. (relative: accusative case)* den/die/das/die, *(dative case)* dem/der/dem/denen; *to ~* dem/der/dem/denen; *all of ~* von denen alle

whopper ['wɒpə] *sb* Mordsding *n*

whore [hɔ:] *sb* Hure *f*

whorehouse ['hɔ:haʊs] *sb* Bordell *n,* Freudenhaus *n*

whose [hu:z] *pron 1.* wessen; *Whose is it?* Wem gehört's? *2. (relative)* dessen/deren/dessen/deren

why [waɪ] *adv 1.* warum, weshalb; *interj 2.* nun, aber

wicked ['wɪkɪd] *adj 1.* böse; *2. (grin, parody)* boshaft

wide [waɪd] *adj 1.* breit; *2. (eyes, selection)* groß; *3. (plain)* weit; *adv 4.* weit; *Open ~!* Weit aufmachen! *5. (not on target)* daneben

widen ['waɪdn] *v 1.* breiter werden; *2. (sth)* erweitern; *3. (a street)* verbreitern; *4. (a hole)* ausweiten

wide-screen ['waɪdskri:n] *adj* Breitwand...

widespread ['waɪdspred] *adj* weit verbreitet

widow ['wɪdəʊ] *sb* Witwe *f*

widower ['wɪdəʊə] *sb* Witwer *m*

widow's peak ['wɪdəʊzpi:k] *sb* dreieckiger Haaransatz *m*

wife [waɪf] *sb* Frau *f,* Ehefrau *f,* Gattin *f*

wiggle ['wɪgl] *v 1.* wackeln; *2. (sth)* wackeln mit

wild [waɪld] *adj 1.* wild; *2. (flower)* wild wachsend; *3. (crazy)* verrückt; *to be ~ about sth (fig)* auf etw scharf sein; *a ~ guess* eine wilde Vermutung; *drive s.o. ~* jdn wahnsinnig machen; *sb 4.* Wildnis *f*

wildcat ['waɪldkæt] *sb* Wildkatze *f*

wilderness ['wɪldənɪs] *sb* Wildnis *f*

wildfire ['waɪldfaɪə] *sb spread like ~* sich wie ein Lauffeuer verbreiten

wildlife ['waɪldlaɪf] *sb* Wildtiere *pl*

wildlife preserve ['waɪldlaɪf prɪ'zɜ:v] *sb* Tierschutzgebiet *n*

wilful ['wɪlfʊl] *adj (deliberate)* vorsätzlich, mutwillig

will[1] [wɪl] *v 1. (future)* werden; *2. Accidents ~ happen.* Unfälle wird es immer geben. *3. would (see "would")*

will[2] [wɪl] *v 1. (cause to happen by force of ~)* erzwingen; *2. (bequeath)* vermachen; *sb 3.* Wille *m; at ~* nach Belieben; *4. (last ~ and testament)* letzter Wille *n,* Testament *n*

willing ['wɪlɪŋ] *adj 1.* bereitwillig; *2. to be ~ to do sth* bereit sein, etw zu tun

willow ['wɪləʊ] *sb BOT* Weide *f*

willpower ['wɪlpaʊə] *sb* Willenskraft *f*

wilt [wɪlt] *v 1.* verwelken; *2. (fig: person)* schlapp werden; *3. (enthusiasm, courage)* nachlassen

wimp [wɪmp] *sb (fam)* Schlappschwanz *m,* Waschlappen *m*

win [wɪn] *v irr 1.* gewinnen, siegen; *2. (sth)* gewinnen; *3. (a scholarship)* bekommen; *4. (praise)* ernten; *sb 5.* Sieg *m*

wind[1] [wɪnd] *sb 1.* Wind *m; get ~ of sth (fig)* von etw Wind bekommen, etw spitzkriegen; *2. (breath)* Atem *m; 3. (flatulation)* Blähung *f*

wind[2] [waɪnd] *v irr 1. (road, river)* sich winden, sich schlängeln; *2. (sth)* winden, wickeln, *(onto a reel)* spulen; *3. (a toy, a watch)* aufziehen; *4. ~ sth around sth* etw um etw wickeln

windbreaker ['wɪndbreɪkə] *sb (US)* Windjacke *f*

window ['wɪndəʊ] *sb 1.* Fenster *n; 2. (at a bank)* Schalter *m*

window-dressing ['wɪndəʊdresɪŋ] *sb 1.* Schaufenstergestaltung *f; 2. (fig: front, facade)* Fasade *f,* äußere Erscheinung *f*

window-shopping ['wɪndəʊʃɒpɪŋ] *sb* Schaufensterbummel *m*
windscreen ['wɪndskriːn] *sb (UK)* Windschutzscheibe *f*
windscreen wiper ['wɪndskriːnwaɪpə] *sb (UK)* Scheibenwischer *m*
windshield ['wɪndʃiːld] *sb (US)* Windschutzscheibe *f*
windsurf ['wɪndsɜːf] *v* surfen
windsurfing ['wɪndsɜːfɪŋ] *sb* Windsurfen *n*
windy ['wɪndɪ] *adj* windig
wine [waɪn] *sb* Wein *m*
wine bar ['waɪnbɑː] *sb* Weinlokal *n*
wing [wɪŋ] *sb 1.* Flügel *m; 2. ~s pl THEAT* Kulisse *f; wait in the ~s (fig)* in den Kulissen warten
wink [wɪŋk] *v 1.* zwinkern, blinzeln; *sb 2.* Zwinkern *n,* Blinzeln *n; I didn't sleep a ~.* Ich habe kein Auge zugetan. *as quick as a ~* blitzschnell; *catch forty ~s* ein Nickerchen machen
winner ['wɪnə] *sb 1.* Gewinner *m; 2. (of a match)* Sieger *m; 3. (successful thing)* Erfolg *m*
winnings ['wɪnɪŋz] *pl* Gewinn *m*
wintry ['wɪntrɪ] *adj* winterlich, eisig, frostig
wipe [waɪp] *v* wischen, *(a surface)* abwischen; *~ one's nose* sich die Nase putzen; *~ sth clean* etw sauberwischen
wire [waɪə] *v 1. (send a telegram to)* telegrafieren; *2. (fix with ~)* mit Draht verbinden; *3. (install or connect electrical wiring)* Leitungen legen in; *sb 4.* Draht *m; 5. (for electricity)* Leitung *f; 6. go down to the ~ (US)* erst ganz am Ende entschieden werden
wiry ['waɪərɪ] *adj (fig)* drahtig
wisdom ['wɪzdəm] *sb* Weisheit *f*
wise [waɪz] *adj 1.* weise, klug; *to be ~ to sth (fam)* über etw Bescheid wissen; *adv 2. (suffix)* ...mäßig
wise guy ['waɪzgaɪ] *sb* Klugscheißer *m (fam)*
wish [wɪʃ] *v 1.* wünschen; *~ s.o. well* jdm alles Gute wünschen; *~ for sth* sich etw wünschen; *~ to do sth* etw tun wollen; *sb 2.* Wunsch *m; best ~es* herzliche Grüße; *make a ~* sich etw wünschen
wisp [wɪsp] *sb 1. ~ of smoke* Rauchkringel *m; 2. (of hair)* Strähne *f; 3. a ~ of a lad* ein kleiner, schmächtiger Junge
wit[1] [wɪt] *sb 1. (sense of humor)* Geist *m,* Witz *m; 2. (witty person)* witziger Kopf *m; 3. ~s pl* Verstand *m; scared out of one's ~s* zu Tode erschreckt; *have one's ~s about one* einen klaren Kopf haben; *to be at one's ~s' end* mit seiner Weisheit am Ende sein; *keep one's ~s about one* seine fünf Sinne beieinander haben
wit[2] [wɪt] *v "to ~"* und zwar, nämlich
with [wɪð, wɪθ] *prep 1.* mit; *2. (because of)* vor; *3. (on one's person)* bei; *4. (in the company of)* bei
withdraw [wɪð'drɔː] *v 1.* sich zurückziehen; *2. (sth)* zurückziehen; *3. (extract)* entfernen, wegnehmen; *4. (a statement)* zurücknehmen; *5. (money from a bank)* abheben; *6. (troops) MIL* abziehen
wither ['wɪðə] *v 1.* verdorren; *2. (beauty)* vergehen; *3. (hopes)* schwinden; *4. (sth)* verdorren lassen
withhold [wɪθ'həʊld] *v irr 1.* vorenthalten; *2. (refuse)* verweigern
withstand [wɪθ'stænd] *v irr 1.* aushalten; *2. (an attack)* widerstehen
witness ['wɪtnɪs] *v 1.* Zeuge sein bei, erleben; *2. (consider)* zum Beispiel nehmen; *3. (by signing)* bestätigen; *sb 4.* Zeuge/Zeugin *m/f; 5. bear ~ to* Zeugnis ablegen über
witty ['wɪtɪ] *adj* witzig, geistreich
woe [wəʊ] *sb (trouble)* Kummer *m; Woe is me!* Weh mir!
woman ['wʊmən] *sb* Frau *f*
womanizer ['wʊmənaɪzə] *sb* Schürzenjäger *m*
womb [wuːm] *sb* Gebärmutter *f,* Mutterleib *m*
wonder ['wʌndə] *v 1.* gern wissen mögen, sich fragen; *I ~ why ...* ich möchte gern wissen, warum ... *2. ~ at sth* sich über etw wundern; *sb 3. (feeling)* Verwunderung *f,* Staunen *n,* Erstaunen *n; 4. (miracle)* Wunder *n; the seven ~s of the world* die sieben Weltwunder
wonky ['wɒŋkɪ] *adj (fam: shaky)* wacklig
wood [wʊd] *sb 1.* Holz *n; 2. ~s pl (forest)* Wald *m*
woodcraft ['wʊdkrɑːft] *sb* Holzschnitzerei *f*
wooden ['wʊdn] *adj* hölzern
woodpile ['wʊdpaɪl] *sb* Holzstoß *m*
woof [wʊf] *sb (by a dog)* Wuff *n*
wool [wʊl] *sb* Wolle *f; pull ~ over s.o.'s eyes* jdm Sand in die Augen streuen
word [wɜːd] *sb 1.* Wort *n; take s.o.'s ~ for sth* jdm etw glauben; *take s.o. at his ~* jdn beim Wort nehmen; *to be as good as one's ~* sein Wort halten; *~ for ~* Wort für Wort; *in*

other ~s mit anderen Worten; *have a ~ with s.o.* mit jdm sprechen; *put into ~s* in Worte fassen; *waste ~s* Worte vergeuden; *2. (news)* Nachricht *f; get ~ of sth* etw erfahren; *leave ~ with s.o.* bei jdm eine Nachricht hinterlassen; *v 3.* formulieren, ausdrücken

work [wɜːk] *v 1.* arbeiten; *~ on* arbeiten an; *2. (function)* funktionieren; *3. (be successful)* klappen; *4. (a lever)* betätigen; *5. (a machine)* bedienen; *6. (bring about)* bewirken; *7. (clay)* kneten; *8. (wood)* bearbeiten; *9. (land) AGR* bearbeiten; *10. (s.o.)* arbeiten lassen, antreiben; *sb 11.* Arbeit *f; to be at ~ on sth* an etw arbeiten; *out of ~* arbeitslos; *make short ~ of sth* mit etw kurzen Prozess machen; *He's at ~.* Er ist in der Arbeit. *12. (~ of art)* Werk *n; pl 13. ~s (machinery)* Getriebe *n; 14. ~s (factory)* Betrieb *m,* Fabrik *f; 15. the ~s (fam: everything)* Drum und Dran *n*

• work in *v 1. (to a schedule)* einschieben; *2. (lotion)* einarbeiten

• work off *v (fat)* abarbeiten

workaholic [wɜːkə'hɒlɪk] *sb* Arbeitssüchtige(r) *m/f*

worker ['wɜːkə] *sb* Arbeiter *m*

working ['wɜːkɪŋ] *adj* arbeitend, *(hypothesis, model)* Arbeits...

working class ['wɜːkiŋ klɑːs] *sb* Arbeiterklasse *f*

world [wɜːld] *sb* Welt *f; a ~ of difference* ein himmelweiter Unterschied; *out of this ~ (fam)* fantastisch

world champion [wɜːld 'tʃæmpɪən] *sb SPORT* Weltmeister *m*

world-famous [wɜːld 'feɪməs] *adj* weltberühmt

worldly ['wɜːldlɪ] *adj* weltlich

world premiere [wɜːld prɪ'mɪə] *sb THEAT* Uraufführung *f*

worm [wɜːm] *sb ZOOL* Wurm *m*

worn [wɔːn] *adj 1. (clothing)* abgetragen; *2. (tyre)* abgefahren; *3. ~ out* erschöpft; *4. ~ out (hackneyed)* abgedroschen

worry ['wʌrɪ] *v 1.* sich Sorgen machen; *2. (s.o.)* beunruhigen; *3. (bother)* belästigen; *sb 4.* Sorge *f*

worse [wɜːs] *adj* schlechter, schlimmer; *to make matters ~* um die Sache zu verschlimmern

worship ['wɜːʃɪp] *v 1.* beten; *2. (s.o.)* anbeten

worst [wɜːst] *adj 1.* schlechteste(r,s), schlimmste(r,s); *sb 2. at ~* schlimmstenfalls; *3. the ~ of it is ...* das Schlimmste daran ist ...

worth [wɜːθ] *adj 1.* wert; *it's not ~ it* es lohnt sich nicht; *~ mentioning* erwähnenswert; *sb 2.* Wert *m*

would [wʊd] *v 1. (conditional)* würden; *Would you mind (doing sth)?* Würden Sie bitte (etw tun)? *2. (conjecture) It ~ seem so.* Es sieht wohl so aus. *3. (habit) You ~!* Das sieht dir ähnlich! *4. (insistence) He ~n't do it.* Er wollte es einfach nicht tun.

would-be ['wʊdbiː] *adj* Möchtegern-...

wow [waʊ] *interj 1.* Mann! *v 2. (fam)* in Erstaunen versetzen

wrap [ræp] *sb 1.* Umhangtuch *n; 2. (cape)* Cape *n; 3. (scarf)* Schal *m; 4. under ~s (fig)* geheim; *v 5.* einwickeln; *~ sth round sth* etw um etw wickeln; *~ one's arms round s.o.* jdn in die Arme schließen

• wrap up *v 1.* einwickeln; *to be wrapped up in one's work* in seine Arbeit vertieft sein; *2. (fam: bring to a close)* abschließen, beenden; *have sth wrapped up (fig)* etw unter Dach und Fach haben

wrapping paper ['ræpɪŋpeɪpə] *sb 1.* Packpapier *n; 2. (for gifts)* Geschenkpapier *n*

wrath [rɑːθ] *sb* Zorn *m*

wreak [riːk] *v* anrichten; *~ havoc on sth* etw verwüsten

wreck [rek] *v 1.* zerstören; *2.* zu Schrott fahren, *(a ship)* zum Wrack machen; *3. (fig)* ruinieren, vernichten, zerstören; *sb 4.* Wrack *n; 5. a nervous ~* ein Nervenbündel *n*

wren [ren] *sb ZOOL* Zaunkönig *m*

wrestle ['resl] *v 1. SPORT* ringen; *2. ~ with (fig: a problem)* kämpfen mit

wrinkle ['rɪŋkl] *v 1.* Falten werfen; *2. (face)* runzelig werden; *3. ~ sth* in etw Falten machen, *(crumple)* etw zerknittern; *sb 4.* Falte *f; 5. (in clothes, in paper)* Knitter *m; 6. (in one's face)* Runzel *f,* Falte *f*

wrist [rɪst] *sb* Handgelenk *n*

wristwatch ['rɪstwɒtʃ] *sb* Armbanduhr *f*

write [raɪt] *v irr* schreiben

wrong [rɒŋ] *adj 1.* falsch; *prove s.o. ~* beweisen, dass jemand im Irrtum ist; *2. to be ~ (statement)* nicht stimmen; *to be ~ (person)* Unrecht haben; *3. (morally)* unrecht; *4. (unfair)* ungerecht, unfair; *adv 5. go ~ (plan)* schief gehen, misslingen; *6. get sth ~ (misunderstand)* etw missverstehen; *v 7. ~ s.o.* jdm Unrecht tun; *He has been ~ed.* Ihm ist Unrecht geschehen. *sb 8.* Unrecht *n*

wrongful ['rɒŋfʊl] *adj* ungerechtfertigt

wrongly ['rɒŋlɪ] *adv 1. (accused)* zu Unrecht; *2. (believe)* fälschlicherweise

X/Y/Z

xenophobia [zenə'fəʊbɪə] *sb* Ausländerfeindlichkeit *f,* Xenophobie *f*
Xmas *sb (see "Christmas")*
X-ray ['eksreɪ] *sb 1. (picture) MED* Röntgenbild *n; 2. (ray) MED* Röntgenstrahl *m; v 3. MED* röntgen
xylophone ['zaɪləfəʊn] *sb* Xylofon *n*
yacht [jɒt] *sb* Jacht *f*
yachtsman ['jɒtsmən] *sb* Segler *m*
Yankee ['jæŋkɪ] *sb 1. (American)* Ami *m* (fam)*; 2. (person from the northeastern US)* Neuengländer *m*
yard[1] [jɑːd] *sb 1. (court~, school~)* Hof *m; 2. (US: garden)* Garten *m*
yard[2] [jɑːd] *sb (0.914 metres)* Yard *n*
yarmulke ['jɑːmʊlkə] *sb* Jarmurka *f*
yarn [jɑːn] *sb 1.* Garn *n; 2. (fam: story)* Seemannsgarn *n*
yawn [jɔːn] *v 1.* gähnen; *sb 2.* Gähnen *n*
year [jɪə] *sb* Jahr *n; ~ in, ~ out* Jahr für Jahr
yearbook ['jɪəbʊk] *sb* Jahrbuch *n*
yearlong ['jɪəlɒŋ] *adj* einjährig
yeast [jiːst] *sb* Hefe *f*
yell [jel] *v 1.* schreien, brüllen; *2. ~ out* hinausschreien; *sb 3.* Schrei *m*
yellow ['jeləʊ] *adj* gelb
yen [jen] *sb 1. FIN* Yen *m; 2. (yearning)* Verlangen *n,* Sehnsucht *f*
yes [jes] *interj* ja
yesterday ['jestədeɪ] *adv* gestern; *the day before ~* vorgestern; *I wasn't born ~.* Ich bin nicht von gestern.
yet [jet] *adv 1. (thus far)* bis jetzt, bisher; *not ~* noch nicht; *2. (still)* noch; *~ again* noch einmal; *~ another* noch ein(e); *3. (already)* schon; *Are we there ~?* Sind wir schon da? *konj 4.* doch, dennoch, trotzdem
yield [jiːld] *v 1. (give way)* nachgeben; *"Yield" (on a road sign)* Vorfahrt gewähren; *2. (a crop, a result)* hervorbringen, ergeben; *3. FIN* abwerfen; *4. (hand over)* hergeben; *sb 5.* Ertrag *m*
yoga ['jəʊgə] *sb* Joga *n*
yogurt ['jəʊgɜːt] *sb* Jogurt *n/m*
yolk [jəʊk] *sb* Eidotter *m,* Eigelb *n*
yonks [jɒŋks] *sb (fam) (UK)* Ewigkeit *f*
you [juː] *pron 1.* Sie; *(indirect object)* Ihnen; *2. (addressing a friend or relative)* du; *(direct object)* dich; *(indirect object)* dir; *3. (two or more friends or relatives)* ihr; *(direct or indirect object)* euch; *4. (fam: one)* man, *(direct object)* einen, *(indirect object)* einem
young [jʌŋ] *adj 1.* jung; *pl 2. the ~* junge Leute *pl,* die Jugend *f; 3. ZOOL* Junge *pl*
your [jʊə] *adj 1.* Ihr/Ihre/Ihr; *2. (addressing friend or relative)* dein/deine/dein; *(familiar plural)* euer/eure/euer; *3. (one's)* sein/seine/sein
yourself [jə'self] *pron 1.* sich; *2. (addressing a relative or friend) (direct object)* dich; *(indirect object)* dir; *(familiar plural)* euch; *3. (for emphasis) You said so ~.* Sie haben es selbst gesagt. *by ~* selbst, allein
youth [juːθ] *sb 1.* Jugend *f; 2. (boy)* Jugendliche(r) *m*
youth club ['juːθklʌb] *sb* Jugendklub *m*
yo-yo ['jəʊjəʊ] *sb* Jo-Jo *n,* Yo-Yo *n*
yucky ['jʌkɪ] *adj (fam)* eklig, ekelhaft, widerlich
yummy ['jʌmɪ] *adj (fam)* lecker
yuppie ['jʌpɪ] *sb* Yuppie *m*
zeal [ziːl] *sb* Eifer *m*
zealous ['zeləs] *adj* eifrig
zebra ['zebrə] *sb ZOOL* Zebra *n*
zebra crossing ['zebrəkrɒsɪŋ] *sb (UK)* Zebrastreifen *m*
zero ['zɪərəʊ] *sb 1.* Null *f; 2. (on a scale)* Nullpunkt *m*
zero hour ['zɪərəʊaʊə] *sb the ~* die Stunde X *f*
zero-rated ['zɪərəʊreɪtɪd] *adj FIN* mehrwertsteuerfrei
zest [zest] *sb 1. (verve)* Schwung *m; 2. (enthusiasm)* Begeisterung *f*
zinc [zɪŋk] *sb CHEM* Zink *m*
zip [zɪp] *v 1. (close a zipper)* den Reißverschluß zumachen; *2. (fam: move quickly)* flitzen (fam)
ZIP code ['zɪpkəʊd] *sb (US)* Postleitzahl *f*
zipper ['zɪpə] *sb* Reißverschluß *m*
zodiac ['zəʊdɪæk] *sb* Tierkreis *m; sign of the ~* Tierkreiszeichen *n*
zombie ['zɒmbɪ] *sb 1.* Zombie *m; 2. (fig)* Roboter *m*
zone [zəʊn] *sb* Zone *f*
zoo [zuː] *sb* Zoo *m,* Tiergarten *m*
zoom [zuːm] *v (fam: move quickly)* sausen
zucchini [zuː'kiːnɪ] *sb 1.* Zucchini *pl; 2. (one ~)* Zucchino *m*
Zulu ['zuːluː] *sb* Zulu *m/f*

Deutsch – Englisch

A

Aal [aːl] *m ZOOL* eel
aalen ['aːlən] *v sich ~* laze about
aalglatt ['aːl'glat] *adj (fig)* slick, slippery
Aas [aːs] *n ZOOL* rotting carcass, carrion
ab [ap] *prep 1. (zeitlich)* from; *~ heute* from today *(UK)*, starting today *(US)*; *von jetzt ~* from now on, henceforth; *vom ersten April ~* from April first onwards; *~ und zu* now and then; *2. (örtlich)* off, from; *von hier ~* from here; *weit ~ von* far from
abändern ['apɛndərn] *v 1.* alter, modify, revise; *2. (Gesetz)* amend
Abänderung ['apɛndəruŋ] *f 1.* alteration, modification; *2. (Gesetz)* amendment
abarbeiten ['aparbaɪtən] *v 1.* work off; *2. sich ~* work o.s. to exhaustion, slave away
abartig ['apaːrtɪç] *adj* abnormal, deviant
Abbau ['apbau] *m 1. (Verringerung)* reduction, cutback; *2. (Zerlegung)* dismantling; *3. CHEM* decomposition; *4. MIN* mining
abbaubar ['apbaubaːr] *adj* degradable, decomposable
abbauen ['apbauən] *v 1. (verringern)* reduce; *2. (zerlegen)* dismantle, pull down, take to pieces; *3. MIN* mine, work
abbekommen ['apbəkɔmən] *v irr 1. Er hat seinen Teil ~.* He got his share. *2. (beschädigt werden)* to be damaged
abbestellen ['apbəʃtɛlən] *v* cancel
abbezahlen ['apbətsaːlən] *v* pay off, repay
abbiegen ['apbiːgən] *v 1.* turn off; *2. (Straße)* branch off
abbilden ['apbɪldən] *v* represent, portray, picture; *unten abgebildet* pictured below
Abbildung ['apbɪlduŋ] *f* representation, illustration, picture
Abbitte ['apbɪtə] *f bei jdm ~ leisten* apologize to s.o.
abblasen ['apblaːzən] *v 1. (wegblasen)* blow off; *2. (entweichen lassen)* release; *3. (fig)* call off
abblättern ['apblɛtərn] *v* flake off
abblenden ['apblendən] *v 1.* dim; *2. FOTO* darken, stop down
Abblendlicht ['apblɛndlɪçt] *n TECH* dimmer, passing beam *(UK),* low beam *(US)*
abblitzen ['apblɪtsən] *v 1. (fam)* meet with a rebuff; *2. jdn ~ lassen* give s.o. the cold shoulder, give s.o. the brush-off, send s.o. packing
abblocken ['apblɔkən] *v 1.* block; *2. (fig)* ward off
abbrechen ['apbrɛçən] *v irr 1. (Tätigkeit)* cease, stop, break off; *2. (Gebäude)* demolish; *alle Brücken hinter sich ~* burn one's bridges
abbrennen ['apbrɛnən] *v irr* burn down
abbringen ['apbrɪŋən] *v irr ~ von* dissuade from, argue out of; *vom rechten Weg ~* lead astray
Abbruch ['apbrux] *m 1. (eines Gebäudes)* demolition; *2. (fig)* breaking off
abbuchen ['apbuːxən] *v 1. ECO* deduct, debit; *2. (abschreiben)* write off
Abbuchung ['apbuːxuŋ] *f ECO* debiting
abdämpfen ['apdɛmpfən] *v 1. (Stoß)* cushion, dampen; *2. (Geräusch)* silence, muffle
abdanken ['apdaŋkən] *v 1. (Minister) POL* resign, retire; *2. (König) POL* abdicate
Abdankung ['apdaŋkuŋ] *f 1. (König) POL* abdication; *2. (Minister) POL* retirement
abdecken ['apdɛkən] *v 1. (Tisch)* clear; *2. (zudecken)* cover; *3. (Dach)* tear off
Abdeckung ['apdɛkuŋ] *f 1. (Bedeckung)* cover, covering; *2. (von Schulden)* settlement
abdichten ['apdɪçtən] *v 1. (verschließen) TECH* seal; *2. (isolieren)* insulate
Abdichtung ['apdɪçtuŋ] *f 1. TECH* sealing; *2. (Isolierung)* insulation
abdrängen ['apdrɛŋən] *v* push aside
abdrehen ['apdreːən] *v 1. (Schiff)* change course, veer off; *2. (zudrehen)* turn off
abdriften ['apdrɪftən] *v* drift off
Abdruck ['apdruk] *m 1. (Nachbildung)* impression, copy, reproduction; *2. (Spur)* imprint, print
abdrucken ['apdrukən] *v* print
abdrücken ['apdrykən] *v 1. (zudrücken)* choke; *2. (abfeuern)* pull the trigger, fire; *3. (umarmen)* hug, squeeze
Abend ['aːbənt] *m 1.* evening; *Es ist noch nicht aller Tage ~.* It's early days yet. *Heiliger ~* Christmas Eve; *adv 2. heute ~* this evening, tonight; *gestern ~* last night
Abendbrot ['aːbəntbroːt] *n* supper, dinner
Abenddämmerung ['aːbəntdɛməruŋ] *f* dusk, evening twilight
Abendessen ['aːbəntɛsən] *n* dinner, supper
Abendkasse ['aːbəntkasə] *f THEAT* box office (open on the night of the performance)

Abendkleid ['a:bəntklaɪt] *n* evening dress
Abendland ['a:bəntlant] *n* the West, the Occident
Abendmahl ['a:bəntma:l] *n REL* Communion; *das ~ empfangen* take Communion
Abendrot ['a:bəntro:t] *n* afterglow
abends ['a:bənts] *adv* in the evening, at night, *(heute abend)* tonight
Abendschule ['a:bəntʃu:lə] *f* evening classes, evening school, night school
Abendstern ['a:bəntʃtɛrn] *m* evening star
Abenteuer ['a:bəntɔyər] *n* adventure
abenteuerlich ['a:bəntɔyərlɪç] *adj 1.* adventurous; *2. (fig: ungewöhnlich)* strange
Abenteurer ['a:bəntɔyrər] *m* adventurer, crook *(fam)*
aber ['a:bər] *konj 1.* but; *2. (zur Verstärkung) Das ist ~ nett von dir!* That's really nice of you! *Aber sicher!* But of course! *Aber gern!* With pleasure!
Aberglaube ['a:bərglaubə] *m* superstition
abergläubisch ['a:bərglɔybɪʃ] *adj* superstitious
aberkennen ['apɛrkɛnən] *v irr JUR* deprive, disallow, dispossess
Aberkennung ['apɛrkɛnuŋ] *f JUR* deprivation, abjudication, disallowance
abermalig ['a:bərma:lɪç] *adj* repeated
abermals ['a:bərma:ls] *adv* again, once more
abfahren ['apfa:rən] *v irr* depart, set out
Abfahrt ['apfa:rt] *f 1. (Abreise)* departure; *2. NAUT* sailing; *3. (Skiabfahrt) SPORT* descent
Abfall ['apfal] *m 1. (Müll)* waste, rubbish, garbage, refuse; *2. (Rückgang)* decline, decrease, drop
Abfalleimer ['apfalaɪmər] *m* dustbin *(UK)*, rubbish bin *(UK)*, trash can *(US)*
abfallen ['apfalən] *v irr 1. (Obst)* fall, drop; *2. (übrig bleiben)* to be left over, go to waste
abfällig ['apfɛlɪç] *adj (fig)* disparaging, derogatory
abfangen ['apfaŋən] *v irr* intercept
abfärben ['apfɛrbən] *v 1.* run, lose colour; *2. (fig)* rub off on sth
abfassen ['apfasən] *v 1. (Text)* word, draw up; *2. (fam: jdn erwischen)* catch
abfedern ['apfe:dərn] *v 1.* spring, absorb; *2. (fig: Folgewirkungen)* cushion
abfertigen ['apfɛrtɪgən] *v 1. (fam: Gegner)* deal with; *2. (Zoll)* clear; *3. (Kunde)* attend to
Abfertigung ['apfɛrtɪguŋ] *f 1. (Kunde)* service; *2. (Zoll)* clearance
abfeuern ['apfɔyərn] *v* fire (off), discharge
abfinden ['apfɪndən] *v irr 1. sich ~ mit* come to terms with, settle for, put up with; *2. JUR* settle with, indemnify, pay off; *3. (jdn ~) ECO* pay off, *(Teilhaber)* buy out
Abfindung ['apfɪnduŋ] *f 1. JUR* settlement, indemnification; *2. ECO* settlement
abflachen ['apflaxən] *v* flatten, level
abflauen ['apflauən] *v 1.* abate, drop, subside; *2. ECO* flag, slacken, slow down
abfliegen ['apfli:gən] *v irr (Flugzeug)* take off, depart
abfließen ['apfli:sən] *v irr* drain off
Abflug ['apflu:k] *m* take-off, departure
Abfluss ['apflus] *m 1. (Abfließen)* draining away; *2. (Öffnung)* drain
Abfolge ['apfɔlgə] *f 1.* sequence, order; *2. (Nachfolge)* succession
abfordern ['apfɔrdərn] *v (Dinge)* demand
Abfrage ['apfra:gə] *f* inquiry
abfragen ['apfra:gən] *v (in der Schule)* question, quiz *(US)*
abfrieren ['apfri:rən] *v irr* freeze, to be frostbitten
abführen ['apfy:rən] *v 1. (Verbrecher)* take away, take into custody; *2. (Gelder) ECO* pay
Abführmittel ['apfy:rmɪtəl] *n MED* laxative
abfüllen ['apfylən] *v (in Flaschen)* bottle
Abgabe ['apga:bə] *f 1. (Ablieferung)* delivery, handing over, handing in; *2. (Steuer) ECO* duty, levy, tax
abgabenpflichtig ['apga:bənpflɪçtɪç] *adj ECO* taxable, liable to tax
Abgang ['apgaŋ] *m 1. (von der Schule)* school leaving, graduation *(US)*; *2. (Ausscheidung) MED* passing, *(von Eiter)* discharge; *3. (Fehlgeburt) MED* miscarriage; *4. (Waren) ECO* outlet, sale, market; *5. THEAT* exit; *6. einen ~ machen* make one's exit
Abgas ['apga:s] *n TECH* waste gas
abgearbeitet ['apgəarbaɪtət] *adj 1. (abgenutzt)* worn out; *2. (überarbeitet)* tired out, exhausted
abgeben ['apge:bən] *v irr* give up, deliver, hand over; *seine Stimme ~* cast one's vote
abgedroschen ['apgədrɔʃən] *adj (fig)* trite, clichéd, stale
Abgedroschenheit ['apgədrɔʃənhaɪt] *f* banality, triteness
abgeflacht ['apgəflaxt] *adj* flattened
abgegriffen ['apgəgrɪfən] *adj 1. (fig)* stale, overused; *2. (Buch)* well-thumbed
abgehackt ['apgəhakt] *adj 1. (Ast)* chopped off; *2. (Sprechweise)* jerky, abrupt

abgehen ['apge:ən] *v irr 1. (Knopf)* come off, fall off; *2. (fam: ablaufen) gut ~* go well; *3. (weggehen)* leave; *4. THEAT* exit; *5. (Ausscheidung) MED* to be passed; *(Eiter) MED* to be discharged; *(Fötus) MED* to be aborted; *6. Er geht mir ab.* I miss him. *7. Da geht der Bär ab.* Things are really happening there.

abgeklärt ['apgəklɛ:rt] *adj 1. (souverän)* serene, mellow; *2. (abgesprochen)* agreed

Abgeklärtheit ['apgəklɛ:rthaɪt] *f* serenity

abgelegen ['apgəle:gən] *adj* remote, distant, out-of-the-way

abgeneigt ['apgənaɪkt] *adj* disinclined, averse, reluctant

abgenutzt ['apgənutst] *adj* worn, worn-out

Abgeordnete(r) ['apgəɔrdnətə(r)] *m/f POL* delegate, representative *(US),* Member of Parliament *(UK)*

abgepackt ['apgəpakt] *adj* packaged, pre-packed

abgeschieden ['apgəʃi:dən] *adj* isolated, remote

Abgeschiedenheit ['apgəʃi:dənhaɪt] *f* loneliness, isolation

abgeschlossen ['apgəʃlɔsən] *adj 1. (abgesperrt)* locked; *2. (beendet)* completed

abgesehen ['apgəze:ən] *adv ~ von* apart from, irrespective of, except for

abgespannt ['apgəʃpant] *adj* exhausted

abgestanden ['apgəʃtandən] *adj* stale

abgestimmt ['apgəʃtɪmt] *adj 1. (im Einklang)* coordinated; *2. (nach Stimmabgabe)* voted on

abgestumpft ['apgəʃtumpft] *adj 1. (Gegenstand)* dull; *2. (Person)* indifferent

Abgestumpftheit ['apgəʃtumpfthaɪt] *f* indifference, apathy

abgewinnen ['apgəvɪnən] *v irr (Gefallen finden)* find pleasure in, make the best of

abgewöhnen ['apgəvø:nən] *v sich etw ~* give sth up, get out of the habit of doing sth

abgleiten ['apglaɪtən] *v irr* slip, slide

abgöttisch ['apgœtɪʃ] *adj REL* idolatrous

abgrenzen ['apgrɛntsən] *v* delineate, demarcate, mark off

Abgrenzung ['apgrɛntsuŋ] *f* demarcation

Abgrund ['apgrunt] *m 1.* precipice; *2. (fig)* abyss, gulf

abgründig ['apgryndɪç] *adj* profound

Abguss ['apgus] *m 1. (Spüle)* sink; *2. (Kopie)* copy, cast

abhaben ['apha:bən] *v (einen Teil bekommen)* have a share of

abhaken ['apha:kən] *v 1.* check off, tick off; *2. (fig)* cross off

abhalten ['aphaltən] *v irr 1. (Versammlung)* hold; *2. (hindern)* prevent; *jdn von der Arbeit ~* keep s.o. from working; *jdn davon ~, etw zu tun* prevent s.o. from doing sth

abhandeln ['aphandəln] *v (Thema)* treat, deal with, discuss

Abhandlung ['aphandluŋ] *f* treatise

Abhang ['aphaŋ] *m* slope

abhängen ['aphɛŋən] *v irr 1. von etw ~* depend on sth; *2. jdn ~* shake s.o. off; *3. (Anhänger)* unhitch; *4. (Bild)* take down; *5. (Eisenbahnwagen)* uncouple

abhängig ['aphɛŋɪç] *adj* dependent; *~ sein von* to be dependent on

Abhängigkeit ['aphɛŋɪçkaɪt] *f* dependence

abhärten ['aphɛrtən] *v* harden, inure

abhauen ['aphauən] *v (fam: verschwinden)* push off, beat it (US), scram (US); *Hau ab!* Push off! Beat it! Scram!

abheben ['aphe:bən] *v irr 1. (Flugzeug)* take off; *2. (Rakete)* lift off; *3. (Telefonhörer)* pick up; *4. (Geld) FIN* withdraw, take out, draw; *5. sich ~ von* contrast with

abhelfen ['aphɛlfən] *v irr einer Sache ~* remedy sth

Abhilfe ['aphɪlfə] *f* remedy, cure

abholen ['apho:lən] *v* collect, pick up, fetch; *Ich hole dich ab.* I'll pick you up.

abholzen ['aphɔltsən] *v* deforest

abhören ['aphø:rən] *v 1. (Telefongespräch)* listen in on; *(mit einem Abhörgerät)* tap; *2. (fragen)* question, test

Abitur [abi'tu:r] *n* school-leaving exam, A-levels *pl (UK)*

abkaufen ['apkaufən] *v 1.* buy, purchase; *2. (glauben)* buy (fam); *Die Geschichte kaufe ich dir nicht ab.* I won't buy that story.

Abkehr ['apke:r] *f* estrangement, withdrawal

abkehren ['apke:rən] *v 1. sich ~* turn away, take no further interest; *2. (Tisch)* sweep

abkleben ['apkle:bən] *v (mit Klebeband)* mask (with tape)

abklemmen ['apklɛmən] *v TECH* disconnect

abklingen ['apklɪŋən] *v irr 1. (Lärm)* die away, fade; *2. (Fieber) MED* subside

abklopfen ['apklɔpfən] *v 1. (Schmutz)* knock off; *2. (fig: prüfen)* scrutinize

abknicken ['apknɪkən] *v 1.* break off, snap off; *2. (Straße)* bend

abkochen ['apkɔxən] *v* boil, sterilize (by boiling)
abkommandieren ['apkɔmandiːrən] *v* *MIL* post, assign
abkommen ['apkɔmən] *v 1. (vom Weg)* lose one's way; *2. (vom Thema)* stray from the point
Abkommen ['apkɔmən] *n* agreement, deal
abkömmlich ['apkœmlɪç] *adj* available
Abkömmling ['apkœmlɪŋ] *m* descendant, offspring
abkoppeln ['apkɔpəln] *v 1. (Waggon)* uncouple, detach; *2. (fam) sich ~* break away
abkühlen ['apkyːlən] *v 1. (Speisen)* cool off; *2. (Beziehungen)* cool
Abkühlung ['apkyːluŋ] *f* cooling
Abkunft ['apkunft] *f* descent, origin
abkürzen ['apkyrtsən] *v 1. (Wort)* abbreviate; *2. den Weg ~* take a short-cut; *3. (Buch)* abridge
Abkürzung ['apkyrtsuŋ] *f 1. (Wort)* abbreviation; *2. (Weg)* short-cut
abladen ['aplaːdən] *v irr 1. (Wagen)* unload; *2. (Schutt)* dump
Ablage ['aplaːgə] *f 1. (das Ablegen)* filing; *2. (Gestell)* place to put sth
Ablagerung ['aplaːgəruŋ] *f GEOL* deposit
ablaufen ['aplaufən] *v irr 1. (Flüssigkeit)* run off, drain; *2. (Zeit)* go by, pass; *3. (Gültigkeit verlieren)* expire; *4. (Frist) ECO* run out
Ablaut ['aplaut] *m LING* stem change
ablegen ['apleːgən] *v 1. (Kleidung)* take off; *2. eine Gewohnheit ~* break a habit; *3. (Karten)* put down, lay down; *4. (Akten)* file; *5. über etw Rechenschaft ~* account for sth; *6. (Examen)* take; *7. ein Geständnis ~ JUR* confess; *Zeugnis ~* bear witness
Ableger ['apleːgər] *m BOT* layer
ablehnen ['apleːnən] *v* refuse, reject, decline
Ablehnung ['apleːnuŋ] *f 1. (Zurückweisung)* refusal, rejection; *2. (Missbilligung)* disapproval; *auf ~ stoßen* meet with disapproval
ableisten ['aplaɪstən] *v* perform, fulfil
ableiten ['aplaɪtən] *v 1. (Wasser)* divert, drain off; *2. (fig: folgern)* derive, deduce
Ableitung ['aplaɪtuŋ] *f 1. (von Wasser)* diversion, drainage; *2. (Folgern)* derivation
ablenken ['aplɛŋkən] *v* divert, distract
Ablenkung ['aplɛŋkuŋ] *f* diversion, distraction
Ablenkungsmanöver ['aplɛŋkuŋsmanøːvər] *n* diversion, diversionary tactic
ablesen ['apleːzən] *v irr* read off
ableugnen ['aplɔygnən] *v* deny
abliefern ['apliːfərn] *v* deliver, hand over
Ablieferung ['apliːfəruŋ] *f* delivery, submission
ablösen ['apløːzən] *v 1. (einander abwechseln)* alternate, take turns; *2. (Dienst)* replace; *3. (entfernen)* remove, detach, take off; *4. (tilgen) ECO* redeem, pay off
abmachen ['apmaxən] *v (übereinkommen)* agree on, settle
Abmachung ['apmaxuŋ] *f* agreement, deal, settlement
abmagern ['apmaːgərn] *v* get thinner, lose weight
abmahnen ['apmaːnən] *v* give a warning
Abmahnung ['apmaːnuŋ] *f* warning, reminder
abmelden ['apmɛldən] *v 1. (Zeitung)* cancel; *2. das Telefon ~* have the phone disconnected; *3. sein Auto ~* take one's car off the road; *4. sich ~ (behördlich)* notify the police that one is moving
Abmeldung ['apmɛlduŋ] *f (Zeitung, Mitgliedschaft)* cancellation
Abmessung ['apmɛsuŋ] *f 1. (Vorgang)* measurement, measuring; *2. (Maß)* dimension, proportion
abmildern ['apmɪldərn] *v 1. (Aufprall)* soften; *2. (Schock)* lessen
abmontieren ['apmɔntiːrən] *v* dismantle, disassemble, take to pieces
abmühen ['apmyːən] *v sich ~* labour, struggle, slave
abnabeln ['apnaːbəln] *v 1. MED* cut the umbilical cord; *2. (fig) sich ~* free o.s.
Abnäher ['apnɛːər] *m* tuck, dart
Abnahme ['apnaːmə] *f 1. (Herunternahme)* taking down; *2. (Verminderung)* decrease, decline, diminution; *3. (Kauf) ECO* purchase; *4. (Gewicht)* loss (of weight); *5. (amtliche) TECH* official acceptance, inspection
abnehmen ['apneːmən] *v irr 1. (Gewicht)* lose weight; *2. (Telefon)* answer; *3. (entgegennehmen)* take, *(abkaufen)* buy; *jdm etw ~* relieve s.o. of sth; *4. (entfernen)* remove, detach, take away; *5. TECH* inspect
Abnehmer ['apneːmər] *m ECO* buyer, purchaser
Abneigung ['apnaɪguŋ] *f* aversion, dislike
abnorm [ab'nɔrm] *adj* abnormal
Abnormität [apnɔrmi'tɛːt] *f 1.* abnormality, monstrosity; *2. MED* anomaly, abnormity, abnormality

abnutzen ['apnutsən] *v* wear out
Abnutzung ['apnutsuŋ] *f* wear, wearing out
Abonnement [abɔnə'mɑ̃:] *n* subscription
Abonnent [abɔ'nɛnt] *m* subscriber
abonnieren [abɔ'ni:rən] *v* subscribe to
abordnen ['apɔrdnən] *v* delegate
Abordnung ['apɔrdnuŋ] *f* delegation
abpacken ['appakən] *v* pack
abprallen ['appralən] *v 1. (Ball)* bounce off, rebound; *2. (fig: Beleidigung)* bounce off
abpumpen ['appumpən] *v 1.* pump dry; *2. (Wasser, Öl)* pump off
abputzen ['apputsən] *v* clean off, wipe off; *sich die Schuhe ~* wipe one's feet (fam)
abquälen ['apkvɛ:lən] *v sich ~* struggle, toil; *sich ein Lächeln ~* force a smile
abraten ['apra:tən] *v irr* advise against
abräumen ['aprɔymən] *v* clear (away)
abreagieren ['apreagi:rən] *v 1.* work off; *2. sich ~* let off steam
abrechnen ['aprɛçnən] *v 1.* settle; *2. (fig) mit jdm ~* get even with s.o. *3. (etw abziehen)* deduct
Abrechnung ['aprɛçnuŋ] *f 1. (Abzug)* deduction; *2. (Aufstellung)* statement; *3. (Rechnung) ECO* bill; *4. (Schlussrechnung)* settlement (of accounts); *5. (fig: Vergeltung)* revenge; *Tag der ~* day of reckoning
Abrede ['apre:də] *f etw in ~ stellen* deny sth
abreiben ['apraɪbən] *v irr 1. (Schmutz)* rub off; *2. (Fenster)* wipe
Abreise ['apraɪzə] *f* departure
abreisen ['apraɪzən] *v* depart, leave
abreißen ['apraɪsən] *v irr 1. (Gebäude)* pull down, tear down, demolish; *2. (Papier)* tear off, rip off
abrichten ['aprɪçtən] *v (Tier)* train; *(Pferd)* break in
abriegeln ['apri:gəln] *v (Gebiet)* cordon off, block off
Abriss ['aprɪs] *m 1. (eines Gebäudes)* demolition; *2. (Zusammenfassung)* summary, outline
abrollen ['aprɔlən] *v* unroll, unreel
abrücken ['aprykən] *v 1. von jdm ~* move away from s.o. *2. (Truppeneinheit) MIL* withdraw
Abruf ['apru:f] *m 1. auf ~* on call; *2. INFORM* retrieval
abrufen ['apru:fən] *v irr 1. ECO* request delivery of; *2. INFORM* retrieve
abrunden ['aprundən] *v* round off; *eine Zahl ~ (nach oben/unten)* round a number up/down
abrupt [ap'rupt] *adj* abrupt, sudden
abrüsten ['aprystən] *v POL* disarm
Abrüstung ['aprystuŋ] *f MIL* disarmament
abrutschen ['aprutʃən] *v 1.* slip; *2. (Wagen)* skid
Absage ['apza:gə] *f 1.* refusal; *2. (auf eine Einladung)* negative reply
absagen ['apza:gən] *v 1.* withdraw; *jdm ~* cancel s.o.'s appointment; *2. etw ~* call sth off, cancel sth
absägen ['apzɛ:gən] *v 1. (Ast)* saw off; *den Ast ~, auf dem man sitzt* cut one's own throat; *2. (fam: jdn absetzen)* dismiss, sack
Absatz ['apzats] *m 1. (Abschnitt)* paragraph, section; *2. (Treppenabsatz)* landing; *3. (Schuhabsatz)* heel; *4. ECO* sales
Absatzflaute ['apzatsflautə] *f ECO* slump in sales
Absatzmarkt ['apzatsmarkt] *m ECO* market
absatzweise ['apzatsvaɪzə] *adv* in paragraphs, paragraph by paragraph
absaugen ['apzaugən] *v irr* suck off
absaven ['apseɪvən] *INFORM* back up
abschaffen ['apʃafən] *v* abolish, do away with, get rid of
Abschaffung ['apʃafuŋ] *f* abolition
abschalten ['apʃaltən] *v (etw ~)* switch off, turn off
abschätzen ['apʃɛtsən] *v* estimate, assess
abschätzig ['apʃɛtsɪç] *adj* disparaging
Abschaum ['apʃaum] *m (fig)* scum; *der ~ der Menschheit* the scum of the earth
Abscheu ['apʃɔy] *f* abhorrence, repulsion, repugnance; *vor einer Sache ~ empfinden* abhor sth, detest sth
abscheulich [ap'ʃɔylɪç] *adj 1.* abominable, atrocious; *Wie ~!* How awful! *2. (Verbrechen)* heinous
abschieben ['apʃi:bən] *v irr 1. (fam: weggehen)* shove off; *2. Verantwortung ~* pass the buck; *3. (ausweisen) POL* deport
Abschiebung ['apʃi:buŋ] *f POL* deportation
Abschied ['apʃi:t] *m* parting, farewell; *~ nehmen von* say good-bye to
Abschiedsgesuch ['apʃi:tsgəzu:x] *n das ~ einreichen* tender one's resignation
abschießen ['apʃi:sən] *v irr 1. (schießen)* fire, fire off, *(Pfeil)* shoot, shoot off, *(Rakete) launch; 2. (Flugzeug) MIL* shoot down
abschirmen ['apʃɪrmən] *v 1.* screen, shield; *2. (fig)* protect
Abschirmung ['apʃɪrmuŋ] *f 1.* screening, shielding; *2. (fig)* protection

Abschlag ['apʃlaːk] *m 1. (Rate) ECO* part payment; *2. (Preissenkung) ECO* markdown, discount; *3. (Kursabschlag) FIN* marking down; *4. (vom Tor) SPORT* goal kick; *5. (Golf)* tee-off

abschlagen ['apʃlaːgən] *v irr 1. (abschneiden)* cut off, chop down; *2. SPORT (Golf)* tee off, *(Fußball)* punt; *3. (fig: ablehnen)* decline, refuse, turn down

abschleifen ['apʃlaɪfən] *v irr TECH* grind off, grind down, polish

abschleppen ['apʃlɛpən] *v (Fahrzeug)* tow away

Abschleppseil ['apʃlɛpzaɪl] *n* tow rope

abschließen ['apʃliːsən] *v irr 1. (zuschließen)* lock, lock up; *2. (beenden: Sitzung)* conclude, bring to a close, end; *3. (Geschäft) ECO* transact, conclude; *4. (Vertrag) JUR* conclude

abschließend ['apʃliːsənt] *adj 1.* concluding; *adv 2.* in conclusion

Abschluss ['apʃlus] *m 1. (Beendigung)* end; *zum ~ bringen* bring to a conclusion; *zum ~ kommen* come to an end; *das Wort zum ~* the final word; *2. (Vertragsschluss)* signing of an agreement, conclusion of a contract; *3. (Geschäftsabschluss)* (business) transaction, (business) deal; *4. (Bilanz)* financial statement, annual accounts

Abschlussprüfer ['apʃluspryːfər] *m ECO* auditor

Abschlussprüfung ['apʃluspryːfuŋ] *f 1. (Schule)* final examination; *2. ECO* audit

Abschlusstest ['apʃlustɛst] *m* final test

abschmecken ['apʃmɛkən] *v 1. (würzen)* season; *2. (kosten)* taste

abschmieren ['apʃmiːrən] *v* grease, lubricate

abschminken ['apʃmɪŋkən] *v 1.* remove one's make-up; *2. Das kannst du dir ~! (fig)* Get it out of your head!

abschnallen ['apʃnalən] *v 1.* unfasten one's belt; *2. (fig)* to be flabbergasted; *Da schnallst du ab!* It's mind-boggling!

abschneiden ['apʃnaɪdən] *v irr 1.* cut, cut off; *jdm das Wort ~* cut s.o. short; *2. gut/schlecht ~ (fig)* come off well/badly, do well/badly

Abschnitt ['apʃnɪt] *m 1. (Kapitel)* section; *2. (Gebiet)* sector; *3. (Zeit)* period

abschnittweise ['apʃnɪtvaɪzə] *adv* in sections, in portions

abschöpfen ['apʃœpfən] *v* skim off

Abschöpfung ['apʃœpfuŋ] *f ECO* skimming off (of profits), siphoning off

abschotten ['apʃɔtən] *v (fig) sich gegen etw ~* cut o.s. off from sth

Abschottung ['apʃɔtuŋ] *f* cutting off

abschrauben ['apʃraubən] *v* unscrew

abschrecken ['apʃrɛkən] *v irr 1. (abhalten)* deter; *2. GAST* rinse; *3. (Stahl) TECH* quench

abschreckend ['apʃrɛkənt] *adj* deterrent; *ein ~es Beispiel* a warning

Abschreckung ['apʃrɛkuŋ] *f* deterrence

abschreiben ['apʃraɪbən] *v irr 1.* copy; *2. ECO* write off

Abschreibung ['apʃraɪbuŋ] *f (Wertverminderung) ECO* depreciation

Abschrift ['apʃrɪft] *f* copy

Abschuss ['apʃus] *m 1.* shooting; *2. (einer Rakete)* launching

abschüssig ['apʃysɪç] *adj* sloping

abschwächen ['apʃvɛçən] *v* weaken, lessen, soften

Abschwächung ['apʃvɛçuŋ] *f* weakening, reduction

abschweifen ['apʃvaɪfən] *v (fig)* digress; *vom Thema ~* deviate from the subject

abschwören ['apʃvøːrən] *v irr 1. (sich lossagen)* renounce; *2. (negieren)* deny by oath

absehbar ['apzeːbaːr] *adj* foreseeable; *Es ist ~, dass ...* It's clear that ... *Es ist nicht ~, ob ...* There's no telling whether ...

absehen ['apzeːən] *v irr 1. (voraussehen)* foresee; *2. (nicht berücksichtigen)* disregard, not consider

abseits ['apzaɪts] *adv 1. (abgelegen)* remote; *2. SPORT* offside

Absender ['apzɛndər] *m* sender, sender's address

absetzen ['apzɛtsən] *v 1. (hinstellen)* set down, put down; *2. jdn ~ (aussteigen lassen)* drop s.o. off; *3. (jdm kündigen)* dismiss; *4. sich gegen etw ~* stand out against sth, contrast with sth; *5. sich ~ (fam: weggehen)* clear out; *6. (verkaufen) ECO* sell; *7. (abschreiben) ECO* deduct; *8. CHEM* deposit

Absetzung ['apzɛtsuŋ] *f 1. (Kündigung)* dismissal, removal; *2. (Abschreibung) ECO* deduction, depreciation, allowance

absichern ['apzɪçərn] *v 1.* secure; *2. sich ~* protect o.s. *sich ~ gegen* guard against

Absicht ['apzɪçt] *f* intention, intent; *mit ~* on purpose

absichtlich ['apzɪçtlɪç] *adj 1.* intentional, deliberate, wilful; *adv 2.* on purpose, deliberately, intentionally

absinken ['apzɪŋkən] *v* decline, drop

absolut [apzo'lu:t] *adj* absolute
Absolution [apzɔlu'tsjo:n] *f REL* absolution
Absolutismus [apzɔlu'tɪsmus] *m HIST* absolutism
absolutistisch [apzɔlu'tɪstɪʃ] *adj POL* absolutist, absolutistic
Absolvent [apzɔl'vɛnt] *m* graduate
absolvieren [apzɔl'vi:rən] *v 1. (abschließen)* pass, graduate, complete; *2. (erledigen)* settle
absondern ['apzɔndərn] *v 1. (trennen)* separate, divide, segregate; *2. sich ~* seclude o.s., isolate o.s. *3. MED* secrete, excrete
Absonderung ['apzɔndəruŋ] *f 1. (Trennung)* separation, segregation, seclusion; *2. MED* secretion, excretion, discharge
absorbieren [apzɔr'bi:rən] *v* absorb
abspalten ['apʃpaltən] *v 1. (Partei) POL* split off; *2. (Molekül) CHEM* separate
Abspaltung ['apʃpaltuŋ] *f POL* secession, separation
abspecken ['apʃpɛkən] *v (fam)* slim down
abspeichern ['apʃpaɪçərn] *v INFORM* save, store
absperren ['apʃpɛrən] *v 1. (zuschließen)* lock, lock up; *2. (Gebiet)* block off, barricade
Absperrung ['apʃpɛruŋ] *f* barricade
abspielen ['apʃpi:lən] *v 1. (Schallplatte)* play; *2. sich ~* happen, take place, occur
absplittern ['apʃplɪtərn] *v 1.* chip off, peel off; *2. (Gruppierung)* split off
Absplitterung ['apʃplɪtəruŋ] *f 1.* chipping; *2. POL* splitting off
Absprache ['apʃpra:xə] *f* agreement
absprechen ['apʃprɛçən] *v irr 1. (vereinbaren)* agree, arrange, settle; *2. (aberkennen) JUR* disallow, deny
abspringen ['apʃprɪŋən] *v irr 1. (herunter)* jump down, jump off, *(mit Fallschirm)* bail out; *2. (abplatzen)* come loose
abspulen ['apʃpu:lən] *v 1. (Band) TECH* unreel; *2. (fam: Rede)* rattle off
abspülen ['apʃpy:lən] *v* wash off, rinse off
abstammen ['apʃtamən] *v 1. (Herkunft) ~ von* descend from, to be descended from; *2. (Ursprung) ~ von* originate from, to be derived from
Abstammung ['apʃtamuŋ] *f 1. (Ursprung)* origin, derivation; *2. (Herkunft)* descent, extraction, birth
Abstand ['apʃtant] *m* distance; *~ halten* keep one's distance; *mit ~ (fig)* by far; *von etw ~ nehmen* refrain from doing sth
abstatten ['apʃtatən] *v 1. einen Besuch ~* pay a visit; *2. Dank ~* give thanks
abstauben ['apʃtaubən] *v 1.* dust; *2. (fig: klauen)* swipe
Abstecher ['apʃtɛçər] *m* excursion, trip, detour
abstecken ['apʃtɛkən] *v 1. (markieren)* mark off, stake out, lay out; *2. (Programm)* work out; *3. (Saum)* pin
abstehen ['apʃte:ən] *v irr 1. (Ohren)* stick out; *2. (in einem gewissen Abstand stehen)* to be ... from; *3. (heißes Wasser)* sit; *4. (Bier)* become flat
Absteige ['apʃtaɪgə] *f (fam)* dosshouse, lodgings, quarters
absteigen ['apʃtaɪgən] *v irr 1.* descend, get down; *2. (einkehren)* stay; *3. SPORT* drop
abstellen ['apʃtɛlən] *v 1. (ausschalten)* turn off, shut off; *2. (hinstellen)* put down, set down; *3. (Auto)* park
Abstellgleis ['apʃtɛlglaɪs] *n* sidetrack, siding; *jdn auf das ~ schieben* put s.o. on the scrap heap
Abstellkammer ['apʃtɛlkamər] *f* larder, pantry, storage room
Abstieg ['apʃti:k] *m 1. (hinuntersteigen)* descent; *2. SPORT* drop, relegation; *beim ~* on the way down; *3. (fig: Niedergang)* decline
abstimmen ['apʃtɪmən] *v 1. (aufeinander)* adjust, reconcile, harmonize; *2. (wählen)* vote
Abstimmung ['apʃtɪmuŋ] *f 1. (Wahl)* taking a vote, vote, polling; *2. (Anpassung)* adjustment, coordination; *3. (eines Radios)* tuning
abstinent [apsti'nɛnt] *adj 1.* abstinent; *2. (bezüglich Alkohol)* teetotal
Abstinenz [apsti'nɛnts] *f* abstinence
Abstinenzler [apsti'nɛntslər] *m* teetotaller
abstoßend ['apʃto:sənt] *adj* repulsive, disgusting, revolting
abstrahieren [apstra'hi:rən] *v* abstract
abstrakt [ap'strakt] *adj* abstract
Abstraktion [apstrak'tsjo:n] *f* abstraction
abstreifen ['apʃtraɪfən] *v* take off, cast off
abstreiten ['apʃtraɪtən] *v irr* dispute, deny
Abstrich ['apʃtrɪç] *m 1. (Abzug) ECO* cut, curtailment; *2. MED* smear, swab
abstufen ['apʃtu:fən] *v 1. farblich ~* graduate, tone, shade; *2. (staffeln)* form into steps, mark out in portions or degrees
Abstufung ['apʃtu:fuŋ] *f 1. (Staffelung)* graduation, arranging in steps or degrees, gradation; *2. farbliche ~* gradation, shade
abstumpfen ['apʃtumpfən] *v 1.* blunt, become blunt; *2. (fig)* blunt, deaden, dull

Abstumpfung ['apʃtumpfuŋ] *f* stupefaction
Absturz ['apʃturts] *m 1.* fall, crash, drop; *2. (steiler Abhang)* precipice
abstürzen ['apʃtyrtsən] *v 1.* fall, plunge; *2. (Flugzeug)* crash; *3. (steil abfallen)* descend steeply
abstützen ['apʃtytsən] *v* support, prop up
absurd [ap'zurt] *adj* absurd, preposterous
Absurdität [apzurdi'tɛːt] *f* absurdity, foolishness
Abt [apt] *m REL* abbot
abtasten ['aptastən] *v 1.* feel; *2. MED* palpate, feel, scan; *3. INFORM* read, scan
abtauen ['aptauən] *v 1.* thaw out; *2. (Kühlschrank)* defrost
Abtei [ap'taɪ] *f REL* abbey
Abteil [ap'taɪl] *n* compartment
abteilen ['aptaɪlən] *v* divide, partition off, separate
Abteilung [ap'taɪluŋ] *f 1.* department, section; *2. MIL* unit
Abteilungsleiter [ap'taɪluŋslaɪtər] *m* head of department, department manager
Äbtissin [ɛp'tɪsɪn] *f* abbess
abtragen ['aptraːgən] *v irr 1.* carry away, carry off; *(Geschirr)* clear away; *2. (abbauen)* take down; *3. (Schulden)* pay off; *4. (abnutzen)* wear out
abträglich ['aptrɛːklɪç] *adj* harmful, detrimental, adverse
Abträglichkeit ['aptrɛːklɪçkaɪt] *f* harm
Abtragung ['aptraːguŋ] *f 1. (von Schulden) ECO* paying off, payment; *2. (von Erde)* excavation
Abtransport ['aptransport] *m 1.* conveyance, transport; *2. MIL* dispatch
abtransportieren ['aptransportiːrən] *v 1.* transport away, carry off; *2. MIL* evacuate
abtreiben ['aptraɪbən] *v irr MED* abort; *ein Kind ~* have an abortion
Abtreibung ['aptraɪbuŋ] *f MED* abortion
Abtreibungspille ['aptraɪbuŋspɪlə] *f MED* abortifacient
abtrennen ['aptrɛnən] *v* detach, sever
Abtrennung ['aptrɛnuŋ] *f* separation, detachment, severance
abtreten ['aptreːtən] *v irr 1. (überlassen)* relinquish, transfer, cede; *2. THEAT* exit
Abtreter ['aptreːtər] *m* doormat
Abtretung ['aptreːtuŋ] *f JUR* assignment, cession, transfer
abtrocknen ['aptrɔknən] *v* dry, dry off
abtropfen ['aptrɔpfən] *v* drip
abtrünnig ['aptrynɪç] *adj* disloyal, unfaithful
Abtrünnigkeit ['aptrynɪçkaɪt] *f* disloyalty
aburteilen ['apurtaɪlən] *v* sentence
abwägen ['apvɛːgən] *v irr* weigh; *seine Worte ~* choose one's words carefully
abwählen ['apvɛːlən] *v POL* vote out, not re-elect
abwarten ['apvartən] *v* wait for, await; *warte es ab* wait and see; *es bleibt abzuwarten* it remains to be seen; *seine Zeit (Gelegenheit) ~* bide one's time
abwärts ['apvɛrts] *adv* downward, down
Abwärtstrend ['apvɛrtstrɛnt] *m ECO* downward trend
Abwasch ['apvaʃ] *m* washing-up; *alles in einem ~ machen (fig)* to do sth in one go
abwaschbar ['apvaʃbaːr] *adj* wipe-clean, washable
abwaschen ['apvaʃən] *v irr* wash up *(UK)*, do the dishes *(US)*
Abwasser ['apvasər] *n* sewage
Abwasserkanal ['apvasərkanaːl] *m* sewer
abwechseln ['apvɛksəln] *v sich ~* take turns, alternate
abwechselnd ['apvɛksəlnt] *adj* alternating
Abwechslung ['apvɛksluŋ] *f 1. (Wechsel)* change, alternation; *2. (Zerstreuung)* variety, diversion, change; *zur ~* for a change
abwechslungsreich ['apvɛksluŋsraɪç] *adj* varied, diversified
Abweg ['apveːk] *m (fig)* wrong way; *auf ~e geraten* take the wrong path, go astray
abwegig ['apveːgɪç] *adj* bizarre, eccentric
Abwehr ['apveːr] *f 1. SPORT* defence; *2. (Abwendung)* defence, protection; *3. (Geheimdienst) MIL* counter-intelligence; *4. (Zurückweisung)* warding off
abwehren ['apveːrən] *v 1. (abwenden)* ward off, avert, prevent; *2. (zurückweisen)* repel, drive away, repulse
Abwehrspieler ['apveːrʃpiːlər] *m SPORT* defender
Abwehrstoffe ['apveːrʃtɔfə] *pl MED* antibodies
abweichen ['apvaɪçən] *v irr* deviate, digress, diverge
Abweichung ['apvaɪçuŋ] *f 1.* deviation, digression, divergence; *2. (Unterschied)* difference, discrepancy, variation
abweisen ['apvaɪzən] *v irr* refuse, reject, turn down

abweisend ['apvaɪzənt] *adj* unfriendly, cold, *(Geste)* dismissive
Abweisung ['apvaɪzuŋ] *f 1.* refusal, rejection, denial; *2. JUR* dismissal
abwenden ['apvɛndən] *v 1. (verhüten)* parry, ward off, stave off; *eine Gefahr ~* avert danger; *2. sich ~* turn away; *3.* turn away; *seinen Blick ~* avert one's eyes
abwerben ['apvɛrbən] *v irr* entice away, woo away
abwerfen ['apvɛrfən] *v irr 1. (hinunterwerfen)* drop, discard, throw off; *2. (einbringen) ECO* yield, return
abwerten ['apve:rtən] *v 1.* devalue; *2. FIN* devaluate, depreciate, devalue
abwertend ['apve:rtənt] *adj* derogatory, derisive, disdainful
Abwertung ['apve:rtuŋ] *f* devaluation
abwesend ['apve:zənt] *adj 1.* absent; *2. (fig: geistes~)* distracted, absent-minded
Abwesenheit ['apve:zənhaɪt] *f* absence; *durch ~ glänzen* to be conspicuous by one's absence
abwickeln ['apvɪkəln] *v (durchführen)* deal with, handle
Abwicklung ['apvɪkluŋ] *f* completion, settlement, handling
abwimmeln ['apvɪməln] *v (fam)* rid o.s. of, get rid of, brush off
abwinken ['apvɪŋkən] *v irr* wave off, motion away
abwischen ['apvɪʃən] *v 1. (trocknen)* wipe dry; *2. (sauber machen)* wipe off
Abwurf ['apvurf] *m 1. (herunterwerfen)* dropping, throwing off; *2. ECO* yield, profit, return; *3. (von Flugzeug)* jettisoning
abwürgen ['abvyrgən] *v 1.* choke; *2. (Motor)* stall
abzahlen ['aptsa:lən] *v 1. (Raten) ECO* pay off, repay, pay by instalments; *2. (Schulden)* pay off, repay, settle
abzählen ['aptsɛ:lən] *v* count off
Abzahlung ['aptsa:luŋ] *f 1. (Schulden)* paying off, repayment, clearing off; *2. (Raten) ECO* payment by instalments
Abzeichen ['aptsaɪçən] *n* badge, mark, decoration
abzeichnen ['aptsaɪçnən] *v 1. (abmalen)* sketch, draw, copy; *2. (unterschreiben)* initial, sign, tick off; *3. sich ~* stand out against; *4. sich ~ (drohend bevorstehen)* impend, loom
Abziehbild ['aptsi:bɪlt] *n* transfer
abziehen ['aptsi:ən] *v irr 1. (entfernen)* pull off, draw off; *ein Bett ~* strip a bed; *2. MATH* subtract; *3. (Rabatt) ECO* deduct; *etwas vom Preis ~* take sth off the price; *4. MIL* march off, withdraw, retreat
Abzug ['aptsu:k] *m 1. (Kopie)* copy, duplicate, print; *2. (einer Waffe)* trigger; *3. MATH* subtraction; *4. (Rabatt) ECO* discount, deduction, rebate; *5. MIL* withdrawal
abzüglich ['aptsy:klɪç] *prep ECO* less, minus, deducting
abzweigen ['aptsvaɪgən] *v 1. (abbiegen)* branch off, fork off; *2. (fam)* put aside secretly for oneself, set aside, earmark
Abzweigung ['aptsvaɪguŋ] *f* junction, fork
abzwicken ['aptsvɪkən] *v TECH* pinch off
Accessoires [aksɛ'swa:rs] *pl* accessories
Ach [ax] *n mit ~ und Krach* by the skin of one's teeth
Achse ['aksə] *f 1. TECH* axle, axis; *2. MATH* axis; *3. auf ~ (fam)* out and about
Achselzucken ['aksəltsukən] *n* shrug of the shoulders
acht [axt] *num* eight
Acht [axt] *f 1. außer ~ lassen* ignore, disregard; *~ geben* take care, pay attention; *2. in ~ nehmen* to be careful about
achtbar ['axtba:r] *adj* respectable, reputable, honourable
Achtbarkeit ['axtba:rkaɪt] *f* respectability
achte(r,s) ['axtə(r,s)] *adj* eighth
achten ['axtən] *v 1. (beachten)* observe, respect, consider; *2. (schätzen)* respect, esteem, hold in high esteem
ächten ['ɛçtən] *v* ostracize
Achterbahn ['axtərba:n] *f* big dipper, roller-coaster
achtfach ['axtfax] *adj* eightfold
achtlos ['axtlo:s] *adj* careless, heedless
Achtlosigkeit ['axtlo:zɪçkaɪt] *f* carelessness
achtsam ['axtza:m] *adj* careful, heedful, mindful
Achtsamkeit ['axtza:mkaɪt] *f 1.* attentiveness; *2. (Sorgfalt)* care
Achtung ['axtuŋ] *f 1. (Hochachtung)* respect, esteem, regard; *2. (Beachtung)* attention, heed; *3. (Ausruf)* Careful!/Look out!/Watch out! *4. (Recht) JUR* observance (of laws)
Ächtung ['ɛçtuŋ] *f* ostracism
ächzen ['ɛçtsən] *v 1. (Gegenstand)* creak; *2. (Person)* groan, sigh, moan
Acker ['akər] *m* field, soil, land
Ackerbau ['akərbau] *m* agriculture, cultivation of land

ad absurdum [at ap'zurdum] *adv ~ führen* take to an absurd level
ad acta [at 'akta] *adv 1. ~ legen* file away; *2. ~ legen (fig)* shelve
Adamsapfel ['a:damsapfəl] *m ANAT* Adam's apple
Adamskostüm ['a:damskɔsty:m] *n im ~* in one's birthday suit (fam)
Adapter [a'daptər] *m TECH* adapter, adaptor
adaptieren [adap'ti:rən] *n* adapt
Adaption [adap'tsjo:n] *f THEAT* adaptation
adäquat [adɛ'kva:t] *adj* adequate, sufficient
addieren [a'di:rən] *v MATH* add, sum up
Addition [adɪ'tsjo:n] *f MATH* addition
ade [a'de:] *interj* bye, see you
Adel ['a:dəl] *m* aristocracy, nobility, peerage
adeln ['a:dəln] *v* ennoble, bestow a title on, make s. o. a peer
Adept [a'dɛpt] *m 1. (Eingeweihter)* adept; *2. (Jünger)* disciple
Ader ['a:dər] *f 1. MIN* lode, ledge; *2. (fig: Wesenszug)* streak; *eine ~ für etw haben* have a flair for sth; *3. ANAT* blood vessel, vein
Adjektiv ['atjɛkti:f] *n GRAMM* adjective
Adjutant [atju:'tant] *m MIL* adjutant, aide-de-camp
Adler ['a:dlər] *m ZOOL* eagle
Adlerauge ['a:dləraugə] *n* eagle eye
adlig ['a:dlɪç] *adj* titled, of noble birth, aristocratic
Adlige(r) ['a:dlɪgə(r)] *m/f* aristocrat, nobleman/noblewoman
Administration [atmɪnɪstra'tsjo:n] *f POL* administration
administrativ [atministra'ti:f] *adj* administrative
Admiral [atmi'ra:l] *m MIL* admiral
adoptieren [adɔp'ti:rən] *v* adopt
Adoption [adɔp'tsjo:n] *f* adoption
Adoptivkind [adɔp'ti:fkɪnt] *n* adopted child
Adrenalin [adrɛna'li:n] *n BIO* adrenaline
Adressat [adrɛ'sa:t] *m* addressee, consignee
Adressbuch [a'drɛsbu:x] *n* address book
Adresse [a'drɛsə] *f* address
adressieren [adrɛ'si:rən] *v* address
adrett [a'drɛt] *adj* neat, proper, pretty
Advent [at'vɛnt] *m* Advent
Adventskranz [at'vɛntskrants] *m* Advent wreath
Adventszeit [at'vɛntstsaɪt] *f* Advent
Adverb [at'vɛrp] *n GRAMM* adverb
Advocatus Diaboli [atvo'ka:tus di'aboli] *m* devil's advocate
Advokat [atvo'ka:t] *m* lawyer
Aerodynamik [ɛ:rody'na:mɪk] *f PHYS* aerodynamics
aerodynamisch [ɛ:rody'na:mɪʃ] *adj* aerodynamic
Affäre [a'fɛ:rə] *f* affair, matter, business
Affe ['afə] *m ZOOL* monkey, ape; *Mich laust der ~.* That takes the biscuit! *(UK),* That takes the; *cake! (US); seinem ~n Zucker geben* to be on one's hobby-horse
Affekt [a'fɛkt] *m* emotion, emotional disturbance
affektiert [afɛk'ti:rt] *adj* affected, unnatural
affektiv [afɛk'ti:f] *adj* affective, emotional
Affektivität [afɛktivi'tɛ:t] *f* emotional traits
Affenbrotbaum ['afənbro:tbaum] *m BOT* monkey-bread tree
Affentheater ['afəntea:tər] *n 1.* fuss; *2. (Farce)* complete farce
affig ['afɪç] *adj (fam)* stuck-up, conceited, affected
Affinität [afini'tɛ:t] *f* affinity
affirmativ [afɪrma'ti:f] *adj* affirmative
Affront [a'frɔ̃:] *m* affront, insult
Afrika ['afrika] *n GEO* Africa
Afrikaner(in) [afri'ka:nər(ɪn)] *m/f* African
afrikanisch [afri'ka:nɪʃ] *adj* African
After ['a:ftər] *m ANAT* anus
Aftershave ['a:ftərʃeɪv] *n* aftershave
Ägäis [ɛ'gɛɪs] *f GEO* Aegean
Agave [a'ga:və] *f BOT* agave, century plant
Agenda [a'gɛnda] *f* agenda
Agent [a'gɛnt] *m* agent
Agentur [agɛn'tu:r] *f ECO* agency
Agglomeration [aglomera'tsjo:n] *f 1.* agglomeration; *2. (städtisch) GEO* conurbation
Aggregat [agrɛ'ga:t] *n* aggregate
Aggression [agrɛ'sjo:n] *f* aggression
aggressiv [agrɛ'si:f] *adj 1.* aggressive; *2. (Chemikalien) CHEM* corrosive
Aggressivität [agrɛsifi'tɛ:t] *f* aggressiveness
Aggressor [a'grɛsɔr] *m POL* aggressor
agieren [a'gi:rən] *v ~ als* act as, play the part of *(fig)*
agil [a'gi:l] *adj* agile
Agilität [agi:li'tɛ:t] *f* agility
Agonie [ago'ni:] *f MED* death struggle, throes of death

Agrarerzeugnis [a'gra:rɛrtsɔygnɪs] *n* agricultural produce
Agrarindustrie [a'gra:rɪndustri:] *f* agricultural industry
Agrarpolitik [a'gra:rpolɪti:k] *f* agricultural policy
Ägypten [ɛ'gyptən] *n* *GEO* Egypt
Ägypter [ɛ'gyptər] *m* Egyptian
ägyptisch [ɛ'gyptɪʃ] *adj* Egyptian
Aha-Erlebnis [a'ha:ɛrle:pnɪs] *n* sudden insight
ahnden ['a:ndən] *v* punish
Ahne ['a:nə] *m/f* ancestor
ähneln ['ɛ:nəln] *v* resemble, to be similar to
ahnen ['a:nən] *v* *1. (voraussehen)* sense, anticipate, foresee; *2. (befürchten)* suspect, have a foreboding of, have a premonition of; *nichts ~d* unsuspecting
ähnlich ['ɛ:nlɪç] *adj* similar, like; *Das sieht dir ~! (fig)* That's just like you!
Ähnlichkeit ['ɛ:nlɪçkaɪt] *f* similarity, resemblance, likeness; *~ haben mit* bear a resemblance to
Ahnung ['a:nuŋ] *f* *1. (Vorgefühl)* inkling, idea; *keine blasse ~ haben* not have the foggiest idea; *Keine ~!* I have no idea. *2. (Befürchtung)* premonition, foreboding, suspicion
ahnungslos ['a:nuŋslo:s] *adj* *1. (nichts vermutend)* unsuspecting; *2. (nichts wissend)* clueless
Ahnungslosigkeit ['a:nuŋslo:zɪçkaɪt] *f* ignorance
ahnungsvoll ['a:nuŋsfɔl] *adj* full of foreboding, full of presentiments
Ahorn ['a:hɔrn] *m* *BOT* maple
Ähre ['ɛ:rə] *f* *BOT* ear
Aids [eɪdz] *n* *MED* AIDS (Acquired Immune Deficiency Syndrome)
Aidstest ['eɪdztɛst] *m* AIDS test
Airbag ['ɛ:rbɛk] *m* *TECH* air bag
Airbus ['ɛ:rbus] *m* *TECH* airbus
Air-conditioning ['ɛ:rkəndɪʃənɪŋ] *n* air conditioning
Akademie [akade'mi:] *f* academy
Akademiker(in) [aka'de:mɪkər(ɪn)] *m/f* university graduate
akademisch [aka'de:mɪʃ] *adj* academic
akklimatisieren [aklimati'zi:rən] *v* *sich ~* acclimatize
Akklimatisierung [aklimati'zi:ruŋ] *f* acclimatization
Akkord [a'kɔrt] *m* *1. (Abkommen)* settlement, agreement; *2. (Stücklohn) ECO* piecework; *3. MUS* chord
Akkordarbeit [a'kɔrtarbaɪt] *f* *ECO* piecework
Akkordeon [a'kɔrdeon] *n* *MUS* accordion
akkreditieren [akredi'ti:rən] *v* *1. POL* accredit; *2. jdn für etw ~ FIN* credit sth to s.o.'s account
Akkreditierung [akredi'ti:ruŋ] *f* *1. POL* accreditation; *2. ECO* opening a credit
Akkreditiv [akredɪ'ti:f] *n* *ECO* letter of credit
Akku ['aku] *m* *TECH* battery, accumulator
akkumulieren [akumu'li:rən] *v* *1.* pile up; *ECO* accumulate
akkurat [aku'ra:t] *adj* accurate, exact, precise
Akkusativ ['akuzati:f] *m* *GRAMM* accusative
Akne ['aknə] *f* *MED* acne
akribisch [ak'ri:biʃ] *adj* meticulous
Akrobat [akro'ba:t] *m* acrobat
Akrobatik [akro'ba:tɪk] *f* acrobatics
akrobatisch [akro'ba:tɪʃ] *adj* acrobatic
Akryl [a'kry:l] *n* *CHEM* acryl
Akt [akt] *m* *1. (Tat)* act, deed; *2. (Zeremonie)* ceremonial act; *3. JUR* act, deed; *4. (Geschlechtsakt)* coitus; *5. THEAT* act; *6. ART* nude
Akte ['aktə] *f* file, record, document
Aktenmappe ['aktənmapə] *f* portfolio, briefcase, folder
Aktennotiz ['aktənnoti:ts] *f* memorandum
Aktenschrank ['aktənʃraŋk] *m* filing cabinet
Aktentasche ['aktəntaʃə] *f* briefcase, portfolio
Aktenzeichen ['aktəntsaɪçən] *n* reference number, file number, case number
Aktie ['aktsjə] *f* *FIN* share, stock *(US)*
Aktiengesellschaft ['aktsjəngəzɛlʃaft] *f* *FIN* joint stock company
Aktienkurs ['aktsjənkurs] *m* *FIN* share price
Aktion [ak'tsjo:n] *f* *1. (Unternehmung)* campaign, drive; *2. in ~ treten* take action
Aktionär [aktsjo'nɛ:r] *m* *FIN* shareholder, stockholder *(US)*
aktiv [ak'ti:f] *adj* *1.* active; *2. (Bilanz) ECO* favourable
aktivieren [akti'vi:rən] *v* *1.* activate; *f 2. ECO* enter on the assets side
Aktivierung [akti'vi:ruŋ] *f* *1.* activation; *2. ECO* entering on the assets side
Aktivist [akti'vɪst] *m* *POL* activist
Aktivität [aktivi'tɛ:t] *f* activity

Aktivposten [ak'ti:fpɔstən] *m 1. ECO* assets; *2. (fig)* resources
Aktivsaldo [ak'ti:fzaldo] *n ECO* credit balance
aktualisieren [aktuali'zi:rən] *v* update, bring up to date
Aktualisierung [aktuali'zi:ruŋ] *f* updating, update
Aktualität [aktuali'tɛ:t] *f* topicality, relevance (to the present)
aktuell [aktu'ɛl] *adj* current, up to date, topical
Akupunktur [akupuŋk'tu:r] *f MED* acupuncture
Akustik [a'kustɪk] *f* acoustics
akustisch [a'kustɪʃ] *adj* acoustic, audible
akut [a'ku:t] *adj 1.* acute, serious; *2. (vordringlich)* urgent
Akzent [ak'tsɛnt] *m 1.* accent; *2. (Betonung)* stress, emphasis
akzentfrei [ak'tsɛntfraɪ] *adj* without any accent
akzentuieren [aktsɛntui':rən] *v 1.* accentuate; *2. (fig)* stress, emphasize
akzeptabel [aktsɛp'ta:bəl] *adj* acceptable
Akzeptanz [aktsɛp'tants] *f* acceptance
akzeptieren [aktsɛp'ti:rən] *v 1.* accept; *2. (Rechnung) ECO* honour
Alarm [a'larm] *m* alarm; *~ schlagen* sound the alarm
Alarmanlage [a'larmanla:gə] *f* alarm, alarm system
alarmbereit [a'larmbəraɪt] *adj* on the alert, standing by
alarmieren [alar'mi:rən] *v* alarm, alert
Alarmsignal [a'larmzɪgna:l] *n* alarm signal, distress signal, emergency signal
Albaner [al'ba:nər] *m* Albanian
Albanien [al'ba:njən] *n GEO* Albania
albanisch [al'ba:nɪʃ] *adj* Albanian
Albatros ['albatrɔs] *m ZOOL* albatross
albern ['albərn] *adj* silly, foolish
Albernheit ['albərnhaɪt] *f* silliness, foolishness
Albino [al'bi:no] *m* albino
Album ['album] *n* album
Alchimist [alçi'mɪst] *m HIST* alchemist
Alemanne [alə'manə] *m HIST* Alemannic
alemannisch [alə'manɪʃ] *adj HIST* Alemannic
Algebra ['algebra:] *f MATH* algebra
Algen ['algən] *pl BOT* algae, seaweed
Algerien [al'ge:rjən] *n GEO* Algeria
Algerier [al'ge:rjər] *m* Algerian
alias ['aljas] *adv* alias
Alibi ['a:libi:] *n* alibi
Alimente [ali'mɛntə] *pl JUR* maintenance, support
Alkali [al'ka:li] *n CHEM* alkali
alkalisch [al'ka:liʃ] *adj CHEM* alkaline
Alkohol ['alkoho:l] *m* alcohol
alkoholabhängig [alko'ho:laphɛŋɪç] *adj* alcoholic
Alkoholabhängigkeit [alko'ho:laphɛŋɪçkaɪt] *f* alcoholism
alkoholfrei ['alkoho:lfraɪ] *adj* non-alcoholic
Alkoholiker [alko'ho:lɪkər] *m* alcoholic
alkoholisch [alko'ho:lɪʃ] *adj* alcoholic
Alkoholmissbrauch [alko'ho:lmɪsbraux] *m* alcohol abuse
All [al] *n* universe, space
alle ['alə] *pron 1.* everybody, everyone; *adj 2.* all the, every; *~ Leute* all the people; *~ Tage* every day; *~ drei Tage* every three days; *vor ~m* above all
alledem [alə'de:m] *pron* all that, all of that; *trotz ~* in spite of all that
Allee [a'le:] *f* avenue
Allegorie [alego'ri:] *f* allegory
allein [a'laɪn] *adj 1.* alone; *ganz ~* all alone; *~ erziehend* single, being alone, being on one's own *~ stehend* single; *adv 2.* alone, on one's own; *3. ~ der Gedanke ...* the mere thought ...
Alleinerzieher [a'laɪnɛrtsi:ər] *m* single parent
Alleingang [a'laɪngaŋ] *m* sth done on one's own, solo attempt; *im ~* single-handed; *einen ~ machen* go it alone
Alleinherrschaft [a'laɪnhɛrʃaft] *f POL* autocracy, autocratic rule, absolute dictatorship
alleinig [a'laɪnɪç] *adj* only, exclusive, sole
Alleinsein [a'laɪnzaɪn] *n* loneliness
Alleinstehende(r) [a'laɪnʃte:əndə(r)] *m/f* single
Alleinunterhalter [a'laɪnuntərhaltər] *m* solo entertainer
allemal [alə'ma:l] *adv* every time; *Allemal!* Any time!
allenfalls ['alən'fals] *adv 1. (wenn es nötig ist)* if need be, if necessary; *2. (höchstens)* at the most
allenthalben ['alənt'halbən] *adv* everywhere
allerdings [alər'dɪŋs] *adv* indeed, certainly, to be sure; *Ich mag ~ Unrecht haben.* I may of course be wrong. *Allerdings hat er das getan.* He certainly did do that.

allerfrühestens ['alər'fryːəstəns] *adv* at the very earliest
Allergie [alər'giː] *f MED* allergy
Allergietest [alər'giːtɛst] *m MED* allergy test
Allergiker [a'lɛrgɪkər] *m MED* person suffering allergies
allergisch [a'lɛrgɪʃ] *adj MED* allergic
allerhand ['alər'hant] *adj 1. (viel)* a lot of, a good deal of; *2. (vielerlei)* all sorts of, all kinds of; *3. Das ist ~!* Not bad at all!/That's really something! *4. Das ist ~! (empört)* That's the limit!
Allerheiligen [alər'haɪlɪgən] *n REL* All Saints' Day
allerhöchste(r,s) [alər'høːçstə(r,s)] *adj* very highest; *Es wird ~ Zeit, dass ...* It's high time that ...
allerhöchstens ['alər'høːçstəns] *adv* at the very most
allerlei ['alər'laɪ] *adj* all kinds of, all sorts of
Allerlei ['alər'laɪ] *n* potpourri, mixture; medley, jumble
allerliebst ['alər'liːpst] *adj 1. (Lieblings...)* favourite (of all); *2. (reizend)* delightful
allermeiste(r,s) [alər'maɪstə(r,s)] *adj* most; *am allermeisten* the most; *das ~ davon* almost all of it
Allernötigste [alər'nøːtɪçstə] *n das ~* the bare necessities
allerseits ['alər'zaɪts] *adv* on all sides; *Guten Tag ~!* Hello everyone! *Gute Nacht ~!* Good night everybody!
alles ['aləs] *pron* everything; *~ in allem* all in all; *Alles aussteigen!* Everybody out! *Alles oder nichts!* All or nothing. *Alles zu seiner Zeit!* All in good time.
allesamt ['alə'zamt] *adv* all together, all of them
Allgegenwart [al'geːgənvart] *f* omnipresence, ubiquity
allgegenwärtig [al'geːgənvɛrtɪç] *adj* omnipresent, ubiquitous
allgemein [algə'maɪn] *adj 1.* general, universal, common; *im Allgemeinen* in general; *adv 2.* generally, universally, commonly; *~ bildend* educational, general-knowledge; *~ gültig* universal, generally valid
Allgemeinbildung [algə'maɪnbɪldʊŋ] *f* general education
Allgemeinheit [algə'maɪnhaɪt] *f (die Öffentlichkeit)* general public, everyone
Allgemeinplatz [alge'maɪnplats] *m* empty words
Allgemeinwohl [algə'maɪnvoːl] *n* common welfare
Allheilmittel [al'haɪlmɪtəl] *n* panacea, cure-all
Allianz [al'jants] *f* alliance
Alligator [ali'gaːtɔr] *m ZOOL* alligator
alliiert [ali'iːrt] *adj POL* allied
Alliierte(r) [ali'iːrtə(r)] *m/f die ~n pl (im zweiten Weltkrieg) POL* the Allies
alljährlich [al'jɛːrlɪç] *adj* annual, yearly
allmächtig [al'mɛçtɪç] *adj 1.* omnipotent; *2. (Gott) REL* almighty
Allmächtige [al'mɛçtɪgə] *m REL* almighty; *~r!* Oh my God!
allmählich [al'mɛːlɪç] *adj* gradual
Allradantrieb ['alratantriːp] *m TECH* all-wheel drive
Allrounder ['ɔːl'raʊndə] *m* jack of all trades
allseits ['alzaɪts] *adv* everywhere, on all sides; *~ bekannt* known to all
Alltag ['altaːk] *m 1. der ~* everyday life, daily life; *2. (Werktag)* working day
alltäglich [al'tɛːklɪç] *adj* daily; *eine ~ Sache* an everyday affair
Alltagstrott ['altaːkstrɔt] *m* workaday routine, treadmill of everyday life
allumfassend [alum'fasənt] *adj* all-encompassing, universal
Allüre [a'lyːrə] *f* air, manner, bearing, airs and graces
allwissend ['al'vɪsənt] *adj* omniscient
Allwissenheit [al'vɪsənhaɪt] *f* omniscience
allzu ['altsu] *adv* too, far too
Alm [alm] *f* alpine meadow, alpine pasture
Almanach ['almanax] *m* almanac
Almosen ['almoːzən] *pl* alms, charity
Almosenempfänger ['almoːzənɛmpfɛŋər] *m* beneficiary of charity
Aloe ['aːloe] *f BOT* aloe
Alpen ['alpən] *pl GEO* Alps
Alpenveilchen ['alpənfaɪlçən] *n BOT* cyclamen
Alpenvorland [alpən'voːrlant] *n GEO* foothills of the Alps *pl*
Alphabet [alfa'beːt] *n* alphabet
alphabetisch [alfa'beːtɪʃ] *adj* alphabetical
alpin [al'piːn] *adj* alpine
Alpinist(in) [alpi'nɪst(ɪn)] *m/f* alpinist
Alptraum ['alptraum] *m* nightmare
als [als] *konj 1. (gleichzeitig)* when, as; *2. (in der Eigenschaft)* as; *~ ob* as if; *sowohl ... ~ auch ...* both ... and ... *Es gefällt mir zu gut hier, ~ dass ich gehen würde.* I like it too much here to want to leave. *3. (Komparativ)* than

also ['alzo] *konj* so, therefore
alt [alt] *adj* old; *~es Haus (fig)* old chap; *~er Hut (fig)* old hat; *jdn ~ aussehen lassen* make a fool of s.o. *Er ist ganz der ~e.* He hasn't changed a bit.
Alt [alt] *m MUS* alto
Altar [al'ta:r] *m REL* altar
altbacken ['altbakən] *adj 1. GAST* stale; *2. (fig)* stale, old-fashioned, out of date;
Altbau ['altbau] *m* old building
Altenpfleger(in) ['altənpfle:gər(ɪn)] *m/f* nurse for the elderly
Alter ['altər] *n* age; *im ~* in one's old age; *im besten ~* in the prime of one's life
älter ['ɛltər] *adj* older; *(bei Familienangehörigen) die ~e Schwester* the elder sister
altern ['altərn] *v* age, grow old, get old
alternativ [altərna'ti:f] *adj* alternative, alternate
Alternative [altərna'ti:fə] *f* alternative
altersgerecht ['altərsgərɛçt] *adj* suitable for the age group
Altersgrenze ['altərsgrɛntsə] *f* age limit
Altersgruppe ['altərsgrupə] *f* age group
Altersheim ['altərshaɪm] *n* old people's home, home for the aged
altersschwach ['altərsʃvax] *adj 1.* decrepit, infirm; *2. (senil) MED* senile
Altersschwäche ['altərsʃvɛçə] *f* senility
Altersunterschied ['altərsuntərʃi:t] *m* age difference, disparity in age
Altertum ['altərtu:m] *n* antiquity, ancient times
Altertümer ['altərty:mər] *pl* antiquities, ancient relics
altertümlich ['altərty:mlɪç] *adj* ancient, antiquated
Altertumsforscher ['altərtu:msfɔrʃər] *m* archaeologist
Altertumskunde ['altərtu:mskundə] *f* archaeology
Alterungsprozess ['altəruŋsprotsɛs] *m* ageing process
Älteste(r) ['ɛltəstə(r)] *m/f* eldest, senior
Ältestenrat ['ɛltəstənra:t] *m* Council of Elders
Altglas ['altgla:s] *n* waste glass, used glass, empty bottles
Altglascontainer ['altgla:skɔnteɪnə] *m* glass recycling container
altgriechisch ['altgri:çɪʃ] *adj HIST* ancient Greek, classical Greek
althergebracht [alt'he:rgəbraxt] *adj* traditional, time-honoured
altklug ['altklu:k] *adj* precocious
Altlast ['altlast] *f* old hazardous waste
ältlich ['ɛltlɪç] *adj* oldish
Altmetall ['altmetal] *n* scrap metal
altmodisch ['altmo:dɪʃ] *adj* old-fashioned, out of date
Altpapier ['altpapi:r] *n* waste paper
altruistisch [altru'ɪstɪʃ] *adj* altruistic
Altstimme ['altʃtɪmə] *f MUS* alto
alttestamentarisch ['alttɛstamɛnta:rɪʃ] *adj REL* of the Old Testament
Altweiberfastnacht [alt'vaɪbərfastnaxt] *f* Thursday before Shrove Tuesday
Altweibersommer [alt'vaɪbərzɔmər] *m* Indian summer
Alufolie ['alufo:ljə] *f* aluminium foil
Aluminium [alu'mi:njum] *n CHEM* aluminium, aluminum *(US)*
am *prep (siehe „an")*
Amalgam [amal'ga:m] *n MET* amalgam
Amateur [ama'tø:r] *m* amateur
Amazonas [ama'tso:nas] *m GEO* Amazon
Amazone [ama'tso:nə] *f* Amazon
Ambiente [ambi'ɛntə] *n* ambience, atmosphere
Ambition [ambi'tsjo:n] *f* ambition; *~en haben auf* have ambitions of
ambitioniert [ambitsjo'ni:rt] *adj* ambitious
ambivalent [ambiva'lɛnt] *adj* ambivalent
Ambivalenz [ambiva'lɛnts] *f* ambivalence
Amboss ['ambɔs] *m TECH* anvil
ambulant [ambu'lant] *adj 1.* ambulant; *2. MED* outpatient, ambulatory, ambulant
Ambulanz [ambu'lants] *f 1. (Abteilung) MED* out-patient department; *2. (Wagen) MED* ambulance
Ameise ['a:maɪzə] *f ZOOL* ant
Ameisenbär ['a:maɪzənbɛ:r] *m ZOOL* anteater
Amen ['a:mən] *n* amen; *zu allem Ja und ~ sagen* say yes to everything
Amerika [a'me:rika] *n GEO* America
Amerikaner(in) [ameri'ka:nər(ɪn)] *m/f* American
amerikanisch [ameri'ka:nɪʃ] *adj* American
amerikanisieren [amerikani'zi:rən] *v* Americanize
Amerikanistik [amerika'nɪstɪk] *f* American studies
Aminosäure [a'mi:nozɔyrə] *f BIO* amino acid
Amme ['amə] *f* nurse, nanny

Ammenmärchen ['amenmɛːrçən] *n (fig)* old wives' tale
Ammoniak ['amonjak] *n CHEM* ammonia
Amnesie [amne'ziː] *f MED* amnesia
Amnestie [amnɛs'tiː] *f JUR* amnesty, general pardon
Amöbe [a'møːbə] *f BIO* amoeba
Amokläufer ['amoklɔyfər] *m* one who runs amok/amuck
amoralisch ['amoraːlɪʃ] *adj* amoral
Amortisation [amɔrtiza'tsjoːn] *f ECO* amortisation
amortisieren [amɔrti'ziːrən] *v ECO* write off, amortise
amourös [amu'røːs] *adj* amorous
Ampel ['ampəl] *f 1.* traffic light; *2. (Blumentopf) BOT* hanging flower-pot
Ampelkoalition ['ampəlkoalitsjoːn] *f POL* coalition made up of parties with different political colours
Amphibie [am'fiːbjə] *f BIO* amphibian
Amphibienfahrzeug [am'fiːbjənfaːrtsɔyk] *n TECH* amphibious vehicle
Amphitheater [am'fiːteaːtər] *n THEAT* amphitheatre
Amplitude [ampli'tuːdə] *f PHYS* amplitude
Ampulle [am'pulə] *f (Behälter) MED* ampoule
Amputation [amputats'joːn] *f MED* amputation
amputieren [ampu'tiːrən] *v MED* amputate
Amsel ['amzəl] *f ZOOL* blackbird
Amt [amt] *n 1. (Behörde)* office, agency, bureau; *2. (Stellung)* office, position, post
amtieren [am'tiːrən] *v* hold office, to be in office
amtlich ['amtlɪç] *adj* official
Amtsantritt ['amtsantrɪt] *m POL* entering into office, assumption of office
Amtsbezirk ['amtsbətsɪrk] *m* (local administration) district
Amtsblatt ['amtsblat] *n* official gazette
Amtsdeutsch ['amtsdɔytʃ] *n* officialese *(fam)*
Amtsenthebung ['amtsɛntheːbuŋ] *f POL* dismissal from a post
Amtsgeheimnis ['amtsgəhaɪmnɪs] *n 1.* official secret; *2. (Schweigepflicht)* official secrecy
Amtshandlung ['amtshandluŋ] *f* official act
Amtsinhaber(in) ['amtsɪnhaːbər(ɪn)] *m/f* officeholder
Amtsmissbrauch ['amtsmisbraux] *m* abuse of authority
Amtszeit ['amtstsaɪt] *f* time in office, tenure
Amulett [amu'lɛt] *n* amulet, talisman, charm
amüsant [amy'zant] *adj* amusing, entertaining
Amüsement [amys'mɑ̃ː] *n* amusement
amüsieren [amy'ziːrən] *v sich ~* have fun, enjoy oneself, have a good time
an [an] *prep 1. (örtlich)* on, at, by; *ein Bild ~ der Wand* a picture on the wall; *jmd ist ~ der Tür* s.o. is at the door; *~ der Tür sitzen* sit by the door; *2. (zeitlich)* in, on; *am Abend* in the evening; *~ einem schönen Morgen* on a fine morning; *am zweiundzwanzigsten Juni* on June twenty-second; *am Anfang* at the beginning; *3. (gerichtet ~)* to; *~ den Direktor* to the director; *4. von diesem Zeitpunkt ~* from this moment on; *5. (Vorhandensein) ein großes Angebot ~ Waren* a large selection of goods; *arm ~ Fett* low in fat; *6. (ungefähr) ~ die ...* about ..., around ... *7. ~ etw denken* think about sth
Anabolikum [ana'boːlikum] *n MED* anabolic
Anachronismus [anakro'nɪsmus] *m* anachronism
anachronistisch [anakro'nɪstɪʃ] *adj* anachronistic
anal [a'naːl] *adj MED* anal
analog [ana'loːk] *adj 1.* analogous; *2. INFORM* analog
Analogie [analo'giː] *f* analogy
Analphabet ['analfabeːt] *m* illiterate
Analphabetismus ['analfabeːtɪsmus] *m* illiteracy
Analyse [ana'lyːzə] *f* analysis
analysieren [analy'ziːrən] *v* analyse
Analytiker [ana'lyːtɪkər] *m* analyst
analytisch [ana'lyːtɪʃ] *adj* analytical
Ananas ['ananas] *f BOT* pineapple
Anarchie [anar'çiː] *f POL* anarchy
Anarchist [anar'çɪst] *m POL* anarchist
anarchistisch [anar'çɪstɪʃ] *adj POL* anarchist
Anästhesie [anɛːste'ziː] *f MED* anaesthesia
Anästhesist [anɛːste'zɪst] *m MED* anaesthetist
Anatomie [anato'miː] *f MED* anatomy
anatomisch [ana'toːmɪʃ] *adj* anatomical
Anbau ['anbau] *m 1. (Gebäude)* extension, annex; *2. AGR* cultivation

anbauen ['anbauən] *v 1. (Gebäude)* build an extension; *2. AGR* cultivate, grow, raise
anbehalten ['anbəhaltən] *v irr* keep on
anbei [an'baɪ] *adv* enclosed, herewith, attached
anbelangen ['anbəlaŋən] *v* concern, regard; *was mich anbelangt* as far as I am concerned, as for me
anberaumen ['anbəraumən] *v einen Termin ~* set a time
anbeten ['anbeːtən] *v* adore, worship
Anbetracht ['anbətraxt] *m in ~* in view of, in consideration of, on account of
Anbetung ['anbeːtuŋ] *f REL* worship, adoration
anbieten ['anbiːtən] *v irr* offer
Anbieter ['anbiːtər] *m 1. (einer Ware) ECO* supplier; *2. (einer Dienstleistung)* service provider
anbinden ['anbɪndən] *v irr* tie up, tether
Anbindung ['anbɪnduŋ] *f* connection; *(Verkehr)* link
Anblick ['anblɪk] *m 1.* sight; *2. (Landschaft)* view
anblicken ['anblɪkən] *v* look at, glance at, view
anbrechen ['anbrɛçən] *v irr 1. (Packung)* open, start on; *2. Die Nacht bricht an.* It is getting dark. *Der Tag bricht an.* Day is dawning.
anbrennen ['anbrɛnən] *v irr* burn, catch fire, set on fire
anbringen ['anbrɪŋən] *v irr 1. (befestigen)* fasten, mount, put up; *2. (Vorschlag, Korrektur)* make; *3. (fam: herbringen)* bring
Anbruch ['anbrux] *m* opening; *~ der Nacht* nightfall
Andacht ['andaxt] *f REL* devotion
andächtig ['andɛçtɪk] *adj 1.* serious, attentive, solemn; ['andɛxtɪç] *2. REL* devout
andauern ['andauərn] *v* go on, continue
andauernd ['andauərnt] *adj* continuous, lasting, perpetual
Andenken ['andɛŋkən] *n 1. (Erinnerung)* remembrance; *2. (Souvenir)* keepsake, token, souvenir
andere(r,s) ['andərə(r,s)] *pron 1. (Exemplar gleicher Art)* another; *zum einen ... und zum anderen ...* for one thing ... and for another; *2. (anderer Art)* different, other; *etwas anderes* something different; *3. andere (Leute)* others, other people
andererseits ['andərərzaɪts] *adv* on the other hand
ändern ['ɛndərn] *v 1.* change, modify, amend; *2. sich ~* change
andernfalls ['andərnfals] *adv* otherwise
anders ['andərs] *adv 1.* differently; *es sich ~ überlegen* change one's mind; *~ denkend* dissenting, dissident; *~ lautend* different, differently phrased; *Er ist ganz ~ als ich.* He and I are very different. *2. (sonst)* else; *niemand ~* nobody else
andersartig ['andərsaːrtɪç] *adj* different
Andersdenkende(r) ['andərsdɛŋkəndə(r)] *m/f* dissident
andersherum ['andərshɛrum] *adv* the other way around
anderswo ['andərsvoː] *adv* somewhere else, elsewhere
Änderung ['ɛnderuŋ] *f* change, alteration; *eine ~ mit sich bringen* bring about a change
anderweitig ['andərvaɪtɪç] *adv 1.* otherwise; *~ besetzt werden* to be filled by s.o. else; *adj 2.* other, further
andeuten ['andɔytən] *v* insinuate, imply, hint
Andeutung ['andɔytuŋ] *f* insinuation, suggestion, implication
andeutungsweise ['andɔytuŋsvaɪzə] *adv* indirectly, allusively, in passing
Andrang ['andraŋ] *m* rush, crush, crowd
androhen ['androːən] *v* threaten, menace
Androhung ['androːuŋ] *f* threat, menace
anecken ['anɛkən] *v (fam)* annoy, cause annoyance, irritate; *bei jdm ~* rub s.o. the wrong way
aneignen ['anaɪgnən] *v sich ~* acquire, learn; *sich eine Meinung ~* adopt an opinion
Aneignung ['anaɪgnuŋ] *f* appropriation, assumption
aneinander [anaɪ'nandər] *adv* together, to one another; *~ fügen* join together, link; *~ geraten* quarrel, clash; *~ grenzen* border; *~ grenzend* adjoining, adjacent; *~ reihen* arrange in a row; *~ reihen (Perlen)* string
Anekdote [anɛk'doːtə] *f* anecdote
Anerbieten ['anɛrbiːtən] *n* offer, proposal
anerkannt ['anɛrkant] *adj* acknowledged, recognized, accepted
anerkennen ['anɛrkɛnən] *v irr* recognize, acknowledge, admit
anerkennend ['anɛrkɛnənt] *adj* appreciative, approving
Anerkennung ['anɛrkɛnuŋ] *f* recognition, acknowledgement, acceptance
anfachen ['anfaxən] *v 1. (Feuer)* fan; *2. (fig: anspornen)* incite, rouse, spur on

anfahren ['anfa:rən] *v irr 1. (zu fahren beginnen)* start; *2. (sich nähern)* approach; *3. (fahren gegen)* hit, run into; *4. (fig: schimpfen)* snap at, fly at, jump on
Anfahrt ['anfa:rt] *f 1. (Fahrt)* journey, drive; *2. (Zufahrt)* drive, approach
Anfall ['anfal] *m MED* attack, bout, fit
anfallen ['anfalən] *v irr 1. (überfallen)* attack, assail, assault; *2. (Arbeit)* come up
anfällig ['anfɛlıç] *adj für etw ~ sein* to be susceptible to sth, to be prone to sth
Anfälligkeit ['anfɛlıçkaıt] *f* susceptibility, proneness
Anfang ['anfaŋ] *m* beginning, start; *~ der Woche* at the beginning of the week
anfangen ['anfaŋən] *v irr* begin, start
Anfänger ['anfɛŋər] *m* beginner, novice
anfänglich ['anfɛŋlıç] *adj 1.* early, initial, original; *adv 2.* at first, initially, in the beginning
anfangs ['anfaŋs] *adv* at first, initially, at the beginning
anfassen ['anfasən] *v 1. (berühren)* touch; *2. (greifen)* grasp, seize, hold; *3. mit ~ (fam: helfen)* give a hand
anfechten ['anfɛçtən] *v irr 1.* challenge, contest, dispute; *2. JUR* challenge, appeal
anfeinden ['anfaındən] *v jdn ~* to be hostile to s.o.
Anfeindung ['anfaınduŋ] *f* malice, ill-will
anfertigen ['anfɛrtıgən] *v 1.* make; *2. (Schriftstück)* draw up, draft
Anfertigung ['anfɛrtıguŋ] *f 1.* making; *2. (eines Schriftstücks)* drawing up, drafting
anfeuchten ['anfɔyçtən] *v* dampen, moisten, wet
anfeuern ['anfɔyərn] *v (fig)* encourage, animate, incite
anflehen ['anfle:ən] *v* plead, implore
Anflug ['anflu:k] *m 1. (eines Flugzeuges)* approach; *2. (fig: Hauch)* trace, suggestion
anfordern ['anfɔrdərn] *v* demand, ask for
Anforderung ['anfɔrdəruŋ] *f 1. (Anspruch)* demand, requirement, standard; *2. (Bestellung)* request; *3. MIL* requisition; *4. ECO* demand
Anfrage ['anfra:gə] *f 1.* inquiry, enquiry; *2. POL* question
anfragen ['anfra:gən] *v* inquire, enquire, ask
anfreunden ['anfrɔyndən] *v sich ~* become friends; *sich mit jdm ~* make friends with s.o.
anfügen ['anfy:gən] *v 1. (hinzufügen)* add; *2. (beilegen)* join, attach, enclose
anfühlen ['anfy:lən] *v sich ~* feel
anführen ['anfy:rən] *v 1. (führen)* lead, conduct; *2. (zitieren)* quote, cite, state
Anführer ['anfy:rər] *m* leader
Anführungszeichen ['anfy:ruŋstsaıçən] *n* quotation marks, inverted commas
Angabe ['anga:bə] *f 1.* statement, declaration; *2. (fam: Prahlerei)* showing off, bragging, boasting; *pl 3. ~n (Daten) TECH* data *pl*
angeben ['ange:bən] *v irr 1.* state, declare, indicate; *2. (fam: prahlen)* show off, brag, boast
Angeber ['ange:bər] *m (fam)* show-off, boaster
Angeberei [ange:bə'raı] *f (fam)* showing off
angeberisch ['ange:bərıʃ] *adj* pretentious
Angebetete(r) ['angəbe:tətə] *m/f* beloved
angeblich ['ange:plıç] *adj* alleged, supposed, ostensible
angeboren ['angəbo:rən] *adj 1.* innate, inborn; *2. MED* congenital
Angebot ['angəbo:t] *n* offer, tender, bid; *~ und Nachfrage* supply and demand
angebracht ['angəbraxt] *adj* appropriate, fitting
angebunden ['angəbundən] *adj kurz ~ (fig)* brusque, curt
angeheiratet ['angəhaıra:tət] *adj* related by marriage
angeheitert ['angəhaıtərt] *adj* tipsy
angehen ['ange:ən] *v irr 1. (beginnen)* begin, commence, start; *2. (fam: Licht)* go on; *3. (betreffen)* concern, regard; *Das geht dich nichts an.* That is none of your business. *4. jdm um etw ~* ask s.o. for sth
angehend ['ange:ənt] *adj 1.* incipient, prospective; *2. (Künstler)* budding; *3. (Vater)* expectant
angehören ['angəhø:rən] *v* belong to
Angehörige(r) ['angəhø:rıgə(r)] *m/f 1.* member; *2. (Verwandter)* relative
Angeklagte(r) ['angəkla:ktə(r)] *m/f JUR* accused, defendant
Angel ['aŋəl] *f 1. (Türangel)* hinge; *zwischen Tür und ~* in passing; *die Welt aus den ~n heben* turn the world upside down; *aus den ~n gehen* come off the hinges; *2. SPORT* fishing rod, fishing tackle
Angelegenheit ['angəle:gənhaıt] *f* matter, affair, concern; *Das ist nicht deine ~.* That's none of your concern.
angeln ['aŋəln] *v* fish, go fishing
Angeln ['aŋəln] *n* fishing

Angelpunkt ['aŋəlpuŋkt] *m 1.* pivot; *2.* central issue
Angelsachse ['aŋəlzaksə] *m* Anglo-Saxon
angelsächsisch ['aŋəlzɛksɪʃ] *adj HIST* Anglo-Saxon
angemessen ['angəmɛsən] *adj* appropriate, suitable, reasonable
Angemessenheit ['angəmɛsənhaɪt] *f* appropriateness, aptness, suitability
angenehm ['angəne:m] *adj* pleasant, agreeable, pleasing
angenommen ['angənɔmən] *adj 1. (geschätzt)* estimated, assumed; *2. (adoptiert)* adopted; *konj 3.* assuming; *~ ich mache es ...* assuming I do it ...
Angepasstheit ['angəpasthaɪt] *f* adjustment
angeschlagen ['angəʃla:gən] *adj 1. (Geschirr)* chipped; *2. (erschöpft)* exhausted, beat *(fam)*
angesehen ['angəze:ən] *adj ~ sein* respectable, prestigious, distinguished
Angesicht ['angəzɪçt] *n* face, countenance; *von ~ zu ~* face to face
angesichts ['angəzɪçts] *prep 1.* in the presence of; *2. (fig: im Hinblick auf)* in view of, considering
angespannt ['angəʃpant] *adj 1.* tense, strained; *2. (Aufmerksamkeit)* close
angestellt ['angəʃtɛlt] *adj* employed
Angestellte(r) ['angəʃtɛltə(r)] *m/f* (salaried) employee, white collar worker
Angestelltenverhältnis ['angəʃtɛltənfərhɛ:ltnis] *n* non-tenured employment
angetan ['angəta:n] *adj 1. ~ sein von* to be taken with; *2. dazu ~ sein* to be suitable for
angetrunken ['angətruŋkən] *adj* slightly drunk, tipsy
angewöhnen ['angəvø:nən] *v 1. jdm etw ~* get s.o. used to sth, accustom s.o. to sth; *2. sich etw ~* get accustomed to sth, get used to sth
Angewohnheit ['angəvo:nhaɪt] *f* habit
Angina [aŋ'gi:na] *f MED* angina
angleichen ['anglaɪçən] *v irr* adapt, bring into line
Angleichung ['anglaɪçuŋ] *f* assimilation
Angler ['aŋlər] *m* fisherman, angler
angliedern ['angli:dərn] *v 1.* join, link up; *2. (Betrieb) ECO* affiliate
Angliederung ['angli:dəruŋ] *f* affiliation, incorporation
anglikanisch [aŋgli'ka:nɪʃ] *adj REL* Anglican
angreifen ['angraɪfən] *v irr 1.* attack; *2. (berühren)* touch, handle; *3. (anpacken) CHEM* seize
angrenzen ['angrɛntsən] *v* adjoin, border on
Angriff ['angrɪf] *m* attack, assault; *etw in ~ nehmen* take on sth
angriffslustig ['angrɪfslustɪç] *adj* aggressive
Angriffspunkt ['angrɪfspuŋkt] *m 1. (fig)* opening; *2. MIL* point of attack
Angst [aŋst] *f* fear, fright, terror; *aus ~ vor* for fear of; *~ haben* to be afraid
ängstigen ['ɛŋstɪgən] *v 1. jdn ~* alarm s.o., frighten s.o. *2. sich ~* to be frightened, to be scared, to be afraid
ängstlich ['ɛŋstlɪç] *adj* nervous, anxious, timid
angurten ['angurtən] *v sich ~* fasten one's safety belt
anhaben ['anha:bən] *v irr 1.* have on, wear; *2. Der Wind kann mir nichts ~.* The wind doesn't bother me. *Er kann mir nichts ~.* He can't harm me.
anhalten ['anhaltən] *v irr 1. (stehen bleiben)* stop, pull up, halt; *2. (stoppen)* stop; *3. (fortdauern)* continue, last, go on
anhaltend ['anhaltənt] *adj* constant, continuous, sustained
Anhalter ['anhaltər] *m* hitch-hiker
Anhaltspunkt ['anhaltspuŋkt] *m* clue, indication, guide
anhand [an'hant] *prep* by means of, with the help of, on the basis of
Anhang ['anhaŋ] *m 1. (in einem Buch)* appendix, supplement; *2. (Anhängerschaft)* following
anhängen ['anhɛŋən] *v 1.* hang up, attach, join; *2. jdm etw ~* blame sth on s.o.
Anhänger ['anhɛŋər] *m 1. (Wagen)* trailer; *2. (Schild)* name-tag; *3. (Schmuck)* pendant; *4. (Befürworter)* adherent, supporter, follower
anhänglich ['anhɛŋlɪç] *adj* devoted, faithful
Anhänglichkeit ['anhɛŋlɪçkaɪt] *f* devotion, attachment
Anhängsel ['anhɛŋsəl] *n 1. (Schildchen)* tag; *2. (am Weihnachtsbaum)* ornament; *3. (fig: Mensch)* hanger-on
anhäufen ['anhɔyfən] *v* accumulate, pile up
Anhäufung ['anhɔyfuŋ] *f* accumulation
anheben ['anhe:bən] *v irr 1. (hochheben)* lift up, heave; *2. (erhöhen)* raise, increase

Anhebung ['anhe:buŋ] *f* increase
anheimelnd ['anhaɪməlnt] *adj* cosy, pleasant
anherrschen ['anhɛrʃən] *v jdn ~* bark at s.o.
anheuern ['anhɔyərn] *v* engage, hire
Anhieb ['anhi:p] *m auf ~* right from the start, from the word go
anhimmeln ['anhɪməln] *v* worship, idolize
Anhöhe ['anhø:ə] *f* elevation, hill
anhören ['anhø:rən] *v 1.* listen to; *2. (anmerken)* tell; *Ich höre ihr an, dass sie Amerikanerin ist.* I can tell that she's American; *3. (fig) sich ~* sound; *Das hört sich gut an.* That sounds good.
Anhörung ['anhø:ruŋ] *f JUR* hearing
animalisch [ani'ma:lɪʃ] *adj* animalistic, animal
Animateur [anima'tø:r] *m* animator
Animation [anima'tsjo:n] *f* animation
animieren [ani'mi:rən] *v* animate, incite, instigate
Animosität [animozi'tɛ:t] *f* animosity
Anis [a'ni:s] *n BOT* anise
Ankauf ['ankauf] *m* purchase, acquisition
ankaufen ['ankaufən] *v* purchase, acquire
Anker ['aŋkər] *m* anchor
ankern ['aŋkərn] *v* drop anchor, anchor
Ankerplatz ['aŋkərplats] *m NAUT* anchorage, berth
anketten ['ankɛtən] *v* chain
Anklage ['ankla:gə] *f 1. (Beschuldigung)* accusation, imputation; *2. JUR* charge, accusation, indictment
Anklagebank ['ankla:gəbaŋk] *f 1. JUR* dock; *2. (fig) auf der ~ sitzen* to be accused of sth
anklagen ['ankla:gən] *v 1. (beschuldigen)* accuse; *2. JUR* charge with, indict with, accuse of; *3. (zu Unrecht beschuldigen)* denounce
Ankläger ['anklɛ:gər] *m JUR* prosecutor, plaintiff, accuser
Anklageschrift ['anklagəʃrɪft] *f JUR* indictment
Anklang ['anklaŋ] *m* sound, suggestion, approval
Ankleidekabine ['anklaɪdəkabi:nə] *f* changing room
ankleiden ['anklaɪdən] *v sich ~* get dressed, dress
anklicken ['anklɪkən] *v etw ~ INFORM* click on sth
anklingen ['anklɪŋən] *v irr etw ~ lassen* evoke sth
anklopfen ['anklɔpfən] *v* knock
anknüpfen ['anknypfən] *v an etw ~* carry on (where one left off)
Anknüpfungspunkt ['anknypfuŋspuŋkt] *m* common interest
ankommen ['ankɔmən] *v 1.* arrive; *2. (Zustimmung finden)* to be received; *Damit kommst du nicht an.* You won't have any luck with that. *Das ist gut angekommen.* That was well received. *3. auf etw ~* depend on sth
Ankömmling ['ankœmlɪŋ] *m* newcomer, new arrival
ankoppeln ['ankɔpəln] *v* couple, link up
ankratzen ['ankratsən] *v* scratch
ankreiden ['ankraɪdən] *v 1.* chalk up; *2. jdm etw ~ (fig)* hold sth against s.o.
ankreuzen ['ankrɔytsən] *v* mark with a cross, tick, check off *(US)*
ankündigen ['ankyndɪgən] *v 1.* announce, advertise; *2. (auf etw hinweisen)* to be a sign of
Ankündigung ['ankyndɪguŋ] *f* announcement, notification
Ankunft ['ankunft] *f* arrival
ankurbeln ['ankurbəln] *v (fig: beleben)* stimulate, pep up, boost
anlächeln ['anlɛçəln] *v* smile at, give s.o. a smile
anlachen ['anlaxən] *v 1. (fig: anziehen)* tempt; *2.* smile at, beam at, laugh at
Anlage ['anla:gə] *f 1. (Fabrik)* plant, works, factory; *2. (Parkanlage)* park; *3. (Veranlagung)* predisposition, tendency, inclination; *4. (Geldanlage) FIN* investment; *5. (Briefanlage) ECO* enclosure
anlagern ['anla:gərn] *v CHEM* take up
Anlagerung ['anla:gəruŋ] *f CHEM* addition
Anlass ['anlas] *m 1. (Gelegenheit)* occasion; *~ geben zu* give cause for; *2. (Grund)* cause, reason
anlassen ['anlasən] *v irr 1. (Motor)* start; *2. (anbehalten)* keep on, leave on; *3. (eingeschaltet lassen)* leave on
Anlasser ['anlasər] *m TECH* starter
anlässlich ['anlɛslɪç] *prep* on the occasion of
anlasten ['anlastən] *v jdm etw ~* accuse s.o. of sth, blame s.o. for sth
anlaufen ['anlaufən] *v irr 1.* start; *2. (beschlagen: Metall)* tarnish, oxide; *(Fensterscheibe, Brille)* steam up
Anlaufstelle ['anlaufʃtɛlə] *f* point of contact
anlegen ['anle:gən] *v 1. (Schiff)* dock, moor, berth; *2. eine Akte ~* start a file; *3. (Leiter)* lay

against, put against; *4. (Garten)* lay out; *5. (Geld) FIN* invest; *6. (anziehen)* put on
Anleger ['anle:gər] *m FIN* investor
Anlegestelle ['anle:gəʃtɛlə] *f NAUT* docking site
anlehnen ['anle:nən] *v 1. (Gegenstand)* lean against; *2. (Tür)* leave ajar; *3. sich ~* lean against
Anlehnung ['anle:nuŋ] *f in ~ an ...* following
Anleihe ['anlaɪə] *f ECO* loan, loan stock, *(Wertpapier)* bond
anleinen ['anlaɪnən] *v (Hund)* put a leash on
anleiten ['anlaɪtən] *v* instruct, guide
Anleitung ['anlaɪtuŋ] *f* instruction(s)
anlernen ['anlɛrnən] *v* train
anliefern ['anli:fərn] *v* supply, deliver
Anlieferung ['anli:fəruŋ] *f* supply, delivery
anliegen ['anli:gən] *v irr 1. (bevorstehen)* to be on the agenda; *2. (angrenzen)* border, to be adjacent to
Anliegen ['anli:gən] *n 1.* request; *2. (Sorge)* matter of concern
Anlieger ['anli:gər] *m* neighbour, resident, adjoining owner; *„~ frei"* "residents only"
anlocken ['anlɔkən] *v 1.* attract; *2. (Tiere)* lure
anlügen ['anly:gən] *v irr* lie to
anmachen ['anmaxən] *v 1. (würzen)* dress (a salad), spice, season; *2. (fam: ansprechen)* make a pass at, come on to; *3. (befestigen)* fix, fasten; *4. (einschalten)* turn on, switch on
anmahnen ['anma:nən] *v etw ~* send a reminder about sth
anmalen ['anma:lən] *v* paint
Anmarsch ['anmarʃ] *m 1. (Näherkommen) MIL* approach; *2. (Wegstrecke) MIL* walk; *3. (fig)* advance; *im ~* on the way
anmaßen ['anma:sən] *v sich etw ~* claim a right to sth, arrogate sth to o.s.
anmaßend ['anma:sənt] *adj* presumptuous, arrogant
Anmaßung ['anma:suŋ] *f* presumptuousness, arrogance
anmeckern ['anmɛkərn] *v (fam)* grumble at
anmelden ['anmɛldən] *v 1.* register; *2. (ankündigen)* announce; *3. sich ~* register o.s. *4. sich ~ (amtlich)* give formal notice of address, report change of address, give formal notice of arrival; *5. sich ~ (beim Arzt)* make an appointment
anmeldepflichtig ['anmɛldəpflɪçtɪç] *adj* subject to registration
Anmeldung ['anmɛlduŋ] *f 1.* announcement, application; *2. (Einschreibung)* registration, enrolment; *3. (amtliche ~)* official notification of arrival
anmerken ['anmɛrkən] *v 1.* observe, notice; *2. (Kommentar geben)* remark
Anmerkung ['anmɛrkuŋ] *f* remark, comment, observation
Anmut ['anmu:t] *f* grace, attractiveness, charm
anmuten ['anmu:tən] *v* seem, appear
anmutig ['anmu:tɪç] *adj* graceful, charming
annähen ['annɛ:ən] *v* sew on
annähern ['annɛ:ərn] *v sich ~* approach
annähernd ['annɛ:ərnt] *adv 1.* approximately; *nicht ~* not nearly; *adj 2.* approximate
Annäherung ['annɛ:əruŋ] *f* approach, approximation
annäherungsweise ['annɛ:əruŋsvaɪzə] *adv* approximately
Annahme ['anna:mə] *f 1. (Entgegennahme)* acceptance; *2. (Zustimmung)* acceptance, approval; *3. (fig: Vermutung)* assumption, supposition, hypothesis; *4. POL* adoption, passing; *5. ECO* receipt
Annalen [a'na:lən] *pl HIST* annals
annehmbar ['anne:mba:r] *adj* acceptable
annehmen ['anne:mən] *v irr 1. (entgegennehmen)* accept, take receipt of; *2. (zustimmen)* accept, subscribe to; *3. (fig: vermuten)* assume, suppose, presume
annehmlich ['anne:mlɪç] *adj* convenient
Annehmlichkeit ['anne:mlɪçkaɪt] *f 1.* convenience; *2. (Wohnkomfort)* amenities, comforts
annektieren [anɛk'ti:rən] *v POL* annex
Annexion [anɛks'jo:n] *f POL* annexation
Annonce [a'nɔ̃:sə] *f* advertisement
annoncieren [anɔ̃'si:rən] *v* advertise
annullieren [anu'li:rən] *v* annul, cancel
anomal [ano'ma:l] *adj 1.* anomalous, irregular; *2. MED* abnormal
anonym [ano'ny:m] *adj* anonymous
Anonymität [anony:mi'tɛ:t] *f* anonymity
Anorak ['anorak] *m* anorak
anordnen ['anɔrdnən] *v 1. (befehlen)* command, decree, order; *2. (ordnen)* arrange
Anordnung ['anɔrdnuŋ] *f 1. (Befehl)* order, instruction, direction; *2. (Ordnung)* arrangement, grouping, structure
anormal ['anɔrma:l] *adj* abnormal
anpassen ['anpasən] *v 1. sich ~* adapt o.s. to, conform to; *2. (fig)* adapt to, adjust to, suit

Anpassung ['anpasuŋ] *f* adaptation, adjustment, *(an die Gesellschaft)* conformity
anpassungsfähig ['anpasuŋsfɛːɪç] *adj* adaptable, accommodating, flexible
anpeilen ['anpaɪlən] *v 1.* head for; *2. (fig)* eye
anprangern ['anpraŋərn] *v* pillory, criticize maliciously, denounce
anpreisen ['anpraɪzən] *v irr* promote, boost, push
anprobieren ['anprobiːrən] *v* try on
Anrede ['anreːdə] *f* form of address, speech
anreden ['anreːdən] *v* speak to, address
anregen ['anreːgən] *v 1. (vorschlagen)* suggest, propose; *2. (beleben)* stimulate
anregend ['anreːgənt] *adj* stimulating, exciting, inspiring
Anregung ['anreːguŋ] *f 1. (Vorschlag)* suggestion; *2. (Veranlassung)* stimulation
anreichern ['anraɪçərn] *v* enrich
Anreicherung ['anraɪçəruŋ] *f* upgrading
Anreise ['anraɪzə] *f* journey (to one's destination), arrival
anreisen ['anraɪzən] *v* journey (to one's destination), arrive
anreißen ['anraɪsən] *v irr 1. (Packung)* start, open; *2. (erwähnen)* mention; *3. (vorzeichnen) TECH* mark
Anreiz ['anraɪts] *m* stimulus, incentive, impulse
anrempeln ['anrɛmpəln] *v 1. (anstoßen)* bump into; *2. (fig)* provoke
anrennen ['anrɛnən] *v irr 1. angerannt kommen* come running; *2. gegen etw ~ MIL* storm sth; *3. gegen etw ~ (Vorurteile)* smash, bust; *4. (versehentlich stoßen gegen)* run into sth; *5. gegen etw ~* run into sth
Anrichte ['anrɪçtə] *f* sideboard, dresser
anrichten ['anrɪçtən] *v 1. (Essen)* prepare, serve up, dish up; *2. (verursachen)* cause
anrüchig ['anryːçɪç] *adj (Person)* notorious; *(Sache)* disreputable, shady
Anrüchigkeit ['anryçɪçkaɪt] *f* bad reputation, ill repute
Anruf ['anruːf] *m* call
Anrufbeantworter ['anruːfbəantvɔrtər] *m* answering machine
anrufen ['anruːfən] *v irr 1. (rufen)* call; *2. (telefonieren)* telephone, call *(US)*
Anrufer(in) ['anruːfər(ɪn)] *m/f* caller
anrühren ['anryːrən] *v 1. (vermischen)* mix, stir; *2. (fig: rühren)* move (emotionally); *3. (berühren)* touch
ans *(an das) (siehe „an")*

Ansage ['anzaːgə] *f* announcement
ansagen ['anzaːgən] *v* announce, declare, proclaim
Ansager(in) ['anzaːgər(ɪn)] *m/f* announcer
ansammeln ['anzaməln] *v sich ~* gather, accumulate
Ansammlung ['anzamluŋ] *f* accumulation
ansässig ['anzɛsɪç] *adj* resident
Ansatz ['anzats] *m 1. (Anfang)* outset, starting point, beginning; *Das ist im ~ richtig.* That is basically correct. *2. (Ablagerung)* deposit, sediment; *3. (Haaransatz)* roots (of hair); *4. (Anzeichen)* sign, indication
Ansatzpunkt ['anzatspuŋkt] *m (fig)* starting point
ansatzweise ['anzatsvaɪzə] *adv* for the start
anschaffen ['anʃafən] *v* procure, acquire, purchase
Anschaffung ['anʃafuŋ] *f* acquisition
anschalten ['anʃaltən] *v* switch on, turn on
anschauen ['anʃauən] *v* view, look at
anschaulich ['anʃaulɪç] *adj* concrete, vivid, descriptive
Anschauung ['anʃauuŋ] *f* view, outlook, perception
Anschein ['anʃaɪn] *m* appearance, look, semblance; *allem ~ nach* to all appearances
anscheinend ['anʃaɪnənt] *adv* apparently
anschieben ['anʃiːbən] *v irr etw ~* give sth a push
Anschiss ['anʃɪs] *m* bollocking *(UK)*, chewing-out *(US)*
Anschlag ['anʃlaːk] *m 1. (Plakat)* poster, placard; *2. (Schreibmaschinenanschlag)* stroke; *3. (Attentat) POL* attempt on a person's life, assassination attempt
Anschlagbrett ['anʃlaːkbrɛt] *n* notice board, bulletin board *(US)*
anschlagen ['anʃlaːgən] *v irr 1. (anstoßen)* knock, strike; *2. (aushängen)* put (a sign) up; *3. (befestigen)* affix, fasten, post
anschleichen ['anʃlaɪçən] *v irr sich an etw ~* creep up on sth, come creeping up on sth
anschließen ['anʃliːsən] *v irr 1. (verbinden)* attach, connect, link; *2. sich jdm ~* join s.o. *Darf ich mich Ihnen ~?* May I join you? *3. sich jdm ~ (zustimmen)* side with s.o. *4. (fig: anfügen)* add, annex
anschließend ['anʃliːsənt] *adj 1. (räumlich)* adjoining, adjacent; *2. (zeitlich)* subsequent, following, ensuing; *adv 3. (räumlich)* next to, adjacent to; *4. (zeitlich)* subsequently

Anschluss ['anʃlus] *m* *1.* connection; *2. (fig: Bekanntschaft)* social contact, making friends; *Er findet leicht ~.* He makes friends easily.
anschmiegen ['anʃmi:gən] *v* cuddle up to, cling to
anschnallen ['anʃnalən] *v 1.* buckle; *sich ~* fasten one's seatbelt; *2. (Skier)* put on
anschneiden ['anʃnaɪdən] *v irr 1. (schneiden)* cut; *2. (fig: Thema)* bring up, raise, broach
Anschrift ['anʃrɪft] *f* address
anschwellen ['anʃvɛlən] *v irr 1. (anwachsen)* swell up, rise, increase; *2. MED* swell, bulge
anschwemmen ['anʃvɛmən] *v* wash up
Anschwemmung ['anʃvɛmuŋ] *f* deposits
Ansehen ['anze:ən] *n 1. (Äußeres)* appearance; *2. (Ruf)* reputation, *(Achtung)* prestige
ansehen ['anze:ən] *v irr 1.* look at; *sich etw ~* look at sth; *2. Man sieht ihm an, dass ...* You can see that he ...
ansehnlich ['anze:nlɪç] *adj 1. (fig)* considerable, respectable; *2.* presentable, good-looking
ansetzen ['anzɛtsən] *v 1. Fett ~* grow fat; *2. jdn auf eine Person ~* put s.o. on a person; *3. (festlegen)* set
Ansicht ['anzɪçt] *f 1. (Meinung)* opinion, view; *der ~ sein, dass ...* to be of the opinion that ... *2. (Aussicht)* view, sight
Ansichtskarte ['anzɪçtskartə] *f* postcard
Ansichtssache ['anzɪçtszaxə] *f* matter of opinion
ansiedeln ['anzi:dəln] *v* settle
Ansiedlung ['anzi:dluŋ] *f* settlement
Ansinnen ['anzɪnən] *n 1. (Bitte)* request; *2. (Idee)* idea
ansonsten [an'zɔnstən] *adv* otherwise
anspannen ['anʃpanən] *v 1. (Kräfte)* strain; *2. (Pferd)* harness
Anspannung ['anʃpanuŋ] *f* strain, tension, stress
anspielen ['anʃpi:lən] *v 1. auf etw ~* allude to sth; *2. jdn ~ SPORT* pass to s.o.
Anspielung ['anʃpi:luŋ] *f* insinuation, hint, allusion
anspornen ['anʃpɔrnən] *v* encourage, incite, stimulate
Ansprache ['anʃpra:xə] *f* speech, address
ansprechbar ['anʃprɛçba:r] *adj 1. (gut gelaunt)* in a good mood; *2. (Patient)* responsive
ansprechen ['anʃprɛçən] *v irr 1. (reagieren)* react to, respond to; *2.* speak to, address; *3. (bedrängen)* accost; *4. (fig: gefallen)* appeal to
ansprechend ['anʃprɛçənt] *adj* appealing
Ansprechpartner(in) ['anʃprɛçpartnər(ɪn)] *m/f* contact person
Anspruch ['anʃprux] *m* claim, demand, expectation; *etw in ~ nehmen* claim sth
anspruchslos ['anʃpruxslo:s] *adj* unassuming
anspruchsvoll ['anʃpruxsfɔl] *adj* demanding, exacting, fastidious
anstacheln ['anʃtaxəln] *v 1. (antreiben)* stimulate; *2. (provozieren)* provoke
Anstalt ['anʃtalt] *f* institution
Anstand ['anʃtant] *m 1. (Bedenken)* objection; *2.* manners, decency, good behaviour
anständig ['anʃtɛndɪç] *adj* proper, decent
anstandshalber ['anʃtantshalbər] *adv* for decency's sake, out of politeness
anstandslos ['anʃtantslo:s] *adv* unhesitatingly, readily
anstarren ['anʃtarən] *v* stare at, glare at
anstatt [an'ʃtat] *prep 1.* instead of; *konj 2.* instead of
anstecken ['anʃtɛkən] *v 1. (Brosche)* fasten, pin on; *2. (anzünden)* set on fire, *(Zigarette)* light; *3. MED* infect; *sich mit etw ~* to catch sth
ansteckend ['anʃtɛkənt] *adj MED* infectious, contagious
Anstecknadel ['anʃtɛkna:dəl] *f* pin
Ansteckung ['anʃtɛkuŋ] *f MED* infection
anstehen ['anʃte:ən] *v irr 1. (bevorstehen)* to be impending; *2. (Schlange stehen)* queue *(UK)*, stand in line, line up
ansteigen ['anʃtaɪgən] *v irr 1.* go up, increase, rise; *2. (Weg)* ascend
anstelle [an'ʃtɛlə] *prep* instead of
anstellen ['anʃtɛlən] *v 1. (einschalten)* turn on, switch on; *2. (beschäftigen)* hire, employ, take on; *3. sich ~* queue *(UK)*, line up, stand in line; *4. (unternehmen)* do
Anstellung ['anʃtɛluŋ] *f 1. (Einstellung)* employment, engagement, hiring; *2. (Stellung)* job, position, post
Anstieg ['anʃti:k] *m 1. (Steigung)* ascent; *2. (Erhöhung)* increase, rise
anstiften ['anʃtɪftən] *v* cause, bring about, instigate
Anstiftung ['anʃtɪftuŋ] *f 1.* encouragement; *2. JUR* inducement
Anstoß ['anʃto:s] *m 1. (Anregung)* impulse, inducement, initiative; *2. (Skandal)* offence, scandal; *3. SPORT* kick-off

anstoßen ['anʃto:sən] *v irr 1. (stoßen)* push, bump, nudge; *sich das Knie ~ an* bump one's knee against; *2. (zuprosten)* toast, drink a toast; *3. (in Bewegung setzen)* push
anstößig ['anʃtø:sɪç] *adj* indecent, improper
anstreichen ['anʃtraɪçən] *v irr 1. (bemalen)* paint, mark; *2. (kennzeichnen)* mark
Anstreicher ['anʃtraɪçər] *m* painter
anstrengen ['anʃtrɛŋən] *v sich ~* make an effort, exert o.s.
anstrengend ['anʃtrɛŋənt] *adj* tiring, exhausting, arduous
Anstrengung ['anʃtrɛŋuŋ] *f* exertion, effort, strain
Ansturm ['anʃturm] *m* onslaught, onset, attack
anstürmen ['anʃtyrmən] *v* attack, assault
Antarktis [ant'arktɪs] *f GEO* Antarctic
Anteil ['antaɪl] *m 1.* share, portion, proportion; *2. ECO* interest
anteilig ['antaɪlɪç] *adj* proportionate
Anteilnahme ['antaɪlna:mə] *f* sympathy, concern
Antenne [an'tɛnə] *f TECH* antenna, aerial
Antialkoholiker [antialko'ho:lɪkər] *m* teetotaller
antiautoritär [antiautori'tɛ:r] *adj* antiauthoritarian
Antibabypille [anti'be:bipɪlə] *f MED* birth control pill
antibakteriell [antibakte'rjɛl] *adj MED* antibacterial
Antibiotikum [anti'bjo:tikum] *n MED* antibiotic
antik [an'ti:k] *adj 1.* antique; *2. HIST* ancient
Antike [an'ti:kə] *f HIST* antiquity
Antikörper ['antikœrpər] *m BIO* antibodies
Antipathie [antipa'ti:] *f* antipathy
Antiquariat [antikva'rja:t] *n 1.* secondhand bookshop; *2. modernes ~* cut-outs *pl* (new books sold at a marked-down price)
antiquiert [anti'kvi:rt] *adj* antiquated, obsolete
Antiquitäten [antikvi'tɛ:tən] *pl* antiques
Antisemitismus [antizemi'tɪsmus] *m POL* anti-Semitism
Antisepsis [anti'zɛpsɪs] *f MED* antisepsis
antizipieren [antitsi'pi:rən] *v* anticipate
Antlitz ['antlɪts] *n* face
Antrag ['antra:k] *m 1. (Gesuch)* application, request; *2. (Vorschlag)* proposal, motion
antreffen ['antrɛfən] *v irr* find, meet, catch, come across
antreiben ['antraɪbən] *v irr 1.* urge on, stimulate; *2. TECH* power, propel
antreten ['antre:tən] *v irr 1. (Stelle)* take up, assume; *2. (Reise)* set out on, embark on
Antrieb ['antri:p] *m 1. TECH* traction, drive, driving; *2. (fig)* motivation, impetus, incentive; *aus eigenem ~* of one's own accord
Antritt ['antrɪt] *m 1. (eines Amtes)* assumption of office; *2. (Spurt) SPORT* burst of speed
Antrittsbesuch ['antrɪtsbəzu:x] *m POL* first visit, formal call
Antrittsrede ['antrɪtsre:də] *f* inaugural speech
Antwort ['antvɔrt] *f* answer, reply
antworten ['antvɔrtən] *v* answer, reply
anvertrauen ['anfɛrtrauən] *v 1. jdm etw ~ (Sache)* entrust s.b. with sth; *2. jdm etw ~ (Geheimnis)* confide sth to s.o.
anvisieren ['anvizi:rən] *v* aim at, sight
anwachsen ['anvaksən] *v irr 1. (zunehmen)* grow, increase; *2. (Wurzeln schlagen)* take root
anwählen ['anvɛ:lən] *v* dial
Anwalt ['anvalt] *m* lawyer, solicitor, attorney *(US)*
Anwältin ['anvɛltɪn] *f* female lawyer, attorney
Anwandlung ['anvandluŋ] *f MED* fit, slight attack
Anwärter ['anvɛrtər] *m 1. (Amtsanwärter) POL* candidate; *2. JUR* claimant
anweisen ['anvaɪzən] *v irr 1. (anordnen)* instruct, direct, order; *2. FIN* remit, assign, transfer
Anweisung ['anvaɪzuŋ] *f 1. (Anordnung)* instruction, direction, order; *2. FIN* transfer, remittance
anwendbar ['anvɛntba:r] *adj* applicable, suitable
anwenden ['anvɛndən] *v irr* apply, use
Anwender(in) ['anvɛndər] *m/f 1.* client; *2. INFORM* user
anwenderfreundlich ['anvɛndərfrɔyntlɪç] *adj* user-friendly
Anwenderprogramm ['anvɛndərprɔgram] *n INFORM* user programme
Anwendung ['anvɛnduŋ] *f* use, application
anwerben ['anvɛrbən] *v irr 1.* attract; *2. MIL* recruit
Anwesen ['anve:zən] *n* property, estate
anwesend ['anve:zənt] *adj* present
Anwesende(r) ['anve:zəndə(r)] *m/f* person in attendance
Anwesenheit ['anve:zənhaɪt] *f* presence

anwidern ['anviːdərn] *v* repel, disgust
Anwohner ['anvoːnər] *m* resident
Anzahl ['antsaːl] *f* number, quantity
anzahlen ['antsaːlən] *v* make a down payment on
Anzahlung ['antsaːluŋ] *f* down payment
anzapfen ['antsapfən] *v* tap
Anzeichen ['antsaɪçən] *n* sign, indication, symptom
Anzeige ['antsaɪgə] *f* *1. (Annonce)* advertisement; *2. JUR* report, legal proceedings *pl; gegen jdn ~ erstatten* report s.o. to the authorities
anzeigen ['antsaɪgən] *v 1.* show, announce, advertise; *2. jdn ~ JUR* press charges against s.o.
Anzeigetafel ['antsaɪgətaːfəl] *f 1.* indicator board; *2. SPORT* scoreboard
anziehen ['antsiːən] *v irr 1. (Kleidung)* put on; *2. (Schraube) TECH* tighten, screw in; *3. (fig)* attract, interest
anziehend ['antsiːənt] *adj* attractive, appealing
Anziehung ['antsiːuŋ] *f* attraction, appeal
Anzug ['antsuːk] *m 1.* suit; *2. (Anrücken)* approach, advance
anzüglich ['antsyːklɪç] *adj* personal, pointed
Anzüglichkeit ['antsyːklɪçkaɪt] *f* overly personal remark
anzünden ['antsyndən] *v* light, ignite, set alight; *etw ~* set fire to sth
anzweifeln ['antsvaɪfəln] *v* doubt, question, call in question
apart [a'part] *adj* distinctive, unusual, striking
apathisch [a'paːtɪʃ] *adj* apathetic, listless, indifferent
Aperitif [aperi'tiːf] *m* aperitif
Apfel ['apfəl] *m* apple; *in den sauren ~ beißen müssen* swallow the pill
Apfelsaft ['apfəlzaft] *m* apple juice
Apfelsine [apfəl'ziːnə] *f* orange
Aphorismus [afo'rɪsmus] *m LIT* aphorism
Apokalypse [apoka'lypsə] *f REL* apocalypse
apokalyptisch [apoka'lyptɪʃ] *adj REL* apocalyptic
Apostel [a'pɔstəl] *m* apostle
Apostroph [apɔ'stroːf] *m* apostrophe
Apotheke [apo'teːkə] *f* chemist's shop *(UK),* pharmacy *(US)*
Apotheker(in) [apo'teːkər(ɪn)] *m/f* chemist, pharmacist
Appalachen [apa'laxən] *pl GEO* Appalachian Mountains
Apparat [apa'raːt] *m 1.* machine, device, instrument; *2. (Telefon)* phone; *Am ~!* Speaking! This is he! This is she!
Apparatur [apara'tuːr] *f TECH* apparatus
Appartement [apart'mɑ̃ː] *n* flat, apartment (US)
Appell [a'pɛl] *m MIL* roll-call, inspection
appellieren [apɛ'liːrən] *v ~ an* appeal to
Appetit [ape'tiːt] *m* appetite
appetitanregend [ape'tiːtanreːgənt] *adj* appetizing, mouth-watering
appetitlich [ape'tiːtlɪç] *adj* appetizing
Appetitlosigkeit [ape'tiːtloːzɪçkaɪt] *f* lack of appetite
applaudieren [aplau'diːrən] *v* applaud
Applaus [a'plaus] *m* applause
Aprikose [apri'koːzə] *f* apricot
April [a'prɪl] *m* April
apropos [apro'poː] *adv* by the way
Aquaplaning [akva'plaːnɪŋ] *n* hydroplaning, aquaplaning
Aquarell [akva'rɛl] *n ART* watercolour
Aquarium [a'kvaːrjum] *n* aquarium
Äquator [ɛ'kvaːtɔr] *m GEO* equator
äquivalent [ɛkviva'lɛnt] *adj* equivalent
Äquivalent [ɛkviva'lɛnt] *n* equivalent
Ära ['ɛːra] *f* era
Araber ['arabər] *m* Arab
Arabien [a'raːbjən] *n GEO* Arabia
arabisch [a'raːbɪʃ] *adj* Arabian
Arbeit ['arbaɪt] *f 1.* work, labour; *2. (Berufstätigkeit)* employment
arbeiten ['arbaɪtən] *v* work, labour
Arbeiter(in) ['arbaɪtər(ɪn)] *m/f* worker, employee, labourer
Arbeitgeber(in) [arbaɪt'geːbər(ɪn)] *m/f* employer
Arbeitnehmer(in) [arbaɪt'neːmər(ɪn)] *m/f* employee, worker
Arbeitsamt ['arbaɪtsamt] *n* employment office, labour exchange
Arbeitsbeschaffungsmaßnahme [arbaɪtsbə'ʃafuŋsmaːsnaːmə] *f POL* job-creating measure
Arbeitsgericht ['arbaɪtsgərɪçt] *n JUR* industrial tribunal
Arbeitskraft ['arbaɪtskraft] *f 1. (Person)* worker; *2. (Fähigkeit)* working capacity
arbeitslos ['arbaɪtsloːs] *adj* unemployed, jobless, out of work
Arbeitslose(r) ['arbaɪtsloːzə(r)] *m/f ECO* unemployed person

Arbeitslosenrate ['arbaɪtsloːzənraːtə] *f* unemployment rate
Arbeitslosigkeit ['arbaɪtsloːzɪçkaɪt] *f* unemployment
Arbeitsmarkt ['arbaɪtsmarkt] *m* job market
Arbeitsplatz ['arbaɪtsplats] *m* *1.* job, position; *2. (Arbeitsstätte)* place of work
Arbeitsspeicher ['arbaɪtsʃpaɪçər] *m* *INFORM* main memory
Arbeitssuche ['arbaɪtszuːxə] *f* *ECO* looking for work, job search
Arbeitstag ['arbaɪtstaːk] *m* workday, working day
arbeitsunfähig ['arbaɪtsunfɛːɪç] *adj* unable to work, disabled, unfit for work
Arbeitszeit ['arbaɪtstsaɪt] *f* working hours
Arbeitszimmer ['arbaɪtstsɪmər] *n* study, workroom
archaisch [ar'çaːɪʃ] *adj* archaic
Archäologe [arçɛo'loːgə] *m* archaeologist
Arche ['arçə] *f* ark
Archipel [arçi'peːl] *m* *GEO* archipelago
Architekt(in) [arçi'tɛkt(ɪn)] *m/f* architect
Architektur [arçɪtɛk'tuːr] *f* architecture
Archiv [ar'çiːf] *n* archive
Areal [are'aːl] *n* area
Arena [a'reːna] *f* *HIST* arena
arg [arg] *adj* *1.* bad, terrible; *adv* *2. (fam: sehr)* terribly, awfully
Ärger ['ɛrgər] *m* aggravation, annoyance, anger
ärgerlich ['ɛrgərlɪç] *adj* angry, irritated, aggravated
ärgern ['ɛrgərn] *v* *1.* annoy, irritate, make angry; *2. sich ~* to be annoyed, to be angry
Ärgernis ['ɛrgərnɪs] *n* nuisance, worry
Arglist ['arglɪst] *f* malice
arglistig ['arglɪstɪç] *adj* crafty, cunning
arglos ['argloːs] *adj* guileless, harmless
Argument [argu'mɛnt] *n* argument, contention
argumentieren [argumɛn'tiːrən] *v* argue, reason
Argwohn ['arkvoːn] *m* suspicion, mistrust
argwöhnen ['arkvøːnən] *v* suspect, to be suspicious of
argwöhnisch ['arkvøːnɪʃ] *adj* suspicious
Arie ['aːrjə] *f* *MUS* aria
Aristokrat [arɪsto'kraːt] *m* aristocrat
Aristokratie [arɪstokra'tiː] *f* aristocracy
arithmetisch [arɪt'meːtɪʃ] *adj* *MATH* arithmetical
Arkade [ar'kaːdə] *f* *ARCH* arcade
Arktis ['arktɪs] *f* *GEO* Arctic
arm [arm] *adj* poor
Arm [arm] *m* arm; *jdn auf den ~ nehmen* pull s.o.'s leg; *jdm in die ~e laufen* bump into s.o. *einen langen ~ haben (fig)* have a lot of pull; *jdm unter die ~e greifen (fig)* help s.o. out
Armband ['armbant] *n* *1.* bracelet; *2. (für die Uhr)* strap
Armbanduhr ['armbantuːr] *f* wristwatch
Armbrust ['armbrust] *f* crossbow
Armee [ar'meː] *f* *MIL* army
Ärmel ['ɛrməl] *m* sleeve; *etw aus dem ~ schütteln (fig)* pull sth out of thin air
Ärmelkanal ['ɛrməlkanaːl] *m* *GEO* English Channel
ärmellos ['ɛrməlloːs] *adj* sleeveless
Armenviertel ['armənfɪrtəl] *n* poor neighbourhood
Armlehne ['armleːnə] *f* armrest
Armleuchter ['armlɔyçtər] *m* *1.* candelabrum; *2. (als Schimpfwort)* ass
ärmlich ['ɛrmlɪç] *adj* poor, meagre, humble, *(Kleidung, Wohnung)* shabby
armselig ['armseːlɪç] *adj* poor, miserable
Armseligkeit ['armzeːlɪçkaɪt] *f* wretchedness
Armut ['armuːt] *f* poverty, destitution
Arnika ['arnika] *f* *BOT* arnica
Aroma [a'roːma] *n* *1.* aroma; *2. (Geschmack)* flavour; *3. (Geruch)* fragrance
aromatisch [aro'maːtɪʃ] *adj* aromatic
Arrangement [arɑ̃ʒ'mɑ̃ː] *n* arrangement
arrangieren [arɑ̃'ʒiːrən] *v* arrange
Arrest [a'rɛst] *m* detention
arrogant [aro'gant] *adj* arrogant
Arroganz [aro'gants] *f* arrogance
Arsch [arʃ] *m* *(fam)* arse *(UK)*, ass *(US)*
Arsen [ar'zeːn] *n* *CHEM* arsenic
Arsenal [arze'naːl] *n* *MIL* arsenal
Art [aːrt] *f* *1.* kind, way, manner; *2. ZOOL* species; *aus der ~ schlagen (fig)* take after nobody in the family
Arterie [ar'teːrjə] *f* *ANAT* artery
artgerecht ['aːrtgərɛçt] *adj* *ZOOL* characteristic of the species
Arthrose [ar'troːzə] *f* *MED* arthritis
artig ['artɪç] *adj* good, well-behaved
Artikel [ar'tɪkəl] *m* *1. (Bericht)* article; *2. GRAMM* article; *3. ECO* product, good
Artikulation [artɪkula'tsjoːn] *f* *LING* articulation
artikulieren [artɪku'liːrən] *v* articulate
Artillerie [artɪlə'riː] *f* *MIL* artillery
Artischocke [arti'ʃɔkə] *f* *BOT* artichoke

Artist(in) [ar'tɪst(ɪn)] *m/f* acrobat, circus performer
artistisch [ar'tɪstɪʃ] *adj* artistic, acrobatic
Arznei [a:rts'naɪ] *f* medicine
Arzt [artst] *m* doctor, physician
Ärztin ['ɛ:rtstɪn] *f* (female) doctor
As [as] *n* ace
Asbest [as'bɛst] *m MIN* asbestos
aschblond ['aʃblɔnt] *adj* ash-blond
Asche ['aʃə] *f 1.* ash, cinders; *2. (sterbliche Überreste)* ashes
Äsche ['ɛʃə] *f ZOOL* ash
Aschenbecher ['aʃənbɛçər] *m* ashtray
Aschermittwoch [aʃər'mɪtvɔx] *m* Ash Wednesday
aschfahl ['aʃ'fa:l] *adj* ashen
Asiat(in) [azi'a:t(ɪn)] *m/f* Asian
asiatisch [azi'a:tɪʃ] *adj* Asian
Asien ['a:zjən] *n GEO* Asia
Askese [as'ke:zə] *f REL* asceticism
Asket [as'ke:t] *m REL* ascetic
asketisch [as'ke:tɪʃ] *adj* ascetic
asozial ['a:zotsja:l] *adj* antisocial
Aspekt [a'spɛkt] *m* aspect, point of view
Asphalt [as'falt] *m* asphalt, tarmac
Aspirant(in) [aspi'rant(ɪn)] *m/f* candidate
Assimilation [asimila'tsjo:n] *f* assimilation
assimilieren [asimi'li:rən] *v* assimilate
Assistent(in) [asɪs'tɛnt(ɪn)] *m/f* assistant
Assistenzarzt/Assistenzärztin [asɪs'tɛntsartst/asɪs'tɛntsɛ:rtstɪn] *m/f MED* assistant physician
assistieren [asɪs'ti:rən] *v* assist, aid
Assoziation [asotsja'tsjo:n] *f* association
assoziieren [asotsi'i:rən] *v* associate
Ast [ast] *m* limb, branch; *den ~ absägen, auf dem man sitzt* bite the hand that feeds you; *sich einen ~ lachen* to be in stiches; *auf dem absteigenden ~ sein* to be going downhill
Aster ['astər] *f BOT* aster
Astgabel ['astga:bəl] *f* fork of a branch
Ästhet(in) [ɛs'te:t(ɪn)] *m/f* aesthete
ästhetisch [ɛs'te:tɪʃ] *adj* aesthetic, aesthetical
Asthma ['astma] *n MED* asthma
Astrologie [astrolo'gi:] *f* astrology
Astronaut(in) [astro'naut(ɪn)] *m/f* astronaut
Astronom [astro'no:m] *m* astronomer
Astronomie [astrono'mi:] *f* astronomy
astronomisch [astro'no:mɪʃ] *adj 1.* astronomical; *2. (fig: Zahl)* astronomical, enormous
Asyl [a'zy:l] *n* asylum, refuge
Asylant [azy'lant] *m* person having political asylum
Asylbewerber(in) [a'zy:lbəvɛrbər(ɪn)] *m/f* person seeking political asylum
asymmetrisch ['azyme:trɪʃ] *adj 1.* asymmetrical; *2.* dissymmetrical
Aszendent [astsɛn'dɛnt] *m* ascendant
Atelier [atəl'je:] *n* studio, atelier
Atem ['a:təm] *m 1.* breath; *2. (Atmen)* breathing; *den ~ anhalten* hold one's breath; *jdm den ~ verschlagen* take s.o.'s breath away
atemberaubend ['a:təmbəraubənt] *adj* breathtaking
atemlos ['a:təmlo:s] *adj* breathless
Atempause ['a:təmpauzə] *f* pause to catch one's breath, breather
Atemwege ['a:təmve:gə] *pl ANAT* respiratory tract
Äthanol [ɛta'no:l] *n CHEM* ethanol, ethyl alcohol
Atheismus [ate'ɪsmus] *m* atheism
Äther ['ɛ:tər] *m MED* ether
ätherisch [ɛ'te:rɪʃ] *adj 1. CHEM* etheric; *2. ~e Öle* essential oils
Äthiopien [ɛ'tio:pjən] *n GEO* Ethiopia
Äthiopier(in) [ɛ'tjo:pjər(ɪn)] *m/f* Ethiopian
Athlet [at'le:t] *m* athlete
athletisch [at'le:tɪʃ] *adj* athletic
Atlantik [at'lantɪk] *m GEO* Atlantic
Atlas ['atlas] *m* atlas
atmen ['a:tmən] *v* breathe
Atmosphäre [atmɔs'fɛ:rə] *f* atmosphere
Atmung ['a:tmuŋ] *f* breathing, respiration
Atom [a'to:m] *n PHYS* atom
atomar [ato'ma:r] *adj* atomic, nuclear
Atombombe [a'to:mbɔmbə] *f* atom bomb, A-bomb
Atomkraft [a'to:mkraft] *f* nuclear power
Atomkraftwerk [a'to:mkraftvɛrk] *n TECH* nuclear power plant
Attachment [a'tætʃmənt] *n INFORM* attachment
Attacke [a'takə] *f* attack
Attentat [atən'ta:t] *n* assassination
Attentäter [atən'tɛ:tər] *m 1.* assassin; *2. (bei gescheitertem Versuch)* would-be assassin
Attest [a'tɛst] *n* attestation, certificate
attestieren [atɛs'ti:rən] *v* attest, certify
Attraktion [atrak'tsjo:n] *f* attraction
attraktiv [atrak'ti:f] *adj* attractive
Attraktivität [atraktivi'tɛ:t] *f* attractiveness
Attrappe [a'trapə] *f* dummy

Attribut [atri'bu:t] *n 1.* characteristic; *2. GRAMM* attribute
atypisch ['aty:pɪʃ] *adj* atypical
ätzen ['ɛtsən] *v CHEM* corrode
ätzend ['ɛtsənt] *adj 1.* caustic, corrosive; *2. (fam: furchtbar)* awful
Aubergine [obɛr'ʒi:nə] *f BOT* aubergine
auch [aux] *konj 1.* also, as well, too; *2. (sogar)* even; *adv 3. (tatsächlich) So war das ~!* That's how it was! *4. (verstärkend) was ~ immer geschieht ...* no matter what happens ... *wie dem ~ sei* be that as it may; *Wenn ~!* So what?
Audienz [au'djɛnts] *f POL* audience, hearing
audiovisuell [audjovizu'ɛl] *adj* audio-visual
auf [auf] *prep 1.* on, upon, onto; *~ Englisch* in English; *~ die Universität gehen* go to university; *~ diese Weise* in this way; *~ einer Hochzeit* at a wedding; *~ der Welt* in the world; *~ meinem Zimmer* in my room; *~ der Gitarre spielen* play guitar; *~ jdn böse sein* to be angry with s.o., to be angry at s.o. *sich ~ etwas vorbereiten* prepare for sth; *adv 2. (offen)* open; *~ sein* to be open; *3. (nach oben)* up; *~ und ab* up and down; *prep 4. ~ eine Woche* for a week; *5. von klein ~* from childhood, since childhood (US); *adj 6. (wach)* up, awake
aufarbeiten ['aufarbaɪtən] *v 1. (Material)* refurbish; *2. (erledigen)* catch up on
Aufarbeitung ['aufarbaɪtuŋ] *f 1.* catching up; *2. (von Material)* refurbishing
aufatmen ['aufa:tmən] *v* draw a deep breath; *erleichtert ~* heave a sigh of relief
aufbahren ['aufba:rən] *v* lay out in state
Aufbau ['aufbau] *m 1. (Anordnung)* structure; *2. (Struktur)* formation, construction
aufbauen ['aufbauən] *v 1. (montieren)* construct, build, erect; *2. (fig)* organize, structure; *etw auf etw ~* base sth on sth
aufbauschen ['aufbauʃən] *v (fig)* exaggerate, overstate
aufbegehren ['aufbəge:rən] *v* rebel, revolt
aufbekommen ['aufbəkɔmən] *v irr 1. etw ~ (etw öffnen können)* to be able to open sth, to get sth open; *2. Hausaufgaben ~* to be assigned homework, get homework
aufbereiten ['aufbəraɪtən] *v* process, prepare, treat; *wieder ~* reprocess
aufbewahren ['aufbəva:rən] *v* keep, preserve, set aside
aufbinden ['aufbɪndən] *v irr 1. (Knoten öffnen)* unknot; *2. jdm einen Bären ~ (fig)* dupe s.o.
aufblähen ['aufblɛ:ən] *v 1. (Bauch)* swell; *2. (Frosch)* puff up; *3. (fig: prahlen)* boast
aufblasen ['aufbla:zən] *v irr* blow up, inflate
aufbleiben ['aufblaɪbən] *v irr* stay up
aufblicken ['aufblɪkən] *v* look up, raise one's eyes, glance up
aufblühen ['aufbly:ən] *v* blossom, bloom
aufbrauchen ['aufbrauxən] *v* use up
aufbrechen ['aufbrɛçən] *v irr 1. (öffnen)* break open, force open; *2. (fig)* set off
Aufbruch ['aufbrux] *m* departure, start, setting out; *politischer ~* fundamental change (in politics)
aufbürden ['aufbyrdən] *v jdm etw ~* burden s.o. with sth
aufdecken ['aufdɛkən] *v 1. (bloßlegen)* expose, lay bare; *2. (fig: Geheimnis)* disclose, reveal, unveil
aufdrängen ['aufdrɛŋən] *v jdm etw ~* force sth on s.o.
aufdrehen ['aufdre:ən] *v 1. (öffnen)* turn on; *2. (Lautstärke)* turn up; *3. (aufziehen)* wind up; *4. (lockern)* loosen; *5. (aufdröseln)* unravel; *6. (aufrollen: Haar)* put in curlers; *(Schnurrbart)* turn up; *7. (lebhaft werden)* get going
aufdringlich ['aufdrɪŋlɪç] *adj* obtrusive, pushy, importunate
Aufdringlichkeit ['aufdrɪŋlɪçkaɪt] *f* intrusion
Aufdruck ['aufdruk] *m* imprint, print
aufeinander [aufaɪn'andər] *adv 1. (örtlich)* one on top of the other; *~ legen* pile up; *~ treffen* meet; *2. (zeitlich)* one after the other; *~ folgen* follow one another, follow in succesion
Aufenthalt ['aufɛnthalt] *m 1.* stay; *2. (Ort)* residence; *3. (des Zuges)* stop
Aufenthaltsgenehmigung ['aufɛnthaltsgənе:mɪguŋ] *f* residence permit
Aufenthaltsraum ['aufɛnthaltsraum] *m* lounge
auferlegen ['aufɛrle:gən] *v jdm etw ~* impose sth on s.o.
Auferstehung ['aufɛrʃte:uŋ] *f REL* resurrection
auffahren ['auffa:rən] *v irr 1. (vorfahren)* drive up; *2. auf etw ~* drive onto sth; *3. auf etw ~ (gegen etw stoßen)* run into sth; *4. dicht ~* tailgate (fam); *5. (aufbrausen)* flare up; *6. aus dem Schlaf ~* awake with a start
Auffahrt ['auffa:rt] *f 1. (zu einem Haus)* drive, driveway *(US)*; *2. (zur Autobahn)* approach, access road, freeway entrance *(US)*
auffallen ['auffalən] *v irr* to be noticeable

auffällig ['auffɛlıç] *adj 1.* noticeable, conspicuous; *2. (Kleider)* flashy
Auffälligkeit ['auffɛlıçkaıt] *f* conspicuousness
auffangen ['auffaŋən] *v irr 1.* catch; *2. (fig) einen Blick ~* catch s.o.'s eye
Auffassung ['auffasuŋ] *f* opinion, view
Auffassungsgabe ['auffasuŋsga:bə] *f* ability to grasp concepts, intelligence
auffordern ['auffɔrdərn] *v* invite, ask, request
Aufforderung ['auffɔrdəruŋ] *f* invitation, request
aufforsten ['auffɔrstən] *v* reforest
auffressen ['auffrɛsən] *v irr* eat up
auffrischen ['auffrıʃən] *v 1.* freshen up; *2. (Kenntnisse)* brush up on
aufführen ['auffy:rən] *v THEAT* perform
Aufführung ['auffy:ruŋ] *f THEAT* performance, production
auffüllen ['auffylən] *v* refill, replenish
Aufgabe ['aufga:bə] *f 1. (Arbeit)* task, assignment, responsibility; *mit einer ~ betraut sein* to be charged with a task; *2. (Arbeit) MIL* mission; *3. (Verzicht)* giving up, abandonment; *4. (Verzicht) MIL* surrender; *5. (Versand)* dispatch, posting, mailing *(US)*
Aufgabenbereich ['aufga:bənbəraıç] *m* area of responsibility
Aufgang ['aufgaŋ] *m 1.* rising, ascent; *2. (Treppe)* stairs
aufgeben ['aufge:bən] *v irr 1. (versenden)* post, mail *(US)*, dispatch; *2. (verzichten)* give up, abandon; *3. (beauftragen)* assign
Aufgeblasenheit ['aufgəbla:zənhaıt] *f (fig: Überheblichkeit)* arrogance, conceit
Aufgebot ['aufgəbo:t] *n 1. (Anzahl)* array, mass; *2. (von Menschen)* contingent; *3. (Eheaufgebot)* banns of marriage
aufgebracht ['aufgəbraxt] *adj* angry
aufgedreht ['aufgədre:t] *adj 1. (Lautstärke)* at full volume; *2. (fig: Mensch)* in high spirits
aufgedunsen ['aufgədunzən] *adj* bloated
aufgehen ['aufge:ən] *v irr 1.* open, burst open; *2. (Teig)* rise; *3. (Sonne)* rise; *4. ~ wie eine Dampfnudel* pile on weight
aufgeklärt ['aufgəklɛ:rt] *adj 1. (informiert)* well-informed; *2. (sexuell)* knowing the facts of life
Aufgeklärtheit ['aufgəklɛrthaıt] *f* enlightenment
aufgeregt ['aufgəre:kt] *adj* excited, nervous
Aufgeregtheit ['aufgəre:kthaıt] *f* excitedness, nervousness
aufgeschlossen ['aufgəʃlɔsən] *adj (fig: Person)* open-minded, broad-minded
Aufgeschlossenheit ['aufgəʃlɔsənhaıt] *f* open-mindedness
aufgeweckt ['aufgəvɛkt] *adj* bright
aufgreifen ['aufgraıfən] *v irr* pick up
aufgrund [auf'grunt] *prep* because of, on the basis of, by virtue of
aufhalten ['aufhaltən] *v irr 1. (Tür)* hold open, keep open; *seine Hand ~ (fig)* hold out one's hand *(fig)*; *2. (jdn ~)* detain, delay, keep; *3. sich ~ (an einem Ort)* live in, reside in, *(vorübergehend)* to be in
aufhängen ['aufhɛŋən] *v 1. sich ~* hang o.s. 2. hang up, suspend
Aufhänger ['aufhɛŋər] *m 1.* hook, hanger; *2. (fig)* hook
aufheben ['aufhe:bən] *v irr 1. (beenden)* cancel, stop, do away with; *2. (aufbewahren)* save, keep, reserve; *3. (vom Boden)* pick up, lift up
Aufhebung ['aufhe:buŋ] *f 1.* abolition, repeal; *2. (Versammlung)* dissolution; *3. ECO* cancellation
aufheitern ['aufhaıtərn] *v* cheer up, brighten up, encourage
Aufheiterung ['aufhaıtəruŋ] *f 1. (eines Menschen)* cheering up; *2. (des Wetters)* clearing up
aufhellen ['aufhɛlən] *v 1.* brighten, light up; *2. (fig: klären)* shed light on
aufhetzen ['aufhɛtsən] *v* incite, instigate
aufheulen ['aufhɔylən] *v 1. (vor Schmerz)* cry; *2. (Motor) TECH* roar
aufholen ['aufho:lən] *v 1.* catch up; *2. (Zeit)* make up (time)
aufhören ['aufhø:rən] *v* stop, end; *Hör auf damit!* Stop it!
aufklären ['aufklɛ:rən] *v* clear up, enlighten, inform
Aufklärung ['aufklɛ:ruŋ] *f 1.* explanation; *sexuelle ~* sex education; *2. HIST* Enlightenment; *3. MIL* reconnaissance
aufkleben ['aufkle:bən] *v* stick on
Aufkleber ['aufkle:bər] *m* sticker
aufkommen ['aufkɔmən] *v irr 1. (heraufziehen)* rise, get up; *2. (entstehen)* arise, come into use
aufladen ['aufla:dən] *v irr 1. (beladen)* load; *2. (fig: aufbürden)* burden; *3. (Batterie) TECH* charge
Auflage ['aufla:gə] *f 1. (Buch)* edition; *2. (Bedingung)* condition

auflauern ['auflauərn] *v jdm ~* lie in wait for s.o., *(angreifen)* waylay s.o.
Auflauf ['auflauf] *m 1. (Menschen)* crowd, commotion; *2. GAST* soufflé
auflehnen ['aufle:nən] *v 1. die Arme ~* lean one's arms (on sth); *2. sich ~ (fig)* rebel
Auflehnung ['aufle:nuŋ] *f* rebellion
auflesen ['aufle:zən] *v irr* pick up *(fig)*, gather, collect
auflisten ['auflɪstən] *v* list
auflockern ['auflɔkərn] *v 1.* loosen up; *2. (entspannen)* make more relaxed
Auflockerung ['auflɔkəruŋ] *f* ease, relaxation
auflösen ['auflø:zən] *v 1. (Pulver)* dissolve; *2. (Geschäft) ECO* liquidate, dissolve
Auflösung ['auflø:zuŋ] *f 1. (Rätsel)* solution; *2. (Geschäft) ECO* dissolution
aufmachen ['aufmaxən] *v* open, undo
Aufmachung ['aufmaxuŋ] *f 1. (Kleidung)* get-up; *2. (einer Zeitschrift)* layout
aufmerksam ['aufmɛrkza:m] *adj* attentive, observant
Aufmerksamkeit ['aufmɛrkza:mkaɪt] *f 1. (Vorsicht)* attentiveness, attention; *die ~ auf sich ziehen* attract attention; *die ~ lenken auf* call attention to; *2. (Geschenk)* little present
aufmuntern ['aufmuntərn] *v* cheer up
Aufmunterung ['aufmuntəruŋ] *f* encouragement
aufmüpfig ['aufmypfɪç] *adj* rebellious
Aufnahme ['aufna:mə] *f 1. (Empfang)* reception, welcome; *2. (in eine Organisation)* admission, admittance; *3. (Nahrung)* intake; *4. FOTO* exposure, photograph, shot; *5. CINE* shot
aufnehmen ['aufne:mən] *v irr 1. (empfangen)* receive; *2. (beginnen)* enter into, take up, embark on; *3. (fotografieren)* take a picture of, photograph; *4. (fassen)* take in, assimilate, absorb; *5. es mit jdm ~* challenge s.o.
aufopfern ['aufɔpfərn] *v sich ~* sacrifice o.s.
aufopferungsvoll ['aufɔpfəruŋsfɔl] *adj* self-sacrificing, dedicated
aufpassen ['aufpasən] *v* pay attention, look out, take care; *Pass auf dich auf!* Take care of yourself!
Aufpasser(in) ['aufpasər(ɪn)] *m/f 1. (Beaufsichtigende(r))* watchdog; *2. (Beobachter(in))* spy
Aufprall ['aufpral] *m* impact
aufprallen ['aufpralən] *v ~ auf 1. (Ball)* bounce against; *2. (Auto)* collide with; *3. (zerschmettern)* smash against charge
aufpumpen ['aufpumpən] *v* pump up, inflate
aufräumen ['aufrɔymən] *v* clean up, tidy up, clear up
aufrecht ['aufrɛçt] *adj* upright, erect
aufrechterhalten ['aufrɛçtɛrhaltən] *v irr* maintain, uphold, keep up
aufregen ['aufre:gən] *v 1. jdn ~* excite s.o., get on s.o.'s nerves; *2. sich ~* get upset, get worked up, become agitated
aufregend ['aufre:gənt] *adj* exciting
Aufregung ['aufre:guŋ] *f* excitement
aufreibend ['aufraɪbənt] *adj* exhausting
aufreißen ['aufraɪsən] *v irr 1.* tear open, rip open; *2. (Tür)* throw open; *3. (Mund, Augen)* open wide; *4. (fam: Mädchen)* pick up
aufreizend ['aufraɪtsənt] *adj* provocative
aufrichten ['aufrɪçtən] *v 1. (hochstellen)* set upright, raise, erect; *2. (fig)* comfort, console, cheer up
aufrichtig ['aufrɪçtɪç] *adj* honest, sincere
Aufrichtigkeit ['aufrɪçtɪçkaɪt] *f* honesty, sincerity
aufrücken ['aufrykən] *v* move up, advance
Aufruf ['aufru:f] *m* summons, challenge
aufrufen ['aufru:fən] *v irr 1. (Zeugen)* summon; *2. (Namen)* call; *3. INFORM* call up
Aufruhr ['aufru:r] *m 1. POL* riot, revolt; *2. (Tumult)* commotion
aufrührerisch ['aufry:rərɪʃ] *adj* seditious, rebellious
aufrüsten ['aufrystən] *v POL* rearm, arm
Aufrüstung ['aufrystuŋ] *f POL* rearmament, armament
aufsässig ['aufzɛsɪç] *adj* rebellious, *(Kind)* obstreperous
Aufsatz ['aufzats] *m 1. (Abhandlung)* essay, composition; *2. (oberer Teil)* top
aufschauen ['aufʃauən] *v 1.* glance up, look up; *2. zu jdm ~* look up to s.o., admire s.o.
aufscheuchen ['aufʃɔyçən] *v* rouse, startle
aufschichten ['aufʃɪçtən] *v* pile up, stack up, build up
aufschieben ['aufʃi:bən] *v irr 1. (verschieben)* postpone, put off; *2. (Tür)* push open
Aufschlag ['aufʃla:k] *m 1. (Kleidung)* cuff, *(Mantelaufschlag)* lapel, *(an der Hose)* turn-up; *2. (beim Tennis) SPORT* serve; *3. (Preisaufschlag) ECO* surcharge, extra charge
aufschließen ['aufʃli:sən] *v irr 1.* unlock; *2. (fig)* reveal, disclose
aufschlussreich ['aufʃlusraɪç] *adj* instructive, revealing, illuminating

aufschneiden ['aufʃnaɪdən] *v irr 1. (schneiden)* cut open; *2. (fig: angeben)* brag, exaggerate
Aufschneider ['aufʃnaɪdər] *m* braggart, boaster
Aufschrei ['aufʃraɪ] *m* outcry, scream, yell
aufschreiben ['aufʃraɪbən] *v irr 1.* write down, note; *2. (Polizei)* book
Aufschrift ['aufʃrɪft] *f* inscription
Aufschub ['aufʃu:p] *m* postponement, delay
Aufschwung ['aufʃvuŋ] *m ECO* recovery, boom, upswing
Aufsehen ['aufze:ən] *n* sensation, stir; *~ erregend* sensational
Aufseher(in) ['aufze:ər(ɪn)] *m/f 1.* supervisor, inspector; *2. (eines Parkplatzes, eines Museums)* attendant
Aufsicht ['aufzɪçt] *f* supervision
Aufsichtsbehörde ['aufzɪçtsbəhœrdə] *f* supervisory authority
Aufsichtspflicht ['aufzɪçtspflɪçt] *f JUR* responsibility
aufspalten ['aufʃpaltən] *v* split, break up
aufsperren ['aufʃpɛrən] *v 1.* open, unlock, throw open; *2. (Mund)* open wide
aufspielen ['aufʃpi:lən] *v sich ~* put on an act
aufspüren ['aufʃpy:rən] *v* track down
aufstacheln ['aufʃtaxəln] *v* egg on, incite
Aufstand ['aufʃtant] *m* rebellion, revolt, uprising
aufständisch ['aufʃtɛndɪʃ] *adj* rebellious
aufstehen ['aufʃte:ən] *v irr 1.* get up, stand up; *spät ~* get up late; *2. (sich empören)* revolt
aufsteigen ['aufʃtaɪgən] *v irr 1.* climb; *2. (im Beruf)* advance, to be promoted; *3. (Ballon)* go up; *4. (aufs Pferd)* mount
Aufsteiger ['aufʃtaɪgər] *m 1. SPORT* team promoted to a higher division; *2. (fig: Mensch)* person who is moving up in the world
aufstellen ['aufʃtɛlən] *v 1. (montieren)* set up, mount, erect; *2. (Kandidaten)* put forward, nominate; *3. (Mannschaft)* set up
Aufstellung ['aufʃtɛluŋ] *f 1.* list; *2. (das Aufstellen)* arrangement, drawing up
Aufstieg ['aufʃti:k] *m 1. (Entwicklung)* rise, improvement; *2. (bei einem Berg)* climb, ascent; *3. (Karriere)* advancement, promotion
aufstoßen ['aufʃto:sən] *v irr 1. (öffnen)* push open, fling open; *2. (rülpsen)* burp, belch
aufstrebend ['aufʃtre:bənt] *adj* rising
aufstützen ['aufʃtytsən] *v sich ~* support o.s., prop o.s. up
aufsuchen ['aufzu:xən] *v jdn ~* look s.o. up, go to see s.o.
Auftakt ['auftakt] *m* beginning, prelude, initial phase
auftauchen ['auftauxən] *v 1.* surface; *2. (fig)* appear, turn up
aufteilen ['auftaɪlən] *v* divide up
Aufteilung ['auftaɪluŋ] *f* division
Auftrag ['auftra:k] *m 1. (Aufgabe)* assignment, instruction, orders *pl; 2. ECO* order
auftragen ['auftra:gən] *v irr 1. (Speisen)* serve; *2. (beauftragen)* instruct, direct, order; *3. (bestreichen)* apply; *4. dick ~* lay it on thick
auftreiben ['auftraɪbən] *v irr 1. (beschaffen)* get hold of, hunt down, chase down; *2. (Staub)* raise; *3. (aufblähen)* bloat
auftreten ['auftre:tən] *v irr 1. (erscheinen)* appear; *2. THEAT* appear, perform, enter
Auftrieb ['auftri:p] *m jdm ~ geben* give s.o. a lift
Auftritt ['auftrɪt] *m 1. (Erscheinen)* appearance; *2. THEAT* entrance, performance
aufwachen ['aufvaxən] *v* wake up, awaken
aufwachsen ['aufvaksən] *v irr* grow up
Aufwand ['aufvant] *m 1. (Einsatz)* effort; *2. (Prunk)* ostentatious splendour, extravagance; *3. (Kosten) ECO* expense(s), cost, expenditure
aufwärmen ['aufvɛrmən] *v 1.* warm up, reheat; *2. (fig)* revive, renew
aufwärts ['aufvɛrts] *adv* upward, up
Aufwärtsentwicklung ['aufvɛrtsɛntvɪkluŋ] *f* upward trend
aufwecken ['aufvɛkən] *v* awake, waken
aufweichen ['aufvaɪçən] *v 1.* soften; *2. (im Wasser)* soak
aufweisen ['aufvaɪzən] *v irr* show, exhibit
aufwendig ['aufvɛndɪç] *adj* expensive
aufwerten ['aufvɛrtən] *v FIN* revalue
Aufwertung ['aufve:rtuŋ] *f 1.* upgrading; *2. (Währung) FIN* revaluation
aufwiegeln ['aufvi:gəln] *v* stir up, incite
Aufwind ['aufvɪnt] *m 1. METEO* upwind; *2. (fig)* upswing
aufwirbeln ['aufvɪrbəln] *v 1.* whirl up; *2. (Staub)* stir up
aufwühlen ['aufvy:lən] *v* dig up, agitate
aufzählen ['auftsɛ:lən] *v* enumerate
Aufzählung ['auftsɛ:luŋ] *f* list
aufzeigen ['auftsaɪgən] *v* show, indicate
aufziehen ['auftsi:ən] *v irr 1. (großziehen)* bring up, raise, rear; *2. (Uhr)* wind; *3. (öffnen)* pull open, *(Vorhang)* draw, *(Schleife)* undo; *4. jdn ~* pull s.o.'s leg
Aufzucht ['auftsuxt] *f ZOOL* breeding

Aufzug ['auftsu:k] *m 1. (Aufmachung)* get-up, attire; *2. (Fahrstuhl)* lift *(UK)*, elevator *(US)*
aufzwingen ['auftsvɪŋən] *v irr jdm etw ~* force sth on s.o.
Augapfel ['aukapfəl] *m ANAT* eyeball
Auge ['augə] *n* eye; *unter vier ~n* in private; *aus den ~n, aus dem Sinn* out of sight, out of mind; *ein ~ zudrücken* turn a blind eye on sth; *ins ~ gehen* go wrong; *~n machen* gape; *ein Dorn im ~ sein* to be a thorn in one's side; *sich die ~n ausweinen* cry one's eyes out; *ein ~ auf jdn werfen* make eyes at s.o. *etw ins ~ fassen* have an eye on sth; *ins ~ stechen* catch s.o.'s eye; *die ~n vor etw verschließen* shut one's eyes to sth; *seinen ~n nicht trauen können* not to be able to believe one's eyes; *mit offenen ~n ins Unglück rennen* rush headlong into disaster; *jdm etw aufs ~ drücken* load sth onto s.o. *Das passt wie die Faust aufs ~.* Isn't that just perfect!
Augenarzt ['augənartst] *m* ophthalmologist, eye doctor
Augenblick ['augənblɪk] *m* moment, instant; *im ~* at the moment; *~ mal!* Just a minute!
augenblicklich ['augənblɪklɪç] *adj* immediate, instantaneous
Augenbraue ['augənbrauə] *f* eyebrow
augenfällig ['augənfɛlɪç] *adj* eye-catching, obvious
Augenlid ['augənli:t] *n* eyelid
Augenmaß ['augənma:s] *n ein gutes ~* a good eye (for distances); *nach ~* approximately
Augenoptiker ['augənɔptɪkər] *m* optician
augenscheinlich ['augənʃaɪnlɪç] *adv* apparently
Augenwimper ['augənvɪmpər] *f ANAT* eyelash
Augenwinkel ['augənvɪŋkəl] *m* corner of one's eye; *Ich beobachtete ihn aus den ~n.* I watched him out of the corner of my eye.
Augenwischerei ['augənvɪʃəraɪ] *f (fig)* minimization, playing down
Augenzeuge ['augəntsɔygə] *m JUR* eyewitness
Augenzwinkern ['augəntsvɪŋkərn] *n* wink
August [au'gust] *m 1. (Monat) August; 2. dummer ~* clown
Auktion [auk'tsjo:n] *f* auction, open sale
Aula ['aula] *f* assembly hall
aus [aus] *prep 1.* out of, from; *~ welchem Grund?* For what reason? *~ Spaß* for fun; *~ Rache* in revenge; *Er hat es ~ Mitleid getan.* He did it out of pity. *2. (Stoff, Material)* made of; *adv 3.* out; *von mir ~* as far as I'm concerned; *4. von dort ~* from there; *vom Fenster ~* from the window; *5. (vorbei)* over; *v 6. ~ sein (zu Ende sein)* to be over; *7. auf etw ~* to be keen on sth
ausarbeiten ['ausarbaɪtən] *v 1.* work out, develop; *2. (schriftlich niederlegen)* draw up
ausatmen ['ausa:tmən] *v* breathe out
Ausbau ['ausbau] *m 1. (eines Gebäudes)* completion, extension; *2. (von Beziehungen)* development, expansion, consolidation
ausbauen ['ausbauən] *v 1. (Gebäude)* extend, enlarge; *2. (Beziehungen)* cultivate, improve; *3. (herausnehmen)* remove
ausbessern ['ausbɛsərn] *v 1.* repair, mend; *2. (Fehler)* correct; *3. (Gemälde)* restore
Ausbeute ['ausbɔytə] *f ECO* yield, profit
ausbeuten ['ausbɔytən] *v 1.* exploit, take advantage of; *2. (Bodenschätze)* work
Ausbeutung ['ausbɔytuŋ] *f* exploitation
ausbilden ['ausbɪldən] *v* train, teach
Ausbildung ['ausbɪlduŋ] *f* education
ausblasen ['ausbla:zən] *v irr* blow out
ausbleiben ['ausblaɪbən] *v irr 1. (nicht eintreffen)* not happen; *2. (nicht nach Hause kommen)* stay out
ausbleichen ['ausblaɪçən] *v* bleach out
Ausblick ['ausblɪk] *m* outlook
ausbrechen ['ausbrɛçən] *v irr 1. (herausbrechen)* break out, burst out; *2. (entfliehen)* break out, break loose; *aus dem Gefängnis ~* break out of prison; *3. (plötzlich aufkommen)* break out, erupt; *in Tränen ~* burst into tears
Ausbrecher ['ausbrɛçər] *m* escapee
ausbreiten ['ausbraɪtən] *v 1. (etw ~)* spread out; *2. sich ~* spread; *3. sich ~ (erstrecken)* extend; *4. sich ~ (sich breit machen)* spread out
Ausbreitung ['ausbraɪtuŋ] *f* expansion
Ausbruch ['ausbrux] *m 1. (Flucht)* breakout, escape; *2. (plötzlicher Beginn)* outbreak, eruption; *3. (Vulkan)* eruption
Ausbuchtung ['ausbuxtuŋ] *f* bulge
Ausdauer ['ausdauər] *f* endurance
ausdauernd ['ausdauərnt] *adj* persevering, tenacious, enduring
ausdehnen ['ausde:nən] *v 1. (zeitlich)* extend, prolong; *2. (örtlich)* extend
Ausdehnung ['ausde:nuŋ] *f 1. (örtlich)* extension, stretching; *2. (Umfang)* expanse; *3. (zeitlich)* extension, prolonging
ausdenken ['ausdɛŋkən] *v irr 1. sich etw ~ (erfinden)* invent; *2. sich ~* make up, contrive

Ausdruck ['ausdruk] *m 1. (Wort)* expression, term, phrase; *2. (Gesichtsausdruck)* facial expression; *3. (Druck)* print
ausdrücken ['ausdrykən] *v 1.* squeeze out, *(Früchte)* press; *2. (äußerlich zeigen)* convey; *3. (äußern)* express, put into words, articulate
ausdrücklich ['ausdryklıç] *adj* express, explicit, categorical
ausdruckslos ['ausdrukslo:s] *adj* expressionless, blank, vacant
ausdrucksvoll ['ausdruksfɔl] *adj* expressive
Ausdrucksweise ['ausdruksvaızə] *f* way of expressing o.s., mode of expression
Ausdünstung ['ausdynstuŋ] *f* perspiration, evaporation
auseinander [ausaın'andər] *adv* apart; *~ brechen* break in two, break apart; *~ bringen* separate; *sich ~ entwickeln* develop in different directions; *~ fallen* fall apart; *~ gehen* go apart, separate, part; *~ halten* keep apart, distinguish; *zwei Dinge ~ halten können* tell two things apart; *~ nehmen* take apart, dismantle; *~ reißen* tear apart; *(Streitende) ~ reißen* separate; *sich mit jdm ~ setzen* argue with s.o.; *sich mit etw ~ setzen* examine sth
Auseinandersetzung [ausaın'andərzɛtsuŋ] *f 1. (Streit)* argument, conflict; *2. (sich befassen mit)* examination
auserlesen ['ausɛrle:zən] *adj* select
auserwählt ['ausɛrvɛ:lt] *adj* selected
ausfahren ['ausfa:rən] *v irr 1. (einen Ausflug machen)* go for a ride; *2. (Zeitung)* deliver; *3. (nach außen gleiten lassen) TECH* extend
Ausfahrt ['ausfa:rt] *f 1. (Ausgang, Autobahnausfahrt)* exit; *2. (Abfahrt)* departure; *3. (Spazierfahrt)* excursion
Ausfall ['ausfal] *m 1. (Störung)* breakdown, failure, stoppage; *2. (Haare)* hair loss
ausfallen ['ausfalən] *v irr 1. (von Haaren)* come out, fall out; *Ihm fallen die Haare aus.* He is losing his hair. *2. (nicht stattfinden)* to be cancelled, fail to take place; *3. (Maschine)* fail, break down
ausfallend ['ausfalənt] *adj* rude, abusive
ausfällig ['ausfɛlıç] *adj* insulting
Ausfertigung ['ausfɛrtıguŋ] *f 1. (das Ausfertigen)* drawing-up; *2. (Kopie)* copy
Ausflüchte ['ausflyçtə] *pl* subterfuge, excuses
Ausflug ['ausflu:k] *m* excursion, trip
Ausfluss ['ausflus] *m MED* discharge, outflow, effluence
ausfragen ['ausfra:gən] *v* interrogate, question
ausfressen ['ausfre:sən] *v irr (fam) etw ~* do sth wrong
Ausfuhr ['ausfu:r] *f ECO* export
ausführen ['ausfy:rən] *v 1. (durchführen)* carry out, execute, implement; *2. (spazieren führen)* take out, take for a walk; *3. ECO* export
Ausfuhrgenehmigung ['ausfu:rgəne:mıguŋ] *f ECO* export permit
ausführlich ['ausfy:rlıç] *adj 1.* detailed, extensive, comprehensive; *adv 2.* in detail
Ausführlichkeit [aus'fy:rlıçkaıt] *f* detail, comprehensiveness
Ausführung ['ausfy:ruŋ] *f 1. (Darlegung)* explanation; *2. (einer Aufgabe)* execution
Ausfuhrverbot ['ausfu:rfɛrbo:t] *n* export ban
ausfüllen ['ausfylən] *v* fill out, fill in, complete
Ausgabe ['ausga:bə] *f 1. (Geldausgabe)* expenditure, expense, spending; *2. (Gepäckausgabe)* baggage claim; *3. (Buchausgabe)* edition; *die neue ~ einer Zeitschrift* the latest issue of a magazine
Ausgang ['ausgaŋ] *m 1.* exit, way out; *2. (Ende)* ending, outcome
Ausgangspunkt ['ausgaŋspuŋkt] *m* starting point
ausgeben ['ausge:bən] *v irr 1. (Geld)* spend; *2. (verteilen)* distribute; *3. (Aktien)* issue; *4. etw als etw ~* pass sth off as sth
ausgefallen ['ausgəfalən] *adj* unusual, odd, weird
ausgefeilt ['ausgəfaılt] *adj* polished
ausgefranst ['ausgəfranst] *adj* frayed
ausgeglichen ['ausgəglıçən] *adj 1.* balanced, even; *2. (seelisch ~)* level-headed
Ausgeglichenheit ['ausgəglıçənhaıt] *f 1.* balance, stability; *2. (eines Menschen)* levelheadedness
ausgehen ['ausge:ən] *v irr 1. (weggehen)* have an evening out, go out; *2. (enden)* end, turn out; *3. (erlöschen)* go out; *4. von etw ~ (fig)* proceed on an assumption; *Wir gehen davon aus, dass ...* We will proceed on the assumption that ... *5. (Vorräte)* run out, run short
ausgeklügelt ['ausgəkly:gəlt] *adj* clever
ausgelassen ['ausgəlasən] *adj* merry, boisterous, jolly
ausgelastet ['ausgəlastət] *adj* fully occupied, working to capacity
ausgelaugt ['ausgəlaukt] *adj* worn-out
ausgeleiert ['ausgəlaıərt] *adj (fam)* worn-out
ausgenommen ['ausgənɔmən] *prep* with the exception of, except, except for

ausgeprägt ['ausgəprɛ:kt] *adj* distinct, marked, distinctive
ausgeschlossen ['ausgəʃlɔsən] *adj* excluded; *Das ist ~.* That's out of the question.
ausgewachsen ['ausgəvaksən] *adj 1.* full-grown, fully grown; *2. (fig)* full-blown
ausgewogen ['ausgəvo:gən] *adj* well-balanced
ausgezeichnet ['ausgətsaıçnət] *adj* excellent, superb
ausgiebig ['ausgi:bıç] *adj* abundant
Ausgleich ['ausglaıç] *m* compensation, balancing, evening out
ausgleichen ['ausglaıçən] *v irr 1. SPORT* even the score, tie the game; *2. (fig)* even out, settle; *3. ECO* equalize, compensate, settle
ausgraben ['ausgra:bən] *v irr 1.* dig up; *2. (Altertümer)* excavate
Ausgrabung ['ausgra:buŋ] *f* excavation
ausgrenzen ['ausgrɛntsən] *v 1. (begrenzen)* limit; *2. (isolieren)* exclusion, leave aside
Ausgrenzung ['ausgrɛntsuŋ] *f 1. (Begrenzung)* limitation; *2. (Isolation)* exclusion
Ausguss ['ausgus] *m 1.* spout, drain; *2. (Becken)* sink
aushalten ['aushaltən] *v irr* bear, endure, tolerate
aushandeln ['aushandəln] *v* negotiate
aushändigen ['aushɛndıgən] *v* hand over
Aushang ['aushaŋ] *m* notice, poster
aushängen ['aushɛŋən] *v irr 1. (Anzeige)* to be posted; *2. (sth: Anzeige)* post; *3. (aus den Angeln heben)* unhinge
Aushängeschild ['aushɛŋəʃılt] *n 1.* sign; *2. (Reklame)* advertisement
ausharren ['ausharən] *v* persevere, hold out
ausheben ['aushe:bən] *v irr 1. (Erde ~)* dig, uproot; *2. MIL* levy, raise; *3. (Tür)* unhinge
aushecken ['aushɛkən] *v* hatch, brew
aushelfen ['aushɛlfən] *v irr* help out
Aushilfe ['aushılfə] *f* help, aid, temporary assistance
Aushilfskraft ['aushılfskraft] *f* temporary worker
aushilfsweise ['aushılfsvaızə] *adv* to help out, temporarily
aushöhlen ['aushø:lən] *v 1. (hohl machen)* hollow out; *2. (untergraben)* undermine
aushorchen ['aushɔrçən] *v* sound out
auskennen ['auskɛnən] *v irr sich ~* know one's way around, *(fam)* know the ropes; *sich mit etw ~* have a thorough knowledge of sth
ausklammern ['ausklamərn] *v* exclude
Ausklang ['ausklaŋ] *m* end, finish, finale
ausklappen ['ausklapən] *v* fold out
ausklingen ['ausklıŋən] *v irr* fade away
ausklügeln ['auskly:gəln] *v* work out
auskommen ['auskɔmən] *v irr 1.* make do, manage; *Ich könnte ohne ihn ~.* I could do without him. *2. (vertragen)* get along; *mit jmd auskommen* get along with s.o.
Auskommen ['auskɔmən] *n* subsistence, livelihood, sufficient means
auskundschaften ['auskuntʃaftən] *v 1.* explore, scout; *2. MIL* spy out, reconnoitre
Auskunft ['auskunft] *f 1. (Information)* information, details, particulars; *2. (in einem Büro)* information desk; *3. (am Telefon)* Directory Enquiries *(UK)*, directory assistance *(US)*
auslachen ['auslaxən] *v* laugh at
ausladen ['ausla:dən] *v irr 1. (Gepäck)* unload; *2. (fam) jdn ~* uninvite s.o.
ausladend ['ausla:dənt] *adj (breit)* wide
Auslage ['ausla:gə] *f 1. (Schaufenster)* display, shop window; *2. (Geld)* expenditure
auslagern ['ausla:gərn] *v ECO* dislocate
Ausland ['auslant] *n im ~* abroad
Ausländer(in) ['auslɛndər(ın)] *m* foreigner, alien
Ausländerfeindlichkeit ['auslɛndərfaıntlıçkaıt] *f* xenophobia
ausländisch ['auslɛndıʃ] *adj* foreign
auslassen ['auslasən] *v irr 1. (unterlassen)* leave out, omit; *2. (Zorn ~)* work off, let out; *3. sich über etw ~* speak one's mind about sth
auslasten ['auslastən] *v 1.* utilize fully, make full use of; *2. (Maschine)* use to capacity
Auslastung ['auslastuŋ] *f ECO* utilization to capacity
auslaufen ['auslaufən] *v irr 1. (Flüssigkeit)* leak, run out, flow out; *2. (Schiff)* put out to sea, set sail, leave port
auslaugen ['auslaugən] *v 1.* wash out; *2. wie ausgelaugt sein (fam)* to be worn out
ausleben ['ausle:bən] *v sich ~* live it up
ausleeren ['ausle:rən] *v* empty, drain, pour out
auslegen ['ausle:gən] *v 1. (Waren)* display; *2. (Geld)* lend; *3. (deuten)* interpret, explain
Auslegung ['ausle:guŋ] *f* definition
ausleihen ['auslaıən] *v irr 1. jdm etw ~* lend sth to s.o. *2. sich etw ~* borrow sth
Auslese ['ausle:zə] *f* selection
auslesen ['ausle:zən] *v irr 1.* select, pick out, choose; *2. (Buch)* finish
Ausleseverfahren ['ausle:zəfɛrfa:rən] *n* process of elimination, process of selection

ausliefern ['ausli:fərn] *v* deliver, hand over
Auslieferung ['ausli:fəruŋ] *f* delivery, handing over
auslöffeln ['auslœfəln] *v 1.* spoon out; *2. etw ~, was man sich eingebrockt hat* face the music
auslösen ['auslø:zən] *v 1. (loskaufen)* redeem; *2. (in Gang setzen)* release, trigger, set off; *3. (fig: verursachen)* cause, produce
Auslöser ['auslø:zər] *m FOTO* shutter release
ausloten ['auslo:tən] *v 1. NAUT* sound; *2. (fig)* sound out
ausmachen ['ausmaxən] *v 1. (Feuer, Zigarette)* put out; *2. (Licht)* switch off, turn off; *3. (übereinkommen)* agree, arrange; *4. (sich belaufen auf)* amount to, come to; *5. (bedeuten)* matter, make a difference; *Macht es Ihnen etwas aus?* Would you mind?
ausmalen ['ausma:lən] *v 1. (bunt anmalen)* paint; *2. (fig: sich vorstellen)* imagine, picture
Ausmaß ['ausma:s] *n* extent, dimension
ausmerzen ['ausmertsən] *v 1. (aussondern)* cull; *2. (vernichten)* kill; *3. (streichen)* expunge
ausmisten ['ausmɪstən] *v 1.* clean out; *2. (fig)* clear
Ausnahme ['ausna:mə] *f* exception
Ausnahmezustand ['ausna:mətsuʃtant] *m* state of emergency
ausnahmslos ['ausna:mslo:s] *adj* without exception
ausnahmsweise ['ausna:msvaɪzə] *adv* for once, by way of exception, exceptionally
ausnützen ['ausnytsən] *v 1. (ausbeuten)* exploit; *2. (gebrauchen)* use
Ausnützung ['ausnytsuŋ] *f* exploitation
auspacken ['auspakən] *v 1.* unpack; *2. (alles sagen)* talk, speak one's mind
auspeitschen ['auspaɪtʃən] *v* whip, flog
ausplaudern ['ausplaudərn] *v* give away
ausplündern ['ausplyndərn] *v* plunder
auspolstern ['auspɔlstərn] *v* pad, upholster
Ausprägung ['auspre:guŋ] *f 1. (Deutlichkeit)* markedness; *2. (einer Münze)* mintage
auspressen ['ausprɛsən] *v* squeeze out
ausprobieren ['ausprobi:rən] *v* try, try out, test
Auspuff ['auspuf] *m TECH* exhaust
ausquartieren ['auskvarti:rən] *v* accommodate elsewhere, lodge elsewhere
ausradieren ['ausradi:rən] *v* erase, delete
ausrangieren ['ausraŋʒi:rən] *v* discard, dispose of, *(Fahrzeug)* scrap
ausrauben ['ausraubən] *v* rob
ausräumen ['ausrɔymən] *v 1. (Gegenstände)* clear out, remove; *Ich räumte die Kiste aus.* I emptied the box. *2. (fig: Zweifel)* remove
ausrechnen ['ausreçnən] *v* calculate
Ausrede ['ausre:də] *f* excuse, pretext
ausreden ['ausre:dən] *v 1. (zu Ende reden) Lass mich bitte ~!* Please let me finish! *2. jdm etw ~* talk s.o. out of sth; *3. sich ~* have one's say, speak one's mind
ausreichen ['ausraɪçən] *v* suffice, do, to be sufficient; *Das reicht aus.* That will do.
ausreichend ['ausraɪçənt] *adj 1.* sufficient, enough, adequate; *adv 2.* sufficiently
Ausreise ['ausraɪzə] *f* departure, exit
ausreisen ['ausraɪzən] *v* leave the country
ausreißen ['ausraɪsən] *v irr 1.* rip out, tear out, pull out; *(Zahn, Unkraut)* pull; *2. (sich lösen)* come off; *3. (davonlaufen)* run away
Ausreißer ['ausraɪsər] *m* runaway
ausrenken ['ausrɛŋkən] *v sich etw ~* dislocate sth, put sth out of joint
ausrichten ['ausrɪçtən] *v 1. (aufstellen)* align; *2. (veranstalten)* organize, arrange; *3. (benachrichtigen)* deliver a message, give a message; *Richte ihm viele Grüße aus.* Give him my regards. *4. (erreichen)* achieve
Ausrichtung ['ausrɪçtuŋ] *f 1. (Stellung)* alignment; *2. (Veranstaltung)* organisation
ausrotten ['ausrɔtən] *v 1. (Pflanzen, Tiere)* exterminate, wipe out, root out; *2. (fig)* eradicate, destroy, exterminate
Ausrottung ['ausrɔtuŋ] *f* extermination
Ausruf ['ausru:f] *m* cry, exclamation
ausrufen ['ausru:fən] *v irr* call out, cry out, exclaim
Ausrufezeichen ['ausru:fətsaɪçən] *n* exclamation mark, exclamation point
ausruhen ['ausru:ən] *v* rest, take a rest
ausrüsten ['ausrystən] *v 1.* equip, fit out; *2. MIL* arm
Ausrüstung ['ausrystuŋ] *f 1.* equipment, gear, outfit; *2. MIL* armament
ausrutschen ['ausrutʃən] *v* slip; *Ihm rutscht leicht die Hand aus. (fig)* He has a quick temper.
Aussaat ['ausza:t] *f* seed
aussäen ['auszɛ:ən] *v* sow
Aussage ['ausza:gə] *f 1.* statement, declaration; *2. JUR* testimony, statement, evidence
aussagekräftig ['ausza:gəkrɛftɪç] *adj* meaningful
aussagen ['ausza:gən] *v 1.* declare, state; *2. JUR* testify

Aussatz ['aussats] *m MED* leprosy
ausschachten ['ausʃaxtən] *v* excavate, dig
ausschalten ['ausʃaltən] *v 1. (abstellen)* turn off, switch off; *2. (fig)* eliminate
Ausschank ['ausʃank] *m 1. (Schankraum)* bar, pub; 2. sale of alcohol
ausschauen ['ausʃauən] *v 1. ~ nach* look out for; *2. (aussehen)* look
ausscheiden ['ausʃaɪdən] *v irr 1. (ausschließen)* eliminate, rule out; *2. SPORT* to be eliminated; *3. MED* eliminate
Ausscheidung ['ausʃaɪduŋ] *f 1. (Sekret)* discharge; *2. (Wettkampf) SPORT* elimination
ausscheren ['ausʃeːrən] *v* swerve
ausschimpfen ['ausʃɪmpfən] *v* scold
ausschlafen ['ausʃlaːfən] *v irr* have enough sleep, sleep in *(fam)*
Ausschlag ['ausʃlaːk] *m 1. MED* rash; *2. den ~ geben* tip the balance
ausschlagen ['ausʃlaːgən] *v irr 1. (Fenster)* knock out; *2. (Pferd)* kick out; *3. (Angebot)* turn down
ausschlaggebend ['ausʃlaːkgeːbənt] *adj* decisive, determining
ausschließen ['ausʃliːsən] *v irr 1. (jdn ~)* exclude, expel; *2. (aussperren)* lock out, shut out; *3. (Möglichkeit)* rule out
ausschließlich ['ausʃliːslɪç] *adv 1.* exclusively; *adj 2.* exclusive; *prep 3.* not including
ausschlüpfen ['ausʃlypfən] *v* hatch out
Ausschluss ['ausʃlus] *m* exclusion, expulsion; *zeitweiliger ~* (temporary) suspension
ausschmücken ['ausʃmykən] *v* decorate
Ausschnitt ['ausʃnɪt] *m 1. (eines Kleides)* neck; *ein tiefer ~* a low neckline; *2. (Zeitungsausschnitt)* clipping, cutting; *3. (Detail)* excerpt, section, extract
ausschöpfen ['ausʃœpfən] *v 1.* scoop out, empty; *2. (fig)* exhaust
ausschreiben ['ausʃraɪbən] *v irr 1. (Stelle)* advertise a vacancy; *2. (vollständig schreiben)* write in full; *3. (Scheck) FIN* issue, write out
Ausschreibung ['ausʃraɪbuŋ] *f (Bekanntmachung)* announcement, advertisement
Ausschreitung ['ausʃraɪtuŋ] *f 1. (Aufruhr) POL* riot; *2. (Ausschweifung)* excess
Ausschuss ['ausʃus] *m 1. (Kommission)* committee, commission; *2. (Abfall)* refuse
ausschütten ['ausʃytən] *v 1.* pour out, empty, empty out; *2. (fig) jdm sein Herz ~* pour one's heart out to s.o. *3. (Dividenden) ECO* distribute, pay
Ausschüttung ['ausʃytuŋ] *f ECO* distribution, payout
ausschweifend ['ausʃvaɪfənt] *adj* extravagant, excessive
Ausschweifung ['ausʃvaɪfuŋ] *f* dissipation
aussehen ['auszeːən] *v irr* look, appear; *so alt ~ wie man ist* look one's age; *Es sieht nach Regen aus.* It looks like rain. *Du siehst gut aus!* You look good! *gut ~d* good-looking
Aussehen ['auszeːən] *n* appearance
außen ['ausən] *adv* outside
Außendienst ['ausəndiːnst] *m* field work, field service; *im ~* in the field
Außenminister(in) ['ausənmɪnɪstər(ɪn)] *m/f POL* foreign minister, Foreign Secretary *(UK),* Secretary of State *(US)*
Außenpolitik ['ausənpolitiːk] *f POL* foreign policy, foreign affairs
Außenseiter(in) ['ausənzaɪtər(ɪn)] *m/f* outsider
außer ['ausər] *prep 1. (räumlich)* out of, outside; *~ sich sein* to be beside o.s. *2. (ausgenommen)* except (for), other than, but; *3. ~ Atem* out of breath
außerdem ['ausərdeːm] *konj* besides, moreover, furthermore
äußere ['ɔysərə] *adj 1.* exterior, outer; *2. MED* external
Äußere ['ɔysərə] *n 1.* outside, exterior; *2. (Aussehen)* appearance
außerehelich ['ausəreːəlɪç] *adj 1.* extramarital; *2. (Kind)* illegitimate
außergewöhnlich ['ausərgəvøːnlɪç] *adj* unusual, extraordinary, uncommon
außerhalb ['ausərhalp] *prep 1.* outside, outside of; *adv 2.* outside
außerirdisch ['ausərɪrdɪʃ] *adj* extraterrestrial
Äußerlichkeit ['ɔysərlɪçkaɪt] *f 1.* outward appearance; *pl 2. ~en* superficialities
äußern ['ɔysərn] *v* express, voice, utter
außerordentlich ['ausərɔrdəntlɪç] *adj* extraordinary, exceptional
äußerst ['ɔysərst] *adv* extremely
außerstande [ausər'ʃtandə] *adv* unable
äußerste(r,s) ['ɔysərstə(r,s)] *adj 1. (räumlich)* farthest, outermost, remotest; *2. (zeitlich)* latest possible; *3. (fig)* extreme, utmost, utter
Äußerung ['ɔysəruŋ] *f* remark, comment
aussetzen ['auszɛtsən] *v 1. (Motor)* stall, cut out; *2. (Tier)* abandon; *3. (Arbeit)* stop
Aussicht ['auszɪçt] *f 1. (Ausblick)* view, outlook; *2. (fig)* chance, prospect, outlook
aussichtslos ['auszɪçtsloːs] *adj* hopeless
Aussichtslosigkeit ['auszɪçtsloːzɪçkaɪt] *f* hopelessness

Aussichtspunkt ['auszɪçtspuŋkt] *m* viewpoint, vantage point

aussichtsreich ['auszɪçtsraɪç] *adj* promising

aussiedeln ['auszi:dəln] *v* resettle

Aussiedler ['auszi:dlər] *m* emigrant

aussöhnen ['auszø:nən] *v* reconcile

Aussöhnung ['auszø:nuŋ] *f* reconciliation

aussondern ['auszɔndərn] *v* separate, select, pick out

aussortieren ['auszɔrti:rən] *v* sort out

ausspannen ['ausʃpanən] *v 1. (sich ausruhen)* relax, take it easy; *2. (fam) jdm seine Freundin ~* steal s.o.'s girl; *3. (durch schmeicheln erhalten) jdm etw ~* talk s.o. out of sth; *4. (Pferde)* unharness; *5. (etw ~) (ausbreiten)* spread out; *6. (aus der Schreibmaschine)* take out

aussparen ['ausʃpa:rən] *v* leave empty, *(fig)* omit

Aussparung ['ausʃpa:ruŋ] *f* gap

aussperren ['ausʃpɛrən] *v 1. (ausschließen)* lock out, shut out; *2. (Streik) ECO* lock out

ausspielen ['ausʃpi:lən] *v 1. ausgespielt haben* to be finished *(fig); 2. (Karte: ins Spiel bringen)* play; *3. (auslosen)* give as a prize; *4. jdn gegen einen anderen ~* play s.o. off against s.o. else

ausspionieren ['ausʃpioni:rən] *v* spy out

Aussprache ['ausʃpra:xə] *f 1. (Gespräch)* discussion, talk; *2. (Aussprechen)* pronunciation, diction

aussprechen ['ausʃprɛçən] *v irr 1. sich ~* speak one's mind; *sich mit jdm ~* talk things out with s.o.; *2. (äußern)* express, utter; *3. LING* pronounce, enunciate, articulate

ausspucken ['ausʃpukən] *v 1.* spit out; *2. (fig: Geld)* cough up

Ausstand ['ausʃtant] *m 1. (Streik) ECO* strike; *2. (Ausscheiden)* departure from a job

ausstatten ['ausʃtatən] *v (einrichten)* fit out, furnish, equip

Ausstattung ['ausʃtatuŋ] *f 1. (Einrichtung)* furnishings, fixtures, fittings; *2. (Ausrüstung)* equipment, outfit

ausstehen ['ausʃte:ən] *v irr 1. (ertragen)* bear, stand, endure; *2. (noch fehlen)* to be pending, *(Zahlung)* to be outstanding

aussteigen ['ausʃtaɪgən] *v irr 1.* get out; *2. (fig)* drop out (of society)

Aussteiger ['ausʃtaɪgər] *m* dropout (from society)

ausstellen ['ausʃtɛlən] *v 1. (Waren)* display, lay out, exhibit; *2. (Dokumente)* issue

Aussteller ['ausʃtɛlər] *m ECO* exhibitor

Ausstellung ['ausʃtɛluŋ] *f 1. (Waren)* display, exhibition, show; *2. (Dokumente)* drawing-up, issue, making-out

aussterben ['ausʃtɛrbən] *v irr* die out

Aussteuer ['ausʃtɔyər] *f* dowry

Ausstieg ['ausʃti:k] *m 1.* exit, escape hatch; *2. (fig)* withdrawal

ausstoßen ['ausʃto:sən] *v irr 1. (etw ~)* emit, eject; *2. (jdn ~)* expel

ausstrahlen ['ausʃtra:lən] *v 1. (übertragen)* transmit; *2. (Wärme)* radiate, emit, give off; *3. (fig: Gelassenheit)* radiate, exude

Ausstrahlung ['ausʃtra:luŋ] *f (fig)* charisma, radiation

ausstrecken ['ausʃtrɛkən] *v* extend, stretch out, hold out (hand)

ausströmen ['ausʃtrø:mən] *v 1.* stream out, flow out; *2. (Gas)* escape

aussuchen ['auszu:xən] *v* pick out, select, choose

Austausch ['austauʃ] *m 1.* exchange; *im ~ gegen* in exchange for; *2. (Ersatz) TECH* replacement

austauschbar ['austauʃba:r] *adj* exchangeable, interchangeable

austauschen ['austauʃən] *v 1.* exchange, swap; *2. (ersetzen) TECH* replace, exchange

austeilen ['austaɪlən] *v 1.* distribute, hand out; *2. (Medikamente ~) MED* dispense

Auster ['austər] *f ZOOL* oyster

austragen ['austra:gən] *v irr 1. (Wettkampf)* hold; *2. (Streit)* settle; *3. (Pakete)* deliver

Australien [au'stra:ljən] *n GEO* Australia

Australier(in) [au'stra:ljər(ɪn)] *m/f* Australian

austreiben ['austraɪbən] *v irr 1. (Geister)* exorcise; *2. (Flausen) jdm etw ~* cure s.o. of sth

austreten ['austre:tən] *v irr 1. (ausströmen)* escape, overflow; *2. (aus einem Verein)* leave, *(formell)* resign; *3. (zur Toilette gehen)* go to the bathroom, go to the loo *(UK)*

austricksen ['austrɪksən] *v (fam) jdn ~* trick s.o.

Austritt ['austrɪt] *m 1.* withdrawal, leaving; *2. POL* resignation

austrocknen ['austrɔknən] *v* dry out, dry up, parch, drain

austüfteln ['austyftəln] *v* work out

ausüben ['ausy:bən] *v 1. (Beruf)* practise; *2. (Tätigkeit)* perform; *ein Amt ~* hold an office

Ausverkauf ['ausfɛrkauf] *m* sale, clearance sale

ausverkauft ['ausfɛrkauft] *adj* sold out

auswachsen ['auswaksən] *v 1. (Pflanze)* go to seed; *2. Das ist zum ~!* It's enough to drive you round the bend!
Auswahl ['ausva:l] *f* choice, selection; *etw zur ~ haben* have one's choice of sth
auswählen ['ausvɛ:lən] *v* select, choose
Auswanderer ['ausvandərər] *m* emigrant
auswandern ['ausvandərn] *v* emigrate, migrate
Auswanderung ['ausvandəruŋ] *f* emigration
auswärtig ['ausvɛrtɪç] *adj 1.* out-of-town; *~e Besucher* visitors from out of town; *2. (ausländisch)* foreign
auswärts ['ausvɛrts] *adv 1. (nicht zu Hause)* away from home, out of town; *2. (Richtung)* outward
auswechseln ['ausvɛksəln] *v* replace
Ausweg ['ausve:k] *m* way out, outlet, exit
ausweglos ['ausve:klo:s] *adj* hopeless
Ausweglosigkeit ['ausve:klo:zɪçkaɪt] *f* hopelessness
ausweichen ['ausvaɪçən] *v irr* avoid, evade, dodge
ausweichend ['ausvaɪçənt] *adj* evasive, non-committal
Ausweichmanöver ['ausvaɪçmanø:vər] *n MIL* evasive action
Ausweichmöglichkeit ['ausvaɪçmø:klɪçkaɪt] *f* alternative, loophole (fam)
Ausweis ['ausvaɪs] *m* identification, pass, identity card
Ausweisung ['ausvaɪzuŋ] *f* deportation, expulsion
ausweiten ['ausvaɪtən] *v* extend, widen
auswendig ['ausvɛndɪç] *adj 1. ~ lernen* memorize; *2. (außen)* outside
auswerten ['ausve:rtən] *v* evaluate, interpret
Auswertung ['ausve:rtuŋ] *f* evaluation, interpretation
auswirken ['ausvɪrkən] *v sich ~* have an effect
Auswirkung ['ausvɪrkuŋ] *f* effect
auszahlen ['austsa:lən] *v 1.* pay; *2. sich ~* pay off, to be worthwhile
Auszahlung ['austsa:luŋ] *f* payment, disbursement
auszehren ['austse:rən] *v* exhaust; *jdn ~* drain s.o.
auszeichnen ['austsaɪçnən] *v 1. (würdigen)* honour, decorate, distinguish; *2. (Waren) ECO* mark
Auszeichnung ['austsaɪçnuŋ] *f* decoration
Auszeit ['austsaɪt] *f SPORT* time-out
ausziehen ['austsi:ən] *v irr 1. (Kleidung)* take off; *sich ~* undress; *2. (Wohnung wechseln)* move out
Auszubildende(r) ['austsubɪldəndə(r)] *m/f* trainee, apprentice
Auszug ['austsu:k] *m 1. (Zusammenfassung)* summary; *2. (Kontoauszug)* statement (of account); *3. (Umzug)* removal
auszugsweise ['austsu:ksvaɪze] *adv* in excerpts
autark [au'tark] *adj ECO* self-supporting, self-sufficient
authentisch [au'tɛntɪʃ] *adj* authentic
Auto ['auto] *n* car, automobile
Autobahn ['autoba:n] *f* motorway, freeway *(US)*
Autobiografie [autobiogra'fi:] *f* autobiography
Autofahrer(in) ['autofa:rər(ɪn)] *m/f* driver, motorist
autogen [auto'ge:n] *adj* autogenous
Autogramm [auto'gram] *n* autograph
Automat [auto'ma:t] *m* machine
automatisch [auto'ma:tɪʃ] *adj* automatic
Automatisierung [automati'zi:ruŋ] *f* automation
Automechaniker ['automeça:nɪkər] *m* auto mechanic
autonom [auto'no:m] *adj* autonomous, self-governing
Autonomie [autono'mi:] *f POL* autonomy
Autopilot ['autopilo:t] *m TECH* autopilot
Autopsie [autop'si:] *f MED* autopsy
Autor(in) ['autɔr/au'to:rɪn] *m/f* author, writer
Autoreifen ['autoraɪfən] *m* tyre, tire *(US)*
autorisieren [autori'zi:rən] *v* authorize
autoritär [autori'tɛ:r] *adj* authoritarian
Autorität [autori'tɛ:t] *f* authority
Autounfall ['autounfal] *m* motor accident, car accident *(US)*
Autowerkstatt ['autovɛrkʃtat] *f* garage, car repair shop
Avance [a'vɑ̃sə] *f jdm ~n machen* make advances to s.o.
avantgardistisch [avɑ̃gar'dɪstɪʃ] *adj* avant-garde
Avocado [avo'kado] *f BOT* avocado
Axt [akst] *f* axe, hatchet
Azalee [atsa'le:ə] *f BOT* azalea
Azteke [ats'tɛ:kə] *m HIST* Aztec
azyklisch ['atsy:klɪʃ] *adj* acyclic

B

Baby ['beːbi] *n* baby
babysitten ['beːbisɪtən] *v* babysit
Babysitter ['beːbisɪtər] *m* baby-sitter
Bach [bax] *m 1.* brook; *2. den ~ hinunter sein (fam)* go down the drain
Backbord ['bakbɔrt] *n NAUT* port
Backe ['bakə] *f 1. (Wange)* cheek; *2. (Hinterbacke)* buttock, cheek (fam)
backen ['bakən] *v irr* bake
Bäcker ['bɛkər] *m* baker
Bäckerei [bɛkə'raɪ] *f* bakery, baker's shop
Backofen ['bakoːfən] *m* oven
Bad [baːt] *n 1.* bath; *das ~ in der Menge nehmen* go on a walkabout; *das Kind mit dem ~e ausschütten* throw out the baby with the bathwater; *2. (Badezimmer)* bathroom
Badeanstalt ['baːdəanʃtalt] *f* public swimming baths *pl,* public swimming pool
Badeanzug ['baːdəantsuːk] *m* bathing suit
Badehose ['baːdəhoːzə] *f* bathing trunks *pl,* swimming trunks *pl*
Bademeister ['baːdəmaɪstər] *m* pool attendant
baden ['baːdən] *v 1. (in der Wanne)* bathe, have a bath; *2. (schwimmen)* swim, bathe
Badesaison ['baːdəzɛzõ] *f* swimming season, bathing season
Badewanne ['baːdəvanə] *f* bathtub
Badezimmer ['baːdətsɪmər] *n* bathroom
baff [baf] *adj ~ sein (fam)* to be flabbergasted
Bagatelle [baga'tɛlə] *f* bagatelle
Bagger ['bagər] *m TECH* excavator
baggern ['bagərn] *v* dig, excavate
Bahn [baːn] *f 1.* path; *2. (Eisenbahn)* railway, railroad *(US); 3. (Straßenbahn)* tramway, streetcar *(US); 4. (Fahrbahn)* lane; *5. (Umlaufbahn) ASTR* orbit; *6. (fig) freie ~ haben* get the go-ahead; *auf die schiefe ~ kommen* leave the straight and narrow; *jdn aus der ~ werfen* throw s.o. off the track; *etw in die richtige ~ lenken* channel sth properly
bahnen ['baːnən] *v etw den Weg ~* clear a path for sth, clear the way for sth; *sich einen Weg ~* work one's way
Bahnfahrkarte ['baːnfaːrkartə] *f* railway ticket, train ticket
Bahnhof ['baːnhoːf] *m 1.* railway station, railroad station *(US); 2. Ich verstehe immer nur ~.* It's all Greek to me.
Bahnlinie ['baːnliːnjə] *f* railway-line
Bahnsteig ['baːnʃtaɪk] *m* platform
Bahre ['baːrə] *f 2. (für Tote)* bier; *1. (Krankenbahre)* stretcher
Bakterie [bak'teːrjə] *f BIO* bacteria
Balance [ba'lɑ̃s] *f* balance, equilibrium
balancieren [balɑ̃'siːrən] *v* balance
bald [balt] *adv* soon, shortly, presently
baldig ['baldɪç] *adj Ich hoffe auf ein ~es Wiedersehen.* I hope we see each other again soon. *eine ~e Genesung* a speedy recovery
balgen ['balgən] *v sich ~* wrestle, tussle
Balkan ['balkaːn] *m GEO* the Balkans *pl*
Balken ['balkən] *m* beam
Balkon [bal'kɔŋ] *m* balcony
Ball [bal] *m 1.* ball; *am ~ sein* to be on the ball; *am ~ bleiben* keep one's eyes on the ball; *jdm die Bälle zuwerfen (fig)* give s.o. cues; *2. (Tanz)* ball
Ballade [bal'laːdə] *f LIT* ballad
Ballast ['balast] *m* ballast
ballen ['balən] *v 1.* pack into a ball; *2. (Faust)* clench; *3. sich ~* gather
Ballen ['balən] *m 1. ECO* bale; *2. ANAT* ball of the foot, torus
Ballett [ba'lɛt] *n THEAT* ballet
Balletttänzer(in) [bal'lɛttɛntsər(ɪn)] *m/f THEAT* ballet dancer
Ballon [ba'lɔŋ] *m* balloon
Balsam ['balzaːm] *m* balm, balsam
balzen ['baltsən] *v ZOOL* court, mate
banal [ba'naːl] *adj* banal, commonplace, trivial
Banalität [banali'tɛːt] *f* banality, triviality
Banane [ba'naːnə] *f BOT* banana
Banause [ba'nauzə] *m* philistine, narrow-minded person, low-brow
Band [bant] *m 1. (Buch)* volume; *Bände sprechen* speak volumes; *n 2. (Streifen)* band, ribbon; *3. (Tonband)* audio tape; *4. (fig)* bond, link, shackles *pl; 5. am laufenden ~ (fig)* constantly
Bandage [ban'daːʒə] *f MED* bandage, dressing; *mit harten ~n kämpfen pl* fight tooth and nail
Bande ['bandə] *f (Gruppe)* gang, band
bändigen ['bɛndɪgən] *v 1.* tame; *2. (fig)* restrain; *seine Gefühle ~* curb one's emotions
Bandit [ban'diːt] *m* bandit
bange ['baŋə] *adj* anxious, uneasy, worried

bangen ['baŋən] *v 1.* worry, to be worried, to be anxious; *2. (Angst haben)* to be afraid
Bank[1] [baŋk] *f 1. (Sitzbank)* bench, seat; *2. etw auf die lange ~ schieben (fig)* put sth off
Bank[2] [baŋk] *f FIN* bank
Bankautomat ['baŋkautoma:t] *m FIN* automatic cash dispenser
Bankfiliale ['baŋkfılja:lə] *f FIN* branch bank
Bankguthaben ['baŋkgu:tha:bən] *n FIN* bank credit balance
Bankier [baŋk'je:] *m FIN* banker
Bankkonto ['baŋkkɔnto] *n FIN* bank account
Bankleitzahl ['baŋklaıttsa:l] *f FIN* bank code number, bank identification number *(US)*
Banknote ['baŋkno:tə] *f FIN* banknote, bill *(US)*
Bankraub ['baŋkraup] *m* bank holdup, bank robbery
Bankräuber ['baŋkrɔybər] *m* bank robber
bankrott [baŋk'rɔt] *adj FIN* bankrupt
Bankverbindung ['baŋkfɛrbınduŋ] *f 1. FIN* banking details *pl; 2. (Konto)* bank account
Bann [ban] *m* spell; *jdn in seinen ~ ziehen* cast a spell over s.o.
bannen ['banən] *v 1. (fesseln)* captivate, fascinate; *2. (vertreiben)* banish; *(Gefahr)* ward off; *(böse Geister)* exorcise; *3. (festhalten)* capture
Baptist(in) [bap'tıst(ın)] *m/f REL* Baptist
bar [ba:r] *adj* cash; *gegen ~* for cash
Bar [ba:r] *f* bar
Bär [bɛ:r] *m* bear; *jdm einen ~en aufbinden (fig)* pull s.o.'s leg; *Da ist der ~ los.* Things are really happening there.
barfuß ['ba:rfu:s] *adv* barefoot
Bargeld ['ba:rgɛlt] *n* cash
bargeldlos ['ba:rgɛltlo:s] *adj FIN* non-cash, cashless
Bariton ['barıtɔn] *m MUS* baritone
Barkeeper ['ba:rki:pər] *m* barkeeper
barmherzig [barm'hɛrtsıç] *adj* merciful, compassionate
Barmherzigkeit [barm'hɛrtsıçkaıt] *f* mercy, compassion
barock [ba'rɔk] *adj ART* baroque
Barock [ba'rɔk] *m/n ART* baroque
Baron [ba'ro:n] *m* baron
Barren ['barən] *m (Goldbarren)* bar of gold, ingot
Barriere [bar'jɛ:rə] *f* barrier
Barrikade [bari'ka:də] *f* barricade
barsch [barʃ] *adj* brusque, curt, rude
Bart [ba:rt] *m* beard; *um des Kaisers ~ streiten (fig)* split hairs
bärtig ['bɛ:rtıç] *adj* bearded
bartlos ['ba:rtlo:s] *adj* beardless
Barzahlung ['ba:rtsa:luŋ] *f FIN* cash payment, payment in cash
Basar [ba'za:r] *m* bazaar
Base[1] ['ba:zə] *f CHEM* base
Base[2] ['ba:zə] *f (Kusine)* cousin
basieren [ba'zi:rən] *v ~ auf* to be based on
Basilikum [ba'zi:likum] *m/n BOT* basil
Basis ['ba:zıs] *f 1.* basis; *2. MIL* base
Basketball ['baskətbal] *m SPORT* basketball
Bass [bas] *m MUS* bass
Bassin [ba'sɛ̃] *n* basin, reservoir
Bastard ['bastart] *m 1. (fam)* bastard; *2. ZOOL* cross breed, mongrel
basteln ['bastəln] *v* do handicrafts
Batterie [batə'ri:] *f TECH* battery
Bau [bau] *m 1. (Konstruktion)* building, construction; *im ~* under construction; *2. (Tierbau)* burrow, den
Bauch [baux] *m* stomach, belly (fam), tummy (fam); *eine Wut im ~ haben* to be hopping mad; *sich den ~ voll schlagen* stuff o.s. *sich den ~ vor Lachen halten* split one's sides laughing; *mit etw auf den ~ fallen (fig)* come a cropper
bauchig ['bauxıç] *adj* bulging, bulbous
Bauchschmerzen ['bauxʃmɛrtsən] *pl* stomach-ache, belly ache, stomach pain
Bauchtanz ['bauxtants] *m* belly dance
Bauchweh ['bauxve:] *n* stomach-ache, tummy-ache *(fam)*
bauen ['bauən] *v* build, construct
Bauer ['bauər] *m 1.* farmer; *2. (Schachfigur)* pawn
Bäuerin ['bɔyərın] *f 1.* farmer's wife; *2. (Landwirtin)* farmer
bäuerlich ['bɔyərlıç] *adj* rustic, rural
Bauernfänger ['bauərnfɛŋər] *m* swindler
Bauernhof ['bauərnho:f] *m* farm
baufällig ['baufɛlıç] *adj* dilapidated
Baugenehmigung ['baugəne:mıguŋ] *f* building permission, building permit
Baugerüst ['baugəryst] *n* scaffolding
Baugewerbe ['baugəvɛrbə] *n* construction industry, building trade
Bauingenieur ['bauınʒenjø:r] *m* civil engineer, structural engineer

Baum [baum] *m* tree; *Ich könnte Bäume ausreißen. (fig)* I feel like a world beater. *Es ist zum auf die Bäume klettern.* It's enough to drive you up the wall.
baumeln ['bauməln] *v* dangle, swing
Baumsterben ['baumʃtɛrbən] *n* the dying of trees
Baumwolle ['baumvɔlə] *f* cotton
Bausch [bauʃ] *m 1. (Wattebausch)* ball, swab; *2. (Polster)* pad; *3. in ~ und Bogen* lock, stock and barrel
Baustein ['bauʃtaɪn] *m 1.* brick, stone; *2. (Bauklotz)* building block; *3. (fig)* building block
Baustelle ['bauʃtɛlə] *f* construction site, building site
Bauunternehmen ['bauuntərne:mən] *n* construction firm
Bauwerk ['bauvɛrk] *n* building
Bayer ['baɪər] *m* Bavarian
Bayern ['baɪərn] *n GEO* Bavaria
beabsichtigen [bə'apzɪçtɪgən] *v* intend, mean; *Was beabsichtigst du zu tun?* What do you intend to do?
beachten [bə'axtən] *v* pay attention to, heed, observe
beachtlich [bə'axtlɪç] *adj* considerable, remarkable
Beachtung [bə'axtuŋ] *f* attention, observation, consideration
Beamte(r)/Beamtin [bə'amtə(r)/bə'amtɪn] *m/f* civil servant, public servant, official
beanspruchen [bə'anʃpruxən] *v* claim, demand, require
beanstanden [bə'anʃtandən] *v* object, complain, challenge
Beanstandung [bə'anʃtanduŋ] *f* objection, complaint
beantragen [bə'antra:gən] *v 1.* apply for; *2. (vorschlagen)* propose
beantworten [bə'antvɔrtən] *v* answer, reply to
bearbeiten [bə'arbaɪtən] *v 1. (erledigen)* handle, manage; *2. TECH* work, process; *3. AGR* cultivate, till, work; *4. (Theaterstück) THEAT* adapt; *5. neu bearbeitete Auflage* revised edition
Bearbeitung [bə'arbaɪtuŋ] *f 1.* treatment, processing; *2. in ~* in preparation; *3. AGR* working, cultivation
beatmen [bə'a:tmən] *v* supply with air, give artificial respiration to
Beatmung [bə'a:tmuŋ] *f MED* artificial respiration
beaufsichtigen [bə'aufzɪçtɪgən] *v* supervise, control, oversee
beauftragen [bə'auftra:gən] *v* charge, commission, instruct
Beauftragte(r) [bə'auftra:ktə(r)] *m/f 1.* representative; *2. POL* commissioner
bebauen [bə'bauən] *v 1. (landwirtschaftlich)* farm; *2. (Gebäude errichten auf)* build on
beben ['be:bən] *v* quake, shake, tremble
Beben ['be:bən] *n (Erdbeben)* earthquake
Becher ['bɛçər] *m* cup, mug, tumbler
Becken ['bɛkən] *n 1. (Waschbecken)* wash basin, sink; *2. (Schwimmbecken)* swimming pool; *3. ANAT* pelvis
bedächtig [bə'dɛçtɪç] *adj* cautious, wary, circumspect
bedanken [bə'daŋkən] *v sich ~* say thank you, express one's thanks; *Ich bedanke mich.* Thank you.
Bedarf [bə'darf] *m 1.* need; *2. ECO* demand
bedauerlich [bə'dauərlɪç] *adj* regrettable, unfortunate
bedauern [bə'dauərn] *v 1.* regret; *2. (jdn bemitleiden)* feel sorry for, pity
bedauernswert [bə'dauərnsve:rt] *adj* pitiable, pitiful, deplorable
bedecken [bə'dɛkən] *v* cover
bedenken [bə'dɛŋkən] *v irr 1. (erwägen)* consider, take into consideration, think over; *2. (beachten)* reckon with, keep in mind
bedenkenlos [bə'dɛŋkənlo:s] *adj 1.* unhesitating; *adv 2.* without hesitation
bedenklich [bə'dɛŋklɪç] *adj 1. (verdächtig)* dubious; *3. (ernst)* critical; *2. (heikel)* delicate
bedeuten [bə'dɔytən] *v* mean, signify
bedeutend [bə'dɔytənt] *adj* important, significant
Bedeutung [bə'dɔytuŋ] *f* meaning, significance, importance
bedeutungslos [bə'dɔytuŋslo:s] *adj 1. (ohne Sinn)* meaningless; *2. (unwichtig)* insignificant
bedeutungsvoll [bə'dɔytuŋsfɔl] *adj 1.* important; *2. (Person)* famous
bedienen [bə'di:nən] *v 1. jdn ~* wait on s.o., serve s.o., attend to s.o. *2. sich ~* serve o.s., help o.s. *3. TECH* operate
Bedienung [bə'di:nuŋ] *f 1.* service; *2. (Kellner(in))* waiter/waitress; *3. TECH* operation, control
Bedienungsanleitung [bə'di:nuŋsanlaɪtuŋ] *f TECH* operating instructions *pl*
bedingt [bə'dɪŋkt] *adj 1.* conditional; *~ durch* contingent on; *2. (beschränkt)* limited

Bedingung [bə'dɪŋuŋ] *f* condition, provision, term; *unter der ~, dass ...* on condition that ...
bedingungslos [bə'dɪŋuŋsloːs] *adj* unconditional
Bedrängnis [bə'drɛŋnɪs] *f* need, distress
bedrängt [bə'drɛŋt] *adj* hard-pressed
bedrohen [bə'droːən] *v* threaten, menace
bedrohlich [bə'droːlɪç] *adj 1.* threatening, menacing; *2. (gefährlich)* dangerous
Bedrohung [bə'droːuŋ] *f* threat, menace
bedrucken [bə'drukən] *v* print
bedrücken [bə'drykən] *v 1.* depress, worry; *2. (unterdrücken)* oppress
bedürfen [bə'dyrfən] *v irr* need, require
Bedürfnis [bə'dyrfnɪs] *n* need, requirement, want
bedürftig [bə'dyrftɪç] *adj* needy, indigent
beeilen [bə'aɪlən] *v sich ~* hurry, rush; *Beeil dich!* Hurry up!
Beeilung [bə'aɪluŋ] *interj* Step on it! (fig), Get a move on! (fam)
beeindrucken [bə'aɪndrukən] *v* impress
beeinflussen [bə'aɪnflusən] *v* influence
Beeinflussung [bə'aɪnflusuŋ] *f* influencing, influence
beeinträchtigen [bə'aɪntrɛçtɪgən] *v* impair, prejudice, detract from
Beeinträchtigung [bə'aɪntrɛçtɪguŋ] *f* impairment, damage, detriment
beenden [bə'ɛndən] *v* end, finish, wind up complete
Beendigung [bə'ɛndɪguŋ] *f* termination, conclusion
beengt [bə'ɛŋt] *adj* confined, cramped
beerben [bə'ɛrbən] *v jdn ~* to be s.o.'s heir, succeed to s.o.'s estate
beerdigen [bə'eːrdɪgən] *v* bury
Beerdigung [bə'eːrdɪguŋ] *f* funeral, burial
Beere ['beːrə] *f BOT* berry
Beet [beːt] *n* (flower) bed, (vegetable) patch
befähigen [bə'fɛːɪgən] *v* enable, qualify
Befähigung [bə'fɛːɪguŋ] *f 1.* capacity, competence, aptitude; *2. (Voraussetzung)* qualifications *pl*
befahren [bə'faːrən] *v irr 1.* drive on; *adj 2. (Straße)* travelled
Befangenheit [bə'faŋənhaɪt] *f 1.* self-consciousness, embarrassment; *2. (Voreingenommenheit)* prejudice, partiality
befassen [bə'fasən] *v sich ~ mit* deal with, attend to, handle
Befehl [bə'feːl] *m* order, command
befehlen [bə'feːlən] *v irr* order, command
Befehlshaber [bə'feːlshaːbər] *m MIL* commander, commanding officer
befestigen [bə'fɛstɪgən] *v* fix, secure, fasten
Befestigung [bə'fɛstɪguŋ] *f 1.* attachment, fastening, strengthening; *2. MIL* fortification
befeuchten [bə'fɔyçtən] *v* dampen, moisten, wet
befinden [bə'fɪndən] *v irr sich ~* to be (somewhere)
Befinden [bə'fɪndən] *n MED* state of health
beflecken [bə'flɛkən] *v 1.* stain; *2. (fig)* sully
beflissen [bə'flɪsən] *adj* eager, keen
befolgen [bə'fɔlgən] *v 1.* follow, comply with; *2. (Vorschriften)* observe; *3. (Befehl)* obey
befördern [bə'fœrdərn] *v 1. (transportieren)* transport, convey, carry; *2. (dienstlich aufrücken lassen)* promote, advance
Beförderung [bə'fœrdəruŋ] *f 1. (Waren) ECO* transport, conveying, shipping; *2. (eines Angestellten, eines Offiziers)* promotion
befragen [bə'fraːgən] *v 1.* question; *2. (zurate ziehen)* consult
Befragung [bə'fraːguŋ] *f 1.* personal interview, questioning; *2. (Zeuge) JUR* interrogation; *3. (Rat)* consultation
befreien [bə'fraɪən] *v 1.* release, free; *2. JUR* acquit, discharge; *3. (von Steuern)* exempt
Befreiung [bə'fraɪuŋ] *f 1.* liberation, release, deliverance; *2. ECO* exemption
befreunden [bə'frɔyndən] *v 1. sich mit jdm ~* make friends with s.o. *2. sich mit etw ~* come to like sth, get used to sth
befriedigen [bə'friːdɪgən] *v* satisfy, please, gratify
befriedigend [bə'friːdɪgənt] *adj* satisfying
Befriedigung [bə'friːdɪguŋ] *f* satisfaction, gratification, fulfilment
befristen [bə'frɪstən] *v* limit
befristet [bə'frɪstət] *adj* limited
befruchten [bə'fruxtən] *v BIO* fertilize
Befruchtung [bə'fruxtuŋ] *f 1. BIO* fertilization, impregnation; *2. künstliche ~ MED* artificial insemination
Befugnis [bə'fuːknɪs] *f 1.* power, authority; *2. JUR* jurisdiction
befugt [bə'fuːkt] *adj* authorized, entitled, competent
Befund [bə'funt] *m MED* findings *pl,* evidence, result

befürchten [bə'fyrçtən] *v* fear, be afraid of
Befürchtung [bə'fyrçtuŋ] *f* apprehension, fear, misgiving
befürworten [bə'fy:rvɔrtən] *v* support, advocate, recommend
Befürworter(in) [bə'fy:rvɔrtər(ɪn)] *m/f* supporter, advocate
begabt [bə'ga:pt] *adj* talented, gifted, able
Begabung [bə'ga:buŋ] *f* talent, gift, aptitude
begeben [bə'ge:bən] *v irr sich ~* go to, proceed to, set out on
Begebenheit [bə'ge:bənhaɪt] *f* event, happening
begegnen [bə'ge:gnən] *v 1. jdm ~* meet s.o., run into s.o. *2. sich ~* meet
Begegnung [bə'ge:gnuŋ] *f* meeting, encounter
begehen [bə'ge:ən] *v irr 1. (Verbrechen)* commit, perpetrate; *2. (Fest)* celebrate
begehren [bə'ge:rən] *v* desire, covet, crave
begehrenswert [bə'ge:rənsve:rt] *adj* desirable
begehrt [bə'ge:rt] *adj* sought-after, in demand
begeistern [bə'gaɪstərn] *v 1. jdn ~* inspire, fill with enthusiasm; *2. sich ~* become enthusiastic
begeistert [bə'gaɪstərt] *adj* enthusiastic
Begeisterung [bə'gaɪstəruŋ] *f* enthusiasm
Begierde [bə'gi:rdə] *f* desire, craving, longing
begierig [bə'gi:rɪç] *adj* eager, impatient, anxious; *auf etw ~ sein* to be eager for sth
Beginn [bə'gɪn] *m* beginning, start
beginnen [bə'gɪnən] *v irr* start, begin
beglaubigen [bə'glaubɪgən] *v* attest, certify, authenticate
Beglaubigung [bə'glaubɪguŋ] *f JUR* authentication, certification, attestation
begleiten [bə'glaɪtən] *v* accompany, escort, come with
Begleiter(in) [bə'glaɪtər(ɪn)] *m/f* companion
Begleitung [bə'glaɪtuŋ] *f* company
beglückwünschen [bə'glykvynʃən] *v jdn ~ zu etw* congratulate s.o. on sth
begnadigen [bə'gna:dɪgən] *v JUR* pardon, grant pardon
Begnadigung [bə'gna:dɪguŋ] *f JUR* pardon, reprieve
begraben [bə'gra:bən] *v irr 1. (beerdigen)* bury; *2. (fig)* bury; *etw ~ können* give sth up, forget about sth
Begräbnis [bə'grɛpnɪs] *n* funeral, burial
begreifen [bə'graɪfən] *v irr* understand, comprehend, grasp; *Er hat es endlich begriffen.* He finally got it.
begrenzen [bə'grɛntsən] *v 1.* limit; *2. (die Grenze bilden für etw)* form the boundary of sth
Begrenzung [bə'grɛntsuŋ] *f 1.* limit; *2. (das Begrenzen)* limitation; *3. (Grenze)* boundary
Begriff [bə'grɪf] *m 1. (Vorstellung)* concept, idea, notion; *Ist dir das ein ~?* Do you know what that is? *für meine ~e* as far as I'm concerned; *2. (Ausdruck)* term; *3. im ~ sein, etw zu tun* to be about to do sth
begründen [bə'gryndən] *v 1.* justify, substantiate; *2. (gründen)* found, establish
Begründer(in) [bə'gryndər(ɪn)] *m/f* founder
Begründung [bə'gryndʊŋ] *f 1.* reason, explanation; *2. (Gründung)* establishment, founding
begrüßen [bə'gry:sən] *v* welcome, greet
Begrüßung [bə'gry:suŋ] *f* welcome, reception, greeting
begünstigen [bə'gynstɪgən] *v* favour, support, encourage
Begünstigung [bə'gynstɪguŋ] *f* encouragement, support, favouring
begutachten [bə'gu:taxtən] *v* examine, give a professional opinion on
behäbig [bə'hɛ:bɪç] *adj 1. (Gestalt)* portly; *2. (geruhsam)* easy-going
Behagen [bə'ha:gən] *n 1.* comfort; *2. (Vergnügen)* pleasure, relish; *3. (Zufriedenheit)* contentment
behaglich [bə'ha:klɪç] *adj* comfortable
behalten [bə'haltən] *v irr* keep, retain
Behälter [bə'hɛltər] *m* container
behandeln [bə'handəln] *v 1.* treat, deal with, handle; *2. MED* treat
Behandlung [bə'handluŋ] *f 1.* treatment, handling; *2. MED* treatment
beharren [bə'harən] *v ~ auf* insist on
beharrlich [bə'harlɪç] *adj* persistent, insistent, persevering
behaupten [bə'hauptən] *v 1.* maintain, claim, contend; *2. (Stellung)* maintain; *3. sich ~* hold one's own, assert o.s., hold one's ground
Behauptung [bə'hauptuŋ] *f* claim, assertion, statement
beheizen [bə'haɪtsən] *v* heat
Beheizung [bə'haɪtsuŋ] *f* heating
behelfen [bə'hɛlfən] *v irr sich ~* manage, make do

beherrschen [bə'hɛrʃən] *v 1.* dominate; *2. sich ~* control o.s. *3. (können)* master; *Er beherrscht die englische Sprache.* He has a strong command of English.
Beherrschung [bə'hɛrʃuŋ] *f 1. (Selbstbeherrschung)* self-control, self-discipline; *die ~ verlieren* blow up, fly off the handle; *2. POL* dominance, control; *3. (fig: Können)* mastery, grasp
beherzigen [bə'hɛrtsɪgən] *v* take to heart, heed
beherzt [bə'hɛrtst] *adj* plucky, brave
behilflich [bə'hɪlflɪç] *adj jdm ~ sein* to be of assistance, to be helpful, to be of service; *Kann ich Ihnen ~ sein?* May I help you?
behindern [bə'hɪndərn] *v* hinder, hamper, impede
behindert [bə'hɪndərt] *adj* handicapped
Behinderte(r) [bə'hɪndərtə(r)] *m/f* handicapped person, disabled person
Behinderung [bə'hɪndəruŋ] *f 1.* hindrance, impediment, obstruction; *2. MED* disability, handicap
Behörde [bə'hœːrdə] *f* authority, office, bureau
behüten [bə'hyːtən] *v* guard, protect, preserve
behutsam [bə'huːtzaːm] *adj* careful, cautious, wary
bei [baɪ] *prep 1. (örtlich)* near, at, by; *Ich habe es nicht ~ mir.* I don't have it with me. *~ uns zu Hause* at our house; *2. (zeitlich)* at, upon; *~ Nacht* by night; *3. (während)* while; *4. ~ (einer Tätigkeit) sein* to be doing sth; *~m Auswählen der Artikel* on selecting the articles; *5. Bei mir war es genauso.* It was the same for me. *6. ~ aller Vorsicht* taking all precautions
beibehalten ['baɪbəhaltən] *v irr* keep, maintain
Beibehaltung ['baɪbəhaltuŋ] *f* maintenance, retention, keeping
beibringen ['baɪbrɪŋən] *v irr 1. (beschaffen)* bring forward, present, produce; *2. (lehren)* teach
Beichte ['baɪçtə] *f REL* confession
beichten ['baɪçtən] *v REL* confess, go to confession
Beichtstuhl ['baɪçtʃtuːl] *m REL* confessional
beide ['baɪdə] *pron 1.* both, the two; *wir ~* the two of us; *alle ~* both; *adj 2.* both, the two
beiderseitig ['baɪdərzaɪtɪç] *adj* on both sides; *in ~em Einvernehmen* by mutual agreement; *ein ~es Abkommen* a bilateral treaty
beiderseits ['baɪdər'zaɪts] *adv 1.* on both sides; *prep 2.* on both sides of
beidhändig ['baɪthɛndɪç] *adj 1.* two-handed; *2. (mit beiden Händen gleich geschickt)* ambidextrous
beidseitig ['baɪtzaɪtɪç] *adj* on both sides
Beifahrer(in) ['baɪfaːrər(ɪn)] *m/f* passenger, *(bei einem Lastwagen)* co-driver
Beifall ['baɪfal] *m 1. (Applaus)* applause, cheers *pl*; *2. (Billigung)* approval, acclaim
beifügen ['baɪfyːgən] *v 1.* add; *2. (mitschicken)* enclose
beige [beːʃ] *adj* beige, fawn
beigeben ['baɪgeːbən] *v irr 1. (hinzufügen)* add; *2. klein ~ (fig: nachgeben)* give in, back down
Beihilfe ['baɪhɪlfə] *f 1.* allowance, grant, subsidy; *2. JUR* aiding and abetting, acting as an accessory
Beil [baɪl] *n* hatchet
Beilage ['baɪlaːgə] *f 1. GAST* side dish; *2. (Zeitungsbeilage)* supplement
beiläufig ['baɪlɔyfɪç] *adj 1.* casual, passing; *adv 2.* casually, in passing
beilegen ['baɪleːgən] *v 1. (hinzufügen)* insert, enclose; *2. (fig: schlichten)* settle, resolve
Beileid ['baɪlaɪt] *n* sympathy; *jdm sein ~ aussprechen* express one's condolences to s.o.
beiliegend ['baɪliːgənt] *adj* enclosed
beim [baɪm] *prep („bei dem")* (siehe „bei")
beimessen ['baɪmɛsən] *v irr* attribute, put down to
Bein [baɪn] *n* leg; *auf den ~en sein* to be on one's feet; *jdm auf die ~e helfen (fig)* help s.o. out; *mit einem ~ im Grabe stehen (fig)* have one foot in the grave; *mit den ~en fest im Leben stehen* have both feet on the ground; *auf eigenen ~en stehen* stand on one's own feet; *sich auf die ~e machen* get moving; *jdm ~e machen* get s.o. moving; *sich die ~e vertreten* stretch one's legs; *die ~e unter den Arm nehmen* take to one's heels; *sich die ~e in den Leib stehen* cool one's heels; *sich kein ~ ausreißen* not strain o.s.
beinahe [baɪ'naːə] *adv* almost, nearly
beinhalten [bə'ɪnhaltən] *v 1.* contain, hold; *2. (Brief)* say
beipflichten ['baɪpflɪçtən] *v* agree
Beirat ['baɪrat] *m* advisory council
beirren [bə'ɪrən] *v* mislead
beisammen [baɪ'zamən] *adv* together
Beischlaf ['baɪʃlaːf] *m* sexual intercourse, coitus

beiseite [baɪ'zaɪtə] *adv* aside; *Spaß ~* joking aside; *~ schaffen* get rid of
Beisetzung ['baɪzɛtsuŋ] *f* funeral, burial
Beisitz ['baɪzɪts] *m* membership of a jury, seat on a commission, seat in a court
Beisitzer ['baɪzɪtsər] *m* assessor
Beispiel ['baɪʃpiːl] *n* example, instance; *zum ~* for example; *sich ein ~ an jdm nehmen* take example of s.o. *ohne ~ sein* to be unheard-of; *mit gutem ~ vorangehen* set an example
beispielhaft ['baɪʃpiːlhaft] *adj* exemplary, model
beispiellos ['baɪʃpiːlloːs] *adj* unparalleled, unprecedented, unheard-of
beispielsweise ['baɪʃpiːlzvaɪsə] *adv* for example, for instance, by way of example
beißen ['baɪsən] *v irr 1. (jucken)* itch; *2. (Schmerzen)* sting; *3.* bite
beißend ['baɪsənt] *adj 1. (Geruch)* biting, pungent, sharp; *2. (fig: Spott)* caustic, sarcastic
Beistand ['baɪʃtant] *m* assistance, help, aid
beistehen ['baɪʃteːən] *v irr* help, aid, assist
Beitrag ['baɪtraːk] *m 1.* contribution; *2. (Zeitungsartikel)* article; *3. (Versicherungsbeitrag)* premium
beitragen ['baɪtraːgən] *v irr* contribute, supply, add to
beitreten ['baɪtreːtən] *v irr* join, become a member of
Beitritt ['baɪtrɪt] *m* joining, entry
bejahen [bə'jaːən] *v 1. (Frage)* say yes to, affirm; *2. (billigen)* approve of, accept
bejubeln [bə'juːbəln] *v* cheer
bekämpfen [bə'kɛmpfən] *v* fight against, combat, wage war against
Bekämpfung [bə'kɛmpfuŋ] *f* struggle against, combat
bekannt [bə'kant] *adj* familiar, known; *~ geben* make public, announce; *~ machen* make known, report
Bekannte(r) [bə'kantə(r)] *m/f* acquaintance, friend
Bekanntgabe [bə'kantgaːbə] *f* announcement, notification, publication
Bekanntheit [bə'kanthaɪt] *f* fame
bekanntlich [bə'kantlɪç] *adv 1.* as is well-known, as you know; *2. (negativ)* notoriously
Bekanntmachung [bə'kantmaxuŋ] *f* announcement
Bekanntschaft [bə'kantʃaft] *f* acquaintance; *jds ~ machen* make s.o.'s acquaintance
bekehren [bə'keːrən] *v 1. (fig: überzeugen)* convince, bring round; *2. REL* convert
Bekehrung [bə'keːruŋ] *f REL* conversion
bekennen [bə'kɛnən] *v irr 1. (zugeben)* admit, confess; *2. REL* profess
Bekenntnis [bə'kɛntnɪs] *n 1. (Zugeben)* confession, admission, avowal; *2. (Konfession) REL* denomination
beklagen [bə'klaːgən] *v 1. (etw ~)* lament, deplore, bemoan; *jds Tod ~* mourn s.o.'s death; *2. sich ~* complain
beklatschen [bə'klatʃən] *v* applaud
bekleiden [bə'klaɪdən] *v 1.* clothe, dress; *2. (Amt)* hold (an office)
Bekleidung [bə'klaɪduŋ] *f 1.* clothing, clothes *pl*; *2. (eines Amtes)* tenure
Beklemmung [bə'klɛmuŋ] *f* apprehension, trepidation, feeling of oppression
beklommen [be'klɔmən] *adj* anxious
bekommen [bə'kɔmən] *v irr 1. (erhalten)* receive, get; *Fieber ~* develop a fever; *2. (finden)* get, find; *3. (erlangen)* obtain; *4. (einen Preis ~)* to be awarded
bekömmlich [bə'kœmlɪç] *adj 1.* digestible, healthy; *2. (wohltuend)* beneficial
bekräftigen [bə'krɛftɪgən] *v* confirm, corroborate
Bekräftigung [bə'krɛftɪguŋ] *f* strengthening, confirmation
bekreuzigen [bə'krɔytsɪgən] *v sich ~ REL* make the sign of the cross
bekriegen [bə'kriːgən] *v POL* to be at war with
bekümmern [bə'kymərn] *v* worry, alarm, trouble
bekunden [bə'kundən] *v* demonstrate, manifest, reveal
belächeln [bə'lɛçəln] *v* smile at
beladen [bə'laːdən] *v irr 1.* load; *2. (fig)* burden, weigh down
Belag [bə'laːk] *m 1. (Schicht)* layer, coating, film; *2. (Brotbelag)* filling
belagern [bə'laːgərn] *v* besiege
Belagerung [bə'laːgəruŋ] *f MIL* siege, besieging
belanglos [bə'laŋloːs] *adj* irrelevant, insignificant, unimportant
Belanglosigkeit [bə'laŋloːzɪçkaɪt] *f* insignificance, irrelevance
belassen [bə'lasən] *v irr* leave; *es dabei ~* leave it at that
belastbar [bə'lastbaːr] *adj (Mensch)* capable of taking stress, able to take pressure
Belastbarkeit [bə'lastbaːrkaɪt] *f (eines Menschen)* capacity to take stress, stress tolerance

belasten [bə'lastən] *v 1.* load, burden, encumber; *2. (bedrücken)* worry, weigh on; *3. (beanspruchen)* burden, strain; *4. (Konto) FIN* debit, charge to; *5. JUR* charge, incriminate; *6. (Haus) FIN* mortgage, encumber
belästigen [bə'lɛstɪgən] *v 1.* harass, bother, pester; *2. (körperlich)* molest
Belästigung [bə'lɛstɪguŋ] *f* harassment, annoyance, bothering
Belastung [bə'lastuŋ] *f 1.* burden, load, weight; *2. (Steuer) FIN* burden; *3. (Konto) FIN* debit; *4. JUR* incrimination, charge; *5. (Hypothek)* mortgage
belauern [bə'lauərn] *v* lie in wait for, spy on
belaufen [bə'laufən] *v irr sich ~ auf ECO* amount to, come to, add up to; *sich auf hundert Dollar ~* amount to one hundred dollars
belauschen [bə'lauʃən] *v* listen in on, eavesdrop on
beleben [bə'le:bən] *v* stimulate
Beleg [bə'le:k] *m 1.* voucher, receipt; *2. (Beweis) JUR* proof, evidence
belegen [bə'le:gən] *v 1. (Platz)* occupy; *2. (Kurs)* enrol for, register for, sign up for; *3. (Brot) mit etw ~* put sth on; *4. (beweisen) FIN* account for; *5. (beweisen) JUR* prove
Belegschaft [bə'le:kʃaft] *f* staff, personnel, work force
belehren [bə'le:rən] *v* instruct, advise, inform
Belehrung [bə'le:ruŋ] *f* instruction, explanation
beleidigen [bə'laɪdɪgən] *v* insult, offend
Beleidigung [bə'laɪdɪguŋ] *f* insult
beleuchten [bə'lɔyçtən] *v 1.* illuminate, light up; *2. (fig)* shed light on, illuminate
Beleuchtung [bə'lɔyçtuŋ] *f* illumination
belichten [bə'lɪçtən] *v FOTO* expose
beliebig [bə'li:bɪç] *adj 1.* any; *jeder ~e* anybody, anyone; *adv 2. ~ viel* as much as you want; *~ oft* as often as you like
beliebt [bə'li:pt] *adj* popular
Beliebtheit [bə'li:pthaɪt] *f* popularity
beliefern [bə'li:fərn] *v* supply, furnish, provide
bellen ['bɛlən] *v* bark
Belletristik [bɛle'trɪstɪk] *f LIT* fiction and poetry
belohnen [bə'lo:nən] *v* reward
Belohnung [bə'lo:nuŋ] *f* reward
belüften [bə'lyftən] *v* aerate
Belüftung [bə'lyftuŋ] *f* ventilation, airing
belügen [bə'ly:gən] *v irr* lie to, deceive
belustigen [bə'lustɪgən] *v* delight, amuse, entertain
Belustigung [bə'lustɪguŋ] *f* amusement, entertainment
bemalen [bə'ma:lən] *v* paint
bemängeln [bə'mɛŋəln] *v* find fault with
bemerkbar [bə'mɛrkba:r] *adj* noticeable; *sich ~ machen* make o.s. noticed
bemerken [bə'mɛrkən] *v 1. (äußern)* remark, observe, note; *2. (wahrnehmen)* notice, note, observe
Bemerkung [bə'mɛrkuŋ] *f 1. (Äußerung)* remark, observation, comment; *2. (Anmerkung)* note, comment
bemessen [bə'mɛsən] *v irr 1.* proportion, allocate; *2. (einteilen)* calculate
bemitleiden [bə'mɪtlaɪdən] *v* pity, commiserate with; *jdn ~* have compassion for s.o., feel sorry for s.o.
bemühen [bə'my:ən] *v sich ~* take pains, try hard
Bemühung [bə'my:uŋ] *f* endeavour, effort
benachrichtigen [bə'na:xrɪçtɪgən] *v* inform, notify, advise
Benachrichtigung [bə'na:xrɪçtɪguŋ] *f* notification, notice
benachteiligen [bə'na:xtaɪlɪgən] *v* handicap, put at a disadvantage, discriminate against
Benachteiligung [bə'na:xtaɪlɪguŋ] *f* disadvantage
benehmen [bə'ne:mən] *v irr sich ~* behave, conduct o.s. *Benimm dich!* Behave yourself!
Benehmen [bə'ne:mən] *n* behaviour, demeanour, manners *pl*
beneiden [bə'naɪdən] *v* envy; *jdn um etw ~* envy s.o. for sth
beneidenswert [bə'naɪdənsvɛ:rt] *adj* enviable
Beneluxstaaten ['beneluksʃta:tən] *pl GEO* Benelux countries *pl*
benennen [bə'nɛnən] *v irr 1. (einen Namen geben)* name; *2. (für ein Amt)* nominate
Benennung [bə'nɛnuŋ] *f 1. (Bezeichnung)* name; *2. (für ein Amt)* nomination
Bengel ['bɛŋəl] *m* rascal
benommen [bə'nɔmən] *adj* dazed, dizzy
benoten [bə'no:tən] *v* mark, grade *(US)*
benötigen [bə'nø:tɪgən] *v* need, require
Benotung [bə'no:tuŋ] *f* marks *pl,* grading
benutzen [bə'nutsən] *v* use, make use of
Benutzer(in) [bə'nutsər(ɪn)] *m/f* user
Benutzung [bə'nutsuŋ] *f* use

Benzin [bɛn'tsi:n] *n* petrol, gasoline *(US)*, gas (fam) *(US)*
Benzol [bɛn'tso:l] *n CHEM* benzene
beobachten [bə'o:baxtən] *v* observe, watch, keep an eye on
Beobachter(in) [bə'o:baxtər(ɪn)] *m/f* observer
Beobachtung [bə'o:baxtuŋ] *f 1. (Feststellung)* observation; *2. MED* observation
bepflanzen [bə'pflantsən] *v* plant
Bepflanzung [bə'pflantsuŋ] *f 1. (Bepflanzen)* planting; *2. (Grünanlage)* plantation
bequem [bə'kve:m] *adj 1. (behaglich)* comfortable, convenient (time); *2. (träge)* lazy, indolent
Bequemlichkeit [bə'kve:mlɪçkaɪt] *f 1. (Behaglichkeit)* comfort, ease; *2. (Trägheit)* laziness, indolence
beraten [bə'ra:tən] *v irr 1. (Rat erteilen)* advise, give advice, counsel; *2. (besprechen)* discuss; *3. sich ~* confer, deliberate
Berater(in) [bə'ra:tər(ɪn)] *m/f* adviser, consultant, counsellor
beratschlagen [bə'ra:tʃla:gən] *v irr* confer
Beratung [bə'ra:tuŋ] *f 1.* consultation; *2. (Rat)* counsel, advice
berauschen [bə'rauʃən] *v 1.* intoxicate; *2. sich ~* get drunk; *3. sich ~ an (fig)* fall in love with
berechenbar [bə'rɛçənba:r] *adj 1. (abschätzbar)* calculable, computable; *2. MATH* calculable
berechnen [bə'rɛçnən] *v 1.* calculate, work out, compute; *2. jdm etw ~* charge s.o. for sth
Berechnung [bə'rɛçnuŋ] *f* calculation, computation; *meiner ~ nach* according to my calculations
berechtigen [bə'rɛçtɪgən] *v* entitle to, give a right to, authorize
berechtigt [bə'rɛçtɪçt] *adj 1. (befugt)* authorized, entitled; *~ zu* entitled to; *2. (begründet)* justified
Berechtigte(r) [bə'rɛçtɪçtə(r)] *m/f* party entitled
Berechtigung [bə'rɛçtɪguŋ] *f 1. (Begründetsein)* justification; *2. (Befugnis)* authorization, entitlement
Bereich [bə'raɪç] *m 1. (Gebiet)* area; *2. (Fachbereich)* field, sphere, area; *im ~ des Möglichen* within the bounds of possibility
Bereicherung [bə'raɪçəruŋ] *f* enrichment
bereinigen [bə'raɪnɪgən] *v* settle, resolve, clear up
bereit [bə'raɪt] *adj 1.* prepared, ready; *2. (gewillt)* willing
bereiten [bə'raɪtən] *v 1. (zubereiten)* prepare, make; *2. (zufügen)* give, cause
bereitliegen [bə'raɪtli:gən] *v irr* to be ready
bereits [bə'raɪts] *adv* already
Bereitschaft [bə'raɪtʃaft] *f 1.* readiness; *2. ~ haben* to be on call; *3. (Einheit)* squad
bereitstellen [bə'raɪtʃtɛlən] *v* make available, provide
bereitwillig [bə'raɪtvɪlɪç] *adj* willing, eager, ready
bereuen [bə'rɔyən] *v 1. (bedauern)* regret, to be sorry for; *2. REL* repent
Berg [bɛrk] *m* mountain, *(kleinerer ~)* hill; *über alle ~e sein* to be miles away; *über den ~ sein (fig)* to be out of the wood; *etw hinter dem ~ halten (fig)* keep quiet about sth
bergab [bɛrk'ap] *adv* downhill
Bergarbeiter ['bɛrkarbaɪtər] *m* miner
bergauf [bɛrk'auf] *adv* uphill
Bergbau ['bɛrkbau] *m MIN* mining
bergen ['bɛrgən] *v irr 1. (retten)* rescue, save; *ein Schiff ~* salvage a ship; *2. (fig: enthalten)* harbour, hold
bergig ['bɛrgɪç] *adj* mountainous, hilly
Bergsteiger(in) ['bɛrkʃtaɪgər(ɪn)] *m/f* mountaineer, climber
Bergung ['bɛrguŋ] *f 1. (von Menschen)* rescue; *2. (von Schiffen)* salvage
Bergwerk ['bɛrkvɛrk] *n MIN* mine
Bericht [bə'rɪçt] *m* report, account
berichten [bə'rɪçtən] *v* report
Berichterstattung [bə'rɪçtɛrʃtatuŋ] *f 1.* reporting, *(Bericht)* report; *2. (in der Presse)* coverage
berichtigen [bə'rɪçtɪgən] *v* correct, rectify, set right
Berichtigung [bə'rɪçtɪguŋ] *f* correction
Bernstein ['bɛrnʃtaɪn] *m MIN* amber
berücksichtigen [bə'rykzɪçtɪgən] *v* consider, bear in mind, take into account
Berücksichtigung [bə'rykzɪçtɪguŋ] *f* consideration
Beruf [bə'ru:f] *m* profession, occupation, trade; *Was ist er von ~?* What does he do for a living?
Berufsausbildung [bə'ru:fsausbɪlduŋ] *f* vocational training, professional training
Berufserfahrung [bə'ru:fsɛrfa:ruŋ] *f ECO* professional experience
berufstätig [bə'ru:fstɛ:tɪç] *adj* working, (gainfully) employed

Berufstätigkeit [bə'ru:fstɛ:tɪçkaɪt] *f* *ECO* employment
Berufung [bə'ru:fuŋ] *f* *1. (Lebensaufgabe)* vocation; *2. (Ernennung)* nomination, appointment; *3. JUR* appeal; *4. REL* calling
beruhen [bə'ru:ən] *v* *~ auf* to be based on, to be founded on, to be due to
beruhigen [bə'ru:ɪgən] *v* *1. (jdn ~)* calm, soothe, quiet; *2. sich ~* calm down, set one's mind at ease, compose o.s.
beruhigend [bə'ru:ɪgənt] *adj* reassuring, calming, soothing
Beruhigung [bə'ru:ɪguŋ] *f* reassurance, consolation, relief
berühmt [bə'ry:mt] *adj* famous, renowned, celebrated
Berühmtheit [bə'ry:mthaɪt] *f* *1.* fame; *2. (Person)* celebrity
berühren [bə'ry:rən] *v* *1. (anfassen)* touch, handle; *2. (fig: emotional ~)* move, affect
Berührung [bə'ry:ruŋ] *f* touch, contact
besagen [bə'za:gən] *v* say, mean, signify
besänftigen [bə'zɛnftɪgən] *v* calm down, soothe, alleviate
Besatzung [bə'zatsuŋ] *f* *1. (Mannschaft)* crew; *2. (~struppen) MIL* occupation troops *pl*, occupation forces *pl*, garrison
beschädigen [bə'ʃɛ:dɪgən] *v* damage, harm, injure
Beschädigung [bə'ʃɛ:dɪguŋ] *f* damage, harm
beschaffen [bə'ʃafən] *v* procure, obtain
Beschaffenheit [bə'ʃafənhaɪt] *f* condition, state, nature
beschäftigen [bə'ʃɛftɪgən] *v* *1. (jdn ~)* occupy, engage, employ; *2. sich mit etw ~* concern o.s. with sth, occupy o.s. with sth, engage in sth; *damit beschäftigt sein, etw zu tun* to be busy doing sth
Beschäftigung [bə'ʃɛftɪguŋ] *f* *1.* occupation, employment, pursuit; *2. (geistige ~)* preoccupation; *3. (Arbeit)* employment
beschämen [bə'ʃɛ:mən] *v* *jdn ~* humiliate s.o., make s.o. feel ashamed
Bescheid [bə'ʃaɪt] *m* *1. (Auskunft)* information; *Ich weiß ~.* I know about it. *Ich sage Ihnen ~.* I'll let you know. *2. (Nachricht)* message; *3. JUR* reply, notification
bescheiden [bə'ʃaɪdən] *adj* modest, unassuming
Bescheidenheit [bə'ʃaɪdənhaɪt] *f* modesty, humility, unpretentiousness
bescheinigen [bə'ʃaɪnɪgən] *v* certify, attest, vouch for
Bescheinigung [bə'ʃaɪnɪguŋ] *f* *1. (Dokument)* certificate; *2. (das Bescheinigen)* certification; *3. MED* attestation; *4. ECO* voucher
Bescherung [bə'ʃe:ruŋ] *f* *1. (an Weihnachten)* distribution of Christmas presents; *2. eine schöne ~ (fam: neg. Ereignis)* A fine mess!
beschießen [bə'ʃi:sən] *v* shoot at, fire at; *(mit Granaten)* bombard
beschimpfen [bə'ʃɪmpfən] *v* *jdn ~* swear at s.o., call s.o. names, abuse s.o. (verbally)
Beschimpfung [bə'ʃɪmpfuŋ] *f* *(Beleidigung)* insult
beschlagen [bə'ʃla:gən] *v irr* *1. (Tür)* put fittings on; *2. (Tier)* shoe; *3. (sich ~) (Glas)* steam up; *adj irr* *4. (Kenntnisse habend)* proficient, knowledgeable; *in einer Sache gut ~ sein* know the ropes
Beschlagnahme [bə'ʃla:kna:mə] *f* confiscation, seizure
beschlagnahmen [bə'ʃla:kna:mən] *v* confiscate, seize
beschleunigen [bə'ʃlɔynɪgən] *v* accelerate, speed up
Beschleunigung [bə'ʃlɔynɪguŋ] *f* acceleration
beschließen [bə'ʃli:sən] *v irr* *1. (entscheiden)* decide, resolve; *2. (beenden)* terminate, end, conclude
Beschluss [bə'ʃlus] *m* decision, determination, resolution
beschmieren [bə'ʃmi:rən] *v* *1.* smear; *2. (Brot)* spread; *3. (bekritzeln)* scribble
beschmutzen [bə'ʃmutsən] *v* *1.* dirty, soil, get dirty; *2. (fig)* defile, sully
beschränken [bə'ʃrɛŋkən] *v* *1. (einschränken)* confine, limit, restrict; *2. sich ~ auf* confine o.s. to, restrict o.s. to, limit o.s. to
beschränkt [bə'ʃrɛŋkt] *adj* *1. (eng)* narrow; *2. (engstirnig)* narrow-minded; *3. (eingeschränkt)* limited, restricted
Beschränktheit [bə'ʃrɛŋkthaɪt] *f* *1.* restrictedness; *2. (Engstirnigkeit)* narrow-mindedness
Beschränkung [bə'ʃrɛŋkuŋ] *f* limitation, restriction
beschreiben [bə'ʃraɪbən] *v irr* *1. (fig)* describe; *2. (Papier ~)* write on, inscribe
Beschreibung [bə'ʃraɪbuŋ] *f* description, portrayal, representation; *der ~ von ... entsprechen* answer to the description of ... *Das spottet jeder ~!* That defies description! That beggars description!
beschriften [bə'ʃrɪftən] *v* write on, inscribe, mark

Beschriftung [bə'ʃrɪftuŋ] *f 1.* inscription; *2. (Bildunterschrift)* caption
beschuldigen [bə'ʃuldɪgən] *v* accuse of, charge with, blame for
Beschuldigung [bə'ʃuldɪguŋ] *f* accusation, charge
Beschuss [bə'ʃus] *m unter ~ geraten* come under attack
beschützen [bə'ʃytsən] *v* protect, screen, shelter
Beschützer [bə'ʃytsər] *m* protector
Beschwerde [bə'ʃveːrdə] *f 1.* complaint, grievance; *pl 2. (Schmerzen)* complaint, trouble, discomfort; *f 3. JUR* appeal
beschweren [bə'ʃveːrən] *v sich ~* complain; *sich ~ über* complain about
beschwichtigen [bə'ʃvɪçtɪgən] *v* appease
beschwören [bə'ʃvøːrən] *v irr 1. (anflehen)* entreat, implore; *2. JUR* swear to, take an oath on
beseitigen [bə'zaɪtɪgən] *v 1. (Zweifel)* remove; *2. (entfernen)* remove, get rid of, dispose of; *3. (fam: töten)* knock off, do in, do away with
Beseitigung [bə'zaɪtɪguŋ] *f* removal, elimination, disposal
Besen ['beːzən] *m* broom; *Wenn das wahr ist, fresse ich einen ~!* If that's true, I'll eat my hat!
besessen [bə'zɛsən] *adj* obsessed; *von bösen Geistern ~* possessed by evil spirits
Besessenheit [bə'zɛsənhaɪt] *f* obsession
besetzen [bə'zɛtsən] *v 1.* occupy, fill; *2. THEAT* cast
besetzt [bə'zɛtst] *adj 1. TEL* engaged, busy *(US); 2. (Toilette)* occupied
Besetzung [bə'zɛtsuŋ] *f 1. MIL* occupation; *2. THEAT* cast
besichtigen [bə'zɪçtɪgən] *v* view, look at, examine
Besichtigung [bə'zɪçtɪguŋ] *f 1. (eines Museums usw.)* visit; *2. (eines Hauses)* viewing; *3. (amtlich)* inspection
besiedeln [bə'ziːdəln] *v* settle, colonize
Besiedelung [bə'ziːdəluŋ] *f* settlement, colonization
besiegen [bə'ziːgən] *v* beat, defeat
besinnlich [bə'zɪnlɪç] *adj* thoughtful, reflective, contemplative
Besinnung [bə'zɪnuŋ] *f 1. (Bewusstsein)* consciousness; *2. (Überlegung)* consideration, reflection
besinnungslos [bə'zɪnuŋsloːs] *adj 1.* unconscious; *2. (fig)* thoughtless, inconsiderate
Besitz [bə'zɪts] *m 1.* possession; *in jds ~ gelangen* come into s.o.'s possession; *2. (Immobilien)* property, estate
besitzen [bə'zɪtsən] *v irr* possess, own
Besitzer(in) [bə'zɪtsər(ɪn)] *m/f* owner
Besitztum [bə'zɪtstuːm] *n* property
besoffen [bə'zɔfən] *adj (fam)* drunk, plastered, smashed, pissed *(UK)*
besondere(r,s) [bə'zɔndərə(r,s)] *adj 1.* special; *2. (bestimmt)* particular
Besonderheit [bə'zɔndərhaɪt] *f* unusual characteristic, distinctiveness, peculiarity
besonders [bə'zɔndərs] *adv 1. (sehr)* particularly, especially; *2. (vor allem)* above all, most of all, chiefly; *3. (ausdrücklich)* especially, in particular, expressly
besorgen [bə'zɔrgən] *v 1. (beschaffen)* provide, supply, obtain; *2. (ausführen)* attend to, see to, effect; *3. es jdm ~ (fig)* sort s.o. out
Besorgnis [bə'zɔrknɪs] *f* concern, worry, anxiety; *~ erregend* worrying, alarming
Besorgung [bə'zɔrguŋ] *f 1. (Kauf)* errand, shopping; *2. (Erledigung)* attending to, arrangement of, handling of
bespitzeln [bə'ʃpɪtsəln] *v jdn ~* spy on s.o.
besprechen [bə'ʃprɛçən] *v irr 1.* discuss, talk over; *2. (rezensieren)* review
Besprechung [bə'ʃprɛçuŋ] *f 1.* discussion, meeting; *2. (Rezension)* review
bespritzen [bə'ʃprɪtsən] *v* splash
besprühen [bə'ʃpryːən] *v 1.* spray; *2. ART* spray-paint; *3. CHEM* spray
bessere(r,s) ['bɛsər(r,s)] *adj* better; *die ~ Hälfte (fig)* one's better half
bessern ['bɛsərn] *v sich ~* improve
Besserung ['bɛsəruŋ] *f* improvement, recovery; *Gute ~!* Get well soon!
Bestand [bə'ʃtant] *m 1. (Fortdauer)* continued existence; *von ~ sein* to be lasting; *2. (Kassenbestand) FIN* cash assets *pl; 3. (Vorrat) ECO* stock, stores *pl,* supply
beständig [bə'ʃtɛndɪç] *adj 1. (dauerhaft)* constant, steady, continuous; *2. (widerstandsfähig)* resistant
Beständigkeit [bə'ʃtɛndɪçkaɪt] *f 1. (Dauer)* constancy, steadiness, permanence; *2. (Widerstandskraft)* resistance
bestärken [bə'ʃtɛrkən] *v* confirm, reinforce, strengthen
bestätigen [bə'ʃtɛːtɪgən] *v* confirm, acknowledge, certify
Bestätigung [bə'ʃtɛːtɪguŋ] *f* confirmation, acknowledgement, ratification
bestatten [bə'ʃtatən] *v* bury

Bestattung [bə'ʃtatuŋ] *f* *1. (Beerdigung)* funeral; *2. (Einäscherung)* cremation
beste(r,s) ['bɛstə(r,s)] *adj* best; *jdn zum Besten halten* pull s.o.'s leg; *etw zum Besten geben* entertain with sth; *Mit ihm steht es nicht zum Besten.* Things don't look too promising for him.
bestechen [bə'ʃtɛçən] *v* *1.* bribe, corrupt; *irr 2. (beeindrucken)* captivate, attract
bestechlich [bə'ʃtɛçlıç] *adj* bribable, corruptible
Bestechlichkeit [bə'ʃtɛçlıçkaıt] *f* corruptibility
Bestechung [bə'ʃtɛçuŋ] *f* bribery, corruption
Besteck [bə'ʃtɛk] *n* cutlery, silverware *(US)*
bestehen [bə'ʃteːən] *v irr* *1. (vorhanden sein)* exist, to be in existence; *Es ~ noch Fragen.* There are still questions. *2. ~ aus* consist of, to be composed of; *3. ~ auf* insist upon, insist on; *4. (Prüfung)* pass
bestehlen [bə'ʃteːlən] *v irr* rob, steal from
bestellen [bə'ʃtɛlən] *v* *1. (in Auftrag geben)* order, place an order, commission; *nicht viel zu ~ haben (fig)* not have much to say; *wie bestellt und nicht abgeholt (fig)* like orphan Annie; *2. (ernennen) POL* appoint
Bestellung [bə'ʃtɛluŋ] *f* *1. (Auftrag)* order; *2. (Ernennung)* appointment, nomination
besteuern [bə'ʃtɔyərn] *v* tax, impose a tax
bestialisch [bɛstj'aːlıʃ] *adj* bestial
Bestie ['bɛstjə] *f* *1.* beast; *2. (fig)* brute
bestimmen [bə'ʃtımən] *v* *1. (festlegen)* determine, decide; *2. (definieren)* define; *3. (zuweisen)* appoint, assign, appropriate
bestimmt [bə'ʃtımt] *adj* *1. (entschieden)* determined, definite, resolute; *2. ~ für* destined for; *3. (gewiss)* certain; *adv* *4. (sicherlich)* certainly, definitely
Bestimmtheit [bə'ʃtımthaıt] *f* *1. (Entschiedenheit)* determination, resolve; *2. (Gewissheit)* certainty, definiteness
Bestimmung [bə'ʃtımuŋ] *f* *1. (Festlegung)* decision, determination, definition; *2. (Vorschrift)* provision, decree, regulations *pl*; *3. (Schicksal)* destiny, decree of fate; *4. (Zweck)* purpose
bestrafen [bə'ʃtraːfən] *v* punish, penalize
Bestrafung [bə'ʃtraːfuŋ] *f* punishment, penalty
Bestrebung [bə'ʃtreːbuŋ] *f* endeavour
bestreichen [bə'ʃtraıçən] *v irr* *(Brot)* spread
bestreiken [bə'ʃtraıkən] *v* strike against
bestreiten [bə'ʃtraıtən] *v irr* *1. (streitig machen)* contest, dispute, challenge; *2. (finanzieren)* cover, defray, carry
bestreuen [bə'ʃtrɔyən] *v* *~ mit* strew with, cover with
bestürmen [bə'ʃtyrmən] *v* storm, besiege, assail
bestürzt [bə'ʃtyrtst] *adj* *~ sein* to be dismayed, to be perplexed, to be taken aback
Bestürzung [bə'ʃtyrtsuŋ] *f* consternation, bewilderment, dismay
Besuch [bə'zuːx] *m* *1.* visit; *2. (Gäste)* guests *pl*
besuchen [bə'zuːxən] *v* *1. jdn ~* visit s.o., pay a visit to s.o. *2. (besichtigen)* visit; *3. (Schule)* attend
Besucher(in) [bə'zuːxər(ın)] *m/f* *1.* guest, visitor; *2. (einer Ausstellung)* visitor, viewer
betasten [bə'tastən] *v* touch, feel
betätigen [bə'tɛːtıgən] *v* *1. TECH* operate, activate, work; *2. sich ~* work, busy o.s. *sich ~ als* act as, work as
Betätigung [bə'tɛːtıguŋ] *f* *1.* operation; *2. (Tätigkeit)* activity
betäuben [bə'tɔybən] *v* *MED* anaesthetize
Betäubung [bə'tɔybuŋ] *f* *MED* anaesthesia
beteiligen [bə'taılıgən] *v* *1. sich ~* participate, take part, join; *2. jdn an etw ~* give a person a share, make a person a partner, let s.o. take part
Beteiligte(r) [bə'taılıçtə(r)] *m/f* *1.* participant; *2. (Betroffene(r))* person involved, person concerned
Beteiligung [bə'taılıguŋ] *f* participation, share, interest
beten ['beːtən] *v* *REL* pray
beteuern [bə'tɔyərn] *v* swear, assert, affirm solemnly
Beteuerung [bə'tɔyəruŋ] *f* protestation, assurance
Beton [be'tɔ̃ŋ] *m* concrete, cement
betonen [bə'toːnən] *v* emphasize, stress
betonieren [betɔ'niːrən] *v* concrete
Betonung [bə'toːnuŋ] *f* emphasis, stress
Betracht [bə'traxt] *m* consideration; *in ~ ziehen* take into consideration; *nicht in ~ kommen* to be out of the question
betrachten [bə'traxtən] *v* *1. (anschauen)* look at, view, watch; *2. (fig: beurteilen)* consider, view, regard
Betrachter(in) [bə'traxtər(ın)] *m/f* observer, onlooker
beträchtlich [bə'trɛçtlıç] *adj* considerable, substantial

Betrachtung [bə'traxtuŋ] *f* *1. (Anschauen)* view, inspection; *2. (fig: öberlegung)* reflection, consideration, contemplation
Betrag [bə'tra:k] *m* amount, sum
betragen [bə'tra:gən] *v irr 1. (sich belaufen auf)* amount to, add up to, come to; *2. sich ~* behave
betrauern [bə'trauərn] *v* mourn
Betreff [bə'trɛf] *m* subject, subject matter; *in ~ einer Sache* with regard to sth
betreffen [bə'trɛfən] *v irr (angehen)* affect, concern, regard; *Betrifft das mich?* Does that apply to me? *was dich betrifft ...* as for you ..., as far as you are concerned ...
betreffend [bə'trɛfənt] *prep 1.* regarding, concerning; *adj 2. (einschlägig)* relevant; *3. (erwähnt)* in question
betreiben [bə'traɪbən] *v irr 1. (leiten)* operate, manage, run; *2. (ausüben)* do, pursue
betreten [bə'tre:tən] *v 1. (hineingehen)* enter, go into; *2. (unbefugt ~)* trespass; *adj 3. ~ sein (fig)* to be embarrassed
betreuen [bə'trɔyən] *v 1.* look after, attend to; *2. (Sachgebiet)* to be in charge of; *3. (Kunden)* serve
Betreuer(in) [bə'trɔyər(ɪn)] *m/f 1.* attendant; *2. SPORT* coach
Betreuung [bə'trɔyuŋ] *f 1.* looking after; *2. (der Kunden)* service
Betrieb [bə'tri:p] *m 1. (Treiben)* bustle, activity; *2. (Firma) ECO* business, enterprise, firm; *3. (Werk) ECO* factory, works; *4. (Tätigkeit)* operation; *außer ~* out of order; *etw in ~ nehmen* start using sth, put sth into operation
betriebsam [bə'tri:pza:m] *adj* busy, diligent, industrious
Betriebsanleitung [bə'tri:psanlaɪtuŋ] *f TECH* operating instructions *pl*
Betriebskosten [bə'tri:pskɔstən] *pl ECO* operating costs *pl,* working expenses *pl*
Betriebssystem [bə'tri:pszyste:m] *n INFORM* operating system
Betriebswirt [bə'tri:psvɪrt] *m* business economist, management expert
Betriebswirtschaft [bə'tri:psvɪrtʃaft] *f ECO* business economics
betrinken [bə'trɪŋkən] *v irr sich ~* get drunk
betroffen [bə'trɔfən] *adj 1. (berührt)* affected, concerned; *2. (heimgesucht)* afflicted, stricken; *3. (bestürzt)* perplexed
Betroffenheit [bə'trɔfənhaɪt] *f* shock
betrübt [bə'try:pt] *adj* sad, distressed, grieved
Betrug [bə'tru:k] *m* fraud, deceit, deception
betrügen [bə'try:gən] *v irr* cheat, deceive, defraud
Betrüger(in) [bə'try:gər(ɪn)] *m/f* cheat, swindler, fraud
betrügerisch [bə'try:gərɪʃ] *adj 1. (Person)* deceitful, cheating; *2. (Dinge)* fraudulent
betrunken [bə'truŋkən] *adj* drunk, intoxicated
Bett [bɛt] *n 1.* bed; *ins ~ gehen* go to bed; *2. (Flussbett)* bed
Bettdecke ['bɛtdɛkə] *f* bed-cover, bedspread, blanket
betteln ['bɛtəln] *v* beg
Bettler(in) ['bɛtlər(ɪn)] *m/f* beggar
Bettwäsche ['bɛtvɛʃə] *f* bedclothes *pl,* bed-linen
betucht [bə'tu:xt] *adj* wealthy, well-off
beugen ['bɔygən] *v 1. (biegen)* bend, flex; *2. (fig: brechen)* bow, bend; *vom Alter gebeugt* bowed by age; *3. sich ~* bend over, stoop; *4. (fig: sich fügen)* bow, submit, yield
Beule ['bɔylə] *f 1. (Delle)* dent; *2. MED* lump, bump, swelling
beunruhigen [bə'unru:ɪgən] *v 1. (jdn ~)* disconcert, disturb, trouble; *2. sich ~ wegen* worry about
beunruhigend [bə'unru:ɪgənt] *adj* unsettling, disturbing, alarming
beurkunden [bə'u:rkundən] *v 1. (bezeugen) JUR* prove (by documentary evidence); *2. JUR* record (in an official document), document
Beurkundung [bə'u:rkunduŋ] *f 1. (Bezeugung) JUR* documentary evidence; *2. JUR* recording, certification, documentation
beurlauben [bə'u:rlaubən] *v 1.* grant leave, give leave; *2. (suspendieren)* suspend
Beurlaubung [bə'u:rlaubuŋ] *f ECO* granting of leave
beurteilen [bə'urtaɪlən] *v 1.* judge; *2. (abschätzen)* estimate
Beurteilung [bə'urtaɪluŋ] *f* assessment, judgement, judgment *(US),* opinion
Beute ['bɔytə] *f 1.* booty, loot, spoils *pl; 2. (Opfer)* prey
Beutel ['bɔytəl] *m* bag, sack
bevölkern [bə'fœlkərn] *v 1.* populate; *2. (fig)* crowd; *3. sich ~* become inhabited; *4. sich ~ (fig)* fill up
Bevölkerung [bə'fœlkəruŋ] *f* population
bevollmächtigen [bə'fɔlmɛçtɪgən] *v JUR* authorize, empower, give power of attorney

Bevollmächtigte(r) [bə'fɔlmɛçtɪçtə(r)] *m/f JUR* person holding power of attorney, proxy (for votes), representative
Bevollmächtigung [bə'fɔlmɛçtɪguŋ] *f JUR* power of attorney, authorization
bevor [bə'foːr] *konj* before
bevormunden [bə'foːrmundən] *v jdn ~* make s.o.'s decisions for him/her
Bevormundung [bə'foːrmunduŋ] *f* making decisions for others
bevorstehen [bə'foːrʃteːən] *v irr* to be imminent, impend, await
bevorzugen [bə'foːrtsuːgən] *v* prefer, favour, give priority to
bewachen [bə'vaxən] *v* guard, watch over
Bewachung [bə'vaxuŋ] *f* guard; *unter ~* under guard
bewaffnen [bə'vafnən] *v* arm; *sich mit etw ~* arm o.s. with sth
bewahren [bə'vaːrən] *v 1. (aufheben)* keep, preserve; *2. (fig: beibehalten)* keep
bewähren [bə'vɛːrən] *v sich ~* stand the test, prove worthwhile, prove o.s.
Bewährung [bə'vɛːruŋ] *f JUR* probation
bewältigen [bə'vɛltɪgən] *v 1. (Problem)* cope with, overcome; *2. (Aufgabe)* accomplish, master
Bewältigung [bə'vɛltɪguŋ] *f 1. (Problem)* solving, overcoming, mastering; *2. (Aufgabe)* accomplishment
bewässern [bə'vɛsərn] *v 1.* water; *2. (Landwirtschaft)* irrigate
Bewässerung [bə'vɛsəruŋ] *f* irrigation
bewegen [bə'veːgən] *v 1.* move; *2. sich ~* move; *3. (fig: rühren)* move, affect; *4. sich ~ SPORT* exercise
beweglich [bə'veːklɪç] *adj 1.* movable, mobile; *2. (elastisch)* flexible; *3. (flink)* agile, nimble; *4. (fig: flexibel)* versatile, resourceful
Beweglichkeit [bə'veːklɪçkaɪt] *f* mobility, flexibility
Bewegung [bə'veːguŋ] *f 1.* movement, motion; *körperliche ~* exercise; *Keine ~!* Don't move! *2. (Gebärde)* gesture
bewegungslos [bə'veːguŋsloːs] *adj* motionless, immobile
Beweis [bə'vaɪs] *m* proof, evidence
beweisen [bə'vaɪzən] *v irr 1.* prove, substantiate; *2. (fig: zeigen)* demonstrate, show *dabei ~ lassen.* We'll leave it at that.
bewerben [bə'vɛrbən] *v irr sich ~ um* apply for
Bewerber(in) [bə'vɛrbər(ɪn)] *m/f* applicant, candidate
Bewerbung [bə'vɛrbuŋ] *f* application
bewerkstelligen [bə'vɛrkʃtɛlɪgən] *v 1. (erreichen)* bring off, manage to do; *2. (durchführen)* carry out
bewerten [bə'vɛrtən] *v* assess, evaluate, appraise
Bewertung [bə'vɛrtuŋ] *f 1.* evaluation, assessment; *2. (Feststellung des Werts)* valuation, appraisal
bewilligen [bə'vɪlɪgən] *v* permit, grant, agree to
Bewilligung [bə'vɪlɪguŋ] *f* allowance, granting, permission, grant
bewirken [bə'vɪrkən] *v* effect, cause, bring about
bewirten [bə'vɪrtən] *v* entertain to a meal, feed
bewirtschaften [bə'vɪrtʃaftən] *v 1. (verwalten)* manage, run, conduct; *2. (bestellen) AGR* cultivate, till
Bewirtschaftung [bə'vɪrtʃaftuŋ] *f 1. (Verwaltung)* management, running; *2. (landwirtschaftliche ~) AGR* cultivation; *3. (staatliche)* rationing, control
bewohnen [bə'voːnən] *v* inhabit, live in, reside in
Bewohner(in) [bə'voːnər(ɪn)] *m/f* inhabitant, occupant, resident
Bewölkung [bə'vœlkuŋ] *f* cloudy sky, overcast sky, cloudiness
bewundern [bə'vundərn] *v* admire
Bewunderung [bə'vundəruŋ] *f* admiration
bewusst [bə'vust] *adj 1.* conscious, aware; *jdm etw ~ machen* make s.o. aware of sth; *2. (absichtlich)* intentional, deliberate
bewusstlos [bə'vustloːs] *adj* unconscious
Bewusstlosigkeit [bə'vustloːzɪçkaɪt] *f* unconsciousness; *bis zur ~ (fig)* ad nauseam
Bewusstsein [bə'vustzaɪn] *n* consciousness, awareness
bezahlen [bə'tsaːlən] *v* pay, pay for
Bezahlung [bə'tsaːluŋ] *f 1.* payment; *2. (Lohn)* pay
bezaubern [bə'tsaubərn] *v* enchant, charm, fascinate
bezaubernd [bə'tsaubərnt] *adj* enchanting, charming, enthralling
bezeichnen [bə'tsaɪçnən] *v 1. (benennen)* designate, label, call; *2. (angeben)* indicate; *3. (kennzeichnen)* mark
Bezeichnung [bə'tsaɪçnuŋ] *f 1. (Name)* term, expression; *2. (Benennung)* designation; *3. (Zeichen)* marking

bezeugen [bə'tsɔygən] *v JUR* testify to, bear witness to
bezichtigen [bə'tsɪçtɪgən] *v* accuse of
beziehen [bə'tsiːən] *v irr 1. (überziehen)* cover; *mit Saiten ~* string; *2. (einziehen)* move into, occupy, take up residence in; *3. (Gehalt)* receive, draw; *4. (abonnieren)* subscribe to, get, take; *5. sich ~ auf* refer to, relate to
Beziehung [bə'tsiːuŋ] *f* relationship, connection, relation; *gute ~en haben* to be well-connected
beziehungsweise [bə'tsiːuŋsvaɪzə] *konj 1. (im anderen Fall)* or, respectively; *bekannt als X ~ Z* known as X and Z respectively; *2. (genauer gesagt)* or rather; *Sie konnte es nicht tun, ~ wollte es nicht tun.* She couldn't do it, or rather didn't want to do it.
Bezirk [bə'tsɪrk] *m* district, region, area
Bezug [bə'tsuːk] *m 1. (Kissenbezug)* pillowcase, pillow-slip; *2. (Überzug)* cover, covering; *3. (Kauf)* procurement, purchase, supply
bezüglich [bə'tsyːklɪç] *prep* with reference to, regarding, concerning; *Bezüglich Ihres Schreibens ...* Regarding your letter ...
bezuschussen [bə'tsuːʃusən] *v* subsidize
bezwecken [bə'tsvɛkən] *v* intend, aim at
bezweifeln [bə'tsvaɪfəln] *v* doubt, question
bezwingen [bə'tsvɪŋən] *v irr* overcome, subdue, master
Bezwinger(in) [bə'tsvɪŋər(ɪn)] *m/f* conqueror, winner
bibbern ['bɪbərn] *v* shiver, shake, tremble
Bibel ['biːbəl] *f REL* Bible
Biber ['biːbər] *m ZOOL* beaver
Bibliografie [bibliogra'fiː] *f* bibliography
Bibliothek [biblio'teːk] *f* library
Bibliothekar(in) [bibliote'kaːr(ɪn)] *m/f* librarian
biblisch ['biːblɪʃ] *adj REL* biblical
biegen ['biːgən] *v irr 1.* bend; *auf Biegen und Brechen* come hell or high water; *gerade ~* straighten out; *2. (Mensch, Wagen)* turn; *Er bog um die Ecke.* He turned the corner.
biegsam ['biːkzaːm] *adj* flexible, malleable, pliable
Biegung ['biːguŋ] *f* bend, curve
Biene ['biːnə] *f 1. ZOOL* bee; *2. (fam: Mädchen)* bird *(UK),* chick *(US)*
Bier [biːr] *n* beer; *Das ist nicht mein ~! (fam)* That's not my thing! That's not my pigeon!
Bierbrauer ['biːrbrauər] *m* brewer
Biest [biːst] *n 1. (Tier)* beast; *2. (Person)* beast, brute
bieten ['biːtən] *v irr 1.* offer; *eine Gelegenheit bot sich* an opportunity presented itself; *2. (dar~)* present
bigott [bi'gɔt] *adj* bigoted
Bilanz [bi'lants] *f 1. FIN* balance-sheet, financial statement, balance; *2. (fig)* result, outcome; *die ~ ziehen aus* take stock of
bilanzieren [bilan'tsiːrən] *v* balance (accounts)
Bild [bɪlt] *n 1.* picture; *2. (fig: Ansicht)* sight; *ein ~ für die Götter* What a sight! *sich ein ~ von jdm machen* have an impression of s.o. *im ~e über etw sein* to be in the picture
bilden ['bɪldən] *v 1.* form; *2. sich ~ (lernen)* educate o.s. *3. sich ~ (entstehen)* form, arise
Bilderbuch ['bɪldərbuːx] *n* picture-book; *wie aus dem ~* perfect
Bildfläche ['bɪltflɛçə] *f 1.* screen; *2. (fig) auf der ~ erscheinen* come on the scene; *von der ~ verschwinden* drop out of sight
Bildhauer ['bɪlthauər] *m* sculptor
bildlich ['bɪltlɪç] *adj* figurative, metaphoric
Bildnis ['bɪldnɪs] *n* portrait
Bildschirm ['bɪltʃɪrm] *m* screen
Bildschirmtext ['bɪltʃɪrmtɛkst] *m INFORM* viewdata
Bildung ['bɪlduŋ] *f 1. (Gestaltung)* formation, forming, shaping; *2. (Schulbildung)* education
Bildungswesen ['bɪlduŋsveːzən] *n* education
Billard ['bɪljart] *n* billiards
Billiarde [bɪl'jardə] *f* a thousand billions *(UK),* quadrillion *(US)*
billig ['bɪlɪç] *adj 1. (preiswert)* cheap, inexpensive; *2. (angemessen)* just, right, fair
billigen ['bɪlɪgən] *v* approve, consent to, agree to
Billigung ['bɪlɪguŋ] *f* approval, consent, approbation
Billion [bil'joːn] *f* billion *(UK),* trillion *(US)*
binär [bi'nɛːr] *adj INFORM* binary
Binde ['bɪndə] *f 1. (Damenbinde)* sanitary towel, sanitary napkin *(US); 2. MED* bandage; *3. sich einen hinter die ~ gießen (fam)* knock one back
binden ['bɪndən] *v irr* bind, tie
Bindestrich ['bɪndəʃtrɪç] *m* hyphen
Bindewort ['bɪndəvɔrt] *n GRAMM* conjunction
Bindung ['bɪnduŋ] *f 1. (Verpflichtung)* engagement, obligation, commitment; *2. (Skibindung)* binding; *3. (Verbundenheit)* bond

binnen ['bɪnən] *prep* within; ~ *kurzem* before long
Binnenmarkt ['bɪnənmarkt] *m ECO* common market
Biochemie ['bioçe'mi:] *f* biochemistry
biochemisch [bio'çe:ɪʃ] *adj* biochemical
Biografie [biogra'fi:] *f* biography
biografisch [bio'gra:fɪʃ] *adj LIT* biographical, biographic
Biologe [bio'lo:gə] *m* biologist
Biologie [biolo'gi:] *f* biology
biologisch [bio'lo:gɪʃ] *adj* biological
Biomüll ['bi:omyl] *m* biological waste
Biotechnologie [bi:oteçnolo'gi:] *f* biotechnology
Biotop [bio'to:p] *n* biotope
Birke ['bɪrkə] *f BOT* birch
Birnbaum ['bɪrnbaum] *m BOT* pear tree
Birne ['bɪrnə] *f 1. (Obst)* pear; *2. (Glühbirne)* light bulb
bis [bɪs] *prep 1. (zeitlich)* until; *Bis später!* See you later! *Montag ~ Freitag geöffnet* open Monday through Friday; *2. (nicht später als)* by; *3. (örtlich)* to, up to, as far as; *Bis dorthin sind es zwei Kilometer.* It's two kilometres away. *4. ~ auf* except; *~ auf (einschließlich)* down to; *Das Stadion war ~ auf den letzten Platz ausverkauft.* The stadium was sold out down to the last seat. *5. (ungefähr)* to, or; *drei ~ vier Tage* three or four days; *adv 6. ~ zu (nicht mehr als)* up to; *konj 7.* till, until, before
Bischof ['bɪʃɔf] *m REL* bishop
bischöflich ['bɪʃøflɪç] *adj REL* episcopal
bisher [bɪs'he:r] *adv* so far, as yet, up to now
bisherig [bɪs'he:rɪç] *adj* up to now, previous, hitherto existing
Biskuit [bɪs'kvɪt] *m GAST* sponge-cake
Bison ['bi:zɔn] *m ZOOL* bison
Biss [bɪs] *m* bite
bisschen ['bɪsçən] *adv 1. ein ~* a little, a bit, slightly; *adj 2.* a little; *adv 3. Ach du liebes ~!* Oh dear!
Bissen ['bɪsən] *m* bite; *jdm keinen ~ gönnen* begrudge s.o. the very air he breathes; *keinen ~ anrühren* not touch a thing
bissig ['bɪsɪç] *adj 1.* vicious; *ein ~er Hund* a dog that bites; *2. (fig)* biting, cutting
Bit [bɪt] *n INFORM* bit
bitte ['bɪtə] *interj 1.* please; *2. (Bejahung)* of course, please do, help yourself; *3. (~ schön) (Antwort auf Dank)* you're welcome, not at all; *4. (von Verkäufer) Bitte schön?* May I help you?
Bitte ['bɪtə] *f* request
bitten ['bɪtən] *v irr* ask, request; *jdn um etw ~* ask that s.o. do sth
bitter ['bɪtər] *adj* bitter
bizarr [bi'tsar] *adj* bizarre
blähen ['blɛ:ən] *v MED* cause flatulence
Blähungen ['blɛ:uŋən] *pl MED* flatulence
blamabel [bla'ma:bəl] *adj* shameful, humiliating, disgraceful
Blamage [bla'ma:ʒə] *f* disgrace, shame, humiliation
blamieren [bla'mi:rən] *v 1. jdn ~* make a fool of s.o., disgrace s.o., bring shame on s.o. *2. sich ~* make a fool of o.s., bring shame upon o.s.
blank [blaŋk] *adj 1. (nackt)* bare; *2. (glänzend)* shining; *3. (abgescheuert)* shiny; *4. (fig: rein)* sheer, pure
Blase ['bla:zə] *f 1.* bubble; *2. MED* blister; *3. ANAT* bladder
blasen ['bla:zən] *v irr 1.* blow; *2. (spielen) MUS* play
Blasinstrument ['bla:sɪnstrumɛnt] *n MUS* wind instrument
Blasphemie [blasfe'mi:] *f REL* blasphemy
blasphemisch [blas'fe:mɪʃ] *adj REL* blasphemous
blass [blas] *adj 1.* pale; *2. (cheeks)* pallid; *~ werden* grow pale
Blässe ['blɛsə] *f* paleness, pallor
Blatt [blat] *n 1. (Papier)* sheet, piece; *2. (fig) ein unbeschriebenes ~ (fig)* a dark horse *(fig); Das ~ hat sich gewendet. (fig)* The tide has turned. *(fig); kein ~ vor den Mund nehmen* not mince words; *3. BOT* leaf
blättern ['blɛtərn] *v* leaf through, turn the pages
blau [blau] *adj 1.* blue; *jdm das Blaue vom Himmel versprechen* promise s.o. the moon; *2. (fig: betrunken)* drunk
Blaubeere ['blaube:rə] *f BOT* bilberry *(UK),* blueberry *(US)*
Blauhelm ['blauhɛlm] *m* blue helmet (United Nations soldier)
Blaulicht ['blaulɪçt] *n* blue light
Blaumeise ['blaumaɪzə] *f ZOOL* blue tit
Blech [blɛç] *n* sheet of metal, tin-plate
Blechblasinstrument ['blɛçbla:sɪnstrumɛnt] *n MUS* brass wind instrument
Blechdose ['blɛçdo:zə] *f* tin *(UK),* tin can *(US)*
Blechschaden ['blɛçʃa:dən] *m TECH* slight material damage, body-work damage
Blei [blaɪ] *n 1.* lead; *jdm wie ~ in den Gliedern liegen* weigh s.o. down; *2. (Schrot)* shot

bleiben ['blaɪbən] *v irr 1. (in einem Zustand)* stay, remain, continue to be; *2. (verweilen)* stay, remain
bleich ['blaɪç] *adj* pale, faint
bleichen ['blaɪçən] *v* bleach
bleifrei ['blaɪfraɪ] *adj (Benzin)* unleaded
Bleistift ['blaɪʃtɪft] *m* pencil
Blende ['blɛndə] *f 1. (Abschirmung)* screen, guard; *2. FOTO* aperture, stop, diaphragm
blenden ['blɛndən] *v 1. (Licht)* dazzle, glare; *2. (fig: täuschen)* dazzle, blind
blendend ['blɛndənt] *adj 1. (leuchtend)* dazzling, glaring; *2. (fig: bezaubernd)* wonderful, dazzling, gorgeous
Blick [blɪk] *m 1. (Schauen)* look; *einen schnellen ~ auf etw werfen* dart a glance at sth; *auf den ersten ~* at first sight; *den bösen ~ haben* have the evil eye; *jdn keines ~es würdigen* refuse to look at s.o. *einen ~ für etw haben* have an eye for sth; *einen ~ hinter die Kulissen werfen* have a look behind the scenes; *2. (Aussicht)* view, outlook
blicken ['blɪkən] *v* look, glance
Blickfeld ['blɪkfɛlt] *n* sight
Blickpunkt ['blɪkpuŋkt] *m* focus, focal point
blind [blɪnt] *adj* blind; *~ fliegen* fly blind; *~ schreiben* touch typing
Blinddarm ['blɪntdarm] *m ANAT* appendix
Blinde(r) ['blɪndə(r)] *m/f* blind person
Blindenschrift ['blɪndənʃrɪft] *f* Braille
Blindheit ['blɪnthaɪt] *f* blindness
blindwütig ['blɪntvy:tɪç] *adj* blind with rage
blinken ['blɪŋkən] *v* flash, gleam
Blinker ['blɪŋkər] *m TECH* turn indicator, blinker
Blinklicht ['blɪŋklɪçt] *n TECH* blinker, direction indicator
blinzeln ['blɪntsəln] *v 1.* blink; *2. (geblendet ~)* squint; *3. (zwinkern)* wink
Blitz [blɪts] *m 1.* lightning; *wie der ~* like a bat out of hell; *wie ein ~ aus heiterem Himmel* like a bolt from the blue; *2. (~strahl)* flash of lightning
blitzen ['blɪtsən] *v* flash, sparkle; *Es blitzt und donnert.* There is thunder and lightning.
Blitzlicht ['blɪtslɪçt] *n FOTO* flashlight *(UK),* flash *(US)*
blitzschnell ['blɪts'ʃnɛl] *adj* fast as lightning
Block [blɔk] *m 1. (Papier)* pad, block; *2. (Gebäude)* block
Blockade [blɔ'ka:də] *f* blockade
Blockflöte ['blɔkflø:tə] *f MUS* recorder
blockieren [blɔ'ki:rən] *v* block
Blockschrift ['blɔkʃrɪft] *f* block letters *pl*
blöd [blø:t] *adj 1.* stupid, foolish; *2. (albern)* silly
Blödsinn ['blø:tzɪn] *m* nonsense, rubbish
blöken ['blø:kən] *v* bleat
blond [blɔnt] *adj* blond, blonde
Blonde(r) ['blɔndə(r)] *m/f* blonde, blond
blondieren [blɔn'di:rən] *v* dye blond, bleach
bloß [blo:s] *adv 1.* just, merely, simply; *adj 2. (unbedeckt)* bare, naked; *3. (fig)* mere
bloßstellen ['blo:sʃtɛlən] *v* show up, expose
Bloßstellung ['blo:sʃtɛluŋ] *f* exposure
blühen ['bly:ən] *v 1.* flower, bloom, blossom; *Das kann dir auch noch ~.* That may happen to you too. *2. jdm ~ (fig) Dann blüht dir aber was.* Then you'll be in for it. *Das kann dir auch noch ~.* That may happen to you too.
blühend ['bly:ənt] *adj (fig: Geschäft)* blooming, flourishing
Blume ['blu:mə] *f 1.* flower; *2. durch die ~ sprechen* put sth in a roundabout way
Blumenbeet ['blu:mənbe:t] *n* flower bed
Blumenhändler ['blu:mənhɛndlər] *m* florist
Blumenkohl ['blu:mənko:l] *m BOT* cauliflower
Blumenstrauß ['blu:mənʃtraus] *m* bouquet of flowers, bunch of flowers
blumig ['blu:mɪç] *adj* flowery
Bluse ['blu:zə] *f* blouse
Blut [blu:t] *n* blood; *böses ~ schaffen* make bad blood (between persons); *blaues ~ haben* to be blue-blooded; *~ geleckt haben* have tasted blood; *~ und Wasser schwitzen* sweat blood; *~ sehen wollen* to be bloodthirsty; *Das liegt ihm im ~.* It's in his blood.
Blutdruck ['blu:tdruk] *m MED* blood pressure
Blüte ['bly:tə] *f 1.* blossom, bloom; *2. (fig)* flower; *in der ~ seiner Jahre* in the flower of his youth
bluten ['blu:tən] *v* bleed
Blütezeit ['bly:tətsaɪt] *f 1. die ~ von etw BOT* the time sth is in blossom; *2. (fig)* heyday
Blutgruppe ['blu:tgrupə] *f MED* blood group, blood type
blutig ['blu:tɪç] *adj* bloody
Blutprobe ['blu:tpro:bə] *f MED* blood sample, blood test
Blutung ['blu:tuŋ] *f MED* bleeding
Bö [bø:] *f* gust, squall

Bock [bɔk] *m 1. SPORT* vaulting horse; *2. ZOOL* buck; *3. einen ~ schießen (fig)* make a howler
bocken ['bɔkən] *v 1. (Tier)* refuse to move; *2. (schmollen)* sulk
Boden ['bo:dən] *m 1. (Erde)* soil, ground; *Vor Scham wäre ich am liebsten in den ~ versunken.* I wished the ground would open and swallow me up. *2. (Fußboden)* floor; *3. (Grund)* land, ground; *4. (fig: Halt) festen ~ unter den Füßen haben* to be on terra firma; *den ~ unter den Füßen verlieren* lose one's footing; *5. am ~ zerstört sein* to be absolutely shattered; *6. an ~ gewinnen* gain ground
bodenlos ['bo:dənlo:s] *adj 1.* bottomless; *2. (fig)* outrageous, indescribable
Bodenschätze ['bo:dənʃɛtsə] *pl* minerals *pl,* natural resources *pl*
Bodensee ['bo:dənze:] *m der ~ GEO* Lake Constance
Bogen ['bo:gən] *m 1. (Kurve)* bend, curve; *einen ~ um etw machen* give sth a wide berth; *jdn in hohem ~ hinauswerfen* give s.o. the boot, send s.o. flying out; *2. (Waffe)* bow; *den ~ überspannen* overstep the mark; *3. (Papier)* sheet of paper; *4. ARCH* arch; *5. den ~ heraushaben* have the knack
Bohne ['bo:nə] *f 1. (Hülsenfrucht) BOT* bean; *Du hast wohl ~n in den Ohren?* Are you deaf? *2. (Kaffeebohne) BOT* coffee bean; *3. Nicht die ~. (fam)* Not at all., Not a scrap.
bohren ['bo:rən] *v* drill, bore
Bohrer ['bo:rər] *m TECH* drill
Bohrinsel ['bo:rɪnzəl] *f* drilling platform
Bohrmaschine ['bo:rmaʃi:nə] *f TECH* drill
Bohrturm ['bo:rturm] *m TECH* oil derrick
Boiler ['bɔylər] *m TECH* boiler, hot water tank
Boje ['bo:jə] *f* buoy
Bolzen ['bɔltsən] *m TECH* pin, bolt
bombardieren [bɔmbar'di:rən] *v* bomb, bombard
Bombardierung [bɔmbar'di:ruŋ] *f MIL* bombardment
Bombe ['bɔmbə] *f* bomb; *eine ~ platzen lassen (fig)* drop a bombshell
Bombenanschlag ['bɔmbənanʃla:k] *m MIL* bomb attack
Bomber ['bɔmbər] *m MIL* bomber
Bon [bɔ̃ŋ] *m 1.* credit note, credit voucher; *2. (Kassenbon)* receipt
Bonbon [bɔ̃'bɔ̃] *n* sweet
Bonität [bo:ni'tɛ:t] *f FIN* solvency
Bonus ['bo:nus] *m FIN* bonus
Bonze ['bɔntsə] *m (fam)* bigwig, big shot
Boom [bu:m] *m ECO* boom
Boot [bo:t] *n* boat
Bord[1] [bɔrt] *n 1. (Brett)* shelf; *m 2. (Rand)* rim, brim
Bord[2] [bɔrt] *m an ~* on board; *etw über ~ werfen (fig)* throw sth to the wind
Bordcomputer ['bɔrtkɔmpju:tər] *m TECH* aircraft computer
Bordell [bɔr'dɛl] *n* brothel
Bordkarte ['bɔrtkartə] *f* boarding card, boarding pass *(US)*
borgen ['bɔrgən] *v 1. (entleihen)* borrow; *2. (verleihen)* lend
borniert [bɔr'ni:rt] *adj 1. (engstirnig)* narrow-minded; *2. (dumm)* dense, obtuse
Börse ['bœrzə] *f 1. (Geldbörse)* wallet, purse; *2. FIN* exchange, market
Börsenhandel ['bœrzənhandəl] *m FIN* stock market trading, stock market dealing
Börsenkrach ['bœrzənkrax] *m FIN* stock market crash
Börsenkurs ['bœrzənkurs] *m FIN* market price, market rate
Börsenmakler ['bœrzənma:klər] *m FIN* stockbroker, exchange broker
Börsennotierung ['bœrzənnoti:ruŋ] *f FIN* market exchange quotation
Borste ['bɔrstə] *f* bristle
Borstentier ['bɔrstənti:r] *n ZOOL* swine
borstig ['bɔrstɪç] *adj 1.* bristly; *2. (fig)* gruff
bösartig ['bø:sartɪç] *adj 1.* malicious, mean, nasty; *2. MED* malignant
Bösartigkeit ['bø:sartɪçkaɪt] *f 1.* maliciousness, evilness, wickedness; *2. MED* malignancy
Böschung ['bœʃuŋ] *f* slope, embankment
böse ['bø:zə] *adj 1. (verärgert)* angry, cross, mad *(US); 2. (schlimm)* bad, nasty
Bösewicht ['bø:zəvɪçt] *m* villain
boshaft ['bo:shaft] *adj* nasty, mean, wicked
Bosheit ['bo:shaɪt] *f 1.* malice, wickedness; *2. MED* malignancy
Bosnien und Herzegowina ['bɔznjən unt hɛrtsə'govina] *n GEO* Bosnia and Herzegovina
Bosnier(in) ['bɔznjər(ɪn)] *m/f* Bosnian
bosnisch ['bɔznɪʃ] *adj* Bosnian
böswillig ['bø:svɪlɪç] *adj 1.* malevolent, malicious; *2. JUR* wilful, malicious
Böswilligkeit ['bø:svɪlɪçkaɪt] *f* malice
Botanik [bo'ta:nɪk] *f* botany
botanisch [bo'ta:nɪʃ] *adj* botanical
Bote ['bo:tə] *m 1.* messenger; *2. (Kurier)* courier; *3. (Laufbursche)* errand-boy

Botschaft ['boːtʃaft] *f* *1. (Nachricht)* message, news; *2. POL* embassy

Botschafter(in) ['boːtʃaftər(ɪn)] *m/f POL* ambassador

Bottich ['bɔtɪç] *m* tub

Boulevardzeitung [bulə'vaːrtsaɪtuŋ] *m/f* tabloid

Bowle ['boːlə] *f* *1. (Getränk)* punch; *2. (Gefäß)* punch bowl, tureen

Box [bɔks] *f* *1. (Stallbox)* loose-box *(UK)*, box stall; *2. (Motorsport) SPORT* pit

boxen ['bɔksən] *v* box

Boxer ['bɔksər] *m* *1. SPORT* boxer; *2. ZOOL* boxer

Boxkampf ['bɔkskampf] *m SPORT* boxing match, fight, bout

Boykott [bɔy'kɔt] *m* boycott

boykottieren [bɔykɔ'tiːrən] *v* boycott

brach [braːx] *adj AGR* fallow, untilled

Branche ['brɑ̃ʃə] *f ECO* branch, line, business

Brand [brant] *m* fire

brandneu ['brant'nɔy] *adj* brand new

Brandstifter ['brantʃtɪftər] *m* arsonist

Brandstiftung ['brantʃtɪftuŋ] *f* arson

Brandung ['branduŋ] *f* surf, waves *pl*, surge

Branntwein ['brantvaɪn] *m* spirits

Brasilianer(in) [brazil'jaːnər(ɪn)] *m/f* Brazilian

brasilianisch [brazil'jaːnɪʃ] *adj* Brazilian

Brasilien [bra'ziːljən] *n GEO* Brazil

braten ['braːtən] *v irr* *1. (im Ofen) GAST* roast; *2. (in Fett) GAST* fry

Braten ['braːtən] *m GAST* roast; *den ~ riechen (fig)* smell a rat

Bratenfett ['braːtənfɛt] *n* cooking fat

Bratensoße ['braːtənzoːsə] *f* gravy

Bratfisch ['braːtfɪʃ] *m* fried fish

Brathuhn ['braːthuːn] *n* roast chicken

Bratkartoffeln ['braːtkartɔfəln] *pl* fried potatoes *pl*

Bratpfanne ['braːtpfanə] *f* frying-pan

Bratsche ['braːtʃə] *f MUS* viola

Bratwurst ['braːtvurst] *f* *1. (zum Braten)* frying sausage, bratwurst; *2. (gebraten)* fried sausage, bratwurst

Brauch [braux] *m* custom, habit, tradition

brauchen ['brauxən] *v* *1. (nötig haben)* need, require, to be in need of; *2. (müssen)* need to, have to; *3. (benutzen)* use

Brauchtum ['brauxtuːm] *n* customs *pl*, traditions *pl*

Braue ['brauə] *f* brow

brauen ['brauən] *v* brew

Brauerei [brauə'raɪ] *f* brewery

braun [braun] *adj* *1.* brown; *2. (sonnengebräunt)* brown, tan, tanned *~ gebrannt* tanned, bronzed

Bräune ['brɔynə] *f* brownness, brown colour

bräunen ['brɔynən] *v* brown, turn brown; *sich in der Sonne ~ lassen* get a tan

Brause ['brauzə] *f* *1. (Getränk)* soda-pop; *2. (Dusche)* shower

brausen ['brauzən] *v* *1. (rasen)* roar, rage; *2. (duschen)* take a shower, shower, have a shower

Braut [braut] *f* bride

Bräutigam ['brɔytɪgam] *m* bridegroom

Brautjungfer ['brautjuŋfər] *f* bridesmaid

Brautkleid ['brautklaɪt] *n* wedding dress

Brautpaar ['brautpaːr] *n* bride and bridegroom

brav [braːf] *adj* good, well-behaved

bravo ['braːvo] *interj* bravo, well-done

Bravur [bra'vuːr] *f* *1. (Kühnheit)* bravery; *2. MUS* bravura

bravurös [bravu'røːs] *adj (meisterhaft)* brilliant

brechen ['brɛçən] *v irr* *1.* break; *(Knochen)* break, fracture; *2. (fig: Vertrag)* breach; *3. (sich übergeben)* vomit, throw up; *4. (abbrechen)* break off

Brei [braɪ] *m* mash, pap, pulp; *um den heißen ~ herumreden (fig)* beat about the bush, beat around the bush; *(US); jdm ~ ums Maul schmieren (fam)* butter s.o. up

breit [braɪt] *adj* *1.* broad, wide; *sich ~ machen* spread o.s. out; *sich ~ machen (fig)* act as if one owned the place, behave ostentatiously; *~ gefächert* diversified; *2. (Stoffe)* wide; *3. (ausgedehnt)* broad, extensive

Breite ['braɪtə] *f* *1.* width, breadth; *in die ~ gehen* fill out; *2. GEO* latitude

Breitengrad ['braɪtəngraːt] *m GEO* degree of latitude

Bremse ['brɛmzə] *f* *1. TECH* brake; *2. (Fliege) ZOOL* horse-fly

bremsen ['brɛmzən] *v* *1.* brake, apply the brakes; *2. Ich kann mich ~! (fig)* Not likely!/No fear!

Bremslicht ['brɛmslɪçt] *n* brake light

brennbar ['brɛnbaːr] *adj* combustible

brennen ['brɛnən] *v irr* *1.* burn, blaze; *vor Verlangen ~ (fig)* burn with desire; *2. (Licht)* burn; *3. (Schnaps)* distil; *4. (Wunde)* cauterize

Brennholz ['brɛnhɔlts] *n* firewood

Brennnessel ['brɛnnɛsəl] *f BOT* nettle
Brennpunkt ['brɛnpuŋkt] *m* focus, focal point
Brennstoff ['brɛnʃtɔf] *m* fuel
brenzlig ['brɛntslɪç] *adj (fig)* precarious, touch-and-go, risky
Brett [brɛt] *n* board, plank, shelf; *ein ~ vor dem Kopf haben (fig)* to be a blockhead
Brettspiel ['brɛtʃpi:l] *n* board game
Brezel ['bre:tsəl] *f* pretzel
Brief [bri:f] *m* letter; *blauer ~* letter of dismissal, pink slip (US); *jdm ~ und Siegel geben* give s.o. one's word of honour
Briefgeheimnis ['bri:fgəhaɪmnɪs] *n* secrecy of letters, secrecy of the post, secrecy of mail *(US)*
Briefing ['bri:fɪŋ] *n* briefing
Briefkasten ['bri:fkastən] *m* letter-box, mailbox *(US)*
Briefmarke ['bri:fmarkə] *f* postage stamp, stamp
Briefpapier ['bri:fpapi:r] *n* writing paper, stationery, letter paper
Briefporto ['bri:fpɔrto] *n* postage
Brieftasche ['bri:ftaʃə] *f* wallet
Briefträger ['bri:ftrɛ:gər] *m* postman, mailman *(US)*
Briefumschlag ['bri:fumʃla:k] *m* envelope
Briefwahl ['bri:fva:l] *f POL* postal ballot, absentee ballot (US)
Briefwechsel ['bri:fvɛksəl] *m* correspondence, exchange of letters
Brikett [bri'kɛt] *n* briquette
brillant [brɪl'jant] *adj* brilliant, splendid; *~ aussehen* look beautiful
Brillant [brɪl'jant] *m* diamond, brilliant
Brillanz [brɪl'jants] *f* brilliance
Brille ['brɪlə] *f* glasses *pl*, spectacles *pl*
bringen ['brɪŋən] *v irr 1.* bring, take; *ins Spiel ~* bring into play; *2. (begleiten)* take; *3. (veröffentlichen)* publish, print; *4. (einbringen* bring, produce; *Das bringt nichts.* That doesn't do any good. That's pointless. *5. (Gewinn)* yield; *6. Er wird es niemals zu etw ~.* He'll never amount to anything.
brisant [bri'zant] *adj* explosive
Brisanz [bri'zants] *f* explosiveness
Brise ['bri:zə] *f* breeze
Brite ['bri:tə] *m* Briton, Englishman
Britin ['bri:tɪn] *f* Briton, Englishwoman
britisch ['bri:tɪʃ] *adj* British
Britische Inseln ['bri:tɪʃə 'ɪnzəln] *pl die Britischen Inseln* the British Isles *pl*
bröckeln ['brœkəln] *v* crumble
Brocken ['brɔkən] *m 1.* chunk, lump; *Das war ein harter ~.* That was a hard nut to crack. *2. (fam: Bissen)* mouthful; *3. (fig)* scrap, bit, snippet
brodeln ['bro:dəln] *v* bubble, boil, simmer
Brokkoli ['brəkolɪ] *m BOT* broccoli
Brombeere ['brɔmbe:rə] *f* blackberry
Bronchie ['brɔnçiə] *f ANAT* bronchi, bronchial system
Bronze ['brɔ̃sə] *f MET* bronze
Bronzezeit ['brɔ̃sətsaɪt] *f HIST* Bronze Age
Brosche ['brɔʃə] *f* brooch, pin
Broschüre [brɔ'ʃy:rə] *f* brochure, pamphlet, booklet
bröseln ['brø:zəln] *v* crumble
Brot [bro:t] *n* bread
Brotaufstrich ['bro:taufʃtrɪç] *m* spread
Brötchen ['brø:tçən] *n* roll
Bruch [brux] *m 1.* break, rupture, breakage; *zu ~ gehen* go to pieces; *2. (Knochenbruch) MED* fracture; *3. MATH* fraction; *4. (Vertragsbruch) JUR* breach of contract
brüchig ['bryçɪç] *adj* fragile, brittle
Bruchlandung ['bruxlanduŋ] *f* crash-landing
Bruchrechnung ['bruxrɛçnuŋ] *f MATH* fractions
Bruchstelle ['bruxʃtɛlə] *f* point of fracture
Bruchstrich ['bruxʃtrɪç] *m MATH* fraction bar
Bruchteil ['bruxtaɪl] *m* fraction; *~ einer Sekunde* fraction of a second, split-second
Brücke ['brykə] *f 1.* bridge; *alle ~n hinter sich abbrechen (fig)* burn one's bridges; *2. (Teppich)* rug; *3. (Zahnersatz) MED* bridge
Bruder ['bru:dər] *m* brother
brüderlich ['bry:dərlɪç] *adj* brotherly, fraternal
Brüderschaft ['bry:dərʃaft] *f mit jdm ~ trinken* agree to use the familiar „du" over a drink with s.o.
Brühe ['bry:ə] *f 1.* broth; *2. (schmutzige Flüssigkeit)* slop, slush
brüllen ['brylən] *v* scream, yell, roar; *wie am Spieß ~* scream one's head off; *zum Brüllen sein* to be a scream
brummen ['brumən] *v* hum, buzz, grumble
brummig ['brumɪç] *adj* grumbling, growling, cross
brünett [bry'nɛt] *adj* brunette
Brunft [brunft] *f ZOOL* rut, heat
Brunnen ['brunən] *m* spring, well

brüskieren [brys'ki:rən] *v* treat brusquely, snub, affront
Brüssel ['brysəl] *n* Brussels
Brust [brust] *f 1. ANAT* chest, breast; *2. (weibliche ~)* breast, bosom; *3. (fig)* breast, heart; *einen zur ~ nehmen* knock one back; *mit geschwellter ~* proud as a peacock; *sich in die ~ werfen* put on airs
brüsten ['brystən] *v sich ~* boast, brag
Brüstung ['brystuŋ] *f* parapet, balustrade
Brut [bru:t] *f* brood, spawn
brutal [bru'ta:l] *adj* brutal, cruel
Brutalität [brutalı'tɛ:t] *f* brutality
brüten ['bry:tən] *v 1.* incubate; *2. (fig) ~ über* brood over
brutto ['bruto] *adj* gross
Bruttoinlandsprodukt [bruto'ınlantsprodukt] *n ECO* gross domestic product
Bruttosozialprodukt ['brutozo'tsja:lprodukt] *n ECO* gross national product
Bube [bu:bə] *m* boy
Buch [bu:x] *n 1.* book; *wie es im ~e steht (fig)* a perfect example; *ein ~ mit sieben Siegeln* a closed book; *wie ein ~ reden* talk one's head off *(fam); Für mich ist er ein offenes ~.* I can read him like a book. *2. (Drehbuch)* screenplay, script
Buchdruck ['bu:xdruk] *m 1.* book printing; *2. (Druckverfahren)* letterpress printing
Buche ['bu:xə] *f BOT* beech
buchen ['bu:xən] *v* book, enter into the books, record
Bücherei [by:çə'raı] *f* library
Bücherregal ['by:çərrega:l] *n* bookcase
Buchführung ['bu:xfy:ruŋ] *f ECO* bookkeeping, accounting
Buchhalter(in) ['bu:xhaltər(ın)] *m/f* accountant, bookkeeper
Buchhaltung ['bu:xhaltuŋ] *f* bookkeeping, accounting
Buchhandel ['bu:xhandəl] *m* book trade
Buchhändler(in) ['bu:xhɛndlər(ın)] *m/f* bookseller
Buchhandlung ['bu:xhandluŋ] *f* bookshop, bookstore *(US)*
Buchmesse ['bu:xmɛsə] *f* book fair
Buchse ['buksə] *f TECH* box, case
Büchse ['byksə] *f 1.* tin, can *(US)*, jar; *2. (Gewehr)* rifle
Büchsenöffner ['byksənœfnər] *m* tin-opener, can opener *(US)*
Buchstabe ['bu:xʃta:bə] *m* letter; *sich auf seine vier ~n setzen* sit o.s. down *(fam)*
buchstabieren [bu:xʃta'bi:rən] *v* spell
Bucht [buxt] *f* bay, cove
Buchung ['bu:xuŋ] *f 1. (Reservierung)* reservation, booking; *2. ECO* entry
Buckel ['bukəl] *m 1.* hump, hunch; *2. (buckliger Rücken)* hunchback, humpback; *3. (Schneebuckel)* mogul; *4. (fam: Rücken)* back; *einen breiten ~ haben* to be thick-skinned; *etw auf dem ~ haben* have notched up sth
bücken ['bykən] *v sich ~* bend down, stoop
bucklig ['buklıç] *adj* hunchbacked
Buddhismus [bu'dısmus] *m REL* Buddhism
Buddhist(in) [bu'dıst(ın)] *m/f REL* Buddhist
buddhistisch [bu'dıstıʃ] *adj REL* Buddhist
Bude ['bu:də] *f 1.* hut, stall, booth; *2. (fam: Wohnung)* pad; *jdm auf die ~ rücken* drop in at s.o.'s place; *jdm die ~ einrennen* to be constantly on s.o.'s doorstep; *die ~ auf den Kopf stellen* turn the place upside down; *Ich habe heute Abend sturmfreie ~.* I've got the place to myself tonight.
Büfett [by'fe:] *n* buffet
Büffel ['byfəl] *m ZOOL* buffalo
büffeln ['byfəln] *v* cram, swot *(UK)*
Bug [bu:k] *m NAUT* bow
Bügel ['by:gəl] *m 1.* bow; *2. (Kleiderbügel)* hanger, coat-hanger; *3. (Steigbügel)* stirrup
Bügeleisen ['by:gəlaızən] *n* iron
bügeln ['by:gəln] *v* iron
Bühne ['by:nə] *f* stage, raised platform; *über die ~ sein* have taken place; *etw glatt über die ~ bringen* see that things go off smoothly
Buhruf ['bu:ru:f] *m* boo
Bulette [bu'lɛtə] *f GAST* meatball
Bulle ['bulə] *m 1. ZOOL* bull; *2. (fam: Polizist)* cop, copper
Bumerang ['bu:məraŋ] *m* boomerang
bummeln ['buməln] *v 1. (faulenzen)* loaf, take it easy, idle; *2. (schlendern)* stroll
Bums [bums] *m* bump, thump, thud
bumsen ['bumzən] *v 1. (stoßen)* bang, bump; *2. (fam)* screw
Bund [bunt] *m 1. (Verbindung)* bond; *2. (Vereinigung)* association; *POL* alliance; *mit jdm im ~e stehen (fig)* join forces with s.o. *3. (fam: Bundeswehr)* army; *4. (Rockbund)* waistband; *5. den ~ fürs Leben schließen* tie the knot, take the plunge
Bündel ['byndəl] *n* bundle, bunch; *sein ~ schnüren* pack one's bags; *jeder hat sein ~ zu tragen* everybody has his cross to bear

Bundesamt ['bundəsamt] *n POL* National Bureau
Bundesbank ['bundəsbaŋk] *f* Bundesbank, German Federal Bank
Bundesbürger ['bundəsbyrgər] *m* citizen of the Federal Republic of Germany
Bundesgebiet ['bundəsgəbi:t] *n* federal territory
Bundeskanzler ['bundəskantslər] *m POL* Federal Chancellor
Bundesland ['bundəslant] *n POL* Land, state
Bundesliga ['bundəsli:ga] *f SPORT* first division, national league
Bundesminister(in) ['bundəsminɪstər(ɪn)] *m/f POL* Federal Minister
Bundespräsident ['bundəsprɛzidɛnt] *m POL* Federal President
Bundesrat ['bundəsra:t] *m POL* upper house of the German Parliament
Bundesregierung ['bundəsregi:ruŋ] *f POL* Federal Government
Bundesrepublik ['bundəsrepubli:k] *f POL* Federal Republic (of Germany)
Bundesstaat ['bundəsʃta:t] *m* federal state
Bundestag ['bundəsta:k] *m POL* lower house of the German Parliament
Bundeswehr ['bundəsve:r] *f* armed forces (of Germany) *pl,* army
bündig ['byndɪç] *adj 1. (kurz)* succinct, concise, terse; *2. (schlüssig)* conclusive; *3. TECH* flush, level
Bündnis ['byntnɪs] *n POL* alliance, league
Bungalow ['buŋgalo] *m* bungalow
Bunker ['buŋkər] *m MIL* bunker
bunt [bunt] *adj 1.* coloured, colourful; *2. (gemischt)* mixed; *3. Mir wird es jetzt zu ~!* That's going too far! *Es zu ~ treiben* go too far, overstep the mark; *4. (abwechslungsreich)* varied; *eine ~e Menge* an assorted crowd, a motley crowd
Bürde ['byrdə] *f* burden, load
Burg [burk] *f* castle
Bürge ['byrgə] *m* guarantor, sponsor
bürgen ['byrgən] *v* guarantee, vouch for; *jdm für etw ~* to be answerable to s.o. for sth; *für jdn ~* stand surety for s.o.
Bürger(in) ['byrgər(ɪn)] *m/f* citizen
Bürgerkrieg ['byrgərkri:k] *m* civil war
bürgerlich ['byrgərlɪç] *adj 1. (mittelständisch)* middle-class, bourgeois; *2. (gesetzlich) JUR* civil, civic
Bürgermeister ['byrgərmaɪstər] *m* mayor
Bürgerrecht ['byrgərrɛçt] *n* civil rights *pl*
Bürgersteig ['byrgərʃtaɪk] *m* pavement, sidewalk *(US)*
Bürgertum ['byrgərtu:m] *n 1.* middle classes *pl; 2. HIST* bourgeoisie
Bürgschaft ['byrkʃaft] *f 1. (gegenüber Gläubigern)* security, surety; *2. (Haftungssumme)* penalty; *~ für jdn leisten* stand surety for s.o., act as guarantor for s.o., *(fig)* vouch for s.o.
Büro [by'ro:] *n* office
Büroangestellte(r) [by'ro:angəʃtɛltə(r)] *m/f* office clerk, white collar worker *(US),* office employee
Büroarbeit [by'ro:arbaɪt] *f* office work, clerical work
Bürokauffrau [by'ro:kauffrau] *f ECO* office administrator (woman)
Bürokaufmann [by'ro:kaufman] *m ECO* office administrator (man)
Büroklammer [by'ro:klamər] *f* paper clip
Bürokrat [byro'kra:t] *m* bureaucrat
Bürokratie [byrokra'ti:] *f* bureaucracy
bürokratisch [byro'kra:tɪʃ] *adj* bureaucratic
Bursche ['burʃə] *m 1.* boy, lad, chap; *2. (Kerl)* fellow, guy
Bürste ['byrstə] *f* brush
bürsten ['byrstən] *v* brush
Bus [bus] *m* bus
Busbahnhof ['busba:nho:f] *m* bus terminal
Busch [buʃ] *m 1.* bush; *2. (Urwald)* jungle, bush; *3. Da ist etw im ~. (fig)* Something's up.
Büschel ['byʃəl] *n 1.* bunch, bundle; *2. (Haar, Gras)* tuft
Busen ['bu:zən] *m ANAT* bosom, breast; *am ~ der Natur (fig)* in the open countryside
Bushaltestelle ['bushaltəʃtɛlə] *f* bus stop
Buß- und Bettag ['bu:sunt'be:tta:k] *m REL* Day of Repentance and Prayer
Buße ['bu:sə] *f* penance, penitence
büßen ['by:sən] *v 1.* pay for, atone for; *2. REL* do penance for
Bußgeld ['bu:sgɛlt] *n* fine
Büste ['by:stə] *f ART* bust
Büstenhalter ['by:stənhaltər] *m* brassiere, bra *(fam)*
Butter ['butər] *f* butter; *sich nicht die ~ vom Brot nehmen lassen (fig)* to be able to stick up for o.s. *Alles in ~.* Everything's just fine.
Butterbrot ['butərbro:t] *n GAST* bread and butter, *(belegtes ~)* sandwich
Buttermilch ['butərmɪlç] *f GAST* buttermilk
Byte [baɪt] *n INFORM* byte

C

Cadmium ['katmɪum] *n CHEM* cadmium
Café [ka'fe:] *n* cafe, café
Cafeteria [kafete'ri:a] *f* cafeteria
Cafetiere [kafe'tje:rə] *f (Inhaberin eines Caféhauses) GAST* proprietress of a coffeehouse
Callgirl ['kɔ:lgɜ:l] *n* call girl
Calvados [kalva'dos] *m GAST* calvados
Calzium ['kaltsjum] *n CHEM* calcium
Calziumbedarf ['kaltsjumbədarf] *m MED* calcium requirements
Calziummangel ['kaltsjummaŋəl] *m MED* calcium deficiency, lack of calcium
Camcorder ['kɛmkɔ:də] *m TECH* camcorder
Camembert [kamɑ̃'bɛ:r] *m GAST* Camembert
campen ['kɛmpən] *v* camp
Camper ['kɛmpər] *m* camper
Camping ['kɛmpɪŋ] *n* camping
Campinganhänger ['kɛmpɪŋanhɛŋər] *m* camping trailer
Campingartikel ['kɛmpɪŋartɪkəl] *m* piece of camping equipment
Campingausrüstung ['kɛmpɪŋausrystuŋ] *f* camping equipment
Campingbus ['kɛmpɪŋbus] *m* camping bus
Campingführer ['kɛmpɪŋfy:rər] *m* camping guide
Campingplatz ['kɛmpɪŋplats] *m* camping site, campground *(US)*
Cannabis ['kanabɪs] *m 1. BOT* Indian hemp; *2. (Droge)* cannabis
Cappuccino [kapu'tʃi:no] *m GAST* cappuccino
Carbonat [karbo'na:t] *n CHEM* carbonate
Cartoon [kar'tu:n] *m/n ART* cartoon
Cartoonist(in) [kartu:'nɪst(ɪn)] *m/f ART* cartoonist
Cashewnuss ['kɛʃunus] *f GAST* cashew nut
CB-Funk [tse:'be:fuŋk] *m TECH* CB radio, citizen's band radio
CD-ROM [tse:de:'rɔm] *f INFORM* CD-ROM
CD-Spieler [tse'de:ʃpi:lər] *m* CD player (compact disc player)
Cellist [tʃɛ'lɪst] *m MUS* cellist
Cello ['tʃɛlo:] *n MUS* cello
Cellophan [tʃɛlo'fa:n] *n MUS* cellophane
Celsius ['tsɛlzjus] *n* centigrade, Celsius
Cembalo ['tʃɛmbalo] *n MUS* harpsichord, cembalo
Chalet [ʃa'le:] *n* chalet
Chamäleon [ka'mɛ:ljon] *n ZOOL* chameleon
Champagner [ʃam'panjər] *m* champagne
Champignon ['ʃampɪnjɔ̃] *m* mushroom
Chance ['ʃɑ̃sə] *f* chance, opportunity; *eine gute ~ haben* stand a fair chance; *nicht den Hauch einer ~ haben* not have a ghost of a chance
Chancengleichheit ['ʃɑ̃sənglaɪçhaɪt] *f* equal opportunity
Chaos ['ka:ɔs] *n* chaos
Chaot [ka'o:t] *m* chaotic person
chaotisch [ka'o:tɪʃ] *adj* chaotic
Charade [ʃa'ra:də] *f* charade
Charakter [ka'raktər] *m* character
Charaktereigenschaft [ka'raktəraɪgənʃaft] *f* character trait
Charakterfehler [ka'raktərfe:lər] *m* character flaw
charakterfest [ka'raktərfɛst] *adj* of strong character, of firm character, staunch
charakterisieren [karaktəri'zi:rən] *v* characterize
Charakteristik [karaktə'rɪstɪk] *f* characteristic
charakteristisch [karaktər'ɪstɪʃ] *adj* characteristic
charakterlos [ka'raktərlo:s] *adj* without character
Charakterlosigkeit [ka'raktərlo:zɪçkaɪt] *f* lack of character
Charakterschwäche [ka'raktərʃvɛçə] *f* weakness of character
Charakterstärke [ka'raktərʃtɛrkə] *f* strength of character
Charakterzug [ka'raktərtsu:k] *m* characteristic, trait, feature
Charisma [ka:'rɪsma] *n* charisma
charismatisch [karɪs'ma:tɪʃ] *adj* charismatic
charmant [ʃar'mant] *adj* charming
Charme ['ʃarm] *n* charm
Charmeur [ʃar'mør] *n* charmer
Charta ['karta] *f POL* charter
Charterflug ['tʃartərflu:k] *m* charter flight

Charterflugzeug ['tʃartərflu:ktsɔyk] *n* charter plane, chartered aircraft
Chartergesellschaft ['tʃartərgəzɛlʃaft] *f ECO* charter carrier, charter airline
Chartermaschine ['tʃartərmaʃi:nə] *f ECO* chartered aircraft
chartern ['tʃartərn] *v* charter
Chauffeur [ʃɔ'fø:r] *m* chauffeur, driver
chauffieren [ʃɔ'fi:rən] *v* drive
Chauvinismus [ʃovi'nɪsmus] *m* chauvinism, jingoism
Chauvinist [ʃovi'nɪst] *m* chauvinist *(Macho)*
chauvinistisch [ʃovi'nɪstɪʃ] *adj* chauvinistic
checken ['tʃɛkən] *v 1. TECH* test, check; *2. (fam: prüfen)* control; *3. (fam: verstehen)* get, understand
Checkliste ['tʃɛklɪstə] *f* checklist
Chef [ʃɛf] *m 1.* boss, chief, head; *Er ist mein ~.* He's my boss. *2. (fam) He, ~!* Hey, guy! *(UK),* Hey, buddy! *(US)*
Chefarzt ['ʃɛfartst] *m* head physician
Chefredakteur(in) ['ʃɛfredaktø:r(ɪn)] *m/f* editor-in-chief
Chefsekretär(in) ['ʃɛfzekretɛ:r(ɪn)] *m/f* executive secretary
Cheftrainer ['ʃɛftreɪnər] *m SPORT* head coach
Chemie [çe'mi:] *f* chemistry
Chemiefaser [çe'mi:fa:zər] *f* chemical fibre, man-made fibre
Chemieindustrie [çe'mi:industri:] *f ECO* chemical industry
Chemielabor [çe'mi:labo:r] *n CHEM* chemical laboratory
Chemikalie [çemɪ'ka:ljə] *f* chemical
Chemiker(in) ['çe:mɪkər(ɪn)] *m/f* chemist
chemisch ['çe:mɪʃ] *adj* chemical
chemische Reinigung ['çe:mɪʃə 'raɪnɪguŋ] *f* dry-cleaning
chemotherapeutisch ['çe:mote:rapɔytɪʃ] *adj MED* chemotherapeutical
Chemotherapie ['çe:mote:rapi:] *f MED* chemotherapy
Chicorée [ʃɪko're:] *m BOT* chicory
Chiffre ['ʃɪfrə] *f 1.* cipher, code; *2. (in Zeitungsanzeigen)* box number
chiffrieren [ʃɪ'fri:rən] *v* cipher, encode, code
Chile ['tʃi:le] *n GEO* Chile
Chilene/Chilenin [tʃɪ'le:nə/tʃɪ'le:nɪn] *m/f* Chilean
chilenisch [tʃɪ'le:nɪʃ] *adj* Chilean
Chili ['tʃi:li] *m GAST* chili, chilli
Chilipulver ['tʃi:lipulvər] *n GAST* chili powder, chilli powder
Chimäre [çi'mɛ:rə] *f* chimera, chimaera
China ['çi:na] *n GEO* China
Chinakohl ['çi:nako:l] *m GAST* Chinese cabbage
Chinarinde ['çi:narɪndə] *f* cinchona, Peruvian bark
Chinese/Chinesin [çɪ'ne:zə/çɪ'ne:zɪn] *m* Chinese
chinesisch [çɪ'ne:zɪʃ] *adj* Chinese
Chinin [çɪ'ni:n] *n MED* quinine
Chip [tʃɪp] *m 1. (Kartoffelchip)* crisp *(UK),* potato chip *(US); 2. (Spielchip)* chip; *3. INFORM* chip
Chipkarte ['tʃɪpkartə] *f INFORM* chip card
Chiropraktiker [çiro'praktɪkər] *m MED* chiropractor
Chirurg(in) [çi'rurg(ɪn)] *m/f* surgeon
Chirurgie [çirur'gi:] *f* surgery
chirurgisch [çi'rurgɪʃ] *adj* surgical
Chlor [klo:r] *n CHEM* chlorine
chloren ['klo:rən] *v* chlorinate
chlorhaltig ['klo:rhaltɪç] *adj CHEM* chloric, chlorous
Chlorkalk ['klo:rkalk] *m CHEM* chlorinated lime
Chloroform [klo:ro'fɔrm] *n* chloroform
chloroformieren [klorofɔr'mi:rən] *v* chloroform
Chlorophyll [klo:ro'fyl] *n* chlorophyll
Chlorung ['klo:ruŋ] *f CHEM* chlorination
Cholera ['ko:ləra] *f MED* cholera
Choleraepidemie ['ko:ləraɛpɪde'mi:] *f MED* cholera epidemic
Choleriker [ko'le:rɪkər] *m* choleric person
cholerisch [ko'le:rɪʃ] *adj* choleric
Cholesterin [koləstə'ri:n] *n CHEM* cholesterol; *n MED* cholesterol
Cholesterinspiegel [koləstə'ri:nʃpi:gəl] *m MED* cholesterol level
Chor [ko:r] *m* choir
Choral [ko'ra:l] *m MUS* chorale
Choreograf(in) [ko:rjɔ'gra:f(ɪn)] *m/f THEAT* choreographer
Choreografie [ko:rjɔgra'fi:] *f* choreography
choreografieren [ko:rjɔgra'fi:rən] *v THEAT* choreograph
Chorgesang ['ko:rgəzaŋ] *m MUS* choral singing, choir singing
Chorleiter(in) ['ko:rlaɪtər(ɪn)] *m/f* choir leader

Christ(in) [krɪst(ɪn)] *m/f* *REL* Christian
Christbaum ['krɪstbaum] *m* Christmas tree
Christdemokrat(in) ['krɪstdemokraːt(ɪn)] *m/f* *POL* Christian Democrat
christdemokratisch ['krɪstdemokraːtɪʃ] *adj* *POL* Christian Democratic
Christenheit ['krɪstənhaɪt] *f* *REL* Christendom
Christentum ['krɪstəntuːm] *n* Christianity
Christenverfolgung ['krɪstənfɛrfɔlguŋ] *f* *REL* persecution of Christians
Christi Himmelfahrt ['krɪstɪ 'hɪməlfaːrt] *f* *REL* Ascension, Feast of the Ascension
Christkind ['krɪstkɪnt] *n* *das ~* the Christ child, baby Jesus
christlich ['krɪstlɪç] *adj* *REL* Christian
Christus ['krɪstus] *m* *REL* Christ
Chrom [kroːm] *n* *CHEM* chromium
Chromatik [kro'maːtɪk] *f* chromatics
Chromosom [kromo'soːm] *n* *BIO* chromosome
Chronik ['kroːnɪk] *f* chronicle
chronisch ['kroːnɪʃ] *adj* *1.* chronic; *adv* *2.* chronically
Chronist(in) [kro'nɪst(ɪn)] *m/f* *HIST* chronicler, recorder of events
chronologisch [krono'loːgɪʃ] *adj* chronological
Cidre ['siːdrə] *m* *GAST* cider
Cineast [siːne'ast] *m* *1.* *(Fan)* film buff; *2.* *(Filmemacher)* filmmaker
circa ['tsɪrka] *adv* *1.* approximately, about; *2.* *(bei Datumsangaben)* circa
Claqueur [kla'køːr] *m* paid applauder
clean [kliːn] *adj* *(fam: ohne Alkohol oder Drogen)* clean
Cleverness ['klɛvərnɛs] *f* cleverness
Clip [klɪp] *m* *CINE* clip
Clique ['klɪkə] *f* *1.* clique; *2.* *(im positiven Sinne)* group
Clou [kluː] *m* chief attraction, highlight
Clown [klaun] *m* clown
Coach [kəʊːtʃ] *m* *SPORT* coach
coachen ['kəʊːtʃən] *v* *SPORT* coach
Cockpit ['kɔkpɪt] *n* *TECH* cockpit
Cocktail ['kɔkteɪl] *m* cocktail
Cocktailparty ['kɔkteɪlpaːrti] *f* cocktail party
Code [koːd] *m* *INFORM* code
Collage [kɔ'laːʒə] *f* *ART* collage
Comic ['komɪk] *m* comic strip
Comicheft ['kɔmɪkhɛft] *n* comic book, comic
Computer [kom'pjuːtər] *m* computer
Computerdiagnostik [kom'pjuːtərdiagnɔstɪk] *f* *MED* computer diagnostics
computergesteuert [kom'pjuːtərgəʃtɔyərt] *adj* computer-controlled
computergestützt [kom'pjuːtərgəʃtytst] *adj* *TECH* computer-aided
Computergrafik [kom'pjuːtərgraːfɪk] *f* *INFORM* computer graphics
Computerindustrie [kom'pjuːtərɪndustriː] *f* *INFORM* computer industry
Computerspiel [kom'pjuːtərʃpiːl] *n* *INFORM* computer game
Computertomographie [kom'pjutərtɔmɔgrafiː] *f* *MED* computerized tomography, computerized scanning
Container [kɔn'teɪnər] *m* container
Copyright ['kɔpɪraɪt] *n* *ECO* copyright
Cordonbleu [kordɔ̃'bløː] *n* *GAST* cordon bleu
Cornflakes ['kornfleɪks] *pl* *GAST* cornflakes
Cortison [kɔrti'zoːn] *n* *MED* cortisone
Costa Rica [kɔsta'riːka] *n* *GEO* Costa Rica
Costa-Ricaner(in) [kɔstari'kaːnər(ɪn)] *m/f* Costa Rican
costa-ricanisch [kɔstari'kaːnɪʃ] *adj* Costa Rican
Couch [kaʊtʃ] *f* couch
Couchtisch ['kautʃtɪʃ] *m* coffee table
Count-down ['kaʊntdaʊn] *m* countdown
Coup [kuː] *m* coup; *einen ~ landen* pull off a coup
Coupé [ku'peː] *n* *(Sportwagen)* coupé, coupe (US)
Coupon [kuː'pɔ̃ː] *m* coupon, voucher
Cousin/Cousine [ku'zɛ̃/ku'ziːnə] *m/f* cousin
Couturier [kuty'rjeː] *m* couturier
Cowboyhut ['kaubɔyhuːt] *m* cowboy hat
Crack [kræk] *m* *1.* *(Sportler)* ace, star; *2.* *(Rauschgift)* crack
Cracker ['krɛkər] *m* *GAST* cracker
Creme ['kreːmə] *f* cream
cremefarben ['kreːmfarbən] *adj* cream-coloured
Cremetorte ['kreːmtɔrtə] *f* *GAST* cream cake
cremig ['kreːmiç] *adj* creamy
Curry ['kœri] *m/n* *GAST* curry
Currywurst ['kœrivurst] *f* *GAST* sausage covered in curry and ketchup
Cursor ['køːrsər] *m* *INFORM* cursor
Cutter ['kʌtər] *m* *CINE* cutter
C-Waffe ['tseːvafə] *f* *MIL* chemical weapon

D

da [daː] *adv 1. (dort)* there; *~ draußen* out there; *Da ist er ja!* There he is! *Da siehst du's!* There you have it! *Wer ist ~?* Who's there? *2. (hier)* here, present; *3. (zeitlich)* then, at that time, at that moment; *konj 4.* as, since; *Da wir kein Geld hatten, haben wir nichts gekauft.* We didn't buy anything, as we had no money.
dabei [da'baɪ] *adv 1.* thereby, therewith, by that; *2. (anwesend)* there, present; *Ich war ~, als sie es taten.* I was with them when they did it. I was there; *when they did it. Ich habe kein Geld ~.* I don't have any money on me. *3. (nahe)* nearby, close by; *4. (zur gleichen Zeit)* at the same time, in doing so; *Ich höre ~ immer Musik.* I always listen to music when I'm doing that. *5. ~ sein* be along, be there; *~ sein, etw zu tun* to be in the process of doing sth; *Ich war gerade ~, es anzuschalten.* I was just about to turn it on. *6. (doch)* yet, nevertheless
Dach [dax] *n 1.* roof; *kein ~ über dem Kopf haben* have no roof over one's head; *mit jdm unter einem ~ leben* live under the same roof as s.o. *unter ~ und Fach* all wrapped up, in the bag; *2. eins aufs ~ bekommen* get a ticking-off, to be called on the carpet; *3. jdm aufs ~ steigen* haul s.o. over the coals
Dachboden ['daxboːdən] *m* attic, loft
Dachs ['daks] *m ZOOL* badger
Dachwohnung ['daxvoːnuŋ] *f 1.* attic apartment; *2. (Penthouse)* penthouse
Dackel ['dakəl] *m ZOOL* dachshund
dadurch ['daːdurç] *adv 1. (örtlich)* through there, through that; *2. (folglich)* thereby, with that, because of that; *3. (auf diese Weise)* thus, in that way, thereby
dafür [da'fyːr] *adv 1.* for it, for that; *Er kann nichts ~.* He can't help it. *etw ~ können (schuldig sein)* to be s.o.'s fault; *2. ~ aber* and yet, but on the other hand; *3. (als Ausgleich)* in return, in exchange, for that
dagegen [da'geːgən] *konj 1.* against it; *adv 2. (im Vergleich)* compared to it, in comparison; *3. (dafür)* however, on the other hand; *4.* whereas, on the other hand, however
daheim [da'haɪm] *adv* at home
daher [da'heːr] *adv 1. (örtlich)* from there; *2. (kausal)* hence, from that, from this; *konj 3.* therefore, for this reason
daherkommen [da'heːrkɔmən] *v irr 1.* come along; *2. (auftreten)* look; *Er kommt daher wie ein Landstreicher.* He looks like a tramp.
dahin [da'hɪn] *adv* there
dahinter [da'hɪntər] *adv 1.* behind it; *2. (fig)* at the bottom of it; *sich ~ knien* get down to it; *sich ~ klemmen* hold one's nose to the grindstone, set to it; *~ stecken* to be behind it, to be at the bottom of it; *~ stehen* back it, support it
daliegen ['daːliːgən] *v irr (fig)* lie there
damalig ['daːmalɪç] *adj* then, at that time, at the time; *der ~e Weltmeister* the world champion at the time
damals ['daːmals] *adv* then, at that time
Dame ['daːmə] *f 1.* lady; *eine ~ von Welt sein* to be a woman of the world; *2. ~ spielen* play draughts, play checkers *(US); 3. (Schachfigur)* queen
Damenbinde ['daːmənbɪndə] *f* sanitary towel, sanitary napkin *(US)*
damit [da'mɪt] *konj 1.* with it; *adv 2. (dadurch)* thereby, by that; *3.* in order to, so that, so as to
dämlich ['dɛːmlɪç] *adj (fam)* stupid, dumb
Damm [dam] *m 1.* dam, dike, embankment; *2. wieder auf dem ~ sein* to be back on one's feet again
dämmern ['dɛmərn] *v 1. (morgens)* dawn; *2. (abends)* fall; *3. (im Halbschlaf sein)* doze
Dämmerung ['dɛməruŋ] *f 1. (abends)* dusk, twilight; *2. (morgens)* dawn, daybreak
Dämon ['dɛːmɔn] *m* demon
dämonisch [dɛ'moːnɪʃ] *adj* demonic
Dampf [dampf] *m* steam; *~ ablassen (fig)* let off steam; *~ dahinter machen* put on pressure
dampfen ['dampfən] *v* steam
dämpfen ['dɛmpfən] *v 1. (verringern)* soften, subdue; *2. (Ton)* muffle; *3. GAST* steam
Dampfer ['dampfər] *m* steamboat, steamer; *auf dem falschen ~ sein (fig)* to be barking up the wrong tree
Dämpfer ['dɛmpfər] *m* damper; *jdm einen ~ aufsetzen* take s.o. down a peg or two; *einen ~ bekommen* get a ticking-off, to be brought down to earth
Dämpfung ['dɛmpfuŋ] *f 1. (Verringerung)* softening, muffling; *2. PHYS* attenuation
danach [da'naːx] *adv 1. (zeitlich)* afterwards, after that, thereafter; *2. (dementsprechend)* accordingly

Däne/Dänin ['dɛːnə/'dɛːnɪn] *m/f* Dane
daneben [da'neːbən] *adv 1. (örtlich)* beside it, next to it; *2. (fig: außerdem)* besides, moreover, furthermore
Dänemark ['dɛːnəmark] *n GEO* Denmark
dänisch ['dɛːnɪʃ] *adj* Danish
Dank [daŋk] *m* thanks, gratitude; *Vielen ~!* Thank you very much! *Gott sei ~!* Thank God!
dankbar ['daŋkbaːr] *adj 1.* grateful, thankful; *2. (lukrativ)* rewarding, lucrative
Dankbarkeit ['daŋkbaːrkaɪt] *f* gratitude, thankfulness
danke ['daŋkə] *interj* thank you, thanks
danken ['daŋkən] *v* thank
Danksagung ['daŋkzaːguŋ] *f* expression of thanks
dann [dan] *adv 1.* then, after that; *~ und wann* now and then, every so often; *2. (in dem Falle)* then, in that case
daran [da'ran] *adv 1.* on it, to it, at it; *Ich denke ~.* I am thinking about it. I will keep it in mind. *2. ~ hängt es (fam)* it depends on it; *~ glauben müssen* kick the bucket (fam); *gut ~ tun* to be well advised to do sth; *Da ist etwas ~.* There is a kernel of truth to it.
darauf [da'rauf] *adv 1. (örtlich)* on it, upon it; *jdn ~ aufmerksam machen, dass* call s.o.'s attention to the fact that; *gut drauf sein (fam)* to be on the ball; *nichts drauf haben (fam)* to be a dim bulb; *2. (zeitlich)* after that; *~ folgend* ensuing; *3. (folglich)* whereupon
daraus [da'raus] *adv* out of it, of it
darbieten ['daːrbiːtən] *v irr 1. (anbieten)* offer, present; *2. (aufführen)* perform, present
Darbietung ['daːrbiːtuŋ] *f 1. (Angebot)* offer, presentation; *2. (Aufführung)* performance, presentation
darein [da'raɪn] *adv* in there, into it, therein
darin [da'rɪn] *adv 1. (örtlich)* in it, *(Plural)* in them; *mitten ~* in between *2. (diesbezüglich)* in this, in that respect
darlegen ['daːrleːgən] *v* set forth, explain, demonstrate
Darlegung ['daːrleːguŋ] *f* explanation
Darlehen ['daːrleːən] *n ECO* loan
Darm [darm] *m* intestines *pl,* bowels *pl*
darstellen ['daːrʃtɛlən] *v 1. (beschreiben)* depict, portray, represent; *2. (fig: bedeuten)* represent, symbolize; *3. CINE* play, portray
Darsteller(in) ['daːrʃtɛlər(ɪn)] *m/f CINE* actor
Darstellung ['daːrʃtɛluŋ] *f 1. (Beschreibung)* description, representation, depiction; *2. CINE* portrayal, performance
darüber [da'ryːbər] *adv 1. (örtlich)* above it, over it; *2. (quer über)* across it; *3. (zu diesem Thema)* about it; *4. ~ hinaus* beyond it; *5. ~ hinaus (fig)* in addition to that, on top of that, apart from that; *v irr 6. ~ stehen (fig)* to be above such things
darum [da'rum] *konj 1. (örtlich)* (a)round it; *2. (kausal)* that is why, for that reason, on that account; *adv*
darunter [da'runtər] *adv 1. (örtlich)* below, underneath, beneath; *2. (mengenmäßig)* among them; *~ fallen* fall under, to be included in, fall within; *~ liegen* to be below it, to be lower
das [das] *art 1.* the; *2. (demonstrativ)* that, this; *pron 3. (relativ)* which, that, who
Dasein ['daːzaɪn] *n* existence, being
dasjenige ['dasjeːnɪgə] *pron* the one, the
dass [das] *konj* that
dasselbe [das'zɛlbə] *pron 1.* the same thing; *2. (adjektivisch)* the same
Datei [da'taɪ] *f* record, file
Daten ['daːtən] *pl 1.* data; *2. (Zeitangaben)* dates
Datenautobahn ['daːtənautobaːn] *f INFORM* information highway
Datenbank ['daːtənbaŋk] *f INFORM* data bank
Datennetz ['daːtənnɛts] *n INFORM* data network
Datenschutz ['daːtənʃuts] *m* data protection, safeguarding of data
Datenträger ['daːtəntrɛːgər] *m INFORM* data medium, data carrier
Datenübertragung ['daːtənyːbərtraːguŋ] *f INFORM* data transmission
Datenverarbeitung ['daːtənfɛrarbaɪtuŋ] *f INFORM* data processing
datieren [da'tiːrən] *v* date
Datierung [da'tiːruŋ] *f* dating
Dativ ['daːtiːf] *m* dative, dative case
Dattel ['datəl] *f BOT* date
Datum ['daːtum] *n* date
Dauer ['dauər] *f* duration; *auf ~* permanently; *Auf die ~ wird es langweilig.* It gets boring after a while. *von ~ sein* to be long-lasting; *nicht von ~ sein* to be short-lived
Dauerauftrag ['dauərauftrak] *m ECO* standing order, banker's order
dauerhaft ['dauərhaft] *adj 1. (anhaltend)* durable, lasting, permanent; *2. (widerstandsfähig)* solid, strong, durable
dauern ['dauərn] *v* last, continue, go on for; *Es dauert lange.* It takes a long time.

dauernd ['dauərnt] *adv 1. (ständig)* constantly, continuously, incessantly; *Er stört mich ~.* He keeps bothering me. *adj 2.* lasting, permanent, continuous
Dauerwelle ['dauərvɛlə] *f* perm (fam), permanent wave
Daumen ['daumən] *m ANAT* thumb; *über den ~ gepeilt* as a rule of thumb; *den ~ auf etw halten* have dibs on sth (fam); *per ~ fahren* thumb a ride; *jdm den ~ aufs Auge drücken* get s.o. under one's thumb; *Ich werde (dir) die ~ drücken.* I'll keep my fingers crossed.
Daune ['daunə] *f* down
davon [da'fɔn] *adv 1. (örtlich)* from it, from there; *2. (Teil von etw)* of it; *Sie gab mir ein Stück ~.* She gave me a piece of it.
davonkommen [da'fɔnkɔmən] *v irr (fig)* get off lightly, have a narrow escape
davonlaufen [da'fɔnlaufən] *v irr* run off, run away
davontragen [da'fɔntra:gən] *v irr 1. (wegtragen)* carry off; *2. (fig: Schaden)* incur, sustain, suffer; *3. (fig: Sieg)* win; *4. (Krankheit)* catch
davor [da'fo:r] *adv 1. (örtlich)* in front of it; *2. (zeitlich)* before that, before then, previously; *~ stehen* stand in front of it
dazu [da'tsu:] *adv 1.* to that, to it; *Dazu habe ich keine Lust.* I don't want to do that. *im Vergleich ~* compared to that; *2. (Zweck)* for that, for it; *3. (außerdem)* in addition, besides, moreover
dazukommen [da'tsu:kɔmən] *v irr 1.* come along, arrive on the scene; *2. Kommt noch etw dazu?* Will there be anything else? *3. (Zeit finden)* get around to it
dazwischen [da'tsvɪʃən] *adv 1. (örtlich)* between them, in between; *2. (zeitlich)* in between
dealen ['di:lən] *v (fam: mit Rauschgift handeln)* deal
Debakel [de'ba:kəl] *n* debacle
Debatte [de'batə] *f* debate
debattieren [deba'ti:rən] *v* debate, *über etw ~* discuss
Debüt [de'by:] *n* debut
Deck [dɛk] *n* deck
Decke ['dɛkə] *f 1. (Bettdecke)* bed-cover, bedspread; *mit jdm unter eine ~ stecken* to be hand in glove with s.o., to be in cahoots with s.o. *(US); 2. (Tischdecke)* tablecloth; *3. (Zimmerdecke)* ceiling; *sich nach der ~ strecken* make ends meet; *vor Freude an die ~ springen* to be pleased as punch; *an die ~ gehen* hit the roof; *Mir fällt langsam die ~ auf den Kopf.* I feel shut in.
Deckel ['dɛkəl] *m 1.* cover, lid, cap; *2. Der wird eins auf den ~ bekommen.* He's going to be put in his place.
decken ['dɛkən] *v 1. (zudecken)* cover; *2. den Tisch ~* lay the table, set the table *(US); 3. (Bedarf)* meet, cover; *4. (schützen)* shield, protect, cover; *5. (Scheck)* cover
Deckung ['dɛkuŋ] *f 1.* cover, covering; *in ~ gehen* take cover; *2. (Schutz)* protection
defekt [de'fɛkt] *adj* defective, faulty
Defekt [de'fɛkt] *m 1.* defect, fault; *2. PSYCH* deficiency
defensiv [defɛn'zi:f] *adj 1.* defensive; *adv 2.* defensively, on the defensive
Defensive [defɛn'zivə] *f* defensive
definieren [defɪ'ni:rən] *v* define
Definition [defɪnɪ'tsjo:n] *f* definition
definitiv [defɪnɪ'ti:f] *adv 1.* definitive, final; *adj 2.* definitely, for certain
Defizit ['de:fɪtsɪt] *n* deficit
deftig ['dɛftɪç] *adj 1.* heavy, solid; *2. (Essen)* solid, substantial
degradieren [degra'di:rən] *v 1.* degrade; *2. MIL* demote
dehnen ['de:nən] *v 1. (strecken)* stretch, distend; *2. (verlängern)* extend, lengthen; *3. (erweitern)* widen, expand
Dehnung ['de:nuŋ] *f 1. (Strecken)* stretching; *2. (Verlängerung)* lengthening, extension; *3. (Erweiterung)* expansion
Deich [daɪç] *m* dike
dein [daɪn] *adj 1.* your; *pron 2.* yours, for your part
deinesgleichen ['daɪnəs'glaɪçən] *pron* people like you, *(abschätzig)* the likes of you
deinetwegen ['daɪnətve:gən] *adv* because of you, for your sake, on your account
Dekade [de'ka:də] *f* decade
Dekan [de'ka:n] *m* dean
deklamieren [dekla'mi:rən] *v LIT* declaim, recite
Deklaration [deklara'tsjo:n] *f POL* declaration
deklarieren [dekla'ri:rən] *v* declare
deklassieren [dekla'si:rən] *v 1.* downgrade; *2. SPORT* outclass
Deklination [deklina'tsjo:n] *f* declination
deklinieren [dekli'ni:rən] *v* decline
Dekolletee [dekɔl'te:] *n* cleavage, low neckline, decolletage
Dekoration [dekɔra'tsjo:n] *f* decoration
dekorativ [dekɔra'ti:f] *adj* decorative

dekorieren [deko'riːrən] *v* decorate
Dekret [de'kreːt] *n JUR* decree
Delegation [delega'tsjoːn] *f 1. (Personen)* delegation; *2. (Übertragung)* delegation
delegieren [dele'giːrən] *v* delegate
Delegierte(r) [dele'giːrtə(r)] *m/f POL* delegate
Delfin [dɛl'fiːn] *m ZOOL* dolphin
delikat [delɪ'kaːt] *adj 1.* delicate, dainty; *2. (Speise)* delicious; *3. (Problem)* delicate, touchy
Delikatesse [delɪka'tɛsə] *f 1.* delicacy; *2. (Geschäft) GAST* delicatessen
Delikt [de'lɪkt] *n JUR* offence, crime, civil wrong
dem [deːm] *art 1.* the, to the; *pron 2. (Dativ des Demonstrativpronomens)* that, to that; *(Mensch)* to him; *3. (Dativ des Relativpronomens)* which, to which; *(Mensch)* whom, to whom; *4. (fam: ihm)* him
dementieren [demen'tiːrən] *v* deny officially
dementsprechend ['deːmɛnt'ʃprɛçənt] *adj 1.* corresponding; *adv 2.* accordingly
demgegenüber ['deːmgeːgən'yːbər] *adv 1. (im Vergleich dazu)* compared to that, compared to this; *2. (andererseits)* on the other hand
demnach ['deːmnaːx] *adv* accordingly
demnächst ['deːmnɛːçst] *adv* soon, shortly, before long; *~ im Kino* coming soon
Demographie [demogra'fiː] *f* demography, population analysis
demographisch [demo'grafɪʃ] *adj* demographic
Demokrat [demo'kraːt] *m POL* democrat
Demokratie [demokra'tiː] *f POL* democracy
demokratisch [demo'kraːtɪʃ] *adj POL* democratic
demokratisieren [demokrati'ziːrən] *v POL* democratize
Demokratisierung [demokrati'ziːruŋ] *f POL* democratization
demolieren [demo'liːrən] *v* demolish
Demonstration [demɔnstra'tsjoːn] *f* demonstration
demonstrativ [demɔnstra'tiːf] *adj* demonstrative, pointed
Demonstrativpronomen [demɔnstra'tiːfpronoːmən] *n GRAMM* demonstrative pronoun
demonstrieren [demɔn'striːrən] *v 1. (darlegen)* demonstrate, illustrate, show; *2. (bei einer Demonstration mitmachen)* demonstrate
Demontage [demɔn'taːʒə] *f* disassembly, dismantling
Demoskopie [demɔsko'piː] *f* public opinion research
demoskopisch [demɔs'koːpɪʃ] *adj* demoscopic
demselben [deːm'zɛlbən] *pron* the same
demütigen ['deːmyːtɪgən] *v 1.* humble; *2. (erniedrigen)* humiliate
Demütigung ['deːmyːtɪguŋ] *f* humiliation, degradation
den [deːn] *art 1.* the; *pron 2. (Akkusativ des Demonstrativpronomens)* that; *3. (Akkusativ des Relativpronomens)* which; *4. (Mensch)* whom; *5. (fam: ihn)* him
denken ['dɛŋkən] *v irr* think; *Wo denkst du hin?* What can you be thinking of? *Ich denke nicht daran!* That's out of the question. *Das dachte ich mir.* I thought as much. *Es gab mir zu ~.* It made me think. *anders ~d* dissenting, dissident
Denker ['dɛŋkər] *m PHIL* thinker, philosopher
Denkmal ['dɛŋkmaːl] *n* monument, memorial, statue; *sich ein ~ setzen (fig)* ensure o.s. a place in history
denn [dɛn] *konj 1.* because, for; *2. (vergleichend)* than; *mehr ~ je* more than ever; *adv 3. es sei ~* unless; *4. (verstärkend) Siehst du das ~ nicht?* Don't you see that? *Wieso ~ nicht?* Why not?
dennoch ['dɛnɔx] *konj* nevertheless, however, yet
Denunziation [denuntsja'tsjoːn] *f POL* denunciation
denunzieren [denun'tsiːrən] *v POL* denounce, inform against
Deodorant [deodɔ'rant] *n* deodorant
deplatziert ['deplatsiːrt] *adj* misplaced
Deponie [depo'niː] *f* dump, disposal site, refuse tip
deponieren [depo'niːrən] *v* deposit, leave
Deportation [depɔrta'tsjoːn] *f POL* deportation
deportieren [depɔr'tiːrən] *v* deport
Depot [de'poː] *n* depot, warehouse, storehouse
Depp [dɛp] *m* idiot, dope (fam)
Depression [deprɛs'joːn] *f* depression; *in ~en verfallen* fall into depression
depressiv [deprə'siːf] *adj* depressive, down in the dumps
deprimieren [deprɪ'miːrən] *v* depress
deprimiert [deprɪ'miːrt] *adj* depressed

der [deːr] *art 1.* the; *pron 2. (Demonstrativpronomen)* that, the one; *(Mensch)* he; *3. (Relativpronomen)* that, which; *(Mensch)* who; *art 4. (gen von "die")* of the

derartig ['deːraːrtɪç] *adj 1.* such, of that kind; *adv 2.* so, that, such; *Er war ~ verängstigt, dass...* He was so scared that ...

derb [dɛrp] *adj* coarse, rough

deren ['deːrən] *pron 1. (Relativpronomen)* whose; *(einer Sache)* of which; *2. (Possessivpronomen)* her; *seine Stieftochter und ~ Kinder* his stepdaughter and her children; *(einer Sache)* its; *(Plural)* their

derjenige ['deːrjeːnɪgə] *pron* the one, he; *~, der meine Jacke gestohlen hat* the one who stole my jacket

derselbe [deːr'zɛlbə] *adj* the same

derzeit ['deːrtsaɪt] *adv* at present

derzeitig ['deːrtsaɪtɪç] *adj* current

des [dɛs] *art (gen von der/das)* of the

Deserteur [dezɛr'tøːr] *m MIL* deserter

desertieren [dezɛr'tiːrən] *v MIL* desert

deshalb ['dɛshalp] *konj* for that reason, therefore; *~ bin ich hierher gekommen.* That's why I came here.

Design [di'zaɪn] *n* design

Designer(in) [dɪ'zaɪnər(ɪn)] *m/f* designer

desinfizieren [desɪnfi'tsiːrən] *v* disinfect

Desinteresse ['desɪntərɛsə] *n* disinterest

desinteressiert ['dɛsɪntərɛsiːrt] *adj* disinterested, indifferent

dessen ['dɛsən] *pron 1. (Relativpronomen)* whose, of which, of whom; *2. (Demonstrativpronomen)* that; *Dessen kannst du gewiss sein.* You can be sure of that. *Er erinnert sich ~ nicht.* He doesn't remember that. *~ ungeachtet* nevertheless, (that) notwithstanding; *3. (Possessivpronomen)* his; *sein Geschäftspartner und ~ Frau* his business partner and the partner's wife, his business partner and the latter's wife; *(einer Sache)* its

Dessert [dɛ'sɛːr] *n* dessert

Dessous [dɛ'suː] *n* lingerie

desto ['dɛsto] *adv* that much, so much; *je ... ~ ...* the more ... the more ...

destruktiv [destruk'tiːf] *adj* destructive

deswegen ['dɛsveːgən] *konj* for that reason, because of that

Detail [de'tai] *n* detail

detailliert [deːtaɪ'jiːrt] *adj 1.* detailed; *adv 2.* in detail

Detektiv [detɛk'tiːf] *m* detective

deuten ['dɔytən] *v 1. (auslegen)* interpret, construe; *2. auf etw ~* point to sth

deutlich ['dɔytlɪç] *adj* clear

Deutlichkeit ['dɔytlɪçkaɪt] *f* clarity

deutsch [dɔytʃ] *adj* German

Deutsch [dɔytʃ] *n* German; *Sprechen Sie ~?* Do you speak German?

Deutsche(r) ['dɔytʃə(r)] *m/f* German

Deutschland ['dɔytʃlant] *n* Germany

deutschsprachig ['dɔytʃʃpraːxɪç] *adj 1. (Gebiet)* German-speaking; *2. (Zeitung)* German language

Deutung ['dɔytuŋ] *f* interpretation, explanation

Devise [de'viːzə] *f* motto

Devisen [de'viːzən] *pl FIN* foreign currency, foreign exchange

foreign-exchange earner

devot [de'voːt] *adj* humble, devout

Dezember [de'tsɛmbər] *m* December

dezent [de'tsɛnt] *adj* discreet, unobtrusive

dezimal [detsi'maːl] *adj MATH* decimal

Dezimeter [detsi'meːtər] *m* decimetre, decimeter *(US)*

dezimieren [detsi'miːrən] *v* decimate

Dezimierung [detsi'miːruŋ] *f* decimation

Dia ['diːa] *n* slide

Diagnose [dia'gnoːzə] *f* diagnosis

diagnostizieren [diagnɔstɪ'tsiːrən] *v* diagnose

diagonal [diago'naːl] *adj* diagonal

Diagramm [dia'gram] *n* diagram

Diakon [dia'koːn] *m REL* deacon

Diakonie [diako'niː] *f REL* social welfare work

Dialekt [dia'lɛkt] *m* dialect

Dialog [dia'loːk] *m* dialogue

Diamant [dia'mant] *m MIN* diamond

Diät [di'ɛːt] *f* diet

Diäten [di'ɛːtən] *pl POL* parliamentary allowance

diätetisch [diɛ'teːtɪʃ] *adj* dietetic

dich [dɪç] *pron 1.* you; *2. (reflexiv)* yourself

dicht [dɪçt] *adj 1. (kompakt)* dense, compact, thick; *~ bevölkert* densely populated; *~ bewachsen* dense; *~ gedrängt* tightly packed, crowded; *2. (undurchlässig)* tight, impermeable; *Du bist wohl nicht ganz ~. (fam)* You must be nuts. *adv 3. (nahe)* closely

Dichte ['dɪçtə] *f 1. (Kompaktheit)* density, compactness, concentration; *2. (Undurchlässigkeit)* tightness

dichten ['dɪçtən] *v 1. LIT* write poetry; *2. TECH* seal, make watertight

Dichter(in) ['dɪçtər(ɪn)] *m/f* poet

dichterisch ['dɪçtərɪʃ] *adj* poetic

Dichtung ['dɪçtuŋ] *f* *1. LIT* poetry; *2. (Einzeldichtung) LIT* poem; *3. TECH* seal, packing
dick [dɪk] *adj 1. (Gegenstand)* thick, big; *2. (Person)* fat; *3. (Flüssigkeit)* thick, syrupy; *4. etw ~e haben (fam)* to be sick of sth; *5. mit jdm durch ~ und dünn gehen* go through thick and thin with s.o.
Dicke ['dɪkə] *f (Material)* thickness
Dickicht ['dɪkɪçt] *n* thicket
didaktisch [di'daktɪʃ] *adj* didactic
die [diː] *art 1.* the; *pron 2. (demonstrativ)* that, the one; *(Mensch)* she; *(Plural)* those, the ones; *3. (relativ)* that, which; *(Mensch)* who, whom
Dieb(in) [diːp(ɪn)] *m/f* thief
Diebstahl ['diːpʃtaːl] *m* theft
diejenige ['diːjeːnɪgə] *pron* the one, she
Diele ['diːlə] *f (Vorraum)* entrance hall
dienen ['diːnən] *v* serve
Diener ['diːnər] *m* servant, attend-ant
Dienerin ['diːnərɪn] *f* maid
Dienst ['diːnst] *m 1.* service, duty, office; *sich in den ~ einer Sache stellen* embrace a cause; *jdm gute ~e leisten* serve s.o. well; *im ~* on duty; *~ habend* on duty; *2. Öffentlicher ~* civil service
Dienstag ['diːnstaːk] *m* Tuesday
dienstags ['diːnstaːks] *adv* every Tuesday, on Tuesdays
Dienstgrad ['diːnstgraːt] *m MIL* rank
Dienstleistung ['diːnstlaɪstuŋ] *f* service
dienstlich ['diːnstlɪç] *adj 1.* official; *adv 2.* officially, on official business, on business
Dienststelle ['diːnstʃtɛlə] *f* office, agency
dies [diːs] *adj* this
diesbezüglich ['diːsbətsyːklɪç] *adj* relating to this, relevant, regarding this
diese(r,s) ['diːzə(r,s)] *adj 1.* this; *2. (Plural)* these; *pron 3.* this one; *4. (Plural)* these
dieselbe [diː'zɛlbə] *pron* the same one
Dieselöl ['diːzəløːl] *n TECH* diesel oil
diesig ['diːzɪç] *adj* hazy, misty
diesjährig ['diːsjɛːrɪç] *adj* of this year, this year's
diesmal ['diːsmaːl] *adv* this time
diesseits ['diːszaɪts] *prep* on this side of
diffamieren [dɪfa'miːrən] *v* defame, slander
Diffamierung [dɪfa'miːruŋ] *f* slandering
Differenz [dɪfə'rɛnts] *f 1. (Unterschied)* difference; *2. (Streit)* dispute, difference of opinion
differenzieren [dɪfərɛn'tsiːrən] *v* differentiate
differieren [dɪfə'riːrən] *v* differ
digital [dɪgɪ'taːl] *adj* digital
digitalisieren [digitali'ziːrən] *v TECH* digitalize
Diktat [dɪk'taːt] *n 1.* dictation; *2. (Zwang)* dictate
Diktator [dɪk'taːtɔr] *m POL* dictator
diktatorisch [dɪkta'toːrɪʃ] *adj POL* dictatorial
Diktatur [dikta'tuːr] *f POL* dictatorship
diktieren [dɪk'tiːrən] *v* dictate
Dilemma [dɪ'lɛma] *n* dilemma
Dilettant [dɪlɛ'tant] *m* amateur, dilettante
dilettantisch [dɪlɛ'tantɪʃ] *adj* amateurish
Dimension [dɪmɛn'zjoːn] *f* dimension
Ding [dɪŋ] *n 1.* thing; *guter ~e sein* to be in high spirits; *unverrichteter ~e* without having accomplished anything; *über den ~en stehen* to be above things; *jdm ein ~ verpassen* get s.o. (fam), show s.o. (fam); *Das geht nicht mit rechten ~en zu.* There's something fishy about that. *2. ein ~ drehen (fam)* pull a job
Dinosaurier [dino'zauriər] *m* dinosaur
Diözese [diø'tseːzə] *f REL* diocese
Dip [dɪp] *m GAST* dip
Diplom [di'ploːm] *n* diploma, certificate
Diplomat(in) [diplo'maːt(ɪn)] *m/f POL* diplomat
Diplomatie [diploma'tiː] *f POL* diplomacy
diplomatisch [diplo'maːtɪʃ] *adj* diplomatic
Diplomingenieur [di'ploːmɪnʒenjøːr] *m* academically trained engineer
dir [diːr] *pron 1.* you, to you; *2. (reflexiv)* yourself
direkt [di'rɛkt] *adj 1.* direct, immediate; *adv 2.* directly; *~ neben* right next to
Direktion [dirɛk'tsjoːn] *f* direction
Direktor(in) [di'rɛktɔr(ɪn)] *m/f 1.* director, manager; *2. (Schulleiter)* headmaster/headmistress, principal *(US)*
Dirigent [diri'gɛnt] *m* conductor
dirigieren [diri'giːrən] *v 1.* direct, manage; *2. MUS* conduct
Dirne ['dɪrnə] *f (Nutte)* prostitute, whore
Disharmonie [dɪsharmo'niː] *f* discord
disharmonisch ['dɪsharmoːnɪʃ] *adj 1. MUS* disharmonious; *2.* dissonant
Diskette [dɪs'kɛtə] *f INFORM* diskette
Diskettenlaufwerk [dis'kɛtənlaufvɛrk] *n INFORM* disk drive
Diskont [dɪs'kɔnt] *m ECO* discount
diskontieren [dɪskɔn'tiːrən] *v ECO* discount
Diskothek [dɪskɔ'teːk] *f* discotheque, disco *(fam)*

diskret [dɪs'kreːt] *adj 1.* discreet, tactful; *2. MATH* discrete
Diskretion [dɪskre'tsjoːn] *f 1.* discretion; *2. (vertrauliche Behandlung)* confidentiality
diskriminieren [dɪskrɪmɪ'niːrən] *v* discriminate against
Diskriminierung [dɪskrɪmɪ'niːruŋ] *f* discrimination
Diskurs [dɪs'kurs] *m* discourse
Diskus ['dɪskus] *m SPORT* discus
Diskussion [dɪskus'joːn] *f* discussion, debate, argument
diskutieren [dɪsku'tiːrən] *v* discuss, debate
Display ['dɪspleː] *n TECH* display
disponieren [dɪspɔ'niːrən] *v 1.* make arrangements for; *2. über etw ~* have sth at one's disposal
Disposition [dɪspɔzɪ'tsjoːn] *f 1. (Vorbereitung)* preparations, arrangements; *2. (Verfügung) jdm zur ~ stehen* to be at s.o.'s disposal; *jdn zur ~ stellen* send s.o. into temporary retirement; *3. (Gliederung)* layout, plan; *4. (Empfänglichkeit)* susceptibility
Disput [dɪs'puːt] *m* dispute
Disqualifikation [dɪskvalɪfɪka'tsjoːn] *f* disqualification
disqualifizieren [dɪskvalɪfɪ'tsiːrən] *v* disqualify
Dissertation [dɪsɛrta'tsjoːn] *f* dissertation, thesis, treatise
Dissident [dɪsɪ'dɛnt] *m POL* dissident
Dissonanz [dɪso'nants] *f 1.* discord; *2. MUS* dissonance
Distanz [dɪs'tants] *f* distance; *jdn auf ~ halten* keep s.o. at a distance
distanzieren [dɪstan'tsiːrən] *v sich ~* distance o.s.
distanziert [dɪstan'tsiːrt] *adj* distant, detached
Disziplin [dɪstsi'pliːn] *f* discipline
divers [di'vɛrs] *adj* various
dividieren [divi'diːrən] *v MATH* divide
Division [dɪvɪ'zjoːn] *f MIL* division
D-Mark ['deːmark] *f HIST* German mark; *achtundsiebzig ~* seventy-eight German marks
doch [dɔx] *adv 1. „Du möchtest also nicht mitmachen?" „Doch!"* "So you don't want to join in?" "Yes, I do!"; *2. Er kommt also ~ mit?* He's coming along after all? *3. (bekanntlich)* of course; *konj 4.* yet, but, still
Dogma ['dɔgma] *n* dogma
Dogmatiker [dɔg'maːtɪkər] *m* dogmatist
dogmatisch [dɔg'maːtɪʃ] *adj* dogmatic
Doktor ['dɔktɔr] *m* doctor
Dokument [doku'mɛnt] *n* document, *(fig)* record
Dokumentation [dokumɛnta'tsjoːn] *f* documentary report
dokumentieren [dokumɛn'tiːrən] *v 1.* document; *2. (fig)* demonstrate, reveal, show
Dolch [dɔlç] *m* dagger
Dollar ['dɔlar] *m* dollar
Dollarkurs ['dɔlarkurs] *m ECO* dollar rate
dolmetschen ['dɔlmɛtʃən] *v* interpret
Dolmetscher(in) ['dɔlmɛtʃər(ɪn)] *m/f* interpreter
Dom [doːm] *m* cathedral
Domain [do'meɪn] *f INFORM* domain
Domäne [do'mɛːnə] *f* domain
dominant [domɪ'nant] *adj* dominant
Dominanz [domɪ'nants] *f* dominance
dominieren [domi'niːrən] *v* dominate
Donau ['doːnau] *f GEO* Danube
Donner ['dɔnər] *m* thunder; *wie vom ~ gerührt* thunderstruck
donnern ['dɔnərn] *v 1.* thunder; *2. (fig)* rage, roar
Donnerstag ['dɔnərstaːk] *m* Thursday
donnerstags ['dɔnərstaːks] *adv* every Thursday, on Thursdays
doof [doːf] *adj 1. (fam: dumm)* stupid, dumb *(US); 2. (fam: langweilig)* boring, a drag
dopen ['doːpən] *v SPORT* dope
Doping ['doːpɪŋ] *n SPORT* doping
Doppel ['dɔpəl] *n 1. (Duplikat)* duplicate; *2. SPORT* doubles
doppeldeutig ['dɔpəldɔytɪç] *adj* ambiguous, equivocal, with a double meaning
Doppeldeutigkeit ['dɔpəldɔytɪçkaɪt] *f* ambiguity
Doppelgänger ['dɔpəlgɛŋər] *m* double
Doppelpunkt ['dɔpəlpuŋkt] *m GRAMM* colon
doppelt ['dɔpəlt] *adj 1.* double; *adv 2. ~ sehen* see double
Doppelzimmer ['dɔpəltsɪmər] *n* double room
Dorf [dɔrf] *n* village
Dorn [dɔrn] *m 2. TECH* awl; *1. BOT* thorn; *jdm ein ~ im Auge sein* to be a thorn in s.o.'s side
dornig ['dɔrnɪç] *adj* thorny, prickly
dörren ['dœrən] *v* dry
Dorsch [dɔrʃ] *m ZOOL* codfish, cod
dort [dɔrt] *adv* there; *~ drüben* over there
dorther ['dɔrtheːr] *adv* from there
dorthin ['dɔrthɪn] *adv* there, that way

Dose ['do:zə] *f 1.* tin, can *(US), (mit Deckel)* jar; *2. TECH* box
dösen ['dø:zən] *v* doze
Dosenöffner ['do:zənœfnər] *m* tin-opener, can opener *(US)*
Dosierung [do'zi:ruŋ] *f MED* dosage, dose
Dosis ['do:zɪs] *f* dose
Dotter ['dɔtər] *m* yolk, egg yolk
Dozent(in) [do'tsɛnt(ɪn)] *m/f* lecturer, assistant professor *(US)*
dozieren [do'tsi:rən] *v 1.* give lectures; *2. (fig: belehrend vorbringen)* hold forth
Drache ['draxə] *m* dragon
Drachen ['draxən] *m (Spielzeug)* kite
Draht [dra:t] *m 1.* wire; *einen guten ~ zu jdm haben* get on well with s.o. *2. auf ~ sein (fig)* to be on the ball
Drahtesel ['dra:te:zəl] *m (fam)* boneshaker
drahtlos ['dra:tlo:s] *adj TECH* wireless
Drama ['dra:ma] *n LIT* drama
Dramatiker [dra'ma:tɪkər] *m LIT* dramatist, playwright
dramatisch [dra'ma:tɪʃ] *adj 1.* dramatic; *adv 2.* dramatically
dramatisieren [dramatɪ'zi:rən] *v 1.* dramatize; *2. (fig)* exaggerate
dran *adv (siehe „daran")*
Drang [draŋ] *m* urge
drängeln ['drɛŋəln] *v 1.* push, jostle; *2. (bedrängen)* pester
drängen ['drɛŋən] *v 2. (fig)* press, urge; *1.* press, push, force
drastisch ['drastɪʃ] *adj* drastic
drauf *adv (siehe „darauf")*
Draufgänger ['draufgɛŋər] *m 1. (Wagehals)* daredevil; *2. (bei Frauen)* wolf, Casanova, he-man; *3. (Erfolgsmensch)* person who goes for it, go-getter *(US)*
draußen ['drausən] *adv* outside
Dreck [drɛk] *m 1.* dirt, muck, mud; *stehen vor ~* to be absolutely filthy; *2. (Schund)* rubbish; *3. (fig) ~ am Stecken haben* have skeletons in one's closet; *jdn aus dem ~ ziehen* pull s.o. out of the gutter
dreckig ['drɛkɪç] *adj* dirty, filthy, grimy
Drehbuch ['dre:bu:x] *n CINE* script
drehen ['dre:ən] *v 1.* turn; *2. (ver~)* twist; *3. (sich schnell ~)* spin; *4. (um seinen Mittelpunkt)* revolve; *5. CINE* shoot, film; *6. (Zigarette)* roll
Drehung ['dre:uŋ] *f 1.* turn; *2. (Umdrehung)* revolution; *3. (um eine Achse)* rotation
Drehzahl ['dre:tsa:l] *f 1. TECH* speed, number of revolutions; *2. (pro Minute)* revolutions per minute
drei [draɪ] *num* three; *~ viertel* three quarters
dreidimensional ['draɪdimɛnzjona:l] *adj* three-dimensional
Dreieck ['draɪɛk] *n MATH* triangle
dreieckig ['draɪɛkɪç] *adj* triangular
dreifach ['draɪfax] *adj* threefold
Dreiklang ['draɪklaŋ] *m MUS* triad
dreimal ['draɪma:l] *adv* three times; *Dreimal darfst du raten. (fam)* I'll give you three guesses.
dreißig ['draɪsɪç] *num* thirty
dreist [draɪst] *adj* cheeky, bold, forward
Dreistigkeit ['draɪstɪgkaɪt] *f* boldness, cheek (fam)
dreizehn ['draɪtse:n] *num* thirteen; *Jetzt schlägt's ~!* That's enough! Now I'm fed up!
dressieren [drɛ'si:rən] *v* train, condition, *(Pferd)* break in
Dressur [drɛ'su:r] *f* training, breaking in, *(~reiten)* dressage
Drillinge ['drɪlɪŋə] *pl* triplets
drin *adv (fam) (siehe „darin")*
dringen ['drɪŋən] *v irr 1.* penetrate, pass through; *2. (Wasser)* seep through; *3. in jdn ~* press s.o., urge s.o. *4. auf etw ~* insist on sth
dringend ['drɪŋənt] *adj 1.* urgent, pressing, imperative; *2. (Gründe)* compelling
drinnen ['drɪnən] *adv* inside
dritte(r,s) ['drɪtə(r,s)] *adj* third; *der lachende Dritte* the real winner
Drittel ['drɪtəl] *n* third
drittens ['drɪtəns] *adv* thirdly
Droge ['dro:gə] *f* drug
drogenabhängig ['dro:gənaphɛŋɪç] *adj* drug-addicted, addicted to drugs
Drogerie [dro:gə'ri:] *f* chemist's, drugstore *(US)*
drohen ['dro:ən] *v* threaten
Drohne ['dro:nə] *f ZOOL* drone
dröhnen ['drø:nən] *v* resound, roar, boom
Drohung ['dro:uŋ] *f* threat
drollig ['drɔlɪç] *adj* funny, droll, cute
Dromedar [dromə'dar] *n ZOOL* dromedary, Arabian camel
Drossel ['drɔsəl] *f ZOOL* thrush
Druck [druk] *m 1.* pressure; *2. (Belastung)* burden, load; *unter ~ stehen* to be under pressure; *jdn unter ~ setzen* put pressure on s.o. *3. (Flächendruck)* compression
Druckbuchstabe ['drukbuxʃta:bə] *m* block letter
drucken ['drukən] *v* print
drücken ['drykən] *v 1.* press; *2. (Preise) ECO* force down; *3. (umarmen)* squeeze; *4. (fig: bedrücken)* depress

Drucker ['drukər] *m 1. (Person)* printer; *2. (Gerät) INFORM* printer

Drücker ['drykər] *m 1.* button; *Er kommt immer auf den letzten ~.* He always shows up at the last minute. *am ~ sitzen (fig)* to be at the controls; *2. (Klinke)* handle; *3. (Türschloss)* latch

Druckerei [drukə'raɪ] *f* printer

Druckluft ['drukluft] *f TECH* compressed air

drunter *adv 1. (siehe „darunter") 2. ~ und drüber* higgledy-piggledy, haywire

Drüse ['dry:zə] *f ANAT* gland

Dschungel ['dʒuŋəl] *m* jungle

du [du:] *pron* you; *„Du, Michael ..."* "Say, Michael ..."

Dübel ['dy:bəl] *m TECH* plug

ducken ['dukən] *v* duck

Dudelsack ['du:dəlzak] *m* bagpipes *pl*

Duell [du'ɛl] *n* duel

Duett [du'ɛt] *n MUS* duet

Duft [duft] *m* fragrance, aroma

duften ['duftən] *v* smell sweet, to be fragrant, to be scented

duftig ['duftɪç] *adj* scented, fragrant

dulden ['duldən] *v 1. (hinnehmen)* tolerate, put up with, permit; *2. (ertragen)* bear, endure

Duldung ['ulduŋ] *f* tolerance

dumm [dum] *adj* stupid, dumb (fam), foolish; *jdn für ~ verkaufen* play s.o. for a fool; *jdm ~ kommen* get funny with s.o. *Das ist mir zu ~. (fam)* That's just too much for me.

Dumme(r) ['dumə(r)] *m/f* fool; *der Dumme sein* come off worst

Dummheit ['dumhaɪt] *f* stupidity, foolishness, idiocy

Dummkopf ['dumkɔpf] *m* idiot, fool

dümmlich ['dymlɪç] *adj* fairly stupid, pretty stupid

dumpf [dumpf] *adj 1. (Klang)* hollow; *2. (Schmerz)* dull

Düne ['dy:nə] *f* dune

düngen ['dyŋən] *v AGR* spread fertilizer, spread manure

Dünger ['dyŋər] *m AGR* dung, manure, fertilizer

dunkel ['duŋkəl] *adj 1.* dark, obscure; *2. (unklar)* vague

Dunkel ['duŋkəl] *n* darkness; *Im ~n ist gut munkeln.* Darkness is the friend of lovers.

Dünkel ['dyŋkəl] *m* arrogance

Dunkelheit ['duŋkəlhaɪt] *f* darkness

dünn [dyn] *adj* thin

dünnflüssig ['dynflysɪç] *adj* liquid, watery

Dunst [dunst] *m 1.* vapour, steam; *2. (Rauch)* smoke; *3. keinen blassen ~ von etw haben* not have the foggiest idea of sth

dünsten ['dynstən] *v GAST* steam, stew

dunstig ['dunstɪç] *adj 1. (Wetter)* misty; *2. (Raum)* stuffy

Dur [du:r] *n MUS* major

durch [durç] *prep 1. (örtlich)* through; *~ die Straßen gehen* walk the streets; *~ die ganze Welt* all over the world; *Hier darf man nicht ~!* No way through here! *~ und ~* through and through; *Das geht mir ~ und ~.* It goes right through me. *2. (zeitlich)* throughout, for; *3. (mittels)* through, by means of; *4. (kausal)* by; *5. (geteilt ~)* divided by; *neun ~ drei* nine divided by three

durchaus [durç'aus] *adv* thoroughly, entirely, absolutely

durchblicken ['durçblɪkən] *v 1. (hindurchblicken)* look through; *2. (fam: verstehen)* understand; *3. etw ~ lassen* hint at sth, intimate

Durchblutung [durç'blu:tuŋ] *f MED* circulation

durchbrechen ['durçbrɛçən] *v irr (fig: durchstoßen)* break through; [durç'brɛçən] *v irr 2. (fig: übertreffen)* break through

Durchbruch ['durçbrux] *m 1. (Öffnung)* opening; *2. (fig)* breakthrough

durchdrehen ['durçdre:ən] *v 1. (Räder)* spin, skid; *2. (fam)* crack up, freak out

durcheinander [durçaɪn'andər] *adj 1. (unordentlich)* mixed up, messed up, muddled; *~ bringen/~ werfen* mix up, make a mess of, muddle; *~ reden* talk all at once; *~ rufen* shout at the same time, shout all at once; *2. (fam: verwirrt)* confused, mixed up; *zwei Sachen ~ bringen* confuse two things

durchfahren [durç'fa:rən] *v irr 1.* drive through; *2. (ohne Stopp)* drive without stopping, drive without a break, drive straight through

Durchfall ['durçfal] *m MED* diarrhoea, diarrhea *(US)*

durchfallen ['durçfalən] *v irr (bei einer Prüfung)* fail

durchfließen ['durçfli:sən] *v irr* flow through

durchführen ['durçfy:rən] *v 1. (leiten)* guide through, lead through; *2. (ausführen)* carry out, implement, execute

Durchführung ['durçfy:ruŋ] *f* carrying out, execution, implementation

Durchgang ['durçgaŋ] *m 1. (Weg)* passage; *2. (Runde) SPORT* round

durchgeben ['durçge:bən] *v irr eine Meldung* ~ make an announcement; *Der Sprecher gab die Nachrichten durch.* The announcer read the news. *Ich werde es Ihnen telefonisch* ~. I'll read it to you over the phone.
durchgehen ['durçge:ən] *v irr 1. (überprüfen)* examine, go through; *2. (genehmigt werden)* to be carried, to be passed, to be adopted; *3. (fam: weglaufen)* bolt, run away, *(Liebende)* elope
durchgreifen ['durçgraɪfən] *v irr 1.* reach through; *2. (fig)* take drastic measures
durchhalten ['durçhaltən] *v irr* endure, hold out, last out
durchkommen ['durçkɔmən] *v irr 1.* come through, get through; *2. (finanziell)* get by; *3. (sich zurechtfinden)* manage; *4. (bei jdm)* get somewhere; *5. mit etw* ~ get by with sth
durchlassen ['durçlasən] *v irr* let s.o. through, let pass
durchlaufen [durç'laufən] *v irr 1.* run through; *2. (Flüssigkeit)* leak
durchmachen ['durçmaxən] *v 1. die ganze Nacht* ~ keep going all night; *2. (etw ~)* go through; *3. (Wandlung)* undergo
Durchmesser ['durçmɛsər] *m* diameter
durchqueren [durç'kve:rən] *v* cross
Durchreise ['durçraɪzə] *f* transit
Durchsage ['durçza:gə] *f* announcement
durchschauen ['durçʃauən] *v 1.* look through; [durç'ʃauən] *2. (erkennen)* see through; *Du bist durchschaut.* I see right through you. I've got your number. (fam)
durchschlagen [durç'ʃla:gən] *v irr 1.* penetrate, pierce, go through; *2. (zerteilen)* cut in two; *3. (durchpassieren)* strain; *4. sich* ~ fight one's way through
durchschneiden ['durçʃnaɪdən] *v irr* cut through, cut in two
Durchschnitt ['durçʃnɪt] *m* average
durchschnittlich ['durçʃnɪtlɪç] *adj 1.* average, ordinary; *adv 2.* on average
durchsehen ['durçze:ən] *v irr* look through
durchsetzen ['durçzɛtsən] *v 1. sich* ~ prevail, assert o.s. *2. sich* ~ *(Erzeugnis)* prove its worth
Durchsicht ['durçzɪçt] *f* looking through, examination, inspection
durchsichtig ['durçzɪçtɪç] *adj 1.* transparent, clear; *2. (fig)* clear, lucid
durchstehen ['durçʃte:ən] *v irr (fig)* see through
durchstellen ['durçʃtɛlən] *v (fig: telefonisch) TEL* put through
durchsuchen [durç'zu:xən] *v* search, go through; *jdn* ~ frisk s.o.
Durchsuchung [durç'zu:xuŋ] *f* search
durchtrennen [durç'trɛnən] *v* divide, split, *(schneiden)* cut through
Durchwahl ['durçva:l] *f TEL* extension, direct dialing
durchweichen ['durçvaɪçən] *v 1.* become soggy, become soaked; *2.* soak, drench
durchziehen ['durçtsi:ən] *v irr 1.* come through, go through, pass through; *2. (Luft) Es zieht durch.* There's a draught in here., There's a draft in here. (US); *3. (etw ~)* pull through; *(Plan)* push through; [durç'tsi:ən] *4.* pass through, traverse
dürfen ['dyrfən] *v irr 1.* may, can, to be allowed to, to be permitted to; *Darf ich das tun?* May I do it? *Das darf doch nicht wahr sein!* That can't be! *Wenn ich bitten darf?* If you please? *2. (Vermutung) das dürfte ...* that is probably ..., that must be ...
dürr [dyr] *adj 1. (mager)* skinny, gaunt; *2. (Boden)* arid, barren
Dürre ['dyrə] *f 1.* barrenness; *2. (Regenmangel)* drought; *3. (Person)* gauntness
Durst [durst] *m* thirst; ~ *haben* to be thirsty
durstig ['durstɪç] *adj* thirsty
Dusche ['du:ʃə] *f* shower
duschen ['du:ʃən] *v* shower, take a shower
Duschvorhang ['du:ʃfo:rhaŋ] *m* shower curtain
Düse ['dy:zə] *f TECH* jet, nozzle
Dusel ['du:zəl] *m 1. (Glück)* dumb luck; *2. (Schlaftrunkenheit, Schwindel)* daze
Düsenflugzeug ['dy:zənflu:ktsɔyk] *n* jet plane
düster ['dy:stər] *adj 1.* gloomy, dark; *Unsere Aussichten sind* ~. Our prospects are dismal. *2.* dismally, gloomily; *adj*
Düsterkeit ['dy:stərkaɪt] *f* gloominess dimness
Dutzend ['dutsənt] *n* dozen
dutzendfach ['dutsəntfax] *adv* by the dozen
DVD-ROM [de: fau de: 'rɔm] *f INFORM* DVD-ROM
Dynamik [dy'na:mɪk] *f* dynamics
dynamisch [dy'na:mɪʃ] *adj* dynamic
Dynamit [dyna'mi:t] *n* dynamite
Dynamo [dy'na:mo] *m TECH* dynamo
Dynastie [dynas'ti:] *f HIST* dynasty
dynastisch [dy'nastɪʃ] *adj HIST* dynastic

E

Ebbe ['ɛbə] *f* ebb tide, low tide, ebb
eben ['e:bən] *adj 1.* even, flat, level; *adv 2. (vor kurzer Zeit)* just, just now
Ebenbild ['e:bənbɪlt] *n* image
ebenbürtig ['e:bənbyrtɪç] *adj* of equal birth, of equal rank; *wir sind einander ~* we are equal(s)
Ebene ['e:bənə] *f 1. (fig)* level, plane; *2. GEO* plain
ebenerdig ['e:bəne:rdɪç] *adj* ground-floor, at ground level, on the first floor *(US)*
ebenfalls ['e:bənfals] *adv* also, likewise, as well
ebenmäßig ['e:bənmɛ:sɪç] *adj* regular, harmonious
ebenso ['e:bənzo:] *adv* equally, just as; *~ gut* just as well; *~ lang* just as long; *~sehr* just as much; *~ wenig* just as little, no more
Eber ['e:bər] *m ZOOL* boar
ebnen ['e:bnən] *v 1.* level, make level, smooth; *2. (fig)* pave the way
Echo ['ɛço] *n 1.* echo; *2. (fig)* response; *lebhaftes ~ finden* meet with/attract a lively response
Echse ['ɛksə] *f ZOOL* lizard
echt [ɛçt] *adj 1.* real, genuine, authentic; *adv 2. (fam)* really
Echtheit ['ɛçthaɪt] *f* genuineness, authenticity
Eckbank ['ɛkbaŋk] *f* corner bench
Ecke ['ɛkə] *f* corner; *um die ~* round the corner; *jdn um die ~ bringen* bump s.o. off (fam); *mit jdm über fünf ~n verwandt sein* to be a distant relation of s.o.; *Es fehlt an allen ~n und Enden.* We're short of everything.
eckig ['ɛkɪç] *adj* angular, square
Eckstein ['ɛkʃtaɪn] *m 1.* cornerstone; *2. (Karo)* diamonds *pl*
Eckzahn ['ɛktsa:n] *m ANAT* canine tooth
Ecuador [ekva'do:r] *n GEO* Ecuador
edel ['e:dəl] *adj 1. (adlig)* noble; *2. (Wein)* high-class, superior; *3. (hochwertig)* precious
Edelmann ['e:dəlman] *m* nobleman
edelmütig ['e:dəlmy:tɪç] *adj* noble
Edelstein ['e:dəlʃtaɪn] *m* precious stone
edieren [e'di:rən] *v* publish
Edikt [e'dɪkt] *n* edict
EDV [e:de:'fau] *f (elektronische Datenverarbeitung)* electronic data processing; *~-...* computer ...
Efeu ['e:fɔy] *m BOT* ivy
Effekt [e'fɛkt] *m* effect
effektiv [efɛk'ti:f] *adj* effective
effektvoll [e'fɛktfɔl] *adj* effective, impressive, striking
effizient [ɛfi'tsjɛnt] *adj* efficient
egal [e'ga:l] *adj 1. (fam: gleichmäßig)* alike; *2. Das ist mir ~.* I don't care. It doesn't matter to me. It makes no difference to me.
egalitär [egali'tɛ:r] *adj* egalitarian
Ego ['e:go] *n* ego
Egoismus [ego'ɪsmus] *m* selfishness, egoism, egotism
Egoist [ego'ɪst] *m* egoist
egoistisch [ego'ɪstɪʃ] *adj* egotistical
egozentrisch [ego'tsɛntrɪʃ] *adj* egocentric
ehe ['e:ə] *konj* before
Ehe ['e:ə] *f* marriage
Ehebruch ['e:əbrux] *m* adultery
Ehefrau ['e:əfrau] *f* wife, married woman, spouse
ehelich ['e:əlɪç] *adj 1.* conjugal, matrimonial; *2. (Kind)* legitimate
ehemalig ['e:əma:lɪç] *adj* former, ex-...
ehemals ['e:əma:ls] *adv* formerly, in the past, in former times
Ehemann ['e:əman] *m* husband, married man, spouse
Ehepaar ['e:əpa:r] *n* married couple
eher ['e:ər] *adv 1. (früher)* sooner, earlier; *2. (lieber)* rather, sooner
Ehering ['e:ərɪŋ] *m* wedding ring
Eheschließung ['e:əʃli:suŋ] *f* marriage
Ehevertrag ['e:əfɛrtra:k] *m* prenuptial agreement, marriage contract
ehrbar ['e:rba:r] *adj* honourable, reputable, respectable
Ehrbarkeit ['e:rba:rkaɪt] *f* integrity, respectability, honesty
Ehre ['e:rə] *f* honour; *etw in ~n halten* treasure sth; *sich alle ~ machen* do o.s. credit; *jdm die letzte ~ erweisen* lay s.o. to rest; *jdn bei seiner ~ packen* appeal to s.o.'s sense of honour; *zur ~ Gottes* to the glory of God; *Habe die ~!* Pleased to meet you!
ehren ['e:rən] *v* honour
ehrenamtlich ['e:rənamtlɪç] *adj 1.* unpaid, honorary; *adv 2.* without payment, in an honorary capacity

Ehrengast ['e:rəngast] *m* guest of honour
ehrenhaft ['e:rənhaft] *adj* honourable
Ehrenmitglied ['e:rənmɪt gli:t] *n* honorary member
ehrenrührig ['e:rənry:rɪç] *adj* defamatory
Ehrensache ['e:rənzaxə] *f* matter of honour, point of honour
Ehrenwort ['e:rənvɔrt] *n* word of honour
ehrerbietig ['e:rɛrbi:tɪç] *adj* respectful, reverential
Ehrerbietung ['e:rɛrbi:tuŋ] *f* respect
Ehrfurcht ['e:rfurçt] *f* awe, reverence; *~ gebietend* awe-inspiring, awesome; *von ~ ergriffen* overawed
ehrfürchtig ['e:rfyrçtɪç] *adj* awestruck
ehrgeizig ['e:rgaɪtsɪç] *adj* ambitious
ehrlich ['e:rlɪç] *adj 1.* honest; *Ehrlich?* Really? *adv 2.* honestly; *~ gesagt* to be honest
Ehrlichkeit ['e:rlɪçkaɪt] *f* honesty, uprightness, fairness
ehrlos ['e:rlo:s] *adj* dishonourable, disgraceful, infamous
Ehrung ['e:ruŋ] *f* honour, tribute, homage
ehrwürdig ['e:rvyrdɪç] *adj* venerable
Ei [aɪ] *n* egg; *wie aus dem ~ gepellt* as neat as a pin; *wie auf ~ern gehen* walk gingerly; *sich gleichen wie ein ~ dem anderen* to be as like as two peas in a pod; *jdn wie ein rohes ~ behandeln* handle s.o. with kid gloves; *Das ist nicht das Gelbe vom ~.* It's not exactly the bee's knees.
eichen ['aɪçən] *adj* oak, oaken; *v 1. TECH* gauge, calibrate; *2. (prüfen)* verify
Eichhörnchen ['aɪçhœrnçən] *n ZOOL* squirrel
Eichung ['aɪçuŋ] *f TECH* adjusting
Eid [aɪt] *m JUR* oath
Eidechse ['aɪdɛksə] *f ZOOL* lizard
eidesstattlich ['aɪdəsʃtatlɪç] *adj JUR* in lieu of an oath
Eierstock ['aɪərʃtɔk] *m ANAT* ovary
Eifer ['aɪfər] *m* eagerness, keenness, zeal
eifern ['aɪfərn] *v* strive
Eifersucht ['aɪfərzuxt] *f* jealousy
eifersüchtig ['aɪfərzyçtɪç] *adj* jealous
eifrig ['aɪfrɪç] *adj 1.* eager, zealous, avid; *adv 2.* eagerly, zealously, avidly
eigen ['aɪgən] *adj 1.* own, separate, particular; *2. (seltsam)* peculiar
Eigenart ['aɪgəna:rt] *f 1.* individuality; *2. (Wesensmerkmal)* idiosyncrasy, quirk, peculiarity
eigenartig ['aɪgəna:rtɪç] *adj* peculiar, queer, strange
Eigenbrötler ['aɪgənbrø:tlər] *m* loner, nonconformist
eigenhändig ['aɪgənhɛndɪç] *adj* with one's own hands, personal
Eigeninitiative ['aɪgəninitsjati:və] *f* own initiative
eigenmächtig ['aɪgənmɛçtɪç] *adj* arbitrary, high-handed, done on one's own authority
Eigenmächtigkeit ['aɪgənmɛçtɪçkaɪt] *f* arbitrary action
Eigenname ['aɪgənna:mə] *m* proper name
eigennützig ['aɪgənnytsɪç] *adj* selfish
Eigenschaft ['aɪgənʃaft] *f* characteristic, quality, attribute
eigensinnig ['aɪgənzɪnɪç] *adj* headstrong, stubborn, obstinate
eigenständig ['aɪgənʃtɛndɪç] *adj* independent
eigentlich ['aɪgəntlɪç] *adj 1.* actual, real; *adv 2.* actually, really
Eigentum ['aɪgəntu:m] *n* property, possession, ownership
Eigentümer ['aɪgənty:mər] *m* owner
eigentümlich ['aɪgənty:mlɪç] *adj* peculiar, characteristic
eigentümlicherweise ['aɪgənty:mlɪçərvaɪzə] *adv* strangely enough, curiously enough
eigenverantwortlich ['aɪgənfɛrantvɔrtlɪç] *adj* responsible
Eigenverantwortung ['aɪgənfɛrantvɔrtuŋ] *f* responsibility
eigenwillig ['aɪgənvɪlɪç] *adj* with a mind of one's own, highly individual, *(eigensinnig)* self-willed; *(unkonventionell)* unconventional
eignen ['aɪgnən] *v sich ~ für* to be suited for
Eignung ['aɪgnuŋ] *f 1.* suitability; *2. (Befähigung)* aptitude
Eignungsprüfung ['aɪgnuŋspry:fuŋ] *f* aptitude test
Eilbrief ['aɪlbri:f] *m* express letter, special delivery *(US)*
Eile ['aɪlə] *f* hurry, rush, haste; *in ~ sein* to be in a hurry
Eileiter ['aɪlaɪtər] *m ANAT* fallopian tube
eilen ['aɪlən] *v* hurry, rush, hasten
eilig ['aɪlɪç] *adj* hurried, rushed, hasty; *es ~ haben* to be in a hurry
Eilzustellung ['aɪltsu:ʃtɛluŋ] *f* special delivery, express delivery
Eimer ['aɪmər] *m* bucket, pail; *im ~ sein (fig)* to be ruined, to be up the spout
ein [aɪn] *art* a, an

einarbeiten ['aɪnarbaɪtən] *v 1. etw ~* work sth in; *2. sich ~* familiarize o.s. with one's work, make o.s. acquainted with one's work
einäschern ['aɪnɛʃərn] *v 1.* burn to ashes; *2. (Leichnam)* cremate
Einäscherung ['aɪnɛʃəruŋ] *f* incineration, cremation
einatmen ['aɪnaːtmən] *v* breathe in, inhale
Einbahnstraße ['aɪnbaːnʃtraːsə] *f* one-way street
Einband ['aɪnbant] *m* binding
einbauen ['aɪnbauən] *v* install, build in, fit
einbehalten ['aɪnbəhaltən] *v irr* keep back, retain
einberufen ['aɪnbəruːfən] *v irr 1. (Versammlung)* convene, call, summon; *2. MIL* call up, summon, draft
einbetten ['aɪnbɛtən] *v 1.* embed, imbed; *2. (Rohr)* lay
einbeziehen ['aɪnbətsiːən] *v irr* include, incorporate, integrate
einbilden ['aɪnbɪldən] *v sich ~* imagine, fancy; *Er bildet sich ein, dass ...* He's under the impression that ... He's under the delusion that ...
Einbildung ['aɪnbɪlduŋ] *f* imagination
einbinden ['aɪnbɪndən] *v irr 1. (Buch)* bind; *2. (fig)* include, integrate, involve
einbläuen ['aɪnblɔyən] *v (fam) jdm etw ~* beat sth into s.o.
einblenden ['aɪnblɛndən] *v CINE* fade in, intercut, insert
Einblick ['aɪnblɪk] *m* insight
einbrechen ['aɪnbrɛçən] *v irr 1.* break in; *2. (durchbrechen)* break down, smash in; *3. (fig: beginnen)* set in
Einbrecher ['aɪnbrɛçər] *m* burglar
Einbruch ['aɪnbrux] *m 1. (Diebstahl)* burglary; *2. (Einsturz)* collapse; *3. (plötzlicher Beginn)* onset, break
einbürgern ['aɪnbyrgərn] *v POL* naturalize
Einbürgerung ['aɪnbyrgəruŋ] *f POL* naturalization
einbüßen ['aɪnbyːsən] *v 1. (Geld)* lose; *2. (Recht)* for feit
einchecken ['aɪntʃɛkən] *v* check in
eincremen ['aɪnkreːmən] *v* rub in
eindecken ['aɪndɛkən] *v 1. sich mit etw ~* stock up on sth, lay in a supply of sth; *2. jdn mit etw ~* provide s.o. with sth
eindeutig ['aɪndɔytɪç] *adj 1.* clear, unmistakable; *adv 2.* clearly, unmistakably
eindringen ['aɪndrɪŋən] *v irr 1.* intrude, penetrate, enter forcibly; *2. MIL* invade
eindringlich ['aɪndrɪŋlɪç] *adj* insistent
Eindringling ['aɪndrɪŋlɪŋ] *m* intruder
Eindruck ['aɪndruk] *m* impression
eindrücken ['aɪndrykən] *v 1.* push in; *2. (Fenster)* break in
eindrucksvoll ['aɪndruksfɔl] *adj* impressive, imposing, striking
eine(r,s) ['aɪnə] *art 1.* a, an; *pron 2.* one; *3. (jemand)* someone, somebody
einengen ['aɪnɛŋən] *v* constrain
einerseits ['aɪnərzaɪts] *adv* on the one hand
einfach ['aɪnfax] *adj 1.* simple, plain, easy; *2. ~e Fahrkarte* single ticket *(UK),* one-way ticket *(US); adv 3.* simply, plainly, easily
Einfachheit ['aɪnfaxhaɪt] *f* simplicity
Einfahrt ['aɪnfaːrt] *f 1. (Ankunft)* arrival; *2. (Zufahrt)* drive, entrance, approach
Einfall ['aɪnfal] *m 1. (Idee)* idea, notion, thought; *2. MIL* invasion, raid
einfallen ['aɪnfalən] *v irr 1. jdm ~* occur to one; *Lass dir etwas ~.* Figure something out. *Was fällt dir ein?* Are you crazy? *Nun fällt mir etwas ein.* Something just occurred to me. *(in Erinnerung kommen)* come to one; *Langsam fiel es ihr wieder ein.* Slowly it came back to her. *2. (überfallen)* invade, raid; *3. (einstürzen)* collapse; *4. (Licht)* shine in
Einfallslosigkeit ['aɪnfalsloːzɪçkaɪt] *f* unimaginativeness
einfallsreich ['aɪnfalsraɪç] *adj* imaginative
einfältig ['aɪnfɛltɪç] *adj* simple, naive
Einfaltspinsel ['aɪnfaltspɪnzəl] *m* simpleton
einfangen ['aɪnfaŋən] *v irr 1.* seize, hook; *2. (fig: Krankheit)* catch
einfärben ['aɪnfɛrbən] *v* dye
einfinden ['aɪnfɪndən] *v irr sich ~* arrive
einflößen ['aɪnfløːsən] *v 1. jdm etw ~* give sth to s.o., administer sth; *2. (fig) jdm etw ~* instil sth in s.o.
Einfluss ['aɪnflus] *m 1.* influence; *2. (das Einfließen)* influx
einflussreich ['aɪnflusraɪç] *adj* influential
einförmig ['aɪnfœrmɪç] *adj* uniform
einfrieren ['aɪnfriːrən] *v irr* freeze
einfügen ['aɪnfyːgən] *v* insert
einfühlsam ['aɪnfyːlzaːm] *adj* sympathetic, understanding, sensitive
Einfühlungsvermögen ['aɪnfyːluŋsfɛrmøːgən] *n* empathy, understanding
Einfuhr ['aɪnfuːr] *f ECO* import
Einfuhrbeschränkung ['aɪnfuːrbəʃrɛnkuŋ] *f ECO* import restriction

einführen ['aɪnfy:rən] *v 1. (etw Neues ~)* introduce, initiate; *2. (hineinschieben)* insert, introduce; *3. (importieren) ECO* import
Einführung ['aɪnfy:ruŋ] *f 1. (von etw Neuem)* introduction; *2. (Hineinschieben)* insertion, introduction; *3. (Import) ECO* import, importation
Einfuhrverbot ['aɪnfu:rfɛrbo:t] *n ECO* import prohibition, ban on imports
einfüllen ['aɪnfylən] *v* fill, pour into
Eingabe ['aɪnga:bə] *f 1. (Antrag) POL* petition, application, request; *2. (Daten) INFORM* input, entry
Eingang ['aɪngaŋ] *m 1.* entrance; *2. (Wareneingang) ECO* receipt of goods; *3. (Geldeingang) ECO* receipt
eingeben ['aɪnge:bən] *v irr 1. MED* administer; *2. (Daten) INFORM* input, enter
eingebildet ['aɪngəbɪldət] *adj 1. (überheblich)* conceited, vain, big-headed; *2. (unwirklich)* imaginary, imagined
Eingebung ['aɪnge:buŋ] *f (fig)* inspiration
eingefallen ['aɪngəfalən] *adj 1. (Gesicht)* haggard; *2. (Augen)* sunken; *3. (Wangen)* hollow
eingehen ['aɪnge:ən] *v irr 1. (ankommen)* arrive, come in; *2. (Pflanze)* die; *3. (kleiner werden)* shrink; *4. (auf einen Vorschlag)* agree to, consent to; *5. (Verpflichtung)* enter into, embark on
eingehend ['aɪnge:ənt] *adj (ausführlich)* detailed, thorough, in-depth
Eingeständnis ['aɪngəʃtɛntnɪs] *n* admission, confession
eingestehen ['aɪngəʃte:ən] *v irr* admit
Eingeweide ['aɪngəvaɪdə] *n ANAT* entrails *pl*, intestines *pl*
Eingeweihte(r) ['aɪngəvaɪtə(r)] *m/f* initiate, person in the know (fam), insider (fam)
eingewöhnen ['aɪngəvø:nən] *v sich ~* get accustomed to, acclimatize o.s., settle in
eingießen ['aɪngi:sən] *v irr* pour in, pour
eingraben ['aɪngrabən] *v irr 1.* bury; *2. (eingravieren)* engrave; *3. sich ~ MIL* dig o.s. in; *4. sich ~ (sich einprägen)* etch itself
eingravieren ['aɪngravi:rən] *v* engrave
eingreifen ['aɪngraɪfən] *v irr 1. (einschreiten)* intervene, step in; *2. TECH* engage, catch
Eingriff ['aɪngrɪf] *m 1. (Einschreiten)* intervention, interference; *2. TECH* meshing, gearing; *3. MED* surgery, operation
einhaken ['aɪnha:kən] *v 1. (unterbrechen)* jump in (fig); *2. (etw ~)* hook in; *3. sich bei jdm ~* link arms with s.o.
Einhalt ['aɪnhalt] *m ~ gebieten* stop, put a stop to, halt
einhalten ['aɪnhaltən] *v 1. (befolgen)* observe, stick to, adhere to; *2. (Versprechen)* keep; *3. (beibehalten)* follow, keep to; *4. (anhalten)* stop
Einhaltung ['aɪnhaltuŋ] *f* observance of, compliance to
einheimisch ['aɪnhaɪmɪʃ] *adj 1.* native, indigenous; *2. (Mannschaft, Industrie)* local
Einheimische(r) ['aɪnhaɪmɪʃə(r)] *m/f die ~n pl* the locals *pl*
Einheit ['aɪnhaɪt] *f 1.* unity; *2. (eine ~)* unit
einheitlich ['aɪnhaɪtlɪç] *adj* uniform, homogeneous
einhellig ['aɪnhɛlɪç] *adj* unanimous
Einhorn ['aɪnhɔrn] *n* unicorn
einhüllen ['aɪnhylən] *v* wrap, envelop
einig ['aɪnɪç] *adj 1. sich über etw ~ werden* come to an agreement on sth; *wir sind uns ~, dass ...* we agree that ..., we are in agreement that ...; *2. (geeint)* united
einige ['aɪnɪgə] *pron 1.* some, a little; *2. (Plural)* some, a few, several
einigen ['aɪnɪgən] *v sich ~* come to an agreement, agree, come to terms; *sich ~ über* agree on
einigermaßen [aɪnɪgər'ma:sən] *adv* somewhat, to some extent, to some degree
Einigkeit ['aɪnɪçkaɪt] *f* unity, harmony
Einigung ['aɪnɪguŋ] *f* agreement, understanding, settlement
einjährig ['aɪnjɛ:rɪg] *adj 1.* one-year; *2. (Kind)* one-year-old; *3. (Planze)* annual
Einkauf ['aɪnkauf] *m* purchase, shopping
einkaufen ['aɪnkaufən] *v* buy, purchase; *sich ~ in* buy o.s. into; *~ gehen* go shopping
Einkäufer ['aɪnkɔyfər] *m ECO* buyer
Einkaufsbummel ['aɪnkaufsbuməl] *m* shopping trip, shopping spree
Einkaufswagen ['aɪnkaufsva:gən] *m* trolley, shopping cart *(US)*
einkehren ['aɪnke:rən] *v 1. (im Gasthaus)* stop at an inn; *2. (fig: kommen)* come
Einkerbung ['aɪnkɛrbuŋ] *f* notch
einklagen ['aɪnkla:gən] *v* sue for
Einklang ['aɪnklaŋ] *m* harmony, unison
einkleben ['aɪnkle:bən] *v* stick
Einkommen ['aɪnkɔmən] *n* income, earnings
Einkommenssteuer ['aɪnkɔmənsʃtɔyər] *f ECO* income tax
einkreisen ['aɪnkraɪzən] *v* encircle, surround

Einkünfte ['aınkynftə] *pl* income, earnings *pl*, *(des Staates)* revenue
einladen ['aınla:dən] *v irr 1. (Gäste)* invite; *2. (Gepäck)* load
Einladung ['aınla:duŋ] *f* invitation
Einlage ['aınla:gə] *f 1. (Programmeinlage)* interlude; *2. (Suppeneinlage)* soup ingredients, garnish; *3. ECO* investment; *4. (Spareinlage)* deposit
Einlagerung ['aınla:gəruŋ] *f* storage
Einlass ['aınlas] *m 1.* admittance; *„~ elf Uhr"* "doors open at eleven o'clock"; *2. (Tür)* door
einlassen ['aınlasən] *v irr 1. (hereinlassen)* admit; *2. (Wasser einlaufen lassen)* run; *3. sich ~ mit* get involved in, get involved with, become mixed up in
einlaufen ['aınlaufən] *v irr 1. (in den Hafen) NAUT* enter; *2. (Stoff)* shrink; *3. (eingehen)* come in, arrive; *4. (Schuhe)* break in; *5. jdm das Haus ~* pester s.o.; *6. sich ~* get going
einleben ['aınle:bən] *v sich ~* settle in, settle down
einlegen ['aınle:gən] *v 1.* put in; *Protest ~* lodge a protest; *eine Pause ~* take a break; *2. (Geld)* deposit; *3. (Haar)* put in rollers, set; *4. (Holz)* inlay; *5. (Heringe)* pickle
einleiten ['aınlaıtən] *v 1. (einführen)* introduce, initiate, usher in; *2. (beginnen)* begin
Einleitung ['aınlaıtuŋ] *f 1. (Einführung)* introduction, preface; *2. (Beginn)* beginning
einliefern ['aınli:fərn] *v 1. (ins Krankenhaus)* hospitalize, take to the hospital; *2. (ins Gefängnis)* send to, put in
Einlieferung ['aınli:fəruŋ] *f (ins Krankenhaus)* admission
einlösen ['aınlø:zən] *v 1. (Scheck)* cash; *2. (Versprechen)* keep, redeem
einmal ['aınma:l] *adv 1.* once; *noch ~* again, once more; *Es war ~ ...* There once was ...; *2. (in Zukunft)* one day; *3. auf ~ (gleichzeitig)* at once; *4. auf ~ (plötzlich)* suddenly, all of a sudden; *5. nicht ~* not even
einmalig ['aınma:lıç] *adj 1.* first and final; *2. (Gelegenheit)* unique
Einmarsch ['aınmarʃ] *m MIL* marching in
einmischen ['aınmıʃən] *v sich ~* interfere, butt in (fam), intervene
Einmischung ['aınmıʃuŋ] *f* interference
Einmündung ['aınmynduŋ] *f 1. (eines Flusses)* estuary; *2. (einer Straße)* junction
einmütig ['aınmy:tıç] *adj* unanimous
Einnahme ['aınna:mə] *f 1. (Ertrag)* receipts *pl*, proceeds *pl*, earnings *pl*; *2. MIL* capture
einnehmen ['aınne:mən] *v irr 1. (verdienen)* earn; *2. (Arznei)* take; *3. seinen Platz ~* take one's seat; *4. MIL* capture; *(Land)* occupy
Einöde ['aınø:də] *f* wilderness, desert
einordnen ['aınɔrdnən] *v 1.* arrange, put into proper order; *(in Akten)* file; *2. sich ~* fall into line, drop into place, take one's place
einpacken ['aınpakən] *v* pack, wrap
einpflanzen ['aınpflantsən] *v 1.* plant; *2. MED* implant; *3. (fig)* implant
einplanen ['aınpla:nən] *v* include in the plan, plan on
einräumen ['aınrɔymən] *v 1. (wegräumen)* clear away; *2. (füllen) (Regal)* fill; *(Zimmer)* arrange; *3. (zugeben)* admit, grant, concede
einreichen ['aınraıçən] *v* submit, present, hand in
Einreise ['aınraızə] *f* entry
einrichten ['aınrıçtən] *v* equip, set up
Einrichtung ['aınrıçtuŋ] *f 1.* setting up, establishment, fitting out; *2. (Möbel)* furnishing
einsam ['aınza:m] *adj* lonely, solitary
Einsamkeit ['aınza:mkaıt] *f* loneliness, solitude
einsammeln ['aınzaməln] *v* gather in, collect
Einsatz ['aınzats] *m 1. (beim Glücksspiel)* stake; *(beim Kartenspiel)* ante; *2. (Kapitaleinsatz)* investment; *3. (Anwendung)* employment, use, application; *4. (Topfeinsatz)* inset; *5. (Hingabe)* effort, commitment, dedication; *6. MIL* mission, action
einsatzbereit ['aınzatsbəraıt] *adj* ready for use; *(Mensch)* ready for action
einschalten ['aınʃaltən] *v 1. (anschalten)* turn on, switch on; *2. (hinzuziehen)* bring in, call in; *3. sich ~* intervene, interfere
Einschätzung ['aınʃɛtsuŋ] *f* assessment
einschenken ['aınʃɛŋkən] *v* pour
einschlafen ['aınʃla:fən] *v irr* fall asleep
einschlagen ['aınʃla:gən] *v irr 1. (Nagel)* drive in; *2. (Fenster)* break, smash; *3. (Richtung)* take; *Moskau schlägt einen härteren Kurs ein.* Moscow is taking a harder line. *4. (Blitz)* strike; *wie ein Blitz ~* to be devastating
einschlägig ['aınʃlɛ:gıç] *adj* pertinent
einschließen ['aınʃli:sən] *v irr 1.* lock in, shut in, imprison; *2. (fig)* include, comprise
einschließlich ['aınʃli:slıç] *prep 1.* including, inclusive of; *adv 2.* inclusively
einschneidend ['aınʃnaıdənt] *adj (fig)* drastic, radical
Einschnitt ['aınʃnıt] *m 1. (Schnitt)* incision, cut; *2. (fig)* turning-point, decisive moment

einschränken ['aɪnʃrɛŋkən] *v* restrict
einschreiben ['aɪnʃraɪbən] *v sich ~* register, enrol, enlist
Einschreibung ['aɪnʃraɪbuŋ] *f* registration, enrolment, entry
einschreiten ['aɪnʃraɪtən] *v irr* take steps, take action
einschüchtern ['aɪnʃyçtərn] *v* intimidate
Einschulung ['aɪnʃu:luŋ] *f* enrolment in school
einsehen ['aɪnze:ən] *v irr 1. (Einblick nehmen)* look into, examine; *2. (fig: verstehen)* understand, see, recognize
einseitig ['aɪnzaɪtɪç] *adj* one-sided, unilateral
einsenden ['aɪnzɛndən] *v irr* send in
Einsender ['aɪnzɛndər] *m* sender
Einsendung ['aɪnzɛnduŋ] *f* letter, contribution
einsetzen ['aɪnzɛtsən] *v 1. (einfügen)* insert; *2. (anwenden)* employ, use, utilize; *3. (Amt übertragen)* appoint, install (in office); *4. (riskieren)* risk, put at stake
Einsicht ['aɪnzɪçt] *f 1. (fig: Vernunft)* reason; *2. (fig: Erkenntnis)* insight
einsichtig ['aɪnzɪçtɪç] *adj* reasonable, sensible, of insight
Einsichtnahme ['aɪnzɪçtna:mə] *f* inspection
Einsiedler ['aɪnzi:dlər] *m* hermit, recluse
einsparen ['aɪnʃpa:rən] *v* economize, save money
einsperren ['aɪnʃpɛrən] *v* lock in, shut in
einsprachig ['aɪnʃpra:xɪç] *adj* monolingual
Einspruch ['aɪnʃprux] *m* objection, protest
einst ['aɪnst] *adv 1. (Vergangenheit)* once, at one time; *2. (Zukunft)* someday, one day
Einstand ['aɪnʃtant] *m 1.* start; *2. (Tennis)* deuce
einstecken ['aɪnʃtɛkən] *v irr 1. (in die Tasche)* pocket, put in one's pocket; *2. (~ und mitnehmen)* take along; *3. (Stecker)* plug in; *4. (fig: hinnehmen)* take
einsteigen ['aɪnʃtaɪgən] *v irr* get in
Einsteiger ['aɪnʃtaɪgər] *m* beginner
einstellen ['aɪnʃtɛlən] *v 1. (Arbeitskräfte)* employ, engage; *2. (beenden)* stop, cease, leave off; *3. (Rekord)* tie, equal; *4. (regulieren)* adjust, regulate; *5. sich auf etw ~ (sich etw anpassen)* adjust to sth
Einstellung ['aɪnʃtɛluŋ] *f 1. (Arbeitskräfte)* employment; *2. (Beendigung)* cessation, suspension; *3. (eines Rekords)* equalling; *4. (Regulierung)* setting, adjustment; *5. (Denkhaltung)* attitude, frame of mind
Einstieg ['aɪnʃti:k] *m* start, introduction
einstimmig ['aɪnʃtɪmɪç] *adj 1. (fig)* unanimous; *2. MUS* unison
Einstimmigkeit ['aɪnʃtɪmɪçkaɪt] *f 1. (fig)* unanimity, accord, agreement; *2. MUS* unison
einstufen ['aɪnʃtu:fən] *v* grade, classify
Einstufung ['aɪnʃtu:fuŋ] *f* classification
einstürzen ['aɪnʃtyrtsən] *v 1.* collapse; *2. (Boden)* cave in
einstweilig ['aɪnstvaɪlɪç] *adj* temporary; *~e Verfügung* temporary injunction
einteilen ['aɪntaɪlən] *v 1.* divide; *2. (verteilen)* distribute
Einteilung ['aɪntaɪluŋ] *f 1.* division, sectioning; *2. (in Klassen)* classification
eintönig ['aɪntø:nɪç] *adj* monotonous
Eintracht ['aɪntraxt] *f* harmony
Eintrag ['aɪntra:k] *m* entry
eintragen ['aɪntra:gən] *v irr* enter, register, record
einträglich ['aɪntrɛ:kliç] *adj* profitable
eintreffen ['aɪntrɛfən] *v irr 1.* arrive; *2. (geschehen)* happen; *3. (sich erfüllen)* come true
eintreten ['aɪntre:tən] *v irr 1. (beitreten)* enter; *2. für jdn ~* intercede for s.o., side with s.o., stand up for s.o.; *3. (eintreffen)* come to pass, happen, occur; *4. (hineingehen)* enter
Eintritt ['aɪntrɪt] *m 1. (Beitritt)* entry; *2. (Betreten)* entrance, entering
Eintrittskarte ['aɪntrɪtskartə] *f* admission ticket
Einvernehmen ['aɪnfɛrne:mən] *n* agreement, understanding
einvernehmlich ['aɪnfɛrne:mlɪç] *adj* in mutual agreement
einverstanden ['aɪnfɛrʃtandən] *v mit etw ~ sein* agree with sth, consent to sth, to be agreeable to sth; *Einverstanden!* Agreed!
Einverständnis ['aɪnfɛrʃtɛntnɪs] *n* agreement, consent, approval
Einwand ['aɪnvant] *m* objection
Einwanderer ['aɪnvandərər] *m* immigrant
einwandern ['aɪnvandərn] *v* immigrate
Einwanderung ['aɪnvandəruŋ] *f* immigration
einweihen ['aɪnvaɪən] *v* inaugurate
Einweihung ['aɪnvaɪuŋ] *f* inauguration, ceremonial opening
einweisen ['aɪnvaɪzən] *v irr 1. (anleiten)* introduce, instruct; *2. ~ in (einliefern)* commit to, admit to

Einweisung ['aɪnvaɪzuŋ] *f 1. (Instruktionen)* instructions *pl*; *2. MED* reference to hospital
einwenden ['aɪnvɛndən] *v irr ~ gegen* object to, protest against
einwerfen ['aɪnvɛrfən] *v irr 1.* throw in; *2. (Münze)* insert; *3. (Post)* post, mail *(US)*; *4. (einschlagen)* smash, break
einwilligen ['aɪnvɪlɪgən] *v* agree, consent
Einwilligung ['aɪnvɪlɪguŋ] *v* approval
einwirken ['aɪnvɪrkən] *v* act, have an effect; *auf jdn ~* influence s.o.
Einwirkung ['aɪnvɪrkuŋ] *f* effect, influence
Einwohner ['aɪnvoːnər] *m* inhabitant, resident
einzahlen ['aɪntsaːlən] *v* pay in, deposit
Einzahlung ['aɪntsaːluŋ] *f* payment, deposit
Einzelgänger ['aɪntsəlgɛŋər] *m* loner
Einzelheit ['aɪntsəlhaɪt] *f* detail, particular; *sich mit ~en befassen* go into detail
Einzelkämpfer ['aɪntsəlkɛmpfər] *m 1. (fig)* pioneer; *2. MIL* ranger
Einzelkind ['aɪntsəlkɪnt] *n* only child
einzeln ['aɪntsəln] *adj 1.* individual, single, particular; *im Einzelnen* in detail; *adv 2.* individually, separately, one by one
Einzelne(r) ['aɪntsəlnə(r)] *m/f* individual
Einzelzimmer ['aɪntsəltsɪmər] *n* single room
einziehen ['aɪntsiːən] *v 1. (Wohnung)* move in; *2. (beschlagnahmen)* confiscate, impound, withdraw; *3. Auskünfte über etw ~* gather information about sth
einzig ['aɪntsɪç] *adj* only, one, sole; *kein ~es Mal* not once
einzigartig ['aɪntsɪçartɪç] *adj* unique, singular, unparalleled
Einzigartigkeit ['aɪntsɪçartɪçkaɪt] *f* uniqueness
Eis [aɪs] *n 1.* ice; *~ laufen* ice-skate, *zu ~ werden* turn to ice; *etw auf ~ legen (fig)* put sth on the shelf; *das ~ brechen (fig)* break the ice; *2. (Speiseeis)* ice-cream
Eisbär ['aɪsbɛːr] *m ZOOL* polar bear
Eisberg ['aɪsbɛrk] *m GEOL* iceberg
Eiscreme ['aɪskreːm] *f* ice-cream
Eisen ['aɪzən] *n* iron; *zum alten ~ gehören* to be left on the scrap heap; *mehrere ~ im Feuer haben* have a few irons in the fire
Eisenbahn ['aɪzənbaːn] *f* railway; *Es ist höchste ~!* It's high time!
eisig ['aɪzɪç] *adj 1. (kalt)* icy, freezing; *2. (fig)* frosty, cold, cutting
Eislauf ['aɪslauf] *m* ice-skating
Eisprung ['aɪʃpruŋ] *m BIO* ovulation
Eisschrank ['aɪsʃraŋk] *m* refrigerator
Eiswürfel ['aɪsvyrfəl] *m* ice cube
Eiszapfen ['aɪstsapfən] *m* icicle
Eiszeit ['aɪstsaɪt] *f GEOL* Ice Age
eitel ['aɪtəl] *adj 1.* vain; *2. (eingebildet)* conceited
Eiweiß ['aɪvaɪs] *n 1. (vom Ei)* egg-white; *2. BIO* protein, albumen
Eizelle ['aɪtsɛlə] *f BIO* egg cell, ovum
Ekel ['eːkəl] *m* disgust, repulsion; *~ erregend* disgusting, repulsive repugnant
ekelhaft ['eːkəlhaft] *adj 1.* disgusting, revolting, nauseating; *2. (unangenehm)* nasty
ekeln ['eːkəln] *v sich ~ vor* to be sickened by, to be disgusted by
Eklat [e'klaː] *m (Aufsehen)* stir, sensation
Ekstase [ɛk'staːzə] *f* ecstasy; *in ~ geraten* go into ecstasies
elastisch [e'lastɪʃ] *adj* elastic, flexible
Elch [ɛlç] *m ZOOL* elk, moose *(US)*
Elefant [ele'fant] *m ZOOL* elephant; *wie der ~ im Porzellanladen* like a bull in a china shop
elegant [ele'gant] *adj* elegant, graceful, smart
Eleganz [ele'gants] *f* elegance
Elektriker [e'lɛktrɪkər] *m* electrician
Elektrizität [elɛktritsi'tɛːt] *f* electricity, electric current
Elektron [elɛk'troːn] *n PHYS* electron
Elektronik [elɛk'troːnɪk] *f* electronics
Elektrotechnik [e'lɛktrotɛçnɪk] *f TECH* electrical engineering
Element [ele'mɛnt] *n* element; *in seinem ~ sein* take to sth like a duck to water, to be in one's element
elementar [elemɛn'taːr] *adj* elementary
elend ['eːlɛnt] *adj* miserable
Elend ['eːlɛnt] *n* misery, distress; *wie ein Häufchen ~* with one's tail between one's legs
Elfe ['ɛlfə] *f* elf
Elfenbein ['ɛlfənbaɪn] *n* ivory
elitär [elɪ'tɛːr] *adj* elitist
Elite [e'liːtə] *f* elite
Ellbogen ['ɛlboːgən] *m ANAT* elbow
eloquent [elo'kvɛnt] *adj* eloquent
Elster ['ɛlstər] *f ZOOL* magpie
Eltern ['ɛltərn] *pl* parents *pl*; *Das ist nicht von schlechten ~. (fam)* That's not bad at all.
Email [e'maːj] *n* enamel
Emanzipation [emantsɪpa'tsjoːn] *f (der Frau)* Women's Liberation, emancipation
emanzipieren [ɛmantsɪ'piːrən] *v sich ~* emancipate o.s.

Embargo [ɛm'bargo] *n POL* embargo
Embryo ['ɛmbryo] *m BIO* embryo
Emigrant [emi'grant] *m* emigrant
Emigration [emigra'tsjo:n] *f* emigration
emigrieren [emi'gri:rən] *v POL* emigrate
eminent [emi'nɛnt] *adj* eminent
Emission [emɪs'jo:n] *f 1. ECO* issue, issuing; *2. PHYS* emission
Emotion [emo'tsjo:n] *f* emotion
emotional [emotsjo'na:l] *adj* emotional
Empfang [ɛm'pfaŋ] *m 1. (Erhalt)* receipt; *2. (Begrüßung)* reception, welcome; *3. (Veranstaltung)* reception; *4. (Rezeption)* reception area; *5. (TV) TECH* reception
empfangen [ɛm'pfaŋən] *v irr 1.* receive; *2. (begrüßen)* welcome, greet, meet
Empfänger [ɛm'pfɛŋər] *m 1. (Adressat)* addressee, recipient; *2. (Gerät) TECH* receiver
empfänglich [ɛm'pfɛŋlɪç] *adj 1.* susceptible; *2. (aufnahmebereit)* receptive
Empfängnis [ɛm'pfɛŋnɪs] *f BIO* conception
Empfängnisverhütung [ɛm'pfɛŋnɪsfɛrhy:tuŋ] *f* contraception
empfehlen [ɛm'pfe:lən] *v irr* recommend
Empfehlung [ɛm'pfe:luŋ] *f* recommendation
empfinden [ɛm'pfɪndən] *v irr* feel, sense
empfindlich [ɛm'pfɪntlɪç] *adj 1.* sensitive, delicate; *2. (reizbar)* touchy, sensitive; *3. (stark spürbar)* severe
Empfindlichkeit [ɛm'pfɪntlɪçkaɪt] *f* sensitivity
empfindsam [ɛm'pfɪntza:m] *adj* sensitive, sentimental
Empfindsamkeit [ɛm'pfɪntza:mkaɪt] *f* sentimentality
Empfindung [ɛm'pfɪnduŋ] *f* sensation, feeling
empirisch [ɛm'pi:rɪʃ] *adj* empirical
empor [ɛm'po:r] *adv* up, upward, upwards
empören [ɛm'pø:rən] *v 1. sich ~ gegen* revolt against; *2. sich ~ (fig)* to be outraged, to be appalled
empörend [ɛm'pø:rənt] *adj* shocking, outrageous
empört [ɛm'pø:rt] *adj* outraged, appalled
Empörung [ɛm'pø:ruŋ] *f 1. (Unwille)* indignation, outrage; *2. (Aufstand)* revolt
emsig ['ɛmzɪç] *adj* busy, industrious, active
Ende ['ɛndə] *n* end; *zu ~ gehen* come to an end; *am ~ sein* to be at the end of one's tether; *kein ~ finden* go on and on; *zu einem guten ~ führen* to be all for the best; *ein böses ~ nehmen* come to a bad end; *einer Sache ein ~ bereiten* put an end to sth; *Das dicke ~ kommt noch.* The worst is yet to come. *Er ist ~ Sechzig.* He is in his late sixties.
enden ['ɛndən] *v* end; *Dieser Zug endet hier.* This train does not go any further.
endgültig ['ɛntgyltɪç] *adj 1.* final, definitive, definite; *adv 2.* once and for all
Endivie [ɛn'di:vjə] *f BOT* endive
endlich ['ɛntlɪç] *adj 1.* finite; *adv 2.* finally, at last
endlos ['ɛntlo:s] *adj 1.* endless, never-ending, infinite; *adv 2.* endlessly, infinitely, unceasingly
Endstadium ['ɛntʃta:djum] *n* final stage
Endstation ['ɛntʃtatsjo:n] *f* last stop
Endverbraucher ['ɛntfɛrbrauxər] *m ECO* consumer
Endzeit ['ɛnttsaɪt] *f* last days *pl*
Energie [enɛr'gi:] *f* energy
energisch [e'nɛrgɪʃ] *adj 1.* energetic, strong, vigorous; *adv 2.* emphatically, resolutely, vigorously
eng [ɛŋ] *adj* tight, narrow; *~ anliegend* tight-fitting; *~ befreundet* close; *Das darfst du nicht so ~ sehen.* Don't take it so seriously.
Engagement [ɑ̃gaʒ'mɑ̃] *n 1. (Einsatz)* commitment, involvement; *2. (Anstellung)* engagement
engagieren [ɑ̃nga'ʒi:rən] *n 1. jdn ~* employ s.o., engage s.o., hire s.o.; *2. sich ~* commit o.s.
Enge ['ɛŋə] *f* narrowness, tightness; *jdn in die ~ treiben* corner s.o.; drive s.o. into a corner
Engel ['ɛŋəl] *m* angel
engherzig ['ɛŋhɛrtsɪç] *adj* parochial, narrow-minded
England ['ɛŋlant] *n GEO* England
englisch ['ɛŋlɪʃ] *adj* English
Engpass ['ɛŋpas] *m* narrow pass; *Ich habe gerade einen finanziellen ~. (fig)* Money is tight for me at the moment.
engstirnig ['ɛŋʃtɪrnɪç] *adj* narrow-minded
Enkel ['ɛŋkəl] *m* grandson; *unsere ~* our grandchildren
Enkelin ['ɛŋkəlɪn] *f* granddaughter
Enkelkind ['ɛŋkəlkɪnd] *n* grandchild
enorm [e'nɔrm] *adj 1.* enormous, huge, immense; *adv 2.* enormously, tremendously
entarten [ɛnt'artən] *v* degenerate
entbehren [ɛnt'be:rən] *v 1.* lack; *2. (verzichten)* do without; *3. (vermissen)* miss

Entbehrung [ɛnt'beːruŋ] *f* hardship, want, need
entbinden [ɛnt'bɪndən] *v irr 1. (befreien)* liberate, release, deliver; *2. (Baby) MED* deliver
entdecken [ɛnt'dɛkən] *v* discover, find
Entdeckung [ɛnt'dɛkuŋ] *f* discovery, detection, finding
Ente ['ɛntə] *f 1. ZOOL* duck; *eine lahme ~ (fig)* a slowcoach, a slowpoke; *2. (fig: Zeitungsente)* false report, hoax
entehren [ɛnt'eːrən] *v* dishonour, disgrace
enteignen [ɛnt'aɪgnən] *v JUR* expropriate
Enteignung [ɛnt'aɪgnuŋ] *f JUR* expropriation, dispossession
enterben [ɛnt'ɛrbən] *v* disinherit
entfachen [ɛnt'faxən] *v 1. (Feuer)* kindle; *2. (fig: Streit)* arouse, provoke
entfallen [ɛnt'falən] *v irr 1. jdm ~* drop, slip from one's hands; *2. (ausfallen)* to be cancelled; *3. jdm ~ (fig: vergessen)* slip one's mind, escape; *Sein Name ist mir ~.* His name escapes me s.o..
entfalten [ɛnt'faltən] *v* develop, display
entfernen [ɛnt'fɛrnən] *v 1. (wegnehmen)* remove, take away, take out; *2. sich ~* leave, go away
entfernt [ɛnt'fɛrnt] *adj* distant, remote
Entfernung [ɛnt'fɛrnuŋ] *f 1. (Distanz)* distance; *2. (Wegnahme)* removal; *~ aus dem Amt* removal from office
entfremden [ɛnt'frɛmdən] *v 1.* alienate, estrange; *2. etw von seinem Zweck ~* use sth for the wrong purpose; *3. sich ~* become alienated, become estranged; *Sie hat sich mir durch ihre lange Abwesenheit entfremdet.* Her long absence has made her a stranger to me.
entführen [ɛnt'fyːrən] *v* kidnap, abduct
Entführer [ɛnt'fyːrər] *m* kidnapper
Entführung [ɛnt'fyːruŋ] *f* kidnapping, abduction
entgegen [ɛnt'geːgən] *prep 1. (örtlich)* toward, against, towards; *2. (wider)* contrary to
entgegengesetzt [ɛnt'geːgəngəzɛtst] *adj* opposite
Entgegenkommen [ɛnt'geːgənkɔmən] *n* obligingness, accommodating manner, helpfulness
entgegennehmen [ɛnt'geːgənneːmən] *v irr* accept
entgegensehen [ɛnt'geːgənzeːən] *v irr 1.* await; *2. einer Sache ~ müssen* have to face sth; *3. Wir sehen Ihrer Antwort gern entgegen.* We look forward to your reply.
entgegensetzen [ɛnt'geːgənzɛtsən] *v 1. Widerstand ~* put up resistance; *2. einer Sache etw ~* counter sth with sth, respond to sth with sth
entgegenwirken [ɛnt'geːgənvɪrkən] *v* counteract, oppose
entgegnen [ɛnt'geːgnən] *v* reply, answer
entgehen [ɛnt'geːən] *v irr* escape, elude
entgleisen [ɛnt'glaɪzən] *v 1. (Zug)* derail; *2. (fig)* slip up, make a faux pas
enthalten [ɛnt'haltən] *v irr 1. (beeinhalten)* contain, hold, comprise; *2. sich einer Sache ~* abstain from sth, refrain from sth; *sich des Rauchens ~* abstain from smoking
enthaltsam [ɛnt'haltzaːm] *adj 1.* abstinent, abstemious; *adv 2.* abstemiously
Enthaltsamkeit [ɛnt'haltzaːmkaɪt] *f* abstinence, abstemiousness
Enthaltung [ɛnt'haltuŋ] *f* abstention
entheben [ɛnt'heːbən] *v irr 1. (der Verantwortung)* dispense, exempt, release; *2. (eines Amtes)* remove, dismiss
enthüllen [ɛnt'hylən] *v 1. (Denkmal)* unveil; *2. (fig)* disclose, reveal
Enthüllung [ɛnt'hyluŋ] *f 1. (Denkmal)* unveiling; *2. (fig)* disclosure, revelation
Enthusiasmus [ɛntu'zjasmus] *m* enthusiasm
enthusiastisch [ɛntu'zjastɪʃ] *adj* enthusiastic
entkommen [ɛnt'kɔmən] *v irr* get away, escape
Entkommen [ɛnt'kɔmən] *n* escape
entkräften [ɛnt'krɛftən] *v 1.* devitalize, weaken; *2. (widerlegen)* refute; *3. (fig)* invalidate, make null and void
entladen [ɛnt'laːdən] *v irr 1. (abladen)* unload; *2. (fig: befreien)* pour out one's feelings
entlang [ɛnt'laŋ] *prep* along, down; *die Straße ~* down the street
entlarven [ɛnt'larfən] *v* expose, unmask
entlassen [ɛnt'lasən] *v irr 1. (Arbeitskraft)* dismiss, fire (fam), sack (fam); *2. (Gefangene)* release; *3. (Patienten)* discharge; *4. MIL* discharge, dismiss
Entlassung [ɛnt'lasuŋ] *f 1. (einer Arbeitskraft)* dismissal; *2. (eines Gefangenen)* release; *3. (eines Patienten)* discharge; *4. MIL* discharge, dismissal
entlasten [ɛnt'lastən] *v 1.* reduce the pressure on, relieve the strain on; *2. (Angeklagten) JUR* exonerate
Entlastung [ɛnt'lastuŋ] *f 1.* relief; *Wir schicken Ihnen Ihre Unterlagen zu unserer ~*

zurück. We are returning your documents to you for your files. *2. (eines Angeklagten) JUR* exoneration; *zu seiner ~ führte er an, dass ...* in his defence he stated that ...
entlegen [ɛnt'leːgən] *adj* distant, isolated
entlocken [ɛnt'lɔkən] *v 1. jdm etw ~* coax sth out of s.o.; *2. jdm etw ~ (Geständnis, Geheimnis)* worm sth out of s.o.
entmachten [ɛnt'maxtən] *v jdn ~* deprive s.o. of his power
Entmachtung [ɛnt'maxtuŋ] *f POL* deprivation of power
entmündigen [ɛnt'myndɪgən] *v JUR* declare incapable of managing his own affairs
entmutigen [ɛnt'muːtɪgən] *v* discourage, dishearten; *~, etw zu tun* discourage from doing sth
Entnahme [ɛnt'naːmə] *f 1.* taking, extraction, drawing; *2. (von Geld)* withdrawal
entnehmen [ɛnt'neːmən] *v irr 1. (herausnehmen)* take out, withdraw; *2. (fig: schließen)* conclude, gather, deduce
enträtseln [ɛnt'rɛːtsəln] *v* unravel, solve
entrichten [ɛnt'rɪçtən] *v* pay
entrinnen [ɛnt'rɪnən] *v irr* escape
entrücken [ɛnt'rykən] *v jdn einer Sache ~* remove s.o. from sth, whisk s.o. away from sth
entrüsten [ɛnt'rystən] *v 1.* fill with indignation, outrage; *2. sich ~* to be indignant, to be outraged
entschädigen [ɛnt'ʃɛːdɪgən] *v* compensate, repay, reimburse
Entschädigung [ɛnt'ʃɛːdɪguŋ] *f* compensation, indemnification, reimbursement
entschärfen [ɛnt'ʃɛrfən] *v 1. (Bombe)* defuse, deactivate; *2. (fig: Situation)* defuse, ease, take the bite out of
entscheiden [ɛnt'ʃaɪdən] *v irr* decide, determine, settle; *sich gegen etw ~* decide against sth; *Sie entschied sich für das rote Kleid.* She decided on the red dress.
Entscheidung [ɛnt'ʃaɪduŋ] *f* decision; *eine ~ treffen* make a decision
entschließen [ɛnt'ʃliːsən] *v irr sich ~* decide, make up one's mind, determine
Entschluss [ɛnt'ʃlus] *m* resolution, decision
entschuldigen [ɛnt'ʃuldɪgən] *v 1. etw ~* excuse; *2. sich ~* apologize; *3. sich ~ (sich abmelden)* excuse o.s., ask to be excused
Entschuldigung [ɛnt'ʃuldɪguŋ] *f 1. (Abbitte)* apology; *~!* Excuse me! Sorry! *2. (Ausrede)* excuse
entsetzen [ɛnt'zɛtsən] *v* appal, dismay, shock
Entsetzen [ɛnt'zɛtsən] *n* dismay, fright, horror
entsetzlich [ɛnt'zɛtslɪç] *adj* dreadful, frightful, ghastly
entsorgen [ɛnt'zɔrgən] *v Abfall ~* dispose of waste
entspannen [ɛnt'ʃpanən] *v sich ~* relax
Entspannung [ɛnt'ʃpanuŋ] *f 1.* relaxation; *2. POL* detente
Entspannungspolitik [ɛnt'ʃpanuŋspoliːtiːk] *f POL* policy of detente
entsprechen [ɛnt'ʃprɛçən] *v irr* correspond to, to be in accordance with, tally with
entsprechend [ɛnt'ʃprɛçənt] *adj 1.* corresponding; *2. (angemessen)* adequate
Entsprechung [ɛnt'ʃprɛçuŋ] *f 1.* correspondence; *2. (Äquivalent)* equivalent
entstehen [ɛnt'ʃteːən] *v irr 1.* come into being; *2. (geschaffen werden)* to be created; *3. (sich entwickeln)* develop; *4. (verursacht werden)* result
Entstehung [ɛnt'ʃteːuŋ] *f 1.* coming into being, genesis; *(Ursprung)* origin; *2. (Bildung)* formation
entstellen [ɛnt'ʃtɛlən] *v* disfigure, distort
enttäuschen [ɛnt'tɔyʃən] *v* disappoint
Enttäuschung [ɛnt'tɔyʃuŋ] *f* disappointment
entvölkern [ɛnt'fœlkərn] *v* depopulate
entwaffnend [ɛnt'vafnənt] *adj* disarming
entwarnen [ɛnt'varnən] *v* sound the all-clear
Entwarnung [ɛnt'varnuŋ] *f* the all-clear
entweder ['ɛntveːdər] *konj ~ ... oder* either ... or
entweichen [ɛnt'vaɪçən] *v irr* escape
entweihen [ɛnt'vaɪən] *v REL* desecrate
Entweihung [ɛnt'vaɪuŋ] *f REL* desecration
entwenden [ɛnt'vɛndən] *v irr* steal, pilfer
entwerfen [ɛnt'vɛrfən] *v irr* design, draft
entwerten [ɛnt'vɛrtən] *v 1. (Fahrkarte)* cancel; *2. (Geld)* devalue; *3. (fig)* devalue, depreciate
Entwertung [ɛnt'vɛrtuŋ] *f ECO* depreciation, devaluation
entwickeln [ɛnt'vɪkəln] *v* develop, evolve
Entwicklung [ɛnt'vɪkluŋ] *f* development, evolution
Entwicklungsland [ɛnt'vɪkluŋslant] *n POL* developing country
entwürdigend [ɛnt'vyrdɪgənt] *adj* degrading

Entwurf [ɛnt'vurf] *m* design, plan, draft
entwurzeln [ɛnt'vurtsəln] *v* uproot
entziehen [ɛnt'tsi:ən] *v irr 1. sich einer Sache ~* avoid sth, escape sth, evade sth; *Das entzieht sich meiner Kenntnis.* I don't know anything about that. *Es entzieht sich jeder Berechnung.* It's beyond calculation. *2. (etw ~)* take away; *jdm den Alkohol ~* deprive s.o. of alcohol; *3. (Unterstützung, Erlaubnis)* withdraw
entziffern [ɛnt'tsɪfərn] *v* decipher
entzücken [ɛnt'tsykən] *v* delight
Entzücken [ɛnt'tsykən] *n* delight, rapture, joy
Entzug [ɛnt'tsu:k] *m MED* withdrawal
entzünden [ɛnt'tsyndən] *v 1. (Feuer)* kindle, light, set on fire; *2. sich ~ MED* become inflamed
Entzündung [ɛnt'tsyndʊŋ] *f MED* inflammation, irritation
Enzian ['ɛntsjan] *m BOT* gentian
Enzyklopädie [ɛntsyklopɛ'di:] *f* encyclopedia
Enzym [ɛn'tsy:m] *n BIO* enzyme
Epidemie [epide'mi:] *f MED* epidemic
Epilepsie [epilɛp'zi:] *f MED* epilepsy
Episode [epi'zo:də] *f* episode
Epoche [e'pɔxə] *f HIST* epoch
Erachten [ɛr'axtən] *n meines ~s* in my opinion
Erbanlagen ['ɛrpanla:gən] *pl BIO* hereditary disposition
erbarmen [ɛr'barmən] *v sich ~* have mercy, have pity
Erbarmen [ɛr'barmən] *n* compassion, mercy, pity
erbärmlich [ɛr'bɛrmlɪç] *adj* miserable, wretched, poor
erbarmungslos [ɛr'barmʊŋslo:s] *adj* pitiless, merciless, ruthless
erbauen [ɛr'bauən] *v 1.* build, erect; *2. (fig)* edify
erbaulich [ɛr'baulɪç] *adj* edifying, uplifting, elevating
Erbauung [ɛr'bauʊŋ] *f 1. (Gebäude)* construction; *2. REL* edification
Erbe ['ɛrbə] *n 1.* inheritance, heritage; *m 2.* heir
erben ['ɛrbən] *v* inherit
erbeuten [ɛr'bɔytən] *v* capture, carry off
Erbin ['ɛrbɪn] *f* heiress
erbitten [ɛr'bɪtən] *v irr 1. sich etw von jdm ~* ask s.o. for sth, request sth of s.o. *2. sich ~ lassen* yield, relent
erblassen [ɛr'blasən] *v (blass werden)* turn pale
erblich ['ɛrplɪç] *adj* hereditary
erblinden [ɛr'blɪndən] *v* go blind
Erblindung [ɛr'blɪndʊŋ] *f* loss of eyesight
erbrechen [ɛr'brɛçən] *v irr 1. (öffnen)* break open, force open; *2. MED* vomit
Erbschaft ['ɛrpʃaft] *f* inheritance, legacy
Erbse ['ɛrpsə] *f* pea
Erdbeben ['e:rtbe:bən] *n* earthquake
Erdbeere ['e:rtbe:rə] *f BOT* strawberry
Erdboden ['e:rtbo:dən] *m* ground, soil; *etw dem ~ gleichmachen* raze sth to the ground; *vom ~ verschwinden* vanish from the face of the earth
Erde ['e:rdə] *f 1. (Boden)* earth, ground, soil; *jdn unter die ~ bringen* to be the death of s.o.; *auf der ~ bleiben (fig)* stay down-to-earth; *etw aus der ~ stampfen (fig)* set sth up from scratch; *2. (Erdball)* Earth, the earth
erden ['e:rdən] *v TECH* earth, ground *(US)*
Erdgas ['e:rtga:s] *n* natural gas
Erdgeschoss ['e:rtgəʃɔs] *n* ground floor, first floor *(US)*
erdichten [ɛr'dɪçtən] *v* fabricate, invent, make up
Erdkunde ['e:rtkundə] *f* geography
Erdnuss ['e:rtnus] *f* peanut
Erdöl ['e:rtø:l] *n* crude oil, petroleum; *~ exportierend* oil exporting
Erdreich ['e:rtraɪç] *n* earth, soil
erdrücken [ɛr'drykən] *v 1.* crush (to death); *ein ~des Gefühl* a stifling feeling *2. (fig)* overwhelm
Erdrutsch ['e:rtrutʃ] *m* landslide, landslip
Erdteil ['e:rttaɪl] *m* continent
erdulden [ɛr'duldən] *v* tolerate, endure
ereignen [ɛr'aɪgnən] *v sich ~* happen, take place, occur
Ereignis [ɛr'aɪgnɪs] *n* event, incident, occurrence
Erektion [erɛk'tsjo:n] *f* erection
Eremit [ere'mi:t] *m* hermit
erfahren [ɛr'fa:rən] *v irr 1. (erleben)* experience; *2. (mitgeteilt bekommen)* hear, learn; *adj 3.* experienced, skilled, expert
Erfahrung [ɛr'fa:rʊŋ] *f* experience; *in ~ bringen* find out
erfassen [ɛr'fasən] *v 1. (greifen)* seize, grasp, hold; *2. (in Statistik)* register, record; *3. (fig: verstehen)* grasp
erfinden [ɛr'fɪndən] *v irr 1.* invent, devise; *2. (erdichten)* concoct, fabricate
Erfinder [ɛr'fɪndər] *m* inventor

Erfindung [ɛr'fɪndʊŋ] *f* *1.* invention; *2.* *(Lüge)* fabrication, fiction
Erfolg [ɛr'fɔlk] *m* success; *~ versprechend* promising
erfolgen [ɛr'fɔlgən] *v* ensue, happen, arise
erfolglos [ɛr'fɔlkloːs] *adj* unsuccessful, fruitless
erfolgreich [ɛr'fɔlkraɪç] *adj* successful
erforderlich [ɛr'fɔrdərlɪç] *adj* necessary, required
erfordern [ɛr'fɔrdərn] *v* require, demand, need
Erfordernis [ɛr'fɔrdərnɪs] *n* requirement, necessity
erfragen [ɛr'fraːgən] *v* find out (by asking), ask, inquire
erfreuen [ɛr'frɔyən] *v* delight, rejoice
erfreulich [ɛr'frɔylɪç] *adj* pleasant, welcome
erfreulicherweise [ɛr'frɔylɪçərvaɪzə] *adj* fortunately, happily
erfrieren [ɛr'friːrən] *v irr* *1.* *(Person)* freeze to death; *2.* *(Pflanze)* to be killed by frost
erfrischen [ɛr'frɪʃən] *v* *sich ~* refresh o.s.
Erfrischung [ɛr'frɪʃʊŋ] *f* refreshment
erfüllen [ɛr'fylən] *v* *1.* *(Pflicht)* fulfil, carry out; *2.* *(Wunsch)* fulfil
Erfüllung [ɛr'fylʊŋ] *f* *1.* *(Pflicht)* performance, fulfilment, accomplishment; *2.* *(Wunsch)* fulfilment, realization
ergänzen [ɛr'gɛntsən] *v* *1.* supplement; *2.* *(vervollständigen)* complete
Ergänzung [ɛr'gɛntsʊŋ] *f* *1.* supplementing; *2.* *(Vervollständigung)* completion
ergeben [ɛr'geːbən] *v irr* *1.* result in; *2.* *(sich erweisen)* reveal; *3.* *(abwerfen)* yield; *4.* *(betragen)* amount to; *5.* *sich ~* result, ensue; *6.* *sich ~ (aufgeben)* surrender; *7.* *sich einer Sache ~* devote o.s. to sth
Ergebenheit [ɛr'geːbənhaɪt] *f* devotion
Ergebnis [ɛr'geːpnɪs] *n* *1.* result, outcome; *2.* *(Folgen)* consequences *pl*
ergebnislos [ɛr'geːpnɪsloːs] *adj* fruitless, ineffective, without success
ergehen [ɛr'geːən] *v irr* *1.* *Wie ist es ihm ergangen?* How did he do? How did he fare? *2.* *(erteilt werden)* to be issued, go out; *3.* *etw über sich ~ lassen* endure sth, submit to sth; *4.* *sich ~ in (fig)* indulge in; *5.* *sich an der Luft ~* go for a stroll in the fresh air
ergiebig [ɛr'giːbɪç] *adj* productive, lucrative, rich
ergreifen [ɛr'graɪfən] *v irr* *1.* *(greifen)* seize, grasp, grip; *2.* *Maßnahmen ~* take measures; *3.* *(festnehmen)* seize, capture, apprehend; *4.* *(fig: bewegen)* move, affect, thrill
Ergriffenheit [ɛr'grɪfənhaɪt] *f* emotion
ergründen [ɛr'gryndən] *v* *1.* get to the bottom of; *2.* *(erforschen)* probe
erhaben [ɛr'haːbən] *adj* *1.* raised; *2.* *(über anderen stehend)* exalted; *3.* *über etw ~ sein* to be above sth (fig); *4.* *(Anblick)* sublime
erhalten [ɛr'haltən] *v irr* *1.* *(bekommen)* receive, get; *2.* *(bewahren)* keep, preserve
erhältlich [ɛr'hɛltlɪç] *adj* obtainable
Erhaltung [ɛr'haltʊŋ] *f* maintenance, preservation, conservation
erhärten [ɛr'hɛrtən] *v* *1.* harden; *2.* *(bestätigen)* substantiate, confirm
erheben [ɛr'heːbən] *v irr* *1.* *(hochheben)* lift up, raise; *2.* *sich ~* get up, rise; *3.* *(Steuern)* *ECO* levy, impose; *4.* *(Klage)* *JUR* file (a complaint), bring an action against
erheitern [ɛr'haɪtərn] *v* *1.* amuse, entertain; *2.* *sich ~* cheer up
Erheiterung [ɛr'haɪtərʊŋ] *f* amusement
erhellen [ɛr'hɛlən] *v* *1.* light up, illuminate; *2.* *(fig: aufklären)* make evident; *3.* *sich ~* light up
erhöhen [ɛr'høːən] *v* *1.* increase, raise, elevate; *2.* *(Preise)* *ECO* raise, increase
Erhöhung [ɛr'høːʊŋ] *f* increase, raising, heightening
erholen [ɛr'hoːlən] *v* *sich ~* recover, recuperate, get well
Erholung [ɛr'hoːlʊŋ] *f* recuperation, recreation, relaxation
erinnern [ɛr'ɪnərn] *v* *1.* *jdn ~* remind s.o.; *2.* *sich ~* remember, recall, recollect
Erinnerung [ɛr'ɪnərʊŋ] *f* remembrance, recollection, memory
erkälten [ɛr'kɛltən] *v* *sich ~* catch (a) cold
Erkältung [ɛr'kɛltʊŋ] *f* cold
erkennen [ɛr'kɛnən] *v irr* *1.* recognize; *2.* *(einsehen)* realize; *3.* *(entdecken)* discover
erkenntlich [ɛr'kɛntlɪç] *adj* grateful
Erkenntnis [ɛr'kɛntnɪs] *f* *1.* *(Einsicht)* realization; *2.* *(Wissen)* knowledge; *3.* *(Verständnis)* recognition
Erker ['ɛrkər] *m* bay
erklären [ɛr'klɛːrən] *v* *1.* *(verdeutlichen)* explain, define, account for; *2.* *(verkünden)* declare, state
erklärtermaßen [ɛr'klɛːrtərmaːsən] *adv* as previously explained, as previously stated
Erklärung [ɛr'klɛːrʊŋ] *f* *1.* *(Verdeutlichung)* explanation, definition, interpretation; *2.* *(Verkündung)* declaration, statement

erkranken [ɛr'kraŋkən] *v* to be taken ill
erkundigen [ɛr'kundɪgən] *v sich ~* inquire
Erkundigung [ɛr'kundɪguŋ] *f* inquiry; *~en einholen* make inquiries
erlangen [ɛr'laŋən] *v* obtain, achieve
Erlass [ɛr'las] *m 1. (Verordnung)* decree, ordinance, edict; *2. (Befreiung)* release, dispensation, exemption; *3. (einer Sünde)* remission
erlassen [ɛr'lasən] *v irr 1. (verordnen)* enact, pass, issue; *2. (Strafe) JUR* remit; *(Gebühren)* waive; *(Verpflichtung)* exempt
erlauben [ɛr'laubən] *v* allow, permit; *Was ~ Sie sich?* What on earth do you think you're doing?
Erlaubnis [ɛr'laupnɪs] *f 1.* permission; *2. (Schriftstück)* permit
erläutern [ɛr'lɔytərn] *v* explain, clarify
Erläuterung [ɛr'lɔytəruŋ] *f* explanation
Erle ['ɛrlə] *f BOT* alder
erleben [ɛr'le:bən] *v* experience; *Gleich kannst du etwas ~!* Just you wait!
Erlebnis [ɛr'le:pnɪs] *n 1.* experience; *2. (Ereignis)* event, occurrence
erledigen [ɛr'le:dɪgən] *v* handle, deal with, take care of
erleichtern [ɛr'laɪçtərn] *v* relieve, ease, alleviate
erleichtert [ɛr'laɪçtərt] *adj* relieved
Erleichterung [ɛr'laɪçtəruŋ] *f* alleviation, relief
erleiden [ɛr'laɪdən] *v irr 1. (erdulden)* suffer, endure; *2. (Verlust)* sustain
erlesen [ɛr'le:zən] *adj* select, choice, exquisite
Erlös [ɛr'lø:s] *m ECO* proceeds *pl,* revenue
erlösen [ɛr'lø:zən] *v* deliver, release, redeem
Erlöser [ɛr'lø:zər] *m REL* Redeemer
Erlösung [ɛr'lø:zuŋ] *f 1.* deliverance, release; *2. REL* redemption, salvation
ermächtigen [ɛr'mɛçtɪgən] *v* authorize, empower
Ermächtigung [ɛr'mɛçtɪguŋ] *f 1.* authorization, power; *2. (Urkunde)* warrant, licence
ermahnen [ɛr'ma:nən] *v* admonish
Ermahnung [ɛr'ma:nuŋ] *f* admonition
ermäßigen [ɛr'mɛ:sɪgən] *v* reduce, lower
Ermäßigung [ɛr'mɛ:sɪguŋ] *f* reduction, discount
Ermessen [ɛr'mɛsən] *n 1. (Einschätzung)* estimation; *nach menschlichem ~* as far as it is possible to tell; *2. (Gutdünken)* discretion
ermitteln [ɛr'mɪtəln] *v 1.* determine, ascertain, find out; *2. JUR* investigate, inquire into
Ermittlung [ɛr'mɪtluŋ] *f 1.* determination, ascertaining; *2. (Erkundigung)* inquiry, investigation; *3. (Entdeckung)* discovery
ermöglichen [ɛr'mø:klɪçən] *v* enable, make possible
ermorden [ɛr'mɔrdən] *v* murder
ermüden [ɛr'my:dən] *v* tire, weary
ermüdend [ɛr'my:dənt] *adj* tiring
ermutigen [ɛr'mu:tɪgən] *v* encourage, give courage, embolden
Ernährung [ɛr'nɛ:ruŋ] *f 1.* nourishment, feeding; *2. (Kost)* diet; *3. MED* nutrition
ernennen [ɛr'nɛnən] *v irr* nominate, appoint, designate
Ernennung [ɛr'nɛnuŋ] *f* nomination, appointment, designation
erneuern [ɛr'nɔyərn] *v 1.* renew; *2. (wieder beleben)* revive; *3. (renovieren)* renovate
erniedrigen [ɛr'ni:drɪgən] *v* degrade, humiliate, humble
Erniedrigung [ɛr'ni:drɪguŋ] *f 1.* humiliation, degradation; *2. ECO* reduction
ernst [ɛrnst] *adj 1.* serious; *2. (streng)* severe; *3. (bedenklich)* grave; *adv 4.* seriously; *~ zu nehmend* to be taken seriously; *Er meint es ~.* He's serious.
Ernst [ɛrnst] *m 1.* seriousness; *der ~ des Lebens* the real world; *mit etw ~ machen* get down to business with sth; *Das ist doch nicht dein ~!* You can't be serious! *2. (Bedenklichkeit)* gravity; *3. (Strenge)* severity
ernsthaft ['ɛrnsthaft] *adj* serious
Ernte ['ɛrntə] *f 1. (Tätigkeit)* harvest; *2. (Ertrag)* crop
ernten ['ɛrntən] *v 1.* harvest, reap; *2. (fig)* reap, gain
ernüchtern [ɛr'nyçtərn] *v 1.* sober up; *2. (fig)* disillusion, bring down to earth
Eroberer [ɛr'o:bərər] *m* conqueror
erobern [ɛr'o:bərn] *v* conquer, capture
Eroberung [ɛr'o:bəruŋ] *f* conquest, capture
eröffnen [ɛr'œfnən] *v 1.* open; *2. jdm etw ~* reveal sth to s.o., break the news about sth to s.o.
Eröffnung [ɛr'œfnuŋ] *f 1.* opening; *2. (Einweihung)* inauguration; *3. (Mitteilung)* revelation, notification, disclosure
erörtern [ɛr'œrtərn] *v* discuss, argue, debate
Erosion [ero'zjo:n] *f* erosion
Erotik [e'ro:tɪk] *f* eroticism
erpressen [ɛr'prɛsən] *v jdn ~* blackmail s.o.
Erpresser [ɛr'prɛsər] *m* blackmailer

Erpressung [ɛr'prɛsuŋ] *f* blackmail
erregen [ɛr're:gən] *v 1. (Aufsehen)* cause, provoke, arouse; *2. (aufregen)* excite, agitate, upset; *3. sich ~* get upset, get excited
Erreger [ɛr're:gər] *m MED* germ
Erregung [ɛr're:guŋ] *f* excitement
erreichbar [ɛr'raɪçba:r] *adj 1.* attainable, within reach; *2. (verfügbar)* available
erreichen [ɛr'raɪçən] *v 1.* reach; *2. (fig)* reach, attain, achieve; *3. (fig: erlangen)* obtain
errichten [ɛr'rɪçtən] *v 1.* build, construct, erect; *2. (gründen)* open, set up, establish
erröten [ɛr'rø:tən] *v 1.* turn red; *2. (vor Verlegenheit)* blush
Errungenschaft [ɛr'ruŋənʃaft] *f* achievement, triumph
Ersatz [ɛr'zats] *m 1. (Vergütung)* compensation; *2. (Austauschstoff)* substitute, ersatz; *3. (Ersetzendes)* replacement, alternative; *4. (Entschädigung)* indemnification
Erschaffung [ɛr'ʃafuŋ] *f* creation
erscheinen [ɛr'ʃaɪnən] *v irr 1. (sich sehen lassen)* appear, make an appearance, turn up; *2. (veröffentlicht werden)* to be published, appear, come out; *3. (vor Gericht)* appear; *4. (scheinen)* seem, appear
Erscheinung [ɛr'ʃaɪnuŋ] *f 1. (Phänomen)* phenomenon; *2. (Aussehen)* appearance, look; *3. in ~ treten* appear
erschießen [ɛr'ʃi:sən] *v irr* shoot dead
erschließen [ɛr'ʃli:sən] *v irr 1. (Baugelände)* develop; *2. (Märkte) ECO* open up; *3. (folgern)* infer
Erschließung [ɛr'ʃli:suŋ] *f 1. (eines Baugeländes)* development; *2. (Märkte) ECO* opening up
erschöpfen [ɛr'ʃœpfən] *v 1.* exhaust; *2. sich ~* exhaust o.s.; *3. sich in etw ~* to be limited to sth
erschöpft [ɛr'ʃœpft] *adj* exhausted, worn out
Erschöpfung [ɛr'ʃœpfuŋ] *f* exhaustion
erschrecken [ɛr'ʃrɛkən] *v irr 1.* scare, frighten; *jdn ~, damit er etw tut* frighten s.o. into doing sth; *2. (plötzlich)* alarm, startle
erschreckend [ɛr'ʃrɛkənt] *adj* frightening
erschüttern [ɛr'ʃytərn] *v 1.* shake, make tremble; *2. (fig: psychologisch)* upset, shock
Erschütterung [ɛr'ʃytəruŋ] *f 1.* vibration, shaking; *2. MED* concussion; *3. (fig)* shock, inner turmoil
erschweren [ɛr'ʃve:rən] *v 1.* make difficult, complicate; *2. (hemmen)* hinder
erschwinglich [ɛr'ʃvɪŋlɪç] *adj* attainable, affordable, within one's means
ersehnen [ɛr'ze:nən] *v* long for
ersetzen [ɛr'zɛtsən] *v 1. (austauschen)* replace; *2. (entschädigen)* compensate for; *(Unkosten)* reimburse for
ersichtlich [ɛr'zɪçtlɪç] *adj* obvious, clear
ersinnen [ɛr'zɪnən] *v irr* devise, invent
Ersparnis [ɛr'ʃpa:rnɪs] *f 1.* saving; *Dieser Weg bedeutet eine ~ von fünf Minuten.* One can save five minutes going this way. *2. ~se pl (erspartes Geld)* savings *pl*
erst [e:rst] *adv 1.* first; *2. (nur)* only, just
erstarren [ɛr'ʃtarən] *v 1.* stiffen; *2. (vor Kälte)* go numb; *3. (Zement)* set; *4. (Flüssigkeit)* solidify; *5. (Fett)* congeal; *6. (fig: person)* freeze; *(vor Schreck)* to be paralyzed
erstatten [ɛr'ʃtatən] *v 1. (Kosten)* reimburse; *2. Anzeige ~* file charges; *3. Bericht ~* report
erstaunen [ɛr'ʃtaunən] *v 1.* to be amazed; *2. jdn ~* amaze s.o.
erstaunlich [ɛr'ʃtaunlɪç] *adj* amazing, astonishing, remarkable
erste(r,s) ['e:rstə(r,s)] *num* first
ersteigern [ɛr'ʃtaɪgərn] *v* buy at an auction
erstellen [ɛr'ʃtɛlən] *v 1.* create; *2. (Rechnung, Übersicht)* draw up
erstens ['e:rstəns] *adv* first of all, in the first place, firstly
ersticken [ɛr'ʃtɪkən] *v 1.* suffocate; *in Arbeit ~* to be up to one's neck in work; *2. an etw ~* to choke on sth; *3. (Flammen)* smother
erstmals ['e:rstma:ls] *adv* for the first time
erstreben [ɛr'ʃtre:bən] *v* aspire to, strive for
erstrebenswert [ɛr'ʃtre:bənsvert] *adj* desirable
erstrecken [ɛr'ʃtrɛkən] *v 1. sich ~* stretch, extend; *2. sich ~ auf (betreffen)* apply to, concern
Ersuchen [ɛr'zu:xən] *n* request, petition
ersuchen [ɛr'zu:xən] *v* request
ertappen [ɛr'tapən] *v* catch; *jdn auf frischer Tat ~* catch s.o. red-handed
erteilen [ɛr'taɪlən] *v 1. (geben)* administer, give; *2. (gewähren)* grant
ertönen [ɛr'tø:nən] *v* ring out, sound
Ertrag [ɛr'tra:k] *m ECO* return, profit, proceeds *pl*
ertragen [ɛr'tra:gən] *v irr* bear, endure
erträglich [ɛr'trɛ:klɪç] *adj* bearable, tolerable, endurable

ertragreich [ɛr'traːkraɪç] *adj* productive, profitable, lucrative
ertränken [ɛr'trɛŋkən] *v* drown (s.o.)
erträumen [ɛr'trɔymən] *v sich etw ~* dream about sth, dream of having sth
ertrinken [ɛr'trɪŋkən] *v irr* drown
Erwachen [ɛr'vaxən] *n* awakening, dawn
erwachsen [ɛr'vaksən] *adj* adult
Erwachsene(r) [ɛr'vaksənə(r)] *m/f* adult, grown-up
erwägen [ɛr'vɛːgən] *v irr* consider, think about, ponder
Erwägung [ɛr'vɛːguŋ] *f* consideration; *in ~ ziehen* take into consideration
erwähnen [ɛr'vɛːnən] *v* mention, name
erwähnenswert [ɛr'vɛːnənsveːrt] *adj* worth mentioning
erwarten [ɛr'vaːrtən] *v* expect, anticipate
Erwartung [ɛr'vartuŋ] *f* expectation, anticipation
erwartungsvoll [ɛr'vartuŋsfɔl] *adj* expectant, full of expectation
erwehren [ɛr'veːrən] *v sich ~* resist, fend off; *Er konnte sich eines Lächelns nicht ~.* He couldn't help smiling.
erweisen [ɛr'vaɪzən] *v irr* prove, show; *jdm etw ~* do sth for s.o.; *sich ~ als* prove to be
erweitern [ɛr'vaɪtərn] *v 1.* expand, widen, extend; *2. (Kleid)* let out
Erweiterung [ɛr'vaɪtəruŋ] *f* extension, expansion, distension
Erwerb [ɛr'vɛrp] *m 1. (Beruf)* livelihood, living; *2. (Kauf) ECO* purchase, acquisition
erwerben [ɛr'vɛrbən] *v irr 1.* acquire, obtain; *2. (durch Arbeit)* earn; *3. (kaufen)* purchase, buy
erwerbstätig [ɛr'vɛrpstɛːtɪç] *adj* gainfully employed
erwidern [ɛr'viːdərn] *v 1. (antworten)* reply, answer, respond; *2. (Gleiches zurückgeben)* reciprocate
erwirtschaften [ɛr'vɪrtʃaftən] *v ECO* make a profit
erwischen [ɛr'vɪʃən] *v* catch, get hold of; *jdn bei etw ~* catch s.o. doing sth; *den Zug ~* catch the train
erwürgen [ɛr'vyrgən] *v* strangle
Erz [ɛrts] *n MIN* ore
erzählen [ɛr'tsɛːlən] *v* tell, relate
Erzählung [ɛr'tsɛːluŋ] *f* tale, story
Erzbischof ['ɛrtsbɪʃɔf] *m REL* archbishop
erzeugen [ɛr'tsɔygən] *v 1. (herstellen)* produce, manufacture, make; *2. (hervorrufen)* evoke, bring about, give rise to
Erzeugnis [ɛr'tsɔyknɪs] *n 1.* product; *2. (Boden~)* produce
Erzfeind ['ɛrtsfaɪnt] *m* arch-enemy
Erzgauner ['ɛrtsgaunər] *m* out-and-out blackguard, arch-rogue
erziehen [ɛr'tsiːən] *v irr* educate, train, bring up
Erziehung [ɛr'tsiːuŋ] *f 1.* upbringing, education, bringing up; *2.* training; *3. (Manieren)* breeding
Erziehungsurlaub [ɛr'tsiːuŋsuːrlaup] *m 1. (der Mutter)* maternity leave; *2. (des Vaters)* paternity leave
erzielen [ɛr'tsiːlən] *v* achieve, realize, reach
erzwingen [ɛr'tsvɪŋən] *v irr* force, obtain by force
es [ɛs] *pron 1.* it; *2. (Kind, Mädchen)* he/she
Esche ['ɛʃə] *f BOT* ash-tree
Esel ['eːzəl] *m* donkey; *der ~ nennt sich selbst zuerst* it's rude to put yourself first
Eselsohr ['eːzəlsoːr] *n* dog-ear
Eskalation [ɛskala'tsjoːn] *f POL* escalation
eskalieren [ɛska'liːrən] *v POL* escalate
Eskapade [ɛska'paːdə] *f* escapade
Eskimo ['ɛskimo] *m* Eskimo
Eskorte [ɛs'kɔrtə] *f* escort
Esoterik [ezo'teːrɪk] *f* esoterica
esoterisch [ezo'teːrɪʃ] *adj* esoteric
Espresso [ɛs'prɛso] *m* espresso
Essay ['ɛseː] *n* essay
essbar ['ɛsbaːr] *adj* edible
re *(US)*
Essen ['ɛsən] *n 1.* food; *2. (Mahlzeit)* meal; *3. (Gericht)* dish
essen ['ɛsən] *v irr* eat; *auswärts ~* eat out
essenziell [ɛsɛn'tsjɛl] *adj* essential
Essig ['ɛsɪç] *m* vinegar
Esstisch ['ɛstɪʃ] *m* dining-table
Esszimmer ['ɛstsɪmər] *n* dining-room
Estrich ['ɛstrɪç] *m 1.* plastered stone floor, plastered stone flooring; *2. (Dachboden)* attic
etablieren [eta'bliːrən] *v sich ~* establish o.s., settle down; *(geschäftlich)* set up
Etage [e'taːʒə] *f* floor, storey
Etagenwohnung [e'taːʒənvoːnuŋ] *f* flat, apartment *(US)*
Etat [e'taː] *m* budget
Ethik ['eːtɪk] *f* ethics, morality
ethnisch ['eːtnɪʃ] *adj* ethnic
Ethnologie [etnolo'giː] *f* ethnology
ethnologisch [etno'loːgɪʃ] *adj* ethnological
Etikett [eti'kɛt] *n* label, tag
Etikette [eti'kɛtə] *f* etiquette

etikettieren [etikɛ'tiːrən] *v* label, tag
etliche ['ɛtlɪçə] *pron* some, a few
Etui [e'tviː] *n* case
etwa ['ɛtva] *adv* approximately, about, roughly
etwaig ['ɛtvaɪç] *adj* possible; *~e Schwierigkeiten* any problems that might arise
etwas ['ɛtvas] *pron 1.* something, anything; *~ Besonderes* sth special; *Ich habe nie so ~ gesehen.* I have never seen anything like it. *adv 2.* somewhat, rather, a little
Etymologie [etymolo'giː] *f* etymology
euch [ɔyç] *pron* you
euer ['ɔyər] *pron* your
Eukalyptus [ɔyka'lyptus] *m BOT* eucalyptus
Eule ['ɔylə] *f ZOOL* owl
Eunuch [ɔy'nuːx] *m* eunuch
euphorisch [ɔy'foːrɪʃ] *adj* euphoric
eure(r,s) ['ɔyrə(r,s)] *pron* your
Euro ['ɔyro] *m FIN* euro
Europa [ɔy'roːpa] *n GEO* Europe
evakuieren [evaku'iːrən] *v* evacuate
Evakuierung [evaku'iːruŋ] *f* evacuation
evangelisch [evan'geːlɪʃ] *adj REL* evangelical, Protestant
Evangelium [evan'geːljum] *n REL* gospel
eventuell [evɛntu'ɛl] *adj 1.* possible, potential; *adv 2.* possibly, perhaps, maybe
evident [evi'dɛnt] *adj* evident
Evolution [evolu'tsjoːn] *f* evolution
evolutionär [evolutsjo'nɛːr] *adj* evolutionary
ewig ['eːvɪç] *adj* eternal, endless, everlasting; *~ und drei Tage* forever and a day
Ewigkeit ['eːvɪçkaɪt] *f* eternity
exakt [ɛ'ksakt] *adj 1.* exact, precise, accurate; *adv 2.* exactly, accurately, precisely
Exaktheit [ɛ'ksakthaɪt] *f* exactness, accuracy
Exaltiertheit [ɛksal'tiːrthaɪt] *f* agitation
Examen [ɛ'ksaːmən] *n* examination, exam (fam)
Exekutive [ɛkseku'tiːvə] *f POL* executive (power)
Exempel [ɛ'ksɛmpəl] *n* example, instance; *an jdm ein ~ statuieren* make an example of s.o.
Exemplar [ɛksɛm'plaːr] *n* copy, specimen
exemplarisch [ɛksɛm'plaːrɪʃ] *adj* exemplary
Exhibitionist [ɛkshɪbɪtsjo'nɪst] *m* exhibitionist
Exil [ɛ'ksiːl] *n POL* exile
existent [ɛksɪs'tɛnt] *adj* existent
Existenz [ɛksɪs'tɛnts] *f 1.* existence; *2. (Auskommen)* livelihood
Existenzialismus [ɛksɪstɛntsja'lɪsmus] *m* existentialism
existenziell [ɛksɪstɛn'tsjɛl] *adj* existential
Existenzminimum [ɛksɪs'tɛntsminimum] *n* subsistence level, subsistence minimum
existieren [ɛksis'tiːrən] *v* exist
exklusiv [ɛksklu'ziːf] *adj 1.* exclusive; *adv 2.* exclusively
Exkursion [ɛkskur'sjoːn] *f* excursion
Exotik [ɛ'ksoːtɪk] *f* exotic
expandieren [ɛkspan'diːrən] *v ECO* expand
Expansion [ɛkspan'zjoːn] *f* expansion
Expedition [ɛkspedɪ'tsjoːn] *f 1.* expedition; *2. (Versendung)* dispatch, forwarding
Experiment [ɛksperɪ'mɛnt] *n* experiment
experimentell [ɛksperimɛn'tɛl] *adj* experimental
Experte [ɛks'pɛrtə] *m* expert
explodieren [ɛksplo'diːrən] *v* explode
Explosion [ɛksplo'zjoːn] *f* explosion
explosiv [ɛksplo'ziːf] *adj* explosive
Export [ɛks'pɔrt] *m ECO* export, exportation
exportieren [ɛkspɔr'tiːrən] *v ECO* export
Expressionismus [ɛksprɛsjo'nɪsmus] *m ART* expressionism
expressiv [ɛksprɛ'siːf] *adj* expressive
Expressivität [ɛksprɛsifi'tɛːt] *f* expressiveness
extern [ɛks'tɛrn] *adj* external
extra ['ɛkstra] *adj 1.* extra, additional; *adv 2.* additionally, especially; *3. (absichtlich)* on purpose; *Ich habe es ~ so gemacht.* I did it that way on purpose.
extravagant [ɛkstrava'gant] *adj* extravagant
extrem [ɛks'treːm] *adj 1.* extreme; *adv 2.* extremely
Extremismus [ɛkstre'mɪsmus] *m POL* extremism
Extremist [ɛkstre'mɪst] *m* extremist
Extremsportarten [ɛks'treːmʃpɔrtartən] *pl SPORT* dangerous sports
extrovertiert [ɛkstrovɛr'tiːrt] *adj* extrovert
exzellent [ɛkstsɛ'lɛnt] *adj* excellent
Exzellenz [ɛkstsɛ'lɛnts] *f Eure ~* Your Excellency
Exzentriker [ɛks'tsɛntrɪkər] *m* eccentric
exzentrisch [ɛks'tsɛntrɪʃ] *adj* eccentric
Exzess [ɛks'tsɛs] *m* excess

F

Fabel ['fa:bəl] *f 1.* fable; *2. (erfundene Geschichte)* tall tale
fabelhaft ['fa:bəlhaft] *adj* phenomenal, wonderful, fabulous
Fabrik [fa'bri:k] *f* factory, works, plant
Fabrikat [fabri'ka:t] *n* manufactured article, product, make
Fabrikation [fabrika'tsjo:n] *f ECO* manufacture
Fach [fax] *n 1. (Ablagefach)* compartment, partition; *2. (Unterrichtsfach)* subject; *3. (Wissensgebiet)* branch, field
Facharzt ['faxartst] *m MED* specialist
Fachausbildung ['faxausbɪlduŋ] *f* professional education, specialized training
Fachhochschule ['faxho:xʃu:lə] *f* technical college
fade ['fa:də] *adj 1. (geschmacklos)* tasteless, insipid; *2. (langweilig)* boring, dull
Faden ['fa:dən] *m* thread; *den ~ verlieren* lose the thread
Fagott [fa'gɔt] *n MUS* bassoon
fähig ['fɛ:ɪç] *adj* capable, competent, able; *zu allem ~ sein* to be capable of anything
Fähigkeit ['fɛ:ɪçkaɪt] *f 1.* ability, capability; *2. (praktisches Können)* skill
fahl [fa:l] *adj* pale, pallid, wan
fahnden ['fa:ndən] *v ~ nach* search for
Fahndung ['fa:nduŋ] *f* search
Fahne ['fa:nə] *f* flag, banner; *die ~ hochhalten* keep the flag flying; *die ~ nach dem Winde drehen* swim with the tide
Fahrbahn ['fa:rba:n] *f 1. (Spur)* lane; *2.* roadway, carriageway
Fähre ['fɛ:rə] *f* ferry
fahren ['fa:rən] *v irr 1.* travel, go; *Ich weiß nicht, was in mich ge~ ist.* I don't know what got into me; *2. (steuern)* drive, *3. jdm durchs Haar ~* run one's fingers through s.o.'s hair
Fahrer ['fa:rər] *m* driver, chauffeur
Fahrgast ['fa:rgast] *m* passenger
Fahrgeld ['fa:rgɛlt] *n* fare
Fahrkarte ['fa:rkartə] *f* ticket
fahrlässig ['fa:rlɛsɪç] *adj 1.* negligent, careless; *2. JUR* negligent
Fahrlässigkeit ['fa:rlɛsɪçkaɪt] *f* carelessness, negligence; recklessness
Fahrlehrer ['fa:rle:rər] *m* driving instructor
Fahrplan ['fa:rpla:n] *m* schedule, timetable
Fahrprüfung ['fa:rpry:fuŋ] *f* driving test
Fahrrad ['fa:ra:t] *n* bicycle
Fahrschein ['fa:rʃaɪn] *m* ticket
Fahrschule ['fa:rʃu:lə] *f* driving school
Fahrschüler ['fa:rʃy:lər] *m* student driver
Fahrstuhl ['fa:rʃtu:l] *m* lift, elevator *(US)*
Fahrt [fa:rt] *f* drive, ride
Fährte ['fɛ:rtə] *f 1.* track, trail; *jdn auf die falsche ~ führen* lead s.o. up the garden path; *2. (gewittert)* scent
Fahrzeug ['fa:rtsɔyk] *n* vehicle
fair [fɛ:r] *adj 1.* fair; *adv 2.* fairly
Fairness ['fɛ:rnɛs] *f* fairness
Fakt [fakt] *m* fact
Faktor ['faktɔr] *m* factor
Fakultät [fakul'tɛ:t] *f* faculty
Fall [fal] *m 1. (Sturz)* fall, tumble; *2. (Umstand)* case, event, occasion; *im ~e, dass* in case; *für alle Fälle* just in case; *auf alle Fälle* by all means, certainly; *ein hoffnungsloser ~* a dead loss; *jds ~ sein* to be s.o.'s cup of tea; *3. (fig: Niedergang)* fall, downfall, decline; *jdn zu ~ bringen (fig)* bring about s.o.'s downfall; *4. JUR* case, matter
Falle ['falə] *f* trap; *jdm eine ~ stellen* set a trap for s.o.; *jdn in eine ~ locken* lure s.o. into a trap
fallen ['falən] *v irr 1. (stürzen)* fall, tumble, stumble; *etw ~ lassen* drop sth; *(fig) jdn ~ lassen* drop s.o.; *2. (fig: sinken)* drop, go down, slump; *3. (im Krieg ~)* be killed; *4. (Bemerkung)* be made
fällen ['fɛlən] *v 1. (Baum)* chop down, cut down; *2. (eine Entscheidung ~)* make a decision; *3. (Urteil) JUR* pass judgement
fällig ['fɛlɪç] *adj ECO* due, matured, payable; *~ werden* become due
Fälligkeit ['fɛlɪçkaɪt] *f ECO* maturity
falls [fals] *konj* in case, if, supposing
Fallschirm ['falʃɪrm] *m* parachute
falsch [falʃ] *adj 1.* wrong; *Da bin ich an den Falschen geraten.* I should have known him better. *2. (unwahr)* false, untrue; *3. (unecht)* false, fake, bogus; *4. (Geld)* counterfeit; *5. (fig: unaufrichtig)* false, deceitful, insincere
fälschen ['fɛlʃən] *v* falsify, fake, forge, *(Banknoten)* counterfeit
Fälscher ['fɛlʃər] *m 1.* forger; *2. (von Banknoten)* counterfeiter
Falschgeld ['falʃgɛlt] *n* counterfeit money

fälschlich ['fɛlʃlɪç] *adj* false, wrong, erroneous
Fälschung ['fɛlʃuŋ] *f* fake, falsification, forgery
Faltblatt ['faltblat] *n* leaflet
Falte ['faltə] *f* *1.* fold; *2. (Haut)* wrinkle; *3. (Stoffe)* crease
falten ['faltən] *v* *1.* fold; *2. (Hände)* fold, clasp
familiär [famil'jɛːr] *adj* familiar
Familie [fa'miːljə] *f* family; *Es bleibt in der ~.* It'll stay in the family.
Familienname [fa'miːljənnaːmə] *m* surname, last name *(US)*
Familienstand [fa'miːljənʃtant] *m* marital status
Fan [fɜn] *m* fan
Fanatiker [fa'naːtɪkər] *m* fanatic
fanatisch [fa'naːtɪʃ] *adj* fanatical
Fanatismus [fana'tɪsmus] *m* fanaticism
Fang [faŋ] *m* *1.* catch; *2. (Todesstoß)* coup de grâce; *3. (Kralle) ZOOL* talon; *jdm in die Fänge geraten* fall into s.o.'s clutches; *4. (Falle)* trap; *5. (Reißzahn) ZOOL* fang; *6. auf ~ gehen* go hunting
fangen ['faŋən] *v irr* catch
Fantasie [fanta'ziː] *f* fantasy, imagination
fantasieren [fanta'ziːrən] *v* fantasize
fantasievoll [fanta'ziːvol] *adj* fanciful
fantastisch [fan'tastɪʃ] *adj* fantastic
Farbe ['farbə] *f* *1.* colour; *~ bekennen* show one's true colours; *2. (Gesichtsfarbe)* complexion
färben ['fɛrbən] *v* dye
farbenfroh ['farbənfroː] *adj* colourful
farbig ['farbɪç] *adj* coloured
Farbige(r) ['farbɪgə(r)] *m/f* coloured person *(UK),* person of colour *(US)*
Farbkasten ['farpkastən] *m* paint box
farblos ['farploːs] *adj* *1. (Sache)* colourless, dull; *2. (Person)* pale, pallid, colourless
Farbton ['farptoːn] *m* shade
Färbung ['fɛrbuŋ] *f* colouring, tone
Fasan [fa'zaːn] *m ZOOL* pheasant
Fasching ['faʃɪŋ] *m* Shrovetide carnival
Faschismus [fa'ʃɪsmus] *m POL* fascism
faschistisch [fa'ʃɪstɪʃ] *adj POL* fascist
faseln ['faːzəln] *v* babble, blather
Faser ['faːzər] *f* fibre
Fass [fas] *n* barrel, cask, *(kleines)* keg; *ein ~ ohne Boden sein* to be a constant drain on one's resources; *Das schlägt dem ~ den Boden aus.* That's the last straw!
Fassade [fa'saːdə] *f* facade, front
fassen ['fasən] *v* *1. (greifen)* grasp, take hold of, clutch; *zu ~ kriegen* get hold of; *2. (fangen)* catch; *3. (beinhalten)* contain; *4. (begreifen)* comprehend, grasp; *Das ist ja nicht zu ~!* That's unbelievable! *5. (fig) sich ~* collect o.s., compose o.s., recover
Fassung ['fasuŋ] *f* *1. (Lampe)* holder; *2. (Schmuck)* setting, mounting; *3. (Selbstbeherrschung)* composure, self-control
fassungslos ['fasuŋsloːs] *adj* stunned, staggered, aghast
fast [fast] *adv* almost, nearly
fasten ['fastən] *v* fast
Fastnacht ['fastnaxt] *f* carnival
Faszination [fastsɪna'tsjoːn] *f* fascination
faszinieren [fastsɪ'niːrən] *v* fascinate
faszinierend [fastsɪ'niːrənt] *adj* fascinating, mesmerizing
fatal [fa'taːl] *adj* *1. (peinlich)* embarrassing; *2. (verhängnisvoll)* fatal, fateful
fauchen ['fauxən] *v* hiss
faul [faul] *adj* *1. (verdorben)* rotten, bad; *2. (träge)* lazy, indolent, idle; *3. (fam: bedenklich)* suspect, shady
faulen ['faulən] *v* decay, rot
faulenzen ['faulɛntsən] *v* to be lazy, loaf, take it easy
Faulheit ['faulhaɪt] *f* laziness, idleness; *vor ~ stinken* to be bone-idle
faulig ['faulɪç] *adj* *1.* rotten, going bad; *2. (Wasser)* stale; *3. (Geruch)* foul
Fäulnis ['fɔylnɪs] *f* decomposition, decay
Faust [faust] *f* fist; *die ~ im Nacken spüren* have s.o. breathing down one's neck; *auf eigene ~* off one's own bat *(UK),* on one's own; *mit der ~ auf den Tisch hauen (fig)* put one's foot down
Faustregel ['faustreːgəl] *f* rule of thumb
favorisieren [favori'ziːrən] *v* favour
Favorit [favo'riːt] *m* favourite
Fax [faks] *n* fax, facsimile transmission
faxen ['faksən] *v* fax
Fazit ['faːtsɪt] *n* net result; *das ~ aus etw ziehen* sum sth up
Februar ['feːbruar] *m* February
fechten ['fɛçtən] *v irr* *1. SPORT* fence; *2. (fam: betteln)* beg
Fechter ['fɛçtər] *m* *1. HIST* fighter; *2. SPORT* fencer
Feder ['feːdər] *f* *1. (Schreibfeder)* quill-pen, nib; *2. (Bettfeder)* bed spring; *in den ~n* in bed; *Er kommt morgens nicht aus den ~n.* He finds it hard to get up in the mornings.

3. TECH spring; *4. ZOOL* feather, quill; *~n lassen müssen (fig)* suffer in the process
Federhalter ['fe:dərhaltər] *m 1.* pen holder; *2. (Füller)* fountain pen
Fee [fe:] *f* fairy
fegen ['fe:gən] *v* sweep
Fehde ['fe:də] *f* feud
fehlbar ['fe:lba:r] *adj* fallible
fehlen ['fe:lən] *v 1.* to be missing, to be lacking; *Es fehlen noch zwanzig Minuten bis ...* There are twenty minutes left until ...; *Das fehlt mir gerade noch.* That's the last straw! *2. Du fehlst mir.* I miss you.
Fehler ['fe:lər] *m 1.* mistake, error; *2. (Defekt)* defect, fault, imperfection
Fehlschlag ['fe:lʃla:k] *m 1.* miss; *2. (fig: Misserfolg)* failure
fehlschlagen ['fe:lʃla:gən] *v irr 1.* miss; *2. (fig)* fail, go wrong
Feier ['faɪər] *f 1.* celebration, party; *2. (öffentliche ~)* ceremony
Feierabend ['faɪəra:bənt] *m* finishing time, quitting time; *~ machen* finish work, stop working
feierlich ['faɪərlɪç] *adj* solemn, ceremonial; *Das ist schon nicht mehr ~!* That's really too much!
Feierlichkeit ['faɪərlɪçkaɪt] *f 1.* solemnity, ceremony; *2. ~en pl* festivities *pl*
feiern ['faɪərn] *v* celebrate
Feiertag ['faɪərta:k] *m* holiday
feig [faɪk] *adj* cowardly
Feige ['faɪgə] *f BOT* fig
Feigheit ['faɪkhaɪt] *f* cowardice
Feigling ['faɪklɪŋ] *m* coward
Feile ['faɪlə] *f* file
feilen ['faɪlən] *v* file
feilschen ['faɪlʃən] *v* bargain, haggle
fein [faɪn] *adj 1.* fine; *2. (zart)* delicate, fragile, frail; *3. (vornehm)* elegant, smart; *4. (präzise)* fine, precision
Feind [faɪnt] *m* enemy, foe
feindlich ['faɪntlɪç] *adj 1.* hostile, antagonistic; *adv 2.* antagonistically
Feindschaft ['faɪntʃaft] *f* animosity, hostility, enmity
feindselig ['faɪntze:lɪç] *adj* hostile, unfriendly
feinfühlig ['faɪnfy:lɪç] *adj* sensitive, tactful
Feingefühl ['faɪngəfy:l] *n* sensitivity
Feinheit ['faɪnhaɪt] *f 1.* fineness; *2. (Zartheit)* delicacy
Feinschmecker ['faɪnʃmɛkər] *m* gourmet
feinsinnig ['faɪnzɪnɪç] *adj* subtle
Feld [fɛlt] *n 1.* field; *das ~ behaupten* dominate the game; *2. (fig: Gebiet)* field, area; *ein weites ~ sein* to be too complex to discuss here; *jdm das ~ überlassen* hand over to s.o.; *das ~ räumen* admit defeat
Feldherr ['fɛldhɛr] *m MIL* general
Fell [fɛl] *n* coat, fur; *ein dickes ~ haben* to be thick-skinned; *jdm das ~ gerben* give s.o. a good hiding, tan s.o.'s hide; *Ihm juckt das ~.* He's asking for a good hiding. He's asking for it. (fam)
Fels [fɛls] *m* rock; *ein ~ in der Brandung sein* to be as firm as a rock
felsenfest ['fɛlzenfɛst] *adj (fig)* firm, unshakable
felsig ['fɛlzɪç] *adj* rocky
feminin [femɪ'ni:n] *adj* feminine
Feminismus [femɪ'nɪsmus] *m* feminism
feministisch [femɪ'nɪstɪʃ] *adj* feminist
Fenster ['fɛnstər] *n* window
Ferien ['fe:rjən] *pl* holidays, vacation *(US); die großen ~* the summer holidays, the long vacation
Ferkel ['fɛrkəl] *n 1. (fig)* pig, dirty person; *2. ZOOL* piglet
fern [fɛrn] *adj 1.* far, distant, remote; *2. (zeitlich)* far-off; *prep 3.* far from, far away from; *~ halten* keep away; *jdn von sich ~ halten* keep s.o. at a distance; *~ liegen* to be distant; *(fig) es liegt mir fern, zu...* far be it from me to...; *~ liegend* distant, remote
Fernbedienung ['fɛrnbədi:nuŋ] *f* remote control
Ferne ['fɛrnə] *f* distance
ferner ['fɛrnər] *konj 1.* furthermore, moreover; *adj 2. unter ~ liefen* among the also-rans; *3. (künftig)* in future
Fernfahrer ['fɛrnfa:rər] *m* long-distance lorry driver, long-haul truck driver
Ferngespräch ['fɛrngəʃprɛ:ç] *n* long-distance call, trunk call
Fernglas ['fɛrngla:s] *n* binoculars *pl,* field glasses *pl*
Fernkurs ['fɛrnkurs] *m* correspondence course
Fernost ['fɛrn'ɔst] *m GEO* Far East
Fernrohr ['fɛrnro:r] *n* telescope
fernsehen ['fɛrnze:ən] *v irr* watch television
Fernseher ['fɛrnze:ər] *m 1.* television set, TV set; *f 2. (Zuschauer)* television viewer
Ferse ['fɛrzə] *f 1. ANAT* heel; *2. (fig)* heel; *sich an jds ~n heften* dog s.o.'s footsteps; *jdm auf den ~n bleiben* to be close on s.o.'s heels

fertig ['fɛrtɪç] *adj 1. (beendet)* finished, complete; *mit einer Sache ~ werden* cope with sth; *mit jdm ~ sein* to be through with s.o.; *~ bringen* finish, get done; *(im Stande sein)* manage; *etw ~ machen* prepare sth, get sth ready; *2. (bereit)* ready, prepared; *3. (fam: erschöpft)* exhausted

Fertiggericht ['fɛrtɪçgərɪçt] *n GAST* ready-made dish, instant food

Fertigkeit ['fɛrtɪçkaɪt] *f* skill; *er hat eine große ~ darin* he is very skilled at it

Fertigung ['fɛrtɪguŋ] *f* manufacture, production, manufacturing

Fessel ['fɛsəl] *f 1.* bond, shackle; *2. (fig)* bonds *pl; 3. ANAT* ankle

fesseln ['fɛsəln] *v 1.* chain, shackle; *2. (binden)* bind; *3. (mit Handschellen)* handcuff; *4. (fig: stark interessieren)* captivate, rivet, fascinate; *jdn ans Bett ~ (fig)* to keep sb in bed; *jdn an sich ~ (fig)* to bind s.o. to oneself

fest [fɛst] *adj 1. (hart)* solid, hard, firm; *2. (stark)* solid, stable, substantial; *3. (dicht)* tight, close; *4. (gleich bleibend)* stable, constant, permanent

Fest [fɛst] *n* party, festival, celebration; *frohes ~* Merry Christmas

Festakt ['fɛstakt] *m* ceremonial act

festbinden ['fɛstbɪndən] *v irr* tie up, fasten

Festessen ['fɛstɛsən] *n* feast, banquet

festhalten ['fɛsthaltən] *v irr 1.* hold on, hold tight; *2. (sich merken)* retain, register, make a mental note; *3. JUR* detain; *4. (aufzeichnen)* record; *5. sich ~* hold on

festigen ['fɛstɪgən] *v 1. (stärken)* stabilize, fortify, harden; *2. sich ~* become stronger

Festival ['fɛstɪval] *n* festival

Festland ['fɛstlant] *n* mainland, continent

festlegen ['fɛstleːgən] *v 1.* set, fix, specify; *2. (verpflichten)* commit; *3. sich ~* commit o.s.

festlich ['fɛstlɪç] *adj* festive

festmachen ['fɛstmaxən] *v 1. (befestigen)* attach; *2. (Boot)* moor; *3. (vereinbaren)* arrange; *4. etw an etw ~* link sth to sth

Festnahme ['fɛstnaːmə] *f* arrest, apprehension

festnehmen ['fɛstneːmən] *v irr* arrest

Festplatte ['fɛstplatə] *f INFORM* hard disk

festsetzen ['fɛstzɛtsən] *v* lay down, fix

Festsetzung ['fɛstzɛtsuŋ] *f* setting, determination

feststehen ['fɛstʃteːən] *v irr 1. (sicher sein)* to be certain; *eines steht fest* one thing's for sure; *2. (Termin)* to be set

feststellen ['fɛstʃtɛlən] *v 1. (wahrnehmen, sagen)* observe; *2. (erkennen)* detect, discover; *3. (ermitteln)* establish

Feststellung ['fɛstʃtɛluŋ] *f 1. (Bemerkung)* observation, remark, statement; *2. (Erkenntnis)* conclusion; *3. (Ermitteln)* establishment, ascertainment

Festtag ['fɛsttaːk] *m 1.* holiday; *2. REL* feast; *3. (Tag mit einem besonderen Ereignis)* red-letter day

Fete ['feːtə] *f (fam)* party

fett [fɛt] *adj 1.* fat; *2. (Essen) GAST* fatty, greasy; *3. (Schrift)* bold

Fett [fɛt] *n* fat, grease; *sein ~ abbekommen* learn one's lesson; *das ~ abschöpfen* take the cream of everything; *Der hat sein ~ weg.* That's taught him a lesson.

fettig ['fɛtɪç] *adj* greasy

Fetzen ['fɛtsən] *m 1.* shred; *2. (Lumpen)* rag; *…, dass die ~ nur so fliegen (fam)…* like mad

feucht [fɔyçt] *adj 1.* damp, humid, moist; *2. (klebrig, kalt)* clammy

Feuchtigkeit ['fɔyçtɪçkaɪt] *f* humidity, dampness, moisture

Feuer ['fɔyər] *n* fire; *~ und Flamme sein* to be wild with enthusiasm; *~ fangen* catch fire; *hinter etw ~ machen* build a fire under sth; *mit dem ~ spielen* play with fire; *für jdn durchs ~ gehen* go through fire and water for s.o.; *Haben Sie ~?* Have you got a light?

Feuerlöscher ['fɔyərlœʃər] *m* fire extinguisher

Feuermelder ['fɔyərmɛldər] *m* fire alarm

Feuerwehr ['fɔyərveːr] *f* fire brigade, fire department *(US)*

Feuerwehrmann ['fɔyərveːrman] *m* fireman, firefighter

Feuerwerk ['fɔyərvɛrk] *n* fireworks *pl*

Feuerzeug ['fɔyərtsɔyk] *n* lighter, cigarette lighter

feurig ['fɔyrɪç] *adj 1.* fiery; *2. (Wein)* strong

Fibel ['fiːbəl] *f (Buch)* primer

Fichte ['fɪçtə] *f BOT* spruce, pine

Fieber ['fiːbər] *n* fever, high temperature

fiebern ['fiːbərn] *v 1.* have a fever, have a temperature; *2. (fig) ~ nach* long for, yearn for

fiebrig ['fiːbrɪç] *adj* feverish

fies [fiːs] *adj (fam)* nasty

Figur [fi'guːr] *f 1. (Körper)* figure; *eine gute ~ machen* cut a fine figure; *2. (Statue) ART* figure, statue; *(kleine Statue)* figurine, statuette; *3. (in einer Geschichte)* character

Fiktion [fɪk'tsjoːn] *f* fiction

fiktiv [fɪk'tiːf] *adj* fictitious
Filet [fi'leː] *n GAST* filet
Filiale [fil'jaːlə] *f ECO* branch, branch office
Film [fɪlm] *m 1. (dünne Schicht)* film, thin coating; *2. CINE* film
filmen ['fɪlmən] *v* film, shoot
Filter ['fɪltər] *m/n* filter
filtern ['fɪltərn] *v* filter, strain
Filz [fɪlts] *m* felt
Filzstift ['fɪltsʃtɪft] *m* felt-tipped pen
Finale [fi'naːlə] *n 1.* finale; *2. SPORT* final
Finanzamt [fɪ'nantsamt] *n* Inland Revenue *(UK),* tax office
Finanzen [fɪ'nantsən] *pl* finances
finanziell [fɪnan'tsjɛl] *adj* financial
Finanzier [fɪnan'tsjeː] *m* financier
finanzierbar [fɪnan'tsiːrbaːr] *adj Es ist ~.* It can be financed.
finanzieren [fɪnan'tsiːrən] *v* finance
Finanzierung [fɪnan'tsiːruŋ] *f* financing
Finanzminister [fɪ'nantsminɪstər] *m POL* Finance Minister, Chancellor of the Exchequer *(UK),* Secretary of the Treasury *(US)*
finden ['fɪndən] *v irr 1.* find; *Freude an etw ~* to take pleasure in sth; *2. (dafürhalten)* find, think, consider; *Finden Sie nicht?* Don't you think so? *3. sich ~ (auftauchen)* turn up
Finder ['fɪndər] *m* finder
Finger ['fɪŋər] *m ANAT* finger; *jdn um den kleinen ~ wickeln* twist s.o. round one's little finger; *keinen ~ krumm machen* not lift a finger; *lange ~ machen* to be light-fingered; *den ~ draufhaben* not let sth out of one's hands; *die ~ im Spiel haben* have one's finger in the pie; *sich nicht die ~ schmutzig machen* not get one's hands dirty; *sich die ~ verbrennen* burn one's fingers; *jdm auf die ~ klopfen* give s.o. a rap on the knuckles; *jdm auf die ~ schauen* keep an eye on s.o.; *sich etw aus den ~n saugen* pull sth out of thin air; *etw mit dem kleinen ~ machen können* know sth backwards; *nur mit dem kleinen ~ zu winken brauchen* have s.o. twisted round one's little finger; *mit dem ~ auf jdn zeigen* point the finger at s.o.; *Lass die ~ von ihr!* Keep your hands off her!
Fingerkuppe ['fɪŋərkupə] *f* fingertip
Fingernagel ['fɪŋərnaːgəl] *m* fingernail
fingieren [fɪŋ'giːrən] *v* fake, feign, simulate
Fink [fɪŋk] *m ZOOL* finch
Finne[1] ['fɪnə] *m* Finn
Finne[2] ['fɪnə] *f (Rückenflosse beim Wal)* fin
finnisch ['fɪnɪʃ] *adj* Finnish
Finnland ['fɪnlant] *n GEO* Finland

finster ['fɪnstər] *adj 1. (dunkel)* dark, obscure; *2. (grimmig)* gloomy, grim, sinister
Finsternis ['fɪnstərnɪs] *f* darkness
Firma ['fɪrma] *f ECO* firm, company; *die ~ Coors* the Coors company
firmen ['fɪrmən] *v REL* confirm
Firmung ['fɪrmuŋ] *f REL* Confirmation
Fisch [fɪʃ] *m ZOOL* fish; *ein dicker ~ (fig)* a big fish; *weder ~ noch Fleisch sein* to be neither fish nor fowl; *Das sind kleine ~e.* They are just small fry.
fischen ['fɪʃən] *v* fish
Fischer ['fɪʃər] *m* fisherman
Fischotter ['fɪʃɔtər] *m ZOOL* otter
fit [fɪt] *adj* fit
Fitness ['fɪtnɛs] *f* fitness
fix [fɪks] *adj 1. (feststehend)* fixed; *~e Idee* obsession; *2. (schnell)* quick; *3. (aufgeweckt)* sharp; *4. ~ und fertig (bereit)* ready; *5. ~ und fertig (erschöpft)* worn out
fixen ['fɪksən] *v (fam: sich Rauschgift spritzen)* shoot
Fixer ['fɪksər] *m 1. (fam: Süchtiger)* junkie; *2. FIN* bear seller
fixieren [fɪk'siːrən] *v 1.* fix; *2. (anstarren)* fix one's eyes upon, stare at
Fixstern ['fɪksʃtɛrn] *m ASTR* fixed star
flach [flax] *adj* flat, even, level
Fläche ['flɛçə] *f* surface
Flächeninhalt ['flɛçənɪnhalt] *m* area
Flächenmaß ['flɛçənmaːs] *n MATH* surface measure
Flachland ['flaxlant] *n* flat land, plain, lowland
flackern ['flakərn] *v* flicker
Fladen ['flaːdən] *m 1. (Pfannkuchen)* pancake; *2. (Brot)* round flat loaf; *3. (Kuhfladen)* cowpat
Flagge ['flagə] *f* flag; *~ zeigen* nail one's colours to the mast; *unter falscher ~ segeln* sail under false colours
Flamme ['flamə] *f* flame; *in ~n stehen* to be in flames
Flasche ['flaʃə] *f 1.* bottle; *zu tief in die ~ geschaut haben* have had a few too many; *2. (fam: Versager)* dud, flop, washout
Flaschenöffner ['flaʃənœfnər] *m* bottle-opener
Flaum [flaum] *m 1.* soft feathers; *2. (Bartwuchs)* peach fuzz *(fam)*
Flaute ['flautə] *f 1. (Windstille)* calm, lull in the wind; *2. ECO* slump, recession, slackness
flechten ['flɛçtən] *v irr 1.* weave; *2. (Haare)* braid

Fleck [flɛk] *m 1. (Schmutzfleck)* spot, stain, mark; *einen ~ auf der weißen Weste haben* have a black mark on one's record; *2. (blauer ~)* bruise; *3. (Stofffleck)* patch; *4. (Ort)* spot; *am falschen ~* in the wrong place; *vom ~ weg* on the spot; *nicht vom ~ kommen* make no headway
fleckig ['flɛkɪç] *adj* spotted, stained
Fledermaus ['fle:dərmaus] *f ZOOL* bat
Flegel ['fle:gəl] *m (fig)* lout, uncouth fellow
flehen ['fle:ən] *v* beg, beseech, implore
Fleisch [flaɪʃ] *n 1. (zum Essen) GAST* meat; *2. ANAT* flesh; *in ~ und Blut übergehen* become second nature; *vom ~ fallen* lose a lot of weight; *sich ins eigene ~ schneiden* cut off one's nose to spite one's face; *sein eigen ~ und Blut* his own flesh and blood
Fleischer ['flaɪʃər] *m* butcher
fleischlich ['flaɪʃlɪç] *adj 1. (aus Fleisch)* meaty, fleshy; *2. (körperlich) REL* of the flesh
Fleiß [flaɪs] *m* diligence, industry, assiduousness
fleißig ['flaɪsɪç] *adj* diligent, hard-working, industrious
flexibel [flɛk'si:bəl] *adj* flexible
Flexibilität [flɛksibɪlɪ'tɛ:t] *f* flexibility, versatility
flicken ['flɪkən] *v* mend, repair, patch
Fliege ['fli:gə] *f 1.* fly; *zwei ~n mit einer Klappe schlagen (fig)* kill two birds with one stone; *2. (Kleidungsstück)* bow tie; *3. eine ~ machen* beat it
fliegen ['fli:gən] *v irr* fly
Flieger ['fli:gər] *m 1. (Pilot)* pilot; *2. (Soldat der Fliegertruppe)* airman; *3. (Radrennfahrer) SPORT* sprinter; *4. (fam: Flugzeug)* plane
fliehen ['fli:ən] *v irr* flee, run away; *zu jdm ~* seek refuge with s.o.
Fliese ['fli:zə] *f* tile
fliesen ['fli:zən] *v* tile
Fließband ['fli:sbant] *n 1.* conveyor belt; *2. (als Einrichtung)* assembly line
fließen ['fli:sən] *v irr* flow
flimmern ['flɪmərn] *v* flicker, twinkle
flink [flɪŋk] *adj* quick, nimble, agile
Flirt [flɜrt] *m* flirt
flirten ['flɜrtən] *v* flirt
Flitterwochen ['flɪtərvɔxən] *pl* honeymoon
flitzen ['flɪtsən] *v* zip, dash
Flocke ['flɔkə] *f* flake
Floh [flo:] *m ZOOL* flea; *jdm einen ~ ins Ohr setzen* put an idea in s.o.'s head
Flohmarkt ['flo:markt] *m* flea market
Flop [flɔp] *m 1. (fam: Misserfolg)* flop; *2. (Hochsprungtechnik) SPORT* flop
Florett [flo'rɛt] *n SPORT* foil
Floskel ['flɔskəl] *f* rhetorical embellishment, platitude, mere words *pl*
Floß [flo:s] *n* raft
Flosse ['flɔsə] *f 1. (Taucherflosse)* flipper; *2. ZOOL* fin
Flöte ['flø:tə] *f* flute
flöten ['flø:tən] *v ~ gehen* go down the drain
flott [flɔt] *adj 1. (schnell)* brisk, quick, speedy; *2. (schick)* elegant, smart; *3. (Mann)* dashing
Flotte ['flɔtə] *f* fleet
Fluch [flu:x] *m* curse, profanity, swearword
fluchen ['flu:xən] *v* curse, swear
Flucht [fluxt] *f* flight, escape; *die ~ ergreifen* take flight; *jdn in die ~ schlagen* put s.o. to flight
flüchten ['flyçtən] *v* flee, run away
Flüchtling ['flyçtlɪŋ] *m 1.* fugitive, runaway; *2. POL* refugee
Flug [flu:k] *m* flight; *Die Zeit verging wie im ~e.* Time just flew by.
Flugbegleiter ['flu:kbəglaɪtər] *m* steward
Flugbegleiterin ['flu:kbəglaɪtərɪn] *f* stewardess
Flugblatt ['flu:kblat] *n* leaflet, handbill
Flügel ['fly:gəl] *m 1.* wing; *jdm die ~ stutzen* clip s.o.'s wings; *2. (Klavier) MUS* grand piano
Fluggast ['flu:kgast] *m* passenger, airline passenger
Flughafen ['flu:kha:fən] *m* airport
Fluglinie ['flu:kli:njə] *f 1. (Strecke)* air route; *2. (Fluggesellschaft)* airline
Flugplan ['flu:kpla:n] *m* flight schedule
Flugreise ['flu:kraɪzə] *f* plane trip
Flugzeug ['flu:ktsɔyk] *n* airplane, plane, aircraft
Flunkerei [fluŋkə'raɪ] *f 1.* fibbing; *2. (kleine Lüge)* fib
Fluor ['flu:ɔr] *n CHEM* fluorine
Flur[1] [flu:r] *m (Gang)* corridor, passage
Flur[2] [flu:r] *f 1.* open fields; *allein auf weiter ~* all alone; *2. AGR* farmland
Fluss [flus] *m 1. (Fließen)* flow, flowing, running; *2. GEO* river, stream
flussabwärts [flus'apvɛrts] *adj* downstream, down the river
flussaufwärts [flus'aufvɛrts] *adj* upstream, up the river

flüssig ['flysɪç] *adj 1. (nicht fest)* fluid, liquid; *2. (fig: fließend)* fluent
Flüssigkeit ['flysɪçkaɪt] *f 1. (Zustand)* fluidity, liquidity; *2. (flüssiger Stoff)* liquid
Flusslauf ['fluslauf] *m* course of a river
Flusspferd ['fluspfe:rt] *n ZOOL* hippopotamus
flüstern ['flystərn] *v* whisper
Flut [flu:t] *f* flood
föderal [fødə'ra:l] *adj POL* federal
Föderalismus [fødəra'lɪsmus] *m POL* federalism
Föderation [fødəra'tsjo:n] *f POL* federation
Fohlen ['fo:lən] *n 1. ZOOL* foal, colt; *2. (Hengstfohlen)* foal, colt
Föhn [fø:n] *m 1.* blow-dryer, hair-dryer; *2. (Fallwind)* foehn
föhnen ['fø:nən] *v* blow-dry
Folge ['fɔlgə] *f 1. (Auswirkung)* result, effect, consequence; *2. (Reihenfolge)* sequence, order, succession; *3. (Fortsetzung)* sequel, continuation
folgen ['fɔlgən] *v 1. (hinterhergehen)* follow, pursue; *2. (gehorchen)* obey, follow, comply with; *3. (aufeinander~)* follow, succeed
folgend ['fɔlgənt] *adj* following, subsequent
folgern ['fɔlgərn] *v* conclude, deduce, gather
Folgerung ['fɔlgəruŋ] *f* deduction, inference, conclusion
folglich ['fɔlklɪç] *konj* consequently, therefore, hence
folgsam ['fɔlkza:m] *adj* obedient
Folie ['fo:ljə] *f* foil
Folklore ['fɔlklo:rə] *f* folklore
Folter ['fɔltər] *f 1.* torture; *jdn auf die ~ spannen (fig)* keep s.o. in suspense; *2. (~bank)* rack
foltern ['fɔltərn] *v* torture
Folterung ['fɔltəruŋ] *f* torture
Fond [fɔ̃] *m 1. (eines Autos)* back of the car, back seat; *2. THEAT* back of the theatre
förderlich ['fœrdərlɪç] *adj* beneficial, conducive, favourable
fordern ['fɔrdərn] *v 1.* demand; *2. (herausfordern)* challenge
fördern ['fœrdərn] *v 1. (unterstützen)* support, promote, further; *2. (abbauen)* mine, extract, haul
Forderung ['fɔrdəruŋ] *f 1. (Verlangen)* demand, requirement; *2. (Herausforderung)* challenge; *3. (Geldforderung) ECO* claim, debt
Förderung ['fœrdəruŋ] *f 1. (Unterstützung)* promotion, advancement, support; *2. (Abbau) MIN* extraction; *3. (Menge) MIN* production
Forelle [fo'rɛlə] *f ZOOL* trout
Form [fɔrm] *f 1.* form, shape; *zu großer ~ auflaufen* to be in great shape; *2. (Stil)* form, style; *in aller ~* in due and proper form; *3. (Gussform)* mould, casting mould, mold *(US)*
formal [fɔr'ma:l] *adj* formal
Formalität [fɔrmali'tɛ:t] *f* formality
Format [fɔr'ma:t] *n 1. (Maß)* format, shape, size; *2. (fig)* stature
formatieren [fɔrma'ti:rən] *v INFORM* format
Formatierung [fɔrma'ti:ruŋ] *f INFORM* formatting
Formel ['fɔrməl] *f* formula
formell [fɔr'mɛl] *adj 1.* formal, stiff; *adv 2.* in a formal manner, ceremoniously, formally
formen ['fɔrmən] *v* form, shape, mould
formieren [fɔr'mi:rən] *v 1.* form; *2. MIL* line up
förmlich ['fœrmlɪç] *adj 1.* formal, stiff; *adv 2. (buchstäblich)* literally
Förmlichkeit ['fœrmlɪçkaɪt] *f* formality, conventionality
formlos ['fɔrmlo:s] *adj 1.* shapeless, formless; *2. (fig)* informal, unconventional, unceremonious; *adv 3.* without shape or form; *4. (fig)* informally
Formular [fɔrmu'la:r] *n* form
formulieren [fɔrmu'li:rən] *v* word, phrase, formulate
Formulierung [fɔrmu'li:ruŋ] *f* wording, phrasing
forsch [fɔrʃ] *adj 1.* dynamic; *2. (flott)* smart; *3. (wagemutig)* bold
forschen ['fɔrʃən] *v 1.* investigate, inquire after, search for; *2. (wissenschaftlich)* research
Forscher ['fɔrʃər] *m (wissenschaftlicher ~)* researcher, research scientist
Forschung ['fɔrʃuŋ] *f* research, study, investigation
Forst [fɔrst] *m* forest
Förster ['fœrstər] *m* forester
fort [fɔrt] *adv* away, gone; *Er ist schon ~.* He has already left. ... *und so ~* ... and so on and so forth
fortbestehen ['fɔrtbəʃte:ən] *v irr* endure, continue to exist, continue
Fortbewegung ['fɔrtbəve:guŋ] *f* movement
fortbilden ['fɔrtbɪldən] *v sich ~* continue one's studies, obtain further education

Fortbildung ['fɔrtbɪlduŋ] *f* further education, advanced training
Fortdauer ['fɔrtdauər] *f* continuation
fortdauern ['fɔrtdauərn] *v* continue
fortfahren ['fɔrtfa:rən] *v irr 1. (wegfahren)* drive away, drive off; *2. (fortsetzen)* continue; *Fahren Sie bitte fort!* Please go on! Please continue!
fortführen ['fɔrtfy:rən] *v 1.* continue, carry on; *2. (wegführen)* lead away
Fortgang ['fɔrtgaŋ] *m 1.* departure; *2. (Weiterentwicklung)* further development, continuation
fortgehen ['fɔrtge:ən] *v irr* go away, leave
fortgeschritten ['fɔrtgəʃrɪtən] *adj* advanced
Fortgeschrittene(r) ['fɔrtgəʃrɪtənə(r)] *m/f* advanced student
fortkommen ['fɔrtkɔmən] *v irr 1. (wegkommen)* get away; *Mach, dass du fortkommst!* Now disappear! *2. (vorankommen)* get ahead
fortpflanzen ['fɔrtpflantsən] *v 1. sich ~* reproduce, propagate; *2. sich ~ (Krankheit, Gerücht)* spread
Fortpflanzung ['fɔrtpflantsuŋ] *f* reproduction, propagation
Fortschritt ['fɔrtʃrɪt] *m* progress, advancement
fortschrittlich ['fɔrtʃrɪtlɪç] *adj* progressive
fortsetzen ['fɔrtzɛtsən] *v* carry on, go on, continue
Fortsetzung ['fɔrtzɛtsuŋ] *f* continuation, resumption; *~ folgt* to be continued
Forum ['fo:rum] *n (fig)* forum, tribunal
Fossil [fɔ'si:l] *m* fossil
Foto ['fo:to] *n* photograph, picture, photo
Fotoapparat ['fo:toapara:t] *m* camera
Fotograf [fo:to'gra:f] *m* photographer
Fotografie ['fo:togra'fi:] *f FOTO* photography
fotografieren [fo:togra'fi:rən] *v* photograph
Fotokopie [fo:toko'pi:] *f* photocopy
fotokopieren [fo:toko'pi:rən] *v* photocopy, make a photocopy
Fotomodell ['fo:tomodɛl] *n* model
Foul [faul] *n SPORT* foul
Foyer [fɔ'je:] *n THEAT* lobby, foyer
Fracht [fraxt] *f 1. (Ware) ECO* cargo, freight; *2. (Preis) ECO* freight
Frachter ['fraxtər] *m* cargo ship, freighter
Frachtgut ['fraxtgu:t] *n ECO* freight
Frack [frak] *m* tails (fam), swallow-tailed coat
Frage ['fra:gə] *f 1.* question; *etw in ~ stellen* question sth; *außer ~ stehen* to be beyond any doubt; *2. (Angelegenheit)* question, matter, issue; *eine ~ der Zeit* a matter of time; *in ~ kommen* to be considered; *Das kommt nicht in ~.* That's out of the question.
fragen ['fra:gən] *v* ask; *nach etw ~* ask for sth; *jdn nach seinem Namen ~* ask s.o. his name
Fragesatz ['fra:gəzats] *m GRAMM* interrogative clause
Fragezeichen ['fra:gətsaɪçən] *n* question mark
fraglos ['fra:klo:s] *adj* without question, without a doubt
Fragment [frak'mɛnt] *n* fragment
fragwürdig ['fra:kvyrdɪç] *adj* dubious, doubtful, questionable
Fraktion [frak'tsjo:n] *f POL* parliamentary group
Fraktionsvorsitzende(r) [frak'tsjo:nsfo:rzɪtsəndə(r)] *m/f POL* chairman of the parliamentary group, floor leader *(US)*
Fraktur [frak'tu:r] *f MED* fracture
frankieren [fraŋ'ki:rən] *v* put postage on
Frankreich ['fraŋkraɪç] *n GEO* France
Franzose [fran'tso:zə] *m* Frenchman
Französin [fran'tsø:zɪn] *f* Frenchwoman; *Sie ist ~.* She's French.
französisch [fran'tsø:zɪʃ] *adj* French
fräsen ['frɛ:zən] *v 1.* mill; *2. (Holz)* shape
Fraß [fras] *m 1.* feed, food; *2. (fam: schlechtes Essen)* slop, swill
Frau [frau] *f 1.* woman; *2. (Ehe~)* wife; *3. (Anrede)* Mrs.; *(ledige ~)* Miss
Frauenarzt ['frauənartst] *m* gynaecologist
Frauenbewegung ['frauənbəve:guŋ] *f* women's lib (fam), women's liberation
Fräulein ['frɔylaɪn] *n* Miss
frech [frɛç] *adj* impertinent, sassy *(US)*, impudent, cheeky
Frechheit ['frɛçhaɪt] *f 1.* impudence, insolence; *2. Das ist aber eine ~!* What nerve!
Fregatte [fre'gatə] *f NAUT* frigate
frei [fraɪ] *adj 1. (ungebunden)* free, independent; *2. (nicht besetzt)* vacant, free, unoccupied; *Ist hier noch ~? (Sitzplatz)* Is this seat available? *3. (kostenlos)* free, complimentary
Freibad ['fraɪba:t] *n* outdoor swimming pool, open-air swimming pool
freiberuflich ['fraɪbəru:flɪç] *adj 1.* self-employed, freelance; *adv 2.* freelance

Freigabe ['fraɪga:bə] *f* release
freigeben ['fraɪge:bən] *v irr 1.* clear, release, open; *2. (entlassen)* release; *3. (beurlauben) jdm ~* give s.o. time off
freihalten ['fraɪhaltən] *v irr 1. (Platz)* hold; *2. jdn ~* pay the bill for s.o.; *3. „Ausfahrt ~"* "keep driveway clear"
Freihandel ['fraɪhandəl] *m ECO* free trade
freihändig ['fraɪhɛndɪg] *adv 1.* without holding on; *2. (Schießen)* without support; *3. (Verkauf)* directly, in the open market, over the counter *(US); adj 4. (zeichnen)* freehand
Freiheit ['fraɪhaɪt] *f* freedom, liberty, independence; *Ich schenke dir die ~.* I am giving you your freedom; *dichterische ~* poetic licence; *persönliche ~* personal freedom; *~ der Presse* freedom of the press
Freiheitsstatue ['fraɪhaɪtsʃta:tuə] *f die ~* the Statue of Liberty
Freiheitsstrafe ['fraɪhaɪtsʃtrafə] *f JUR* imprisonment, prison sentence
freilassen ['fraɪlasən] *v irr* release, free, set free
Freilassung ['fraɪlasuŋ] *f* release
freilegen ['fraɪle:gən] *v* expose, uncover
Freilegung ['fraɪle:guŋ] *f* exposure
freilich ['fraɪlɪç] *adv 1. (einräumend)* it is true, indeed, of course; *2. (bestätigend)* certainly, of course, sure
freimachen ['fraɪmaxən] *v 1. (frankieren)* stamp; *2. (entkleiden) sich ~* undress, get undressed; *3. (befreien) sich ~* extricate o.s., shake o.s. free, free o.s.
freimütig ['fraɪmy:tɪç] *adj 1.* candid, frank, outspoken; *adv 2.* candidly, frankly
freisprechen ['fraɪʃprɛçən] *v irr 1.* acquit; *2. (von Schuld)* exonerate; *3. jdn von einem Verdacht ~* clear s.o. of suspicion
Freispruch ['fraɪʃprux] *m JUR* acquittal, verdict of not guilty
freistehen ['fraɪʃte:ən] *v irr 1. (Haus)* to be vacant; *2. SPORT* to be open; *3. es steht jdm frei, etw zu tun* s.o. is free to do sth
freistellen ['fraɪʃtɛlən] *v 1. jdn von etw ~* release; *2. jdm etw ~* leave sth up to s.o.; *3. sich ~ SPORT* run clear, get open
Freistellung ['fraɪʃtɛluŋ] *f* release
Freistoß ['fraɪʃto:s] *m SPORT* free kick
Freitag ['fraɪta:k] *m* Friday
freitags ['fraɪta:ks] *adv* every Friday, on Fridays
freiwillig ['fraɪvɪlɪç] *adj 1.* voluntary; *adv 2.* voluntarily
Freiwillige(r) ['fraɪvɪlɪgə(r)] *m/f* volunteer
Freizeit ['fraɪtsaɪt] *f* free time, spare time
freizügig ['fraɪtsy:gɪç] *adj 1.* free to move; *2. (moralisch ~)* permissive; *3. (reichlich)* liberal
Freizügigkeit ['fraɪtsy:gɪçkaɪt] *f 1.* freedom of movement; *2. (moralische ~)* permissiveness
fremd [frɛmt] *adj 1. (unbekannt)* strange, unknown; *2. (anderen gehörig)* s.o. else's, not one's own; *3. (ausländisch)* foreign
Fremde(r) ['frɛmdə(r)] *m/f* stranger
Fremdenführer ['frɛmdənfy:rər] *m 1. (Buch)* guide, guidebook; *2. (Person)* tour guide
Fremdenverkehr ['frɛmdənfɛrke:r] *m* tourism
Fremdsprache ['frɛmtʃpra:xə] *f* foreign language
Fremdwort ['frɛmtvɔrt] *n* foreign word
frenetisch [fre'ne:tɪʃ] *adj* frenetic
Frequenz [fre'kvɛnts] *f TECH* frequency
fressen ['frɛsən] *1.* eat, devour, gobble up; *2. Das war ein gefundenes Fressen für ihn.* That was just what he wanted. *jdn zum Fressen gern haben* to be mad about s.o., to be crazy about s.o.; *3. (ätzen)* corrode
Freude ['frɔydə] *f* joy, happiness, delight
freudig ['frɔydɪç] *adj 1.* joyous, happy, cheerful; *adv 2.* gleefully, joyfully, cheerfully
freudlos ['frɔytlo:s] *adj* joyless, dismal, gloomy
freuen ['frɔyən] *v sich ~* to be happy, to be glad, to be pleased; *Ich freue mich darauf.* I'm looking forward to it; *Das freut mich.* I'm glad.
Freund [frɔynt] *m 1.* friend; *2. (Liebhaber)* boyfriend
Freundin ['frɔyndɪn] *f 1.* friend; *2. (Liebhaberin)* girlfriend
freundlich ['frɔyntlɪç] *adj* friendly, kind
Freundlichkeit ['frɔyntlɪçkaɪt] *f* friendliness, kindness
Freundschaft ['frɔyntʃaft] *f* friendship
freundschaftlich ['frɔyntʃaftlɪç] *adj 1.* friendly; *adv 2.* in a friendly manner; *jdm ~ auf die Schulter klopfen* give s.o. a friendly pat on the back
Frevel ['fre:fəl] *m 1.* sacrilege, sin; *2. (Untat)* crime, outrage
frevelhaft ['fre:fəlhaft] *adj 1.* sacrilegious, sinful; *2. (kriminell)* criminal
Frevler ['fre:flər] *m* sinner, offender
Frieden ['fri:dən] *m* peace; *dem ~ nicht trauen* smell a rat; *jdn in ~ lassen* leave s.o. in peace

Friedensnobelpreis [fri:dənsno'bɛlpraɪs] *m* Nobel Peace Prize
Friedensvertrag ['fri:dənsfɛrtra:k] *m* *POL* peace treaty
friedfertig ['fri:tfɛrtɪç] *adj* peaceful, peace-loving
Friedhof ['fri:tho:f] *m* cemetery, graveyard
friedlich ['fri:tlɪç] *adj 1.* peaceful; *2. (ungestört)* tranquil
frieren ['fri:rən] *v irr 1. (Person)* feel cold, to be freezing; *2. (Wasser)* freeze
Frikadelle [frɪka'dɛlə] *f* rissole, hamburger patty
frisch [frɪʃ] *adj* fresh
frisieren [frɪ'zi:rən] *v 1.* have one's hair done; *sich ~* do one's hair; *2. (fig)* fiddle with, *(fam)* doctor, *(Wagen)* soup up; *die Bilanzen ~* cook the books
Frisör(in) [frɪ'zø:r(In)] *m/f* hairdresser, *(für Herren)* barber
Frist [frɪst] *f 1. (Zeitraum)* period; *2. (äußerste ~)* deadline
fristen ['frɪstən] *v ein kümmerliches Dasein ~* scrape out a living
fristlos ['frɪstlo:s] *adv* without notice
Frisur [fri'zu:r] *f* hairstyle, hairdo
frittieren [frɪ'ti:rən] *v GAST* deep-fry
frivol [fri'vo:l] *adj 1. (schlüpfrig)* risqué; *2. (leichtfertig)* frivolous
froh [fro:] *adj* happy, glad, cheerful
fröhlich ['frø:lɪç] *adj* merry, cheerful, jovial, gay
Fröhlichkeit ['frø:lɪçkaɪt] *f* gaiety, cheerfulness, merriment
Frohsinn ['fro:zɪn] *m* good cheer, cheerfulness
fromm [frɔm] *adj REL* pious, devout, religious
Frömmelei [frœmə'laɪ] *f* false piety
Frömmigkeit ['frœmɪçkaɪt] *f REL* piety, devoutness
Fronleichnam [fro:n'laɪçna:m] *m REL* Corpus Christi
Front [frɔnt] *f* front
frontal [frɔn'ta:l] *adj* frontal
Frosch [frɔʃ] *m* frog; *einen ~ im Hals haben* have a frog in one's throat; *Sei kein ~!* Be a sport!
Frost [frɔst] *m* frost
frösteln ['frœstəln] *v* shiver
frostig ['frɔstɪç] *adj 1. (kalt)* frosty, chilly; *2. (fig)* frosty, cold, icy
Frucht [fruxt] *f 1.* fruit; *2. (fig)* product, result
fruchtbar ['fruxtba:r] *adj 1.* fertile; *2. (fig)* fruitful, productive; *3. (Schriftsteller)* prolific
Fruchtbarkeit ['fruxtba:rkaɪt] *f* fertility, productiveness, fruitfulness
fruchtig ['fruxtɪç] *adj* fruity
Fruchtsaft ['fruxtzaft] *m* fruit juice
früh [fry:] *adj 1.* early; *adv 2.* early
Frühe ['fry:ə] *f 1. in der ~* early in the morning; *in aller ~* at the crack of dawn; *2. (Anfang)* dawn
früher ['fry:ər] *adj 1.* earlier; *2. (ehemalig)* former, past; *in ~en Zeiten* in former times; *adv 3.* earlier, sooner; *~ oder später* sooner or later; *4. (ehemals)* formerly, before; *Ich habe sie ~ mal gekannt.* I used to know her.
frühestens ['fry:əstəns] *adv* at the earliest
Frühgeschichte ['fry:gəʃɪçtə] *f HIST* ancient history
Frühjahr ['fry:ja:r] *n* spring
Frühling ['fry:lɪŋ] *m* spring
Frühstück ['fry:ʃtyk] *n* breakfast
frühstücken ['fry:ʃtykən] *v* have breakfast, breakfast
frühzeitig ['fry:tsaɪtɪç] *adj 1.* early; *2. (vorzeitig)* premature; *adv 3.* early; *4. (vorzeitig)* prematurely
Frustration [frustra'tsjo:n] *f PSYCH* frustration
frustrieren [frus'tri:rən] *v* frustrate
Fuchs [fuks] *m ZOOL* fox
Fuge ['fu:gə] *f 1.* joint; *aus den ~n geraten* go to pieces; *2. MUS* fugue
fügen ['fy:gən] *v 1. sich ~ (nachgeben)* give in, comply; *2. sich ~ (sich anpassen)* conform, fit in
Fügung ['fy:guŋ] *f (des Schicksals)* act of providence
fühlbar ['fy:lba:r] *adj 1. (tastbar)* palpable; *2. (spürbar)* perceptible; *3. (deutlich)* marked
fühlen ['fy:lən] *v* feel, sense
Fühler ['fy:lər] *m* feeler, antenna
führen ['fy:rən] *v 1.* lead, direct, guide; *2. (leiten)* manage, lead, run; *3. (Ware)* carry
Führer ['fy:rər] *m 1. (Chef)* leader; *2. (Fahrer)* driver; *3. (Fremdenführer)* tourist guide
Führerschein ['fy:rərʃaɪn] *m* driving licence, driver's license *(US)*
Führung ['fy:ruŋ] *f 1. (Leitung)* control, management, leadership; *2. (Benehmen)* behaviour, conduct; *3. (Fremdenführung)* sightseeing tour
Führungsposition ['fy:ruŋspositsjo:n] *f* management position

Fülle ['fylə] *f* *1.* abundance, profusion; *2.* *(volles Maß)* fullness; *3.* *(Leibesumfang)* corpulence
füllen ['fylən] *v* fill
Füllfeder ['fylfe:dər] *f* fountain pen
Füllung ['fyluŋ] *f* *1.* *(das Füllen)* filling; *2.* *(Polsterung)* stuffing; *3.* *(Zahn~)* *MED* filling; *4.* *GAST* stuffing
Fund [funt] *m* *1.* finding, discovery; *2.* *(Gefundenes)* find
Fundament [funda'mɛnt] *n* *1.* *(eines Hauses)* foundation; *2.* *(fig: Grundlage)* basis, foundation, groundwork
Fundbüro ['funtbyro:] *n* lost property office, lost-and-found department *(US)*
fünf [fynf] *num* five; *alle ~e gerade sein lassen* let sth slide; *~ Minuten vor zwölf (fig)* the eleventh hour
fünftens ['fynftəns] *adv* fifthly, in fifth place
fünfzehn ['fynftse:n] *num* fifteen
fünfzig ['fynftsɪç] *num* fifty
fungieren [fuŋ'gi:rən] *v* *~ als* function as
Funk [fuŋk] *m* wireless, radio
Funke ['fuŋkə] *m* spark
funkeln ['fuŋkəln] *v* sparkle, twinkle
funken ['fuŋkən] *v* *1.* *(übermitteln)* transmit, radio; *2.* *Es hat bei ihm gefunkt.* He figured it out; *3.* *(fam: funktionieren)* work; *4.* *(Funken von sich geben)* spark, give off sparks
Funkgerät ['fuŋkgərɛ:t] *n* radio equipment, wireless equipment
Funktion [fuŋk'tsjo:n] *f* function
Funktionär [fuŋktsjo'nɛ:r] *m* functionary
funktionell [fuŋktsjo'nɛl] *adj* functional
funktionieren [fuŋktjo'ni:rən] *v* function, work, operate
für [fy:r] *prep* *1.* for; *sich ~ etw entscheiden* decide in favour of sth; *2.* *was ~ ...* what kind of ..., what sort of ...; *3.* *an und ~ sich* strictly speaking; *Das ist eine Sache ~ sich.* That's a different story. *4.* *Tag ~ Tag* every day
Furcht [furçt] *f* fear, dread, terror
furchtbar ['furçtba:r] *adj* terrible
fürchten ['fyrçtən] *v* fear, to be afraid of, to be frightened of
fürchterlich ['fyrçtərlɪç] *adj* dreadful, frightful, ghastly
furchtlos ['furçtlo:s] *adj* fearless, dauntless
furchtsam ['furçtza:m] *adj* fearful, apprehensive
füreinander [fy:raɪ'nandər] *adv* for each other
Furie ['fu:rjə] *f* fury
Fürsorge ['fy:rzɔrgə] *f* *1.* care; *2.* *(öffentliche ~)* public service
fürsorglich ['fy:rzɔrglɪç] *adj* caring, considerate
Fürst [fyrst] *m* prince, sovereign ruler
Fürstentum ['fyrstəntu:m] *n* principality
fürstlich ['fyrstlɪç] *adj* *1.* princely; *2.* *(fig: üppig)* regal, stately, royal
Fürwort ['fy:rvɔrt] *n* *GRAMM* pronoun
Fusion [fu'zjo:n] *f* *1.* *PHYS* fusion; *2.* *ECO* merger
fusionieren [fuzjo'ni:rən] *v* *1.* *ECO* merge, consolidate; *2.* *TECH* combine
Fuß [fu:s] *m* *1.* foot; *zu ~* on foot; *~ fassen* gain a foothold; *auf freiem ~ sein* to be at large; *auf großem ~ leben* live like a lord; *mit einem ~ im Grabe stehen* have one foot in the grave; *mit dem linken ~ zuerst aufstehen* get up on the wrong side of the bed; *kalte Füße bekommen (fig)* get cold feet; *jdm auf die Füße treten* step on s.o.'s toes; *sich auf eigene ~ stellen* strike out on one's own, paddle one's own canoe; *auf die Füße fallen* fall on one's feet; *etw mit Füßen treten* trample sth; *jdm zu Füßen liegen* go down on one's knees before s.o.; *2.* *(Sockel)* base, pedestal; *3.* *(Zoll)* foot
Fußball ['fu:sbal] *m* *1.* *(Spiel)* football, soccer *(US)*; *2.* *(Ball)* football, soccer ball *(US)*
Fußballmannschaft ['fu:sbalmanʃaft] *f* *SPORT* football team, soccer team *(US)*
Fußballspiel ['fu:sbalʃpi:l] *n* *SPORT* football match, soccer game *(US)*
Fußballspieler ['fu:sbalʃpi:lər] *m* *SPORT* football player, footballer, soccer player *(US)*
Fußballstadion ['fu:sbalʃta:djɔn] *n* football stadium, soccer stadium *(US)*
Fußboden ['fu:sbo:dən] *m* floor
Fussel ['fusəl] *m/f* bit of fluff
fusseln ['fusəln] *v* fluff
Fußgänger ['fu:sgɛŋər] *m* pedestrian
Fußgängerzone ['fu:sgɛŋərtso:nə] *f* pedestrian zone
Fußgelenk ['fu:sgəleŋk] *n* ankle
Fußspur ['fu:sʃpu:r] *f* footprint
Fußweg ['fu:sve:k] *m* footpath
Futter ['futər] *n* *1.* *(Vieh~)* feed, fodder; *2.* *(Essen)* food, grub (fam), chow (fam) *(US)*; *3.* *(Material)* lining
füttern ['fytərn] *v* *1.* feed; *2.* *(Kleidungsstück ~)* line
Fütterung ['fytəruŋ] *f* *(Tierfütterung)* feeding
Futur [fu'tu:r] *n* *GRAMM* future tense

G

Gabe ['ga:bə] *f* gift
Gabel ['ga:bəl] *f* fork
Gabelung ['ga:bəluŋ] *f* fork, parting
gähnen ['gɛ:nən] *v* yawn
galant [ga'lant] *adj* gallant, chivalrous, courteous
Galaxis [ga'laksɪs] *f ASTR* galaxy
Galerie [galə'ri:] *f* gallery
Galgen ['galgən] *m* gallows *pl*; *jdn an den ~ bringen* send s.o. to the gallows
Galle ['galə] *f ANAT* gall; *Da läuft mir die ~ über. (fig)* That makes my blood boil.
Gang [gaŋ] *m 1. (Gehen)* gait, walk; *2. (Verlauf)* course, trend; *eine Sache in ~ halten* keep sth going, keep the ball rolling; *in ~ sein* to be in full swing; *in ~ kommen* get underway; *etw in ~ setzen* get sth going; *seinen ~ gehen* take its course; *Da ist was im ~e.* Something's up. (fam); *3. (Flur)* passage, corridor; *4. (eines Autos)* gear; *in einen höheren/niedrigeren ~ schalten* gear up/down; *einen ~ zulegen* shift up a gear; *einen ~ zurückschalten* shift down a gear; *5. GAST* course
gängig ['gɛŋɪç] *adj (üblich)* common
Gangster ['gæŋstər] *m* gangster
Ganove [ga'no:və] *m* crook
Gans [gans] *f ZOOL* goose; *eine dumme ~* a silly goose
Gänseblümchen ['gɛnzəbly:mçən] *n BOT* daisy
Gänsehaut ['gɛnzəhaut] *f* gooseflesh, goose pimples, goose bumps; *eine ~ bekommen* get gooseflesh, get goose bumps *(US)*
ganz [gants] *adj 1.* entire, whole, complete; *adv 2. (völlig)* entirely, fully, completely; *3. (sehr)* very, quite; *4. ~ und gar nicht* not one bit, not in the least
ganzheitlich ['gantshaɪtlɪç] *adj* in its entirety
gänzlich ['gɛntslɪç] *adj 1.* total, complete; *adv 2.* totally, completely
ganztags ['gantsta:ks] *adv 1.* all day; *2. (arbeiten)* full-time
gar [ga:r] *adj 1. (gekocht)* well-done; *adv 2. (überhaupt)* at all; *~ nicht* not at all; *~ nicht übel* not bad at all; *~ nichts* nothing (at all)
Garage [ga'ra:ʒə] *f* garage
Garantie [garan'ti:] *f* guarantee; *Unter ~.* That's certain.
garantieren [garan'ti:rən] *v* guarantee
Garderobe [gardə'ro:bə] *f 1.* wardrobe; *2. (Kleiderablage im Kino usw)* cloak-room, coat-check area *(US)*
Gardine [gar'di:nə] *f* curtain; *hinter schwedischen ~n* behind bars
garen ['ga:rən] *v GAST* cook until well-done
gären ['gɛ:rən] *v irr* ferment
Garn [garn] *n* yarn, thread (for sewing)
garnieren [gar'ni:rən] *v* trim, garnish
Garnitur [garni'tu:r] *f 1. (Wäsche, Möbel)* set; *2. die erste ~* the top people (fam); *zur zweiten ~ gehören* to be a notch below the best (fam)
garstig ['garstɪç] *adj* ugly, nasty
Garten ['gartən] *m 1.* garden; *2. (Ziergarten)* garden, yard *(US)*
Gärtner ['gɛrtnər] *m* gardener
Gärtnerei [gɛrtnə'raɪ] *f 1. (Betrieb)* garden-centre, nursery; *2. (Tätigkeit)* gardening, horticulture
Gas [ga:s] *n* gas
Gasmaske ['ga:smaskə] *f* gas mask
Gaspedal ['ga:speda:l] *n* accelerator, gas pedal *(US)*
Gasse ['gasə] *f* alley, lane
Gast [gast] *m* guest; *bei jdm zu ~ sein* to be s.o.'s guest
Gastarbeiter ['gastarbaɪtər] *m* immigrant worker
gastfreundlich ['gastfrɔyntlɪç] *adj* hospitable
Gastgeber ['gastge:bər] *m* host
Gasthof ['gastho:f] *m GAST* restaurant, guest-house
Gastlichkeit ['gastlɪçkaɪt] *f* hospitality
Gastronomie [gastrono'mi:] *f* gastronomy
Gaststätte ['gastʃtɛtə] *f* restaurant, public-house *(UK)*, pub
Gastwirt ['gastvɪrt] *m* restaurant owner
Gatte ['gatə] *m* spouse, husband; *die ~n* the husband and wife
Gattin ['gatɪn] *f* spouse, wife
Gattung ['gatuŋ] *f 1.* type, kind, sort; *2. BIO* species; *3. LIT* genre
Gaumen ['gaumən] *m ANAT* palate; *einen feinen ~ haben* to be a gourmet
Gauner ['gaunər] *m* rogue, trickster, scoundrel
Gazelle [ga'tsɛlə] *f ZOOL* gazelle

Geächtete(r) [gə'ɛçtətə(r)] *m/f* *1.* outlaw; *2.* *(fig)* outcast
Gebäck [gə'bɛk] *n* pastry, baked goods
Gebärde [gə'bɛːrdə] *f* gesture
gebärden [gə'bɛːrdən] *v sich ~* behave, act, conduct oneself
gebären [gə'bɛːrən] *v irr* bear, give birth to
Gebärmutter [gə'bɛːrmutər] *f ANAT* womb, uterus
Gebäude [gə'bɔydə] *n* building
geben ['geːbən] *v irr* *1.* give; *Ich gäbe viel darum, das zu wissen.* I'd give a lot to know that. *Wo gibt's denn so was?* That's unbelievable! *2. es gibt* there is/there are; *3. einen Laut von sich ~* make a sound; *4. Dem werd' ich's aber ~!* I'll show him! *5. auf etw nichts ~* not think much of sth; *6. sich ~ (sich benehmen)* act, behave; *7. sich geschlagen ~* concede defeat
Gebet [gə'beːt] *n REL* prayer; *jdn ins ~ nehmen* take s.o. to task
Gebiet [gə'biːt] *n* *1.* area, district, territory; *2. (fig: Sachgebiet)* field, area, subject
gebieten [gə'biːtən] *v irr* *1.* demand; *2. (befehlen)* command; *3. über etw ~* command sth; *4. (Gefühl)* control, restrain
gebieterisch [gə'biːtərɪʃ] *adj* commanding, dictatorial, imperious
Gebilde [gə'bɪldə] *n* formation, form
gebildet [gə'bɪldət] *adj* educated, cultivated
Gebirge [gə'bɪrgə] *n* mountains
Gebiss [gə'bɪs] *n* *1. ANAT* set of teeth; *2. (künstliches ~)* dentures, false teeth
geborgen [gə'bɔrgən] *adj* *1. (sicher)* safe, sheltered; *2. (Wrack)* salvaged
Geborgenheit [gə'bɔrgənhaɪt] *f* safety
Gebot [gə'boːt] *n* *1. (Befehl)* command, order; *2. REL* commandment; *die Zehn ~e* the Ten Commandments
Gebrauch [gə'braux] *m* use; *in ~ kommen* come into use
gebrauchen [gə'brauxən] *v* use, make use of, employ; *Das kann ich gut ~.* I could really use that.
gebräuchlich [gə'brɔyçlɪç] *adj* common, commonly used
Gebrauchsanweisung [gə'brauxsanvaɪzuŋ] *f* instructions for use
Gebrechen [gə'brɛçən] *n MED* ailment, infirmity, affliction
gebrechlich [gə'brɛçlɪç] *adj* frail, fragile
Gebühr [gə'byːr] *f* fee, charge
gebührend [gə'byːrənt] *adj* due, proper
gebührenfrei [gə'byːrənfraɪ] *adj* free of charge, without fee
gebührenpflichtig [gə'byːrənpflɪçtɪç] *adj* subject to a fee, subject to a charge
Geburt [gə'burt] *f* birth; *Das war eine schwere ~! (fig)* That took some doing!
Geburtstag [gə'burtstaːk] *m* birthday
Gebüsch [gə'byʃ] *n* bushes, shrubbery
Gedächtnis [gə'dɛçtnɪs] *n* memory
Gedanke [gə'daŋkə] *m* thought, idea; *~n lesen können* to be able to read s.o.'s thoughts; *mit dem ~n spielen* toy with the idea; *seine ~n beisammen haben* have one's thoughts concentrated; *etw ganz in ~n tun* do sth without thinking
Gedankenlosigkeit [gə'daŋkənloːzɪçkaɪt] *f* thoughtlessness
Gedankenstrich [gə'daŋkənʃtrɪç] *m* dash
gedankenvoll [gə'daŋkənfɔl] *adj* thoughtful, pensive
Gedeck [gə'dɛk] *n* cover
gedeihen [gə'daɪən] *v irr* thrive, grow, flourish
gedenken [gə'dɛŋkən] *v irr* *1. (erinnern)* remember, think of; *2. (vorhaben)* intend
Gedenkstätte [gə'dɛŋkʃtɛtə] *f* memorial
Gedicht [gə'dɪçt] *n* poem; *ein ~ sein (gut schmecken)* taste heavenly
gediegen [gə'diːgən] *adj* *1. (Metall)* sterling; *2. (geschmackvoll)* tasteful; *3. (haltbar)* solid
Gedränge [gə'drɛŋə] *n (Menge)* crowd
gedrängt [gə'drɛŋt] *adj* crowded
Geduld [gə'dult] *f* patience
geduldig [gə'duldɪç] *adj* patient
geeignet [gə'aɪgnət] *adj* suitable, appropriate, fitting
Gefahr [gə'faːr] *f* danger; *~ laufen, etw zu tun* run the risk of doing sth; *auf eigene ~* at one's own risk
gefährden [gə'fɛːrdən] *v* endanger, imperil, jeopardize
gefährlich [gə'fɛːrlɪç] *adj* dangerous
gefahrlos [gə'faːrloːs] *adj* without danger, safe
Gefährte [gə'fɛːrtə] *m* companion
Gefälle [gə'fɛlə] *n* gradient, incline
gefallen [gə'falən] *v irr* please, appeal to; *Es gefällt mir.* I like it. *sich etw ~ lassen* put up with sth
Gefallen [gə'falən] *m* *1. (Freundschaftsdienst)* favour; *Würden Sie mir einen ~ tun?* Would you do me a favour? *n 2.* delight, pleasure; *~ finden an* take a fancy to
gefällig [gə'fɛlɪç] *adj* *1. (zuvorkommend)* obliging, accommodating; *2. (angenehm)* agreeable, attractive

Gefälligkeit [gəˈfɛlɪçkaɪt] *f* 1. kindness, obligingness; 2. *(Gefallen)* favour
Gefangene(r) [gəˈfaŋənə(r)] *m/f* 1. prisoner; 2. *MIL* prisoner of war, captive
Gefangenschaft [gəˈfaŋənʃaft] *f MIL* captivity, imprisonment; *in ~ geraten* be taken prisoner
Gefängnis [gəˈfɛŋnɪs] *n* prison, jail, gaol *(UK)*
Gefäß [gəˈfɛːs] *n* 1. container; 2. *ANAT* vessel
Geflecht [gəˈflɛçt] *n* network
gefleckt [gəˈflɛkt] *adj* spotted, speckled
Geflügel [gəˈflyːgəl] *n* poultry, fowl
Geflüster [gəˈflystər] *n* whispering
Gefolge [gəˈfɔlgə] *n* followers, entourage
gefräßig [gəˈfrɛsɪç] *adj* voracious, greedy
gefrieren [gəˈfriːrən] *v irr* freeze
Gefrierschrank [gəˈfriːrʃraŋk] *m* upright deep freezer
gefügig [gəˈfyːgɪç] *adj* 1. flexible, pliable; 2. *(Charakter)* compliant, submissive, docile, obedient
Gefühl [gəˈfyːl] *n* 1. *(körperlich)* feeling, sensation, sense; *mit gemischten ~en* with mixed feelings; *das höchste der ~e* the pinnacle, the utmost you can expect; 2. *(seelisch)* perception, feeling, emotion; 3. *(Ahnung)* notion, hunch, feeling; *etw im ~ haben* know sth instinctively
gefühllos [gəˈfyːlloːs] *adj* 1. *(körperlich)* numb; 2. *(seelisch)* insensitive, hard-hearted, callous
gefühlsmäßig [gəˈfyːlsmɛːsɪç] *adv* instinctively
Gefühlsregung [gəˈfyːlsreːguŋ] *f* emotion
gefühlvoll [gəˈfyːlfɔl] *adj* 1. *~ singen* sing with feeling; 2. *(empfindsam)* sensitive
gegebenenfalls [gəˈgeːbənənfals] *adv* should the occasion arise, if applicable
Gegebenheit [gəˈgeːbənhaɪt] *f* fact, reality, situation
gegen [ˈgeːgən] *prep* 1. *(zeitlich)* about, around, toward; 2. *(örtlich)* against; 3. *(zu ... hin) ~ Westen fahren* go west; 4. *(wider)* against, contrary to; *ein Mittel ~ Kopfschmerzen* medicine for headaches; *etw ~ jdn haben* have sth against s.o.; 5. *(im Austausch)* for, in exchange for, in return for; *~ Quittung* against a receipt; 6. *(Vergleich)* compared with, compared to
Gegend [ˈgeːgənt] *f* 1. area, region; *die ~ unsicher machen* knock about the district; 2. *(Wohngegend)* neighbourhood
gegeneinander [ˈgeːgənaɪnandər] *adv* against each other, against one another
gegenläufig [ˈgeːgənlɔyfɪç] *adj* contrary, opposite
Gegenleistung [ˈgeːgənlaɪstuŋ] *f* quid pro quo, service in return
Gegenmittel [ˈgeːgənmɪtəl] *n MED* remedy; *(gegen Gift)* antidote
Gegensatz [ˈgeːgənzats] *m* 1. contrast; *einen ~ bilden zu* contrast with; *im ~ zu* unlike; 2. *(Gegenteil)* opposite
gegensätzlich [ˈgeːgənzɛtslɪç] *adj* 1. opposing, contradictory, contrary; *adv* 2. differently, in different ways, antagonistically
gegenseitig [ˈgeːgənzaɪtɪç] *adj* 1. mutual, reciprocal; *adv* 2. mutually, reciprocally
Gegenseitigkeit [ˈgeːgənzaɪtɪçkaɪt] *f* mutuality, reciprocity
Gegenstand [ˈgeːgənʃtant] *m* 1. object; 2. *(Thema)* subject
Gegenstück [ˈgeːgənʃtyk] *n* counterpart, equivalent
Gegenteil [ˈgeːgəntaɪl] *n* opposite, contrary; *(Umkehrung)* reverse
gegenteilig [ˈgeːgəntaɪlɪç] *adj* opposite, contrary
gegenüber [geːgənˈyːbər] *prep* 1. *(örtlich)* opposite, facing; *Er wohnt mir ~.* He lives across from me. 2. *(im Hinblick)* in relation to; *Sie war mir ~ sehr freundlich.* She was very nice to me. 3. *(im Vergleich)* in comparison with, compared with
gegenüberliegend [geːgənˈyːbərliːgənt] *adj* opposite
gegenüberstehen [geːgənˈyːbərʃteːən] *v irr* 1. face; 2. *(fig)* face, confront
gegenüberstellen [geːgənˈyːbərʃtɛlən] *v* 1. *(vergleichen)* compare; 2. *(konfrontieren)* bring face-to-face with
Gegenüberstellung [geːgənˈyːbərʃtɛluŋ] *f* 1. *(Vergleich)* comparison; 2. *(Konfrontation)* confrontation
Gegenverkehr [ˈgeːgənfɛrkeːr] *m* oncoming traffic, *(Verkehrsschild)* two-way traffic
Gegenwart [ˈgeːgənvart] *f* 1. present; 2. *GRAMM* present tense; 3. *(Anwesenheit)* presence
gegenwärtig [ˈgeːgənvɛrtɪç] *adj* 1. *(jetzig)* present, current; 2. *(anwesend)* present
Gegenwind [ˈgeːgənvɪnt] *m* head-wind
gegenzeichnen [ˈgeːgəntsaɪçnən] *v* countersign
Gegner [ˈgeːgnər] *m* 1. opponent, adversary; 2. *MIL* enemy

gegnerisch ['ge:gnərɪʃ] *adj* opposing, enemy, hostile
Gehalt [gə'halt] *n 1. (Lohn)* salary, pay; *2. (Inhalt)* content
Gehaltserhöhung [gə'haltsɛrhø:uŋ] *f* salary increase, raise *(US)*
gehässig [gə'hɛsɪç] *adj* spiteful, malicious
Gehässigkeit [gə'hɛsɪçkaɪt] *f* spite, malice
Gehäuse [gə'hɔyzə] *n 1.* case, box; *2. (Schneckenhaus)* shell
Gehege [gə'he:gə] *n 1.* enclosure; *jdm ins ~ kommen (fig)* step on s.o.'s toes; *2. (Wildgehege)* game preserve
geheim [gə'haɪm] *adj 1.* secret; *2. (heimlich)* clandestine; *3. (vertraulich)* confidential, private
Geheimagent [gə'haɪmagɛnt] *m* secret agent, intelligence agent
Geheimdienst [gə'haɪmdi:nst] *m* intelligence service
Geheimfach [gə'haɪmfax] *n* secret compartment
Geheimhaltung [gə'haɪmhaltuŋ] *f* secrecy
Geheimnis [gə'haɪmnɪs] *n 1.* secret; *ein offenes ~* an open secret; *2. (Rätselhaftes)* mystery; *ein ~ verraten* disclose a secret; *ich habe kein ~ vor dir* I have no secrets from you; *kein ~ aus etw machen* make no secret of sth
Geheimniskrämer [gə'haɪmnɪskrɛ:mər] *m* secretive person, mystery-monger
geheimnisvoll [gə'haɪmnɪsfɔl] *adj* mysterious
Geheimnummer [gə'haɪmnumər] *f* personal identification number
Geheiß [gə'haɪs] *n* order, command
gehemmt [gə'hɛmt] *adj ~ sein* to be inhibited, to be self-conscious
Gehemmtheit [gə'hɛmthaɪt] *f* inhibition
gehen ['ge:ən] *v irr 1.* go; *Gehen wir!* Let's go! *Wie geht's?* How's it going? *in sich ~* decide to mend one's ways; *2. (zu Fuß)* walk; *3. (möglich sein)* work; *4. Es geht. (es ist mittelmäßig)* It's all right. *5. es geht um ...* it's about ...; *Worum geht's?* What's this about? *6. vor sich ~* happen
geheuer [gə'hɔyər] *adj nicht ~* uncanny
Gehirn [gə'hɪrn] *n ANAT* brain
Gehirnerschütterung [gə'hɪrnɛrʃy:təruŋ] *f MED* concussion
Gehirnwäsche [gə'hɪrnvɛʃə] *f* brain-washing
Gehölz [gə'hœlts] *n 1.* wood, copse; *2. (Dikkicht)* undergrowth
Gehör [gə'hø:r] *n* hearing; *~ finden* get a hearing; *jdm ~ schenken* lend s.o. an ear; *sich ~ verschaffen* make o.s. heard; *um ~ bitten* request a hearing
gehorchen [gə'hɔrçən] *v* obey
gehören [gə'hø:rən] *v 1.* belong to; *2. sich ~* to be proper
gehörlos [gə'hø:rlo:s] *adj MED* deaf
Gehörlosigkeit [gə'hø:rlo:zɪçkaɪt] *f* deafness
Gehorsam [gə'ho:rza:m] *m* obedience
Gehsteig ['ge:ʃtaɪk] *m* pavement, sidewalk *(US)*
Geier ['gaɪər] *m ZOOL* vulture; *Weiß der ~!* God knows!
Geige ['gaɪgə] *f MUS* violin; *die erste ~ spielen (fig)* call the tune; *nach jds ~ tanzen* dance to s.o.'s tune; *Für ihn hängt der Himmel voller ~n.* He's on cloud nine.
geil [gaɪl] *adj 1. (erregt)* randy, horny *(US); 2. (fam: toll)* awesome, cool
Geisel ['gaɪzəl] *f* hostage
geißeln ['gaɪsəln] *v 1.* whip; *2. (fig)* chastise
Geist [gaɪst] *m 1. (Seele)* spirit, soul; *2. (Verstand)* mind; *3. (Gespenst)* ghost, spirit, apparition; *von allen guten ~ern verlassen sein* have taken leave of one's senses; *4. den ~ aufgeben (fig)* conk out (fam)
Geisterbahn ['gaɪstərba:n] *f* ghost train
Geisterfahrer ['gaɪstərfa:rər] *m* motorist driving in the wrong direction (against traffic)
geistesabwesend ['gaɪstəsapve:zənt] *adj* absent-minded
Geistesblitz ['gaɪstəsblɪts] *m* inspiration, brain wave *(UK),* brainstorm *(US)*
Geistesgegenwart ['gaɪstəsge:gənvart] *f* presence of mind
geistesgestört ['gaɪstəsgəʃtø:rt] *adj MED* mentally deranged, mentally disturbed
geisteskrank ['gaɪstəskraŋk] *adj* mentally ill
Geisteskranke(r) ['gaɪstəskraŋkə(r)] *m/f MED* mentally ill person
Geisteswissenschaften ['gaɪstəsvɪsənʃaftən] *pl* the arts, the humanities
geistig ['gaɪstɪç] *adj* intellectual, mental, spiritual
geistlich ['gaɪstlɪç] *adj 1.* spiritual, religious; *2. (kirchlich)* ecclesiastical
Geistliche(r) ['gaɪstlɪçə(r)] *m REL* clergyman, priest, man of the church
geistlos ['gaɪstlo:s] *adj* dull, insipid, stupid
geistreich ['gaɪstraɪç] *adj* bright, witty, intelligent, clever

Geiz [gaɪts] *m* stinginess, meanness
Geizhals ['gaɪtshals] *m* skinflint, miser
geizig ['gaɪtsɪç] *adj* stingy, tight-fisted
Gejammer [gə'jamər] *n* wailing, moaning and groaning
Gekicher [gə'kɪçər] *n* giggling, sniggering
gekünstelt [gə'kynstəlt] *adj* artificial; *~e Sprache* affected way of speaking
Gel [geːl] *n* gel
Gelächter [gə'lɛçtər] *n* laughter
Gelage [gə'laːgə] *n 1.* feast; *2. (Saufgelage)* drinking bout
gelähmt [gə'lɛːmt] *adj MED* paralyzed
Gelähmte(r) [gə'lɛːmtə(r)] *m/f* paralytic
Gelände [gə'lɛndə] *n 1.* grounds; *2. (Landschaft)* terrain
Geländer [gə'lɛndər] *n* railing, bannisters
gelangen [gə'laŋən] *v zu etw ~* arrive at, reach, come to
gelangweilt [gə'laŋvaɪlt] *adj* bored
gelassen [gə'lasən] *adj* relaxed, composed, calm
Gelassenheit [gə'lasənhaɪt] *f* collectedness, composure, calmness
Gelatine [ʒela'tiːnə] *f GAST* gelatine
geläufig [gə'lɔyfɪç] *adj* common, current, usual, familiar
Geläufigkeit [gə'lɔyfɪçkaɪt] *f* familiarity, common use
gelaunt [gə'launt] *adj schlecht ~* in a bad mood; *gut ~* in a good mood
geläutert [gə'lɔytərt] *adj (fig)* enlightened, purified
gelb [gɛlp] *adj* yellow
gelblich ['gɛlplɪç] *adj* yellowish
Gelbsucht ['gɛlpzuxt] *f MED* jaundice
Geld [gɛlt] *n* money; *~ wie Heu haben* have pots of money; *das ~ unter die Leute bringen* go on a spending spree; *etw zu ~ machen* make money out of sth; *Das geht ganz schön ins ~.* It all adds up. *nicht mit ~ zu bezahlen sein* to be priceless; *in ~ schwimmen* to be rolling in money; *sich für ~ sehen lassen können* to be a true original; *Ihm rinnt das ~ durch die Finger.* A fool and his money are soon parted. *~ stinkt nicht.* Money is money.
Geldanlage ['gɛltanlaːgə] *f* investment
Geldautomat ['gɛltautomaːt] *m* cash dispenser, automatic teller machine *(US)*
Geldbeutel ['gɛltbɔytəl] *m* purse
Geldbuße ['gɛltbuːsə] *f* fine
Geldschein ['gɛltʃaɪn] *m* bank note, bill *(US)*
Geldstück ['gɛltʃtyk] *n* coin
Geldverschwendung ['gɛltfɛrʃvɛnduŋ] *f* waste of money
Geldwäsche ['gɛltvɛʃə] *f* money-laundering
Gelee [ʒe'leː] *n* jelly
gelegen [gə'leːgən] *adj 1. (liegend)* situated, located; *2. (fig) ~ kommen* to be convenient, to be opportune, to be suitable
Gelegenheit [gə'leːgənhaɪt] *f 1. (gute ~)* opportunity, chance; *die ~ beim Schopfe pakken* take the bull by the horns; *2. (Anlass)* occasion
gelegentlich [gə'leːgəntlɪç] *adj 1.* occasional; *adv 2.* occasionally, once in a while, now and then
Gelehrsamkeit [gə'leːrzamkaɪt] *f* learning, erudition, scholarship
gelehrt [gə'leːrt] *adj* learned
Gelehrte(r) [gə'leːrtə(r)] *m/f* scholar, man/woman of learning
geleiten [gə'laɪtən] *v* escort, accompany
Geleitschutz [gə'laɪtʃuts] *m 1.* escort; *2. NAUT* convoy
Gelenk [gə'lɛŋk] *n 1. ANAT* joint; *2. TECH* joint, link, articulation
gelenkig [gə'lɛŋkɪç] *adj* supple, flexible, pliable
Geliebte(r) [gə'liːptə(r)] *m/f* lover
gelingen [gə'lɪŋən] *v irr* succeed; *Es gelang mir nicht, zu ...* I wasn't able to ...
geloben [gə'loːbən] *v* promise, vow
Gelöbnis [gə'løːbnɪs] *n* vow; *ein ~ ablegen* take a vow
gelockt [gə'lɔkt] *adj* curly
gelten ['gɛltən] *v irr 1. (gültig sein)* to be valid; *2. ~ als* count as, to be considered; *3. (Gesetz)* to be in force, to be effective, apply
Geltung ['gɛltuŋ] *f 1. (Gültigkeit)* validity; *2. (Ansehen)* standing, worth, status; *jdm ~ verschaffen* help s.o. gain recognition; *etw zur ~ bringen* show off sth to its best advantage; *zur ~ kommen* gain recognition
Gelübde [gə'lypdə] *n REL* vow, pledge
gelungen [gə'luŋən] *adj* successful
Gelüste [gə'lystə] *pl* craving, longing, desire
gemächlich [gə'mɛːçlɪç] *adj* leisurely, slow, unhurried
Gemahl/Gemahlin [gə'maːl/gə'maːlɪn] *m/f* husband/wife, spouse
Gemälde [gə'mɛːldə] *n* painting, picture
gemäß [gə'mɛːs] *prep* according to, in accordance with
gemäßigt [gə'mɛːsɪçt] *adj* moderate
Gemäuer [gə'mɔyər] *n* walls

gemein [gə'maɪn] *adj 1. (böse)* mean, nasty, base; *2. (gewöhnlich)* common, ordinary
Gemeinde [gə'maɪndə] *f 1. (Gemeinschaft)* community; *2. POL* local authority, municipality
Gemeinderat [gə'maɪndəra:t] *m POL* local council
Gemeingut [gə'maɪngu:t] *n* common property
Gemeinheit [gə'maɪnhaɪt] *f 1.* meanness; *2. eine ~* a mean thing
Gemeinkosten [gə'maɪnkɔstən] *pl ECO* overhead (expenses)
gemeinnützig [gə'maɪnnytsɪç] *adj* charitable
gemeinsam [gə'maɪnza:m] *adj 1.* common, mutual, joint; *adv 2.* together, jointly
Gemeinsamkeit [gə'maɪnza:mkaɪt] *f* mutuality, common ground, things in common
Gemeinschaft [gə'maɪnʃaft] *f 1.* community, association; *2. POL* union; *3. ~ Unabhängiger Staaten* Commonwealth of Independent States
Gemeinwesen [gə'maɪnve:zən] *n* community
Gemeinwohl [gə'maɪnvo:l] *n* common welfare, public interest
Gemetzel [gə'mɛtsəl] *n* butchery, massacre, slaughter
gemischt [gə'mɪʃt] *adj* mixed; *mit ~en Gefühlen* with mixed feelings
Gemurmel [gə'murməl] *n* murmuring
Gemüse [gə'my:zə] *n* vegetable; *junges ~ (fig)* youngsters, small fry
gemustert [gə'mustərt] *adj* patterned
Gemüt [gə'my:t] *n* nature, disposition, temperament; *sich etw zu ~e führen* indulge in sth; *jdm aufs ~ schlagen* get s.o. down; *etw fürs ~* sth for the soul; *jds ~ bewegen* stir s.o.'s emotions/heart
gemütlich [gə'my:tlɪç] *adj 1. (zwanglos)* informal, relaxed; *2. (freundlich)* friendly; *3. (Zimmer)* comfortable, cosy
Gemütlichkeit [gə'my:tlɪçkaɪt] *f 1.* cosiness, snugness; *2. (Person)* sociability, good nature
Gen [ge:n] *n BIO* gene
genau [gə'nau] *adj 1.* exact, precise, accurate; *2. (sorgfältig)* careful; *interj 3.* Exactly!
Genauigkeit [gə'nauɪçkaɪt] *f* accuracy, precision, exactness
genauso [gə'nauzo:] *adv 1.* just the same as; *2. (vor Adjektiv)* just as; *~ ... wie* just as ... as; *3. Mir geht es ~.* It's the same way for me.

genehmigen [gə'ne:mɪgən] *v* approve, authorize, grant; *sich einen ~* have one for the road (fam)
Genehmigung [gə'ne:mɪguŋ] *f 1.* approval, authorization, permission; *2. (Schein)* permit
geneigt [gə'naɪgt] *adj* willing; *~er Leser!* Gentle reader! *ein ~es Ohr* a willing ear; *zu etw ~ sein* to be inclined to do sth
General [genə'ra:l] *m MIL* general
generalisieren [genərali'zi:rən] *v* generalize
Generalprobe [genə'ra:lpro:bə] *f* dress rehearsal
Generation [genəra'tsjo:n] *f* generation
Generator [gɛnə'ra:tɔr] *m TECH* generator
generell [gɛnə'rɛl] *adj* general
genesen [gə'ne:zən] *v irr 1.* recover; *2. (gebären) eines Kindes ~* give birth to a child
Genesung [gə'ne:zuŋ] *f* recuperation, recovery, convalescence; *eine baldige ~* a speedy recovery
Genetik [ge'ne:tɪk] *f BIO* genetics
Genforschung ['ge:nfɔrʃuŋ] *f* genetic research
genial [gen'ja:l] *adj* brilliant, ingenious
Genick [gə'nɪk] *n* neck, nape of the neck; *sich das ~ brechen* break one's neck
Genie [ʒe'ni:] *n* genius
genieren [ʒe'ni:rən] *v sich ~* to be embarrassed, to be shy
genießbar [gə'ni:sba:r] *adj 1.* edible; *2. (fig)* enjoyable
Genießbarkeit [gə'ni:sba:rkaɪt] *f* edibility
genießen [gə'ni:sən] *v irr 1.* enjoy; *2. (fig: etw erhalten)* enjoy, have the benefit of; *3. (trinken)* drink; *4. (essen)* eat
Genießer [gə'ni:sər] *m* epicure, gourmet, connoisseur
Genitalien [geni'ta:ljən] *pl ANAT* genitals
Genitiv ['ge:nitif] *m GRAMM* genitive
Genosse [gə'nɔsə] *m* comrade
Genossenschaft [gə'nɔsənʃaft] *f* cooperative
Genre ['ʒɑ̃:rə] *n* genre
Gentechnologie ['gɛntɛçnologi:] *f* genetic engineering
genug [gə'nu:k] *adv* enough, sufficient, sufficiently; *Ich habe ~ davon.* I've had it with that. *gut ~* good enough
genügen [gə'ny:gən] *v* suffice, to be sufficient, to be enough; *Das wird ~.* That will do. *Anruf genügt.* A phone call will suffice.
genügsam [gə'ny:kza:m] *adj* modest, undemanding, frugal

Genugtuung [gə'nu:ktu:uŋ] *f* satisfaction, gratification
genuin [genu'i:n] *adj* genuine
Genus ['ge:nus] *n 1.* genus; *2. GRAMM* gender
Genuss [gə'nus] *m 1. (von Nahrung)* consumption; *2. (Freude)* enjoyment, delight, pleasure; *in den ~ von etw kommen* enjoy sth
Genussmittel [gə'nusmɪtəl] *n* semi-luxury item (alcohol, coffee, tea, tobacco)
Geografie [geogra'fi:] *f* geography
Geologie [geolo'gi:] *f* geology
Geometrie [geome'tri:] *f* geometry
Gepäck [gə'pɛk] *n* luggage, baggage *(US)*
Gepäckträger [gə'pɛktrɛ:gər] *m (Person)* porter
Gepard [ge'part] *m ZOOL* cheetah
gepflegt [gə'pfle:kt] *adj 1. (Person)* well-groomed; *2. (Sache)* well-looked-after, cared-for; *3. (fig: Sprache)* cultivated
Gepflogenheit [gə'pflo:gənhaɪt] *f* custom, practice, habit
Geplapper [gə'plapər] *n* chattering, babbling
Gepolter [gə'pɔltər] *n* din, racket, thudding
gerade [gə'ra:də] *adj 1.* straight; *2. (Zahl)* even; *3. (fig: aufrichtig)* honest; *adv 4. (genau)* just, exactly, precisely; *~ gegenüber* directly opposite; *Es war nicht ~ ein Riesenerfolg.* It was not exactly a huge success. *5. (eben)* just; *Er wollte ~ gehen.* He was just about to leave. *6. (knapp)* just; *~ noch zur rechten Zeit* just in time
geradeaus [gəra:də'aus] *adv* straight ahead, straight on
geradeheraus [gəra:dəhɛ'raus] *adv* frankly
geradeso [gə'ra:dəzo:] *adv* just like that
geradewegs [gə'ra:dəve:ks] *adv* directly, straight
geradezu [gə'ra:dətsu:] *adv* perfectly, simply, downright; *das ist ~ Wahnsinn* that's sheer madness
geradlinig [gə'ra:tli:nɪç] *adj (fig)* straightforward, honest, frank
Geranie [gə'ra:njə] *f BOT* geranium
Geraschel [gə'raʃəl] *n* rustling
Gerassel [gə'rasəl] *n* rattling, rattle
Gerät [gə'rɛ:t] *n 1.* piece of equipment, device, appliance; *2. (Werkzeug)* tool, utensil
geraten[1] [gə'ra:tən] *v irr 1. (ausfallen)* turn out; *2. (sich entwickeln)* thrive; *3. (zufällig gelangen)* get, come; *an den Richtigen ~* come to the right person; *in Schulden ~* fall into debt; *4.(stoßen auf)* come across, happen upon; *in jds Hände ~* fall into s.o.'s hands; *in Angst ~* get scared; *in Gefangenschaft ~* be taken prisoner; *in eine Falle ~* fall into a trap; *in Brand ~* catch fire; take after s.o.
geraten[2] [gə'ra:tən] *adj* advisable
Geräteturnen [gə'rɛ:təturnən] *n SPORT* gymnastics
geräumig [gə'rɔymɪç] *adj* spacious, roomy, large
Geräusch [gə'rɔyʃ] *n* sound, noise; *mit einem dumpfen ~* with a dull thud
geräuschlos [gə'rɔyʃlo:s] *adj* noiseless, soundless, quiet; *~ öffnete sie die Tür* without a sound she opened the door
geräuschvoll [gə'rɔyʃfɔl] *adj* noisy, loud
gerben ['gɛrbən] *v* tan
gerecht [gə'rɛçt] *adj 1.* fair, just; *2. (unparteiisch)* impartial, unbiased
gerechtfertigt [gə'rɛçtfɛrtɪçt] *adj* justifiable, justified, warranted
Gerechtigkeit [gə'rɛçtɪçkaɪt] *f* justice; *einer Sache ~ widerfahren lassen* do justice to sth
Gerede [gə're:də] *n 1.* talk; *2. (Gerücht)* rumour, hearsay; *3. (Klatsch)* gossip; *jdn ins ~ bringen* spread rumours about s.o.; *ins ~ kommen* get o.s. talked about
Gericht [gə'rɪçt] *n 1. JUR* court, court of justice, court of law; *vor ~ stellen* bring to trial; *vor ~ stehen* stand trial; *mit jdm ins ~ gehen (fig)* judge s.o. harshly; *2. GAST* dish
gerichtlich [gə'rɪçtlɪç] *adj 1. JUR* legal, judicial; *adv 2. JUR* legally, judicially; *gegen jdn ~ vorgehen* take legal action against s.o.
Gerichtsvollzieher [gə'rɪçtsfɔltsi:ər] *m JUR* bailiff
geriffelt [gə'rɪfəlt] *adj* grooved
gering [gə'rɪŋ] *adj 1. (wenig)* little, small, slight; *nicht im ~sten* not in the least; *die ~ste Möglichkeit* the slightest chance; *2. (niedrig)* low, inferior; *kein Geringerer als* none other than; *3. (kurz)* brief, short
geringelt [gə'rɪŋəlt] *adj* ringed
geringfügig [gə'rɪŋfy:gɪç] *adj 1.* slight, negligible, petty; *adv 2.* slightly
Geringfügigkeit [gə'rɪŋfy:gɪçkaɪt] *f* smallness, insignificance, slightness; triviality; *ein Verfahren wegen ~ einstellen* dismiss a case because of the trifling nature of the offence
geringhalten [gə'rɪŋhaltən] *v irr* keep down
geringschätzig [gə'rɪŋʃɛtsɪç] *adj* contemptuous

Geringschätzung [gə'rɪŋʃɛtsuŋ] *f* contempt, disdain, low regard
gerinnen [gə'rɪnən] *v irr 1. (Blut)* coagulate, clot; *2. (Milch)* curdle
Gerippe [gə'rɪpə] *n ANAT* skeleton
gerissen [gə'rɪsən] *adj* sly, crafty, cunning
Germanistik [gɛrma'nɪstɪk] *f* German Studies; *Professor der ~* professor of German Studies
gern [gɛrn] *adv* gladly, with pleasure, happily; *jdn sehr ~ haben* to hold s.o. dear; *etw ~ tun* like doing sth; *Ich hätte ~ Herrn Andrews gesprochen.* I would like to speak to Mr. Andrews.
geröstet [gə'rœstət] *adj GAST* roasted
Gerste ['gɛrstə] *f BOT* barley
Gerte ['gɛrtə] *f 1.* switch; *2. (Reitgerte)* riding crop
Geruch [gə'rux] *m 1.* smell; *2. (angenehmer ~)* fragrance, scent; *3. (übler ~)* odour, stench; *4. (Mundgeruch)* bad breath; *5. (Körpergeruch)* body odour
Geruchssinn [gə'ruxszɪn] *m* sense of smell
Gerücht [gə'ryçt] *n* rumour
gerührt [gə'ry:rt] *adj (fig)* moved, touched
Gerümpel [gə'rympəl] *n* junk
Gerüst [gə'ryst] *n 1. (Baugerüst)* scaffolding; *2. (fig)* frame, framework, skeleton
gesamt [gə'zamt] *adj* entire, total, whole
Gesamtheit [gə'zamthaɪt] *f* entirety, totality
Gesandte(r)/Gesandtin [gə'zantə(r)/gə'zantɪn] *m/f POL* envoy
Gesandtschaft [gə'zantʃaft] *f POL* legation, mission
Gesang [gə'zaŋ] *m 1. (Singen)* singing; *2. (Lied)* song; *(Vogelgesang)* birdsong
Gesäß [gə'zɛ:s] *n* buttocks *pl*
Geschäft [gə'ʃɛft] *n 1.* business; *ein ~ mit etw machen* do very well with sth; *2. (Laden)* shop, store; *3. (Transaktion)* transaction, deal, operation
Geschäftigkeit [gə'ʃɛftɪçkaɪt] *f* bustling
geschäftlich [gə'ʃɛftlɪç] *adj 1.* business, commercial; *~e Angelegenheit* business matter; *adv 2.* on business, commercially
Geschäftsleitung [gə'ʃɛftslaɪtuŋ] *f ECO* management
Geschäftsreise [gə'ʃɛftsraɪzə] *f* business trip
Geschäftsschluss [gə'ʃɛftsʃlus] *m* closing time
Geschäftsstelle [gə'ʃɛftsʃtɛlə] *f 1.* office; *2. (Filiale)* branch office

geschäftstüchtig [gə'ʃɛftstyçtɪç] *adj* smart, efficient, diligent
geschehen [gə'ʃe:ən] *v irr* happen, occur, take place; *Gern ~!* My pleasure! *Das geschieht dir recht.* It serves you right. *Um ihn ist es ~.* He's had it.
Geschehnis [gə'ʃe:nɪs] *n* event, occurrence
gescheit [gə'ʃaɪt] *adj 1. (klug, intelligent)* clever, smart, bright; *Du bist wohl nicht recht ~!* You must be out of your mind! *2. (ordentlich)* decent, proper, good
Geschenk [gə'ʃɛŋk] *n* gift, present; *ein ~ des Himmels* a godsend
Geschenkpapier [gə'ʃɛŋkpapi:r] *n* gift-wrapping paper
Geschichte [gə'ʃɪçtə] *f 1. (Vergangenheit)* history; *~ machen* make history; *2. (Erzählung)* story, tale; *3. (Angelegenheit)* matter, business
geschichtlich [gə'ʃɪçtlɪç] *adj 1.* historical; *2. (~ bedeutsam)* historic
Geschick [gə'ʃɪk] *n (Schicksal)* destiny, fate, fortune
Geschicklichkeit [gə'ʃɪklɪçkaɪt] *f* dexterity, skill, cleverness
geschickt [gə'ʃɪkt] *adj* clever, skilful, adept, practical
Geschirr [gə'ʃɪr] *n 1. (Küchengeschirr)* kitchen utensils *pl; 2. (Tafelgeschirr)* dishes *pl; 3. sich ins ~ legen* pull out all the stops
Geschirrspülmaschine [gə'ʃɪrʃpy:lmaʃi:nə] *f* dishwasher
Geschlecht [gə'ʃlɛçt] *n 1. (weiblich/männlich)* sex; *2. LING* gender; *3. (Adelsgeschlecht)* lineage, ancestry, descent; *4. (Gattung)* race
geschlechtlich [gə'ʃlɛçtlɪç] *adj* sexual
Geschlechtskrankheit [gə'ʃlɛçtskraŋkhaɪt] *f MED* venereal disease
Geschlechtsorgan [gə'ʃlɛçtsɔrga:n] *n ANAT* sexual organ, reproductive organ
Geschlechtsumwandlung [gə'ʃlɛçtsumvandluŋ] *f* sex change
Geschlechtsverkehr [gə'ʃlɛçtsfɛrke:r] *m* sexual intercourse
Geschlossenheit [gə'ʃlɔsənhaɪt] *f 1. (-Form)* compactness; *2. (Einheit)* unity
Geschmack [gə'ʃmak] *m 1. (Speisen)* taste, flavour; *2. (Sinn für Schönes)* taste *auf den ~ von etw kommen* acquire a taste for sth
geschmacklos [gə'ʃmaklo:s] *adj 1. (fade)* dull, insipid; *2. (fig: hässlich)* tasteless, unbecoming; *3. (fig: taktlos)* in bad taste, tactless
Geschmacklosigkeit [gə'ʃmaklo:zɪçkaɪt] *f 1.* tastelessness; *2. (fig: Taktlosigkeit)* bad taste, crudeness

Geschmackssinn [gə'ʃmakszın] *m* sense of taste
geschmackvoll [gə'ʃmakfɔl] *adj (fig)* tasteful, elegant, smart
geschmeidig [gə'ʃmaıdıç] *adj 1.* lithe, supple; *2. (elastisch)* pliant; *3. (glatt)* smooth; *4. (gewandt)* adroit
Geschöpf [gə'ʃœpf] *n* creature
Geschoss [gə'ʃɔs] *n 1. (Stockwerk)* storey, story *(US)*, floor; *2. (Projektil)* projectile; *(Kugel)* bullet; *(Rakete)* missile
Geschrei [gə'ʃraı] *n* shouting, yelling, screaming
Geschwätz [gə'ʃvɛts] *n* chatter, idle talk, prattle
geschweige [gə'ʃvaıgə] *konj ~ denn* not to mention, to say nothing of
Geschwindigkeit [gə'ʃvındıçkaıt] *f 1.* speed, quickness; *2. PHYS* velocity
Geschwister [gə'ʃvıstər] *pl* siblings, brothers and sisters
Geschworene(r) [gə'ʃvo:rənə(r)] *m/f JUR* juror
Geschwulst [gə'ʃvulst] *f 1.* swelling; *2. (Tumor)* tumour, tumor *(US)*
Geschwür [gə'ʃvy:r] *n MED* ulcer, abscess, boil
Geselle/Gesellin [gə'zɛlə/gə'zɛlın] *m/f* journeyman/journeywoman
gesellig [gə'zɛlıç] *adj 1. (Person)* sociable, convivial, social; *2. ~es Beisammensein* social gathering
Gesellschaft [gə'zɛlʃaft] *f 1.* society; *2. (Begleitung)* company, companionship; *jdm ~ leisten* keep s.o. company; *sich in guter ~ befinden* to be in good company; *3. ECO* company; *~ mit beschränkter Haftung* private limited liability company, corporation *(US)*
gesellschaftlich [gə'zɛlʃaftlıç] *adj* social
Gesetz [gə'zɛts] *n* law
Gesetzentwurf [gə'zɛtsɛntvurf] *m POL* bill
Gesetzesänderung [gə'zɛtsəsɛndəruŋ] *f POL* amendment
Gesetzesbrecher [gə'zɛtsəsbrɛçər] *m* lawbreaker
Gesetzgebung [gə'zɛtsge:buŋ] *f POL* legislation
gesetzlich [gə'zɛtslıç] *adj 1.* legal, statutory; *adv 2.* legally
gesetzt [gə'zɛtst] *adj 1. (ruhig)* steady, settled; *prep 2. ~ den Fall ...* assuming ...
gesetzwidrig [gə'zɛtsvi:drıç] *adj* unlawful, illegal, contrary to law
Gesicht [gə'zıçt] *n* face; *sein ~ wahren* save face; *den Tatsachen ins ~ sehen* face facts; *jdm nicht ins ~ sehen können* not be able to look s.o. in the eye; *das ~ verlieren* lose face; *jdm ins ~ springen* go for sth; *sein wahres ~ zeigen* show one's true colours; *jdm im ~ geschrieben stehen* to be written all over s.o.'s face; *jdm etw ins ~ sagen* say sth to s.o.'s face; *ein langes ~ machen* pull a long face; *jdm wie aus dem ~ geschnitten sein* to be the spitting image of s.o.
Gesichtsfarbe [gə'zıçtsfa:rbə] *f* complexion
Gesichtspunkt [gə'zıçtspuŋkt] *m* aspect, point of view
Gesichtszüge [gə'zıçtstsy:gə] *pl* features
Gesindel [gə'zındəl] *n* riff-raff, rabble
Gesinnung [gə'zınuŋ] *f* attitude
gesittet [gə'zıtət] *adj 1. (Person)* well-behaved, polite, courteous; *2. (zivilisiert)* civilized
Gespenst [gə'ʃpɛnst] *n* ghost, phantom; *~ sehen* imagine things
Gespött [gə'ʃpœt] *n* jeering, mockery, derision; *jdn zum ~ machen* make s.o. a laughing-stock; *zum ~ werden* become a laughing-stock
Gespräch [gə'ʃprɛ:ç] *n* conversation, talk, discussion; *im ~ sein* to be under discussion; *mit jdm im ~ bleiben* keep in touch with s.o.
gesprächig [gə'ʃprɛ:çıç] *adj* talkative, communicative
Gespür [gə'ʃpy:r] *n* sense, feeling
Gestalt [gə'ʃtalt] *f 1. (Figur)* shape, figure; *2. (Aussehen)* appearance, shape; *3. (Körperbau)* stature; *4. (fig) in ~* in the shape of
gestalten [gə'ʃtaltən] *v 1. (formen)* shape, mould, model; *2. (verwirklichen)* create; *3. (einrichten)* fashion, furnish, design
gestalterisch [gə'ʃtaltərıʃ] *adj* creative
Gestaltung [gə'ʃtaltuŋ] *f 1. (Formgebung)* forming, moulding, shaping; *2. (Verwirklichung)* creation, dramatization, arrangement; *3. (Einrichtung)* fashioning, designing
Gestammel [gə'ʃtaməl] *n* stammering
Geständnis [gə'ʃtɛntnıs] *n* confession
Gestank [gə'ʃtaŋk] *m* stench, stink
gestatten [gə'ʃtatən] *v* allow, permit
Geste ['gɛstə] *f* gesture
gestehen [gə'ʃte:ən] *v irr* admit, confess
Gestein [gə'ʃtaın] *n MIN* rock
Gestell [gə'ʃtɛl] *n 1.* stand; *2. (Rahmen)* frame
gestern ['gɛstərn] *adv* yesterday; *Sie ist nicht von ~.* She wasn't born yesterday.
Gestik ['gɛstık] *f* gestures

Gestirn [gəˈʃtɪrn] *n ASTR* star, constellation
gestreift [gəˈʃtraɪft] *adj* striped
Gestrüpp [gəˈʃtryp] *n 1. BOT* undergrowth; *2. (fig)* jungle
Gestüt [gəˈʃtyːt] *n* stud farm
Gesuch [gəˈzuːx] *n* application, petition, request
gesund [gəˈzunt] *adj 1. (Person)* healthy; *2. (geistig)* sane; *3. (Nahrungsmittel)* healthy, wholesome, nutritious
gesunden [gəˈzundən] *v* recover, get well
Gesundheit [gəˈzunthaɪt] *f* health; *~!* Bless you!
gesundheitsschädlich [gəˈzunthaɪtsʃɛːdlɪç] *adj* detrimental to one's health
Getöse [gəˈtøːzə] *n* din, racket, row
Getränk [gəˈtrɛŋk] *n* drink, beverage
getrauen [gəˈtrauən] *v sich ~* dare, venture
Getreide [gəˈtraɪdə] *n AGR* grain, cereals *pl*, corn *(UK)*
Getriebe [gəˈtriːbə] *n 1. TECH* gear, transmission, gearing; *2. (fig)* hustle and bustle
Getue [gəˈtuːə] *n 1.* ado, fuss, to-do; *2. (umständliches Gehaben)* affectation
Getümmel [gəˈtyməl] *n (fam)* turmoil, tumult; *sich ins ~ stürzen* plunge into the tumult
Gewächshaus [gəˈvɛkshaus] *n* greenhouse, hothouse
Gewähr [gəˈvɛːr] *f* guarantee, security, warranty; *~ leisten* guarantee, warrant, ensure; *ohne ~* no liability assumed
gewähren [gəˈvɛːrən] *v* grant, allow, concede; *Vorteil ~* offer an advantage; *jdn ~ lassen* let s.o. do as he/she like
Gewahrsam [gəˈvaːrzaːm] *m* custody, safekeeping, care; *jdn in ~ nehmen* take s.o. into custody
Gewährsmann [gəˈvɛːrsman] *m* source
Gewalt [gəˈvalt] *f 1.* violence, force; *mit aller ~* with all one's might; *2. (Macht)* command, control, power; *höhere ~* force majeure; *sich in der ~ haben* have o.s. under control
gewaltig [gəˈvaltɪç] *adj 1.* mighty, powerful; *2. (riesig)* vast; *3. (heftig)* vehement, violent; *adv 4.* immensely, tremendously
gewaltsam [gəˈvaltzaːm] *adj 1.* forceful, forcible; *adv 2.* forcefully, with violence, forcibly
gewalttätig [gəˈvalttɛtɪç] *adj* violent
Gewand [gəˈvant] *n 1.* gown; *2. (fig: äußere Erscheinung)* look
gewandt [gəˈvant] *adj 1.* skilful, skillful *(US)*; *~ sein in* to be good at; *2. (flink)* agile, deft, nimble; *3. (wendig)* versatile
Gewandtheit [gəˈvanthaɪt] *f 1.* skill; *2. (des Ausdrucks)* elegance
Gewässer [gəˈvɛsər] *n* waters
Gewebe [gəˈveːbə] *n 1. (Stoff)* fabric, texture; *2. BIO* tissue
Gewehr [gəˈveːr] *n* rifle; *~ bei Fuß stehen (fig)* to be at the ready
Geweih [gəˈvaɪ] *n* antlers, horns
Gewerbe [gəˈvɛrbə] *n 1. ECO* trade, business, industry; *2. (Handwerk)* craft
Gewerbegebiet [gəˈvɛrbəgəbiːt] *n ECO* industrial area
Gewerkschaft [gəˈvɛrkʃaft] *f* trade union, union
Gewicht [gəˈvɪçt] *n 1.* weight; *an ~ zunehmen* gain weight; *2. (fig: Wichtigkeit)* importance, significance; *ins ~ fallen* to be crucial; *auf etw ~ legen* attach importance to sth
gewichten [gəˈvɪçtən] *v etw stärker ~* emphasize sth more, put more emphasis on sth
Gewinde [gəˈvɪndə] *n (Schraubengewinde) TECH* thread
Gewinn [gəˈvɪn] *m 1. (Spiel)* prize, winnings; *2. ECO* profit, gain, earnings; *3. (fig: Nutzen)* advantage, benefit, gain; *wie gewonnen, so zerronnen* easy come easy go; *~ bringend* profitable, lucrative, gainful
gewinnen [gəˈvɪnən] *v irr 1. (siegen)* win; *2. (verdienen)* gain, make a profit; *3. (fig: profitieren)* gain, benefit; *die Oberhand ~* gain the upper hand; *4. (fördern) MIN* mine, extract, derive
Gewinner(in) [gəˈvɪnər(ɪn)] *m/f* winner
gewiss [gəˈvɪs] *adj 1.* certain; *adv 2.* certainly
Gewissen [gəˈvɪsən] *n* conscience; *jdm ins ~ reden* appeal to s.o.'s conscience; *ein gutes ~* a clear conscience; *etw auf dem ~ haben* have sth on one's conscience; *jdn auf dem ~ haben* have s.o. on one's conscience
gewissenhaft [gəˈvɪsənhaft] *adj* conscientious, scrupulous
gewissenlos [gəˈvɪsənloːs] *adj 1.* unscrupulous; *2. (verantwortungslos)* reckless, irresponsible
Gewissensbisse [gəˈvɪsənsbɪsə] *pl* qualms, remorse
gewissermaßen [gəˈvɪsərmaːsən] *adv 1. (in gewissem Maße)* to a certain extent; *2. (sozusagen)* so to speak, as it were
Gewissheit [gəˈvɪshaɪt] *f* certainty
Gewitter [gəˈvɪtər] *n* thunderstorm
gewöhnen [gəˈvøːnən] *v sich ~ an* get used to, accustom o.s. to, get into the habit of

Gewohnheit [gə'vo:nhaɪt] *f* habit, custom, practice
gewohnheitsmäßig [gə'vo:nhaɪtsmɛsɪç] *adj 1.* habitual; *adv 2.* habitually, by force of habit
gewöhnlich [gə'vø:nlɪç] *adj 1. (gebräuchlich)* customary, habitual; *2. (normal)* usual, ordinary; *3. (unfein)* common, vulgar; *adv 4. (üblicherweise)* normally, usually
gewohnt [gə'vo:nt] *adj 1.* usual; *2. etw ~ sein* to be used to sth, to be accustomed to sth
Gewölbe [gə'vœlbə] *n* vault, dome
Gewühl [gə'vy:l] *n (Gedränge)* crowd, throng
Gewürze [gə'vyrtsə] *pl* spices, seasoning
Geysir [gaɪ'zi:r] *m GEO* geyser
Gezappel [gə'tsapəl] *n (fam)* fidgeting
Gezeiten [gə'tsaɪtən] *pl* tides
Gezwitscher [gə'tsvɪtʃər] *n* chirping, twittering
gezwungenermaßen [gə'tsvuŋənərma:sən] *adv* of necessity
Getto ['gɛto] *n* ghetto
Gibbon ['gɪbɔn] *m ZOOL* gibbon
Gicht [gɪçt] *f MED* gout
Giebel ['gi:bəl] *m* gable
Gier [gi:r] *f* greed
gierig ['gi:rɪç] *adj* greedy
gießen ['gi:sən] *v irr 1. (einschenken)* pour; *2. (Blumen)* water; *3. in Strömen ~* to be raining cats and dogs (fam); *4. (schmelzen) (Statue oder Glocke) TECH* found
Gießkanne ['gi:skanə] *f* watering can
Gift [gɪft] *n 1.* poison; *~ für jdn sein* to be very bad for s.o. *~ und Galle spucken* breathe fire and brimstone; *Darauf kannst du ~ nehmen.* You can bet your life on that. *2. (Schlangengift)* venom
giftig ['gɪftɪç] *adj* poisonous, toxic
Giftstoffe ['gɪftʃtɔfə] *pl* toxins
gigantisch [gɪ'gantɪʃ] *adj* gigantic
Gin [dʒɪn] *m GAST* gin
Gipfel ['gɪpfəl] *m 1. GEOL* summit, peak, top; *2. POL* summit; *3. (fig: Höhepunkt)* peak, climax, apex; *Das ist der ~!* That's the limit!
gipfeln ['gɪpfəln] *v in etw ~* culminate in sth
Gipfeltreffen ['gɪpfəltrɛfən] *n* summit, summit meeting
Gips ['gɪps] *m 1. MED* plaster; *2. (~verband)* cast; *3. MIN* gypsum
Giraffe [gi'rafə] *f ZOOL* giraffe
Girlande [gɪr'landə] *f* garland, festoon
Gitarre [gi'tarə] *f MUS* guitar
Gitter ['gɪtər] *n 1. (Zaun)* fence; *2. (Eisengitter)* bars; *hinter ~n sitzen* to be behind bars; *jdn hinter ~ bringen* put s.o. behind bars; *3. (Gatterwerk)* trellis
Gladiator [gla'dja:tɔr] *m HIST* gladiator
Glanz [glants] *m* shine, lustre; *mit ~ und Gloria* in grand style
glänzen ['glɛntsən] *v* shine, gleam
glänzend ['glɛntsənt] *adj 1.* shining, gleaming, shiny; *2. (fig)* brilliant, dazzling
Glas [gla:s] *n 1. (Material)* glass; *2. (Trinkglas)* glass; *ein ~ Wasser* a glass of water; *zu tief ins ~ schauen* have a few too many, have one over the eight *(UK), ein ~ über den Durst trinken* have one too many, have one over the eight *(UK)*
glasieren [gla'zi:rən] *v 1.* glaze; *2. GAST* glaze, ice
glasig ['gla:zɪç] *adj* glassy, glazed
Glasur [gla'zu:r] *f 1. TECH* glaze, enamel; *2. GAST* icing, frosting
glatt [glat] *adj 1. (faltenlos)* straight, unruffled, smooth; *2. (rutschig)* slippery; *3. (fig: mühelos)* smooth, straightforward, easy; *4. (fig: heuchlerisch)* slick, slippery, glib; *5. (fig: eindeutig)* straightforward, clear, outright; *~ streichen* smooth out
Glätte ['glɛtə] *f 1. (Schneeglätte)* slipperiness; *2. (Ebenheit)* smoothness
Glatteis ['glataɪs] *n* black ice; *jdn aufs ~ führen* lead s.o. up the garden path
glätten ['glɛtən] *v 1. (glattmachen)* smooth out; *2. (fig: beruhigen)* sort out (quarrel), calm
Glatze ['glatsə] *f* bald head
glatzköpfig ['glatskœpfɪç] *adj* bald
Glaube ['glaubə] *m REL* belief, faith, creed; *in gutem ~n* in good faith
glauben ['glaubən] *v 1.* believe; *Das glaube ich dir nicht.* I don't believe you. *jdm etw ~ machen* make s.o. believe sth; *Das ist doch nicht zu ~!* That's unbelievable; *2. (meinen, annehmen)* think
glaubhaft ['glauphaft] *adj* credible, plausible, believable
gläubig ['glɔybɪç] *adj REL* believing, religious
Gläubige(r) ['glɔybɪgə(r)] *m/f REL* believer
Gläubiger ['glɔybɪgər] *m ECO* creditor
glaubwürdig ['glaupvyrdɪç] *adj* credible, plausible
Glaubwürdigkeit ['glaupvyrdɪçkaɪt] *f* credibility, plausibility
gleich [glaɪç] *adj 1.* equal, the same; *aufs ~e hinauslaufen* boil down to the same thing; *Gleiches mit Gleichem vergelten* give tit for tat; *zur ~en Zeit* at the same time; *in ~em*

Abstand at an equal distance; *ist mir ganz ~!* it's all the same to me! *adv* 2. equally, alike; 3. *(bald)* in a minute, presently; *Wir sind ~ da.* We'll be there in just a moment. 4. *(sofort)* immediately, at once, right away
gleichberechtigt ['glaɪçbərɛçtɪçt] *adj* having equal rights
Gleichberechtigung ['glaɪçbərɛçtɪguŋ] *f* equal rights, equality of rights
gleichen ['glaɪçən] *v irr* equal, to be like, resemble
gleichförmig ['glaɪçfœrmɪç] *adj* regular, even
gleichgestellt ['glaɪçgəʃtɛlt] *adj* of equal standing, on the same footing, equal to
Gleichgewicht ['glaɪçgəvɪçt] *n* 1. balance; *jdn aus dem ~ bringen* disconcert s.o., throw s.o. off balance; *das ~ verlieren* lose one's balance 2. *MED* equilibrium
gleichgültig ['glaɪçgyltɪç] *adj* 1. indifferent; 2. *(unwesentlich)* immaterial, of no consequence
Gleichheit ['glaɪçhaɪt] *f* 1. equality; 2. *(Übereinstimmung)* uniformity
gleichmäßig ['glaɪçmɛːsɪç] *adj* even, regular, steady
Gleichmut ['glaɪçmuːt] *m* calmness, indifference
gleichmütig ['glaɪçmyːtɪç] *adj* even-tempered, calm, composed
Gleichnis ['glaɪçnɪs] *n* 1. simile; 2. *(Allegorie)* allegory
Gleichstellung ['glaɪçʃtɛluŋ] *f* equality
gleichwertig ['glaɪçvertɪç] *adj* equivalent, of equal value, equally good
gleichzeitig ['glaɪçtsaɪtɪç] *adj* simultaneous, concurrent
Gleis [glaɪs] *n* 1. track, rail, line; 2. *(fig)* rut; *jdn aus dem ~ werfen* put s.o. off his stroke; *etw ins rechte ~ bringen* set sth to rights
gleiten ['glaɪtən] *v irr* glide
Gleitzeit ['glaɪttsaɪt] *f* flextime
Gletscher ['glɛtʃər] *m* glacier
Gletscherspalte ['glɛtʃərʃpaltə] *f* crevasse
Glied [gliːt] *n* 1. *(Bestandteil)* division, part, section; 2. *(Kettenglied)* link; 3. *(Körperteil)* *ANAT* limb, member; *Der Schreck steckt ihr noch in den ~ern.* She's still shaking from the shock. *jdm in die ~er fahren* go right through s.o. 4. *(~teil) ANAT* joint; 5. *(männliches ~) ANAT* penis
gliedern ['gliːdərn] *v* 1. *(aufteilen)* divide; 2. *(anordnen)* arrange, put together, structure
glimpflich ['glɪmpflɪç] *adj* 1. gentle, mild
glitzern ['glɪtsərn] *v* glitter, sparkle, glisten
global [glo'baːl] *adj* global
Globus ['gloːbus] *m* globe
Glocke ['glɔkə] *f* bell; *etw an die große ~ hängen* tell the whole world about sth, bandy sth out
Glöckner ['glœknər] *m* bell-ringer
glorifizieren [glorifi'tsiːrən] *v* glorify
Glossar [glɔ'saːr] *n* glossary
Glosse ['glɔsə] *f* *(Zeitungsglosse)* commentary
Glück [glyk] *n* 1. luck, fortune; *sein ~ versuchen* try one's luck; *Er hat mehr ~ als Verstand.* He's more lucky than smart. *auf gut ~* at random; *noch nichts von seinem ~ wissen* not know anything about it yet; 2. *(Glücklichsein)* happiness
Glucke ['glukə] *f* sitting hen
glücken ['glykən] *v* succeed, work, turn out well
glücklich ['glyklɪç] *adj* 1. fortunate, lucky; 2. *~ sein* to be happy
glücklicherweise [glyklɪçər'vaɪzə] *adv* fortunately, luckily
Glücksbringer ['glyksbrɪŋər] *m* *(Gegenstand)* good-luck charm, talisman
Glückseligkeit [glyk'zeːlɪçkaɪt] *f* happiness, bliss
Glücksfall ['glyksfal] *m* stroke of luck
Glückspilz ['glykspɪlts] *m* lucky devil, lucky dog
Glücksspiel ['glyksʃpiːl] *n* game of chance
Glückwunsch ['glykvunʃ] *m* congratulations *pl*, felicitations *pl*; *Herzlichen ~ zum Geburtstag!* Happy Birthday!
Glühbirne ['glyːbɪrnə] *f* light bulb
glühen ['glyːən] *v* glow, to be aglow
Glühwürmchen ['glyːvyrmçən] *n* *ZOOL* glow-worm
Glut [gluːt] *f* 1. *(Feuer)* glow, blaze; 2. *(Hitze)* glow, heat; 3. *(fig)* ardour, fervour
Glyzerin [glytsə'riːn] *n* *CHEM* glycerine
Gnade ['gnaːdə] *f* 1. *(Nachsicht)* mercy; 2. *REL* grace, mercy; 3. *JUR* pardon, clemency; *~ vor Recht ergehen lassen* temper justice with mercy
gnadenlos ['gnaːdənloːs] *adj* merciless
gnädig ['gnɛːdɪç] *adj* 1. merciful, gracious, lenient; 2. *(wohlwollend)* kind; 3. *~e Frau* madam, ma'am
Gold [gɔlt] *n* gold; *~ wert sein* to be as good as gold
golden ['gɔldən] *adj* gold
Goldfisch ['gɔltfɪʃ] *m* *ZOOL* goldfish

Golf[1] [gɔlf] *n SPORT* golf
Golf[2] [gɔlf] *m GEO* gulf
Gondel ['gɔndəl] *f* gondola
gönnen ['gœnən] *v 1. sich etw ~* treat o.s. to sth, permit o.s. sth; *2. jdm etw ~* grant s.o. sth, not begrudge s.o. sth
Gönner ['gœnər] *m* patron
gönnerhaft ['gœnərhaft] *adj* condescending, patronizing
Gorilla [go'rɪla] *m ZOOL* gorilla
Gosse ['gɔsə] *f* gutter; *in der ~ enden* land in the gutter; *jdn aus der ~ auflesen* pull s.o. out of the gutter
gotisch ['goːtɪʃ] *adj* Gothic
Gott [gɔt] *m 1.* god, deity; *wie ein junger ~* like a young god; *von allen Göttern verlassen sein* have taken leave of one's senses; *2. (als Name)* God; *den lieben ~ einen frommen Mann sein lassen* take things as they come; *leider ~es* alas; *In ~es Namen!* For God's sake! *bei ~* by God; *~ bewahre!* Heaven forbid! *Gnade dir ~!* God help you! *~ und die Welt* everybody and his brother, everybody under the sun
gottesfürchtig ['gɔtəsfyrçtɪç] *adj* god-fearing
gotteslästerlich ['gɔtəslɛstərlɪç] *adj REL* blasphemous
Gotteslästerung ['gɔtəslɛstəruŋ] *f REL* blasphemy
göttlich ['gœtlɪç] *adj* divine
gottlos ['gɔtloːs] *adj 1.* godless, impious, ungodly; *adv 2.* impiously
Gourmet [gur'meː] *m GAST* gourmet
Gouverneur [guvɛr'nøːr] *m POL* governor
Grab [graːp] *n* grave, *(Gruft)* tomb; *sich sein eigenes ~ schaufeln* dig one's own grave; *jdn ins ~ bringen* to be the death of s.o. *Er hat sein Geheimnis mit ins ~ genommen.* He took his secret to his grave. The secret died with him. *sich im ~ umdrehen (fig)* roll over in one's grave
graben ['graːbən] *v irr* dig
Graben ['graːbən] *m 1.* ditch; *2. (Burggraben)* moat; *3. MIL* trench
Grabmal ['graːpmaːl] *n 1.* tomb; *2. (Grabstein)* gravestone; *3. (Ehrenmal)* monument
Grabung ['graːbuŋ] *f* excavation
Grad [graːt] *m 1.* degree, extent; *sich um hundertachtzig ~ drehen* do a 180-degree turn; *2. (Abstufung)* grade, standard, rank; *3. (Maßeinheit)* degree; *siebzehn ~ Fahrenheit* seventeen degrees Fahrenheit
Graf [graːf] *m* count
Graffiti [gra'fɪti] *pl* graffiti
Gräfin ['grɛːfɪn] *f* countess
Grafschaft ['graːfʃaft] *f* earldom, county
Gram [graːm] *m* grief, sorrow, trouble
grämen ['grɛːmən] *v sich ~* grieve, worry
Gramm [gram] *n* gramme
Grammatik [gra'matɪk] *f* grammar
grandios [grandɪ'oːs] *adj 1.* grand, magnificent, splendid; *adv 2.* pompously, magnificently
Granit [gra'niːt] *m MIN* granite; *bei jdm auf ~ beißen* to come up against a brick wall with s.o.
Grapefruit ['greɪpfruːt] *f BOT* grapefruit
Grafik ['graːfik] *f* graphics
Grafiker ['graːfikər] *m* graphic artist
Grafit [gra'fiːt] *m* graphite
Gras [graːs] *n* grass; *ins ~ beißen* bite the dust (fam); *~ über etw wachsen lassen* let the dust settle on sth
grasen ['graːzən] *v* graze
grässlich ['grɛslɪç] *adj* ghastly, frightful, hideous
Grat [graːt] *m 1. (Bergkamm)* ridge; *2. (überstehende Kante)* edge, *(feiner)* burr
Gräte ['grɛːtə] *f* fish-bone
Gratifikation [gratɪfɪka'tsjoːn] *f* bonus
gratis ['graːtɪs] *adj* gratis, free (of charge)
Gratulation [gratula'tsjoːn] *f* congratulations *pl*
gratulieren [gratu'liːrən] *v* congratulate; *Du kannst dir ~, dass ...* You can be thankful that ...
grau [grau] *adj 1.* grey; *2. (düster)* grey, dismal, gloomy
grauen ['grauən] *v (Furcht haben) Mir graut vor ...* I dread ...
Grauen ['grauən] *n* horror
grauenvoll ['grauənfɔl] *adj* ghastly, atrocious, dreadful
Graupe ['graupə] *f* grain of pearl barley
grausam ['grauzaːm] *adj* cruel, brutal
Grausamkeit ['grauzaːmkaɪt] *f* cruelty, brutality
gravieren [gra'viːrən] *v* engrave
gravierend [gra'viːrənt] *adj* serious, grave
Gravitation [gravita'tsjoːn] *f PHYS* gravitation
Gravur [gra'vuːr] *f* engraving
Grazie ['graːtsjə] *f* grace, elegance, gracefulness
graziös [gra'tsjøːs] *adj* graceful
greifbar ['graɪfbaːr] *adj 1. in ~er Nähe* within easy reach; *2. (zur Verfügung)* available; *3. (fig: konkret)* tangible
greifen ['graɪfən] *v irr* seize, grasp, grab; *zum Greifen nah sein* to be within reach

Greis [graɪs] *m* old man
greisenhaft ['graɪzənhaft] *adj* senile
grell [grɛl] *adj 1.* dazzling; *2. (Stimme)* shrill; *3. (fig)* loud, glaring
Gremium ['greːmjum] *n 1. (Körperschaft) POL* body; *2. (Ausschuss)* committee
Grenze ['grɛntsə] *f 1.* border, frontier; *2. (fig)* limit, boundary, bounds; *keine ~n kennen* know no bounds; *sich in ~n halten* to be limited; *jdm ~n setzen* lay down limits for sb
grenzen ['grɛntsən] *v 1.* border, adjoin; *2. (fig)* border
grenzenlos ['grɛntsənloːs] *adj 1.* boundless, unlimited; *adv 2. (fig)* immensely, beyond measure
Grenzfall ['grɛntsfal] *m* borderline case
Grenzwert ['grɛntsveːrt] *m* limit
Griechenland ['griːçənlant] *n GEO* Greece
griesgrämig ['griːsgrɛːmɪç] *adj (fam)* grouchy, grumpy, sullen
Grieß [griːs] *m 1.* grit, gravel; *2. GAST* semolina
Griff [grɪf] *m 1. (Zugriff)* grab; *einen ~ nach etw machen* reach for sth; *2. (Handbewegung)* motion; *etw im ~ haben* have sth under control; *etw in den ~ bekommen* master sth; *3. (Stiel)* shaft, handle; *(Türgriff)* door handle; *das ist ein ~ nach den Sternen* that's just reaching for the stars; *mit festem ~* firmly; *mit etw einen glücklichen ~ tun* make a wise choice with sth
griffig ['grɪfɪç] *adj 1. (handlich)* handy; *2. (nicht rutschig)* easy to get a good grip on; *3. (Rad, Maschine)* gripping well
Grill [grɪl] *m* grill
grillen ['grɪlən] *v* grill
Grimasse [grɪ'masə] *f* grimace; *eine ~ schneiden* make a face
grimmig ['grɪmɪç] *adj 1.* grim; *2. (zornig)* furious; *3. (sehr schlimm)* severe, harsh
grinsen ['grɪnzən] *v (fam)* grin, *(höhnisch)* smirk
Grippe ['grɪpə] *f MED* influenza, the flu
grob [groːp] *adj 1. (derb)* crude, coarse; *aus dem Gröbsten heraus sein* to be over the worst; *2. (rau)* rough, coarse; *3. (fig: unhöflich)* rude; *4. (fig: ungefähr)* rough
Groll [grɔl] *m* grudge, bitterness, ill-will
grollen ['grɔlən] *v* grumble, frown, to be sullen
Grönland ['grøːnlant] *n GEO* Greenland
Groschen ['grɔʃən] *m HIST* penny; *Bei ihm fällt der ~ pfennigweise.* He's a little slow on the uptake.
groß [groːs] *adj 1.* big, large, great; *2. (~gewachsen)* tall; *3. (fig: älter)* grown up, older; *unser Größter* our oldest son, our eldest son; *4. (Hitze)* intense; *5. (fig: berühmt)* great
großartig ['groːsaːrtɪç] *adj* excellent, superb, magnificent
Großbritannien [groːsbri'tanjən] *n GEO* Great Britain
Großbuchstabe ['groːsbuːxʃtaːbə] *m* capital letter
Größe ['grøːsə] *f 1.* size; *2. ASTR* magnitude; *3. (fig: Wichtigkeit)* greatness, magnitude, eminence; *4. Er ist eine unbekannte ~.* He's an unknown quantity.
Großeltern ['groːsɛltərn] *pl* grandparents
Größenwahn ['grøːsənvaːn] *m* megalomania, delusions of grandeur
großflächig ['groːsflɛçɪç] *adj* extensive (in area)
Großherzigkeit ['groːshɛrtsɪçkaɪt] *f* generosity
großmütig ['groːsmyːtɪç] *adj* generous
Großmutter ['groːsmutər] *f* grandmother
Großraumbüro ['groːsraumbyroː] *n ECO* open-plan office
größtenteils ['grøːstəntaɪls] *adv* for the most part, mainly, mostly
Großvater ['groːsfaːtər] *m* grandfather
großziehen ['groːstsiːən] *v irr* raise, rear, bring up
großzügig ['groːstsyːgɪç] *adj 1.* generous; *2. (weiträumig)* spacious
Großzügigkeit ['groːstsyːgɪçkaɪt] *f* generosity
grotesk [gro'tɛsk] *adj* grotesque
Grotte ['grɔtə] *f* grotto
Grübchen ['gryːbçən] *n* dimple
Grube ['gruːbə] *f 1.* hole, pit; *2. MIN* pit, mine, quarry
grübeln ['gryːbəln] *v 1.* ponder; *2. (brüten)* brood
Gruft [gruft] *f* tomb, vault, grave
grün [gryːn] *adj* green; *jdn ~ und blau schlagen* beat s.o. black and blue; *Das ist dasselbe in Grün.* That's six of one and half a dozen of the other. *die Grünen POL* the Green Party
Grund [grunt] *m 1. (Erdboden)* ground, land, soil; *festen ~ unter den Füßen haben* to be on terra firma; *2. (Meeresboden)* bottom of the sea; *3. (Motiv)* reason, grounds *pl,* cause; *einer Sache auf den ~ gehen* get to the bottom of sth; *4. im ~e genommen* actually
Grundbesitz ['gruntbəzɪts] *m* real estate, land

gründen ['gryndən] *v* found, establish
Gründer ['gryndər] *m* founder
Grundfläche ['gruntflɛçə] *f* base
Grundgesetz ['gruntgəzɛts] *n POL* constitution; *(das deutsche ~) POL* Basic Law
grundieren [grun'di:rən] *v* prime
Grundierung [grun'di:ruŋ] *f* priming
Grundlage ['gruntla:gə] *f* basis, groundwork, foundation
grundlegend ['gruntle:gənt] *adj* fundamental, basic
gründlich ['gryntlıç] *adj 1.* thorough; *2. (sorgfältig)* careful
grundlos ['gruntlo:s] *adj 1.* unfounded, without reason; *adv 2.* without reason, for no reason
Grundnahrungsmittel ['gruntna:ruŋsmıtəl] *n* basic foodstuffs
Grundrecht ['gruntrɛçt] *n POL* constitutional right
Grundsatz ['gruntzats] *m* principle, rule
grundsätzlich ['gruntzɛtslıç] *adj 1.* fundamental, basic; *adv 2.* fundamentally, *(im Prinzip)* in principle
Grundschule ['gruntʃu:lə] *f* primary school
Grundstein ['gruntʃtaın] *m 1.* foundation-stone; *den ~ zu etw legen* lay the groundwork for sth; *2. (fig)* foundation
Grundstück ['gruntʃtyk] *n* property, piece of land, plot of land
Gründung ['gryndυŋ] *f* foundation, establishment, formation
Gruppe ['grupə] *f* group
gruppieren [gru'pi:rən] *v* group, arrange in a group
gruselig ['gru:zəlıç] *adj* spooky, scary
Gruß [gru:s] *m* greeting, salutation
grüßen ['gry:sən] *v* greet
gültig ['gyltıç] *adj* valid, in force
Gültigkeit ['gyltıçkaıt] *f* validity, legality, *(Gesetze)* legal force
Gummi ['gumi] *m* rubber
Gummistiefel ['gumiʃti:fəl] *pl* rubber boots, gumboots, wellingtons *(UK)*
Gunst [gunst] *f* favour, partiality; *zu jds ~en* in s.o.'s favour, to s.o.'s advantage
günstig ['gynstıç] *adj* favourable, convenient, advantageous
Günstling ['gynstlıŋ] *m* favourite
Gurgel ['gurgəl] *f* throat; *jdm die ~ zudrücken* strangle s.o.; *sein Geld durch die ~ jagen (fam)* drink away one's money
Gurke ['gurkə] *f 1.* cucumber; *2. (Essiggurke)* gherkin, pickle
Gurt [gurt] *m 1.* belt; *2. (Sicherheitsgurt)* safety belt, seat belt
Gürtel ['gyrtəl] *m* belt, girdle; *den ~ enger schnallen* tighten one's belt
Guss [gus] *m 1. (Gießen)* casting; *2. (Regenguss)* downpour, heavy shower; *3. (Zuckerguss) GAST* icing
gut [gu:t] *adj 1.* good; *es mit etw ~ sein lassen* leave sth at that; *Du hast ja ~ lachen.* It's all very well for you to laugh. *~ daran tun, etw zu tun* to be well-advised to do sth; *für etw ~ sein* to be good for sth; *Alles hat sein Gutes.* Every cloud has a silver lining. *zu viel des Guten sein* to be too much of a good thing; *Du bist ~!* You're really something! *adv 2.* well; *~ aussehend* good-looking; *~ bezahlt* well-paid; *~ gehen* go well, turn out well; *Mir geht's gut.* I'm fine. *Lass es dir ~ gehen!* Take care of yourself! *~ gelaunt* in a good mood, good-humoured; *Gut gemacht!* Well done! *~ und gern* easily; *3. (in Ordnung)* OK, all right
Gut [gu:t] *n 1. (Gutshof)* estate, farm; *2. (Besitz)* belongings, property, assets; *3. (Ware) ECO* goods
Gutachten ['gu:taxtən] *n* expert opinion
Gutachter ['gu:taxtər] *m 1.* expert; *2. (Versicherung)* valuator
gutartig ['gu:ta:rtıç] *adj 1.* good-natured, harmless; *2. MED* benign
Güte ['gy:tə] *f 1.* goodness, kindness, *(Gottes ~)* loving-kindness; *Würden Sie die ~ haben, zu ...* Would you have the goodness/kindness to ...; *2.(Qualität)* quality, excellence; *3. Meine ~!* My goodness!
gutgläubig ['gu:tglɔybıç] *adv 1.* in good faith; *adj 2. (Mensch)* trusting, *(leichtgläubig)* credulous
Guthaben ['gu:tha:bən] *n ECO* assets, credit, credit balance
gutheißen ['gu:thaısən] *v irr* approve
gutherzig ['gu:thɛrtsıç] *adj* good, kind-hearted
gütig ['gy:tıç] *adj* kind
gutmütig ['gu:tmy:tıç] *adj* good-natured
Gutschein ['gu:tʃaın] *m* coupon, voucher, *(für Umtausch)* credit note
gutschreiben ['gu:tʃraıbən] *v irr* credit
Gymnasium [gym'na:zjum] *n* nine-year secondary school
Gymnastik [gym'nastık] *f SPORT* gymnastics
Gynäkologe/Gynäkologin [gynɛkɔ'lo:gə/gynɛkɔ'lo:gın] *m/f* gynaecologist

H

Haar [haːr] *n* hair; *~e auf den Zähnen haben* have a sharp tongue; *ein ~ in der Suppe finden* find a fly in the ointment; *sich die ~e raufen* tear one's hair; *jdm kein ~ krümmen* not touch a hair on s.o.'s head; *sich wegen etw keine grauen ~e wachsen lassen* not trouble one's head about sth; *an einem ~ hängen* to be hanging by a thread, to be touch and go; *jdm die ~e vom Kopf fressen* eat s.o. out of house and home; *an den ~en herbeigezogen* far-fetched; *sich wegen etw in die ~e geraten* clash over sth; *sich in den ~en liegen* to be quarrelling; *um ein ~* by a hair's breadth; *Mir stehen die ~e zu Berge.* That sets my teeth on edge.

Haarbürste ['haːrbyrstə] *f* hairbrush

Haarspalterei [haːrʃpaltə'raɪ] *f* splitting hairs

Haarspange ['haːrʃpaŋə] *f* hair slide *(UK),* barrette *(US)*

Habe ['haːbə] *f* belongings, possessions

haben ['haːbən] *v irr 1.* have; *Das hat etw für sich.* There's much to be said for that. *Recht ~* to be right; *noch zu ~ sein* have no strings attached, to be available; *für etw zu ~ sein* to be game for sth; *etw gegen jdn ~* have sth against s.o.; *etw hinter sich ~* have got sth over and done with; *etw mit jdm ~* to be carrying on with s.o.; *etw von etw ~* get sth out of sth; *wie gehabt* as usual; *2. geschlossen ~* to be closed

Haben ['haːbən] *n ECO* credit

habgierig ['haːpgiːrɪç] *adj* greedy

habhaft ['haːphaft] *adj jds ~ werden* get hold of s.o.

Habicht ['haːbɪçt] *m* hawk

Hacke ['hakə] *f 1. (Absatz)* high heel; *2. (Werkzeug)* hoe, pick, pickaxe; *3. ANAT* heel

hacken ['hakən] *v 1. (Holz)* chop; *2. (Erde)* hoe

Hacker ['hakər] *m INFORM* hacker

hadern ['haːdərn] *v* quarrel

Hafen ['haːfən] *m* harbour, port, docks *pl; im ~ der Ehe einlaufen* tie the knot, stand at the altar

Haft [haft] *f JUR* imprisonment, detention, confinement

haftbar ['haftbaːr] *adj 1.* liable, legally responsible; *2. jdn ~ machen* hold s.o. responsible, make s.o. responsible

haften ['haftən] *v 1. (kleben)* stick to, adhere to, cling to; *2. (bürgen)* to be liable, to be answerable, to be responsible

Häftling ['hɛftlɪŋ] *m* prisoner

Haftpflichtversicherung ['haftpflɪçtfɛrzɪçəruŋ] *f JUR* third party insurance

Haftung ['haftuŋ] *f JUR* liability, responsibility

Hagel ['haːgəl] *m* hail

hageln ['haːgəln] *v* hail

hager ['haːgər] *adj* gaunt, haggard, skinny

Hahn [haːn] *m 1. (Wasserhahn)* water-tap, faucet *(US); 2. ZOOL* cock; *Kein ~ kräht danach.* Nobody gives two hoots about it.

Hai [haɪ] *m ZOOL* shark

Hain [haɪn] *m* grove

häkeln ['hɛːkəln] *v* crochet

Haken ['haːkən] *m 1.* hook, peg; *2. (fig)* snag, hitch; *einen ~ schlagen* dart sideways

halb [halp] *adj* half; *~ voll* half full; *eine ~ Stunde* half an hour; *~ so viel* half as much; *Er ist nur eine ~e Portion. (fam)* He's a half-pint.

halbieren [hal'biːrən] *v 1.* halve, cut in two; *2. MATH* bisect

Halbinsel ['halpɪnzəl] *f* peninsula

halbjährlich ['halpjɛːrlɪç] *adj 1.* half-yearly; *adv 2.* twice a year, every six months

Halbkugel ['halpkuːgəl] *f* hemisphere

Halbmond ['halpmoːnt] *m 1. ASTR* half-moon; *2. (Symbol)* crescent

Halbpension ['halppɛnsjoːn] *f* half board, room with breakfast and one other meal

halbtags ['halptaːks] *adv* part-time, half-days

Halbzeit ['halptsaɪt] *f 1. (Pause) SPORT* half-time; *2. (Spielhälfte) SPORT* half

Hälfte ['hɛlftə] *f* half

Halfter ['halftər] *m/n 1. (Pferdehalfter)* halter; *2. (für Pistole)* holster

Halle ['halə] *f 1.* hall; *2. (Empfangshalle eines Hotels)* lobby, vestibule; *3. SPORT* indoor court

hallen ['halən] *v* echo, resound, reverberate

hallo ['haloː] *interj 1.* hello, hullo, hi; *2. (um jdn auf etw aufmerksam zu machen)* hey, hello; *3. (am Telefon)* hello

Halluzination [halutsɪna'tsjoːn] *f* hallucination

Halm [halm] *m* stalk, stem; *(Grashalm)* blade of grass

Hals [hals] *m 1. ANAT* neck; *jdm den ~ kosten* cost s.o. his neck; *den ~ aus der Schlinge ziehen* get out of a tight spot; *Sie kriegt den ~ nicht voll.* She's never satisfied. *sich jdm an den ~ werfen* throw o.s. at s.o.; *bis über den ~ in Schulden stecken* to be up to one's ears in debt; *jdm jdn auf den ~ schicken* set s.o. on s.o.; *etw in den falschen ~ bekommen* get the wrong end of the stick; *Bleib mir nur vom ~!* Get off my back! *sich etw vom ~ halten* get rid of sth; *~ über Kopf* head over heels; *Er hängt mir zum ~ heraus.* I'm sick and tired of him. *Du stehst mir bis zum ~.* I'm sick and tired of you. *2. (Kehle) ANAT* throat; *3. (Flaschenhals)* neck

Halstuch ['halstu:x] *n* scarf

halt[1] [halt] *interj* stop

halt[2] [halt] *adv* just

Halt [halt] *m 1.* hold; *2. (Stütze)* support; *ohne inneren ~* insecure; *3. (Aufenthalt)* stop, halt; *~ machen* stop, halt

haltbar ['haltba:r] *adj 1. (widerstandsfähig)* durable, stable, strong; *2. (fig: Theorie)* tenable; *3. (unverderblich)* not perishable; *mindestens ~ bis 21. Juli* use by July 21st

halten ['haltən] *v irr 1. (festhalten)* hold, clutch; *2. (Rede)* make, hold; *3. (dauern)* keep, last; *sich vor Lachen nicht ~ können* split one's sides laughing; *4. wenig von etw ~* think little of sth; *etw für etw ~* believe sth to be sth; *5. den Kurs ~* hold one's course; *6. sein Wort ~* keep one's word; *7. den Mund ~* keep quiet; *8. (Zug)* stop; *9. sich ... ~ (so bleiben, wie man ist)* keep; *10. sich an etw ~* adhere to sth

Halter ['haltər] *m 1. (Griff)* handle; *2. (Eigentümer)* owner

Haltestelle ['haltəʃtɛlə] *f* stop

haltlos ['haltlo:s] *adj 1. (unbeständig)* unstable, unsteady; *2. (unbegründet)* groundless, unfounded, baseless

Haltung ['haltuŋ] *f 1. (Körperhaltung)* posture, carriage; *~ annehmen* stand at attention; *2. (Verhalten)* attitude, approach; *3. (Selbstbeherrschung)* composure

hämisch ['hɛ:mɪʃ] *adj 1.* malicious, spiteful, sneering; *adv 2. sich ~ freuen* gloat

Hammel ['haməl] *m ZOOL* wether

Hammer ['hamər] *m* hammer; *unter den ~ kommen* come under the hammer; *einen ~ haben* to be round the bend

hämmern ['hɛmərn] *v* hammer, rap, beat

Hampelmann ['hampəlman] *m 1.* jumping jack; *2. (Kasper)* clown

Hamster ['hamstər] *m ZOOL* hamster

Hand [hant] *f* hand; *jds ~ ergreifen* clasp s.o.'s hand; *Er ist gleich bei der ~.* He's close at hand. *seine ~ im Spiel haben* have a hand in sth; *Er hat zwei linke Hände.* He's all thumbs. *jdm freie ~ lassen* allow s.o. a free hand; *zur rechten ~* on the right-hand side; *etw in die ~ nehmen* take charge of sth; *etw zur ~ nehmen* pick sth up; *jds rechte ~ sein* to be s.o.'s right-hand man; *~ in ~* hand in hand; *eine ~ voll* handful; *sich für etw die ~ abhacken lassen* stake one's life on sth; *bei etw mit ~ anlegen* lend a hand with sth; *seine ~ aufhalten* hold out one's hand (fig); *~ und Fuß haben* make sense; *die ~ gegen jdn erheben* lay hand on s.o.; *die ~ auf etw halten* keep a tight rein on sth; *die ~ für etw ins Feuer legen* vouch for sth; *freie ~ bei etw haben* get a free hand with sth; *eine glückliche ~ haben* have the magic touch; *auf der ~ liegen* to be obvious; *Informationen aus erster ~* first-hand information; *mit der linken ~ (fig)* with one's eyes shut; *sich in der ~ haben* have o.s. under control; *Das lässt sich nicht von der ~ weisen.* There's no getting away from it. *jdm zur ~ gehen* give s.o. a hand; *etw zur ~ haben* have sth handy; *etw gegen jdn in der ~ haben* have the goods on s.o. (fam), have a hold on s.o.; *hinter vorgehaltener ~* on the quiet; *von der ~ in den Mund* hand to mouth; *Ihm rutscht leicht die ~ aus.* He has a quick temper. *in guten Händen sein* to be in good hands; *Es ist mir in die Hände gefallen. (fig)* It fell into my hands. *in die Hände spucken (fig)* roll up one's sleeves; *mit Händen und Füßen reden* gesture wildly; *seine Hände in den Schoß legen* sit and twiddle one's thumbs; *sich mit Händen und Füßen wehren* fight tooth and nail; *die Hände über dem Kopf zusammenschlagen* throw up one's hands in horror; *sich die Hände reiben* rub one's hands in glee; *Ich wasche meine Hände in Unschuld.* I wash my hands of it. *Das kannst du dir an beiden Händen abzählen.* You can see that coming a mile away. *Mir sind die Hände gebunden. (fig)* My hands are tied.

Handarbeit ['hantarbaɪt] *f 1.* work done by hand; *2. (Nähen, Sticken)* needlework; *3. (körperliche Arbeit)* manual work

Handball ['hantbal] *m SPORT* handball, team handball *(US)*

Handbremse ['hantbrɛmzə] *f* hand-brake

Händedruck ['hɛndədruk] *m* handshake

Handel ['handəl] *m 1. ECO* trade, dealing, commerce; *2. (Laden) ECO* shop

handeln ['handəln] *v 1. (tätig sein)* act; *für jdn ~* act for s.o.; *nach jds Rat ~* act on s.o.'s advice; *2. (Handel treiben)* trade, deal, do business; *3. (feilschen)* bargain; *4. sich ~ um* to be a matter of, concern, to be a question of
Händeschütteln ['hɛndəʃytəln] *n* handshake, shaking hands
handfest ['hantfɛst] *adj 1. (robust)* robust, strong, sturdy; *2. (fig)* substantial, concrete
Handfläche ['hantflɛçə] *f* palm
Handgelenk ['hantgəlɛŋk] *n* wrist; *aus dem ~ heraus* off the cuff
Handgemenge ['hantgəmɛŋə] *n* scuffle
Handgepäck ['hantgəpɛk] *n* small luggage, hand baggage *(US)*
handgreiflich ['hantgraɪflɪç] *adj ~ werden* apply physical force, become violent
Handgriff ['hantgrɪf] *m 1. (Griff)* handle; *2. (kleine Mühe)* lifting a finger, flick of the wrist
handhaben ['hanthaːbən] *v* handle
Handikap ['hɛndɪkɛp] *n* handicap
Handlanger ['hantlaŋər] *m (verächtlich)* underling, henchman, stooge
Händler ['hɛndlər] *m* dealer, merchant
handlich ['hantlɪç] *adj* handy, easy to handle
Handlung ['handluŋ] *f 1. (Tat)* act, action, deed; *2. (Laden)* trade, business, shop; *3. (Geschehen) LIT* story, plot
Handrücken ['hantrykən] *m ANAT* back of the hand
Handschellen ['hantʃɛlən] *pl* handcuffs
Handschlag ['hantʃlaːg] *m* handshake
Handschrift ['hantʃrɪft] *f* handwriting
Handschuh ['hantʃuː] *m* glove
Handtasche ['hanttaʃə] *f* handbag
Handtuch ['hanttuːx] *n* towel; *das ~ werfen* throw in the towel
Handwerk ['hantvɛrk] *n* trade, craft; *jdm ins ~ pfuschen* interfere with s.o.'s work
Handwerker ['hantvɛrkər] *m* craftsman, tradesman
Handzettel ['hanttsɛtəl] *m* leaflet
Hanf [hanf] *m BOT* hemp
Hang [haŋ] *m 1. (Abhang)* slope, slant, inclination; *2. (fig: Neigung)* inclination, leaning, tendency
Hängematte ['hɛŋəmatə] *f* hammock
hängen ['hɛŋən] *v irr 1. (befestigt sein)* hang; *2. (herabhängen)* hang, to be suspended, hang down; *3. (aufhängen)* hang up, suspend; *4. an jdm ~ (fig: gern haben)* to be attached to s.o., to be fond of s.o.; *mit Hängen und Würgen* by the skin of one's teeth; *5. ~ bleiben* get stuck, get caught; *An mir bleibt alles hängen.* I get stuck with everything. *im Gedächtnis ~ bleiben* stick in one's memory; *in der Schule ~ bleiben* to be held back; *an einem Ort ~ bleiben* to be held up; *(Blick)* rest; *6. ~ lassen (fig) jdn ~* let s.o. down
hänseln ['hɛnzəln] *v jdn ~* tease s.o., pull s.o.'s leg
Hantel ['hantəl] *f* dumbbell
hantieren [han'tiːrən] *v (herum~)* tinker, fiddle about
Happy End ['hæpɪ'ɛnd] *n* happy ending
Harfe ['harfə] *f MUS* harp
harmlos ['harmloːs] *adj (ungefährlich)* harmless, innocent, inoffensive
Harmonie [harmo'niː] *f* harmony
harmonieren [harmo'niːrən] *v* harmonize
harmonisch [har'moːnɪʃ] *adj 1.* harmonic; *2. (fig)* harmonious
Harmonium [har'monjum] *n MUS* harmonium
Harn [harn] *m* urine
Harpune [har'puːnə] *f* harpoon
harren ['harən] *v* await, wait for, look forward to
harsch [harʃ] *adj* harsh
hart [hart] *adj 1.* hard, firm, solid; *2. (streng)* strict, harsh, severe
Härte ['hɛrtə] *f 1.* hardness; *2. (Strenge)* strictness, hard-heartedness, toughness
hartnäckig ['hartnɛkɪç] *adj* obstinate, persistent, stubborn
Harz [harts] *m* resin
haschen ['haʃən] *v* catch, snatch; *nach Komplimenten ~* fish for compliments; *sich ~* play tag
Haschisch ['haʃɪʃ] *n* hashish
Hase ['haːzə] *m ZOOL* hare, rabbit *(US); ein alter ~ sein* to be an old hand
Haselnuss ['haːzəlnus] *f BOT* hazelnut
Hass [has] *m* hatred, hate
hassen ['hasən] *v* hate, detest, loathe
hässlich ['hɛslɪç] *adj* ugly
Hast [hast] *f* haste, hurry
hasten ['hastən] *v* hurry, rush, race
hastig ['hastɪç] *adj 1.* hasty, hurried; *adv 2.* hastily, hurriedly
Haube ['haubə] *f 1.* bonnet; *2. (Mütze)* cap; *3. (eines Autos)* bonnet *(UK),* hood *(US); 4. jdn unter die ~ bringen* marry s.o. off
Hauch [haux] *m 1. (Atem)* breath; *2. (Luft)* breath of air, breeze; *3. (Duft)* whiff; *4. (geringe Menge)* touch, tinge
hauchen ['hauxən] *v* breathe

hauen ['hauən] *v irr* hit, strike
Haufen ['haufən] *m 1.* heap, pile, mass; *2. (Schar)* crowd; *3. (fam) ein ~ Arbeit* a ton of work; *jdn über den ~ fahren* knock s.o. down; *etw über den ~ werfen* put the kibosh on sth
häufen ['hɔyfən] *v* heap, pile up
haufenweise ['haufənvaɪzə] *adv 1.* in heaps; *2. (Menschen)* in droves
häufig ['hɔyfɪç] *adj 1.* frequent; *adv 2.* often, frequently
Häufigkeit ['hɔyfɪçkaɪt] *f* frequency
Haupt [haupt] *n* head
hauptberuflich ['hauptbəruːflɪç] *adj* full-time
Häuptling ['hɔyptlɪŋ] *m* chief
Hauptmann ['hauptman] *m* captain
Hauptquartier ['hauptkvartiːr] *n* headquarters
Hauptrolle ['hauptrɔlə] *f CINE* leading role, lead
hauptsächlich ['hauptzɛçlɪç] *adj 1.* principal, primary, main; *adv 2.* mainly, above all, principally
Hauptstadt ['hauptʃtat] *f* capital
Hauptstraße ['hauptʃtraːsə] *f* main street, main road
Hauptverkehrszeit ['hauptfɛrkeːrstsaɪt] *f* rush hour, peak hours
Hauptwort ['hauptvɔrt] *m GRAMM* noun
Haus [haus] *n 1.* house; *zu ~e* at home; *jdm das ~ einrennen* pester s.o.; *jdm das ~ verbieten* ban s.o. from the premises; *mit der Tür ins ~ fallen* blurt out the news; *ins ~ stehen* to be just around the corner (fig); *jdm ins ~ schneien* drop in on s.o.; *Sie ist außer ~.* She's not in. *nach ~e* home; *nach ~e kommen* get home; *2. (Gebäude)* building; *Sie ist außer ~.* She's not in.
Hausarbeit ['hausarbaɪt] *f 1.* housework; *2. (Hausaufgaben)* homework
Hausaufgaben ['hausaufgaːbən] *pl* homework
hausbacken ['hausbakən] *adj (fig)* frumpish, plain, homespun
hausen ['hauzən] *v 1. (wohnen)* live; *2. (Zerstörungen anrichten)* ravage
Häuserblock ['hɔyzərblɔk] *m* block
Haushalt ['haushalt] *m 1.* household; *2. (Staatshaushalt) POL* budget
haushalten ['haushaltən] *v irr 1.* keep house; *2. (sparsam sein)* budget, economize
Hausherr/Hausherrin ['haushɛr/'haushɛrɪn] *m/f 1. (Familienoberhaupt)* man of the house/lady of the house; *2. (Gastgeber)* host/hostess; *3. (Vermieter)* landlord/landlady; *4. die Hausherren SPORT* the home team
hausieren [hau'ziːrən] *v* peddle, hawk
Hausierer [hau'ziːrər] *m* pedlar, hawker, peddler *(US)*
häuslich ['hɔyslɪç] *adj 1.* domestic; *2. (an ~en Dingen interessiert)* domesticated
Hausmannskost ['hausmanskɔst] *f* plain cooking
Hausmeister ['hausmaɪstər] *m* caretaker, janitor
Hausordnung ['hausɔrdnuŋ] *f* house rules
Hausschuh ['hausʃuː] *m* slipper
Haustier ['haustiːr] *n* domestic animal
Hausverbot ['hausfɛrboːt] *n* order to stay away, off-limits order
Hausverwaltung ['hausfɛrvaltuŋ] *f* property management
Haut [haut] *f ANAT* skin; *nur noch ~ und Knochen sein* to be all skin and bones; *seine eigene ~ retten* save one's own skin; *sich seiner ~ wehren* put up stubborn resistance; *sich auf die faule ~ legen* take it easy; *aus der ~ fahren* fly off the handle; *Er kann nicht aus seiner ~ heraus.* A leopard can't change his spots. *Ich möchte nicht in deiner ~ stecken.* I wouldn't like to be in your shoes. *mit heiler ~ davonkommen* get out by the skin of one's teeth; *mit ~ und Haaren* completely; *jdm unter die ~ gehen* get under s.o.'s skin
häuten ['hɔytən] *v* skin
Hautfarbe ['hautfarbə] *f* skin colour
Hebamme ['heːbamə] *f* midwife
Hebebühne ['heːbəbyːnə] *f TECH* lift, platform lift, lifting stage
Hebel ['heːbəl] *m TECH* lever; *alle ~ in Bewegung setzen* pull out all the stops; *am längeren ~ sitzen* to be in the stronger position
heben ['heːbən] *v irr 1. (hochheben)* lift, raise; *einen ~* knock one back (fam); *2. (steigern)* raise, enhance, improve
Hecht [heçt] *m ZOOL* pike
Heck [hɛk] *n 1. (Auto)* tail, rear; *2. (Schiff)* stern
Hecke ['hɛkə] *f BOT* hedge
Heer [heːr] *n MIL* army
Hefe ['heːfə] *f* yeast
Heft [hɛft] *n 1. (Zeitschrift)* magazine; *2. (Broschüre)* booklet; *3. (Übungsheft)* exercise-book, workbook
heften ['hɛftən] *v 1. (befestigen)* attach, fix, pin; *2. (nähen)* tack, stitch
Hefter ['hɛftər] *m* file, *(Heftmaschine)* stapler

heftig ['hɛftɪç] *adj 1.* severe, vehement, fierce; *adv 2.* severely, vehemently, intensely
Hegemonie [hegemo'niː] *f POL* hegemony
hegen ['heːgən] *v 1. (pflegen)* care for; *2. (empfinden)* harbour, harbor *(US)*
Hehl [heːl] *m keinen ~ aus etw machen* make no secret of sth, make no bones about sth
Hehler ['heːlər] *m* fence (fam), receiver of stolen goods
Heide[1] ['haɪdə] *m* heathen, pagan
Heide[2] ['haɪdə] *f* heath, moor, moorland
Heidelbeere ['haɪdəlbeːrə] *f BOT* bilberry, blueberry *(US)*, huckleberry *(US)*
heidnisch ['haɪdnɪʃ] *adj REL* heathen, pagan
heikel ['haɪkəl] *adj 1. (Angelegenheit)* delicate, tricky, awkward; *2. (Person: wählerisch)* fussy, fastidious, particular
Heil [haɪl] *n 1. REL* salvation; *2.* well-being, welfare, good; *interj 3. HIST* hail
Heiland ['haɪlant] *m REL* Saviour
heilbar ['haɪlbaːr] *adj* curable
heilen ['haɪlən] *v 1.* heal, to be cured; *2. (jdn ~)* cure, heal
heilig ['haɪlɪç] *adj REL* holy; *~ sprechen* canonize
Heiligabend [haɪlɪç'aːbənt] *m REL* Christmas Eve
Heilige(r) ['haɪlɪgə(r)] *m/f REL* saint
Heilung ['haɪluŋ] *f MED* curing, healing, cure
Heim [haɪm] *n* home
Heimat ['haɪmat] *f* native country, home, home country
heimatlos ['haɪmatloːs] *adj* homeless
Heimfahrt ['haɪmfaːrt] *f 1.* the way home, journey home; *2. NAUT* return voyage
heimisch ['haɪmɪʃ] *adj 1. (heimatlich)* home; *2. (vertraut)* familiar
Heimkehr ['haɪmkeːr] *f* return home
heimkehren ['haɪmkeːrən] *v* return home
heimlich ['haɪmlɪç] *adj 1. (verstohlen)* surreptitious, clandestine, furtive; *2. (geheim)* secret; *adv 3.* secretly, surreptitiously
Heimlichtuer ['haɪmlɪçtuːər] *m* secretive person
Heimweg ['haɪmveːk] *m* the way home
Heimweh ['haɪmveː] *n 1.* homesickness; *2. (nach Vergangenem)* nostalgia
Heimwerker ['haɪmvɛrkər] *m* hobbyist, do-it-yourselfer
heimzahlen ['haɪmtsaːlən] *v* pay back, get back at, get even with
Heinzelmännchen ['haɪntsəlmɛnçən] *n* friendly elf
Heirat ['haɪraːt] *f* marriage
heiraten ['haɪraːtən] *v* marry
heiser ['haɪzər] *adj* hoarse, husky
heiß [haɪs] *adj 1.* hot; *ein ~es Eisen (fig)* a hot potato; *~e Luft* hot air; *Da läuft es einem ~ und kalt über den Rücken.* It sends shivers running down your spine. *2. (heftig)* heated, vehement, passionate; *~ ersehnt* fervently longed for; *~ geliebt* dearly beloved; *~ umstritten* very controversial, hotly debated, hotly disputed; *~ umkämpft* embattled
heißen ['haɪsən] *v irr 1. (nennen)* call, name; *2. (bezeichnet werden)* to be named, to be called; *3. (bedeuten)* mean, signify; *4. jdn willkommen ~* welcome s.o.; *5. es heißt (man sagt)* they say
heiter ['haɪtər] *adj 1. (fröhlich)* cheerful, jolly, bright; *2. (sonnig)* bright, cheerful, fair; *Das kann ja ~ werden!* Now we're in for it!
Heiterkeit ['haɪtərkaɪt] *f* cheerfulness, brightness, gaiety
heizen ['haɪtsən] *v* heat
Heizung ['haɪtsuŋ] *f* heating
Hektar ['hɛktar] *n* hectare
Hektik ['hɛktɪk] *f* hectic pace
hektisch ['hɛktɪʃ] *adj* hectic
Held [hɛlt] *m* hero
heldenhaft ['hɛldənhaft] *adj 1.* heroic, valiant; *adv 2.* heroically, valiantly
Heldentat ['hɛldəntaːt] *f* heroic deed, feat
Heldentum ['hɛldəntum] *n* heroism
helfen ['hɛlfən] *v irr* help, assist
Helfer ['hɛlfər] *m* helper, assistant
Helfershelfer ['hɛlfərshɛlfər] *m* accessory
Helikopter [heli'kɔptər] *m* helicopter
Helium ['heːlium] *n CHEM* helium
hell [hɛl] *adj 1. (Licht)* bright, light; *2. (Klang)* clear, ringing, resonant; *3. (fig: aufgeweckt)* bright, intelligent, shrewd
Hellhörigkeit ['hɛlhøːrɪçkaɪt] *f 1. (scharfes Gehör)* good ears; *2. (Schalldurchlässigkeit)* poor soundproofing; *3. (fig: Aufmerksamkeit)* alertness, attentiveness
Helligkeit ['hɛlɪçkaɪt] *f* brightness, brilliance, lightness
Hellseher ['hɛlzeːər] *m* clairvoyant, visionary
Helm [hɛlm] *m* helmet
Hemd [hɛmt] *n* shirt; *sein letztes ~ hergeben* give the shirt off one's back; *kein ~ mehr auf dem Leib haben* have lost one's shirt

Hemisphäre [hemi'sfɛːrə] *f ASTR* hemisphere
hemmen ['hɛmən] *v* impede, hinder, obstruct
Hemmschwelle ['hɛmʃvɛlə] *f PSYCH* inhibition threshold
hemmungslos ['hɛmuŋsloːs] *adj 1.* uninhibited, unrestrained; *adv 2.* without restraint; *~ weinen* cry uncontrollably
Henkel ['hɛŋkəl] *m* handle
Henne ['hɛnə] *f ZOOL* hen
Hepatitis [hɛpa'tiːtis] *f MED* hepatitis
her [heːr] *adv 1. (örtlich)* from; *Wo hat sie das ~?* Where did she get that from? *Wo sind Sie ~?* Where do you come from? *hinter jdm ~ sein* to be after s.o.; *2. (zeitlich)* since, ago; *3. (in Aufforderung)* here; *Her damit!* Give me that! *Komm ~!* Come here! *4. Mit ihm ist es nicht weit ~.* He's nothing to write home about. *5. (Standpunkt) von der Idee ~* as far as the idea is concerned
herab [hɛ'rap] *adv* down, downward
herablassen [hɛ'raplasən] *v irr* let down, lower
herablassend [hɛ'raplasənt] *adj* condescending, patronising, supercilious
herabsetzen [hɛ'rapzɛtsən] *v 1. (vermindern)* lower, reduce, cut; *2. (herabwürdigen)* belittle, disparage
herabwürdigen [hɛ'rapvyːrdɪgən] *v 1.* belittle, disparage; *2. sich ~* demean o.s., lower o.s.
heran [hɛ'ran] *adv 1. (örtlich)* here; *2. (zeitlich)* near
herankommen [hɛ'rankɔmən] *v irr 1.* approach, draw near; *2. (ergreifen) an etw ~* get hold of sth
heranschleichen [hɛ'ranʃlaɪçən] *v irr ~ an* creep up on, steal up on, sidle up to
herantasten [hɛ'rantastən] *v sich an etw ~* approach sth cautiously
herantragen [hɛ'rantraːgən] *v irr 1.* bring over; *2. etw an jdn ~ (fig)* put sth to s.o., bring sth up to s.o.
heranwachsen [hɛ'ranvaksən] *v irr* grow up
Heranwachsende [hɛ'ranvaksəndə] *pl* adolescents *pl*
herauf [hɛ'rauf] *adv* up
heraufbeschwören [hɛ'raufbəʃvøːrən] *v irr* conjure up, bring on
heraus [hɛ'raus] *adv* out
herausarbeiten [hɛ'rausarbaɪtən] *v etw ~* work sth out
herausbekommen [hɛ'rausbəkɔmən] *v irr 1. (Wechselgeld)* receive change, get change; *2. (fig: herausfinden)* find out, get to the bottom of
herausfinden [hɛ'rausfɪndən] *v irr* find out
herausfordern [hɛ'rausfɔrdərn] *v 1.* challenge; *2. (Trotz bieten)* defy; *3. (provozieren)* provoke
Herausforderung [hɛ'rausfɔrdəruŋ] *f* challenge, defiance, provocation
herausgeben [hɛ'rausgeːbən] *v irr 1.* hand out; *2. (Buch)* publish, *(als Bearbeiter)* edit
Herausgeber(in) [hɛ'rausgeːbər(ɪn)] *m/f 1.* publisher; *2. (Redakteur(in))* editor
herausragend [hɛ'rausraːgənt] *adj 1.* projecting; *2. (fig)* outstanding
herausreden [hɛ'rausreːdən] *v sich ~* make excuses
herausstellen [hɛ'rausʃtɛlən] *v 1.* put outside; *2. (hervorheben)* emphasize; *3. sich ~ als* prove to be; *es stellte sich heraus, dass ...* it turned out that ...
herausstrecken [hɛ'rausʃtrɛkən] *v* stick out, put out
heraussuchen [hɛ'rauszuːxən] *v* choose, select, pick out
herb [hɛrp] *adj 1. (Geschmack)* harsh, sharp; *2. (fig: Kritik)* harsh; *3. (fig: Schönheit)* plain, austere
herbei [hɛr'baɪ] *adv* along, over
herbeieilen [hɛr'baɪaɪlən] *v* hurry over
herbeiführen [hɛr'baɪfyːrən] *v 1.* lead up; *2. (fig)* cause, induce, give rise to
herbeisehnen [hɛr'baɪzeːnən] *v* yearn for, long for
Herberge ['hɛrbɛrgə] *f 1.* lodging; *2. (Jugendherberge)* youth hostel
herbringen ['heːrbrɪŋən] *v irr* bring over, bring round, bring here
Herbst [hɛrpst] *m* autumn, fall *(US)*
Herd [heːrt] *m* hearth, cooking-stove
Herde ['heːrdə] *f* herd, drove; *mit der ~ laufen* follow the crowd
Herdplatte ['heːrtplatə] *f* hot plate
herein [hɛ'raɪn] *adv 1.* in; *2. Herein!* Come in!
hereinbitten [hɛ'raɪnbɪtən] *v irr* ask in, invite in
hereinbrechen [hɛ'raɪnbrɛçən] *v irr (fig)* close in, set in, befall
hereinkommen [hɛ'raɪnkɔmən] *v irr* come in, walk in; *Komm nur herein!* Come on in!

hereinlassen [hɛ'raɪnlasən] *v irr* let in
hereinlegen [hɛ'raɪnle:gən] *v (jdn ~)* trick, dupe
herfallen ['he:rfalən] *v irr 1. über jdn ~* attack s.o.; *2. über etw ~* pounce upon sth
Hergang ['he:rgaŋ] *m* course of events
Hering ['he:rɪŋ] *m ZOOL* herring
herkommen ['he:rkɔmən] *v irr 1. (näher kommen)* come near, approach; *2. (herstammen)* originate, derive from, to be due to
herkömmlich ['he:rkœmlɪç] *adj* customary, conventional, traditional
Herkunft ['he:rkunft] *f* origin, descent, source
herleiten ['he:rlaɪtən] *v 1.* bring here; *2. (folgern)* derive; *3. sich von etw ~* come from sth, to be derived from sth
Hermelin [hɛrmə'li:n] *n ZOOL* ermine
hermeneutisch [hɛrme'nɔytɪʃ] *adj PHIL* hermeneutic
Heroin [hero'i:n] *n CHEM* heroin
heroisch [he'ro:ɪʃ] *adj* heroic
Herold ['he:rɔlt] *m 1.* herald; *2. (fig)* harbinger
Herr [hɛr] *m 1. (Mann)* gentleman; *2. (vor Eigennamen)* Mr., Mister; *~ Doktor Huber* Doctor Huber; *3. (Gebieter)* lord, master, ruler, sovereign; *der ~ im eigenen Haus sein* wear the trousers (fam); *über jdn ~ werden* to master s.o.
Herrenhaus ['hɛrənhaus] *n* manor house
herrenlos ['hɛrənlo:s] *adj 1.* abandoned, ownerless; *2. (Hund)* stray
Herrin ['hɛrɪn] *f* mistress
herrisch ['hɛrɪʃ] *adj* arrogant, domineering, haughty
herrlich ['hɛrlɪç] *adj 1.* wonderful, delightful, glorious; *2. (reizend)* lovely, gorgeous
Herrlichkeit ['hɛrlɪçkaɪt] *f* excellence, magnificence, splendour
Herrschaft ['hɛrʃaft] *f* power, supremacy, rule
herrschaftlich ['hɛrʃaftlɪç] *adj (vornehm)* grand, elegant
herrschen ['hɛrʃən] *v 1. (regieren)* dominate, rule, reign over; *2. (bestehen)* prevail
Herrscher ['hɛrʃər] *m* ruler, sovereign
Herrschsucht ['hɛrʃzuxt] *f 1.* thirst for power, imperiousness; *2. (fig)* domineering nature, imperiousness
herrühren ['he:rry:rən] *v* emanate from, spring from, derive from; *Das rührt von seinem Unfall her.* That dates back to his accident.

herstellen ['herʃtɛlən] *v 1. (erzeugen)* produce, make, manufacture; *2. (fig: realisieren)* create, establish
Herstellung ['herʃtɛluŋ] *f 1. (Erzeugung)* production, manufacture; *2. (Realisierung)* establishment, bringing about
herüber [hɛ'ry:bər] *adv* across, over here
herum [hɛ'rum] *adv* round, around, about
herumkommen [hɛ'rumkɔmən] *v irr 1. (reisen)* get around; *2. (fig) um etw ~* avoid sth, get around sth
herumsprechen [hɛ'rumʃprɛçən] *v irr sich ~* get around, go around
herumtreiben [hɛ'rumtraɪbən] *v irr sich ~* knock around, hang around
Herumtreiber [hɛ'rumtraɪbər] *m 1.* loafer; *2. (Mensch ohne festen Wohnsitz)* vagabond, drifter
herunter [hɛ'runtər] *adv* down
herunterfallen [hɛ'runtərfalən] *v irr* fall down, drop
heruntergekommen [hɛ'runtərgəkɔmən] *adj* neglected, run-down
herunterkommen [hɛ'runtərkɔmən] *v irr 1.* come down; *2. (fig)* deteriorate, go downhill
herunterschlucken [hɛ'runtərʃlukən] *v* swallow
herunterspielen [hɛ'runtərʃpi:lən] *v (fam) etw ~* play sth down
herunterwirtschaften [hɛ'runtərvɪrtʃaftən] *v* ruin by mismanagement
hervor [hɛr'fo:r] *adv* out, forward
hervorbringen [hɛr'fo:rbrɪŋən] *v irr 1. (erzeugen)* produce, generate; *2. (sagen)* utter
hervorgehen [hɛr'fo:rge:ən] *v irr 1. aus etw ~ Aus der Ehe gingen drei Kinder hervor.* The marriage produced three children. *Er ging aus dem Wettkampf als Sieger hervor.* He emerged as the winner of the competition. *2. (zu folgern sein)* follow
hervorheben [hɛr'fo:rhe:bən] *v irr* emphasize, stress, underline
hervorragen [hɛr'fo:rra:gən] *v 1.* stand out, stick out; *2. (fig)* stand out
hervorragend [hɛr'fo:rra:gənt] *adj 1. (ausgezeichnet)* outstanding, excellent, first-rate; *2. (fig)* eminent, distinguished
hervorrufen [hɛr'fo:rru:fən] *v irr (fig)* provoke, produce, bring about
Herz [hɛrts] *n* heart; *ein ~ und eine Seele sein* to be inseparable; *jdm sein ~ ausschütten* pour out one's heart to s.o.; *jdm das ~ brechen* break s.o.'s heart; *sich ein ~ nehmen* pluck up one's courage; *das ~ auf der Zunge*

tragen wear one's heart on one's sleeve; *jdm sein ~ schenken* lose one's heart to s.o.; *jdm das ~ schwermachen* sadden s.o.; *seinem ~en Luft machen* get sth off one's chest; *Das liegt mir sehr am ~en.* That's very important to me. *jdm ans ~ wachsen* grow on s.o.; *etw auf dem ~en haben* have sth on one's mind; *Du sprichst mir aus dem ~en.* You've taken the words right out of my mouth. *aus tiefstem ~en* from the bottom of one's heart; *jdn in sein ~ schließen* become fond of s.o.; *jdn ins ~ treffen* cut s.o. to the quick; *etw nicht übers ~ bringen* not have the heart to do sth; *sich etw zu ~en nehmen* take sth to heart; *Mir wurde leicht ums ~.* I was relieved. *Das ~ ist ihm in die Hose gerutscht.* His heart was in his boots. *Das ~ wurde ihr schwer.* She had a heavy heart.

herzhaft ['hɛrtshaft] *adj 1. (Geschmack)* full, strong; *2. (Lachen)* hearty, warm, vigorous

Herzinfarkt ['hɛrtsɪnfarkt] *m* heart attack, cardiac infarction

Herzklopfen ['hɛrtsklɔpfən] *n* palpitations

heart disease

herzlich ['hɛrtslɪç] *adj* cordial, warm, sincere

Herzlichkeit ['hɛrtslɪçkaɪt] *f* warmth, cordiality

herzlos ['hɛrtsloːs] *adj* heartless, cold, callous

Herzog ['hɛrtsoːk] *m* duke

Herzogin ['hɛrtsoːgɪn] *f* duchess

Herzschlag ['hɛrtsʃlaːk] *m 1. (einzelner)* heartbeat; *2. MED* pulse, heartbeat

heterogen [hetero'geːn] *adj* heterogeneous

heterosexuell [heterozɛksu'ɛl] *adj* heterosexual

hetzen ['hɛtsən] *v 1. (eilen)* hurry, race, rush; *2. (fig)* agitate, excite feelings

Heu [hɔy] *n BOT* hay

Heuchelei [hɔyçə'laɪ] *f* hypocrisy, insincerity, deceit

heucheln ['hɔyçəln] *v 1.* to be hypocritical; *2. (sich verstellen)* feign, simulate, fake

heulen ['hɔylən] *v 1. (fam: weinen)* bawl, wail, howl; *zum ~ sein* to be enough to make you cry; *2. (Sirene)* wail

Heuschnupfen ['hɔyʃnupfən] *m MED* hay fever

Heuschrecke ['hɔyʃrɛkə] *f 1.* grasshopper; *2. (Wanderheuschrecke)* locust

heute ['hɔytə] *adv* today; *~ vor einer Woche* a week ago today; *~ Abend* this evening; *von ~ auf morgen* overnight

heutzutage ['hɔytsutaːgə] *adv* nowadays, these days

Hexe ['hɛksə] *f* witch

Hieb [hiːp] *m* blow, knock, hit

hier [hiːr] *adv* here

Hierarchie [hiːerar'çiː] *f* hierarchy

hierauf ['hiːrauf] *adv 1. (örtlich)* on; *2. (Erwiderung)* to this; *3. (zeitlich)* upon, then

hierdurch ['hiːrdurç] *adv (kausal)* by this means, by this, hereby

hierher ['hiːrheːr] *adv* here, this way, over here

hiermit ['hiːrmɪt] *adv* herewith

Hilfe ['hɪlfə] *f 1.* help, aid, assistance; *jdm zu ~ kommen* come to s.o.'s aid; *2. Erste ~* first aid; *3. (sozial)* social security, social welfare; *4. (Katastrophenhilfe)* aid, relief; *interj 5.* help

hilflos ['hɪlfloːs] *adj* helpless

hilfreich ['hɪlfraɪç] *adj* helpful

hilfsbedürftig ['hɪlfsbədyrftɪç] *adj* in need of help

hilfsbereit ['hɪlfsbəraɪt] *adj* helpful

Hilfskraft ['hɪlfskraft] *f* assistant

Hilfsmittel ['hɪlfsmɪtəl] *n* aid

Hilfsverb ['hɪlfsvɛrp] *v GRAMM* auxiliary verb

Himbeere ['hɪmbeːrə] *f BOT* raspberry

Himmel ['hɪməl] *m 1. (Firmament)* sky, firmament; *2. REL* heaven; *aus heiterem ~ kommen* come out of the blue; *der ~ auf Erden* heaven on earth; *jdm den ~ auf Erden versprechen* promise s.o. heaven on earth; *aus allen ~n fallen* come down to earth with a bump; *im siebten ~ sein* to be in seventh heaven; *Das schreit zum ~.* That's an absolute scandal. *Ach du lieber Himmel!* Good heavens! *Weiß der ~!* God knows! *Um ~s willen!* For goodness' sake!

Himmelfahrt ['hɪməlfaːrt] *f 1. Christi ~ REL* Ascension Day; *2. Mariä ~ REL* Feast of Assumption

Himmelsrichtung ['hɪməlsrɪçtuŋ] *f ASTR* point of the compass

himmlisch ['hɪmlɪʃ] *adj* heavenly

hin [hɪn] *adv* there; *~ und wieder* every now and then; *~ und her* back and forth; *~ und zurück* there and back; *Wo geht er ~?* Where is he going? *~ und her* back and forth; *nach langem Hin und Her* after quite some dithering

hinab [hɪn'ap] *adv* down
hinauf [hɪn'auf] *adv* up
hinaus [hɪn'aus] *adv* out
hinausbegleiten [hɪ'nausbəglaɪtən] *v jdn ~* see s.o. out
hinauslaufen [hɪn'auslaufən] *v irr 1.* run out; *2. (fig) auf etw ~* amount to sth, boil down to sth
hinausschieben [hɪn'ausʃi:bən] *v irr* postpone, defer, delay
hinauswollen [hɪn'ausvɔlən] *v irr (fig) Worauf willst du hinaus?* What are you getting at?
hinauszögern [hɪ'naustsø:gərn] *v 1. etw ~* delay, put off; *2. sich ~* to be delayed
Hinblick ['hɪnblɪk] *m im ~ auf* in view of, considering
hindern ['hɪndərn] *v* impede, hinder, obstruct
Hindernis ['hɪndərnɪs] *n* obstruction, impediment, hindrance
Hinduismus [hɪndu'ɪsmus] *m REL* Hinduism
hindurch [hɪn'durç] *adv 1. (örtlich)* through; *2. (zeitlich)* throughout
hinein [hɪn'aɪn] *adv* in, into
hineingeraten [hɪn'aɪngəra:tən] *v irr in etw ~* get into sth, become involved in sth
hineinplatzen [hɪn'aɪnplatsən] *v* burst in, barge in
hineinversetzen [hɪn'aɪnfɛrzɛtsən] *v sich ~* put o.s. in s.o.'s place
hineinziehen [hɪn'aɪntsi:ən] *v irr 1.* pull in, drag in; *2. (fig) jdn in etw ~* drag s.o. into sth, involve s.o. in sth
Hinfahrt ['hɪnfa:rt] *f* outward journey, the way there
hinfallen ['hɪnfalən] *v irr* fall, drop
hinfällig ['hɪnfɛlɪç] *adj (ungültig)* invalid
Hinflug ['hɪnflu:k] *m* outward flight
Hingabe ['hɪnga:bə] *f* devotion, abandon, self-abandon
hingegen [hɪn'ge:gən] *konj* however, on the other hand, whereas
hingerissen ['hɪngərɪsən] *v von etw ~ sein* to be fascinated by sth
hinhalten ['hɪnhaltən] *v irr 1.* hold out; *2. jdn ~* put s.o. off, keep s.o. dangling, stall s.o.
hinken ['hɪŋkən] *v* limp
hinlegen ['hɪnle:gən] *v 1. etw ~* put sth down; *2. sich ~* lie down, rest
hinnehmen ['hɪnne:mən] *v irr* accept, tolerate, endure
hinreichend ['hɪnraɪçənt] *adj* sufficient
hinreißen ['hɪnraɪsən] *v hin- und hergerissen sein* to be torn between two possibilities
hinrichten ['hɪnrɪçtən] *v* execute
hinsetzen ['hɪnzɛtsən] *v sich ~* sit down, take a seat
Hinsicht ['hɪnzɪçt] *f in gewisser ~* in some respects
hinsichtlich ['hɪnzɪçtlɪç] *prep* regarding, concerning, with regard to
hinten ['hɪntən] *adv* behind, at the back, at the rear; *Ich weiß nicht mehr wo ~ und vorne ist!* I don't know whether I'm coming or going!
hinter ['hɪntər] *prep 1.* behind; *etw ~ sich lassen* get sth over and done with; *~ den anderen zurückbleiben* lag behind the others; *zwei Kilometer ~ München* two kilometres beyond Munich; *~ jdm zurückstehen* take second place to s.o.; *2. ~ etw her sein* to be after sth
Hinterausgang ['hɪntərausgaŋ] *m* back door, rear exit
Hinterbliebene ['hɪntərbli:bənə] *pl* survivors, surviving dependents
hintere(r,s) ['hɪntərə(r,s)] *adj* back, rear, hind
hintereinander [hɪntəraɪ'nandər] *adv* one after another, in succession
hinterfragen [hɪntər'fra:gən] *v* analyze, question
Hintergedanke ['hɪntərgədaŋkə] *m* ulterior motive
hintergehen ['hɪntərge:ən] *v irr jdn ~* deceive s.o., cheat on s.o.
Hintergrund ['hɪntərgrunt] *m 1.* background; *in den ~ treten* to be pushed into the background, take a back seat (fam); *2. (fig)* background, setting
Hinterhalt ['hɪntərhalt] *m* ambush; *noch etw im ~ haben* have sth up one's sleeve; *ohne ~* unreservedly
hinterhältig ['hɪntərhɛltɪç] *adj* deceitful, underhanded, insidious
hinterher [hɪntər'he:r] *adv 1. (örtlich)* behind, after; *2. (zeitlich)* after, afterward(s)
Hinterhof ['hɪntərho:f] *m* backyard
hinterlassen [hɪntər'lasən] *v irr* leave (behind); *eine Nachricht ~* leave a message
hinterlegen [hɪntər'le:gən] *v* deposit, place on deposit
Hinterlist ['hɪntərlɪst] *f* craftiness, trick
hinterlistig ['hɪntərlɪstɪç] *adj* deceitful, back-stabbing, underhanded

Hintermann ['hıntərman] *m 1.* person behind one; *2. (der aus dem Hintergrund handelt)* person behind sth; *3. FIN* subsequent endorser
Hintern ['hıntərn] *m (fam)* behind, backside, bottom; *sich auf den ~ setzen (arbeiten)* buckle down to work
hinüber [hı'ny:bər] *adv* over, across
hinunter [hı'nuntər] *adv* down, downward; *die Straße ~* down the street
hinweghelfen [hın'vɛkhɛlfən] *v irr jdm über etw ~* help s.o. get over sth
hinwegkommen [hın'vɛkkɔmən] *v irr über etw ~* get over sth
hinwegsehen [hın'vɛkze:ən] *v irr 1. über etw ~* see over sth; *2. (fig) über etw ~* overlook sth
hinwegsetzen [hın'vɛkzɛtsən] *v sich ~* dismiss, disregard, override
hinwegtrösten [hın'vɛktrø:stən] *v jdn über etw ~* help s.o. get over sth
Hinweis ['hınvaıs] *m 1. (Rat)* tip, piece of advice; *2. (Anzeichen)* indication, clue; *3. (Anspielung)* allusion; *4. (Benachrichtigung)* notice
hinweisen ['hınvaızən] *v irr auf etw ~* refer to sth, point sth out, indicate sth
hinzu [hın'tsu:] *adv* in addition, moreover, besides
hinzufügen [hın'tsu:fy:gən] *v* add
hinzuziehen [hın'tsu:tsi:ən] *v irr* consult, call in
Hiobsbotschaft ['hiɔpsbo:tʃaft] *f* bad news
Hirn [hırn] *n ANAT* brain; *sich das ~ zermartern* rack one's brains
Hirngespinst ['hırngəʃpınst] *n* fantasy
Hirsch [hırʃ] *m ZOOL* stag, deer
Hirte [hırt] *m* shepherd, herdsman
hissen ['hısən] *v* hoist
Historiker(in) [hı'sto:rıkər(ın)] *m/f* historian
Hitze ['hıtsə] *f* heat; *in der ~ des Gefechts* in the heat of the moment
hitzig ['hıtsıç] *adj* choleric, hot-tempered
Hitzschlag ['hıtsʃla:k] *m MED* heatstroke
Hobby ['hɔbi] *n* hobby
hoch [ho:x] *adj* high, tall; *jdm etw ~ und heilig versprechen* promise sth solemnly to s.o.; *Das ist mir zu ~!* That's just beyond me! That's over my head!
hochachtungsvoll ['ho:xaxtuŋsfɔl] *adv (Brief)* Yours faithfully, Yours sincerely, Yours truly
Hochdruck ['ho:xdruk] *m* high pressure
Hochebene ['ho:xe:bənə] *f* plateau
hochfahren ['ho:xfa:rən] *v irr 1.* ride up; *2. aus dem Schlaf ~* awake with a start; *3. (plötzlich aufbrausen)* flare up; *4. (jdn ~)* drive up
Hochform ['ho:xfɔrm] *f* top form
Hochhaus ['ho:xhaus] *n* high-rise, *(Wolkenkratzer)* skyscraper
hochkant ['ho:xkant] *adj jdn ~ hinauswerfen* kick s.o. out on his ear
hochkarätig ['ho:xkarɛ:tıç] *adj 1.* high-carat; *2. (fig)* first-class
Hochland ['ho:xlant] *n* highlands
hochleben ['ho:xle:bən] *v jdn ~ lassen* give s.o. three cheers
Hochmut ['ho:xmu:t] *m* arrogance
hochmütig ['ho:xmy:tıç] *adj* arrogant
hochnäsig ['ho:xnɛ:zıç] *adj* snooty
Hochschule ['ho:xʃu:lə] *f* university, college, institution of higher education
Hochschulreife ['ho:xʃu:lraıfə] *f* Advanced levels *(UK)*, high school diploma *(US)*
höchst [hø:çst] *adv* highly, greatly, extremely
Hochstapler ['ho:xʃtaplər] *m* confidence man, swindler, fraud
höchste(r,s) ['hø:çstə(r,s)] *adj* highest, maximum, peak
höchstens ['hø:çstəns] *adv* at the most, at best, at the utmost
Hochtouren ['ho:xturən] *f auf ~ laufen* in full swing
hochtrabend ['ho:xtra:bənt] *adj* high-flown, flowery, grandiloquent
Hochverrat ['ho:xfɛra:t] *m POL* high treason
Hochwasser ['ho:xvasər] *n 1.* high water; *(der See)* high tide; *2. (Überschwemmung)* flood
hochwertig ['ho:xvertıç] *adj* high-grade, high-quality
Hochwürden ['ho:xvyrdən] *m REL* Reverend, *(römisch-katholisch)* Father
Hochzeit ['hɔxtsaıt] *f* wedding; *auf allen ~en tanzen* run with the hare and hunt with the hounds
Hochzeitsreise ['hɔxtsaıtsraızə] *f* honeymoon
Hocker ['hɔkər] *m* stool
Hoden ['ho:dən] *pl ANAT* testicles *pl*
Hof [ho:f] *m 1. (Hinterhof)* yard; *2. (Königshof)* court; *3. (Bauernhof)* farm, farmyard; *4. jdm den ~ machen* court s.o.
hoffen ['hɔfən] *v* hope

hoffentlich ['hɔfəntlɪç] *adv* hopefully; *Hoffentlich regnet es morgen nicht.* I hope it doesn't rain tomorrow.
Hoffnung ['hɔfnuŋ] *f* hope; *seine ~en auf etw setzen* pin one's hopes on sth; *jds ~en zerschlagen* dash s.o.'s hopes; *guter ~ sein* to be expecting
hoffnungslos ['hɔfnuŋsloːs] *adj* hopeless
hoffnungsvoll ['hɔfnuŋsfɔl] *adj* hopeful, promising
höflich ['høːflɪç] *adj* polite, courteous, civil
Höflichkeit ['høːflɪçkaɪt] *f* politeness, courtesy
Höhe ['høːə] *f* height, altitude; *auf der ~ sein* to be in good form; *in die ~ gehen (fig)* hit the ceiling; *Das ist doch die ~!* That's the last straw!
Hoheit ['hoːhaɪt] *f 1. (Anrede)* Highness; *Seine Königliche ~* His Royal Highness; *2. POL* sovereignty, jurisdiction
Höhepunkt ['høːəpuŋkt] *m 1.* climax; *2. (einer Veranstaltung)* high point, highlight
hohl [hoːl] *adj 1.* hollow; *2. (fig: gehaltlos)* hollow, empty, unsubstantial
Höhle ['høːlə] *f 1.* cave, cavern; *2. (von Raubtieren)* den; *sich in die ~ des Löwen wagen* beard the lion in his den; *3. (von Kaninchen)* burrow
Hohn [hoːn] *m 1.* scorn, disdain; *2. (Spott)* mockery, derision; *der reinste ~ sein* utterly ludicrous
höhnen ['høːnən] *v* jeer, scoff
höhnisch ['høːnɪʃ] *adj* derisive, mocking, sardonic
holen ['hoːlən] *v* fetch, get; *Bei ihm ist nichts zu ~.* You won't get anything out of him.
Holland ['hɔlant] *n GEO* Holland
Hölle ['hœlə] *f* hell; *Hier ist die ~ los. (fig)* All hell has broken loose here. *jdm die ~ heiß machen* give s.o. hell; *jdm das Leben zur ~ machen* make s.o.'s life hell; *Zur ~ mit ihm!* He can go to hell!
höllisch ['hœlɪʃ] *adj 1. (fam)* terrible; *adv 2.* like hell
Holm [hɔlm] *m* bar
holperig ['hɔlpərɪç] *adj 1.* bumpy, jolty, rough; *2. (fig: stockend)* jolting, *(Rede)* halting
Holunder [ho'lundər] *m BOT* elder
Holz [hɔlts] *n* wood, *(Bauholz)* timber; *~ in den Wald tragen (fig)* carry coals to Newcastle
Holzfäller ['hɔltsfɛlər] *m* lumberjack
Hommage [ɔ'maːʒ] *f* homage
homogen [homo'geːn] *adj* homogeneous
Homonym [homo'nyːm] *n LING* homonym
homosexuell [homozɛksu'ɛl] *adj* homosexual, gay
Honig ['hoːnɪç] *m* honey; *jdm ~ ums Maul schmieren (fig)* butter s.o. up
Honorar [hono'raːr] *n* fee
honorieren [hono'riːrən] *v 1. (bezahlen)* pay for, remunerate for; *2. (anerkennen)* honour, recognize
Hopfen ['hɔpfən] *m 1. BOT* hop; *Bei ihr ist ~ und Malz verloren.* She's hopeless. *2. (beim Brauen)* hops *pl*
horchen ['hɔrçən] *v* listen
hören ['høːrən] *v 1.* hear; *Das lässt sich ~!* Now you're talking! *etw von sich ~ lassen* get in touch; *von jdm ~* hear from s.o.; *etw von jdm zu ~ bekommen* get told off by s.o. *Da vergeht einem Hören und Sehen!* You don't know if you're coming or going! *2. (zuhören)* listen to
Hörensagen ['høːrənzaːgən] *n etw vom ~ kennen* know sth by hearsay
Hörer ['høːrər] *m 1. (Person)* listener; *2. (Telefonhörer)* receiver
hörig ['høːrɪç] *adj* enslaved, in bondage
Horizont [hori'tsɔnt] *m* horizon, skyline
horizontal [horitsɔn'taːl] *adj* horizontal
Hormon [hɔr'moːn] *n* hormone
Horn [hɔrn] *n* horn; *ins gleiche ~ blasen* chime in; *sich die Hörner abstoßen* sow one's wild oats; *jdm Hörner aufsetzen* cuckold s.o.
Hornhaut ['hɔrnhaut] *f 1. (Schwiele)* callus; *2. (des Auges) ANAT* cornea
Hornisse [hɔr'nɪsə] *f ZOOL* hornet
Horoskop [horos'koːp] *n* horoscope
Horrorfilm ['hɔrɔrfɪlm] *m CINE* horror film, horror movie *(US)*
Hörsaal ['høːrsaːl] *m* auditorium
Hörspiel ['høːrʃpiːl] *n* radio play
Hort [hɔrt] *m 1. (Zuflucht)* refuge, shelter; *2. (Kinderhort)* day-nursery
horten ['hɔrtən] *v* hoard, stockpile
Hose ['hoːzə] *f* trousers, pants *(US); die ~n anhaben (fig)* wear the trousers; *jdm die ~n strammziehen* give s.o. a good hiding; *in die ~ gehen* to be a complete wash-out; *sich in die ~ machen* wet one's pants
Hosenträger ['hoːzəntrɛːgər] *m* braces *pl (UK),* suspenders *pl (US)*
Hospital [hɔspɪ'taːl] *n* hospital
Hostess [hɔs'tɛs] *f* hostess
Hotel [ho'tɛl] *n* hotel
hübsch [hypʃ] *adj 1.* pretty, nice, fine; *2. (Person)* good-looking

Hubschrauber ['huːpʃraubər] *m* helicopter
Hufeisen ['huːfaɪzən] *n* horseshoe
Hüfte ['hyftə] *f ANAT* hip
Hügel ['hyːgəl] *m* hill, mound, hillock
hügelig ['hyːgəlɪç] *adj* hilly, undulating
Huhn [huːn] *n ZOOL* chicken, *(Gattung)* fowl; *mit den Hühnern ins Bett gehen* go to bed early; *mit den Hühnern aufstehen* get up at the crack of dawn
Hühnerauge ['hyːnəraugə] *n MED* corn
huldigen ['huldɪgən] *v 1.* pay homage to, render homage to; *2. (einer Ansicht)* embrace an opinion, subscribe to a point of view
Huldigung ['huldɪguŋ] *f 1.* homage; *2. (Beifall)* ovation, enthusiastic reception
Hülle ['hylə] *f 1.* wrapper, covering; *2. (Gehäuse)* case; *3. (fig) in ~ und Fülle* in abundance
hüllen ['hylən] *v* wrap, cover, envelop
Hülse ['hylzə] *f 1. (Behälter)* case, sleeve; *2. (Waffen~)* case; *3. BOT* hull, husk, shell
human [hu'maːn] *adj* humane
Humanismus [huma'nɪsmus] *m HIST* Humanism
humanitär [humani'tɛːr] *adj* humanitarian
Humanität [humanɪ'tɛːt] *f* humanity
Hummel ['huməl] *f ZOOL* bumble-bee; *~n im Hintern haben* have a bee in one's bonnet
Hummer ['humər] *m ZOOL* lobster
Humor [hu'moːr] *m* humour
humoristisch [humo'rɪstɪʃ] *adj 1.* humorous; *adv. 2.* with humour
humorlos [hu'moːrloːs] *adj* humourless
humorvoll [hu'moːrfɔl] *adj* humorous
humpeln ['humpəln] *v* hobble, limp
Humus ['huːmus] *m* humus
Hund [hunt] *m* dog; *vor die ~e gehen (verkommen)* go to the dogs; *auf den ~ kommen* go to the dogs
hundert ['hundərt] *num* one hundred
Hunger ['huŋər] *m* hunger
hungern ['huŋərn] *v 1.* hunger, go hungry; *2. (fig) ~ nach* crave for, long for, yearn for
Hungersnot ['huŋərsnoːt] *f* famine
Hungertuch ['huŋərtuːx] *n am ~ nagen* to be on the breadline
hungrig ['huŋrɪç] *adj* hungry; *~ wie ein Wolf* hungry as a bear
Hupe ['huːpə] *f* horn
hupen ['huːpən] *v* honk the horn, sound the horn, hoot
hüpfen ['hypfən] *v 1.* hop, skip; *2. (springen)* jump, leap
Hürde ['hyrdə] *f* hurdle, obstacle; *eine ~ nehmen* take a hurdle
Hure ['huːrə] *f* whore, prostitute
hurra [hu'raː] *interj* Hurrah! Hooray!
Hurrikan ['hœrɪkən] *m* hurricane
husch [huʃ] *interj 1. (Weg da!)* Shoo! *2. (Schnell!)* Quick!
husten ['huːstən] *v* cough; *Dem werde ich was ~!* He can get lost!
Husten ['huːstən] *m MED* cough
Hut [huːt] *m* hat; *ein alter ~ sein (fam)* to be old hat; *vor jdm den ~ ziehen* take off one's hat to s.o.; *Das kannst du dir an den ~ stecken!* You can keep it! *mit jdm nichts am ~ haben* not want to have anything to do with s.o.; *etw unter einen ~ bringen* reconcile sth; *jdm eins auf den ~ geben* give s.o. a dressing-down, give s.o. a rocket *(UK)*
hüten ['hyːtən] *v 1.* watch over, guard; *2. (aufpassen auf)* look after
Hüter ['hyːtər] *m* guardian, protector
Hutkrempe ['huːtkrɛmpə] *f* brim of a hat
Hütte ['hytə] *f 1. (Häuschen)* hut, shed, shack; *2. (Eisenhütte/Stahlhütte)* forge, foundry, smelting-house
Hyäne [hy'ɛːnə] *f ZOOL* hyena
Hyazinthe [hyat'sɪntə] *f BOT* hyacinth
Hydrant [hy'drant] *m* hydrant, fire-plug
Hydraulik [hy'draulɪk] *f PHYS* hydraulics
Hygiene [hyg'jeːnə] *f* hygiene
hygienisch [hyg'jeːnɪʃ] *adj* hygienic
Hymne ['hymnə] *f* hymn
hyperkorrekt [hypə'rkɔrɛkt] *adj* ultracorrect
hypermodern [hypərmo'dɛrn] *adj* ultramodern, hypermodern
hypersensibel ['hypərzɛnziːbəl] *adj* hypersensitive
Hypnose [hyp'noːzə] *f* hypnosis
hypnotisch [hyp'noːtɪʃ] *adj* hypnotic
Hypnotiseur [hypnoːti'zøːr] *m* hypnotist
hypnotisieren [hypnoːti'ziːrən] *v* hypnotize
Hypochonder [hypo'xɔndər] *m* hypochondriac
hypochondrisch [hypo'xɔndrɪʃ] *adj* hypochondriac
Hypothek [hypo'teːk] *f* mortgage
Hypothese [hypo'teːzə] *f* hypothesis
hypothetisch [hypo'teːtɪʃ] *adj 1.* hypothetical, hypothetic; *adv 2.* hypothetically
Hysterie [hyste'riː] *f* hysteria, hysterics
Hysteriker [hys'teːrɪkər] *m* hysteric
hysterisch [hys'teːrɪʃ] *adj* hysterical

I

ich [ɪç] *pron* I; *mein zweites ~* my alter-ego; *Ich nicht!* Not me!
Ich [ɪç] *n* self; *sein zweites ~* one's alter-ego
ideal [ide'a:l] *adj* ideal
Ideal [ide'a:l] *n* ideal, model, standard
idealisieren [ideali'zi:rən] *v* idealize
Idealismus [idea'lɪsmus] *m* idealism
Idealist [idea'lɪst] *m* idealist
idealistisch [idea'lɪstɪʃ] *adj* idealistic
Idee [i'de:] *f* idea, concept, notion; *wie kommen Sie denn auf die ~* whatever gave you that idea; *nicht die leiseste ~ von etw haben* not have the faintest idea of sth
ideell [ide'ɛl] *adj* theoretical
ideenlos [i'de:ənlo:s] *adj* lacking ideas, without imagination
Ideenlosigkeit [i'de:ənlo:zɪçkaɪt] *f* lack of ideas, lack of imagination
Identifikation [idɛntifika'tsjo:n] *f* identification
identifizieren [idɛntifi'tsi:rən] *v* identify
identisch [i'dɛntɪʃ] *adj* identical
Identität [idɛnti'tɛ:t] *f* identity
Ideologe [ideo'lo:gə] *m POL* ideologist
Ideologie [ideolo'gi:] *f* ideology
ideologisch [ideo'lo:gɪʃ] *adj* ideological
ideologisieren [ideologi'zi:rən] *v* ideologize
idiomatisch [idjo'ma:tɪʃ] *adj* idiomatic
Idiot [id'jo:t] *m* idiot, fool, imbecile
idiotisch [id'jo:tɪʃ] *adj* idiotic, foolish
Idol [i'do:l] *n* idol
Idyll [i'dyl] *n* idyll, *(Gegend)* idyllic place
idyllisch [i'dylɪʃ] *adj* idyllic, pastoral, picturesque
Igel ['i:gəl] *m ZOOL* hedgehog
Iglu ['i:glu] *m* igloo
ignorant [igno'rant] *adj* ignorant
Ignoranz [igno'rants] *f* ignorance
ignorieren [igno'ri:rən] *v* ignore, take no notice of
ihm [i:m] *pron 1.* him, to him; *2. (bei Dingen und Tieren)* it, to it
ihn [i:n] *pron 1.* him; *2. (bei Dingen und Tieren)* it
ihnen ['i:nən] *pron* them, to them
Ihnen ['i:nən] *pron* you, to you
ihr [i:r] *pron 1.* her, to her; *2. (bei Dingen und Tieren)* it, to it; *3. (Nominativ Plural von "du")* you
Ihr [i:r] *pron* your
ihre(r,s) ['i:rə(r,s)] *pron 1. (von mehreren)* their, theirs; *2. (einer Person)* her(s); *3. (eines Tiers)* its
Ihre(r,s) ['i:rə(r,s)] *pron* your(s)
Ikone [i'ko:nə] *f ART* icon
illegal [ɪle'ga:l] *adj* illegal
Illegalität [ɪlegali'tɛ:t] *f JUR* illegality
illegitim [ɪlegi'ti:m] *adj* illegitimate
Illegitimität [ɪlegitimi'tɛ:t] *f* illegitimacy
illoyal ['ɪlɔy'ja:l] *adj* disloyal
Illoyalität [ɪlɔyjali'tɛ:t] *f* disloyalty
Illusion [ɪluz'jo:n] *f* illusion, delusion
illusorisch [ɪlu'zo:rɪʃ] *adj* illusory
illuster [ɪ'lustər] *adj* illustrious
Illustration [ɪlustra'tsjo:n] *f* illustration
illustrativ [ɪlustra'ti:f] *adj* illustrative
illustrieren [ɪlu'stri:rən] *v* illustrate, make clear
Illustrierte [ɪlu'stri:rtə] *f* illustrated magazine, glossy magazine
Iltis ['ɪltɪs] *m ZOOL* polecat
im [im] *prep* in the; *~ Kino* at the cinema; *~ Alter von zweiundachtzig Jahren* at the age of eighty-two
Image ['ɪmɪdʒ] *n* image
imaginär [imagi'nɛ:r] *adj* imaginary
Imagination [imagina'tsjo:n] *f* imagination
Imbiss ['ɪmbɪs] *m* snack
Imbissstand ['ɪmbɪsʃtant] *m* snack bar
Imitat [ɪmɪ'ta:t] *n* imitation
Imitation [ɪmɪta'tsjo:n] *f* imitation, fake
Imitator [ɪmɪ'ta:tɔr] *m* imitator
imitieren [ɪmɪ'ti:rən] *v* imitate
Imker ['ɪmkər] *m* bee-keeper
immanent [ima'nɛnt] *adj* immanent
Immatrikulation [ɪmatrikula'tsjo:n] *f* matriculation, enrolment
immatrikulieren [ɪmatriku'li:rən] *v* enrol
immens [ɪ'mɛns] *adj* immense
Immensität [ɪmɛnzi'tɛ:t] *f* immensity
immer ['ɪmər] *adv 1.* always; *auf ~ und ewig* for ever and ever; *2. ~ schneller* faster and faster; *~ öfter* more and more often; *~ wieder* again and again; *3. ~ noch* still; *4. wo ~* wherever, no matter where; *was ~* whatever, no matter what; *wie auch ~* however; *Wie auch ~ ...* Whatever the case ...; *5. Immer mit der Ruhe!* Calm down!

immerfort ['imərfɔrt] *adv* constantly
immerhin ['ɪmərhɪn] *adv 1. (schließlich)* after all; *2. (trotz allem)* nevertheless, still
immerzu [ɪmər'tsu:] *adv* continually
Immigrant(in) [ɪmi'grant(ɪn)] *m/f* immigrant
Immigration [ɪmigra'tsjo:n] *f* immigration
immigrieren [ɪmi'gri:rən] *v* immigrate
Immission [ɪmɪs'jo:n] *f 1. (in ein Amt)* appointment; *2. JUR* effect of noise, smells, or chemicals on adjoining property
immobil ['ɪmobi:l] *adj* immobile
Immobilien [ɪmo'bi:ljən] *pl* real estate, property
Immobilienmakler [ɪmo'bi:ljənma:klər] *m* real estate agent
immun [ɪ'mu:n] *adj* immune
immunisieren [ɪmuni'zi:rən] *v MED* immunize
Immunisierung [ɪmuni'zi:ruŋ] *f MED* immunization
Immunität [ɪmu:ni'tɛ:t] *f* immunity
Immunschwäche [ɪ'mu:nʃvɛçə] *f MED* immune deficiency
Immunsystem [ɪ'mu:nsystɛm] *n* immune system
Imperativ ['ɪmperati:f] *m 1. GRAMM* imperative; *2. kategorischer ~ PHIL* categorical imperative
Imperfekt ['ɪmpɛrfɛkt] *n GRAMM* imperfect tense
Imperialismus [ɪmperja'lɪsmus] *m POL* imperialism
Imperialist [ɪmperja'lɪst] *m POL* imperialist
imperialistisch [ɪmperja'lɪstɪʃ] *adj POL* imperialistic
Imperium [ɪm'pɛrjum] *n* empire
impertinent [ɪmpɛrti'nɛnt] *adj* impertinent
Impertinenz [ɪmpɛrti'nɛnts] *f* impertinence
impfen ['ɪmpfən] *v MED* vaccinate, inoculate
Impfpass ['ɪmpfpas] *m MED* vaccination record
Impfschein ['ɪmpfʃaɪn] *m* certificate of vaccination
Impfstoff ['ɪmpfʃtɔf] *m* vaccine
Impfung ['ɪmpfuŋ] *f* vaccination, inoculation
Implantat [ɪmplan'ta:t] *n MED* implant
implizieren [ɪmpli'tsi:rən] *v* imply
implodieren [ɪmplo'di:rən] *v* implode
Implosion [ɪmplo'zjo:n] *f TECH* implosion
imponieren [impo'ni:rən] *v 1.* to be impressive, command respect; *2. (jdm ~)* impress
imponierend [impo'ni:rənt] *adj* imposing, impressive
Import [ɪm'pɔrt] *m* import, importation
Importartikel [ɪm'pɔrtartɪkəl] *m* imported articles, imports
Importbeschränkung [ɪm'pɔrtbəʃrɛŋkuŋ] *f ECO* import restriction
Importeur [ɪmpɔr'tø:r] *m* importer
importieren [ɪmpɔr'ti:rən] *v* import
imposant [ɪmpo'zant] *adj* imposing, striking, impressive
impotent ['ɪmpotɛnt] *adj* impotent
Impotenz ['ɪmpotɛnts] *f MED* impotence
imprägnieren [ɪmprɛg'ni:rən] *v* impregnate, *(wasserdicht machen)* waterproof
Imprägnierung [ɪmprɛ'gni:ruŋ] *f* impregnation
Impression [ɪmprɛ'sjo:n] *f* impression
Impressionismus [ɪmprɛsjo'nismus] *m ART* impressionism
Impressionist [ɪmprɛsjo'nɪst] *m ART* impressionist
impressionistisch [ɪmprɛsjo'nɪstɪʃ] *adj ART* impressionist
Impressum [ɪm'prɛsum] *n* imprint
Improvisation [ɪmprovɪza'tsjo:n] *f* improvisation
improvisieren [ɪmprovi'zi:rən] *v* improvise
Impuls [ɪm'puls] *m* impulse, thrust, stimulus
impulsiv [ɪmpul'si:f] *adj* impulsive; *~e Entschlüsse* spur of the moment/impulsive decisions
in [ɪn] *prep 1. (örtlich)* in; *~ die Stadt gehen* go to town; *2. (zeitlich)* in; *adj 3. ~ sein (fam: modern sein)* to be in (fam)
inadäquat ['ɪnadɛkva:t] *adj* inadequate
inaktiv ['ɪnakti:f] *adj* inactive
Inaktivität [ɪnaktivi'tɛ:t] *f* inactivity
inakzeptabel ['ɪnaktsɛpta:bəl] *adj* unacceptable
Inanspruchnahme [ɪn'anʃpruxna:mə] *f 1.* claims *pl,* demands *pl; 2. (Benutzung)* use; *3. (geistige)* preoccupation
Inbegriff ['ɪnbəgrɪf] *m* essence, embodiment, epitome
inbegriffen ['ɪnbəgrɪfən] *adj* included, inclusive, implicit

Inbetriebnahme [ɪnbə'tri:pna:mə] *f* implementation, initiation, starting
Inbrunst ['ɪnbrunst] *f* ardour, passion, fervour
inbrünstig ['ɪnbrynstɪç] *adj* ardent, fervent, passionate
indem [ɪn'de:m] *konj 1. (Gleichzeitigkeit)* as, while; *2. (Mittel)* by
Inder ['ɪndər] *m* Indian
indessen [ɪn'dɛsən] *adv 1.* meanwhile, in the meantime, at that moment; *konj 2.* whereas
Index ['ɪndɛks] *m* index
Indianer [ɪn'dja:nər] *m* (American) Indian
indianisch [ɪn'dja:nɪʃ] *adj* (American) Indian
Indien ['ɪndjən] *n GEO* India
indifferent ['ɪndɪfərɛnt] *adj* indifferent
Indifferenz ['ɪndɪfərɛnts] *f* indifference
Indikation [ɪndika'tsjo:n] *f MED* indication
Indikativ ['ɪndikati:f] *m GRAMM* indicative
Indikator [ɪndi'ka:tɔr] *m* indicator
Indio ['ɪndjo] *m* Indian
indirekt ['ɪndirɛkt] *adj* indirect
indisch ['ɪndɪʃ] *adj* Indian
indiskret ['ɪndɪskre:t] *adj* indiscreet, tactless
Indiskretion [ɪndɪskrɛ'tsjo:n] *f* indiscretion
indiskutabel ['ɪndiskuta:bəl] *adj 1. (nicht der Erörterung wert)* out of the question; *2. (sehr schlecht)* unspeakably bad
indisponiert ['ɪndɪsponi:rt] *adj* indisposed
Individualismus [ɪndividua'lɪsmus] *m* individualism
Individualist [ɪndividua'lɪst] *m* individualist
individualistisch [ɪndividua'lɪstɪʃ] *adj* individualistic
Individualität [ɪndividuali'tɛ:t] *f* individuality
individuell [ɪndividu'ɛl] *adj* individual, particular
Individuum [ɪndi'vi:duum] *n* individual
Indiz [ɪn'di:ts] *n* indication, evidence
Indizienprozess [ɪn'di:tsjənprotsɛs] *m JUR* case based on circumstantial evidence
Indonesien [ɪndɔ'ne:zjən] *n GEO* Indonesia
Indonesier [ɪndo'ne:zjər] *m* Indonesian
indonesisch [ɪndo'ne:zɪʃ] *adj* Indonesian
Induktion [ɪnduk'tsjo:n] *f TECH* induction
industrialisieren [ɪndustriali'zi:rən] *v ECO* industrialize
Industrialisierung [ɪndustrialɪ'zi:ruŋ] *f* industrialization
Industrie [ɪndus'tri:] *f* industry
Industrieanlagen [ɪndus'tri:anla:gən] *pl ECO* industrial plants
Industriebetrieb [ɪndus'tri:bətri:p] *m ECO* industrial concern
Industrieerzeugnis [ɪndus'tri:ɛrtsɔyknɪs] *n* industrial product
Industriegebiet [ɪndus'tri:gəbi:t] *n* industrial area
Industriekauffrau [ɪndus'tri:kauffrau] *f* industrial manager
Industriekaufmann [ɪndus'tri:kaufman] *m ECO* industrial manager
Industrieland [ɪndus'tri:lant] *n* industrialized country
industriell [ɪndustri'ɛl] *adj* industrial
Industrielle(r) [ɪndustri'ɛlə(r)] *m/f* industrialist
Industrienation [ɪndus'tri:natsjo:n] *f* industrial nation
Industrie- und Handelskammer [ɪndus'tri:unt'handəlskamər] *f* Chamber of Industry and Commerce
ineffektiv ['ɪnɛfɛkti:f] *adj* ineffective, ineffectual, inefficient
Ineffektivität [ɪnɛfɛktivi'tɛ:t] *f* ineffectiveness
ineinander [ɪnaɪ'nandər] *adj* into each other, into one another; ~ *fließen* flow into one another; ~ *greifen* interlock, gear into each other, mesh; ~ *stecken* interlock; ~ *passen* fit into each other/fit together; ~ *schieben* telescope
infam [ɪn'fa:m] *adj* infamous
Infanterie [ɪnfan'tri:] *f MIL* infantry
infantil [ɪnfan'ti:l] *adj* infantile
Infantilität [ɪnfantili'tɛ:t] *f* infantility
Infarkt [ɪn'farkt] *m MED* infarction
Infektion [ɪnfek'tsjo:n] *m MED* infection
Infektionskrankheit [ɪnfek'tsjo:nskraŋkhaɪt] *f MED* infectious disease
Inferno [ɪn'fɛrno] *n* inferno
Infiltration [ɪnfɪltra'tsjo:n] *f POL* infiltration
infiltrieren [ɪnfɪl'tri:rən] *v POL* infiltrate
Infinitiv ['infiniti:f] *m GRAMM* infinitive
infizieren [ɪnfi'tsi:rən] *v* infect, get infected
Inflation [ɪnflats'jo:n] *f* inflation
inflationär [ɪnflatsjo'nɛ:r] *adj* inflationary

Inflationsrate [ɪnfla'tsjo:nsra:tə] *f* rate of inflation
infolge [ɪn'fɔlgə] *prep* as a result of, because of, due to
infolgedessen [ɪnfɔlgə'dɛsən] *konj* consequently, as a result
Informatik [ɪnfɔr'ma:tɪk] *f* information science, informatics
Informatiker [ɪnfɔr'ma:tɪkər] *m* information specialist, information technologist
Information [ɪnfɔrma'tsjo:n] *f* information
Informationsbüro [ɪnfɔrma'tsjo:nsbyro:] *n* information office
Informationsfluss [ɪnfɔrma'tsjo:nsflus] *m* flow of information
informationsmaterial [ɪnfɔrma'tsjo:nsmaterja:l] *n* information
Informationsquelle [ɪnfɔrma'tsjo:nskvɛlə] *n* source of information
informativ [ɪnfɔrma'ti:f] *adj* informative
informell [ɪnfɔr'mɛl] *adj* informal
informieren [ɪnfɔr'mi:rən] *v* inform, instruct
Infrarot ['ɪnfraro:t] *n PHYS* infrared
Infrarotlicht ['ɪnfra'ro:tlɪçt] *n TECH* infrared light
Infrarotstrahler ['ɪnfraro:tʃtra:lər] *m TECH* infrared lamp
Infrarotstrahlung ['ɪnfraro:tʃtra:luŋ] *f TECH* infrared radiation
Infrastruktur ['ɪnfraʃtruktu:r] *f* infrastructure
infrastrukturell ['ɪnfraʃtrukturɛl] *adj* infrastructural
Infusion [ɪnfus'jo:n] *f MED* infusion, drip
Ingenieur [ɪnʒɛn'jø:r] *m* engineer
Ingredienz [ɪngre'djɛnts] *f* ingredient
Ingwer ['ɪŋvər] *m GAST* ginger
Inhaber ['ɪnha:bər] *m 1. (Besitzer)* owner, possessor, holder; *2. (Eigentümer)* owner, proprietor; *3. (Amtsinhaber)* holder
inhaftieren [ɪnhaf'ti:rən] *v* imprison, put in prison, place under arrest
inhaftiert [ɪnhaf'ti:rt] *adj* in custody, in prison
Inhaftierung [ɪnhaf'ti:ruŋ] *f* arrest
Inhalation [ɪnhala'tsjo:n] *f MED* inhalation
inhalieren [ɪnha'li:rən] *v MED* inhale
Inhalt ['ɪnhalt] *m 1.* contents; *2. (fig)* content, essence, substance
inhaltlich ['ɪnhaltlɪç] *adv* with regard to content, in substance
Inhaltsangabe ['ɪnhaltsanga:bə] *f 1.* statement of contents; *2. (eines Werkes)* summary
inhaltslos ['ɪnhaltslo:s] *adj* empty, unsubstantial, meaningless
inhaltsreich ['ɪnhaltsraɪç] *adj 1.* rich in content; *2. (Leben)* full
Inhaltsverzeichnis ['ɪnhaltsfɛrtsaɪçnɪs] *n* table of contents
inhuman ['ɪnhuma:n] *adj* inhuman, inhumane
Initialen [ɪnɪ'tsja:lən] *pl* initials
Initiative [ɪnɪtsja'ti:və] *f* initiative
Initiator [ɪnɪts'ja:to:r] *m* initiator
initiieren [ɪnɪ'tsii:rən] *v* initiate
Injektion [ɪnjɛk'tsjo:n] *f MED* injection
injizieren [ɪnji'tsi:rən] *v MED* inject
Inkarnation [ɪnkarna'tsjo:n] *f REL* incarnation
Inkasso [ɪn'kaso] *n FIN* collection
inklusive [ɪnklu'zi:və] *prep* including, inclusive of
inkognito [ɪn'kɔgnito:] *adv* incognito
inkompatibel [ɪnkɔmpa'ti:bəl] *adj INFORM* incompatible
inkompetent [ɪnkɔmpə'tɛnt] *adj* incompetent
Inkompetenz [ɪnkɔmpə'tɛnts] *f* incompetence
Inkonsequenz [ɪnkɔnzə'kvɛnts] *f* inconsistency
In-Kraft-Treten [ɪn'krafttre:tən] *n* coming into effect, entering into force; *Tag des ~s* effective date
Inkubationszeit [ɪnkuba'tsjo:nstsaɪt] *f MED* incubation period
Inland ['ɪnlant] *n 1.* home country; *2. (das Innere des Landes)* inland
inländisch ['ɪnlɛndɪʃ] *adj* domestic, native, home
inmitten [ɪn'mɪtən] *prep* in the midst of, amid, in the middle of
innehaben ['ɪnəha:bən] *v irr* own, hold, occupy
innehalten ['ɪnəhaltən] *v irr 1.* halt, pause, stop; *2. (einhalten)* observe
innen ['ɪnən] *adv* inside, within; *nach ~* inward; *von ~* from within
Innenarchitekt ['ɪnənarçɪtɛkt] *m* interior decorator, interior designer
Innenaufnahme ['ɪnənaufna:mə] *f 1. CINE* indoor shot; *2. FOTO* indoor photograph
Innenausschuss ['ɪnənausʃus] *m* central committee

Innenausstattung ['ɪnənausʃtatuŋ] *f* *1.* interior decoration; *2. (eines Autos)* interior design
Innendienst ['ɪnəndiːnst] *m* work done in the office, office duty
Inneneinrichtung ['ɪnənaɪnrɪçtuŋ] *f* interior decorating, interior design
Innenhof ['ɪnənhoːf] *m* inner courtyard
Innenleben ['ɪnənleːbən] *n (fig) jds ~* one's feelings, one's emotions, one's thoughts
Innenminister ['ɪnənministər] *m POL* Minister of the Interior, Home Secretary *(UK),* Secretary of the Interior *(US)*
Innenministerium ['ɪnənmɪnɪsteːrjum] *n POL* Ministry of the Interior, Home Office *(UK),* Department of the Interior *(US)*
Innenpolitik ['ɪnənpolitiːk] *f POL* domestic policy, internal politics, home policy
innenpolitisch ['ɪnənpoliːtɪʃ] *adj POL* internal, domestic, relating to domestic affairs
Innenraum ['ɪnənraum] *m* interior
Innenseite ['ɪnənzaɪtə] *f* inner side, inside
Innenspiegel ['ɪnənʃpiːgəl] *m (im Auto)* inside rear view mirror
Innenstadt ['ɪnənʃtat] *f* city centre, centre of town, downtown
Innentasche ['ɪnəntaʃə] *f* inside pocket
inner(e,er,es) ['ɪnər(ə,ər,əs)] *adj 1.* inner, internal, interior; *2. (fig)* intrinsic, inner
Innereien [ɪnər'aɪən] *pl GAST* innards, giblets
innerhalb ['ɪnərhalp] *prep 1. (örtlich)* within, inside (of); *2. (zeitlich)* within
innerlich ['ɪnərlɪç] *adj 1.* inner; *2. MED* internal
innerparteilich ['ɪnərpartaɪlɪç] *adj POL* within a party, internal
innerstaatlich ['ɪnərʃtaːtlɪç] *adj POL* domestic
innewohnen ['ɪnəvoːnən] *v* to be inherent in
innig ['ɪnɪç] *adj* intimate, close, intense
Innovation [ɪnnova'tsjoːn] *f* innovation
innovativ [ɪnnova'tiːf] *adj* innovative
Innung ['ɪnuŋ] *f* guild
inoffiziell [ɪnɔfi'tsjɛl] *adj* unofficial, informal
inoperabel [ɪnɔpə'raːbəl] *adj* inoperable
Inquisition [ɪnkvizi'tsjoːn] *f HIST* inquisition
ins [ɪns] *prep* in the, into the; *~ Kino gehen* to the cinema
Insasse ['ɪnzasə] *m 1. (einer Anstalt)* inmate; *2. (Fahrgast)* passenger, occupant

insbesondere [ɪnsbə'zɔndərə] *adv* especially, particularly, in particular
Inschrift ['ɪnʃrɪft] *f* inscription
Insekt [ɪn'zɛkt] *n* insect
Insektenstich [ɪn'zɛktənʃtɪç] *m 1.* insect sting; *2. (von Mücken, Ameisen, Flöhen)* insect bite
Insektizid [ɪnzɛkti'tsiːt] *n CHEM* insecticide
Insel ['ɪnzəl] *f* island; *Ich bin reif für die ~!* I need a holiday! I need a vacation! *(US)*
Inselgruppe ['ɪnzəlgrupə] *f GEO* group of islands, archipelago
Inserat [ɪnzə'raːt] *n* advertisement
Inserent [ɪnzə'rɛnt] *m* advertiser
inserieren [ɪnzə'riːrən] *v* advertise
insgeheim [ɪnsgə'haɪm] *adv* secretly
insgesamt [ɪnsgə'zamt] *adv* altogether, in all, all in all, collectively
Insider ['ɪnsaɪdər] *m* insider
insistieren [ɪnzɪs'tiːrən] *v* insist
insofern [ɪnzo'fɛrn] *konj 1.* so long, as; *adv 2.* so far, to that extent, in that respect
insolvent ['ɪnzɔlvɛnt] *adj ECO* insolvent
Insolvenz ['ɪnzɔlvɛnts] *f ECO* insolvency
Inspektion [ɪnspɛk'tsjoːn] *f* inspection
Inspektor [ɪn'spɛktɔr] *m 1.* inspector; *2. (Aufseher)* superintendent
Inspiration [ɪnspira'tsjoːn] *f* inspiration
inspirieren [ɪnspi'riːrən] *v* inspire
inspizieren [ɪnspi'tsiːrən] *v* inspect
instabil ['ɪnʃtabiːl] *adj* instable
Instabilität ['ɪnʃtabili'tɛːt] *f* instability
Installateur [ɪnstala'tøːr] *m 1.* plumber, fitter; *2. (Elektroinstallateur)* electrician
Installation [ɪnstala'tsjoːn] *f* installation
installieren [ɪnsta'liːrən] *v* install, fit
Instandhaltung [ɪn'ʃtanthaltuŋ] *f* maintenance, upkeep
inständig ['ɪnʃtɛndɪç] *adj 1.* urgent; *adv 2.* beseechingly, urgently; *~ hoffen* hope fervently; *~ bitten* implore, beseech
Instandsetzung [ɪn'ʃtantzɛtsuŋ] *f* repair, restoration, reconditioning
Instantkaffee ['ɪnstantkafeː] *m* instant coffee
Instanz [ɪn'stants] *f 1.* authority; *2. JUR* court
Instinkt [ɪn'stɪŋkt] *m* instinct
instinktiv [ɪnstɪŋk'tiːf] *adj* instinctive
Institut [ɪnsti'tuːt] *n* institute, establishment, institution
Institution [ɪnstitu'tsjoːn] *f* institution, established custom

institutionell [ɪnstitutsjo'nɛl] *adj POL* institutional
instruieren [ɪnstru'iːrən] *v 1. (Anweisungen geben)* instruct; *2. (informieren)* inform
Instruktion [ɪnstruk'tsjoːn] *f* instruction
instruktiv [ɪnstruk'tiːf] *adj* instructive
Instrument [ɪnstru'mɛnt] *n* instrument, tool, implement
instrumental [ɪnstrumɛn'taːl] *adj MUS* instrumental
Instrumentalmusik [ɪnstrumɛn'taːlmuziːk] *f MUS* instrumental music
Insulin [ɪnzu'liːn] *n MED* insulin
inszenieren [ɪnstse'niːrən] *v THEAT* produce, stage, put on
Inszenierung [ɪnstse'niːruŋ] *f* production, staging
intakt [ɪn'takt] *adj* intact
Intarsie [ɪn'tarzjə] *f ART* intarsia
integer [ɪn'teːgər] *adj ein integrer Mann* a man of integrity
Integration [ɪntegra'tsjoːn] *f* integration
integrieren [ɪnte'griːrən] *v* integrate
Integrität [ɪntegri'tɛːt] *f* integrity
Intellekt [ɪntɛ'lɛkt] *m* intellect
intellektuell [ɪntɛlɛktu'ɛl] *adj* intellectual
Intellektuelle(r) [ɪntɛlɛktu'ɛlə(r)] *m/f* intellectual
intelligent [ɪntɛli'gɛnt] *adj* intelligent
Intelligenz [ɪntɛli'gɛnts] *f* intelligence; *Es wird seiner ~ zugeschrieben.* It is attributed to his intelligence.
Intelligenzquotient [ɪntɛli'gɛntskvotsjənt] *m* intelligence quotient (I.Q.)
Intelligenztest [ɪntɛli'gɛntstɛst] *m* mental test
Intendant [ɪntɛn'dant] *m THEAT* director
Intensität [ɪntɛnzi'tɛːt] *f* intensity
intensiv [ɪntɛn'ziːf] *adj* intensive, intense
intensivieren [ɪntɛnzi'viːrən] *v* intensify
Intensivierung [ɪntɛnzi'viːruŋ] *f* intensifying, intensification
Intensivstation [ɪntɛn'ziːfʃtatsjoːn] *f MED* intensive care unit
Interaktion [ɪntərak'tsjoːn] *f* interaction
interaktiv [ɪntərak'tiːf] *adj* interactive
interessant [ɪntərɛ'sant] *adj* interesting
Interesse [ɪntə'rɛsə] *n* interest; *im ~ von* on behalf of
interesselos [ɪntə'rɛsəloːs] *adj* uninterested, indifferent, listless
Interessenausgleich [ɪntə'rɛsənausglaɪç] *m* balancing of interests, conciliation of interests
Interessenkonflikt [ɪntə'rɛsənkɔnflɪkt] *m* conflict of interest
Interessent [ɪntərɛ'sɛnt] *m* person interested, interested party
interessieren [ɪntərɛ'siːrən] *v* interest
interkontinental [ɪntərkɔntɪnɛn'taːl] *adj* intercontinental
intern [ɪn'tɛrn] *adj* internal
Internat [ɪntɛr'naːt] *n* boarding-school
international [ɪntɛrnatsjo'naːl] *adj* international
Internationaler Währungsfonds ['ɪntɛrnatsjonaːlər 'vɛːruŋsfɔ̃] *m FIN* International Monetary Fund
Internet ['ɪntərnɛt] n *INFORM* Internet
Internist [ɪntɛr'nɪst] *m MED* internal specialist, internist *(US)*
Interpret [ɪntɛr'preːt] *m* interpreter (of music)
Interpretation [ɪntɛrpreta'tsjoːn] *f* interpretation
interpretieren [ɪntɛrprɛ'tiːrən] *v* interpret
Interpunktion [ɪntɛrpuŋk'tsjoːn] *f* punctuation
Intervall [ɪntɛr'val] *m* interval
intervenieren [ɪntɛrve'niːrən] *v* intervene
Intervention [ɪntɛrven'tsjoːn] *f* intervention
Interview [ɪntɛr'vjuː] *n* interview
interviewen [ɪntɛr'vjuːən] *v* interview
intim [ɪn'tiːm] *adj* intimate
Intimität [ɪntimi'tɛːt] *f* intimacy
Intimsphäre [ɪn'tiːmsfɛːrə] *f* privacy, private life
intolerant [ɪntɔlə'rant] *adj* intolerant
Intoleranz [ɪntolə'rants] *f* intolerance
intransitiv ['ɪntranzitiːf] *adj* intransitive
intravenös [ɪntrave'nøːs] *adj MED* intravenous
intrigant [ɪntri'gant] *adj* scheming
Intrigant(in) [ɪntri'gant(ɪn)] *m/f* intriguer
Intrige [ɪn'triːgə] *f* intrigue, scheme
intrigieren [ɪntri'giːrən] *v* intrigue, plot, scheme
Intubation [ɪntuba'tsjoːn] *f MED* intubation
Invalide [ɪnva'liːdə] *m* invalid, disabled person
Invasion [ɪnvas'joːn] *f POL* invasion
Inventar [ɪnvɛn'taːr] *n* inventory
Inventur [ɪnvɛn'tuːr] *f* stock-taking, inventory
investieren [ɪnvɛ'stiːrən] *v* invest
Investition [ɪnvɛsti'tsjoːn] *f* investment

Investitionshilfe [ɪnvɛsti'tsjoːnshɪlfə] *f* *ECO* investment aid
Investmentfonds [ɪn'vɛstmɛntfɔ̃] *m* *ECO* investment fund, unit trust *(UK)*, mutual trust *(US)*
Investor [ɪn'vɛstɔr] *m ECO* investor
inwiefern [ɪnvi'fɛrn] *adv* in what way
inwieweit [ɪnvi'vaɪt] *adv* to what extent, in what way
Inzest ['ɪntsɛst] *m* incest
Inzucht ['ɪntsuxt] *f* inbreeding
inzwischen [ɪn'tsvɪʃən] *adv* in the meantime, meanwhile, by then
Irak [i'raːk] *m der ~* Iraq
Iraker [i'raːkər] *m* Iraqi
irakisch [i'raːkɪʃ] *adj* Iraqi
Iran [i'raːn] *m der ~* Iran
Iraner [i'raːnər] *m* Iranian
iranisch [i'raːnɪʃ] *adj* Iranian
irden ['ɪrdən] *adj 1.* earthen; *2. (Geschirr)* earthenware
irdisch ['ɪrdɪʃ] *adj 1.* terrestrial, earthly; *2. (weltlich)* worldly
Ire/Irin ['iːrə/'iːrɪn] *m/f* Irishman/Irishwoman; *Sie ist Irin.* She's Irish. *die Iren* the Irish
irgend ['ɪrgənt] *adv* if possible, whatever, whenever; *~ etwas* something, anything; *~ jemand* somebody, someone, anyone
irgendein ['ɪrgəntaɪn] *adj* some, any
irgendwann ['ɪrgəntvan] *adv* sometime
irgendwelche(r,s) ['ɪrgəndvɛlçə(r,s)] *pron* some; *Ich glaube nicht, dass es ~ Probleme geben wird.* I don't think there will be any prob-lems.
irgendwie ['ɪrgəntviː] *adv* somehow, in some way, one way or another
irgendwo ['ɪrgəntvoː] *adv* somewhere, anywhere
Iris ['iːrɪs] *f ANAT* iris
irisch ['iːrɪʃ] *adj* Irish
Irland ['ɪrlant] *n GEO* Ireland, *(Republik ~)* Eire
Irokese [iro'keːzə] *m* Iroquois
Ironie [iro'niː] *f* irony
ironisch [i'roːnɪʃ] *adj* ironic
irrational ['ɪratsjonaːl] *adj* irrational
Irrationalität [ɪratsjonali'tɛːt] *f* irrationality
irre ['ɪrə] *adj 1.* mad, deranged, confused; *2. (fam: merkwürdig)* crazy, far-out; *adv 3. (fam: außerordentlich)* incredibly
Irre(r) ['ɪrə(r)] *m/f* lunatic, madman/madwoman, insane person
irreführen ['ɪrəfyːrən] *v* mislead
irregehen ['ɪrəgeːən] *v irr 1. (sich verlaufen)* lose one's way; *2. (sich irren)* get on the wrong track
irregulär ['ɪregulɛːr] *adj* irregular
irrelevant ['ɪrelevant] *adj* irrelevant
irren ['ɪrən] *v 1. (sich ~)* to be wrong, to be mistaken; *2. (ratlos hin und her gehen)* wander
Irrenanstalt ['ɪrənanʃtalt] *f* lunatic asylum
Irrenarzt ['ɪrənartst] *m (fam)* shrink, headshrinker
Irrenhaus ['ɪrənhaus] *n (fam)* madhouse, lunatic asylum
Irrfahrt ['ɪrfaːrt] *f* odyssey
Irrgarten ['ɪrgartən] *m 1.* maze; *2. (fig)* labyrinth
irrgläubig ['ɪrglɔybɪç] *adj* heretical
Irritation [ɪrita'tsjoːn] *f* irritation
irritieren [ɪri'tiːrən] *v 1.* irritate; *2. (verwirren)* confuse, muddle
Irrlehre ['ɪrleːrə] *f REL* false doctrine
Irrlicht ['ɪrlɪçt] *n* will-o'-the-wisp
Irrsinn ['ɪrzɪn] *m* madness
irrsinnig ['ɪrzɪnɪç] *adj 1. MED* insane; *2. (fig)* insane, crazy, mad
Irrtum ['ɪrtum] *m* error, mistake, misconception; *sich im ~ befinden* to be mistaken, to be on the wrong track
irrtümlich ['ɪrtyːmlɪç] *adj* erroneous
Irrweg ['ɪrveːk] *m (fig)* wrong way; *auf ~e geraten* go astray
Islam [ɪs'laːm] *m REL* Islam
islamisch [ɪs'laːmɪʃ] *adj REL* Islamic
islamistisch [ɪsla'mɪstɪʃ] *adj* Islamic
Islamit [ɪsla'mɪt] *m* Muslim
Island ['iːslant] *n GEO* Iceland
Isländer ['iːslændər] *m* Icelander
Isolation [izola'tsjoːn] *f 1. TECH* insulation; *2. (Absondern)* isolation
isolieren [izo'liːrən] *v 1. TECH* insulate; *2. (absondern)* isolate
Isolierung [izo'liːruŋ] *f 1. TECH* insulation; *2. (fig)* isolation
Isotop [ɪzo'toːp] *n CHEM* isotope
Israel ['israeːl] *n* Israel
Israeli [isra'eːli] *m* Israeli
israelisch [ɪsra'eːlɪʃ] *adj* Israeli
israelitisch [ɪsrae'liːtɪʃ] *adj* Israelite
Italien [i'taːljən] *n GEO* Italy
Italiener(in) [ital'jeːnər(ɪn)] *m/f* Italian
italienisch [ital'jeːnɪʃ] *adj* Italian
Italienisch [ital'jeːnɪʃ] *n* Italian
I-Tüpfelchen ['iːtupfəlçən] *n* dot on the i; *bis aufs ~* down to the last detail

J

ja [ja:] *adv 1.* yes; *2. (einräumend) Es ist ~ nicht so schlimm.* It really isn't so bad.
Jacht [jaxt] *f* yacht
Jacke ['jakə] *f 1. (Stoffjacke)* jacket; *~ wie Hose sein* to be six of one and half a dozen of the other; *die ~ vollkriegen* get a thrashing; *2. (Strickjacke)* cardigan
Jackett [ʒa'kɛt] *n* jacket
Jackpot ['dʒækpɔt] *m* jackpot
Jagd [ja:kt] *f 1.* hunt; *2. (Verfolgung)* chase, pursuit
Jagdgründe ['ja:ktgryndə] *pl in die ewigen ~ eingehen* go to the happy hunting grounds
jagen ['ja:gən] *v* hunt, stalk, shoot; *Damit kannst du mich ~.* I wouldn't take it if you paid me.
Jäger ['jɛ:gər] *m* hunter
Jaguar ['ja:gua:r] *m* jaguar
jäh [jɛ:] *adj 1. (plötzlich)* sudden, abrupt; *2. (steil)* steep, precipitous
Jahr [ja:r] *n* year; *in die ~e kommen* to be getting on in years; *in den besten ~en* in the prime of life
jahrelang ['ja:rəlaŋ] *adj 1.* lasting for years; *~e Erfahrung* years of experience; *adv 2.* for years
jähren ['jɛ:rən] *v heute jährt sich der Tag an dem ...* it's a year ago today that ...; *heute jährt es sich zum vierten Mal, dass ...* today makes it four years since ...
Jahrestag ['ja:rəsta:k] *m* anniversary
Jahresurlaub ['ja:rəsu:rlaup] *m* holidays per year, vacation per year *(US)*
Jahreswagen ['ja:rəsva:gən] *m* one-year-old car
Jahreswechsel ['ja:rəsvɛksəl] *m* turn of the year
Jahreszahl ['ja:rəstsa:l] *f* year; *~en lernen* learn dates; *Ich kann mir ~en schlecht merken.* I'm not good at memorizing dates.
Jahreszeit ['ja:rəstsaɪt] *f* season, time of year
jahreszeitlich ['ja:rəstsaɪtliç] *adj* seasonal
Jahrgang ['ja:rgaŋ] *m 1.* year; *2. (Menschen)* all persons born in a certain year; *Birgit Schmidt, ~ 1967* Birgit Schmidt, born 1967; *Du und ich sind der gleiche ~.* You and I were born the same year.
Jahrhundert [ja:r'hundərt] *n* century
Jahrhundertereignis [ja:r'hundərtɛraɪknɪs] *n (fig)* monumental event
Jahrhundertwende [ja:r'hundərtvɛndə] *f* turn of the century
jährlich ['jɛ:rlɪç] *adj 1.* annual, yearly; *adv 2.* annually, every year
Jahrmarkt ['ja:rmarkt] *m* fair, annual fair
Jahrtausend [ja:r'tauzənt] *n* millenium
Jahrzehnt [ja:r'tse:nt] *n* decade
Jähzorn ['jɛ:tsɔrn] *m* quick temper, hot-headedness, *(plötzlicher Ausbruch)* sudden anger
jähzornig ['jɛ:tsɔrnɪç] *adj* hot-tempered, quick-tempered, choleric
Jalousie [ʒalu'zi:] *f* (Venetian) blind
Jamaika [ja'maɪka] *n GEO* Jamaica
Jammer ['jamər] *m 1. (Klagen)* lamentation, distress, woe; *2. (Elend)* misery, distress, calamity; *ein ~ sein* to be a crying shame
jämmerlich ['jɛmərlɪç] *adj 1.* miserable, lamentable, sorry; *adv 2.* miserably, wretchedly, woefully
jammern ['jamərn] *v* lament, complain, wail
jammervoll ['jamərfɔl] *adj* wretched, miserable
Januar ['janua:r] *m* January
Japan ['ja:pan] *n GEO* Japan
Japaner [ja'pa:nər] *m* Japanese
japanisch [ja'pa:nɪʃ] *adj* Japanese
japsen ['japsən] *v (fam)* gasp for breath, pant
Jargon [ʒar'gɔ̃] *m* jargon
Jasager ['ja:za:gər] *m* yes-man, stooge
Jasmin [jas'mi:n] *m BOT* jasmine
Jaspis ['jaspɪs] *m MIN* jasper
Jastimme ['ja:ʃtɪmə] *f* vote in favour
jäten ['jɛ:tən] *v* weed
Jauche ['jauxə] *f* liquid manure
Jauchegrube ['jauxəgru:bə] *f* cesspool, cesspit
jauchzen ['jauxtsən] *v* shout with joy, cheer, rejoice
Jauchzer ['jauxtsər] *m* shout of joy
jaulen ['jaulən] *v* whine
Jawort ['ja:vɔrt] *n 1. jdm das ~ geben* say yes to s.o. (who has proposed marriage); *2. jdm das ~ geben (bei der Trauung)* say "I do"
je [je:] *adv 1.* ever; *denn ~* than ever; *prep 2.* per, each; *Sie zahlten ~ zehn Mark.* Each one

paid ten marks. ~ *Person drei Stück* three per person; *konj 3.* ~ ... *desto* ... the ... the ...; ~ *mehr, desto besser* the more the better; *4.* ~ *nachdem,* ... depending on ... *"Je nachdem."* "That depends."

jede(r,s) ['je:də(r,s)] *adj 1.* each, every; *pron 2.* everyone, everybody

jedenfalls ['je:dənfals] *adv* in any case, at any rate, anyway

jedermann ['je:dərman] *pron 1.* everyone, everybody; *Es ist nicht ~s Sache.* It's not for everyone. *2. (jeder Beliebige)* anyone, anybody

jederzeit ['je:dərtsaɪt] *adv* at all times, always, at any time

jedes Mal ['je:dəsma:l] *adv* every time, each time, *(immer)* always; ~ *wenn* whenever

jedoch [je'dɔx] *konj* yet, still, however

jedweder *pron (siehe "jeder")*

jeglicher ['je:klɪçər] *pron* every, any

jeher ['je:'her] *adv seit* ~ always, all along

jemals ['je:mals] *adv* ever

jemand ['je:mant] *pron* somebody, someone, anybody

jene(r,s) ['je:nə(r,s)] *pron* that one; *in ~n Tagen* in those days

jenseitig ['je:nzaɪtɪç] *adj 1.* on the other side of, opposite; *2. REL* otherworldly

jenseits ['je:nzaɪts] *prep* beyond

Jenseits ['je:nzaɪts] *n* the hereafter, the beyond, the life to come; *jdn ins ~ befördern* send s.o. to meet his maker

Jesuit [jezu'i:t] *m REL* Jesuit

jetten ['dʒɛtən] *v* jet

jetzig ['jɛtsɪç] *adj* current, present

jetzt [jɛtst] *adv* now, at present, at the moment; *bis* ~ as yet; ~ *gleich* right away; *Was ist ~ los?* What's going on now?

jeweilig ['je:vaɪlɪç] *adj 1.* respective; *2. (vorherrschend)* prevailing

jeweils ['je:vaɪls] *adv* respectively, at a time, in each case; ~ *zwei zusammen* two at a time

jobben ['dʒɔbən] *v* do temporary jobs

Joch [jɔx] *n* yoke

Jod [jo:t] *n CHEM* iodine

jodeln ['jo:dəln] *v* yodel

Joga ['jo:ga] *m/n* Yoga

joggen ['dʒɔgən] *v SPORT* jog

Jogurt ['jo:gurt] *n GAST* yogurt

Johannisbeere [jo'hanɪsbe:rə] *f (rote ~) BOT* redcurrant

Johannistag [jo'hanɪsta:k] *m* Midsummer Day (June 24th)

johlen ['jo:lən] *v* howl, yell

Jolle ['jɔlə] *f NAUT* dinghy

Jongleur [ʒɔŋ'glø:r] *m* juggler

jonglieren [ʒɔŋ'gli:rən] *v* juggle

Jordanien [jor'da:njən] *n* Jordan

Jordanier [jor'da:njər] *m* Jordanian

jordanisch [jor'da:nɪʃ] *adj* Jordanian

Journal [ʒur'na:l] *n* journal

Journalismus [ʒurna'lɪsmus] *m* journalism

Journalist [ʒurna'lɪst] *m* journalist

jovial [jo'vja:l] *adj* jovial, merry, cheerful

Jovialität [jovjali'tɛ:t] *f* joviality

Jubel ['ju:bəl] *m* jubilation, exultation, merry-making

jubeln ['ju:bəln] *v* rejoice, shout with joy

Jubilar [ju:bi'la:r] *m* person celebrating an anniversary

Jubiläum [ju:bi'lɛ:um] *n* anniversary, jubilee

jucken ['jukən] *v 1.* itch; *2. (sich kratzen)* scratch o.s.

Juckreiz ['jukraɪts] *m MED* itching

Jude ['ju:də] *m* Jew

Judenstern ['ju:dənʃtɛrn] *m REL* Star of David

Judentum ['ju:dəntu:m] *n REL* Judaism

Judenverfolgung ['ju:dənfɛrfɔlguŋ] *f* pogrom, persecution of the Jews

Judikative [judika'ti:və] *f POL* judicative

Jüdin ['jy:dɪn] *f* Jewish woman; *Sie ist ~.* She's Jewish.

jüdisch ['jy:dɪʃ] *adj* Jewish

Judo ['ju:do] *n SPORT* judo

Jugend ['ju:gənt] *f* youth

Jugendamt ['ju:gəntamt] *n* youth welfare department

jugendfrei ['ju:gəntfraɪ] *adj* suitable for young people, carrying a U certificate *(UK),* rated PG *(US)*

Jugendgruppe ['ju:gəntgrupə] *f* youth group

Jugendherberge ['ju:gənthɛrbɛrgə] *f* youth hostel

Jugendkriminalität ['ju:gəntkrɪminalitɛ:t] *f* juvenile delinquency

jugendlich ['ju:gəntlɪç] *adj* juvenile, adolescent, youthful

Jugendliche(r) ['ju:gəntlɪçə(r)] *m/f* adolescent, young person, youth

Jugendlichkeit ['ju:gəntlɪçkaɪt] *f* youthfulness

Jugendorganisation ['ju:gəntɔrganizatsjo:n] *f* youth organization

Jugendrichter ['ju:gəntrıçtər] *m JUR* judge of the juvenile court
Jugendschutzgesetz ['ju:gəntʃutsgəzɛts] *n JUR* Protection of Young Persons Act
Jugendstil ['ju:gəntʃti:l] *m ART* Art Nouveau
Jugendstrafanstalt ['ju:gəntʃtra:fanʃtalt] *f JUR* juvenile prison, reform school
Jugendstreich ['ju:gəntʃtraıç] *m* youthful escapade
Jugendsünde ['ju:gəntzyndə] *f* sin of one's youth
Jugendwerk ['ju:gəntve:rk] *n 1.* early work; *2. LIT* juvenilia
Jugendzeit ['ju:gənttsaıt] *f* youth, early life
Jugendzentrum ['ju:gənttsɛntrum] *n* youth centre
Jugoslawe [ju:go'sla:və] *m HIST* Yugoslav
Jugoslawien [ju:go'sla:vjən] *n HIST* Yugoslavia
jugoslawisch [ju:go'sla:vıʃ] *adj HIST* Yugoslav
Juli ['ju:li] *m* July
jung [juŋ] *adj* young; *der Jüngste Tag* Doomsday
Junge ['juŋə] *m 1.* boy; *n 2. ZOOL* young animal, young
jungenhaft ['juŋənhaft] *adj* boyish
Jünger ['jyŋər] *m REL* disciple
Jungfer ['juŋfər] *f alte ~* old maid, old spinster
Jungfernfahrt ['juŋfərnfa:rt] *f* maiden journey
Jungfernhäutchen ['juŋfərnhɔytçən] *n ANAT* hymen
Jungfrau ['juŋfrau] *f* virgin
jungfräulich ['juŋfrɔylıç] *adj 1.* virginal; *2. (fig)* virgin
Junggeselle ['juŋgəzɛlə] *m* bachelor
Junggesellendasein ['juŋgəzɛlənda:zaın] *n* bachelor's life, life as a bachelor
Jüngling ['jyŋlıŋ] *m* lad, youngster, young fellow
jüngst [jyŋst] *adv (neulich)* recently, lately, of late
jüngste(r,s) ['jyŋstə(r,s)] *adj 1.* youngest; *2. (Sachen)* latest, most recent; *3. der Jüngste Tag* Doomsday
Jungsteinzeit ['juŋʃtaıntsaıt] *f HIST* New Stone Age, Neolithic period
jungsteinzeitlich ['juŋʃtaıntsaıtlıç] *adj HIST* of the New Stone Age, Neolithic
Jungtier ['juŋti:r] *n ZOOL* young animal
Jungunternehmer ['juŋuntərne:mər] *m ECO* young entrepreneur
Jungwähler ['juŋvɛ:lər] *m* young voter
Juni ['ju:ni] *m* June
Junior ['ju:njɔr] *m* junior
Juniorchef ['ju:njɔrʃɛf] *m* junior director, junior partner
Juniorpartner ['ju:njɔrpartnər] *m ECO* junior partner
Junker ['juŋkər] *m HIST* Junker
Junta ['xunta] *f POL* junta
Jura ['ju:ra] *n* law
Jurisdiktion [jurısdık'tsjo:n] *f JUR* jurisdiction
Jurist/Juristin [ju'rıst/ju'rıstın] *m/f* lawyer, legal expert
juristisch [ju'rıstıʃ] *adj* legal
Juror/Jurorin ['ju:rɔr/ju'ro:rın] *m/f JUR* juror
Jury [ʒy'ri:] *f* jury, panel of judges
just [just] *adj* just
justieren [jus'ti:rən] *v 1.* adjust; *2. (Typografie)* justify
Justiz [jus'ti:ts] *f* administration of justice, judiciary, judicature
Justizbeamte(r)/Justizbeamtin [jus'ti:tsbəamtə(r)/jus'ti:tsbəamtın] *m/f* judicial officer, officer of the court, court clerk
Justizbehörde [jus'ti:tsbəhø:rdə] *f* judicial authority
Justizirrtum [jus'ti:tsırtum] *m* miscarriage of justice
Justizminister [jus'ti:tsminıstər] *m POL* Minister of Justice, Lord Chancellor *(UK)*, Attorney General *(US)*
Justizministerium [jus'ti:tsminısterjum] *n* Ministry of Justice
Justizmord [jus'ti:tsmɔrt] *m JUR* judicial murder
Jute ['ju:tə] *f BOT* jute
Jutesack ['ju:təzak] *m* jute sack
Jutetasche ['ju:tətaʃə] *f* jute bag
Juwel [ju've:l] *n* jewel, gem; *mit ~en behängt* laden with jewels
Juwelendiebstahl [ju've:ləndi:pʃta:l] *m* jewel theft
Juwelier [juvə'li:r] *m* jeweller, *(Geschäft)* jeweller's
Juweliergeschäft [juvə'li:rgəʃɛft] *n* jeweller, jewelry store *(US)*
Jux [juks] *m* joke, lark, fun; *aus lauter ~ und Tollerei* just for kicks; *sich einen ~ mit jdm erlauben* play a joke on s.o.
juxen ['juksən] *v* make fun

K

Kabarett [kaba'rɛt] *n THEAT* cabaret
Kabel ['kaːbəl] *n* cable
Kabeljau ['kaːbəljau] *m ZOOL* codfish, cod
Kabine [ka'biːnə] *f 1. (kleiner Raum)* cubicle; *2. NAUT* cabin
Kabinett [kabi'nɛt] *n POL* cabinet
Kachel ['kaxel] *f* tile
Kachelofen ['kaxəloːfən] *m* tile stove
Kadaver [ka'daːvər] *m* carcass
Kadenz [ka'dɛnts] *f MUS* cadence
Kader ['kaːdər] *m 1.* cadre; *2. SPORT* squad
Kadett [ka'dɛt] *m MIL* cadet
Käfer ['kɛːfər] *m ZOOL* bug, beetle
Kaffee ['kafeː] *m* coffee; *Das ist alles kalter ~! (fig)* That's old news! That's all old hat!
Kaffeelöffel ['kafelœfəl] *m* teaspoon
Kaffeemaschine ['kafemaʃiːnə] *f* coffee machine
Kaffeesatz ['kafezats] *m* coffee grounds
Käfig ['kɛːfɪç] *m* cage; *im goldenen ~ sitzen (fig)* to be a bird in a gilded cage
kahl [kaːl] *adj 1. (unbewachsen)* bare; *2. (glatzköpfig)* bald; *3. (ohne Blätter)* bare, leafless; *4. (leer)* bleak, barren; *5. (Wand)* bare; *~ fressen* strip
kahlköpfig ['kaːlkœpfɪç] *adj* bald, bald-headed
Kahlschlag ['kaːlʃlaːk] *m 1.* clearing; *2. (fig: radikale Verringerung)* clean sweep
Kahn [kaːn] *m* boat, skiff, barge; *einen im ~ haben* to be tipsy
Kai [kaɪ] *m* quay, wharf
Kaiser ['kaɪzər] *m* emperor
Kaiserreich ['kaɪzərraɪç] *n* empire
Kaiserschnitt ['kaɪzərʃnɪt] *m MED* Caesarian section
Kajak ['kaːjak] *n SPORT* kayak
Kajüte [ka'jyːtə] *f* cabin
Kakadu ['kakadu] *m ZOOL* cockatoo
Kakao [ka'kau] *m 1. BOT* cocoa; *jdn durch den ~ ziehen (fig: jdn schlecht machen)* run s.o. down, bad-mouth s.o. *(US); (veralbern)* make fun of s.o.; *2. GAST* hot chocolate
Kaktus ['kaktus] *m BOT* cactus
Kalb ['kalp] *n ZOOL* calf
Kalbfleisch ['kalpflaɪʃ] *n GAST* veal
Kalender [ka'lɛndər] *m* calendar; *etw rot im ~ anstreichen* make sth a red-letter day
Kalium ['kaːljum] *n CHEM* potassium
Kalk [kalk] *m CHEM* lime
Kalkstein ['kalkʃtaɪn] *m* limestone
Kalkulation [kalkula'tsjoːn] *f* calculation
kalkulieren [kalku'liːrən] *v* calculate
Kalorie [kalo'riː] *f PHYS* calorie
kalorienarm [kalo'riːənarm] *adj* low-calorie
kalt [kalt] *adj* cold; *Kalter Krieg* cold war; *~ stellen (fig)* neutralize; *~ bleiben (besonnen bleiben)* keep cool; *~e Füße kriegen (fig)* get cold feet; *jdm die ~e Schulter zeigen (fig)* give s.o. the cold shoulder
kaltblütig ['kaltblyːtɪç] *adj* cold-blooded
Kälte ['kɛltə] *f 1.* cold; *2. (fig)* coolness, coldness, callousness
Kalzium ['kaltsjum] *n CHEM* calcium
Kamel [ka'meːl] *n ZOOL* camel
Kamera ['kamәra] *f* camera
Kamerad [kamə'raːt] *m* comrade, companion, mate (fam)
kameradschaftlich [kamə'raːtʃaftlɪç] *adj* comradely, companionable
Kamille [ka'mɪlə] *f BOT* camomile
Kamin [ka'miːn] *m 1. (Feuerstelle)* fireplace; *2. (Schornstein)* chimney
Kaminkehrer [ka'miːnkeːrər] *m* chimney-sweep
Kamm [kam] *m 1. (Haarkamm)* comb; *alles über einen ~ scheren* treat everything alike; *2. (Bergkamm)* crest, ridge; *3. BIO* comb; *Ihm schwillt der ~!* He's getting cocky!
kämmen ['kɛmən] *v* comb
Kammer ['kamər] *f 1.* chamber, small room; *2. POL* chamber (of parliament); *3. (Herzkammer) ANAT* ventricle, chamber of the heart
Kammerdiener ['kamərdiːnər] *m* valet
Kammerjäger ['kamərjɛːgər] *m* exterminator
Kampagne [kam'panjə] *f* campaign
Kampf [kampf] *m 1.* fight, struggle; *2. (Wettkampf)* competition, contest; *3. (Schlacht)* battle
kämpfen ['kɛmpfən] *v* fight, battle, struggle; *um etw ~* fight for sth
Kampfgeist ['kampfgaɪst] *m* fighting spirit
Kanada ['kanada] *n GEO* Canada
Kanal [ka'naːl] *m* channel, waterway, canal; *den ~ voll haben* to be fed up to one's teeth; *sich den ~ voll laufen lassen* to get drunk as a lord

Kanalisation [kanaliza'tsjo:n] *f* canalization, drainage, sewerage
Kanarienvogel [ka'na:rjənfo:gəl] *m* *ZOOL* canary
Kanarische Inseln [ka'na:rɪʃə 'ɪnzəln] *pl* *GEO* Canary Islands *pl*
Kandidat [kandi'da:t] *m* candidate
Kandidatur [kandida'tu:r] *f* candidacy, candidature
kandidieren [kandi'di:rən] *v* stand as a candidate, run *(US)*
kandiert [kan'di:rt] *adj* candied
Kandiszucker ['kandɪstsukər] *m* sugar candy
Känguru ['kɛŋguru:] *n* *ZOOL* kangaroo
Kaninchen [ka'ni:nçən] *n* *ZOOL* rabbit
Kanister [ka'nɪstər] *m* canister
Kanne ['kanə] *f* jug, pot
Kannibale [kani'ba:lə] *m* cannibal
Kanon ['ka:nɔn] *m* *MUS* canon, round
Kanone [ka'no:nə] *f* *1.* gun; *2. (Geschütz)* *HIST* cannon
Kante ['kantə] *f* *1.* edge; *etw auf die hohe ~ legen* save sth for a rainy day; *etw auf der hohen ~ haben* have sth saved up for a rainy day; *2. (Rand)* border
kantig ['kantɪç] *adj* angular, edged
Kantine [kan'ti:nə] *f* canteen
Kanu ['ka:nu] *n* canoe
Kanüle [ka'ny:lə] *f* *MED* cannula
Kanzel ['kantsəl] *f* *REL* pulpit
Kanzlei [kants'laɪ] *f* *1.* office, chambers; *2.* *POL* chancellery
Kanzler ['kantslər] *m* *POL* chancellor
Kapazität [kapatsi'tɛ:t] *f* *1.* capacity; *2. (Person)* authority, eminent specialist
Kapelle [ka'pɛlə] *f* *1.* *REL* chapel; *2.* *MUS* band, orchestra
kapern ['ka:pərn] *v* *(fam)* capture, seize, catch
Kapital [kapi'ta:l] *n* capital; *~ aus etw schlagen* capitalize on sth
Kapitalismus [kapita'lɪsmus] *m* capitalism
Kapitalist [kapita'lɪst] *m* capitalist
Kapitän [kapi'tɛ:n] *m* captain
Kapitel [ka'pɪtəl] *n* chapter
kapitulieren [kapitu'li:rən] *v* capitulate, surrender
Kaplan [kap'la:n] *m* *REL* chaplain
Kappe ['kapə] *f* cap; *etw auf seine ~ nehmen* take the rap for sth (fam)
Kapsel ['kapsəl] *f* capsule
kaputt [ka'put] *adj* *1.* broken; *2. (fam: müde)* tired, exhausted, whacked
kaputtmachen [ka'putmaxən] *v* *1. etw ~* break; *2. sich ~* wear o.s. out
Kapuze [ka'pu:tsə] *f* hood, cowl, cap
Karaffe [ka'rafə] *f* decanter, carafe
Karambolage [karambo'la:ʒə] *f* *1.* collision, crash; *2. (Massenkarambolage)* pile-up
Karamell [kara'mɛl] *m* caramel
Karat [ka'ra:t] *n* carat
Karate [ka'ratə] *n* *SPORT* karate
Karawane [kara'va:nə] *f* caravan
Kardinal [kardi'na:l] *m* *REL* cardinal
Karenz [ka'rɛnts] *f* *1.* waiting period; *2.* *MED* period of rest
Karfreitag [ka:r'fraɪta:k] *m* *REL* Good Friday
karg [kark] *adj* scanty, paltry, meagre
Karibik [ka'ri:bɪk] *f* *die ~* *GEO* the Caribbean
kariert [ka'ri:rt] *adj* checked, chequered
Karies ['ka:riɛs] *f* *MED* caries
Karikatur [karika'tu:r] *f* caricature, cartoon
Karikaturist [karikatu'rɪst] *m* caricaturist, cartoonist
karitativ [karita'ti:f] *adj* charitable
Karneval ['karnəval] *m* carnival
Karo ['ka:ro] *n* *1.* diamond; *2. (Muster)* check; *3. (Kartenspiel)* diamonds *pl*
Karosserie [karɔsə'ri:] *f* *TECH* bodywork, body (of a car)
Karotte [ka'rɔtə] *f* *BOT* carrot
Karpfen ['karpfən] *m* *ZOOL* carp
Karree [ka're:] *n* *im ~ springen* get really mad
Karren ['karən] *m* cart; *den ~ aus dem Dreck ziehen* get things sorted out; *jdm an den ~ fahren* take s.o. to task
Karriere [ka'rjɛ:rə] *f* career; *~ machen* get ahead
Karte ['kartə] *f* *1. (Eintrittskarte)* ticket; *2. (Ansichtskarte)* postcard; *3. (Speisekarte)* menu; *4. (Spielkarte)* card, playing card; *alle ~n in der Hand haben* hold all the cards; *schlechte ~n haben* have a bad hand, *(fig)* not be in good shape; *seine ~n offen auf den Tisch legen* put one's cards on the table; *alles auf eine ~ setzen* put all one's eggs in one basket; *jdm in die ~n schauen (fig)* see what s.o. has up his sleeve; *mit offenen ~n spielen* put one's cards on the table; *mit gezinkten ~n spielen* not play fair; *5. (Landkarte)* map
Kartei [kar'taɪ] *f* catalogue, card-register, card-index
Karteikarte [kar'taɪkartə] *f* index card, file card

Karteikasten [kar'taɪkastən] *m* card-index box, box of index cards
Kartell [kar'tɛl] *n ECO* cartel
Kartellamt [kar'tɛlamt] *n ECO* monopolies commission, antitrust commission
Kartenhaus ['kartənhaus] *n 1.* house of cards; *2. NAUT* chart room
Kartenleger ['kartənle:gər] *m* fortune-teller (who uses cards)
Kartenspiel ['kartənʃpi:l] *n* card game
Kartentelefon ['kartəntelefo:n] *n* card-phone
Kartenvorverkauf [kartən'fo:rfɛrkauf] *m* advance ticket sales
Kartoffel [kar'tɔfəl] *f BOT* potato; *jdn fallen lassen wie eine heiße ~* drop s.o. like a hot potato
Kartografie [kartɔgra'fi:] *f* cartography
Karton [kar'tɔŋ] *m 1. (Material)* cardboard; *2. (Schachtel)* cardboard box
Kartonage [karto'na:ʒə] *f* cardboard container
Karussell [karu'sɛl] *n* merry-go-round
kaschieren [ka'ʃi:rən] *v (Papier)* laminate
Kaschmir ['kaʃmi:r] *m* cashmere
Käse ['kɛ:zə] *m 1. GAST* cheese; *2. (fam: Unsinn)* nonsense, rubbish, rot
Kaserne [ka'zɛrnə] *f MIL* barracks
Kasino [ka'zi:no:] *n (Spielkasino)* casino
Kasper ['kaspər] *m* clown
Kasperletheater ['kaspərltea:tər] *n THEAT* Punch and Judy show
Kasse ['kasə] *f 1. (Registrierkasse)* cash register; *2. (~nschalter)* cashier's desk; *3. (Geldkasse)* cash-box; *bei ~ sein* to be flush; *nicht bei ~ sein* to be out of cash; *jdn zur ~ bitten* ask s.o. to pay up; *4. (Ladenkasse)* till; *tief in die ~ greifen müssen* have to dip into the till; *5. (Krankenkasse)* health insurance (fund); *6. (Sparkasse)* savings bank
Kassenbon ['kasənbɔ̃] *m* receipt
Kassenzettel ['kasəntsɛtəl] *m* receipt
Kassette [ka'sɛtə] *f* cassette
Kassettenrekorder [ka'sɛtənrekɔrdər] *m* cassette recorder
kassieren [ka'si:rən] *v* collect, take the money
Kassierer [ka'si:rər] *m* cashier
Kastanie [kas'ta:njə] *f BOT* chestnut; *für jdn die ~n aus dem Feuer holen* do s.o.'s dirty work
Kästchen ['kɛstçən] *n 1. (kleine Kiste)* little box; *2. (auf Schreibpapier)* box, square
Kaste ['kastə] *f* caste
Kastell [kas'tɛl] *n HIST* castellum, fort
Kasten ['kastən] *m* box, case; *etw auf dem ~ haben* have one's head screwed on the right way; *etw im ~ haben CINE* have sth in the can
kastrieren [kas'tri:rən] *v MED* castrate
Kasus ['ka:zus] *m GRAMM* case
Katakombe [kata'kɔmbə] *f* catacomb
Katalog [kata'lo:k] *m* catalogue
Katalysator [kataly'za:tor] *m 1. TECH* catalytic converter; *2. CHEM* catalyst
katastrophal [katastro'fa:l] *adj* disastrous, catastrophic
Katastrophe [kata'stro:fə] *f* disaster, catastrophe
Katechismus [katɛ'çɪsmus] *m REL* catechism
Kategorie [katego'ri:] *f* category
kategorisch [kate'go:rɪʃ] *adj* categorical
Kater ['ka:tər] *m 1. (fam)* hangover; *2. ZOOL* tom-cat
Kathedrale [kate'dra:lə] *f REL* cathedral
Katode [ka'to:də] *f PHYS* cathode
Katholik [kato'li:k] *m REL* Catholic
katholisch [ka'to:lɪʃ] *adj REL* Catholic
Katze ['katsə] *f* cat; *die ~ im Sack kaufen* buy a pig in a poke; *die ~ aus dem Sack lassen* let the cat out of the bag; *mit jdm Katz und Maus spielen* play cat and mouse with s.o.; *für die Katz sein* to be for the birds
Kauderwelsch ['kaudərvɛlʃ] *n 1.* jargon, lingo; *2. (unverständliche Sprache)* gibberish
kauen ['kauən] *v* chew
kauern ['kauərn] *v* cower, squat, huddle
Kauf [kauf] *m* purchase, buy (fam); *etw in ~ nehmen* put up with sth
kaufen ['kaufən] *v 1.* purchase, buy; *2. sich jdn ~* call s.o. on the carpet (fig)
Käufer ['kɔyfər] *m* buyer, purchaser
Kaufhaus ['kaufhaus] *n* department store
käuflich ['k'yflɪç] *adj 1.* for sale, purchasable; *2. (fig: bestechlich)* bribable, venal, corrupt
Kaugummi ['kaugumi] *m* chewing-gum
Kaulquappe ['kaulkvapə] *f ZOOL* tadpole
kaum [kaum] *adv 1.* hardly, scarcely, barely; *konj 2.* hardly, scarcely
kausal [kau'za:l] *adj* causal
Kaution [kau'tsjo:n] *f* deposit, guarantee, security
Kautschuk ['kautʃuk] *m* caoutchouc, India rubber
Kauz [kauts] *m 1. (fig)* strange fellow, oddball, misfit; *2. ZOOL* screech-owl
Kavalier [kava'li:r] *m* gentleman

Kavallerie [kavalə'riː] *f MIL* cavalry
Kaviar ['kaːviaːr] *m GAST* caviar
keck [kɛk] *adj* cheeky, daring, forward
Kegel ['keːgəl] *m 1.* cone; *2. (zum Spiel)* skittle, *(beim Bowling)* pin
kegeln ['keːgəln] *v 1.* play at skittles; *2. (beim Bowling)* bowl *(US)*
Kehle ['keːlə] *f ANAT* throat; *Das schnürte mir die ~ zu.* I was speechless. *sich die ~ aus dem Hals schreien* shout at the top of one's lungs; *eine trockene ~ haben* need a drink; *etw in die falsche ~ bekommen* take sth the wrong way; *Jetzt geht es ihm an die ~.* He's had it.
Kehlkopf ['keːlkɔpf] *m ANAT* larynx
kehren ['keːrən] *v 1. (drehen)* turn; *in sich gekehrt (versunken)* lost in thought, *(verschlossen)* introverted; *2. (fegen)* sweep, brush
Kehrseite ['keːrzaɪtə] *f 1. (Rückseite)* reverse, back; *2. (fig)* reverse side, other side; *die ~ der Medaille* the other side of the coin
Keil [kaɪl] *m* wedge
Keilerei [kaɪlə'raɪ] *f (fam)* fight, scuffle, brawl
Keim [kaɪm] *m* germ, seed; *etw im ~ ersticken* nip sth in the bud
keimen ['kaɪmən] *v* germinate, sprout, bud
keimfrei ['kaɪmfraɪ] *adj* sterile, germ-proof
Keimzelle ['kaɪmtsɛlə] *f 1. BIO* germ-cell, bud-cell; *2. (fig)* basic unit
kein(e) [kaɪn(ə)] *adj* no, not any, not one; *Ich habe kein Geld.* I have no money. I do not have any money.
keiner ['kaɪnər] *pron 1.* none, not any; *2. (niemand)* nobody, no one; *Es war ~ da.* There was nobody there.
keinesfalls ['kaɪnəsfals] *adv* under no circumstances, on no account, by no means
Keks [keːks] *m* biscuit *(UK),* cookie *(US); jdm auf den ~ gehen* get on s.o.'s wick, get on s.o.'s nerves
Kelch [kɛlç] *m* cup, goblet
Kelle ['kɛlə] *f 1. (Schöpfkelle)* ladle, scoop; *2. (Maurerkelle)* trowel
Keller ['kɛlər] *m* basement, cellar
Kellerei [kɛlə'raɪ] *f (Lagerraum)* wine-cellars
Kellergeschoss ['kɛlərgəʃɔs] *n* basement
Kellner ['kɛlnər] *m* waiter, barman
keltisch ['kɛltɪʃ] *adj HIST* Celtic
Kenia ['keːnja] *n GEO* Kenya
kennen ['kɛnən] *v irr 1.* know; *2. (vertraut sein mit)* to be familiar with, know, to be acquainted with; *Da kennt er gar nichts!* Nothing will stop him!; *~ lernen* get to know, become acquainted with; meet (for the first time); *nur oberflächlich ~* know but slightly
Kenner ['kɛnər] *m 1.* expert, authority; *2. (bei Geschmackssachen)* connoisseur
Kennkarte ['kɛnkartə] *f* identity card
kenntlich ['kɛntlɪç] *adj* recognizable, distinguishable, discernible; *etw ~ machen* mark sth
Kenntnis ['kɛntnɪs] *f* knowledge, acquaintance with sth; *etw zur ~ nehmen* take note of sth; *Das entzieht sich meiner ~.* I don't know anything about it. *jdn von etw in ~ setzen* inform s.o. of sth
Kennwort ['kɛnvɔrt] *n* password
Kennzeichen ['kɛntsaɪçən] *n 1. (Merkmal)* distinguishing attribute, characteristic mark, sign; *2. (Auto)* registration plate, licence number, registration number
kennzeichnen ['kɛntsaɪçnən] *v 1.* mark; *2. (charakterisieren)* characterize, distinguish
Kennziffer ['kɛntsɪfər] *f* code number, identification number
kentern ['kɛntərn] *v NAUT* capsize, overturn
Keramik [ke'raːmɪk] *f* ceramics
Kerbe ['kɛrbə] *f* jag, notch, nick; *in die gleiche ~ hauen* take the same line
Kerker ['kɛrkər] *m 1.* prison, jail; *2. (Verlies)* dungeon
Kerl [kɛrl] *m (fam)* chap, guy, fellow
Kern [kɛrn] *m 1. (Obstkern)* seed, kernel, pit; *2. (fig: Mittelpunkt)* core, heart, central point; *der harte ~* the hard core; *3. (fig: Wesentliche)* essence, heart, main substance
Kernkraftwerk ['kɛrnkraftvɛrk] *n* nuclear power station
Kerosin [kero'ziːn] *n TECH* kerosene
Kerze ['kɛrtsə] *f 1.* candle; *2. (Zündkerze)* spark plug
Kerzenständer ['kɛrtsənʃtɛndər] *m* candlestick
kess ['kɛs] *adj* jaunty, saucy
Kessel ['kɛsəl] *m 1. (Kochgefäß)* kettle; *2. (Heizkessel)* boiler, heater
Kette ['kɛtə] *f 1.* chain; *jdn an die ~ legen* tie s.o. down; *an der ~ liegen* to be in chains; *2. (Halskette)* necklace; *3. (Serie)* series, string
Ketzer ['kɛtsər] *m REL* heretic
ketzerisch ['kɛtsərɪʃ] *adj REL* heretical
keuchen ['kɔyçən] *v* pant, puff, gasp
Keule ['kɔylə] *f 1.* club, bludgeon; *2. GAST* leg, joint, shoulder
Keuschheit ['kɔyʃhaɪt] *f* chastity

kichern ['kıçərn] *v* giggle, snigger
kidnappen ['kıtnɛpən] *v* kidnap
Kiebitz ['ki:bıts] *m 1. (Vogel)* lapwing, peewit; *2. (Zuschauer beim Kartenspiel)* kibitzer (fam)
Kiefer[1] ['ki:fər] *m ANAT* jaw
Kiefer[2] ['ki:fər] *f BOT* pine-tree
Kiel [ki:l] *m NAUT* keel
Kieme ['ki:mə] *f ZOOL* gill; *etw zwischen die ~n bekommen* get a bite to eat
Kies [ki:s] *m 1.* gravel; *2. (fam: Geld)* dough
Kieselstein ['ki:zəlʃtaın] *m* pebble
Kiesweg ['ki:sve:k] *m* gravel path
Kind [kınt] *n* child; *~er und Narren sagen die Wahrheit* children and fools speak the truth; *kein ~ von Traurigkeit sein* to enjoy life; *bei jdm lieb ~ spielen* ingratiate o.s. with s.o., bow and scrape to s.o.; *das ~ beim Namen nennen* call a spade a spade; *mit ~ und Kegel* with bag and baggage; *Wir werden das ~ schon schaukeln!* We'll manage somehow!
Kindergarten ['kındərgartən] *m* kindergarten, nursery-school
Kindergeld ['kındərgɛlt] *n* family allowance, child benefit
Kinderheim ['kındərhaım] *n* children's home
Kinderhort ['kındərhɔrt] *m* day-nursery
Kindermädchen ['kındərmɛ:tçən] *n* nanny
Kinderwagen ['kındərva:gən] *m* pram *(UK),* baby carriage *(US)*
Kindesmisshandlung ['kındəsmıshandluŋ] *f* child abuse
Kindheit ['kınthaıt] *f* childhood, infancy
kindisch ['kındıʃ] *adj* childish
kindlich ['kındlıç] *adj 1.* childlike, simple, innocent; *adv 2.* like a child
kinetisch [ki'ne:tıʃ] *adj PHYS* kinetic
Kinn [kın] *n* chin
Kino ['ki:no] *n* cinema
Kiosk ['kiɔsk] *m* kiosk
Kippe ['kıpə] *f 1.(fig) auf der ~ stehen* to be up in the air; *2. (fam: Zigarettenrest)* dog-end *(UK),* stub, butt *(US)*
Kirche ['kırçə] *f* church; *die ~ im Dorf lassen* not get carried away; *die ~ ums Dorf tragen* take the long way
kirchlich ['kırçlıç] *adj* (of the) church, ecclesiastical
Kirchturm ['kırçturm] *m* steeple
Kirsche ['kırʃə] *f BOT* cherry; *Mit ihm ist nicht gut ~n essen!* It's best not to tangle with him!
Kissen ['kısən] *n 1.* cushion; *2. (Kopfkissen)* pillow
Kissenbezug ['kısənbətsu:k] *m* pillowcase, pillow-slip
Kiste ['kıstə] *f* box, chest, case
kitschig ['kıtʃıç] *adj* gaudy, bad-taste, tawdry
Kittel ['kıtəl] *m 1.* smock, tunic; *2. (Überwurf)* overall
kitzelig ['kıtsəlıç] *adj* ticklish
kitzeln ['kıtsəln] *v* tickle
Kiwi ['ki:vi:] *f BOT* kiwi
Klage ['kla:gə] *f 1.* complaint, lament; *2. JUR* grievance, charge, suit
klagen ['kla:gən] *v 1.* complain, lament, moan; *über Schmerzen ~* complain of pains; *2. JUR* take legal action, sue
kläglich ['klɛ:klıç] *adj* miserable, woeful, lamentable
Klammer ['klamər] *f 1. (Büroklammer)* paper clip; *2. (Wäscheklammer)* clothes-peg, clothespin *(US); 3. (Zeichen)* bracket, parenthesis
Klammeraffe ['klamərafə] *m INFORM* "at" symbol
klammern ['klamərn] *v 1.* clip, peg, clamp; *2. sich ~ an* cling to
Klang [klaŋ] *m 1.* sound, ring; *2. (Klangfarbe)* tone, timbre
klanglos ['klaŋlo:s] *adj sang- und ~* without any ado
Klappe ['klapə] *f 1.* flap; *2. (fam)* mouth; *Halt die ~!* Shut up! *eine große ~ haben* have a big mouth
klapperig ['klapərıç] *adj 1. (Sache)* shaky, rickety, wobbly; *2. (Person)* decrepit, shaky, frail
klappern ['klapərn] *v 1.* rattle; *2. (Zähne)* chatter
Klapperschlange ['klapərʃlaŋə] *f ZOOL* rattlesnake
klar [kla:r] *adj* clear; *sich über etw im Klaren sein* fully understand sth; *„Klar."* "Right."
klären ['klɛ:rən] *v 1. (reinigen)* purify; *2. (Situation)* clear up, clarify
Klarheit ['kla:rhaıt] *f 1.* clarity; *sich über etw ~ verschaffen* to find out about sth, to get clear about sth, *(Sachlage)* to clarify sth; *jdm etw in aller ~ sagen;* tell s.o. sth in plain language *2. (des Wassers, der Luft)* clearness
Klarinette [klari'nɛtə] *f MUS* clarinet
Klarsichtfolie ['kla:rzıçtfo:ljə] *f* transparent foil

klarstellen ['kla:rʃtɛlən] *v* make clear, clarify
Klasse ['klasə] *f* class
Klassenkamerad ['klasənkaməra:t] *m* classmate
Klassenzimmer ['klasəntsımər] *n* classroom
Klassifizierung [klasifi'tsi:ruŋ] *f* classification
Klassik ['klasık] *f* *1. (Zeitabschnitt) HIST* classicism, classical period; *2. (Stil)* classicism; *3. MUS* classical music
Klassiker ['klasıkər] *m* *1. (Person)* classic, classicist; *2. (Werk)* classic work
klassisch ['klasıʃ] *adj* classical, classic; *das hast du mal wieder ~ gesagt!* another classic comment
Klassizismus [klasi'tsısmus] *m* classicism
Klatsch [klatʃ] *m (fam)* gossip
klatschen ['klatʃən] *v* *1. (Geräusch)* smack, flap; *jdm eine ~* hit s.o.; *2. (Regen)* splash; *3. (Beifall ~)* clap, applaud; *4. (negativ reden)* gossip
Klausel ['klauzəl] *f JUR* clause, proviso, stipulation
Klausur [klau'zu:r] *f* *1. (Prüfung)* examination paper; *2. (Abgeschiedenheit)* seclusion
Klavier [kla'vi:r] *n MUS* piano
Klebeband ['kle:bəbant] *n* adhesive tape
kleben ['kle:bən] *v* *1. (haften)* stick to, adhere to, cling to; *Bilder in ein Album ~* paste pictures into an album *2. (ankleben)* stick; *jdm eine ~* paste s.o. (fam)
klebrig ['kle:brıç] *adj* sticky, adhesive
Klebstoff ['kle:pʃtɔf] *m* adhesive, glue
Klecks ['klɛks] *m* splash, spot, blotch
Klee [kle:] *m BOT* clover; *etw über den grünen ~ loben* praise sth to the skies, sing hosannas about sth (fig)
Kleeblatt ['kle:blat] *n BOT* clover
Kleid [klaıt] *n* dress, gown
kleiden ['klaıdən] *v* *1. sich ~* dress; *2. (gut aussehen)* suit, to be becoming
Kleiderschrank ['klaıdərʃraŋk] *m* wardrobe
Kleiderständer ['klaıdərʃtɛndər] *m* rack, hat stand, clothes-tree
Kleidung ['klaıduŋ] *f* clothing, clothes *pl*
Kleie [klaıə] *f BOT* bran
klein [klaın] *adj* small, little; *von ~ an* since childhood; *~ kariert* petty, narrow-minded; *bis ins Kleinste* right down to the smallest detail, in minute detail
Kleinasien [klaın'a:zjən] *n GEO* Asia Minor
Kleinbuchstabe ['klaınbu:xʃta:bə] *m* lower-case letter, small letter
kleinbürgerlich ['klaınbyrgərlıç] *adj* petit-bourgeois, lower middle-class
Kleinfamilie ['klaınfami:ljə] *f* nuclear family
Kleingedruckte ['klaıngədruktə] *n (fig)* *das ~* the small print
Kleingeld ['klaıngɛlt] *n* change (coins)
Kleinigkeit ['klaınıçkaıt] *f* little thing, trifle
Kleinkind ['klaınkınt] *n* infant
kleinlaut ['klaınlaut] *adj* abashed, sheepish, subdued
kleinlich ['klaınlıç] *adj* *1. (engstirnig)* narrow-minded, petty, pedantic; *2. (geizig)* mean, petty
Klempner ['klɛmpnər] *m* plumber
klerikal [kleri'ka:l] *adj REL* clerical
Klerus ['kle:rus] *m REL* clergy
Klette ['klɛtə] *f* *1. BOT* bur; *2. (fam)* leech
klettern ['klɛtərn] *v* climb
Klient [kli'ɛnt] *m* client
Klima ['kli:ma] *n* climate; *sich dem ~ anpassen* adapt o.s. to the climate
Klimaanlage ['kli:maanla:gə] *f* air-conditioning
Klinge ['klıŋə] *f* blade; *eine scharfe ~ führen* to be a dangerous opponent; *jdn über die ~ springen lassen* bump s.o. off (fam)
Klingel ['klıŋəl] *f* bell
klingeln ['klıŋəln] *v* *1.* ring; *2. Jetzt klingelt's bei mir!* Now I've got it!
klingen ['klıŋən] *v irr* sound, ring
Klinik ['kli:nık] *f* clinic
Klinikum ['kli:nıkum] *n* clinic
klinisch ['kli:nıʃ] *adj* clinical
Klinke ['klıŋkə] *f* door-handle, door-latch; *sich bei jdm die ~ in die Hand geben* queue up to see s.o.; *~n putzen* go from door to door
Klippe ['klıpə] *f* *1.* cliff, rock; *2. (fig)* obstacle, dangerous situation
Klischee [klı'ʃe:] *n* *1.* printing block, cut (for printing), plate; *2. (fig)* cliché
Klitoris ['kli:torıs] *f ANAT* clitoris
Klo [klo:] *n (fam)* loo *(UK)*, john *(US)*
Kloake [klo'a:kə] *f* *1.* sewer; *2. BIO* cloaca
klobig ['klo:bıç] *adj* chunky, massive, bulky
Klobrille ['klo:brılə] *f (fam)* toilet seat
klonen ['klo:nən] *v BIO* clone
klopfen ['klɔpfən] *v* *1. (Herz)* beat, throb; *2. (Motor)* knock; *3. (etw ~)* knock; *4. (Teppich)* beat

Kloß [klo:s] *m GAST* dumpling; *einen ~ im Hals haben (fig)* have a lump in one's throat
Kloster ['klo:stər] *n 1. (Nonnenkloster) REL* convent; *2. (Mönchskloster) REL* monastery
Klotz [klɔts] *m 1.* block, chunk; *sich einen ~ ans Bein binden* tie a millstone round one's neck; *einen ~ am Bein haben* have a millstone round one's neck; *2. (Spielklotz)* block; *3. (Mensch)* clod, hulk, lout
Klub [klup] *m* club
Kluft [kluft] *f 1. (Abgrund)* gap, rift, chasm; *2. (fig: Gegensatz) Zwischen ihnen besteht eine große ~.* There is a deep rift between them. *3. (fam: Kleidung)* outfit, gear, garb
klug [klu:k] *adj* clever, shrewd; *aus jdm nicht ~ werden* to be unable to make head or tail of s.o.
Knabe ['kna:bə] *m* boy, lad
Knäckebrot ['knɛkəbro:t] *n* crispbread
knacken ['knakən] *v 1. (knarren)* creak; *2. (Nüsse)* crack; *3. (fam: aufbrechen)* break into
Knall [knal] *m* bang, crack, slam; *Der hat einen ~.* He must be nuts. He must be crazy. *~ auf Fall* all of a sudden
knallen ['knalən] *v 1.* bang, pop, slam; *jdm eine ~* clout s.o.; *2. (Peitsche)* crack
knapp [knap] *adv 1.* barely, just; *adj 2. (gering)* scarce, insufficient, scanty; *3. (eng)* tight, a close fit; *4. (fig: kurz gefasst)* succinct, concise, brief; *jdn ~ halten* keep s.o. short; *mit ~er Not* only just, by the skin of one's teeth
Knäuel ['knɔyəl] *n 1. (Wollknäuel)* ball of wool; *2. (fig: Menschenknäuel)* crowd, throng
knauserig ['knauzərɪç] *adj (fam)* stingy, tight-fisted, mean
knausern ['knauzərn] *v (fam) mit etw ~* to be sparing with sth, to be tight-fisted with sth
Knebel ['kne:bəl] *m 1. (Stab)* short stick; *2. (Mundknebel)* gag
knebeln ['kne:bəln] *v* gag
Knecht [knɛçt] *m* servant, farm-hand
Knechtschaft ['knɛçtʃaft] *f 1.* servitude; *2. HIST* serfdom
kneifen ['knaɪfən] *v irr 1. (zwicken)* pinch; *2. (fam: sich drücken)* back out, shirk, chicken out
Kneifzange ['knaɪftsaŋə] *f* cutting pliers
Kneipe ['knaɪpə] *f* pub, bar
kneten ['kne:tən] *v* knead, mould
Knetmasse ['kne:tmasə] *f* modelling clay
Knick [knɪk] *m 1. (Straßenknick)* sharp bend; *2. (Papierknick)* fold, crease; *Du hast wohl einen ~ in der Optik!* Can't you see straight?
knicken ['knɪkən] *v 1. (falten)* fold; *2. (abknicken)* break off, snap off
Knie [kni:] *n ANAT* knee; *auf die ~ fallen* fall to one's knees; *weiche ~ bekommen* go weak at the knees
knien ['kni:ən] *v* kneel
Kniestrumpf ['kni:ʃtrumpf] *m 1.* knee-length sock; *2. (für Damen)* stocking
kniffelig ['knɪfəlɪç] *adj (fam)* tricky, difficult
knirschen ['knɪrʃən] *v 1. (Schnee)* crunch; *2. (mit den Zähnen)* grind
knistern ['knɪstərn] *v 1.* crackle; *2. (fig) Es knistert vor Spannung.* The atmosphere is electric.
knittern ['knɪtərn] *v 1.* crease, wrinkle; *2. (Papier)* crumple
knobeln ['kno:bəln] *v 1. (nachdenken)* puzzle over sth; *2. (würfeln)* throw dice; *3. (Stein, Schere, Papier)* play rock-paper-scissors
Knoblauch ['kno:blaux] *m* garlic
Knöchel ['knœçəl] *m 1. (Fußknöchel) ANAT* ankle; *2. (Fingerknöchel) ANAT* knuckle
Knochen ['knɔxən] *m* bone
knochig ['knɔxɪç] *adj* bony
Knödel ['knø:dəl] *m GAST* dumpling
Knolle ['knɔlə] *f BOT* bulb
Knopf [knɔpf] *m* button
Knospe ['knɔspə] *f BOT* bud
Knoten ['kno:tən] *m 1.* knot; *2. MED* lump; *3. PHYS* node
knüpfen ['knypfən] *v 1. (binden)* tie, knot; *2. (Teppich)* weave; *3. (fig: Beziehung)* form
Knüppel ['knypəl] *m 1. (Stock)* stick, club; *2. (Schalthebel)* control stick, gear stick, gear-shift
knurren ['knurən] *v 1. (Hund)* growl, snarl; *2. (fig: meckern)* grumble, growl; *3. (fig: Magen)* rumble, growl
knusprig ['knusprɪç] *adj* crispy
Koalabär [ko'a:labɛ:r] *m ZOOL* koala, koala bear
Koalition [koali'tsjo:n] *f POL* coalition
Kobalt ['ko:balt] *n CHEM* cobalt
Kobold ['ko:bɔlt] *m* goblin, imp, hobgoblin
Kobra ['ko:bra] *f ZOOL* cobra
Koch [kɔx] *m* cook
Kochbuch ['kɔxbu:x] *n* cookery-book, cookbook *(US)*
kochen ['kɔxən] *v 1. (zubereiten)* cook; *2. (sieden)* boil, simmer; *vor Wut ~ (fig)* to be boiling with rage, to be seething
Kocher ['kɔxər] *m* cooker
Köchin ['kœçɪn] *f* cook

Kochrezept ['kɔxretsɛpt] *n* recipe
Kochtopf ['kɔxtɔpf] *m 1.* pot; *2. (mit Stiel)* saucepan
Köder ['kø:dər] *m* bait
ködern ['kø:dərn] *v* bait
Kodex ['ko:deks] *m 1.* code; *2. (Handschrift)* manuscript
kodieren [ko'di:rən] *v INFORM* code
Kodierung [ko'di:ruŋ] *f* coding
Koffein [kɔfe'i:n] *n* caffeine
koffeinfrei [kɔfe'i:nfraɪ] *adj 1. (Kaffee)* decaffeinated; *2. (Limonade)* caffeine-free
koffeinhaltig [kɔfe'i:nhaltɪç] *adj* caffeinated
Koffer ['kɔfər] *m* suitcase, trunk
Kofferraum ['kɔfərraum] *m* boot *(UK),* trunk *(US)*
Kognak ['kɔnjak] *m 1. GAST* brandy; *2. (in ~ hergestellt)* cognac
Kohl [ko:l] *m BOT* cabbage
Kohle ['ko:lə] *f 1.* coal; *2. (fam: Geld)* dough
Kohlehydrat ['ko:ləhydra:t] *n CHEM* carbohydrate
Kohlekraftwerk ['ko:ləkraftvɛrk] *n TECH* coal-burning power plant
Kohlendioxid [ko:lən'djɔksy:t] *n CHEM* carbon dioxide
Kohlensäure ['ko:lənsɔyrə] *f 1. (in Getränken)* carbonation; *2. CHEM* carbonic acid
Kohlenstoff ['ko:lənʃtɔf] *m CHEM* carbon
Koje ['ko:jə] *f* bunk
Kojote [ko'jo:tə] *m ZOOL* coyote
Kokain [koka'i:n] *n* cocaine
kokett [ko'kɛt] *adj* coquettish, flirtatious
Kokon [ko'kɔ̃:] *m ZOOL* cocoon
Kokosnuss ['ko:kɔsnus] *f BOT* coconut
Kolben ['kɔlbən] *m 1. (Motor)* piston; *2. (Gewehr)* butt; *3. (Mais)* cob
kollabieren [kɔla'bi:rən] *v MED* collapse
Kollaps [kɔ'laps] *m MED* collapse
Kollege [kɔ'le:gə] *m* colleague
kollegial [kɔle'gjal] *adj* cooperative
Kollegium [kɔ'le:gjum] *n 1.* staff; *2. (Ausschuss)* committee
kollektiv [kɔlɛk'ti:f] *adj* collective
Kollektor [kɔ'lɛkto:r] *m TECH* collector
kollidieren [kɔli'di:rən] *v* collide
Kollision [kɔlizj'o:n] *f 1.* collision; *2. (fig)* conflict, clash
Kolonialismus [kolonja'lɪsmus] *m POL* colonialism
Kolonie [kolo'ni:] *f POL* colony
Kolonne [ko'lɔnə] *f 1.* column; *2. (Arbeitstruppkolonne)* gang; *3. MIL* convoy
kolossal [kolo'sa:l] *adj* colossal, immense, huge
Kolumbien [ko'lumbjən] *n GEO* Colombia
Kolumne [ko'lumnə] *f (in einer Zeitung)* column
Koma ['ko:ma] *n MED* coma
Kombination [kɔmbina'tsjo:n] *f 1. (Verknüpfung)* combination; *2. (Vermutung)* conjecture; *3. (Kleidung)* outfit
kombinieren [kɔmbi'ni:rən] *v 1.* combine; *2. (vermuten)* infer, deduce, conclude
Komet [ko'me:t] *m ASTR* comet
Komfort [kɔm'fo:r] *m* comfort, ease
komfortabel [kɔmfɔr'ta:bəl] *adj 1.* comfortable; *adv 2.* comfortably
Komik ['ko:mɪk] *f* humour, comedy
Komiker ['ko:mɪkər] *m* comedian
komisch ['ko:mɪʃ] *adj 1. (spaßig)* funny, humorous, amusing; *2. (eigenartig)* strange, odd, peculiar
Komitee [kɔmi'te:] *n* committee
Komma ['kɔma] *n* comma
Kommandant [kɔman'dant] *m MIL* commander, commanding officer
kommandieren [kɔman'di:rən] *v* command, order
Kommando [kɔ'mando] *n 1. (Befehl)* command, order; *2. über etw das ~ führen* command sth, to be in command of sth
kommen ['kɔmən] *v irr* come; *aus der Kälte ~* come in from the cold; *ums Leben ~* lose one's life; *zu nichts ~* come to nothing; *zu sich ~* regain consciousness; *Wie kommst du darauf?* What made you think of that? *etw ~ lassen* send for sth
Kommentar [kɔmen'ta:r] *m* commentary, comment, remark
kommentarlos [kɔmen'ta:rlo:s] *adv* without comment
Kommentator [kɔmen'ta:tɔr] *m* commentator
kommentieren [kɔmen'ti:rən] *v* comment on, commentate
Kommerz [kɔ'mɛrts] *m* commerce
kommerziell [kɔmɛrts'jɛl] *adj* commercial
Kommilitone [kɔmili'to:nə] *m* fellow student
Kommissar [kɔmɪ'sa:r] *m 1. (in der Regierung)* commissioner; *2. (Polizeikommissar)* inspector, *(leitender ~)* superintendent
Kommission [kɔmɪs'jo:n] *f* commission
Kommode [kɔ'mo:də] *f* chest of drawers
kommunal [kɔmu'na:l] *adj* municipal, local

Kommune [kɔ'muːnə] *f 1. (Wohngemeinschaft)* commune; *2. (Gemeinde) POL* community, municipality
Kommunikation [kɔmunika'tsjoːn] *f* communication
kommunikativ [kɔmunika'tiːf] *adj* communicative
Kommunion [kɔmun'joːn] *f REL* Communion
Kommunismus [kɔmu'nɪsmus] *m POL* communism
kommunizieren [kɔmuni'tsiːrən] *v 1.* communicate; *2. REL* receive the sacrament
Komödiant [kɔmød'jant] *m* player, actor
Komödie [kɔ'møːdjə] *f* comedy
kompakt [kɔm'pakt] *adj* compact, firm, solid
Kompanie [kɔmpa'niː] *f MIL* company
Kompass ['kɔmpas] *m* compass
kompatibel [kɔmpa'tiːbəl] *adj INFORM* compatible
kompensieren [kɔmpen'ziːrən] *v* compensate, offset
kompetent [kɔmpə'tɛnt] *adj* competent, qualified
Kompetenz [kɔmpə'tɛnts] *f* competence
komplett [kɔm'plɛt] *adj* complete, entire
komplex [kɔm'plɛks] *adj* complex
Komplikation [kɔmplika'tsjoːn] *f* complication
Kompliment [kɔmpli'mɛnt] *n* compliment
Komplize [kɔm'pliːtsə] *m* accomplice
komplizieren [kɔmpli'tsiːrən] *v* complicate
Komplott [kɔm'plɔt] *n POL* plot, conspiracy, intrigue
Komponente [kɔmpo'nɛntə] *f* component
komponieren [kɔmpo'niːrən] *v MUS* compose, write
Komponist [kɔmpo'nɪst] *m MUS* composer
Komposition [kɔmpozɪ'tsjoːn] *f* composition
Kompost [kɔm'pɔst] *m AGR* compost
Kompott [kɔm'pɔt] *n GAST* stewed fruit, compote, sauce
komprimieren [kɔmpri'miːrən] *v 1.* compress; *2. (fig)* condense
Kompromiss [kɔmpro'mɪs] *m* compromise; *in einer Sache einen ~ schließen* compromise over sth
kompromittieren [kɔmpromɪ'tiːrən] *v* compromise
Kondensation [kɔndɛnza'tsjoːn] *f* condensation
Kondensator [kɔndɛn'zaːtor] *m TECH* capacitor, condenser
Kondition [kɔndi'tsjoːn] *f* condition
Konditor [kɔn'diːtɔr] *m* confectioner
Konditorei [kɔndito'raɪ] *f* pastry shop
Kondom [kɔn'doːm] *n* condom
Konfekt [kɔn'fɛkt] *n GAST* confectionery
Konfektion [kɔnfɛk'tsjoːn] *f 1.* manufacture of ready-made clothes, ready-to-wear production; *2. (Industrie)* clothing industry; *3. (Bekleidung)* ready-to-wear clothes *pl*
Konferenz [kɔnfe'rɛnts] *f* conference, meeting
Konferenzschaltung [kɔnfe'rɛntsʃaltuŋ] *f* conference call
Konferenzzimmer [kɔnfe'rɛntstsɪmər] *n* conference room
Konfession [kɔnfɛs'joːn] *f REL* creed, confession of faith, denomination
konfessionslos [kɔnfɛs'joːnsloːs] *adj* non-denominational
Konfetti [kɔn'fɛti] *n* confetti
Konfiguration [kɔnfigura'tsjoːn] *f INFORM* configuration
Konfirmation [kɔnfɪrma'tsjoːn] *f REL* confirmation
konfiszieren [kɔnfɪs'tsiːrən] *v* confiscate
Konfitüre [kɔnfi'tyːrə] *f GAST* jam
Konflikt [kɔn'flɪkt] *m* conflict
Konföderation [kɔnfødəra'tsjoːn] *f POL* confederation
konform [kɔn'fɔrm] *adj* concurring
Konfrontation [kɔnfrɔnta'tsjoːn] *f* confrontation
konfrontieren [kɔnfrɔn'tiːrən] *v* confront
konfus [kɔn'fuːs] *adj* confused, muddled
Konfusion [kɔnfu'zjoːn] *f* confusion
Kongress [kɔn'grɛs] *m* congress
König ['køːnɪç] *m* king
Königin ['køːnɪgɪn] *f* queen
königlich ['køːnɪklɪç] *adj* royal
Königreich ['køːnɪkraɪç] *n* kingdom
Königtum ['køːnɪktuːm] *n POL* monarchy
Konjugation [kɔnjuga'tsjoːn] *f GRAMM* conjugation
Konjunktur [kɔnjuŋk'tuːr] *f* economy, economic situation
konkret [kɔn'kreːt] *adj* concrete
Konkurrenz [kɔnku'rɛnts] *f* competition; *jdm ~ machen* compete with s.o.
konkurrenzfähig [kɔnku'rɛntsfɛːɪç] *adj* competitive, able to compete
konkurrieren [kɔnku'riːrən] *v* compete
Konkurs [kɔn'kurs] *m JUR* bankruptcy

können ['kœnən] *v irr 1. (in der Lage sein)* to be able to, can; *2. (beherrschen, wissen)* know, master, understand; *3. (dürfen)* to be allowed to, to be permitted to, may
Konsens [kɔn'zɛns] *m 1. (Einwilligung)* consent; *2. (Übereinstimmung)* consensus
konsequent [kɔnze'kvɛnt] *adj 1. (grundsatzgetreu)* consistent; *2. (folgerichtig)* logical
konservativ [kɔnzɛrva'ti:f] *adj* conservative
Konservendose [kɔn'zɛrvəndo:zə] *f* tin, can *(US)*
konservieren [kɔnzɛr'vi:rən] *v 1.* preserve, conserve; *2. (in Büchsen)* tin, can *(US)*
Konsistenz [kɔnzɪs'tɛnts] *f* consistency
Konsole [kɔn'zo:lə] *f* console, bracket
konsolidieren [kɔnzoli'di:rən] *v* consolidate
Konsonant [kɔnzo'nant] *m LING* consonant
Konspiration [kɔnspira'tsjo:n] *f POL* conspiracy
konstant [kɔns'tant] *adj* constant, steady, permanent
Konstante [kɔn'stantə] *f MATH* constant
Konstellation [kɔnstɛla'tsjo:n] *f* constellation
konstituieren [kɔnstitu'i:rən] *v* constitute
konstitutionell [kɔnstitutsjo'nɛl] *adj POL* constitutional
konstruieren [kɔnstru'i:rən] *v 1.* construct, design, build; *2. (fig)* construe
Konstruktion [kɔnstruk'tsjo:n] *f* construction, design
konstruktiv [kɔnstruk'ti:f] *adj* constructive
Konsul ['kɔnzu:l] *m POL* consul
Konsulat [kɔnzu'la:t] *n POL* consulate
konsultieren [kɔnzul'ti:rən] *v* consult
Konsum [kɔn'zu:m] *m* consumption
Konsument [kɔnzu'mɛnt] *m* consumer
Konsumgesellschaft [kɔn'zu:mgəzɛlʃaft] *f* consumer society
konsumieren [kɔnzu'mi:rən] *v* consume
Kontakt [kɔn'takt] *m* contact
kontaktfreudig [kɔn'taktfrɔydɪç] *adj* sociable, outgoing
kontaktieren [kɔntak'ti:rən] *v* contact
Kontaktlinsen [kɔn'taktlɪnzən] *pl* contact lenses
Kontaktperson [kɔn'taktpɛrzo:n] *f* contact
Kontamination [kɔntamina'tsjo:n] *f* contamination, pollution
Kontext ['kɔntɛkst] *m* context
Kontinent [kɔnti'nɛnt] *m* continent
kontinental [kɔntinɛn'ta:l] *adj* continental
Kontingent [kɔntɪŋ'gɛnt] *n 1. MIL* contingent; *2. (Zuteilung)* quota, share
kontinuierlich [kɔntinu'i:rlɪç] *adj* continuous
Kontinuität [kɔntinui'tɛ:t] *f* continuity
Konto ['kɔnto] *n* account
Kontra ['kɔntra] *n* (sharp) retort
Kontrahent [kɔntra'hɛnt] *m 1. (Gegner)* opponent; *2. (Vertragspartner) JUR* contracting party
konträr [kɔn'trɛ:r] *adj* contrary, opposite
Kontrast [kɔn'trast] *m* contrast
Kontrolle [kɔn'trɔlə] *f* control, inspection, check
Kontrolleur [kɔntrɔ'lø:r] *m* controller
kontrollieren [kɔntrɔ'li:rən] *v 1.* check; *2. (beherrschen)* control
kontrovers [kɔntro'vɛrs] *adj* controversial
Kontroverse [kɔntro'vɛrzə] *f* controversy, dispute
Konvention [kɔnvɛn'tsjo:n] *f 1. (Brauch)* convention, custom; *2. POL* convention, agreement
konventionell [kɔnvɛntsjo'nɛl] *adj* conventional
Konversation [kɔnvɛrza'tsjo:n] *f* conversation
konvertieren [kɔnvɛr'ti:rən] *v* convert
Konvoi ['kɔnvɔy] *m MIL* convoy
Konzentrat [kɔntsɛn'tra:t] *n* concentrate
konzentrieren [kɔntsɛn'tri:rən] *v 1.* concentrate; *2. sich ~* concentrate, focus; *sich auf etw ~* concentrate on sth
Konzept [kɔn'tsɛpt] *n 1. (Vorstellung)* idea, concept; *2. (Entwurf)* rough copy, draft, notes
Konzeption [kɔntsɛp'tsjo:n] *f* conception
Konzern [kɔn'tsɛrn] *m ECO* group, conglomerate *(US)*
Konzert [kɔn'tsɛrt] *n MUS* concert
Konzession [kɔntsɛ'sjo:n] *f 1. (Erlaubnis)* licence, concession; *2. (Zugeständnis)* concession
Konzil [kɔn'tsi:l] *n REL* council
konzipieren [kɔntsi'pi:rən] *v* draw up, draft, conceive
Kooperation [koɔpəra'tsjo:n] *f* cooperation
kooperativ [koɔpəra'ti:f] *adj* cooperative
kooperieren [koɔpə'ri:rən] *v* cooperate
Koordinaten [koɔrdi'na:tən] *pl MATH* coordinates

Koordination [koɔrdina'tsjoːn] *f* coordination
koordinieren [koɔrdi'niːrən] *v* coordinate
Kopf [kɔpf] *m* head; *sich den ~ zerbrechen über ...* rack one's brains over ...; *Er ist nicht auf den ~ gefallen.* He's no fool.
Kopfhörer ['kɔpfhøːrər] *m* headphones *pl,* earphones *pl,* headset
Kopfkissen ['kɔpfkɪsən] *n* pillow
Kopfsalat ['kɔpfzalaːt] *m BOT* lettuce
Kopfschmerzen ['kɔpfʃmɛrtsən] *pl MED* headache
Kopfstütze ['kɔpfʃtytsə] *f* headrest
Kopftuch ['kɔpftuːx] *n* scarf
kopfüber [kɔpf'yːbər] *adv* headlong, head first
Kopie [ko'piː] *f* copy, duplicate
kopieren [ko'piːrən] *v* copy
Kopierer [ko'piːrər] *m* copier, copying machine
Koppel ['kɔpəl] *f 1. (Weide)* field, meadow, paddock; *2. (Gürtel)* belt
koppeln ['kɔpəln] *v 1.* couple, join, link; *2. (Ziele)* combine; *3. (Hunde)* leash together; *4. (Pferde)* string together; *5. (Wörter)* hyphenate
Koralle [ko'ralə] *f BOT* coral
Korb [kɔrp] *m* basket
Korea [ko'reːa] *n GEO* Korea
Korken ['kɔrkən] *m* cork
Korkenzieher ['kɔrkəntsiːər] *m* corkscrew
Korn [kɔrn] *n 1. (Getreide)* corn; *2. (Sandkorn)* grain
körnig ['kœrnɪç] *adj* grainy, gritty, granular
Körper ['kœrpər] *m* body
körperbehindert ['kœrpərbəhɪndərt] *adj* handicapped, physically disabled
korpulent [kɔrpu'lɛnt] *adj* corpulent
korrekt [kɔ'rɛkt] *adj* correct
Korrektur [kɔrɛk'tuːr] *f 1.* correction; *2. (~lesen)* proofreading
Korrelation [kɔrela'tsjoːn] *f* correlation
Korrespondent [kɔrɛspɔn'dɛnt] *m* correspondent
Korrespondenz [kɔrɛspɔn'dɛnts] *f* correspondence
korrespondieren [kɔrɛspɔn'diːrən] *v* correspond
Korridor ['kɔridoːr] *m* corridor, passage
korrigieren [kɔri'giːrən] *v* correct
Korrosion [kɔro'zjoːn] *f CHEM* corrosion
korrupt [kɔ'rupt] *adj* corrupt
Korsett [kɔr'zɛt] *n* corset
Korsika ['kɔrzika] *n GEO* Corsica
Kortison [kɔrti'zoːn] *n MED* cortisone
Kosmetik [kɔs'meːtɪk] *f* cosmetics
kosmisch ['kɔzmɪʃ] *adj* cosmic
Kosmos ['kɔsmɔs] *m* cosmos, universe
Kost [kɔst] *f* food
kostbar ['kɔstbaːr] *adj* precious, valuable, expensive
Kostbarkeit ['kɔstbaːrkaɪt] *f 1.* value, preciousness; *2. (Gegenstand)* valuable item
kosten ['kɔstən] *v 1. (Preis)* cost; *2. (versuchen)* taste
Kosten ['kɔstən] *pl* costs, expenses, charges; *mit großen ~ verbunden* at great expense
kostenlos ['kɔstənloːs] *adj* free of charge, at no cost
köstlich ['kœstlɪç] *adj 1. (hervorragend)* delicious, savoury, exquisite; *2. (amüsant)* delightful, charming
Kostüm [kɔ'styːm] *n 1. (Kleidungsstück)* suit; *2. (Maskenkostüm)* costume
Kot [koːt] *m* excrement
Krabbe ['krabə] *f 1.* crab; *2. (Garnele)* shrimp
krabbeln ['krabəln] *v* crawl
Krach [krax] *m 1. (Lärm)* noise, row *(UK),* racket; *2. (Streit)* fight, quarrel, row *(UK); 3. mit Ach und ~* by the skin of one's teeth, barely
krächzen ['krɛçtsən] *v 1.* croak; *2. (Vogel)* caw
kraft [kraft] *prep* by virtue of; *~ meines Amtes* by virtue of my office
Kraft [kraft] *f* power, strength, force
Kraftausdruck ['kraftausdruk] *m* swearword, four-letter word
Kraftfahrer ['kraftfaːrər] *m* driver, motorist
Kraftfahrzeug ['kraftfaːrtsɔyk] *n* motor vehicle
kräftig ['krɛftɪç] *adj 1.* strong, powerful; *adv 2. (zur Verstärkung)* really
kräftigen ['krɛftɪgən] *v* strengthen
Kräftigung ['krɛftɪguŋ] *f* strengthening
kraftlos ['kraftloːs] *adj 1.* without strength, feeble, weak; *2. JUR* invalid
Kraftstoff ['kraftʃtɔf] *m* fuel
Kragen ['kraːgən] *m* collar
Krähe ['krɛːə] *f ZOOL* crow
krähen ['krɛːən] *v ZOOL* crow
Krake ['kraːkə] *f ZOOL* octopus
Kralle ['kralə] *f ZOOL* claw, talon
Krampf [krampf] *m MED* cramp, spasm, convulsion

krampfhaft ['krampfhaft] *adj* *1.* spasmodic; *2.* *(fig)* feverish, desperate; *3.* *(Lachen)* forced
Kran [kraːn] *m* *1.* crane; *2.* *(Zapfhahn)* tap
Kranich ['kraːnɪç] *m* *ZOOL* crane
krank [kraŋk] *adj* ill, sick *(US),* unwell; *~ werden* fall ill
Kranke(r) ['kraŋkə(r)] *m/f* sick person
kränkeln ['krɛŋkəln] *v* to be ailing, to be in poor health
kränken ['krɛŋkən] *v* hurt (s.o.'s feelings), wound, offend; *Es kränkt mich, dass ...* It grieves me that ...
Krankenhaus ['kraŋkənhaus] *n* hospital
Krankenkasse ['kraŋkənkasə] *f* health insurance; *(Gesellschaft)* health insurance company
Krankenwagen ['kraŋkənvaːgən] *m* ambulance
krankhaft ['kraŋkhaft] *adj* *1.* *MED* diseased, sick; *2.* *(fig)* pathological
Krankheit ['kraŋkhaɪt] *f* sickness, illness, disease
Krankheitserreger ['kraŋkhaɪtsɛrreːgər] *m* *MED* germ
kränklich ['krɛŋklɪç] *adj* sickly
krankschreiben ['kraŋkʃraɪbən] *v irr* certify as ill
Kränkung ['krɛŋkuŋ] *f* slight, insult; *etw als ~ empfinden* take offence at sth
Kranz [krants] *m* wreath, garland
Krater ['kraːtər] *m* *GEOL* crater
kratzen ['kratsən] *v* scratch
kraulen ['kraulən] *v* *1.* *(schwimmen)* crawl; *2.* *(streicheln)* stroke, pet, tickle; *jdn am Kinn ~* to chuck s.o. under the chin
kräuseln ['krɔyzəln] *v* *1.* *(Haar)* curl, frizz; *2.* *(Wasser)* ripple
Kraut [kraut] *n* *1.* herb; *2.* *(Kohl)* cabbage
Krawall [kra'val] *m* racket, row, noise
Krawatte [kra'vatə] *f* tie
Kreation [krea'tsjoːn] *f* creation
kreativ [krea'tiːf] *adj* creative
Kreativität [kreativi'tɛːt] *f* creativity
Kreatur [krea'tuːr] *f* creature
Krebs [kreːps] *m* *1.* *ZOOL* crab; *2.* *(Flusskrebs) ZOOL* crayfish; *3.* *MED* cancer; *~ erregend* carcinogenic
Kredit [kre'diːt] *m* *ECO* loan, credit
Kreide ['kraɪdə] *f* chalk
kreieren [kre'iːrən] *v* create
Kreis [kraɪs] *m* *1.* circle; *2.* *(Verwaltung)* county, administrative district; *3.* *(Freundeskreis)* circle of friends
Kreisel ['kraɪzəl] *m* top
kreisförmig ['kraɪsfœrmɪç] *adj* circular
Kreislauf ['kraɪslauf] *m* *1.* circulation; *2.* *(fig)* cycle
Kreisverkehr ['kraɪsfɛrkeːr] *m* roundabout (traffic), rotary traffic *(US)*
Krematorium [krema'toːrjum] *n* crematorium
Krempe ['krɛmpə] *f* *(Hutkrempe)* brim
krempeln ['krɛmpəln] *v* *(hoch~)* roll up
Kresse ['krɛsə] *f* *BOT* cress
Kreuz [krɔyts] *n* *1.* cross; *2.* *ANAT* small of the back
kreuzen ['krɔytsən] *v* *1.* cross; *2.* *NAUT* cruise; *3.* *(zickzack fahren) NAUT* tack
Kreuzer ['krɔytsər] *m* cruiser
Kreuzfahrt ['krɔytsfaːrt] *f* cruise
Kreuzgang ['krɔytsgaŋ] *m* cloister
Kreuzigung ['krɔytsɪguŋ] *f* *REL* crucifixion
Kreuzritter ['krɔytsrɪtər] *m* *1.* crusader; *2.* *(Mitglied des Deutschen Ordens)* Teutonic Knight
Kreuzspinne ['krɔytsʃpɪnə] *f* garden spider, cross spider
Kreuzung ['krɔytsuŋ] *f* *1.* *(Straßenkreuzung)* crossing, cross-roads, junction; *2.* *BIO* crossing, interbreeding
Kreuzverhör ['krɔytsfɛrhøːr] *n* *JUR* cross-examination
Kreuzworträtsel ['krɔytsvɔrtrɛːtsəl] *n* crossword puzzle
Kreuzzug ['krɔytstsuːk] *m* crusade
kriechen ['kriːçən] *v irr* crawl, creep
Krieg [kriːk] *m* war; *einem Land den ~ erklären* declare war on a country; *~ führend* belligerent; *in den ~ ziehen* to go to war; *in ~ und Frieden* in war and peace
kriegerisch ['kriːgərɪʃ] *adj* militant, belligerent
Kriegsausbruch ['kriːksausbrux] *m* outbreak of war
Kriegserklärung ['kriːksɛrklɛːruŋ] *f* declaration of war
Kriegsgefangenschaft ['kriːksgəfaŋənʃaft] *f* (war) captivity
Kriegsschauplatz ['kriːksʃauplats] *m* theatre of war
Krimi ['krɪmi] *m* *1.* crime thriller; *2.* *(rätselhaft)* murder mystery, whodunit (fam)
Kriminalität [krɪminali'tɛːt] *f* crime
kriminell [krɪmi'nɛl] *adj* criminal
Kriminelle(r) [krɪmi'nɛlə(r)] *m/f* criminal
Krippe ['krɪpə] *f* *1.* *(Kinderkrippe)* crib, cot *(UK);* *2.* *(Futterkrippe)* crib; *3.* *REL* manger

Krise ['kriːzə] *f* crisis
kriseln ['kriːzəln] *v* come to a crisis
Kristall [krɪs'tal] *m/n* crystal
Kriterium [kri'teːrjum] *n* criterion
Kritik [kri'tiːk] *f 1. (Tadel)* criticism; *2. (Beurteilung)* review
Kritiker ['kriːtikər] *m* critic
kritisch ['kriːtɪʃ] *adj* critical
kritisieren [kriti'ziːrən] *v* criticize, review
kritzeln ['krɪtsəln] *v* scribble, scrawl
Kroatien [kro'aːtsjən] *n GEO* Croatia
Krokodil [kroko'diːl] *n ZOOL* crocodile
Krokus ['kroːkus] *m BOT* crocus
Krone ['kroːnə] *f* crown
krönen ['krøːnən] *v* crown
Kronleuchter ['kroːnlɔyçtər] *m* chandelier
Krönung ['krøːnuŋ] *f 1.* crowning, coronation; *2. (fig)* consummation, icing on the cake (fam)
Kronzeuge ['kroːntsɔygə] *m JUR* chief witness, person who turns Queen's evidence *(UK),* person who turns State's evidence *(US)*
Kropf [krɔpf] *m 1. (eines Vogels)* crop, maw; *2. MED* goitre, goiter *(US)*
Kröte ['krøːtə] *f ZOOL* toad
Krücke ['krykə] *f* crutch
Krug [kruːk] *m 1.* jug; *2. (Bierkrug)* mug, stein *(US)*
Krume ['kruːmə] *f 1.* crumb; *2. (Schicht des Erdbodens)* topsoil
Krümel ['kryːməl] *m* crumb
krumm [krum] *adj 1.* crooked, bent; *2. (verdreht)* twisted; *etw ~ nehmen* take offence at sth; *keinen Finger ~ machen* not to lift a finger; *~ gehen* walk with a stoop
krümmen ['krymən] *v* bend, twist, curve
Krümmung ['krymuŋ] *f 1. (Wölbung)* curvature, curve; *2. (Biegung)* bend, twist, winding
Krüppel ['krypəl] *m* cripple
Kruste ['krustə] *f GAST* crust
Kruzifix [krutsi'fɪks] *n* crucifix
Kuba ['kuːba] *n GEO* Cuba
Kübel ['kyːbəl] *m* bucket, pail; *wie aus ~n regnen (fig)* to be raining cats and dogs
Küche ['kyçə] *f 1. (Raum)* kitchen; *2. (Kochkunst)* cuisine, cooking
Kuchen ['kuːxən] *m GAST* cake
Kuchenblech ['kuːxənblɛç] *n* baking sheet
Kuchengabel ['kuːxəngaːbəl] *f* cake-fork, dessert-fork
Kuchenteig ['kuːxəntaɪk] *m GAST* cake dough
Kuckuck ['kukuk] *m ZOOL* cuckoo
Kuckucksuhr ['kukuksuːr] *f* cuckoo clock
Kufe ['kuːfə] *f 1. (Gleitschiene)* runner; *2. (eines Flugzeuges)* skid
Kugel ['kuːgəl] *f 1. MIL* bullet, shell; *2. (Ball)* ball; *die ~ ins Rollen bringen* start the ball rolling; *3. MATH* sphere; *4. (Kanonenkugel)* cannonball
Kugelschreiber ['kuːgəlʃraɪbər] *m* ballpoint pen, biro *(UK)*
kugelsicher ['kuːgəlzɪçər] *adj* bulletproof
Kugelstoßen ['kuːgəlstoːsən] *n SPORT* shot-put
Kuh [kuː] *f* cow
kühl [kyːl] *adj 1.* cool; *2. (fig: abweisend)* cold
kühlen ['kyːlən] *v 1.* cool; *2. (Lebensmittel)* refrigerate
Kühler ['kyːlər] *m (eines Autos)* radiator
Kühlschrank ['kyːlʃraŋk] *m* refrigerator
Kühltasche ['kyːltaʃə] *f* cooler
kühn [kyːn] *adj 1.* bold, daring; *2. (keck)* audacious
Küken ['kyːkən] *n ZOOL* chick
Kulanz [ku'lants] *f* fair dealing, fairness in trade, accommodating behaviour
kulinarisch [kuli'naːrɪʃ] *adj* culinary
Kulisse [ku'lɪsə] *f 1. (fig)* background, setting; *hinter den ~n* behind the scenes; *2. THEAT* wings, side-scene
kulminieren [kulmi'niːrən] *v* culminate
Kult [kult] *m* cult
kultivieren [kulti'viːrən] *v* cultivate
Kultur [kul'tuːr] *f 1. (Kunst und Wissenschaft)* culture; *2. (Lebensform)* civilization; *3. BIO* culture
kulturell [kultu'rɛl] *adj* cultural
Kümmel ['kyməl] *m BOT* caraway (seed)
Kummer ['kumər] *m 1. (Betrübtheit)* sorrow, grief; *2. (Unruhe)* worry, trouble
kümmerlich ['kymərlɪç] *adj* miserable, wretched, meagre
kümmern ['kymərn] *v 1.* worry, trouble, bother; *2. sich ~ um* care for, look after, attend to; *Kümmere dich um deine Sachen!* Mind your own business!
kummervoll ['kumərfɔl] *adj* grief-stricken, troubled, sorrowful
Kumpel ['kumpəl] *m 1. (Bergmann)* miner; *2. (fam)* pal, chum, mate *(UK)*
Kunde ['kundə] *m* client, customer
Kundendienst ['kundəndiːnst] *m* customer service, after-sales service
Kundgebung ['kuntgeːbuŋ] *f* declaration, statement, notice

kündigen ['kyndɪgən] *v* *1. (Arbeitnehmer)* quit, give notice; *2. (Arbeitgeber)* dismiss, fire, sack; *3. (Vertrag)* terminate, cancel
Kündigung ['kyndɪguŋ] *f* *1. (Vertrag)* termination, cancellation; *2. (Stellung)* notice, resignation
Kündigungsfrist ['kyndɪguŋsfrɪst] *f* term of notice
Kundschaft ['kuntʃaft] *f* customers, clientele
künftig ['kynftɪç] *adj* *1.* future, coming, prospective; *adv* *2.* in future, from now on, henceforth
Kunst [kunst] *f* art
Künstler ['kynstlər] *m* artist
künstlerisch ['kynstlərɪʃ] *adj* *1.* artistic; *adv* *2.* artistically
künstlich ['kynstlɪç] *adj* artificial, synthetic, man-made
künstliche Intelligenz ['kynstlɪçə ɪntɛli'gɛnts] *f INFORM* artificial intelligence
Künstlichkeit ['kynstlɪçkaɪt] *f* artificiality
Kunststoff ['kunstʃtɔf] *m* plastic, synthetic material, artificial material
Kunststück ['kunstʃtyk] *n* achievement, clever feat, trick
kunstvoll ['kunstfɔl] *adj* artistic, elaborate
Kunstwerk ['kunstvɛrk] *n* work of art
kunterbunt ['kuntərbunt] *adj* *1. (vielfarbig)* many-coloured; *2. (Gruppe)* motley; *3. ein ~es Durcheinander* wild confusion
Kupfer ['kupfər] *n CHEM* copper
kupfern ['kupfərn] *adj* copper
Kupon [ku'põ] *m* coupon
Kuppe ['kupə] *f* *1. (Bergkuppe)* rounded hilltop; *2. (Fingerkuppe)* fingertip
Kuppel ['kupəl] *f* dome
Kupplung ['kupluŋ] *f (eines Autos)* clutch
Kur [kuːr] *f MED* cure, treatment
Kuratorium [kura'toːrjum] *n* board of trustees
Kurbel ['kurbəl] *f* crank, winch
Kürbis ['kyrbɪs] *m BOT* pumpkin
küren ['kyːrən] *v irr* choose; *Sie wurde zur Miss Germany gekürt.* She was crowned Miss Germany.
Kurier [ku'riːr] *m* courier
kurieren [ku'riːrən] *v* cure
kurios [kur'joːs] *adj* curious, odd, queer
Kurort ['kuːrɔrt] *m* spa, health resort
Kurs [kurs] *m* *1. (Kursus)* course; *bei jdm hoch im ~ stehen* to be popular with s.o.; *2. (Richtung)* course; *3. (Aktienkurs) FIN* price
kursiv [kur'ziːf] *adj* italic, in italics
Kursivschrift [kur'ziːfʃrɪft] *f* italics *pl*
Kurswert ['kursveːrt] *m* market value
Kurtaxe ['kuːrtaksə] *f* visitor's tax (at a spa)
Kurve ['kurfə] *f* curve, bend, turn
kurvenreich ['kurfənraɪç] *adj* *1.* winding, twisting; *2. (Figur)* curvaceous
kurz [kurts] *adj* *1.* short; *adv* *2.* briefly; *3. (bald)* shortly
Kurzarbeit ['kurtsarbaɪt] *f* short time, short-time work
kurzärmelig ['kurtsɛrməlɪç] *adj* short-sleeved
kurzatmig ['kurtsaːtmɪç] *adj MED* short-winded
Kürze ['kyrtsə] *f (zeitlich)* shortness, brevity; *in ~* shortly
Kürzel ['kyrtsəl] *n* abbreviation
kürzen ['kyrtsən] *v* *1.* shorten; *2. (herabsetzen)* cut down, reduce, curtail
kurzerhand ['kurtsərhant] *adv* without hesitation, on the spot, at once; *etw ~ ablehnen* reject sth out of hand
Kurzfassung ['kurtsfasuŋ] *f* abridged version
kurzfristig ['kurtsfrɪstɪç] *adj* *1.* shortterm; *adv* *2.* at short notice; *etw ~ erledigen* do sth without delay; *~ seine Pläne ändern* change one's plans at short notice; *~ gesehen* looked at it in the short term
kurzlebig ['kurtsleːbɪç] *adj* short-lived
kürzlich ['kyrtslɪç] *adv* recently, a short time ago
Kurzschluss ['kurtsʃlus] *m* *1. TECH* short circuit; *2. (fig)* moment of madness
kurzsichtig ['kurtszɪçtɪç] *adj* *1. MED* myopic, short-sighted, nearsighted *(US)*; *2. (fig)* short-sighted
kurzum [kurts'um] *adv* in short
Kürzung ['kyrtsuŋ] *f* *1.* cut, reduction; *2. (eines Buches)* abridgement
kurzzeitig ['kurtstsaɪtɪç] *adj* *1.* short, short-term, brief; *adv* *2.* briefly
kuscheln ['kuʃəln] *v* cuddle
Kuscheltier ['kuʃəltiːr] *n* stuffed animal
Kusine [ku'ziːnə] *f* (female) cousin
Kuss [kus] *m* kiss
küssen ['kysən] *v* kiss
Küste ['kystə] *f* coast, shore
Kutsche ['kutʃə] *f* coach, carriage
Kutscher ['kutʃər] *m* coachman
Kutte ['kutə] *f REL* habit, frock
Kuvert [ku'veːr] *n* envelope, cover
kyrillisch [ky'rɪlɪʃ] *adj* Cyrillic

L

labil [la'biːl] *adj* weak, unstable
Labor [la'boːr] *n* laboratory, lab (fam)
Labyrinth [laby'rɪnt] *n* labyrinth
lächeln ['lɛçəln] *v* smile
lachen ['laxən] *v* laugh; *nichts zu ~ haben* have a hard time of it; *zum Lachen sein* to be ridiculous, to be absurd; *sich vor Lachen biegen* split one's sides laughing
lächerlich ['lɛçərlɪç] *adj* ridiculous
Lachs [laks] *m ZOOL* salmon
Lack [lak] *m* varnish, lacquer
lackieren [la'kiːrən] *v* paint, varnish
laden ['laːdən] *v irr 1.* load; *einen ge~ haben* to be pretty tanked up (fam); *2. (Batterie)* charge; *3. JUR* summon, cite
Laden ['laːdən] *m 1.* shop; *2. (Fensterladen)* shutter
Ladendieb ['laːdəndiːp] *m* shoplifter
Ladenschluss ['laːdənʃlus] *m* closing time
Ladung ['laːduŋ] *f 1.* load, cargo, freight; *2. (elektrische ~)* charge, amount of electricity; *3. JUR* summons
Lage ['laːgə] *f 1. (Position)* position, state, condition; *Dazu bin ich nicht in der ~.* I am not in a position to do that. *2. (Situation)* situation, location; *an der ~ verzweifeln* despair of the situation; *Herr der ~ sein* have the situation under control; *die ~ peilen* survey the situation, find out how the land lies; *nach ~ der Dinge* as it stands; *3. (Schicht)* layer, coat
Lager ['laːgər] *n 1.* camp; *2. (Bett)* bed, couch; *3. (Warenlager) ECO* store, stock, inventory; *auf ~ haben (fig)* have in store; *4. TECH* bearing
Lagerfeuer ['laːgərfɔyər] *n* campfire
Lagerhalle ['laːgərhalə] *f* warehouse
lagern ['laːgərn] *v ECO* store, stock
Lagerung ['laːgəruŋ] *f ECO* storage, storing
Lagune [la'guːnə] *f* lagoon
lahm [laːm] *adj 1. (fam: langweilig)* dull, boring, dreary; *2. (gelähmt) MED* paralyzed; *3. (hinkend) MED* lame
lähmen ['lɛːmən] *v* paralyze, cripple
Lähmung ['lɛːmuŋ] *f MED* paralysis
Laib [laɪp] *m 1. (Brotlaib)* loaf; *2. (Käselaib)* whole
Laie ['laɪə] *m 1.* amateur, layman, novice; *2. REL* lay priest
Laken ['laːkən] *n (Bettlaken)* sheet
Lama ['laːma] *n ZOOL* llama
Lamm [lam] *n ZOOL* lamb
Lampe ['lampə] *f* lamp
Land [lant] *n 1.* land; *wieder ~ sehen* see a way out; *jdn an ~ ziehen* win s.o. over; *~ gewinnen* gain ground; *2. (Staat)* country, state; *3. (Grundstück)* property, land; *4. (ländliche Gegend)* country, countryside
Landebahn ['landəbaːn] *f* landing strip, runway
landen ['landən] *v 1. (Flugzeug)* land; *2. (Schiff)* dock; *3. (fam)* land
Landeplatz ['landəplats] *m 1. NAUT* landing place; *2. (eines Flugzeuges)* place to land
Landkarte ['lantkartə] *f* map
Landkreis ['lantkraɪs] *m POL* rural district, county
Landleben ['lantleːbən] *n* rural life
ländlich ['lɛndlɪç] *adj* rural, rustic
Landschaft ['lantʃaft] *f* countryside, landscape, scenery
landschaftlich ['lantʃaftlɪç] *adj* of the countryside
Landstreicher ['lantʃtraɪçər] *m (fam)* vagabond, tramp
Landtag ['lanttaːk] *m POL* parliament of a state
Landung ['landuŋ] *f 1.* landing; *2. (in den Hafen) NAUT* docking
Landwirt ['lantvɪrt] *m* farmer
Landwirtschaft ['lantvɪrtʃaft] *f* agriculture, farming
lang [laŋ] *adj 1. (örtlich)* long; *2. (zeitlich)* long, protracted, prolonged
lange ['laŋə] *adv 1.* long; *es nicht mehr ~ machen* not be able to go on for long; *2. (fig: bei weitem) schon ~ nicht* not by a long shot
Länge ['lɛŋə] *f 1.* length; *in voller ~* at full length; *der ~ nach* lengthwise; *sich in die ~ ziehen* drag on; *auf die ~* in the long run; *etw in die ~ ziehen* make sth go on and on, drag sth out; *2. (langweilige Stelle)* slow spot; *3. (Größe)* height; *4. (Abstand vom Meridian)* longitude
langen ['laŋən] *v 1. (genügen)* suffice; *Jetzt langt es!* I've had enough! *2. (greifen)* reach for, grasp, seize; *jdm eine ~* wallop s.o.
Längengrad ['lɛŋəngraːt] *m GEO* degree of longitude
Längenmaß ['lɛŋənmaːs] *n* linear measure
Langeweile ['laŋəvaɪlə] *f* boredom
langfristig ['laŋfrɪstɪç] *adj* long-term
langjährig ['laŋjɛːrɪç] *adj* of many years

Langlauf ['laŋlauf] *m SPORT* cross-country skiing
langlebig ['laŋleːbɪç] *adj* long-lived
längs [lɛŋs] *prep 1.* along, alongside of; *adv 2.* lengthwise
langsam ['laŋzaːm] *adj* slow
Langsamkeit ['laŋzaːmkaɪt] *f* slowness
längstens ['lɛŋstəns] *adv 1. (höchstens)* at the most; *2. (spätestens)* at the latest
langweilen ['laŋvaɪlən] *v sich ~* to be bored; *jdn tödlich ~* to bore s.o. to death
langweilig ['laŋvaɪlɪç] *adj* boring, dull
Lanze ['lantsə] *f* spear, lance
Lappen ['lapən] *m* rag, cloth; *jdm durch die ~ gehen* give s.o. the slip
Lärche ['lɛrçə] *f BOT* larch
Lärm [lɛrm] *m* noise, racket, din; *viel ~ um nichts* much ado about nothing
lärmen ['lɛrmən] *v* make noise, to be noisy, make a racket (fam)
Larve ['larvə] *f 1. ZOOL* larva; *2. (Maske)* mask
Laserstrahl ['leɪzərʃtraːl] *m* laser beam
lassen ['lasən] *v irr 1. (zulassen)* allow, let, permit; *2. (veranlassen)* make, cause, order to be done; *etw tun ~* have sth done; *3. (aufhören)* stop, give up; *Lass das!* Drop it! *es nicht ~ können* not be able to stop doing sth; *4. (zurück~)* leave; *5. Das lässt sich machen.* That can be done. *6. Das muss man ihr ~.* You've got to hand it to her.
lässig ['lɛsɪç] *adj 1. (nachlässig)* careless, negligent; *2. (ungezwungen)* casual; *3. (fam: gekonnt)* cool
Lässigkeit ['lɛsɪçkaɪt] *f 1.* casualness, nonchalance; *2. (Vernachlässigung)* carelessness
Last [last] *f 1.* burden, load; *jdm zur ~ fallen* to be a burden to s.o.; *jdm etw zur ~ legen* accuse s.o. of sth; *mit jdm seine liebe ~ haben* have no end of trouble with s.o.; *2. ~en pl* expense, costs
Laster ['lastər] *n 1.* vice; *m 2. (fam: Lastkraftwagen)* lorry *(UK),* truck *(US)*
lasterhaft ['lastərhaft] *adj* depraved, lascivious, dissolute
lästern ['lɛstərn] *v 1.* malign, defame, slander; *2. REL* blaspheme
lästig ['lɛstɪç] *adj* annoying, troublesome
Lastkraftwagen ['lastkraftvaːgən] *m* lorry *(UK),* truck *(US)*
Lastschrift ['lastʃrɪft] *f ECO* debit entry
Latein [la'taɪn] *n* Latin; *mit seinem ~ am Ende sein* to be at one's wits' end
Lateinamerika [la'taɪnameːrɪka] *n GEO* Latin America
lateinamerikanisch [la'taɪnamerikaːnɪʃ] *adj* Latin American
Laterne [la'tɛrnə] *f 1.* lantern; *2. (Straßenlaterne)* streetlight
latschen ['laːtʃən] *v* shuffle along
Latte ['latə] *f 1.* slat; *2. SPORT* bar
lau [lau] *adj 1. (lauwarm)* lukewarm, tepid; *2. (mild)* mild
Laub [laup] *n* leaves, foliage, leafage
Laubbaum ['laupbaum] *m BOT* deciduous tree
Laubfrosch ['laupfrɔʃ] *m ZOOL* tree frog
Lauch [laux] *m BOT* leek
lauern ['lauərn] *v* lurk, lie in wait
Lauf [lauf] *m 1. (Laufen)* run; *2. (Gewehrlauf)* barrel; *3. (fig: Verlauf)* course; *seinen ~ nehmen* take its course
Laufbahn ['laufbaːn] *f 1. (fig)* career; *2. SPORT* track
laufen ['laufən] *v irr 1. (rennen)* run; *2. (gehen)* walk; *3. (fließen)* run, flow, leak
laufend ['laufənt] *adj 1.* running, current; *jdn auf dem Laufenden halten* keep s.o. informed; *mit etw auf dem Laufenden sein* to be up-to-date on sth; *2. (Nummern)* consecutive
Läufer ['lɔyfər] *m 1. SPORT* runner; *2. (Teppich)* carpet-runner, strip of carpeting
Laufwerk ['laufvɛrk] *n INFORM* drive
Laufzeit ['lauftsaɪt] *f ECO* term, duration
Laune ['launə] *f* mood, temper; *~ machen* to be good fun; *jdn bei ~ halten* keep s.o. happy
launisch ['launɪʃ] *adj 1.* moody; *2. (veränderlich)* fickle
Laus [laus] *f ZOOL* louse; *Dem ist wohl eine ~ über die Leber gelaufen! (fig)* What's bitten him?
lauschen ['lauʃən] *v 1. (zuhören)* listen; *2. (horchen)* eavesdrop
lausig ['lauzɪç] *adj 1. (armselig)* lousy, rotten, mean; *2. (Kälte)* beastly
laut [laut] *adj 1.* loud; *2. (geräuschvoll)* noisy, clamorous; *prep 3.* according to, as per
Laut [laut] *m 1. (Ton)* sound, tone; *2. (Geräusch)* noise
läuten ['lɔytən] *v* ring; *von etw ~ hören* hear a rumour about sth
Lautschrift ['lautʃrɪft] *f* phonetic transcription
Lautsprecher ['lautʃprɛçər] *m* loudspeaker
Lautstärke ['lautʃtɛrkə] *f* volume, loudness
lauwarm ['lauvarm] *adj* lukewarm, tepid
Lawine [la'viːnə] *f* avalanche
Lazarett [latsa'rɛt] *n MIL* military hospital

leasen ['li:zən] *v* lease
leben ['le:bən] *v* live
Leben ['le:bən] *n* life; *etw für sein ~ gern tun* love doing sth; *etw ins ~ rufen* bring sth into being; *mit dem ~ davonkommen* escape with one's life; *jdm nach dem ~ trachten* to be out to kill s.o.; *nie im ~* not on your life; *sich das ~ nehmen* commit suicide; *mit seinem ~ spielen* dice with death; *jdm das ~ schenken (gebären)* give birth to s.o.; *sein ~ lassen* lose one's life
lebendig [le'bɛndɪç] *adj 1. (lebend)* alive, living; *2. (lebhaft)* lively, active
Lebensalter ['le:bənsaltər] *n* age
Lebensende ['le:bənsɛndə] *n* end of one's life, end of one's days
Lebensgefahr ['le:bənsgəfa:r] *f* mortal danger
lebensgefährlich ['le:bənsgəfɛ:rlɪç] *adj* life-threatening, perilous
Lebensgefährte ['le:bənsgəfɛ:rtə] *m* partner (for life)
lebenslänglich ['le:bənslɛŋlɪç] *adj* lifelong, lifetime
Lebenslauf ['le:bənslauf] *m* curriculum vitae, résumé *(US)*
lebenslustig ['le:bənslustɪç] *adj* cheerful, enjoying life
Lebensmittel ['le:bənsmɪtəl] *n 1.* food; *2. (als Kaufware)* groceries
Lebensretter ['le:bənsrɛtər] *m* life-saver
Leber ['le:bər] *f ANAT* liver; *frei von der ~ weg* quite frankly
Lebewesen ['le:bəve:zən] *n* living thing
Lebewohl [le:bə'vo:l] *n* farewell; *jdm ~ sagen* say goodbye to s.o.
lebhaft ['le:phaft] *adj 1. (munter)* lively, vivacious, cheerful; *2. (rege)* active, brisk, keen; *3. (begeistert)* eager, lively, keen; *4. (Farben)* bright
Lebhaftigkeit ['le:phaftɪçkaɪt] *f 1. (Munterkeit)* liveliness, vivaciousness; *2. (Aktivität)* activity, briskness; *3. (Begeisterung)* eagerness, liveliness; *4. (von Farben)* brightness
Lebkuchen ['le:pku:xən] *m* gingerbread
leblos ['le:plo:s] *adj* lifeless, inanimate, inert
Leck [lɛk] *n* leak
lecken ['lɛkən] *v 1. (schlecken)* lick, lap up; *2. (auslaufen)* leak, spring a leak, ooze out
lecker ['lɛkər] *adj* tasty, delicious, savoury
Leder ['le:dər] *n* leather
ledig ['le:dɪç] *adj 1.* single, unmarried; *2. einer Sache ~ sein* to be rid of sth, to be free of sth
Ledige(r) ['le:dɪgə(r)] *m/f* single, single person, unmarried person
leer [le:r] *adj 1. (nichts enthaltend)* empty, hollow; *2. (frei)* vacant, unoccupied, free; *3. (unbeschrieben)* blank, empty
Leere ['le:rə] *f* emptiness, vacuum, void
leeren ['le:rən] *v* empty
Leergewicht ['le:rgəvɪçt] *n* unloaded weight, tare weight
Leerlauf ['le:rlauf] *m (eines Autos)* neutral
Leerstelle ['le:rʃtɛlə] *f INFORM* space
legal [le'ga:l] *adj* legal, legitimate
legalisieren [legali'zi:rən] *v* legalize
Legalisierung [legali'zi:ruŋ] *f* legalization
Legalität [legali'tɛ:t] *f* legality
legen ['le:gən] *v 1.* lay, put, place; *2. sich ~ (Mensch)* lie down
legendär [legɛn'dɛ:r] *adj* legendary, fabled
Legende [le'gɛndə] *f* legend
legislativ [legisla'ti:f] *adj POL* legislative
Legislative [legisla'ti:və] *f POL* legislative power, legislature
legitim [le:gi'ti:m] *adj* legitimate, lawful
legitimieren [legiti'mi:rən] *v sich ~* prove one's identity; *(Beziehung)* legitimize; *(berechtigen)* entitle; *(Erlaubnis geben)* authorize
Legitimität [legitimi'tɛ:t] *f* legitimacy
Lehm [le:m] *m* clay
lehmig ['le:mɪç] *adj 1. (lehmhaltig)* clayey, loamy; *2. (mit Lehm beschmiert)* muddy
Lehne ['le:nə] *f 1. (Armlehne)* armrest; *2. (Rückenlehne)* back, back-rest
lehnen ['le:nən] *v 1. ~ an* lean against, rest against; *etw gegen etw ~* prop sth up against sth; *2. sich ~ an* lean against, rest on
Lehrberuf ['le:rbəru:f] *m 1. (Beruf des Lehrers)* teaching profession; *2. (lehrzeitabhängiger Beruf)* occupation requiring vocational training
Lehrbuch ['le:rbu:x] *n* textbook
Lehre ['le:rə] *f 1. (Lehrsatz)* doctrine, theory; *(Richtschnur)* rule; *2. (Ausbildung)* apprenticeship; *Bei dem kannst du noch in die ~ gehen.* He could teach you a thing or two. *3. (Maßlehre) TECH* gauge; *4. (fig: Ermahnung)* lesson; *Lass dir das eine ~ sein!* Let that be a lesson to you!
lehren ['le:rən] *v* teach, instruct
Lehrer(in) ['le:rər(ɪn)] *m/f 1. (Grundschule)* teacher, instructor; *2. (höhere Schule)* lecturer, professor
Lehrjahr ['le:rja:r] *n* year as an apprentice
Lehrling ['le:rlɪŋ] *m* apprentice
lehrreich ['le:rraɪç] *adj* instructive
Lehrstelle ['le:rʃtɛlə] *f* apprenticeship
Lehrstoff ['le:rʃtɔf] *m 1.* subject matter; *2. (eines Jahres)* syllabus
Lehrstuhl ['le:rʃtu:l] *m* professorship, chair

Leib [laɪp] *m* body; *sich jdn vom ~e halten* keep s.o. at a distance; *etw zu ~e rücken* tackle sth (fig); *jdm wie auf den ~ zugeschnitten sein* to be tailor-made for s.o.; *etw am eigenen ~ erfahren* get first-hand experience of sth; *mit ~ und Seele* with one's whole heart
Leibwache ['laɪpvaxə] *f* bodyguards
Leiche ['laɪçə] *f* corpse, dead body; *~n im Keller haben* have a skeleton in one's cupboard, have a skeleton in one's closet *(US)*; *über ~n gehen* stop at nothing; *Nur über meine ~!* Over my dead body!
Leichenbestatter ['laɪçənbəʃtatər] *m* undertaker
Leichenhalle ['laɪçənhalə] *f* mortuary
Leichnam ['laɪçnam] *m* corpse, dead body
leicht [laɪçt] *adj 1. (nicht schwer)* light; *2. (nicht schwierig)* easy; *Du hast ~ reden!* It's all very well for you to talk! *Das ist ~ gesagt.* It's easy enough to say that. *ein ~es sein* to be a simple matter; *3. (geringfügig)* slight
Leichtathlet(in) ['laɪçtatleːt(ɪn)] *m/f SPORT* athlete *(UK)*, track-and-field athlete *(US)*
Leichtathletik ['laɪçtatleːtɪk] *f SPORT* athletics *(UK)*, track and field *(US)*
leichtfertig ['laɪçtfɛrtɪç] *adj 1.* thoughtless, rash; *2. (frivol)* frivolous
leichtgläubig ['laɪçtglɔybɪç] *adj* gullible, credulous
Leichtgläubigkeit ['laɪçtglɔybɪçkaɪt] *f* gullibility, credulity
Leichtigkeit ['laɪçtɪçkaɪt] *f (Ungezwungenheit)* ease, easiness; *mit ~* easily
Leichtsinn ['laɪçtzɪn] *m* carelessness, recklessness, foolishness;
leichtsinnig ['laɪçtzɪnɪç] *adj* careless, feckless, frivolous
leid [laɪt] *adv Es tut mir ~.* I'm sorry. *Das wird dir noch ~ tun.* You'll regret this. *Er tut mir ~.* I feel sorry for him.
Leid [laɪt] *n 1. (Schaden)* harm, injury; *2. (Betrübnis)* sorrow, grief; *jdm sein ~ klagen* tell s.o. one's troubles
leiden ['laɪdən] *v irr 1. (ertragen müssen)* suffer; *2. (ertragen)* endure, bear; *Ich kann ihn nicht ~.* I can't stand him. *3. (dulden)* tolerate, suffer; *4. Sie kann dich ~.* She likes you.
Leiden ['laɪdən] *n 1. (Kummer)* suffering; *2. MED* affection, complaint, condition
Leidenschaft ['laɪdənʃaft] *f* passion; *etw mit ~ tun* do sth with passionate enthusiasm; *frei von jeder ~* dispassionate
leidenschaftlich ['laɪdənʃaftlɪç] *adj* passionate, ardent, vehement
Leidensweg ['laɪdənsveːk] *m 1. (Zeit des Leidens)* trials and tribulations, period of suffering, life of suffering; *2. (~ Christi) REL* passion, way of the cross
leider ['laɪdər] *adv* unfortunately
Leierkasten ['laɪərkastən] *m* barrel-organ
leihen ['laɪən] *v irr 1. (verleihen)* lend; *2. sich etw ~* borrow sth
Leim [laɪm] *m* glue; *jdm auf den ~ gehen* fall for s.o.'s tricks; *aus dem ~ gehen* fall apart
Leine ['laɪnə] *f 1.* line, cord; *Zieh ~!* Beat it! Push off! *(UK)*; *2. (Hundeleine)* lead, leash; *an der langen ~ sein* have free rein
Leinen ['laɪnən] *n* linen
Leinwand ['laɪnvant] *f 1. ART* canvas; *2. CINE* screen
leise ['laɪzə] *adj 1. (nicht laut)* quiet, soft, faint; *2. (Stimme)* low; *3. (ruhig)* soft, gentle
Leiste ['laɪstə] *f 1.* ledge, border, rail; *2. ANAT* groin
leisten ['laɪstən] *v 1.* perform, accomplish, achieve; *2. sich etw ~* allow o.s. sth; *sich etw ~ können* to be able to afford sth
Leistung ['laɪstuŋ] *f 1.* performance, achievement; *eine große ~ vollbringen* achieve a great success; *2. TECH* power, capacity, output
leistungsfähig ['laɪstuŋsfɛːɪç] *adj* efficient, capable, productive
Leistungsfähigkeit ['laɪstuŋsfɛːɪçkaɪt] *f* efficiency, capacity, capability
Leistungssport ['laɪstuŋsʃpɔrt] *m* competitive sports
Leitartikel ['laɪtartɪkəl] *m* leading article *(UK)*, editorial *(US)*
leiten ['laɪtən] *v 1. (führen)* lead; *2. (lenken)* guide, direct, conduct; *3. TECH* conduct, transmit
Leiter ['laɪtər] *f 1.* ladder; *m 2. (Vorgesetzter)* leader, director, manager; *3. TECH* conductor
Leitung ['laɪtuŋ] *f 1. (Geschäftsleitung)* management; *2. (Rohrleitung)* pipeline; *3. (Kabel)* wire, line
Leitungswasser ['laɪtuŋsvasər] *n* tap water
Leitzins ['laɪttsɪns] *m FIN* base rate
Lektion [lɛk'tsjoːn] *f* lesson; *jdm eine ~ erteilen (fig)* teach s.o. a lesson
Lektor ['lɛktor] *m 1.* lecturer; *2. (Verlagslektor)* reader
Lektorat [lɛkto'raːt] *n 1. (Verlagsabteilung)* editorial department; *2. (Gutachten)* evaluation (of a manuscript)
Lektüre [lɛk'tyːrə] *f* reading
Lende ['lɛndə] *f* loin

lenken ['lɛŋkən] *v 1. (steuern)* steer; *2. (Aufmerksamkeit, Blick)* turn, catch, attract; *3. (leiten)* direct, guide, channel
Lenker ['lɛŋkər] *m 1.(am Auto)* steering wheel; *2. (am Fahrrad, am Motorrad)* handlebars; *3. (Maschinenteil zur Führung eines Punktes) TECH* steering gear, guide; *4. (Fahrer)* driver; *5. (fig: koordinierende Person)* leader, head
Lenkrad ['lɛŋkra:t] *n* steering wheel
Leopard [leo'part] *m ZOOL* leopard
Lerche ['lɛrçə] *f ZOOL* lark
lernen ['lɛrnən] *v* learn, study
Lesbierin ['lɛsbiərɪn] *f* lesbian
lesbisch ['lɛsbɪʃ] *adj* lesbian
Lesebuch ['le:zəbu:x] *n* reader
lesen ['le:zən] *v irr 1.* read; *2. (sammeln)* gather, pick
Leser ['le:zər] *m 1.* reader; *2. (Sammler)* gatherer, picker
leserlich ['le:zərlɪç] *adj* legible
Lesung ['le:zuŋ] *f* reading
letzte(r,s) ['lɛtstə(r,s)] *adj 1.* last, ultimate, final; *zu guter Letzt* at long last; *das Letzte sein* to be the worst there is; *bis aufs letzte* utterly; *2. (vorig)* last, most recent, latest
letztlich ['lɛtslɪç] *adv* ultimately
Leuchte ['lɔyçtə] *f 1.* light, lamp; *2. (fig)* star, shining light
leuchten ['lɔyçtən] *v* shine
Leuchter ['lɔyçtər] *m 1.* candlestick; *2. (mehrarmiger)* chandelier
Leuchtturm ['lɔyçtturm] *m* lighthouse
leugnen ['lɔygnən] *v* deny
Leute ['lɔytə] *pl* people; *unter die ~ kommen* get out and meet people
Leutnant ['lɔytnant] *m MIL* lieutenant
Lexikon ['lɛksikɔn] *n 1. (Enzyklopädie)* encyclopedia; *2. (Wörterbuch)* dictionary
liberal [libə'ra:l] *adj* liberal
liberalisieren [libera:li'zi:rən] *v 1. (freier gestalten) POL* liberalize; *2. (beseitigen) ECO* abolish
Liberalismus [libəra'lɪsmus] *m POL* liberalism
Licht [lɪçt] *n* light; *ans ~ kommen* come to light; *kein großes ~ sein* to be a dim bulb; *sich ins rechte ~ setzen* blow one's own horn; *jdn hinters ~ führen* hoodwink s.o.; *kein gutes ~ auf jdn werfen* show s.o. in an unfavourable light; *Da ging mir ein ~ auf.* Suddenly it dawned on me.
lichten ['lɪçtən] *v 1. (Wald)* clear; *2. sich ~* thin out, dwindle; *3. sich ~ (Nebel)* lift; *4. den Anker ~ NAUT* weigh anchor
Lichtgeschwindigkeit ['lɪçtgəʃvɪndɪçkaɪt] *f PHYS* speed of light
Lichtjahr ['lɪçtja:r] *n ASTR* light year
Lichtschalter ['lɪçtʃaltər] *m* light switch
Lichtung ['lɪçtuŋ] *f (Waldlichtung)* clearing
Lid [li:t] *n ANAT* eyelid
lieb [li:p] *adj 1.* kind, good, dear; *jdm ~ und teuer sein* to be dear to s.o.; *2. ... mein Lieber!* ... my friend! *3. am ~sten würde ich ...* I would prefer to ...; *~ haben* love like, to be fond of, come to like
Liebe ['li:bə] *f* love; *bei aller ~* with all due respect; *~ auf den ersten Blick* love at first sight
lieben ['li:bən] *v* love
liebenswürdig ['li:bənsvyrdɪç] *adj* amiable, kind
Liebenswürdigkeit ['li:bənsvyrdɪçkaɪt] *f* kindness, amiability
lieber ['li:bər] *adv* rather, more willingly
Liebesbrief ['li:bəsbri:f] *m* love letter
Liebeskummer ['li:bəskumər] *m* lovesickness; *~ haben* to be lovesick
Liebespaar ['li:bəspa:r] *n* lovers *pl,* couple
liebevoll ['li:bəfɔl] *adj* loving, fond
Liebhaber ['li:pha:bər] *m 1. (Geliebter)* lover; *2. (Kenner)* lover, connoisseur, fan; *3. (Sammler)* collector
liebkosen ['li:pko:zən] *v* caress
lieblich ['li:plɪç] *adj 1. (anmutig)* lovely; *2. (Wein)* mellow; *3. (wohlklingend) MUS* sweet; *4. (Duft)* sweet, pleasing
Liebling ['li:plɪŋ] *m 1.* darling, sweetheart; *2. (Günstling)* favourite
lieblos ['li:plo:s] *adj* unkind, unloving
Lieblosigkeit ['li:plo:zɪçkaɪt] *f* unkindness
liebreizend ['li:praɪtsənt] *adj 1. (Person)* charming, enchanting, attractive, winsome; *2. (Bewegung)* graceful; *3. (Aussehen)* delightful
Liebste(r) ['li:pstə(r)] *m/f* sweetheart, love, darling
Lied [li:t] *n* song; *immer wieder das alte ~ anstimmen* to tell the same old story over and over again; *das Ende vom ~ (fig)* the upshot of it
liederlich ['li:dərlɪç] *adj 1. (unordentlich)* slovenly, scruffy; *2. (nachlässig)* negligent, careless; *3. (unmoralisch)* immoral
Lieferant [li:fə'rant] *m* supplier
lieferbar ['li:fərba:r] *adj* deliverable
liefern ['li:fərn] *v* supply, deliver, provide
Lieferschein ['li:fərʃaɪn] *m ECO* delivery note
Lieferung ['li:fəruŋ] *f* delivery, supply; *bei ~ zu bezahlen* payable on delivery

Lieferwagen ['li:fərva:gən] *m* van
Liege ['li:gə] *f* couch; *(Camping~)* camp bed, *(für Garten)* lounger
liegen ['li:gən] *v irr 1.* lie; *2. (sich befinden)* to be, to be situated, to be located; *3. an etw ~ (seine Ursache haben)* to be because of sth; *4. Es liegt mir viel daran.* It matters a lot to me. *5. richtig ~* to be absolutely right, *~ bleiben (Mensch)* keep lying down, *(im Bett bleiben)* stay in bed, *(Schnee)* stay on the ground, *(vergessen werden)* to be left, *(Auto)* conk out (fam); *alles stehen und ~ lassen* leave everything behind
Liegestuhl ['li:gəʃtu:l] *m* deck-chair
Lift [lɪft] *m* lift *(UK),* elevator *(US)*
Liga ['li:ga] *f* league
Likör [li'kø:r] *m* liqueur
lila ['li:la] *adj* lilac
Lilie ['li:ljə] *f BOT* lily
Limonade [limo'na:də] *f 1.* fruit juice; *2. (Brause)* soft drink; *3. (Zitronenlimonade)* lemonade
Limousine [limu'zi:nə] *f (Auto)* limousine
Linde ['lɪndə] *f BOT* lime-tree
Lineal [line'a:l] *n* ruler
Linguistik [lɪŋ'gwɪstɪk] *f* linguistics *pl*
Linienflug ['li:njənflu:k] *m* scheduled flight
Linke(r) ['lɪŋkə(r)] *m/f POL* leftist
linkisch ['lɪŋkɪʃ] *adj* clumsy, awkward
links ['lɪŋks] *adv* on the left, left; *jdn ~ liegen lassen* give s.o. the cold shoulder; *Das mache ich mit ~.* I could do that with my eyes shut.
linkshändig ['lɪŋkshɛndɪç] *adj* left-handed
Linse ['lɪnzə] *f 1. BOT* lentil; *2. (in der Optik)* lens
Lippe ['lɪpə] *f* lip; *eine dicke ~ riskieren* talk big; *Ich konnte es nicht über die ~n bringen.* I couldn't bring myself to say that.
Lippenstift ['lɪpənʃtɪft] *m* lipstick
liquid [lɪ'kvi:t] *adj 1. (Mittel)* liquid; *2. (Person)* solvent
Liquidation [lɪkvɪda'tsjo:n] *f ECO* liquidation, winding-up *(UK)*
liquidieren [lɪkvɪ'di:rən] *v ECO* liquidate, wind up *(UK)*
Liquidität [lɪkvɪdi'tɛ:t] *f 1. (Zahlungsfähigkeit) ECO* liquidity, solvency; *2. (Zahlungsmittel) ECO* liquid assets
lispeln ['lɪspəln] *v* lisp
List [lɪst] *f* cunning, craftiness, trickery
Liste ['lɪstə] *f* list
listig ['lɪstɪç] *adj* cunning, sly, crafty
Liter ['li:tər] *m* litre, liter *(US)*
literarisch [litə'ra:rɪʃ] *adj* literary
Literatur [litəra'tu:r] *f* literature
Liturgie [litur'gi:] *f REL* liturgy
liturgisch [li'turgɪʃ] *adj REL* liturgic, liturgical
Lizenz [li'tsɛnts] *f* licence, license *(US)*
Lob [lo:p] *n* praise, commendation; *ein ~ verdienen* deserve praise
Lobby ['lɔbi] *f POL* lobby, pressure group
loben ['lo:bən] *v* praise, commend
lobenswert ['lo:bənsvɛrt] *adj* praiseworthy
Loch [lɔx] *n* hole; *aus dem letzten ~ pfeifen* to be on one's last legs; *jdm ein ~ in den Bauch reden* bend s.o.'s ear
Locke ['lɔkə] *f* curl, lock of hair
locken ['lɔkən] *v 1. (Haare)* curl; *2. (fig)* tempt, bait, allure
locker ['lɔkər] *adj 1. (lose)* loose, slack; *2. (entspannt)* at ease, relaxed; *3. (fig: ungezwungen)* informal, easy-going
Lockerheit ['lɔkərhaɪt] *f 1. (eines Gewebes)* looseness; *2. (der Erde)* looseness, fluffiness; *3. (eines Seiles)* slackness; *4. (eines Kuchens)* lightness, fluffiness; *5. (eines Wesens)* looseness, laxity
Lockerung ['lɔkəruŋ] *f 1. (Seil)* loosening, slackening; *2. (Vorschrift)* relaxation
lockig ['lɔkɪç] *adj* curly, curled
Löffel ['lœfəl] *m* spoon
löffeln ['lœfəln] *v* eat with a spoon
Logik ['lo:gɪk] *f* logic
logisch ['lo:gɪʃ] *adj 1.* logical; *adv 2. Logisch!* Naturally! Of course!
Logistik [lo'gɪstɪk] *f* logistics *pl*
Lohn [lo:n] *m 1. (Bezahlung)* wage(s), pay, earnings; *2. (Belohnung)* reward, recompense
lohnen ['lo:nən] *v sich ~* to be worth it, pay, to be worthwhile
Lohnsteuer ['lo:nʃtɔyər] *f* wage tax
lokal [lo'ka:l] *adj* local
Lokal [lo'ka:l] *n (Gaststätte)* restaurant, bar, pub
Lokalität [lokali'tɛ:t] *f 1. (örtliche Beschaffenheit)* locality; *2. (Raum)* premises; *3. (Toilette)* toilet, bathroom *(US)*
Lokomotive [lokomo'ti:və] *f* locomotive engine
Lorbeer ['lɔrbe:r] *m BOT* laurel; *~en ernten* cover o.s. in glory; *sich auf seinen ~en ausruhen* rest on one's laurels
los [lo:s] *adj 1.* loose; *2. etw ~ sein* to be rid of sth; *3. es ist etw ~* something is going on; *Dort ist nichts ~.* There's nothing happening there. *Was ist denn hier ~?* What's going on here? *Was ist mit ihr ~?* What's with her? (fam) *Was ist ~?* What's up? *Mit ihm ist nicht viel ~.*

He's nothing to write home about. *interj 4.* Go! *adv 5. Wir müssen ~!* We've got to go!
Los [loːs] *n 1. (Lotterielos)* lottery-ticket; *mit jdm das große ~ gezogen haben* have hit the jackpot with s.o.; *2. (Schicksal)* lot, fate, destiny
losbinden ['loːsbɪndən] *v irr* untie, unbind
löschen ['lœʃən] *v 1. (Feuer)* extinguish, put out; *2. (Licht)* turn off, switch off; *3. (Fracht)* unload; *4. (Durst)* quench; *5. INFORM* delete, erase
Löschtaste ['lœʃtastə] *f INFORM* delete key
lose ['loːzə] *adj* loose
Lösegeld ['løːzəgɛlt] *n* ransom
losen ['loːzən] *v 1.* draw lots, raffle; *2. (mit der Münze ~)* toss a coin
lösen ['løːzən] *v 1. (losbinden)* untie, undo; *2. (klären)* solve, clear up, deal with; *3. (beenden)* break, sever; *4. (zergehen lassen)* dissolve, melt; *5. (kaufen)* buy, get
losfahren ['loːsfaːrən] *v irr* drive off
losgehen ['loːsgeːən] *v irr 1. (weggehen)* set off; *2. (Schuss)* go off; *3. auf jdn ~* go at s.o.; *4. (anfangen)* start; *Gleich geht's los.* It's about to start.
loskaufen ['loːskaufən] *v 1. sich ~* buy one's freedom; *2. (eine entführte Person)* ransom
loskommen ['loːskɔmən] *v irr* get free, get away
loslassen ['loːslasən] *v irr* let go
löslich ['løːslɪç] *adj 1.* soluble, dissolvable; *2. (Kaffee)* instant
loslösen ['loːsløːzən] *v* remove; *sich ~* come off; *sich von der Familie ~* split away from one's family
losreißen ['loːsraɪsən] *v irr 1.* break loose, pull off; *2. (fig)* tear away
lossprechen ['loːsʃprɛçən] *v irr 1.* acquit, free; *2. REL* absolve
Lösung ['løːzuŋ] *f 1. (Losmachen)* loosening; *2. (Klärung)* solution, answer; *3. (Beendigung)* separation, severing; *4. CHEM* solution
Lot [loːt] *n MATH* perpendicular (line); *etw wieder ins rechte ~ bringen* put sth right
löten ['løːtən] *v* solder
lotsen ['loːtsən] *v 1.* pilot; *2. (fig)* drag along
Lotterie [lɔtə'riː] *f* lottery
Löwe ['løːvə] *m ZOOL* lion
Löwin ['løːvɪn] *f* lioness
loyal [lo'jaːl] *adj* loyal, staunch
Loyalität [lojaːlɪ'tɛːt] *f* loyalty
Luchs [luks] *m ZOOL* lynx
Lücke ['lykə] *f* gap
Luft [luft] *f* air; *Die ~ ist rein (fig).* The coast is clear. *etw in die ~ sprengen* blow sth up; *dicke ~* tense atmosphere; *jdn wie ~ behandeln* give s.o. the cold shoulder; *jdm die ~ abdrehen* ruin s.o.; *die ~ anhalten* hold one's breath; *jdn an die frische ~ befördern* throw s.o. out; *aus der ~ gegriffen sein* to be pure invention; *in der ~ hängen* to be in limbo; *in die ~ gehen (fig)* blow up; *seinem Ärger ~ machen* give vent to one's anger
Luftballon ['luftbalɔ̃] *m* balloon
Luftblase ['luftblaːzə] *f* air bubble
Luftdruck ['luftdruk] *m* air pressure
lüften ['lyftən] *v 1. (Raum, Kleider)* air out; *2. (fig: enthüllen)* disclose, reveal, unveil
Luftfahrt ['luftfaːrt] *f* aeronautics *pl*
Luftfeuchtigkeit ['luftfɔyçtɪçkaɪt] *f* humidity
luftig ['luftɪç] *adj 1.* airy; *2. in ~er Höhe* at a great height
Luftmatratze ['luftmatratsə] *f* air mattress
Lüftung ['lyftuŋ] *f* ventilation
Luftverschmutzung ['luftfɛrʃmutsuŋ] *f* air pollution
Lüge ['lyːgə] *f* lie
lügen ['lyːgən] *v irr* lie, tell lies; *wie gedruckt ~* to be a bold-faced liar
Lügner ['lyːgnər] *m* liar
Luke ['luːkə] *f 1.* hatch; *2. (Dachluke)* dormer-window
Lump [lump] *m 1. (gewissenloser Mensch)* rat (fam); *2. (Schlingel)* rascal
Lumpen ['lumpən] *m* rag
Lunge ['luŋə] *f ANAT* lung
Lupe ['luːpə] *f* magnifying-glass; *Solche Leute kannst du mit der ~ suchen.* Such people are few and far between. *jdn unter die ~ nehmen* take a close look at s.o.
Lust [lust] *f 1. (Freude)* joy, pleasure, delight; *nach ~ und Laune* as the mood takes you; *2. (Verlangen)* lust, desire
lustig ['lustɪç] *adj 1. (komisch)* funny, amusing, comical; *2. (fröhlich)* jolly, merry
lustlos ['lustloːs] *adj* listless, dull, lifeless
Lustlosigkeit ['lustloːzɪçkaɪt] *f 1.* listlessness, apathy, lack of interest, lack of enthusiasm; *2. FIN* dullness, slackness, flatness
Lustspiel ['lustʃpiːl] *n THEAT* comedy
lutschen ['lutʃən] *v* suck
Lutscher ['lutʃər] *m* lollipop
luxuriös [luksur'jøːs] *adv 1.* luxuriously; *adj 2.* luxurious
Luxus ['luksus] *m* luxury
Lymphdrüse ['lympfdryːzə] *f ANAT* lymphatic node, lymph node
Lynchjustiz ['lynçjustiːts] *f* lynch law, frontier justice *(US)*
Lyrik ['lyːrɪk] *f LIT* lyric poetry

M

machbar ['maxbar] *adj* feasible, possible
Machbarkeit ['maxbarkaɪt] *f* feasibility
machen ['maxən] *v 1.* make; *Mach's gut!* Good luck! Take care of yourself! *(US); sich etw ~ lassen* have sth made; *Mit dem kann man's ja ~.* He'll put up with it. *2. (verursachen)* cause; *jdm Kopfschmerzen ~* give s.o. a headache; *3. (tun)* do; *Was ~ Sie da?* What are you doing? *Mach schon!* Hurry up! *4. (ausmachen)* matter; *Macht nichts!* It doesn't matter! *sich wenig aus etw ~* not be very keen on sth; *Mach dir nichts daraus!* Don't let it bother you!
Machenschaften ['maxənʃaftən] *pl* intrigues, machinations
Macht [maxt] *f 1. (Stärke)* power, strength, force; *~ ausüben auf* exercise power over; *2. (Herrschaft)* command, control, dominion; *3. (Einfluss)* power, influence
mächtig ['mɛçtɪç] *adj 1. (stark)* powerful, strong, mighty; *2. (gewaltig)* mighty, formidable, considerable; *3. (einflussreich)* powerful, strong; *seiner selbst nicht mehr ~ sein* lose one's self-control; *4. (fig: sehr groß)* huge, immense, massive; *adv 5. (fig)* very, considerably, mighty
machtlos ['maxtlo:s] *adj* powerless
Machtwort ['maxtvɔrt] *n* command; *ein ~ sprechen* put one's foot down *(fam)*
Mädchen ['mɛ:tçən] *n* girl; *~ für alles* dogsbody *(UK)*, gofer *(US)*
Mädchenname ['mɛ:tçənna:mə] *m* maiden name
Magazin [maga'tsi:n] *n 1. (Lager)* warehouse, storehouse; *2. (Waffe)* magazine; *3. (Zeitschrift)* magazine
Magen ['ma:gən] *m ANAT* stomach; *jdm auf den ~ schlagen* turn s.o.'s stomach; *da dreht sich mir der ~ um* That turns my stomach!
mager ['ma:gər] *adj 1. (dünn)* thin, skinny; *2. (abgemagert)* emaciated; *3. (dürftig)* meagre, paltry, poor
Magie [ma'gi:] *f* magic
magisch ['ma:gɪʃ] *adj* magic, magical
Magnet [mag'ne:t] *m* magnet
mähen ['mɛ:ən] *v 1.* cut; *2. (Rasen)* mow; *3. (Getreide)* reap
Mahl [ma:l] *n* meal
mahlen ['ma:lən] *v irr* grind, mill
Mähne ['mɛ:nə] *f* mane
mahnen ['ma:nən] *v 1. (warnen)* admonish, warn; *2. (auffordern)* urge
Mahnmal ['ma:nma:l] *n* monument, memorial
Mahnung ['ma:nuŋ] *f 1. (Warnung)* warning, admonition; *2. (Aufforderung)* reminder, request for payment, demand for payment
Mai [maɪ] *m* May
Maikäfer ['maɪkɛ:fər] *m ZOOL* May-bug
Mais [maɪs] *m BOT* sweet corn, maize, corn *(US)*
Majestät [majɛs'tɛ:t] *f 1.* majesty; *2. (Titel)* Majesty
majestätisch [majɛs'tɛ:tɪʃ] *adj 1.* majestic; *adv 2.* majestically
makaber [ma'ka:bər] *adj* macabre
Makel ['ma:kəl] *m 1.* spot, stain, blemish; *2. (Fehler)* flaw
makellos ['ma:kəllo:s] *adj* flawless, spotless, stainless
Makler ['ma:klər] *m* agent
mal [ma:l] *adv 1. (fam: einmal) Komm ~ her!* Come here! *Guck ~!* Look! *Das ist nun ~ so.* That's just the way it is. *Schauen wir ~.* Let's see. *nicht ~* not even; *2. (früher)* once; *Warst du schon ~ in Paris?* Have you ever been to Paris? *3. (in Zukunft)* some day; *4. (multipliziert mit)* times
Mal [ma:l] *n 1. (Zeichen)* mark, *(Kennzeichen)* sign; *2. (Muttermal)* mole; *3. (fig)* stigma; *4. (Zeitpunkt)* time; *mit einem ~* all at once; *von ~ zu ~* all the time; *ein für alle ~* once and for all
Malaria [ma'la:ria] *f MED* malaria
malen ['ma:lən] *v 1.* paint; *2. (zeichnen)* draw
Maler ['ma:lər] *m* painter
malerisch ['ma:lərɪʃ] *adj* picturesque, scenic
Malz [malts] *n* malt
Mammon ['mamɔn] *m* Mammon; *der schnöde ~* filthy lucre
man [man] *pron* one, people, you *(fam); ~ kann nie wissen* you never can tell, one never knows; *~ hat mir gesagt* I was told, s.o. told me; *~ sagt* they say, it is said, people say
manch [manç] *pron 1.* some, several; *2. ~ ein* many a
manchmal ['mançma:l] *adv* sometimes
Mandant [man'dant] *m JUR* client

Mandat [man'daːt] *n* *1. JUR* authorization, brief, retainer; *2. POL* mandate
Mandel ['mandəl] *f* *1. BOT* almond; *2. ANAT* tonsil
Manege [ma'neːʒə] *f* circus ring
Mangel¹ ['maŋəl] *m* *1. (Fehlen)* lack, deficiency, want; *2. (Fehler)* defect, shortcoming, fault
Mangel² ['maŋəl] *f* *(Heißmangel)* mangle; *jdn in die ~ nehmen* give s.o. a grilling
mangelhaft ['maŋəlhaft] *adj* *1. (unvollständig)* lacking, deficient, imperfect; *2. (fehlerhaft)* defective, faulty; *3. (Schulnote)* unsatisfactory
mangeln ['maŋəln] *v* *1. (fehlen)* to be lacking, to be wanting; *2. (Wäsche)* mangle
mangels ['maŋəls] *prep* for want of
Mango ['maŋgo] *f BOT* mango
Manie [ma'niː] *f* mania, madness
Manieren [ma'niːrən] *pl* manners
Manifest [manɪ'fɛst] *n POL* manifesto
Manifestation [manɪfɛsta'tsjoːn] *f* manifestation
manifestieren [manɪfɛs'tiːrən] *v* *1.* demonstrate; *2. sich ~* manifest itself
Manipulation [manipula'tsjoːn] *f* manipulation
manipulieren [manipu'liːrən] *v* manipulate
manisch ['maːnɪʃ] *adj* manic
Manko ['maŋko] *n* *1. (Mangel)* flaw; *2. (Fehlbetrag) ECO* deficit
Mann [man] *m* *1.* man; *der kleine ~* the common people, the common man; *der ~ auf der Straße* the man in the street; *ein ~ von Welt* a man of the world; *ein toter ~ sein* to be done for, to be a goner; *den starken ~ markieren* come the strong man; *seinen ~ stehen* hold one's own; *mit ~ und Maus untergehen* go down with all hands; *etw an den ~ bringen* get rid of sth; *etw an den ~ bringen (verkaufen)* find a buyer for sth; *2. (Ehemann)* husband
Mannequin [manə'kɛ̃] *n* (fashion) model
mannigfaltig ['manɪçfaltɪç] *adj* diverse, multifarious, manifold
männlich ['mɛnlɪç] *adj* masculine, male
Mannschaft ['manʃaft] *f* *1. SPORT* team; *2. (Besatzung)* crew
Manöver [ma'nøːvər] *n* manoeuvre, maneuver *(US)*
Mantel ['mantəl] *m* *1. (Kleidungsstück)* coat; *2. TECH* case, casing, shell
manuell [manu'ɛːl] *adj* *1.* manual; *adv* *2.* manually
Manuskript [manus'krɪpt] *n* manuscript
Mappe ['mapə] *f* *1. (Tasche)* case, briefcase; *2. (Sammelmappe)* folder, portfolio
Marathon ['maːratɔn] *m SPORT* marathon
Märchen ['mɛːrçən] *n* *1.* fairy-tale; *2. (fig)* tall tale
märchenhaft ['mɛːrçənhaft] *adj* fabulous, legendary, fantastic
Margarine [marga'riːnə] *f GAST* margarine
Margerite [margə'riːtə] *f BOT* marguerite
marginal [margi'naːl] *adj* marginal
Marienkäfer [ma'riːənkɛːfər] *m ZOOL* lady-bird *(UK)*, ladybug *(US)*
Marine [ma'riːnə] *f* navy
Marionette [mario'nɛtə] *f* puppet, marionette
maritim [mari'tiːm] *adj* maritime
Mark¹ [mark] *f HIST* *1. (Deutsche ~)* Deutsche Mark, German mark; *keine müde ~* not a single penny; *mit jeder ~ rechnen müssen* have to count every penny; *jede ~ dreimal umdrehen müssen* think twice before spending anything
Mark² [mark] *n* *1. (von Früchten)* pulp; *2. ANAT* marrow; *jdm durch ~ und Bein dringen* set one's teeth on edge; *bis ins ~* to the quick
Mark³ [mark] *f (Grenzland)* borderland
markant [mar'kant] *adj* marked, striking, prominent
Marke ['markə] *f ECO* brand
Markenartikel ['markənartɪkəl] *m ECO* name brand
Marketing ['markətɪŋ] *n ECO* marketing
markieren [mar'kiːrən] *v* *1.* mark; *2. (fam: vortäuschen)* pretend
Markise [mar'kiːzə] *f* blind, awning
Markt [markt] *m* market
Marmelade [marmə'laːdə] *f* jam, preserves *pl; (von Zitrusfrüchten)* marmalade
Marmor ['marmor] *m* marble
Marokko [ma'rɔko] *n GEO* Morocco
Mars [mars] *m der ~ ASTR* Mars
Marsch¹ [marʃ] *m* march; *jdm den ~ blasen* give s.o. a piece of one's mind
Marsch² [marʃ] *f* marsh
marschieren [mar'ʃiːrən] *v* march
Marsmensch ['marsmɛnʃ] *m* Martian
Marter ['martər] *f* torture, torment
martern ['martərn] *v* torture, torment
Märtyrer ['mɛrtyrər] *m REL* martyr
Marxismus [mark'sɪsmus] *m POL* Marxism
März [mɛrts] *m* March
Marzipan ['martsipaːn] *n GAST* marzipan

Masche ['maʃə] *f 1. (Handarbeit)* stitch; *2. (fig: Trick)* trick, act, ploy; *3. (Mode)* craze
Maschine [ma'ʃiːnə] *f 1.* machine; *2. (Motor)* engine
maschinell [maʃi'nɛl] *adj 1.* mechanical; *adv 2.* mechanically
Masern ['maːzərn] *pl MED* measles
Maske ['maskə] *f* mask; *die ~ fallen lassen* show one's true face; *jdm die ~ vom Gesicht reißen* unmask s.o.
maskieren [mas'kiːrən] *v sich ~* disguise o.s., put on a mask, masquerade
Maskottchen [mas'kɔtçən] *n* mascot
maskulin ['maskuliːn] *adj* masculine
Masochismus [mazɔ'xɪsmus] *m* masochism
Maß [maːs] *n 1.* measurement; *mit zweierlei ~ messen* apply a double standard; *über alle ~en* beyond measure; *nach ~* made-to-measure; *Das ~ ist voll!* That's the last straw! *~ halten* be moderate, keep within bounds, observe moderation *2. (Ausmaß)* extent; *3. (~krug)* one-litre mug
Massage [ma'saːʒə] *f* massage
Massaker [ma'saːkər] *n* massacre, slaughter, blood-bath
Masse ['masə] *f 1. (Stoff)* mass, substance, matter; *2. (große Menge)* large quantity, mass, bulk; *3. (Volksmenge)* crowd, mass of people
Masseur [ma'søːr] *m* masseur
maßgebend ['maːsgeːbənt] *adj 1.* authoritative, decisive; *2. (einflussreich)* influential
maßgeblich ['maːsgeːplɪç] *adj* decisive
massieren [ma'siːrən] *v* massage
mäßig ['mɛːsɪç] *adj* moderate, mediocre, temperate
mäßigen ['mɛːsigən] *v 1.* moderate; *2. (Ungeduld usw)* restrain, keep within bounds; *3. (mildern)* mitigate; *4. sich ~* control o.s., restrain o.s.
massiv [ma'siːf] *adj 1.* solid, massive; *2. (heftig)* heavy, severe
Massiv [ma'siːf] *n GEO* massif
maßlos ['maːsloːs] *adj 1.* boundless, extreme; *2. (übermäßig)* excessive
Maßnahme ['maːsnaːmə] *f* measure, step, action
maßregeln ['maːsreːgəln] *v* reprimand, discipline
Maßstab ['maːsʃtaːp] *m 1.* measuring rod, yardstick; *2. (fig)* measure
maßvoll ['maːsfɔl] *adj* moderate
Mast¹ [mast] *m 1. (Schiffsmast)* mast; *2. (Telefonmast)* telephone mast, telegraph-pole, telephone pole *(US)*; *3. (Fahnenmast)* flagpole
Mast² [mast] *f 1. (Mästen)* fattening; *2. (Futter)* fattening feed
mästen ['mɛstən] *v* fatten, feed
Material [mate'rjaːl] *n* material
Materialismus [materja'lɪsmus] *m* materialism
Materie [ma'teːrjə] *f* matter
Mathematik [matema'tiːk] *f* mathematics
Matratze [ma'tratsə] *f* mattress
Mätresse [mɛ'trɛsə] *f* mistress
Matrize [ma'triːtsə] *f* matrix, stencil
Matrone [ma'troːnə] *f* matron
Matsch [matʃ] *m* slush
matschig ['matʃɪç] *adj 1.* mushy; *2. (Schnee)* slushy
matt [mat] *adj 1. (schwach)* tired, exhausted, worn; *jdn ~ setzen* checkmate s.o.; *2. (trübe)* dim, dull
Matte ['matə] *f* mat; *jdn auf die ~ legen* take s.o. for a ride; *auf der ~ stehen* to be there and ready for action
Mauer ['mauər] *f* wall; *Es ist, als ob man gegen eine ~ redet.* It's like talking to a brick wall.
Maulwurf ['maulvurf] *m ZOOL* mole
Maurer ['maurər] *m* mason, bricklayer
maurisch ['maurɪʃ] *adj HIST* Moorish
Maus [maus] *f ZOOL* mouse; *weiße Mäuse sehen (fig)* see pink elephants
Mausefalle ['mauzəfalə] *f* mousetrap
mausern ['mauzərn] *v 1. sich ~* moult; *2. sich zu etw ~ (fig)* develop into sth
Mautgebühr ['mautgəbyːr] *f* toll
maximal [maksi'maːl] *adv 1.* at most, a maximum of; *adj 2.* maximum
Maxime [mak'siːmə] *f* maxim
Maximum ['maksimum] *n* maximum
Majonäse [majɔ'nɛːzə] *f* mayonnaise
Mäzen [mɛ'tseːn] *m ART* patron
Mechanik [me'çaːnɪk] *f 1.* mechanics; *2. (Triebwerk)* mechanism
Mechaniker [me'çaːnɪkər] *m* mechanic
mechanisch [me'çaːnɪʃ] *adj* mechanical
Medaille [me'daljə] *f* medal
Medien ['meːdjən] *pl* media *pl*
Medikament [medika'mɛnt] *n MED* drug, medicine, remedy
Meditation [medita'tsjoːn] *f* meditation
mediterran [meditɛ'raːn] *adj GEO* Mediterranean
meditieren [medi'tiːrən] *v* meditate
Medium ['meːdjum] *n* medium

Medizin [medi'tsiːn] *f* 1. *(Heilkunde)* medicine; 2. *(Medikament)* medicine, drug, remedy
Mediziner [medi'tsiːnər] *m* 1. *MED* physician, doctor; 2. *(Medizinstudent) MED* student of medicine
medizinisch [medi'tsiːnɪʃ] *adj* 1. *(arzneilich)* medicinal; 2. *(ärztlich)* medical
Meer [meːr] *n* ocean, sea
Meerrettich ['meːrrɛtɪç] *m* horseradish
Meerschweinchen ['meːrʃvaɪnçən] *n* *ZOOL* guinea pig
Mehl [meːl] *n* flour
mehr [meːr] *adv* more; *nicht ~* no longer, not anymore; *~ oder weniger* more or less; *immer ~* more and more; *Ich habe keinen Hunger ~.* I'm no longer hungry. *~ und ~* more and more; *~ oder minder* more or less; *nicht ~ und nicht weniger* no more no less
mehrdeutig ['meːrdɔytɪç] *adj* ambiguous
Mehrdeutigkeit ['meːrdɔytɪçkaɪt] *f* ambiguity
mehren ['meːrən] *v* increase
mehrere ['meːrərə] *adj* 1. several; 2. *(einige)* a few; 3. *(verschiedene)* various
mehrfach ['meːrfax] *adj* 1. multiple, manifold; 2. *(wiederholt)* repeated
mehrfarbig ['meːrfarbɪç] *adj* multicoloured
Mehrheit ['meːrhaɪt] *f* majority
mehrmals ['meːrmaːls] *adv* repeatedly, several times, more than once
mehrsprachig ['meːrʃpraːxɪç] *adj* multilingual, polyglot
mehrstellig ['meːrʃtɛlɪç] *adj* multidigit
Mehrwegflasche ['meːrveːkflaʃə] *f* returnable bottle
Mehrwertsteuer ['meːrvɛrtʃtɔyər] *f* *FIN* value-added tax
Mehrzahl ['meːrtsaːl] *f* 1. *GRAMM* plural; 2. *(Mehrheit)* majority
meiden ['maɪdən] *v irr* avoid
Meile ['maɪlə] *f* mile
Meilenstein ['maɪlənʃtaɪn] *m (fig)* milestone, landmark
mein(e) ['maɪn(ə)] *pron* 1. my; 2. *(das Meinige)* mine
Meineid ['maɪnaɪt] *m* *JUR* perjury
meinen ['maɪnən] *v* 1. *(glauben, denken)* think, believe; *Meinst du?* Do you think so? *Das will ich ~!* I should think so! 2. *(vermuten)* suppose; 3. *(sagen wollen)* mean; 4. *(mit einer bestimmten Absicht tun)* mean, intend
Meinung ['maɪnuŋ] *f* opinion, view; *Ich bin anderer ~.* I disagree. *Ganz meine ~!* I couldn't agree more! *jdm gehörig die ~ sagen* give s.o. a piece of one's mind
Meinungsfreiheit ['maɪnuŋsfraɪhaɪt] *f* freedom of opinion
Meinungsumfrage ['maɪnuŋsumfraːgə] *f* opinion poll
Meißel ['maɪsəl] *m* chisel
meißeln ['maɪsəln] *v* chisel
meist [maɪst] *adj* 1. most; *adv* 2. *(~ens)* usually, generally, most of the time, mostly
meistens ['maɪstəns] *adv* usually, generally, most of the time, mostly
Meister ['maɪstər] *m* 1. master; 2. *(Handwerker)* master craftsman; 3. *SPORT* champion
meisterhaft ['maɪstərhaft] *adj* 1. masterly; *adv* 2. brilliantly, to perfection
meistern ['maɪstərn] *v* master
Meisterschaft ['maɪstərʃaft] *f* *SPORT* championship
Mekka ['mɛka] *n* Mecca
Melancholie [melaŋkɔ'liː] *f* melancholy
melden ['mɛldən] *v* 1. *(mitteilen)* report; 2. *(ankündigen)* announce; *nichts zu ~ haben (fig)* have no say; 3. *(anmelden)* register; 4. *sich ~* report, announce one's presence; 5. *sich ~ (mit jdm in Verbindung setzen)* get in touch (with s.o.); 6. *sich ~ (am Telefon)* answer
Meldung ['mɛlduŋ] *f* 1. *(Anmeldung)* registration; 2. *(Ankündigung)* notification; 3. *(Mitteilung)* information; 4. *(Presse, Radio, Fernsehen)* news bulletin
melken ['mɛlkən] *v irr* milk
Melodie [mɛlo'diː] *f* melody
Melone [me'loːnə] *f* 1. *(Honigmelone)* melon; 2. *(Wassermelone)* watermelon
Memoiren [me'mwaːrən] *pl* memoirs
Memorandum [memo'randum] *n* *POL* memorandum
Menge ['mɛŋə] *f* 1. *(bestimmte Anzahl)* amount, quantity; 2. *(große Anzahl)* mass, lot, load; *eine ganze ~ von* a great deal of; *jede ~* a whole bunch of; 3. *(Volksmenge)* crowd of people, throng
Mengenrabatt ['mɛŋənrabat] *m* *ECO* quantity discount, bulk discount
Mensa ['mɛnza] *f* university canteen
Mensch [mɛnʃ] *m* 1. human being, man; *Ich bin auch nur ein ~.* I'm only human. *wie der erste ~* as though one hasn't a clue; *nur noch ein halber ~ sein* to be run down; *ein neuer ~ werden* turn over a new leaf; *von ~ zu ~* man to man; 2. *(Person)* person; *kein ~* nobody, no one; *interj* 3. Man!

Menschenfresser ['mɛnʃənfrɛsər] *m* cannibal
Menschenfreund ['mɛnʃənfrɔynt] *m* philanthropist
Menschenrechte ['mɛnʃənrɛçtə] *pl* human rights
Menschenwürde ['mɛnʃənvyrdə] *f* human dignity
Menschheit ['mɛnʃhaɪt] *f* humanity, mankind
menschlich ['mɛnʃlɪç] *adj 1.* human; *adv 2. (human)* humane
Menschlichkeit ['mɛnʃlɪçkaɪt] *f* humanity, human nature, humaneness
Menstruation [mɛnstrua'tsjo:n] *f* menstruation
mental [mɛn'ta:l] *adj* mental, psychological
Mentalität [mentali'tɛ:t] *f* mentality
Menü [me'ny:] *n 1. GAST* special of the day, set meal, table d'hôte, set menu; *2. INFORM* menu
Meridian [meri'dja:n] *m GEO* meridian
merken ['mɛrkən] *v 1. (wahrnehmen)* notice, perceive, *(fühlen)* feel; *2. sich etw ~* retain, note, remember
merklich ['mɛrklɪç] *adj 1.* noticeable, perceptible; *adv 2.* noticeably, perceptibly
Merkmal ['mɛrkma:l] *n* mark, token, characteristic
merkwürdig ['mɛrkvyrdɪç] *adj* strange, curious, odd
Messe ['mɛsə] *f 1. (Ausstellung)* fair, trade show; *2. REL* mass
messen ['mɛsən] *v irr 1.* measure; *2. (fig) sich ~ mit* measure o.s. against
Messer ['mɛsər] *n* knife; *auf des ~s Schneide stehen* hang in the balance; *jdm ins offene ~ laufen* walk straight into the trap; *jdm das ~ an die Kehle setzen (fig)* put a gun to s.o.'s head; *bis aufs ~* to the finish
Messing ['mɛsɪŋ] *n MET* brass
Messung ['mɛsuŋ] *f* measurement
Metall [me'tal] *n* metal
Metapher [me'tafər] *f LIT* metaphor
Meteorit [meteo'ri:t] *m* meteorite
Meter ['me:tər] *m* metre, meter *(US)*
Methode [me'to:də] *f* method
methodisch [me'to:dɪʃ] *adj 1.* methodical; *adv 2.* methodically
Metropole [metro'po:lə] *f* metropolis
Metzger ['mɛtsgər] *m* butcher
Metzgerei [mɛtsgə'raɪ] *f* butcher's shop, butcher shop *(US)*
Meuterei [mɔytə'raɪ] *f MIL* mutiny
meutern ['mɔytərn] *v 1. (Gehorsam verweigern)* mutiny, mutineer; *2. (fig: murren)* grumble, moan
Mexikaner(in) [mɛksi'ka:nər(ɪn)] *m/f* Mexican
mexikanisch [mɛksi'ka:nɪʃ] *adj* Mexican
Mexiko ['mɛksiko:] *n GEO* Mexico
Miene ['mi:nə] *f* (facial) expression; *keine ~ verziehen* not bat an eyelid
Miete ['mi:tə] *f 1. (Mieten)* lease, tenancy; *die halbe ~ sein (fig)* to be half the battle; *2. (Mietzins)* rent
mieten ['mi:tən] *v* rent, hire
Migräne [mi'grɛ:nə] *f MED* migraine
Mikrofon [mi:kro'fo:n] *n* microphone
Mikrokosmos [mi:kro'ko:smos] *m* microcosm
Mikroskop [mikros'ko:p] *n* microscope
Milbe ['mɪlbə] *f* mite
Milchstraße ['mɪlçʃtra:sə] *f ASTR* Milky Way
mild [mɪlt] *adj 1. (Wesen)* soft, gentle, kind; *2. (Wetter)* mild, temperate
Milde ['mɪldə] *f 1. (Wetter)* mildness; *2. (Wesen)* gentleness, tenderness
mildern ['mɪldərn] *v 1. (abschwächen)* soften, reduce, mitigate; *2. (lindern)* soothe
mildtätig ['mɪlttɛ:tɪç] *adj* charitable
Milieu [mɪ'ljø:] *n* environment, milieu
militant [mili'tant] *adj* militant
Militär [mili'tɛ:r] *n* military, army
Millimeter [mili'me:tər] *m* millimetre
Million [mil'jo:n] *f* million
Millionär(in) [mɪljo'nɛ:r(ɪn)] *m/f* millionaire
Milz [mɪlts] *f ANAT* spleen
Mimik ['mi:mɪk] *f* mimicry, mimic art
minderbemittelt ['mɪndərbəmɪtəlt] *adj 1. (finanziell ~)* less well-off; *2. (geistig schwach)* educationally substandard, retarded, slow, mentally less gifted
Minderheit ['mɪndərhaɪt] *f* minority
minderjährig ['mɪndərjɛ:rɪç] *adj* underage
Minderjährige(r) ['mɪndərjɛ:rɪgə(r)] *m/f* minor
mindern ['mɪndərn] *v 1. (verringern)* diminish, lessen, reduce; *2. (mildern)* alleviate
Minderung ['mɪndəruŋ] *f* reduction, diminishing
minderwertig ['mɪndərve:rtɪç] *adj* inferior, substandard
mindeste(r,s) ['mɪndəstə(r,s)] *adj* least, smallest, lowest
mindestens ['mɪndəstəns] *adv* at least

Mine ['mi:nə] *f 1. (Sprengkörper)* mine; *2. (Bergwerk)* mine; *3. (Kugelschreiber)* cartridge
Mineral [minə'ra:l] *n* mineral
minimal [mɪni'ma:l] *adj* minimal, very small
Minimum ['mɪnimum] *n* minimum
Minister(in) [mi'nɪstər(ɪn)] *m/f POL* minister
Ministerium [minɪ'ste:rjum] *n POL* ministry
minus ['mi:nus] *adv* minus
Minus ['mi:nus] *n ECO* deficit
Minuspol ['mi:nuspo:l] *m* negative pole
Minute [mi'nu:tə] *f* minute; *in letzter ~* at the last minute; *auf die ~ genau* on the dot
minuziös [minu'tsjø:s] *adj* minute
Mirabelle [mira'bələ] *f BOT* mirabelle
mischen ['mɪʃən] *v* mix
Mischung ['mɪʃuŋ] *f 1. (Mischen)* mixture, blend; *2. (Gemenge)* mingling
miserabel [mizə'ra:bəl] *adj* miserable
Misere [mi'ze:rə] *f* misery, wretchedness
missachten [mɪs'axtən] *v (ignorieren)* disregard, neglect
Missachtung [mɪs'axtuŋ] *f (Geringschätzung)* disrespect, contempt, disdain
Missbildung ['mɪsbɪlduŋ] *f* deformity, malformation
missbilligen [mɪs'bɪlɪgən] *v* disapprove of, frown upon, object to
Missbilligung ['mɪsbɪlɪguŋ] *f* disapproval, disapprobation
Missbrauch ['mɪsbraux] *m* abuse, misuse
missbrauchen [mɪs'brauxən] *v 1.* abuse; *2. (falsch gebrauchen)* misuse
missdeuten [mɪs'dɔytən] *v* misinterpret
Misserfolg ['mɪsɛrfɔlk] *m* failure
Missernte ['mɪsɛrntə] *f AGR* crop failure
Missetat ['mɪsəta:t] *f* misdeed
Missetäter ['mɪsətɛtər] *m* wrongdoer
missfallen [mɪs'falən] *v irr* displease
Missfallen ['mɪsfalən] *n* disapproval
Missgeschick ['mɪsgəʃɪk] *n* mishap, misfortune, bad luck
missglücken [mɪs'glykən] *v* fail
missgönnen [mɪs'gœnən] *v* begrudge
Missgriff ['mɪsgrɪf] *m* mistake, blunder
Missgunst ['mɪsgunst] *f* envy, grudge, ill-will
misshandeln [mɪs'handəln] *v* abuse, maltreat, ill-treat
Misshandlung [mɪs'handluŋ] *f* abuse, ill-treatment
Mission [mis'jo:n] *f* mission
missionieren [mɪsjo'ni:rən] *v REL* missionize, proselytize

Missklang ['mɪsklaŋ] *m* dissonance, disharmony
misslingen [mɪs'lɪŋən] *v irr* fail, go wrong
Missmut ['mɪsmu:t] *m* discontent, displeasure
missmutig ['mɪsmu:tɪç] *adj* ill-humoured, grouchy
missraten [mɪs'ra:tən] *v irr* go wrong, turn out badly
Missstand ['mɪsʃtant] *m* disgrace, deplorable state of affairs
Missstimmung ['mɪsʃtɪmuŋ] *f* discord, dissension, ill-humour
misstrauen [mɪs'trauən] *v* mistrust, distrust, to be suspicious of
Misstrauen ['mɪstrauən] *n* distrust, mistrust, suspicion
missvergnügt ['mɪsfɛrgny:gt] *adj* disgruntled, displeased
Missverhältnis ['mɪsfɛrhɛltnɪs] *n* imbalance, disproportion, incongruity
missverständlich ['mɪsfɛrʃtɛntlɪç] *adj* ambiguous, unclear
Missverständnis ['mɪsfɛrʃtɛntnɪs] *n* misunderstanding
missverstehen ['mɪsfɛrʃte:ən] *v irr* misunderstand, mistake, misconstrue
Mist [mɪst] *m 1. (Pferdemist)* dung, droppings, manure; *Das ist nicht auf meinem ~ gewachsen.* I didn't think of that myself. *2. (fig: Unsinn)* nonsense, rubbish, rot; *~!* Crap! *(fam); ~ bauen* mess up, screw up
mit [mɪt] *prep* with; *~ fünf Jahren* at age five; *Montag ~ Freitag* Monday through Friday; *eine Dose ~ Keksen* a tin of biscuits; *~ der Post* by post, by mail; *~ achtzehn Jahren* at age eighteen; *Ich habe das ~ berücksichtigt.* I thought of that as well. I took that into account.
mitarbeiten ['mɪtarbaɪtən] *v* collaborate, cooperate
Mitarbeiter(in) ['mɪtarbaɪtər(ɪn)] *m/f 1.* coworker; *freier ~* freelancer; *2. (Angestellter)* employee; *3. (an Projekt)* collaborator
mitbekommen ['mɪtbəkɔmən] *v irr 1. etw ~* get sth to take with one; *2. (fam: verstehen)* get *(fam)*
Mitbenutzung ['mɪtbənutsuŋ] *f* sharing
Mitbestimmung ['mɪtbəʃtɪmuŋ] *f* codetermination, workers' participation
Mitbewerber(in) ['mɪtbəvɛrbər(ɪn)] *m/f* other applicant, competitor; *Leider entschieden sie sich für einen ~.* Unfortunately they chose another applicant.

Mitbewohner(in) ['mɪtbəvo:nər(ɪn)] *m/f* fellow resident
mitbringen ['mɪtbrɪŋən] *v irr* bring along, bring
Mitbringsel ['mɪtbrɪŋzəl] *n* little present
Mitbürger(in) ['mɪtbyrgər(ɪn)] *m/f* fellow citizen
mitdenken ['mɪtdɛŋkən] *v irr 1. (gedanklich folgen)* follow; *2. (überlegen)* figure sth out for o.s.
miteinander [mɪtaɪn'andər] *adv 1.* together, jointly; *2. (gleichzeitig)* at the same time
Mitesser ['mɪtɛsər] *m* blackhead
Mitfahrgelegenheit ['mɪtfa:rgəle:gənhaɪt] *f eine ~* a lift, a ride
mitführen ['mɪtfy:rən] *v (dabeihaben)* carry
Mitgefühl ['mɪtgəfy:l] *n* sympathy, compassion
Mitgift ['mɪtgɪft] *f* dowry
Mitglied ['mɪtgli:t] *n* member
Mitgliedschaft ['mɪtgli:tʃaft] *f* membership
Mithilfe ['mɪthɪlfə] *f* assistance, aid
mitkommen ['mɪtkɔmən] *v 1.* come along; *2. (fam: begreifen)* understand, follow
Mitläufer ['mɪtlɔyfər] *m 1.* follower; *2. POL* nominal member
Mitleid ['mɪtlaɪt] *n* pity, compassion
mitmachen ['mɪtmaxən] *v 1. (sich beteiligen)* participate, take part; *2. (fig: leiden)* live through, go through
mitmenschlich ['mɪtmɛnʃlɪç] *adj* interpersonal
mitreden ['mɪtre:dən] *v 1.* join in the conversation; *2. ein Wörtchen ~* have a say in sth
mitreißen ['mɪtraɪsən] *v irr* enthral, enthrall *(US)*
Mitschuld ['mɪtʃult] *f* share of the blame, partial guilt, complicity
mitschuldig ['mɪtʃuldɪç] *adj* jointly guilty, an accessory to sth
Mitschüler(in) ['mɪtʃy:lər(ɪn)] *m/f 1.* fellow student, schoolmate; *2. (in derselben Klasse)* classmate
mitspielen ['mɪtʃpi:lən] *v 1.* play, play too; *2. (in einem Theaterstück)* act; *3. (wichtig sein)* play a part, to be involved; *4. jdm übel ~* treat s.o. badly, *(körperlich)* rough s.o. up
Mitspracherecht ['mɪtʃpraxərɛçt] *n* share in decision-making
Mittag ['mɪta:k] *m* midday, *(zwölf Uhr mittags)* noon
Mittagessen ['mɪta:kɛsən] *n* lunch
mittags ['mɪta:ks] *adv* at lunchtime, *(zwölf Uhr ~)* at noon
Mitte ['mɪtə] *f* middle; *die goldene ~ wählen* choose the happy medium
mitteilen ['mɪttaɪlən] *v* inform, notify, let know
mitteilsam ['mɪttaɪlza:m] *adj* communicative, forthcoming, talkative
Mitteilung ['mɪttaɪluŋ] *f* notification, communication, information
Mittel ['mɪtəl] *n 1. (Hilfsmittel)* means, resources *pl; ~ zum Zweck sein* to be a means to an end; *~ und Wege suchen* look for ways and means; *2. (Heilmittel)* remedy, medicine; *3. im ~* on average; *pl 4. (Geld)* means, funds, money
Mittelalter ['mɪtəlaltər] *n* Middle Ages *pl*
mittelalterlich ['mɪtəlaltərlɪç] *adj* medieval
mittelbar ['mɪtəlba:r] *adj 1.* indirect; *adv 2.* indirectly
Mittelfinger ['mɪtəlfɪŋər] *m ANAT* middle finger
mittellos ['mɪtəllo:s] *adj* penniless, destitute, without means of support
mittelmäßig ['mɪtəlmɛ:sɪç] *adj 1. (durchschnittlich)* average; *2. (pejorativ)* mediocre
Mittelmeer ['mɪtəlme:r] *n GEO* Mediterranean
Mittelpunkt ['mɪtəlpuŋkt] *m 1.* centre, focus, heart; *2. (fig)* centre of attention
mittels ['mɪtəls] *prep* by means of, through, with the assistance of
Mittelsmann ['mɪtəlsman] *m* intermediary, go-between, mediator
Mittelstand ['mɪtəlʃtant] *m* middle class
Mittelweg ['mɪtəlvɛ:k] *m (fig)* middle course, compromise
mitten ['mɪtən] *adv ~ in/bei/an/auf* in the middle of; *~ aus* from amid; *~ darin* right in the middle of it; *~ ins Gesicht* right in the face; *~ unter uns* in our midst; *~ durch* right through the middle
mittendrin [mɪtən'drɪn] *adv* in the middle, right in the middle; *in etw ~ sein* to be right in the middle of sth
Mitternacht ['mɪtərnaxt] *f* midnight
mittlere(r,s) ['mɪtlərə(r,s)] *adj* middle, central, *(durchschnittlich)* average
mittlerweile ['mɪtlərvaɪlə] *adv* in the meantime, meanwhile
Mittwoch ['mɪtvɔx] *m* Wednesday
mitwirken ['mɪtvɪrkən] *v* contribute, to be involved, take part

Mitwisser ['mɪtvɪsər] *m JUR* accessory, party to sth
mixen ['mɪksən] *v* mix
Mixer ['mɪksər] *m 1. (Gerät)* mixer, blender; *2. (Barmixer)* bartender; *3. (Tonmeister)* mixer
Mob [mɔp] *m* mob
Möbel ['mø:bəl] *n 1. (~stück)* piece of furniture; *pl 2.* furniture
mobil [mo'bi:l] *adj 1.* mobile; *~ machen* mobilize; *2. (flink)* active; *3. FIN* movable
Mobiliar [mobili'a:r] *n* furniture
Mobilität [mobili'tɛ:t] *f* mobility
Mobiltelefon [mo'bi:ltelefo:n] *n TEL* mobile phone
möblieren [mø'bli:rən] *v* furnish
Mode ['mo:də] *f* fashion; *in ~ kommen* come into fashion
Modell [mo'dɛl] *n* model; *~ stehen* pose
modellieren [modɛ'li:rən] *v* model, mould, fashion
Modem ['mo:dəm] *m/n INFORM* modem
Modemacher ['mo:dəmaxər] *m* fashion designer
Modenschau ['mo:dənʃau] *f* fashion show
moderieren [mode'ri:rən] *v* moderate
modern [mo'dɛrn] *adj 1.* modern; *2. (modisch)* fashionable
Moderne [mo'dɛrnə] *f* modern age, modern times
modernisieren [modɛrni'zi:rən] *v* modernize
Modeschmuck ['mo:dəʃmuk] *m* costume jewellery
modifizieren [modifi'tsi:rən] *v* modify
modisch ['mo:dɪʃ] *adj 1.* fashionable, stylish; *adv 2.* fashionably, according to the latest fashion
Modul [mo'du:l] *n* module
Modus ['mo:dus] *m* mode
Mofa ['mo:fa] *n* moped, motorized bicycle
mogeln ['mo:gəln] *v* cheat
mögen ['mø:gən] *v irr 1. (gern haben)* like; *2. (wollen)* want to, wish to, desire to; *3. (können) Er mag Recht haben.* He may be right.
möglich ['mø:klɪç] *adj 1.* possible; *2. (ausführbar)* feasible
Möglichkeit ['mø:klɪçkaɪt] *f 1.* possibility; *2. (Gelegenheit)* opportunity; *3. (Ausführbarkeit)* feasibility
Mohn [mo:n] *m BOT* poppy
Möhre ['mø:rə] *f BOT* carrot
Mohrrübe ['mo:rry:bə] *f* carrot
mokieren [mo'ki:rən] *v sich ~ über* mock
Mokka ['mɔka] *m GAST* mocha, mocha coffee
Molch [mɔlç] *m ZOOL* salamander
Mole ['mo:lə] *f NAUT* mole, pier, jetty
Molekül [mole'ky:l] *n CHEM* molecule
molekular [moleku'la:r] *adj CHEM* molecular
Molke ['mɔlkə] *f GAST* whey
Molkerei [mɔlkə'raɪ] *f* dairy, creamery
Moll [mɔl] *n MUS* minor
mollig ['mɔlɪç] *adj 1. (behaglich)* comfortable, snug; *2. (dick)* plump, roly-poly
Moment [mo'mɛnt] *m 1.* moment, instant; *Das ist im ~ alles.* That's all for the time being. *Einen ~, bitte.* One moment, please. *n 2. PHYS* moment, momentum; *3. (fig: Umstand)* fact, factor
momentan [momɛn'ta:n] *adj 1.* momentary; *adv 2.* momentarily; *3. (im Augenblick)* at the moment
Monarchie [monar'çi:] *f* monarchy
Monat ['mo:nat] *m* month
monatlich ['mo:natlɪç] *adj/adv* monthly
Mönch [mœnç] *m REL* monk
Mond [mo:nt] *m* moon; *jdn auf den ~ schießen* send s.o. to Coventry; *hinter dem ~ leben* live in a fool's paradise
mondän [mon'dɛ:n] *adj* elegant, fashionable
Mondfinsternis ['mo:ntfɪnstərnɪs] *f* lunar eclipse, eclipse of the moon
Mondlandschaft ['mo:ntlantʃaft] *f (fig)* lunar landscape
Mondschein ['mo:ntʃaɪn] *m* moonlight
mondsüchtig ['mo:ntzyçtɪç] *adj* moonstruck, somnambulous
Monitor ['mo:nɪto:r] *m* monitor
Monogamie [monoga'mi:] *f* monogamy
Monogramm [mono'gram] *n* monogram
Monokultur ['mo:nokultu:r] *f AGR* monoculture
Monolog [mono'lo:k] *m* monologue
Monopol [mono'po:l] *n* monopoly
monoton [mono'to:n] *adj 1.* monotonous; *adv 2.* monotonously
Monotonie [monoto'ni:] *f* monotony
Monstrum ['mɔnstrum] *n* monster
Monsun [mɔn'zu:n] *m* monsoon
Montag ['mo:nta:k] *m* Monday
Montage [mɔn'ta:ʒə] *f 1. (Einrichten)* installation; *2. CINE* montage
Monteur [mɔn'tø:r] *m* fitter, assembler
montieren [mɔn'ti:rən] *v 1.* mount, fit; *2. (zusammenbauen)* assemble

Monument [monu'mɛnt] *n* monument
monumental [monumɛn'taːl] *adj* monumental
Moor [moːr] *n* moor, bog, swamp
Moos [moːs] *n* moss
Moped ['moːpɛt] *n* moped
Moral [mo'raːl] *f* morality, morals, ethics
moralisch [mo'raːlɪʃ] *adj 1.* moral; *adv 2.* morally
Moralpredigt [mo'raːlpreːdɪkt] *f* sermon, lecture, homily; *jdm eine ~ halten* give s.o. a sermon
Morast [mo'rast] *m* morass, swamp, marsh
morbid [mɔr'biːt] *adj* degenerate, decaying, moribund, doomed
Mord [mɔrt] *m* murder; *Das gibt ~ und Totschlag!* All hell will be let loose!
Mordanschlag ['mɔrtanʃlaːk] *m* murder attempt, attempt on a person's life, assassination attempt
Mörder ['mœrdər] *m* murderer
morgen ['mɔrgən] *adv* tomorrow; *~ in einer Woche* a week from tomorrow
Morgen ['mɔrgən] *m* morning; *Guten ~!* Good morning!
Morgendämmerung ['mɔrgəndɛməruŋ] *f* dawn, daybreak
Morgengrauen ['mɔrgəngrauən] *n* dawn, break of day
Morgenland ['mɔrgənlant] *n* the Orient, the East
Morgenmantel ['mɔrgənmantəl] *m* dressing gown, robe
Morgenrot ['mɔrgənroːt] *n* dawn, rosy dawn
morgens ['mɔrgəns] *adv* in the morning, every morning; *~ um vier Uhr* at four o'clock in the morning
Morphium ['mɔrfjum] *n MED* morphine
Morsezeichen ['mɔrzətsaɪçən] *n NAUT* Morse symbol
Mosaik [moza'iːk] *n* mosaic
Moschee [mo'ʃeː] *f* mosque
Moskito [mɔs'kiːto] *m ZOOL* mosquito
Moslem ['mɔslɛm] *m* Moslem, Muslim
Most [mɔst] *m 1. (unvergorener Fruchtsaft)* fruit juice; *2. (vergorener Fruchtsaft)* fruit wine; *(Apfelmost)* cider
Motiv [mo'tiːf] *n* motive
Motivation [motiva'tsjoːn] *f* motivation
motivieren [moti'viːrən] *v 1. (anregen)* motivate; *2. (begründen)* give reasons for sth
Motor ['moːtɔr] *m* engine, motor
Motorboot ['moːtɔrboːt] *n* motorboat
Motorrad ['moːtɔrraːt] *n* motorcycle, motor bike (fam)
Motte ['mɔtə] *f* moth
Mottenpulver ['mɔtənpulvər] *n* moth-repellent
Motto ['mɔto] *n* motto, device
Möwe ['møːvə] *f ZOOL* seagull
Mücke ['mykə] *f* gnat, mosquito, midge; *eine ~ machen* beat it, buzz off; *aus einer ~ einen Elefanten machen* make a mountain out of a molehill
müde ['myːdə] *adj* tired, weary, drowsy
Müdigkeit ['myːdɪçkaɪt] *f* tiredness, fatigue, weariness
Mühe ['myːə] *f* effort, trouble, pains *pl; sich ~ geben* make an effort; *die ~ wert sein* to be worth it; *mit Müh und Not* by the skin of one's teeth
mühelos ['myːəloːs] *adj 1.* effortless, easy, without trouble; *adv 2.* effortlessly, easily
mühevoll ['myːəfɔl] *adj 1.* troublesome, hard, difficult; *adv 2.* with great effort, with difficulty
Mühle ['myːlə] *f 1.* mill; *2. (Kaffeemühle)* coffee grinder
Mühsal ['myːzaːl] *f* hardship, toil, trouble
mühsam ['myːzaːm] *adj 1.* laborious, arduous; *adv 2.* with difficulty, with great effort, laboriously
mühselig ['myːzeːlɪç] *adj* arduous, exhausting
Mulde ['muldə] *f* tray, trough, hollow
Müll [myl] *m* waste, rubbish, refuse
Mullbinde ['mulbɪndə] *f* gauze bandage
Mülleimer ['mylaɪmər] *m* dustbin *(UK)*, rubbish bin *(UK)*, garbage can *(US)*
Müller ['mylər] *m* miller
multikulturell [multikultu'rɛl] *adj* multicultural
multilateral [multilatə'raːl] *adj* multilateral
Multimedia [multi'meːdja] *pl INFORM* multimedia
Mumie ['muːmjə] *f* mummy
Mumps [mumps] *m MED* mumps
München ['mynçən] *n* Munich
Mund [munt] *m* mouth; *sich den ~ verbrennen* put one's foot in it; *den ~ nicht aufbekommen* not open one's mouth; *den ~ vollnehmen* shoot off one's mouth; *einen großen ~ haben (fig)* have a big mouth; *den ~ halten* keep one's mouth shut; *sich den ~ fusselig reden* talk until one is blue in the face; *jdm den ~ verbieten* order s.o. to be quiet; *jdm den ~ wässrig machen* make s.o.'s mouth water;

nicht auf den ~ gefallen sein never be at a loss for words; *in aller ~e sein* to be on everyone's lips; *jdm nach dem ~ reden* say what s.o. wants to hear; *jdm über den ~ fahren* cut s.o. short; *von ~ zu ~ gehen* to be passed on from person to person

Mundart ['munta:rt] *f* dialect, vernacular

münden ['myndən] *v* flow into, run into, end in

Mundharmonika ['muntharmo:nɪka] *f* harmonica, mouth-organ

mündig ['myndɪç] *adj* of age

mündlich ['myndlɪç] *adj 1.* oral, vocal; *adv 2.* orally, verbally

Mündung ['mynduŋ] *f 1. (Gewehrmündung)* muzzle; *2. (Flussmündung)* mouth

Munition [muni'tsjo:n] *f* ammunition

munkeln ['muŋkəln] *v* whisper, rumour

Münster ['mynstər] *n* cathedral, minster

munter ['muntər] *adj 1. (vergnügt)* merry; *2. (lebhaft)* lively; *gesund und ~* hale and hearty; *3. (wach)* awake

Münze ['myntsə] *f 1.* coin; *für bare ~ nehmen* take at face value; *jdm etw mit gleicher ~ heimzahlen* pay s.o. back in his own coin; *2. (Münzanstalt)* mint

Münzfernsprecher ['myntsfɛrnʃprɛçər] *m* call-box *(UK),* pay phone

mürbe ['myrbə] *adj 1. (brüchig)* crumbly; *2. (zart)* tender; *3. (Obst)* soft; *4. (morsch)* rotten; *5. (fig)* worn

Murmel ['murməl] *f* marble

murmeln ['murməln] *v* murmur, mutter, speak below one's breath

Murmeltier ['murməlti:r] *n ZOOL* marmot

murren ['murən] *v* growl, grumble, murmur

mürrisch ['myrɪʃ] *adj* peevish, grumpy, surly

Mus [mu:s] *n 1.* mash, stewed fruit; *2. (Apfelmus)* applesauce

Muschel ['muʃəl] *f 1. ZOOL* mussel; *2. (Venusmuschel) ZOOL* clam

Muse ['mu:zə] *f* Muse

Museum [mu'ze:um] *n* museum

Musik [mu'zi:k] *f* music

musikalisch [muzi'ka:lɪʃ] *adj* musical

Musikbox [mu'zi:kbɔks] *f* juke-box

Musiker ['mu:zikər] *m* musician

musisch ['mu:zɪʃ] *adj* art-loving, artistic

Muskel ['muskəl] *m* muscle; *seine ~n spielen lassen* flex one's muscles

Muskelkater ['muskəlka:tər] *m* sore muscles, stiff muscles

Muskulatur [muskula'tu:r] *f* musculature

muskulös [musku'lø:s] *adj* muscular

Müsli ['my:sli] *n* muesli

Muße ['mu:sə] *f* leisure, ease

müssen ['mysən] *v irr* have to, must *(nur in der Gegenwart); ich muss* I have to, I must; *Das hat sie nicht tun ~.* She didn't have to do it. *Ich muss zum Arzt.* I need to see a doctor.

müßig ['my:sɪç] *adj (untätig)* idle, lazy

Müßiggang ['my:sɪçgaŋ] *m* idleness, laziness

Muster ['mustər] *n 1. (Vorlage)* pattern; *2. (Probe)* sample, specimen; *3. (Design)* pattern, design; *4. (Vorbild)* model

musterhaft ['mustərhaft] *adj* exemplary

mustern ['mustərn] *v 1.* eye, look over; *2. (Truppen) MIL* inspect; *3. jdn ~ (für Wehrdienst)* give s.o. a physical

Musterung ['mustəruŋ] *f MIL* inspection, examination

Mut [mu:t] *m 1.* courage, bravery; *allen ~ zusammennehmen* summon all one's courage; *frohen ~es sein* to be in good spirits; *mit frohem ~* in good spirits; *2. (Schneid)* pluck; *Nur ~!* Cheer up!

Mutant [mu'tant] *m 1. BIO* mutant; *2. (Jugendlicher im Stimmbruch)* boy whose voice is changing

mutig ['mu:tɪç] *adj 1.* courageous, brave; *adv 2.* courageously, bravely

mutlos ['mu:tlo:s] *adj 1.* discouraged, despondent, dejected; *adv 2.* despondently, dejectedly

mutmaßen ['mu:tma:sən] *v* surmise, presume, guess

mutmaßlich ['mu:tma:slɪç] *adj 1.* probable, presumable; *adv 2.* presumably

Mutmaßung ['mu:tma:suŋ] *f* conjecture, speculation

Mutprobe ['mu:tpro:bə] *f* test of courage

Mutter ['mutər] *f 1.* mother; *Ich fühle mich hier wie bei ~n.* I feel quite at home here. *2. (Schraubenmutter) TECH* nut

Muttergesellschaft ['mutərgəzɛlʃaft] *f ECO* parent company

mütterlich ['mytərlɪç] *adj 1.* motherly, maternal; *adv 2.* maternally

Muttermal ['mutərma:l] *n* birthmark, mole

Mutterschaft ['mutərʃaft] *f* motherhood

Muttertag ['mutərta:k] *m* Mother's Day

mutwillig ['mu:tvɪlɪç] *adj* wanton, wilful, deliberate

Mütze ['mytsə] *f* cap, hat; *eine ~ voll Schlaf bekommen* have forty winks

mysteriös [myster'jø:s] *adj* mysterious

N

Nabel ['na:bəl] *m* navel; *der ~ der Welt* the top of the world
nach [na:x] *prep 1. (zeitlich)* after; *~ wie vor* still; *Mir ~!* Follow me! *2. (gemäß)* according to, in accordance with; *~ etw benannt sein* to be named after sth; *3. (örtlich)* to, toward(s); *~ oben* upward(s); *~ unten* downward(s); *~ hinten* backward(s); *4. ~ und ~* gradually
nachahmen ['na:xa:mən] *v* imitate, copy
Nachbar ['naxba:r] *m* neighbour
Nachbarschaft ['naxba:rʃaft] *f* neighbourhood
nachdem [na:x'de:m] *konj* after
nachdenken ['na:xdɛŋkən] *v irr* think, reflect, ponder; *Ich muss darüber ~.* I will have to think it over. I will have to think about it.
nachdenklich ['na:xdɛŋklɪç] *adj* thoughtful, pensive
Nachdruck ['na:xdruk] *m 1. (Betonung)* stress, emphasis; *einer Sache ~ verleihen* lay stress on sth; *2. (Kopie)* reprint, reproduction
nachdrücklich ['na:xdryklɪç] *adj* emphatic, firm, expressive
nacheifern ['na:xaɪfərn] *v* emulate
nacheinander [na:xaɪ'nandər] *adv* one after another, one after the other, in succession
Nacherzählung ['na:xɛrtsɛ:luŋ] *f* retelling
Nachfahre ['na:xfa:rə] *m* descendant
nachfolgen ['na:xfɔlgən] *v* follow, succeed
Nachfolger ['na:xfɔlgər] *m* successor
nachforschen ['na:xfɔrʃən] *v* investigate
Nachforschung ['na:xfɔrʃuŋ] *f* inquiry, investigation
Nachfrage ['na:xfra:gə] *f 1. (Erkundigung)* inquiry, enquiry; *2. (Bedarf) ECO* demand
nachgeben ['na:xge:bən] *v irr 1. (erschlaffen)* give way, sag, sink; *2. (fig)* surrender, give in, yield
nachhaltig ['na:xhaltɪç] *adj 1.* lasting, enduring, persistent; *adv 2.* persistently
nachher [na:x'he:r] *adv* afterwards, later, subsequently
Nachhilfe ['na:xhɪlfə] *f 1.* help, assistance; *2. (~unterricht)* tutoring
nachholen ['na:xho:lən] *v* catch up on
Nachkomme ['na:xkɔmə] *m* descendant
nachkommen ['na:xkɔmən] *v irr 1.* follow on, come after, join; *2. (fig: einem Wunsch)* comply with; *3. (einem Versprechen)* keep; *4. (Verbindlichkeiten)* meet; *5. (einer Pflicht)* fulfil, fulfill *(US)*
Nachkriegszeit ['na:xkri:kstsaɪt] *f* postwar period
Nachlass ['na:xlas] *m 1. (Erbe)* estate; *2. (Preisnachlass)* reduction, discount
nachlassen ['na:xlasən] *v irr 1. (Preis)* decline, ease off, slacken; *2. (lockern)* loosen, slacken, relax; *3. (aufhören)* discontinue
nachlässig ['na:xlɛsɪç] *adj 1.* negligent, careless, remiss; *adv 2.* negligently, carelessly
Nachlässigkeit ['na:xlɛsɪçkaɪt] *f* negligence, carelessness, remissness
nachmachen ['na:xmaxən] *v 1.* imitate, copy; *2. (fälschen)* forge, *(Geld)* counterfeit
Nachmittag ['na:xmɪta:k] *m* afternoon
Nachname ['na:xna:mə] *m* last name, surname, family name
nachprüfen ['na:xpry:fən] *v* check
Nachricht ['na:xrɪçt] *f* message, piece of news
Nachrichten ['na:xrɪçtən] *pl* news
Nachrichtensprecher ['na:xrɪçtənʃprɛçər] *m* newscaster
nachrücken ['na:xrykən] *v 1.* move up; *2. (an jds Stelle)* succeed to; *3. (Truppen)* advance
Nachruf ['na:xru:f] *m* obituary
nachschlagen ['na:xʃla:gən] *v irr (im Wörterbuch)* look up
Nachschlagewerk ['na:xʃla:gəvɛrk] *n* reference book
Nachschub ['na:xʃu:p] *m* supply
nachsehen ['na:xze:ən] *v irr 1. (kontrollieren)* look, check; *2. (nachblicken)* gaze after; *3. (fig: verzeihen)* forgive; *jdm seine Fehler ~* excuse s.o.'s mistakes
Nachsehen ['na:xze:ən] *n 1. (Verzeihung)* forgiveness, leniency; *2. (Nachteil) das ~ haben* to be the loser, lose out
Nachsicht ['na:xzɪçt] *f* forbearance, indulgence, leniency
nachsichtig ['na:xzɪçtɪç] *adj 1.* indulgent, lenient; *adv 2.* indulgently, leniently
Nachspann ['na:xʃpan] *m CINE* closing credits
Nachspiel ['na:xʃpi:l] *n 1.* epilogue; *2. (fig)* aftermath
nachsprechen ['na:xʃprɛçən] *v irr* repeat
nächste(r,s) ['nɛ:çstə(r,s)] *adj 1. (Zeit, Reihenfolge)* next; *2. (nächstgelegen)* nearest

Nächstenliebe ['nɛ:çstənli:bə] *f* compassion, charity
Nacht [naxt] *f* night; *die ~ zum Tage machen* turn night into day, pull an all-nighter *(US)*; *sich die ~ um die Ohren schlagen* push through until dawn; *jdm schlaflose Nächte bereiten* keep s.o. awake all night; *bei ~ und Nebel* under cover of darkness; *über ~* overnight
Nachteil ['na:xtaɪl] *m* disadvantage
Nachthemd ['naxthɛmt] *n 1. (für Männer)* nightshirt; *2. (für Frauen)* nightgown
Nachtigall ['naxtɪgal] *f ZOOL* nightingale
Nachtisch ['na:xtɪʃ] *m GAST* dessert, sweet *(UK)*
Nachtklub ['naxtklup] *m* night-club
nächtlich ['nɛ:çtlɪç] *adj* nightly, nocturnal, night
Nachtrag ['na:xtra:k] *m* supplement
nachtragen ['na:xtra:gən] *v irr 1. (hinterhertragen)* carry after; *2. (ergänzen)* add, supplement; *3. (fig) jdm etw ~* hold sth against s.o., resent s.o. for sth
nachträglich ['na:xtrɛ:klɪç] *adj 1.* additional, supplementary, subsequent; *adv 2.* further, subsequently, later; *Ich möchte dir noch ~ zum Geburtstag gratulieren.* I'd like to wish you a belated happy birthday.
nachts [naxts] *adv* at night
Nachtschicht ['naxtʃɪçt] *f* night-shift
Nachttisch ['naxttɪʃ] *m* night-table, bedside table, nightstand *(US)*
nachvollziehen ['na:xfɔltsi:ən] *v irr* understand (s.o.'s thoughts or behaviour)
Nachweis ['na:xvaɪs] *m* proof, evidence
nachweisen ['na:xvaɪzən] *v irr* prove, demonstrate, show
nachweislich ['na:xvaɪslɪç] *adj 1.* proven; *adv 2. Es ist ~ ...* It can be proven to be ...
Nachwelt ['na:xvɛlt] *f* posterity
Nachwirkung ['na:xvɪrkuŋ] *f* after-effect
Nachwort ['na:xvɔrt] *n* epilogue
Nachwuchs ['na:xvu:ks] *m* coming generation, young talent, new blood
nachzählen ['na:xtsɛ:lən] *v* check, recount
Nachzahlung ['na:xtsa:luŋ] *f* supplementary payment
Nachzügler ['na:xtsy:glər] *m* straggler, latecomer, late arrival
Nacken ['nakən] *m ANAT* nape of the neck; *den Kopf in den ~ werfen* throw one's head back; *jdm im ~ sitzen* breathe down s.o.'s neck; *Er hatte die Polizei im ~.* The police were hard on his heels. *jdm den ~ stärken* back s.o. up; *Ihm sitzt der Schalk im ~.* He's in a devilish mood.
nackt [nakt] *adj* naked, nude, bare
Nadel ['na:dəl] *f* needle, pin; *an der ~ hängen* to be on drugs
Nagel ['na:gəl] *m 1.* nail; *den ~ auf den Kopf treffen (fig)* hit the nail on the head; *etw an den ~ hängen* chuck in sth, give up sth; *Nägel mit Köpfen machen* do the job properly; *2. (Fingernagel)* finger-nail; *jdm unter den Nägeln brennen* to be desparately urgent for s.o.; *sich etw unter den ~ reißen* pinch sth
nageln ['na:gəln] *v* nail
nagen ['na:gən] *v* gnaw
nah(e) [na:(ə)] *adj 1.* near, close, nearby; *jdm zu ~ treten* offend s.o.; *jdm ~ sein* to be close to s.o.; *adv 2.* close, near; *jdm etw ~ bringen* impress sth on s.o., bring sth home to s.o.; *~ gehen* affect; *jdm ~ kommen* get to know s.o.; *~ legen* recommend, urge, advise; *~ liegen* to be obvious; *der Schluss liegt ~* the conclusion suggests itself; *~ liegend (fig)* obvious; *3. (zeitlich) Weihnachten steht ~ bevor* christmas is just around the corner; *~ bevorstehend* approaching; *prep 3.* near, close to; *der Ohnmacht ~ sein* to be on the verge of passing out
Nähe ['nɛ:ə] *f 1. (Nahesein)* nearness, proximity, closeness; *2. (Umgebung)* vicinity, neighbourhood; *in der ~* nearby; *in meiner ~* near me; *aus der ~* from close to, at close quarters; *3. (zeitlich)* closeness
nahen ['na:ən] *v* approach, draw near
nähen ['nɛ:ən] *v* sew
nähern ['nɛ:ərn] *v sich ~* approach, draw near, come nearer; *der Abend nähert sich seinem Ende* the evening was drawing to a close
Näherungswert ['nɛ:əruŋsve:rt] *m* approximate value
nahezu ['na:ə'tsu:] *adv* almost, nearly, next to
Nährboden ['nɛ:rbo:dən] *m 1.* fertile soil; *2. (fig: für Gedanken)* hotbed, breeding ground
nähren ['nɛ:rən] *v 1.* nourish, feed; *2. (Verdacht)* nurture
nahrhaft ['na:rhaft] *adj* nutritious
Nahrung ['na:ruŋ] *f* nutrition, food
Naht [na:t] *f* seam; *aus allen Nähten platzen* to be bursting at the seams
nahtlos ['na:tlo:s] *adj* seamless
naiv [na'i:f] *adj* naive
Name ['na:mə] *m* name; *die Dinge beim ~n nennen* call a spade a spade; *in seinem ~n* on his behalf; *einen guten ~n haben* have a good reputation

namentlich ['na:məntlıç] *adj 1.* by name; *adv 2.* by name; *3. (besonders)* particularly
namhaft ['na:mhaft] *adj* distinguished, renowned, noted
nämlich ['nɛ:mlıç] *konj* that is to say, because; *Am Freitag kann ich nicht dabei sein, meine Freundin hat ~ Geburtstag.* I can't be there on Friday, it's my girlfriend's birthday you see.
Napf [napf] *m* bowl, dish
Narbe ['narbə] *f* scar
Narkose [nar'ko:zə] *f MED* anaesthesia
Narr [nar] *m* fool, idiot, imbecile; *sich zum ~en machen* make a fool of o.s.; *jdn zum ~en halten* make a fool of s.o.; *an jdm einen ~en gefressen haben* have taken a great fancy to s.o.
närrisch ['nɛrıʃ] *adj 1.* foolish; *2. (verrückt)* mad
narzisstisch [nar'tsıstıʃ] *adj* narcissistic
nasal [na'za:l] *adj* nasal
naschen ['naʃən] *v* nibble
Nase ['na:zə] *f* nose; *auf die ~ fallen* fall flat on one's face; *die ~ voll haben* to be fed up; *jdm etw unter die ~ reiben* rub s.o.'s nose in sth; *jdn an der ~ herumführen (fam)* pull the wool over s.o.'s eyes; *die ~ rümpfen* turn up one's nose; *Du kannst dir mal an die eigene ~ fassen!* You're one to talk! *jdm etw unter die ~ reiben* rub s.o.'s nose in sth; *überall seine ~ hineinstecken* to be a nosey parker; *jdm etw vor der ~ wegschnappen* beat s.o. to sth; *eine feine ~ für etw haben* have a good nose for sth; *die ~ hoch tragen* to be a bit uppity; *die ~ vorn haben* have a head start; *sich eine goldene ~ verdienen* earn loads of cash (fam); *eins auf die ~ bekommen* get a punch on the nose; *direkt vor deiner ~* right under your nose; *sich die ~ putzen (sich schnäuzen)* blow one's nose
näseln ['nɛ:zəln] *v* talk through one's nose
Nashorn ['na:shɔrn] *n ZOOL* rhinoceros
nass [nas] *adj* wet
Nässe ['nɛsə] *f* dampness, wetness, moisture
Nation [na'tsjo:n] *f* nation
national [natsjo'na:l] *adj* national
Nationalfeiertag [natsjo'na:lfaıərta:k] *m* national holiday
Nationalismus [natsjona'lısmus] *m* nationalism
nationalistisch [natsjona'lıstıʃ] *adj POL* nationalistic
Nationalität [natsjonali'tɛ:t] *f* nationality
Natter ['natər] *f 1.* adder, viper; *2. (fig)* snake
Natur [na'tu:r] *f* nature; *Das liegt in der ~ der Sache.* It's in the nature of things.
Naturell [natu'rɛl] *n* disposition, nature
Naturkatastrophe [na'tu:rkatastro:fə] *f* natural disaster
natürlich [na'ty:rlıç] *adj 1.* natural; *adv 2. Natürlich!* Of course!
Natürlichkeit [na'ty:rlıçkaıt] *f* naturalness, unaffectedness, simplicity
Naturschutz [na'tu:rʃuts] *m* preservation of nature, conservation of nature
Naturwissenschaft [na'tu:rvısənʃaft] *f* natural science
Nautik ['nautık] *f* nautical science
Navigation [naviga'tsjo:n] *f* navigation
Neandertaler [ne'andərta:lər] *m* Neanderthal, Neanderthal man
Nebel ['ne:bəl] *m* fog, mist, haze
nebelig ['ne:bəlıç] *adj* foggy, misty, hazy
neben ['ne:bən] *prep* next to, beside, by; *~ anderen Dingen* among other things
nebenan [ne:bən'an] *adv* next door
Nebenanschluss ['ne:bənanʃlus] *m TEL* extension
nebenbei [ne:bən'baı] *adv 1.* on the side; *2. (beiläufig)* incidentally; *3. (außerdem)* in addition
Nebenbuhler ['ne:bənbu:lər] *m* rival
nebeneinander ['ne:bənaınandər] *adv* next to each other, side by side; *~ stellen* juxtapose, place adjacently; *~ sitzen* sit side by side, sit next to each other
Nebeneinkünfte ['ne:bənaınkynftə] *pl* additional income, side income
Nebenfluss ['ne:bənflus] *m* tributary
nebenher [ne:bən'he:r] *adv* in addition, on the side, as well
Nebenkosten ['ne:bənkɔstən] *pl* incidental expenses, ancillary costs
Nebenrolle ['ne:bənrɔlə] *f* supporting role
nebensächlich ['ne:bənzɛçlıç] *adj* secondary, incidental, unimportant
Nebenwirkung ['ne:bənvırkuŋ] *f* side effect, secondary effect
necken ['nɛkən] *v* tease
neckisch ['nɛkıʃ] *adj 1.* teasing, playful, mischievous; *2. (Kleidungsstück)* coquettish, saucy
Neffe ['nɛfə] *m* nephew
Negation [nega'tsjo:n] *f* negation
negativ ['ne:gati:f] *adj* negative
Negativ ['ne:gati:f] *n FOTO* negative
negieren [ne'gi:rən] *v* negate, deny
nehmen ['ne:mən] *v irr* take; *sich etw nicht ~ lassen* insist on sth; *etw auf sich ~* accept sth, take on sth; *einen zur Brust ~* have a drink

Neid [naɪt] *m* envy; *vor ~ platzen* go green with envy
neidisch ['naɪdɪʃ] *adj* envious, jealous
neigen ['naɪgən] *v 1.* incline, bow, bend; *2. (fig)* to be inclined, tend
Neigung ['naɪguŋ] *f 1.* inclination; *2. (geneigte Fläche)* incline, slope, gradient; *3. (fig)* inclination, tendency, proneness
nein [naɪn] *adv* no
Nektar ['nɛktar] *m* nectar
Nelke ['nɛlkə] *f BOT* carnation, pink
nennen ['nɛnən] *v irr 1.* name; *2. (heißen)* name, call; *3. (erwähnen)* mention; *4. sich ~* to be called
Nenner ['nɛnər] *m MATH* denominator; *gemeinsamer ~* common denominator; *einen gemeinsamen ~ finden (fig)* find a common denominator
Neonlicht ['neːɔnlɪçt] *n* neon light
Neonreklame ['neːɔnreklaːmə] *f* neon sign
Nerv [nɛrf] *m 1. ANAT* nerve; *2. (fig)* nerve; *den ~ haben* have the nerve; *jdm auf die ~en gehen* get on s.o.'s nerves; *~en wie Drahtseile haben* have nerves of steel; *die ~en verlieren* lose control; *mit den ~en herunter sein* to be cracking up
nerven ['nɛrfən] *v (fam)* make nervous; *jdn ~* get on s.o.'s nerves
Nervenzusammenbruch ['nɛrfəntsuzamənbrux] *m MED* nervous breakdown, crack-up
nervös [nɛr'vøːs] *adj 1.* nervous; *2. (reizbar)* irritable; *3. (überdreht)* on edge
Nervosität [nɛrvozi'tɛːt] *f* nervousness
Nerz [nɛrts] *m ZOOL* mink
Nessel ['nɛsəl] *f* nettle; *sich in die ~n setzen* get into hot water
Nest [nɛst] *n* nest; *(fig) sich ins gemachte ~ setzen* marry into money
nett [nɛt] *adj 1.* nice; *adv 2.* nicely
netto ['nɛto] *adv ECO* net
Nettoeinkommen ['nɛtoaɪnkɔmən] *n ECO* net income
Nettogewicht ['nɛtogəvɪçt] *n* net weight
Nettopreis ['nɛtopraɪs] *m ECO* net price
Netz [nɛts] *n* net, network; *jdm ins ~ gehen* fall into s.o.'s trap
Netzgerät ['nɛtsgərɛːt] *n TECH* power pack
Netzhaut ['nɛtshaut] *f ANAT* retina
neu [nɔy] *adj* new; *aufs Neue* from scratch; *Auf ein Neues!* Here's the next time!
neuartig ['nɔyaːrtɪç] *adj* novel, original
Neubau ['nɔybau] *m* new construction
neuerdings ['nɔyərdɪŋs] *adv* lately, of late
Neueröffnung ['nɔyɛrœfnuŋ] *f 1.* opening; *2. (Wiedereröffnung)* reopening
Neuerscheinung ['nɔyɛrʃaɪnuŋ] *f 1.* new release; *2. (Neuheit)* new phenomenon
Neuerung ['nɔyəruŋ] *f* innovation, change
Neugeborene ['nɔygəboːrənə] *n* newborn child
Neugier ['nɔygiːr] *f* curiosity
neugierig ['nɔygiːrɪç] *adj 1.* curious, inquisitive; *2. (eindrängend)* nosey
Neuheit ['nɔyhaɪt] *f* novelty
Neuigkeit ['nɔyɪçkaɪt] *f* item of news; *~en* news
Neujahr ['nɔyjaːr] *n* new year
Neujahrstag ['nɔyjaːrstaːk] *m* New Year's Day
Neuland ['nɔylant] *n 1.* new territory, new ground, virgin soil; *2. (fig)* untouched ground, new ground
neulich ['nɔylɪç] *adv* recently, the other day
Neuling ['nɔylɪŋ] *m* beginner, novice, newcomer
Neumond ['nɔymoːnt] *m* new moon
neureich ['nɔyraɪç] *adj* nouveau riche
Neureiche(r) ['nɔyraɪçə(r)] *m/f* nouveaux riche
Neurologie [nɔyrolo'giː] *f MED* neurology
Neurose [nɔy'roːzə] *f MED* neurosis
Neurotiker [nɔy'roːtɪkər] *m MED* neurotic
neurotisch [nɔy'roːtɪʃ] *adj MED* neurotic
neutral [nɔy'traːl] *adj 1.* neutral; *adv 2.* neutral, neutrally
Neutralität [nɔytrali'tɛːt] *f* neutrality
Neutron ['nɔytrɔn] *n PHYS* neutron
Neutrum ['nɔytrum] *n GRAMM* neuter
Neuzeit ['nɔytsaɪt] *f* modern times *pl*
nicht [nɪçt] *adv* not; *Ich ~!* Not me! *Bitte ~!* Please don't! *etw ~ tun* not do something; *„Hast du Hunger?" „Nein." „Nicht?"* "Are you hungry?" "No." "You're not?" *Nicht? (Nicht wahr?)* Right?; *~ amtlich* unofficial
Nichtachtung ['nɪçtaxtuŋ] *f* disrespect, disregard, lack of respect
Nichtbeachtung ['nɪçtbəaxtuŋ] *f* disregard, non-observance, neglect
Nichte ['nɪçtə] *f* niece
nichtig ['nɪçtɪç] *adj* null and void, void
Nichtraucher ['nɪçtrauxər] *m* non-smoker; *Raucher oder ~?* Smoking or non-smoking?; *ich bin ~* I don't smoke, I'm a non-smoker
nichts [nɪçts] *pron* nothing, not anything; *~ ahnend* unsuspecting; *~ sagend* meaningless, insignificiant, futile; *~ von Bedeutung* nothing

of any importance; ~ *Neues* nothing new; ~ *Besseres* nothing better; *Nichts da!* No you don't! *Nichts für ungut.* No hard feelings. *Von ~ kommt ~.* Nothing ventured, nothing gained.
Nichts [nɪçts] *n 1.* nothingness; *aus dem ~* out of nowhere; *vor dem ~ stehen* to be left with nothing; *2. (Mensch)* nonentity
nichtsdestotrotz [nɪçtsdɛsto'trɔts] *adv* nevertheless, nonetheless
nichtsnutzig ['nɪçtsnutsɪç] *adj* good-for-nothing, no-good, no-account
nicken ['nɪkən] *v* nod
Nickerchen ['nɪkərçən] *n (fam)* nap, snooze
nie [niː] *adv* never; *~ und nimmer* never ever
nieder ['niːdər] *adj 1.* low, minor; *2. (gemein)* common; *adv 3.* down, low
Niedergang ['niːdərgaŋ] *m (fig)* fall, decline
niedergeschlagen ['niːdərgəʃlaːgən] *adj* dejected, despondent
niederknien ['niːdərkniːən] *v* kneel, kneel down
Niederlage ['niːdərlaːgə] *f 1.* defeat; *2. SPORT* loss, defeat
niederlassen ['niːdərlasən] *v irr 1. (herunterlassen)* let down; *2. sich ~ (hinsetzen)* sit down; *3. sich ~ (Wohnsitz nehmen)* settle down; *4. sich ~ (Geschäft eröffnen)* set up shop
Niederlassung ['niːdərlasuŋ] *f ECO* site, location, place of business
Niederlegung ['niːdərleːguŋ] *f 1. (eines Kranzes)* laying; *2. (eines Amtes) POL* resignation; *3. (der Arbeit) ECO* stoppage; *4. (schriftliche Darlegung)* putting down
Niederschlag ['niːdərʃlaːk] *m METEO* precipitation, rain
Niedertracht ['niːdərtraxt] *f* meanness, baseness
niederträchtig ['niːdərtrɛçtɪç] *adj* base, vile, low
niedrig ['niːdrɪç] *adj 1.* low; *2. (fig)* low, base, vile
niemals ['niːmaːls] *adv* never
niemand ['niːmant] *pron* nobody, no one
Niemandsland ['niːmantslant] *n* no man's land
Niere ['niːrə] *f 1. GAST* kidney; *2. ANAT* kidney; *jdm an die ~n gehen* shake s.o. (fig)
Nierenentzündung ['niːrənɛnttsynduŋ] *f MED* kidney infection, nephritis
nieseln ['niːzəln] *v* drizzle
niesen ['niːzən] *v* sneeze
Niete ['niːtə] *f 1. (Niet) TECH* rivet; *2. (Los) eine ~ ziehen* draw a blank; *3. (fig: Mensch)* dud
Nihilismus [nihi'lɪsmus] *m PHIL* nihilism
Nikolaus ['nɪkolaus] *m (der Weihnachtsmann)* Santa Claus
Nikotin [niko'tiːn] *n* nicotine
Nil [niːl] *m GEO* Nile
Nilpferd ['niːlpfeːrt] *n ZOOL* hippopotamus
Nimbus ['nɪmbus] *m 1.* nimbus, halo; *2. (fig)* aura
nippen ['nɪpən] *v* sip
Nippes ['nɪpəs] *pl* trinkets, bits and pieces
nirgends ['nɪrgənts] *adv* nowhere, not anywhere
nirgendwo ['nɪrgəntvoː] *adv* nowhere
Nische ['niːʃə] *f* niche, recess
nisten ['nɪstən] *v* nest
Nitrat [nɪ'traːt] *n CHEM* nitrate
Niveau [ni'voː] *n* level; *~ haben (fig)* to be of a high standard
niveaulos [ni'voːloːs] *adj* mediocre, of little merit
nivellieren [nivɛ'liːrən] *v* level, grade
Nixe ['nɪksə] *f* water-nymph, mermaid
Nizza ['nɪtsa] *n GEO* Nice
nobel ['noːbəl] *adj 1.* noble, distinguished; *2. (fein)* posh; *3. (kostspielig)* extravagant
Nobelpreis [no'bɛlpraɪs] *m* Nobel prize
noch [nɔx] *adv 1.* still, yet, even; *~ nicht* not yet; *2. (außerdem) ~ eine* another; *auch ~* too, also; *~ etwas* something else, another thing; *~ mal, ~ einmal* again; *3. gerade ~* only just; *Das hat gerade ~ gefehlt!* That's all we needed. *4. (mit dem Komparativ)* even ...; *~ langsamer* even slower; *konj 5. weder ... ~ ...* neither ... nor ...
nochmalig ['nɔxmaːlɪç] *adj* renewed, repeated, second
nochmals ['nɔxmaːls] *adv* once more, once again
Nomade [no'maːdə] *m* nomad
Nomen ['noːmən] *n GRAMM* declinable word
nominieren [nomi'niːrən] *v* nominate
Nominierung [nomi'niːruŋ] *f* nomination
Nonne ['nɔnə] *f REL* nun
Norden ['nɔrdən] *m* north
nördlich ['nœrtlɪç] *adj 1.* northern; *adv 2. ~ von München* north of Munich
Nordlicht ['nɔrtlɪçt] *n 1.* northern lights *pl; 2. (Norddeutscher)* Northerner
Nordpol ['nɔrtpoːl] *m* North Pole
Nordsee ['nɔrtzeː] *f* North Sea
Nörgelei [nœrgə'laɪ] *f* nagging, grumbling
nörgeln ['nœrgəln] *v* nag, grumble, carp
Norm [nɔrm] *f 1.* norm, standard; *2. (Regel)* rule
normal [nɔr'maːl] *adj* normal, regular

normalerweise [nɔr'ma:lərvaɪzə] *adv* normally, usually
normalisieren [nɔrmali'zi:rən] *v* normalize
Normalität [nɔrmali'tɛ:t] *f* normality, normalcy
normieren [nɔr'mi:rən] *v* standardize
Nostalgie [nɔstal'gi:] *f* nostalgia
nostalgisch [nɔs'talgɪʃ] *adj* nostalgic
Not [no:t] *f 1. (Armut)* indigence, poverty; *seine liebe ~ mit jdm haben* have no end of trouble with s.o.; *2. (Mangel)* need; *wo ~ am Mann ist* in an emergency; *3. (Gefahr)* danger, distress, peril; *mit knapper ~* by the skin of one's teeth
Notar [no'ta:r] *m JUR* notary
notariell [notar'jɛl] *adj 1. JUR* notarial; *adv 2. ~ beglaubigt JUR* notarized
Notarzt ['no:tartst] *m* emergency doctor
Notausgang ['no:tausgaŋ] *m* emergency exit
Note ['no:tə] *f 1. (Schule)* mark, grade *(US); 2. (Banknote)* bank-note, bill; *3. MUS* note; *mit einer amerikanischen ~ (fig)* with an American touch
Notfall ['no:tfal] *m* emergency; *im ~* in case of emergency
notfalls ['no:tfals] *adv* in an emergency, in case of need, if need be
notgedrungen ['no:tgədruŋən] *adj* compulsory, necessary, forced
notieren [no'ti:rən] *v 1.* note, make a note of; *2. FIN* quote, list
nötig ['nø:tɪç] *adj 1.* required, necessary, urgent; *Du hast es gerade ~!* You're one to talk! *adv 2. (unbedingt)* urgently
nötigen ['nø:tɪgən] *v 1. (dringend bitten)* urge; *2. (durch Drohung zwingen)* coerce; *3. (zwingen)* force, compel
Nötigung ['nø:tɪguŋ] *f* compulsion
Notiz [no'ti:ts] *f 1. (Angabe)* note; *2. (Zeitungsnotiz)* announcement; *~ von jdm nehmen* take notice of s.o.
Notizbuch [no'ti:tsbu:x] *n* notebook
Notlage ['no:tla:gə] *f* crisis, plight, predicament
Notlüge ['no:tly:gə] *f* white lie
notorisch [no'to:rɪʃ] *adj* notorious
Notruf ['no:tru:f] *m 1.* emergency call; *2. (Nummer)* emergency number; *3. NAUT* distress signal
Notwehr ['no:tve:r] *f* self-defence
notwendig ['no:tvɛndɪç] *adj 1.* necessary; *ein ~es Übel sein* to be a necessary evil; *2. (wesentlich)* essential
Novelle [no'vɛlə] *f* novella, novellette
November [no'vɛmbər] *m* November
Nuance [ny'ã:sə] *f* nuance
nüchtern ['nyçtərn] *adj 1. (ohne Alkohol)* sober; *2. (ohne Essen)* with an empty stomach; *auf ~en Magen* on an empty stomach; *3. (sachlich)* level-headed, sensible, matter-of-fact
Nudeln ['nu:dəln] *pl* noodles
nuklear [nukle'a:r] *adj PHYS* nuclear
Null [nul] *f* zero, nought; *gleich null sein* to be next to nothing; *in ~ Komma nichts* in the twinkling of an eye
nullachtfünfzehn [nulaxt'fynftse:n] *adj (fam)* run-of-the-mill
Nullpunkt ['nulpuŋkt] *m 1.* zero; *den ~ erreichen (fig)* hit rock bottom; *2. (Gefrierpunkt)* freezing-point
Nullrunde ['nulrundə] *f ECO* wage freeze
nummerieren [numə'ri:rən] *v* number, ticket, label
Nummerierung [numə'ri:ruŋ] *f* numbering
Nummer ['numər] *f 1. (Zahl)* number, figure; *auf ~ sicher gehen* play it safe; *2. (Größe)* size; *Das ist wohl eine ~ zu groß für dich. (fam)* You're out of your league there. *3. (Exemplar)* issue; *4. eine ~ abziehen* put on an act
Nummernschild ['numərnʃɪlt] *n* number plate *(UK),* license plate *(US)*
nun [nu:n] *adv 1.* now, at present; *2. Das ist ~ mal so.* That's just how it is. *3. (zur Fortsetzung der Rede)* well
nur [nu:r] *adv* only, just, merely; *nicht ~ ... sondern auch ...* not only ... but also ...
nuscheln ['nuʃəln] *v* mumble, mutter
Nuss [nus] *f* nut; *eine harte ~ zu knacken haben* to have a tough nut to crack; *jdm eine harte ~ zu knacken geben* to give s.o. a tough nut to crack
nutzen ['nutsən] *v 1.* to be of use, to be useful; *2. (etw ~)* use, utilize
Nutzen ['nutsən] *m 1.* use; *von ~ sein* to be of use; *2. (Vorteil)* advantage, benefit
nützen ['nytsən] *v (siehe „nutzen")*
nützlich ['nytslɪç] *adj* useful, helpful, beneficial; *sich als ~ erweisen* prove one's usefulness
Nützlichkeit ['nytslɪçkaɪt] *f* use, usefulness
nutzlos ['nutslo:s] *adj* useless, futile, pointless
Nutznießer ['nutsni:sər] *m* beneficiary
Nylon ['naɪlɔn] *n* nylon
Nylonstrumpf ['naɪlɔnʃtrumpf] *m* nylon, nylon stocking, nylon hose
Nymphe ['nymfə] *f* nymph
nymphoman [nymfo'ma:n] *adj* nymphomaniac, nymphomaniacal

O

Oase [o'aːzə] *f* oasis
ob [ɔp] *konj* whether, if; *„Hast du schon gefrühstückt?" - „Was?" - „Ob du schon gefrühstückt hast?"* "Have you had breakfast?"- "What?" - "Have you had breakfast?"
obdachlos ['ɔpdaxloːs] *adj* homeless
Obdachlose(r) ['ɔpdaxloːzə(r)] *m/f* homeless person
Obduktion [ɔpduk'tsjoːn] *f MED* autopsy, post-mortem (examination)
obduzieren [ɔpdu'tsiːrən] *v MED* perform an autopsy
O-Beine ['oːbaɪnə] *pl* bow legs
O-beinig ['oːbaɪnɪç] *adj* bow-legged
Obelisk [obe'lɪsk] *m* obelisk
oben ['oːbən] *adv 1. (am oberen Ende)* at the top; *von ~* from above; *von ~ bis unten* from top to bottom; *„~-ohne"* topless; *siehe ~* see above; *2. (in der Höhe)* up; *3. (im Hause)* upstairs; *~ stehend* above, above-mentioned
obenan [oːbən'an] *adv* at the top; *~ stehen* be at the top
obenauf [oːbən'auf] *adv 1.* on top; *2. (munter)* cheerful
obendrein [oːbən'draɪn] *adv* besides, on top of everything else, over and above
obenhin [oːbən'hɪn] *adv* superficially; *etw ~ sagen* say sth casually
Ober ['oːbər] *m (Kellner)* waiter; *Herr ~!* Waiter!
Oberarm ['oːbərarm] *m* upper arm
Oberbegriff ['oːbərbəgrɪf] *m* generic term, collective term
Oberbekleidung ['oːbərbəklaɪduŋ] *f* outer clothing, outerwear
Oberbürgermeister [oːbər'byrgərmaɪstər] *m* mayor; *(von einer englischen Großstadt)* Lord Mayor
Oberdeck ['oːbərdɛk] *n* upper deck
obere(r,s) ['oːbərə(r,s)] *adj* higher, upper, superior
Oberfläche ['oːbərflɛçə] *f* surface
oberflächlich ['oːbərflɛçlɪç] *adj 1.* superficial; *2. (seicht)* shallow; *adv 3.* superficially
Obergeschoss ['oːbərgəʃɔs] *n* upper storey, upper level, upper floor; *zweites ~* second floor *(UK),* second storey *(UK),* third floor *(US),* third story *(US)*
oberhalb ['oːbərhalp] *prep 1.* above; *adv 2.* above
Oberhaupt ['oːbərhaupt] *n* head, chief, leader
Oberhaus ['oːbərhaus] *n POL* upper house
Oberin ['oːbərɪn] *f REL* Mother Superior
oberirdisch ['oːbərɪrdɪʃ] *adj* above ground
Oberkellner ['oːbərkɛlnər] *m* head-waiter
Oberkiefer ['oːbərkiːfər] *m ANAT* upper jaw
Oberkommando ['oːbərkɔmando] *n MIL* high command, supreme command
Oberkörper ['oːbərkœrpər] *m ANAT* upper part of the body; *(Brust)* chest
Oberleitung ['oːbərlaɪtuŋ] *f TECH* overhead wires *pl,* overhead cable
Oberleutnant ['oːbərlɔytnant] *m 1. (der Armee) MIL* lieutenant, first lieutenant *(US); 2. (der Luftwaffe) MIL* flying officer, first lieutenant *(US); 3. MIL* sublieutenant, lieutenant *(US)*
Oberlippe ['oːbərlɪpə] *f ANAT* upper lip
Oberschenkel ['oːbərʃɛŋkəl] *m ANAT* thigh
Oberschicht ['oːbərʃɪçt] *f (Gesellschaftsschicht)* upper class
Oberschule ['oːbərʃuːlə] *f* secondary school
Oberst ['oːbərst] *m MIL* colonel
oberste(r,s) ['oːbərstə(r,s)] *adj* uppermost, topmost, highest
Oberstübchen ['oːbərʃtyːpçən] *n nicht ganz richtig im ~ sein* have bats in the belfry
Oberstufe ['oːbərʃtuːfə] *f 1. (elfte bis dreizehnte Klasse)* stage II secondary education, upper secondary education, senior high school *(US),* grades eleven to thirteen; *2. (Schüler der ~)* stage II secondary education students *(UK),* upperclassmen *(US)*
Oberteil ['oːbərtaɪl] *n 1.* upper part; *2. (Kleidungsstück)* top
obgleich [ɔp'glaɪç] *konj* although
Obhut ['ɔphuːt] *f* keeping, protection, safekeeping
obige(r,s) ['oːbɪgə(r,s)] *adv* above, abovementioned
Objekt [ɔp'jɛkt] *n* object
objektiv [ɔpjɛk'tiːf] *adj* objective, impartial
Objektiv [ɔpjɛk'tiːf] *n FOTO* lens, objective
Objektivität [ɔpjɛktivi'tɛːt] *f* objectivity, impartiality, objectiveness
Oblate [o'blaːtə] *f 1. GAST* wafer; *2. REL* host
obliegen [ɔp'liːgən] *v irr* to be incumbent upon; *Es obliegt ihm.* He is reponsible for it.

Obligation [ɔbliga'tsjo:n] *f* *ECO* bond, debenture, debenture bond
obligatorisch [ɔbliga'to:rɪʃ] *adj* obligatory, compulsory, mandatory
Obmann ['ɔbman] *m* *1. (Vorsitzender)* chairman; *2. (Vertreter)* representative
Oboe [o'bo:ə] *f* *MUS* oboe
Obrigkeit ['o:brɪçkaɪt] *f* authorities *pl*
obrigkeitlich ['o:brɪçkaɪtlɪç] *adj* government
Obrigkeitsstaat ['o:brɪçkaɪtsʃta:t] *m* *POL* authoritarian state
obschon [ɔp'ʃo:n] *konj* though, although
Observation [ɔpzɛrva'tsjo:n] *f* observation
Observatorium [ɔpzɛrva'to:rjum] *n* *ASTRO* observatory
observieren [ɔpzɛr'vi:rən] *v* observe
obskur [ɔps'ku:r] *adj* obscure, mysterious
Obskurität [ɔpskuri'tɛ:t] *f* obscurity
Obst [o:pst] *n* fruit
Obstbaum ['o:pstbaum] *m* *BOT* fruit-tree
Obsternte ['o:pstɛrntə] *f* *AGR* fruit harvest
Obstkuchen ['o:pstku:xən] *m* *GAST* fruit tart
Obstsaft ['o:pstzaft] *m* *GAST* fruit juice
obszön [ɔps'tsø:n] *adj* obscene
obwohl [ɔp'vo:l] *konj* although
Ochse ['ɔksə] *m* *ZOOL* bullock, ox; *dastehen wie der ~ vorm Berg* stand there like a dying duck in a thunderstorm
öde ['ø:də] *adj* *1.* deserted, desolate; *2. (fig)* dreary, dull, boring
Ödem [ø'de:m] *n* *MED* oedema, edema *(US)*
oder ['o:dər] *konj* *1.* or; *2. (fragend) ..., ~? ...,* right?
Ofen ['o:fən] *m* *1. (Backofen)* oven; *2. (Heizofen)* furnace; *hinter dem ~ hocken* to be a stay-at-home; *ein Schuss in den ~* a complete waste of time; *Der ~ ist aus.* That does it.
offen ['ɔfən] *adj* *1. (geöffnet)* open; *2. (fig: aufrichtig)* frank, open; *3. (fig: unentschieden)* open; *4. (fig: nicht besetzt)* vacant; *5. ~ bleiben* stay open; *(Ende)* remain to be seen, remain open, remain unsolved; *6. ~ halten* leave open; *(unbesetzt lassen)* hold open; *sich etw ~ halten* reserve decision on sth, keep sth open; *7. ~ legen (fig)* disclose; *8. ~ stehen* to be open; *(fig: Rechnung)* to be outstanding, to be owing
offenbar ['ɔfənba:r] *adj* *1.* obvious, apparent, evident; *adv* *2.* obviously, evidently, apparently
offenbaren [ɔfən'ba:rən] *v* reveal, disclose, make known
Offenbarung [ɔfən'ba:ruŋ] *f* *1. (Enthüllung)* revelation; *2. REL* Revelation
Offenheit ['ɔfənhaɪt] *f* openness, frankness, directness
offenherzig ['ɔfənhɛrtsɪç] *adj* *1.* open-hearted, open, frank, candid; *2. (fam: Dekolletee)* revealing
offenkundig ['ɔfənkundɪç] *adj* public, obvious, blatant
offensichtlich ['ɔfənzɪçtlɪç] *adj* *1.* obvious, evident; *adv* *2.* obviously, evidently
offensiv [ɔfən'zi:f] *adj* *1.* offensive; *adv* *2.* offensively
Offensive [ɔfən'zi:və] *f* offensive
öffentlich ['œfəntlɪç] *adj* *1.* public; *adv* *2.* publicly
Öffentlichkeit ['œfəntlɪçkaɪt] *f* public; *die breite ~* the public at large; *in aller ~* in public; *an die ~ bringen* bring into the open, *an die ~ treten* appear before the public
Öffentlichkeitsarbeit ['œfəntlɪçkaɪtsarbaɪt] *f* public relations work, PR activities
offerieren [ɔfə'ri:rən] *v* offer
offiziell [ɔfit'sjɛl] *adj* *1.* official; *adv* *2.* officially
Offizielle(r) [ɔfɪ'tsjɛlə(r)] *m/f* official
Offizier [ɔfi'tsi:r] *m* *MIL* officer
öffnen ['œfnən] *v* *1.* open; *2. sich ~* open up, to be opened
Öffner ['œfnər] *m* opener
Öffnung ['œfnuŋ] *f* opening, gap
Öffnungszeiten ['œfnuŋstsaɪtən] *pl* opening hours, hours of business
oft [ɔft] *adv* often, frequently
öfter ['œftər] *adv* often, frequently; *immer ~* more and more
öfters ['œftərs] *adv* several times
oftmalig ['ɔftma:lɪç] *adj* repeated, frequent
oftmals ['ɔftma:ls] *adv* many a time, often, frequently
ohne ['o:nə] *prep* without; *Ohne mich!* Count me out!
ohnedies [o:nə'di:s] *adv* anyway, anyhow
ohnegleichen [o:nə'glaɪçən] *adv* unparalleled, without peer
ohnehin ['o:nəhɪn] *adv* anyway
Ohnmacht ['o:nmaxt] *f* *1.* unconsciousness, faint; *2. (Machtlosigkeit)* powerlessness
ohnmächtig ['o:nmɛçtɪç] *adj* *1. (bewusstlos)* unconscious; *~ werden* faint; *2. (fig: machtlos)* powerless, weak, helpless

Ohr [oːr] *n* ear; *ganz ~ sein* to be all ears; *bis über beide ~en in Arbeit stecken* to be up to one's ears in work; *auf taube ~en stoßen* fall on deaf ears; *jdm in den ~en liegen* keep on at s.o.; *mit halbem ~ zuhören* listen with half an ear; *ein offenes ~ haben* lend a willing ear; *~en wie ein Luchs haben* have good ears; *jdn übers ~ hauen* take s.o. for a ride; *die ~en hängen lassen* to be down in the mouth; *es faustdick hinter den ~en haben* to be a sly old dog; *noch nicht trocken hinter den ~en sein* to be wet behind the ears; *jdm das Fell über die ~en ziehen* pull the wool over s.o.'s eyes; *sich aufs ~ hauen* hit the hay, hit the sack; *viel um die ~en haben* have a lot on one's plate; *es ist mir zu ~en gekommen* it has come to my attention; *Das ist nichts für fremde ~en.* That's just between ourselves. *Auf diesem ~ ist er taub!* He won't hear of it! *Schreib dir das hinter die ~en!* Put that in your pipe and smoke it!

Ohrensessel ['oːrənzɛsəl] *m* wing chair, winged chair, draft chair, lug chair

Ohrfeige ['oːrfaɪgə] *f* box on the ear, slap in the face

ohrfeigen ['oːrfaɪgən] *v jdn ~* slap s.o. in the face

Ohrklipp ['oːrklɪp] *m* earclip

Ohrläppchen ['oːrlɛpçən] *n ANAT* earlobe

Ohrmuschel ['oːrmuʃəl] *f ANAT* auricle, external ear

Ohrring ['oːrrɪŋ] *m* earring

Ohrwurm ['oːrvurm] *m (fam)* catchy tune

okkult [ɔ'kult] *adj* occult

Okkultismus [ɔkul'tɪsmus] *m* occultism

Okkultist [ɔkul'tɪst] *m* occultist

Okkupation [ɔkupa'tsjoːn] *f MIL* occupation

okkupieren [ɔku'piːrən] *v MIL* occupy

Ökoladen ['øːkolaːdən] *m (fam)* wholefood shop, organic food shop

Ökologe/Ökologin [øko'loːgə/øko'loːgɪn] *m/f* ecologist

Ökologie [økolo'giː] *f* ecology

ökologisch [øko'loːgɪʃ] *adj* ecological

Ökonomie [økono'miː] *f* economy

ökonomisch [øko'noːmɪʃ] *adj* economic

Ökosystem ['øːkozysteːm] *n BIO* ecological system

Oktave [ɔk'taːvə] *f MUS* octave

Oktober [ɔk'toːbər] *m* October

Ökumene [øku'meːnə] *f REL (Bewegung)* ecumenic movement

ökumenisch [øku'meːnɪʃ] *adj REL* ecumenical

Öl [øːl] *n* oil

Oldtimer ['əʊldtaɪmər] *m* oldtimer

ölen ['øːlən] *v* oil, grease, lubricate

Ölfarbe ['øːlfarbə] *f* oil-paint

Ölförderung ['øːlfœrdəruŋ] *f* oil extraction, oil production

Ölgemälde ['øːlgəmɛːldə] *n ART* oil painting

ölig ['øːlɪç] *adj* oily

Oligarchie [oligar'çiː] *f POL* oligarchy

Olive [o'liːvə] *f BOT* olive

Olivenöl [o'liːvənøːl] *n GAST* olive oil

Ölkrise ['øːlkriːzə] *f ECO* oil crisis

Öllampe ['øːllampə] *f 1. (Lampe mit Ölbrennstoff)* oil lamp; *2. (Ölstandanzeige)* oil level indicator

Ölpest ['øːlpɛst] *f* black tide, oil pollution

Ölpreis ['øːlpraɪs] *m* price of oil

Ölraffinerie ['øːlrafinəriː] *f ECO* oil refinery

Ölsardine ['øːlzardiːnə] *f GAST* sardine (in oil)

Ölteppich ['øːltɛpɪç] *m* oil slick

Ölung ['øːluŋ] *f Letzte ~ REL* Extreme Unction

olympisch [o'lympɪʃ] *adj* Olympic

Olympische Spiele [o'lympɪʃə 'ʃpiːlə] *pl* Olympic Games *pl*

Oma ['oːma] *f* grandma, granny

Omelett [ɔm'lɛt] *n GAST* omelet

Omen ['oːmən] *n* omen

ominös [omi'nøːs] *adj* ominous

Omnibus ['ɔmnibus] *m* bus

onanieren [ona'niːrən] *v* masturbate

Onkel ['ɔŋkəl] *m* uncle

Opa ['oːpa] *m* grand-dad, grandpa

Opal [o'paːl] *m MIN* opal

Oper ['oːpər] *f 1. (Werk)* opera; *2. (Gebäude)* opera house

Operation [opera'tsjoːn] *f MED* operation, surgery

Operationssaal [opera'tsjoːnszaːl] *m MED* operating theatre *(UK),* operating room *(US)*

operativ [opera'tiːf] *adj 1. MED* surgical, operative; *2. MIL* operational, strategic

Operator [opə'raːtɔr] *m INFORM* operator, computer operator

Operette [ope'rɛtə] *f* operetta

operieren [ope'riːrən] *v* operate

Opernglas ['oːpərnglaːs] *n* opera glass

Opernhaus ['oːpərnhaus] *n* opera house

Opernsänger(in) ['oːpərnzɛŋər(ɪn)] *m/f* opera singer

Opfer ['ɔpfər] *n 1. (Person)* victim; *2. (Verzicht)* sacrifice

opferbereit ['ɔpfərbəraɪt] *adj* self-sacrificing

Opferbereitschaft ['ɔpfərbəraɪtʃaft] *f* spirit of sacrifice, willingness to make sacrifices

Opfergabe ['ɔpfərgaːbə] *f* offering

opfern ['ɔpfərn] *v 1. (verzichten)* sacrifice; *2. (spenden)* make an offering; *3. sich ~ (fig)* sacrifice o.s.

Opium ['oːpjum] *n* opium

Opossum [o'pɔsum] *n ZOOL* opossum, possum

opponieren [ɔpo'niːrən] *v* oppose

opportun [ɔpɔr'tuːn] *adj* opportune, expedient

Opportunismus [ɔpɔrtu'nɪsmus] *m* opportunism

Opportunist [ɔpɔrtu'nɪst] *m* opportunist

opportunistisch [ɔpɔrtu'nɪstɪʃ] *adj* opportunistic

Opposition [ɔpozi'tsjoːn] *f* opposition

oppositionell [ɔpozitsjo'nɛl] *adj POL* opposition

Oppositionsführer [ɔpozi'tsjoːnsfyːrər] *m POL* opposition leader

Oppositionspartei [ɔpozi'tsjoːnspartaɪ] *f* opposition party

Optik ['ɔptɪk] *f* optics

Optiker ['ɔptɪkər] *m* optician

optimal [ɔpti'maːl] *adj 1.* ideal, optimal; *adv 2.* to an optimum, optimally

optimieren [ɔpti'miːrən] *v* optimize, optimalize

Optimierung [ɔpti'miːruŋ] *f* optimization

Optimismus [ɔpti'mɪsmus] *m* optimism

Optimist(in) [ɔpti'mɪst(ɪn)] *m/f* optimist

optimistisch [ɔpti'mɪstɪʃ] *adj 1.* optimistic; *adv 2.* optimistically

Optimum ['ɔptimum] *n* optimum

Option [ɔp'tsjoːn] *f* option, choice

optisch ['ɔptɪʃ] *adj 1.* optical; *adv 2.* optically

Orakel [o'raːkəl] *n HIST* oracle

oral [o'raːl] *adj 1.* oral; *adv 2.* orally

orange [o'rɑ̃ːʒ] *adj* orange

Orange [o'rɑ̃ʒə] *f BOT* orange

Orangensaft [o'rɑ̃ʒənzaft] *m GAST* orange juice

Oratorium [ora'toːrjum] *n MUS* oratorio

Orbit ['ɔrbɪt] *m ASTR* orbit

Orchester [ɔr'kɛstər] *n* orchestra

Orchidee [ɔrçi'deː] *f BOT* orchid

Orden ['ɔrdən] *m 1. (Auszeichnung)* order, distinction; *2. REL* order

Ordensbruder ['ɔrdənsbruːdər] *m REL* friar, member of an order

Ordensschwester ['ɔrdənsʃvɛstər] *f REL* nun, sister

ordentlich ['ɔrdəntlɪç] *adj 1. (ordnungsliebend)* tidy, neat, orderly; *2. (aufgeräumt)* tidy, neat; *3. (sorgfältig)* methodical, careful, sound; *adv 4. (richtig)* properly, well

ordinär [ɔrdi'nɛːr] *adj* common, vulgar, ordinary, low

ordnen ['ɔrdnən] *v* order, arrange, organize

Ordner ['ɔrdnər] *m 1. (Hefter)* folder, file; *2. (Person)* steward

Ordnung ['ɔrdnuŋ] *f 1.* order, tidiness; *in ~* all right; *etwas in ~ bringen* put sth in order; *2. (das Ordnen)* arrangement, arranging

ordnungsgemäß ['ɔrdnuŋsgəmɛːs] *adj 1.* correct, proper; *adv 2.* correctly, according to the regulations, properly

Ordnungshüter ['ɔrdnuŋshyːtər] *m* guardian of the peace

ordnungswidrig ['ɔrdnuŋsviːdrɪç] *adj 1.* irregular, illegal; *adv 2.* contrary to regulations, illegally

Oregano [o'reːgano] *m GAST* oregano, origanum

Organ [ɔr'gaːn] *n ANAT* organ

Organisation [ɔrganiza'tsjoːn] *f* organization

Organisator [ɔrgani'zaːtɔr] *m* organizer

organisatorisch [ɔrganiza'toːrɪʃ] *adj* organizational

organisch [ɔr'gaːnɪʃ] *adj* organic, structural

organisieren [ɔrgani'ziːrən] *v* organize

Organisierung [ɔrgani'ziːruŋ] *f* organization

Organismus [ɔrga'nɪsmus] *m* organism

Organist [ɔrga'nɪst] *m MUS* organist

Organspender [ɔr'gaːnʃpɛndər] *m MED* organ donor

Orgasmus [ɔr'gasmus] *m* orgasm

Orgel ['ɔrgəl] *f MUS* organ

orgiastisch [ɔr'gjastɪʃ] *adj* orgiastic

Orgie ['ɔrgjə] *f* orgy

Orient ['oːrjɛnt] *m GEO* Orient, East

orientalisch [ɔrjɛn'taːlɪʃ] *adj* oriental

orientieren [ɔrjɛn'tiːrən] *v* orient, orientate, set right

Orientierung [ɔrjɛn'tiːruŋ] *f 1.* orientation; *2. (Unterrichtung)* information

Orientierungssinn [ɔrjɛn'tiːruŋszɪn] *m* sense of direction, instinct for direction, ability to find one's way

original [origi'naːl] *adj* original

Original [origi'naːl] *n* original
Originalität [originali'tɛːt] *f* *1. (Echtheit)* originality, authenticity; *2. (Besonderheit)* oddity, peculiarity, individuality
Originaltext [origi'naːltɛkst] *m* original text
originell [origi'nɛl] *adj* original
Orkan [ɔr'kaːn] *m* hurricane
Ornament [ɔrna'mɛnt] *n* ornament
ornamental [ɔrnamɛn'taːl] *adj ART* ornamental
Ort [ɔrt] *m* *1. (Stelle)* place, spot; *an ~ und Stelle* on the spot; *2. (Ortschaft)* place, town
orten ['ɔrtən] *v* locate, fix the position of
orthodox [ɔrto'dɔks] *adj* orthodox
Orthodoxie [ɔrtodɔ'ksiː] *f REL* orthodoxy
Orthografie [ɔrtogra'fiː] *f* spelling, orthography
orthografisch [ɔrto'graːfɪʃ] *adj* spelling, orthographical
Orthopäde [ɔrto'pɛːdə] *m* orthopaedist, orthopaedic specialist
Orthopädie [ɔrtopɛ'diː] *f MED* orthopaedics
orthopädisch [ɔrto'pɛːdɪʃ] *adj MED* orthopaedic, orthopedic
örtlich ['øːrtlɪç] *adj 1.* local; *adv 2.* locally
Örtlichkeiten ['øːrtlɪçkaɪtən] *pl* localities
Ortsangabe ['ɔrtsangaːbə] *f 1.* indication of place; *2. (auf einem Brief)* address
ortsansässig ['ɔrtsanzɛsɪç] *adj* resident, local
Ortschaft ['ɔrtʃaft] *f* town, place, village
ortsfremd ['ɔrtsfrɛmt] *adj* visiting, not from the area
Ortsgespräch ['ɔrtsgəʃprɛːç] *n TEL* local call
Ortskern ['ɔrtskɛrn] *m* middle of town, town centre
ortskundig ['ɔrtskundɪç] *adj ~ sein* know the area, know one's way around
Ortsnetz ['ɔrtsnɛts] *n TEL* local telephone exchange network
Ortsteil ['ɔrtstaɪl] *m* part of town, section of town
Ortsumgehung ['ɔrtsumgeːuŋ] *f* bypass
Ortsverkehr ['ɔrtsfɛrkeːr] *m 1.* local traffic; *2. TEL* local calls *pl*
Ortszeit ['ɔrtstsaɪt] *f* local time
Ortung ['ɔrtuŋ] *f* localization, locating
Öse ['øːzə] *f* eye, loop, eyelet
Osmose [ɔs'moːzə] *f BIO* osmosis
Ossi ['ɔsi] *m (fam)* Easterner, East German
Ost [ɔst] *m* East; *der Wind kommt aus ~* the wind is coming from the East
Osten ['ɔstən] *m* east; *Naher ~ GEO* Middle East, Near East; *Mittlerer ~ GEO* area stretching from Iran and Iraq to India; *Ferner ~ GEO* Far East
Osterei ['oːstəraɪ] *n* Easter egg
Osterglocke ['oːstərglɔkə] *f BOT* daffodil
Osterhase ['oːstərhaːzə] *m* Easter bunny
Ostermontag [oːstər'moːntaːk] *m REL* Easter Monday
Ostern ['oːstərn] *n* Easter
Österreich ['øːstərraɪç] *n GEO* Austria
Österreicher(in) ['øːstərraɪçər(ɪn)] *m/f* Austrian
österreichisch ['øːstərraɪçɪʃ] *adj* Austrian
Ostersonntag [oːstər'zɔntaːk] *m REL* Easter Sunday
östlich ['œstlɪç] *adj* eastern, easterly
Östrogen [œstro'geːn] *n BIO* oestrogen *(UK)*, estrogen *(US)*
Ostsee ['ɔstzeː] *f GEO* Baltic Sea
O-Ton ['oːtoːn] *m (Originalton)* original soundtrack
Otter ['ɔtər] *m 1. ZOOL* otter; *f 2. (Schlange) ZOOL* adder, viper
out [aut] *adj (fam: nicht mehr aktuell)* out
outen ['autən] *v* disclose the homosexuality of; *sich ~* come out (fam)
Outfit ['autfɪt] *n* outfit
Output ['autput] *m INFORM* output
Ouvertüre [uvɛr'tyːrə] *f MUS* overture
oval [o'vaːl] *adj* oval
Oval [o'vaːl] *n* oval
Ovation [ova'tsjoːn] *f* ovation
Overall ['oːvərɔːl] *m* overall
Overheadprojektor ['oːvərhɛdprojɛktɔr] *m* overhead projector
Oxid [ɔk'syːt] *n CHEM* oxide
Oxidation [ɔksyda'tsjoːn] *f CHEM* oxidation
oxidieren [ɔksy'diːrən] *v CHEM* oxidize
Ozean ['oːtseaːn] *m GEO* ocean
Ozeanien [otse'aːnjən] *n GEO* Oceania
ozeanisch [otse'aːnɪʃ] *adj 1. GEO* oceanic; *2. (von Ozeanien)* Oceanian
Ozelot ['oːtselɔt] *m ZOOL* ocelot
Ozon [o'tsoːn] *n CHEM* ozone
Ozongehalt [o'tsoːngəhalt] *m CHEM* ozone level
ozonhaltig [o'tsoːnhaltɪç] *adj CHEM* ozonic, containing ozone
Ozonloch [o'tsoːnlɔx] *n* hole in the ozone layer, ozone hole (fam)
Ozonschicht [o'tsoːnʃɪçt] *f* ozone layer

P

paar [paːr] *adj ein ~* a few, some
Paar [paːr] *n 1.* pair; *2. (Mann und Frau)* couple
Pacht [paxt] *f 1. (Überlassung)* lease; *2. (Entgelt)* rent
pachten ['paxtən] *v* lease, take on lease, rent
Pächter ['pɛçtər] *m* leaseholder, lessee
Päckchen ['pɛkçən] *n* small package, small parcel
packen ['pakən] *v 1. (einpacken)* pack; *2. (greifen)* seize, grab, clutch; *3. (fig: mitreißen)* grip, thrill, enthrall
Pädagogik [pɛda'goːgɪk] *f* pedagogy
Paddel ['padəl] *n* paddle
paddeln ['padəln] *v* paddle
Page ['paːʒə] *m* page
Paket [pa'keːt] *n* package, packet, parcel
Pakt [pakt] *m* pact, covenant
Palast [pa'last] *m* palace
Palästina [palɛ'stiːna] *n GEO* Palestine
Palette [pa'lɛtə] *f 1. (Auswahl)* selection, choice, range; *2. TECH* pallet; *3. ART* palette
Palme ['palmə] *f BOT* palm; palm-tree; *jdn auf die ~ bringen* drive s.o. up the wall (fam)
Panflöte ['paːnfløːtə] *f MUS* Pan-pipes *pl*
panieren [pa'niːrən] *v GAST* bread
Panik ['paːnɪk] *f* panic
Panne ['panə] *f 1. (Schaden)* breakdown, failure; *2. (Missgeschick)* mishap
Panorama [pano'raːma] *n* panorama
Panter ['pantər] *m ZOOL* panther
Pantoffel [pan'tɔfəl] *m* slipper
Pantomime [panto'miːmə] *f* pantomime
Panzer ['pantsər] *m 1. ZOOL* shell; *2. (Schutzpanzer) ZOOL* (biological) armour; *3. (Kampfwagen) MIL* tank; *4. (deutscher Kampfwagen) HIST* panzer
Panzerglas ['pantsərglaːs] *n* bullet-proof glass
Papa ['papa] *m* papa, pa, daddy
Papagei [papa'gaɪ] *m ZOOL* parrot
Papier [pa'piːr] *n 1.* paper; *2. (Dokument)* document, paper
Papierkorb [pa'piːrkɔrp] *m* waste-paper basket, waste-basket
Pappe ['papə] *f* cardboard
Pappel ['papəl] *f BOT* poplar
Paprika ['paprɪka] *f 1. (Gewürz) GAST* paprika; *m 2. BOT* red pepper, paprika
Papst [paːpst] *m REL* Pope
Papyrus [pa'pyːrus] *m 1. BOT* papyrus; *2. (historische Schrift) HIST* papyrus
Parade [pa'raːdə] *f 1.* parade, display; *2. (eines Torhüters) SPORT* save
Paradies [para'diːs] *n* paradise; *das ~ auf Erden* heaven on earth
Paragraf [para'graːf] *m* paragraph
parallel [para'leːl] *adj* parallel
Parallele [para'leːlə] *f* parallel
paranoid [parano'iːt] *adj* paranoid
Parasit [para'ziːt] *m* parasite
Parfüm [par'fyːm] *n* perfume, scent
Parität [pari'tɛːt] *f* parity, equality
Park [park] *m* park
parken ['parkən] *v* park
Parkett [par'kɛt] *n 1. (Fußboden)* parquet; *2. THEAT* stalls
Parkhaus ['parkhaus] *n* parking garage, car park
Parkplatz ['parkplats] *m 1.* car park, parking lot *(US); 2. (Parklücke)* parking space
Parkuhr ['parkuːr] *f* parking meter
Parlament [parla'mɛnt] *n POL* parliament
Parodie [paro'diː] *f* parody
parodieren [paro'diːrən] *v* parody
Parole [pa'roːlə] *f 1. (Schlagwort)* slogan, catch phrase, motto; *2. MIL* password, watchword
Partei [par'taɪ] *f POL* party
Parteinahme [par'taɪnaːmə] *f* taking of sides, partisanship, siding with s.o.
Partie [par'tiː] *f 1. (Spiel)* game, match; *(Fechten)* round; *2. (Teil)* part; *mit von der ~ sein* to be in on sth; *3. (Heirat) eine gute ~ sein* to be a good catch; *eine gute ~ machen* marry money (fam)
partiell [par'tsjɛl] *adj* partial
Partikularismus [partikula'rɪsmus] *m POL* particularism
Partisan [parti'zaːn] *m POL* partisan
Partizip [parti'tsiːp] *n GRAMM* participle
Partner(in) ['partnər(ɪn)] *m/f 1. (Ehepartner)* spouse, partner; *2. (Geschäftspartner)* business partner, associate; *3. (Vertragspartner)* party (to a contract)
Partnerschaft ['partnərʃaft] *f* partnership
Partnerstadt ['partnərʃtat] *f* twin town *(UK)*, sister city *(US)*
Party ['paːrti] *f* party

Parzelle [par'tsɛlə] *f* parcel (of land)
Pass [pas] *m 1. (Ausweis)* passport; *2. (Bergpass) GEO* pass
Passage [pa'sa:ʒə] *f 1. (Durchgang)* passage, passageway; *2. (Überfahrt) NAUT* crossing, passage
Passagier [pasa'ʒi:r] *m* passenger; *blinder ~* stowaway
Passah ['pasa] *n REL* Passover
Passant [pa'sant] *m* passer-by, pedestrian
Passbild ['pasbɪlt] *n* passport photo
passen ['pasən] *v 1. (die richtige Größe haben)* fit; *2. (Kleidung: geeignet sein)* to be becoming; *3. (angemessen sein)* to be suitable, to be appropriate; *4. (recht sein)* suit s.o., to be convenient; *5. (fig) ~ müssen* have to pass on sth
passend ['pasənt] *adj 1.* fitting, suitable, appropriate; *adv 2.* suitably, appropriately
passieren [pa'si:rən] *v 1. (geschehen)* happen, occur, take place; *2. (durchgehen)* go through; *jdn ~ lassen* let s.o. pass
Passion [pasj'o:n] *f 1.* passion; *2. REL* Passion
passiv ['pasi:f] *adj 1.* passive; *adv 2.* passively
Paste ['pastə] *f* paste
Pastellfarbe [pa'stɛlfarbə] *f 1. (Farbton)* pastel colour; *2. (Pastellstift)* pastel
Pastete [pa'ste:tə] *f 1. (Schüsselpastete) GAST* pie; *2. (Leberpastete) GAST* pâté; *3. (Pastetchen)* patty shell
Pastor ['pastɔr] *m REL* vicar, minister, pastor
Pate ['pa:tə] *m* godfather; *bei etw ~ stehen* leave one's mark on sth
Patenkind ['pa:tənkɪnt] *n* godchild
patent [pa'tɛnt] *adj* ingenious, clever, neat
Patent [pa'tɛnt] *n JUR* patent
patentieren [patɛn'ti:rən] *v JUR* patent
Pater ['pa:tər] *m REL* father
pathetisch [pa'te:tɪʃ] *adj* emotional, histrionic
Pathologie [patolo'gi:] *f MED* pathology
Pathos ['pa:tɔs] *n* pathos
Patient(in) [pa'tsjɛnt(ɪn)] *m/f* patient
Patin ['pa:tɪn] *f* godmother
Patriarch [patri'arç] *m* patriarch
patriarchalisch [patriar'ça:lɪʃ] *adj* patriarchal
Patriot [patri'o:t] *m* patriot
patriotisch [patri'o:tɪʃ] *adj* patriotic
Patriotismus [patrio'tɪsmus] *m* patriotism
Patron(in) [pa'tro:n(ɪn)] *m/f* patron
Patronat [patro'na:t] *n* patronage
Patrone [pa'tro:nə] *f 1. (für eine Waffe)* cartridge, bullet; *2. (Tintenpatrone)* cartridge
Patrouille [pa'truljə] *f MIL* patrol
Pauke ['paukə] *f MUS* kettle-drum; *auf die ~ hauen (fig)* paint the town red
pausbäckig ['pausbɛkɪç] *adj* chubby-cheeked
pauschal [pau'ʃa:l] *adj 1.* lump-sum, overall; *adv 2.* on a flat-rate basis; *3. (fig)* lumped together, lock, stock and barrel
Pauschale [pau'ʃa:lə] *f* lump sum payment, flat charge
Pauschalreise [pau'ʃa:lraɪzə] *f* package tour
Pause ['pauzə] *f 1.* break, interval, interruption; *2. (Ruhe)* rest
pausen ['pauzən] *v* trace
pausenlos ['pauzənlo:s] *adj 1.* non-stop, continuous, incessant; *adv 2.* non-stop, continuously, incessantly
pausieren [pau'zi:rən] *v* pause, stop
Pavillon ['pavɪljɔ̃] *m* pavilion
Pazifismus [patsi'fɪsmus] *m* pacifism
Pazifist(in) [patsi'fɪst(ɪn)] *m/f* pacifist
pazifistisch [patsɪ'fɪstɪʃ] *adj* pacifist, pacifistic
Pech [pɛç] *n 1. (fig: Missgeschick)* misfortune, bad luck; *~ haben* have tough luck; to be out of luck; *2. (Klebemittel)* pitch; *wie ~ und Schwefel zusammenhalten* to stick together through thick and thin
Pechsträhne ['pɛçʃtrɛ:nə] *f* stroke of bad luck, run of bad luck
Pedal [pe'da:l] *n* pedal
Pedant [pe'dant] *m* pedant
Pedanterie [pedantə'ri:] *f* pedantry
pedantisch [pe'dantɪʃ] *adj* pedantic
Pein [paɪn] *f* agony, suffering
peinigen ['paɪnɪgən] *v* torment, torture
peinlich ['paɪnlɪç] *adj (unangenehm)* awkward, embarrassing
Peitsche ['paɪtʃə] *f* whip
peitschen ['paɪtʃən] *v 1. (schlagen)* whip, flog, lash; *2. (fig)* beat, lash, whip
Pelikan ['pe:lika:n] *m ZOOL* pelican
Pelz [pɛlts] *m 1. (Fell)* fur; *jdm auf den ~ rücken* get too close to s.o. for comfort; *jdm einen auf den ~ brennen* singe s.o.'s hide; *2. (~mantel)* fur coat, fur
Pelzmantel ['pɛltsmantəl] *m* fur coat
Pendant [pɑ̃'dɑ̃:] *n* counterpart
Pendel ['pɛndəl] *n* pendulum

pendeln ['pɛndəln] *v 1. (baumeln)* swing, sway; *2. (fig)* commute, go back and forth
Pendler ['pɛndlər] *m* commuter
penetrant [pɛnə'trant] *adj* penetrating, *(Gestank)* pungent
penibel [pe'ni:bəl] *adj 1.* fussy, pernickety (fam)*; 2. (peinlich)* painful
Penis ['pe:nɪs] *m ANAT* penis
Pension [pɛn'zjo:n] *f 1. (Ruhestand)* retirement; *2. (Rente)* retirement pension; *3. (Fremdenheim)* boarding-house, guest-house
pensionieren [pɛnzjo'ni:rən] *v* pension off, retire; *sich ~ lassen* retire
Pensum ['pɛnzum] *n 1.* workload; *2. (in der Schule)* curriculum
per [pɛr] *prep* by, per; *~ Adresse* care of; *~ Fax* by fax
perfekt [pɛr'fɛkt] *adj 1.* perfect; *adv 2.* perfectly
Perfektionismus [pɛrfɛktsjo'nɪsmus] *m* perfectionism
Perfektionist(in) [pɛrfɛktsjo'nɪst(ɪn)] *m/f* perfectionist
Pergament [pɛrga'mɛnt] *n* parchment
Pergola ['pɛrgola] *f* pergola *(UK),* arbor *(US)*
Periode [per'jo:də] *f 1.* period; *2. (Menstruation)* period
periodisch [per'jo:dɪʃ] *adj 1.* periodical; *adv 2.* periodically
peripher [peri'fe:r] *adj 1.* peripheral; *adv 2.* peripherally
Peripherie [perife'ri:] *f* periphery
Perle ['pɛrlə] *f* pearl
permanent [pɛrma'nɛnt] *adj 1.* permanent; *adv 2.* permanently
perplex [pɛr'plɛks] *adj* dumbfounded, perplexed, bewildered
Perser ['pɛrzər] *m 1. (Person)* Persian; *2. (Teppich)* Persian rug
Persien ['pɛrziən] *n GEO* Persia
Person [pɛr'zo:n] *f* person; *etw in ~ sein* to be sth personified
Personal [pɛrzo'na:l] *n* staff, personnel, employees
Personalabteilung [pɛrzo'na:laptaɪluŋ] *f* personnel department
Personalausweis [pɛrzo'na:lausvaɪs] *m* identity card
Personalien [pɛrzo'na:ljən] *pl* personal data
persönlich [pɛr'zø:nlɪç] *adj 1.* personal, private; *adv 2.* personally; *etw ~ nehmen* take sth personally
Persönlichkeit [pɛr'zø:nlɪçkaɪt] *f* personality
Perspektive [pɛrspɛk'ti:və] *f 1.* perspective; *2. (fig: Zukunftsausblick)* prospects *pl*
perspektivisch [pɛrspɛk'ti:vɪʃ] *adj 1.* perspective; *adv 2.* in perspective
Perücke [pɛ'rykə] *f* wig
pervers [pɛr'vɛrs] *adj* perverted
Perversion [pɛrvɛr'zjo:n] *f* perversion
pervertieren [pɛrvɛr'ti:rən] *v* pervert
Pessimismus [pɛsi'mɪsmus] *m* pessimism
Pessimist(in) [pɛsi'mɪst(ɪn)] *m/f* pessimist
pessimistisch [pɛsi'mɪstɪʃ] *adj* pessimistic
Pest [pɛst] *f MED* plague; *jdn hassen wie die ~* hate s.o.'s guts
Pestizid [pɛsti'tsi:t] *n CHEM* pesticide
Petersilie [petər'zi:ljə] *f BOT* parsley
Petition [peti'tsjo:n] *f POL* petition
Pfad [pfa:t] *m* path, track; *auf dem ~ der Tugend wandeln* follow the path of virtue; *auf krummen ~en wandeln* leave the straight and narrow
Pfahl [pfa:l] *m* post, stake
Pfand [pfant] *n 1.* pledge, pawn, security; *2. (Flaschenpfand)* deposit
pfänden ['pfɛndən] *v JUR* impound, seize
Pfandflasche ['pfantflaʃə] *f* two-way bottle, bottle with deposit on it
Pfändung ['pfɛnduŋ] *f JUR* attachment of property, levy of attachment, seizure
Pfanne ['pfanə] *f* frying-pan, pan; *jdn in die ~ hauen* hammer s.o., clobber s.o.
Pfarramt ['pfaramt] *n REL* rectory, parsonage
Pfarrer ['pfarər] *m 1. REL* vicar; *2. (katholisch)* parish priest
Pfau [pfau] *m ZOOL* peacock
Pfeffer ['pfɛfər] *m* pepper; *Geh doch hin wo der ~ wächst! (fig)* Get lost! *~ im Hintern haben* have lots of get-up-and-go
Pfefferminz ['pfɛfərmɪnts] *f BOT* peppermint
Pfeife ['pfaɪfə] *f 1. (Trillerpfeife)* whistle; *nach jds ~ tanzen* to be at s.o.'s beck and call; *2. (Tabakpfeife)* pipe; *Den kann ich in der ~ rauchen.* He's no match for me. *3. (fam: unfähiger Mensch)* dud
pfeifen ['pfaɪfən] *v irr* whistle; *sich eins ~* pretend not to care; *jdm etw ~* give s.o. a piece of one's mind; *auf etw ~* not give a damn about sth
Pfeil [pfaɪl] *m* arrow

Pfeiler ['pfaɪlər] *m* pillar, column, post
Pfennig ['pfɛnɪç] *m HIST 1.* penny; *keinen ~ wert sein* not be worth a penny; *mit jedem ~ rechnen müssen* have to count every penny; *2. (deutsche Währung)* pfennig
Pferd [pfe:rt] *n* horse; *das ~ am Schwanz aufzäumen* put the cart before the horse; *sich aufs hohe ~ setzen* get on one's high horse; *aufs richtige ~ setzen* back the right horse; *Mit dem kann man ~e stehlen.* He's a good sport. *Mach die ~e nicht scheu!* Keep your shirt on! *Keine zehn ~e bringen mich dort hin.* I wouldn't go there for all the tea in China. *Ich denk' mich tritt ein ~.* I don't believe it! *Er ist mein bestes ~ im Stall.* He's our best man.
Pfiff [pfɪf] *m 1. (Pfeifen)* whistle; *2. (fig: Schick)* flair, style
Pfifferling ['pfɪfərlɪŋ] *m BOT* chanterelle; *keinen ~ wert sein* not be worth a bean
Pfingsten ['pfɪŋstən] *n REL* Pentecost, Whitsun
Pfingstmontag [pfɪŋst'mo:nta:k] *m REL* Whitmonday
Pfingstsonntag [pfɪŋst'zɔnta:k] *m REL* Whitsunday, the Day of Pentecost
Pfirsich ['pfɪrzɪʃ] *m BOT* peach
Pflanze ['pflantsə] *f* plant
pflanzen ['pflantsən] *v* plant
Pflanzenfresser ['pflantsənfrɛsər] *m ZOOL* herbivore
Pflaster ['pflastər] *n 1. (Straßenpflaster)* pavement; *ein teures ~ sein* to be pricey; *ein heißes ~ sein* to be a dangerous spot; *2. (Wundpflaster)* (adhesive) plaster
pflastern ['pflastərn] *v* pave
Pflaume ['pflaumə] *f BOT* plum
Pflege ['pfle:gə] *f 1.* care, *(des Kranken)* nursing; *2. (von Maschinen)* maintenance; *3. (von Beziehungen)* cultivation
Pflegeeltern ['pfle:gəɛltərn] *pl* foster-parents
Pflegeheim ['pfle:gəhaɪm] *n* nursing-home
pflegeleicht ['pfle:gəlaɪçt] *adj* wash-and-wear, easy-care
pflegen ['pfle:gən] *v 1.* care for, attend to, look after; *2. (Kranke)* nurse
Pfleger ['pfle:gər] *m 1.* (male) nurse; *2. JUR* curator, trustee
Pflegerin ['pfle:gərɪn] *f* nurse
Pflicht [pflɪçt] *f* duty, obligation
pflichtbewusst ['pflɪçtbəvust] *adj 1.* responsible, conscious of one's duties, dutiful; *adv 2.* responsibly, dutifully, conscientiously
Pflichtbewusstsein ['pflɪçtbəvustzaɪn] *n* sense of duty
Pflichterfüllung ['pflɪçtɛrfyluŋ] *f* performance of one's duty
Pflichtgefühl ['pflɪçtgəfy:l] *n* sense of duty
Pflichtteil ['pflɪçttaɪl] *m JUR* compulsory portion, obligatory share
Pflichtverletzung ['pflɪçtfɛrlɛtsuŋ] *f* dereliction of duty
pflücken ['pflykən] *v 1.* pick, gather; *2. (rupfen)* pluck
Pflug [pflu:k] *m AGR* plough
pflügen ['pfly:gən] *v AGR* plough
Pforte ['pfɔrtə] *f* door, gate
Pförtner ['pfœrtnər] *m* porter, doorman, gate-keeper
Pfosten ['pfɔstən] *m* post
Pfote ['pfo:tə] *f* paw; *sich die ~n verbrennen* burn one's fingers; *jdm eins auf die ~n geben* give s.o. a rap on the knuckles
Pfund [pfunt] *n 1. (Maßeinheit)* pound; *2. (Währungseinheit)* pound sterling
Pfütze ['pfytsə] *f* puddle, pool
Phänomen [fɛno'me:n] *n* phenomenon
phänomenal [fɛno'mena:l] *adj* phenomenal
Phantom [fan'to:m] *n* phantom, vision, figment of the imagination
Phantombild [fan'to:mbɪlt] *n (eines Täters)* composite picture
Pharao ['fa:rao] *m HIST* pharaoh
Pharisäer [fari'zɛ:ər] *m* Pharisee
Pharmazie [farma'tsi:] *f* pharmaceutics
Phase ['fa:zə] *f* phase; stage; *in dieser ~* at this stage, during this phase; *in die entscheidende ~ treten* enter the critical stage
Philantropie [filan'tro:pɪ:] *f* philanthropy
Philharmonie [filharmo'ni:] *f MUS* philharmonic hall
Philister [fi'lɪstər] *m 1. HIST* Philistine; *2. (fig)* philistine
philisterhaft [fi'lɪstərhat] *adj* philistine
Philologie [filolo'gi:] *f* philology, literature
Philosoph(in) [filo'zo:f(ɪn)] *m/f* philosopher
Philosophie [filozo'fi:] *f* philosophy
philosophieren [filozo'fi:rən] *v* philosophize
philosophisch [filo'zo:fɪʃ] *adj* philosophical
phlegmatisch [flɛg'ma:tɪʃ] *adj* phlegmatic

Phobie [fo'biː] *f PSYCH* phobia
Phonetik [fo'neːtɪk] *f* phonetics
Phönix [fø'nɪks] *m* phoenix; *wie ~ aus der Asche steigen* rise like a phoenix from the ashes
Phosphat [fɔs'faːt] *n CHEM* phosphate
pH-Wert [pe'haveːrt] *m CHEM* pH value
Physik [fy'zɪːk] *f* physics
physikalisch [fyːzi'kaːlɪʃ] *adj* physical, physics ...
Physiker(in) ['fyːzɪkər(ɪn)] *m/f* physicist
Physiotherapeut(in) ['fyːzjoterapɔyt(ɪn)] *m/f MED* physiotherapist
physisch ['fyːzɪʃ] *adj 1.* physical; *adv 2.* physically
Pi [piː] *n MATH* pi; *~ mal Daumen (fam)* roughly
Pianist(in) [pia'nɪst(ɪn)] *m/f MUS* pianist
Pickel ['pɪkəl] *m 1. (Pustel)* pimple; *2. (Werkzeug)* pick-axe; *3. (Eispickel)* ice-pick
pickelig ['pɪkəlɪç] *adj* pimply
picken ['pɪkən] *v* pick, peck
Picknick ['pɪknɪk] *n* picnic
Pieps [piːps] *m* peep, squeak
piepsen ['piːpsən] *v 1.* peep, squeak; *2. (Funkgerät)* beep; *3. (Vogel)* chirp
Pier [piːr] *m NAUT* pier
Pietät [pie'tɛːt] *f* piety
pietätlos [pie'tɛːtloːs] *adj* irreverent, impious
Pigment [pɪg'mɛnt] *n* pigment
pikant [pi'kant] *adj 1.* piquant; *2. (Witz)* risqué
Pilger ['pɪlgər] *m* pilgrim
pilgern ['pɪlgərn] *v 1.* make a pilgrimage; *2. durch die Stadt ~* wander through the city
Pille ['pɪlə] *f* pill; *eine bittere ~ für jdn sein* to be a bitter pill for s.o.
Pilot(in) [pi'loːt(ɪn)] *m/f* pilot
Pilz [pɪlts] *m 1. BOT* fungus; *2. (Speisepilz)* mushroom; *wie ~e aus dem Boden schießen (fig)* mushroom
pingelig ['pɪŋəlɪç] *adj (fam)* finicky, choosy
Pinguin ['pɪŋguiːn] *m ZOOL* penguin
Pinie ['piːnjə] *f BOT* pine
pink [pɪŋk] *adj* shocking pink
Pinsel ['pɪnzəl] *m* brush
pinseln ['pɪnzəln] *v 1.* paint; *2. (sorgfältig schreiben)* pen (fam), write
Pinzette [pɪn'tsɛtə] *f* tweezers, pincers
Pionier [pio'niːr] *m* pioneer
Pipeline ['paɪplaɪn] *f* pipeline
Pirat [pi'raːt] *m* pirate
Pistazie [pis'taːtsjə] *f BOT* pistachio
Piste ['pɪstə] *f 1.* track, course; *2. (Rollfeld)* runway
Pistole [pɪs'toːlə] *f* pistol; *jdm die ~ auf die Brust setzen (fig)* hold a gun to s.o.'s head; *wie aus der ~ geschossen* like a shot
Pizza ['pɪtsa] *f GAST* pizza
Pizzeria [pɪtse'riːa] *f GAST* pizzeria
Placebo [pla'tseːbo] *n MED* placebo
plädieren [plɛ'diːrən] *v* plead (in court)
Plädoyer [plɛdoa'jeː] *n JUR* address to the jury, closing argument, summation *(US)*
Plage ['plaːgə] *f 1.* plague; *2. (fig)* nuisance
plagen ['plaːgən] *v 1. sich ~* torment o.s.; *2. sich ~ (arbeiten)* toil
Plakat [pla'kaːt] *n* poster, placard
plakatieren [plaka'tiːrən] *v 1.* announce with posters; *2. (fig)* broadcast
plakativ [plaka'tiːf] *adj* striking, emblazoned
Plakette [pla'kɛtə] *f 1.* plaque; *2. (Abzeichen)* badge; *3. (Gedenkmünze)* commemorative coin
plan [plaːn] *adj* plain, level
Plan [plaːn] *m 1.* plan; *nach ~ verlaufen* go according to plan; *2. (Stadtplan)* map
Plane ['plaːnə] *f 1.* cover, tarpaulin, canvas; *2. (Schutzdach)* awning
planen ['plaːnən] *v* plan
Planet [pla'neːt] *m* planet
Planetarium [plane'taːrjum] *n* planetarium
Planetensystem [pla'neːtənzysteːm] *n ASTR* solar system
planieren [pla'niːrən] *v* plane, level
Planierraupe [pla'niːrraupə] *f* bulldozer
Plankton ['plaŋkton] *n* plankton
planlos ['plaːnloːs] *adj 1.* aimless, planless, purposeless; *adv 2.* aimlessly, planlessly, unsystematically
planmäßig ['plaːnmɛːsɪç] *adj 1.* according to plan, planned, scheduled; *adv 2.* according to plan, on schedule
Plantage [plan'taːʒə] *f* plantation
Planwirtschaft ['plaːnvɪrtʃaft] *f ECO* planned economy
plappern ['plapərn] *v* chatter, babble, prattle
Plastik ['plastɪk] *n 1. (Kunststoff)* plastics; *f 2. ART* sculpture
plastisch ['plastɪʃ] *adj 1. (knetbar)* plastic, kneadable, malleable; *2. (fig)* three-dimensional, graphic
Platane [pla'taːnə] *f BOT* plane-tree
Plateau [pla'toː] *n* plateau

platschen ['platʃən] *v* splash; *gegen das Ufer ~* lap at the shore
platt [plat] *adj 1.* flat, level; *2. (fig: geistlos)* flat, dull, plain
Platte ['platə] *f 1. (Holzplatte/Metallplatte)* plate; *2. (Schallplatte)* record; *eine andere ~ auflegen (fig)* change the subject; *3. (Steinplatte)* flagstone; *4. (Tortenplatte)* dish, plate; *5. (Fliese)* tile
Plattenspieler ['platənʃpiːlər] *m* record-player, turntable
Plattheit ['plathaɪt] *f 1.* flatness; *2. (Redensart)* platitude
Platz [plats] *m 1. (Stelle)* place; *~ tauschen mit* change places with; *Nehmen Sie ~.* Take a seat. Have a seat *(US). ein ~ an der Sonne* a place in the sun; *fehl am ~ sein* to be out of place; *~ behalten* remain seated; *jdn auf die Plätze verweisen* beat s.o.; *~ sparend* economical space-saving; *2. (freier Raum)* room, space; *3. (Marktplatz)* marketplace; *4. (umbaute Fläche)* square; *5. (Spielfeld)* (playing) field, pitch; *(Tennis, Basketball, Handball)* court; *6. (Golf)* course
Platzangst ['platsaŋst] *f PSYCH 1.* agoraphobia; *2. (Beklemmung)* claustrophobia
Platzanweiser(in) ['platsanvaɪzər(ɪn)] *m/f* usher(ette)
platzen ['platsən] *v* burst, explode, split, crack
Platzpatrone ['platspatroːnə] *f* blank cartridge; *mit ~n schießen* fire blanks
Platzwunde ['platsvundə] *f MED* laceration
Plauderei [plaudə'raɪ] *f* chat
plaudern ['plaudərn] *v* chat, talk
Plaudertasche ['plaudərtaʃə] *f* chatterbox
plausibel [plau'ziːbəl] *adj* plausible
Play-back ['pleːbɛk] *n 1. (Begleitmusik) MUS* double-track; *2. (Stimme) MUS* mime of a recording of a song, lip-synching *(US)*
platzieren [pla'tsiːrən] *v* place, locate, position
Platzierung [pla'tsiːruŋ] *f 1.* location, placing; *2. (bei Wettkämpfen)* placing
pleite ['plaɪtə] *adj* broke, bankrupt; *~ sein* not have a bean; *~ gehen* go bust, go broke
Pleite ['plaɪtə] *f* bankruptcy; *~ machen* go bankrupt
Plenum ['pleːnum] *n* plenary session, full session
Plombe ['plɔmbə] *f 1.* lead seal; *2. (Zahnplombe) MED* filling, inlay
plombieren [plɔm'biːrən] *v 1.* seal; *2. (Zahn)* fill, stop, plug
plötzlich ['plœtslɪç] *adj 1.* sudden, abrupt; *adv 2.* suddenly, abruptly
plump [plump] *adj 1. (unförmig)* plump, lumpy; *2. (ungeschickt)* clumsy, lumbering, ungainly; *3. (fig: Bemerkung)* crude
Plunder ['plundər] *m 1.* junk, rubbish, trash; *2. GAST* Danish pastry
plündern ['plyndərn] *v* plunder, ravage, raid
Plünderung ['plyndəruŋ] *f* pillage, plundering, ransacking
Plural ['pluːraːl] *m GRAMM* plural
Pluralismus [pluːra'lɪsmus] *m POL* pluralism
plus [plus] *adv 1. (Grad)* plus; *bei ~ zehn Grad* at ten degrees above (zero); *2. MATH* plus
Plüsch [plyːʃ] *m* plush
Plüschtier ['plyːʃtiːr] *n* fluffy stuffed animal
Pluspol ['pluspoːl] *m TECH* positive pole
Pluspunkt ['pluspuŋkt] *m 1.* point; *2. (fig)* advantage
Plutonium [plu'toːnjum] *n CHEM* plutonium
Po [poː] *m* (fam) bottom, behind, bum *(UK)*
Pöbel ['pøːbəl] *m* mob, rabble
pöbeln ['pøːbəln] *v* (fam) curse
Pocken ['pɔkən] *pl MED* smallpox, variola
Podest [po'dɛst] *n* podium, platform
Podium ['poːdium] *n* podium
Podiumsdiskussion ['poːdjumdɪskusjoːn] *f* panel discussion
Poesie [poe'ziː] *f* poetry
Poet(in) [po'eːt(ɪn)] *m/f* poet
poetisch [po'eːtɪʃ] *adj* poetic
Pointe [po'ɛ̃ːtə] *f 1. (eines Witzes)* punchline; *2. (einer Geschichte)* point
pointiert [poɛ̃'tiːrt] *adj* highlighted, emphasized
Pokal [po'kaːl] *m* cup
pökeln ['pøːkəln] *v* pickle
pokern ['poːkərn] *v 1.* play poker; *2. (fig)* gamble
Pol [poːl] *m* pole; *der ruhende ~ sein* to be a calming influence
Polarität [polari'tɛːt] *f* polarity
Polarkreis [po'laːrkraɪs] *m GEO* polar circle; *nördlicher ~* Arctic Circle; *südlicher ~* Antarctic Circle
Polarstern [po'laːrʃtɛrn] *m ASTR* North Star, Polaris, Pole Star

Polemik [po'leːmɪk] *f* polemics
polemisch [po'leːmɪʃ] *adj* polemic
polemisieren [polemi'ziːrən] *v* polemicize
Polen ['poːlən] *n GEO* Poland
Police [po'liːsə] *f* policy
polieren [po'liːrən] *v* polish
Politik [poli'tiːk] *f 1.* politics; *2. (eine bestimmte ~)* policy
Politiker(in) [po'liːtikər(ɪn)] *m/f* politician
politisch [po'liːtɪʃ] *adj* political
politisieren [politi'ziːrən] *v* politicize, talk politics
Politologe/Politologin [polito'loːgə/polito'loːgɪn] *m/f* political scientist
Politur [poli'tuːr] *f* polish, gloss, burnish
Polizei [poli'tsaɪ] *f* police
Polizeipräsidium [poli'tsaɪprɛziːdjum] *n* police headquarters
Polizeirevier [poli'tsaɪreviːr] *n 1. (Bezirk)* police precinct; *2. (Büro)* police station
Polizist/Polizistin [poli'tsɪst/poli'tsɪstɪn] *m/f* policeman, policewoman, police officer
Polka ['pɔlka] *f* polka
Pollen ['pɔlən] *m BOT* pollen
polnisch ['pɔlnɪʃ] *adj* Polish
Polster ['pɔlstər] *n 1.* pad; *2. (Kissen)* cushion
Polterabend ['pɔltəraːbənt] *m* party on the eve of a wedding
Poltergeist ['pɔltərgaɪst] *m* poltergeist
poltern ['pɔltərn] *v 1.* make a racket, crash; *an die Tür ~* bang on the door; *2. (schimpfen)* carry on (fam); *3. (sich fortbewegen)* rumble, clatter; *Kartoffeln polterten vom Wagen.* Potatoes tumbled noisily from the cart.
Polyester [poly'ɛstər] *m 1. CHEM* polyester; *2. (Textilstoff)* polyester, polyester fabric
Polygamie [poliga'miː] *f* polygamy
polyglott ['polyglɔt] *adj* polyglot
pompös [pɔm'pøːs] *adj* pompous, spectacular, grand
Pony ['pɔni] *m 1. (Frisur)* fringe, bangs *pl (US)*; *n 2. ZOOL* pony
Popmusik ['pɔpmuziːk] *f MUS* pop music
populär [popu'lɛːr] *adj* popular
Popularität [popularɪ'tɛːt] *f* popularity
Pore ['poːrə] *f ANAT* pore
Pornografie [pɔrnogra'fiː] *f* pornography
porös [po'røːs] *adj* porous, spongy
Porree ['pɔreː] *m BOT* leek
Portal [pɔr'taːl] *n* portal
Portmonee [pɔrtmɔ'neː] *n* wallet, purse; *tief ins ~ greifen müssen* have to fork out a lot
Portier [pɔr'tjeː] *m* porter, door-keeper, doorman
Portion [pɔr'tsjoːn] *f 1.* portion; *2. (beim Essen)* helping, serving, portion; *eine ~ Kaffee* a pot of coffee
Porto ['pɔrto] *n* postage
portofrei ['pɔrtofraɪ] *adj 1.* post-paid, prepaid, postage-free; *adv 2.* post-paid
portopflichtig ['pɔrtopflɪçtɪç] *adj* subject to postage
Porträt [pɔr'trɛː] *n* portrait
porträtieren [pɔrtrɛ'tiːrən] *v* paint a portrait of
Portugal ['pɔrtugal] *n GEO* Portugal
Portugiese/Portugiesin [pɔrtu'giːzə/pɔrtu'giːzɪn] *m/f* Portuguese
portugiesisch [pɔrtu'giːzɪʃ] *adj* Portuguese
Portwein ['pɔrtvaɪn] *m* port
Porzellan [pɔrtsə'laːn] *n* porcelain, china
Porzellanladen [pɔrtsə'laːnlaːdən] *m* china shop; *wie der Elefant im ~* like a bull in a china shop
Posaune [pɔ'zaunə] *f MUS* trombone
Pose ['poːzə] *f* pose, attitude
posieren [po'ziːrən] *v* pose
Position [pozi'tsjoːn] *f* position
positiv ['pozitiːf] *adj 1.* positive; *2. (bejahend)* affirmative
Positiv ['pozitiːf] *n FOTO* positive
Posse ['pɔsə] *f* farce
possenhaft ['pɔsənhaft] *adj* farcical, clownish
Post [pɔst] *f 1.* post, mail; *2. (~amt)* post office; *3. (~dienst)* postal service
Postamt ['pɔstamt] *n* post office
Postbote ['pɔstboːtə] *m* postman, mailman *(US)*
Posten ['pɔstən] *m 1. (Anstellung)* position, post, job; (fam) *auf dem ~ sein* to be on the job; *2. (Warenmenge)* quantity, lot; *3. (Einzelziffer)* item, entry; *4. (Wache)* sentry, guard, sentinel; *5. (fig) auf verlorenem ~ stehen* to be fighting a losing battle
Postfach ['pɔstfax] *n* post office box, P.O. box
posthum [pɔs'tuːm] *adj* posthumous
postieren [pɔs'tiːrən] *v* post, station, position
Postkarte ['pɔstkartə] *f* postcard

Postleitzahl ['pɔstlaɪttsa:l] *f* postal code, postcode, ZIP code *(US)*
Postskriptum [pɔst'skrɪptum] *n* postscript
potent [po'tɛnt] *adj* potent
Potenzial [potɛn'tsja:l] *n* potential
potenziell [potɛn'tsjɛl] *adj* potential
Potenz [po'tɛnts] *f 1. (Macht)* potency, power; *2. MATH* power
PR-Abteilung [pe:'ɛraptaɪluŋ] *f* PR department
Pracht [praxt] *f* splendour, magnificence, grandeur; *eine wahre ~ sein* to be absolutely marvellous
prächtig ['prɛçtɪç] *adj 1.* splendid, grand, magnificent; *adv 2.* splendidly
prachtvoll ['praxtfɔl] *adj* splendid, grand
prädestiniert [prɛdəsti'ni:rt] *adj* predestined
Prädikat [prɛdi'ka:t] *n 1. (Bewertung)* rating, grade, mark; *2. (Grammatik)* predicate
Präferenz [prɛfe'rɛnts] *f* preference
Prag [pra:k] *n GEO* Prague
prägen ['prɛ:gən] *v 1. (Münzen)* mint, coin, stamp; *2. (fig)* determine, identify, characterize; *3. (Wort)* coin
pragmatisch [prak'ma:tɪʃ] *adj 1.* pragmatic; *adv 2.* pragmatically
Pragmatismus [pragma'tɪsmus] *m* pragmatism
prägnant [prɛg'nant] *adj 1.* concise, succinct; *adv 2.* concisely, succinctly
Prägung ['prɛ:guŋ] *f 1. (Münzen)* stamping, minting, coinage; *2. (fig)* stamp, character
prahlen ['pra:lən] *v* boast, brag
Praktikant(in) [praktɪ'kant(ɪn)] *m/f* trainee, intern
Praktikum ['praktɪkum] *n* practical course, internship
praktisch ['praktɪʃ] *adj 1.* practical, useful; *adv 2.* practically, to all practical purposes *(UK)*, for all practical purposes *(US)*
praktizieren [prakti'tsi:rən] *v* practise, practice *(US)*
Praline [pra'li:nə] *f GAST* chocolate
Prämie ['prɛ:mjə] *f 1.* premium; *2. (Preis)* prize; *3. ECO* bonus
prämieren [prɛ'mi:rən] *v* award a prize
Prämisse [prɛ'mɪsə] *f* premise
prangen ['praŋən] *v 1. (an auffallender Stelle stehen)* to be prominently displayed; *2. (sich zeigen)* to be resplendent
Pranger ['praŋər] *m (fig) an den ~ stellen* pillory; *Er steht am ~.* He is being pilloried.
Pranke ['praŋkə] *f ZOOL* paw
Präparat [prɛpa'ra:t] *n* preparation
präparieren [prɛpa'ri:rən] *v* prepare
Prärie ['prɛri:] *f* prairie, savannah
präsent [prɛ'zɛnt] *adj* present
Präsentation [prɛzəntats'jo:n] *f* presentation
präsentieren [prɛzən'ti:rən] *v* present
Präsentierteller [prɛzenti:rtelə] *m auf dem ~ sitzen* to be on display, to be on show; *jdm etw auf dem ~ servieren* to serve sth to s.o. on a silver platter
Präsenz [prɛ'zɛns] *f (Anwesenheit)* presence
Präservativ [prɛzərva'ti:f] *n* contraceptive
Präsident(in) [prɛzi'dɛnt(ɪn)] *m/f* president
Präsidentschaft [prɛzi'dɛntʃaft] *f POL* presidency
Präsidium [prɛ'zi:djum] *n 1. (Vorsitz)* presidency, chairmanship; *2. (Polizeipräsidium)* police headquarters
Prävention [prɛvɛn'tsjo:n] *f* prevention
Praxis ['praksɪs] *f 1. (tatsächliche Anwendung)* practice; *in der ~* in practice; *2. (Erfahrung)* experience; *3. (Arztpraxis)* practice
praxisnah ['praksɪsna:] *adj* practical, practice-related
Präzedenzfall [prɛtsə'dɛntsfal] *m* precedent, judicial precedent, test case
präzise [prɛ'tsi:zə] *adj 1.* precise, exact; *adv 2.* precisely
präzisieren [prɛtsi'zi:rən] *v* define narrowly, specify
Präzision [prɛtsiz'jo:n] *f* precision
predigen ['pre:dɪgən] *v 1. REL* preach; *2. (fig)* lecture, preach
Predigt ['pre:dɪçt] *f 1. REL* sermon; *2. (fig)* lecture, harangue
Preis [praɪs] *m 1. (Wertangabe)* price; *um jeden ~* at all costs; *um keinen ~* not at any price; *2. (Auszeichnung)* prize, award, reward
Preisausschreiben ['praɪsausʃraɪbən] *n* competition
preisen ['praɪzən] *v irr* praise, extol
Preisgabe ['praɪsga:bə] *f 1.* surrender, abandonment; *2. (eines Geheimnisses)* divulgence
preisgeben ['praɪsge:bən] *v irr 1. (aufgeben)* give up, surrender, abandon; *2. (enthüllen)* reveal, betray; *3. (aussetzen)* expose
preisgekrönt ['praɪsgəkrø:nt] *adj* prizewinning

Preisgericht ['praɪsgərɪçt] *n* jury
preisgünstig ['praɪsgynstɪç] *adj* reasonably priced, worth the money
Preisrichter ['praɪsrɪçtər] *m* judge
Preisschild ['praɪsʃɪlt] *n* price tag, price label
Preisträger ['praɪstrɛːgər] *m* prizewinner
prekär [pre'kɛːr] *adj 1.* precarious; *2. (peinlich)* embarrassing, awkward
Prellung ['prɛluŋ] *f MED* contusion, bruise
Premiere [prəm'jeːrə] *f THEAT* premiere
Premierminister(in) [prəm'jeːministər(ɪn)] *m/f POL* prime minister
Presse ['prɛsə] *f 1. (Druckerpresse)* press; *2. TECH* stamping machine, stamping press
Pressefreiheit ['prɛsəfraɪhaɪt] *f POL* freedom of the press
Pressemeldung ['prɛsəmɛlduŋ] *f* news item
pressen ['prɛsən] *v* press, squeeze
Pressesprecher ['prɛsəʃprɛçər] *m* spokesman
Prestige [prɛs'tiːʒ] *n* prestige
prickeln ['prɪkəln] *v* tingle, tickle
Priester ['priːstər] *m REL* priest
prima ['priːma] *adj 1.* great, splendid, first-rate; *adv 2.* splendidly, very well
primär [pri'mɛːr] *adj* primary
Primat [pri'maːt] *m 1. (Menschenaffe)* primate; *n 2. (Vorrang)* primacy, priority
Primel ['priːməl] *f BOT* primula, primrose
primitiv [primi'tiːf] *adj 1.* primitive; *adv 2.* primitively
Primzahl ['priːmtsaːl] *f MATH* prime number
Printmedien ['prɪntmeːdjən] *pl* print media
Prinz [prɪnts] *m* prince
Prinzessin [prɪn'tsɛsɪn] *f* princess
Prinzip [prɪn'tsiːp] *n* principle; *im ~* in principle, basically, actually
prinzipiell [prɪntsi'pjɛl] *adj 1.* general; *adv 2.* on principle, generally
Priorität [priːɔri'tɛːt] *f* priority
Prise ['priːzə] *f (kleine Menge)* pinch
Prisma ['prɪsmaː] *n* prism
privat [pri'vaːt] *adj 1.* private; *adv 2.* privately
Privatadresse [pri'vaːtadrɛsə] *f* home address
Privatdetektiv [pri'vaːtdetɛktiːf] *m* private detective
Privatfernsehen [pri'vaːtfɛrnseːhən] *n* commercial television
privatisieren [privati'ziːrən] *v ECO* privatize, transfer to private ownership, denationalize *(UK)*
Privatisierung [privati'ziːruŋ] *f ECO* privatization
Privatsphäre [pri'vaːtsfɛːrə] *f* private life, privacy
Privileg [privi'leːk] *n* privilege
privilegiert [privilə'giːrt] *adj* privileged
pro [proː] *prep* per
Pro [proː] *n das ~ und Kontra* the arguments for and against
Probe ['proːbə] *f 1. (Versuch)* experiment, test, trial; *jdn auf die ~ stellen* put s.o. on the test; *2. (Muster)* sample, specimen, pattern; *3. THEAT* rehearsal
Probeexemplar ['proːbəɛksəmplaːr] *n* sample copy
proben ['proːbən] *v* rehearse
probeweise ['proːbəvaɪzə] *adv* on a trial basis, as a test
Probezeit ['proːbətsaɪt] *f* probationary period, trial period
probieren [pro'biːrən] *v 1. (versuchen)* try, have a go at, test, sample; *2. (kosten)* taste, sample
Problem [pro'bleːm] *n* problem; *ein ~ lösen* solve a problem
Problematik [proble'maːtɪk] *f* problematic nature, problematics *pl*
problematisch [proble'maːtɪʃ] *adj* problematic
Produkt [pro'dukt] *n 1.* product; *2. (landwirtschaftliche ~e)* produce
Produktion [produk'tsjoːn] *f* production
produktiv [produk'tiːf] *adj 1.* productive; *adv 2.* productively
Produktivität [produktivi'tɛːt] *f ECO* productivity, productiveness
Produzent(in) [produ'tsɛnt(ɪn)] *m/f* producer, manufacturer
produzieren [produ'tsiːrən] *v* produce, manufacture
profan [pro'faːn] *adj 1.* profane; secular; *2.* ordinary
professionell [profɛsjo'nɛːl] *adj 1.* professional; *adv 2.* professionally
Professor(in) [pro'fɛsɔr(ɪn)] *m/f* professor
Professur [profɛ'suːr] *f* professorship
Profi ['proːfi] *m* pro (fam)
Profil [pro'fiːl] *n 1.* profile; *2. TECH* profile, profile section
profilieren [profi'liːrən] *v sich ~* distinguish oneself

profillos [pro'fi:llo:s] *adj (Persönlichkeit)* lacking a defined image, low-key, low-profile
Profit [pro'fi:t] *m* profit
profitieren [profi'ti:rən] *v* profit, benefit, take advantage of
Profitstreben [pro'fi:tʃtre:bən] *n ECO* profit-seeking
Prognose [prog'no:zə] *f* prognosis, prediction, forecast
prognostizieren [prognɔsti'tsi:rən] *v* prognosticate, predict
Programm [pro'gram] *n* programme; *ein ~ in Angriff nehmen* embark on a project
programmatisch [progra'ma:tɪʃ] *adj* policy, programmatic
programmieren [progra'mi:rən] *v* programme
Programmierer [progra'mi:rər] *m INFORM* programmer
progressiv [progrɛ'si:f] *adj* progressive
Projekt [pro'jɛkt] *n* project, plan, scheme
Projektion [projɛk'tsjo:n] *f* projection
Projektleiter(in) [pro'jɛktlaɪtər(ɪn)] *m/f* project manager
Projektor [pro'jɛktor] *m* projector
projizieren [proji'tsi:rən] *v* project
proklamieren [prokla'mi:rən] *v* proclaim
Prokurist [proku'rɪst] *m ECO* holder of special statutory, company secretary
Proletarier [prole'ta:rjər] *m* proletarian
proletarisch [prole'ta:rɪʃ] *adj* proletarian
Prolog [pro'lo:k] *m* prologue
Promenade [promə'na:də] *f* promenade
promenieren [promə'ni:rən] *v* stroll
Promille [pro'mɪlə] *n* thousandth, blood-alcohol concentration, per mille
prominent [promi'nɛnt] *adj* prominent
Prominenz [promi'nɛnts] *f* celebrities *pl,* notables *pl,* VIPs *pl*
Promiskuität [promɪskui'tɛ:t] *f* promiscuity
Promotion [promo'tsjo:n] *f 1. (Doktorwürde)* conferral of a doctorate; *2. (Erhalt)* taking of a doctor's degree; *3. (Verkaufsförderung)* promotion
promovieren [promo'vi:rən] *v 1.* confer a doctor's degree, graduate; *2. (erhalten)* take a doctor's degree
Propaganda [propa'ganda] *f* propaganda
Propeller [pro'pɛlər] *m* propeller
Prophet [pro'fe:t] *m REL* prophet
prophezeien [profe'tsaɪən] *v* prophesy, predict
Prophezeiung [profe'tsaɪuŋ] *f* prophecy, prediction
prophylaktisch [profy'laktɪʃ] *adj MED* prophylactic
Proportion [propɔr'tsjo:n] *f* proportion
proportional [propɔrtsjo'na:l] *adj 1.* proportional, proportionate; *adv 2.* proportionally, proportionately
Prosa ['pro:za] *f LIT* prose
prosaisch [pro'za:ɪʃ] *adj (nüchtern)* prosaic, matter-of-fact, down-to-earth
Prospekt [pro'spɛkt] *m (Reklameschrift)* brochure, prospectus
prost [pro:st] *interj* cheers
Prostata ['prɔstata] *f ANAT* prostate, prostate gland
Prostitution [prostitu'tsjo:n] *f* prostitution
Protein [prote'i:n] *n BIO* protein
Protest [pro'tɛst] *m* protest
Protestant(in) [protɛs'tant(ɪn)] *m/f REL* Protestant
protestieren [protɛs'ti:rən] *v* protest
Prothese [pro'te:zə] *f MED* prosthesis, artificial limb, *(Gebiss)* denture
Protokoll [proto'kɔl] *n 1.* protocol, record; *2. JUR* record, minutes *pl*
Protokollführer [proto'kɔlfy:rər] *m 1.* secretary; *2. JUR* clerk of the court
protokollieren [protokɔ'li:rən] *v 1.* record, keep a record of; *2. (bei einer Sitzung)* take the minutes, *(bei der Polizei)* take a statement
Prototyp [proto'ty:p] *m TECH* prototype
protzig ['prɔtsɪç] *adj* pretentious, pompous, ostentatious
Proviant [prov'jant] *m* provisions, supplies
Provinz [pro'vɪnts] *f* province
provinziell [provɪn'tsjɛl] *adj* provincial
Provision [provi'zjo:n] *f ECO* commission
provisorisch [provi'zo:rɪʃ] *adj 1.* provisional, temporary; *adv 2.* provisionally
Provisorium [provi'zo:rjum] *n 1. (Zwischenlösung)* interim solution, stopgap measure, provisional arrangement; *2. (vorübergehender Zahnersatz) MED* temporary dentures *pl,* temporary plate
provokant [provo'kant] *adj* provocative
Provokation [provoka'tsjo:n] *f* provocation
provozieren [provo'tsi:rən] *v* provoke
Prozedur [protse'du:r] *f* difficult procedure, lengthy procedure

Prozent [pro'tsɛnt] *n* per cent, percentage
prozentual [protsɛntu'aːl] *adj 1.* on a percentage basis; *adv 2.* expressed as percentage, on a percentage basis
Prozess [pro'tsɛs] *m 1. (Vorgang)* process; *jdm den ~ machen* bring an action against s.o.; *kurzen ~ mit jdm machen* make short work of s.o.; *2. JUR* legal action, proceedings; *3. (Strafverfahren) JUR* trial
prozessieren [protsɛ'siːrən] *v JUR* go to court, carry on a lawsuit, litigate
Prozession [protsɛ'sjoːn] *f* procession
prüde ['pryːdə] *adj* prudish, strait-laced, stuffy
prüfen ['pryːfən] *v* examine, check, test
Prüfer ['pryːfər] *m 1.* examiner; *2. ECO* inspector; *3. (Rechnungsprüfer) ECO* auditor
Prüfling ['pryːflɪŋ] *m* candidate, examinee
Prüfung ['pryːfuŋ] *f 1.* examination, test; *2. ECO* inspection
Prunk [pruŋk] *m* splendour, pomp, ostentation
prunkvoll ['pruŋkfɔl] *adj 1.* ostentatious, pretentious, splendid; *adv 2.* pompously, ostentatiously
prusten ['pruːstən] *v 1.* snort; *2. (spritzend blasen)* spew
Psalm [psalm] *m REL* psalm
Pseudonym [psɔydo'nyːm] *n* pseudonym
Psyche ['psyːçə] *f* psyche, mind
Psychiater [psyçi'aːtər] *m* psychiatrist
Psychiatrie [psyçja'triː] *f MED* psychiatry
psychisch ['psyːçɪʃ] *adj* emotional, psychological, *(Phänomen)* psychic
Psychologe/Psychologin [psyço'loːgə/psyço'loːgɪn] *m/f* psychologist
Psychologie [psyçolo'giː] *f* psychology
Psychose [psy'çoːzə] *f* psychosis
psychosomatisch [psyçozo'maːtɪʃ] *adj* psychosomatic
Psychoterror ['psyːçotɛrɔr] *m* psychological terror
Psychotherapeut [psyçotera'pɔyt] *m* psychotherapist
Psychothriller ['psyːçoθrɪlər] *m CINE* psychological thriller
Pubertät [pubɛr'tɛːt] *f* puberty
Publikation [publika'tsjoːn] *f* publication
Publikum ['publɪkum] *n 1. (Zuschauer, Zuhörer)* audience; *2. SPORT* spectators *pl; 3. (Öffentlichkeit)* public; *4. (Menge)* crowd
publizieren [publi'tsiːrən] *v* publish
Puder ['puːdər] *m* powder
pudern ['puːdərn] *v* powder
Pufferzone ['pufərtsoːnə] *f* buffer zone
Pullover [pu'loːvər] *m* jumper *(UK),* sweater, pullover
Puls [puls] *m* pulse; *jdm auf den ~ fühlen (fig)* try to find out what makes s.o. tick
Pulsader ['pulsaːdər] *f ANAT* artery
pulsieren [pul'ziːrən] *v* pulsate, throb
Pult [pult] *n* desk
Pulver ['pulvər] *n* powder; *sein ~ verschossen haben* have shot s.o.'s bolt
pummelig ['pumɛlɪç] *adj* plump, round, chubby
Pumpe ['pumpə] *f* pump
pumpen ['pumpən] *v 1.* pump; *2. (fig: sich leihen)* borrow; *3. (fig: verleihen)* lend
Punkt [puŋkt] *m 1.* point, spot; *an einem toten ~ angekommen sein* to be at a dead end; *einen wunden ~ berühren* touch a sore point; *etw auf den ~ bringen* get to the heart of the matter; *Das ist der springende ~.* That's just the point. *2. (Tupfen)* dot; *3. (Bewertungseinheit)* mark, score
pünktlich ['pyŋktlɪç] *adv 1.* punctually, on time; *~ wie der Maurer* on the dot; *adj 2.* punctual
Pupille [pu'pɪlə] *f ANAT* pupil
Puppe ['pupə] *f 1. (Spielzeug)* doll; *die ~n tanzen lassen* live it up; *2. ZOOL* pupa, chrysalis; *3. bis in die ~n* until the cows come home
Puppenspieler ['pupənʃpiːlər] *m* puppeteer
Puppentheater ['pupənteaːtər] *n 1. (Puppenspiel)* puppet show; *2. (Theater für Puppenspiele)* puppet theatre *(UK)*
pur [puːr] *adj 1.* pure; *2. (Whisky)* straight
puristisch [pu'rɪstɪʃ] *adj* purist
puritanisch [puri'taːnɪʃ] *adj* Puritan
Purpur ['purpur] *m* purple
pusten ['puːstən] *v 1.* blow; *2. (atmen)* puff, pant
Pute ['puːtə] *f ZOOL* turkey (hen)
Putsch [putʃ] *m POL* putsch, coup
Putz [puts] *m 1. (Zier)* finery, attire, ornaments; *2. (Mörtel)* plaster; *auf den ~ hauen (ausgelassen sein)* paint the town red, *(angeben)* show off, brag
putzen ['putsən] *v 1.* clean; *2. (scheuern)* scrub; *3. (polieren)* polish
Pyjama [py'dʒaːma] *m* pyjamas *pl (UK),* pajamas *pl (US)*
Pyramide [pyra'miːdə] *f* pyramid
Pyrrhussieg ['pyrusziːk] *m* Pyrrhic victory

Q

Quacksalber ['kvakzalbər] *m (fam)* quack
Quader ['kva:dər] *m 1. MATH* cube; *2. (Quaderstein)* ashlar, square stone block, freestone
Quaderstein ['kva:dərʃtaɪn] *m* ashlar, square stone block, freestone
Quadrat [kva'dra:t] *n* square; *im ~ springen* get really hopping mad
quadratisch [kva'dra:tɪʃ] *adj* square
Quadratkilometer [kva'dra:tki:lome:tər] *m* square kilometre
Quadratmeter [kva'dra:tme:tər] *m* square metre
Quadratwurzel [kva'dra:tvurtsəl] *f MATH* square root
Quadratzahl [kva'dra:ttsa:l] *f MATH* square (number)
Quadratzentimeter [kva'dra:ttsɛntime:-tər] *m* square centimetre
quaken ['kva:kən] *v 1.* croak, quack; *2. (Mensch)* squawk
Quaken ['kva:kən] *n 1.* quacking; *2. (eines Menschen)* squawking
quäken ['kvɛ:kən] *v 1.* whine; *2. (Radio)* squawk
Quäker ['kvɛ:kər] *m* Quaker
Qual [kva:l] *f* torment, pain, agony
quälen ['kvɛ:lən] *v* torture, torment
Quälerei [kvɛ:lə'raɪ] *f 1.* tormenting, torture; *2. (fig: mühsame Arbeit)* toil, pain
quälerisch ['kvɛ:lərɪʃ] *adj* torturous
Quälgeist ['kvɛ:lgaɪst] *m* nuisance, pest
Qualifikation [kvalifika'tsjo:n] *f* qualification, capacity, ability
qualifizieren [kvalifi'tsi:rən] *v sich ~* qualify
qualifiziert [kvalifi'tsi:rt] *adj* qualified
Qualität [kvali'tɛ:t] *f* quality
qualitativ [kvalita'ti:f] *adj 1.* qualitative; *adv 2.* qualitatively
Qualitätsarbeit [kvali'tɛ:tsarbaɪt] *f* quality work
Qualitätsbezeichnung [kvali'tɛ:tsbə-tsaɪçnuŋ] *f* designation of quality, grade
Qualitätswein [kvali'tɛ:tsvaɪn] *m* wine of certified quality
Qualle ['kvalə] *f ZOOL* jellyfish
Qualm [kvalm] *m* smoke
qualmen ['kvalmən] *v (fam)* smoke, puff
qualmig ['kvalmɪç] *adj* smoky
qualvoll ['kva:lfɔl] *adj* painful, excruciating, agonizing
Quantentheorie ['kvantənteori:] *f PHYS* quantum theory
Quantität [kvanti'tɛ:t] *f* quantity, amount
quantitativ [kvantita'ti:f] *adj* quantitative
Quantum ['kvantum] *n* quantum, quantity, ration
Quarantäne [karan'tɛ:nə] *f MED* quarantine
Quark [kvark] *m 1. GAST* curd cheese; *2. (fig: Quatsch)* nonsense
Quarkspeise ['kvarkʃpaɪzə] *f GAST* pudding made with curd cheese
Quarktasche ['kvarktaʃə] *f GAST* curd cheese turnover
Quartal [kvar'ta:l] *n* quarter
Quartalsende [kvar'ta:lsɛndə] *n* end of the quarter
Quartett [kvar'tɛt] *n* quartet
Quartier [kvar'ti:r] *n* district, quarters, lodging
Quarz [kvarts] *m MIN* quartz
Quarzglas ['kvartsgla:s] *n* quartz glass
Quarzuhr ['kvartsu:r] *f* quartz clock
Quasar [kva'zar] *m ASTR* quasar
quasi ['kva:zi] *adv* sort of, in a way
quasseln ['kvasəln] *v (fam)* prattle, drivel, talk nonsense
Quasselstrippe ['kvasəlʃtrɪpə] *f (Person)* chatterbox, blabbermouth
Quaste ['kvastə] *f 1. (Troddel)* tassel; *2. (Schwanz~)* tuft; *3. (für Cheerleader)* pompon
Quatsch [kvatʃ] *m (fam)* nonsense, rubbish *(UK)*, drivel
quatschen ['kvatʃən] *v 1. (fam: töricht reden)* talk nonsense, blather, prattle; *2. (fam: sich unterhalten)* chat
Quatschkopf ['kvatʃkɔpf] *m 1.* windbag (fam); *2. (Dummkopf)* idiot, twit, fool
Quecksilber ['kvɛkzɪlbər] *n CHEM* mercury
quecksilberhaltig ['kvɛkzɪlbərhaltɪç] *adj* mercurial
Quecksilbersäule ['kvɛkzɪlbərzɔylə] *f* mercury column
Quellbewölkung ['kvɛlbəvœlkuŋ] *f METEO* cumulus clouds
Quelle ['kvɛlə] *f 1.* fountain, well, spring; *2. (fig)* source, origin; *an der ~ sitzen* to be well-placed

quellen ['kvɛlən] *v irr 1. (anschwellen)* swell; *2. (hervor~)* gush forth, spurt out; *3. (Tränen)* well up; *4. (Augen, Bauch)* bulge out
Quellenangabe ['kvɛlənangaːbə] *f* bibliography, list of references, list of works consulted
Quellenforschung ['kvɛlənfɔrʃuŋ] *f* study of sources
Quellenmaterial ['kvɛlənmaterjaːl] *n* source materials
Quellensteuer ['kvɛlənʃtɔyər] *f FIN* tax collected at the source, withholding tax
Quellenstudium ['kvɛlənʃtuːdjum] *n* study of sources
Quellwasser ['kvɛlvasər] *n* spring water
Quengelei [kvɛŋə'laɪ] *f (fam)* whining, moaning
quengelig ['kvɛŋəlɪç] *adj* whining, niggly
quengeln ['kvɛŋəln] *v (fam)* whine, moan, niggle
Quäntchen ['kvɛntçən] *n* little bit of
quer [kveːr] *adv* crosswise; *~ durch* straight through; *~ gestreift* horizontally striped; *~ legen* lay crosswise; *sich ~ legen* to be obstructive; *~ schließen (fam)* spoil things, make trouble, throw a spanner in the works *(UK)*
Querdenker ['kveːrdɛŋkər] *m* original thinker, open-minded thinker, individual (fam)
Quere ['kveːrə] *f* width, diagonal, cross direction; *Er kommt mir in die ~.* He gets in my way.
querfeldein ['kveːrfɛltaɪn] *adv* cross-country
Querflöte ['kveːrfløːtə] *f MUS* German flute
Querformat ['kveːrfɔrmaːt] *n* oblong format, landscape
Querkopf ['kveːrkɔpf] *m (fam)* crank, wrong-headed person, awkward customer
Querlatte ['kveːrlatə] *f (des Tores) SPORT* crossbar
Querpass ['kveːrpas] *m SPORT* cross
Querschläger ['kveːrʃlɛːgər] *m* ricochet
Querschnitt ['kveːrʃnɪt] *m* cross section, cross-cut
querschnittsgelähmt ['kveːrʃnɪtsgəlɛːmt] *adj MED* paraplegic
Querschnittslähmung ['kveːrʃnɪtslɛːmuŋ] *f MED* paraplegia
Querstraße ['kveːrʃtraːsə] *f* cross-street, cross-road; *drei ~n von hier entfernt* three blocks from here
Querstrich ['kveːrʃtrɪç] *m 1.* horizontal line; *2. (Gedankenstrich)* dash; *3. einen ~ durch etw machen* cross sth out, *(fig)* thwart sth
quertreiben ['kveːrtraɪbən] *v irr (fig)* to get in the way, to be obstinate
Quertreiber ['kveːrtraɪbər] *m* obstructionist
Querulant [kveru'lant] *m* querulous person, grumbler, grouch *(US)*, troublemaker
querulieren [kveru'liːrən] *v* gripe, grumble, grouse
Querverbindung ['kveːrfɛrbɪnduŋ] *f* cross-connection, lateral line, grid connection
Querverweis ['kveːrfɛrvaɪs] *m* cross-reference
quetschen ['kvɛtʃən] *v 1.* squeeze; *2. (zer~)* crush; *3. (kneifen)* pinch
Quetschung ['kvɛtʃuŋ] *f MED* contusion
Quetschwunde ['kvɛtʃvundə] *f MED* contusion
Queue [køː] *m (Menschenschlange)* queue
Quiche [kɪʃ] *f GAST* quiche
quicklebendig ['kvɪklebɛndɪç] *adj (fam)* spirited, spry, alive and kicking
quieken ['kviːkən] *v* squeak
quieksen ['kviːksən] *v (siehe „quieken")*
quietschen ['kviːtʃən] *v 1.* squeak, creak; *2. (Kind)* squeal
quietschvergnügt [kviːtʃvɛr'gnyːkt] *adj* pleased as Punch, happy as a clam
Quinte [kvɪnt] *f MUS* fifth
Quintessenz ['kvɪntɛsɛnts] *f* quintessence
Quintett [kvɪn'tɛt] *n MUS* quintet
Quirl [kvɪrl] *m (Gerät)* whisk, beater
quirlen ['kvɪrlən] *v* whisk
quirlig ['kvɪrlɪç] *adj* lively, mercurial, fidgety
quitt [kvɪt] *adj* quits *(UK)*, square, even; *mit jdm ~ werden* get quits with s.o. *(UK)*
Quitte ['kvɪtə] *f BOT* quince
Quittenmarmelade ['kvɪtənmarməlaːdə] *f GAST* quince marmalade
quittieren [kvɪ'tiːrən] *v (bestätigen)* receipt, give a receipt, acknowledge receipt
Quittung ['kvɪtuŋ] *f* receipt, voucher
Quittungsblock ['kvɪtuŋsblɔk] *m* receipt pad
Quiz [kvɪs] *n* quiz
Quizfrage ['kvɪsfraːgə] *f* quiz question
Quote ['kvoːtə] *f 1.* quota; *2. (Verhältnisziffer)* rate; *3. (Anteil)* proportional share
Quotenregelung ['kvoːtənreːgəluŋ] *f POL* quota system
Quotient [kvotsi'ɛnt] *m MATH* quotient

R

Rabatt [ra'bat] *m ECO* discount, rebate
Rabbiner [ra'biːnər] *m REL* rabbi
Rabe ['raːbə] *m ZOOL* raven
Rache ['raxə] *f* revenge, vengeance; *an jdm ~ nehmen* take revenge on s.o. *~ ist süß.* Revenge is sweet.
Rachen ['raxən] *m ANAT* throat, pharynx; *jdm den ~ stopfen* shut s.o. up; *den ~ nicht vollkriegen* to be absolutely insatiable; *jdm etw in den ~ werfen* shove sth down s.o.'s throat
rächen ['rɛːçən] *v* take revenge for, avenge; *sich ~* take one's revenge
Rad [raːt] *n 1.* wheel; *das fünfte ~ am Wagen sein* to be the odd man out; *2. (Fahrrad)* bike; *~ fahren* cycle, ride a bicycle
Radar [ra'daːr] *m TECH* radar
Radfahrer ['raːtfaːrər] *m* cyclist
radieren [ra'diːrən] *v 1.* erase; *2. ART* etch
Radiergummi [ra'diːrgumi] *m* eraser, rubber *(UK)*
Radierung [ra'diːruŋ] *f ART* etching
radikal [radi'kaːl] *adj 1.* radical, extreme; *adv 2.* radically
Radio ['raːdjo] *n* radio
radioaktiv [raːdjoak'tiːf] *adj PHYS* radioactive
Radioaktivität [raːdjoaktivi'tɛːt] *f PHYS* radioactivity
Radius ['raːdjus] *m MATH* radius
Radsport ['raːtʃpɔrt] *m SPORT* cycling
Raffinerie [rafinə'riː] *f CHEM* refinery
Raffinesse [rafi'nɛsə] *f (Schlauheit)* finesse, cunning, craftiness
raffiniert [rafi'niːrt] *adj 1. (verfeinert)* refined; *2. (schlau)* shrewd, cunning, crafty
Rage ['raːʒə] *f* rage, fury
Rahm [raːm] *m GAST* cream
Rahmen ['raːmən] *m 1. (Fensterrahmen)* frame; *2. (Bilderrahmen)* frame; *3. (fig)* frame, setting; *aus dem ~ fallen* to be out of the ordinary; *im ~ einer Sache* as part of sth
Rakete [ra'keːtə] *f* missile, rocket
rammen ['ramən] *v* ram
Rampe ['rampə] *f 1. (Laderampe)* platform, ramp; *2. (Bühnenrampe) THEAT* apron
Ramsch [ramʃ] *m* junk, rubbish, jumble
Rand [rant] *m* edge, border, brink; *außer ~ und Band* out of hand; *etw am ~e erwähnen* mention sth in passing
randalieren [randa'liːrən] *v* riot, rampage
Rang [raŋ] *m 1.* rank; *alles, was ~ und Namen hat* everybody who's anybody; *2. (Qualität)* quality, grade, rate; *3. THEAT* tier (of boxes), row of seats, circle; *erster/zweiter ~* dress/upper circle; *4. SPORT* place
rangieren [raŋ'ʒiːrən] *v 1. (Eisenbahn)* shunt, switch *(US)*; *2. (Rang einnehmen)* rank
Ranzen ['rantsən] *m 1. (Schulranzen)* satchel; *2. (fam: Bauch) sich den ~ voll schlagen* stuff one's face
rar [raːr] *adj* rare, scarce
Rarität [rari'tɛːt] *f* rarity, curiosity
rasch [raʃ] *adj 1.* quick, swift, brisk; *2. (übereilt)* rash, hasty
rasen ['raːzən] *v 1. (sich schnell bewegen)* race, rush; *2. (vor Zorn)* rage, storm
Rasen ['raːzən] *m BOT* lawn, turf; *jdn unter den ~ bringen (fig)* to be the death of s.o. *(fig)*
Rasenmäher ['raːzənmɛːər] *m* lawnmower
Rasierapparat [ra'ziːrapparaːt] *m 1.* razor; *2. (elektrischer ~)* shaver, electric razor
rasieren [ra'ziːrən] *v* shave
Rasse ['rasə] *f* race
Rassendiskriminierung ['rasəndɪskriminiːruŋ] *f POL* racial discrimination
Rassismus [ra'sɪsmus] *m* racism
Rassist [ra'sɪst] *m* racist
rassistisch [ra'sɪstɪʃ] *adj* racist
Rast [rast] *f 1.* rest; *2. MIL* halt
rasten ['rastən] *v 1.* take a rest; *2. MIL* halt
Raster ['rastər] *n 1. (Schema)* framework; *2. (im Druckwesen)* screen
rastlos ['rastloːs] *adj 1. (pausenlos)* endless; *2. (ruhelos)* restless, fidgety; *3. (unermüdlich)* indefatigable
Rasur [ra'zuːr] *f 1.* shave; *2. (radierte Stelle)* erasure
Rat [raːt] *m 1. (Ratschlag)* advice, counsel; *mit sich zu ~e gehen* think things over; *jdn zu ~e ziehen* consult s.o. *jdm mit ~ und Tat zur Seite stehen* to support s.o. in word and deed; *~ suchend* seeking advice, seeking counsel; *2. (Kollegium)* council; *3. (Titel)* councillor
Rate ['raːtə] *f 1. FIN* instalment; *2. (Verhältnisziffer)* rate
raten ['raːtən] *v irr 1. (erraten)* guess; *2. (empfehlen)* recommend; *jdm zu etw ~* advise s.o. to do sth; *3. (Rat geben)* advise, counsel

Ratgeber ['ra:tge:bər] *m 1.* advisor, counselor; *2. (Buch)* how-to book
Rathaus ['ra:thaus] *n* town hall, city hall *(US)*
Ration [ra'tsjo:n] *f* ration
rational [ratsjo'na:l] *adj 1.* rational; *adv 2.* rationally
rationalisieren [ratsjonali'zi:rən] *v ECO* rationalize
Rationalisierung [ratsjonali'zi:ruŋ] *f* rationalization, efficiency measure
rationell [ratsjo'nɛl] *adj 1. ECO* efficient; *2. (wirtschaftlich) ECO* economical
rationieren [ratsjo'ni:rən] *v* ration
Rationierung [ratsjo'ni:ruŋ] *f (von Lebensmitteln)* rationing
Ratlosigkeit ['ra:tlo:zıçkaıt] *f* helplessness
Ratschlag ['ra:tʃla:k] *m* piece of advice; *Ratschläge geben* give some advise
Rätsel ['rɛ:tsəl] *n 1.* puzzle; *jdm ein ~ sein* to be a mystery to s.o. *jdm ein ~ aufgeben (fig)* to ask s.o. a riddle, *(fig)* to be a riddle to s.o. *in ~n sprechen (fig)* talk in riddles *(fig); vor einem ~ stehen* to be completely baffled; *2. (Worträtsel)* riddle; *3. (Geheimnis)* enigma, mystery
rätselhaft ['rɛ:tsəlhaft] *adj* puzzling, mysterious, enigmatic
rätseln ['rɛ:tsəln] *v* puzzle over sth, rack one's brain
Ratte ['ratə] *f ZOOL* rat
rau [rau] *adj 1. (nicht glatt)* rough; *2. (grob)* coarse, rude, rugged; *3. (Hals)* sore; *4. (Stimme)* hoarse; *5. (fig: barsch)* harsh, gruff
Raub [raup] *m 1. (Diebstahl)* robbery; *2. (Entführung)* kidnapping
rauben ['raubən] *v 1. (stehlen)* rob; *2. (entführen)* kidnap
Räuber ['rɔybər] *m* thief, robber
Raubkopie ['raupkopi:] *f INFORM* pirate copy
Raubtier ['raupti:r] *n ZOOL* beast of prey
Rauch [raux] *m* smoke
rauchen ['rauxən] *v* smoke; *mir raucht der Kopf (fig)* my head's spinning
Raucher(in) ['rauxər(ın)] *m/f* smoker
raufen ['raufən] *v 1. (sich ~)* scuffle, tussle, fight; *2. sich die Haare ~* tear one's hair
Rauferei [raufə'raı] *f* scuffle, roughhouse
Raum [raum] *m 1. (Zimmer)* room; *eine Frage in den ~ stellen* to pose a question; *im ~ stehen (fig)* to be unsolved; *2. (Platz)* space, room; *3. (Gebiet)* area
räumen ['rɔymən] *v 1. (verlassen)* leave, move from, vacate; *2. (evakuieren)* evacuate; *3. (entfernen)* remove, clear
Raumfähre ['raumfɛ:rə] *f* spacecraft
Raumfahrt ['raumfa:rt] *f 1.* space travel; *2. (Wissenschaft)* astronautics
Rauminhalt ['raumınhalt] *m* volume
räumlich ['rɔymlıç] *adj 1.* spatial; *adv 2.* spatially
Raumschiff ['raumʃıf] *n* spaceship
Raumstation ['raumʃtatsjo:n] *f ASTR* space station
Räumung ['rɔymuŋ] *f 1. (Verlassen)* clearing, removing, removal; *2. (Evakuierung)* evacuation; *3. (Entfernung)* removal
Raupe ['raupə] *f ZOOL* caterpillar
raus [raus] *adv (siehe "heraus", "hinaus")*
Rausch [rauʃ] *m 1. (Alkoholrausch)* intoxication; *2. (Begeisterungsrausch)* ecstasy
rauschen ['rauʃən] *v 1. (Bach)* murmur, gurgle; *2. (Blätter)* rustle
Rauschgift ['rauʃgıft] *n* narcotic, drug
räuspern ['rɔyspərn] *v sich ~* clear one's throat
Reagenzglas [rea'gɛntsgla:s] *n* test tube
reagieren [rea'gi:rən] *v* react
Reaktion [reak'tsjo:n] *f* reaction
reaktionär [reaktsjo'nɛ:r] *adj POL* reactionary
Reaktor [re'aktɔr] *m* reactor
real [re'a:l] *adj 1.* real, substantial, actual; *adv 2.* really, actually
realisieren [reali'zi:rən] *v 1. (Pläne)* carry out; *2. FIN* realize; *3. THEAT* perform
Realisierung [reali'zi:ruŋ] *f* realization
Realismus [rea'lısmus] *m* realism
Realist [rea'lıst] *m* realist
realistisch [rea'lıstıʃ] *adj 1.* realistic; *adv 2.* realistically
Realität [reali'tɛ:t] *f* reality
Realschule [re'a:lʃu:lə] *f* six-year secondary school
Rebe ['re:bə] *f BOT* vine, shoot
Rebell [re'bɛl] *m* rebel, insurgent
rebellieren [rebɛ'li:rən] *v* rebel, revolt
Rebellion [rebɛ'ljo:n] *f* rebellion
rebellisch [re'bɛlıʃ] *adj* rebellious
Rechen ['rɛçən] *m* rake
Rechenschaft ['rɛçənʃaft] *f* account; *jdn zur ~ ziehen* hold s.o. responsible; *über etw ~ ablegen* account for sth
Recherche [re'ʃɛrʃə] *f* investigation, enquiry
recherchieren [reʃɛr'ʃi:rən] *v* investigate

rechnen ['rɛçnən] *v* calculate, compute; *auf etw ~* count on sth; *mit etw ~* expect sth; *(zählen)* count
Rechner ['rɛçnər] *m 1. (Elektronenrechner)* computer; *2. (Taschenrechner)* calculator
Rechnung ['rɛçnuŋ] *f 1.* invoice, bill; *auf eigene ~* on one's own account; *Die ~ stimmt.* The bill comes out right. *jdm etw in ~ stellen* bill s.o. for sth; *mit jdm eine ~ begleichen (fig)* settle a score with s.o.; *einer Sache ~ tragen* take sth into account; *Das kommt auf meine ~.* It's on me. *Diese ~ geht nicht auf.* That won't work out. *2. MATH* calculation, arithmetic
recht [rɛçt] *adj 1.* right; *jdm etw ~ machen* please s.o. *Alles, was ~ ist!* There is a limit! *Das geschieht ihm ~!* That serves him right! *2. (passend) wenn es dir ~ ist* if it's all right with you; *Das kommt mir gerade ~!* That's just what I needed! *3. (wirklich)* real; *adv 4. (sehr)* quite
Recht [rɛçt] *n 1.* law; *2. (Anspruch)* right; *jds gutes ~ sein* to be s.o.'s right; *~ sprechen* administer justice; *sein ~ fordern* demand sth as a right; *zu ~* rightly; *~ haben* to be right; *jdm ~ geben* agree with s.o.
rechte(r,s) ['rɛçtə(r,s)] *adj* right
Rechteck ['rɛçtɛk] *n* rectangle
rechteckig ['rɛçtɛkɪç] *adj* rectangular
rechtfertigen ['rɛçtfɛrtɪgən] *v* justify
Rechtfertigung ['rɛçtfɛrtɪguŋ] *f* justification
rechtlich ['rɛçtlɪç] *adj 1. JUR* legal, lawful; *adv 2. JUR* legally, lawfully
rechtlos ['rɛçtlo:s] *adj 1.* without rights; *2. (gesetzlos)* lawless
rechtmäßig ['rɛçtmɛ:sɪç] *adj 1.* lawful; *adv 2.* in a lawful manner
rechts [rɛçts] *adv* to the right, on the right, right
Rechtsanwalt ['rɛçtsanvalt] *m* lawyer, solicitor *(UK),* attorney *(US)*
Rechtschreibung ['rɛçtʃraɪbuŋ] *f* spelling
Rechtsextremismus ['rɛçtsɛkstremɪsmus] *m* right-wing extremism
rechtsextremistisch ['rɛçtsɛkstremɪstɪʃ] *adj POL* right-wing
rechtsgültig ['rɛçtsgyltɪç] *adj JUR* legal
Rechtsprechung ['rɛçtʃprɛçuŋ] *f 1. JUR* administration of justice, judicial decision, court rulings; *2. (Gerichtsbarkeit)* jurisdiction
Rechtsradikalismus ['rɛçtsradikalɪsmus] *m POL* right-wing radicalism
Rechtsspruch ['rɛçtsʃprux] *m 1.* verdict; *2. (in Zivilsachen)* judgement, judgment *(US)*
Rechtsstaat ['rɛçtsʃta:t] *m POL* constitutional state, state governed by the rule of law
rechtswidrig ['rɛçtsvi:drɪç] *adj 1. JUR* unlawful, illegal; *adv 2. JUR* unlawfully, illegally
rechtwinklig ['rɛçtvɪŋklɪç] *adj* rectangular
rechtzeitig ['rɛçttsaɪtɪç] *adj 1.* punctual, timely, opportune; *adv 2.* in good time, duly
recyceln [ri'saɪkəln] *v* recycle
Recycling [ri'saɪklɪŋ] *n* recycling
Redakteur(in) [redak'tø:r(ɪn)] *m/f* editor
Redaktion [redak'tsjo:n] *f 1. (Tätigkeit)* editing; *2. (Büro)* editorial offices *pl; 3. (Nachrichtenredaktion)* newsroom
Rede ['re:də] *f* speech, talk, conversation; *Es ist nicht der ~ wert.* It's not worth talking about. *jdm ~ und Antwort stehen* explain o.s. to s.o. *jdn zur ~ stellen* demand an explanation from s.o. *Davon kann nicht die ~ sein.* That's out of the question!
reden ['re:dən] *v* speak, talk
Redewendung ['re:dəvɛnduŋ] *f* figure of speech, expression, phrase
Redner ['re:dnər] *m* speaker
reduzieren [redu'tsi:rən] *v* reduce, cut
Reeder ['re:dər] *m* shipowner
Reederei [re:də'raɪ] *f* shipping company
Referat [refe'ra:t] *n* report, paper
Referendar [referɛn'da:r] *m (Studienreferendar)* student teacher
Referendum [refe'rɛndum] *n POL* referendum
Referent [refe'rɛnt] *m 1. (Redner)* speaker, orator, reader of a paper; *2. (Sachbearbeiter)* consultant, expert
Referenz [refe'rɛnts] *f* reference
referieren [refe'ri:rən] *v* report
reflektieren [reflɛk'ti:rən] *v 1. (zurückstrahlen)* reflect; *2. (nachdenken)* reflect
Reflektor [re'flɛktɔr] *m TECH* reflector
Reflex [re'flɛks] *m 1.* reflex; *2. PHYS* reflection
Reflexion [reflɛ'ksjo:n] *f 1. (von Licht)* reflection; *2. (fig: Überlegung)* reflection, consideration
reflexiv [reflɛ'ksi:f] *adj GRAMM* reflexive
Reform [re'fɔrm] *f* reform
Reformation [refɔrma'tsjo:n] *f REL* Reformation
reformieren [refɔr'mi:rən] *v* reform
Refrain [rə'frɛ̃:] *m MUS* refrain
Regal [re'ga:l] *n* shelf
Regel ['re:gəl] *f 1.* rule, principle, code; *in der ~* usually; *2. (Menstruation)* period

regelmäßig ['re:gəlmɛ:sɪç] *adj 1.* regular; *adv 2.* regularly
Regelmäßigkeit ['re:gəlmɛ:sɪçkaɪt] *f* regularity
regeln ['re:gəln] *v* regulate, control, arrange, *(Probleme)* sort out
Regelung ['re:gəluŋ] *f* regulation, settlement
Regen ['re:gən] *m* rain; *jdn im ~ stehen lassen* leave s.o. out in the cold, leave s.o. in the lurch; *vom ~ in die Traufe kommen* fall out of the frying pan into the fire
Regenbogen ['re:gənbo:gən] *m METEO* rainbow
regenerieren [regene'ri:rən] *v* regenerate
Regenmantel ['re:gənmantəl] *m* raincoat, mackintosh
Regenschirm ['re:gənʃɪrm] *m* umbrella
Regenwald ['re:gənvalt] *m* rain forest
Regenwurm ['re:gənvurm] *m* earthworm
Regie [re'ʒi:] *f CINE* direction
regieren [re'gi:rən] *v 1. (Politiker) POL* govern; *2. (Fürst) POL* reign, rule
Regierung [re'gi:ruŋ] *f POL* government
Regierungssitz [re'gi:ruŋszɪts] *m POL* seat of government
Regime [re'ʒi:m] *n POL* regime
Regiment [regi'mɛnt] *n MIL* regiment
Region [re'gjo:n] *f* region, district
regional [regjo'na:l] *adj* regional
Regisseur(in) [reʒi'sø:r(ɪn)] *m/f CINE* director
Register [re'gɪstər] *n* register, index
registrieren [regɪs'tri:rən] *v* register, record
Regler ['re:glər] *m TECH* controller
regnen ['re:gnən] *v* rain
regulär [regu'lɛ:r] *adj 1.* regular; *adv 2.* regularly
regulieren [regu'li:rən] *v* regulate, adjust
Regulierung [regu'li:ruŋ] *f* regulation
Regung ['re:guŋ] *f 1. (Bewegung)* movement, motion, stirring; *2. (Gefühlsregung)* emotion, impulse
regungslos ['re:guŋslo:s] *adj* motionless
Reh [re:] *n ZOOL* deer, roe
Rehabilitation [rehabilita'tsjo:n] *f* rehabilitation
rehabilitieren [rehabili'ti:rən] *v* rehabilitate
Rehbock ['re:bɔk] *m ZOOL* roebuck
Reibe ['raɪbə] *f* grater
reiben ['raɪbən] *v irr 1.* rub; *2. (zerkleinern)* grate, grind
Reibung ['raɪbuŋ] *f* friction
reich [raɪç] *adj 1.* rich, wealthy; *2. (reichlich)* abundant
Reich [raɪç] *n* empire
reichen ['raɪçən] *v 1. (geben)* hand, pass, give; *2. (ausreichen)* suffice; *Mir reicht es!* That's just about the limit! *3. (sich erstrecken)* extend, reach
reichlich ['raɪçlɪç] *adj* ample, abundant
Reichtum ['raɪçtu:m] *m 1.* wealth; *2. (Fülle)* abundance, profusion, richness
reif [raɪf] *adj 1.* ripe; *2. (fig)* mature
Reife ['raɪfə] *f 1. (Obst)* ripeness; *2. (fig)* maturity; *3. mittlere ~* intermediate secondary school certificate
reifen ['raɪfən] *v* ripen, mature
Reifen ['raɪfən] *m 1.* ring; *2. (Radreifen)* tyre, tire *(US); 3. (Spielreifen, Fassring)* hoop
Reihe ['raɪə] *f 1. (von Dingen)* row, series; *etw auf die ~ bringen* get sth together; *der ~ nach* in turn; *2. (von Menschen)* row, queue; *an die ~ kommen* to have one's turn; *3. (Serie)* series
Reihenfolge ['raɪənfɔlgə] *f* order, sequence
Reim [raɪm] *m* rhyme; *sich einen ~ auf etw machen (fig)* get an inkling of sth
reimen ['raɪmən] *v* rhyme, make a rhyme
rein[1] [raɪn] *adj 1.* pure; *2. (nichts als)* pure, sheer, utter; *3. (sauber)* clean, clear, pure; *mit jdm ins Reine kommen* clear the air with s.o., sort things out with s.o.
rein[2] [raɪn] *adv (fam) (siehe „herein", „hinein")*
Reinerlös ['raɪnɛrlø:s] *m* net proceeds
Reinfall ['raɪnfal] *m* fiasco, failure, letdown
reinigen ['raɪnɪgən] *v* clean, purge
Reiniger ['raɪnɪgər] *m* cleaner
Reinigung ['raɪnɪguŋ] *f 1. (Reinigen)* cleaning, washing; *2. (Geschäft)* dry-cleaners *pl*
Reis [raɪs] *m* rice
Reise ['raɪzə] *f* trip, journey; *sich auf eine ~ machen* to set out on a trip
Reisebüro ['raɪzəbyro:] *n* travel agency
Reiseführer ['raɪzəfy:rər] *m 1. (Person)* guide; *2. (Buch)* travel guide
reisen ['raɪzən] *v* travel
Reisende(r) ['raɪzəndə(r)] *m/f 1.* traveller; *2. (Urlauber(in))* tourist
Reisepass ['raɪzəpas] *m* passport
Reisescheck ['raɪzəʃɛk] *m* traveller's cheque
reißen ['raɪsən] *v irr 1. (zerreißen)* tear, rip; *2. (ziehen)* drag, pull, tug
Reißnagel ['raɪsna:gəl] *m* drawing pin *(UK),* thumbtack *(US)*

Reißverschluss ['raɪsfɛrʃlus] *m* zipper
reiten ['raɪtən] *v irr* ride
Reiter ['raɪtər] *m* rider, horseman
Reiz [raɪts] *m 1. (Reizung)* irritation; *2. (Aufreizung)* provocation; *3. (Anreiz)* stimulation, incitement; *4. (Anmut)* grace, attractiveness
reizbar ['raɪtsbaːr] *adj* irritable, sensitive
reizen ['raɪtsən] *v 1. (irritieren)* irritate, provoke; *2. (anregen)* stimulate
reizend ['raɪtsənt] *adj 1.* charming, delightful; *adv 2.* delightfully, charmingly
reizlos ['raɪtsloːs] *adj* unattractive
Reizung ['raɪtsuŋ] *f 1.* irritation, provocation; *2. (Anregung)* stimulation
reizvoll ['raɪtsfɔl] *adj* attractive, charming
Reklamation [reklama'tsjoːn] *f* complaint
Reklame [re'klaːmə] *f 1.* advertising, publicity; *2. (Einzelwerbung)* advertisement
reklamieren [rekla'miːrən] *v (beanstanden)* complain about, object to
Rekord [re'kɔrt] *m* record
Rekrut [re'kruːt] *m MIL* recruit, conscript
Rektor ['rɛktɔr] *m (einer Schule)* headmaster, principal *(US)*
relativ ['relatiːf] *adj 1.* relative; *adv 2.* relatively
Relativität [relativi'tɛːt] *f* relativity
Relativpronomen [rela'tiːfpronoːmən] *n GRAMM* relative pronoun
relevant [rele'vant] *adj* relevant
Relief [rɛl'jɛf] *n ART* relief
Religion [reli'gjoːn] *f* religion
religiös [reli'gjøːs] *adj* religious
Relikt [re'lɪkt] *n* relic
Remoulade [remu'laːdə] *f GAST* tartar sauce
Renaissance [rənɛ'sɑ̃ːs] *f HIST* Renaissance
Rennbahn ['rɛnbaːn] *f* race-course, race track *(US)*
rennen ['rɛnən] *v irr 1.* run; *2. (rasen)* rush; *3. SPORT* race
Rennen ['rɛnən] *n* race, running
Rennfahrer ['rɛnfaːrər] *m* racing driver
Rennwagen ['rɛnvaːgən] *m* racing-car *(UK),* race car *(US)*
renovieren [renɔ'viːrən] *v* renovate
Renovierung [renɔ'viːruŋ] *f* renovation
rentabel [rɛn'taːbəl] *adj* profitable
Rente ['rɛntə] *f 1. (Altersrente)* pension; *2. (aus Versicherung)* annuity
Rentier ['reːntiːr] *n ZOOL* reindeer
Rentner ['rɛntnər] *m* pensioner
Reparatur [repara'tuːr] *f* repair
reparieren [repa'riːrən] *v* repair, mend, fix
Reportage [repɔr'taːʒə] *f* report, coverage
Reporter(in) [re'pɔrtər(ɪn)] *m/f* reporter
Repräsentant(in) [reprɛzɛn'tant(ɪn)] *m/f* representative
repräsentativ [reprɛzɛnta'tiːf] *adj* representative
repräsentieren [reprɛzɛn'tiːrən] *v* represent, act as representative for
Reptil [rɛp'tiːl] *n ZOOL* reptile
Republik [repu'bliːk] *f* republic
Republikaner [republi'kaːnər] *m 1. (Anhänger der Republik) POL* republican; *2. (Parteimitglied) POL* Republican; *3. (deutsche Rechtspartei) POL* member of the German Republican Party
Reservat [rezɛr'vaːt] *n* reservation
Reserve [re'zɛrvə] *f* reserve; *stille ~n* secret reserves
reservieren [rezɛr'viːrən] *v* reserve, book
Reservierung [rezɛr'viːruŋ] *f* reservation
Resignation [rezɪgna'tsjoːn] *f* resignation
resignieren [rezɪg'niːrən] *v* resign
Resolution [rezolu'tsjoːn] *f POL* resolution
Respekt [rɛ'spɛkt] *m* respect, regard
respektieren [rɛspɛk'tiːrən] *v* respect
respektlos [rɛs'pɛktloːs] *adj 1.* disrespectful, irreverent; *adv 2.* disrespectfully
respektvoll [rɛs'pɛktfɔl] *adj 1.* respectful; *adv 2.* respectfully
Ressort [rɛ'soːr] *n 1.* department; *2. (Verantwortlichkeit)* responsibility
Rest [rɛst] *m 1.* rest, remains *pl; der ~ der Welt* everyone else; *sich den ~ geben (fig)* make o.s. really ill; *2. MATH* remainder; *3. CHEM* residue
Restaurant [rɛsto'rɑ̃ː] *n* restaurant
restaurieren [rɛstau'riːrən] *v* restore, renovate
restlich ['rɛstlɪç] *adj* remaining
restlos ['rɛstloːs] *adj 1.* complete, final; *adv 2.* thoroughly, completely, in full
Resultat [rezul'taːt] *n* result
resultieren [rezul'tiːrən] *v* result
Resümee [rezy'meː] *n* summary
resümieren [rezy'miːrən] *v* summarize
Retorte [re'tɔrtə] *f CHEM* retort
retten ['rɛtən] *v 1.* save, rescue; *sich vor etw kaum ~ können* to be swamped with sth; *Bist du noch zu ~?* Have you lost it? *(fam),* Are you out of your; *mind? 2. (Güter)* recover
Rettung ['rɛtuŋ] *f 1.* rescue; *2. (von Gütern)* recovery; *3. (Befreiung)* deliverance

Rettungsboot ['rɛtuŋsbo:t] *n* lifeboat
Rettungswagen ['rɛtuŋsva:gən] *m* ambulance
Reue ['rɔyə] *f 1.* remorse, repentance; *2. (Bedauern)* regret
Revanche [re'vã:ʃ] *f* revenge
revanchieren [revã:'ʃi:rən] *v 1. sich ~ (rächen)* take revenge, get one's own back *(UK); 2. sich ~ (erwidern)* reciprocate, make up for, repay
Revier [re'vi:r] *n 1. (Gebiet)* district, quarter, section; *2. (Polizeirevier)* precinct, district; *3. (Dienststelle)* station
Revision [revi'zjo:n] *f 1.* revision, review; *2. JUR* appeal
Revolte [re'vɔltə] *f* revolt
revoltieren [revɔl'ti:rən] *v* revolt
Revolution [revɔlu'tsjo:n] *f* revolution
revolutionär [revɔlutsjo'nɛ:r] *adj* revolutionary
Revolver [re'vɔlvər] *m* revolver
Revue [re'vy] *f 1.* review; *etw ~ passieren lassen* pass sth in review; *2. THEAT* revue
rezensieren [retsɛn'zi:rən] *v* review
Rezension [retsɛn'zjo:n] *f* review, critique
Rezept [re'tsɛpt] *n 1. MED* prescription; *2. GAST* recipe
Rezeption [retsɛp'tsjo:n] *f 1. (im Hotel)* reception; *2. (eines Rechts)* adoption
Rezession [retsɛ'sjo:n] *f ECO* recession
rezitieren [retsi'ti:rən] *v* recite
R-Gespräch ['ɛrgəʃprɛ:ç] *n TEL* reversed-charge call, collect call *(US)*
Rhein [raɪn] *m GEO* Rhine
rhetorisch [re'to:rɪʃ] *adj* rhetorical
Rheuma ['rɔyma] *n MED* rheumatism
rheumatisch [rɔy'ma:tɪʃ] *adj* rheumatic
rhythmisch ['rytmɪʃ] *adj* rhythmic, rhythmical
Rhythmus ['rytmus] *m* rhythm
richten ['rɪçtən] *v 1. (herrichten)* arrange; *2. (urteilen)* judge, try, sentence; *3. sich nach etw ~* proceed according to sth; *4. (in Ordnung bringen)* mend, repair, set right
Richter(in) ['rɪçtər(ɪn)] *m/f JUR* judge; *jdn vor den ~ bringen* to take s.o. to court
richtig ['rɪçtɪç] *adj 1.* right, correct; *nicht ganz ~ sein (fam: Mensch)* to be not quite right in the head; *~ stellen* set right, rectify; *~ stellen (fig)* correct; *2. (sehr)* really
Richtung ['rɪçtuŋ] *f 1.* direction; *2. (Kurs)* course; *3. (Weg)* route; *4. (Einstellung)* orientation
riechen ['ri:çən] *v irr* smell
Riegel ['ri:gəl] *m 1.* bolt; *etw einen ~ vorschieben* put a stop to sth; *2. (Schokolade)* bar
Riemen ['ri:mən] *m 1.* strap, belt; *sich am ~ reißen* pull o.s. together; *den ~ enger schnallen* tighten one's belt; *2. SPORT* oar
Riese ['ri:zə] *m* giant
rieseln ['ri:zəln] *v 1.* trickle; *2. (Regen)* drizzle; *3. (Schnee)* fall lightly
riesig ['ri:zɪç] *adj* huge, immense
Riff [rɪf] *n* reef
Rille ['rɪlə] *f 1.* groove; *2. TECH* flute
Rind ['rɪnt] *n ZOOL 1. (Kuh)* cow; *2. (Stier)* bull, bullock
Rinde ['rɪndə] *f 1. (Käserinde)* rind; *2. (Brotrinde)* crust; *3. BOT* bark, cortex
Rinderwahnsinn ['rɪndərva:nzɪn] *m* mad cow disease
Rindfleisch ['rɪntflaɪʃ] *n GAST* beef
Ring [rɪŋ] *m 1. (Schmuck)* ring; *2. (Kreis)* ring, circle; *3. (Straße)* ring-road
ringeln ['rɪŋəln] *v 1.* curl; *2. (Pflanze)* entwine; *3. sich ~ (Schlange)* coil
ringen ['rɪŋən] *v irr* wrestle
Ringen ['rɪŋən] *n 1. SPORT* wrestling; *2. (fig)* struggle
Ringfinger ['rɪŋfɪŋər] *m* ring-finger
ringsherum ['rɪŋshɛrum] *adv 1.* all round, all the way around; *2. (überall)* on all sides
rinnen ['rɪnən] *v irr* run, flow, leak
Rinnsal ['rɪnza:l] *n (kleiner Bach)* streamlet, rivulet
Rippe ['rɪpə] *f 1. ANAT* rib; *sich etw aus den ~ schneiden* squeeze blood out of a stone; *2. GAST* rib
Risiko ['ri:ziko] *n* risk
riskant [rɪs'kant] *adj* risky
riskieren [rɪs'ki:rən] *v* risk
Riss [rɪs] *m* rip, tear, split
rissig ['rɪsɪç] *adj* cracked, flawed, split
Ritt [rɪt] *m* ride
Ritter ['rɪtər] *m* knight
ritterlich ['rɪtərlɪç] *adj 1. HIST* knightly; *2. (fig)* chivalrous
Ritual [ritu'a:l] *n* ritual
rituell [ritu'ɛl] *adj* ritual
ritzen ['rɪtsən] *v 1. etw ~* scratch sth; *Die Sache ist geritzt. (fig)* It's in the bag. *2. sich ~* scratch o.s.
Rivale [ri'va:lə] *m* rival
rivalisieren [rivali'zi:rən] *v* compete, vie
Rivalität [rivali'tɛ:t] *f* rivalry
Robbe ['rɔbə] *f ZOOL* seal
Robe ['ro:bə] *f 1. (Abendrobe)* gown, dress, robe; *2. (Amtsrobe)* robe, gown

Roboter ['rɔbɔtər] *m TECH* robot
robust [ro'bust] *adj* robust, sturdy
Rock [rɔk] *m* skirt
rodeln ['ro:dəln] *v SPORT* luge
roden ['ro:dən] *v 1. (Land)* clear; *2. (Baum)* root out
Roggen ['rɔgən] *m BOT* rye
roh [ro:] *adj 1. (nicht gekocht)* raw; *2. (nicht bearbeitet)* crude, rough, *(Eisen)* unwrought; *3. (fig)* coarse, crude, rude
Rohheit ['ro:haɪt] *f 1.* rawness; *2. (Gefühllosigkeit)* roughness, brutality; *3. (rohe Handlung)* act of brutality
Rohr [ro:r] *n 1. (Leitung)* pipe, tube; *2. BOT* reed, cane
Röhre ['rø:rə] *f 1. (Rohr)* tube, pipe; *2. (Backrohr)* oven
Rohstoff ['ro:ʃtɔf] *m* raw material
Rolle ['rɔlə] *f 1.* roll, coil; *von der ~ sein (fam)* to be mixed up; *2. THEAT* role, part; *aus der ~ fallen* forget o.s. *Das spielt keine ~.* That's of no consequence.
rollen ['rɔlən] *v* roll
Roller ['rɔlər] *m 1. (Motorroller)* scooter; *2. (Tretroller)* scooter
Rollschuh ['rɔlʃu:] *m SPORT* roller skate
Rollstuhl ['rɔlʃtu:l] *m* wheelchair
Rolltreppe ['rɔltrɛpə] *f* escalator
Roman [ro'ma:n] *m* novel
Romantik [ro'mantɪk] *f* romanticism
romantisch [ro'mantɪʃ] *adj 1.* romantic; *adv 2.* romantically
Romanze [ro'mantsə] *f* romance
Römer(in) ['rø:mər(ɪn)] *m/f* Roman
römisch ['rø:mɪʃ] *adj* Roman
röntgen ['rœntgən] *v* X-ray, take an X-ray of
Röntgenstrahlen ['rœntgənʃtra:lən] *pl PHYS* X-rays
rosa ['ro:za] *adj* pink
Rose ['ro:zə] *f BOT* rose
Rosenkranz ['ro:zənkrants] *m REL* rosary
rosig ['ro:zɪç] *adj* rosy
Rosine [ro'zi:nə] *f GAST* raisin; *~n im Kopf haben* have big ideas
Rosmarin ['ro:smari:n] *m BOT* rosemary
Ross [rɔs] *n* horse, steed; *auf dem hohen ~ sitzen* to be on one's high horse; *von seinem hohen ~ herunterkommen* come down off one's high horse
Rost [rɔst] *m 1. (Bratrost)* grill, grid; *2. (Eisenoxid) CHEM* rust
rosten ['rɔstən] *v* rust
rösten ['rœstən] *v 1.* roast; *2. (Brot)* toast
rostig ['rɔstɪç] *adj* rusty
rot [ro:t] *adj* red
Rotwein ['ro:tvaɪn] *m GAST* red wine
Rotwild ['ro:tvɪlt] *n ZOOL* red deer
Route ['ru:tə] *f* route
Routine [ru'ti:nə] *f* routine, experience
Rübe ['ry:bə] *f BOT* turnip
Rubel ['ru:bəl] *m FIN* rouble, rubel *(US); Der ~ rollt. (fig)* The money's rolling in.
Rubrik [ru'bri:k] *f 1.* rubric; *2. (Titel)* heading; *3. (Kategorie)* category
Rückblick ['rykblɪk] *m* look back
Rücken ['rykən] *m ANAT* back; *etw hinter jds ~ tun (fig)* do sth behind s.o.'s back *(fig); jdm den ~ zukehren* turn one's back on s.o. *sich den ~ frei halten* cover o.s.
Rückfall ['rykfal] *m* relapse
Rückfrage ['rykfra:gə] *f* question, further inquiry
Rückgabe ['rykga:bə] *f* return, restitution
Rückgang ['rykgaŋ] *m* decline, drop, decrease
Rückgrat ['rykgra:t] *n ANAT* spine, vertebral column, spinal column; *kein ~ haben (fig)* have no backbone
Rückhalt ['rykhalt] *m* support, backing
rückhaltlos ['rykhaltlo:s] *adj 1.* unreserved, frank; *adv 2.* unreservedly, totally
Rückkehr ['rykke:r] *f* return
Rücklage ['rykla:gə] *f 1.* reserve; *2. (Ersparnisse)* savings *pl*
rückläufig ['ryklɔyfɪç] *adj* declining
Rücklicht ['ryklɪçt] *n* back light
Rücknahme ['rykna:mə] *f* taking back
Rückreise ['rykraɪzə] *f* return trip
Rucksack ['rukzak] *m* backpack, rucksack
Rückschlag ['rykʃla:k] *m 1. (der Schusswaffe)* recoil; *2. SPORT* back-pass; *3. (fig)* setback
Rückschritt ['rykʃrɪt] *m* regression, step back
Rückseite ['rykzaɪtə] *f* reverse, back
Rücksicht ['rykzɪçt] *f* consideration, regard, respect; *auf jdn ~ nehmen* show consideration for s.o.
rücksichtslos ['rykzɪçtslo:s] *adj 1.* inconsiderate, reckless, thoughtless; *adv 2.* inconsiderately, thoughtlessly, recklessly
Rücksichtslosigkeit ['rykzɪçtslo:zɪçkaɪt] *f 1.* thoughtlessness; *2. (Härte)* ruthlessness
rücksichtsvoll ['rykzɪçtsfɔl] *adj* thoughtful, considerate
Rücksitz ['rykzɪts] *m* back seat
Rückstand ['rykʃtant] *m 1. (Außenstände)* arrears *pl; 2. (Lieferrückstand, Arbeitsrück-*

stand) backlog; *3. (Abfallprodukt)* residue; *4. (Rest)* remains *pl; 5. SPORT* deficit; *im ~ sein* to be behind, to be trailing
rückständig ['rykʃtɛndiç] *adj 1.* backward; *2. (Zahlung)* overdue, outstanding; *3. (fig: überholt)* outdated
Rückstrahler ['rykʃtra:lər] *m* reflector
Rücktritt ['ryktrɪt] *m 1. (Amtsniederlegung)* resignation, retirement; *2. (am Fahrrad)* backpedal brake
rückwärts ['rykvɛrts] *adv* backwards
Rückzahlung ['ryktsa:luŋ] *f* repayment, refund, reimbursement
Rüde ['ry:də] *m ZOOL* dog, male
Rudel ['ru:dəl] *n 1. (von Wölfen/Hunden, von U-Booten)* pack; *2. (von Hirschen, von Wildschweinen)* herd
Ruder ['ru:dər] *n 1. (Steuerruder)* helm, tiller, rudder; *2. (Riemen)* oar
Ruderboot ['ru:dərbo:t] *n* rowing-boat, rowboat *(US)*
rudern ['ru:dərn] *v* row, paddle
Ruf [ru:f] *m 1.* call, cry, shout; *2. (Ansehen)* reputation, repute, renown; *3. (Aufforderung)* call, summons
rufen ['ru:fən] *v irr* call, shout, cry out; *ins Gedächtnis ~* call to mind; *zur Ordnung ~* call to order
Rufname ['ru:fna:mə] *m* Christian name by which a person is known
Rufnummer ['ru:fnumər] *f* telephone number
Rüge ['ry:gə] *f* reprimand, reproof, rebuke
rügen ['ry:gən] *v 1.* reprimand, rebuke; *2. (kritisieren)* find fault with
Ruhe ['ru:ə] *f 1. (Stille)* silence, stillness, tranquillity; *etw in ~ lassen* let sth alone; *die ~ vor dem Sturm* the calm before the storm; *die ~ selbst sein* to be as cool as a cucumber; *jdn aus der ~ bringen* unnerve s.o. *~ geben* to be quiet; *seine ~ haben wollen* want to be left in peace; *in aller ~* calmly, at one's leisure; *2. (Ausruhen)* rest; *zur ~ kommen* get some peace, get a chance to rest; *sich zur ~ setzen* retire; *3. (Bewegungslosigkeit)* stillness; *4. (Frieden)* peace, calmness, tranquillity
ruhen ['ru:ən] *v 1. (ausruhen)* rest, take a rest; *~ lassen (fig)* let lie, leave alone; *2. (stillstehen)* come to a standstill, to be interrupted, cease; *3. ~ auf (lasten)* lean on, rest on
Ruhestand ['ru:əʃtant] *m* retirement
ruhig ['ru:ɪç] *adj 1. (still)* quiet, tranquil, calm; *2. (bewegungslos)* motionless, still; *3. (friedvoll)* peaceful, calm, tranquil
Ruhm [ru:m] *m* glory, fame, renown
rühmen ['ry:mən] *v* praise, speak highly of
rühren ['ry:rən] *v 1. (bewegen)* stir, move; *sich kaum noch ~ können* to be hardly able to move; *2. (umrühren)* stir; *3. (fig)* move, touch
Rührung ['ry:ruŋ] *f* emotion, feeling
Ruin [ru'i:n] *m* ruin
Ruine [ru'i:nə] *f* ruin
ruinieren [rui'ni:rən] *v* ruin
rülpsen ['rylpsən] *v* burp, belch
Rummel ['ruməl] *m 1. (Lärm)* racket, din, row *(UK); 2. (Jahrmarkt)* fair
rumpeln ['rumpəln] *v* rumble
Rumpf [rumpf] *m 1. (Schiffsrumpf)* hull; *2. (Flugzeugrumpf)* body, fuselage; *3. ANAT* trunk
rümpfen ['rympfən] *v die Nase ~ über etw* turn up one's nose at sth
rund [runt] *adj 1.* round, circular; *adv 2. (zirka)* approximately, roughly
Runde ['rundə] *f 1.* round; *eine ~ schmeißen* stand a round; *etw über die ~n bringen* pull sth off; *über die ~n kommen* make ends meet; *2. (Personenkreis)* company; *3. (Rundgang)* round; *die ~ machen* ciculate; *4. (des Polizisten)* beat; *5. (um die Rennbahn)* lap
Rundfahrt ['runtfa:rt] *f* tour
Rundfunk ['runtfuŋk] *m 1. (Übertragung)* broadcasting, radio; *2. (Anstalt)* broadcasting corporation, broadcasting organisation
Rundgang ['runtgaŋ] *m* tour, round, walk
rundherum ['runthɛrum] *adv* all round
Rundschreiben ['runtʃraɪbən] *n* circular
runter ['runtər] *adv (fam) (siehe „herunter", „hinunter")*
runzelig ['runtsəlɪç] *adj* wrinkled
runzeln ['runtsəln] *v* wrinkle, crease; *die Stirn ~* knit one's brows
rupfen ['rupfən] *v 1.* pull; *2. (Geflügel)* pluck; *3. jdn ~ (fig)* fleece s.o.
Ruß [ru:s] *m* soot
Russe/Russin ['rusə/'rusɪn] *m/f* Russian
Rüssel ['rysəl] *m ZOOL* trunk
russisch ['rusɪʃ] *adj* Russian
Russland ['ruslant] *n GEO* Russia
rüsten ['rystən] *v 1.* arm; *2. (etw ~)* prepare
rüstig ['rystɪç] *adj* stout, robust, vigorous
Rüstung ['rystuŋ] *f 1. (Ritterrüstung)* armour; *2. (Bewaffnung) MIL* armament
Rute ['ru:tə] *f 1. (Zweig)* twig, branch; *2. (Angelrute)* fishing-rod
rutschen ['rutʃən] *v 1.* slide, slither; *2. (herunter~)* slip
rutschig ['rutʃɪç] *adj* slippery, slithery
rütteln ['rytəln] *v* shake

S

Saal [zaːl] *m* hall
Saat [zaːt] *f 1.* seed; *2. (junges Getreide)* green corn; *3. (Säen)* sowing
Sabbat ['zabat] *m* Sabbath
Säbel ['zɛːbəl] *m* sabre, sword
Sabotage [zabo'taːʒə] *f* sabotage
Sachbuch ['zaxbuːx] *n* non-fiction book
sachdienlich ['zaxdiːnlɪç] *adj 1.* helpful, relevant; *2. (nützlich)* useful
Sache ['zaxə] *f 1. (Gegenstand)* object, thing; *2. (Angelegenheit)* matter, affair, business; *gemeinsame ~ machen mit* join forces with; *zur ~ kommen* get down to business, get to the point; *nicht jedermanns ~ sein* not be everyone's cup of tea; *sich seiner ~ sicher sein* know what one is doing; *bei der ~ sein* have one's mind on what one is doing; *nichts zur ~ tun* to be beside the point; *3. JUR* case, lawsuit, action
Sachgebiet ['zaxgəbiːt] *n* field, subject
Sachkenntnis ['zaxkɛntnɪs] *f* expertise
sachkundig ['zaxkundɪç] *adj* informed, knowledgeable
Sachlage ['zaxlaːgə] *f* situation, state of affairs
sachlich ['zaxlɪç] *adj 1.* factual, material, practical; *2. (objektiv)* objective; *3. (nüchtern)* matter-of-fact
Sachlichkeit ['zaxlɪçkaɪt] *f* objectivity, impartiality
Sachschaden ['zaxʃaːdən] *m* damage to property
Sachse ['zaksə] *m* Saxon
Sachsen ['zaksən] *n GEO* Saxony
sächsisch ['zɛksɪʃ] *adj* Saxon
sacht [zaxt] *adj 1.* soft, gentle; *2. (behutsam)* cautious, careful; *3. Sachte, ~e!* Easy! Gently! *adv 4. sich jdm ~ nähern* cautiously approach s.o.
Sachverhalt ['zaxfɛrhalt] *m* facts *pl,* situation, circumstances *pl*
Sachverständige(r) ['zaxfɛrʃtɛndɪgə(r)] *m/f 1.* expert, authority, specialist; *2. JUR* expert witness
Sack ['zak] *m* sack, bag; *jdn in den ~ stekken* walk all over s.o.; *etw im ~ haben* have sth in the bag; *mit ~ und Pack* with bag and baggage
Sackgasse ['zakgasə] *f 1.* blind alley, cul-de-sac; *2. (fig)* dead-end street
Sackkarre ['zakkarə] *f* handcart
Sadismus [za'dɪsmus] *m* sadism
sadistisch [za'dɪstɪʃ] *adj* sadistic
säen ['zɛːən] *v* sow
Safari [za'faːri] *f* safari
Saft [zaft] *m 1. (Obstsaft)* juice; *2. (Bratensaft)* gravy; *3. ohne ~ und Kraft* lifeless
saftig ['zaftɪç] *adj 1.* juicy; *2. (fig: Brief)* potent; *3. (Witz)* spicy; *4. (Rechnung)* steep, hefty
Sage ['zaːgə] *f* legend, myth
Säge ['zɛːgə] *f* saw
sagen ['zaːgən] *v 1.* say; *jdm etw ~* tell s.o. sth; *wie gesagt* as I said, like I said (fam); *Sag mal ...* Say ....; *die Wahrheit ~* tell the truth; *sage und schreibe* believe it or not, no less than; *sich nichts mehr zu ~ haben* have nothing left to say to each other; *sich etw nicht zweimal ~ lassen* jump at sth; *etw zu ~ haben* have a say; *Von dem lasse ich mir nichts ~.* I won't take it from him. *Das ist nicht gesagt.* That isn't necessarily so. *Das ist zu viel gesagt.* That would be exaggerating things. *Wem sagst du das!* You're telling me! (fam); *2. (bedeuten)* mean; *Sagt dir das was?* Do you know what that means? Does that ring a bell? (fam)
sägen ['zɛːgən] *v* saw
sagenhaft ['zaːgənhaft] *adj 1.* mythical, legendary; *2. (fig)* fabulous, terrific
Sägespäne ['zɛːgəʃpɛːnə] *pl* sawdust
Sahne ['zaːnə] *f GAST* cream
sahnig ['zaːnɪç] *adj* creamy
Saison [zɛ'zɔ̃] *f* season
Saite ['zaɪtə] *f* string; *andere ~n aufziehen (fig)* get tough; *in jdm eine ~ zum Klingen bringen* strike a chord with s.o.
Sakko ['zako] *m* sports jacket, sportcoat *(US)*
sakral [za'kraːl] *adj REL* sacral, sacred
Sakrament [zakra'mɛnt] *n REL* sacrament
säkular [zɛːku'laːr] *adj (weltlich)* secular
Salat [za'laːt] *m* salad; *Da haben wir den ~.(fig)* Now we're in a fine mess.
Salbe ['zalbə] *f* ointment, salve
Salbei ['zalbaɪ] *m BOT* sage
salben ['zalbən] *v 1.* rub salve into; *2. jdn ~ (weihen)* anoint s.o.
Saldo ['zaldo] *m ECO* balance
Salmonellen [zalmo'nɛlən] *pl BIO* salmonella
salomonisch [zalo'moːnɪʃ] *adj* Solomonic

Salon [za'lɔ̃:] *m 1.* drawing room, parlor *(US),* reception room; *2. (Frisörsalon, Kosmetiksalon)* salon
salonfähig [za'lɔ̃:fɛ:ɪç] *adj* presentable, socially acceptable
salopp [za'lɔp] *adj 1. (ungezwungen)* casual, nonchalant; *2. (nachlässig)* sloppy, slovenly
Salto ['zalto] *m* somersault; *~ mortale* death-defying leap
Salut [za'lu:t] *m MIL* salute (of guns)
salutieren [zalu'ti:rən] *v MIL* salute
Salve ['zalvə] *f 1.* salvo; *2. (Ehrensalve)* salute; *3. (von Applaus)* burst
Salz [zalts] *n* salt; *~ auf jds Wunden streuen* rub salt in s.o.'s wounds; *Sie gönnt einem nicht einmal das ~ in der Suppe.* She even begrudges you the air you breathe.
salzen ['zaltsən] *v* salt
salzig ['zaltsɪç] *adj* salty
Salzsäure ['zaltszɔyrə] *f CHEM* hydrochloric acid
Salzwüste ['zaltsvy:stə] *f GEO* salt flat
Samen ['za:mən] *m 1. (Saat) BOT* seed; *2. BIO* sperm, semen
Samenbank ['za:mənbaŋk] *f* sperm bank
sämig ['zɛ:mɪç] *adj* thick, creamy
Sammelband ['zaməlbant] *m* anthology, omnibus volume
Sammelbecken ['zaməlbɛkən] *n 1.* reservoir, catchment area; *2. (fig)* reservoir
sammeln ['zaməln] *v 1.* collect, *(anhäufen)* accumulate; *2. (auf~)* gather, pick; *3. sich ~ (sich an~)* gather, assemble; *4. sich ~ (fig)* collect o.s., gather o.s.
Sammler ['zamlər] *m* collector, hoarder
Sammlung ['zamluŋ] *f 1.* collection; *2. (Blütenlese)* selection; *3. (Zusammenstellung)* compilation; *4. (fig: Konzentration)* concentration, composure, collectedness
Samstag ['zamsta:k] *m* Saturday
samt [zamt] *prep 1.* including, together with; *adv 2. ~ und sonders* all of them, the lot (fam)
Samt [zamt] *m* velvet
Samthandschuh ['zamthandʃu:] *m jdn mit ~en anfassen* handle s.o. with kid gloves
sämtlich ['zɛmtlɪç] *adj* every, all, entire; *~e Werke* the complete works
Sanatorium [zana'to:rjum] *n* sanatorium
Sand [zant] *m* sand; *im ~e verlaufen* come to nothing; *etw in den ~ setzen* blow sth (fam); *etw auf ~ gebaut haben* have built sth upon shaky ground; *jdm ~ in die Augen streuen* pull the wool over s.o.'s eyes; *Das gibt's doch wie ~ am Meer.* There are loads of them.
Sandale [zan'da:lə] *f* sandal
Sandbank ['zantbaŋk] *f* sandbar
sandig ['zandɪç] *adj* sandy
Sandkasten ['zantkastən] *m* sandbox
Sandmännchen ['zantmɛnçən] *n* sandman
Sandpapier ['zantpapi:r] *n* sandpaper
Sanduhr ['zantu:r] *f 1.* sandglass, hourglass; *2. (Eieruhr)* egg-timer
Sandwich ['zɛntvɪtʃ] *n* sandwich
sanft [zanft] *adj* soft, gentle, smooth
Sanftmut ['zanftmu:t] *f* softness, gentleness, sweetness of character
sanftmütig ['zanftmy:tɪç] *adj* soft, gentle, sweet
Sänger ['zɛŋər] *m* singer
sanieren [za'ni:rən] *v 1. (Stadtteil)* redevelop; *2. (räumen)* clear; *3. (heilen)* cure
Sanierung [za'ni:ruŋ] *f 1.* restoration; *2. (Elendsviertel)* clearance
sanitär [zani'tɛ:r] *adj* sanitary
Sanitäter [zani'tɛ:tər] *m 1.* first-aid man; *2. (in Krankenwagen)* ambulance man
Sankt [zaŋkt] *adj* saint
Sanktion [zaŋk'tsjo:n] *f* sanction, penalty
sanktionieren [zaŋktsjo'ni:rən] *v* sanction
Sanskrit ['zanskrɪt] *n LING* Sanskrit
Saphir ['za:fir] *m MIN* sapphire
Sarg [zark] *m* coffin
Sarkasmus [zar'kasmus] *m* sarcasm
sarkastisch [zar'kastɪʃ] *adj* sarcastic
Sarkophag [zarko'fa:k] *m* sarcophagus
Satan ['za:tan] *m* Satan
Satellit [zatə'li:t] *m* satellite
Satin [za'tɛ̃:] *m* satin
Satire [za'ti:rə] *f LIT* satire
satirisch [za'ti:rɪʃ] *adj* satirical, satiric
satt [zat] *adj 1.* satisfied, having had enough to eat; *2. (voll)* full; *3. jdn ~ haben (fig)* to be fed up with s.o.; *4. (Farben)* rich, deep
Sattel ['zatəl] *m* saddle; *jdn aus dem ~ heben* unseat s.o.; *fest im ~ sitzen* to be secure in one's position
satteln ['zatəln] *v* saddle
sättigen ['zɛtɪgən] *v 1.* satisfy one's hunger, satiate; *2. CHEM* saturate
Satz [zats] *m 1. GRAMM* sentence; *2. (im Druckwesen: das Setzen)* typesetting; *3. (Menge)* set, batch; *4. SPORT* set; *5. (fester Betrag)* rate
Satzung ['zatsuŋ] *f* constitution, statutes *pl,* bylaws *pl*
Satzzeichen ['zatstsaɪçən] *n* punctuation mark

Sau [zau] *f* *1. ZOOL* sow; *die ~ rauslassen* let it all hang out (fam); *jdn zur ~ machen* take s.o. to pieces; *unter aller ~ sein* to be bloody awful; *2. (fam: Person)* dirty pig, swine
sauber ['zaubər] *adj* clean, tidy, neat; *~ machen* clean
Sauberkeit ['zaubərkaɪt] *f* cleanliness, tidiness, neatness
säubern ['zɔybərn] *v 1.* clean; *2. POL* purge
Sauce ['zo:sə] *f GAST* sauce, gravy
sauer ['zauər] *adj 1.* sour; *Gib ihm Saures!* Let him have it! *2. CHEM* acid; *3. (fig: Person)* cross, annoyed
Sauerei [zauə'raɪ] *f (fam)* filth, mess; *Das ist eine ~.* That is the pits.
säuerlich ['zɔyərlɪç] *adj 1. GAST* tart, slightly sour, sourish, acidulous; *2. (fig: verärgert)* peeved, miffed
Sauerstoff ['zauərʃtɔf] *m CHEM* oxygen
Sauerstoffmaske ['zauərʃtɔfmaskə] *f* oxygen mask
saufen ['zaufən] *v irr 1. (Tier)* drink; *2. (fam)* booze, hit the bottle, drink hard; *wie ein Loch ~* drink like a fish
Säufer ['zɔyfər] *m* boozer, drinker, drunkard
saugen ['zaugən] *v irr 1.* suck; *2. (staub~)* vacuum
säugen ['zɔygən] *v* nurse, suckle
Säugetier ['zɔygəti:r] *n ZOOL* mammal
Säugling ['zɔyklɪŋ] *m* infant
Säule ['zɔylə] *f* pillar, column
Säulengang ['zɔylənganŋ] *m ARCH* colonnade
Saum [zaum] *m 1. (beim Nähen)* hem; *2. (Naht)* seam; *3. (Rand)* edge, border
Sauna ['zauna] *f* sauna
Säure ['zɔyrə] *f 1. CHEM* acid; *2. (Geschmack)* sourness, acidity
säurehaltig ['zɔyrəhaltɪç] *adj CHEM* acidic
säuseln ['zɔyzəln] *v 1. (Blätter)* rustle; *2. (Wind)* murmur; *3. (fig: sagen)* purr
sausen ['zauzən] *v 1. (Mensch)* dash, zip, rush; *2. (Wind)* whistle; *3. (Ohren)* buzz; *es saust mir in den Ohren* my ears are buzzing
Saxofon [zakso'fo:n] *n MUS* saxophone
Schabe ['ʃa:bə] *f (Insekt)* cockroach
schaben ['ʃa:bən] *v 1.* grate, rasp; *2. (zerschneiden)* mince
Schabernack ['ʃa:bərnak] *m* practical joke, trick, prank; *jdm einen ~ spielen* play a joke on s.o.
schäbig ['ʃɛ:bɪç] *adj 1. (armselig)* shabby, scruffy; *2. (abgetragen)* worn, shabby; *3. (fig: mies)* mean, nasty, low
Schablone [ʃa'blo:nə] *f 1. (Malschablone)* stencil; *2. (Muster)* template; *3. (fam: herkömmliche Form)* routine
schablonenhaft [ʃa'blo:nənhaft] *adj* stereotyped, clichéd
Schach [ʃax] *n 1.* chess; *2. jdn in ~ halten* hold s.o. in check
Schachbrett ['ʃaxbrɛt] *n* chessboard
schachern ['ʃaxərn] *v* haggle
Schachfigur ['ʃaxfigu:r] *f 1.* chess piece; *2. (fig)* pawn
schachmatt [ʃax'mat] *adj 1.* checkmated, mated; *jdn ~ setzen* checkmate s.o.; *Schachmatt!* Checkmate! *2. (fam: erschöpft)* beat
Schacht [ʃaxt] *m* shaft, pit, ravine
Schachtel ['ʃaxtəl] *f 1.* box; *2. alte ~ (fam)* old bag
Schachzug ['ʃaxtsu:k] *m* move
schade ['ʃa:də] *adj* a pity, a shame; *sich für nichts zu ~ sein* consider nothing beneath one
Schädel ['ʃɛ:dəl] *m 1.* skull; *sich den ~ einrennen* bang one's head against the wall; *Ihm brummt der ~.* His head is throbbing. *2. (fam: Kopf)* head
schaden ['ʃa:dən] *v* harm, damage, hurt; *zu Schaden kommen* come to harm
Schaden ['ʃa:dən] *m 1.* damage, loss, harm; *2. (Personenschaden)* injury
Schadenersatz ['ʃa:dənɛrzats] *m 1.* compensation, indemnity, indemnification; *2. (festgesetzte Geldsumme)* damages *pl*
Schadenfreude ['ʃa:dənfrɔydə] *f* malicious joy, joy over the misfortunes of others, Schadenfreude
schadenfroh ['ʃa:dənfro:] *adj* gloating
schadhaft ['ʃa:thaft] *adj 1.* damaged; *2. (mangelhaft)* defective, faulty
schädigen ['ʃɛ:dɪgən] *v 1.* damage; *2. (jdn ~)* harm
Schädigung ['ʃɛ:dɪguŋ] *f* damage, harm
schädlich ['ʃɛ:tlɪç] *adj* harmful, damaging, detrimental
Schädling ['ʃɛ:tlɪŋ] *m* insect, vermin, pest
Schädlingsbekämpfung ['ʃɛ:tlɪŋsbəkɛmpfuŋ] *f* pest control
Schadstoff ['ʃa:tʃtɔf] *m* harmful substance, harmful chemical
Schaf [ʃa:f] *n ZOOL* sheep; *das schwarze ~ sein* to be the black sheep
Schäfer ['ʃɛ:fər] *m* shepherd
schaffen ['ʃafən] *v irr 1. (zu Stande bringen)* manage, accomplish, succeed; *Wir haben's geschafft.* We've done it. We did it. *(US) 2. (herstellen)* make; *sich an etw zu ~ machen* busy o.s.

with sth; *für etw wie geschaffen sein* to be cut out for sth; 3. *(fig: bewirken)* bring about, cause; *Damit hat er nichts zu ~.* That has nothing to do with him.
Schaffner ['ʃafnər] *m 1. (im Zug)* guard *(UK),* conductor *(US); 2. (Verwalter)* steward
Schafherde ['ʃa:fhe:rdə] *f* flock of sheep
Schaft [ʃaft] *m 1.* shaft; *2. (eines Gewehrs)* stock; *3. (einer Blume)* stalk
Schakal [ʃa'ka:l] *m ZOOL* jackal
schäkern ['ʃɛ:kərn] *v 1.* joke; *2. (flirten)* flirt
schal [ʃa:l] *adj* flat, stale
Schal [ʃa:l] *m* scarf, shawl, wrap
Schale ['ʃa:lə] *f 1.* peel, skin, shell; *sich in ~ werfen (fig)* dress up to the nines; *2. (Schüssel)* bowl, dish
schälen ['ʃɛ:lən] *v 1. (Tomate, Mandel)* skin; *2. (Erbsen, Eier, Nüsse)* shell; *3. (Obst, Kartoffeln)* peel; *4. (Getreide)* husk
Schalk [ʃalk] *m* rogue, rascal, joker; *Ihr schaut der ~ aus den Augen.* She has a mischievous twinkle in her eye.
schalkhaft ['ʃalkhaft] *adj* roguish
Schall [ʃal] *m* sound; *~ und Rauch sein* to be hollow words
schalldicht ['ʃaldɪçt] *adj* soundproof
schallen ['ʃalən] *v irr* resound, echo, ring
Schallgeschwindigkeit ['ʃalgəʃvɪndɪçkaɪt] *f* speed of sound
Schallmauer ['ʃalmauər] *f* sound barrier
Schallplatte ['ʃalplatə] *f* record
Schallplattenspieler ['ʃalplatənʃpi:lər] *m* record-player, turntable
schalten ['ʃaltən] *v 1. (einschalten/ausschalten)* switch on/off, turn on/off; *2. (Auto)* change gears, shift gears; *3. (fig: begreifen)* get it, catch on
Schalter ['ʃaltər] *m 1. (Vorrichtung)* switch; *2. (Bankschalter)* window, counter
Schalterhalle ['ʃaltərhalə] *f* hall, booking hall
Schaltjahr ['ʃaltja:r] *n* leap-year
Scham [ʃa:m] *f* shame
schämen ['ʃɛ:mən] *v sich ~* feel ashamed, to be embarrassed
Schamgefühl ['ʃa:mgəfy:l] *n* sense of shame
schamhaft ['ʃa:mhaft] *adj 1.* modest, *(verschämt)* bashful; *adv 2.* modestly, bashfully
schamlos ['ʃa:mlo:s] *adj* shameless, indecent
Schande ['ʃandə] *f* disgrace
schänden ['ʃɛndən] *v 1.* dishonour, disgrace; *2. (entweihen)* desecrate, defile; *3. (vergewaltigen)* rape, violate; *4. (ein Kind ~)* abuse
Schandfleck ['ʃantflɛk] *m 1.* blemish, taint; *2. (Schande)* disgrace
schändlich ['ʃɛndlɪç] *adj 1.* shameful, disgraceful; *adv 2.* shamefully, disgracefully
Schandtat ['ʃantta:t] *f* scandalous deed; *zu jeder ~ bereit sein* to be game for anything
Schändung ['ʃɛnduŋ] *f 1. (Entweihung)* desecration, sacrilege; *2. (Vergewaltigung)* violation, rape
Schar [ʃa:r] *f 1.* troop, band; *2. (Menge)* crowd; *3. (von Gänsen)* flock
scharenweise ['ʃa:rənvaɪzə] *adv* in crowds, in flocks
scharf [ʃarf] *adj 1.* sharp; *2. (Gewürz)* hot, spicy; *3. (Munition)* live; *4. ~ auf etw sein* to be keen on sth; *5. (fam: geil)* randy, horny *(US)*
Schärfe ['ʃɛrfə] *f* sharpness, acuity
schärfen ['ʃɛrfən] *v* sharpen
scharfsinnig ['ʃarfzɪnɪç] *adj* astute, perceptive, discerning
Scharlach ['ʃarlax] *m MED* scarlet fever
Scharlatan ['ʃarlata:n] *m* charlatan
Scharnier [ʃar'ni:r] *n TECH* hinge
Schärpe ['ʃɛrpə] *f* sash
Schatten ['ʃatən] *m* shadow, shade; *nur noch der ~ seiner selbst sein* to be only a shadow of one's former self; *einen ~ auf etw werfen* cast a shadow on sth; *sich vor seinem eigenen ~ fürchten* to be afraid of one's own shadow; *nicht über seinen eigenen ~ springen können* not be able to overcome one's own nature
Schattierung [ʃa'ti:ruŋ] *f* shade, nuance
schattig ['ʃatɪç] *adj* shady
Schatulle [ʃa'tulə] *f* box, chest
Schatz [ʃats] *m 1. (Kostbarkeit)* treasure; *2. (als Kosewort)* darling, sweetheart, sweetie
Schatzamt ['ʃatsamt] *n* Treasury
schätzen ['ʃɛtsən] *v 1. (ungefähr berechnen)* estimate; *2. (annehmen)* suppose, reckon; *3. (hochachten)* esteem, appreciate
Schätzung ['ʃɛtsuŋ] *f 1. (ungefähre Berechnung)* estimate, valuation; *2. (Annahme)* estimation; *3. (Hochachtung)* esteem
schätzungsweise ['ʃɛtsuŋsvaɪzə] *adv* approximately
Schau [ʃau] *f* show, spectacle, view; *jdm die ~ stehlen* steal the show from s.o.; *eine ~ abziehen* put on an act; *etw zur ~ stellen* sport sth
Schaubild ['ʃaubɪlt] *n* figure, chart, diagram
Schauder ['ʃaudər] *m* shudder, shiver
schaudern ['ʃaudərn] *v* shudder; *mich schaudert* I shudder

schauen ['ʃauən] *v* look
Schauer ['ʃauər] *m 1. (Regen)* shower; *2. (Frösteln)* shudder, shiver; *3. (Schreck)* horror
Schauergeschichte ['ʃauərgəʃɪçtə] *f* horror story
Schaufel ['ʃaufəl] *f* shovel
schaufeln ['ʃaufəln] *v* shovel
Schaufenster ['ʃaufɛnstər] *n* shop window
Schaukel ['ʃaukəl] *f* swing
schaukeln ['ʃaukəln] *v* swing, rock, *(schwanken)* sway
Schaukelpferd ['ʃaukəlpfe:rt] *n* rocking-horse
Schaukelstuhl ['ʃaukəlʃtu:l] *m* rocking chair
Schaulustige(r) ['ʃaulustɪgə(r)] *m/f (auf der Straße)* onlooker, curious bystander
Schaum [ʃaum] *m* foam
schäumen ['ʃɔymən] *v 1.* foam, froth; *2. (Sekt)* bubble, sparkle
Schaumgummi ['ʃaumgumi] *m* foam rubber
schaumig ['ʃaumɪç] *adj* foamy
Schaumstoff ['ʃaumʃtɔf] *m* foamed plastic
Schauplatz ['ʃauplats] *m* scene, setting
schaurig ['ʃaurɪç] *adj* scary, awful, horrid
Schauspiel ['ʃauʃpi:l] *n 1. THEAT* play, drama; *2. (fig)* spectacle
Schauspieler(in) ['ʃauʃpi:lər(ɪn)] *m/f* actor/ actress
Schausteller ['ʃauʃtɛlər] *m* exhibitor
Scheck [ʃɛk] *m* cheque, check *(US); einen ~ einlösen* cash a cheque
Scheckkarte ['ʃɛkkartə] *f* cheque card
Scheibe ['ʃaɪbə] *f 1.* disc; *2. (Wurstscheibe)* slice; *sich von jdm eine ~ abschneiden können* to be able to take a leaf out of s.o.'s book; *3. (Fensterscheibe)* window pane; *4. (Windschutzscheibe)* windscreen, windshield *(US)*
Scheich [ʃaɪç] *m* sheik
Scheide ['ʃaɪdə] *f 1. (Messerscheide)* sheath, scabbard; *2. ANAT* vagina
scheiden ['ʃaɪdən] *v irr 1.* divide, separate, part; *2. (Ehe)* divorce; *sich ~ lassen* to be divorced
Scheidung ['ʃaɪduŋ] *f* divorce
Schein [ʃaɪn] *m 1. (Banknote)* banknote, bill *(US); 2. (Licht)* light, glare; *3. (Bescheinigung)* certificate; *4. (fig: Anschein)* appearance, semblance; *den ~ wahren* keep up appearances; *etw nur zum ~ tun* do sth for appearances' sake
Scheinargument ['ʃaɪnargumɛnt] *n* spurious argument, specious argument
scheinbar ['ʃaɪnba:r] *adj 1.* seeming, apparent; *2. (vorgegeben)* ostensible; *adv 3.* seemingly, ostensibly
Scheinehe ['ʃaɪne:ə] *f* pro forma marriage, marriage in name only
scheinen ['ʃaɪnən] *v irr 1. (leuchten)* shine, gleam, glitter; *2. (fig: Anschein haben)* seem, appear
Scheinfirma ['ʃaɪnfɪrma] *f ECO* shell company
scheinheilig ['ʃaɪnhaɪlɪç] *adj* hypocritical
Scheinheiligkeit ['ʃaɪnhaɪlɪçkaɪt] *f* hypocrisy
Scheintod ['ʃaɪnto:t] *m* apparent death, suspended animation
Scheinwerfer ['ʃaɪnvɛrfər] *m 1. (eines Autos)* headlight; *2. THEAT* spotlight; *3. (Suchscheinwerfer)* searchlight
Scheiße ['ʃaɪsə] *f (fam)* shit
Scheitel ['ʃaɪtəl] *m 1. ANAT* crown of the head; *vom ~ bis zur Sohle* from top to toe; *2. (Haarscheitel)* parting *(UK),* part *(US)*
Scheitelpunkt ['ʃaɪtəlpuŋkt] *m* summit, zenith, vertex
Scheiterhaufen ['ʃaɪtərhaufən] *m 1.* funeral pyre; *2. (zum Verbrennen von Ketzern)* stake
scheitern ['ʃaɪtərn] *v (fig)* fail
Schelm [ʃɛlm] *m* scoundrel, rascal, knave
schelmisch ['ʃɛlmɪʃ] *adj 1.* roguish, sly, teasing; *adv 2.* impishly, mischievously
schelten ['ʃɛltən] *v irr* scold, reprimand, chide
Schema ['ʃe:ma] *n 1.* scheme, plan; *nach ~ F* according to a fixed routine; *2. (Darstellung)* diagram
schematisch [ʃe'ma:tɪʃ] *adj* schematic, diagrammatic
Schemel ['ʃe:məl] *m* stool
Schenkel ['ʃɛŋkəl] *m ANAT* thigh
schenken ['ʃɛŋkən] *v 1.* make a present of, give, donate; *halb geschenkt sein* to be dead cheap (fam), to be dirt cheap (fam); *2. (eingießen)* pour
Schenkung ['ʃɛŋkuŋ] *f JUR* gift, donation
Scherbe ['ʃɛrbə] *f* fragment, broken piece
Schere ['ʃe:rə] *f 1.* scissors *pl; 2. (große ~)* shears *pl; 3. (Krebsschere)* claw
Schererei [ʃe:rə'raɪ] *f* trouble, bother, row
Scherz [ʃɛrts] *m* joke, jest, fun
scherzen ['ʃɛrtsən] *v* joke, jest, make fun
scherzhaft ['ʃɛrtshaft] *adj 1.* playful, facetious, joking; *adv 2.* jokingly
scheu [ʃɔy] *adj* shy, timid, coy

Scheu [ʃɔy] *f* shyness, timidity
scheuchen ['ʃɔyçən] *v* shoo, scare off, frighten off
scheuen ['ʃɔyən] *v 1. (meiden)* avoid, shun, to be afraid of; *2. (Pferd)* shy
scheuern ['ʃɔyərn] *v 1.* scrub, scour; *2. jdm eine ~* slug s.o.
Scheuklappen ['ʃɔyklapən] *pl* blinkers *(UK),* blinders *(US)*
Scheune ['ʃɔynə] *f* barn, shed
Scheusal ['ʃɔyza:l] *n (fam)* monster, beast
scheußlich ['ʃɔyslıç] *adj 1.* dreadful; *adv 2.* dreadfully
Schicht [ʃıçt] *f 1.* layer; *2. (Klasse)* class; *3. (Arbeitsschicht)* shift
Schichtarbeit ['ʃıçtarbaıt] *f* shift work
schick [ʃık] *adj 1.* chic, smart, stylish; *adv 2.* elegantly, smartly, stylishly
schicken ['ʃıkən] *v 1.* send; *2. sich ~ (sich gehören)* to be proper
schicklich ['ʃıklıç] *adj* proper, becoming, fitting
Schicksal ['ʃıkza:l] *n* fate, destiny, fortune; *jdn seinem ~ überlassen* abandon s.o. to his fate; *~ spielen* play at fate
schicksalhaft ['ʃıkza:lhaft] *adj* fateful
Schicksalsschlag ['ʃıkza:lsʃla:k] *m* stroke of fate
schieben ['ʃi:bən] *v irr* push, shove, slide
Schiedsrichter ['ʃi:tsrıçtər] *m SPORT* referee, umpire, judge
schief [ʃi:f] *adj 1.* slanting, skew, crooked; *jdn ~ ansehen* look askance at s.o.; *2. (nach einer Seite geneigt)* leaning, lopsided; *3. ~ gehen (fig)* go wrong; *4. ~ laufen (fig)* go awry, go wrong
schielen ['ʃi:lən] *v* squint
Schienbein ['ʃi:nbaın] *n ANAT* shin-bone
Schiene ['ʃi:nə] *f 1. (Bahnschiene)* rail; *2. MED* splint
schießen ['ʃi:sən] *v irr 1. (Waffe)* shoot; *2. (Ball)* shoot; *Das ist ja zum Schießen!* That's a scream!
Schiff [ʃıf] *n* ship, vessel; *klar ~ machen* clear things up
Schiffbruch ['ʃıfbrux] *m* shipwreck; *~ mit etw erleiden* fail at sth, come a cropper with sth
schiffbrüchig ['ʃıfbryçıç] *adj* shipwrecked
Schikane [ʃi'ka:nə] *f* harassment, bullying; *mit allen ~n* with all the trimmings
schikanieren [ʃika'ni:rən] *v* bully, harass
Schild [ʃılt] *m 1. (Schutzschild)* shield; *etw im ~e führen* to be up to sth; *n 2. (Türschild)* nameplate; *3. (Straßenschild)* road sign
schildern ['ʃıldərn] *v* depict, describe, delineate
Schilderung ['ʃıldəruŋ] *f* description, portrait, representation
Schildkröte ['ʃıltkrø:tə] *f 1. (Landschildkröte) ZOOL* tortoise; *2. (Wasserkröte)* turtle
Schilf [ʃılf] *n* reed
schillern ['ʃılərn] *v* change colours, shimmer
schillernd ['ʃılərnt] *adj* shimmering, iridescent, sparkling
Schimmel ['ʃıməl] *m 1. BOT* mould, mildew; *2. (Pferd) ZOOL* grey
schimmeln ['ʃıməln] *v* go mouldy, mould
Schimmer ['ʃımər] *m* glitter, glimmer, faint light; *keinen ~ von etw haben* not have a clue about sth
schimmern ['ʃımərn] *v* gleam, glimmer, glisten
Schimpanse [ʃım'panzə] *m ZOOL* chimpanzee
schimpfen ['ʃımpfən] *v* carry on, grumble, swear; *mit jdm ~* scold s.o.
Schimpfwort ['ʃımpfvɔrt] *n* swear-word
Schinken ['ʃıŋkən] *m GAST* ham
schippen ['ʃıpən] *v* shovel
Schirm [ʃırm] *m 1. (Regenschirm)* umbrella; *2. (Sonnenschirm)* parasol, sunshade
Schirmherr ['ʃırmhɛr] *m* patron
Schirmherrschaft ['ʃırmhɛrʃaft] *f* patronage
Schirmmütze ['ʃırmmytsə] *f* visored cap
schizophren [ʃitso'fre:n] *adj 1. MED* schizophrenic; *2. (fig: widersinnig)* contradictory
Schlacht [ʃlaxt] *f* battle
schlachten ['ʃlaxtən] *v* kill, slaughter, butcher
Schlachtfeld ['ʃlaxtfɛlt] *n* battlefield
Schlacke ['ʃlakə] *f 1. (von Metall)* slag; *2. (Asche)* cinders *pl; 3. MED* waste products *pl*
Schlaf [ʃla:f] *m* sleep; *den ~ des Gerechten schlafen* sleep like a log; *etw im ~ können* to be able to do sth with one's eyes shut; *jdn um den ~ bringen* keep s.o. awake
Schlafanzug ['ʃla:fantsu:k] *m* pyjamas *pl*
Schläfchen ['ʃlɛ:fçən] *n* nap, snooze
Schläfe ['ʃlɛ:fə] *f ANAT* temple
schlafen ['ʃla:fən] *v irr* sleep
schlaff [ʃlaf] *adj* weak, loose, slack, limp
Schlaflosigkeit ['ʃla:flo:zıçkaıt] *f* insomnia, sleeplessness
Schlafmütze ['ʃla:fmytsə] *f (fig)* sleepyhead
schläfrig ['ʃlɛ:frıç] *adj* sleepy, drowsy
Schlafrock ['ʃla:frɔk] *m* dressing-gown
Schlafsack ['ʃla:fzak] *m* sleeping bag

Schlafstörung ['ʃla:fʃtø:ruŋ] *f MED* insomnia
Schlaftablette ['ʃla:ftablɛtə] *f* sleeping pill
schlaftrunken ['ʃla:ftruŋkən] *adj 1.* drowsy; *adv 2.* drowsily
Schlafwagen ['ʃla:fva:gən] *m* sleeper, sleeping-car
schlafwandeln ['ʃla:fvandəln] *v* sleepwalk, walk in one's sleep
Schlafzimmer ['ʃla:ftsɪmər] *n* bedroom
Schlag [ʃla:k] *m 1. (Treffer)* hit; *2. (Hieb)* blow; *jdm einen ~ versetzen* to deliver a blow to s.o.; *wie vom ~ getroffen* thunderstruck; *3. (Pochen)* knock; *4. (elektrischer ~)* shock; *5. (fig: schwerer ~)* heavy blow; *6. ~ auf ~* one after the other; *auf einen ~* all at once; *7. keinen ~ tun* not do a stroke of work
Schlagader ['ʃla:ka:dər] *f ANAT* artery
Schlaganfall ['ʃla:kanfal] *m MED* stroke
schlagartig ['ʃla:kartɪç] *adj 1.* sudden, abrupt; *adv 2.* suddenly, abruptly, all of a sudden
schlagen ['ʃla:gən] *v irr 1. (hauen)* hit, strike, beat; *2. (Uhr)* strike; *3. (fig: besiegen)* beat
Schlager ['ʃla:gər] *m* hit
Schläger ['ʃlɛ:gər] *m 1. (~typ)* thug; *SPORT 2. (beim Hockey)* stick; *(beim Golf)* club; *(beim Tennis)* racquet, racket *(US); (beim Kricket, beim Baseball)* bat; *(beim Tischtennis)* paddle, bat
Schlägerei [ʃlɛ:gə'raɪ] *f* fight, brawl
schlagfertig ['ʃla:kfɛrtɪç] *adj* quick-witted, quick at repartee
Schlagfertigkeit ['ʃla:kfɛrtɪçkaɪt] *f* wittiness, ready wit
Schlagloch ['ʃla:klɔx] *n* pothole
Schlagsahne ['ʃla:kza:nə] *f* whipped cream
Schlagwort ['ʃla:kvɔrt] *n (Parole)* slogan, catchphrase
Schlagzeile ['ʃla:ktsaɪlə] *f* headline; *~n machen* make headlines
Schlagzeug ['ʃla:ktsɔyk] *n 1. MUS* drums *pl; 2. (in einem Orchester) MUS* percussion
Schlamassel [ʃla'masəl] *m (fam)* mess; *im ~ sitzen* to be in a fine mess
Schlamm [ʃlam] *m* mud, sludge
Schlamperei [ʃlampə'raɪ] *f* sloppiness
schlampig ['ʃlampɪç] *adj 1.* slovenly, sloppy; *2. (liederlich)* slatternly
Schlange ['ʃlaŋə] *f 1. ZOOL* snake; *2. (Menschenschlange)* queue, line *(US)*; *~ stehen* queue up *(UK),* line up *(US)*
schlängeln ['ʃlɛŋəln] *v 1. sich ~* wind, twist; *2. sich ~* wriggle
schlank [ʃlaŋk] *adj* slim, slender
schlapp [ʃlap] *adj 1.* weak, languid; *2. ~e zehn Mark (fam)* ten lousy marks
Schlaraffenland ['ʃlarafənlant] *n* land of milk and honey
schlau [ʃlau] *adj* clever, sly, cunning; *aus jdm nicht ~ werden* not be able to make head or tail of s.o.; *sich ~ machen* get information
Schlauch [ʃlaux] *m* hose, tube; *auf dem ~ stehen* to be clueless (fam)
Schlauchboot ['ʃlauxbo:t] *n 1.* rubber boat; *2. (Rettungsfloß)* life raft
Schlaufe ['ʃlaufə] *f* loop
Schlauheit ['ʃlauhaɪt] *f* cleverness, shrewdness
Schlawiner [ʃla'vi:nər] *m (fam)* rascal
schlecht [ʃlɛçt] *adj 1.* bad; *adv 2.* badly; *3. ~ bezahlt* low-paying, low-paid, poorly paid; *4. ~ gehen* to be unwell; *5. ~ gelaunt* ill-humoured; *6. jdn ~ machen* backbite
schlechthin ['ʃlɛçthɪn] *adv 1.* absolutely, pure and simple; *2. (überhaupt)* in general; *3. Er ist der ... ~.* He is the epitome of the ...
Schlechtigkeit ['ʃlɛçtigkaɪt] *f* wickedness, baseness, depravity
schlecken ['ʃlɛkən] *v* lick
schleichen ['ʃlaɪçən] *v irr* sneak, creep, slink
Schleichweg ['ʃlaɪçve:k] *m* secret path, concealed route
Schleichwerbung ['ʃlaɪçvɛrbuŋ] *f* free publicity, plug
Schleier ['ʃlaɪər] *m* veil, film, haze; *den ~ lüften* lift the veil
schleierhaft ['ʃlaɪərhaft] *adj* mysterious, obscure, incomprehensible
Schleife ['ʃlaɪfə] *f 1.* loop; *2. (Bandschleife)* bow; *3. (Schlinge)* noose
schleifen ['ʃlaɪfən] *v irr 1. (schleppen)* drag; *2. (schärfen)* whet, grind; *3. TECH* grind, polish; *4. (Glas, Edelsteine) TECH* cut
Schleim [ʃlaɪm] *m 1.* slime; *2. MED* mucus
schleimig ['ʃlaɪmɪç] *adj* slimy
schlemmen ['ʃlɛmən] *v* revel, indulge in delicacies, feast
schlendern ['ʃlɛndərn] *v* meander, saunter
schlenkern ['ʃlɛŋkərn] *v* swing, dangle
Schleppe ['ʃlɛpə] *f 1. (eines Kleides)* train; *2. (beim Jagen)* drag
schleppen ['ʃlɛpən] *v 1. (schwer tragen)* lug; *2. (ab~)* tow, tug, drag
schleppend ['ʃlɛpənt] *adj* slow, languid, sluggish

Schlepper ['ʃlɛpər] *m 1. (Wasserfahrzeug)* tug, tugboat; *2. (in der Landwirtschaft)* tractor; *3. (Helfer bei illegaler Einwanderung)* smuggler of persons
Schlepplift ['ʃlɛplɪft] *m* T-bar lift
Schlepptau ['ʃlɛptau] *m* tow-rope; *jdn ins ~ nehmen* take s.o. in tow
Schleuder ['ʃlɔydər] *f 1.* catapult, sling shot; *2. (Wäscheschleuder)* spin-drier
schleudern ['ʃlɔydərn] *v 1. (Wäsche)* spin; *2. (Auto)* skid, swerve; *3. (werfen)* sling, fling
Schleudersitz ['ʃlɔydərzɪts] *m 1.* ejector seat; *2. (fig)* hot seat
Schleuse ['ʃlɔyzə] *f 1.* lock; *2. (zur Wasserregulierung)* sluice, floodgate
schleusen ['ʃlɔyzən] *v 1. NAUT* pass through a lock; *2. (Wasser)* channel; *3. (fig)* steer; *4. (heimlich)* smuggle, sneak
schlicht [ʃlɪçt] *adj 1.* simple, plain, unpretentious; *adv 2.* simply
schlichten ['ʃlɪçtən] *v 1. (Holz)* plane; *2. (Streit)* arbitrate, adjust, settle
Schlichtheit ['ʃlɪçthaɪt] *f* simplicity
Schlichtung ['ʃlɪçtuŋ] *f 1. (eines Streits)* mediation, arbitration; *2. (von Holz)* planing
schließen ['ʃliːsən] *v irr 1. (zumachen)* close, shut; *eine Fabrik ~* close down a factory; *2. (Vertrag)* conclude, sign; *3. (beenden)* finish, end, wind up; *4. (folgern)* conclude, infer
Schließfach ['ʃliːsfax] *n 1.* locker; *2. (Bankschließfach)* safe deposit box; *3. (Postschließfach)* post-office box
schließlich ['ʃliːslɪç] *adv 1.* finally, in the end; *2. (fig)* after all
schlimm [ʃlɪm] *adj* bad; *halb so ~ sein* not be so bad
Schlinge ['ʃlɪŋə] *f 1.* loop; *2. (am Galgen)* noose; *jdm die ~ um den Hals legen* hold a gun to s.o.'s head (fig); *3. (Falle)* snare
Schlingel ['ʃlɪŋəl] *m* rascal
schlingen ['ʃlɪŋən] *v irr 1.* sling, wrap; *2. (binden)* tie; *3. (flechten)* plait; *4. sich um etw ~* coil o.s. around sth
Schlingpflanze ['ʃlɪŋpflantsə] *f BOT* creeper
Schlips [ʃlɪps] *m* tie, necktie; *jdm auf den ~ treten* step on s.o.'s toes; *sich auf den ~ getreten fühlen* feel put out
Schlitten ['ʃlɪtən] *m 1.* sledge *(UK),* sled *(US); mit jdm ~ fahren (fig)* give s.o. a hard time; *2. (Rodelschlitten)* toboggan; *3. (Pferdeschlitten)* sleigh
schlittern ['ʃlɪtərn] *v 1. (zum Vergnügen)* slide; *2. (ausrutschen)* slip; *3. (Fahrzeug)* skid
Schlitz [ʃlɪts] *m 1.* slit, slot; *2. (Hosenschlitz)* fly
Schlitzohr ['ʃlɪtsoːr] *n (fam)* sly fox, sly dog
Schloss [ʃlɔs] *n 1. (Verschluss)* lock; *hinter ~ und Riegel* behind bars; *2. (Gebäude)* castle, palace
Schlosser ['ʃlɔsər] *m 1.* locksmith; *2. (Maschinenschlosser)* mechanic
Schlosserei [ʃlɔsə'raɪ] *f* locksmith's workshop
Schlot [ʃloːt] *m* chimney
schlottern ['ʃlɔtərn] *v 1. (zittern)* shake, tremble; *2. (zu große Kleidung)* hang loosely, to be baggy
Schlucht [ʃluxt] *f* ravine, gully, gorge
schluchzen ['ʃluxtsən] *v* weep, sob
Schluchzer ['ʃluxtsər] *m* sob
Schluck [ʃluk] *m* swig, swallow, gulp
Schluckauf ['ʃlukauf] *m* hiccup, hiccough
schlucken ['ʃlukən] *v* swallow, gulp
schlummern ['ʃlumərn] *v* slumber, doze, snooze
Schlund [ʃlunt] *m 1. ANAT* pharynx, gullet; *2. (fig: Abgrund)* chasm, gulf
schlüpfen ['ʃlypfən] *v 1.* slip; *2. ZOOL* hatch
schlüpfrig ['ʃlypfrɪç] *adj 1.* slippery; *2. (fig: obszön)* risqué, slippery *(UK),* off-color *(US)*
schlurfen ['ʃlurfən] *v* shuffle
schlürfen ['ʃlyrfən] *v 1.* slurp; *2. (genießerisch trinken)* sip
Schluss [ʃlus] *m* end; *~ für heute.* Let's call it a day. *~ damit!* Stop it! *~!* Finished! *mit jdm ~ machen* break up with s.o.
Schlüssel ['ʃlysəl] *m* key
Schlüsselbund ['ʃlysəlbunt] *m* bunch of keys
Schlüsselkind ['ʃlysəlkɪnt] *n* latchkey kid
Schlüsselloch ['ʃlysəllɔx] *n* keyhole
schlussfolgern ['ʃlusfɔlgərn] *v* conclude, infer, deduce
Schlussfolgerung ['ʃlusfɔlgəruŋ] *f* conclusion, inference
schlüssig ['ʃlysɪç] *adj* conclusive
Schlusslicht ['ʃluslɪçt] *n 1. (eines Autos)* taillight, tail lamp; *2. (fig)* last; *das ~ bilden* bring up the rear
Schlussstrich ['ʃlusʃtrɪç] *m* final stroke; *einen ~ ziehen* put an end to sth
Schlussverkauf ['ʃlusfɛrkauf] *m ECO* seasonal clearance sale
Schmach [ʃmaːx] *f 1.* disgrace, shame; *2. (Demütigung)* humiliation
schmachten ['ʃmaxtən] *v 1. (leiden)* languish; *2. ~ nach etw* pine for sth, yearn for sth

schmächtig ['ʃmɛçtɪç] *adj* slight, thin
schmähen ['ʃmɛːən] *v* abuse, revile, disdain, disparage
schmal [ʃmaːl] *adj* narrow, slim, thin
schmälern ['ʃmɛːlərn] *v* diminish, lessen, reduce
Schmalz [ʃmalts] *n GAST* grease, lard, fat
schmalzig ['ʃmaltsɪç] *adj 1.* greasy; *2. (fig)* schmaltzy (fam), maudlin
schmarotzen ['ʃmarɔtsən] *v (fam)* scrounge, sponge
Schmarotzer [ʃma'rɔtsər] *m (fam)* sponger, freeloader *(US)*
schmatzen ['ʃmatsən] *v* eat with one's mouth open, eat noisily
schmecken ['ʃmɛkən] *v 1. ~ nach* taste of; *2. gut ~* taste good; *Hat's geschmeckt?* Did you like it?
Schmeichelei [ʃmaɪçə'laɪ] *f* flattery
schmeichelhaft ['ʃmaɪçəlhaft] *adj* flattering
schmeicheln ['ʃmaɪçəln] *v* flatter
Schmeichler ['ʃmaɪçlər] *m* flatterer
schmeißen ['ʃmaɪsən] *v irr 1.* throw; *2. (mit etw fertig werden)* handle; *3. eine Vorstellung ~* muff a performance
schmelzen ['ʃmɛltsən] *v irr* melt
Schmerz [ʃmɛrts] *m 1.* pain, ache; *2. (Kummer)* grief, sorrow
schmerzen ['ʃmɛrtsən] *v* hurt, ache, pain
Schmerzensgeld ['ʃmɛrtsənsgɛlt] *n* compensation for pain and suffering
schmerzhaft ['ʃmɛrtshaft] *adj* painful
schmerzlindernd ['ʃmɛrtslɪndərnt] *adj* pain-relieving, soothing
Schmerzmittel ['ʃmɛrtsmɪtəl] *n* pain-reliever, pain-killer
Schmerztablette ['ʃmɛrtstablɛtə] *f MED* pain-reliever, pain-killer
Schmetterling ['ʃmɛtərlɪŋ] *m* butterfly
schmettern ['ʃmɛtərn] *v 1.* smash, dash; *die Tür ins Schloss ~* slam the door; *2. (etw laut spielen)* blast; *3. (singen)* belt out
Schmied [ʃmiːt] *m* blacksmith
Schmiede ['ʃmiːdə] *f* forge
schmiedeeisern ['ʃmiːdəaɪzərn] *adj* wrought-iron
schmieden ['ʃmiːdən] *v 1.* forge; *2. (fig: Pläne ~)* hatch, forge, concoct
schmiegsam ['ʃmiːkzaːm] *adj* pliant, supple
schmieren ['ʃmiːrən] *v 1. (bestreichen)* smear, spread; *2. (einfetten)* grease, oil, lubricate; *Es lief wie geschmiert.* It went like clockwork. *3. (fam: bestechen)* bribe; *4. (kritzeln)* scribble, scrawl
Schminke ['ʃmɪŋkə] *f* make-up
schminken ['ʃmɪŋkən] *v* put make-up on; *sich ~* put on make-up
schmirgeln ['ʃmɪrgəln] *v* emery
schmökern ['ʃmøːkərn] *v* browse, read
schmollen ['ʃmɔlən] *v* sulk, pout
schmoren ['ʃmoːrən] *v* roast
Schmuck [ʃmuk] *m* jewellery
schmücken ['ʃmykən] *v* decorate, trim, dress
schmuggeln ['ʃmugəln] *v* smuggle, bootleg
Schmuggler ['ʃmuglər] *m* smuggler
schmunzeln ['ʃmuntsəln] *v* grin, smile
schmusen ['ʃmuːzən] *v* cuddle
Schmutz [ʃmuts] *m 1.* dirt, filth; *jdn mit ~ bewerfen* throw dirt at s.o.; *jdn wie ~ behandeln* treat s.o. like dirt; *2. (Schlamm)* mud; *3. (Obszönes)* smut
Schmutzfink ['ʃmutsfɪŋk] *m (fam)* slob, messy person, dirty person
Schmutzfleck ['ʃmutsflɛk] *m* stain
schmutzig ['ʃmutsɪç] *adj* dirty, messy, grubby
Schnabel ['ʃnaːbəl] *m* beak, bill; *den ~ halten* keep quiet; *reden, wie einem der ~ gewachsen ist* say just what one thinks; *sich den ~ verbrennen* say too much
Schnalle ['ʃnalə] *f* buckle
schnallen ['ʃnalən] *v 1.* buckle, fasten; *2. (mit Riemen)* snap; *3. (enger ~/weiter ~)* tighten/loosen; *4. (begreifen)* catch on
schnalzen ['ʃnaltsən] *v* crack, click; *mit der Zunge ~* make a clicking noise with one's tongue; *mit den Fingern ~* snap one's fingers
schnappen ['ʃnapən] *v 1. (zu~/auf~)* snap closed/open; *2. (erwischen)* catch, snatch; *3. (beißen)* snap; *4. (packen)* grab; *5. nach Luft ~* gasp
Schnaps [ʃnaps] *m (klarer ~)* schnapps
Schnapsidee ['ʃnapsideː] *f (fam)* mad idea, crackpot idea, crazy idea
schnarchen ['ʃnarçən] *v* snore
schnattern ['ʃnatərn] *v 1. (Ente)* quack; *2. (Gans)* gobble; *3. (fig)* chatter
schnauben ['ʃnaubən] *v irr 1.* snort; *2. (keuchen)* pant; *3. sich die Nase ~* blow one's nose
schnaufen ['ʃnaufən] *v* pant
Schnauze ['ʃnautsə] *f* snout, muzzle; *die ~ voll haben* to be fed up; *Halt die ~!* Shut up! *eine große ~ haben* to be a loudmouth
schnäuzen ['ʃnɔytsən] *v sich ~* blow one's nose

Schnauzer ['ʃnautsər] *m 1. (Bart)* walrus moustache; *2. ZOOL* schnauzer
Schnecke ['ʃnɛkə] *f ZOOL* snail, slug; *jdn zur ~ machen* make s.o. feel small
Schneckenhaus ['ʃnɛkənhaus] *n ZOOL* snail-shell
Schnee [ʃne:] *m* snow; *~ von gestern sein* to be old hat
Schneeball ['ʃne:bal] *m* snowball
schneeblind ['ʃne:blɪnt] *adj* snow-blind
Schneeflocke ['ʃne:flɔkə] *f* snowflake
Schneegestöber ['ʃne:gəstø:bər] *n* snow flurry
Schneeglöckchen ['ʃne:glœkçən] *n BOT* snow-drop
Schneemann ['ʃne:man] *m* snowman
Schneide ['ʃnaɪdə] *f* blade, cutting edge
schneiden ['ʃnaɪdən] *v irr 1.* cut; *sich die Nägel ~* clip one's nails; *eine Kurve ~* cut a corner; *2. (fig) jdn ~* cut s.o. dead *(UK)*, snub s.o.
Schneider(in) ['ʃnaɪdər(ɪn)] *m/f 1. (Beruf)* tailor; *2. aus dem ~ sein* to be out of the woods; *3. (Gerät)* cutter
Schneiderei [ʃnaɪde'raɪ] *f 1.* tailoring; *2. (für Damen)* dressmaking; *3. (Werkstatt)* tailor's shop
Schneidezahn ['ʃnaɪdətsa:n] *m ANAT* incisor
schneien ['ʃnaɪən] *v* snow
schnell [ʃnɛl] *adj 1.* quick, fast, rapid; *adv 2.* promptly, quickly, fast
Schnellhefter ['ʃnɛlhɛftər] *m* binder
Schnelligkeit ['ʃnɛlɪçkaɪt] *f* speed, quickness, rapidity
Schnellimbiss ['ʃnɛlɪmbɪs] *m* snack bar
Schnellkochtopf ['ʃnɛlkɔxtɔpf] *m* pressure cooker
Schnellstraße ['ʃnɛlʃtra:sə] *f* motorway, expressway *(US)*
Schnellzug ['ʃnɛltsu:k] *m* express train
schnippen ['ʃnɪpən] *v mit den Fingern ~* snap one's fingers
schnippisch ['ʃnɪpɪʃ] *adj 1.* sharp, pert, snooty; *adv 2.* sharply, snappishly
Schnipsel ['ʃnɪpsəl] *m/n* shred, scrap, bit, piece
Schnitt [ʃnɪt] *m 1.* cut; *2. MED* incision; *3. (Muster)* pattern; *4. (fam: Durchschnitt) im ~* on average; *5. CINE* editing
schnittig ['ʃnɪtɪç] *adj 1.* smart, racy, stylish; *adv 2.* smartly
Schnittlauch ['ʃnɪtlaux] *m* chives *pl*
Schnittstelle ['ʃnɪtʃtɛlə] *f 1. INFORM* interface; *2. (Film)* cut
Schnittwunde ['ʃnɪtvundə] *f MED* cut, gash
schnitzen ['ʃnɪtsən] *v* cut, carve
Schnitzer ['ʃnɪtsər] *m* blunder; *einen ~ machen* drop a brick, goof
Schnorchel ['ʃnɔrçəl] *m* snorkel
Schnörkel ['ʃnœrkəl] *m 1.* scroll; *2. (beim Schreiben)* flourish
schnörkellos ['ʃnœrkəllo:s] *adj* unfrilled, succinct, unembellished
schnüffeln ['ʃnyfəln] *v 1.* sniff, sniffle; *2. (fam: spionieren)* spy
Schnüffler ['ʃnyflər] *m 1.* snoop; *2. (Detektiv)* sleuth
Schnuller ['ʃnulər] *m* comforter, dummy, pacifier *(US)*
Schnupfen ['ʃnupfən] *m* cold
Schnupftabak ['ʃnupftabak] *m* snuff
schnuppern ['ʃnupərn] *v* sniff
Schnur [ʃnu:r] *f 1.* string; *2. (Kordel)* cord; *3. (Litze)* braid
schnüren ['ʃny:rən] *v* tie, lace, fasten
Schnurrbart ['ʃnurbart] *m* moustache
schnurren ['ʃnurən] *v 1.* hum, whir, buzz; *2. (Katze)* purr
Schnürsenkel ['ʃny:rzɛŋkəl] *m* shoelace
Schober ['ʃo:bər] *m 1.* haystack, hayrick; *2. (überdachter Platz)* field barn
Schock [ʃɔk] *m* shock
schockieren [ʃɔk'i:rən] *v* shock, outrage
Schöffe ['ʃœfə] *m JUR* lay judge, juror
Schokolade [ʃoko'la:də] *f 1. (Tafel ~)* chocolate; *2. (Heiße ~)* hot chocolate
Schokoriegel ['ʃokori:gəl] *m* chocolate bar
Scholle ['ʃɔlə] *f 1. (Erdscholle)* lump, clod; *2. (Eisscholle)* floe; *3. ZOOL* plaice
schon [ʃo:n] *adv 1. (bereits)* already; *Hast du ~ gefrühstückt?* Have you had breakfast yet? Have you already had breakfast? *Komm ~!* Come on! *~ immer* always; *2. (zuvor)* before; *3. (bestimmt)* all right; *Das ist ~ möglich.* That's not impossible. *Er wird es ~ schaffen.* He'll manage, all right. *4. (nur) ~ der Gedanke daran ...* the mere thought of it ...
schön [ʃø:n] *adj 1.* beautiful; *2. (hübsch)* pretty; *3. (angenehm)* pleasant; *4. (beträchtlich)* good; *eine ganz ~e Arbeit* quite a bit of work; *adv 5. Sei ~ brav!* Be a good boy!/Be a good girl! *~ warm* nice and warm
schonen ['ʃo:nən] *v 1.* go easy on, be easy on, spare, save; *2. sich ~* take care of o.s., look after o.s.
Schönfärberei ['ʃø:nfɛrbəraɪ] *f (fig)* glossing things over

Schonfrist ['ʃo:nfrɪst] *f* period of grace
schöngeistig ['ʃø:ngaɪstɪç] *adj* aesthetic
Schönheit ['ʃø:nhaɪt] *f* beauty
Schönheitsfehler ['ʃø:nhaɪtsfe:lər] *m 1.* blemish; *2. (eines Gegenstandes)* flaw
Schonkost ['ʃo:nkɔst] *f* light diet
schöntun ['ʃø:ntu:n] *v irr jdm ~* flatter s.o.
Schonung ['ʃo:nuŋ] *f* sparing, exemption, favouring
schonungslos ['ʃo:nuŋslo:s] *adj* unsparing, relentless, merciless
Schonungslosigkeit ['ʃo:nuŋslo:zɪçkaɪt] *f 1.* ruthlessness, mercilessness; *2. (Offenheit)* bluntness
Schopf [ʃɔpf] *m 1. (Haarbüschel)* tuft of hair, shock of hair; *2. (eines Vogels)* tuft, crest
schöpfen ['ʃœpfən] *v 1.* scoop; *2. (Brühe)* ladle; *3. (für sich entnehmen)* derive; *Mut aus etw ~* draw courage from sth; *Atem ~* take a breath; *4. (schaffen)* create
Schöpfer ['ʃœpfər] *m* creator
schöpferisch ['ʃœpfərɪʃ] *adj* creative
Schöpflöffel ['ʃœpflœfəl] *m* ladle
Schöpfung ['ʃœpfuŋ] *f* creation
Schorle ['ʃɔrlə] *f* spritzer
Schornstein ['ʃɔrnʃtaɪn] *m* chimney
Schornsteinfeger ['ʃɔrnʃtaɪnfe:gər] *m* chimney-sweep
Schoß [ʃo:s] *m 1.* lap; *jdm in den ~ fallen* to be handed to s.o. on a plate; *2. BOT* shoot, sprout
Schössling ['ʃø:slɪŋ] *m BOT* shoot
Schote ['ʃo:tə] *f BOT* pod, legume
Schotte ['ʃɔtə] *m* Scot, Scotsman
schottisch ['ʃɔtɪʃ] *adj* Scottish; *~er Whisky* Scotch
Schottland ['ʃɔtlant] *n GEO* Scotland
schraffieren [ʃra'fi:rən] *v* cross-hatch
schräg [ʃrɛ:k] *adj 1.* slanting, oblique; *2. (~ verlaufend)* diagonal; *3. (~ abfallend)* sloping; *adv 4.* at an angle; *5. (~ verlaufend)* diagonally
Schräge ['ʃrɛ:gə] *f* slope, obliquity
Schrägstrich ['ʃrɛ:kʃtrɪç] *m* slash
Schramme ['ʃramə] *f* scrape, scratch, abrasion
Schrank [ʃraŋk] *m 1.* cupboard, closet *(US)*; *2. (Kleiderschrank)* wardrobe; *3. (fam: großer Mann)* hulk
Schranke ['ʃraŋkə] *f* barrier; *jdn in seine ~n verweisen* put s.o. in his place; *Dem sind ~n gesetzt.* There are limits.
Schraube ['ʃraubə] *f 1.* screw; *(mit einem eckigen Kopf)* bolt; *die ~ überdrehen* go too far; *eine ~ ohne Ende* a vicious circle; *Bei dir ist doch eine ~ locker!* You must have a screw loose! *2. (Schiffsschraube)* propeller
schrauben ['ʃraubən] *v* screw
Schraubenzieher ['ʃraubəntsi:ər] *m* screwdriver
Schrebergarten ['ʃre:bərgartən] *m* garden plot, allotment *(UK)*
Schreck [ʃrɛk] *m* fright, scare, shock; *Ach du ~!* Oh my God!
schreckhaft ['ʃrɛkhaft] *adj* nervous, fearful, shy
schrecklich ['ʃrɛklɪç] *adj* terrible
Schreckschuss ['ʃrɛkʃus] *m* warning shot
Schrei [ʃraɪ] *m* cry, scream, shriek; *der letzte ~* all the rage
schreiben ['ʃraɪbən] *v irr* write
Schreibkraft ['ʃraɪpkraft] *f 1.* clerical staff; *2. (Stenotypist)* typist
Schreibmaschine ['ʃraɪpmaʃi:nə] *f* typewriter
Schreibtisch ['ʃraɪptɪʃ] *m* desk
Schreibunterlage ['ʃraɪpuntərla:gə] *f (Schreibtischunterlage)* desk pad
Schreibwaren ['ʃraɪpva:rən] *pl* stationery, writing materials
Schreibweise ['ʃraɪpvaɪzə] *f* spelling
schreien ['ʃraɪən] *v* scream, cry, shriek
Schreiner ['ʃraɪnər] *m 1.* carpenter, joiner; *2. (Kunstschreiner)* cabinet-maker
Schreinerwerkstatt ['ʃraɪnərvɛrkʃtat] *f* joiner's workshop
schreiten ['ʃraɪtən] *v irr 1.* stride; *2. zur Tat ~* act; *3. (stolzieren)* strut
Schrift [ʃrɪft] *f 1.* writing; *2. die Heilige ~* Scripture
Schriftführer ['ʃrɪftfy:rər] *m* secretary (of a club)
schriftlich ['ʃrɪftlɪç] *adj 1.* written; *adv 2.* in writing
Schriftsteller(in) ['ʃrɪftʃtɛlər(ɪn)] *m/f* author, writer
Schriftstück ['ʃrɪftʃtyk] *n* document
Schriftverkehr ['ʃrɪftfɛrke:r] *m* correspondence
schrill [ʃrɪl] *adj* shrill, strident, acute
Schritt [ʃrɪt] *m 1.* step, stride, pace; *auf ~ und Tritt* wherever one goes; *mit jdm ~ halten* keep up with s.o.; *einen ~ zu weit gehen* go a bit too far; *~ für ~* step by step; *den ersten ~ tun* make the first step; *2. (fig)* step, measure, move
Schrittgeschwindigkeit ['ʃrɪtgəʃvɪndɪçkaɪt] *f* walking pace
schrittweise ['ʃrɪtvaɪzə] *adv* step by step, progressively

schroff [ʃrɔf] *adj 1. (Felsen)* steep, precipitous; *2. (fig: kurz angebunden)* curt, brusque, abrupt
Schrot [ʃroːt] *m/n 1. (gemahlenes Getreide)* wholemeal *(UK),* whole wheat flour *(US); 2. (Munition aus Bleistückchen)* shot
Schrotflinte ['ʃroːtflɪntə] *f* shotgun
Schrott [ʃrɔt] *m* scrap metal
Schrotthändler ['ʃrɔthɛndlər] *m* scrap dealer, junk dealer
schrubben ['ʃrubən] *v* scrub
Schrubber ['ʃrubər] *m* long-handled scrub brush
schrumpfen ['ʃrumpfən] *v 1. (eingehen)* shrink; *2. (fig: vermindern)* decline, shrink, dwindle
Schub [ʃuːp] *m 1.* shove, push; *2. (Schubkraft) PHYS* thrust
Schubfach ['ʃuːpfax] *n* drawer
Schubkarre ['ʃuːpkarə] *f* wheelbarrow
Schublade ['ʃuːplaːdə] *f* drawer
Schubs [ʃups] *m* push, shove
schubsen ['ʃupsən] *v* push, shove
schüchtern ['ʃyçtərn] *adj* shy, timid
Schüchternheit ['ʃyçtərnhaɪt] *f* shyness, timidity
Schuft [ʃuft] *m* scoundrel, rascal, rogue
Schuh [ʃuː] *m* shoe; *jdm etw in die ~e schieben* blame s.o. for sth; *sich die ~e nach etw ablaufen* look for sth high and low; *Umgekehrt wird ein ~ draus!* It's exactly the other way round! *Da zieht es einem ja die ~e aus!* That's unbearable!
Schuhcreme ['ʃuːkreːm] *f* shoe polish
Schuhgeschäft ['ʃuːgəʃɛːft] *n* shoe-shop
Schuhlöffel ['ʃuːlœfəl] *m* shoehorn
Schuhmacher ['ʃuːmaxər] *m* shoemaker, cobbler
Schuhsohle ['ʃuːzoːlə] *f* sole
Schulaufgaben ['ʃuːlaufgaːbən] *pl* homework
Schulbank ['ʃuːlbaŋk] *f* school desk; *die ~ drücken* to be in school
Schulbildung ['ʃuːlbɪlduŋ] *f* schooling, education
Schulbus ['ʃuːlbus] *m* school bus
schuld [ʃult] *adj ~ sein* to be to blame; *Du bist daran ~.* You are to blame for that.
Schuld [ʃult] *f 1.* guilt; *jdm die ~ geben* put the blame on s.o.; *die ~ an etw tragen* be to blame for sth; *2. (Geldschuld)* debt; *3. tief in jds ~ stehen* to be greatly indebted to s.o.; *an etw ~ haben* to be to blame for sth
schulden ['ʃuldən] *v* owe
Schulden ['ʃuldən] *pl ECO* debts, liabilities
Schuldgefühl ['ʃultgəfyːl] *n* feeling of guilt
schuldig ['ʃuldɪç] *adj 1. (Geld) ECO* due, owing; *2. JUR* guilty
schuldlos ['ʃultloːs] *adj 1.* innocent, guiltless; *adv 2.* innocently, guiltlessly
Schuldner ['ʃultnər] *m ECO* debtor, party liable
Schuldspruch ['ʃultʃprux] *m JUR* conviction
Schule ['ʃuːlə] *f* school; *die ~ schwänzen* play truant; *aus der ~ plaudern* give away information; *~ machen* become the accepted thing
Schüler(in) ['ʃyːlər(ɪn)] *m/f 1.* pupil, schoolboy/schoolgirl; *2. (einer Oberschule)* student; *3. (Jünger)* disciple
Schulferien ['ʃuːlfeːrjən] *pl* school holidays *(UK),* vacation (from school) *(US)*
Schulhof ['ʃuːlhoːf] *m* school playground, schoolyard *(US)*
Schulkamerad ['ʃuːlkaməraːt] *m* schoolmate
Schulklasse ['ʃuːlklasə] *f* class, form *(UK),* grade *(US)*
Schulmedizin ['ʃuːlmeditsiːn] *f MED* orthodox medicine
schulpflichtig ['ʃuːlpflɪçtɪç] *adj* of school age
Schulranzen ['ʃuːlrantsən] *m* satchel
Schulstunde ['ʃuːlʃtundə] *f* lesson
Schultasche ['ʃuːltaʃə] *f* schoolbag
Schulter ['ʃultər] *f* shoulder; *jdm die kalte ~ zeigen* give s.o. the cold shoulder; *etw auf die leichte ~ nehmen* not take sth seriously; *etw auf seine ~n nehmen* take responsibility for sth
Schulung ['ʃuːluŋ] *f* schooling, training
Schulwesen ['ʃuːlveːzən] *n* education, educational system
Schulzeit ['ʃuːltsaɪt] *f* school days
Schulzeugnis ['ʃuːltsɔyknɪs] *n* school-report *(UK),* report card *(US)*
schummeln ['ʃuməln] *v* cheat
Schund [ʃunt] *m* trash, junk, rubbish
Schundroman ['ʃuntromaːn] *m* trashy novel, pulp novel
schunkeln ['ʃuŋkəln] *v* link arms and sway
Schuppe ['ʃupə] *f 1. (Haarschuppe)* dandruff; *2. (Fischschuppe) ZOOL* scale; *3. Es fiel ihm wie ~n von den Augen. (fig)* Suddenly he saw the light.
Schuppen ['ʃupən] *m (Gebäude)* shed
Schüreisen ['ʃyːraɪzən] *n* poker
schüren ['ʃyːrən] *v 1. (das Feuer ~)* poke; *2. (fig: einen Streit ~)* fan, instigate

schürfen ['ʃyrfən] *v 1. MIN* prospect; *2. (fig)* dig; *3. (etw ~) MIN* mine; *4. sich ~* graze o.s.; *sich am Knie ~* skin one's knee
Schurke ['ʃurkə] *m* scoundrel, rogue
Schürze ['ʃyrtsə] *f* apron
Schürzenjäger ['ʃyrtsənjɛːgər] *m (fam)* skirt-chaser, womanizer, philanderer
Schuss [ʃus] *m* shot; *weitab vom ~* at the back of beyond, in the middle of nowhere; *ein ~ in den Ofen sein* to be a complete waste of time; *ein ~ ins Schwarze* a bullseye; *etw in ~ bringen* knock sth into shape; *einen ~ haben* to be crackers
Schüssel ['ʃysəl] *f* bowl, dish
schusselig ['ʃusəlɪç] *adj (zerstreut)* scatter-brained
Schusslinie ['ʃusliːnjə] *f (fig)* line of fire, firing line
Schusswaffe ['ʃusvafə] *f* firearm
Schuster ['ʃuːstər] *m* shoemaker, cobbler; *auf ~s Rappen* on foot, on shank's pony
Schutt [ʃut] *m 1.* rubbish, refuse, trash; *2. (Trümmer)* rubble, debris; *in ~ und Asche liegen* to be in ruins
Schüttelfrost ['ʃytəlfrɔst] *m MED* chills *pl*, shivering attack
schütteln ['ʃytəln] *v* shake
schütten ['ʃytən] *v* pour
Schutz [ʃuts] *m* protection, defence; *jdn in ~ nehmen* stand up for s.o.
Schütze ['ʃytsə] *m 1.* gunman, shooter; *2. (Tierkreiszeichen)* Sagittarius
schützen ['ʃytsən] *v* protect, defend
Schutzengel ['ʃutsɛŋəl] *m* guardian angel
Schutzhaft ['ʃutshaft] *f JUR* protective custody
Schutzimpfung ['ʃutsɪmpfuŋ] *f MED* vaccination, preventive inoculation
Schützling ['ʃytslɪŋ] *m* protégé, charge
schutzlos ['ʃutsloːs] *adj* defenceless, unprotected, helpless
Schutzpatron ['ʃutspatroːn] *m REL* patron saint
Schutzschicht ['ʃutsʃɪçt] *f* protective layer, protective coating
Schwabe ['ʃvaːbə] *m* Swabian
schwäbisch ['ʃvɛːbɪʃ] *adj* Swabian
schwach [ʃvax] *adj* weak, feeble, frail, *(Gesundheit, Gedächtnis)* poor
Schwäche ['ʃvɛçə] *f* weakness, feebleness, faintness
schwächlich ['ʃvɛçlɪç] *adj* frail, feeble, sickly
Schwächling ['ʃvɛçlɪŋ] *m* weakling
Schwachsinn ['ʃvaxzɪn] *m 1. (fig)* rubbish *(UK)*, nonsense, idiocy; *2. MED* feeble-mindedness
schwachsinnig ['ʃvaxzɪnɪç] *adj 1. MED* feeble-minded; *2. (fig)* idiotic
Schwachstelle ['ʃvaxʃtɛlə] *f* weak spot, weak point
Schwager/Schwägerin ['ʃvaːgər/ʃvɛːgərɪn] *m/f* brother-in-law/sister-in-law
Schwalbe ['ʃvalbə] *f ZOOL* swallow
Schwall [ʃval] *m* flood, surge
Schwamm [ʃvam] *m* sponge; *~ drüber!* Forget it!
schwammig ['ʃvamɪç] *adj 1. (schwammartig)* spongy; *2. (vom Schwamm befallen)* mildewed; *3. (aufgedunsen)* puffy, bloated; *4. (vage)* fuzzy, woolly
Schwan [ʃvaːn] *m ZOOL* swan; *Mein lieber ~!* My goodness!
schwanger ['ʃvaŋər] *adj* pregnant
schwängern ['ʃvɛŋərn] *v (fam) jdn ~* get s.o. pregnant
Schwangerschaft ['ʃvaŋərʃaft] *f* pregnancy
Schwangerschaftsabbruch ['ʃvaŋərʃaftsapbrux] *m MED* abortion, termination of pregnancy
schwanken ['ʃvaŋkən] *v 1. (taumeln)* sway, waver, stagger; *2. (abweichen)* fluctuate; *3. (fig: zaudern)* hesitate, waver, falter
Schwankung ['ʃvaŋkuŋ] *f (Abweichung)* fluctuation, variation
Schwanz [ʃvants] *m 1.* tail; *kein ~ (fam)* not a soul; *jdn auf den ~ treten* step on s.o.'s toes; *den ~ einziehen* put one's tail between one's legs; *2. (fam: Penis)* penis
schwänzen ['ʃvɛntsən] *v (fam)* cut school, play truant, *(fam)* play hooky *(US)*
Schwarm [ʃvarm] *m 1. (Menschenschwarm)* crowd; *2. (Vogelschwarm)* flock; *3. (Bienenschwarm)* swarm; *4. (Fischschwarm)* shoal, school; *5. (fig: Angebeteter)* idol, hero
schwärmen ['ʃvɛrmən] *v (fig) für jdn ~* adore s.o., worship s.o., to be smitten with s.o.
Schwarte ['ʃvartə] *f 1. (Haut)* skin; *2. (Buch)* old tome; *3. (Speckschwarte)* rind of bacon
schwarz [ʃvarts] *adj* black; *~ auf weiß* in black and white; *sich ~ ärgern* to be fuming mad; *~ sehen (fig)* to be pessimistic; *Du kannst warten, bis du ~ wirst!* You can wait until the cows come home!
Schwarz [ʃvarts] *n ins ~e treffen* hit the mark
Schwarzarbeit ['ʃvartsarbaɪt] *f* illicit work, *(fam)* moonlighting

Schwarzbrot ['ʃvartsbro:t] *n GAST* brown bread
Schwarze(r) ['ʃvartsə(r)] *m/f* black person
Schwarzfahrer ['ʃvartsfa:rər] *m* fare dodger, s.o. who rides without paying
Schwarzmarkt ['ʃvartsmarkt] *m* black market
Schwarzweißfilm [ʃvarts'vaɪsfɪlm] *m CINE* black and white film
schwatzen ['ʃvatsən] *v 1. (klatschen)* gossip; *2. (plaudern)* chat; *3. (plappern)* prattle
schweben ['ʃve:bən] *v 1.* to be suspended, hang, hover; *2. (fig)* glide, sail, to be floating
Schwefel ['ʃve:fəl] *m CHEM* sulphur
schwefelhaltig ['ʃve:fəlhaltɪç] *adj CHEM* sulphurous
Schweif [ʃvaɪf] *m* tail
Schweigeminute ['ʃvaɪgəminu:tə] *f* moment of silence; *eine ~ einlegen* observe a moment of silence
schweigen ['ʃvaɪgən] *v irr* to be silent, keep silent; *ganz zu ~ von ...* to say nothing of ...; *~ wie ein Grab* keep really quiet
Schweigen ['ʃvaɪgən] *n* silence; *jdn zum ~ bringen* shut s.o.'s mouth; *sich in ~ hüllen* to be silent
Schweigepflicht ['ʃvaɪgəpflɪçt] *f* confidentiality
schweigsam ['ʃvaɪkza:m] *adj 1.* silent; *2. (wortkarg)* taciturn
Schwein [ʃvaɪn] *n 1. ZOOL* pig, swine; *kein ~ (fig)* not a soul; *2. (Fleisch) GAST* pork
Schweinerei [ʃvaɪnə'raɪ] *f 1.* mess, filth; *2. (Zote)* obscenity; *3. (Gemeinheit)* vile deed
Schweinestall ['ʃvaɪnəʃtal] *m* pigsty
Schweiß [ʃvaɪs] *m* sweat, perspiration; *im ~e meines Angesichts* by the sweat of my brow
schweißen ['ʃvaɪsən] *v TECH* weld
Schweißer ['ʃvaɪsər] *m TECH* welder
Schweiz [ʃvaɪts] *f die ~ GEO* Switzerland
Schweizer(in) ['ʃvaɪtsər(ɪn)] *m/f* Swiss
schwelgen ['ʃvɛlgən] *v ~ in* revel in, wallow in
Schwelle ['ʃvɛlə] *f 1. (Eisenbahnschwelle)* sleeper; *2. (Übergang)* threshold
schwellen ['ʃvɛlən] *v irr* swell
Schwellung ['ʃvɛluŋ] *f MED* swelling
schwenken ['ʃvɛŋkən] *v 1.* swing, *(Hut)* wave; *2. CINE* pan
Schwenkung ['ʃvɛŋkuŋ] *f 1.* turn, swing; *2. (Meinungsänderung)* change of heart
schwer [ʃve:r] *adj 1.* heavy; *2. (schwierig)* difficult, hard, tough; *~ verständlich* hard to understand; *3. (ernst)* grave, serious, severe; *~e Verluste* heavy losses; *~ wiegend* serious, grave; *adv 4. (schwierig)* with difficulty; *~ erziehbar* difficult; *es jdm ~ machen* make sth difficult for s.o.; *~ verdaulich* indigestible, difficult to digest, hard to digest; *5. (mühsam)* with great effort; *6. (ernst)* seriously, severely; *~ behindert* severely handicapped, disabled; *~ beschädigt* bady damaged, severely disabled; *~ krank* seriously ill; *~ verletzt* severely wounded, severely injured
Schwerarbeit ['ʃve:rarbaɪt] *f* heavy work
Schwerbehinderte(r) ['ʃve:rbəhɪndərtə(r)] *m/f* handicapped person
Schwere ['ʃve:rə] *f (fig)* seriousness
schwerelos ['ʃve:rəlo:s] *adj* weightless
Schwerelosigkeit ['ʃve:rəlo:zɪçkaɪt] *f* weightlessness
schwerfällig ['ʃve:rfɛlɪç] *adj* ponderous, cumbersome
Schwerfälligkeit ['ʃve:rfɛlɪçkaɪt] *f* ponderousness, cumbersomeness, clumsiness, heaviness, dullness
schwerhörig ['ʃve:rhø:rɪç] *adj MED* hard of hearing
Schwerhörigkeit ['ʃve:rhø:rɪçkaɪt] *f* impaired hearing
Schwerindustrie ['ʃve:rɪndustri:] *f* heavy industry
Schwerkraft ['ʃve:rkraft] *f PHYS* gravity, gravitational force
Schwermetall ['ʃve:rmetal] *n MET* heavy metal
Schwermut ['ʃve:rmu:t] *f* melancholy
schwermütig ['ʃve:rmy:tɪç] *adj* melancholy
Schwerpunkt ['ʃve:rpuŋkt] *m 1. (Nachdruck)* emphasis, focus; *2.* centre of gravity; *3. (fig: Zentrum)* focal point
Schwert ['ʃve:rt] *n* sword
Schwertfisch ['ʃve:rtfɪʃ] *m ZOOL* swordfish
Schwerverbrecher ['ʃve:rfɛrbrɛçər] *m* felon, s.o. who commits a serious crime, dangerous criminal
Schwerverletzte(r) ['ʃve:rfɛrlɛtstə(r)] *m/f* severely wounded person, severely injured person
Schwester ['ʃvɛstər] *f 1.* sister; *2. (Krankenschwester)* nurse
schwesterlich ['ʃvɛstərliç] *adj* sisterly
Schwiegereltern ['ʃvi:gərɛltərn] *pl* in-laws (fam), parents-in-law

Schwiegermutter ['ʃvi:gərmutər] *f* mother-in-law
Schwiegersohn ['ʃvi:gərzo:n] *m* son-in-law
Schwiegertochter ['ʃvi:gərtɔxtər] *f* daughter-in-law
Schwiegervater ['ʃvi:gərfa:tər] *m* father-in-law
schwierig ['ʃvi:rɪç] *adj* difficult, hard, tough, complicated
Schwierigkeit ['ʃvi:rɪçkaɪt] *f* difficulty; *in ~en geraten* get into trouble
Schwierigkeitsgrad ['ʃvi:rɪçkaɪtsgra:t] *m* degree of difficulty, level of difficulty
Schwimmbad ['ʃvɪmba:t] *n* swimming pool
schwimmen ['ʃvɪmən] *v irr 1.* swim; *2. (Sachen)* float, drift
Schwimmen ['ʃvɪmən] *n SPORT* swimming; *ins ~ kommen* get out of one's depth
Schwimmweste ['ʃvɪmvɛstə] *f* life jacket, life vest
Schwindel ['ʃvɪndəl] *m 1. (Betrug)* swindle, fraud, cheat; *2. MED* dizziness, vertigo; *3. ~ erregend* causing dizziness
Schwindelanfall ['ʃvɪndəlanfal] *m* dizzy spell
schwindelfrei ['ʃvɪndəlfraɪ] *adj* not liable to dizziness, not afraid of heights
Schwindelgefühl ['ʃvɪndəlgəfy:l] *n* dizziness, giddiness
schwindeln ['ʃvɪndəln] *v 1. (lügen)* lie, fib; *2. (betrügen)* cheat, swindle
schwinden ['ʃvɪndən] *v irr 1.* dwindle; *2. (schrumpfen)* shrink; *3. (ganz vergehen)* disappear, fade away
Schwindler ['ʃvɪndlər] *m* swindler, con man; liar
schwindlig ['ʃvɪndlɪç] *adj* dizzy, giddy; *Mir wird ~.* I feel giddy.
schwingen ['ʃvɪŋən] *v irr 1.* swing; *2. (vibrieren)* vibrate
Schwingung ['ʃvɪŋuŋ] *f PHYS* vibration, oscillation, pulsation
Schwips ['ʃvɪps] *m* tipsiness; *einen ~ haben* feel tipsy
schwirren ['ʃvɪrən] *v 1.* whir, hum; *2. (Mücken)* buzz
schwitzen ['ʃvɪtsən] *v* sweat, perspire
schwören ['ʃvø:rən] *v irr 1.* swear; *2. JUR* take the bath
schwul [ʃvu:l] *adj (fam)* gay
schwül [ʃvy:l] *adj 1.* sultry, close, stifling; *2. (heiß)* sweltering
schwülstig ['ʃvylstɪç] *adj* bombastic, pompous
Schwund [ʃvunt] *m 1.* dwindling, fading, decrease; *2. (Schrumpfen)* shrinkage
Schwung [ʃvuŋ] *m 1.* sweep, swing; *etw in ~ bringen* get sth going; *in ~ kommen* get going; *in ~ sein* to be in full swing; *2. (fig: Tatkraft)* impetus, verve, élan
schwungvoll ['ʃvuŋfɔl] *adj 1.* energetic, spirited, full of enthusiasm; *adv 2.* energetically, enthusiastically
Schwur [ʃvu:r] *m* oath
Schwurgericht ['ʃvu:rgərɪçt] *n JUR* jury
sechs [zɛks] *num* six
sechseckig ['zɛksɛkɪç] *adj* hexagonal
See [ze:] *m 1.* lake; *f 2.* sea, ocean; *in ~ stechen* put to sea; *zur ~ fahren* to be a sailor
Seehund ['ze:hunt] *m ZOOL* seal
Seeigel ['ze:i:gəl] *m ZOOL* sea-urchin
seekrank ['ze:kraŋk] *adj* seasick
Seelachs ['ze:laks] *m ZOOL* pollack
Seele ['ze:lə] *f* soul; *sich etwas von der ~ reden* get sth off one's chest; *sich die ~ aus dem Leib reden* talk one's head off; *jdm auf der ~ brennen* weigh heavily on one's mind; *jdm aus der ~ sprechen* take the words out of s.o's mouth; *eine ~ von einem Menschen* a good soul; *aus tiefster ~, mit ganzer ~* wholeheartedly
Seelenruhe ['ze:lənru:ə] *f* peace of mind, composure; *eine ~ haben* to be as calm as can be
seelenruhig ['ze:lənru:ɪç] *adv* calmly
seelisch ['ze:lɪʃ] *adj* psychic, spiritual, mental
Seelsorger ['ze:lzɔrgər] *m REL* pastor
Seemann ['ze:man] *m* seaman, sailor
Seemannsgarn ['ze:mansgarn] *n* sailor's yarn
Seemeile ['ze:maɪlə] *f NAUT* nautical mile
Seenot ['ze:no:t] *f* distress
Seepferdchen ['ze:pfɛrtçən] *n ZOOL* seahorse
Seeräuber ['ze:rɔybər] *m* pirate
Seereise ['ze:raɪzə] *f* sea voyage, ocean voyage, sea cruise
Seerose ['ze:ro:zə] *f BOT* water lily
Seestern ['ze:ʃtɛrn] *m ZOOL* starfish
seetüchtig ['ze:tyçtɪç] *adj* seaworthy
Seezunge ['ze:tsuŋə] *f GAST* sole
Segel ['ze:gəl] *n* sail; *mit vollen ~n* full speed ahead
Segelboot ['ze:gəlbo:t] *n* sailing-boat, sailboat *(US)*

Segelflug ['ze:gəlflu:k] *m* glider flight, gliding
Segelflugzeug ['ze:gəlflu:ktsɔyk] *n* glider
segeln ['ze:gəln] *v* sail
Segelschiff ['ze:gəlʃɪf] *n NAUT* sailing ship
Segen ['ze:gən] *m* blessing; *jds ~ haben* have s.o.'s blessing; *seinen ~ zu etw geben* give sth one's blessing
Segment [zɛk'mɛnt] *n* segment
segnen ['ze:gnən] *v* bless; *das Zeitliche ~ (fig)* breathe one's last
sehen ['ze:ən] *v irr 1.* see; *Wir ~ uns nächste Woche.* I'll see you next week. *sich ~ lassen können (fig)* to be respectable; *etw nicht mehr ~ können* to be sick of sth; *2. (hin~)* look
sehenswert ['ze:ənsve:rt] *adj* worth seeing, remarkable
Sehenswürdigkeit ['ze:ənsvyrdɪçkaɪt] *f* thing worth seeing, place of interest, sight
Seher ['ze:ər] *m* seer
Sehhilfe ['ze:hɪlfə] *f* aid to vision
Sehne ['ze:nə] *f ANAT* tendon, sinew
sehnen ['ze:nən] *v sich ~ nach* long for, yearn for, hunger for
Sehnsucht ['ze:nzuçt] *f* yearning, intense longing, desire
sehnsüchtig ['ze:nzyçtɪç] *adj* longing, yearning
sehr [ze:r] *adv* very, very much, a lot; *Es macht ~ viel Spaß.* It's a lot of fun. *zu ~* too much
Sehschwäche ['ze:ʃvɛçə] *f* vision impairment, reduced vision
seicht [zaɪçt] *adj* shallow
Seide ['zaɪdə] *f* silk
seidig ['zaɪdiç] *adj* silky
Seife ['zaɪfə] *f* soap
Seifenoper ['zaɪfəno:pər] *f* soap opera
Seil [zaɪl] *n* rope, cable; *auf dem ~ tanzen* to be walking a tightrope
Seilbahn ['zaɪlba:n] *f* cable railway
Seiltänzer ['zaɪltɛntsər] *m* tightrope walker, high-wire performer
sein [zaɪn] *v irr* to be, *(bestehen)* exist; *wenn das nicht wäre* were it not for that; *etw ~ lassen* leave sth alone; *Wie dem auch sei ...* Be that as it may ...; *es sei denn, dass ...* unless ...; *Mir ist, als ob ...* I have a feeling that ...; *Mir ist nicht danach.* I don't feel like it. *Sei doch nicht so!* Don't be difficult!
Sein [zaɪn] *n* existence, being
seinesgleichen [zaɪnəs'glaɪçən] *pron* his kind, his like; *Er sucht ~.* He has no equal.
seinetwegen [zaɪnət've:gən] *adv* because of him, for his sake, on his account
seit [zaɪt] *prep 1. (Zeitpunkt)* since; *~ 1996* since 1996; *2. (während)* for; *Ich bin ~ elf Monaten hier.* I have been here for eleven months. *konj 3.* since
seitdem [zaɪt'de:m] *konj 1.* since; *adv 2.* since then, since that time, ever since
Seite ['zaɪtə] *f 1.* side; *etw auf die ~ gelegt haben* have sth saved up for a rainy day; *jdm nicht von der ~ weichen* not move from s.o.'s side; *auf jds ~ stehen* to be on s.o.'s side; *sich von seiner besten ~ zeigen* put one's best foot forward; *jdm zur ~ stehen* stand by s.o.; *etw von der leichten ~ nehmen* not take sth seriously; *2. (Buchseite)* page; *3. (fig: Aspekt)* side, aspect, facet
seitens ['zaɪtəns] *prep* on the part of
Seitensprung ['zaɪtənʃpruŋ] *m (fig)* extramarital affair
seitenverkehrt ['zaɪtənfɛrke:rt] *adj* the wrong way around
seither ['zaɪthɛ:r] *adv since, since then*
seitlich ['zaɪtlɪç] *adj 1.* side, lateral; *adv 2.* sideways, laterally
seitwärts ['zaɪtwɛ:rts] *adv* side
Sekretär [zekre'tɛ:r] *m 1. (Person)* secretary; *2. (Schreibtisch)* desk, writing table
Sekretärin [zekre'tɛ:rɪn] *f* secretary
Sekretariat [zekreta'rja:t] *n* secretary's office, secretariat *(UK)*
Sekt [zɛkt] *m* sparkling wine, champagne
Sekte ['zɛktə] *f REL* sect
Sektor ['zɛktɔr] *m* sector, branch
sekundär [zekun'dɛ:r] *adj* secondary
Sekunde [ze'kundə] *f* second; *auf die ~ genau* to the second
Sekundenzeiger [ze'kundəntsaɪgər] *m* second hand
selbst [zɛlpst] *pron 1. sie ~* she herself; *ich ~* I myself; *Sie ~ (pl)* you yourselves; *2. (ohne fremde Hilfe)* by o.s.; *Das mache ich lieber ~.* I'd rather do it myself. *von ~* by itself, *(Mensch)* by o.s.; *adv 3.* even; *~ wenn* even if
Selbstachtung ['zɛlpstaxtuŋ] *f* self-respect, self-esteem
selbstständig ['zɛlpʃtɛndɪç] *adj 1.* independent; *2. sich ~ machen* go into business for o.s.
Selbstständigkeit ['zɛlpʃtɛndɪçkaɪt] *f* independence
Selbstauslöser ['zɛlpstauslø:zər] *m FOTO* delayed action, automatic shutter, self-timer
Selbstbedienung ['zɛlpstbədi:nuŋ] *f* self-service

Selbstbefriedigung ['zɛlpstbəfriːdɪguŋ] *f* masturbation
Selbstbeherrschung ['zɛlpstbəhɛrʃuŋ] *f* self-control, self-restraint
Selbstbestimmung ['zɛlpstbəʃtɪmuŋ] *f* self-determination, autonomy
selbstbewusst ['zɛlpstbəvust] *adj* self-confident, self-assured
Selbstbewusstsein ['zɛlpstbəvustzaɪn] *n* self-confidence
Selbsterniedrigung ['zɛlpstɛrniːdrɪguŋ] *f* self-abasement
selbstgefällig ['zɛlpstgəfɛlɪç] *adj* self-satisfied, complacent, smug
selbstgenügsam ['zɛlpstgənyːkzaːm] *adj* self-sufficient
selbstgerecht ['zɛlpstgərɛçt] *adj* self-righteous
Selbstgespräch ['zɛlpstgəʃprɛːç] *n* monologue; *~ e führen* talk to o.s.
selbstherrlich ['zɛlpsthɛrlɪç] *adj* autocratic
Selbstjustiz ['zɛlpstjustiːts] *f* vigilantism, taking the law into one's own hands
selbstklebend ['zɛlpstkleːbənt] *adj* self-adhesive
Selbstkostenpreis ['zɛlpstkɔstənpraɪs] *m ECO* cost price
Selbstkritik ['zɛlpstkritiːk] *f* self-criticism
Selbstlaut ['zɛlpstlaut] *m LING* vowel
selbstlos ['zɛlpstloːs] *adj 1.* selfless, unselfish, altruistic; *adv 2.* selflessly, unselfishly, altruistically
Selbstmitleid ['zɛlpstmɪtlaɪt] *n* self-pity
Selbstmord ['zɛlpstmɔrt] *m* suicide; *~ begehen* commit suicide
Selbstporträt ['zɛlpstpɔrtrɛː] *n* self-portrait
Selbstschutz ['zɛlpstʃuts] *m* self-defence
selbstsicher ['zɛlpstzɪçər] *adj* self-confident, self-assured
Selbstsicherheit ['zɛlpstzɪçərhaɪt] *f* self-confidence, self-reliance
Selbstsucht ['zɛlpstzuxt] *f* egoism, selfishness
selbstsüchtig ['zɛlpstzyçtɪç] *adj* egoistic, selfish
Selbsttäuschung ['zɛlpsttɔyʃuŋ] *f* self-delusion
Selbstüberschätzung ['zɛlpstyːbərʃɛtsuŋ] *f* delusions of grandeur, exaggerated opinion of o.s.
selbstverständlich ['zɛlpstfɛrʃtɛntlɪç] *adj 1.* self-evident, obvious; *adv 2.* of course, naturally
Selbstverständlichkeit ['zɛlpsfɛrʃtɛntlɪçkaɪt] *f eine ~ sein* go without saying
Selbstverteidigung ['zɛlpstfɛrtaɪdɪguŋ] *f* self-defence
Selbstvertrauen ['zɛlpstfɛrtrauən] *n* self-confidence, self-assuredness
Selbstverwirklichung ['zɛlpstfɛrvɪrklɪçuŋ] *f* self-realization, self-fulfilment
selbstzufrieden ['zɛlpsttsufriːdən] *adj* self-satisfied
Selbstzweck ['zɛlpsttsvɛk] *m* end in itself; *als ~* for its own sake
Selektion [zelɛktsjoːn] *f* selection
selektiv [zelɛk'tiːf] *adj* selective
selig ['zeːlɪç] *adj 1.* blissful, happy; *2. REL* blessed; *~ sprechen* beatify; *Gott hab ihn ~* God rest his soul
Seligkeit ['zeːlɪçkaɪt] *f 1.* bliss, blissfulness, happiness; *2. REL* salvation, eternal bliss, beatitude
selten ['zɛltən] *adj 1.* rare; *adv 2.* rarely, seldom
Seltenheit ['zɛltənhaɪt] *f* rarity, rareness; *Das ist keine ~.* That's not uncommon.
seltsam ['zɛltzaːm] *adj* strange, odd, peculiar
Semester [ze'mɛstər] *n* semester, term
Semesterferien [ze'mɛstərfeːrjən] *pl* holidays, vacation
Seminar [zemi'naːr] *n* seminar
Semmel ['zɛməl] *f* roll
Semmelbrösel ['zɛməlbrøːzəl] *pl GAST* breadcrumbs
Senat [ze'naːt] *m POL* senate
Senator [ze'naːtɔr] *m POL* senator
Sendebereich ['zɛndəbəraɪç] *m (Radio/TV)* transmitter range, listening area/viewing area
senden ['zɛndən] *v irr 1. (Brief)* send; *2. (Radio/TV)* transmit, broadcast
Sender ['zɛndər] *m 1. (Radio/TV)* station, channel, programme; *2. (Gerät zum Senden)* transmitter
Sendereihe ['zɛndəraɪə] *f (Radio/TV)* series
Sendeschluss ['zɛndəʃlus] *m* sign-off time
Sendezeit ['zɛndətsaɪt] *f* broadcasting time, programme time, time slot
Sendung ['zɛnduŋ] *f 1. (Versand)* shipment, consignment; *2. (eines Programms)* broadcasting; *3. (Programm)* programme
Senf [zɛnf] *m* mustard; *seinen ~ dazugeben* stick an oar in, put in one's two cents' worth *(US)*
senil [ze'niːl] *adj* senile

Senior ['ze:njɔr] *m* senior
Seniorenheim [zen'jo:rənhaɪm] *n* senior citizens' home
senken ['zɛŋkən] *v 1.* lower, let down; *2. (den Kopf)* bow
senkrecht ['zɛŋkrɛçt] *adj 1.* vertical; *2. MATH* perpendicular
Sensation [zɛnza'tsjo:n] *f* sensation
sensationell [zɛnzatsjo'nɛl] *adj* sensational
Sensationsmeldung [zenza'tsjo:nsmɛldʊŋ] *f* sensational account
Sensationspresse [zɛnza'tsjo:nsprɛsə] *f* yellow press, tabloid press
sensibel [zɛn'zi:bəl] *adj* sensitive
Sensibilität [zɛnzibili'tɛ:t] *f* sensitivity
Sensor ['zɛnzor] *m TECH* sensor, detector
sentimental [zɛntimɛn'ta:l] *adj* sentimental
Sentimentalität [zɛntimɛntali'tɛ:t] *f* sentimentality
separat [zepa'ra:t] *adj 1.* separate; *adv 2.* separately
Separatismus [zepara'tɪsmus] *m POL* separatism
Separee [ze:pa're:] *n 1. (Nische)* private booth; *2. (Zimmer)* private room
September [zɛp'tɛmbər] *m* September
Sequenz [ze'kvɛnts] *f* sequence
Serie ['ze:rjə] *f* series
seriell [ze:'rjɛl] *adj INFORM* serial
Serienanfertigung ['ze:rjənanfɛrtɪgʊŋ] *f ECO* serial production
serienmäßig ['ze:rjənmɛ:sɪç] *adj 1.* serial; *adv 2.* in series
seriös [ze:'rjø:s] *adj 1.* serious; *2. (anständig)* respectable; *3. (Firma)* reliable
Serum ['ze:rum] *n BIO* serum
Service ['zœrvɪs] *m 1. (Kundendienst)* service; [zɛ:r'vi:s] *n 2. (Geschirr)* service, set
servieren [zɛr'vi:rən] *v 1.* serve; *2. (aufwarten)* wait on
Servierwagen [zɛr'vi:rva:gən] *m* cart
Serviette [zɛr'vjɛtə] *f* napkin
Sesam ['ze:zam] *m BOT* sesame
Sessel ['zɛsəl] *m* armchair
Sessellift ['zɛsəllɪft] *m* chair-lift
sesshaft ['zɛshaft] *adj* settled, established, sedentary
setzen ['zɛtsən] *v 1.* put, place; *sich eine Mütze auf den Kopf ~* put on a hat; *seine Hoffnung auf etw ~* place one's hopes on sth; *Gleich setzt es was!* You'll get a good hiding in a minute! *2. (festlegen)* set; *3. (wetten) auf etw ~* bet on sth; *4. (Text)* typeset, compose; *5. sich ~* sit down, take a seat, to be seated; *Setzen Sie sich!* Take a seat!
Setzer ['zɛtsər] *m* typesetter, compositor
Setzling ['zɛtslɪŋ] *m BOT* seedling, sapling
Seuche ['zɔyçə] *f MED* epidemic
seufzen ['zɔyftsən] *v 1.* sigh; *2. (stöhnen)* groan
Seufzer ['zɔyftsər] *m* sigh, moan, groan
Sex [zɛks] *m* sex
sexistisch [zɛ'ksɪstɪʃ] *adj* sexist
Sexualdelikt [zɛksu'a:ldelɪkt] *n JUR* sexual offence *(UK),* sexual offense *(US)*
Sexualität [zeksuali'tɛ:t] *f* sexuality
sexuell [zɛksu'ɛl] *adj 1.* sexual; *adv 2.* sexually
sexy ['zɛksi] *adj (fam)* sexy
Seychellen [ze'ʃɛlən] *pl GEO* Seychelles
sezieren [ze'tsi:rən] *v MED* dissect
Shorts [ʃɔ:rts] *pl* shorts *pl*
Show [ʃəʊ] *f* show
Sibirien [zi'bi:rjən] *n GEO* Siberia
sibirisch [zi'bi:rɪʃ] *adj* Siberian
sich [zɪç] *pron 1.* oneself/himself/herself/itself/yourself/yourselves/themselves; *zu ~ kommen* regain consciousness; *Das ist eine Sache für ~.* That's another story. *2. (einander)* each other; *Sie kennen ~ seit Jahren.* They've known each other for years.
Sichel ['zɪçəl] *f 1.* sickle; *2. (Mondsichel)* crescent
sicher ['zɪçər] *adj 1.* certain, sure; *Das ist ~.* That's for certain. *2. (gefahrlos)* safe, secure; *adv 3. (zweifellos)* certainly; *4. (gefahrlos)* safely, securely
sichergehen ['zɪçərge:ən] *v irr* make sure, to be on the safe side
Sicherheit ['zɪçərhaɪt] *f 1. (Gewissheit)* certainty; *mit ~* certainly; *2. (Schutz)* safety, security; *sich in ~ wiegen* have a (false) sense of security; *3. (Gewähr) ECO* collateral, security
Sicherheitsgurt ['zɪçərhaɪtsgurt] *m* safety belt, seat belt
Sicherheitskopie ['zɪçərhaɪtskopi:] *f INFORM* backup copy
Sicherheitsnadel ['zɪçərhaɪtsna:dəl] *f* safety pin
Sicherheitsschloss ['zɪçərhaɪtsʃlɔs] *n* safety-lock
sicherlich ['zɪçərlɪç] *adv* surely, certainly
sichern ['zɪçərn] *v* secure, guarantee
sicherstellen ['zɪçərʃtɛlən] *v 1. (sichern)* secure, safeguard; *2. (garantieren)* ensure; *3. (beschlagnahmen)* confiscate, seize

Sicherung ['zɪçəruŋ] *f* *1. (Sichern)* securing, safeguarding; *2. (Schmelzsicherung) TECH* fuse, cut-out; *Bei ihm ist die ~ durchgebrannt.* He blew a fuse. *3. (Vorrichtung) TECH* safety device; *4. (an einer Schusswaffe)* safety catch
Sicherungskasten ['zɪçəruŋskastən] *m* fuse box
Sicht [zɪçt] *f* sight, *(Sehweite)* range of vision; *auf lange ~* in the long run
sichtbar ['zɪçtba:r] *adj 1.* visible; *2. (offenbar)* evident
sichten ['zɪçtən] *v 1. (erblicken)* see; *2. (prüfen)* inspect, review
Sichtung ['zɪçtuŋ] *f 1. (Erblicken)* sighting; *2. (Überprüfung)* inspection, review
Sichtverhältnisse ['zɪçtfɛrhɛltnɪsə] *pl* visibility
sickern ['zɪkərn] *v* seep, ooze, leak
sie [zi:] *pron 1. (feminin)* she; *(Akkusativ)* her; *2. (Sache)* it; *3. (Plural)* they; *(Akkusativ Plural)* them
Sie [zi:] *pron 1. (Singular)* you; *2. (Plural)* you
Sieb ['zi:p] *n* sieve, strainer; *ein Gedächtnis wie ein ~ (fig)* a memory like a sieve
sieben[1] ['zi:bən] *v* sift, strain, screen
sieben[2] ['zi:bən] *num* seven
siechen ['zi:çən] *v* waste away, languish, vegetate
siedeln ['zi:dəln] *v* settle
sieden ['zi:dən] *v irr* boil, simmer
Siedepunkt ['zi:dəpuŋkt] *m* boiling point
Siedler ['zi:dlər] *m* settler, colonist
Siedlung ['zi:dluŋ] *f* settlement, colony
Sieg [zi:k] *m* victory, win
Siegel ['zi:gəl] *n* seal
siegen ['zi:gən] *v* win
Sieger ['zi:gər] *m* winner
Siegerehrung ['zi:gəre:ruŋ] *f* victory ceremony
siegreich ['zi:kraɪç] *adj* victorious, triumphant
siezen ['zi:tsən] *v jdn ~* call a person "Sie", use the formal form of address to s.o.
Signal [zɪg'na:l] *n* signal
signalisieren [zɪgnali'zi:rən] *v* signal
Silbe ['zɪlbə] *f* syllable
Silbentrennung ['zɪlbəntrɛnuŋ] *f* hyphenation
Silber ['zɪlbər] *n* silver
Silberblick ['zɪlbərblɪk] *m (fam)* squint
Silberhochzeit ['zɪlbərhɔçtsaɪt] *f* silver wedding anniversary
Silbermedaille ['zɪlbərmedaljə] *f SPORT* silver medal
silbern ['zɪlbərn] *adj* silver
Silhouette [zilu'ɛtə] *f* silhouette
Silikon [zili'ko:n] *n CHEM* silicone
Silizium [zi'li:tsjum] *n CHEM* silicon
Silo ['zi:lo] *m/n* silo
Silvester [zɪl'vɛstər] *n* New Year's Eve
simpel ['zɪmpəl] *adj* simple, plain
simplifizieren [zɪmplifi'tsi:rən] *v* simplify
Sims [zɪms] *n* ledge, shelf
Simulant [zimu'lant] *m* malingerer
Simulation [zimula'tsjo:n] *f* simulation
simulieren [zimu'li:rən] *v* simulate, feign
simultan [zimul'ta:n] *adj* simultaneous
Sinfonie [zɪnfo'ni:] *f MUS* symphony
Singapur ['zɪŋgapu:r] *n GEO* Singapore
singen ['zɪŋən] *v irr* sing
Single ['sɪŋgl] *f 1. (Tonträger)* single; *m 2. (alleinlebende Person)* single
Singular ['zɪŋgula:r] *m GRAMM* singular
singulär [zɪŋgu'lɛ:r] *adj* singular
sinken ['zɪŋkən] *v irr 1.* sink, drop; *2. (Preise)* fall, drop, go down; *3. (Schiff) NAUT* sink; *4. (fig)* come down
Sinn [zɪn] *m 1. (Bedeutung)* sense, meaning, significance; *im übertragenen ~* in the figurative sense; *Das ergibt keinen ~.* That makes no sense. *2. (Zweck)* point, purpose; *3. (Empfinden)* sense; *der sechste ~* the sixth sense; *Er hat seine fünf ~e nicht mehr beisammen.* He's not all there. *nicht mehr Herr seiner ~e sein* have lost one's self-control; *Das geht mir nicht mehr aus dem ~.* I can't stop thinking about it. *Es kam mir in den ~.* It occurred to me. *Das ist nicht im ~e des Erfinders.* That's not quite what was intended. *Er benahm sich wie von ~en.* He behaved as if he were out of his mind. *Danach steht mir nicht der ~.* That's not what I'm after. *sich etw aus dem ~ schlagen* get sth out of one's mind; *etw im ~ haben* have sth in mind; *4. (Empfänglichkeit)* feeling, sense
Sinnbild ['zɪnbɪlt] *n* symbol, emblem
sinnbildlich ['zɪnbɪltlɪç] *adj 1.* symbolic; *adv 2.* symbolically
Sinnesänderung ['zɪnəsɛndəruŋ] *f* change of mind, change of heart (fam)
Sinneseindruck ['zɪnəsaɪndruk] *m* sensation
Sinnesorgan ['zɪnəsɔrga:n] *n BIO* sensory organ
Sinnestäuschung ['zɪnəstɔyʃuŋ] *f* hallucination
sinngemäß ['zɪngəmɛ:s] *adv etw ~ wiedergeben* give the gist of sth
sinnieren [zi'ni:rən] *v* brood, ruminate

sinnig ['zɪnɪç] *adj* smart, clever, brilliant
sinnlich ['zɪnlɪç] *adj 1.* sensuous; *2. (erotisch)* sensual
Sinnlichkeit ['zɪnlɪçkaɪt] *f 1.* sensuousness; *2. (Erotik)* sensuality
sinnlos ['zɪnlo:s] *adj* senseless, pointless, futile
Sinnlosigkeit ['zɪnlo:zɪçkaɪt] *f* senselessness, pointlessness
sinnvoll ['zɪnfɔl] *adj 1. (vernünftig)* sensible; *2. (Satz)* meaningful; *3. (nützlich)* useful
Sintflut ['zɪntflu:t] *f REL* deluge
Sinus ['zi:nus] *m MATH* sine
Sippe ['zɪpə] *f* clan, tribe
Sippschaft ['zɪpʃaft] *f 1. (Verwandschaft)* relations *pl; 2. (Bande)* gang
Sirene [zi're:nə] *f* siren
Sirup ['zi:rup] *m* syrup
Sitte ['zɪtə] *f 1. (Brauch)* custom, habit; *2. (Sittlichkeit)* morals *pl,* morality
Sittenverfall ['zɪtənfɛrfal] *m* moral decay, degeneracy
sittenwidrig ['zɪtənvi:drɪç] *adj* unethical, immoral
Sittich ['zɪtɪç] *m ZOOL* parakeet
sittlich ['zɪtlɪç] *adj* moral, ethical
Sittlichkeit ['zɪtlɪçkaɪt] *f* morality
sittsam ['zɪtza:m] *adj 1.* modest, demure, well-behaved; *adv 2.* modestly, demurely
Situation [zɪtua'tsjo:n] *f* situation, position
Situationskomik [zɪtua'tsjo:nsko:mɪk] *f* funniness of a specific situation, comedy of a situation
situiert [zitu'i:rt] *adj* situated, located
Sitz [zɪts] *m 1. (Platz)* seat, chair, place to sit; *2. (Wohnsitz)* residence; *3. (Firmensitz) ECO* headquarters; *mit ~ in Schweinfurt* headquartered in Schweinfurt, based in Schweinfurt
sitzen ['zɪtsən] *v irr 1.* sit, to be seated; *einen ~ haben* have had one drink too many; *2. (fam: im Gefängnis ~)* serve time, do time; *3. (Hieb)* to be on the mark, to be on target; *Das hat gesessen!* That hit home! *4. ~ bleiben (in der Schule)* fail a year at school, have to repeat a year, to be held back a year; *5. jdn ~ lassen* stand s.o. up; *(fig)* leave s.o. in the lurch; *eine Beleidigung nicht auf sich ~ lassen* not stand for an insult
Sitzplatz ['zɪtsplats] *m* seat
Sitzstreik ['zɪtsʃtraɪk] *m* sit-down strike
Sitzung ['zɪtsuŋ] *f* session, meeting, sitting, conference
Sizilianer [zitsi'lja:nər] *m* Sicilian
sizilianisch [zitsi'lja:nɪʃ] *adj* Sicilian
Sizilien [zi'tsi:ljən] *n GEO* Sicily
Skala ['ska:la] *f* scale
Skalpell [skal'pɛl] *n MED* scalpel
skalpieren [skal'pi:rən] *v* scalp
Skandal [skan'da:l] *m* scandal
skandalös [skanda'lø:s] *adj* scandalous, shocking
Skandinavien [skandi'na:vjən] *n GEO* Scandinavia
Skat [ska:t] *m* skat
Skelett [ske'lɛt] *n ANAT* skeleton
Skepsis ['skɛpsɪs] *f* scepticism, skepticism *(US)*
Skeptiker ['skɛptɪkər] *m* sceptic, skeptic *(US)*
skeptisch ['skɛptɪʃ] *adj* sceptical, skeptical *(US)*
Ski [ʃi:] *m* ski; *~ fahren* ski
Skilaufen ['ʃi:laufən] *n SPORT* skiing
Skilift ['ʃi:lɪft] *m* ski lift
Skizze ['skɪtsə] *f 1. (Zeichnung)* sketch; *2. (Entwurf)* outline
skizzieren [skɪ'tsi:rən] *v 1.* sketch; *2. (Plan)* sketch out
Sklave ['skla:və] *m* slave
Sklavenhandel ['skla:vənhandəl] *m* slave trade
Sklavin ['skla:vɪn] *f* slave
Sklaverei [skla:və'raɪ] *f* slavery
Skonto ['skɔnto] *n/m ECO* discount
Skorbut [skɔr'bu:t] *m MED* scurvy
Skorpion [skɔr'pjo:n] *m ZOOL* scorpion *n; 2. (Tierkreiszeichen)* Scorpio
Skrupel ['skru:pəl] *m* scruple
skrupellos ['skru:pəllo:s] *adj 1.* unscrupulous; *adv 2.* unscrupulously
Skrupellosigkeit ['skru:pəllo:zɪçkaɪt] *f* unscrupulousness
Skulptur [skulp'tu:r] *f ART* sculpture
skurril [sku'ri:l] *adj 1.* farcical, ludicrous, weird; *adv 2.* ludicrously, weirdly
Slalom ['sla:lɔm] *m* slalom
Slip [slɪp] *m 1. (Herrenslip)* briefs *pl; 2. (Damenslip)* panties *pl*
Smaragd [sma'rakt] *m MIN* emerald
Smog [smɔk] *m* smog
Smoking ['smo:kɪŋ] *m 1.* dinner-jacket, tuxedo *(US); 2. (auf Einladungen)* black tie
snobistisch [sno'bɪstɪʃ] *adj* snobbish
snowboarden ['snəubɔ:dən] *v SPORT* snowboard
so [zo:] *adv 1. (in dieser Weise)* so, like this, in this way; *und ~ weiter* etcetera; *~ oder ~* one

way or another; ~ *viel* so much, as much; *doppelt ~ viel* twice as much; ~ *wie* as much as; ~ *viel ich weiß* as far as I know; ~ *weit* as far as; *Wir sind ~ weit.* We're ready. *Es ist wahrscheinlich besser ~.* It's probably better that way. *Sei doch nicht ~!* Don't be that way! *Weiter ~!* Keep it up! *Mir ist es ~, als ob ...* I feel as if ...; *Na ~ was!* Well, well! What do you know! Gosh! *nicht ~ ganz* not quite; *2. (dermaßen)* such, so, to such a degree; *So ein Quatsch!* What nonsense! *So ein Pech!* Rotten luck! *um ~ besser* so much the better; ~ *... wie* as ... as; *Es tut mir ~ leid!* I'm so sorry! *ein ~ großes Haus* such a large house; *Es hat ihm ~ gefallen, dass ...* He liked it so much that ...; *3. (ohnehin)* as it is; *4. (schätzungsweise)* about, around; *oder ~* or so; ~ *in zwei Stunden* in about two hours; *5. (wie er sagt) ~ Schmidt* according to Schmidt; *konj 6. (folglich)* so, therefore, consequently; ~ *dass* so that, such that; *7. (wenn)* if, provided that; *interj 8. (wirklich)* oh, really, is that so; *9. (abschließend)* well, right, now then; *10. ~ genannt* as it is called; so-called

sobald [zo'balt] *konj* as soon as, when; ~ *du irgend kannst* as soon as you possibly can

Socke ['zɔkə] *f* sock; *sich auf die ~n machen* get a move on; *von den ~n sein* to be dumbfounded; *Mir qualmen schon die ~n!* My feet are all blisters!

Sockel ['zɔkəl] *m* base, pedestal, mount

Soda ['zoːda] *n GAST* soda

Sodawasser ['zoːdavasər] *n* soda water

Sodbrennen ['zoːtbrɛnən] *n* heartburn

Sofa ['zoːfa] *n* sofa

sofern [zo'fɛrn] *konj* if, provided that, in case

sofort [zo'fɔrt] *adv* immediately, at once, straight away

Sofortbildkamera [zo'fɔrtbɪltkamərа] *f* instant camera

Software ['sɔftveːr] *f INFORM* software

Sog [zoːk] *m* suction, undertow, wake

sogar [zo'gaːr] *adv* even

sogleich [zo'glaɪç] *adv* immediately, at once, straight away

Sohle ['zoːlə] *f 1. (Schuhsohle)* sole; *auf leisen ~n* stealthily; *eine kesse ~ aufs Parkett legen* tear up the dance floor (fam); *sich an jds ~n heften* dog s.o.'s footsteps; *2. (Fußsohle) ANAT* sole (of the foot); *3. MIN* level, bottom

Sohn [zoːn] *m* son

Soja ['zoːja] *f BOT* soybean, soya bean, soya

Sojasoße ['zoːjazoːsə] *f GAST* soy sauce

solange [zo'laŋə] *konj* as long as, so long as

Solarenergie [zo'laːrenɛrgiː] *f TECH* solar energy

Solarium [zo'laːrjum] *n* solarium

Solarzelle [zo'laːrtsɛlə] *f TECH* solar cell

solche(r,s) ['zɔlçə(r,s)] *pron 1.* such; *adj 2.* such; ~ *Menschen* such people, people like that

Sold [zɔlt] *m MIL* pay

Soldat [zɔl'daːt] *m* soldier, ~ *werden* join the army

Söldner ['zœldnər] *m* mercenary

Sole ['zoːlə] *f* brine, salt water

solidarisch [zoli'daːrɪʃ] *adj* solidly united; *sich mit jdm ~ fühlen* feel solidarity with s.o.

solidarisieren [zolidari'ziːrən] *v sich ~* express solidarity, demonstrate solidarity; *sich ~ mit* endorse, back, support

Solidarität [zolidari'tɛːt] *f* solidarity

solide [zo'liːdə] *adj 1.* solid, sturdy; *2. (Firma)* sound; *3. (anständig)* respectable; *adv 4.* solidly

Solist [zo'lɪst] *m MUS* soloist

Soll [zɔl] *n FIN* debit

sollen ['zɔlən] *v irr 1.* should, to be to; *Sie sagte ihm, er solle nach Hause gehen.* She told him he was to go home. She told him he should go home. *Er hätte aufpassen ~.* He should have paid attention. *2. (bei Erwartung)* to be supposed to; *Was soll das?* What's the idea? *Was soll das heißen?* What's that supposed to mean? *3. (eigentlich ~)* ought to

Solo ['zoːlo] *n* solo

Sommer ['zɔmər] *m* summer

Sommersprossen ['zɔmərʃprɔsən] *pl* freckles

Sommerzeit ['zɔmərtsaɪt] *f 1.* summertime; *2. (Zeitverschiebung während der Sommermonate)* daylight saving time

Sonate [zo'naːtə] *f MUS* sonata

Sonde ['zɔndə] *f TECH* probe

Sonderangebot ['zɔndərangəboːt] *n* special offer, special bargain

sonderbar ['zɔndərbaːr] *adj 1.* strange, peculiar, odd; *adv 2.* strangely, oddly, peculiarly

Sonderling ['zɔndərlɪŋ] *m* eccentric, freak, outsider

Sondermüll ['zɔndərmyl] *m* special (toxic) waste

sondern ['zɔndərn] *konj* but, but rather; *nicht nur ..., ~ auch ...* not only ... but also ...

Sonderwünsche ['zɔndərvynʃə] *pl* special wishes

Sonderzeichen ['zɔndərtsaɪçən] *n INFORM* special character, additional character
sondieren [zɔn'diːrən] *v 1.* study, probe; *2. NAUT* sound
Sondierung [zɔn'diːruŋ] *f* sounding
Sonnabend ['zɔnaːbənt] *m* Saturday
Sonne ['zɔnə] *f* sun
sonnen ['zɔnən] *v sich ~* sun o.s., sunbathe, bask in the sun
Sonnenaufgang ['zɔnənaufgaŋ] *m* sunrise
Sonnenblume ['zɔnənbluːmə] *f BOT* sunflower
Sonnenbrand ['zɔnənbrant] *m* sunburn
Sonnenbräune ['zɔnənbrɔynə] *f* suntan
Sonnenbrille ['zɔnənbrɪlə] *f* sunglasses *pl*
Sonnenenergie ['zɔnənenɛrgiː] *f TECH* solar energy
Sonnenfinsternis ['zɔnənfɪnstərnɪs] *f ASTR* eclipse of the sun, solar eclipse
Sonnenfleck ['zɔnənflɛk] *m ASTR* sunspot
Sonnenkollektor ['zɔnənkɔlɛktɔr] *m TECH* solar collector
Sonnenschein ['zɔnənʃaɪn] *m* sunshine
Sonnenschirm ['zɔnənʃɪrm] *m 1.* sunshade; *2. (für Damen)* parasol
Sonnenstich ['zɔnənʃtɪç] *m MED* sunstroke
Sonnenstrahl ['zɔnənʃtraːl] *m* ray of sunshine, sunbeam
Sonnensystem ['zɔnənzysteːm] *n ASTR* solar system
Sonnenuhr ['zɔnənuːr] *f* sundial
Sonnenuntergang ['zɔnənuntərgaŋ] *m* sunset
Sonnenwende ['zɔnənvɛndə] *f* solstice
sonnig ['zɔnɪç] *adj 1.* sunny; *2. (fig)* bright, sunny
Sonntag ['zɔntaːk] *m* Sunday
sonntags ['zɔntaːks] *adv* every Sunday, on Sundays
sonor [zo'noːr] *adj* sonorous
sonst [zɔnst] *adv 1. (andernfalls)* otherwise; *2. (gewöhnlich)* generally, usually, normally; *3. (außerdem)* besides, moreover; *Sonst noch was?* Anything else? *konj 4.* otherwise, or else
sonstig ['zɔnstɪç] *adj* other
sooft [zo'ɔft] *konj* whenever, as often as, no matter how often
Sopran [zo'praːn] *m MUS* soprano
Sopranistin [zopra'nɪstɪn] *f MUS* soprano
Sorge ['zɔrgə] *f 1. (Kummer)* sorrow, anguish, worry; *2. (Pflege)* care
sorgen ['zɔrgən] *v 1. ~ um* worry about; *2. ~ für jdn* look after, care for, take care of; *3. ~ für etw* attend to sth, see to sth
Sorgenkind ['zɔrgənkɪnt] *n (fig)* problem, (biggest) headache
sorgenvoll ['zɔrgənfɔl] *adj 1.* anxious, uneasy, troubled; *adv 2.* anxiously, uneasily
Sorgerecht ['zɔrgərɛçt] *n JUR* custody
Sorgfalt ['zɔrkfalt] *f 1.* care; *2. (Aufmerksamkeit)* attention; *3. (Genauigkeit)* precision; *4. (Gewissenhaftigkeit)* conscientiousness
sorgfältig ['zɔrkfɛltɪç] *adj 1.* careful, painstaking, precise; *adv 2.* carefully
sorglos ['zɔrkloːs] *adj 1.* carefree; *2. (nachlässig)* negligent
Sorglosigkeit ['zɔrkloːzɪçkaɪt] *f* lightheartedness
Sorte ['zɔrtə] *f 1.* sort, kind, species; *2. (Marke)* brand
sortieren [zɔr'tiːrən] *v 1.* sort; *2. (nach Qualität)* grade
Sortiment [zɔrti'mɛnt] *n* assortment, range, variety
Soße ['zoːsə] *f 1.* sauce; *2. (Bratensoße)* gravy
Souffleur [su'fløːr] *m THEAT* prompter
soufflieren [su'fliːrən] *v THEAT* prompt
Souvenir [zuvə'niːr] *n* souvenir
souverän [suvə'rɛːn] *adj 1.* sovereign; *2. (überlegen)* superior
Souveränität [suːvərɛːni'tɛːt] *f POL* sovereignty
sowie [zo'viː] *konj 1. (und auch)* as well as; *2. (sobald)* as soon as, the moment
sowieso [zovi'zoː] *adv* anyway, anyhow, in any case
sowohl [zo'voːl] *konj ~ ... als (auch) ...* both ... and ...
sozial [zo'tsjaːl] *adj 1.* social; *adv 2.* socially
Sozialamt [zo'tsjaːlamt] *n* social welfare office
Sozialarbeiter(in) [zo'tsjaːlarbaɪtər(ɪn)] *m/f* social worker
Sozialfall [zo'tsjaːlfal] *m* welfare case
Sozialhilfe [zo'tsjaːlhɪlfə] *f* social welfare assistance
Sozialisation [zotsjaliza'tsjoːn] *f* socialization
Sozialismus [zo'tsjalɪsmus] *m POL* socialism
Sozialist [zo'tsjalɪst] *m POL* socialist
sozialkritisch [zo'tsjaːlkriːtɪʃ] *adj* critical of society, sociocritical
Sozialleistungen [zo'tsjaːllaɪstuŋən] *pl* employers' social security contributions, social security benefits

Sozialversicherung [zo'tsja:lfɛrzɪçəruŋ] *f* social insurance, Social Security *(US)*
Sozialwohnung [zo'tsja:lvo:nuŋ] *f* subsidized dwelling, public housing unit
Soziologie [zotsjolo'gi:] *f* sociology
Sozius ['zotsjus] *m ECO* partner
sozusagen ['zo:tsuza:gən] *adv* so to speak, as it were
Spachtel ['ʃpaxtəl] *m 1. (Werkzeug)* spatula; *2. (Füllstoff)* filler
Spagat [ʃpa'ga:t] *m* splits *pl; einen ~ machen* do the splits
Spagetti [ʃpa'gɛti] *pl* spaghetti
spähen ['ʃpɛ:ən] *v 1.* peer, peek; *2. MIL* scout
Späher ['ʃpɛ:ər] *m 1.* scout; *2. (Posten) MIL* lookout
Spalier [ʃpa'li:r] *n 1.* trellis, espalier; *2. (fig: Ehrengasse)* lane
Spalt [ʃpalt] *m* split, rift, crack; *die Tür einen ~ öffnen* open the door a crack
Spalte ['ʃpaltə] *f 1.* crack; *2. (Zeitungsspalte)* column
spalten ['ʃpaltən] *v irr* split
Spaltung ['ʃpaltuŋ] *f 1. (Auseinanderbrechen)* splitting; *2. (fig: Teilung)* split; *3. PHYS* fission
Span [ʃpa:n] *m* chip
Spanferkel ['ʃpa:nfɛrkəl] *n GAST* sucking pig
Spange ['ʃpaŋə] *f 1. (Haarspange)* hair slide, barrette *(US); 2. (Schließe)* buckle, clasp
Spanien ['ʃpa:njən] *n GEO* Spain
Spanier(in) ['ʃpa:njər(ɪn)] *m/f* Spaniard
spanisch ['ʃpa:nɪʃ] *adj* Spanish; *Das kommt mir ~ vor.* That seems fishy to me.
Spanne ['ʃpanə] *f 1. (Zeitraum)* span, space; *2. (Unterschied)* gap; *3. (Preisspanne) ECO* range
spannen ['ʃpanən] *v 1.* stretch; *2. (Seil)* tighten; *3. (Gewehr)* cock
spannend ['ʃpanənt] *adj* exciting, thrilling, gripping, suspenseful
Spannung ['ʃpanuŋ] *f 1. TECH* voltage, tension; *2. (fig)* tension, suspense, excitement
Spannweite ['ʃpanvaɪtə] *f 1.* range, span; *2. (von Vogelflügeln, von Flugzeugen)* wingspan
Sparbuch ['ʃpa:rbu:x] *n* savings book
Sparbüchse ['ʃpa:rbyksə] *f* money box
sparen ['ʃpa:rən] *v* save, economize
Spargel ['ʃpargəl] *m BOT* asparagus
Sparkasse ['ʃpa:rkasə] *f* savings bank
spärlich ['ʃpɛ:rlɪç] *adj 1.* scant, frugal, sparse; *2. (Haupthaar)* thin; *adv 3.* sparsely, thinly
Sparmaßnahme ['ʃpa:rma:sna:mə] *f* economy measure
Sparpolitik ['ʃpa:rpoliti:k] *f* austerity policy, budgetary restraint
sparsam ['ʃpa:rza:m] *adv 1.* economically, frugally; *adj 2.* economical, thrifty, frugal
Sparsamkeit ['ʃpa:rza:mkaɪt] *f* economy, thrift, frugality
spartanisch [ʃpar'ta:nɪʃ] *adj 1.* Spartan; *adv 2.* like a Spartan
Sparte ['ʃpartə] *f 1.* sector, section, branch; *2. (einer Versicherung)* class; *3. (einer Zeitung)* section
Spaß [ʃpa:s] *m 1. (Witz)* joke; *sich einen ~ aus etw machen* take pleasure in sth; *seinen ~ mit jdm treiben* pull s.o.'s leg; *2. (Vergnügen)* fun, amusement; *~ beiseite* all joking aside; *kein ~ mehr sein* to be beyond a joke; *ein teurer ~ sein* to be an expensive affair, cost a pretty penny; *Da hört der ~ aber auf!* That's enough now!
spaßen ['ʃpa:sən] *v* make fun, joke, jest; *Mit ihm ist nicht zu ~!* He's not to be trifled with! He doesn't stand for any nonsense.
spaßig ['ʃpa:sɪç] *adj* funny, amusing
Spaßvogel ['ʃpa:sfo:gəl] *m* joker, comedian
spastisch ['ʃpastɪʃ] *adj MED* spastic
spät [ʃpɛ:t] *adj 1.* late; *Wie ~ ist es?* What time is it? *adv 2.* late
Spätdienst ['ʃpɛ:tdi:nst] *m* late shift
Spaten ['ʃpa:tən] *m* spade
später ['ʃpɛ:tər] *adv 1.* later, later on; *2. (anschließend)* subsequently, afterwards
spätestens ['ʃpɛ:təstəns] *adv* at the latest, not later than
Spätsommer ['ʃpɛ:tsɔmər] *m* late summer
Spätvorstellung ['ʃpɛ:tfo:rʃtɛluŋ] *f THEAT* late show
Spatz [ʃpats] *m 1. ZOOL* sparrow; *essen wie ein ~* peck at one's food; *2. (fam: Kind)* mite
spazieren [ʃpa'tsi:rən] *v* stroll; *~ fahren* go for a ride; *~ gehen* go for a walk, take a stroll
Spaziergang [ʃpa'tsi:rgaŋ] *m* walk, stroll
Specht [ʃpɛçt] *m ZOOL* woodpecker
Speck [ʃpɛk] *m GAST* bacon; *sich wie die Made im ~ fühlen* to be living in luxury, to be in clover
speckig ['ʃpɛkɪç] *adj 1. (Papier)* greasy, soiled; *2. (dick)* lardy, porky
Spediteur [ʃpedi'tø:r] *m* forwarding agent, shipper
Spedition [ʃpedi'tsjo:n] *f 1. ECO* forwarding, shipping; *2. (Firma)* forwarding agency, shipping agency

Speer [ʃpeːr] *m* spear, lance
Speiche [ˈʃpaɪçə] *f* *(Radspeiche)* spoke
Speichel [ˈʃpaɪçəl] *m* saliva, spittle
Speicher [ˈʃpaɪçər] *m* *1. (Lager)* store, storage space; *2. (Dachboden)* attic; *3. INFORM* memory
Speicherkapazität [ˈʃpaɪçərkapatsitɛːt] *f* *INFORM* memory, storage capacity
speichern [ˈʃpaɪçərn] *v 1. (einlagern)* store; *2. INFORM* save, store
Speicherplatz [ˈʃpaɪçərplats] *m INFORM* memory location
speien [ˈʃpaɪən] *v irr 1. (spucken)* spit; *2. (erbrechen)* vomit
Speise [ˈʃpaɪzə] *f 1.* food; *2. (Gericht)* dish
Speiseeis [ˈʃpaɪzəaɪs] *n GAST* ice-cream
Speisekammer [ˈʃpaɪzəkamər] *f* larder, pantry
Speisekarte [ˈʃpaɪzəkartə] *f* menu
speisen [ˈʃpaɪzən] *v 1. (essen)* eat; *2. (zuführen)* feed, supply with, provide
Speiseröhre [ˈʃpaɪzərøːrə] *f ANAT* gullet
Speisewagen [ˈʃpaɪzəvaːgən] *m* dining car, restaurant car
Spektakel [ʃpɛkˈtaːkəl] *n 1. (Lärm)* noise, racket; *2. (Aufregung)* fuss
spektakulär [ʃpɛktakuˈlɛːr] *adj* spectacular
Spektrum [ˈʃpɛktrum] *n (fig)* spectrum
Spekulant [ʃpɛkuˈlant] *m FIN* speculator, speculative dealer
Spekulation [ʃpɛkulaˈtsjoːn] *f* speculation
spekulieren [ʃpɛkuˈliːrən] *v FIN* speculate
spendabel [ʃpɛnˈdaːbəl] *adj* generous
Spende [ˈʃpɛndə] *f* donation, contribution, gift
spenden [ˈʃpɛndən] *v* donate, contribute; *Blut ~* donate blood
Spender [ˈʃpɛndər] *m 1.* contributor, giver; *2. (Blutspender)* donor; *3. (Maschine)* dispenser
spendieren [ʃpɛnˈdiːrən] *v 1.* give liberally; *2. jdm etw ~* treat s.o. to sth
Sperber [ˈʃpɛrbər] *m ZOOL* sparrow hawk
Sperling [ˈʃpɛrlɪŋ] *m ZOOL* sparrow
Sperma [ˈʃpɛrma] *n BIO* sperm
Sperrbezirk [ˈʃpɛrbətsɪrk] *m* prohibited area, restricted area
Sperre [ˈʃpɛrə] *f 1. (Verbot)* ban; *2. (Vorrichtung)* locking device; *3. (Hindernis)* barrier; *4. (Embargo) POL* embargo
sperren [ˈʃpɛrən] *v 1. (abriegeln)* barricade, block off, lock; *2. (verbieten)* forbid, prohibit; *3. (Konto) FIN* block; *4. (Sportler)* suspend
Sperrgebiet [ˈʃpɛrgəbiːt] *n* prohibited area
Sperrholz [ˈʃpɛrhɔlts] *n* plywood
sperrig [ˈʃpɛrɪç] *adj* bulky
Sperrmüll [ˈʃpɛrmyl] *m* bulky refuse
Sperrsitz [ˈʃpɛrzɪts] *m 1. (im Kino)* back seats *pl*; *2. (im Zirkus)* front seats *pl*
Sperrstunde [ˈʃpɛrʃtundə] *f* closing time
Spesen [ˈʃpeːzən] *pl* expenses
Spesenrechnung [ˈʃpeːzənrɛçnuŋ] *f* expense report
spezial [ʃpeˈtsjaːl] *adj* special, particular
Spezialgebiet [ʃpeˈtsjaːlgəbiːt] *n (fig)* speciality, specialty *(US)*
spezialisieren [ʃpetsjaliˈziːrən] *v sich auf etw ~* specialize in sth
Spezialisierung [ʃpetsjaliˈziːruŋ] *f* specialization
Spezialist [ʃpetsjaˈlɪst] *m* specialist
Spezialität [ʃpetsjaliˈtɛːt] *f* speciality, specialty *(US)*
speziell [ʃpeˈtsjɛl] *adj 1.* special, particular, specific; *adv 2.* especially, particularly, specifically
Spezies [ˈʃpeːtsjɛs] *f BIO* species
spezifisch [ʃpeˈtsiːfɪʃ] *adj* specific
spezifizieren [ʃpetsifiˈtsiːrən] *v* specify
Spezifizierung [ʃpetsifiˈtsiːruŋ] *f* specification
Sphäre [ˈsfɛːrə] *f 1. (fig)* sphere, domain; *2. ASTR* sphere
spicken [ˈʃpɪkən] *v 1. (abschreiben)* copy, crib; *2. GAST* lard
Spickzettel [ˈʃpɪktsɛtəl] *m* crib note
Spiegel [ˈʃpiːgəl] *m* mirror; *in den ~ sehen* look in the mirror; *jdm den ~ vorhalten* hold up a mirror to s.o.
Spiegelbild [ˈʃpiːgəlbɪlt] *n* reflection, *(fig)* mirror image
Spiegelei [ˈʃpiːgəlaɪ] *n GAST* fried egg
spiegeln [ˈʃpiːgəln] *v sich ~* to be reflected
Spiegelung [ˈʃpiːgəluŋ] *f* reflection
spiegelverkehrt [ˈʃpiːgəlfɛrkeːrt] *adj* mirrorwise
Spiel [ʃpiːl] *n 1.* game; *ein ~ mit dem Feuer* playing with fire; *mit jdm leichtes ~ haben* have one's way with s.o.; *das ~ zu weit treiben* go too far; *etw aufs ~ setzen* risk sth; *auf dem ~ stehen* to be at stake; *jdn aus dem ~ lassen* leave s.o. out of it; *etw ins ~ bringen* bring sth into play; *mit im ~ sein* to be in on it, to be involved; *2. (das Spielen)* playing; *3. (Stück) THEAT* play; *4. SPORT* match, game
Spielart [ˈʃpiːlart] *f* variety
Spielautomat [ˈʃpiːlautomaːt] *m* gambling machine

Spieldose ['ʃpi:ldo:zə] *f* musical box, music box *(US)*
spielen ['ʃpi:lən] *v 1.* play; *2. THEAT* act
spielerisch ['ʃpi:lərɪʃ] *adv (fig: problemlos)* effortlessly, with ease
Spielfeld ['ʃpi:lfɛlt] *n 1. SPORT* field, ground, pitch *(UK)*; *2. (Basketball, Tennis)* court
Spielfilm ['ʃpi:lfɪlm] *m CINE* feature film, motion picture
Spielkamerad ['ʃpi:lkaməra:t] *m* playmate
Spielkasino ['ʃpi:lkazi:no] *n* casino
Spielmarke ['ʃpi:lmarkə] *f* chip, counter, token
Spielplan ['ʃpi:lplan] *m* programme
Spielplatz ['ʃpi:lplats] *m* playground
Spielraum ['ʃpi:lraum] *m 1.* room; *2. TECH* clearance; *3. (fig)* leeway, room
Spielregeln ['ʃpi:lre:gəln] *pl* rules of the game
Spielsucht ['ʃpi:lsuxt] *f* compulsive gambling
Spielverderber ['ʃpi:lfɛrdɛrbər] *m* spoilsport
Spielwarengeschäft ['ʃpi:lva:rəngəʃɛ:ft] *n* toy shop, toy store *(US)*
Spielzeit ['ʃpi:ltsaɪt] *f 1.* season; *2. (eines Theaterstücks)* run; *3. (Dauer eines Spiels) SPORT* length of the match, length of the game; *die normale ~* normal time
Spielzeug ['ʃpi:ltsɔyk] *n* toy, toys *pl*
Spieß [ʃpi:s] *m 1. (Speer)* spear, lance, pike; *den ~ umdrehen (fig)* turn the tables; *2. (Bratspieß)* skewer
Spießbürger ['ʃpi:sbyrgər] *m (fig)* prig, narrow-minded person
Spießer ['ʃpi:sər] *m (fam)* prig, Philistine
spießig ['ʃpi:sɪç] *adj* philistine, narrow-minded, square (fam)
Spießrute ['ʃpi:sru:tə] *f ~n laufen* run the gauntlet
Spikes ['ʃpaɪks] *pl* spikes
Spinat [ʃpi'na:t] *m BOT* spinach
Spind [ʃpɪnt] *m* locker
Spinne ['ʃpɪnə] *f ZOOL* spider
spinnen ['ʃpɪnən] *v irr 1.* spin; *2. (fig)* to be crazy, to be mad, to be nuts; *Du spinnst wohl!* You must be nuts! *Spinnst du?* Are you crazy?
Spinnennetz ['ʃpɪnənnɛts] *n* spider's web, spider web *(US)*
Spinnrad ['ʃpɪnra:t] *n* spinning-wheel
Spion [ʃpi'o:n] *m* spy
Spionage [ʃpio'na:ʒə] *f* spying, espionage
spionieren [ʃpio'ni:rən] *v* spy
Spirale [ʃpi'ra:lə] *f 1.* spiral; *2. MED* coil
spirituell [ʃpiritu'ɛl] *adj* spiritual
Spirituosen [ʃpiritu'o:zən] *pl* spirits, alcoholic drinks
Spiritus ['ʃpi:ritus] *m CHEM* alcohol, spirit
spitz [ʃpɪts] *adj 1.* pointed, sharp; *2. (fig)* sarcastic, biting
Spitzbube ['ʃpɪtsbu:bə] *m* rascal, rogue, scoundrel
Spitze ['ʃpɪtsə] *f 1.* peak, point, top; *etw auf die ~ treiben* take sth to extremes; *2. (Bergspitze)* peak, summit, top; *3. (Stoff)* lace; *4. (fig)* head, vanguard, spearhead; *5. (fam: prima) ~ sein* to be great
Spitzel ['ʃpɪtsəl] *m 1.* informer, *(fam)* stool pigeon; *2. (Spion)* spy
spitzen ['ʃpɪtsən] *v 1.* point; *2. (Bleistift)* sharpen
Spitzenkandidat ['ʃpɪtsənkandida:t] *m POL* top candidate, head of the ticket *(US)*
Spitzenreiter ['ʃpɪtsənraɪtər] *m* front-runner, leader
Spitzer ['ʃpɪtsər] *m* sharpener
spitzfindig ['ʃpɪtsfɪndɪç] *adj* hair-splitting, nit-picking, pedantic
Spitzname ['ʃpɪtsna:mə] *m* nickname
Splitter ['ʃplɪtər] *m* splinter
splittern ['ʃplɪtərn] *v* splinter
sponsern ['ʃpɔnzərn] *v* sponsor
Sponsor ['ʃpɔnzo:r] *m* sponsor
spontan [ʃpɔn'ta:n] *adj* spontaneous
Spontaneität [ʃpɔntanei'tɛ:t] *f* spontaneity
sporadisch [ʃpo'ra:dɪʃ] *adj* sporadic
Sporn ['ʃpɔrn] *m 1.* spur; *2. NAUT* ram; *3. (eines Flugzeuges)* tail skid
Sport [ʃpɔrt] *m* sports *pl,* sport
Sportgerät ['ʃpɔrtgərɛ:t] *n* athletic equipment
Sportgeschäft ['ʃpɔrtgəʃɛft] *n* sports shop, sporting goods store *(US)*
Sporthalle ['ʃpɔrthalə] *f* gymnasium
Sportler ['ʃpɔrtlər] *m* athlete, sportsman
sportlich ['ʃpɔrtlɪç] *adj* sporting, athletic
Sportplatz ['ʃpɔrtplats] *m* playing field, sports ground *(UK)*
Sportsgeist ['ʃpɔrtsgaɪst] *m* sporting spirit
Sportveranstaltung ['ʃpɔrtfɛranʃtaltuŋ] *f* sporting event
Sportverein ['ʃpɔrtfɛraɪn] *m* sports club
Sportverletzung ['ʃpɔrtfɛrlɛtsuŋ] *f* athletic injury
Sportzeug ['ʃpɔrttsɔyk] *n* sports gear, sports equipment

Spott [ʃpɔt] *m* mockery, scorn, ridicule
spotten [ˈʃpɔtən] *v* mock, jeer, ridicule
spöttisch [ˈʃpœtɪʃ] *adj* jeering, mocking
Sprache [ˈʃpraːxə] *f* language, speech; *die ~ auf etw bringen* broach sth; *nicht mit der ~ herausrücken* beat about the bush; *zur ~ kommen* to be discussed, to be brought up; *die gleiche ~ sprechen* speak the same language; *eine deutliche ~ sprechen* not mince words; *Raus mit der ~!* Out with it! *Da verschlug es ihm die ~.* It took his breath away.
Sprachfehler [ˈʃpraːxfeːlər] *m* speech defect, speech impediment
sprachgewandt [ˈʃpraːxgəvant] *adj* eloquent, clever with words
Sprachkenntnisse [ˈʃpraːxkɛntnɪsə] *pl* knowledge of languages, proficiency in a foreign language
sprachkundig [ˈʃpraːxkundɪç] *adj 1.* proficient in a foreign language; *2. (in einer bestimmten Sprache) ~ sein* know the language
Sprachkurs [ˈʃpraːxkurs] *m* language course
sprachlos [ˈʃpraːxloːs] *adj (fig)* speechless
Sprachlosigkeit [ˈʃpraːxloːzɪçkaɪt] *f* speechlessness
Sprachrohr [ˈʃpraːxroːr] *n 1.* megaphone; *2. jds ~ sein (fig)* to be s.o.'s mouthpiece
Sprachwissenschaft [ˈʃpraːxvɪsənʃaft] *f* linguistics
Spray [ˈʃpreɪ] *n* spray
Sprechanlage [ˈʃprɛçanlaːgə] *f* intercom
Sprechblase [ˈʃprɛçblaːzə] *f* balloon
sprechen [ˈʃprɛçən] *v irr 1.* speak, talk; *an jds Stelle ~* answer for s.o.; *Das spricht für ihn.* That's a point in his favour. *für sich selbst ~* speak for itself; *auf jdn gut zu ~ sein* to be on good terms with s.o.; *Wir ~ uns noch!* You haven't heard the end of this! *„Sprich ..." (das heißt ...)* in other words, that is to say; *2. (sagen)* say
Sprechstunde [ˈʃprɛçʃtundə] *f* consultation hours *pl*, office hours *pl*
Sprechstundenhilfe [ˈʃprɛçʃtundənhɪlfə] *f* receptionist
Sprechzimmer [ˈʃprɛçtsɪmər] *n* consulting room
spreizen [ˈʃpraɪtsən] *v 1.* spread; *2. sich ~* put on airs; *3. sich ~ (sich sträuben)* struggle, balk
sprengen [ˈʃprɛŋən] *v* blow up, *(auf~)* burst open, *(bespritzen)* sprinkle
Sprengstoff [ˈʃprɛŋʃtɔf] *m* explosive
Sprengung [ˈʃprɛŋuŋ] *f* blasting, demolition
Sprenkel [ˈʃprɛŋkəl] *m* spot, speck
Spreu [ʃprɔy] *f* chaff; *die ~ vom Weizen trennen* separate the wheat from the chaff
Sprichwort [ˈʃprɪçvɔrt] *n* proverb, saying
sprichwörtlich [ˈʃprɪçvœrtlɪç] *adj* proverbial
sprießen [ˈʃpriːsən] *v irr* sprout, come up, spring up
Springbrunnen [ˈʃprɪŋbrunən] *m* fountain
springen [ˈʃprɪŋən] *v irr 1. (hüpfen)* jump, leap; *2. (fig: bersten)* burst
sprinten [ˈʃprɪntən] *v* sprint
Spritze [ˈʃprɪtsə] *f 1. (Injektion)* shot, injection; *2. (Gerät)* syringe
spritzen [ˈʃprɪtsən] *v 1.* spray; *2. (in einem Strahl)* squirt; *3. (verspritzen)* splash; *4. (bespritzen)* sprinkle; *5. MED* inject
Spritzer [ˈʃprɪtsər] *m 1. (Fixer)* shooter; *2. (Wasserstrahl)* splash, dab
spritzig [ˈʃprɪtsɪç] *adj 1. (Wein)* tangy; *2. (Auto)* peppy; *3. (Schauspiel)* lively, sprightly; *4. (ideenreich)* inventive, unconventional, creative
Spritzpistole [ˈʃprɪtspɪstoːlə] *f* spray gun
spröde [ˈʃprøːdə] *adj 1. (Material)* brittle; *2. (fig: abweisend)* reserved, standoffish
Spross [ʃprɔs] *m 1.* sprout, shoot; *2. (Nachkomme)* scion, offspring
Sprossenwand [ˈʃprɔsənvant] *f SPORT* wall bars *pl*
Sprössling [ˈʃprœslɪŋ] *m (fig)* offspring, descendant
Spruch [ʃprux] *m 1.* saying; *2. Sprüche pl* (empty) talk; *große Sprüche klopfen* talk big (fam); *3. (Wahlspruch)* slogan; *4. die Sprüche Salomons pl REL* the Proverbs; *5. JUR* sentence, judgement, verdict
Spruchband [ˈʃpruxbant] *n* banner
Sprudel [ˈʃpruːdəl] *m 1. (Wasser)* mineral water, club soda *(US)*; *2. (Limonade)* soda pop
sprudeln [ˈʃpruːdəln] *v* bubble, fizz, effervesce
Sprühdose [ˈʃpryːdoːzə] *f* spray can
sprühen [ˈʃpryːən] *v 1.* spray, shower; *2. (fig)* flash, sparkle
Sprung [ʃpruŋ] *m 1. (Springen)* jump, leap; *den ~ ins kalte Wasser wagen* take the plunge; *auf dem ~ sein, etw zu tun* to be just about to do sth; *nur auf einen ~* just for a little chat; *keine großen Sprünge machen können* not be able to afford much; *jdm auf die Sprünge helfen* get s.o. going; *2. (fig: Riss)* crack, fissure; *einen ~ in der Schüssel haben* to be soft in the head

Sprungbrett ['ʃprʊŋbrɛt] *n 1.* diving board, springboard; *2. (fig)* springboard
Sprungfeder ['ʃprʊŋfeːdər] *f* spring
Sprunggelenk ['ʃprʊŋgəlɛŋk] *n ANAT* ankle joint
sprunghaft ['ʃprʊŋhaft] *adj* jumpy, volatile, jerky
Spucke ['ʃpukə] *f* spit, spittle; *Da bleibt einem ja die ~ weg!* I'm at a loss for words!
spucken ['ʃpukən] *v* spit
Spuk [ʃpuːk] *m 1. (Lärm)* uproar, racket; *2. (Geistererscheinung)* ghost
spuken ['ʃpuːkən] *v* haunt; *Hier spukt es.* This place is haunted.
Spule ['ʃpuːlə] *f 1.* reel, spool; *2. TECH* coil, spool, bobbin
Spüle ['ʃpyːlə] *f* sink
spulen ['ʃpuːlən] *v* wind, reel, spool
spülen ['ʃpyːlən] *v* wash, rinse
Spülmaschine ['ʃpyːlmaʃiːnə] *f* dishwasher
Spülung ['ʃpyːlʊŋ] *f 1. (Toilettenspülung)* flush; *die ~ betätigen* flush; *2. MED (Ohrspülung, ~ einer Wunde)* irrigation, *(Magenspülung)* wash
Spur [ʃpuːr] *f 1. (Abdruck)* trace; *eine heiße ~* a firm lead; *jdm auf die ~ kommen* get wind of s.o.; *jdm auf der ~ bleiben* stay hot on s.o.'s trail; *2. (Fußspur)* footprint; *in jds ~en treten* follow in s.o.'s footsteps; *3. (Fahrspur)* track; *4. (-fig: kleine Menge)* trace; *nicht die ~* not at all
spürbar ['ʃpyːrbaːr] *adj 1.* noticeable; *adv 2.* noticeably
spüren ['ʃpyːrən] *v* feel, notice, sense
spurlos ['ʃpuːrloːs] *adv* without a trace
Spurrille ['ʃpuːrrɪlə] *f* rut
Spürsinn ['ʃpyːrzɪn] *m (fig)* nose, feel
spurten ['ʃpurtən] *v SPORT* spurt, sprint, dash
sputen ['ʃpuːtən] *v sich ~* hurry
Staat [ʃtaːt] *m 1.* state; *2. (Prunk) Damit kann man keinen ~ machen.* That's nothing to write home about.
staatenlos ['ʃtaːtənloːs] *adj* stateless
staatlich ['ʃtaːtlɪç] *adj 1.* state, public, governmental; *adv 2.* by the state
Staatsangehörige(r) ['ʃtaːtsangəhøːrɪgə(r)] *m/f* citizen, subject, national
Staatsanwalt ['ʃtaːtsanvalt] *m JUR* public prosecutor, Crown Prosecutor *(UK)*, district attorney *(US)*
Staatsbürgerschaft ['ʃtaːtsbyrgərʃaft] *f* nationality, citizenship *(US)*
Staatsdienst ['ʃtaːtsdiːnst] *m* civil service, public service *(US)*
Staatsoberhaupt ['ʃtaːtsoːbərhaupt] *n* head of state
Stab [ʃtaːp] *m 1. (Stock)* staff, stick, rod; *über jdn den ~ brechen* condemn s.o.; *2. (fig: Führungsstab, Mitarbeiterstab)* staff
stabil [ʃta'biːl] *adj 1. (robust)* stable; *2. (konstant)* steady
stabilisieren [ʃtabili'ziːrən] *v* stabilize
Stabilisierung [ʃtabili'ziːrʊŋ] *f* stabilization
Stabilität [ʃtabili'tɛːt] *f* stability
Stachel ['ʃtaxəl] *m 1. BOT* thorn; *2. ZOOL* quill
Stachelbeere ['ʃtaxəlbeːrə] *f BOT* gooseberry
Stacheldraht ['ʃtaxəldraːt] *m* barbed wire
stachelig ['ʃtaxəlɪç] *adj 1. (kratzig)* bristly, scratchy; *2. (dornig)* thorny, prickly
Stadion ['ʃtaːdjɔn] *n* stadium
Stadium ['ʃtaːdjum] *n* stage, phase
Stadt [ʃtat] *f* town, city
städtisch ['ʃtɛtɪʃ] *adj* municipal
Stadtmauer ['ʃtatmauər] *f* city wall
Stadtplan ['ʃtatplaːn] *m* map (of the town)
Stadtrand ['ʃtatrant] *m* outskirts of town
Stadtrat ['ʃtatraːt] *m 1. POL* town council, city council; *2. (Mitglied des ~es) POL* town councilman/town councilwoman, city councilman/city councilwoman
Stadtstreicher ['ʃtatʃtraɪçər] *m* tramp, bum
Stadtteil ['ʃtattaɪl] *m* part of town, district
Staffel ['ʃtafəl] *f 1. MIL* squadron; *2. (Mannschaft) SPORT* relay team; *3. (Rennen) SPORT* relay; *4. (Stufe)* step; *5. (einer Leiter)* rung
Staffelei [ʃtafə'laɪ] *f* easel
Staffelung ['ʃtafəlʊŋ] *f* graduation, gradation, grading
Stagnation [ʃtagna'tsjoːn] *f ECO* stagnation
stagnieren [ʃtag'niːrən] *v ECO* stagnate
Stahl [ʃtaːl] *m* steel
stählen ['ʃtɛːlən] *v* steel
stählern ['ʃtɛːlərn] *adj* steel
Stall [ʃtal] *m* stable, barn
Stamm [ʃtam] *m 1. (Baumstamm)* stem, trunk; *2. (Volksstamm)* tribe
Stammbaum ['ʃtambaum] *m* family tree
Stammbuch ['ʃtambuːx] *n* (family) album
stammeln ['ʃtaməln] *v* stammer
stammen ['ʃtamən] *v ~ aus, ~ von* come from, to be descended from, spring from, stem from
Stammgast ['ʃtamgast] *m* regular guest, regular customer, regular (fam)
Stammhalter ['ʃtamhaltər] *m* son and heir

stämmig ['ʃtɛmɪç] *adj* stocky, burly, sturdy
Stammlokal ['ʃtamloka:l] *n* local *(UK)*, regular hangout *(US)*
Stammplatz ['ʃtamplats] *m* regular seat
Stammtisch ['ʃtamtɪʃ] *m 1.* table reserved for regulars; *2. (Gruppe)* group of regulars
Stammvater ['ʃtamfa:tər] *m* progenitor
Stammwähler ['ʃtamvɛ:lər] *m POL* staunch supporter, party faithful
stampfen ['ʃtampfən] *v 1.* stamp, stomp; *2. (Maschinenteil)* pound; *3. (Schiff: sich auf und nieder bewegen)* pitch
Stand [ʃtant] *m 1. (Stehen)* standing, stand; *2. (Messestand)* booth, stand; *3. (Situation)* position, situation; *auf dem neuesten ~ sein* to be up to date; *der ~ der Dinge* the situation; *bei jdm einen guten ~ haben* to be in s.o.'s good books, to be in s.o.'s good graces; *4. (Rang)* rank, class, status; *5. (Höhe)* level
Standard ['ʃtandart] *m* standard
Standbild ['ʃtantbɪlt] *n* statue
Ständchen ['ʃtɛntçən] *n* serenade
Ständer ['ʃtɛndər] *m 1. (Hutständer)* stand; *2. (Schallplattenständer)* rack
Standesamt ['ʃtandəsamt] *n* registry office
Standesbeamte(r)/Standesbeamtin ['ʃtandəsbəamtə(r)/'ʃtandəsbəamtɪn] *m/f* registrar
Standesdünkel ['ʃtandəsdyŋkəl] *m* snobbery
Standesperson ['ʃtandəspɛrzo:n] *f* person of distinction
standhaft ['ʃtanthaft] *adj 1.* firm, steadfast, resolute; *adv 2.* resolutely, firmly
Standhaftigkeit ['ʃtanthaftɪçkaɪt] *f* firmness, constancy, perseverance
standhalten ['ʃtanthaltən] *v irr 1.* stand firm; *2. etw ~* withstand sth
ständig ['ʃtɛndɪç] *adj 1.* permanent, regular; *adv 2.* always, constantly
Standlicht ['ʃtantlɪçt] *n* parking light
Standort ['ʃtantɔrt] *m* location, station, stand
Standpunkt ['ʃtantpuŋkt] *m* standpoint, point of view, angle; *von seinem ~ aus* from his point of view
Standspur ['ʃtantʃpu:r] *f* hard shoulder *(UK)*, shoulder *(US)*
Standuhr ['ʃtantu:r] *f* grandfather clock, hall clock
Stange ['ʃtaŋə] *f* pole, bar, rod; *jdn bei der ~ halten* keep s.o. up to scratch; *bei der ~ bleiben* stick it out; *von der ~* off the peg, off the rack; *eine ~ Geld* a pretty penny
Stängel ['ʃtɛŋəl] *m BOT* stalk, stem; *fast vom ~ fallen (fam)* to be flabbergasted
stanzen ['ʃtantsən] *v* stamp, punch
Stapel ['ʃta:pəl] *m* pile, heap, stack; *vom ~ laufen* to be launched; *etw vom ~ lassen* launch sth
stapeln ['ʃta:pəln] *v* pile up, stockpile
stapfen ['ʃtapfən] *v* tread, trudge, plod
Star[1] [sta:r] *m* star
Star[2] [ʃta:r] *m MED* cataract
Star[3] [ʃta:r] *m ZOOL* starling
stark [ʃtark] *adj 1.* strong; *2. (heftig)* severe; *3. (beleibt)* large; *4. (Erkältung)* bad; *5. (dick)* thick; *6. (fam: hervorragend)* great
Stärke ['ʃtɛrkə] *f 1.* strength, force, power; *2. (Wäschestärke)* starch; *3. GAST* starch
stärken ['ʃtɛrkən] *v 1.* strengthen, fortify; *2. (Wäsche)* starch
Stärkung ['ʃtɛrkuŋ] *f 1. (Festigung)* strengthening, fortifying, fortification; *2. (Erfrischung)* refreshment
starr [ʃtar] *adj 1.* stiff, rigid, fixed; *2. (fig) ~ vor Staunen* dumbfounded
Starre ['ʃtarə] *f* stiffness, rigidity
starren ['ʃtarən] *v* stare
Starrsinn ['ʃtarzɪn] *m* stubbornness, obstinacy
starrsinnig ['ʃtarzɪnɪç] *adj* stubborn, obstinate, rigid, rigorous
Start [ʃtart] *m 1. (Flugzeug)* take-off; *2. SPORT* start; *3. (fig)* beginning, start
Startbahn ['ʃtartba:n] *f* runway
starten ['ʃtartən] *v 1. (abreisen)* start; *2. (Auto)* start; *3. (aktivieren)* begin, initiate
Station [ʃta'tsjo:n] *f 1. (Haltestelle)* station, stop; *~ machen* stop off; *2. (Krankenstation)* ward
stationär [ʃtatsjo'nɛ:r] *adj MED* inpatient, stationary
Stationierung [ʃtatsjo'ni:ruŋ] *f MIL* stationing, basing, deployment
statisch ['ʃta:tɪʃ] *adj 1. (unbeweglich)* static; *2. (im Bauwesen)* structural
Statist [ʃta'tɪst] *m 1. CINE* extra; *2. THEAT* super
Statistik [ʃta'tɪstɪk] *f* statistics
Statistiker ['ʃta'tɪstɪkər] *m* statistician
Stativ [ʃta'ti:f] *n 1.* stand, support; *2. FOTO* tripod
statt [ʃtat] *prep* instead of
Stätte ['ʃtɛtə] *f* place
stattfinden ['ʃtatfɪndən] *v irr* take place, happen
statthaft ['ʃtathaft] *adj* permitted, allowed

Statthalter ['ʃtathaltər] *m HIST* governor
stattlich ['ʃtatlɪç] *adj 1. (ansehnlich)* stately, handsome, splendid; *2. (zahlreich)* considerable
Statue ['ʃtaːtuə] *f* statue
Statur [ʃta'tuːr] *f* stature, figure, build
Status ['ʃtaːtus] *m* status, state
Statussymbol ['ʃtaːtuszymboːl] *n* status symbol
Stau [ʃtau] *m 1.* traffic jam; *2. (von Wasser)* damming-up
Staub [ʃtaup] *m* dust; *~ aufwirbeln* cause a stir; *sich aus dem ~ machen* make o.s. scarce
Staubecken ['ʃtaubɛkən] *n* reservoir
staubig ['ʃtaubɪç] *adj* dusty
Staubsauger ['ʃtaupzaugər] *m* vacuum cleaner
stauchen ['ʃtauxən] *v 1.* compress; *2. (heftig stoßen)* ram
Staudamm ['ʃtaudam] *m* high dam
Staude ['ʃtaudə] *f 1. BOT* perennial; *2. (Busch)* shrub; *3. (Bananenstaude, Tabakstaude)* plant
staunen ['ʃtaunən] *v* to be amazed, to be astonished
Staunen ['ʃtaunən] *n* amazement, astonishment
Stausee ['ʃtauzeː] *m* reservoir, artificial lake
Stauung ['ʃtauuŋ] *f 1. (Verkehrsstau)* traffic jam; *2. (Stockung)* pile-up, accumulation; *3. (von Wasser)* build-up; *4. MED* congestion
stechen ['ʃtɛçən] *v irr 1.* prick; *2. (Insekt)* sting; *3. (Mücken, Moskitos)* bite; *4. (mit einem Messer)* stab
Steckdose ['ʃtɛkdoːzə] *f* socket
stecken ['ʃtɛkən] *v irr 1. (hinein~, schieben)* stick in; *2. (mit Nadeln)* pin; *3. (fam: sich befinden)* to be; *4. jdm etw ~* give s.o. a piece of one's mind; *5. ~ bleiben* to be stuck; *6. ~ lassen* leave in
Stecker ['ʃtɛkər] *m* plug
Stecknadel ['ʃtɛknaːdəl] *f* pin; *eine ~ im Heuhaufen suchen* look for a needle in a haystack
Stegreif ['ʃteːkraɪf] *m aus dem ~* improvised, impromptu
stehen ['ʃteːən] *v irr 1. (aufrecht ~)* stand; *2. (sich befinden)* to be; *Wie steht's?* How are things? *unter der Dusche ~* to be in the shower; *unter Druck ~* to be under pressure; *3. (in einer Zeitung)* say; *4 ~ bleiben* remain standing; stop; *(Zeit)* stand still; *5. ~ lassen* leave, leave be; *jdn ~ lassen (fig)* leave s.o. standing there
stehlen ['ʃteːlən] *v irr* steal
Stehvermögen ['ʃteːfɛrmøːgən] *n* staying power, stamina
steif [ʃtaɪf] *adj 1.* stiff; *2. (fig: förmlich)* stiff, formal
Steigbügel ['ʃtaɪkbyːgəl] *m* stirrup
steigen ['ʃtaɪgən] *v irr* climb, mount, ascend
steigern ['ʃtaɪgərn] *v 1. (erhöhen)* increase, raise; *2. LING* compare, form the comparative and superlative of
Steigerung ['ʃtaɪgəruŋ] *f (Erhöhung)* increase, raising
Steigung ['ʃtaɪguŋ] *f* gradient, slope, ascent
steil [ʃtaɪl] *adj 1.* steep; *eine ~e Karriere (fig)* a rapid rise; *adv 2.* steeply
Steilküste ['ʃtaɪlkystə] *f GEO* bluff
Stein [ʃtaɪn] *m 1.* stone, rock; *der ~ des Anstoßes sein* to be the cause of sth; *den ~ ins Rollen bringen* set the ball rolling; *bei jdm einen ~ im Brett haben* to be in s.o.'s good books; *keinen ~ auf dem anderen lassen* smash everything to pieces; *den ersten ~ werfen* cast the first stone at s.o.; *jdm ~e in den Weg legen* put obstructions in s.o.'s way; *Da fällt mir ein ~ vom Herzen!* That's a great load off my mind! *2. (Edelstein)* gem
Steinbock ['ʃtaɪnbɔk] *m 1.* ibex; *2. (Tierkreiszeichen)* Capricorn
Steinbruch ['ʃtaɪnbrux] *m* quarry
steinigen ['ʃtaɪnɪgən] *v* stone
Steinzeit ['ʃtaɪntsaɪt] *f HIST* Stone Age
Steißbein ['ʃtaɪsbaɪn] *n ANAT* coccyx
Stelldichein ['ʃtɛldɪçaɪn] *n* appointment, rendezvous
Stelle ['ʃtɛlə] *f 1. (Ort)* place, spot; *auf der ~* on the spot; *auf der ~ treten* get nowhere; *2. (Anstellung)* position, job; *3. (Dienst~)* authority, office, agency
stellen ['ʃtɛlən] *v 1.* put, place; *2. (Wecker)* set; *3. eine Frage ~* ask a question; *4. sich ~ (begeben)* stand; *5. sich einem Herausforderer ~* take on a challenger; *6. sich gut mit jdm ~* put o.s. on good terms with s.o.; *7. auf sich gestellt sein* have to fend for o.s.
Stellenangebot ['ʃtɛlənangəboːt] *n* position offered, vacancy
Stellengesuch ['ʃtɛləngəzuːx] *n* situation wanted
Stellenmarkt ['ʃtɛlənmarkt] *m ECO* job market
Stellenvermittlung ['ʃtɛlənfɛrmɪtluŋ] *f ECO* job placement
stellenweise ['stɛlənvaɪzə] *adv* in places, here and there

Stellenwert ['ʃtɛlənvɛrt] *m (fig)* status, rating, importance
Stellplatz ['ʃtɛlplats] *m (Parkplatz)* parking space
Stellungnahme ['ʃtɛluŋna:mə] *f* comment, opinion, point of view
Stellvertreter(in) ['ʃtɛlfɛrtre:tər(ɪn)] *m/f* representative, agent, deputy
Stenogramm ['ʃtɛnogram] *n* shorthand notes *pl*
Stemmeisen ['ʃtɛmaɪzən] *n TECH* crowbar
stemmen ['ʃtɛmən] *v 1. (heben)* lift; *einen ~ (fam)* knock one back; *2. (fest drücken)* press; *3. (stützen)* prop; *4. (anheben)* lever up; *5. (meißeln)* chisel; *6. sich gegen etw ~* brace o.s. against sth, *(fig)* resist sth; *7. (beim Ski laufen) SPORT* stem
Stempel ['ʃtɛmpəl] *m* stamp, postmark; *jdm seinen ~ aufdrücken (fig)* leave one's mark on s.o.; *den ~ von jdm tragen (fig)* bear the stamp of s.o.
Stempelkissen ['ʃtɛmpəlkɪsən] *n* ink-pad
stempeln ['ʃtɛmpəln] *v* stamp, mark; *~ gehen* to be on the dole
Stenografie [ʃtenogra'fi:] *f* shorthand, stenography
stenografieren [ʃtenogra'fi:rən] *v* stenograph, write shorthand, write in shorthand
Steppe ['ʃtɛpə] *f GEO* steppe
Stepptanz ['ʃtɛptants] *m* tap dance
Sterbehilfe ['ʃtɛrbəhɪlfə] *f* euthanasia
sterben ['ʃtɛrbən] *v irr* die; *Der ist für mich gestorben.* I don't want to have anything more to do with him.
sterblich ['ʃtɛrblɪç] *adj* mortal
stereo ['ste:reo] *adj TECH* stereo
Stereoanlage ['ʃtereoanla:gə] *f* stereo, stereo unit
stereotyp [ʃtereo'ty:p] *adj 1.* stereotype; *adv 2.* in a stereotyped manner
steril [ʃte'ri:l] *adj* sterile, barren, unfruitful
sterilisieren [ʃterili'zi:rən] *v* sterilize
Sterilität [ʃterili'tɛ:t] *f* sterility
Stern [ʃtɛrn] *m* star; *~e sehen (fig)* see stars; *für jdn die ~e vom Himmel holen* go to the ends of the earth and back for s.o.; *nach den ~en greifen* reach for the stars; *in den ~en (geschrieben) stehen* to be (written) in the stars; *unter einem denkbar gutem ~* under a lucky star
Sternschnuppe ['ʃtɛrnʃnupə] *f* shooting star, falling star
Sternwarte ['ʃtɛrnvartə] *f* observatory
stetig ['ʃte:tɪç] *adj 1.* constant; *2. (gleichmäßig)* steady
Stetigkeit ['ʃte:tɪçkaɪt] *f* constancy, steadiness, continuity
stets [ʃte:ts] *adv* always
Steuer ['ʃtɔyər] *f 1. FIN* tax; *n 2. (eines Autos)* steering wheel; *3. NAUT* rudder
steuerbord ['ʃtɔyərbɔrt] *adv NAUT* starboard
steuerfrei ['ʃtɔyərfraɪ] *adj ECO* tax-free, exempt from taxation
Steuerhinterziehung ['ʃtɔyərhɪntərtsi:uŋ] *f ECO* tax evasion
Steuerklasse ['ʃtɔyərklasə] *f ECO* tax bracket
steuerlich ['ʃtɔyərlɪç] *adj 1.* tax; *adv 2.* for tax purposes, for tax reasons
Steuermann ['ʃtɔyərman] *m 1. NAUT* helmsman; *2. (als Rang)* mate
steuern ['ʃtɔyərn] *v 1. (lenken)* steer; *2. (regulieren)* control; *3. INFORM* control
steuerpflichtig ['ʃtɔyərpflɪçtɪç] *adj ECO* taxable, subject to tax
Steuerung ['ʃtɔyəruŋ] *f 1. (das Steuern)* steering; *2. (fig)* control, regulation, management
Steuerzahler ['ʃtɔyərtsa:lər] *m ECO* taxpayer
Steward/Stewardess ['ʃtju:ərt/'ʃtju:a:rdes] *m/f* steward/stewardess
Stich [ʃtɪç] *m 1. (Wespen~)* sting; *2. (Näh~)* stitch; *3. (Messer~)* stab; *4. ART* engraving, cut; *5. jdn im ~ lassen* leave s.o. in the lurch; *6. Du hast wohl einen ~?* You must be mad!
Stichelei [ʃtɪçə'laɪ] *f* taunt, jibe, snide remark
sticheln ['ʃtɪçəln] *v (fig)* taunt, needle, tease
stichhaltig ['ʃtɪçhaltɪç] *adj* valid, solid, sound
Stichprobe ['ʃtɪçpro:bə] *f* spot check, random test
stichprobenartig ['ʃtɪçpro:bənartɪç] *adj 1.* random; *adv 2.* on a random basis
Stichtag ['ʃtɪçta:k] *m* effective date, key date
Stichwort ['ʃtɪçvɔrt] *n 1. (in einem Wörterbuch)* headword; *2. THEAT* cue; *3. (fig)* key word
sticken ['ʃtɪkən] *v* embroider
Sticker ['ʃtɪkər] *m* sticker
stickig ['ʃtɪkɪç] *adj* stuffy, close, suffocating
Stickstoff ['ʃtɪkʃtɔf] *m CHEM* nitrogen
Stiefel ['ʃti:fəl] *m* boot; *jdm die ~ lecken* lick s.o.'s boots; *Das sind zwei Paar ~.* That's something completely different. That's apples and oranges. (fam)
Stiefeltern ['ʃti:fɛltərn] *pl* step-parents
Stiefmutter ['ʃti:fmutər] *f* stepmother

Stiefmütterchen ['ʃtiːfmytərçən] *n BOT* pansy
Stiefvater ['ʃtiːffaːtər] *m* stepfather
Stiel [ʃtiːl] *m* handle, stem, stalk
Stier [ʃtiːr] *m ZOOL* bull; *den ~ bei den Hörnern packen* take the bull by the horns
Stift[1] [ʃtɪft] *m 1. (Nagel ohne Kopf)* pin; *2. (Bleistift)* pencil; *3. (Filzstift)* pen, felt-tipped pen
Stift[2] [ʃtɪft] *1.* charitable foundation; *2. (Seminar)* seminary; *3. (Kloster)* convent
stiften ['ʃtɪftən] *v 1. (schenken)* give, make a present of, endow; *2. (gründen)* establish, found; *3. (fig: verursachen)* cause, provoke, create
Stiftung ['ʃtɪftuŋ] *f 1. (Schenkung)* donation, bequest; *2. (Gründung)* establishment, foundation
Stil [ʃtiːl] *m* style
stilisieren [ʃtili'ziːrən] *v* stylize
stilistisch [ʃti'lɪstɪʃ] *adj* stylistic
still [ʃtɪl] *adj 1. (geräuschlos)* silent, quiet, calm; *2. (friedlich)* peaceful, calm; *3. (ruhig)* quiet, tranquil
Stille ['ʃtɪlə] *f 1.* silence; *2. (Frieden)* peace, calm; *3. (Ruhe)* tranquility
Stillleben ['ʃtɪlleːbən] *n ART* still-life
stilllegen ['ʃtɪlleːgən] *v* shut down, close down
Stilllegung ['ʃtɪlleːguŋ] *f* shutdown, closure
stillen ['ʃtɪlən] *v 1. (säugen)* breast-feed; *2. (Bedürfnis)* satisfy, gratify
stillos ['ʃtiːlloːs] *adj* tasteless, inappropriate
Stillschweigen ['ʃtɪlʃvaɪgən] *n* silence
stillschweigend ['ʃtɪlʃvaɪgənt] *adj* silent, tacit
Stillstand ['ʃtɪlʃtant] *m* standstill, stop, stagnation
stillstehen ['ʃtɪlʃteːən] *v irr 1. MIL* stand at attention; *2. (Person)* stand still; *3. (Maschine)* to be idle
Stilrichtung ['ʃtiːlrɪçtuŋ] *f ART* style, trend
stilvoll ['ʃtiːlfɔl] *adj 1.* in good style, stylish, in good taste; *adv 2.* stylishly, tastefully
Stimmabgabe ['ʃtɪmapgaːbə] *f POL* voting, vote
Stimmband ['ʃtɪmbant] *n ANAT* vocal cord
Stimmbruch ['ʃtɪmbrux] *m* breaking of the voice
Stimme ['ʃtɪmə] *f 1.* voice; *seine ~ wieder finden* regain one's voice; *2. (Wahlstimme) POL* vote
stimmen ['ʃtɪmən] *v 1. (wahr sein)* to be right, to be true, to be correct; *das stimmt* that's right; *2. (Instrument) MUS* tune
Stimmgabel ['ʃtɪmgaːbəl] *f MUS* tuning fork
stimmhaft ['ʃtɪmhaft] *adj* voiced
Stimmrecht ['ʃtɪmrɛçt] *n ECO* right to vote, suffrage
Stimmung ['ʃtɪmuŋ] *f 1.* mood, disposition, spirit; *2. (bei der Truppe)* morale; *3. (Atmosphäre)* atmosphere
Stimmzettel ['ʃtɪmtsɛtəl] *m POL* ballot, voting paper
Stinkbombe ['ʃtɪŋkbɔmbə] *f* stink bomb
stinken ['ʃtɪŋkən] *v irr* stink, smell bad
Stipendium [ʃtɪ'pɛndjum] *n* scholarship
Stirn [ʃtɪrn] *f* forehead; *die ~ runzeln* furrow one's brow; *die ~ haben, etw zu tun* have the gall to do sth; *jdm die ~ bieten* stand up to s.o.; *sich an die ~ fassen* shake one's head in disbelief; *jdm auf der ~ geschrieben stehen* to be written on s.o.'s face
stöbern ['ʃtøːbərn] *v 1. (herumsuchen)* rummage about; *2. (sauber machen)* clean; *3. Es stöbert.* There is a flurry of snow.
stochern ['ʃtɔxərn] *v* poke about; *im Essen ~* pick at one's food; *in den Zähnen ~* pick one's teeth
Stock [ʃtɔk] *m 1. (Stab)* stick; *am ~ gehen* to be in a bad way; *über ~ und Stein* uphill and down dale; *2. (Etage)* floor, storey, story *(US)*
stocken ['ʃtɔkən] *v 1. (zum Stillstand kommen)* come to a standstill, stop; *2. (Blut)* coagulate; *3. (Milch)* curdle; *4. (Herz)* skip a beat; *5. (Geschäfte)* drop off; *6. (Stockflecke bekommen)* turn mouldy
stockend ['ʃtɔkənt] *adj 1.* hesitating; *adv 2.* hesitatingly; *~ sprechen* speak haltingly
Stockwerk ['ʃtɔkvɛrk] *n* storey, floor
Stoff [ʃtɔf] *m 1. (Textil)* material, cloth; *2. (Materie)* matter, substance; *3. (fam: Rauschgift)* dope, stuff
stofflich ['ʃtɔflɪç] *adj* material
Stofftier ['ʃtɔftiːr] *n* stuffed animal
Stoffwechsel ['ʃtɔfvɛksəl] *m BIO* metabolism
stöhnen ['ʃtøːnən] *v* groan, moan
stoisch ['ʃtoːɪʃ] *adj* stoic, stoical
Stollen ['ʃtɔlən] *m (Gebäck) GAST* loaf-shaped pastry containing pieces of fruit
stolpern ['ʃtɔlpərn] *v* stumble, trip
stolz [ʃtɔlts] *adj 1.* proud; *Ich bin ~ auf dich.* I'm proud of you. *2. (hochmütig)* haughty; *3. (anmaßend)* arrogant
Stolz [ʃtɔlts] *m 1.* pride; *2. (Anmaßung)* arrogance
stolzieren [ʃtɔl'tsiːrən] *v* strut, swagger

stopfen ['ʃtɔpfən] *v* 1. *(füllen)* stuff, cram, fill; 2. *(flicken)* patch up, mend; 3. *(Strümpfe)* darn
Stoppel ['ʃtɔpəl] *f* stubble
stoppelig ['ʃtɔpəlɪç] *adj* stubbly
stoppen ['ʃtɔpən] *v* 1. *(anhalten)* stop; 2. *(messen)* time, clock
Stöpsel ['ʃtœpzəl] *m* stopper, cork
stören ['ʃtø:rən] *v* disturb, trouble, bother
Störfaktor ['ʃtø:rfaktɔr] *m* interference factor
Störfall ['ʃtø:rfal] *m TECH* breakdown, accident, malfunction
stornieren [ʃtɔr'ni:rən] *v ECO* cancel
Storno ['ʃtɔrno] *m* 1. *ECO* contra entry, reversal; 2. *(Auftragsstorno) ECO* cancellation
störrisch ['ʃtœrɪʃ] *adj* 1. stubborn, obstinate, headstrong; *adv* 2. obstinately, pigheadedly, wilfully
Störung ['ʃtø:ruŋ] *f* disturbance, inconvenience, annoyance
Stoß [ʃto:s] *m* 1. push; 2. *(Hieb)* knock, blow; 3. *(Anprall)* impact; 4. *(mit einer Waffe)* thrust; 5. *(Stapel)* pile
stoßen ['ʃto:sən] *v irr* 1. push, shove, knock; 2. *auf etw ~* come across sth
Stoßzahn ['ʃto:stsa:n] *m ZOOL* tusk
stottern ['ʃtɔtərn] *v* stutter, stammer
Strafanstalt ['ʃtra:fanʃtalt] *f JUR* penal institution
Strafanzeige ['ʃtra:fantsaɪgə] *f JUR* criminal charge; *~ erstatten gegen* bring a criminal charge against
Strafarbeit ['ʃtra:farbaɪt] *f* extra work (as punishment)
Strafe ['ʃtra:fə] *f* 1. penalty, punishment; 2. *JUR* sentence, penalty
strafen ['ʃtra:fən] *v* punish
Straferlass ['ʃtra:fɛrlas] *m JUR* remission of a sentence
straff [ʃtraf] *adj* 1. *(gespannt)* tight, tense, taut; 2. *(streng)* severe, strict; 3. *(kurz)* concise
straffen ['ʃtrafən] *v* 1. tighten; 2. *(fig: einen Text kürzen)* compress, condense
Straffreiheit ['ʃtra:ffraɪhaɪt] *f JUR* impunity
Strafgefangene(r) ['ʃtrafgəfaŋənə(r)] *m/f* prisoner, convict
Strafgesetzbuch ['ʃtra:fgəzɛtsbu:x] *n JUR* Penal Code, Criminal Code
Straflager ['ʃtra:fla:gər] *n* detention camp, penal camp, prison camp
sträflich ['ʃtrɛ:flɪç] *adj* 1. criminal, punishable, 2. *(unverzeihlich)* unpardonable
Sträfling ['ʃtrɛ:flɪŋ] *m* prisoner, convict
Strafporto ['ʃtra:fpɔrto] *n* surcharge, postage due
Strafpredigt ['ʃtra:fpredɪçt] *f* reprimand, lecture
Strafprozess ['ʃtra:fprotsɛs] *m JUR* criminal proceedings
Strafrecht ['ʃtra:frɛçt] *n JUR* criminal law
strafrechtlich ['ʃtra:frɛçtlɪç] *adj JUR* criminal
Straftat ['ʃtra:fta:t] *f JUR* criminal offence, punishable act
Straftäter ['ʃtra:ftɛ:tər] *m JUR* criminal offender
Strafvollzug ['ʃtra:ffɔltsu:k] *m* 1. *(System) JUR* penal system, prison system; 2. *(Bestrafung) JUR* imprisonment, incarceration
Strafzettel ['ʃtra:ftsɛtəl] *m* 1. traffic ticket, speeding ticket; 2. *(für Falschparken)* parking ticket
Strahl [ʃtra:l] *m* 1. *(Sonnenstrahl)* ray; 2. *(Wasserstrahl)* jet, spout
strahlen ['ʃtra:lən] *v* radiate, beam, shine
Strahler ['ʃtra:lər] *m* spotlight
Strahlung ['ʃtra:luŋ] *f PHYS* radiation
Strähne ['ʃtrɛ:nə] *f* 1. strand; 2. *(Kette von Ereignissen)* string, streak
strähnig ['ʃtrɛ:nɪç] *adj* straggly
stramm [ʃtram] *adj* 1. *(fest sitzend)* tight; 2. *(kräftig)* strapping, robust; 3. *(Haltung)* erect, upright; 4. *(Beine)* sturdy; *adv* 5. *~ arbeiten (fam)* work hard
strampeln ['ʃtrampəln] *v* 1. kick; 2. *(beim Radfahren)* pedal
Strand [ʃtrant] *m* beach, shore
Strang [ʃtraŋ] *m* rope, cord; *am gleichen Strang ziehen* to be after the same thing; *wenn alle Stränge reißen* if worst comes to worst
strangulieren [ʃtraŋgu'li:rən] *v* strangle
Strapaze [ʃtra'patsə] *f* strain, overexertion, fatigue
strapazieren [ʃtrapa'tsi:rən] *v* strain, fatigue, tax
strapazierfähig [ʃtrapa'tsi:rfɛ:ɪç] *adj* sturdy, resilient, heavy-duty
strapaziös [ʃtrapa'tsjø:s] *adj* exhausting, trying
Straße ['ʃtra:sə] *f* 1. road; 2. *(einer Stadt)* street; *über die ~ gehen* cross the street; *jdn auf die ~ werfen* turn s.o. out; *jdn auf die ~ werfen (jdn entlassen)* sack s.o.; *auf der ~ liegen* to be on the street; *auf die ~ gehen (der Prostitution nachgehen)* walk the streets; 3. *(Meerenge) GEO* strait

Straßenbahn ['ʃtra:sənba:n] *f* tram *(UK)*, streetcar *(US)*
Strategie [ʃtrate'gi:] *f* strategy
strategisch [ʃtra'te:gɪʃ] *adj* strategic
sträuben ['ʃtrɔybən] *v sich ~* resist, oppose, fight against
Strauch [ʃtraux] *m BOT* bush, shrub
Strauß[1] [ʃtraus] *m (Blumenstrauß)* bunch, bouquet
Strauß[2] [ʃtraus] *m ZOOL* ostrich
Strebe ['ʃtre:bə] *f* brace, strut
Streber ['ʃtre:bər] *m (fam)* swotter *(UK)*, curve killer *(US)*
strebsam ['ʃtre:pzam] *adj* assiduous, industrious
Strecke ['ʃtrɛkə] *f 1.* stretch; *auf der ~ bleiben* fall by the wayside; *jdn zur ~ bringen* hunt down and capture s.o.; *2. (Entfernung)* distance
strecken ['ʃtrɛkən] *v* stretch
Streich [ʃtraɪç] *m 1. (Schlag)* blow; *auf einen ~* at a stroke; *2. (Schabernack)* prank; *jdm einen ~ spielen* play a joke on s.o.
streicheln ['ʃtraɪçəln] *v* caress, pet
streichen ['ʃtraɪçən] *v irr 1. (berühren)* stroke, rub gently; *2. (auf~)* spread; *3. (an~)* paint; *4. (durch~)* cross out, delete, strike out; *5. (Plan)* cancel; *6. (annullieren)* cancel
Streichholz ['ʃtraɪçhɔlts] *n* match
Streichholzschachtel ['ʃtraɪçhɔltsʃaxtəl] *f* matchbox
Streife ['ʃtraɪfə] *f (Polizei)* patrol
Streifen ['ʃtraɪfən] *m 1. (Band)* strip; *2. (Linie)* stripe, streak; *3. (fam: Film)* picture
Streifzug ['ʃtraɪftsu:k] *m 1.* reconnaissance; *2. (Überblick)* brief survey; *3. (Bummel)* wanderings
Streik [ʃtraɪk] *m* strike
streiken ['ʃtraɪkən] *v* strike
Streikposten ['ʃtraɪkpɔstən] *m ECO* picketer
Streit [ʃtraɪt] *m 1. (Unstimmigkeit)* disagreement, difference; *2. (Wort~)* argument, dispute, quarrel
streiten ['ʃtraɪtən] *v irr 1. (mit Worten)* argue, have a dispute, quarrel; *sich ~ über* argue about; *2. (kämpfen)* fight, struggle
Streitfrage ['ʃtraɪtfra:gə] *f* dispute, point of controversy, issue
Streitgespräch ['ʃtraɪtgəʃprɛ:ç] *n* debate, discussion
Streitkräfte ['ʃtraɪtkrɛftə] *pl MIL* armed forces, armed services, troops
streitsüchtig ['ʃtraɪtzyçtɪç] *adj* belligerent, quarrelsome
Streitwert ['ʃtraɪtvɛrt] *m JUR* amount in dispute
streng [ʃtrɛŋ] *adj 1.* strict, severe, exacting; *adv 2.* strictly, severely; *~ vertraulich* strictly confidential; *~ genommen* strictly speaking
Strenge ['ʃtrɛŋə] *f 1.* strictness, severity; *2. (der Form)* austerity, economy; *3. (des Wetters)* harshness; *4. (des Geschmacks)* acridity, pungency
strengstens ['ʃtrɛŋstəns] *adv* absolutely
Stress [ʃtrɛs] *m* stress
Streu [ʃtrɔy] *f* straw or sawdust spread on the ground
streuen ['ʃtrɔyən] *v 1.* strew, scatter; *2. (Mist)* spread
Strich [ʃtrɪç] *m 1.* stroke, line; *jdm einen ~ durch die Rechnung machen (fig)* thwart s.o.'s plan; *gegen den ~ gehen* go against the grain; *nach ~ und Faden* really, with a vengeance; *Ziehen wir doch einen ~ darunter.* Let's let bygones be bygones. *2. (Pinsel~)* stroke; *3. (Prostitution)* prostitution; *auf den ~ gehen* walk the streets
Strichkode ['ʃtrɪçko:d] *m INFORM* bar code, UPC code *(US)*
Strichmännchen ['ʃtrɪçmænçən] *n* matchstick man
Strichpunkt ['ʃtrɪçpuŋkt] *m* semicolon
Strick [ʃtrɪk] *m* rope, cord; *wenn alle ~e reißen* if worst comes to worst; *jdm aus etw einen ~ drehen* slant sth against s.o.
stricken ['ʃtrɪkən] *v* knit
Strickjacke ['ʃtrɪkjakə] *f* cardigan
Strickleiter ['ʃtrɪklaɪtər] *f* rope ladder
Stricknadel ['ʃtrɪkna:dəl] *f* knitting needle
Striemen ['ʃtri:mən] *m* welt
strikt [ʃtrɪkt] *adj 1.* strict; *adv 2.* strictly, literally
strittig ['ʃtrɪtɪç] *adj* controversial, debatable, contentious
Stroh [ʃtro:] *n* straw; *~ im Kopf haben* to have rocks in one's head, to be as thick as they come
Strohhalm ['ʃtro:halm] *m* straw; *sich an einen ~ klammern* clutch at straws
Strohmann ['ʃtro:man] *m (fig)* scarecrow
Strohwitwe ['ʃtro:vɪtvə] *f* grass-widow
Strom [ʃtro:m] *m 1. (Fluss)* river, stream; *2. (elektrischer ~) TECH* current; *3. (Strömung)* current, stream; *mit dem ~ schwimmen* swim with the tide
Stromausfall ['ʃtro:mausfal] *m* power failure, power outage

strömen ['ʃtrø:mən] *v* *1.* stream, flow; *2.* *(heraus~)* pour
stromlinienförmig ['ʃtro:mli:njənfœrmɪç] *adj* streamlined
Strömung ['ʃtrø:muŋ] *f* current, stream, drift
Strophe ['ʃtro:fə] *f* verse, stanza
strotzen ['ʃtrɔtsən] *v* ~ *von* abound with
Strudel ['ʃtru:dəl] *m* *1.* whirlpool; *2.* *GAST* strudel
Struktur [ʃtruk'tu:r] *f* structure
Strumpf [ʃtrumpf] *m* *1.* sock; *2.* *(Damenstrumpf)* stocking
Strumpfhose ['ʃtrumpfho:zə] *f* tights *pl*
struppig ['ʃtrupɪç] *adj* unkempt
Struwwelpeter ['ʃtruvəlpe:tər] *m* *LIT* shockheaded Peter
Stube ['ʃtu:bə] *f* room, chamber
Stubenhocker ['ʃtu:bənhɔkər] *m* stay-at-home
Stück [ʃtyk] *n* *1.* piece, bit; *ein ~ Brot* a piece of bread; *große ~e auf jdn halten* think the world of s.o.; *2.* *(Abschnitt)* part, portion, fragment; *3.* *THEAT* play
Stuckdecke ['ʃtukdɛkə] *f* decorative stucco ceiling
stückweise ['ʃtykvaɪzə] *adv* *1.* bit by bit, little by little, piecemeal; *2.* *~ verkaufen ECO* sell individually
Student [ʃtu'dɛnt] *m* student
Studentenausweis [ʃtu'dɛntənausvaɪs] *m* student ID card
Studentenheim [ʃtu'dɛntənhaɪm] *n* residence hall, dormitory *(US)*
Studie ['ʃtu:djə] *f* study
Studienrat ['ʃtu:djənra:t] *m* teacher at a secondary school
studieren [ʃtu'di:rən] *v* study, attend university
Studio ['ʃtu:djo] *n* studio
Studium ['ʃtu:djum] *n* studies *pl*
Stufe ['ʃtu:fə] *f* *1.* *(Treppenstufe)* step; *2.* *(Phase)* phase, stage
stufenlos ['ʃtu:fənlo:s] *adj* continuous
stufenweise ['ʃtu:fənvaɪzə] *adv* by steps, gradually, progressively
stufig ['ʃtu:fɪç] *adj* stepped, terraced
Stuhl [ʃtu:l] *m* chair, seat; *zwischen zwei Stühlen sitzen (fig)* sit on the fence; *Ich bin fast vom ~ gefallen.* You could have knocked me over with a feather. *Das reißt einen nicht gerade vom ~.* It's nothing to write home about.
Stuhlgang ['ʃtu:lgaŋ] *m* *MED* bowel movement
stülpen ['ʃtylpən] *v* *1.* *etw über etw ~* put sth over sth; *den Hut auf den Kopf ~* clap on one's hat; *2.* *nach außen ~* turn inside out
stumm [ʃtum] *adj* *1.* dumb, mute; *2.* *(schweigend)* silent
Stummel ['ʃtuməl] *m* *1.* stump; *2.* *(einer Zigarette)* fag *(UK)*, butt *(US)*
Stummfilm ['ʃtumfɪlm] *m* silent film
Stümper ['ʃtympər] *m* *(fam: Versager)* bungler, amateur
stümperhaft ['ʃtympərhaft] *adj* *1.* botched, clumsy, bungling; *adv* *2.* clumsily, incompetently
stumpf [ʃtumpf] *adj* *1.* *(nicht scharf)* blunt; *2.* *(fig: glanzlos)* dull, subdued; *3.* *(fig: teilnahmslos)* apathetic
Stumpf [ʃtumpf] *m* *1.* *(eines Baumes)* stump; *2.* *(einer Extremität)* stump
stumpfsinnig ['ʃtumpfzɪnɪç] *adj* *1.* *(Person)* dull, dim-witted; *2.* *(Arbeit)* tedious, monotonous, stupefying
Stunde ['ʃtundə] *f* *1.* hour; *2.* *(Unterricht)* lesson; *3.* *(fig)* hour, moment; *die ~ der Warheit* the moment of truth; *Seine letzte ~ hat geschlagen.* His time is up.
Stundenplan ['ʃtundənplan] *m* timetable, schedule
Stundenzeiger ['ʃtundəntsaɪgər] *m* hour hand
stündlich ['ʃtyntlɪç] *adj* *1.* hourly; *adv* *2.* hourly, by the hour, on the hour
stupid [ʃtu'pi:t] *adj* *1.* *(Person)* stupid; *2.* *(Arbeit)* tedious, monotonous
stur [ʃtu:r] *adj* pig-headed, stubborn, obstinate
Sturheit ['ʃtu:rhaɪt] *f* stubbornness, obstinacy, pigheadedness
Sturm [ʃturm] *m* *1.* storm; *2.* *~ und Drang LIT* Sturm und Drang (Storm and Stress)
stürmen ['ʃtyrmən] *v* *1.* storm; *2.* *(Wind)* rage; *3.* *(Stürmer spielen) SPORT* play forward
stürmisch ['ʃtyrmɪʃ] *adj* *1.* *(Wetter)* stormy; *2.* *(fig)* turbulent, tempestuous, frantic; *3.* *(leidenschaftlich)* passionate
Sturz [ʃturts] *m* fall, tumble
stürzen ['ʃtyrtsən] *v* *1.* fall, tumble; *2.* *(rennen)* rush, dash; *Er kam ins Zimmer gestürzt.* He burst into the room. *3.* *(durch Coup)* overthrow
Stute ['ʃtu:tə] *f* *ZOOL* mare
Stütze ['ʃtytsə] *f* *1.* support, prop; *die ~n der Gesellschaft* the pillars of society; *2.* *(fig: Unterstützung)* support
stutzen ['ʃtutsən] *v* *1.* *(erstaunt sein)* stop short; *2.* *(kürzen)* trim

stützen ['ʃtytsən] *v 1. (halten)* prop, support; *2. (fig: unter~)* back up, support
stutzig ['ʃtutsɪç] *adj ~ werden* become suspicious
Stützpunkt ['ʃtytspuŋkt] *m MIL* base
stylen ['staɪlən] *v (fam)* design, style
Subjekt [zup'jɛkt] *n* subject
subjektiv [zupjɛk'tiːf] *adj 1.* subjective; *adv 2.* subjectively
Substantiv ['zupstantiːf] *n GRAMM* noun
Substanz [zup'stants] *f CHEM* substance, material
substanziell [zupstan'tsjɛl] *adj* substantial
Substrat [zup'straːt] *n 1.* substratum; *2. TECH* substrate
subtil [sup'tiːl] *adj* subtle
Subtraktion [zuptrak'tsjoːn] *f MATH* subtraction
Subvention [zupvɛn'tsjoːn] *f ECO* subsidy
subventionieren [zupvɛntsjo'niːrən] *v* subsidize
Suche ['zuːxə] *f* search, quest
suchen ['zuːxən] *v 1. etw ~, nach etw ~* look for sth, seek sth, search for sth; *2. Du hast hier nichts zu ~. (fig)* You have no business being here. *seinesgleichen ~* to be unparalleled
Sucht [zuxt] *f MED* addiction
süchtig [zyçtɪç] *adj MED* addicted
Südafrika [zyːt'afrɪka] *n GEO* South Africa
Südamerika [zyːta'meːrɪka] *n GEO* South America
Süden ['zyːdən] *m* south
südlich ['zyːdlɪç] *adj 1.* southern, southerly, south; *adv 2.* south; *~ von* south of
Südpol ['zyːtpoːl] *m GEO* South Pole
Sühne ['zyːnə] *f* atonement, expiation
Sülze ['zyltsə] *f* aspic, head cheese *(US)*
Summe ['zumə] *f* sum, amount
summen ['zumən] *v* hum, buzz
Summer ['zumər] *m* buzzer
summieren [zu'miːrən] *v* sum up, add up
Sumpf [zumpf] *m* swamp, marsh, bog
Sünde ['zyndə] *f* sin
Sündenbock ['zyndənbɔk] *m* scapegoat
Sünder ['zyndər] *m* sinner
sündhaft ['zynthaft] *adj 1.* sinful; *adv 2. ~ teuer* ridiculously expensive
sündig ['zyndɪç] *adj* sinful
sündigen ['zyndɪgən] *v REL* sin, commit a sin
super ['zuːpər] *adj* great, fantastic
Superlativ [zupərla'tiːf] *m GRAMM* superlative
Supermarkt ['zuːpərmarkt] *m* supermarket
Suppe ['zupə] *f GAST* soup, broth; *jdm die ~ versalzen (fig)* spoil s.o.'s fun; *sich eine schöne ~ einbrocken* get o.s. into a pretty pickle; *Du musst die ~ auslöffeln, die du dir eingebrockt hast. (fig)* You've made your bed, now you've got to lie in it.
surfen ['zøːrfən] *v SPORT* surf
Surrealismus [zyrea'lɪsmus] *m ART* surrealism
surren ['zurən] *v 1.* whir, hum; *2. (Insekt)* buzz
suspendieren [zuspɛn'diːrən] *v* suspend
süß [zyːs] *adj 1. (Geschmack)* sweet; *2. (niedlich)* sweet, cute
Süßigkeiten ['zyːsɪçkaɪtən] *pl* sweets
Süßstoff ['zyːsʃtɔf] *m* sweetener
Süßwasser ['syːsvasər] *n* freshwater
Symbol [zym'boːl] *n* symbol
symbolisch [zym'boːlɪʃ] *adj* symbolic
Symmetrie [zyme'triː] *f MATH* symmetry
symmetrisch [zy'meːtrɪʃ] *adj 1.* symmetric; *adv 2.* symmetrically
Sympathie [zympa'tiː] *f* sympathy
Sympathisant [zympati'zant] *m POL* sympathizer
sympathisch [zym'paːtɪʃ] *adj* likable, nice, appealing; *Er ist mir ~.* I like him.
sympatisieren [zympati'ziːrən] *v ~ mit* sympathize with
Symptom [zymp'toːm] *n* symptom
symptomatisch [zympto'maːtɪʃ] *adj* symptomatic
Synagoge [zyna'goːgə] *f REL* synagogue
synchron [zyn'kroːn] *adj* synchronous
Synchronisation [zynkroniza'tsjoːn] *f CINE* dubbing
synchronisieren [zynkroni'ziːrən] *v 1. CINE* dub; *2. (Getriebe) TECH* synchronise
Syndrom [zyn'droːm] *n MED* syndrome
Synonym [zyno'nyːm] *n LING* synonym
synthetisch [zyn'teːtɪʃ] *adj* synthetic
System [zys'teːm] *n* system
systematisch [zyste'maːtɪʃ] *adj* systematic
Szenario [stse'naːrjo] *n* scenario
Szene ['stseːnə] *f 1.* scene; *2. CINE* scene, sequence, *(~naufnahme)* shot
Szenenapplaus ['stseːnənaplaus] *m* applause (during a performance)
Szenenwechsel ['stseːnənvɛksəl] *m* scene change
Szenerie [stseːnə'riː] *f* scenery

T

Tabak ['tabak] *m* tobacco
Tabelle [ta'bɛlə] *f 1.* table, chart; *2. SPORT* table *(UK),* standings *pl*
Tablett [ta'blɛt] *n* tray
Tablette [ta'blɛtə] *f MED* tablet, pill
tabu [ta'bu:] *adj* taboo
tabuisieren [tabui'zi:rən] *v* taboo
Tachometer [taxo'me:tər] *m* speedometer
Tadel ['ta:dəl] *m* reproach, reproof, criticism
tadellos ['ta:dəllo:s] *adj 1.* faultless, blameless, irreproachable; *adv 2.* perfectly, flawlessly, faultlessly
tadeln ['ta:dəln] *v 1.* rebuke; *2. (bekritteln)* find fault with
Tafel ['ta:fəl] *f 1. (Schultafel)* blackboard, chalkboard; *2. (Schalttafel) TECH* switchboard; *3. (gedeckter Tisch)* dinner table; *4. (Schokoladentafel)* bar
täfeln ['tɛ:fəln] *v* panel
Täfelung ['tɛ:fəluŋ] *f* panelling
Tag [ta:k] *m* day; *Guten ~!* Hello! *jeden zweiten ~* every other day; *einen freien ~ haben* have a day off; *Das ist nicht mein ~.* This isn't my day. *den ganzen ~* all day long; *~ für ~, ~ um ~* day after day; *vor acht ~en* a week ago; *bis auf den heutigen ~* to this day; *etw an den ~ bringen* bring sth to light; *etw an den ~ legen* display sth; *an den ~ kommen* come to light; *unter ~e* below ground; *in den ~ hineinleben* live from day to day
Tagebuch ['ta:gəbu:x] *n* diary, journal
Tagelöhner ['ta:gəlø:nər] *m* day labourer
tagen ['ta:gən] *v 1. (Tag werden)* dawn; *2. (eine Tagung abhalten)* meet, sit
Tagesanbruch ['ta:gəsanbrux] *m* daybreak, dawn
Tagesordnung ['ta:gəsɔrdnuŋ] *f* agenda; *an der ~ sein (fig)* to be the order of the day; *zur ~ übergehen* carry on as usual
täglich ['tɛ:klɪç] *adj* daily, every day
Tagung ['ta:guŋ] *f* meeting, conference
Taille ['taljə] *f* waist
Takt [takt] *m 1. (Feingefühl)* tact; *2. MUS* time, bar; *den ~ angeben* call the tune; *aus dem ~ kommen* lose the beat, to be put off one's stroke (fig); *jdn aus dem ~ bringen* put s.o. off his stroke
Taktik ['taktɪk] *f* tactics
taktlos ['taktlo:s] *adj 1.* tactless; *adv 2.* tactlessly
Tal [ta:l] *n* valley
Talent [ta'lɛnt] *n* talent
talentiert [talɛn'ti:rt] *adj* talented, gifted
Talisman ['ta:lɪsman] *m* talisman
talwärts ['ta:lvɛrts] *adv* down into the valley
Tampon ['tampɔ̃] *m* tampon
Tandem ['tandɛm] *n* tandem
Tangente [taŋ'gɛntə] *f 1. MATH* tangent; *2. (Umgehungsstraße)* ring road, bypass
tangieren [taŋ'gi:rən] *v (fig)* affect, concern
Tank [taŋk] *m* tank
tanken ['taŋkən] *v* refuel, fill up, get petrol *(UK),* get gas *(US); voll ~* fill up
Tankstelle ['taŋkʃtɛlə] *f* petrol station *(UK),* gas station *(US)*
Tanne ['tanə] *f BOT* firtree
Tante ['tantə] *f 1.* aunt; *2. (fam: Frau)* female (fam)
Tanz [tants] *m* dance
tanzen ['tantsən] *v* dance; *nach jds Pfeife ~ (fig)* dance to s.o.'s tune (fig)
Tänzer(in) ['tɛntsər(ɪn)] *m/f* dancer
Tapete [ta'pe:tə] *f* wallpaper; *die ~n wechseln (fig)* have a change of scenery
tapfer ['tapfər] *adj 1.* brave, courageous, plucky; *2. (heldenhaft)* valiant
Tapferkeit ['tapfərkaɪt] *f* bravery, valour
Tarif [ta'ri:f] *m* tariff, rate, scale of charges
Tarifgruppe [ta'ri:fgrupə] *f ECO* pay grade
Tarifkonflikt [ta'ri:fkɔnflɪkt] *m ECO* conflict over wages
tarnen ['tarnən] *v* mask, camouflage, screen
Tarnung ['tarnuŋ] *f* masking, screening, camouflage
Tasche ['taʃə] *f 1. (Handtasche)* handbag, purse *(US); 2. (Aktentasche)* briefcase; *3. (Hosentasche)* pocket; *jdn in die ~ stecken (fam)* to be more than a match for s.o. *jdm auf der ~ liegen (fig)* live off s.o. *tief in die ~ greifen müssen (fig)* have to fork out a lot of cash (fam); *etw aus eigener ~ bezahlen* pay for sth out of one's own pocket; *jdm Geld aus der ~ ziehen (fig)* get s.o. to part with his money; *etw in die eigene ~ stecken (fig)* line one's pockets
Taschendieb(in) ['taʃəndi:p(ɪn)] *m/f* pickpocket
Taschengeld ['taʃəngɛlt] *n* pocket-money
Taschenlampe ['taʃənlampə] *f* torch *(UK),* flashlight *(US)*

Taschentuch ['taʃəntuːx] *n* handkerchief
Tasse ['tasə] *f* cup, mug; *nicht alle ~n im Schrank haben (fig)* to be not all there (fam), to be round the bend; *eine trübe ~ (fam)* a killjoy
Tastatur [tasta'tuːr] *f* keyboard
Taste ['tastə] *f* key, button
tasten ['tastən] *v* feel, touch; *nach etw ~* grope for sth
Tastenzwang ['tastəntsvaŋ] *m INFORM* keyboard compulsion
Tat [taːt] *f 1. (Handlung)* act, deed, action; *jdn auf frischer ~ ertappen* catch s.o. in the act (of doing sth); *2. (Straftat)* criminal act, criminal offence; *3. in der ~* indeed; *4. in der ~ (wider Erwarten)* actually, in point of fact
Täter ['tɛːtər] *m* perpetrator, culprit
tätigen ['tɛːtɪgən] *v* transact
Tätigkeit ['tɛːtɪçkaɪt] *f 1.* activity; *2. (Beruf)* occupation, job
tatkräftig ['taːtkrɛftɪç] *adj 1.* active, energetic; *adv 2.* actively, energetically
Tätowierung [tɛːto'viːruŋ] *f* tattoo
Tatsache ['taːtzaxə] *f* fact, matter of fact; *jdn vor vollendete ~n stellen* confront s.o. with a fait accompli; *vollendete ~n schaffen* create a fait accompli; *~!* Really!
tatsächlich ['taːtzɛçlɪç] *adj 1.* actual, real; *adv 2.* actually, in fact, as a matter of fact
Tau¹ [tau] *m* dew
Tau² [tau] *n (Seil)* rope, cable
taub [taup] *adj 1.* deaf; *2. (ohne Gefühl)* numb
Taube ['taubə] *f ZOOL* pigeon
taubstumm ['taupʃtum] *adj* deaf and dumb
tauchen ['tauxən] *v* dive, plunge, dip
Taucher ['tauxər] *m* diver
tauen ['tauən] *v 1. (Schnee, Eis)* thaw; *2. NAUT* tow
Taufe ['taufə] *f REL* christening, baptism; *etw aus der ~ heben* launch sth
taufen ['taufən] *v REL* christen, baptize
Taufpate ['taufpaːtə] *m REL* godfather
taugen ['taugən] *v* to be suitable, to be fit
Tauglichkeit ['tauklɪçkaɪt] *f* fitness, suitability
taumeln ['tauməln] *v* reel, lurch, stagger
Tausch [tauʃ] *m* trade, exchange, swap
tauschen ['tauʃən] *v* trade, exchange, swap
täuschen ['tɔyʃən] *v 1. (jdn ~)* deceive, delude, trick; *2. sich ~* delude o.s., to be mistaken
Täuschung ['tɔyʃuŋ] *f 1.* deception; *2. (Selbsttäuschung)* delusion
Tausendfüßler ['tauzəntfyːslər] *m ZOOL* millipede
Taxi ['taksi] *n* taxi
Team [tiːm] *n* team
Teamarbeit ['tiːmarbaɪt] *f* teamwork
Technik ['tɛçnɪk] *f 1.* technology; *2. (Aufbau)* mechanics *pl; 3. (Verfahren)* technique
Technologie [tɛçnolo'giː] *f* technology
Tee [teː] *m* tea
Teer [teːr] *m* tar
Teich [taɪç] *m* pond, pool
Teig [taɪk] *m* dough, batter
Teil [taɪl] *m 1.* part; *sich seinen ~ denken* have one's own thoughts on the matter; *für meinen ~* I for my part; *2. (Anteil)* portion; *seinen ~ kriegen* get one's share; *seinen ~ weghaben* have had one's share; *3. (Abschnitt)* section; *4. (Bestandteil)* element
Teilchen ['taɪlçən] *n* particle
teilen ['taɪlən] *v 1. (trennen)* separate, divide, split; *2. (fig: gemeinsam haben)* share
teilhaben ['taɪlhaːbən] *v irr ~ an* participate in, share in, have a part in
Teilhaber ['taɪlhaːbər] *m ECO* partner, associate
Teilnahme ['taɪlnaːmə] *f* participation, attendance
teilnahmslos ['taɪlnaːmsloːs] *adj 1.* unconcerned, indifferent; *adv 2.* indifferently
teilnehmen ['taɪlneːmən] *v irr* participate, take part
Teilnehmer(in) ['taɪlneːmər(ɪn)] *m/f 1.* participant; *2. TEL* subscriber, party
Teilung ['taɪluŋ] *f* division
teilweise ['taɪlvaɪzə] *adv 1.* partly, partially, in part; *2. (manchmal)* sometimes
Teint [tɛ̃] *m* complexion
Telefax ['telefaks] *n* fax, facsimile transmission
Telefon [tele'foːn] *n* telephone, phone
telefonieren [telefo'niːrən] *v* telephone, phone, make a telephone call
Telefonzelle [tele'foːntsɛlə] *f* call-box *(UK)*, pay phone *(US)*
telegrafieren [telegra'fiːrən] *v* telegraph, wire, send a telegram
Telegramm [tele'gram] *n* telegram
Teleskop [teles'koːp] *n TECH* telescope
Teller ['tɛlər] *m 1. (flach)* plate, dinner-plate; *2. (tief)* soup-plate
Tempel ['tɛmpəl] *m* temple
Temperament [tempera'mɛnt] *n 1.* temperament, disposition; *2. (Lebhaftigkeit)* vivacity
temperamentvoll [tempera'mɛntfɔl] *adj* spirited

Temperatur [tempera'tuːr] *f* temperature
Tempo ['tɛmpo] *n* speed, pace; *~ machen* get a move on
temporär [tɛmpo'rɛːr] *adj* temporary
Tendenz [tɛn'dɛnts] *f* tendency
tendieren [tɛn'diːrən] *v* tend, to be inclined, show a tendency
Tenor [te'noːr] *m MUS* tenor
Teppich ['tɛpɪç] *m* carpet; *etw unter den ~ kehren (fig)* push sth under the rug; *auf dem ~ bleiben (fig)* keep one's feet on the ground, stay down-to-earth
Termin [tɛr'miːn] *m 1. (Datum)* date; *2. (Frist)* term, deadline; *3. (Verabredung)* appointment; *4. (Verhandlung) JUR* hearing
Terminal ['tœrminəl] *m 1. (im Flughafen)* terminal; *2. INFORM* terminal
Terminologie [tɛrmɪnolo'giː] *f* terminology
Terrasse [tɛ'rasə] *f* terrace
Terrine [tɛ'rinə] *f* tureen
Territorium [tɛri'toːrjum] *n* territory
Terror ['tɛrɔr] *m* terror
terrorisieren [tɛrɔri'ziːrən] *v* terrorize
Terrorismus [tɛrɔ'rɪsmus] *m* terrorism
Test [tɛst] *m* test
Testament [tɛsta'mɛnt] *n* testament, will
testen ['tɛstən] *v* test
teuer ['tɔyər] *adj 1.* expensive, costly; *2. (fig)* dear, cherished; *Das wird dich ~ zu stehen kommen!* You'll pay dearly for that!
Teufel ['tɔyfəl] *m* devil; *den ~ an die Wand malen* tempt fate; *den ~ im Leib haben* to be wild and uncontrollable; *sich den ~ um etw scheren* not give a damn about sth; *in ~s Küche kommen* get into a hell of a mess; *auf ~ komm raus arbeiten* work like the devil; *jdn zum ~ schicken* tell s.o. to go to hell, tell s.o. to get lost; *Da war der ~ los.* All hell was let loose. *Scher dich zum ~!* Get lost!
Teufelskreis ['tɔyfəlskraɪs] *m (fig)* vicious circle
teuflisch ['tɔyflɪʃ] *adj* devilish, diabolical
Text [tɛkst] *m* text
texten ['tɛkstən] *v 1. (Werbetext)* write copy; *2. (Schlagertext)* write lyrics
textil [tɛks'tiːl] *adj* textile
Theater [te'aːtər] *n 1. (Schauspielhaus)* theatre; *Sie spielt nur ~.* She's just putting it on. *2. (fig: Aufregung)* fuss, din, scene
Theaterkasse [te'aːtərkasə] *f* box-office
theatralisch [tea'traːlɪʃ] *adj 1. (fig)* melodramatic, theatrical; *adv 2. (fig)* melodramatically
Theke ['teːkə] *f* counter, bar
Thema ['teːma] *n 1.* subject, topic; *2. MUS* theme
Thematik [te'maːtɪk] *f* subject matter
Theologie [teolo'giː] *f* theology
theoretisch [teo'reːtɪʃ] *adj 1.* theoretic, theoretical; *adv 2.* theoretically, in theory
Theorie [teo'riː] *f* theory
Therapeut [tera'pɔyt] *m* therapist
Therapie [tera'piː] *f* therapy
Thermometer [tɛrmo'meːtər] *n* thermometer
Thermoskanne ['tɛrmɔskanə] *f* thermos, vacuum flask
These ['teːzə] *f* thesis, hypothesis
Thron [troːn] *m* throne; *von seinem ~ herabsteigen (fig)* come down off one's high horse (fig); *jdn vom ~ stoßen* dethrone s.o.
tief [tiːf] *adj 1.* deep; *~ gehend* deep; *~ gehend (Schmerz)* intense; *~ gehend (gründlich)* thorough; *im ~sten Niederbayern (fam)* in the heart of Lower Bavaria; *2. (Temperatur)* low; *3. (fig: tief schürfend)* profound, deep; *adv 4. (stark)* heavily, deeply; *5. (schlafen)* soundly
Tiefe ['tiːfə] *f* depth
Tiefgarage ['tiːfgaraːʒə] *f* underground parking
tiefgreifend ['tiːfgraɪfənt] *adj* profound, penetrating, far-reaching
tiefsinnig ['tiːfzɪnɪç] *adj* deep, profound
tiefstapeln ['tiːfʃtaːpəln] *v (fig)* sell o.s. short
Tier [tiːr] *n* animal; *ein hohes ~ (fam)* a big shot
Tierarzt ['tiːrartst] *m* veterinarian, veterinary surgeon
Tiger ['tiːgər] *m ZOOL* tiger
tilgen ['tɪlgən] *v ECO* redeem, repay, pay off
Tilgung ['tɪlguŋ] *f ECO* repayment, redemption, amortization
Tinte ['tɪntə] *f* ink; *in der ~ sitzen (fam)* to be in the soup
tippen ['tɪpən] *v 1. (berühren)* tap, touch gently; *2. (Maschine schreiben)* type; *3. (vermuten)* make a guess; *4. (wetten)* put money on, lay a bet on
Tisch [tɪʃ] *m* table; *reinen ~ machen* make a clean sweep; *am grünen ~ (fig)* at the conference table; *eine Konferenz am runden ~* a round-table conference; *jdn über den ~ ziehen* take s.o. to the cleaners
Titel ['tiːtəl] *m* title
titulieren [titu'liːrən] *v 1.* call, address; *2. (Buch)* title, entitle

Toast [to:st] *m* toast; *einen ~ auf jdn ausbringen* propose a toast to s.o.
toben ['to:bən] *v 1. (tollen)* romp; *2. (stürmen)* rage, roar; *3. (wütend sein)* rage
Tochter ['tɔxtər] *f* daughter
Tod [to:t] *m* death; *den ~ vor Augen* at death's door; *tausend ~e sterben* die a thousand deaths, to be worried stiff; *jdn auf den ~ nicht leiden können* hate s.o. like poison, hate s.o.'s guts
Todesurteil ['to:dəsurtaɪl] *n* death sentence
tödlich ['tø:tlɪç] *adj 1.* fatal, deadly, lethal; *adv 2.* fatally, mortally, lethally
Toilette [toa'lɛtə] *f (WC)* lavatory, toilet, men's room/ladies' room
tolerant [tɔlə'rant] *adj* tolerant
Toleranz [tɔlə'rants] *f* tolerance
tolerieren [tɔlə'ri:rən] *v* tolerate
tollkühn ['tɔlky:n] *adj 1.* foolhardy, rash, reckless; *adv 2.* rashly, recklessly
tollpatschig ['tɔlpatʃɪç] *adj (fam)* clumsy, awkward, ham-handed
Tollwut ['tɔlvu:t] *f MED* rabies
Tölpel ['tœlpəl] *m* blockhead
Tomate [to'ma:tə] *f BOT* tomato; *eine treulose ~ sein* to be unreliable; *~n auf den Augen haben* fail to see sth
Tombola ['tɔmbola] *f* tombola *(UK)*, lottery
Ton¹ [to:n] *m 1. (Laut)* sound, tone; *jdn in den höchsten Tönen loben (fam)* praise s.o. to the skies; *große Töne spucken (fam)* talk big; *2. MUS* tone, note; *den ~ angeben* call the tune; *einen anderen ~ anschlagen* change one's tune; *3. (Umgangston)* tone, fashion; *sich im ~ vergreifen* speak out of turn
Ton² [to:n] *m (Lehm)* clay
Tonband ['to:nbant] *n* tape
tönen ['tø:nən] *v 1. (klingen)* sound, ring; *2. (färben)* tint, tone; *3. (fig: prahlen)* boast
Tonlage ['to:nla:gə] *f MUS* pitch
Tonne ['tɔnə] *f 1. (Gefäß)* barrel, cask, tub; *2. (Maßeinheit)* ton
Tönung ['tø:nuŋ] *f* tint, tone
Topf [tɔpf] *m* pot, *(Kochtopf)* saucepan; *alles in einen ~ werfen* lump everything together; *wie ~ und Deckel zusammenpassen* suit each other down to the ground
töpfern ['tœpfərn] *v* make pottery
Tor¹ [to:r] *n 1. (Tür)* gate, door, gateway; *2. SPORT* goal; *3. (Treffer)* goal
Tor² [to:r] *m (Dummkopf)* fool
Torheit ['to:rhaɪt] *f* foolishness, silliness
töricht ['tø:rɪçt] *adj 1.* foolish, silly; *adv 2.* foolishly
Torte ['tɔrtə] *f GAST* cake, tart
Tortur [tɔr'tu:r] *f* torture
tot [to:t] *adj 1.* dead; *mehr ~ als lebendig* more dead than alive; *sich ~ stellen* play dead
total [to'ta:l] *adj 1.* total, complete; *adv 2.* totally, completely, utterly
totalitär [totali'tɛ:r] *adj 1.* totalitarian; *adv 2.* in a totalitarian manner
Tote(r) ['to:tə(r)] *m/f* dead person
töten ['tø:tən] *v* kill
Toupet [tu'pe:] *n* toupée, hairpiece
Tour [tu:r] *f 1.* tour; *auf vollen ~en laufen* to be in full swing; *jdn auf ~en bringen* spur s.o. into action; *2. (Umdrehung)* turn; *in einer ~ (fig)* without stopping; *3. (Fahrt)* trip; *4. (fig)* way, manner; *krumme ~en* shady dealings
Tourismus [tu'rɪsmus] *m* tourism
Tourist(in) [tu'rɪst(ɪn)] *m/f* tourist
Tournee [tur'ne:] *f* tour
Trab [tra:p] *m* trot; *jdn auf ~ bringen* make s.o. get a move on; *auf ~ sein* to be on the go
Trabant [tra'bant] *m* satellite
traben ['tra:bən] *v* trot
Tracht [traxt] *f 1. (Traglast)* load; *2. (Kleidung)* folkloric costume
trachten ['traxtən] *v 1. nach etw ~* aim at sth, strive for sth, aspire to sth; *2. (~ etw zu tun)* endeavour, try
Tradition [tradits'jo:n] *f* tradition
traditionell [traditsjo:'nɛl] *adj* traditional; *adv* traditionally
Trafo ['tra:fo] *m (fam) TECH* transformer
Trage ['tra:gə] *f* stretcher, litter
träge ['trɛ:gə] *adj 1.* lazy, idle; *2. PHYS* inert
tragen ['tra:gən] *v irr 1.* carry; *für etw Sorge ~* see to sth; *2. (am Körper ~)* wear
Trägheit ['trɛ:khaɪt] *f 1.* laziness, indolence, lethargy; *2. PHYS* inertia
Tragik ['tra:gɪk] *f* tragedy
tragisch ['tra:gɪʃ] *adj* tragic
Tragödie [tra'gø:djə] *f* tragedy
Tragweite ['tra:kvaɪtə] *f 1.* range; *2. (fig)* magnitude, scope, implications *pl*
Trainer(in) ['trɛ:ɪnər(ɪn)] *m/f SPORT* coach
trainieren [trɛ:'ni:rən] *v* train
Traktor ['traktɔr] *m AGR* tractor
trällern ['trɛlərn] *v* hum, warble, trill
trampeln ['trampəln] *v* trample
trampen ['trɛmpən] *v* hitch-hike
Tramper(in) ['trɛmpər(ɪn)] *m/f* hitch-hiker
Trance [trɑ̃s] *f* trance
Träne ['trɛ:nə] *f* tear; *in ~n ausbrechen* burst into tears

tränen ['trɛ:nən] *v* water
Tränke ['trɛŋkə] *f* watering hole
Transaktion [tranzakts'jo:n] *f* transaction
transferieren [transfe'ri:rən] *v* transfer
Transformator [transfɔr'ma:tɔr] *m TECH* transformer
transparent [transpa'rɛnt] *adj* transparent
Transparent [transpa'rɛnt] *n 1.* transparency; *2. (Spruchband)* banner
transpirieren [transpi'ri:rən] *v* perspire
Transport [trans'pɔrt] *m* transport
transportieren [transpor'ti:rən] *v* transport
Trapez [tra'pe:ts] *n 1. (Turnen)* trapeze; *2. MATH* trapezium, trapezoid *(US)*
Trasse ['trasə] *f* route
Tratsch [tra:tʃ] *m (fam)* gossip
tratschen ['tra:tʃən] *v (fam)* gossip
Traube ['traubə] *f BOT* grape
trauen ['trauən] *v 1. (verheiraten)* marry; *2. (vertrauen)* trust; *3. sich ~* dare
Trauer ['trauər] *f* mourning, sadness, grief
trauern ['trauərn] *v* grieve, mourn
Traum [traum] *m* dream; *Das würde mir nicht im ~ einfallen!* I wouldn't dream of it! *Aus der ~!* It's all over! Back to reality!
Trauma ['trauma] *n MED* trauma
träumen ['trɔymən] *v* dream; *Das hätte sie sich nicht ~ lassen.* She would never have imagined that; *possible.*
traumhaft ['traumhaft] *adj 1. (wie im Traum)* dreamlike; *2. (fig)* wonderful, fantastic
traurig ['traurɪç] *adj* sad
Trauung ['trauuŋ] *f 1. (kirchlich)* church wedding; *2. (standesamtlich)* marriage ceremony
Trauzeuge ['trautsɔygə] *m* witness to a marriage
treffen ['trɛfən] *v irr 1.* hit, strike; *2. (begegnen)* meet, encounter, run into
treffend ['trɛfənt] *adj* pertinent, apt, appropriate
Treffer ['trɛfər] *m 1.* hit; *2. (fig: Glückstreffer)* lucky hit; *3. (Tor) SPORT* goal
treiben ['traɪbən] *v irr 1. (antreiben)* drive, incite, urge; *sich zum Äußersten getrieben sehen* to be driven to extremes; *2. (Unsinn, Unfug)* to be up to; *3. (fig: betreiben)* do, carry on; *es zu weit ~* go too far; *4. (Beruf)* pursue; *5. (im Wasser ~)* float
Treiben ['traɪbən] *n* activity, stir, bustle
Trend [trɛnt] *m* trend
trennen ['trɛnən] *v* separate, divide, split
Trennung ['trɛnuŋ] *f* separation, division, partition
Treppe ['trɛpə] *f* staircase, flight of steps; *die ~ hinauffallen* to be kicked upstairs (fam)
Treppenhaus ['trɛpənhaus] *n* staircase
Tresen ['tre:zən] *m GAST* bar, counter
Tresor [tre'zo:r] *m 1.* strongroom, vault; *2. (Panzerschrank)* safe
treten ['tre:tən] *v irr 1. (gehen)* tread, walk, step; *in jds Fußstapfen ~* follow in s.o.'s footsteps; *kürzer ~ (fig)* ease up; *2. (Fußtritt geben)* kick
treu [trɔy] *adj* faithful, true, loyal
Treue ['trɔyə] *f* faithfulness, fidelity
Treuhänder ['trɔyhɛndər] *m JUR* fiduciary, trustee
treuherzig ['trɔyhɛrtsɪç] *adj 1. (offen)* candid; *2. (ohne Falsch)* guileless; *3. (naiv)* naive
treulos ['trɔylo:s] *adj* faithless, disloyal
Tribüne [tri'by:nə] *f 1.* platform; *2. (Zuschauertribüne)* stands *pl,* terraces *pl (UK)*
Tribut [tri'bu:t] *m* tribute; *jdm ~ zollen (fig)* pay tribute to s.o.
Trichter ['trɪçtər] *m* funnel; *auf den richtigen ~ kommen* catch on; *jdn auf den richtigen ~ bringen* give s.o. a clue
Trick [trɪk] *m* trick; *~ siebzehn* a special trick
Trieb [tri:p] *m 1. BOT* shoot; *2. (Drang)* drive, instinct, inclination
Triebtäter ['tri:ptɛtər] *m* sex offender
triefen ['tri:fən] *v irr 1.* drip; *2. (Nase)* run
trimmen ['trɪmən] *v 1. sich ~ (Sport treiben)* keep fit; *2. (fam: herrichten)* do up
trinken ['trɪŋkən] *v irr* drink; *auf jds Gesundheit ~* drink to s.o.'s health
Trinkgeld ['trɪŋkgɛlt] *n* tip
Trinkwasser ['trɪŋkvasər] *n* drinking water
Trio ['trio] *n* trio
Tritt [trɪt] *m 1.* step, pace, footstep; *2. (Fußtritt)* kick
Triumph [tri'umpf] *m* triumph
triumphieren [trium'fi:rən] *v* triumph, exult, to be jubilant
trivial [tri'vja:l] *adj* trivial
trocken ['trɔkən] *adj 1.* dry; *auf dem Trockenen sitzen* to be left high and dry; *2. (dürr)* arid
Trockenheit ['trɔkənhaɪt] *f 1.* dryness; *2. (Trockenperiode)* drought
trocknen ['trɔknən] *v* dry
Trödler ['trø:dlər] *m 1.* dawdler, slow-coach *(UK),* slowpoke *(US); 2. (Händler)* second-hand dealer, junk dealer
Trog [tro:k] *m* trough
Trommel ['trɔməl] *f MUS* drum
Trommelfell ['trɔməlfɛl] *n ANAT* ear-drum
trommeln ['trɔməln] *v* drum

Trompete [trɔm'pe:tə] *f MUS* trumpet
Tropen ['tro:pən] *pl GEO* tropics
tropfen ['trɔpfən] *v* drip
Tropfen ['trɔpfən] *m* drop; *ein ~ auf dem heißen Stein sein* to be a drop in the ocean
Trophäe [tro'fɛ:ə] *f* trophy
tropisch ['tro:pɪʃ] *adj* tropical
Trost [tro:st] *m* consolation, comfort; *nicht ganz bei ~ sein (fam)* to be off one's rocker
trösten ['trø:stən] *v* console, comfort
trostlos ['tro:stlo:s] *adj 1. (Mensch)* inconsolable; *2. (Lage)* hopeless; *3. (Gegend)* dismal, bleak, dreary
Trostlosigkeit ['tro:stlo:zɪçkaɪt] *f* desolation, hopelessness, dreariness
Trott [trɔt] *m (fig)* routine
Trottel ['trɔtəl] *m (fam)* fool, idiot
trotz [trɔts] *prep* despite, in spite of, notwithstanding; *~ der Hitze* despite the heat
trotzdem ['trɔtsde:m] *konj 1.* nevertheless, nonetheless, all the same; *adv 2.* still, nevertheless, all the same
trotzen ['trɔtsən] *v 1. (widerstehen)* defy; *2. (schmollen)* sulk, mope
trotzig ['trɔtsɪç] *adj 1. (schmollend)* sulky, sullen; *2. (eigensinnig)* defiant, obstinate
trüb [try:p] *adj 1. (undurchsichtig)* murky, dull, clouded; *2. (matt)* dim, dull; *3. (regnerisch)* murky
Trubel ['tru:bəl] *m* racket, turmoil
trüben ['try:bən] *v 1. (Flüssigkeit)* make thick, make muddy, cloud; *2. (fig: Stimmung)* spoil, darken, cast a cloud on
Trübsinn ['try:pzɪn] *m* sadness, gloom, melancholy
trübsinnig ['try:pzɪnɪç] *adj* sad, dismal, gloomy
Trug [tru:k] *m 1.* deception; *Lug und ~* lies and deception; *2. (der Sinne)* delusion
Trugbild ['tru:kbɪlt] *n* hallucination
trügerisch ['try:gərɪʃ] *adj* deceitful, deceptive, delusive
Trugschluss ['tru:kʃlus] *m* fallacy
Truhe ['tru:ə] *f* chest, trunk
Truppe ['trupə] *f 1. MIL* troops *pl; von der schnellen ~ sein (fam)* to be a speedy Gonzalez; *2. THEAT* company
Truthahn ['tru:tha:n] *m* turkey
tschüss [tʃy:s] *interj* bye, so long, see you
Tube ['tu:bə] *f* tube; *auf die ~ drücken (fig)* get a move on
Tuch [tu:x] *n 1. (Lappen)* cloth; *2. (Stoff)* woollen fabric; *3. (Halstuch)* scarf; *4. ein rotes ~ für jdn sein* make s.o. see red
tüchtig ['tyçtɪç] *adj 1.* capable, efficient; *2. (fam: ziemlich groß)* pretty big; *adv 3. (fam)* thoroughly
Tücke ['tykə] *f 1.* malice, spite; *2. (Hinterlist)* insidiousness, treachery
tückisch ['tykɪʃ] *adj 1.* malicious, spiteful
Tugend ['tu:gənt] *f* virtue; *aus der Not eine ~ machen* make a virtue of necessity
tugendhaft ['tu:gənthaft] *adj* virtuous
Tulpe ['tulpə] *f BOT* tulip
Tumor ['tu:mor] *m MED* tumour, growth
Tümpel ['tympəl] *m* puddle, pool, pond
Tumult [tu'mult] *m* tumult, commotion, turmoil
tun [tu:n] *v irr* do; *so ~ als ob ...* pretend that *... es tut nichts* it doesn't matter; *viel zu ~ haben* to be very busy; *Ich habe zu ~.* I have things to do. *mit etw nichts zu ~ haben* have nothing to do with sth; *es mit jdm zu ~ bekommen* have to deal with s.o. *mit jdm nichts mehr zu ~ haben wollen* want to have nothing more to do with s.o.; *Tu, was du nicht lassen kannst!* Do what you have to do!
tunken ['tuŋkən] *v* dip, dunk
Tunnel ['tunəl] *m* tunnel
Tüpfelchen ['typfəlçən] *n das ~ auf dem „i" sein* to be the finishing touch
Tür [ty:r] *f* door; *jdm die ~ weisen (fig)* show s.o. the door; *vor der ~ stehen (fig)* to be near at hand; *jdm eine ~ öffnen (fig)* pave the way for s.o. *jdm die ~ vor der Nase zuschlagen* shut the door in s.o.'s face; *jdn vor die ~ setzen* kick s.o. out
Turban ['turba:n] *m* turban
Turbine [tur'bi:nə] *f* turbine
turbulent [turbu'lɛnt] *adj* turbulent
türkis [tyr'ki:s] *adj* turquoise
Turm [turm] *m 1.* tower; *2. (Kirchturm)* steeple
türmen ['tyrmən] *v 1. (schichten)* pile up; *2. (fig: ausreißen)* clear out, skedaddle
Turnier [tur'ni:r] *n* tournament
Türschwelle ['ty:rʃvɛlə] *f* threshold
Türsteher ['ty:rʃte:ər] *m* bouncer
Tusche ['tuʃə] *f* India ink
tuscheln ['tuʃəln] *v* whisper
Tüte ['ty:tə] *f 1.* bag; *2. (Eistüte)* cone, cornet *(UK)*
Typ [ty:p] *m 1. (Kerl)* guy, chap, fellow, bloke *(UK); 2.* type
typisch ['ty:pɪʃ] *adj* typical
Tyrann [ty'ran] *m* tyrant, despot
tyrannisieren [tyrani'zi:rən] *v* tyrannize, domineer, oppress

U

U-Bahn ['u:ba:n] *f* underground *(UK),* subway *(US), (in London)* tube

übel ['y:bəl] *adj 1.* bad, evil, nasty; ~ *gelaunt* bad-tempered, cross; ~ *gesinnt* ill-disposed; ~ *nehmen* resent, to be offended by, take amiss; ~ *riechend* evil-smelling, bad-smelling; *jdm ~ wollen* bear s.o. ill will, wish s.o. ill; *nicht ~* not bad; *2. (krank)* sick, ill; *Mir ist ~.* I feel sick.

Übel ['y:bəl] *n 1.* evil, trouble; *das kleinere von zwei ~n wählen* choose the lesser of two evils; *ein notwendiges ~ sein* to be a necessary evil; *zu allem ~* to make matters worse; *2. (Missstand)* grievance

Übelkeit ['y:bəlkaɪt] *f* nausea, sickness

üben ['y:bən] *v 1.* practise; *2. (zum Ausdruck bringen)* exercise

über ['y:bər] *prep 1.* over, above; *2. (zeitlich)* during; *3. (quer ~)* across; *4. (mehr als)* over; *~ und ~* all over; *5. (fig: von)* about, concerning; *sich ~ etw ärgern* to be annoyed about sth, to be angry about sth; *6. etw ~ sich bringen* to bring o.s. to do sth; *7. ~ jdn etw bekommen* get sth from s.o.; *8. (jdm übergeordnet sein) ~ jdm stehen* to be superior to s.o.; *9. ~ Hamburg fahren* to go via Hamburg

überall ['y:bəral] *adv* everywhere, all over; *~ in der Welt* everywhere in the world

überanstrengen [y:bər'anʃtrɛŋən] *v* overstrain, overexert

Überanstrengung [y:bər'anʃtrɛŋuŋ] *f* overexertion

überarbeiten [y:bər'arbaɪtən] *v 1. (etw ~)* revise; *2. sich ~* overwork o.s.

Überarbeitung [y:bər'arbaɪtuŋ] *f 1.* revision; *2. (Überanstrengung)* overwork

überaus ['y:bəraus] *adv* exceedingly

überbewerten ['y:bərbəvertən] *v 1.* overvalue; *2. (fig)* overrate

Überbewertung ['y:bərbəvɛrtuŋ] *f* overvaluation, *(fig)* overrating

überbieten [y:bər'bi:tən] *v irr 1. (Preis)* overbid, outbid; *2. (Leistung)* outdo, beat, surpass

Überblick ['y:bərblɪk] *m 1. (Aussicht)* general view; *2. (Zusammenfassung)* summary, outline, sketch; *3. (fig)* control

überblicken [y:bər'blɪkən] *v 1.* survey, overlook; *2. (fig)* control, to be in control of

überbringen [y:bər'brɪŋən] *v irr* bring, deliver

überdenken [y:bər'dɛŋkən] *v irr* think over, reflect on, ponder

Überdosis ['y:bərdo:zɪs] *f* overdose

überdrüssig ['y:bərdrysɪç] *adj einer Sache ~* sick of sth, tired of sth, weary of sth

überdurchschnittlich ['y:bərdurçʃnɪtlɪç] *adj* above average

übereinander ['y:bəraɪnandər] *adv* one above the other, one on top of the other

übereinkommen [y:bər'aɪnkɔmən] *v irr* agree, come to an agreement

Übereinkunft [y:bər'aɪnkunft] *f* agreement, understanding

übereinstimmen [y:bər'aɪnʃtɪmən] *v 1. (einig sein)* agree; *2. (gleich sein)* tally, coincide, match

Übereinstimmung [y:bər'aɪnʃtɪmuŋ] *f 1. (Einigkeit)* agreement, consensus; *in ~ mit* in agreement with; *2. (Gleichheit)* concurrence, conformity

überfahren [y:bər'fa:rən] *v irr (jdn, Tier)* run over

Überfall ['y:bərfal] *m* assault, sudden attack

überfallen [y:bər'falən] *v irr 1.* attack; *2. (fig: unerwartet besuchen)* burst in on; *3. (überkommen)* come over

Überfluss ['y:bərflus] *m 1.* abundance, profusion; *zu allem ~* to top it all; *2. (Exzess)* excess

überflüssig ['y:bərflysɪç] *adj* superfluous, unnecessary

überfordern [y:bər'fɔrdərn] *v* overtax, demand too much of

Überforderung [y:bər'fɔrderuŋ] *f* excessive demand

überführen [y:bər'fy:rən] *v 1. (transportieren)* transport, transfer; *2. (Schuld nachweisen)* convict, find guilty

Überführung [y:bər'fy:ruŋ] *f 1. (Transport)* transport, transportation; *2. (Schuldnachweis)* conviction; *3. (Brücke)* bridge, overpass

Übergabe ['y:bərga:bə] *f 1.* handing over; *2. MIL* surrender

Übergang ['y:bərgaŋ] *m 1.* crossing, passage; *2. (fig)* transition, change

übergeben [y:bər'ge:bən] *v irr 1. (etw ~)* deliver, hand over; *jdm etw ~* deliver sth over to s.o.; *2. sich ~* vomit

übergehen ['y:bərge:ən] *v irr 1. (ausbreiten)* spread; *2. (auf Thema, System)* switch; *3. auf jdn ~ (vererbt werden)* pass to s.o.; *4. in etw ~ (ver-*

wandeln) turn into sth; *5. zu jdm ~* go over to s.o.; [yːbər'geːən] *6. (auslassen)* pass over, skip; *7. (nicht beachten)* ignore
Übergewicht ['yːbərgəvɪçt] *n 1.* overweight; *an ~ leiden, ~ haben* to be overweight; *2. (fig)* preponderance, superiority
überhängen ['yːbərhɛŋən] *v irr 1.* hang over; *2. (über die Schulter hängen)* sling over one's shoulder
überhäufen [yːbər'hɔyfən] *v* swamp, deluge, overwhelm, inundate
überhaupt [yːbər'haupt] *adv 1. (Verneinungen, in Fragen)* at all; *~ nicht* not at all; *2. (im Allgemeinen)* in general, on the whole; *3. (eigentlich)* actually
überheblich [yːbər'heːplɪç] *adj* arrogant
Überheblichkeit [yːbər'heːplɪçkaɪt] *f* arrogance
überholen [yːbər'hoːlən] *v 1. (vorbeifahren)* overtake; *2. (überprüfen)* overhaul
überhören [yːbər'høːrən] *v 1. (nicht hören)* not hear; *2. (hören aber nicht beachten)* ignore
überladen [yːbər'laːdən] *v irr* overload
Überlagerung [yːbər'laːgəruŋ] *f* superimposition, overlapping
überlassen [yːbər'lasən] *v irr jdm etw ~* leave sth to s.o.
Überlassung [yːbər'lasuŋ] *f* leaving
Überlastung [yːbər'lastuŋ] *f* overload, overstrain
überlaufen ['yːbərlaufən] *v irr 1. (Gefäß)* flow over, run over; *2. (fig: zum Gegner)* change sides, desert to the enemy; [yːbər'laufən] *adj 3. (überfüllt)* overflowing
Überläufer ['yːbərlɔyfər] *m 1.* deserter; *2. POL* defector
überleben [yːbər'leːbən] *v 1.* survive; *2. (länger leben als)* outlive
überlegen [yːbər'leːgən] *v 1.* think over, consider, reflect upon; *es sich anders ~* change one's mind; *Das werde ich mir ~.* I'll think about it. *adj 2.* superior
Überlegenheit [yːbər'leːgənhaɪt] *f* superiority
Überlegung [yːbər'leːguŋ] *f* consideration, deliberation, reflection
überliefern [yːbər'liːfərn] *v* deliver, hand down
Überlieferung [yːbər'liːfəruŋ] *f* delivery, transmission, tradition
überlisten [yːbər'lɪstən] *v* outwit, outsmart
Überlistung [yːbər'lɪstuŋ] *f* outwitting, outsmarting
Übermaß ['yːbərmaːs] *n* excess
übermäßig ['yːbərmɛːsɪç] *adj* excessive
übermitteln [yːbər'mɪtəln] *v* transmit, convey, deliver
Übermittlung [yːbər'mɪtluŋ] *f* conveyance, transmission
übermorgen ['yːbərmɔrgən] *adv* the day after tomorrow
Übermut ['yːbərmuːt] *m* high spirits
übermütig ['yːbərmyːtɪç] *adj 1.* in high spirits, playful; *2. (überheblich)* haughty
übernächste(r,s) ['yːbərnɛːçstə(r,s)] *adj ~ ... ...* after next, next ... but one; *die ~ Woche* the week after next
übernachten [yːbər'naxtən] *v* spend the night, stay the night
Übernachtung [yːbər'naxtuŋ] *f* overnight stay
Übernahme ['yːbərnaːmə] *f 1. (Entgegennehmen)* taking-over, taking possession; *2. (Amtsübernahme)* entering
übernehmen [yːbər'neːmən] *v irr 1. (entgegennehmen)* accept; *2. (Amt)* take over; *3. sich ~* overstrain, overextend, undertake too much
überprüfen [yːbər'pryːfən] *v* check, examine, inspect
Überprüfung [yːbər'pryːfuŋ] *f* inspection, overhaul, examination
überqueren [yːbər'kveːrən] *v* cross
überragen [yːbər'raːgən] *v 1.* project, jut out; *2. (fig)* surpass, excel, outstrip
überragend [yːbər'raːgənt] *adj (ausgezeichnet)* outstanding, brilliant, superior
überraschen [yːbər'raʃən] *v* surprise
überraschend [yːbər'raʃənt] *adj* surprising, astonishing
Überraschung [yːbər'raʃuŋ] *f* surprise
überreden [yːbər'reːdən] *v* persuade, talk round
Überredung [yːbər'reːduŋ] *f* persuasion
überreichen [yːbər'raɪçən] *v* deliver, present, hand over
überschätzen [yːbər'ʃɛtsən] *v* overestimate, overrate; *sich ~* think too highly of o.s.
überschlagen [yːbər'ʃlaːgən] *v irr 1. sich ~* turn over, roll over; *2. (fig: vor Freude) sich ~* get carried away; *3. (ausrechnen)* estimate, approximate; *4. (Auto)* overturn; *5. (Buchseite)* skip, miss
überschreiben [yːbər'ʃraɪbən] *v irr 1. (betiteln)* head, entitle, superscribe; *2. JUR* transfer by deed, convey; *3. INFORM* write over
Überschreibung [yːbər'ʃraɪbuŋ] *f JUR* conveyance, transfer in a register

überschreiten [y:bər'ʃraɪtən] *v irr 1. (überqueren)* cross, pass over, go across; *2. (fig: übertreten)* exceed, *(Gesetz)* infringe
Überschreitung [y:bər'ʃraɪtuŋ] *f 1. (Überquerung)* crossing; *2. (fig: Übertretung)* exceeding, infringement
Überschrift ['y:bərʃrɪft] *f* heading, headline, title
überschwemmen [y:bər'ʃvɛmən] *v* flood, overflow, submerge
Überschwemmung [y:bər'ʃvɛmuŋ] *f* flooding, inundation
übersehen [y:bər'ze:ən] *v irr 1. (nicht sehen)* overlook, fail to notice; *2. (überschauen)* look over
übersenden [y:bər'zɛndən] *v irr* send, forward, transmit
übersetzen [y:bər'zɛtsən] *v 1. (Sprache)* translate; ['y:bərzɛtsən] *2. (Gewässer)* cross
Übersetzer [y:bər'zɛtsər] *m* translator
Übersetzung [y:bər'zɛtsuŋ] *f 1. (Sprache)* translation; *2. TECH* transmission, gear
Übersicht ['y:bərzɪçt] *f 1. (Überblick)* general picture, overall view; *2. (Zusammenfassung)* outline, summary, review
übersichtlich ['y:bərzɪçtlɪç] *adj* understandable at a glance, clear
übersinnlich ['y:bərzɪnlɪç] *adj* supernatural, transcendental, metaphysical
überspielen [y:bər'ʃpi:lən] *v 1. (Musik, Dateien)* copy; *2. (fig: verbergen)* hide, conceal
überstehen [y:bər'ʃte:ən] *v irr (fig)* surmount, survive, get over
überstimmen [y:bər'ʃtɪmən] *v* outvote, vote down
Überstunde ['y:bərʃtundə] *f* overtime
überstürzen [y:bər'ʃtyrtsən] *v 1.* hurry, rush; *2. sich ~ (Person)* act rashly; *3. sich ~ (Ereignisse)* follow in rapid succession
Übertrag ['y:bərtra:k] *m* sum carried over
übertragen [y:bər'tra:gən] *v 1. (Auftrag)* transfer, transmit; *2. (Rundfunk)* transmit, broadcast; *3. (anstecken) MED* to be transmitted; *4. (Papiere)* assign, transfer
Übertragung [y:bər'tra:guŋ] *f 1. MED* transmission, spreading; *2. ECO* transfer, assignment; *3. (Rundfunk)* transmission, broadcast; *4. (Auftrag)* assignment
übertreffen [y:bər'trɛfən] *v irr* surpass, excel, exceed
übertreiben [y:bər'traɪbən] *v irr* exaggerate, overdo, carry too far
Übertreibung [y:bər'traɪbuŋ] *f* exaggeration
übertrieben [y:bər'tri:bən] *adj 1.* exaggerated, excessive, extreme; *adv 2.* excessively
Übertritt ['y:bərtrɪt] *m 1. (fig)* crossing; *2. POL* defection; *3. REL* conversion
überwachen [y:bər'vaxən] *v* guard, supervise, monitor
Überwachung [y:bər'vaxuŋ] *f* supervision, surveillance, observation
überwältigen [y:bər'vɛltɪgən] *v* overwhelm, overpower, overcome
überwältigend [y:bər'vɛltɪgənt] *adj* overwhelming, overpowering
überweisen [y:bər'vaɪzən] *v irr 1. (Patient)* refer; *2. FIN* transfer
Überweisung [y:bər'vaɪzuŋ] *f 1. (eines Patienten)* referral; *2. (von Geld)* transfer
überwerfen ['y:bərvɛrfən] *v irr 1.* put on, slip on; [y:bər'vɛrfən] *2. sich ~* quarrel
überwiegen [y:bər'vi:gən] *v irr* outweigh, predominate
überwiegend [y:bər'vi:gənt] *adj 1.* predominant; *die ~e Mehrheit* the vast majority; ['y:bərvi:gənt] *adv 2.* predominantly
überwinden [y:bər'vɪndən] *v irr 1.* overcome, conquer; *2. sich ~, etw zu tun* bring o.s. to do sth, prevail upon o.s. to do sth
Überwindung [y:bər'vɪnduŋ] *f 1.* surmounting; *2. (Selbstüberwindung)* willpower
überzeugen [y:bər'tsɔygən] *v 1.* convince; *2. (überreden)* persuade; *3. JUR* satisfy
überzeugend [y:bər'tsɔygənt] *adj 1.* convincing; *2. (zwingend)* compelling
Überzeugung [y:bər'tsɔyguŋ] *f* conviction
überziehen ['y:bərtsi:ən] *v irr 1. (anziehen)* slip on, put on, pull over; *jdm ein paar ~* clout s.o.; *2. (verkleiden)* cover, line; [y:bər'tsi:ən] *3. (Konto) ECO* overdraw
üblich ['y:plɪç] *adj* usual, normal, customary; *wie ~* as usual
U-Boot ['u:bo:t] *n MIL* submarine
übrig ['y:brɪç] *adj* left over, remaining, other; *keine Zeit ~ haben* have no time to spare; *etwas ~ haben für* have a soft spot for; *für jdn etw ~ haben* to like s.o.; *im Übrigen* otherwise; *~ bleiben* remain, to be left over; *~ lassen* leave
übrigens ['y:brɪgəns] *adv 1. (beiläufig)* by the way, incidentally; *2. (schließlich)* after all
Übung ['y:buŋ] *f 1.* practice; *~ macht den Meister* practice makes perfect; *2. (Einzelübung)* exercise; *3. MIL* exercise
Ufer ['u:fər] *n 1. (Seeufer)* shore; *2. (Flussufer)* bank
Ufo ['u:fo] *n* UFO

Uhr [uːr] *f 1.* clock; *Wie viel ~ ist es?* What time is it? *Das Flugzeug kommt um fünf ~ an.* The plane is due at five o'clock. *rund um die ~* round the clock; *2. (Armbanduhr, Taschenuhr)* watch
Uhrzeiger ['uːrtsaɪgər] *m* hand (of a clock)
Uhrzeit ['uːrtsaɪt] *f* time (of day)
Uhu ['uːhuː] *m ZOOL* eagle-owl
ultimativ [ultima'tiːf] *adj* threatening, or-else
Ultraschall ['ultraʃal] *m* ultrasound
um [um] *prep 1. (örtlich)* around, about; *~ ... herum* round ..., around ...; *~ sich greifen* spread; *~ ... Willen* for the sake of ...; *~ und ~* all around; *Es steht schlecht ~ ihn.* Things look bad for him. *Es geht ~s Geld.* It's a money matter. *Das ist ~ zehn Mark teurer.* That costs ten marks more. *2. (Ziel bezeichnend)* for; *der Kampf ~ den Pokal* the battle for the cup; *3. (genau)* at; *Um drei Uhr fängt's an.* It starts at three o'clock. *4. (zur ungefähren Zeitangabe)* around, near, about; *5. (Maß bezeichnend)* by; *~ die Hälfte* by half; *adv 6. (vorüber)* up, over; *7. (ungefähr)* about, around; *~ die 100 Kilogramm* around 100 kilogrammes; *konj 8. ~ zu* to, in order to; *9. (desto) ~ so besser* so much the better
umändern ['umɛndərn] *v* change, alter
umarmen [um'armən] *v* embrace, hug
Umarmung [um'armuŋ] *f* embrace, hug
Umbau ['umbau] *m 1. (Änderungen)* alterations *pl; 2. (eines Gebäudes)* remodelling; *3. (zu einem neuen Zweck)* conversion; *4. (verbessernd)* modification
umbauen ['umbauən] *v* remodel
umbinden ['umbɪndən] *v irr 1. sich etw ~* tie sth on, put sth on; [um'bɪndən] *2.* wrap round
umblättern ['umblɛtərn] *v* turn the page
umbringen ['umbrɪŋən] *v irr* kill, murder
Umbruch ['umbrux] *m (fig)* upheaval, revolution
umdenken ['umdɛŋkən] *v irr* change one's views, change one's way of thinking
umdrehen ['umdreːən] *v 1.* turn round *(UK),* turn around; *jdm den Hals ~* wring s.o.'s neck; *2. (von innen nach außen)* turn inside out; *3. (fig)* twist
Umdrehung [um'dreːuŋ] *f* revolution, rotation
umeinander [umaɪ'nandər] *adv sich ~ kümmern* take care of each other
umfahren ['umfaːrən] *v irr 1. (einen Umweg fahren)* go out of one's way; *2. jdn ~* run over s.o.; [um'faːrən] *3. (Stadt)* drive around; *4. NAUT (Kap)* round, *(Welt)* sail round
umfallen ['umfalən] *v irr* fall over, fall down, topple over; *tot ~* drop dead
Umfang ['umfaŋ] *m 1. (Flächeninhalt)* capacity; *2. (fig: Ausmaß)* scope, scale
umfangreich ['umfaŋraɪç] *adj* extensive, wide, voluminous
umfassen [um'fasən] *v (enthalten)* contain, include
umfassend [um'fasənt] *adj* comprehensive, extensive
Umfeld ['umfɛlt] *n* surrounding area
umformen ['umfɔrmən] *v 1.* remodel, reshape; *2. TECH* convert, transform
Umfrage ['umfraːgə] *f* survey, poll
Umgang ['umgaŋ] *m 1.* contact, association, dealings; *2. (Bekanntenkreis)* acquaintances
umgänglich ['umgɛŋlɪç] *adj* sociable, affable, pleasant
Umgangssprache ['umgaŋsʃpraːxə] *f* colloquial language
umgeben [um'geːbən] *v irr* surround
Umgebung [um'geːbuŋ] *f 1. (einer Stadt)* surroundings, outskirts, environs; *2. (Bekannte)* circle, people close to one; *3. (einer Person)* environment
umgehen ['umgeːən] *v irr 1. (im Umlauf sein)* go round, circulate; *2. (behandeln)* deal with, treat, handle; *Kannst du mit diesem Werkzeug ~?* Do you know how to use this tool? [um'geːən] *3. (vermeiden)* avoid, elude, evade; *4. (Gesetz)* circumvent
umgekehrt ['umgəkeːrt] *adj 1.* reverse, reversed; *adv 2.* vice versa, the other way around, inversely; *3. (dagegen)* conversely; *adj 4. (entgegengesetzt)* opposite, contrary
umgießen ['umgiːsən] *v irr 1. (vergießen)* spill; *2. (umfüllen)* pour
Umhang ['umhaŋ] *m* shawl, cape, wrap
umhängen ['umhɛŋən] *v irr sich etw ~* put sth on, drape sth around one
umher [um'heːr] *adv* all round, round about
umherblicken [um'heːrblɪkən] *v* look around
umhergehen [um'heːrgeːən] *v irr* roam
Umkehr ['umkeːr] *f* turning back, return, *(Änderung)* change
umkehren ['umkeːrən] *v 1.* turn round, *(umstoßen)* overturn; *2. (von innen nach außen)* turn inside out
umkippen ['umkɪpən] *v 1.* tip over, upset, knock over; *2. (fig: ohnmächtig werden)* faint; *3. (fig: Meinung ändern)* come round, give in; *4. (Gewässer)* become devoid of life because of overpollution

umklammern [um'klamɛrn] *v* cling to, embrace, wrap one's arms around
Umklammerung [um'klamәruŋ] *f* *1.* clutch, clinch; *2. (fig)* clutches *pl,* bear hug
umklappen ['umklapәn] *v* fold down
Umkleidekabine ['umklaɪdәkabiːnә] *f* changing-room, fitting-room
umknicken ['umknɪkәn] *v* *1. (Papier)* fold; *2. mit dem Fuß ~* sprain one's ankle
umkommen ['umkɔmәn] *v irr* die, to be killed, perish
Umkreis ['umkraɪs] *m* circumference, vicinity, area; *im ~ von drei Kilometern* within a radius of three kilometres
umkreisen [um'kraɪzәn] *v* *1.* circle round, revolve round; *2. (Raumfahrt)* orbit
umkrempeln ['umkrɛmpәln] *v* *1. (Ärmel)* turn up; *2. (fig: ändern)* change round, shake up
umlagern [um'laːgәrn] *v* surround, besiege, crowd around
Umlauf ['umlauf] *m* *in ~* in circulation; *etw in ~ bringen* circulate sth
Umlaufbahn ['umlaufbaːn] *f* *ASTR* orbit
Umlaut ['umlaut] *m* *GRAMM* umlaut
umlegen ['umleːgәn] *v* *1. (verlegen)* move; *2. (zur Seite legen)* set aside; *3. (verteilen) die Kosten auf alle Beteiligten ~* make everyone who is involved share in the costs; *4. (fam: töten)* bump off, kill; *5. sich etw ~* put on sth; *6. (Verband)* apply; *7. (niederstrecken)* lay out (fam); *8. (Hebel)* throw; *9. (Kragen)* turn down
umleiten ['umlaɪtәn] *v* divert, reroute, detour
Umleitung ['umlaɪtuŋ] *f* diversion, detour, rerouting
umpflanzen ['umpflantsәn] *v* *1.* transplant; [um'pflantsәn] *2. etw mit Bäumen ~* plant trees around sth
umrechnen ['umrɛçnәn] *v* convert
Umrechnung ['umrɛçnuŋ] *f* conversion
umreißen ['umraɪsәn] *v irr* *1. (niederreißen)* pull down; [um'raɪsәn] *2. (fig: kurz schildern)* outline, summarize
umringen [um'rɪŋәn] *v irr* gather around, surround
Umriss ['umrɪs] *m* outline, contour, shape
umrühren ['umryːrәn] *v* stir
Umsatz ['umzats] *m* *ECO* turnover, sales
umschalten ['umʃaltәn] *v* *1. (Fahrzeug) TECH* change gears, shift gears; *2. (fig)* switch over, change over
umschauen ['umʃauәn] *v* *1.* look around; *2. (zurückblicken)* look back
Umschlag ['umʃlaːk] *m* *1. (Kuvert)* envelope; *2. (Umladung)* transshipment, reloading; *3. MED* compress; *4. (fig: Wechsel)* change, turn; *5. (Schutzhülle)* cover, wrapping
umschlagen ['umʃlaːgәn] *v irr* *1. (umblättern)* turn over; *2. (umladen)* transfer, transship; *3. (fig: wechseln)* change (abruptly)
umschließen [um'ʃliːsәn] *v irr* *1.* surround, enclose; *2. (mit den Armen)* embrace; *3. (fig)* include
umschreiben ['umʃraɪbәn] *v irr* *1. (nochmals schreiben)* rewrite; *2. (abschreiben, übertragen)* transcribe; *3. JUR* transfer; [um'ʃraɪbәn] *4. (anders ausdrücken)* paraphrase
umschulen ['umʃuːlәn] *v* *1.* retrain; *2. (auf andere Schule)* change schools
Umschulung ['umʃuːluŋ] *f* change of schools, *(für einen anderen Beruf)* retraining
umschütten ['umʃytәn] *v* *1. (in ein anderes Gefäß)* pour; *2. (umstoßen)* spill
umsehen ['umzeːәn] *v irr sich ~* look round
umsetzen ['umzɛtsәn] *v* *1. sich ~ (auf einen anderen Platz)* change places; *2. etw in etw ~ (verwandeln)* turn sth into sth; *3. (verkaufen)* turn over, sell
Umsicht ['umzɪçt] *f* prudence, circumspection
umsichtig ['umzɪçtɪç] *adj* prudent, circumspect
umsonst [um'zɔnst] *adv* *1. (unentgeltlich)* free, for nothing, gratis; *2. (vergeblich)* in vain, to no avail, uselessly; *3. (erfolglos)* without success
umspannen [um'ʃpanәn] *v* *1.* encompass; *2. (Zeitraum)* span; ['umʃpanәn] *3. (Strom) TECH* transform
Umstand ['umʃtant] *m* *1.* circumstance, condition; *unter Umständen* possibly; *keine Umstände machen* not go to any trouble; *unter keinen Umständen* on no account; *2. in anderen Umständen (fam)* in the family way, expecting
umständlich ['umʃtɛndlɪç] *adj* involved, complicated, troublesome
Umstandswort ['umʃtantsvɔrt] *n* adverb
umsteigen ['umʃtaɪgәn] *v irr* change, transfer
umstellen ['umʃtɛlәn] *v* *1. (Möbel)* rearrange; *2. (umorganisieren)* reorganize; *3. sich ~ (anpassen)* accommodate o.s., adapt, adjust
Umstellung ['umʃtɛluŋ] *f* *1. (Umorganisierung)* reorganization; *2. (Anpassung)* adaptation
umstimmen ['umʃtɪmәn] *v (fig) jdn ~* change s.o.'s mind, bring s.o. round
umstoßen ['umʃtɔsәn] *v irr* *1.* knock down, knock over, overturn; *2. (fig)* annul, revoke

umstritten [um'ʃtrɪtən] *adj* disputed, controversial
Umsturz ['umʃturts] *m* overthrow, coup, putsch
Umtausch ['umtauʃ] *m 1.* exchange; *2. (in eine andere Währung)* conversion
umtauschen ['umtauʃən] *v* exchange, convert
umwälzen ['umvɛltsən] *v 1.* roll over; *2. (ändern)* revolutionize
umwandeln ['umvandəln] *v* convert, change, transform
Umwandlung ['umvandluŋ] *f* conversion, transformation
umwechseln ['umvɛksəln] *v* change, exchange
Umweg ['umve:k] *m* detour, roundabout way
Umwelt ['umvɛlt] *f* environment
umweltfreundlich ['umvɛltfrɔyndlɪç] *adj* non-polluting, harmless to the environment
Umweltschutz ['umvɛltʃuts] *m* protection of the environment, pollution control, conservation
Umweltverschmutzung ['umvɛltfɛrʃmutsuŋ] *f* pollution (of the environment)
umwerfen ['umvɛrfən] *v irr 1.* knock over; *2. (zunichte machen)* upset; *3. sich etw ~* slip sth on
umziehen ['umtsi:ən] *v irr 1. (umkleiden)* change (clothes); *2. (Wohnung wechseln)* move
umzingeln [um'tsɪŋəln] *v* surround, encircle
Umzug ['umtsu:k] *m 1. (Wohnungswechsel)* move; *2. (Festzug)* procession
unabänderlich [unap'ɛnderlɪç] *adj* unalterable, unchangeable, irrevocable
unabhängig ['unaphɛŋɪç] *adj* independent
Unabhängigkeit ['unaphɛŋɪçkaɪt] *f* independence, self-sufficiency
unabsichtlich ['unapzɪçtlɪç] *adj* unintentional
unachtsam ['unaxtza:m] *adj 1.* inattentive; *2. (nachlässig)* careless, thoughtless
unangenehm ['unangəne:m] *adj* unpleasant, disagreeable, distasteful
unannehmbar ['unanne:mba:r] *adj* unacceptable
Unannehmlichkeit ['unanne:mlɪçkaɪt] *f* inconvenience, unpleasantness
unanständig ['unanʃtɛndɪç] *adj 1. (ungezogen)* ill-mannered; *2. (vulgär)* indecent; *3. (obszön)* dirty
unappetitlich ['unapeti:tlɪç] *adj* unappetizing
Unart ['una:rt] *f 1.* bad habit; *2. (Grobheit)* rudeness
unartig ['una:rtɪç] *adj* naughty, ill-mannered, ill-behaved
unauffällig ['unauffɛlɪç] *adj* inconspicuous, unobtrusive
unaufmerksam ['unaufmɛrkzam] *adj* inattentive
Unaufmerksamkeit ['unaufmɛrkzamkaɪt] *f* inattentiveness
unaufrichtig ['unaufrɪçtɪç] *adj* insincere, dishonest
Unaufrichtigkeit ['unaufrɪçtɪçkaɪt] *f* insincerity, dishonesty
unausgeglichen ['unausgəglɪçən] *adj 1.* unbalanced; *2. (Mensch)* unstable
unbarmherzig ['unbarmhɛrtsɪç] *adj* merciless, unrelenting, relentless
unbeabsichtigt ['unbɔapzɪçtɪçt] *adj 1.* unintentional, inadvertent, unwitting; *adv 2.* unintentionally, inadvertently, unwittingly
unbedeutend ['unbədɔytənt] *adj* insignificant, unimportant, inconsequential
unbedingt ['unbədɪŋt] *adv 1.* absolutely, definitely, certainly; *nicht ~* not necessarily; *adj 2.* unconditional, absolute, unqualified
unbefangen ['unbəfaŋən] *adj 1.* unbiased, impartial, objective; *2. (ohne Hemmungen)* uninhibited
Unbefangenheit ['unbəfaŋənhaɪt] *f* ease, impartiality, objectivity
unbefugt ['unbəfu:kt] *adj* unauthorized
Unbefugte(r) ['unbəfu:ktə(r)] *m/f* unauthorized person, trespasser
unbegreiflich ['unbəgraɪflɪç] *adj* incomprehensible, inconceivable
unbegrenzt ['unbəgrɛntst] *adj* unlimited, boundless
Unbehagen ['unbəha:gən] *n* uneasiness
unbehaglich ['unbəha:klɪç] *adj* uncomfortable, uneasy
unbeholfen ['unbəhɔlfən] *adj 1.* clumsy, awkward; *adv 2.* clumsily, awkwardly
unbekannt ['unbəkant] *adj* unknown, unfamiliar
unbeliebt ['unbəli:pt] *adj* unpopular
Unbeliebtheit ['unbəli:pthaɪt] *f* unpopularity
unbemerkt ['unbəmɛrkt] *adj 1.* unnoticed, unseen; *adv 2.* without being noticed
unbequem ['unbəkve:m] *adj* uncomfortable, inconvenient, troublesome
unberechenbar ['unbərɛçənba:r] *adj* incalculable, unpredictable

unbeschränkt ['unbəʃrɛŋkt] *adj 1.* unlimited, unrestricted, absolute; *adv 2.* unrestrictedly, fully
unbeschwert ['unbəʃveːrt] *adj 1.* unburdened, unencumbered; *2. (Melodien)* light
unbesiegbar [unbə'ziːkbaːr] *adj* invincible
unbesorgt ['unbəzɔrgt] *adj 1.* carefree, easy, unconcerned; *adv 2.* without concern
unbeständig ['unbəʃtɛndɪç] *adj 1. (veränderlich)* unsteady, unstable; *2. (wankelmütig)* fickle, inconstant
unbestechlich ['unbəʃtɛçlɪç] *adj* incorruptible, unbribable
unbestimmt ['unbəʃtɪmt] *adj 1.* uncertain, indefinite, undecided; *2. (undeutlich)* vague
unbeteiligt ['unbətaɪlɪçt] *adj 1. (nicht teilnehmend)* not involved; *2. (gleichgültig)* indifferent
unbeweglich ['unbəveːklɪç] *adj* motionless, immovable
unbewusst ['unbəvust] *adj 1.* unaware, unconscious, instinctive; *adv 2.* unconsciously, instinctively
unbezahlbar [unbə'tsaːlbaːr] *adj 1. (nicht zu bezahlen)* unaffordable, prohibitively expensive; *2. (fig: unentbehrlich)* invaluable
unbrauchbar ['unbrauxbaːr] *adj* useless
und [unt] *konj* and; *Na ~?* So what? *~ so weiter* etcetera
Undank ['undaŋk] *m* ingratitude
undankbar ['undaŋkbaːr] *adj 1.* ungrateful, unappreciative; *2. (Aufgabe)* thankless
undemokratisch ['undemokraːtɪʃ] *adj POL* undemocratic
undeutlich ['undɔytlɪç] *adj* unclear
Unding ['undɪŋ] *n* absurdity
undiszipliniert ['undɪstsipliniːrt] *adj* undisciplined
uneben ['uneːbən] *adj* uneven, bumpy
unehelich ['uneːəlɪç] *adj (Kind)* illegitimate
unehrlich ['uneːrlɪç] *adj* dishonest
Unehrlichkeit ['uneːrlɪçkaɪt] *f* dishonesty
uneigennützig ['unaɪgənnytsɪç] *adj 1.* unselfish; *adv 2.* unselfishly
uneingeschränkt ['unaɪngəʃrɛŋkt] *adj* unrestricted, unlimited
uneinig ['unaɪnɪç] *adj* divided, disunited, disagreeing
Uneinigkeit ['unaɪnɪçkaɪt] *f* discord, disunion, division
unempfindlich ['unɛmpfɪndlɪç] *adj* insensitive, immune
unendlich ['unɛntlɪç] *adj* endless, infinite
Unendlichkeit ['unɛntlɪçkaɪt] *f* infinity
unentbehrlich ['unɛntbeːrlɪç] *adj* indispensable, necessary, essential
unentgeltlich ['unɛntgɛltlɪç] *adj 1.* free of charge; *adv 2.* free of charge, gratis
unentschieden ['unɛntʃiːdən] *adj 1.* undecided; *2. SPORT* tied, drawn
unentschlossen ['unɛntʃlɔsən] *adj* irresolute, wavering, undecided
Unentschlossenheit ['unɛntʃlɔsənhaɪt] *f* indecision
unerfahren ['unɛrfaːrən] *adj* inexperienced
Unerfahrenheit ['unɛrfaːrənhaɪt] *f* inexperience
unerfreulich ['unɛrfrɔylɪç] *adj* unpleasant, disagreeable, shameful
unerheblich ['unɛrheːplɪç] *adj* insignificant, irrelevant, unimportant
unerlässlich ['unɛrlɛslɪç] *adj* indispensable, essential, absolutely necessary
unerschrocken ['unɛrʃrɔkən] *adj 1.* dauntless, intrepid, unflinching; *adv 2.* dauntlessly, unflinchingly
unersetzbar ['unɛrzɛtsbaːr] *adj* irreplaceable
unerträglich ['unɛrtrɛːklɪç] *adj 1.* unbearable, intolerable; *adv 2.* intolerably, unbearably
unerwartet ['unɛrvartət] *adj 1.* unexpected, unforeseen; *adv 2.* unexpectedly
unfähig ['unfɛːɪç] *adj* incapable, unable
Unfähigkeit ['unfɛːɪçkaɪt] *f* incompetence, inability
unfair ['unfɛːr] *adj 1.* unfair; *adv 2.* unfairly
Unfall ['unfal] *m* accident
Unfallstation ['unfalʃtatsjoːn] *f* first aid post, casualty ward
Unfallversicherung ['unfalfɛrzɪçəruŋ] *f* accident insurance
unfassbar [un'fasbaːr] *adj* incomprehensible, inconceivable
unfehlbar ['unfeːlbaːr] *adj 1.* infallible; *2. (Instinkt)* unfailing; *adv 3. (ganz sicher)* without fail
unfreiwillig ['unfraɪvɪlɪç] *adj 1.* involuntary, compulsory; *adv 2.* involuntarily
unfreundlich ['unfrɔyndlɪç] *adj 1.* unfriendly, unkind, ungracious; *adv 2.* unkindly
Unfug ['unfuːk] *m 1.* mischief; *2. (Unsinn)* nonsense
ungeachtet ['ungəaxtət] *prep* notwithstanding, regardless of, despite
ungebildet ['ungəbɪldət] *adj* uneducated
ungebunden ['ungəbundən] *adj 1. (partnerlos)* unattached; *2. (Buch)* unbound; *3. (Wähler) POL* independent

Ungeduld ['ungədult] *f* impatience
ungeduldig ['ungəduldıç] *adj 1.* impatient; *adv 2.* impatiently
ungeeignet ['ungəaıgnət] *adj* unsuitable, unfit, unsuited
ungefähr ['ungəfɛːr] *adj 1.* approximate, rough; *adv 2.* approximately, roughly, about
ungefährlich ['ungəfɛːrlıç] *adj* safe, not dangerous, harmless
ungeheuer ['ungəhɔyər] *adj 1.* enormous; *adv 2. (fam)* tremendously
Ungeheuer ['ungəhɔyər] *n* monster
ungeheuerlich [ungə'hɔyərlıç] *adj 1.* monstrous; *2. (empörend)* outrageous
ungehorsam ['ungəhoːrzaːm] *adj* disobedient
ungemein ['ungəmaın] *adj 1.* uncommon, extraordinary; *adv 2.* extremely, immensely
ungenau ['ungənau] *adj* inexact, inaccurate
Ungenauigkeit ['ungənauıçkaıt] *f* inexactness, inaccuracy
ungeniert ['unʒeniːrt] *adj 1.* free and easy, uninhibited; *adv 2.* freely, openly
ungenießbar ['ungəniːsbaːr] *adj 1. (nicht essbar)* inedible; *2. (unerträglich)* unbearable
ungenügend ['ungənygənt] *adj* insufficient, inadequate
ungepflegt ['ungəpfleːkt] *adj* scruffy, slovenly, untidy
ungerade ['ungəraːdə] *adj* odd, uneven
ungerecht ['ungərɛçt] *adj* unjust, unfair
Ungerechtigkeit ['ungərɛçtıçkaıt] *f* injustice
ungern ['ungɛrn] *adv* reluctantly
ungeschickt ['ungəʃıkt] *adj 1.* clumsy, awkward; *adv 2.* awkwardly
ungesund ['ungəzunt] *adj 1. (nicht gesund)* unhealthy, unwholesome, harmful to one's health; *2. (schädlich)* unhealthy, unwholesome
ungewiss ['ungəvıs] *adj* uncertain, doubtful
Ungewissheit ['ungəvıshaıt] *f* uncertainty
ungewöhnlich ['ungəvøːnlıç] *adj 1.* unusual, uncommon, extraordinary; *adv 2.* unusually; *3. (äußerst)* exceptionally
ungewohnt ['ungəvoːnt] *adj 1.* unfamiliar, strange; *2. (unüblich)* unusual
Ungeziefer ['ungətsiːfər] *n* vermin
ungezwungen ['ungətsvuŋən] *adj 1. (fig)* natural, casual, unaffected; *adv 2. (fig)* naturally, casually, spontaneously
ungiftig ['ungıftıç] *adj* non-toxic
unglaublich ['unglauplıç] *adj 1.* unbelievable, incredible; *adv 2.* unbelievably, incredibly, beyond belief
unglaubwürdig ['unglaupvyrdıç] *adj 1.* implausible; *2. (Mensch)* unreliable
Unglaubwürdigkeit ['unglaupvyrdıçkaıt] *f* unreliability, implausibility
ungleich ['unglaıç] *adj* uneven
Ungleichheit ['unglaıçhaıt] *f* inequality, disparity
ungleichmäßig ['unglaıçmɛːsıç] *adj* uneven, unequal, irregular
Unglück ['unglyk] *n 1. (Missgeschick)* mishap; *jdn ins ~ stürzen* to be s.o.'s undoing; *ins ~ rennen* rush headlong into disaster; *zu allem ~* to crown it all; *2. (Pech)* misfortune, bad luck; *3. (Unfall)* accident, disaster
unglücklich ['unglyklıç] *adj 1.* unhappy; *2. (vom Pech verfolgt)* unlucky
Ungnade ['ungnaːdə] *f* disgrace, disfavour; *in ~ fallen* fall into disgrace
ungültig ['ungyltıç] *adj* invalid, void
Ungültigkeit ['ungyltıçkaıt] *f* invalidity, nullity
ungünstig ['ungynstıç] *adj 1.* unfavourable, inopportune; *adv 2.* unfavourably
Unheil ['unhaıl] *n* evil, mischief, harm
unheilbar ['unhaılbaːr] *adj 1.* incurable, irreparable; *adv 2.* incurably
unheilvoll ['unhaılfɔl] *adj* disastrous
unheimlich ['unhaımlıç] *adj 1.* eerie, uncanny, haunted; *adv 2. (sehr)* terribly, awfully, incredibly
unhöflich ['unhøːflıç] *adj 1.* impolite, rude, uncivil; *adv 2.* impolitely, rudely
Unhöflichkeit ['unhøːflıçkaıt] *f* impoliteness, rudeness
Uni ['uni] *f (fam)* university, varsity *(UK)*, college *(US)*
Uniform ['unifɔrm] *f* uniform
uninteressant ['unıntərɛsant] *adj* uninteresting, not of interest
Union [un'joːn] *f* union
universal [univɛr'zaːl] *adj* universal
universitär [univɛrzi'tɛːr] *adj* university
Universität [univɛrzi'tɛːt] *f* university
Universum [uni'vɛrzum] *n* universe
Unkenntnis ['unkɛntnıs] *f* ignorance
unklar ['unklaːr] *adj 1.* unclear; *adv 2.* unclearly
Unklarheit ['unklaːrhaıt] *f* vagueness, uncertainty, obscurity
unkompliziert ['unklɔmplitsiːrt] *adj* uncomplicated, simple
Unkosten ['unkɔstən] *pl* expenses, costs; *sich in ~ stürzen* go to a great deal of expense
Unkraut ['unkraut] *n* weeds

unlängst ['unlɛŋst] *adv* lately, of late
unlogisch ['unlo:gɪʃ] *adj* illogical
unmäßig ['unmɛ:sɪç] *adj 1.* immoderate, excessive, inordinate; *adv 2.* excessively, immoderately
unmenschlich ['unmɛnʃlɪç] *adj* inhuman
Unmenschlichkeit ['unmɛnʃlɪçkaɪt] *f* inhumanity
unmerklich ['unmɛrklɪç] *adj 1.* imperceptible; *adv 2.* imperceptibly
unmissverständlich ['unmɪsfɛrʃtɛndlɪç] *adj 1.* unmistakeable, clear; *adv 2.* unmistakeably, clearly
unmittelbar ['unmɪtəlba:r] *adj 1.* immediate, direct; *adv 2.* immediately, directly
unmodern ['unmɔdɛrn] *adj* old-fashioned, unfashionable
unmöglich [un'mø:klɪç] *adj 1.* impossible; *2. jdn ~ machen* ruin s.o.'s reputation
unmoralisch ['unmora:lɪʃ] *adj* immoral
unnahbar [un'na:ba:r] *adj* unapproachable
unnötig ['unnø:tɪç] *adj* unnecessary, needless
unordentlich ['unɔrdəntlɪç] *adj* untidy, disorderly
Unordnung ['unɔrdnuŋ] *f* disorder, untidiness, disarray
unpassend ['unpasənt] *adj* unsuitable, inappropriate, unseemly
unpersönlich ['unpɛrzø:nlɪç] *adj* impersonal
unpopulär ['unpopulɛ:r] *adj* unpopular
unpünktlich ['unpyŋktlɪç] *adj* not punctual, not on time
Unpünktlichkeit ['unpyŋktlɪçkaɪt] *f* unpunctuality
unrealistisch ['unrealɪstɪʃ] *adj* unrealistic
unrecht ['unrɛçt] *adj* wrong, unjust, unfair; *jdm ~ tun* do s.o. an injustice
Unrecht ['unrɛçt] *n* wrong, injustice
unregelmäßig ['unre:gəlmɛ:sɪç] *adj 1.* irregular; *adv 2.* irregularly
Unregelmäßigkeit ['unre:gəlmɛ:sɪçkaɪt] *f* irregularity
unreif ['unraɪf] *adj 1.* unripe; *2. (fig)* immature
Unreife ['unraɪfə] *f 1.* unripeness; *2. (fig)* immaturity
Unruhe ['unru:ə] *f 1. (Störung)* disturbance; *2. (Besorgnis)* uneasiness, anxiety, trouble
unruhig ['unru:ɪç] *adj 1. (ruhelos)* restless; *2. (besorgt)* uneasy, alarmed, unsettled
uns [uns] *pron 1.* us, to us; *bei ~* at our place; *unter ~* between you and me; *2. (einander)* each other; *Wir kennen ~ seit drei Jahren.* We've known each other for three years. *3. (Reflexivpronomen)* ourselves, each other
unsachlich ['unzaxlɪç] *adj 1. (nicht objektiv)* subjective; *2. (nicht zur Sache gehörend)* irrelevant
unschädlich ['unʃɛ:tlɪç] *adj* harmless, innocuous; *jdn ~ machen (fig)* render s.o. harmless, eliminate s.o.
unscheinbar ['unʃaɪnba:r] *adj* insignificant, inconspicuous, nondescript
Unschuld ['unʃult] *f 1.* innocence; *2. (Keuschheit)* purity, chastity
unschuldig ['unʃuldɪç] *adj 1.* innocent; *2. (keusch)* chaste
unsere(r,s) ['unzərə(r,s)] *pron* our, ours
unsicher ['unzɪçər] *adj 1.* unsure; *2. (gefährlich)* unsafe
Unsicherheit ['unzɪçərhaɪt] *f 1.* insecurity; *2. (Zweifelhaftigkeit)* uncertainty, dubiousness
unsichtbar ['unzɪçtba:r] *adj* invisible
Unsinn ['unzɪn] *m* nonsense, absurdity
unsinnig ['unzɪnɪç] *adj* foolish, absurd, nonsensical
unsterblich ['unʃtɛrplɪç] *adj 1.* immortal; *adv 2. (sehr)* utterly; *~ verliebt* madly in love
Unsterblichkeit ['unʃtɛrplɪçkaɪt] *f* immortality
Unstimmigkeit ['unʃtɪmɪçkaɪt] *f 1.* inconsistency, discrepancy; *2. (Meinungsverschiedenheit)* difference of opinion
unsympathisch ['unzympa:tɪʃ] *adj* unpleasant, unappealing, disagreeable
untalentiert ['untalɛnti:rt] *adj* untalented
untätig ['untɛ:tɪç] *adj* inactive, idle, indolent
Untätigkeit ['untɛ:tɪçkaɪt] *f* inactivity
unten ['untən] *adv 1.* below; *nach ~* down, downwards; *da ~* down there; *2. (im Hause)* downstairs; *3. (am unteren Ende)* at the bottom
unter ['untər] *prep 1.* under; *~ der Telefonnummer ...* on phone number ...; *~ einem Thema stehen* deal with a subject; *~ großer Anstrengung* with great effort; *2. (zwischen, inmitten)* among; *~ uns* between you and me; *Das bleibt ~ uns.* That's just between you and me. *~ anderem* among other things, among others; *3. (weniger als)* less than, under; *4. (zeitlich) ~ der Woche* during the week
unterbewusst ['untərbəvust] *adj* subconscious
Unterbewusstsein ['untərbəvustzaɪn] *n* subconscious
unterbrechen [untər'brɛçən] *v irr* interrupt

Unterbrechung [untər'brɛçuŋ] *f* interruption
unterbreiten [untər'braɪtən] *v* submit
unterdessen [untər'dɛsən] *adv* meanwhile
unterdrücken [untər'drykən] *v 1. (etw ~)* suppress, stifle; *2. (jdn ~)* oppress, suppress
Unterdrücker [untər'drykər] *m POL* oppressor
untere(r,s) ['untərə(r,s)] *adj* lower
untereinander ['untəraɪnandər] *adv* each other, among one another, mutually
unterernährt ['untərɛrnɛːrt] *adj* undernourished
Unterernährung ['untərɛrnɛːruŋ] *f* malnutrition
unterfordern [untər'fɔrdərn] *v* demand too little of, ask too little of, expect too little of
Untergang ['untərgaŋ] *m 1. (Zusammenbruch)* fall, downfall, collapse; *2. (Sinken)* sinking; *3. (Niedergang)* fall, decline; *4. (der Sonne)* sunset
untergehen ['untərgeːən] *v irr 1. (zusammenbrechen)* fall; *2. (sinken)* sink; *3. (niedergehen)* decline; *4. (Sonne, Mond)* set
Untergrund ['untərgrunt] *m 1.* subsoil; *2. (Farbschicht)* undercoat; *3. POL* underground
Untergrundbahn ['untərgruntbaːn] *f* underground (railway) *(UK)*, subway *(US)*
unterhalb ['untərhalp] *prep* below, under, underneath
Unterhalt ['untərhalt] *m 1. (Lebensunterhalt)* subsistence, livelihood; *seinen ~ verdienen* earn one's living; *2. (~sbeitrag)* maintenance, *(für geschiedene Ehefrau)* alimony; *3. (Instandhaltung)* upkeep
unterhalten [untər'haltən] *v irr 1. (versorgen)* maintain, support; *2. (vergnügen)* entertain, amuse; *3. sich ~ (vergnügen)* enjoy o.s., amuse o.s; *4. sich ~ (plaudern)* talk, converse, make conversation
unterhaltsam [untər'haltzam] *adj* entertaining
Unterhaltung [untər'haltuŋ] *f 1. (Versorgung)* maintenance, upkeep; *2. (Vergnügen)* entertainment; *3. (Plaudern)* conversation, talk
Unterhaus ['untərhaus] *n POL* Lower House, House of Commons *(UK)*
Unterhemd ['untərhɛmt] *n* vest, undershirt *(US)*
Unterhose ['untərhoːzə] *f* underpants
unterirdisch ['untərɪrdɪʃ] *adj* subterranean, underground
Unterkiefer ['untərkiːfər] *m ANAT* lower jaw
Unterkunft ['untərkunft] *f* lodgings, accommodation, shelter
Unterlage ['untərlaːgə] *f 1.* foundation, base; *2. ~n pl (Dokumente)* documents *pl,* materials *pl,* papers *pl*
unterlassen [untər'lasən] *v irr* omit, fail to do, stop
unterlegen ['untərleːgən] *v 1.* put underneath; *2. (mit einer Unterlage versehen)* line, pad [untər'leːgən] *3. (fig)* attribute; *einer Sache einen anderen Sinn ~* read another meaning into sth; *adj 4. jdm ~ sein* to be inferior to s.o.
unterliegen [untər'liːgən] *v irr 1. (besiegt werden)* to be defeated by, lose to; *2. (betroffen sein)* to be subject to
Untermiete ['untərmiːtə] *f* subletting, sublease, subtenancy
Untermieter ['untərmiːtər] *m* tenant
untermischen ['untərmɪʃən] *v* mix in
Unternehmen [untər'neːmən] *n 1. (Firma)* business, enterprise; *2. (Vorhaben)* undertaking, venture
unternehmen [untər'neːmən] *v irr* undertake, attempt
Unternehmer [untər'neːmər] *m* entrepreneur, industrialist, contractor
Unteroffizier ['untərɔfitsiːr] *m 1. MIL* non-commissioned officer; *2. (Dienstgrad)(bei der Luftwaffe) MIL* corporal, airman first class *(US); (bei der Armee) MIL* sergeant
unterordnen ['untərɔrdnən] *v 1.* subordinate; *2. jdn jdm ~* place s.o. under s.o.
Unterordnung ['untərɔrdnuŋ] *f* subordination
Unterredung [untər'reːduŋ] *f* conference, interview, business talk
Unterricht ['untərrɪçt] *m* instruction, lessons *pl*
unterrichten [untər'rɪçtən] *v 1. (lehren)* teach, instruct; *2. (informieren)* inform, warn
Unterrichtsfach ['untərrɪçtsfax] *n* subject
untersagen [untər'zaːgən] *v* forbid, prohibit
Untersatz ['untərzats] *m 1.* mat; *2. (für Gläser)* coaster; *3. (Gestell)* stand; *4. fahrbarer ~ (fam)* wheels *pl* (fig); *5. (Logik)* minor premise
unterschätzen [untər'ʃɛtsən] *v* underestimate, undervalue, underrate
unterscheiden [untər'ʃaɪdən] *v irr* distinguish, differentiate
Unterscheidung [untər'ʃaɪduŋ] *f* differentiation, distinction
Unterschenkel ['untərʃɛŋkəl] *m ANAT* shank, lower leg

Unterschied ['untərʃiːt] *m 1.* difference; *2. (Unterscheidung)* distinction
unterschiedlich ['untərʃiːtlɪç] *adj* different, diverse
unterschreiben [untər'ʃraɪbən] *v irr* sign
Unterschrift ['untərʃrɪft] *f* signature
Unterseite ['untərzaɪtə] *f* bottom
unterste(r,s) ['untərstə(r,s)] *adj* lowest, last; *das ~ zu oberst kehren* turn everything upside down
unterstehen [untər'ʃteːən] *v irr 1. jdm ~ (fig)* be subordinated to; *2. sich ~ etw zu tun* dare to do sth
unterstellen ['untərʃtɛlən] *v 1. sich ~* take shelter; [untər'ʃtɛlən] *2. (voraussetzen)* assume; *3. jdm etw ~ (unterordnen)* put s.o. in charge of sth; *4. jdm etw ~ (unterschieben)* insinuate that s.o. has done sth
Unterstellung [untər'ʃtɛluŋ] *f* insinuation
unterstreichen [untər'ʃtraɪçən] *v irr 1.* underline, underscore; *2. (fig)* emphasize, stress
unterstützen [untər'ʃtytsən] *v 1.* support, prop; *2. (fig)* support, assist, back up
Unterstützung [untər'ʃtytsuŋ] *f* support, assistance, backing
untersuchen [untər'zuːxən] *v 1.* examine, investigate, check; *2. MED* examine, test, check
Untersuchung [untər'zuːxuŋ] *f 1.* examination, investigation, inquiry; *2. MED* examination
Untertan ['untərtaːn] *m* subject
Untertasse ['untərtasə] *f* saucer
untertauchen ['untərtauxən] *v 1. (eintauchen)* dip, duck; *2. (fig: verschwinden)* disappear, go underground; *3. TECH* immerse
Unterteil ['untərtaɪl] *m* lower part, base
unterteilen [untər'taɪlən] *v* subdivide
Unterteilung [untər'taɪluŋ] *f* subdivision
untertreiben [untər'traɪbən] *v irr* understate
Untertreibung [untər'traɪbuŋ] *f* understatement
Unterwäsche ['untərvɛʃə] *f* underwear, underclothes, *(Damenunterwäsche)* lingerie
unterwegs [untər'veːks] *adv* on the way, en route, in transit; *~ nach* bound for
Unterwelt ['untərvɛlt] *f* underworld
unterwerfen [untər'vɛrfən] *v irr 1.* subdue; *2. (unterziehen)* subject to; *3. sich einer Sache ~* submit to sth
Unterwerfung [untər'vɛrfuŋ] *f 1. (Untertanmachen) POL* subjection, subjugation; *2. (Unterordnung)* submission, surrender
unterwürfig ['untərvyrfɪç] *adj* submissive
unterzeichnen [untər'tsaɪçnən] *v* sign
unterziehen [untər'tsiːən] *v irr 1. sich einer Sache ~* undergo sth; *sich einer Prüfung ~* take a test; *2. jdn einer Sache ~* subject s.o. to sth; ['untərtsiːən] *3. (Kleidungsstück)* put on underneath
untragbar ['untraːkbaːr] *adj* intolerable, unbearable, *(Preise)* prohibitive
untreu ['untrɔy] *adj* unfaithful, disloyal
Untreue ['untrɔyə] *f* unfaithfulness, disloyalty
untröstlich ['untrøːstlɪç] *adj* inconsolable
untrüglich [un'tryːklɪç] *adj 1. (Merkmal)* unmistakable; *2. (Instinkt)* unfailing
unübersichtlich ['unyːbərzɪçtlɪç] *adj 1. (Kurve)* blind; *2. (verworren)* confused, unclear
unüblich ['unyːplɪç] *adj* uncommon
unumgänglich ['unumgɛŋlɪç] *adj* unavoidable, essential, indispensable
unumstößlich [unum'ʃtøːslɪç] *adj* uncontestable, irrefutable
unumstritten [unum'ʃtrɪtən] *v* undisputed
ununterbrochen ['ununtərbrɔxən] *adj 1.* continuous, uninterrupted; *adv 2.* continuously, without interruption
unverantwortlich [unfɛr'antvɔrtlɪç] *adj* irresponsible
unverbindlich ['unfɛrbɪntlɪç] *adj 1.* not binding; *~e Preisempfehlung* suggested retail price; *adv 2.* without obligation, without guarantee
unverfälscht ['unfɛrfɛlʃt] *adj 1.* pure; *2. (Bericht)* unfalsified; *3. (Lebensmittel)* unadulterated
Unverfrorenheit ['unfɛrfroːrənhaɪt] *f* impudence
unvergesslich [unfɛr'gɛslɪç] *adj* unforgettable
unverheiratet ['unfɛrhaɪraːtət] *adj* unmarried
unvermeidlich ['unfɛrmaɪdlɪç] *adj* inevitable, unavoidable
Unvernunft ['unfɛrnunft] *f* irrationality, unreasonableness
unvernünftig ['unfɛrnynftɪç] *adj* unreasonable, irrational
unverschämt ['unfɛrʃɛːmt] *adj* outrageous, impudent, shameless
Unverschämtheit ['unfɛrʃɛːmthaɪt] *f* outrageousness, impudence, shamelessness
unverständlich ['unfɛrʃtɛntlɪç] *adj* unintelligible, incomprehensible
unverwechselbar [unfɛr'vɛksəlbaːr] *adj* unmistakable

unverzeihlich ['unfɛrtsaɪlɪç] *adj* inexcusable, unpardonable
unverzüglich ['unfɛrtsyːklɪç] *adj* immediate, prompt, instantaneous
unvollkommen ['unfɔlkɔmən] *adj 1.* imperfect; *2. (unvollständig)* incomplete
Unvollkommenheit ['unfɔlkɔmənhaɪt] *f* imperfection
unvollständig ['unfɔlʃtɛndɪç] *adj* incomplete
unvorteilhaft ['unfoːrtaɪlhaft] *adj 1.* unfavourable, disadvantageous; *2. (Kleid, Frisur)* unflattering, unbecoming
unwahrscheinlich ['unvaːrʃaɪnlɪç] *adj* improbable, unlikely
Unwesen ['unweːzən] *n sein ~ treiben* to be up to mischief
unwesentlich ['unveːzəntlɪç] *adj* unimportant, insignificant
Unwetter ['unvɛtər] *n* bad weather, stormy weather, thunderstorm
unwichtig ['unvɪçtɪç] *adj* unimportant, irrelevant, inconsequential
unwiderstehlich [unviːdər'ʃteːlɪç] *adj* irresistible
unwillig ['unvɪlɪç] *adj 1.* unwilling, reluctant; *2. (ungehalten)* indignant
unwirksam ['unvɪrkzaːm] *adj 1.* ineffective, inoperative; *2. JUR* null and void
unwirtschaftlich ['unvɪrtʃaftlɪç] *adj ECO* uneconomical, inefficient
unwissend ['unvɪsənt] *adj* ignorant
Unwissenheit ['unvɪsənhaɪt] *f* ignorance
Unwohlsein ['unvoːlzaɪn] *n* indisposition
unwürdig ['unvyrdɪç] *adj 1.* unworthy; *2. (ohne Würde)* undignified, unseemly
unzählig ['untsɛːlɪç] *adj* innumerable
unzeitgemäß ['untsaɪtgəmɛːs] *adj* anachronistic, old-fashioned, obsolete
unzertrennlich [untsɛr'trɛnlɪç] *adj* inseparable
unzufrieden ['untsufriːdən] *adj* dissatisfied, discontented
Unzufriedenheit ['untsufriːdənhaɪt] *f* dissatisfaction, discontent
unzulänglich ['untsulɛŋlɪç] *adj* insufficient, inadequate
Unzulänglichkeit ['untsulɛŋlɪçkaɪt] *f* inadequacy, deficiency, insufficiency
unzulässig ['untsulɛsɪç] *adj* inadmissible
unzumutbar ['untsumuːtbaːr] *adj* unfair, unjust, unreasonable
unzureichend ['untsuraɪçənt] *adj* insufficient, inadequate
unzutreffend ['untsutrɛfənt] *adj 1.* inappropriate; *2. (unwahr)* incorrect; *~es bitte streichen* please cross out anything not applicable
unzuverlässig ['untsufɛrlɛsɪç] *adj* unreliable, untrustworthy
Unzuverlässigkeit ['untsufɛrlɛsɪçkaɪt] *f* unreliability
üppig ['ypɪç] *adj 1.* sumptuous, abundant; *2. (Figur)* voluptuous; *3. (Vegetation)* lush
Urahnen ['uraːnən] *pl* forebears *pl*
Uraufführung ['uːrauffyːruŋ] *f THEAT* world premiere
Ureinwohner ['uːraɪnvoːnər] *m* original inhabitant, native; *(in Australien)* aborigine, *(in Neuseeland)* maori
Urenkel ['uːrɛŋkəl] *m* great-grandson
Urenkelin ['uːrɛŋkəlɪn] *f* great-granddaughter
Urgroßeltern ['uːrgroːsɛltərn] *pl* great-grandparents *pl*
Urheber ['uːrheːbər] *m* author, originator
Urheberrecht ['uːrheːbərɛçt] *n JUR* copyright
Urin [u'riːn] *m* urine
Urknall ['uːrknal] *m ASTR* big bang
Urkunde ['uːrkundə] *f* certificate, document
Urlaub ['uːrlaup] *m* holidays *pl,* vacation *(US)*
Urlauber ['uːrlaubər] *m* holidaymaker *(UK),* vacationer *(US)*
Ursache ['uːrzaxə] *f* cause; *Keine ~!* Don't mention it!
Ursprung ['uːrʃpruŋ] *m* origin, source
ursprünglich ['urʃpryŋlɪç] *adj 1.* original; *adv 2.* originally
Urteil ['urtaɪl] *n 1.* judgement, opinion, view; *2. JUR* judgement, sentence, verdict
urteilen ['urtaɪlən] *v 1.* judge, give an opinion; *2. JUR* pass a sentence, judge
Urwald ['uːrvalt] *m BOT* virgin forest; *(in den Tropen)* jungle
Urzeit ['uːrtsaɪt] *f* the dawn of time, prehistoric times *pl; seit ~en (fig)* for ages
Usbeke/Usbekin [us'beːkə/us'beːkɪn] *m/f* Uzbek
usbekisch [us'beːkɪʃ] *adj* Uzbek
Usbekistan [us'beːkɪstaːn] *n GEO* Uzbekistan
Utensilien [utɛn'ziːljən] *pl* utensils *pl*
Utopie [uto'piː] *f* Utopia
utopisch [u'toːpɪʃ] *adj* Utopian
UV-Strahlung [uː'vauʃtraːluŋ] *f PHYS* ultraviolet radiation

V

Vagabund [vaga'bunt] *m* vagabond
vage ['vaːgə] *adj* vague
Vagina [va'giːna] *f ANAT* vagina
vakant [va'kant] *adj* vacant
Vakuum ['vaːkuum] *n* vacuum
Vampir [vam'piːr] *m* vampire
Vandalismus [vanda'lɪsmus] *m* vandalism
Vanille [va'nɪlə] *f BOT* vanilla
variabel [vari'aːbəl] *adj* variable
Variable [vari'aːblə] *f MATH* variable
Variante [vari'antə] *f* variant
Variation [varia'tsjoːn] *f* variation
variieren [vari'iːrən] *v* vary
Vase ['vaːzə] *f* vase
Vater ['faːtər] *m* father; *~ Staat* the State; *der himmlische ~* our heavenly Father; *zu seinen Vätern heimgehen* pass away
Vaterland ['faːtərlant] *n 1.* native country, fatherland; *2. (Deutschland)* fatherland
väterlich ['fɛːtərlɪç] *adj 1.* paternal, fatherly; *adv 2.* paternally
Vaterschaft ['faːtərʃaft] *f* fatherhood, paternity
Vaterunser [faːtər'unzər] *n das ~ REL* the Lord's Prayer
Vatikan [vatɪ'kaːn] *m* Vatican
Vegetarier [vege'taːriːər] *m* vegetarian
vegetarisch [vege'taːrɪʃ] *adj* vegetarian
Vegetation [vegeta'tsjoːn] *f* vegetation
vehement [vehə'mɛnt] *adj* vehement
Veilchen ['faɪlçən] *n BOT* violet
Vene ['veːnə] *f ANAT* vein
Venedig [ve'neːdɪç] *n GEO* Venice
Ventil [vɛn'tiːl] *n 1. TECH* valve; *2. (fig)* vent, outlet
Ventilator [vɛnti'laːtɔr] *m* ventilator
verabreden [fɛr'apreːdən] *v 1.* agree upon, arrange; *2. sich ~* make an appointment, arrange to meet; *sich ~ mit* make a date with
Verabredung [fɛr'apreːduŋ] *f 1. (Abmachung)* agreement, arrangement; *2. (Treffen)* appointment
verabscheuen [fɛr'apʃɔyən] *v* abhor, detest, loathe
verabschieden [fɛr'apʃiːdən] *v 1.* dismiss, discharge, discard; *2. sich ~* say goodbye, take one's leave; *3. (Gesetz)* pass
verachten [fɛr'axtən] *v* despise, disdain, hold in contempt; *Das ist nicht zu ~.* That's not to be sneezed at.
verächtlich [fɛr'ɛçtlɪç] *adj 1.* contemptuous, scornful; *2. (verachtenswert)* despicable, contemptible, base
Verachtung [fɛr'axtuŋ] *f* contempt, scorn, disdain; *jdn mit ~ strafen* treat s.o. with contempt
verallgemeinern [fɛralgə'maɪnərn] *v* generalize
veraltet [fɛr'altət] *adj* obsolete, antiquated, out of date
Veranda [ve'randa] *f* veranda, porch *(US)*
verändern [vɛr'ɛndərn] *v* change, alter, vary
Veranlagung [fɛr'anlaːguŋ] *f* disposition, tendency, predisposition
veranlassen [fɛr'anlasən] *v* cause, bring about, arrange for
veranschaulichen [fɛr'anʃaulɪçən] *v* illustrate
veranstalten [fɛr'anʃtaltən] *v* organize, arrange, stage
Veranstalter [fɛr'anʃtaltər] *m* organizer, host; *(von Konzerten, von Boxkämpfen)* promoter
Veranstaltung [fɛr'anʃtaltuŋ] *f 1.* event; *2. (das Veranstalten)* organization, arrangement
verantwortlich [fɛr'antvɔrtlɪç] *adj 1.* responsible, answerable; *2. JUR* liable
Verantwortung [fɛr'antvɔrtuŋ] *f* responsibility; *jdn für etw zur ~ ziehen* call s.o. to account for sth
verantwortungsbewusst [fɛr'antvɔrtuŋsbəvust] *adj* responsible
verantwortungslos [fɛr'antvɔrtuŋsloːs] *adj* irresponsible
veräppeln [fɛr'ɛpəln] *v jdn ~* pull s.o.'s leg
verarbeiten [fɛr'arbaɪtən] *v 1. (bearbeiten)* manufacture, process; *2. (fig)* ponder over, assimilate; *3. (Daten) INFORM* process
verärgern [fɛr'ɛrgərn] *v* annoy, vex
verarmen [fɛr'armən] *v* become poor, to be reduced to poverty
Verarmung [fɛr'armuŋ] *f* impoverishment
verarzten [fɛr'artstən] *v* attend to, sort out, *(mit Verband)* patch up
verausgaben [fɛr'ausgaːbən] *v 1. sich ~ (finanziell)* overspend; *2. sich ~ (körperlich)* overexert o.s., spend all one's energy, burn o.s. out
veräußern [fɛr'ɔysərn] *v 1. (verkaufen)* sell, dispose of; *2. (übereignen)* transfer

Verb [vɛrp] *n GRAMM* verb
Verband [fɛr'bant] *m 1. (Vereinigung)* association, federation, union; *2. MED* bandage, dressing
verbannen [fɛr'banən] *v* banish, exile
verbarrikadieren [fɛrbarɪka'di:rən] *v* barricade, block
verbergen [fɛr'bɛrgən] *v irr* hide, conceal
verbessern [fɛr'bɛsərn] *v 1.* improve, change for the better; *2. (korrigieren)* correct, revise
verbeugen [fɛr'bɔygən] *v sich ~* bow
verbieten [fɛr'bi:tən] *v irr* prohibit, forbid
verbinden [fɛr'bɪndən] *v irr 1. (zusammenfügen)* connect, join, link; *2. TEL* connect; *3. MED* bandage, dress
verbindlich [fɛr'bɪntlɪç] *adj 1. (gefällig)* obliging; *2. (höflich)* polite; *3. (verpflichtend)* binding, obligatory, compulsory
Verbindung [fɛr'bɪndʊŋ] *f 1.* connection; *2. (Beziehung)* contact, connection; *in ~ stehen mit* to be in contact with; *sich mit jdm in ~ setzen* get in touch with s.o. *3. CHEM* compound, composition; *4. TEL* connection, line; *5. (Zusammenarbeit)* liaison; *6. (Zugverbindung)* connection
Verbissenheit [fɛr'bɪsənhaɪt] *f* grimness
verbittern [fɛr'bɪtərn] *v* embitter
Verbitterung [fɛr'bɪtərʊŋ] *f* bitterness
verblassen [fɛr'blasən] *v 1.* turn pale; *2. (Stoff)* fade
verbleiben [fɛr'blaɪbən] *v irr 1. (bleiben)* remain; *2. (vereinbaren)* tentatively agree
Verblendung [fɛr'blɛndʊŋ] *f (fig)* blinding, bedazzlement
verblichen [fɛr'blɪçən] *adj* faded
verblüffen [fɛr'blyfən] *v* astonish, flabbergast
verblüffend [fɛr'blyfənt] *adj* bewildering, baffling
Verblüffung [fɛr'blyfʊŋ] *f* bafflement, amazement, perplexity
verblühen [fɛr'bly:ən] *v* fade
Verbot [fɛr'bo:t] *n* prohibition, ban
Verbrauch [fɛr'braux] *m* consumption
verbrauchen [fɛr'brauxən] *v 1.* consume, use up; *2. (ausgeben)* spend
Verbraucher [fɛr'brauxər] *m* consumer
Verbrechen [fɛr'brɛçən] *n 1.* crime, offence; *2. (schweres ~) JUR* felony
Verbrecher(in) [fɛr'brɛçər(ɪn)] *m/f 1.* criminal; *2. (Schwerverbrecher(in))* felon
verbreiten [fɛr'braɪtən] *v 1.* spread; *2. (Lehre)* propagate; *3. (Licht)* diffuse
verbreitern [fɛr'braɪtərn] *v* broaden, widen
Verbreitung [fɛr'braɪtʊŋ] *f* spreading, circulation, distribution; *~ finden* reach a wide public
verbrennen [fɛr'brɛnən] *v irr 1.* burn, incinerate; *2. (Leiche)* cremate
verbringen [fɛr'brɪŋən] *v irr* spend, pass
verbünden [fɛr'byndən] *v sich ~* ally o.s.
Verbundenheit [fɛr'bʊndənhaɪt] *f* solidarity
Verbündete(r) [fɛr'byndətə(r)] *m/f* ally
verbürgen [fɛr'byrgən] *v sich für etw ~* vouch for sth
Verdacht [fɛr'daxt] *m* suspicion; *über jeden ~ erhaben sein* to be above suspicion; *~ schöpfen* become suspicious; *etw auf ~ tun* try sth and hope it works
verdächtig [fɛr'dɛçtɪç] *adj* suspicious, suspect, questionable
Verdächtige(r) [fɛr'dɛçtɪgə(r)] *m/f* suspect
verdächtigen [fɛr'dɛçtɪgən] *v* suspect, throw suspicion on
verdammen [fɛr'damən] *v* condemn, damn, doom
verdammt [fɛr'damt] *adj 1. REL* damned; *interj 2. (fam) Verdammt!* Damn it!
verdampfen [fɛr'dampfən] *v* evaporate
verdanken [fɛr'daŋkən] *v jdm etw ~* to be indebted to s.o. for sth, *(fig)* have s.o. to thank for sth
verdauen [fɛr'dauən] *v* digest
Verdauung [fɛr'dauʊŋ] *f* digestion
verdecken [fɛr'dɛkən] *v 1. (verbergen)* hide, screen; *2. (zudecken)* cover
verderben [fɛr'dɛrbən] *v irr 1. (zerstören)* ruin, destroy, wreck; *es sich mit jdm ~* fall out of favour with s.o. *2. (schlecht werden)* decay, spoil; *3. (fig: negativ beeinflussen)* corrupt, pervert, deprave
verderblich [fɛr'dɛrplɪç] *adj 1.* pernicious, corrupting; *2. (Lebensmittel)* perishable
verdienen [fɛr'di:nən] *v 1. (Geld)* earn; *2. (Lob)* merit, deserve; *Er verdient es nicht anders.* It serves him right.
Verdienst [fɛr'di:nst] *m 1.* earnings, income; *2. (Gehalt)* salary; *n 3. (Anspruch auf Anerkennung)* merit
verdoppeln [fɛr'dɔpəln] *v* double
Verdorbenheit [fɛr'dɔrbənhaɪt] *f (fig)* corruption, corruptness, depravity
verdrängen [fɛr'drɛŋən] *v 1.* push away, drive away; *Gedanken ~* dismiss thoughts from one's mind; *2. PSYCH* repress; *3. PHYS* displace; *4. MIL* dislodge

Verdrossenheit [fɛr'drɔsənhaɪt] *f* listlessness, reluctance
verdunkeln [fɛr'duŋkəln] *v 1. (abdunkeln)* darken; *2. (fig: verschleiern)* obscure, blur
verdunsten [fɛr'dunstən] *v* evaporate
verdursten [fɛ'durstən] *v* die of thirst
verebben [fɛr'ɛbən] *v (fig)* wane, ebb
veredeln [fɛr'e:dəln] *v* refine, improve
Veredelung [fɛr'e:dəluŋ] *f* ennoblement, exaltation, refinement
verehren [fɛr'e:rən] *v* honour, admire
Verehrer(in) [fɛr'e:rər(ɪn)] *m/f* admirer
Verehrung [fɛr'e:ruŋ] *f* admiration, respect, reverence
vereidigen [fɛr'aɪdɪgən] *v jdn ~* put a person under oath, swear s.o. in
Verein [fɛr'aɪn] *m 1.* association, society; *2. (geselliger ~)* club
vereinbar [fɛr'aɪnba:r] *adj* compatible
vereinbaren [fɛr'aɪnba:rən] *v* agree; *etw ~* agree upon sth
Vereinbarkeit [fɛr'aɪnba:rkaɪt] *f* compatibility
Vereinbarung [fɛr'aɪnba:ruŋ] *f* agreement, arrangement
vereinen [fɛr'aɪnən] *v* unite, join, combine
vereinfachen [fɛr'aɪnfaxən] *v* simplify
vereinheitlichen [fɛr'aɪnhaɪtlɪçən] *v* standardize
vereinigen [fɛr'aɪnɪgən] *v* unite, join, fuse
Vereinigte Staaten [fɛr'aɪnɪktə 'ʃta:tən] *pl GEO* United States *pl*
Vereinigung [fɛr'aɪnɪguŋ] *f 1.* union, merger, consolidation; *2. POL* coalition, alliance
vereinnahmen [fɛr'aɪnna:mən] *v* take in
vereinsamen [fɛr'aɪnzamən] *v* become lonely, become isolated
vereint [fɛr'aɪnt] *adj* united, joint, combined
vereinzelt [fɛr'aɪntsəlt] *adj 1.* isolated, sporadic, odd; *adv 2.* here and there, now and then, sporadically
vereiteln [fɛr'aɪtəln] *v* thwart, defeat
verelenden [fɛr'e:lɛndən] *v* to be pauperized, to be reduced to poverty
vererben [fɛr'ɛrbən] *v 1. (Güter)* leave by will, bequeath; *2. BIO* transmit, hand down
Verewigung [fɛr'e:vɪguŋ] *f* perpetuation
Verfahren [fɛr'fa:rən] *n 1. (Vorgehen)* procedure, process; *2. (Methode)* method, practice; *3. JUR* proceedings, procedure, suit
Verfall [fɛr'fal] *m 1. (Gebäude)* dilapidation, disrepair, decay; *2. (Fristablauf) FIN* maturity, expiry, expiration; *3. (Untergang)* decline, downfall
verfallen [fɛr'falən] *v irr 1. (Gebäude)* decay, become dilapidated; *2. (ungültig werden)* expire, lapse; *3. (hörig werden)* fall under s.o.'s spell
verfälschen [fɛr'fɛlʃən] *v* falsify
verfänglich [fɛr'fɛŋlɪç] *adj 1. (Frage)* tricky; *2. (Situation)* awkward
verfassen [fɛr'fasən] *v 1.* compose, write; *2. (Urkunde)* draw up
Verfasser(in) [fɛr'fasər(ɪn)] *m/f 1.* author, writer; *2. MUS* composer
Verfassung [fɛr'fasuŋ] *f 1. (Zustand)* state, condition; *in schlechter ~* in bad shape; *2. (seelische ~)* frame of mind; *3. (Grundgesetz) POL* constitution
verfaulen [fɛr'faulən] *v* rot
verfechten [fɛr'fɛçtən] *v irr* stand up for, defend, advocate
Verfechter [fɛr'fɛçtər] *m* proponent, advocate, defender
verfehlen [fɛr'fe:lən] *v* miss
verfeindet [fɛr'faɪndət] *adj* hostile
verfeinern [fɛr'faɪnərn] *v* refine, improve, purify
verfestigen [fɛr'fɛstɪgən] *v sich ~* rigidify
verfilmen [fɛr'fɪlmən] *v 1. CINE* film; *2. (zum Film umgestalten)* adapt for the screen
verfolgen [fɛr'fɔlgən] *v 1.* pursue, follow; *2. (ungerecht)* persecute; *vom Pech verfolgt sein* have a string of bad luck
Verfolgung [fɛr'fɔlguŋ] *f 1.* pursuit; *2. (ungerechte)* prosecution
verformen [fɛr'fɔrmən] *v* deform, disfigure
verfügbar [fɛr'fy:kba:r] *adj* available; *~ haben* have at one's disposal
verfügen [fɛr'fy:gən] *v 1. (anordnen)* order, decree; *2. ~ über* have at one's disposal, have use of
Verfügung [fɛr'fy:guŋ] *f 1. zur ~ stehen* to be available; *jdm zur ~ stehen* to be at s.o.'s disposal; *jdm etw zur ~ stellen* place sth at s.o.'s disposal; *sich zur ~ halten* keep ready; *sich zur ~ stellen* offer one's services; *etw zur ~ haben* have sth at one's disposal; *2. (Erlass)* decree, order
verführen [fɛr'fy:rən] *v* seduce, entice, tempt
verführerisch [fɛr'fy:rərɪʃ] *adj 1.* tempting, enticing, seductive; *adv 2.* seductively, enticingly
Verführung [fɛr'fy:ruŋ] *f* seduction, enticement, temptation
vergangene(r,s) [fɛr'gaŋənə(r,s)] *adj* past, former

Vergangenheit [fɛr'gaŋənhaɪt] *f* past
vergänglich [fɛr'gɛŋglɪç] *adj* transitory, fleeting
vergeben [fɛr'geːbən] *v irr 1.* give away; *2. (Auftrag, Preis)* award; *3. (verzeihen)* forgive, pardon
vergeblich [fɛr'geːblɪç] *adj 1.* futile, unavailing, useless; *adv 2.* in vain, to no avail
Vergebung [fɛr'geːbuŋ] *f (Verzeihung)* forgiveness, pardoning
vergehen [fɛr'geːən] *v irr 1. (Zeit)* pass, go by; *2. (Schmerz)* subside, pass; *3. sich ~ an* assault, violate
vergelten [fɛr'gɛltən] *v irr 1.* repay, reward; *2. (heimzahlen)* retaliate for
vergessen [fɛr'gɛsən] *v irr* forget; *Vergiss das!* Forget about that! *Das vergesse ich dir nie!* I shall never forget what you did!
Vergessenheit [fɛr'gɛsənhaɪt] *f* oblivion; *in ~ geraten* fade into oblivion;
vergesslich [fɛr'gɛslɪç] *adj* forgetful
vergeuden [fɛr'gɔydən] *v* waste, squander
Vergewaltigung [fɛrgə'valtɪguŋ] *f* rape
vergewissern [fɛrgə'vɪsərn] *v sich ~* make sure, reassure o.s.
vergießen [fɛr'giːsən] *v irr 1. (Tränen, Blut)* shed; *2. (verschütten)* spill
vergiften [fɛr'gɪftən] *v 1.* poison; *2. (verseuchen)* contaminate
vergilben [fɛr'gɪlbən] *v* turn yellow
Vergleich [fɛr'glaɪç] *m 1.* comparison; *im ~ zu* in comparison with, compared to; *2. JUR* settlement
vergleichen [fɛr'glaɪçən] *v irr* compare, *(sich ~)* settle
vergnügen [fɛr'gnyːgən] *v sich ~* enjoy o.s., amuse o.s.
Vergnügen [fɛr'gnyːgən] *n* pleasure, enjoyment, fun; *sich aus etw ein ~ machen* take delight in sth; *Es ist mir ein ~.* It's a pleasure. *Das ist ein teures ~!* That's an expensive business!
vergolden [fɛr'gɔldən] *v* gild
vergönnen [fɛr'gœnən] *v* permit; *Es war ihm nicht vergönnt.* He was not lucky enough.
vergöttern [fɛr'gœtərn] *v* worship, idolize
vergraben [fɛr'graːbən] *v irr* bury; *sich in die Arbeit ~* bury o.s. in work
vergreifen [fɛr'graɪfən] *v irr 1. (am Instrument) sich ~ MUS* play the wrong note; *2. sich ~ (auf der Schreibmaschine)* hit the wrong key; *3. (beim Turnen) sich ~* miss one's grip; *4. (an fremdem Eigentum) sich ~* misappropriate; *5. (an einem Kind) sich ~* assault
vergriffen [fɛr'grɪfən] *adj 1.* unavailable; *2. (Buch)* out of print
vergrößern [fɛr'grøːsərn] *v* enlarge
Vergrößerung [fɛr'grøːsəruŋ] *f* enlargement
vergüten [fɛr'gyːtən] *v* reimburse, compensate
verhaften [fɛr'haftən] *v* arrest, take into custody; *Sie sind verhaftet!* You are under arrest!
Verhaftung [fɛr'haftuŋ] *f* arrest
Verhalten [fɛr'haltən] *n 1.* behaviour, conduct, deportment; *2. (Haltung)* attitude
Verhältnis [fɛr'hɛltnɪs] *n 1. (Proportion)* proportion, ratio; *2. (Beziehung)* relationship; *3. (Umstand)* circumstance, condition; *über seine ~se leben* live beyond one's means
verhandeln [fɛr'handəln] *v* negotiate
Verhandlung [fɛr'handluŋ] *f 1.* negotiation; *2. (Beratung)* discussion; *3. JUR* court hearing, trial
Verhängnis [fɛr'hɛŋnɪs] *n 1.* fate; *2. (Katastrophe)* disaster
verhängnisvoll [fɛr'hɛŋnɪsfɔl] *adj* ominous, ill-fated, doomed
verharmlosen [fɛr'harmloːzən] *v* play down
verhasst [fɛr'hast] *adj* hated, hateful
verhätscheln [fɛr'hɛtʃəln] *v* spoil, pamper, cosset
Verhau [fɛr'hau] *m (fam)* mess
verheerend [fɛr'heːrənt] *adj* devastating, disastrous
verheimlichen [fɛr'haɪmlɪçən] *v* keep secret, conceal; *etw vor jdm ~* conceal sth from s.o.
verheiratet [fɛr'haɪraːtət] *adj* married
Verheißung [fɛr'haɪsuŋ] *f* promise
verheißungsvoll [fɛr'haɪsuŋsfɔl] *adj* promising, auspicious
verherrlichen [fɛr'hɛrlɪçən] *v* glorify
Verherrlichung [fɛr'hɛrlɪçuŋ] *f* glorification
verhindern [fɛr'hɪndərn] *v* prevent, hinder, obstruct
verhöhnen [fɛr'høːnən] *v* scoff at, jeer at, ridicule
Verhöhnung [fɛr'høːnuŋ] *f* mocking, ridicule
Verhör [fɛr'høːr] *n JUR* examination, interrogation, questioning; *jdn ins ~ nehmen* interrogate s.o.
verhören [fɛr'høːrən] *v 1. JUR* interrogate, examine, question; *2. sich ~* misunderstand
verhüllen [fɛr'hylən] *v* cover

verhungern [fɛr'huŋərn] *v* starve, die of hunger
verhüten [fɛr'hy:tən] *v* prevent, avert
verirren [fɛr'ɪrən] *v sich ~* get lost, lose one's way, go astray
verjähren [fɛr'jɛ:rən] *v JUR* come under the statute of limitations, become barred by the statute of limitations
Verjährung [fɛr'jɛ:ruŋ] *f JUR* statutory limitation
verkalken [fɛr'kalkən] *v 1. TECH* calcify, convert into lime; *2. MED* sclerose, calcify
Verkauf [fɛr'kauf] *m* sale, selling
verkaufen [fɛr'kaufən] *v* sell
Verkäufer(in) [fɛr'kɔyfər(ɪn)] *m/f 1.* seller, vendor; *2.(in einem Geschäft)* salesman/saleswoman
verkäuflich [fɛr'kɔyflɪç] *adj* saleable
Verkehr [fɛr'ke:r] *m 1.* traffic, transport; *jdn aus dem ~ ziehen* eliminate s.o. *2. (Kontakt)* contact; *3. (Geschlechtsverkehr)* intercourse
Verkehrsampel [fɛr'ke:rsampəl] *f* traffic light
verkehrsberuhigt [fɛr'ke:rsbəru:ɪçt] *adj ~e Zone* limited traffic zone
verkehrt [fɛr'ke:rt] *adj 1. (~herum)* reversed, backwards; *2. (falsch)* wrong, incorrect; *Das wäre nicht ~. (fig)* That would be good. *3. (auf dem Kopf)* upside down; *4. (nach außen gestülpt)* inside out
verkennen [fɛr'kɛnən] *v irr* mistake, fail to recognize, misjudge
verklagen [fɛr'kla:gən] *v JUR* sue, bring action against
verklären [fɛr'klɛ:rən] *v* transfigure
verkleiden [fɛr'klaɪdən] *v 1. (maskieren)* dress up, disguise o.s. *2. (täfeln)* panel
Verkleidung [fɛr'klaɪduŋ] *f 1. (Maskierung)* disguise, costume; *2. (öberzug) TECH* covering, lining, panelling
verkleinern [fɛr'klaɪnərn] *v 1.* diminish, reduce, lessen; *2. (fig: schlecht machen)* belittle
Verkleinerung [fɛr'klaɪnəruŋ] *f 1.* diminution, reduction; *2. (fig)* belittlement
verknittern [fɛr'knɪtərn] *v* wrinkle, crease
verknoten [fɛr'kno:tən] *v* knot, tie, entangle
verknüpfen [fɛr'knypfən] *v 1. (verknoten)* tie, knot; *2. (fig)* connect, combine
Verknüpfung [fɛr'knypfuŋ] *f (fig)* connection, combination
verkommen [fɛr'kɔmən] *v irr* decay, rot, go to ruin
verkörpern [fɛr'kœrpərn] *v* embody, personify
Verkörperung [fɛr'kœrpəruŋ] *f* personification, embodiment
verköstigen [fɛr'kœstɪgən] *v* feed, provide with food
verkrampfen [fɛr'krampfən] *v sich ~* tense up
Verkrüppelung [fɛr'krypəluŋ] *f 1. MED* deformity; *2. (das Verkrüppeln) MED* crippling
verkümmern [fɛr'kymərn] *v* wither away, waste away, atrophy
verkünden [fɛr'kyndən] *v* announce, make known, proclaim
Verkündigung [fɛr'kyndɪguŋ] *f* announcement, proclamation
verkürzen [fɛr'kyrtsən] *v* shorten, reduce
Verkürzung [fɛr'kyrtsuŋ] *f* reduction, shortening
verladen [fɛr'la:dən] *v irr* load, ship, freight
Verlag [fɛr'la:k] *m* publishing house, publishers *pl,* publishing firm
verlagern [fɛr'la:gərn] *v* shift, displace
verlangen [fɛr'laŋən] *v 1.* demand; *viel von jdm ~* ask a lot of s.o. *2. (erfordern)* require; *3. (wünschen)* want; *4. ~ nach* ask for; *5. ~ nach (sich sehnen nach)* crave
Verlangen [fɛr'laŋən] *n 1.* desire; *2. (Sehnen)* longing; *3. (Forderung)* demand, request
verlängern [fɛr'lɛŋərn] *v 1.* lengthen; *2. (zeitlich)* extend, prolong; *3. (verdünnen)* extend, dilute
Verlass [fɛr'las] *m* reliance; *Auf ihn ist kein ~.* There is no relying on him.
verlassen [fɛr'lasən] *adj 1.* abandoned, forsaken; *2. (Gegend)* deserted; *v irr 3.* leave, relinquish, abandon; *4. sich auf etw ~* rely on sth; *Darauf kannst du dich ~.* You can be sure of that.
verlässlich [fɛr'lɛslɪç] *adj* reliable, dependable, trustworthy
Verlauf [fɛr'lauf] *m 1. (Ablauf)* lapse, expiration; *im ~ von ...* in the course of ... *2. (Entwicklung)* course, progress; *einen guten ~ nehmen* go well
verlaufen [fɛr'laufən] *v irr 1. (ablaufen)* expire, elapse, pass; *2. (sich entwickeln)* turn out, develop; *3. sich ~ (sich verirren)* lose one's way, go astray, get lost
verlautbaren [fɛr'lautba:rən] *v* announce
Verlautbarung [fɛr'lautba:ruŋ] *f* statement
verlauten [fɛr'lautən] *v 1.* become known, to be reported; *2. (andeuten)* hint, intimate
verlebt [fɛr'le:pt] *adj (fig)* worn out, used up, spent
verlegen [fɛr'le:gən] *v 1. (Wohnsitz)* move, transfer; *2. (Termin)* postpone, put off; *3. (ver-*

lieren) misplace; *4. (Buch)* publish; *5. (Kabel) TECH* lay, install; *adj 6.* embarrassed, self-conscious, awkward; *v 7. um etw nie ~ sein* never be at a loss for sth

Verlegenheit [fɛr'leːgənhaɪt] *f 1.* embarrassment; *2. (unangenehme Lage)* awkward situation

Verleger(in) [fɛr'leːgər(ɪn)] *m* publisher

Verleih [fɛr'laɪ] *m 1.* hire business, rental shop; *2. (Gesellschaft) CINE* distributor; *3. (das Verleihen) CINE* distribution

verleihen [fɛr'laɪən] *v irr 1. (borgen)* lend; *2. (vermieten)* hire out, rent out; *3. (Preis)* award

Verleihung [fɛr'laɪuŋ] *f (Preisverleihung)* award

verlernen [fɛr'lɛrnən] *v* forget

verletzbar [fɛr'lɛtsbaːr] *adj* vulnerable

Verletzbarkeit [fɛr'lɛtsbaːrkaɪt] *f* vulnerability

verletzen [fɛr'lɛtsən] *v 1. (verwunden)* hurt, injure, wound; *2. (fig: kränken)* hurt, offend; *3. (fig: übertreten)* infringe upon, breach

verletzend [fɛr'lɛtsənt] *adj (fig)* cutting, offending

Verletzung [fɛr'lɛtsuŋ] *f 1. (Wunde)* injury, wound; *2. (fig: Kränkung)* hurt feelings; *3. (fig: öbertretung)* infringement, violation

verleugnen [fɛr'lɔygnən] *v 1.* deny; *Er ließ sich ~.* He said to say he wasn't home. *2. (Freund, Kind)* disown

Verleugnung [fɛr'lɔygnuŋ] *f* denial, disavowal

verleumden [fɛr'lɔymdən] *v* slander, defame, malign

verleumderisch [fɛr'lɔymdərɪʃ] *adj* slanderous, libellous

Verleumdung [fɛr'lɔymduŋ] *f* defamation

verlieben [fɛr'liːbən] *v sich ~* fall in love; *sich in jdn ~* fall in love with s.o.

verliebt [fɛr'liːpt] *adj* in love

verlieren [fɛr'liːrən] *v irr* lose; *nichts zu ~ haben* have nothing to lose

Verlierer(in) [fɛr'liːrər(ɪn)] *m/f* loser

Verlies [fɛr'liːs] *n* dungeon

verloben [fɛr'loːbən] *v sich ~* become engaged, get engaged (fam)

Verlobte(r) [fɛr'loːptə(r)] *m/f* fiancé/fiancée

Verlobung [fɛr'loːbuŋ] *f* engagement

verlocken [fɛr'lɔkən] *v* tempt, entice

verlockend [fɛr'lɔkənt] *adj* tempting

verlogen [fɛr'loːgən] *adj 1. (Mensch)* lying, mendacious; *2. (Versprechung)* false

verlosen [fɛr'loːzən] *v* raffle

Verlosung [fɛr'loːzuŋ] *f* raffle, lottery

Verlust [fɛr'lust] *m 1.* loss, damage; *2. (Todesfall)* bereavement

vermachen [fɛr'maxən] *v* bequeath, will, leave

Vermächtnis [fɛr'mɛçtnɪs] *n* bequest, legacy

vermählen [fɛr'mɛːlən] *v sich ~* marry, to be wed

Vermählung [fɛr'mɛːluŋ] *f* marriage

vermarkten [fɛr'marktən] *v 1.* market, place on the market; *2. (fig)* commercialize

Vermarktung [fɛr'marktuŋ] *f* marketing

vermehren [fɛr'meːrən] *v 1.* increase; *2. sich ~ (sich fortpflanzen)* reproduce, multiply, propagate

vermeiden [fɛr'maɪdən] *v irr* avoid, evade, escape from

vermeintlich [fɛr'maɪntlɪç] *adj* supposed, alleged, reputed

Vermerk [fɛr'mɛrk] *m* note, entry, remark

vermerken [fɛr'mɛrkən] *v* note

vermessen [fɛr'mɛsən] *v irr 1.* measure, survey; *adj 2.* impudent, presumptuous, bold

Vermessenheit [fɛr'mɛsənhaɪt] *f* impudence, presumption, boldness

vermieten [fɛr'miːtən] *v* let, rent *(US)*

Vermieter(in) [fɛr'miːtər(ɪn)] *m/f (einer Wohnung)* landlord/landlady

vermischen [fɛr'mɪʃən] *v* mix (up), blend

vermissen [fɛr'mɪsən] *v* miss

vermitteln [fɛr'mɪtəln] *v 1.* mediate, act as intermediary, negotiate; *2. (beschaffen)* obtain

Vermittler(in) [fɛr'mɪtlər(ɪn)] *m/f* mediator, intermediary, agent

Vermittlung [fɛr'mɪtluŋ] *f 1. (Vermitteln)* arrangement, negotiation; *2. (Telefonvermittlung)* exchange; *3. (Telefonvermittlung) (Mensch)* operator; *4. (Telefonvermittlung in einer Firma)* switchboard; *5. (Stellenvermittlung)* agency

Vermögen [fɛr'møːgən] *n 1. (Können)* ability, faculty, power; *2. (Besitz)* assets, wealth, fortune; *ein ~ machen* make a fortune;

vermögend [fɛr'møːgənt] *adj* wealthy, rich

vermuten [fɛr'muːtən] *v* suppose, surmise, presume

vermutlich [fɛr'muːtlɪç] *adj 1.* presumable, probable, likely; *adv 2.* probably, presumably

Vermutung [fɛr'muːtuŋ] *f* presumption, supposition

vernachlässigbar [fɛr'naːxlɛsɪçbaːr] *adj* negligible

vernachlässigen [fɛr'na:xlɛsɪgən] *v* neglect
Vernachlässigung [fɛr'naxlɛsɪguŋ] *f* neglect, careless treatment
vernehmen [fɛr'ne:mən] *v irr 1. (hören)* hear; *2. (verhören) JUR* examine, interrogate, question
verneigen [fɛr'naɪgən] *v sich ~* bow
Verneigung [fɛr'naɪguŋ] *f* bow
verneinen [fɛr'naɪnən] *v 1. (nein sagen)* answer in the negative, say no; *2. (ablehnen)* decline; *3. (leugnen)* deny
Verneinung [fɛr'naɪnuŋ] *f* negation, denial
vernetzen [fɛr'nɛtsən] *v 1.* integrate; *2. INFORM* network
vernichten [fɛr'nɪçtən] *v 1.* destroy, annihilate, obliterate; *2. (ausrotten)* exterminate
Vernichtung [fɛr'nɪçtuŋ] *f 1.* annihilation, destruction; *2. (Ausrottung)* extermination
Vernunft [fɛr'nunft] *f* reason, good sense; *jdn zur ~ bringen* bring s.o. to his senses; *~ annehmen* see reason; *zur ~ kommen* come to one's senses
vernünftig [fɛr'nynftɪç] *adj* rational, sensible
veröden [fɛr'ø:dən] *v 1. (Landschaft)* become desolate; *2. MED* sclerose
veröffentlichen [fɛr'œfəntlɪçən] *v* publish, make public
Veröffentlichung [fɛr'œfəntlɪçuŋ] *f* publication
verordnen [fɛr'ɔrdnən] *v 1. (bestimmen)* decree, order; *2. MED* prescribe
verpachten [fɛr'paxtən] *v* let, lease
verpacken [fɛr'pakən] *v* package, pack
Verpackung [fɛr'pakuŋ] *f* packaging, packing, wrapping
verpfänden [fɛr'pfɛndən] *v 1. (in der Pfandleihe)* pawn; *sein Wort ~* pledge one's word; *2. (hypothekarisch)* mortgage
Verpfändung [fɛr'pfɛnduŋ] *f* pawning
verpfeifen [fɛr'pfaɪfən] *v irr jdn ~ (fam)* squeal on s.o.
Verpflegung [fɛr'pfle:guŋ] *f* food, board, rations *pl*
verpflichten [fɛr'pflɪçtən] *v 1.* oblige, engage; *2. (unterschriftlich)* sign on
Verpflichtung [fɛr'pflɪçtuŋ] *f 1.* commitment, obligation, undertaking; *2. FIN* liabilty
verpönt [fɛr'pø:nt] *adj* taboo, prohibited, looked down upon
verprügeln [fɛr'pry:gəln] *v* beat up, thrash
verputzen [fɛr'putsən] *v 1. (Mauer)* plaster; *2. (fam: essen)* polish off
Verrat [fɛr'ra:t] *m 1.* betrayal; *2. POL* treason
verraten [fɛr'ra:tən] *v irr* divulge, give away, betray; *~ und verkauft* sold down the river
Verräter(in) [fɛr'rɛ:tər(ɪn)] *m/f* traitor
verräterisch [fɛr'rɛ:tərɪʃ] *adj* treacherous, disloyal, traitorous
verrechnen [fɛr'rɛçnən] *v 1. sich ~* miscalculate; *2.* set off against, charge against
verreisen [fɛr'raɪzən] *v* go on a trip, go away
verrenken [fɛr'rɛŋkən] *v* dislocate, put out of joint
verriegeln [fɛr'ri:gəln] *v* bolt, lock, bar
verringern [fɛr'rɪŋərn] *v* diminish, decrease, lessen
verrotten [fɛr'rɔtən] *v* decay, rot, decompose
verrucht [fɛr'ru:xt] *adj 1.* despicable; *2. (Verbrechen)* heinous
verrückt [fɛr'rykt] *adj 1.* crazy, mad, insane; *wie ~* like mad; *auf etw ~ sein* to be mad about sth; *~ spielen* go crazy; *adv 2.* madly, insanely
Verruf [fɛr'ru:f] *m* discredit; *in ~ kommen* fall into disrepute; *jdn in ~ bringen* ruin s.o.'s reputation
Vers [fɛrs] *m* verse; *sich auf etw keinen ~ machen können* see no rhyme or reason in sth; *~e schmieden* write poems
versagen [fɛr'za:gən] *v 1. (scheitern)* fail; *2. (verweigern)* deny, refuse; *3. sich etw ~* abstain from sth, refrain from doing sth
Versager [fɛr'za:gər] *m* failure
versammeln [fɛr'zaməln] *v* assemble, gather, come together
Versammlung [fɛr'zamluŋ] *f* meeting, gathering, assembly
Versand [fɛr'zant] *m* shipment, delivery, dispatch
Versandhaus [fɛr'zanthaus] *n* mail-order house
versäumen [fɛr'zɔymən] *v* fail to (do sth), miss, neglect; *nichts zu ~ haben* have no time to lose
Versäumnis [fɛr'zɔymnɪs] *n 1. (Unterlassung)* default, failure, negligence; *2. (Verspätung)* loss of time
verschärfen [fɛr'ʃɛrfən] *v 1.* intensify, sharpen; *2. (verschlimmern)* exacerbate
verscharren [fɛr'ʃarən] *v (fam)* bury
verschätzen [fɛr'ʃɛtsən] *v sich ~* miscalculate
verschenken [fɛr'ʃɛŋkən] *v* give away
verscheuchen [fɛr'ʃɔyçən] *v* chase away, scare away, frighten away

verschicken [fɛr'ʃɪkən] *v* send off, consign, dispatch
verschieben [fɛr'ʃi:bən] *v irr 1. (verrücken)* shift, displace, move; *2. (aufschieben)* postpone
verschieden [fɛr'ʃi:dən] *adj* different, unlike, distinct; *~e* various
Verschiedenartigkeit [fɛr'ʃi:dənartɪçkaɪt] *f* diversity, variety
verschlafen [fɛr'ʃla:fən] *adj 1.* sleepy; *v irr 2.* oversleep
verschlagen [fɛr'ʃla:gən] *adj 1. (schlau)* artful, sly; *2. (lauwarm)* tepid, lukewarm
verschlechtern [fɛr'ʃlɛçtərn] *v 1.* make worse; *2. sich ~* deteriorate, worsen
verschleiern [fɛr'ʃlaɪərn] *v* veil
Verschleiß [fɛr'ʃlaɪs] *m* wear (and tear)
verschließen [fɛr'ʃli:sən] *v irr* shut, close, seal; *die Augen vor etw ~* close one's eyes to sth
verschlimmern [fɛr'ʃlɪmərn] *v 1. (etw ~)* make worse, add to, aggravate; *2. sich ~* get worse, deteriorate
verschlossen [fɛr'ʃlɔsən] *adj (fig)* reserved, cagey, secretive
Verschlossenheit [fɛr'ʃlɔsənhaɪt] *f* reserve, reticence
verschlucken [fɛr'ʃlukən] *v 1.* swallow; *2. sich ~* swallow the wrong way
Verschluss [fɛr'ʃlus] *m 1.* fastener, catch, seal; *2. (Schloss)* lock
verschlüsseln [fɛr'ʃlysəln] *v* encode
verschmähen [fɛr'ʃmɛ:ən] *v* scorn, disdain, despise
verschmelzen [fɛr'ʃmɛltsən] *v irr 1.* fuse, blend; *2. (Firmen)* merge
verschmitzt [fɛr'ʃmɪtst] *adj* sly, roguish
verschmutzen [fɛr'ʃmutsən] *v* dirty, soil, get dirty
Verschmutzung [fɛr'ʃmutsuŋ] *f 1.* dirtying, soiling; *2. (von Wasser, Luft, Umwelt)* pollution, contamination
verschnaufen [fɛr'ʃnaufən] *v* take a breather, take a rest, pause for breath
verschollen [fɛr'ʃɔlən] *adj* missing, presumed dead
verschonen [fɛr'ʃo:nən] *v* spare
verschönern [fɛr'ʃø:nərn] *v* embellish, beautify
verschränken [fɛr'ʃrɛŋkən] *v* cross, fold; *die Arme (vor der Brust) ~* fold one's arms
verschreiben [fɛr'ʃraɪbən] *v irr 1. (verordnen) MED* prescribe; *2. sich ~* make a mistake in writing; *3. sich einer Sache ~* devote o.s. to sth
verschreibungspflichtig [fɛr'ʃraɪbuŋspflɪçtɪç] *adj MED* available only on prescription
verschrotten [fɛr'ʃrɔtən] *v* scrap
verschütten [fɛr'ʃytən] *v 1.* spill; *2. verschüttet werden* to be buried (by an avalanche)
verschwägert [fɛr'ʃvɛ:gərt] *adj* related by marriage
verschweigen [fɛr'ʃvaɪgən] *v irr* keep secret, conceal
verschwenden [fɛr'ʃvɛndən] *v* waste
verschwenderisch [fɛr'ʃvɛndərɪʃ] *adj 1.* wasteful; *2. (üppig)* extravagant, lavish
Verschwendung [fɛr'ʃvɛnduŋ] *f* waste
verschwiegen [fɛr'ʃvi:gən] *adj* secretive, reserved, discreet
Verschwiegenheit [fɛr'ʃvi:gənhaɪt] *f 1.* discretion, secrecy; *2. (eines Ortes)* seclusion
verschwinden [fɛr'ʃvɪndən] *v irr* disappear, vanish, fade
verschwommen [fɛr'ʃvɔmən] *adj* blurred, indistinct
verschwören [fɛr'ʃvø:rən] *v irr sich ~* form a conspiracy, conspire; *sich gegen jdn ~* conspire against s.b.
Verschwörer(in) [fɛr'ʃvø:rər(ɪn)] *m/f* conspirator
Verschwörung [fɛr'ʃvø:ruŋ] *f* conspiracy
Versehen [fɛr'ze:ən] *n 1. (Irrtum)* mistake, error; *2. aus ~* inadvertently, by mistake
versehentlich [fɛr'ze:əntlɪç] *adv* inadvertently, by mistake
versenken [fɛr'zɛŋkən] *v 1. (Schiff)* sink, submerge; *2. (fig) sich in etw ~* become immersed in sth, become engrossed in sth
versetzen [fɛr'zɛtsən] *v 1. (Beamter)* transfer; *2. (Schüler)* promote; *3. sich in jds Lage ~* put o.s. in s.o.'s place; *4. (verpfänden)* pawn, pledge; *5. jdn ~ (fig: nicht erscheinen)* stand s.o. up; *6. jdn in Angst ~* strike fear into s.o.
verseuchen [fɛr'zɔyçən] *v* contaminate, pollute, infect
Verseuchung [fɛr'zɔyçuŋ] *f* contamination
versichern [fɛr'zɪçərn] *v 1. (bestätigen)* assure; *2. (beteuern)* affirm; *3. (Versicherung abschließen)* assure *(UK)*, insure
Versicherung [fɛr'zɪçəruŋ] *f 1. (Bestätigung)* assurance; *2. (Eigentumsversicherung)* insurance; *3. (Lebensversicherung)* assurance, life insurance *(US)*
versickern [fɛr'zɪkərn] *v 1.* ooze away, seep away; *2. (Interesse)* peter out
versiegeln [fɛr'zi:gəln] *v* seal
versiert [vɛr'zi:rt] *adj* versed

versilbern [fɛr'zɪlbərn] *v 1.* paint silver; *2. (mit Silber überziehen)* silver-plate; *3. (fam: verkaufen)* convert to cash
versinken [fɛr'zɪŋkən] *v irr* sink, become submerged
versinnbildlichen [fɛr'zɪnbɪltlɪçən] *v* symbolize, illustrate, allegorize, typify
Version [vɛr'zjo:n] *f* version
versklaven [fɛr'skla:vən] *v* enslave
versöhnen [fɛr'zø:nən] *v* reconcile
versöhnlich [fɛr'zø:nlɪç] *adj 1.* forgiving, conciliatory, placable; *adv 2.* forgivingly, in a conciliatory way
Versöhnung [fɛr'zø:nuŋ] *f* reconciliation
versorgen [fɛr'zɔrgən] *v 1. (unterhalten)* maintain, take care of, provide for; *2. (beschaffen)* provide, supply; *3. (pflegen)* care for
Versorgung [fɛr'zɔrguŋ] *f 1. (Unterhalt)* maintenance, support; *2. (Beschaffung)* provision, supply; *3. (Pflege)* care
verspäten [fɛr'ʃpɛ:tən] *v 1. sich ~* to be late; *2. sich ~ (aufgehalten werden)* to be delayed
verspotten [fɛr'ʃpɔtən] *v* mock, scoff at, deride
versprechen [fɛr'ʃprɛçən] *v irr 1.* promise; *2. sich ~ (beim Reden)* stumble over a word; *3. sich ~ (etwas Nicht-Gemeintes sagen)* make a slip of the tongue
Versprechen [fɛr'ʃprɛçən] *n* promise
Versprecher [fɛr'ʃprɛçər] *m* slip of the tongue
verspüren [fɛr'ʃpy:rən] *v* feel, experience
Verstand [fɛr'ʃtant] *m 1. (Vernunft)* reason; *den ~ verlieren* lose one's mind, go mad; *jdm den ~ rauben* drive s.o. crazy; *Da fehlt einem doch der ~.* The mind boggles! *Das geht über meinen ~.* That's beyond me. *2. (Geist)* mind, intellect; *3. (Urteilskraft)* judgement, judgment *(US)*
verständigen [fɛr'ʃtɛndɪgən] *v* inform, notify, advise; *Ich habe ihn verständigt.* I let him know.
Verständigung [fɛr'ʃtɛndɪguŋ] *f 1.* notification; *2. (Einigung)* agreement
verständlich [fɛr'ʃtɛntlɪç] *adj* understandable, intelligible, clear; *sich ~ machen* make o.s. understood
Verständnis [fɛr'ʃtɛntnɪs] *n 1.* understanding; *2. (Mitgefühl)* sympathy; *3. (Würdigung)* appreciation
verständnislos [fɛr'ʃtɛntnɪslo:s] *adj 1.* uncomprehending; *2. (nicht würdigend)* unappreciative; *3. (nicht mitfühlend)* unsympathetic
verständnisvoll [fɛr'ʃtɛntnɪsfɔl] *adj* understanding, sympathetic, appreciative
verstärken [fɛr'ʃtɛrkən] *v 1.* strengthen, fortify; *2. (fig)* augment, amplify, intensify
Verstärker [fɛr'ʃtɛrkər] *m TECH* amplifier
Verstärkung [fɛr'ʃtɛrkuŋ] *f 1.* strengthening; *pl 2. ~en* reinforcements
verstauchen [fɛr'ʃtauxən] *v* sprain
verstauen [fɛr'ʃtauən] *v* stow away, tuck away, pack away
Versteck [fɛr'ʃtɛk] *n* hiding place, hideout; *~ spielen* play hide-and-seek
verstecken [fɛr'ʃtɛkən] *v irr* hide, conceal; *sich neben jdm ~ müssen* to be no match for s.o. *sich vor jdm nicht zu ~ brauchen* to be a match for s.o.
verstehen [fɛr'ʃte:ən] *v irr* understand
versteifen [fɛr'ʃtaɪfən] *v 1. sich ~* harden, stiffen; *2. sich ~ auf* insist on
Versteigerung [fɛr'ʃtaɪgəruŋ] *f* auction, public sale
verstellen [fɛr'ʃtɛlən] *v 1.* move, shift, adjust; *2. (regulieren)* regulate, adjust; *3. (fig) sich ~* pretend, feign
versteuern [fɛr'ʃtɔyərn] *v* pay tax on
verstimmt [fɛr'ʃtɪmt] *adj 1. (fig)* annoyed, cross, disgruntled; *2. MUS* out of tune
Verstimmung [fɛr'ʃtɪmuŋ] *f* ill-will, resentment, disgruntlement
Verstorbene(r) [fɛr'ʃtɔrbənə(r)] *m/f* deceased
verstört [fɛr'ʃtø:rt] *adj* disturbed, distracted, distraught
Verstoß [fɛr'ʃto:s] *m* offence, breach, infringement
verstoßen [fɛr'ʃto:sən] *v irr 1. (verjagen)* cast off, disown; *2. gegen etw ~* infringe upon sth, violate sth
verstreuen [fɛr'ʃtrɔyən] *v 1.* scatter, spread; *2. (fig)* scatter, disperse
Versuch [fɛr'zu:x] *m 1.* attempt, try, effort; *2. (Experiment)* experiment
versuchen [fɛr'zu:xən] *v 1.* try, attempt; *2. (kosten)* taste
Versuchskaninchen [fɛr'zu:xskani:nçən] *n (fig)* guinea pig
versüßen [fɛr'zy:sən] *v* sweeten (fig)
Vertäfelung [fɛr'tɛ:fəluŋ] *f* wainscoting, panelling
vertagen [fɛr'ta:gən] *v* adjourn
vertauschen [fɛr'tauʃən] *v 1.* exchange, swap; *2. (verwechseln)* mistake for
verteidigen [fɛr'taɪdɪgən] *v* defend

Verteidigung [fɛr'taɪdɪguŋ] *f* defence, defense *(US)*
Verteidigungsminister(in) [fɛr'taɪdiː-guŋsmɪnɪstər(ɪn)] *m/f POL* Minister of Defence, Secretary of Defense *(US)*
verteilen [fɛr'taɪlən] *v 1. (austeilen)* distribute, hand out, pass out; *2. (aufteilen)* allot, allocate
Verteiler [fɛr'taɪlər] *m* distributor
vertiefen [fɛr'tiːfən] *v* deepen
vertikal [vɛrtɪ'kaːl] *adj 1.* vertical; *adv 2.* vertically
Vertrag [fɛr'traːk] *m 1. ECO* contract; *2. POL* treaty
Verträglichkeit [fɛr'trɛːklɪçkaɪt] *f 1. (Umgänglichkeit)* goodnaturedness, compatibility; *2. (Bekömmlichkeit)* digestibility
vertrauen [fɛr'trauən] *v* trust, rely on, have confidence in
Vertrauen [fɛr'trauən] *n* trust, confidence; *jdn ins ~ ziehen* confide in s.o. *~ erweckend* inspiring confidence
vertrauenswürdig [fɛr'trauənsvyrdɪç] *adj* trustworthy
vertraulich [fɛr'traulɪç] *adj 1.* confidential; *adv 2.* in confidence, confidentially
Vertraulichkeit [fɛr'traulɪçkaɪt] *f 1.* confidentiality; *2. ~en (Zudringlichkeit)* familiarity
vertraut [fɛr'traut] *adj 1.* familiar, intimate; *sich mit etw ~ machen* familiarize o.s. with sth; *2. (Freund)* close
Vertrautheit [fɛr'trauthaɪt] *f* intimacy, familiarity
vertreiben [fɛr'traɪbən] *v irr 1. (verjagen)* drive away, chase away; *2. (Zeit)* pass; *3. (verkaufen) ECO* sell, market
Vertreibung [fɛr'traɪbuŋ] *f* expulsion
vertreten [fɛr'treːtən] *v irr 1.* represent, act on behalf of; *2. (ersetzen)* substitute for, replace, act for; *3. sich die Füße ~* stretch one's legs
Vertreter(in) [fɛr'treːtər(ɪn)] *m/f 1. (Repräsentant(in))* representative, delegate; *2. (Stellvertreter(in))* deputy, proxy
Vertretung [fɛr'treːtuŋ] *f 1. (Repräsentanz)* agency, representation; *2. (Stellvertretung)* replacement; *3. (Vertreten)* representation
Vertrieb [fɛr'triːp] *m ECO* marketing, sale, distribution
verunglücken [fɛr'unglykən] *v* have an accident, meet with an accident
verunreinigen [fɛr'unraɪnɪgən] *v 1.* soil; *2. (Luft, Wasser)* contaminate, pollute
verunsichern [fɛr'unzɪçərn] *v jdn ~* make s.o. unsure, rattle s.o. (fam), disconcert s.o.
verunstalten [fɛr'unʃtaltən] *v* disfigure, deface, deform
veruntreuen [fɛr'untrɔyən] *v* embezzle, misappropriate
Veruntreuung [fɛr'untrɔyuŋ] *f* embezzlement, misappropriation
verursachen [fɛr'urzaxən] *v* cause
Verursacher [fɛr'urzaxər] *m* causer
verurteilen [fɛr'urtaɪlən] *v* condemn, *(für schuldig befinden)* convict, *(zu Strafe)* sentence
Verurteilung [fɛr'urtaɪluŋ] *f* condemnation, conviction, sentencing
vervielfältigen [fɛr'fiːlfɛltɪgən] *v 1.* multiply; *2. (nachbilden)* reproduce, duplicate
vervollkommnen [fɛr'fɔlkɔmnən] *v* perfect, carry to perfection, improve upon
vervollständigen [fɛr'fɔlʃtɛndɪgən] *v* complete
verwählen [fɛr'vɛːlən] *v sich ~* dial the wrong number
verwahren [fɛr'vaːrən] *v* take care of, preserve
verwahrlost [fɛr'vaːrloːst] *adj 1.* neglected, uncared-for; *2. (äußeres)* unkempt
Verwahrlosung [fɛr'vaːrloːzuŋ] *f* neglect
Verwahrung [fɛr'vaːruŋ] *f 1.* keeping, guard; *etw in ~ nehmen* accept sth for safekeeping; *2. (Obhut)* custody; *3. (Erhaltung)* preservation
verwaist [fɛr'vaɪst] *adj* orphaned
verwalten [fɛr'valtən] *v* administer, manage
Verwalter(in) [fɛr'valtər(ɪn)] *m/f* administrator, manager
Verwaltung [fɛr'valtuŋ] *f* administration, management
verwandt [fɛr'vant] *adj* related
Verwandte(r) [fɛr'vantə(r)] *m/f* relative
Verwandtschaft [fɛr'vantʃaft] *f 1.* relationship; *2. (die Verwandten)* relatives *pl*, relations *pl*
verwarnen [fɛr'varnən] *v* warn, reprimand, caution
Verwarnung [fɛr'varnuŋ] *f* warning, admonition, reprimand
verwechseln [fɛr'vɛksəln] *v* mistake, mix up, confuse; *jdn mit jdm ~* confuse s.o. with s.o. *jdm zum Verwechseln ähnlich sein* to be the spitting image of s.o.
Verwechslung [fɛr'vɛksluŋ] *f* confusion, mistake
verwegen [fɛr'veːgən] *adj* adventurous, risky, daring
verwehren [fɛr'veːrən] *v jdm etw ~* prevent s.o. from doing sth

verweigern [fɛr'vaɪgərn] *v* refuse, deny, disobey
verweilen [fɛr'vaɪlən] *v* stay, linger
Verweis [fɛr'vaɪs] *m 2. (Hinweis)* reference; *1. (Rüge)* reproof, reprimand, rebuke
verwelken [fɛr'vɛlkən] *v* wither, wilt
verwenden [fɛr'vɛndən] *v irr* use, utilize, employ; *wieder ~* reuse
verwerflich [fɛr'vɛrflɪç] *adj* reprehensible
verwerten [fɛr'vɛrtən] *v 1. (benutzen)* make use of, utilize; *2. (wieder ~)* reprocess, recycle; *3. (auswerten)* exploit
Verwicklung [fɛr'vɪkluŋ] *f (fig)* involvement
verwirklichen [fɛr'vɪrklɪçən] *v* realize, put into effect, make come true
Verwirklichung [fɛr'vɪrklɪçuŋ] *f* realization
verwirren [fɛr'vɪrən] *v 1.* entangle; *2. (fig)* confuse, bewilder, perplex
verwirrt [fɛr'vɪrt] *adj* confused, puzzled, disconcerted
Verwirrung [fɛr'vɪruŋ] *f 1. (fig)* confusion, bewilderment, disarray; *2.* entanglement
verwitwet [fɛr'vɪtvət] *adj* widowed
verwöhnen [fɛr'vøːnən] *v* spoil, pamper
verwundbar [fɛr'vuntbaːr] *adj* vulnerable
verwunden [fɛr'vundən] *v* wound, injure, hurt
verwundern [fɛr'vundərn] *v* amaze, astonish
verwüsten [fɛr'vyːstən] *v* devastate, wreck, ravage
verzagen [fɛr'tsaːgən] *v* lose heart, despair
Verzehr [fɛr'tseːr] *m* consumption
verzehren [fɛr'tseːrən] *v 1. (essen)* consume, eat; *2. (aufbrauchen)* absorb, sap; *3. (fig) sich ~* eat one's heart out, languish; *sich ~ nach* pine for
verzeichnen [fɛr'tsaɪçnən] *v* register, record, list
Verzeichnis [fɛr'tsaɪçnɪs] *n* list, register, catalogue
verzeihen [fɛr'tsaɪən] *v irr* pardon, forgive
Verzeihung [fɛr'tsaɪuŋ] *f 1.* pardon, forgiveness; *interj 2.* sorry, excuse me
verzerren [fɛr'tsɛrən] *v 1.* distort; *2. sich etw ~* pull sth, strain sth; *3. sich ~* become distorted
Verzicht [fɛr'tsɪçt] *m* renunciation, relinquishment
verzichten [fɛr'tsɪçtən] *v 1. auf etw ~ (ohne etw auskommen)* do without sth, forego sth; *2. auf etw ~ (etw aufgeben)* give up sth
verzieren [fɛr'tsiːrən] *v 1.* decorate, adorn; *2. (durch Besatz)* trim
Verzierung [fɛr'tsiːruŋ] *f* decoration, adornment
verzinsen [fɛr'tsɪnzən] *v ECO* pay interest on
verzögern [fɛr'tsøːgərn] *v* delay, *(verlangsamen)* slow down
Verzögerung [fɛr'tsøːgəruŋ] *f 1.* delay; *2. PHYS* deceleration
verzollen [fɛr'tsɔlən] *v* pay duty on, declare
verzweifeln [fɛr'tsvaɪfəln] *v* despair
verzweifelt [fɛr'tsvaɪfəlt] *adj 1.* desperate, despairing; *adv 2.* in a desperate way, desperately
Verzweiflung [fɛr'tsvaɪfluŋ] *f* despair, desperation; *zur ~ bringen* drive to despair
Veto ['veːto] *n POL* veto
Vetter ['fɛtər] *m* cousin
Vetternwirtschaft ['fɛtərnvɪrtʃaft] *f* nepotism
Vibration [vibra'tsjoːn] *f* vibration
vibrieren [vi'briːrən] *v* vibrate
Vieh [fiː] *n* cattle, livestock
viel(e) ['fiːl(ə)] *adj 1.* much, many, plenty of; *~ beschäftigt* very busy; *adv 2.* much, a lot, a great deal; *so ~* so much, as much; *doppelt so ~ twice as much; so ~ wie* as much as; *pron 3.* many
vieldeutig [fiːldɔytɪç] *adj* ambiguous
Vieldeutigkeit ['fiːldɔytɪçkaɪt] *f* ambiguity
Vielfalt ['fiːlfalt] *f* variety, diversity
vielfältig ['fiːlfɛltɪç] *adj* manifold, varied, diverse
vielleicht [fi'laɪçt] *adv 1.* perhaps, maybe, possibly; *2. (verstärkend)*
vielmals ['fiːlmaːls] *adv* many times, often; *Ich danke Ihnen ~.* Thank you very much.
vielmehr ['fiːlmeːr] *adv* rather
vielseitig ['fiːlzaɪtɪç] *adj 1.* many-sided, varied; *2. (Mensch, Verwendung)* versatile
Vielseitigkeit ['fiːlzaɪtɪçkaɪt] *f* versatility
Vielzahl ['fiːltsaːl] *f* multitude
Viereck ['fiːrɛk] *n 1.* quadrilateral; *2. (Rechteck)* rectangle
Viertel ['fɪrtəl] *n 2. (Stadtteil)* quarter, district, part of town; *1. MATH* quarter
Vikar [vi'kaːr] *m* curate
Villa ['vɪla] *f* villa
violett [vio'lɛt] *adj* violet, purple
Violine [vio'liːnə] *f MUS* violin
virtuelle Realität [vɪrtu'ɛlə reali'tɛːt] *f INFORM* virtual reality

Virus ['vi:rus] *m/n 1. MED* virus; *m 2. INFORM* virus
Vision [vi'zjo:n] *f* vision
Visitenkarte [vi'zi:tənkartə] *f* visiting card *(UK)*, business card
visuell [vizu'ɛl] *adj* visual
Visum ['vi:zum] *n* visa
Vitalität [vitali'tɛ:t] *f* vitality, vigour
Vitamin [vita'mi:n] *n* vitamin
Vizepräsident ['fi:tsəprɛzɪdɛnt] *m* vice-president
Vogel ['fo:gəl] *m ZOOL* bird; *Das schießt den ~ ab.* That takes the biscuit! *einen ~ haben* to be not quite right in the head, to be round the bend; *jdm den ~ zeigen* tap one's forehead
Vogelscheuche ['fo:gəlʃɔyçə] *f* scarecrow
Vokabular [voka:bu'la:r] *n* vocabulary
Vokal [vo'ka:l] *m* vowel
Volk [fɔlk] *n 1.* people, nation; *2. (Rasse)* race; *fahrendes ~* gypsies *(fig)*
Völkerkunde ['fœlkərkundə] *f* ethnology
Völkermord ['fœlkərmɔrt] *m* genocide
volkstümlich ['fɔlksty:mlɪç] *adj 1.* national; *2. (beliebt)* popular
Volkswirtschaft ['fɔlksvɪrtʃaft] *f* national economy, political economy
voll [fɔl] *adj 1.* full; *jdn nicht für ~ nehmen* not take s.o. seriously; *aus dem Vollen schöpfen* draw on plenty of resources; *in die Vollen gehen* go all out; *~ schreiben* fill; *jede ~e Stunde* every hour on the hour; *2. (Erfolg)* complete; *3. jdn nicht für ~ nehmen* not take s.o. seriously; *adv 4.* fully, totally; *~ gestopft* packed, jammed
Vollblut ['fɔlblu:t] *n ZOOL* thoroughbred
vollbringen [fɔl'brɪŋən] *v irr* accomplish, achieve
vollenden [fɔl'ɛndən] *v* finish, complete, *(Leben)* bring to an end
Vollendung [fɔl'ɛnduŋ] *f 1.* completion; *2. (Vollkommenheit)* perfection
völlig ['fœlɪç] *adj 1.* complete, entire, full; *adv 2.* completely, absolutely, entirely
volljährig ['fɔljɛ:rɪç] *adj* of age, major
Volljährigkeit ['fɔljɛ:rɪçkaɪt] *f* full age, majority *(UK)*
vollkommen [fɔl'kɔmən] *adj 1.* perfect; *2. (vollständig)* complete, absolute; *adv 3.* completely
Vollkommenheit [fɔl'kɔmənhaɪt] *f* perfection, completeness
Vollmacht ['fɔlmaxt] *f 1.* authority; *2. JUR* power of attorney; *jdm eine ~ erteilen* give s.o. power of attorney
vollständig ['fɔlʃtɛndɪç] *adj 1.* complete; *2. (ganz)* entire, total; *adv 3.* entirely, quite, wholly
vollstrecken [fɔl'ʃtrɛkən] *v JUR* execute, enforce
Vollstrecker [fɔl'ʃtrɛkər] *m 1. JUR* executor; *2. (fam)* enforcer
Vollstreckung [fɔl'ʃtrɛkuŋ] *f JUR* execution, enforcement
Volltreffer ['fɔltrɛfər] *m* direct hit, bull's eye
Vollversammlung ['fɔlfɛrzamluŋ] *f* plenary meeting, general meeting
Vollwaise ['fɔlvaɪzə] *f* orphan
vollzählig ['fɔltsɛ:lɪç] *adj 1.* complete, full; *adv 2.* in full force, in full strength
vollziehen [fɔl'tsi:ən] *v irr* execute, carry out, enforce
Volontär(in) [volɔn'tɛ:r(ɪn)] *m/f* intern, trainee
Volontariat [volɔntari'a:t] *n* internship, post as a trainee
Volt [vɔlt] *n* volt
Volumen [vo'lu:mən] *n* volume, bulk
voluminös [volumi'nø:s] *adj* voluminous, copious
von [fɔn] *prep 1. (örtlich)* from; *nördlich ~ Berlin* north of Berlin; *2. (zeitlich)* from; *~ jeher* all along; *3. (Herkunft)* from; *4. (Thema)* about; *5. (Teil)* of; *ein Freund ~ mir* a friend of mine; *~ mir aus* for all I care; *6. (Urheberschaft ausdrückend)* by
vor [fo:r] *prep 1. (örtlich)* in front of, before; *~ der Tür* outside the door; *2. (zeitlich)* before, prior to, previous to; *nach wie ~* still; *3. (kausal)* because of, through, on account of; *~ allen Dingen* above all; *~ Freude* with joy; *4. (gegenüber)* opposite; *etw ~ sich haben (fig)* face sth; *5. (Zeitpunkt in der Vergangenheit)* ago; *~ vier Jahren* four years ago
Vorahnung ['fo:ra:nuŋ] *f* premonition
vorankommen [fo'rankɔmən] *v* progress
Vorankündigung ['fo:rankyndɪguŋ] *f* initial announcement, preliminary announcement
voranmelden ['fo:ranmɛldən] *v 1.* give advance notice of; *2. sich ~* register in advance
voraus [for'aus] *adv 1. (örtlich)* in front, ahead; ['foraus] *2. im Voraus* in advance, beforehand
Voraussage [fo'rausza:gə] *f* prediction, forecast
voraussagen [for'ausza:gən] *v* predict, forecast, prophesy

voraussehen [for'auszeːən] *v irr* foresee, anticipate, see coming; *etw ~* see sth coming
voraussetzen [for'auszɛtsən] *v 1.* assume, presume, take for granted; *2. (erfordern)* require
voraussichtlich [for'auszɪçtlɪç] *adj 1.* probable; *adv 2.* probably, presumably; *Er wird ~ gewinnen.* It looks like he will win.
Vorauszahlung [for'austsaːluŋ] *f* prepayment, payment in advance, advance payment
Vorbehalt ['foːrbəhalt] *m* reservation; *unter dem ~, dass* provided that
vorbei [for'baɪ] *adv 1. (örtlich)* past, by; *2. (zeitlich)* past, over, finished
vorbeischauen [for'baɪʃauən] *v* drop by, drop in
vorbelastet ['foːrbəlastət] *adj* handicapped, at a disadvantage
vorbereiten ['foːrbəraɪtən] *v* prepare; *sich auf etw ~* prepare for sth
vorbestimmt ['foːrbəʃtɪmt] *adj* predetermined, predestined
vorbestraft ['foːrbəʃtraːft] *adj JUR* previously convicted
Vorbestrafte(r) ['foːrbəʃtraːftə(r)] *m/f JUR* previously convicted person
vorbeugen ['foːrbɔygən] *v 1.* prevent, preclude; *2. sich ~* bend forward, lean forward
vorbeugend ['foːrbɔygənt] *adj* preventive
Vorbeugung ['foːrbɔyguŋ] *f* prevention
Vorbild ['foːrbɪlt] *n* model, example
vorbildlich ['foːrbɪltlɪç] *adj 1.* exemplary; *adv 2.* in an exemplary manner
Vorbildlichkeit ['foːrbɪltlɪçkaɪt] *f* exemplariness
Vorbote ['foːrboːtə] *m 1.* herald; *2. (fig)* herald, forerunner
vordere(r,s) ['fɔrdərə(r,s)] *adj* front, fore, forward
Vordergrund ['fɔrdərgrunt] *m 1.* foreground; *etw in den ~ stellen* give sth prominence; *jdn in den ~ spielen* play up s.o. *2. (fig) in den ~ treten* come to the fore; *im ~ stehen* to be in the spotlight
vordergründig ['fɔrdərgryndɪç] *adj 1.* obvious; *2. (oberflächlich)* superficial
Vordermann ['fɔrdərman] *m 1.* person in front of one; *2. etw auf ~ bringen* get sth shipshape; *jdn auf ~ bringen* make s.o. toe the line
voreilig ['foːraɪlɪç] *adj* hasty, rash
voreingenommen ['foːraɪngənɔmən] *adj 1.* prejudiced, biassed; *adv 2.* in a biassed way
Voreingenommenheit ['foːraɪngənɔmənhaɪt] *f* bias, prejudice
vorenthalten ['foːrɛnthaltən] *v irr* withhold, hold back
Vorenthaltung ['foːrɛnthaltuŋ] *f* withholding
Vorfahr ['foːrfaːr] *m* ancestor
Vorfahrt ['foːrfaːrt] *f* right-of-way
Vorfall ['foːrfal] *m* event, occurrence, incident
vorfallen ['foːrfalən] *v irr 1. (fallen)* fall forward; *2. (geschehen)* happen, occur
Vorfreude ['foːrfrɔydə] *f* anticipation, anticipated joy
vorführen ['foːrfyːrən] *v 1. (präsentieren)* perform, produce, present; *2. (Angeklagten)* produce, bring forward; *3. (Film)* show
Vorführung ['foːrfyːruŋ] *f 1. (Präsentation)* display, demonstration, presentation; *2. (eines Angeklagten)* production; *3. (Film)* showing
Vorgang ['foːrgaŋ] *m 1. (Geschehen)* occurrence, event; *2. (technischer ~)* process, procedure; *3. (Akte)* file, record
Vorgänger(in) ['foːrgɛŋər(ɪn)] *m/f* predecessor
vorgeben ['foːrgeːbən] *v 1. (anweisen)* instruct; *2. (fig: fälschlich behaupten)* pretend
vorgeblich ['foːrgeːplɪç] *adj* alleged, ostensible
vorgehen ['foːrgeːən] *v irr 1. (handeln)* proceed; *2. (geschehen)* go on, happen; *Was geht hier vor?* What's going on here? *3. (vorausgehen)* precede; *4. (wichtiger sein)* have priority, take precedence; *5. (Uhr)* to be fast
Vorgehensweise ['foːrgeːənsvaɪzə] *f 1.* way of acting; *2. (Verhalten)* conduct, behaviour; *3. (Methoden)* methods *pl*
Vorgesetzte(r) ['foːrgəzɛtstə(r)] *m/f* superior
vorgreifen ['foːrgraɪfən] *v irr einer Sache ~* anticipate sth
vorhaben ['foːrhaːbən] *v irr* intend, have in mind, have planned
Vorhaben ['foːrhaːbən] *n* intention, design
Vorhalle ['foːrhalə] *f* entrance hall, vestibule, foyer
Vorhang ['foːrhaŋ] *m* curtain
vorher ['foːrheːr] *adv 1.* before, previously; *2. (voraus)* beforehand
vorherig ['foːrheːrɪç] *adj* previous
Vorherrschaft ['foːrhɛrʃaft] *f* supremacy; *(Hegemonie)* hegemony
vorherrschen ['foːrhɛrʃən] *v* prevail
vorherrschend ['foːrhɛrʃənt] *adj* predominant, prevalent
Vorhersage [foːr'heːrzaːgə] *f* forecast, prediction

vorhersagen [foːr'heːrzaːgən] *v* predict, forecast
vorhersehen [foːr'heːrzeːən] *v irr* foresee
Vorhut ['foːrhuːt] *f MIL* advance party, advance force
vorig ['foːrɪç] *adj 1. (vergangen)* last; *2. (vorhergegangen)* former, preceding, previous
Vorkämpfer ['foːrkɛmpfər] *m* champion, pioneer
Vorkehrung ['foːrkeːruŋ] *f* preventive measure, precaution, provision
vorkommen ['foːrkɔmən] *v irr 1. (erscheinen)* seem, appear; *2. (geschehen)* happen, take place, occur; *3. (vorhanden sein)* to be found, to be common
Vorkommen ['foːrkɔmən] *n (Vorhandensein)* presence
Vorkommnis ['foːrkɔmnɪs] *n* event, occurrence, incident
vorladen ['foːrlaːdən] *v irr JUR* summon, cite, serve a summons on
Vorladung ['foːrlaːduŋ] *f JUR* summons
vorläufig ['foːrlɔyfɪç] *adj 1.* temporary, provisional; *adv 2.* for the time being, temporarily
Vorläufigkeit ['foːrlɔyfɪçkaɪt] *f* temporariness, tentativeness, provisional nature
vorlesen ['foːrleːzən] *v irr* read aloud
Vorlesung ['foːrleːzuŋ] *f* lecture
Vorliebe ['foːrliːbə] *f* preference, partiality, liking
vorliegen ['foːrliːgən] *v irr* to be available, to be present; *etw liegt jdm vor* s.o. has sth
vorliegend ['foːrliːgənt] *adj* present, in question, in hand
vormachen ['foːrmaxən] *v (fig)* pretend
Vormachtstellung ['foːrmaxtʃtɛluŋ] *f* supremacy
vormerken ['foːrmɛrkən] *v* note, make a note of, mark down
Vormerkung ['foːrmɛrkuŋ] *f* order, advance order
Vormittag ['foːrmɪtaːk] *m* morning
Vormund ['foːrmunt] *m* guardian
Vormundschaft ['foːrmuntʃaft] *f* guardianship
vorn(e) [fɔrn(ə)] *adv* in front; *von ~ bis hinten* from start to finish; *von ~ (von neuem)* from the beginning
Vorname ['foːrnaːmə] *m* first name, Christian name
vornehm ['foːrneːm] *adj* high-class, posh, stylish, elegant; *~ tun* put on airs
Vorort ['foːrɔrt] *m* suburb
Vorrang ['foːrraŋ] *m* priority, precedence
vorrangig ['foːrraŋɪç] *adj 1.* having priority; *adv 2. etw ~ behandeln* give priority to sth
Vorrat ['foːrraːt] *m* store, stock, supply
vorrätig ['foːrrɛːtɪç] *adj* in stock, on hand, available
Vorrecht ['foːrrɛçt] *n* privilege, preferential right, prerogative
vorsagen ['foːrzaːgən] *v jdm etw ~* recite sth to s.o. *jdm die Antwort ~* tell s.o. the answer
vorsätzlich ['foːrzɛtslɪç] *adj 1.* deliberate, intentional; *adv 2.* deliberately, intentionally
Vorsätzlichkeit ['foːrzɛtslɪçkaɪt] *f* deliberateness, premeditation, aforethought
Vorschau ['foːrʃau] *f* preview
Vorschein ['foːrʃaɪn] *m zum ~ kommen* come to light, turn up, appear
Vorschlag ['foːrʃlaːk] *m* suggestion, proposal
vorschlagen ['foːrʃlaːgən] *v irr* propose, suggest
vorschreiben ['foːrʃraɪbən] *v irr (fig)* prescribe, order, direct; *jdm etw ~* dictate sth to s.o.
Vorschrift ['foːrʃrɪft] *f 1.* regulation, rule; *2. (Anweisung)* instruction
vorschriftsmäßig ['foːrʃrɪftsmɛːsɪç] *adj 1.* regulation, correct, proper; *adv 2.* in due form, according to regulations, as prescribed
Vorschule ['foːrʃuːlə] *f 1.* preparatory school; *2. (kindergartenähnliche Schule)* nursery school
vorsehen ['foːrzeːən] *v irr 1.* provide for, make provisions for; *2. sich ~* take care, to be careful, watch out
Vorsehung ['foːrzeːuŋ] *f REL* providence
Vorsicht ['foːrzɪçt] *f* care, caution; *~!* Careful! *„~ Stufe!“* "Mind the step!“
vorsichtig ['foːrzɪçtɪç] *adj 1.* careful, cautious; *2. (wachsam)* wary; *3. (überlegt)* prudent, *(Äußerung)* guarded, wary
Vorsichtigkeit ['foːrzɪçtɪçkaɪt] *f* caution
vorsichtshalber ['foːrzɪçtshalbər] *adv* to be on the safe side, by way of precaution
Vorsilbe ['foːrzɪlbə] *f GRAMM* prefix
Vorsitz ['foːrzɪts] *m* chair, chairmanship, presidency
Vorsitzende(r) ['foːrzɪtsəndə(r)] *m/f* chairman/chairwoman, president
Vorsorge ['foːrzɔrgə] *f* provision for the future, precaution
vorsorgen ['foːrzɔrgən] *v* take precautions, provide for
vorsorglich ['foːrzɔrklɪç] *adj 1.* precautionary; *adv 2.* as a precaution

Vorspeise ['foːrʃpaɪzə] *f GAST* appetizer, starter
Vorsprung ['foːrʃpruŋ] *m 1. (Felsvorsprung)* ledge; *2. (Hausvorsprung)* projection, overhang; *3. (fig)* lead, advantage, start
Vorstand ['foːrʃtant] *m 1.* board, board of directors, management board; *2. (~smitglied)* member of the board, director; *(erster ~)* managing director
vorstehen ['foːrʃteːən] *v irr 1. (vorspringen)* jut out, project, stick out; *2. (leiten)* to be in charge of, manage
vorstellen ['foːrʃtɛlən] *v 1. (fig) sich ~* introduce o.s., present o.s. *2. (fig: sich etw ~)* imagine, conceive; *Stell dir mal vor!* Fancy that! Imagine that!
Vorstellung ['foːrʃtɛluŋ] *f 1. (Bekanntmachen)* introduction, presentation; *2. (Gedanke)* idea, fancy; *3. (Darbietung)* performance
Vorstrafe ['foːrʃtraːfə] *f JUR* previous conviction, criminal record
vortäuschen ['foːrtɔyʃən] *v* pretend, feign, simulate
Vorteil ['foːrtaɪl] *m 1.* advantage; *jdm einen ~ geben* give s.o. an advantage; *sich zu jds ~ erweisen* prove to s.o.'s advantage; *einen ~ ziehen aus* take advantage of
vorteilhaft ['foːrtaɪlhaft] *adj* advantageous, profitable, lucrative
Vortrag ['foːrtraːk] *m 1. (Vorlesung)* lecture; *2. (Bericht)* talk; *3. (Darbietung)* performance; *4. (eines Gedichtes)* recitation
vortragen ['foːrtraːgən] *v (fig)* perform, recite, deliver
Vortritt ['foːrtrɪt] *m* precedence, priority; *jdm den ~ lassen* let s.o. go first
vorüber [fo'ryːbər] *adv 1. (örtlich)* by, past; *2. (zeitlich)* over, gone by, finished
vorübergehen [fo'ryːbərgeːən] *v irr* pass, blow over
vorübergehend [fo'ryːbərgeːənt] *adj 1.* momentary, temporary; *adv 2.* momentarily, temporarily
Vorurteil ['foːrurtaɪl] *n* prejudice, bias
Vorwahl ['foːrvaːl] *f 1. TEL* dialling code, area code *(US); 2. POL* preliminary election, primary election *(US)*
Vorwand ['foːrvant] *m* pretext, pretence, excuse
vorwarnen ['foːrvarnən] *v* warn
Vorwarnung ['foːrvarnuŋ] *f* advance warning, early warning
vorwärts ['fɔrvɛrts] *adv* forward, onward, on; *~ bringen* advance; *~ gehen* go forward, progress, make progress; *~ kommen* make headway, make progress; *im Leben/Beruf ~ kommen* get on in life/one's job
Vorwäsche ['foːrvɛʃə] *f* prewash
Vorwegnahme [foːr'vɛknaːmə] *f* anticipation
vorwegnehmen [for'vɛkneːmən] *v irr* anticipate
Vorwehen ['foːrveːən] *pl MED* false pains, premonitory pains
vorweihnachtlich ['foːrvaɪnaxtlɪç] *adj* pre-Christmas
vorweisen ['foːrvaɪzən] *v irr* show, produce, exhibit
vorwerfen ['foːrvɛrfən] *v irr 1. jdm etw ~ (beschuldigen)* accuse s.o. of sth; *2. (tadeln)* reproach s.o. for sth.
vorwiegend ['foːrviːgənt] *adv* for the most part, predominantly
Vorwort ['foːrvɔrt] *n* preface
Vorwurf ['foːrvurf] *m* reproach, accusation, allegation; *jdm einen ~ machen für etw* reproach s.o. for sth
vorwurfsvoll ['foːrvurfsfɔl] *adj* reproachful, upbraiding
Vorzeichen ['foːrtsaɪçən] *n 1.* sign; *mit umgekehrten ~* the other way round; *2. MED* symptom
vorzeigen ['foːrtsaɪgən] *v* show, produce, present
vorzeitig ['foːrtsaɪtɪç] *adj 1.* premature, early; *2. (Sterben)* untimely
vorziehen ['foːrtsiːən] *v 1.* pull forward, pull out; *2. (fig)* prefer
Vorzimmer ['foːrtsɪmər] *n 1.* antechamber, anteroom; *2. (eines Büros)* outer office
Vorzug ['foːrtsuːk] *m 1. (Vorteil)* advantage; *2. (Vorrang)* preference; *jdm den ~ geben* give s.o. preference; *3. (gute Eigenschaft)* asset, merit
vorzüglich [foːr'tsyːklɪç] *adj* excellent, superb, exquisite
Vorzüglichkeit [foːr'tsyːklɪçkaɪt] *f* exquisiteness
vorzugsweise ['foːrtsuːksvaɪzə] *adv* as a matter of preference
votieren [vo'tiːrən] *v* vote
Votum ['voːtum] *n POL* vote
Voyeur [voa'jøːr] *m* voyeur
vulgär [vul'gɛːr] *adj* vulgar, common
Vulgarität [vulgari'tɛːt] *f* vulgarity
Vulkan [vul'kaːn] *m GEO* volcano; *ein Tanz auf dem ~ (fig)* skating on thin ice
vulkanisch [vul'kaːnɪʃ] *adj GEO* volcanic

W

Waage ['vaːgə] *f 1.* scales *pl,* balance; *sich gegenseitig die ~ halten* offset each other; *2. (Sternzeichen)* Libra
waagerecht ['vaːgərɛçt] *adj* horizontal
wach [vax] *adj 1.* awake; *2. (rege)* alert; *v 3. ~ halten* keep awake; *(fig)* keep alive
Wache ['vaxə] *f* guard, watch, sentry; *~ stehen* to be on guard
wachen ['vaxən] *v 1.* to be awake; *2. (Acht geben auf)* watch over
Wachs [vaks] *n* wax
wachsam ['vaxzaːm] *adj* watchful, vigilant, alert
Wachsamkeit ['vaxzaːmkaɪt] *f* alertness, vigilance, watchfulness
wachsen ['vaksən] *v irr 1.* grow; *2. (zunehmen)* increase, mount; *3. (polieren)* wax
Wachstum ['vakstuːm] *n 1.* growth; *m 2. (Zunahme)* increase
Wächter ['vɛçtər] *m* watchman, keeper, guard
Wachtturm ['vaxturm] *m* watchtower
Wade ['vaːdə] *f ANAT* calf
Waffe ['vafə] *f* weapon; *die ~n strecken* surrender; *jdn zu den ~n rufen* call s.o. to arms
Wagemut ['vaːgəmuːt] *m* daring, boldness, spirit of adventure
wagemutig ['vaːgəmuːtɪç] *adj* bold, daring, adventurous
wagen ['vaːgən] *v 1. (sich getrauen)* dare; *2. (riskieren)* risk
Wagen ['vaːgən] *m 1. (Auto)* car; *2. (Pferdewagen)* cart, waggon; *sich nicht vor jds ~ spannen lassen (fig)* not allow o.s. to be used; *3. (Kinderwagen)* pram, baby carriage *(US)*
Wagon [va'gõ] *m* goods wagon, freight car *(US),* carriage
Wagnis ['vaːknɪs] *n* venture, risky undertaking, hazard
Wahl [vaːl] *f 1. (Auswahl)* choice; *erste ~* top quality; *2. POL* election
Wahlbeteiligung ['vaːlbətaɪlɪguŋ] *f POL* turnout
wählen ['vɛːlən] *v 1. (auswählen)* choose, select; *2. (Nummer ~)* dial; *3. (stimmen für)* vote for; *4. (durch Wahl ermitteln)* elect
Wähler ['vɛːlər] *m* voter
wählerisch ['vɛːlərɪʃ] *adj* choosy, particular
wahllos ['vaːlloːs] *adj 1.* indiscriminate; *adv 2.* indiscriminately
wahlweise ['vaːlvaɪzə] *adv* alternatively, optionally
Wahnsinn ['vaːnzɪn] *m* insanity, madness, lunacy; *heller ~* sheer madness; *Das ist doch ~!* That's crazy! That's insane!
wahnsinnig ['vaːnzɪnɪç] *adj 1.* mad, insane, crazy; *2. (fam: furchtbar)* extreme, immense, terrible; *adv 3.* madly; *4. (fam: sehr)* terribly, extremely, awfully
Wahnvorstellung ['vaːnfoːrʃtɛluŋ] *f* delusion, hallucination
wahr [vaːr] *adj* true; *(echt)* genuine; *Das darf doch nicht ~ sein!* I don't believe it!
wahren ['vaːrən] *v 1. (schützen)* guard, watch over, safeguard; *2. (bewahren)* maintain
währen ['vɛːrən] *v* last
während ['vɛːrənt] *prep 1.* during; *konj 2.* while, whereas
wahrhaftig [vaːr'haftɪç] *adj 1.* truthful; *adv 2.* truly
Wahrheit ['vaːrhaɪt] *f* truth; *mit der ~ herausrücken* come out with the truth; *in ~* in reality
wahrnehmen ['vaːrneːmən] *v irr 1. (bemerken)* notice, perceive; *2. (nutzen)* make use of
Wahrnehmung ['vaːrneːmuŋ] *f* perception, observation
wahrscheinlich [vaːr'ʃaɪnlɪç] *adv 1.* probably; *adj 2.* probable, likely
Wahrscheinlichkeit [vaːr'ʃaɪnlɪçkaɪt] *f* probability, likelihood
Währung ['vɛːruŋ] *f FIN* currency
Waise ['vaɪzə] *f* orphan
Waisenhaus ['vaɪzənhaus] *n* orphanage
Wal [vaːl] *m ZOOL* whale
Wald [valt] *m* wood, forest; *den ~ vor lauter Bäumen nicht sehen* not be able to see the forest for the trees
Wall [val] *m 1.* embankment; *2. MIL* rampart
Walze ['valtsə] *f 1. (Dampfwalze) TECH* steamroller; *2. (Blechwalze) TECH* plate roll
walzen ['valtsən] *v 1. (rollen)* roll; *2. (fam: Walzer tanzen)* waltz
Walzer ['valtsər] *m MUS* waltz
Wand [vant] *f* wall; *jdn an die ~ drücken* push s.o. into the background; *Es ist, als ob man gegen die ~ redet.* It's like talking to a brick wall. *jdn an die ~ spielen* upstage s.o.; *in den eigenen vier Wänden* in one's own four walls; *Da*

kann man die Wände hochgehen! It's enough to drive you up the wall!
Wandel ['vandəl] *m 1.* change; *2. (Lebenswandel)* way of life; *3. (Betragenswandel)* behaviour
wandeln ['vandəln] *v 1. (ändern)* change; *2. (gehen)* walk, wander
Wanderer ['vandərər] *m* wanderer, traveller
wandern ['vandərn] *v* wander, stroll, hike
Wanderung ['vandəruŋ] *f 1.* walk, hike; *2. (von Völkern, von Tieren)* migration
Wandlung ['vandluŋ] *f 1.* change, transformation; *2. REL* consecration (mass); *3. JUR* cancellation (of a sale)
Wange ['vaŋə] *f ANAT* cheek
Wankelmut ['vaŋkəlmu:t] *m* vacillation, inconsistency, fickleness, volatility
wankelmütig ['vaŋkəlmy:tɪç] *adj* fickle, irresolute
wann [van] *adv* when; *dann und ~* now and then
Wanne ['vanə] *f* tub
Wanze ['vantsə] *f 1. ZOOL* bug; *2. (Abhörgerät)* bug
wappnen ['vapnən] *v sich ~* arm o.s., prepare o.s.; *sich gegen etw ~* prepare o.s. for sth
Ware ['va:rə] *f* merchandise, product
Warenhaus ['va:rənhaus] *n* department store
warm [varm] *adj* warm; *mit jdm ~ werden* break the ice with s.o.; *~ halten* keep warm; *~ laufen* warm up
Wärme ['vɛrmə] *f* warmth, heat
wärmen ['vɛrmən] *v* warm, heat
Warndreieck ['varndraɪɛk] *n (eines Autos)* warning triangle
warnen ['varnən] *v* warn, caution
Warnung ['varnuŋ] *f* warning, caution, admonition
warten ['vartən] *v 1.* wait; *~ auf* wait for; *2. (instandhalten) TECH* maintain, service
Wärter ['vɛrtər] *m 1.* keeper, attendant, watchman; *2. (Gefängniswärter)* warder *(UK)*, guard
Wartung ['vartuŋ] *f TECH* service, maintenance, servicing
warum [va'rum] *adv* why; *Warum nicht?* Why not?
was [vas] *pron 1. (interrogativ)* what; *~ für …?* what sort of …? *2. (relativ)* which, what; *das, ~* that which; *ich weiß nicht, ~ ich sagen soll* I don't know what to say; *3. (fam: etwas)* something; *Na so ~!* What do you know! I'll be darned!
Waschbecken ['vaʃbɛkən] *n* sink, wash basin, hand-basin
Wäsche ['vɛʃə] *f 1. (Waschen)* wash, washing; *2. (Gewaschenes)* washing, laundry; *dumm aus der ~ schauen (fam)* look stupid; *3. (Unterwäsche)* underclothes, underwear
waschen ['vaʃən] *v irr 1. (etw ~)* wash; *2. sich ~* wash o.s., have a wash; *sich gewaschen haben (fam)* make itself felt
Wasser ['vasər] *n* water; *ein Schlag ins ~* a flop; *jdm das ~ abgraben* take the bread from s.o.'s mouth; *ins ~ fallen* fall through; *nahe am ~ gebaut haben* to be a cry-baby; *Sie kann ihm nicht das ~ reichen.* She can't hold a candle to him. *mit allen ~n gewaschen sein* know every trick in the book; *~ abweisend* water-repellent
Wasserfall ['vasərfal] *m* waterfall
Wasserfarbe ['vasərfarbə] *f ART* watercolour
wasserfest ['vasərfɛst] *adj* waterproof
Wasserhahn ['vasərha:n] *m* tap, water-tap, faucet *(US)*
Wassermann ['vasərman] *m (Tierkreiszeichen)* Aquarius
Watt [vat] *n 1. (Maßeinheit) PHYS* watt; *2. (Wattenmeer) GEOL* tidal mud-flats
Watte ['vatə] *f* cotton wool
weben ['ve:bən] *v irr* weave
Wechsel ['vɛksəl] *m 1. (Änderung)* change; *2. (abwechselnd)* alternation; *3. (Geldwechsel) FIN* exchange; *4. (Zahlungsmittel) FIN* promissory note, bill
Wechselgeld ['vɛksəlgɛlt] *n* change
wechselhaft ['vɛksəlhaft] *adj* variable, fickle
Wechseljahre ['vɛksəlja:rə] *pl MED* menopause
wechseln ['vɛksəln] *v* change, exchange, vary
wechselseitig ['vɛksəlzaɪtɪç] *adj* reciprocal
wecken ['vɛkən] *v 1. (aufwecken)* wake (up); *2. (hervorrufen)* rouse, inspire, stir
Wecker ['vɛkər] *m* alarm clock; *jdm auf den ~ fallen* get on s.o.'s wick, get on s.o.'s nerves
weder ['ve:dər] *konj ~ … noch …* neither … nor …
Weg [ve:k] *m 1.* path, way, lane; *den ~ des geringsten Widerstandes gehen* take the path of least resistance; *eigene ~e gehen* have it one's own way; *einer Sache den ~ ebnen* pave the way for sth; *jdn aus dem ~ räumen* get rid of s.o.; *jdn auf den rechten ~ führen* put s.o. back on the right track; *jdm etw mit auf den ~ geben*

give s.o. sth for the journey; *etw in die ~e leiten* get sth going; *2. (Strecke)* way; *Geh mir aus dem ~!* Get out of my way! *sich auf den ~ machen* set off; *3. (fig: Art und Weise)* way, manner, method
Wegbereiter ['ve:kbəraɪtər] *m* pioneer, precursor, forerunner
wegen ['ve:gən] *prep 1.* because of, on account of, owing to; *2. (fam) Von ~!* My foot! *Von ~! (um etwas zu verbieten)* No chance!
weglaufen ['vɛklaufən] *v irr* run away, run off
weglegen ['vɛkle:gən] *v* put aside
wegnehmen ['vɛkne:mən] *v irr 1.* take away; *2. (entfernen)* remove
Wegweiser ['ve:kvaɪzər] *m* road sign
wegwerfen ['vɛkvɛrfən] *v irr* throw away, discard
Wehen ['ve:ən] *pl MED* labour pains *pl*
wehleidig ['ve:laɪdɪç] *adj (voller Selbstmitleid)* sorry for o.s., self-pitying
Wehmut ['ve:mut] *f* melancholy, wistfulness; *(über Vergangenes)* nostalgia
wehmütig ['ve:my:tɪç] *adj* melancholy, wistful
Wehr¹ [ve:r] *f sich zur ~ setzen* defend o.s.
Wehr² [ve:r] *n (Staudamm)* dam
Wehrdienst ['ve:rdi:nst] *m MIL* military service
wehrlos ['ve:rlo:s] *adj* defenceless
weibisch ['vaɪbɪʃ] *adj* effeminate
weiblich ['vaɪplɪç] *adj* female, feminine
Weiblichkeit ['vaɪplɪçkaɪt] *f* femininity
weich [vaɪç] *adj 1.* soft; *2. (fig)* soft, tender, gentle
Weiche ['vaɪçə] *f 1. (Weichheit)* softness; *2. (Körperteil)* flank, side; *3. (Eisenbahn) TECH* points, switch *(US); die ~n für etw stellen* set the course for sth
weichen ['vaɪçən] *v irr* give way, make way
Weide ['vaɪdə] *f 1. (Baum) BOT* willow; *2. (Wiese)* meadow, pasture
weiden ['vaɪdən] *v 1. (Tiere)* graze; *2. sich an etw ~* revel in sth, relish sth
weigern ['vaɪgərn] *v sich ~* refuse
Weigerung ['vaɪgəruŋ] *f* refusal
weihen ['vaɪən] *v 1.* consecrate; *2. (widmen)* dedicate; *3. (zum Priester)* ordain
Weiher ['vaɪər] *m* pond
Weihnachten ['vaɪnaxtən] *n* Christmas
Weihnachtsabend ['vaɪnaxtsa:bənt] *m* Christmas Eve
weil [vaɪl] *konj* because, since
Weile ['vaɪlə] *f* while, period of time
Wein [vaɪn] *m 1.* wine; *jdm reinen ~ einschenken (fig)* tell s.o. the unvarnished truth; *2. BOT* vine
weinen ['vaɪnən] *v* cry, weep, shed tears; *sich in den Schlaf ~* cry o.s. to sleep
Weintraube ['vaɪntraubə] *f* grape
weise ['vaɪzə] *adj 1.* wise, prudent; *adv 2.* wisely, prudently
Weise ['vaɪzə] *f 1. (Art und ~)* manner, way, mode; *in keinster ~* by no means, in no way; *2. (Lied)* tune, melody
Weise(r) ['vaɪzə(r)] *m/f* wise man/woman
Weisheit ['vaɪshaɪt] *f 1.* wisdom; *mit seiner ~ am Ende sein* to be at one's wits' end; *2. (weiser Spruch)* wise saying
weiß [vaɪs] *adj* white
Weisung ['vaɪzuŋ] *f* order, direction, instruction
weit [vaɪt] *adj 1. (breit)* broad, wide, large; *2. (lang)* long; *3. (fern)* distant, remote; *~ und breit* far and wide; *zu ~ gehen* to go too far; *adv 4.* far; *5. ~ entfernt* far off, far away; *6. (um vieles)* far; *bei ~em nicht* not at all, not by a long shot; *7. ~ blickend* far-sighted; *8. ~ gereist* travelled, widely travelled; *9. ~ reichend* far-reaching; *10. ~ verbreitet* wide-spread, prevalent
Weitblick ['vaɪtblɪk] *m* farsightedness, vision
Weite ['vaɪtə] *f 1. (Breite)* width, breadth, wideness; *2. (Länge)* length; *3. (Entfernung)* distance; *das ~ suchen (fig)* take to one's heels
weiten ['vaɪtən] *v 1.* widen, broaden; *2. sich ~* widen, broaden; *3. sich ~ (fig: Herz)* swell
weiter ['vaɪtər] *adj 1. (Komparativ von „weit")* wider; *2. (fig)* further; *3. (zusätzlich)* more, additional, further; *ohne ~es* just like that, without any problems; *bis auf ~es* until further notice; *adv 4. (~ weg)* further away, further off; *5. (außerdem)* furthermore, in addition; *Weiter!* Go on!
weitergeben ['vaɪtərge:bən] *v irr* hand on, pass down, pass on
weiterhin ['vaɪtərhɪn] *adv 1. (immer noch)* still; *2. (künftig)* in future; *3. (außerdem)* furthermore
weiterleiten ['vaɪtərlaɪtən] *v* pass on
weitermachen ['vaɪtərmaxən] *v* continue, go on, carry on
weitersagen ['vaɪtərza:gən] *v* repeat, pass on, pass the word
weitgehend ['vaɪtge:ənt] *adj 1.* far-reaching, vast; *adv 2.* to a large extent, largely
weitläufig ['vaɪtlɔyfɪç] *adj 1.* wide, large; *2. (fig: ausführlich)* extensive, detailed, elaborate; *3. (fig: entfernt)* distant

weitschweifig ['vaɪtʃvaɪfɪç] *adj* long-winded, verbose
weitsichtig ['vaɪtzɪçtɪç] *adj 1. MED* long-sighted, far-sighted *(US),* hypermetropic; *2. (fig)* far-sighted
Weitsichtigkeit ['vaɪtzɪçtɪçkaɪt] *f* long-sightedness, farsightedness
Weizen ['vaɪtsən] *m BOT* wheat
welche(r,s) ['vɛlçə(r,s)] *pron 1. (relativ)* which, who, whom; *2. (interrogativ)* which, what, which one
Welle ['vɛlə] *f 1.* wave; *2. (Antriebswelle) TECH* shaft
Welpe ['vɛlpə] *m 1. ZOOL* puppy, whelp; *2. (von einem Wolf, von einem Fuchs) ZOOL* cub
Welt [vɛlt] *f* world; *zur ~ bringen* give birth to; *Das kostet nicht die ~.* It doesn't cost an arm and a leg. *Das ist nicht die ~.* It's not all that important. *etw in die ~ setzen* give birth to sth; *mit sich und der ~ zufrieden sein* to be at one with the world; *Für sie brach die ~ zusammen.* The bottom fell out of her world.
Weltall ['vɛltal] *n* universe, cosmos
Weltanschauung ['vɛltanʃauuŋ] *f* world view, philosophy of life
weltfremd ['vɛltfrɛmt] *adj* unworldly
weltlich ['vɛltlɪç] *adj 1.* worldly, mundane; *2. (nicht kirchlich)* secular
weltoffen ['vɛltɔfən] *adj* cosmopolitan
Weltoffenheit ['vɛltɔfənhaɪt] *f* cosmopolitanism
Weltraum ['vɛltraum] *m* space
Weltreich ['vɛltraɪç] *n* empire
Weltrekord ['vɛltrekɔrt] *m* world record
weltweit ['vɛltvaɪt] *adj 1.* world-wide; *adv 2.* world-wide
Wende ['vɛndə] *f 1.* turn; *2. (Veränderung)* change
wenden ['vɛndən] *v irr 1.* turn; *Bitte ~! (Seite)* please turn over; *2. sich ~ an* consult, see, turn to
wenig ['veːnɪç] *adj 1.* little, few; *adv 2.* a little; *(selten)* not often
wenigstens ['veːnɪçstəns] *adv* at least
wenn [vɛn] *konj 1. (konditional)* if, in case; *2. (zeitlich)* when
wer [veːr] *pron* who; *~ von euch* which of you
werben ['vɛrbən] *v irr 1.* advertise, promote; *2. POL* canvass
Werbespot ['vɛrbəspɔt] *m* commercial, advertising spot
Werbung ['vɛrbuŋ] *f 1.* advertising, publicity, promotion; *2. (Fernsehwerbung)* commercial; *3. (eines Verehrers)* courtship
werden ['veːrdən] *v irr 1.* become, get; *aus jdm ~* become of s.o., happen to s.o.; *2. (ausfallen)* turn out; *3. (Passiv)* to be; *geliebt ~* to be loved; *es wurde gesungen* there was singing; *4. (Futur)* will; *Ich werde es tun.* I will do it.
werfen ['vɛrfən] *v* throw, toss; *eine Münze ~* toss a coin; *von sich ~* cast off, throw away; *mit etw um sich ~* to be lavish with sth
Werft [vɛrft] *f* dockyard, shipyard
Werk [vɛrk] *n 1. (Fabrik)* plant, works, factory; *2. (Kunstwerk)* work
Werkstatt ['vɛrkʃtat] *f* workshop
Werktag ['vɛrktaːk] *m 1.* workday, working day; *2. (Wochentag)* weekday
werktags ['vɛrktaːks] *adv* on weekdays
Werkzeug ['vɛrktsɔyk] *n* tool
Wermut ['veːrmuːt] *m* vermouth
wert [veːrt] *adj 1.* worth; *nicht der Mühe ~ sein* not be worth the trouble; *nicht der Rede ~* not worth talking about; *2. (würdig)* worthy; *3. (lieb)* dear, precious
Wert [veːrt] *m* value, worth
werten ['veːrtən] *v* value, appraise
wertlos ['veːrtloːs] *adj* worthless, valueless
Wertschätzung ['veːrtʃɛtsuŋ] *f* regard, appreciation, esteem
Wertung ['veːrtuŋ] *f* valuation
wertvoll ['veːrtfɔl] *adj* valuable, precious
Wertvorstellung ['veːrtfoːrʃtɛluŋ] *f* moral concept
Wesen ['veːzən] *n 1. (Lebewesen)* creature, being, living thing; *2. (Charakter)* nature, character, disposition
wesentlich ['veːzəntlɪç] *adj 1.* essential, fundamental, material; *adv 2.* by far, considerably, fundamentally
weshalb [vɛs'halp] *adv 1.* why, for what reason; *konj 2.* and that's why, which is why
Weste ['vɛstə] *f* waistcoat, vest *(US); eine weiße ~ haben (fig)* have a clean record
Westen ['vɛstən] *m 1.* west; *2. der ~ POL* the West
westlich ['vɛstlɪç] *adj 1.* westerly, western; *adv 2. ~ von Wien* west of Vienna
Wettbewerb ['vɛtbəvɛrp] *m 1.* competition, contest; *2. unlauterer ~ ECO* unfair competition
wettbewerbsfähig ['vɛtbəvɛrpsfɛːɪç] *adj* competitive
Wette ['vɛtə] *f* bet, wager
wetteifern ['vɛtaɪfərn] *v* compete; *mit jdm ~* compete with s.o.; *um etw ~* compete for sth, contend for sth
wetten ['vɛtən] *v* bet, wager

Wetter ['vɛtər] *n* weather
Wettervorhersage ['vɛtərfo:rhe:rza:gə] *f* weather forecast
Wettkampf ['vɛtkampf] *m* *1. SPORT* contest, match, competition; *2. (Einzelkampf)* event
Wettrüsten ['vɛtrystən] *n* *POL* arms race
Wettstreit ['vɛtʃtraɪt] *m* contest, match
wichtig ['vɪçtɪç] *adj* important; *Wichtigeres zu tun haben* have more important things to do; *sich ~ machen* to be self-important
Wichtigkeit ['vɪçtɪçkaɪt] *f* importance
wickeln ['vɪkəln] *v* *1.* roll, wind, coil; *2. (Baby)* change
Widder ['vɪdər] *m* *1. ZOOL* ram; *2. (Sternzeichen)* Capricorn
wider ['vi:dər] *prep* against, contrary to; *das Für und Wider* the pros and cons
widerfahren [vi:dər'fa:rən] *v irr* happen to, befall
Widerhall ['vi:dərhal] *m* echo, reverberation
widerhallen ['vi:dərhalən] *v* ring, resound, echo
widerlegen [vi:dər'le:gən] *v* refute, disprove
Widerlegung [vi:dər'le:guŋ] *f* refutation
widerlich ['vi:dərlɪç] *adj* disgusting, revolting, repulsive
widernatürlich ['vi:dərnatyrlɪç] *adj* unnatural
Widerrede ['vi:dərre:də] *f* *1.* contradiction, objection; *2. (freche ~)* backtalk; *Keine ~!* No arguments!
widersetzen [vi:dər'zɛtsən] *v sich ~* resist, oppose, defy
widerspenstig ['vi:dərʃpɛnstɪç] *adj* unruly, unmanageable
widerspiegeln ['vi:dərʃpi:gəln] *v* reflect
widersprechen [vi:dər'ʃprɛçən] *v irr* contradict, oppose
Widerspruch ['vi:dərʃprux] *m* contradiction, discrepancy
widersprüchlich ['vi:dərʃpryçlɪç] *adj* contradictory, conflicting, inconsistent
widerspruchslos ['vi:dərʃpruxslo:s] *adv* without objection, without opposition
Widerstand ['vi:dərʃtant] *m* resistance, opposition; *jdm ~ leisten* resist s.o.
widerstandsfähig ['vi:dərʃtantsfɛ:ɪç] *adj* resistant, heavy-duty, resisting
widerstandslos ['vi:dərʃtantslo:s] *adv* without resistance
widerstehen [vi:dər'ʃte:ən] *v irr* resist, withstand
widerstreben [vi:dər'ʃtre:bən] *v* *1. jdm ~* oppose s.o.; *2. Das widerstrebt mir.* It's not my nature to do that. I am reluctant to do that.
widerstrebend [vi:dər'ʃtre:bənt] *adj* *1.* reluctant; *adv* *2.* with reluctance
Widerstreit ['vi:dərʃtraɪt] *m* conflict
widerwärtig ['vi:dərvɛrtɪç] *adj* *1.* objectionable, unpleasant, disagreeable; *2. (scheußlich)* repulsive
Widerwärtigkeit ['vi:dərvɛrtɪçkaɪt] *f* *1.* unpleasantness; *2. (Scheußlichkeit)* repulsiveness
Widerwille ['vi:dərvɪlə] *m* reluctance, aversion, distaste
widerwillig ['vi:dərvɪlɪç] *adj* reluctant, unwilling, grudging
widmen ['vɪtmən] *v* *1.* dedicate, devote; *2. sich einer Sache ~* dedicate o.s. to sth, devote o.s. to sth
Widmung ['vɪtmuŋ] *f* dedication
Widrigkeit ['vi:drɪçkaɪt] *f* adversity
wie [vi:] *adv* *1.* how; *Wie wär's mit ...?* How about ...? *Wie bitte?* Excuse me? *Wie heißen Sie?* What's your name? *konj* *2. (vergleichend)* as, like *(fam)*; *~ gesagt* as has been said, as I said; *3. ~ zum Beispiel* such as; *4. ~ viel* how much; *~ viele* how much
wieder ['vi:dər] *adv* *1.* again, once more; *immer ~* again and again; *hin und ~* now and again; *Das ist ~ was anderes.* That's something else entirely. *2. ~ aufbereiten TECH* reprocess; *3. ~ beleben* revice, reanimate, resuscitate; *4. ~ erkennen* recognize; *5. ~ finden* find again, recover; *6. ~ gutmachen* make good, make amends; *7. ~ sehen* see again; *8. ~ verwenden* reuse; *9. ~ verwerten* reuse, recycle
Wiederbelebung ['vi:dərbəle:buŋ] *f* *MED* resuscitation
Wiedereröffnung ['vi:dərɛrœfnuŋ] *f* reopening
Wiedergabe ['vi:dərga:bə] *f* *1. (Rückgabe)* return; *2. (Darstellung)* rendering
Wiedergutmachung [vi:dər'gu:tmaxuŋ] *f* *1.* compensation, amends *pl*; *2. POL* reparations *pl*
wiederherstellen [vi:dər'herʃtɛlən] *v* reestablish, restore
Wiederherstellung [vi:dər'herʃtɛluŋ] *f* restoration
wiederholen [vi:dər'ho:lən] *v* repeat
Wiederholung [vi:dər'ho:luŋ] *f* *1.* repetition; *2. (eines Ereignisses)* recurrence
wiederkäuen ['vi:dərkɔyən] *v* *1.* chew the cud, ruminate; *2. (fig)* rehash

Wiederkehr ['vi:dərkɛ:r] *f* return
wiederkehren ['vi:dərke:rən] *v 1. (zurückkommen)* return; *2. (sich wiederholen)* recur
wiederkommen ['vi:dərkɔmən] *v irr* come back, return
Wiedersehen ['vi:dərze:ən] *n* reunion; *Auf ~!* Goodbye!
wiederum ['vi:dərum] *adv 1. (nochmals)* again; *2. (andererseits)* on the other hand; *3. ich ~ ... (meinerseits)* for my part
Wiedervereinigung ['vi:dərfɛraınıguŋ] *f POL* reunification
Wiege ['vi:gə] *f* cradle; *von der ~ bis zur Bahre* from the womb to the tomb; *Das ist ihm schon in die ~ gelegt worden.* He was born with it.
wiegen ['vi:gən] *v irr 1. (Gewicht)* weigh; *2. (schaukeln)* rock; *3. (zerkleinern) GAST* chop
wiehern ['vi:ərn] *v 1.* neigh, whinny; *2. (lachen)* guffaw
Wien [vi:n] *n GEO* Vienna
Wiese ['vi:zə] *f* meadow
wild [vılt] *adj 1.* wild; *Das ist halb so ~.* It's not that bad. *2. (Tiere)* wild, fierce, ferocious; *~ lebend* living in the wild; *3. (fig: wütend)* angry, furious, rabid
Wild [vılt] *n ZOOL 1.* game *2. (Hochwild)* venison
Wilderer ['vıldərər] *m* poacher
wildern ['vıldərn] *v* poach
Wildheit ['vılthaıt] *f* savagery, wildness
Wildnis ['vıltnıs] *f* wilderness, wild
Wille ['vılə] *m* will
willensschwach ['vılənsʃvax] *adj* weak-willed
willensstark ['vılənsʃtark] *adj* strong-willed
Willensstärke ['vılənsʃtɛrkə] *f* willpower
willentlich ['vıləntlıç] *adj* willful, wilful, intentional
willig ['vılıç] *adj* willing
willkommen [vıl'kɔmən] *adj* welcome
Willkür ['vılky:r] *f* arbitrariness
willkürlich ['vılky:rlıç] *adj 1.* arbitrary, high-handed; *2. (Herrscher) POL* autocratic
Wimper ['vımpər] *f* eyelash; *ohne mit der ~ zu zucken* without batting an eyelid
Wind [vınt] *m* wind, breeze; *der ~ legt sich* the wind is dying away; *gegen den ~* against the wind, into the wind; *~ von etw bekommen* get wind of sth; *in den ~ reden* waste one's breath; *etw in den ~ schlagen* turn a deaf ear to sth; *jdm den ~ aus den Segeln nehmen* take the wind out of s.o.'s sails; *etw in den ~ schreiben* kiss sth goodbye; *~ machen* make a fuss; *mit dem ~ segeln* go with the flow (fam), bend with the wind; *Er weiß, woher der ~ weht.* He knows which way the wind blows.
Windel ['vındəl] *f* nappy *(UK)*, diaper *(US)*
winden ['vındən] *v irr 1. Es windet.* The wind is blowing. *2. (mit einer Winde befördern)* winch; *3. (wegnehmen)* wrench away, wrest away; *4. (wickeln)* wind; *5. sich ~ (Sache)* wind itself; *6. (Mensch: vor Schmerzen)* writhe; *7. (Wurm)* wriggle; *8. (Bach)* wind
Windmühle ['vıntmy:lə] *f* windmill
Wink [vıŋk] *m 1.* sign; *2. (mit dem Kopf)* nod; *3. (mit der Hand)* wave; *4. (fig)* hint
Winkel ['vıŋkəl] *m 1. MATH* angle; *2. (fig: Plätzchen)* nook, corner
winken ['vıŋkən] *v irr 1.* wave; *jdm ~, etw zu tun* signal s.o. to do sth; *2. (fig)* beckon
Winter ['vıntər] *m* winter
winterlich ['vıntərlıç] *adj* wintery
winzig ['vıntsıç] *adj* tiny, minute, wee
Wirbel ['vırbəl] *m ANAT* vertebra
wirbeln ['vırbəln] *v* whirl
Wirbelsäule ['vırbəlsɔylə] *f ANAT* spine, vertebral column
wirken ['vırkən] *v 1. (tätig sein)* work, to be at work; *2. (wirksam sein)* to be effective, have an effect, operate; *3. (Eindruck erwecken)* have an effect, have an influence
wirklich ['vırklıç] *adj 1.* real, actual, true; *adv 2.* really, actually
Wirklichkeit ['vırklıçkaıt] *f* reality, real life, truth; *jdn in die ~ zurückholen* bring s.o. down to earth
wirksam ['vırkza:m] *adj* effective
Wirksamkeit ['vırkza:mkaıt] *f* effectiveness, efficacy
Wirkung ['vırkuŋ] *f 1.* effect; *Ursache und ~* cause and effect; *2. (Folge)* consequence; *3. (Eindruck)* impression
wirkungslos ['vırkuŋslo:s] *adj* ineffectual, ineffective
wirkungsvoll ['vırkuŋsfɔl] *adj 1.* effective; *adv 2.* effectively
wirr [vır] *adj* confused
Wirren ['vırən] *pl POL* confusion, turmoil
Wirt [vırt] *m* host, landlord, innkeeper
Wirtschaft ['vırtʃaft] *f 1. (Gasthaus)* inn, public house *(UK)*, pub; *2. ECO (Volkswirtschaft)* economy; *(Handel)* industry
wirtschaften ['vırtʃaftən] *v 1. (den Haushalt führen)* keep house; *2. (sparsam sein)* economize; *3. (gut ~)* manage well; *4. (sich zu schaffen machen)* busy o.s.

wirtschaftlich ['vɪrtʃaftlɪç] *adj 1.* economic; *2. (sparsam)* economical
wischen ['vɪʃən] *v 1.* wipe; *2. (auf~)* mop
wispern ['vɪspərn] *v* whisper
wissen ['vɪsən] *v irr* know; *so viel ich weiß* as far as I know; *nicht dass ich wüsste* not as far as I know; *etw genau ~* know sth for a fact; *von jdm nichts ~ wollen* not want to have anything to do with s.o.; *es ~ wollen* fancy one's chances
Wissen ['vɪsən] *n* knowledge
Wissenschaft ['vɪsənʃaft] *f* science
Wissenschaftler(in) ['vɪsənʃaftlər(ɪn)] *m/f* scientist
wissenschaftlich ['vɪsənʃaftlɪç] *adj 1.* scientific; *adv 2.* scientifically
wissentlich ['vɪsəntlɪç] *adj* knowing, conscious
wittern ['vɪtərn] *v 1.* scent, smell; *2. (fig)* suspect, get wind of
Witterung ['vɪtəruŋ] *f 1. (Wetter)* weather; *2. (Wittern)* scent
Witwe ['vɪtvə] *f* widow
Witwer ['vɪtvər] *m* widower
Witz [vɪts] *m* joke; *~e reißen* crack jokes; *Mach keine ~e!* Don't be funny!
witzig ['vɪtsɪç] *adj* funny, witty, amusing
wo [vo:] *adv* where
woanders [vo'andərs] *adv* elsewhere, somewhere else
wobei [vo'baɪ] *adv 1. (interrogativ)* at what; *Wobei bist du gerade?* What are you doing at the moment? *Wobei ist das passiert?* How did that happen? *2. (relativ)* at which, in which; *~ ich noch hinzufügen möchte* to which I would like to add
Woche ['vɔxə] *f* week
Wochenende ['vɔxənɛndə] *n* weekend
Wochentag ['vɔxənta:k] *m 1.* weekday; *2. (bestimmter)* day of the week
wochentags ['vɔxənta:ks] *adv* on weekdays
wöchentlich ['vœçəntlɪç] *adj 1.* weekly; *adv 2.* weekly, every week; *3. (wochenweise)* by the week
Woge ['vo:gə] *f 1. (Welle)* wave; *2. (fig)* surge
wohl [vo:l] *adv 1. (wahrscheinlich)* presumably, probably, no doubt; *2. (gut)* well; *~ bekannt* well-known, familiar; *3. (etwa)* about; *4. (sicher)* indeed; *Das ist ~ möglich.* That is indeed possible. *5. ~ tun* do good; *6. ~ wollend* benevolent, kind
Wohl [vo:l] *n* welfare, well-being, prosperity; *Zum ~!* Cheers!
Wohlbehagen ['vo:lbəha:gən] *n* comfort, pleasure
wohlbehalten ['vo:lbəhaltən] *adj* safe and sound, unscathed
Wohlfahrt ['vo:lfa:rt] *f* welfare
wohlhabend ['vo:lha:bənt] *adj* wealthy, well-to-do
Wohlhabenheit ['vo:lha:bənhaɪt] *f* prosperity, affluence
Wohlstand ['vo:lʃtant] *m* prosperity, wealth, affluence
Wohlstandsgesellschaft ['vo:lʃtantsgəzɛlʃaft] *f* affluent society
Wohltat ['vo:lta:t] *f* kindness, good deed, charity; *jdm eine ~ erweisen* do sb a favour, do sb a good turn
Wohltäter ['vo:ltɛ:tər] *m* benefactor
wohltätig ['vo:ltɛ:tɪç] *adj* charitable
Wohltätigkeit ['vo:ltɛ:tɪçkaɪt] *f* charity, charitableness
Wohlwollen ['vo:lvɔlən] *n* goodwill, benevolence
wohnen ['vo:nən] *v 1.* live, reside; *2. (vorübergehend)* stay
wohnhaft ['vo:nhaft] *adv* resident
wohnlich ['vo:nlɪç] *adj 1.* comfortable, cosy; *adv 2.* comfortably, cosily
Wohnmobil ['vo:nmobi:l] *n* mobile home, camper *(US)*
Wohnort ['vo:nɔrt] *m* place of residence
Wohnsitz ['vo:nzɪts] *m* place of residence
Wohnung ['vo:nuŋ] *f* flat, apartment *(US)*
Wohnwagen ['vo:nva:gən] *m* caravan *(UK)*, trailer *(US)*
Wohnzimmer ['vo:ntsɪmər] *n* sitting room, drawing room, living room *(US)*
wölben ['vœlbən] *v sich ~* curve, arch
Wölbung ['vœlbuŋ] *f* curvature, arch
Wolf [vɔlf] *m 1. ZOOL* wolf; *unter die Wölfe kommen* to be thrown to the wolves; *ein ~ im Schafspelz* a wolf in sheep's clothing; *2. (Fleischwolf)* mincer, meat grinder *(US); jdn durch den ~ drehen (fig)* put sth through the wringer
Wolke ['vɔlkə] *f* cloud; *aus allen ~n fallen* to be thunderstruck; *über allen ~n schweben* have one's head in the clouds; *auf ~ sieben schweben* to be in seventh heaven
Wolkenkratzer ['vɔlkənkratsər] *m* skyscraper
Wolle ['vɔlə] *f* wool; *sich in die ~ kriegen* have a row
wollen ['vɔlən] *v irr 1. (wünschen)* want, wish, desire; *Was willst du sonst noch?* What more do you want? *wie du willst* suit yourself; *2. (beabsichtigen)* intend, mean

Wollust ['vɔlust] *f* *1.* lust; *2. (Sinnlichkeit)* sensuality
wollüstig ['vɔlystɪç] *adj* sensual, lustful
Wonne ['vɔnə] *f* delight, bliss, pleasure
woraufhin [vorauf'hɪn] *adv* whereupon
Workaholic [wɜːrkə'hɔlɪk] *m* workaholic
Wort [vɔrt] *n* *1. (Äußerung)* word; *mit jdm ~e wechseln* exchange words with s.o.; *in ~ und Schrift* written and spoken; *Man versteht kein ~.* One can't understand a word. *schöne ~e* mere words; *das ~ haben* speak; *das letzte ~ haben* have the last word; *im wahrsten Sinne des ~es* in the truest sense of the word; *das ~ ergreifen* start to speak; *jdm das ~ entziehen* cut s.o. off (fam); ask s.o. to finish speaking; *jdm das ~ verbieten* forbid s.o. to speak; *für jdn ein gutes ~ einlegen* put in a good word for s.o.; *jdm das ~ aus dem Munde nehmen* take the words right aut of s.o.'s mouth; *jdm das ~ im Munde verdrehen* twist s.o.'s words; *kein ~ über etw verlieren* not say a thing about sth; *jdm ins ~ fallen* interrupt s.o.; *sich zu ~ melden, ums ~ bitten* ask for leave to speak; *2. (Vokabel)* word
wortbrüchig ['vɔrtbryçɪç] *adj ~ werden* break one's word
Wörterbuch ['vœrtərbuːx] *n* dictionary
Wortführer ['vɔrtfyːrər] *m* speaker, spokesman
wortgewandt ['vɔrtgəvant] *adj* eloquent, glib
Wortgewandtheit ['vɔrtgəvanthaɪt] *f* eloquence, articulateness
wortkarg ['vɔrtkark] *adj* taciturn
wörtlich ['vœrtlɪç] *adj* *1.* literal, verbal; *adv* *2.* literally, word for word
Wortschatz ['vɔrtʃats] *m* vocabulary
Wortspiel ['vɔrtʃpiːl] *n* play on words, pun
Wrack [vrak] *n* wreck
Wucher ['vuːxər] *m* profiteering, usury
wuchern ['vuːxərn] *v* *1.* grow rampant, proliferate; *2. (Kaufmann)* profiteer
Wuchs [vuːks] *m* *1. (Wachsen)* growth, development; *2. (Körperbau)* figure, physique, build
Wucht [vuxt] *f* force, brunt, impact
wuchtig ['vuxtɪç] *adj* massive
wühlen ['vyːlən] *v* *1. (graben)* burrow; *2. (suchen)* rummage
wund [vunt] *adj* *1.* sore; *sich die Füße nach etw ~ laufen* look for sth high and low; *2. (fig: Herz)* wounded
Wunde ['vundə] *f* wound
Wunder ['vundər] *n* *1.* miracle; *sein blaues ~ erleben* get the shock of one's life; *2. (fig)* marvel
wunderbar ['vundərbaːr] *adj* *1.* wonderful, marvellous, fantastic; *adv* *2.* marvellously, wonderfully
wundern ['vundərn] *v sich ~* to be surprised, to be amazed
wundervoll ['vundərfɔl] *adj* wonderful, marvellous
Wunsch [vunʃ] *m* *1.* wish, desire; *2. (Glückwunsch)* felicitation, best wishes *pl*
wünschen ['vynʃən] *v* *1.* wish, desire; *2. (wollen)* want
Würde ['vyrdə] *f* *1.* dignity, honour; *2. (Titel)* title, degree, honour; *3. (Doktorwürde)* doctorate
würdelos ['vyrdəloːs] *adj* undignified
Würdelosigkeit ['vyrdəloːzɪçkaɪt] *f* lack of dignity
Würdenträger ['vyrdəntrɛːgər] *m* dignitary
würdevoll ['vyrdəfɔl] *adj* dignified
würdig ['vyrdɪç] *adj* *1.* worthy, deserving; *2. (würdevoll)* dignified
würdigen ['vyrdɪgən] *v* *1.* appreciate, value; *2. (loben)* honour, pay tribute to
Würdigung ['vyrdɪguŋ] *f* *1. (Achtung)* appreciation; *2. (Bewertung)* appraisal, consideration
Wurf [vurf] *m* *1.* throw; *2. ZOOL* litter
Würfel ['vyrfəl] *m* *1. (Spielwürfel)* die; *~ pl Die ~ sind gefallen.* The die is cast. *2. MATH* cube
würfeln ['vyrfəln] *v* throw dice, toss dice
Wurm [vurm] *m ZOOL* worm; *Da ist der ~ drin. (fam)* There's something wrong with it.
Wurst [vurst] *f* sausage; *Das ist mir ~. (fam)* It's all the same to me. I don't care.
Würze ['vyrtsə] *f* spice, seasoning
Wurzel ['vurtsəl] *f* root
wurzeln ['vurtsəln] *v* *1.* take root; *2. (fig)* to be rooted in
würzen ['vyrtsən] *v* spice, season, flavour
würzig ['vyrtsɪç] *adj* spicy
wüst [vyːst] *adj* *1. (öde)* waste, desert, desolate; *2. (ausschweifend)* wild, dissolute; *3. (widerwärtig)* vile, ugly
Wüste ['vyːstə] *f* desert
Wüstling ['vyːstlɪŋ] *m* lecher
Wut [vuːt] *f* rage, fury; *seine ~ herunterschlucken* choke back one's rage; *vor ~ in die Luft gehen* explode with fury; *in ~ geraten* fly into a rage
wüten ['vyːtən] *v* rage
wütend ['vyːtənt] *adj* furious, enraged, angry

X/Y/Z

x-Achse ['ɪksaksə] *f MATH* x-axis
X-Beine ['ɪksbaɪnə] *pl* knock-knees *pl*
x-beliebig ['ɪksbəliːbɪç] *adj* any, any old, any whatever
x-fach ['ɪksfax] *adj 1.* umpteen (fam); *adv 2.* again and again
x-mal [ɪks'maːl] *adv* over and over again
Xylophon [ksylo'foːn] *n MUS* xylophone
y-Achse ['ypsilɔnaksə] *f MATH* Y-axis
Yoga ['joːga] *m/n* yoga
Ypsilon ['ypzilɔn] *n 1.* (the letter) Y; *2. (griechischer Buchstabe)* upsilon
Yuppie ['jupiː] *m* yuppie
Zacke ['tsakə] *f 1.* point; *2. (von Kamm)* tooth; *3. (von Gabel)* prong
zackig ['tsakɪç] *adj 1. (gezackt)* jagged; *2. (Stern)* pointed; *3. (fig: schneidig)* smart
zaghaft ['tsaːkhaft] *adj* timid
zäh [tsɛː] *adj* tough
Zahl [tsaːl] *f 1.* number; *rote ~en schreiben* to be in the red; *schwarze ~en schreiben* to be in the black; *2. (Ziffer)* figure; *3. (Stelle)* digit
zählbar ['tsɛːlbaːr] *adj* countable
zahlen ['tsaːlən] *v* pay
zählen ['tsɛːlən] *v* count
Zähler ['tsɛːlər] *m 1. MATH* numerator; *2. (Messgerät) TECH* meter, counter
zahlreich ['tsaːlraɪç] *adj 1.* numerous; *adv 2.* in great quantities, in large numbers
Zahlung ['tsaːluŋ] *f* payment
Zahlwort ['tsaːlvɔrt] *n* numeral
zahm [tsaːm] *adj 1.* tame; *adv 2.* tamely
zähmen ['tsɛːmən] *v 1.* tame; *2. (fig)* curb
Zahn [tsaːn] *m* tooth; *jdm auf den ~ fühlen* sound s.o. out; *die Zähne zusammenbeißen* clench one's teeth
Zahnarzt ['tsaːnartst] *m* dentist
Zahnbürste ['tsaːnbyrstə] *f* toothbrush
zahnen ['tsaːnən] *v* teethe
Zahnpasta ['tsaːnpasta] *f* toothpaste
Zange ['tsaŋə] *f* tongs *pl*, pliers *pl*
zanken ['tsaŋkən] *v* quarrel, have a row
Zapfen ['tsapfən] *n 1. BOT* cone; *2. (Eiszapfen)* icicle; *3. (Verbindungsstück)* tenon; *4. ANAT* cone; *5. (Fasszapfen)* spigot, bung
zappelig ['tsapəlɪç] *adj* fidgety, restless
zappeln ['tsapəln] *v 1.* wriggle; *jdn ~ lassen* keep s.o. on tenterhooks; *2. (vor Unruhe)* fidget
Zar(in) [tsaːr(ɪn)] *m/f HIST* czar/czarina, tsar/tsarina
zart [tsart] *adj 1.* tender; *2. (Ton, Haut)* soft; *3. (Fleisch)* tender; *4. (zerbrechlich)* delicate
Zartheit ['tsaːrthaɪt] *f 1.* tenderness, softness; *2. (Zerbrechlichkeit)* delicateness
zärtlich ['tsɛrtlɪç] *adj 1.* tender; *2. (liebevoll)* affectionate
Zärtlichkeit ['tsɛrtlɪçkaɪt] *f 1.* tenderness, affection; *2. (Liebkosung)* caress; *3. jdm ~en ins Ohr flüstern* whisper sweet nothings in s.o.'s ear
Zauber ['tsaubər] *m 1. (Magie)* magic; *(Zauberbann)* spell; *fauler ~* humbug; *2. (fig)* enchantment, charm
Zauberer ['tsaubərər] *m* magician
zauberhaft ['tsaubərhaft] *adj (fig)* enchanting, magical
zaubern ['tsaubərn] *v 1.* practise magic; *2. (etw ~)* conjure up, produce by magic
Zaum [tsaum] *m* bridle; *sich im ~ halten* restrain o.s.
Zaun [tsaun] *m* fence, *(Hecke)* hedge; *einen Streit vom ~ brechen* start a quarrel
Zebra ['tseːbra] *n ZOOL* zebra
Zebrastreifen ['tseːbraʃtraɪfən] *m* zebra crossing, crosswalk *(US)*
Zeche ['tsɛçə] *f 1. (Rechnung)* bill, check *(US)*, tab *(US)*; *die ~ bezahlen müssen* have to foot the bill; *die ~ prellen* leave without paying the bill; *2. (Bergwerk)* mine, pit
Zecke [tsɛkə] *f ZOOL* tick
Zehe ['tseːə] *f* toe
zehn [tseːn] *num* ten
Zehntel ['tseːntəl] *n MATH* tenth
zehren ['tseːrən] *v 1. von etw ~* live off sth, feed on sth; *2. an etw ~* wear sth out, sap sth
Zeichen ['tsaɪçən] *n 1.* sign, mark, symbol; *ein ~ setzen* make one's mark; *ein ~ der Zeit* a sign of the times; *2. INFORM* character, symbol
Zeichentrickfilm ['tsaɪçəntrɪkfɪlm] *m* animated cartoon
zeichnen ['tsaɪçnən] *v 1.* draw, *(entwerfen)* design; *2. (markieren)* mark; *3. (unterschreiben)* sign; *4. (entwerfen)* design; *5. (fig: Plan entwerfen)* sketch, plot; *6. (fig) FIN* subscribe
Zeichnung ['tsaɪçnuŋ] *f 1.* drawing; *2. ZOOL* markings *pl*; *3. FIN* subscription
Zeigefinger ['tsaɪgəfɪŋər] *m ANAT* index finger, forefinger
zeigen ['tsaɪgən] *v* show, indicate
Zeiger ['tsaɪgər] *m (Uhrzeiger)* hand
Zeile ['tsaɪlə] *f* line

Zeit [tsaɪt] *f* *1.* time; *zu seiner ~* in due course; *aller ~en* of all time; *das hat ~* there is plenty of time for that; *in letzter ~* lately; *zurzeit* at present; *zur gleichen ~* at the same time; *die ganze ~ über* the whole time; *es wird langsam ~, dass ...* it's about time that ...; *sich mit etw die ~ vertreiben* pass the time doing sth; *sich für etw ~ nehmen* take time for sth; *Lass dir ~.* Take your time. *Das hat ~.* That can wait. *Es ist allerhöchste ~.* It's high time. *2. (Epoche)* age, epoch
Zeitalter ['tsaɪtaltər] *n* age, millenium
Zeitgeist ['tsaɪtgaɪst] *m* spirit of the times, Zeitgeist
zeitgemäß ['tsaɪtgəmɛːs] *adj* timely, up to date, modern
zeitig ['tsaɪtɪç] *adj* early
zeitlich ['tsaɪtlɪç] *adj 1.* temporal, chronological; *adv 2.* as to time
zeitlos ['tsaɪtloːs] *adj 1. (ewig)* eternal, ageless; *2. (klassisch)* dateless, classical
Zeitpunkt ['tsaɪtpuŋkt] *m* moment, time
Zeitraum ['tsaɪtraum] *m* space of time, period
Zeitschrift ['tsaɪtʃrɪft] *f* magazine, journal, periodical
Zeitung ['tsaɪtuŋ] *f* newspaper
zeitweilig ['tsaɪtvaɪlɪç] *adj 1.* temporary; *adv 2.* temporarily
Zeitwort ['tsaɪtvɔrt] *n* verb
Zelle ['tsɛlə] *f* cell
Zellkern ['tsɛlkɛrn] *m BIO* cell nucleus
Zelt [tsɛlt] *n* tent; *seine ~e abbrechen* move on
zelten ['tsɛltən] *v* camp
Zeltplatz ['tsɛltplats] *m* camping site, camping ground
Zement [tse'mɛnt] *m* cement
zensieren [tsɛn'ziːrən] *v 1. (Schule)* mark, grade *(US); 2. POL* censor
Zensur [tsɛn'zuːr] *f 1. (Schule)* mark, grade; *2. POL* censorship
Zentiliter ['tsɛntiliːtər] *m* centilitre
Zentimeter ['tsɛntimeːtər] *m* centimetre
Zentner ['tsɛntnər] *m* metric hundredweight
zentral [tsɛn'traːl] *adj 1.* central; *adv 2.* centrally
Zentrale [tsɛn'traːlə] *f* central office, head office, headquarters
Zentrum ['tsɛntrum] *n* centre, center *(US)*
zerbeißen [tsɛr'baɪsən] *v irr* chew, chew up
zerbrechen [tsɛr'brɛçən] *v irr 1.* break, smash, shatter; *2. (fig)* go to pieces
zerbrechlich [tsɛr'brɛçlɪç] *adj* fragile
Zeremonie [tseremo'niː] *f* ceremony
Zeremoniell [tseremon'jɛl] *n* ceremonial, protocol
Zerfall [tsɛr'fal] *m* decay, ruin, disintegration
zerfallen [tsɛr'falən] *v irr* decay, disintegrate, go to pieces
zerfließen [tsɛr'fliːsən] *v irr* melt
zerkleinern [tsɛr'klaɪnərn] *v 1. (Steine)* crush; *2. (Gemüse)* mince; *3. (Holz)* chop up; *4. (zerbrechen)* break up
zerknittern [tsɛr'knɪtərn] *v* crease
zerlegen [tsɛr'leːgən] *v 1.* dismantle, take apart; *2. BIO* dissect
zermürbend [tsɛr'myrbənt] *adj* wearing
zerreißen [tsɛr'raɪsən] *v irr 1.* tear; *2. (absichtlich)* tear up; *3. (Herz)* break
zerren ['tsɛrən] *v* pull, tug
Zerrung ['tsɛruŋ] *f MED* strain, pull
zerschlagen [tsɛr'ʃlaːgən] *v irr 1.* smash to pieces, knock to pieces; *2. (auseinander schlagen)* break up; *3. sich ~ (Pläne)* come to nothing; *adj 4. (erschöpft)* worn out, whacked *(UK)*
Zerschlagung [tsɛr'ʃlaːguŋ] *f* suppression
zerschneiden [tsɛr'ʃnaɪdən] *v irr* cut up
zersetzen [tsɛr'zɛtsən] *v 1.* undermine, subvert; *2. CHEM* decompose
zersplittern [tsɛr'ʃplɪtərn] *v* shatter
zerspringen [tsɛr'ʃprɪŋən] *v irr* burst
zerstören [tsɛr'ʃtøːrən] *v* destroy, ruin
Zerstörung [tsɛr'ʃtøːruŋ] *f* destruction
zerstreuen [tsɛr'ʃtrɔyən] *v 1.* scatter, disperse; *2. (fig)* dispel, drive away, dissipate
zerstreut [tsɛr'ʃtrɔyt] *adj 1.* scattered, dispersed; *2. (fig)* absent-minded, distracted
Zerstreuung [tsɛr'ʃtrɔyuŋ] *f 1.* dispersion; *2. (fig: Ablenkung)* diversion
Zertifikat [tsɛrtifi'kaːt] *n* certificate
zertrümmern [tsɛr'trymərn] *v 1.* smash, wreck; *2. (Atom) PHYS* split
Zettel ['tsɛtəl] *m 1.* scrap of paper, slip of paper; *2. (Notizzettel)* note
Zeug [tsɔyk] *n* stuff, *(Sachen)* things; *Du hast das ~ dazu.* You're cut out for that. *dummes ~* rubbish, stuff and nonsense; *sich ins ~ legen* pull out all the stops
Zeuge ['tsɔygə] *m* witness
Zeugin ['tsɔygɪn] *f* witness
zeugen ['tsɔygən] *v 1. (aussagen)* give evidence, testify; *2. (Kind)* father, beget
Zeugnis ['tsɔyknɪs] *n 1. (Schulzeugnis)* report, report card *(US); 2. (Bescheinigung)* certificate, testimonial; *3. ~ ablegen* give evidence, attest, give proof; *~ ablegen von* give evidence of

Zeugung ['tsɔyguŋ] *f* procreation
Ziege ['tsi:gə] *f ZOOL* goat
Ziegel ['tsi:gəl] *m 1. (Backstein)* brick; *2. (Dachziegel)* tile
ziehen ['tsi:ən] *v irr 1.* pull; *2. (Karte abheben)* draw; *3. nach sich ~* involve, entail; *4. (Waffe)* draw; *5. einen Strich ~* draw a line
Ziel [tsi:l] *n 1. (örtlich)* destination; *über das ~ hinausschießen* overstep the mark; *2. SPORT* finish; *3. (fig: Absicht)* aim, purpose, objective; *4. MIL* target, objective
zielen ['tsi:lən] *v ~ auf* aim at, point at
Zielgruppe ['tsi:lgrupə] *f* target group
ziellos ['tsi:llo:s] *adj* aimless, purposeless
Zielscheibe ['tsi:lʃaɪbə] *f* target
Zielsetzung ['tsi:lzɛtsuŋ] *f* objective, target
ziemlich ['tsi:mlɪç] *adv 1.* pretty, fairly, reasonably; *adj 2.* considerable, fair; *3. (geziemend)* becoming
Zierde ['tsi:rdə] *f* ornament, decoration
zieren ['tsi:rən] *v 1. sich ~ (sich gekünstelt benehmen)* give o.s. airs; *2. sich ~ (sich bitten lassen)* need a lot of pressing
zierlich ['tsi:rlɪç] *adj 1. (zart)* dainty; *2. (dünn)* slight; *3. (anmutig)* graceful
Ziffer ['tsɪfər] *f* figure, numeral
Zigarette [tsiga'rɛtə] *f* cigarette
Zigarettenstummel [tsiga'rɛtənʃtuməl] *m* fag-end *(UK),* cigarette butt *(US)*
Zigarre [tsi'garə] *f* cigar
Zimmer ['tsɪmər] *n* room
Zimmermädchen ['tsɪmərmɛ:tçən] *n* maid, chambermaid
Zimmermann ['tsɪmərman] *m* carpenter
zimperlich ['tsɪmpərlɪç] *adj 1. (prüde)* prissy; *2. (heikel)* squeamish; *3. (empfindlich)* hypersensitive
Zimt [tsɪmt] *m GAST* cinnamon
Zinsen ['tsɪnzən] *pl FIN* interest
Zipfel ['tsɪpfəl] *m 1.* tip, end; *2. (einer Mütze)* point; *3. (von einem Tuch)* corner
Zirkel ['tsɪrkəl] *m* circle
Zirkulation [tsɪrkula'tsjo:n] *f* circulation
zirkulieren [tsɪrku'li:rən] *v* circulate
Zirkus ['tsɪrkus] *m* circus
Zitat [tsi'ta:t] *n* quotation, quote (fam)
zitieren [tsi'ti:rən] *v 1. (anführend)* quote, cite; *2. JUR* summon
Zitrone [tsi'tro:nə] *f* lemon
zittern ['tsɪtərn] *v* tremble, shake, quiver
zivil [tsi'vi:l] *adj* civil
Zivilcourage [tsi'vi:lkura:ʒə] *f* courage of one's convictions
Zivildienst [tsi'vi:ldi:nst] *m* civil alternative service
Zivilisation [tsiviliza'tsjo:n] *f* civilization
zivilisiert [tsivili'zi:rt] *adj* civilized
zögern ['tsø:gərn] *v* hesitate, hold back
Zölibat [tsø:li'ba:t] *n REL* celibacy
Zoll [tsɔl] *m 1. (Behörde)* customs; *2. (Gebühr)* customs duty, duty; *2. (Maßeinheit)* inch
zollfrei ['tsɔlfraɪ] *adj* duty-free
Zollkontrolle ['tsɔlkontrɔlə] *f* customs control, customs inspection
zollpflichtig ['tsɔlpflɪçtɪç] *adj* dutiable, subject to customs
Zone ['tso:nə] *f* zone
Zoo [tso:] *m* zoo
Zoohandlung ['tso:handluŋ] *f* pet shop
Zopf [tsɔpf] *m 1.* plait, tress; *2. (von kleinen Mädchen)* pigtail
Zorn [tsɔrn] *m* anger, wrath
zornig ['tsɔrnɪç] *adj 1.* angry, irate, mad; *adv 2.* irately, angrily
zu [tsu:] *prep 1.* to; *~ dieser Zeit* at this time; *~m Geburtstag* for one's birthday; *~ Fuß* on foot; *~m Beispiel* for example; *der Dom ~ Köln* Cologne Cathedral; *~ beiden Seiten* on both sides; *~m Monatsende kündigen* give notice effective at the end of the month; *~m Glück* luckily; *jdm ~ Hilfe kommen* come to s.o.'s aid; *~r Belohnung* as a reward; *~ etw werden (- Mensch)* make sth of o.s.; *~ Grunde gehen* to be ruined, perish; *etw einer Sache ~ Grunde legen* base sth on sth; *einer Sache ~ Grunde liegen* to be at the bottom of sth, form the basis of sth; *~ Gunsten* in favour of, for the benefit of; *~ konj 2.* to; *adv 3. (allzu)* too; *4. (fam: geschlossen)* closed
Zubehör ['tsu:bəhø:r] *n* accessories *pl*
zubereiten ['tsu:bəraɪtən] *v* prepare
Zubereitung ['tsu:bəraɪtuŋ] *f* preparation
zubilligen ['tsu:bɪlɪgən] *v* allow, grant
zubinden ['tsu:bɪndən] *v irr* tie up, lace up
Zucht [tsuxt] *f 1. (Tierzucht)* breed; *2. (Fischzucht)* farm; *3. (Pflanzenzucht)* cultivation, growing; *4. (Disziplin)* discipline
züchten ['tsyçtən] *v 1. (Tiere)* breed, raise; *2. (Pflanzen)* cultivate, grow
Züchter ['tsyçtər] *m 1. (Tierzüchter)* breeder; *2. (Pflanzenzüchter)* grower, cultivator
Zucker ['tsukər] *m* sugar
zudecken ['tsu:dɛkən] *v* cover, cover up
zudem ['tsude:m] *adv* besides, moreover, furthermore
zudrehen ['tsu:dre:ən] *v* turn off
zudrücken ['tsu:drykən] *v* push shut

zueinander [tsuaın'andər] *adv* to each other, to one another
zuerst [tsu'erst] *adv 1. (zu Anfang)* at first; *~ einmal* first of all; *2. (zum ersten Mal)* first, for the first time; *3. (als Erster)* first
Zufahrt ['tsu:fa:rt] *f* driveway
Zufall ['tsu:fal] *m 1.* chance, accident; *2. (Zusammentreffen)* coincidence
zufällig ['tsu:fɛlıç] *adj 1.* coincidental, chance, accidental; *adv 2.* coincidentally, by chance; *3. (in Fragen)* by any chance
Zuflucht ['tsu:fluxt] *f* refuge, shelter
Zufluss ['tsu:flus] *m 1.* influx; *2. (Zufuhr)* supply; *3. (Nebenfluss)* tributary
zufolge [tsu'fɔlgə] *prep 1. etw ~ (gemäß)* according to sth; *2. etw ~ (auf Grund)* as a result of sth
zufrieden [tsu'fri:dən] *adj* satisfied, content; *sich mit etw ~ geben* to be content with sth, to be satisfied with sth; *jdn ~ lassen* leave s.o. alone; *~ stellen* satisfy, content
Zufriedenheit [tsu'fri:dənhaıt] *f* contentedness, contentment, satisfaction *zu meiner ~* to my satisfaction
zufrieren ['tsu:fri:rən] *v irr* freeze up
Zug [tsu:k] *m 1. (Eisenbahn)* train; *mit dem ~ fahren* go by train; *im falschen ~ sitzen* to be on the wrong track; *Dieser ~ ist abgefahren. (fig)* It's too late now. *2. (Umzug)* move; *3. (Luftzug)* draught *(UK),* draft *(US); 4. (Wesenszug)* trait; *5. (fig) zum ~e kommen* get a chance; *etw in vollen Zügen genießen* enjoy sth to the fullest
Zugabe ['tsu:ga:bə] *f 1.* extra, bonus; *2. (Konzertzugabe)* encore
Zugang ['tsu:gaŋ] *m 1. (Eingang)* entrance, entry; *2. (Zutritt)* admittance access; *3. (Warenzugang) ECO* supply, receipt
zugänglich ['tsu:gɛŋlıç] *adj 1. (erreichbar)* accessible; *2. (verfügbar)* available
zugeben ['tsu:ge:bən] *v irr (einräumen)* concede, confess, admit
zugehen ['tsu:ge:ən] *v irr 1. (fam: rasch gehen)* get a move on; *2. (weitergehen)* move on; *Geh zu!* Move it! Go! *3. (sich schließen lassen)* close, shut; *4. auf etw ~* head for sth; *5. (sich einem Zeitpunkt nähern)* approach; *Es geht auf den Sommer zu.* Summer is approaching. *Er geht auf die Sechzig zu.* He's approaching sixty. *6. (geschehen, ablaufen)* happen; *Hier geht es ja zu!* This place is really hopping! *7. jdm ~ (Brief)* to be sent to s.o.
Zugehörigkeit ['tsu:gəhø:rıçkaıt] *f* affiliation, membership
Zügel ['tsy:gəl] *m* rein; *die ~ fest in der Hand haben* have things firmly under control; *die ~ schleifen lassen* let things take their course
zügellos ['tsy:gəllo:s] *adj (fig)* unbridled
zügeln ['tsy:gəln] *v (fig)* rein in, curb
Zugeständnis ['tsu:gəʃtɛntnıs] *n* concession
zugestehen ['tsugəʃte:ən] *v* admit, confess, grant, acknowledge
Zugführer ['tsu:kfy:rər] *m* conductor
zügig ['tsy:gıç] *adj* swift, brisk, smart
zugleich [tsu'glaıç] *adv* at once
Zugluft ['tsu:kluft] *f* draught, draft *(US)*
zugreifen ['tsu:graıfən] *v 1.* grab it; *2. (bei Tisch) Greif zu!* Help yourself! *3. (helfen)* lend a hand; *4. (stramm arbeiten)* get down to work
Zugriff ['tsu:grıf] *m 1. INFORM* access; *2. durch raschen ~* by stepping in quickly, by acting fast
zugute [tsu'gu:tə] *adv 1. jdm etw ~ halten* make allowances for sth, grant s.o. sth; *2. sich etw auf etw ~ halten* pride o.s. on sth; *3. einer Sache ~ kommen* come in useful for sth
zuhalten ['tsu:haltən] *v irr* keep closed, hold closed, hold shut
Zuhälter ['tsu:hɛltər] *m* procurer
zuhause [tsu'hauzə] *adv* home, at home
Zuhause [tsu'hauzə] *n* home
zuhören ['tsu:hø:rən] *v* listen
Zuhörer ['tsu:hø:rər] *m* listener
zuklappen ['tsu:klapən] *v* clap shut
Zukunft ['tsu:kunft] *f* future
zukünftig ['tsu:kynftıç] *adj 1.* future; *adv 2.* from now on, in future
Zulage ['tsu:la:gə] *f 1.* additional pay, bonus; *2. (Gehaltserhöhung)* rise *(UK),* raise *(US)*
zulassen ['tsu:lasən] *v irr 1. (geschlossen lassen)* leave shut, leave closed; *2. (gestatten)* allow, permit, consent to; *3. (Auto)* register
zulässig ['tsu:lɛsıç] *adj* permissible, allowed, admissible
Zulassung ['tsu:lasuŋ] *f 1. (eines Autos)* registration; *2. (Erlaubnis)* permission
zulegen ['tsu:le:gən] *v 1. sich etw ~* acquire sth; *2. (fam: an Gewicht zunehmen)* gain weight, put on weight; *3. (fam: Anstrengungen verstärken)* redouble efforts, step it up a notch
zuletzt [tsu'lɛtst] *adv 1.* lastly, finally; *2. (als Letzter, zum letzten Mal)* last
zumal [tsu'ma:l] *adv 1.* especially, particularly, above all; *konj 2.* all the more since
zumeist [tsu'maıst] *adv* mostly, for the most part
zumindest [tsu'mindəst] *adv* at least

zumuten ['tsu:mu:tən] *v jdm etw ~* expect sth of s.o., demand sth of s.o.; *sich zu viel ~* bite off more than one can chew
Zumutung ['tsu:mu:tuŋ] *f* unreasonable demand, unreasonable expectation
zunächst [tsu'nɛ:çst] *adv 1.* initially, first of all; *2. (vorläufig)* for the moment
Zunahme ['tsu:na:mə] *f* increase, growth, rise
Zuname ['tsu:na:mə] *m* family name, surname
zünden ['tsyndən] *v* ignite, light, spark
Zündholz ['tsyntholts] *n* match
zunehmen ['tsu:ne:mən] *v irr 1.* increase, grow, rise; *2. (an Gewicht)* gain weight
Zuneigung ['tsu:naɪguŋ] *f* affection; *~ zu jdm fassen* take a liking to s.o., grow fond of s.o.; *eine starke ~ zu jdm empfinden* feel strong affection towards s.o.
Zunge ['tsuŋə] *f* tongue; *die ~ im Zaum halten* hold one's tongue; *jdm die ~ lösen* get s.o. to talk; *sich auf die ~ beißen* bite one's tongue; *es brennt jdm auf der ~* s.o. is itching to say sth
Zungenbrecher ['tsuŋənbrɛçər] *m* tongue twister
zunichte [tsu'nɪçtə] *v ~ machen* annihilate, ruin, destroy
zuordnen ['tsu:ɔrdnən] *v* classify, assign to
Zuordnung ['tsu:ɔrdnuŋ] *f* classification, assignment
zupacken ['tsu:pakən] *v* pitch in
zurechtkommen [tsu'rɛçtkɔmən] *v irr 1. mit etw ~ (fertig werden)* cope with sth, manage sth; *2. (rechtzeitig kommen)* arrive in time
zurechtweisen [tsu'rɛçtvaɪzən] *v irr* reprimand, rebuke
Zurechtweisung [tsu'rɛçtvaɪzuŋ] *f* reprimand, rebuke
zürnen ['tsyrnən] *v* to be angry
zurück [tsu'ryk] *adv* back, backwards, behind
zurückbehalten [tsu'rykbəhaltən] *v irr* retain, detain, keep back
zurückblicken [tsu'rykblɪkən] *v* look back
zurückbringen [tsu'rykbrɪŋən] *v irr* return, bring back, replace
zurückdrängen [tsu'rykdrɛŋən] *v* drive back, push back
zurückerstatten [tsu'rykɛrʃtatən] *v* refund, pay back, reimburse
zurückfordern [tsu'rykfɔrdərn] *v etw ~* ask for sth back, demand sth back
zurückgeben [tsu'rykge:bən] *v irr* give back, return
zurückgehen [tsu'rykge:ən] *v irr 1.* go back, turn back, return; *2. (sinken)* fall, drop, decline; *3. (fig) ~ auf* go back to
zurückhalten [tsu'rykhaltən] *v irr 1. etw ~* hold sth back, suppress sth; *2. sich ~* hold back, keep back
zurückhaltend [tsu'rykhaltənt] *adj 1.* reserved, restrained; *adv 2.* with restraint
zurückkehren [tsu'rykke:rən] *v* come back, return, go back
zurücklegen [tsu'rykle:gən] *v 1.* replace, put back; *2. (Strecke)* cover; *3. (sparen)* save, put aside; *4. (reservieren)* put aside
zurücksetzen [tsu'rykzɛtsən] *v 1. (mit dem Auto)* move back, back up; *2. (zurückstellen)* move back; *3. (fig: benachteiligen)* neglect s.o.
zurückstellen [tsu'rykʃtɛlən] *v 1.* set back, put back; *2. (Heizung)* turn down; *3. (Interessen)* put aside; *4. jdn vom Wehrdienst ~ MIL* defer s.o.'s military service; *5. (Waren)* put aside
zurücktreten [tsu'ryktre:tən] *v irr 1.* step back, stand back; *2. (Rücktritt erklären)* resign
zurückweisen [tsu'rykvaɪzən] *v irr* reject, refuse
Zurückweisung [tsu'rykvaɪzuŋ] *f* rejection, refusal
Zuruf ['tsu:ru:f] *m* call, shout
zurufen ['tsu:ru:fən] *v irr 1. jdm etw ~* call sth out to s.o., shout sth at s.o.; *2. jdm anfeuernd ~* cheer for s.o.
Zusage ['tsu:za:gə] *f 1. (Verpflichtung)* commitment; *2. (Versprechen)* promise; *3. (Zustimmung)* assent
zusagen ['tsu:za:gən] *v 1.* confirm, *(versprechen)* promise; *2. (fig: gefallen)* appeal to, please, suit
zusammen [tsu'zamən] *adv 1. (gemeinsam)* together, jointly, in common; *2. (insgesamt)* all in all, altogether
Zusammenarbeit [tsu'zamənarbaɪt] *f* cooperation, collaboration
zusammenarbeiten [tsu'zamənarbaɪtən] *v* work together, cooperate, collaborate
zusammenbinden [tsu'zamənbɪndən] *v irr* tie together
zusammenbrechen [tsu'zamənbrɛçən] *v irr* collapse, break down
Zusammenbruch [tsu'zamənbrux] *m* collapse, breakdown
zusammenfassen [tsu'zamənfasən] *v 1. (das Fazit ziehen)* summarize; *2. (vereinigen)* unite
zusammenfassend [tsu'zamənfasənt] *adv* in summary

Zusammenfassung [tsu'zamənfasuŋ] *f* summary, synopsis
zusammenfügen [tsu'zamənfy:gən] *v* join, unite, put together
zusammenhalten [tsu'zamənhaltən] *v irr* hold together, keep together, stick
Zusammenhang [tsu'zamənhaŋ] *m 1.* connection; *2. (im Text)* context
zusammenhängen [tsu'zamənhɛŋən] *v irr* to be connected
zusammenhängend [tsu'zamənhɛŋənt] *adj* coherent
zusammenkehren [tsu'zamənke:rən] *v* sweep together
Zusammenkunft [tsu'zamənkunft] *f* meeting, gathering, assembly
zusammenleben [tsu'zamənle:bən] *v* live together
zusammenlegen [tsu'zamənle:gən] *v 1. (vereinigen)* merge, unite, consolidate; *2. (falten)* fold up, put together
zusammenschließen [tsu'zamənʃli:sən] *v irr sich ~* get together, team up
Zusammenschluss [tsu'zamənʃlus] *m* union, alliance, merger, joining together
zusammensetzen [tsu'zamənzɛtsən] *v 1. sich ~ aus* consist of, to be comprised of; *2. sich ~ (fig: sich besprechen)* get together; *sich gemütlich ~* have a cosy get-together
Zusammensetzung [tsu'zamənzɛtsuŋ] *f 1.* composition, make-up, construction; *2. (Wort)* compound
zusammenstellen [tsu'zamənʃtɛlən] *v 1. (fig)* make up, put together, combine; *2. (Daten)* compile
Zusammenstellung [tsu'zamənʃtɛluŋ] *f (fig)* combination, compilation, assembly
Zusammenstoß [tsu'zamənʃto:s] *m 1.* collision, crash; *2. (Streit)* clash
zusammenstoßen [tsu'zamənʃto:sən] *v irr 1.* collide, crash; *2. (sich streiten)* clash
zusammentreffen [tsu'zamәntrɛfən] *v irr* meet, coincide
Zusatz ['tsu:zats] *m 1.* addition, supplement; *2. CHEM* additive
zusätzlich ['tsu:zɛtslɪç] *adj 1.* additional, supplementary; *adv 2.* additionally
zuschauen ['tsu:ʃauən] *v* look on, watch
Zuschauer ['tsu:ʃauər] *m 1.* spectator, member of the audience; *2. (Beistehender)* onlooker
zuschicken ['tsu:ʃɪkən] *v* send, *(mit der Post)* mail; *sich etwas ~ lassen* send for sth
Zuschlag ['tsu:ʃla:k] *m 1.* extra charge, surcharge; *2. TECH* addition
zuschlagen ['tsu:ʃla:gən] *v irr 1. (eine Tür)* slam, bang shut; *die Tür hinter sich ~* slam the door behind one *2. (mit der Faust)* punch; *3. (fam: eine Gelegenheit ergreifen)* jump at the opportunity, seize the opportunity
zuschließen ['tsu:ʃli:sən] *v irr* lock up, close
Zuschuss ['tsu:ʃus] *m* allowance, contribution, subsidy
zusehen ['tsu:ze:ən] *v irr* look on, watch
zusetzen ['tsu:zɛtsən] *v 1. (auf den Herd setzen)* put on; *2. Geld ~* lose money; *3. (hinzufügen)* add; *4. jdm ~ (drängen)* pester s.o., badger s.o.; *5. jdm ~ (Feind)* harass s.o.
zusichern ['tsu:zɪçərn] *v jdm etw ~* assure s.o. of sth
Zusicherung ['tsu:zɪçəruŋ] *f* assurance
Zuspruch ['tsu:ʃprux] *m 1. (Trost)* words of comfort; *2. (Aufmunterung)* encouragement; *3. (Beliebtheit)* popularity
Zustand ['tsuʃtant] *m 1.* condition, state; *Zustände kriegen* have a fit; *2. (Lage)* situation
zuständig ['tsu:ʃtɛndɪç] *adj 1. (verantwortlich)* responsible; *2. (entsprechend)* appropriate
Zuständigkeit ['tsu:ʃtɛndɪçkaɪt] *f* competence, jurisdiction, responsibility
zustellen ['tsu:ʃtɛlən] *v 1.* block, obstruct; *2. (liefern)* deliver, hand over
Zustellung ['tsu:ʃtɛluŋ] *f* delivery
zustimmen ['tsu:ʃtɪmən] *v* agree, consent, approve
Zustimmung ['tsu:ʃtɪmuŋ] *f* agreement, consent, approval
Zustrom ['tsu:ʃtro:m] *m 1.* flow, flux; *2. (hineinströmend)* influx; *3. (Andrang)* crowd, throng
Zutaten ['tsu:ta:tən] *pl* ingredients *pl*
Zuteilung ['tsu:taɪluŋ] *f* assignment, allotment, allocation
zutragen ['tsu:tra:gən] *v irr 1. sich ~* happen; *2. (weitererzählen)* report, pass on
zutrauen ['tsu:trauən] *v jdm etw ~* think s.o. capable of sth
zutraulich ['tsu:traulɪç] *adj* confiding
zutreffen ['tsu:trɛfən] *v irr 1.* prove right, to be accurate; *2. (gelten)* apply
Zutritt ['tsu:trɪt] *m* access, admission; admittance, entry; *kein ~/~ verboten* no admittance, no entry; *sich ~ verschaffen* gain admission, gain admittance; *jdm ~ gewähren* admit sb; *jdm den ~ verwehren* refuse s.o. admission/admittance
zuverlässig ['tsu:fɛrlɛsɪç] *adj* reliable, dependable, trustworthy

Zuverlässigkeit ['tsu:fɛrlɛsɪçkaɪt] *f* reliability, dependability, trustworthiness
Zuversicht ['tsu:fɛrzɪçt] *f* confidence, trust
zuversichtlich ['tsu:fɛrzɪçtlɪç] *adj 1.* confident, optimistic; *adv 2.* confidently, optimistically
zuvor [tsu'fo:r] *adv* before, formerly, previously
Zuwachs ['tsu:vaks] *m 1. ECO* growth; *2. (fam: Baby)* addition to the family
Zuwanderung ['tsu:vandəruŋ] *f* immigration
zuweisen ['tsu:vaɪzən] *v irr* assign, allocate
Zuweisung ['tsu:vaɪzuŋ] *f* assignment
zuwenden ['tsu:vɛndən] *v irr 1.* turn toward; *jdm das Gesicht ~* turn to face sb, turn one's face towards s.o.; *die der Straße zugewandten Fenster* the windows facing the street *2. (völlig widmen)* devote
zuwerfen ['tsu:vɛrfən] *v irr 1. die Tür ~* slam the door; *2. jdm etw ~* throw sth to s.o.; *jdm einen Blick ~* glance at s.o.
zuziehen ['tsu:tsi:ən] *v irr 1. (hierher ziehen)* move here, move to the area; *2. etw ~* pull sth shut; *3. (Knoten)* pull tight; *4. jdn ~* consult s.o.; *5. sich etw ~* incur sth; *sich eine Verletzung ~* sustain an injury
zuzüglich ['tsutsy:klɪç] *prep* plus
Zwang [tsvaŋ] *m 1.* compulsion; *2. (Verpflichtung)* obligation; *3. (Gewalt)* force
zwanglos ['tsvaŋlo:s] *adj 1.* informal, casual, relaxed; *adv 2.* informally, at ease
zwangsläufig ['tsvaŋslɔyfɪç] *adj 1.* necessary, obligatory; *adv 2.* of necessity
zwanzig ['tsvantsɪç] *num* twenty
zwar [tsva:r] *konj 1. und ~* that is to say, namely; *Kommen Sie her, und ~ sofort!* Come here, and I mean right away! *2.* indeed, admittedly, certainly
Zweck [tsvɛk] *m 1.* purpose, aim, end; *Der ~ heiligt die Mittel.* The end justifies the means. *2. (Sinn)* point
zwecklos ['tsvɛklo:s] *adj 1.* pointless, useless, futile; *adv 2.* pointlessly, aimlessly
zweckmäßig ['tsvɛkmɛ:sɪç] *adj* expedient, practical, proper
Zweckmäßigkeit ['tsvɛkmɛ:sɪçkaɪt] *f* appropriateness, functionality
zwei [tsvaɪ] *num* two
zweideutig ['tsvaɪdɔytɪç] *adj 1.* ambiguous, equivocal; *2. (schlüpfrig)* suggestive
Zweideutigkeit ['tsvaɪdɔytɪçkaɪt] *f 1. (Mehrdeutigkeit)* ambiguity; *2. (Anzüglichkeit)* suggestiveness
zweifach ['tsvaɪfax] *adj* double, twofold
Zweifel ['tsvaɪfəl] *m* doubt
zweifelhaft ['tsvaɪfəlhaft] *adj* doubtful, dubious
zweifellos ['tsvaɪfəllo:s] *adv* no doubt, without a doubt
zweifeln ['tsvaɪfəln] *v* doubt
Zweig [tsvaɪk] *m 1. BOT* branch, twig, sprig; *auf keinen grünen ~ kommen* get nowhere; *2. (fig)* branch, department, section
Zweikampf ['tsvaɪkampf] *m SPORT* duel
zweimal ['tsvaɪma:l] *adv* twice
zweiseitig ['tsvaɪzaɪtɪç] *adj 1.* two-sided, bilateral; *adv 2.* bilaterally
zweisprachig ['tsvaɪʃpra:xɪç] *adj* bilingual
zweistufig ['tsvaɪʃtu:fɪç] *adj* two-stage
zweite(r,s) ['tsvaɪtə(r,s)] *adj* second
zweitens ['tsvaɪtəns] *adv* secondly
Zwerg [tsvɛrk] *m* dwarf
zwicken ['tsvɪkən] *v 1.* pinch; *2. (beißen)* nip
Zwickmühle ['tsvɪkmy:lə] *f (fig)* dilemma
Zwiebel ['tsvi:bəl] *f* onion
Zwiespalt ['tsvi:ʃpalt] *m* conflict, discord
zwiespältig ['tsvi:ʃpɛltɪç] *adj* conflicting
Zwilling ['tsvɪlɪŋ] *m* twin
zwingen ['tsvɪŋən] *v irr* force, compel
zwingend ['tsvɪŋənt] *adj 1. (Grund)* compelling; *2. (Maßnahme)* coercive; *3. (Notwendigkeit)* urgent, imperative
zwinkern ['tsvɪŋkərn] *v* blink
zwischen ['tsvɪʃən] *prep 1.* between; *2. (darunter sein)* among
zwischendurch ['tsvɪʃəndurç] *adv 1. (zeitlich)* in between, *(gelegentlich)* at intervals, *(inzwischen)* in the meantime; *2. (örtlich)* through
Zwischenraum ['tsvɪʃənraum] *m* space, gap
Zwischenzeit ['tsvɪʃəntsaɪt] *f* interval
Zwischenzeugnis ['tsvɪʃəntsɔyknɪs] *n 1. (in der Schule)* mid-year report, card *(US)*; *2. (im Personalwesen)* performance appraisal
Zwist [tsvɪst] *m* disagreement, discord
zwitschern ['tsvɪtʃərn] *v* twitter, chirp
zwölf [tsvœlf] *num* twelve
zwölfte(r,s) ['tsvœlftə(r,s)] *adj* twelfth
Zyklus ['tsy:klus] *m* cycle
Zylinder [tsy'lɪndər] *m 1. (Hut)* top hat; *2. TECH* cylinder
Zyniker ['tsy:nɪkər] *m* cynic
zynisch ['tsy:nɪʃ] *adj 1.* cynical; *adv 2.* cynically
Zynismus [tsy'nɪsmus] *m* cynicism
Zyste ['tsystə] *f MED* cyst

Englische Grammatik

Das Adjektiv

Das Adjektiv (Eigenschaftswort) wird gebraucht, um ein Substantiv näher zu bestimmen; im Englischen verändert das Adjektiv seine Form nicht.

This car is expensive.	Dieses Auto ist teuer.
This is an expensive car.	Dies ist ein teures Auto.

Die Steigerung des Adjektivs

Grundform	1. Steigerungsstufe	2. Steigerungsstufe
tall	*taller*	*tallest*
cheap	*cheaper*	*cheapest*
happy	*happier*	*happiest*

Alle einsilbigen Adjektive und alle zweisilbigen Adjektive, die auf *-y* enden, werden durch das Anhängen von *-er* und *-est* gesteigert. Alle anderen Adjektive, d.h. alle zweisilbigen, die nicht auf *-y* enden und alle drei- und mehrsilbigen Adjektive werden mit *more* und *most* gesteigert:

stupid	*more stupid*	*most stupid*
dangerous	*more dangerous*	*most dangerous*

Bei der Steigerung mit *-er* und *-est* treten folgende Veränderungen der Schreibweise auf: Folgt am Wortende einem Konsonanten ein *y*, so wird dieses in der Steigerung zu *i*. Folgt einem kurzen Vokal ein Konsonant am Wortende, so wird dieser verdoppelt. Endet das Adjektiv auf ein *e*, das nicht gesprochen wird, so entfällt dieses:

easy	*easier*	*easiest*
big	*bigger*	*biggest*
pure	*purer*	*purest*

Folgende Adjektive werden unregelmäßig gesteigert:

good	*better*	*best*
bad	*worse*	*worst*
much	*more*	*most*
many	*more*	*most*
little	*less*	*least*

Das Adverb

Die abgeleiteten Adverbien

Die abgeleiteten Adverbien werden durch das Anhängen von *-ly* an das Adjektiv gebildet:

slow	*slowly*	langsam
nice	*nicely*	nett

Endet das Adjektiv auf *-y*, so wird *-y* zu *-i*:

easy	*easily*	leicht

Endet das Adjektiv auf *-le* und steht davor ein Konsonant, so entfällt das *-e*:

simple	*simply*	einfach

Endet das Adjektiv auf *-ic*, wird *-ally* angehängt:

basic	*basically*	grundsätzlich

Endet das Adjektiv auf *-ll*, wird nur ein *-y* angehängt:

full	*fully*	voll

Die ursprünglichen Adverbien

Neben den abgeleiteten Adverbien gibt es die so genannten ursprünglichen Adverbien, die nicht von einem Adjektiv abgeleitet werden (z. B. *yesterday* – gestern, *here* – hier).
Von den ursprünglichen Adverbien können einige auch als Adjektiv verwendet werden. Eine einzige Form dient hier also als Adjektiv und als Adverb:

It is a daily newspaper.	Es ist eine Tageszeitung.
It appears daily.	Sie erscheint täglich.

Die wichtigsten davon sind:

fast	schnell	*straight*	gerade
long	lang	*daily*	täglich
low	niedrig	*weekly*	wöchentlich
monthly	monatlich		

Unregelmäßig gebildete Adverbien und Sonderformen

Eine wichtige Besonderheit stellen Adverbien dar, die die gleiche Form wie das entsprechende Adjektiv haben, zusätzlich jedoch noch eine mit *-ly* gebildete Form besitzen. Diese Gruppe ist besonders wichtig, weil die mit *-ly* abgeleiteten Adverbien eine andere Bedeutung haben. Zu dieser Gruppe zählen:

Adjektiv und Adverb		Adverb	
hard	schwer/hart	*hardly*	kaum
late	spät	*lately*	kürzlich
fair	fair	*fairly*	ziemlich

Die Steigerung der Adverbien

Alle einsilbigen Adverbien werden mit *-er* und *-est* gesteigert:

Grundform	Komparativ	Superlativ
early	*earlier*	*earliest*
früh	früher	am frühesten

Alle anderen Adverbien werden mit *more* und *most* gesteigert:

carefully	*more carefully*	*most carefully*
vorsichtig	vorsichtiger	am vorsichtigsten

Folgende Adverbien werden unregelmäßig gesteigert:

well	*better*	*best*
gut	besser	am besten
much	*more*	*most*
viel	mehr	am meisten
badly	*worse*	*worst*
schlecht	schlechter	am schlechtesten
a little	*less*	*least*
ein wenig	weniger	am wenigsten

Die amerikanische Rechtschreibung

Bei vielen Wörtern, deren *ae* oder *oe* mit dem Laut [i:] ausgesprochen wird, entfällt im amerikanischen Englisch das *a* bzw. das *o*:

diarrhoea (UK) *diarrhea (US)*

In nichtbetonten Silben mit einem ursprünglich doppelten *l* steht im amerikanischen Englisch nur ein *l*:

travelled (UK) *traveled (US)*

Bei betonten Silben, die auf *-l* enden, hat amerikanisches Englisch ein doppeltes *l*:

fulfil (UK) *fulfill (US)*

Wörter, die im britischen Englisch auf *-our* enden, werden im amerikanischen Englisch mit *-or* geschrieben, wenn dieser Laut [ə] ausgesprochen wird:

colour (UK) *color (US)*

Die Endung *-re* wird im amerikanischen Englisch zu *-er*, wenn vor dem *-re* ein Konsonant steht:

centre (UK) *center (US)*

Der Artikel

Der bestimmte Artikel

Für den bestimmten Artikel gibt es im Englischen nur eine einzige Form, die für Feminina und Maskulina, sowie im Singular und im Plural gleich ist.

Singular	Plural
the tree der Baum	*the trees* die Bäume

Abstrakta (z. B. *life, love, peace*), Stoffnamen (z. B. *ice, milk*) und Gattungsnamen (z. B. *children, women*) stehen ohne den bestimmten Artikel, wenn sie im allgemeinen Sinn gebraucht werden, und mit bestimmtem Artikel, wenn sie näher bestimmt sind:

Life is hard.	Das Leben ist schwer.
The life of a politician can be very dangerous.	Das Leben eines Politikers kann sehr gefährlich sein.

Besonderheiten beim Gebrauch des bestimmten Artikels

Wie im Deutschen haben manche geografische Bezeichnungen keinen bestimmten Artikel.

Bei *all, both, half, twice, double* wird der bestimmte Artikel nachgestellt.

Der unbestimmte Artikel

Der unbestimmte Artikel lautet *a* und wird nur bei der Einzahl von zählbaren Begriffen gebraucht (z. B. *a house*).

Vor Vokalen lautet der unbestimmte Artikel *an.* Ausschlaggebend ist dabei nicht der Buchstabe, mit dem das folgende Wort beginnt, sondern dessen Aussprache (z. B. *an old house*).

Besonderheiten beim Gebrauch des unbestimmten Artikels

Abweichend vom Deutschen steht im Englischen der unbestimmte Artikel bei Berufsbezeichnungen und bei Konfessionen:

He is a teacher.	Er ist Lehrer.

Nach *half, quite, rather, such* steht der unbestimmte Artikel:

half a bottle of milk	eine halbe Flasche Milch

Bei Ausrufen steht nach *what* und bei zählbaren Substantiven der unbestimmte Artikel:

What a lovely day!	Was für ein schöner Tag!

Das Substantiv

Pluralbildung

Gewöhnlich wird der Plural eines Substantivs gebildet, indem man *-s* an die Singularform anhängt:

ship – ships *table – tables*

Dennoch gibt es einige Ausnahmen. Endet das Substantiv auf einen Zischlaut (*-s, -x, -ch, -sh, -z*), hängt man *-es* an das Wort an:

bus – buses *tax – taxes*

Wenn das Substantiv auf einen Konsonanten und *-y* endet, so wird *-y* im Plural zu *-ies*. Endet das Substantiv auf einen Vokal und *-y*, so wird im Plural *-s* angehängt:

hobby – hobbies Aber: *boy – boys*

Die Pluralform der Substantive, die auf *-f* oder *-fe* enden, wird normalerweise gebildet, indem man das *-f* oder *-fe* durch *-ves* ersetzt:

half – halves Aber: *belief – beliefs*
wife – wives Aber: *chief – chiefs*

Substantive, die auf *-o* enden, bilden den Plural entweder mit *-os* oder mit *-oes*:

radio – radios Aber: *potato – potatoes*
piano – pianos Aber: *tomato – tomatos*

Unregelmäßige Pluralformen

Neben den verschiedenen Formen der Pluralbildung mit *-s* gibt es im Englischen eine ganze Reihe von unregelmäßigen Pluralformen wie z. B.:

Singular	Plural	Singular	Plural
man	*men*	*mouse*	*mice*
woman	*women*	*goose*	*geese*
foot	*feet*	*ox*	*oxen*
tooth	*teeth*	*child*	*children*
louse	*lice*		

Substantive, die im Plural die gleiche Form besitzen

Es gibt im Englischen Substantive, die im Singular und im Plural die gleiche Form besitzen. Das ist beispielsweise bei einigen Tiernamen der Fall:

sheep	das Schaf/die Schafe
deer	der Hirsch/die Hirsche

Das Verb

Verbarten und Verbformen

Die Verben *to have, to be* und *to do*

Die Hilfsverben *do, be* und *have* haben eine besonders wichtige Funktion, weil mit ihnen die Fragen, die Verneinung, alle zusammengesetzten Zeiten und das Passiv gebildet werden können. Darüber hinaus sind diese drei Verben auch Vollverben.

to have

Infinitiv		Imperfekt	Partizip Perfekt	
have haben		*had* hatte	*had* gehabt	

Gegenwart		Kurzform	Verneinung	Kurzform
I have	ich habe	*I've*	*I have not*	*I haven't*
you have	du hast			
he has	er hat	*he's*	*he hasn't*	
she has	sie hat			
it has	es hat			
we have	wir haben			
you have	ihr habt			
they have	sie haben			

Imperfekt		Kurzform	Verneinung	Kurzform
I had	ich hatte	*I'd*	*I had not*	*I hadn't*
you had	du hattest			
he had	er hatte			
she had	sie hatte			
it had	es hatte			
we had	wir hatten			
you had	ihr hattet			
they had	sie hatten			

Die Verwendung von *to have* als Hilfsverb

Die Formen der Gegenwart von *have* werden für die Bildung des Perfekts verwendet: *I have learnt.*
Mit der Imperfektform *had* wird das Plusquamperfekt gebildet: *I had learnt.*

to be

Infinitiv	Imperfekt	Partizip Perfekt
to be	*was/were*	*been*
sein	war/waren	gewesen

Gegenwart		Kurzform	Verneinung	Kurzform
I am	ich bin	*I'm*	*I am not*	*I'm not*
you are	du bist	*you're*	*you are not*	*you aren't*
he is	er ist	*he's*	*he is not*	*he isn't*
she is	sie ist	*she's*	*she is not*	*she isn't*
it is	es ist	*it's*	*it is not*	*it isn't*
we are	wir sind	*we're*	*we are not*	*we aren't*
you are	ihr seid	*you're*	*you are not*	*you aren't*
they are	sie sind	*they're*	*they are not*	*they aren't*

Imperfekt		Verneinung	Kurzform
I was	ich war	*I was not*	*I wasn't*
you were	du warst	*you were not*	*you weren't*
he was	er war	*he was not*	*he wasn't*
she was	sie war	*she was not*	*she wasn't*
it was	es war	*it was not*	*it wasn't*
we were	wir waren	*we were not*	*we weren't*
you were	ihr wart	*you were not*	*you weren't*
they were	sie waren	*they were not*	*they weren't*

Die Verwendung von *to be* als Hilfsverb

Mit *to be* werden die Verlaufsform *(progressive form)* und das Passiv gebildet: *He is working. It is made of wood.*

to do

Infinitiv		Imperfekt		Partizip Perfekt	
do	tun	*did*	tat	*done*	getan

Imperfekt		Verneinung	Kurzform
I did	ich tat	*I did not*	*I didn't*
you did	du tatest	etc.	etc.

Die Verwendung von *to do* als Hilfsverb

do und die Vergangenheitsform *did* werden für die Bildung der Fragen und der Verneinung bei Vollverben verwendet.

Die Vollverben

Jedes Vollverb besitzt drei Formen, mit denen sich alle Zeiten und Aussageweisen bilden lassen. Diese Formen sind Infinitiv, Imperfekt und Partizip Perfekt. Durch die unterschiedliche Bildung des Imperfekts und des Partizips Perfekt lassen sich die Vollverben in zwei Gruppen einteilen:

Die regelmäßigen Vollverben bilden das Imperfekt und das Partizip Perfekt mit der Endung *-ed*:

Infinitiv	Imperfekt	Partizip Perfekt
wait	*waited*	*waited*

Die unregelmäßigen Vollverben bilden das Imperfekt und das Partizip Perfekt mit eigenen Formen (siehe Tabelle S. 580–583).

Das Präsens

Bejahte Form	Verneinte Form	Frage
I take	*I don't take*	*Do I take?*
you take	*you don't take*	
he/she/it takes	*he/she/it doesn't take*	*Does he take?*
we take	*we don't take*	*Do we take?*
you take	*you don't take*	
they take	*they don't take*	

Das Imperfekt

Das Imperfekt wird bei den regelmäßigen Verben durch Anhängen von *-ed* an das Verb gebildet. Bei den unregelmäßigen Verben werden besondere Formen für das Imperfekt verwendet. Die Formen des Imperfekts bleiben in allen Personen unverändert.

Das Perfekt

Das Perfekt wird gebildet aus dem Präsens des Hilfsverbs *have* und dem Partizip Perfekt des Vollverbs.

Das Plusquamperfekt

Das Plusquamperfekt wird gebildet mit der Past Tense-Form *had* des Hilfsverbs *have* und dem Partizip Perfekt des Vollverbs.

Das Futur I *(Will-Future)*

Das *Will-Future* wird in allen Zeiten mit *will* und dem Infinitiv des Verbs gebildet.

Das Futur II *(Future Perfect)*

Das Futur II wird gebildet mit *will* und dem Infinitiv des Perfekts.

Der Konditional I

Der Konditional I wird gebildet mit *would* und dem Infinitiv des Verbs.

Der Konditional II

Der Konditional II wird gebildet mit *would, have* und dem Partizip Perfekt des Vollverbs.

Die Verlaufsform *(Progressive Form)*

Die Verlaufsform wird mit den jeweiligen Formen von *to be* und dem Partizip Präsens gebildet.

Präsens	Imperfekt	Perfekt
I am writing. Ich schreibe gerade.	*I was writing.* Ich schrieb gerade.	*I have been writing.* Ich habe geschrieben.
Plusquamperfekt	Futur I	Futur II
I had been writing. Ich hatte geschrieben.	*I will be writing.* Ich werde schreiben.	*I will have been writing.* Ich werde geschrieben haben.
Konditional I	Konditional II	
I would be writing. Ich würde schreiben.	*I would have been writing.* Ich hätte geschrieben.	

Die Zahlen

Die Grundzahlen

0	*nought, zero*	13	*thirteen*	50	*fifty*
1	*one*	14	*fourteen*	60	*sixty*
2	*two*	15	*fifteen*	70	*seventy*
3	*three*	16	*sixteen*	80	*eighty*
4	*four*	17	*seventeen*	90	*ninety*
5	*five*	18	*eighteen*	100	*one hundred*
6	*six*	19	*nineteen*	101	*one hundred and one*
7	*seven*	20	*twenty*	200	*two hundred*
8	*eight*	21	*twenty-one*	1,000	*one thousand*
9	*nine*	22	*twenty-two*	1,001	*one thousand and one*
10	*ten*	etc.		1,000,000	*one million*
11	*eleven*	30	*thirty*		
12	*twelve*	40	*forty*		

Unregelmäßige Verben im Englischen

	Präteritum	Partizip
arise	arose	arisen
awake	awoke	awoken
be	was/were	been
bear	bore	borne/born
beat	beat	beaten
become	became	become
beget	begot	begotten
begin	began	begun
bend	bent	bent
beseech	besought	besought
bet	bet/betted	bet/betted
bid	bade	bidden
bind	bound	bound
bite	bit	bitten
bleed	bled	bled
blow	blew	blown
break	broke	broken
breed	bred	bred
bring	brought	brought
build	built	built
burn	burnt/burned	burnt/burned
burst	burst	burst
buy	bought	bought
can	could	-
cast	cast	cast
catch	caught	caught
chide	chid	chidden/chid
choose	chose	chosen
cleave	clove/cleft	cloven/cleft
cleave (adhere)	cleaved/clave	cleaved
cling	clung	clung
come	came	come
cost	cost	cost
creep	crept	crept
cut	cut	cut
deal	dealt	dealt
dig	dug	dug
do	did	done
draw	drew	drawn
dream	dreamt/dreamed	dreamt/dreamed
drink	drank	drunk
drive	drove	driven
dwell	dwelt	dwelt
eat	ate	eaten
fall	fell	fallen
feed	fed	fed
feel	felt	felt
fight	fought	fought

find	found	found
flee	fled	fled
fling	flung	flung
fly	flew	flown
forbid	forbade	forbidden
forget	forgot	forgotten
forsake	forsook	forsaken
freeze	froze	frozen
get	got	got (*US* gotten)
give	gave	given
go	went	gone
grind	ground	ground
grow	grew	grown
hang	hung	hung
have	had	had
hear	heard	heard
heave	heaved/hove	heaved/hove
hide	hid	hid
hit	hit	hit
hold	held	held
hurt	hurt	hurt
keep	kept	kept
knit	knit/knitted	knit/knitted
know	knew	known
lay	laid	laid
lead	led	led
lean	leant/leaned	leant/leaned
leap	leapt	leapt
learn	learnt/learned	learnt/learned
leave	left	left
lend	lent	lent
let	let	let
lie	lay	lain
light	lit	lit
lose	lost	lost
make	made	made
may	might	-
mean	meant	meant
meet	met	met
mow	mowed	mowed/mown
pay	paid	paid
put	put	put
quit	quit	quit
read	read	read
rend	rent	rent
rid	rid	rid
ride	rode	ridden
ring	rang	rung
rise	rose	risen
run	ran	run
say	said	said
see	saw	seen

seek	sought	sought
sell	sold	sold
send	sent	sent
set	set	set
sew	sewed	sewn
shake	shook	shaken
shave	shaved	shaved/shaven
shed	shed	shed
shine	shone	shone
shoe	shod	shod
shoot	shot	shot
show	showed	shown
shrink	shrank	shrunk
shut	shut	shut
sing	sang	sung
sink	sank	sunk
sit	sat	sat
slay	slayed	slain
sleep	slept	slept
slide	slid	slid
sling	slung	slung
slink	slunk	slunk
slit	slit	slit
smell	smelt/smelled	smelt/smelled
smite	smote	smitten
speak	spoke	spoken
speed	sped	sped
spell	spelt/spelled	spelt/spelled
spend	spent	spent
spin	span	spun
spit	spat	spat
split	split	split
spoil	spoilt/spoiled	spoilt/spoiled
spread	spread	spread
spring	sprang	sprung
stand	stood	stood
steal	stole	stolen
stick	stuck	stuck
sting	stang	stung
stink	stank	stunk
strew	strewed	strewed/strewn
stride	strode	stridden
strike	struck	struck
string	strung	strung
strive	strove	striven
swear	swore	sworn
sweep	swept	swept
swell	swelled	swollen/swelled
swim	swam	swum
swing	swang	swung
take	took	taken
teach	taught	taught

tear	tore	torn
tell	told	told
think	thought	thought
throw	threw	thrown
thrust	thrust	thrust
tread	trod	trodden
understand	understood	understood
wake	woke	woken
wear	wore	worn
weave	wove	woven
weep	wept	wept
win	won	won
wind	wound	wound
wring	wrung	wrung
write	wrote	written

German Grammar

Adjectives

If an adjective is used as an attribute, that is, if it immediately precedes the noun it describes, the adjective must agree with the noun in gender, number and case. If an adjective is used as a predicate adjective or as an adverb it is not declined.

The Declension of Adjectives

There are three types of adjective declension: strong, weak and mixed. An adjective takes a strong declension if it stands alone in front of a noun, if it follows a number that is used as an adjective, or if it follows the words *etwas* or *mehr*, or the words *solch, manch, welch, wenig, viel* when these are used without endings.

singular	nominative	genitive	dative	accusative
masculine	*neuer Hut*	*neuen Hutes*	*neuem Hut(e)*	*neuen Hut*
feminine	*neue Frau*	*neuer Frau*	*neuer Frau*	*neue Frau*
neuter	*neues Auto*	*neuen Autos*	*neuem Auto*	*neues Auto*
plural	*neue*	*neuer*	*neuen*	*neue*

An adjective takes a weak declension if it follows a definite article or a declined pronoun. *(der kleine Mann; dieser kleine Mann; welcher große Junge)*

singular	nominative	genitive	dative	accusative
masculine	*neue Hut*	*neuen Hutes*	*neuen Hut(e)*	*neuen Hut*
feminine	*neue Frau*	*neuen Frau*	*neuen Frau*	*neue Frau*
neuter	*neue Auto*	*neuen Autos*	*neuen Auto*	*neue Auto*
plural	*neuen*	*neuen*	*neuen*	*neuen*

An adjective takes a mixed declension if it follows an indefinite article or a pronoun which has no case ending.

singular	nominative	genitive	dative	accusative
masculine	*neuer Hut*	*neuen Hutes*	*neuen Hut*	*neuen Hut*
feminine	*neue Frau*	*neuen Frau*	*neuen Frau*	*neue Frau*
neuter	*neues Auto*	*neuen Auto*	*neuen Auto*	*neues Auto*
plural	*neuen*	*neuen*	*neuen*	*neuen*

The Comparative Adjective

The comparative form of the adjective is formed by adding *-er* (or umlaut and *-er*) to the stem of the adjective. The superlative is formed by adding *-est* or *-st* to the stem of the adjective. If the superlative is not followed by a noun, it is preceded by *am*. *(weit, alt; weiter, länger, älter; weiteste(-r,-s), längste(-r,-s), älteste(-r,-s). Er lief am weitesten.)*

Irregular comparative forms: *gut, besser, am besten; viel, mehr, am meisten; wenig, weniger* or *minder, am wenigsten; hoch, höher, am höchsten; nah, näher, am nächsten.*

Adverbs

Unlike in English, adverbs derived from adjectives are used without added endings. For example, *langsam* in German can mean "slow" or "slowly".

Comparative Form of Adverbs

The comparative form of the adverb corresponds to the comparative form of the the adjective and is also used without an ending. In addition to the adverbs derived from adjectives, the following adverbs have comparative forms:

oft – öfter – am öftesten
bald – eher – am ehesten/ehestens
gern – lieber – am liebsten
wohl – wohler/besser – am wohlsten/am besten
sehr – mehr – am meisten/meist/meistens

Articles

The Definite Article

number	case	masculine	feminine	neuter
singular	nominative	*der*	*die*	*das*
	genitive	*des*	*der*	*des*
	dative	*dem*	*der*	*dem*
	accusative	*den*	*die*	*das*
plural	nominative	*die*	*die*	*die*
	genitive	*der*	*der*	*der*
	dative	*den*	*den*	*den*
	accusative	*die*	*die*	*die*

The Indefinite Article

number	case	masculine	feminine	neuter
singular	nominative	*ein*	*eine*	*ein*
	genitive	*eines*	*einer*	*eines*
	dative	*einem*	*einer*	*einem*
	accusative	*einen*	*eine*	*ein*

There is no plural form of the indefinite article.

Cases

There are four cases in German.

– The nominative case is used for the subject of a sentence or following the verb *sein* (to be). The nominative case is never used following a preposition.
– The accusative case is used for direct objects.
– The dative case is used for indirect objects.
– The genitive case is the equivalent of the possessive in English.

Prepositions determining cases

Prepositions assign a certain case (accusative, dative or genitive) to the word or the group of words which they precede.

Prepositions with the accusative case

durch	*ohne*
für	*um*
gegen	

Prepositions with the dative case

aus	*nach*
außer	*nebst*
bei	*samt*
entgegen	*seit*
gegenüber	*von*
gemäß	*zu*
mit	

Prepositions with accusative or dative case

Several frequently used prepositions of place are used with the dative case when referring to the location of something, and with the accusative case when motion is referred to:

preposition	accusative case	dative case
an	*Lehne die Leiter an die Wand.* Lean the ladder against the wall.	*Die Leiter lehnt an der Wand.* The ladder is leaning against the wall.
auf	*Du kannst dich auf den Stuhl dort setzen.* You can sit in that chair there.	*Auf diesem Stuhl sitzt Frau Weber.* Mrs. Weber is sitting in this chair.
hinter	*Schau hinter das Bild.* Look behind the picture.	*Der Safe ist hinter dem Bild.* The safe is behind the picture.
in	*Tritt nicht in die Pfütze.* Don't step in the puddle.	*Der Brief ist in diesem Ordner abgelegt.* The letter is filed in this folder.
neben	*Stell den Koffer neben das andere Gepäck.* Put the suitcase next to the other luggage.	*Sein Lieblingsplatz war immer neben dem Ofen.* His favourite place was always next to the oven.
über	*Die Wolken ziehen über die Berge.* The clouds are drifting over the mountains.	*Wir flogen über den Wolken dahin.* We flew along over the clouds.

unter	*Kriech unter den Tisch.* Crawl under the table.	*Such unter dem Tisch.* Look under the table.
vor	*Stell die Schuhe vor die Tür.* Put the shoes in front of the door.	*Der Sommer steht vor der Tür.* Summer is just around the corner.
zwischen	*Stell den Tisch zwischen die Stühle!* Put the table between the chairs!	*Zwischen den Bäumen wuchsen Pilze.* Mushrooms were growing among the trees.

Prepositions with the genitive case

außerhalb	*laut*	*um ... willen*
dank	*mangels*	*ungeachtet*
diesseits	*mittels*	*unterhalb*
...halber	*oberhalb*	*unweit*
innerhalb	*statt*	*während*
jenseits	*trotz*	*wegen*

With most of these prepositions the genetive case is only used, if there is an inflected pronoun, an adjective or an article between the preposition and the noun. Otherwise it is followed by the dative case, or the preposition *von* (from) is added, which is then also followed by the dative case.

trotz starker Schneefälle (genitive)	*trotz Schneefällen* (dative)
infolge des Unwetters (genitive)	*infolge von Unwetter* (dative)

Pronouns

singular	personal pronoun nominative case		possessive pronoun nominative case	
1st person	*ich*	I	*mein*	my
2nd person	*du*	you	*dein*	your
3rd person	*er, sie, es*	he, she, it	*sein, ihr, sein*	his, her, its
plural				
1st person	*wir*	we	*unser*	our
2nd person	*ihr*	you	*euer*	your
3rd person	*sie*	they	*ihr*	their

singular	personal pronoun dative case		personal pronoun accusative case	
1st person	*mir*	to me	*mich*	me
2nd person	*dir*	to you	*dich*	you
3rd person	*ihm, ihr, ihm*	to him, to her, to it	*sich*	him, her, it

plural				
1st person	*uns*	to us	*uns*	us
2nd person	*euch*	to you	*euch*	you
3rd person	*ihnen*	to them	*sie*	them

Forms of Address

If speaking to one or more people, one differentiates between the familiar and the formal forms of address.

The familiar form of address – the personal pronouns of the 2nd person *(du, ihr)* – is only used for people with whom one is on a first-name basis.

When addressing strangers or anyone with whom one is not on a first-name basis, the formal forms of address are used:

	personal pron. (sing. + pl.)
nominative	*Sie*
dative	*Ihnen*
accusative	*Sie*

The formal mode of address is used with the verb forms of the 3rd person plural.

Nouns

The Gender of Nouns

German has three genders which are indicated by the article the noun receives: *der Mann* (masculine), *die Frau* (feminine), *das Haus* (neuter).

The Number of Nouns

The plural form of a noun is formed either by adding an ending to the singular form *(-e, -en, -n, -s)* and an umlaut to the stem vowel or by adding the ending *-e* or *-er*: *das Heft, die Hefte; die Küche, die Küchen; das Brett, die Bretter; die Kur, die Kuren; das Auto, die Autos; die Tochter, die Töchter; die Mutter, die Mütter; die Not, die Nöte; das Buch, die Bücher.*

Numbers

cardinal numbers		ordinal numbers	
0	*null*	1.	*erste*
1	*eins*	2.	*zweite*
2	*zwei*	3.	*dritte*
3	*drei*	4.	*vierte*
4	*vier*	5.	*fünfte*
5	*fünf*	6.	*sechste*
6	*sechs*	7.	*sieb(en)te*
7	*sieben*	8.	*achte*
8	*acht*	9.	*neunte*
9	*neun*	10.	*zehnte*
10	*zehn*	11.	*elfte*
11	*elf*	12.	*zwölfte*

12	*zwölf*	13.	*dreizehnte*
13	*dreizehn*	14.	*vierzehnte*
14	*vierzehn*	15.	*fünfzehnte*
15	*fünfzehn*	16.	*sechzehnte*
16	*sechzehn*	17.	*siebzehnte*
17	*siebzehn*	18.	*achtzehnte*
18	*achtzehn*	19.	*neunzehnte*
19	*neunzehn*	20.	*zwanzigste*
20	*zwanzig*	21.	*einundzwanzigste*
21	*einundzwanzig*	22.	*zweiundzwanzigste*
22	*zweiundzwanzig*	23.	*dreiundzwanzigste*
23	*dreiundzwanzig*	24.	*vierundzwanzigste*
30	*dreißig*	25.	*fünfundzwanzigste*
40	*vierzig*	26.	*sechsundzwanzigste*
50	*fünfzig*	27.	*siebenundzwanzigste*
60	*sechzig*	28.	*achtundzwanzigste*
70	*siebzig*	29.	*neunundzwanzigste*
80	*achtzig*	30.	*dreißigste*
90	*neunzig*	40.	*vierzigste*
100	*(ein)hundert*	50.	*fünfzigste*
101	*hundert(und)eins*	60.	*sechzigste*
230	*zweihundert(und)dreißig*	70.	*siebzigste*
538	*fünfhundert(und)achtundreißig*	80.	*achtzigste*
1 000	*(ein)tausend*	90.	*neunzigste*
10 000	*zehntausend*	100.	*(ein)hundertste*
100 000	*(ein)hunderttausend*	230.	*zweihundert(und)dreißigste*
1 000 000	*eine Million*	1 000.	*(ein)tausendste*

0 is always read as *null.*
Numbers less than one million are written as one word.

Verbs

The Conjugation of Regular Verbs

To form the present tense, drop the *-en* or *-n* from the infinitive and add *-e, -st, -t, -en, -t, -en:*

stellen	to put
ich stelle	I put
du stellst	you put
er/sie/es stellt	he/she/it puts
wir stellen	we put
ihr stellt	you put
sie stellen	they put

If the stem (the part of the infinitive before *-en*) ends in *-chn, -d, -dn, -fn, -gn, -t, -tm,* drop the *-en* from the infinitive and add *-e, -est, -et, -en, -et, -en:*

rechnen	to calculate
ich rechne	I calculate
du rechnest	you calculate
er/sie/es rechnet	he/she/it calculates
wir rechnen	we calculate
ihr rechnet	you calculate
sie rechnen	they calculate

Verbs with stems that end in *-s, -x* or *-z* simply add a *-t* to the stem in the 2nd person.

Conjugation of Irregular Verbs

The forms of irregular verbs are featured in the table on pages 592–595. The forms of the frequently used irregular verbs listed below should be memorized:

sein	be	*haben*	have
ich bin	I am	*ich habe*	I have
du bist	you are	*du hast*	you have
er/sie/es ist	he/she/it is	*er/sie/es hat*	he/she/it has
wir sind	we are	*wir haben*	we have
ihr seid	you are	*ihr habt*	you have
sie sind	they are	*sie haben*	they have
werden	become	*wissen*	know
ich werde	I become	*ich weiß*	I know
du wirst	you become	*du weißt*	you know
er/sie/es wird	he/she/it becomes	*er/sie/es weiß*	he/she/it knows
wir werden	we become	*wir wissen*	we know
ihr werdet	you become	*ihr wisst*	you know
sie werden	they become	*sie wissen*	they know
tun	do		
ich tue	I do		
du tust	you do		
er/sie/es tut	he/she/it does		
wir tun	we do		
ihr tut	you do		
sie tun	they do		

The Future Tense of Regular Verbs

The future tense is formed using the stem of the verbs and the appropriate present tense form of *werden:*

ich werde stellen
du wirst stellen
er/sie/es wird stellen
wir werden stellen
ihr werdet stellen
sie werden stellen

The Imperfect of Regular Verbs

The imperfect is formed by adding the following endings to the stem of the verb:

-te	*ich stellte*
-test	*du stelltest*
-te	*er/sie/es stellte*
-ten	*wir stellten*
-tet	*ihr stelltet*
-ten	*sie stellten*

The Present Perfect

The present perfect is formed with the present tense of *haben* or *sein* and the participle:

ich habe gestellt
du hast gestellt
er/sie/es hat gestellt
wir haben gestellt
ihr habt gestellt
sie haben gestellt

Many verbs involving a change of location or condition form the present perfect with *sein* rather than *haben:*

ich bin gereist
du bist gereist
er/sie/es ist gereist
wir sind gereist
ihr seid gereist
sie sind gereist

The Participle of Regular Verbs

The participle of regular verbs is formed by adding the prefix *ge-* to the 3rd person singular form of the verb. *stellen* becomes *gestellt, suchen* becomes *gesucht.* Verbs that end in *-ieren* form the participle with the 3rd person singular form of the verb (without adding *ge-*): *informieren* becomes *informiert.*

Verbs with Separable Prefixes

In the case of verbs with separable prefixes, the prefix always is placed at the end of the sentence. If the verb itself is not at the end of the sentence, the prefix is separated from the rest of the verb and placed there. The most common of these prefixes are:

ab-, an-, auf-, aus-, ein-, fort-, heim-, her-, heraus-, hinaus-, hin-, mit-, nach-, nieder-, vor-, weg-, zu-, zurück-, zusammen-.

zumachen	close
Ich machte es zu.	I closed it.
Ich habe es zugemacht.	I closed it.

German Irregular Verbs

Infinitive	*Past Tense*	*Past Participle*	*Prs. Sing. 1st + 2nd pers.*
backen	backte	gebacken	ich backe, du bäckst
befehlen	befahl	befohlen	ich befehle, du befiehlst
befleißen	befliss	beflissen	ich befleiße, du befleißt
beginnen	begann	begonnen	ich beginne, du beginnst
beißen	biss	gebissen	ich beiße, du beißt
bergen	barg	geborgen	ich berge, du birgst
bersten	barst	geborsten	ich berste, du birst
bewegen (veranlassen)	bewog	bewogen	ich bewege, du bewegst
biegen	bog	gebogen	ich biege, du biegst
bieten	bot	geboten	ich biete, du bietest
binden	band	gebunden	ich binde, du bindest
bitten	bat	gebeten	ich bitte, du bittest
blasen	blies	geblasen	ich blase, du bläst
bleiben	blieb	geblieben	ich bleibe, du bleibst
bleichen (hell werden)	blich	geblichen	ich bleiche, du bleichst
braten	briet	gebraten	ich brate, du brätst
brechen	brach	gebrochen	ich breche, du brichst
brennen	brannte	gebrannt	ich brenne, du brennst
bringen	brachte	gebracht	ich bringe, du bringst
denken	dachte	gedacht	ich denke, du denkst
dreschen	drosch	gedroschen	ich dresche, du drischst
dringen	drang	gedrungen	ich dringe, du dringst
dünken	dünkte	gedünkt	mich dünkt, dich dünkt
dürfen	durfte	gedurft	ich darf, du darfst
empfangen	empfing	empfangen	ich empfange, du empfängst
empfehlen	empfahl	empfohlen	ich empfehle, du empfiehlst
empfinden	empfand	empfunden	ich empfinde, du empfindest
erbleichen	erblich	erblichen	ich erbleiche, du erbleichst
erlöschen	erlosch	erloschen	ich erlösche, du erlöschst
erschrecken	erschrak	erschrocken	ich erschrecke, du erschrickst
essen	aß	gegessen	ich esse, du isst
fahren	fuhr	gefahren	ich fahre, du fährst
fallen	fiel	gefallen	ich falle, du fällst
fangen	fing	gefangen	ich fange, du fängst
fechten	focht	gefochten	ich fechte, du fich(t)st
finden	fand	gefunden	ich finde, du findest
flechten	flocht	geflochten	ich flechte, du flich(t)st
fliegen	flog	geflogen	ich fliege, du fliegst
fliehen	floh	geflohen	ich fliehe, du fliehst
fließen	floss	geflossen	ich fließe, du fließt
fressen	fraß	gefressen	ich fresse, du frisst
frieren	fror	gefroren	ich friere, du frierst
gären	gor	gegoren	es gärt
gebären	gebar	geboren	ich gebäre, du gebärst/gebierst
geben	gab	gegeben	ich gebe, du gibst
gedeihen	gedieh	gediehen	ich gedeihe, du gedeihst
gehen	ging	gegangen	ich gehe, du gehst
gelingen	gelang	gelungen	es gelingt

gelten	galt	gegolten	ich gelte, du giltst
genesen	genas	genesen	ich genese, du genest
genießen	genoss	genossen	ich genieße, du genießt
geschehen	es geschah	geschehen	es geschieht
gewinnen	gewann	gewonnen	ich gewinne, du gewinnst
gießen	goss	gegossen	ich gieße, du gießt
gleichen	glich	geglichen	ich gleiche, du gleichst
gleiten	glitt	geglitten	ich gleite, du gleitest
glimmen	glomm	geglommen	es glimmt
graben	grub	gegraben	ich grabe, du gräbst
haben	hatte	gehabt	ich habe, du hast
halten	hielt	gehalten	ich halte, du hältst
hängen	hing	gehangen	ich hänge, du hängst
hauen	hieb/haute	gehauen	ich haue, du haust
heben	hob	gehoben	ich hebe, du hebst
heißen	hieß	geheißen	ich heiße, du heißt
helfen	half	geholfen	ich helfe, du hilfst
kennen	kannte	gekannt	ich kenne, du kennst
klimmen	klomm	geklommen	ich klimme, du klimmst
klingen	klang	geklungen	ich klinge, du klingst
kneifen	kniff	gekniffen	ich kneife, du kneifst
kommen	kam	gekommen	ich komme, du kommst
können	konnte	gekonnt	ich kann, du kannst
kriechen	kroch	gekrochen	ich krieche, du kriechst
laden	lud	geladen	ich lade, du lädst
lassen	ließ	gelassen	ich lasse, du lässt
laufen	lief	gelaufen	ich laufe, du läufst
leiden	litt	gelitten	ich leide, du leidest
leihen	lieh	geliehen	ich leihe, du leihst
lesen	las	gelesen	ich lese, du liest
liegen	lag	gelegen	ich liege, du liegst
löschen	losch	geloschen	ich lösche, du lischt
lügen	log	gelogen	ich lüge, du lügst
mahlen	mahlte	gemahlen	ich mahle, du mahlst
meiden	mied	gemieden	ich meide, du meidest
melken	molk	gemolken/ gemelkt	ich melke, du melkst
messen	maß	gemessen	ich messe, du misst
misslingen	es misslang	misslungen	es misslingt
mögen	mochte	gemocht	ich mag, du magst
müssen	musste	gemusst	ich muss, du musst
nehmen	nahm	genommen	ich nehme, du nimmst
nennen	nannte	genannt	ich nenne, du nennst
pfeifen	pfiff	gepfiffen	ich pfeife, du pfeifst
preisen	pries	gepriesen	ich preise, du preist
quellen	quoll	gequollen	ich quelle, du quillst
raten	riet	geraten	ich rate, du rätst
reiben	rieb	gerieben	ich reibe, du reibst
reißen	riss	gerissen	ich reiße, du reißt
reiten	ritt	geritten	ich reite, du reitest
rennen	rannte	gerannt	ich renne, du rennst
riechen	roch	gerochen	ich rieche, du riechst

ringen	rang	gerungen	ich ringe, du ringst
rinnen	rann	geronnen	es rinnt
rufen	rief	gerufen	ich rufe, du rufst
saufen	soff	gesoffen	ich saufe, du säufst
saugen	sog	gesogen	ich sauge, du saugst
schaffen	schuf	geschaffen	ich schaffe, du schaffst
scheiden	schied	geschieden	ich scheide, du scheidest
scheinen	schien	geschienen	ich scheine, du scheinst
schelten	scholt	gescholten	ich schelte, du schiltst
scheren	schor	geschoren	ich schere, du scherst
schieben	schob	geschoben	ich schiebe, du schiebst
schießen	schoss	geschossen	ich schieße, du schießt
schinden	schund/ schindete	geschunden	ich schinde, du schindest
schlafen	schlief	geschlafen	ich schlafe, du schläfst
schlagen	schlug	geschlagen	ich schlage, du schlägst
schleichen	schlich	geschlichen	ich schleiche, du schleichst
schleifen	schliff	geschliffen	ich schleife, du schleifst
schließen	schloss	geschlossen	ich schließe, du schließt
schlingen	schlang	geschlungen	ich schlinge, du schlingst
schmeißen	schmiss	geschmissen	ich schmeiße, du schmeißt
schmelzen	schmolz	geschmolzen	ich schmelze, du schmilzt
schneiden	schnitt	geschnitten	ich schneide, du schneidest
schreiben	schrieb	geschrieben	ich schreibe, du schreibst
schreien	schrie	geschrien	ich schreie, du schreist
schreiten	schritt	geschritten	ich schreite, du schreitest
schweigen	schwieg	geschwiegen	ich schweige, du schweigst
schwellen	schwoll	geschwollen	ich schwelle, du schwillst
schwimmen	schwamm	geschwommen	ich schwimme, du schwimmst
schwinden	schwand	geschwunden	ich schwinde, du schwindest
schwingen	schwang	geschwungen	ich schwinge, du schwingst
schwören	schwor	geschworen	ich schwöre, du schwörst
sehen	sah	gesehen	ich sehe, du siehst
sein	war	gewesen	ich bin, du bist
senden	sandte	gesandt	ich sende, du sendest
singen	sang	gesungen	ich singe, du singst
sinken	sank	gesunken	ich sinke, du sinkst
sinnen	sann	gesonnen	ich sinne, du sinnst
sitzen	saß	gesessen	ich sitze, du sitzt
speien	spie	gespien	ich speie, du speist
spinnen	spann	gesponnen	ich spinne, du spinnst
sprechen	sprach	gesprochen	ich spreche, du sprichst
sprießen	spross	gesprossen	ich sprieße, du sprieß(es)t
springen	sprang	gesprungen	ich springe, du springst
stechen	stach	gestochen	ich steche, du stichst
stehen	stand	gestanden	ich stehe, du stehst
stehlen	stahl	gestohlen	ich stehle, du stiehlst
steigen	stieg	gestiegen	ich steige, du steigst
sterben	starb	gestorben	ich sterbe, du stirbst
stieben	stob	gestoben	ich stiebe, du stiebst
stinken	stank	gestunken	ich stinke, du stinkst
stoßen	stieß	gestoßen	ich stoße, du stößt

streichen	strich	gestrichen	ich streiche, du streichst
streiten	stritt	gestritten	ich streite, du streitest
tragen	trug	getragen	ich trage, du trägst
treffen	traf	getroffen	ich treffe, du triffst
treiben	trieb	getrieben	ich treibe, du treibst
treten	trat	getreten	ich trete, du trittst
trinken	trank	getrunken	ich trinke, du trinkst
trügen	trog	getrogen	ich trüge, du trügst
tun	tat	getan	ich tu(e), du tust
verderben	verdarb	verdorben	ich verderbe, du verdirbst
verdrießen	verdross	verdrossen	ich verdrieße, du verdrießt
vergessen	vergaß	vergessen	ich vergesse, du vergißt
verlieren	verlor	verloren	ich verliere, du verlierst
wachsen	wuchs	gewachsen	ich wachse, du wächst
wägen	wog	gewogen	ich wäge, du wägst
waschen	wusch	gewaschen	ich wasche, du wäschst
weichen	wich	gewichen	ich weiche, du weichst
weisen	wies	gewiesen	ich weise, du weist
wenden	wandte/ wendete	gewandt/ gewendet	ich wende, du wendest
werben	warb	geworben	ich werbe, du wirbst
werden	wurde	geworden	ich werde, du wirst
werfen	warf	geworfen	ich werfe, du wirfst
wiegen	wog	gewogen	ich wiege, du wiegst
winden	wand	gewunden	ich winde, du windest
wissen	wusste	gewusst	ich weiß, du weißt
wollen	wollte	gewollt	ich will, du willst
ziehen	zog	gezogen	ich ziehe, du ziehst
zwingen	zwang	gezwungen	ich zwinge, du zwingst

Wichtige Abkürzungen im Englischen

abbrev.	*abbreviation*	Abkürzung
A.C.	*alternating current*	Wechselstrom
A.D.	*anno Domini*	A.D.
a.m.	*ante meridiem*	vormittags
amt.	*amount*	Menge
approx.	*approximately*	ca.
attn.	*to the attention of*	z.Hd.
Ave.	*Avenue*	Allee
b.	*born*	geboren
B.A.	*Bachelor of Arts*	akademischer Grad vor dem M.A.
BBC	*British Broadcasting Corporation*	BBC
B.C.	*before Christ*	v. Chr.
BR	*British Rail*	Britische Eisenbahngesellschaft
Bros.	*brothers*	Gebrüder
Capt.	*Captain*	Kapitän
cd	*cash discount*	Rabatt für Barzahlung
CD	*compact disc*	CD
CEO	*Chief Executive Officer*	Generaldirektor
CET	*Central European Time*	MEZ
cf.	*confer*	vgl.
CIA	*Central Intelligence Agency*	CIA (der amerikanische Geheimdienst)
c/o	*care of*	bei, c/o
Co.	*company*	Fa.
C.O.D.	*cash on delivery*	per Nachnahme
CV	*Curriculum vitae*	Lebenslauf
D.A.	*district attorney*	Staatsanwalt
dir.	*director*	Direktor
dbl.	*double*	doppel
D.C.	*direct current*	Gleichstrom
Dept.	*department*	Abteilung
E.C.	*European Community*	Europäische Gemeinschaft
EDP	*Electronic Data Processing*	EDV
EEMU	*European Economics and Monetary Union*	EWWU, Europäische Wirtschafts- und Währungsunion
e.g.	*exempli gratia*	z. B.
encl.	*1. enclosed*	anbei
	2. enclosure	Anlage
esp.	*especially*	besonders
etc.	*et cetera*	usw.
EU	*European Union*	Europäische Union
FBI	*Federal Bureau of Investigation*	FBI (Bundespolizei in den USA)
ft.	*foot*	Fuß
GNP	*gross national product*	Bruttosozialprodukt
HP	*Hire Purchase*	Ratenkauf
H.R.H.	*His/Her Royal Highness*	Seine/Ihre Königliche Hoheit

ID	*identification*	Ausweis
i.e.	*id est*	das heißt
inc.	*incorporated*	eingetragen
incl.	*including*	einschließlich, inklusive
IOU	*I owe you*	Schuldschein
IQ	*intelligence quotient*	Intelligenzquotient
Jr.	*junior*	Junior
lb.	*pound*	Pfund
Ld	*Lord*	Herr (Teil eines Titels)
Ltd.	*limited*	GmbH
MD	*Medicinae Doctor*	Dr. med.
m.p.h.	*miles per hour*	Meilen pro Stunde
Mr	*Mister*	Herr
Mrs	*(nur als Abkürzung)*	Frau
Ms	*(nur als Abkürzung)*	Frau (auch für Unverheiratete)
Mt	*mount*	Teil des Namens vor einem Berg
n/a	*not applicable*	nicht zutreffend
NATO	*North Atlantic Treaty Organization*	NATO
NB	*nota bene*	bitte beachten
no.	*number*	Nr.
oz.	*ounce*	Unze
p.	*1. page*	S.
	2. pence	Penny
p.a.	*per annum*	jährlich
PC	*personal computer*	Personalcomputer
pd	*paid*	bezahlt
p.m.	*post meridiem*	nachmittags, abends
p.o.	*post office*	Post
pp.	*pages*	Seiten
PTO	*please turn over*	bitte wenden
Rd.	*road*	Str.
Ref.	*reference*	Bezug
ret.	*retired*	in Ruhestand
ROM	*read-only memory*	ROM
rpm	*revolutions per minute*	Umdrehungen pro Minute
RSVP	*répondez s'il vous plaît*	u.A.w.g.
RV	*recreational vehicle*	Wohnmobil
sq.	*square*	Quadrat
Sr.	*Senior*	Senior (nach einem Namen)
St.	*1. Saint*	St.
	2. Street	Str.
TV	*television*	Fernsehen
U.K.	*United Kingdom*	Vereinigtes Königreich (England, Schottland, Wales, Nordirland)
USA	*United States of America*	USA
VAT	*value-added tax*	Mwst.
VCR	*video cassette recorder*	Videorekorder
vol	*volume*	Band
VP	*vice president*	Vizepräsident
vs.	*versus*	gegen
yd.	*yard*	Yard
ZIP code	*Zone Improvement Plan*	Postleitzahl

Important German Abbreviations

Abb.	*Abbildung*	illustration
Abk.	*Abkürzung*	abbreviation
Abs.	*Absender*	sender
Abschn.	*Abschnitt*	paragraph
Abt.	*Abteilung*	department
Adr.	*Adresse*	address
AG	*Aktiengesellschaft*	joint stock company
allg.	*allgemein*	general
Anl.	*Anlage*	enclosure
Anm.	*Anmerkung*	note
AZUBI	*Auszubildende(r)*	trainee, apprentice
Betr.	*Betreff*	reference
bezgl.	*bezüglich*	with regard to
Bj.	*Baujahr*	year of construction
BLZ	*Bankleitzahl*	sort code, (US) bank identification number
BRD	*Bundesrepublik Deutschland*	Federal Republic of Germany
b. w.	*bitte wenden*	please turn over
bzw.	*beziehungsweise*	or, or rather, respectively
ca.	*circa*	approx.
DB	*Deutsche Bahn*	German Railways
d.h.	*das heißt*	i.e.
d. i.	*das ist*	that is
DIN	*Deutsche Industrienorm*	German Industrial Standard
Dipl. Ing.	*Diplomingenieur*	academically trained engineer
Dipl. Kfm.	*Diplomkaufmann*	person with a degree in commerce
Dr.	*Doktor*	Dr.
Dr. med.	*Doktor medicinae*	MD
dt.	*deutsche(r,s)*	German
Dtzd.	*Dutzend*	dozen
ebf.	*ebenfalls*	as well
EDV	*Elektronische Datenverarbeitung*	EDP
einschl.	*einschließlich*	including
engl.	*englisch*	English
EU	*Europäische Union*	European Union
EUR	*Euro*	euro
ev.	*evangelisch*	Protestant
e.V.	*eingetragener Verein*	registered society
evtl.	*eventuell*	possibly, perhaps
EWWU	*Europäische Wirtschafts- und Währungsunion*	EEMU European Economic and Monetary Union
Fa.	*Firma*	firm
FCKW	*Fluorchlorkohlenwasserstoff*	fluorocarbon
ff.	*folgende Seiten*	in the following
Fr.	*Frau*	Mrs/Ms/Miss
geb.	*geboren*	born
Gebr.	*Gebrüder*	Bros.
ggf.	*gegebenenfalls*	if necessary
Ges.	*Gesellschaft*	Co.

GmbH	*Gesellschaft mit beschränkter Haftung*	Ltd.
Hbf	*Hauptbahnhof*	central railway station
Hbj.	*Halbjahr*	half year
hlg.	*heilig*	holy
HP	*Halbpension*	half board
Hr.	*Herr*	Mr
i. A.	*im Auftrag*	on behalf of
inkl.	*inklusive*	incl.
i. R.	*im Ruhestand*	retired
i. V.	*in Vertretung*	on behalf of
Jh.	*Jahrhundert*	century
kath.	*katholisch*	Catholic
Kfz	*Kraftfahrzeug*	motor vehicle
KG	*Kommanditgesellschaft*	limited partnership
Kto.	*Konto*	account
Lkw	*Lastkraftwagen*	lorry, truck (US)
MEZ	*Mitteleuropäische Zeit*	CET
mtl.	*monatlich*	monthly
Mrd.	*Milliarde*	thousand million (UK)/billion (US)
Mwst.	*Mehrwertsteuer*	value-added tax
n. Chr.	*nach Christus*	A.D.
Nr.	*Nummer*	no.
n. V.	*nach Vereinbarung*	by arrangement
Pkt.	*Punkt*	point
Pkw	*Personenkraftwagen*	motor car, automobile
PLZ	*Postleitzahl*	postal code, ZIP code (US)
PS	*Pferdestärke*	horsepower
P.S.	*post scriptum*	P.S.
rd.	*rund*	approx.
s.	*siehe*	see
S.	*Seite*	page
s.o.	*siehe oben*	see above
SSV	*Sommerschlussverkauf*	summer sale
Std.	*Stunde*	hour
Str.	*Straße*	St.
s.u.	*siehe unten*	see below
TÜV	*Technischer Überwachungsverein*	Association for Technical Inspection
u.	*und*	and
u. a.	*unter anderem*	among other things
usw.	*und so weiter*	etc.
u. U.	*unter Umständen*	circumstances permitting
u. v. a.	*und viele(s) andere*	and much/many more
v. Chr.	*vor Christus*	B.C.
vgl.	*vergleiche*	cf.
Wh.	*Wiederholung*	repetition
WSV	*Winterschlussverkauf*	winter sale
z. B.	*zum Beispiel*	e.g.
z. Hd.	*zu Händen*	attn.
z. T.	*zum Teil*	partly
z. Zt.	*zurzeit*	at present

Maße und Gewichte

Seit 1996 gilt in Großbritannien parallel das Système International d' Unités (SI) bis zur Neuregelung durch die EU. Danach gilt einheitlich das SI-System.

Längenmaße

1 mm		*0.03937 inches*
1 cm	10 mm	*0.3937 inches*
1 m	100 cm	*3.2808 feet*
1 km	1000 m	*0.62138 miles*
1 inch		2,54 cm
1 foot	*12 inches*	30,48 cm
1 yard	*3 feet*	91,44 cm
1 mile	*5280 feet*	1,609 km
1 acre		4046,9 qm

Handelsgewichte

1 Tonne	1.000 kg	*0,984 ton* (UK) *1.1023 tons* (US)
1 dt. Pfund	0,5 kg	
1 ounce		28,35 g
1 pound	*16 ounces*	453,59 g
1 ton	*2,240 s.* (UK) *2,000 lbs.* (US)	1016,05 kg (UK) 907,185 kg (US)
1 stone	*14 pounds*	6,35 kg

Flüssigkeitsmaße

1 l	*1.7598 pints* (UK) *0.8799 quarts* (UK) *0.2199 gallons* (UK)	*2.1134 pints* (US) *1.0567 quarts* (US) *0.2642 gallons* (US)
1 gill	0,142 l (UK)	0,1183 l (US)
1 pint	0,568 l (UK)	0,4732 l (US)
1 quart 2 pints	1,136 l (UK)	0,9464 l (US)
1 gallon 4 quarts	4,546 l (UK)	3,785 l (US)

Temperaturumrechnung

Grad Celsius in Grad Fahrenheit: Grad Celsius mal 9 geteilt durch 5 plus 32
Grad Fahrenheit in Grad Celsius: Grad Fahrenheit minus 32 mal 5 geteilt durch 9

Celsius °C	Fahrenheit °F	Celsius °C	Fahrenheit °F	Celsius °C	Fahrenheit °F
-20	-4	0	32	25	77
-17,8	0	5	41	30	86
-15	5	10	50	35	95
-10	14	15	59	37,8	100
-5	23	20	68		